Droit international public

Droit international public

Nguyen Quoc Din †

Patrick Daillier
Mathias Forteau
Alain Pellet

avec la collaboration de Daniel Müller

Formation du droit, Sujets
Relations diplomatiques et consulaires
Responsabilité, Règlement des différends
Maintien de la paix
Espaces internationaux
Relations économiques, Environnement

8e édition

L.G.D.J
lextenso éditions

33, rue du Mail, 75081 Paris Cedex 02

ISBN 978-2-275-02390-8

AVANT-PROPOS

Au moment de la publication initiale de cet ouvrage, le regretté professeur NGUYEN QUOC *Dinh nous confiait son inquiétude : n'était-il pas trop tôt pour livrer au public ce livre dont sa modestie lui faisait exagérer les inévitables imperfections d'une première édition ? L'accueil favorable réservé à celle-ci a montré combien ces scrupules étaient vains et a obligé son auteur à remettre sur le chantier l'ouvrage à peine sorti des presses.*

Sa mort prématurée l'a empêché de mener à bien une tâche d'actualisation qu'il était seul qualifié pour entreprendre. Et si les signataires de ces lignes — qui ont la chance d'avoir été ses élèves et ses collaborateurs — ont été touchés que sa famille leur demande de continuer son œuvre, ce n'est pas sans scrupules et sans appréhension qu'ils ont accepté cet honneur. Nous avons eu davantage le sentiment d'acquitter une dette de reconnaissance que de perpétuer une pensée mûrie par une expérience que nous avons conscience de n'avoir pas acquise. Nous nous sommes efforcés de conserver la présentation simple, claire et complète qui caractérise le travail du professeur NGUYEN QUOC *Dinh et de rester fidèles à ses options doctrinales essentielles.*

Notre but a été d'abord d'actualiser certains passages : le droit international, dont l'évolution est une caractéristique essentielle, s'est enrichi de nouvelles règles ; d'autres ont été modifiées ; quelques-unes ont disparu. Par ailleurs, sans bouleverser l'esprit de l'ouvrage, nous avons ajouté certains développements qui nous ont paru nécessaires, non par souci de suivre une mode mais parce que l'introduction des préoccupations économiques et liées à l'environnement dans le droit des gens — qui s'en trouve affermi et approfondi — nous paraît le phénomène marquant de ces trente dernières années. Par ailleurs, la modification des programmes universitaires nous a conduits à donner un aperçu du droit des Communautés européennes et de ses rapports avec le droit international public même si, en aucune manière, cet ouvrage ne peut tenir lieu d'un manuel, fût-il élémentaire, de droit communautaire.

Le droit international – public, mais la frontière entre le droit privé et le droit public est de plus en plus ténue – a connu, ces dernières années, une véritable explosion : l'activité conventionnelle est plus intense que jamais dans son champ d'action traditionnel ; en outre la multiplication des juridictions et des contentieux spécialisés, tant interétatiques que transnationaux constitue un corpus *de moins en moins maîtrisable ; les droits de l'homme, le droit international pénal, le contentieux des investissements et du commerce international ne peuvent pourtant être négligés dans un ouvrage de ce type qui a l'ambition de présenter un panorama aussi complet que possible du droit applicable aux relations internationales.*

Ces constatations, et le fort sentiment qu'il faut préparer la relève, nous ont conduits à demander à l'un des plus brillants représentants de la jeune école internationaliste – qui ne manque pas de talents – de s'associer à nous pour cette huitième édition que l'ampleur de la tâche nous a empêchés de mener à bien dans les délais que nous aurions souhaités.

Nous nous sommes efforcés de travailler, tous les trois, en étroite collaboration et nous assumons conjointement l'entière responsabilité de cet ouvrage. Nous avons bénéficié du précieux concours de Daniel Müller, qui a participé activement à sa mise à jour.

Nous avons rédigé ce travail dans le souvenir de notre regretté maître, NGUYEN QUOC Dinh ; puisse-t-il contribuer à éviter que meure le grain qu'il a semé.

Alain PELLET, Patrick DAILLIER.

La présente édition constitue d'abord une remise à jour au 1er décembre 2008 – avec quelques aperçus sur le premier semestre 2009. Toutefois, nombre de développements ont été revus en profondeur, en particulier ceux qui concernent les personnes privées et le droit des relations économiques internationales.

Nous avons fait un effort particulier pour tenir compte des jurisprudences des cours régionales de droits de l'homme, des juridictions pénales internationales, de l'Organe de règlement des différends de l'Organisation mondiale du commerce et des sentences arbitrales CIRDI ou similaires.

Les dispositions du Traité instituant la Communauté européenne (TCE) sont citées dans la version modifiée par les traités de Maastricht (1992), d'Amsterdam (1997) et de Nice (2001) ; le cas échéant, la numérotation des articles correspondants dans le Traité de Lisbonne (2007) est mentionnée (TUE et TFUE).

P.D., M.F. et A.P.

PLAN GÉNÉRAL

INTRODUCTION GÉNÉRALE

LE CONCEPT DE DROIT INTERNATIONAL

PREMIÈRE PARTIE

LA FORMATION DU DROIT INTERNATIONAL

Titre I. — FORMATION CONVENTIONNELLE

Titre II. — FORMATION NON CONVENTIONNELLE

DEUXIÈME PARTIE

LA COMMUNAUTÉ INTERNATIONALE

Titre I. — L'ÉTAT

Titre II. — LES SUJETS NON ÉTATIQUES DU DROIT INTERNATIONAL : ORGANISATIONS INTERNATIONALES ET PERSONNES PRIVÉES

TROISIÈME PARTIE

LES RAPPORTS INTERNATIONAUX

Titre I. — CADRE JURIDIQUE DES RELATIONS INTERNATIONALES

Sous-titre I. — Mécanismes généraux des relations internationales

Sous-titre II. — Règlement pacifique des différends internationaux

Sous-titre III. — Le recours à la contrainte dans les relations internationales

BIBLIOGRAPHIE (*)

I. — OUVRAGES

A. — *Avant 1914*

A. ALVAREZ, *Le droit international américain — son fondement, sa nature*, Pedone, 1910, 386 p.

C. CALVO, *Le droit international théorique et pratique*, A. Rousseau, 1986, 6 vol., 595 p.

F. DESPAGNET, *Cours de droit international public*, 4e éd. refondue par Ch. de Boeck, Sirey, 1910, 1430 p.

P. FIORE, *Traité de droit international public*, trad. française, par Ch. Antoine, 1911, 893 p.

Th. FUNCK-BRENTANO et A. SOREL, *Précis du droit des gens*, Plon, 1877, 528 p.

E. NYS, *Le droit international ; les principes, les théories, les faits*, M. Weissenbruch, Bruxelles, 1912, 3 vol., 602, 612 et 776 p.

M. PRADIER-FODÉRÉ, *Traité de droit international public européen et américain*, G. Pedone-Lauriol, 1885-1906, 7 vol., 691, 972, 1267, 1250, 1171, 1174 et 1230 p.

L. RENAULT, *Introduction à l'étude du droit international*, Larose, 89 p.

J. WESTLAKE, *International Law*, Cambridge UP, 2 vol., 1904 et 1906, 356 et 334 p.

H. WHEATON, *Éléments de droit international*, F. A. Brockhaus, Leipzig, 1874, 2 vol., 334 et 400 p.

B. — *De 1919 à 1945 (époque de la SdN)*

H. ACCIOLY, *Traité de droit international public*, trad. française par P. Gouté, Sirey, 1940-1942, 3 vol., 652, 528 et 580 p.

D. ANZILOTTI, *Corso di diritto internazionale*, Cedam, Padoue, 1928, 2 vol. ; trad. française du t. I par G. Gidel, Sirey, 1929, 536 p. ou Ed. Panthéon-Assas, coll. « Les introuvables », 1999, XII-535 p.

---

* Lorsqu'un ouvrage a fait l'objet de plusieurs rééditions, seule est mentionnée la plus récente. Lorsque Paris est la ville d'édition, cette mention est omise. Ces remarques valent également pour les bibliographies figurant dans le corps de l'ouvrage.

A. CAVAGLIERI, *Lezioni di diritto internazionale*, A. Rondinella, Naples, 1934, 582 p.

P. FAUCHILLE, *Traité de droit international public*, A. Rousseau, 1921-1926, 4 vol., 1058, 1183, 730 et 1095 p.

C. C. HYDE, *International Law Chiefly as Interpreted and Applied by the United States*, Little Brown, Boston, 1922, 2 vol., 832 et 926 p.

L. LE FUR, *Précis de droit international public*, Dalloz, 1937, 656 p.

F. VON LISZT, *Le droit international — Exposé systématique*, trad. française par G. Gidel et L. Alcindor, Pedone, 1928, 400 p.

N. POLITIS, *Les nouvelles tendances du droit international*, Hachette, 1927, 275 p.

S. ROMANO, *Corso di diritto internazionale*, A. Milani, Padoue, 1929, 275 p.

G. SCELLE, *Précis de droit des gens (principes et systématiques),* Sirey, 1932-1934, 2 vol., 312 et 559 p. (réédition 1984, CNRS, 317 et 563 p.) et *Manuel de droit international public*, Domat-Montchrestien, 1948, 1008 p.

J. SPIROLOULOS, *Traité théorique et pratique de droit international public*, LGDJ, 1933, 467 p.

H. STIER-SOMLO éd., *Handbuch des Vîlkerrechts*, Stuttgart, W. Kohlhammer, 1930, 9 vol.

E. C. STOWEL, *International Law, a Restatement of Principles*, H. Holt, New York, 1931, 829 p.

K. STRUPP, *Éléments du droit international public universel, européen et américain*, Éd. internationales, 1927, 3 vol., 877 p.

C. — *Depuis 1945*

M. AKEHURST, *A Modern Introduction to International Law*, Unwin Hyman, Londres, 1987, 315 p.

D. ALLAND et ass., *Droit international public*, PUF, Droit fondamental, 2000, 807 p.

F. ATTAR, *Le droit international entre ordre et chaos*, Hachette, 1994, 635 p.

A. AUST, *Handbook of International Law*, Cambridge UP, 2005, XLVII-505 p.

S. BASTID, *Cours de droit international public*, Les cours de droit, 1976-1977, XXVI-1396 p.

M. BEDJAOUI dir., *Droit international — Bilan et perspectives*, Pedone/Unesco, 2 vol., 1991, 1361 p. (éd. anglaise, Nijhoff/Unesco, Dordrecht, 1992, LX-1276 p.).

J. L. BRIERLY, *The Law of Nations*, Clarendon Press, Oxford, 1967, 443 p.

I. BROWNLIE, *Principles of Public International Law*, 7e éd., Oxford UP, 2008, 784 p.

Th. BUERGENTHAL et S.D. MURPHY, *Public International Law in a Nutshell*, Thomson/West, Saint-Paum (MN), 4e éd., 2007, XXXV-403 p.

J. A. CARRILLO SALCEDO, *El derecho internacional en un mundo en cambio*, Tecnos, Madrid, 1984, 351 p.

D. CARREAU, *Droit international*, 9e éd., Pedone, 2007, XXVII-621 p.

A. CASSESE, *Le droit international dans un monde divisé*, Berger-Levrault, 1986, 375 p. (éd. anglaise, Clarendon Press, Oxford, 1986, XVI-429 p.) ; *International Law*, Oxford UP, 2005, LV-527 p. ; et P. GAETA, *Diritto internazionale*, il Mulino, Bologne, 2 vol. (I. I lineamenti, 2003, 370 p., II. Problemi della comunità interzionale, 2004, 248 p.)

L. CAVARÉ et J.-P. QUÉNEUDEC, *Le droit international public positif*, Pedone, 1967-1969, 2 vol., 808 et 952 p.

J. COMBACAU et S. SUR, *Droit international public*, Montchrestien, Domat, 8e éd., 2008, 848 p.

B. CONFORTI, *Diritto internazionale*, éd. scientifica, Naples, 1987, VIII-412 p.

G. DAHM, J. DELBRÜCK und R. WOLFAM, *Völkerrecht*, de Gruyter, Berlin, 3 vol., I : 1989, XLIII-571 p. ; II et III, 2002, LXXIX-510 p. et XVIII-662 p.
L. DELBEZ, *Les principes généraux du droit international public*, LGDJ, 1964, 667 p.
I. DETTER, *The International Legal Order*, Darmouth, Aldershot, 1994, 566 p.
M. DIEZ DE VELASCO, *Instituciones de derecho internacional público*, Tecnos, Madrid, 2007, 1166 p.
S. DREYFUS, *Droit des relations internationales*, Cujas, 1992, 537 p.
P.-M. DUPUY, *Droit international public*, 8e éd., Dalloz, 2006, XXVII-849 p.
T.O. ELIAS, *New Horizons in International Law*, Sijthoff et Noordhoff, Alphen, 1979, XXXII-260 p.
M. D. EVANS ed., *International Law*, Oxford UP, 2e éd., 2006, LXIII-833 p.
J. L. FERNANDÈS-FLORES, *Derecho internacional público*, Eds. de derecho reunidas, Madrid, t. I, 1980, 855 p.
Th. M. FRANCK, *Fairness in International Law and Institutions*, Clarendon Press, Oxford, 1995, XXXVI-500 p.
M. GIULIANO, T. SCOVAZZI et T. TREVES, *Diritto internazionale*, Giuffré, Milan, 2 vol., 1991, XXVI-643 p. ; 1993, XVI-610 p.
J. D. GONZALEZ CAMPOS, L.I. SANCHEZ RODRIGUEZ et P.A. SAENZ DE SANTA MARIA, *Curso de derecho internacional público*, Civitas, Madrid, 2003, 953 p.
P. GUGGENHEIM, *Traité de droit international public avec mention de la pratique suisse internationale*, Lib. de l'Université, Genève, 2 vol., 1953-1954, 592 et 592 p. ; 2e éd., t. I, 1967, 352 p.
C. GUTTIEREZ ESPADA, *Derecho internacional público*, Trotta, Madrid, 1995, 699 p.
L. HENKIN, *International Law ; Politics and Values*, Nijhoff, La Haye, 1995, 376 p.
R. HIGGINS, *Problems and Process : International Law and How we Use it*, Clarendon Press, Oxford, 1994, XXVII-267 p.
S. HOBE et O. KIMMINICH, *Einführung in das Völkerrecht*, A. Francke, Tubingen/Basel, 2004, XXIV-615 p.
Ph. C. JESSUP, *A Modern Law of Nations,* Macmillan, Londres 1949, 236 p.
E. JIMENEZ DE RECHAGA, *El derecho intercional público*, Tecnos, Madrid, 1980, 379 p.
H. KELSEN, *Principles of International Law*, Rinhehart, New York, 1966, 602 p.
J. L'HUILLIER, *Éléments de droit international public*, Rousseau, 1950, 432 p.
Ph. MANIN, *Droit international public*, Masson, 1979, 419 p.
F. M. MARINO MENÉNDEZ, *Derecho internacional público (Parte general)*, 4e éd., Trotta, Madrid, 2005, 694 p.
P. M. MARTIN, *Droit international public*, Masson, 1995, XXIII-350 p.
A. MIAJA DE LA MUELA, *Introduccion al derecho internacional público*, Atlas, Madrid, 1960, 656 p.
R. MONACO, *Manuale di diritto internazionale púablico e privato*, Unioni tipografico-editrice torineze, 1949, 694 p.
R. MORELLI, *Trattato di diritto internazionale*, Cedam, Padoue, 1954, 6 vol.
S. D. MURPHY, *Principles of International Law*, Thomson/West, Saint-Paul (MN), 2006, XXIII-490 p.
D. P. O'CONNELL, *International Law*, Stevens, Londres, 2e éd., 1970, 2 vol., 1335 p.
OPPENHEIM'S *International Law* t. I, *Peace*, by Sir R. Jennings and Sir A. Watts, Longman, Harlow, 1992, 2 vol., LXXXVI et XC-1333 p.
J. A. PASTOR RIDRUEGO, *Curso de derecho internacional público y organizaciones internacionales*, Tecnos, Madrid, 2007, 828 p.
R. PINTO, *Le droit des relations internationales*, Payot, 1972, 373 p.
R. QUADRI, *Diritto internazionale publico*, Liguori, Naples, 1968, 793 p.
R. REDSLOB, *Traité de droit des gens*, Sirey, 1950, 473 p.

A. REMIRO BROTONS, et as., *Derecho internacional público*, Tirant Lo Blanch, Valencia, 2007, 1382 p.
P. REUTER, *Droit international public*, PUF, 1983, 595 p.
R. R. RIQUELME CORTADO, *Derecho internacional – Entre un orden global y fragmentado*, Bibl. Nueva, Madrid, 2005, 373 p.
A. J. RODRÍGUEZ CARRIÓN, *Lecciones de derecho internacional público*, 2006, Tecnos, Madrid, 589 p.
Sh. ROSENNE, *The Perplexities of Modern International Law*, Nijhoff, Leiden, 2004, XXVI-471 p.
Ch. ROUSSEAU, traité de *Droit international public*, Sirey, 5 vol. (t. I : Introduction et sources, 1970, 464 p. ; t. II : *Les sujets de droit*, 1974, 797 p. ; t. III : *Les compétences*, 1977, 635 p. ; t. IV, *Les relations internationales*, 1980, 671 p. ; t. V, *Les rapports conflictuels*, 1983, 504 p.) et *Le droit des conflits armés*, Pedone, 1983, XII-629 p.
O. SCHACHTER, *International Law in Theory and Practice*, Nijhoff, Dordrecht, 1991, XI-431 p.
G. SCHWARZENBERGER et D. J. L. BROWN, *International Law — A Manual*, Stevens, Londres, 1976, 701 p.
T. SCOVAZZI, *Corso di diritto internazionale*, Giuffré, Milan, t. I, 2000, X-225 p.
I. SEIDL-HOHENVELDERN, T. STEIN et Ch. VON BUTTLAR, *Völkerrecht,* C. Heymann, Cologne, 2005, XXVII-511 p.
C. SEPULVEDA, *Derecho Internacional,* Porrua, Mexico, 1988, XXIV-713 p.
M. N. SHAW, *International Law*, Cambridge UP, 2003, XLVII-1288 p.
I. A. SHEARER, *Starke's International Law*, Butterworths, Londres, 1994, XXX-629 p.
M. SIBERT, *Traité de droit international public*, Dalloz, 1951, 2 vol., 992 et 812 p.
M. SØRENSEN ed., *Manual of Public International Law*, Macmillan, Londres, 1968, 930 p.
H. THIERRY, J. COMBACAU, S. SUR et Ch. VALLÉE, *Droit international public*, Montchrestien, 1986, XIX-789 p.
J. TOUSCOZ, *Droit international*, PUF, 1992, 432 p.
T. TREVES, *Diritto internazionale – Problemi fondamentali*, Giuffrè, Milan, 2005, XXV-781 p.
G. I. TUNKIN, *Droit international public : problèmes théoriques*, Pedone 1965, 251 p. — éd. anglaise, Allen et Unwin, Londres, 1974, 497 p.
G. I. TUNKIN ed., *International Law — A Textbook*, Progress Publ, Moscou, 1986.
P. VELLAS, *Droit international public* ; t. I : *Institutions internationales*, LGDJ, 1967, 481 p.
A. VERDROSS et B. SIMMA, *Universelles Völkerrecht — Theorie und Praxis*, Duncker & Humblot, Berlin, 1984, XXX-956 p.
J. VERHOEVEN, *Droit international public*, Larcier, Bruxelles, 2000, 856 p.
J. M. VERZIJL, *International Law in an Historical Perspective*, Leyde, Sijthoff, 1968-1992, 11 vol. — vol. XII, *Index*, 1998, XXXIII-371 p.
Ch. DE VISSCHER, *Théories et réalités en droit international public*, Pedone, 4e éd. 1970, 450 p.
W. VITZTHUM et M. BOTHE, *Völkerrecht*, de Gruyter, Berlin, 2e éd. 2004, XXXVI-691 p.
W. WENGLER, *Völkerrecht*, Springer, Berlin, 1964, 2 vol., 1530 p.

Ouvrages d'initiation — Mémentos

L.-A. ALEDO, *Le droit international public*, Dalloz, 2005, 141 p.
Ph. BLACHÈR, *Droit des relations internationales*, Litec, 2004, 163 p.

E. Canal-Forgues et P. Rambaud, *Droit international public*, Flammarion, Coll. Champs, 2007, 450 p.
E. Decaux, *Droit international public*, Dalloz, 5e éd., 2006, 403 p..
R.-J. Dupuy, *Le droit international*, PUF, « Que sais-je ? », n° 1060, 1996, 128 p.
M. Frangi et P. Schulz, *Droit des relations internationales*, « Lexique », Dalloz, 1995, 94 p.
M. Lascombe, *Le droit international public*, Dalloz, 1996, XII-134 p.
P. Le Jeune, *Introduction au droit des relations internationales*, LGDJ, 1994, 170 p.
A. Pellet, *Droit international public*, PUF, Thémis, 1981, 151 p.
R. Ranjeva et Ch. Cadoux, *Droit international public*, Edicef/Aupelf, 1992, 272 p.
D. Ruzié, *Droit international public*, Dalloz, 2008, VI-299 p.
M. Sinkondo, *Introduction au droit international public*, Ellipses, 1999, 205 p.
B. Tchikaya, *Mémento de la jurisprudence du droit international public*, 4e éd., Hachette, 2007, 160 p.
J.-C. Zarka, *Droit international public*, Ellipses, 2006, 176 p.

Case books

Ch. L. Blakesley et al., *The International Legal System : Cases and Materials*, 5e éd., Foundation Press, New York, 2001, LXXV-1505 p.
B. E. Carter, Ph. R. Trimble et A. S. Weiner, *International Law*, 5e éd., Wolters Kluwer Law and Business, Austin, 2007, LIV-1228 p.
L. F. Damrosch, et al., *International Law : Cases and Materials*, 4e éd., West Group, St. Paul, 2001, LXXXVII-1678 p.
J. L. Dunoff, St. R. Ratner et D. Wippman, *International Law : Norms, Actors, Process : A Problem-Oriented Approach*, 2e éd., Aspen Publishers, New York, 2006, XXXV-1090 p.
M. W. Janis et J. E. Noyes, *Cases and Commentary on International Law*, 3e éd., West Group, St. Paul, 2006, XLI-975 p.
W. R. Slomanson, *Fundamental Perspectives on International Law*, Thomson/ Wadsworth, Belmont, 2006, XIV-682 p.

Exercices et corrigés

M. Bélanger, *Droit international public — Corrigés d'examens*, LGDJ, 2000, 210 p.
Ph. Bretton, *Travaux dirigés de droit international public et de relations internationales*, Litec, 1991, VIII-465 p.
J. Combacau, D. Alland et C. Jencolas, *Droit international — exercices et corrigés*, PUF, Thémis, 1987, 250 p.
E. David, *Cas pratiques et corrigés d'examens en droit international*, Bruylant, Bruxelles, 2007, 289 p.
S. Salinas Alcega et C. Tirado Robles, *Casos prácticos de derecho internacional público*, RIEE, Zaragoza, 2005, XV-606 p.

II. — COURS GÉNÉRAUX PUBLIÉS DANS LE RECUEIL DES COURS DE L'ACADÉMIE DE DROIT INTERNATIONAL (LA HAYE)

Arrigo Cavaglieri, *Règles générales du droit de la paix*, 1929, I, vol. 26, p. 315-585.

Alfred VERDROSS, *Règles générales du droit international de la paix*, 1929, V. vol. 30, p. 275-517.
Charles DUPUIS, *Règles générales du droit de la paix*, 1930, II, vol. 32, p. 5-289.
Stellio SEFERIADES, *Principes généraux du droit international de la paix*, 1930, IV, vol. 34, p. 181-489.
Maurice BOURQUIN, *Règles générales du droit de la paix*, 1931, I, vol. 35, p. 5-232.
Hans KELSEN, *Théorie générale du droit international public. Problèmes choisis*, 1932, IV, vol. 42, p. 121-351.
Gabrielle SALVIOLI, *Les Règles générales du droit de la paix*, 1933, IV, vol. 46, p. 5-163.
Georges SCELLE, *Règles générales du droit de la paix*, 1933, IV, vol. 46, p. 331-697.
Karl STRUPP, *Les règles générales du droit de la paix*, 1934, I, vol. 47, p. 263-593.
Louis LE FUR, *Règles générales du droit de la paix*, 1935, IV, vol. 55, p. 5-307.
Erich KAUFMANN, *Règles générales du droit de la paix*, 1935, IV, vol. 55, p. 313-615.
James-Leslie BRIERLY, *Règles générales du droit de la paix*, 1936, IV, vol. 58, p. 5-237.
Jules BASDEVANT, *Règles générales du droit de la paix*, 1936, IV, vol. 58, p. 475-691.
H. LAUTERPACHT, *Règles générales du droit de la paix*, 1937, IV, vol. 62, p. 99-419.
J.-P.-A. FRANÇOIS, *Règles générales du droit de la paix*, 1938, IV, vol. 66, p. 5-291.
M.-S. KRYLOV, *Les notions principales du droit des gens (la doctrine soviétique)*, 1947, I, vol. 70, 411-476.
Henri ROLIN, *Les principes de droit international public*, 1950, II, vol. 77, p. 309-476.
Paul GUGGENHEIM, *Les principes de droit international public*, 1952, I, vol. 80, p. 1-188.
Hans KELSEN, *Théorie du droit international public*, 1953, III, vol. 84, p. 1-201.
Ch. DE VISSCHER, *Cours général*, 1954, II, vol. 86, p. 449-553.
Georg SCHWARZENBERGER, *The Fundamental Principles of International Law*, 1955, I, vol. 87, p. 195-385.
Gaetano MORELLI, *Cours général de droit international public*, 1956, I, vol. 89, p. 437-603.
Sir Gerald FITZMAURICE, *The General Principles of International Law, Considered from the Standpoint of the Rule of Law*, 1957, II, vol. 92, p. 1-223.
Charles ROUSSEAU, *Principes de droit international public*, 1958, I, vol. 93, p. 369-549.
M. SORENSEN, *Principes de droit international public*, 1960, III, vol. 101, p. 1-251.
P. REUTER, *Principes de droit international public*, 1961, II, vol. 103, p. 425-655.
Sir Humphrey WALDOCK, *General Course on Public International Law*, 1962, II, vol. 106, p. 1-251.
Émile GIRAUD, *Le droit international public et la politique*, 1963, III, vol. 110, p. 419-809.
R. QUADRI, *Cours général de droit international public*, 1964, III, vol. 113, p. 237-483.
W. M. BISHOP, *General Course of Public International Law*, 1965, II, vol. 115, p. 151-467.
R. Y. JENNINGS, *General Course on Principles of Public International Law*, 1967, II, vol. 121, p. 323-606.
R. MONACO, *Cours général sur les principes de droit international public*, 1968, III, vol. 125, p. 93-335.
W. FRIEDMANN, *General Course in Public International Law*, 1969, II, vol. 127, p. 38-246.
Ch. CHAUMONT, *Cours général de droit international public*, 1970, I, vol. 129, p. 335-528.
J. E. S. FAWCETT, *General Course on Public International Law*, 1971, I, vol. 132, p. 363-558.
P. DE VISSCHER, *Cours général de droit international public*, 1972, vol. 136, p. 1-202.

H. Mosler, *The International Society as a Legal Community*, 1974, IV, vol. 140, p. 1-320.

G. Tunkin, *International Law in the International System*, 1975, IV, vol. 147, p. 1-218.

P. Ziccardi, *Règles d'organisation et règles de conduite en droit international*, 1976, I, vol. 152, p. 119-376.

E. Jimenez de Arechaga, *International Law in the Last Third of a Century*, 1978, I, vol. 159, p. 1-344.

R.-J. Dupuy, *Communauté internationale et disparités de développement*, 1979, IV, vol. 165, p. 13-231.

M. Lachs, *The Development and General Trends of International Law in our Time*, 1980, IV, vol. 169, p. 13-377.

A. Truyol, Y Serra *Théorie du droit international public*, 1981, IV, vol. 173, p. 9-443.

O. Schachter, *International Law in Theory and Practice*, 1982, V, vol. 178, p. 9-395.

M. Virally, *Panorama du droit international contemporain*, 1983, V, vol. 183, p. 9-382.

Ph. Cahier, *Changements et continuité du droit international*, 1985, VI, vol. 195, p. 9-374.

I. Seidl-Hohenveldern, *International Economic Law*, 1986, III, vol. 198, p. 9-624.

G. Abi-Saab, *Cours général de droit international public*, 1987, VII (publié et mis à jour en 1997), vol. 207, p. 9-463.

B. Conforti, *Cours général de droit international public*, 1988, V, vol. 212, p. 1-210.

L. Henkin, *International Law : Politics, Values and Functions*, 1989, IV, vol. 216, p. 9-416.

H. Thierry, *L'évolution du droit international*, 1990, III, vol. 222, p. 1-185.

R. Higgins, *International Law and the Avoidance, Containment and Resolution of Disputes*, 1991, V, vol. 230, p. 9-342.

P. Weil, *Le droit international en quête de son identité*, 1992, VI, vol. 237.

Th. Franck, *Fairness in the International Legal and Institutional System*, 1993, III, vol. 240, p. 1-498.

F. Capotorti, *Cours général de droit international public*, 1994-IV, vol. 248, p. 9-344.

I. Brownlie, *International Law at the Fiftieth Anniversary of the United Nations*, 1995, vol. 255, p. 9-228.

J.-A. Carrillo-Salcedo, *Droit international et souveraineté des États*, 1996, vol. 257, p. 35-22.

K. Zemanek, *The Legal Foundations of the International System*, 1997, vol. 266, p. 9-336.

J. A. Pastor Ridruejo, *Le droit international à la veille du XXIe siècle : Normes, faits et valeurs*, 1998, vol. 274, p. 9-308.

Ch. Tomuschat, *International Law : Ensuring the Survival of Mankind on the Eve of a New Century*, 1999, vol. 281, p. 9-438.

A.-M. Slaughter, *International Law and International Relations*, 2000, vol. 285, p. 9-250.

S. Rosenne, *The Perplexities of Modern International Law*, 2001, vol. 291, p. 9-471.

P.-M. Dupuy, *L'unité de l'ordre juridique international*, 2002, vol. 297, p. 9-490.

Th. Meron, *International Law in the Age of Human Rights*, 2003, vol. 301, p. 9-490.

A. A. Cancado Trindade, *International Law for Humankind : Towards a New Jus Gentium*, 2005, vol. 316, p. 9-440 et vol. 317, p. 9-312.

III. — COURS EUROMÉDITERRANÉENS BANCAJA DE DROIT INTERNATIONAL (CASTELLÓN) - PROBLÈMES FONDAMENTAUX

A. Pellet, *Le droit international à l'aube du XXIe siècle*, 1997, vol. I, p. 19-112.
O. Casanovas y la Rosa, *Unidad y pluralismo en Derecho internacional público*, 1998, vol. II, p. 35-267.
A. Mahiou, *Droit international et développement*, 1999, vol. III, p. 21-144.
U. Leanza, *Le droit international : d'un droit pour les États à un droit pour les individus*, 2000, vol. IV, p. 27-221.
A. R. Brotóns, *Desvertebración del Derecho Internacional en la sociedad globalizada*, 2001, vol. V, p. 45-381.
J. Salmon, *Le droit international à l'épreuve au tournant du XXIe siècle*, 2002, vol. VI, p. 35-363.
S. Belaïd, *Société internationale, Droit international : quelles mutations ?*, 2003, vol. VII, p. 39-340.

IV. — MÉLANGES, HOMMAGES, RECUEILS D'ARTICLES

(Classement chronologique. Ils seront cités de manière abrégée dans le texte.)

Mélanges Antoine Pillet, Sirey, 1929, 2 vol., 515 et 752 p.
Recueil d'études sur les sources du droit, en l'honneur de François Gény, Sirey, 1935, 3 vol., 309 p., 573, 546 p.
Mélanges offerts à Ernest Manhaim, Sirey, 1935, 2 vol., XXXV-431 p., 687 p.
La technique et les principes du droit public. Études en l'honneur de Georges Scelle, LGDJ, 1950, 2 vol., 913 p.
Mélanges Sauser-Hall, Neuchâtel, 1952.
Law and Politics in the World Community (hommages à H. Kelsen), Los Angeles, 1953.
Rechtsfragen der internationalen Organisation. Festschrift für H. Wehberg, Klostermann, Francfort, 1956, 408 p.
Liber amicorum *of Congratulations to Algot Bagge*, 1956, 269 p.
Scritti di diritto internazionale en onore di Tomaso Perassi, Giuffré, Milan, 1957, 2 vol., 513 p. et 464 p.
Problèmes fondamentaux du droit international. Festschrift für Jean Spiropoulos, Schimmelbusch, Bonn, 1957, 471 p.
Symbolae *Verzijl*, Nijhoff, La Haye, 1958, 453 p.
Festgabe für Alexander N. Makarov, Z.a.ö.R.V., 1958, vol. XIX, n° 1-3 et Kohlammer, Stuttgart, 606 p.
Varia Juris Gentium. Liber amicorum... *J.P.A. François*, Leyde, 1959.
Hommage d'une génération de juristes au Président Basdevant, Pedone, 1960, 561 p.
Mélanges en l'honneur de G. Gidel, Sirey, 1961, 605 p.
Internationalrechtliche und staatsrechtliche Abhandlungen. Festschrift für Walter Schätzel, Hermes, Düsseldorf, 1960, XVI-566 p.
Völkerrecht und rechtliches Weltbild. Festschrift für Alfred Verdross, Springer, Vienne, 1960, 345 p.
Legal Essays — A Tribute fo Frede Castberg, Oslo, 1963.
Mélanges Séfériadès, A. Klissiounis, Athènes, 1961, 2 vol., 846 p.
Mélanges offerts à H. Rolin. Problèmes de droit des gens, Pedone, 1964, 536 p.

Law, State and International Legal Order, Essays in Honor of Hans Kelsen, Univ. Tennessee Press, Knoxville, 1964, 365 p.

Essays on International Law from the Columbia Law Review, New York, 1965, 437 p.

Cambridge Essays in International Law (Mél. Mc Nair), Stevens, Londres, 1965, 186 p.

International Arbitration Liber amicorum *for Martin Domke*, Nijhoff, La Haye, 1967, 360 p.

Recueil d'études de droit international en hommage à P. Guggenheim, IUHEI, Genève, 1968, XXXI-901 p.

Mélanges offerts à Polys Modinos, Problèmes des droits de l'homme et de l'unification européenne, Pedone, 1968, 498 p.

Mélanges Juraj Andrassy, Nijhoff, La Haye, 1968, 358 p.

The Relevance of International Law, Essays in Honor of Leo Gross, K. W. Deutsch & S. Hoffmann, Schenkmann Pub., Cambridge, Mass., 1968, 280 p.

Mélanges R. Cassin, Pedone, 1969-1972, 4 vol., 482, 602, 325 et 405 p.

International Law in the Twentyth Century, L. Gross éd., ASIL, Appleton-Century-Crofts, New York, 1969, 1011 p.

Transnational Law in a Changing Society. Essays in Honor of Ph. C. Jessup, Columbia UP, New York, Londres, 1972, VIII-324 p.

Miscellanea *W.J. Ganshof van der Meersch*, Bruylant-LGDJ, Bruxelles-Paris, vol. I-II, 1972, 621 p. & 976 p ; vol. III, 1975, 755 p.

Festschrift für Friedrich Berber, Beck, Munich, 1973, 577 p.

Multitudo Legum, Ius Unum. *Festschrift für Wilhelm Wengler*, InterRecht, Berlin, 1973, 2 vol., XV-704 p. et IX-917 p.

International Organization Law in Movement. Essays in Honor of John Mc Mahon, Oxford UP, Londres, 1973, 182 p.

Mélanges offerts à Marcel Waline, Le juge et le droit public, LGDJ, 1974, vol. I, p. 139-265.

Mélanges offerts à Charles Rousseau. La communauté internationale, Pedone, 1974, 346 p.

Mélanges Couzinet, Univ. Toulouse, 1974, 809 p.

Studia in Honorem *Stratis G. Adreadès*, Athènes, 1974, 3 vol.

Il processo internazionale, Recueil d'études en l'honneur de G. Morelli, Communicazioni e studi, vol. XIV, 1975, Giuffré, Milan, 1085 p.

Current Problems of International Law, Essays on U.N. Law and on the Law of Armed Conflict, A. Cassese éd., Giuffré, Milan, 1975, 375 p.

Studi in onore di Manlio Udina, Pub. Univ. di Trieste, Milan, vol. 17, 1975, 2 vol., 1860 p.

Toward World Order and Human Dignity, Essays in Honor of Myres S. Mc Dougal, B. & H. Weston, New York-Londres, 1976, 281 p.

Essays in International Law, in Honour of Krishna Rao, M. K. Nawaz éd., Sijthoff, Leyde, 1976, VIII-362 p.

Internationales Recht und Wirtschaftsordnung, Festschrift für F. A. Mann, Beck, Munich, 1977, XVI-885 p.

Essays on International Law and Relations, in Honour of A. J. P. Tammes, NILR 1977, Sijthoff, Leyde, 371 p.

Studi di diritto europeo in onore di Riccardo Monaco, Milan, 1977.

Declarations on Principles : A Quest for Universal Peace, Liber amicorum discipulorumque *Prof. Dr. BVA Röling*, Sijthoff, Leyde, 1977, 403 p.

Studi in onore di Giorgio Balladore Pallieri, Univ. Sacro Cuore, Milan, 1978, 2 vol.

Estudios de Derecho Internacional. Homenaje al profesor Miaja de la Muela, Éd. Technos, Madrid, 1979, 2 vol., 1192 p.

Jus et Societas. *Essays in Tribute to Wolfang Friedmann*, Nijhoff, La Haye, Boston, Londres, 1979, 381 p.

Mélanges F. Dehousse, F. Nathan-Éd. Labor, Paris-Bruxelles, 1979, 2 vol., 235 p. et 340 p.

Essays on the Development of the International Legal Order... in Memory of H. F. van Panhuys, Sijthoff, Leyde, 1980.

Modern Problems of International Law and the Philosophy of Law. Miscelleana *in Honor of Professor D. S. Constantopoulos*, IDI & RI, Salonique, Thesaurus Acroasium, vol. IV, 1980, 636 p.

Festschrift für Rudolf Bindschedler, Stämpfli, Berne, 1980, XII-638 p.

Mélanges dédiés à Robert Pelloux, L'Hermès, Lyon, 1980, 342 p.

Mélanges offerts à P. Reuter. Le droit international : unité et diversité, Pedone, 1981, 584 p.

International Law : Teaching and Practice, B. Cheng ed., Stevens, Londres, 1982, XXIX-287 p.

New Directions in International Law. Essays in Honour of Wolfgang Abendroth, Campus, Francfort s/ Main, 1982, 592 p.

Le droit des relations économiques internationales, Études offertes à B. Goldman, Litec, 1982, XVI-429 p.

The Structure and Process of International Law. Essays in Legal Philosophy, Doctrine and Theory, R. St. J. Mac Donald et D. M. Johnston ed., Nijhoff, La Haye, 1983, VII-1234 p.

Völkerrecht als Rechtsordnung, internationale Gerichtsbarkeit, Menschenrechte. Festschrift für Hermann Mosler, Springer, Berlin, 1983, XIV-1057 p.

Essays on International Law and Comparative Law, in Honour of Judge Eradès, Nijhoff, La Haye, 1983, XI + 273 p.

Legal Change, Essays in Honour of J. Stone, Londres, 1983.

Essays in International Law in Honour of Judge Manfred Lachs, Nijhoff, La Haye, 1984, 760 p.

Le droit des peuples à disposer d'eux-mêmes. Mélanges offerts à Ch. Chaumont, Pedone, 1984, 595 p.

Droit et libertés à la fin du XXe siècle. Influence des données économiques et technologiques. Études offertes à C.-A. Colliard, Pedone, 1984, 655 p.

Mélanges Georges Perrin, Payot, Lausanne, 1984, 325 p.

Contemporary Issues in International Law. Essays in Honour of Louis B. Sohn. Engel, Kehl, 1984, 571 p.

Études et essais sur le droit international humanitaire... en l'honneur de Jean Pictet. CICR et Nijhoff, Genève-La Haye, 1984, LVIII-1143 p.

Mélanges offerts à P.-F. Gonidec, LGDJ, 1985, 543 p.

Policy and Power in Quest of Law. Essays in Honour of Eugene V. Rostow. Nijhoff, La Haye, 1985, 460 p.

Realism in Law-Making : Essays in International Law in Honour of Willem Riphagen, Nijhoff, Dordrecht, 1986, XIX-298 p.

Pensamiento jurídico y sociedad internacional : Libro-homenaje al profesor D. Antonio Truyol Serra, Univ. Complutense, Madrid, 1986, 2 vol., XIII-1288 p.

Le droit international à l'heure de sa codification. Études en l'honneur de Roberto Ago, Giuffré, Milan, 1987, 4 vol., XIX-604, 554, 524 et 455 p.

Du droit international au droit de l'intégration. Liber amicorum *Pierre Pescatore.* Nomos, Baden-Baden, 1987, 869 p.

Liber amicorum *for Lord Wilberforce*, Clarendon Press, Oxford, 1987, VI-251 p.

Liber amicorum : *Colección de Estudios Jurídicos en Homenaje al Profesor Dr. José Montero*, Univ. de Oviedo, 3 vol., 1988, 1541 p.

Law of Nations, Law of International Organisations, World's Economic Law. Liber Amicorum *Honouring Ignaz Seidl-Hohenveldern*, C. Heymann, Cologne, 1988, X-708 p.

Protection des droits de l'homme — Mélanges en l'honneur de Gérard J. Wiarda, C. Heymann, Cologne, 1988, XX-750 p.

International Law and its Sources : Liber Amicorum *Maarten Bos*, Kluwer, Deventer, 1989, XXIII-196 p.

Staat und Völkerrechtsordnung — Festschrift für Karl Doehring, Max Planck Institut, Springer, Berlin, 1989, XIV-1067 p.

International Law at a Time of Perplexity — Essays in Honour of Shabtai Rosenne, Nijhoff, Dordrecht, 1989, XXXVIII-1056 p.

Im Dienst an der Gemeinschaft : Festschrift für Dietrich Schindler, Helbing et Lichtenbalm, Bâle, 1989, 826 p.

Pax, Ius, Libertas — *Mélanges en l'honneur de Dimitrios Constantopoulos*, Thessalonique, 1990, 2 vol., 1313 p.

Current Issues in European and International Law — Essays in Memory of F. Dowrick, Sweet and Maxwell, Londres, 1990, XXXII-195 p.

Festschrift in Honor of Sir Joseph Gold, Recht und Wirtschaft, Heidelberg, 1990, 470 p.

Guy Ladreit de Lacharrière et la politique extérieure de la France, Masson, 1990, XXI-411 p.

M. Virally, *Le droit international en devenir — Essais écrits au fil des ans*, PUF, 1990, 502 p.

L'Europe et le droit. Mélanges en l'honneur de Jean Boulouis. Dalloz, 1991, 556 p.

Humanitarian Law of Armed Conflicts... Essays in Honour of Frits Kalshoven. Nijhoff, Dordrecht, 1991, XXII-668 p.

Humanité et droit international — Mélanges R.-J. Dupuy, Pedone, 1991, 382 p.

Essays in Honour of Judge T. O. Elias, Nijhoff, Dordrecht, 1991, 2 vol., 1025 p.

Mélanges Michel Virally — Le droit international au service de la paix, de la justice et du développement, Pedone, 1991, XXXI-511 p.

Essays in Memory of Judge Nagendra Singh, International Law in Transition, Nijhoff, 1992, 379 p.

Perspectives du droit international et européen. Recueil d'études à la mémoire de Gilbert Apollis, Pedone, 1992, 257 p.

Présence du droit public et des droits de l'homme. Mélanges offerts à Jacques Velu, Bruylant, Bruxelles, 1992, 1325 p.

Hacia un nuevo orden internacional y europeo ; Estudios en homenaje al Profesor Don Manuel Diez de Velasco, Tecnos, 1993, 1436 p.

Mélanges offerts à M. Matteesco-Matte, Ann. Droit mar. et aérien, 1993, 648 p.

Nouveaux itinéraires en droit. Mélanges en l'honneur de François Rigaux, Bruylant, Bruxelles, 1993, XXIII-659 p.

Les relations internationales à l'épreuve de la science politique. Mélanges Marcel Merle, Economica, 1993, 403 p.

Essays in Honour of Wang Tieya. Nijhoff, Dordrecht, 1993, 960 p.

Le droit international dans un monde en mutation. Liber amicorum *en hommage au Professeur Eduardo Jimenez de Arechaga*, Fundacio de cultura universitaria, Montevideo, 1994, 2 vol., 1358 p.

Justice in International Law — Selected Writings of Stefen M. Schwebel, Grotius Publ., Cambridge UP, 1994, XIII-630 p.

V. Starace et U. Villani dir., *Studi in ricordo di Antonion Filippo Panera*, Cacucci, Bari, 1995, 3 vol., XLIV-1641 p.

L'internationalité dans les institutions et le droit — Études offertes à Alain Plantey, Pedone, 1995, XXIII-371 p.

Paul Reuter, *Le développement de l'ordre juridique international. Écrits de droit international*, Economica, 1995, IX-643 p.

J. Markarczyk ed., *Theory of International Law at the Threshold of the XXIst Century. Essays in Honour of Krzysztof Skubiszewski,* Kluwer, La Haye, 1996, 1008 p.

United Nations, *International Law as a Language for International Relations. Proceedings of the U.N. Congress on Public International Law (New York, 13-17 March 1995),* Kluwer, La Haye, 1996, XVI-675 p.

CDI, *Le droit international à l'aube du XXIe siècle — Réflexions de codificateurs*, Nations unies, New York, 1997, XXXI-383 p.

Ch. Dominicé, *L'ordre juridique international entre tradition et innovation. Recueil d'études*, PUF, 1997, XLI-534 p.

Hector Gros Espiell amicorum liber — *Personne humaine et droit international*, Bruylant, Bruxelles, 1997, 2 vol., LXIII/X-1878 p.

Essays on the Law of Treaties. A Collection in Honour of Bert Vierdag, Nijhoff, La Haye, 1997, XI-204 p.

Boutros Boutros-Ghali, amicorum discipulorumque liber. *Paix, développement, démocratie*, Bruylant, Bruxelles, 2 vol., 1998, XLIV-1635 p.

Reflections on International Law from the Low Countries in Honour of Paul de Waart, Nijhoff, 1998, XX-507 p.

Collected Writings of Sir Robert Jennings, Kluwer, La Haye, 2 vol., 1998, XVIII-1464 p.

Les hommes et l'environnement. Quels droits pour le vingt-et-unième siècle ? Études en hommage à Alexandre Kiss, Frison-Roche, 1998, XX-683 p.

Liber amicorum *Professor Ignaz Seidl-Hohenveldern in Honour of his 80th Birthday* (*Mél. Seidl-Hohenveldern* (II)), Kluwer, La Haye, 1998, IX-900 p.

International Law : Theory and Practice. Essays in Honour of Eric Suy, Kluwer, La Haye, 1998, XXXI-809 p.

Mélanges offerts à Hubert Thierry — L'évolution du droit international, Pedone, 1998, 417 p.

Legal Visions of the XXI st. Century : Essays in Honour of Judge Christopher Weeramentry, Kluwer, La Haye, 1998, XX-791 p.

Liber amicorum *Mohammed Bedjaoui*, Kluwer, La Haye, 1999, XXI-790 p. (*Mél. Bedjaoui*).

The Reality of International Law — Essays in Honour of Ian Brownlie, Clarendon Press, Oxford, 1999, LI-592 p.

Mélanges en l'honneur de Nicolas Valticos. Droit et justice, Pedone, 1999, 705 p.

Karel Vasak amicorum liber. *Les droits de l'homme à l'aube du XXIe siècle*, Bruylant, Bruxelles, 1999, XXXI-1189 p.

Mélanges en hommage à Michel Waelbroeck, Bruylant, Bruxelles, 1999, 2 vol., XXXIII-1739 p.

Souveraineté étatique et marchés internationaux à la fin du XXe siècle. À propos de 30 ans de recherche du CREDIMI. Mélanges en l'honneur de Philippe Kahn, Litec, Paris, 2000, XXII-728 p. (*Mél. Ph. Kahn).*

Liber amicorum in memoriam *of Judge José María Ruda*, Kluwer, La Haye, 2000, XL-625 p. (*Mél. Ruda*).

P. Weil, *Écrits de droit international*, PUF, 2000, 423 p.

L'ordre juridique international, un système en quête d'équité et d'universalité — Liber amicorum *Georges Abi-Saab*, Nijhoff, La Haye, 2001, XII-849 p.

State, Sovereignty and International Governance (Mél. Kooijmans), Oxford UP 2002, 664 p.
Liber Amicorum *Judge Shigeru Oda*, Kluwer, 2002, 2 vol., XXXV/IX-1635 p.
Man's Inhumanity to Man – Essays on International Law in Honour of Antonio Cassese, Nijhoff, Leiden, 2002, XXVIII-1031 p.
Studi di diritto internazionale in onore di Gaetano Arangio-Ruiz, Ed. Scientifica, Naple, 2003, 3 vol., 2340 p.
International Law and the Use of Force at the Turn of Centuries – Essays in Honour of V. Đ. Degan, Univ. de Rijeka, Faculté de Droit, 2005, XIV-286 p.
Nordic Cosmopolitanism. Essays in International Law for Martti Koskenniemi, Leiden, Nijhoff, 2003, VI-531 p.
Libertés, Justice, Tolérance – Mélanges en hommage au Doyen Gérard Cohen-Jonathan, Bruylant, Bruxelles, 2004, 2 vol., 1504 p.
Völkerrecht als Wertordnung – Common Values in International Law ; Festschrift für Christian Tomuschat, Engel, Kehl, 2006, XV-1184 p.
La promotion de la justice, des droits de l'homme et du règlement des conflits par le droit international, Liber Amicorum *Lucius Caflisch*, Nijhoff, Leiden, 2007, XXXVIII-1238 p.
Droits de l'homme, démocratie et État de droit : Liber amicorum *Luzius Wildhaber*, Dike, Zürich, 2007, 1550 p.
The Law of International Relations : Liber Amicorum *Hanspeter Neuhold*, Eleven, Utrecht, 2007, XLII-505 p.
Mélanges offerts à Jean Salmon – Droit du pouvoir, pouvoir du droit, Bruylant, Bruxelles, 2007, 1792 p.
Droit international et coopération internationale – Hommage à Jean-André Touscoz, France Europe éditions, Nice, 2007, 1342 p.

V. — RECUEILS DE TRAITÉS ET DE DOCUMENTS DIPLOMATIQUES

A. — *Pour l'ensemble de la communauté internationale*

Société des Nations. *Recueil des traités et des engagements internationaux enregistrés par le Secrétariat de la SdN* (1920-1946).
Nations Unies. *Recueil des traités enregistrés par le Secrétariat des Nations Unies* (depuis 1946).
Nations Unies. *État de la ratification des traités dont le Secrétaire général est dépositaire* (périodique).
C. L. Wiktor, *Multilateral Treaty Calendar/Répertoire des traités multilatéraux, 1648-1995*, Nijhoff, La Haye, 1998, XLVI-1616 p.
M. J. Bowman et D. J. Harris. *Multilateral Treaties — Index and Current Status*, Butterworths, Londres, 1984, II-516 p. (suppléments cumulatifs annuels)
British and Foreign State Papers.
E. David et C. Van Assche, *Code de droit international public*, Bruylant, Bruxelles, 2008, 1774 p.
G. F. de Martens, *Nouveau Recueil général des traités.*
C. E. *Recueil des accords des Communautés européennes.*
Conseil de l'Europe. *Conventions et accords européens.* 5 vol. (1949-1989).

B. — *Pour la France*

DE CLERC, *Recueil des traités, conventions et notes diplomatiques conclus pour la France avec les puissances diplomatiques* (1713-1906), 25 vol.

J. BASDEVANT, *Recueil des traités et conventions en vigueur entre la France et les puissances étrangères*, 4 vol., 1918-1922.

R. PINTO et H. ROLLET, *Recueil général des traités de la France*, 11 vol. (accords bilatéraux publiés et non publiés au *JORF*), 1976 et s.

Ministère des Affaires étrangères, *Liste des traités et accords de la France en vigueur au 1er octobre 1992*, Direction des archives, 1992, 2 vol., 1139 p.

Recueil des traités et accords de la France (reprise des textes publiés au *JORF*).

C. — *Recueils d'usage courant*

a) Ouvrages :

I. BROWNLIE, *Basic Documents in International Law*, Oxford UP, 2002, 335 p.

D. COLARD, *Droit des relations internationales — Documents fondamentaux*, Masson, 1983, 252 p.

C. A. COLLIARD et A. MANIN, *Droit international et Histoire diplomatique*, Montchrestien, 1970-1971, 3 vol. Mises à jour en 1975 et 1979, Éd. de la Sorbonne, 276 p. et 256 p.

P.-M. DUPUY, *Grands textes de droit international public*, Dalloz, 2006, 888 p.

M. D. EVANS, *International Law Documents*, Blackstone, Londres, 1991, VII-353 p.

A. GROS et P. REUTER, *Traités et documents diplomatiques*, PUF, Thémis, 5e éd., 1982, 558 p.

L. LE FUR et G. CHKLAVER, *Recueil des textes de droit international public*, Dalloz, 1934, 117 p.

J.-Y. MORIN, F. RIGALDIES et D. TURP, *Droit international public*, t. I, *Documents d'intérêt international*, Thémis, Montréal, 1997, XX-1232 p.

H. THIERRY, *Droit et relations internationales*, Montchrestien, 1984, 696 p.

b) Périodiques :

Documents d'actualité internationale, La Documentation française — Ministère des Affaires étrangères.

Documents juridiques internationaux, Éd. Y. Blais, Québec (depuis 1982).

International Legal Materials (depuis 1962).

VI. — RECUEILS DE JURISPRUDENCE

International Law Reports (depuis 1951 ; depuis 1919, sous le titre *Annual Digest of Public International Law Cases*, Longmans, Green & Co, Londres-New York-Toronto, 1932 et s.).

A. — *Tribunaux arbitraux*

V. BRUMS, *Répertoire des décisions de la Cour permanente d'arbitrage (1902-1928)*, Fontes juris gentium, série A, C. Heymann, Berlin, 1931.

H. La Fontaine, *Pasicrisie internationale (1794-1900), Histoire documentaire des arbitrages internationaux.* Berne, 1902, réédition par P. E. Eisemann, Nijhoff, La Haye, 1997, XX-670 p.

V. Coussirat-Coustère et P.-M. Eisemann, *Répertoire de la jurisprudence arbitrale internationale*, Nijhoff, Dordrecht, 4 vol., t. I : *1794-1918*, 1989, XXXIII-546 p. ; t. II : *1919-1945*, 1989, XXVI-872 p. ; t. III et IV : *1946-1988*, XXXV-2031 p.

A. De la Pradelle et N. Politis, *Recueil des arbitrages internationaux*, Paris tome I (1798-1855), 1905, 863 p. ; tome II (1856-1872), 1932 1051 p. ; tome III (1872-1875), 1954, 768 p.

J. B. Moore, *History and Digest of the International Arbitration to which the United States Have Been a Party*, 6 vol., 1898.

Recueil des sentences arbitrales, ONU, 28 volumes (depuis 1949).

J.-B. Scott, *Les travaux de la CPA de La Haye*, Oxford UP, New York, 1921, 492 p. et *The Hague Court Reports*, Oxford UP, New York, 1934, 234 p.

A. M. Stuyt, *Survey of International Arbitrations 1794-1989*, Nijhoff, Dordrecht, 1990, XXI-658 p.

B. — *Cour permanente de Justice internationale et Cour internationale de Justice*

Publications de la CPJI :

— *série A. Recueil des arrêts et ordonnances.*

— *série B. Recueil des avis consultatifs.*

— *série A/B. Fusion des séries A et B après 1931.*

— *série C. Actes et documents relatifs aux arrêts et avis consultatifs.*

— *série D. Rapports annuels.*

Publications de la CIJ :

— *Recueil (annuel) des arrêts, avis consultatifs et ordonnances.*

— *Mémoires, plaidoiries et documents.*

— *Annuaire.*

V. Brums, C. Bilfinger, H. Mosler, *Répertoire des décisions de la CPJI et de la CIJ*, Fontes Juris Gentium, Carl Heymanns Verlag, Berlin, 1931 et 1935.

G. Distefano, G. Buzzini, *Bréviaire de jurisprudence internationale*, Bruylant, Bruxelles, 2005, XII-1548 p.

P. Guggenheim dir., *Répertoire des décisions et des documents de la procédure écrite et orale de la CPJI et de la CIJ*, Pub. IUHEI, Droz, Genève, série I (1922-1945), 3 vol. : n° 38, 1961, 1016 p. ; n° 47, 1967, 1288 p. ; n° 51, 1973, 792 p.

E. Hambro, *La jurisprudence de la Cour internationale (Répertoire des arrêts, avis consultatifs et ordonnances de la CIJ, y inclus les opinions individuelles et dissidentes),* jusqu'en 1970, 6 vol., Sijthoff, Leyde, 1957-1972.

K. Marek, *Précis de la jurisprudence de la Cour internationale*, vol. I (CPJI), IUHEI-Nijhoff, La Haye, 1974, 1193 p.

G. Ziccardi Capaldo, *Répertoire de la jurisprudence de la Cour internationale de Justice (1947-1992),* Nijhoff, Dordrecht, 1995, 2 vol., LXXIX/LIII-1211 p.

C. — *Juridictions européennes*

Recueil de la jurisprudence de la Cour de Justice de la CECA, 4 vol. (1954-1958).

Depuis 1959, *Recueil de la jurisprudence de la Cour de justice des Communautés européennes.*

CJCE, *Répertoire de jurisprudence de droit communautaire*, 4 séries (A à D), à partir de 1981.

Publications de la Cour européenne des droits de l'homme. *Série A, arrêts et décisions* (depuis 1960) et *Annuaire de la Commission européenne des droits de l'homme.*

VII. — PRINCIPAUX PÉRIODIQUES

A. — *Recueils de cours*

Recueil des cours de l'Académie de droit international de La Haye (abrév. *RCADI*), Sijthoff, Leyde (depuis 1923).

Cours de l'Institut des Hautes Études Internationales de Paris, Pedone (périodicité irrégulière).

Cours de droit, Paris.

Cours de l'Institut d'études politiques de Paris, FNSP, Paris.

Cours Euro-Méditerranéens Bancaja de Droit International (*CEBDI*), Tirant Lo Blanch, Valencia (depuis 1997).

B. — *Annuaires*

a) Publications d'organisations internationales :

ONU :

— *Annuaire des Nations Unies.*

— *Annuaire juridique des Nations Unies (depuis 1963).*

— *Annuaire de la Commission du droit international.*

— *ONU. Chronique (depuis 1975 : initialement Bulletin des Nations Unies puis Revue mensuelle des Nations Unies et Chronique mensuelle des Nations Unies)*

Communautés européennes :

— *Rapport général de la Commission.*

— *Bulletin mensuel.*

b) Doctrine :

Annuaire canadien de droit international (depuis 1963).

Annuaire de l'Institut de droit international (depuis 1873).

Annuaire du Tiers Monde (depuis 1974-1975).

Annuaire européen (depuis 1955).

Annuaire français de droit international (depuis 1955).

Annuaire suisse de droit international.

Annuario di diritto internazionale.

British Yearbook of International Law (depuis 1943).

*German Yearbook of International Law (*depuis 1976 ; suite du *Jahrbuch für internationales Recht,* 18 vol.*).*

Italian Yearbook of International Law.

Netherlands Yearbook of International Law.

C. — *Revues*

American Journal of International Law (depuis 1906).

International and Comparative Law Quarterly (depuis 1952).

Journal du droit international (Clunet) (depuis 1914).
Journal européen de droit international (depuis 1990).
Netherlands International Law Review (depuis 1975 ; suite du *Nederland Tidjschrift voor international Recht*, depuis 1954).
Revista espanola de derecho internacional (depuis 1948).
Revue belge de droit international (depuis 1966).
Revue de droit international (1927-1940).
Revue de droit international et de législation comparée (1874-1940).
Revue générale de droit international public (depuis 1894).
Revue juridique et politique. Indépendance et coopération (depuis 1964 sous ce titre).
Rivista di diritto internazionale (depuis 1906).
Zeitschrift für ausländisches öffentliches Recht und Völkerrecht (depuis 1950).

VIII. — RÉPERTOIRES — DICTIONNAIRES

American Law Institute, *Third Restatement of the Foreign Relations Law of the United States*, Saint-Paul, 1987, 2 vol., XXVIII-641 p. et XXIV-561 p.
J. BASDEVANT dir., *Dictionnaire de terminologie du droit international public*, Sirey, 1960, 755 p.
R. BERNAHRDT dir., *Encyclopedia of Public International Law*, Max Planck Institute, 12 vol., North Holland Pub. Co, Amsterdam, depuis 1981.
Ph. FRANCESCAKIS dir., *Répertoire de droit international*, 2 vol., 1968-1969.
B. GOLDMAN dir., *Juris-classeur de droit international*, 6 vol., 1966, remises à jour périodiques.
A. Ch. KISS, *Répertoire de la pratique française en matière de droit international public*, CNRS, 7 vol., 1962-1969.
A. DE LA PRADELLE et J.-P. NIBOYET, dir., *Répertoire de droit international*, 10 vol., 1929-1931.
S. MARCHISIO dir., *La prassi italiana di diritto internazionale*, Ufficio Publicazioni e Informazioni Scientifiche, Rome, (1861-1887, 2 vol., 1970 ; 1887-1918, 4 vol., 1979-1982 ; 1919-1925, 7 vol., 1995).
S. D. MURPHY, *United States Practice in International Law*, Cambridge UP, vol. 1 (1999-2001), 2002, 500 p. ; vol. 2 (2002-2004), 420 p.
O. PARRY et J. P. GRANT, *Encyclopaedic Dictionary of International Law*, Oceana, New York, 1986, XX-564 p.
P. PICONE et B. CONFORTI, *La giurisprudenza italiana di diritto internazionale publico — Repertorio 1900-1987*, Jovene, Naples, 1988, 1145 p.
J. SALMON dir., *Dictionnaire de droit international public*, Bruylant/AUF, Bruxelles, 2001, XLI-1198 p.
State Department, *Digest of United States Practice in International Law* (depuis 1973).
M. M. WHITEMAN, *Digest of International Law* (Department of State, G. H. Hackworth ed., 8 vol., 1940-1944 ; 14 vol., 1963-1970).

IX. — BIBLIOGRAPHIES

E. BEYERLY, *Public International Law — A Guide to Information Sources*, Mansell, Londres, 1991, XVIII-331 p.

I. DELUPIS, *Bibliography of International Law*, Browker, Londres, New York, 1975, XXX-670 p.

W. L. GOULD et M. BARKUN, *Social Science Litterature, A. Bibliography for International Law*, Princeton UP, Princeton, NJ, 1972, XIII-641 p.

Public International Law. A Current Bibliography of articles (depuis 1975).

E. G. SCHAFFER et R. J. SNYDER, *Contemporary Practice of Public International Law,* Oceana, Dobbs Ferry, 1997, 297 p.

La plupart des annuaires et revues de droit international comportent un compte rendu bibliographique, parfois même une bibliographie systématique (pour les ouvrages en langue française *in AFDI*).

X. — DROIT COMMUNAUTAIRE

A. BARAV et Ch. PHILIP dir., *Dictionnaire juridique des Communautés européennes*, PUF, 1994, 1180 p.

F. BONNEFOI, *Droit européen — Institutions, principes, politiques*, Delmas, 1989, 236 p.

C. BLUMANN et L. DUBOUIS, *Droit institutionnel de l'Union européenne*, Litec, 2005, 605 p.

J. BOULOUIS et R. M. CHEVALLIER, *Grands arrêts de la CJCE,* Dalloz, t. I, 6e éd., 1994, 434 p. ; t. II, 1991, 2e éd., 467 p.

L. CARTOU, J.-L. CLERGERIE, A. GRUBER et P. RAMBAUD, *L'Union européenne*, Dalloz, 2000, XII-688 p.

M. CLAPIÉ, *Manuel d'institutions européennes*, Flammarion, 2006, 415 p.

J. CLOOS, G. REINESCH, D. VIGNES et J. WEYLAND, *Le Traité de Maastricht — genèse, analyse, commentaires*, Bruylant, Bruxelles, 1993, XI-804 p.

Commission des Communautés européennes, *Répertoire des actes de droit communautaire en vigueur*, bi-annuel, depuis 1980.

V. CONSTANTINESCO, J.-P. JACQUÉ, R. KOVAR et D. SIMON dir., *Traité instituant la CEE — Commentaire article par article*, Economica, 1992, 1672 p. et *Traité sur l'Union européenne signé à Maastricht le 7 février 1992 — Commentaire article par article*, Economica, 1995, 1000 p.

P. DOLAT, *Droit européen et droit de l'Union européenne*, Sirey, 2005, 413 p.

G. DRUESNE, *Droit de l'Union européenne et politiques communautaires*, PUF, 2006, 629 p.

L. DUBOUIS, *Les grands textes du droit de l'Union européenne*, Dalloz, 2005, vol. I 656 p.

L. DUBOUIS et C. BLUMANN, *Droit matériel de l'Union européenne*, 5e éd., Montchrestien, 2009, 768 p.

J. DUTHEIL DE LA ROCHÈRE, *Introduction au droit de l'Union européenne*, Hachette, 2006, 159 p. ; *Droit matériel de l'Union européenne*, Hachette, 2006, 159 p.

J.-M. FAVRET, *Droit et pratique de l'Union européenne*, 6e éd., Gualino, 2009, 640 p.

A. FENET et as., *Droit des relations extérieures de l'Union européenne*, Litec, 2006, XVI-396 p.

J.-C. GAUTRON, *Droit européen*, 11e éd., Dalloz, 2004, VII-302 p.

G. ISAAC, *Droit général de l'Union européenne*, 9e éd., Sirey, 2006, XVI-538 p.

J.-P. JACQUÉ, *Droit institutionnel de l'Union européenne*, Dalloz, 2006, VI-779 p.

C. KADDOUS et F. PICOD, *Union européenne, Communauté européenne : recueil de textes*, Bruylant, Bruxelles, 2006, 1102 p.

M.-F. LABOUZ, *Droit communautaire européen général*, Bruylant, 2003, 374 p.

Ph. LÉGER dir., *Commentaire article par article des traités U.E. et C.E.*, Helbing & Lichtenbaum/Dalloz/Bruylant, Bâle/Paris/Bruxelles, 2000, XXIII-2060 p.

A. MANGAS MARTÍN et D. J. LIÑÁN NOGUERAS, *Instituciones y derecho de la Unión europea*, Tecnos, Madrid, 2005, 771 p.

Ph. MANIN, *Droit constitutionnel de l'Union européenne. Les Communautés européennes. L'Union européenne*. Pedone, 2004, XIII-555 p.

J.-C. MASCLET, *Les grands arrêts du droit communautaire*, PUF, « Que sais-je ? » n° 3014, 1995, 128 p.

J. MEGRET dir., *Le droit de la CEE*, Univ. Libre de Bruxelles-IEE, PU de Bruxelles, 15 vol. (1re édition depuis 1970, 2e édition depuis 1990).

Ph. MOREAU DEFARGES, *Les institutions européennes*, Armand Colin, 2005, 248 p.

J. M. PELÁEZ MARÓN, *Lecciones de Instituciones de la Unión Europea*, Tecnos, Madrid, 2000, 332 p.

M. PERTEK, *Droit matériel de l'Union européenne*, PUF, 2005, 456 p. ; *Droit des institutions de l'Union européenne*, PUF, 2006, 464 p.

Ch. PHILIP, *Les institutions européennes*, Masson, 1981, 2e éd., 226 p.

F. POCAR, *Diritto dell'Unione e delle Comunità europee*, 10e éd., Giuffré, Milan, 2006, XXVIII-366 p.

H. RENOUT, *Institutions européennes*, Paradigme, Orléans, 2006, 369 p.

J. RIDEAU, *Droit institutionnel de l'Union et des Communautés européennes*, 5e éd., LGDJ, 2006, 1281 p.

D. SIMON, *Le système juridique communautaire*, PUF, coll. « Droit fondamental », 2001, 779 p.

S. VAN RAEPENBUSCH, *Droit institutionnel de l'Union et des Communautés européennes*, De Boeck Université, Bruxelles, 2001, 633 p.

J. VERHOEVEN, *Droit de la Communauté européenne*, 2e éd., Larcier, Bruxelles, 2001, 510 p.

J.-C. ZARKA, *L'essentiel des institutions de l'Union européenne*, 10e éd., Gualino, 2008, 152 p.

Revues

Cahiers de droit européen (depuis 1965)

Revue du Marché commun (depuis 1960) (puis *Revue du Marché commun et de l'Union européenne*)

Revue trimestrielle de droit européen (depuis 1965).

XI. — INSTITUTIONS ET RELATIONS INTERNATIONALES

B. BADIE et M.-Cl. SMOUTS, *Le retournement du monde — Sociologie de la scène internationale*, FNSP, Dalloz, 1992, 249 p.

T. BEN SALAH, *Institutions internationales*, Armand Colin, 2005, VI-273 p.

E. BERG, *La politique internationale depuis 1955*, Economica, 1989, 1574 p.

P. BONIFACE, *Les relations internationales de 1945 à nos jours*, Dalloz, 2005, 219 p.

Ph. BRETTON, *Relations internationales contemporaines*, Litec, 1993, 385 p.

D. COLARD, *Les relations internationales de 1945 à nos jours*, Armand Colin, 1997, 414 p.

Cl.-A. COLLIARD et L. DUBOUIS, *Institutions internationales*, Dalloz, 1995, 532 p.

G. DEVIN, *Sociologie des relations internationales*, Repères, La Découverte, 2006, 122 p.

A. GESLIN, *Relations internationales*, Hachette Supérieur, 2006, 255 p.

P.-F. GONIDEC et R. CHARVIN, *Relations internationales*, Montchrestien, 1981, 484 p.
J.-F. GUILHAUDIS, *Relations internationales contemporaines*, Litec, 2005, 742 p.
J. HUNTZINGER, *Introduction aux relations internationales*, Seuil, 1987, 358 p.
E. JOUVE, *Relations internationales*, PUF, 1992, 479 p.
M. LEFEBVRE, *Le jeu du droit et de la puissance. Précis de relations internationales*, PUF, 1997, XIV-504 p.
M. MERLE, *Sociologie des relations internationales*, Dalloz, 1988, 560 p.
P. MILZA, *Les relations internationales de 1973 à nos jours*, Hachette, 2006, 267 p.
Ph. MOREAU-DEFARGES, *Relations internationales*, Seuil (« Points »), 2 vol., 2003, 367 p. et 2007, 298 p.
P. RENOUVIN et J.-B. DUROSELLE, *Introduction à l'histoire des relations internationales*, Armand Colin, 1991, 533 p.
P. REUTER et J. COMBACAU, *Institutions et relations internationales*, PUF, Thémis, 1980, 579 p.
J.-J. ROCHE, *Relations internationales*, 4e éd., LGDJ, Manuels 2009, 408 p. ; *Théorie des relations internationales*, 7e éd., Montchrestien, Clefs 2008, 160 p.
P. DE SENARCLENS, *La politique internationale*, Armand Colin, 2000, 186 p.
M.-C. SMOUTS, *Les nouvelles relations internationales — Pratiques et théories*, FNSP, 1998, 410 p. ; *Dictionnaire des relations internationales*, Dalloz, 2006, 553 p.
S. SUR, *Relations internationales*, 5e éd., Montchrestien, Domat 2009, 608 p.
M. VAISSE, *Les relations internationales depuis 1945*, Armand Colin, 1990, 191 p.
Ch. ZORGBIBE, *Les relations internationales*, PUF, 1989, 501 p.
Ch. ZORGBIBE, *Chronologie des relations internationales depuis 1945*, PUF, 1991, 515 p.

Mementos
P. BRAILLARD, *Les relations internationales*, PUF, « Que sais-je ? », 2006, 128 p.
J. CHARPENTIER, *Institutions internationales*, Dalloz, 2006, 131 p.
M. GOUNELLE, *Relations internationales*, Dalloz, 2006, 194 p.
E.-R. PERRIN, *Les grands problèmes internationaux*, Masson, 1995, XIV-301 p.
J.-C. ZARKA, *Les institutions internationales*, Ellipses, 2007, 172 p.
Ch. ZORGBIBE, *Introduction aux relations internationales*, PUF, 1977, 122 p.

XII. — DOCUMENTATION INFORMATIQUE

Il existe un très grand nombre de sites consacrés en tout ou en partie au droit international public. Parmi ceux qui sont essentiels pour constituer une bibliographie, on peut mentionner :

— le site du Max Planck Institute for International and Comparative Law, qui offre un accès à un remarquable outil de recherche bibliographique, « Public International Law » (http://www.mpil.de/ww/en/pub/library/ catalogues_databases/doc_of_articles/pil.cfm) ; et

— celui de la bibliothèque du Palais de la Paix à La Haye (http://www.ppl.nl/catalogue), qui permet d'avoir accès à la liste des acquisitions de l'une des meilleures bibliothèques spécialisées en droit international public ;

— pour sa part, le site Répertoire PSI – Paix et sécurité internationales (http://www.toile.org/psi/), réalisé par Patrice Despretz, recense un grand nombre de sites spécialisés en matière de relations internationales ; une section spécifique est consacrée au droit international.

Le Centre de Droit International de Nanterre (CEDIN) va mettre très bientôt à disposition de l'ensemble de la communauté universitaire *via* Internet une base de données en droit international public et en droit communautaire (Thucydide), établie par Patrick Daillier, comprenant à la fois tous les textes de base pertinents et des analyses.

Un nombre de plus en plus grand de revues spécialisées en droit international sont en ligne – certaines gratuitement, par exemple :

— Droits fondamentaux (http://www.droits-fondamentaux.org/),

— *European Journal of International Law* (http://www.ejil.org/) (pour quelques numéros),

— Journal judiciaire de La Haye (http://www.haguejusticeportal.net/eCache/DEF/5/475.TD1GUg.html),

— Revue internationale de la Croix-rouge (http://www.icrc.org/fre/revue).

Pour les autres il faut s'abonner, soit directement à la revue, soit par un site donnant accès à plusieurs ou aux principales d'entre elles, notamment :

— HeinOnline (http://www.heinonline.org),

— Ingenta*Connect* (Brill) (http://www.ingentaconnect.com/content/mnp),

— Oxford Journals (http://www.oxfordjournals.org/subject/law)

— Kluwer Law International (http://www.kluwerlawonline.com)

— WestLaw (www.westlaw.com).

Il existe également des sites résumant et commentant l'actualité de droit international qui, de temps en temps, contiennent également des revues des revues :

— Actualité et droit international (http://www.ila-hq.org),

— Sentinelle (sur le site de la SFDI – www.sfdi.org).

Toutes les organisations internationales ont leur propre site. Certains sont plus particulièrement utiles en droit international. Tel est le cas par exemple, de ceux :

— des Nations Unies (http://www.un.org/), qui comporte une rubrique générale « Droit international » (http://www.un.org/french/law/index.shtml) ; on peut aussi accéder directement au site de la CDI – qu'il est indispensable d'aborder en anglais (http://www.un.org/law/ilc/index.htm) ; l'adresse du site de la CIJ (qui reproduit non seulement les arrêts et avis consultatifs de la CPJI et de la CIJ, mais aussi les pièces de procédure écrite et orale s'y rapportant) est le suivant : http://www.icj-cij.org ;

— de l'OIT (http://www.ilo.org) ; ou

— de l'Unesco (http://www.unesco.org/).

V. également le site de certaines ONG plus particulièrement importantes pour les internationalistes :

— CICR : http://www.icrc.org/ ;

— Institut de droit international : http://www.idi-iil.org ;

— International Law Association : http://www.ila-hq.org ;

ou d'associations nationales pour le droit international :

— Société française pour le droit international (SFDI) : http://www.sfdi.org ; ou

— American Society for International Law (ASIL) : http://www.asil.org.

SIGLES ET ABRÉVIATIONS

I. — ANNUAIRES — RECUEILS — REVUES

AADI .... *Annuario argentino de derecho internacional.*
ABDI .... *Anuário brasileiro de direito interacional (Annuaire brésilien de droit international).*
ACDI .... *Annuaire canadien de droit international (CYbIL).*
ADMA .... *Annuaire de droit maritime et aérien.*
AFDI .... *Annuaire français de droit international.*
AFRI .... *Annuaire français des relations internationales.*
AJDA .... *Actualité juridique (droit administratif).*
AJIL .... *American Journal of International Law.*
AJNU .... *Annuaire juridique des Nations Unies.*
Am. J'l. Comp. Law. *American Journal of Comparative Law.*
ADI .... *Annuario de derecho internacional (Navarra).*
Ann. AAA .... *Annuaire de l'association des auditeurs et anciens auditeurs de l'Académie de droit international de La Haye.*
Ann. af. DI .... *Annuaire africain de droit international.*
Ann. CDI .... *Annuaire de la Commission de droit international.*
Ann. CEDH .... *Annuaire de la Convention européenne des droits de l'homme.*
Ann. de La Haye .... *Annuaire de La Haye de droit international – Hague Yearbook of International Law.*
Ann. DI .... *Annuario di diritto internazionale.*
Ann. Dt. Mer .... *Annuaire du droit de la mer.*
Ann. Europ. .... *Annuaire Européen.*
Ann. IDI .... *Annuaire de l'Institut de droit international.*
Ann. Sov. .... *Annuaire soviétique de droit international.*
Ann. TM .... *Annuaire du Tiers Monde.*
Ann. URSS .... *Annuaire de l'URSS et des pays socialistes européens.*
APSR .... *American Political Science Review.*
Archives phil. dt. ...... *Archives de philosophie du droit.*
ARIEL .... *Austrian Review of International and European Law.*
ASDI .... *Annuaire suisse de droit international.*
Asian. YBIL .... *Asian Yearbook of International Law.*
Austr. LJ .... *Australian Law Journal.*

Austr. YBIL .... *Australian Yearbook of International Law.*
Baltic YBIL .... *Baltic Yearbook of International Law.*
Be. Be. .... *Ber Betriebs-Berater.*
Be. Be. Aus. .... *Aussenwirtschaftsdienst des BetriebsBeraters.*
Berkeley Jl. IL .... *Berkeley Journal of International Law.*
Bull. .... *Bulletin des arrêts de la Cour de cassation.*
BYBIL .... *British Yearbook of International Law.*
Cah. dt. eur. .... *Cahiers de droit européen.*
CEBDI .... *Cours euro-méditerranéens Bancaja de droit international (Castellón).*
CC Rec. .... *Recueil des décisions du Conseil constitutionnel.*
Ch. Jl. IL .... *Chinese Journal of International Law.*
CIJ Rec. .... *Recueil des arrêts, avis consultatifs et ordonnances de la CIJ.*
CJCE Rec. .... *Recueil de la jurisprudence de la CJCE.*
Chicago Jl. IL .... *Chicago Journal of International Law.*
Columbia Jl. of Transnal. L. .... *Columbia Journal of Transnational Law.*
Columbia L. Rev. ...... *Columbia Law Review.*
CMLR .... *Common Market Law Review.*
Com. e Studi .... *Communicazioni e Studi.*
Conc. Int. .... *Conciliation internationale.*
Cornell IL Jl. .... *Cornell International Law Journal.*
CPJI série A .... *Arrêts.*
CPJI série B .... *Avis consultatifs.*
CPJI série A/B .... *Arrêts, avis consultatifs et ordonnances (depuis 1931).*
CPJI série C .... *Actes et documents concernant les arrêts et avis consultatifs.*
Criml. L. Forum .... *Criminal Law Forum.*
Cta. I. .... *Communitá internazionale.*
Current. Legl. Pbs. ..... *Current Legal Problems.*
D. .... *Recueil Dalloz.*
DAI .... *Documents d'actualité internationale.*
Deut. Verw. .... *Deutsches Verwaltungsblatt.*
Digest .... *v. Moore.*
DJI .... *Documents juridiques internationaux.*
DMF .... *Le droit maritime français.*
DPCI .... *Droit et pratique du commerce international.*
DS .... *Recueil Dalloz-Sirey.*
Dt. Adm. .... *Droit administratif.*
Dts. fdtx. .... *Droits fondamentaux.*
EDCE .... *Études et documents du Conseil d'État.*
EJIL .... *European Journal of International Law.*
ERM .... *Espaces et ressources maritimes.*
Europ. Law Rev. .... *European Law Review.*
Finn. YBIL .... *Finnish Yearbook of International Law.*
Fordham IL Jl. .... *Fordham International Law Journal.*
Forum DI .... *International Law FORUM du droit international.*
Gaz. Pal. .... *Gazette du palais.*
GYBIL .... *German Yearbook of International Law.*
Harvard IL Jl. .... *Harvard International Law Journal.*
Harvard Jl. of L. & Publ. Pol .... *Harvard Journal of Law and Public Policy.*
Harvard LR .... *Harvard Law Review.*
HRQ .... *Human Rights Quarterly.*

IBL............................ *International Business Lawyer.*
ICLQ.......................... *International and Comparative Law Quaterly.*
ICLR.......................... *International Criminal Law Review.*
ICSID Rev.................. *ICSID Review.*
Internl. Crim. Just..... *International Criminal Justice.*
Internl. Jl. of Marine and Coastal Law....... *International Journal of Marine and Coastal Law.*
I.Jl. Toronto.............. *International Journal of Toronto.*
ILM........................... *International Legal Materials.*
ILR............................ *International Law Reports.*
Int. Org...................... *International Organisations.*
Int. Org. L. Rev......... *International Organizations Law Review.*
Int. Rels.................... *International Relations.*
Int. Trade L. & Reg. *International Trade Law and Regulation.*
Israel YBHR............. *Israel Yearbook on Human Rights.*
IYBIL......................... *Italian Yearbook of International Law.*
JCP........................... *Jurisclasseurs périodiques.*
JDI............................ *Journal du droit international.*
JEDI.......................... *Journal européen de droit international.*
Jl.I.Arb....................... *Journal of International Arbitration.*
JIR............................ *Journal of International Relations.*
Jl. of Hist. IL............ *Journal of History of International Law.*
Jl. of Il. Criml. Just. *Journal of International Criminal Justice.*
Jl. of Il. Eco. L.......... *Journal of International Economic Law.*
Jl. of IL & Pol. .... *Journal of International Law and Politics*
Jl. of. Mar. L. and Cor............................. Journal of Maritime Law and Commerce.
Jl. of. Space L........... Journal of Space Law.
JOCE......................... *Journal officiel des Communautés européennes.*
JORF......................... *Journal officiel de la République française.*
JOSdN........................ *Journal officiel de la Société des nations.*
JWTL......................... *Journal of World Trade Law.*
Leb............................. *Recueil des arrêts du Conseil d'État (Lebon).*
Leiden JIL................. *Leiden Journal of International Law.*
Louisiana L. Rev....... *Louisiana Law Review.*
LPICT........................ *Law and Practice of International Courts and Tribunals.*
LQR.......................... *The Law Quarterly Review.*
Max Planck YBUNL *Max Planck Yearbook of United Nations Law.*
McGill L. Jl.............. *McGill Law Journal.*
Mél............................ *Mélanges.*
Michigan Jl. I L........ *Michigan Journal of International Law.*
Moore, Digest........... *Digest of the International Arbitrations to which the United States has been a Party (J. B. Moore).*
NED .... *Notes et études documentaires.*
Ne. Jur. Wo............... *Neue Juristische Wochenschrift.*
NILR.......................... *Netherlands International Law Review.*
NJIL........................... *Nordic Journal of International Law.*
NQHR .... *Netherlands Quarterly of Human Rights.*
NTIR.......................... *Netherlands Tijdschrift voor Internationaal Recht.*
NYBIL........................ *Netherlands Yearbook of International Law.*
NYU Jl. of IL............ *New York University Journal of International Law and and Politics.*
Obs. NU..................... *L'Observateur des Nations Unies.*

Ocean. Devlpt. and IL	*Ocean Development and International Law.*
O.Z.ö.R.V.	*Österreichische Zeitschrift für öffentliches Recht und Völkerrecht.*
LPA	*Les petites affiches.*
Pasicrisie.	*Pasicrisie internationale (La Fontaine).*
Pol. Étr.	*Politique étrangère.*
PPS	*Problèmes politiques et sociaux.*
Proc.	*Proceedings of the American Society of International Law.*
PYBIL	*Polish Yearbook of International Law.*
RAE	*Revue des affaires européennes.*
RAI	*Recueil des arbitrages internationaux (A. de la Pradelle-N. Politis).*
RBDI	*Revue belge de droit international.*
RCADE	*Recueil des cours de l'Académie de droit européen de Florence.*
RCADI	*Recueil des cours de l'Académie de droit international de La Haye.*
RDH	*Revue des droits de l'homme.*
RDI	*Revista di diritto internazionale.*
RDIDC	*Revue de droit international et de droit comparé.*
RDILC	*Revue de droit international et de législation comparée.*
RDISP	*Revue de droit international et de science politique et diplomatique.*
RDN	*Revue de défense nationale.*
RDP	*Revue du droit public (et de la science politique en France et à l'étranger).*
Rec.	*Recueil des arrêts de la CIJ (ou de la CJCE) ou des décisions du Conseil constitutionnel (France).*
Rep. prat.	*Répertoire de la pratique.*
Rev. adm.	*Revue administrative.*
Rev. alg.	*Revue algérienne de législation et de jurisprudence.*
Rev. Arb.	*Revue de l'arbitrage.*
RCDIP	*Revue critique de droit international privé.*
Rev. ég. DI	*Revue égyptienne de droit international.*
RGCT	*Revue générale des collectivités territoriales.*
Rev. esp. DI	*Revista española de derecho internacional.*
Rev. F. dt. aérien.	*Revue française de droit aérien.*
Rev. hell. DI	*Revue hellénique de droit international.*
Rev. int. de la théorie du dt.	*Revue internationale de la théorie du droit.*
Rev. int. travail	*Revue internationale du travail.*
RFDA	*Revue française de droit administratif.*
RFDC	*Revue française de droit constitutionnel.*
RFSP	*Revue française de science politique.*
RGCT	*Revue générale des collectivités territoriales*
RGDIP	*Revue générale de droit international public.*
RGTF	*Recueil général des traités de la France.*
RICR	*Revue internationale de la Croix-Rouge.*
RIDC	*Revue internationale de droit comparé.*
RJE	*Revue juridique de l'environnement.*
RJPE Maroc	*Revue juridique, politique et économique du Maroc.*
RJPIC	*Revue juridique et politique « indépendance et coopération ».*

RMC .... *Revue du marché commun (devenue : RMCUE, Revue du marché commun et de l'Union européenne).*
RQDI .... *Revue québécoise de droit international.*
RSA .... *Recueil des sentences arbitrales (publié par les Nations Unies).*
RSDIE .... *Revue suisse de droit international et de droit européen.*
RSJ .... *Revue suisse de jurisprudence.*
RTAF .... *Recueil des traités et accords de la France*
RTDC .... *Revue trimestrielle de droit commercial.*
RTDE .... *Revue trimestrielle de droit européen.*
RTNU .... *Recueil des traités des Nations Unies.*
RUDH .... *Revue universelle des droits de l'homme.*
S. .... *Recueil Sirey.*
Stud. dipl. .... *Studia Diplomatica (depuis 1975 ; succède à la Chronique de politique étrangère, Belgique).*
TAM recueil .... *Recueil des décisions des tribunaux arbitraux mixtes.*
Texas IL Jl. .... *Texas International Law Journal.*
Trim. Monde .... *Trimestre du Monde.*
UNCIO .... *Documents de la Conférence des Nations Unies pour l'organisation internationale.*
U. Pennsylvania ....
Jl.釋Internl. Eco. L. ...... *University of Pennsylvania Journal of International Economic Law.*
Virginia Jl. IL .... *Virginia Journal of International Law.*
W.Arb. Med. Rev. .... *World Arbitration and Mediation Review.*
Winsconsin IL Jl. .... *Winsconsin International Law Journal.*
Yale Jl. IL .... *Yale Journal of International Law.*
Yale L.Jl. .... *Yale Law Journal.*
YBEL .... *Yearbook of European Law.*
YBIEL .... *Yearbook of International Environmental Law.*
YBIHR .... *Yearbook of International Humanitarian Law.*
YBWA .... *Yearbook of World Affairs.*
Z.a.ö.R.V. .... *Zeitschrift für ausländisches öffentliches Recht und Völkerrecht.*

II. — JURIDICTIONS INTERNES ET INTERNATIONALES

CA .... Cour d'appel.
Cass. .... Cour de cassation (civ. 1 : Première Chambre civile ; com. : Chambre commerciale ; crim. Chambre criminelle ; soc. : Chambre sociale).
CC .... Conseil constitutionnel.
CE .... Conseil d'État.
CEDH .... Cour européenne des droits de l'homme.
CIJ .... Cour internationale de Justice.
CJCE .... Cour de justice des Communautés européennes.
CJUE .... Cour de justice de l'Union européenne.
Com. arb. Yougo. ...... Commission d'arbitrage pour la Yougoslavie.
CPA .... Cour permanente d'arbitrage.
CPJI .... Cour permanente de Justice internationale.
CPI .... Cour pénale internationale.
TAM .... Tribunaux arbitraux mixtes.

TABM........................ Tribunal administratif de la Banque mondiale.
TANU........................ Tribunal administratif des Nations Unies.
TAOIT........................ Tribunal administratif de l'Organisation internationale du Travail.
TFPUE........................ Tribunal de la fonction publique de l'Union européenne.
TGI........................ Tribunal de grande instance.
TIDM........................ Tribunal international du Droit de la mer.
TPI........................ Tribunal de première instance (CE).
TPIY........................ Tribunal pénal international pour l'ex-Yougoslavie.
TPIR........................ Tribunal pénal international pour le Rwanda.
Trib. corr.................... Tribunal correctionnel.
TSSL........................ Tribunal spécial pour la Sierra Leone.

III. — ORGANISATIONS INTERNATIONALES ET SIGLES DIVERS

ACP........................ États d'Afrique, des Caraïbes et du Pacifique.
ADI........................ Académie de Droit international.
ADPIC........................ Aspects des droits de propriété intellectuelle qui touchent au commerce (OMC).
AELE........................ Association européenne de libre-échange.
AEN........................ Agence pour l'énergie nucléaire (OCDE).
AETR........................ Accord européen sur les transports routiers.
AG........................ Assemblée générale des Nations Unies.
AGE........................ Accords généraux d'emprunt.
AIE........................ Agence internationale de l'énergie.
AIEA........................ Agence internationale pour l'énergie atomique.
ALADI........................ Association latino-américaine de développement et d'intégration.
ALALC........................ Association latino-américaine de libre-échange.
ALECSO........................ Organisation de la Ligue arabe pour la culture, l'éducation et la science.
ALENA........................ Association de libre-échange d'Amérique du Nord.
AMGI........................ Agence multilatérale de garantie des investissements.
AMI........................ Accord multilatéral sur l'investissement.
ANASE........................ Association des nations du Sud-Est asiatique.
ANZUS........................ Traité d'assistance mutuelle Australie – Nouvelle-Zélande – États-Unis.
APD........................ Aide publique au développement.
APRONUC........................ Autorité provisoire des Nations Unies au Cambodge.
ASE........................ Agence spatiale européenne.
ATNUTO........................ Administration transitoire des Nations Unies au Timor oriental.
B. Af. D........................ Banque africaine de développement.
BCE........................ Banque centrale européenne.
BEI........................ Banque européenne d'investissement.
BERD........................ Banque européenne pour la reconstruction et le développement.
BFCE........................ Banque française du commerce extérieur.
BICE........................ Banque internationale de coopération économique.
BIRD........................ Banque internationale pour la reconstruction et le développement.
BIT........................ Bureau international du Travail.
BRI........................ Banque des règlements internationaux.

CBI .... Convention bilatérale d'investissement.
CAD .... Comité d'aide économique au développement (OCDE).
CAEM .... Conseil d'aide économique mutuelle (COMECON).
CARICOM .... Marché commun des Caraïbes.
CCCE .... Caisse centrale de coopération économique.
CCD........................... Conférence du comité de désarmement ou Conseil de coopération douanière.
CCEG .... Conseil de coopération des États arabes du Golfe.
CCEI........................... Conférence sur la coopération économique internationale.
CDI .... Commission du droit international.
CE.............................. Communauté européenne.
CEA .... Communauté économique africaine.
CEAC .... Commission européenne de l'aviation civile.
CEAO .... Communauté économique de l'Afrique de l'Ouest.
CECA .... Communauté européenne du charbon et de l'acier.
CECLES .... Centre européen pour la construction de lanceurs d'engins spatiaux.
CED .... Communauté européenne de défense.
CEDEAO................... Communauté économique des États de l'Afrique de l'Ouest.
CEDH .... Cour européenne des droits de l'homme.
CEE .... Communauté économique européenne.
CEEA .... Communauté européenne de l'énergie atomique (Euratom).
CEI .... Communauté des États indépendants.
CEPAL....................... Commission économique pour l'Amérique latine.
CERS .... Centre européen de recherche spatiale.
CES............................ Conseil économique et social (des Nations Unies, Ecosoc).
CETS .... Conférence européenne des télécommunications par satellites.
CFCE......................... Centre français du commerce extérieur.
CFDT......................... Confédération française démocratique du travail.
CGT .... Confédération générale du travail.
CIAV.......................... Commission internationale d'appui et de vérification (Amérique centrale).
CICR.......................... Comité international de la Croix-Rouge.
CIDH .... Cour interaméricaine des droits de l'homme.
CIEC.......................... Commission internationale de l'état civil.
CIEM.......................... Conseil international pour l'exploration de la mer.
CIME......................... Comité intergouvernemental des migrations européennes.
CINA .... Commission internationale de la navigation aérienne.
CIPEC........................ Conseil intergouvernemental des pays exportateurs de cuivre.
CIRDI .... Centre international pour le règlement des différends relatifs aux investissements.
CITES .... Convention sur le commerce international des espèces de faune et de flore sauvages menacées.
CIVS .... Commission internationale de vérification et de suivi (Amérique centrale).
CMI .... Comité maritime international.
CNPF......................... Clause de la nation la plus favorisée.
CNRS .... Centre national de la recherche scientifique.
CNUCED .... Conférence des Nations Unies pour le commerce et le développement.
CNUDCI.................... Commission des Nations Unies pour le droit commercial international.
COFACE .... Compagnie française d'assurance pour le commerce extérieur.

COREPER .... Comité des représentants permanents.
CS .... Conseil de sécurité des Nations Unies.
CSCE .... Conférence sur la sécurité et la coopération en Europe.
CTBT .... Comprehensive Test Ban Treaty (Traité sur l'interdiction complète des essais nucléaires).
DREE .... Direction des relations économiques extérieures.
DSRP .... Document de stratégie pour la réduction de la pauvreté.
DTS .... Droits de tirage spéciaux.
ECU .... Unité monétaire européenne.
EEE .... Espace économique européen.
EIE .... Étude d'impact sur l'environnement.
Eumetsat .... Organisation européenne pour l'exploitation de satellites météorologiques.
Eurocontrol .... Organisation européenne pour la sécurité de la navigation aérienne.
Eutelsat .... Organisation européenne de télécommunications par satellites.
FAC .... Fonds d'aide et de coopération.
FAD .... Force arabe de dissuasion.
FAO .... Organisation des Nations Unies pour l'alimentation et l'agriculture.
FAS .... Facilité d'ajustement structurel (FMI).
FASR .... Facilité d'ajustement structurel renforcée (FMI).
FCE .... Forces conventionnelles en Europe.
FCPB .... Fonds commun pour les produits de base.
FECOM .... Fonds européen de coopération monétaire.
FED .... Fonds européen de développement.
FEM .... Fonds pour l'environnement mondial.
FIDA .... Fonds international de développement agricole.
FINUL .... Force intérimaire des Nations Unies au Liban.
FISE .... Fonds international de secours à l'enfance (UNICEF).
FLN .... Front de libération nationale (Algérie).
FMA .... Fonds monétaire arabe.
FMI .... Fonds monétaire international.
FMO .... Force multinationale d'observateurs.
FNUOD .... Forces des Nations Unies pour l'observation du dégagement.
FO .... Force ouvrière.
FORPRONU .... Force de protection des Nations Unies en Yougoslavie.
FORPRONUC .... Force provisoire des Nations Unies au Cambodge.
FRPC .... Facilité pour la réduction de la pauvreté et la croissance.
FRETILIN .... Front révolutionnaire pour l'indépendance du Timor oriental.
FRS .... Facilité de réserve supplémentaire.
FTS .... Facilité pour la transformation systémique (FMI).
FUNU .... Force d'urgence des Nations Unies.
GANUPT .... Groupe d'assistance des Nations Unies pour la période de transition (Namibie).
GATT .... General Agreement for Tariffs and Trade (Accord général sur les tarifs et le commerce).
GOMNUII .... Groupe d'observateurs militaires des Nations Unies pour l'Iran et l'Irak.
GONUBA .... Groupe d'observateurs des Nations Unies dans la bande d'Aozou.
GONUL .... Groupe d'observation des Nations Unies au Liban.
HCR .... Haut commissariat des Nations Unies pour les réfugiés.

IADM .... Initiative d'allégement de la dette multilatérale.
IATA .... International Air Transport Association.
ICNAF .... Commission internationale des pêches de l'Atlantique-Nord.
IDA .... Association internationale de développement (AID).
IDDRI .... Institut du développement durable et des relations internationales
IDI .... Institut de droit international.
IHEI .... Institut des hautes études internationales (Paris).
ILA .... International Law Association.
INMARSAT .... Organisation internationale de télécommunications maritimes par satellites.
INTELSAT .... Organisation internationale de télécommunications par satellites.
INTERFET .... Force internationale au Timor oriental.
Interpol .... v. OIPC.
IUHEI .... Institut universitaire de hautes études internationales (Genève).
KFOR .... Kosovo Force.
LEA .... Ligue des États arabes.
MANUA .... Mission d'assistance des Nations Unies en Afghanistan.
MANUI .... Mission d'assistance des Nations Unies pour l'Irak.
MARPOL .... Convention pour la prévention de la pollution par les navires.
MEPC .... Mécanisme d'examen des politiques commerciales (OMC).
MIGA .... v. AMGI.
MINUAH .... Mission d'observation des Nations Unies en Haïti.
MINUAR .... Mission des Nations Unies pour l'assistance au Rwanda.
MINUEE .... Mission des Nations Unies en Éthiopie et en Érythrée.
MINUK .... Mission intérimaire des Nations Unies au Kosovo.
MINUL .... Mission des Nations Unies au Liberia.
MINURSO .... Mission des Nations Unies pour l'organisation d'un référendum au Sahara occidental.
MINUSTAH .... Mission des Nations Unies pour la stabilisation en Haïti.
MINUTO .... Mission des Nations Unies au Timor oriental.
MIPRENUL .... Mission préparatoire des Nations Unies au Cambodge.
MLN .... Mouvement de libération nationale.
MONUAS .... Mission d'observation des Nations Unies en Afrique du Sud.
MONUG .... Mission d'observation des Nations Unies en Géorgie.
MONUIK .... Mission d'observation des Nations Unies pour l'Irak et le Koweït.
MONUL .... Mission d'observation des Nations Unies au Liberia.
NEAFC .... Commission internationale des pêches de l'Atlantique du Nord-Est.
OAA .... v. FAO.
OACI .... Organisation de l'aviation civile internationale.
OCCAR .... Organisation conjointe de coopération en matière d'armement.
OCDE .... Organisation de coopération et de développement économiques.
OCI .... Organisation de la Conférence islamique.
OEA .... Organisation des États américains.
OEB .... Organisation européenne des brevets.
OECE .... Organisation européenne de coopération économique.
OIERN .... Organisation européenne pour la recherche nucléaire (v. CERN).
OERS .... Organisation des États riverains du fleuve Sénégal.

OHI .... Organisation hydrographique internationale.
OIAC .... Organisation internationale pour l'interdiction des armes chimiques.
OIC .... Organisation internationale du commerce.
OIF .... Organisation internationale de la francophonie.
OIM .... Organisation internationale des migrations.
OIPC .... Organisation internationale de police criminelle (Interpol).
OIR .... Organisation internationale pour les réfugiés.
OIT .... Organisation internationale du travail.
OLP .... Organisation de libération de la Palestine.
OMC .... Organisation mondiale du commerce.
OMCI .... Organisation intergouvernementale consultative de la navigation maritime (voir OMI).
OMI .... Organisation maritime internationale.
OMM .... Organisation météorologique internationale.
OMPI .... Organisation mondiale de la propriété intellectuelle.
OMS .... Organisation mondiale de la santé.
OMT .... Organisation mondiale du tourisme.
OMVS .... Organisation pour la mise en valeur du (fleuve) Sénégal.
ONG .... Organisation non gouvernementale.
ONU .... Organisation des Nations Unies.
ONUB .... Opération des Nations Unies au Burundi.
ONUC .... Opération des Nations Unies pour le Congo.
ONUCA .... Groupe d'observateurs des Nations Unies en Amérique centrale.
ONUCI .... Opération des Nations Unies en Côte-d'Ivoire.
ONUDI .... Organisation des Nations Unies pour le développement industriel.
ONUMOZ .... Opération des Nations Unies au Mozambique.
ONUSAL .... Mission d'observation des Nations Unies à El Salvador.
ONUSOM .... Opération des Nations Unies en Somalie.
ONUST .... Organisation des Nations Unies chargée de la surveillance de la trêve.
ONUVEH .... Groupe d'observateurs des Nations Unies pour la vérification des élections en Haïti.
ONUVENG .... Groupe d'observateurs des Nations Unies pour la vérification des élections au Nicaragua.
ONUVER .... Mission d'observation des Nations Unies chargée de la vérification du référendum en Érythrée.
OPAEP .... Organisation des pays arabes exportateurs de pétrole.
OPANAL .... Organisme pour l'interdiction des armes nucléaires en Amérique latine.
OPEC .... Organe permanent d'examen des politiques commerciales (OMC).
OPEP .... Organisation des pays exportateurs de pétrole.
ORD .... Organe de règlement des différends (OMC).
OTAN .... Organisation du Traité de l'Atlantique-Nord.
OTASE .... Organisation du Traité de l'Asie du Sud-Est.
OUA .... Organisation de l'Unité africaine.
PAM .... Programme alimentaire mondial.
PCE .... Protection contre les chocs exogènes.
PEAT .... Programme élargi d'assistance technique.
PGT .... Pays les plus gravement touchés (par la crise économique).

PICAO .... Organisation provisoire de l'aviation civile internationale.
PMA .... Pays les moins avancés.
PNUD .... Programme des Nations Unies pour le développement.
PNUE .... Programme des Nations Unies pour l'environnement.
PPTE .... Pays pauvres très endettés.
RDC .... République démocratique du Congo.
RFSY .... République fédérative socialiste de Yougoslavie.
RFY .... République fédérale de Yougoslavie.
SAI .... Système andin d'intégration.
SALT .... Strategic Arms Limitation Talks.
SdN .... Société des nations.
SELA .... Système économique latino-américain.
SFDE .... Société française pour le droit de l'environnement.
SFDI .... Société française pour le droit international.
SFI .... Société financière internationale.
SGP .... Système généralisé de préférences.
SME .... Système monétaire européen.
STABEX .... Système de stabilisation des recettes d'exportation.
START .... Strategic Arms Reduction Talks.
SWAPO .... South West African People's Organisation.
SYSMIN .... Système d'aide aux produits miniers.
TBI .... Traité(s) bilatéral/bilatéraux d'investissement.
TCE .... Traité instituant la Communauté européenne (tel que modifié par les Traités de Maastricht et d'Amsterdam).
TNP .... Traité de non-prolifération des armes nucléaires.
TSSL .... Tribunal spécial pour la Sierra Leone.
TUE .... Traité sur l'Union européenne.
UE .... Union européenne.
UEBL .... Union économique belgo-luxembourgeoise.
UEO .... Union de l'Europe occidentale.
UEP .... Union européenne des paiements.
UER .... Union européenne de radiodiffusion.
UIOOT .... Union internationale des organismes officiels de tourisme.
UIT .... Union internationale des télécommunications.
UNAVEM .... Mission des Nations Unies de vérification en Angola.
Unesco .... Organisation des Nations Unies pour l'éducation, la science et la culture.
UNFICYP .... Force des Nations Unies à Chypre.
UNGOMAP .... Mission de bons offices des Nations Unies en Afghanistan et du Pakistan.
UNIDIR .... Institut des Nations Unies pour la recherche sur le désarmement.
UNITAF .... Force d'intervention unifiée (Somalie).
UNITAR .... Institut des Nations Unies pour la formation et la recherche.
UNMOGIP .... Groupe d'observateurs militaires des Nations Unies en Inde et au Pakistan.
UNRRA .... United Nations Relief and Rehabilitation Administration.
UNRWA .... United Nations for Recovery and Works Agency (Office de secours et de travaux pour les réfugiés de Palestine).
UNSCOM .... Commission spéciale des Nations Unies chargée de surveiller le désarmement de l'Irak.
UPU .... Union postale universelle.
URSS .... Union des Républiques socialistes soviétiques.

INTRODUCTION GÉNÉRALE

LE CONCEPT DE DROIT INTERNATIONAL

BIBLIOGRAPHIE. — R. AGO, « Droit positif et droit international », *AFDI* 1957, p. 14-62. — E. SUY, « Sur la définition du droit des gens », *RGDIP* 1960, p. 762-770. — Sir Robert JENNINGS, « What Is International Law and How Do We Tell It When We See It ? », *ASDI* 1981, p. 59-88 et « The Identification of International Law », *in* Bin CHENG ed., *International Law : Teaching and Pratice,* Stevens, Londres, 1982, p. 3-9. — R. HIGGINS, « The Identity of International Law », *ibid.,* p. 27-44. — J. COMBACAU, « Le droit international, bric-à-brac ou système ? », *Archives de philosophie du droit*, 1986, p. 88-105. — S. SUR, « Système juridique international et utopie », *ibid.*, 1987, p. 35-45. — I. DETTER DE LUPIS, *The Concept of International Law,* Norstedts Forlag, 1987, 145 p. — Ch. LEBEN, « Droit : Quelque chose qui n'est pas étranger à la justice », *Droits,* 1990, p. 35-40. — A. PELLET, « Art du droit et « science » des relations internationales », *Mél. Merle,* Economica, 1993, p. 353-369.

1. Droit international et société internationale. — Le droit international se définit comme le droit applicable à la société internationale. Cette formule qui, à quelques différences près dans les termes, se retrouve aujourd'hui sous la plume de tous les auteurs, est la plus simple bien qu'elle ne soit pas pure constatation d'une évidence. Elle implique l'existence d'une société internationale distincte de la société nationale ou société interne, ou encore étatique. Elle délimite, en même temps, les champs d'application respectifs du droit international et du droit interne. Elle confirme enfin le lien sociologique, donc nécessaire, entre droit et société. Toute société a besoin du droit et tout droit est un produit social. *Ubi societas, ibi jus* est un adage qui est vérifié dans le temps et dans l'espace.

A. — Définition formelle du droit international

2. Droit international et droit interétatique. — La dénomination « droit international » est aujourd'hui celle qui est le plus couramment employée pour désigner le droit de la société internationale. Elle est la traduction de l'expression *« International Law »* dont la paternité revient à *Bentham* qui l'utilisa dans son livre paru en 1780, *An Introduction to the Principles of Moral and Legislation,* en opposition à *« National Law »* ou *« Municipal Law »*.

Le philosophe anglais ne fit que ressusciter la formule latine *jus inter gentes* adoptée au XVIe siècle par *Vitoria,* reprise en 1650 par un autre Anglais, le juriste *Zouch*, et que le chancelier *d'Aguesseau* traduisit au début du siècle suivant en « Droit entre les nations ». Dans son projet de paix perpétuelle publié en 1795, *Kant* remplaça expressément « Nations » par « États », restituant ainsi le sens anglo-saxon du mot « Nation ». « Droit international » doit être alors considéré comme synonyme de droit réglant les relations entre États, ou droit interétatique. Parallèlement, la société internationale régie par ce droit interétatique est, elle aussi, une *« société interétatique »* ou encore « société des États ».

À l'heure actuelle, à la suite d'une évolution continue qui a conduit à la reconnaissance d'une certaine mesure de personnalité internationale à l'*individu* et, plus généralement, aux personnes privées et à la création puis à la multiplication des *organisations internationales*, la société internationale cesse d'être exclusivement interétatique. Toutefois, le terme « droit international » demeure solidement ancré dans le vocabulaire juridique. Dans ces conditions, et en rapport avec la transformation de la société internationale, il doit être également compris comme un droit qui n'est plus exclusivement interétatique, même s'il le reste principalement en raison du rôle premier des États dans la vie internationale et de l'influence déterminante qu'exerce la notion de *souveraineté*, caractéristique essentielle de l'État, sur l'ensemble du droit international.

3. Droit international et droit des gens. — Jusqu'à la parution du livre de Bentham, une autre dénomination, celle de « droit des gens », avait la faveur de la doctrine. Elle était la traduction littérale de l'expression *jus gentium* des Romains. Si, depuis, elle s'éclipsa peu à peu devant l'expression « droit international », elle ne disparut jamais entièrement du vocabulaire et conserve toujours des adeptes.

Par exemple : G.-F. de Martens, *Précis du droit des gens moderne de l'Europe*, Guillaumin, 1864, 2 vol., 463 p. ; A. Rivier, *Principes du droit des gens*, Rousseau, 1896, 2 vol., 501 p. ; R. Redslob, *Principes du droit des gens moderne*, Rousseau, 1937, 331 p. et *Traité de droit des gens*, Sirey, 1950, 473 p.

En 1879, dans son *Introduction à l'étude du droit international,* le juriste français Louis Renault proposa la distinction entre le droit théorique ou droit rationnel auquel il conféra le titre de « droit des gens » et le droit pratique ou positif que seul il dénomma « droit international ». En 1932, en intitulant son ouvrage *Précis de droit des gens,* Georges Scelle précisa qu'il désirait reprendre le terme « droit des gens » qui était non pas démonétisé mais désuet. Il avertit ensuite que le mot « gens » ne devait pas être pris exclusivement dans son étymologie latine qui vise les collectivités organisées, mais « dans son sens vulgaire et courant d'individus considérés isolément comme tels et, collectivement, comme membres des sociétés politiques ». À son avis, le terme « droit international » est inexact car la société internationale ne devrait pas être autre chose qu'une société d'individus.

S'il y a eu une réelle compétition entre les termes « droit international » et « droit des gens », elle est aujourd'hui entièrement réglée. Bien que le premier soit plus souvent employé, désormais, ils sont considérés unanimement comme des termes synonymes et interchangeables. Pour autant, l'identité entre ces deux appellations n'est pas complète. Le terme « droit international » est proche de l'idée d'un droit *entre* les nations, tandis que le « droit des gens » évoque la perspective plus large d'un droit *commun* aux « gens ».

4. Droit international public et droit international privé. — C'est dans la traduction française parue en Suisse en 1802, de l'ouvrage précité de Bentham que le qualificatif « public » fut ajouté au terme originaire de « droit international ». Plus tard, en 1843, l'expression « droit international privé » fut introduite en France, par Foelix, auteur du premier *Traité de droit international privé.* La distinction entre droit international public et droit international privé, désormais classique, a pris naissance à cette date.

Selon l'opinion générale, elle repose sur une différence d'objet. Alors que le droit international public règle les rapports entre États, le droit international privé règle les rapports entre personnes privées, physiques ou morales. Les premiers présentent un caractère public tandis que les seconds sont des rapports privés comportant un élément d'extranéité qui découle soit de la différence de nationalité entre les auteurs desdits rapports, soit du lieu, situé hors du territoire national, où ceux-ci se déroulent. Au cœur du droit international privé, les mécanismes de « conflits de lois » s'efforcent de permettre la détermination du droit applicable lorsque le recours à deux ou plusieurs systèmes juridiques nationaux peut être envisagé pour régler un problème donné.

Il arrive cependant que l'intervention d'un élément *formel* apporte un trouble à cette traditionnelle répartition des matières entre deux droits. En effet, toute règle élaborée par voie de convention entre États, c'est-à-dire par un procédé interétatique, est au point de vue formel une règle de droit international public. Or, on observe que des questions qui, par nature, relèvent du droit international privé sont parfois réglées par une convention entre États. Dans ces cas, le droit international public exerce une véritable intrusion dans le domaine réservé au droit international privé.

Selon la CPJI, « les règles de droit international privé font partie du droit interne », exception faite de l'hypothèse où elles seraient « établies par des conventions internationales ou des coutumes et auraient alors le vrai caractère d'un droit international régissant les rapports entre États » (*Emprunts serbes,* CPJI, série A, n° 20-21, p. 41-42).

Par ailleurs, de plus en plus, des particuliers entretiennent avec des États étrangers, des relations importantes, contractuelles ou non, dont le régime juridique en pleine évolution tend à se rapprocher d'un régime de droit public (v. *infra*, n° 4 *bis*).

En raison de ces interférences, on a reproché à la distinction entre droit international public et droit international privé d'être scientifiquement artificielle. Georges Scelle l'a vigoureusement combattue. Pour lui, la société internationale est une et le droit international est un. Toute exclusion des individus de l'une ou de l'autre ne peut être qu'arbitraire. Il n'accepte qu'une subdivision en droit privé international et droit public international à la condition qu'elle se situe à l'intérieur d'un droit international unitaire. Le préambule de la Constitution française de 1946 adopte cette terminologie en proclamant que la France se conforme au « droit public international ».

En dépit de ces objections et initiatives, la distinction entre droit international public et droit international privé est définitivement adoptée par la science du droit. Elle n'a jamais cessé, en outre, de recevoir sa pleine consécration dans les programmes d'enseignement. Il faut noter seulement, en ce qui concerne leurs dénominations respectives, que le droit international privé doit toujours être accompagné du qualificatif qui l'identifie, tandis que lorsque l'expression

« droit international » est employée sans qualificatif, c'est toujours, en rapport avec son origine anglaise, du droit international public qu'il s'agit.

Cet ouvrage est consacré au « droit international » c'est-à-dire au seul « droit international public ».

4 *bis*. Droit transnational et *lex mercatoria*

B. Goldman, « Frontières du droit et *lex mercatoria* », *Archives de philosophie du droit*, 1964, p. 177-192 et « La *lex mercatoria* dans les contrats et l'arbitrage internationaux : réalité et perspectives », *JDI* 1979, p. 475-499 ; M. Mustill, « The New *Lex Mercatoria :* The First Twenty Five Years », *Mél. Wilberforce*, Clarendon Press, Oxford, 1987, p. 149-183 ; J. Paulsson, « La *lex mercatoria* dans l'arbitrage CCI », *Rev. Arb.* 1990, p. 55-100 ; Ph. Kahn, « La *lex mercatoria*, point de vue français après quarante ans de controverses », *McGill L. Jl.* 1992, p. 413-427 ; F. Osman, *Les principes généraux de la* lex mercatoria, LGDJ, 1992, XIII-515 p. ; E. Gaillard, « Trente ans de *lex mercatoria* – Pour une application sélective de la méthode des principes généraux de droit », *JDI* 1995, p. 5-30 ; J.R. Reidenberg, « *Lex Informatica* », *Texas LR* 1998, p. 553-593 et les contributions de Ph. Kahn, P. Lagarde, et M. Virally *in Mél. Goldman*, 1982, p. 97-107, 125-150 et 373-385 et celles de J. Bart, E. Loquin et A. Pellet, *in Mél. Kahn*, 2000, p. 9-74 ; F. Latty, *La* lex sportiva – *Recherche sur le droit transnational*, Nijhoff, Leiden/Boston, 2007, XXI+849 p.

La distinction binaire entre droits internationaux public et privé ne rend cependant qu'incomplètement compte de l'encadrement juridique des relations internationales. Pour le faire de manière plus complète, Philip Jessup a lancé l'idée d'un « droit transnational » dans lequel, tout à la fois, le droit international public et le droit international privé trouveraient leur place, mais qui s'étendrait au-delà et couvrirait également le droit interne à portée internationale et les relations juridiques directement nouées par les personnes privées entre elles ; il a appelé cet ensemble de normes à portée internationale, quelles que soient leurs origines, « droit transnational » (*Transnational Law,* Yale UP, 1956, VIII-115 p.).

Cette expression est, aujourd'hui, couramment utilisée pour désigner un « tiers ordre juridique » (M. Virally) constitué de règles d'origine purement privée qu'appliquent les pouvoirs privés, principalement économiques (« entreprises transnationales ») dans leurs rapports *inter se* ou avec les États (v. CJCE, arrêt du 17 janv. 1984, *VBVB et VBBBB c. Commission*, aff. j. 43/82 et 63/82, *Rec.* p. 19, point 30) ; en ce sens elle est synonyme de la « *lex mercatoria* », dont on peut soutenir qu'elle forme un « tiers ordre juridique » distinct et du droit international public et des droits nationaux. Toutefois, l'expression « droit transnational » est souvent employée dans un sens plus large et désigne non seulement les systèmes juridiques qui se développent indépendamment de l'État (la *lex mercatoria* et des systèmes intellectuellement comparables – comme la *lex sportiva* (solidement structurée autour du mouvement olympique), ou la *lex informatica* – ou les droits religieux – droit canonique, musulman ou talmudique) mais couvre également des relations (toujours internationales, car possédant un élément d'extranéité) des ensembles normatifs de nature mixte par leurs sujets (un État ou une personne morale de droit public/une personne privée étrangère, essentiellement un investisseur) ou par leurs sources (contrats transnationaux et conventions internationales [TBI]).

Certaines règles classiques du droit international des traités ou de la responsabilité sont aujourd'hui transposées, sans beaucoup de difficulté, aux contrats transnationaux (v. par exemple, SA, 30 janv. 2007, *Eurotunnel*, *Rev. Arb.* 2007, p. 609-642, § 92 et 338 ; v. aussi, sentences du 15 mars 1963, *Sapphire International Petroleum Ltd. c. National Iranian Oil Company*, *ILR* 1968, p. 131, du 12 avril 1977, *LIAMCO c. Libye*, *ILR* 1977, p. 170, 190 ; et du 20 novembre 1984, *Amco Asia et al. c. Indonésie* (ARB/81/1), *ICSID Rep.*, vol. 1, p. 413, § 248). Ainsi se trouve érigées, par renvois, emprunts et influences mutuels, des passerelles salutaires entre les techniques internationales, transnationales et internes – sans que chacun des ordres juridiques impliqués perde pour autant son autonomie. On peut espérer que, de cette fécondation mutuelle, naîtront progressivement des règles qui articuleront convenablement l'intérêt privé étranger avec l'intérêt général local (v. S. El Boudouhi, « L'intérêt général et les règles substantielles de protection des investissements », *AFDI* 2005, p. 542-563).

La notion de droit transnational, qui se prête mal à la distinction entre droit public et droit privé, englobe en réalité plusieurs ordres juridiques distincts, dont le degré d'autonomie réelle par rapport à ceux des États est variable : comme le droit international public lui-même, l'effectivité de ces droits transnationaux dépend en partie de la tolérance que leur manifestent les États – investis du monopole de la contrainte sur leur territoire (v. *infra*, n° 304 et s.). Chaque État peut en effet, dans l'exercice de sa souveraineté territoriale (v. *infra*, n° 297), limiter l'effectivité de ces divers droits transnationaux ou au contraire les laisser déployer leurs effets (cf. les concordats conclus entre divers États et le Saint-Siège reconnaissant la compétence du droit canonique pour réglementer certaines matières civiles ; ou le libéralisme du droit de l'arbitrage de certains États, qui permet l'application de la *lex mercatoria* ; ou encore la prévalence de la Charte olympique sur le droit national lors des Jeux olympiques). Au demeurant, même lorsque le droit étatique s'oppose à un droit transnational, cette opposition ne peut produire d'effet que sur le seul territoire de l'État en cause ; il n'en résulte pas une remise en cause de la cohérence globale de l'ordre juridique transnational concerné.

En revanche, le droit international grâce à son universalité est susceptible de contrer efficacement le droit transnational. Toutefois, les solidarités internationales sont moins fortes que celles qui unissent les intérêts non-étatiques à l'œuvre dans la sphère transnationale et, globalement, les États ont renoncé à se saisir collectivement du transnational. Il n'en reste pas moins que, dans les rares hypothèses où les États s'impliquent, l'international peut entraîner un certain endiguement du transnational. La lutte antidopage en donne un exemple : jusqu'alors du ressort principal des organisations sportives, elle a fait l'objet d'une co-régulation entre mouvement sportif et pouvoirs publics au sein de l'Agence mondiale antidopage. Le Code mondial antidopage, sorte de standard international en matière de contrôle et de sanction du dopage, a été ensuite reconnu par la Convention internationale de l'Unesco contre le dopage du 25 octobre 2005. Le cas de l'ordre juridique communautaire, où les solidarités sont plus fortes qu'au plan universel, montre également qu'un droit dérivé du droit international peut venir contrer efficacement le droit transnational (cf. l'arrêt *Bosman* de la CJCE du 15 décembre 1995 C-415/93 par lequel les règles de la FIFA et de l'UEFA sur le transfert des joueurs ainsi que les « clauses de nationalités » ont été déclarées contraires à la liberté communautaire de circulation, ou plus récemment l'arrêt *Meca-Medina et Majcen* du 18 juillet 2006, aff. C-519/04 P, dans lequel la CJCE contrôle la conformité des règles antidopage du CIO au droit communautaire de la concurrence).

B. — Droit international et relations internationales

5. Société internationale et communauté internationale. — Droit de la société internationale, le droit international est également présenté parfois comme le droit de la « communauté internationale » ; mais, alors que nul ne songe à répudier le concept de société internationale, celui de communauté internationale a été mis en question.

On a objecté que l'extrême hétérogénéité des États dispersés de par le monde est incompatible avec l'existence d'une communauté internationale considérée comme communauté universelle. Les différences de race, de culture, de religion, de civilisation séparent au lieu d'assembler les peuples. Aujourd'hui autant qu'hier, les conflits idéologiques ou simplement politiques entre États persistent comme facteurs de division. Le déséquilibre croissant des niveaux de développement élargit le fossé entre pays riches et pays pauvres. L'expression « Tiers Monde » est bien le témoignage de la cassure du monde. Il existe, certes, entre tous les États des intérêts *matériels* communs qui proviennent des liens que la civilisation technique a forgés. Mais une communauté doit aussi s'établir sur une base spirituelle qui, en l'espèce, ferait défaut. Un lien communautaire ne pourrait naître que des rapports entre des États présentant des analogies assez profondes pour favoriser l'éclosion de cet élément *subjectif* nécessaire. Quant à la communauté universelle des États, elle resterait une pure utopie.

Cette objection repose essentiellement sur la distinction faite par une théorie sociologique allemande entre « communauté » *(Gemeinschaft)* et « société » *(Gesellschaft)*. Le lien « communautaire » serait fondé sur le sentiment (parenté, voisinage ou amitié) tandis que le second proviendrait seulement des nécessités de l'échange, c'est-à-dire des intérêts. La vie en communauté développerait des relations confiantes et intimes, alors qu'un état de tension caractériserait fondamentalement la vie en société basée uniquement sur l'intérêt. À l'échelon universel, le concept de société internationale serait ainsi concevable et non celui de communauté internationale.

En vérité, les différences entre les peuples n'excluent pas cet élément subjectif nécessaire qui provient de la volonté des États de vivre en commun en dépit de ce qui les sépare. D'autres convictions communes la renforcent encore : l'identité générale des conceptions morales, le sentiment général de justice, l'aspiration générale à la paix, l'interdépendance économique, la nécessité universellement reconnue de la lutte contre le sous-développement.

La solidarité des peuples au plan mondial peut être faible. Mais il ne faut pas confondre l'existence de la communauté internationale (ou de la société internationale) avec le degré de sa cohésion. Aussi bien, à quelque niveau que ce soit, les expressions « communauté internationale » et « société internationale » sont employées aujourd'hui concurremment. Il est vrai que l'expression « communauté internationale » met davantage l'accent sur la solidarité internationale dont on prend de plus en plus conscience et qui ne cesse de progresser dans les faits. (Sur le problème de la personnalité juridique de la communauté internationale, v. *infra*, n° 261).

C'est, à vrai dire, de la tension entre ces aspirations confuses à la communauté internationale et la tendance des États à affirmer leur souveraineté, que naît le droit international dont l'objet est, précisément, d'organiser leur nécessaire interdépendance tout en préservant leur indépendance. Le droit international, garantie de la coexistence des États, apparaît ainsi comme le point d'équilibre, à un moment donné, entre ces deux mouvements antinomiques (v. *infra*, n° 39).

Et, malgré les à-coups d'une histoire sinueuse, le XXe siècle a laissé à la postérité un monde sans doute plus conscient sinon des solidarités existant entre les êtres humains et les États, du moins de leur inéluctable destin commun. Comme l'a indiqué M. Bedjaoui dans la déclaration qu'il a jointe à l'avis de la CIJ de 1996 dans l'affaire relative à la *Licéité de la menace ou de l'emploi d'armes nucléaires :*

« Il est à peine besoin de souligner que la physionomie de la société internationale contemporaine est sensiblement différente [de celle qui prévalait en 1927 lorsque la CPJI a rendu son arrêt dans l'affaire du *Lotus*]. En dépit de la percée encore limitée du "supranationalisme", on ne saurait nier les progrès enregistrés au niveau de l'institutionnalisation, voire de l'intégration et de la "mondialisation", de la société internationale. On en verra pour preuve la multiplication des organisations internationales, la substitution progressive d'un droit international de coopération au droit international classique de la coexistence, l'émergence du concept de "communauté internationale" et les tentatives parfois couronnées de succès de subjectivisation de cette dernière. De tout cela, on peut trouver le témoignage dans la place que le droit international accorde désormais à des concepts tels que celui d'obligations *erga omnes*, de règles de *jus cogens* ou de patrimoine commun de l'humanité. À l'approche résolument positiviste, volontariste du droit international qui prévalait encore au début du siècle (...) s'est substituée une conception objective du droit international, ce dernier se voulant plus volontiers le reflet d'un état de conscience juridique collective et une réponse aux nécessités sociales des États organisés en communauté. À l'évolution de la société internationale elle-même, il convient d'ajouter les progrès enregistrés dans le domaine technologique, qui rendent désormais possible une éradication totale et pratiquement instantanée du genre humain » (*Rec.* 1996, p. 270-271, § 13).

À l'inverse, l'hétérogénéité de la société internationale et du droit qui la régit est accrue aujourd'hui du fait de la diversité des acteurs de la première, tous devenus, dans des mesures et à des titres divers, des sujets du second. Dès lors que le droit international n'est plus seulement le droit entre les États, mais celui d'une société internationale complexe dont les États forment toujours l'épine dorsale mais plus l'unique composante, la définition même de cette « société » ou de cette « communauté » devient incertaine.

Le problème est posé avec acuité par les articles de la CDI sur la Responsabilité de l'État pour fait internationalement illicite adoptés en 2001 : délibérément cet instrument écarte la terminologie retenue par la Convention de Vienne sur le droit des traités de 1969 (qui mentionne la « communauté internationale *des États* dans son ensemble » – v. l'article 53 sur le *jus cogens*) au profit de l'expression plus vague : « communauté internationale dans son ensemble » – mais sans la limiter aux États (cf. les articles 25.1.b), 33.1, 42.b) et 48.1.b)), ce qui implique que d'autres acteurs y soient englobés.

Sur les évolutions de la société internationale et leurs effets sur le droit international, v. H. Ghérari et S. Szurek dir., *L'émergence de la société civile internationale – Vers la privatisation du droit international ?*, Pedone, CEDIN, *Cahiers internationaux* n° 18, 2003, III-350 p.

6. Unité et diversité. — Pas plus que la société internationale, le droit international n'est homogène. Il est fait de la juxtaposition de règles générales et de règles particulières, dont la combinaison est parfois malaisée.

1° *Communauté internationale et droit international général.* La notion de norme « générale » est ambiguë. Elle présente plusieurs sens (v. notamment P. Reuter, « Principes de droit international public », *RCADI,* 1961-II, vol. 103, p. 471 ou P.-M. Dupuy, « Le juge et la règle générale », *RGDIP* 1989, p. 569-598). Il convient de retenir sa signification la plus opératoire en se plaçant au point de vue de la géographie. Compris de cette manière, le droit international général est celui qui est applicable à la communauté internationale universelle.

Pour de nombreux juristes, la notion de communauté internationale sous-entend la communauté *juridique* fondée sur le fait que tous les États sont soumis à un même droit. Cette conception « universelle » du droit international est pleinement confirmée par le droit positif. Des conventions internationales importantes comme celle relative au Statut de la Cour internationale de Justice reconnaissent l'existence des règles écrites et coutumières *générales*. Quant à la jurisprudence internationale, elle fait appel constamment au « droit international commun » ou au « droit international général », termes qui ne peuvent viser que le droit international universel.

L'article 53 de la Convention de Vienne du 23 mai 1969 sur le droit des traités reconnaît l'existence des normes impératives du *droit international général* comme normes acceptées par la *communauté internationale* des États dans son ensemble.

2° *Coexistence des règles générales avec des normes particulières.* Ce même droit international positif reconnaît aussi l'existence de règles particulières, propres à certains États ou à certains groupes d'États.

Certains estiment que ce droit international particulier peut être l'œuvre d'un seul État. Un tel droit particulier rassemblerait toutes les règles et pratiques suivies par les organes législatifs, juridictionnels et exécutifs d'un État en matière de relations internationales. Cependant, cette conception « nationale » du droit international ne cadre pas avec la nature réelle de ce droit qui doit provenir d'une pluralité d'États. Dès 1896, Rivier l'avait rejetée dans ses *Principes du droit des gens*. Selon cet auteur, ce soi-disant droit international d'un seul État constitue simplement son propre « droit public externe », celui qui s'applique à ses propres organes dans les relations extérieures, et qui peut d'ailleurs, en tant que tel, faire l'objet d'études distinctes (cf. E. Zoller, *Droit des relations extérieures*, PUF, 1992, 368 p.).

En revanche, les relations entre les différents États entraînent inévitablement des solidarités particulières qui les conduisent à adopter des règles particulières au plan bilatéral ou régional. Ces coopérations entre un nombre restreint d'États peuvent se traduire par la création d'organisations internationales.

Cette distinction entre règles générales (ou universelles) d'une part et règles bilatérales ou régionales d'autre part n'entraîne pas, par elle-même, de conséquence particulière en ce qui concerne la hiérarchie des unes et des autres : il peut se faire qu'une norme générale se voie reconnaître une primauté par rapport à une règle particulière, mais l'inverse peut également se produire (v. *infra*, n°s 125, 172 s. et 218 s.).

CHAPITRE PREMIER

Histoire du droit international

BIBLIOGRAPHIE. — E. NYS, *Les origines du droit international*, Thorin, 1894, 414 p. — G. VAN VOLLENHOVEN, *Les trois phases du droit des gens*, Nijhoff, La Haye, 1919, 107 p. — S. KORFF, « Introduction à l'histoire du droit international public », *RCADI*, 1923-I, vol. 1, p. 1-23. — L. LE FUR, « Le développement historique du droit international », *RCADI*, 1932-III, vol. 41, p. 501-601. — A. NUSSBAUM, *A Concise History of the Law of Nations*, Macmillan, New York, 1954, 376 p. — W. F. KUEHL ed., *Biographical Dictionary of Internationalists*, Greenwood Press, Westport, 1983, XVI — 934 p. — W. G. GREWE, *Epochen der Völkerrechtsgeschichte*, Nomos, Baden-Baden, 1984, 897 p. ; *The Epochs of International Law*, de Gruyter, Berlin, 2000, XXII-780 p. — A. TRUYOL Y SERRA, *Histoire du droit international public*, Economica, 1995, 188 p. ; *Historia de la filosofia del derecho y del Estado*, Alianza editorial, Madrid, 1995, 2 vol., XXIX-468 p. et XXXIII-441 p. — Y. ONUMA, « When Was the Law of the International Society Born ? », *Jl. of Hist. IL* 2000, p. 1-66. — S. LAGHMANI, *Histoire du droit des gens*, Pedone, 2003, 249 p. — P. KOVÁCS (éd.), *L'histoire en droit international*, Université de Miskolc, 2004, 364 p. — D. GAURIER, *Histoire du droit international. Auteurs, doctrines et développements de l'Antiquité à l'aube de la période contemporaine*, PU Rennes, 2005, IV+526 p. — M. CRAVEN, M. FITZMAURICE et M. VOGIATZI, *Time, History and International Law*, Nijhoff, Leiden, 2007, 251 p. — V. aussi le *Journal of the History of International Law*, depuis 1999.

7. Plan du chapitre. — « Celui qui voudra s'en tenir au présent, à l'actuel, ne comprendra pas l'actuel. » Cette remarque de Michelet est pleinement justifiée à l'égard du droit international qui, plus que toute autre branche du droit, est inséparable de son histoire parce qu'il est un droit essentiellement évolutif.

Cette histoire doit être conçue comme celle d'un phénomène social spécifique. Elle se déroule selon un rythme propre, en fonction des différents facteurs qui, tout en influençant l'évolution de la société internationale, ont contribué à la formation et au développement de son droit. Si elle est étroitement liée à l'histoire générale, elle n'est pas pour autant événementielle. Les périodes de celle-ci et les siennes ne coïncident pas nécessairement.

Au surplus, il convient de constater que, pendant une longue période, l'histoire du droit international, tel que nous le connaissons, s'est largement confondue avec l'histoire européenne : c'est en Europe qu'est apparu l'État moderne, avec l'avènement du mode de production capitaliste ; c'est en Europe que se sont développées et qu'ont été précisées les principales institutions du droit des gens contemporain ; et c'est du fait de l'expansionnisme colonial que les règles forgées en Europe ont été imposées au reste du monde. Sans qu'il faille négliger les apports et les influences extra-européens, surtout dans la période récente, c'est donc sur la maturation de ce droit d'origine européenne qu'il convient de mettre l'accent.

Au bénéfice de ces observations, l'histoire du droit international peut être très simplement divisée en deux périodes.

La première qui va des origines jusqu'à la Révolution française est celle de sa *formation*. La deuxième, qui commence en 1789 et dure encore, est celle de son *développement*.

Section 1.— Période de formation (jusqu'à la Révolution française).
Section 2.— Période de développement (de 1789 à nos jours).

Section 1

Période de formation (Jusqu'à la Révolution française)

§ 1. — *Sous l'Antiquité et au Moyen Âge*

8. Le droit international sans les États. — Sous l'Antiquité et au Moyen Âge, l'État, au sens moderne de ce mot, n'existait pas. Au point de vue juridique, on peut donc réunir ces deux époques historiques en une seule qui peut être qualifiée d'époque « pré-étatique ». Le droit international peut-il naître là où il n'y a pas d'États ?

Ceux qui répondent par la négative à cette question situent le point de départ de l'histoire du droit international au début du XIIe siècle, au moment où apparaissent les premiers États européens. Cependant, le droit international doit être considéré avant tout comme un droit « intersocial » ou « intergroupal ». Quand il s'applique aux États, il les régit, non pas en tant que tels, mais en tant que « sociétés politiques » distinctes et indépendantes. Or, sans être des États, de telles sociétés politiques existaient déjà sous l'Antiquité et au Moyen Âge. Le droit international trouve donc effectivement dans le milieu social de l'Antiquité et du Moyen Âge les conditions minimales nécessaires à sa naissance.

Si l'Europe a largement contribué à imposer l'institution étatique comme concept central du droit international, sa civilisation est aussi héritière de la pensée antique gréco-romaine et des principes de la civilisation chrétienne dont tout le Moyen Âge sera imprégné. Dans cette mesure, la société antique et médiévale a exercé une influence certaine sur cette édification.

A. — L'Antiquité

BIBLIOGRAPHIE. — LIU TCHOAN PAS, *Le droit des gens et de la Chine antique*, Paris, Jouve, 2 vol., 1926. — M. DE TAUBE, « Les origines de l'arbitrage international.

Antiquité et Moyen Âge », *RCADI,* 1932-IV, vol. 42, p. 5-115. — G. Tenekides, « Droit international et communautés fédérales dans la Grèce des Cités », *RCADI,* 1956-II, vol. 90, p. 469-652. — Keishiro Iriye, « The Principles of International Law in the Light of Confucius Doctrine », *RCADI,* 1967-I, vol. 120, p. 1-59. — J. Gaudemet, *Les institutions de l'Antiquité*, Montchrestien, Domat, 1972, 518 p. — Y. Bongert, « L'empire chinois », *in Les grands Empires*, Recueil de la Société Jean Bodin, Lib. Encyclopédique, Bruxelles, 1973, 129 p.

9. Le monde antique et le droit international. — L'Antiquité englobe les trois millénaires qui précèdent notre ère et s'étend jusqu'à la chute de l'Empire romain d'Occident en 476 après Jésus-Christ. La scène politique internationale était alors occupée par deux types différents de collectivités politiques : les *Empires* établis sur de vastes territoires, les « grandes puissances » de l'époque, et les *Cités*, principalement les Cités grecques, entités aux dimensions restreintes mais homogènes et remarquablement organisées.

Dans son ensemble, le monde « connu » était dominé par la tendance à l'autarcie et à l'isolement des peuples. Aussi bien, c'est surtout à propos de l'Antiquité qu'est née la controverse sur les origines du droit international. Pour nombre d'auteurs, aucune règle juridique ne pouvait provenir d'un pareil milieu intersocial ouvert en permanence aux relations de guerre.

On peut estimer que cette opinion négative est excessive. Toutefois, dans la mesure où des traces d'un droit international semblable à celui qu'on connaît de nos jours ont été réellement découvertes, il ne s'agissait encore que de quelques rudiments. L'état latent de guerre dont l'Antiquité portait la marque ne favorisait pas et en aucune région, que ce soit en Extrême-Orient, en Orient ou dans le monde gréco-romain, l'institution d'un véritable système juridique.

10. La Chine. — Malgré la rareté des documents, on peut être certain que des rapports internationaux existaient hors du monde méditerranéen. Cependant, ils ne pesaient pas sur le cours de l'évolution générale.

En Chine, Confucius avait construit une théorie générale des relations sociales à l'échelle de l'univers. Maître d'une pensée philosophique moniste, il croyait dans l'existence d'une foi fondamentale commune à tout l'univers qui exige que, dans l'intérêt social, les actions de l'homme soient partout en accord avec l'ordre de la nature. L'harmonie qui caractérise cet ordre doit servir de modèle constant à l'ordre social et à son fonctionnement, non seulement à l'intérieur d'un même peuple, mais aussi entre tous les peuples. Tel était, dans une société déchirée par les guerres intestines et chroniques, le premier plaidoyer pour la paix universelle et perpétuelle.

11. Les Empires d'Orient. — Dans deux régions très fertiles, deux Empires furent constitués presque simultanément vers le IIIe millénaire avant J.-C. : l'Égypte dans le bassin fertile du Nil, et Babylone, en Mésopotamie. Ce dernier subsista jusqu'au Ier millénaire. Après sa chute, les villes phéniciennes et la Royauté hébraïque émergèrent pendant quelques siècles. À partir du VIIe siècle, de nouveaux Empires se substituèrent à Babylone : l'Empire assyrien d'abord, puis au VIe siècle, l'Empire perse qui atteignit son apogée avec Darius avant de succomber sous les coups d'Alexandre au début du IVe siècle.

Néanmoins, les besoins économiques eurent raison de l'autarcie et de la violence et obligèrent chaque Empire à entrer en relation pacifique avec le monde extérieur. Grâce à ce mouvement, de grands courants commerciaux s'établirent. Babylone et l'Égypte devinrent les deux centres rivaux de transit commercial entre l'Inde et la Méditerranée. Après sa défaite devant les Grecs, l'Empire perse se tourna vers l'Extrême-Orient, puis ses vainqueurs d'hier entamèrent avec lui des rapports économiques, renouant ainsi avec le courant Inde-Méditerranée créé auparavant par Babylone.

Les partisans de l'existence d'un droit international dès cette époque reculée des Empires fondent leur thèse sur l'existence et le développement de ces contacts. Les documents connus révèlent que c'est par le mécanisme du *traité* conclu sur une base *d'égalité*, entre les partenaires, que sont stipulés les engagements internationaux. La règle *« Pacta sunt servanda »* est aussi connue. Elle est garantie par les serments religieux prêtés par les parties contractantes lors de la conclusion de l'obligation.

L'objet de ces traités porte sur des domaines divers : commerce, alliance offensive et défensive, délimitation territoriale. Un des traités les mieux connus est celui conclu par Ramsès II à la fin du IIe millénaire, vers l'année 1292 avant J.-C., avec le roi des Hittites et surnommé « traité de perle ». Ce traité posait les principes d'une alliance doublée d'une coopération sur une base de réciprocité, notamment en matière d'extradition des réfugiés politiques. Par ailleurs, grâce à la découverte des lettres d'Amarna, on apprend l'existence d'un réseau de relations diplomatiques assurées par des envoyés royaux bénéficiant de privilèges spéciaux. Ils utilisaient une langue commune comme langue diplomatique, qui était un idiome babylonien ainsi qu'une écriture commune, l'écriture cunéiforme des Assyriens et des Perses.

Le fait que la Grèce antique puis le Moyen Âge ont aussi recours au traité et à la diplomatie, qui sont devenus les instruments essentiels des relations internationales actuelles, montre qu'en ces deux domaines, au moins, il existe bien une *continuité* de l'Antiquité à nos jours.

12. La Grèce et les relations entre Cités. — 1° C'est la *Grèce classique* et non l'Empire d'Alexandre qui a joué un rôle constructif : les principaux apports proviennent de l'activité des *Cités* qui, atteignant leur apogée avec la démocratie athénienne, occupent sans interruption le devant de la scène durant cinq siècles, jusqu'à la conquête macédonienne, au milieu du IVe siècle avant Jésus-Christ.

L'isolement et la méfiance de l'étranger, comme traits généraux de la société antique, auxquels s'ajoute l'individualisme hellène, constituent toujours des sources permanentes de guerre, non seulement entre les Cités et le monde extérieur (guerres médiques), mais également entre les Cités elles-mêmes. Comme en Orient, ces guerres sont sans merci.

Toutefois, seule la menace de guerre est permanente. La guerre ne l'est pas. Des périodes de paix sont officiellement instituées par traités, tels ceux entre Sparte et Athènes (paix de trente ans en 446 et paix de cinquante ans en 431 stipulée dans le Traité de Nicias). On a même décelé une idée de paix perpétuelle dans le traité de paix conclu avec la Perse en 386.

Il existe donc forcément des relations pacifiques que favorisent en outre d'autres aspects de la vie des Cités. À commencer par les nécessités économiques qui grandissent parallèlement aux cités elles-mêmes. Au Ve siècle, Athènes est devenu le centre d'un intense commerce international maritime. Enfin, si les Cités sont des entités politiquement organisées dont l'indépendance constitue tout à la fois l'idéal et le critère, leurs peuples font partie d'une même communauté de race, de civilisation, de culture qui crée forcément entre eux des affinités particulières. Ils ont la pleine conscience d'être des Hellènes opposés aux Barbares. C'est grâce à ces facteurs d'unité et de rapprochement qui font défaut à l'Orient immense et complexe, que la contribution de la Grèce à la formation du droit international est plus importante et plus substantielle.

2° D'après le témoignage formel de Thucydide, les Grecs utilisent comme les Orientaux les *deux instruments* essentiels des relations : le *traité* et la *diplomatie,* ce qui prouve l'existence d'une certaine communauté juridique entre les uns et les autres. Probablement, les Grecs n'ont pas apporté de grands changements à cet égard. En revanche, dans d'autres domaines, ils ont introduit d'intéressantes nouveautés.

On peut relever les premiers indices d'un droit de la guerre fondé sur des considérations d'humanité et posé par des traités. De même, c'est par traités que les Cités s'engagent à soumettre leurs différends à l'arbitrage (cf. les deux traités précités entre Sparte et Athènes, le traité d'alliance militaire entre Sparte et Argos en 418). Selon des témoignages concordants, l'arbitrage international, inconnu des Orientaux, est strictement une création des Grecs. Sur une période de cinq siècles allant jusqu'au IVe siècle avant Jésus-Christ, on a dénombré 110 arbitrages. L'arbitrage commercial est également pratiqué à la suite du développement du commerce international. Celui-ci entraîne par ailleurs l'établissement des règles tendant à assurer la protection des étrangers. Au Ve siècle, des conventions de commerce, le plus souvent bilatérales, accordent des droits et des privilèges réciproques aux commerçants, protègent leurs personnes et leurs biens. L'institution la plus célèbre est la *proxénie,* ancêtre de la protection consulaire actuelle.

Plus remarquables encore sont les authentiques efforts « d'organisation internationale ». Le premier facteur favorable est d'ordre religieux. Il a permis la création des *Amphyctionies* qui groupent des Cités en vue de l'administration commune des sanctuaires religieux. La plus importante est celle qui est instituée au VIe siècle pour la protection du sanctuaire de Delphes et qui réunit douze Cités. Elles possèdent toutes une structure. L'intervention de Philippe de Macédoine a mis fin aux Amphyctionies. Un autre intérêt commun favorise la coopération, il est d'ordre stratégique. Des organisations de défense collective dénommées *symmachies* sont constituées sur la base d'un traité d'alliance et d'assistance militaire.

Certaines de ces *symmachies,* par leur structure, sont de véritables associations *fédérales* appliquant les deux règles caractéristiques du fédéralisme : la liberté d'adhésion et l'égalité entre les membres. Les plus célèbres d'entre elles sont les deux « Confédérations » athéniennes fondées, la première (Ligue de Délos) en 476, et la deuxième, un siècle plus tard en 378. Cependant, l'égalité n'est pas longtemps respectée par Athènes qui a rapidement transformé en impérialisme sa prépondérance au sein du système. Les résistances suscitées par cette attitude ne permettent pas à ces deux expériences de durer plus de vingt ans.

13. Rome. — 1° *La conception romaine des relations internationales.* Selon certaines sources, ce système grec de la confédération ou de la ligue ainsi que la pratique des traités empruntée aux Empires orientaux se sont étendus à Rome. Au Ve siècle, une Ligue latine a été constituée, sur la base d'un véritable traité conclu sur un pied d'égalité, entre Rome et des villes du Latium. Un autre traité égalitaire *(foedus oequum)* a été conclu vers 306 entre Rome et Carthage en vue de préserver la paix par des échanges de zones d'influence, des concessions mutuelles et des promesses réciproques de protection de leurs ressortissants respectifs. De véritables relations internationales ont donc été effectivement entretenues par Rome avec le monde extérieur et l'on peut en déduire que la communauté juridique des Grecs et des Orientaux a englobé aussi les Romains.

Même si ces vues sont exactes, Rome ne demeure pas longtemps au sein de cette communauté. Imbue de sa supériorité sur ses voisins, supériorité qu'elle considère comme naturelle, après avoir détruit Carthage et à la veille de conquérir la Grèce, l'Asie et l'Égypte, Rome n'éprouve plus la nécessité de traiter les autres peuples en égaux. Au *foedus aequum,* elle substitue rapidement le *foedus iniquum.* Une telle attitude est totalement incompatible avec le droit international qui implique des rapports entre égaux. C'est pourquoi, selon l'opinion générale, Rome est sans influence sur le développement de ce droit.

2° *Le droit international romain.* Il existe pourtant ce qu'on peut appeler un droit international romain mais il est établi unilatéralement par Rome. S'inspirant parfois des institutions créées par les Grecs, les Romains ont été amenés à soumettre leurs rapports avec les peuples étrangers à des règles juridiques. C'est l'origine du *jus fetiale* et du *jus gentium.*

Le *droit fetial* est d'essence religieuse. Pour comprendre pourquoi il est destiné à régir les relations « internationales », il faut se rappeler que Rome place celles-ci sous le signe de la religion afin de s'attirer la protection divine dans ses rapports avec les étrangers. L'application et l'interprétation de ce droit sont confiées à des religieux eux-mêmes, les prêtres, les frères fetiaux, qui sont en même temps de véritables ambassadeurs romains. À ce titre, ils bénéficient de l'inviolabilité. Porter atteinte à leurs personnes, c'est offenser les dieux. Le droit fetial a aussi établi la distinction entre la guerre juste et la guerre injuste. Mais cette distinction repose sur une règle romaine et non sur une règle « internationale ». Les guerres justes sont celles qui sont décidées par Rome d'après un cérémonial destiné à prendre les dieux à témoin et poursuivies conformément à ses propres principes religieux.

Quant au *jus gentium* ou droit des gens, il provient de l'action des prêteurs et de l'œuvre des jurisconsultes à la fin de la République et au début de l'Empire. À l'époque, Rome se prépare à devenir la capitale du monde. Les contacts avec les autres peuples se multiplient tandis que de nombreux étrangers affluent vers la Ville éternelle. Il est alors nécessaire d'instituer un nouveau droit différent du *jus civile,* lequel s'applique exclusivement aux citoyens, afin de réglementer les relations entre Romains et non-Romains. Ces relations sont surtout des relations d'affaires. Il en résulte que le *jus gentium* est principalement un droit privé qui ne saurait être assimilé au droit international public. Il répond toutefois à l'idée fondamentale qu'il devrait exister un droit commun de l'humanité et qui, pour être valable pour tous les peuples, devrait être fondé sur des principes tirés de la raison universelle.

En tant qu'éléments du droit romain, les institutions du *jus fetiale* et la notion du *jus gentium* ont survécu à Rome et passent à la nouvelle Europe constituée après la chute de l'Empire d'Occident. Par ce biais et par là seulement, on peut considérer que l'évolution n'a pas subi d'interruption lors de l'époque romaine. L'inviolabilité des légats qu'adoptera le monde médiéval est fille de l'inviolabilité de l'office sacerdotal des frères fétiaux. Assortie d'autres définitions, la distinction entre guerres justes et guerres injustes réapparaîtra aux siècles suivants. La liaison que certains établiront entre droit international et droit naturel n'a d'autre origine que les rapports étroits entre *jus gentium* et *jus naturale.* Ainsi, en dépit de sa politique impérialiste, l'apport de Rome, bien qu'indirect, est loin d'être négligeable.

B. — Le Moyen Âge

BIBLIOGRAPHIE. — F. L. GANSHOF, *Le Moyen Âge,* tome I de *L'histoire des relations internationales,* Hachette, 1953, 331 p. — M. ZIMMERMANN, « La crise de l'organisation internationale à la fin du Moyen Âge », *RCADI,* 1933-II, vol. 44, p. 319-437. — L. WECKMANN, « Les origines des missions diplomatiques permanentes », *RGDIP,* 1962, p. 161-188.

14. Aspects généraux du monde médiéval. — Après la chute de l'Empire romain d'Occident en 476, l'Europe traverse une période de chaos provoqué par les invasions barbares. La tradition guerrière de l'Antiquité continue. C'est la partie « sombre » du Moyen Âge qui a duré plusieurs siècles au cours desquels l'évolution du droit international, à partir des premiers rudiments créés sous l'Antiquité, a subi sans aucun doute une interruption quasi totale. Très rares sont les auteurs qui émettent un avis différent.

Des entités organisées en monarchies distinctes émergent peu à peu vers le VIIIe siècle. Minées dès leur naissance par le régime féodal, ces sociétés politiques nouvelles sont encore trop instables. Le principe de la territorialité du pouvoir fait obstacle à l'institution d'une autorité centrale effective. Comment, dans ces conditions, les monarques, soucieux avant tout des rapports avec leurs vassaux puissants et ombrageux, peuvent-ils entreprendre une action externe sérieuse et suivie ?

Les véritables relations internationales ne réapparaissent qu'au début du XIe siècle, au moment où s'ouvre la deuxième moitié, la moitié « florissante » du Moyen Âge. En raison de la complexité croissante de l'économie, les particuliers entretiennent de plus en plus de rapports directs avec l'extérieur. Par l'action de la Ligue hanséatique et sous son impulsion, des courants commerciaux se créent, des communications maritimes se développent, des foires et des marchés internationaux s'organisent. Par ailleurs, toutes les monarchies nouvelles sont membres de la *communauté chrétienne*. Elles partagent la même culture, la même croyance dans les valeurs et les principes d'une civilisation commune et la même admiration pour le droit romain que diffusent les universités. Tandis que cette unité spirituelle facilite les contacts, la vocation universaliste du christianisme apparaît clairement comme une justification constante et un objectif élevé des rencontres avec les peuples hors-chrétienté, en dépit des Croisades.

Cependant, sur le plan politique, l'histoire du Moyen Âge est dominée par un autre facteur considérable : la double prétention de la papauté et du Saint-Empire à la domination universelle. L'une et l'autre conçoivent la *Civitas Christiana* comme la « République des Nations chrétiennes » à la tête de laquelle devrait régner un chef unique, supérieur commun de tous les monarques. Pour défendre leur pouvoir, les rois doivent donc lutter sur deux fronts, à l'intérieur contre leurs vassaux, et contre le pape et l'empereur à l'extérieur. Ce n'est qu'après avoir mis ceux-ci en échec qu'ils peuvent entretenir entre eux des relations égalitaires.

15. Échec à la Monarchie universelle. — La supériorité de l'Église et du pape est acceptée par Charlemagne quand il reconstitue à son profit, en l'an 800, l'Empire romain d'Occident. Mais l'Empire carolingien est de courte durée. Après sa dislocation en 843, la couronne impériale revient aux souverains allemands et le nouvel Empire, le Saint-Empire romain germanique, ne tarde pas à se poser comme le concurrent de la papauté. Les empereurs réclament aussi le pouvoir universel et prétendent à une suprématie égale à celle des papes.

Grégoire VII leur oppose la fameuse *théorie des deux glaives*, selon laquelle le glaive étant le symbole du pouvoir, c'est le pape qui, à l'origine, reçoit directement des mains de Dieu à la fois le glaive du sacerdoce et le glaive séculier. La traduction juridique de cette théorie se réalise par les *Dictatus Papae* qui organisent sans équivoque la souveraineté papale et dotent l'Église d'une véritable structure de « monarchie universelle » (réforme grégorienne). Le pape affirme son pouvoir juridictionnel sur tous les princes chrétiens, celui d'exercer obligatoirement sa médiation ou son arbitrage en cas de conflits entre eux. Défenseur suprême de la foi, il s'arroge le droit de déposer les princes auteurs de péchés, de délier leurs sujets de leur serment de fidélité et d'abroger les lois et coutumes princières contraires à la loi divine. Comme autorité universelle, il s'estime habilité à procéder, par voie de décision unilatérale et sans appel, à l'attribution aux princes des territoires « sans maîtres » qui n'ont pas encore fait l'objet d'appropriation particulière.

De leur côté, les juristes gibelins, favorables aux empereurs, élaborent et lancent des formules telles : « Tous les rois gouvernent sous le contrôle de l'empereur », « Les monarchies nouvelles sont des provinces de l'Empire », « Les rois ne sont que des rois de provinces ». Ne pouvant nier l'origine divine du pouvoir, l'empereur répond au pape que Dieu a fait une égale répartition du pouvoir temporel et du pouvoir spirituel. L'empereur reçoit directement de lui le glaive séculier.

En fait, la longue lutte pour la souveraineté a épuisé les deux concurrents. Au début du XIVe siècle, sous Philippe le Bel, le succès du fameux adage : « Le roi de France est empereur dans son royaume » consacre définitivement cet échec. Comme entité, l'Empire subsiste et continue. Mais l'empereur lui-même n'exerce plus sur les princes qu'une prépondérance purement honorifique. Quant à la papauté, si sa domination sur les princes est encore effective sous le pape Innocent III au début du XIIIe siècle, elle n'a cessé de reculer depuis pour disparaître avec Boniface VIII au début du XIVe siècle.

16. Le mouvement normatif. — On est redevable au Moyen Âge de la division du droit international en droit de la guerre et droit de la paix, division reprise par Grotius et que des auteurs contemporains continuent d'adopter.

Les notions de guerre juste et de guerre injuste reçoivent de nouvelles définitions basées sur la doctrine chrétienne. L'Église ne condamne pas les guerres contre les infidèles. Mais, au regard de ses principes, la guerre entre chrétiens n'est juste que si elle est entreprise par un prince légitime pour répondre à une injustice et dans le seul but de punir cette injustice. C'est la conception de la guerre-sanction. Le principe de la compétence exclusive du prince entraîne une interdiction de la *guerre privée*. Toutefois, les *représailles* qui désignent des actes de violence destinés à appuyer une demande de réparation des torts sont autorisées. Plus tard, quand les rois monopoliseront l'exercice des représailles, la distinction entre représailles et guerre apparaîtra. L'idée est que les représailles permettent d'éviter les guerres. Si les limites au droit de faire la guerre sont ainsi établies, il n'existe aucune réglementation des hostilités. La *Trêve de Dieu* (certains jours sans guerre) et la *Paix de Dieu* (neutralité des édifices du culte, inviolabilité des clercs et des pèlerins, etc.) sont des institutions humanitaires tout à fait insuffisantes et qui ne sont pas toujours respectées.

Quant aux rapports pacifiques, par le recours aux traités comme instruments des relations juridiques et à l'arbitrage, le Moyen Âge continue et améliore les pratiques de l'Antiquité gréco-orientale. On constate un emploi assez fréquent de l'arbitrage comme moyen de prévenir des guerres. L'essor normatif concerne essentiellement les deux secteurs importants des relations diplomatiques et des relations commerciales.

Ce n'est que vers la fin du Moyen Âge que la diplomatie se développe par la création des ministères des Affaires étrangères et des ambassades permanentes. En même temps, est mise sur pied une réglementation commune à l'Europe entière de la fonction de diplomate et des privilèges et immunités diplomatiques, notamment l'inviolabilité personnelle.

Les artisans de l'intensification des relations commerciales sont les Républiques marchandes italiennes et les Cités marchandes du Nord qui forment entre elles des ligues. Les relations commerciales maritimes donnent naissance à un véritable *droit de la mer* qui régit aussi bien le temps de paix que le temps de guerre : protection du commerce maritime, contrebande maritime, blocus, droit de visite, régime des corsaires, etc. Pour protéger les commerçants dans les pays étrangers, l'institution des consuls est créée. Un système spécial de protection consulaire est institué dans les pays hors-chrétienté.

C'est après avoir analysé en détail toute la production normative de l'époque qu'Ernest Nys affirme à la fin du XIXe siècle, preuves à l'appui, que l'origine de presque toutes les institutions internationales modernes doit être recherchée dans la seconde moitié du Moyen Âge.

§ 2. — *De la fin du Moyen Âge à la Révolution française*

BIBLIOGRAPHIE. — E. DUPUY, *Le principe de l'équilibre et le concert européen de la paix de Westphalie à l'Acte d'Algésiras,* Perrin, Paris, 1909, 527 p. — G. ZELLER, *Les temps modernes,* tomes II et III de *L'histoire des relations internationales*, Hachette, 1953 et 1955, 326 p. et 375 p. — M. BOEGNER, « L'influence de la Réforme sur le développement du droit international », *RCADI,* 1925-I, vol. 6, p. 245-323 — Ch. BENOIST, « L'influence des idées de Machiavel », *RCADI*, 1925-IV, vol. 9, p. 127-306. — A. RAPISARDI-MIRABELLI, « Le Congrès de Westphalie », *in Biblioteca Visseriana*, tome VIII, Brill, 1929, p. 5-102. — A. GARDOT, « Jean Bodin, sa place parmi les fondateurs du droit international », *RCADI,* 1934-IV, vol. 50, p. 549-743. — R. TURRETTINI, *La signification des traités de Westphalie dans le domaine du droit des gens,* 1949, 120 p. — P. GUGGENHEIM, « Contribution à l'histoire des sources du droit des gens », *RCADI*, 1958-III, vol. 94, p. 1-84. — G. BERLIA, « Remarques sur la paix de Westphalie », *Mél. Basdevant,* 1960, p. 35-42. — P. HAGGENMACHER, « L'État souverain comme sujet du droit international de Vitoria à Vattel », *Droits* 1992, p. 11-20 — J. CAZALA, « Jérémie Bentham et le droit international », *RGDIP* 2005, p. 363-388.

17. Formation du système de droit international interétatique. — Cette période est décisive. Les relations internationales se développent. Le lien religieux brisé par la *Réforme* est remplacé par une nouvelle communauté intellectuelle élargie fondée sur l'humanisme de la Renaissance. Enfin, le progrès réalisé en matière de navigation maritime a rendu possible, à la fois l'entreprise d'évangélisation des peuples et l'intensification des échanges commerciaux. Grâce à ce même progrès, les communications peuvent s'étendre au-delà de la communauté traditionnelle des peuples chrétiens de l'Europe.

Ce développement entraîne la poursuite du mouvement normatif déjà amorcé dans la période antérieure. L'institution diplomatique se consolide. Afin d'empêcher toute domination unilatérale sur la mer, voie de communication essentielle, le principe de la liberté des mers est institué. D'autres règles sont établies relatives à l'acquisition des terres éloignées et à la navigation maritime. Le mouvement normatif s'étend également au droit de la guerre, notamment de la guerre maritime et, dans une mesure moindre, à celui de la neutralité.

Cependant, tant que ces règles posées demeurent éparses et fragmentaires, elles ne peuvent constituer un ensemble normatif cohérent méritant l'appellation de « droit ». Pour atteindre ce résultat, il est nécessaire que se crée, parallèlement à l'établissement des normes, un *système* unificateur basé sur des principes directeurs. C'est précisément ce système, interétatique, connu sous le nom de « système de Westphalie » (v. *infra*, n° 20), qui va apparaître progressivement au cours de cette période. Lié à ce système, le droit international acquiert ses traits caractéristiques, parachève sa formation. Qualifié désormais de « classique », ce système continue encore, de nos jours, de régir largement les relations internationales.

A. — Naissance des États souverains et de la société interétatique

18. Transformation des monarchies européennes en États modernes. — Un État suppose un pouvoir central exerçant la plénitude des fonctions étatiques sur un territoire qui en constitue l'assise. Après avoir secoué les tutelles extérieures, les rois ont dû attendre encore un siècle avant de gagner, sur le plan interne, leur combat contre la féodalité.

Chronologiquement, l'État anglais s'est formé le premier parce que la monarchie anglaise s'est libérée avant les autres de la tutelle du pape. Par ailleurs, le phénomène féodal en Angleterre n'y constituait pas une source d'affaiblissement du pouvoir central. Pour la France, c'est seulement sous le règne de Louis XI (1461 à 1483) que s'achève l'unification territoriale sous l'autorité du roi. Le pays s'achemine vers la possession des rouages essentiels d'un État. Au XVIe siècle, la monarchie française a gagné le combat pour la conquête et l'organisation du pouvoir étatique.

Plusieurs événements historiques ont contribué au succès de cette entreprise. D'une part, la longue et dure épreuve imposée aux Français par la guerre de Cent Ans a fait naître le sentiment national qui favorise leur union autour du trône. D'autre part, la crise provoquée par le Grand Schisme, la Réforme et les guerres de religion ont produit le même résultat : face aux menaces d'anarchie, ne pouvant plus compter sur les grands vassaux appauvris et affaiblis, tout le monde fait appel au roi et cherche à se placer sous sa protection, les gens des villes comme ceux des campagnes et même les prélats.

L'Espagne, la Suisse, la Suède et le Danemark suivent de près les précédents anglais et français. En 1609, la Hollande protestante s'organise à son tour en État sous l'égide de la maison d'Orange. À peu près à la même époque, en 1613, la Russie devient un État sous la conduite de la dynastie des Romanov. Cependant, au centre, en Allemagne, et au sud, en Italie, l'évolution est plus lente et plus laborieuse. Dans cette immense étendue géographique théoriquement soumise à l'autorité du Saint-Empire romain germanique, après la dislocation de celui-ci, le pouvoir a été morcelé par des compétitions entre les innombrables seigneuries, principautés et cités rivalisant constamment les unes avec les autres. La prolongation de cette situation agitée et de cet éparpillement est à l'origine des deux grands problèmes de l'unité allemande et de l'unité italienne qui ne seront résolus qu'en 1870.

19. Jean Bodin (1530-1596) et le principe de la souveraineté de l'État. — Royaliste « engagé », son dessein est de trouver un *support juridique* à l'action du roi en vue de la construction de l'État. Sa conceptualisation de l'État est destinée à servir et affermir le pouvoir royal. Il désigne l'État par l'expression *Res publica* : République et État sont pour lui des mots synonymes. Ses vues systématiques sont exposées dans sa grande œuvre publiée en 1576 : *Les six livres de la République*. Jean Bodin définit la République (donc, l'État) : « Le droit gouvernement de plusieurs ménages et de ce qui leur est commun avec puissance souveraine ». La puissance « souveraine », voilà la caractéristique essentielle de l'État. Pas d'État sans souveraineté.

Voulant faire œuvre de science par la généralisation, il n'exprime aucune préférence personnelle : en principe, cette souveraineté peut appartenir soit à un prince, soit au peuple. Mais, quand il souligne que la souveraineté doit être une et indivisible, perpétuelle et suprême, il ne peut mieux indiquer, dans le contexte politique de l'époque, qu'elle devrait être le monopole d'un monarque héréditaire. Finalement, c'est le triptyque : État, souveraineté, monarque, qu'il entend ériger en règle juridico-politique. Sous la plume de Jean Bodin, le concept de souveraineté comporte donc un aspect interne (souveraineté *dans* l'État) et un aspect externe (souveraineté *de* l'État). Du même coup, en inventant le principe de la souveraineté étatique, il légitime par le droit la double lutte du roi de France contre la papauté et l'Empire au-dehors, contre la féodalité au-dedans.

20. Traités de Westphalie et consécration du nouvel ordre interétatique européen. — Ces traités mirent fin à la guerre de Trente Ans qui ensanglanta l'Allemagne. À l'origine, celle-ci était autant religieuse que politique. À partir de 1635, cette guerre s'orienta vers une lutte d'influence entre la Maison de France et celle d'Espagne à laquelle devaient participer d'autres nations. La guerre se termina par la conclusion de deux traités, les 14-24 octobre 1648, celui d'*Osnabrück* et celui de *Münster* qui constituaient les traités dits de Westphalie.

Le Traité d'Osnabrück fut conclu entre la reine de Suède et ses alliés dont la France, d'une part, et, d'autre part, l'empereur et les princes d'Allemagne. Les parties au Traité de Münster étaient aussi au nombre de deux : d'une part, la France et ses alliés dont la reine de Suède et, d'autre part, l'empereur et les princes d'Allemagne. Ainsi, ces deux traités revêtirent la forme bilatérale car à l'époque, la technique des traités collectifs était encore inconnue. (Sur l'apparition des traités collectifs dans les relations internationales, v. *infra*, n° 99).

On les a qualifiés de Charte constitutionnelle de l'Europe. En premier lieu, en consacrant définitivement la double défaite de l'empereur et du pape, ils légalisent formellement la naissance des nouveaux États souverains et la nouvelle carte politique de l'Europe qui en résulte. La liquidation de l'Empire germanique est réalisée par la transformation de l'Allemagne en une poussière d'États indépendants (355) sur lesquels l'empereur ne conserve plus qu'une autorité nominale. La Confédération helvétique et les Pays-Bas qui ont émergé antérieurement sont également reconnus comme États indépendants. Par ailleurs, la victoire des monarchies sur la papauté est confirmée non seulement sur le plan politique mais aussi sur le plan religieux. La liberté religieuse totale est instituée.

En second lieu, les traités de Westphalie ont posé les premiers éléments d'un « droit public européen ». La souveraineté et l'égalité des États sont reconnues comme principes fondamentaux des relations internationales. Pour le règlement des problèmes communs, il est prévu de recourir au procédé du traité fondé sur l'accord des États participants. En outre, un mécanisme est créé pour assurer le maintien du nouvel ordre européen. Sur le plan politique, ces dispositions favorisent la France qui, en dehors des avantages territoriaux, reçoit la possibilité d'intervenir en Allemagne et ailleurs en Europe.

Juridiquement, les traités de Westphalie peuvent être considérés comme le point de départ de toute l'évolution du droit international contemporain.

B. — Souveraineté de l'État d'après la pratique royale

21. Glissement vers l'absolutisme. — *Sur le plan qualitatif*, les caractères généraux du droit international interétatique se constituent en fonction de l'attitude des rois dans les relations politiques internationales. Or, depuis les traités de Westphalie, ils se comportent en souverains absolus.

Les monarques qui ont créé l'État et conquis le pouvoir se considèrent par ailleurs comme les propriétaires de l'État à qui le droit romain, remis en honneur par la Renaissance, confère des prérogatives absolues. C'est aussi la tendance d'une certaine *pensée politique*, représentée par des noms célèbres, *Machiavel, Hobbes, Spinoza*, qui encouragent et justifient cette orientation.

Sur le plan extérieur, l'absolutisme royal conduit inévitablement à l'affirmation de la *supériorité de la volonté de l'État souverain*. Rien ne peut être imposé aux monarques sans leur consentement. Dans leurs relations mutuelles, ils n'acceptent aucune autre limite à leur souveraineté que celle qui découle de leur seule *volonté*. L'incompatibilité est totale entre cette attitude « individualiste » et « nationaliste » et un ordre « commun » dépassant et transcendant les États. C'est le résultat de l'interprétation et de l'application des traités de Westphalie par la monarchie absolue et particulièrement par la monarchie française à laquelle ces traités ont ouvert le chemin de la prépondérance en Europe.

Produit de l'absolutisme, le droit interétatique né de cette pratique ne peut évidemment qu'entériner un autre produit du même absolutisme : la guerre.

22. Guerres et politique d'équilibre. — L'objectif essentiel sinon unique, poursuivi par les rois dans les relations internationales est la recherche de la *gloire*. Le monarque absolu doit veiller constamment à accroître son prestige. Cet objectif peut être atteint par des moyens pacifiques. En harmonie avec la conception patrimoniale de l'État, il est souvent réalisé par des relations de famille entre monarques. Il peut également être atteint par l'expansion territoriale, jugée à l'époque « pacifique » pour autant qu'elle n'empiète pas sur les possessions des États européens. La première aventure coloniale de l'époque moderne, celle des « grandes découvertes », détruit des structures sociales souvent très éloignées du « modèle » étatique européen et favorise une homogénéité des sociétés civiles, ce qui permet d'étendre le champ d'application géographique du droit des relations interétatiques.

La première vague de la colonisation contribue aussi à multiplier les causes de friction entre États européens et les risques de guerre. Or le facteur le plus sûr et le plus éclatant de gloire et de prestige reste la victoire militaire. Machiavel écrivait : « L'unique objet que doive se proposer le prince, le seul art qu'il doive méditer et apprendre est celui de la guerre ; celui-là seul est nécessaire à qui veut commander aux autres. » La guerre apparaît ainsi comme un moyen nécessaire et normal de la politique internationale des monarques absolus.

L'autorisation accordée aux États de recourir à la guerre — ils en ont bien profité — n'est pas le moindre des traits caractéristiques du droit interétatique qui est en train de parfaire sa physionomie.

Les monarques qui recherchent la gloire militaire ne se désintéressent pas, pour autant, du maintien de la paix. Aux XVIe et XVIIe siècles, il y avait déjà des écrivains qui, en avance sur leur temps, établirent des projets d'*organisation internationale* servant de cadre aux relations pacifiques entre les États (Emeric Crucé, *Le nouveau Cynée* – v. la réédition récente par A. Fenet et A. Guillaume, PU Rennes, 2004, 187 p. ; Sully, *Le grand dessein d'Henri IV*). Mais, pour les suivre dans cette voie organisatrice, les monarques devaient accepter une limitation de leur souveraineté. Ils ont préféré une autre recette qui laisse intacte cette souveraineté et qu'ils croyaient pouvoir trouver dans l'application d'un principe politique, *le principe d'équilibre*, substitué à l'organisation internationale.

En théorie, la politique de l'équilibre repose sur une idée maîtresse, à savoir qu'il est nécessaire de réaliser entre les États une répartition des forces telle qu'elles s'équilibrent. Le but est d'empêcher qu'aucun d'eux ne devienne assez puissant pour déclencher une guerre qu'il serait sûr de gagner. La paix est ainsi maintenue. En même temps, la protection des États faibles est garantie car aucun État n'accepte qu'un autre État rompe l'équilibre en s'emparant d'un petit État. Selon Thiers, « le principe de l'équilibre, c'est le principe de l'indépendance des nations ».

Formulé implicitement dans les traités de Westphalie, le principe de l'équilibre est constamment appliqué depuis 1648. Ce n'est pas le lieu de se livrer à une critique systématique du principe d'équilibre. Ses cas historiques d'application suffisent à convaincre que s'il sauvegarde la toute-puissance des États, il ne sauvegarde pas la paix. On l'invoque tout autant pour justifier des *guerres défensives* en vue de rétablir un équilibre rompu que pour servir de prétexte à des *guerres préventives* contre un État dont la puissance en progrès pourrait menacer l'équilibre.

C. — La doctrine

BIBLIOGRAPHIE. — A. PILLET dir., *Les fondateurs du droit international, leurs œuvres, leur doctrine,* Giard et Brière, 1904, 691 p. — W. VAN DER VLUGT, « L'œuvre de Grotius et son influence sur le développement du droit international », *RCADI,* 1925-II, vol. 7, p. 395-509. — G. GIDEL, « La théorie classique des droits fondamentaux de l'État », *RCADI,* 1925-V, vol. 10, p. 541-599. — A. DE LA PRADELLE, *Maîtres et doctrines du droit des gens,* Éd. Internationales, 1950, 2e éd., 441 p. — F. POLLOCK, « The Sources of International Law », *in Essays on International Law from the Columbia LR, (1902),* 1965, p. 3-16. — G. H. J. VAN DER MOLEN, *Alberico Gentili and the Development of International Law : His Life and Times,* Sijthoff, Leyde, 1968, XVIII-346 p. — M. LACHS, « Teachings and Teaching of International Law », *RCADI,* 1976-III, vol. 151, p. 151-262. — *NILR*, 1983, n° 1 (n° spécial sur Grotius). — R. AGO et autres, « Commémoration du 4e centenaire de la naissance de Grotius », *RCADI,* 1983-IV, vol. 182, p. 371-470. — P. HAGGENMACHER, *Grotius et la doctrine de la guerre juste*, PUF, 1983, 682 p. — M. W. JANIS, « Bentham and the Fashioning of International Law », *AJIL,* 1984, p. 405-418. — A. TRUYOL SERRA et a., *Actualité de la pensée juridique de Francisco de Vitoria,* Bruylant, Bruxelles, 1988, X-129 p. — H. HULL, B. KINGSBURY et A. ROBERTS eds., *Hugo Grotius and International Relations,* Clarendon Press, Oxford, 1990, XI-331 p. — M.-C. SMOUTS, « Du côté de chez Grotius : l'individu et les relations internationales chez un auteur moderne », *Mél. Merle,* 1993, p. 383-395. — Y. ONUMA ed., *A Normative Approach to War — Peace, War and Justice in Hugo Grotius*, Clarendon Press, Oxford, 1993, XVI-421 p. — N. G. ONUF, « Civitas Maxima : Wolff, Vattel and the Fate of Republicanism », *AJIL* 1994, p. 280-303. — E. JOUANNET, *Emer de Vattel et l'émergence doctrinale du droit international classique*, Pedone, 1998, 490 p. — K. AKASHI, *Cornelius van Binkershoek — His Role in the History of*

International Law, Kluwer, La Haye, 1999, XII-199 p. — M. KOSKENNIEMI, *The Gentle Civilizer of Nations. The Rise and Fall of International Law 1870-1960*, Cambridge UP, 2001, XIV-569 p. — E. ROUCOUNAS, « The Idea of Justice in the Works of Early Scholars of International Law », *Mél. Abi-Saab*, p. 79-99 — P. HAGGENMACHER, « La pratique chez les fondateurs du droit international », SFDI, *La pratique et le droit international*, Colloque de Genève, Pedone, 2003, p. 49-78 — J. CAZALA, « Jérémie Bentham et le droit international », *RGDIP* 2005, p. 363-388. — M. CHEMILLIER-GENDREAU, « La tradition européenne du droit international », *Baltic YBIL* 2006, p. 37-48.

23. Les « fondateurs » du droit international. — Aux XVIe, XVIIe et XVIIIe siècles, les principaux auteurs portent des noms célèbres qui font date dans l'histoire du droit international. Écrivant à l'époque de formation de celui-ci, ils sont tous des pionniers. On les a qualifiés de « Fondateurs du droit international ».

Chronologiquement, la première tendance est celle de l'« École du droit de la nature et des gens » dont le chef incontesté est *Grotius.* À partir de la moitié du XVIIIe siècle, apparaissent les premiers *positivistes.* Entre ces deux tendances se situe un auteur, *Vattel*, qui, sans répudier expressément le droit naturel, est le véritable précurseur du positivisme en droit international.

24. Précurseurs de Grotius et théorie traditionnelle du droit naturel. — L'idée de l'existence d'un droit naturel, antérieur et supérieur au droit positif, est ancienne. Elle remonte à Aristote et à l'École stoïcienne. Son inspiration est généreuse. Elle repose sur la conception de l'homme considéré comme un être sociable et libre que le droit naturel protège parce qu'il concilie sa sociabilité et sa liberté. En effet, si la société est nécessaire à l'homme, elle est aussi nécessairement une société juridique régie par le droit naturel qui garantit sa liberté et limite le pouvoir auquel il est soumis. Saint Thomas qui, non sans audace, renoue avec l'Antiquité païenne, se rallie à la même notion de droit naturel. Aussi bien, il n'est pas surprenant qu'au XVIe siècle, des théologiens juristes, confrontés avec le fait politique sans précédent de l'État souverain et réfléchissant sur cet événement en juristes, aient songé à appliquer à l'entité nouvelle qui vient de naître une doctrine consacrée par le plus illustre représentant de la pensée chrétienne.

Le premier artisan de cette transposition est *Francisco de Vitoria* (1480-1546), un dominicain espagnol. Il enseigna le droit à l'Université de Salamanque. Ses idées furent exposées dans ses cours dont la publication, après sa mort, porta le titre de *Relectiones theologicæ.* En premier lieu, il reconnaît la souveraineté de l'État, donc, sa liberté ; mais, l'État est limité par le droit naturel qui lui est supérieur. En second lieu, les États souverains ont, comme les individus, besoin de vivre en société. La communauté des États souverains ou communauté internationale possède donc une existence nécessaire ; comme la communauté des hommes, elle est aussi une communauté juridique. En conséquence, l'existence du droit international destiné à régir cette communauté est également nécessaire.

À l'époque de la formation du droit international, l'affirmation de sa nécessité est d'une importance primordiale pour la poursuite du processus. Pour le dénommer, Vitoria renonce à l'expression d'origine romaine *Jus gentium* qu'il remplace par la formule *Jus inter Gentes* ou droit entre États. Que contient ce droit ? Vitoria le confond entièrement avec le droit naturel parce que celui-ci est d'application universelle. Pour se mettre en harmonie avec ses propres idées, il estime, avec autant d'impartialité que d'indépendance, que sa propre patrie, bénéficiaire de la Bulle d'Alexandre VI (1493), ne doit pas s'en prévaloir car, selon lui, le droit naturel interdit l'appropriation privative des mers.

Francisco Suarez (1548-1617), un autre théologien, suit les traces de Vitoria. Jésuite, également de nationalité espagnole, il enseigna à Coimbra. En 1612 parut son *Tractatus de Legibus ac Deo legislatore.* Il revient à l'expression *jus gentium* et apporte quelques précisions nouvelles. Il reconnaît comme Vitoria la communauté des États mais fait un pas de plus dans l'analyse en distinguant le droit naturel du droit des gens. Le droit naturel est un droit nécessaire et immuable. Quant au droit des gens, il est évolutif et contingent ; il provient de l'appréciation par les peuples de ce que peut être le contenu du droit naturel. Il équivaut ainsi au droit positif, entendu comme le droit en vigueur. Seulement, entre le droit des gens (ou droit positif) et le droit naturel existe un rapport nécessaire : le premier doit toujours être conforme au second, ce qui sauvegarde la subordination de l'État souverain au droit naturel.

25. Grotius, « père du droit international ». — C'est à Grotius (1583-1645), un laïc, qu'on doit l'exposé le plus complet de la théorie du droit naturel qu'il porte à son apogée. Avec lui se constitue définitivement « l'École de la nature et du droit des gens ». Il éclipse ses prédécesseurs et est seul considéré comme le « père » du droit international. *Hugo de Groot* est hollandais, poète, philosophe, diplomate et juriste. Mêlé à des querelles politiques qui déchirèrent sa patrie, il fut condamné à la prison perpétuelle en 1619. Après deux ans d'incarcération, il réussit à s'échapper et à passer en France où il fut bien accueilli par le gouvernement royal. En 1634, il se mit au service du gouvernement suédois dont il fut l'ambassadeur à la Cour de France. Il mourut en 1645, alors qu'il tentait de regagner sa terre natale.

1° L'œuvre maîtresse de Grotius est le *De jure belli ac pacis* (Du droit de la guerre et de la paix) publié en 1625 alors qu'il résidait en France. L'ouvrage connut un immense succès. Figurant dans les programmes d'enseignement des grandes Universités, il fut ensuite traduit du latin dans toutes les langues européennes. C'est par cet ouvrage d'ensemble, premier exposé véritable du droit international écrit avec méthode, qu'il distance ses prédécesseurs.

a) Avant d'analyser le droit de la guerre, Grotius présente sa *conception générale* du droit international. Reconnaissant l'État souverain, il définit la puissance souveraine comme « celle dont les actes sont indépendants de tout autre pouvoir supérieur et ne peuvent être annulés par aucune autre volonté humaine ». Cependant, les puissances souveraines ne doivent pas s'ignorer, elles doivent accepter l'idée d'une société nécessaire régie par le droit. La souveraineté doit être *limitée* par la seule force du droit à défaut d'organes supérieurs aux États. Ce droit est le droit naturel. Jusqu'ici, Grotius n'a rien dit de plus que Vitoria et Suarez. Même dans la définition du droit naturel, son œuvre n'est pas originale puisque, comme ceux-ci, il l'assimile à la morale.

Pourtant, il se particularise en laïcisant cette morale. Immédiatement après saint Thomas, les théologiens la confondaient avec la loi divine. Grotius la fait dériver uniquement du raisonnement, bien qu'il proclame sa fidélité à la foi chrétienne. Selon lui, le droit naturel « consiste dans certains principes de la droite raison qui nous font connaître qu'une action est moralement honnête ou déshonnête selon la convenance ou la disconvenance nécessaire qu'elle a avec une nature raisonnable ou sociable ». Désormais, grâce à l'apport de Grotius, le droit naturel s'identifie avec le droit rationnel et la théorie du droit naturel acquiert le caractère d'une théorie *rationaliste.*

D'autre part, il établit la distinction entre droit naturel et droit *volontaire.* Celui-ci résulte de la volonté des nations, de toutes les nations ou de certaines d'entre elles, volonté exprimée au moyen des *accords* entre celles-ci. Suarez avait déjà entrevu cette notion de droit volontaire qu'il qualifiait de droit « contingent ». Mais, c'est Grotius qui l'a mise en relief. Le droit naturel contient des « principes ». Le droit volontaire rassemble les *règles constructives* applicables effectivement aux relations internationales. L'introduction de l'élément volontaire équivaut à la création d'un mécanisme particulier d'élaboration de ces règles et, en même temps, à la reconnaissance du principe du respect de la parole donnée *(Pacta sunt servanda).* Ce respect est précisément l'une des règles de droit naturel. Par ailleurs, le droit volontaire n'est valable que s'il est conforme au droit naturel. Autrement dit, la volonté des nations n'est pas souveraine ; elle est subordonnée au droit naturel.

b) En ce qui concerne *l'objet* proprement dit de l'ouvrage, celui-ci est divisé en trois livres. Sur la base du droit naturel, Grotius expose les règles relatives à la guerre. Il reconnaît la légitimité de la guerre, parce qu'il n'y a pas d'autorité supérieure aux États souverains pour les départager, mais à la stricte condition que cette guerre soit juste. Ainsi, il reprend à son compte la distinction canoniste entre les guerres justes et les guerres injustes. La guerre est juste quand elle répond à une injustice et c'est le droit naturel qui détermine les cas d'injustice. Ces cas surviennent quand il y a atteinte aux « droits fondamentaux » que le droit naturel reconnaît aux États souverains : droit à l'égalité, droit à l'indépendance, droit à la conservation, droit au respect, droit au commerce international. On découvre par là un aspect de sa méthode : par le biais de la guerre, il dégage les attributs de l'État. Aucun État ne peut porter atteinte aux droits fondamentaux des autres. Toute violation de cette interdiction ouvre le droit de légitime défense.

c) Le plus fidèle continuateur de Grotius est *Pufendorf* (1632-1694) qui publie en 1672 son ouvrage : *Du droit de la nature et des gens.* Il reprend exactement la distinction grotienne du droit naturel et du droit volontaire et réaffirme la nécessité de la subordination de celui-ci à celui-là.

2° En voulant limiter la souveraineté de l'État par le droit naturel, Grotius et ceux qui pensent comme lui peuvent être considérés comme les véritables fondateurs du droit international. Ils ont aussi rendu service en proposant un cadre conceptuel qui permet de réaliser l'*unification* nécessaire des règles fragmentaires nées de la pratique. Placée dans la perspective historique, leur systématisation représente en outre une tentative de substituer au pouvoir universel qui a disparu avec l'échec de la papauté et du Saint-Empire une sorte de superlégalité universelle s'imposant aux États et susceptible de les unir à défaut d'unité organique.

Malheureusement, bien qu'elle corresponde aux aspirations et à l'esprit rationaliste de l'époque, la doctrine de droit naturel qui devance les faits et ambitionne de les guider n'a pas résisté à l'épreuve de la vie internationale. Dès le lendemain des traités de Westphalie, l'œuvre de Grotius est classée dans le domaine de la théorie. C'est la constatation implicite d'un divorce entre son contenu et la pratique. Grotius, ses devanciers et ses successeurs, ont pu contribuer à la formation et à l'affirmation d'un droit international interétatique. Mais ils n'ont exercé aucune influence sur la formation du « système » interétatique lui-même qui exclut toute subordination de l'État souverain à un droit antérieur et supérieur quelconque.

Il est vrai que le droit naturel prête sérieusement le flanc à la critique à cause de son imprécision et de sa subjectivité.

26. Vattel (1714-1768), précurseur du positivisme. — Né en Suisse, à Neuchâtel, sujet du roi de Prusse, Vattel est bien placé pour observer cette pratique dans l'exercice de sa fonction de diplomate au service du roi de Saxe. Son principal ouvrage : *Le droit des gens ou principes de la loi naturelle appliquée à la conduite et aux affaires des nations et des souverains* est écrit en français et publié en 1758. Cet ouvrage conserve aujourd'hui encore une place de choix dans la science et dans la pratique.

Il est difficile de classer Vattel. Disciple de Wolff, il est, apparemment, un autre théoricien du droit naturel. Cependant, depuis la mort de Grotius, Hobbes a écrit son *Leviathan* où il glorifie la force et exalte la puissance de l'État. Sous l'influence du second, après avoir reconnu l'existence du droit naturel, Vattel ajoute que l'État est *l'interprète souverain* de ce droit.

1° D'après Vattel, la *société internationale* est par nature la « grande société des nations ». Les membres de cette société sont uniquement des États souverains. « Toute nation qui se gouverne elle-même sans dépendance d'aucun État étranger est un État souverain. » Apparemment, cette définition de l'État souverain rejoint celle de Grotius. Comme Grotius, Vattel tire de cette souveraineté le principe de l'égalité des États. Ici, s'arrête la concordance des deux pensées car Vattel entérine et analyse la pratique royale de la souveraineté absolue : chaque État souverain détient le droit d'apprécier seul ce qu'il doit faire dans l'accomplissement de ses devoirs internationaux. « Il appartient à tout État libre de juger en conscience de ce que ses devoirs exigent, de ce qu'il peut faire ou non avec justice. Si les autres entreprennent de le juger, ils donnent atteinte à sa liberté et ils le blessent dans ses droits les plus précieux. »

De ce fait, la vie sociale dans une société d'États souverains ne peut ressembler à celle qui se déroule au sein d'une société d'individus. Si l'individu accepte d'abandonner la souveraineté qu'il détient quand il vit à l'état de nature pour adhérer au contrat social et constituer la société civile, c'est parce qu'il a besoin de ses semblables. Ainsi s'explique l'existence dans cette société composée d'individus d'un pouvoir politique central qui commande et qui protège. En raison de l'existence et de l'exercice de ce pouvoir, cette société est qualifiée de *société politique*. Mais les États souverains n'ont pas besoin les uns des autres. Ils ne sont donc pas obligés de renoncer à leur souveraineté pour entrer en société. Il n'est pas non plus nécessaire que dans la société interétatique qui groupe des États souverains s'établisse un pouvoir politique protecteur de ceux-ci. En d'autres termes, la société des États souverains est une société d'un type spécifique, elle ne présente pas les caractères d'une société politique comme la société d'individus au sein de l'État.

2° Arrivant au droit applicable à cette société interétatique, Vattel, comme Wolff, reconnaît l'existence du droit naturel qu'il considère volontiers comme un droit *nécessaire*. Mais ici encore, son interprétation est totalement opposée à celle de Grotius.

Selon lui, chaque État est libre d'apprécier lui-même ce que le droit naturel exige de lui en chaque circonstance. Dans cette appréciation, les États souverains peuvent entrer en conflit car le droit naturel qui se déduit du raisonnement est une notion subjective. Comme cette opposition est nuisible à leur sécurité, ils s'efforcent, en l'absence de pouvoir politique organisé, de s'entendre entre eux afin de donner au droit naturel un contenu acceptable pour tous : ce faisant, ils créent le droit international *volontaire* qui constitue seul le droit positif. Alors que Grotius subordonne le droit volontaire au droit naturel, pour Vattel, la mission propre de ce droit volontaire est de modifier le cas échéant le droit naturel afin de faciliter le consentement mutuel. Autrement dit, la volonté des États souverains n'est pas liée par le droit naturel puisque, précisément, elle peut lui apporter des modifications ou au moins l'interpréter souverainement. Vattel soutient que la loi naturelle ne décide point d'État à État comme elle déciderait de particulier à particulier. Il est partisan, comme les monarques, du volontarisme intégral.

Il applique cette conception à la définition de la guerre juste. Il admet certes que selon le droit naturel, la guerre juste est celle qui est conforme à la justice — Grotius parlait de celle qui est destinée à réparer une injustice. Seule la guerre juste peut produire des conséquences juridiquement valables, par exemple, un agrandissement territorial. Mais Vattel constate en même temps qu'en raison de leurs divergences dans l'appréciation de la justice qui légitime la guerre, les États conviennent simplement que la guerre juste est celle qui revêt certaines formes, soit une guerre conduite ouvertement et non une guerre « clandestine » et non avouée. Pourvu que l'État qui fait la guerre accepte de se soumettre à certaines formes, sa guerre sera juste, peu importe la valeur de ses buts de guerre. Pour Grotius, l'usage de la force n'est légitime que si l'État est atteint dans ses droits fondamentaux. Pour Vattel, l'État est entièrement libre de juger de ce qu'exige de lui la défense de ses droits fondamentaux, d'apprécier s'il doit ou non recourir à cet usage de la force.

Sans doute, l'œuvre de Vattel, comme tout effort de systématisation, n'est pas entièrement dépourvue d'idées et de préférences personnelles. Mais, après avoir ramené à leur juste portée ses attaches avec le droit naturel, on peut la tenir pour une œuvre positiviste, en ce sens qu'elle privilégie le droit « posé » (*jus positum*) par la volonté de l'État. Pendant longtemps, dans les correspondances diplomatiques, on invoqua les règles dégagées par Vattel. Son succès fut tel que l'on en vint à assimiler le droit positif (posé) au droit en vigueur, l'expression étant, non sans ambiguïté, utilisée indifféremment dans les deux acceptions.

27. Premiers positivistes et constatation du système interétatique. — Jusqu'à Vattel, Grotius et les autres théoriciens du droit naturel ont adopté la méthode purement rationnelle et déductive qui convenait à une époque où le droit international naissant comprenait encore peu de règles. Ainsi voulaient-ils guider sa formation et influencer son développement qui étaient en cours.

Pourtant, d'autres auteurs, écrivant à la même époque, n'ont pas hésité à s'engager immédiatement dans la voie du positivisme. Contestant la thèse de la liberté des mers de Grotius, l'Anglais *Selden* (1584-1654) affirme que le droit des gens est issu, non d'un droit supérieur quelconque, mais uniquement des traités et de la coutume. Un autre Anglais, *Zouch* (1590-1660), professeur de droit à Oxford, se range dans la même tendance en n'étudiant que les « faits juridiques établis ». Plus tard, le Hollandais *Bynkershoek* (1673-1743) s'attache aussi principalement à l'étude du droit positif résultant de la coutume.

Cependant, ce n'est qu'à partir de la seconde moitié du XVIIIe siècle où le positivisme commence à s'introduire dans les sciences sociales, que la tendance positiviste a vraiment pris pied dans l'analyse du droit international.

Quels sont les fondateurs de l'École positiviste ? Le nom de *Moser* (1701-1785) est souvent cité. Auteur des *Principes du droit des gens actuel* paru en 1750 (temps de guerre) et 1752 (temps de paix), il exprime en ces termes sa profession de foi positiviste : « Je n'écris pas un droit des gens scolastique basé sur l'application de la jurisprudence naturelle ; je n'écris pas un droit des gens philosophique construit d'après certaines notions fantasques de l'histoire et de la nature de l'homme ; enfin, je n'écris pas non plus un droit des gens politique dans lequel des visionnaires tels que l'abbé de Saint-Pierre façonnaient le système de l'Europe à leur gré, mais je décris le droit des gens qui existe dans la réalité, auxquels les États souverains se conforment régulièrement. » Selon d'autres opinions, le véritable premier positiviste est *Georges Frédéric de Martens* (1756-1821) qui publie en français en 1788 son *Précis du droit des gens moderne de l'Europe fondé sur les traités et l'usage.* Il annonce ainsi la couleur dans l'intitulé même de son ouvrage.

Il convient de préciser que ni Moser, ni G. F. de Martens n'ont éliminé complètement de leurs œuvres le droit naturel auréolé de son origine thomiste et du prestige intellectuel de Grotius. Leur positivisme diffère ainsi du positivisme moderne qui lui succédera au XIXe siècle et à l'époque contemporaine et qui sera désormais un positivisme intégral brisant tout lien avec le jusnaturalisme. Ago classe ces auteurs dans la tendance dite « pré-positiviste » (v. « Science juridique et droit international », *RCADI* 1956, II, p. 859 s.).

Désormais le droit international positif pleinement consolidé peut être caractérisé par les principes suivants :

1° Les États sont souverains et égaux entre eux ;

2° La société internationale est une société interétatique ; au point de vue de sa structure, elle apparaît comme une juxtaposition d'entités souveraines et égales entre elles, excluant tout pouvoir politique organisé et superposé à ses composantes ;

3° Le droit international est exclusivement interétatique et ne s'applique pas aux individus ;

4° En ce qui concerne ses sources, le droit international est issu de la volonté et du consentement des États souverains ; les traités proviennent d'un consentement exprès et les coutumes d'un consentement tacite ;

5° Les États souverains apprécient seuls ce qu'ils doivent faire ou ne pas faire dans les relations internationales ;

6° Dans les rapports entre États souverains, la guerre est permise.

Le principe de *base* est celui de la souveraineté de l'État, tous les autres n'en sont que les conséquences. Leur ensemble forme ainsi un *système* cohérent. C'est le système *interétatique* et volontariste.

Bien qu'il soit l'œuvre de l'Ancien Régime, il s'est transmis sans grands changements jusqu'à l'époque actuelle. On le retrouve aussi sous la plume des positivistes modernes.

Section 2

Période de développement (De 1789 à nos jours)

28. L'État souverain devant la solidarité internationale. — Deux faits constants dominent ces deux siècles de vie internationale et permettent de les réunir dans une même période juridique.

Le premier est la persistance de l'État souverain. Cette persistance entraîne celle du système interétatique. Le deuxième résulte des transformations profondes et successives provoquées dans le monde par des causes qu'il est à peine besoin de rappeler : révolutions politiques, techniques et industrielles, guerres — surtout les deux guerres mondiales en l'espace de moins d'une génération —, décolonisation, avènement de l'arme nucléaire. Dans la société internationale, élargie, mais rétrécie aussi par les progrès techniques, ces transformations ont touché à la vie de tous les peuples et éveillé en eux le sentiment de leur unité et de leur interdépendance. Sans doute, les oppositions, les tensions et les conflits entre États ne disparaissent pas et même s'aggravent souvent. Ces aspects des relations internationales sont traditionnels ; ils les ont caractérisées depuis l'Antiquité. Ce qui est nouveau et qui, tout en s'amplifiant, ne quitte pas la vie internationale, c'est la prise de conscience, dans presque tous les domaines, de l'existence des intérêts communs, bref, de la *solidarité internationale*.

Cette prise de conscience a fait apparaître la nécessité de la coopération et de l'effort collectif en vue de la recherche des solutions aux problèmes d'intérêt commun. Or, ceux-ci ont afflué sans cesse, que ce soit au XIXe ou au XXe siècle, depuis l'invention de la machine à vapeur jusqu'au sur-développement technico-économique de l'époque actuelle. Évidemment, le droit international qui s'est, pour l'essentiel, formé à une époque où les rapports internationaux étaient essentiellement politiques, ne peut demeurer tel qu'il est face aux besoins nouveaux et multiples d'un monde en mouvement. Pour répondre aux impératifs de la solidarité internationale, il doit se perfectionner, s'enrichir, s'adapter. Bref, c'est son *développement* dans toutes les directions qui est requis.

Dès le début du XIXe siècle, les États en ont été conscients. Depuis cette époque jusqu'à nos jours, l'histoire du droit international est marquée par les efforts qu'ils ont déployés en vue de remédier aux insuffisances et aux faiblesses du droit international traditionnel, classique. Cependant, au nom de leur souveraineté, ils se sont efforcés de conserver, à tout moment, la maîtrise du jeu. L'ampleur et le rythme des améliorations et des transformations ont dépendu autant de leur bon vouloir et de leur entente que de la croissance de la solidarité internationale.

Malgré tout, des progrès substantiels ont été accomplis tant sur le plan *institutionnel* que sur le plan *normatif.* Ils ont été beaucoup plus rapides au XXe siècle qu'au siècle précédent. Les résultats obtenus ont été répercutés par la *doctrine,* qui s'est efforcée d'en rendre compte, de les systématiser et de les théoriser.

§ 1. — *Évolution de la société internationale*

BIBLIOGRAPHIE. — R. REDSLOB, *La Révolution française et le droit des gens,* Rousseau, 1923, 600 p. — P. RENOUVIN éd., *Histoire des relations internationales,* Hachette : t. IV, *La Révolution française* (par A. FUGIER), 1954, 423 p. et t. V et VI, *Le XIXe siècle* (par P. RENOUVIN), 1954, 432 p. et 1959, 402 p. — A. TRUYOL Y SERRA, « L'expansion de la société internationale aux XIXe et XXe siècles », *RCADI,* 1965-III, vol. 116, p. 89-179 et *La sociedad internacional,* Alianza editorial, Madrid, 1974, 221 p. — R. AGO, « Pluralism and the Origins of the International Community », *IYBIL* 1977, p. 3-30. — R. ARON, *Paix et guerre entre les nations,* Calmann-Lévy, 1984, XXVII-794 p. — R.-J. DUPUY, *La clôture du système international — La cité terrestre,* PUF, 1989, 160 p. ; *L'humanité dans l'imaginaire des nations,* Juillard, 1991, 283 p. — R. MULLERSON, *International Law, Rights and Politics*, Routledge, Londres/New York, 1994, XIII-230 p.

A. — Persistance de l'État souverain et de l'interétatisme

BIBLIOGRAPHIE. — Ch. ROUSSEAU, « Les conceptions nationales du droit des gens », *Mél. Reuter,* Pedone, 1981, p. 441-446. — G. DE LACHARRIÈRE, *La politique juridique extérieure,* Economica, 1983, 236 p. — SYMPOSIUM, « Unilateralism in International Law », *EJIL* 2000, p. 1-186 et 249-411.

Sur l'adaptation du principe du droit des peuples à disposer d'eux-mêmes, v. P. HENRY, *Le problème des nationalités*, Armand Colin, 1937, 214 p. et la bibliographie citée *infra*, sur le n° 341.

Sur l'attitude de l'URSS à l'égard du droit international, v. J.-Y. CALVEZ, *Droit international et souveraineté en URSS,* Armand Colin, 1953, 299 p. — I. LAPENNA, *Conceptions soviétiques du droit international public*, Pedone, 1954, 327 p. — W. E. BUTLER ed., *Perestroika and International Law,* Nijhoff, Dordrecht, 1990, VI-330 p.

Sur l'attitude de la Chine populaire à l'égard du droit international, v. H. CHIU, « Communist China's Attitude toward International Law », *AJIL,* 1966, p. 245-267. — J. A. COHEN et H. CHIU, *People's China and International Law*, Princeton UP, 1974, 2 vol., 1790 p. — TCHIEN TCHE-HAO, « Conception et pratique du droit international en République populaire de Chine », *JDI*, 1976, p. 863-897. — W. TIEYA, « International Law in China : Historical and Contemporary Perspectives », *RCADI,* 1990-II, t. 221, p. 195-370.

Sur l'attitude des États du Tiers Monde à l'égard du droit international, parmi une littérature très abondante, v. O. LISSITZYN, « Le droit international dans un monde divisé », *RGDIP,* 1965, p. 917-976. — R. FALK, « The New States and International Legal Order », *RCADI,* 1966-II, vol. 118, p. 1-103. — M. SAHOVIC, « Influence des États nouveaux sur la conception du droit international », *AFDI,* 1966, p. 30-49 ; *Droit international et non-alignement,* Medjunarodna Politika, Belgrade, 1987, 168 p. — J. N. HYDE, « Law and Developing Countries », *AJIL,* 1967, p. 571-577. — S. P. SINHA, *New Nations and the Law of Nations,* Sijthoff, Leyde, 1967, 174 p. — A. P. SERENI, « Les nouveaux États et le droit international », *RGDIP,* 1968, p. 305-322. — L. C. GREEN, « De l'influence des nouveaux États sur le droit international », *RGDIP,* 1970, p. 78-106. — A. EL ERIAN, « International Law and the Developing Countries », *Mél. Jessup,* Columbia UP, 1972, p. 84-98. — G. ABI-SAAB, « The Third World and the Future of International Legal Order », *Rev. ég. DI* 1973, p. 27-66. — M. BEDJAOUI, « Non-alignement et droit international », *RCADI,* 1976-III, vol. 151, p. 339-456. — F. V. GARCIA-AMADOR, « Current Attempts to Revise International Law », *AJIL,* 1983, p. 286-295. — F. E. SNYDER et S. SATHIRATAI eds., *Third World Attitudes Toward International Law,* Nijhoff, Dordrecht, 1987, XX-851 p. — B.N. PATEL ed., *India and International* Law, Nijhoff, Leiden, 2005, XII-379 p. V. aussi la chronique de J.-P. COLIN et a. *in Ann. TM* et la bibliographie sélective établie par la Bibliothèque des Nations Unies (série C, n° 5, Genève, 1983, 100 p.).

29. De l'État nation au principe des nationalités. — En lui-même, le principe de l'État-nation pouvait paraître une menace pour la société interétatique, dont le fondement monarchique traditionnel semblait le garant de la stabilité. Cependant, bien que révolutionnaire, la nouvelle idéologie de la souveraineté nationale issue des révolutions américaine et française de la fin du XVIIIe siècle ne met à mal ni l'État souverain ni le système interétatique.

Le principe de la souveraineté nationale s'attache à l'*origine* du pouvoir dans l'État, non au pouvoir de l'État. Mais, si l'État ne disparaît pas, il cesse d'être la chose du prince pour s'identifier à la nation et fusionner avec elle. Ainsi, il n'est plus l'État princier et patrimonial, il devient l'État national et, comme tel, il est au service de la nation dont il doit réaliser les aspirations et les besoins. En s'identifiant à la nation, l'État épouse naturellement sa condition juridique. Or, en changeant de titulaire, la souveraineté ne change pas de sens. Elle signifie toujours que le souverain, qu'il soit la nation ou le roi, n'est soumis à aucun pouvoir supérieur, au-dedans comme au-dehors. Le nouvel État national hérite donc de tous les attributs de l'État princier. Sur le plan international, il reste un État souverain comme son prédécesseur. Par-là même, le système interétatique est épargné parce qu'il a été établi par et pour les États souverains. La Révolution et l'Ancien Régime se rejoignent dans le même culte de l'étatisme.

Le principe des nationalités, qui est rapidement sorti des frontières françaises, apporte d'autre part à l'État national une justification rationnelle d'une portée universelle. Selon ce principe, pour que sa souveraineté soit effective, chaque nation a le droit de se constituer en État indépendant. Il doit y avoir autant d'États que de nations. Les frontières d'un État doivent coïncider avec celles d'une nation. Si un État existant englobe plusieurs nations, il s'expose au démembrement dans la mesure nécessaire à la réalisation de cette coïncidence. Inversement, si une même nation est divisée en plusieurs morceaux incorporés dans des États différents, elle possède le droit de refaire son unité au sein d'un même État. Comme le principe de la souveraineté nationale, le principe des nationalités est à la fois révolutionnaire et conservateur. Il est révolutionnaire en tant qu'il s'oppose à l'ordre européen établi par les États monarchiques sur la base de la conquête ou de l'hérédité. Il est conservateur dès lors qu'en légitimant l'État national, il légitime également l'État souverain traditionnel.

Sur ce fondement, le XIXe siècle est, par excellence, l'âge du nationalisme européen. Conformément aux principes révolutionnaires, Napoléon Ier a adopté le principe des nationalités comme une des bases de sa politique extérieure. Mais les nouveaux États nationaux européens ne sont apparus qu'après son règne. En 1831 et 1832, la rébellion des Belges contre la Hollande et celle des Grecs contre l'Empire ottoman ont abouti à la naissance de l'État belge et de l'État grec. Le programme nationaliste de la Révolution de 1848 suscite une nouvelle recrudescence des revendications. La création de nouveaux États dans les régions libérées de la domination ottomane, ainsi que l'unification de l'Allemagne et de l'Italie ne mettent pas fin aux revendications nationalistes en Europe. Au XXe siècle, entre les deux guerres mondiales, de nouveaux États nationaux européens ont vu le jour (la Tchécoslovaquie, les États balkaniques, les États baltes) tandis que l'État polonais, morcelé au nom de l'équilibre, a été restauré, et que, hors d'Europe, se créent un très grand nombre d'États sur les décombres du colonialisme (v. *infra*, n° 31).

30. Persistance de l'« État socialiste ». — Le renouveau de l'interétatisme est d'autant plus marqué que l'avènement des pays qui se réclamaient du socialisme y a contribué puissamment, non sans paradoxe.

Selon ses desseins originaires et conformément aux analyses d'Engels — « l'État n'est pas aboli, il dépérit » *(Socialisme utopique et socialisme scientifique)* —, la Révolution d'octobre constituait une menace dirigée à la fois contre l'État et l'idée nationale qui lui servait de support. Certes, Lénine écrivait dans *L'État et la Révolution* qu'après le triomphe de la Révolution, la forme étatique resterait nécessaire comme moyen de réaliser la dictature du prolétariat. Il ajoutait toutefois qu'il ne s'agirait que d'une sorte de sursis, l'État devant disparaître quand le socialisme s'installerait définitivement.

Mais l'attachement de l'Union soviétique à la *coexistence pacifique* des États ayant des régimes politiques et sociaux différents doit être interprété comme une acceptation de la division du monde en États. Le triomphe de la Révolution socialiste a donc simplement donné naissance à une structure étatique nouvelle, l'État socialiste coexistant avec l'État national issu de la Révolution française. D'ailleurs, en vue de réaliser l'alliance nécessaire entre le prolétariat et les peuples colonisés, Lénine et après lui Staline avaient dû reconnaître très tôt la réalité et la valeur du fait national.

Quant à la souveraineté de l'État, le ralliement à la notion de « souveraineté du peuple », considérée comme compatible avec la dictature du prolétariat, a rapidement permis de surmonter les hésitations. La souveraineté de l'État a été alors considérée à son tour, et en rapport avec la théorie « réaliste » de l'État, comme un moyen de consolidation et de protection de cette dictature, c'est-à-dire de l'État socialiste. Progressivement, tous les pays socialistes ont reconnu que la souveraineté de l'État, conformément au droit international, est un attribut indispensable de l'État et ils en ont eu une conception particulièrement sourcilleuse.

La définition de cette souveraineté que proposaient les auteurs soviétiques est identique à sa définition traditionnelle. C'est « un pouvoir suprême qui n'est limité par aucun autre pouvoir et qui est autonome à l'intérieur de l'État et indépendant dans les relations avec les autres États ».

On y trouve à la fois la souveraineté *dans* l'État et la souveraineté *de* l'État. L'Union soviétique d'abord, les États socialistes nés depuis la seconde guerre mondiale ensuite, ont contesté certaines règles « capitalistes » et « bourgeoises » et réclamé la création d'autres règles exigées par la coexistence pacifique. Comme les peuples décolonisés (*infra*, n° 31), ils ne visaient toutefois que le contenu du droit classique et non sa structure. Au contraire, tirant la conséquence de sa souveraineté, les auteurs soviétiques affirmaient avec force que l'État socialiste ne s'incline que devant les règles, qu'elles soient écrites ou coutumières, auxquelles il a effectivement consenti. D'ailleurs, les principes de coexistence pacifique formulés par les États socialistes dérivaient de ces bases de l'ordre international classique qu'ils ont contribué ainsi à consolider. Après tout, c'est dans un document sino-indien, le communiqué du 28 juin 1954, que sont énoncés les « Cinq principes de la coexistence pacifique » (Panch Shila) : respect mutuel de l'intégrité territoriale et de la souveraineté des États relations fondées sur l'égalité et les avantages mutuels, coexistence pacifique.

31. Renouveau de l'interétatisme. — Le principe du droit des peuples à disposer d'eux-mêmes, conséquence juridique du principe des nationalités, a, lui aussi, paradoxalement, été à l'origine d'un renforcement de l'interétatisme. Utilisé comme fondement juridique du droit des peuples coloniaux à l'indépendance (v. *infra*, n° 341), il a abouti à la multiplication des États nationaux à la suite des trois vagues successives de décolonisation. Par voie de conséquence, la forme étatique se généralise et se « densifie ».

Dès le début du XIXe siècle, de nouveaux États nationaux sont nés en Amérique après la conquête de leur indépendance par les anciennes colonies espagnoles et portugaises. C'était autant de nouveaux ralliements au système interétatique. Dès leur entrée dans la société internationale, ces États demandent que le « droit public européen » s'étende à l'Amérique et qu'ils soient traités en entités souveraines, à l'égal des États traditionnels. La déclaration du Président Monroe de 1823 qui interdit aux États européens d'intervenir en Amérique, appuie cet objectif et lui apporte la garantie de la politique étrangère américaine. Dans un autre contexte, l'égalité des statuts votée par le Parlement de Westminster en 1931 a permis aux Dominions britanniques dispersés dans le monde de devenir des États pleinement souverains.

Après la Seconde Guerre mondiale, le mouvement gagne les colonies ou les mandats européens au Proche-Orient et en Extrême-Orient pour se poursuivre avec la décolonisation massive de l'Afrique, qui atteint son apogée en 1960, et des petits territoires insulaires du Pacifique et de l'océan Indien.

Si les États « nouveaux » contestent en partie un droit qui a été élaboré avant leur accession à l'indépendance, loin de refuser les bases interétatiques du système classique, ils en demandent le renforcement et voient dans l'affirmation et l'approfondissement de la notion de souveraineté un moyen de se faire entendre sur la scène internationale.

D'une part en effet, ils constatent que, à la différence des vieux États européens ou d'origine européenne, leur souveraineté est « excentrée » et « parcellaire » (M. Benchikh) et qu'ils ne peuvent exercer, concrètement, les compétences qui en découlent ou sont supposées en découler, particulièrement en matière économique. De même que la souveraineté des États européens s'est affirmée contre les prétentions du Pape et de l'Empereur (v. *supra*, n° 15), de même ils prennent appui sur le concept de souveraineté pour faire échec à l'impérialisme dont ils s'estiment victimes (v. notamment *infra,* n° 609).

D'autre part, l'interétatisme, que cette attitude renforce, favorise la loi du nombre et c'est bien parce que les États du Tiers Monde détiennent la majorité dans la société interétatique et peuvent en retourner les mécanismes contre les puissances plus anciennes qu'ils inquiètent celles-ci. Placés sur la défensive, les États industrialisés réaffirment à leur tour, avec une conviction nouvelle, leur attachement au principe de la souveraineté.

Au surplus, alors que l'on pouvait croire arrivé le temps du « monde fini », partagé définitivement entre États aux frontières quasi immuables, la réunification allemande, l'éclatement de l'URSS et de la Yougoslavie témoignent de la remarquable vivacité du principe des nationalités et de l'aspiration des peuples à se constituer en États. Parallèlement, l'affirmation des droits des minorités et des peuples autochtones, tout comme la notion de « citoyenneté européenne » (distincte de la nationalité) prévue par le Traité de Maastricht, portent la marque de tendances nouvelles qui pourraient limiter la toute-puissance et l'omniprésence de l'État dans la sphère internationale.

B. — « Dépassement » de l'interétatisme ?

BIBLIOGRAPHIE. — Ch. DUPUIS, « Les antécédents de la SdN », *RCADI*, 1937-II, vol. 60, p. 5-109. — P. B. POTTER, « Développement de l'organisation internationale (1815-1914) », *RCADI*, 1938-II, vol. 64, p. 75-155. — P. GUGGENHEIM, *L'organisation de la société internationale,* La Baconnière, Neuchâtel, 1944, 176 p. — M. BOURQUIN, *L'État souverain et l'organisation internationale,* Manhattan Publishing Co, New York, 1959, 237 p. — G. MYRDAL, *Beyond the Welfare State,* Duckworth, Londres, 214 p. — R. GARDNER, *Vers un ordre international,* Les éds. internationales, 1965, 394 p. — G. CLARCK et L. B. SOHN, *World Peace through World Law,* Harvard UP, 1966, 535 p. — M.-C. SMOUTS, « Les sommets des pays industrialisés », *AFDI*, 1979, p. 668-675. — R.-J. DUPUY, « Communauté internationale et disparités de développement », *RCADI*, 1979-IV, vol. 165, p. 9-232 ; « Les ambiguïtés de l'universalisme », *Méls. Virally*, p. 273-279. — H. MOSLER, *The International Society as a Legal Community* Sijthoff et Noordhoff, Alphen, 1980, XIX-327 p. — G. PAMBOU-TCHIVOUNDA, *La conférence au sommet,* LGDJ, 1980, VIII-452 p. — N. E. GHOZALI, *Les zones d'influence et le droit international public,* OPU, Alger, 1985, 497 p. — B. SIMMA, « From Bilateralism to Community Interest in International Law », *RCADI*, 1994-VI, vol. 250, p. 217-384. — H. SPRUYT, *The Sovereign State and its Competitors*, Princeton UP, 1995, XII-283 p. ; « The Changing Structure of International Law Revisited », *EJIL*, 1997, p. 399-448. — O. SCHACHTER, « The Decline of the Nation-State and its Implications for International Law », *Columbia Jl. of transnl. L.*, 1997, p. 7-23 — A. REMIRO BROTONS, « Universalismo, multilateralismo, regionalismo y unilateralismo en el nuevo orden internacional », *Rev. esp. DI* 1999, p. 11-57 p. — H. GHÉRARI et S. SZUREK dir., *L'émergence de la société civile internationale – Vers la privatisation du droit international ?*, Pedone, CEDIN, *Cahiers internationaux* n° 18, 2003, III-350 p. — M. BYERS et G. NOLTE ed., *United States Hegemony and the Foundations of International Law*, Cambridge UP, 2003, XVIII- 531 p. — R. St. J. MACDONALD et D. M. JOHNSTON ed., *Towards World Constitutionalism, Isuues in the Legal Ordering of the World Community*, Nijhoff, Leiden, 2005, XVIII-968 p. — S. VILLAPLANDO, *L'émergence de la communauté internationale dans la responsabilité des États*, PUF, 2005, XX-527 p. – W.M. REISMAN et A. PELLET, « International Law in the Shadow of the Empire », *Baltic YBIL* 2006, p. 7-36. — E. DE WET, « The International Constitutional Order », *ICLQ* 2006, p. 51-76. — E. JOUANNET et H. RUIZ-FABRI dir., *Impérialisme et droit international en Europe et aux États-Unis*, Sté. de législation comparée, 2007, 334 p.

Sur la « mondialisation » du droit : MSM MAHMOUD, « Mondialisation et souveraineté de l'État », *JDI* 1996, p. 611-662. — F. CRÉPEAU, *Mondialisation des échanges et fonction de l'État*, Bruylant, Bruxelles, 1997, XVI-294 p. — L. BRITTAN, *Globalisation vs. Sovereignty ? : the European Response*, Cambridge UP, 1998, VI-79 p. — P. DE SERNACLENS, *Mondialisation, souveraineté et théories des relations internationales*, Armand Colin, 1998, VI-218 p. ; *La mondialisation, Théories, Enjeux et Débats*, 4e éd., Armand Colin, 2005, X-275 p. — M. DELMAS-MARTY, *Trois défis pour un droit mondial*, Seuil, 1998, 201 p. ; « La mondialisation du droit : chances et risques », D. 1999, p. 43-48 ; « Les processus de mondialisation du droit », *in* Ch. A. MORAND dir., *Le droit saisi par la mondialisation*, Bruxelles, Bruylant, 2001, p. 63-80. — R. CHARVIN, *Relations internationales, droit et mondialisation : un monde à sens unique*, Harmattan, 2000, 344 p. — M. KAMTO, « Mondialisation et droit », *Rec. hell. DI* 2000, p. 457-485. — E. LOQUIN et C. KESSEDJIAN dir., *La mondialisation du droit*, Litec, 2000, 612 p. — A. PELLET, « Vers une mondialisation du droit international ? », *in* S. CORDELLIER dir., *La mondialisation au-delà des mythes*, La Découverte, coll. « L'état du monde », La Découverte/Poche, 2000, p. 93-100 — M. CHEMILLIER et Y. MOULIER-BOUTANG, *Le droit dans la mondialisation : une perspective critique*, PUF, 2001, 216 p. — Z. LAÏDI, « Time and Globalisation », *in* Cl. SMOUTS ed., *The New International Relations : Theory and Practice*, Palgrave, New York, 2001, p. 100-111. — Ch. A. MORAND dir., *Le droit saisi par la mondialisation*, Bruxelles, Bruylant, 2001, X-477 p. — *La mondialisation entre illusion et utopie*, Dalloz, 2003, 530 p. — G. LACHAPELLE et St. PAQUIN, *Mondialisation, gouvernance et nouvelles stratégies subétatiques*, PU Laval, 2004, XII-195 p. — M. DELMAS-MARTY, *Les forces imaginantes du droit*, Seuil, 3 vol. : 2004, 439 p., 2006, 308 p., 2007, 303 p. — Ph. MOREAU DEFARGES, *La mondialisation*, 6e éd., PUF, « Que sais-je ? » n° 1687, 2005, 127 p.

32. Anarchie des souverainetés et coopération internationale. — L'anarchie, qui résulte de la juxtaposition des souverainetés au plan international, ne facilite pas la coopération. Les États ont cherché à remédier à la carence institutionnelle de la société internationale, sans toutefois renoncer au système interétatique classique dans lequel ils voient le meilleur garant de leur souveraineté.

Dans un premier temps l'adaptation aux nécessités de la coopération a résulté de la « force des choses » : sans mandat, les grandes puissances se sont octroyé le pouvoir de régler elles-mêmes les questions d'intérêt commun. Ainsi s'est formé, *de facto,* un système basé sur leur prépondérance. Toutefois, la souveraineté des petites et moyennes puissances n'y trouvait pas son compte. Au surplus, l'éclatement du premier conflit mondial a révélé les limites de l'efficacité d'un tel système.

Le mouvement d'organisation raisonnée de la société internationale dans lequel les États se sont engagés dès le dernier quart du XIXe siècle s'est accéléré au sortir de la première guerre mondiale et, à nouveau, après 1945, sous la pression de nouveaux impératifs économiques et politiques. Mais si le nouveau système institutionnel a fait des progrès considérables et paraît irréversible, il est loin d'avoir supplanté le système « relationnel » traditionnel et de satisfaire les apôtres de la société internationale organisée.

La mise à l'épreuve de la souveraineté de l'État par la solidarité internationale a conduit, après presque deux siècles d'évolution, à une pluralité de systèmes, pluralité qui fait disparaître non pas le système interétatique classique, mais uniquement son monopole. Encore faut-il noter que l'organisation internationale telle qu'elle est conçue aujourd'hui ne nie pas la souveraineté ni même ne la limite : c'est dans la volonté des États qu'elle trouve son fondement et elle vise seulement à permettre une coexistence *des* souverainetés aussi harmonieuse et conforme aux intérêts de tous que possible.

33. Gouvernement de fait des grandes puissances. — *1° Dépassement de fait de l'interétatisme ?* — La distinction entre grandes et petites puissances entraîne une véritable atteinte aux principes traditionnels de la souveraineté et de l'égalité des États quand les grandes puissances s'attribuent elles-mêmes un rôle prépondérant dans le règlement des problèmes d'intérêt commun. L'analyse juridique leur confère dans ce cas la qualité de « gouvernement de fait » de la société internationale.

L'apparition d'un tel pouvoir international de fait constituerait un changement important et un progrès dans la mesure où les grandes puissances, réellement conscientes de leurs responsabilités, exerceraient leur action collective dans le sens de l'intérêt général. Ce « pouvoir » pallierait alors la carence institutionnelle de la société des États souverains et son émergence pourrait être interprétée comme une étape de transition vers l'organisation internationale et le « superétatisme de droit ». On peut aussi penser, et sans doute plus raisonnablement, que cet exercice d'un pouvoir international de fait par les grandes puissances constitue le « stade suprême » de l'interétatisme dans lequel la souveraineté, en principe reconnue à tous, ne peut concrètement être exercée que par quelques-uns. Loin de favoriser l'organisation internationale sur une base universelle, cette concentration du pouvoir international entre quelques très grandes puissances la rend en effet particulièrement aléatoire et précaire.

Dès le début du XIXe siècle, les événements ont ouvert la voie à l'exercice de cette action collective des grandes puissances. Celle-ci, après avoir revêtu la forme éphémère du Directoire européen, s'est poursuivie tout au long du siècle sous la forme du Concert européen. Le XXe siècle a continué et accentué cette tendance.

2° *Au XIXe siècle.* — Né de l'action commune dans la dernière phase des guerres napoléoniennes, le Directoire européen est institutionnalisé par l'article 6 du Traité de Paris du 20 novembre 1815 : « Pour faciliter l'exécution du présent traité et consolider les rapports intimes qui unissent aujourd'hui les souverains pour le bonheur du monde, les Hautes Parties Contractantes sont convenues de renouveler, à des époques déterminées, soit sous les auspices immédiats des souverains, soit par leurs ministres respectifs, des réunions consacrées aux grands intérêts communs et à l'examen des mesures qui, dans chacune de ces époques, seront jugées les plus salutaires pour le repos et la prospérité des peuples et pour le maintien de la paix en Europe. »

Cette disposition détermine donc la composition du groupe d'États dominants : la *Tétrachie,* formée par le Royaume-Uni, l'Autriche, la Prusse et la Russie, devient la *Pentarchie* lorsqu'au Congrès d'Aix-la-Chapelle de 1818, la France de Louis XVIII y est admise. Elle lui fixe de véritables fonctions « gouvernementales », qui doivent être mises en œuvre pour assurer le maintien de l'ordre monarchique, dans l'esprit de la Sainte Alliance des monarchies de droit divin conclue à la même époque. Enfin, ce traité donne aux grandes puissances européennes de l'époque un rudiment d'organisation, à travers des « congrès » périodiques (Aix-la-Chapelle, Troppau, Leybach, Vérone), et des moyens d'action qui vont jusqu'à l'intervention militaire.

Ce premier « gouvernement international de fait » ne survivra pas longtemps aux réticences de l'Angleterre, et l'unité d'action se révélera impossible face à la résurgence des mouvements nationalistes. Cependant subsiste l'idée que les puissances doivent se concerter sur les grands problèmes posés par la pression des mouvements d'émancipation nationale et par l'expansion coloniale en Afrique. Sous une forme plus pragmatique que précédemment, par la réunion de conférences lorsque les affaires d'intérêt collectif l'exigent, le « Concert européen » traduit la permanence de ce besoin d'action collective. Tantôt les cinq ou six grandes puissances européennes s'arrogent le monopole de la représentation de la communauté internationale (Conférence de Londres en 1831 sur l'indépendance belge, intervention militaire en Crète de 1897) ; tantôt, elles semblent agir dans le cadre du système interétatique classique en acceptant d'élargir la liste des participants à des États moyens ou extra-européens (Congrès de Paris de 1856, après la guerre de Crimée ; Conférence de Berlin de 1885 sur les questions coloniales ; Conférence d'Algésiras de 1906 relative à la rivalité franco-allemande au Maroc). En fait, elles jouent toujours un rôle prépondérant dans la préparation, la convocation, l'organisation de ces conférences et dans les négociations qui s'y déroulent.

3° *Au XXe siècle.* — Les conférences ouvertes aux « puissances intéressées » sont devenues des procédés *normaux* de règlement collectif des grands problèmes internationaux. Les exemples abondent.

En temps de crise, les « grandes Puissances », se comportant ostensiblement comme gouvernants internationaux de fait, ont continué de recourir à la forme « directoriale ». Après la clôture de la Conférence de Versailles de 1919, les Alliés ont décidé de prolonger leurs travaux afin de suivre l'application des traités de paix. À cet effet, ils ont créé le Conseil suprême interallié, en le dotant de la périodicité et en le faisant seconder par une Conférence des ambassadeurs (France, Grande-Bretagne, Italie, Japon puis Belgique). C'était un nouveau directoire international « institué ». Entre les deux guerres, la Conférence de Munich de 1938 comprenant la France, l'Allemagne, la Grande-Bretagne et l'Italie régla le sort de la Tchécoslovaquie sans elle — et sans l'Union soviétique.

Il convient de rapprocher cette conférence du projet mussolinien de Pacte à Quatre du 18 mars 1933 présenté à la France, l'Allemagne et la Grande-Bretagne dont l'article premier est ainsi rédigé : « Les quatre puissances occidentales, Allemagne, France, Grande-Bretagne, Italie, s'engagent à réaliser entre elles une politique effective de collaboration en vue du maintien de la paix (...) et s'engagent à agir dans le domaine des relations européennes pour que cette politique de paix soit adoptée en cas de nécessité aussi par les autres États. » Visiblement, c'était là une tentative de ressusciter le Directoire européen, ce que la presse française de l'époque qualifiait par anticipation de « club des charcutiers ».

Enfin, pendant et après la fin de la Seconde Guerre mondiale, le système refait son apparition selon des modalités « institutionnelles » qui rappellent une fois de plus celles du Directoire européen. Dès le 30 octobre 1943, après leur rencontre de Moscou, les Trois — États-Unis, Grande-Bretagne, URSS — publient une déclaration conjointe acceptée par la Chine annonçant leur engagement de prolonger leur action commune après la guerre pour le rétablissement et le maintien de la paix. On trouve dans le protocole des travaux de la Conférence de Yalta du 11 février 1945 adopté par la Grande-Bretagne, les États-Unis et l'Union soviétique, une liste impressionnante des questions traitées. À la partie XIII de ce document, les trois Grands ont encore décidé que leurs ministres des Affaires étrangères « se rencontreront à l'avenir aussi souvent que ce sera nécessaire, vraisemblablement tous les trois ou quatre mois ».

Par la suite, après la fin de la guerre, un « Conseil des ministres des Affaires étrangères » auquel accède la France est constitué. Cette fois-ci, il s'agit d'un organe permanent ayant son siège à Londres et doté d'un secrétariat permanent. Une distinction est même prévue entre ce nouvel organe à « quatre » et les rencontres à « trois » instituées par le protocole de Yalta précité.

La signification réelle de ces rencontres répétées est qu'aujourd'hui comme hier, les « grandes Puissances » s'octroient dans la conduite des affaires mondiales un rôle décisif. Devant la montée des problèmes qui assaillent la société internationale actuelle, leur action collective est même apparue comme la seule alternative possible à l'organisation mondiale (v. Michel Virally, *L'organisation mondiale,* Armand Colin, 1972, p. 13).

Il reste que les Grands d'aujourd'hui ne sont pas les mêmes que ceux d'hier. Officiellement, à s'en tenir aux membres permanents du Conseil de sécurité des Nations Unies, ils sont au nombre de cinq : la Chine, les États-Unis d'Amérique, la France, le Royaume-Uni et la Russie. Le pouvoir international qui était détenu par l'Europe, au moins jusqu'à la première guerre mondiale, s'est universalisé depuis la Seconde. À l'origine, la détermination des « Cinq » a été fondée sur leur rôle dans la guerre contre l'Allemagne et le Japon et s'est trouvée justifiée *a posteriori* par le fait que seuls ces cinq États ont été, officiellement, détenteurs de l'arme nucléaire jusqu'en 1998, date à laquelle l'Inde et le Pakistan ont publiquement procédé à des explosions nucléaires à des fins militaires. En réalité cependant, du fait de la perte de leurs Empires coloniaux et de l'exiguïté relative de leur territoire, les États européens ont cédé la prépondérance aux deux « superpuissances », les États-Unis et l'URSS, cette dernière s'étant elle-même effacée au profit des premiers auxquels l'effondrement de l'empire soviétique et la faiblesse politique de l'Europe assurent une prédominance incontestable sur la vie internationale.

À la « dyarchie » américano-soviétique a succédé, depuis la fin des années 1980, un système unipolaire au sein duquel, faute de contre-poids, les États-Unis font, non sans contestations, triompher leurs vues grâce à leur indiscutable prééminence militaire — dont a témoigné la « guerre du Golfe » en 1990-1991 — même si leur suprématie économique, écrasante au sortir de la seconde guerre mondiale, est équilibrée par la montée en puissance de l'Europe, du Japon et, depuis quelques années, des puissances émergentes d'Asie et d'Amérique latine, comme la Chine, l'Inde ou le Brésil.

Au demeurant, une vision exclusivement unipolaire des relations internationales serait abusivement simplificatrice. Trois éléments en particulier les rendent infiniment plus complexes. D'une part, bien qu'elle s'en défende, la Chine, par un jeu habile d'équilibre et grâce à l'immensité de sa population et au dynamisme de son économie, apparaît de plus en plus comme un grand avec lequel il faut compter. D'autre part, certaines puissances conservent ou ont acquis un rôle régional très important même si elles n'ont plus, ou pas, de responsabilités mondiales, c'est le cas du Japon dans le Pacifique, du Royaume-Uni à travers le Commonwealth ou, plus nettement encore, de la France en Afrique (cf. les sommets périodiques franco-africains). Enfin, la pratique de rencontres fréquentes entre les principaux États occidentaux auxquels la Russie se joint dorénavant au sein du « G 8 » permet entre eux une concertation continue en même temps qu'elle témoigne d'un certain rééquilibrage de la puissance, de l'autre. La dérive « unilatéraliste » des États-Unis, qu'autorise leur statut de seule super-puissance, n'en a pas moins pris, durant la présidence de George W. Bush, des proportions jamais atteintes auparavant.

Cette concertation en matière politique et stratégique trouve désormais, avec la disparition de l'URSS, un cadre favorable entre trois des, ou les, cinq membres permanents du Conseil de sécurité des Nations Unies (États-Unis, Royaume-Uni, France ; les mêmes auxquels s'ajoutent la Russie et la Chine. Colloque ADI, *Le nouveau rôle du CS,* Nijhoff, Dordrecht, 1993, not. les contributions de A. Aust, p. 365-374 et F. Delon, p. 349-363 – G. Simpson, *Great Powers and Outlaw States. Unequal Sovereigns in the Interational Legal Order*, Cambridge UP, 2004, XIX+391 p. – *Les métamorphoses de la sécurité collective*, Journée d'études SFDI et Assoc. Tunisienne de Science politique, Pedone, 2005, 280 p.).

C'est en matière économique que ces rencontres sont les plus fréquentes et quasi institutionnalisées. La création du « Groupe des Dix » auquel s'est jointe la Suisse remonte à la première moitié des années 1960, lorsque le système monétaire international conçu à Bretton Woods a montré ses premières fissures (v. *infra,* n° 629 s.). Par ailleurs, depuis 1975 (sommet de Rambouillet, 15-17 novembre), des rencontres périodiques réunissent les dirigeants des cinq, sept ou huit plus grandes puissances industrialisées à économie de marché (« G-5 », « G-7 » ou « G-8 ») et consacrent à la fois leur interdépendance et l'idée que celles-ci se font de leur responsabilité collective, la participation de la Russie demeurant épisodique.

De leur côté, les pays du Tiers Monde ont établi, surtout avec le Mouvement des non-alignés (depuis 1961) et le Groupe des 77 (depuis 1964), des groupes de pression influents, sortes de « contre-pouvoirs » à l'échelle mondiale constituées à la fois pour faire échec à la bipolarisation et pour obtenir la prise en considération effective des problèmes des États pauvres. Faute de pouvoir jouer sur la rivalité entre les « super-puissances », leur mouvement s'essouffle cependant, et leur unité est très fortement menacée par les disparités de plus en plus évidentes entre « les Tiers Monde » : alors que l'Afrique peine à émerger du sous-développement, l'Amérique latine connaît un renouveau démocratique qui a sans doute facilité un essor économique qui semble se confirmer même s'il ne rivalise pas avec celui, particulièrement spectaculaire et rapide, des pays émergents d'Asie (Inde, Chine, mais aussi « dragons » de l'Asie du Sud-Est comme Singapour ou la Malaisie)

34. Efforts d'institutionnalisation. — 1° *Organisation internationale et superétatisme.* L'idée d'organiser politiquement la société internationale est née en réaction à l'anarchie qui résulte des conflits internationaux et à l'insuffisance de la doctrine de l'équilibre. Elle a pour ambition d'intégrer dans un système unitaire tous les États du monde, système comprenant un certain nombre d'institutions capables de prévenir et de résoudre les conflits d'intérêts entre leurs membres à l'image des structures de la société étatique.

Pour qu'il y ait réellement dépassement de l'interétatisme, il faut, pour le moins, une organisation politique centralisée, disposant des moyens de contrainte ou de persuasion sur les États et d'un pouvoir de coordination des institutions techniques et régionales.

En fait, tous les efforts réalisés jusqu'ici n'ont pas permis de se rapprocher sensiblement de ce schéma théorique. Tous les choix décisifs marquent la volonté des États de maintenir le système interétatique. Certes, de nombreuses organisations ont été créées, mais leur multiplicité même traduit le souci de les placer en position d'infériorité par rapport aux grandes puissances. La dispersion des responsabilités, le chevauchement des domaines d'action des organisations rend plus difficile leur coordination et justifie le refus de leur reconnaître un pouvoir de décision autoritaire. Cette attitude négative de la part des États connaît des exceptions, notamment au niveau régional, où les solidarités sont plus marquées.

Malgré des reculs temporaires, la tendance générale est à une cohérence et à une efficacité accrues des organisations internationales. Les crises et les tensions de la société internationale, en démontrant les insuffisances de la coopération interétatique, obligent à renforcer le réseau des organisations et à leur confier la solution de problèmes de plus en plus aigus et nombreux.

2° *Avant la Seconde Guerre mondiale.* Les appels en faveur d'une organisation structurée des relations internationales sont longtemps restés du domaine de la doctrine ou de la propagande. Le triomphe de l'interétatisme semblait aux hommes d'État incompatible avec tout sacrifice de la souveraineté. Aussi les premières initiatives ont-elles simplement visé à améliorer les procédures traditionnelles de coopération.

Les grandes voix de la « dissidence » (L. Cavaré) sont d'abord celles de William Penn et de l'abbé de Saint-Pierre, avec leurs projets de « paix perpétuelle », puis celles des philosophes, Kant, Bentham, enfin celle de Saint-Simon qui donne à son ouvrage un titre qui est un programme : *De la réorganisation de la société européenne ou de la nécessité et des moyens de rassembler les peuples de l'Europe en un seul corps politique en conservant à chacun son indépendance.* Tout au long du XIXe siècle, l'opinion publique sera sollicitée en faveur de la paix universelle par les tendances politiques les plus diverses : il devient possible d'organiser régulièrement des congrès internationaux destinés à faire la preuve de la puissance de ce courant d'opinion.

Les gouvernements ne se laissent convaincre qu'avec la plus extrême réticence, lorsque les progrès techniques et l'interdépendance économique rendent évidents les avantages d'une certaine concertation internationale. Des embryons de « services publics internationaux », dotés d'une structure rudimentaire, sont alors mis en place, à partir de la seconde moitié du XIXe siècle : deux *commissions fluviales* internationales, celle du Rhin et du Danube, quatorze *unions administratives,* aux compétences étroitement techniques, sont créées avant le premier conflit mondial. Les tentatives plus ambitieuses, même au niveau régional, sont sans lendemain : la Conférence de Washington, en 1889, ne donne naissance qu'à un « bureau commercial » ; l'Union panaméricaine créée en 1910 reste une union administrative.

Le choc de la Première Guerre mondiale permet d'envisager une véritable révolution, par la construction d'un pouvoir international de droit supérieur aux États : la Société des Nations (SdN) est créée par la Conférence de la paix de Versailles, le 28 avril 1919, dans le but de maintenir dans la période de paix la solidarité des peuples démocratiques et d'empêcher une nouvelle « guerre civile internationale » (G. Scelle). La SdN est en effet la première organisation à vocation universelle — en 1938, elle compte cinquante-quatre États membres — dont la fonction est à la fois politique et technique.

Au premier titre, elle a pour objectif essentiel le maintien de la paix. Comme il ne lui a pas été accordé des pouvoirs suffisants pour sanctionner l'agression, la SdN ne peut compter que sur les vertus de la démocratie internationale, notamment la discussion publique entre dirigeants responsables. Cependant la sortie des États autoritaires (Allemagne, Japon) et l'absence de certaines grandes puissances (États-Unis, URSS avant 1934 et après 1939) lui font perdre une grande partie de sa crédibilité et accentuent sa dimension européenne.

Au second titre, la SdN est le premier essai de « fédéralisme » administratif : elle doit favoriser le regroupement et la coordination de l'ensemble des unions administratives préexistantes. Elle n'y réussira que très imparfaitement.

La même période connaît des expériences plus convaincantes d'institutionnalisation de la fonction juridictionnelle — avec la création de la Cour permanente de Justice internationale (CPJI) — et de la fonction sociale, confiée à l'Organisation internationale du Travail (OIT) établie en vertu de la partie XIII du Traité de Versailles.

3° *Depuis 1945.* Les espoirs et les initiatives de l'entre-deux-guerres ont donc en partie avortés et n'ont certainement pas réussi à substituer un nouveau système au système interétatique. Instruits par l'échec, les gouvernements sont restés convaincus que la recherche de la paix exigeait la correction des erreurs commises, par un surcroît d'organisation internationale, et non pas par un abandon de la formule et par un retour à l'interétatisme classique.

Née d'une réflexion sur les causes du second conflit mondial, la nouvelle tentative d'organisation « des Nations Unies » se veut universelle, privilégie la dimension politique et s'attache à confier de véritables pouvoirs de décision et d'action aux institutions créées. Le souci de réalisme et d'efficacité conduit les gouvernements vainqueurs à reconnaître une position privilégiée aux grandes puissances, et à admettre l'interdépendance des problèmes économiques, techniques et du maintien de la paix.

La guerre froide et la décolonisation affaibliront la cohérence du système envisagé et obligeront à l'orienter dans un sens imprévu : la question de la « démocratisation » des structures institutionnelles, celle du développement économique prendront une importance croissante. Mais ces phénomènes favoriseront aussi l'établissement d'organisations régionales qui, à beaucoup d'égards, sembleront mieux traduire que l'organisation universelle le développement des solidarités transfrontières.

Quoi qu'il en soit, ces organisations restent le symbole et une première approche d'une communauté politique institutionnalisée. Maintenant que la quasi-totalité des États sont membres de l'ONU et peuvent s'y exprimer sur un pied d'égalité, les 192 États représentés à l'Assemblée générale peuvent dégager la « volonté générale » sinon des peuples, du moins des gouvernements. Un effort de rationalisation permet une répartition des tâches techniques et culturelles au sein du « système des Nations Unies », qui regroupe les plus importantes des institutions universelles. On commence même à envisager de confier à certaines d'entre elles la gestion de richesses collectives telles que les ressources des fonds des mers. Là où les promoteurs de l'organisation internationale avaient péché par sous-estimation des besoins de solidarité — en matière économique —, l'époque contemporaine a été le témoin d'une véritable floraison d'institutions. Enfin une action continue est menée par la majorité des États pour éliminer ou tourner les vestiges de l'inégalité entre États au sein des organisations universelles : abandon des systèmes de veto ou de pondération des voix, suppression des organes restreints, élargissement des pouvoirs des organes pléniers. Symbole — mais aussi contre-épreuve — de ce mouvement vers le supra-étatique : le rôle reconnu aux résolutions des organisations internationales, prémisses contestées d'une véritable législation internationale.

Faut-il, dès lors, s'inquiéter ou se féliciter du développement du régionalisme ? Comme le démontre l'expérience des Communautés européennes, il est possible d'atteindre, dans un cadre plus réduit et sans que soient réellement concurrencées les institutions universelles, un degré d'intégration beaucoup plus élevé et un domaine de coopération plus étendu qu'au niveau mondial. De plus, les organisations régionales fournissent un « banc d'essai » utile. D'autres expériences régionales paraissent plus dangereuses à long terme, dans la mesure où elles favorisent la tentation du repli et de la spécificité, au détriment du rôle fédérateur des organisations universelles.

34 *bis*. Mondialisation du droit. — Avec le « temps du monde fini » (P. Valéry), toutes les terres émergées sont partagées entre des États, forme d'organisation politique apparue en Europe occidentale et progressivement adoptée par le reste du monde à la suite du processus de colonisation/décolonisation et de l'échec de la révolution prolétarienne. La généralisation de la forme étatique, pour diverses qu'en soient les modalités d'organisation, constitue un premier élément d'uniformisation du « village planétaire » (M. McLuhan). Celle-ci est renforcée par trois facteurs fondamentaux : le raccourcissement du temps et de l'espace engendré par les progrès des techniques de communication, la conscience diffuse de la fragilité d'un destin commun suscitée par la menace que constituent les armes de destruction massive et par les risques d'une détérioration irréversible de l'environnement humain, et le triomphe du libéralisme économique. Cette situation a des conséquences au plan juridique :

— malgré la persistance de particularismes régionaux ou culturels (v. *infra*, n° 37), les principes fondamentaux du droit international ont un caractère ou une vocation universels et ne sont plus sérieusement remis en cause, du moins par les gouvernants ;

— voulue ou subie, la coopération accrue entre les États du monde se traduit par une croissance exponentielle du nombre des traités relatifs à tous les aspects de la vie humaine et des relations sociales, et des organisations internationales, cadres d'une concertation permanente dans tous ces domaines ;

— cette coopération dépasse le cadre purement interétatique et est également le fait des particuliers qui en sont les acteurs les plus dynamiques et se voient également reconnaître des droits et des obligations directement par le, et en vertu du, droit international ;

— le droit « mondial » ainsi en gestation, qui emprunte au droit international et aux droits transnationaux (v. *supra*, n° 4 *bis*) tient en partie en échec le principe de territorialité (que traduisait le primat de la « souveraineté territoriale » comme fondement des compétences de l'État) et ébauche l'idée d'un « ordre public international » dont des concepts comme ceux de *jus cogens* ou de « communauté internationale » ou de crimes internationaux traduisent la réalité (encore modeste et contestée) au plan juridique.

Dans un sens plus restreint, le concept de mondialisation du droit est souvent utilisé pour désigner les seules règles applicables aux relations économiques internationales. Il s'agit alors du droit d'un marché mondial, largement unique du fait de la mise en pratique des principes du libéralisme économique. « Libre circulation », « concurrence », « non-discrimination » en sont les maîtres mots. Mais, faute d'autorité centrale de régulation et de règlement des litiges (sauf, partiellement en matière commerciale, l'ORD au sein de l'OMC), il s'agit encore en grande partie d'un droit en quête de cohérence et de bonne gouvernance (v. *infra*, n° 621). En outre, la promotion d'un droit mondial purement économique est difficilement compatible avec les « fins humaines du pouvoir » qui implique une articulation solide entre les aspects économiques, sociaux (protection des droits de l'homme) ou pénaux par exemple.

§ 2. — *Transformation du droit international*

BIBLIOGRAPHIE. — I. NIPPOL, « Le développement historique du droit international depuis le Congrès de Vienne », *RCADI*, 1924-I, vol. 2, p. 5-120. — G. DE COURCEL, *L'influence de la Conférence de Berlin de 1885 sur le droit international,* Éds. internationales, 1936, 426 p. — « Examen d'ensemble du droit international », *Ann. CDI,* 1971, vol. II-2, p. 1-114 (doct. A/CN. 4/245). — S. BASTID, « L'état du droit international public en 1973 », *JDI,* 1973, p. 5-21 et « Le droit international de 1955 à 1985 », *AFDI,* 1984, p. 9-18. — ILA, M. Bos ed., *The Present State of International Law,* Kluwer, Deventer, 1973, 392 p. — SFDI, Colloque de Bordeaux, *Régionalisme et universalisme dans le monde contemporain,* Pedone, 1977, 358 p. — Bin CHENG ed., *International Law : Teaching and Practice,* Stevens, Londres, 1982, XXIX-287 p. — O. SCHACHTER, « The Nature and Process of Legal Development and International Society », *in* R. ST. J. MCDONALD et D. M. JONSTON eds., *The Structure and Process of International Law,* Nijhoff, La Haye, 1983, p. 745-808. — M. LACHS, « Le droit international, l'ordre mondial et les Nations unies », *Mél. Chaumont,* 1984, p. 383-396. — L. C. GREEN, « Is there a Universal Law Today ? », *ACDI,* 1985, p. 3-32. —

B. SIMMA, « Self-Contained Regimes », *NYIL* 1985 p. 111-136 ; B. SIMMA et D. PULKOWSKI, « Of Planets and the Universe : Self-contained Regimes in International Law », *EJIL* vol. 17, 2006, p. 529-550. — Y. DAUDET, « Le droit international tire-t-il profit du droit communautaire ? », *Mél. Boulouis,* 1991, p. 97-112. — A. WATTS, « The International Rule of Law », *GYBIL* 1993, p. 15-45. — M. CHEMILLIER-GENDREAU, *Humanité et souverainetés — Essai sur la fonction du droit international*, La découverte, 1995, 382 p. ; « Le droit international entre volontarisme et contrainte », *Mél. Thierry*, p. 93-105. — P.-M. MARTIN, *Les échecs du droit international*, PUF, « Que sais-je ? » n° 3151, 1996, 128 p. V. aussi la bibliographie figurant en tête du chapitre et du § 3.

Sur la fragmentation du droit international : P.-M. DUPUY, « The Danger of Fragmentation or Unification of the International Legal System and the International Court of Justice », *NYU Jl. IL* 1999, p. 791-807. — M. KOSKENNIEMI et P. LEINO, « Fragmentation of International Law ? : Postmodern Anxieties », *Leiden JIL* 2002, p. 553-579. — M. CRAVEN, « Unity, Diversity and the Fragmentation of International Law », *Finn. YBIL* 2003, p. 3-34. — G. HAFNER, « Pros and Cons Ensuing from Fragmentation in International Law », *Michigan Jl. IL* 2004, p. 849-868. — B. SIMMA, « Fragmentation in a Positive Light », *Michigan Jl. IL* 2004, p. 845-847. — A. GATTINI, « Un regard procédural sur la fragmentation du droit international », *RGDIP* 2006, p. 303-336. — R. H. VINAIXA et K. WELLENS dir., *L'influence des sources sur l'unité et la fragmentation du droit international : travaux du séminaire tenu à Palma, les 20-21 mai 2005*, Bruylant, Bruxelles, 2006, XXII-280 p. — *Fragmentation : la diversification et l'expansion du droit international*. Travaux du 34e Congrès annuel du Conseil Canadien de Droit International (Ottawa, 26 au 28 octobre 2005), 2006, IV-361 p. — I. BUFFARD et G. HAFNER, « Risques et fragmentation en droit international », *L'observateur des NU* 2007, p. 29-56. — B. CONFORTI, « Unité et fragmentation du droit international... », *RGDIP* 2007, p. 5-18. — Ch. LEATHLEY, « An Institutional Hierarchy to Combat the Fragmentation of International Law : Has the ILC Missed an Opportunity ? », *NYU Jl. of IL* 2007, p. 259-306. — Rapport du Groupe d'étude de la CDI (présidé par M. KOSKENNIEMI), *Fragmentation of International Law : Difficulties Arising from the Diversification and Expansion of International Law*, Erik Castrén Institute of International Law and Human Rights, Helsinki, 2007, III-306 p. (v. aussi A/CN.4/L.682 (2006)).

Sur les risques de fragmentation résultant de la multiplication des juridictions internationales, v. *infra* les bibliographies figurant sur les n°s 259 et 524.

35. Expansion normative. — L'intensification des relations internationales, la prise de conscience des interdépendances ont plus encore favorisé le progrès quantitatif du droit international que le développement des organisations internationales. Cependant les deux phénomènes sont liés car le fonctionnement de ces organisations a donné naissance à un mouvement conventionnel important et à une branche spécifique supplémentaire du droit international.

Longtemps soumis aux rythmes propres du processus coutumier et de la convention bilatérale, l'enrichissement des normes internationales s'accélère et se rationalise avec la procédure de codification et la généralisation de la convention multilatérale aux différentes branches du droit international. L'entrée sur la scène internationale de plus d'une centaine d'États nouveaux donne une seconde impulsion à ces tendances, à la fois dans un sens révisionniste et dans le sens d'une extension à tous les aspects de la vie sociale.

1° *Au XIXe siècle,* l'évolution reste assez lente. Sont surtout touchés le droit de la guerre et celui des communications internationales ; dans une moindre mesure et tardivement, le droit humanitaire et le droit commercial. Ceci est caractéristique d'un droit élaboré par et pour les grandes puissances de l'époque, encore mal dégagées des doctrines mercantilistes.

Le droit de la guerre s'enrichit de la réglementation de la neutralité perpétuelle (Suisse, 1815 ; Belgique, 1831) et de la guerre maritime, par le Traité de Paris de 1856. La prévention des conflits bénéficie de la résurrection de l'arbitrage. La première tentative d'humanisation du droit de guerre remonte à la Convention de la Croix-Rouge de 1864.

Le droit des communications s'étend parallèlement au progrès technique : l'intensité accrue de la navigation maritime et les besoins des grandes puissances conduisent à poser le principe de la liberté des détroits (Traité de Paris, 1856) et des canaux inter-océaniques (Convention de Constantinople, 1888). Déjà, le principe de liberté avait été défini de façon extensive dans le cas des fleuves internationaux. Sont progressivement réglementés les transports ferroviaires, les relations postales et télégraphiques.

Le progrès que constitue l'adoption de « traités-lois », multilatéraux, s'observe également au profit de la protection de la santé, de la propriété industrielle (Paris, 1883), des œuvres littéraires et artistiques (Berne, 1886). En matière de droits de l'homme, il faut attendre la Convention de 1890 pour que soit enfin donné effet à la déclaration d'intention de 1815 sur l'abolition de l'esclavage. En revanche, c'est toujours le procédé traditionnel des traités bilatéraux qui est utilisé pour les questions commerciales : l'internationalisation se réalise ici de façon indirecte, par l'insertion de clauses de la nation la plus favorisée qui autorisent la généralisation des dispositions les plus récentes.

2° *Le début du XXe siècle* est surtout marqué par le développement du droit de la guerre. *Jus in bello,* avec les deux grandes conférences de La Haye en 1899 et 1907, qui élaborent respectivement trois et treize conventions sur la prévention de la guerre, la conduite des hostilités et le régime de la neutralité ; des progrès sont également réalisés dans le domaine humanitaire. *Jus ad bellum* avec la prohibition partielle (Pacte de la SdN) puis totale (Pacte Briand-Kellogg du 28 août 1928) de l'agression armée. Les grandes organisations (SdN et OIT) favorisent la négociation de nombreuses conventions techniques et sociales et entament les premières tentatives de codification du droit international (Genève, 1930).

Cependant la crise de 1929 et les réactions protectionnistes qu'elle entraîne montrent les inconvénients de l'absence d'un ordre économique international. Les graves atteintes aux droits fondamentaux de l'individu prouvent le caractère assez théorique des normes conventionnelles et l'insuffisance des procédures de contrôle par des organisations internationales.

3° *L'époque contemporaine,* postérieure au second conflit mondial, connaît une expansion telle du domaine des normes internationales que l'on peut parler d'une véritable explosion normative et qu'il devient opportun de diviser le droit international en un certain nombre de branches, sinon de disciplines, autonomes : au droit de la guerre et de la neutralité, au droit de la mer, au droit aérien, au droit diplomatique et consulaire, au droit des traités, au droit de la responsabilité, secteurs traditionnels, il faut ajouter des thèmes entièrement ou partiellement inédits, droit de l'espace, protection des droits de l'homme, droit international de l'économie et du développement, droit administratif international, droit des organisations internationales, droit de l'environnement, droit de la coopération scientifique et technique, droit international pénal, etc.

Des disciplines que l'on pouvait croire stabilisées, et donc peu susceptibles d'un enrichissement conventionnel substantiel, sont remises en question ; d'où une impulsion nouvelle aux processus coutumier et conventionnel. Les illustrations les plus frappantes de ce phénomène sont le droit de la mer et le droit international de l'économie, dans une moindre mesure le droit des traités.

Il n'y a pas lieu de s'étonner d'une telle situation : elle répond à un besoin de cohérence et de sûreté juridiques qui était déjà ressenti dans une communauté internationale réduite à une soixantaine d'États. Les auteurs de la Charte des Nations Unies s'étaient fixé comme objectif la codification et le développement du droit international (art. 13). Ce besoin ne pouvait qu'être amplifié dans une société étendue à plus de cent quatre-vingt-dix États.

36. Adaptation qualitative du droit international. — La relative pacification de la société internationale contemporaine conduit à mettre l'accent sur les relations du temps de paix, qui sont de caractère essentiellement économique. Au fur et à mesure que s'élargit la communauté internationale, l'accent est déplacé des problèmes commerciaux et monétaires des grandes puissances vers ceux du développement économique. On observe une inversion des rapports de priorité entre maintien de la paix et développement économique et social ; pour les auteurs de la Charte, l'établissement d'un ordre économique international efficace est une garantie de la sécurité internationale ; pour la majorité actuelle des États, des relations pacifiques sont la condition préalable du développement économique. Toutefois, la fin des « Trente Glorieuses » et le triomphe du libéralisme combiné à la fin de la guerre froide ont conduit, à partir de la fin des années 1980, à un recentrage sur les préoccupations des principales puissances et, d'abord, à l'adoption de règles garantissant la concurrence commerciale internationale, qui ont débouché sur la « mondialisation » du droit, conséquence de la « globalisation » de l'économie (v. *supra* n° 34 *bis*).

Les objectifs du droit international se sont diversifiés : la recherche de la paix doit être conciliée et combinée avec la décolonisation, la lutte contre le racisme et l'apartheid, le désarmement, la protection des droits de l'homme, de l'environnement et des ressources naturelles, les exigences d'un développement rapide et durable. Chacune de ces préoccupations entraîne un infléchissement ou des compléments à diverses branches du droit international : ainsi de la prévention de la pollution, qui réagit sur le droit de la mer, sur le droit fluvial international, sur le droit aérien, sur le droit international de l'économie, etc.

Cette prise de conscience de l'interdisciplinarité a des conséquences sensibles sur les méthodes d'élaboration du droit. Le processus de codification organisé par la Charte a, pendant une vingtaine d'années, paru bien adapté à une démarche à dominante juridique. Il se révèle insuffisamment dynamique dans la perspective actuelle. En matière économique, pour le droit de la mer comme pour le droit de l'environnement, les États préfèrent poser un certain nombre de principes fondamentaux, d'où seront déduites des réglementations conventionnelles, plutôt que suivre la méthode inductive traditionnelle, des pratiques spécifiques vers des principes généraux. Cette approche présente certains traits caractéristiques. Les États, plus conscients des implications de leurs choix, hésitent à rendre contraignantes les règles de base et à s'engager à les respecter. Cette attitude est particulièrement évidente à l'égard des engagements de caractère financier, tels ceux d'assistance aux pays sous-développés ou la réglementation monétaire internationale ; elle a aussi une portée beaucoup plus générale : parce qu'elles doivent s'adapter à des réalités en perpétuel changement, les règles du droit international de l'économie ou de l'environnement ne présentent en général pas la rigueur, moins encore la rigidité, des normes régissant des domaines plus traditionnels. Plus malléables, plus floues, ces normes sont volontiers rédigées au conditionnel et constituent des incitations plus que des commandements, décrivent des objectifs souhaitables plus que des véritables obligations de résultat ou de comportement. Le recours à des instruments juridiques peu contraignants comme les recommandations des organisations internationales, les accords informels, les engagements sous conditions, les

« codes de conduite » permet d'assurer la coopération entre les États tout en ménageant leur souveraineté.

Parallèlement on met en place des mécanismes de sanctions graduées, moins rigides mais sans doute plus efficaces que les modalités traditionnelles d'engagement de la responsabilité internationale des États. Ces sanctions, à l'image des règles qu'elles ont pour fonction de faire respecter, sont graduées et souples : débats contradictoires (à la CNUCED), publication de rapports (OCDE), « panels » d'experts indépendants (organisations pour les produits de base), menace d'exclusion (BIRD et FMI), arbitrage (« quasi international » entre État et investisseur étranger, dans la Convention BIRD du 18 mars 1965, ORD au sein de l'OMC), recours juridictionnel plus exceptionnellement (Cour de justice des Communautés européennes).

On voit donc progressivement se concrétiser la notion de « responsabilités communes des États envers la communauté internationale », traduction juridique du fait que la solidarité et l'interdépendance des États sont croissantes. Bien que les États hésitent encore à s'engager dans cette voie qui consacrerait un très net recul de l'interétatisme, des notions comme celles de « normes impératives » ou de « communauté internationale », ou, plus concrètement, de « développement durable » ou de « responsabilité inter-générationnelle » traduisent la lente avancée de l'inéluctable « communautarisation » du droit international.

Il reste que tous les obstacles politiques et techniques qui ont freiné jusqu'ici l'apparition d'un droit international cohérent et structuré n'ont pas disparu. Les procédures d'adoption et d'entrée en vigueur des engagements conventionnels les plus importants restent lentes et lourdes, au point que l'amélioration de ces procédures est devenue la préoccupation commune des organisations universelles. Il apparaît en particulier nécessaire de développer des techniques plus souples d'adaptation continue des traités, compte tenu du rythme rapide des progrès techniques. Quant aux méthodes « modernes » d'élaboration du droit, elles présentent elles aussi des dangers : incertitude sur l'état du droit positif, qui favorise sa violation ; risques accrus d'incompatibilité des normes internationales entre elles.

Ce risque d'incompatibilité provient non seulement de la multiplication des règles de droit international mais peut-être surtout du régionalisme juridique.

37. Affermissement du droit international régional et risques de fragmentation. — Le débat sur le régionalisme international présente de multiples facettes, politique, économique, idéologique, juridique. Sous ce dernier angle, la question centrale est celle de l'opportunité du régionalisme juridique du point de vue international général : favoriser les institutions régionales et renforcer le « corpus » des normes régionales, c'est paraître vouloir éviter les mécanismes universels et freiner l'adoption de règles de portée générale ; mais c'est aussi disposer d'un laboratoire d'idées et de pratiques et, grâce à cette anticipation expérimentale, permettre de nouveaux progrès au niveau mondial.

Le régionalisme a longtemps eu mauvaise presse, et l'on préférait qualifier les prises de position continentales de « doctrines », pour éviter de trop avoir à s'interroger sur leur impact réel sur le droit international général. Le débat était quelque peu faussé, dans la mesure où l'on sous-estimait l'origine régionale, européenne, des normes de droit international. Dans la société internationale du XIXe et du début du XXe siècle, composée pour l'essentiel d'États européens et d'États américains, seul le régionalisme latino-américain pouvait présenter un danger pour l'universalité de certains principes et il restait possible d'en atténuer les effets. Qu'il s'agisse des règles sur la reconnaissance de gouvernement (doctrines Tobar, Wilson, Estrada) ou sur le non-recours à la force

(Monroë Drago, Stimson), ou encore des règles sur la protection diplomatique (Calvo), ces règles étaient purement et simplement jugées inopposables aux États tiers ou limitées dans leur champ d'application géographique.

Depuis une trentaine d'années, la tendance au régionalisme s'est renforcée et généralisée, à la suite de deux phénomènes majeurs : la décolonisation et les tentatives d'intégration politique et économique. La décolonisation a fait accéder les continents africain et asiatique aux préoccupations qui étaient celles de l'Amérique latine depuis le XIXe siècle : les États nouveaux ont tenté d'élaborer, au niveau régional, des règles qu'ils défendront collectivement dans les instances universelles, en matière de lutte contre le colonialisme, de succession d'États, de règlement des différends territoriaux, de développement durable. Les grandes puissances et les États européens ne sont plus en mesure d'empêcher l'aboutissement de ces revendications et sont désormais tentés eux aussi par le régionalisme comme tactique défensive. Les modalités d'élaboration du droit de la mer au cours des années 1970 et 1980 illustrent ces phénomènes de façon frappante. Le développement du droit régional emprunte des voies complexes, où se combinent le processus coutumier traditionnel — dont la légitimité a été admise par la jurisprudence internationale (CIJ, affaire *Haya de la Torre*, 1951) — et la diplomatie « parlementaire » au sein des conférences et organisations régionales.

Mais le régionalisme n'est plus seulement une réaction à un environnement international défavorable. C'est aussi un phénomène positif, qui traduit des solidarités plus étroites qu'au niveau universel. Il donne naissance, au minimum, à un réseau très dense de relations de coopération et à des mécanismes de contrôle contraignants pour les États (protection des droits de l'homme dans le cadre du Conseil de l'Europe ou de l'OSCE, en Amérique ou en Afrique). Dans certaines conjonctures particulières, le régionalisme permet l'apparition d'ordres juridiques tellement spécifiques que l'on a parfois hésité à y voir encore des éléments du droit international (Communautés puis Union européennes, Mercosur). Ces ordres juridiques se caractérisent par la place occupée par les actes unilatéraux « autoritaires », c'est-à-dire les normes juridiques élaborées par et au nom de l'organisation régionale, par l'importance des procédures de contrôle des comportements des États membres, éventuellement même par l'effet direct des normes en question à l'égard des individus.

Ayant la plupart du temps pour objectif la création d'une union douanière ou économique, ces organisations intégrées reposent sur des politiques économiques communes qui soumettent les États membres à un ordre économique international beaucoup plus cohérent et efficace que celui qui existe au plan universel. À ce titre, ce régionalisme peut également apparaître comme un « contre-modèle », susceptible de faire obstacle aux tentatives actuelles de réorganisation de l'ordre économique international. Mais c'est aussi l'occasion de mettre à l'épreuve certaines propositions de réforme, dans les rapports entre pays en développement ou dans les rapports entre pays développés et pays sous-développés (conventions de Lomé puis de Cotonou entre la CE et les pays ACP depuis 1975).

Tant qu'il ne s'agit que de coopération régionale, les rapports entre l'ordre juridique régional et le droit international général restent conformes à la problématique traditionnelle : il convient d'appliquer les règles habituelles sur la compatibilité des coutumes et des conventions particulières avec les coutumes et les conventions de portée universelle. L'apparition d'organisations « supranationales » oblige à reconsidérer cette problématique, tant sur le plan quantitatif que sur le plan qualitatif. Le cas des Communautés européennes est exemplaire : la CE se substitue à ses États membres, en tant qu'acteur international, ou s'ajoute à eux (accords « mixtes ») dans un nombre toujours croissant de domaines (questions douanières et commerciales, pêches maritimes, protection de l'environnement, etc.). Cette tendance s'est renforcée avec l'entrée en vigueur du Traité de Maastricht (politique sociale, immigration, relations extérieures, y compris au profit de l'Union européenne, etc.) Les hypothèses où il convient de concilier les impératifs du droit communautaire et ceux du droit international se multiplient (droit des traités, droit de la responsabilité notamment).

Mais c'est surtout sous l'angle qualitatif que la question se pose en termes inédits : les rapports entre droit international et droit communautaire doivent-ils être réglés selon la problématique droit international général-droit international particulier ou selon celle droit international-droit national ou encore une approche inédite ? La jurisprudence communautaire procède avec prudence dans la recherche d'une réponse à cette position : elle tente de sauvegarder l'autonomie normative du droit communautaire (CJCE, 15 juillet 1964, aff. 6/64, *F. Costa c. ENEL*, *Rec.* p. 1141 ; 19 novembre 1975, aff. 38-75, *Douaneagent der NV Nederlandse Spoorwegen*, *Rec.* 1975, p. 1439 ; 14 décembre 1991, avis 1/91, et 10 avril 1992, avis 1/92, *Projet d'accord EEE*, *Rec.* p. I-6079 et p. I-2821 ; ainsi que sa jurisprudence récusant l'effet direct de certaines dispositions de conventions internationales ou écartant leur prise en compte dans le « bloc de légalité » communautaire), tout en respectant le principe de supériorité du droit international général sur les ordres juridiques partiels (CJCE, 3 février 1994, aff. C-13/93, *ONEM c. M. Minne*, *Rec.* p. I-371 ; 10 sept. 1996, aff. C-61/94, *Commission c. Allemagne*, Rec. p. I-3989 ; TPI, 31 janv. 2007, aff. T-362/04, *L. Minin c. Commission*). Voir les contributions autour de l'affaire Kadi, in *RMCUE* n° 539, juin 2009.

Au demeurant, la « fragmentation » du droit international dont s'inquiète une partie de la doctrine ne tient pas seulement au cas particulier de l'Union européenne ou des autres organisations internationales d'intégration. Il existe des régimes juridiques propres à certaines matières – tels que les droits de l'homme, le commerce international – dont on soutient parfois qu'ils n'ont pas besoin de faire appel aux techniques et aux principes du droit international général pour résoudre les différends relatifs à l'application ou à l'interprétation des règles applicables (théorie des « *self-contained regimes* » – régimes juridiques auto-suffisants, selon la terminologie proposée par B. Simma ; CJCE, arrêt du 22 juin 1989, aff. 70/87, *FEDIOL c. Commission*, *Rec.* p. 1781).

S'il en allait ainsi, il pourrait y avoir là un risque sérieux de remise en cause de l'unité du droit international. Selon certaines craintes, la souplesse de cet ordre juridique, fortement décentralisé, ne suffirait pas à répondre aux attentes contemporaines ; en multipliant des systèmes de règlement des différends faisant appel à des régimes juridiques spécifiques (droit de la mer, droit du commerce international), la pratique des dernières décennies multiplierait des ordres juridiques « concurrents » et contradictoires, aboutissant à une « fragmentation du droit international ».

En 2002, la CDI a décidé d'inscrire « La fragmentation du droit international : difficultés découlant de la diversification et de l'expansion du droit international », à son programme de travail et de créer un groupe d'étude sur le sujet. À l'issue de ses travaux, le président du groupe d'étude, M. Koskenniemi, a rédigé, en 2006, un rapport de synthèse décrivant le phénomène de la fragmentation (A/CN.4/L.682). Se bornant à l'aspect normatif du phénomène, ce document examine en réalité des problèmes assez classiques de conflits de normes (les relations entre le droit spécial et le droit général, les relations entre le droit antérieur et le droit postérieur et entre des droits à différents niveaux hiérarchiques – *jus cogens* notamment – de façon plus générale, les relations du droit avec son « environnement normatif »). Sur cette base, le groupe d'étude a adopté un ensemble de 42 « conclusions » sur les rapports entre les normes en droit international (rapport de la CDI sur sa 58e session, 2006, A/61/10, p. 426-443). À vrai dire, les principaux problèmes posés par la fragmentation tiennent moins à d'éventuels conflits de normes (que, comme tout système juridique, le droit international est convenablement outillé pour résoudre – v. *infra* not. les n°s 124 et s., 171 et s. ou 219-220) qu'à la diversification institutionnelle et à la multiplication des juridictions internationales. Il convient cependant de ne pas exagérer ces difficultés : liées par le principe de spécialité, les organisations internationales ont mis en place, au moins au plan universel, des mécanismes de coopération qui donnent globalement satisfaction ; quant à la (relative) prolifération des tribunaux internationaux il convient de l'apprécier à sa juste mesure : le règlement judiciaire des différends occupe une place modeste dans les relations internationales et, concrètement, les exemples de contradictions de jurisprudences demeurent rares et la révérence dont font l'objet les décisions de la CIJ devrait suffire à assurer en fait sa prééminence alors même que rien ne l'impose en droit (v. *infra*, n° 259).

§ 3. — *L'analyse doctrinale*

BIBLIOGRAPHIE. — J. ALESSANDRI, *Le droit international public — les doctrines*, 1941, Pedone, 244 p. — A. TRUYOL, « Doctrines contemporaines du droit des gens », *RGDIP*, 1950, p. 369-416 et 1951, p. 199-236. — R. AGO, « Science juridique et droit international », *RCADI*, 1956-II, vol. 90, p. 851-958 ; « Droit positif et droit international », *AFDI*, 1957, p. 3-51. — E. B. F. MIDGLEY, *The Natural Law Tradition and the Theory of International Relations*, Barnes et Noble, New York, 1975, 588 p. — R. CHARVIN, « Le droit international tel qu'il a été enseigné (1850-1950) », *Mél. Chaumont*, 1984, p. 135-159. — M. LACHS, *Le monde de la pensée en droit international — Théories et pratiques*, Economica, 1989, 263 p. — H. THIERRY et as., Études sur *Georges Scelle, JEDI*, 1990, p. 193-249. — H. D. LASSWELL et M. S. MCDOUGAL, *Jurisprudence for a Free Society*, Nijhoff, Dordrecht, 1992, 1612 p. — Ch. DOMINICÉ, « Le grand retour du droit naturel en droit des gens », *Mél. Grossen,* Helbing et Lichtenbahn, Bâle, 1992, p. 399-409. — Série : « The European Tradition in International Law », *JEDI/EJIL* : « Georges Scelle », 1990, p. 193-249 ; « Alfred Verdross », 1995, p. 32-115 ; « Hersch Lauterpacht », p. 215-320 ; « Hans Kelsen », 1998, p. 287-400 ; « Ch. de Visscher », 2000, p. 871-938 ; « A. Ross », 2003, p. 653-842 ; « M. Huber », 2007, p. 80-210 — A. RUB, *Hans Kelsens Völkerrechtslehre. Versuch einer Würdigung*, Schulthess, Zurich, 1995, XXVII-646 p. — A. PAPAUX et E. WYLER, *L'éthique du droit international*, PUF, « Que sais-je ? » n° 3185, 1997, 128 p.

V. aussi les bibliographies figurant sur les n°s 7, 23 et 39 et les références doctrinales spécifiques données dans le chapitre suivant.

38. Panorama général. — Comme il est naturel, les évolutions de la doctrine s'expliquent largement par celles de la vie internationale elle-même, que le droit prétend encadrer. Le cynisme du volontarisme positiviste, qui prétend décrire le droit tel qu'il est sans se préoccuper de ses finalités ou de morale, domine tout au long du XIXe siècle. Après la Première Guerre mondiale et conformément à l'esprit de la SdN, la doctrine s'efforce d'expliquer de façon rationnelle les mécanismes du droit international sans succomber à la tentation de l'amoralisme, mais sans résister à celle de l'abstraction. Depuis 1945, deux tendances nouvelles se dégagent assez nettement en dépit d'une très grande diversité : une partie de la doctrine renoue avec le positivisme mais le débarrasse du dogmatisme volontariste qui l'imprégnait tandis qu'à l'opposé d'autres auteurs succombent aux attraits du militantisme juridique, que récusent de manière particulièrement nette les tenants du « post-modernisme ».

Il convient cependant d'avoir conscience que toute classification est simplificatrice : des courants anciens subsistent ou réapparaissent et maints auteurs combinent, consciemment ou non, des doctrines apparemment fort différentes, l'État et ses fonctions demeurant au centre de toutes les controverses.

1° *Les avatars du positivisme.* Le positivisme est une notion ambiguë. Au sens propre il signifie que ses défenseurs entendent se borner à décrire le droit en vigueur et, dans cette acception, peu d'internationalistes récusent le qualificatif de « positivistes ». Tel n'est cependant pas le sens originaire du mot qui vise le droit « posé » par la volonté de l'État (*jus positum*). Sous cette forme, le « positivisme », confisqué par les volontaristes, est devenu, depuis Vattel (v. *supra*, n° 26), la doctrine dominante et l'est demeuré jusqu'au premier quart du vingtième siècle. Tout en continuant d'exercer une grande influence, il a subi ensuite une certaine érosion sous l'effet de plusieurs phénomènes : renaissance du droit naturel et apparition du militantisme juridique, mais aussi diversification doctrinale avec les contestations kelseniennes, objectivistes et pragmatiques.

a) Le positivisme volontariste classique. Après *Moser* et *G. F. de Martens*, la tradition positiviste s'est constituée peu à peu pour s'incarner à la fin du XIXe siècle dans la grande école positiviste classique. Elle a émergé à la faveur de l'introduction du positivisme dans les sciences sociales, donc dans la science juridique, et grâce aux travaux de deux auteurs allemands : *Jellinek*, le théoricien du droit public général, et *Triepel*, l'internationaliste, ancien doyen de la Faculté de droit de Berlin. Le positivisme classique se définit par deux traits caractéristiques : il est étatiste et volontariste parce qu'il admet que l'État est la source unique du droit et qu'en conséquence, celui-ci ne peut que dépendre de sa volonté (v. *infra*, n° 51). Partant de ces prémisses, il n'a aucune peine à rejoindre Vattel et à conserver comme lui le système interétatique édifié par l'Ancien Régime. Il le modernise cependant par la complète élimination du droit naturel et par une analyse systématique, scientifiquement conduite grâce à un accroissement des données de la pratique et aux progrès de la méthodologie.

Au début du XXe siècle, les Italiens *Anzilotti* et *Cavaglieri* sont venus grossir et renforcer ses rangs. Avec ceux-ci, l'effort de systématisation se développe davantage encore. Pour Anzilotti, l'objet de la science du droit est le droit positif ; sa tâche première est de déterminer et d'expliquer les règles en vigueur « en les composant en forme logique de système » (*Cours de droit international*, Sirey, 1929, p. 48, réédition, 1999, Panthéon/Assas-LGDJ). Une partie de la doctrine française contemporaine (*P. Weil, S. Sur*) s'efforce de renouveler l'approche volontariste traditionnelle qui a séduit également nombre d'auteurs du Tiers-Monde.

Cependant, l'incapacité des États souverains de maintenir la paix et celle du système interétatique fondé sur le respect de la souveraineté de s'adapter pleinement aux exigences de la solidarité internationale ont entraîné la régression d'un « positivisme » coupé, en fait, des réalités de la vie internationale qu'il prétend se borner à décrire. C'est pourquoi le positivisme classique va être l'objet de deux sortes d'attaques par ceux-là mêmes qui en acceptent le postulat anti-idéaliste. À la théorie du volontarisme juridique, il sera proposé de substituer d'autres explications du fondement du droit ; tel est l'objectif poursuivi par l'école normativiste conduite par Hans Kelsen d'une part et par l'école objectiviste ou sociologique inspirée par G. Scelle d'autre part. Toutes deux tentent une explication globale du droit international, en attaquant de front les deux concepts-clés du positivisme classique, l'État et la souveraineté, et en leur proposant des substituts.

b) Le normativisme. La théorie normativiste de *Kelsen* qui, avec *Alfred Verdross* et *Joseph L. Kunz*, a fondé « l'École de Vienne », a pour caractéristique de tenter de débarrasser le droit de toutes ses « impuretés ». Il la qualifie lui-même de théorie « pure » du droit.

Se réclamant du positivisme, Kelsen et son école reconnaissent l'existence de l'État — mais d'une manière fort différente de celle des positivistes classiques. Définissant le droit comme un complexe ordonné de normes qu'ils assimilent à l'État, ils déduisent de ce postulat la disparition de la souveraineté. De plus, à la différence des positivistes classiques, les normativistes ne reconnaissent pas aux États la qualité des sujets directs exclusifs du droit international et accordent une importance décisive à la notion de sanction (v. aussi *infra*, n° 53). Dans la doctrine française contemporaine, *J. Combacau et Ch. Leben* sont représentatifs de cette tendance.

c) L'objectivisme sociologique. Comme Kelsen, *Georges Scelle* rejette la notion de souveraineté étatique, mais pour des raisons bien différentes.

S'inspirant des thèses de *Duguit*, Scelle étend la conception solidariste de celui-ci à la société internationale et observe que la solidarité sociale y est le fait d'individus comme dans la société interne. Il n'existe dès lors, selon lui, aucune différence de nature entre l'une et l'autre puisqu'elles sont toutes deux *sociétés d'individus*.

« La société internationale résulte non pas de la coexistence et de la juxtaposition des États, mais au contraire de l'interpénétration des peuples par le commerce international (au sens large). Il serait bien curieux que le phénomène de sociabilité qui est à la base de la société étatique s'arrêtât aux frontières de l'État » (*Manuel de droit international public*, Montchrestien, Domat, 1948, p. 18-19).

Ces constatations faites, Georges Scelle peut prendre le contre-pied du positivisme classique et affirmer que le droit international est, comme le droit interne, un droit qui s'applique aux individus, ceux-ci étant déjà membres des différentes sociétés nationales. Il n'y a pas de droit interétatique. Le droit international doit s'intituler « droit des gens », le mot « gens » étant employé dans le sens d'individus. Dès lors, seule la société internationale universelle détient la souveraineté et l'inexistence présente d'organes internationaux supérieurs aux États relève d'une « carence institutionnelle » à laquelle il est possible et nécessaire de remédier.

D'autres auteurs, tout en s'attachant, comme Georges Scelle, à l'analyse sociologique, en tirent des conséquences moins révolutionnaires. Se rattachent à ce courant *E. Giraud, M. Merle* et surtout *Roberto Ago, Oscar Schachter, Michel Virally ou Charles de Visscher*. Dans tous leurs travaux, l'accent est mis sur l'ensemble des réalités sociales, au premier rang desquelles l'action du pouvoir politique, comme facteurs de formation et de transformation du droit. Sous réserve qu'il ne s'interdit pas des investigations en dehors du droit, ce courant « réaliste » rejoint dans une large mesure le néo-positivisme pragmatique.

d) Le positivisme pragmatique. Face à ces théories séduisantes et contradictoires, toutes fondées sur des postulats invérifiables, un grand nombre d'auteurs en viennent à penser que les « théories générales » ne correspondent pas à une attitude scientifique et refusent de se laisser enfermer dans un quelconque système théorique. Pour eux, il est seulement possible de décrire l'état du droit positif par un examen systématique et une présentation ordonnée du contenu des diverses sources du droit, de la jurisprudence et de la pratique diplomatique. S'ils restent positivistes, ils n'accordent d'importance à un concept que dans la mesure où il est établi qu'il domine bien la pratique internationale. C'est donc à partir d'une approche pragmatique — d'où le nom de « science empirique »

— qu'ils reconnaissent la valeur explicative de deux notions : la souveraineté de l'État, sa soumission au droit international. La doctrine française dans sa majorité, avec notamment *S. Bastid, Ch. Rousseau, R.-J. Dupuy* ou *P.-M. Dupuy*, s'est ralliée à cette tendance préconisée par *J. Basdevant* et *G. Gidel* dès l'entre-deux-guerres. Il en va de même d'une partie de la doctrine anglo-saxonne (notamment *Thomas M. Franck* ou *Louis Henkin*) et de nombreux auteurs importants de diverses nationalités (par exemple, le Polonais *Manfred Lachs* ou les Allemands *R. Bernhardt* ou *Ch. Tomuschat*). Bien qu'elle soit mal stabilisée, la doctrine des pays de l'Est semble également s'orienter majoritairement dans cette direction depuis la « perestroïka » (cf. E. R. Mullerson, « Sources of International Law — New Tendencies in Soviet Thinking », *AJIL*, 1989, p. 494-512).

2° *Renaissance du droit naturel.* Cette renaissance est une autre manifestation de la réaction contre le positivisme classique. Philosophiquement, elle se situe dans le courant anti-positiviste et idéaliste. Objectivement, elle se fonde sur la nécessité de lutter contre les effets néfastes de l'anarchie des souverainetés étatiques. Au lendemain de la Première Guerre mondiale, un compatriote de Grotius, qui compare le système de Vattel à un « plancher pourri », écrit que le 4 août 1914 est mort « non pas le droit des gens en soi, non pas tout le droit des gens, mais bien ce composé difforme d'hypocrisie, de cynisme, de rabâchage sur les devoirs impérieux des États et d'indulgence pour chaque péché qu'un État commet ». Il ajoute qu'« après trois cents ans, c'est l'heure de Grotius qui arrive » (Van Vollenhoven).

Précédant ce cri ou lui faisant écho, un peu partout dans le monde, de grands auteurs ont contribué à revaloriser cet « irréductible » droit naturel. En droit international, on peut citer sans que la liste soit exhaustive, l'Américain *James Brown Scott*, l'Anglais *J. L. Brierly*, l'Autrichien *Alfred Verdross* dont les travaux sont continués par *B. Simma*, les Français *Louis Le Fur, Antoine Pillet, Louis Delbez, Paul Reuter*, l'Allemand *Ernst Sauer*, les Italiens *Gabrielle Savioli, Santi Romano, Riccardo Monaco.* Ces deux derniers se rallient en outre à la fameuse théorie de l'institution du doyen Hauriou qui, dans ses études de droit public général, s'est affirmé aussi comme un ferme partisan du droit naturel.

Écrivant au XXe siècle, tous ces auteurs ne confondent évidemment pas, comme le fit autrefois Vitoria, droit naturel et droit des gens. Suivant Grotius, ils distinguent soigneusement le droit naturel et le droit positif et, contrairement à Pufendorf, ils accordent dans leurs études une très large place au droit positif.

Il s'élève toujours des voix autorisées pour regretter que les nouveaux partisans du droit naturel aient adopté une attitude peu scientifique en introduisant, par l'intermédiaire du droit naturel, la morale dans le droit. Cependant, par le nombre et la qualité de ses adeptes, le jus-naturalisme s'est imposé comme une tendance persistante de la doctrine contemporaine.

3° *Apparition du militantisme juridique.* S'il est indéniable que la politique domine la vie internationale, il est de bonne méthode de ne pas confondre politique internationale et droit international. Tel est le postulat du positivisme, à l'encontre duquel s'inscrit la « tendance politique » : pour les auteurs qui se rattachent à cette approche, la « neutralité » du positivisme n'est qu'une apparence ou une hypocrisie ; de plus, estiment-ils, en refusant d'associer droit et politique, les positivistes s'interdisent une analyse réaliste des phénomènes juridiques internationaux.

Les auteurs de cette tendance ne se contentent pas toujours de préconiser une méthode d'analyse plus ouverte, imprégnée des données de la science politique, comme le font les auteurs se réclamant du « réalisme sociologique » (v. *supra*, 1°, c). À la suite de Hobbes, mais selon des orientations idéologiques très variées et même contradictoires, ils s'attachent souvent à faire de la doctrine du droit international un instrument d'action politique. On en trouve des représentants sur tous les continents.

a) En Occident, sous couvert d'une approche « réaliste », le militantisme est nettement perceptible dans un courant de la doctrine anglo-saxonne illustré par l'Anglais *Georg Schwarzenberger* et par l'Américain *Myres S. McDougal*, qui insistent sur la fonction idéologique du droit et les « valeurs » qu'il véhicule.

Le succès de cette approche dans le monde anglo-saxon ne doit pas étonner : il correspond à une certaine tradition britannique — le rattachement du droit international à l'étude des relations internationales — et à la vogue de la science politique aux États-Unis.

Pour ces auteurs, il n'existe de droit international qu'au service de la politique, facteur privilégié sinon même exclusif des relations internationales. Pour Schwarzenberger, la fonction principale du droit international « est d'aider à maintenir la suprématie de la force et les hiérarchies établies sur la base de la puissance ». McDougal critique les juristes de droit international qui persistent « à mettre l'accent de manière excessive sur les règles techniques en les dissociant de la politique comme facteur d'inspiration des décisions ». Combinée avec une touche d'idéalisme — par exemple l'idée que la finalité du droit international est de sauvegarder la liberté et la dignité humaine —, une telle approche prend facilement une coloration idéologique, anticommuniste en l'espèce. Toutefois les épigones de McDougal (*H.D. Laswell, R. Falk, R. Higgins* ou *M. Reisman*) se réclament d'options idéologiques très diversifiées.

b) Dans les pays de l'Est. Ce militantisme a pu, en s'appuyant sur d'autres postulats, viser à faire du droit international non plus un instrument du maintien du *statu quo* international mais un outil de contestation.

La voie a été ouverte par les juristes des pays communistes, dès l'apparition de l'URSS, dans un contexte international hostile à ce type inédit de régime politique : une société internationale dominée par les États bourgeois, structurellement orientée vers l'impérialisme (Lénine, *L'impérialisme, stade suprême du capitalisme*), est inacceptable, et le droit qui la réglemente doit être combattu. Dans sa formulation contemporaine, cette doctrine se fixait pour objectif de faire du droit international, le droit de la « coexistence pacifique », concept imaginé pour répondre aux exigences de la politique de détente (XXe Congrès du Parti communiste d'URSS, 1956). L'ambition avouée des auteurs de cette obédience, mise à mal par la chute du communisme en Europe de l'Est, dont l'un des représentants les plus éminents est l'Allemand (de l'ex-RDA) B. Graefrath, était de favoriser le recul de l'influence des idéologies libérales et capitalistes dans les relations internationales (cf. n° 56).

c) Dans le Tiers-Monde. Cette combinaison d'approche réaliste et d'idéologie socialisante a séduit des cercles étendus chez les auteurs du Tiers-Monde.

L'objectif y est cependant autre et vise surtout à promouvoir l'instauration d'un nouvel ordre international, principalement en matière économique (cf. M. Bedjaoui, *Pour un nouvel ordre économique international*, Unesco, 1979, 295 p.). La contestation du droit classique y revêt des formes très diverses qui vont des analyses marxistes plus ou moins traditionnelles à une formulation « engagée » de l'empirisme anglo-saxon (*G. Abi-Saab* ou *T.O. Elias*) ou français (*M. Benchickh, M. Bennouna, A. Mahiou*).

Certains auteurs occidentaux se rattachent à ce courant, en particulier l'Américain *R. Falk* et les Français *Ch. Chaumont*, qui a exercé une influence importante sur la plupart des auteurs des pays francophones en développement, ou *M. Chemillier-Gendreau.*

Selon Ch. Chaumont, qui a fondé sa théorie sur une analyse des contradictions qui traversent la vie internationale, il convient de repenser l'ensemble du droit international dans une perspective critique : « En face de la vision abstraite du droit international conçu comme l'harmonisation de la société internationale par une solidarité et une coopération apparentes se place la prise de conscience des données immédiates des relations internationales qui sont d'abord formées de contradictions ». « L'obligation juridique n'a pas de contenu normatif autonome, mais ce contenu est le reflet d'une situation, qui s'exprime par des manifestations de volonté. Il ne s'agit pas d'une volonté diffuse, encore moins d'une volonté mondiale ». (« Cours général de droit international public », *RCADI*, 1970-I, vol. 129, p. 346 et 362).

Il s'agit donc d'abord d'une entreprise de démythification du droit international, de dénonciation du caractère pervers du droit international classique mis au service de l'impérialisme sous couvert de neutralité, ensuite d'un effort pour le transformer en un instrument de « démocratisation » de la vie internationale. Ces critiques sont aujourd'hui relayées par des auteurs extra-européens qui mettent en exergue le caractère « occidentalo-centrique » du droit international (cf. Y. Onuma, « A Transcivilizational Perspective on Global Legal Order in the 21st Century : A Way to Overcome West-centric and Judiciary-centric Deficits in International Legal Thoughts » *in* R.St.J. Macdonald et D.M. Johnston ed., *Towards World Constitutionalism*, Nijhoff, Leiden, 2006, p. 151-189).

4° *Le « post-modernisme » et l'« école critique »*

V. A. Carty, *The Decay of International Law*, Manchester UP, 1986, X-138 p. ; D. Kennedy, *International Legal Structure*, Boston, 1987, « A New Stream in International Law Scholarship », *Winsconsin IL Jl* 1988, p. 1-49, « When Renewal Repeats : Thinking against the Box », *Jl. of IL & Pol.* 2000, p. 335-500 ; O. Korhonen, *International Law Situated*, Kluwer, La Haye, 2000, XVII-326 p. ; M. Koskenniemi, *From Apologia to Utopia — The Structure of International Legal Argument*, Lasismeliton Kustannus, Helsinki, 1989, XXVI-550 p., « The Politics of International Law », *EJIL* 1990, p. 4-324-32, *La politique du droit international*, Pedone, 2007, 423 p. ; Ph. Allott, *Eunomia*, Oxford UP, 1990 ; H. Charlesworth, Ch. Chinkin et Sh. Wright, « Feminist Approaches to International Law », *AJIL* 1991, p. 613-645 ; D. Kennedy et Ch. Tenant, « New Approaches to International Law — A Bibliography », *Harvard IL Jl* 1994, p. 417 ; R. J. Beck et a., *International Rules. Approaches from International Law and International Relations*, Oxford UP, 1996, XVI-310 p. ; H. Charlesworth et Ch. Chinkin, *The Boundaries of International Law : A Feminist Analysis*, Manchester UP, 2000, XVII-337 p. ; J.-P. Cot, « Tableau de la pensée juridique américaine », *RGDIP* 2006, p. 537-596.

L'ensemble de ces analyses est récusé par des auteurs isolés ou regroupés en « projets », essentiellement aux États-Unis et dans le monde anglo-saxon (Ph. Allott, A. Carty, D. Kennedy) ou en Europe du Nord (M. Koskenniemi) dont le point commun est de porter un regard critique (d'où l'appellation du principal courant de cette « école » [?] : « *Critical Legal Studies* ») sur les approches traditionnelles qu'ils s'efforcent de démystifier. Héritiers des analyses sociologiques et pragmatiques (avec lesquelles ils ne se confondent pas), ils dénoncent l'approche formaliste et étatiste du droit international dans une perspective pluridisciplinaire et s'efforcent, avec une véhémence inégale, de mettre au jour les intérêts camouflés en règles de droit. Les approches féministes du droit international sont souvent proches de cette tendance qui, à très peu d'exceptions près, n'a pas gagné les internationalistes de tradition latine (alors même que l'influence du philosophe français J. Derrida et du déconstructionnisme sur ce courant de pensée est patente).

CHAPITRE II
Théorie du droit international

BIBLIOGRAPHIE. — M. VIRALLY, *La pensée juridique*, LGDJ, 1960, 227 p. ou 1999, coll. « Les introuvables », XLI-225 p. — W. FRIEDMANN, *The Changing Structure of International Law*, Stevens, Londres, 1964, 410 p. — A. TRUYOL Y SERRA, « Théorie du droit international public », *RCADI,* 1981-IV, vol. 173, p. 9-443 ; *Doctrines sur le fondement du droit des gens,* éd. revue et augmentée par R. Kolb, Pedone, 2007, 157 p. — Bin CHENG, *International Law : Teaching and Practice*, Stevens, Londres, 1982, XXIX-287 p. — R. St. J. MACDONALD et D. M. JOHNSTON eds., *The Structure and Process of International Law. — Essays in Legal Philosophy, Doctrine and Theory*, Nijhoff, La Haye, 1983, VII-1234 p. — E. WYLER et A. PAPAUX dir., *L'extranéité ou le dépassement de l'ordre juridique étatique*, Pedone, 1999, 317 p. — E. JOUANNET, « Regards sur un siècle de doctrine française du droit international », *AFDI* 2000, p. 1-57. — F. RAMEL, *Philosophie des relations internationales*, Presses de Sciences Po., 2002, 410 p. — A. CARTY, *Philosophy of International Law*, Edinburgh UP, 2007, XII-255 p. V. aussi les bibliographies figurant dans le chapitre précédent.

39. Un droit applicable à des entités souveraines. — Comme le montre une étude, même sommaire, des courants de pensée qui divisent la doctrine (v. *supra*, n° 38), la question de l'État domine toutes les controverses. C'est qu'il n'est pas facile de concevoir que des entités, qui se veulent « souveraines par-dessus tout », doivent, ou même puissent, se soumettre au droit et voient leur liberté d'action limitée par lui.

Au plan théorique, le problème se pose avec autant sinon même plus d'acuité en ce qui concerne le droit public interne dont on a relevé à juste titre que son existence tenait du miracle (P. Weil) : la souveraineté de l'État ne s'y heurte à aucune autre. Il n'en va pas de même dans la société internationale. Dans celle-ci coexistent des entités égales, ayant les mêmes prétentions à l'exercice d'une souveraineté absolue. Le droit international est l'indispensable régulateur de cette coexistence et, dans l'ordre international, le droit, loin d'être incompatible avec la souveraineté des États, en est le corollaire nécessaire : l'État ne s'y conçoit pas isolément et c'est, précisément, ce qui le distingue de l'Empire ; dès lors, le concept de souveraineté ne peut recevoir un sens absolu et signifie seulement que l'État n'est subordonné à aucun autre mais qu'il doit respecter des règles minimales garantissant le même privilège à tous les autres (v. aussi *infra*, n° 275). Tel est l'objet premier et le fondement du droit international moderne.

Élément incontournable de l'ordre juridique international contemporain, la souveraineté a pour conséquence la nette prédominance de la structure de coordination dans la société internationale même si l'on y voit apparaître des éléments d'un droit de subordination.

Nombre d'auteurs ont constaté qu'à côté du droit classique, « relationnel », et parallèlement à lui, fonctionne un autre droit, « institutionnel », d'une structure différente, (cf. R.-J. Dupuy, *Le droit international public*, PUF, 1990). Mais l'apparition, dans l'ordre international, de cette nouvelle structure n'implique pas la disparition de la première. Si une telle évolution venait à se produire, on ne pourrait plus parler d'un droit international spécifique et distinct des droits nationaux : il n'existerait plus qu'un droit « mondial », droit interne d'une communauté internationale intégrée et... hypothétique. Comme l'écrivait Anzilotti :

> « L'achèvement du droit international par le moyen de la constitution d'un pouvoir étatique supérieur aux divers États — État fédéral universel — signifierait en réalité la fin du droit international ; celui-ci se trouverait remplacé par le droit public interne du nouvel État » (*Cours de droit international*, Sirey, 1929, p. 47).

Dans l'état actuel des choses, la simple observation des faits enseigne que plusieurs phénomènes juridiques bien distincts coexistent : d'un côté une pluralité de droits nationaux, cadres et reflets de sociétés fortement intégrées et hiérarchisées, de l'autre le droit international, qui s'adresse avant tout à des entités souveraines, à quoi s'ajoutent les droits transnationaux, qui se jouent (ou jouent) des souverainetés étatiques sans les remettre en cause.

Cette concurrence de souverainetés égales confère au droit des gens des caractères très particuliers qui le distinguent très nettement des droits nationaux et conduit à se poser la question, très controversée, de son fondement.

Section 1. — Spécificités de l'ordre juridique international.

Section 2. — Fondement du caractère obligatoire du droit international.

Section 1

Spécificités de l'ordre juridique international

40. Persistance des querelles d'écoles. — Bien plus que le droit interne, à propos duquel les querelles doctrinales ont presque complètement disparu au profit de savantes discussions de nature technique, le droit international est l'objet d'affrontements passionnés entre « écoles » opposées.

Cependant, si les oppositions restent vives sur certains points, l'intensité des polémiques de théorie juridique au sens strict a tendance à diminuer même si les rumeurs ne se sont pas tues. Il faut sans doute y voir une preuve de maturité : alors qu'aux origines du droit international, la préoccupation première des « légistes » avait été d'affirmer la souveraineté du Prince (v. *supra*, notamment n° 15), la doctrine s'est préoccupée ensuite, par un retour naturel du balancier, de trouver des justifications théoriques à la soumission de l'État au droit international, cadre nécessaire de la coexistence des souverainetés (v. *supra*, n° 39). Cette étape est aujourd'hui dépassée : sous réserve de combats d'arrière-garde, menés en général par des spécialistes de disciplines non juridiques, l'existence du droit international n'est plus sérieusement contestée même si un certain flottement doctrinal subsiste en ce qui concerne les rapports entre les ordres juridiques international et internes.

§ 1. — *Existence et nature du droit international*

BIBLIOGRAPHIE. — R. A. FALK, « The Relevance of Political Context to the Nature and Functioning of International Law », *Mél. Gross*, 1968, p. 133-152. — J. H. E. FRIED, « How Efficient is International Law ? », *ibid.*, p. 93-132. — St. HOFFMANN, « International Law and the Control of Force », *ibid.*, p. 21-46. — W. FRIEDMANN, *De l'efficacité des institutions internationales*, Armand Colin, 1970, 199 p. — I. BROWNLIE, « The Reality and Efficacy of International Law », *BYBIL*, 1981, p. 1-8. — T. NARDIN, *Law, Morality and the Relations of States*, Princeton UP, 1983, XII-350 p. — A. CARTY, *The Decay of International Law ?*, Manchester UP, 1986, X-138 p. — Th. M. FRANCK, « Legitimacy in the International System », *AJIL*, 1988, p. 705-759 ; *The Power of Legitimacy among Nations*, Oxford UP, 1990, VIII-303 p. — 8e rencontre de Reims, *Les rapports entre l'objet et la méthode en droit international*, PU Reims, 1991, 135 p. — Ph. ALLOTT, « The Concept of International Law », *EJIL* 1999, p. 31-50. — R.St.J. MACDONALD et D.M. JOHNSTON ed., *Towards World Constitutionalism : Issues in the Legal Ordering of the World Community*, Nijhoff, Leiden, 2005, XVIII-968 p.

41. Un droit différent. — Puisant ses origines dans les idées de Hobbes et de Spinoza, le courant « négateur » du droit international émerge à toutes les époques. Il rassemble des philosophes et des juristes de renom. C'est la persistance des guerres et la fréquence des violations de ce droit qui ont alimenté les doutes sur sa nature juridique, c'est-à-dire sur son existence en tant que corps de règles obligatoires. De nos jours, ses nouveaux négateurs se recrutent dans la science politique en expansion.

Assez curieusement, alors que les spécialistes de cette nouvelle discipline s'affirment les observateurs attentifs de la réalité internationale, au nom de postulats abstraits, ils perdent celle-ci de vue en ce qui concerne l'existence du droit international alors même que la vie internationale en est profondément imprégnée.

Non sans paradoxe, les négateurs du droit international en contestent l'existence au nom d'une définition abusivement exigeante du droit. Posant le principe qu'il n'y a droit que si celui-ci présente les mêmes caractères et la même structure que le droit interne, ils constatent que tel n'est pas le cas du droit international et, « donc », qu'il ne constitue pas un ordre juridique véritable (v. n° 42 et 43). C'est jouer les Diafoirus du droit international : celui-ci ne devrait pas exister, donc il n'existe pas. À vrai dire, il existe mais il est autre aussi bien en ce qui concerne l'élaboration des règles que leur application, ou, plus exactement, il présente à ces deux points de vue des caractères qui ne sont pas inconnus en droit interne mais qui n'y ont pas la même intensité ou ne s'y produisent pas avec la même fréquence statistique. Il est du reste douteux qu'il « tende » vers le droit interne. En réalité, il évolue selon sa logique propre et trouve dans la notion de souveraineté un facteur essentiel de différenciation (cf. J. Combacau, « Le droit international, bric-à-brac ou système ? », *Archives de philosophie du droit* 1986, p. 85-105).

A. — Négation du droit international

42. Le postulat : pas de droit international sans organes supérieurs aux États. — Les objections communes dirigées contre le droit international dérivent d'une conception générale du droit. Le droit constitue bien un système de règles obligatoires. Mais pour qu'un système de normes corresponde effectivement à la définition du droit il devrait comporter des mécanismes assurant la mise en œuvre effective de ses règles. Dès lors, la société régie par le droit doit posséder une organisation comprenant des autorités supérieures : un législateur qui établit la règle de droit, un juge qui tranche les différends relatifs à son application et un gendarme qui sanctionne, au besoin par la contrainte matérielle, ses violations. L'existence de ces institutions supérieures ainsi que celle de la contrainte matérielle joueraient un rôle tellement décisif dans la vie du droit qu'elles s'inséreraient dans sa définition dont elles font partie intégrante. Ainsi, dans le cadre de l'État, le droit interne est « droit » parce que l'État est une société institutionnalisée, dotée d'une organisation juridique supérieure aux individus et distincte d'eux.

De ces prémisses, on tire la conclusion que l'existence du droit international est conditionnée par celle d'une organisation superétatique de la société internationale. Or, une telle organisation est entièrement incompatible avec la souveraineté de l'État. Il ne peut y avoir et, en fait, il n'y a pas dans la société internationale de législateur, de juge et de gendarme. À défaut de cette trinité nécessaire, le droit international ne serait qu'un mythe.

À la limite, les extrêmes se rejoignant, on peut soutenir qu'à trop vouloir prouver, les défenseurs les plus convaincus du droit international en arrivent, eux aussi, à jeter un doute sur l'existence même de ce droit.

Ainsi, par exemple, en voyant dans la société internationale une société d'individus, G. Scelle s'efforce d'en gommer les spécificités sans réussir à faire oublier la distance qui la sépare des sociétés internes : la négation de la spécificité du droit international par rapport au droit interne risque de jeter un doute sérieux sur l'existence même du premier. La remarque vaut également pour les premiers théoriciens bolcheviks du droit international après la Révolution d'octobre : plaquant la grille d'analyse élaborée par K. Marx — qui ne s'est guère intéressé au droit international — sur la vie internationale, ils voyaient dans le droit des gens un instrument de la lutte des classes, au même titre que dans le droit interne, ce qui les conduisait à en nier les particularités et, dès lors, l'existence même en tant qu'ordre juridique distinct.

Plus récemment, le débat a porté moins sur l'existence même du droit international que sur son caractère systématique (cf. J. Combacau, *op. cit.*, n° 41). Ainsi, A. Carty, dans un essai original (v. *supra*, bibl. sur le n° 41), le présente comme la juxtaposition lacunaire de règles non ou mal articulées entre elles du fait de l'état de nature dans lequel se trouverait la société internationale.

43. Nature du « droit international ». — Sans droit international, la vie internationale serait-elle totalement anarchique ? Unis dans leurs motivations, les négateurs se sont séparés face à cette question.

1° *Des règles dépourvues de caractère juridique. a)* Certains ne reculent pas devant cette perspective d'anarchie. En parfaits disciples de Hobbes et de Spinoza, ils assimilent la société internationale à une société de nature et les rapports entre États souverains à des rapports de force. En vertu de leur souveraineté, les États peuvent recourir librement à la guerre. Au lieu de formuler des règles de droit stables, les traités conclus entre eux n'expriment que des règles de prudence basées sur l'état momentané des rapports de force entre les parties et durant aussi longtemps que lesdits rapports. Tout État peut abroger unilatéralement les traités devenus contraires à ses intérêts si, du moins, il dispose de la force nécessaire pour imposer sa décision.

Vers la fin du siècle dernier, l'Allemand Adolf Lasson était le plus représentatif de cette pensée qui coïncide étrangement avec la conception des relations entre monarques absolus de l'Ancien Régime. Peu avant le déclenchement de la Seconde Guerre mondiale, le Suédois Lundstedt exprimait une opinion similaire.

Parmi les auteurs de la science politique contemporaine, Raymond Aron (*Paix et guerre entre les nations*, Calmann-Lévy, 1984, 794 p.) insiste sur le caractère normal de la violence dans les relations internationales, et Hans J. Morgenthau (*Politics among Nations, the Struggle for Power and Peace*, Knopf, New York, 1960, 630 p.) constate la fragilité des traités.

Moins catégorique, Marcel Merle estime que les juristes « ne sont pas encore parvenus à endiguer le cours des relations internationales » (mais est-ce leur rôle ?) : « En consacrant le dogme de la souveraineté des États, ils ont forgé un instrument qui a le mérite d'être universellement accepté et utilisé ; mais c'est aussi le recours à cet instrument qui compromet le perfectionnement du droit et empêche la constitution d'un authentique ordre juridique international » (*Sociologie des relations internationales*, Dalloz, 1988, p. 42).

Dans la même veine, certains auteurs américains contemporains affirment, au nom d'un volontarisme extrême faisant la part belle aux rapports de force, que les États peuvent se dégager unilatéralement des règles de droit international par lesquelles ils ont volontairement accepté de se lier (v. Michael J. Glennon, « How International Rules Die », *Georgetown L. Jl.* 2005, p. 939-991).

b) Des thèses plus modérées ont été avancées. Pour le Polonais *Gumplowicz*, dans leurs relations pacifiques, les États observent simplement un ensemble de *formes*. Pour l'Anglais *John Austin*, ce qu'on appelle « droit international » se réduit à des règles de morale internationale ou de courtoisie internationale auxquelles il manque le caractère juridiquement obligatoire, qui sont *positives* en ce sens qu'elles s'appliquent en fait telles qu'elles sont et non telles qu'elles devraient être (*Lectures ou Jurisprudence for the Philosophy of Positive Law*, Campbell, Londres, 1879, 2 vol., 1169 p. — v. A. Truyol y Serra, « John Austin et la philosophie du droit », *Archives de philosophie du droit*, 1970, p. 151-163). Austin a eu de nombreux adeptes en Angleterre. En Allemagne, *Binder* partagea aussi sa conception et ajoute l'idée de l'existence des *usages* internationaux nés d'une pratique constante (*Philosophie des Rechts*, Stilke, Berlin, 1927).

Le Hongrois *Somlo*, après une vigoureuse démonstration de l'impossible existence d'un véritable ordre juridique international, classe les règles des relations internationales dans une catégorie à part, comme règles *sui generis* (*Juristische Grundlehre*, 1927).

2° *Le droit international réduit au droit public externe de l'État.* — Une place particulière doit être réservée à une autre catégorie de négateurs. À la différence des précédents, ils reconnaissent que les relations internationales sont bien régies par des règles juridiques. Seulement, au lieu de constituer un droit international proprement dit, ces règles font partie du droit de l'État comme *droit public* appliqué à ses relations *externes*. Le droit public étatique se subdivise ainsi en deux branches : le droit public interne et le droit public externe, ce dernier constituant précisément le droit international.

Cette conception est celle d'une grande lignée de juristes allemands entièrement acquis aux idées de Hegel, pour qui il ne peut exister qu'un droit public externe créé par l'État lui-même parce que rien ne peut être supérieur à l'État. Ces auteurs appartiennent à l'École dite de Bonn : Seydel, Zorn père et fils, Jauffmann, Wendel. Pour la France, on peut citer

Decencière-Ferrandière (« Considérations sur le droit international dans ses rapports avec le droit de l'État », *RGDIP,* 1933) ou Georges Burdeau.

Selon ces auteurs, ce droit public externe de l'État n'est autre qu'un aspect de son *droit constitutionnel.* En effet, c'est celui-ci qui détermine les autorités étatiques ayant compétence pour représenter l'État dans ses rapports avec les autres États. De même, les règles auxquelles sont soumises les relations internationales étant établies par la procédure des *traités*, c'est dans le droit constitutionnel interne qu'on trouve des dispositions qui désignent les autorités étatiques chargées de conclure ces traités et fixent les procédures à suivre pour rendre ceux-ci obligatoires (ratification). Ainsi, selon Albert Zorn, « le droit des gens n'est juridiquement du droit qu'à mesure qu'il devient du droit constitutionnel ».

Il y aurait ainsi autant de droits publics externes que d'États, ce qui équivaut évidemment à la négation du droit international en tant que droit unique, distinct du droit étatique.

B. — Existence du droit international

44. Positivité du droit international. — La preuve la plus évidente et probablement la plus convaincante de l'existence du droit international est fournie par l'observation, même superficielle, de la vie et des relations internationales : le droit international existe parce que les États, les hommes politiques, les mouvements d'opinion, les organisations internationales, gouvernementales ou non, le reconnaissent et l'invoquent et parce qu'il serait totalement invraisemblable que tant de gens consacrent tant de temps, d'énergie, d'intelligence et, parfois, d'argent, à poursuivre une chimère.

Les gouvernements, en particulier, tiennent le plus grand compte du droit international — ce qui ne signifie pas forcément qu'ils le respectent ; mais c'est un tout autre problème. Ils s'entourent de conseils — notamment par la création de Directions des affaires juridiques au sein des ministères des Affaires étrangères — de façon à déterminer la conduite à tenir à son égard soit pour en mettre en œuvre correctement les préceptes, soit pour les tourner le plus commodément possible, soit pour se défendre des violations qui leur sont imputées, soit encore pour en modifier les règles ou en créer de nouvelles. Comme l'a remarqué G. de Lacharrière, les États ont une *Politique juridique extérieure*, de la même manière qu'ils ont une politique extérieure en matière militaire, économique ou culturelle, c'est-à-dire une « politique à l'égard du droit et non pas forcément déterminée par le droit » (Economica, 1983, p. 5 ; v. aussi les commentaires de J. Combacau, *RGDIP* 1984, p. 980-989 et A. Pellet, *JDI* 1985, p. 407-414) : ils s'efforcent d'agir sur lui et de l'utiliser au mieux de leurs intérêts nationaux.

Le droit international est un droit positif parce qu'il est reconnu comme tel par les États, ceux-là mêmes qui y sont assujettis au premier chef, et par les juges, nationaux et internationaux, ceux-là mêmes qui doivent assurer son application.

1° *Les États* reconnaissent de différentes manières leur soumission au droit international, qu'il s'agisse du droit coutumier ou du droit conventionnel :

a) Reconnaissance par les constitutions étatiques. Presque toutes les constitutions élaborées depuis la fin de la seconde guerre mondiale, à l'époque du plein essor du droit international, procèdent à cette reconnaissance :

• Constitution de la République française du 4 octobre 1958 — Préambule confirmant le texte du préambule de la Constitution du 27 octobre 1946 : « La

République française, fidèle à ses traditions, se conforme aux règles du droit public international. »

• Constitution de la République italienne du 27 décembre 1947 — article 10 : « L'ordre juridique italien se conforme aux règles du droit international généralement reconnues. »

• Loi fondamentale du 23 mai 1949 de la République fédérale allemande — article 25 : « Les règles générales du droit international font partie intégrante du droit fédéral. Elles sont supérieures aux lois et font naître directement des droits et des obligations pour les habitants du territoire fédéral. ».

• Constitution des Pays-Bas révisée en 1956 — article 63 : — « Lorsque l'évolution de l'ordre juridique international l'exige, il pourra être dérogé par une convention aux dispositions de la Constitution » (cette disposition a été maintenue en vigueur par la Constitution de 1983, dont les articles 90 à 95 sont conçus dans un esprit un peu différent).

b) D'une manière générale, *dans les débats diplomatiques*, les États cherchent toujours à renforcer leur position en l'appuyant sur des arguments fondés sur des règles de droit international. Dans les ministères des Affaires étrangères de presque tous les États (y compris ceux de pays très pauvres), il existe une Direction des affaires juridiques.

c) Participation aux *organisations internationales* et notamment au système des Nations Unies : l'obligation primordiale que toutes les organisations internationales imposent à leurs membres est le respect du droit international. Le 18 septembre 1934, quand l'URSS fut admise à la SdN, les puissances occidentales en tirèrent la conséquence encourageante qu'elle acceptait de se conformer au droit international existant avant sa naissance. Le préambule du Pacte disposait qu'il importe « d'observer rigoureusement les prescriptions du droit international, reconnues désormais comme règles de conduite effective des gouvernements ».

Actuellement, dans le préambule de la Charte des Nations Unies, les « Peuples des Nations Unies » affirment qu'ils sont résolus « à créer les conditions nécessaires au maintien de la justice et du respect des obligations nées des traités et autres sources du droit international ». L'article premier, paragraphe 1, de la Charte dispose qu'un des buts de l'ONU est de maintenir la paix et la sécurité internationales en réalisant « par des moyens pacifiques, conformément aux principes de la justice et du droit international, l'ajustement ou le règlement de différends... ». En outre, l'article 4 exige que les États qui demandent leur admission s'engagent dans leur acte de candidature à accepter « les obligations de la présente Charte ». L'acceptation de ces obligations par les 192 États membres que compte actuellement l'ONU équivaut à une reconnaissance quasi universelle du droit international.

2° Naturellement, l'application effective du droit international par les *tribunaux nationaux* est fondée directement sur la reconnaissance par leurs États respectifs desquels ils tiennent leurs pouvoirs. Si la Constitution de leur pays ne fournit pas une base juridique écrite à leur action en ce domaine, ils la puisent dans la règle d'origine anglo-saxonne : *« International law is part of the law of the land »* considérée depuis longtemps déjà comme une règle coutumière de valeur constitutionnelle universellement acceptée comme telle. Quant aux *tribunaux internationaux*, c'est expressément pour appliquer le droit international qu'ils sont constitués. Les conventions de La Haye sur le règlement pacifique des conflits internationaux de 1899 (art. 15) et de 1907 (art. 37) disposent que : « L'arbitrage a pour objet le règlement de litiges entre les États par des juges de leur choix et sur la base du respect du droit. » Dans sa sentence rendue le 13 octobre 1922 dans l'affaire des *Réclamations norvégiennes contre les États-Unis*, la Cour permanente d'arbitrage déclare qu'elle est « libre d'examiner si les lois des États-Unis sont conformes (...) aux traités conclus par les États-Unis, ou aux principes bien établis du droit international, y compris le droit coutumier... ». De son côté, l'article 38 du Statut de la Cour internationale de Justice dispose que la mission de celle-ci « est de régler conformément au droit international les différends qui lui sont soumis ». Bien que cette précision ne figurât pas dans le Statut de l'ancienne CPJI, on y trouvait d'autres dispositions qui ne laissaient place à aucun doute, par exemple l'article 2 (confirmé par le Statut actuel) d'après lequel les juges de la Cour devraient posséder une « compétence notoire en droit international ». En conséquence, il n'y a pas une seule décision des deux Cours qui ne rappelle de manière explicite ou implicite le caractère obligatoire du droit international (conventionnel ou coutumier) à l'égard des États. Particulièrement significative est la déclaration faite par la CPJI — que la CIJ n'a pas démentie —, dans son arrêt n° 7, selon laquelle elle se qualifiait d'« organe » du droit international (CPJI, 1926, série A, p. 19).

De la positivité du droit international on peut d'ores et déjà tirer une conclusion de base relative au débat qui a divisé la doctrine. Si cette positivité n'a pas désarmé tous ses négateurs sur le plan juridique, elle enlève définitivement toute assise à leurs objections. Le raisonnement théorique confirme les enseignements de la pratique.

45. Particularités du droit international. — Normes et législateur. — On ne peut évoquer l'absence de législateur dans la société internationale que si l'on a de cette institution une vision « interniste », rigide et restrictive. Il est exact qu'il n'existe pas d'organe spécialisé dans l'édiction de normes ; mais, comme dans tout ordre juridique, les normes internationales font l'objet d'un processus formel d'élaboration dans lequel interviennent au premier chef les États, à la fois auteurs et destinataires principaux de ces règles (de même qu'en droit interne les parties à un contrat en sont les auteurs et les destinataires). C'est ce que G. Scelle appelle le « dédoublement fonctionnel » de l'État, palliatif imparfait selon lui, de la « carence institutionnelle » de la société internationale.

Par ailleurs, comme l'ont relevé les auteurs positivistes classiques (cf. K. Strupp, *RCADI*, 1934-I, vol. 47, p. 268 s.), ni l'histoire, ni la sociologie ne confirment la concomitance entre droit d'une part, législateur et juge, d'autre part. Dans toute société, le droit coutumier existe *avant* le droit écrit. En l'absence d'un législateur institué, les sociétés primitives étaient néanmoins soumises à un droit coutumier directement issu du groupe social et reconnu par lui. Ces constatations s'appliquent à la société internationale. Les différents États qui la composent, tout en étant assujettis au droit, comme dans les collectivités primitives, participent ensemble à son élaboration et n'ont point besoin d'instituer un législateur. Du reste, le droit féodal ne naissait pas d'un organe supérieur quelconque mais des pactes entre suzerains et vassaux.

Au surplus, certains aspects du droit des gens et, en particulier, les éléments, limités mais certains, de « droit de subordination » qui ont fait récemment une apparition encore modeste (v. *supra*, n° 32), montrent que le droit international s'accommode d'institutions comparables à celles qui caractérisent le droit interne. Ceci est tout particulièrement vrai dans le cadre de certaines organisations internationales qui ont reçu le pouvoir de prendre des décisions s'imposant à leurs Membres (ONU ; Communautés européennes).

De même, si les règles du droit des gens sont peu hiérarchisées, faute de hiérarchie entre les organes « législateurs », on y assiste à l'apparition, récente, d'une hiérarchisation embryonnaire, correspondant à la consécration juridique, encore très timide, de la « communauté internationale » (v. *supra*, n° 34 *bis* et *infra*, n° 261). Tel est le sens de la notion de *jus cogens* (v. *infra*, n°s 125 s.) ; et la CIJ a reconnu que certaines normes imposent des « obligations *erga omnes* » (arrêt du 5 février 1970, *Barcelona Traction, Rec.* 1970, p. 32).

46. Particularités du droit international — Sanction et répression. — Les arguments des négateurs du droit international relatifs au problème de la sanction sont totalement contradictoires : pour les uns, l'inexistence du droit des gens tiendrait à l'absence de mécanismes répressifs dans la sphère internationale ; pour les autres, elle découlerait, au contraire, du fait que les relations internationales ne connaissent que la loi du plus fort et sont exclusivement fondées sur des rapports de puissances. Thèses à nouveau extrêmes et dont aucune n'emporte la conviction : même si elles comportent, l'une et l'autre, une part de vérité, elles manquent toutes deux de pertinence.

1° En ce qui concerne la seconde — *primat de la force* dans les relations internationales —, il est exact que les rapports de force constituent l'élément dominant de la vie internationale. Mais il n'y a rien là d'antinomique avec l'existence d'un ordre juridique.

Bien au contraire, comme le relèvent avec force les auteurs marxistes, tout droit est le reflet de rapports de force. Passablement occultée au plan interne par le caractère « policé » des sociétés nationales, cette vérité apparaît beaucoup plus clairement dans la sphère internationale mais ceci n'introduit aucune différence de nature entre les deux ordres juridiques : dans une large mesure, le droit y est, dans l'un et l'autre cas, la traduction de l'équilibre existant, à un moment donné, entre les forces en présence.

2° L'argument tiré de *l'inexistence de la sanction* est, à première vue, plus embarrassant.

Appliqué à la société internationale traditionnelle, il ne portait guère : à la décentralisation normative (v. *supra*, n° 45) correspondait la décentralisation de la sanction. Le respect du droit y était assuré par les États eux-mêmes dont Kelsen considère qu'en recourant aux représailles ou à la guerre ils agissaient par délégation de l'ordre juridique international (ce qui constitue, au demeurant, une vue optimiste des choses, le respect du droit étant plus un prétexte qu'un objectif des conflits armés).

Il n'en va plus de même aujourd'hui : la limitation du recours à la force dans les relations internationales interdit, en principe, à l'État de se faire justice à lui-même ; et, parallèlement, la société internationale a promu un système cohérent de sécurité collective, centralisé autour des Nations Unies, qui bénéficie, en principe, du quasi-monopole de la compétence de recourir à la contrainte — fût-ce par le moyen de forces militaires mises à sa disposition par les États (v. *infra*, n°s 587 s.).

Sans doute peut-on objecter que ce système n'a pas vu le jour effectivement. Mais de deux choses l'une : ou bien l'on raisonne en pure théorie et il faut admettre que la sanction existe, à l'état de menace au moins, ce qui suffit à caractériser le droit (telle est, en partie, la thèse de Kelsen — v. *infra*, 3°) ou bien l'on raisonne en fait et l'on doit constater que le raisonnement qui valait antérieurement est toujours valable ; au surplus, depuis la fin de la guerre froide, le Conseil de sécurité a multiplié les sanctions « efficaces » (et pas toujours bien maîtrisées).

Par ailleurs, et comme en ce qui concerne l'édiction des normes (v. *supra*, n° 45), certaines institutions du droit international « institutionnel » contribuent à rapprocher celui-ci du droit interne : le juge n'y est pas inconnu et la justice obligatoire est instituée dans certains cadres régionaux et même au plan mondial dans certains domaines (ORD de l'OMC par ex.) ; nombre d'organisations internationales ont reçu un pouvoir de sanctions contre leurs membres et l'utilisent effectivement (quoique, en général, avec prudence) ; etc.

Plus généralement, il apparaît que si la société internationale pratique relativement peu la « sanction-répression », comme toute société elle connaît la sanction, diffuse dans le corps social, qui consiste dans la réprobation, la condamnation par les pairs ou par l'opinion publique, dont l'efficacité est loin d'être négligeable ; en outre le droit international comporte un système de responsabilité qui lui est propre.

3° Mais il y a plus. On peut en effet s'interroger sur *la pertinence* du problème de la sanction pour trancher celui de l'existence du droit international.

L'application de la sanction est la condition de l'efficacité du droit et non de son existence. Certaines branches du droit interne, et d'abord le droit constitutionnel, sont, souvent, dépourvues de sanctions alors même que nul n'en conteste le caractère véritablement juridique. Il en va de même pour le droit des gens. C'est que, contrairement à ce qui est parfois soutenu, ce n'est pas la sanction-répression qui est la marque du droit mais le *sentiment de l'obligation*, qu'ont les destinataires des règles, indépendamment de tout jugement de valeur sur le bien-fondé.

Cette analyse est souvent récusée — notamment par Kelsen qui estime qu'il n'y a pas de droit sans contrainte organisée. Partant de ce postulat mais évidemment désireux d'établir l'existence du droit international, le chef de l'École de Vienne est conduit à multiplier les abstractions pour arriver à ses fins : le monde des normes étant le monde de ce qui « doit être » *(Soll sein)* (par opposition à ce qui « est », *Sein*), il suffit que la règle de droit prescrive que sa violation doit être sanctionnée pour qu'elle soit « juridique ».

Quant à Georges Scelle, ayant posé le principe du monisme intersocial et de l'unité du droit, il procède en sens inverse et partant de l'hypothèse que les trois fonctions sociales essentielles à toute société politique — celles de création du droit, de juridiction, et d'exécution — existent à tous les niveaux de la hiérarchie sociale, il en déduit que l'on doit, *nécessairement*, les retrouver dans la société internationale — tout en devant constater qu'elles y sont assurées de manière imparfaite.

Ces nouvelles tendances sont à l'origine d'un regain d'intérêt, au plan doctrinal, pour le « droit constitutionnel international », illustré jadis par Mirkine-Guetzévitch (cf. les travaux d'E. de Wet).

§ 2. — *Rapports entre les ordres juridiques international et internes*

BIBLIOGRAPHIE. — H. TRIEPEL, *Droit international et droit interne*, Pedone, 1920 ; « Les rapports entre le droit international et le droit interne », *RCADI*, 1923, vol. 1, p. 73-121. — H. KELSEN, « Les rapports de système entre le droit international et le droit interne », *RCADI*, 1926-IV, vol. 14, p. 231-329 ; *Théorie générale du droit et de l'État*, rééd., Bruylant/LGDJ, 1997, 518 p. — D. ANZILOTTI, *Cours de droit international*, Sirey, 1929, p. 49-65. — P. DE VISSCHER, « Les tendances internationales des constitutions modernes », *RCADI*, 1952-I, vol. 80, p. 511-578. — H. MOSLER, « L'application du droit international public par les tribunaux nationaux », *RCADI*, 1957-I, vol. 91, p. 619-711. — K. MAREK, *Répertoire des décisions et des documents de la procédure écrite et orale de la CPJI et de la CIJ*, Droz, Genève, vol. I, 1961, 1016 p. ; « Les rapports entre le droit international et le droit interne à la lumière de la jurisprudence de la CIJ », *RGDIP*, 1962, p. 260-298. — M. VIRALLY, « Sur un pont aux ânes : les rapports entre droit international et droits internes », *Mél. Rolin*, 1964, p. 488-505. — P. LARDY, *La force obligatoire du droit international en droit interne*, LGDJ, 1966, 279 p. — F. RIGAUX, *Droit public et droit privé dans les relations internationales*, Pedone, 1977, 486 p. — C. VALLÉE, « Notes sur les dispositions relatives au droit international dans quelques constitutions récentes », *AFDI* 1979, p. 225-280. — G. SPERDUTI, « Dualism and Monism. A Confrontation to be Overcomed », *IYBIL*, 1977, p. 31-49 et *Mél. Miaja de la Muela*, 1979, p. 459-476. — L. FERRARI-BRAVO, « International and Municipal

Law. The Complementarity of Legal Systems », *in* R. St. J. McDonald and D. M. Johnston, *The Structure and Process of International Law*, Nijhoff, La Haye, 1983, p. 715-744. — G. I. Tunkin, « Remarks on the Primacy of International Law in Politics », *Mél. Virally*, p. 455-464. — N. Valticos, « Pluralité des ordres juridiques et unité du droit international », *Mél. Skubiszewski*, p. 301-322. — J. Dhommeaux, « Monismes et dualismes en droit international des droits de l'homme », *AFDI* 1995, p. 447-468. — D. de Béchillon, *Hiérarchie des normes et hiérarchie des fonctions normatives de l'État*, Economica, 1996, 577 p., not. p. 256-272 et 406-499 — SFDI, colloque de Bordeaux, *Droit international et droit communautaire*, Pedone, 2000, 448 p. — C. Santulli, *Le statut international de l'ordre juridique étatique : Étude du traitement du droit interne par le droit international*, Pedone, 2001, XIV-540 p. — A. Peyro Llopis, « La place du droit international dans la jurisprudence suprême des États-Unis », *RGDIP* 2005, p. 609-642. — D.B. Hollis e.a., *National Treaty Law and Practice*, Nijhoff, Leyden, 2005, 838 p. — A. Pellet, « Vous avez dit "monisme" ? Quelques banalités de bon sens sur l'impossibilité du prétendu monisme constitutionnel à la française », *L'architecture du droit, Mélanges en l'honneur de Michel Troper*, Economica, 2006, p. 827-857. — J. Nijman et A. Nollkaemper, *New Perspectives on the Divide between National and International Law*, Oxford UP, 2007, XX-380 p.

47. Position du problème. — Les rapports entre les deux systèmes juridiques peuvent être envisagés sous l'angle matériel, à propos de la répartition des matières entre droit international et droits internes (voir la notion de « domaine réservé », *infra*, n° 283 s.).

Si l'on s'attache plutôt à un point de vue formel, les différences évidentes dans les procédures d'élaboration et d'application des normes internationales, d'une part, des normes internes, d'autre part, conduisent à s'interroger sur l'existence d'une éventuelle hiérarchie entre ces normes, sur la possibilité pour une autorité relevant d'un autre ordre juridique, ou sur l'obligation pour elle, d'en faire cette application. C'est cette approche « formelle » qui doit être privilégiée ici dans la mesure où les solutions apportées ont une incidence directe sur le régime des sources du droit international (traités, coutumes), sur les modalités de la procédure contentieuse internationale, sur le régime de la responsabilité internationale, toutes questions fondamentales d'un point de vue théorique.

À travers les réponses données par la doctrine à ces problèmes, se dessine le sens d'une évolution progressive vers un droit de subordination, en faveur d'une certaine hiérarchisation du droit international et des droits nationaux, mais aussi vers un ordre juridique plus institutionnalisé, plus « sanctionné ».

Dans la situation actuelle, la subordination des ordres juridiques nationaux au droit international non seulement ne peut être qu'imparfaite, mais reste contestée dans son principe par tous ceux qui récusent le sens d'une telle évolution. Il n'est donc pas étonnant que les positions divergent sur ce point en relation directe avec les positions contrastées des auteurs sur la nature et le fondement du droit international.

En effet, la doctrine qui se refuse à admettre l'unité des divers ordres juridiques en présence pourra faire preuve d'une grande indifférence au problème de la hiérarchie des normes internes et internationales, en récusant l'existence du problème et l'utilité de la question. Inversement le succès de l'approche moniste a été lié au souci d'assurer la primauté du droit international, solution qui semblait plus aisée à défendre en posant au préalable le principe de l'unité fondamentale des divers ordres juridiques mais s'est révélée en partie irréaliste.

48. Unicité, dualité ou pluralité des ordres juridiques ? — Pour certains, le droit international est de même nature que le droit interne : il n'existe entre eux qu'une différence de degré, indiscutable tant sont évidentes les imperfections techniques du droit international par rapport aux droits des États. Le monde juridique est nécessairement unitaire car le droit est *un* : une double définition du droit est inconcevable. Les partisans de cette thèse sont qualifiés traditionnellement de monistes.

Les partisans du dualisme fondent leur conviction sur les différences fondamentales qu'ils décèlent entre le droit international et le droit interne, différences qui les rendent irréductibles l'un à l'autre. Ce sont deux ordres juridiques *indifférents l'un à l'autre*, qui n'ont pas de points de contact autres que la responsabilité internationale. Or cet élément du droit international n'interfère en rien avec la validité des normes de droit interne selon ce droit interne.

1° La *théorie moniste* soutient que le droit international s'applique directement dans l'ordre juridique des États car leurs rapports sont des rapports d'interpénétration, rendus possibles par leur appartenance à un système unique fondé sur l'identité des sujets (les individus) et des sources du droit (un fondement « objectif » et non des procédures mettant en œuvre la volonté des États).

Compte tenu de ces postulats, rien ne s'oppose à ce que le droit international régisse les rapports juridiques des individus. Il est également inutile, pour le moins ambigu, d'établir des procédures propres au droit interne pour assurer l'application des normes internationales dans l'ordre interne : les partisans du monisme récusent toute « réception » formelle des normes internationales dans les ordres juridiques internes.

Enfin, puisqu'il existe un seul système juridique, les conflits entre normes qui peuvent se présenter seront tranchés uniformément sur la base de principes uniques.

2° Pour les partisans du *dualisme*, il ne peut exister de conflits entre normes relevant du droit interne d'une part et du droit international d'autre part. Ces normes n'ont pas le même objet, et elles ne réglementent pas les mêmes rapports sociaux. Une telle situation n'est ni impossible, ni illogique, ni choquante puisque la norme interne s'applique exclusivement dans le cadre de l'État et ne pénètre pas, en tant que norme, dans l'ordre juridique international.

Il ne faut pas en déduire que le comportement contradictoire de l'État n'a pas de conséquence internationale. En participant à la création d'une norme internationale qui sera contredite par une norme interne, l'État s'engage juridiquement, il fait une promesse aux autres sujets du droit international. En émettant une norme contraire, il commet un manquement et doit réparer les préjudices que son attitude peut causer aux autres sujets. Cependant, la norme interne « internationalement contraire » n'est pas « illégale », elle ne peut être qu'un « fait » dommageable.

En second lieu, les communications entre les deux ordres juridiques ne peuvent se faire qu'en vertu des procédures propres à chaque ordre juridique et par la transformation d'une norme caractéristique d'un ordre juridique en une autre norme, caractéristique de l'autre ordre.

Ainsi un traité ne sera « reçu » en droit interne qu'au prix de son introduction formelle dans cet ordre — la promulgation dans le droit français antérieur à la Constitution de 1946 — et de sa transformation en loi ou règlement national : c'est en cette dernière qualité qu'il sera mis en œuvre en droit interne.

En revanche, si le droit interne fait référence au droit international pour régler un problème juridique, par le procédé dit du *renvoi*, il n'y a pas en principe réception formelle, pour bien marquer l'autonomie des deux ordres juridiques : le droit interne emprunte certes au droit international la substance d'une règle mais récuse toute reconnaissance de cet emprunt à un autre ordre juridique ; la règle n'est pas censée avoir une origine internationale, mais purement interne. Réciproquement, le droit international peut renvoyer au droit national en lui « empruntant » des règles.

Enfin les sujets du droit ne peuvent être les mêmes dans les deux ordres juridiques. Chacun a un champ d'application bien délimité, l'un aux rapports interétatiques, l'autre aux rapports interindividuels. Le droit international ne peut régir les relations entre individus dans le cadre interne (mais si ceux-ci sont les titulaires directs de droits et d'obligations au plan international, ils deviennent, dans cette mesure, des sujets du droit international).

Pour une partie de la doctrine contemporaine, le mot « dualisme » exprime mal la diversité des systèmes juridiques existants : en réalité il existe non pas deux, mais une pluralité d'ordres juridiques, autant qu'il y a d'institutions (Santi Romano). S'il y a bien un ordre juridique international, il existe autant d'ordres juridiques nationaux que d'États. De plus, on peut considérer que chaque organisation internationale sécrète son propre droit, lié à l'ordre juridique international mais distinct (v. *infra*, n° 375) ; ceci n'est en tout cas plus guère discuté s'agissant du droit communautaire, « nouvel ordre juridique de droit international » (CJCE, aff. 26/62, 5 février 1962, *Van Gend en Loos*, *Rec.* p. 3 ; v. aussi, aff. 6/64, 15 juillet 1964, *Costa*, *Rec.*, p. 1161 — dans ce second arrêt la Cour, abandonnant toute référence au droit international, affirme que « le traité de la CEE a institué un ordre juridique propre intégré au droit des États membres », *Rec.*, p. 1161 ; v. A. Pellet, « Les fondements juridiques internationaux du droit communautaire », *RCADE* 1994-2, vol. V, p. 193-271). Allant plus loin, on peut considérer qu'il existe aussi des ordres juridiques distincts des systèmes juridiques étatiques ou interétatiques, dont la *lex mercatoria* (v. *supra*, n° 4 *bis*). Le pluralisme des ordres juridiques paraît une réalité difficilement contestable dès lors que l'on n'a pas de la notion d'ordre juridique une conception rigide et étroite.

3° Portée de la controverse — Il n'est pas douteux que le monisme juridique répond à un souci de « moralisation » en ce sens que la thèse dualiste conforte les partisans d'une application du droit interne aussi dégagée que possible des contraintes internationales, alors que le monisme s'accommode plus nettement des sacrifices de souveraineté consentis dans l'espoir d'une corrélation internationale plus efficace ou d'une harmonisation du droit favorable aux individus. Mais, en pratique, la mise en œuvre des deux doctrines est moins éloignée qu'il n'y paraît : même dans les pays « dualistes », le droit international est considéré comme *« part of the law of the land »*, tandis que les constitutions qui, comme celle de 1958 en France, se réclament du monisme (v. *infra*, n° 148) prévoient des procédures formelles d'introduction des normes internationales dans le droit interne.

Ce n'est, en définitive, qu'en ce qui concerne la hiérarchie (ou l'absence de hiérarchie) entre les normes relevant des deux systèmes que la querelle doctrinale a de réelles conséquences pratiques, du moins au regard du droit interne car, pour ce qui est du droit international, une incompatibilité entre une norme interne et une norme internationale est toujours tranchée en faveur de cette dernière. La « primauté » du droit international se trouve donc assurée dans tous les cas.

49. Principe de la primauté du droit international. — Logiquement, un problème de hiérarchie entre normes internes et normes internationales ne peut se poser que si l'on admet la thèse de l'unité des deux ordres juridiques. Pour les dualistes, la question des rapports entre normes appartenant à des ordres juridiques différents ne se pose pas ; tout est affaire de perspective : dans l'ordre interne seules peuvent trouver application les normes internes ; dans l'ordre international, ce sont les règles internationales et elles seules qui s'appliquent. Cependant, aucune approche ne peut faire abstraction de la réalité des conflits de normes et si, dans le passé, quelques théoriciens concluaient à la supériorité du droit interne, aujourd'hui, la quasi-totalité des auteurs s'accordent sur le principe de la primauté des normes internationales, du moins dans la perspective du droit international.

1° Les partisans du monisme divergent cependant dans leurs conclusions sur le problème du rapport hiérarchique entre droit international et droit interne.

La diversité des thèses monistes est telle que l'on ne peut postuler qu'elles concluront nécessairement à la primauté du droit international.

Les théories, aujourd'hui abandonnées par la plus grande partie de la doctrine, qui réduisent le droit international au « droit public externe de l'État » (v. *supra*, n° 43), affirment la supériorité du droit interne sur le droit international. Une telle solution conduit à la négation du droit international et, si elle est parfois mise en œuvre par des régimes nationalistes, elle ne trouve aucun soutien dans la jurisprudence internationale ni même dans la pratique interétatique.

Pour les fondateurs de la « théorie pure du droit » (H. Kelsen, v. *infra*, n° 52), le problème n'a pas de solution impérative : il est, en logique, possible de prendre comme point de départ aussi bien le postulat de la primauté du droit interne que celui de la primauté du droit international. Si lui-même se rallie au second postulat, c'est sur une base pragmatique, en vue de garantir la positivité du droit international.

Cependant deux auteurs importants, qui se rattachent à la même « École de Vienne », Verdross et Kunz, se sont élevés contre l'indifférence initiale de Kelsen. À leur avis, le point de départ est inévitablement le principe de la primauté du droit international, car les diverses collectivités étatiques ne sont pas dotées de la souveraineté au sens plein du terme. Dans l'édifice juridique universel, le droit international se superpose naturellement aux divers droits nationaux. Leur démarche n'est donc pas très éloignée de celle des objectivistes.

Toute la doctrine objectiviste, lorsqu'elle se réclame du monisme (mais tel n'est pas toujours le cas), affirme la primauté du droit international sur le droit interne.

Pour G. Scelle, en effet, le monisme juridique est la conséquence du monisme « intersocial », et la primauté du droit international, celle de la hiérarchie des ordres : « Toute norme intersociale prime toute norme interne en contradiction avec elle, la modifie ou l'abroge *ipso facto*. »

Pour appuyer cette affirmation vigoureuse et tranchée, G. Scelle invoque un argument sociologique. Si, dit-il, le droit interne contredit le droit international, il n'y a qu'une alternative : ou bien la solidarité internationale sera assez dense pour s'imposer, et la norme interne tombera en désuétude ; ou bien elle est superficielle et passagère, et c'est elle qui s'évanouira devant la résistance de la norme nationale. En tout état de cause, une contrariété durable entre les deux droits est inconcevable.

2° De leur côté, les *dualistes* refusent de raisonner en termes de « supériorité » : les ordres juridiques sont séparés ; les règles internes sont de « simples faits » au regard du droit international (CPJI, *Certains intérêts allemands en Haute-Silésie polonaise — Fond*, série A, n° 7, p. 19) et réciproquement. Dès lors, dans les ordres internes seules peuvent trouver application les normes internes ; dans l'ordre international, seules s'appliquent les normes internationales ; et chacun de ces ordres juridiques organise comme il l'entend la hiérarchie des normes.

A priori, cette thèse est démentie par l'observation de la pratique : de nombreuses constitutions contemporaines, à commencer par la Constitution française de 1958, font une place éminente, parmi les normes applicables dans l'ordre juridique national, à des normes d'origine internationale, en particulier conventionnelle. Toutefois, à y regarder de plus près, force est de constater que c'est la Constitution (donc un instrument juridique interne) qui prévoit et réglemente l'introduction de ces règles dans l'ordre interne et qui leur assigne une place (en général éminente) dans la hiérarchie des normes internes (v. *infra*, n°s 145 s. et 176 s.).

3° Portée du principe — À vrai dire, si l'opposition entre les deux thèses peut avoir certaines conséquences concrètes au regard de l'introduction et de la place des normes internationales dans les droits nationaux, elle n'en a pas au plan international où la question ne souffre plus guère la discussion et il suffit de rappeler avec la CIJ « le principe fondamental en droit international de la prééminence de ce droit sur le droit interne » (*Rec.* 1988, p. 34). La pratique diplomatique comme la jurisprudence internationale, et même de plus en plus souvent la jurisprudence nationale, postulent que — malgré toutes les violations du droit commises par les États — le droit international ne peut exister sans que soit affirmée sa primauté par rapport aux droits nationaux. On rencontrera de nombreuses illustrations des conséquences de ce principe.

Il faut pourtant reconnaître que le droit international général présente de telles lacunes, sur le fond et quant aux procédures d'élaboration du droit et de contrôle de son respect, que la principale sanction du droit reste la responsabilité internationale de l'État, lorsque ce dernier adopte des règles contraires à ses engagements internationaux. L'effet « direct » du droit international ne conduit qu'exceptionnellement à une reconnaissance de l'illégalité de la norme interne et à son annulation.

L'affirmation de G. Scelle selon laquelle la norme interne contraire à une norme internationale est « abrogée » est une figure de rhétorique. Lui-même admet que cet effet n'a rien d'automatique ni de comparable à une annulation ; d'ailleurs, ne retient-il pas l'hypothèse qu'en survivant, la norme interne prouve le manque d'effectivité de la norme internationale et favorise sa désuétude ?

En réalité, la thèse de Georges Scelle n'est convaincante et logique que si l'on retient son postulat, l'inexistence de la souveraineté étatique. Thèse extrême dont le bien-fondé est contredit par la réalité internationale. On ne peut échapper à la constatation que l'ordre juridique international et l'ordre juridique interne sont deux systèmes différents. Leur « hiérarchie », telle qu'elle se dégage de la confrontation des normes contradictoires, ne peut être envisagée dans les mêmes termes en droit interne et en droit international, du fait en particulier que les normes internes ne sont considérées qu'en tant que « faits » par le droit international. Parce qu'en droit interne, il y a toujours conflit de normes juridiques, la solution de ce conflit peut être recherchée en termes de légalité ; en droit international, elle ne peut l'être — sauf exceptions — qu'en termes de responsabilité. Seul l'ordre juridique de l'Union européenne est aujourd'hui susceptible de confirmer, jusqu'à un certain point, l'intuition de l'approche scellienne.

Section 2

Fondement du caractère obligatoire du droit international

BIBLIOGRAPHIE. — A. VERDROSS, « Le fondement du droit international », *RCADI*, 1927-I, vol. 16, p. 251-321. — J.-L. BRIERLY, « Le fondement du caractère obligatoire du droit international », *RCADI*, 1928-III, vol. 23, p. 467-551. —

R. BONARD, « L'origine de l'ordonnancement juridique », *Mél. Hauriou*, 1929, p. 31-37. — G. SCELLE, « La doctrine de L. Duguit et les fondements du droit des gens », *Archives de philosophie du droit*, 1932, p. 83-119. — J. B. WHITTON, *« La règle « Pacta sunt servanda » »*, *RCADI*, 1934-III, vol. 49, p. 151-275. — R. QUADRI, « Le fondement du caractère obligatoire du droit international public », *RCADI*, 1952-I, vol. 80, p. 579-633. — R. AGO, « Science juridique et droit international », *RCADI*, 1956-II, vol. 90, p. 849-958. — Deuxième rencontre de Reims, « À la recherche du fondement du caractère obligatoire du droit international », *in Réalités du droit international contemporain*, CERI, Reims, 1976, p. 1-115. — Quatrième rencontre de Reims, *Réalités du droit international contemporain, II, La relation du droit international avec la structure économique et sociale*, CERI, Reims, 1978, 136 p. — P. WEIL, « Vers une normativité relative en droit international ? », *RGDIP*, 1982, p. 5-47. — E. DAVID, « Le performatif dans l'énonciation et le fondement du droit international », *Mél. Chaumont*, 1984, p. 247-261. — N.-E. GHOZALI, « Les fondements du droit international public — approche critique du formalisme juridique », *ibid.*, p. 297-314. — A. PELLET, « Le "bon droit" et l'ivraie-plaidoyer pour l'ivraie », *ibid.*, p. 465-493. — Ch. LEBEN, « Une nouvelle controverse sur le positivisme en droit international public », *Droits* 1987, p. 121-130 — S. HALL, « The Persistent Spectre : Natural Law, International Order and the Limits of Legal Positivism », *EJIL* 2001, p. 269-307.

50. Idéalisme et réalisme. — Rechercher le fondement du droit revient à se demander quel est, dans ses origines, le facteur qui explique sa force obligatoire. Cette question se pose logiquement à ceux qui réfléchissent sur le droit. Entre eux, l'accord est loin d'être réalisé. En ce qui concerne le droit international, le problème est particulièrement difficile à résoudre puisqu'il s'agit de déterminer les raisons pour lesquelles il peut s'imposer aux entités souveraines que sont les États. Une réponse satisfaisante consoliderait son existence et renforcerait sa légitimité.

Cette question a des conséquences pratiques importantes et est au centre de controverses doctrinales passionnées. Aujourd'hui, le principal clivage est entre ceux qui cherchent dans le droit lui-même l'explication du caractère obligatoire de ses règles et ceux qui, récusant ce formalisme juridique, estiment que c'est hors du droit que réside le fondement de son caractère obligatoire.

§ 1. — *Les impasses du formalisme juridique*

51. Volontarisme juridique. — 1° Le volontarisme juridique est construit sur la base d'une *affirmation fondamentale* : les règles de droit sont des produits de la volonté humaine, elles existent *pour* cette volonté et aussi *par* cette volonté.

Logiquement, pour qu'une volonté puisse donner naissance à des règles dotées de force obligatoire, c'est-à-dire s'imposant aux autres, il faut qu'elle soit une volonté supérieure, *commandante*. Or, on a objecté qu'il est impossible de démontrer qu'il existe dans la volonté humaine cette vertu commandante, cette essence supérieure. Le juriste allemand Wintscheid a établi sa fameuse théorie *(Willenstheorie)* qui tend à analyser les composantes de la volonté humaine et à démontrer que dans cette volonté existe effectivement un élément lui permettant d'émettre des commandements. Mais cette théorie, qui se situe à un trop haut niveau d'abstraction, est très contestée.

La défense du volontarisme juridique utilise des arguments plus concrets. Si le droit s'impose à tous les membres de la collectivité, c'est parce qu'il émane d'une volonté qui est supérieure, non pas par essence, mais simplement parce qu'elle est la volonté d'un être supérieur qui occupe la position suprême au sein de la société. Quel est cet être supérieur ? C'est l'État. En le désignant, les volontaristes pénètrent dans le droit public.

Les juristes allemands soutiennent que la règle de droit est établie avec commandement d'y obéir par l'État pris en lui-même, comme autorité commandante, supérieure à ses sujets et douée à ce titre et en tant que personne morale, d'une volonté capable de s'imposer aux volontés individuelles. Le volontarisme devient ainsi *étatiste* et *autoritaire*. Il est en étroite liaison et harmonie avec la souveraineté de l'État. La conception de Rousseau selon laquelle la volonté générale est supérieure aux volontés particulières n'est pas plus libérale. Selon Duguit, elle est aussi étatiste car cette volonté générale s'exprime le plus souvent par l'intermédiaire des organes étatiques, et toujours au moyen des procédures décidées exclusivement par l'État.

Volontarisme et *étatisme* sont confondus dans le domaine juridique. De leur combinaison résulte un sens précis du *positivisme juridique* (v. *supra*, n° 38) : puisque le droit est fondé sur la volonté de l'État, il n'y a de règles positives que fondées sur la volonté de l'État celles qui sont expressément et régulièrement formulées par les organes de l'État ayant compétence pour exprimer sa volonté, qu'ils soient démocratiquement ou autoritairement constitués. Autrement dit, le critère du droit positif repose, pour le juriste volontariste, sur la compétence de l'organe qui l'élabore et la régularité de la procédure utilisée à cette fin. Le fondement du droit est ainsi associé à sa définition institutionnelle, sa force obligatoire ne dépend nullement de la conformité de son contenu à certaines exigences extérieures.

Entre la *forme* et la *matière*, le positivisme volontariste choisit la première. Il ne retient que l'aspect *formel* du droit. Certes, il ne s'interdit pas de penser que telle loi est juste ou injuste, morale ou immorale, mais il considère que cette appréciation doit demeurer dans le domaine extra-juridique et qu'elle ne peut le conduire à mettre en cause le caractère juridiquement obligatoire d'une règle régulièrement « posée » (v. M. Waline, « Positivisme philosophique, juridique et sociologique », *Mél. Carré de Malberg*, 1933, p. 519-534).

On aboutit alors au dernier caractère et non le moindre du volontarisme juridique. La volonté créatrice de droit est forcément *autonome*. Elle est par hypothèse une volonté supérieure et, du moment que la force obligatoire de ce droit n'est pas subordonnée par son contenu, elle est maîtresse de celui-ci. L'autonomie de cette volonté est ainsi absolue.

2° *Les justifications du volontarisme*. Le volontarisme juridique convient parfaitement au positivisme classique en droit international qui est construit sur une conception absolue de la souveraineté de l'État. De Vattel à Jellinek et Triepel, l'affirmation unanime est que la force obligatoire du droit international repose sur la volonté de l'État souverain. Pour Anzilotti et Cavaglieri, les règles de droit international sont obligatoires parce qu'elles sont fondées sur leur reconnaissance par les États. En fait, cette reconnaissance est un acte de libre volonté de ces États. Anzilotti écrit : « Le véritable droit international ne dérive que de la volonté des États ».

Cette référence à la souveraineté place le volontarisme devant un dilemme. À défaut d'autorité supérieure dans l'ordre international, privé de ce support institutionnel sur lequel il s'appuie pour fonder le caractère obligatoire du droit interne, comment peut-il encore expliquer qu'un État souverain puisse s'obliger uniquement par sa propre volonté ? Les volontaristes ont néanmoins persisté dans leur thèse qu'ils essaient de justifier.

a) La théorie de l'autolimitation de l'État. — Pour Jellinek, dans l'ordre international, l'État ne pouvant être subordonné à aucune autre autorité, sa volonté qui est souveraine peut seule donner naissance au droit international et le fonder. Cependant, la faculté d'autodétermination que l'État tire de sa souveraineté englobe aussi la faculté d'autolimitation en vertu de laquelle il peut se lier par sa propre volonté. Dans ses relations avec les autres États, il accepte de s'autolimiter en créant le droit international. Cette autolimitation est conforme à son propre intérêt car, s'il s'oblige, c'est afin de répondre aux besoins d'une communauté internationale dont il est lui-même un membre.

b) Théorie de la volonté commune (Vereinbarung). — Cette théorie est de Triepel. Son originalité réside dans sa fameuse distinction entre volonté commune et volonté isolée. Cet auteur reconnaît qu'en ce qui concerne le droit interne,

« la source de droit est en premier lieu la volonté de l'État lui-même ». « De même, dans les relations entre États, la source de droit ne peut être qu'une volonté émanant d'États. » (« Les rapports entre le droit interne et le droit international », *RCADI*, 1923-I, p. 82-83).

Voilà la profession de foi volontariste. Il poursuit :

« Mais il est évident que cette volonté, qui doit être obligatoire pour une pluralité d'États, ne peut pas appartenir à un seul État. Ni la loi d'un État par elle seule ni les lois concordantes de plusieurs États n'ont qualité pour imposer aux membres égaux de la communauté internationale des règles obligatoires de conduite. Mais, si la volonté d'aucun État particulier ne peut créer un droit international, on ne peut imaginer qu'une seule chose : c'est qu'une volonté commune née de l'union de ces volontés particulières se trouve capable de remplir cette tâche. Peut seule être source de droit international une volonté commune de plusieurs ou de nombreux États » (*ibid.*).

Triepel précise que c'est par la *Vereinbarung* que se réalise cette fusion des volontés qui engendre la volonté commune :

« Nous regardons comme le moyen de constituer une telle union de volontés la *"Vereinbarung"*, terme dont on se sert dans la doctrine allemande pour désigner les véritables unions de volontés, et les distinguer des « contrats » qui sont, d'après nous, des accords de plusieurs personnes pour des décllarations de volontés d'un contenu opposé. » (*ibid.*).

En droit international, la *Vereinbarung* se réalise dans les *traités*. Peu importe que ces traités soient conclus entre un grand nombre d'États ou seulement entre deux ou trois États. La *Vereinbarung* peut être tacite : le droit international coutumier est créé de cette manière.

En formulant sa thèse de la volonté commune, Triepel ne tend pas seulement à justifier son volontarisme, il affirme par la même occasion sa conception *relative* du droit international. Puisque toute règle de droit international doit résulter d'une *Vereinbarung* expresse (traité) ou tacite (coutume), cette même règle ne peut être obligatoire que pour les participants à cette union de volontés. Il n'y a donc pas de droit international d'application universelle mais seulement du droit international particulier (v. *supra*, n° 5).

Après Triepel, Cavaglieri adhère pleinement à sa théorie. Il n'hésite pas à proclamer que la volonté commune des États est la « source légitime » du droit international. La doctrine soviétique s'est montrée très proche de la théorie de la *Vereinbarung*, cet acte étant le moyen approprié de créer les règles du droit international de la coexistence pacifique.

c) Recherche d'une norme supérieure. Pour sa part, Anzilotti affirme l'existence d'une norme supérieure qui fonde la règle d'après laquelle, dans le domaine international, l'État est lié par sa volonté. Selon lui, cette norme supérieure provient directement du principe *« Pacta sunt servanda »* qu'il conviendrait d'admettre comme une hypothèse indémontrable.

52. Théorie pure du droit — le normativisme. — Bien qu'ils se réclament de l'objectivisme et récusent certaines des bases du raisonnement volontariste, Kelsen et l'école de Vienne (v. *supra*, n° 38) le rejoignent dans la mesure où ils cultivent, à un degré extrême, l'abstraction et le formalisme juridiques.

D'après Kelsen, la conception de l'État, être supérieur, doué de volonté, est entièrement fictive. Débarrassé de ses « impuretés », l'État n'est qu'un procédé d'unification et d'impulsion du droit. Jellinek et ses partisans séparent l'État et le droit en subordonnant celui-ci à celui-là. Kelsen repousse cette dualité et affirme que l'État est le droit et rien d'autre. Telle est la grande nouveauté. Puis, comme le droit est déjà défini comme un système normatif, la fusion État-Droit le conduit à définir l'État comme un système de normes, un « ordonnancement juridique », selon sa propre expression.

Dans sa théorie normativiste, Kelsen explique le fondement de la force obligatoire du droit international par une loi dite « loi de normativité ». Formant un système, les normes juridiques sont ordonnées, hiérarchisées. En vertu de cette hiérarchie, chaque norme tire sa force obligatoire d'une norme supérieure ; inversement, à moins d'être au bas de la hiérarchie, chaque norme sert de fondement à une norme suprême, fondamentale ou originaire, qui se situe au sommet de la hiérarchie et qui est le fondement du système tout entier. Celui-ci est ainsi comparable à une pyramide, la « pyramide juridique ».

Dans l'ordre interne, la forme fondamentale est la constitution de l'État au-dessous de laquelle se disposent d'après leur autorité en ordre décroissant la loi ordinaire, le règlement et la décision individuelle.

Dans l'ordre international, le fondement de la force obligatoire du droit conventionnel (conventions générales ou particulières, bilatérales ou multilatérales) repose sur le principe *pacta sunt servanda*. Considérant que celui-ci est un principe du droit international coutumier, Kelsen admet que le droit conventionnel, dans la hiérarchie des normes juridiques internationales, est situé *au-dessous* du droit coutumier.

Quel est le fondement du caractère obligatoire de la coutume ? Kelsen s'affirme objectiviste et refuse l'idée de consentement tacite proposée par les volontaristes. Il avoue cependant que, dans l'impossibilité de trouver un autre fondement positif à la coutume internationale, il ne peut que *supposer* que celle-ci est obligatoire parce qu'elle repose sur une norme supérieure qui l'exige. Sa norme fondamentale est donc une norme hypothétique, « supposée » et non « posée ». Ainsi, comme Anzilotti, Kelsen rejoint le domaine de l'hypothèse indémontrable. Il ajoute bien que la science du droit n'est pas une science comme les sciences de la nature dans lesquelles seules les hypothèses doivent être vérifiées par l'expérience. Mais sa justification est généralement considérée comme une simple hypothèse.

53. Critiques. — Les systèmes formalistes décrits ci-dessus se heurtent à des objections de caractère théorique et pratique.

1° *Au plan théorique*, la thèse normativiste ne se montre pas plus apte que les doctrines volontaristes à démontrer le bien-fondé du postulat abstrait sur lequel elles reposent.

La justification par l'auto-limitation n'est guère sérieuse. Qu'est-ce qui garantit que l'État souverain respecte réellement les limitations qu'il s'est imposé ? Si l'auto-limitation repose sur l'intérêt de l'État, il y renoncera dès qu'elle ne sera plus conforme à ses intérêts. Jellinek le dit lui-même : « Si l'observation du droit international se trouve en conflit avec l'existence de l'État, la règle de droit se retire en arrière parce que l'État est plus haut placé que toute règle de droit. » C'est lui l'auteur de la formule célèbre : « Le droit international existe pour les États, et non les États pour le droit international. » La philosophie hégélienne est entièrement conforme : « Les États ne sont tenus au respect des traités qu'aussi longtemps qu'ils y ont intérêt ».

La théorie de Triepel n'est pas moins fragile. Cet auteur n'a rien dit de plus que Jellinek car il n'a démontré nulle part avec une netteté suffisante qu'il est interdit à l'État de se retirer d'une *Vereinbarung* après qu'il y est entré. Or, cela est essentiel. À défaut de cette explication, on ne voit pas par quoi se traduirait la supériorité de la volonté commune de plusieurs États sur la volonté isolée d'un seul État. Il manque à Triepel l'organe supérieur auquel il peut rattacher cette volonté commune. Par ailleurs, ses idées sont en contradiction avec l'existence indéniable du droit international général ou universel dont il est vraiment difficile de dire qu'il repose sur une *Vereinbarung* tacite quelconque.

Les explications qui se réfèrent à une norme supérieure (Anzilotti, Kelsen) ne convainquent pas davantage : leurs auteurs doivent eux-mêmes admettre le caractère indémontrable de cette norme. Ce faisant, ils en sont réduits à renoncer à toute justification ou à se renier eux-mêmes en reconnaissant qu'aucune théorie pure du droit ne saurait se suffire à elle-même.

La jurisprudence internationale s'est gardée de se prononcer de manière explicite sur une question aussi délicate. Les volontaristes se plaisent à invoquer le passage d'un arrêt, d'ailleurs très contesté, dans lequel la CPJI a déclaré :

« Le droit international régit les rapports entre les États indépendants. Les règles du droit liant les États procèdent donc de la volonté de ceux-ci » (affaire du *Lotus*, série A, n° 10, p. 18).

En réalité, cette déclaration laisse toujours sans solution la question majeure, dont la pertinence est incontestable, de savoir pourquoi l'État souverain est lié par sa volonté et pourquoi, une fois lié, il l'est irrémédiablement. (V. A. Pellet, « "Lotus", que de sottises on profère en ton nom – Remarques sur la notion de souveraineté dans la jurisprudence de la CIJ », *Mél. Puissochet*, 2008).

Triepel lui-même en vient à reconnaître qu'on arrivera toujours à un point « où une explication juridique du caractère obligatoire du droit lui-même devient impossible ». Et, plus clairement encore, Karl Strupp écrit : « Le fondement du droit international est préjuridique (...) ce n'est pas dans la sphère juridique que l'on pourra trouver le dernier fondement de la force obligatoire du droit : le devoir d'obéir à un droit a dû exister nécessairement et logiquement avant la création du droit même » (*RCADI*, 1934-I, vol. 47, p. 299). Ch. Rousseau exprime un avis similaire (Voir aussi R. Ago, « Science juridique et droit international », *op. cit.*). On ne peut reconnaître plus clairement l'impasse à laquelle conduit le formalisme juridique. (V. cependant les essais de rénovation du normativisme par J. Combacau — qui cherche à concilier logique sociale et droit pur —, ou par Ch. Leben qui, plus proche des positivistes volontaristes, insiste sur une définition du droit fondée sur la justiciabilité — « Droit : quelque chose qui n'est pas étranger à la justice », *Droits* 1990, p. 35-40).

Devant cette impasse, une seule conclusion s'impose : tant qu'on s'en tient exclusivement à l'aspect formel du droit et qu'on néglige son aspect matériel, c'est-à-dire son contenu et son contexte, toute tentative d'expliquer son caractère obligatoire se développe en pure perte. En dépit de leurs efforts, Kelsen et les volontaristes (qu'il combat) ont fait les frais d'une telle méthode.

2° *En pratique*, le formalisme et, surtout, le volontarisme, conduisent à des conséquences inacceptables.

En premier lieu, ils impliquent nécessairement que les pouvoirs de l'État dans l'ordre international sont sans limites : du moment qu'il ne s'est pas lié par un acte volontaire, tout lui est permis. Dans la droite ligne des postulats volontaristes, Jellinek n'hésite pas à écrire : « Tout acte illicite international (...) pourrait être élevé au rang de droit si l'on en faisait le contenu d'un traité » (*Die rechtliche Natur der Staatenverträge*, Hölder, Vienne, 1880, p. 16). C'est ériger l'anarchie en principe et nier toute possibilité d'ordre juridique international.

Au surplus, ce n'est pas seulement choquant sur le plan moral, c'est, fort heureusement, contraire aux enseignements de la pratique : aucun État ne prétend, et nul ne saurait admettre, qu'un traité pourrait rendre licites des pratiques esclavagistes ou un génocide. La notion de *jus cogens*, qui est la timide transposition de celle d'ordre public dans la sphère internationale, est la traduction juridique de cette idée (v. *infra*, n° 125).

D'une façon plus générale, il est inconcevable que des entités, fussent-elles souveraines, coexistent sans que le respect d'un minimum de règles juridiques s'impose à elles et limite le libre jeu de leur volonté : des principes comme le respect de la bonne foi ou l'interdiction de l'abus de droit restreignent nécessairement l'exercice par les États de leurs compétences respectives et ne sont mis en cause par personne (v. S. Jovanovic, *Restriction des compétences discrétionnaires des États en droit international*, Pedone, 1988, 240 p.).

Par ailleurs, et surtout, volontarisme et normativisme ne tiennent aucun compte du contexte social dans lequel le droit international se forme et s'applique. La souveraineté, niée par Kelsen, est un fait d'observation, même s'il n'est pas « palpable » mais, à l'inverse, les volontaristes en ont une conception abstraite et désincarnée. Ils négligent totalement le fait que l'État qui exprime une « volonté » agit sous la pression de nécessités économiques et politiques déterminées et dans un cadre social donné.

Pour cette raison, le volontarisme rigide dont les pays récemment décolonisés se sont, pour la plupart, réclamés dans un premier temps est apparu comme un leurre. Grâce à lui, ils ont cru pouvoir écarter l'application de normes à l'élaboration desquelles ils n'avaient pas participé. D'une part, c'était oublier que si les États sont égaux en droit, la volonté qu'ils expriment est inégale : ils ne pèsent pas, concrètement, d'un poids égal dans la formation des règles et leur volonté est plus ou moins libre selon leur situation. D'autre part, cette adhésion au volontarisme s'est retournée contre eux et est incompatible avec la force du nombre dont ils souhaitent faire usage dans les instances internationales : un vote même acquis à une très forte majorité ne saurait, en bonne théorie volontariste, avoir le moindre effet à l'égard des États de la minorité.

§ 2. — *Dépassement du formalisme*

54. Droit naturel. — On a déjà examiné la théorie traditionnelle du droit naturel (v. *supra*, n° 24). Si Vitoria et Suarez ont joué un rôle décisif dans la formation du droit international, c'est parce qu'ils ont pu fonder celui-ci sur un élément extérieur et supérieur aux États, le droit naturel qui, à leur époque, était doté d'une autorité incontestable. Grotius a recueilli cet héritage que son génie a remodelé par la création de la dualité : droit naturel, droit volontaire ou positif. Pour lui, le droit volontaire dépend doublement du droit naturel : d'une part, il peut procéder valablement des volontés étatiques en vertu du principe de droit naturel *pacta sunt servanda* ; d'autre part, il est obligatoire parce que son *contenu* est conforme aux autres principes du droit naturel. Ainsi, tout en admettant l'existence d'un droit international volontaire, Grotius n'était pas volontariste. Sa démonstration s'appuie à la fois sur la forme et sur le fond.

Les auteurs néo-jusnaturalistes de l'époque contemporaine adoptent la même dualité : droit naturel, droit international positif. Ils fondent aussi celui-ci sur celui-là. Comme leurs devanciers, ils assimilent l'ordre naturel à l'ordre moral.

En accordant la primauté aux valeurs morales, l'explication par le droit naturel présente pour les esprits raisonnables un attrait indéniable. Pour la rendre encore plus acceptable, la doctrine moderne lui a apporté de sensibles améliorations. Ainsi, pour lutter contre sa subjectivité, elle a proposé de définir le droit naturel comme l'application de la *justice* dans les relations internationales, non pas le sentiment subjectif de la justice, mais la justice considérée comme faisant partie du « monde objectif des valeurs éthiques » que l'on constate par l'expérience et grâce à ses « sens spirituels » (voir notamment : Louis Le Fur, « La théorie du droit naturel depuis le XVIIIe siècle et la doctrine moderne », *RCADI*, 1927-III, vol. 18, p. 263-439 ; « Règles générales du droit de la paix », *RCADI*, 1935-IV. — Alfred Verdross, *op. cit.* — A. Pillet, « Le droit international public ; ses éléments constitutifs, son domaine, son objet », *RGDIP*, 1894, p. 1-32 ; « Recherches sur les droits fondamentaux des États », *ibid.*, 1898, p. 66-89 et 236-264 et 1899, p. 503-532 ; cet auteur qualifie le droit naturel de « droit commun de l'humanité ». V. aussi : « Le problème du droit naturel », *Archives de philosophie du droit*, Sirey 1933, 294 p.).

Pour éviter de tomber dans une sorte de morale universelle vague et peu compatible avec la diversité des civilisations et des cultures dans le monde, on s'est également efforcé de réduire le droit naturel à quelques principes fondamentaux : obligation de respecter les engagements pris *(pacta sunt servanda)* et celle de réparer tout préjudice injustement causé.

Certains auteurs conviennent qu'on ne peut retenir les valeurs morales que dans la mesure de leur incorporation au droit positif. Ils invoquent ensuite des exemples d'une telle incorporation : le principe de bonne foi, le principe de justice dans le règlement des conflits, les principes humanitaires reconnus par la jurisprudence internationale (CIJ, *Détroit de Corfou, Rec.* 1949, p. 22 ; *Réserves à la Convention sur le génocide, Rec.* 1951, p. 23), le droit naturel de légitime défense, la reconnaissance par la Convention de Vienne de 1969 sur le droit des traités du *jus cogens* qui contient des normes directement rattachées à la morale auxquelles aucune convention ne peut déroger.

Réhabilitant incontestablement la conception de droit naturel, ces consécrations positives n'ont pas fait taire de nombreux juristes qui continuent de se demander si le seul appel aux valeurs morales est vraiment suffisant et sans danger, dès lors que l'objectif est de fonder une règle sociale. Dans la production du droit d'une société, à côté des facteurs idéalistes, d'autres éléments jouent aussi un rôle important. Poussée à ses limites extrêmes, la poursuite de la réalisation du droit naturel peut conduire, par ailleurs, à une exaltation de l'individualisme incompatible avec les exigences élémentaires de la vie en société.

Certes, à l'origine, le recours au droit naturel a efficacement contribué à la création du droit international. Mais c'est aussi en s'appuyant sur l'autorité du même droit naturel que Vattel a construit sa propre théorie des droits fondamentaux de l'État qu'il assimile abusivement aux droits individuels, théorie qui a tant entravé le progrès du droit international.

55. Objectivisme. — Selon les tenants de l'objectivisme sociologique (v. *supra*, n° 38), le droit est fondé sur les nécessités sociales desquelles dérivent à la fois son contenu et son caractère obligatoire. Duguit s'est attaché à déterminer le processus du passage des nécessités sociales à la norme juridique.

Au point de départ de son analyse, il place cette loi sociologique découverte depuis Aristote et jamais démentie d'après laquelle l'homme est un être sociable qui ne peut vivre qu'en société. À ce titre, celui-ci doit se conformer aux normes sociales engendrées par les nécessités de la vie en société, et dont l'objet et le but sont de préserver la base de toute société humaine, à savoir la solidarité sociale. Toute violation de ces normes entraîne un désordre social et provoque inévitablement une réaction de la collectivité. Lorsque cette réaction revêt la forme concrète d'une sanction pouvant se traduire par une contrainte organisée, on se trouve en présence d'une norme juridique.

La transformation de la norme sociale en norme juridique se réalise quand la masse des individus qui composent le corps social a *conscience* qu'elle est tellement importante pour la vie sociale, tellement essentielle à la défense de la solidarité sociale que l'intervention de la contrainte pour sanctionner sa violation devient socialement nécessaire : le droit est né. Ce droit qui dérive directement des nécessités sociales, Duguit le qualifie de *droit objectif* parce qu'il est obligatoire à l'égard de tous et se forme *indépendamment* de la volonté étatique.

Afin de répondre à certaines critiques, Duguit introduira dans son explication la notion de *justice*. Le droit naîtra quand la sanction socialement organisée de la violation d'une norme sociale apparaîtra à la masse des consciences individuelles non seulement comme nécessaire mais encore comme juste. Il s'agit, bien entendu, dans sa pensée et sous sa plume, non pas d'une justice au contenu immuable, mais d'une justice objective dont les manifestations varient dans le temps et dans l'espace.

Passant au droit international, Duguit applique le même processus à la formation de la norme juridique intersociale fondée sur les nécessités intersociales.

Il semble difficile de reprocher à la théorie sociologique d'avoir confondu le fait et la norme en faisant découler directement celle-ci de celui-là. Elle a bien intercalé entre les deux un jugement de valeur. D'autre part, le processus reconstitué par Duguit, que d'aucuns considèrent comme obscur, n'est guère différent du processus de formation *spontanée* de la règle coutumière positive qu'aujourd'hui seuls les positivistes volontaristes rejettent (v. *infra*, n° 206). Cependant, dans son désir d'éliminer toute intervention étatique, il a reconnu aux individus un rôle excessif et exclusif, ce qui ne va pas sans risque et sans contradiction tant avec son sociologisme qu'avec la place et le rôle des États dans l'ordre international positif.

Adoptant le raisonnement de Duguit, Georges Scelle l'accentue en soutenant que le respect de la solidarité sociale, comme fondement du droit, est une nécessité *biologique* car nul ne peut la compromettre sans nuire à la vie de la société et à la sienne propre. Ainsi, il définit le droit, droit interne ou droit international, comme « un impératif social traduisant une nécessité née de la solidarité naturelle ». Son déterminisme biologique manque-t-il totalement d'idéal ? Comme Duguit, il n'a jamais tenu à l'écart de ses réflexions la justice et la morale. Il place seulement le respect de ces valeurs parmi les autres nécessités sociales.

En 1948, Georges Scelle écrit :

« D'où viennent les règles de droit ? Du fait social lui-même et de la conjonction de l'éthique et du pouvoir, produits de la solidarité sociale. » (*Manuel de droit international public*, Montchrestien, Domat, p. 6).

En introduisant l'élément « pouvoir », sa thèse apparaît plus « réaliste » que celle de Duguit. Pour bien marquer qu'il n'est devenu, pour autant, ni « étatiste », ni « volontariste », Georges Scelle insiste particulièrement sur une autre dualité, droit objectif et droit positif, qu'il lie étroitement à la distinction entre sources matérielles et sources formelles du droit.

Seules, les sources matérielles sont des sources créatrices du droit. Les sources formelles ne sont que des procédés de « captation » des sources matérielles. Dès lors, si c'est par le moyen des sources formelles, lesquelles peuvent comporter l'intervention du pouvoir, que sont « posées » les normes du droit positif, le caractère obligatoire de celui-ci n'est pas fondé sur le fait qu'il est issu de ces sources formelles, mais sur sa conformité avec le droit objectif (donc avec les nécessités sociales) qui constitue ses sources matérielles. Il n'est pas interdit de supposer au départ cette conformité (hypothèse du bien légiféré). Si celle-ci n'est pas vérifiée, si la norme positive est « anti-juridique » en tant qu'elle est contraire au droit objectif, elle pourra provoquer des révolutions légitimes.

À elle seule, cette légitimation de la rébellion contre la règle « anti-juridique » (il évite l'expression « règle injuste » chère aux auteurs de droit naturel) suffit à confirmer l'aspect idéaliste de la théorie de Georges Scelle. Elle l'expose aussi aux sévères critiques de tous ceux qui, même parmi les idéalistes purs, préfèrent la sécurité au désordre.

Dans une perspective réaliste, dont pourtant il se réclame, il est difficile d'adhérer pleinement aux thèses de G. Scelle : son refus du concept de souveraineté est contredit par l'observation de la vie internationale et, dès lors, son système apparaît comme une construction intellectuelle, séduisante, prémonitoire sur certains points (percée de l'individu dans la sphère du droit international), mais éloignée des réalités qu'elle prétend décrire. Il reste que l'approche sociologique a le grand mérite d'éviter de faire du droit un système clos et, en le situant dans son contexte social, d'en faire mieux comprendre les ressorts et les fins (v. A. Pellet, « Contre la tyrannie de la ligne droite », *Thesaurus acroasium,* 1992, vol. XIX, *Sources of International Law,* p. 287-355 ; pour une présentation « fonctionnelle » du droit international, v. Onuma Y., « International Law in and with International Politics : The Functions of International Law in International Society », *EJIL* 2003, p. 105-139).

56. Apport marxiste. — Les « pères fondateurs » du marxisme ne se sont guère intéressés au droit international. La doctrine postérieure, même orthodoxe, a pu disposer d'une certaine liberté d'interprétation à l'intérieur du schéma fourni par Lénine.

Les postulats de base sont assez ambigus pour autoriser plusieurs approches. Le droit international, en tant qu'élément de la superstructure sociale, est certes dans la dépendance de la structure économique de la société internationale, conformément à une des lois générales du développement des sociétés humaines, selon le matérialisme historique. Mais cela ne signifie pas que, dans toutes ses composantes, le droit international n'est qu'un simple reflet des relations économiques, du système économique mondial. Selon qu'ils insistent sur l'une ou l'autre proposition, les auteurs marxistes aboutissent à deux conclusions antinomiques. Pour les uns, il n'existe pas de droit international général puisque la société est partagée entre deux conceptions socio-économiques opposées ; deux groupes de principes et de normes internationales coexistent, à titre transitoire. Selon la tendance dominante, est finalement admise l'existence d'un droit international général, qui reposerait sur un fondement objectif, une « loi sociale » selon les enseignements du matérialisme historique : la croissance des forces productives et les progrès de la division internationale du travail ont favorisé la multiplication des rapports et des liens entre les États ; au point qu'il est devenu possible et nécessaire de les réglementer par des normes juridiques.

Quant à l'influence de la structure économique sur le développement du droit international, les réponses divergent. Une partie de la doctrine marxiste considère la société internationale comme un ensemble spécifique, établit une relation directe et principale entre les relations économiques internationales et le droit international. D'autres auteurs, par exemple Tunkin, pour qui la société internationale semblait n'être que la coexistence de deux systèmes économiques dominants, estiment que ce sont les systèmes nationaux et leurs superstructures qui exercent encore l'influence déterminante.

En réalité, longtemps préoccupée exclusivement des intérêts de l'URSS, la doctrine marxiste dominante adhère à des thèses fort proches du volontarisme le plus classique (v. *supra*, n° 38).

Plus fidèles à la méthodologie marxiste, d'autres auteurs appliquent le raisonnement dialectique aux réalités internationales et voient dans les règles du droit international la solution apportée, à un moment donné, aux contradictions qui marquent la société internationale (cf. en particulier, les thèses de Ch. Chaumont et M. Chemillier-Gendreau — v. *supra*, n° 38-3° — et les débats des « Rencontres de Reims » sur les « réalités du droit international contemporain »).

Quoi qu'il en soit de ces divergences doctrinales, le grand apport des modes de raisonnement marxiste consiste, dans la droite ligne de l'objectivisme sociologique, à établir que, comme toute discipline juridique, le droit international est indissociable de la structure économique et sociale dont il est le reflet et dans laquelle il trouve son fondement.

CONCLUSION GÉNÉRALE DU CHAPITRE

57. L'option fondamentale. — Mal assuré de ses fondements, menacé dans son existence même par les aspirations concurrentes des États à une souveraineté absolue, le droit international est le champ d'affrontement privilégié de théories doctrinales qui tentent de donner une explication cohérente et globale de ses mécanismes.

Mais ce sont précisément ces prétentions à la globalité qui entachent leur crédibilité. Elles ont, en effet, un caractère relatif et contingent. Correspondant à une étape historique donnée, plus ou moins consciemment au service de politiques déterminées, ces théories fournissent des clés partielles et contribuent, chacune à sa manière, à l'analyse de la réalité internationale ; mais, reposant sur des postulats invérifiables, elles en rendent une image d'autant moins fidèle qu'elles sont en général développées dans un esprit dogmatique et parfois sectaire.

Ainsi, les volontaristes ont certainement raison de considérer que l'expression de leur volonté par les États les engage et, ce faisant, le caractère obligatoire de la grande majorité de normes existantes du droit des gens contemporain se trouve établi. Mais ils se montrent incapables de trouver un fondement convaincant aux règles, pourtant indiscutables, qui limitent la compétence internationale des États et, surtout, ils n'expliquent pas pourquoi la volonté de ceux-ci les lie. Les thèses objectivistes ont ce mérite mais, au mépris de la méthode sociologique dont les plus importantes d'entre elles se réclament, elles consistent trop souvent à reconstruire la réalité internationale en fonction des préoccupations morales (jus-naturalisme) et politiques (« militantisme juridique ») ou de présupposés théoriques (G. Scelle, H. Kelsen).

S'il est vrai que « tout internationaliste se rattache à une école philosophico-juridique qui domine son enseignement » (G. Scelle, *Précis de droit des gens*), aucune préférence théorique ne remplace l'indispensable observation de la réalité, dans sa diversité et son hétérogénéité. En tenant compte du fait que le droit ne peut être dissocié de son contexte politique, économique et social, telle est l'option fondamentale du présent ouvrage (v. A. Pellet, « Le "bon droit", et l'ivraie », *Mél. Chaumont*, 1984, p. 465-493), étant entendu que la prise en compte de la réalité ne se suffit pas à elle-même. La discipline juridique — que certains appellent, peut-être imprudemment, « science du droit » — nécessite et implique un effort de systématisation des faits et donc leur simplification. Mais simplification n'est pas déformation et force est d'admettre que la juridicité est relative et évolutive car elle relève au premier chef d'un sentiment de l'obligation, lui-même changeant en fonction des circonstances et de l'environnement social.

PREMIÈRE PARTIE

LA FORMATION DU DROIT INTERNATIONAL

BIBLIOGRAPHIE. — Ch. DE VISSCHER, « Contribution à l'étude des sources du droit international », *RDILC* 1933, p. 395-420. — G. SCELLE, « Essai sur les sources formelles du droit international », *Mél. Gény*, 1934, tome III, p. 400-430. — L. KOPEMANAS, « Essai d'une théorie des sources formelles du droit international », *RDILC* 1938, p. 101-150. — M. SØRENSEN, *Les sources du droit international — Étude sur la jurisprudence de la CPJI*, E. Munksgoard, Copenhague, 1946, 274 p. — P. GUGGENHEIM, « Contribution à l'histoire des sources du droit des gens », *RCADI* 1958, II, vol. 94, p. 5-84. — C. PARRY, *The Sources and Evidences of International Law*, Manchester UP, 1965, 122 p. — J. H. W. VERZIJL, *International Law in Historical Perspective*, Sijthoff, Leyde, vol. I, 1968, 576 p. et vol. V, 1973, 362 p. — Ch. ROUSSEAU, *Droit international public*, Sirey, tome I, 1971, 464 p. — A. VERDROSS, *Die Quellen des universellen Völkerrechts, eine Einführung*, Rombach, Fribourg, 1973, 148 p. — M. AKEHURST, « The Hierarchy of the Sources of International Law », *BYBIL*, 1974-75, p. 273-285. — SFDI, Colloque de Toulouse, *L'élaboration du droit international public*, Pedone, 1975, 224 p. — E. ZOLLER, *La bonne foi en droit international public*, Pedone, 1977, 392 p. — M. BOS, « The Hierarchy among the Recognized Manifestations (Sources) of International Law », *Mél. Miaja de la Muela*, 1979, vol. I, p. 363-374. — M. GOUNELLE, *La motivation des actes juridiques en droit international public*, Pedone, 1979, 292 p. — E. DECAUX, *La réciprocité en droit international public*, LGDJ 1980, VI, 376 p. — M. VIRALLY, « À propos de la *lex ferenda* », *Mél. Reuter*, 1981, p. 519-533. — M. SAHOVIC, « Rapports entre facteurs matériels et facteurs formels dans la formation du droit international », *RCADI*, 1986-IV, vol. 199, pp. 171-232 — E. McWHINNEY, « Classical Sources and the International Law — Making Process of Contemporary International Law », *Mél. Ago*, I, p. 341-353. — A. PELLET, « Contre la tyrannie de la ligne droite — Aspects de la formation des normes en droit international de l'économie et du développement », *Thesaurus acroasium,* vol. XIX, *Sources of International Law,* Thessalonique, 1992, p. 287-355 ; « Article 38 » *in* A. ZIMMERMAN et as., ed., *The Statute of the ICJ – A Commentary*, Oxford UP, 2006, p. 677-792 ; « Cours général : Le droit international entre souveraineté et communauté internationale – La formation du droit international », *ABDI* 2007, p. 10-75. — G.M. DANILENKO, *Law-Making in the International Community,* Nijhoff, Dordrecht, 1993, 350 p. — Ch. TOMUSCHAT, « Obligations Arising for States Without or Against their Will », *RCADI,* 1993-IV, vol. 241, p. 195-374. — J. BARBERIS, *Formacion del derecho internacional*, Abaco, Buenos Aires, 1994, 324 p. — B. SIMMA, « From Bilateralism to Community Interest in International Law », *RCADI* 1994-VI, vol. 250, p. 219-384 — A. BLECK-

MANN, « General Theory of Obligations under Public International Law », *GYBIL* 1995, p. 26-40. — G. ABI-SAAB, « Les sources du droit international — un essai de déconstruction », *Mél. Jimenez*, p. 29-49. — M. MENDELSON, « The International Court of Justice and the Sources of International Law », *Mél. Jennings*, p. 64-89. — V.D. DEGAN, *Sources of International Law*, Nijhoff, La Haye, 1997, XV-564 p. — R. KOLB, « La bonne foi en droit international public », *RBDI* 1998, p. 661-732 ; *La bonne foi en droit international public*, PUF, 2000, 832 p. — G. BUZZINI, « La théorie des sources face au droit international général », *RGDIP* 2002, p. 581-617. — Y. ONUMA, « The ICJ : An Emperor Without Clothes ? International Conflict Resolution, Article 38 of the ICJ Statute and the Sources of International Law », *Mél. Oda*, Kluwer, La Haye/Londres/New York, 2002, p. 191-212. — SFDI, colloque de Genève, *La pratique et le droit international*, Pedone, 2004, 308 p. — M. KAMTO, « La volonté de l'État en droit international », *RCADI* 2004, t. 310, p. 9-428 — M. DELMAS-MARTY, E. FRONZA et E. LAMBERT-ABDELGAWAD dir., *Les sources du droit international pénal*, LGDJ, 2005, 488 p. — R. HUESA VINAIXA et K. WELLENS dir., *L'influence des sources sur l'unité et la fragmentation du droit international*, Bruylant, Bruxelles, 2006, XXII-280 p. — A. PELLET et R. CHEMAIN dir., *La Charte des Nations Unies, constitution mondiale ?*, Colloque Cedin Paris X, Pedone, 2006, 237 p. — A. BOYLE et Ch. CHINKIN, *The Making of International Law*, Oxford UP, 2007, XXX-338 p.

58. Formation du droit international et sources du droit international. — Les sources *formelles* du droit sont les *procédés* d'élaboration du droit, les diverses techniques qui autorisent à considérer qu'une règle appartient au droit positif. Les sources *matérielles* constituent les fondements sociologiques des normes internationales, leur base politique, morale ou économique plus ou moins explicitée par la doctrine ou les sujets du droit.

Les sources matérielles, traductions directes des structures internationales et des idéologies dominantes, ont une dynamique que ne peuvent avoir les sources formelles, simples procédés techniques. Aussi l'intérêt porté aux deux types de sources du droit international varie-t-il selon les époques et les positions doctrinales.

Les fondateurs du droit international, plus moralistes ou politiques que juristes, invitaient à considérer les sources matérielles de ce droit en formation, en vue de le rendre plus dense et plus conforme à des aspirations pacifiques. La doctrine classique, attachée à une stabilisation et à une opposabilité du droit international aussi étendue que possible, insistait plus sur les sources formelles en vue de justifier leur force obligatoire pour les divers sujets du droit. Par un retour partiel du balancier, l'époque actuelle s'attache à combiner les deux perspectives : il s'agit tout à la fois de faciliter la transformation du droit international et d'accélérer sa substitution au droit « classique ».

Si les sources formelles du droit sont les seules par lesquelles des normes accèdent au droit positif, les sources matérielles intéressent directement le droit, en ce sens qu'elles participent au processus d'émergence du droit positif. Elles ne peuvent suffire à parfaire une norme juridique, mais elles influencent les procédures juridiques qui concrétisent les sources formelles : les résolutions non obligatoires devront, par exemple, être prises en considération pour comprendre le processus contemporain de création d'une règle conventionnelle ou coutumière.

Dès lors, la distinction entre les sources n'a plus la même signification, ni la même portée, surtout si l'on s'intéresse moins au contenu « définitif » de la norme qu'à ses modalités d'établissement.

Il ne faut pas voir là une simple mode doctrinale. Les acteurs internationaux contribuent directement à ce changement d'attitude. La jurisprudence internationale est de plus en plus sollicitée de prendre en compte des règles en voie de formation, dont la portée ne peut pas être appréciée en s'appuyant simplement sur la portée habituellement reconnue aux sources formelles du droit, en particulier à la convention et à la coutume.

Lorsque la CIJ est invitée par les parties à régler leur différend sans négliger les « tendances » du droit de la mer contemporain (Compromis entre la Tunisie et la Libye dans l'affaire du *Plateau continental, Rec.* 1982, p. 21-22), elle ne peut sans trahir son mandat rechercher ces tendances dans la seule exégèse des conventions et coutumes en vigueur : elle doit, sans négliger de telles sources, y trouver des indications de la règle en voie de formation ou de transformation. Dans ce cas, les sources formelles servent d'appui à des sources matérielles constituées par des comportements étatiques et le résultat officieux de négociations encore inachevées.

Les sources formelles du droit international conservent, dans cette perspective, toute leur importance. Mais, pour prendre l'exemple du traité — dont il serait inexact de nier la primauté actuelle —, l'interprète sera tout aussi attentif à la consécration qu'il apporte d'une norme encore contestée au plan universel, qu'à sa portée indiscutablement obligatoire dans les rapports entre les seules parties au traité considéré. Plus que la source formelle en elle-même, c'est donc le processus de formation du droit (le *law making process*) dans son ensemble qu'il faut prendre en considération.

59. Détermination des sources formelles du droit international par l'article 38 du Statut de la CIJ. — Comme il résulte de la distinction entre les sources matérielles et les sources formelles du droit (*supra*, n° 58), le contenu du droit dérive des premières, tandis que les secondes correspondent à la formulation et à l'introduction dans le droit positif de ce contenu.

L'article 7 de la Convention XII de La Haye de 1907, qui créait la Cour internationale des Prises, fournissait l'énumération suivante des sources formelles du droit applicable par cette juridiction internationale :

« Si la question de droit à résoudre est prévue par une convention en vigueur entre le belligérant capteur et la puissance qui est elle-même partie au litige ou dont le ressortissant est partie au litige, la Cour se conforme aux stipulations de ladite convention ».

« À défaut de telles stipulations, la Cour applique les règles du droit international. Si des règles généralement reconnues n'existent pas, la Cour statue d'après les principes généraux de la justice et de l'équité ».

Par « règles de droit international », cette disposition désignait des règles coutumières générales.

Sur une question aussi fondamentale, il est opportun de bénéficier d'un consensus universel. D'où l'intérêt d'un texte prenant clairement position et engageant la quasi-totalité des États. Ce n'était pas le cas pour la Convention précitée de La Haye, qui n'est pas entrée en vigueur. Les États qui ont créé les premières organisations universelles et y ont associé les premières juridictions à vocation universelle ont entrepris, faute de codification du droit international, d'établir un texte répondant à ces conditions. Ce fut d'abord le Statut de la CPJI, puis celui de la CIJ.

Dans l'un et l'autre texte sous réserve d'une numérotation légèrement différente, l'article 38 dispose :

« 1. La Cour (...) applique :

a. les conventions internationales, soit générales, soit spéciales, établissant des règles expressément reconnues par les États en litige ;

b. la coutume internationale comme preuve d'une pratique générale, acceptée comme étant le droit ;

c. les principes généraux de droit reconnus par les nations civilisées ;

d. sous réserve de la disposition de l'article 59, les décisions judiciaires et la doctrine des publicistes les plus qualifiés des différentes nations, comme moyen auxiliaire de détermination de la règle de droit.

2. La présente disposition ne porte pas atteinte à la faculté pour la Cour, si les parties sont d'accord, de statuer *ex aequo et bono* ».

Alors que le texte de 1920 débutait simplement par les termes : « La Cour applique... », celui de 1945, le seul en vigueur, s'ouvre par une évocation de la mission de la Cour : « La Cour, dont la mission est de régler conformément au droit international les différends qui lui sont soumis, applique... ».

Cette précision n'est pas inutile, si elle n'est pas nécessaire : elle indique clairement que les sources énumérées sont celles du droit international et qu'il s'agit bien de sources *formelles* de ce droit, puisque directement applicables par le juge.

L'article 38 du Statut présente une très grande importance. En effet, tous les États membres des Nations Unies, pratiquement tous les pays du monde, sont *ipso facto* parties au Statut de la Cour et liés par lui. Son champ d'application est même, en fait, plus large que le Statut, dans la mesure où les termes de l'article 38 sont repris dans d'autres traités sur le règlement pacifique des différends ou leur servent de référence (cas de nombreux traités d'arbitrage de l'entre-deux-guerres). On y voit donc une énumération universellement acceptée des sources formelles du droit international.

Bien qu'il ne renvoie pas expressément à l'article 38, l'article 7 du Mémorandum d'accord sur les règles de procédure régissant le règlement des différends au sein de l'OMC de 1994 (v. *infra*, n° 522), a été interprété comme fixant de manière comparable le droit applicable par l'ORD (cf. D. Palmeter et P. C. Mavroidis, « The WTO Legal System : Sources of Law », *AJIL* 1998, p. 398-413).

L'article 38 n'échappe cependant pas à toute critique : il demeure ambigu dans certaines de ses formulations et surtout il ne fournit pas une liste exhaustive des sources formelles du droit international contemporain. Des sources importantes sont passées sous silence, tels les actes unilatéraux des États et les décisions des organisations internationales.

60. Hiérarchie des sources et conflits de normes. — 1° Pour préciser le problème, il convient de distinguer très fermement, dès le départ, les *normes juridiques* internationales et les *sources formelles* du droit international.

Par normes, on entend le contenu, la substance d'une règle élaborée selon les exigences « procédurales » de telle ou telle source formelle. Une même norme peut être issue de plusieurs sources différentes : ainsi des normes relatives à la délimitation du plateau continental, identiques en substance, peuvent avoir un fondement conventionnel pour certains États et un fondement coutumier pour d'autres. Inversement, une même source peut donner naissance à de nombreuses règles de contenu très varié : le moindre traité en fournit une illustration.

La confusion entre norme et source est d'autant plus fréquente qu'elle est entretenue par le vocabulaire. Par un raccourci abusif mais commode, le même mot ou la même expression peut viser à la fois une source et les normes qui en sont issues : ainsi des « principes généraux de droit » ou de la « coutume ». Aussi, pour plus de clarté, devrait-on toujours parler de normes coutumières pour les distinguer de la coutume comme source formelle.

S'il convient d'insister sur cette question de terminologie, c'est notamment que la solution du problème de hiérarchie ne répond pas aux mêmes règles pour les normes juridiques et pour les sources du droit.

2° Le principe est que, *pour les sources, il n'existe pas de hiérarchie* en droit international.

Contrairement à l'article 7 de la Convention de La Haye de 1907 précitée, l'article 38 du Statut de la CIJ s'abstient de toute allusion à une quelconque hiérarchie entre les sources énumérées.

Il n'est *pas possible* de poser, en postulat général, que les traités l'emportent nécessairement sur la coutume ou inversement. Il en irait autrement si, par une procédure centralisée, l'une des sources disposait d'une primauté incontestée. L'état actuel de la société internationale, encore largement décentralisée, interdit une telle conclusion. Toutes les sources sont susceptibles de traduire, selon des modalités différentes, des exigences de la société internationale ; en particulier, il n'y a « aucune raison de penser que, lorsque le droit international coutumier est constitué de règles identiques à celles du droit conventionnel, il se trouve « supplanté » par celui-ci au point de n'avoir plus d'existence propre » (CIJ, arrêt du 27 juin 1986, *Activités militaires et paramilitaires au Nicaragua et contre celui-ci, Rec.* 1986, p. 95).

L'idée d'une hiérarchie des sources est particulièrement inacceptable dans une approche volontariste. Dans cette perspective, toutes les sources formelles reposent, en dernière analyse, sur la volonté directe *ou indirecte* des États, volonté qui s'exprime différemment, d'un point de vue technique, selon le procédé d'élaboration du droit. Il n'y a donc pas de raison *a priori* de faire prévaloir l'une de ces techniques sur une autre, sauf à faire prévaloir la source qui permet l'expression la plus claire — dans chaque cas d'espèce — de ces volontés des sujets du droit. Or la clarté de l'expression n'est pas le propre d'un procédé : tout dépend des circonstances. Les conflits entre plusieurs sources formelles n'ont donc de réponses qu'au cas par cas.

L'absence de hiérarchie des sources ne vaut que pour le droit interétatique. Il en va différemment dans les systèmes juridiques plus organisés tels ceux élaborés au sein des organisations internationales. Lorsqu'à une hiérarchie des organes correspond une hiérarchie des actes émis par chacun d'eux, il existe bien une hiérarchie entre les procédés d'adoption des actes juridiques, entre les sources formelles propres aux organes en cause (v. P.-Y. Monjal, *Recherche sur la hiérarchie des normes communautaires*, LGDJ, 2000, XV-629 p.).

Une autre question est de savoir si les sources proprement interétatiques sont hiérarchiquement supérieures à celles caractéristiques des organisations internationales ou d'autres sujets du droit international. Ici encore on ne peut pas postuler que les sources interétatiques sont, par nature, supérieures à celle du droit des organisations internationales. Techniquement, ce sont d'ailleurs souvent les mêmes (conventions et coutumes).

Par contre, il faut considérer que les sources du droit « transnational », même lorsqu'il s'agit de procédés qui engagent des États et des personnes privées — pour certains auteurs, elles font partie du droit international public —, sont subordonnées aux sources du droit interétatique ; compte tenu de la structure actuelle de la société internationale, la volonté concertée des États l'emporte sur l'accord d'un État et d'une personne privée ou sur l'accord entre personnes privées. La question est importante, en pratique, lorsqu'il faut appliquer des principes généraux de droit qui n'ont pas la même portée en droit international public et dans la *lex mercatoria :* la doctrine et la pratique arbitrale ont préféré, jusqu'ici, une démarche pragmatique en niant l'existence d'une contradiction au fond.

L'absence de hiérarchie *a priori* entre sources formelles n'entraîne pas l'absence de tout rapport entre ces sources. Il est souvent nécessaire de concilier plusieurs sources au stade de l'élaboration ou de la preuve du droit positif. On en rencontrera des illustrations à propos de la portée de la codification (sur l'opposabilité de la règle codifiée, v. *infra*, n°s 214 s.), ou des traités successifs (v. *infra*, n°s 171 s.).

Il est vrai, cependant, que certaines sources, à défaut d'être secondaires, ont un caractère second : c'est le cas des principes généraux de droit. L'interprète n'y recourt qu'à défaut d'autres sources pertinentes. Le conflit potentiel est alors contourné.

3° Que les sources formelles ne soient pas hiérarchisées n'oblige pas à considérer qu'il n'existe pas de *hiérarchie entre les normes* juridiques. Cette hiérarchie ne pourra évidemment pas être déduite de l'origine de ces normes, puisqu'il s'agit de sources formelles (qui ne sont pas hiérarchisées). Mais elle peut résulter d'autres caractéristiques : le degré relatif de généralité des règles en cause, leur position chronologique, par exemple.

Le seul cas où l'on peut, à proprement parler, faire application du principe hiérarchique est celui d'un conflit entre une norme « impérative » *(jus cogens)* et une autre norme, conventionnelle ou coutumière (v. *infra*, n°s 174, 204 et 219).

La Convention de Vienne de 1969 sur le droit des traités affirme le caractère « impératif » — donc hiérarchiquement supérieur — de certaines normes, non de leur procédé d'élaboration, qui reste une source « classique », conventionnelle ou coutumière.

Dans les autres cas, il existe, sinon un principe hiérarchique, du moins des règles de solution des conflits, soit entre règles conventionnelles (v. *infra*, n°s 196-197), soit entre règles coutumières (v. *infra*, n° 219), soit entre norme conventionnelle et norme coutumière (v. *infra*, n° 220).

Les solutions du droit positif s'inspirent de deux adages : *specialia generalibus derogant* (les normes spéciales dérogent aux normes générales) et *lex posterior priori derogat* (la règle postérieure l'emporte sur la règle antérieure).

Une faiblesse du droit international tient au fait que de telles règles permettent certes de savoir laquelle de deux règles incompatibles doit trouver application, mais pas de poser le problème de la licéité d'une norme par rapport à une autre.

61. Plan de la première partie. — L'énumération des sources fournie par l'article 38 du Statut de la CIJ, complétée par la pratique, est assez diversifiée pour que soient tentés des regroupements ou des rapprochements entre les diverses sources. Une telle démarche permet de dégager certains éléments communs des régimes des différentes sources.

On peut ainsi opposer les sources *écrites* aux sources non écrites, parce que les procédures ne seront probablement pas les mêmes pour les unes et pour les autres, non plus que le degré de précision potentielle des normes qui en résultent. Pour les mêmes raisons, et parce que l'opposabilité des normes diffère dans l'un et l'autre cas, on distinguera les sources *concertées* d'une part, *unilatérales*, d'autre part, ou encore le « droit spontané » des sources empruntant la forme d'actes juridiques (traités, certains actes unilatéraux des États et des organisations internationales).

La distinction qui reste la plus fondamentale en pratique oppose les modes conventionnels de formation du droit international et les autres sources formelles. Cadrant avec le texte de l'article 38 du Statut de la CIJ, cette distinction présente plusieurs avantages. Elle rappelle d'abord que le droit international n'est pas un droit strictement consensuel. Elle autorise, aussi, à prendre en compte, en tant que sources, les actes unilatéraux des sujets du droit dont il est démontré qu'ils ont des effets juridiques. Enfin, elle tient compte du développement relativement plus marqué du régime de la source conventionnelle (le droit des traités) que du régime des autres sources du droit international.

Titre I. — La formation conventionnelle du droit international.

Titre II. — La formation non conventionnelle du droit international.

TITRE I

FORMATION CONVENTIONNELLE DU DROIT INTERNATIONAL

BIBLIOGRAPHIE. — Lord McNAIR, *The Law of Treaties*, Clarendon Press, Oxford, 1961, XXII-790 p. — P. REUTER, *La Convention de Vienne du 23 mai 1969 sur le droit des traités*, Armand Colin, 1970, 96 p. et *Introduction au droit des traités*, 3e éd. par Ph. Cahier, PUF, 1995, XI-251 p. — Sh. ROSENNE, *A Guide to the Legislative History of the Vienna Convention*, Sijthoff, Leyde, 1970, 443 p. ; *Developments in the Law of Treaties 1945-1986*, Cambridge UP, 1989, 531 p. — A. MARESCA, *Il diritto dei tratatti*, Giuffré, Milan, 1971, 895 p. — R. AGO, « Le droit des traités à la lumière de la Convention de Vienne », *RCADI*, 1971-III, vol. 134, p. 303-330. — T. ELIAS, *The Modern Law of Treaties*, Oceana, Dobbs Ferry, 1974, 272 p. — I. SINCLAIR, *The Vienna Convention on the Law of Treaties*, Manchester UP, 1984, X-270 p. — S. BASTID, *Les traités dans la vie internationale*, Economica, 1985, 303 p. — J. COMBACAU, *Le droit des traités*, PUF, « Que sais-je ? », n° 2613, 1991, 125 p. — J. KLABBERS et R. LEFEBER ed., *Essays on the Law of Treaties. A Collection in Honour of Bert Vierdag*, Nijhoff, La Haye, 1997, XI-204 p. — E. DE LA GUARDIA, *Derecho de los tratados internacionales*, bbaco, Buenos-Aires, 1997, 565 p. —A.O. ELIAS et C.L. SLIM, *The Paradox of Consensualism in International Law*, Kluwer, La Haye, 1998, XIX-322 p. — V. GOWLLAND-DEBBAS ed., *Multilateral Treaty-Making : The Current Status of, Challenges to, and Reforms Needed in the International Legislative Process*, Kluwer, La Haye, 2000, 142 p. — F. VILLAGRÀN KRAMER, *Derecho de los tratados*, F & G, Guatemala, 2002, 229 p. — Sir Arthur WATTS, « The ICJ and the Continuing Customary International Law of Treaties », *Mél. Oda*, p. 251-266. — F. POIRAT, *Le traité, acte juridique international. Recherche sur le traité international comme mode de production et comme produit*, Martinus Nijhoff Publishers, Leiden, 2004, X-506 p. — M. FITZMAURICE, O. ELIAS, *Contemporary Issues in the Law of Treaties*, Eleven International Publishing, Utrecht, 2005, XVI-398 p.— O. CORTEN et P. KLEIN dir., *Les conventions de Vienne sur le droit des traités, Commentaire article par article*, Bruylant, Bruxelles, 2006, 3 vol., 2965 p. — A. AUST, *Modern Treaty Law and Practice*, Cambridge UP, 2007, 600 p.

Sur la Convention de Vienne de 1986 sur le droit des traités conclus par les organisations internationales, v. Ph. MANIN, *AFDI*, 1986, p. 454-473 et G. GAJA, *BYBIL*, 1987, p. 253-269. — P. REUTER, *in Mél. Pescatore*, 1987, p. 545-564.

A. — Définition du traité

BIBLIOGRAPHIE. — K. WIDDOWS, « What is an Agreement in International Law ? », *BYBIL*, 1979. p. 117-149. — M. VIRALLY, « Sur la notion d'accord », *Mél.*

R. Bindschedler, 1980, p. 159-172. — P. REUTER, « Traités et transactions — Réflexions sur l'identification de certains engagements conventionnels », *Mél. Ago* I, p. 399-415 ; J. A. BARBERIS, « Le concept de "traité international" et ses limites », *AFDI* 1984, p. 239-270. — Ph. GAUTHIER, *Essai sur la définition des traités entre États. La pratique de la Belgique aux confins du droit des traités*, Bruylant, Bruxelles, 1993, XIII-619 p. — J. KLABBERS, *The Concept of Treaties in International Law*, Kluwer, La Haye, 1996, XV-307 p. — P. DAILLIER, « L'Acte international'selon le droit communautaire », *Mél. Thierry*, p. 147-158 — J. SALMON, « Les accords non formalisés ou *solo consensu* », *AFDI* 1999, p. 1-28. — M. FITZMAURICE, « The Identification and Character of Treaties and Treaty Obligations between States in International Law », *BYBIL* 2002, p. 141-185. V. aussi la bibliographie citée *infra*, sur le n° 250.

62. Définition coutumière. — En raison de l'ancienneté du traité comme procédé de création des obligations juridiques entre États, les éléments constitutifs de sa définition sont solidement établis. Ils font l'objet d'un accord général en doctrine, sous réserve de différences rédactionnelles mineures entre les auteurs.

On peut retenir la définition suivante : *Le mot traité désigne tout accord conclu entre deux ou plusieurs sujets du droit international, destiné à produire des effets de droit et régi par le droit international.*

1° *Conclusion d'un accord.* — Elle suppose un « concours de volontés » entre les parties à l'accord.

Celui-ci ne se traduit pas nécessairement par une acceptation parallèle et simultanée : un traité peut naître d'une déclaration unilatérale de volonté d'une partie, suivie de l'acceptation de l'autre, ou d'une déclaration collective ayant fait l'objet d'acceptations unilatérales postérieures. Ainsi, par exemple, la France a accepté par des déclarations en date des 18 et 20 mars 1982 adressées au Directeur général de la force multinationale du Sinaï de participer à celle-ci et a accepté, en les interprétant, les principes la régissant, fixés par le Protocole du 3 août 1981 entre l'Égypte, Israël et les États-Unis auquel elle n'est pas formellement partie (v. L. Lucchini, *AFDI*, 1983, p. 121-136 ; pour un autre exemple, v. aussi la « Déclaration d'Alger » de 1981, *infra* n° 63). Par là, le traité s'oppose à l'acte unilatéral.

2° *Parties à l'accord.* — Pour qu'il y ait traité, il est nécessaire que les parties soient des sujets de droit international. Aussi longtemps que les États ont été considérés comme les seuls sujets directs de ce droit, les traités ne pouvaient être qu'interétatiques. Les seules difficultés, à cet égard, provenaient des entités sur le caractère étatique desquelles on pouvait hésiter (concordats conclus par le Saint-Siège), et des États fédérés (v. *infra*, n° 116) ou des factions armées acceptant certains engagements avec le gouvernement légal (accords de cessez-le-feu ou de rétablissement de la paix). La catégorie des traités interétatiques reste la plus importante, mais d'autres catégories sont apparues depuis, avec l'extension de la qualité de sujet de droit international à des entités non étatiques (traités conclus par des organisations internationales entre elles ou avec des États).

On s'est beaucoup interrogé par ailleurs sur la nature de certains contrats, notamment de concession, entre États et entreprises privées. Ces « contrats internationalisés », très proches parfois dans leur contenu d'un traité, ne peuvent être des traités car les personnes privées ne se voient pas reconnaître la qualité de sujets directs du droit international dans la mesure nécessaire (v. *infra*, n° 624). De même ne sont pas en principe des traités les accords passés par un État avec une organisation non gouvernementale, association de droit privé, quelle que soit son importance réelle (ainsi, la Suisse a refusé de qualifier d'accord de siège les « arrangements » de 1976 avec l'IATA et la Cour de cassation française a estimé qu'un « accord » entre un État étranger et une association de la loi de 1901 ne constitue pas un engagement international de la France. — Cass. civ. 1re, 2 déc. 1980, *Société nationale des tabacs et allumettes, AFDI,* 1981, p. 802). Compte tenu de la nature de leurs missions, la nature des accords conclus par le CICR, ou le CIO, avec des États ou des organisations internationales est en revanche plus délicate à apprécier. Il n'est pas interdit de rattacher certains d'entre eux au moins à la catégorie des traités.

S'agissant des accords conclus dans le cadre du fonctionnement interne des organisations internationales, ceux-ci relèvent bien du droit international, mais ils sont d'une nature particulière. Ainsi le Secrétariat des Nations Unies considère-t-il que ces accords sont régis non par le droit international proprement dit, mais par le « droit interne » des Nations Unies, puisque seule l'ONU envisagée comme organisation possède la personnalité juridique internationale. Pour la même raison, les accords conclus par des bureaux ou organes subsidiaires de l'ONU sont réputés l'avoir été non pas en leur nom, mais au nom de l'Organisation (v. mémorandum du 5 avril 1999, *AJNU* 1999, p. 98, § 4-5).

Enfin, la question s'est longtemps posée (et continue de faire débat en matière de contentieux frontaliers) de la nature des accords conclus par les puissances coloniales avec les « chefs locaux » qui régnaient alors sur les territoires colonisés. Dans son arrêt du 10 octobre 2002, la CIJ a refusé de trancher la controverse : si elle a admis qu'il s'agissait bien, à l'époque en tout cas, de « traités », c'est en refusant en même temps d'accepter de reconnaître une mesure de personnalité internationale aux entités non étatiques concernées (affaire *Cameroun/Nigeria*, *Rec.* p. 404-406, § 203-207).

On peut se demander, à l'inverse, si certains accords conclus entre États sont véritablement soumis au droit des traités, dès lors que les parties se comportent comme l'auraient fait des contractants privés (v. J. Verhoeven, « Traités ou contrats entre États ? » *JDI* 1984, p. 5-36 ou M. Audit, *Les conventions transnationales entre personnes publiques*, LGDJ, 2002, X-423 p., not. p. 73-91).

3° *Création d'effets de droit.* — Tout traité crée à la charge des parties des engagements juridiques ayant force obligatoire. Ce trait distingue les traités des actes concertés non conventionnels, mais il est souvent malaisé de faire le départ entre les uns et les autres (v. *infra*, n° 252).

Ainsi, la CIJ a considéré qu'un procès-verbal signé par les ministres des Affaires étrangères de Bahrein et de Qatar et énumérant « les engagements auxquels les Parties ont consenti (...) crée ainsi pour les Parties des droits et des obligations en droit international. Il constitue un accord international » (arrêt du 1er juillet 1994, *Rec.* p. 121 ; même solution à propos de « Déclarations », qui ont le « statut d'accord international », dans l'affaire *Cameroun/Nigeria*, arrêt du 10 octobre 2002, *Rec.* p. 339, § 48, p. 341, § 50, et p. 429, § 263). Il ressort de la jurisprudence que pour s'assurer de la nature exacte de l'accord, il faut s'en remettre prioritairement à l'intention des parties (CPA, SA du 24 mai 2005, *Rhin de fer*, § 142).

4° *Soumission au droit international.* — Si le traité doit être nécessairement régi par le droit international, il n'est pas indispensable qu'il soit soumis *exclusivement* à celui-ci. La matière des traités est une matière « interdisciplinaire » en ce sens qu'elle relève à la fois de l'ordre juridique international et de l'ordre juridique interne. Notamment, en ce qui concerne la conclusion du traité, un large domaine d'intervention est laissé au droit interne (comme l'atteste la formule conventionnelle fréquemment visée qui conditionne l'entrée en vigueur du traité à l'« approbation ou la ratification conformément aux exigences constitutionnelles ou légales internes »).

63. La Convention de Vienne sur le droit des traités et la définition écrite. — 1° *La Convention du 23 mai 1969.* — L'importance que présentent les traités dans la vie juridique internationale, le contour bien affirmé et relativement précis des principes relatifs à leur conclusion et à leur application, ont conduit la Commission du droit international (CDI) à se préoccuper très tôt de leur codification. Entreprise dès 1950 et entrée dans sa phase active à partir de 1961, celle-ci n'a cependant pu être menée à bien qu'en 1969 tant les problèmes soulevés sont apparus dans toute leur complexité dès que l'on est entré dans le détail des règles applicables.

Quoi qu'il en soit, la Convention de Vienne sur le droit des traités du 23 mai 1969 — le « traité des traités » — est un remarquable succès et un exemple de conciliation réussie entre la codification pure et simple de règles préexistantes et leur développement progressif (v. *infra,* n° 215).

Si le texte de la Convention n'a été voté que par 79 délégations à la Conférence de Vienne, 19 s'abstenant (dont tous les pays communistes) et une votant contre (la France), il reste que la plupart des articles ont été adoptés à l'unanimité ou à de très larges majorités. La Convention est entrée en vigueur le 27 janvier 1980, 90 jours après le dépôt du 35e instrument de ratification (v. P.-H. Imbert, « À l'occasion de l'entrée en vigueur de la Convention de Vienne sur le droit des traités. — Réflexion sur la pratique suivie par le Secrétaire général des Nations Unies dans l'exercice de ses fonctions de dépositaire », *AFDI* 1980, p. 524-541). Mais, dès avant son entrée en vigueur, les juridictions ou les arbitres internationaux s'y étaient fréquemment référés et la Convention constitue aujourd'hui le principal guide de la pratique des États en matière de traités et peut sur bien des points, être considérée comme une codification du droit coutumier existant (cf. CIJ, arrêt du 25 septembre 1997, *Projet Gabčíkovo-Nagymaros*, *Rec.* p. 38, § 46 ; v. A. Watts, « The International Court and the Continuing Customary International Law of Treaties », *Mél. Oda*, 2002, p. 251-266 ou M. Kohen, « La codification du droit des traités : Quelques éléments pour un bilan global », *RGDIP* 2000, p. 577-614 ; sur la position française à l'égard de la convention de Vienne, v. H. Ruiz Fabri, « La France et la convention de Vienne sur le droit des traités », *in* G. Cahin et as., *La France et le droit international*, Pedone, 2007, p. 137-167).

Elle précise cependant, en son article 73, que ses dispositions « ne préjugent aucune question qui pourrait se poser à propos d'un traité du fait d'une succession d'États ou en raison de la responsabilité internationale d'un État ou de l'ouverture d'hostilités entre États ». La première de ces lacunes a été comblée par l'adoption de la Convention de Vienne du 23 août 1978 sur la succession d'États en matière de traités. Par ailleurs, la CDI, a adopté, en 1978, un projet d'articles sur la clause de la nation la plus favorisée (v. *infra*, n° 158), et le 21 mars 1986, se fondant sur les travaux de la CDI, une Conférence diplomatique à nouveau réunie à Vienne, a adopté la Convention sur le droit des traités entre États et organisations internationales ou entre organisations internationales.

2° L'article 2, paragraphe 1.a, de la Convention de Vienne de 1969 inclut dans la *définition du traité* certains éléments formels qui complètent heureusement sa définition coutumière.

Selon cette disposition :

« l'expression "traité" s'entend d'un accord international conclu par écrit entre États et régi par le droit international, qu'il soit consigné dans un instrument unique ou dans deux ou plusieurs instruments connexes, et quelle que soit sa dénomination particulière ».

La même formule est conservée, sous réserve des adaptations nécessaires, pour les traités conclus entre des États et des organisations internationales, ou entre organisations internationales, dans la Convention de 1986.

Quels que soient donc les sujets de droit international parties aux traités — États ou organisations internationales — les mêmes critères sont retenus.

a) Forme écrite. La Convention définit le traité comme un accord conclu par *écrit.* Sans doute, son article 3 implique qu'elle n'ignore pas les accords qui n'ont pas été conclus par écrit — les accords *verbaux* — et qu'elle ne leur dénie pas toute valeur juridique. Tout de même, en refusant d'examiner des accords verbaux entre États, alors que ceux-ci existent, la Conférence de Vienne confirme implicitement que les règles concernant lesdits accords ne sont probablement pas suffisamment sûres pour lui permettre de les codifier.

Dans sa sentence du 31 janvier 2006, le Tribunal CIRDI constitué dans l'affaire *Salini Costruttori S.p.A. c. Jordanie* a rappelé la possibilité qu'un accord verbal puisse engager juridiquement les parties au regard du droit international, à la condition que celles-ci aient eu l'intention de s'imposer des obligations juridiques (ce qui différencie les accords verbaux des actes concertés non conventionnels – v. *infra*, n°s 250 s.) (aff. n° ARB/02/13, § 76-80).

b) Nombre d'instruments. Par « traités », on désigne à la fois le *contenu* de l'accord conclu entre les parties, c'est-à-dire l'accord lui-même, et l'*instrument* formalisant cet accord. La Convention de Vienne précise qu'un même traité peut comprendre deux ou plus de deux instruments. Ainsi, l'accord conclu peut être établi au moyen d'un « échange de lettres » ou d'un « échange de notes » entre les parties. Dans l'affaire *Ambatielos* la CIJ reconnaît expressément que dans cette espèce, l'accord liant les deux parties, le Royaume-Uni et la Grèce, en tant que document unique, comprenait néanmoins un « traité » proprement dit et une « déclaration » (CIJ, *Rec.* 1952, p. 42).

Les « accords d'Alger » du 19 janvier 1981 constituent un traité particulièrement complexe : ils comportent deux déclarations du gouvernement algérien — l'une relative à la libération des otages américains à Téhéran, la seconde au règlement des réclamations —, et un document annexe énonçant les obligations interdépendantes des États-Unis et de l'Iran ; établi en double exemplaire, chacun de ces instruments a été signé par l'Algérie d'une part et par les États-Unis ou l'Iran, d'autre part (v. les articles de B. Audit, *JDI* 1981, p. 713-783 ; P. Juillard, *AFDI* 1981, p. 19-44 et B. Stern, *AFDI* 1982, p. 426-429 et l'arrêt de la Cour Suprême des États-Unis, *Dames et Moore c. Secrétaire d'État au Trésor, AJIL* 1981, 418).

Au demeurant, la nature de certains instruments peut être douteuse. Ainsi, l'échange de lettres des 8-14 août 1990 qui a mis fin à la guerre entre l'Irak et l'Iran a été enregistré aux Nations Unies par cette dernière, mais le contenu des instruments qui le composent ne coïncide pas entièrement ; l'on peut y voir plutôt des déclarations unilatérales croisées (v. Cl. R. Symmons, *AFDI* 1990, p. 229-247 et *infra*, n° 238).

c) Pluralités de dénominations. En disposant que le terme « traité » désigne tout accord international « quelle que soit sa dénomination particulière », la Convention confirme l'existence d'une pluralité de dénominations *équivalentes*.

Dans son arrêt du 1er juillet 1994 (affaire de la *Délimitation maritime et des questions territoriales entre Qatar et Bahrein*) ; la CIJ a observé « qu'un accord international peut prendre des formes variées et se présenter sous des dénominations diverses » (*Rec.* p. 120). De même, la circulaire du Premier ministre français du 30 mai 1997 relative à l'élaboration et à la conclusion des accords internationaux rappelle que « [l]e droit international — qui n'est pas formaliste — laisse toute liberté aux parties quant à l'appellation donnée à leur engagement ».

La variété du vocabulaire dans la pratique est impressionnante : traité, convention, protocole, déclaration, charte, pacte, statut, constitution, accord, *modus vivendi*, échanges de notes, échanges de lettres, mémorandum d'accord, procès-verbal approuvé, concordat et même, dans certains cas, code de conduite.

Le terme « concordat » est réservé aux accords conclus par le Saint-Siège. Ce cas mis à part, il n'existe pas de critères certains permettant de déterminer rigoureusement le domaine d'application de chaque dénomination. Il arrive qu'en raison de l'objet et de la procédure de certains accords, leurs auteurs optent pour telle ou telle de ces dénominations. Mais dans la pratique, ce choix est soumis à de simples considérations d'opportunité. La CIJ reconnaît que « la terminologie n'est pas un élément déterminant quant au caractère d'un accord ou d'un engagement international » (*Sud-Ouest africain, exceptions préliminaires, Rec.* 1962, p. 331).

Tous ces termes ont la même signification juridique en droit international (mais pas forcément en droit constitutionnel) ; la pratique révèle que les mots « traité », « convention », « accord » sont interchangeables et sont souvent employés en tant que termes génériques.

B. — Classification des traités

BIBLIOGRAPHIE. — J. DEHAUSSY, « Le problème de la classification des traités et le projet de convention établi par la Commission du droit international des Nations Unies », *Mél. Guggenheim*, 1968, p. 305-326. — M. VIRALLY, « Sur la classification des traités », *Communicazioni e studi*, 1969, p. 17-35. — K. KARUNATILLEKE, « Essai d'une classification des accords conclus par les organisations internationales entre elles ou avec des États », *RGDIP* 1971, p. 12-91.

64. Méthodes de classification. — Il existe en principe deux méthodes de classification. La première prend en considération les aspects intrinsèques des traités, leur contenu ou leur fonction juridique ; on parle dans ce cas de classification matérielle. La seconde s'intéresse aux variables extrinsèques des traités, considérés en tant qu'instruments juridiques ; elle donne naissance à des classifications formelles.

Aucune classification n'a une portée générale dans le droit des traités : selon les problèmes posés, c'est l'une ou l'autre qui aura valeur opératoire, parfois même la combinaison de plusieurs classifications. Aussi la Convention de Vienne se garde-t-elle de toute distinction systématique, et rejette-t-elle implicitement certaines classifications.

65. Classifications matérielles. — 1° *La distinction traités-lois et traités-contrats.* — C'est l'une des plus classiques en doctrine, mais aussi l'une des plus controversées. Elle présente un certain intérêt historique et sociologique, mais n'a qu'une portée juridique limitée : il n'existe pas un régime juridique propre à chacune de ces catégories de traités ; comment pourrait-il en être autrement, d'ailleurs, dès lors qu'un même traité peut avoir un caractère mixte, être un amalgame de dispositions des deux types.

Ce sont des considérations historiques qui expliquent le succès de cette distinction : au début du XIXe siècle, les auteurs ont été frappés par l'originalité des premiers traités collectifs qui posaient des règles abstraites, par rapport à la pratique traditionnelle des traités bilatéraux, au contenu plus matériel et subjectif. D'un point de vue sociologique, cette « découverte » permettait d'attirer l'attention sur la fonction « législative » du concert des nations. Cependant, la pratique n'en a guère tiré de conclusions, sinon en matière d'interprétation des conventions (CIJ, avis sur les *Réserves à la Convention sur le génocide, Rec.* 1951, p. 23 ; v. également la sentence arbitrale du 17 juillet 1986, rendue dans l'affaire franco-canadienne du *Filetage dans le golfe du Saint-Laurent,* § 29 et 30, *RGDIP* 1986, p. 734).

Toutefois, on assiste à une résurgence de cette vieille distinction dans le cas des traités de caractère humanitaire dont l'article 60, paragraphe 5, de la Convention de Vienne de 1969 précise qu'il ne peut y être mis fin ou que leur application ne peut être suspendue au prétexte de violation substantielle par l'autre partie. Les juridictions internationales ont du reste mis l'accent sur le caractère particulier des traités relatifs à la protection des droits de l'homme (cf. CIJ, avis précité de 1951 ; Cour européenne des droits de l'homme, arrêt du 11 janvier 1961 *(Autriche c. Italie), Rec.* 7, p. 23 ou Cour interaméricaine des droits de l'homme, avis consultatif du 24 sept. 1982 sur les *Effets des réserves sur l'entrée en vigueur de la Convention interaméricaine, ILM* 1983, p. 37) et la CDI tente à l'heure actuelle d'introduire une distinction très proche en vue de protéger de tels traités des effets de la survenance d'un conflit armé (v. *infra*, n° 200).

2° *L'opposition des traités « généraux » aux traités « spéciaux ».* — D'origine conventionnelle (art. 38, § 1.a, Statut de la CIJ), cette distinction n'est qu'une formulation particulière de la distinction précédente. Les efforts réalisés pour la concrétiser se sont heurtés à l'ambiguïté, à l'amphibologie, de la notion de « traité général ». Les auteurs de la Convention de Vienne ont préféré ne pas établir des dispositions spécifiques aux traités multilatéraux généraux, malgré une tentative de définition par la Commission du droit international.

Les deux premières classifications fondées sur l'objet ou le but des traités sont trop abstraites pour répondre aux besoins de la pratique. Il n'en va pas de même de la troisième.

3° *La distinction traités normatifs-traités constitutifs d'organisations internationales.* — Elle consiste à opposer les traités qui fixent des règles de comportement à ceux qui établissent des structures et déterminent leur mode de fonctionnement. Certes, cette distinction n'est pas entièrement opératoire, car il existe des traités qui ont un caractère mixte ; mais elle est largement reçue en droit positif.

Le nombre important des organisations internationales, le phénomène d'imitation dans l'élaboration des chartes constitutives, ont permis l'apparition d'une catégorie relativement homogène de traités. Comme le reconnaît l'article 5 de la Convention de Vienne et comme tendent à l'établir les travaux ultérieurs de la Commission du droit international, il est possible de dégager un régime juridique propre à cette catégorie de traités. La spécificité de leur régime tient, pour l'essentiel, à deux caractéristiques : la volonté des États d'assurer la longévité des organisations internationales et le souci d'en garantir le fonctionnement continu ; les États s'interdiront d'émettre des réserves sur les règles de procédure ; ils ne prévoiront pas de clause de retrait ni de clause de durée de la convention ou ils s'obligeront à respecter un long délai avant de pouvoir envisager la dénonciation du traité. Ces considérations sont poussées à l'extrême dans le cas d'organisations « intégrées » : il sera interdit aux États membres de suspendre l'application du traité sous le prétexte — même réel — de sa violation par l'un d'entre eux.

Du fait de ces particularités, et par analogie avec la terminologie reçue en droit interne, on reconnaît souvent à ces chartes constitutives d'organisations internationales un caractère « constitutionnel ». C'est annoncer, sinon résoudre, les délicats problèmes de hiérarchie qui peuvent exister entre les deux catégories de traités (v. *infra*, n°s 172 s.).

66. Classifications formelles. — 1° *D'après la qualité des parties.* — On distingue les traités conclus entre États, les traités conclus entre États et organisations internationales et les traités conclus entre organisations internationales.

En évoquant la possibilité de règles spécifiques aux traités auxquels sont parties d'autres sujets de droit que les États, l'article 3 de la Convention de Vienne semblait voir dans cette distinction une « *summa divisio* » en la matière. Les particularités du droit des organisations internationales paraissent, *a priori*, justifier des différences de régime juridique entre ces trois catégories de traités. L'examen approfondi du problème depuis 1969 en a démontré les limites

(R.-J. Dupuy, Rapports *in Annuaire Institut de droit international,* 1973, p. 214-316 et 355-382 ; P. Reuter, Rapports *in Annuaire CDI* sur les traités entre États et organisations internationales). La tendance, au stade actuel de la codification du droit des traités, est plutôt d'unifier au maximum le régime juridique des diverses catégories. Ainsi, à la suite de la CDI, la Convention de Vienne de 1986, tout en maintenant la distinction entre traités conclus entre États et organisations et traités conclus entre les seules organisations internationales, ne lui accorde qu'une portée concrète assez restreinte.

2° *D'après le nombre des parties.* — La distinction principale, pleinement « opératoire », est celle existant entre *traités bilatéraux* et *traités multilatéraux.* Certains auteurs considèrent qu'entre ces deux catégories il existe une catégorie intermédiaire constituée par des *traités plurilatéraux* qui désigneraient les traités dont le nombre des parties, supérieur à deux, reste limité, alors qu'en principe, les traités multilatéraux sont susceptibles de devenir des traités *universels.* La pratique ne révèle pas de différences substantielles entre le régime juridique du traité plurilatéral et celui du traité multilatéral, sinon en matière de réserves. La *summa divisio* demeure donc la distinction entre traités bilatéraux et traités multilatéraux entre lesquels, on le verra, existent des différences importantes de régime.

3° *D'après la procédure.* — Traditionnellement, par rapport à ce critère de la procédure de conclusion, une distinction est établie entre *« traités en forme solennelle »* et *« accords en forme simplifiée »* auxquels s'appliquent respectivement des modalités différentes d'expression du consentement à être lié.

L'intervention croissante des organisations internationales dans la conclusion des traités donne naissance à une nouvelle distinction entre ceux qui sont conclus avec ou sans cette intervention. Lorsqu'elle a lieu, une sous-distinction devra encore être opérée entre les traités conclus « sous les auspices » d'une organisation lorsque celle-ci fournit seulement une aide tendant à encourager et à favoriser cette conclusion, et les traités conclus « au sein » de cette organisation quand c'est un organe constitué de celle-ci qui procède directement à l'élaboration du texte du traité.

67. Plan du titre. — Le présent titre porte à la fois sur les traités conclus par les États et sur ceux auxquels les organisations internationales sont parties. Toutefois, on l'a vu (v. *supra*, n° 66-1°), la distinction n'a qu'une portée limitée et, pour éviter d'alourdir les développements, seules seront signalées les particularités des seconds lorsqu'elles existent. Pour le reste, les règles relatives aux traités entre États leur sont pleinement applicables.

Les quatre chapitres suivants sont relatifs respectivement aux quatre aspects principaux du droit des traités :

Chapitre I. — Conclusion des traités
Chapitre II. — Validité des traités
Chapitre III. — Application des traités
Chapitre IV. — Fin des normes conventionnelles

CHAPITRE I

Conclusion des traités

BIBLIOGRAPHIE. — J. BASDEVANT, « La conclusion et la rédaction des traités et des instruments diplomatiques autres que les traités », *RCADI* 1926, V, vol. 15, p. 534-642. — P. DE VISSCHER, *De la conclusion des traités internationaux,* Bruylant, Bruxelles, 1943, 249 p. — G. BALLADORE-PALLIERI, « La formation des traités dans la pratique internationale contemporaine », *RCADI* 1949, I, vol. 74, p. 465-545. — G. MASTROJENI, *Il negoziato e la conclusione degli accordi internazionali*, Cedam, Padoue, 2000, XIV-345 p. — R. WOLFRUM et V. RÖBEN eds., *Developments in International Law Making*, Springer, Berlin, 2005, VIII-632 p. — Commentaire des articles 6 à 18 *in* O. CORTEN et P. KLEIN, dir., *Les conventions de Vienne sur le droit des traités. Commentaire article par article*, Bruylant, Bruxelles, 2006, vol. 1, p. 165-640.

68. Rôle respectif du droit international et du droit interne. — La conclusion d'un traité international est une opération aux aspects multiples : 1) adoption du texte et son authentification ; 2) décision de l'État de consentir à être lié par le traité ; 3) notification internationale de cette décision ; 4) entrée en vigueur du traité, conformément à ses dispositions, à l'égard des États qui ont exprimé leur consentement. Les procédures requises dans les phases 3 et 4 sont exclusivement soumises aux règles du droit international, le consentement prévu dans la deuxième phase dépend seulement du droit interne de l'État considéré. Quant à la première phase elle est essentiellement internationale mais elle est conditionnée par un acte purement interne : la désignation du négociateur.

Dans la mesure où la Convention de Vienne a réussi à préciser le régime juridique de ces diverses étapes du processus d'élaboration des traités, elle a mis fin à certaines incertitudes et confusions de l'analyse traditionnelle et permis d'espérer de nouveaux progrès dans le développement du droit relatif à cette matière.

1° Conclure un traité est d'abord un *attribut de la souveraineté* en même temps que son *exercice*. Or, qui peut accomplir cette tâche importante au nom de l'État ? En vertu de l'autonomie constitutionnelle des États, ce sont leurs constitutions respectives qui, dans la répartition générale des compétences entre les diverses autorités étatiques, répondent à cette question. Autrement dit, si la conclusion des traités est, par nature, une matière régie par le droit international, elle relève aussi nécessairement du droit interne. Cette dualité est souvent une source de complication et de difficultés. En ce qui concerne par exemple, la terminologie, il arrive qu'un même terme n'ait pas le même sens dans l'ordre international et dans l'ordre interne. De plus, dans la pratique, la voie est fréquemment ouverte aux controverses sur les rapports entre le droit interne et le droit international.

2° D'autre part, en créant des obligations à la charge de l'État, tout traité est une source de *limitation de ses compétences*. Il doit être conclu sans hâte et en pleine connaissance de cause. D'autant plus que l'autorité étatique compétente pour conclure des traités — celle qui bénéficie du *treaty making-power*, selon la terminologie anglo-saxonne — qui, par la force des choses et sauf de rares exceptions, ne participe pas personnellement à la conclusion, a besoin de vérifier si ses représentants ont correctement suivi ses instructions. Pour répondre à ces exigences, la conclusion des traités en tant que procédure, se subdivise en plusieurs phases. Elle se présente ainsi, depuis l'époque de l'absolutisme royal au cours de laquelle elle s'est constituée progressivement, comme un mécanisme complexe.

3° Il faut ajouter que tout en conservant sa complexité, elle a subi de nombreuses *transformations* depuis le XIXe siècle. Celles-ci proviennent d'abord des changements intervenus dans les régimes constitutionnels qui ont modifié profondément l'ordre des compétences au sein de l'État. Les autres causes de ces transformations se situent sur le plan international : l'intensification des relations internationales et l'expansion du droit conventionnel consécutives à la croissance de la solidarité internationale ont conduit les États à rechercher des procédés nouveaux adaptés aux besoins nouveaux. Parmi les innovations, la plus importante à signaler est la création du traité multilatéral.

Comme conséquence de ces transformations, la procédure de conclusion s'est diversifiée de différentes manières. Chaque État procède selon ses propres règles nationales. Les méthodes classiques coexistent avec les méthodes nouvelles. La conclusion des traités multilatéraux se déroule suivant des règles spécifiques. La conjonction de la liberté des États et de leur empirisme est responsable enfin d'une anarchie qu'on a peine à dissimuler.

Un élément supplémentaire de complexité tient à l'irruption des organisations internationales dans la vie juridique internationale : non seulement elles constituent le cadre dans lequel sont négociés de très nombreux traités entre États, mais encore elles concluent directement des accords soit entre elles, soit avec des États.

La pratique de la CE (et de l'UE depuis 1997) est sans aucun doute à cet égard aujourd'hui la plus dense et la plus élaborée (consulter en particulier N. Maresceau, « Bilateral Agreements Concluded by the European Community », *RCADI* 2004, t. 309, p. 125-452 ; G. de Kerchove et S. Marquardt, « Les accords internationaux conclus par l'UE », *AFDI* 2004, p. 803-825).

Devant cette situation, il est très difficile, dans un ouvrage général, de suivre fidèlement tous les méandres de la procédure de conclusions des traités. On s'en tiendra à l'essentiel.

Dans une première section, on décrira la procédure générale qui est *commune* aux traités bilatéraux et aux traités multilatéraux. Puis, dans une deuxième section, on analysera les principaux aspects *particuliers* de la conclusion des traités multilatéraux.

Section 1

Procédure commune aux traités bilatéraux et aux traités multilatéraux

§ 1. — *Élaboration du texte*

A. — Négociation du texte

BIBLIOGRAPHIE. — G. GEAMANU, « Théorie et pratique des négociations en droit international », *RCADI* 1980, I, vol. 166, p. 369-448. — I. W. ZARTMAN et M. R. BERMAN, *The Practical Negotiator*, Yale UP, XIII, 250 p. — Ph. BRETTON et M.-G. FOLLIOT, *Négociations internationales*, Pedone, IHEI, 1984, VI-134 p.— G. BRETON-LE GOFF, *L'influence des organisations non-gouvernementales (ONG) sur la négociation de quelques instruments internationaux*, Bruylant, Bruxelles, 2001, 263 p. — A. PLANTEY, *La négociation internationale — principes et méthodes*, CNRS, 3e éd., 2002, 783 p. — W.M. REISMAN, « Unratified Treaties and Other Unperfected Acts in International Law : Constitutional Functions », *Vanderbilt Jl. I.L.* 2002, p. 729-747. — W.M. REISMAN et M.H. ARSANJANI, « What is the Current Value of Signing a Treaty ? », *Mél. Wildhaber*, p. 1491-1511. — R. SABEL, *Procedures at International Conferences*, Cambridge UP, 2006, 496 p.

Voir aussi la bibliographie sur le n° 463.

69. Pleins pouvoirs de négocier. — La pratique des pleins pouvoirs illustre bien le mélange de pragmatisme et d'archaïsme qui règne dans les relations internationales. Héritage de l'époque monarchique, où cette institution était pleinement justifiée par les conditions concrètes de conclusion des traités, elle survit — en tant que symbole de la souveraineté — dans un contexte radicalement transformé. Aussi, lorsque sa mise en œuvre apparaît comme un formalisme excessif, fera-t-elle l'objet d'exceptions.

Par respect des traditions la formulation des lettres de pleins pouvoirs n'a pas été modernisée, comme l'atteste le modèle français :

« X, Président de la République française, à tous ceux qui ces présentes lettres verront, salut : »

« Un traité... devant être conclu... entre la France et..., à ces causes, Nous confiant entièrement en la capacité, zèle et dévouement de M. (nom et titres), Nous l'avons nommé et constitué notre Plénipotentiaire à l'effet de négocier et signer ledit Traité ».

« Promettons d'accomplir et d'exécuter tout ce que Notre dit Plénipotentiaire aura stipulé et signé en Notre nom, sans permettre qu'il y soit contrevenu de quelque manière que ce soit, sous réserve de Nos lettres de notification. »

En réalité, sauf dans le cas des accords en forme simplifiée, le plénipotentiaire n'a plus aujourd'hui compétence pour engager définitivement l'État, ce qui donne un caractère surtout protocolaire à l'examen des pleins pouvoirs.

Si les auteurs de la Convention de Vienne ont entendu confirmer le caractère coutumier de cette pratique et donc sa portée générale (art. 7), ils laissent une très grande latitude d'action aux États : ceux-ci peuvent discrétionnairement y renoncer (art. 7, § 1.b) ou passer outre à l'irrégularité commise (art. 8). De plus, des présomptions de représentativité jouent en faveur des chefs d'État et de gouvernement et des ministres des Affaires étrangères, ce qui leur évite d'avoir à présenter de tels pouvoirs. Il en va de même pour les chefs de mission diplomatique et pour les représentants accrédités d'un État à une conférence diplomatique ou auprès d'une organisation internationale ; mais seulement pour l'adoption d'un traité entre l'État accréditant et l'État accréditaire ou au sein de cette conférence ou de cette organisation (art. 7, § 2).

Dans son arrêt du 11 juillet 1996, la CIJ s'est fondée sur l'article 7 de la Convention de Vienne pour rappeler que « [c]onformément au droit international, il ne fait pas de doute que tout chef d'État est présumé pouvoir agir au nom de l'État dans ses relations internationales » (*Application de la Convention sur le génocide*, *Rec.* p. 622).

Dans son projet d'articles relatifs aux traités conclus par des organisations internationales, la CDI n'a pas transposé purement et simplement les règles applicables aux traités entre États. Écartant la suggestion de son Rapporteur spécial, P. Reuter, qui proposait de renoncer purement et simplement à l'exigence des pleins pouvoirs (*Ann. CDI*, 1973, vol. II, p. 31), la Commission a estimé que la personne négociant au nom de l'Organisation devait faire la preuve de sa représentativité mais elle a admis qu'il pouvait résulter de la pratique de l'Organisation ou d'« autres circonstances » que certaines autorités pouvaient en être dispensées. Elle a cependant jugé que la pratique est trop incertaine — y compris en ce qui concerne le chef du Secrétariat — pour qu'il soit possible de joindre une liste de ces autorités. La Convention de 1986 adopte une rédaction plus circonspecte encore (art. 7, § 3).

70. Autorité compétente pour négocier et délivrer les pleins pouvoirs. — 1° *Solution générale*. La détermination de l'autorité compétente pour négocier relève du droit constitutionnel de chaque État et c'est l'autorité qui est investie par la constitution de l'État de la compétence de négociation qui détient le pouvoir de désigner les plénipotentiaires et de leur délivrer les pleins pouvoirs.

Dès lors qu'il ne s'agit pas d'engager définitivement l'État mais seulement d'élaborer le texte du traité, le choix entre l'exécutif et le législatif ne se pose pas. En matière de négociation, la règle constitutionnelle admise par tous les systèmes nationaux attribue compétence à l'exécutif. Cette solution est rationnelle car seul l'exécutif dispose de tous les moyens techniques nécessaires à l'accomplissement de cette tâche.

Qu'entend-on par exécutif en l'espèce ? Dans un régime présidentiel, il s'agit du seul chef de l'État ; dans un régime parlementaire, il est nécessaire de répartir la compétence entre le chef de l'État et le gouvernement représenté par son chef ou par le ministre des Affaires étrangères. Naturellement, lorsque les autorités étatiques constitutionnellement compétentes participent personnellement à la négociation, elles n'ont pas besoin de lettres de pleins pouvoirs. Cette dispense est confirmée par l'article 7, § 2-a, de la Convention de Vienne (v. *supra*, n° 69).

Selon la circulaire du Premier ministre français du 30 mai 1997 relative à l'élaboration et à la conclusion des accords internationaux, « [...] à côté des accords internationaux conclus au nom des chefs d'État ou de gouvernement, la pratique internationale admet la conclusion d'arrangements administratifs, conclus avec leurs homologues étrangers par des ministres » mais cette catégorie serait « inconnue du droit international ». Curieusement, le Premier ministre ajoute : « [e]n conséquence, tout en engageant l'État, ils présentent l'inconvénient de n'offrir aucune garantie d'exécution par l'autre partie ». En réalité, nonobstant la théorie des « ratifications imparfaites » (v. *infra*, n° 117-118), on doit sans doute considérer qu'ils constituent des engagements internationaux valides s'ils interviennent dans le domaine de compétence des ministres signataires ; dans le cas contraire, ceux-ci doivent produire des pleins pouvoirs.

Dans certains régimes à parti unique, le chef de celui-ci détient également le pouvoir de négocier. Tel était le cas en Union soviétique avant la restauration de la fonction du chef de l'État et, par exemple, L. Brejnev, Premier secrétaire du Parti communiste de l'URSS, a signé, au nom de l'Union soviétique, des accords importants avec le Président de la République française ou le Président des États-Unis.

2° *Solution en vigueur en France.* — Conformément à l'article 52, § 1, de la Constitution de 1958, le Président « négocie » les traités. Le terme « négociation » devant être compris dans son sens large, cette disposition lui confie la direction de l'ensemble de l'action qui s'y rattache. Il désigne les plénipotentiaires chargés de négocier en son nom et signe les lettres de pleins pouvoirs. La délivrance des pouvoirs en vue de la négociation et de la conclusion des traités est aujourd'hui réglementée par des circulaires des 2 mars 1982 et 6 juillet 1984.

Désireux de maintenir les principes du régime parlementaire, la Constitution de 1958 n'a pas rangé parmi les pouvoirs présidentiels dont l'exercice échappe au contreseing ministériel, selon l'article 19, ceux de l'article 52. Les lettres de pleins pouvoirs sont donc en principe soumises au contreseing du Premier ministre et du ministre des Affaires étrangères. La déviation présidentielle du régime a cependant largement vidé ce contreseing de son sens parlementaire (sauf dans une situation de « cohabitation »).

Cette solution renoue avec celle qui avait été adoptée en 1875, mais elle rompt avec celle qui résultait de la Constitution de 1946. En effet, dans le cadre d'un système qui avait voulu, initialement, renforcer le pouvoir présidentiel, l'article 8 de la loi constitutionnelle du 16 juillet 1875 était rédigé en des termes absolument identiques à l'article 52. Le 13 juin 1947, en réponse à une question écrite d'un député, une communication faite par le ministre des Affaires étrangères à l'Assemblée nationale a officiellement précisé : « La loi constitutionnelle du 16 juillet 1875 disposait dans son article 8 que le "Président de la République négocie et ratifie les traités". Il résultait donc de ce texte, d'après la doctrine universellement admise, que tout ce qui concernait les négociations internationales relevait de l'autorité du Président de la République dont dépendaient exclusivement les plénipotentiaires qui pourraient éventuellement en être chargés ».

En revanche, le Président de la IVe République était seulement « tenu informé des négociations internationales », d'après l'article 31 de la Constitution de 1946. Cette formule déterminait à la fois la nature et les limites de son rôle. Il perdait le pouvoir de décision qui était transféré au chef du gouvernement. Celui-ci était seulement soumis à l'obligation de le tenir au courant des négociations dont il avait l'entière initiative et, le cas échéant, de lui donner communication des pièces. Cette grave atteinte à un rôle qu'il n'avait jamais cessé de détenir en vertu des Constitutions antérieures fut décidée sans difficultés tant on trouvait en 1946 normal, sinon nécessaire, de diminuer les prérogatives présidentielles.

Il s'ensuivait qu'en principe, le Président de la IVe République ne détenait pas le pouvoir constitutionnel de négocier (sous réserve cependant de son pouvoir constitutionnel de signer les traités). Dans la pratique, comme représentant qualifié de la France dans les relations internationales, il continuait, sans inconvénient, à délivrer les pleins pouvoirs du moment que ceux-ci étaient soumis au double contreseing du Président du Conseil et du ministre des Affaires étrangères.

L'article 131 de la loi du 6 février 1992 reconnaît aux collectivités locales le droit de « conclure des conventions avec des collectivités étrangères (...) dans les limites de leurs compétences et dans le respect des engagements internationaux de la France » (désormais article L. 1115-1 du Code général des collectivités territoriales, dans une rédaction modifiée). De même, l'article 40 de la loi organique du 12 avril 1996 (puis l'article 38 de la loi organique du 27 février 2004) portant statut d'autonomie de la Polynésie française envisage la possibilité pour « les autorités de la République » de « délivrer pouvoir au président du gouvernement » de ce territoire (depuis 2004 le « président de la Polynésie française ») « pour négocier et signer des accords » internationaux dans les domaines de compétence de l'État. L'article 41 de la loi organique de 1996 donne également compétence à cette même autorité pour négocier et signer des « arrangements administratifs », dans le respect des accords internationaux, avec les États et organismes régionaux du Pacifique, dans les domaines relevant cette fois-ci de la compétence du territoire. Ces dispositions ont été jugées conformes à la Constitution par le Conseil constitutionnel, qui a cependant considérablement limité la portée de ces « arrangements » en y voyant « des accords de portée limitée ou de nature technique rendus nécessaires par la mise en œuvre d'autres accords internationaux » (9 avril 1996, *Rec.* p. 43). Le Conseil reconnaît cependant à la Polynésie la possibilité (prévue par ce même article 41, puis par l'article 17 de la loi organique de 2004), de conclure des « conventions de coopération décentralisée » avec des collectivités locales étrangères ; on peut y voir une manifestation de « décentralisation de la compétence internationale de l'État » (v. Le Bihan-Goesel, *AFDI* 1997, p. 272). La loi organique de 2004 est toutefois allée plus loin en habilitant, par son article 39, le président de la Polynésie française, après délibération du conseil des ministres, à négocier et même à signer « au nom de la République », dans les domaines de compétence de la Polynésie, des « accords », et plus seulement des arrangements administratifs, avec tout État, territoire ou organisme international. Le 12 février 2004, le Conseil constitutionnel a jugé cette participation de la Polynésie française aux compétences internationales de l'État conforme à la Constitution (*Rec.* p. 41). Par sa décision du 7 décembre 2000, le Conseil avait jugé tout aussi conformes à la Constitution les dispositions de la *loi d'orientation pour l'Outre-mer* permettant aux autorités de la République de délivrer des pleins pouvoirs aux présidents des conseils généraux et régionaux des départements d'Outre-mer aux fins de la négociation et de la signature d'accords dans les domaines de compétence de l'État avec des États, territoires ou organismes régionaux voisins car, ce faisant, ceux-ci « agissent comme représentants de l'État et au nom de la République » ; il n'est pas contraire à la Constitution qu'ils participent à leur demande à la négociation d'accords relevant des domaines de compétence conjointe de l'État et des collectivités territoriales qu'ils représentent, mais la signature de ces accords « est une attribution propre des autorités de la République à laquelle [ils] ne sauraient prendre part à leur seule initiative » (*Rec.* p. 164).

Conformément à sa jurisprudence traditionnelle selon laquelle les actes qui « se rattachent aux relations internationales de la France » constituent des actes de gouvernement (CE, Ass., 11 juill. 1975, *Paris de Bollardière*, *Leb.* p. 423 ; v. aussi, TC, 2 fév. 1950, *Radiodiffusion française*, *Leb.* p. 652), le Conseil d'État considère que les actes relatifs à l'élaboration d'un traité ne sont pas détachables de la conduite des relations internationales de la France et échappent par suite à tout contrôle juridictionnel (cf. CE, Sect., 1er juin 1951, *Sté. des étains et wolfram du Tonkin*, *Leb.* p. 312), même lorsqu'ils présentent un rapport lointain avec la négociation diplomatique (CE, Ass., 29 sept. 1995, *Greenpeace France*, *Leb.* 348 : reprise des essais nucléaires souterrains à Mururoa « en préalable à la négociation d'un traité international »).

Dans un souci de simplification, l'article 52 de la Constitution a officialisé l'existence, à côté des « traités », d'« accords non soumis à la ratification » ; ceux-ci sont négociés au nom du ministre des Affaires étrangères, le Président de la République étant seulement « informé » de leur négociation (v. *infra*, n° 89).

3° *Solutions propres aux organisations internationales*. — Elles relèvent du droit propre de chaque organisation (cf. l'art. 7.3.a) de la Convention de Vienne de 1986) ; les pratiques suppléent au silence fréquent des textes, et sont extrêmement diverses. La compétence pour négocier peut appartenir à l'organe plénier « suprême », mais aussi à un organe restreint ou au chef du Secrétariat.

Les articles 43 et 63 de la *Charte des Nations Unies* retiennent respectivement la compétence du Conseil de sécurité pour les accords concernant la constitution des forces armées des Nations Unies (qui n'ont jamais été conclus) et celle du CES pour les accords avec les autres organisations du système. La pratique est incertaine pour le surplus : certains accords concernant les forces de maintien de la paix ont été négociés au nom de l'Assemblée générale, d'autres au nom du Conseil de sécurité et d'autres directement par le Secrétaire général.

L'article 300 du TCE (art. 218 du TFUE) donne à la Commission une compétence de principe pour négocier les accords dont la conclusion avec un ou plusieurs États ou une organisation internationale est prévue par le Traité. Elle doit y être autorisée par le Conseil à la suite de recommandations qu'elle lui a elle-même adressées, en consultation avec des Comités spéciaux désignés par le Conseil. Pour ce qui concerne les accords conclus par l'UE, au titre des 2e et 3e piliers (articles 24 et 38 du TUE), ceux-ci sont négociés, sur autorisation du Conseil, par la présidence, assistée, le cas échéant, de la Commission.

71. Échange et examen des pleins pouvoirs. — La production de pleins pouvoirs, émis par l'autorité compétente pour conduire la politique extérieure, permet de s'assurer que la négociation sera menée entre agents compétents des États ou des organisations internationales en présence.

Si l'échange des pleins pouvoirs est, en général, une simple formalité, certains problèmes peuvent surgir à cette occasion : la qualité étatique de l'entité représentée peut être contestée, de même que la compétence de l'autorité ayant délivré les pleins pouvoirs.

Sur l'un et l'autre point, la pratique internationale, fragmentaire, n'est pas extrêmement claire.

S'agissant des traités bilatéraux, un État peut, discrétionnairement, refuser d'entrer en négociation avec une entité dont il conteste la compétence pour conclure un traité. Ainsi, rien n'empêche un État de négocier directement avec un État membre d'un État fédéral — si la Constitution de celui-ci l'admet (v. *infra*, n° 116) — mais rien ne l'y oblige ; de même, le refus, longtemps maintenu des pays de l'Est, de négocier avec les Communautés européennes a obligé celles-ci à négocier par plénipotentiaires des États membres interposés.

En ce qui concerne la négociation des conventions multilatérales, la règle générale peut s'énoncer ainsi : c'est à la conférence ou à l'organe de l'organisation internationale au sein de laquelle la négociation est menée d'accepter ou de rejeter, conformément à ses propres règles de procédure, les pleins pouvoirs présentés. Ainsi lors de la Conférence de Genève sur la réaffirmation et le développement du droit international humanitaire applicable dans les conflits armés, la question de la validité des pouvoirs de la délégation sud-vietnamienne fut âprement discutée (v. J. Salmon, *RBDI* 1975, p. 191).

72. Déroulement de la négociation. — Au cours de la négociation, des projets de textes sont soumis à la discussion, ils provoquent des amendements ou des contre-propositions ou les deux à la fois. Leur rédaction est souvent l'œuvre d'*experts* qui accompagnent les négociateurs. Si les négociations et les discussions progressent vers un accord, les projets amendés ou non sont adoptés au fur et à mesure et deviennent les dispositions du futur traité.

Aussi longtemps que le texte n'est pas arrêté — c'est-à-dire jusqu'à l'adoption du traité (v. *infra*, n°s 74 et 75) —, toutes ses dispositions peuvent être remises en cause.

Ce principe est systématisé dans le cadre de certaines conférences multilatérales au sein desquelles les négociations sont le fait de commissions ou de groupes divers fonctionnant simultanément : l'accord d'une délégation sur un point donné est subordonné à son accord sur tous les autres. Cette technique du *compromis global (package deal)* a été utilisée en particulier par la troisième Conférence des Nations Unies sur le droit de la mer ; le Président de celle-ci l'a définie ainsi : « Le concept de compromis global signifiait que la position d'aucune délégation sur tel ou tel point ne serait considérée comme irrévocable tant que l'accord ne serait pas fait au moins sur tous les éléments à inclure dans ce compromis. Toute délégation avait donc le droit de réserver sa position sur un point particulier jusqu'à ce qu'elle ait obtenu satisfaction sur d'autres points présentant pour elle une importance vitale » (A/CONF. 62/WP, 10/Rev. 1 — cf. R. Y. Jennings, « Law-Making and Package Deal », *Mél. Reuter*, 1981, p. 347-355 et G. de Lacharrière, « Aspects juridiques de la négociation sur un package deal à la Conférence des Nations Unies sur le droit de la mer », *Mél. Castrèn*, Helsinki, 1979, p. 30-45) ; on y a également recouru lors de l'Uruguay Round qui a abouti, en 1994, à la création de l'OMC.

73. Contexture du traité. — Par cette expression, on désigne les éléments *formels* dont le traité est constitué. Ils se répartissent entre le préambule et le dispositif.

1° Le *préambule* contient deux catégories d'énonciations.

a) *Énumérations des parties.* Elles sont désignées par l'expression « Hautes Parties Contractantes ». Il arrive que les États concernés soient nommément mentionnés ; mais, le plus souvent, on procède à l'énumération des gouvernements ou des organes étatiques ayant participé à la négociation : chefs d'État, chefs de gouvernement ou ministres des Affaires étrangères. S'il s'agit de chefs d'État, il convient de respecter intégralement leur qualification officielle. Par exemple, au début de la Ve République, il fallait écrire : « Président de la République, Président de la Communauté ». Après la conquête de l'Éthiopie par l'Italie en 1935, le chef de l'État italien s'intitulait officiellement : « Roi d'Italie, Empereur d'Éthiopie » ; des complications surgissaient alors dans les rapports entre l'Italie et les États, parties avec elle à un même traité mais refusant de s'incliner devant cette conquête, qui craignaient que l'acceptation de cette qualification n'impliquât une reconnaissance quelconque du fait accompli. Au demeurant, dans tous les cas, ce sont les États qui sont liés.

Ici encore, l'égalité des États entre en jeu et, pour la respecter, on procède à l'énumération par ordre alphabétique. Cette méthode est tempérée par la règle dite de l'*alternat*, d'après laquelle chaque État figure en tête de la liste des parties dans l'exemplaire du traité qui lui est destiné.

Le préambule de la Charte des Nations Unies débute par ces termes : « Nous, peuples des Nations Unies... ». Cette énonciation est exceptionnelle. Elle est de portée politique, mais ne signifie pas, sur le plan juridique, que les Parties à la Charte sont les peuples et les individus qui les composent (v. le commentaire du préambule in J.-P. Cot, A. Pellet et M. Forteau, dir., *La Charte des Nations Unies*, Economica, 3e éd., 2005, p. 287-312).

b) *Exposé des motifs.* — Le préambule contient aussi l'exposé des motifs sous la forme de déclarations générales relatives à l'objet et au but du traité et exprimant parfois un véritable programme politique.

Quelle est la *valeur juridique* du préambule ? Dans l'ordre international, le préambule d'un traité ne possède pas de force obligatoire, il constitue toutefois un élément d'interprétation du traité. Dans l'affaire entre la France et les États-Unis d'Amérique relative aux *Droits des ressortissants* de ce dernier pays *au Maroc*, la CIJ a déclaré que pour interpréter les dispositions de l'Acte d'Algésiras de 1906, il convenait de tenir compte de ses buts, qui sont énoncés dans le préambule. Dans la même affaire, la Cour a également estimé que l'interprétation fournie par le gouvernement américain de la Convention américano-marocaine de Madrid de 1880 dépassaient les buts de celle-ci, qui étaient énoncés dans son préambule (CIJ, *Rec.* 1952, p. 196-197). Pour déterminer la nature juridique du mandat de l'Afrique du sud sur le Sud-Ouest africain, la Cour s'est également référée à son préambule (*Exceptions préliminaires, Rec.* 1962, p. 330-331. — V. aussi l'arrêt rendu dans l'affaire des *Activités militaires et paramilitaires au Nicaragua, Rec.* 1984, p. 428) ; toutefois, dans la même affaire, la Cour a estimé que « le préambule de la

Charte des Nations Unies constitue la base morale et politique des dispositions juridiques qui sont énoncées ensuite. De telles considérations ne sont pas cependant en elles-mêmes des règles de droit » (*Sud-Ouest africain (2e phase), Rec.* 1966, p. 39).

2° *Le dispositif* est constitué par le corps du traité, c'est-à-dire l'ensemble de ses éléments ayant un caractère juridiquement obligatoire. Il comprend :

a) *Les articles.* — Ceux-ci sont parfois très nombreux : 97 dans la Convention de La Haye de 1907 sur le règlement pacifique des conflits, 440 dans le Traité de Versailles de 1919, 111 dans la Charte des Nations Unies, 248 dans le Traité de Rome du 25 mars 1957 instituant la Communauté économique européenne (314 dans la version « consolidée » après l'entrée en vigueur du Traité d'Amsterdam), 320 dans la Convention de Montego Bay sur le droit de la mer du 10 décembre 1982, 128 dans le Statut de Rome du 17 juillet 1998 instituant la CPI.

Ces articles peuvent être groupés de différentes manières : en *chapitres* dans la Charte et le Statut de la CPI, en *titres* et *chapitres* dans la Convention de La Haye précitée, *en parties, chapitres* et *sections* dans le Traité de Versailles et le Traité de Rome, en *parties* et *sections* dans la Convention de Montego Bay. Le Traité de Maastricht du 9 février 1992 présente la particularité de ne comporter formellement que 18 articles, numérotés de A à S, mais le seul article G — qui modifie le Traité de Rome CEE — compte 86 modifications ou adjonctions à ce dernier.

b) *Les clauses finales.* — La notion de clauses finales est en rapport avec la double nature du traité considéré soit, au point de vue matériel, comme un texte normatif, soit, au point de vue formel, comme un acte juridique. Ces clauses concernent uniquement certains mécanismes de l'acte en tant que tel : procédure d'amendement, de révision, modalités d'entrée en vigueur, d'extension du traité aux États n'ayant pas participé à l'élaboration du texte, durée du traité, etc. Au point de vue technique, la rédaction des clauses finales a connu de larges progrès depuis le développement des traités multilatéraux. Le droit des traités y gagne en précision. Si l'unification de certaines clauses est réalisée, elle peut servir de base à l'établissement d'une typologie des traités.

La clause par laquelle les parties précisent la ou les *langues* faisant foi présente une particulière importance et soulève une question de prestige.

S'il s'agit d'un traité bilatéral, l'égalité des deux parties est observée par l'utilisation de leurs langues respectives Il existe ainsi deux versions du traité, la règle étant qu'elles font également foi. Ce qui veut dire qu'elles sont de valeur égale en tant que textes authentiques pouvant être produits officiellement. Au cas où, en raison des différences de style et de terminologie, des divergences surgissent entre les deux versions sur la signification des dispositions, aucune d'elles ne peut prévaloir sur l'autre ; l'interprète doit rechercher un sens susceptible de les concilier. La rédaction des traités multilatéraux pose à cet égard des problèmes particulièrement délicats (v. *infra*, n° 102).

c) Éventuellement, le dispositif est complété par des *annexes* au traité. Ces annexes contiennent des dispositions techniques ou complémentaires concernant certains articles du traité ou son ensemble. En vue d'éviter l'alourdissement du traité, elles sont matériellement séparées de lui. Ainsi, le Traité de Rome CE comporte quatre annexes et dix protocoles ; il est assorti d'un acte final comprenant neuf « déclarations » ; la Convention de Montego Bay sur le droit de la mer compte neuf annexes. L'accord de Marrakech de 1994 adopté à l'issue des négociations de « l'Uruguay Round » et instituant l'Organisation mondiale du commerce, comprend six annexes, elles-mêmes composées de divers accords et mémorandums ; en outre l'Acte final inclut 23 « décisions » et « déclarations » et un « mémorandum d'accord ». Et l'Accord de paix sur la Bosnie-Herzégovine signé à Paris le 14 décembre 1995 (accords de Dayton-Paris) est assorti de 12 annexes, de diverses lettres comportant des engagements unilatéraux des parties et d'une déclaration finale.

Juridiquement, les annexes font partie intégrante du traité et possèdent la même force obligatoire que ses autres éléments à moins qu'il n'en dispose autrement ce qui arrive parfois en ce qui concerne surtout le règlement des différends ou la procédure d'amendements (v. par ex., l'art. 41 de l'annexe VI à la Convention de Montego Bay portant Statut du Tribunal international du droit de la mer).

Certaines annexes sont intitulées « protocoles ». Néanmoins, en règle générale, les protocoles constituent des instruments autonomes soumis à une procédure d'entrée en vigueur distincte du traité de base qu'ils sont destinés à compléter (cf. les quatorze [dont le dernier n'est pas encore entré en vigueur] protocoles additionnels à la Convention européenne des droits de l'homme dont certains ajoutent de nouveaux droits à ceux protégés par la Convention elle-même et dont d'autres apportent des perfectionnements au mécanisme de protection prévu ; ou le « Protocole facultatif » se rapportant au Pacte international relatif aux droits civils et politiques de 1966 qui institue un Comité compétent pour examiner des communications émanant de particuliers ; ou encore, les deux Protocoles de 1977, additionnels aux conventions de 1949 sur le droit humanitaire de la guerre qui en précisent et en complètent de nombreuses dispositions ; le Traité de Maastricht est accompagné de 17 protocoles et 33 « déclarations » sur des problèmes particuliers, etc.).

B. — Adoption du texte

74. Définition et procédure. — L'adoption du texte du traité marque la fin de la phase d'élaboration.

Intellectuellement, l'adoption se décompose en deux opérations distinctes : *l'arrêt du texte* — qui signifie que la négociation est terminée et que les négociateurs considèrent être arrivés à un texte à première vue acceptable — et son *authentification* — procédure qui consiste à déclarer que le texte rédigé correspond à l'intention des négociateurs et qu'ils le tiennent pour définitif. En principe, un texte authentifié n'est plus susceptible de modification.

En pratique, la dissociation entre ces deux opérations est effective en ce qui concerne les traités multilatéraux : le texte est d'abord voté ou adopté par consensus par la conférence (ou l'organe de l'organisation internationale) puis il est signé par les chefs de délégation (v. *infra,* n° 100). En revanche, les traités bilatéraux sont en général arrêtés et authentifiés par un acte unique : la signature.

Deux autres modalités prévues par l'article 10 de la Convention de Vienne, peuvent cependant être utilisées : le paraphe, qui consiste dans l'apposition des initiales des négociateurs, et la signature *ad referendum,* qui n'est donnée qu'à condition d'être confirmée par les autorités étatiques compétentes. L'un et l'autre ont une valeur provisoire et doivent faire l'objet d'une confirmation ultérieure. « Les négociateurs, en apposant leur dernier paraphe, reconnaissent la rédaction comme étant le résultat définitif de leurs discussions » (circulaire du Premier ministre français du 30 mai 1997 relative à l'élaboration et à la conclusion des accords internationaux).

Paraphe et signature *ad referendum* répondent au souci d'éviter toute précipitation. Il y est recouru en particulier dans les cas suivants :

— pour l'adoption d'un accord en forme simplifiée qui, en raison de son objet, devrait être présenté au Parlement national (v. *infra,* n°s 85 s.), avant son entrée en vigueur par la signature ;

— pour donner au traité une solennité particulière en réservant la signature définitive à une autorité politique plus haut placée que les négociateurs (cf. le Traité de Washington de 1949 instituant l'Alliance atlantique) ;

— et, surtout, lorsque le négociateur n'est pas habilité à signer.

En effet, le plénipotentiaire qui négocie ne peut signer que si ses pleins pouvoirs comprennent aussi ceux de signer. C'est le cas général, mais il n'en va pas toujours ainsi.

Lorsque ce n'est pas le cas, comme pour la négociation, les pleins pouvoirs de signer doivent émaner de l'autorité étatique détenant, selon la Constitution de l'État, le pouvoir de signer les traités. Cependant, celui-ci n'est pas toujours expressément attribué par les constitutions nationales.

En France, la Constitution de 1958, pas plus que la loi constitutionnelle du 16 juillet 1875, ne précisent quelle autorité est habilitée à signer le traité. D'après ces deux textes, le Président de la République ne reçoit que la compétence de négociation (et de ratification). En réalité, la signature constitue la phase terminale de la négociation, le pouvoir de négocier englobe donc naturellement celui de signer. C'est ainsi qu'actuellement, comme sous la Troisième République, le Président de la République peut signer personnellement les traités, s'il le désire. Il peut délivrer des pleins pouvoirs « à l'effet de négocier et signer ».

Au contraire, la Constitution de 1946, qui ne conférait pas au Président de la République le pouvoir de négocier les traités, lui accordait expressément celui de les signer (art. 31) de façon à sauvegarder son rôle traditionnel de plus haut représentant de l'État dans les relations internationales. Cette séparation organique du pouvoir de négocier et de signer constituait une exception à la tradition constitutionnelle française.

Certaines constitutions étrangères désignent l'organe compétent pour « conclure » les traités : celui-ci détient le pouvoir de participer à toutes les opérations incluses dans la procédure générale de conclusion (art. II, sect. II de la Constitution des États-Unis, art. 59 de la loi fondamentale de la RFA du 23 mai 1949).

Pour les traités conclus par les organisations internationales, la règle générale est de distinguer les pleins pouvoirs pour négocier et ceux pour signer : cette particularité — retenue par l'article 7, paragraphe 3, de la Convention de Vienne de 1986 — provient du fait que ce ne sont pas les mêmes organes qui sont compétents aux deux stades de la procédure. Ainsi au sein des Communautés, il arrive fréquemment que la négociation relève statutairement de la compétence d'un organe — secrétariat international, Commission — tandis que la signature est subordonnée à une décision d'un autre organe — le plus souvent le Conseil des ministres ; il faut donc prévoir une « navette ».

75. Portée de l'adoption. — L'adoption marque la fin de la phase de la négociation mais ne signifie pas que le traité s'impose aux États qui l'ont signé. En règle générale, l'effet obligatoire du traité résulte de l'expression du consentement à être lié par lui et non de la signature, à moins que les parties n'en aient décidé autrement (v. *infra,* n° 76). Malgré tout, un État dont le représentant a signé n'est plus dans la même situation que celle de l'État qui s'en est abstenu et le traité lui-même bénéficie d'un statut juridique au regard du droit international. En outre, « les accords signés mais non ratifiés peuvent constituer l'expression fidèle des vues communes des parties à l'époque de la signature » (CIJ, arrêt, 16 mars 2001, *Délimitation maritime et questions territoriales entre Qatar et Bahreïn*, § 89).

1° Bien qu'il ne soit pas lié par le traité, l'*État signataire* a, du fait de sa signature, certains droits et certaines obligations.

Codifiant une pratique parfois ambiguë, l'article 18 de la Convention de Vienne dispose :

« Un État doit s'abstenir d'actes qui priveraient un traité de son objet et de son but : »

« a) lorsqu'il a signé le traité (...), tant qu'il n'a pas manifesté son intention de ne pas devenir partie au traité. »

La portée de cette disposition, qui dérive du principe de la bonne foi dans les relations internationales, doit être exactement appréciée : elle ne signifie pas que l'État signataire est tenu de respecter les dispositions de fond du traité — ce qui reviendrait à lui donner le statut d'État partie — mais seulement qu'un tel État ne peut pas adopter un comportement qui viderait de toute substance son engagement ultérieur lorsqu'il exprimerait son consentement à être lié.

Dans un arrêt du 17 janvier 2007, le Tribunal de première instance des CE a expressément rattaché la règle de l'article 18 de la Convention de Vienne au principe de la bonne foi, en ajoutant que ce même principe « est le corollaire, en droit international public, du principe de protection de la confiance légitime, qui, selon la jurisprudence [communautaire], fait partie de l'ordre juridique communautaire » (aff. T-231/04, *Rép. hellénique c. Commission des CE*, § 83 s. ; confirmation de la solution retenue dans l'affaire *Opel Austria* citée *infra*, n° 221 ; v. également CIRDI, *MCI Power Group L.C. and New Turbine, Inc, c. Equateur*, aff. n° ARB/03/6, S.A. du 31 juillet 2007, § 115-117).

La question de la portée de la signature a été discutée devant la CIJ dans l'affaire du *Plateau continental de la mer du Nord*. Selon le Juge Morelli, la signature par l'Allemagne fédérale de la Convention de 1958 sur le plateau continental traduisait, dans une certaine mesure, la reconnaissance du caractère de règles de droit à ses dispositions (CIJ, *Rec.* 1969, p. 198). Cette opinion, quelles que fussent les précautions dont elle était entourée, équivalait à attribuer à la signature un effet qu'elle n'a pas aussi longtemps que l'État n'est pas devenu partie, et n'a pas été partagée par la majorité des juges (v. Ph. Cahier, « L'obligation de ne pas priver un traité de son objet et de son but avant son entrée en vigueur », *Mél. Dehousse*, 1979, p. 31-37).

De l'article 18, précité, de la Convention de Vienne, on peut également déduire qu'un État signataire doit examiner le texte du traité de bonne foi en vue de déterminer sa position définitive à son égard.

Il s'agit cependant d'une obligation de comportement extrêmement vague, l'État signataire conservant toute latitude d'exprimer ou non son consentement à être lié et de le faire dans le délai qu'il juge bon, sauf disposition contraire, ce qui demeure tout à fait exceptionnel (v. *infra*, n° 80).

Le statut provisoire de l'État qui a signé implique également certains droits en sa faveur. Ayant qualité pour devenir partie, il est un destinataire des diverses communications relatives à la vie du traité effectuées par le dépositaire (cf. l'article 77 de la Convention de Vienne. — v. *infra*, n° 113). De plus, il peut faire des objections aux réserves formulées par d'autres États comme l'a relevé la CIJ dans son avis relatif aux *Réserves à la Convention sur le génocide* (*Rec.* 1951, p. 28 — sur les réserves, v. *infra*, n°s 108 s.).

L'obligation pesant sur l'État signataire en vertu de l'article 18 de la Convention de Vienne disparaît soit lorsque celui-ci devient partie au traité (auquel cas l'État est tenu à une obligation plus contraignante, celle de respecter le traité proprement dit), soit lorsqu'il manifeste son intention de ne pas devenir partie au traité (il se trouve alors délié de toute obligation à l'égard de celui-ci).

Telle a été la démarche suivie par les États-Unis à l'égard du traité instituant la CPI. Ce que certains ont abusivement présenté comme un « retrait de signature » était en réalité conforme à la lettre de l'article 18 : les États-Unis ont simplement fait savoir en 2002 par une déclaration unilatérale qu'ils n'entendaient pas devenir partie à ce traité.

2° Ne s'imposant pas aux États signataires, *le traité, une fois adopté,* n'en a pas moins *certains effets juridiques.*

a) Par leur nature et par leur objet, les *clauses finales* du traité sont prévues pour s'appliquer immédiatement (modalités d'authentification du texte, de l'expression par les parties de leur consentement à être liées, de l'entrée en vigueur de l'ensemble du traité, etc.). L'article 24, paragraphe 4, de la Convention de Vienne confirme cette solution :

« Les dispositions d'un traité qui réglementent l'authentification du texte, l'établissement du consentement des États à être liés par le traité, les modalités ou la date d'entrée en vigueur, les réserves, les fonctions du dépositaire, ainsi que les autres »questions qui se posent nécessairement avant l'entrée en vigueur du traité, sont applicables dès l'adoption du texte. »

Par sa décision du 2 septembre 1992, le Conseil constitutionnel français a cependant souligné qu'un engagement international peut lui être « soumis sur le fondement de l'article 54 de la Constitution dès lors qu'il a été signé au nom de la République française », mais sans qu'il lui appartienne de contrôler « la réalisation des conditions mises à [son] entrée en vigueur » au plan international ; en particulier, « l'état d'avancement du processus de ratification dans d'autres pays » est sans influence sur le contrôle de la constitutionnalité des traités en France (*Rec.* p. 76 ; v. *infra,* n° 93).

b) En outre, *l'adoption d'un traité par un nombre important d'États* a une portée politique et juridique qui dépasse la simple authentification du texte. Une convention multilatérale, avant même son entrée en vigueur, peut servir de modèle à des traités bilatéraux ou multilatéraux (voir, par exemple le Code de conduite des conférences maritimes de 1974 qui a inspiré de nombreuses conventions sur le partage des frets). Elle constitue, surtout s'il s'agit d'une convention de codification, un élément important du processus coutumier (R. R. Baxter, « Treaties and Custom », *RCADI* 1970-I, vol. 129, p. 25-106). Ainsi, en cristallisant des règles coutumières en voie de formation, l'adoption de la Convention de Montego Bay du 10 décembre 1982, a joué un rôle décisif dans l'évolution du droit de la mer.

Il est vrai qu'avant même son adoption, la CIJ avait estimé qu'elle ne « saurait (...) négliger une disposition du projet de convention (sur le droit de la mer) si elle venait à conclure que sa substance lie tous les membres de la communauté internationale du fait qu'elle consacre ou cristallise une règle de droit coutumier préexistante ou en voie de formation » (arrêt du 24 fév. 1982, *Plateau continental (Tunisie/Libye), Rec.* 1982, p. 38). Ceci confirme que le droit international se forme par degrés sans qu'il y ait de solution de continuité entre les différentes étapes de sa formation (v. *supra,* n° 58).

Conscients de ces phénomènes, les services diplomatiques prennent certaines précautions pour que soient protégés les intérêts des États minoritaires dans la négociation, ou s'octroient un délai supplémentaire pour consulter leur gouvernement (signature *ad referendum*). À l'inverse, pour donner la plus grande portée au projet de convention, on pourra chercher à multiplier les signatures. Le procédé de la signature différée permet d'atteindre cet objectif : au cours du délai ainsi ouvert, l'État minoritaire dont le représentant avait voté contre le texte pourra procéder à un nouvel examen du texte et sera peut-être amené à réviser son opinion négative (sur l'utilisation moderne de la signature différée, v. *infra,* n° 106).

§ 2. — *Expression par l'État de son consentement à être lié*

76. Portée variable de la signature. — La signature du traité a une portée plus grande que la seule authentification de son texte (pour laquelle elle n'est du reste pas indispensable puisque l'authentification peut résulter du paraphe (v. *supra,* n° 74) ou de la seule signature du Président de la conférence ou de l'organe de l'organisation internationale qui l'a adopté (v. *infra,* n° 100). Comme on l'a vu, la signature confère à l'État un statut provisoire au regard du traité : il a, de ce fait, des droits et des obligations vis-à-vis des autres États signataires (v. *supra,* n° 75) et, à cet égard, la signature apparaît comme une transition entre l'étape de l'élaboration, qu'elle clôt, et celle de l'expression du consentement à être lié — que l'État demeure d'ailleurs libre de ne pas mener jusqu'à son terme, nonobstant la signature du texte.

Toutefois, dans certains cas, la signature peut constituer, en elle-même, l'expression par l'État de son consentement à être lié par le traité qui devient alors obligatoire à son égard, du seul fait qu'il l'a signé. Cette procédure courte, applicable aux accords en forme simplifiée, s'oppose à la procédure longue, qui caractérise les traités en forme solennelle et cette opposition constitue la *summa divisio* en la matière.

Il convient d'examiner successivement ces deux modes d'expression mais en soulignant d'emblée que, quelle que soit la procédure suivie, longue ou courte, l'engagement de l'État est parfait dès lors qu'il a exprimé son consentement. Il est du reste significatif que l'article 11 de la Convention de Vienne place sur un pied de rigoureuse égalité les différents « modes d'expression du consentement à être lié par un traité » qu'il énumère : « la signature, l'échange d'instruments constituant un traité, la ratification, l'acceptation, l'approbation ou l'adhésion ou (...) tout autre moyen convenu ».

Pour être complet, il faut indiquer que la signature ne constitue pas une étape obligée de la conclusion de tous les traités : la procédure de l'adhésion est une procédure longue faisant l'économie de la signature (v. *infra,* n° 107). Dans tous les autres cas cependant, la signature soit constitue l'expression du consentement de l'État à être lié, soit précède celle-ci.

Après avoir analysé ces différents modes, qui relèvent du droit international, on abordera la question de la détermination de la compétence pour exprimer le consentement de l'État par le droit constitutionnel interne.

A. — Modes d'expression

I. *CONCLUSION EN FORME SOLENNELLE*

BIBLIOGRAPHIE. — F. DEHOUSSE, *La ratification des traités,* Sirey, 1935, 222 p. — H. BLIX, « The Requirement of Ratification », *BYBIL,* 1953, p. 352-380. — M. FRANKOWSKA, « De la prétendue présomption en faveur de la ratification », *RGDIP* 1969, p. 62-68.

77. Indifférence de la dénomination retenue. — La procédure longue, ou solennelle, est caractérisée par la dissociation entre la phase de l'authentification du texte du traité, qui se traduit par la signature, et celle du consentement à être lié, qui s'exprime par un acte distinct à la suite d'un examen effectué par les organes compétents pour engager l'État.

Dans tous ces cas cet acte est donc séparé dans le temps de la signature. La conclusion du traité se réalise au moyen de deux actes successifs de l'État. Ce n'est qu'en vertu du deuxième acte que le traité produit des effets de droit. Cette procédure « à double degré », constitue l'élément essentiel de la définition des traités formels ou solennels qui sont parfois désignés encore par l'expression « traités proprement dits ».

Ni la dénomination de l'expression du consentement à être lié, ni la procédure interne qui est suivie, n'importent. « Tout se réduit aux intentions des États, pourvu que ces intentions aient une clarté suffisante au regard de la pratique habituelle » (P. Reuter, *Introduction au droit des traités*, PUF, 1985, p. 56). Ainsi, l'article 11 précité de la Convention de Vienne énumère, parmi les « modes d'expression du consentement à être lié par un traité », « la ratification, l'acceptation, l'approbation », ou « tout autre moyen convenu ».

La *ratification* est l'acte par lequel l'autorité étatique la plus haute, détenant la compétence constitutionnelle de conclure les traités internationaux, confirme le traité élaboré par ses plénipotentiaires, consent à ce qu'il devienne définitif et obligatoire et s'engage solennellement au nom de l'État à l'exécuter.

Depuis la fin de la Seconde Guerre mondiale, le vocabulaire constitutionnel interne (notamment aux États-Unis, aux Pays-Bas et en France) s'est cependant enrichi de mots nouveaux, servant à désigner des procédures en général moins solennelles conduisant une autorité moins haut placée dans la hiérarchie des organes de l'État à exprimer le consentement de celui-ci à être lié. On parle alors d'*acceptation*, d'*accession* ou d'*approbation* et cette terminologie a été reprise par le droit des gens.

Au niveau international, cependant, ces modes ne présentent pas de différences substantielles avec la ratification. Ils consistent aussi en des actes postérieurs à la signature dont l'accomplissement est nécessaire pour engager définitivement l'État. On reste dans le cadre de la procédure longue, à double degré, propre aux traités en forme solennelle. Quand les États, dans leur liberté de choix, optent pour ces modes nouveaux, ils délivrent des pleins pouvoirs « sous réserve d'acceptation » ou « sous réserve d'approbation ».

Acceptation, approbation, accession et ratification sont simplement des mots différents qui recouvrent une même réalité juridique internationale.

On emploie aussi les termes « acceptation » et « accession » pour désigner la procédure d'adhésion à un traité multilatéral, qui sera étudiée plus loin (v. *infra*, n° 107). Cette extension peut créer des confusions.

L'article 11, paragraphe 2, de la Convention de Vienne de 1986 ne cite pas la ratification parmi les modes d'expression du consentement à être liée par les organisations internationales mais utilise l'expression, inusitée, « acte de confirmation formelle ».

78. Origine et fondement de la ratification. — 1° *Traditionnellement*, les monarques qui monopolisaient la totalité du pouvoir étatique délivraient à leurs plénipotentiaires des pleins pouvoirs de négocier et de signer avec *mandat* de les engager définitivement. En doctrine, Grotius estimait que la signature était suffisante pour engager l'État. Cependant, la ratification postérieure au traité n'était pas entièrement inconnue à l'époque. En vertu même de la théorie du droit privé du mandat, le mandant conservait le droit d'invalider pour excès de pouvoir l'œuvre de son mandataire. Un examen *a posteriori* d'un traité signé par le mandataire était donc à la fois normal et nécessaire.

Peu à peu, à mesure que s'accentuait le glissement vers l'absolutisme royal, le souverain transformait le droit de contrôle qu'il exerçait sur l'action accomplie par ses envoyés en un droit d'approbation globale du traité signé. Par la même déviation, son engagement définitif allait être subordonné à cette approbation en dépit du maintien du contenu traditionnel des lettres de pleins pouvoirs. Aussi bien, au XVIIIe siècle, Vattel et Bynkershoek, très attentifs à l'observation de la pratique, constataient déjà l'existence de la ratification royale postérieure à la signature.

L'institution se consolidera au siècle suivant après la substitution de la souveraineté nationale à la souveraineté royale et l'abandon définitif du système du mandat. Désormais, les pleins pouvoirs limités à la négociation et à la signature ne sont plus délivrés que « sous réserve de ratification ». Dans la pratique américaine, cette réserve a été introduite dès le début du XIXe siècle.

2° La distinction entre la signature et la ratification et leur séparation dans le temps se *justifient* à plus d'un titre : elle est en pleine harmonie avec les principes modernes du droit public qui n'admettent pas, sans texte, de délégation de compétence. D'autre part, elle permet effectivement aux autorités investies du *« treaty making power »* de vérifier si les plénipotentiaires n'ont pas outrepassé leurs instructions. Aucune difficulté diplomatique ne peut surgir de cette vérification, il ne s'agit pas d'une remise en question de la parole donnée du moment que le traité n'est pas encore définitivement conclu. Le délai entre la signature et la ratification peut être utilisé en vue de procéder à un nouvel examen du texte du traité avant d'engager juridiquement l'État.

Dans les États à régime représentatif, où les Parlements élus sont associés à la conclusion des traités, ce nouvel examen est même constitutionnellement nécessaire. À son défaut, la participation parlementaire à cette conclusion se réduirait à néant, puisque, jusqu'à la signature, la négociation est menée exclusivement par l'exécutif (v. *infra*, n°s 85 s.). Telle est actuellement l'une des raisons d'être de la ratification dont la pratique s'est généralisée.

Même si elles traduisent des soucis de simplification institutionnelle au plan interne, l'acceptation, l'approbation ou l'accession relèvent des mêmes préoccupations.

79. Procédure et forme de la ratification. — 1° *L'instrument de ratification* se présente sous la forme de « lettres de ratification ». Celles-ci sont, en France, rédigées comme suit :

« ... Président de la République française, »

« À tous ceux qui ces présentes lettres verront, salut : »

« Ayant vu et examiné ledit Traité avons approuvé et approuvons en toutes et chacune de ces parties, en vertu des dispositions qui y sont contenues et conformément à l'article 52 de la Constitution »

(ici est inséré le texte intégral du traité).

« Déclarons qu'il est accepté, ratifié et confirmé et promettons qu'il sera inviolablement observé. »

« En foi de quoi, Nous avons donné les présentes revêtues du sceau de la République. »
(Les formules utilisées dans les lettres d'approbation (ou d'acceptation, ou d'accession), sont rédigées dans le même esprit).

L'instrument de ratification d'un traité bilatéral (pour les traités multilatéraux, v. *infra*, n° 108 s.) doit exprimer, en principe, une acceptation pure et simple. Il peut arriver cependant qu'il contienne des déclarations interprétatives voire même des réserves ; mais, si tel est le cas, celles-ci s'analysent en propositions de réouverture des négociations (cf. la ratification du Traité de Washington du 7 septembre 1977 relatif au canal de Panama faite par les États-Unis avec des réserves ; le Panama a accepté ces modifications — (*ILM* 1978, p. 827-835 ; cette pratique des réserves aux traités bilatéraux est surtout le fait des États-Unis) ; v. sur ce point la directive 1.5.1 du projet de Guide de la pratique en matière de réserves établi par la CDI (et son commentaire *in* A/54/10, p. 237).

2° Les lettres de ratification sont *échangées* entre les parties. Cet échange est constaté par un *procès-verbal* daté et signé qui permet d'éviter toute contestation sur la réalité de la ratification. Il arrive que les parties se contentent d'une notification faite par chaque État et indiquant qu'en ce qui les concerne, les opérations de ratification sont effectivement accomplies.

Les mêmes remarques valent, *mutatis mutandis* pour l'acceptation, l'accession et l'approbation.

80. Validité du refus de se lier. — Le nouvel examen du traité, rendu possible par l'existence d'un intervalle de temps entre la signature et la ratification (ou l'acceptation ou l'approbation, etc.), et permettant d'associer la représentation nationale à la conclusion du traité, se viderait de tout son sens s'il devait se terminer par une ratification inévitable. Le droit de refuser de ratifier est donc inhérent à la notion de procédure longue.

Au XIXe siècle, certains gouvernements justifiaient encore leur refus de ratifier en invoquant l'excès de pouvoir de leurs plénipotentiaires (refus du gouvernement russe de ratifier les traités de paix avec la France du 20 juillet 1806 et du gouvernement argentin de ratifier le traité de paix avec le Brésil du 24 mai 1827).

Dans le cadre des régimes représentatifs et démocratiques, les refus de ratifier proviennent le plus souvent du désaccord entre l'exécutif et le Parlement. Ainsi, la France expliqua son refus de ratifier la Convention du 20 décembre 1841 sur la répression du commerce des esclaves par l'opposition du Parlement français, en pleine époque de rivalité navale entre la France et l'Angleterre, au droit de visite en mer prévu par cette Convention. Après la Première Guerre mondiale, le refus américain de ratifier le Pacte de la SdN, bien que le Président Wilson en fût le principal inspirateur, était la conséquence de l'hostilité de la majorité isolationniste au Sénat américain ; c'est également du fait de l'hostilité de celui-ci que les États-Unis ont renoncé à ratifier la Charte de La Havane de 1948 et, bien que les raisons en fussent plus complexes, le traité SALT II de 1979 avec l'URSS. En 1954, la France a refusé de ratifier le traité du 27 mai 1952, instituant la Communauté européenne de défense en raison de l'attitude de la majorité à l'Assemblée nationale qui repoussait toute idée d'intégration militaire européenne. On peut citer encore bien d'autres cas de refus de ratifier. Ceux qui viennent d'être rappelés sont parmi les plus célèbres.

La possibilité d'empêcher la ratification d'un traité signé n'est pas la prérogative des seuls organes parlementaires. La compétence pour ratifier étant un élément de la fonction gouvernementale, l'organe exécutif peut très bien ne pas donner suite à l'autorisation parlementaire ou ne le faire qu'après un très long délai : il dispose d'un pouvoir discrétionnaire dans le choix du moment et peut s'abstenir de ratifier pour des raisons de pure opportunité politique (ainsi, le Liban n'a pas ratifié l'accord signé le 17 mai 1983 avec Israël à la suite du compromis adopté par la Conférence de réconciliation libanaise le 3 novembre 1983).

Cette liberté laissée aux États est une source de retard et d'incertitude. Si certains traités politiques ont été ratifiés dans un délai raisonnable, il n'en a pas été de même de nombreux traités normatifs. La Convention de Genève du 24 avril 1929 pour la répression du faux monnayage, par exemple, n'a été ratifiée que presque trente ans plus tard par la France, en

1958. La France n'a aussi ratifié la Convention européenne des droits de l'homme du 4 novembre 1950 qu'en mai 1974 (loi autorisant la ratification votée le 31 déc. 1973, *JO* du 3 janv. 1974 ; décret de ratification du 3 mai 1974, *JO* du 4 mai 1974).

Il est cependant une exception à cet état de chose, qui résulte de la procédure particulière d'application des conventions de l'OIT. Une fois adoptées par la Conférence générale de l'OIT, les conventions du travail doivent être soumises, dans un délai maximum d'un an à dix-huit mois, aux autorités compétentes en vue de leur transformation en réglementation nationale. Cette procédure s'applique même aux États membres dont les représentants gouvernementaux à la Conférence ont voté contre le projet. Ce sont donc souvent les parlements nationaux qui arbitrent entre la Conférence et les gouvernements réticents. D'où la tentation pour certains d'entre eux de retarder au maximum la transmission de ces projets de convention au Parlement (M. Courtin, « La pratique française, en matière de ratification et l'article 19 de la Constitution de l'OIT », *AFDI* 1970, p. 596-604).

Quels que soient les motifs de son abstention, un État qui n'exprime pas son consentement définitif à être lié n'est pas tenu de respecter les obligations fixées par le traité et ne peut s'en prévaloir.

Dans l'affaire du *Plateau continental de la mer du Nord,* la CIJ a constaté que la RFA ayant signé la Convention de Genève de 1958 sur le plateau continental mais ne l'ayant pas ratifiée n'était pas liée par ses dispositions. De plus, comme le Danemark et les Pays-Bas avaient soutenu que la Convention était néanmoins devenue obligatoire pour la République fédérale du fait que celle-ci « aurait assumé unilatéralement les obligations » prévues en raison de son comportement et de ses déclarations publiques, la Cour a ajouté : « En principe, lorsque plusieurs États (...) ont conclu une convention où il est spécifié que l'intention d'être lié par le régime conventionnel doit se manifester d'une manière déterminée, c'est-à-dire par l'accomplissement de certaines formalités prescrites (ratification, adhésion), on ne saurait présumer à la légère qu'un État n'ayant pas accompli ces formalités, alors qu'il était à tout moment en mesure et en droit de le faire, n'en est pas moins tenu d'une autre façon » (CIJ, *Rec.* 1969, p. 38).

Seul l'envoi des instruments de ratification (ou d'acceptation ou d'approbation) est susceptible de lier l'État.

Ainsi, dans l'affaire des *Activités militaires et paramilitaires au Nicaragua et contre celui-ci (exceptions préliminaires),* la Cour a relevé que le Nicaragua avait effectué les formalités internes nécessaires à la ratification du Statut de la CPJI mais elle a constaté « que le Nicaragua, du fait qu'il n'a pas déposé son instrument de ratification du protocole de signature du Statut de la CPJI n'était pas partie à ce traité » (*Rec.* 1984, p. 404). La Cour a cependant admis que la déclaration d'acceptation de juridiction obligatoire de la CPJI faite par cet État, alors même qu'il n'était pas partie au Statut, « avait un certain effet potentiel pouvant être maintenu indéfiniment » *(ibid.).*

Certains auteurs, notamment J. Basdevant et G. Scelle, se sont demandés si la responsabilité internationale de l'État qui refuse de ratifier ne pouvait, dans certains cas, être engagée sur le fondement de la théorie de l'abus de droit. L'examen de la pratique internationale ne permet pas de répondre par l'affirmative, aussi politiquement condamnable que puisse être parfois une telle attitude. Le refus de ratifier le Statut de la CPI notifié par les États-Unis au Secrétaire général des Nations Unies en 2002, parfois abusivement présenté comme un « retrait de signature » (v. *supra*, n° 75), ne constitue dès lors pas un acte juridiquement condamnable.

Dans l'affaire relative à *Certains intérêts allemands en Haute-Silésie polonaise*, la CPJI a seulement admis la possibilité d'abus du droit d'un État signataire dans la période précédant sa décision de ratifier ou de refuser de ratifier (CPJI, 1926, série A, n° 7, p. 30).

S'agissant des grandes conventions de codification, notamment celles présentant un caractère humanitaire, l'Assemblée générale des Nations Unies tente de faire pression sur les États qui ne les ont pas ratifiées, en les invitant à le faire par des résolutions rédigées en termes fortement incitatifs (v. par exemple les résolutions 52/42, 52/198 ou 52/116 consacrées respectivement aux conventions sur l'interdiction ou la limitation de certaines armes classiques et sur la lutte contre la désertification et aux Pactes de 1966).

81. Inexistence d'une présomption en faveur de la ratification. — Mode traditionnel d'expression du consentement à être lié, la ratification — tout comme l'acceptation ou l'approbation — ne s'impose que si elle est prévue par les États signataires. La liberté de choix leur appartenant résulte clairement de la rédaction de l'article 14 de la Convention de Vienne :

« Le consentement d'un État a être lié par un traité s'exprime par la ratification :

« a) lorsque le traité prévoit que ce consentement s'exprime par la ratification ;

« b) lorsqu'il est par ailleurs établi que les États ayant participé à la négociation étaient convenus que la ratification serait requise ;

« c) lorsque le représentant de cet État a signé le traité sous réserve de ratification ; ou

« d) lorsque l'intention de cet État de signer le traité sous réserve de ratification ressort des pleins pouvoirs de son représentant ou a été exprimée au cours de la négociation ».

Il n'existe donc pas de présomption générale en faveur de la ratification ; ici encore, tout dépend de l'intention, expresse ou tacite, des États.

Sans doute, dans son avis du 10 septembre 1929, rendu dans l'affaire de la *Juridiction territoriale de la Commission internationale de l'Oder*, la CPJI a-t-elle déclaré que « les conventions, sauf quelques exceptions particulières, ne deviennent obligatoires qu'en vertu de leur ratification » (série A, n° 23, p. 102. — V. aussi l'avis du 15 oct. 1931 sur le *Trafic ferroviaire entre la Lituanie et la Pologne*) ; mais il s'agissait là d'une simple constatation statistique : les traités étaient, à cette époque encore, en général soumis à ratification. Il n'en va plus de même aujourd'hui : les traités en forme solennelle ne constituent qu'une catégorie, largement minoritaire, d'accords internationaux. La CIJ a d'ailleurs indiqué depuis que l'absence de ratification d'un traité ne saurait constituer un motif d'invalidation de ce dernier dès lors que les parties peuvent choisir d'en conditionner l'entrée en vigueur à sa simple signature (arrêt du 10 octobre 2002 dans l'affaire *Cameroun/Nigeria*, *Rec.* p. 429-430, § 264).

En cas de silence du traité, il convient de rechercher l'intention des parties. Ainsi, l'accord du 4 octobre 1963, par lequel l'Irak reconnaissait l'existence du Koweït dans le cadre des frontières de 1932, est muet sur les conditions de son entrée en vigueur ; il n'en a pas moins été enregistré auprès du Secrétariat des Nations Unies (sur les effets de l'enregistrement des traités, v. *infra*, n°s 97-98).

II. *CONCLUSION EN FORME SIMPLIFIÉE*

BIBLIOGRAPHIE. — C. CHAYET, « Les accords en forme simplifiée », *AFDI,* 1957, p. 1-13. — P. F. SMETS, *La conclusion des accords en forme simplifiée : étude de droit international et de droit constitutionnel belge et comparé*, Bruylant, Bruxelles, 1969, 284 p. — G. J. HORVATH, « The Validity of Executive Agreements », *OZöRV,* 1979, p. 105-131. — G. BURDEAU, « Les accords conclus entre autorités administratives ou organismes publics de pays différents », *Mél. Reuter*, 1981, p. 103-126 — M. AUDIT, *Les conventions transnationales entre personnes publiques*, LGDJ, 2002, X-423 p. — S. LEMAIRE, *Les contrats internationaux de l'administration*, LGDJ, 2005, XII-414 p.

82. Définition. — Un traité peut être définitivement conclu dès qu'il est signé. Dans ce cas, la signature remplit une double fonction : elle est à la fois un procédé d'authentification du texte et un mode par lequel l'État exprime son consentement. Il n'est plus nécessaire qu'intervienne *après* cette signature un deuxième acte quelconque, que ce soit la ratification, l'acceptation ou l'approbation. On dit que le traité est conclu selon une procédure *courte* ou « à un seul degré ». Pour cette raison, il porte la dénomination : « accord en forme simplifiée », par opposition au « traité formel » qui est conclu selon la procédure longue, « à double degré ».

Quelles que puissent être les difficultés d'ordre constitutionnel suscitées par la pratique des accords en forme simplifiée, leur validité est indiscutable en droit international. La Convention de Vienne de 1969 confirme du reste la double fonction de la signature : authentification du texte (art. 10) et, le cas échéant, mode d'expression du consentement à être lié par le traité (art. 11).

83. Recours à la procédure courte. — La procédure longue, avec ses lenteurs inévitables ne permet pas de faire face à tous les besoins. Non seulement, il faut conclure beaucoup, mais encore il faut conclure vite et à temps (négociations militaires, économiques, financières). La vogue des accords en forme simplifiée est, d'autre part, la conséquence d'une tendance généralisée de politique interne. Dans tous les pays, comme les États-Unis en ont donné l'exemple, l'exécutif opte pour la procédure courte, chaque fois que cela est constitutionnellement possible, afin de se libérer de l'emprise parlementaire qui est apparue à l'expérience — on se souvient des cas retentissants de refus de ratifier (v. *supra*, n° 80) — non comme un moteur, mais comme un frein de l'action internationale.

Cette procédure courte a son origine dans la pratique américaine des *executive agreements*. Dès la fin du XVIIIe siècle, dans le but d'éviter des conflits avec le Sénat dont le consentement est exigé par la Constitution fédérale pour la conclusion des traités, le Président des États-Unis, pour se réserver un maximum d'autonomie dans la conduite de la politique extérieure du pays, concluait *seul* certains accords, dits accords exécutifs, qui, en règle générale, entrent en vigueur du seul fait de leur signature par le Président ou en son nom. L'exemple de l'exécutif américain se répandit rapidement en Europe. Avant le milieu du XIXe siècle, la technique de l'accord conclu sous la seule autorité du pouvoir exécutif fut adoptée par toutes les grandes puissances européennes. La pratique strictement américaine au départ s'est ainsi généralisée à l'époque contemporaine.

D'abord rares, en raison de la prédominance persistante des traités en forme solennelle, les accords en forme simplifiée conclus par tous les États du monde se sont considérablement multipliés, comme l'attestent les principaux recueils de traités et de conventions, notamment ceux publiés autrefois par la SdN et aujourd'hui par l'ONU. Actuellement, une très grande proportion des accords conclus par la France ou les États-Unis par exemple le sont par la procédure courte.

Le recours aussi fréquent à des accords en forme simplifiée s'explique par le fait que la procédure longue est moins adaptée aujourd'hui qu'hier au rôle international de l'État qui doit, à la suite de l'intensification croissante des relations internationales et de l'extension continue des matières soumises au droit international, régler en commun avec d'autres États, par la voie des traités, des problèmes nombreux et variés.

Il est significatif que la signature constitue le premier des modes d'expression du consentement à être lié cités par l'article 11 de la Convention de Vienne. En outre, aux termes de l'article 12 :

« 1. Le consentement d'un État à être lié par un traité s'exprime par la signature du représentant de cet État :

« a) lorsque le traité prévoit que la signature aura cet effet ;

« b) lorsqu'il est, par ailleurs, établi que les États ayant participé à la négociation étaient convenus que la signature aurait cet effet ; ou

« c) lorsque l'intention de l'État de donner cet effet à la signature ressort des pleins pouvoirs de son représentant ou a été exprimée au cours de la négociation ;

« 2. Aux fins du paragraphe 1 :

« a) le paraphe d'un texte vaut signature du traité lorsqu'il est établi que les États ayant participé à la négociation en étaient ainsi convenus ;

« b) la signature *ad referendum* d'un traité par le représentant d'un État, si elle est confirmée par cet État, vaut signature définitive du traité ».

Bien que cette disposition vise manifestement l'accord en forme simplifiée, elle s'abstient d'en prononcer le nom afin de laisser aux pratiques internes toutes libertés de recourir, le cas échéant, à une autre dénomination (par exemple, *executive agreement* aux États-Unis).

L'adoption du paraphe et de la signature *ad referendum* comme mode d'expression du consentement a pour but de faciliter au maximum la procédure courte. Cependant, la confirmation ultérieure d'une signature *ad referendum* ne doit pas être interprétée comme une approbation du traité, autrement, on reviendrait à la procédure longue. Dans le cadre de la procédure en forme simplifiée, cette confirmation produit un effet rétroactif.

84. Caractères des accords en forme simplifiée. — Deux traits principaux caractérisent les accords en forme simplifiée : leur souplesse et leur identité de nature avec le traité formel.

La procédure courte, comme la procédure longue, est laissée au libre choix des États. Elle peut être utilisée aussi bien pour les traités bilatéraux que pour les traités multilatéraux. Lorsqu'il s'agit de traités bilatéraux, les deux négociateurs (qui, autre aspect de la simplification, peuvent être munis ou non de lettres de pleins pouvoirs) apposent leur signature simultanément au bas d'un même instrument. Autrement, les signatures s'effectuent par un *échange de notes ou de lettres*, la date du traité étant celle de la réception de la deuxième lettre ou note. Au cas d'un échange de lettres, celles-ci sont rédigées en termes identiques et chacune d'elles reproduit intégralement le texte de l'accord intervenu.

La signature peut être donnée par le chef de l'État, le chef de gouvernement, le ministre des Affaires étrangères ou par n'importe quel fonctionnaire dûment autorisé par le ministre des Affaires étrangères. Les accords de l'Élysée de mars 1949 entre la France et le Vietnam ont revêtu la forme d'échanges de lettres signées par les chefs d'État des deux pays. Les accords de Yalta de février 1945 ont été signés par les chefs d'État ou de gouvernement des trois pays participants. L'Acte final à caractère conventionnel de la Conférence de Paris du 27 février 1973 sur la cessation de la guerre du Vietnam a été signé par les ministres des Affaires étrangères.

Autre preuve de souplesse de la procédure courte et de la liberté des États : un accord peut être un traité formel pour certains États et un accord en forme simplifiée pour d'autres. Par exemple, l'article XIX de l'accord du 20 août 1971 relatif à l'Organisation internationale de télécommunications par satellites (Intelsat) prévoit que « b) Tout gouvernement qui signe le présent Accord peut le faire sans que sa signature soit soumise à ratification, acceptation ou approbation ou en accompagnant sa signature d'une déclaration indiquant qu'elle est soumise à ratification, acceptation ou approbation ». De même, aux termes de l'article 4 de l'Accord de 1994 relatif à l'application de la Partie XI de la Convention des Nations Unies sur le droit de la mer les États ou autres entités peuvent exprimer leur consentement à être liés soit par une simple signature — selon diverses modalités laissées à leur discrétion — soit par ratification, confirmation formelle ou adhésion ; en outre, l'article 5 de cet accord prévoit que les Parties à la Convention de 1982 sont réputées avoir exprimé leur consentement à être lié par lui « à moins que cet État ou entité ne notifie par écrit au dépositaire » le refus de cette procédure simplifiée. (Pour un exemple curieux de traité prévoyant non la possibilité d'un choix entre procédure longue ou courte, mais une faculté d'objection à l'entrée en vigueur passé un certain délai après la signature, v. les trois protocoles adoptés par le Conseil de l'Europe le 29 sept. 1982 et les remarques de P.-H. Imbert, *RGDIP*, 1985, p. 359-382).

La différence de procédure mise à part, il n'existe pas de différence de nature entre l'accord en forme simplifiée et le traité formel, qui ont l'un et l'autre la même valeur obligatoire pour les États parties.

L'accord n'est pas juridiquement inférieur au traité formel. Entre les deux, il n'y a non plus aucune distinction matérielle. À ses débuts, l'accord en forme simplifiée était limité, dans son objet, soit à certaines questions militaires, soit à des éléments additionnels à un traité en forme solennelle, soit à des dispositions destinées à préciser les conditions d'application d'un traité antérieur. Mais, cet objet s'est étendu rapidement aux problèmes techniques et administratifs résolus par des accords autonomes sans lien avec un autre instrument quelconque. Enfin, il y a de très nombreux exemples d'accords en forme simplifiée portant sur des questions politiques au moins aussi importantes que celles qui sont réglées par des traités formels :

Accord à quatre de Munich du 30 février 1938 sur la Tchécoslovaquie ; accord de Genève entre la France et la République démocratique du Vietnam du 21 juillet 1954 sur la cessation des hostilités au Vietnam ; protocoles bilatéraux de Paris, franco-tunisien du 2 mars 1956 et franco-marocain du 20 mars 1956, reconnaissant l'indépendance de la Tunisie et du Maroc ; déclaration à douze de Genève du 23 juillet 1962 sur la neutralité du Laos ; accords-cadre pour la paix au Proche-Orient de Camp-David du 17 septembre 1978 entre l'Égypte, Israël et les États-Unis ; etc.

B. — Détermination des autorités compétentes

85. Généralités. — La conclusion des traités en forme solennelle ménage une sorte de parenthèse interne dans la procédure internationale, les États signataires se réservant la possibilité de procéder à un nouvel examen avant d'exprimer leur consentement « définitif » à être liés.

Pour cette phase de la procédure, le droit international ne peut que renvoyer au droit interne : aucune considération d'opportunité ou de logique juridique n'impose une solution uniforme ; les constituants nationaux disposent d'une totale liberté d'organisation de la procédure. C'est ce que reconnaît la formule fréquemment employée dans les clauses finales des traités, selon laquelle le consentement sera exprimé « conformément aux règles constitutionnelles respectives » des États signataires.

La question s'inscrit donc exclusivement dans le débat constitutionnel interne. Inévitablement, sa solution découle et du schéma constitutionnel général (régime d'assemblée, régime présidentiel, régime parlementaire, régime partisan, régime dictatorial) et du rapport de forces entre organes constitutionnels, donnée plus conjoncturelle qui oriente la pratique politique interne. L'objectif généralement recherché, à l'époque contemporaine où le droit conventionnel empiète de plus en plus sur la législation interne, est un certain contrôle préalable de l'exécutif soit par les citoyens directement (référendum), soit par le législateur (autorisation parlementaire).

Toutefois, le droit interne ne peut faire totalement abstraction des données de la pratique internationale, puisqu'il ne réglemente qu'une des phases de la procédure de conclusion des traités : la difficulté principale provient de la généralisation des accords en forme simplifiée, qui renforce la primauté traditionnelle de l'exécutif (v. *supra*, n° 83).

Les constitutions modernes consacrent une place croissante à ce problème. Certaines dispositions ont pour objet de définir les procédures selon lesquelles la conclusion des accords est autorisée et réalisée ; d'autres précisent le champ d'application de ces procédures.

En ce qui concerne les *traités conclus par les organisations internationales,* la Convention de 1986 transpose, *mutatis mutandis* les règles applicables aux traités entre États. Ainsi, aux termes de l'article 11, paragraphe 2, « le consentement d'une organisation internationale à être liée par un traité peut être exprimé par la signature, l'échange d'instruments constituant un traité, un acte de confirmation formelle [qui est l'équivalent de la ratification étatique] l'acceptation, l'approbation ou l'adhésion, ou par tout autre moyen convenu ».

Toutefois, la question de savoir quelle est l'autorité compétente pour exprimer le consentement définitif de l'organisation à être liée ne se pose pas dans les mêmes termes qu'au sein de l'État. Ce problème, déjà rencontré en ce qui concerne la signature (v. *supra*, n° 74), ne peut qu'être résolu au cas par cas en fonction des règles propres à chaque organisation et, parfois, de la catégorie de traité en cause.

Dans le cas des traités en forme solennelle, on considère aux Nations Unies que l'acte de confirmation formelle émane du Secrétaire général qui y procède après approbation de l'accord par une résolution de l'Assemblée générale. Ainsi, par sa résolution 169 (II), celle-ci a approuvé l'Accord de siège entre l'ONU et les États-Unis et autorisé le Secrétaire général à le mettre en vigueur. De même, l'Assemblée générale approuve les accords conclus par le Conseil économique et social avec les institutions spécialisées en vertu de l'article 63 de la Charte. En revanche, c'est le Conseil de sécurité qui a approuvé la plupart des accords relatifs aux forces de maintien de la paix à l'exception de celui établissant la FUNUI en 1956 (soumis à l'Assemblée générale).

Dans les Communautés européennes, les accords, en principe négociés par la Commission (v. *supra*, n° 70), « sont conclus par le Conseil », le cas échéant « après la consultation du Parlement européen » (art. 300 du TCE ; art. 218 du TFUE), à moins que des procédures spéciales soient prévues par le Traité (un avis conforme du Parlement est exigé par ce même article pour les accords d'association de l'article 310), « les autres accords qui créent un cadre institutionnel spécifique en organisant des procédures de coopération. les accords ayant des implications budgétaires notables pour la Communauté et les accords impliquant une modification d'un acte adopté » par le Parlement européen conjointement avec le Conseil. De plus, « Le Conseil, la Commission ou un État membre peut recueillir l'avis de la Cour de Justice sur la compatibilité d'un accord envisagé avec les dispositions du (...) Traité. L'accord qui a fait l'objet d'un avis négatif de la Cour de Justice ne peut entrer en vigueur » qu'après amendement du Traité (art. 300, § 6). Lorsque le traité est un accord mixte relevant pour partie de la Communauté et pour partie des États membres, le Conseil approuve au nom de la CE ce qui relève de la compétence de celle-ci (cf. la décision du Conseil approuvant les accords de Marrakech relatifs à l'OMC). La procédure est plus simple pour ce qui concerne les accords conclus par l'UE, au titre des 2e et 3e piliers (articles 24 et 38 du TUE). Ceux-ci sont négociés, sur autorisation du Conseil, par la présidence, assistée, le cas échéant de la Commission, et sont conclus par le Conseil sur recommandation de la présidence. Dans tous les cas, la Commission et la CJCE veillent à ce que les États n'empiètent pas sur la compétence conventionnelle de la Communauté (condamnation pour manquement au droit communautaire de certains États membres par exemple au motif que ceux-ci avaient conclu des « accords de ciel ouvert » en lieu et place de la Communauté : v. les arrêts rendus le 5 novembre 2002 dans les affaires C-466/98 et suiv., Commission c. Royaume-Uni *Rec.* p. I-9247).

I. *EN DROIT CONSTITUTIONNEL COMPARÉ*

BIBLIOGRAPHIE. — P. DE VISSCHER, « Les tendances internationales des constitutions modernes », *RCADI,* 1952-I, vol. 80, p. 511-577 — Ch. VALLÉE, « Notes sur les dispositions relatives au droit international dans quelques constitutions récentes », *AFDI* 1979, p. 255-280. — B. CORDIER ed., *Conséquences institutionnelles de l'appartenance aux Communautés européennes*, Schulthess, Zurich, 1991, 446 p. — F. M. ABOTT et S.A. RIESENFIELD ed., *Parliamentary Participation in the Making and Operation of Treaties. A Comparative Survey*, Nijhoff, Dordrecht, 1993, 612 p. — P. M. EISEMANN dir., *L'intégration du droit international et communautaire dans l'ordre juridique national. Étude de la pratique en Europe*, Kluwer, La Haye, 1996, XII-587 p. — W. E. BUTLER, *The Law of Treaties in Russia and the Commonwealth of Independant States. Text and Commentaries*, Cambridge UP, 2002, 548 p. — D.B. HOLLIS et a., ed., *National Treaty Law and Practice*, Martinus Nijhoff Publishers, Leiden, 2005, XVI-837 p. (pour les références relatives à certains pays v. *infra* sous les n° 86 à 88).

86. Régimes d'assemblées assouplis. — 1° *En Suisse*

BIBLIOGRAPHIE. — R. LOOPER, « The Treaty Power in Switzerland », *Am. Jl. Comp. Law* 1958, p. 178-194. — G. MALINVERNI, « Democracy and Foreign Policy. — The Referendum on Treaties in Switzerland », *BYBIL,* 1978, p. 207-219. — C. WILHELM, *Introduction et force obligatoire des traités internationaux dans l'ordre juridique suisse*, Schulthess, Zurich, 1994, 343 p.

En principe réservée à l'Assemblée fédérale, la compétence pour exprimer le consentement de la Suisse à être liée par un traité, relève en réalité de la collaboration entre celle-ci et le Conseil fédéral, le peuple pouvant être appelé à se prononcer par référendum.

Aux termes de l'article 85, paragraphe 5, de la Constitution du 29 mai 1874, les alliances et les traités avec les États étrangers sont de la compétence de l'Assemblée fédérale. Cette solution est en parfaite harmonie avec le régime d'assemblée de la Suisse. Cependant, l'article 102, paragraphes 8 et 9, charge aussi le Conseil fédéral de conduire les relations internationales en général. En principe, un traité ne peut être ratifié par le Conseil qu'avec l'approbation du Parlement. Une procédure « simplifiée » de ratification par l'exécutif seul s'est cependant développée dans quatre domaines (traités de codification, accords d'importance mineure, traités « urgents » appliqués provisoirement par le Conseil fédéral et traités conclus en vertu d'une approbation parlementaire préalable).

Le 30 janvier 1921, le corps électoral suisse a voté à une forte majorité, un amendement à la Constitution de 1874 d'après lequel les traités conclus pour une durée indéterminée ou pour une période de plus de quinze ans peuvent être soumis à l'adoption ou au rejet du peuple si la demande en est faite par 30 000 citoyens actifs ou par 8 cantons. Ainsi, c'est à la suite d'un référendum négatif que la Convention franco-suisse du 7 août 1921 sur les zones franches a été rejetée le 18 février 1923 ; il en a été de même pour l'adhésion de la Suisse aux Nations Unies (votation du 16 mars 1986 refusant l'adhésion). En revanche, le 7 décembre 1958, le peuple suisse a approuvé la Convention avec l'Italie du 27 mai 1957 sur l'utilisation de la force hydraulique du Spöl et le 3 mars 2002, il approuvait finalement l'adhésion de son pays à l'ONU.

2° *Les pays socialistes à régime de parti unique*

BIBLIOGRAPHIE. — J. VIRET, « Le droit international à travers les constitutions des États socialistes », *Ann. URSS* 1978, p. 23-121.

Le pouvoir de décision appartient à l'organe législatif collégial suprême, et non à l'exécutif.

Les articles 67 et 81 de la Constitution chinoise du 4 décembre 1982 disposent que le Président de la République « ratifie et dénonce les traités et accords importants conclus avec les États étrangers » « en vertu des décisions du Comité permanent de l'Assemblée nationale populaire ». De même, aux termes des articles 121 et 131 de la Constitution soviétique du 7 octobre 1977, les traités étaient ratifiés par le Président du Soviet suprême.

Dans tous les cas la porte est laissée ouverte à la conclusion d'accords moins « importants » en forme simplifiée mais la liste n'en est pas arrêtée par avance.

Comme pour l'ensemble des procédures constitutionnelles des pays à parti unique, il convient de tenir compte du titulaire réel du pouvoir, c'est-à-dire les instances dirigeantes du parti.

87. Régimes présidentiels. — Aux régimes présidentiels à l'état « pur » dont les États-Unis constituent le spécimen classique, s'ajoutent les systèmes présidentialistes de nombreux États du Tiers-Monde.

1° *Aux États-Unis*

BIBLIOGRAPHIE. — R. PINTO, « Les pouvoirs du Sénat américain en matière de traités », *RDP* 1950, p. 353-382. — E. BYRD, *Treaties and Executive Agreements in the United States,* Nijhoff, La Haye, 1960, 276 p. — A. CRAS, « Les Executive Agreements aux États-Unis », *RGDIP* 1972, p. 973-1045. — T.M. FRANCK et M.J. GLENNON, *US Foreign Relations Law-Documents and Sources,* Oceana, NY, 1980, vol. I, 474 p. et « The Senate Role in Treaty Ratification », *AJIL* 1983, p. 257-280. — L. HENKIN, « The President and International Law », *AJIL* 1986, p. 930-937 ; *Foreign Affairs and the United States Constitution*, Clarendon Press, Oxford, 1997, LXXII-582 p. — J.M. ROGERS, *International Law and United States Law*, Aldershot, Ashgate, 1999, VIII-242 p. — S. CHARNOVITZ, « Using Framework Statutes to Facilitate US Treaty Making », *AJIL* 2004, p. 696-710.

La Constitution fédérale du 17 septembre 1787, article 2, section 2, limite rigoureusement le pouvoir du Président d'engager l'État : « Le Président aura le pouvoir, sur l'avis et le consentement du Sénat, de conclure des traités, pourvu que ces traités réunissent la majorité des deux tiers des sénateurs présents ». Toutefois, la pratique des *executive agreements,* conclus par l'exécutif seul, s'est considérablement développée.

a) En ce qui concerne les *traités formels,* la règle de principe posée par la Constitution s'explique par l'histoire du fédéralisme américain. Tout en acceptant de créer l'État fédéral et de lui abandonner le pouvoir de conclure des traités, les États membres entendaient conserver la possibilité de contrôler l'exercice de cette compétence. Comme le Sénat les représente et non la Chambre des représentants, ils ont confié uniquement à cet organe, où ils siègent à égalité, la mission d'assurer ce contrôle auquel, au surplus, ils ont assujetti *tous* les traités.

La majorité des deux tiers étant difficile à atteindre, une grande incertitude plane sur le sort des traités signés par les États-Unis. Rappelons le refus retentissant de ratifier le Pacte de la SdN Pour réduire les occasions de conflit avec le Sénat, l'exécutif américain a évolué vers l'application de la politique dite « bi-partisane » qui consiste à associer dans une certaine mesure des représentants des deux grands partis à la conduite des relations internationales.

Au cours des années 1960-70, les répercussions de la guerre du Vietnam sur la vie politique américaine ont réveillé les controverses sur les pouvoirs du Congrès en matière de politique étrangère. L'interminable négociation sur le canal de Panama, achevée en 1977, a donné de nouveau l'occasion au Sénat, mais aussi à la Chambre des représentants, de réaffirmer leurs revendications en matière de contrôle de l'exécutif ; en menaçant de refuser le « consentement » et les crédits budgétaires nécessaires, un très grand nombre de parlementaires ont obtenu de participer à des échanges de vues sur l'évolution des négociations. Par contre, la thèse selon laquelle la conclusion des traités devait être subordonnée à l'adoption préalable par le Congrès de la législation nécessaire, qui équivalait à dénier au Président les pouvoirs de négocier les traités, a été rejetée.

b) Les *executive agreements* constituent la principale réaction de l'exécutif contre ces dispositions constitutionnelles trop rigoureuses.

Afin de les doter d'une base constitutionnelle, on a invoqué les articles de la Constitution fédérale qui disposent que le Président « sera le chef suprême de l'armée et de la marine des États-Unis... », « recevra les ambassadeurs et les ministres... », « veillera à la fidèle exécution des lois ». Ainsi, si le Président peut conclure seul les accords *militaires,* c'est parce qu'il est le chef des armées. On a poussé l'interprétation jusqu'à inclure dans la notion d'accords militaires ceux qui intéressent la *sécurité* des États-Unis. Les accords de Yalta du 11 février 1945 ont été classés, non sans protestation, dans cette catégorie, ainsi que l'Accord de Londres de 1945 créant le Tribunal de Nuremberg qui, pour cette raison a été qualifié de « militaire ». De même, s'il a qualité pour recevoir les représentants des États étrangers, le Président peut en tirer le pouvoir de conclure des accords sur les reconnaissances de gouvernement (reconnaissance de l'Union Soviétique le 17 nov. 1933). Enfin, devant veiller à la « fidèle exécution des lois », le Président peut conclure des accords nécessaires à l'exécution des lois votées par le Congrès, son action en ce sens étant même présentée comme plus démocratique qu'en matière de traités puisque dans ce cas, il se place également sous le contrôle de la Chambre des représentants qui a participé au vote desdites lois (Pour cette raison, des accords sont désignés par l'expression *congressional executive agreements*). En vertu de la même habilitation, il conclut encore tous les accords qu'il juge nécessaires pour permettre aux États-Unis de remplir leurs obligations internationales contractées dans les traités antérieurs. La Cour suprême a accepté ce raisonnement puisqu'elle a validé ces accords exécutifs auxquels elle reconnaît une force juridique égale à celle des traités.

La plupart du temps, *executive agreements* et accords en forme simplifiée, malgré la différence de terminologie, se confondent dans un même type d'accord international : ils entrent en vigueur dès leur signature.

Plusieurs tentatives ont été faites dans le but de réduire les pouvoirs présidentiels (cf. les amendements Briker, 1951 et 1957) mais la seule réforme intervenue, le *« Case-Act »* du 22 août 1972, modifié en 1978 (*ILM,* 1972, p. 1117), consiste dans l'obligation pour le Président de transmettre ces accords au Congrès, pour information, dans les deux mois de leur entrée en vigueur : ce qui n'autorise qu'un contrôle politique et *a posteriori.* La marge de manœuvre de l'exécutif a été indirectement limitée par la résolution 536 votée par le Sénat en 1978 (*ILM,* 1979, p. 82-84), selon laquelle le Comité des relations extérieures de cette Chambre peut, au cours d'une négociation, donner son avis au gouvernement sur le choix à opérer entre la formule du traité et celle de l'accord de l'exécutif.

2° *Dans le Tiers-Monde,* les systèmes constitutionnels retenus sont très divers ; inspirés, souvent très directement, de ceux en vigueur dans les pays industrialisés, ils se caractérisent néanmoins en règle générale par une prédominance marquée de l'exécutif.

À titre d'exemple, on peut relever qu'en *Algérie* la Constitution du 22 novembre 1976 (art. 111 et 158) confie au Président de la République le soin de ratifier les traités internationaux, « après leur approbation expresse par l'Assemblée populaire nationale » s'il s'agit de « traités politiques » (dont la qualification relève de l'exécutif) ou de « traités modifiant une loi » (v. M. Bedjaoui, « Aspects internationaux de la Constitution algérienne », *AFDI* 1977, p. 75-94).

Au *Maroc,* le Roi « signe et ratifie les traités. Toutefois, les traités engageant les finances de l'État ne peuvent être ratifiés sans l'approbation préalable de la Chambre des Représentants » (art. 31 de la Constitution de 1972) ; en marge des règles constitutionnelles s'est développée la pratique des accords en forme simplifiée (v. H. Ouazzani Chahdi, *La pratique marocaine du droit des traités,* LGDJ, 1982, 558 p.).

En *Tunisie*, le Président conclut et ratifie les traités, sous réserve de l'approbation préalable de la Chambre des députés pour certains d'entre deux, dont la liste est assez proche de celle retenue par l'article 53 de la Constitution française (v. *infra*, n° 90, 2°), même si elle ne la recouvre pas entièrement (v. F. Horchani, « La Constitution tunisienne et les traités après la révision du 1er juin 2002 », *AFDI* 2004, p. 138-171).

De nombreuses constitutions d'États d'Afrique francophone reprennent presque mot pour mot les termes de la Constitution française de 1958 avec parfois une tendance plus marquée au présidentialisme (cf. l'art. 76 de la Constitution sénégalaise de 1963 selon lequel le Président de la République « ratifie ou approuve » les engagements internationaux).

Sur la pratique en Afrique du Sud : J. Dugard, *EJIL*,1997, p. 77-92.

88. Régimes parlementaires. — Selon la règle générale adoptée par ces régimes, le partage de compétence se traduit par l'attribution à l'exécutif du pouvoir de ratifier, sous la réserve qu'il doit obtenir l'autorisation préalable du Parlement, non pas pour tous les traités, mais seulement pour ceux qui sont les plus importants et dont la liste est établie discrétionnairement par chaque constitution nationale. Ces régimes consacrent aussi parfois la catégorie des accords en forme simplifiée.

1° *Au Royaume-Uni*

BIBLIOGRAPHIE. — J.-B. SCOTT, « Ratification of Treaties in Great Britain », *AJIL* 1924, p. 296-298. — D. LASOK, « Les traités internationaux dans le système juridique anglais », *RGDIP* 1966, p. 961-994.

Dès le XIXe siècle, la coutume obligeait le Roi qui détenait le pouvoir exécutif de conclure des traités, à obtenir l'autorisation du Parlement avant de ratifier certains traités. Déterminés progressivement, ceux-ci ont été classés en quatre catégories : traités dont l'application exige une adjonction ou une modification du droit interne (protection de l'exclusivité de la compétence législative du Parlement) ; traités d'extradition (possibilité d'invoquer l'*habeas corpus*) ; traités imposant une obligation financière (protection des prérogatives financières du Parlement) ; traités comportant une cession territoriale (dont l'importance pour l'État et les citoyens est évidente).

En avril 1924, le premier gouvernement travailliste a adopté une nouvelle pratique, sans cesse confirmée depuis. Désormais, le gouvernement soumet au Parlement *tous* les traités qui doivent être ratifiés : il n'accomplit les formalités internationales de la ratification que si, à l'expiration d'un délai de trois semaines, le Parlement n'a pas fait connaître son intention d'ouvrir une discussion (« *Ponsonby rule* »).

La coutume constitutionnelle anglaise consacre aussi le type international d'accord en forme simplifiée. En effet, elle ne soumet pas à ratification les accords conclus sous la forme d'accords entre gouvernements, les accords contenant une clause expresse de dispense de ratification et les accords complétant un traité antérieur.

2° *En Belgique*

BIBLIOGRAPHIE. — W. J. GANSHOF VAN DER MEERSCH, « Réflexions sur le droit international et la révision de la Constitution belge », *REDI* 1969, p. 1-43. — J. MASQUELIN, *Le droit des traités dans l'ordre juridique et dans la pratique diplomatique belges,* Bruylant, Bruxelles, 1980, 674 p. — P. DE VISSCHER, « La Constitution belge et le droit international », *RBDI* 1986, p. 5-58. — Y. LEJEUNE, « Le droit fédéral belge des relations internationales », *RGDIP* 1994, p. 577-628 ; « La Belgique fédérale et le droit international », *RBDI* 1994, n° 1, p. 5-38. — N. ANGELET, « La pratique du pouvoir exécutif et le contrôle des chambres législatives en matière de droit international (1995-1999) », *RBDI* 2002, p. 5-420. — E. DAVID, *idem* (1999-2003), *ibid.* 2005, p. 5-416.

La Constitution belge de 1831 (art. 68) a été la première constitution *écrite* européenne à appliquer la règle de la ratification par le pouvoir exécutif des traités moyennant autorisation du Parlement pour certains traités expressément énumérés dans l'acte constitutionnel lui-même.

Depuis la transformation de la Belgique en un État fédéral, par la révision constitutionnelle du 5 mai 1993, il convient de distinguer entre les traités de l'État fédéral, les traités relevant de la compétence exclusive des Régions et des Communautés (art. 127, 128 et 130 de la Constitution) et les traités dits « mixtes ». Les premiers doivent *tous* recevoir, des deux Chambres fédérales, un assentiment en la forme législative pour être introduits en droit interne (art. 167, § 2, combiné avec les art. 75, al. 3, et 77, al. 6). Les seconds sont soumis à l'assentiment des Conseils des collectivités concernées (art. 167, § 3) et conclus par leur Gouvernement. Quant aux accords « mixtes », l'accord du 8 mars 1994 exige l'assentiment de l'ensemble des assemblées parlementaires compétentes.

En vertu de l'article 167, § 2, de la Constitution et de l'accord de 1994, le Roi reste seul habilité à ratifier les traités « fédéraux » et « mixtes ».

3° *Aux Pays-Bas,* selon l'article 91 de la Constitution révisée en 1983, l'autorisation des États généraux est désignée par le terme « approbation ». Ce dernier terme ne vise donc pas le mode « international » d'expression du consentement de l'État. Selon l'article 60 de la Constitution de 1972, maintenu provisoirement en vigueur en 1983, le pouvoir de ratification est une prérogative royale. La solution britannique du dépôt de tous les traités est aussi appliquée : l'approbation est tacitement accordée si, dans le délai de 30 jours, le souhait d'une approbation expresse n'est pas exprimé par au moins un cinquième des membres d'une des Chambres. L'article 62, lui aussi maintenu provisoirement en vigueur, énumère les cas dans lesquels l'approbation parlementaire n'est pas requise (H. F. van Panhwys, *International Law in the Netherlands,* Alphen et Sijthoff, 3 vol., 1978-1980).

4° *En Espagne*

BIBLIOGRAPHIE. — A. REMIRO BROTÓNS, « The Spanish Constitution and International Law », *Spanish Yb. of IL* 2003, p. 27-59.

Aux termes de l'article 63 de la Constitution de 1978, le Roi exprime le consentement de l'État à être lié par des traités ou des accords. Il ne peut y procéder qu'après y avoir été autorisé par les Cortès dans les domaines énumérés par l'article 94 (dont la liste est assez voisine de celle de l'article 53 de la Constitution française — v. *infra,* n° 90). Le Congrès et le Sénat doivent être « immédiatement informés de la conclusion des autres traités ou accords » ; et l'article 95 organise un contrôle de constitutionnalité très voisin du système de l'article 54 de la Constitution de 1958 (v. *infra,* n° 91).

Sur la pratique japonaise, v. Y. IWASAWA, *BYBIL* 1993, p. 333-390 ; sur l'Inde : P.Ch. Rao, *The Indian Constitution and International Law*, Taxmann/Nijhoff, Delhi/Dordrecht, 1995, XLVI-248 p.

Sur la Russie : W. E. Butler, *The Russian Law of Treaties*, Simmonds, Londres, 1997, 158 p.

II. *LE SYSTÈME CONSTITUTIONNEL FRANÇAIS*

BIBLIOGRAPHIE. — Ch. ROUSSEAU, « La ratification des traités en France depuis 1946 », *Mél. Mestre,* 1956, p. 473-492 ; « La Constitution de 1958 et les traités internationaux », *Mél. Basdevant,* 1960, p. 463-472. — NGUYEN QUOC Dinh, « La Constitution de 1958 et le droit international », *RDP* 1959, p. 515-564 ; « La Constitution française et les règles du droit public international », *RGDIP* 1976, p. 1001-1036. — M. LESAGE, « Les procédures de conclusion des accords internationaux de la France sous la Ve République », *AFDI* 1962, p. 873-888. — J. DHOMMEAUX, « Conclusion des engagements internationaux en droit français ; 17 ans de pratique », *AFDI* 1975, p. 815-858. — J. VIRET, « Pratique française relative à l'approbation », *Annales U. Clermont I,* 1976, p. 405-437. — P. RAMBAUD, « Le Parlement et les engagements internationaux de la France sous la Ve République », *RGDIP* 1977, p. 617-666. — L. FAVOREU, « Le Conseil constitutionnel et le droit international » *AFDI* 1977, p. 95-125. — Cl. BLUMANN, « L'article 54 de la Constitution et le contrôle de la constitutionnalité des traités en France », *RGDIP* 1978, p. 537-618. — D. MAUS, « L'Assemblée nationale et les lois autorisant la ratification des traités, » *RDP* 1978, p. 1075-1088. — G. BACOT, « Remarques sur le rôle du référendum dans la ratification des traités, » *RGDIP* 1978, p. 1024-1050. — Ph. MANIN, A. PELLET et F. LUCHAIRE, commentaires des articles 52, 53 et 54 *in* G. CONAC et F. LUCHAIRE éds., *La Constitution de la République française,* Economica, 1987, p. 996-1062. — F. LUCHAIRE, « Le contrôle de constitutionnalité des engagements internationaux et ses conséquences relatives à la Communauté européenne », *RTDE* 1979, p. 391-428. — L. SAIDJ, *Le Parlement et les traités,* LGDJ, 1979, 191 p. — Y. COTTREL, « Note sur le contrôle du Parlement de la politique de la France sous la Ve République », *RDP* 1983, p. 965-982. — M. FROMONT, « Le Conseil constitutionnel et les engagements internationaux de la France », *Mél. Mosler,* 1983, p. 221-239. — P. GAÏA, *Le Conseil constitutionnel et l'insertion des engagements internationaux dans l'ordre juridique interne*, Economica, 1991, 406 p. — E. ZOLLER, *Droit des relations extérieures,* PUF, 1992, 368 p. — L. FAVOREU, « Le contrôle de constitutionnalité du Traité de Maastricht et le développement du "droit constitutionnel international" », *RGDIP* 1993, p. 39-64. — V. GOESEL-LE BIHAN, *La répartition des compétences en matière de conclusion des accords internationaux sous la Ve République,* Pedone, 1995, IX-438 p. ; « À propos d'une catégorie constitutionnelle obscure : les traités ou accords qui engagent les finances de l'État », *RFDC* 2003, p. 55-72. — V. KONENBERGER, « A New Approach to the Interpretation of the French Constitution in Respect to International conventions », *NILR* 2000, p. 323-358. — Conseil d'État, *La norme internationale en droit français*, Les études du Conseil d'État, La Documentation française, 2000, 190 p.

89. Distinction entre « traités » et « accords non soumis à la ratification ». — Contrairement aux précédentes, la Constitution de 1958 effectue une distinction entre deux catégories d'« engagements internationaux de la France ». Le titre VI (art. 52 à 55) porte sur les « traités et accords internationaux ». Les premiers sont soumis à la ratification ; les seconds font l'objet d'une approbation. Inopérante au plan international (v. *supra,* n° 63), la distinction entre traités et accords se trouve ici consacrée.

La Constitution ne fournit cependant aucun critère matériel de détermination : ni l'objet d'un engagement, ni son « importance » ne permettent d'affirmer que l'on est en présence d'un traité ou d'un accord. Constitue un « traité » au sens du droit constitutionnel l'instrument qui est négocié par le Président de la République, ou en son nom, et ratifié par lui ; constitue un « accord » l'instrument qui est négocié par le ministre des Affaires étrangères, ou en son nom ou au nom du Gouvernement, et qui fait l'objet d'une approbation.

90. Traités : la règle générale. — 1° *Mécanisme.* — L'article 52 de la Constitution de 1958, conforme à la tradition française, attribue au Président de la République la compétence pour exprimer le consentement de l'État à être lié par les traités au moyen de la ratification (lettres patentes de ratification). La règle du contreseing ministériel s'applique en la matière.

Mais cette compétence est partiellement conditionnée. L'article 53 prévoit que la ratification ne pourra être réalisée qu'après autorisation parlementaire dans certains cas. Cette autorisation, si elle est parfois nécessaire, n'est jamais suffisante : la loi d'autorisation est d'une nature particulière, puisqu'elle ne constitue pas un ordre de ratifier, ni l'expression de l'engagement définitif de l'État. C'est un simple acte-condition.

Toutefois, les décisions du Conseil constitutionnel relatives à des lois autorisant l'approbation ou la ratification d'engagements internationaux confirment qu'il s'agit d'une loi « ordinaire », par opposition à une loi organique, en relevant que la révision de l'article 74 de la Constitution par la loi constitutionnelle du 25 juin 1992 qui exige une loi organique pour tout ce qui touche aux statuts des territoires d'Outre-mer, « n'a eu ni pour objet, ni pour effet, de modifier l'article 53 » et que, dès lors, la loi d'autorisation peut être une « loi ordinaire » quand bien même ces accords modifieraient les compétences des institutions propres à la Polynésie française (décision du 30 juin 1993, *Rec.* p. 153).

À l'occasion du débat qui précède l'adoption de la loi d'autorisation, les parlementaires peuvent donc exprimer leur opinion sur l'opportunité du traité.

L'exécutif n'est cependant pas dépourvu de moyens d'action face au Parlement.

En premier lieu, une fois la loi d'autorisation intervenue, le Président de la République peut ratifier ; il n'y est pas tenu.

En deuxième lieu, il peut assortir la ratification de réserves, qui peuvent modifier sensiblement la portée d'un engagement international (v. *infra*, n° 108 s.). Malgré les protestations épisodiques des parlementaires, l'exécutif n'a pas renoncé à ce privilège quoique l'on relève une nette amélioration de l'information des Chambres sur les réserves que le Président de la République (ou le ministre des Affaires étrangères, s'agissant des accords) se propose de formuler, depuis la fin des années 1970.

En troisième lieu, le gouvernement peut faire jouer la procédure de l'article 49, alinéa 3, de la Constitution, en engageant sa responsabilité à propos du vote de la loi ; en l'absence d'une motion de censure, le projet de loi est considéré comme adopté, alors même que ne se dégagerait pas une majorité en sa faveur. Ce biais a été utilisé en 1977, pour l'Acte de Bruxelles de septembre 1976 relatif à l'élection du Parlement européen au suffrage universel.

L'obligation posée par l'article 53 peut en outre être tournée lorsque le consentement de la France n'est pas nécessaire pour que l'entrée en vigueur internationale du traité considéré (ou d'un amendement à celui-ci) lui soit opposable : tel est le cas si cette entrée en vigueur peut être acquise à la majorité des États signataires. On trouve une illustration de cette hypothèse dans le cas du deuxième amendement aux statuts du FMI. Par sa décision du 29 avril 1978, le Conseil constitutionnel a décidé que les statuts, prévoyant que leur révision à la majorité qualifiée s'impose à tous les États membres, la France qui les a ratifiés est liée « même en l'absence de toute procédure d'approbation sur autorisation législative dans les conditions prévues par l'article 53 de la Constitution » (*Rec.* p. 23). Cette position peut être rapprochée des décisions du Conseil constitutionnel du 19 juin 1970 et du 30 décembre 1977, selon lesquelles l'intervention du Parlement est inutile lorsqu'il s'agit de « mesures d'application » d'engagements internationaux antérieurement souscrits par la France.

2° *Portée de l'article 53.* — Selon cette disposition : « Les traités de paix, les traités de commerce, les traités ou accords relatifs à l'organisation internationale, ceux qui engagent les finances de l'État, ceux qui modifient des dispositions de nature législative, ceux qui sont relatifs à l'état des personnes, ceux qui comportent cession, échange ou adjonction de territoire, ne peuvent être ratifiés ou approuvés qu'en vertu d'une loi. »

Telle est la liste des traités qui doivent être soumis au Parlement. Elle ne comprend pas tous les traités politiques importants (traités d'alliance, traités de non-agression, traités d'assistance mutuelle), mais inclut tous ceux qui intéressent directement le statut des individus et la compétence du législateur. Curieusement, alors que la Constitution de 1958 renforce les pouvoirs de l'exécutif, cette liste qui, sauf en matière de paix et de commerce, concerne aussi bien les traités que les accords non soumis à la ratification, est plus complète que les énumérations correspondantes des Constitutions de la IIIe et de la IVe Républiques (art. 8 de la loi du 16 juill. 1875 et art. 27 de la Constitution de 1946). Seuls les traités énumérés sont obligatoirement l'objet d'un débat parlementaire préalable ; mais, bien entendu, rien n'interdit au gouvernement, pour des raisons d'opportunité politique, de soumettre à cette procédure d'autres engagements internationaux.

Fondée sur des critères matériels, cette liste a donné lieu à des controverses sur certains cas marginaux. La tendance naturelle de l'exécutif est d'interpréter restrictivement les différents critères. Ainsi, dans un mémorandum du 10 janvier 1953, le gouvernement précisait-il que « la pratique française interprète l'expression "traités concernant l'organisation internationale" comme s'appliquant aux seuls traités créant une organisation internationale permanente investie de pouvoirs de décision ou imposant des renonciations ou les limitations de souveraineté de la France ». La controverse née sous la IIIe République à propos de la notion de « mesures engageant les finances de l'État » a rebondi à l'occasion du débat budgétaire de 1975. Dans sa décision du 30 décembre 1975, généralement désapprouvée en doctrine, le Conseil constitutionnel a introduit la notion inédite des « accords techniques » (conventions d'application d'autres conventions, par exemple des moratoires de paiement d'une dette étrangère) et il a considéré que ces accords pouvaient être implicitement approuvés par le Parlement à travers les votes budgétaires ; ils seraient donc en dehors du champ d'application de l'article 53 (*Rec.* p. 26).

91. Traités : les règles particulières. — 1° *Référendum d'autodisposition.* — L'article 53, paragraphe 3, de la Constitution de 1958 reprend l'article 27, paragraphe 2, de celle de 1946 : « Nulle cession, nul échange, nulle adjonction de territoire n'est valable sans le consentement des populations intéressées. » Cette disposition constitutionnelle qui met en œuvre le principe de « libre détermination des peuples » a été complétée, en ce qui concerne la Nouvelle-Calédonie, par l'insertion, dans la Constitution, par la loi constitutionnelle du 20 juillet 1998 d'un nouveau titre XIII (« Dispositions transitoires relatives à la Nouvelle-Calédonie ») prévoyant un référendum pour l'approbation de l'accord de Nouméa du 5 mai 1998 entre le Gouvernement français et les représentants de la population locale (art. 76) et le transfert définitif de compétences de l'État aux institutions de la Nouvelle-Calédonie (art. 77).

Sous la IVe République, deux consultations populaires ont pu être organisées, en application de l'article 27 : pour le transfert à la France de Tende et de la Brigue (Traité de paix avec l'Italie de 1947), pour la cession à l'Inde des anciens Établissements français (Accord du 21 oct. 1954). S'agissant de modifications territoriales fondées sur un traité, l'applicabilité de l'article 27 ne faisait pas de problème. La réponse était moins évidente pour les démembrements territoriaux liés à l'accession à l'indépendance des territoires d'outre-mer français : formellement, c'est une loi et non un traité qui opère le transfert. Dans ces conditions, peut-on faire jouer l'article 53, paragraphe 3 ?

À l'occasion des difficultés rencontrées dans le processus d'autodétermination de la Côte française des Somalis (Djibouti) (1976) et des Comores (1975), c'est une réponse positive qui a été apportée. En 1966, le rapport Capitant au nom de la Commission des lois de l'Assemblée nationale proposait l'argumentation suivante : « Comme cet État ne peut naître qu'avec la possession de son territoire — élément essentiel de son existence —, le traité, par la force des choses, prend une forme spéciale : celle de l'acte international qui constitue de la part de la France sa reconnaissance comme État. C'est cette reconnaissance qui, en droit, opérera le transfert du territoire de la France à l'État nouveau. » Dans sa décision du 30 décembre 1975, le Conseil constitutionnel rejoint cette analyse : « Les dispositions de cet article [l'art. 53] doivent être interprétées comme étant applicables non seulement dans l'hypothèse où la France céderait à un État étranger ou bien acquerrait de celui-ci un territoire, mais aussi dans l'hypothèse où un territoire cesserait d'appartenir à la République pour constituer un État indépendant ou y être rattaché. » (*Rec.* p. 26). Un référendum d'autodétermination a été également organisé sur ce fondement en Nouvelle-Calédonie en 1988 (v. la décision du Conseil constitutionnel du 22 juin 1987, *Rec.* p. 34).

La procédure du référendum n'a pas été utilisée dans le cas des Nouvelles-Hébrides (condominium franco-britannique devenu indépendant sous le nom de Vanuatu en 1979), parce qu'elles n'étaient pas considérées comme faisant « partie du territoire national de la France » ; elle ne l'a pas été non plus pour procéder à des rectifications mineures de frontières, même impliquant des échanges de territoires (v. le cas de la convention du 20 janvier 2006 portant rectification de la frontière franco-luxembourgeoise, *JORF*, 2 mars 2007, p. 3962). En revanche, dans cette hypothèse, les autorités administratives se fondent sur l'article 53 pour consulter les élus locaux lorsqu'une cession ou un échange de territoire est envisagée (cf. Chron. Charpentier, *AFDI* 1990, p. 988 à propos de l'accord franco-luxembourgeois du 24 mai 1989).

2° *Autorisation de ratifier accordée par une loi référendaire.* — D'après l'article 11 de la Constitution de 1958 modifié en 1995 :

« Le président de la République, sur proposition du gouvernement pendant la durée des sessions ou sur proposition conjointe des deux Assemblées, publiées au Journal officiel, peut soumettre au référendum tout projet de loi portant sur l'organisation des pouvoirs publics, sur des réformes relatives à la politique économique et sociale de la nation et aux services publics qui y concourent, ou tendant à autoriser la ratification d'un traité qui, sans être contraire à la Constitution, aurait des incidences sur le fonctionnement des institutions (...).

« Lorsque le référendum a conclu à l'adoption du projet, le Président de la République le promulgue dans les quinze jours qui suivent la proclamation des résultats de la consultation. »

Le Parlement est donc dessaisi ; l'autorisation de ratifier émane directement, dans ce cas, de la souveraineté populaire. Cette forme de démocratie directe appliquée au traité procède de la volonté du constituant de 1958 d'accorder au Président de la République la possibilité d'obtenir le vote d'une loi sans se soumettre à la procédure législative ordinaire. En effet, l'appel au peuple dépend obligatoirement d'une décision personnelle du chef de l'État. De quels traités s'agit-il ? Cette disposition vise essentiellement les traités importants relatifs aux organisations internationales dont les compétences affecteraient sensiblement celles des autorités nationales, traités qui ne seraient pas contraires pour autant à la Constitution dans la mesure où ils n'aboutiraient pas à instituer un superétatisme quelconque. Cette interprétation est confirmée par le référendum du 23 avril 1972 tendant à obtenir l'autorisation de ratifier le Traité de Bruxelles du 22 janvier 1972 sur le premier élargissement de la Communauté économique européenne et par celui du 20 septembre 1992 relatif à la ratification du Traité de Maastricht. La même procédure a été suivie à l'égard de la ratification du traité établissant une Constitution pour l'Europe (referendum du 29 mai 2005), avec cette fois-ci une issue négative, le peuple français ayant rejeté ce traité.

De manière plus originale, la révision constitutionnelle du 1er mars 2005 a introduit un nouvel article 88-7 dans la Constitution *obligeant* l'exécutif français à recourir à la voie référendaire lorsqu'est en cause « la ratification d'un traité relatif à l'adhésion d'un État à l'Union européenne (...) ». La révision du 23 juillet 2008 en a toutefois assoupli la rigueur en offrant la faculté au Parlement de décider, à une majorité qualifiée, de procéder par une ratification par les deux chambres réunies en Congrès.

3° *Consultation de l'Assemblée territoriale des territoires d'Outre-mer.* — Par une décision du 17 janvier 1989 rendue à propos de la loi autorisant la ratification de la Convention internationale du travail n° 159 et applicable aux TOM, le Conseil constitutionnel a considéré « qu'il résulte de l'article 74 de la Constitution que la consultation de l'assemblée territoriale d'un TOM sur un projet de loi autorisant la ratification d'une convention internationale » est exigée si cette convention emporte modification de l'organisation particulière des TOM Tel n'était pas le cas ou l'espèce (*Rec.* p. 18). Cette obligation ne s'applique pas à Mayotte, qui ne constitue pas un territoire d'Outre-mer (CC, 20 juill. 1993, *Code de la nationalité*, *Rec.* p. 196).

92. Accords non soumis à la ratification. — Pour tous les autres engagements internationaux que les traités soumis à ratification, l'article 52 de la Constitution prévoit implicitement qu'ils sont approuvés ou conclus par le ministre des Affaires étrangères, le Président de la République étant seulement tenu informé de la négociation.

De son côté, l'article 53 dispose que, si leur objet correspond à la liste énoncée, ces conventions doivent être présentées au Parlement, pour que ce dernier autorise leur approbation.

Il ne fait pas de doute qu'à l'origine cette règle traduisait la volonté d'accroître le contrôle du Parlement sur les accords en forme simplifiée, conformément à une intention déjà exprimée dans un mémorandum du 10 janvier 1953, sous l'empire de la Constitution de la IVe République. La formulation retenue, comme la pratique ultérieure, ont conduit à s'interroger sur la portée concrète de cette approbation et sur le nombre de catégories d'accords reconnues en droit français. La *summa divisio* des accords internationaux dans notre droit constitutionnel correspond-elle à la distinction, essentielle en droit international, qui oppose les accords à procédure longue (ratification, acceptation, approbation) aux accords à procédure courte (signature) ? ou s'agit-il d'une distinction propre au droit constitutionnel français ?

On peut, *a priori*, résoudre la difficulté de deux manières, toutes deux compatibles avec la lettre de la Constitution. Soit considérer que celle-ci ne vise que des accords à procédure longue (entrée en vigueur subordonnée à ratification ou approbation, selon les clauses finales du traité) ; les accords en forme simplifiée ne seraient donc pas soumis à l'approbation préalable. Soit admettre que les « accords non soumis à la ratification » comprennent à la fois des accords en forme solennelle et des accords en forme simplifiée, mais que l'approbation au sens de l'article 53 est une formalité qui a des effets uniquement en droit interne ; ainsi n'y aurait-il pas contradiction avec l'entrée en vigueur internationale des accords en forme simplifiée dès leur signature.

En pratique, la France prend trois catégories d'engagements : des traités soumis à ratification, des accords entrant en vigueur après approbation selon la procédure longue et des accords en forme simplifiée, pour lesquels, sauf très rares exceptions, le gouvernement ne recherche pas l'autorisation parlementaire d'approbation avant la signature. Quel que soit leur mode de conclusion, tous ces instruments ont la même portée en droit interne et bénéficient également du principe de la primauté des conventions sur les lois internes, rappelé par l'article 55 de la Constitution (v. *infra*, n° 183).

La circulaire du Premier ministre du 30 mai 1997 relative à l'élaboration et à la conclusion des accords internationaux confirme que « l'entrée en vigueur des accords de l'une et l'autre formes [solennelle et simplifiée] est soumise aux mêmes procédures constitutionnelles » et que « leur portée juridique est identique au regard du droit international comme du droit interne ». Mais elle laisse subsister l'incertitude en ce qui concerne la signification exacte de l'expression « accords non soumis à la ratification » : après avoir affirmé qu'il s'agit d'« accords en forme simplifiée », elle ajoute : « Les pouvoirs de signature des accords en forme simplifiée sont signés par le ministre des affaires étrangères de même que, le cas échéant, les instruments d'approbation de ces accords » — cette dernière précision impliquant donc qu'il peut s'agir de traités en forme solennelle. Une conclusion contraire semble se dégager de l'étude que le Conseil d'État a consacrée à *La norme internationale en droit français* (juin 2000). Selon le Conseil, « dans la pratique française, la distinction entre traités et accords au sens de l'article 52 de la Constitution recouvre la distinction entre les accords dits en forme solennelle et les accords en forme simplifiée », les premiers se définissant « comme étant ceux nécessitant une autorisation du Parlement ».

93. Contrôle de la constitutionnalité des traités et accords. — Le constituant de 1958, instruit par l'expérience (controverses sur la CED et sur les Communautés européennes), a voulu éviter une modification indirecte de la Constitution par voie de traités. Tel est l'objet de l'article 54 :

« Si le Conseil constitutionnel, saisi par le Président de la République, par le Premier ministre, par le président de l'une ou l'autre assemblée ou par soixante députés ou soixante sénateurs, a déclaré qu'un engagement international comporte une clause contraire à la Constitution, l'autorisation de ratifier ou d'approuver l'engagement international en cause ne peut intervenir qu'après la révision de la Constitution. »

En un sens, cette disposition est le pendant de l'article 53 : de même que la ratification des traités modifiant les lois internes doit être soumise à l'autorisation du législateur, de même celle des traités qui portent atteinte à la Constitution doit-elle être soumise à l'agrément du pouvoir constituant. La condition préalable, et c'est ce que prévoit l'article 54, consiste à vérifier cette inconstitutionnalité du traité.

Initialement limitée au Président de la République, au Premier ministre et aux Présidents du Sénat et de l'Assemblée nationale, cette faculté de saisir n'a été étendue à 60 députés ou 60 sénateurs qu'en 1992. Toutefois, le Conseil constitutionnel, par sa décision du 30 décembre 1976 relative à l'élection au Parlement européen a laissé entendre que « toute modification à un engagement international est susceptible de donner lieu à l'application (...) de l'article 61 » (*Rec.* p. 15). Cette solution, qui repose sur la constatation de la nature législative de la loi d'autorisation (v. *supra*, n° 90), a été reprise par la décision du 17 juillet 1980 relative à la Convention franco-allemande additionnelle à la Convention européenne d'entraide judiciaire. À cette occasion, le Conseil a précisé qu'« une telle demande doit s'entendre comme concernant la loi autorisant la ratification et entraîne, par voie de conséquence, l'examen de la convention elle-même » (*Rec.* p. 36).

Compétent pour connaître des « engagements internationaux » de la France, le Conseil constitutionnel a retenu de cette notion une interprétation large. De ce fait, il a examiné la constitutionnalité d'actes adoptés par le Conseil des ministres de la CEE, qui auraient pu être analysés comme des décisions d'une organisation internationale (décisions du 19 juin 1970 et du 30 déc. 1976).

Pour ce qui est de l'objet du contrôle, le Conseil s'estime en droit de vérifier non seulement la régularité interne, mais aussi la régularité externe du traité.

Malgré le renvoi effectué par la Constitution de 1958 au préambule de 1946 selon lequel, « sous réserve de réciprocité, la France consent aux limitations de souveraineté nécessaires à l'organisation et à la défense de la paix », le Conseil constitutionnel a, dans un premier temps, estimé qu'« aucune disposition de nature constitutionnelle n'autorise des transferts de tout ou partie de la souveraineté nationale à quelque organisation internationale que ce soit » (décision du 30 déc. 1976, *Rec.* p. 15). Il s'est, dès lors, estimé habilité à vérifier qu'un traité « n'a pour effet de créer ni une souveraineté [*sic*] ni des institutions dont la nature serait incompatible avec le respect de la souveraineté nationale, non plus que de porter atteinte aux pouvoirs et attributions des institutions de la République » (*ibid.*). Bien que conforme à la lettre du préambule de 1946, la formule de 1976 n'était cependant pas satisfaisante dans la mesure où elle impliquait que la souveraineté peut se « transférer » en tout ou en partie, ce qui n'est guère conforme à la définition (internationale) de la souveraineté, qui est le critère même de l'État (v. *infra*, n° 274). C'est pourquoi, la formule retenue depuis la décision *Traité de Maastricht* du 31 décembre 1992 est infiniment plus satisfaisante ; dorénavant, le Conseil estime qu'il résulte de la Constitution (art. 53, préambule) et des textes auxquels elle renvoie (Déclaration de 1789 et Préambule de 1946)

« que le respect de la souveraineté nationale ne fait pas obstacle à ce que, sur le fondement du préambule de la Constitution de 1946, la France puisse conclure, sous réserve de réciprocité, des engagements internationaux en vue de participer à la création » ou au développement d'une organisation internationale permanente, dotée de la personnalité juridique et investie de pouvoirs de décision par l'effet de *transferts de compétences* consentis par les États membres » (*Rec.* p. 59). Consacrée par le Constituant (art. 88-2 ajouté à la Constitution à la suite de cette décision), la même formule a été reprise par les décisions relatives au Traité d'Amsterdam du 31 décembre 1997 (*Rec.* p. 348), au projet de traité établissant une Constitution pour l'Europe (décision 2004-505 DC, du 19 novembre 2004, *Rec.* p. 173), et au traité de Lisbonne du 13 déc. 2007 (décision n° 2007-560 DC du 20 déc. 2007, point 8).

En conséquence, le Conseil s'assure qu'un traité qui lui est déféré « ne porte pas atteinte aux conditions essentielles de l'exercice de la souveraineté nationale » :

voir les décisions du 22 mai 1985, relative au protocole additionnel n° 6 à la Convention européenne des droits de l'homme (*Rec.* p. 15), du 25 juillet 1991 sur la Convention d'application de l'Accord de Schengen de 1985 (*Rec.* p. 91), du 9 avril 1992 à propos du Traité de Maastricht (*Rec.* p. 55), du 31 décembre 1997 relative au Traité d'Amsterdam (*Rec.*, p. 344), du 22 janvier 1999 relative au traité portant statut de la CPI (*Rec.* p. 29), du 19 novembre 2004 relative au traité constitutionnel européen (*Rec.* p. 173), et du 20 déc. 2004 sur le Traité de Lisbonne (point 9).

En revanche, il considère qu'il ne lui appartient pas « d'apprécier la conformité de ce traité aux stipulations d'un traité ou d'un accord international » (17 juill. 1980, Convention franco-allemande additionnelle à la Convention européenne d'entraide judiciaire, *Rec.* p. 36, 25 juillet 1991 précité, *Rec.* p. 91).

Toutefois, par sa décision du 9 avril 1992 relative au Traité sur l'Union européenne, le Conseil constitutionnel a considéré que si un traité dont il est saisi modifie ou complète un ou plusieurs engagements internationaux, déjà introduits dans l'ordre juridique français, il lui incombe « de déterminer la portée du traité soumis à son examen en fonction des engagements internationaux que ce traité a pour objet de modifier ou de compléter » (*Rec.* p. 55).

Par cette décision, le Conseil constitutionnel, saisi par le Président de la République, a jugé que la ratification du Traité de Maastricht ne pouvait intervenir qu'après la révision de la

Constitution (comp. avec l'arrêt du 9 avril 1987 par lequel la Cour suprême irlandaise a jugé que la ratification de l'Acte unique européen ne pourrait intervenir qu'après une révision constitutionnelle, v. J. O'Connor, *AFDI* 1987, p. 762).

Le Conseil a considéré que le respect de la souveraineté nationale, imposé par le préambule de la Constitution de 1946 « ne fait pas obstacle à ce que... la France puisse conclure, sous réserve de réciprocité, des engagements internationaux en vue de participer à la création ou au développement d'une organisation internationale permanente, dotée de la personnalité juridique et investie de pouvoirs de décision par l'effet de transferts de compétences consentis par les États membres », mais qu'au cas où des engagements souscrits à cette fin contiennent une clause contraire à la Constitution ou portant atteinte aux conditions essentielles d'exercice de la souveraineté nationale, l'autorisation de les ratifier appelle une révision constitutionnelle.

C'est le cas, en l'espèce, des dispositions du Traité du 7 février 1992 relatives à l'Union économique et monétaire, dont l'application « se traduira par la mise en œuvre d'une politique monétaire et d'une politique de change uniques suivant des modalités telles qu'un État membre se trouvera privé de compétences propres dans un domaine où sont en cause les conditions essentielles d'exercice de la souveraineté nationale ». Il en va de même des dispositions relatives à la politique commune en matière de visa dès que sera abandonnée la règle de l'unanimité (en 1996) (comp. la décision du 25 juill. 1991, Convention d'application de l'Accord de Schengen) (*Rec.* p. 91).

Au surplus, l'instauration par le Traité de Maastricht d'une citoyenneté de l'Union impliquant le droit de vote et d'éligibilité aux élections municipales était contraire aux articles 3 et 24 de la Constitution, qui supposent que seules les « nationaux français » ont le droit de vote et d'éligibilité aux élections aux organes délibérants d'une collectivité territoriale, à la différence de la participation d'étrangers aux élections au Parlement européen, qui ne sont pas prévues par la Constitution.

En conséquence, la loi constitutionnelle du 25 juin 1992 a ajouté un nouveau titre XV à la Constitution (art. 88-1 à 88-4).

En vertu de l'article 88-1, « La République participe aux Communautés européennes et à l'Union européenne, constituées d'États qui ont librement choisi, en vertu des traités qui les ont instituées, d'exercer en commun certaines de leurs compétences ».

L'article 88-2 prévoit expressément que, « sous réserve de réciprocité et selon les modalités prévues par le Traité sur l'Union européenne signé le 7 février 1992, la France consent aux transferts de compétences nécessaires à l'Union économique et monétaire européenne ainsi qu'à la détermination des règles relatives au franchissement des frontières des États membres de la Communauté européenne », et l'article 88-3 constitutionnalise le droit de vote et d'éligibilité aux élections municipales des « seuls citoyens de l'Union résidant en France », selon des modalités à fixer par une loi organique, mais les exclut des fonctions de maire ou d'adjoint et de la participation active au processus d'élection des sénateurs.

Dans la mesure où l'article 88-2 nouveau fait expressément référence au Traité sur l'Union européenne, aussi longtemps que ce dernier n'était pas entré en vigueur, le Conseil constitutionnel se refusait à apprécier la constitutionnalité d'une loi au regard de cet article et de l'article 55 de la Constitution (décision du 3 août 1993, *Rec.* p. 208).

Sur la mise en œuvre de l'article 88-4 (qui impose la soumission à l'Assemblée nationale et au Sénat des projets et propositions d'actes des Communautés européennes et de l'Union européenne dès leur transmission au Conseil de l'Union européenne) par la résolution du 15 déc. 1992 modifiant le règlement du Sénat, voir la décision du Conseil constitutionnel du 12 janvier 1993 (*Rec.* p. 9) ; v. aussi les circulaires des 21 avril 1993, 21 mars 1994 et 21 juillet 1994.

Le Conseil a à nouveau appliqué sa jurisprudence « *Traité de Maastricht* » dans sa décision du 31 décembre 1997 relative au Traité d'Amsterdam du 2 octobre 1997, ce qui l'a conduit à déclarer non conformes à la Constitution les dispositions de cet instrument prévoyant le passage de la règle de l'unanimité à celle de la majorité en matière d'asile, d'immigration et de franchissement des frontières ou de circulation des personnes (*Rec.* p. 344). La Constitution a été modifiée en conséquence par l'ajout, le 25 janvier 1999, d'un second alinéa à l'article 88-2, calqué sur le premier mais visant expressément le Traité de 1997. Il en est allé de même à la suite de la décision du Conseil du 22 janvier 1999 sur le Statut de la Cour pénale internationale dont certaines dispositions ont été jugées contraires à la Constitution (atteinte aux immunités du chef de l'État et des membres du gouvernement et du Parlement, méconnaissance possible des lois d'amnistie et des règles relatives à la prescription, possibilité d'enquêtes menées par le Procureur de la CPI sur le territoire français hors la présence des autorités judiciaires nationales). Par suite, la Constitution a été à nouveau modifiée le 8 juillet 1999 par l'ajout d'un article 53-2 : « La République peut reconnaître la juridiction de la Cour pénale internationale dans les conditions prévues par le Traité signé le 18 juillet 1998 ». Il en a été également ainsi à la suite de la décision du 19 novembre 2004 relative au traité établissant une Constitution pour l'Europe par laquelle le Conseil a pointé l'incompatibilité avec la Constitution d'un certain nombre de dispositions de cet accord (transferts de compétence dans le domaine du contrôle aux frontières et de la coopération judiciaire en matière civile et pénale, création d'un Parquet européen, modification des règles d'adoption des décisions, « clauses passerelles », renforcement du rôle des parlements nationaux). La Constitution a été révisée le 1er mars 2005 par la loi constitutionnelle n° 2005-204 qui a apporté plusieurs modifications au titre XV de la Constitution, dont certaines ont été privées d'effet du fait de la décision du peuple français de ne pas autoriser la ratification de ce traité (v. depuis la décision n° 2007-560 DC du 20 décembre 2007 conditionnant la ratification du nouveau projet de traité – le traité de Lisbonne – à une nouvelle révision de la Constitution, opérée le 4 février 2008 par la loi constitutionnelle n° 2008-103 ; v. également la dernière révision en date opérée par la loi constitutionnelle n° 2008-724 du 23 juillet 2008). Enfin, à la suite de la décision du Conseil du 13 octobre 2005 n° 2005-524/525DC, *Engagements internationaux relatifs à l'abolition de la peine de mort* jugeant que « porte atteinte aux conditions essentielles d'exercice de la souveraineté nationale l'adhésion irrévocable à un engagement international touchant à un domaine inhérent à celle-ci » (en l'espèce, le deuxième protocole facultatif se rapportant au Pacte international relatif aux droits civils et politiques, visant à abolir la peine de mort, qui ne prévoit aucune possibilité de dénonciation et lie donc les parties « irrévocablement (...) même dans le cas où un danger exceptionnel menacerait l'existence de la Nation », *Rec.* p. 142), une loi constitutionnelle a été adoptée le 23 février 2007 introduisant un nouvel article 66-1 dans la Constitution au terme duquel « Nul ne peut être condamné à la peine de mort ». En revanche, la Constitution n'a pas été modifiée immédiatement après que le Conseil eut constaté la contrariété avec la Constitution de la Charte européenne des langues régionales ou minoritaires du 5 novembre 1992 (décision du 15 juin 1999, *Rec.* p. 71) ; dès lors, ce traité n'a pu être ratifié et n'est pas entré en vigueur à l'égard de la France. En introduisant dans la Constitution un article 75-1 au terme duquel « les langues régionales appartiennent au patrimoine de la France », la loi constitutionnelle n° 2008-724 du 23 juillet 2008 semble toutefois aujourd'hui permettre à la France de ratifier cette convention.

Le Conseil constitutionnel applique le même critère lorsqu'il s'assure « que la loi respecte le champ d'application de l'article 55 » de la Constitution (CC, 5 mai 1998, *Loi relative à l'entrée et au séjour des étrangers*, *RGDIP* 1998, p. 576 — v. *infra*, n° 183).

Par sa décision du 2 septembre 1992 (*Rec.* p. 76), le Conseil constitutionnel a estimé que « la recevabilité d'une saisine opérée en vertu de l'article 54 n'est en aucune façon tributaire du processus de ratification de l'engagement international en cause dans les autres États qui en sont signataires ».

Le Conseil a, par ailleurs, jugé qu'il lui appartient de contrôler la réalisation de la condition de réciprocité posée par le préambule de la Constitution de 1946 mais non celle résultant de l'article 55 de la Constitution de 1958 (décision du 30 déc. 1980, v. *infra*, n° 183).

En introduisant ces modalités de contrôle dans le processus de conclusion des traités, le droit constitutionnel français reste fidèle au principe de primauté du droit international sur le droit interne : tant que le traité n'a pas été ratifié par le chef de l'État, il n'est pas opposable à la France ; il ne s'agit que d'un projet de norme internationale. En vertu du droit international, chaque État reste libre de fixer les règles qui lui permettront de juger de l'opportunité d'une ratification.

§ 3. — *Introduction du traité dans l'ordre juridique international*

A. — Entrée en vigueur

BIBLIOGRAPHIE. — Commentaire des articles 24 et 25 *in* O. CORTEN et P. KLEIN (dir.), *Les conventions de Vienne sur le droit des traités. Commentaire article par article*, Bruylant, Bruxelles, 2006, vol. 1, p. 1023-1073. — N. GALLUS, « Recent BIT Decisions and Composite Acts Straddling the Date a Treaty Comes into Force », *ICLQ* 2007, p. 491-514.

94. Entrée en vigueur selon la Convention de Vienne. — Pour que les dispositions du traité deviennent du droit positif et s'intègrent dans l'ordonnancement juridique international, il faut que soient remplies les conditions de son entrée en vigueur.

La Convention de Vienne ouvre en ce domaine de larges possibilités de choix aux négociateurs ; aux termes de l'article 24 :

« 1. Un traité entre en vigueur suivant les modalités et à la date fixées par ses dispositions ou par accord entre les États ayant participé à la négociation.

« 2. À défaut de telles dispositions ou d'un tel accord, un traité entre en vigueur dès que le consentement à être lié par le traité a été établi pour tous les États ayant participé à la négociation.

« 3. Lorsque le consentement d'un État à être lié par un traité est établi à une date postérieure à l'entrée en vigueur dudit traité, celui-ci, à moins qu'il n'en dispose autrement, entre en vigueur à l'égard de cet État à cette date. »

Cette dernière disposition met l'accent sur une distinction extrêmement importante : un traité peut être obligatoire pour certains États et non pour l'ensemble des signataires ; il « entre en vigueur » dès que les conditions prévues sont remplies mais il ne s'appliquera aux autres signataires qu'à mesure que ceux-ci auront exprimé leur consentement définitif à être liés. C'est le système de l'entrée en vigueur échelonnée ; il ne se conçoit que pour les traités multilatéraux en forme solennelle.

Quoi qu'il en soit, à quelque moment qu'interviennent les ratifications successives, c'est le même texte, dans sa formulation initiale, qui s'applique à tous les États parties.

Il existe deux dérogations à ce principe, l'une classique, la seconde inédite. La première consiste, à l'occasion de l'amendement d'un traité, à exiger que les futures parties s'engagent à respecter le traité amendé. Il n'y a pas ici d'atteinte véritable à la souveraineté des États. La seconde dérogation, illustrée par l'Accord de New York du 29 juillet 1994, relatif à l'application de la partie XI de la Convention de Montego Bay sur le droit de la mer, est beaucoup plus hétérodoxe. Selon l'article 5 de cet accord, des États parties à la Convention — et, donc, à sa partie XI initiale — peuvent accepter d'y substituer la nouvelle partie XI annexée à l'Accord de 1994 et sont invités à le faire. Par cette procédure « cavalière », des États qui n'ont pas contribué à l'entrée en vigueur de la Convention de Montego Bay obligent les autres États soit à s'aligner sur leurs positions, soit à prendre le risque de la coexistence de deux régimes juridiques distincts pour l'exploitation du fond des océans. La pression exercée est d'autant plus forte que l'article 4, § 1, de l'accord vise à imposer désormais la ratification de la Convention avec la partie XI amendée (encore que l'on puisse contester son opposabilité aux tiers), et que son article 7 favorise son application, si besoin est à titre provisoire, à la date d'application effective de la Convention de Montego Bay, le 16 novembre 1994 ; au surplus, l'Assemblée générale a adopté, le 28 juillet 1994, une résolution 48/263, à la licéité douteuse, par laquelle elle considère « que les futures ratifications ou confirmations formelles de la Convention ou les futures adhésions à celle-ci vaudront aussi consentement à être lié par l'Accord, et qu'un État ou une entité ne peut établir son consentement à être lié par l'Accord s'il n'a préalablement établi ou n'établit simultanément son consentement à être lié par la Convention ».

En outre, il convient de distinguer entrée en vigueur et application effective du traité : les États peuvent prévoir un délai entre la réalisation de toutes les conditions de l'entrée en vigueur et la date à laquelle ses dispositions (ou certaines d'entre elles) s'appliquent.

Ainsi, par exemple, l'article 84 de la Convention de Vienne de 1969 prévoyait-il un délai de trente jours entre la date du dépôt du trente-cinquième instrument de ratification ou d'adhésion et celle de l'entrée en vigueur ; de même, pour chacun des États qui ratifieront la Convention par la suite ou y adhéreront, « la Convention entrera en vigueur le trentième jour après le dépôt par cet État de son instrument de ratification ou d'adhésion ». Aux termes de l'article 388, paragraphes 1 et 2, de la Convention de 1982 sur le droit de la mer, ces délais sont respectivement de douze mois (pour l'entrée en vigueur de la Convention) et de trente jours (pour l'entrée en vigueur à l'égard des États ratifiant ou adhérant ultérieurement). Plus étrange, l'article 124 du Statut de la CPI adopté en 1998 par la Conférence de Rome constitue une « disposition transitoire » permettant à un État de ne pas être lié par certaines dispositions durant les sept premières années suivant l'entrée en vigueur du Statut à son égard.

Le Traité de Rome CE de 1957 constituait un exemple particulièrement remarquable d'accord prévoyant une application progressive. Non seulement, comme c'est fréquemment le cas pour les actes constitutifs d'organisation internationale, il contenait des articles relatifs à la « mise en place des institutions » (art. 241 à 246, abrogés par le Traité de Maastricht), mais encore, il organisait de manière détaillée une période transitoire et le rythme des mesures de mise en œuvre des principes adoptés.

(L'application progressive des dispositions d'un traité ne doit pas être confondue avec son application provisoire — v. *infra,* n° 96).

Comme le précise le paragraphe 4 de l'article 24 de la Convention de Vienne, les clauses finales d'un traité « sont applicables dès l'adoption du texte » (v. *supra,* n° 73) et celle-ci entraîne, conformément à l'article 18, des obligations pour l'État signataire, indépendamment de l'entrée en vigueur du traité à son égard (v. *supra,* n° 75).

Exceptionnellement, l'entrée en vigueur d'un traité peut être imposée de manière autoritaire, si l'organe auteur de cette décision en a la compétence (v. la résolution 1757 (2007) du Conseil de sécurité des Nations Unies qui impose unilatéralement, en vertu du Chapitre VII de la Charte, l'entrée en vigueur du Statut du Tribunal pénal spécial pour le Liban (signé par les Nations Unies et cet État), à défaut d'acceptation définitive de cet accord dans un certain délai par le gouvernement libanais).

95. Conditions d'entrée en vigueur. — Par définition (v. *supra,* n° 82), les *accords en forme simplifiée* entrent en vigueur dès que les négociateurs ont exprimé le consentement des États à être liés par l'apposition de leur signature. Ceci est souvent précisé dans une clause finale.

S'il s'agit d'un *traité en forme solennelle,* la réglementation de son entrée en vigueur est différente suivant qu'il est bilatéral ou multilatéral.

1° Les *traités bilatéraux* entrent en vigueur, selon le cas, à la date de l'échange des deux instruments de ratification (ou d'acceptation ou d'approbation) ou de l'établissement du procès-verbal constatant cet échange ou de la deuxième notification de la ratification. Pour donner aux États le temps d'organiser et de préparer cette entrée en vigueur, le traité prévoit parfois un délai consécutif à l'échange des instruments de ratification. Ce n'est qu'à l'expiration de ce délai que le traité entre en vigueur. En cas de silence du texte, la CIJ considère qu'il existe une présomption en faveur de l'entrée en vigueur à la date de l'échange des ratifications (arrêt du 18 nov. 1960, affaire de la *Sentence arbitrale rendue par le Roi d'Espagne, Rec.* 1960, p. 208-209). L'article 24, paragraphe 2 précité (v. *supra*, n° 94) de la Convention de Vienne confirme cette solution.

2° Pour les *traités multilatéraux,* l'exigence de l'unanimité des ratifications par les signataires, comme condition de leur entrée en vigueur, est parfois requise.

Article 3 du Pacte Briand-Kellogg du 27 août 1928 ; article 12 du Traité de Bruxelles du 17 mars 1948 créant l'Union de l'Europe occidentale ; article 10 du Traité de Varsovie du 14 mai 1955 ; article 313 du TCE (art. 357 du TFUE) ; article XIII, § 5, du Traité sur l'Antarctique du 1er décembre 1959.

Concevable pour des traités politiques ou des traités plurilatéraux (nombre limité de parties), cette unanimité risque de bloquer indéfiniment l'entrée en vigueur des traités multilatéraux généraux conclus entre un très grand nombre d'États. C'est pourquoi il est de tradition dans ces derniers traités que leurs clauses finales subordonnent leur entrée en vigueur à la réunion, non pas de l'unanimité, mais seulement d'un certain nombre de ratifications.

Par exemple, le Statut du Conseil de l'Europe signé à Londres le 5 mai 1949 entre onze États européens devait entrer en vigueur, d'après son article 42.b, après la septième ratification. Ce chiffre est porté à 10 dans l'article 66 de la Convention européenne des droits de l'homme du 4 novembre 1950, à 20 dans l'article 15 de l'Acte constitutif de l'Unesco du 16 novembre 1945. D'abord fixé à 20 (cf. l'art. XIII de la Convention de 1948 sur le génocide), puis à 22 (cf. les conventions de Genève de 1958 sur le droit de la mer), le nombre de ratifications nécessaires à l'entrée en vigueur des grandes conventions conclues sous les auspices des Nations Unies est aujourd'hui fréquemment de 35 (cf. l'art. 84 de la Convention de Vienne sur le droit des traités), mais il est souvent modulé et est abaissé si l'on veut faciliter l'entrée en vigueur (15 pour la Convention de 1983 sur la succession d'États en matière de biens, archives et dettes d'États — art. 50 ; 20 pour la Convention de 1984 contre la torture, pour la Convention de 1990 sur les droits de l'enfant, pour la Convention de 2006 sur les droits des handicapés ou pour la Convention de 2006 contre les disparitions forcées ; 22 pour la Convention sur les mercenaires de 1989 — art. 19) ou augmenté si une large participation est nécessaire pour des raisons d'efficacité (60 pour le Statut de la CPI de 1998 et pour la Convention sur le droit de la mer de 1982 — art. 308 ; la confirmation formelle ou l'adhésion des organisations internationales, qui est possible aux termes de l'article 305, n'est pas prise en compte pour l'entrée en vigueur — Cf. l'annexe IX). Tel est souvent le cas pour les accords sur l'environnement et les traités de désarmement : 50 parties selon l'article 23 de la Convention de New York du 9 mai 1992 sur le changement climatique ; 30 parties selon l'article 36 de la Convention de Rio du 5 juin 1992 sur la diversité biologique ; 65 selon l'article 19 de la Convention de Paris du 13 janvier 1993 sur l'interdiction des armes chimiques). À titre de curiosité, on peut signaler le cas du Traité du 12 septembre 1990 relatif à la réunification allemande : conclu à six (« 2 + 4 »), il n'a, conformément aux dispositions de l'article 8, paragraphe 1, été ratifié que par cinq États, l'Allemagne unie se substituant à la RFA et à la RDA.

Dans d'autres cas, l'exigence de la qualité s'ajoute à celle de la quantité. Tout en fixant le nombre des ratifications requises, un traité peut subordonner son entrée en vigueur à des ratifications provenant de certains États, ou de certaines organisations internationales — telle la Communauté européenne, surtout en matière d'environnement —, en raison de leur importance dans le cadre de ce traité.

D'après l'article 110 de la Charte des Nations Unies, son entrée en vigueur a été fixée au jour où la majorité des États signataires auxquels s'ajoutent les cinq États membres permanents du Conseil de sécurité l'auront ratifiée. L'entrée en vigueur de la Convention du 6 mars 1948 portant création de l'Organisation intergouvernementale consultative de la navigation maritime a été subordonnée à la ratification par 21 États dont 7 au moins devaient posséder chacun un tonnage d'au moins 1 000 000 de tonneaux. Quant au CTBT de 1996, son entrée en vigueur est subordonnée à sa ratification par 60 États dont les 44, nommément désignés à l'annexe 2, qui possèdent des centrales nucléaires et des réacteurs de recherche (art. XIV).

Les accords créant des organisations financières et ceux sur les produits de base exigent toujours que soit réunie une certaine proportion du capital envisagé ou du nombre total des voix, avant l'entrée en vigueur : v. l'article 62 de la Convention de Paris du 29 mai 1990 créant la BERD ou l'article 40 de la Convention de Genève du 20 mars 1992 sur le sucre.

Pour les conventions conclues sous les auspices d'une organisation internationale, en particulier le Conseil de l'Europe, il est toujours nécessaire d'obtenir l'engagement d'un nombre minimal d'États membres de cette organisation. L'article 15 de la Convention anti-corruption de l'OCDE de 1997 subordonne son entrée en vigueur à un mécanisme extrêmement complexe : ratification par « cinq pays qui comptent parmi les dix premiers pays pour la part des exportations (...) et qui représentent à eux cinq aux moins 60 % des exportations cumulées de ces dix pays » (§ 1) ; et si ces conditions ne sont pas remplies au 31 décembre 1998, possibilité d'entrée en vigueur pour tout signataire à la suite d'une simple déclaration individuelle, à condition que deux États au moins aient fait une telle déclaration (§ 2). L'article XX de la Convention de l'AIEA du 29 sept. 1997 sur la réparation complémentaire des dommages nucléaires subordonne son entrée en vigueur à la ratification, l'acceptation ou l'approbation par « cinq États ayant au minimum 400 000 unités de puissance nucléaire installée ».

Cette limitation du nombre des ratifications nécessaires constitue un progrès dans la technique de conclusion des traités car elle facilite et accélère leur passage dans le droit positif.

96. Application provisoire d'un traité

BIBLIOGRAPHIE. — A. GESLIN, *La mise en application provisoire des traités*, Pedone, 2005, VII-380 p.

Codifiant une pratique déjà ancienne et devenue de plus en plus fréquente, l'article 25, paragraphe 1, de la Convention de Vienne dispose en ces termes :

« Un traité ou une partie d'un traité s'applique à titre provisoire en attendant son entrée en vigueur :

a) si le traité en dispose ainsi ; ou

b) si les États ayant participé à la négociation en étaient ainsi convenus d'une autre manière. »

Cette « autre manière » consiste par exemple, dans un protocole ou dans tout autre texte non incorporé dans le traité.

La formulation de l'article 25, paragraphe 1, implique bien entendu que l'application provisoire du traité doit reposer sur l'accord des parties. Il n'existe aucune règle de droit international général qui autoriserait une telle application provisoire sans le consentement des États intéressés (CIRDI, *Ioannis Kardassopoulos c. Georgia*, aff. n° ARB/05/18, décision sur la compétence du 6 juillet 2007, § 216-218). Par ailleurs, l'application provisoire ne saurait être assimilée à l'entrée en vigueur proprement dite, bien qu'elle puisse générer des obligations identiques ou, au moins. comparables à celles découlant de l'application définitive du traité (v., en ce qui concerne l'application provisoire du Traité sur la Charte de l'énergie, *ibid.*, § 209-223). Elle ne confère pas non plus au traité le caractère d'un accord en forme simplifiée. Elle est rendue nécessaire en raison de l'urgence discrétionnairement appréciée par les négociateurs, mais la procédure reste la procédure longue avec expression du consentement étatique à être lié postérieure à la signature.

L'application provisoire est particulièrement utile lorsque le traité crée un mécanisme institutionnel complexe. L'article IX du Traité du 7 octobre 1894 entre le Honduras et le Nicaragua prévoyait que les parties pouvaient organiser la Commission mixte dont il prévoyait la création dès la signature, mais que celle-ci ne commencerait ses activités qu'après la ratification (v. CIJ, *Rec.* 1960, p. 201 et 208). La Convention sur le droit de la mer de Montego Bay du 10 décembre 1982 évoque le rôle de la Commission préparatoire de l'Autorité internationale des fonds marins et du Tribunal international du droit de la mer (art. 308, § 4), mais le statut de celle-ci est défini par deux résolutions distinctes, adoptées par la Conférence, qui confèrent à la Commission la capacité juridique et lui reconnaissent même des pouvoirs de décision étendus en matière d'administration de la Zone (v. J.-P. Lévy, *AFDI*, 1988, p. 735-763), voir aussi l'article 7 de l'Accord de Washington du 29 juillet 1994 (v. *supra*, n° 94).

Cette technique de création de commissions préparatoires chargées de frayer la voie à la future organisation est très fréquemment utilisée : elle l'a été pour les Nations Unies et la plupart des institutions spécialisées. Elle revêt cependant des modalités très variées ; application provisoire de l'acte constitutif lui-même (UPU, UIT, OECE), création de la commission préparatoire par un arrangement informel ou une résolution de la Conférence ayant adopté l'acte constitutif (ONU, Autorité, OIAC, CPI), adoption d'un accord en forme simplifiée ayant vocation à disparaître à l'entrée en vigueur de l'acte constitutif (PICAO/OACI ; GATT/OIC).

La technique de la mise en œuvre provisoire peut s'expliquer également par la volonté de parvenir rapidement au but poursuivi par l'accord (application provisoire par ex. d'un compromis arbitral qui permet en l'espèce à la juridiction saisie de rendre sa sentence avant même que le compromis entre définitivement en vigueur : v. CPA, 24 mai 2005, *Rhin de fer*, § 1 et 12).

La résolution 45/37 par laquelle l'Assemblée générale demande aux États d'accorder aux délégations des mouvements de libération nationale les facilités prévues par la Convention de 1975 sur la représentation des États dans leurs relations avec les organisations internationales, pourtant non en vigueur, revient, en fait, à encourager l'application provisoire de ce traité.

Le paragraphe 2 de l'article 25 de la Convention de Vienne assigne une limite à l'application provisoire :

« À moins que le traité n'en dispose autrement ou que les États ayant participé à la négociation n'en soient convenus autrement, l'application à titre provisoire d'un traité ou d'une partie d'un traité à l'égard d'un État prend fin si cet État notifie aux autres États entre lesquels le traité est appliqué provisoirement, son intention de ne pas devenir partie au traité. »

On peut cependant éprouver des doutes sérieux sur la compatibilité de l'application provisoire des traités avec les règles constitutionnelles relatives à l'engagement définitif de l'État (D. Vignes, *AFDI*, 1972, p. 181-199). Dans sa circulaire du 30 mai 1997 relative à l'élaboration et à la conclusion des accords internationaux, le Premier ministre français a d'ailleurs rappelé qu'elle devait garder un caractère exceptionnel, qu'elle pouvait aboutir à « des situations juridiquement incertaines si l'entrée en vigueur tarde », enfin qu'elle devait être proscrite « en toute hypothèse, d'une part, lorsque l'accord peut affecter les droits ou obligations des particuliers, d'autre part, lorsque son entrée en vigueur nécessite une autorisation du Parlement » (*JORF*, 31 mai 1997, p. 8420).

B. — Enregistrement et publication

BIBLIOGRAPHIE. — M.-O. HUDSON, « The Registration and Publication of Treaties », *AJIL* 1925, p. 273-292 ; 1930, p. 752-757 ; 1934, p. 546-552. — M. DEHOUSSE, *L'enregistrement des traités,* Sirey, 1929, 77 p. — L. REITZER, « L'enregistrement des traités internationaux », *RGDIP* 1937, p. 67-69. — M. BRANDON, « The Validity of Non-Registered Treaties », *BYBIL* 1952, p. 186-205 ; « Article 102 of the U. N. Charter », *AJIL* 1953, p. 49-59. — F. BOUDET, « L'enregistrement des accords internationaux », *RGDIP* 1960, p. 596-604. — M. TABORY, « Recent Developments in UN Treaty Registration and Publication Practices », *AJIL* 1982, p. 350-363. — J.-P. JACQUÉ, commentaire de l'article 102 *in* J.-P. COT, A. PELLET et M. FORTEAU, dir., *La Charte des Nations Unies,* Economica, 3e éd., 2005, p. 2117-2132.

97. Système du Pacte de la SdN. — L'article 18 du Pacte de la SdN a institué deux formalités nouvelles, l'enregistrement et la publication du traité, destinées à parfaire son introduction dans l'ordre juridique international.

1° *L'origine de l'article 18* est essentiellement politique. La formule du Pacte : « Tout traité ou engagement international conclu à l'avenir par un membre de la Société devra être immédiatement enregistré par le Secrétariat et publié par lui aussitôt que possible. Aucun de ces traités ou engagements internationaux ne sera obligatoire avant d'avoir été enregistré », institutionnalisait la pratique de la diplomatie « publique » ou « ouverte », que le Président Wilson entendait substituer à la traditionnelle diplomatie secrète (premier des quatorze points de son Message du 8 janv. 1918).

2° *Portée.* La pratique internationale n'a que partiellement consacré les intentions des auteurs du Pacte, un enregistrement systématique de tous les accords internationaux et une sanction sévère du défaut d'enregistrement. Le premier objectif supposait une information sans faille du Secrétariat de la SdN : celle-ci pouvait être organisée pour les traités conclus sous les auspices de la SdN, mais elle dépendait du bon vouloir et de la diligence des États dans les autres cas. D'un point de vue quantitatif, des résultats satisfaisants ont été obtenus (4 495 traités enregistrés). Mais une conception restrictive de l'accord international a parfois été retenue par les États. L'échec a été beaucoup plus net en matière de sanction ; sur ce point, l'article 18 a été immédiatement frappé de caducité. Par voie coutumière, les États ont admis qu'un traité non enregistré entrait en vigueur et avait force obligatoire ; il était simplement inopposable devant les organes de la SdN, en particulier dans un recours porté devant la CPJI.

Par souci de réalisme, c'est cette solution qui a été retenue par la Charte des Nations Unies.

98. Système actuel. — Il est fondé sur l'article 102 de la Charte ainsi rédigé :

« 1. Tout traité ou accord international conclu par un membre des Nations Unies après l'entrée en vigueur de la présente Charte sera, le plus tôt possible, enregistré au Secrétariat et publié par lui.

2. Aucune partie à un traité ou accord international qui n'aura pas été enregistré conformément aux dispositions du paragraphe 1 du présent article ne pourra invoquer ledit traité ou accord devant un organe de l'Organisation. »

Selon cette disposition, et à la différence de l'article 18, le traité sera enregistré *au* Secrétariat et non *par* lui, « le plus tôt possible » et non « immédiatement ». En fait, l'enregistrement d'office de nombreux accords conclus « sous les auspices » de l'ONU continue d'être assuré *par* le Secrétariat de cette Organisation. Depuis 1945, d'autres organisations internationales ont également créé des systèmes particuliers d'enregistrement dont l'application est limitée aux traités concernant leurs propres activités respectives.

Dans sa résolution 97 (I) du 14 novembre 1946 (modifiée par les résolutions 364 (IV) du 1er décembre 1949 et 482 (V) du 12 décembre 1950), l'Assemblée générale de l'ONU a établi un règlement définissant les conditions d'application de l'article 102. L'article 10 de ce règlement prévoit le cas d'enregistrement volontaire par les États non-membres qu'il désigne par les termes : « classement et inscription au répertoire ».

Pour réduire l'écart entre enregistrement et publication, qui était de cinq ans, a été mis en place à partir de 1974 un système informatisé qui a trois fonctions : mise en mémoire des données relatives aux traités, production automatique de documents, meilleure exploitation d'après un certain nombre de critères ou clefs de recherche. En 1977, l'Assemblée générale a décidé d'ajourner la publication de certains accords en attendant que le retard soit en partie comblé (résol. 32/144). Cette mesure s'étant à son tour révélée insuffisante, il a été décidé, par la résolution 33/141 A du 19 décembre 1978, que les accords d'assistance ou de coopération d'objet limité, ceux portant sur l'organisation de conférences et ceux destinés à être publiés par ailleurs, pourraient ne plus faire l'objet d'une publication *in extenso,* seuls le nom des parties, le titre du traité et certaines mentions relatives à la conclusion et à l'entrée en vigueur étant précisées dans le *Recueil des traités des Nations Unies.* Depuis, les traités sont accessibles sur le site Web des Nations Unies (http://untreaty.un.org).

L'article 80 de la Convention de Vienne sur le droit des traités confirme la solution de l'article 102 de la Charte :

« 1. Après leur entrée en vigueur, les traités sont transmis au Secrétariat de l'Organisation des Nations Unies aux fins d'enregistrement ou de classement et inscription au répertoire, selon le cas, ainsi que de publication. »

L'obligation d'enregistrement et de publication est ainsi « universalisée », alors que l'article 102 de la Charte la limite, en principe, aux seuls membres de l'ONU.

La Convention adopte la terminologie du règlement précité voté par l'Assemblée générale et qui réserve les mots « classement et inscription au répertoire » aux États non-membres. Elle prend soin de distinguer expressément, ce que n'ont fait ni la Charte, ni le Pacte, entre l'entrée en vigueur du traité et son enregistrement.

La sanction du paragraphe 2 de l'article 102 s'applique-t-elle aussi aux États parties à la Convention mais non membres de l'ONU ? Pratiquement, il y a peu de chances qu'une telle difficulté surgisse en raison de la quasi-universalité atteinte aujourd'hui par cette Organisation.

Distinguant « les concepts d'accord non publié et d'accord secret », le Tribunal arbitral constitué pour trancher le différend relatif à la *Détermination de la frontière maritime entre la Guinée-Bissau et le Sénégal* a estimé que l'absence d'enregistrement de l'Accord du 26 avril 1960 entre la France et le Portugal n'était « pas une raison valable pour empêcher les Parties de s'en prévaloir » devant lui, qui n'est pas un organe des Nations Unies et alors même que l'objet explicite du compromis était de déterminer si ce traité faisait droit entre les deux États (*RGDIP* 1990, p. 262-264).

La pratique de la CIJ est également assez souple : dans l'affaire du *Différend territorial* entre la Libye et le Tchad, elle ne s'est pas arrêtée à l'enregistrement très tardif de l'Accord franco-libyen de 1955 ; il est vrai que les deux parties reconnaissaient son applicabilité (*Rec.* 1994, p. 20). De même, dans son arrêt du 1er juillet 1994 (affaire *Qatar/Bahreïn*), la Cour a rappelé que « le défaut d'enregistrement ou l'enregistrement tardif est (...) sans conséquence sur la validité même de l'accord, qui n'en lie pas moins les parties » (*Rec.* p. 122).

Section 2

Aspects particuliers de la conclusion des traités multilatéraux

BIBLIOGRAPHIE. — C. W. JENKS, « Les instruments internationaux à caractère collectif », *RCADI*, 1939-III, vol. 69, p. 451-553. — M. LACHS, « Le développement et les fonctions des traités multilatéraux », *RCADI*, 1957-II, vol. 92, p. 233-341. — K. MAREK, « Contribution à l'étude de l'histoire du traité multilatéral », *Mél. Bindschedler*, 1980, p. 17-39.

99. Origine et fonction des traités multilatéraux. — Un traité multilatéral est un traité conclu entre plusieurs États. Présentant sur le traité bilatéral l'avantage d'avoir un champ d'application plus étendu et même, théoriquement, illimité, il est particulièrement adapté à la fonction d'élaboration du droit puisqu'il favorise son unification et sa généralisation.

Jusqu'au Congrès de Vienne de 1815, il était ignoré de la pratique qui ne connaissait que des traités bilatéraux. Quand la négociation s'étendait à plus de deux États, ceux-ci se groupaient en deux parties. Les traités de Westphalie, par exemple, étaient des traités bilatéraux entre deux groupes d'États. Parfois, on recourait à la technique du *faisceau* de traités bilatéraux parallèles. Pour mettre fin, une première fois, aux guerres napoléoniennes, le 30 mai 1814 à Paris, six traités bilatéraux semblables, signés séparément entre la France et chacun des six États alliés contre elle, ont été nécessaires. L'identité des droits et obligations entre tous les États concernés résultait de l'identité des textes signés. Le mécanisme n'en était pas moins très complexe.

Au début du XIXe siècle, les puissances européennes qui, prenant conscience de leur solidarité, s'engageaient dans la voie du règlement collectif des problèmes d'intérêt commun, furent amenées, par la force des choses, à se doter d'un instrument simple et commode mieux adapté à cette mission que le traité bilatéral traditionnel. L'Acte final du Congrès de Vienne du 9 juin 1815 est généralement considéré comme le premier exemple de traité collectif. En réalité, il n'était qu'un « Instrument général » rassemblant dans un même document tous les traités particuliers conclus entre les participants au Congrès. C'est le Traité de Paris du 30 mars 1856 mettant fin à la guerre de Crimée et conclu dans le cadre de la Conférence de Paris qui est vraiment le premier traité collectif parfait.

La même conférence a élaboré une autre convention sur les détroits de la mer Noire dont la forme subissait encore l'influence de la technique bilatérale. En effet, il est signé d'une part, par la Turquie et d'autre part, par les cinq grands États européens. La doctrine le qualifie de traité semi-collectif. D'une certaine manière, on assiste, aujourd'hui à une résurgence de cette catégorie d'instruments dont les conventions de Lomé de 1975, 1979, 1984 et 1989 et celle de Cotonou du 23 juin 2000 constituent un remarquable exemple : conclues entre les États membres de la CEE et celle-ci d'une part et les États ACP d'autre part, elles apparaissent davantage comme des traités bilatéraux à parties multiples que comme de véritables conventions multilatérales (v. CJCE, *Parlement c. Conseil*, aff. C-316/91, 2 mars 1994, *Rec.*, p. I-625, § 29).

À partir du milieu du XIXe siècle, le traité multilatéral s'est définitivement implanté comme le procédé normal d'élaboration du droit conventionnel. La terminologie du droit international s'est alors enrichie d'expressions comme « traité-loi », « traité législatif », « convention générale », et « traité multilatéral général ».

Les principales particularités de la conclusion des traités multilatéraux sont en rapport avec leur nature et leur fonction, à savoir :

— Institutionnalisation de la procédure d'élaboration ;
— Recours à des procédés spéciaux destinés à étendre la communauté des États contractants ;
— Institution d'un organe nouveau : le dépositaire des traités chargé, au nom des parties, de les « administrer ».

§ 1. — *Institutionnalisation de la procédure d'élaboration*

100. Différents procédés collectifs. — La procédure d'élaboration des conventions multilatérales traduit de manière frappante l'interpénétration des techniques proprement interétatiques de coordination et de mécanismes institutionnels nouveaux, plus intégrés (v. *supra,* n°s 32 s.).

L'institutionnalisation est particulièrement marquée lorsque la convention est élaborée au sein même d'un organe collectif permanent d'une organisation internationale où se pratique la « diplomatie parlementaire », c'est-à-dire une technique de négociation qui emprunte largement aux méthodes des assemblées parlementaires nationales. Néanmoins cette évolution marque aussi les mécanismes d'élaboration au sein de conférences diplomatiques *ad hoc,* réunies spécialement en vue de la négociation d'une convention particulière, qui, par certains aspects s'apparentent également de plus en plus à des formes parlementaires. Dans l'un et l'autre cas cependant il est essentiel de garder à l'esprit que ce ne sont pas les représentants du « peuple mondial » qui négocient, mais bien ceux d'États souverains.

Au demeurant, l'importance de la distinction entre ces deux techniques d'élaboration ne doit pas être surestimée : le déroulement des conférences diplomatiques a tendance à s'aligner sur celui des sessions des organes des organisations internationales, et ceci est particulièrement frappant dans le cas des conférences convoquées par une organisation internationale et fonctionnant sous ses auspices. Au sein des Nations Unies un groupe de travail a été chargé en 1981 de réexaminer le processus d'établissement des traités multilatéraux : le document final qu'il a adopté le 23 novembre 1984 concerne à la fois les deux catégories de conventions (v. *DJI,* 1985, p. 15). Ce rapport a été approuvé par la résolution 39/90 de l'Assemblée générale (v. le rapport du Secrétaire général du 27 août 1980. A/35/312).

A. — Élaboration par une conférence internationale

BIBLIOGRAPHIE. — M. SIBERT, « Quelques aspects de l'organisation et de la technique des conférences internationales », *RCADI,* 1934-II, vol. 48, p. 391-457. — J. DEHAUSSY, « Les conventions multilatérales conclues sous les auspices des organisations internationales », *Mél. Sériadès* I, 1961, p. 83-98. — J. KAUFMAN, *Conférence Diplomacy,* Sijthoff, Leyde, 1968, 222 p. — Y. DAUDET, *Les conférences des Nations Unies pour la codification du droit international,* LGDJ, 1968, 350 p. — L. B. SOHN, « Voting Procedures in UN Conferences for Codification of International Law », *AJIL* 1975, p. 310-353. — T. TRÈVES, « Innovations dans la technique de codification du droit international... », *AFDI* 1986, p. 474-494.

Sur l'élaboration de la Convention sur le droit de la mer du 10 décembre 1982, v. M. HARDY, « Decision Making at the Law of the Sea Conference », *RBDI* 1975, p. 442-474. — D. VIGNES, « Organisation et règlement intérieur de la troisième Conférence sur le droit de la mer », *RDP* 1975, p. 337-377. — R.-J. DUPUY, *L'océan partagé ; analyse d'une négociation,* Pedone, 1979, 287 p. — G. DE LACHARRIÈRE, « La réforme du droit de la mer et le rôle de la Conférence des Nations Unies », *RGDIP* 1980, p. 261-252. — P.-M. EISEMANN, « La Convention des Nations Unies sur le droit de la mer », *NED,* n° 4703-4704, 28 janv. 1983, 204 p. — J.-P. LÉVY, *La Conférence des Nations Unies sur le droit de la mer : histoire d'une négociation singulière,* Pedone, 1983, 159 p. — J. EVENSEN, « Working Methods and Procedures in the Third United Nations Conference on the Law of the Sea », *RCADI* 1986-IV, t. 199, p. 415-520. V. également la bibliographie citée sous le n° 72.

101. Convocation et composition des conférences. — 1° *Typologie.* Traditionnellement, on a cru pouvoir distinguer les « conférences », réunissant les participants sur une base égalitaire en vue d'établir des règles de droit (conférences de La Haye de 1899 et 1907), des « congrès », convoqués pour résoudre des problèmes politiques et marqués par la prépondérance des grandes puissances (congrès de Paris de 1856, de Berlin de 1878 et 1885, de Bruxelles de 1890). Cependant, cette séparation n'a jamais été aussi nette dans la pratique et à l'époque contemporaine, on a tendance à utiliser le seul terme de conférence.

La distinction en fonction des modalités de convocation des conférences est plus opérationnelle. À cet égard, on peut les diviser en deux types.

Le premier type englobe les conférences convoquées à l'initiative d'un ou de plusieurs États, comme par exemple, les conférences de La Haye de 1899 et de 1907 qui avaient été convoquées par le Tsar Nicolas II et la Conférence de San Francisco pour l'élaboration de la Charte des Nations Unies qui l'a été en 1945 par les quatre puissances invitantes (Chine, États-Unis, Royaume-Uni et URSS).

Le deuxième type désigne les conférences convoquées à l'initiative d'une organisation internationale. Sous l'impulsion de la SdN, puis, plus vigoureuse encore, de l'ONU, des autres organisations universelles à caractère technique et des organisations régionales, les conférences internationales pour l'élaboration des normes juridiques dans les matières de plus en plus nombreuses, se sont tellement multipliées qu'elles défient toute tentative de les compter. Les plus célèbres sont les conférences des Nations Unies pour la codification du droit international dont la plupart se sont tenues soit à Genève, soit à Vienne et, en particulier, la troisième Conférence des Nations Unies sur le droit de la mer, convoquée par l'Assemblée générale en 1973 (résol. 3067 [XXVIII]), dont les négociations, réparties en onze sessions, ont duré neuf ans (v. *infra,* n° 666).

On peut dégager les différences réelles entre ces deux types. Au point de vue de leur objet, les conférences du premier type sont souvent à la fois politiques et techniques, tandis que celles du deuxième type sont toujours consacrées exclusivement à l'établissement des règles de droit. En ce qui concerne leur *composition,* leur *organisation* et leur *fonctionnement,* les conférences convoquées par les organisations internationales sont plus « institutionnalisées » que celles qui proviennent d'une initiative purement étatique.

2° *Composition des conférences.* En ce qui concerne les conférences réunies à l'initiative d'un ou de plusieurs États, ceux-ci bénéficient d'un pouvoir discrétionnaire pour déterminer les États invités. Des conditions politiques peuvent être mises à l'invitation. Par exemple, un État ne pouvait être invité à participer à la Conférence de San Francisco en vue de l'élaboration de la Charte des Nations Unies, que si, au préalable, il avait déclaré la guerre à l'Allemagne.

Dans les conférences convoquées par une organisation internationale, deux catégories d'invités doivent être distinguées : les États membres de l'organisation invitante qui le sont de droit et les autres États qui ne peuvent être invités que s'ils remplissent les conditions déterminées par l'organe compétent de cette organisation.

S'agissant des conférences des Nations Unies pour la codification du droit international, cet organe est l'Assemblée générale de l'ONU. Pour chaque conférence, celle-ci vote une résolution « constitutive » par laquelle elle « décide » sa convocation, délimite son objet et fixe lesdites conditions.

La fixation des critères d'invitation soulève des problèmes juridiques (cf. les nombreux avis du Secrétariat reproduits dans l'*Annuaire juridique des Nations Unies*) et des problèmes politiques aigus. La participation d'une entité à une conférence est un indice important de la personnalité internationale et de la représentativité politique de celle-ci dans les relations internationales. Certaines controverses sont classiques : le Saint-Siège peut-il être considéré comme un État et invité en tant que tel ? La réponse sur ce point est en général positive. D'autres discussions portent la marque de la guerre froide et tendent à perdre de leur virulence avec l'entrée des États socialistes à l'ONU. Pour éviter la présence de la partie socialiste des États divisés, les États-Unis s'opposaient à la formule de l'invitation de « tout État », préconisée par l'URSS (v. *infra,* n° 105).

Ce sont aujourd'hui les derniers avatars de la décolonisation qui sont à l'origine de la plupart des débats : faut-il inviter un État dont l'existence est encore imparfaite ou douteuse et contribuer par là à accélérer son accession à l'indépendance (problème de la Guinée-Bissau à la Conférence humanitaire de Genève en 1974) ? Qu'en est-il des mouvements de libération nationale et des organes internationaux chargés de gérer un territoire non autonome (cas du Conseil pour la Namibie) ? Les conférences tenues à partir de 1974 n'ont pas hésité à passer outre au silence des résolutions de l'Assemblée générale de l'ONU et à leur accorder soit le statut de participant, soit le statut d'observateur.

De plus en plus souvent, enfin, est posé le problème de la participation des organisations internationales sur un pied d'égalité avec les États, lorsque ces organisations bénéficient de compétences « externes » au lieu et place de leurs États membres. Il ne leur est en principe reconnu qu'un statut diminué d'observateur. Toutefois, la CE joue un rôle de plus en plus important dans les négociations internationales, notamment de caractère commercial (dans les accords de l'Uruguay Round, signés à Marrakech, le 15 avril 1994, « la Communauté européenne et ses États membres » sont membres à part entière de l'Organisation mondiale du commerce et parties aux divers accords de libéralisation des échanges ; c'est la consécration d'un statut déjà acquis à l'issue du Tokyo Round en 1979) ; tel a été également le cas lors de la troisième Conférence des Nations Unies sur le droit de la mer à l'issue de laquelle elle a signé l'Acte final (tout comme les mouvements de libération nationale invités). En outre, la CEE a signé la Convention elle-même en décembre 1984. (Sur les difficiles problèmes posés par la participation des organisations internationales à la Conférence de Vienne de 1986 sur le droit des traités conclus par les organisations internationales, v. T. Trèves, *AFDI,* 1986, p. 474-494).

Le caractère souvent très technique des questions discutées rend en outre indispensable la présence, aux côtés des diplomates, de nombreux experts, techniciens ou juristes, qui peuvent soit être membres des diverses délégations nationales, soit agir en tant que consultants de la conférence elle-même. De ce fait, certaines conférences diplomatiques constituent des machines particulièrement lourdes : les diverses sessions de la Conférence sur le droit de la mer de 1973-1982 ont réuni jusqu'à 3 000 personnes. La Conférence de Rome qui a élaboré et adopté le Statut de la CPI a été marquée par la présence de délégations étatiques nombreuses, mais aussi d'un très grand nombre d'observateurs, organisations internationales universelles ou régionales et, surtout, ONG qui, bien qu'officiellement dotées d'un statut réduit (v. l'art. 63 du Règlement de la Conférence), y ont joué un rôle particulièrement actif.

102. Organisation et fonctionnement. — 1° *L'organisation matérielle* de chaque conférence est assurée selon le cas par l'État choisi comme siège ou par l'organisation. Un traité élaboré par une conférence convoquée et organisée par une organisation est dénommé traité conclu « sous les auspices » de cette organisation. Lorsque la conférence convoquée par une organisation se tient hors du siège de celle-ci, l'État hôte apporte une très large contribution à cette organisation matérielle.

2° *Les règles applicables* sont en principe les mêmes pour les deux types de conférences. La conférence convoquée par une organisation internationale n'est pas un organe de celle-ci, elle conserve le caractère d'une réunion interétatique classique dotée d'une existence autonome et régie par le droit international général des conférences internationales. Cependant, chaque organisation internationale procède à la codification de ces règles par le moyen des textes établis « autoritairement » par elle et dans lesquels sont ajoutées des règles nouvelles destinées à combler les lacunes ou les obscurités du droit coutumier (un règlement intérieur type pour les conférences de l'ONU est actuellement en cours d'élaboration).

a) Mesures préliminaires. À toutes les conférences, chaque État participe par l'intermédiaire des délégations comprenant des délégués proprement dits munis de pleins pouvoirs (v. *supra,* n° 69), des conseillers et des experts.

La conférence constitue sa propre commission de vérification des pouvoirs. Elle élit son bureau (président, vice-présidents, rapporteurs). Elle statue définitivement en formation plénière ; le travail de préparation s'effectue en général au sein des commissions, des comités et sous-comités. Un comité de rédaction est également désigné dont la compétence est de mettre au point la rédaction définitive de la convention après avoir revu et coordonné les différentes dispositions adoptées séparément. Dans les conférences convoquées par les organisations internationales universelles, on tient compte dans toutes ces nominations d'une répartition géographique équitable et, de manière plus ou moins explicite, des différences politiques et idéologiques entre les États participants.

La conférence établit elle-même son règlement intérieur et arrête souverainement son ordre du jour. Les projets de l'un et de l'autre sont toujours rédigés à l'avance par l'organe qualifié de l'organisation invitante, le plus souvent par son secrétariat.

b) Discussions. La base des discussions est constituée par le projet de traité. Quand la conférence est organisée par des États, ce projet peut être préparé au préalable par le ou les États invitants. Ainsi, le projet de Charte des Nations Unies avait été établi lors de la Conférence de Dumbarton Oaks d'août 1944 par les experts des puissances invitantes. Si c'est une organisation qui convoque la conférence, la rédaction du projet est confiée à l'un de ses organes. Au sein de l'ONU, l'Assemblée générale a créé le 21 novembre 1947 la Commission du droit international (CDI) à laquelle elle confie la tâche de rédiger certains projets de conventions portant développement progressif et codification du droit international. En liaison avec la CDI ou de manière autonome, le secrétariat est également appelé à effectuer des études préparatoires.

La complexité des questions discutées, la multiplicité des intérêts en jeu, l'importance des oppositions, contribuent à expliquer le succès de la formule du consensus dans la conduite des discussions. Couramment utilisée aux Nations Unies (v. *infra,* n° 404), cette méthode, qui revient à adopter les diverses dispositions du projet de convention sans vote — et donc à discuter aussi longtemps que les oppositions irréductibles sur chacune d'elles n'ont pas été surmontées — n'exclut pas l'intervention d'un vote global à l'issue des débats (v. *infra,* c), ni même le recours à la technique majoritaire ou unanimitaire en cours de discussion en cas d'échec du consensus.

Combinée avec celle du *package deal* (v. *supra,* n° 72), la technique du consensus a été appliquée lors de la troisième Conférence sur le droit de la mer ; elle l'est également au sein de l'OSCE. Pour sa part, le Règlement intérieur de la Conférence de Rome qui a adopté le Statut de la CPI en 1998 prévoyait que « [l]a Conférence met tout en œuvre pour que ses travaux s'accomplissent dans un accord général » ; le texte dut cependant être adopté par un vote.

Dans les conférences les plus complexes, où les conflits d'intérêts se révèlent irréductibles, les méthodes de négociation tendent à se rapprocher de celles de la diplomatie parlementaire au sein des organisations internationales. D'ailleurs, les règlements intérieurs des conférences sous les auspices des Nations Unies sont souvent très directement inspirés de ceux des organes de l'ONU. Par son formalisme et sa lourdeur, le règlement intérieur finit par apparaître comme un carcan insupportable : pour échapper à la tutelle imposée aux comités de négociations, les délégations favorisent des techniques plus souples et acceptent de reconnaître un rôle essentiel aux groupes ou intergroupes officieux, aux présidents de comité, ou même au président de la conférence.

c) L'adoption du texte s'effectue en règle générale par le procédé du vote. Aux termes de l'article 9 de la Convention de Vienne :

« L'adoption du texte d'un traité à une conférence internationale s'effectue à la majorité des deux tiers des États présents et votants, à moins que ces États ne décident, à la même majorité, d'appliquer une règle différente. »

Cette disposition n'a qu'une valeur supplétive et rien n'empêche la conférence de fixer une autre majorité, ou de retenir l'unanimité, ou d'adopter le texte par consensus.

Dans la pratique, le recours à la procédure de l'unanimité, qui respecte pleinement la souveraineté, ne crée pas un risque véritable de blocage si la conférence ne groupe qu'un nombre limité d'États. Quand ce nombre est relativement élevé, l'unanimité est encore souvent requise en raison de l'objet politique de la conférence. Dans les autres cas, lorsqu'il y a un très grand nombre de participants — c'est le cas des conférences convoquées par les organisations du système des Nations Unies qui réunissent jusqu'à 190 États — il est peu réaliste d'exiger l'unanimité. Aux deux conférences de La Haye de 1899 et de 1907, l'unanimité était pourtant encore appliquée. De nos jours, la règle majoritaire a fini par prévaloir.

Majorité simple ou majorité qualifiée ? Des considérations variées peuvent entrer en ligne de compte.

L'application de la règle de la majorité simple présente l'avantage de faciliter l'adoption des textes et, partant, d'accroître les chances de succès de la conférence. Ses adversaires insistent par contre sur ses inconvénients : manque d'autorité des décisions qui en seraient issues et protection insuffisante des intérêts de la minorité.

Chaque conférence, lors de l'établissement de son règlement intérieur, fixe elle-même sa propre règle de vote. On constate un usage concurrent de diverses majorités, bien que les cas de recours à la majorité des 2/3 soient les plus nombreux. Les actes constitutifs de certaines organisations internationales prévoient que des majorités renforcées des 3/4 ou des 4/5e doivent être atteintes au sein des conférences chargées de leur révision (cf. l'article 27 de la Convention de Berne de 1886 portant création de l'Union pour la protection des œuvres littéraires et artistiques, révisée par la Conférence de Stockholm de 1967).

La CDI a recommandé l'application de la majorité des deux tiers à l'adoption des conventions de codification et elle a été constamment suivie. Son point de vue est fondé sur les caractères spécifiques de la codification du droit international. Comme celle-ci soulève inévitablement des oppositions entre des systèmes juridiques différents, l'exigence de la majorité des deux tiers devrait avoir pour conséquence d'inciter les groupes d'États en présence à se faire des concessions mutuelles, s'ils désirent aboutir à des résultats positifs. Ainsi, aucune conception fondamentale ne serait brutalement mise en minorité et les textes adoptés gagneraient en autorité dans la mesure où ils refléteraient une synthèse harmonieuse entre des convictions et des aspirations qui, au départ, peuvent être éloignées les unes des autres. Cependant, la majorité qualifiée ne possède pas que des vertus. Son jeu permet à un groupe minoritaire intraitable de s'opposer victorieusement à une majorité très forte mais qui n'atteindrait pas la qualification requise. L'exemple devenu classique est celui de la Conférence des Nations Unies sur le droit de la mer de 1960 qui a échoué dans ses efforts de fixer une largeur uniforme de la mer territoriale : le texte largement majoritaire n'a pas été adopté car il se trouvait à une voix de la majorité des deux tiers exigée.

d) Relativement simple en ce qui concerne les traités bilatéraux (v. *supra,* n° 73), le problème de la ou des *langues* de rédaction est extrêmement complexe s'agissant des conventions multilatérales.

Traditionnellement, la langue unique était le latin. Depuis l'époque moderne et jusqu'à la Première Guerre mondiale, le français, promu langue diplomatique officieuse de l'Europe, fut constamment choisi. Les importantes conventions conclues à La Haye en 1899 et 1907 étaient encore rédigées dans la seule langue française.

En 1919, le français a perdu ce monopole. Le Traité de Versailles et le Pacte de la SdN furent rédigés à la fois en anglais et en français, les deux versions faisant également foi. Les conventions conclues dans le cadre des Nations Unies ont été rédigées en cinq langues, l'anglais, le chinois, l'espagnol, le français et le russe auxquelles il faut aujourd'hui ajouter l'arabe, langue officielle et de travail de l'Assemblée générale depuis 1973 (v. par exemple l'art. 320 de la Convention de 1982 sur le droit de la mer).

Cette pluralité est une manifestation irréfutable de l'universalisation du droit international et paraît conforme au principe de l'égalité souveraine des États ; en contrepartie, elle accroît les difficultés d'interprétation (v. *infra,* n° 169).

e) Si, en principe, rien n'exclut que l'*authentification* du texte se fasse par la signature des différents États participants, la conférence se termine fréquemment par l'établissement d'un instrument dénommé « acte final ». L'article 10-b de la Convention de Vienne confirme que l'acte final d'une conférence « dans lequel le texte est consigné » peut être un procédé d'authentification de ce texte.

Depuis le Congrès de Vienne, auquel revient l'invention de ce procédé, l'acte final d'une conférence a perdu tout caractère conventionnel pour n'être plus que le procès-verbal final qui marque sa clôture. Il indique brièvement l'historique de la conférence, énumère ses participants, résume en termes généraux ses résultats et mentionne les conventions et autres documents (déclaration, résolution, vœux, etc.) qui ont été adoptés. Il est signé par les plénipotentiaires ayant participé aux travaux de la conférence. Cette signature n'est cependant pas obligatoire ; dans la pratique des conférences comportant de très nombreux participants, comme celles qui sont organisées de nos jours par les organisations internationales universelles, il arrive fréquemment que l'acte final soit signé par le seul président de la conférence.

Il arrive en outre fréquemment que le texte d'une convention conclue sous les auspices des Nations Unies soit repris en annexe d'une résolution de l'Assemblée générale. Il ne s'agit pas d'une technique d'authentification du traité ; l'objectif est d'attirer l'attention sur le texte adopté et d'effectuer une pression en faveur de la ratification ou de l'adhésion (v. *supra,* n° 80).

B. — Élaboration par un organe permanent d'une organisation internationale

BIBLIOGRAPHIE.— Sh. ROSENNE, « United Nations Treaty Practice », *RCADI,* 1954-II, vol. 86, p. 281-444. — H. SABA, « L'activité quasi législative des institutions spécialisées des Nations Unies », *RCADI* 1964-I, vol. 111, p. 607-686. — H. GOLSONG, « Élaboration et nature juridique des traités conclus au sein du Conseil de l'Europe », *Mél. P. Modinos,* 1968, p. 51-60. — B. CONFORTI, « Rôle de l'accord dans le système des Nations Unies », *RCADI* 1974-II, vol. 142, p. 203-288. — W. M. HAUSCHILD, « Importance des conventions communautaires pour la création d'un droit communautaire », *RTDE* 1975, p. 5-12.

Sur les conventions internationales du travail, v. J. F. MCMAHON, « The Legislative Techniques of the ILO », *BYBIL,* 1965-1966, p. 1-102. — F. WOLFF, « L'interdépendance des conventions internationales du travail », *RCADI* 1967-II, vol. 121, p. 117-219 ; « Les conventions de l'OIT à la croisée des anniversaires », *RGDIP* 1996, p. 5-43. V. aussi la bibliographie citée *infra*, sur le n° 426.

103. Caractères généraux du mécanisme. — Créées en vue de renforcer et faciliter la coopération interétatique, la plupart des organisations internationales ont compétence pour encourager la conclusion de conventions internationales. Leur capacité n'est limitée que par le principe de spécialité : les conventions conclues au sein des organisations doivent être conformes au but et à l'objet de celles-ci. La plupart des chartes constitutives des organisations précisent le champ d'application et les modalités d'exercice de cette compétence (institutions spécialisées des Nations Unies, Communauté européenne, etc.). Dans la pratique, les dispositions pertinentes sont interprétées extensivement ; dans le silence des textes, il est toujours possible de faire appel à la théorie des pouvoirs implicites pour justifier la mise en œuvre d'une telle compétence.

Son domaine d'application n'est pas facile à cerner. La conclusion de conventions au sein d'une organisation doit être distinguée, d'une part de l'élaboration par une conférence tenue sous les auspices de l'organisation, d'autre part de l'adoption d'un acte unilatéral de ladite organisation. Théoriquement, la distinction est nette : la première méthode consiste à utiliser les organes et les procédures propres de l'organisation, et non pas celles retenues par les délégations nationales invitées à une conférence ; comme toute convention, celle adoptée au sein d'une organisation entre en vigueur selon les modalités habituelles et reste un acte multilatéral.

Dans les faits, les situations sont fréquemment ambiguës. Les statuts prévoient parfois que les organes de l'organisation décideront de la conclusion d'une convention par eux-mêmes ou par une conférence qu'ils convoqueront : le choix de la méthode n'est opéré que dans la phase ultime de la négociation ; dans les deux cas, l'essentiel de l'élaboration du texte aura eu lieu selon les techniques propres de l'organisation. Cette analogie des procédures est encore plus manifeste lorsque l'on compare l'adoption d'une convention et d'un acte unilatéral au sein de l'organisation. Il est alors difficile d'y trouver des indices quant à la nature réelle de l'acte adopté : la question est classique pour les « actes des représentants des États membres réunis au sein du Conseil » des Communautés européennes. De même, les conditions d'entrée en vigueur ne fournissent pas nécessairement des critères décisifs.

L'élaboration de conventions au sein des organisations internationales est le domaine où la formule de la « diplomatie parlementaire » est la plus justifiée.

La « planification » de l'élaboration du droit conventionnel devient possible, grâce à la permanence des organes (programme de travail à long terme de la CDI, par exemple) ; elle échappe, dans une certaine mesure, aux pressions unilatérales des États. Les procédures internes de l'organisation sont opposables aux États membres et, sauf pour eux à les modifier selon les règles propres de l'organisation, ils ne peuvent les adapter discrétionnairement (invitation d'États non-membres à participer à la négociation, modes de votation).

Ce sont les règles générales sur la délibération au sein des organes et sur l'adoption des résolutions qui seront applicables : travaux préparatoires par des organes d'experts ou par le secrétariat — mais avec consultation des États au cours de cette phase, sous forme de questionnaires ; remontée du projet, à travers les organes subsidiaires, vers l'organe intergouvernemental plénier ; adoption, sous forme de résolution, par vote unanime ou majoritaire ou par consensus ; authentification par des organes de l'organisation. On ne saurait cependant parler de « législation » internationale : le caractère « autoritaire » de la procédure cesse avec l'adoption du projet de convention ; l'entrée en vigueur de cette dernière continue à dépendre de la ratification ou de l'adhésion par les États.

Si elle n'est jamais négligeable, l'importance relative de cette fonction varie d'une organisation à l'autre. Secondaire dans des organisations d'intégration telles que les Communautés européennes, elles est primordiale dans les organisations universelles techniques (institutions spécialisées) et dans les organisations régionales politiques (Conseil de l'Europe). L'intervention de l'Assemblée générale de l'ONU en la matière a deux justifications essentielles : le souci de rapidité et de moindre coût (par exemple, pour certaines conventions de codification), et la volonté de donner une certaine solennité à un instrument conventionnel (révision de l'Acte d'arbitrage en 1949 ; Convention pour la prévention et la répression du crime de génocide, 1948 ; Pactes internationaux sur les droits civils et politiques et sur les droits économiques et sociaux, 1966 ; Convention sur l'élimination de toutes les formes de discrimination raciale, 1968 ; Convention sur l'imprescriptibilité des crimes de guerre et des crimes contre l'humanité, 1968 ; Convention sur l'élimination et la répression du crime d'apartheid, 1973 ; Convention contre la torture, 1984 ; Convention sur les droits de l'enfant, 1990, etc.). Mais il est fréquent que les États préfèrent donner un caractère plus classique à la négociation finale et que l'Assemblée générale soit simplement invitée à « accueillir favorablement » la conclusion du traité (conventions sur le désarmement ou le contrôle des armements, sur l'utilisation de l'espace extra-atmosphérique, etc.). Le Traité sur l'interdiction complète des essais nucléaires (CTBT, 1996), cependant négocié durant de longues années au sein de la Conférence du désarmement (v. *infra*, n° 600), a été adopté par l'Assemblée générale pour surmonter le blocage de la Conférence où le consensus, nécessaire, n'a pu être trouvé (v. P. Tavernier, *AFDI* 1996, p. 118-136).

104. Élaboration des conventions internationales du travail. — L'un des traits caractéristiques de l'activité de l'OIT est l'adoption de normes internationales du travail par le biais de recommandations (199 en 2008) ou de conventions (188, objet de plus de 7500 ratifications, à la même date).

L'originalité de la méthode suivie pour élaborer et adopter les conventions du travail est étroitement liée au caractère tripartite de cette institution (v. *infra*, n° 413). Non seulement les organes de l'OIT voient siéger, à égalité du point de vue quantitatif, des représentants patronaux et de salariés aux côtés des délégués représentant les gouvernements, mais le poids des premiers est comparable à celui des seconds dans le processus de décision. Il en résulte trois particularités du mode d'élaboration des conventions par la Conférence générale du travail :

a) Des individus sont effectivement associés au déroulement de la procédure de négociation. En principe les délégués non gouvernementaux doivent représenter réellement des intérêts spécifiques, ceux des employeurs et des employés, et faire preuve d'indépendance par rapport au gouvernement de leur pays d'origine. Cet élément de la philosophie initiale du système est peu compatible avec la confiscation bureaucratique du pouvoir économique et la subordination des syndicats uniques au pouvoir politique dans les régimes autoritaires ou totalitaires ce qui a nécessité d'entamer une réflexion sur l'adaptation de l'acte constitutif.

b) Les projets de convention sont adoptés à la majorité des deux tiers, le vote ayant lieu par tête et non par délégation nationale. Le système de vote fait donc exception à la règle générale selon laquelle les gouvernements nationaux ont le monopole absolu de la représentation de l'État dans les relations internationales. Une conjonction d'intérêts des représentants d'intérêts socio-professionnels et de quelques gouvernements peut mettre en échec la volonté d'une majorité d'États membres.

c) L'authentification des textes adoptés n'est pas réalisée par la signature par les délégués des textes ou d'un acte final, mais par celle du président de la Conférence générale et du directeur du BIT, le plus haut fonctionnaire de l'Organisation.

Ces caractéristiques originales — qui rendent toute transposition à d'autres organisations assez difficile — expliquent que les conventions internationales du travail, une fois adoptées, soient soumises à un régime inédit. Le consentement final des États, bien que qualifié de « ratification » par les statuts ne correspond pas au sens usuel du mot : juridiquement, la convention n'a pas été acceptée par les représentants des États. En deuxième lieu, même les États dont les représentants ont voté contre le projet sont obligés de présenter celui-ci aux autorités législatives ou réglementaires internes en vue de rechercher leur acceptation de la convention (v. *supra,* n° 80). En troisième lieu, il est établi depuis l'origine de l'OIT que la « ratification » ne peut être faite avec des réserves. Cette règle, combinée avec la précédente, permettait d'espérer une amélioration plus rapide du sort des travailleurs au plan universel.

Mais il est apparu qu'elle n'était réaliste que dans les rapports entre États de niveaux économiques comparables. Aussi, plutôt que d'accepter un « nivellement par la base », il a fallu se résigner au cours des années récentes à établir des normes modulées au sein même des conventions. Enfin, toujours parce qu'elles émanent d'un organe tripartite, ces conventions ne peuvent faire l'objet d'une interprétation ou d'une révision par les États membres, par voie d'accord *inter se* : ils doivent respecter les procédures établies par les statuts, qui prévoient l'intervention de la Conférence générale. Un projet d'amendement à la Constitution de l'OIT adopté en 1997, accentue le caractère quasi législatif des conventions internationales du travail en prévoyant leur possible abrogation par la Conférence (v. *infra*, n° 203).

§ 2. — *Extension de la communaute des États contractants*

105. Vers un élargissement du droit de participer aux traités. — 1° *Traités fermés et traités ouverts.* — La distinction est traditionnelle. On entend par traité « fermé » un traité qui ne contient pas de clause autorisant des États autres que les parties contractantes à se soumettre au régime établi par le traité, au prix d'un minimum de formalités procédurales (acte unilatéral ou concerté de signature, accession ou adhésion). Si tel est le cas, en effet, les parties contractantes originaires, celles qui ont négocié le traité, définissent discrétionnairement et à l'unanimité à quelles conditions elles accepteront de voir un État tiers devenir partie à ce traité. De tels traités sont très rares, à l'exception de ceux conclus entre un petit nombre d'États (cf. le Traité de La Haye du 3 février 1958 instituant le Benelux).

Au contraire, le traité « ouvert » permet à un État non contractant de devenir partie par un simple acte unilatéral et sans que les parties originaires puissent lui imposer des conditions particulières. Appartiennent à cette catégorie les traités « multilatéraux généraux » : conventions de codification du droit international, conventions conclues sous les auspices des organisations universelles, conventions sur le contrôle des armements (cf. le Traité de 1968 sur la non-prolifération des armes nucléaires, art. IX, ou la Convention de 1979 contre la prise d'otages, art. 17).

En réalité, les traités de type « pur », totalement ouverts ou fermés sont exceptionnels et la distinction n'est pas toujours facile à mettre en œuvre. De nombreux traités sont « ouverts » mais à des catégories d'États déterminées à l'avance (v. *infra,* 2°) ; d'autres sont dits « semi-fermés » : la faculté d'adhésion est subordonnée à une invitation formelle de l'ensemble des États signataires ou à leur acceptation (cas de la plupart des alliances politiques ou militaires — UEO, OTAN, Pacte de Varsovie ; v. aussi l'article XIII du Traité sur l'Antarctique de 1959 ou certaines conventions récentes adoptées dans le cadre du Conseil de l'Europe — cf. P. Imbert, *AFDI* 1979, p. 726-752), voire à la négociation d'un traité d'adhésion que les anciennes parties contractantes tout comme les nouveaux adhérents doivent ratifier (cf. l'article 49 du TUE).

2° *Le problème de la « clause tout État »*. L'ouverture du traité peut donc être globale — dans ce cas le traité a vocation à l'universalité — ou partielle. Les critères sélectifs rencontrés dans la pratique sont très variés et confortent souvent les restrictions mises à l'invitation à la négociation : critères politiques (qualité d'État « démocratique » pour la participation à une organisation internationale), critère géographique, etc. De cette pratique, favorable à la liberté des États signataires quant à l'ouverture des traités, est née une controverse politico-juridique. Est-il admissible, dans la société internationale actuelle, que les « traités multilatéraux généraux » ne soient pas ouverts à « tout État » ? N'existe-il pas une présomption d'ouverture universelle pour cette catégorie de traités, dans le silence du texte ? La réponse intéresse toutes les entités dont l'existence étatique est récente — États nouveaux — ou contestée — tels que la République sahraouie, les États non reconnus par un grand nombre d'États tels qu'Israël, etc. L'ouverture de ces traités à « tout État » permettrait leur participation, sans possibilité de « filtrage » par la majorité ou l'unanimité des parties signataires.

Cette solution, conforme à la conception « législative » du traité et en harmonie avec la théorie solidariste présente certains dangers d'exploitation politique et suppose un degré de solidarité entre États supérieur à celui qui existe en fait, dans la société internationale actuelle. Déjà, la jurisprudence internationale s'était refusée à admettre une présomption d'ouverture pour les traités multilatéraux (CPJI, *Intérêts allemands en Haute-Silésie polonaise*, série A, n° 7, p. 28-29). Saisie du problème lors de l'examen du projet de convention sur le droit des traités, la CDI avait cru possible, en 1962, de considérer que, pour les traités relatifs à des normes de droit international ou portant sur des questions d'intérêt général pour l'ensemble des États, les États avaient un droit subjectif à y devenir partie. La Conférence de Vienne s'est refusée à consacrer une thèse aussi radicale et s'est bornée à rappeler que la rupture ou l'absence de relations diplomatiques « entre deux ou plusieurs États ne fait pas obstacle à la conclusion de traités entre lesdits États » (art. 74), et à admettre qu'un traité pouvait être ouvert en l'absence même de clause expresse en ce sens (art. 15 — v. *infra,* n° 107).

La question de l'inclusion de la « clause tout État » s'est posée à propos de la Convention de Vienne de 1969 elle-même. Les articles 81 et 83 ouvrent la Convention à tous les États membres de l'ONU, d'une institution spécialisée, de l'AIEA, aux États parties au Statut de la CIJ et à tout autre État invité par l'Assemblée générale de l'ONU (formule dite « de Vienne, élargie »). Par une simple « Déclaration sur la participation universelle à la convention », l'Assemblée générale a été incitée, sur une base purement politique, à ne pas adopter une attitude restrictive.

Les articles 82 et 84 de la Convention de Vienne de 1986 sur le droit des traités conclus par les organisations internationales ouvrent au contraire la possibilité de devenir parties à « tous les États » ainsi qu'à la Namibie (avant son indépendance) et aux organisations internationales ayant la capacité de conclure des traités.

3° *La tendance à l'ouverture de la participation* n'en est pas moins marquée depuis la seconde guerre mondiale. Si le « droit au traité » n'a pas été reconnu dans l'abstrait et d'une manière générale en 1969, il reste que de nombreuses conventions multilatérales d'intérêt général sont totalement ouvertes et comportent la clause tout État (notamment dans les domaines de la maîtrise des armements et de la protection des droits de l'homme). Cette tendance s'est affirmée avec la fin de la guerre froide et est confirmée par les dispositions de la Convention de Vienne concernant d'une part la signature différée et l'adhésion, d'autre part et surtout, les réserves.

A. — Signature différée et adhésion

BIBLIOGRAPHIE. — A.-C. KISS, « Les accords conclus au sein du Conseil de l'Europe : les clauses de signature différée et d'adhésion », *AFDI* 1962, p. 726-740. — L. FERRARI BRAVO, « Natura giuridica dell'adezione agli accordi internazionali », *Ann. DI* 1966, p. 183-196.— I.-I. LUKASHUK, « Parties to Treaties : the Right of Participation », *RCADI* 1972, I, vol. 135, p. 231-328. — D. MATHEY, « Participation universelle aux traités multilatéraux », *RBDI* 1972, p. 529-567.

106. Signature différée. — Avant tout procédé d'authentification du texte du traité (v. *supra,* n°s 74 et 76), la signature n'était, à l'origine ouverte qu'aux seuls États qui avaient participé à la négociation ; y procédaient ceux de ces États dont les négociateurs considéraient le texte comme satisfaisant. Cette possibilité est aujourd'hui ouverte à des États qui n'ont pas pris part à la négociation ou qui, y ayant participé, n'ont pas jugé opportun de signer la convention au moment de son adoption. C'est ce que l'on appelle la « signature différée ». Elle constitue un moyen d'extension des traités multilatéraux en permettant à un État soit d'accomplir un premier pas vers un traité auquel il était totalement étranger, soit de se « repentir » après réflexion.

Bien que critiquée — l'adhésion pourrait suffire — l'extension de cette pratique est favorisée par des considérations politiques.

Comme l'adhésion, la signature différée peut être admise de manière plus ou moins sélective ou être ouverte à tous (Traité sur la non-prolifération des armes nucléaires de 1968, art. IX, § 1). Le délai dans lequel elle doit intervenir peut être très variable ; quelques mois en général du temps de la SdN, un an (cf. les protocoles de 1977 additionnels aux conventions de Genève de 1949), deux ans (cf. l'art. 305, § 2, de la Convention de Montego Bay sur le droit de la mer), jusqu'à l'entrée en vigueur de la convention (cf. l'article IX préc. du TNP) ou même sans limitation de durée (cf. les Pactes internationaux relatifs aux droits de l'homme de 1966).

107. Adhésion. — L'adhésion est l'acte par lequel un État qui n'a pas signé le texte du traité, exprime son consentement définitif à être lié. Cette procédure a la même portée que celle de la signature *et* de la ratification. Dans ces conditions, les précautions qui entourent la procédure de ratification (v. *supra,* n° 78) ne s'imposent plus : l'État adhérent a pris, à l'égard du traité, le recul nécessaire ; il a eu tout loisir de peser les avantages et les inconvénients de son engagement.

L'adhésion permet, plus efficacement que la signature différée, d'étendre le champ d'application d'une réglementation conventionnelle : elle traduit, en effet, le consentement d'un État à être lié par le traité, au même titre que la ratification, l'acceptation ou l'approbation (art. 2, § 1. b, et art. 11 de la Convention de Vienne). La Convention de 1969 s'efforce d'en faciliter l'usage en admettant que :

« Le consentement d'un État à être lié par un traité s'exprime par l'adhésion :

a) lorsque le traité prévoit que ce consentement peut être exprimé par cet État par voie d'adhésion ;

b) lorsqu'il est par ailleurs établi que les États ayant participé à la négociation étaient convenus que ce consentement pouvait être exprimé par cet État par voie d'adhésion ;

c) lorsque toutes les parties sont convenues ultérieurement que ce consentement pourrait être exprimé par cet État par voie d'adhésion. » (art. 15).

Toutefois, l'efficacité du procédé, pour la généralisation du régime conventionnel, est déterminée par deux éléments : les critères matériels retenus pour définir le champ d'application de la clause d'adhésion (clause tout État, critère géographique ou idéologique, liste limitative, etc.) et la procédure d'accueil de la demande d'adhésion.

La technique de l'adhésion s'est, en effet, diversifiée. À l'origine, dès les premiers traités multilatéraux, l'adhésion correspondait à une procédure concertée : il fallait soit un accord entre l'État et les parties originaires, soit l'acceptation expresse ou tacite de ces derniers après notification d'adhésion. Cette technique connaît encore de nombreuses illustrations (art. 10 du Traité de l'Atlantique Nord de 1949). Dans le cas où l'adhésion n'est possible que sur invitation des États membres, elle ne peut intervenir qu'après l'entrée en vigueur du traité : c'est la pratique suivie au Conseil de l'Europe pour les États non-membres (v. par ex. l'article 43 de la Convention de Varsovie du 16 mai 2005 sur la lutte contre la traite des êtres humains, texte *in RGDIP* 2005, p. 771). Il peut arriver également que le dépositaire émette un doute à l'égard d'un acte se présentant comme un acte d'adhésion, eu égard à la qualité non étatique de son auteur (v. s'agissant de l'accession de la Palestine à la quatrième convention de Genève : CIJ, *Conséquences de l'édification d'un mur dans le territoire palestinien occupé*, 9 juillet 2004, *Rec.*, p. 173, § 91). Hormis ces hypothèses, dans le silence du traité, l'adhésion est réalisée aujourd'hui par un simple acte unilatéral ; l'État adhérent devient automatiquement partie au traité. En règle générale, l'adhésion pourra intervenir dès l'expiration du délai fixé pour la signature différée ; ainsi les adhésions seront comptabilisées dans le calcul permettant de fixer la date d'entrée en vigueur. C'est la simple application du principe selon lequel les États adhérents ont exactement les mêmes droits et prérogatives que les parties originaires.

L'admission dans une organisation internationale constitue une modalité très particulière d'adhésion selon une procédure complexe : l'acte de candidature est une déclaration d'intention ; l'admission elle-même résulte d'une décision unilatérale des organes compétents de l'organisation, selon les procédures internes de celle-ci (cf. l'art. 4, § 2, de la Charte des Nations Unies) qui ouvrent la voie à l'acte en principe unilatéral par lequel l'État adhère à l'acte constitutif. Il peut toutefois se produire que, dans ce cas, l'adhésion résulte d'un accord entre les parties originaires et l'État adhérent (cf. le protocole de Paris du 23 oct. 1954 pour l'adhésion de la RFA à l'OTAN, les traités d'adhésion de 1972, 1979 et 1985, conclus en application de l'article 237 du Traité de Rome CEE ou ceux qui seront conclus à l'avenir conformément aux dispositions de l'article 49 du TUE).

En tant que substitut à d'autres modalités du consentement, l'adhésion est exclusive de celles-ci : la pratique des « adhésions sous réserve de ratification » est incorrecte, aussi bien du point de vue du droit interne que de celui du droit international ; simple manifestation de l'intention d'adhérer, elle n'a pas d'effet juridique et le dépositaire du traité ne peut la prendre en considération. Telle est l'attitude du Secrétariat général de l'ONU (*AJNU,* 1985, p. 249). Le terme accession, parfois utilisé comme synonyme d'« acceptation » (v. *supra,* n° 77), l'est souvent au lieu et place d'« adhésion » ; moins fréquemment, il en va de même pour le terme « acceptation ».

B. — Réserves

BIBLIOGRAPHIE. — C. A. PODESTA-COSTA, « Les réserves dans les traités internationaux », *RDI* 1938, p. 1-52. — G. FITZMAURICE, « Reservations to Multilateral conventions », *ICLQ* 1953, p. 1-26. — D. KAPPELER, *Les réserves dans les traités,*

Verlag für Recht, Bâle, 1958, 101 p. — W. BISHOP, « Reservations to Treaties », *RCADI*, 1961-II, vol. 103, p. 245-341. — D. R. ANDERSON, « Reservations to Multilateral Conventions-a Reexamination », *ICLQ* 1964, p. 450-481. — J. NISOT, « Les réserves aux traités et la Convention de Vienne du 23 mai 1969 », *RGDIP* 1973, p. 200-206. — J. M. RUDA, « Reservations to Treaties », *RCADI* 1975-III, vol. 146, p. 95-218. — D. W. BOWETT, « Reservations to Non-Restricted Multilateral Treaties », *BYBIL* 1976-77, p. 67-92. — D. MCRAE, « The Legal Effect of Interpretative Declarations », *BYBIL* 1978, p. 155-173. — P.-H. IMBERT, *Les réserves aux traités multilatéraux*, Pedone, 1979, 503 p. — J. K. GAMBLE Jr., « Reservations to Multilateral Treaties — a Macroscopic View of State Practice », *AJIL* 1980, p. 372-394. — G. TEBOUL, « Remarques sur les réserves aux conventions de codification », *RGDIP* 1982, p. 679-717. — J. K. KOH, « Reservations to Treaties : How International Legal Doctrine Reflects World Vision », *Harvard ILJl*, 1982, p. 71-116. — R. KÜNER, *Vorbehalte zu multilateralen völkerrechtlichen Verträgen*, Springer, Berlin, 1986, XI-307 p. — G. GAJA, « Unruly Treaty Reservations », *Mél. Ago*, I, p. 307-330. — F. HORN, *Reservations and Interpretative Declarations to Multilateral Treaties*, TMC Asser Institut, La Haye, 1988, XXIX-514 p. — C. REDGWELL, « Universality or Integrity ? Some Reflections on Reservations in General Multilateral Treaties », *BYBIL* 1993, p. 254-282. — D. W. GREIG, « Reservations : Equity as a Balancing Factor », *Austr. YBIL*, 1995, p. 21-172. — L. SUCHARIPA-BEHRMANN, « The Legal Effects of Reservations to Multilateral Treaties », *Austrian Rev. I. and Eur. L.*, 1996, p. 67-88. — R. SAPIENZA, *Dichiarazioni interpretative unilaterali e trattati internazionali*, Giuffré, Milan, 1996, 291 p. ; « Les déclarations interprétatives unilatérales et l'interprétation des traités », *RGDIP* 1999, p. 601-629. — J. A. FROWEIN, « Reservations and the International "Ordre Public" », *Mél. Skubiszewski*, p. 403-412. — L. MIGLIORINO, *Le obiezioni alle riserve nei trattati internazionali*, Giuffré, Milan, 1997, XVI-159 p. — A. PELLET, « La CIJ et les réserves aux traités — Remarques sur une révolution jurisprudentielle », *Mél. Oda*, p. 481-514. — M. RIQUELME CORTADO, *Las reserves a los tratados. Lagunas y ambigüedades del Regimen de Viena*, PU Murcia, 2004, 433 p. — E. T. SWAINE, « Reserving », *Yale Jl. IL* 2006, vol. 31, p. 307-366. — A. PELLET, D. MÜLLER et W. SCHABAS, Commentaire des articles 19 à 23 *in* O. CORTEN et P. KLEIN (dir.), *Les conventions de Vienne sur le droit des traités. Commentaire article par article*, Bruylant, Bruxelles, 2006, vol. 1, p. 641-1022.

V. aussi les rapports d'A. PELLET à la CDI sur les réserves aux traités (depuis 1995) et la bibliographie annexée à ses 2e et 4e rapports (A/CN.4/478 et A/CN.4/478/Rev.1).

108. Définitions — 1° En présence d'un traité dont l'objet, le but et le contenu dans son ensemble lui conviennent, à l'exception de quelques-unes de ses dispositions, tout État intéressé a le choix entre deux attitudes : ou bien, refuser de devenir partie à ce traité afin d'échapper à l'application de ces dispositions ; ou bien, ne pas couper entièrement les ponts, consentir à s'engager, mais en déclarant en même temps, soit qu'il exclut purement et simplement de son engagement ces dispositions qui ne rencontrent pas son agrément, soit qu'il entend leur prêter, en ce qui le concerne, une signification particulière et acceptable pour lui. Si cet État opte pour cette deuxième attitude et fait une telle déclaration, on dit qu'il formule des *réserves* à ces dispositions. Le droit des traités l'y autorise. Il peut formuler ses réserves à la signature, à la ratification, à l'acceptation, à l'approbation ou à l'adhésion.

D'après l'article 2, paragraphe 1.d, de la Convention de Vienne :

« L'expression réserve s'entend d'une déclaration unilatérale, quel que soit son libellé ou sa désignation, faite par un État quand il signe, ratifie, accepte ou approuve un traité ou y adhère, par laquelle il vise à exclure ou à modifier l'effet juridique de certaines dispositions du traité dans leur application à cet État ».

Depuis 1996, la CDI a entrepris la rédaction d'un « Guide de la pratique » en matière de réserves, dont l'objectif est, comme son nom, l'indique de favoriser une pratique uniforme dans ce domaine. Il se traduit par l'adoption de « directives » et n'a pas vocation à devenir une convention. Le projet de directive 1.1 reprend la définition de Vienne.

2° À côté des réserves proprement dites, la pratique contemporaine voit proliférer les *déclarations interprétatives,* qui, en principe, ont pour objet non d'exclure ou de limiter l'application d'une disposition mais seulement de préciser le sens de celle-ci.

Aux termes du projet de directive 1.2 du Guide de la pratique de la CDI, « [l]'expression “déclaration interprétative” s'entend d'une déclaration unilatérale, quel que soit son libellé ou sa désignation, faite par un État ou par une organisation internationale, par laquelle cet État ou cette organisation vise à préciser ou à clarifier le sens ou la portée que le déclarant attribue à un traité ou à certaines de ses dispositions ». Lorsque l'auteur de la déclaration subordonne son consentement à être lié à l'interprétation spécifiée, on parle de « déclarations interprétatives conditionnelles » (cf. la directive 1.2.1), dont le régime juridique est, *mutatis mutandis,* identique à celui des réserves.

Si la distinction entre réserves et déclarations interprétatives paraît claire dans l'abstrait, elle l'est beaucoup moins *in concreto*. Les États ont en effet tendance à avoir des secondes une conception fort extensive et à les rédiger de manière tellement ambiguë que le sens de la convention peut en être largement faussé ; il y a là, dans certains cas, un moyen commode (mais juridiquement inacceptable) de tourner les règles limitant ou interdisant les réserves.

Lorsqu'une déclaration interprétative s'analyse en réalité en une réserve, il y a lieu de rétablir cette qualification. Ainsi, dans l'affaire *Temeltasch,* la Commission européenne des droits de l'homme a considéré que « si un État formule une déclaration et la présente comme une condition de son consentement à être lié par la Convention (européenne des droits de l'homme) et comme ayant pour but d'exclure ou de modifier l'effet juridique de certaines dispositions, une telle déclaration, quelle que soit sa désignation, doit être assimilée une réserve au sens de l'article 64 de la Convention » (rapport du 5 mai 1982). La Cour de Strasbourg a adopté la même attitude dans l'affaire *Belilos* (v. *infra,* n° 111 ; v. aussi la décision arbitrale du 30 juin 1977 dans l'affaire du *Plateau continental de la mer d'Iroise, RSA* XVIII, p. 169-170). De même, le Comité des droits de l'homme des Nations Unies a qualifié de réserve la déclaration de la France concernant l'article 27 du Pacte international relatif aux droits civils et politiques, selon laquelle cette disposition n'avait « pas lieu de s'appliquer en ce qui concerne la République » (décision du 8 nov. 1989, *TK et MK c. France,* doc. CCPR/C/37/D/220/1987, annexe).

On peut noter par ailleurs que la Convention de Vienne a tellement limité la portée des objections aux réserves qu'à cet égard le régime juridique des réserves les rapproche de celui des déclarations interprétatives (v. *infra,* n° 112).

109. Avantages et inconvénients. — Le procédé des réserves fait l'objet de critiques sévères. On lui reproche de modifier le traité, de porter atteinte à son intégrité, de bouleverser son équilibre, de morceler son régime. Ces objections ne sont pas dépourvues de valeur, mais elles ne sont pas décisives. Les réserves, en effet, facilitent l'acceptation des traités et favorisent en conséquence l'extension de leur champ d'application.

Une des premières applications du système des réserves résulte de l'initiative de la France qui ratifia l'Acte général de Bruxelles du 2 juillet 1890 sur l'abolition de l'esclavage en excluant de son engagement les dispositions relatives au « droit de visite ». Cet exemple est aussi un plaidoyer en faveur des réserves. C'est, en effet, en raison de sa même hostilité vis-à-vis de ce droit de visite, que la France avait refusé de ratifier le Traité de Londres de

1841. Adopté ensuite par les deux conférences de La Haye (1899 et 1907), ce procédé n'a cessé de se développer depuis.

Il puise aujourd'hui de nouveaux fondements dans les transformations de la technique d'élaboration des traités multilatéraux et dans la multiplication des participants à cette élaboration. D'une part, l'application de la procédure majoritaire a pour résultat que le traité adopté renferme inévitablement des dispositions inacceptables pour les États minoritaires qui les ont repoussées par leur vote et qui pourraient préférer s'abstenir de s'engager si la formulation des réserves leur était défendue. L'opinion de la CIJ est parfaitement claire à ce sujet :

« Le principe majoritaire, s'il facilite la conclusion des conventions multilatérales, peut rendre nécessaire pour certains États la formulation de réserves. » (Avis sur les *Réserves à la Convention sur le génocide, Rec.* 1951, p. 22).

D'autre part, il est très difficile de parvenir à l'unification juridique désirable quand, par leur nombre élevé, les États participant à l'élaboration, au sein d'une grande conférence internationale, reflètent toute la diversité du monde qu'ils représentent. Enfin, à l'époque contemporaine, de nombreuses conventions multilatérales générales, comme celles relatives à la protection des droits de l'homme ou de l'environnement, établissent un véritable droit nouveau : par réalisme, on doit accepter que celui-ci s'applique *progressivement* avant de devenir la règle commune à tous les États.

Ainsi, le problème de la légitimité des réserves est un problème de choix entre deux objectifs : le rapprochement des peuples par l'extension de la communauté des parties aux traités multilatéraux ou l'uniformisation du droit. En autorisant les réserves, le droit international positif a opté pour le premier, les règles en vigueur traduisant cependant le souci d'éviter que les règles conventionnelles puissent être vidées de leur substance par une pratique abusive des réserves.

110. Restrictions conventionnelles à la formulation de réserves. — 1° *Principe de liberté.* La règle fondamentale en ce domaine est que les parties contractantes sont libres d'interdire, ou de limiter, ou de faciliter à leur gré la formulation de réserves.

Ce principe a été consacré par les alinéas *a* et *b* de l'article 19 de la Convention de Vienne sur le droit des traités :

« Un État, au moment de signer, de ratifier, d'accepter, d'approuver un traité ou d'y adhérer, peut formuler une réserve, à moins :

a) que la réserve ne soit interdite par le traité ;

b) que le traité ne dispose que seules des réserves déterminées, parmi lesquelles ne figure pas la réserve en question, peuvent être faites ;... ».

Aux termes de l'article 22, une réserve ou une objection à une réserve peut être retirée à tout moment à moins que le traité n'en dispose autrement (sur la pratique française, v. J.-F. Flauss, *AFDI* 1986, p. 857-866). Pour prendre effet à l'égard des autres États contractants, le retrait doit cependant leur être notifié au plan international (CIJ, *Activités armées sur le territoire du Congo (RDC c. Rwanda)*, arrêt du 3 fév. 2006, § 41-44, ainsi que § 74-75).

2° *La pratique* est extrêmement diverse.

Par une clause explicite, les États peuvent interdire toute formulation de réserves : l'article 20 de la Convention de Genève sur le droit d'auteur du 6 septembre 1952 retient cette solution rigoureuse — qui a été en grande partie à l'origine du refus d'engagement d'un grand nombre d'États du Tiers Monde ; il en va de même de l'article 24 du Protocole de Madrid sur la protection de l'environnement de l'Antarctique et de plusieurs conventions récentes en matière d'environnement (conventions de Rio et de New York de 1992, sur la diversité biologique et les changements climatiques ; d'Helsinki, du 9 avril 1992 sur la mer Baltique). Voir aussi l'article 22 de la Convention de Paris du 13 janvier 1993 sur l'interdiction des armes chimiques. De même l'article 309 de la Convention de 1982 sur le droit de la mer interdit toute réserve (mais l'art. 310 prévoit la possibilité de déclarations interprétatives ; 55 États et la CE en ont fait usage). On admet généralement que dans les conventions internationales du travail, il existe une clause implicite d'interdiction des réserves du fait de la mission qui incombe à l'OIT d'uniformiser les conditions de travail dans le monde.

D'autres traités se contentent d'interdire des réserves à certaines de leurs dispositions, ce qui équivaut à les autoriser à l'égard de toutes les autres (tel est le cas, par exemple, des conventions de Genève de 1958 sur la pêche [art. 19] et sur le plateau continental [art. 12]). À l'inverse, certains traités autorisent expressément les réserves à des dispositions déterminées, ce qui revient à les interdire pour les autres articles (cf. l'art. 42 de la Convention sur les réfugiés de 1951 ; l'art. 40 de la Convention d'Istanbul de 1990 sur des aspects internationaux de la faillite autorise des réserves sur les chapitres II et III de cet accord ; l'art. 1er de la Convention de Strasbourg du 5 février 1992 relative à la participation des étrangers à la vie publique au niveau local : permet les réserves aux chapitres B et C). D'autres encore autorisent ou excluent certaines catégories de réserves (ainsi, l'art. 39 de l'Acte général d'arbitrage de 1928 autorise trois types de réserves et l'art. 64 de la Convention européenne des droits de l'homme interdit les « réserves de caractère général » et, reprenant la règle générale (v. *infra*, n° 111), l'article 51 de la Convention de 1990 relative aux droits de l'enfant exclut les réserves incompatibles avec son objet et son but). V. aussi CIJ, arrêt du 19 déc. 1978, affaire du *Plateau continental de la mer Égée, Rec.* 1978, p. 23).

3° *Effets des clauses relatives aux réserves.* Normalement, quand les réserves sont autorisées par le traité, elles n'ont pas besoin, pour prendre effet, du consentement des autres États contractants, ce consentement étant donné lors de l'acceptation de la clause d'autorisation (art. 20, § 1, de la Convention de Vienne). Mais les auteurs du traité peuvent en décider autrement.

Ainsi, l'article 22 de la Convention du 20 avril 1929 sur la suppression du faux monnayage subordonne la validité des réserves au consentement de tous les États ayant ratifié ou adhéré ; pour sa part, l'article 20 de la Convention de 1965 sur l'élimination de toutes les formes de discrimination raciale interdit certaines catégories de réserves et précise : « une réserve sera considérée comme rentrant dans les catégories définies ci-dessus si les deux tiers au moins des États parties à la Convention élèvent des objections » (v. le commentaire de A. Cassese, *Mél. Guggenheim,* 1968, p. 266).

Dans sa décision du 30 juin 1977 rendue dans l'affaire de la *Délimitation du plateau continental dans la mer d'Iroise* (*France c. Royaume-Uni*), le Tribunal arbitral a admis à propos de l'article 12 de la Convention de Genève de 1958 sur le plateau continental, qu'une disposition autorisant des réserves en termes généraux laisse les États parties « libres de réagir à leur guise à une réserve faite en conformité de ses dispositions et même de refuser la réserve » (*NED* 1977, p. 55).

111. Formulation des réserves en cas de silence du traité. — En cas de silence du texte, deux problèmes se posent : la liberté dont disposent les États dans la formulation des réserves (v. *supra*, n° 110) est-elle totale ? et, si ce n'est pas le cas, qui peut apprécier la validité des réserves ?

Les solutions retenues par la Convention de Vienne restent très générales et n'ont pas permis de résoudre toutes les difficultés qui se présentent en pratique. À la demande de l'Assemblée générale, la CDI a inscrit la question des « réserves aux traités » à son ordre du jour en 1994 et nommé un rapporteur spécial sur ce sujet.

1° *Limitations au droit de formuler des réserves.* Le droit positif a évolué dans le sens d'un assouplissement très considérable.

La pratique du Secrétaire général de la SdN en tant que dépositaire était rigide : une réserve n'était admise que si tous les autres États parties au traité l'acceptaient, cette rigueur n'étant atténuée que par le fait que le silence était assimilé au consentement ; face à une seule objection, l'État réservataire ne pouvait devenir partie. Le système panaméricain était beaucoup plus souple : l'objection ne faisait pas obstacle à l'entrée en vigueur du traité à l'égard de l'État auteur de la réserve mais le liait seulement vis-à-vis des États n'ayant pas formulé d'objection. C'est en ce sens que s'est fixée la pratique contemporaine, la Convention de Vienne de 1969 introduisant même dans le système un élément supplémentaire de souplesse (v. *infra,* n° 112).

L'évolution a été provoquée par les réserves qu'entendaient formuler l'URSS et les autres pays de l'Est aux articles IX et XII de la Convention pour la prévention et la répression du crime de génocide du 9 décembre 1948 relatifs respectivement à la compétence obligatoire de la CIJ pour le règlement des différends et à la non-application directe de la Convention aux territoires non autonomes. Consultée par l'Assemblée générale des Nations Unies, la CIJ a considéré qu'il n'existait pas de règles absolues en la matière : « Le caractère d'une convention multilatérale, son objet, ses dispositions, son mode d'élaboration et d'adoption sont autant d'éléments qui doivent être pris en considération pour apprécier, dans le silence de la convention, la possibilité de formuler des réserves ainsi que pour en apprécier la régularité et les effets » (avis du 28 mai 1951, *Rec.* 1951, p. 22). « C'est la compatibilité de la réserve avec l'objet et le but de la Convention qui doit fournir le critère de l'attitude de l'État qui joint une réserve à son adhésion et de l'État qui estime devoir faire une objection » (*ibid.,* p. 24).

Lors de l'élaboration de la Convention de Vienne, la CDI s'est très directement inspirée de la solution retenue par l'avis consultatif de la CIJ de 1951, à laquelle l'Assemblée générale s'est ralliée par sa résolution 598 (V) du 12 janvier 1952. L'article 19 de la Convention de Vienne admet formellement qu'en cas de silence du traité une réserve est possible à moins qu'elle « ne soit incompatible avec l'objet et le but du traité » (al. c).

Faisant application de cette règle, la CIJ a décidé qu'une réserve à l'article IX de la Convention sur le génocide, aboutissant à exclure sa compétence pour les différends portant sur l'interprétation, l'application ou l'exécution de cette convention, n'était pas incompatible avec son objet et son but dès lors qu'elle ne visait qu'à « exclure un moyen particulier de régler un différend » sans « affect[er] les obligations de fond qui découlent de cette convention ». Le fait que l'interdiction du génocide ressortisse au *jus cogens* n'exerce selon la Cour aucune incidence à cet égard (CIJ, *Activités armées sur le territoire du Congo (RDC c. Rwanda),* arrêt du 3 février 2006, § 64-70 ; v. également § 76-77 à propos d'une réserve identique relative à la convention contre la discrimination raciale). Sur l'application du critère de l'objet et du but du traité, v. A. PELLET, 10e rapport sur les réserves aux traités, A/CN.4/558/Add.1 et les projets de directives 3.1.5 à 3.1.13 adoptés en première lecture (Rapport de la CDI, 2007, A/62/10, p. 70 ss.).

L'article 20 de la Convention introduit cependant deux restrictions supplémentaires :

« 2. Lorsqu'il ressort du nombre restreint des États ayant participé à la négociation, ainsi que de l'objet et du but d'un traité, que l'application du traité dans son intégralité entre toutes les parties est une condition essentielle du consentement de chacune d'elles à être liée par le traité, une réserve doit être acceptée par toutes les parties.

« 3. Lorsqu'un traité est un acte constitutif d'une organisation internationale et à moins qu'il n'en dispose autrement, une réserve exige l'acceptation de l'organe compétent de cette organisation ».

En revanche, la Convention de Vienne laisse ouverte la question de savoir si un État peut faire une réserve à une disposition portant codification de règles coutumières du droit international général ou à une clause conventionnelle exprimant une règle de *jus cogens*. Sans doute, comme l'a rappelé la CIJ, de telles règles,

« par nature, doivent s'appliquer dans des conditions égales à tous les membres de la communauté internationale et ne peuvent donc être subordonnées à un droit d'exclusion exercé unilatéralement et à volonté par l'un quelconque des membres de la communauté et à son propre avantage » (arrêt du 20 fév. 1969, affaire du *Plateau continental de la mer du Nord, Rec.* 1969, p. 38-39). Toutefois, on doit considérer que, dès lors que, ce faisant, il ne remet pas en cause l'objet et le but du traité, un État puisse, par une réserve, s'opposer à la « conventionnalisation » de la règle en cause.

2° Dans l'état actuel de la société internationale, *l'appréciation de la validité des réserves* ne peut être le fait du juge que si les États y consentent. Dès lors, si un tel consentement fait défaut, et à l'exception du cas particulier des réserves à l'acte constitutif d'une organisation internationale, pour lequel une solution « institutionnelle » peut être envisagée (art. 20, § 3, de la Convention de Vienne — v. *supra,* 1°), il n'y a pas d'autre voie possible que celle qui consiste à abandonner à chaque État cocontractant le droit d'apprécier la validité d'une réserve et, en particulier, sa conformité au but et à l'objet du traité.

Certains traités contiennent néanmoins des clauses spécifiques sur ce point. Ainsi, l'article 20, paragraphe 2, de la Convention sur l'élimination de toutes les formes de discrimination raciale prévoit qu'une réserve sera considérée comme incompatible avec l'objet et le but de la Convention « si les deux tiers au moins des États parties (...) élèvent des objections ».

De plus, lorsque le traité crée un organe de contrôle des obligations conventionnelles, ce qui est fréquent en matière de droits de l'homme, celui-ci devrait pouvoir apprécier la validité des réserves éventuelles. La pratique des organes de la Convention européenne des droits de l'homme semble bien fixée en ce sens. Ainsi, dans l'affaire *Belilos*, la Cour de Strasbourg a jugé une déclaration interprétative de la Suisse incompatible avec l'article 64 de la Convention qui interdit les réserves de caractère général et, se fondant sur les intentions présumées de la Suisse, elle a estimé que celle-ci n'en était pas moins liée par la Convention dans son ensemble (arrêt du 29 avril 1988, *série A*, n° 132 ; v. aussi l'arrêt du 22 mai 1990, *Weber c. Suisse,* série A, n° 177). Sans s'arrêter à la question de leur recevabilité, pourtant fort douteuse, la Commission a également estimé que certaines réserves faites par la Turquie à la déclaration par laquelle elle acceptait les requêtes individuelles étaient incompatibles avec la Convention, tout en considérant, contrairement à la thèse soutenue par la Turquie, que la validité de la déclaration n'en était pas affectée (décision du 4 mars 1991, *Chrysostomos et a., RUDH*, 1991, p. 193) ; la Cour de Strasbourg a suivi un raisonnement similaire dans son arrêt du 23 mars 1995, *Loïzidou c. Turquie*. Dans son « Observation générale » n° 24 du 2 novembre 1994, le Comité des Droits de l'homme des Nations Unies s'est rallié à cette façon de voir et a affirmé sa compétence pour apprécier la validité des réserves et pour tirer les conséquences de ces constatations (CCPR/C/21/Rev.1/Add.6 ; v. aussi le rapport du Comité du 2 novembre 1999 dans l'affaire *Rawle Kennedy*, *RUDH* 2000, p. 218). Cette position très radicale a été critiquée par plusieurs États et, par des « Conclusions préliminaires » adoptées en 1997, la CDI a préconisé une voie moyenne : elle a reconnu aux organes de droits de l'homme la faculté de se prononcer sur la licéité des réserves (§ 5), mais elle a estimé « qu'en cas d'illicéité d'une réserve, il appartient à l'État réservataire d'en tirer les conséquences » (rapport à l'Assemblée générale, A/52/10, p. 107). Dans son arrêt du 3 février 2006 précité (*supra*, 1°), la CIJ s'est reconnue compétente à son tour pour apprécier la validité de réserves à la convention contre le génocide et à la convention sur la discrimination raciale, sans préciser toutefois quelles auraient été les conséquences d'une déclaration d'invalidité (en l'espèce, les réserves rwandaises n'ont pas été jugées incompatibles avec le droit international) (v. not. sur cet aspect de l'arrêt de la Cour l'opinion individuelle commune des juges Higgins, Kooijmans, Elaraby, Owada et Simma).

Sur les réserves aux traités de droits de l'homme, v. not., parmi une bibliographie particulièrement abondante : P. H. IMBERT, *Human Rights Review* 1981, p. 28-60 ; L. LIJNZAAD, *Reservations to UN Human Rights Treaties : Ratify and Ruin ?*, Nijhoff, Dordrecht, 1994, 468 p. ; W. SCHABAS, *ACDI* 1994, p. 39-81 ; M. RAMA-MONTALDO, *Mél. Jimenez*, p. 1261-1277 ; G. COHEN-JONATHAN, *RGDIP* 1996, p. 915-949 ; J. P. GARDNER ed., *Human Rights as General Norms and a State's Right to Opt out*, *BIICL* 1997, XXIX-207 p. ; B. SIMMA, *Mél. Seidl-Hohenveldern*, p. 659-682 ; R. BARATTA, *EJIL* 2000, p. 413-425 ; Y. TYAGI, *BYBIL* 2000, p. 181-252 ; K. KORKELIA, *EJIL* 2002, p. 437-477 ; R. GODMAN, *AJIL* 2002, p. 531-560 ; I. ZIEMELE dir., *Reservations to Human Rights Treaties and the Vienna Convention Regime,* Martinus, Leiden, 2004, XXV-319 p. ; O. DE FROUVILLE, *L'intangibilité des droits de l'homme. Régime conventionnel et droit des traités*, Pedone, 2004, XII+561 p. ; F. COULÉE, « À propos d'une controverse autour d'une codification en cours : les réactions aux réserves incompatibles avec l'objet et le but des traités de protection des droits de l'homme », *Mél. Cohen-Jonathan*, p. 501-522 ; le 2e rapport d'A. Pellet à la CDI (A/CN.4/477/Add.1) et le document de travail final présenté par F. Hampson à la Sous-Commission des droits de l'Homme (E/CN.4/Sub.2/2004/42).

112. Effets des réserves et des objections aux réserves. — L'exigence de l'acceptation, expresse ou tacite, de la réserve par l'ensemble des États contractants pour que le traité puisse entrer en vigueur à l'égard de l'État réservataire, revenait à donner à chaque État partie un droit de veto peu compatible avec la tendance actuelle à l'élargissement du droit de participer aux traités (v. *supra,* n° 105). Cette solution, appliquée du temps de la SdN et aux débuts des Nations Unies, est aujourd'hui abandonnée (v. *supra,* n° 111-1°).

À l'heure actuelle, l'exigence de l'unanimité n'est plus maintenue, partiellement, que pour les traités dont les parties sont en nombre restreint (v. *ibid.*). Pour les autres, on a même renoncé à l'idée d'un consentement « collectif » donné par un pourcentage raisonnable d'États parties. Il suffit qu'un seul État accepte la réserve pour que l'État réservataire soit partie au traité (art. 20, § 4). La Convention de Vienne invite même les États à faire une plus large place à l'acceptation tacite des réserves : l'absence d'objections dans le délai relativement bref d'un an doit être interprétée comme une acceptation (art. 20, § 5).

Dans son avis consultatif du 24 septembre 1982, relatif à l'entrée en vigueur de la Convention de San José, la Cour interaméricaine des droits de l'homme a estimé que l'exigence de l'acceptation de la réserve par un État au moins, ne s'appliquait pas aux conventions protectrices des droits de l'homme (*ILM*, 1983, p. 37).

Corrélativement, les auteurs de la Convention de Vienne se sont attachés à réduire la portée des objections aux réserves. L'objection ne peut être présumée, elle doit toujours être expresse, mais peut émaner d'un État simplement signataire. Et pour que l'objection ait pour effet d'empêcher l'entrée en vigueur du traité entre les deux États intéressés, il faut que l'État qui émet l'objection ait manifesté nettement son intention qu'il en soit ainsi (art. 20, § 4.b). La pratique arbitrale confirme cette volonté de limiter les cas où l'ensemble du rapport conventionnel serait remis en cause par la combinaison d'une réserve et d'une objection à celle-ci (sentence précitée, n° 108, de la *Mer d'Iroise*, 1977). Toutefois, l'objection à une réserve a « pour effet d'exclure » l'article sur lequel porte celle-ci « des dispositions de la convention en vigueur entre les Parties » (CIJ, ord., 2 juin 1999, *Licéité de l'emploi de la force (Yougoslavie c. Espagne* et *Yougoslavie c. États-Unis*, *Rec.* 1999, p. 772, § 32 et p. 924, § 24).

L'existence de réserves ne modifie évidemment en rien le jeu du traité entre les États qui l'ont accepté intégralement. Entre les États réservataires et ceux qui ont accepté les réserves, les règles du traité sont modifiées dans la mesure voulue par les réserves : par exemple si un État a refusé la clause de règlement juridictionnel obligatoire des différends nés du traité, ni lui ni les autres parties ne pourront introduire un recours unilatéral devant la juridiction désignée par le traité. Entre les États réservataires et ceux qui ont fait objection à la réserve, sans cependant s'opposer à l'entrée en vigueur du traité entre eux, celui-ci s'applique à l'exception des dispositions sur lesquelles porte la réserve, ce qui ne va pas sans poser parfois, de graves problèmes de mise en œuvre.

L'idéal reste évidemment de retrouver le plus rapidement possible une application intégrale du traité ; aussi suffit-il d'un acte unilatéral de retrait pour que disparaissent réserves et objections aux réserves ; ce retrait peut intervenir à tout moment.

§ 3. — *Institution du dépositaire*

BIBLIOGRAPHIE. — J. DEHAUSSY, « Le dépositaire des traités internationaux », *RGDIP,* 1952, p. 489-523. — A.-Ch. KISS, « Les fonctions du Secrétaire général du Conseil de l'Europe comme dépositaire des conventions européennes », *AFDI,* 1956, p. 680-710. — D. KAPPELER, « Praxis der Depositare multilateraler Staatsverträage gegenüber Vorbehalten », *ASDI,* 1963, p. 21-40. — Sh. ROSENNE, « The Depositary of International Treaties », *AJIL,* 1967, p. 923-945 et 190, p. 838-852. — P.-H. IMBERT, « À l'occasion de l'entrée en vigueur de la Convention de Vienne sur le droit des traités ; Réflexions sur la pratique suivie par le Secrétaire général des Nations Unies dans l'exercice de ses fonctions de dépositaire », *AFDI,* 1980, p. 524-541. — H. H. HAN, « The UN Secretary-General's Treaty Depositary Function : Legal Implications », *Brooklin Jl.IL,* 1988, p. 549-572. — P. KOHONA, « Some Notable Developments in the Practice of the UN Secretary-General as Depositary of Multilateral Treaties », *AJIL* 2005, p. 433-450.

113. Choix et fonctions du dépositaire. — Selon la procédure générale commune à tous les traités, les instruments de ratification sont échangés entre les États contractants : chacun d'eux doit procéder à autant d'envois qu'il y a de parties. La multiplication des traités multilatéraux groupant un nombre élevé de parties a conduit la pratique à simplifier cette procédure. À l'échange des lettres de ratification est alors substituée l'opération du dépôt des instruments de ratification. À cet effet, les États signataires désignent d'un commun accord un dépositaire du traité et lui confient la tâche de centraliser toute la procédure.

Chaque signataire n'a plus besoin de faire qu'un seul envoi. Il adresse au dépositaire l'instrument de ratification que celui-ci notifie ensuite à tous les autres États intéressés, après avoir établi le procès-verbal de réception. Introduite dès le début du XIXe siècle, cette pratique a été constamment observée depuis lors.

1° *Choix des dépositaires.* En règle générale, l'État sur le territoire duquel se déroulent les négociations ou se réunit la conférence d'élaboration est désigné comme dépositaire, mais rien n'interdit de procéder à un autre choix. En particulier, lorsque le traité est conclu sous les auspices d'une organisation internationale ou négocié en son sein, l'institutionnalisation se complète souvent par la désignation comme dépositaire de l'organisation ou du chef de son secrétariat (cf. l'art. 76, § 1, de la Convention de Vienne).

La pratique des *dépositaires multiples* s'est également développée sous l'influence principalement de deux facteurs.

D'une part, dans certains cas, le critère géographique n'a pas paru satisfaisant car il conduisait à privilégier un négociateur alors que d'autres avaient pu jouer un rôle tout aussi important. Ainsi, le Pacte Briand-Kellogg de 1928 a été négocié à Paris, mais, en raison du rôle du négociateur américain, le Secrétaire d'État Kellogg, la France et les États-Unis ont été désignés comme dépositaires et les autres signataires ou adhérents déposaient leur instrument de ratification ou d'adhésion, à leur libre choix, à Paris ou à Washington.

D'autre part, lors de la discussion du Traité de Moscou du 25 juillet 1963 sur l'interdiction partielle des essais nucléaires, il a été décidé d'instituer trois États dépositaires, les États-Unis, le Royaume-Uni et l'URSS (art. 3, § 2). Ce traité étant ouvert à la signature différée et à l'adhésion de « tous les États », il a paru nécessaire de permettre à chacun de choisir le dépositaire en fonction de ses préférences politiques, ou d'opter pour celui qui le reconnaît expressément comme État. La même solution a été appliquée depuis lors par certains traités ouverts à « tout État » (Traité de 1967 sur l'espace, art. XIV, § 2 ; TNP de 1968, art. IX, § 2 ; Convention de 1972 sur l'interdiction des armes bactériologiques de 1972, art. 14, § 2). D'autres accords comportant la « clause tout État » ont cependant été déposés au Secrétariat des Nations Unies (Accord régissant les activités des États sur la lune de 1979, art. 19 ; Convention contre la torture de 1984, art. 26 ; Convention sur les armes chimiques de 1993, art. XXIII) et cette pratique semble être abandonnée avec la fin de la guerre froide.

2° *Fonctions du dépositaire.* Ce sont essentiellement des tâches d'administration du traité. Cependant, une question se pose : le dépositaire a-t-il compétence, au-delà de ces fonctions matérielles, pour vérifier la régularité des actes accomplis par les États intéressés ? Confirmant le point d'équilibre atteint, non sans difficultés, par la pratique, l'article 77 de la Convention de Vienne répond par l'affirmative, mais uniquement en ce qui concerne la régularité formelle ; en cas de divergence de vues, « le dépositaire doit porter la question à l'attention des États signataires et des États contractants ou, le cas échéant, de l'organe compétent de l'organisation internationale en cause » (art. 77, § 2).

La Convention de Vienne confirme la fonction initiale de garde de l'original du traité et de centralisation des instruments de ratification. D'autres tâches s'y ajoutent : établir des copies certifiées, informer les parties de tous les actes, notifications et communications relatifs au traité, assurer l'enregistrement du traité, etc. Pour qualifier ces tâches, la CDI considère que le dépositaire facilite l'application du traité multilatéral. Il arrive que le Traité lui-même réglemente assez précisément les fonctions du dépositaire (cf. l'art. XII du Traité FCE précité).

En ce qui concerne le contrôle de la régularité des actes accomplis par les États, jusqu'en 1952, et suivant l'exemple de son prédécesseur à la SdN, le Secrétaire général de l'ONU s'était attribué le droit de dénier tout effet juridique immédiat à des réserves avant leur acceptation par tous les États ayant ratifié ou adhéré. Mais, la résolution 598 (V) précitée de l'Assemblée générale ne lui a plus permis d'aller aussi loin ; elle a ramené son rôle à celui d'un intermédiaire chargé de la simple liaison entre l'auteur de la réserve et les autres États contractants ou signataires. Ainsi, s'est dessinée la tendance à la réduction de l'importance des fonctions du dépositaire. On s'est refusé à tirer toutes les conséquences de l'institutionnalisation. (Sur certaines difficultés et modalités pratiques de l'exercice des fonctions de dépositaire par le Secrétaire général de l'ONU, v. D. Bardonnet, *in AFDI*, 1972, p. 160-180, à propos de la dénonciation d'une convention de codification ; et *AJNU* 1974, p. 207-214 ; 1975, p. 203-214).

Cette tendance s'est répercutée sur un autre aspect de la notion de dépositaire. Au lieu de l'assimiler à un organe de la communauté des États contractants et signataires du traité multilatéral, doté d'un caractère représentatif, on s'est contenté de déclarer qu'il est investi de fonctions ayant un caractère « international » qui doivent être accomplies impartialement (art. 76, § 2, de la Convention de Vienne).

CHAPITRE II

Validité des traités

BIBLIOGRAPHIE. — J. VERZIJL, « La validité et la nullité des actes juridiques internationaux », *RDI* 1935, p. 284-339. — E. VITTA, *La validité du traité international,* E. Bill, Leyde, 1940, XII-250 p. — P. GUGGENHEIM, « La validité des actes juridiques internationaux », *RCADI* 1949-I, vol. 74, p. 195-265. — T.O. ELIAS, « Problems concerning the Validity of Treaties », *RCADI* 1971, III, p. 333-416. — Ph. CAHIER, « Les caractéristiques de la nullité en droit international », *RGDIP* 1972, p. 645-697. — J.-P. JACQUÉ, *Éléments pour une théorie de l'acte juridique en droit international public,* LGDJ, 1972, 512 p. — C. L. ROZAKIS, « The Law on Invalidity of Treaties », *Archiv. V.* 1973-1975, p. 150-193. — J. COMBACAU, « Logique de la validité contre logique de l'opposabilité dans la Convention de Vienne sur le droit des traités », *Mél. Virally,* p. 195-203. — D. BOWETT, « Treaties and State Responsibility », *Mél. Virally*, p. 137-145. — A. YAHI, « La violation d'un traité : L'articulation du droit des traités et du droit de la responsabilité internationale », *RBDI* 1993, p. 437-469. — P. WEIL, « Droit des traités et droit de la responsabilité », *Mél. Jimenez,* p. 523-543. — P.-M. DUPUY, « Droit des traités, codification et responsabilité internationale », *AFDI* 1997, p. 7-30. — Ph. WECKEL, « Convergence du droit des traités et du droit de la responsabilité internationale, », *RGDIP* 1998, p. 647-684. — J. CRAWFORD, S. OLLESON, « The Exception of Non-Performance : Links between the Law of Treaties and the Law of State Responsibility », *Austr. YBIL* 2000, p. 55-74. — Commentaire des articles 46 à 53, 69 et 71 *in* O. CORTEN et P. KLEIN (dir.), *Les conventions de Vienne sur le droit des traités. Commentaire article par article*, Bruylant, Bruxelles, 2006, vol. 2, p. 1703-1924 et vol. 3, 2481-2502 et 2545-2564.

114. Observations générales. — Après l'accomplissement des formalités de sa conclusion, le traité naît à la vie juridique. Toutefois, il ne peut s'y maintenir pour produire durablement ses effets que s'il est valide. Comme tous les actes juridiques, il est frappé de nullité en cas d'invalidité.

Malgré la tentation à laquelle succombent parfois les auteurs, la question ne saurait être assimilée à celle de la validité des contrats ou des lois en droit interne : le traité est un acte d'une nature particulière et, à la différence de l'ordre interne, l'ordre international est dépourvu d'autorités supérieures compétentes pour déterminer des règles et contrôler l'action des sujets étatiques en ce domaine. Dans ces conditions, il n'est pas surprenant que, pendant longtemps, le droit positif n'ait offert que des solutions incomplètes et incertaines. La rareté des contestations soulevées dans la pratique, qui s'explique en grande partie par les grandes précautions entourant le processus de conclusion des traités, l'a privé par ailleurs, des occasions de s'améliorer et d'évoluer.

Quelques décisions récentes de la juridiction internationale, les longs débats qui se sont déroulés tant à la CDI qu'à la Conférence de Vienne de 1968-1969 et les dispositions de la Convention qui en est issue ont heureusement modifié la situation d'une manière substantielle.

Par rapport à l'état du droit tel qu'il est apparu depuis, tant sur le plan normatif que sur le plan institutionnel, on examinera successivement les deux principaux aspects du problème : quelles sont les conditions de validité des traités ? Quel est le régime de la nullité des traités pour défaut de validité ?

Section 1

Conditions de validité

115. Position du problème. — D'après des principes très généraux de droit, les conditions requises pour la validité d'un acte juridique sont : un sujet capable, un objet licite, une volonté libre (ce qui, pour un acte bilatéral ou multilatéral, signifie un consentement régulier dépourvu de « vices ») et des formes convenables. La validité du traité bilatéral ou multilatéral, est soumise à ces mêmes conditions.

En conséquence, on envisagera successivement les conditions relatives à la *capacité* des parties, à la régularité du *consentement* exprimé par l'État qui traduit sa volonté de s'engager et à la licéité de l'*objet* du traité.

§ 1. — *Capacité des parties*

BIBLIOGRAPHIE. — Ch. ROUSSEAU, « La possession de la qualité de sujet de droit international », *RGDIP* 1965, p. 775-844. — O. J. LISSITZYN, « Territorial Entities other than Independant States in the Law of Treaties », *RCADI* 1968-III, vol. 125, p. 1-88. — L. DI MARZO, *Component Units of Federal States and International Agreements* Sijthoff, Alphen, 1980, 244 p. — R. GEIGER, *Die völkerrechtliche Beschränkung der Vertragsschlussfähigkeit von Staaten,* Duncker & Humblot, Berlin, 1980, 272 p. — J. A. BARBERIS, « Nouvelles questions concernant la personnalité juridique internationale », *RCADI* 1983, I, vol. 179, p. 145-304. — W. G. GANSHOF VAN DER MEERSCH et R. ERGEC, « Les relations extérieures des États à système constitutionnel régional ou fédéral », *RDIDC* 1986, p. 297-333.

Sur la capacité des organisations internationales v. *infra* les bibliographies figurant sous le n° 383 et sur le n° 462.

116. Possession de la qualité de sujet du droit international. — Seul un sujet de droit international a la capacité requise pour conclure un traité, puisque, par définition, celui-ci est un acte conclu entre sujets de droit international.

Si les auteurs d'un acte juridique intitulé traité ne sont pas des sujets de droit international, l'absence de capacité internationale pose le problème de l'*existence* de cet acte en tant que traité, non pas celui de sa validité. L'acte ne répond plus à la définition stricte du traité, mais il peut être valide en tant qu'acte juridique (v. *supra,* n° 62).

S'agissant de l'État, les problèmes ne se posent que de manière marginale et ne concernent guère que la capacité des entités décentralisées le composant ; en revanche des difficultés particulières apparaissent en ce qui concerne les organisations internationales d'une part, et les mouvements de libération nationale d'autre part.

1° *L'État* est le sujet qui, par excellence, possède la capacité de conclure un traité (Convention de Vienne, art. 6) ; aucun domaine de réglementation ne lui est, *a priori,* fermé ; tout au plus peut-il apparaître un problème lorsque certains États dénient à une entité la qualité d'État (v. *supra*, n° 101).

D'autres difficultés peuvent surgir du fait de la participation d'entités décentralisées, et, en particulier, d'États membres d'un État fédéral, à un traité. Elle pose deux problèmes bien distincts qu'il convient de ne pas confondre : celui de la capacité de l'entité à conclure le traité et celui de l'imputation du traité à un tel sujet.

En ce qui concerne le premier point, le droit international renvoie au droit interne : une institution décentralisée peut conclure un traité si cette capacité lui est reconnue par le droit constitutionnel de l'État dont elle relève, étant entendu que les autres États ne sont jamais tenus de conclure un traité avec une telle entité mais qu'ils sont libres de le faire (cf. CE, 30 mars 1994, *Association de défense de la Cinq*, *Leb.* p. 174).

La Conférence de Vienne a rejeté l'article 5, § 2, du projet élaboré par la CDI qui était ainsi rédigé : « Les États membres d'une union fédérale peuvent avoir une capacité de conclure des traités si cette capacité est admise par la constitution fédérale et dans les limites indiquées par ladite constitution ». Il ne résulte pas de ce rejet que les entités fédérées n'ont pas le droit de conclure des traités ; en réalité, la Conférence a seulement entendu mettre l'accent sur le caractère purement interne du problème.

Dans la pratique, les solutions retenues sont variées. Certaines constitutions fédérales excluent toute possibilité de conclure des traités au profit des États fédérés (États-Unis, Mexique, Venezuela, Canada — mais, dans ce dernier cas, la pratique a assoupli cette position de principe, surtout en ce qui concerne le Québec ; cf. J.-Y. Morin, *ACDI* 1965, p. 127-186 et M. Torelli, *AFDI* 1970, p. 275-303). D'autres reconnaissent cette capacité soit d'une manière générale (cf. l'art. 70 de l'ancienne Constitution soviétique du 7 octobre 1977), soit dans le cadre des compétences législatives de l'État fédéré (cf. l'art. 32, § 2, de la Loi fondamentale allemande du 28 mai 1949. — v. W. Leisner, *AFDI* 1960, p. 291-312, H. Hüchting, *Abschluß und Vollzug völkerrechtlicher Verträge des Bundes im Bereich der ausschließlichen Zuständigkeiten der Länder nach dem Grundgesetz*, 1965, XX-149 p. et la compilation des accords conclus par les Länder de U. Beyerlin et Y. Lejeune, *Sammlung der internationalen Vereinbarungen der Länder der Bundesrepublik Deutschland*, Springer, Berlin, 1994, 346 p.), soit dans certains domaines seulement (cf. les art. 8 et 9 de la Constitution suisse du 29 mai 1874).

Des problèmes comparables peuvent se poser dans le cadre d'États que l'on ne peut qualifier véritablement de « fédéraux » (v. Y. Lejeune, « Les communautés et les régions belges dans les relations internationales », *RBDI* 1981-1982, p. 53-80 ; G. Burdeau, « Les accords conclus entre autorités administratives ou organismes publics de pays différents », *Mél. Reuter*, 1981, p. 103-126). Les Parties au Protocole de 1995 additionnel à la Convention-cadre de Madrid de 1980 sur la coopération transfrontalière des collectivités ou autorités territoriales s'engagent à reconnaître le droit de ces entités « de conclure des accords de coopération transfrontalière avec les collectivités ou autorités territoriales d'autres États » (v. E. Decaux, « La convention cadre européenne sur la coopération transfrontalière des collectivités locales ou des autorités locales », *RGDIP* 1984, p. 557-620 et B. Dolez, « Le Protocole additionnel à la Convention-cadre sur la coopération transfrontalière... », *RGDIP* 1996, p. 1005-1022).

La question de l'imputation du traité conclu par une entité décentralisée avec un État étranger est tout à fait différente : la responsabilité internationale de l'État dont dépend l'entité cocontractante se trouverait engagée en cas de non-respect de l'engagement (v. *infra*, n° 475), sauf si cette dernière avait manifestement excédé les compétences qui lui sont reconnues en droit interne (v. *infra*, n°s 117-118).

En réalité, il est peu fait appel à la condition de capacité en matière de validité des traités interétatiques. La raison en est double : d'une part, le droit international ne fournit pas de critères sûrs de la qualité de sujet étatique ; d'autre part, la question se pose peu : la capacité des États de conclure des traités est plénière. Il n'en va pas de même pour les sujets « partiels » du droit international que sont les organisations internationales et les autorités « pré-étatiques ». Les accords de Dayton-Paris de 1995, qui mettent fin au conflit bosniaque présentent la particularité d'avoir été signés par trois États souverains (la Bosnie-Herzégovine, la Croatie et la Yougoslavie) et une « entité » (la « Republika Srpska »), représentée par le Président de la République serbe ; il faut considérer qu'une capacité fonctionnelle a été reconnue à la Republika Srpska aux fins de la conclusion de ce traité, au moins par ses trois partenaires et par les États « témoins ».

Lorsqu'un territoire est placé sous le protectorat, le mandat ou la tutelle d'un État, la puissance administrante a la capacité de conclure des traités au nom de ce territoire. Dans l'affaire de l'*Île de Kasikili/Sedudu*, la CIJ a considéré que la Namibie n'était pas engagée par un accord conclu par le Bostwana avec l'Afrique du Sud après que l'Assemblée générale et le Conseil de sécurité eurent mis fin au mandat de celle-ci sur le Sud-Ouest africain (arrêt du 13 déc. 1999, *Rec.* p. 1091-1092, § 69).

Dans l'hypothèse d'une succession d'États, et plus spécialement dans le cas d'une décolonisation, peut se poser la question de la capacité *ratione temporis* de l'État métropolitain pour conclure des traités intéressant les entités coloniales. La sentence arbitrale du 31 juillet 1989 dans l'affaire de la *Frontière maritime Guinée-Bissau-Sénégal* (*RGDIP* 1990 p. 204) ne considère pas remplies en l'espèce les conditions d'application de « la norme qui restreint la capacité de l'État une fois que le processus de libération est déclenché » (point 52). Subsiste cependant une incertitude quant à la portée de ce critère, rattaché aussi dans cette sentence à la représentation internationale de l'entité dépendante par l'État colonial, qui se prolonge souvent très au-delà des premiers troubles internes.

2° La capacité des *organisations internationales* de s'engager par traité ne saurait, aujourd'hui, être mise en doute. Elle est attestée par une pratique bien établie et abondante. Mais cette capacité est dérivée et partielle, en ce sens qu'elle dérive de la volonté des États membres exprimée dans l'acte constitutif (ou telle qu'elle transparaît dans la pratique ultérieure de l'organisation) et se trouve limitée par le principe de spécialité (l'organisation ne peut s'engager que dans les domaines relevant de sa compétence ; — v. *infra*, n° 389).

C'est ce qu'exprime l'article 6 de la Convention sur le droit des traités conclus entre États et organisations internationales ou entre organisations internationales :

« La capacité d'une organisation internationale de conclure des traités est régie par les règles pertinentes de cette organisation » (v. aussi la résolution adoptée par l'IDI, lors de sa session de Rome en 1973). Encore faut-il que le traité ne réserve pas aux seuls États la possibilité d'y participer. Tel était le cas d'un certain nombre de conventions du Conseil de l'Europe ; des protocoles spéciaux ont dû être adoptés pour permettre à la Communauté européenne d'y adhérer (v. R. Brillat, *AFDI* 1991, p. 819-832).

L'annexe IX à la Convention de Montego Bay sur le droit de la mer traduit bien et le principe de la capacité des organisations internationales et ses limites. Aux termes de son article 2, « une organisation internationale peut signer la Convention si la majorité de ses États membres en sont signataires. Au moment où elle signe la Convention, une organisation internationale fait une déclaration spécifiant les matières dont traite la Convention pour lesquelles les États membres signataires lui ont transféré compétence, ainsi que la nature et l'étendue de cette compétence ». Par ailleurs, une fois la confirmation solennelle ou l'adhésion acquise, les engagements pris sont précisés et modulés pour tenir compte des problèmes propres aux organisations internationales (Sur l'éventuelle participation de la CEE, v. A. W. Koers, *AJIL* 1979, p. 426-443 ; G. Cohen-Jonathan, *Mél. Dehousse,* 1979, p. 157-169 ; A.-M. Riegert, *RMC* 1983, p. 70-81 ou P. Daillier, *ADMA,* 1983, p. 171-196).

Sur tous ces points, v. aussi *infra*, n° 392.

3° La capacité des *mouvements de libération nationale* de contracter des engagements internationaux est également attestée par la pratique. Elle est cependant doublement limitée. D'une part, elle est sélective : les mouvements de libération nationale appelés à devenir parties à un traité, sont, en règle générale, désignés ou, au moins, définis, par une disposition expresse. D'autre part, cette capacité est étroitement fonctionnelle : la participation de ces entités est limitée aux traités qui répondent à leur vocation, l'acheminement du peuple qu'ils représentent à la pleine souveraineté (v. *infra*, n° 343). En pratique, les mouvements de libération nationale participent à trois catégories de traités : les accords d'indépendance, les traités relatifs à la conduite de la lutte armée et certains actes constitutifs d'organisation internationale.

La conclusion d'un accord d'indépendance constitue le « chant du cygne » d'un mouvement de libération nationale, la dernière manifestation de son existence en tant que sujet de droit international ; par la suite, le peuple au nom duquel il agissait sera représenté par le nouvel État (cf. les accords d'Évian du 19 mars 1962 entre la France et le FLN algérien, ou les accords d'Alger de 1974 entre le Portugal et les mouvements de libération nationale des diverses colonies portugaises en Afrique ; on peut en rapprocher le Traité de paix conclu à Alger entre la Mauritanie et le Front Polisario le 5 août 1979). De même, malgré leur objet encore limité et ambigu, malgré leur portée géographique restreinte, les accords entre Israël et l'OLP (Washington, 13 sept. 1993 et 28 sept. 1995 et Le Caire, 4 mai 1994) peuvent être analysés comme une première étape dans cette voie.

Les traités conclus par les mouvements de libération nationale en vue de la poursuite de la lutte armée peuvent être bilatéraux (cf. les accords conclus par l'OLP avec le Liban, la Jordanie ou la Tunisie en 1969, 1970 et 1982) ou multilatéraux ; ainsi l'article 96, § 3, du Protocole I aux conventions de Genève sur le droit humanitaire de la guerre (1977) prévoit que l'autorité représentant un peuple en lutte contre une domination coloniale, une domination étrangère ou un régime raciste « peut s'engager à appliquer les conventions (de 1949) et le présent Protocole relativement à ce conflit en adressant une déclaration unilatérale au dépositaire » (v. aussi l'article 7, § 4, de la Convention sur l'interdiction et la limitation de l'emploi de certaines armes classiques de 1981).

La participation des mouvements de libération nationale aux organisations internationales demeure exceptionnelle. L'OLP (« État de Palestine ») est cependant membre à part entière de la Ligue des États arabes et des organisations qui y sont reliées (ALECSO, FMA, etc.). Par ailleurs, en application de la résolution 32/9 E de l'Assemblée générale de l'ONU, la Namibie est devenue, avant son indépendance, membre à part entière de la plupart des institutions spécialisées des Nations Unies ; mais elle y était représentée non par le mouvement de libération nationale reconnu, la SWAPO, mais par le Conseil des Nations Unies pour la Namibie, organe subsidiaire de l'Assemblée générale, chargé de l'administration provisoire du territoire ; v. aussi l'article 305 de la Convention de Montego Bay du 10 décembre 1982 sur le droit de la mer.

§ 2. — *Régularité du consentement*

A. — Irrégularités formelles — Les « ratifications imparfaites »

BIBLIOGRAPHIE. — J. HOSTERT, « Droit international et droit interne dans la Convention de Vienne sur le droit des traités », *AFDI* 1969, p. 92-121. — Ph. CAHIER, « La violation du droit interne relatif à la compétence pour conclure des traités comme cause de nullité des traités », *Riv. DI* 1971, p. 226-246. — Th. MERON, « Article 46 of the Vienna Convention on the Law of Treaties », *BYBIL* 1978, p. 175-199.

117. Position du problème. — La régularité du consentement s'apprécie d'abord du point de vue formel : il doit s'exprimer dans le respect des formes légales et, s'agissant de l'expression du consentement à être lié par un traité, dans le respect des dispositions constitutionnelles.

Dès lors, la question se pose de savoir si et dans quelle mesure le non-respect des prescriptions constitutionnelles affecte la validité de l'engagement de l'État au plan international. C'est ce que l'on appelle le problème des ratifications imparfaites : dans quelle mesure le non-accomplissement de formalités constitutionnellement requises ou l'expression du consentement de l'État à être lié par une autorité incompétente exercent-ils une influence sur la validité internationale du traité ? L'auteur de la ratification imparfaite peut-il l'invoquer et les autres parties s'en prévaloir comme cause de nullité du traité ?

Les règles constitutionnelles en cause sont des règles *formelles* relatives à la compétence pour conclure les traités et à sa procédure d'exercice, et non des règles de fond. La contradiction *matérielle* entre la constitution et le traité soulève surtout des difficultés d'ordre interne. Dans le cadre de la Constitution française de 1958, celles-ci sont résolues par son article 54 qui subordonne l'expression du consentement à la révision constitutionnelle préalable (*supra,* n° 93). D'après ce système, seul le défaut de révision préalable constituerait une violation des formes constitutionnelles. Sur l'attitude du juge interne face aux ratifications imparfaites, v. *infra*, n° 152.

Au plan international, une approche systématique du problème conduit à faire dépendre sa solution de la conception générale des rapports entre le droit international et le droit interne. En règle générale, les auteurs dualistes (notamment Anzilotti) estiment que les irrégularités internes ne peuvent avoir aucune incidence sur la validité des traités, contrairement aux partisans du monisme qui, à l'instar de Georges Scelle, considèrent au contraire, que les prescriptions constitutionnelles ont pleine valeur juridique dans l'ordre international. Leur violation entraîne une irrégularité internationale qui doit être internationalement sanctionnée.

Ces deux thèses extrêmes présentent des inconvénients pratiques. D'un côté, il paraît impossible d'exiger des États qu'ils connaissent toutes les subtilités du droit constitutionnel de leurs cocontractants qui, au surplus, peuvent être tentés d'en jouer ; de l'autre, le respect de la souveraineté d'un État étranger exige que soient prises en considération les limites *clairement* apportées par sa Constitution au pouvoir de ses représentants. La solution retenue par la Convention de Vienne recherche une conciliation entre ces exigences contradictoires, conformément à l'approche empirique prônée par une partie de la doctrine (Basdevant).

118. Les solutions du droit positif. — 1° *Incertitudes de la pratique antérieure à la Convention de Vienne.* — À l'occasion de quelques précédents anciens relatifs à des traités bilatéraux, les parties en cause ont adopté des positions nettement favorables à la thèse de la non-validité. Dans un premier cas, une discussion s'était engagée entre la France et les États-Unis sur la question de savoir si le traité franco-américain du 3 juillet 1831 sur l'indemnisation par la France des pertes subies par le commerce américain du fait des guerres de la Révolution et de l'Empire avait été ratifié par Louis-Philippe conformément aux prescriptions de la Charte de 1830. Les deux États étaient alors d'accord sur le principe que le respect des formes constitutionnelles constituait la première condition de validité des traités. En revanche, l'Autriche repoussa la demande d'invalidation formulée par la Roumanie de l'accord austro-roumain du 14 août 1920 qui aurait été ratifié en violation de la Constitution roumaine (Pour d'autres exemples de la pratique des États en la matière, cf. Ch. Rousseau, *Droit international public*, Sirey, 1971, t. I, p. 109-110)

En ce qui concerne la jurisprudence internationale, il est classique de citer la sentence arbitrale rendue le 22 mars 1883 par le président Cleveland dans l'affaire relative au traité de démarcation conclu en 1858 entre les Républiques de Costa-Rica et du Nicaragua. Elle a dégagé clairement le principe de l'invalidité : « Pour déterminer la validité d'un traité conclu au nom de l'État, il convient de s'en rapporter aux lois fondamentales de cet État. » (La Fontaine, *Pasicrisie,* p. 298).

La CPJI a eu l'occasion, dans l'affaire du *Groënland oriental,* d'examiner la validité de l'engagement pris par le ministre norvégien des Affaires étrangères (affaire de la déclaration Ihlen) vis-à-vis du Danemark par rapport à la disposition de l'article 28 de la Constitution norvégienne. En l'espèce, il fallait interpréter celle-ci. Mais la position de la Cour n'est pas explicite. Elle a semblé ne pas vouloir aller au-delà d'un examen de la régularité *apparente* de l'acte (CPJI, série A/B, n° 53, p. 56 à 71 et 91).

Le Tribunal arbitral appelé à trancher le différend relatif à la *Détermination de la frontière maritime* entre la Guinée-Bissau et le Sénégal a également fait abstraction de la Convention de Vienne, conclue après l'accord dont la validité était contestée par la Guinée-Bissau et estimé qu'il lui fallait « tenir compte du droit tel qu'il est réellement interprété et appliqué par les organes de l'État, y compris ses organes judiciaires et administratifs » (*RGDIP* 1990, p. 247) pour conclure au rejet de cette prétention après examen de la pratique suivie au Portugal en matière de ratification.

2° *Solution retenue par la Convention de Vienne.* — Dans son article 46, la Convention de 1969 consacre l'approche empirique de compromis défendue par une partie de la doctrine (v. *supra*, n° 117) :

« Le fait que le consentement d'un État à être lié par un traité a été exprimé en violation d'une disposition de son droit interne concernant la compétence pour conclure des traités ne peut être invoqué par cet État comme viciant son consentement, à moins que cette violation n'ait été manifeste et ne concerne une règle de son droit interne d'importance fondamentale. »

Cette disposition est dans la ligne d'une pratique conventionnelle constante qui se reflète dans la clause traditionnelle prévoyant la ratification par les États signataires « conformément à leurs règles constitutionnelles respectives ».

La Convention contient en outre un article 47 rédigé en ces termes :

« Si le pouvoir d'un représentant d'exprimer le consentement d'un État à être lié par un traité déterminé a fait l'objet d'une restriction particulière, le fait que ce représentant n'a pas tenu compte de celle-ci ne peut être invoqué comme viciant le consentement qu'il a exprimé, à moins que la restriction n'ait été notifiée, avant l'expression de ce consentement, aux autres États ayant participé à la négociation. »

La CIJ a apporté d'utiles précisions aux solutions retenues par la Convention de Vienne dans son arrêt du 10 octobre 2002 qui a tranché au fond le contentieux frontalier opposant le Cameroun au Nigeria. Tout d'abord, la Cour a estimé que l'absence de ratification d'un traité, apparemment exigée par le droit interne, ne saurait autoriser une remise en cause de ce traité dès lors que l'État concerné a considéré que les procédures internes ont été respectées et que l'accord en question a été officiellement publié dans les ordres internes des États contractants (*Rec.*, p. 401, § 197). La Cour a ensuite relevé que « les règles relatives au pouvoir de signer des traités au nom d'un État sont des règles constitutionnelles d'une importance fondamentale », mais en précisant que « si la capacité d'un chef d'État à cet égard est restreinte, cette restriction n'est manifeste au sens du paragraphe 2 de l'article 46 que si, à tout le moins, elle a été rendue publique de manière appropriée » (*Rec.* p. 430, § 265). La Cour a par ailleurs tenu à rappeler « qu'un État n'est pas juridiquement tenu de s'informer des mesures d'ordre législatif ou constitutionnel que prennent d'autres États et qui sont, ou peuvent devenir, importantes pour les relations internationales de ces derniers » (*ibid.*, p. 430, § 266).

B. — Irrégularités substantielles

BIBLIOGRAPHIE. — I. TOMSIC, *La reconstruction du droit international en matière de traités (Essai sur le problème des vices du consentement dans la conclusion des traités internationaux),* Pedone, 1931, 119 p. — F. DE VISSCHER, « Des traités imposés par la violence », *RDILC* 1931, p. 513-537. — J.-P. RITTER, « Remarques sur les modifications de l'ordre international imposées par la force », *AFDI* 1961, p. 67-105. — L. DUBOUIS, « L'erreur en droit international public », *AFDI* 1963, p. 191-227. — J. DETTER, « The Problem of Unequal Treaties », *ICLQ* 1966, p. 1069-1089. — J.-P. COT, « La bonne foi et la conclusion des traités », *RBDI* 1968, p. 149-159. — A. ORAISON, « Le dol dans la conclusion des traités », *RGDIP* 1971, p. 617-673 ; *L'erreur dans les traités*, LGDJ, 1972, VI-283 p. — Ph. BRETTON, « Les négociations germano-tchécoslovaques sur l'accord de Munich du 29 sept. 1938 », *AFDI* 1973, p. 189-209. — G. TENEKIDES, « Les effets de la contrainte sur les traités à la lumière de la Convention de Vienne », *AFDI* 1974, p. 79-102. — E. ZOLLER, *La bonne foi en droit international public*, Pedone, 1977, p. 48-78. — H. G. DE JONG, « Coercion in the Conclusion of Treaties », *NYBIL* 1984, p. 209-247.

119. « Vices du consentement » et droit international. — Dans les différents ordres juridiques nationaux, la règle selon laquelle un contrat n'est valable que sous la condition de la réalité et de la liberté du consentement est solidement ancrée dans le droit contractuel. Elle est prévue et organisée par le législateur qui détermine avec précision les faits constitutifs des vices du consentement : l'erreur, le dol, la violence, auxquels s'ajoute la lésion. À leur niveau, les juges internes, constamment sollicités, l'appliquent et fournissent une jurisprudence abondante et variée qui la vivifie.

Il paraît cependant difficile de transposer purement et simplement ces principes dans l'ordre international.

La doctrine est divisée sur ce point.

De nombreux auteurs préconisent l'adoption pure et simple des solutions éprouvées que retient le droit interne. Les auteurs volontaristes ne sont pas les seuls à recommander cette transposition intégrale. En dehors de toute attitude systématique, d'autres s'y rallient par souci d'assurer une protection efficace des victimes de ces vices du consentement (v. H. Lauterpacht, *Private Law Sources and Analogies,* Longmans, Londres, 1927, p. 166 ; A. Verdross, « Règles générales du droit de la paix », *RCADI* 1929-V, vol. 30, p. 429-430 ; L. Le Fur, « L'affaire du Leticia », *RGDIP* 1934, p. 129-134).

Un deuxième courant de pensée, sans être hostile à cette transposition, recommande la prudence pour la double raison qu'il est impossible d'assimiler le traité à un contrat, et que l'action régulatrice d'une autorité juridictionnelle véritable fait défaut dans la société internationale. Tout en acceptant de se rallier à la règle générale qu'un traité peut être invalidé par l'existence d'un vice du consentement, les auteurs qui appartiennent à cette tendance s'efforcent de l'adapter aux conditions particulières de la vie internationale et de la concilier avec le principe *pacta sunt servanda* (notamment P. Reuter, « Principes de droit international public », *RCADI* 1961, vol. 103, p. 539-542 ; L. Cavaré, *Le droit international positif,* Pedone, t. II, 1969, p. 84-91).

Selon une troisième opinion, toute transposition est repoussée comme dangereuse et inutile. Dangereuse, car en l'absence d'organes supérieurs, elle engendrerait des abus et des contestations insolubles au grand détriment de la stabilité des traités. Inutile, car la complexité de la procédure de conclusion des traités élimine pratiquement les possibilités d'un consentement étatique vicié. C'est la théorie de l'« infaillibilité de l'État ». Seule, l'éventualité de la contrainte est concevable tandis que les cas d'erreur ou de dol ne seraient que des « hypothèses d'école ». Or, dans les relations internationales, le recours à la contrainte exclut toute solution d'essence privatiste et contractualiste (voir F. Despagnet, *Droit international public,* Sirey, 1905, p. 540-541 ; Ch. Rousseau, *op. cit.,* p. 144-145 ; J.-P. Jacqué, *Éléments pour une théorie de l'acte juridique,* LGDJ, 1972, p. 131-141).

Ici encore, le droit positif est proche de la tendance intermédiaire. Il n'adopte pas entièrement la théorie de droit privé, mais il reconnaît que, à certaines conditions, l'erreur, le dol et la contrainte peuvent vicier le consentement et entraîner la nullité du traité, conformément à ce que l'on peut considérer comme des principes généraux de droit (v. *infra*, n°s 223 s.). C'est le régime de la contrainte qui s'écarte le plus des solutions de droit privé.

I. *ERREUR ET DOL*

120. Erreur. — L'erreur n'est constitutive d'un vice du consentement en matière de traité qu'à la condition qu'elle porte sur un élément essentiel qui est la base même sur laquelle repose ce consentement.

1° Cette exigence d'une *erreur essentielle* est fondée sur une *règle* certaine *d'origine ancienne.*

Dans le Traité de Paris du 3 septembre 1783 conclu entre les États-Unis et la Grande-Bretagne au lendemain de l'indépendance américaine et relatif à la fixation de la frontière nord-est des États-Unis, les négociateurs avaient fait coïncider les frontières avec le lieu dit « highlands » alors qu'en fait il s'agissait d'un vaste plateau insusceptible matériellement de servir de ligne de démarcation (v. La Pradelle et Politis, *Recueil des arbitrages internationaux,* 1905-I, p. 306 s.). L'effet de l'erreur admise par les deux parties était bien la non-validité du traité puisque l'une et l'autre ont décidé d'un commun accord de rectifier cette erreur, ce qui équivalait à la conclusion d'un autre traité (Commission mixte anglo-américaine de 1798).

2° Adoptée par la pratique diplomatique, l'exigence de l'erreur essentielle a été constamment confirmée par la *jurisprudence.*

V. CPJI, Affaire *Mavrommatis,* arrêt du 26 mars 1925, série A/B, n[c] 13, p. 31 ; CIJ, Affaire relative à la *Souveraineté sur certaines parcelles frontalières,* arrêt du 20 juin 1959, *Rec.* 1959, p. 222 et 225 ; Affaire de la *Sentence arbitrale rendue par le roi d'Espagne,* arrêt du 18 novembre 1960, *Rec.* 1960, p. 215-216.

Dans l'affaire relative à la contestation entre la Thaïlande et le Cambodge, l'une et l'autre revendiquant la souveraineté sur le *Temple de Préah Vihéar,* la CIJ s'est montrée très explicite. La Thaïlande ayant prétendu qu'elle avait commis une erreur dans sa déclaration d'acceptation de la juridiction de la Cour de 1950, la Cour a refusé de la suivre en fondant sa décision négative sur une véritable définition de l'erreur essentielle et sur l'affirmation que seule une telle erreur est reçue en droit international : « la principale importance juridique de l'erreur, lorsqu'elle existe, est de pouvoir affecter la réalité du consentement censé avoir été donné. Cependant, la Cour ne voit en l'espèce aucun élément de nature à entacher, pour ainsi dire après coup et rétroactivement, la réalité du consentement que la Thaïlande reconnaît et affirme avoir pleinement entendu donner en 1950 » (CIJ, Affaire du *Temple de Préah Vihéar, exceptions préliminaires,* arrêt du 26 mai 1961, *Rec.* 1961, p. 30). Dans cette espèce, la Cour n'a procédé à aucune invalidation, non pas parce qu'elle n'estimait pas devoir sanctionner une erreur par la nullité, mais parce qu'elle ne relevait l'existence d'aucune erreur essentielle « de nature » à vicier le consentement.

Dans la seconde phase de la même affaire, lors de l'examen du fond du litige, la Thaïlande a invoqué à nouveau l'existence d'une erreur entachant son acceptation d'une ligne frontière établie sur une carte, erreur qui avait eu pour effet d'avantager le Cambodge. Tenant compte d'un certain nombre de faits, la Cour a répété cet argument et a déterminé par la même occasion trois cas où, par exception, une erreur essentielle n'affecterait pas la validité du consentement : « C'est une règle de droit établie qu'une partie ne saurait invoquer une erreur comme vice du consentement si elle a contribué à cette erreur par sa conduite, si elle était en mesure de l'éviter, ou si les circonstances étaient telles qu'elle avait été avertie de la possibilité d'une erreur » (*Rec.,* 1962, p. 26).

Si ces faits sont vérifiés, l'erreur n'est plus *excusable* et, conformément au principe de la bonne foi, elle ne peut vicier le consentement (pour une application, v. ORD, *Mesures affectant les marchés publics*, Rapport du Groupe spécial (WT/DS163/R), 1er mai 2000, § 7.121-7.126). En outre, les États ne peuvent tirer parti de l'argument fondé sur « l'inexpérience diplomatique » (cf. CIJ, *Différend territorial Libye-Tchad,* 3 fév. 1994, *Rec.* 1994, p. 20).

Les cas d'erreur rencontrés dans la pratique se rapportent presque toujours à des points de fait relatifs à des traités de démarcation ou de tracé de frontières (erreurs géographiques, le plus souvent relevées sur des cartes). Pourtant, la CIJ a bien reconnu que la première erreur invoquée par la Thaïlande relative à sa déclaration d'acceptation de la juridiction obligatoire était une erreur de droit. Elle a implicitement reconnu qu'une telle erreur était susceptible de constituer un vice du consentement.

Une erreur de droit a été également invoquée dans l'affaire du *Groënland oriental* jugée par la CPJI en 1933 (série A/B, n° 53, p. 71, 91 et 92).

3° *La Convention de Vienne* a codifié la règle de l'erreur essentielle dans son article 48, § 1 :

« Un État peut invoquer une erreur dans un traité comme viciant son consentement à être lié par le traité si l'erreur porte sur un fait ou une situation que cet État supposait exister au moment où le traité a été conclu et qui constituait une base essentielle du consentement de cet État à être lié par le traité. »

Le paragraphe 2 de cette disposition ne retient cependant que deux des trois exceptions envisagées par la CIJ dans l'affaire du *Temple de Préah Vihéar :*

« Le paragraphe 1 ne s'applique pas lorsque ledit État a contribué à cette erreur par son comportement ou lorsque les circonstances ont été telles qu'il devait être averti de la possibilité d'une erreur » (sur la nullité, *infra,* n° 131).

La Convention s'est limitée expressément aux erreurs de fait.

121. Dol et corruption

1° Les exemples de *dol* dans la conclusion des traités sont pratiquement inexistants. Quelques précédents très anciens sont tirés des négociations menées, à l'époque coloniale, dans le contexte spécial des relations entre puissances européennes et chefs des tribus de l'Afrique centrale à qui l'on montrait des cartes volontairement falsifiées (v. le précédent dit des « Imprimés de Fergusson », *in* Marcel Plaisant, « Les droits de la France au Niger », *RGDIP* 1898, p. 31-33).

Dans ces cas, le dol correspondait à une volonté d'induire le cocontractant en erreur sur un point déterminant. Il serait dès lors assimilable à une erreur provoquée par des manœuvres. Toutefois, la CDI estime qu'il doit constituer un vice spécifique et autonome qui se distingue de l'erreur proprement dite en ce qu'il se traduit toujours par des comportements délibérés en complète contradiction avec la confiance mutuelle qui devrait normalement exister entre les négociateurs. Ainsi, a-t-elle proposé à la Conférence de Vienne, qui l'a accepté, de consacrer spécialement une disposition au dol. Aux termes de l'article 49 de la Convention :

« Si un État a été amené à conclure un traité par la conduite frauduleuse d'un autre État ayant participé à la négociation, il peut invoquer le dol comme viciant son consentement à être lié par le traité. »

Cette réception du dol comme vice de consentement n'est cependant accompagnée d'aucune définition. La quasi-inexistence de précédents dans la pratique et dans la jurisprudence explique le silence des auteurs de cette disposition qui ont sans doute voulu éviter une discussion en grande partie théorique. Il est à craindre que cette carence n'incite finalement à rechercher, le cas échéant, des analogies avec des situations contractuelles de droit privé.

On peut relever néanmoins la position adoptée par le Tribunal militaire international de Nuremberg à propos des accords de Munich de 1938 : il a estimé que le gouvernement hitlérien avait conclu ces accords avec une intention frauduleuse qui ressortait clairement des documents du IIIe Reich saisis après la défaite allemande et d'après lesquels, Hitler était décidé à ne pas appliquer ces accords qu'il considérait comme un simple moyen lui permettant de procéder par la suite à l'annexion de la Tchécoslovaquie.

2° La Convention de Vienne, dans son article 50, a créé de toutes pièces un vice du consentement propre à la matière des traités : la *corruption* du représentant d'un État. La CDI qui a proposé cette création souligne que la corruption devrait être définie de manière stricte et ne devrait viser que les actes ayant pour effet de « peser lourdement » sur la volonté du représentant. Un simple geste de courtoisie ou une faveur minime ne constituerait pas un acte de corruption. Pour sa part, la Convention a seulement fourni une définition « organique » de la corruption en exigeant qu'elle soit imputable directement ou indirectement, à un autre État ayant participé à la négociation.

Il n'est pas certain qu'il était nécessaire de créer le vice « autonome » de la corruption. Celle-ci est en effet rattachable au dol, car elle n'est autre qu'une « manœuvre » dont le but est de fausser au profit de son auteur les résultats de la négociation.

Plus récemment, la lutte contre la corruption est devenue une préoccupation importante de la communauté internationale. En témoignent l'adoption par l'Assemblée générale, en 1996, de la Déclaration des Nations Unies sur la corruption et les actes de corruption dans les transactions internationales (résol. 51/191), en 2003, de la convention des Nations Unies contre la corruption, ou, au niveau régional des conventions contre la corruption interaméricaine (1996) et de l'OCDE (1997). Mais ces textes, qui entendent lutter contre ce fléau « en amont », ne concernent pas directement le droit des traités. On remarquera toutefois que dans un domaine voisin de ce dernier (le droit des contrats transnationaux), un tribunal CIRDI présidé par un ancien Président de la CIJ a refusé de donner le moindre effet à un contrat d'État au motif qu'il avait été conclu à la suite d'actes de corruption portant atteinte à « l'ordre public transnational » (CIRDI, *World Duty Free Company Limited c. Kenya*, aff. n° ARB/00/7, SA du 4 octobre 2006, *ILM* 2007, p. 337).

II. *Contrainte*

122. Contrainte exercée sur le représentant de l'État. — L'histoire des relations entre États offre quelques exemples célèbres.

François Ier, alors qu'il était prisonnier de Charles Quint, fut contraint de signer le Traité de Madrid de 1526 lui cédant toute la Bourgogne ; mais il refusa de l'exécuter après sa libération en invoquant la violence exercée contre sa personne. En 1905, les Japonais occupant Séoul obligèrent les négociateurs coréens à signer le traité de protectorat (v. P. Périnjaquet, « Corée et Japon », *RGDIP* 1910, p. 536-553). En 1945, en dépit de son application effective pendant une longue période, la nullité de ce traité étant reconnue après la défaite japonaise, la Corée redevint un État indépendant. Le 15 mars 1939, le président Hacha, chef de l'État tchécoslovaque et son ministre des Affaires étrangères furent contraints, à la suite de graves mesures d'intimidation, de conclure avec l'Allemagne hitlérienne un traité instituant le protectorat allemand sur la Bohême et la Moravie. Selon l'ambassadeur de France, le président Hacha était alors très malade et n'était pas capable de résister aux pressions dont il était l'objet. La France et la Grande-Bretagne co-signataires avec l'Allemagne et l'Italie de l'accord de Munich de 1938 relatif au statut territorial de la Tchécoslovaquie, adressèrent aussitôt des notes de protestation au gouvernement allemand pour marquer leur refus de reconnaître la validité dudit traité. Comme pour la Corée, en droit comme en fait, en dépit d'une effectivité éphémère, c'est sur la base de la nullité de ce traité, qu'après la défaite de l'Allemagne, la Tchécoslovaquie a récupéré les territoires conquis et recouvré son indépendance. Le Tribunal militaire international de Nuremberg s'est rallié à cette nullité fondée sur la violence dans son jugement du 1er octobre 1946. Plus récemment, les représentants tchécoslovaques ont été soumis à de très fortes pressions de la part des autorités soviétiques en vue de la conclusion du traité du 14 octobre 1968 sur le stationnement des troupes du Pacte de Varsovie.

Il ressort de ces précédents que les contraintes étaient exercées sur des personnages placés au sommet même de la hiérarchie des autorités étatiques et qu'il était difficile, dans ces conditions, de les séparer entièrement de l'État qu'ils représentaient ou incarnaient. De plus, dans l'affaire germano-tchèque, les pressions exercées sur les négociateurs tchèques étaient accompagnées de menaces d'invasion et de bombardements dirigés contre l'État tchèque lui-même. Dans l'affaire soviéto-tchécoslovaque (1968), l'occupation militaire était une contrainte sur l'État autant que la pression idéologique et psychologique était une contrainte sur les responsables du Parti.

L'article 51 de la Convention de Vienne proclame en termes catégoriques la nullité des traités conclus par la violence exercée sur les représentants :

> « L'expression du consentement d'un État à être lié par un traité qui a été obtenue par la contrainte exercée sur son représentant au moyen d'actes ou de menaces dirigées contre lui est dépourvue de tout effet juridique. »

Il ressort des discussions qui ont précédé l'adoption de ce texte, que la contrainte retenue en l'espèce doit être comprise dans un sens très large, qui englobe non seulement les violences physiques ou menaces de telles violences contre la personne du représentant, mais encore tous les actes susceptibles d'atteindre sa carrière comme des révélations de fait de caractère privé ou encore des menaces dirigées contre sa famille. Le caractère de ces actes de contrainte et l'emploi de l'expression « dirigées contre lui » tendent à bien préciser, dans l'esprit des auteurs de la disposition, que le représentant est pris en tant qu'*individu* et non en tant qu'*organe* de l'État. On espère, par là, éviter toute confusion entre l'État lui-même et son représentant.

123. Contrainte exercée sur l'État. — Plus fréquent, le problème de la contrainte exercée sur l'État lui-même, est aussi plus grave et plus complexe. Traditionnellement il était posé en relation avec l'usage de la force armée ; il demeure nécessaire de le poser en ces termes mais il convient aussi de s'interroger sur l'effet de la contrainte constituée par la pression économique et politique.

1° *Usage de la force.* — Les données du problème ont subi une mutation radicale avec la consécration du principe de l'interdiction de l'emploi de la force dans les relations internationales.

a) Autorisant l'usage de la force, le *droit international classique* ne pouvait refuser la validité desdits traités qu'il devait considérer comme des conséquences « normales » d'une activité licite. La CPJI a accepté de donner effet aux traités de paix de 1815 et de 1919 (affaires des *Zones franches* et du *Wimbledon*).

b) Cependant, le droit positif a considérablement *évolué* dans ce domaine. Dès 1919, le Pacte de la SdN a créé les premières limitations substantielles du droit des États de recourir à la force. Plus tard, le Pacte Briand-Kellogg de 1928 a mis la guerre « hors la loi ». Actuellement la Charte des Nations Unies (art. 3, § 2) formule en termes généraux la règle de l'interdiction de recourir à la menace ou à l'emploi de la force en violation de ses principes et en dehors des cas permis par elle.

Le 11 mars 1932, l'Assemblée générale de la SdN, s'inspirant d'une note adressée par le Secrétaire d'État américain Stimson à la Chine et au Japon au mois de janvier de la même année, a voté une résolution recommandant aux États membres de refuser de s'incliner devant toute situation, tout traité ou accord issus d'actes contraires aux Pactes de 1919 et de 1928. En 1941, en sa qualité d'État protecteur du Cambodge, la France fut contrainte par le Japon de conclure avec la Thaïlande un traité de délimitation de la frontière entre ce pays et le Cambodge, traité fort désavantageux pour ce dernier pays. Au lendemain de la défaite japonaise, soutenant qu'elle avait été obligée de consentir à ce traité sous l'empire de la violence, la France a remis en cause sa validité et obtenu qu'il soit annulé en même temps que le *statu quo* antérieur était rétabli par un règlement franco-thaïlandais du 17 novembre 1946 (v. S. Hamamoto, *RGDIP* 1998, p. 951-982). Le 1er octobre précédent, l'illicéité de la guerre d'agression commise par Hitler a été reconnue par le Tribunal de Nuremberg sur la base de la violation du Pacte Briand-Kellogg.

En accord avec ces principes nouveaux, la solution classique de la validité des traités imposés par la violence a dû être profondément remaniée. Elle ne s'applique désormais qu'aux seuls traités conclus à la suite d'un usage licite de la force. Par contre, sont nuls ceux qui sont imposés à un État quelconque au moyen d'une contrainte matérielle interdite. La CDI a affirmé sans aucune espèce de réserve que la nullité de pareils traités est « un principe qui ressortit à la *lex lata* dans le droit international d'aujourd'hui ».

c) Codifiant cet état du droit, l'article 52 de la *Convention de Vienne* dispose :

« Est nul tout traité dont la conclusion a été obtenue par la menace ou l'emploi de la force en violation des principes de droit international incorporés dans la Charte des Nations Unies. »

Cette nullité est conçue d'une manière aussi rigoureuse que celle résultant de la contrainte exercée sur la personne d'un représentant de l'État.

En visant « les principes de droit international incorporés dans la Charte », ce texte soulève un problème d'application dans le temps de la règle qu'il pose. « Incorporés » dans la Charte, ces principes préexistent nécessairement à elle. Mais, à quelle date ont-ils pénétré dans le droit positif ? On saisit l'importance primordiale de cette question. Sans réponse précise, une grande partie des traités de paix conclus dans le cadre du droit international classique risqueraient d'être mis en question. En fait, on ne saurait appliquer ces principes rétroactivement.

2° Le problème posé par l'usage de la pression économique et politique est particulièrement délicat.

Lors de la Conférence de Vienne sur le droit des traités, la question de l'assimilation de la contrainte économique et politique à la contrainte armée a été soulevée par des États du Tiers Monde (amendement afghan appuyé par 18 autres délégations). Jugeant trop vague le concept de « pression économique et politique », au lieu de rédiger une disposition expresse à inclure dans le dispositif de la Convention, la Conférence s'est contentée d'incorporer dans son acte final deux textes à ce sujet : une Déclaration condamnant « solennellement » toute « contrainte militaire, politique ou économique lors de la conclusion des traités », et une Résolution priant le Secrétaire général de l'ONU d'adresser cette déclaration à tous les États membres, aux États participants ainsi qu'aux organes principaux des Nations Unies.

Si l'on se place sur un plan général, la difficulté tient aux incertitudes actuelles concernant la définition du seuil de l'illicite en ce domaine. Il n'est pas douteux que l'utilisation massive de la contrainte non armée par un État en vue d'obtenir d'un autre État la conclusion d'un traité, entacherait celui-ci de nullité. À l'inverse, on ne saurait assimiler toute pression à une contrainte illicite ou se fonder sur la simple inégalité entre les États contractants pour en déduire la nullité du traité : ce serait remettre en cause les rapports de force dont le droit international (comme tout le système juridique) est issu et, en définitive, nier son existence même. Mais, entre ces deux extrêmes de multiples situations peuvent se présenter ; faute de règles claires permettant de les qualifier dans le droit international positif (v. *infra*, n° 572 s.), il est préférable de s'orienter dans d'autres directions que celles, trop incertaines, fournies par la théorie de la validité des traités : il est, du reste, loisible aux États d'invoquer d'autres arguments que l'emploi de la contrainte pour remettre en cause les traités qui n'auraient pas été conclus sur la base de l'égalité souveraine des parties : théorie de l'abus de droit, changement fondamental des circonstances, incompatibilité avec le *jus cogens*.

La théorie des *traités inégaux* constitue un essai de systématisation du principe de l'illicéité de la contrainte non armée dans la conclusion des traités. Elle a son origine dans la pratique diplomatique du régime soviétique au cours de ses premières années d'existence : en application du « décret sur la paix », l'URSS a négocié avec plusieurs pays voisins (Perse, Turquie, Chine, etc.) un certain nombre d'accords qui abrogeaient les traités colonialistes du tsarisme et affirmaient sa renonciation aux promesses de partage avec des pays occidentaux contenues dans des traités secrets.

Cette théorie a été reprise depuis par la Chine et la plupart des États du Tiers-Monde, à l'encontre des traités accordant des facilités militaires ou des privilèges économiques ou juridictionnels aux ressortissants de pays tiers. L'absence de réciprocité réelle dans les prestations, les risques d'atteintes à l'autodétermination que constituent de tels traités impliquent, aux yeux des partisans de cette théorie, l'inégalité des parties dans la négociation et la menace implicite par la plus puissante d'exercer des mesures de rétorsion sur son partenaire. À ce titre, les traités inégaux devraient être considérés comme invalides. Dans la pratique, c'est moins par une dénonciation unilatérale que par la renégociation des accords qu'il est mis fin aux situations de ce genre (cf. la renégociation des accords de coopération franco-africaine en 1973 et 1974 — v. G. Feuer, *AFDI* 1973, p. 720-739).

La grande majorité des auteurs, au moins occidentaux, tiennent la théorie des traités inégaux pour une doctrine politique, trop ambiguë et trop menaçante pour la sécurité juridique pour être accueillie comme une théorie juridique.

§ 3. — *Licéité de l'objet*

BIBLIOGRAPHIE. — G. MORELLI, « Norme dispositive di diritto internazionale », *Riv. DI* 1932, p. 483-508 et « A proposito di norme internazionali cogenti », *ibid.* 1968, p. 111-117. — A. VERDROSS, « Forbidden Treaties in International Law », *AJIL* 1937, p. 571-577 et « *Jus dispositivum* and *jus cogens* in International Law », *AJIL* 1966,

p. 55-185. — H. ROLIN, « Vers un ordre public réellement international », *Mél. Basdevant* 1960, p. 441-462. — G. SCHWARZENBERGER, « International *Jus cogens* ? », *Texas Law Review,* 1965, p. 445-464. — M. VIRALLY, « Réflexions sur le *jus cogens* », *AFDI* 1966, p. 5-29. — E. SUY et a., *The Concept of* jus cogens *in Public International Law,* Conférence de Lagonissi, Dotation Carnegie, 1967, 143 p. — K. MAREK, « Contribution à l'étude du *jus cogens* en droit international », *ibid.,* p. 426-459. — J. NISOT, « Le concept de *jus cogens* envisagé par rapport au droit international », *RBDI* 1968, p. 1-7 et « Le *jus cogens* et la Convention de Vienne... », *RGDIP* 1972, p. 692-697. — Ch. DE VISSCHER, « Positivisme et *jus cogens* », *RGDIP* 1971, p. 5-11. — M. K. YASSEEN, « Réflexions sur la détermination du « jus cogens » » *in* SFDI, colloque de Toulouse, *L'élaboration du droit international public,* Pedone, 1975, p. 204-218. — A. GOMEZ ROBLEDO, « Le *jus cogens* international : sa genèse, sa nature, ses fonctions », *RCADI* 1982-III, vol. 172, p. 9-217 ; L. ALEXIDZE, « Legal Nature of *Jus cogens* in Contemporary International Law », *ibid.* p. 219-270 ; G. GAJA, « *Jus cogens* beyond the Vienna Convention », *ibid.,* p. 271-316. — J. A. FROWEIN, « Die Verpflichtungen *erga omnes* in Völkerrecht und ihre Durchsetzung », *Mél. Mosler,* 1983, p. 241-262. — F. MUNCH, « Bemerkungen zum *jus cogens* », *ibid.* p. 617-629. — L. HANNIKAINEN, *Peremptory Norms* (Jus Cogens) *in International Law — Historical Development, Criteria, Present Statute,* Lakimiesliiton Kustannus, 1988, 781 p.— G. M. DANILENKO, « International *jus cogens*. Issues of Law-Making », *JEDI* 1991, p 42-65. — R. KOLB, *Théorie du* ius cogens *international*, PUF, Paris, 2001, 399 p. ; « *Jus cogens*, intangibilité, intransgressibilité, dérogation 'positive'et 'négative' », *RGDIP* 2005, p. 305-330. — Ch. TOMUSCHAT et J.-M. THOUVENIN eds., *The Fundamental Rules of the International Legal Order*, Nijhoff, Leiden, 2006, X-471 p. — A. ORAKHELASHVILI, « The Impact of Peremptory Norms on the Interpretation and Application of the United Nations Security Council Resolutions », *EJIL* 2005, p. 88-111 ; *Peremptory Norms in International Law*, Oxford UP, 2006, 560 p. — M.J. GLENNON, « De l'absurdité du droit impératif (*jus cogens*) », *RGDIP* 2006, p. 529-536. — D. SHELTON, « Normative Hierarchy in International Law », *AJIL* 2006, p. 291-323. — U. LINDERFALK, « The Effect of *Jus Cogens* Norms : Whoever Opened Pandora's Box, Did You Ever Think About the Consequences ? », *EJIL* 2007, p. 815-852.

124. Position traditionnelle du problème. — La validité d'un traité dépend-elle de la licéité de son objet ? Pour qu'il puisse en aller ainsi, il faut pouvoir affirmer l'existence d'un ordre public international.

Bien que la controverse ait été relancée par la Convention de Vienne de 1969, le problème est moins nouveau qu'il paraît : pour l'aborder, la doctrine s'est placée traditionnellement soit sur le terrain de la moralité internationale, soit sur celui de la recherche de normes coutumières supérieures.

1° *Traités et moralité internationale.* Aucun droit ne peut tolérer l'immoralité, mais le droit ne peut se confondre avec la morale. On ne peut envisager de sanctionner les traités immoraux que si le droit positif est susceptible de recevoir, par un processus de formation spontanée, des règles morales (concept de droit « objectif » selon les doctrines de Duguit et de G. Scelle — v. *supra*, n° 55). Seul ce droit objectif pourrait servir de fondement positif à un ordre public international auquel le contenu des traités devrait obligatoirement se soumettre.

Il existe bien quelques précédents isolés de non-application d'un traité contraire aux bonnes mœurs. Selon un tribunal militaire international de l'après-guerre : « Nous n'avons aucune hésitation à conclure que si Laval ou l'ambassadeur de Vichy à Berlin a conclu un accord quelconque sur l'emploi des prisonniers de guerre français dans l'industrie allemande, un tel accord aurait été manifestement contraire aux bonnes mœurs et, partant, nul » (Affaires *United States v. Krupp et others, Annual Digest and Reports of Public International Law Cases,* 1948, n° 214, p. 267). De même, dans les affaires du *Régime douanier austro-allemand* (CPJI, avis du 4 septembre 1931, série B, n° 20) et *Oscar Chinn* (CPJI, arrêt du 12 décembre 1934, série A/B, n° 63), les juges Anzilotti et Schücking ont soutenu que la Cour se refuserait à appliquer une convention contraire aux bonnes mœurs. Mais ils n'ont pas fourni de preuves décisives à l'appui de leur affirmation.

2° *Traités et normes coutumières supérieures.* G. Scelle s'est illustré dans la défense de l'existence de telles normes. Bien qu'il admette que traité et coutume ont une portée égale, il refuse d'attribuer à cette égalité une portée absolue : un traité ne saurait déroger à une coutume solidement et évidemment établie. Il convient de reconnaître, au sein du droit coutumier, l'existence d'une hiérarchie entre les normes impératives, d'une part, et celles modifiables par une convention postérieure, d'autre part ; selon une autre terminologie : entre le *jus cogens* et le *jus dispositivum.*

Le domaine de cette *super-légalité internationale,* de ce que G. Scelle appelle le « droit commun international », est défini par des critères matériels : normes garantissant les libertés individuelles, telles : le droit à la vie qui va à l'encontre de la guerre, la liberté corporelle qui s'oppose à l'esclavage, la liberté de circulation, du commerce et d'établissement qui est incompatible avec la fermeture abusive des frontières ; normes garantissant la liberté collective essentielle qui se traduit par le droit des peuples à disposer d'eux-mêmes (*Précis de droit des gens,* Sirey, 1934, t. II, p. 15 s.). Recourir à des critères matériels est supposer résolu le problème des modalités de formation de l'ordre public international dans une société peu intégrée. C'est cette lacune que tente de combler la Convention de Vienne.

125. Consécration de la primauté de normes impératives (*jus cogens*) par la Convention de Vienne de 1969. — Aux termes de l'article 53 de la Convention :

« Est nul tout traité qui, au moment de sa conclusion, est en conflit avec une norme impérative du droit international général. Aux fins de la présente convention, une norme impérative du droit international général est une norme acceptée et reconnue par la communauté internationale des États dans son ensemble, en tant que norme à laquelle aucune dérogation n'est permise et qui ne peut être modifiée que par une nouvelle norme du droit international général ayant le même caractère. »

En outre, l'article 64 dispose :

« Si une nouvelle norme impérative du droit international général survient, tout traité existant qui est en conflit avec cette norme devient nul et prend fin. »

Ces deux textes établissent une véritable *hiérarchie entre les normes* impératives et les autres ; en aucune manière ils n'instituent une nouvelle catégorie de sources formelles du droit international (sur la distinction entre les notions de normes et de sources, v. *supra*, n° 60).

La CDI, qui a proposé cette solution, a pris soin d'avertir qu'elle n'a rien créé et de souligner qu'à son avis, « certaines règles et certains principes auxquels les États ne sauraient déroger par des arrangements conventionnels » existaient déjà au moment où elle préparait son projet d'articles. Toutefois, elle n'a pas fait que constater une situation préexistante. La Commission a innové en recommandant, à l'unanimité de ses membres, de sanctionner par la nullité les traités conclus en violation de ces normes impératives.

Pour marquer le caractère novateur de la solution qu'ils ont approuvée, de nombreux délégués à la Conférence ont précisé qu'elle n'aurait pas été possible dans le passé où « la conception contractuelle du droit international prévalait ». Cette observation fait ressortir la véritable portée de l'œuvre de la CDI confirmée par la Conférence. L'une et l'autre sont allées au-delà du droit des traités. C'est le fondement même du droit international qui est directement en cause. Les préoccupations morales ont largement déterminé le vote des représentants des États réunis à Vienne. Ils ont tenu à affirmer, par une majorité massive, l'existence d'une communauté juridique universelle fondée sur ses valeurs propres devant lesquelles tous ses membres doivent s'incliner (les articles 53 et 64 ont été adoptés respectivement par 87 voix contre 8 avec 12 abstentions, et 84 voix contre 8 avec 16 abstentions).

Cette approche a été confirmée et précisée par la CIJ, dans un *obiter dictum* de l'arrêt du 5 février 1970, (affaire de la *Barcelona Traction*) :

« Une distinction essentielle doit (...) être établie entre les obligations des États envers la communauté internationale dans son ensemble et celles qui naissent vis-à-vis d'un autre État dans le cadre de la protection diplomatique. Par leur nature même, les premières concernent tous les États. Vu l'importance des droits en cause, tous les États peuvent être considérés comme ayant un intérêt juridique à ce que ces droits soient protégés ; les obligations dont il s'agit sont des obligations *erga omnes* » (*Rec.*, p. 32).

Conformément au concept d'ordre public, la Cour annonçait ici la possibilité d'une *« actio popularis »* lorsque les normes violées sont des normes de *jus cogens,* et elle amorçait une distinction entre les formes de responsabilité internationale que la CDI a tenté d'expliciter par la suite, dans un premier temps en recourant à une terminologie de nature pénale (opposition entre les délits et les crimes internationaux dans son projet sur la responsabilité des États adopté en première lecture en 1996), finalement en faisant le lien direct avec l'institution du *jus cogens* (mise en place d'une responsabilité aggravée en cas de violations graves d'obligations découlant de normes impératives du droit international général dans ses articles sur la responsabilité des États définitivement adoptés en 2001 – v. *infra*, n°s 472 et 491).

La jurisprudence arbitrale a apporté quelques précisions au sujet de la définition et des effets de ces normes impératives.

Dans l'affaire de la Délimitation de la frontière maritime Guinée-Bissau/Sénégal, le Tribunal arbitral a estimé que « du point de vue du droit des traités, le *jus cogens* est simplement la caractéristique propre à certaines normes juridiques de ne pas être susceptibles de dérogation par voie conventionnelle » (sentence du 31 juillet 1989, *RGDIP* 1990, p. 234) ; mais il a précisé qu'une règle liée à une norme impérative par une relation logique n'est pas elle-même impérative si elle n'en est pas le corollaire nécessaire (ainsi, la règle selon laquelle « un État né d'un processus de libération nationale a le droit d'accepter ou non les traités qu'aurait conclus l'État colonisateur après le déclenchement du processus » ne relève pas du *jus cogens* alors même qu'elle est logiquement liée au principe du droit des peuples à disposer d'eux-mêmes, qui présente un caractère impératif [v. *infra*, n° 127]). Le Tribunal arbitral constitué dans l'affaire *OSPAR* opposant l'Irlande au Royaume-Uni a clarifié de son côté l'articulation entre les divers types de normes internationales en rappelant que toute *lex specialis* devait être appliquée prioritairement par rapport aux règles coutumières internationales et aux principes généraux de droit, à la condition toutefois qu'elle soit compatible avec le *jus cogens* (CPA, SA du 2 juillet 2003, § 84, 100 et 103).

Pour sa part, dans son avis n° 1 en date du 29 novembre 1991, la Commission d'arbitrage de la Conférence européenne pour la paix en Yougoslavie a insisté sur le fait que si les États issus de la dissolution de la RFSY devaient régler par voie d'accord les modalités de la succession d'États, « les normes impératives du droit international général (...) s'imposent à toutes les parties prenantes à la succession » (*RGDIP* 1992, p. 265 ; v. aussi l'avis n° 9, § 2, en date du 4 juillet 1992, *RGDIP* 1993, p. 591). Dans son avis n° 10, rendu le 4 juillet 1992, la même instance relève que la reconnaissance d'États est un acte discrétionnaire « sous la seule réserve du respect dû aux normes impératives du droit international général » (§ 4, *RGDIP* 1993, p. 594).

Les conditions dans lesquelles s'est déroulé le conflit dans l'ex-Yougoslavie étaient constitutives, en partie, de crimes de génocide. La portée juridique reconnue par la CIJ aux dispositions de la Convention de 1948 a justifié implicitement des assouplissements au droit des traités (compétence *prima facie* de la Cour sur la base de cette convention) et l'indication de mesures conservatoires à la Yougoslavie (Serbie-Monténégro) (CIJ, ord. du 8 avril et du 13 sept. 1993, *Rec.* p. 1 et p. 325 ; v. l'opinion individuelle du juge *ad hoc* E. Lauterpacht sous la seconde ordonnance, *ibid.,* p. 440).

Au demeurant, la Cour est restée longtemps réticente à consacrer *explicitement* la notion de *jus cogens ;* retenant l'idée sans le mot, elle lui a préféré la notion d'obligations *erga omnes* (dans l'affaire de la *Barcelona Traction* précitée, dans son arrêt du 30 juin 1995 dans l'affaire du *Timor oriental – Rec.* p. 102, § 29, ou encore dans son avis du 9 juillet 2004 sur le *Mur – Rec.* p. 199, § 155-157) ou a eu recours à l'expression : « principes intransgressibles du droit international coutumier » (avis du 8 juillet 1996 sur l'arme nucléaire – *Rec.* p. 257, ou avis sur le *Mur* de 2004 – *Rec.* p. 199, § 157). Il a fallu attendre l'année 2006 pour que la Cour fasse explicitement sienne la notion de *jus cogens*, en hissant à ce rang l'interdiction du génocide (*Activités armées sur le territoire du Congo (Congo/Rwanda)*, 3 février 2006, § 64, confirmé dans l'affaire du *Génocide*, arrêt du 26 février 2007, § 161).

Si cette consécration officielle du *jus cogens* par l'organe judiciaire principal des Nations Unies mérite d'être relevée, c'est en constatant toutefois que deux tempéraments y ont été immédiatement apportés sur le plan des conséquences à en tirer : « le seul fait que des droits et obligations *erga omnes* ou des règles impératives du droit international général (*jus cogens*) seraient en cause dans un différend ne saurait constituer en soi une exception au principe selon lequel [l]a compétence [de la Cour] repose toujours sur le consentement des parties » (arrêt précité du 3 février 2006, § 64, 69 et 125) ; par ailleurs, la responsabilité d'un État pour génocide n'est pas pour autant de nature *pénale* (arrêt précité du 26 février 2007, § 167), ce qui atténue nécessairement les obligations que l'on pourra imposer à l'État auteur de la violation d'une norme impérative. Le pas franchi par la Cour n'en mérite pas moins d'être remarqué.

Le revirement de la Cour s'explique sans doute par le fait que celle-ci était de plus en plus isolée dans son refus d'utiliser l'expression, alors qu'en fait elle recourait à la notion. Non seulement la jurisprudence arbitrale s'en était prévalue dès les années 1980 (v. *supra*), mais depuis les années 1990, et plus encore dans la dernière décennie, des juridictions importantes lui avaient emboîté le pas (de manière plus ou moins convaincante d'ailleurs, conduisant certains membres de la doctrine à dénoncer la trop large acception retenue des normes impératives) : le TPIY et la Cour européenne des droits de l'homme à propos de l'interdiction de la torture (v. *infra*, n° 127), le Tribunal de première instance des CE s'agissant du droit d'être entendu ou du droit de propriété et du contrôle des actes du Conseil de sécurité des Nations Unies (aff. *Yusuf* et *Kadi*, 21 septembre 2005, aff. T-306/01 et T-315/01), la Cour interaméricaine des droits de l'homme à propos de l'interdiction des disparitions forcées (*Goiburu y otros vs. Paraguay,* 22 septembre 2006, § 84), ou encore le juge interne (v. la décision de la Cour de cassation italienne du 11 mars 2004 rendue dans l'affaire

Ferrini, à propos des crimes internationaux ; v. également le rapport de la Commission d'enquête de l'OIT du 2 juillet 1998 établissant la violation par le Myanmar de la « norme impérative du droit international » proscrivant le recours au travail forcé (§ 538).

Cette consécration jurisprudentielle aboutit à une heureuse « désacralisation » du *jus cogens*, désormais pleinement opératoire. Elle rend aussi d'autant plus nécessaire d'en préciser les contours et de résoudre les problèmes que pose son application pratique.

126. Formation des normes impératives. — L'article 53 de la Convention de Vienne se borne à indiquer qu'une norme de *jus cogens* est une norme « acceptée et reconnue » comme telle « par la communauté internationale des États dans son ensemble ». Cette définition a été critiquée comme étant tautologique. S'il est vrai qu'elle n'est guère précise, elle ne l'est pas moins que, par exemple, celle de la coutume (« pratique générale acceptée comme étant le droit » — v. *infra*, n° 207) qui, si elle ne va pas sans poser de difficiles problèmes pratiques, est cependant considérée comme intellectuellement satisfaisante.

Il est vrai aussi que la notion de communauté des États « dans son ensemble » est ambiguë. S'il résulte tant des travaux préparatoires que de la formule retenue elle-même que l'unanimité des États n'est pas requise, l'article 53 laisse sans réponse la question du nombre et de la qualité des États qui doivent « accepter et reconnaître » le caractère impératif d'une norme pour que l'on puisse la tenir pour une règle de *jus cogens*. On doit certainement considérer que ce nombre doit être très grand et inclure tous les groupes d'États, même si l'objection persistante d'un État particulier ou de quelques États n'empêche ni la reconnaissance de ce caractère impératif ni l'opposabilité de la règle en question aux États objectants, à la différence de ce qui se produit pour les règles coutumières ordinaires (v. *infra*, n° 213). La jurisprudence est restée toutefois pour l'heure très discrète quant aux conditions requises pour l'éclosion d'une nouvelle norme de *jus cogens*.

Quoi qu'il en soit, et malgré l'opinion contraire d'une partie de la doctrine, la formule utilisée par l'article 53 de la Convention de Vienne ne laisse aucun doute sur le fait que le *jus cogens* ne constitue pas une nouvelle source du droit international, mais une « qualité » particulière (impérative) de certaines *normes*, qui peuvent être d'origine soit coutumière soit conventionnelle.

En revanche, la rédaction de l'article 53 ne tranche pas le problème de l'existence de normes impératives régionales, qui s'imposeraient entre États liés par des solidarités particulières (conception particulièrement exigeante des droits de l'homme en Europe occidentale, par exemple : v. par exemple la notion d'« ordre public européen » dégagée par la Cour européenne des droits de l'homme dans l'affaire *Loizidou c. Turquie*, 23 mars 1995, § 75).

Les difficultés ne concernent pas seulement le présent. L'article 53 prévoit la possibilité de la modification d'une norme impérative en vigueur par une norme de même valeur. D'après l'article 64 de nouvelles normes impératives peuvent naître dans l'avenir. De nos jours, cette conception dynamique du *jus cogens*, logique de soi, est dictée au surplus par la nécessité d'une adaptation continuelle du droit aux conditions changeantes de la vie internationale et aux aspirations variées des États. Mais, la Convention n'institue nulle part une procédure spécifique d'élaboration des normes du *jus cogens*. On est donc confronté à l'unique critère *matériel* (v. *infra*, n° 127).

127. Détermination des normes impératives. — En l'absence d'un mode de formation autonome, la question se pose de savoir comment une règle de *jus cogens* peut être dissociée des normes non impératives *(jus dispositivum).*

Cherchant une solution institutionnelle au problème, Sir Hersch Lauterpacht, deuxième rapporteur de la CDI, songea à faire appel au juge international. En 1953, il proposa l'article suivant : « Est nul tout traité ou toute disposition d'un traité dont l'exécution suppose un acte que le droit international considère comme illicite lorsque cette situation a été constatée par la Cour internationale de Justice. » Cette suggestion aurait eu le mérite d'enlever aux États le pouvoir de qualification. Mais, ses chances d'être acceptée par ceux-ci étaient nulles car, voulant éviter une extrême, elle tombait dans une autre, les États ne pouvant manquer de considérer qu'en dotant le juge d'un pouvoir exorbitant, on en faisait un législateur universel.

Prise entre la nécessité de la tâche et les difficultés de son exécution la CDI a finalement préféré une attitude qui consistait à évoquer le problème sans le résoudre. Dans son rapport, elle a bien fourni quelques exemples de traités dérogeant au *jus cogens :* traité qui envisage un emploi de la force contraire aux principes de la Charte, traité organisant la traite des esclaves, la piraterie ou le génocide, traités portant atteinte aux règles protectrices de la situation des individus, etc. (*Ann. CDI*, 1966, vol. II, p. 270). Il ressort de cette liste, qui n'est pas exhaustive, que la Commission tient compte aussi des considérations touchant aux bonnes mœurs et à l'ordre public international. Ainsi, dans sa conception, les traités immoraux s'intègrent dans la nouvelle catégorie des traités contraires aux normes impératives. Pourtant, elle s'est abstenue de proposer un texte énumératif quelconque en déclarant qu'il convenait de laisser à la pratique des États et aux tribunaux internationaux le soin de procéder progressivement à la détermination de ces normes impératives.

Ne partageant pas cette prudence, la délégation de l'URSS à la Conférence a soumis à la Conférence une longue liste ; y figuraient les principes de non-agression et de non-ingérence dans les affaires intérieures des États, l'égalité souveraine ; l'autodétermination nationale, ainsi que les autres principes fondamentaux du droit international contemporain et ceux formulés par les articles 1 et 2 de la Charte des Nations Unies. Il était sans doute préférable qu'un accord général pût se réaliser sur la détermination des normes visées par l'article 53. La proposition soviétique reflétait toutefois une conception exagérément extensive du *jus cogens* que même la plupart des États favorables à la reconnaissance de celui-ci ne pouvaient accepter. On saisit ainsi sur le vif la difficulté de s'entendre sur un critère approprié.

Finalement, la Conférence a voté l'article 66 qui dispose qu'en cas de différend concernant l'application ou l'interprétation des articles 53 et 64, et s'il n'est pas réglé dans un délai de douze mois à dater du jour où il est constaté, toute partie « peut, par une requête, le soumettre à la décision de la Cour internationale de Justice, à moins que les parties ne décident d'un commun accord de soumettre le différend à l'arbitrage ». Il est donc resté quelque chose du projet Lauterpacht. Mais le problème n'est résolu qu'imparfaitement dans la mesure où plusieurs États parties à la Convention de 1969 ont fait à cet article 66 des réserves, qui se sont heurtées à des objections de la part d'autres parties, si bien que, dans les rapports entre ces États, le mécanisme prévu par la Convention ne peut jouer et qu'il serait impossible de trancher entre des interprétations divergentes. La CIJ a du reste récemment souligné que l'article 66 de la Convention de Vienne n'avait pas atteint le seuil du droit international coutumier (*Activités armées sur le territoire du Congo (RDC c. Rwanda)*, arrêt du 3 février 2006, § 125).

Il est vrai que, depuis l'adoption de la Convention de Vienne la jurisprudence a apporté quelques éclaircissements. Ils demeurent cependant partiels et limités.

Dans son *obiter dictum* de 1970 précité (n° 125), la CIJ a repris certains éléments de la liste d'exemples fournis par la CIJ : actes d'agression, génocide, atteintes aux droits fondamentaux de la personne humaine, notamment esclavage et discrimination raciale (*Rec.* 1970, p. 32). Ces exemples présentent une grande importance dans la mesure où la Cour les a retenus alors même que ces problèmes n'étaient pas en cause ; la liste cependant est loin d'être exhaustive et son interprétation peut être source de difficultés.

Ultérieurement, dans l'affaire relative au *Personnel diplomatique et consulaire des États-Unis à Téhéran,* la Cour a considéré « qu'aucun État n'a l'obligation d'entretenir des relations diplomatiques ou consulaires avec un autre État, mais qu'il ne saurait manquer de reconnaître les obligations impératives qu'elles comportent et qui sont maintenant codifiées dans les conventions de Vienne de 1961 et 1963 » (ordonnance du 15 décembre 1979, *Rec.* 1979, p. 20). Et, dans son avis du 8 juillet 1996 sur la *Licéité de la menace ou de l'emploi d'armes nucléaires*, elle a qualifié de « principes intransgressibles du droit international coutumier un grand nombre de règles du droit humanitaire applicable dans les conflits armés » (*Rec.* p. 257, § 79 ; dans la déclaration qu'il a jointe à l'arrêt, le Président Bedjaoui y voit des principes de *jus cogens*, *ibid.* p. 273), formule qui sera reprise dans l'avis du 9 juillet 2004 sur les *Conséquences juridiques de l'édification d'un mur dans le Territoire palestinien occupé*, toujours à propos des règles de droit humanitaire, en précisant que ces règles « incorporent des obligations revêtant par essence un caractère *erga omnes* » (p. 199, § 157). Enfin, en 2006, la Cour, en utilisant cette fois-ci expressément le terme de *jus cogens*, a reconnu valeur impérative à l'interdiction du génocide (arrêt du 3 février 2006 précité, v. *supra*, n° 125 ; la Cour européenne des droits de l'homme a pareillement reconnu valeur de *jus cogens* à l'interdiction du génocide, en précisant que l'obligation de prévenir et de réprimer le crime correspondant constituait une obligation *erga omnes :* v. *Jorgic c. Allemagne*, 12 juillet 2007, req. n° 74613/01, § 68).

Faisant appel à une conception extensive de ses prérogatives d'interprète, le Tribunal de première instance de l'Union européenne a affirmé quant à lui sa conception du *jus cogens* comme « un ordre public international qui s'impose à tous les sujets du droit international, y compris les instances de l'ONU, et auquel il est impossible de déroger » (arrêt du 21 septembre 2005, aff. T-306/01, *A.A. Yusuf e.a. c. Conseil de l'UE et Commission*, § 277 ; position reprise explicitement dans l'arrêt du même Tribunal du 12 juillet 2006, *C. Ayadi c. Conseil de l'UE*, aff. T-253/02, § 116).

À l'inverse, dans sa sentence du 24 mars 1982, le Tribunal arbitral appelé à se prononcer dans l'affaire *Aminoil c. Koweit,* a estimé sans fondement la prétention du défendeur selon laquelle « la souveraineté permanente sur les ressources naturelles est devenue une règle de *jus cogens*, empêchant les États d'accorder par contrat ou par traité, des garanties de quelque nature que ce soit à l'encontre de l'exercice de l'autorité publique à l'égard des richesses naturelles » (*JDI* 1982, p. 893).

Le Tribunal arbitral constitué dans l'affaire de la *Détermination de la frontière maritime* entre la Guinée-Bissau et le Sénégal admet, au moins implicitement, le caractère impératif du droit à l'autodétermination des peuples (sentence du 31 juillet 1989, *RGDIP* 1990, p. 234-235). Pour sa part, dans ses avis n° 1 (29 novembre 1991) et 9 (4 juillet 1992), la Commission d'arbitrage de la Conférence européenne pour la paix en Yougoslavie a classé, parmi les normes impératives du droit international général, les « droits de la personne humaine » et les « droits des peuples et des minorités » (*RGDIP* 1992, p. 265) et, dans son avis n° 2 (11 janvier 1992), elle a réaffirmé l'existence « de normes, maintenant impératives du droit international général » imposant « aux États d'assurer le respect des droits des minorités », ce qui semble impliquer le droit pour chaque être humain « de revendiquer son appartenance à la communauté ethnique, religieuse ou linguistique de son choix » et, pour ces communautés, celui de bénéficier d'un minimum de protection (*RGDIP* 1992, p. 266-267 ; v. aussi les « observations » de la Commission en date du 4 juillet 1992 sur la loi constitutionnelle croate des 4 décembre 1991 et 8 mai 1992, § 4). Dans son avis n° 10, rendu le 4 juillet 1992, la Commission qualifie également d'impératives les normes qui interdisent « le recours à la force dans les relations avec d'autres États ou qui garantissent les droits des minorités ethniques, religieuses ou linguistiques » (§ 4, *RGDIP* 1993, p. 594).

Pour sa part, le TPIY a, dans son arrêt *Furundzija* du 10 décembre 1998, estimé que « [l]'interdiction de la torture a désormais valeur de *jus cogens* » (§ 153 et s.). Cette position a été reprise par la Chambre des Lords britannique dans son arrêt *Pinochet* du 24 mars 1999 et par la CEDH, dans son arrêt *Al-Adsani c. Royaume-Uni* du 21 nov. 2001 (§ 26) (v. à cet égard E. De Wet, *EJIL* 2004, p. 97-121).

Dans son rapport au Conseil de sécurité en date du 9 décembre 1991, relatif à la responsabilité du déclenchement du conflit Irak-Iran, le Secrétaire général dénonce l'attaque armée lancée en 1980 contre l'Iran et la qualifie de « violation de l'interdiction de l'usage de la force qui est considérée comme l'une des règles de *jus cogens* » (S/23 273, § 7).

Pour ce qui concerne les conséquences des violations du *jus cogens,* les articles de la CDI sur la responsabilité internationale des États ont incontestablement renforcé le caractère impératif de ces normes en organisant à leur égard un régime de responsabilité aggravée. Ce régime demeure toutefois d'une portée limitée, même si des évolutions ultérieures ne sont pas à écarter (v. *infra*, n° 491).

128. Contribution de la notion de *jus cogens* au développement progressif du droit international. — L'aspect « révolutionnaire » de cette reconnaissance et les difficultés qu'entraîne son application pratique ont suscité une abondante littérature où s'entremêlent approbations nuancées et critiques systématiques.

Tous les adversaires de la « promotion » du *jus cogens* développent un thème identique : elle est incompatible avec les caractères du droit international positif actuel qui demeure en grande partie un droit de coordination. Dans les systèmes juridiques nationaux, dès lors que la notion d'ordre public est déterminée dans son contenu par le législateur et garantie dans son application par le juge, elle peut être incorporée sans inconvénients majeurs dans le droit positif interne. Mais la reconnaissance de la positivité du *jus cogens* dans une société à structure primitive, sans pouvoir législatif et sans autorités judiciaires, comme la société des États souverains, est dangereuse à un double titre. Elle ouvre la voie au retour offensif du droit naturel avec son subjectivisme et incite à la proclamation unilatérale de la nullité des traités librement conclus pour cause incontrôlable de violation d'une hypothétique norme impérative.

Il est certes très regrettable que l'œuvre commune de la CDI et de la Conférence de Vienne soit inachevée. Malgré tout, pour impressionnants qu'ils soient, les arguments invoqués contre le *jus cogens* ne sont pas nouveaux. Autrefois, ils ont été déjà utilisés contre la nullification des traités immoraux. Au moins trois remarques peuvent être faites en réponse.

L'assimilation des normes du *jus cogens* à celles du droit naturel relève d'une généralisation abusive. Personne n'ose prétendre d'un traité organisant, par exemple, une violation du principe *pacta sunt servanda* ou un recours illégitime à la force, conserve sa pleine validité au regard du droit positif parce qu'il est contraire au seul droit naturel.

L'idée que des normes impératives ne pourraient pas s'épanouir dans une société faiblement structurée est par ailleurs contredite par la reconnaissance, dans la jurisprudence arbitrale récente, d'un « ordre public transnational », s'imposant aux contrats transnationaux et défini comme « un consensus international quant aux standards universels et aux normes de conduite acceptées devant s'appliquer devant n'importe quel *forum* » (v. CIRDI, *World Duty Free Company Limited c. Kenya*, aff. n° ARB/00/7, SA du 4 octobre 2006, *ILM* 2007, p. 337, § 138 s.). Si un tel ordre public peut se développer dans la sphère transnationale, on ne voit pas pourquoi il ne pourrait pas le faire dans l'ordre international, ce que confirment pleinement d'ailleurs les évolutions jurisprudentielles récentes qui n'hésitent plus à se référer au *jus cogens* (v. *supra*, en particulier s'agissant de la CIJ).

On observera essentiellement enfin que les critiques adressées à la primauté absolue des normes impératives ne sont fondées que dans la mesure où la structure actuelle du droit international doit être maintenue et respectée comme un postulat. Sans doute est-il plus simple de renoncer à cette primauté que de modifier cette structure. Mais le positivisme juridique à courte vue (en porte-à-faux d'ailleurs désormais avec la jurisprudence internationale) est d'autant moins une justification qu'il traduit une conception volontariste étroite du droit : il est certain que, dès lors qu'une norme de *jus cogens* s'impose à un État qui ne l'a pas acceptée, c'est le fondement volontariste du droit international qui est définitivement désavoué.

C'est dans la perspective du développement progressif du droit international qu'il faut se placer pour apprécier cet événement juridique considérable qu'est la reconnaissance de l'existence du *jus cogens*. Dans l'édification des bases constitutionnelles écrites de la communauté internationale, il faut bien un commencement et il réside dans la solution de principe adoptée par la Convention, désormais solidement assise dans la jurisprudence internationale.

Section 2

Régime des nullités pour défaut de validité

BIBLIOGRAPHIE. — G. MORANGE, « Nullité et inexistence en droit international public », *Mél. Scelle,* t. III, 1950, p. 895-909. — A. MCNAIR, « Severance of Treaty Provisions », *Mél. Basdevant,* 1960, p. 346-349. — F. CAPOTORTI, « Extinction et suspension des traités », *RCADI* 1971-III, vol. 134, p. 417-588. — Ph. CAHIER, « Les caractéristiques de la nullité en droit international... », *RGDIP* 1972, p. 646-691. V. aussi, *supra* les bibliographies figurant sur les n°s 114 et 119.

129. Nouveautés introduites par la Convention de Vienne de 1969. — Sous réserve, dans une certaine mesure, de la nullité pour non-respect du *jus cogens*, la Convention de Vienne a fait œuvre de codification et non de création en ce qui concerne les autres causes de nullité. La nullité du traité vicié, consacrée par la pratique avant elle, est la sanction la plus grave qui puisse se concevoir : au degré inférieur, la technique offre le choix entre son inopposabilité et la responsabilité de l'auteur de l'irrégularité. Pourtant, il ne ressort pas de cette même pratique, en raison de la rareté des précédents, des éléments suffisants pour constituer, comme en matière contractuelle interne, un véritable régime de la nullité des traités.

La Convention de Vienne qui a défini avec plus de netteté les causes anciennes et nouvelles de nullités se devait de combler cette lacune afin de prévenir les abus provenant des initiatives unilatérales. Elle a effectivement institué des règles qui, non seulement, rénovent et rationalisent le droit des traités mais encore, actualisent le problème général des nullités en droit international public, lequel jusqu'à présent, n'a été étudié qu'en ce qui concerne les sentences arbitrales et les autres actes juridiques unilatéraux. Ce souci de précision répond à un besoin de la société internationale contemporaine, de disposer d'une technique juridique facilitant la remise en cause ordonnée des réglementations conventionnelles archaïques. Aussi ne faut-il pas s'étonner de constater le rôle décisif qui a été joué par les États du Tiers Monde, mais aussi par des pays socialistes, soucieux de préciser les moyens de la contestation.

Indépendamment même de l'entrée en vigueur de la Convention, le 27 janvier 1980, les dispositions adoptées à ce sujet peuvent servir de modèles, voire de précédents créateurs de coutumes, qu'il s'agisse des types de nullité, de la procédure d'annulation, ou des effets de la nullité.

§ 1. — *Nullité absolue et nullité relative*

130. Distinction des deux catégories de nullité. — Les différents ordres juridiques internes appliquent deux types de nullité en matière de contrat. La nullité absolue sanctionne les illégalités graves qui affectent l'intérêt général et troublent l'ordre public. Elle se caractérise par quelques traits dominants : toute personne y ayant intérêt, tiers ou contractant, peut s'en prévaloir, le juge peut l'invoquer d'office, elle est insusceptible de confirmation et même d'après certaines législations, elle ne peut être couverte par la prescription. La nullité relative, elle, frappe la violation des règles posées dans le seul but de protéger les contractants en tant que personnes privées. Sa souplesse contraste avec la rigueur de la nullité absolue : elle ne peut être invoquée que par le bénéficiaire de la protection légale, le juge ne peut l'invoquer d'office, elle peut être couverte à la fois par une confirmation ultérieure et par la prescription.

Selon l'opinion traditionnellement admise en doctrine, l'ordre international ignorerait cette distinction entre nullité relative et nullité absolue. Toutes les nullités y seraient relatives parce que le principe de l'effectivité y jouerait le rôle d'un procédé général de couverture des situations irrégulières à l'origine qui ont bénéficié d'une application durable. Cette doctrine paraît confirmée par la jurisprudence qui s'est abstenue de frapper de nullité absolue une sentence arbitrale entachée d'excès de pouvoir ou de violation de compromis, irrégularités pourtant graves qu'il aurait été d'intérêt public de sanctionner sévèrement (Voir notamment l'arrêt de la CIJ dans l'affaire de la *Sentence arbitrale du roi d'Espagne, Rec.* 1960, p. 205, 209 et 213).

À plus forte raison, toute nullité absolue devrait-elle être exclue de la matière des traités par les auteurs qui, se ralliant à cette doctrine, refusent en outre de reconnaître l'existence d'un ordre public international, attitude qui les conduit à assimiler les intérêts des États protégés par les causes de nullité à de purs intérêts privés.

Les auteurs de la Convention de Vienne ne se sont laissés influencer ni par cette pratique, ni par cette doctrine. Ils ont retenu cumulativement ces deux types de nullité en assignant à chacun un champ d'application précis et en déterminant les différences de régime, qui portent sur la possibilité de faire jouer le principe de divisibilité et d'acquiescer à l'irrégularité pour l'État victime, et sur le droit d'invoquer le vice qui entache le traité.

131. Hypothèses de nullité relative. — Sont sanctionnées par la nullité relative toutes les irrégularités du consentement autres que la contrainte, c'est-à-dire, la violation des formes constitutionnelles, l'erreur, le dol et la corruption du représentant d'un État. À cet égard, la Convention s'est contentée de codifier la pratique.

La sentence du président Cleveland affirmait que les violations des règles constitutionnelles dans la formation de la volonté des États contractants pouvaient être couvertes par l'acquiescement ou la confirmation ultérieure (v. *supra,* n° 118). En ce qui concerne l'erreur, dans son arrêt rendu dans l'affaire du *Temple de Préah Vihéar,* la CIJ a également admis la possibilité d'une confirmation expresse ou tacite (Arrêt du 15 juin 1962 *(fond), Rec.,* 1962, p. 23-24, 29-32). Le Tribunal constitué pour se prononcer sur la *Détermination de la frontière maritime Guinée-Bissau/Sénégal* a refusé d'examiner l'allégation de la Guinée-Bissau selon laquelle l'Accord franco-portugais de 1960 serait nul du fait de la violation par la France de son droit interne : « Le seul État qui pourrait invoquer cette cause de nullité est le Sénégal » en tant que successeur de la France (Sentence du 31 juillet 1989, *RGDIP* 1990, p. 250 ; v. aussi p. 232).

Le caractère relatif des nullités retenues résulte de la lettre même des articles 46 (violation d'une disposition de droit interne), 48 (erreur), 49 (dol), 50 (corruption du représentant) d'après lesquels un seul État contractant, celui qui est victime de l'irrégularité, peut l'invoquer. Par ailleurs, c'est à propos de ces causes de nullité que l'article 45 de la Convention dispose expressément qu'un État ne peut plus les invoquer si, après avoir eu connaissance des faits, il « a explicitement accepté de considérer que le traité est valide » ou si, à raison de sa conduite, il doit être considéré « comme ayant acquiescé à la validité du traité ». La nullité d'un traité fondée sur l'erreur commise présente une particularité, par rapport à celle résultant des autres vices du consentement, en ce qui concerne le sort des actes accomplis sur la base de ce traité : les atténuations au principe de la rétroactivité, justifiées par la bonne foi, seront admises de la manière la plus large (article 69, § 2).

L'application de la simple nullité relative à ces cas est entièrement fondée. Aucun intérêt général n'est en cause. La protection se limite aux intérêts des victimes des irrégularités.

132. Hypothèses de nullité absolue. — Il n'en est pas de même de la contrainte. La victime mérite toujours protection, mais il est nécessaire aussi, dans l'intérêt général, de décourager les recours à la contrainte illicite. Dans cet ordre d'idées, la Convention a infligé un net recul à la conception contractualiste en frappant de nullité absolue un traité vicié par la contrainte. En ce qui concerne, d'abord, la contrainte exercée sur la personne du représentant de l'État, dès la phase préparatoire, la CDI, contre l'avis de son quatrième rapporteur, Sir Humphrey Waldock, avait retenu la sanction de la nullité absolue. Elle motiva en termes on ne peut plus clairs sa décision : « L'emploi de la contrainte sur le représentant de l'État afin d'obtenir la conclusion d'un traité serait chose d'une telle gravité que l'article devrait prévoir la nullité absolue du consentement à un traité obtenu dans de telles conditions » (*Ann. CDI,* 1966, vol. II, p. 268-269).

À la Conférence de Vienne, tous les amendements tendant à revenir à la nullité relative ont été rejetés. L'article 51 qui a été adopté dispose expressément que le traité conclu sous une telle contrainte est « dépourvu de tout effet juridique ».

La même sévérité s'applique évidemment aux traités viciés par la contrainte exercée sur l'État. Au nom de la stabilité des traités de paix, un amendement franco-suisse en faveur de la nullité relative a été rejeté à une forte majorité (63 voix contre 12). Les termes de l'article 52 sont également sans appel : « Est nul tout traité dont la conclusion a été obtenue par la menace ou l'emploi de la force en violation des principes de droit international incorporés dans la Charte des Nations Unies. » Se pose dès lors un problème d'application dans le temps de cette règle. À quelle date les « principes de droit international » évoqués ont-ils pénétré dans le droit positif, avant d'être incorporés dans la Charte ? Par voie de conséquence, les traités de paix conclus dans le cadre du droit international classique sont-ils remis en question ? En fait, comme on l'a vu (v. *supra,* n° 123), seuls sont en cause les traités conclus postérieurement à l'adoption de la norme d'interdiction (de la guerre par le Pacte Briand-Kellogg de 1928, de la force par la Charte des Nations Unies de 1945). Encore faut-il tenir compte du fait que la nullité de l'article 52, résultant de l'illicéité de certaines formes de contrainte est limitée dans son champ d'application ; y échappent les traités conclus à la suite d'un conflit mené au titre de la légitime défense.

L'article 53 sur les traités en conflit avec le *jus cogens* est aussi rédigé de la même main sanctionnatrice dans le but de défendre l'ordre public international (v. *supra*, n° 125 et *infra*, n°s 135 et 204).

Le caractère absolu de ces trois nullités découle encore directement de l'article 45 de la Convention qui les écartent du champ d'application de la règle de la confirmation expresse ou tacite.

Il est permis de se demander si la notion de nullité absolue au sens de la Convention coïncide entièrement avec la même notion selon le droit interne. D'après celui-ci, n'importe quelle personne intéressée, contractant ou non, peut se prévaloir d'une nullité absolue. Or, si les textes des articles 51, 52 et 53 utilisent des formules absolument impersonnelles qui n'interdisent pas explicitement cette même interprétation extensive, celle-ci semble être contredite par les articles 65 et 66 qui n'ouvrent l'action en nullité qu'aux seules parties.

§ 2. — *Procédure d'annulation*

133. Système traditionnel. — Conformément au principe, général dans les droits nationaux, selon lequel nul ne peut se faire justice à soi-même, aucune partie à un contrat ou à un traité vicié par une irrégularité ne pourrait procéder unilatéralement à son annulation. L'intervention d'une instance compétente devrait être toujours nécessaire. Il n'y aurait pas de nullité de plein droit d'un acte juridique entraînant son annulation automatique. On a soutenu qu'une telle nullité équivaudrait à son inexistence.

En droit interne, ce principe général reçoit en permanence sa pleine application. En droit international aussi, en dépit de certaines opinions isolées favorables à une nullité de plein droit de certains actes entachés de vices très graves. À moins de modalités spéciales prévues dans un traité et applicables à ce seul traité, chaque fois qu'une difficulté s'élève dans les rapports entre les parties contractantes, elle est résolue selon le mécanisme de droit commun de règlement des différends internationaux, qui ne peut être mis en œuvre que par le consentement mutuel des États intéressés.

Ce consentement peut s'être exprimé dans des clauses spéciales du traité contesté, ou donner lieu à un nouvel accord. Par ce dernier les États en litige peuvent reconnaître l'irrégularité du traité antérieur (v. par exemple l'accord germano-thécoslovaque du 19 juin 1973 qui admet la nullité de l'accord de Munich de 1938, tout en laissant planer une incertitude sur son fondement et ses effets ; cf. Ph. Bretton, *AFDI* 1973, p. 189-209). Ils peuvent aussi recourir à un organe tiers, notamment un arbitre ou une juridiction internationale.

Ce mécanisme, consensuel, se heurte cependant à l'application d'un autre principe général du droit international, celui en vertu duquel, en tant qu'État souverain, chaque partie apprécie seule sous sa responsabilité les situations qui la concernent. Ainsi, l'État détient la possibilité de tirer lui-même la conséquence de l'irrégularité et de proclamer unilatéralement la nullité. Cette attitude se traduit par le refus d'exécuter le traité. On aboutit à une sorte d'automatisme de fait. Dans son opinion dissidente rendue dans l'affaire relative à *Certaines dépenses des Nations Unies,* le juge Winiarski va plus loin encore. Il écrit :

« C'est l'État qui se croit lésé qui rejette lui-même un acte juridique entaché à son avis de nullité. Évidemment, c'est une décision grave, à laquelle on ne saurait avoir recours que dans des cas exceptionnels, mais quelquefois inévitable et reconnue comme telle par le droit international commun » (CIJ, *Rec.,* 1962, p. 232). Selon le professeur Reuter, « ce sont les États eux-mêmes qui prononcent la nullité, faute d'une autorité juridictionnelle » (*Introduction au droit des traités,* PUF, 1985, p. 138).

134. Système de la Convention de Vienne de 1969. — L'objectif principal est d'éliminer ces agissements unilatéraux. Bien que le mécanisme institué ait suscité partiellement des critiques, son mérite est de limiter les risques d'abus.

1° *La déclaration de nullité.* — D'après l'article 65, la partie qui invoque un vice du consentement, ou tout autre motif admis par la Convention pour contester la validité d'un traité, doit notifier au préalable par écrit, sa prétention aux autres parties. Ainsi, seules les parties au traité litigieux peuvent déclencher l'action en nullité.

La solution retenue n'est cependant pas uniforme. Il résulte en effet des articles 46, 48, 49 et 50 que seul l'État dont le consentement a été vicié peut invoquer la nullité du traité dans les hypothèses de ratification imparfaite, d'erreur, de dol ou de corruption de son représentant (v. *supra*, n° 131). Au contraire la contrainte ou la contrariété du traité avec une norme de *jus cogens* peut être invoquée par n'importe quel État partie (nullité absolue, v. *supra*, n° 132).

On peut se demander si cette limitation du droit d'invoquer la nullité aux seuls États parties n'est pas choquante. Au moins dans cette dernière hypothèse, dans le cas où le traité viole une norme du *jus cogens :* ne serait-il pas logique d'admettre une « action populaire », la possibilité d'une action par tous les États ? C'est ce que semble laisser entendre la CIJ dans le *dictum* cité plus haut de l'arrêt rendu dans l'affaire *Barcelona Traction* (*Rec.* 1970, p. 32 ; v. n° 125), mais il résulte de l'arrêt que seules les obligations de *jus cogens* d'origine coutumière, donnent à tous les États qualité pour agir ; pour celles d'origine conventionnelle, s'y oppose le principe de l'effet relatif des traités (*Rec.,* 1970, p. 47).

À quelle date doit être adressée la notification ? Vainement, lors des délibérations de la CDI et ensuite à la Conférence de Vienne, des délégations ont réclamé la fixation d'un délai courant à partir du jour de la découverte des faits constitutifs de la cause de nullité incriminée. Celle-ci peut être invoquée à n'importe quel moment. Les adversaires de ce libéralisme le considèrent, non sans raison, comme un facteur d'insécurité des relations conventionnelles. La CIJ a cependant considéré que le fait pour un État de ne pas invoquer la nullité d'un traité et d'agir comme si ce traité était en vigueur pendant une période de temps assez importante (50 ans) prive cet État de son droit d'affirmer la nullité ultérieurement (arrêt du 13 décembre 2007, *Différend territorial et maritime (Nicaragua c. Colombie), exceptions préliminaires*, § 79-80).

Si aucune objection n'est formulée dans le délai de trois mois, l'État auteur de la notification peut déclarer lui-même la nullité du traité en cause. Cette déclaration doit figurer dans un « instrument » communiqué aux autres parties (art. 67). Si l'instrument n'est pas signé par le chef de l'État, le chef du gouvernement ou le ministre des Affaires étrangères, le représentant de l'État qui fait la communication peut être invité à produire les pleins pouvoirs. Tant que ce moratoire de trois mois n'est pas expiré, le traité litigieux doit demeurer en vigueur.

2° *Règlement des différends.* — Il faut s'attendre à des objections car la prétention d'obtenir la nullité est basée sur des faits qui, à moins d'une coïncidence exceptionnelle, ne sont pas interprétés et qualifiés de la même manière par toutes les parties. À la survenance d'une objection, un différend est né. En ce cas, les parties intéressées doivent rechercher un règlement pacifique par le recours à l'un des moyens prévus à l'article 33 de la Charte des Nations Unies (art. 65). Cette prescription n'ajoute rien au droit commun.

La véritable innovation provient de l'article 66. Si dans les douze mois qui ont suivi la date à laquelle l'objection a été soulevée, aucune solution amiable n'a pu être trouvée, la recherche d'un règlement doit néanmoins être poursuivie par d'autres voies qu'indique cette disposition. Elle établit à ce sujet une distinction fondamentale entre la nullité provenant d'un conflit entre le traité et les normes du *jus cogens* (art. 53 et art. 64) et les autres causes de nullité.

Dans le premier cas, les parties peuvent décider d'un commun accord de soumettre leur différend à l'arbitrage. Sinon, selon l'article 66-a, toute partie à ce différend, par une requête unilatérale, peut porter l'affaire devant la Cour internationale de Justice (v. *supra,* n° 125). La compétence de la Cour est dans ce cas obligatoire.

Dans les autres cas, les parties peuvent, selon l'article 66-b, recourir à la procédure déterminée à l'annexe de la Convention qui crée une autre brèche dans le système volontariste classique. Il est établi un mécanisme obligatoire de conciliation. Chaque partie peut demander au Secrétaire général des Nations Unies de porter lui-même le différend devant une commission de conciliation composée de cinq membres. L'ouverture de la conciliation n'a donc pas lieu directement sur l'initiative d'une partie. On espère que le Secrétaire général parviendra, par sa médiation, à faire accepter une solution amiable. En cas d'échec de cette ultime tentative, il sera obligé de porter l'affaire devant la commission de conciliation. Sa compétence est liée. La commission de conciliation ne possède cependant pas le pouvoir de prendre des décisions obligatoires comme un arbitre ou un juge (v. *infra,* n° 509).

Le système a été transposé par l'article 66, § 2, de la Convention de Vienne de 1986 en cas de différend auquel une organisation internationale est partie ; dans ce cas, la CIJ peut, à la suite de procédures complexes, être saisie d'une demande d'avis consultatif que toutes les parties au différend acceptent « comme définitif ».

§ 3. — *Effets de la nullité*

135. Règle de la nullité *ab initio* et ses tempéraments. — Le traité est considéré comme nul le jour de sa conclusion et non pas seulement à partir du moment de la découverte de la cause de nullité. La nullité est donc rétroactive. Cette règle préconisée par la CDI est affirmée sans équivoque au paragraphe 1 de l'article 69 :

« Est nul un traité dont la nullité est établie en vertu de la présente convention. Les dispositions d'un traité nul n'ont pas de force juridique. »

En adoptant cette solution uniforme, claire et catégorique, la Convention met fin à une longue incertitude en doctrine et en jurisprudence sur les effets dans le temps de la nullité. On avait tenté d'établir à ce sujet une différence entre la nullité absolue et la nullité relative.

Comme conséquence de cette nullité *ab initio,* si des actes ont été accomplis en exécution du traité annulé, avant la constatation de sa nullité, les parties doivent rétablir dans leurs rapports mutuels la situation qui aurait existé si ces actes n'avaient pas été accomplis. Le retour au *statu quo* devrait être intégral.

Dans la pratique diplomatique, les États ne se satisfont pas nécessairement d'une solution aussi tranchée, qui peut présenter des inconvénients pour toutes les parties en présence. Ainsi, dans l'accord germano-tchécoslovaque de 1973 précité (n° 133), les deux gouvernements ont préféré ne pas préciser à quelle date remontait la nullité de l'accord de Munich.

Pour l'article 1er du Traité du 19 juin 1973, la RFA et la Tchécoslovaquie « considèrent comme nul, dans les conditions du présent traité, l'accord de Munich du 29 septembre 1938, pour ce qui concerne leurs relations mutuelles ». L'article 2 précise en outre que « le traité n'affecte pas les conséquences juridiques découlant pour les personnes physiques ou morales du droit qui a été en vigueur dans la période du 30 septembre 1938 au 9 mai 1945 » sauf dans l'hypothèse où ces conséquences seraient « incompatibles avec les principes fondamentaux de la justice ».

Si la nullité découle de la violation d'une norme impérative de *jus cogens,* la *restitutio in integrum* consiste moins dans un ajustement des rapports entre les parties que dans l'obligation pour chacune d'elles de mettre sa propre situation en harmonie avec cette norme et de se comporter de la même manière. C'est dans cet esprit qu'un article spécial, l'article 71, détermine les effets de la nullité dans ce cas. Il y est prescrit aux parties d'éliminer « les conséquences de tout acte accompli sur la base d'une disposition qui est en conflit avec la norme impérative de droit général », et de « rendre leurs relations mutuelles conformes » à la même norme. Il s'agit donc, avant tout, d'assurer le respect de celle-ci.

Dans l'ensemble, les parties sont « tenues » par les mêmes obligations en cas de survenance d'une nouvelle norme impérative (art. 64), sous la réserve importante que, dans cette hypothèse, la nullité n'est pas rétroactive (art. 71, § 2). Le traité est annulé pour l'avenir, il n'est pas frappé d'une nullité *ab initio* puisqu'il était valide « au moment de sa conclusion ». Les actes antérieurs accomplis en exécution du traité conservent donc leur validité. L'article 64 dispose expressément que le traité « devient nul et prend fin ». Techniquement, la situation relève de l'extinction du traité et non de son annulation.

En principe, la rétroactivité de la nullité est inattaquable car, la circonstance prévue par l'article 64 mise à part, le vice de l'acte est contemporain de sa conclusion. Mais, dans la pratique, ce vice n'étant pas découvert au moment même de l'entrée en vigueur du traité, celui-ci, apparemment régulier, est déjà exécuté avant que la partie lésée soit en mesure de déclencher l'action en nullité. Bien qu'on ne doive reconnaître aucune situation « acquise » contre le droit, il est légitime d'atténuer la rigueur d'une sanction rétroactive afin de réduire les perturbations créées par une remise des choses en l'état.

L'article 69, § 2, est rédigé à cette fin. Ainsi, « les actes accomplis de bonne foi avant que la nullité ait été invoquée ne sont pas rendus illicites du seul fait de la nullité du traité ». Cette rédaction est défectueuse car si le traité est nul, il est automatiquement illicite ainsi que toutes ses mesures d'exécution. La bonne foi justifie une exception à la rétroactivité, mais n'efface pas l'illicéité. La disposition précise que dans les cas de dol (art. 49), de corruption (art. 50), et de contrainte (art. 51 et 52), le bénéfice de la bonne foi n'est pas accordé à la partie qui en est responsable.

L'atténuation de la rétroactivité atteint son comble avec la règle qui résulte de l'article 69, § 2-a, et d'après laquelle, toute partie peut demander le retour au *statu quo ante* « pour autant que possible ». Devant cette disposition, on se demande si l'exception n'a pas fait disparaître la règle ou si celle-ci n'est pas devenue l'exception, puisqu'en définitive l'application de la rétroactivité, laissée à l'entière discrétion de la partie lésée, est encore subordonnée dans chaque cas à l'interprétation de l'expression « autant que possible », ce qui ne manque pas de soulever des difficultés sérieuses (v. *supra*, l'exemple de l'accord germano-tchécoslovaque de 1973).

136. Problème de la divisibilité du traité. — En principe, la nullité doit frapper l'ensemble des dispositions du traité (art. 44, § 1). Cette *indivisibilité* qui est recommandée par la doctrine classique procède du principe général du respect de l'intégrité du traité. Cependant, tous les traités ne constituent pas une « totalité solidaire » dont les éléments s'équilibrent mutuellement. Nombre d'entre eux possèdent un contenu mixte et par conséquent des clauses (ou des groupes de clauses) qui sont parfaitement « séparables » en tant qu'elles sont indépendantes les unes des autres. La CDI a fait remarquer que la doctrine et la jurisprudence de la CIJ ont admis qu'il existe dans la pratique des cas où la divisibilité peut s'appliquer sans inconvénients, certaines dispositions d'un traité pouvant être supprimées sans bouleverser nécessairement l'équilibre des droits et des obligations établis par ses autres clauses.

En accord avec cette conception, le même article 44, en son paragraphe 2, a prévu un cas de séparation obligatoire, dans les hypothèses de l'erreur ou de la ratification imparfaite.

Si celles-ci ne concernent que certaines clauses déterminées, elle ne peut être invoquée qu'à l'égard de ces clauses. En outre, pour que la séparation soit obligatoire, trois autres conditions doivent être réunies : les clauses en question doivent être séparables du reste du traité en ce qui concerne leur exécution, l'acceptation de ces clauses n'a pas constitué pour l'autre partie ou les autres parties la base essentielle de leur consentement à être liées par le traité dans son ensemble, il n'est pas injuste de continuer à exécuter ce qui subsiste du traité.

L'introduction de ces précautions soigneusement libellées prouve qu'aux yeux des auteurs de la Convention, l'indivisibilité demeure la règle et la divisibilité l'exception. La troisième condition ne figurait pas dans le projet de la CDI. Elle a été ajoutée par la Conférence à la suite d'un amendement américain tendant à éviter que la séparation ne produise une rupture d'équilibre au détriment d'une partie.

La séparation est facultative pour l'État qui invoque le dol ou la corruption : il peut réclamer la nullité de l'ensemble du traité ou seulement de certaines clauses déterminées, si les conditions précédentes sont réalisées (art. 44, § 4).

137. Effets de la nullité à l'égard des parties. — Dans le cas où la nullité d'un traité bilatéral est admise, le traité dans son ensemble, ou les dispositions frappées de nullité, cessent d'avoir effet à l'égard des parties dans les conditions décrites *supra* (n^{os}135 et 136).

Le problème est beaucoup plus complexe dans le cas d'un traité multilatéral : la nullité ne produit pas nécessairement les mêmes effets vis-à-vis de l'État dont le consentement a été vicié et à l'égard des autres parties. En principe, le traité demeure valable dans les relations de celles-ci entre elles ainsi que le rappelle l'article 69, § 4, de la Convention de Vienne.

Cependant, cette règle, prévue expressément pour les irrégularités entachant le consentement, ne s'applique pas au cas de nullité pour violation du *jus cogens* qui frappe « objectivement » le traité, abstraction faite de la situation personnelle des parties. L'article 71 de la Convention de 1969, relatif aux conséquences de la nullité d'un traité en conflit avec une norme impérative du droit international général, ne fait du reste aucune distinction entre les traités bilatéraux et multilatéraux.

CHAPITRE III

Application des traités

138. Plan du chapitre. — Une fois entré en vigueur, le traité valide doit être appliqué par les États parties ; conséquence de son caractère obligatoire, ils doivent l'exécuter. S'imposant aux parties, le traité peut également avoir des effets à l'égard des tiers. Par ailleurs, deux autres problèmes généraux inhérents à la notion même d'application de la règle de droit doivent être examinés : l'interprétation du traité et les conflits qu'il peut soulever, lors de son application, avec d'autres normes juridiques.

L'unité organique de l'État et sa souveraineté contribuent à simplifier la solution de ces problèmes d'application des traités : le droit international peut souvent renvoyer au droit interne de l'État, un droit à la fois cohérent et stable en règle générale. La situation est *a priori* moins favorable pour les organisations internationales : la hiérarchie interne de leurs organes est souvent mal assurée et, surtout, les États membres des organisations peuvent intervenir dans l'exécution des accords conclus par celles-ci. On examinera ici essentiellement les traités interétatiques, mais les problèmes propres au droit des traités conclus par les organisations internationales, tel qu'il est présenté par la Convention de Vienne du 21 mars 1986, seront signalés.

Section 1. — Exécution des traités par les États parties.
Section 2. — Effets des traités à l'égard des États tiers
Section 3. — Interprétation des traités.
Section 4. — Application des traités et conflits de normes.

Section 1

Exécution des traités par les États parties

§ 1. — *Ordre juridique international et exécution des traités*

BIBLIOGRAPHIE. — P. BERTHOUD, *Le contrôle international de l'exécution des conventions multilatérales,* Imp. St-Gervais, Genève, 1946, 360 p. — R. LOOPER, « Federal States Clauses in Multilateral Instruments », *BYBIL* 1955-56, p. 162-203. —

P. Lampué, « L'application des traités dans les territoires et départements d'Outre-mer », *AFDI* 1960, p. 907-924. — D. Bindschedler-Robert, « De la rétroactivité en droit international public », *Mél. Guggenheim,* 1968, p. 184-200 — P. Tavernier, *Recherches sur l'application dans le temps des actes et des règles en droit international public,* LGDJ, 1970, 351 p. — M. Sørensen, rapports sur « le problème dit du droit intertemporel dans l'ordre international », *Ann. IDI* 1973, p. 1-67 et 85-100. — C. T. Oliver, « The Enforcement of Treaties by a Federal State », *RCADI* 1974-I, vol. 141, p. 331-412. — M. Lachs, « Some Thoughts on the Role of Good Faith in International Law », *Mél. Röling,* 1977, p. 47-55. — E. Zoller, *La bonne foi en droit international public,* Pedone, 1977, XXVIII-395 p. — V. Coussirat-Coustère, *La contribution des organisations internationales au contrôle des obligations conventionnelles des États,* thèse Paris II, 1979, 635 p. — A. Martin, *L'estoppel en droit international public,* Pedone, 1979, 384 p. — W. Karl, *Vertrag und spätere Praxis im Völkerrecht,* Springer, Berlin, 1983, XX-438 p. — S. A. Voirovich, « The Law-Implementing Functions of International Economic Organizations », *GYBIL* 1994, p. 230-258. — F. Luchaire, « L'application des conventions internationales dans les territoires d'outre-mer », *RDP* 1993, p. 1493-1500. — L. A. Sicilianos, « The Relationship Between Reprisals and Denunciation or Suspension of a Treaty », *EJIL* 1993, p. 341-359. — D. W. Greig, « Reciprocity, Proportionality, and the Law of Treaties », *Virginia Jl. IL* 1994, p. 403. — J. Malenovsky, « Suivi des engagements des États membres du Conseil de l'Europe par son Assemblée parlementaire », *AFDI* 1997, p. 633-656. — H. Das, « L'*estoppel* et l'acquiescement : Assimilations pragmatiques et divergences conceptuelles », *RBDI* 1997, p. 607-634. — P. C. Szasz ed., *Administrative and Expert Monitoring of International Treaties*, Transnational Publishers, 1999, XIII-270 p. — J. D'Aspremont Lynden, « Les dispositions non normatives des actes juridiques conventionnels à la lumière de la jurisprudence de la Cour internationale de Justice », *RBDI* 2003, p. 496-520. — E. E. Orihuela Catalayud, *Los tratados internacionales y su aplicación en el tiempo*, Dykinson, Madrid, 2004, 341 p. — C. Laly-Chevalier, *La violation du traité*, Bruylant, Bruxelles, 2005, XVIII-657 p. — J. Crawford, « Multilateral Rights and Obligations in International Law », *RCADI* 2006, vol. 319, p. 325-482.

139. ***Pacta sunt servanda.*** — Selon l'article 26 de la Convention de Vienne :
« Tout traité en vigueur lie les parties et doit être exécuté par elles de bonne foi ».

En proposant ce texte, la CDI a souligné qu'il énonçait *le* principe fondamental du droit des traités. L'exécution de bonne foi et le respect de la règle *pacta sunt servanda* sont ainsi intimement liés pour constituer les deux aspects complémentaires d'un même principe.

Une jurisprudence constante confirme cette liaison. Dans sa sentence du 7 septembre 1910, rendue dans l'affaire des *Pêcheries de la côte septentrionale de l'Atlantique* qui portait sur l'application d'un traité relatif à la réglementation par la Grande-Bretagne du droit de pêche dans les eaux canadiennes accordé aux ressortissants des États-Unis, la Cour permanente d'arbitrage, après avoir invoqué « le principe du droit international selon lequel les obligations conventionnelles doivent être exécutées avec une bonne foi parfaite », a déclaré : « Du traité résulte une obligation en vertu de laquelle le droit de la Grande-Bretagne d'exercer sa souveraineté en faisant des règlements est limité aux règlements faits de bonne foi et sans violer le traité » (*RSA* XI, p. 188). Plus récemment, dans son arrêt du 27 août 1952 sur l'application de l'Acte d'Algésiras de 1906 (France c. États-Unis), la CIJ a insisté sur la nécessité d'user « raisonnablement et de bonne foi » des droits tirés de cet acte (CIJ, *Rec.* 1952, p. 212). Bien que la Cour ne fasse pas expressément référence à la bonne foi dans ce passage, c'est bien ce qu'elle a à l'esprit lorsqu'elle déclare, dans l'arrêt du 2 février 1973 :

« Dans le cas où l'une des parties a déjà bénéficié des dispositions exécutées, il serait particulièrement inadmissible d'autoriser cette partie à mettre fin à des obligations qu'elle a acceptées en vertu du traité et qui constituent la contrepartie des dispositions que l'autre a déjà exécutées » (CIJ, *Compétence en matière de pêcheries* (Royaume-Uni c. Irlande), *Rec.* 1973, p. 18). Ce lien entre les deux principes et leur caractère fondamental sont également reconnus par la jurisprudence transnationale (v. CIRDI, décision sur la compétence, 25 sept. 1983, *Amco Asia et al. c. Indonésie* (affaire n° ARB/81/1), *ICSID Rep.*, vol. 1, p. 394, § 14). Sur un plan plus général, il suffit de mentionner à l'appui du texte de la Convention, l'article 2, § 2, de la Charte des Nations Unies, consacré aux principes de l'Organisation, qui dispose aussi que les États membres « doivent remplir de bonne foi les obligations qu'ils ont assumées aux termes de la présente Charte » (v. le commentaire d'E. Zoller, *in* J.-P. Cot, A. Pellet et M. Forteau dir., *La Charte des Nations Unies,* Economica, 3e éd., 2005, p. 417-423).

Le principe de la bonne foi s'élève au rang d'une institution qui régit l'ensemble des relations internationales. Il acquiert un relief particulier dans le droit des traités. Selon une formule générale de la Convention de Vienne (art. 18), exécuter de bonne foi signifie : « s'abstenir de tout acte visant à réduire à néant l'objet et le but du traité ».

Cette conception est peut-être trop large, donc trop vague, car elle ne caractérise pas suffisamment la face opposée qui est la mauvaise foi. L'exécution de bonne foi devrait être définie comme celle qui exclut toute tentative de « fraude à la loi », toute ruse, et exige positivement fidélité et loyauté aux engagements pris. Quoi qu'il en soit, une définition est forcément abstraite ; elle doit être éclairée par la pratique.

La sentence précitée de 1910 de la Cour permanente d'arbitrage considérait que « légiférer à volonté sur l'objet du traité » n'était pas un agissement de bonne foi compatible avec les limitations de ses compétences acceptées au préalable par la Grande-Bretagne. La CPJI a refusé de valider une adjonction au texte des traités de minorité de 1919 découlant d'une mesure d'exécution desdits traités prise par le gouvernement polonais (CPJI, avis du 15 septembre 1923 sur l'*Acquisition de la nationalité polonaise,* série B, n° 7, p. 20). En revanche, la même Cour a repoussé toute exécution strictement littérale d'un traité si elle devait avoir pour conséquence de violer son esprit (CPJI, avis du 4 février 1932 sur le *Traitement des nationaux polonais dans le territoire de Dantzig,* série A/B, n° 44, p. 28 ; et avis du 6 avril 1935 sur les *Écoles minoritaires en Albanie,* 1935, série A/B, n° 64, p. 19 et 20). Pour sa part, la CIJ a estimé que des actes tels que des attaques directes des États-Unis contre des installations pétrolières ou portuaires du Nicaragua, le minage des ports de celui-ci ou un embargo commercial brutal « contredisent l'esprit même » du Traité d'amitié, de commerce et de navigation conclu entre les deux pays en 1956 et constituent des violations du devoir de ne pas le priver de son but et de son objet, alors même qu'il n'en va pas forcément ainsi de tout acte simplement inamical (CIJ, arrêt du 27 juin 1986, *Activités militaires au Nicaragua, Rec.* 1986, p. 138).

Il peut arriver qu'un traité rappelle l'obligation d'exécution de bonne foi. Ainsi, l'article 34 de l'Accord de New York de 1994 sur les stocks chevauchants : « Les États parties doivent remplir de bonne foi les obligations qu'ils ont assumées aux termes du présent Accord et exercent les droits reconnus dans le présent Accord d'une manière qui ne constitue pas un abus de droit » (v. aussi l'art. III du CTBT de 1996). De telles précisions sont superflues et n'ajoutent rien au droit de toute manière applicable.

L'obligation d'exécuter un traité est d'autant plus difficile à cerner que les normes conventionnelles sont ambiguës. Par des rédactions appropriées, les parties peuvent en effet réduire la portée de leurs engagements, soit qu'elles énoncent leurs obligations en termes suffisamment flous pour pouvoir jouer de cette ambiguïté au mieux de leurs intérêts, soit qu'elles se réservent la possibilité de se délier de leur engagement dans certaines circonstances (sur la délicate question des dérogations implicitement admises, v. une illustration dans F. Ouguergouz, *RGDIP* 1994, p. 289-336).

Dans la première hypothèse, les États peuvent en particulier jouer sur la distinction entre obligations de résultat et obligations de comportement : les premières sont plus contraignantes dans la mesure où les parties doivent atteindre un objectif préalablement fixé ; les secondes sont moins rigoureuses : elles imposent seulement aux parties d'adopter certaines attitudes (v. aussi *infra*, n° 473). L'opposition n'est, au demeurant, pas absolue et, surtout, un traité peut énoncer en termes vagues les résultats à atteindre ou, à l'inverse, fixer avec beaucoup de précision le comportement que doivent suivre les parties (cf. le préambule de la Convention sur la sûreté nucléaire de 1994 qui présente expressément celle-ci comme « incitative » — sur la distinction entre les deux catégories d'obligations, v. *infra*, n° 473). En outre, certaines dispositions peuvent avoir un caractère « évolutif » et imposer aux parties une adaptation de leur comportement dans la mise en œuvre du traité, notamment en matière de protection de l'environnement (cf. CIJ, arrêt du 25 sept. 1997, *Projet Gabčíkovo-Nagymaros*, *Rec.*, p. 67-68, § 112).

Bien que l'idée ne soit pas communément reçue, on peut même admettre que certaines normes conventionnelles n'ont pas de portée par elles-mêmes et, en ce sens, qu'elles ne sont pas « auto-exécutoires » ou *self-executing* même dans les rapports des États parties entre eux ; telle a été la position de la CIJ au sujet de l'article 1er du Traité d'amitié de 1955 entre les États-Unis et l'Iran qui se borne à exprimer un objectif général de paix et d'amitié, « de nature à éclairer l'interprétation des autres dispositions du traité (...), mais il ne saurait, pris isolément, fonder la compétence de la Cour » (arrêt du 12 déc. 1996, *Plates-formes pétrolières*, *Rec.* p. 815).

Le traité peut, par ailleurs, prévoir une faculté de suspension des obligations conventionnelles, la décision pouvant relever de la seule volonté de l'État intéressé (clause de sauvegarde), ou nécessiter l'accord ou l'autorisation des autres parties contractantes (clauses dérogatoires) (v. *infra*, n° 194). Le droit international de l'économie constitue le domaine privilégié, mais non exclusif, de ces réglementations conventionnelles « molles » qui rendent souvent difficile, et en tout cas subjective, l'appréciation des manquements (v. *infra*, n° 614).

Quelles que puissent être les incertitudes tenant à la rédaction du traité, les parties n'en sont pas moins tenues d'en respecter les dispositions et l'obligation d'exécution de bonne foi demeure (v. l'arrêt rendu par la CIJ dans l'affaire du *Différend territorial* entre la Libye et le Tchad le 3 février 1994, *Rec.* p. 19-28). La force exceptionnelle du principe est attestée par la prise de position vigoureuse de la CIJ dans l'affaire du *Projet Gabčíkovo-Nagymaros* (système de barrages sur le Danube) dans laquelle elle estime que les « comportements illicites réciproques des parties [au traité instituant ce projet] n'ont pas mis fin au traité, ni justifié qu'il y soit mis fin. La Cour établirait un précédent aux effets perturbateurs pour les relations conventionnelles et l'intégrité de la règle *pacta sunt servanda* si elle devait conclure qu'il peut être unilatéralement mis fin, au motif de manquements réciproques, à un traité en vigueur entre États... » (arrêt du 25 sept. 1997, *Rec.*, p. 68, § 114).

Dans cette affaire qui opposait la Hongrie à la Slovaquie, la CIJ a constaté que chacune des Parties avait violé des obligations lui incombant en vertu du Traité de 1977 prévoyant la construction et la gestion en commun de ce projet d'ouvrages sur le Danube. Tout en constatant que la Hongrie n'était pas en droit de suspendre le Traité puis d'y mettre fin unilatéralement, elle a rejeté l'argument de la Slovaquie qui, se fondant sur l'opinion individuelle de Sir Hersch Lauterpacht dans l'affaire relative à l'*Admissibilité de l'audition de pétitionnaires du Sud-Ouest africain* (*Rec.* 1956, p. 46), avait justifié le recours à une solution unilatérale pour atteindre l'objet du Traité par le « principe d'application par approximation »

« car, même si un tel principe existait », les conditions nécessaires à sa mise en œuvre n'étaient pas réunies en l'espèce (arrêt du 25 sept. 1997, § 75 et 76 — v. P.-M. Dupuy, *Mél. Seidl-Hohenveldern* (II), p. 97-102).

Même s'il est apparemment comparable, le problème de la mise en œuvre des actes concertés non conventionnels se pose en termes entièrement différents : il ne tient pas au contenu de la norme mais à la nature de l'instrument ; celui-ci n'étant pas un acte juridique, il n'oblige pas ses auteurs à l'exécuter quelle que soit la précision de sa réaction (v. *infra*, n°s 250 à 254).

L'article 10 du TCE (art. 5 dans la version initiale du Traité de Rome) explicite le sens de l'obligation d'exécution de bonne foi :

« Les États membres prennent toutes mesures générales ou particulières propres à assurer l'exécution des obligations découlant du présent traité ou résultant des actes des institutions de la Communauté. Ils facilitent à celles-ci l'application de sa mission.

Ils s'abstiennent de toutes mesures susceptibles de mettre en péril la réalisation des buts du présent Traité ».

(V. M. Blanquet, *L'article 5 du Traité CEE,* LGDJ, Paris, 1994, XXII-502 p. ; v. l'article 4, § 3, du TUE dans la version de Lisbonne [2007]).

La jurisprudence de la CJCE déduit de ces dispositions à la fois une obligation de faire — mise en place des procédures juridictionnelles internes notamment — et une obligation de ne pas faire, par exemple « le devoir de ne pas prendre de mesures susceptibles d'entraver le fonctionnement interne des institutions de la Communauté » (aff. 208/80, 15 sept. 1981, *Lord Bruce of Donington c. Aspden, Rec.* 1981.2219 ; aff. 137/80, 20 oct. 1981, *Commission c. Belgique, Rec.* 1981.2407), ou, plus largement « susceptibles d'éliminer l'effet utile » d'une disposition du traité (aff. 13/77, 16 nov. 1977, *Inno c. ATAB, Rec.* 1977.2144, à propos de l'article 86 — 82 nouveau — du Traité CE).

L'obligation de coopération ainsi imposée aux États membres devient une garantie de l'application uniforme du droit communautaire (notamment du fait de l'obligation pesant sur les États de créer les mécanismes nécessaires à l'application de l'article 177 — futur 234 — du Traité CE, cf. aff. 33/76, déc. 1976, *Reule, Rec.* 1976.1989 ; aff. 68/79, 27 fév. 1980, *Just, Rec.* 1980.522) ; elle permet également de rendre effectifs certains objectifs du traité, même en l'absence des mesures communautaires nécessaires, la collaboration des autorités nationales et communautaires suppléant la carence du Conseil (aff. 71/76, 28 avril 1977, *Thieffry, Rec.* 1977.777, à propos de la liberté d'établissement ; aff. 141/78, 4 octobre 1979, *France c. Royaume-Uni, Rec.* 1979.2942, à propos de la politique de conservation des ressources vivantes de la mer).

140. Non-rétroactivité des traités. — Le principe de non-rétroactivité est un principe général applicable à tous les actes juridiques internationaux. Il correspond à une technique de solution parmi d'autres, du problème de l'application des règles conventionnelles dans le temps. La mise en œuvre de ce principe est commandée par le souci de concilier deux objectifs parfois contradictoires : garantir la sécurité juridique des destinataires des normes internationales, ne pas retarder indûment l'application des règles nouvelles de droit international. On en déduira que toute convention internationale doit être appréciée, à défaut d'indications en sens contraire, à la lumière des règles de droit contemporaines de sa conclusion, et que sa mise en œuvre ne peut porter que sur des faits postérieurs à son entrée en vigueur (règle de l'effet immédiat).

Qu'on puisse qualifier ce principe de « principe de droit international généralement reconnu » (Commission européenne des droits de l'homme, affaire *De Becker,* décision 214/56 du 9 juin 1958, *Ann. CEDH,* vol. II, p. 231) n'implique pas qu'il ait un caractère absolu.

Rien n'interdit aux États d'élaborer un traité qui déroge au principe de non-rétroactivité, de manière explicite ou implicite. Comme le reconnaissait la CIJ dans l'affaire *Ambatielos :*

« Cette conclusion [non-rétroactivité de l'article 29 du Traité anglo-grec de 1926, contenant un engagement de juridiction] aurait pu être contredite s'il avait existé une clause ou une raison particulière appelant une interprétation rétroactive. Il n'existe pas dans le cas présent de telle clause, ni de telle raison » (*Exceptions préliminaires, Rec.,* 1952, p. 40). L'arrêt ne précise pas quelle raison peut servir de base à une exception implicite. La CPJI a admis que la dérogation implicite à la non-rétroactivité pouvait résulter de *l'objet* du traité en cause (CPJI, 1924, affaire *Mavrommatis,* série A, n° 2, p. 24 — à propos du Protocole XII du Traité de Lausanne). Ce critère n'est pas non plus très précis. Les exceptions portent, dans la pratique, aussi bien sur des questions de procédure que sur celles de fond (l'exemple-type est fourni par les conventions instituant des organes d'indemnisation des dommages subis par des étrangers dans le passé ; on constate également que les accords portant constitution ou statut juridique des forces de maintien de la paix, dont l'intervention doit être rapide, ont fréquemment une portée rétroactive — v. par ex. les accords de New York du 27 novembre 1961 sur l'ONUC ou du 31 mars 1964 sur l'UNFICYP).

Au surplus, la portée « procédurale » de la règle est limitée en ce sens que, en l'absence de réserve expresse, une juridiction internationale est compétente pour se prononcer sur un différend né antérieurement à l'entrée en vigueur d'un traité établissant sa compétence dès lors que l'applicabilité des règles de fond qu'elle doit appliquer n'est pas limitée *ratione temporis.* C'est sans doute ainsi qu'il faut interpréter l'arrêt de la CIJ du 11 juillet 1996 en ce qui concerne sa compétence pour se prononcer sur la requête de la Bosnie-Herzégovine contre la Yougoslavie au sujet de l'*Application de la Convention sur le génocide* (*Rec.* p. 617). À tout le moins cependant faut-il, pour qu'il y ait engagement de la responsabilité sur le fond, que l'obligation conventionnelle dont la violation est alléguée ait été en vigueur au moment de la commission du fait litigieux (v. par ex. CIRDI, *Mondev International Ldt c. États-Unis*, aff. n° ARB(AF)/99/2, 11 octobre 2002, § 68 ; v. également *infra*, n° 473).

L'article 28 de la Convention de Vienne codifie la pratique internationale en ces termes :

« À moins qu'une intention différente ne ressorte du traité ou ne soit par ailleurs établie, les dispositions d'un traité ne lient pas une partie en ce qui concerne un acte ou fait antérieur à la date d'entrée en vigueur de ce traité au regard de cette partie, ou une situation qui avait cessé d'exister à cette date ».

Le Comité des droits de l'homme des Nations Unies se déclare incompétent pour apprécier les violations du Pacte international de 1966 relatif aux droits civils et politiques qui se sont produites avant son entrée en vigueur à l'égard de l'État en cause, mais n'exclut pas la recevabilité des communications qui lui sont adressées, « si la violation se poursuit après cette date et produit des effets qui constituent eux-mêmes une violation du Pacte » (cf. aff. 6/1977, 29 juillet 1980, *M. A. Aillán Sequeira c. Uruguay* ou 196/1985, 3 avril 1989, *Guéyé et a. c. France*). L'ORD a également reconnu qu'il ressort de l'article 28 de la Convention de Vienne que « [s]'il n'y a pas d'intention contraire, un traité ne peut pas s'appliquer à des actes ou faits antérieurs à la date d'entrée en vigueur de ce traité ni à des situations qui avaient cessé d'exister à cette date » (Rapport de l'Organe d'appel (WT/DS22/AB/R, 21 févr. 1997, *Noix de coco desséchée*, p. 19 ; Rapport de l'Organe d'appel (WT/DS231/AB/R), 26 sept. 2002, *Désignation commerciale des sardines*, § 200). Le même principe a été reconnu et appliqué dans des affaires transnationales (CIRDI, sentence du 11 oct. 2002, *Mondev International Ltd. c. États-Unis* (ARB(AF)/99/2), § 68 ; décision du 9 nov. 2004, *Salini Costruttori S.p.A. c. Jordanie* (ARB/02/13), § 177 ; décision du 29 jan. 2004, *SGS c. Philippines* (ARB/02/6), § 165-166 ; décision du 22 avr. 2005, *Impregilo c. Pakistan* (ARB/03/3), § 311). Néanmoins, l'article 28 entraîne aussi nécessairement qu'en l'absence d'une intention contraire, les obligations du traité s'appliquent à une « situation » qui *n'a pas* cessé d'exister — c'est à dire à une situation qui est apparue par le passé mais qui continue d'exister dans le cadre du nouveau traité (*Durée d'un brevet*, Rapport de l'Organe d'appel (WT/DS170/AB/R), 18 sept. 2000, § 72 ; v. aussi *Bananes III*, Rapport de l'Organe d'appel (WT/DS27/AB/R, 9 sept. 1997, § 235 et *Mondev*, préc., § 70).

141. Exécution territoriale. — Aux termes de l'article 29 de la Convention de Vienne de 1969 :

« À moins qu'une intention différente ne ressorte du traité ou ne soit par ailleurs établie, un traité lie chacune des parties à l'égard de l'ensemble de son territoire. »

Cette règle bénéficie de l'appui concordant de la pratique des États, de la jurisprudence des tribunaux internationaux et nationaux (cf. CE, sect., 14 mai 1993, *Smets*, *Leb.* p. 542) et de la doctrine.

Il en résulte par exemple en France qu'une commune ne peut, de sa seule autorité, se soustraire à l'application d'un traité régulièrement ratifié par les autorités nationales compétentes (v. CAA de Lyon, 13 décembre 2007, *Préfecture de l'Allier c. Commune de Bellenaves* et *Préfecture de l'Allier c. Commune d'Autry-Issards*, à propos de délibérations de conseils municipaux s'opposant à l'application de l'Accord général sur le commerce des services dans leur ressort territorial – v. *AJDA*, 10 mars 2008, p. 461).

Dans certains cas particuliers, les dispositions d'un traité se réfèrent expressément à un territoire ou à une région déterminée. Ainsi, en était-il du Traité du 21 octobre 1920 par lequel était reconnue la souveraineté de la Norvège sur le Spitzberg et de celui du 1er décembre 1959 sur l'Antarctique. On peut ajouter à ces exemples le Traité de la défense collective de l'Asie du Sud-Est conclu à Manille en septembre 1954 et d'autres traités établissant un régime spécial de circulation des personnes et des biens dans les régions frontalières. À l'inverse, un traité peut exclure de son champ d'application certains territoires ou certaines catégories de territoires (cf. les articles 27 et 28 de la Convention européenne d'extradition, qui entraînent l'inapplicabilité de cet instrument à Hong Kong avant son rattachement à la Chine — v. CE, Ass., 15 oct. 1993, *Leb.* p. 267) ou autoriser les États parties à préciser dans une déclaration qu'ils excluent l'application du traité à certaines de leurs unités territoriales (article 93 par ex. de la Convention de Vienne du 11 avril 1980 relative à la vente internationale de marchandises ; sur sa mise en œuvre à l'égard de Hong Kong, v. Cass. civ. 1re, 2 avril 2008, n° 04-17726, *RGDIP* 2008, p. 437). Ces exceptions à l'application territoriale ne soulèvent pas de difficultés particulières.

Il n'en est pas de même de celle qui procède de ce que l'on appelle la *« clause fédérale »*. Celle-ci a pour objet d'écarter les États membres d'un État fédéral du champ d'application d'un accord conclu au nom de l'État fédéral, en vue de sauvegarder l'autonomie des entités fédérées.

L'utilisation de cette clause est cependant devenue relativement rare du fait de la conjugaison de deux facteurs, qui expliquent d'ailleurs le silence de la Convention de Vienne à l'égard de ce problème. D'une part, elle est liée à des circonstances historiques particulières : on la rencontre dans les périodes où la solidarité interne de l'union n'est pas encore suffisante pour permettre à l'entité fédérale de résoudre elle-même les problèmes internationaux auxquels elle est confrontée, mais où cette solidarité est assez marquée pour exclure une représentation internationale distincte des États fédérés ; les solidarités se renforçant, elle devient moins nécessaire. D'autre part, les États cocontractants se montrent souvent réticents à l'égard de la clause fédérale, qui amoindrit la portée de l'engagement pris par l'État fédéral (v. cependant, pour un exemple récent, l'art. 41 de la Convention de Budapest du 23 nov. 2001 sur la cybercriminalité).

La *« clause coloniale »* a également posé des problèmes, même si ceux-ci s'estompent également aujourd'hui du fait de la rareté des situations coloniales : elle vise à exclure de l'application du traité les dépendances non métropolitaines d'un État ou à leur réserver un traitement spécifique. Ainsi, l'article 299, § 2 et 3, du TCE (art. 349 du TFUE) prévoit la possibilité de retarder la mise en œuvre de certaines règles communautaires en ce qui concerne les départements français d'Outre-mer, et applique un régime spécial d'association aux pays et territoires d'Outre-mer ; v. aussi l'article L de la Charte sociale européenne révisée en 1996 (limitation de principe au « territoire métropolitain » des Parties, extension possible par des déclarations expresses aux territoires non métropolitains). Plus subtilement certains traités, sans contenir de clause expresse en ce sens, sont rédigés de telle sorte qu'ils ne peuvent s'appliquer qu'aux territoires métropolitains des États parties (cf. l'article 1er de l'Accord de Schengen de 1985).

Il semble même que la clause puisse être implicitement déduite de l'objet du traité. Selon le Secrétariat de l'ONU, « les accords sur les produits de base ne s'appliquent aux territoires dépendants que lorsque l'État qui assure en dernier ressort leurs relations internationales, déclare par notification que cet accord est rendu applicable à tel ou tel territoire. En l'absence d'une telle notification, les accords s'appliquent uniquement au territoire métropolitain du pays en question » (avis juridique du 18 octobre 1974, *AJNU*, 1974, p. 215-217).

Assez paradoxalement, la question n'est plus seulement de savoir si un État peut discrétionnairement interdire le bénéfice d'un traité à ses dépendances d'outre-mer, mais aussi de préciser s'il peut revendiquer pour leur compte l'application d'un traité auquel il est partie. La réponse à ces questions reste controversée et ne peut être univoque dans la mesure où le sous-développement économique de certaines possessions justifie des discriminations en leur faveur, par rapport au territoire métropolitain, tandis que des considérations humanitaires exigeront une application sans discrimination aux populations sous une même juridiction étatique. De plus, certaines tendances du droit du développement et du droit de la décolonisation interfèrent ici avec le droit des traités : la clause coloniale devient alors un moyen de pression pour accélérer l'accession à l'indépendance des territoires d'outre-mer.

Ce problème a été l'objet de longues tractations au sein de la troisième Conférence des Nations Unies sur le droit de la mer. Alors qu'il avait été envisagé d'interdire aux puissances administrantes d'user des droits reconnus ou établis par la future convention sur les ressources des zones maritimes dépendant d'un territoire non autonome, la Conférence s'est finalement bornée à adopter une résolution III selon laquelle « dans le cas d'un territoire dont le peuple n'a pas accédé à la pleine indépendance ou à un autre régime d'autonomie reconnu par les Nations Unies, ou d'un territoire sous domination coloniale, les dispositions relatives à des droits ou intérêts visés dans la Convention sont appliquées au profit du peuple de ce territoire dans le but de promouvoir sa prospérité et son développement ».

Dans la mesure où, dans le contexte politique contemporain, une majorité d'États s'opposera à l'inclusion d'une clause coloniale ou fédérale dans un traité multilatéral général, les États concernés peuvent être tentés de réduire le champ d'application du traité par le jeu des réserves. La situation juridique, dans les rapports entre États parties au traité, peut alors devenir assez complexe s'il y a des objections à de telles réserves. Mais interdire de façon absolue les réserves, pour éviter cet inconvénient, risque de dissuader certains États de ratifier.

La règle de l'application territoriale des traités pose quelques problèmes relatifs à la validité géographique des compétences de l'État. Ainsi, le territoire étatique soumis au traité s'étend-il aussi et sans réserve au plateau continental et à la zone économique exclusive (v. *infra*, nos 687 s. et 683 s.) ? En sens inverse, cette règle porte-t-elle atteinte à la possibilité pour les États de conclure des traités d'application extra-territoriale ? La solution de cette dernière question dépend moins des intentions des parties et même du droit des traités que du fondement juridique de la compétence extra-territoriale des États (v. *infra*, no 322 s.).

Tout dépendra aussi des solutions aménagées par chaque traité. Les traités protecteurs de la personne humaine (Pacte de 1966 ou CEDH par exemple, ou Règlement de La Haye de 1907 en matière de droit des conflits armés) contiennent ainsi fréquemment une clause prévoyant leur application non seulement sur le territoire des États parties, mais également à l'égard de toute personne se trouvant sous leur « juridiction » ou leur contrôle effectif, même en dehors de leur territoire (v. l'avis de la CIJ du 9 juillet 2004 sur le *Mur* israélien en territoire palestinien occupé ou son arrêt du 19 décembre 2005 dans l'affaire des *Activités armées sur le territoire du Congo (RDC c. Ouganda) ;* ainsi que les décisions de la Commission européenne des droits de l'homme du 26 mai 1975 et du 10 juillet 1978, *Chypre c. Turquie,* et les arrêts de la Cour EDH du 23 mars 1995 et du 18 décembre 1996 dans l'affaire *Loizidou c. Turquie* et du 10 mai 2001 dans l'affaire *Chypre c. Turquie*).

142. Causes de non-exécution. — Les obligations conventionnelles sont avant tout des obligations de droit international. Leur violation entraîne la mise en œuvre de la responsabilité de leur auteur, dans les conditions du droit commun auquel renvoie l'article 73 de la Convention de Vienne, c'est-à-dire sauf s'il existe une circonstance excluant l'illicéité (v. *infra,* n°s 480 à 482).

Toutefois, le problème ne peut être réduit au seul droit de la responsabilité internationale des États : du fait du traité, les parties acceptent des obligations, en général réciproques, et il existe des causes de non-exécution propres au système conventionnel. En effet, tout fait qui justifie la caducité ou la suspension du traité fonde du même coup sa non-exécution ; détaillées par la Convention de Vienne, ces règles seront étudiées dans le chapitre suivant.

Les gouvernements sont en outre parfois tentés de justifier le non-respect d'un traité par son incompatibilité avec le droit national. Par réaction contre cet argument menaçant pour la sécurité des relations juridiques internationales, l'article 27 de la Convention de Vienne réaffirme la primauté du droit international : « Une partie ne peut invoquer les dispositions de son droit interne comme justifiant la non-exécution d'un traité ». Seul l'article 46 apporte une exception, de portée limitée, à cette règle en admettant que la violation manifeste d'une disposition d'importance fondamentale, lors de la conclusion d'un traité, peut invalider le consentement de l'État (v. *supra*, n°s 117-118).

La CDI avait eu scrupule à proposer cette règle, qui lui paraissait relever plutôt du régime de la responsabilité internationale, que la Convention de Vienne n'a pas entendu traiter (voir l'article 73 — cf. P.-M. Dupuy, *AFDI* 1997, p. 7-30). Les États qui ont participé à la Conférence de Vienne ont estimé opportun de rappeler expressément cette conséquence du principe de la primauté du droit international conventionnel sur le droit interne. Leur prudence est d'autant plus justifiée que tous les États ne connaissent pas une procédure d'examen préalable de constitutionnalité, analogue au mécanisme de l'article 54 de la Constitution française, qui supprime toute tentation de remise en cause des traités ratifiés ou approuvés.

C'est davantage lors de l'élaboration du texte du traité que les négociateurs trouvent dans la nécessité de respecter le droit constitutionnel interne un argument de poids pour refuser une proposition. Tel qu'il est conçu l'article 27 n'est cependant pas inutile. Sa stricte observation permet d'accroître l'effectivité du principe de la continuité de l'État en rendant inopérants sur le plan international tout désaveu par un gouvernement révolutionnaire des engagements pris par le gouvernement légal renversé, comme toute répudiation par celui-ci, s'il était rétabli dans ses fonctions, des traités conclus par son prédécesseur durant l'interrègne. La jurisprudence internationale a eu l'occasion de statuer en ce sens : v. par exemple la sentence de la CPA du 11 octobre 1921 dans l'affaire des *Réclamations françaises contre le Pérou* (*RSA* I, p. 215).

L'expérience des Communautés européennes prouve également que la précision apportée par l'article 27 n'est pas superfétatoire. Bien que la supériorité du droit communautaire sur les droits internes des États membres ait été affirmée très tôt et avec force par la jurisprudence communautaire, on a parfois été tenté de faire valoir que le non-respect des règles constitutionnelles nationales dans le processus de décision établi par le Traité de Rome autorisait le non-respect des actes communautaires (théorie de « l'équivalence » ou de la « congruence structurelle ») : malgré le rejet de cette thèse par la Cour de justice des Communautés européennes (cf. CJCE, aff. 11/70, 17 déc. 1970, *Internationale Handelsgesellschaft, Rec.* 1970, p. 11125), certains tribunaux nationaux ne sont pas complètement insensibles à ce genre d'argumentation.

Malgré les hésitations de la CDI, la Convention de 1986 sur le droit des traités entre États et organisations internationales ou entre organisations internationales, transpose purement et simplement la règle de l'article 27.

143. Garanties d'exécution. — Selon le droit commun, l'inexécution non justifiée d'un traité engage la responsabilité internationale de l'État. L'efficacité de cette garantie est toute relative, elle dépend de la volonté de l'État qui reconnaît ou non à l'amiable sa responsabilité ; dans le cas contraire les États peuvent, et doivent, se soumettre à une procédure pacifique de règlement de leur différend (v. *infra*, n°s 500 s.), qui peut être établie par les clauses du traité lui-même, ou par un document connexe. En outre, la question se pose de savoir si et à quelles conditions, l'État victime peut riposter par des « contre-mesures » (v. *infra*, n° 494).

Dès lors que la Convention de Vienne s'interdisait d'empiéter sur le droit de la responsabilité internationale (art. 73), il était difficile d'y aborder le problème des garanties du respect des traités. C'est seulement par le biais des conséquences d'une violation substantielle du traité qu'elle envisage la question (art. 60 ; v. *infra,* n° 199) : la menace de suspension ou de disparition du traité n'est qu'une mesure de représailles et donc tout au plus une garantie politique. Il n'en reste pas moins qu'« il est clair que le refus de s'acquitter d'une obligation conventionnelle est de nature à engager la responsabilité internationale » (CIJ, avis consultatif, 18 juillet 1950, *Interprétation des Traités de paix (2e phase)*, *Rec.* 1950, p. 228 et arrêt du 25 septembre 1997, *Projet Gabčíkovo-Nagymaros*, *Rec.* p. 38, § 47). Dès lors, nonobstant le silence de la Convention de 1969, les conséquences de la violation d'un traité doivent être envisagées à la lumière du droit de la responsabilité internationale (cf. la sentence arbitrale du 30 avril 1990 dans l'affaire du *Rainbow Warrior, RGDIP* 1990, p. 851-852). Au surplus, la pratique a développé deux catégories de mécanismes de garanties : les uns sont établis sur une base *ad hoc* et présentent un caractère purement interétatique ; les autres sont permanents et fonctionnent dans le cadre de certaines organisations internationales (v. *infra*, n° 144).

Les mécanismes interétatiques de garantie peuvent revêtir des formes variées que l'on peut regrouper sous trois rubriques principales.

1° Le *gage* est un procédé traditionnel, fréquemment utilisé autrefois pour garantir l'exécution des traités de paix et des contrats internationaux d'emprunt. Le Traité de Versailles de 1919 y a recouru ; pour garantir le paiement des réparations mises à la charge de l'Allemagne, il prévoyait d'une part l'affectation à ce paiement de toutes les ressources économiques et, d'autre part, l'occupation pendant quinze ans de la rive gauche du Rhin. Les instruments complexes connus sous le nom d'« accords d'Alger », du 19 janvier 1981, destinés à régler le contentieux entre les États Unis et l'Iran à la suite de l'affaire des otages font également appel à cette technique : d'une part la libération des otages était subordonnée au transfert des avoirs iraniens détenus aux États-Unis à un fonds de séquestre constitué au nom de la Banque centrale d'Algérie ; d'autre part, l'Iran était tenu de constituer un fonds de garantie, destiné à garantir l'exécution effective des sentences du Tribunal des différends irano-américains, institué par les accords.

2° La *garantie* par une ou plusieurs puissances constitue également un mécanisme classique.

Ainsi, par le Traité de Londres du 19 avril 1839 auxquels étaient parties l'Autriche, la France, la Grande-Bretagne, la Prusse et la Russie, ces cinq puissances promettaient de garantir la neutralité perpétuelle de la Belgique instituée par un autre Traité de Londres du 15 novembre 1831. En 1914, c'est en exécution de cette garantie que la France et la Grande-Bretagne déclarèrent la guerre à l'Allemagne qui avait violé cette neutralité. Ce procédé de garantie par les grandes puissances a été prévu par la suite par les accords de Locarno de 1925.

Plus récemment, les États-Unis ont garanti l'application du Traité de paix égypto-israélien du 26 mars 1979. Cet engagement américain a été combiné avec la création de la Force multinationale d'observateurs (v. *infra*, n° 598), *garantie institutionnalisée sur une base ad hoc,* comme les commissions internationales de contrôle mises en place successivement pour veiller au rétablissement et au maintien de la paix en Indochine (accords de Genève de 1954 ; Accord sur la neutralité du Laos de 1962 ; Accord de Paris du 27 janvier 1973 sur le Viêt-Nam ; Arrangement israélo-libanais du 26 avril 1996 (v. É. Canal-Forgues, *RGDIP* 1998, p. 723-746)).

Le fonctionnement de ces commissions a parfois été paralysé par leur composition, entièrement tributaire des divisions idéologiques (sur le Laos v. R. J. Dupuy, *AFDI* 1962, p. 3-40 et Nguyen Quoc Dinh, *AFDI* 1964, p. 64-80).

Une autre forme d'institutionnalisation partielle est constituée par les *conférences périodiques* des États parties chargées d'examiner l'application du traité (conférences dites de suivi). Cette technique, de « pression » autant que de garantie à proprement parler, est usitée surtout en matière de désarmement ou de protection de l'environnement (v. *infra*, n° 742).

L'article VIII du TNP du 1er juillet 1968, qui a inauguré cette technique, dispose : « cinq ans après l'entrée en vigueur de ce traité, une Conférence des Parties contractantes se tiendra à Genève, Suisse, afin de passer en revue son application et de s'assurer que ses objectifs et ses stipulations sont entrés dans la réalité » ; en pratique, cette conférence d'examen se réunit régulièrement tous les cinq ans (v. G. Fischer, *AFDI* 1975, p. 9-43 ; et 1980, p. 57-87 ; M. I. Shaker, *AFDI* 1995, p. 169-183) et s'accompagne dorénavant de la réunion annuelle d'un comité préparatoire durant les trois années précédentes (v. *ibid.* p. 178). Les traités sur la dénucléarisation des fonds marins de 1971, sur l'interdiction des armes bactériologiques ou à toxines de 1972 (v. G. Fischer, *AFDI* 1977, p. 809-819, 1983, p. 639-645 et 1980, p. 89-99) et le CTBT de 1996 (art. VIII) prévoient le recours au même procédé.

Le Traité sur l'Antarctique du 1er décembre 1959 est allé plus loin dans le sens de l'institutionnalisation des garanties en prévoyant d'une part des réunions périodiques des Parties contractantes (art. IX) et, d'autre part, la possibilité pour chacune d'elles de désigner des observateurs pouvant procéder à l'inspection de toutes les stations, installations ou expéditions se trouvant dans l'Antarctique (art. VII). La Convention de Vienne pour la protection de la couche d'ozone du 22 mars 1985 et le Protocole de Montréal de 1987, amendé en 1990, créent plusieurs organismes (conférence ou réunions des parties, secrétariat, assuré par le PNUE, groupes d'experts) chargés d'assurer le suivi de ces instruments. De même, le Traité de Paris du 19 novembre 1990 sur la réduction des forces armées conventionnelles en Europe contient des clauses très précises sur la vérification du respect de ses dispositions, notamment par le biais d'inspections sur place (art. XIV et Protocole spécial), crée un « Groupe consultatif commun » en vue d'accompagner la vie du traité et prévoit la tenue de conférences régulières d'examen. V. aussi le Protocole de Kyoto sur les changements climatiques de 1997 (conférence des parties, art. 13 ; équipes d'experts, art. 8 ; « mécanisme pour un développement propre », art. 12) ou la Convention sur la désertification de 1994 (conférence des parties, secrétariat permanent, Comité de la science et de la technologie et « Réseau d'institutions, d'organismes et d'organes existants », art. 22 à 25). De même, le FEM est chargé de contrôler, à l'occasion de l'assistance qu'il dispense, la mise en œuvre de diverses conventions relatives à la protection de l'environnement (Protocole de Montréal de 1987 sur la protection de la couche d'ozone, conventions de Rio de 1972 sur les changements climatiques et sur la diversité biologique) (sur le rôle des réunions des États parties en matière de contrôle du respect des accords environnementaux, v. O. Ferrajolo, *RGDIP* 2003, p. 73-88).

L'institutionnalisation est complète lorsque le traité crée une véritable organisation internationale chargée de sa mise en œuvre. Le procédé est devenu courant dans le domaine du désarmement ; cf. la création de l'OPANAL par le Traité de Tlateloloco sur la dénucléarisation de l'Amérique latine (1967), de l'OIAC par la Convention de Paris sur l'interdiction des armes chimiques (1993) ou de l'Organisation instituée par le CTBT (1996). Ces organisations ont des tâches de contrôle et d'inspection sur place, soit seules, soit en coopération avec l'AIEA (v. *infra*, n° 602 et M. Lefebvres, *AFDI* 1996, p. 137-163).

144. Contrôle de l'exécution des traités dans le cadre des organisations internationales. — La création d'organisations internationales permanentes a contribué à faciliter la garantie de l'exécution des traités en l'institutionnalisant, tant au plan universel que dans des cadres régionaux.

1° *Au plan universel* — Malgré des propositions en ce sens lors de la Conférence de San Francisco, la Charte des Nations Unies ne prévoit pas expressément l'intervention de l'Organisation pour assurer le respect des traités et la formule du préambule les visant (§ 3) est en retrait par rapport à celle utilisée dans le préambule du Pacte de la SdN. Ce n'est donc que tout à fait indirectement que l'utilisation, par le Conseil de sécurité, des pouvoirs qu'il tient des chapitres VI et VII de la Charte, peut avoir, dans certains cas, pour objet d'assurer l'exécution des traités.

De toutes les organisations universelles, c'est certainement l'OIT qui, si l'on excepte le cas, très particulier des conventions de désarmement, a mis sur pied les procédures de contrôle et d'application des conventions élaborées sous ses auspices, les plus perfectionnées.

Outre la procédure des rapports annuels sur l'application des conventions, avec examens successifs par un comité d'experts indépendants et un comité tripartite, les statuts prévoient une procédure d'exécution « forcée » : sur plainte d'un État partie à la convention considérée, d'un délégué à la Conférence générale ou du Conseil d'administration, ce dernier peut saisir une commission d'enquête ; celle-ci a compétence pour établir les faits et pour faire des recommandations dans un rapport qui sera public. Dans les trois mois, les gouvernements intéressés devront accepter ces recommandations ou manifester leur intention de saisir la CIJ dont la décision est finale. Si un État membre ne s'incline pas devant les recommandations de la commission ou la décision de la Cour, la Conférence générale statue en dernier ressort sur les moyens d'en assurer le respect, sur proposition du Conseil d'administration. Dans le silence des textes, il ne semble pas que la Conférence puisse aller jusqu'à suspendre ou expulser l'État fautif de l'Organisation (P. Cornil, « Le rôle de la commission d'experts de l'OIT », *RBDI* 1970, p. 265-278 ; N. Valticos, « Un système de contrôle international : la mise en œuvre des conventions internationales du travail », *RCADI,* 1968-I, vol. 123, p. 321-408). À côté de ce mécanisme de portée générale, il existe des procédures spéciales, prévues par l'article 24 des statuts (plaintes des associations d'employeurs ou d'employés) et par diverses conventions sur la protection des droits syndicaux (v. *infra*, n°s 426 et 435).

D'autres organisations se sont peu ou prou inspirées des techniques de l'OIT, sans atteindre le même degré de cohérence. Ainsi, certaines institutions spécialisées comme l'Unesco et l'OMS demandent à leurs membres de fournir des rapports périodiques sur l'exécution des conventions conclues en leur sein ou sous leurs auspices.

Les organisations internationales économiques ont également développé des procédures de contrôle du respect de leurs chartes, qui correspondent à une institutionnalisation de la rétorsion en cas d'inexécution de leurs engagements par les États membres (le FMI met en œuvre dans ce domaine des techniques particulièrement sophistiquées — v. *infra*, n° 632). En outre, l'une des grandes innovations de l'Accord créant l'OMC (1994) par rapport au GATT consiste dans l'intégration dans le statut de l'Organisation d'un mécanisme de règlement extrêmement contraignant (v. *infra*, nos 522 et 522 *bis*). Les résultats atteints sont d'autant plus notables que, dans ces traités, les obligations de comportement sont formulées de façon particulièrement vague.

2° Mais c'est surtout au *niveau régional*, et tout particulièrement dans le cadre des organisations intégrées, que se sont développées des procédures efficaces.

Ainsi, le Conseil de l'Europe dispose de systèmes de contrôle, très contraignants pour les États, en ce qui concerne la mise en œuvre de la Convention européenne des droits de l'homme et, dans une mesure moindre, de la Charte sociale européenne (v. *infra*, nos 436 et 439). Dans le même esprit, la Convention sur la lutte contre la corruption d'agents publics étrangers conclue en 1997 dans le cadre de l'OCDE prévoit un mécanisme de surveillance et de suivi par un Groupe de travail spécial de cette Organisation (art. 12).

À la différence des autres organisations où le dernier mot revient à un organe intergouvernemental, les traités constitutifs des Communautés européennes réservent la compétence de contrôle à deux organes indépendants des gouvernements, la Commission et la Cour de justice. Sur plainte d'un État ou de sa propre initiative, la Commission adopte un avis motivé (art. 226 du TCE ; art. 258 du TFUE) suivi d'une mise en demeure de présenter ses observations. Si l'État membre n'accepte pas la décision ou ne s'incline pas devant l'avis motivé, l'État ou la Commission, selon le cas, peut saisir la Cour, qui statue en dernier ressort. Les auteurs des traités ont voulu donner un caractère aussi général que possible à ce schéma de compétence : intervention préalable de la Commission dans les conflits intergouvernementaux (art. 227 du TCE ; art. 259 du TFUE), compétence de la Cour sur la base d'un compromis pour les litiges dont l'objet est connexe aux dispositions du traité (art. 239 du TCE ; art. 273 du TFUE). Plus originale encore est la garantie d'exécution fournie par la procédure de demande préjudicielle à la CJCE par les tribunaux nationaux, en interprétation ou en appréciation de validité (art. 234 du TCE (ex-art. 177) – art. 267 du TFUE ; et Protocoles de 1971) : elle permet, en pratique, aux individus, de faire sanctionner indirectement les décisions nationales incompatibles avec le Traité de Rome (J. Boulouis et R.-M. Chevallier, *Grands arrêts de la CJCE,* Dalloz, 1994, p. 105-129 et 339-345. — J. Rideau, *Droit institutionnel des Communautés européennes,* LGDJ, 1974, p. 295-331. — L. Plouvien, *Les décisions de la CJCE et leurs effets juridiques,* Bruylant, Bruxelles, 1975, p. 234-263). Le cas échéant, il appartiendra aux tribunaux internationaux saisis par des États membres de l'UE de s'assurer que leurs décisions n'empiètent pas sur les obligations communautaires de ces États, dans un esprit proche de ce qu'impose l'article 234 TCE (art. 267 du TFUE) aux juridictions nationales (v. ainsi CPA, SA du 24 mai 2005, *Rhin de fer*, § 97-141).

La jurisprudence communautaire protège énergiquement les compétences des organes communautaires en la matière, contre les tentatives d'affaiblissement par les États membres (CJCE, ordonnance du 21 mai 1977, affaires 31/77 et 53/77, *Commission c/ Royaume-Uni, Rec.,* 1977, p. 921 s.), y compris les compétences de la CJCE (impossibilité de soumettre à un autre juge qu'elle les litiges interétatiques communautaires : v. CJCE, 30 mai 2006, aff. C-459/03, *Commission c Irlande*, *Rec.*, p. I-4635). Elle n'a cependant pu empêcher un retour à l'interétatisme dans l'« Acte unique » de 1986 dont l'article 18 introduit une dérogation partielle à l'intervention nécessaire de la Commission dans la procédure instituée par l'article 170.

§ 2. — *Ordre juridique interne et exécution des traités*

BIBLIOGRAPHIE. — R. ABRAHAM, *Droit international, droit communautaire et droit français,* Hachette, 1989, 223 p. — Th. DE BERRANGER, *Constitutions nationales et construction communautaire,* LGDJ, 1995, XIX-564 p. — C. HAGUENAU, *L'application effective du droit communautaire en droit interne — Analyse comparative des problèmes rencontrés en droit français, anglais et allemand,* Bruylant, Bruxelles, 1995, XIV-619 p. — D. DE BÉCHILLON, *Hiérarchie des normes et hiérarchie des fonctions normatives de l'État,* Economica, 1996, 577 p., not. p. 406-499 — P.-M. EISEMANN dir., *L'intégration du droit international et du droit communautaire dans l'ordre juridique national — Étude de la pratique en Europe,* Kluwer, La Haye, 1996, XII-587 p. — I. LUKASHUK, « Treaties in the International Legal System of Russia », *GYBIL* 1997, p. 141-163. — Th. SCHWEISFURTH et R. ALLEWELDT, « The Position of International Law in the Domestic Legal Orders of Central and Eastern European Countries », *GYBIL* 1997, p. 164-180. — I. ZIEMELE, « The Application of International Law in the Baltic States », *GYBIL* 1997, p. 243-279. — J. MALENOVSKY, « Dix ans après la chute du Mur : les rapports entre le droit international et le droit interne dans les constitutions des pays d'Europe centrale et orientale », *AFDI* 1999, p. 29-54. — E. FOHRER, *L'incidence de la Convention européenne des droits de l'homme sur l'ordre public international français,* Bruylant, Bruxelles, 1999, 117 p. — Th. M. FRANCK, ed., *Delegating State Powers : The Effect of Treaty Regimes on Democracy and Sovereignty,* Transnational Publ., New York, 2000, X-305 p. — D. MAUS, « L'influence du droit international contemporain sur l'exercice du pouvoir constituant », *Mél. Conac,* Economica, 2001, p. 87-102. — J.-F. FLAUSS, « L'internationalisation de la fonction constituante : Une nouvelle forme de constitutionnalisme », *Mél. Georgios I. Kassimatis,* Bruylant, Bruxelles, 2004, p. 401-433.

V. aussi la bibliographie figurant sur les n°s 86 s.

145. Autorités publiques responsables de l'exécution. — L'exécution des traités incombe à tous les organes de l'État parce que l'obligation d'exécuter s'impose à l'État pris dans son ensemble comme sujet du droit international. Dès 1839, le Conseil d'État français a déclaré : « L'exécution du traité est dévolue non pas à un seul organe ou à une seule autorité mais à toutes les autorités, législative, politique et judiciaire dans l'ordre de leurs compétences ». Dans sa décision du 3 septembre 1986, le Conseil constitutionnel a rappelé qu'« il appartient aux divers organes de l'État de veiller à l'application [des] conventions internationales dans le cadre de leurs compétences respectives » (*Rec.*, p. 135 ; v. aussi 29 déc. 1989, *Rec.*, p. 110) et, plus récemment, il a mis en garde le Parlement lui-même contre le non-respect des dispositions d'un engagement international, en l'occurrence le Traité de Maastricht, à l'occasion de l'adoption de lois organiques nécessaires à leur mise en œuvre (2 sept. 1992, *Rec.*, p. 76) et il a précisé « qu'il appartient aux divers organes de l'État de veiller dans le cadre de leurs compétences respectives à l'application des conventions internationales dès lors que celles-ci restent en vigueur » (20 juillet 1993, *Code de la nationalité*, *Rec.*, p. 196).

Pour remplir pleinement leur devoir, les divers organes étatiques doivent d'abord, introduire le traité dans l'ordre interne. Il leur faut ensuite, l'« appliquer ». Cependant, ce dernier terme couvre des activités différentes : les autorités non juridictionnelles ont le devoir de prendre des décisions nécessaires qui sont des « mesures d'exécution » proprement dites ; de leur côté, les tribunaux nationaux ont l'obligation d'appliquer les traités quand la solution des litiges dont ils sont saisis l'exige.

A. — Introduction du traité dans l'ordre interne

BIBLIOGRAPHIE. — H. KELSEN, « La transformation du droit international en droit interne », *RGDIP* 1936, p. 5-49. — J. DE SOTO, *La promulgation des traités*, Pedone, 1945, 109 p. — Ch. ROUSSEAU, « Le régime actuel de la publication des traités en France », *D.* 1953, chron. p. 165-174. — P. LEVEL, « La publication en tant que condition d'application des traités internationaux », *RCDIP* 1961, p. 83-104. — F. LEROY, « La publication des engagements internationaux de la France », *AFDI* 1962, p. 888-905. — D. RUZIÉ, « Procédure de mise en vigueur des engagements internationaux pris par la France », *JDI* 1974, p. 562-576. — M.G. MARCOFF, « Les règles d'application indirectes en droit international », *RGDIP* 1976, p. 385-424. — G. BURDEAU, « Les engagements internationaux de la France et les exigences de l'État de droit », *AFDI* 1986, p. 837-856. — L. FERRARI BRAVO, « Alcune riflessioni sui rapporti fra diritto costituzionale e diritto internazionale in tema di stipulazione di trattati », *Mél. Ago I*, p. 273-285. — T. BUERGENTHAL, « Self-Executing and Non-Self-Executing Treaties in National and International Law », *RCADI* 1992, IV, vol. 235, p. 303-400. — J. DHOMMEAUX, « Monismes et dualismes en droit international des droits de l'homme », *AFDI* 1995, p. 447-468. — V. S. VERESHCHETIN, « New Constitutions and the Old Problem of the Relationship between International Law and National Law », *EJIL* 1996, p. 29-41. — D. PETROVIC, *L'effet direct des accords internationaux de la Communauté européenne*, PUF, 2000, XIV-304 p. — E. CLAES, A. VANDAELE, « L'effet direct des traités internationaux », *RBDI* 2001, p. 411-491. — C. SCIOTTI-LAM, *L'applicabilité des traités internationaux relatifs aux droits de l'homme en droit interne*, Bruylant, Bruxelles, 2004, XVIII-704 p. V. aussi les bibliographies figurant *supra* sur les n°s 86 à 89.

146. Obligations de l'État. — Le principe d'exécution de bonne foi des obligations conventionnelles (v. *supra*, n° 139), impose l'introduction dans l'ordre juridique interne des traités qui établissent des droits et des obligations pour les particuliers. Cette introduction permettra aux normes conventionnelles de s'imposer effectivement, comme n'importe quelle autre norme du droit interne, vis-à-vis non seulement de toutes les autorités étatiques, gouvernants et administration, à quelque échelon de la hiérarchie qu'elles se trouvent placées, mais encore des ressortissants de l'État.

Cette obligation est parfois rappelée par une disposition expresse du traité (cf. les articles VII, § 1, de la Convention sur les armes chimiques du 13 janvier 1993 ou 4 de la Convention de l'AIEA du 17 juin 1994 sur la sûreté nucléaire). Un tel rappel est superfétatoire mais a le mérite d'établir que l'accord n'est pas *self-executing* dans l'esprit de ses signataires.

Comment s'opère cette introduction ? De l'avis général, partagé même par les États qui, se réclamant d'un dualisme rigide, pratiquent un système d'incorporation législative (v. *infra*, n° 147), ce devoir d'introduction est une obligation de résultat et non de moyens. La manière dont elle se réalise est donc laissée au libre choix de l'État. Celui-ci est du reste libre de considérer que son droit interne est d'ores et déjà en accord avec le traité et de ne prendre aucune mesure d'introduction spécifique, au risque — minime — de voir sa responsabilité internationale engagée si l'autre ou les autres parties le contestent.

Cette indifférence du droit international quant aux moyens par lesquels les États s'acquittent de leurs obligations conventionnelles a été reconnue à plusieurs reprises par les organes de contrôle institués par les conventions internationales de droits de l'homme. Ainsi, la Cour de Strasbourg a estimé que la Convention européenne de 1950 ne prescrit pas « aux États une manière déterminée d'assurer dans leur droit interne l'application effective de toutes les dispositions de cet instrument » (arrêt du 6 février 1976, *Syndicat suédois des conducteurs de locomotives*, série A, n° 20, § 20 ; v. aussi Comité des droits de l'homme, Observation générale n° 3 et J. Dhommeaux, *AFDI* 1995, p. 447 s.). De même, le TPI pour l'ex-Yougoslavie a estimé que c'est à chaque État concerné de déterminer les organes internes pertinents et compétents pour l'exécution des ordonnances du Tribunal qui ne peut les adresser à des responsables officiels pré-déterminés (Chambre d'appel, arrêt du 29 oct. 1997, IT-95-14-AR 108 *bis*, *Blaskic*, § 43 ; s'agissant, par contraste, des ordonnances concernant des personnes privées, v. § 52 à 56).

En pratique, les États usent largement de la liberté quant aux moyens à mettre en œuvre que leur reconnaît le droit international. En témoigne par exemple le décalage chronologique, souvent considérable, existant, même dans les pays pratiquant l'introduction « automatique » (v. *infra*, n° 148), entre le moment où l'État est engagé au plan international et celui où le traité est effectivement publié (Pour la France, v. le recensement systématique des traités non publiés au *Journal officiel* effectué par R. Pinto et H. Rollet — *Recueil général des traités de la France,* 11 vol., parus depuis 1976).

Même l'article 19 de la Constitution de l'OIT a une portée limitée : s'il oblige en principe les États membres à soumettre aux autorités compétentes les projets de conventions, dans un délai déterminé (v. *supra*, n° 80), il laisse aux gouvernements le choix entre la procédure législative et réglementaire, compte tenu de l'objet des conventions. Les règlements de la Communauté constituent une exception plus notable : les États membres ont renoncé à toute procédure d'introduction, en admettant l'effet direct des règlements publiés au *Journal officiel* des Communautés européennes (depuis l'entrée en vigueur du Traité de Nice (2003), au *Journal officiel de l'Union européenne*) conformément à l'esprit de l'article 249 du TCE (art. 288 du TFUE ; v. l'art. 254 du TCE – art. 297 du TFUE). La dérogation au droit commun est tellement inédite que les gouvernements sont souvent tentés de revenir subrepticement à la pratique de la publication par un acte interne ; mais la Cour de Luxembourg a condamné de telles pratiques, comme elle a condamné tout retard dans l'adoption des textes introduisant le contenu des directives dans les droits nationaux (v. *infra*, n° 150).

Ainsi, dans son arrêt du 19 décembre 1968, la CJCE a rappelé que le droit dérivé directement applicable pénètre « dans l'ordre juridique interne sans le secours d'aucune mesure nationale » (aff. 28/67, *Firma Molkerei, Rec.* 1968, p. 228 ; dans le même sens, aff. 106/77, 9 mars 1978, *Simmenthal, Rec.* 1978, p. 629).

147. Procédure traditionnelle d'introduction. — D'après le système traditionnel généralement adopté par les États, l'introduction du traité dans l'ordre interne est subordonnée à l'accomplissement par l'autorité étatique d'un acte juridique spécial. La forme et la nature de cet acte varient selon les systèmes nationaux.

En Grande-Bretagne, l'intervention du Parlement, par le moyen d'une loi qui reproduit le texte du traité, est nécessaire, sauf en ce qui concerne le droit communautaire qu'il s'agisse du droit originaire ou dérivé en vigueur ou du droit futur ; si tel n'est pas le cas, les dispositions du traité ne peuvent être invoquées devant les tribunaux (cf. *H. Rayner v. Dept of Trade and Industry* [1989] 3 All ER 523, p. 544 ou *Brind v. Secretary of State for the Home Department* [1991] 1 All ER 720, HL) ; si elles sont incorporées dans une loi, elles sont appliquées à ce titre. Compte tenu de la répartition des compétences entre l'État fédéral et les entités fédérées, l'application de cette solution législative dans les États fédéraux requiert parfois le vote d'une loi d'introduction par les assemblées législatives de ces dernières. Dans la plupart des pays, cependant, l'acte d'introduction émane de l'autorité exécutive. Aux États-Unis, il consiste dans une « proclamation » présidentielle accompagnée des dispositions du traité. Jusqu'à la Constitution de 1946, la France avait adopté le système de la « promulgation ». Celle-ci, comme en matière législative, était un « ordre » d'exécution et résultait aussi d'un décret du Président de la République (qui disposait que le traité « dont la teneur suit » recevra « sa pleine et entière exécution »). Du reste, dans un tel système, l'introduction du traité dans le droit interne n'est pas une obligation : l'État peut s'en abstenir ou n'y procéder que partiellement, ce qui ne manque pas de susciter de graves difficultés (cf. le contentieux né de la « faillite » du Conseil international de l'étain devant les tribunaux britanniques ; v. P. M. Eisemann, *AFDI* 1990, p. 678-703).

La procédure d'introduction du traité dans l'ordre interne, accomplie selon les modalités précédentes, confirme le bien-fondé de la doctrine dualiste et lui apporte du même coup une confirmation éclatante. En réalité, sauf peut-être en Allemagne qui est le berceau de la théorie dualiste, les gouvernements procèdent à l'introduction, non par conformité à une théorie quelconque, mais pour des motifs essentiellement pratiques. Par réaction, certaines constitutions nationales, s'inspirant des doctrines monistes, ont institué une procédure d'introduction dite « automatique » des traités dans l'ordre juridique national.

148. Technique d'introduction automatique. — Le signal a été donné par la Constitution française de 1946. D'après son article 26, « les traités régulièrement ratifiés et publiés ont force de loi sans qu'il soit besoin d'autres dispositions législatives que celles qui auraient été nécessaires pour assurer sa ratification ». Il résultait de cette disposition constitutionnelle que, pour devenir obligatoire dans l'ordre interne, il suffisait que le traité fût ratifié et publié. Aucune allusion n'était plus faite à la promulgation. Quant à la publication, elle est, en théorie, un acte purement matériel qui n'a d'autre but que d'assurer à l'intention des assujettis la *publicité* nécessaire du traité comme de toute norme juridique.

Effectivement, depuis 1947, plus aucun décret de promulgation des traités n'a été pris. L'introduction du traité dans l'ordre interne est donc automatique et indépendante de tout autre acte juridique. Influencés par les théories de Georges Scelle, les constituants français de 1946 ont institué un système qui se voulait strictement conforme aux conclusions de la thèse moniste.

La doctrine ne s'y trompa point. « Le système français, écrivait le professeur P. de Visscher, constitue à l'heure actuelle le système le plus progressiste et l'on remarquera notamment que la Constitution italienne, si progressiste à d'autres égards, est restée fidèle en matière de traité » au procédé classique de la réception spéciale. » (« Les tendances internationales des constitutions modernes », *RCADI* 1952-I, vol. 80, p. 558). Le même auteur ajoutait cependant : « La nécessité de la publication constitue le dernier frein qui soit de nature à retarder l'applicabilité des traités dans l'ordre juridique interne. Un système plus parfait que le système français pourrait résulter de l'inscription dans la Constitution de l'obligation constitutionnelle imposée à l'exécutif de publier les traités régulièrement ratifiés » *(ibid.)*.

Cette obligation de publier le traité au *Journal officiel,* une fois sa ratification effectuée, a été effectivement consacrée, non par une disposition constitutionnelle, mais par l'article 3 du décret du 14 mars 1953, sur la ratification et la publication des engagements internationaux souscrits par la France (*JO* du 15 mars 1953, p. 2436) complété par un décret du 11 avril 1986 (*JO* du 13 avril 1986). Mais, elle est limitée aux traités qui sont « de nature à affecter par leur application les droits ou obligations des particuliers et, depuis 1986, aux réserves auxquelles la France les assortit ainsi qu'à la dénonciation de ces instruments et de ces réserves ». Du moment que l'État a forcément connaissance des autres traités qui le concernent et qu'il a lui-même conclus, cette limitation paraît logique. On constate en effet, que de nombreux traités souscrits par la France n'ont pas été publiés. En outre, l'attitude très rigide adoptée par le juge français en ce qui concerne les conditions formelles de la publication a limité considérablement la portée pratique des innovations introduites en 1946 et confirmées en 1958, et l'on peut même se demander si l'esprit du système ne s'en trouve pas modifié et coupé de son inspiration moniste (v. *infra*, n° 152).

Actuellement, l'article 55 de la Constitution de 1958 s'exprime en ces termes :

« Les traités ou accords régulièrement ratifiés, ou approuvés, ont, dès leur publication, une autorité supérieure à celle des lois, sous réserve, pour chaque accord ou traité, de son application par l'autre partie ».

Ce texte rédigé dans un style extrêmement concis règle en quelques lignes plusieurs questions importantes qui seront examinées plus loin. Il suffit de constater ici qu'il ressort implicitement de ces termes qu'il adopte la même solution de l'introduction du traité dans l'ordre interne par la publication. L'opinion est unanime en ce sens. Le régime de la publication déterminé par le décret de 1953, précisé en 1986, avec ses insuffisances, continue également de compléter la disposition constitutionnelle.

Les Constitutions du Luxembourg et des Pays-Bas (art. 93) révisées en 1956, ainsi que celles de nombreux pays africains francophones, ont suivi le modèle français de l'introduction par la publication. L'article 95 de la Constitution néerlandaise de 1983 ajoute : « la publication des accords est réglée par la loi ».

B. — Mesures internes d'exécution

BIBLIOGRAPHIE. — A. MESTRE, « Les traités et le droit interne », *RCADI* 1931-IV, vol. 38, p. 237-303. — S. A. RISSENFELD, « The Doctrine of Self Executing Treaties », *AJIL* 1980, p. 892-904. — J. H. JACKSON, « Status of Treaties in Domestic Legal Systems : A Policy Analysis », *AJIL* 1992, p. 310-340. — C. M. VASQUEZ, « The Four Doctrines of Self-Executing Treaties », *AJIL* 1995, p. 695-723. — J. J. PAUST, *International Law as Law of the United States*, Carolina Academic Press, 1996, XI-480 p. V. aussi la bibliographie citée sur le n° 146.

149. Obligation de prendre des mesures. — Pour être applicable, un traité doit contenir des dispositions suffisamment précises et pouvoir s'inscrire dans des « structures d'accueil » juridiques ou financières de droit interne. L'exécution du traité exige souvent que certaines décisions aient été prises au plan national ; le respect du traité par les États n'est assuré que s'ils prennent effectivement ces mesures (vote de crédits spéciaux, adoption de lois ou d'actes réglementaires, modifications de la législation ou de la réglementation existantes). Le contenu de cette obligation dépend du caractère *self-executing* (auto-exécutoire) ou non du traité.

Un traité — ou une disposition d'un traité — est *self-executing* lorsque son application n'exige pas de mesures internes complémentaires. Il résulte de cette définition même que des mesures particulières préalables à l'exécution sont inutiles.

Concrètement, le caractère *self-executing* d'une disposition conventionnelle est souvent difficile à déterminer et peut faire l'objet d'appréciations divergentes. Ainsi par exemple, par un arrêt du 29 février 1980, la Cour d'appel de Paris a décidé que les articles 6 et 13 de la Convention européenne des droits de l'homme, relatifs au droit de toute personne à un procès équitable, ne présentaient pas un tel caractère (*Gaz. Pal.* 1980, II, 697, N. Junoszasdro-Jewski), que lui reconnaît à l'inverse la jurisprudence nationale de la plupart des États parties et celle, constante, des organes de la Convention. Pour sa part, la Cour de Strasbourg semble cependant considérer que toutes les dispositions de la Convention sont directement applicables par les États parties (cf. l'arrêt du 29 nov. 1991, *Vermeire c. Belgique,* Série A, vol. 214-C, § 25). De même, alors que les juridictions judiciaires ont longtemps refusé tout effet direct à l'égard des particuliers à la Convention de New York sur les droits de l'enfant

(Cass. civ. 1re, 10 mars 1993, *Le Jeune*, *Bull.* p. 69), ne rompant avec cette jurisprudence qu'au printemps 2005 (Cass. civ. 1re, 18 mai 2005, nº 02-20613, et 14 juin 2005, nº 04-16942 – v. *RGDIP* 2006, p. 232 ; *AFDI* 2006, p. 768-769), le Conseil d'État a reconnu plus précocement le caractère auto-exécutoire de certaines dispositions de cet instrument (CE 10 mars 1995, *Demirpence*, *Leb.* p. 610 ou 22 sept. 1997, *Cinar*, *Leb.* p. 320 ou 14 février 2001, *Mezdulkins*, req. nº 220271), en le refusant à d'autres (CE. Ass., 5 mars 1999, *Rouquette et as.*, *Leb.*, p. 37 ou 29 décembre 2004, *Hadj Kacem*, req. nº 265003) et, par un arrêt *Dame Elser* du 7 novembre 2001, il a reconnu le caractère *self-executing* de la Convention contre la torture de 1984 (*RGDIP* 2002, p. 459). Toutefois ces jurisprudences restent en partie nuancées et incertaines, notamment quant à la méthodologie utilisée pour établir l'effet direct (v. D. Alland, « L'applicabilité directe du droit international considérée du point de vue de l'office du juge », *RGDIP* 1998, p. 203-244 ; J. Matringe, « Commentaire des décisions du Conseil d'État du 9 nov. 2007 et du 11 janv. 2008 », *RGDIP* 2008, p. 210-212).

Au contraire, les traités ne présentant pas un caractère *self-executing* ne se suffisent pas à eux-mêmes et les États parties doivent prendre les mesures internes nécessaires à leur exécution. Certains instruments contiennent une clause qui confirme cette obligation. Ainsi, l'article 19 de la Constitution de l'OIT invite les États à prendre « telles mesures qui seront nécessaires pour rendre effectives les dispositions » des conventions conclues sous les auspices de l'Organisation. Mais une telle clause n'a qu'un effet déclaratif : l'obligation existe même dans le silence du traité. La CPJI a reconnu comme « un principe allant de soi », qu'un État « qui a valablement contracté des obligations internationales est tenu d'apporter à sa législation les modifications nécessaires pour assurer l'exécution des engagements pris » (avis du 21 février 1925 sur l'*Échange des populations turques et grecques,* série B, nº 10, p. 20 ; v. par ex., à propos de l'exécution des accords OMC, Y. Nouvel, *AFDI* 2002, p. 657-674).

Le contrôle du respect de cette obligation s'opère en règle générale par le biais de la responsabilité internationale de l'État, ce qui suppose qu'en ne prenant pas les mesures d'application nécessaires l'État a porté préjudice aux droits garantis par la convention à des ressortissants étrangers. Si l'engagement de la responsabilité de l'État ne fait pas de doute, puisqu'il ne peut pas invoquer les lacunes de son droit interne pour échapper à ses engagements conventionnels (art. 27 de la Convention de Vienne, 1969), ce mécanisme laisse une grande marge de pouvoir discrétionnaire aux États : il n'est pas possible de la faire jouer pour les ressortissants nationaux, sauf exception, et il est de toute façon très difficile à déclencher. Seuls les tribunaux nationaux peuvent contribuer à une solution plus efficace, soit en accueillant les recours fondés sur l'inobservation de cette obligation par le pouvoir réglementaire, soit en faisant prévaloir une convention internationale sur le droit interne malgré l'insuffisance des mesures d'application : leur attitude sera en partie commandée par leur conception de l'application directe du traité considéré (v. *infra,* nº 150).

Au sein des Communautés européennes, le refus, le retard ou l'insuffisance des mesures d'application des traités et du droit dérivé (directives, décisions, éventuellement même règlements) constituent des manquements des États, qui peuvent être sanctionnés par la Cour de justice à l'initiative de la Commission (art. 226 du TCE ; art. 258 du TFUE) ou corrigés à la suite de pressions de la Commission. Si les condamnations juridictionnelles sont relativement fréquentes et sévères, elles ne représentent que la partie émergée de l'iceberg : la Commission, faisant preuve de réalisme, pratique une politique nuancée.

La CJCE a élaboré une jurisprudence complexe et précise en vue de déterminer le caractère *self-executing* des dispositions des traités aussi bien que du droit dérivé. Elle examine « dans chaque cas si la nature, l'économie et les termes de la disposition en cause sont susceptibles de produire des effets directs dans les relations entre le destinataire de l'acte et des tiers » (CJCE, aff. 9/70, 6 octobre 1970, *Franz Grad, Rec.* 1970, p. 825 ; v. aussi, parmi de nombreux exemples, aff. 21-24/72, 12 décembre 1972, *International Fruit Co., Rec.* 1972, p. 1219) et conclut à son caractère immédiatement exécutoire si elle est précise et inconditionnelle quel que soit l'acte formel dans lequel elle figure (v. *infra*, n° 150).

150. Traités intéressant les particuliers. — Comme l'a souligné la CPJI dans son avis du 3 mars 1928 : « L'objet même d'un accord international, dans l'intention des parties contractantes, [peut] être l'adoption, par les parties, de règles déterminées, créant des droits et obligations pour les individus, et susceptibles d'être appliquées par les tribunaux nationaux » (affaire de la *Compétence des tribunaux de Dantzig,* CPJI, série B, n° 15, p. 18). En bonne logique, il devrait en résulter que ces traités, s'ils sont *self-executing* (v. *supra*, n° 149), sont directement applicables, c'est-à-dire opposables à l'exécutif, et que les particuliers peuvent s'en prévaloir devant le juge national, quand bien même leurs normes n'auraient pas été incorporées dans la législation nationale.

En pratique cependant, les juridictions nationales se montrent hésitantes même si, malgré certaines critiques doctrinales sur la lenteur du processus, la tendance générale dans les pays occidentaux est en faveur d'une présomption d'applicabilité directe, dans toute la mesure nécessaire pour assurer la pleine efficacité internationale et interne des traités. Il peut cependant paraître paradoxal que la position des juridictions sur ce problème ne coïncide guère avec la distinction entre monisme et dualisme, et que les pays à tradition moniste se montrent parfois assez restrictifs.

Ainsi, par exemple, la Cour suprême des États-Unis a estimé dès 1829 qu'un traité peut « être considéré par les tribunaux comme l'équivalent d'un acte législatif chaque fois qu'il opère par lui-même, sans nécessiter aucune intervention du législateur » (*Foster Elam c. Neilson,* arrêt rédigé par le Juge Marshall, *Pet. 253-US 1829*) et la jurisprudence anglaise elle-même semble en voie d'assouplissement (v. J. Dutheil de la Rochère, *Mél. Reuter,* p. 250-257). Au contraire, le juge français se montre souvent réticent pour reconnaître aux particuliers le droit de se prévaloir en justice des droits qui semblent leur conférer les traités (cf. CE, 12 octobre 1979, *Syndicat des importateurs de vêtements et de produits artisanaux, Leb.* 374, ou Cass. civ. 3e, 6 avril 1976, *Agent judiciaire du Trésor c. Fauran, Bull. p. 105 ;* CE, Ass., 8 mars 1985, *Garcia Henriquez, Leb.* p. 70 ; CE, Ass., 26 oct. 1990, *Fédération nationale du commerce extérieur des produits alimentaires et a., Leb.* p. 294 ou Cass. civ. 1re, 10 mars 1993, *Le Jeune*, *D.* 1993, p. 361 à propos de la Convention des droits de l'enfant de 1990) ; alors même qu'il en admet théoriquement la possibilité (cf. Cass. com., 4 juin 1955, *RDP* 1956, p. 962 ou CE, 18 novembre 1955, *Petalas, Leb.* p. 548 — pour une décision nuancée concernant plusieurs conventions, v. CE, Sect., 29 janv. 1993, *Bouilliez, Leb.*, p. 15). La Cour de Cassation française a admis que des particuliers pouvaient écarter l'application d'une convention internationale dans leurs rapports *inter se*, mais que le juge était tenu d'appliquer d'office les dispositions conventionnelles ayant un caractère d'ordre public (Cass. com. fin., 25 mai 1993, *Sté. Lusal, RDCIP* 1993, p. 461).

En ce qui concerne les dispositions des traités instituant les Communautés européennes et le droit dérivé, la Cour de Luxembourg a posé le principe de leur effet direct sous réserve de leur caractère *self-executing* (v. *supra*, n° 149) ; elle en a tiré la conséquence que « le droit communautaire, indépendant de la législation des États membres, de même qu'il crée des charges dans le chef des particuliers, est aussi destiné à engendrer des droits qui entrent dans leur patrimoine juridique » (aff. 26/62, 5 février 1963, *Van Gend en Loos, Rec.* 1963, p. 3).

Le fondement du principe ne pose pas de problème en ce qui concerne les règlements définis par l'article 249 du TCE (art. 189 dans le Traité de Rome de 1957 et art. 288 du TFUE) comme étant « directement applicables dans tout État membre ». Allant plus loin, la CJCE a posé une présomption d'effet direct non seulement des dispositions conventionnelles — y compris celles dont les États membres sont expressément destinataires (aff. 57/65, *A. Lutticke, Rec.* 1966, p. 294) — mais aussi des décisions et même des directives adoptées par le Conseil ou la Commission (cf. aff 9/70, 6 octobre 1970, *Franz Grad, Rec.* 1970, p. 825 ; aff. 33/70, 17 décembre 1970, *Société SACE, Rec.* 1970, p. 1213). Le Conseil d'État français s'est, dans un premier temps, opposé à cette solution en ce qui concerne les directives qui, selon lui, « ne sauraient être invoquées par les ressortissants des États à l'appui d'un recours contre un acte administratif individuel » (CE, 22 décembre 1978, *Ministre de l'Intérieur c. Cohn-Bendit, Leb.* 524, v. aussi CE, Sect., 27 juillet 1990, *Coop. 2000, Leb.* p. 226). En revanche, le Conseil d'État annule les actes réglementaires incompatibles avec les dispositions d'une directive communautaire (cf. CE, 7 oct. 1988, *Fédération française des sociétés de protection de la nature, AJDA* 1989, p. 34, concl. Guillaume). De plus, par un arrêt d'Assemblée du 3 février 1989, le Conseil a annulé le refus du Premier ministre d'abroger des décisions antérieures contraires à une directive (CE, Ass., 3 février 1989, *Cie. Alitalia, Leb.* p. 44 ; v. D. de Béchillon, « De l'applicabilité des directives communautaires dans la jurisprudence du Conseil d'État », *RDP* 1991, p. 759-791). Puis, par deux arrêts d'assemblée du 28 février 1992, il a tenu pour « dépourvu de base légale » un décret incompatible avec les objectifs définis par une directive communautaire *(SA Rothmans et Philip Morris* et *Sté Arizona Tobacco Products et SA Philip Morris, Leb.*, p. 81) et, par un arrêt du 9 octobre 1996, il a annulé une décision individuelle conforme aux dispositions du droit français, mais dont il constate l'incompatibilité avec une directive (CE, Ass., *SA Cabinet Revert et Badelon, Leb.* p. 397). Enfin, parachevant cette évolution, le Conseil annule une décision prise en violation d'une directive non transposée en droit interne (CE, Ass., 6 fév. 1998, *Tête, AJDA* 1998.458). À l'inverse, l'État français ne saurait se prévaloir d'une directive non transposée à l'encontre d'un particulier (CE, Sect., 23 juin 1995, *SA Lilly France, Leb.* p. 257).

La CJCE a également précisé les conditions dans lesquelles les traités conclus par les Communautés pouvaient être invoqués par les particuliers (cf. aff. 21-24/72, 12 décembre 1972, *International Fruit Co.*, préc. ; 87/75, 5 février 1976, *Bresciani, Rec.* 1976, p. 129 ; ou 104/81, 26 octobre 1982, *Kupfenberg, Rec.* 1982, p. 3641). Il doit exister une « obligation claire et précise qui n'est subordonnée, dans son exécution ou dans ses effets, à l'intervention d'aucun acte ultérieur » (effet direct en principe refusé pour les accords du GATT et de l'OMC — v. CJCE, *Portugal c. Conseil*, aff. C-149/96, 23 novembre 1999, *Rec.*, p. I-8395 ; de même pour la convention des Nations Unies sur le droit de la mer du 10 décembre 1982 – v. CJCE, *Intertanko*, aff. C-308/06, 3 juin 2008, § 53-66), mais reconnu, par exemple, pour le protocole relatif à la protection de la mer Méditerranée contre la pollution d'origine tellurique — v. CJCE, 15 juillet 2004, *Syndicat des pêcheurs de l'Étang de Berre et de la région*, aff. C-213/03).

(Sur la distinction entre les différents actes communautaires, v. *infra*, n° 245).

Les tribunaux administratifs internationaux (v. *infra*, n°s 554-555) procèdent avec une prudence comparable à celle des juridictions nationales. Bien que leur jurisprudence ne soit pas dépourvue d'ambiguïté, ils ont tendance à refuser d'appliquer les dispositions d'un traité aux fonctionnaires qui les saisissent sauf lorsqu'elles sont clairement et expressément applicables au personnel de l'Organisation (v. par ex. TANU, 10 nov. 1988, n° 437, *Ahmed, Rec.* VIII, p. 685 ou 671, *Grinblat*, 4 nov. 1994).

C. — Mise en œuvre du traité par une juridiction interne (l'exemple français)

BIBLIOGRAPHIE. — E.D. Dickinson, « L'interprétation et l'application du droit international dans les pays anglo-américains », *RCADI* 1932-II, vol. 40, p. 309-393. — A. McNair, « L'application et l'interprétation des traités d'après la jurisprudence britannique », *RCADI* 1933-I, vol. 43, p. 251-302. — G. Scelle, « De la prétendue inconstitutionnalité interne des traités », *RDP* 1952, p. 1012-1028. — H. MOSLER, « L'application du droit international public par les tribunaux », *RCADI* 1957-I, vol. 91, p. 619-705. — G. GINSBURG, « Validity of Treaties in the Municipal Law of the Socialist States », *AJIL* 1965, p. 523-565. — M. WAELBROECK, *Traités internationaux et juridictions internes dans les six pays du Marché commun*, Pedone, 1969, 352 p. et « Les effets internes des accords internationaux conclus par la CEE », *Mél. Chaumont,* 1984, p. 579-581. — F.A. MANN, *Foreign Affairs in English Courts*, Clarendon Press, Oxford, 1986, XXIII-195 p. — E. BENVENISTI, « Judicial Misgivings Regarding the Application of International Law : An Analysis of Attitudes of National Courts », *EJIL* 1993, p. 159-183. — G. M. DANILENKO, « Implementation of International Law in CIS States : Theory and Practice », *EJIL* 1999, p. 51-69. — A. PELLET, « A French Constitutional Perspective on Treaty Implementation », *in* Th. M. FRANCK, ed., *Delegating State Powers : The Effect of Treaty Regimes on Democracy and Sovereignty*, Transnational Publ., New York, 2000, x-305 p. ; « Vous avez dit "monisme" ? – Quelques banalités de bon sens sur l'impossibilité du prétendu monisme constitutionnel à la française », *L'architecture du droit – Mélanges en l'honneur de Michel Troper*, Economica, 2006, p. 827-857. — J. BRUNNEE et S. TOOPE, « The Application of International Law by Canadian Courts », *ACDI* 2002, p. 3-60. — G. BETLEM et A. NOLLKAEMPER, « Given Effect to Public International Law and European Community Law before Domestic Courts », *EJIL* 2003, p. 569-589. — A. BIANCHI, « International Law and US Courts », *EJIL* 2004, p. 751-781. — « Agora : The United States Constitution and International Law », *AJIL* 2004, p. 42-108.

Sur l'attitude du juge français, v. J. BASDEVANT « Le rôle du juge national dans l'interprétation des traités diplomatiques », *RCDIP* 1949, p. 413-433. — M. VIRALLY, « Le Conseil d'État et les traités internationaux », *JCP* 1953, I, 1098. — A. GERVAIS, « Constatations et réflexions sur l'attitude du juge administratif français à l'égard du droit international », *AFDI* 1965, p. 13-39. — P. FRANCESCAKIS, « Remarques critiques sur le rôle de la Constitution dans le conflit entre le traité et la loi interne devant les tribunaux judiciaires », *RCDIP* 1969, p. 425-446. — M. STASSINOPOULOS, « La jurisprudence française relative à l'interprétation des traités internationaux », *RGDIP* 1959, p. 5-29. — SFDI, Colloque de Grenoble, 1970, *L'application du droit international par le juge français,* Armand Colin, 1972, 128 p. — C. A. COLLIARD, « Le juge administratif français et le droit communautaire », *Mél. Waline,* 1974, p. 187-222. — R. PINTO, « Le juge devant les traités non publiés en France », *ibid.,* p. 223-239. — E. BERGSTEN, *Community Law in the French Courts,* Nijhoff, La Haye, 1973, 141 p. — F. LAMOUREUX, *L'application du droit international conventionnel par les tribunaux français,* Thèse Paris II, 1976, 398 p. — Conseil d'État, « Droit international et droit français », *NED* n° 4803, 1986, 122 p. — R. ABRAHAM, *Droit international, droit communautaire et droit français,* Hachette, Paris, 1989, 223 p. — O. GAYLA, « Le contrôle des mesures d'exécution des traités : réduction ou négation de la théorie des actes de gouvernement », *RFDA* 1994, p. 1-20. — M.-L. NIBOYET, « La mise en œuvre du droit international privé conventionnel — incidences du droit des traités sur les pouvoirs du juge national », *Mél. Perrot*, p. 313-336. — D. ALLAND, « Jamais, parfois, toujours. Réflexions sur la compétence de la Cour de cassation en matière d'interprétation des conventions internationales », *RGDIP* 1996, p. 599-652 ; « L'applicabilité directe du droit international du point de vue de l'office du juge », *RGDIP* 1998, p. 203-244.

V. aussi les bibliographies citées *supra* sur les n°s 86 à 89 et 146 et *infra* sur le n° 182.

151. Attitude générale du juge français. — 1° *Obligation d'appliquer les traités.* — Le devoir du juge interne d'appliquer les traités est fondé d'une part, sur une exigence internationale, celle qui se déduit de l'obligation d'exécution incombant à son État national dont il est l'organe. D'autre part, cette application s'intègre normalement dans la mission générale de « dire le droit », car une fois introduit dans l'ordre interne, le traité, comme la constitution, les lois, les règlements, les actes contractuels ou unilatéraux, pénètre dans l'ordonnancement juridique que le juge a le devoir naturel de garantir et de mettre en œuvre. C'est pourquoi, le principe de l'application des traités par les juges internes est universellement reconnu et respecté.

En France, on dit parfois que les traités ont « force de loi ». L'expression signifie simplement qu'ils ont « force obligatoire ». Le sens de la formule n'a jamais été aussi clairement dégagé que dans un arrêt de la Cour de cassation qui déclare qu'en autorisant par une loi la ratification d'un traité, le Parlement a donné à ses dispositions « la portée et les effets de la loi » (Cass. com., 8 mai 1963, *Bull.* p. 190). Il faut cependant reconnaître que ces précisions ne peuvent rendre sans objet les inquiétudes et les critiques motivées par l'ambiguïté de l'expression « force de loi ». Aussi, dans la ligne de la jurisprudence *« Société "Cafés Jacques Vabre" »* (Cass., ch. mixte, 24 mai 1975), vaudrait-il mieux y renoncer (v. *infra*, n°s 182 s.).

Ainsi, les juges français sont tout à fait à l'aise pour remplir le devoir international qui s'impose à eux de la même manière et avec au moins autant de force que leur obligation de donner effet à la loi. En principe, ils appliquent d'*office* le traité comme ils le font pour la loi. Les juridictions tant administratives que judiciaires assimilent le moyen tiré de la violation d'un traité au moyen de la violation de la loi (v. toutefois les tempéraments apportés par la jurisprudence citée *infra*, n° 183, 2°, a). Enfin, en pleine harmonie avec la règle internationale (v. *supra*, n° 140), les tribunaux français admettent que le traité, comme la loi, n'a pas, en principe, d'effet rétroactif.

2° *Timidité du juge dans l'exercice de ses compétences.* — Les juges internes reçoivent-ils dans l'application des traités des pouvoirs semblables à ceux dont ils disposent dans l'application du droit interne ? Les systèmes juridiques nationaux répondent chacun à sa façon et chacun en ce qui le concerne à cette question. Ces juges sont-ils prêts à exercer tous les pouvoirs qui leur sont dévolus ? Leur attitude est variable sur ce point et a longtemps été caractérisée par peu de hardiesse et beaucoup de prudence, notamment dans deux domaines essentiels : l'interprétation des traités (v. *infra*, 3°) et le règlement des conflits entre ceux-ci et le droit interne (v. *infra*, n° 182 s.).

Cette « timidité » de la magistrature interne repose sur des motifs bien connus. Quand ils appliquent les traités, les juges internes — qu'on accepte ou non la théorie du dédoublement fonctionnel — se comportent en fait en juges internationaux sans posséder toute leur expérience professionnelle. Une extension sans réserve de l'indépendance de la fonction juridictionnelle à la matière internationale risquerait par ailleurs, de gêner le gouvernement qui est seul responsable de la conduite de la politique extérieure de l'État. Pourtant, dans la mesure où une telle attitude conduit à faire de l'Administration un juge et une partie, elle apparaît de moins en moins compatible, à l'époque contemporaine, avec le développement des rapports internationaux de l'État, l'expansion du droit conventionnel et surtout, la multiplication des normes internationales directement applicables aux individus.

À l'inverse, certaines « audaces » du juge interne, appuyées notamment sur la théorie de « l'acte clair » (v. *infra,* 3°), semblent tout aussi condamnables, surtout lorsqu'elles traduisent un refus du dialogue avec un juge international tel que celui préconisé dans le cadre de la procédure des demandes préjudicielles à la Cour de justice des Communautés européennes (art. 234 du TCE ; art. 267 du TFUE). Dans cette circonstance, le respect des traités implique que les tribunaux sachent faire preuve d'autolimitation.

Les évolutions récentes de la jurisprudence française, notamment administrative, semblent cependant témoigner sinon d'audace, du moins d'une plus juste appréciation des obligations découlant, pour la France, du droit international.

3° *Interprétation des traités.* — L'attitude du juge français en matière d'interprétation des traités illustre ce qui précède. En principe, soucieux de ne pas s'immiscer dans la conduite des relations diplomatiques, les juridictions françaises se sont longtemps interdit d'interpréter elles-mêmes les engagements internationaux de la France et, face à un tel problème, elles s'adressaient au ministre des Affaires étrangères et sursoyaient à statuer jusqu'à ce que celui-ci ait donné l'interprétation requise. Cette jurisprudence n'a toutefois jamais été absolument constante ni très rigoureuse et a évolué récemment.

Les juridictions de l'ordre judiciaire se sont toujours reconnues compétentes pour interpréter les traités dans deux hypothèses : « lorsque (...) leur sens ou leur portée ne présentent pas d'ambiguïté » (théorie de l'acte clair) (Cass. crim., 26 juillet 1867, S. 1867, 1, 409) et « toutes les fois que les contestations qui donnent lieu à cette interprétation ont pour objet des intérêts privés qui [sont] attribués par la loi au pouvoir judiciaire » (Cass., 24 juin 1839, *Napier et a.* (affaire de la succession du duc de Richmond), S. 1839, 1, 577). Justifiée par le fait que de tels litiges ne peuvent embarrasser l'exécutif dans la conduite des relations internationales, cette seconde distinction est extrêmement floue et la jurisprudence témoigne d'un remarquable empirisme (v. les nombreux exemples donnés par Ch. Rousseau, *Droit international public,* Sirey, 1971, t. 1, p. 257-263 et par D. Alland, *op. cit.*). Il convient sans doute de ne pas attacher une signification trop précise aux expressions utilisées par les décisions de sursis à statuer qui évoquent tantôt l'existence d'« actes de haute administration » (cf. Cass. Req., 24 juillet 1861, *S.* 1861.1.687 ou Crim., 19 janvier 1982, *Smidle, Bull.* p. 34), tantôt l'« ordre public international » (cf. Cass. crim. 25 juillet 1867, *S.* 1867.1.409, 30 juin 1976, *Glaeser, Bull.* 1976.620, Civ. 1, 5 mai 1987, *Chargeurs Delmas-Vieljeux, Bull.* 1987, I, p. 108 ou Cass. civ. 1re, 7 juin 1989, *Société Cartours, JCP* 1990.II.21448) tantôt même le simple fait que les questions en cause relèvent du « droit public » international (cf. Cass., ch. réunies, 2 février 1921, *D.* 1921, 1.1. et Cass. civ. 1re, 22 mars 1960, *Bull.* p. 138. Cass. civ. 1re, 19 mars 1963, *Bull.* p. 149). La Chambre criminelle de la Cour de cassation se montre cependant particulièrement soucieuse d'interdire aux juges du fond d'interpréter les conventions internationales (cf. Crim., 9 mai 1972, *Gauthier-Lafon, Bull.* 1972, p. 403 ; ou 3 juin 1985, *Brandlight, Bull.* 1985, p. 542). En revanche, la première chambre civile a, par un arrêt du 10 décembre 1995, opéré un revirement de jurisprudence qui semble radical puisqu'elle a considéré « qu'il est de l'office du juge d'interpréter les traités internationaux invoqués, sans qu'il soit nécessaire de solliciter l'avis d'une autorité non juridictionnelle » (*Banque africaine de développement, Bull.* p. 327) ; la Chambre sociale semble également s'engager dans cette voie. (29 avril 1993, *Caisse autonome mutuelle de retraite des agents de chemin de fer, Gaz. Pal.* 11-12 mars 1994, p. 13, concl. Chauvy).

Quant aux *juridictions administratives,* elles ont longtemps fait preuve de plus de retenue encore et le Conseil d'État considérait par principe qu'il ne lui appartenait pas de se prononcer sur l'interprétation d'un traité international (CE, 23 juillet 1823, *Vve Murat, Leb.* p. 544), question préjudicielle relevant de la compétence du ministre des Affaires étrangères (cf. CE, 27 mars 1968, *Moraly, Leb.* p. 205, à propos de la nature juridique des accords d'Évian du 13 avril 1962), l'interprétation donnée dans ces conditions constituant un acte de gouvernement non susceptible de recours contentieux (CE, 14 janv. 1987, *Sté Delmas-Vieljeux, Leb.* p. 4). Par un important arrêt d'Assemblée, dont certaines décisions avaient donné des signes avant-coureurs (cf. CE, 27 mai 1983, *Dankha, Leb.* p. 220), le Conseil d'État a renversé cette jurisprudence et s'est reconnu compétent pour interpréter lui-même les traités et accords internationaux ; et, s'il n'exclut pas la possibilité de solliciter l'avis du ministre des Affaires étrangères il ne s'estime plus lié par son interprétation (CE, Ass., 29 juin 1990, *GISTI, Leb.* p. 171, concl. Abraham). Il se considère même en droit d'interpréter les dispositions d'un traité à la lumière des principes fondamentaux reconnus par les droits de la République, tels qu'il les détermine (CE, 3 juillet 1996, *Koné*, *Leb.* p. 255) et il n'hésite pas à écarter une interprétation gouvernementale contraire à la sienne (CE, 21 déc. 1994 *Serra Garriga*, *Leb.* p. 569) ou à tenir pour non pertinente l'interprétation du Statut de la CIJ donnée par plusieurs Présidents de celle-ci (CE, Ass., 6 juin 1997, *Aquarone*, *Leb.*, p. 206, concl. Bachelier — il n'est pas sans intérêt de relever que le Commissaire du gouvernement s'est appuyé sur les articles 31 à 33 de la Convention de Vienne de 1969 pour dégager les règles applicables à l'interprétation des traités).

Même s'il ne se refuse pas par principe à saisir la CJCE d'une question préjudicielle conformément aux dispositions de l'article 234 du TCE (art. 267 du TFUE) (CE, 10 juillet 1970, *Synacomex*, *Leb.* p. 477 ; v. aussi, par ex., CE, Sect., 24 juin 1994, *Fédération française des sociétés d'assurances*, *Leb.* p. 328 — sur le mécanisme de l'article 177, v. *supra* n° 143 et *infra* n° 552), le Conseil d'État fait dans ce cadre une application parfois discutable de la théorie de l'acte clair qui a, dans le passé, confiné au chauvinisme juridictionnel (cf. CE, 14 juin 1964, *Société des pétroles Shell-Berre*, *Leb.* p. 344, et CE, 12 octobre 1979, *Syndicat des importateurs de vêtements et produits artisanaux*, *Leb.* p. 374).

152. Contrôle de l'applicabilité des traités par le juge français. — La question — qui ne revient pas à s'interroger sur la valeur des traités dans l'ordre juridique français (v. *infra*, n° 183 s.) — est de savoir si le juge apprécie la régularité de l'introduction du traité dans le droit national.

L'entrée en vigueur de la Constitution de 1946 marque un tournant dans la position du juge français à l'égard de ce problème, puisque, d'après l'article 26 de cette Constitution, seuls ont « force de loi » les traités « régulièrement ratifiés et publiés ». Bien que l'article 55 de la Constitution de 1958 soit rédigé dans une forme différente (v. *supra*, n° 148), il confirme entièrement ces conditions. On est en droit de déduire de ce système l'invitation adressée par les constituants aux tribunaux à vérifier d'abord si chaque traité remplit les conditions posées à son applicabilité. Les juges ont répondu à cette invitation avec des nuances et d'une manière fort incomplète.

Une première règle certaine est adoptée aussi bien par la jurisprudence administrative que par la jurisprudence judiciaire : le refus d'appliquer un texte non ratifié ou non approuvé (quand la ratification ou l'approbation est requise par la Constitution) ou non publié (dans tous les cas). Les arrêts sont nombreux à ce sujet :

Cass., Ass. plén., 11 mars 1953, *Gambino*, *D.* 1953.297, concl. Blanchet ; Cass. civ. 1re, 16 mai 1961, *D.* 1961.489 ; CE, 11 avril 1962, *Sté Savana*, *Leb.* 261, 13 juillet 1965, *Sté Navigator*, *Leb.* 423, concl. Fournier ; 23 décembre 1981, *Commune de Thionville et as.*, *Leb.* p. 484 ; 26 juillet 1985, *Hans Blaser*, *RFDA* 1985, p. 926 ; 12 novembre 2001, *Wattenne*, req. n° 214101.

En outre, les juridictions administratives et judiciaires s'accordent pour exiger que la publication soit assurée par un décret de publication émanant du Président de la République. Pourtant, cette condition ne résulte pas explicitement des termes de la Constitution. On peut y voir la manifestation d'une tendance peu libérale consistant à restreindre la portée de l'introduction automatique. En effet, ce « décret de publication » ne manque pas de rappeler l'ancien « décret de promulgation ». L'explication fournie est que l'introduction du traité dans l'ordre interne n'étant plus soumise à aucune autre formalité, la publication devrait remplir, outre sa fonction normale d'assurer la publicité du traité, celle de garantir son authenticité, ce qui ne peut être obtenu qu'au moyen d'un décret signé du Président de la République en sa qualité de représentant le plus élevé de l'État dans ses relations extérieures ; l'inspiration « moniste » de l'article 55 ne s'en trouve pas moins sérieusement mise à mal.

Cass. Ass. plén., 11 mars 1953 préc. ; CA Paris, 18 juin 1968, *Dame Klarsfeld, JCP* 1968, 15.752, n. Ruzié ; CE, 30 octobre 1964, *Sté Prosagor, Leb.* 496, et la jurisprudence précitée.

Durant de nombreuses années, les tribunaux français se sont montrés beaucoup plus réservés pour tirer les conséquences d'une ratification imparfaite.

La jurisprudence constante, du Conseil d'État en particulier, était fondée sur la distinction entre l'existence de la ratification et sa régularité. La Haute Assemblée se réservait le droit de contrôler la matérialité de la ratification. Par contre, elle assimilait la ratification (ou l'approbation) à un acte de gouvernement qui doit échapper entièrement à tout contrôle au fond (voir CE, 5 fév. 1926, *Dame Caraco, D.* 1927.3.1 ; 16 novembre 1956, *Villa, Leb.* p. 433 ; 3 mars 1961, *André et Société « Nicolas Caïmant », Leb.* p. 154). De leur côté les juges judiciaires se sont alignés progressivement sur la position déjà ancienne de la Cour de cassation, dans le même sens (Ass., 11 mars 1953, précité) et considéraient qu'il ne leur « appartient pas (...) d'apprécier la régularité de la ratification d'une convention internationale » (Cass. civ. 1re, 25 janvier 1977, *Reyrol, Bull.* p. 32 ; Cass. crim., 1er juin 1995, *Touvier, Bull.* p. 549).

Toutefois, par un arrêt d'assemblée du 18 décembre 1998 (*SARL du parc d'activités de Blotzheim, Leb.* p. 494, concl. Bachelier), le Conseil d'État a inversé cette jurisprudence et estimé que, conformément aux dispositions de l'article 55 de la Constitution, il appartient au juge administratif de contrôler la régularité de la ratification d'un traité ou de l'approbation d'un accord. Il considère dorénavant qu'il doit se « prononcer sur le bien-fondé d'un moyen soulevé devant lui [ce qui implique qu'il ne s'agit pas d'un moyen d'ordre public] et tiré de la méconnaissance, par l'acte de publication de cet engagement international, des dispositions de l'article 53 de la Constitution » (Sect., 8 juill. 2002, *Commune de Porta, Leb.*, p. 260 — pour un exemple d'annulation d'un décret portant publication d'un accord approuvé en méconnaissance de l'article 53, v. CE, 23 fév. 2000, *Bamba Dieng et a., Leb.*, p. 54). La Cour de Cassation a suivi la même voie par un arrêt du 29 mai 2001 (*ASECNA c. N'Doye, RGDIP* 2001, p. 1031).

Ce contrôle est appliqué dans toute sa rigueur, au risque de rendre juridiquement inconfortable la position des autorités françaises. Ainsi le Conseil d'État a-t-il annulé le 16 juin 2003, pour défaut de ratification parlementaire, le décret d'exécution du 26 avril 1947 de la Convention sur les privilèges et immunités des Nations Unies, rendant celle-ci inapplicable sur le territoire français, la France restant liée par elle au plan international (req. n° 246794, *M. Cavaciuti, RGDIP* 2004, p. 249). Les autorités françaises ont donc dû déposer un projet de loi de ratification pour régulariser la situation au regard de cette convention. La même procédure a été suivie plus récemment à l'égard de l'acte constitutif de la FAO, auquel la France est partie au plan international depuis le 11 octobre 1945, mais qui n'avait jamais été soumis au Parlement français.

Une fois la publication intervenue, la question se pose de savoir à quelle date le traité est applicable en France : à la date de l'entrée en vigueur internationale ou à celle de la publication interne ? Malgré quelques hésitations, la jurisprudence a longtemps semblé fixée en faveur de la première solution même si la publication intervient longtemps après l'entrée en vigueur de la convention (cf. Cass. civ. 1re, 16 février 1965, *JDI* 1965.628 ; Civ. 1, 15 mai 1984, *Tran Tho Dong, Bull.* p. 135 ou CE, 27 juin 1969, *Sté Savana, Leb.* p. 703 ; CE, Ass., 8 avr. 1987, *Procopio, Leb.*, p. 137 ; *contra* Cass. com., 8 mai 1963, *Bull.* p. 190). Mais par un arrêt de principe du 7 juillet 2000, le Conseil d'État lui a finalement préféré la seconde solution : « Considérant que si, par application des stipulations de son article K, la charte sociale européenne révisée est entrée en vigueur le 1er juillet 1999, cette dernière date régit uniquement les effets de ce traité dans l'ordre international et ne saurait être confondue avec l'entrée en vigueur dudit traité dans l'ordre interne, laquelle est subordonnée, conformément aux dispositions de l'article 55 de la Constitution, à sa publication » (*Fédération nationale des associations tutélaires, RGDIP* 2001, p. 240) ; sur le problème en droit international, v. *supra*, n°s 94 s.

Sur la portée interne de la décision du gouvernement de suspendre l'application d'un traité : CE, 18 décembre 1992, *Préfet de Gironde c. Mhamedi, AFDA* 1993, p. 333, qui se borne à vérifier que la décision de suspension a été publiée.

Section 2
Effets des traités à l'égard des États tiers

BIBLIOGRAPHIE. — H. KELSEN, « Traités internationaux à la charge des États tiers », *Mél. Mahaim,* 1935, t. II, p. 164-172. — C. ROSSILLION, « La clause de la nation la plus favorisée dans la jurisprudence de la CIJ », *JDI* 1955, p. 76-106 — E. JIMENEZ DE ARECHAGA, « Treaty Stipulations in Favor of Third States », *AJIL* 1956, p. 353-357. — A. MCNAIR, « Treaties Producing Effects erga omnes », *Mél. Perassi,* 1957, t. II, p. 26-36 — G. DE LACHARRIÈRE, « Aspects récents de la clause de la nation la plus favorisée », *AFDI* 1961, p. 107-118. — G. KOJANEC, *Trattati e Stati terzi,* Cedam, Padoue, 1961, 251 p. — P. BRAUD, « Recherches sur l'État tiers en droit international public », *RGDIP* 1968, p. 17-96. — P. PESCATORE, « La clause de la nation la plus favorisée dans les conventions multilatérales », *Ann. IDI* 1969, t. I, p. 1-283. — D. VIGNES, « La clause de la nation la plus favorisée et sa pratique contemporaine », *RCADI* 1970-II, vol. 130, p. 207-350. — E. USTOR, « La clause de la nation la plus favorisée », rapport à la CDI, *Ann. CDI* 1972 à 1976 et 1978. — E. SAUVIGNON, *La clause de la nation la plus favorisée,* PU Grenoble, 1972, 374 p. et « Les traités et les ressortissants des États tiers », *RGDIP* 1977, p. 15-101. — J.-F. PRÉVOST, *Les effets des traités conclus entre États à l'égard des tiers,* thèse Paris II, 1973, 541 p. — Ph. CAHIER, « Le problème des effets des traités à l'égard des États tiers », *RCADI* 1974-III, vol. 143, p. 589-735. — G. NAPOLETANO, « Some Remarks on Treaties and Third States under the Vienna Convention on the Law of Treaties », *IYBIL* 1977, p. 75-91. — E.A. ALKEMA, « The Third-Party Applicability on "Drittwirkung of the European Convention on Human Rights », *Mél. Wiarda,* 1988, p. 33-47. — E.W. VIERDAG, « The Law Governing Treaty Relations between Parties to the Vienna Convention on the Law of Treaties and States not Party to the Convention », *AJIL* 1982, p. 779-801. — L.T. LEE, « The Law of the Sea Convention and Third States », *AJIL* 1983, p. 541-568. — Ch. CHINKIN, *Third Parties in International Law,* Clarendon Press, Oxford, 1993, XXXI-356 p. — M. RAGAZZI, *The Concept of International Obligation* erga omnes, Clarendon Press, Oxford, 1997, XL-264 p. — M. FITZMAURICE, « Third Parties and the Law of Treaties », *Max Planck Yb. of UN Law* 2002, p. 37-137. — M. FORTEAU, « Les renvois inter-conventionnels », *AFDI* 2003, p. 73-104. — Ch. TOMUSCHAT et J.-M. THOUVENIN ed., *The Fundamental Rules of the International Legal Order.* Jus Cogens *and Obligations* Erga Omnes, Martinus Nijhoff Publishers, 2006, X-471 p.

153. États tiers et États parties. — D'après l'article 2, paragraphe 1, de la Convention de Vienne :

« g) l'expression "partie" s'entend d'un État qui a consenti à être lié par le traité et à l'égard duquel le traité est en vigueur ;

h) l'expression "État tiers" s'entend d'un État qui n'est pas partie au traité. »

Cette dichotomie nette entre qualités d'État tiers et d'État partie, pour justifiée qu'elle soit en règle générale, est parfois difficile à mettre en œuvre. S'il ne fait aucun doute qu'un État qui a exprimé par l'adhésion son consentement à être lié par un traité dont le texte a été adopté lors de négociations auxquelles il n'a pas participé cesse d'être un État tiers pour devenir un État partie, d'autres hypothèses posent des problèmes plus embarrassants.

Doit-on considérer, par exemple, que les États-Unis sont tiers par rapport au Traité de paix égypto-israélien du 26 mars 1979 ou à l'accord israélo-libanais du 17 mai 1983 (non entré en vigueur du fait de la « conférence de réconciliation nationale » libanaise de novembre 1983), qu'ils ont « attestés » *(witnessed)* ? et, plus généralement, un État qui garantit l'exécution d'un traité auquel il n'est pas partie est-il véritablement un État tiers (v. *supra*, n° 143) ?

La distinction se révèle, en particulier, mal adaptée au développement de la pratique conventionnelle des organisations internationales (v. *infra,* n° 157) : les États membres d'une organisation sont-ils tiers ou parties aux traités conclus par elle ? Ne doit-on pas reconnaître que ces traités sont pour le moins opposables aux États membres de l'organisation, même lorsqu'ils n'y sont pas formellement parties ? À vrai dire, si cette hypothèse tend à se multiplier, elle n'est pas totalement inédite ; et le droit international classique avait dû concilier un principe — celui de l'effet relatif des traités — et des exceptions.

§ 1. — *Principe de la relativité des traités*

154. Positivité du principe. — La jurisprudence internationale et la pratique des États s'accordent pour reconnaître que les traités ne peuvent produire d'effets à l'égard des États tiers.

Dans son arrêt n° 7 du 25 mai 1926, relatif à *Certains intérêts allemands en Haute Silésie polonaise,* la CPJI déclarait : « Un traité ne fait droit qu'entre États qui y sont parties » (série A, n° 7, p. 29). La CIJ confirme aussi ce principe. Ainsi, dans l'arrêt rendu dans l'affaire de l'*Incident aérien* du *27 juillet 1955,* entre Israël et la Bulgarie, elle constate que l'article 26, § 5, de son Statut ne possède « aucune force de droit pour les États non signataires » (CIJ, *Rec.* 1959, p. 138). De nombreuses sentences arbitrales ont également statué dans ce sens (v. p. ex. CIRDI, sentence du 15 mars 2002, *Mihaly International Corporation v. Sri Lanka* (ARB/00/2), § 23), en rappelant le cas échéant que le principe de l'effet relatif des traités ne s'oppose nullement à la prise en compte d'un tel accord à titre probatoire, comme simple élément de fait (v. ainsi la sentence CPA du 11 avril 2006 sur la *Délimitation de la frontière maritime entre La Barbade et Trinité-et-Tobago*, § 346-347).

La pratique des États dans ce domaine est illustrée par de nombreuses correspondances diplomatiques et déclarations. Le 5 février 1945, au lendemain de l'ouverture de la Conférence de Crimée qui devait aboutir aux accords de Yalta, le Général de Gaulle, en sa qualité de chef du Gouvernement provisoire de la République française, déclarait dans un discours radiodiffusé : « Quant au règlement de la paix future ou à toute autre disposition qui s'y rapporterait, nous avons fait connaître à nos alliés et nous avons dit publiquement que la France ne serait, bien entendu, engagée par absolument rien qu'elle n'aurait été à même de discuter et d'approuver au même titre que les autres ». De même, la Déclaration de Bonn du 14 octobre 1975 dispose : « Les gouvernements de la République française, du Royaume-Uni de Grande-Bretagne et d'Irlande du Nord et des États-Unis d'Amérique déclarent qu'aucun accord avec un État tiers par l'une quelconque des quatre Puissances ne peut affecter en quoi que ce soit les droits et responsabilités des quatre Puissances, ni les accords, décisions et pratiques quadripartites correspondantes qui s'y rattachent. Les droits et responsabilités des quatre Puissances pour Berlin et l'Allemagne dans son ensemble ne sont donc pas affectés par le traité d'amitié, d'assistance mutuelle et de coopération conclu le 7 octobre 1975 entre l'URSS et la RDA » (*RGDIP* 1976, p. 887) — depuis lors, l'article 7 du Traité « 2 + 4 » a mis fin aux « droits et responsabilités des quatre Puissances relatifs à Berlin et à l'Allemagne dans son ensemble ».

Codifiant une coutume aussi clairement qu'unanimement affirmée, la Conférence de Vienne a adopté sans difficulté la disposition suivante :

« Un traité ne crée ni obligations, ni droits pour un État tiers sans son consentement » (art. 34).

155. Fondement et signification. — 1° En doctrine, pas une voix ne s'élève contre le principe en soi, mais, pour l'expliquer, deux thèses principales sont en présence.

D'après la théorie volontariste, la relativité des traités est incontestable parce qu'elle est fondée tout à la fois sur la souveraineté, l'indépendance, l'égalité des États et la nature contractuelle du traité. Elle n'est autre que la transposition au droit des traités de la règle traditionnelle de la relativité des contrats.

G. Scelle propose une autre explication qui aboutit au même résultat pratique. Le traité, à son avis, n'est pas un contrat entre ses parties mais leur *loi commune ;* cependant, celle-ci ne s'applique qu'à la société internationale constituée par elles, à l'exclusion des États qui sont étrangers à cette société. De plus, les gouvernants étatiques, *agissant en tant que tels,* ne peuvent, que ce soit par traité ou autrement, disposer de la compétence, ni des droits des tiers. Seule, cette explication objectiviste est compatible avec certaines exceptions au principe.

Les concepts de souveraineté et d'égalité, comme fondements de la règle de la relativité, sont évidemment à écarter pour les traités conclus par les organisations internationales. Il n'y a cependant pas de raison d'envisager une exception à la règle pour ces traités : les organisations sont des sujets de droit international et, à ce titre, sont soumises au consensualisme conventionnel.

2° Quant à la *signification* du principe, elle découle de la maxime bien connue : *« pacta tertiis nec nocent nec prosunt » :* les accords ne peuvent ni imposer des *obligations* aux tiers, ni leur conférer des *droits.* Tels sont les deux aspects du principe qui sont confirmés par une jurisprudence abondante et constante.

a) Pas d'obligations à la charge des États tiers. Dans l'affaire de l'*Île de Palmas* relative à un différend entre les États-Unis et les Pays-Bas qui se disputaient la souveraineté sur cette île, l'arbitre Max Huber a déclaré dans sa sentence : « Il semble en outre évident que les traités conclus par l'Espagne avec les tierces puissances et qui reconnaissaient sa souveraineté sur les Philippines ne pourraient lier les Pays-Bas » (*RSA* II, p. 850). En l'espèce, l'île de Palmas faisant partie des Philippines, les États-Unis, successeur de l'Espagne aux Philippines après la guerre hispano-américaine de 1898, désiraient opposer lesdits traités aux Pays-Bas. De son côté, la CPJI s'est prononcée dans le même sens dans l'affaire de la juridiction territoriale de la *Commission internationale de l'Oder* où elle a refusé d'admettre qu'un traité multilatéral, la Convention de Barcelone de 1921 sur le régime des voies navigables d'intérêt international, pouvait lier la Pologne qui n'y était pas partie (CPJI, arrêt du 10 septembre 1929, série A, n° 23, p. 19 à 22).

b) Pas de droits en faveur des États tiers. Au regard de cette formule, aucun État ne peut se prévaloir des dispositions d'un traité auquel il n'est pas partie. Ainsi, dans son différend avec la France relatif à la souveraineté sur l'*Île Clipperton,* le Mexique avait vainement tenté d'opposer à la France certaines dispositions de l'Acte de Berlin de 1885 auquel la France était partie mais pas lui. L'arbitre a purement et simplement rejeté cette prétention (*RSA* II, p. 1105). Dans une autre affaire, l'arbitre a également déclaré que le gouvernement hellénique « n'étant pas signataire du traité de Constantinople n'avait pas de base juridique pour faire une réclamation appuyée sur les stipulations matérielles de ce traité » (Affaire des *Forêts du Rhodope central, RSA* III, p. 1405).

§ 2. — *Exceptions à la relativité des traités*

156. Observations générales. — La justification de ces exceptions varie selon le fondement doctrinal donné au principe de la relativité des traités : pour le volontarisme, toutes les exceptions se ramènent à des « accords collatéraux » ; pour la doctrine objectiviste, la stipulation pour autrui est une institution autonome. Ces controverses n'ont pas d'incidences concrètes importantes : l'accord est général sur la liste des exceptions.

Les progrès de l'organisation internationale tendent à multiplier les hypothèses où il sera fait exception au principe de relativité, qu'il s'agisse des accords interétatiques modifiant le fonctionnement des organisations internationales et entrant en vigueur à la majorité (v. *infra,* n°s 190-191) ou qu'il s'agisse d'accords conclus par des organisations internationales et qui s'imposent à leurs États membres. Du point de vue de la technique juridique, les différences entre traités interétatiques et traités auxquels participent des organisations portent essentiellement sur les modalités d'expression du consentement à tirer des droits ou des obligations de traités auxquels tel État ou telle organisation n'est pas partie, et sur les présomptions de consentement implicite.

A. — Application des traités aux États tiers avec leur consentement

I. *TRAITÉS CRÉANT DES OBLIGATIONS À LA CHARGE DES ÉTATS TIERS*

157. Technique de l'accord collatéral. — Tirant les conséquences logiques de l'article 34 (v. *supra*, n° 154), l'article 35 de la Convention de Vienne dispose :

> « Une obligation naît pour un État tiers d'une disposition d'un traité, si les parties à ce traité entendent créer l'obligation au moyen de cette disposition et si l'État tiers accepte expressément par écrit cette disposition. »

Il ressort de cet article que l'obligation qu'il vise ne s'impose pas à l'État tiers en vertu du traité initial auquel il n'est pas partie, mais en vertu d'un accord entre lui d'une part, et le groupe des États parties au traité initial, d'autre part. Cet accord auquel l'État tiers est partie, reconnu par la CDI comme étant la « base juridique » de l'obligation qui incombe désormais à cet État, est qualifié d'*accord collatéral.* Durant les travaux préparatoires, la CDI a insisté fermement sur l'impossibilité pour un traité de créer des obligations à la charge des États tiers, principe qu'elle considérait comme un des bastions de l'indépendance et de l'égalité des États.

Ce strict volontarisme est également renforcé par l'article 37, paragraphe 1, de la Convention d'après lequel :

« Au cas où une obligation est née pour un État tiers conformément à l'article 35, cette obligation ne peut être révoquée ou modifiée que par le consentement des parties au traité et de l'État tiers, à moins qu'il ne soit établi qu'ils en étaient convenus autrement. »

Peu de précédents illustrent ces règles tant la situation qu'elles visent est exceptionnelle. L'arrêt rendu par la CPJI dans le différend entre la France et la Suisse à propos des *Zones franches* est cependant révélateur. Dans cette affaire, la France avait voulu opposer à la Suisse l'article 435 du Traité de Versailles qui, d'après sa propre interprétation, devait avoir pour effet de mettre fin aux droits sur les zones franches situées en territoire français qui avaient été conférés à la Suisse par les traités de Vienne de 1815. Or, la Cour a rejeté cette prétention en ces termes : « en tout état de cause l'article 435 du Traité de Versailles n'est opposable à la Suisse, qui n'est pas partie à ce traité, que dans la mesure où elle l'a elle-même acceptée » (CPJI, 1932, série A/B, n° 46, p. 141). Dans son arrêt du 29 octobre 1997, le TPI pour l'ex-Yougoslavie indique que les États non-membres des Nations Unies peuvent « en conformité avec l'article 35 (...) « s'engager à respecter l'obligation visée à l'article 29 [de son Statut] en l'acceptant expressément par écrit ». Cette acceptation peut s'exprimer de diverses manières. Ainsi, par exemple, l'adoption par la Suisse en 1995 d'une loi mettant en œuvre le Statut du Tribunal international, implique clairement une acceptation de l'article 29 » (affaire des *subpoenas*, IT-95-14-AR 108 bis, § 26).

Le principe a été repris par les articles 35 et 37, § 1, de la Convention de Vienne de 1986 sur le droit des traités conclus par les organisations internationales mais il est malaisé à transposer aux États membres de l'organisation contractante : formellement, ils sont certes des tiers par rapport au traité mais celui-ci peut, du fait même des règles propres de l'organisation avoir des incidences directes pour les États membres.

Du reste, à l'issue d'un débat confus, une adjonction à l'article 74 de la Convention est venue préciser que ses dispositions « ne préjugent aucune question qui pourrait se poser à propos de l'établissement des obligations et des droits des États membres d'une organisation internationale au regard d'un traité auquel cette organisation est partie ».

L'article 300, § 7, du TCE (art. 216, § 2, du TFUE) prévoit que les accords régulièrement conclus par la Communauté lient les Institutions de celle-ci *et* les États membres. Sans doute peut-on voir dans l'acceptation de cette disposition par les États membres du fait de leur ratification du Traité l'acceptation expresse et écrite qu'exige l'article 35 de la Convention de Vienne mais elle se présente sous la forme particulière d'un accord donné *ex ante* et une fois pour toutes. Par ailleurs, des problèmes particuliers peuvent se poser si l'acte constitutif de l'organisation ne contient aucune disposition spécifique, ce qui correspond à l'hypothèse la plus courante.

Pour sa part, l'article 35, § 2, de la Convention de 1997 sur le droit relatif aux utilisations des cours d'eau internationaux à des fins autres que la navigation dispose : « Toute organisation d'intégration économique régionale qui devient partie à la présente Convention alors qu'aucun de ses États membres n'y est lui-même partie est tenue de toutes les obligations imposées par la Convention. Lorsqu'un ou plusieurs des États membres d'une telle organisation sont parties à la présente convention, l'organisation et ses États membres décident de leurs responsabilités respectives quant à l'exécution des obligations que la Convention leur impose. Dans de tels cas, l'organisation et les États membres ne sont pas habilités à exercer concurremment les droits qu'ouvre la Convention. »

II. *TRAITÉS CRÉANT DES DROITS AU PROFIT DES ÉTATS TIERS*

158. Clauses de la nation la plus favorisée. — Supposons que deux États, l'État A et l'État B, concluent entre eux un traité relatif aux tarifs douaniers applicables aux produits importés en provenance de leurs territoires respectifs. Ils insèrent dans ce traité A-B une clause par laquelle, avec ou sans conditions, avec ou sans réciprocité, l'un d'eux bénéficiera de tout tarif plus favorable que l'autre pourrait ultérieurement concéder, dans un autre traité, à un troisième État C. En conséquence, si ce traité A-C est effectivement conclu, par lequel A

(État concédant) accorde à C des avantages supérieurs à ceux qu'il a primitivement reconnus à B dans le traité A-B, ces nouveaux avantages bénéficieront automatiquement à B (État bénéficiaire), bien qu'il soit État tiers par rapport au traité A-C, et ce, en vertu de la clause contenue dans le traité primitif A-B et à laquelle il a déjà été consenti.

Ainsi, c'est par cette clause appelée « clause de la nation la plus favorisée » que des traités peuvent créer des droits au profit d'États tiers dans le respect de leur souveraineté et sans porter atteinte à la conception contractualiste. C'est ce qu'exprime l'article 5 du projet d'articles adopté sur ce sujet par la CDI en 1978 :

« Le traitement de la nation la plus favorisée est le traitement accordé par l'État concédant à l'État bénéficiaire (...), non moins favorable que le traitement conféré par l'État concédant à un tiers... ».

Dans le différend entre le Royaume-Uni et l'Iran à propos de *l'Anglo-Iranian Oil Company,* la CIJ a expressément déclaré que c'est le traité contenant la clause qui est le « traité de base » (un traité anglo-iranien), du fait que seul, il établit le « lien juridique » entre l'État bénéficiaire de cette clause (le Royaume-Uni) et le traité auquel il est tiers et dont il réclame le bénéfice (un traité entre l'Iran et le Danemark). La Cour a encore souligné de la manière la plus nette que ce dernier traité, auquel l'État titulaire de la clause n'est pas partie, envisagé « indépendamment et isolément du traité de base », ne peut produire aucun effet juridique à son égard, « il est res inter alios acta » (arrêt du 22 juillet 1952, *compétence, Rec.* 1952, p. 109 ; v. également : *Droit des ressortissants des États-Unis d'Amérique au Maroc,* arrêt du 27 août 1952, *Rec.* 1952, p. 187).

Selon la Cour, pour que la clause produise ses effets, il faut en outre que les deux traités portent sur une même matière. Pour exprimer cette condition, la Cour de cassation française a employé une formule très précise : « la clause de la nation la plus favorisée ne peut être invoquée que si la matière du traité qui la stipule est identique à celle du traité particulièrement favorable dont le bénéfice est réclamé » (Cass. civ. 22 déc. 1913, *D.* 1915, I, p. 4).

Ces principes sont confirmés par le projet d'articles de la CDI sur la clause de la nation la plus favorisée (*Ann. CDI* 1978, vol. II, t. 1, p. 19-81). Sont en outre tranchées certaines difficultés politiques rencontrées dans la pratique : de façon tantôt explicite, tantôt implicite, le projet retient une interprétation plutôt libérale de la clause.

On peut relever les indices suivants. Selon l'article 11, la clause est présumée avoir un caractère inconditionnel : on entend par là que, sauf si une disposition du traité est explicitement en sens contraire, le bénéfice du traitement de la nation la plus favorisée devra être accordé sans contrepartie ni réciprocité entre les deux États intéressés. Plus controversés encore, les articles 15 à 17 posent le principe que le bénéfice du traitement de la nation la plus favorisée doit être octroyé même lorsque le « catalyseur » (dans l'exemple donné *supra,* le traité A-C) est un traité multilatéral, et sans que le bénéficiaire ait nécessairement à fournir les contreparties et la réciprocité promises par les États parties à l'accord multilatéral : en vertu de ces règles, les États membres d'une union douanière ou d'une zone de libre-échange seraient obligés d'étendre leurs mesures de désarmement douanier et leurs concessions commerciales aux États tiers « titulaires » d'une clause de la nation la plus favorisée.

Il y a certainement, dans ces propositions, plus un effort de « développement du droit international » que de codification du droit coutumier. Aussi un certain nombre de précautions sont-elles prises pour favoriser l'acceptation de ces règles : non-rétroactivité et caractère supplétif de ces dispositions, exception expresse de l'hypothèse des traités conclus par les pays en voie de développement. Nul doute que cette approche du problème favorisera l'élaboration de clauses particulièrement détaillées dans les futurs traités, la prudence des États les incitant à ne plus laisser planer d'ambiguïté sur le champ d'application et la portée des avantages consentis à leurs partenaires.

Le sort réservé au projet d'articles de la CDI témoigne du caractère controversé des solutions qu'il retient : après en avoir constamment différé l'examen au fond depuis 1979, l'Assemblée générale a finalement décidé, en 1991, de le « porter à la connaissance des États membres des organisations intéressées afin qu'ils le prennent en considération le cas échéant et selon qu'il conviendra » (décision 46/416 du 9 déc. 1991).

Dans la pratique, les États ont eu recours à la clause de très bonne heure, avant l'apparition des traités multilatéraux, en vue précisément d'étendre le champ d'application des règles bilatérales. Prévus d'abord dans les traités économiques puis dans d'autres traités, telles les conventions d'établissement et celles sur les privilèges et immunités consulaires, elle jouait ainsi le rôle d'un procédé d'unification du droit. La CIJ reconnaît qu'elle permet « d'établir et de maintenir en tout temps l'égalité fondamentale sans discrimination entre tous les pays intéressés » (*Droits des ressortissants des États-Unis au Maroc, Rec.,* 1952, p. 191-192). De nos jours, malgré la multiplication des traités multilatéraux, cette pratique se maintient et dans le même but, parce que dans de nombreux cas, les matières précitées sont toujours réglées par le moyen d'accords bilatéraux. C'est notamment le cas des traités bilatéraux pour la protection et la promotion des investissements dont les clauses de la nation la plus favorisée jouent un rôle important, au plan tant substantiel que procédural (v. p. ex. les décisions arbitrales sous les auspices du CIRDI sur la compétence du 25 janvier 2000 dans l'affaire *Maffezini c. Espagne* [ARB/97/7] et du 3 août 2006 dans les affaires *Suez, Sociedad General de Aguas de Barcelona SA et Vivendi Universal SA c. Argentine* [ARB/03/19] et *AWG Group Ltd c. Argentine* ou la sentence du 11 septembre 2007 dans l'affaire *Parkerings-Compagniet AS c. Lithuanie* [ARB/05/8]).

L'expérience prouve cependant que l'utilisation de la clause de la nation la plus favorisée n'est vraiment concevable que dans les rapports entre des États qui sont, au préalable, unis par une solidarité particulière quelconque. Il en résulte des difficultés sérieuses pour sa mise en œuvre lorsqu'elle est incluse dans un traité multilatéral ouvert, comme à l'article I du GATT de 1947 : « Tous avantages, faveurs, privilèges ou immunités accordés par une partie contractante à un produit originaire ou à destination de tout autre pays seront immédiatement et sans condition étendus à tout produit similaire originaire ou à destination du territoire de toutes les autres parties contractantes... ».

L'hétérogénéité croissante des relations commerciales internationales dues à la multiplication des zones préférentielles (unions douanières notamment ; « accords commerciaux régionaux » dans la terminologie contemporaine de l'OMC) et des pays en développement indépendants, oblige à envisager un véritable « éclatement » de la clause de la nation la plus favorisée.

La voie a été ouverte par l'adoption, en 1964, de la partie IV du GATT, le nouvel article XXXVI, § 8, excluant en principe la réciprocité dans les relations entre les parties contractantes développées et les pays en développement. Le système généralisé de préférences (SGP) adopté en 1970 par la CNUCED a consacré l'octroi aux États en développement par les pays industrialisés d'avantages commerciaux *supplémentaires,* qui viennent s'ajouter à ceux que ces derniers s'accordent entre eux. De telles préférences sont clairement incompatibles avec le traitement de la nation la plus favorisée prévu par l'article I précité de l'Accord général ; le GATT a donc dû accorder au coup par coup les dérogations nécessaires à partir de 1971 (procédure du *waiver* de l'article XXV, § 5). À l'issue du « Tokyo round », en 1979, les États en développement ont obtenu l'adoption de la « clause d'habilitation » par laquelle sont déclarées compatibles de plein droit avec les dispositions du GATT les préférences accordées par les pays développés aux pays en développement en application du SGP, ou d'un accord négocié dans le cadre du GATT, ou bénéficiant aux PMA ou encore les préférences que les États en développement s'accordent entre eux (les articles 23 et 24 du projet d'articles de la CDI consacrent du reste la première et la dernière de ces exceptions). Seules demeurent donc soumises à l'obligation d'une dérogation les « préférences spéciales » n'entrant pas dans le champ couvert par la clause d'habilitation (sur ces problèmes, v. *infra*, n° 625).

159. Stipulation pour autrui. — La stipulation pour autrui est une technique du droit contractuel interne par laquelle les parties à une convention énoncent une promesse dont le bénéficiaire est un tiers.

Cette institution est-elle reçue en droit international ? Dans l'affirmative, pour produire ses effets, le consentement du bénéficiaire est-il nécessaire pour que le point de départ de la jouissance du droit stipulé en sa faveur se situe au jour de ce consentement et non à celui de la conclusion du traité qui contient cette stipulation ? Le bénéficiaire a-t-il droit au maintien de ce dernier traité, auquel il n'est pas partie, tant qu'il n'a pas consenti à son abrogation ? Le nombre et la portée de ces questions montrent, une fois de plus, qu'on ne peut transposer purement et simplement une règle interne dans l'ordre international.

Dans l'affaire entre la France et la Suisse déjà citée (v. *supra*, n° 157) relative aux *Zones franches,* la CPJI a examiné tous ces aspects du problème. Le gouvernement suisse avait soutenu la validité des droits stipulés en sa faveur par les traités de Vienne de 1815 et l'impossibilité juridique de leur suppression par l'article 435 du Traité de paix de Versailles de 1919 sans son consentement. Représentant du gouvernement français, Basdevant fit devant la Cour un exposé où il tenta de délimiter les points à débattre :

« Lorsqu'on se demande si un État tiers peut être fondé à tirer un droit d'un traité auquel il n'est pas partie, cette question peut se présenter de deux façons. On peut se demander, en premier lieu, si l'État tiers a droit à l'application, à son bénéfice, du traité tant que les signataires laissent celui-ci en vigueur ; puis on peut se demander, en second lieu, si l'État tiers a droit à ce que le traité ne soit ni modifié, ni abrogé sans son consentement. Vous apercevrez aisément qu'il est beaucoup plus facile de reconnaître à l'État tiers le premier droit que le second. »

Quant à la Cour, elle déclara dans son arrêt du 7 juin 1932 :

« On ne saurait facilement présumer que des stipulations avantageuses à un État tiers aient été adoptées dans le but de créer en sa faveur un véritable droit. Rien cependant n'empêche que la volonté d'États souverains puisse avoir cet objet et cet effet. L'existence d'un droit acquis en vertu d'un acte passé par d'autres États est donc une question d'espèce ; il s'agit de constater si les États qui ont stipulé en faveur d'un autre État ont entendu créer pour lui un véritable droit que ce dernier a accepté comme tel » (CPJI, série A/B, n° 46, p. 147).

Toute la théorie internationale de la stipulation pour autrui résulte de ce passage. La Cour n'exclut pas la stipulation pour autrui et subordonne sa validité au consentement de l'État tiers. En utilisant l'expression « droit acquis », elle laisse supposer qu'il ne peut disparaître sans le consentement du bénéficiaire. Elle a d'ailleurs expressément jugé dans ce sens (v. *supra,* n° 157).

Par deux de ses dispositions, la Convention de Vienne a confirmé entièrement la solution de l'arrêt sur les *Zones franches.* D'après son article 36 :

« Un droit naît pour un État tiers d'une disposition du traité si les parties à ce traité entendent, par cette disposition, conférer ce droit soit à l'État tiers ou à un groupe d'États auquel il appartient, soit à tous les États, et si l'État tiers y consent. Le consentement est présumé tant qu'il n'y a pas d'indication contraire, à moins que le traité n'en dispose autrement. »

L'article 37, paragraphe 2, ajoute :

« Au cas où un droit est né pour un État tiers conformément à l'article 36, ce droit ne peut pas être révoqué ou modifié par les parties s'il est établi qu'il était destiné à ne pas être révocable ou modifiable sans le consentement de l'État tiers. »

Il ressort de ces dispositions que l'exigence du consentement de l'État tiers est moins rigoureuse dans le cas des traités créateurs de droits à son profit que dans ceux desquels naissent des obligations à sa charge (v. *supra*, n° 157).

Pour les partisans de la doctrine de la stipulation pour autrui en droit international, la formule du « consentement présumé » retenue par l'article 36, § 1, de la Convention de Vienne n'est pas une infirmation de leur thèse. C'est une simple fiction juridique qui a pour seul objet de donner une satisfaction platonique aux partisans de la thèse de l'accord collatéral, tout en vidant celle-ci de sa substance (E. Jimenez de Arechaga, « Cours général », *RCADI,* 1978-I, vol. 159, p. 50-58). Dans la pratique, des difficultés pourraient provenir du fait que l'État tiers bénéficiaire de la stipulation est moins bien protégé contre les risques de révocation des avantages antérieurement acquis.

Ces principes sont transposables aux traités conclus par les organisations internationales sous réserve cependant du problème posé par les États membres de l'organisation contractante (v. *supra*, n° 157). Curieusement, la CJCE a estimé que le régime découlant de la Convention de Lomé avait été étendu à un État non partie (en l'espèce la Somalie) du fait de l'attribution unilatérale à ce pays d'un contingent d'exportation de bananes par le règlement portant organisation commune du marché de ce produit (C-369/95, 27 nov. 1997, *Somalfruit*, *Rec.* I-6619).

B. — Application des traités aux États tiers sans leur consentement

160. Régimes conventionnels opposables *erga omnes*. — L'existence des traités produisant des effets, non seulement à l'égard de quelques États tiers, mais encore à l'égard de « tous les États » n'est plus contestable. L'article 36 précité de la Convention de Vienne l'implique. La CIJ la constate (Affaire de la *Barcelona Traction,* arrêts des 24 juillet 1964 et 5 février 1970). Mais quelle est la base juridique de ces traités ?

On a cherché à fonder l'extension des effets de certains traités à des tiers sur le principe — que consacre la Convention de Vienne dans son article 38 — en vertu duquel une règle énoncée dans un traité peut devenir une norme coutumière obligatoire pour les États non parties à ce traité. Ce raisonnement est commode pour faire cadrer des réalités avec la théorie volontariste pour peu qu'il s'accompagne de l'identification de la coutume à un accord tacite. Il est cependant peu convaincant car il n'explique pas pourquoi les droits et obligations résultant de certains traités, comme ceux relatifs aux voies de communications internationales, sont applicables *immédiatement* à tous, alors que la formation du droit coutumier est spontanée mais non instantanée.

Dans la mesure où, en strict droit positif, ces droits et obligations conventionnellement prévus sont opposables aux États tiers sans leur consentement, force est d'admettre que le volontarisme et l'interétatisme sont battus en brèche. Le juriste ne peut plus que constater le passage au superétatisme même s'il n'est qu'implicite, empirique et fragmentaire. Seule, cette explication est conforme à la nature des choses (v. *supra*, n° 33).

Aujourd'hui comme hier, un groupe plus ou moins étendu d'États est en mesure, au nom de l'intérêt général de la communauté internationale, de fixer des règles par voie conventionnelle dont nul ne niera la valeur « universelle ». Dans une société peu organisée et dominée par quelques grands États, ce phénomène correspondait ouvertement à un « gouvernement international de fait » de type oligarchique. Dans la société internationale actuelle, où il est difficile de s'opposer à la loi du nombre et où les enceintes universelles (conférences, organisations internationales) usent de procédures « quasi-législatives », le même résultat sera recherché, de façon hypocrite ou sincère, au nom de la « communauté internationale » : la technique des accords ouverts à la quasi-totalité des États (v. *supra,* n° 105) fournit un habillage juridique à un consensus effectivement quasi universel ou à la volonté des grandes puissances.

Le phénomène n'est pas limité à l'édiction de normes intéressant les rapports interétatiques. On peut l'observer également dans le fonctionnement des organisations internationales : il est fréquent de trouver, dans leurs statuts, des clauses de révision ou d'amendement dont l'entrée en vigueur n'exige pas l'unanimité des États membres (articles 108 et 109 de la Charte de l'ONU, article XVII des statuts du FMI, etc.). Les États minoritaires n'ont le choix qu'entre s'incliner ou quitter l'organisation. La seule différence avec l'hypothèse générale est qu'ici l'exception au principe de relativité des traités est institutionnalisée et acceptée d'avance par tous les États membres ; mais il est difficile de parler d'un « consentement » des États minoritaires au sort qui leur est fait. Il serait plus exact de considérer que le groupe majoritaire est présumé traduire la volonté de la « communauté internationale ». Malgré des précautions de technique juridique, l'accord de Washington du 29 juillet 1994 modifiant la partie XI de la Convention de Montego Bay est une illustration presque caricaturale d'un gouvernement international de fait minoritaire mais efficient (v. *supra*, n° 94). Les réactions des puissances aux explosions nucléaires auxquelles ont procédé l'Inde et le Pakistan en 1998 portent témoignage du même phénomène : la volonté d'un petit groupe d'États d'empêcher la dissémination de l'arme nucléaire, malgré l'absence de règles juridiques en ce sens.

Le problème se pose de la même manière en ce qui concerne les résolutions des organisations internationales (v. *infra*, n° 244).

Affirmer l'existence d'un pouvoir international susceptible de poser des normes juridiques n'est pas sans danger pour les souverainetés nationales, en l'absence d'un accord sur les critères de majorité ou de quasi-unanimité qui permettraient de considérer qu'un régime conventionnel est opposable *erga omnes.* On a vu que la Convention de Vienne n'avait pas totalement résolu ce problème pour les normes de *jus cogens* d'origine conventionnelle (v. *supra*, n°s 125 s.). En ce qui concerne les dispositions de la Charte des Nations Unies, il paraît plus prudent de déduire leur caractère obligatoire à l'égard des très rares États non-membres et des autres sujets du droit international du fait qu'elles sont aujourd'hui devenues des normes coutumières (Ph. Cahier, « La Charte des Nations Unies et les États tiers » *in* A. Cassese ed., *Current Problems of International Law,* Giuffré, Milan, 1975, p. 81-105 ; M. Forteau, « Le dépassement de l'effet relatif de la Charte » *in* R. Chemain, A. Pellet dir., *La Charte des Nations Unies, Constitution mondiale ?*, Pedone, 2006, p. 121-159).

L'Institut de droit international a retenu une conception plus prudente des « obligations *erga omnes* » en en limitant l'acception aux seules obligations de droit international général liant tous les États et aux obligations multilatérales opposables aux seuls États parties (résolution du 27 août 2005, *Les obligations* erga omnes *en droit international*, article 1). Il n'en a par ailleurs tiré les conséquences qu'au plan de la responsabilité internationale (v. *infra*, n° 472 et 491).

161. Champ d'application et portée de ces régimes. — 1° *Création de situations « objectives ».* — Tel a été longtemps l'objet essentiel des actes concertés dont les grandes puissances tentaient d'obtenir le respect par l'ensemble des États. Comme le rappelait la commission des juristes consultée par le Conseil de la SDN à propos des îles d'Aland : « Les Puissances ont, en effet, dans de nombreux cas, depuis 1815 et notamment lors de la conclusion du Traité de Paris [30 mars 1856 — entre la France, la Grande-Bretagne et la Russie], cherché à établir un véritable droit objectif, de vrais statuts politiques dont les effets se font sentir en dehors même du cercle des parties contractantes » (*JO SdN,* suppl. n° 3, 1920, p. 17 et s.).

Étaient le plus souvent en cause des régimes de neutralisation (neutralité perpétuelle de la Suisse par l'Acte de Vienne du 20 mars 1815, entre huit États européens ; de la Belgique par le Traité de Zonhoben du 12 novembre 1831), de démilitarisation (convention précitée de 1856) et de libre navigation sur les voies fluviales ou maritimes d'intérêt international (conventions de Constantinople de 1888, relative au canal de Suez ; Traité de 1901 et 1903 sur le canal de Panama ; Traité de Mannheim de 1868, sur le Rhin ; conventions de Paris de 1856, de Berlin de 1878, de Londres de 1883, de Belgrade de 1948 pour le Danube).

Ce procédé n'a pas disparu des relations internationales. Le Traité sur l'Antarctique de 1959 organise la démilitarisation de ce continent et manifeste la survivance de l'idée de gouvernement international de fait : théoriquement ouvert à l'adhésion de tous les États, ce traité maintient une discrimination entre les États parties, qui est manifestement destinée à permettre à un petit groupe d'États, les « parties consultatives » (au nombre de 28 au 1er juillet 2008) comprenant les douze parties originaires et les pays « ayant fait la preuve d'une activité scientifique importante », de conserver la maîtrise du régime applicable à cette zone, alors que dix-huit autres États y ont également adhéré. De même en vertu de l'article XXII de la Convention de Canberra du 20 mai 1980 sur la conservation de la faune et de la flore marines de l'Antarctique :

« 1. Chaque partie contractante s'engage à déployer les efforts appropriés, dans le respect de la Charte des Nations Unies, afin d'empêcher quiconque de mener des activités qui aillent à l'encontre des objectifs de la présente Convention.

2. Chaque partie contractante informe la Commission [créée par le même traité] des activités contraires à la Convention dont elle a connaissance. »

Bien qu'il soit moins caractéristique, l'Accord de 1979 régissant les activités des États sur la lune et les autres corps célestes relève de la même philosophie.

L'effet *erga omnes* de telles conventions repose sur la volonté et la capacité des États parties d'en garantir le respect par les autres États. Le critère de l'effectivité prédomine dans cette hypothèse. L'ancienneté des situations établies, mais aussi leur conformité aux principes de droit international prédominants à chaque époque, conditionnent le maintien de telles conventions dans cette catégorie particulière de traités : les avatars du régime juridique du Danube ou du canal de Panama prouvent la difficulté d'établir des situations objectives contre le vœu d'une grande puissance et la nécessité de les adapter aux fluctuations des rapports de forces stratégiques (v. *infra*, nos 709-710 *bis* et 716).

Il n'en reste pas moins que les traités établissant une frontière créent une situation objective s'imposant *erga omnes* et qui acquiert « une permanence que le traité lui-même ne connaît pas nécessairement » (CIJ, arrêt du 3 fév. 1994, *Différend territorial (Libye/Tchad), Rec.* p. 37, § 73 ; cf. l'article 62, § 2.a) de la Convention de Vienne de 1969 — v. aussi *infra*, n°s 299 et 360). Dans la sentence arbitrale du 9 octobre 1998, le Tribunal arbitral chargé de trancher le différend entre l'Érythrée et le Yémen sur les *Îles Hanish* a estimé que les traités de frontières ou ceux qui établissent une situation territoriale sont *res inter alios acta* à l'égard des tiers mais n'en représentent pas moins « une réalité juridique qui affecte nécessairement les États tiers car ils ont des effets *erga omnes* » (§ 153).

2° *Création d'entités dont l'existence est opposable aux tiers.* — Une partie de la doctrine considère que certains États sont créés par un traité ; ce serait le cas de la Belgique (Traité de Londres du 19 avril 1839) ou de certains États issus de la décolonisation (accords d'indépendance). Il est certain que l'existence d'un État est un fait objectif qui s'impose à tous les membres de la communauté internationale, mais il est douteux qu'elle puisse avoir un fondement conventionnel (v. *infra*, n° 340).

En revanche, il n'est plus discuté que les traités constitutifs d'organisations internationales, surtout universelles, créent des situations objectives et posent des normes de comportement éventuellement opposables aux États non membres. Le premier trait a été reconnu expressément par la CIJ dans son avis du 11 avril 1949 sur la *Réparation des dommages subis au service des Nations Unies,* à propos de l'ONU :

« Cinquante États représentant une très large majorité des membres de la communauté internationale avaient le pouvoir, conformément au droit international, de créer une entité possédant une personnalité internationale objective et non pas simplement une personnalité reconnue par eux seuls » (*Rec.* 1949, p. 185).

Bien que l'on puisse s'interroger sur sa solidité, le même raisonnement peut jouer pour les autres organisations universelles et même, de manière plus nuancée, pour des organisations régionales bénéficiant d'une reconnaissance de la part de nombreux États non membres. Cette amorce d'un pouvoir international « de droit », parce qu'exercé par une majorité d'États, a des conséquences sur la portée des normes contenues dans les chartes constitutives d'organisations internationales : certaines d'entre elles ont une portée universelle indiscutable (voir l'article 35 de la Charte de l'ONU ; en revanche, la question reste discutée pour l'article 2, § 6).

3° *Édiction de normes à vocation universelle.* — Les caractéristiques de la société internationale contemporaine ont favorisé l'élaboration de traités « normatifs » qui portent deux sortes d'atteinte, au moins apparentes, au principe de la relativité des traités.

Tel est le cas en premier lieu des conventions de codification (v. *infra*, n°s 215 s.). Sans doute, dans une telle hypothèse, seule la norme coutumière restera-t-elle opposable aux États qui ne sont pas parties au traité. Toutefois, par commodité, on sera fréquemment tenté d'emprunter la formulation de la règle à la convention. Un tel glissement peut même souvent être constaté s'agissant des conventions mêlant codification *stricto sensu* et développement progressif (il est vrai que, dans ce cas, on peut considérer que le traité est à l'origine d'une nouvelle règle coutumière générale qui s'impose aux États tiers à ce titre ; ce phénomène s'est produit pour certaines dispositions de la Convention de 1982 sur le droit de la mer, notamment celles relatives à la zone économique exclusive).

En second lieu, et l'exception est alors indiscutable, les États parties peuvent s'autoriser à exercer des compétences à l'égard de ressortissants d'États tiers dans des situations où, jusque-là, ces derniers avaient une compétence exclusive : ainsi de certaines conventions sur la protection de l'environnement maritime. Par exemple, les États parties à l'une des conventions de Bruxelles du 29 novembre 1969 se réservent le droit d'intervenir en haute mer au large de leurs côtes à l'égard des navires battant le pavillon d'États tiers.

Les problèmes d'application de la Convention de Montego Bay sur le droit de la mer, promettent d'être particulièrement complexes à cet égard. Bien qu'aucune disposition ne prévoie formellement d'obligations à la charge des États tiers et que le principe de la relativité soit même consacré implicitement par plusieurs dispositions (v. notamment l'article 317 sur la dénonciation), la Convention est rédigée clairement comme un « traité-loi » et nombre de ses dispositions n'auraient guère de sens si elles n'étaient pas respectées par l'ensemble des États. Du reste, la résolution II adoptée par la Conférence et incluse dans l'Acte final invite les États à « effectuer des investissements d'une manière compatible avec le régime international prévu à la partie XI de la Convention », avant même l'entrée en vigueur de celle-ci. Quant à l'Accord de New York du 4 août 1995 sur les « stocks chevauchants », il prévoit que « les États parties encouragent les États qui ne sont pas parties » à le devenir « et à adopter des lois et des règlements conformes à ses dispositions » (art. 33, § 1) et « prennent (...) des mesures en vue de dissuader les navires battant le pavillon d'États non parties de se livrer à des activités qui compromettent » son application effective (§ 2). On s'approche ici considérablement d'une quasi-législation internationale.

Section 3

Interprétation des traités

BIBLIOGRAPHIE. — L. EHRLICH, « L'interprétation des traités », *RCADI* 1928-IV, vol. 24, p. 5-143. — H. LAUTERPACHT, « De l'interprétation des traités », *Ann. IDI* 1950, p. 366-423 et 1952, t. I, p. 197-223 et t. II, p. 359-406. — E. P. HEXNER, « Interpretation by Public International Organizations of their Basic Instruments », *AJIL* 1959, p. 331-340. — R. HIGGINS, *Development of International Law through the Political Organs of the United Nations,* Oxford UP, 1963, 402 p. — V. D. DEGAN, *L'interprétation des accords en droit international,* Nijhoff, La Haye, 1963, 176 p. — Ch. DE VISSCHER, *Problèmes d'interprétation judiciaire en droit international public,* Pedone, 1963, 263 p. — G. BERLIA, « Contribution à l'interprétation des traités », *RCADI* 1965-I, vol. 114, p. 283-333. — R. BERNHARDT, « Interpretation and Implied (Tacit) Modifications of Treaties », *ZaöRV* 1967, p. 491-506. — I. VOICU, *De l'interprétation authentique des traités internationaux,* Pedone, 1968, 245 p. — S. SUR, *L'interprétation en droit international public,* LGDJ, 1974, 449 p. — D. CIOBANU, « Interpretation of the UN Charter », *in* A. CASSESE ed., *Current Problems of International Law,* Giuffrè, Milan, 1975, p. 3-79. — M.K. YASSEEN, « L'interprétation des traités d'après la Convention de Vienne », *RCADI* 1976-III, vol. 151, p. 1-114. — M. BOS, « Theory and Practice of Treaty Interpretation », *NILR* 1980, p. 3-38 et 135-170. — D. SIMON, *L'interprétation judiciaire des traités d'organisations internationales,* Pedone, 1981, XV, 936 p. — K. SKUBISZEWSKI, « Remarks on the Interpretation of the UN Charter », *Mél. Mosler,* 1983, p. 891-902. — G. DE LACHARRIÈRE, *La politique juridique extérieure,* Economica, 1983, p. 89-176. — M.S. MCDOUGAL, H.D. LASWELL et J.C. MILLER, *The Interpretation of Agreements and World Public Order,* New Haven Press-Nijhoff, New Haven-Dordrecht, 1994, LXXVIII-456 p. — G. DISTEFANO, « La pratique subséquente des États parties à un traité », *AFDI* 1994,

p. 41-71. — C.F. Amerasinghe, « Interpretation of Texts in Open International Organizations », *BYBIL* 1994, p. 175-209. — C. Fernandez de Casadevante Romani, *La interpretación de las normas internacionales*, Aranzadi, Pampelune, 1996, 351 p. — O. Corten, *L'utilisation du « raisonnable » par le juge international. Discours juridique, raison et contradiction*, Bruylant, Bruxelles, 1997, XXII-696 p. ; « L'interprétation du "raisonnable" par les juridictions internationales : au-delà du positivisme juridique », *RGDIP* 1998, p. 7-44. — S. Torres Bernárdez, « Interpretation of Treaties by the ICJ following the Adoption of the 1969 Vienna Convention on the Law of Treaties », *Mél. Seidl-Hohenveldern* (II), 1998, p. 721-748. — R. Kolb, *Interprétation et création du droit international*, Bruylant, Bruxelles, 2006, 959 p.

V. également la bibliographie citée *supra* sur les n°s 139 et 151.

162. Notion d'interprétation. — La destination naturelle d'une règle de droit est de s'appliquer aux rapports sociaux en vue desquels elle a été établie. Comme les auteurs de cette règle ne peuvent prévoir à l'avance toutes les situations concrètes qui seront soumises à son empire, ils doivent procéder par voie de dispositions générales. En conséquence, la formulation de toute norme juridique se réalise nécessairement, à des degrés divers, par le moyen de l'abstraction et de la conceptualisation. Si cette méthode s'impose et offre au surplus des garanties sérieuses contre les discriminations, même involontaires, elle crée par contre, une tâche supplémentaire pour ceux qui sont chargés de la fonction d'application du droit.

En effet, en raison de la généralité de ses termes, il est rare qu'une règle de droit puisse s'appliquer automatiquement à un cas concret. Pour être sûr qu'elle s'applique, et dans quelle mesure, à ce cas concret, il faut, le plus souvent, s'efforcer de dissiper au préalable les incertitudes et les ambiguïtés qu'elle renferme d'une manière presque inévitable du fait de cette généralité. Telle est la fonction de l'interprétation. Elle consiste à dégager le sens exact et le contenu de la règle de droit applicable dans une situation donnée.

Cette définition est confirmée par la jurisprudence internationale. D'après la CPJI, « par l'expression « interprétation », il faut entendre l'indication précise du « sens » et de la « portée » que la Cour a entendu attribuer à l'arrêt en question » (CPJI, série A, n° 13, p. 10). La position de la CIJ est identique : « Il faut que la demande ait réellement pour objet une interprétation de l'arrêt, ce qui signifie qu'elle doit viser uniquement à faire éclaircir le sens et la portée de ce qui a été décidé avec force obligatoire par l'arrêt... » (CIJ, *Rec.*, 1950, p. 402). Par contre, selon la même Cour, une telle demande dépasserait la notion d'interprétation si elle tendait à « obtenir la solution de points qui n'ont pas été ainsi décidés » (CIJ, *Rec.*, 1950, *ibid.*). De même, l'interprétation d'un traité serait dépassée si elle avait pour résultat de modifier son contenu. « La Cour est appelée à interpréter les traités, non à les réviser » (CIJ, *Rec.*, 1950, p. 229 et 1952, p. 196). Enfin, un traité est réputé avoir toujours eu la signification fournie par cette interprétation (CPJI, *Écoles minoritaires allemandes en Haute-Silésie,* série A/B, n° 40, p. 19).

Ainsi définie et délimitée, l'interprétation de la règle de droit ou de tout texte ayant force obligatoire est une opération qui doit s'accomplir dans l'ordre international comme dans l'ordre interne. Cependant, certaines règles spécifiques s'appliquent à l'ordre international.

Il faut répondre à deux questions : qui peut interpréter ? et comment interpréter ?

§ 1. — *Compétence d'interprétation*

163. Interprétation authentique et interprétation faisant foi. — On désigne par l'expression « interprétation authentique », celle qui est fournie directement par les parties, par opposition à l'interprétation non authentique, donnée par un tiers.

L'interprétation authentique ne doit pas être confondue avec l'interprétation faisant foi. Dans l'état actuel de la société internationale, dépourvue d'autorité exécutive et juridictionnelle obligatoire, « le droit d'interpréter authentiquement une règle juridique appartient à celui là seul qui a le pouvoir de la modifier ou de la supprimer », comme l'a rappelé la CPJI dans son avis consultatif du 6 décembre 1923 dans l'affaire de *Jaworzina* (série AB, n° 8, p. 17), en application du vieil adage *« ejus est interpretari cujus est condere »*. Rien cependant n'empêche les États de s'en remettre à un tiers pour interpréter le traité auquel ils sont parties et, allant plus loin, de conférer à cette interprétation un caractère obligatoire qui, dans ce cas, fera foi.

Le principe rappelé par la CPJI implique qu'un organe tiers ne pourra être réputé avoir reçu la compétence de procéder à une telle interprétation d'un traité que si les parties à celui-ci la lui ont confiée (CIJ, aff. *Cameroun/Nigeria*, arrêt du 10 octobre 2002, *Rec.* p. 344-345, § 56). À défaut, les constatations opérées par cet organe ne pourront être prises en compte que comme un élément d'interprétation (non authentique) parmi d'autres (*ibid.*, p. 345, § 57).

En faveur de l'interprétation authentique, on peut faire valoir que les auteurs de la règle savent mieux que quiconque le sens qu'ils ont voulu lui donner. Ces considérations sont d'autant plus pressantes dans l'ordre international qu'il n'y existe pas d'organe ayant vocation « naturelle » pour interpréter les traités. Au surplus, et peut-être surtout, les États montrent une préférence marquée pour l'interprétation authentique qui leur paraît constituer un précieux instrument de « politique juridique extérieure » (v. G. de Lacharrière, *op. cit.*) et offrir la garantie la plus sûre de leur souveraineté. Enfin, la souplesse de ce moyen permet de passer insensiblement de l'interprétation au sens strict à la modification et d'adapter ainsi, sans formalisme, le traité aux évolutions des réalités internationales.

À l'inverse, l'interprétation non authentique, qui prévaut dans l'ordre juridique interne, offre la garantie d'une objectivité accrue — du moins lorsque le tiers chargé de la donner est convenablement choisi — et constitue le seul moyen de départager les parties lorsque celles-ci sont en désaccord sur le sens qu'il convient d'attribuer aux dispositions qui les lient.

L'interprétation donnée par l'organe juridictionnel d'une organisation internationale sur les rapports entre la charte constitutive de cette organisation et le droit conventionnel général peut à la fois faire foi – en ce qui concerne les États membres de cette organisation – et ne pas être opposable aux tiers (ainsi de la prise de position du TPI de l'Union européenne dans les affaires *Yusuf et Ayadi*, respectivement du 21 septembre 2005 et du 12 juillet 2006, aff. T-360/01 et T-253/02, points 231 et 116, à propos de la hiérarchie des obligations des États résultant de la Charte de l'ONU, de la Convention européenne des droits de l'homme et du traité CE ; v. également l'arrêt de la CJCE du 3 septembre 2008 retenant une solution différente de l'arrêt précité du TPI dans l'affaire *Kadi*, aff. jointes C-402/05 P et C-415/05 P).

A. — Interprétation authentique

164. Interprétation unilatérale. — En vertu de sa souveraineté, chaque État a le droit d'indiquer le sens qu'il donne aux traités auxquels il est partie, en ce qui le concerne.

a) Dans la vie internationale courante, les États sont conduits à donner de nombreuses interprétations par la voie diplomatique. À propos de chaque problème concret qui se pose à l'occasion de l'application de tout traité, les représentants de chaque partie font connaître la manière dont ils interprètent les dispositions de celui-ci.

Mais l'État peut aussi faire connaître l'interprétation qu'il donne du traité ou de certaines de ses dispositions indépendamment de toute difficulté d'application, qu'il tente ainsi de prévenir, en faisant connaître sa position par avance, soit durant la négociation elle-même, soit au moment où il exprime son consentement à être lié.

Ainsi par exemple, à la Conférence de la paix de 1919, la délégation hongroise avait fait, sans soulever d'objections, une déclaration sur l'interprétation de l'article 1 du Traité de Trianon. Ce procédé de la déclaration unilatérale d'interprétation acceptée est couramment employé à propos des traités bilatéraux (Cass. crim., 13 août 1920, *Pratt, DP,* 1921, I, 58 ; dans cette espèce, la Cour de cassation avait reconnu la validité d'une telle déclaration à propos d'un traité franco-américain).

La possibilité de recourir aux travaux préparatoires dans le cadre des méthodes d'interprétation communément admises témoigne de la légitimité de ces interprétations unilatérales qui transparaissent durant la négociation ; les limites imposées à ce recours montrent aussi qu'elles n'ont qu'une valeur probante limitée (v. *infra*, n° 169).

On ne saurait, en revanche, sous-estimer l'importance des déclarations interprétatives formelles faites par les États au moment de la signature, de la ratification ou de l'adhésion. Ces instruments, qu'il est parfois difficile de distinguer des réserves, constituent souvent, comme celles-ci, des conditions mises par l'État qui les fait à son consentement à être lié ; leur régime juridique est alors très proche de celui des réserves (v. *supra*, n° 108).

b) En outre, les autorités nationales sont fréquemment amenées à interpréter les traités auxquels l'État est partie à l'occasion de difficultés d'application qui surgissent non dans la sphère internationale, mais *dans l'ordre interne.* Le problème se pose alors principalement devant le juge interne.

Cependant, selon une pratique traditionnelle observée dans la plupart des États, les juridictions nationales s'imposent souvent une certaine retenue à cet égard et vont même jusqu'à s'interdire d'interpréter le traité et à se retrancher derrière la position du ministre des Affaires étrangères, saisi à titre préjudiciel.

En France, les juridictions, tant judiciaires qu'administratives, avaient coutume de demander un « avis » au ministre des Affaires étrangères. Bien qu'en principe, elles ne fussent pas liées par cet avis, elles s'y conformaient habituellement. Cette « timidité », voire cette « docilité » à l'égard du pouvoir exécutif a été dénoncée (v. *supra*, n° 151). En réalité, cette attitude réservée des tribunaux internes est fondée sur le désir de ne pas gêner l'action extérieure de l'État. En France, les évolutions jurisprudentielles récentes témoignent cependant d'une nouvelle hardiesse du juge puisque le Conseil d'État et la Cour de cassation, sans s'interdire de consulter, le cas échéant, le ministre des Affaires étrangères, considèrent désormais son avis comme un simple élément d'information (CE, Ass., 29 juin 1990, *GISTI, Leb.* p. 171, concl. Abraham ; Cass. civ. 1re, 19 déc. 1995, *Banque africaine de développement, Bull.* p. 327 ; v. *supra*, n° 151 — sur la question de la réciprocité, v. aussi *infra*, n° 183).

Il peut également se produire que le juge s'adresse non au ministre des Affaires étrangères mais à des ministres « techniques » (v. par exemple : CA Paris, 30 janvier 1937 et Cass. crim., 17 déc. 1937, *Kélédjian, JDI* 1938.485 (ministre de l'Intérieur) ; CE, 13 février 1963, *Lallemant, RDP* 1963.109 (ministre de la Coopération) ; Cass. soc., 7 mai 1980, *Caisse primaire d'assurance maladie de Lyon, Bull.* p. 295 (ministre de la Santé)).

On peut douter du caractère véritablement authentique de l'interprétation unilatérale : émanant d'une seule partie, elle ne peut être considérée comme donnée par celui « qui a le pouvoir de modifier » la règle et n'est pas opposable aux autres États parties. Elle n'en revêt pas moins une grande importance pratique. D'une part en effet, conformément au principe de la bonne foi,

« l'interprétation d'instruments juridiques donnée par les parties elles-mêmes, si elle n'est pas concluante pour en déterminer le sens, jouit néanmoins d'une grande valeur probante quand cette interprétation contient la reconnaissance par l'une des parties » de ses obligations en vertu » de cet instrument (CIJ, avis consultatif du 11 juillet 1950, *Statut international du Sud-Ouest africain, Rec.*, 1950, p. 135-136).

D'autre part, par leur silence, voire par l'expression de leur accord, les autres parties peuvent accepter l'interprétation ainsi avancée ; dans cette hypothèse, l'interprétation unilatérale rejoint l'interprétation collective et acquiert un caractère authentique indiscutable.

165. Interprétation collective. — 1° L'interprétation réellement authentique est celle qui est fournie par un accord intervenu entre *tous les États parties au traité.* Cet accord revêt des formes variées.

a) Il arrive que, *simultanément* à l'adoption du traité, les États négociateurs adoptent ensemble un autre texte interprétatif.

Par exemple, avant sa clôture, la Conférence de San Francisco de 1945 pour l'élaboration de la Charte des Nations Unies a précisé dans un texte le point de vue des États participants sur le sens à donner au silence observé par la Charte à propos du droit de retrait de l'Organisation. Plus récemment, la Troisième Conférence des Nations Unies sur le droit de la mer a adopté, en même temps que la Convention de Montego Bay du 10 décembre 1982, plusieurs résolutions et annexes dont certaines ont pour objectif de préciser la signification des dispositions incluses dans le traité. De même, l'Accord de Marrakech de 1994 instituant l'OMC comprend des annexes sur l'interprétation des articles II-1-b, XVII, XII et XVIII, XXIV, XXIV, XXVIII et XXV, à l'instar de certains traités bilatéraux d'investissement récents qui prennent le soin de rappeler, dans une annexe interprétative, la portée des engagements souscrits, notamment à propos des références conventionnelles aux principes coutumiers de la matière – v. par ex. les annexes A et B du dernier modèle américain (2004) de traité bilatéral d'investissement. Dans l'affaire *Ambatielos,* la CIJ a considéré la déclaration jointe au Traité de commerce et de navigation du 16 juillet 1926 entre la Grèce et le Royaume-Uni « comme partie intégrante du traité » (*Rec.* 1952, p. 44), mais il n'est pas certain qu'il en aille toujours ainsi. Il est sans doute préférable d'analyser dans chaque cas les termes de l'instrument interprétatif et les circonstances de son adoption pour déterminer sa nature : tantôt il s'agira d'un accord, bénéficiant de la force obligatoire du traité avec lequel il fait corps, tantôt d'un simple acte concerté non conventionnel, ayant la valeur probante qui s'attache à un tel acte (v. *infra*, n°s 250 s.).

b) La même remarque vaut pour les instruments interprétatifs adoptés *postérieurement* au traité. Souvent, ils prendront la forme d'accords en forme simplifiée conclus selon la procédure courte, même si le traité de base a revêtu la forme solennelle.

V. par exemple le protocole interprétatif, en date du 30 juillet 1936, de l'article 10 de la Convention de La Haye du 20 janvier 1930 relatif aux immunités de la BRI et les exemples donnés par Ch. Rousseau, *in Droit international public,* t. I, Sirey, 1971, p. 245. Le juge interne se fonde parfois sur un tel accord interprétatif pour dégager le sens du traité initial (cf. Cass. civ. 1, 18 oct. 1988, *Almayrac d'Amonville, Bull.* 1988, I, p. 198). Cependant, il est souvent difficile de réunir après la conclusion de ce traité de base le même nombre d'États et surtout, d'obtenir à nouveau leur accord car il s'agit bien d'une nouvelle négociation. Si cet accord est obtenu, il est rare qu'il ne procède pas en même temps à certaines modifications du traité qu'il serait difficile de distinguer des dispositions purement interprétatives.

Il est admis que cet accord postérieur peut être *tacite* et résulter des pratiques concordantes des États quand ils appliquent le traité. Cette formule souple présente des avantages bien qu'elle soulève souvent des contestations. L'article 31, paragraphe 3, de la Convention de Vienne place d'ailleurs sur le même plan l'interprétation par voie d'accord et celle qui résulte de la pratique ultérieure des parties (v. *infra*, n° 169).

Enfin, le traité lui-même peut prévoir qu'en cas de difficulté, l'ensemble des parties (ou celles qui s'opposent) devront se réunir pour dégager le sens des dispositions obscures ou faisant problème. Fréquentes dans les traités bilatéraux, de telles clauses se rencontrent aussi parfois dans certaines conventions multilatérales (v. par exemple l'article 11 du Traité sur l'Antarctique de 1959 ; on peut rapprocher de cette procédure les conférences périodiques d'examen prévues par certains traités, notamment dans le domaine du désarmement, v. *supra*, n° 143).

2° L'interprétation collective peut être réalisée aussi par un accord entre *quelques États parties au traité.* Par exemple, le 9 février 1909, la France et l'Allemagne ont signé une déclaration commune pour préciser la portée de l'Acte d'Algésiras du 7 avril 1906 auquel treize États étaient parties. En l'espèce, cette déclaration interprétative était politiquement importante car elle émanait des deux parties principalement intéressées. Juridiquement, un accord interprétatif *inter se* ne lie que les seuls États qui l'ont accepté ; il possède une valeur probante moindre que celle de l'accord unanime et pose à l'égard des États qui n'y sont pas parties, auxquels il n'est pas opposable, les mêmes problèmes que ceux suscités par l'interprétation unilatérale : en cas de contestation, la seule ressource est d'appliquer les règles relatives aux traités successifs sans identité de parties (v. *infra*, n° 173).

B. — Interprétation non authentique

166. Interprétation par un juge international. — Pour éviter les difficultés que peut susciter l'interprétation par les parties, la compétence d'interprétation peut être dévolue expressément au juge international (ou à l'arbitre) par une clause du traité. En cas de silence de celui-ci, cette compétence se rattache normalement, comme dans l'ordre interne, à sa mission générale de « dire le droit ».

En ce qui concerne notamment la CIJ, l'article 36 de son Statut dispose qu'elle est compétente pour connaître, au contentieux, de « tous les différends d'ordre juridique ayant pour objet l'interprétation d'un traité » ; en matière consultative, la Cour est compétente pour donner des avis sur « toute question juridique » (v. *infra*, n n° 548), ce qui inclut, le cas échéant, l'interprétation de traités, y compris l'acte constitutif de l'organisation demanderesse. Le 17 novembre 1947, elle a été saisie, à la suite d'une résolution de l'Assemblée générale des Nations Unies, d'une demande d'avis sur l'interprétation de l'article 4 de la Charte relatif aux conditions d'admission à l'ONU. L'URSS a soutenu qu'en raison de l'absence de toute clause formelle de la Charte lui attribuant une compétence d'interprétation, il fallait recourir à l'interprétation authentique prioritaire en s'adressant aux auteurs de la Charte. La Cour a déclaré en termes catégoriques dans son avis du 28 mai 1948 : « On chercherait en vain une disposition quelconque qui interdirait à la Cour, organe judiciaire principal des Nations Unies, d'exercer à l'égard de l'article 4 de la Charte, traité multilatéral, une fonction d'interprétation qui relève de l'exercice normal de ses attributions judiciaires » (*Rec.* 1947-1948, p. 61).

Conformément à l'article 286 de la Convention sur le droit de la mer de 1982, « tout différend relatif à l'interprétation (...) de la Convention qui n'a pas été réglé » par un autre moyen pacifique, doit être soumis au Tribunal international du droit de la mer, à la CIJ ou à un Tribunal arbitral.

L'article IX, § 2, de l'Accord de Marrakech du 15 avril 1994 créant l'OMC affirme la compétence exclusive des organes intergouvernementaux pour l'interprétation de sa charte constitutive et des accords commerciaux conclus sous ses auspices (pour des confirmations jurisprudentielles, v. ORD, *Taxes sur les boissons alcooliques*, Rapport de l'Organe d'appel (WT/DS8-DS10-DS11/AB/R), 1er nov. 1996, p. 15 et *Chemises et blouses de laine*, Rapport de l'Organe d'appel (WT/DS33/AB/R), 25 avr. 1997, p. 24).

L'article 234 du TCE (art. 267 du TFUE ; ex-art. 177 du Traité de Rome de 1957) confère expressément à la CJCE compétence pour statuer « à titre préjudiciel » sur l'interprétation de ce traité ainsi que sur l'interprétation des autres actes pris par les institutions de la Communauté et par la BCE, et constituant le « droit dérivé » communautaire. La même disposition prévoit aussi la possibilité et même l'obligation pour les juridictions nationales de demander à la Cour une interprétation de telle disposition du traité ou du droit dérivé. L'originalité du mécanisme de l'article 234 est qu'il établit un véritable « dialogue des juges » et qu'il exclut en principe toutes les autres modalités d'interprétation en ce qui concerne les actes communautaires ayant effet direct à l'égard des particuliers. L'importance concrète de cette hypothèse particulière découle de l'intensité de l'activité normative des Communautés européennes et d'une jurisprudence communautaire qui a élargi les critères de l'applicabilité directe des actes communautaires. La compétence d'interprétation de la CJCE trouve aussi à s'employer dans tous les recours directs en annulation, en constatation de manquement, de plein contentieux (articles 226, 227, 288 etc. du TCE ; art. 258, 259, 340 etc. du TFUE).

Selon l'article 220, « la Cour de justice assure le respect du droit dans l'interprétation et l'application du présent traité ». Ce qui la conduit à interpréter également les conventions conclues par les Communautés européennes, y compris les « accords mixtes », et celles qui les engagent au titre de la « succession » des États membres (GATT, par exemple, cf. aff. 21-24/72, 12 décembre 1972, *International Fruit, Rec.* 1972, p. 1219).

Dans le cadre du Conseil de l'Europe, la Cour européenne des droits de l'homme a également une double compétence, contentieuse et consultative (Protocole n° 2 de 1963 à la Convention de sauvegarde des droits de l'homme) qui la conduit à interpréter la Convention de Rome de 1950. L'article 26 de l'Acte constitutif de l'Union africaine du 11 juillet 2000 confie à la Cour de Justice compétence pour prendre les décisions relatives à son interprétation (confirmé par l'article 19 du Protocole du 11 juillet 2003 assurant la mise en place de cette juridiction).

167. Interprétation par une organisation internationale. — On ne peut sérieusement contester la compétence des organes non juridictionnels des organisations internationales pour interpréter la charte constitutive, les traités qui engagent ces organisations et éventuellement les traités qui sont invoqués devant eux dans le cadre de leurs fonctions. Tout au plus peut-on discuter l'étendue de cette compétence et la portée de l'interprétation ainsi fournie.

Même dans le silence du traité de base, il faut admettre une compétence implicite, assez étendue pour permettre à l'organisation de remplir sa tâche : la pratique des organes « politiques » de l'ONU confirme surabondamment cette opinion. D'ailleurs, la Cour internationale de Justice n'hésite pas à s'appuyer sur la manière dont l'Assemblée générale et le Conseil de sécurité interprètent la Charte, dans ses avis consultatifs de 1950 (*Admission aux Nations Unies, Rec.* 1950, p. 8-9), 1962 (*Certaines dépenses des Nations Unies, Rec.* 1962, p. 159-161), 1971 (*Namibie, Rec.* 1971, p. 22) ou 2004 (affaire du *Mur*, *Rec.*

2004, p. 149-150, § 27). Et, dans son avis « *OMS* » du 8 juillet 1996, elle confirme qu'« il appartenait (...) assurément à l'Assemblée mondiale de la Santé de décider de sa compétence — et, par le fait même, de celle de l'OMS — pour soumettre à la Cour une demande d'avis consultatif (...) compte tenu des termes de la Constitution de l'Organisation », tout en soulignant qu'« incombe de la même manière à la Cour de s'assurer que les conditions auxquelles est subordonnée sa propre compétence pour donner l'avis sollicité sont remplies » (*Licéité de l'utilisation d'armes nucléaires*, *Rec.* p. 83).

Certains actes constitutifs comportent des dispositions expresses, en vue d'organiser une procédure préalable à la saisine d'organes arbitraux ou juridictionnels, ou une procédure « finale », dans les conflits entre États sur le fonctionnement de ces organisations. Les trois organisations financières les plus importantes, la BIRD, le FMI et la SFI confient, en l'assortissant de multiples précautions, le pouvoir d'interprétation aux Administrateurs et, en appel, au Conseil des Gouverneurs. À la FAO, à l'OMS et à l'OMM, c'est l'organe plénier qui est compétent ; à l'OACI et à l'OMI, le Conseil, mais il est possible de saisir un arbitre ou la CIJ (avis de 1960 sur la *Composition du Comité de la sécurité maritime de l'OMCI* ; arrêt de 1972, *Appel concernant la compétence du Conseil de l'OACI*).

Le recours à des organes intergouvernementaux peut paraître peu satisfaisant pour deux raisons : l'interprétation des traités ferait prévaloir les considérations politiques sur les arguments juridiques, et il y aurait des risques d'interprétation contradictoire entre organes d'une même organisation en l'absence d'une stricte hiérarchie des organes et d'un renvoi systématique à un organe juridictionnel. Si la première critique est souvent exacte, elle n'est pas propre aux organisations internationales et ne doit pas être exagérée : tout au plus doit-on relever que ce mode d'interprétation favorise l'interprétation téléologique (v. *infra*, n° 170) et une interprétation extensive des pouvoirs des organes concernés. Sur le second point, il faut observer qu'en pratique, au sein de l'ONU, les conflits d'interprétation restent exceptionnels et que l'interprétation de la Charte par l'Assemblée générale s'impose à la plupart des organes pour des raisons à la fois juridiques et politiques.

La portée concrète des interprétations fournies par les organes non juridictionnels varie en fonction de l'autorité de l'organe et de la possibilité ou non de faire appel de ses décisions. Peut-on admettre que ces interprétations aient « valeur authentique », au risque de voir la Charte constitutive révisée indirectement ? Une partie de la doctrine le refuse en vertu du « principe établi selon lequel le droit de donner une interprétation faisant foi (*authoritative*) d'une norme juridique n'appartient qu'à la personne ou à l'organe qui a compétence pour la modifier ou la supprimer » (CPJI, affaire de *Jaworzina* précitée, série B, n° 8, p. 37), ce qui n'est pas le cas en règle générale pour les organes de l'Organisation. Mais, dans la pratique des Nations Unies, conformément au critère proposé par la Conférence de San Francisco, il est admis que cette interprétation a force obligatoire si elle est « généralement acceptable » par les États membres. Reste que des divergences subsistent sur la signification de ce critère : le recours au « consensus » répond-il à cette exigence ?

§ 2. — *Méthodes d'interprétation*

BIBLIOGRAPHIE. — H. LAUTERPACHT, « Les travaux préparatoires et l'interprétation des traités », *RCADI* 1934-II, vol. 48, p. 713-819. — N. POLITIS, « Méthodes d'interprétation du droit conventionnel », *Mél. Gény,* Sirey, 1935, t. II, p. 374-435. — J. SOUREYROL, « L'interprétation internationale et la considération de l'intention des parties », *JDI* 1958, p. 686-759. — A. FAVRE, « L'interprétation objectiviste des traités nationaux », *ASDI* 1960, p. 75-98. — J. HARDY, « The Interpretation of Plurilingual Treaties by International Courts and Tribunals », *BYBIL* 1961, p. 72-155. — R. MONACO, « Les principes d'interprétation suivis par la CJCE », *Mél. Rolin,* 1964, p. 217-227. — J.-P. COT, « La conduite subséquente des parties à un traité », *RGDIP* 1966, p. 632-666 — V. DEGAN, « Procédés d'interprétation tirés de la jurisprudence de la CJCE », *RTDE* 1966, p 189-227. — S. A. DICKSIHAT, « Problèmes d'interprétation des traités européens résultant de leur plurilinguisme », *RBDI* 1968, p. 40-60. — M. TABORY, *Multilingualism in International Law and Institutions,* Sijthoff, Alphen, 1980, XX-284 p. (notamment p. 190-226). — F. CAPOTORTI, « Sul valore della prassi applicativa dei trattati seconda la Convenzione di Vienna », *Mél. Ago* I, p. 197-218. — Sh. ROSENNE, « Conceptualism as a Guide to Treaty — Interpretation », *ibid.,* p. 417-431 — C. R. KUNER, « The Interpretation of Multilingual Treaties : Comparison of Texts versus the Presumption of Similar Meaning », *ICLQ* 1991, p. 953-964. — E. CANAL-FORGUES, « Remarques sur le recours aux travaux préparatoires dans le contentieux international », *RGDIP* 1993, p. 901-935 — R. BERNHARDT, « Evolutive Treaty Interpretation, Especially of the European Convention on Human Rights », *EJIL* 1999, p. 11-25. — T. GEORGOPOULOS, « Le droit intertemporel et les dispositions conventionnelles évolutives », *RGDIP* 2004, p. 123-144.

V. aussi la bibliographie figurant *supra* sur le n° 162 et *infra* sur le n° 388 (compétences implicites des organisations internationales).

168. Interprétation de bonne foi. — L'interprétation, c'est la *logique* au service du droit. Quelles que soient les circonstances de l'espèce, l'interprète doit fonder son *raisonnement* sur un minimum de règles stables qu'on a qualifiées volontiers de « maximes » parce qu'elles découlent de la logique elle-même.

L'opération d'interprétation est particulièrement délicate en droit international, principalement parce que les États, souverains, entendent ne pas être engagés au-delà de ce qu'ils ont véritablement accepté. Dès lors, l'idée fondamentale est que l'interprétation d'un traité a pour but de rechercher la volonté des États parties. Elle est dictée par le double respect de la souveraineté de ceux-ci et du principe *pacta sunt servanda.* En même temps, elle est compatible avec la théorie classique inspirée de la notion de contrat qui, de l'aveu même de la CIJ, « conserve une valeur de principe indéniable » (avis du 28 mai 1951, *Rec.*, p. 21). Priorité doit donc être accordée aux éléments qui reflètent le mieux cette volonté.

Il y a, assurément, un certain artifice simplificateur de la part de la Convention de Vienne à réduire à l'unité *la* « règle générale d'interprétation » des traités. Il n'en reste pas moins que les diverses méthodes d'interprétation se rattachent toutes à une règle essentielle : celle de l'interprétation de *bonne foi,* formulée par l'article 31, paragraphe 1, de la Convention de Vienne (cf. CIJ, arrêt du 3 fév. 1994, *Libye c. Tchad, Rec.* p. 21 ; v. aussi ORD, organe d'appel, rapport du 22 avril 1996, aff. des *Normes concernant l'essence ;* décision sur la compétence du 7 août 2002, *Methanex Corporation c. États-Unis* [CNUDCI], § 97 ou sentence sur la compétence du 22 novembre 2002, *United Parcel Service of America Inc. c. Canada* [CNUDCI], § 46). Ce principe fondamental est à l'origine des divers moyens et règles utilisés pour interpréter les traités et c'est en fonction de cette exigence fondamentale que le choix entre ces différentes méthodes doit être effectué.

169. Moyens et règles d'interprétation. — Même si la distinction peut être contestée, il est commode de distinguer les moyens — éléments de fond ou de forme pertinents pour la compréhension du texte — des règles d'interprétation, c'est-à-dire des principes guidant l'utilisation de ces moyens.

1° Divers *moyens d'interprétation.* — Aux termes de l'article 31, paragraphe 1, de la Convention de Vienne, « un traité doit être interprété de bonne foi suivant le sens ordinaire à attribuer aux termes du traité dans leur contexte et à la lumière de son objet et son but ». On ne saurait dire plus nettement que les différents moyens d'interprétation sont interdépendants : les moyens objectifs (texte, contexte, circonstances) sont indissociables des moyens subjectifs (objectifs poursuivis par les parties) ; ainsi la règle de l'article 31 doit-elle « être envisagée comme formant un tout intégré, dont les éléments constitutifs ne peuvent être séparés. (...) Tous les éléments de la règle générale de l'interprétation sont à la base d'une recherche objective et rationnelle qui permet d'établir l'intention et la volonté communes des parties » (CPA, SA du 12 mars 2004, *Apurement des comptes entre les Pays-Bas et la France*, § 62, ainsi que les paragraphes suivants où le Tribunal se livre à un rappel méticuleux et exhaustif des règles applicables à l'interprétation des traités).

a) Le *texte* est l'objet même de l'interprétation ; il est aussi l'élément qui reflète le mieux les intentions des parties contractantes que l'interprète a pour mission première de rechercher et dont il est l'expression (v. ORD, *Crevettes*, rapport de l'Organe d'appel [WT/DS58/AB/R], 12 oct. 1998, § 114).

Il importe à cet égard de bien distinguer le *texte* des *termes* du traité : « le "texte du traité" est une notion distincte et plus large que la notion de "termes". Se fonder sur le texte ne signifie pas se fonder uniquement ou principalement sur le sens ordinaire des termes. Une telle solution ignorerait en effet la référence à la bonne foi, au contexte et à l'objet et au but du traité. Aussi bien le sens ordinaire des termes est-il lui-même fonction du contexte et de l'objet et du but du traité. Enfin, ainsi que le prévoit le paragraphe 2 de l'article 31 de la Convention de Vienne, le texte du traité (préambule et annexes inclus) est lui-même un élément du contexte pour l'interprétation » (sentence précitée dans l'affaire de l'*Apurement des comptes*, § 63).

b) Le texte est en effet indissociable du *contexte* comme le précise l'article 31, paragraphe 2, de la Convention de Vienne.

Cette référence au contexte est loin d'être une innovation de la Convention de 1969 ; dès 1922, la CPJI avait estimé que pour examiner la question de la *Compétence de l'OIT pour la réglementation des conditions du travail des personnes employées dans l'agriculture* « ... la lumière des termes mêmes du traité, il faut évidemment lire celui-ci dans son ensemble, et l'on ne saurait déterminer sa signification sur la base de quelques phrases détachées de leur milieu et qui, séparées de leur contexte, peuvent être interprétées de plusieurs manières » (série B, n° 2, p. 22). Cependant la Convention de Vienne traduit une conception extensive de la notion de contexte puisque, aux termes de son article 31, § 2, celui-ci comprend outre l'ensemble du texte du traité, le préambule et les annexes (v. *supra*, n° 73) ainsi que tout instrument « ayant rapport au traité » accepté comme tel par l'ensemble des parties (cf. ORD, *Services de jeux et paris*, rapport de l'Organe d'appel (WT/DS285/AB/R), 7 avril 2005, § 175), ce qui inclut bien sûr les accords interprétatifs, mais ne s'y limite pas.

Consacrant également des règles préexistantes, le paragraphe 3 de l'article 31 de la Convention indique que l'interprète doit en outre tenir compte,

« en même temps que du contexte :

a) de tout accord ultérieur intervenu entre les Parties au sujet de l'interprétation du traité ou de l'application de ses dispositions ;

b) de toute pratique ultérieurement suivie dans l'application du traité par laquelle est établi l'accord des parties à l'égard de l'interprétation du traité ;

c) de toute règle pertinente de droit international applicable dans les relations entre les parties ».

La « pratique ultérieurement suivie » visée à l'alinéa b) joue un rôle particulièrement important dans l'interprétation des actes constitutifs des organisations internationales (v. CIJ, avis du 8 juill. 1996, *Licéité de l'utilisation des armes nucléaires* (avis « OMS »), *Rec.* p. 75, ou 9 juillet 2004, *Conséquences de l'édification d'un mur dans le territoire palestinien occupé, Rec.* p. 149-150, § 27-28, ainsi que sentence sur la compétence, d'oct. 2007, *RosInvestCo UK Ltd c. Russie* (affaire SCC n° V079/2005), § 39 ; v. *infra*, n° 379), mais elle peut être invoquée à l'égard de tout type de traité (v. par ex. au sujet d'un accord de délimitation frontalière, CIJ, *Souveraineté sur Pulau Ligitan et Pulau Sipadan*, arrêt du 17 décembre 2002, *Rec.* p. 656 et s., § 59 et s. ; v. également Commission de délimitation de la frontière entre l'Érythrée et l'Éthiopie, décision du 13 avril 2002, § 3.6-3.13). Pour être prise en compte, la pratique doit être non équivoque. Lorsque la pratique ultérieure des autorités d'un État n'est pas uniforme, il convient de faire prévaloir le comportement « des autorités susceptibles d'exprimer la position d'un État » sur « le comportement de l'administration » (SA du 14 janvier 2003, *Question du régime fiscal des pensions versées aux fonctionnaires de l'Unesco résidant en France*, *RGDIP* 2003, p. 211, § 63-77). Au plan interne, la prise en compte de la pratique ultérieure est susceptible de favoriser le développement d'un dialogue fécond entre juridictions nationales. Ainsi les tribunaux américains n'hésitent-ils pas à recourir aux interprétations données par les juridictions des autres États parties à un traité en vue de dégager le sens à donner à ses dispositions (v. *AJIL* 2004, p. 579-581).

Seules peuvent être prises en compte, au titre de l'alinéa c), les règles « applicables » entre les parties (les dispositions d'un traité bilatéral par exemple : v. CIJ, *Certaines questions concernant l'entraide judiciaire*, 4 juin 2008, § 96-114). Cela n'exclut pas nécessairement l'utilisation, aux fins d'interprétation, de règles relevant encore seulement de la *soft law* ou *in statu nascendi* (v. CPA, SA du 2 juillet 2003, aff. *OSPAR*, § 98-105). La CIJ a fait une application remarquable de l'article 31, paragraphe 3, alinéa c), dans l'affaire des *Plates-formes pétrolières*, en jugeant que le traité d'amitié et de commerce de 1955, seul applicable entre les parties en l'espèce, ne pouvait être interprété comme autorisant le recours à la force au-delà des cas de légitime défense, compte tenu « des règles pertinentes du droit international relatif à l'emploi de la force ». Ce faisant, la Cour est parvenue, sous couvert d'interprétation, à opposer à l'État défendeur les règles de la Charte et du droit coutumier relatives à l'emploi illicite de la force pour l'application desquelles elle n'avait pas reçu compétence en l'espèce (6 novembre 2003, *Rec.*, p. 181-183, § 39-42 ; v. not. l'analyse de E. Jouannet, *RGDIP* 2004, p. 917-948)

Bien entendu, dès lors que l'ensemble des éléments visés par l'article 31 de la Convention de Vienne jouent un rôle en matière d'interprétation des traités, deux dispositions formellement identiques peuvent tout à fait recevoir des interprétations différentes dès lors qu'elles sont incluses dans des traités distincts (v. TIDM, *Usine Mox*, ordonnance en mesures conservatoires du 3 décembre 2001, § 51).

Comme la CIJ l'a rappelé à plusieurs reprises, l'article 31 de la Convention de Vienne est l'« expression du droit international coutumier » (arrêt du 13 déc. 1999, *Île de Kasikili/Sedudu*, *Rec.* p. 1059, § 18 ; v. aussi les affaires du *Différend territorial Libye/Tchad*, *Rec.* 1994, p. 21, § 41, des *Plates-formes pétrolières*, *Rec.* 1996, p. 812, § 23, *LaGrand*, *Rec.* 2001, p. 501, § 99, ou *Souveraineté sur Pulau Ligitan et Pulau Sipadan*, *Rec.* 2002, p. 645-646, par 37 ; v. aussi ORD, *Acier laminé à chaud*, rapport de l'Organe d'appel (WT/DS184/AB/R), 24 juill. 2001, § 57 ; *Acier au carbone*, rapport de l'Organe d'appel (WT/DS213/AB/R), 28 nov. 2002, § 61, *Services de jeux et paris*, rapport de l'Organe d'appel (WT/DS285/AB/R), 7 avril 2005, § 160 ; sentence sur la compétence du 24 juin 1998, *Ethyl Corporation c. Canada* (CNUDCI), § 52 ; décision sur la compétence du 7 août 2002,

Methanex Corporation c. États-Unis (CNUDCI), § 97 ; ou sentence du 28 janv. 2008, *Canadian Cattlemen for Fair Trade c. États-Unis* (CNUDCI), § 46).

Des tribunaux arbitraux transnationaux n'ont pas hésité d'ailleurs à en transposer l'application à des contrats internationaux (v. par ex. la sentence rendue le 30 janvier 2007 dans l'affaire *Eurotunnel c. Royaume-Uni et France*, § 92). Il en va de même en matière de commerce international. Rompant avec les méthodes utilisées dans le cadre du GATT, où l'interprétation se faisait pour beaucoup par recours aux travaux préparatoires, les accords instituant l'OMC font expressément obligation à l'ORD de faire application désormais des « règles coutumières d'interprétation du droit international public » (art. 3, § 2, du mémorandum d'accord sur le règlement des différends). L'ORD s'en acquitte en suivant les règles fixées par la Convention de Vienne sur le droit des traités (v. Ph. Maddalon, *AFDI* 2005, p. 604-606), notamment en retenant le principe selon lequel « il ne faut pas lire l'Accord général en l'isolant cliniquement du droit international public » (*États-Unis – Normes concernant l'essence*, WT/DS2/AB/R, Organe d'appel, 22 avril 1996 ; v. également, appliquant de façon intéressante l'article 31, § 3, c), de la Convention de Vienne, le rapport du Groupe spécial, *CE – Mesures affectant l'approbation et la commercialisation des produits biotechnologiques*, 29 septembre 2006, WT/DS291/R, § 7.65 et s.).

c) Moyens complémentaires d'interprétation. — Expression de la volonté des parties, le traité exprime en outre une règle de droit destinée à régir des rapports sociaux. Cette règle ne peut donc être envisagée indépendamment des *circonstances* associées à sa naissance et qui, à leur tour, sont étroitement liées à la vie sociale internationale. Elle va, par ailleurs, s'incorporer dans l'ordonnancement juridique où elle se mêle à d'autres normes juridiques. Aucune interprétation d'un traité ne peut faire abstraction de ces circonstances, ni de ces autres normes quand elles s'appliquent comme lui à la même réalité sociale. Tels sont les éléments objectifs, indépendants de la volonté des parties. C'est ce qu'exprime l'article 32 de la Convention de Vienne, qui range parmi les « moyens complémentaires d'interprétation », les travaux préparatoires et les circonstances dans lesquelles le traité a été conclu (CIJ, *Libye c. Tchad* préc., *Rec.* 1994, p. 22 ; ORD, *Matériel informatique*, rapport de l'Organe d'appel, WT/DS62-67-68/AB/R, 5 juin 1998, § 86) ; l'article 32 est lui aussi considéré comme reflétant le droit international coutumier (v. par ex. CIJ, *Certaines questions concernant l'entraide judiciaire*, 4 juin 2008, § 153).

d) Il est intéressant de constater que, bien qu'ils puissent refléter les intentions des parties, les *travaux préparatoires* qui, en raison des particularités des procédures des négociations internationales, sont chaotiques, confidentiels ou peu probants, n'interviennent que pour confirmer une interprétation obtenue par d'autres moyens, ou quand ceux-ci ne permettent pas de dégager un « effet utile ». Ceci est conforme à la position de la CIJ qui a estimé « ne pas devoir se départir de la jurisprudence constante de la CPJI d'après laquelle il n'y a pas lieu de recourir aux travaux préparatoires si le texte d'une convention est en lui-même suffisamment clair » (*Conditions d'admission à l'ONU, Rec.* 1947-1948, p. 63 ; Affaire *Ambatielos (compétence), Rec.* 1952, p. 45). Il semble cependant qu'une évolution se dessine depuis quelques années tendant à accorder plus de poids aux travaux préparatoires (v. la sentence arbitrale du 17 juillet 1986 dans l'affaire franco-canadienne du *Filetage dans le golfe du Saint-Laurent*, § 57-58, *RGDIP* 1986, p. 752-753 et les arrêts de la CIJ du 20 déc. 1988, *Actions armées, Rec.* 1988, p. 85 s. et p. 89, du 26 juin 1992, *Certaines terres à phosphates à Nauru, Rec.* 1992, p. 247 s. ou du 13 déc. 1999, *Île de Kasikili/Sedudu*, *Rec.* p. 1074-1075, § 46). Il est possible à tout le moins d'y « rechercher une confirmation éventuelle de l'interprétation » tirée du texte (CIJ, arrêt du 15 février 1995, *Délimitation maritime et questions territoriales (Qatar/Bahreïn)*, *Rec.* p. 21 ; v. aussi *Libye/Tchad*, préc., *Rec.* p. 27, § 55 ; *Souveraineté sur Pulau Ligitan et Pulau Sipadan*, arrêt du 17 décembre 2002, *Rec.* p. 653, § 53). De manière plus ambiguë, la Cour a, dans l'affaire *LaGrand*

(2001), fait « observer que les travaux préparatoires relatifs [à son Statut] ne s'opposent pas à la conclusion que les ordonnances rendues en vertu de l'article 41 ont force obligatoire » (§ 104).

Dans l'affaire *Tadić*, la Chambre d'appel du TPI a transposé à l'interprétation du Statut du Tribunal (adopté par le Conseil de sécurité) les règles relatives à l'interprétation des traités (arrêt du 2 octobre 1995, IT-94-1-AR72, §§ 71-95), et s'est en partie fondée sur des déclarations faites au nom de certains États pour faire prévaloir une interprétation large de la compétence du Tribunal sur une interprétation littérale (§ 88 ; v. aussi § 143 ou la décision du 18 oct. 2000 dans l'affaire *Simic*, § 47 et 48).

e) Un problème particulièrement difficile d'interprétation consiste à déterminer *à quelle date* il convient de se placer pour procéder à l'interprétation. La Convention de Vienne ne fournit guère d'indications à cet égard : en visant les circonstances dans lesquelles le traité a été conclu, elle renvoie à la date de sa conclusion, mais en faisant une large place à la pratique et aux accords ultérieurs, elle invite à se placer aussi à la date à laquelle l'interprétation est formulée.

En pratique, la jurisprudence internationale est nuancée et, à vrai dire, passablement fluctuante en fonction des données du problème. Ainsi, dans l'affaire du *Sud-Ouest africain,* la CIJ a estimé en 1966 que, pour interpréter le mandat de l'Afrique du Sud, il fallait tenir compte exclusivement de la situation prévalant en 1920, l'évolution ultérieure étant « sans pertinence » (*Rec.* 1966, p. 23 ; v. aussi CIJ, arrêt précité dans l'affaire *Libye c. Tchad, Rec.* 1994, p. 31 et la sentence arbitrale du 21 oct. 1994 dans l'affaire de la *Laguna del Desierto* entre l'Argentine et le Chili, *RGDIP* 1996, p. 573 s.). Cinq ans plus tard, elle a considéré que « tout instrument international doit être interprété et appliqué dans le cadre de l'ensemble du système juridique en vigueur au moment où l'interprétation a lieu » (avis consultatif sur la *Namibie, Rec.* 1971, p. 31-32 ; v. aussi la sentence précitée du 17 juillet 1986, § 43, p. 742-743). Cette orientation incite généralement l'interprète, lorsqu'il s'interroge sur le point de savoir si une notion contenue dans un traité doit être comprise dans son acception initiale (méthode dite du « renvoi fixe ») ou dans son acception à l'époque de sa mise en œuvre (méthode du « renvoi mobile »), à opter pour la seconde approche. De nouveau, dans son arrêt du 19 décembre 1978 (affaire du *Plateau continental de la mer Égée*), la Cour fera usage de la méthode du « renvoi mobile », à propos du concept de statut territorial (*Rec.*, 1978, p. 32) : « Il faut nécessairement présumer que son sens était censé évoluer avec le droit et revêtir à tout moment la signification que pourraient lui donner les règles en vigueur. » Elle rejoint ainsi la position adoptée par la Cour de Justice des Communautés européennes, lorsque lui a été posée la question de l'étendue géographique des compétences communautaires (voir, par exemple, en matière maritime, CJCE, aff. 61/77, 16 février 1978, *Commission c. Irlande, Rec.* 1978, p. 417). La prise en considération de l'esprit du texte peut conduire à retenir une interprétation évolutive, de telle sorte que le traité « cadre avec l'évolution de la société » (CEDH, 27 sept. 1990, *Cossey c. Royaume-Uni,* série A, n° 184, § 35 ; v. aussi CIJ, arrêt du 25 septembre 1997, *Projet Gabčíkovo-Nagymaros*, *Rec.* p. 67-68, § 112 ; dans l'opinion individuelle qu'il a jointe à cette décision, le Juge Bedjaoui indique cependant que « la base essentielle pour l'interprétation d'un traité demeure le « renvoi fixe » au droit international contemporain de sa conclusion » (*ibid.*, p. 122, § 8) sauf hypothèses particulières qu'il détaille ; il est vrai qu'en matière de contentieux territorial par exemple, la jurisprudence continue de favoriser la méthode du « renvoi fixe » (v. Commission de délimitation de la frontière entre l'Érythrée et l'Éthiopie, décision du 13 avril 2002, § 3.5 ; CIJ, *Cameroun/Nigeria*, arrêt du 10 octobre 2002, *Rec.* p. 346, § 59)). La clef de répartition des deux méthodes semble en définitive résider dans la nature du terme à interpréter : le « renvoi fixe » sera préféré à l'égard de termes techniques ou factuels (dénominations topographiques par exemple), le « renvoi mobile » à l'égard de termes plus conceptuels ou génériques (v. en ce sens CPA, SA du 24 mai 2005, *Rhin de fer*, § 79).

2° *Règles méthodologiques.* — Les moyens d'interprétation énumérés ci-dessus sont des instruments à la disposition de l'interprète qui doit les utiliser. Pour cela il peut faire appel à plusieurs méthodes qui le conduiront à privilégier tel ou tel de ces moyens ou, mieux, à les combiner de la manière la plus harmonieuse possible. En simplifiant (et en rationalisant sans doute à l'excès des démarches éminemment empiriques), on peut considérer qu'il doit chercher à atteindre le résultat le plus évident, le plus logique, ou le plus efficace.

a) La solution la plus *évidente* est celle qui consiste à interpréter le moins possible et à s'en tenir au « sens ordinaire » des mots, ce qui n'est possible que lorsque la disposition à appliquer est rédigée « en termes non équivoques ».

Comme l'a déclaré la CPJI, « [l]e devoir de la Cour est nettement tracé. Placée en présence d'un texte dont la clarté ne laisse rien à désirer, elle est tenue de l'appliquer tel qu'il est... » (*Acquisition de la nationalité polonaise,* 1923, série B, n° 7, p. 20, principe rappelé dans les arrêts de la CIJ du 3 févr. 1994, *Rec.* p. 25, et du 27 juin 2001, § 77 ; v. aussi CIRDI, sentence du 27 juin 1990, *AAPL c. Sri Lanka* (ARB/87/3), § 40 (règle A)) ; la CIJ a également rappelé que, d'après sa jurisprudence bien établie, « il faut interpréter les mots d'après leur sens naturel et ordinaire dans le contexte où ils figurent » (Affaire du *Temple de Préah Vihéar, exceptions préliminaires, Rec.,* 1961, p. 32 ; v. aussi l'arrêt du 12 déc. 1996, *Plates-formes pétrolières (exception préliminaire), Rec.* 1996, p. 818 et CIRDI, sentence du 27 juin 1990, *AAPL c. Sri Lanka* (ARB/87/3), § 40 (règle B)).

b) La clarté apparente d'une disposition ne doit cependant pas conduire à une interprétation défiant la *logique* et la méthode précédente sera écartée si elle conduit à un résultat « déraisonnable ou absurde », « incompatible avec l'esprit, l'objet et le contexte de la clause ou de l'acte où les termes figurent » (CIJ, affaire du *Sud-Ouest africain, exceptions préliminaires, Rec.* 1962, p. 336 ; v. aussi CPJI, *Services postal polonais à Dantzig,* 1925, série B, n° 11, p. 39 ; *Travail de nuit des femmes,* 1932 série A/B, n° 50, p. 373 ; CIJ, *Conditions d'admission aux Nations Unies,* 1948, *Rec.* 1947-1948, p. 63, *Sentence arbitrale du 31 juillet 1989, Rec.* 1991, p. 69-70 ou *Application de la Convention pour la prévention et la répression du crime de génocide*, arrêt du 26 février 2007, § 166 ; v. aussi, ORD, *Taxes japonaises sur les boissons alcooliques*, rapport de l'Organe d'appel [WT/DS8-DS10-DS11/AB/R], 4 oct. 1996, p. 36).

c) La règle de l'*effet utile* permet d'aboutir à une interprétation *efficace.* Selon cette règle, l'interprète doit supposer que les auteurs du traité ont élaboré une disposition pour qu'elle s'applique. Il doit donc, entre plusieurs sens possibles, choisir celle qui permet son application effective *(ut res magis valeat quam pereat).* Pour cette raison, la CPJI employait parfois l'expression « effet pratique ». Pour sa part, dans l'affaire du *Détroit de Corfou,* interprétant un accord spécial, la CIJ s'est exprimée en ces termes :

« Il serait en effet contraire aux règles d'interprétation généralement reconnues de considérer qu'une disposition de ce genre, insérée dans un compromis, soit une disposition sans portée et sans effet » (CIJ, *Rec.,* 1949, p. 24 ; v. aussi la sentence arbitrale précitée du 17 juillet 1986, § 30, *RGDIP* 1986, p. 734-735, l'arrêt précité de la CIJ, aff. *Libye c. Tchad, Rec.* 1994, p. 23, la sentence de 1994 dans l'affaire argentino-chilienne de la *Laguna del Desierto, RGDIP* 1996, p. 585, le rapport de l'Organe d'appel de l'ORD dans l'affaire des *Produits laitiers*, WT/DS103-DS113/AB/R, 13 oct. 1999, § 133, la sentence CIRDI du 27 juin 1990, *Asian Agricultural Products Ltd c. Sri Lanka* [ARB/87/3], § 40 (règle E) ou la sentence du 12 octobre 2005, *Noble Ventures, Inc. c. Roumanie* [ARB/01/11], § 50).

L'observation de la règle de l'effet utile ne devrait pas conduire à la recherche inconditionnelle de l'application du texte au point de le mettre en contradiction avec d'autres éléments du traité. Une telle contradiction se produirait si l'interprétation devait donner à ce texte un sens incompatible avec « sa lettre et son esprit » (CIJ, *Interprétation des traités de paix Rec.* 1950, p. 229), avec sa « fonction » ou son « objet » et son « but » (CPIJ, 1927, *Usine de Chorzow,* série A, n° 9, p. 24, et 1928, *Questions des communautés gréco-bulgares,* 1928, série B, n° 17, p. 19).

La CDI n'avait pas proposé que la règle soit expressément mentionnée dans la Convention sur le droit des traités car, à son avis, elle est incluse dans le principe de la bonne foi. Ce n'est pas inexact, mais celui-ci s'applique aux parties et non aux juges. Au demeurant la mention de l'objet et du but du traité dans l'article 31, paragraphe 1, de la Convention de Vienne renvoie implicitement à la règle de l'effet utile (cf. ORD, *Taxes sur les boissons alcooliques*, rapport de l'Organe d'appel [WT/DS8-DS10-DS11/AB/R], 4 oct. 1999, p. 14).

d) Des problèmes particulièrement difficiles d'interprétation se posent lorsque le traité est rédigé en deux ou *plusieurs langues* faisant également foi (v. *supra*, n° 73). L'article 33, paragraphes 3 et 4, de la Convention de Vienne donne à cet égard les directives suivantes :

« 3. Les termes d'un traité sont présumés avoir le même sens dans les divers textes authentiques.

4. Sauf le cas où un texte déterminé l'emporte (...), lorsque la comparaison des textes authentiques fait apparaître une différence de sens que l'application des articles 31 et 32 ne permet pas d'éliminer, on adoptera le sens qui, compte tenu de l'objet et du but traité, concilie le mieux les textes. »

En pratique, dans toute la mesure du possible, les juges ou les arbitres tentent en effet de concilier les différentes versions faisant foi (cf. CPJI, affaire des *Concessions Mavrommatis,* 1924, CPJI, série A, n° 2, p. 9 ; ORD, *Bois de construction IV*, rapport de l'Organe d'appel [WT/DS257/AB/R], 19 jan. 2004, § 59). Lorsqu'ils n'y parviennent pas, ils donnent la préférence au texte le plus clair (CPJI, *Traitement des nationaux polonais à Dantzig,* 1932, série A/B, n° 44, p. 26 ou ORD, *Préférences tarifaires*, rapport de l'Organe d'appel [WT/DS246/AB/R], 7 avril 2004, § 147) ou le plus explicite et correspondant le mieux aux « préoccupations générales » des parties (CIJ, arrêts du 26 novembre 1984, *Activités militaires et paramilitaires au Nicaragua et contre celui-ci, Rec.* 1984, p. 407, du 20 décembre 1988, *Actions armées, Rec.* 1988, p. 89, ou du 20 juillet 1989, *Elettronica Sicula, Rec.* 1989, p. 79).

En revanche, malgré certaines incitations doctrinales et quelques précédents arbitraux, ils se refusent en général à accorder la prééminence au texte dans lequel ont été effectués les travaux préparatoires (cf. la sentence rendue le 16 mai 1980 par le Tribunal arbitral sur les dettes extérieures allemandes — affaires de l'*emprunt Young* — *RGDIP* 1980, p. 1156 ; v. cependant l'arrêt de la CIJ du 27 juin 2001, *LaGrand*, § 100).

170. Choix des méthodes d'interprétation. — Bien plus qu'à l'esprit de géométrie, l'interprétation des traités fait appel à l'esprit de finesse. Les divers moyens et méthodes décrits *supra* constituent bien davantage des directives générales que des règles rigides. Il appartient à l'interprète de les appliquer avec souplesse et de les combiner. Il le fait en fonction de considérations très diverses qui se prêtent mal à une synthèse et si la doctrine se partage à cet égard en écoles de pensée assez nettement caractérisées, on peut au mieux dégager de la pratique l'esquisse de certaines tendances générales.

a) Dans la doctrine, on retrouve trace de la grande querelle qui oppose les auteurs volontaristes aux objectivistes (v. *supra*, n° 50 s.) : les premiers, qui prônent la prédominance de l'aspect contractuel, accordent la primauté aux éléments subjectifs ; en même temps, ils privent l'interprète d'une large part de sa liberté d'action vis-à-vis des parties contractantes. En revanche, la préférence des auteurs objectivistes, qui considèrent le traité avant tout comme le « revêtement juridique de la réalité sociale », va aux moyens objectifs d'interprétation. Cette méthode les conduit à revendiquer pour l'interprète une certaine indépendance à l'égard des auteurs du traité.

Un autre clivage qui sépare les auteurs concerne le recours à l'interprétation extensive ou restrictive. À la première se rattachent l'école de « l'intention des parties » et celle de l'interprétation « textuelle » ; à la seconde, l'école de l'interprétation « téléologique » — c'est-à-dire en fonction de l'objet et du but du traité — et son prolongement, l'interprétation « déductive », d'utilisation plus exceptionnelle puisqu'on ne la rencontre que dans la jurisprudence de la Cour de justice des Communautés européennes. Ces diverses approches ne sont pas nécessairement contradictoires, mais elles aboutissent à des résultats différents dans la mesure où elles insistent sur certains *moyens* d'interprétation plutôt que sur d'autres.

b) En pratique, il est toujours possible de tenter de déterminer l'influence que l'une ou l'autre de ces écoles de pensée a pu exercer sur un interprète — organe de l'État, juge ou arbitre international — dans un cas déterminé, mais il apparaît assez clairement que, dans l'ensemble le choix de telle ou telle méthode est dicté par les circonstances bien plus que par des positions doctrinales préétablies.

En réalité, la synthèse très remarquable effectuée par les articles 31 à 33 de la Convention de Vienne, traduit assez fidèlement des tendances générales de la pratique, même s'ils ne pouvaient rendre compte de toutes ses nuances. Et l'ordre des moyens d'interprétation y figurant est, en effet, celui que suit la jurisprudence dominante : d'abord le texte ; ensuite le contexte ; puis la pratique ultérieure et les travaux préparatoires et les circonstances dans lesquelles le traité a été conclu, étant précisé qu'il n'y a pas de gradation rigide entre ces divers moyens d'interprétation.

Il en va d'ailleurs de même en ce qui concerne les diverses méthodes d'interprétation. S'il accorde une priorité absolue à un texte qu'il considère comme clair (mais le considérer, c'est déjà interpréter), le juge écarte ce premier réflexe si le résultat en est déraisonnable ou si des considérations déterminantes militent en faveur d'une interprétation qui s'éloigne du sens le plus habituel des mots. Ceci encore est conforme aux prescriptions de la Convention de Vienne dont l'article 31, paragraphe 4, dispose :

> « Un terme sera entendu dans un sens particulier s'il est établi que telle était l'intention des parties. »

Il paraît peu douteux que les juges et les arbitres se considèrent comme libres de recourir aux méthodes d'interprétation qui leur paraissent les plus appropriées au cas d'espèce qui leur est soumis ; toutefois, soucieux de ménager les susceptibilités nationales des États souverains parties au litige, ils utilisent souvent concurremment les moyens et les règles décrits ci-dessus de façon à obtenir la confirmation de l'interprétation à laquelle les conduit l'application d'une méthode donnée, par l'utilisation d'une autre.

Ainsi par exemple, dans la sentence du 9 décembre 1978 sur l'*Interprétation de l'accord franco-américain relatif au transport aérien international,* le Tribunal arbitral « a d'abord examiné les termes de l'accord (...). En l'absence d'une réponse claire fondée uniquement sur ces termes, le Tribunal s'est ensuite référé à l'ensemble des dispositions de l'accord » ; il a ensuite vérifié les conclusions auxquelles il est ainsi parvenu, « en tenant compte à la fois du contexte général de l'aviation civile internationale dans lequel l'accord a été négocié et de la pratique des parties relatives à l'application de l'accord » (*RSA* vol. XVIII, p. 454). De même dans l'affaire relative aux *Activités militaires et paramilitaires au Nicaragua,* la CIJ après s'être fondée sur le texte de l'article 36, § 5, de son Statut, dont la signification était contestée, et sur l'objet et le but de celui-ci, a comparé la conclusion à laquelle elle est parvenue à « ... la conduite des États et des organes internationaux par rapport à cette prestation » (arrêt du 26 novembre 1984, *Rec.* 1984, p. 407). De même encore, dans la sentence arbitrale du 14 février 1985, le Tribunal arbitral chargé de délimiter la *Frontière maritime entre la Guinée et la Guinée-Bissau* a utilisé simultanément plusieurs méthodes d'interprétation, confortant par les unes et les autres la signification qu'il a attribuée à la convention frontalière franco-portugaise de 1886 (*RGDIP* 1985, p. 503 et 519-520).

L'ensemble des sentences arbitrales et des arrêts récents témoignent du reste de la réussite exceptionnelle des dispositions de la Convention de Vienne sur le droit des traités : au moins de façon implicite et, très souvent, explicitement, elles s'y réfèrent même si les parties au litige n'ont pas ratifié la Convention.

Section 4

Application des traités et conflits de normes

§ 1. — *Conflits entre normes conventionnelles successives*

BIBLIOGRAPHIE. — Ch. ROUSSEAU, « De la compatibilité des normes juridiques contradictoires dans l'ordre international », *RGDIP* 1932, p. 33-192. — H. LAUTERPACHT, « The Covenant as the Higher Law », *BYBIL* 1936, p. 54-65. — Ch. CADOUX, « La supériorité du droit des Nations Unies sur le droit des États membres », *RGDIP* 1959, p. 268-288. — F. RIGAUX et J. MASQUELIN, « Force obligatoire et application dans le temps des conventions internationales modifiant un des traités ayant institué les Communautés européennes », *CDE* 1968, p. 276-288. — R. KOVAR, « La compétence consultative de la Cour de justice et la procédure de conclusion des accords internationaux par la CEE », *Mél. Reuter* 1981, p. 358-377 ; H. PAZARCI, « Problèmes d'incompatibilité des accords conclus par la CEE », *ibid.* p. 391-405. — E. ROUCOUNAS, « Engagements parallèles et contradictoires », *RCADI* 1987-VI, vol. 206, p. 13-287. — J. Th. FLORY, commentaire de l'article 103, *in* J.-P. COT et A. PELLET dir., *La Charte des Nations Unies,* Economica, édition 1991, p. 1381-1389 ; J.-M. THOUVENIN, *idem* dans l'édition 2005, p. 2133-2147. — J. MUS, « Conflicts Between Treaties in International Law », *NILR* 1998, p. 208-232. — M. GAUTIER, « Les conflits entre conventions internationales devant le juge administratif français », *Droit administratif,* mai 2002, p. 5-12. — A.G. LOPEZ MARTIN, *Tratados sucesivos en conflicto : criterios de aplicacion,* Madrid, 2002, v-286 p. — S. A. SADAT-AKHAVI, *Methods of Resolving Conflicts between Treaties*, Martinus Nijhoff Publishers, 2003, XII-273 p. — J. PAUWELYN, *Conflict of Norms in Public International Law. How WTO Relates to other Rules of International Law*, Cambridge UP, 2004, XXVIII-522 p. — A TOUBLANC, « L'article 103 et la valeur juridique de la Charte des Nations Unies », *RGDIP* 2004, p. 439-462. — E. VRANES, « The Definition of "Norm Conflict" in International Law and Legal Theory », *EJIL* 2006, p. 395-418.

171. Nécessité d'une approche pragmatique. — Un traité ne peut être considéré isolément. Non seulement il est ancré dans les réalités sociales, mais encore ses dispositions doivent être confrontées avec d'autres normes juridiques avec lesquelles elles peuvent entrer en concurrence. Ces normes peuvent être de nature conventionnelle ou de formation spontanée. Cependant, comme il n'existe pas de hiérarchie entre les sources du droit international (v. *supra*, nº 60), on peut admettre que les règles applicables en cas de conflits entre normes conventionnelles sont transposables dans l'hypothèse d'une contrariété entre celles-ci et des règles relevant d'une autre source du droit international. Au demeurant, c'est sur le problème des traités successifs portant sur la même matière que la doctrine a centré ses réflexions.

Aucune des solutions proposées par les auteurs ne semble d'ailleurs entièrement satisfaisante : reposant sur des présupposés doctrinaux dogmatiques, elles cadrent mal avec la réalité. La première approche, subjective, aboutit à une impasse ; la seconde, objective, pêche par excès d'abstraction.

1° Les partisans de la *méthode subjective* posent le principe que les traités en conflit, issus des volontés étatiques souveraines, sont valides. En conséquence, la contrariété des traités pose en principe, non un problème de validité de l'un d'eux, mais uniquement un problème de priorité d'application : il est évidemment impossible qu'un État exécute simultanément deux normes contradictoires. Le subjectivisme conduit aussi à admettre qu'il ne saurait exister en dehors de la volonté des États de règles générales qui déterminent une fois pour toutes cet ordre de priorité.

Dans chaque cas, la solution du conflit dépend des intentions des parties. Si celles-ci ne se manifestaient pas par une clause prévoyant expressément la primauté de tel ou tel traité, et si la recherche de ces intentions par d'autres moyens ne donnait pas de résultat, il faudrait s'en remettre à une solution négociée.

Approché selon cette méthode, le problème cesse d'être difficile, non pas parce qu'elle permet d'aplanir les difficultés, mais simplement parce qu'elle les exclut du champ de l'examen. Cependant, elle présente un inconvénient, et il est majeur : en cas d'échec des négociations, le conflit serait insoluble.

2° Les tenants de la *méthode objective* n'esquivent pas le problème. Selon eux, comme tout ordre juridique, l'ordre international contient *nécessairement* des règles destinées à résoudre ses propres conflits de normes. La méthode objective repose sur ces prémisses. Elle invite à rechercher ces règles en dehors de la volonté des États. Même si ces règles, en raison des particularités de l'ordre juridique international, n'y jouent qu'un rôle supplétif, leur intervention peut permettre de sortir de l'impasse.

Pour cela, on peut s'inspirer des solutions prévalant dans l'ordre interne sans toutefois qu'elles puissent être transposées purement et simplement : dans l'État, elles reposent essentiellement sur la hiérarchie des normes (constitution, lois, règlements...), qui dérive de celle des organes ; ni l'une ni l'autre n'existent dans la société internationale, caractérisée par son inorganisation.

Malgré cela, il est remarquable que des auteurs qui sont bien loin d'adopter la conception objectiviste du droit international (Strupp, Anzilotti, Cavaglieri, etc.) ont pris conscience de la nécessité de la recherche de tels principes et ont effectivement proposé quelques solutions « objectives ». Dans la logique de leur théorie générale, ce sont cependant les auteurs objectivistes, au premier rang desquels il faut citer Georges Scelle, qui ont élaboré le système de règles le plus complet, par la construction d'une véritable hiérarchie des traités.

Georges Scelle distingue trois situations.

i) En cas d'identité totale entre les États parties aux deux traités incompatibles il convient d'appliquer l'adage *« lex posterior priori derogat »* sous réserve, dans le cadre des organisations internationales, de la supériorité de leur traité constitutif sur les traités ordinaires.

ii) S'agissant d'un traité multilatéral antérieur et d'un traité postérieur conclus entre certains seulement des États parties au traité antérieur, le principe général *« generalibus specialia derogant »* peut s'appliquer à la condition que le traité spécial postérieur ne contredise pas l'économie d'ensemble du traité général antérieur. Les rapports entre les deux traités sont alors semblables à ceux qui sont établis dans l'ordre interne entre le règlement et la loi. En revanche, s'il existe un *conflit* entre les deux traités, il faut faire prévaloir le traité général sur le traité particulier, en vertu de la loi de la *hiérarchie des ordres,* l'ordre composé dominant et conditionnant les ordres composants.

iii) Dans la troisième situation, le conflit oppose des traités conclus entre des États partiellement différents. Aucune des règles précédentes ne peut s'appliquer car les normes en conflit appartiennent à des ordres distincts. Liés par le principe *« pacta sunt servanda »* les États parties au traité antérieur doivent l'exécuter et celui-ci doit prévaloir sur le traité postérieur.

Cette construction séduisante et rationnelle néglige un paramètre fondamental, la souveraineté de l'État et, de ce fait, ne correspond que partiellement à la pratique internationale — d'ailleurs souvent confuse et encombrée d'éléments contradictoires — que la Convention de Vienne a systématisée au moyen de quelques formules accessibles. Les règles formulées à titre principal dans l'article 30 — mais aussi dans les articles 41, 53, 60, 64, etc. — ne pouvaient cependant refléter la totalité des solutions nuancées de cette pratique. Surtout elles ne font qu'effleurer les problèmes de responsabilité que pose inévitablement l'inexécution des traités irréductibles sur la base du droit des traités.

La grande difficulté de la matière tient dans la nécessité de combiner le principe de l'autonomie de la volonté des sujets de droit international avec celui de l'effet relatif des traités, ce qui pose à vrai dire deux problèmes distincts : celui de la compatibilité entre normes successives, angle sous lequel la question est en général posée, et celui de l'opposabilité d'une norme liant un État donné à un second État qui a conclu avec le premier un traité contenant une disposition incompatible avec cette norme.

A. — Solution du problème de compatibilité

172. Dispositions conventionnelles expresses. — Rien n'interdit aux parties à un traité d'introduire dans celui-ci des critères hiérarchiques. Ils le font souvent, mais ces initiatives, si elles contribuent à résoudre certains problèmes, en posent d'autres, tout aussi difficiles. Dès lors, l'attitude consistant à établir des procédures destinées à prévenir les conflits, paraît plus satisfaisante bien que la mise en œuvre de ces mécanismes préventifs soit délicate.

1° *Déclarations de compatibilité.* — Il n'est pas rare qu'en prévision des conflits éventuels, un traité fixe à l'avance, par une clause expresse, sa place dans l'ordre de priorité à établir.

Ces dispositions sont dites « déclarations de compatibilité » lorsqu'elles indiquent expressément que le traité en question est « compatible » avec tel autre traité, ou recourent à une autre formule en précisant, soit qu'il n'est pas incompatible avec celui-ci, soit qu'il n'affecte pas, et ne sera pas interprété comme affectant, les dispositions de cet autre traité. Quand un traité contient une pareille déclaration, en tant que traité inférieur, il doit toujours être interprété dans le sens de sa compatibilité avec le traité supérieur. S'il est impossible de concilier l'un et l'autre, le traité supérieur prévaudra. Telle est la solution retenue par l'article 30, paragraphe 2, de la Convention de Vienne :

« Lorsqu'un traité précise qu'il est subordonné à un traité antérieur ou postérieur ou qu'il ne doit pas être considéré comme incompatible avec cet autre traité, les dispositions de celui-ci l'emportent. »

Il existe de nombreux exemples de dispositions de ce type. Ainsi par exemple, l'article 21 du Pacte de la SdN prévoyait expressément que « les engagements internationaux, tels que les traités d'arbitrage, et les ententes régionales, comme la doctrine de Monroe, qui assurent le maintien de la paix, ne seront considérés comme incompatibles avec aucune des dispositions du présent Pacte » ; bien qu'il soit rédigé en termes moins nets, l'article 52, § 1, de la Charte des Nations Unies a souvent été interprété dans le même sens. De même, l'article 311, § 3, de la Convention de Montego Bay sur le droit de la mer, autorise les États parties à conclure des accords dérogatoires sous réserve qu'ils ne soient incompatibles ni avec la réalisation de son objet et de son but, ni avec l'application de ses principes fondamentaux, ni avec les droits des autres États parties. Et l'article 3 de la Convention du 21 mai 1997 sur l'utilisation des cours d'eau internationaux à des fins autres que la navigation préserve les droits et obligations résultant des accords antérieurement en vigueur, tout en incitant (prudemment) les parties à « mettre lesdits accords en harmonie avec les principes fondamentaux de la présente Convention » ; quant aux accords qui seront conclus à l'avenir, ils « appliquent et adaptent » les dispositions de la Convention « aux caractéristiques et aux utilisations » des cours d'eau concernés, ce qui implique qu'il peut y être dérogé (v. aussi l'article 4 sur la conclusion d'accords limités à une partie du cours d'eau). De même, l'article 39 de la Convention de Budapest du 23 novembre 2001 sur la cybercriminalité admet par avance la conclusion par les Parties d'accords dérogatoires, mais seulement « d'une manière qui ne soit pas incompatible avec les objectifs et les principes de la Convention » (§ 2). L'article 19 de la Convention du Conseil de l'Europe du 4 novembre 1999 sur la corruption limite cette possibilité aux accords conclus pour compléter ou renforcer les dispositions de celle-ci (§ 2 ; v. également le régime complexe aménagé par l'article 40 de la Convention (du Conseil de l'Europe) de Varsovie du 16 mai 2005 sur la lutte contre la traite des êtres humains, texte *in RGDIP* 2005, p. 788).

De leur côté les articles 305 et 306 du TCE (ex-art. 232 et 233) affirment que celui-ci ne déroge pas aux traités CECA et Euratom d'une part et ne fait pas obstacle à l'existence de l'Union économique belgo-luxembourgeoise et du Benelux d'autre part. Dans le même esprit, l'article 40 du TUE (version de Lisbonne) précise que celui-ci n'affecte ni les traités antérieurs ni les actes subséquents, exception faite des modifications expresses qu'il leur apporte. De même, l'article 6, § 3, du TUE (version de Lisbonne), dispose que l'Union européenne « respecte les droits fondamentaux tels qu'ils sont garantis » par la Convention européenne des droits de l'homme ; toutefois, la règle de subordination est moins claire du fait que la Convention n'est pas visée en tant que telle (v. aussi les articles 11 et 30 en ce qui concerne les principes de la Charte des Nations Unies d'une part, la Convention européenne des droits de l'homme et la Convention relative aux réfugiés du 28 juillet 1951, d'autre part).

Ces traités, qui se présentent eux-mêmes comme subordonnés, ne posent aucun problème particulier : par hypothèse ils préservent les droits des tiers et, si une incompatibilité est constaté, il suffit d'en faire une application mécanique. Il n'en va pas de même de l'hypothèse inverse, celle d'un traité affirmant sa propre supériorité. Dans ce cas se pose en effet de manière aiguë le problème de la préservation des droits des tiers (v. *infra*, n°s 173-2° et 174) ; seule l'existence de mécanismes préventifs efficaces, qui évite qu'il se pose, constitue une solution véritablement satisfaisante.

En pratique en effet, certaines clauses seront d'interprétation délicate, lorsqu'elles n'apparaîtront pas de manière évidente comme impliquant la subordination du traité qui les porte à l'égard d'un autre accord susceptible d'en entraver la mise en œuvre (cas par ex. de l'article 98 du Statut de la CPI : v. M. Benzing, *Max Planck Yb. of UN Law* 2004, p. 181-236 ; ou de l'article 20 de la Convention de l'Unesco sur la promotion et la protection de la diversité des expressions culturelles du 20 octobre 2005 qui annonce que la Convention « ne peut être interprétée comme modifiant les droits et obligations des parties au titre d'autres traités auxquels elles sont parties » et affirme en même temps ne pas « subordonner » la Convention à d'autres traités ; v. également L. Boisson de Chazournes et M.M. Mbengue, « À propos du principe du soutien mutuel : les relations entre le protocole de Cartagena et les accords de l'OMC », *RGDIP* 2007, p. 829-862).

2° *Mécanismes préventifs.* — Comme leur nom l'indique, et contrairement aux clauses de compatibilité qui interviennent *ex post facto,* ils s'efforcent d'empêcher que surgisse un problème d'incompatibilité, c'est-à-dire d'éviter que les États concluent successivement des traités contradictoires. Ces mécanismes peuvent être institutionnalisés — le modèle en est fourni par l'article 300 du TCE (ex-art. 228 du Traité de Rome ; art. 218 du TFUE) — ou purement interétatiques, conformément à ce qui est prévu, par exemple, par l'article 311, paragraphe 4, de la Convention de 1982 sur le droit de la mer.

Aux termes de cette disposition, les États parties qui se proposent de conclure un accord dérogatoire, dans les limites admises au paragraphe 3 du même article (v. *supra*, 1°), « notifient aux autres parties, par l'entremise du dépositaire de la Convention, leur intention de conclure l'accord ainsi que les modifications ou la suspension de l'application des dispositions de la Convention qu'il prévoirait ». Cet article, qui a pour objet de permettre aux autres États parties à la Convention de Montego Bay de faire valoir leur point de vue sur l'incompatibilité éventuelle de l'accord envisagé avec la Convention, ne prévoit aucune sanction ; il apparaît cependant qu'en cas de litige, les dispositions de la partie XV relative au règlement des différends devraient trouver à s'appliquer mais il est à craindre que la décision intervienne *a posteriori* et ne puisse guère que constater le manquement le cas échéant.

La multiplicité des accords successifs, généraux ou plurilatéraux conclus sous les auspices du GATT a rendu nécessaire une solution simple et univoque par une note interprétative à l'annexe 1 A de l'Accord de Marrakech de 1994 créant l'OMC : celui-ci inclut le GATT de 1947 et les modifications qui lui ont été apportées mais, en cas de conflit, il prévaut sur les dispositions antérieures. Plus complexes à aménager sont les relations entre les règles de l'OMC et les accords commerciaux régionaux. Face à la prolifération de ces derniers, et à la difficulté d'assurer un contrôle systématique de leur conformité aux accords de l'OMC, la décision a été prise en décembre 2006 d'instituer un mécanisme « pour la transparence » de ces accords (devoir d'information préalable et transparence sur la conclusion de ces accords imposés aux parties concernées : v. la décision du Conseil général de l'OMC du 14 décembre 2006, WT/L/671 ; v. aussi H. Ghérari, *RGDIP* 2008, p. 255-293).

Pour sa part, l'article 28 de l'Accord de Schengen de 1985 relatif à la suppression graduelle des contrôles aux frontières entre l'Allemagne, le Benelux et la France prévoit que la conclusion de tout arrangement avec les États tiers dans le domaine d'application de l'accord « sera précédée d'une consultation entre les parties » ; l'article 136 de la Convention d'application de 1990 va plus loin en ce sens et subordonne la conclusion d'un accord relatif à la simplification ou à la suppression des contrôles aux frontières à l'*accord* des autres États parties. V. aussi les « clauses de déconnexion » insérées dans certaines conventions auxquelles la Communauté européenne est partie et aux termes desquelles les États membres de la Communauté n'appliquent de règles nouvelles dans leurs relations mutuelles que « dans la mesure où n'existe aucune règle communautaire régissant le sujet particulier concerné » (cf. l'article 27, § 1, de la Convention sur la télévision sans frontière du 5 mai 1989 ; v. la critique acerbe dirigée contre ce type de clause par C. Economidès et A. Kolliopoulos *in RGDIP* 2006, p. 273-302).

C'est dans le cadre communautaire que le système est le plus nettement institutionnalisé. Soucieux d'assurer l'intégrité des traités constitutifs à l'encontre des engagements incompatibles que pourraient accepter soit les Communautés elles-mêmes, soit les États membres, ceux-ci ont prévu un contrôle préalable de compatibilité par la CJCE. Selon l'article 300 du TCE (art. 218, § 11, du TFUE), le Parlement européen, le Conseil, la Commission ou un État membre peut, avant la conclusion d'un accord entre la Communauté et des États ou une autre organisation internationale, recueillir l'avis de la Cour de Luxembourg : si celle-ci émet un avis négatif, l'accord ne peut entrer en vigueur qu'après révision du Traité de Rome.

L'avis 1/76, rendu le 26 avril 1977, constitue le premier précédent jurisprudentiel, au titre de l'article 300 du TCE. (alors art. 228), relatif à la compatibilité d'un accord avec les dispositions institutionnelles du TCE : le projet d'accord sur un Fonds européen d'immobilisation de la navigation intérieure a été jugé incompatible avec les prérogatives des institutions communautaires, le processus de décision au sein de la Communauté et les rapports entre États membres (*Rec.*, 1977, p. 741 ; v. aussi l'avis 1/78 sur le « caoutchouc naturel », *Rec.* 1978, p. 2871). Par son avis 1/91 rendu le 14 décembre 1991, la CJCE a également jugé le projet d'accord entre la Communauté et les pays de l'AELE créant un espace économique européen (EEE) incompatible avec le Traité CEE du fait que le mécanisme juridictionnel prévu risquait de compromettre l'application et l'unité d'interprétation du droit communautaire (*Rec.* 1991, p. I.6079). Un nouveau projet, en date du 14 février 1992 a été jugé conforme au droit communautaire (avis 1/92 du 6 avril 1992, *Rec.* 2821). Enfin, par son avis 2/94 du 28 mars 1996, la Cour a jugé que, dans l'état actuel du droit communautaire, la Communauté ne pouvait adhérer à la Convention européenne dès lors qu'« aucune disposition du traité [CE] ne confère aux institutions communautaires, de manière générale, le pouvoir d'édicter des règles en matière de droits de l'homme ou de conclure des conventions internationales dans ce domaine » et qu'une telle adhésion aboutirait en substance à « ... une modification du traité échappant à la procédure que celui-ci prévoit à cet effet » (*Rec.* p. I-1759) ; dans son principe, cette solution a cependant été nuancée par un arrêt rendu peu après (aff. C-263/94, 3 déc. 1996, *Portugal c. Conseil*).

L'objectif poursuivi par l'article 300 a également été assuré, de manière plus subtile : sortant du cadre strict tracé par cette disposition, la CJCE a affirmé la compétence exclusive de la Communauté en matière de relation conventionnelle d'abord dans les domaines couverts par une politique commune (aff. 22/70, 31 mars 1971, *Commission c. Conseil* (affaire de l'*AETR*), *Rec.* 1971, p. 263) puis, plus largement, « chaque fois que le droit communautaire a établi dans le chef des Institutions de la Communauté des compétences sur le plan interne en vue de réaliser un objectif déterminé » (aff. 3, 4 et 6-76, 14 juillet 1976, *Kramer, Rec.* 1976, p. 1276). Ainsi se trouvait exclue la conclusion, par les États membres, d'accords pouvant faire obstacle à l'application du droit communautaire, tant existant que futur. Toutefois, par son avis 1/94 (*OMC*), la Cour est revenue à une conception plus restrictive en estimant que « ce n'est que dans la mesure où des règles ont été établies sur le plan interne que la compétence de la Communauté devient exclusive » (*Rec.* 5267 — le paragraphe 5 ajouté par le Traité d'Amsterdam à l'article 133 du TCE (art. 207 du TFUE) revient cependant sur la solution de cet avis en ce qui concerne la négociation des accords internationaux concernant les services et les droits de propriété industrielle). La jurisprudence ultérieure de la Cour a encore restreint les hypothèses de compétences externes implicites exclusives de la CE. Dans son avis 1/03 du 7 février 2006, la Cour pose en effet le principe que « l'existence d'une compétence, de surcroît non expressément prévue par le traité et de nature exclusive, doit trouver son fondement dans des conclusions tirées d'une analyse concrète de la relation qui existe entre l'accord envisagé et le droit communautaire en vigueur et dont il ressort que la conclusion d'un tel accord est susceptible d'affecter les règles communautaires » (*Rec.*, p. I-1145, pt. 124).

On pourrait également imaginer que les systèmes internes de contrôle de la constitutionnalité des traités jouent, en ce qui concerne les États concernés, le rôle de « mécanismes préventifs ». Toutefois, dans sa décision du 17 juillet 1980 relative à la Convention franco-allemande additionnelle à la Convention européenne d'entraide judiciaire en matière pénale, le Conseil constitutionnel français a estimé qu'il ne lui appartient pas « lorsqu'il est saisi en application de l'article 61 de la Constitution d'apprécier la conformité d'un engagement international aux stipulations d'un traité ou d'un accord international » (*Rec.* p. 36). Pour sa part, le Conseil d'État considère qu'il ne lui appartient pas de se prononcer sur la validité d'un traité au regard d'autres engagements internationaux souscrits par la France (Sect., 8 juill. 2002, *Commune de Porta*, *Leb.* p. 260 ; 7 février 2003, *Fédération nationale des associations d'usagers des transports*, *RFDA* 2005, p. 364). Tout au plus le juge interne acceptera-t-il de faire application des règles coutumières pertinentes permettant de départager deux traités incompatibles (v. CE, 21 avril 2000, *Zaïdi*, *Rec.* p. 159 : « dans le cas de concours de plusieurs engagements internationaux, il y a lieu d'en définir les modalités d'application respectives conformément à leurs stipulations et en fonction des principes du droit coutumier relatifs à la combinaison entre elles des conventions internationales » ; la démarche du juge administratif n'est cependant pas toujours des plus claires : v. ainsi CE, 5 septembre 2001, *Préfet des Alpes-Maritimes c. M. Benkhnata*, *RGDIP* 2002, p. 710).

173. Principes de solution en cas de silence des parties. — Sans résoudre tous les problèmes, les dispositions expresses adoptées par les parties en facilitent la solution. Ceci demeure cependant exceptionnel et, dans le cas le plus fréquent, celui du silence du traité, il faut chercher hors de celui-ci les principes applicables. À cet égard il convient de distinguer comme le fait l'article 30 de la Convention de Vienne l'hypothèse des traités successifs avec identité de parties, de celle où les traités incompatibles sont conclus entre parties différentes.

1° *Traités successifs avec identité de parties.* — C'est l'hypothèse la plus simple. Elle est envisagée par l'article 30, paragraphe 3, de la Convention de Vienne selon lequel :

> « Lorsque toutes les parties au traité antérieur sont également parties au traité postérieur, sans que le traité antérieur ait pris fin ou que son application ait été suspendue en vertu de l'article 59, le traité antérieur ne s'applique que dans la mesure où ses dispositions sont compatibles avec celles du traité postérieur. »

Cette disposition n'est que l'application du principe *lex posterior derogat priori,* dont la mise en œuvre ne fait pas problème puisque les deux traités sont issus des mêmes États. Mais il ne faut pas oublier que l'article 30 ne vise que les accords successifs portant « sur la même matière », ce qui a été interprété comme signifiant : « ayant le même degré de généralité ». Si l'un des deux traités a un caractère spécial par rapport à l'autre, il faut reconnaître la primauté de la *lex specialis,* en application de l'adage *specialia generalibus derogant,* à moins qu'il ne résulte expressément ou implicitement du traité postérieur que les parties ont entendu retenir la solution inverse.

Conforme à la pratique constante des États, cette règle n'est, en réalité qu'une illustration des principes applicables à la modification ou à l'abrogation des traités (v. *infra,* chapitre IV) et, en particulier, à la règle selon laquelle tous les États parties au premier traité peuvent le modifier ou l'abroger par un accord postérieur, exprès ou tacite.

L'application de la règle de bon sens posée par l'article 30, § 3, de la Convention de 1969 ne suscite guère de difficultés en pratique (v. les exemples donnés par Ch. Rousseau, *Droit international public,* t. I, Sirey, 1971, p. 152-153). Elle trouve même application au sein des Communautés européennes. Telle est en effet, la solution appliquée par exemple aux conventions conclues par l'ensemble des États membres de l'Union européenne par rapport aux traités constitutifs, notamment celles prévues à l'article 49 du TUE (traités d'adhésion). Il faut cependant réserver le cas où le traité postérieur n'est qu'un accord d'application du traité antérieur, prévu par ce dernier : ainsi, le Traité instituant la Communauté européenne semble devoir l'emporter sur les accords conclus en vertu de l'article 293 du même traité. Il est parfois délicat d'opérer le partage entre les deux hypothèses précédentes : *quid* de l'Acte de 1976, sur l'élection du Parlement européen au suffrage universel (si l'on y voit un engagement conventionnel) ? Il faut admettre qu'il s'impose aux États, à l'encontre du Traité de Rome, en tant que *lex specialis*.

De même, le juge interne n'hésite pas à faire prévaloir un traité postérieur sur un instrument antérieur (cf. CE, 11 mai 1994, *Assobacam*, *Leb.* p. 228).

2° *Traités successifs sans identité de parties.* — C'est la situation la plus complexe car un cercle restreint d'États n'est pas toujours autorisé à moduler les engagements mutuels de ceux-ci (norme particulière), contre la volonté d'un cercle plus vaste d'États à l'égard desquels les premiers sont liés par un engagement antérieur (norme générale). Il convient donc de distinguer deux hypothèses fondamentales selon que la licéité du traité postérieur est contestable ou non :

a) Cas où le traité postérieur est compatible avec le traité antérieur. Une norme « particulière » peut déroger à une norme « générale » antérieure si les conditions posées par l'article 41, paragraphe 1, de la Convention de Vienne sont vérifiées (v. *infra*, n° 189 s.) soit parce que la possibilité d'une telle modification est prévue par le traité initial (voir par exemple l'article 73, § 2, de la Convention de 1963 sur les relations consulaires), soit parce que la modification est compatible avec les droits et obligations de tous les États parties au traité initial et avec l'objet et le but de ce traité. Le problème peut aussi se poser d'une norme « particulière » antérieure à la norme générale, mais aucun critère de validité n'est proposé par la Convention de Vienne.

V. G. Cohen-Jonathan, « Les rapports entre la Convention européenne des droits de l'homme et le Pacte des Nations Unies sur les droits civils et politiques », Colloque SFDI, Bordeaux, 1976, p. 313-337 ; Cl. Sciotti, *La concurrence des traités relatifs aux droits de l'homme devant le juge national*, Bruylant, Bruxelles, 1997, 124 p.

Dans cette hypothèse, il est possible de dissocier le régime applicable dans les relations entre les États parties aux deux traités et celui à mettre en œuvre dans les relations avec un État partie à l'un des deux traités seulement (art. 30, § 4, de la Convention de Vienne).

i) *Dans les relations entre les États parties aux deux traités,* il y a priorité d'application du traité postérieur, conformément au principe général déjà rencontré *lex posterior derogat priori* conforté par le principe de supériorité de la règle « spéciale » ou « particulière » sur la règle générale *(in toto jure genus per speciem derogatur),* tout au moins lorsque le traité restreint est postérieur. Si par contre le traité restreint est antérieur, et dans le silence du traité postérieur, le principe *lex posterior* l'emporte sur le principe *in toto jure...* (supériorité du traité postérieur), conformément à la volonté implicite des États.

Ces solutions sont conformes à la pratique interétatique (Pour une application jurisprudentielle interne du principe *lex specialis,* v. CE, 1er oct. 1990, *Guiona, LPA* 1990, n° 134).

ii) *Dans les relations avec les autres États* joue le principe de l'effet relatif des traités, puisque l'une au moins des parties n'est liée que par un traité, l'autre lui étant inopposable.

La CDI avait formulé clairement les deux situations-types :

« Dans les relations entre un État partie aux deux traités et un État partie au premier traité seulement, le premier traité régit leurs droits et obligations réciproques. Dans les relations entre un État partie aux deux traités et un État partie au second traité seulement, le second traité régit leurs droits et obligations réciproques. »

L'article 30, paragraphe 4.b, de la Convention a retenu cette solution, indiscutable au demeurant, dans une formulation plus elliptique et un peu moins claire :

« Dans les relations entre un État partie aux deux traités et un État partie à l'un de ces traités seulement, le traité auquel les deux États sont parties régit leurs droits et obligations réciproques. »

Ces règles indiscutables connaissent une application généralisée et sont mises en œuvre par la CJCE elle-même alors même que, si les normes communautaires relèvent de la sphère internationale, cette juridiction en affirme avec force le caractère particulier (v. *infra*, n° 181).

b) Cas où le traité postérieur n'est pas compatible avec le traité antérieur. Dans les situations où les conditions posées par l'article 41 de la Convention de 1969 ne sont pas respectées, le traité restreint postérieur au traité général n'est pas licite. Il faut donc affirmer la primauté du traité antérieur et écarter l'application du traité postérieur. La solution est nettement affirmée en jurisprudence.

« On peut également considérer comme un principe reconnu que toute convention multilatérale est le fruit d'un accord librement conclu sur ses clauses et qu'en conséquence il ne peut appartenir à aucun des contractants de détruire ou de compromettre, par des décisions unilatérales ou par des accords particuliers, ce qui est le but et la raison d'être de la convention » (CIJ, avis du 28 mai 1951, *Réserves à la Convention sur le génocide, Rec.* 1951, p. 21). De même, dans l'affaire des *Zones franches,* la CPIJ n'a pas admis que les accords particuliers que sont les compromis entre États (v. *infra*, n° 543) dérogent à son propre Statut, traité général (ordonnance du 19 août 1929, série A, n° 22, p. 12).

Ce qui est établi dans les relations entre parties à la convention particulière, devrait l'être *a fortiori* dans les relations avec les États non parties : le principe *pacta sunt servanda* impose ici le respect de la primauté du traité général sur le traité spécial, donc du traité antérieur sur le traité postérieur. Il existe quelques précédents en ce sens.

Dans l'affaire du *Régime douanier entre l'Allemagne et l'Autriche,* la CPJI a considéré que le Protocole d'union douanière austro-allemande du 19 mars 1931 était incompatible avec un accord antérieur, le Protocole de Genève du 4 octobre 1922, par lequel l'Autriche s'était engagée à ne pas porter atteinte à son indépendance économique par l'octroi d'avantages spéciaux et exclusifs à un État quelconque (avis du 5 septembre 1931, série A/B, n° 41, p. 53). La Cour de Justice centre-américaine a reconnu la primauté d'un traité antérieur dans l'affaire du Traité Bryan-Chamorro (sentences des 30 septembre 1916 et 9 mars 1917, *AJIL* 1917, p. 181-229 et p. 674-696).

Le caractère général de cette règle est en outre attesté par le fait que les traités qui posent le principe de leur propre supériorité n'en tirent pas la conséquence de l'abrogation *ipso facto* des traités antérieurs conclus entre un ou plusieurs États parties et un ou plusieurs États tiers (v. *supra*, n° 172). Ainsi par exemple, l'article 311 de la Convention de Montego Bay sur le droit de la mer, prévoit, en son paragraphe 1, que celle-ci l'emporte « entre les États parties » sur les conventions de Genève de 1958, ce qui implique qu'il en va différemment dans les relations des parties avec les États tiers (dans le même sens, v. l'article 91 de la Convention de Cotonou UE/ACP du 23 juin 2000).

De manière plus frappante encore, l'article 20 du Pacte de la SdN, qui posait le principe de la supériorité sur tout accord incompatible liant entre eux les Membres de la Société (§ 1), se bornait à leur demander de « prendre des mesures immédiates pour se dégager des obligations » incompatibles avec les termes du Pacte. De la même manière, l'article 307 du TCE (ex-art. 234 du Traité de Rome ; art. 351 du TFUE) précise expressément que « les droits et obligations résultant de conventions conclues entre États membres et États tiers » antérieurement à son entrée en vigueur « ne sont pas affectés par les dispositions » du Traité, l'alinéa 2 de la même disposition se bornant à inviter les États membres à recourir à « ... tous les moyens appropriés pour éliminer les incompatibilités constatées ». Il reste qu'en cas de refus par les États non-membres de la CE, on retombe dans l'hypothèse de droit commun. En ce qui concerne les traités postérieurs à la convention de base, celle-ci s'efforce de créer des mécanismes préventifs destinés à éviter que le problème se pose (v. *supra*, n° 172) ; ceux-ci sont parfois d'une efficacité douteuse (cf. CJCE, aff. 180/80 et 266/80, 8 décembre 1981, *Crujeiras Tome, Rec.* p. 2961).

La seule exception véritable au principe de la préservation des droits des tiers est constituée par l'article 103 de la Charte des Nations Unies (v. *infra*, n° 174). Toutefois, par un arrêt *Slivenko et a. c. Lettonie* du 23 janvier 2002, la CEDH a fait prévaloir le texte de la Convention européenne des droits de l'homme sur celui d'un accord bilatéral conclu par le défendeur avant son adhésion à la Convention conférant ainsi à celle-ci une valeur « supra-conventionnelle » non prévue par son texte.

Les auteurs de la Convention de Vienne n'ont pas jugé opportun de consacrer cette règle, qui est cependant l'aboutissement logique du système retenu par eux dans l'article 41. On peut cependant trouver dans la Convention des éléments allant dans le sens adopté par la pratique : d'une part, les articles 54 et 59 confirment implicitement la possibilité de modifier un traité multilatéral sans l'accord unanime des parties si les conditions posées à l'article 41 ne sont pas réunies ; d'autre part l'article 30, paragraphe 5, renvoie, dans un cas de ce genre, au droit de la responsabilité internationale (mais c'est passer prématurément de la méthode objective à la solution subjective — v. *infra*, n° 187-188).

174. Exception : primauté absolue de certaines normes conventionnelles. — 1° Conventions *établissant des règles de* jus cogens. L'article 53 de la Convention de Vienne n'exclut pas l'élaboration des normes du *jus cogens* par le procédé des conventions. Celles-ci doivent être, d'après cette disposition, des conventions universelles ou au moins quasi universelles. La supériorité absolue du *jus cogens* entraîne naturellement celle de ces conventions. Dans son arrêt rendu dans l'affaire de la *Barcelona Traction,* la CIJ a clairement déclaré que des normes qui relèvent du *jus cogens* peuvent être constatées au moyen de telles conventions, qui produisent des effets *erga omnes* (*Rec.* 1970, p. 32 ; v. également *supra*, n°s 124-128).

2° *Traités créant une situation objective.* — Aux termes de l'article 103 de la Charte des Nations Unies :

« en cas de conflit entre les obligations des membres des Nations Unies en vertu de la présente Charte et leurs obligations en vertu de tout autre accord international, les premières prévaudront ».

Une application mécanique en a été faite par la CIJ dans l'affaire relative à des *Questions d'interprétation et d'application de la Convention de Montréal de 1971 résultant de l'accident aérien de Lockerbie :* toute mesure conservatoire sur la base de cette Convention doit être refusée dès lors qu'elle contredirait les droits tirés par le défendeur d'une décision du Conseil de sécurité, fondée sur l'article 25 de la Charte et à ce titre, bénéficiant du jeu de l'article 103 (ord. du 14 avril 1992, *Rec.* p. 126 ; *contra :* v. l'opinion dissidente du Juge Bedjaoui, *ibid.,* p. 143 ; les arrêts de la Cour du 27 février 1998 sur les exceptions préliminaires britanniques et américaines n'abordent qu'indirectement la question, sans la trancher — v. *infra*, n° 244).

Cette rédaction s'inspire de l'article 20 du Pacte de la SdN qui, en son paragraphe 1, abrogeait toutes obligations ou ententes entre les membres de la Société incompatibles avec ses termes. Elle en diffère cependant sous deux aspects importants : d'un côté, la Charte est en retrait par rapport au Pacte dans la mesure où elle ne prévoit pas l'abrogation des traités contraires, mais, de l'autre, elle va beaucoup plus loin ; en effet, contrairement au texte de 1919 — dont l'article 20, § 2, obligeait seulement les États membres de la SdN à se dégager des obligations incompatibles contractées avec les États non membres — l'article 103 ne préserve pas les droits des États tiers puisqu'il ne fait aucune distinction entre les obligations des États membres entre eux et celles qu'ils peuvent avoir à l'égard des États non-membres.

Cette situation, évidemment exceptionnelle, ne peut s'expliquer que si l'on admet le caractère quasi « constitutionnel » de la Charte, qui crée une situation objective, opposable à l'ensemble des États.

C'est ce qu'a admis la CDI qui s'est fondée non seulement sur l'importance de la place qu'occupe la Charte des Nations Unies dans le droit international contemporain mais aussi sur le fait que « les États membres de l'ONU constituent une part (...) considérable de la communauté internationale ».

Cette primauté est d'ailleurs en pleine harmonie avec la jurisprudence de la CIJ qui s'est aussi appuyée sur le caractère quasi universel de la Charte pour affirmer son effet *erga omnes* (avis du 11 avril 1949, *Rec.* 1949, p. 185 — v. *supra*, n°s 160 et 161).

Se fondant sur ces considérations, l'article 30, paragraphe 1, de la Convention de Vienne a confirmé la supériorité de la Charte des Nations Unies sur tout autre traité en admettant que l'article 103 constitue une exception aux principes posés par les paragraphes suivants, applicables aux traités successifs portant sur la même matière.

Sans doute, la Convention n'a fait que consacrer une situation de fait. Mais, sur le plan des principes, elle a apporté une contribution utile à l'établissement d'une hiérarchie des normes internationales et conférant une certaine positivité à l'idée selon laquelle des conventions multilatérales, compte tenu de leur objet et de l'étendue de leur champ d'application, devraient bénéficier d'une position privilégiée dans l'ordre juridique international.

B. — Problème de l'opposabilité

175. Recours aux règles relatives à la responsabilité. — Les principes exposés *supra* (A) se suffisent à eux-mêmes dans deux hypothèses : celle des traités successifs avec identité de parties et celle des traités énonçant une règle de *jus cogens* ou créant une situation objective. Dans le premier cas la question de l'opposabilité des normes conventionnelles à un tiers ne se pose pas, par hypothèse même, et, conformément aux principes tant de l'autonomie de la volonté que de la souveraineté, les parties peuvent faire prévaloir la règle qui leur convient le mieux, leur volonté étant présumée, faute d'indication expresse, conforme aux principes généraux de droit en vigueur dans tous les systèmes juridiques. Dans le second cas, ce n'est pas le traité en tant que tel, mais la norme, qui s'impose aux tiers ; sa supériorité est la traduction du degré d'intégration atteint par la communauté internationale.

Mais celui-ci demeure très embryonnaire ; et dans l'état actuel du développement de la société internationale il n'est pas possible d'admettre, comme le voudrait la solution extrême préconisée par les auteurs objectivistes (v. *supra*, n° 171), la nullité des traités postérieurs conclus par certaines parties envers des tiers. Les droits de ceux-ci doivent être sauvegardés mais ils ne peuvent l'être par une méthode purement objective.

Le problème de compatibilité entre normes successives se pose uniquement à l'égard de l'État qui a contracté des engagements successifs à l'égard de parties différentes. Vis-à-vis des tiers à chaque traité, ce dernier est *res inter alios acta ;* et ceci est vrai aussi bien du premier traité à l'égard des parties au second que de celui-ci vis-à-vis des parties au premier traité.

Conformément au principe de l'effet relatif des traités (v. *supra*, n° 154), les tiers ne sont pas concernés par les engagements auxquels ils ne sont pas parties ; ceux-ci ne leur sont tout simplement *pas opposables* (et ceci est vrai que les traités successifs soient ou non compatibles — v. *supra*, n° 173-2°). En revanche, en application du principe *pacta sunt servanda,* ils sont en droit d'exiger le respect des engagements pris à leur égard.

Bien entendu si les obligations conventionnelles successivement acceptées par un État envers des co-contractants différents sont compatibles entre elles, leur inopposabilité n'aura aucune conséquence concrète. En revanche, leur incompatibilité conduira inévitablement l'État partie aux deux traités à ne pas respecter l'un ou l'autre de ses engagements, pourtant tous deux valides.

Dans ce cas deux sanctions peuvent être envisagées, l'une et l'autre prévues par l'article 30, paragraphe 5, de la Convention de Vienne qui renvoie à l'article 60 d'une part et au droit de la responsabilité internationale d'autre part. Cela signifie que l'État ou les États victimes de l'inexécution pourront mettre fin au traité ou en suspendre l'application comme conséquence de sa violation (art. 60 — v. *infra*, n° 199), et mettre en œuvre la responsabilité de l'auteur du manquement (v. *infra*, n° 471). Il ne s'agit donc plus de résoudre un conflit de normes (problème objectif de compatibilité), mais de sanctionner (subjectivement) un comportement internationalement illicite.

La solution n'est sans doute guère satisfaisante car, à la mise en cause de la responsabilité de son cocontractant défaillant, qui n'aboutira au mieux qu'à une réparation, l'État victime pourrait préférer obtenir l'exécution du traité. Au surplus, elle aura pour effet de donner à l'État coupable d'avoir pris des engagements contradictoires le libre choix du traité qu'il n'exécutera pas ou, plutôt, qu'il violera. Telle est cependant la conséquence inéluctable de la souveraineté de l'État même si la jurisprudence internationale n'a jamais eu l'occasion de consacrer clairement cette solution (v. cependant les exemples donnés *supra* sous le n° 173-2°.b).

En pratique, il revient au juge interne saisi d'un litige pour la solution duquel seront invoquées deux conventions incompatibles conclues par son État avec des partenaires différents, de choisir celle dont les dispositions lui paraîtront – compte tenu des intérêts en jeu et des valeurs impliquées – devoir être respectées de préférence au détriment de celles de l'autre (v. par ex., à propos d'une incompatibilité entre la CEDH et un accord franco-algérien, les décisions de la Cour de cassation française commentées par F. Guerchoun *in JDI* 2005, p. 695-737 : priorité accordée à la CEDH, par le biais du rattachement de ses dispositions à l'ordre public international français).

§ 2. — *Conflits entre normes conventionnelles et normes internes*

176. Observations générales. — Les dispositions d'un traité peuvent entrer en conflit non seulement avec d'autres normes internationales conventionnelles ou non, mais également avec des normes internes. Un tel « incident » se rattache au problème général des rapports entre le droit international et le droit interne.

Pour le résoudre la doctrine est partagée entre le dualisme et le monisme. Les partisans du premier estiment que de tels conflits ne peuvent se produire tandis que, si de rares monistes préconisent encore la primauté du droit interne, la plupart d'entre eux se prononcent en faveur de la supériorité du droit international (v. *supra*, n° 49). Ils peuvent aujourd'hui trouver argument dans l'article 27 de la Convention de Vienne : « Une partie ne peut invoquer les dispositions de son droit interne comme justifiant la non-exécution d'un traité », règle qui apparaît comme le complément du principe *pacta sunt servanda* exprimé dans l'article précédent.

Un tribunal CIRDI a clairement affirmé en ce sens que la suprématie des traités sur le droit interne découle de l'effet cumulé des prescriptions constitutionnelles internes et du principe énoncé à l'article 27 de la Convention de Vienne (*Enron Corporation Ponderosa Assets, LP c. Argentine*, n° ARB/01/3, sentence du 22 mai 2007, § 208).

Cependant, face à ce problème, le juge international et le juge interne, insérés dans un environnement social différent, peuvent avoir des réactions variées, dictées par des préoccupations distinctes. C'est que « ce qui constitue une violation d'un traité peut être licite en droit interne et ce qui est illicite en droit interne peut n'entraîner aucune violation d'une disposition conventionnelle » (CIJ, arrêt du 20 juill. 1989, *Elettronica Sicula, Rec.* 1989, p. 51 et 74 ; v. également CIRDI, sentences du 5 juin 1990, *Amco Asia et al. c. Indonésie* [ARB/81/1], § 136, ou du 10 févr. 1999, *Antoine Goetz c. Burundi* [ARB/95/3], § 99). Organe du droit des gens, le juge international affirme en toutes circonstances la supériorité de celui-ci ; il ne tire cependant pas toutes les conséquences de ce principe : ici comme ailleurs, le contentieux international est, en règle générale, un contentieux de la responsabilité et non de l'annulation (v. par ex. CIJ, *Mandat d'arrêt du 11 avril 2000*, arrêt du 14 février 2002, *Rec.* p. 31-32, § 76 : au titre de la réparation, obligation de « mettre à néant » un acte interne internationalement illicite, sans que le juge international en prononce lui-même la nullité). Sans s'opposer radicalement à cette solution, la position du juge interne est à la fois plus hésitante et plus circonspecte.

Dans cette perspective, l'attitude du juge communautaire est particulièrement intéressante car il se trouve « à la croisée des chemins » : vis-à-vis des droits des États membres, le droit communautaire apparaît en effet comme une branche du droit international, dont on constate que la CJCE affirme la supériorité sans faiblesse. À l'inverse, les solutions retenues sont plus nuancées, ou en tout cas plus subtiles, lorsque la Cour de Luxembourg doit envisager les rapports entre normes conventionnelles générales et droit communautaire, ce dernier apparaissant dans ce cas comme un droit « interne » face à celles-là.

L'un des objets de l'article 88-4, ajouté à la Constitution française par la loi constitutionnelle du 25 juin 1992 est de tenter de limiter les risques de conflits en obligeant le

Gouvernement à soumettre « à l'Assemblée nationale et au Sénat, dès leur transmission au Conseil des Communautés, les propositions d'actes communautaires comportant des dispositions de nature législative » en vue du vote d'éventuelles « résolutions », dont on peut penser qu'elles auront pour objet d'empêcher la France de se rallier à l'adoption de règlements ou de directives communautaires incompatibles avec les lois françaises que le Parlement veut préserver. Anticipant sur la ratification (finalement rejetée par le peuple français) du projet de traité établissant une Constitution pour l'Europe, la révision constitutionnelle du 1er mars 2005 a étendu la portée de l'article 88-4 aux « projets d'actes législatifs européens » et aux « projets ou propositions d'actes de l'Union européenne ». La loi constitutionnelle n° 2008-724 du 23 juillet 2008 a élargi à son tour le champ d'application de l'article 88-4 à tout projet ou toute proposition « d'actes des Communautés européennes ou de l'Union européenne ».

A. — Devant le juge international

BIBLIOGRAPHIE. — V. *supra,* les bibliographies figurant sur les nos 47, 146 et 171. *Adde* L. Kopelmanas, « Du conflit entre le traité international et la loi interne », *RDILC* 1937, p. 88-143 et 310-361 ; E. Kaufman, « Traité international et loi interne », *Mél. Gidel,* 1961, p. 383-400.

177. Normes conventionnelles et normes constitutionnelles. — Fidèle au principe de la primauté du droit international (v. *supra*, n° 49), le juge international ne s'arrête pas à la hiérarchie des normes existant dans l'ordre juridique national. Dès lors, norme de droit interne, la règle constitutionnelle ne saurait faire échec à l'application d'un traité. La CPJI l'a rappelé avec force dans son avis consultatif du 4 février 1932, relatif au *Traitement des nationaux polonais à Dantzig :*

> « si, d'une part, d'après les principes généralement admis, un État ne peut, vis-à-vis d'un autre État, se prévaloir des dispositions constitutionnelles de ce dernier, mais seulement du droit international et des engagements internationaux valablement contractés, d'autre part, et inversement, un État ne saurait invoquer vis-à-vis d'un autre État sa propre Constitution pour se soustraire aux obligations que lui imposent le droit international ou les traités en vigueur » (Série A/B, n° 44, p. 24).

Dans sa sentence du 14 septembre 1872 dans l'affaire de l'*Alabama* (considérée comme le premier véritable arbitrage des temps modernes), le Tribunal arbitral avait déjà écarté un argument de la Grande-Bretagne selon lequel elle n'aurait pas disposé des « moyens légaux » nécessaires pour empêcher une violation du droit international (*RAI*, II, p. 889). La même règle a été formulée de façon très systématique par la sentence arbitrale du 26 juillet 1875 rendue dans l'affaire du *Montijo* entre les États-Unis et la Colombie qui en fait application aux constitutions des États fédéraux :

> « Un traité est supérieur à la Constitution. La législation de la République doit s'adapter au traité, non le traité à la loi » (Moore, *Arbitration,* p. 1850).

178. Normes conventionnelles et normes législatives ou réglementaires. — Ce qui vaut pour la constitution, est *a fortiori* exact pour les normes hiérarchiquement inférieures dans l'ordre interne. Dès son premier arrêt, en 1923, la CPJI a refusé d'admettre que par un acte interne (une ordonnance de neutralité), l'Allemagne avait pu se dégager des obligations lui incombant en vertu du Traité de

Versailles (affaire du *Vapeur Wimbledon,* série A, n° 1, p. 29-30). Dans un passage célèbre, très souvent cité, la même juridiction a déclaré :

« Au regard du droit international et de la Cour qui en est l'organe, les lois nationales sont de simples faits, manifestation de la volonté et de l'activité des États au même titre que les décisions judiciaires ou les mesures administratives » (arrêt du 25 mai 1926, *Haute-Silésie polonaise,* série A, n° 7, p. 19 ; v. aussi : Commission d'arbitrage pour la Yougoslavie, avis n° 1, 29 nov. 1991, *RGDIP* 1992, p. 264 ou ORD, *Brésil — Aéronefs (Canada)*, Rapport de l'Organe d'appel [WT/DS46/AB/RW], 21 juill. 2000, § 46). Le principe se trouve confirmé par les articles de la CDI de 2001 relatifs à la responsabilité des États dont l'article 4 énonce : « Le comportement de tout organe de l'État est considéré comme un fait de l'État d'après le droit international, que cet organe exerce des fonctions législatives, exécutives, judiciaires ou autres... ».

On trouve dans un avis également donné par la CPJI cette formule générale :

« C'est un principe généralement reconnu du droit des gens que, dans les rapports entre puissances contractantes d'un traité, les dispositions d'une loi interne ne sauraient prévaloir sur celles du traité » (avis du 31 juillet 1930, *Question des communautés gréco-bulgares,* série B, n° 17, p. 32 ; v. aussi : CIJ, avis consultatif du 26 avril 1988, *Obligation d'arbitrage, Rec.* 1988, p. 34-35 ; v. également CIRDI, sentence du 21 févr. 1997, *AMT c. Zaïre* (ARB/93/1), § 5.35).

Plus récemment, la CIJ a confirmé la même règle en ce qui concerne les actes réglementaires :

« La Cour se trouve en présence d'une mesure prise en application de la loi suédoise du 6 juin 1924 sur la protection de l'enfance et de la jeunesse. Il lui faut considérer cette mesure selon ce que la loi suédoise a entendu instituer, la comparer à la tutelle que la Convention de 1902 a réglée et déterminer si l'application et le maintien de ladite mesure à une mineure dont la tutelle relève de cette Convention comporte un manquement à celle-ci. » (Arrêt du 28 novembre 1958, affaire relative à l'*Application de la Convention de 1902 pour régler la tutelle des mineurs* (*Pays-Bas c. Suède*), *Rec.* 1958, p. 65).

Le non-respect de ce principe, indissociable de l'obligation incombant à l'État de prendre les mesures internes, législatives ou réglementaires, nécessaires à l'exécution du traité (v. *supra*, n° 149), est sanctionné par la mise en œuvre de la responsabilité de l'auteur du manquement (v. *infra*, n° 474), le juge international s'interdisant de prononcer l'annulation de l'acte interne incriminé qui est simplement déclaré inopposable aux autres États.

Ainsi par exemple, dans l'affaire précitée de la *Haute-Silésie polonaise,* la CPJI a rappelé qu'elle « n'est certainement pas appelée à interpréter la loi polonaise comme telle ; mais rien ne s'oppose à ce qu'elle se prononce sur la question de savoir si, en appliquant ladite loi, la Pologne agit ou non en conformité avec les obligations que la Convention de Genève lui impose envers l'Allemagne » (série A, n° 7, p. 19 ; dans le même sens v. par exemple l'arrêt de la CIJ du 6 avril 1955 dans l'affaire *Nottebohm (2e phase), Rec.* 1955, p. 4).

Dans une décision du 3 avril 1996, le Président du TPI pour l'ex-Yougoslavie a affirmé que « pour le juge international également, les droits internes peuvent être pertinents tant pour ce qui est du champ normatif que de la force contraignante ». Cette formule passablement obscure doit probablement être interprétée comme signifiant que le juge international peut être appelé à appliquer les normes juridiques nationales si le droit international y renvoie. La décision ajoute aussitôt : « Néanmoins, il reste vrai que, à moins qu'une règle juridique internationale n'autorise expressément ou implicitement le contraire, les juges internationaux ne peuvent pas interpréter les droits internes à la place des juridictions ou autorités administratives nationales. Les juges internationaux peuvent facilement mal comprendre ou mal interpréter les droits nationaux parce qu'ils manquent, généralement, des outils juridiques nécessaires pour les interpréter correctement » (aff. *Blaskic*, IT-95-14-1, § 6, *RGDIP* 1996, p. 1152). Dans la même décision, le Président Cassese insiste néanmoins sur le principe selon lequel « aucun sujet de droit international ne peut s'appuyer sur les dispositions d'une législation nationale ou sur les lacunes de cette législation pour être déchargé de [ses] obligations » internationales (*ibid.* § 7, p. 1152-1153).

L'ORD a également réaffirmé ce principe en soulignant que « le Groupe spécial n'a en l'espèce pas interprété la législation indienne « comme telle » ; il a plutôt examiné la législation indienne à la seule fin de déterminer si l'Inde avait rempli ses obligations au titre de l'Accord sur les ADPIC » (*Brevet*, Rapport de l'Organe d'appel [WT/DS50/ AB/R], 19 déc. 1997, § 66 ; v. également CIRDI, décision sur la compétence du 14 avril 1988, *SPP c. Égypte* [ARB/84/3], § 58-61).

179. Normes conventionnelles et décisions juridictionnelles internes. — L'obligation de mettre en œuvre le traité dans l'ordre interne s'impose à tous les organes de l'État, y compris aux juridictions nationales (v. *supra*, n°s 149 et 151-152). Il en résulte, ici encore, que l'État ne saurait se prévaloir des décisions juridictionnelles internes pour tenir en échec un traité auquel il est partie.

La CPJI, qui a affirmé le principe dans le *dictum* célèbre de son arrêt n° 7 dans l'affaire de la *Haute-Silésie polonaise* (v. *supra*, n° 178), l'a confirmé de manière plus précise, dans son arrêt n° 17 du 13 septembre 1928 relatif à l'*Usine de Chorzow (fond).* Estimant qu'il était impossible « qu'un jugement national pût infirmer indirectement un arrêt rendu par une instance internationale », elle a ajouté :

« Quel que soit l'effet du jugement du Tribunal de Katowice du 12 novembre 1927 du point de vue du droit interne, ce jugement ne saurait ni effacer la violation de la Convention de Genève constatée par la Cour dans son arrêt n° 7, ni soustraire à cet arrêt une des bases sur lesquelles il est fondé. » (Série A, n° 17, p. 33-34).

La question est assez rarement envisagée par les tribunaux internationaux sous l'angle de la compatibilité entre les décisions des juridictions internes et les dispositions d'un traité. La solution se trouve cependant confirmée par de très nombreuses décisions juridictionnelles ou arbitrales internationales qui reconnaissent la responsabilité de l'État du fait de décisions des tribunaux nationaux non conformes à un traité (v. *infra*, n° 474). V. également l'article 4 précité (n° 178) des articles de la CDI sur la responsabilité des États.

B. — Devant le juge communautaire

BIBLIOGRAPHIE. — W. GANSHOF VAN DER MEERSCH, « Communautés européennes et droit international », *RCADI* 1975-V, vol. 148, p. 1-433. — V. CONSTANTINESCO, « La primauté du droit communautaire : mythe ou réalité ? », *Mél. Constantinesco,* 1983, p. 109-123. — J. GROUX et Ph. MANIN, *Les Communautés européennes dans l'ordre international,* Commission des Communautés, Perspectives européennes, Bruxelles, 1984, 166 p. — J. RIDEAU, « Les accords internationaux dans la jurisprudence de la CJCE », *RGDIP* 1990, p. 289-418. — P. KLEIN, « La CJCE et le droit international — De quelques incohérences », *Mél. Waelbroeck*, Bruylant, Bruxelles, 1999, p. 3-18. — G. GAJA, « Trends in Judicial Activism and Judicial Self-Restraint Relating to Community Agreements », *in* E. CANNIZZARO ed., *The European Union as an Actor in International Relations*, Kluwer, La Haye, 2002, p. 117-134. — M. LIČKOVÀ, *La Communauté européenne et le système GATT/OMC*, Pedone, 2005, XVII-201 p. —

A. FENET dir., *Droit des relations extérieures de l'Union européenne*, Litec, 2006, XVI-396 p.

180. Normes communautaires et normes internes. — Ici, le droit communautaire apparaît comme une branche du droit international vis-à-vis des ordres juridiques des États membres. Une jurisprudence bien connue de la Cour de Luxembourg défend très fermement la primauté du droit communautaire sur les règles nationales.

1° *Rapports entre normes communautaires et règles constitutionnelles.* — La primauté des premières est explicitement assurée depuis un arrêt du 17 décembre 1970 :

« L'invocation d'atteintes portées soit aux droits fondamentaux tels qu'ils sont formulés par la constitution d'un État membre, soit aux principes d'une structure constitutionnelle nationale, ne saurait affecter la validité d'un acte de la Communauté ou son effet sur le territoire de cet État » (CJCE, affaire 11/70, *Internationale Handelsgesellschaft, Rec.* 1970, p. 1125 ; 13 décembre 1979, affaire 44/79, *Hauer, Rec.* 1979, p. 3727). Ce qui est vrai d'un acte de la Communauté l'est *a fortiori* des traités constitutifs.

2° *Rapports entre normes communautaires et normes législatives ou réglementaires.* — Une jurisprudence constante affirme la supériorité des règles des Communautés sur les dispositions nationales antérieures et postérieures.

Selon un *dictum* célèbre : « La force exécutive du droit communautaire ne saurait en effet varier d'un État membre à l'autre à la faveur des législations internes ultérieures sans mettre en péril la réalisation des buts du traité... ; les obligations contractées dans le traité instituant la Communauté ne seraient pas inconditionnelles mais seulement éventuelles, si elles pouvaient être mises en cause par les actes législatifs futurs des signataires » (CJCE, 15 juillet 1964, affaire 6/64, *Costa c. ENEL, Rec.* 1964, p. 1141).

Il n'est donc pas nécessaire que la norme législative nationale, contraire à la norme communautaire directement applicable, ait été formellement abrogée pour que le juge national s'abstienne de la mettre en œuvre (CJCE, 9 mars 1978, affaire 106/77, *Administration des Finances c. SA Simmenthal, Rec.* 1978, p. 629 ; cela étant, selon le Conseil d'État français, la mise à l'écart de la loi contraire au droit communautaire n'autorise pas pour autant l'autorité administrative à édicter des dispositions réglementaires qui se substitueraient à la loi, ce qui contribue à atténuer l'autorité interne des normes communautaires lorsque le législateur n'entend pas abroger la mesure législative incriminée : l'administration se trouve alors dans une situation inextricable (v. 27 juillet 2006, *Ass. Avenir de la langue française*, *Droit administratif*, janvier 2007, p. 24).

Aussi les États membres n'ont-ils jamais réussi à échapper à la constatation d'un manquement de leur part à leurs obligations communautaires en utilisant l'argument tiré des obstacles du droit national (lenteur ou mauvaise volonté du législateur interne) : il ne saurait justifier le non-respect du droit communautaire.

3° *Rapports entre normes communautaires et décisions juridictionnelles internes.* — La jurisprudence de la CJCE est longtemps restée discrète sur ce point, qu'elle n'abordait qu'indirectement : soit qu'elle refusât de prendre en compte des arguments fondés sur la jurisprudence nationale, soit qu'elle invitât les juridictions nationales à utiliser plus systématiquement la procédure des questions préjudicielles devant elle ; soit, enfin et surtout, qu'elle récusât les thèses soutenues par certains tribunaux constitutionnels nationaux (affaire 11/70 précitée). Le juge communautaire a indiscutablement franchi un grand pas – même s'il n'a fait ce faisant que rejoindre la jurisprudence internationale classique – en acceptant expressément dans son arrêt *Köbler* du 30 septembre 2003 le « principe de la responsabilité de l'État du fait de la décision d'une juridiction statuant en dernier ressort » (aff. C-224/01, *Rec.*, p. I-10239, § 30-40). La condamnation pour « manquement judiciaire » au droit communautaire est donc désormais possible. La Cour a eu l'occasion de préciser ultérieurement que cette responsabilité incluait les hypothèses de manquement communautaire découlant d'une opération d'interprétation des règles applicables, ou de l'appréciation des faits et des preuves (aff. C-173/03, arrêt du 13 juin 2006, *Traghetti del Mediterraneo*, *Rec.* p. I-5177, § 30 s.).

181. Normes conventionnelles et normes communautaires

BIBLIOGRAPHIE. — H.F. VAN PANHUYS, « Conflict between the Law of the European Communities and Other Rules of International Law », *CMLR* 1965-66, p. 420. — S. MARCUS-HELMONS, « Effets en droit communautaire d'un accord international conclu par un des États membres des Communautés en violation d'un engagement antérieur », *RBDI* 1967, p. 379-403. — E. SCHAEFFER, « Monisme avec primauté de l'ordre juridique communautaire sur le droit international », *ADMA* 1993, p. 565-589.

Par opposition à l'hypothèse précédente, le droit communautaire est considéré comme un droit « interne » face au droit international général. Quelles que soient les hésitations des juridictions nationales sur la nature des normes communautaires, la CJCE doit les considérer comme des normes « internes » à l'ordre juridique dont elle assure le respect.

Si, sous cet angle, la situation juridique est plus simple que devant le juge interne, elle présente cependant une certaine complexité due à la coexistence d'engagements internationaux des États membres et de la Communauté elle-même.

Les engagements — des États membres ou de la Communauté — qui « lient » celle-ci font partie intégrante du droit communautaire, et en constituent des sources formelles (CJCE, 12 décembre 1972, affaires jointes 21 à 24/72, *International Fruit Cy, Rec.* 1972,p. 1219 ; 30 avril 1974, affaire 181/73, *Haegeman, Rec.* 1974, p. 449) ; une réponse inverse s'impose pour les accords qui ne lient que les États membres (CJCE, 14 mai 1974, affaire 4/73, *Nold c. Commission, Rec.* 1974, p. 491 ; 3 juin 2008, affaire C-308/06, *Intertanko*, § 47-52). Dans la mesure où la Communauté a « succédé » aux États membres pour la mise en œuvre de certains traités, les effets juridiques de ces derniers doivent désormais être établis en vertu du droit communautaire et non plus selon les ordres juridiques nationaux : cette solution s'impose pour garantir une application uniforme des conventions qui engagent la Communauté (CJCE, 19 nov. 1975, affaire 38/75, *« Duplications xérographiques », Rec.* 1975, p. 1439). Ainsi en va-t-il, en particulier, de la recherche d'un éventuel effet direct et de l'invocabilité d'une norme internationale en droit communautaire, de nature à faciliter et à favoriser le déclenchement de la procédure préjudicielle de l'article 234 du TCE (267 du TFUE – ex-art. 177 du Traité de Rome ; cf. CJCE, 5 fév. 1976, affaire 87/75, *Bresciani, Rec.* 1976, p. 129 ; 26 oct. 1982, affaire 104/81, *Kupferberg, Rec.* 1982, p. 3641).

La CJCE respecte le principe de primauté du droit international par rapport à son propre ordre juridique « interne ». Mais elle n'a pas encore eu l'occasion ou le souci d'en préciser toutes les conséquences.

1° *Rapports entre normes internationales et traités constitutifs des Communautés européennes.* — La jurisprudence communautaire ne tranche pas, dans son principe, la question du niveau relatif des traités engageant la Communauté par rapport aux traités de Paris et de Rome.

Les traités constitutifs contiennent des dispositions expresses sur certains aspects du problème.

a) S'il s'agit de *traités intéressant les seuls États membres,* dans leurs rapports mutuels : l'article 306 du TCE (art. 350 du TFUE) confirme la survie des unions douanières sous-régionales (Benelux et UEBL : CJCE, 16 mai 1984, aff. 105/83, *Pavkries, Rec.* 1984 p. 2101 ; v. *supra*, n° 172), l'article 292 du même traité (art. 292 du TFUE), faisant application de l'adage *lex posterior derogat priori,* interdit aux États membres d'invoquer des engagements internationaux antérieurs et contraires aux dispositions du TCE (ou du TFUE) en matière de règlement des différends.

De son côté, la jurisprudence pose que les accords antérieurs sont implicitement abrogés, ou au moins inopposables, si cela est nécessaire au bon fonctionnement des traités de base :

« Le Traité CE prime, dans les matières qu'il règle, les conventions conclues avant son entrée en vigueur entre les États membres, y compris les conventions intervenues dans le cadre du GATT qui, lui, reste en vigueur » (CJCE, 27 février 1962, aff. 10/61, *Commission c. Italie, Rec.* 1962, p. 1 ; 7 juin 1973, aff. 82/72, *Walder, Rec.* 1973, p. 599). En principe, il ne devrait pas se poser de problème de compatibilité entre les traités communautaires et des accords postérieurs entre États membres, puisqu'il existe des procédures destinées à prévenir une telle hypothèse. En cas d'échec de la prévention, il conviendrait de reconnaître la primauté des traités constitutifs dans l'ordre juridique communautaire. D'autant que la Cour estime que l'article 307 (alors 234) ne concerne pas cette catégorie de conventions (CJCE, 27 sept. 1988, aff. 235/87, *Matteuci, Rec.* 1988, p. 5589).

b) Les *conventions conclues avec les pays tiers* priment les traités constitutifs lorsque les règles du droit des traités relatives aux traités successifs et celles sur l'effet relatif des conventions internationales imposent cette solution (sur la mise en œuvre du principe dans les traités communautaires, v. *supra*, n° 172).

La jurisprudence de la CJCE l'a confirmé, d'abord à propos du GATT, puis en matière de pêcheries maritimes :

« Ils [les États membres] n'ont pu, par l'effet d'un acte passé entre eux, se dégager des obligations existant à l'égard des pays tiers » (*International Fruit Cy*, précité).

De même, l'arrêt rendu dans l'affaire *Attorney general c. Burgoa* (14 octobre 1980, aff. 812/79, *Rec.* 1980, p. 2787), en ce qui concerne la Convention de Londres de 1964, admet qu'il n'y a pas de modification des droits conventionnels et que la Communauté est tenue de ne pas entraver l'exécution par ses États membres de leurs obligations.

La portée de cette jurisprudence connaît deux limites. En premier lieu, les conventions antérieures ne sont plus opposables à la CE en cas de changement de circonstances — ici, l'évolution du droit des pêches maritimes — reconnu par les États tiers intéressés (CJCE, 8 décembre 1981, aff. 181/80 et aff. jointes 180 et 266/80, *Tome, Rec.* 1981, p. 2961). En second lieu, la primauté du traité conclu par les États membres avec des pays tiers n'est admise que pour les rapports de la Communauté avec les États tiers, et non pas dans ses rapports avec ses États membres ou dans les rapports entre États membres : « En vertu des principes du droit international, un État, en assumant une obligation nouvelle contraire aux droits qui lui sont reconnus par un traité antérieur, renonce par le fait même à user de ces droits dans la mesure nécessaire à l'exécution de sa nouvelle obligation » (aff. 10/61 précitée ; CJCE, 28 janv. 1986, aff. 270/83, *Commission c. France, Rec.* 1986, p. 273 ; 11 mars 1986, aff. 121/85, *Couegate, Rec.* 1986, p. 1007) et « l'obligation des institutions communautaires [de ne pas entraver l'exécution des engagements des États membres] ne vise qu'à permettre à l'État membre concerné d'observer les engagements qui lui incombent en vertu de la convention antérieure » (aff. 817/73 préc.).

La Cour peut faire échec à un engagement international de la Communauté dont elle juge irrégulière la conclusion tout en s'efforçant de limiter les inconvénients concrets de cette solution.

Mise à part son intervention éventuelle à titre préventif (v. *supra*, n° 172, avis 1/91, 1/92 et 2/94 notamment), la CJCE, après avoir admis sa compétence pour dénoncer la base juridique retenue par le Conseil pour approuver un traité mais sans en tirer de conséquence concrète en l'espèce (CJCE, 27 sept. 1988, aff. 165/87, *Commission c. Conseil, Rec.* 1988, p. 5545), a annulé des décisions du Conseil concluant des accords pour défaut de base juridique ; toutefois, dans un souci de sécurité juridique, elle admet le maintien de leurs effets juridiques aussi longtemps que cette irrégularité n'a pas été corrigée (7 mars 1996, aff. C-360/93, *PE c. Conseil, Rec.* p. I-1195 ; v. 9 août 1994, aff. C-327/91, *France c. Commission, Rec.* p. I-3641, qui annule l'acte de conclusion d'un accord avec les États-Unis, et la décision 95/145 du Conseil et de la Commission du 10 avril 1995, assurant rétroactivement la continuité juridique de cet engagement à l'égard du partenaire de la CE), le cas échéant en limitant la période provisoire de maintien des effets juridiques en fonction des délais prévus par le traité pour sa dénonciation (90 jours dans le cas de l'accord dit « PNR » conclu par la CE et les États-Unis : v. CJCE, aff. jointes C-317/04 et 318/04, *PE c. Conseil de l'UE et Commission des CE*, 30 mai 2006, *Rec.* p. I-4721). En outre, par un arrêt du 6 juillet 1995 (*Odigitria c. Conseil et Commission, Rec.* II-2025), le Tribunal de première instance a reconnu qu'un requérant pouvait invoquer l'irrégularité d'un accord conclu par la Communauté à l'appui d'un recours en indemnité (la CJCE a confirmé cette solution par un arrêt du 28 nov. 1996 — aff. C-293/95 P, *Rec.* p. I-61129).

Au demeurant, comme les tribunaux nationaux confrontés au même problème, la Cour préfère éviter la question de principe au prix d'une interprétation conciliante (CJCE, 12 décembre 1983, aff. 218/82, *Commission c. Conseil, Rec.* 1983, p. 4063, à propos des rapports entre le Traité de Rome et la Convention de Lomé II ; v. aussi sa jurisprudence relative aux droits antidumping et antisubventions au regard des codes du GATT, not. 14 juillet 1988, aff. 187/85, *Fediol, Rec.* 1988, p. 4155 ; 30 mai 1989, aff. 355/87, *Commission c. Conseil, Rec.* 1989, p. 1517).

2° *Rapports entre normes internationales et droit communautaire dérivé.* — Les normes internationales plus récentes l'emportent, indiscutablement, sur les normes communautaires et peuvent en conditionner la validité en droit communautaire si un effet direct leur est reconnu (CJCE, *International Fruit Cy,* précité ; 30 avril 1974, aff. 181/73, *Haegeman c. État belge, Rec.* 1974, p. 449). La plupart des solutions données à propos des traités constitutifs peuvent être transposées ici lorsqu'il est démontré que les règles de droit communautaire dérivé sont des mesures d'application conformes au traité.

Par son arrêt du 5 octobre 1994 (affaire « des bananes »), la CJCE a estimé que les particularités du GATT s'opposent à la prise en compte des dispositions de celui-ci dans le cadre du contrôle de la légalité au titre de l'article 173 (devenu l'article 230 depuis l'entrée en vigueur du Traité d'Amsterdam), à moins que la Communauté ait entendu donner effet à une disposition particulière du GATT ou si l'acte communautaire renvoie à des dispositions précises de celui-ci (aff. C-280/93, *Allemagne c. Conseil, Rec.* p. I-4973 — cette condition a été remplie dans l'affaire C-267/94, 14 déc. 1995, *France c. Commission, Rec.* p. I-4845).

La primauté du droit international sur le droit communautaire dérivé plus récent est également vérifiée dans la pratique diplomatique des Communautés européennes (par exemple, déclaration annexée au Protocole de Varsovie de 1982 à la Convention de Gdansk de 1973, relative à la pêche dans la mer Baltique, *in JOCE* n° L. 237, 26 août 1983, p. 12). Comme en ce qui concerne les traités (v. *supra*, 1°), « la primauté des accords internationaux conclus par la Communauté sur les textes de droit communautaire dérivé commande d'interpréter ces derniers, dans la mesure du possible en conformité avec ces accords » (aff. C-61/94, *Commission c. Allemagne, Rec.* p. I-3989). De plus, « lorsqu'une convention internationale permet à un État membre de prendre une mesure qui semble contraire au droit communautaire sans l'y obliger, l'État doit s'abstenir d'adopter une telle mesure » (aff. C-124/95, 14 janv. 1997, *Centro-Com.*, *Rec.* p. 1-81, à propos de la mise en œuvre des sanctions contre la Yougoslavie).

Sur l'attitude des juridictions nationales face aux solutions résultant de la jurisprudence communautaire, v. *supra*, n° 173. Il convient de ne pas en sous-estimer l'importance pratique dans la mesure où les États membres ont le droit et le devoir d'assurer dans leur ordre interne l'application et le respect par les particuliers des engagements internationaux de la Communauté (CJCE, 14 octobre 1980, affaire 812/79, *Burgoa*, *Rec.* 1980, p. 2787).

C. — Devant le juge interne

BIBLIOGRAPHIE. — V. *supra* la bibliographie citée sur les n° 89 et 151. *Adde :* NGUYEN QUOC Dinh, « La jurisprudence française actuelle et le contrôle de la conformité des lois aux traités », *AFDI* 1975, p. 859-887. — P. LAGARDE, « La condition de réciprocité dans l'appréciation des traités internationaux — son appréciation par le juge interne », *RCDIP* 1975, p. 25-44. — G. A. BERMAN, « French Treaties and French Courts », *ICLQ* 1979, p. 458-490. — G. OLMI, « Les rapports entre droit communautaire et droit national dans les arrêts des juridictions supérieures des États membres », *RMC* 1981, p. 178-191, 242-255 et 379-390. — « Droit communautaire et droit français », *EDCE* 1981-1982, p. 217-397. — J.-F. FLAUSS « Le juge administratif français et la Convention européenne des droits de l'homme », *AJDA* 1983, p. 387-401. — S. REGOURD, « L'article 55 de la Constitution et les juges. De la vanité de la clause de réciprocité », *RGDIP* 1983, p. 780-816. — M. WAELBROECK, « Les effets internes des accords internationaux conclus par la CEE », *Mél. Chaumont,* 1984, p. 579-591. — M. DARMON, « Juridictions constitutionnelles et droit communautaire », *RTDE* 1988, p. 217-251. — Colloque de Montpellier 1990, « Le juge administratif français et la Convention européenne des droits de l'homme », *RUDH* 1991, p. 258-377. — L. DUBOUIS, « Le juge français et le conflit entre norme constitutionnelle et norme européenne », *Mél. Boulouis*, p. 205-219. — L. SERMET, *Convention européenne des droits de l'homme et contentieux administratif*, Economica, 1996, 450 p. — M. SASTRE, « La conception américaine de la garantie judiciaire de la supériorité des traités sur les lois », *RGDIP* 1999, p. 147-168. — A. PEYRO LLOPIS, « La place du droit international dans la jurisprudence récente de la Cour suprême des États-Unis », *RGDIP* 2005, p. 609-642. — A. PELLET, « Vous avez dit “monisme” ? Quelques banalités de bon sens sur l'impossibilité du prétendu monisme constitutionnel à la française », *L'architecture du droit, Mélanges en l'honneur de Michel Troper*, Economica, 2006, p. 827-857.

Sur les rapports entre les normes internes et les actes de droit communautaire dérivé, voir *infra*, n° 245.

182. Normes conventionnelles et normes constitutionnelles. — Les juges internes ne pouvant contrôler la conformité de la constitution — qui est leur loi suprême — au traité, seule se pose la question de savoir s'ils acceptent de faire application d'un traité contraire à la constitution.

Cette question est différente de celle posée par le contrôle de la conformité du traité à la constitution, préalablement à son introduction dans l'ordre interne, qu'organisent certaines constitutions et notamment l'article 54 de la Constitution française de 1958 (v. *supra*, n° 93). On se place ici dans l'hypothèse où un tel contrôle n'existe pas ou dans celle dans laquelle il n'a pas été exercé. On rappellera par ailleurs qu'il est toujours loisible au juge interne d'éviter le conflit entre norme constitutionnelle et norme internationale en interprétant l'une ou l'autre de manière à les rendre compatibles. Certaines juridictions nationales précisent d'ailleurs que leur Constitution doit s'interpréter en tenant compte des engagements internationaux de leur État (v. ainsi, s'agissant du Pacte des Nations Unies de 1966, Malawi, High Court, *Kafantayeni v. Attorney General*, 27 avril 2007, *ILM* 2007, p. 564).

Aucune constitution nationale ne confère aux juges la compétence pour invalider ou valider un tel traité, ce qui ne serait, du reste, guère compatible avec le principe de la primauté du droit international, souvent proclamé par la constitution nationale elle-même. Tirant les conséquences de ce principe, de nombreuses constitutions postérieures à 1945 ont admis, implicitement ou explicitement, que des engagements internationaux dérogent à leurs propres dispositions. Conscients de la nécessité de favoriser le développement des organisations internationales, au prix si besoin était de transferts de compétences à des organisations d'intégration, certains constituants — européens, notamment — ont autorisé le gouvernement à conclure des traités qui modifieraient l'équilibre des pouvoirs internes ou limiteraient leur « souveraineté normative ». La création d'organisations d'intégration, en particulier les Communautés européennes, a incité certains pays à modifier ou à compléter leur constitution de manière très explicite. Selon celle des Pays-Bas, « si le développement de l'ordre juridique international l'exige, un accord peut déroger aux dispositions de la Constitution » (art. 63 de la Constitution de 1972, provisoirement maintenu en vigueur en 1983) et « des compétences législatives, administratives ou judiciaires peuvent être attribuées par ou en vertu d'un accord à des organisations internationales » (art. 92). (Dans le même sens, v. l'article 25 *bis* de la Constitution belge, adopté en 1970, et l'article 20, § 1, de la Constitution danoise, adopté en 1953 ou, quoique très ambigus, les articles 14 et 15 de la Constitution russe de 1993). Il convient cependant de noter que, dans toutes ces hypothèses, c'est *la constitution* qui prévoit cette possibilité de déroger à ses propres dispositions — ce qui revient à les amender — par la voie conventionnelle (aux Pays-Bas, « lorsqu'un traité comporte des dispositions qui dérogent à la Constitution ou contraignent à y déroger, les Chambres ne peuvent donner leur approbation qu'aux deux tiers au moins des voix exprimées » — art. 91, § 3).

Dans le cas des pays qui, comme la France depuis 1958, connaissent une procédure de prévention des conflits entre les traités et la Constitution, l'existence de celle-ci — pourtant hypothétique, puisqu'elle dépend d'une initiative discrétionnaire des autorités énumérées par l'article 54 (v. *supra*, n° 93) — encourage les juges ordinaires à ne pas se substituer à un tel contrôle.

Tout va donc dans le sens de la primauté du traité, moins par conviction « théorique » que parce que le juge constate que le pouvoir d'apprécier la conformité des dispositions conventionnelles à la constitution est laissé aux seules autorités compétentes pour ratifier ou pour autoriser cette ratification. Ainsi, la Cour d'appel de Paris a estimé qu'il ne lui appartenait pas de se prononcer « sur la validité [du contenu d'un accord] au regard des dispositions de la Constitution » (18 juin 1968, *Dame Klarsfeld, JCP* 1968.15752) et, dans l'affaire *Touvier*, la Chambre criminelle de la Cour de cassation a rappelé qu'il n'appartient pas aux juridictions de l'ordre judiciaire de se prononcer sur la constitutionnalité des traités (27 février 1990, *Bull.* 1990, p. 251).

Le problème peut toutefois se poser dans les pays où le juge dispose d'un pouvoir de contrôle de la constitutionnalité. Ainsi les juges constitutionnels ouest-allemand et italien ont marqué leur volonté d'établir des bornes à l'habilitation constitutionnelle implicite d'engager l'État par un traité contraire à la constitution (cf. les articles 24 de la Loi fondamentale de la RFA de 1949 et 11 de la Constitution italienne de 1947) : dans leurs décisions respectives des 29 mai 1974 et 25 décembre 1973, ils ont marqué leur souci de sauvegarder les « droits fondamentaux de l'individu » garantis par leur constitution, contre les atteintes éventuelles du droit communautaire (*Cah. dt. eur.* 1975, p. 115-160). Cette jurisprudence ne concerne toutefois que le droit communautaire dérivé et a été abandonnée après sa condamnation par la CJCE conformément à sa jurisprudence constante (v. n° 180-1°).

L'approche du Conseil constitutionnel français semble s'inspirer de celle de ses homologues européens, surtout depuis sa décision du 13 août 1993 portant sur la loi relative à l'immigration (*Rec.*, p. 224). Selon cette jurisprudence, le législateur national ne peut porter atteinte à une exigence constitutionnelle — ici, en matière de droit d'asile — sous prétexte que des garanties moindres auraient été prévues par des conventions internationales « introduites en droit interne ». Aussi, bien qu'un demandeur d'asile puisse se voir refuser l'admission en France, en raison de la compétence concurrente d'un autre État européen fondée sur les conventions de Dublin et de Schengen de 1990 par exemple, la loi française doit maintenir la possibilité pour cet étranger de saisir l'Office français de protection des réfugiés et des apatrides et donc de revendiquer l'admission provisoire au séjour en France. Cette solution, qui garantit un plus haut niveau de protection des droits de la personne, peut être à l'origine d'une contradiction avec le contenu d'un engagement conventionnel, comme le laisse entendre le *dictum* suivant : « Le droit souverain de l'État [d'accorder l'asile politique] à l'égard d'autres parties contractantes à des conventions doit être entendu comme ayant été réservé par le législateur pour assurer le respect intégral de cette obligation ». Il en résulte que le rejet d'une demande d'asile par un autre État partie aux conventions de Dublin et de Schengen ne pouvait dispenser les autorités françaises de procéder à un nouvel examen du dossier sauf à modifier la Constitution, ce qu'à fait la loi constitutionnelle du 19 novembre 1993 qui ajoute un article 53-1 à la Constitution autorisant la République à « conclure avec les États européens qui sont liés par des engagements identiques aux siens en matière d'asile et de protection des droits de l'homme et des libertés fondamentales, des accords déterminant leurs compétences respectives pour l'examen des demandes d'asile qui leur sont présentées ».

Toutefois, par un important arrêt d'assemblée du 3 juillet 1996 (*Koné*, *Leb.* p. 355), le Conseil d'État a fait prévaloir un « principe fondamental reconnu par les lois de la République » sur le texte clair — ou, du moins, sur son silence — d'un traité d'extradition, ce qui paraît impliquer qu'il tient la constitution pour supérieure au traité. Cette position a été confirmée, en 1998, par un autre arrêt, également d'assemblée, selon laquelle le principe de la supériorité des traités « ne s'applique pas aux dispositions de nature constitutionnelle » (30 oct. 1998, *Sarran*, *Leb.* p. 368 ; confirmé par CE, 3 décembre 2001, *Syndicat national de l'industrie pharmaceutique :* le principe de primauté du droit communautaire « ne saurait conduire, dans l'ordre interne, à remettre en cause la suprématie de la Constitution », *Leb.* p. 624). La Cour de cassation a repris l'expression de l'arrêt *Sarran* dans son arrêt *Pauline Fraisse*, rendu en assemblée plénière, le 2 juin 2000 (*RGDIP*, 2000, p. 815). Le Conseil constitutionnel n'a pas tardé à rappeler à son tour que la Constitution se trouvait « au sommet de l'ordre juridique interne », malgré l'existence, en particulier, du principe de primauté du droit communautaire (rappelé à l'article I-6 du projet de Constitution pour l'Europe) – dont l'effet en France découle il est vrai de la Constitution, plus précisément de son article 88-1 (décision du 19 novembre 2004 relative au traité établissant une Constitution pour l'Europe, *Rec.* p. 173).

Cette réserve de constitutionnalité s'articule difficilement avec le fait que le juge administratif ou judiciaire refuse d'exercer le moindre contrôle de la constitutionnalité substantielle des engagements internationaux de l'État français et des lois autorisant la ratification des traités ou l'approbation des accords non soumis à ratification (CE, Sect., 8 juillet 2002, *Commune de Porta*, *Leb.* p. 260). La seule hypothèse où un tel contrôle – subsidiaire et fondé sur une habilitation constitutionnelle – a été admis n'a pas vocation à être généralisé (v. CE, 8 février 2007, *Société Arcelor Atlantique et Lorraine, :* problème de la compatibilité des directives communautaires – dont la transposition est une exigence constitutionnelle, v. *infra*, n° 183 – avec une règle ou un principe de valeur constitutionnelle – v. *RGDIP* 2007, p. 970).

Dans une perspective dualiste, cette réserve de constitutionnalité n'a rien d'incongru (mais la France se réclame du monisme juridique). Néanmoins, cette jurisprudence ne laisse pas de poser de graves problèmes au regard du droit international car la responsabilité internationale de la France risque de s'en trouver engagée ; au surplus, la Haute Juridiction administrative aurait pu se fonder sur le préambule de la Constitution de 1946 pour se montrer plus hardie. On peut certainement voir dans les arrêts *Koné*, *Sarran* et *Commune de Porta* un effet, peut-être pervers, mais prévisible des lacunes dans le mécanisme de contrôle de la constitutionnalité des traités (v. *supra*, n° 93) et de la combinaison des jurisprudences *IVG* du Conseil constitutionnel et *Nicolo* du Conseil d'État (v. *infra*, n° 183) : dès lors que le Conseil constitutionnel ne s'acquitte pas, en amont, de son rôle de gardien de la Constitution, les juridictions administratives et judiciaires se sentent tenues de se substituer à lui, sans en avoir cependant les moyens. En tout cas, se trouve confirmé le principe, éminemment dualiste, selon lequel les traités ont, en France, une valeur supra-législative mais infra-constitutionnelle — ce qui est logique dès lors qu'ils tiennent leur rang dans la hiérarchie des sources de l'article 55 de la Constitution.

Au demeurant, si un traité (ou le droit communautaire dérivé) ne tient pas la Constitution en échec, le Conseil constitutionnel admet qu'un principe constitutionnel puisse être interprété à la lumière d'une directive communautaire, même si celle-ci n'est pas encore transposée en droit français (CC, 18 déc. 1997, *Financement de la Sécurité sociale*, *Rec.* I, p. 723 ; G.E. Schoettl, *AJDA* 1998, p. 127).

183. Normes conventionnelles et normes législatives. — Face à un conflit entre un traité et une loi ordinaire, l'attitude générale du juge interne consiste à s'efforcer de concilier les deux grands principes qui s'imposent simultanément à lui : la primauté du droit international et le respect de la loi. Dans tous les cas, il effectue d'abord cette conciliation par le biais de l'interprétation ; dans plusieurs États ce principe est érigé en véritable règle juridiquement obligatoire car, comme le disait le Procureur général Matter dans des conclusions demeurées célèbres, « il existe en quelque sorte une présomption que la loi n'a pas voulu empiéter sur le traité » (concl. sur Cass. civ., 22 décembre 1931, *Sanchez,* S. 1932.1.257 ; pour les États-Unis, v. l'arrêt de la Cour suprême de 1888, *Whitney v. Robertson,* 124, US 190).

Cependant, cette conciliation n'est pas toujours possible. Il faut alors distinguer le cas où le traité est en conflit avec une loi antérieure, de celui où il est contredit par une loi postérieure.

1° La première hypothèse — *contrariété du traité avec la loi antérieure* — ne pose guère de problèmes. Dans tous les pays, les traités sont reconnus comme ayant une valeur au moins égale à celle des lois ; il en résulte que leurs dispositions l'emportent sur celles des lois antérieures par la simple application du principe *lex posterior priori derogat.*

V. la jurisprudence constante en ce sens des juridictions françaises tant de l'ordre judiciaire (Cf. Cass. req., 25 juillet 1887, *D.* 1888.1.5, n. Sarrut ; ou Cass. crim., 13 décembre 1983, *Skandar,* Bull. p. 880) que de l'ordre administratif (cf. CE, 23 décembre 1949, *Sté Cominfi, Leb.* p. 670 ou CE, Ass., 7 juillet 1978, *Croissant, Leb.* p. 292).

2° L'hypothèse inverse d'une *loi postérieure contredisant un traité antérieur* pose des problèmes infiniment plus complexes. Si, en effet, le traité est considéré comme ayant simplement « force de loi », l'égalité entre les deux normes, combinée au principe *lex posterior,* imposerait au juge de sacrifier le traité au profit de la loi postérieure.

Malgré l'atteinte flagrante ainsi portée au principe de la primauté du droit international, telle est la solution qui est couramment appliquée dans les États dans lesquels les traités ne reçoivent leur force obligatoire dans l'ordre interne qu'au moyen d'une loi qui en reproduit le contenu (v. *supra*, n° 147) et qu'avait consacrée en France la « doctrine Matter » (précitée) lorsque la loi était manifestement incompatible avec le traité antérieur ou comportait une déclaration formelle montrant qu'elle entendait y déroger.

Dès avant 1946, la jurisprudence judiciaire était cependant hésitante. (Dans le sens de la doctrine Matter, v. par exemple Cass. req., 17 janvier 1922, *S.* 1922.1.225 ; mais *contra* Cass. 15 juillet 1811, de *Champeaux-Grammont, S.* 1811.1.377).

Cette solution n'est pas acceptable lorsque la constitution nationale reconnaît expressément la supériorité du traité sur la loi comme c'est le cas, par exemple, en RFA (article 25 de la Loi fondamentale) ou aux Pays-Bas (article 63 de la Constitution révisée en 1956 et provisoirement maintenu en vigueur en 1983) (v. textes *supra,* n° 44). Toutefois, malgré ces invitations constitutionnelles à faire prévaloir le traité sur la loi, sans distinction selon la date d'entrée en vigueur de celle-ci, les juges internes marquent parfois à cet égard des réticences critiquables.

Un exemple en est donné par la jurisprudence traditionnelle des États-Unis qui, malgré la clause de suprématie figurant dans l'article 6 de la Constitution de 1787, a toujours interprété celle-ci comme signifiant que les traités l'emportaient sur les seules lois contraires antérieures (cf. *Whitney v. Robertson, 124 US 190,* 194 (1888) ou *Reid v.* Covert *354 US* 1, 18 (1957) ; pour des réaffirmations récentes particulièrement claires de cette interprétation, v. CA District de Columbia, 30 novembre 1979, *ILM* 1979.1488 ; Tribunal du district Sud de New York, jugement du 29 juin 1986 dans l'affaire *États-Unis c. OLP* — v. *JDI* 1989, p. 329, n. Pinto ou Cour suprême, 14 avr. 1998, *Breard et Paraguay* : « Bien que notre Constitution reconnaisse les traités comme la loi suprême du pays, ce statut ne caractérise pas moins les dispositions constitutionnelles elles-mêmes »), étant entendu que, dans toute la mesure du possible, la loi, mais aussi la Constitution, doivent être interprétées dans un sens compatible avec le traité (*ibid.* ainsi que Cour suprême, 1804, *Murray c. The Charming Betsy* GUS (2 Cranch) 64 et 118 [1804], et 2003, *Lawrence v. Texas*, qui s'appuie sur le droit conventionnel international et la jurisprudence de la Cour européenne des droits de l'homme pour justifier l'abandon d'une jurisprudence de 1986 et rejeter une disposition de la Constitution du Texas en matière de relations homosexuelles, cité *in AJIL* 2003, p. 683-684). De même la Constitution sud-africaine de 1993, qui se rallie à l'approche « moniste », si elle représente un net progrès quant à la prise en compte des normes internationales par le droit interne, affirme explicitement la primauté des normes *constitutionnelles* nationales vis-à-vis des engagements internationaux (art. 231, § 3). Tandis que la primauté des lois nationales n'est assurée qu'à l'encontre des normes coutumières internationales (art. 231, § 4). Au contraire, en Belgique, la Cour de cassation a reconnu clairement la primauté du traité régulièrement ratifié et publié sur la loi, même postérieure, par un célèbre arrêt du 27 mai 1971 (*Le Ski*, *Pasicrisie belge*, 1971.I.886).

En France, la supériorité des traités sur les lois a été consacrée par les articles 26 et 28 de la Constitution de 1946 :

« Les traités diplomatiques régulièrement ratifiés et publiés ont force de loi dans le cas même où ils seraient contraires aux lois internes... » (art. 26).
« Les traités diplomatiques régulièrement ratifiés et publiés ayant une autorité supérieure à celle des lois internes, leurs dispositions ne peuvent être abrogées, modifiées, suspendues qu'à la suite d'une dénonciation régulière notifiée par voie diplomatique » (art. 28).

L'article 55 de la Constitution de 1958 a confirmé ce système :

« Les traités ou accords régulièrement ratifiés ou approuvés ont, dès leur publication, une autorité supérieure à celle des lois, sous réserve, pour chaque accord ou traité, de son application par l'autre partie. »

a) La jurisprudence s'est cependant montrée hésitante : alors que, conformément aux exigences constitutionnelles, les juridictions de l'ordre judiciaire font prévaloir le traité sur toute loi contraire, antérieure ou postérieure, le Conseil d'État s'y est longtemps refusé en ce qui concerne les lois postérieures.

La *Cour de cassation*, tout en penchant dans le sens de la supériorité du traité (cf. Cass. crim. 29 juin 1954, *Bull.* p. 407 ; Ch. réunies, 16 novembre 1966, *Sté. Ever Ready., JDI* 1967.624 ou Crim., 22 octobre 1970, *Ramel, D.* 1971.221, rapp. Mazard), s'est, dans un premier temps montré prudente (v. A. Blondeau *in* SFDI, Colloque de Grenoble, *L'application du droit international par le juge français,* Armand Colin, 1972, p. 56-62). Toute ambiguïté a été levée par l'arrêt de principe rendu par la Chambre mixte de la Cour de cassation le 24 mai 1975, dans l'affaire *Administration des douanes c. Sté « Cafés Jacques Vabre » (Bull.,* p. 6).

Dans cette affaire, la Cour de cassation, qui a fait prévaloir des dispositions du droit communautaire dérivé sur une loi française ultérieure, a déclaré « que le Traité du 25 mars 1957, qui, en vertu de l'article (55) de la Constitution, a une autorité supérieure à celle des lois, institue un ordre juridique propre intégré à celui des États membres ».

Cette prise de position particulièrement nette a été favorisée par la décision du *Conseil constitutionnel* du 15 janvier 1975 relative à la loi portant interruption volontaire de la grossesse, par laquelle il s'est refusé à apprécier la conformité de la loi à la Convention européenne des droits de l'homme et, du même coup, à intégrer les traités dans le « bloc de la constitutionnalité ». Les juges judiciaires, qui, conformément à la tradition héritée de la Révolution française, répugnent à exercer un quelconque contrôle de la constitutionnalité, y ont vu un encouragement pour appliquer pleinement l'article 55 de la Constitution.

Bien que, dans l'affaire *Société « Cafés Jacques Vabre »,* elle eût invoqué, conjointement, l'article 55 et le caractère « spécifique » du droit communautaire, la Cour de cassation a depuis lors constamment appliqué cette jurisprudence, même en matière non communautaire (v. par ex. : Cass. crim., 30 juin 1976, *Glaeser, Bull.* p. 620 : Cass., ass. plénière, 14 octobre 1977, *Bloch, D.* 1978, 417 ; Crim., 3 juin 1988, *Barbie, Bull.* p. 637 ; Ass. plénière, 21 déc. 1990, *Directeur général des impôts, Bull.* 1991, p. 29 ; Cass. civ. 1re, 26 mars 1996, *Richemont, Bull.* I, p. 106 ; Crim. 22 janv. 1997, *Richemont, Bull.* p. 79).

De même le Conseil constitutionnel a constamment réaffirmé son refus de procéder au contrôle de la conformité des lois aux traités (v. not. CC, 17 juillet 1980, *Rec.* p. 36 ; 29 déc. 1989, *Rec.* p. 110 ; 23 juillet 1991, *Rec.* p. 77 ; 25 juillet 1991, *Rec.* p. 91), quoique la formulation de sa décision du 2 septembre 1992 (*Traité de Maastricht* — *Rec.* p. 76) aie pu laisser espérer un revirement de jurisprudence. La décision du Conseil constitutionnel, du 13 août 1993, rendue à propos de la loi relative à l'immigration paraît le confirmer. Tout en rappelant que « l'appréciation de constitutionnalité [d'une loi] ne saurait être tirée (...) de la conformité de la loi avec les stipulations des conventions internationales, mais résulte de la confrontation de celle-ci avec les seules exigences de caractère constitutionnel », le Conseil exprime avec force qu'une limitation d'origine conventionnelle — ici, la Convention de Genève de 1951 sur les réfugiés — à une norme législative (le droit de refuser l'admission d'un demandeur d'asile) « doit s'entendre comme concernant l'ensemble des stipulations de cette convention susceptibles d'être appliquées ; à défaut, la loi méconnaîtrait les dispositions de l'article 55 de la Constitution » ; toutefois, le Conseil ne confronte pas réellement la loi au traité ; il se borne à « avertir » que celle-ci doit être interprétée « sous réserve des dispositions » du traité (*Rec.* p. 224) et, pour l'instant, sa jurisprudence semble bien fixée : « s'il revient au Conseil constitutionnel (...) de s'assurer que la loi respecte le champ d'application de l'article 55, il ne lui appartient pas en revanche d'examiner la conformité de la loi aux stipulations d'un traité ou d'un accord international » (5 mai 1998, *Loi relative à l'entrée et au séjour des étrangers*, *RGDIP* 1998, p. 577). En revanche, dans le cadre du contentieux électoral, le Conseil constitutionnel se réserve la possibilité de statuer lui-même sur la conformité d'une loi à un traité (CC, 21 oct. 1988, *Élections du Val-d'Oise, Rec.* p. 183). Cette jurisprudence a régulièrement été rappelée depuis lors, par exemple dans la décision du 3 août 1993 relative au statut de la Banque de France (*Rec.* p. 208). Il résulte cependant de sa motivation que ce refus est justifié par le fait que le Traité de Maastricht n'était pas entré en vigueur. Désormais, il devient possible d'invoquer non plus seulement l'article 55 de la Constitution mais également l'article 88-2, introduit en 1992 et qui renvoie au Traité de Maastricht de 1992. Le potentiel de cette approche dépendra donc de l'audace du Conseil constitutionnel. Celui-ci a récemment assoupli sa jurisprudence classique à l'égard des directives communautaires, en acceptant de contrôler la conformité des lois de transposition. La transposition des directives étant devenue une exigence constitutionnelle depuis sa décision du 10 juin 2004 (n° 2004-496 DC, *Loi pour la confiance dans l'économie numérique*, *Rec.* p. 101), le Conseil considère en effet qu'une loi manifestement incompatible avec la directive qu'elle transpose viole par là même la Constitution (v. ses décisions 2006-535 DC du 30 mars 2006, *Loi pour l'égalité des chances*, *Rec.* p. 50, et 2006-540 DC du 27 juillet 2006, *Loi relative au droit d'auteur*, *Rec.* p. 88, ainsi que 2006-543 DC du 30 novembre 2006, *Loi relative au secteur de l'énergie, Rec.* p. 120 ; v. *infra*, n° 245).

Pour sa part, le *Conseil d'État* s'est longtemps refusé à faire prévaloir un traité sur une loi contraire postérieure (v. CE, 1er mars 1968, *Syndicat général des fabricants de semoules de France, Leb.* 149 ; CE, Ass., 22 octobre 1979, *Union démocratique du travail, Leb.* 384 ; ou CE, Ass., 13 mai 1983, *SA « René Moline », Leb.* 191).

Le Conseil d'État justifiait sa position par le fait qu'il lui appartient d'appliquer la loi et non de censurer le législateur. Cette position a cependant été l'objet de graves critiques ; on lui a reproché, en particulier, de n'être compatible ni avec les dispositions constitutionnelles, ni avec le principe de la supériorité du droit international. Au surplus, la solution retenue par les juridictions de l'ordre judiciaire — qui ne crée pas de difficultés particulières — ne consiste aucunement à annuler la loi contraire au traité mais à en écarter l'application dans le cas d'espèce qui leur est soumis.

Par un arrêt d'Assemblée exceptionnellement important en date du 20 octobre 1989, le Conseil d'État est revenu sur sa jurisprudence antérieure et a constaté que la loi du 7 juillet 1977 relative aux élections au Parlement européen « n'est pas incompatible avec les stipulations claires (...) du Traité de

Rome », ce qui signifie que, l'eût-elle été, il aurait refusé d'en faire application (CE, Ass. 20 oct. 1989, *Nicolo, Leb.*, p. 748).

Comme la Cour de cassation dans l'arrêt *Société Café Jacques Vabre,* le Conseil d'État, dans l'arrêt *Nicolo* vise expressément l'article 55 de la Constitution, manifestant ainsi son refus d'affirmer la spécificité du droit communautaire. Il est intéressant que la disposition constitutionnelle ne soit pas visée dans un arrêt ultérieur appliquant la jurisprudence *Nicolo* aux règlements communautaires (CE, 24 sept. 1990, *Boisdet, Leb.* p. 251. Par un nouvel arrêt d'Assemblée, le Conseil d'État a également, peu après, étendu l'application de la jurisprudence *Nicolo* aux traités non communautaires (CE, Ass., 21 déc. 1990, *Confédération nationale des associations familiales catholiques, Leb.* p. 369, concl. Stirn). Cette jurisprudence, bien accueillie par la doctrine, est cependant en porte-à-faux par rapport au refus traditionnel des juridictions françaises d'effectuer un contrôle de constitutionnalité, fonction réservée par la Constitution de 1958 au Conseil constitutionnel ; toutefois, aussi longtemps que celui-ci maintiendra sa regrettable jurisprudence de 1975 (v. *supra*), tel est le seul moyen d'assurer la mise en œuvre effective de l'article 55 de la Constitution.

L'une des conséquences concrètes de la jurisprudence *Nicolo* est que le gouvernement est fondé à ne pas adopter les décrets d'application d'une loi incompatible avec une directive communautaire antérieure (CE, 24 fév. 1999, *Association de patients de la médecine d'orientation anthroposophique, Leb.* p. 29). Le juge administratif a récemment tiré par ailleurs la conséquence normale de la supériorité reconnue aux traités sur la loi en admettant, dans un arrêt d'Assemblée du 8 février 2007, *Gardedieu*, la responsabilité de l'État du fait des lois contraires à un traité. Dans un considérant de principe dépourvu d'ambiguïté, le Conseil a estimé que « la responsabilité de l'État du fait des lois est susceptible d'être engagée (...) en raison des obligations qui sont les siennes pour assurer le respect des conventions internationales par les autorités publiques, pour réparer l'ensemble des préjudices qui résultent de l'intervention d'une loi adoptée en méconnaissance des engagements internationaux de la France » (n° 279522, *Leb.* p. 78).

On notera toutefois, à titre de tempéraments à apporter à la jurisprudence *Nicolo,* que le juge administratif refuse d'envisager l'incompatibilité entre une loi et une norme conventionnelle comme une question d'ordre public qu'il devrait soulever d'office (CE, 6 décembre 2002, *Maciolak*, n° 239540, *Leb.* p. 426), de même qu'il refuse de considérer que la contrariété alléguée d'une loi à une convention internationale puisse en principe créer un doute sérieux quant à la légalité d'un acte administratif dont la suspension est demandée au juge des référés (CE [référé], 21 octobre 2005, *Association Aides et autres*, n° 285577, *Leb.* p. 438).

b) Les juridictions de l'ordre judiciaire et de l'ordre administratif se retrouvent dans leur refus commun de contrôler la réalisation de la condition de réciprocité introduite par l'article 55, précité, de la Constitution de 1958.

En dépit de quelques hésitations, ceci ressort de la jurisprudence tant du *Conseil d'État* que de la *Cour de cassation* (cf. CE, Ass., 29 mai 1981, *Rekhou, Leb.* 219 ; CE, 27 février 1987, *Ministre du Budget c. Nguyen Van Giao, Leb.* p. 77 ; 9 avr. 1999, *Chevrol-Benkeddach, Leb.* p. 115 ; Cass. crim., 24 juin 1972, *Males, JCP* 1973.II.17.457). Toutefois, alors que le Conseil d'État renvoyait, traditionnellement, pour interprétation au ministre des Affaires étrangères, la Cour de cassation a estimé qu'« en l'absence d'initiative prise par le Gouvernement pour dénoncer une convention ou suspendre son application, il n'appartient pas aux juges d'apprécier le respect de la condition de réciprocité prévue dans les rapports entre États par l'article 55 de la Constitution du 4 octobre 1958 » (Cass. civ. 1re, 6 mars 1984, *Kryla, RGDIP* 1985.358). La Cour européenne des droits de l'homme a récemment condamné cette pratique, en considérant que le fait de s'en remettre à l'appréciation du ministre des Affaires étrangères et de ne pas exercer de contrôle juridictionnel sur la réalisation de la condition de réciprocité constituait une violation du droit à un procès équitable (CEDH, 13 février 2003, *Chevrol c. France*, n° 49636/99, CEDH 2003-III, § 76-84). La Cour transpose ce faisant à la condition de réciprocité sa jurisprudence *Beaumartin c. France* du 24 novembre 1994 (Série A n° 296-B), relative à l'interprétation des traités (s'agissant de la position des juridictions françaises de ce dernier point de vue, v. *supra*, n° 151, 3°). Cette décision de la CEDH devrait conduire les juridictions françaises à faire évoluer leur position. Il semblerait d'ailleurs que certaines en aient d'ores et déjà tiré les conséquences idoines (v. le commentaire de G. Pellissier de CAA de Versailles, 8 octobre 2007, *M. Mvuala Zola*, *AJDA*, 14 janvier 2008, p. 29-31).

Pour sa part, après avoir utilisé des formules plus ambiguës (cf. CC, 15 janvier 1975, préc., et 30 décembre 1975, *Rec.* p. 26), le *Conseil constitutionnel* a estimé, dans sa décision du 30 décembre 1980 relative à la loi de finances pour 1981, que « la règle de réciprocité posée à l'article 55 de la Constitution, si elle affecte la supériorité des traités ou accords sur les lois, n'est pas une condition de la conformité des lois à la Constitution » (*Rec.* p. 53). En revanche, le Conseil s'assure que la condition de réciprocité imposée par le 15e alinéa du préambule de la Constitution de 1946 est remplie ; mais il se borne pour cela à vérifier que le traité n'entre en vigueur qu'après le dépôt du dernier instrument de ratification (cf. les décisions du 19 juin 1970, *Rec.* p. 15 et du 9 avril 1992, *Rec.* p. 589). Il s'agit donc d'un contrôle purement formel, au surplus formulé de façon maladroite et qui pourrait poser problème, en dehors du cadre communautaire, s'agissant de traités multilatéraux susceptibles d'entrer en vigueur du fait de la ratification par un petit nombre de signataires.

Au surplus, dans sa décision du 22 janvier 1999 relative au Statut de la CPI, le Conseil constitutionnel a considéré que, eu égard à leur objet, les obligations nées de tels engagements « s'imposent à chacun des États parties indépendamment des conditions de leur exécution par les autres parties ; qu'ainsi la réserve de réciprocité mentionnée à l'article 55 de la Constitution n'a pas lieu de s'appliquer » (§ 12, *Rec.* p. 33).

184. Normes conventionnelles et normes administratives. — Les conflits entre un traité et un acte administratif (individuel ou réglementaire) sont faciles à régler. Même en s'en tenant au principe de l'égalité entre le traité et la loi, la hiérarchie des normes internes confère aux juges internes les pouvoirs nécessaires pour faire prévaloir le traité sur un acte administratif contraire qui doit être assimilé à un acte illégal.

En France, le recours pour excès de pouvoir en vue de l'annulation d'un tel acte par le juge administratif est recevable ; la violation du traité est admise comme un cas d'ouverture constituant une branche du moyen tiré de la violation de la loi depuis l'arrêt du Conseil d'État du 30 mai 1952 (*Dame Kirkwood*, *Leb.* 291 ; en l'espèce, le recours était dirigé contre un décret ; v. aussi CE, Ass. 24 juin 1977, *Astudillo Calleja*, Leb. 190 ; ou CE, Ass., 8 avril 1987, *ministre de l'Intérieur c. Peltier*, *Leb.* p. 128). Cependant, en application de la théorie des actes de gouvernement, le Conseil d'État déclare irrecevable tout recours dirigé contre un acte administratif d'exécution d'une convention qui ne serait pas détachable de celle-ci (CE, 28 mai 1937, *Decerf*, *Leb.* 534 ; 14 janvier 1959, *Société française d armement*, *Leb.* p. 42). En revanche, il considère que les dispositions d'une convention (en l'espèce celle de 1989 sur les droits de l'enfant), qui ne présentent pas un caractère *self-executing* (v. *supra*, n° 149) « ne peuvent être utilement invoquées à l'appui de conclusions tendant à l'annulation d'une décision individuelle ou réglementaire » (Sect., 23 avril 1997, *GISTI*, *Leb.*, p. 142). Tirant les conséquences logiques de l'assimilation du traité à la loi, cette même juridiction a admis le droit à réparation d'un particulier en cas de rupture de l'égalité devant les charges publiques résultant de la conclusion d'un traité (CE, 30 mars 1966, *Cie générale d'énergie radioélectrique*, *Leb.* 257 ; CE, 29 octobre 1976, *Ministre des Affaires étrangères c. csorts. Burgat*, *Leb.* p. 452 ; CE, 26 mars 2003, *M. Jolivet*, *RGDIP* 2004 p. 540).

De son côté, la Cour de cassation assimile le moyen de cassation tiré de la violation d'une convention à celui de violation de la loi (Cass. civ., 11 févr. 1890, *Casanova, S.* 1891.1.109, concl. Ronjat ; Ch. réunies, 16 nov. 1966, *Bull.* p. 5).

CHAPITRE IV

Fin des normes conventionnelles

185. Plan du chapitre. — L'objet du présent chapitre est d'étudier non seulement la fin du traité, en tant que source, mais aussi, plus généralement, celle des normes conventionnelles, ce qui inclut l'ensemble des mesures qui, à des degrés divers, portent atteinte à la « vie » du traité : sa modification aussi bien que sa suspension ou son extinction. Seule cette dernière concerne l'existence du traité lui-même alors que la modification et la suspension produisent leurs effets sur son contenu, les normes qu'il contient, ou son application, tout en le laissant subsister.

Plus encore que le reste du droit des traités, la matière est caractérisée par une très grande absence de formalisme (cf., à propos de la dénonciation par l'Inde de l'Acte général d'arbitrage de 1928, CIJ, arrêt du 13 déc. 1999, *Incident aérien du 10 août 1998*, *Rec.* p. 25, § 28). La Convention de Vienne est donc très discrète sur ce point et s'abstient de toute allusion au principe de « l'acte contraire ». Ce souci de souplesse se manifeste également à propos du respect des exigences du droit interne des États, comme condition de validité de l'expression de volonté au plan international. Prenant acte du fait que les dispositions constitutionnelles sont beaucoup moins explicites quant à la terminaison des traités qu'en ce qui concerne leur conclusion, le droit international s'attache simplement ici à exiger que le consentement de l'État soit exprimé par une autorité compétente pour le représenter.

Bien entendu, ceci ne préjuge pas la solution qui peut être donnée au problème par le droit constitutionnel des États parties. Ainsi, l'article 28 de la Constitution française de 1946 exigeait que le Parlement donne son consentement à la dénonciation d'un traité dont il avait autorisé la ratification ; la Constitution de 1958 n'a pas maintenu cette exigence. Le problème du parallélisme des formes s'est fréquemment posé aux États-Unis ; par son arrêt du 19 novembre 1979, la Cour d'appel du District de Columbia a admis que le Président des États-Unis avait pu dénoncer seul le Traité de défense du 2 décembre 1954 avec Formose et que la Constitution n'impose pas de suivre en matière de dénonciation des traités une procédure symétrique à celle nécessaire à leur conclusion (*Goldwater v. Carter, ILM* 1979.1488). La Cour suprême a esquivé la question dans son arrêt rendu dans la même affaire le 13 décembre 1979 (*ILM* 1980.239).

Il est important de souligner que la modification, la suspension ou l'extinction concernent la « vie » (et la « mort ») de l'instrument conventionnel et, à ce titre, elles relèvent du droit des traités. Elles ne sont pas, pour autant, dépourvues de tout lien avec le droit de la responsabilité internationale en ce sens que si ces opérations ne sont pas menées conformément à ce droit des traités, la responsabilité de leur auteur (ou de leurs auteurs) se trouvera engagée à l'égard de l'autre ou des autres parties contractantes. Ceci a été clairement rappelé par la CIJ dans l'affaire hongaro-slovaque du *Projet Gabčíkovo-Nagymaros* :

« C'est au regard du droit des traités qu'il convient de déterminer si une convention est ou non en vigueur, et si elle a ou non été régulièrement suspendue ou dénoncée. C'est en revanche au regard du droit de la responsabilité des États qu'il y a lieu d'apprécier dans quelle mesure la suspension ou la dénonciation d'une convention qui serait incompatible avec le droit des traités engage la responsabilité de l'État qui y a procédé.

« Ainsi, la Convention de Vienne de 1969 sur le droit des traités se borne à définir — de façon limitative — les conditions dans lesquelles un traité peut, de façon licite, être dénoncé ou suspendu ; les effets d'une dénonciation ou d'une suspension qui ne satisferait pas à ces conditions sont par contre expressément exclus du champ de l'application de la convention par le biais de son article 73 » (arrêt du 25 septembre 1997, *Rec.* p. 38, § 47).

Sur les relations entre droit des traités et droit de la responsabilité, v. la bibliographie citée *supra* sur le n° 114.

Bien que la modification et la suspension aient un objet commun, en ce sens qu'elles portent sur les normes du traité et non sur la source qu'il constitue, le régime juridique de la suspension et celui applicable à l'extinction sont très proches, ce qui justifie qu'ils soient examinés conjointement par opposition à celui de la modification du traité, qui exige un examen distinct.

Section 1

Modification des traités

BIBLIOGRAPHIE. — M. Radoikovitch, *La révision des traités et le Pacte de la SdN,* Pedone, 1930, 353 p. — A. Wigniole, *La SdN et la révision des traités,* Rousseau, 1932, 324 p. — H. Kelsen, « Contribution à l'étude de la révision juridico-technique du Pacte de la SdN », *RGDIP* 1937, p. 625-680 et 1938, p. 5-43. — S. Eengel, « Les clauses de révision dans les traités multilatéraux », *RDILC* 1939, p. 529-708. — E. Giraud, « La révision de la Charte des Nations Unies », *RCADI* 1956-III, vol. 90, p. 311-407 et « Modification et terminaison des traités collectifs », *Ann. IDI* 1961-I, vol. 49, p. 5-153. — R. Yakemtchouk, « La révision des traités multilatéraux en droit international », *RGDIP* 1956, p. 337-400. — M. Lachs, « Le problème de la révision de la Charte des Nations Unies », *RGDIP* 1957, p. 51-70 — G. Scelle, « Théorie juridique de la révision des traités », *Mél. Basdevant,* 1960, p. 473-488. — H.J. Lambers, « Les clauses de révision des traités instituant les Communautés européennes », *AFDI* 1961, p. 593-631. — J. Leca, *Les techniques de révision des conventions internationales,* LGDJ, 1961, 330 p. — H.J. Schlochauer, « Quelques aspects de la révision de la Charte des Nations Unies », *RGDIP* 1961, p. 20-39. — J. Nisot, « Les amendements à la Charte des Nations Unies et leur mise en œuvre », *RBDI* 1966, p. 321-331 ; P. de Visscher, « Les premiers amendements apportés à la Charte de l'ONU », *ibid.* p. 332-353. — A. Poch de Caviedes, « De la clause *rebus sic stantibus* à la clause de révision des conventions internationales », *RCADI* 1966-II, vol. 118, p. 109-208. — R. Zacklin, *The Amendment of the Constitutive Instruments of the United Nations and Specialized Agencies,* Sijthoff, Leyde, 1968, 232 p. — J. Dehaussy, commentaire des articles 108 et 109, *in* J.-P. COT, A. PELLET et M. FORTEAU dir., *La Charte des Nations Unies*, Economica, 3e éd., 2005, p. 2192-2228. — J. A. FROWEIN, « Are there Limits to the Amendment Procedures in Treaties Constituting International Organizations ? », *Mél. Seidl-Hohenveldern* (II), p. 201-218. — R. KOLB, « La modification d'un traité par la pratique subséquente des parties », *RSDIE* 2004, p. 9-32. — B. DE WITTE, « Treaty Revision in the European Union : Constitutional Change Through International Law », *NYIL* 2004, p. 51-83. — Commentaire des articles 39 à 41 *in* O. CORTEN et P. KLEIN (dir.), *Les conventions de Vienne sur le droit des traités. Commentaire article par article*, Bruylant, Bruxelles, 2006, vol. 2, p. 1523-1591.

186. Notion. — 1° *Terminologie — Modification, amendement, révision.* — La partie IV de la Convention de Vienne est intitulée « Amendement et modification des traités ». Suivant la CDI, elle a écarté délibérément le terme *« révision »,* en raison de la « nuance » politique qu'il avait prise durant l'entre-deux-guerres en liaison avec l'article 19 du Pacte de la SdN. En réalité, on rencontre fréquemment le mot « révision » dans la pratique contemporaine, sans qu'aucune « nuance » particulière lui soit attribuée. Il désigne souvent (mais pas toujours) une modification générale touchant l'ensemble des dispositions du traité, par opposition à l'*amendement,* qui vise une modification partielle. La Charte des Nations Unies, qui adopte cette distinction, a institué deux procédures séparées, l'une pour les amendements à ses dispositions, et l'autre pour sa révision (art. 108 et 109).

D'autre part, tout en adoptant le terme *« modification »,* la Convention de Vienne, suivant ici encore la CDI, s'en sert uniquement pour désigner une modalité particulière de changement apporté au traité multilatéral (art. 41). Cette initiative jette un nouveau trouble dans la terminologie traditionnelle selon laquelle le mot « modification » est un terme générique recouvrant à la fois l'amendement partiel et la révision générale.

Sans suivre la CDI et la Convention de Vienne, on considère dans la présente section que les trois termes « modification », « amendement » et « révision » sont juridiquement équivalents, ce qu'admet par exemple l'article 309 du TCE (art. 354 du TFUE).

2° *Adaptation aux changements de circonstances.* — Le traité traduit l'équilibre des obligations que les parties ont acceptées dans des circonstances déterminées. Celles-ci évoluent et il faut éviter de figer les rapports entre les États contractants et pouvoir les modifier. Dans cette perspective générale, plusieurs approches sont possibles, qui ne sont pas forcément liées aux techniques du droit des traités.

On peut, par exemple, songer à organiser l'intervention d'une autorité politique internationale. L'article 19 du Pacte de la SdN disposait :

« L'Assemblée peut, de temps à autre, inviter les membres de la Société à procéder à un nouvel examen des traités devenus inapplicables, ainsi que des situations dont le maintien pourrait mettre en péril la paix dans le monde. » Il ressort de ce texte qu'avant d'adresser aux membres l'invitation qu'il prévoit, l'Assemblée devait au préalable constater que les traités en cause étaient « devenus inapplicables », ce qui équivalait pratiquement à la constatation d'un changement des circonstances (v. l'avis du Comité des juristes du 28 septembre 1921 sur les conditions d'application de cet article 19). Cette solution « superétatique » n'a reçu aucune application pratique en raison de l'exigence du vote à l'unanimité au sein de la SdN (même si cette unanimité n'était que relative, les voix des parties ne devant pas être prises en considération). En se basant sur cet article, la Chine avait vainement demandé, en 1929, le réexamen des « traités inégaux » conclus avec les puissances occidentales. En 1921, les demandes similaires de la Bolivie relatives à deux traités conclus avec le Pérou avaient été jugées irrecevables.

L'idée profonde des rédacteurs du Pacte était que le maintien d'une paix durable dépendrait de la possibilité de réaliser le changement pacifique *(peaceful change)* des situations politiques établies, chaque fois qu'elles deviendraient incompatibles avec les réalités nouvelles de la vie internationale. Sous cette forme, elle n'a pas été reprise par la Charte des Nations Unies d'où cependant des préoccupations voisines ne sont pas absentes ; en témoignent, par exemple, la possibilité reconnue à l'Assemblée générale de « recommander les mesures propres à assurer l'ajustement pacifique de toute situation » (art. 14 — v. *infra*, n° 203) ou de promouvoir le « développement progressif du droit international » (art. 13 — v. *infra*, n° 215). De même, et toujours hors du droit des traités, une modification coutumière des dispositions conventionnelles est possible (v. *infra*, n° 188).

Par ailleurs, certaines techniques propres au droit des traités peuvent aboutir à des modifications des obligations conventionnelles, en l'absence même de toute révision : réserves (v. *supra*, n° 108 s.), interprétation (v. *supra*, n° 162 s.), etc.

La modification au sens technique, l'amendement, n'apparaît dès lors que comme l'une des modalités de la fonction sociale fondamentale d'adaptation des traités au changement de circonstances et à l'évolution de l'environnement international. L'importance du rôle qu'elle peut jouer dépend des dispositions d'esprit des États qui ne sont pas forcément prêts à y recourir. Elle est, au surplus, plus facile à concevoir s'agissant des traités bilatéraux que des conventions multilatérales pour lesquelles des techniques sophistiquées de modification ont été forgées, d'inspiration moins volontariste que les procédures classiques.

§ 1. — *Éléments communs aux traités bilatéraux et multilatéraux*

187. Modification par voie d'accord exprès. — La règle procédurale de base qu'énonce l'article 39 de la Convention de Vienne est la suivante :

> « Un traité peut être amendé par accord entre les parties. »

Cette règle, commune aux traités bilatéraux et multilatéraux, n'a cependant qu'un caractère supplétif de volonté. Les parties sont libres de l'écarter, d'en limiter les possibilités d'utilisation ou d'en préciser les modalités, par l'inclusion, dans le traité, de dispositions spéciales dites « clauses de révision » dont l'objet est de fixer à l'avance la procédure de sa propre modification.

Ces clauses peuvent tendre d'abord à assurer un minimum de stabilité au traité primitif, en limitant la liberté des États, par exemple en n'autorisant l'introduction d'une proposition de révision qu'à l'expiration d'une première période d'application (5 ans selon l'article 29 de la Convention de Montreux de 1936 sur les détroits turcs ou l'article 18 de l'Accord régissant les activités sur la lune de 1979 ; 10 ans d'après les articles 12 du Traité de l'Atlantique Nord de 1949 ou 312 de la Convention sur le droit de la mer de 1982, etc.), ou en excluant tout amendement sur certaines dispositions (v. l'article 155, § 2, de la Convention sur le droit de la mer) ou encore en rendant difficiles les conditions d'adoption et d'entrée en vigueur de l'amendement (v. *infra*, n°s 190 et 191).

À l'inverse, les parties peuvent se montrer soucieuses d'encourager l'adaptation du traité aux changements de circonstances, éventuellement en facilitant sa révision. Tel est l'objet des clauses prévoyant la convocation d'une conférence de révision ou d'examen après un certain nombre d'années (art. 109 de la Charte des Nations Unies — conférence facultative, v. *infra*, n° 190 ; art. 2 du Traité de Moscou sur l'interdiction des essais nucléaires de 1963 et 8 du TNP de 1968 ; art. 14, § 6, du Traité de Maastricht) ou de celles facilitant l'adoption ou l'entrée en vigueur des amendements à certaines conventions multilatérales (v. *infra*, n°s 190 et 191). Il en va ainsi notamment si l'accord modificateur peut être conclu en forme simplifiée alors que le traité qu'il modifie est en forme solennelle. Même en l'absence de toute disposition expresse, un traité peut toujours être modifié par un accord conclu en forme moins solennelle, et même par un accord verbal.

Ceci résulte nécessairement de l'absence de formalisme du droit international en ce domaine et de la totale équivalence de toutes les formes de traités (v. *supra*, n° 62). On peut cependant douter que les parties puissent passer outre aux exigences des clauses de révision lorsqu'elles existent (cas de l'Accord du Smithsonian Institute de 1971 modifiant profondément le fonctionnement du système monétaire international prévu par les accords de Bretton Woods sans que la procédure de révision prévue par ceux-ci ait été suivie — v. *infra*, n° 630 — ou des accords de Tokyo Round, approuvés par consensus les 26-29 novembre 1979, qui modifient et complètent profondément le GATT sans que les procédures prévues aient été respectées — v. *infra*, n° 654).

188. Modification par d'autres voies. — 1° *Modification par voie coutumière ou d'accord tacite.* — Dans l'article 38 de son projet d'articles sur le droit des traités, la CDI avait proposé la disposition suivante :

« Un traité peut être modifié par la pratique ultérieurement suivie par les parties dans l'application du traité lorsque celle-ci établit leur accord pour modifier les dispositions du traité ».

Soucieuse de ne pas légaliser la violation des traités résultant de leur application et de maintenir une certaine souplesse à celle-ci en évitant que la conduite des États puisse conduire à leur opposer une modification qu'ils n'auraient pas réellement souhaitée, la Conférence de Vienne a écarté cette disposition sans cependant exclure la possibilité d'une modification par le comportement ultérieur des parties. La pratique admet indiscutablement cette possibilité, que consacre la jurisprudence (v. par ex. la pratique suivie par les États parties à l'égard de certaines dispositions de la Convention des Nations Unies sur le droit de la mer : J.-P. Levy, « De quelques "modifications" et "interprétations" de la Convention sur le droit de la mer », *RGDIP* 2007, p. 407-421).

Même un traité fondamental comme la Charte des Nations Unies peut faire l'objet de telles modifications. Ainsi, certaines dispositions de la résolution 377 (V) (« Union pour le maintien de la paix ») qui introduit entre l'Assemblée générale et le Conseil de sécurité un équilibre fort différent de celui prévu initialement, ont été légitimées par la pratique ultérieure de l'Organisation acceptée en fait par l'ensemble des États membres et reconnue par la CIJ (v. CIJ, *Conséquences de l'édification d'un mur dans le territoire palestinien occupé*, avis du 9 juillet 2004, p. 148-152, § 24-35 ; et *infra*, n° 517). Il en va de même du droit de la décolonisation, rattaché au principe du droit des peuples à disposer d'eux-mêmes qui n'avait certainement pas cette portée au départ (v. *infra*, n° 341) ou de la règle selon laquelle l'abstention d'un membre permanent du Conseil de sécurité ne fait pas obstacle à l'adoption d'une résolution par cet organe, contrairement aux exigences claires de l'article 27, § 3 ; cette dernière modification a été considérée comme acquise par la CIJ dans son avis consultatif du 21 juin 1971, dans l'affaire de la *Namibie :* « la procédure (...) suivie par le Conseil de sécurité a été généralement acceptée par les Membres des Nations Unies et constitue la preuve d'une pratique générale de l'Organisation » (*Rec.* 1971, p. 22).

Déjà, dans l'affaire du *Temple de Préah Vihéar,* la Cour avait estimé que la Thaïlande était liée par son acceptation d'une carte établie par les autorités françaises et qui ne correspondait pas en tous points aux dispositions du traité de délimitation frontalière conclu entre les deux pays en 1907 (CIJ, *Rec.* 1962, p. 32). De même, dans une sentence arbitrale rendue le 22 décembre 1963 à propos d'une affaire entre la France et les États-Unis relative à l'interprétation d'un accord bilatéral en matière de services de transports aériens, la question de la portée de la pratique ultérieure des parties a été abordée : « Une telle conduite peut en effet, entrer en ligne de compte, non pas simplement comme un moyen utile aux fins d'interprétation de l'accord, mais comme quelque chose de plus : à savoir, comme source possible d'une modification postérieure découlant de certains actes ou de certaines attitudes et touchant la situation juridique des parties et les droits que chacune d'elles pourrait légitimement faire valoir » (*RSA* XVI, p. 11). De même, dans un arrêt du 26 mars 1979, la Cour d'appel de Rennes a considéré « que le droit de Genève » [les règles des conventions sur le droit de la mer de 1958] est abrogé par la pratique généralisée des zones économiques exclusives de 188 milles (CA Rennes, 26 mars 1979, *Rego Sanles, AFDI* 1980.822).

En revanche, la CJCE a confirmé, dans son arrêt de principe du 14 décembre 1971, sa jurisprudence antérieure sur l'impossibilité de déduire, d'une carence d'un organe communautaire ou d'une inexécution des traités par les États membres, la caducité des dispositions du traité concernées ou le droit pour un État de ne pas les respecter (aff. 7/71, *Commission c. République française, Rec.* 1971.1003). On ne saurait cependant transposer cette solution au plan du droit international général : dans le cas particulier du droit communautaire, les États disposent d'une « solution institutionnelle » (G. Scelle, *Droit international public,* Domat, 1948, p. 510). Au surplus, toute inexécution d'un traité n'équivaut pas à sa modification (v. *infra*, n° 199 sur l'inexécution fautive).

En ce qui concerne les modalités que peut revêtir ce type de modification, il faut distinguer l'accord tacite — qui a un effet instantané et que visait la CDI dans l'article 38 précité de son projet — du processus coutumier (v. *infra*, n°s 209 s.). La distinction n'a pas de portée pour les auteurs volontaristes qui assimilent la coutume à un accord tacite.

2° *Modification par la survenance d'une nouvelle norme impérative du droit international.* — La Convention de Vienne n'envisage pas cette possibilité, l'article 64 se bornant à prévoir l'extinction d'*un traité* en conflit avec une nouvelle norme de *jus cogens* survenant après son entrée en vigueur (v. *infra*, n° 204). Mais il peut se produire que la contrariété ne concerne qu'une disposition d'un traité ; dans ce cas il n'y a aucune raison de présumer l'extinction de celui-ci dans son ensemble ; seul disparaît l'article contraire à la nouvelle norme impérative sous réserve des dispositions de l'article 44, § 3, de la Convention. Cette solution résulte implicitement du paragraphe 5 du même article, qui n'exclut pas les traités contraires à une nouvelle norme de *jus cogens* de la possibilité d'une « division » de ses dispositions.

§ 2. — *Aspects particuliers de la modification des traités multilatéraux*

189. Position du problème. — La conclusion d'un accord postérieur tendant à modifier un traité *bilatéral* ne soulève pas de difficultés particulières, non plus que la détermination de ses effets. Il n'en est pas de même de la modification des traités *multilatéraux* en raison de la pluralité des parties : nombre de ces traités sont maintenant des traités quasi universels. L'étendue sans cesse grandissante du cercle des États contractants pose des problèmes complexes.

Sauf à consacrer en fait l'immutabilité des conventions, on ne peut admettre qu'une minorité d'États puisse empêcher une modification souhaitée par un très grand nombre de parties. Mais, à l'inverse, si l'on considère que la modification doit être possible entre les seules parties qui l'acceptent, pourra-t-on l'imposer à ceux qui la refusent sans violer leur souveraineté et leurs droits résultant de l'accord primitif ? Et, dans le cas contraire, ne risque-t-on pas d'aboutir de manière anarchique à un éclatement des obligations conventionnelles ? Ces questions montrent que l'accroissement considérable du nombre des parties rend nécessaire une rationalisation qui se trouve d'ailleurs facilitée par l'institutionnalisation croissante de la société internationale.

Les conventions comportent fréquemment les règles applicables à leur propre modification. Lorsque tel n'est pas le cas, il existe des « règles générales » d'origine coutumière, résultant d'une pratique qui a beaucoup évolué à la faveur de la multiplication des traités multilatéraux. Elles ont été codifiées par la Convention de Vienne qui distingue deux hypothèses : celle d'un amendement ouvert à toutes les parties initiales (art. 40) et celle d'une modification résultant d'un accord entre certaines parties seulement (art. 41). Seule la première implique des particularités procédurales, la seconde renvoie purement et simplement aux problèmes posés par les normes conventionnelles successives sans identité de parties (v. *supra*, n° 173).

Les clauses de révision peuvent être extrêmement complexes et distinguer entre plusieurs types de modification, variables selon les États, l'objet de la modification, son importance, etc. Ainsi, la Convention de Montego Bay sur le droit de la mer ne comporte pas moins de six articles relatifs à sa révision (art. 155 et 312 à 316 — v. aussi les articles 108 et 109 de la Charte des Nations Unies, préc. ; 95 et 96 du Traité de Paris créant la CECA ; l'article 12 du Traité sur l'Antarctique de 1959 ; etc.).

190. Procédure de modification par un accord ouvert à toutes les parties. — Il s'agit souvent d'une procédure complexe comprenant plusieurs étapes.

1° *Le déclenchement de la procédure* peut lui-même être décomposé en deux stades : celui de l'initiative et celui de la décision sur la suite qu'il convient de lui donner.

a) Sauf disposition contraire l'*initiative* de la modification peut être prise par un seul État partie qui adresse une proposition en ce sens au dépositaire (art. 40, § 2, de la Convention de Vienne). Certains traités réservent cependant le droit d'initiative à un nombre ou à une proportion minimum de parties.

Parfois le dépôt d'un amendement se suffit à lui-même ; les États sont invités à l'accepter (ou à le rejeter) dans la forme que lui a donnée l'auteur de l'initiative (Traité sur l'espace de 1967, art. 15) ou à se consulter en vue de la révision (Traité de l'Atlantique Nord, art. 12) ; l'article 313 de la Convention de Montego Bay sur le droit de la mer va jusqu'à envisager la possibilité d'amendements adoptés du seul fait de l'absence d'objection de la part des États parties. Mais très souvent, un premier « barrage » est institué entre cette initiative et la discussion de la modification.

b) La Convention de Vienne se borne à indiquer que chacun des États contractants est en droit de prendre part à la *décision sur la suite à donner à la proposition de modification* (art. 40, § 2). En pratique, de nombreuses conventions multilatérales confient au dépositaire le soin de convoquer une conférence de révision. Parfois il dispose pour cela d'une compétence discrétionnaire (cas du Conseil fédéral suisse après consultation de l'ensemble des parties et du CICR — art. 93 du Protocole n° I de 1977 additionnel aux conventions de Genève), mais, la plupart du temps, la compétence du dépositaire est liée : il a l'obligation de procéder à cette convocation si un certain nombre de parties en font la demande après qu'elles ont reçu notification de la proposition (un tiers : art. 8 du TNP de 1968, art. 29 et 51 des Pactes internationaux des droits de l'homme de 1966 ; la moitié : art. 312 de la Convention de 1982 sur le droit de la mer ; 18 parties contractantes : art. 8 de la Convention sur certaines armes classiques de 1981 ; voire même une seule des parties contractantes bénéficiant d'un statut privilégié : art. 12, § 2, du Traité sur l'Antarctique de 1959 ; etc.).

Les organes des organisations internationales jouent, dès ce stade, un rôle important dans la procédure de modification de leur acte constitutif et, lorsqu'une conférence spéciale de révision est prévue, c'est à eux qu'il appartient de la convoquer (art. 109 de la Charte des Nations Unies : vote de l'Assemblée générale à la majorité des deux tiers et du Conseil de sécurité par un vote de neuf quelconques de ses membres ; art. 48, § 1, du TUE : décision du Conseil après consultation de la Commission et de l'Assemblée). La même procédure est fréquemment suivie pour les traités conclus sous les auspices des organisations internationales (art. XIV de la Convention sur le génocide : convocation par l'Assemblée générale).

Il peut également arriver que le traité prévoie une réunion périodique de conférences destinées à examiner son fonctionnement en même temps que l'opportunité de sa révision (art. 8, § 3, du TNP), ou la convocation d'une conférence de révision après un délai déterminé (art. 155 de la Convention sur le droit de la mer de 1982 ; art. 48, § 2, du TUE). Sans aller aussi loin, l'article 109, paragraphe 3, de la Charte des Nations Unies prévoit l'inscription automatique d'une proposition en vue de la convocation d'une telle conférence à la dixième session annuelle de l'Assemblée générale (cette proposition n'a pas eu de suite — dans le même sens, v. l'art. 18 de l'Accord sur la Lune et les autres corps célestes de 1979).

2° *La négociation de la modification* peut avoir un caractère purement interétatique (v. *supra*, 1°. *a*), mais, le plus souvent, elle a lieu au sein soit d'une conférence diplomatique *ad hoc* soit d'une organisation internationale.

En règle générale, les modifications aux actes constitutifs des organisations internationales et aux traités conclus en leur sein sont discutées par le principal organe de celle-ci conformément à ses règles habituelles de procédure. Pour la révision des conventions internationales du travail par exemple, le Conseil d'administration de l'OIT a le droit d'initiative et c'est la Conférence générale du travail qui élabore et adopte elle-même l'accord de révision. Toutefois, il n'en va pas toujours ainsi ; ainsi, les articles 108 et 109 de la Charte des Nations Unies distinguent les amendements, discutés par l'Assemblée générale, et la révision, qui doit faire l'objet d'une conférence spéciale ; v. aussi les art. 121 et 123 du Statut de la CPI.

En ce qui concerne l'adoption de la modification, la règle de l'unanimité n'est plus maintenue aujourd'hui que pour les traités conclus entre un petit nombre de parties (art. 48, § 1, du TUE). Les conventions ouvertes y substituent en règle générale la règle majoritaire, éventuellement renforcée par certaines exigences particulières.

Majorité simple : art. 29, § 1, de la Convention contre la torture de 1984. Majorité des deux tiers : art. 108 et 109 de la Charte des Nations Unies ; art. 29, § 1, du Traité de Tlatelolco sur la dénucléarisation de l'Amérique latine. Majorité simple y compris les voix de certains États bénéficiant d'un traitement privilégié : art. 12, § 2.b, du Traité sur l'Antarctique de 1959 ; art. 2 du Traité de Moscou de 1963 sur les essais nucléaires ; art. 8, § 2, du TNP de 1968. Majorité des participants à la Conférence de révision puis approbation par l'Assemblée générale : art. 29, § 1, et 51, § 1, des Pactes relatifs aux droits de l'homme de 1966. Consensus et, en cas d'échec, majorité renforcée : art. 155, § 3 et 4, et 312, § 2, de la Convention de Montego Bay sur le droit de la mer de 1982 ; consensus ou majorité des deux tiers ; etc.

191. Conditions d'entrée en vigueur et effets de la modification. — Aux différents stades de la procédure d'élaboration et d'adoption du texte de la modification, la non-application de l'unanimité n'entraîne pas une atteinte véritable à la souveraineté puisqu'il ne s'agit pas encore de créer des engagements définitifs. Il en va différemment au stade de l'expression du consentement à être lié par l'accord de modification et de sa mise en vigueur. Jadis, l'unanimité du consentement était exigée :

Protocole de la Conférence de Londres du 17 janvier 1871 suivi de l'Accord du 13 mars 1871 qui a procédé par consentement unanime à la modification du Traité de Paris de 1856 sur la démilitarisation de la mer Noire ; article 16 de l'Acte de Berlin de 1885 sur le Congo, etc.

Aujourd'hui, la non-exigence de l'unanimité à laquelle, pour faciliter la modification, la pratique a dû se rallier (et que l'article 39 de la Convention de Vienne a consacrée implicitement quand il prévoit que la convention de modification peut être conclue « entre » les parties) constitue une innovation véritable en même temps qu'une atteinte directe à la volonté des parties qui n'approuvent pas la modification. Une différence importante en découle entre l'accord de modification et l'accord portant extinction, qui seul est soumis à la règle de l'unanimité (v. *infra*, n° 196).

La CDI explique cette différence par le fait que l'extinction entraîne la disparition des droits et des obligations de tous les États contractants tandis que, précisément, les droits des parties qui n'ont pas approuvé la modification sont préservés par d'autres règles.

1° *Entrée en vigueur de la modification.* — Comme en ce qui concerne l'adoption de l'amendement (v. *supra*, n° 190-2°), l'unanimité n'est aujourd'hui maintenue que par les traités conclus entre un nombre restreint d'États (art. 48, § 1, du TUE, applicable à l'ensemble des traités communautaires ou Protocole n° 11 à la Convention européenne des droits de l'homme). Dans tous les autres cas, des règles plus souples lui sont substituées, quoique, bien souvent, les conditions relatives à l'entrée en vigueur soient plus exigeantes que celles imposées pour l'adoption de l'amendement.

Sans doute, pour faciliter le dénouement, certaines clauses ne préconisent-elles qu'une majorité simple, très défavorable à la minorité (art. 15 du Traité sur l'espace de 1967 ; art. 2 du Traité de Moscou ; art. 8 du TNP ; avec cependant dans les deux derniers cas, l'exigence d'une ratification par certains États). Néanmoins, très souvent, une majorité renforcée est exigée : deux tiers (art. 29, § 2, et 51, § 2, des Pactes internationaux relatifs aux droits de l'homme de 1966 ; art. 29 de la Convention contre la torture de 1984 ; sept-huitièmes dans le cas du Statut de la CPI (art. 121) pour les dispositions de fond, mais les États minoritaires peuvent se retirer), complétée dans le cas de la Charte des Nations Unies, par l'exigence d'une ratification par les cinq membres permanents du Conseil de sécurité (art. 108 et 109) ; unanimité de certaines parties (art. 12, § 1.a, du Traité sur l'Antarctique de 1959) ; renvoi aux règles relatives à l'entrée en vigueur du traité de base lui-même (art. 29 du Traité de Tlatelolco sur la dénucléarisation de l'Amérique latine, de 1967 ; v. aussi les articles 315, § 2, et 316 de la Convention sur le droit de la mer de 1982).

Ces principes valent aussi bien pour les traités ordinaires que pour les actes constitutifs d'organisations internationales. Néanmoins ceux-ci comportent parfois — souvent parallèlement à des règles de révision plus solennelles et seulement pour certaines dispositions — des procédures simplifiées ne faisant intervenir que les organes de l'organisation.

Cette procédure « révolutionnaire » a été prévue dès 1919 par l'article 34 de la Convention portant réglementation de la navigation aérienne (CINA). Les actes constitutifs de certaines institutions spécialisées ont pérennisé le système (FAO, art. 20, § 2 ; Unesco, art. 13, § 1 ; OMM, art. 28 c ; etc.). De même, l'article 95 du Traité de Paris de 1951 créant la CECA, instituait la « petite révision » qui prévoyait l'adaptation de certaines règles à la suite de « propositions établies en accord par la Haute Autorité et par le Conseil statuant à la majorité des huit douzièmes de ses membres et soumises à l'avis de la Cour ».

L'article XV, § 5, de la Convention sur les armes chimiques de 1993, envisage une procédure de ce genre pour la modification des annexes à cet instrument mais l'entrée en vigueur de tels amendements est subordonnée à l'absence d'opposition de tous les États parties à la proposition du Conseil exécutif durant un délai de 90 jours suivant sa notification (v. aussi la procédure comparable retenue pour la modification des dispositions administratives ou techniques du Protocole joint au CTBT — art. VII, §§ 7 et 8 de celui-ci). Plus novateur : l'article 122 du Statut de la CPI prévoit que des amendements aux dispositions institutionnelles de cet instrument peuvent être adoptés par un consensus informel des États parties (après distribution du texte à l'ensemble des Parties) ou, si celui-ci ne peut être atteint, par l'Assemblée des Parties à la majorité des deux tiers et qu'il entre alors en vigueur sans qu'une ratification soit envisagée — v. aussi l'article 9 : des « éléments constitutifs des crimes », élaborés par la Commission préparatoire, seront adoptés à la majorité des deux tiers des membres de l'Assemblée des États parties et amendés dans les mêmes conditions, éventuellement à l'initiative d'un État partie, de la majorité absolue des juges ou du Procureur ; le procédé est à mi-chemin entre la voie conventionnelle et la voie quasi législative.

2° *Effets de l'entrée en vigueur de la modification.* — L'entrée en vigueur de l'amendement après sa ratification par l'ensemble des parties ne pose aucun problème particulier : le traité ainsi modifié s'impose à tous sans que la volonté d'aucun État contractant soit contournée. Il en va de même si l'amendement ne produit ses effets qu'à l'égard des États qui l'ont accepté. Telle est la règle générale, consacrée par l'article 40, § 4 et 5, de la Convention de Vienne :

« 4. L'accord portant amendement ne lie pas les États qui sont déjà parties au traité et qui ne deviennent pas partie à cet accord (...).

5. Tout État qui devient partie au traité après l'entrée en vigueur de l'accord portant amendement est, faute d'avoir exprimé une intention différente, considéré comme étant :

a) partie au traité tel qu'il est amendé ; et

b) partie au traité non amendé au regard de toute partie au traité qui n'est pas liée par l'accord portant amendement. »

Dans les hypothèses prévues par ces dispositions les parties au traité modifié et celles au traité maintenu dans sa rédaction primitive se trouvent, les unes à l'égard des autres dans la situation d'États liés par des normes conventionnelles successives sans identité de parties. L'article 40, § 4, renvoie du reste expressément aux dispositions de l'article 30, § 4.b, applicables dans un cas de ce genre (v. *supra,* n° 173-2°).

Il en va de même lorsque la modification résulte non d'un amendement ouvert à toutes les parties au traité initial mais d'un accord fermé, conclu entre certaines d'entre elles seulement. L'article 41 de la Convention impose dans cette hypothèse le respect de certaines conditions destinées à garantir le respect des droits des États tiers par rapport à cet accord. Il peut s'agir par exemple d'accords d'union douanière ou de zones monétaires dérogeant aux règles générales du GATT et du Statut du FMI ou d'accords techniques particuliers entre des États parties à un accord plus large, en matière de navigation aérienne ou de communications postales par exemple, d'accords entre quelques États qui sont parties à un accord plus large sur le statut de leurs ressortissants respectifs, etc. La Convention de Saint-Germain-en-Laye du 10 septembre 1919 conclue entre certaines parties à l'Acte général de Berlin de 1885 et modifiant celui-ci constitue un exemple particulièrement célèbre (CPJI, *Oscar Chinn*, série A/B, n° 63).

Cette solution est fréquemment consacrée par des clauses de révision expresses (pactes internationaux relatifs aux droits de l'homme de 1966, art. 29, § 1, et 51, § 2 ; TNP, art. 8, § 2 ; Convention contre la torture de 1984, art. 29, § 3 ; art. 45, Accord sur les stocks chevauchants de 1994 ; Statut de la CPI, art. 121 [pour les dispositions relatives à la compétence de la Cour] ; etc.). Elle n'est cependant pas toujours praticable car elle entraîne un éclatement du régime conventionnel et peut aboutir à une situation juridique extrêmement complexe dans le cas de modifications fréquentes d'un traité, comme on peut l'observer pour certaines organisations internationales.

Pour remettre un peu d'ordre dans une situation de ce genre, on en viendra à élaborer une nouvelle convention reprenant toutes les adaptations intervenues au cours de la période antérieure (v. par exemple la Convention OMCI de 1973 sur la prévention de la pollution maritime par les navires, ainsi qu'à certains égards, la Convention du travail maritime du 7 février 2006 qui vise d'après son préambule à instituer un « instrument unique et cohérent qui intègre autant que possible toutes les normes à jour contenues dans les actuelles conventions et recommandations internationales du travail maritime ainsi que les principes fondamentaux énoncés dans d'autres conventions internationales du travail »). Elle risque en outre de remettre en cause l'équilibre des obligations incombant aux parties réalisé par le traité initial. Ce sont les raisons pour lesquelles de nombreuses conventions prévoient qu'une fois réunies les conditions posées pour son entrée en vigueur, la modification s'impose à l'ensemble des parties (art. 2, § 2, du Traité de Moscou sur les essais nucléaires de 1963 ; art. 155, § 4, de la Convention sur le droit de la mer de 1982 ; art. 9, § 3, du Protocole de Montréal sur la couche d'ozone de 1987 ; etc.).

Une telle clause est particulièrement indispensable en ce qui concerne les dispositions institutionnelles prévues par les actes constitutifs d'organisation internationale car il est difficilement concevable que les organes créés par de tels traités puissent fonctionner conformément à certaines règles à l'égard de certains États membres et à d'autres règles vis-à-vis de certains autres (Pacte de la SdN, art. 26 ; Charte des Nations Unies, art. 108 ; Acte instituant l'Union africaine de 2000, art. 32, etc.). Grâce à cette solution, les dispositions primitives disparaissent et, du même coup, le difficile problème de l'effet de la modification à l'égard des parties au traité originaire est résolu avec le maximum de simplicité. Celles-ci n'ont d'autres alternatives que de s'incliner ou de se retirer, ce que prévoient expressément certaines clauses de révision (art. 26 du Pacte de la SdN ; actes constitutifs de l'OACI ou de l'OMI ; etc.). Le traité peut même prévoir l'exclusion automatique des parties qui ne ratifient pas l'amendement, passé un certain délai (art. 12, § 1. b, du Traité sur l'Antarctique ; à l'inverse, l'article 12, § 2. c, prévoit une possibilité pour les États parties de se retirer si un amendement adopté conformément à la procédure requise n'entre pas en vigueur dans le délai prévu).

Dans sa décision du 29 avril 1978, le Conseil constitutionnel a estimé que le second amendement aux statuts du FMI était opposable à la France, qui ne l'avait pas ratifié, dès lors que cette révision était intervenue conformément aux règles statutaires, acceptées par ce pays lorsqu'il avait ratifié les statuts (*Rec.* p. 23).

Section 2
Extinction et suspension des traités

BIBLIOGRAPHIE. — A. McNair, « La terminaison et la dissolution des traités », *RCADI* 1928-II, vol. 22, p. 463-538. — A.-Ch. Kiss, « L'extinction des traités dans la pratique française », *AFDI* 1959, p. 784-799. — Q. Wright, « The Termination and Suspension of Treaties », *AJIL* 1967, p. 1000-1005. — Sh. Rosenne, « Rapport sur la terminaison et la suspension des traités », *Ann. IDI* 1967, vol. I, p. 5-258. — F. Capotorti, « L'extinction et la suspension des traités », *RCADI* 1971-III, vol. 134, p. 419-587. — R. Plender, « The Role of Consent in the Termination of Treaties », *BYBIL* 1986, p. 133-167. — Ph. Frumer, « Dénonciation des traités et remise en cause de la compétence par des organes de contrôle — À propos de quelques entraves étatiques récentes aux mécanismes internationaux de protection des droits de l'homme », *RGDIP* 2000, p. 939-964. — Commentaires des articles 54 à 64, 70 et 72 *in* O. Corten et P. Klein (dir.), *Les conventions de Vienne sur le droit des traités. Commentaire article par article*, Bruylant, Bruxelles, 2006, vol. 3, p. 1925-2345, 2503-2543 et 2565-2589.

192. Terminologie. — La modification d'un traité est une opération qui a pour but de remplacer ses dispositions, ou certaines d'entre elles, par de nouvelles ; elle est à la fois négative et constructive car le vide créé est en général aussitôt comblé. Au contraire, l'extinction d'un traité produit un effet exclusivement négatif : un traité frappé d'extinction prend fin. D'après l'article 70 de la Convention de Vienne, les parties sont libérées de « l'obligation de continuer d'exécuter » un traité éteint. Celui-ci cesse donc d'être en vigueur et de produire ses effets. Il est ainsi atteint tout à la fois comme *acte* et comme *norme*. Le même article 70 précise encore que l'extinction :

« ne porte atteinte à aucun droit, aucune obligation, ni aucune situation des parties créés par l'exécution du traité avant qu'il ait pris fin ».

Appliquant cette règle, le Tribunal arbitral chargé de trancher le litige franco-néo-zélandais relatif à l'application de l'échange de lettres du 9 juillet 1986 mettant en principe fin à l'affaire du *Rainbow Warrior* a estimé que le Gouvernement français n'était pas exonéré de la responsabilité lui incombant en vertu de cet accord alors même qu'il était expiré (retour prématuré en France des capitaines Mafart et Prieur — *RGDIP* 1990, p. 867-868).

Ce caractère différencie également l'extinction de la suspension : dans cette hypothèse, l'instrument subsiste ; seules les normes qu'il contient cessent provisoirement de produire leurs effets. Elles reviendront à la vie juridique dès que prendra fin cette suspension puisque le traité demeure. En ce sens l'article 72 de la Convention, pour bien marquer la persistance du traité, précise non seulement qu'il s'agit de la suspension de son application mais encore, d'une part, qu'elle n'affecte pas « les relations juridiques établies par le traité entre les parties » et, d'autre part, que « pendant la période de suspension, les parties doivent s'abstenir de tous actes tendant à faire obstacle à la reprise de l'application du traité ».

En ce qui concerne la dénonciation, l'instrument et la norme subsistent. Seul est modifié le champ d'application du traité : il cessera d'être applicable à l'État qui en est l'auteur.

Le mot « retrait » est souvent employé pour désigner la dénonciation par un État d'une convention multilatérale à laquelle il est partie, notamment d'un traité constitutif d'organisation internationale. La dénonciation (régulière) d'un traité bilatéral entraîne évidemment son extinction.

Pour diverses que soient ces notions, elles répondent souvent à des préoccupations comparables et leur régime juridique est voisin. En particulier les mêmes faits, qu'il s'agisse de la volonté des parties ou de circonstances qui lui sont extérieures, peuvent souvent justifier alternativement l'extinction, la suspension ou la dénonciation du traité.

§ 1. — *Extinction et suspension du traité du fait de la volonté des parties*

193. Observations générales. — L'extinction est expressément visée par l'article 54 de la Convention de Vienne et la suspension par son article 57. Certes, la meilleure solution est que chaque traité contienne des dispositions prévoyant les modes de sa propre extinction ou suspension. En pareil cas, il suffit d'appliquer ces dispositions et les contestations, si elles se produisent, ne portent que sur leur interprétation. Cependant la rédaction des articles pertinents de la Convention implique d'une part que la volonté des parties peut être implicite et, d'autre part, qu'elle peut s'exprimer « à tout moment », comme le précisent expressément les articles 54. b et 57. b. Cela signifie que l'extinction, le retrait ou la suspension peuvent être prévus dans le traité lui-même ou être décidés ultérieurement d'un commun accord par les parties.

A. — Volonté initiale des parties

194. Clauses expresses. — Il arrive qu'un traité soit conclu expressément pour une durée *illimitée* (v. par exemples, art. IV, al. 1, du Traité de Moscou de 1963 sur l'interdiction partielle des essais nucléaires ; art. 30, § 1, du Traité de Tlatelolco ; art. XIX du Traité FCE de 1990 ou 53 du TUE [dans la version de Lisbonne], etc.). De nombreux traités sont conclus pour une durée *indéterminée.* D'autres contiennent des clauses expresses concernant leur extinction, le retrait des États parties ou leur suspension.

1° *Clauses résolutoires.* — Ce sont celles qui subordonnent la fin de l'engagement à la survenance de certains faits prévus à l'avance par les parties. Celles-ci peuvent fixer un terme, à l'expiration duquel le traité s'éteint automatiquement. Ce terme peut coïncider avec une date précise (le 31 décembre 1999 pour le Traité relatif au canal de Panama du 7 septembre 1977 — art. 2, § 2), mais, dans la plupart des cas, il est établi en nombre d'années, de 1 à 99 ans. De telles clauses figurent souvent dans les traités d'alliance, dans ceux comportant un engagement d'arbitrage obligatoire, dans de nombreux accords économiques — cinq ans pour la plupart des accords de produits de base — ou de coopération, et toujours dans ceux portant cession à bail d'un territoire dont les durées sont plus longues (v. *infra*, n° 313-1°). Contrairement à la pratique générale en matière d'actes constitutifs d'organisations internationales, le traité instituant la CECA a été conclu pour une période de cinquante ans à dater de son entrée en vigueur (art. 97) et a donc expiré en 2001. La période fixée peut être renouvelable (art. 11, al. 1er, du Pacte de Varsovie : vingt ans, puis dix ans ; art. 14 de la Convention sur le génocide : dix ans puis périodes de cinq ans ; art. 10, § 2, du TNP : vingt-cinq ans, puis réunion d'une conférence décidant sa prolongation éventuelle, ce qu'a fait la conférence d'examen de 1995 pour une durée indéfinie [v. *AFDI* 1995, p. 182] ; etc.).

L'extinction du traité peut également être subordonnée à la survenance de faits, certains ou probables, prévus à l'avance par les États parties. Ainsi, l'article 11, alinéa 2, du Pacte de

Varsovie de 1955 prévoyait que celui-ci « perdra sa force » le jour de l'entrée en vigueur d'un « Traité général européen sur la sécurité collective ».

2° *Clauses de dénonciation et de retrait.* — La dénonciation (ou le retrait) est un acte de procédure accompli unilatéralement par les autorités compétentes des États parties qui désirent se délier de leurs engagements.

La dénonciation met fin aux traités bilatéraux. En ce qui concerne les traités multilatéraux, elle ne provoque, en principe, que le « retrait » de son auteur de la communauté des parties contractantes, mais le traité est maintenu dans les relations entre les autres parties. Exceptionnellement, d'après l'article 28 de la Convention de Montreux de 1936 sur les détroits, sous certaines conditions, un seul retrait peut provoquer sa caducité. Plus souvent, une clause du traité peut prévoir son extinction si, à la suite des dénonciations successives (ou retraits), le nombre des parties tombe au-dessous d'un certain chiffre. Ainsi, l'article 8 de la Convention sur les droits politiques de la femme dispose qu'elle « cessera d'être en vigueur à la date où aura pris effet la dénonciation qui ramènera à moins de six le nombre des parties » (v. aussi l'article 15 de la Convention sur le génocide qui fixe à seize le nombre minimal des parties). Cette clause est à la fois une clause de dénonciation et une clause résolutoire. Cependant pour que les dénonciations produisent un tel effet extinctif à l'égard des traités multilatéraux, il faut qu'existe une clause *expresse* en ce sens. L'article 55 de la Convention de Vienne consacre cette règle en ces termes :

« À moins que le traité n'en dispose autrement, un traité multilatéral ne prend pas fin pour le seul motif que le nombre des parties tombe au-dessous du nombre nécessaire pour entrer en vigueur. »

Bien que dénonciation et retrait résultent d'un acte unilatéral d'une partie, il ne s'agit pas de rupture illicite d'engagements du moment que l'une et l'autre sont strictement fondées sur une clause du traité (ou sont conformes au droit international, pour d'autres raisons). Lorsqu'il les autorise, le traité précise souvent les conditions de leur exercice. Celles-ci portent sur le délai de préavis, la dénonciation ou le retrait ne prenant effet qu'à l'expiration de ce délai (art. 65, § 1, de la Convention européenne des droits de l'homme : six mois ; art. 317, § 1, de la Convention sur le droit de la mer : un an ou plus si la notification de dénonciation prévoit un délai plus long ; cinq ans pour la Charte sociale européenne révisée de 1996 (art. M, § 1) ; la durée du préavis au retrait des organisations internationales est généralement d'un an lorsqu'il est prévu — v. *infra*, n° 382). Afin de se doter d'une stabilité relative, certains traités ne permettent les dénonciations qu'à l'expiration d'une certaine période d'application : un an pour le Traité sur l'espace de 1967 (art. 16), vingt ans pour le Traité sur l'Atlantique-Nord (art. 13), dans un délai de six mois avant l'expiration de chaque terme prévu (v. *supra*, 1°) ; art. 14 de la Convention sur le génocide). Les conventions de Genève de 1949 sur le droit humanitaire de la guerre et leurs Protocoles additionnels de 1977 prévoient que l'effet de la dénonciation demeurera suspendu jusqu'à la fin du conflit armé ou de l'occupation « si, à l'expiration de l'année de préavis prévue, la partie dénonçante se trouve dans une situation de conflit armé » (v. l'art. 99 du protocole I). Certains traités posent même des conditions de *fond ;* ainsi, l'article 4 du Traité de Moscou de 1963 sur l'interdiction des essais d'armes nucléaires autorise une partie à le dénoncer si elle « estime que des événements exceptionnels, relatifs à la matière faisant l'objet du traité mettent en péril son intérêt national suprême » (dans le même sens, v. les articles 10, § 1, du TNP (invoqué par exemple par la Corée du Nord en janvier 2003) et XIX, § 2, du Traité FCE (invoqué par la Russie le 14 juillet 2007 – v. *RGDIP* 2007, p. 926) qui obligent en outre l'État concerné à indiquer ses motifs par écrit).

D'autres clauses de dénonciation enfin donnent certaines indications en ce qui concerne leurs effets. En particulier, les actes constitutifs d'organisations internationales et les conventions relatives aux droits de l'homme précisent fréquemment que l'État ayant notifié sa dénonciation du traité n'est pas dégagé des obligations lui incombant avant que celle-ci prenne effet (art. 65, § 2, de la Convention européenne des droits de l'homme ; art. 317, § 2, de la Convention de Montego Bay sur le droit de la mer). En raison de la fixation de leurs conditions d'exercice par une clause expresse du traité, les dénonciations et retraits, dans ces cas, sont qualifiés de dénonciations et retraits *réglementés.*

En 1991, le Conseil constitutionnel a été saisi de la constitutionnalité de la loi autorisant la ratification de la Convention d'application de l'Accord de Schengen du 19 juin 1990. Selon les parlementaires auteurs de la saisine, l'absence de clause de dénonciation aurait constitué un abandon de souveraineté contraire à la Constitution. À juste titre, le Conseil a rejeté cette argumentation en faisant valoir que « l'absence de référence à une clause de retrait ne saurait constituer en elle-même un abandon de souveraineté », mais en appuyant curieusement son raisonnement sur l'existence de clauses de révision (*Rec.* p. 91). Le Conseil a clarifié sa jurisprudence dans sa décision du 13 octobre 2005 (*Rec.* p. 142) relative aux engagements internationaux relatifs à l'abolition de la peine de mort en décidant que « port[ait] atteinte aux conditions essentielles d'exercice de la souveraineté nationale l'adhésion irrévocable [du fait de l'absence de toute clause de dénonciation] à un engagement international touchant à un domaine inhérent à celle-ci » (en l'espèce, le deuxième protocole facultatif au PIDCP visant à abolir la peine de mort).

3° *Clauses suspensives.* — La pratique offre peu d'exemples de clauses conventionnelles relatives à la suspension des conventions dans leur ensemble, tandis que les dispositions sur la suspension d'une clause ou d'un engagement déterminé sont fréquentes, en particulier dans les traités économiques.

Ceux-ci comportent en effet souvent des clauses de sauvegarde qui autorisent un État auquel l'application de certaines dispositions du traité pose des problèmes graves à ne pas les appliquer momentanément (v. *supra*, n° 139 et *infra*, n°s 614-615). En revanche, les clauses dérogatoires en vertu desquelles un État peut être dispensé par les autres parties d'exécuter certaines de ses obligations conventionnelles ne peuvent pas être considérées comme des clauses suspensives si elles ont un effet définitif (v. *ibid.*). L'article 57. a de la Convention de Vienne qui prévoit l'hypothèse de clauses suspensives concernant l'application du traité dans son ensemble, a été adopté moins pour consacrer une coutume existante que pour encourager les États à prévoir à l'avenir des dispositions en ce sens.

195. Clauses implicites. — 1° *Extinction par exécution du traité.* — Les accords qui se rattachent le plus nettement à ce que l'on appelle parfois les « traités-contrats » (v. *supra*, n° 65), comme ceux portant cession territoriale, prévoyant un engagement financier ou une livraison de fournitures, etc., créent une obligation concrète strictement délimitée qui, une fois exécutée, épuise ses effets et ne se renouvelle plus. Malgré le silence de la Convention de Vienne et quelques controverses doctrinales, il faut considérer que d'après une clause implicite qui se déduit de la nature de ces traités, leur exécution entraîne automatiquement leur extinction.

2° *Dénonciation ou retrait sans autorisation expresse.* — Il existe toujours de nombreux traités qui ne contiennent aucune clause explicite réglant leur propre extinction. Pour autant, sont-ils immuables ? Oui, si le principe *pacta sunt servanda* doit être respecté à la lettre. En fait, il est exclu qu'un État — comme un individu — puisse contracter des engagements « perpétuels ». Le problème se pose dès lors de savoir s'il existe dans tous les traités une clause implicite autorisant la dénonciation ou le retrait. La réponse négative s'appuie sur des précédents célèbres.

Ripostant à la dénonciation par la Russie du Traité de Paris de 1856 sur la mer Noire, alors que ce traité n'avait pas expressément prévu cette faculté, les autres puissances parties à ce traité, réunies à Londres le 17 janvier 1871, ont adopté un protocole dans lequel elles déclaraient que : « C'est un principe essentiel du droit des gens qu'aucune puissance ne peut se délier des engagements d'un traité, ni en modifier les stipulations, qu'à la suite de l'assentiment des parties contractantes, au moyen d'une entente amicale ». La Convention panaméricaine de La Havane du 20 février 1928 sur les traités, a confirmé ce même principe. Par une note du 27 novembre 1958, le gouvernement soviétique a soutenu que les accords interalliés concernant le statut de Berlin étaient devenus caducs. En réponse, les ministres des

Affaires étrangères des États-Unis, de France et du Royaume-Uni ont déclaré le 12 décembre suivant qu'ils « ne tiennent pas pour acceptable une répudiation unilatérale par le gouvernement soviétique de ses obligations envers les gouvernements français, américain et britannique ». Le Traité du 12 septembre 1990 a mis fin au statut quadripartite de Berlin, confirmant ainsi le bien-fondé de la thèse des trois États occidentaux. Plus récemment, en 1997, la Corée du Nord a prétendu dénoncer le Pacte international des droits civils et politiques de 1966 en riposte au traitement injustifié dont elle prétendait être victime de la part de la sous-commission de la Lutte contre les mesures discriminatoires. S'appuyant sur l'article 56 de la Convention de Vienne (v. ci-après), le Conseiller juridique des Nations Unies a, dans un aide-mémoire du 23 septembre 1997, jugé cette prétention illicite ; cette position a été confortée par le Comité lui-même dans son Observation générale n° 26, du 29 octobre 1997 (texte *in AFDI* 1998, p. 646).

La Convention de Vienne, dans son article 56, consacre également l'illicéité de la « dénonciation-répudation », ce qui signifie que si un traité ne contient pas de disposition concernant sa terminaison, il ne peut « prendre fin que pour les motifs énumérés limitativement dans la convention » (CIJ, arrêt du 25 sept. 1997, *Projet Gabčíkovo-Nagymaros*, § 100 ; v. aussi, *Rec.* p. 38, § 47) ; le motif tiré de l'« état de nécessité » n'en fait pas partie (*ibid.* p. 63, § 101). Cependant, elle ajoute qu'en cas de silence du traité, une exception à ce principe, c'est-à-dire une possibilité de dénonciation unilatérale, peut être fondée sur une autorisation *implicite* du traité. Le même article précise que celle-ci peut résulter des *intentions* des parties ou se déduire de la *nature* du traité lui-même.

Il existe des traités qui, en raison de leur nature, sont insusceptibles de dénonciation, comme les traités de paix ou ceux fixant des frontières ; par contre, à propos de certains autres types de traités, tels les traités d'alliance, on peut présumer qu'ils prévoient implicitement un droit de dénonciation ou de retrait, à moins qu'on ne relève l'indice d'une intention contraire. Le critère de la nature du traité reste très ambigu : le droit discrétionnaire de retrait des organisations internationales est souvent jugé incompatible avec les objectifs qu'elles poursuivent, notamment en matière de maintien de la paix (v. *infra*, n° 382) ; un débat sans conclusion nette a opposé le Sénégal au service juridique des Nations Unies quant à la possibilité de dénoncer des conventions de codification, en l'espèce celles de Genève de 1958 sur le droit de la mer (v. D. Bardonnet, *AFDI,* 1972, p. 123-160, qui répond par la négative) ; (sur la dénonciation par les États-Unis du protocole à la Convention de 1963 sur les relations consulaires en 2005, v. W.M. Reisman et M.A. Arsanjani, *Méls. Caflisch*, p. 897-926). Si la Convention de Vienne admet l'existence de clauses implicites de dénonciation et de retrait, il résulte des travaux préparatoires et de la pratique que la solution retenue est plus d'opportunité que fondée sur la conviction d'une règle coutumière préexistante. Conscients des inconvénients de cette prise de position, les auteurs de la Convention de Vienne ont tenté d'en atténuer les effets, en recommandant le respect d'un préavis de douze mois, suffisant pour ouvrir une négociation entre les États intéressés. Dans son avis consultatif du 20 décembre 1980 relatif à l'*Interprétation de l'accord du 25 mars 1951 entre l'OMS et l'Égypte,* la CIJ a confirmé l'obligation d'un préavis préalable donné dans un délai raisonnable (*Rec.* 1980, p. 95 ; v. aussi l'arrêt du 25 septembre 1997, *Projet Gabčíkovo-Nagymaros*, *Rec.* p. 66, § 109 : la Cour applique ce principe à l'hypothèse d'une dénonciation pour prétendue violation substantielle du traité par l'autre Partie).

Dans cette affaire, la Cour, négligeant largement la clause résolutoire très particulière (car liée à la révision) de l'accord de siège qu'il lui fallait interpréter, a admis implicitement l'extinction de celui-ci mais elle a estimé que la pratique générale des accords de siège permettait de dégager des principes généraux quant à ses effets et imposait aux parties de se consulter sur les conditions et les modalités du transfert du Bureau régional de l'OMS et de prendre des mesures pour que « le transfert de l'ancien au nouvel emplacement s'effectue en bon ordre et nuise le moins possible aux travaux de l'Organisation et aux intérêts de l'Égypte » *(Rec.* 1950, *ibid.).*

Le raisonnement qui vaut pour l'extinction pourrait être transposé à la suspension d'autant plus que la mesure a des effets moindres. La Convention de Vienne est cependant muette sur ce point et, en pratique, le problème ne s'est posé qu'en cas de changement de circonstances.

On a soutenu que c'est en vertu d'une clause implicite du traité que des faits tels que son inexécution ou un changement fondamental de circonstances peuvent entraîner, soit son extinction par la dénonciation ou toute autre procédure, soit sa suspension. En réalité, l'effet de ces événements sur la vie du traité est déterminé non par les parties, mais par des règles générales du droit coutumier (v. *infra,* n°s 199 s.).

B. — Volonté postérieure des parties

196. Volonté expresse. — 1° Extinction *expresse du fait de la conclusion d'un traité postérieur.* — Aux termes de l'article 54. b de la Convention de Vienne,

« L'extinction d'un traité ou le retrait d'une partie peuvent avoir lieu (...)

b) à tout moment, par consentement de toutes les parties, après consultation des autres États contractants »

(cette dernière mention vise les États qui ont exprimé leur consentement à être liés par le traité sans que celui-ci soit encore en vigueur à leur égard).

Parfois, l'abrogation constitue le seul objet du traité postérieur. Plus souvent, celui-ci substitue une réglementation partiellement ou entièrement nouvelle à celle qui est formulée par le traité antérieur tout en l'abrogeant expressément (v. le Traité relatif au canal de Panama du 7 septembre 1977 ou les art. 7, 19, etc., du Traité instituant un Conseil et une Commission uniques des Communautés européennes du 8 avril 1965).

2° La *suspension conventionnelle* est prévue par l'article 57. b de la Convention de Vienne qui est rédigé de la même manière que l'article 54. b précité. Toutefois l'exigence de l'unanimité n'est pas absolue comme dans le cas de l'abrogation. La suspension des traités multilatéraux peut, selon l'article 58, résulter d'un accord *inter se* conclu entre certaines parties seulement si, du moins, elle est prévue expressément dans une clause du traité antérieur. En cas de silence de celui-ci, une telle suspension ne serait permise qu'à la condition qu'elle ne porte aucun préjudice aux autres États parties et qu'elle ne soit pas incompatible avec l'objet et le but de ce traité antérieur. L'article 58 dispose en outre que les parties à l'accord *inter se* de suspension doivent notifier aux autres parties leur intention de conclure un pareil accord et préciser les dispositions du traité dont elles désirent suspendre l'application.

3° L'article 54. b de la Convention de 1969 aligne le régime juridique applicable au *retrait d'une partie* sur celui de l'extinction du traité (v. *supra,* 1°) : la dénonciation peut intervenir à tout moment avec l'accord unanime des parties.

197. Volonté tacite. — 1° *Extinction implicite du fait de la conclusion d'un traité postérieur.* — L'article 54. b précité (n° 196) ne fait pas de distinction entre l'abrogation expresse et l'abrogation tacite. Celle-ci a lieu lorsque le second traité porte sur la même matière que le premier, est conclu entre les mêmes parties, et contient des dispositions à ce point incompatibles avec celui-ci « qu'il est impossible d'appliquer les deux traités en même temps » ou « s'il ressort du traité postérieur, ou s'il est par ailleurs établi, que, selon l'intention des parties, la matière doit être régie par ce traité » (art. 59, § 1).

Dans ce cas, comme dans celui de l'abrogation expresse, les règles concernant les normes successives avec identité des parties sont pleinement applicables et le traité postérieur l'emporte sur le traité antérieur qui cesse d'exister sans qu'il y ait à se préoccuper de la forme, solennelle, simplifiée ou même verbale, des deux accords concernés.

2° *Suspension implicite en vertu du consentement des parties.* — L'article 59, § 2, de la Convention de Vienne dispose : « Le traité antérieur est considéré comme étant seulement suspendu s'il ressort du traité postérieur ou s'il est ailleurs établi que telle était l'intention des parties. » Ici encore, en pratique, le problème ne s'est, jusqu'à présent, guère posé que pour des dispositions conventionnelles isolées et non pour l'ensemble d'un traité.

3° *Retrait ou dénonciation par consentement tacite entre tous les États concernés.* — L'article 54 de la Convention de Vienne ne fait pas de distinction quant aux règles applicables à cette situation d'une part et à l'abrogation tacite d'autre part (v. *supra,* 1°).

§ 2. — *Extinction et suspension du traité du fait de circonstances non prévues par le traité*

BIBLIOGRAPHIE. — Sir Cecil HURST, « The Effect of War on Treaties », *BYBIL* 1921-122, p. 37-47. — W. BURCHARDT, « La clausula rebus sic stantibus en droit international », *RDILC* 1933, p. 5-30. — G. TENEKIDES, « Le principe *rebus sic stantibus...* », *RGDIP* 1934, p. 273-294. — A. MCNAIR, « Les effets de la guerre sur les traités », *RCADI* 1937-I, vol. 59, p. 529-585. — G. SCELLE, « De l'influence de l'état de guerre sur le droit conventionnel », *JDI* 1950, p. 26-87. — B.P. SINHA, *Unilateral Denunciation of Treaty because of Prior Violations of Obligations by Other Party,* Nijhoff, La Haye, 1966, 232 p. — F. VAN BOGAERT, « Le sens de la clause *rebus sic stantibus* dans le droit des gens actuel », *RGDIP* 1966, p. 49-74. — O. LISSITZYN, « Treaties and Changed Circumstances », *AJIL* 1967, p. 895-922. — J. NISOT, « L'exception *non adimpleti contractus* en droit international », *RGDIP* 1970, p. 668-673. — G. HARASZTI, « Treaties and Fundamental Change of Circumstances », *RCADI* 1975-III, vol. 146, p. 1-94. — A. GOMEZ-ROBLEDO, « La clausula rebus sic stantibus », *Mél. Miaja de La Muella,* 1979, p. 99-121. — B. BROWS, « The effects of Armed Conflicts on Treaties », *Ann. IDI* 1981, vol. 59-I, p. 271-284 et 1982, vol. 59-II, p. 175-244. — L. SICO, *Gli effetti del mutamento delle circonstanze sui trattati internazionali,* Cedam, Padoue, 1983, 332 p. — R.-P. MAZZESCHI, *Resoluzione e suspenzione dei trattati per inadempimento,* Giuffré, Milan, 1984, 351 p. — A. VAMVOUKOS, *Termination of Treaties in International Law (the Doctrine of* rebus sic stantibus *and Desuetude*), Clarendon Press, Oxford, 1985, XXIII-325 p. — Ph. CAHIER, « Le changement fondamental de circonstances et la Convention de Vienne de 1969 sur le droit des traités », *Mél. Ago,* I, p. 163-186. — D.N. HUTCHINSON, « Solidarity and Breaches of Multilateral Treaties », *BYBIL* 1988, p. 151-215 — F.L. KIRGIS, « Some Lingering Questions about Art. 60 of the Vienna Convention on the Law of Treaties », *Cornell ILJl* 1989, p. 549-573. — G. HAFNER, « L'obsolescence de certaines dispositions du traité d'État autrichien de 1955 », *AFDI* 1991, p. 239-257. — M.M. GOMAA, *Suspension or Termination of Treaties on Grounds of Breach,* Nijhoff, La Haye, 1996, XXI-201 p. — C. LALY-CHEVALIER, *La violation du traité,* Bruylant, Bruxelles, 2005, XVIII-657 p.

198. Un régime objectif. — À la différence des hypothèses examinées dans le paragraphe précédent, l'attitude des parties n'a, en l'occurrence, jamais pour *but* la suspension ou l'extinction du traité même lorsqu'il s'agit de comportements volontaires. En ce sens, on peut parler d'un régime « objectif », régi par des règles générales.

La Convention de Vienne, qui a qualifié ces faits de « motifs » de l'extinction ou de la suspension, a établi également une procédure et un système de solution des différends semblables à ceux qui s'appliquent à la mise en œuvre de la nullité du traité pour défaut de validité (v. *supra,* n° 134).

Certaines des circonstances pouvant justifier l'extinction du traité, sa suspension ou la dénonciation par un État contractant sont liées au comportement des parties ; d'autres en sont indépendantes.

A. — Circonstances liées au comportement des parties

199. Violation du traité. — Elle consiste dans l'inexécution des dispositions du traité par une ou plusieurs parties.

Dans l'ordre interne, le juge admet qu'une partie ne peut exiger de l'autre l'exécution d'un contrat qu'elle ne respecte pas elle-même. Cette attitude est conforme au principe général *inadimplenti non est adimplendum* qui s'applique aussi dans l'ordre international.

1° *Principe : exigence d'une violation substantielle.* — La doctrine admet que le non-respect d'un traité par une partie peut entraîner son extinction ou, au moins, sa suspension jusqu'à la cessation de la violation ; la jurisprudence confirme cette règle que consacre l'article 60 de la Convention de Vienne sur le droit des traités.

Ce principe qui peut être rapproché de la règle traditionnelle de la réciprocité et de la licéité des représailles pacifiques, exercées en riposte à des actes contraires au droit international (contre-mesures — v. *infra*, nos 494 et 574), doit cependant être appliqué avec prudence. L'expérience prouve en effet qu'une partie invoque souvent une violation imaginaire ou anodine pour dénoncer unilatéralement un traité qui la gêne ou en suspendre l'application. C'est pourquoi l'article 60 limite la possibilité d'appliquer le principe *non adimpleti contractus* au seul cas de violation *substantielle* :

« Aux fins du présent article, une violation substantielle d'un traité est constituée par :
a) un rejet du traité non autorisé par la présente Convention ; ou
b) la violation d'une disposition essentielle pour la réalisation de l'objet ou du but du traité. »

Bien que la pratique en la matière ne soit guère abondante, quelques précédents jurisprudentiels confirment cette solution nuancée et raisonnable.

Dans une affaire entre le Chili et le Pérou, ce dernier avait soutenu que la violation par le Chili du Traité d'Ancon, qui prévoyait l'organisation d'un plébiscite dans la région qui faisait l'objet du litige, le déliait de ses engagements résultant de ce même traité. L'arbitre, le Président Coolidge, tout en repoussant la prétention péruvienne faute de preuve, s'est néanmoins montré affirmatif en ce qui concerne la question de principe : « Il est manifeste que si les abus administratifs pouvaient avoir pour effet de mettre fin à un tel accord, il faudrait prouver que des abus administratifs ont créé une situation si grave qu'elle empêcherait la réalisation de l'accord, et à notre avis, l'existence d'une situation de cette gravité n'a pas été démontrée » (Affaire du *Tacna-Arica,* sentence du 4 mars 1925, *RSA* II, p. 921). Dans l'affaire des *Prises d'eau de la Meuse* où la Belgique revendiquait le droit de suspendre l'application d'un traité belgo-hollandais de 1863, du fait de sa violation par les Pays-Bas, la CPJI n'a pas reconnu l'existence de cette violation ; mais, le juge Anzilotti a affirmé dans son opinion dissidente que le principe sur lequel était fondée la prétention belge était « universellement reconnu » (CPJI, série A/B, n° 70, p. 50). On peut mentionner encore que selon l'article 40 du Règlement de 1907 concernant les lois et coutumes de la guerre sur terre : « Toute violation grave de l'armistice par l'une des parties donne à l'autre le droit de la dénoncer et même, en cas d'urgence, de reprendre immédiatement les hostilités. »

Dans son avis de 1971 sur la *Namibie,* la Cour a affirmé l'existence « du principe juridique général selon lequel le droit de mettre fin à un traité comme conséquence de sa violation doit être présumé exister pour tous les traités » (*Rec.,* 1971, p. 47). (La règle n'est pas transposable au droit communautaire, pour des raisons propres à l'ordre juridique communautaire ; cf. CJCE, aff. 7/71, 14 décembre 1971, *Commission c. République française,* v. *supra*, n° 188).

2° *Régime juridique. — a) Les conséquences d'une violation substantielle* du traité sont déterminées par l'article 60 de la Convention de Vienne.

i) S'il s'agit d'un *traité bilatéral,* l'autre partie peut invoquer cette violation comme *motif* pour mettre fin au traité ou pour le suspendre. Ni l'extinction, ni la suspension ne sont donc automatiques. La violation ouvre seulement le droit de déclencher la procédure instituée par les articles 65 et suivants (v. *supra*, n° 134). En outre, la partie qui invoque ce motif pour mettre fin au traité ne doit pas avoir commis elle-même un comportement illicite (cf. CIJ, arrêt du 25 sept. 1997, *Projet Gabčíkovo-Nagymaros*, *Rec.* p. 67, § 110).

ii) S'il s'agit d'un *traité multilatéral,* deux formes d'action sont prévues, l'une *collective,* l'autre *individuelle.*

1) Les autres parties agissant par accord unanime sont autorisées à suspendre l'application du traité en totalité ou en partie ou à mettre fin à celui-ci, soit dans les relations entre elles-mêmes et l'État auteur de la violation, soit entre toutes les parties. Ici encore, il n'y a aucun automatisme. Tant que l'extinction n'est pas convenue selon cette procédure, le traité demeure.

2) L'action individuelle est d'abord celle de la partie qui est spécialement atteinte par la violation. Elle peut l'invoquer comme motif pour suspendre (suspendre seulement) l'application du traité dans ses rapports avec l'État auteur de la violation.

Toute partie (autre que l'auteur de la violation) dont la situation par rapport au traité est « radicalement » modifiée par la violation peut également l'invoquer comme motif pour suspendre, en ce qui la concerne, l'application du traité (la CDI pensait notamment aux traités sur le désarmement).

Dans son avis du 21 juin 1971 sur la *Namibie,* la CIJ a reconnu que les règles de l'article 60 représentent la « codification du droit coutumier existant dans ce domaine » et elle en a conclu que c'est à bon droit que l'Assemblée générale a dénoncé le mandat de 1920 pour violation substantielle de ses obligations par l'Afrique du Sud (*Rec.*, p. 47). La Cour a également fait application de ces règles dans son arrêt du 18 août 1972 (*Appel concernant la compétence du Conseil de l'OACI*), à propos de la définition de la violation substantielle d'un traité (*Rec.*, p. 67). Adoptant une position plus prudente que dans son avis de 1971, la Cour a rappelé qu'un État ne peut unilatéralement considérer que la caducité d'un traité découle automatiquement de sa violation par une autre partie.

Certains traités instituent ce que l'on a appelé des « régimes se suffisant à eux-mêmes », en ce sens qu'ils prévoient les réactions ouvertes aux parties lésées en cas de violation (v. la position des rapporteurs spéciaux de la CDI sur la responsabilité des États, W. Riphagen, *Ann. CDI* 1982, vol. I, p. 200 et G. Arangio-Ruiz, *Ann. CDI* 1991, vol. II-1, p. 27). Tel est le cas des traités communautaires, de certaines conventions en matière de droits de l'homme, du GATT et de l'OMC ou des conventions de Vienne relatives aux relations diplomatiques et consulaires (cf. CIJ, arrêt du 24 mai 1980, *Personnel diplomatique et consulaire des États-Unis à Téhéran, Rec.*, p. 38-40). Malgré la rédaction de l'article 55 des articles de la CDI sur la responsabilité internationale des États, adoptés en 2001, il ne résulte pas nécessairement de l'existence de tels régimes que le recours à d'autres contre-mesures, licites en vertu du droit international général, soit automatiquement exclu.

Sur la problématique des régimes se suffisant à eux-mêmes, consulter en général : B. SIMMA, « Self-Contained Regimes », *NYBIL* 1985, p. 111-136 ; B. SIMMA et D. PULKOWSKI, « Of Planets and the Universe : Self-Contained Regimes in International Law », *EJIL* 2006, p. 483-529 ; Rapport du groupe d'étude de la CDI sur la fragmentation du droit international, A/CN.4/L.682 du 13 avril 2006, § 123-194. À propos du cas particulier de l'OMC, consulter par ex. A. LINDROOS et M. MEHLING, *EJIL* 2005, p. 857-878. V. aussi *supra*, n° 37.

b) L'article 60 de la Convention de 1969 prévoit deux exceptions au principe qu'il pose : l'extinction ou la suspension ne peut affecter d'une part, les dispositions du traité qui sont conçues pour s'appliquer précisément aux cas de violation, et d'autre part, les « dispositions relatives à la protection de la personne humaine contenues dans des traités de caractère humanitaire, notamment les dispositions excluant toute forme de représailles à l'égard des personnes protégées par lesdits traités ».

La première exception a été recommandée par la CDI. Elle va de soi et a été confirmée par la CIJ dans son arrêt du 24 mai 1980 relatif au *Personnel diplomatique et consulaire des États-Unis à Téhéran :* « Aucune violation du traité commise par l'une ou l'autre des parties ne saurait avoir pour effet d'empêcher cette partie d'invoquer les dispositions du traité relatives au règlement pacifique du différend » (*Rec.* 1980, p. 28). La deuxième qui rend bien compte de la spécificité des traités relatifs aux droits de l'homme (v. *supra*, n° 65) a été introduite par la Conférence de Vienne lors de sa deuxième session : on aurait dû l'étendre aussi aux traités multilatéraux généraux qui expriment des normes d'intérêt universel : quand l'Allemagne violait le Pacte Briand-Kellogg sur la mise de la guerre hors la loi, nul ne songeait à prononcer l'extinction de ce pacte ou sa suspension.

200. Conflit armé international. — Bien que le problème des effets de la guerre sur les traités soit une question classique en droit international largement débattue en doctrine, la CDI n'avait rédigé aucune disposition sur ce point lors des travaux préparatoires de la Convention de Vienne.

Elle a expliqué son silence dans son rapport : l'examen des effets de la guerre sur les traités conduirait à envisager tout le problème de la réglementation de l'usage de la force par la Charte des Nations Unies, ce qui aurait pour résultat d'élargir considérablement le champ de ses travaux.

Cependant, à l'initiative des délégués de la Hongrie, de la Pologne et de la Suisse, la Conférence de Vienne a adopté à l'unanimité l'article 73 de la Convention aux termes duquel les dispositions de celles-ci :

« ne préjugent aucune question qui pourrait se poser à propos d'un traité du fait (...) de l'ouverture d'hostilités entre États ».

Cette brève allusion a au moins le mérite de rappeler qu'il existe bien un problème à ce sujet. Problème classique comme l'atteste la résolution de l'Institut de droit international de 1912, sur les rapports de N. Politis. En 2004, la CDI a d'ailleurs décidé de combler cette lacune en inscrivant à son programme de travail la question des « Effets des conflits armés sur les traités ». Suite aux rapports présentés par le rapporteur spécial, I. Brownlie, de 2005 à 2008, la CDI a adopté en 2008 un projet d'articles sur la question, en première lecture (v. doc.

A/63/10). En dehors de la question de savoir si un traité peut être terminé ou son application peut être suspendue en cas d'un conflit armé, ce projet d'articles vise également à clarifier les conditions procédurales dont l'État belligérant doit s'acquitter pour pouvoir bénéficier de cette possibilité (p.ex. la notification, art. 8 du projet d'articles).

La difficulté réside dans l'absence de toute règle claire et dans l'évolution subie par la matière.

Comme l'a relevé la Commission de réclamations Éthiopie/Érythrée, si la tendance contemporaine est moins absolue que le principe ancien de la terminaison de toutes les relations conventionnelles (exceptées celles spécifiquement destinées à encadrer la guerre) (SA du 19 décembre 2005, *Retraites (réclamations de l'Erythrée n° 15, 19 et 23)*, § 28), le seul critère opératoire reste celui de l'intention (présumée) des parties (*ibid.*, § 29). Encore faut-il déterminer dans quel sens fixer la présomption lorsque l'interprétation du traité ne permet pas de trancher. La Commission a jugé qu'en cas de doute, les parties devaient être présumées avoir au moins voulu la suspension, durant les hostilités, des traités qui les lient (*ibid.*, § 30). Le projet d'article 3 du projet d'articles adopté par la CDI en 2008 dispose cependant que « [l]e déclenchement d'un conflit armé n'entraîne pas nécessairement l'extinction des traités ni la suspension de leur application... ».

En pratique on constate l'existence de ce que l'on appelé un « système différencié » qui, sur la base d'une distinction entre plusieurs catégories de traités, englobe tout à la fois, l'extinction, la suspension et le maintien en vigueur.

a) Les traités bilatéraux prennent fin, ou, à tout le moins, sont suspendus dans une situation de conflit armé international.

Cette règle est confirmée par les traités de paix de 1919 et 1947. L'article 44 du Traité de paix du 10 février 1947 avec l'Italie précise que chacune des puissances alliées et associées notifie à l'Italie les traités qu'elle a conclus avec ce pays dont elle désire la « remise en vigueur ». Cette disposition implique l'abrogation desdits traités du fait de la guerre. En effet, si ceux-ci avaient été seulement suspendus, leur remise en vigueur aurait dû être automatique après la cessation de la guerre.

La Commission de réclamations Érythrée/Éthiopie a quant à elle relevé que ces deux États avaient apparemment considéré comme suspendus, sinon comme terminés, par l'effet de leur conflit armé les traités bilatéraux conclus en matière d'accès de leurs nationaux à des activités commerciales sur le territoire de l'autre partie (sentence partielle du 17 décembre 2004, *Réclamations civiles (Éthiopie, réclamation n° 5)*, § 49). Elle a par ailleurs évoqué l'existence d'un « large consensus » au soutien du principe selon lequel les traités bilatéraux, notamment ceux de nature politique ou économique, sont au moins suspendus du fait de l'ouverture d'hostilités armées (sentence partielle du 19 décembre 2005, *Pertes économiques en Éthiopie (réclamation de l'Éthiopie n° 7)*, § 18).

En France, la Cour de cassation a appliqué la solution de l'abrogation aux traités conclus « sur des matières de droit privé en considération des relations du temps de paix » (Cass. civ., assemblée plénière, 22 juin 1949, S. 1949.1.161, n. Niboyet). La Haute Juridiction ne fait donc pas de différence entre traités concernant les États et ceux relatifs aux intérêts privés des individus.

b) Les *traités multilatéraux* sont suspendus dans les rapports entre belligérants et demeurent en vigueur dans les rapports entre les parties non belligérantes, ainsi que dans les rapports entre les belligérants et les non-belligérants.

Lors de la guerre italo-éthiopienne, aucune des deux parties belligérantes n'a cessé d'être membre de la SdN (jusqu'au retrait de l'Italie en décembre 1937), pas plus qu'Israël et les pays arabes n'ont quitté les Nations Unies lors des conflits armés qui les opposaient depuis 1948. Il ressort de cette pratique que les traités multilatéraux créant des organisations internationales continuent de produire leurs effets, même dans les rapports entre belligérants, ce qui traduit un certain dépassement de l'interétatisme traditionnel.

La CDI tente depuis 2005 de dresser une liste de traités pour lesquels, à raison de leur objet et de leur but, il faudrait présumer que l'intention des parties n'était pas de mettre fin à, ou de suspendre, ces traités en cas de conflit armé (traités relatifs à la protection des droits fondamentaux de la personne humaine ou de l'environnement par exemple), mais l'établissement de cette liste a posé un certain nombre de difficultés (v. par ailleurs *infra*, n° 578). Finalement, l'article 4 du projet d'articles adopté en première lecture en 2008 se borne à indiquer des « indices permettant de conclure à la possibilité de l'extinction, du retrait ou de la suspension de l'application » d'un traité donné. Selon la CDI, dans un tel cas, il faut se référer au principes généraux de l'interprétation des traités (art. 4.*a)* du projet d'articles) et « à la nature et à l'ampleur du conflit armé, à l'effet du conflit armé sur le traité, au contenu du traité et au nombre de parties au traité » (art. 4.*b)* du projet d'articles).

c) Les *traités créant des situations objectives,* comme un statut territorial, une cession de territoire ou un tracé de frontière, ne sont en aucune façon affectés par l'état de conflit armé.

d) Les *traités* bilatéraux ou multilatéraux qui sont *conclus spécialement pour la conduite des conflits armés internationaux* sont évidemment maintenus (traitement des prisonniers de guerre, conduite des hostilités, interdiction de certaines armes, etc.). Ceci a été expressément confirmé par l'article 5 du projet adopté en première lecture en 2008.

Les effets décrits ci-desus ne se produisent qu'en cas de conflit armé international régi par le droit international, ce qui exclut la guerre civile et les représailles armées (v. *infra,* n° 575).

L'article 74 de la Convention de Vienne précise d'autre part que la rupture des relations diplomatiques et consulaires n'a pas d'incidence sur le droit des traités (v. cependant *infra*, n° 202).

201. Coutume. — Une coutume postérieure à un traité peut en modifier les dispositions (v. *supra*, n° 188) ; elle peut aussi avoir pour effet d'éteindre le traité si son maintien n'est pas compatible avec elle : l'égalité entre ces deux sources de droit international permet la mise en œuvre du principe *lex posterior derogat priori.* La coutume naissant de pratiques concordantes, l'extinction se réalise progressivement par la non-application : le traité tombe en *désuétude* (v. la sentence arbitrale du 21 octobre 1861, rendue par le Sénat de Hambourg dans l'affaire *Yuille-Shortridge,* [Grande-Bretagne/Portugal], *RAI,* II, p. 105).

Dans certains cas, la disparition du traité résulte moins d'une règle nouvelle contraire, que d'une modification sensible de « l'environnement » juridique international nécessaire à la mise en œuvre de ce traité. Cette hypothèse est assez proche de l'argument du changement fondamental des circonstances (v. *infra,* n° 203) ; elle ne saurait cependant être assimilée à celle-ci : d'une part, à la différence de la clause *rebus,* l'extinction du traité devenu incompatible avec une coutume contraire est automatique ; d'autre part, son régime juridique demeure incertain et aucune disposition de la Convention de Vienne ne lui est consacrée.

L'argument a été utilisé par le gouvernement français : pour justifier son opinion sur l'incompétence de la CIJ dans l'affaire des *Essais nucléaires* en 1974, il a affirmé que l'Acte général d'arbitrage de 1928 est tombé en désuétude « depuis la disparition du système de la SdN ». La même thèse a été reprise par l'Inde dans l'affaire relative au *Procès des prisonniers de guerre pakistanais* (1973) et dans celle de *l'Incident aérien du 10 août 1999* (2000) et par la Turquie lors de l'examen du différend sur le *Plateau continental de la mer Égée* (1978). Dans les quatre cas, la Cour a réussi à éviter de devoir trancher ce point (sur le problème général de la désuétude en droit international public, v. les études de K. Kolb et de G. Le Foch à la *RGDIP* 2007, p. 577-642).

B. — Circonstances indépendantes des parties

202. Impossibilité d'exécution. — Elle est la conséquence de la survenance d'une situation indépendante de la volonté des parties et rendant l'exécution *impossible.* Apparemment, cette circonstance évoque le cas de force majeure. Mais, alors que la cause de force majeure bénéfice *personnellement* à la partie qui l'invoque et l'exonère de toute responsabilité, ici, il appartient au droit des traités de fixer par une règle générale le sort des traités inexécutés.

D'après l'article 61 de la Convention de Vienne, une partie peut invoquer une impossibilité *définitive* d'exécuter un traité pour y mettre fin. Cette impossibilité doit résulter « de la disparition ou destruction définitive d'un objet indispensable à l'exécution de ce traité ».

De telles situations sont rares dans la pratique. Les exemples cités par la CDI visaient la submersion d'une île, l'assèchement d'un fleuve ou la destruction d'un barrage ou d'une installation hydro-électrique indispensable à l'exécution du traité.

Si l'impossibilité d'exécuter n'est que *provisoire,* seule la suspension du traité est possible. Par ailleurs, conformément au paragraphe 2 de cette disposition, une telle impossibilité ne peut être invoquée par une partie lorsqu'elle « résulte de la violation par la même partie d'une obligation découlant dudit traité » (CIJ, arrêt du 25 sept. 1997, *Projet Gabčíkovo-Nagymaros*, *Rec.* p. 64, § 103).

L'extinction de la personnalité internationale de l'une des parties à un traité *bilatéral,* c'est-à-dire la disparition complète de cette partie en tant que sujet du droit international, constitue aussi une situation rendant impossible l'exécution de ce traité. Les conséquences de cette situation relèvent de règles générales en matière de succession d'États (v. *infra*, n° 361).

L'article 63 de la Convention de Vienne précise que « la rupture des relations diplomatiques ou consulaires entre parties à un traité est sans effet sur les relations juridiques établies entre elles par le traité, sauf dans la mesure où l'existence des relations diplomatiques ou consulaires est indispensable à l'application du traité ». Cette dernière précision n'est que l'illustration du principe général applicable en cas d'impossibilité d'exécution. Dans son arrêt du 24 mai 1980, la CIJ a constaté que « le mécanisme permettant de faire jouer effectivement » le Traité d'amitié, de commerce et de droits consulaires de 1955 entre les États-Unis et l'Iran était « actuellement bloqué du fait de la rupture des relations diplomatiques entre les deux États décidée par les États-Unis », mais elle a estimé que « les dispositions du traité continuent à faire partie du droit applicable » entre eux (*Rec.* 1980, p. 28).

203. Changement fondamental de circonstances. — 1° *Principe.* — Nul ne conteste qu'un changement de circonstances par rapport à celles existant au moment de la conclusion d'un traité peut entraîner son extinction ou sa suspension. Cette solution admise par la doctrine et reçue dans la pratique est consacrée par l'article 62 de la Convention de Vienne.

Si le principe est certain, son *fondement* donne lieu à des avis divergents.

Certains affirment qu'il existe dans tout traité une *clause tacite* d'après laquelle le traité ne demeure obligatoire que tant que les choses restent en l'état. Ils invoquent le principe : « *omnis conventio intelligitur rebus sic stantibus* ». Cette clause tacite est ainsi dénommée clause *rebus sic stantibus*. Outre qu'elle est très artificielle, l'inconvénient de cette explication est qu'elle entraîne la nécessité de prouver, dans chaque cas, qu'il n'existe pas une intention contraire des parties de ne pas inclure cette clause dans le traité.

Pour d'autres, *rebus sic stantibus* exprime plutôt une *règle générale et objective*. C'est évidemment à cette explication que se rallient les auteurs qui fondent le droit sur les nécessités sociales que ses normes doivent refléter avec le maximum de fidélité. Le traité s'éteint parce qu'à la suite du changement des circonstances, la concordance est rompue entre son contenu et les réalités sociales nouvelles qu'il ne peut plus régir.

2° *Régime juridique*. — La mise en œuvre du principe pose trois problèmes distincts, d'ailleurs connexes : à quelles conditions un changement de circonstances a-t-il des effets sur la vie du traité ? Comment ce changement peut-il être constaté ? Quels sont ses effets ?

a) Conditions. Sauf à mettre gravement en péril la stabilité des relations juridiques, on ne saurait admettre que n'importe quel changement de circonstances autorise les parties à mettre fin à un traité ou à en suspendre l'application. Selon l'article 62, § 1, de la Convention de Vienne, il faut que le changement ait été « fondamental », c'est-à-dire que « l'existence de ces circonstances » (...) ait constitué une base essentielle du consentement à être lié par le traité » et que ce changement ait « pour effet de transformer radicalement la portée des obligations qui restent à exécuter en vertu du traité ».

Dans son arrêt du 2 février 1973 relatif à *la Compétence en matière de pêcheries*, la CIJ a considéré que ces dispositions se bornaient à codifier des règles coutumières préexistantes (*Rec.* 1973, p. 18). Elle a en outre précisé :

« ... les changements de circonstances qui doivent être considérés comme fondamentaux ou vitaux, sont ceux qui mettent en péril l'existence ou le développement vital de l'une des parties. » « Le changement doit avoir entraîné une transformation radicale de la portée des obligations qui restent à exécuter. Il doit avoir rendu plus lourdes ces obligations, de sorte que leur exécution devienne essentiellement différente de celles qui restent à exécuter » (*ibid.*, p. 19 et 21). En conséquence, la Cour refusera à l'Islande la possibilité d'invoquer la caducité d'une clause compromissoire.

La Cour a confirmé ces principes dans son arrêt de 1997 dans l'affaire hongaro-slovaque du *projet Gabčíkovo-Nagymaros*. Rappelant « que la stabilité des relations conventionnelles exige que le moyen tiré d'un changement fondamental de circonstances ne trouve à s'appliquer que dans des cas exceptionnels », elle a écarté les prétentions hongroises fondées sur le changement des conditions politiques en Europe centrale entre 1977 et 1989 et sur « les nouvelles connaissances acquises en matière d'environnement et les progrès du droit de l'environnement » (*Rec.*, p. 64, § 104). Appliquant les mêmes principes, tels qu'ils sont codifiés par la Convention de Vienne, la CJCE a admis que la dissolution de l'ex-Yougoslavie et la situation de guerre prévalant dans la région constituaient un changement fondamental de circonstances justifiant la suspension d'un accord de coopération entre la CE et l'ex-Yougoslavie (aff. C-162/96, 16 juin 1998, *A. Racke GmbH*, *Rec.* I-3655).

Contrairement à la doctrine classique de la clause *rebus sic stantibus*, la Convention de Vienne ne réserve pas l'application du principe du changement des circonstances aux traités à durée perpétuelle ou indéfinie. Par là, elle autorise l'espoir d'une solution satisfaisante du problème des traités inégaux. En revanche, l'article 62, § 2, de la Convention de Vienne exclut l'application de la « clause *rebus* »,

« a) s'il s'agit d'un traité établissant une frontière ; ou

b) si le changement fondamental résulte d'une violation, par la partie qui l'invoque, soit d'une obligation du traité, soit de toute autre obligation internationale à l'égard de toute autre partie au traité. »

Les conditions posées à la mise en œuvre de la « clause » sont donc très strictes et il est significatif qu'à une seule exception près (v. la décision de la CJCE évoquée *supra*), *aucune* décision juridictionnelle ou arbitrale n'a jamais admis qu'elles étaient réunies dans les affaires au cours desquelles l'une des parties a invoqué le principe.

b) Constatation du changement. En pratique, les États affirment très souvent l'existence d'un changement fondamental de circonstances pour se dégager de leurs obligations conventionnelles.

Il existe des exemples célèbres de telles prétentions : circulaire Gortchakof du 31 octobre 1870 par laquelle la Russie dénonçait les dispositions du Traité de Paris de 1856 sur la démilitarisation de la Mer Noire (v. *supra*, n° 195-2°) ; contestation du *« diktat »* de Versailles par l'Allemagne entre les deux guerres ; remise en cause des accords d'indépendance et de coopération entre la France et ses anciennes colonies (accords d'Évian de 1962 par l'Algérie dès 1964 ; autres accords par les pays d'Afrique au Sud du Sahara à partir de 1971), qui ont rapidement constitué un « cimetière d'accords périmés » (M. Flory, *Droit international du développement,* PUF, 1977, p. 145) ; justification par la France de son retrait des forces intégrées de l'OTAN en 1966 (v. J. Charpentier, *AFDI* 1966, p. 409 s. et E. Stein et D. Carreau, *AJIL* 1968, p. 577 s.), la suspension puis la « terminaison » du Traité de Budapest du 16 sept. 1977 relatif à la construction d'un barrage sur le Danube, par la Hongrie en 1992 qui ont conduit à la saisine de la CIJ par les compromis du 7 avril 1993.

Les autres parties contestent généralement la réalité du changement de circonstances invoqué quoiqu'une réadaptation conventionnelle ne soit pas rare (cf. l'accord du 13 mars 1871, préc. — v. *supra*, n°s 191 et 195, ou les nouveaux accords de coopération conclus entre la France et ses partenaires africains à partir de 1972). En cas d'échec des négociations, la solution la plus logique et la plus efficace serait de s'en remettre au juge international comme la France l'avait soutenu devant la CPJI dans l'affaire des *Zones franches* (CPJI, série C, n° 58, p. 405-406), point sur lequel la Cour a jugé inutile de se prononcer (série A/B, n° 46, p. 156-158).

Cependant la justice internationale étant facultative, force est de rechercher d'autres systèmes de solution. C'est ce qu'avait fait l'article 19 du Pacte de la SdN en confiant à l'Assemblée de la Société le soin de constater que certains traités étaient « devenus inapplicables » et d'inviter les parties à les réexaminer. Ce système n'a pas fonctionné et n'a été repris que sous une forme beaucoup plus générale par la Charte des Nations Unies (v. *supra*, n° 186-2°).

De son côté, la Convention de Vienne exclut tout automatisme et impose aux parties de notifier leur intention à leurs partenaires et de n'y donner suite qu'après un délai de trois mois au minimum ; en cas de contestation « les parties devront rechercher une solution par les moyens indiqués à l'article 33 de la Charte des Nations Unies » (art. 65, § 3 — v. *supra*, n° 134). Il reste que si ces moyens échouent, on en revient à la solution traditionnelle de l'appréciation unilatérale par l'État invoquant le changement de circonstances.

Par une déclaration du 1er octobre 1990 dont les deux gouvernements allemands ont pris note, les États-Unis, la France, le Royaume-Uni et l'URSS ont déclaré « que l'exercice de leurs droits et responsabilités relatifs à Berlin et à l'Allemagne dans son ensemble sera suspendu dès l'unification de l'Allemagne dans l'attente de l'entrée en vigueur du Traité portant règlement définitif concernant l'Allemagne ». On peut voir dans cette déclaration la reconnaissance concertée d'un changement fondamental de circonstances se traduisant par la suspension puis la fin des traités antérieurs. De même, le 6 novembre 1990, l'Autriche a fait savoir aux quatre États parties au Traité d'État de Vienne du 15 mai 1955 qu'elle considérait que plusieurs clauses de celui-ci étaient « obsolètes » du fait « des changements fondamentaux qui ont eu lieu en Europe » et notamment de la conclusion du Traité du 12 septembre 1990 avec l'Allemagne ; les quatre puissances ont pris note de cette communication (v. G. Hafner, *AFDI* 1991, p. 239-257 ; F. Ermacora, *Z.a.ö.R.V.* 1991, p. 319-339).

Un amendement à la Constitution de l'OIT adopté en 1997 mais non encore entré en vigueur, prévoit un processus quasi législatif d'abrogation des conventions internationales du travail devenues obsolètes, ce qui est une manière de constater un changement de circonstances et de libérer les États parties de leurs obligations : « Sur proposition du Conseil d'administration, la Conférence pourra, à la majorité des deux tiers des délégués présents, abroger toute convention adoptée [par la Conférence] s'il apparaît qu'elle a perdu son objet ou qu'elle n'apporte plus de contribution utile à l'accomplissement des objectifs de l'Organisation » (v. F. Maupain, *AFDI* 1996, p. 629-635).

c) Effets du changement de circonstances. La conséquence normale d'un changement fondamental de circonstances sera l'extinction du traité ou le droit pour la partie qui l'invoque de s'en retirer. L'article 62, § 3, de la Convention de Vienne atténue cependant la rigueur de cette solution en admettant que cette partie peut également n'invoquer ce changement « que pour suspendre l'application du traité ». Bien qu'elle ait été recommandée par une partie de la doctrine et proposée à Vienne par quelques délégués (Suisse et Australie), la troisième solution, plus souple, d'une adaptation du traité aux circonstances nouvelles par sa modification n'a pas été adoptée.

204. Survenance d'une nouvelle norme de *jus cogens*. — L'apparition d'une norme impérative du droit international, coutumière ou conventionnelle, entraîne la caducité des traités contraires (v. *supra*, n° 125). Cette conséquence du principe de hiérarchie des normes est expressément prévue par l'article 64 de la Convention de Vienne. Bien que cette disposition n'envisage pas l'hypothèse d'une contrariété entre la nouvelle norme de *jus cogens* et certaines dispositions du traité seulement, celle-ci peut se produire ; dans ce cas ce n'est pas le traité dans son ensemble qui « devient nul et prend fin » mais les seules dispositions concernées (v. *supra*, n° 188-2°).

TITRE II

FORMATION NON CONVENTIONNELLE DU DROIT INTERNATIONAL

BIBLIOGRAPHIE. — T.O. ELIAS, « Modern Sources of International Law », *Mél. Jessup*, 1972, p. 34-39. — SFDI, *L'élaboration du droit international public*, Colloque de Toulouse, Pedone, 1975, 224 p. — P. MANIN, « L'incertitude de la règle internationale », *Mél. Charlier*, Éd. Paul-Émile, 1981, p. 223-236. — O. SCHACHTER, « Recent Trends in International Law Making », *Aust. YBIL*, vol. 12, p. 1-15. — J.I. CHARNEY, « Universal International Law », *AJIL* 1993, p. 529-551. — Ch. TOMUSCHAT, « Obligations Arising for States Without or Against their Will », *RCADI* 1993-IV, vol. 241, p. 195-374.

205. Plan du titre. — En droit international comme dans les ordres juridiques nationaux, coexistent plusieurs modes de formation du droit, plus ou moins institutionnalisés. La pratique interétatique, surtout depuis le début du XXe siècle, a reconnu dans la voie conventionnelle la « source du droit » la plus indiscutée et la mieux réglementée ; la doctrine consacre cette évolution en regroupant — par opposition — tous les autres modes de formation du droit.

Malgré son caractère un peu simpliste et arbitraire, cette distinction peut être justifiée :

— négativement, par les « imperfections » communes des modes non conventionnels par rapport au traité : la preuve de l'existence des règles conventionnelles est relativement facile à établir puisqu'elles sont en général écrites, et contenues dans des actes juridiques obligatoires ; la valeur normative des normes conventionnelles résulte directement de l'instrument qui les contient. Il n'en va pas de même des normes extra-conventionnelles, ce qui conduit souvent à douter soit de leur caractère normatif, soit de leur qualité d'acte juridique ;

— positivement, le regroupement des modes non conventionnels est justifié par des caractéristiques telles que la souplesse et l'adaptabilité des normes non conventionnelles, leur relation plus directe avec les exigences de la société internationale, leur « spontanéité ».

Menacés dans leur existence même par le développement rapide des traités comme source du droit international, les modes non conventionnels tendent à retrouver une place importante dans la formation du droit contemporain. En premier lieu, la rigidité intrinsèque du droit conventionnel constitue un obstacle à l'évolution nécessaire de la société internationale et ne garantit même pas un respect scrupuleux des règles fondamentales. En second lieu, parce qu'elles bénéficient souvent d'une observation plus spontanée de la part des sujets de droit, les normes non conventionnelles peuvent avoir une longévité et une productivité supérieure à bien des traités « mort-nés » (v. *infra,* n° 218).

Le paradoxe est que la faiblesse intrinsèque de certains modes de formation extra-conventionnelle du droit — le fait que ces normes ne peuvent contredire le contenu des traités — favorise le recours à ces mêmes modes, en vue de contourner la difficulté : les divers modes de formation « spontanée » du droit s'appuieront mutuellement pour consacrer la désuétude de la norme conventionnelle jugée désormais inopportune. L'existence de ces modes non conventionnels est consacrée par l'article 38 du Statut de la Cour internationale de Justice, d'ailleurs incomplet (v. *supra,* n° 59).

Comme y invite ce même article 38 du Statut, il convient de distinguer les modes d'élaboration du droit selon qu'ils conduisent ou non à la création de normes internationales — en isolant les simples instruments de détermination du droit (chapitre III) — et selon qu'ils ont un caractère spontané ou volontaire (chapitres I et II).

CHAPITRE I

Les modes de formation « spontanés »

206. Caractéristique commune. — Aux termes de l'article 38 du Statut de la CIJ, « la Cour applique... b) la coutume internationale comme preuve d'une pratique générale, acceptée comme étant le droit ; c) les principes généraux de droit reconnus par les nations civilisées... ». Selon la doctrine dominante, il s'agit, ici encore, de « sources formelles » mais, en réalité, rien n'est moins formalisé que les règles coutumières ou les principes généraux. Dans l'un et l'autre cas, l'éventuelle règle internationale n'est pas formulée dans un acte juridique international, et l'interprète ne peut donc la dégager directement de l'expression formelle de la volonté de sujets de droit ; il doit donc en rechercher l'existence et la portée dans des « comportements » ou les « emprunter » à d'autres ordres juridiques, en particulier nationaux, d'où l'idée de « droit spontané » (v. R. Ago, *AFDI* 1957, p. 14-62), manifestation de règles juridiques « qui n'a pas été organisée à l'avance » (J. A. Barberis, *AFDI* 1990, p. 17). Cette « spontanéité » n'empêche pas de chercher à identifier les règles ainsi formées et de déterminer *comment elles se manifestent.*

Le rôle primordial de l'interprète est encore renforcé lorsqu'il est fait usage de l'habilitation prévue au paragraphe 2 de l'article 38 du Statut : « La présente disposition ne porte pas atteinte à la faculté pour la Cour, si les parties sont d'accord, de statuer *ex aequo et bono.* » À défaut de cet accord, le juge pourra parfois recourir à l'équité, retrouvant par là une faculté similaire d'assouplissement de ses méthodes d'interprétation et d'application du droit.

Selon la portée reconnue à la norme internationale par l'interprète, la nature de ladite norme peut varier : tantôt il sera possible d'y voir une règle de droit positif — son fondement étant alors analysé comme une « source » de droit ; tantôt il ne faudra y voir qu'une « tendance » — qui annonce une future règle juridique sans la consacrer encore et peut tout au plus infléchir l'interprétation de la règle existante (sur le glissement d'une catégorie à l'autre et sur la distinction de principe avec un jugement *ex aequo et bono,* voir l'opinion dissidente du juge Oda sous CIJ, arrêt du 24 février 1982, *Plateau continental Tunisie-Libye, Rec.* 1982, p. 158-161).

On étudiera successivement la coutume, les principes généraux de droit et l'équité.

Section 1

La coutume

BIBLIOGRAPHIE. — S. SEFERIADES, « Aperçu sur la coutume juridique internationale », *RGDIP* 1936, p. 129-196. — L. KOPELMANAS, « Customs as a Means of Creation of International Law », *BYBIL* 1937, p. 127 s. — H. KELSEN, « Théorie du droit international coutumier », *Rev. Int. de la théorie du droit 1939,* p. 253 s. — Ch. DE VISSCHER, « Coutume et traité en droit international public », *RGDIP* 1955, p. 353-369. — G. COHEN-JONATHAN, « La coutume locale », *AFDI* 1961, p. 119-140. — A.A. D'AMATO, *The Concept of Custom in International Law,* Cornell UP, 1971, 286 p. ; « The Concept of Special Custom in International Law », *AJIL* 1969, p. 211–223. — R.J. DUPUY, « Coutume sage et coutume sauvage », *Mél. Rousseau,* 1974, p. 75-89 et « Droit déclaratoire et droit programmatoire : de la coutume sauvage à la *soft law* », *in* SFDI, *L'élaboration du droit international,* Pedone, 1975, p. 132-148. — J. CHARPENTIER, « Tendances de l'élaboration du droit international coutumier », *ibidem*, p. 105-1310. — M. AKEHURST, « Custom as a Source of International Law », *BYBIL* 1974-1975, p. 1-53. — B. STERN, « La coutume au cœur du droit international », *Mél. Reuter,* 1981, p. 479-499 ; R.Y. JENNINGS, « Law-Making and Package Deal », *Ibid.,* p. 347-355. — M. BOS, « The Identification of Custom in International Law », *GYBIL* 1982, p. 9-53. — BIN CHENG, « Custom : the Future of General State Practice in a Divided World », *in* RSJ MAC DONALD et D.M. JOHNSTON ed., *The Structure and Process of International Law,* Nijhoff, La Haye, 1983, p. 513-554. — S. SUR, « La coutume internationale. Sa vie, son œuvre », *Droits* 1986, p. 111-124. — P. HAGGENMACHER, « La doctrine des deux éléments du droit coutumier international dans la pratique de la Cour internationale », *RGDIP* 1986, p. 5-126. — G. ABI-SAAB, « La coutume dans tous ses états », *Mél. Ago* I, 1987, p. 53-65. — G. M. DANILENKO, « The Theory of International Customary Law », *GYBIL* 1988, p. 9-47. — J.A. BARBERIS, « Réflexions sur la coutume internationale », *AFDI* 1990, p. 9-46 ; « La coutume est-elle une source du droit international ? », *Mél. Virally,* 1991, p. 43-52. — M. MENDELSON, « State Acts and Omissions as Explicit or Implicit Claims », *Ibid.*, 1991, p. 373-382 ; « The Subjective Element in Customary International Law », *BYBIL* 1995, p. 177-208 ; « The Formation of Customary International Law », *RCADI* 1998, vol. 272, p. 155-410. ; « On the Quasi-Normative Effect of Maritime Boundary Agreements », *Mél. Oda*, 2002, p. 1069-1086 — G. TUNKIN, « Is General International Law Customary Law Only ? », *JEDI* 1993 p. 534-541. — K. WOLFZE, *Custom in Present International Law,* Kluwer, Dordrecht, 1993, 208 p. ; « Some Persistent Controversies Regarding Customary International Law », *NYBIL* 1993, p. 1-16. — P.-M. DUPUY, « Théorie des sources et coutume en droit international contemporain », *Mél. Jimenez,* p. 51-68. — D.P. FIDLER, « Challenging the Classical Concept of Custom », *GYBIL* 1997, p. 198-735. — R. MULLERSON, « On the Nature and Scope of Customary International Law », *Austrian Rev. I. and Eur. L.* 1998, p. 1-19. — J. BARBOZA, « The Customary Rule : From Chrysalis to Butterfly », *Mél. Ruda*, 2000, p. 1-14. — « London Statement of Principles Applicable to the Formation of General Customary International Law (with Commentaries) », *Report of the Sixty-Ninth Conference of the ILA*, London, 2000, p. 712 s. — G. CAHIN, *La coutume internationale et les organisations internationales – L'incidence de la dimension institutionnelle sur le processus coutumier*, Pedone, 2001, 782 p. — Colloque de la SFDI (Genève, 2003), *La pratique et le droit international*, Pedone, 2004, 309 p. — O. CORTEN, « La participation du Conseil de sécurité à l'élaboration, à la cristallisation ou à la consolidation de règles coutumières », *RBDI* 2004, p. 552-567. —

J. KAMMERHOFER, « Uncertainty in the Formal Sources of International Law : Customary International Law and Some of its Problems », *EJIL* 2004, p. 523-553.

V. aussi la bibliographie citée *supra* sur le n° 58.

207. La coutume, source formelle du droit international. — La coutume, en tant que mode ou processus d'élaboration du droit (et non en tant que norme juridique : v. *supra,* n° 60), est-elle une source formelle du droit ? Une réponse positive s'impose car il s'agit bien d'un procédé, régi par le droit international, et autonome par rapport à d'autres modes tel le mode conventionnel, qui autorise à exprimer des règles de droit (v. *supra*, n° 59). Ce que confirme l'article 38 du Statut de la CIJ, en parlant de « preuve » d'une pratique générale, acceptée « comme étant le droit ». Il n'en reste pas moins qu'il s'agit d'une source d'une nature particulière et même controversée.

Il est certes admis par tous que le processus coutumier n'est parfait que par la réunion de deux éléments. « Ainsi que la Cour [internationale de Justice] l'a déclaré, la substance du droit international coutumier doit être recherchée en premier lieu dans la pratique effective et l'*opinio juris* des États (*Plateau continental (Jamahiriya arabe libyenne/Malte*), arrêt, CIJ *Recueil 1985*, p. 29, § 27) » (avis du 8 juillet 1996, *Licéité de la menace et de l'emploi des armes nucléaires, Rec.* p. 253 ; v. aussi sentence sur la compétence, *United Parcel Service of America c. Canada* [CNUDCI], § 84).

Un premier élément consiste dans l'accomplissement répété d'actes dénommés « précédents » : c'est l'élément *matériel* ou *consuetudo,* qui peut n'être au départ du processus qu'un simple usage. Le second est constitué par le sentiment, la conviction des sujets de droit, que l'accomplissement de tels actes est obligatoire parce que le droit l'exige : d'où la qualification d'élément *psychologique* ou le recours à la formule latine de *l'opinio juris sive necessitatis.*

Le débat contemporain porte surtout sur le déroulement de ce processus. Faut-il nécessairement, comme le soutient la doctrine « classique », qu'une certaine pratique se soit développée avant que l'on puisse s'interroger sur l'existence de *l'opinio juris* et en chercher la preuve, ou bien peut-on écarter toute antériorité d'un élément par rapport à l'autre ? Alors que l'on affirmait traditionnellement que l'élément psychologique était l'abcutissement de l'accumulation des précédents, la pratique contemporaine permet de reconnaître dans *l'opinio juris* le point de départ du processus coutumier : aux coutumes « sages » du passé s'ajouteraient ainsi des coutumes « sauvages », à partir de « tendances » progressivement cristallisées. Cette incertitude sur l'enchaînement des étapes prouve la souplesse de ce mode de formation ; elle n'en altère pas l'unité.

Il n'est pas moins vrai que le processus coutumier diffère à bien des égards du processus conventionnel, ce qui explique certaines hésitations de la doctrine volontariste :

— la source coutumière ne bénéficie pas de l'expression d'une volonté mais s'appuie sur la conviction qu'une règle existe ;

— elle ne résulte pas d'un acte juridique mais de comportements émanant des sujets de droit ;

— le processus est particulièrement « décentralisé », sa chronologie est moins claire que celle du processus conventionnel.

Ces imperfections techniques sont pourtant largement compensées par le fait que le processus coutumier s'appuie sur les impératifs de la société internationale, et que ces derniers lui redonnent aujourd'hui une place que l'on avait cru révolue.

208. Fondement de la coutume. — Cette question, déjà abordée à propos du problème général du fondement du droit international (v. *supra,* n°s 50 s.), doit être réexaminée ici dans la mesure où le débat entre le positivisme et l'objectivisme a conduit à deux thèses antagonistes dans le cas particulier de la coutume.

1° *La théorie de l'accord tacite.* — Il n'est pas surprenant que les auteurs volontaristes, qui n'admettent pas d'autre fondement du droit international que la volonté des États, soutiennent que la force obligatoire de la coutume repose sur un accord tacite entre les États.

En conséquence de cette thèse, une fois qu'elle est formée, la règle coutumière ne s'applique qu'aux États qui ont participé à sa formation ou qui l'ont ultérieurement reconnue. Elle n'est pas opposable aux « États tiers » sans leur consentement. Entre la règle coutumière et la règle conventionnelle, l'identité est ainsi complète quant à leurs effets. On retrouve la thèse de la *Vereinbarung* chère à Triepel et qui a été fermement soutenue par la doctrine soviétique et par Ch. Chaumont en France (*RCADI* 1970-I, vol. 129, p. 333-528).

La théorie de l'accord tacite reste difficilement conciliable avec la pratique internationale et avec la logique du processus coutumier.

D'abord, elle aboutit à reconnaître un rôle fondamental, sinon même exclusif, à l'élément psychologique de la coutume, alors que la réunion effective de cet élément avec l'élément matériel est nécessaire à la naissance de toute règle coutumière : les abus auxquels pourrait conduire une telle méthode semblent expliquer l'attitude très réservée de la CIJ à propos du concept de « tendance » coutumière, dans l'affaire du *Plateau continental Tunisie-Libye* (1982).

En second lieu, cette théorie ne peut rendre compte du fait que les coutumes générales s'imposent à tous les États, même à ceux qui n'ont pas participé au processus de formation : en soi, l'opposition à une coutume générale déjà formée ne produit pas d'effet. Ne pouvant nier l'existence de telles coutumes générales, la doctrine volontariste soutient que l'opposabilité de ces règles générales aux « États tiers » n'est possible qu'en raison du consentement tacite de ces derniers. Raisonnement purement fictif, et plus encore lorsqu'il prétend expliquer ainsi pourquoi les États nouveaux sont immédiatement soumis, dès leur naissance, à l'ensemble des coutumes générales existantes.

En fait, l'accord tacite n'est concevable que pour des coutumes bilatérales ou locales, applicables à un nombre restreint d'États dont on vérifiera nécessairement le consentement au moins implicite. Le seul appui dont bénéficie cette approche réside dans un *dictum* célèbre de la CPJI :

« Les règles de droit liant les États procèdent de la volonté de ceux-ci, volonté manifestée dans des conventions ou dans des usages acceptés généralement comme consacrant des principes de droit » (arrêt de 1927, *Lotus,* série A n° 10, p. 18).

Cette prise de position, restée isolée, sévèrement critiquée, n'a qu'une faible autorité : cet arrêt n'a pu être rendu que grâce à la voix prépondérante du Président de la Cour. Elle est au surplus très « datée » et « exprimait sans aucun doute l'air du temps, celui d'une société internationale encore très peu institutionnalisée et régie par un droit international de stricte coexistence, lui-même reflet de la vigueur du principe de la souveraineté de l'État » ; mais elle ne correspond pas aux évolutions que le droit a connues depuis lors, dont témoigne, par exemple, « la place que le droit international accorde désormais à des concepts tels que celui d'obligations *erga omnes*, de règles de *jus cogens*, ou de patrimoine commun de l'humanité » (déclaration jointe par le Président M. Bedjaoui à l'avis de la Cour de 1996 (lui aussi rendu grâce à la voix prépondérante du Président...), dans l'affaire de la *Licéité de la menace ou de l'emploi des armes nucléaires*, *Rec.* p. 270 ; v. aussi A. Pellet, « Lotus que de sottises on profère en ton nom ! : remarques sur le concept de souveraineté dans la jurisprudence de la Cour mondiale », *Mélanges en l'honneur de Jean-Pierre Puissochet : l'État souverain dans le monde d'aujourd'hui*, Pedone, 2008, p. 215-230).

2° *La doctrine de la formation spontanée du droit coutumier.* — Récusant la présomption volontariste de l'unanimité, l'approche objectiviste reconnaît que la formation des règles coutumières est un phénomène avant tout sociologique qui soit découle d'une nécessité logique, soit répond à une nécessité sociale.

Dans l'arrêt de 1969 sur *le Plateau continental de la mer du Nord,* la CIJ s'est demandée si la règle de l'équidistance pour délimiter le plateau continental de deux États contigus était « logiquement nécessaire en ce sens qu'elle serait liée de façon inévitable et *a priori* à la conception fondamentale du plateau continental » (*Rec.* 1969, p. 33).

Le plus souvent, cependant, la règle coutumière correspond à un équilibre des forces internationales en présence à un moment donné, à une confrontation des sujets de droit sur un problème international. La formation spontanée de telles règles se réalise par suite d'une prise de conscience juridique collective de la nécessité sociale. Seule cette explication permet de fonder la validité *erga omnes* des coutumes générales, tout en permettant les évolutions indispensables. Elle ne trahit pas non plus la réalité des différences de puissance entre sujets du droit international, car elle est tout à fait compatible avec le fait que la « majorité silencieuse » des États doit souvent s'incliner devant l'analyse des nécessités sociales proposée par les grandes puissances.

Pour être spontané, le processus de création des règles coutumières n'en doit pas moins revêtir certaines formes. C'est pourquoi il convient d'étudier le déroulement du processus coutumier, avant de s'interroger sur les modes de preuve de la coutume et de traiter de la mise en œuvre de celle-ci.

§ 1. — *Le processus coutumier*

A. — L'élément matériel de la coutume

209. Comportements susceptibles de constituer des précédents. — La formation de la coutume s'appuie sur l'ensemble des comportements des sujets du droit international. Ces comportements peuvent correspondre à des actes juridiques, internes ou internationaux, mais ce n'est pas une nécessité. Il suffit qu'ils émanent de sujets de droit international — États, mais aussi organisations internationales, juridictions internationales, organisations non gouvernementales, voire certaines personnes privées à la limite — et que ces agissements soient opposables à leur auteur, donc ne soient pas viciés.

Par comportements — une terminologie habituelle mais regrettable parle volontiers d'« actes » — il faut entendre non seulement des comportements, positifs et négatifs, mais aussi toute expression d'une opinion sur l'opportunité ou la légalité des agissements d'autres sujets de droit international.

1° *Les « actes » de l'État* sont ceux accomplis par ses organes et qui ont une incidence sur les relations internationales.

Entrent évidemment dans cette définition les actes des autorités spécialement chargées des relations internationales et s'exprimant dans l'exercice de leurs fonctions, c'est-à-dire le ministre des Affaires étrangères et ses collaborateurs — principalement les agents diplomatiques (déclarations, correspondances diplomatiques, instructions adressées aux diplomates, etc.).

Dans l'affaire *Interhandel*, la CIJ a spécialement retenu les actes accomplis dans l'exercice de la protection diplomatique (Rec. 1959, p. 27).

Il faut aussi inclure les prises de position des agents gouvernementaux au cours d'une procédure arbitrale ou juridictionnelle internationale, ou au sein d'une organisation internationale.

Certains auteurs ont proposé de limiter les précédents aux seuls actes des agents diplomatiques. Cette conception restrictive n'a pas été suivie. Les actes législatifs et administratifs peuvent aussi servir de précédents, le cas échéant :

Ainsi de l'Ordonnance de Colbert de 1681 sur la marine ou de l'« avis » — ayant valeur législative — du Conseil d'État français du 20 novembre 1806 relatif à la compétence des tribunaux français pour connaître des délits commis à bord des navires de commerce étrangers dans les ports français, pour le droit de la mer coutumier. Plus proches de nous, les législations nationales sur le plateau continental et les zones de pêche ont joué un rôle éminent dans la création coutumière de nouveaux concepts. De même, dans l'affaire du *Lotus*, la CPJI n'a pas écarté la possibilité de retenir comme précédents des actes judiciaires internes : elle a donc examiné s'il résultait des jurisprudences nationales une règle de compétence en matière d'abordage en haute mer (CPJI, série A n° 10, p. 28 ; en l'espèce, elle a répondu par la négative).

S'agissant d'actes unilatéraux, se poseront souvent des problèmes d'imputabilité et d'opposabilité aux États en litige ainsi que la question de savoir si les comportements de l'État sont constitutifs d'*estoppel*.

A fortiori, les actes interétatiques pourront-ils constituer des précédents. Les règles d'une convention qui, à l'origine, n'obligent que les États parties, peuvent servir de point de départ à un processus coutumier et ce d'autant plus que cette convention a vocation à l'universalité. La CIJ en a admis le principe dans l'arrêt de 1969 sur le *Plateau continental de la mer du Nord* (*Rec.* 1969, p. 41-45 ; en l'espèce, elle a estimé qu'il n'en allait pas ainsi pour l'article 6 de la Convention de Genève de 1958 sur le plateau continental).

De même, la Commission de réclamations Érythrée/Éthiopie a estimé qu'une disposition conventionnelle d'une importance humanitaire incontestable qui n'a fait l'objet d'aucune réserve ou déclaration allant dans le sens de sa remise en cause et qui n'est pas incompatible avec la pratique générale des États peut raisonnablement être considérée comme reflétant le droit international coutumier (en l'espèce, application à l'article 54 du Protocole I de 1977 : *Front occidental (réclamations de l'Érythrée)*, sentence partielle du 19 décembre 2005, § 105). Le Tribunal CIRDI constitué dans l'affaire *Sempra Energy International c. Argentine* a quant à lui jugé que rien n'empêchait des régimes conventionnels spéciaux (*lex specialis*) d'aboutir à l'émergence de règles coutumières internationales, à condition en tout cas qu'ils expriment une pratique et une *opinio juris* allant en ce sens (aff. n° ARB/02/16, décision du 11 mai 2005, § 156).

Faut-il ne prendre en considération que des actes « positifs » ? Des abstentions sont-elles susceptibles de constituer des précédents ?

Dans l'affaire déjà citée du *Lotus*, où la France invoquait des abstentions pour prouver l'existence d'une règle coutumière, la CPJI a admis la légitimité de la démarche tout en rejetant les conclusions de l'argumentation française. Adoptant la même jurisprudence dans l'affaire anglo-norvégienne des *Pêcheries*, la CIJ a reconnu, en matière de délimitation de la mer territoriale, l'existence d'une coutume bilatérale sur la base d'un acte positif de la Norvège suivi d'une abstention prolongée de la part de la Grande-Bretagne (*Rec.* 1951, p. 139).

2° *Les actes des institutions internationales.* — Il faut citer en premier lieu les actes juridictionnels et arbitraux internationaux (cf. le relevé de Ch. Rousseau, *Droit international public,* vol. I, 1971, p. 338-339). La CPJI puis la CIJ n'hésitent d'ailleurs pas à citer leur propre jurisprudence comme précédents utiles.

Quant aux organisations internationales, comme pour les États mais pour d'autres raisons, il convient de distinguer leurs pratiques internes et leurs comportements dans les relations internationales.

a) Les premières peuvent, sans aucun doute, être à l'origine de véritables règles coutumières qui lient l'organisation elle-même.

La CIJ s'est référée à plusieurs reprises à des règles ainsi engendrées : dans l'affaire des *Jugements du Tribunal administratif de l'OIT sur requêtes contre l'Unesco,* la Cour a pris en considération l'habitude de cette organisation de renouveler les engagements de durée déterminée en tant qu'« élément pertinent pour l'interprétation des contrats en question » (*Rec.* 1956, p. 91) ; dans l'affaire de la *Namibie,* à propos de la portée de l'abstention d'un membre permanent du Conseil de Sécurité des Nations Unies, la Cour a de même jugé que « la procédure suivie constitue la preuve d'une pratique générale de l'Organisation » (*Rec.* 1971, p. 22 ; v. également l'avis du 9 juillet 2004 relatif au *Mur* israélien construit en territoire palestinien occupé, *Rec.* 2004, p. 148-152, § 24-35).

La pratique internationale n'est pas nécessairement favorable à un tel processus, par crainte d'une révision implicite de la charte constitutive d'une organisation internationale. Lorsque les garanties offertes par la procédure de révision du traité visent à sauvegarder les pouvoirs respectifs des organes de l'organisation, la révision coutumière sera difficilement admise : ainsi la Cour de justice des Communautés européennes a rejeté les arguments fondés sur la pratique coutumière interne des Communautés dans la mesure où elle favorisait des atteintes à « l'équilibre institutionnel » entre organes de l'Organisation et à la répartition des compétences entre les Communautés et les États membres (CJCE, 14 décembre 1971, affaire 7/71, *Commission c. France, Rec.* 1971, p. 1003 ; 3 février 1976, affaire 59/75, *Ministère public c. Manghera, Rec.* 1976, p. 91 et 8 avril 1976, affaire 43/75, *Defrenne/Sabena, Rec.* 1976, p. 455).

b) Les organisations internationales participent également à la formation du droit international général par les résolutions qu'elles adoptent, par les conventions internationales auxquelles elles participent, et par l'ensemble de leurs relations avec d'autres sujets de droit international.

Ainsi la répétition des « opérations de maintien de la paix » des Nations Unies permet de dégager un véritable corps de règles coutumières applicables à ces opérations, règles qui résultent à la fois des résolutions du Conseil de Sécurité et de l'Assemblée générale les créant, des accords passés avec les États concernés et des pratiques suivies sur le terrain selon les directives du Secrétaire général.

Dans cet exemple, l'ONU est elle-même directement impliquée par les règles qu'elle contribue à créer. D'une manière plus générale, les résolutions des organes des organisations internationales peuvent contribuer à la formation de règles interétatiques.

Elles peuvent, en particulier, déclencher le processus conduisant à la création de règles nouvelles : la célèbre Déclaration relative à l'octroi de l'indépendance aux pays et aux peuples coloniaux (résolution 1514 (XV) de l'Assemblée générale de l'ONU du 14 décembre 1960) a joué le rôle d'un puissant catalyseur dans la formation du droit *à* la décolonisation (et *de* la décolonisation). Toutefois il n'a pu en être ainsi que parce que cette résolution a été précédée et suivie par une pratique abondante conforme aux règles qu'elle énonce. La transformation de telles recommandations en règles coutumières n'est possible que si elles reçoivent une application concrète dénuée d'ambiguïté. Par elle-même, une résolution ne peut créer une norme coutumière (v. *infra,* chapitre II).

Les précédents émanant des organisations internationales sont particulièrement précieux : connus immédiatement et pris en considération par un grand nombre d'États, ils peuvent hâter le processus coutumier.

3° La possibilité pour les *sujets du droit international autres que les États et les organisations internationales* d'être, par leurs comportements, à l'origine de règles coutumières est controversée. Georges Scelle a soutenu que les comportements pertinents ne pouvaient être que des actes d'individus. D'autres auteurs, comme Strupp, estiment au contraire que seuls les actes étatiques peuvent être pris en considération.

La pratique contemporaine conforte plutôt la thèse objectiviste — sans aller jusqu'à la formulation extrême de Scelle. Peuvent donner naissance à des normes coutumières, à condition de ne pas se heurter à une opposition expresse des sujets « majeurs » du droit international, les comportements des organisations non gouvernementales (v. *infra,* n° 421), des mouvements de libération nationale et de sécession (cf. TPI, arrêt du 2 oct. 1995, aff. *Tadic*, IT-94-1-AR72, § 107), et même des sociétés transnationales (v. *infra,* n° 417).

Ainsi les règles gouvernant l'intervention de la Croix-Rouge en cas de conflit armé résultent en bonne part de l'attitude du CICR, organisation non gouvernementale (cf. TPI, *ibid.*, § 109). De même, le « droit transnational des contrats » contient certaines règles coutumières nées de « la présence usuelle de certaines stipulations dans la plupart des contrats d'un type donné » (P. Weil, *RCADI* 1969-III, vol. 128, p. 196). S'interrogeant sur la *lex petrolea* coutumière, en ce qui concerne l'indemnisation des sociétés pétrolières dont les concessions ont été nationalisées, le tribunal arbitral dans l'affaire *Aminoil* a jugé légitime de prendre en considération à la fois les comportements de l'Opep et ceux des entreprises pétrolières, sociétés privées (*JDI* 1982, p. 903-904).

210. Répétition du précédent dans le temps. — La répétition est la condition de *l'affermissement* de la pratique sans lequel il serait impossible de parler d'« usage ». L'exigence de la répétition se traduit par des formules classiques utilisées par la jurisprudence internationale qui vise une « pratique internationale constante » (CPJI, *Wimbledon,* série A n° 1, p. 25) ou une « pratique constante et uniforme » (CIJ, *Droit d'asile* et *Droit de passage en territoire indien, Rec.* 1950, p. 277 et *Rec.* 1960, p. 40).

La nécessaire cohérence de la pratique, selon la conception classique, est bien exprimée dans le *dictum* suivant de la sentence arbitrale du 17 juillet 1965 : « Seule une pratique constante, effectivement suivie et sans changement, peut devenir génératrice d'une règle de droit international coutumier » (*Interprétation de l'accord aérien du 6 février 1948,* opposant les États-Unis et l'Italie, *RSA* vol. XVI, p. 100).

1° *L'uniformité,* c'est la *concordance* des actes successifs d'un même État qui doivent être, en principe, semblables les uns aux autres. À défaut de cette uniformité-concordance, il n'y aurait plus de répétition. Si, à propos d'une même question, les précédents suivis par certains États se heurtent à des actes contraires de la part d'autres États, la formation de la règle coutumière sera automatiquement entravée.

Bien que l'uniformité soit une notion relative, sa vérification n'est pas trop malaisée. Ainsi, dans l'affaire du *Droit d'asile*, la CIJ a refusé de reconnaître la valeur des actes invoqués à titre de précédents par la Colombie, parce qu'ils révélaient « tant d'incertitude et de contradictions, tant de fluctuations et de discordances qu'il n'est pas possible de dégager de tout cela une coutume constante et uniforme... » (*Rec.* 1950, p. 277).

L'uniformité ainsi exigée n'exclut évidemment pas l'éventualité de *violations,* qui posent un tout autre problème, même si elles peuvent être l'amorce de la naissance d'une nouvelle coutume, contraire. Il faut alors déterminer si l'auteur de l'acte en contradiction avec la règle existante a agi avec la conviction qu'il violait cette règle et si son comportement s'analyse en une contestation de celle-ci. Comme l'a relevé la CIJ, il n'est pas nécessaire pour qu'une règle soit coutumièrement établie que la pratique correspondante y soit rigoureusement conforme.

« Il (...) paraît suffisant, pour déduire l'existence de règles coutumières, que les États y conforment leur conduite d'une manière générale et qu'ils traitent eux-mêmes les comportements non conformes à la règle en question comme des violations de celle-ci et non pas comme des manifestations de la reconnaissance d'une règle nouvelle. Si un État agit d'une manière apparemment inconciliable avec une règle reconnue, mais défend sa conduite en invoquant des exceptions ou justifications contenues dans la règle elle-même, il en résulte une confirmation plutôt qu'un affaiblissement de la règle, et cela que l'attitude de cet État puisse ou non se justifier en fait sur cette base » (arrêt du 27 juin 1986, *Activités militaires et paramilitaires au Nicaragua, Rec.* p. 98).

2° *L'appréciation de la constance-continuité est plus incertaine.* Combien de fois et pendant combien de temps un précédent doit-il être répété pour qu'il donne naissance à une règle coutumière ? On ne peut répondre de manière générale, car la fréquence interfère avec la durée. Il reste que la densité croissante des relations internationales incite, de plus en plus souvent, à se contenter de délais plus brefs que dans la société interétatique du XVIe au XIXe siècle.

Déjà en 1930, la CPJI admettait qu'une pratique remontant à moins de 10 ans pouvait avoir donné naissance à une règle coutumière (Avis relatif *à la Participation de la Ville de Dantzig à l'OIT,* série B, n° 18). Plus récemment, la CIJ confirmait : « le fait qu'il ne se soit écoulé qu'un bref laps de temps ne constitue pas en soi, un empêchement à la formation d'une règle nouvelle de droit international coutumier » (*Plateau continental de la mer du Nord, Rec.* 1969, p. 43). La jurisprudence ne fait que confirmer la portée d'un phénomène plus vaste, illustré en particulier par l'émergence rapide de règles nouvelles du droit de la mer — par exemple, largeur maximum de la mer territoriale à 12 milles marins, zone économique exclusive — à travers la pratique unilatérale des États et leurs négociations au cours de la Troisième Conférence des Nations Unies sur le droit de la mer : ainsi la zone économique exclusive peut être considérée « comme faisant partie du droit international moderne » (*Rec.* 1982, p. 74).

Mais, comme le marquait la Cour dans son arrêt précité de 1969, « il demeure indispensable que dans ce laps de temps, aussi bref qu'il ait été, la pratique des États, y compris ceux qui sont particulièrement intéressés, ait été fréquente et pratiquement uniforme » *(ibid.).* Sur le fond, les exigences classiques sont respectées : préférer le terme « fréquence » à celui de « constance » ou « continuité » revient simplement à tenir compte du caractère aléatoire et irrégulier des occasions concrètes offertes aux États d'adopter un certain comportement sur un sujet donné.

La notion de « coutume instantanée » ou « immédiate » doit donc être rejetée. Malgré l'opinion contraire de quelques auteurs, un précédent isolé n'est jamais susceptible de donner naissance à une règle coutumière.

211. Répétition du précédent dans l'espace. — Il n'est pas suffisant que la répétition soit le fait du même État, auteur du premier précédent : il ne s'agit, dans ce cas, que d'une simple confirmation de sa revendication. La *dispersion* est nécessaire ; mais doit-elle être universelle ? La réponse est de toute évidence négative si l'on admet l'existence de règles coutumières régionales. Elle doit être nuancée pour les normes coutumières de portée universelle (« générales »).

1° Pour les *règles coutumières « générales »,* l'article 38, § 1.b), du Statut de la CIJ indique clairement qu'elles sont issues de la pratique *générale* et non d'une pratique *unanime,* ce qui serait irréalisable et irréaliste.

La jurisprudence internationale s'est ralliée à cette conception. Dans l'arrêt de 1969 dans l'affaire du *Plateau continental de la mer du Nord,* la CIJ estime : « En ce qui concerne les autres éléments généralement tenus pour nécessaires afin qu'une règle conventionnelle soit considérée comme étant devenue une règle générale de droit international, il se peut qu'une participation très large et représentative à la convention suffise, à condition toutefois qu'elle comprenne *les États particulièrement intéressés »* (*Rec.* 1969, p. 43).

Ainsi, pour nombre de règles coutumières du droit de la mer, les comportements des principales puissances maritimes seraient à la fois nécessaires et suffisants pour en préciser le contenu : elles seules seraient en mesure d'en garantir l'application. En réalité, le nombre minimal et la qualité des États à prendre en compte diffèrent pour chaque règle : on ne peut procéder de la même façon pour la liberté de navigation et pour la délimitation des zones maritimes sous juridiction nationale.

La « participation très large » à laquelle la CIJ fait allusion n'implique pas nécessairement une action positive de la part d'un grand nombre d'États, surtout s'il n'apparaît pas de prétentions divergentes. Le droit international de l'espace extra-atmosphérique a été forgé par la pratique de quelques États industrialisés — au premier rang desquels les États-Unis et l'URSS —, le reste de la communauté internationale s'étant contenté d'approuver les principes qui en résultaient. Inversement, un petit nombre d'États peut être en position de freiner ou d'interdire la création d'une règle coutumière. L'exigence de participation des « États particulièrement intéressés » — c'est-à-dire de ceux en mesure de contribuer concrètement à la naissance d'une règle coutumière — a empêché durant longtemps la formation d'une règle générale interdisant de procéder à des essais nucléaires dans l'atmosphère : trop d'États « nucléaires » (la France, la Chine, l'Inde, etc.) ont refusé de contribuer positivement à la formation de cette règle ; ou encore que la règle de dix milles d'ouverture des baies ait un caractère coutumier (CIJ, *Pêcheries anglo-norvégiennes, Rec.* 1951, p. 131).

Ce qui est vrai pour les États, peut l'être pour d'autres sujets du droit habilités à participer à l'élaboration du droit coutumier : dans la sentence *Aminoil* de 1982, le Tribunal arbitral laisse aussi entendre que les attitudes des grandes sociétés pétrolières ont une incidence plus directe sur les évolutions du droit coutumier pétrolier que celles d'entreprises moins puissantes (*JDI* 1982, p. 904).

2° Bien que l'article 38, § 1, du Statut de la CIJ ne fasse allusion qu'aux règles coutumières générales, il n'a jamais été contesté que pouvaient apparaître des *coutumes de portée géographique limitée.* L'existence de coutumes régionales et même locales est attestée par la pratique et la jurisprudence internationales.

Le droit de la guerre maritime a longtemps été un droit coutumier des États d'Europe continentale ; les États américains ont sécrété un droit coutumier de la reconnaissance de gouvernement en cas de changement révolutionnaire. De son côté, la CIJ a eu plusieurs occasions de reconnaître de telles coutumes régionales : dans l'affaire du *Droit d'asile* (*Rec.* 1950, p. 276-277), dans celle des *Pêcheries anglo-norvégiennes* (*Rec.* 1951, p. 136-139) ou des *Droits des ressortissants américains au Maroc* (*Rec.* 1952, p. 200) (sur la reconnaissance de telles coutumes par la Cour européenne des droits de l'homme, v. G. Cohen-Jonathan et J.-F. Flauss, *AFDI* 2003, p. 681-683).

Le problème de l'existence des coutumes bilatérales a été clairement posé dans l'affaire du *Droit de passage en territoire indien.* À l'allégation de l'Inde selon laquelle « aucune coutume locale ne saurait se constituer entre deux États seulement », la Cour répond très nettement : « On voit difficilement pourquoi le nombre des États entre lesquels une coutume locale peut se constituer sur la base d'une pratique prolongée devrait nécessairement être supérieur à deux. La Cour ne voit pas de raison pour qu'une pratique prolongée et continue entre deux États, pratique acceptée par eux comme régissant leurs rapports, ne soit pas à la base des droits et d'obligations réciproques entre ces deux États » (*Rec.* 1960, p. 39).

L'unanimité est-elle ici exigée ? Une réponse affirmative s'impose en ce qui concerne les coutumes bilatérales (*Pêcheries anglo-norvégiennes, Droits des ressortissants américains au Maroc* et *Droit de passage en territoire indien, Rec.* 1951 p. 139, 1952 p. 200 et 1960 p. 39-40).

Lorsque la preuve d'une coutume locale a été apportée, il n'est « pas nécessaire de rechercher si la coutume internationale générale ou les principes généraux de droit reconnus par les nations civilisées peuvent conduire au même résultat », estime la CIJ dans l'affaire précitée du *Droit de passage en territoire indien* (*Rec.* 1960, p. 43). Le consensualisme interétatique, plus marquée dans la coutume régionale ou locale que dans la coutume générale, reste dominant dans la jurisprudence internationale.

S'agissant des coutumes régionales, il est raisonnable de penser que plus le cercle des États intéressés se restreint, plus l'unanimité est nécessaire. Cependant la position de la CIJ n'est pas claire à ce sujet (voir *Droit d'asile, Rec.* 1950, p. 276 à 278 et op. diss. Alvarez, p. 294).

B. — L'élément psychologique

212. Exigence de l'*opinio juris*. — On admet en général que la simple répétition de précédents ne suffit pas et qu'une règle coutumière n'existe que si l'acte pris en considération est motivé par la conscience d'une obligation juridique. Il faut que les États aient le sentiment d'être juridiquement liés : ce que traduit la formule classique de *l'opinio juris sive necessitatis* (la conviction du droit ou de la nécessité). C'est par cette caractéristique que la règle coutumière se distingue de l'usage et de la courtoisie internationale.

La doctrine, qui « inventa » cette condition au début du XIXe siècle, reste divisée sur sa nécessité logique. Il est vrai que, même dans une perspective volontariste, elle peut paraître assez étrange : non pas tant parce qu'il est toujours malaisé d'apporter la preuve d'une conviction psychologique ; mais surtout par le fait que la conviction de se plier au droit est le signe que la règle existe, et non pas un élément de sa formation. Il faudrait donc accepter l'idée d'un effet d'anticipation de la part des sujets de droit.

Néanmoins, depuis que l'exigence de *l'opinio juris* a été inscrite dans l'article 38, § 1, du Statut de la CPJI puis de la CIJ — « une pratique générale acceptée comme étant le droit » — la jurisprudence demeure très ferme sur la question de principe. Elle est d'une remarquable continuité depuis le *dictum* de la Cour dans l'affaire du *Lotus*. Répondant à la thèse de l'agent du gouvernement français qui invoquait un fait d'abstention, la CPJI ne considéra pas celui-ci comme un précédent pertinent dans la mesure où il n'était pas motivé, en l'espèce, par la « conscience d'un devoir de s'abstenir » (arrêt de 1927, série A n° 10, p. 28). De manière plus systématique encore, la CIJ exprime cette théorie dans les termes suivants :

« Les États doivent donc avoir le sentiment de se conformer à ce qui équivaut à une obligation juridique. Ni la fréquence, ni même le caractère habituel des actes ne suffisent. Il existe nombre d'actes internationaux, dans le domaine du protocole par exemple, qui sont accomplis presque invariablement mais qui sont motivés par de simples considérations de courtoisie, d'opportunité ou de tradition et non par le sentiment d'une obligation juridique » (*Plateau continental de la mer du Nord, Rec.* 1969, p. 44). Dans l'avis consultatif qu'elle a rendu en 1996 à la demande de l'Assemblée générale des Nations Unies, la CIJ a estimé ne pouvoir tirer ni de la politique de la dissuasion nucléaire, ni du non-recours aux armes nucléaires une conclusion quelconque quant à l'existence d'une règle coutumière interdisant ou permettant le recours à la menace ou à l'emploi de telles armes car les motifs de ces comportements ne témoignent d'aucune *opinio juris* claire : « L'apparition en tant que *lex lata*, d'une règle coutumière prohibant spécifiquement l'emploi des armes nucléaires en tant que telles se heurte aux tensions qui subsistent entre, d'une part, une *opinio juris* naissante et, d'autre part, une adhésion encore forte à la pratique de la dissuasion » (*Rec.* p. 255).

Tous les sujets de droit peuvent contribuer à cette constitution de *l'opinio juris,* y compris les personnes privées selon la sentence arbitrale *Aminoil* de 1982 (*JDI* précité). Par définition, *l'opinio juris* ne peut résulter que d'une expression de volonté librement consentie : dans l'affaire *Aminoil,* les pressions et contraintes économiques subies par les sociétés pétrolières feront hésiter l'arbitre à tirer des conséquences de l'attitude et de l'acquiescement apparent de ces sociétés à l'abandon de la règle coutumière antérieure *(ibid.).*

Traditionnellement, la pratique est à l'origine de *l'opinio juris*. C'est la répétition des précédents dans le temps qui fait naître le sentiment de l'obligation. On assiste cependant, dans certains cas, à une inversion du processus : l'expression d'un « besoin de droit » (souvent par une résolution solennelle de l'Assemblée générale des Nations Unies) est à l'origine d'une pratique qui parachève la formation de la norme coutumière. Aux coutumes « sages » s'opposent ce que l'on a appelé les coutumes « sauvages ».

La doctrine utilise cette distinction imagée, empruntée à R.-J. Dupuy, pour exprimer ses hésitations face à certaines pratiques normatives de la société internationale contemporaine. Habituée à une succession chronologique où la coutume — « sage » — est fondée sur des comportements confortés *in fine* par *l'opinio juris,* la doctrine s'est interrogée sur la légitimité d'un processus d'élaboration où l'expression parfois catégorique de *l'opinio juris* précédait toute mise en œuvre effective, où les comportements étatiques sont pris en compte en tant qu'expression de *l'opinio juris* avant de l'être comme précédents constitutifs d'une pratique. Critiquée sévèrement par certains observateurs, cette inversion du moment et du poids des éléments matériel et psychologique de la coutume semble désormais considérée comme légitime, dans son principe, par la jurisprudence internationale : voir le recours à la notion de « tendances » par la CIJ dans l'affaire du *Plateau continental Tunisie-Libye* (Rec. 1982, p. 47-48 ; en l'espèce, la Cour n'en a pas tiré de conséquences très positives) et l'argumentation des sentences arbitrales dans les affaires pétrolières *Texaco-Calasiatic* de 1977 (*JDI* 1977, p. 350) et *Aminoil* de 1982 (*JDI* 1982, p. 869).

Si la coutume « sauvage » continue à faire problème, ce n'est pas seulement en raison de cette inversion des deux « temps » du processus coutumier. L'inversion est aussi un symptôme de l'ambiguïté de l'expression de la volonté des États : elle oblige à accorder une grande attention aux circonstances qui ont entouré l'adoption des règles nouvelles.

213. Opposabilité de la norme coutumière. — Dans quelle mesure une norme coutumière est-elle opposable à un sujet de droit ?

La difficulté provient, d'abord, de ce que l'abstention, l'opposition ou l'absence d'un État de la société internationale — cas des États nouveaux — n'empêche pas toujours l'apparition d'une norme générale ou particulière ; elle résulte ensuite de ce que la sécurité juridique interdit de remettre en cause la validité du processus antérieur ainsi que l'existence des normes coutumières existantes, chaque fois qu'un nouvel État accède à l'indépendance.

1° Une solution paraît s'imposer lorsque l'État a fait objection à la création de la règle coutumière, sans réussir à imposer son point de vue (« *persistent objector* ») : la règle coutumière lui est inopposable.

Dans l'affaire des *Pêcheries anglo-norvégiennes,* la Cour a jugé que la fixation de la largeur de la mer territoriale à une distance de trois milles ne constituait pas une règle coutumière générale opposable à la Norvège, « celle-ci s'étant toujours élevée contre toute tentative de l'appliquer à la côte norvégienne » (*Rec.* 1951, p. 131). Ce précédent jurisprudentiel reste plus significatif que celui offert par l'arrêt de 1969 de la même Cour dans l'affaire du *Plateau continental de la mer du Nord,* car ici la CIJ a considéré que la règle invoquée par le Danemark et les Pays-Bas contre la République Fédérale d'Allemagne ne constituait pas une règle coutumière (*Rec.* 1969 p. 46 : à propos du recours à l'équidistance pour la délimitation des plateaux continentaux) (v. J. I. Charney, « The Persistent Objector Rule and the Development of Customary International Law », *BYBIL* 1985, p. 1-24 et P.-M. Dupuy, « À propos de l'opposabilité de la coutume générale : enquête brève sur l'"objecteur persistant" », *Mél. Virally*, p. 257-272 ; G. Pentassuglia, *La rilevanza dell'obiezione persistente nel diritto internazionale*, Laterza, Bari, 1996, 255 p.).

Bien entendu, il faut faire application du principe selon lequel un État ne peut s'opposer à la mise en œuvre d'une règle « impérative » *(jus cogens)* : tous les États sont liés par une règle coutumière qui présente cette qualité (v. *supra,* n° 60).

2° Les États nouveaux peuvent-ils échapper à l'application des règles coutumières établies avant leur accession à l'indépendance ? En principe, non ; ce qui les oblige, en cas de désaccord sur le fond, à ouvrir un nouveau processus d'élaboration du droit coutumier ou conventionnel, de façon à échapper à l'emprise de la règle ancienne sinon même à la supprimer. Dans la période de transition qui résulte de cette démarche, la portée exacte — donc l'opposabilité — de la norme coutumière ancienne devient difficile à préciser, surtout si cette « contestation » est le fait d'un grand nombre d'États et débouche sur la coexistence d'une norme coutumière ancienne et d'une norme conventionnelle ou coutumière nouvelle (v. *infra,* n° 220).

3° Les États peuvent-ils se voir opposer des normes coutumières créées par d'autres sujets de droit ?

Il paraît certain que des actes émanant de personnes privées ne peuvent être opposés aux États contre leur gré. Mais leur aval n'est pas nécessairement explicite : l'exemple contemporain de l'évolution du droit des contrats transnationaux (*lex mercatoria*) montre que les États peuvent se voir imposer, à titre principal ou supplétif, le respect de normes d'origine privée parce qu'ils ont accepté d'y faire référence dans des conventions internationales ou parce que l'existence de ces normes est confirmée par la jurisprudence des tribunaux nationaux ou transnationaux.

La situation est plus complexe encore lorsque les organisations internationales invoquent, à l'encontre des États membres et des États tiers, des normes coutumières issues des comportements des organisations elles-mêmes. Il est assez rare, en effet, que les statuts de l'organisation en cause précisent la solution applicable ; même lorsque c'est le cas, le problème reste délicat puisque, en eux-mêmes, les statuts ne sont pas opposables aux États non-membres. La reconnaissance internationale — par les États — jouera donc un grand rôle pour consacrer l'opposabilité de telles normes : elle pourra être bilatérale ou multilatérale, expresse ou implicite.

§ 2. — *La preuve de la coutume*

BIBLIOGRAPHIE. — YUAN LI LIANG, « Le développement et la codification du droit international », *RCADI* 1948-II, vol. 73, p. 407-532. — H. LAUTERPACHT, « Codification and Development of International Law », *AJIL* 1955, p. 16-43. — H. W. BRIGGS, *The International Law Commission,* Cornell UP, Ithaca, 1966, 380 p. et « Reflections on the Codification of International Law by the International Law Commmission and Other Agencies », *RCADI* 1969-I, vol. 126, p. 233-316 — R. AGO, « La codification du droit des gens et les problèmes de sa réalisation », *Mél. Guggenheim,* 1968, p. 93-131 ; « Nouvelles réflexions sur la codification du droit international », *RGDIP* 1988, p. 539-576. — Y. DAUDET, *Les conférences des Nations Unies pour la codification du droit international,* LGDJ, 1968, 352 p. ; « Techniques de codification », *in SFDI, L'élaboration du droit international,* Pedone, 1975, p. 149-169 ; « À l'occasion d'un cinquantenaire, quelques questions sur la codification du droit international », *RGDIP* 1998, p. 593-622 ; « Actualités de la codification du droit international », *RCADI*, 2003, t. 303, p. 9-118. — H.W.A. THIRLWAY, *International Customary Law and Codification,* Sijthoff, Leyde, 1972, 158 p. — CDI, « Réexamen du processus d'établissement des traités multilatéraux », *A/CN. 4/325, Ann. CDI,* 1979, vol. II, 1re partie, p. 195-226 ; « Examen d'ensemble du droit international », *A/CN.4/245, Ann. CDI,* 1971, vol. II, 2e partie, p. 1-103 — G. DE LACHARRIÈRE, « Les réformes du droit de la mer et le rôle de la conférence des Nations Unies », *RGDIP* 1980, p. 216-252. — M. VIRALLY, « À propos de la "*lex* ferenda" », *Mél. Reuter*, p. 519-533. — G. TEBOUL, « Remarques sur les réserves aux conventions de codification », *RGDIP* 1982, p. 679-717. — M. SAHOVIC, « Le rôle et les méthodes de la codification et du développement progressif du droit international », *in Droit International 2, IHEI,* Pedone, 1982, p. 71-126. — E. JAYME, « Considérations historiques et actuelles sur la codification du droit international privé », *RCADI* 1983-IV, vol. 177, p. 9-102. — M. DIEZ DE VELASCO VALLEJO, « Législation et codification dans le droit international actuel », *Mél. Ago I,* p. 247-259. — J. SETTE-CAMARA, « The ILC — Discourse on Method », *ibid.,* p. 467-502. — K. SKUBISZEWSKI, « Resolutions of the UN General Assembly and Evidence of Custom », *ibid.,* p. 503-519. — K. ZEMANEK, « Codification of International Law : Salvation or Dead End ? », *ibid.,* p. 581-601 — I. SINCLAIR, *The International Law Commission,* Grotius Publ., Cambridge, 1987, 185 p. — C. SEPULVEDA, « Methods and Procedures for the Creation of Legal Norms in the International System of States », *GYBIL* 1990, p. 432-459. — B. GRAEFRATH, « The ILC Tomorrow : Improving its Organization and Methods of Work », *AJIL* 1991, p. 595-612. — V. GOESEL, « Codification du droit international privé et droit des traités », *AFDI* 1992, p. 358-376. — R. PISILLO MAZZESCHI, « Tratatti e consuetudini nella codificazione del diritto internazionale », *Cta. I.* 1994, p. 196-222. — R. JENNINGS, « International Lawyers and the Progressive Development of International Law », *Mél. Skubiszewski*, p. 413-424. — *La Commission du droit international et son œuvre,* NU, NY, 5e éd., 1997, X-453 p. — CDI, *Le droit international à l'aube du XXIe siècle — Réflexions de codificateurs*, Nations Unies, New York, 1997, XXXI-383 p.

— J.-P. Cot, « La codification et la simplification du droit communautaire », *Mél. Thierry*, p. 135-146. — M.R. Anderson et a. ed., *The International Law Commission*, BIICL, Londres, 1998, XXI-239 p. —Nations Unies, *Pour un meilleur droit international — La Commission du Droit international a 50 ans*, New York, 1998, XI-451 p. (n° de vente E/F.98.V.5) et *La Commission du Droit international 50 ans après : Bilan d'activités*, New York, 2000, XII, 214 p. (n° de vente : E/F.00.V.3). — A. Pellet, « La Commission du Droit international pour quoi faire ? », *Mél. Boutros-Ghali*, p. 583-612. — SFDI, colloque d'Aix-en-Provence, *La codification du droit international*, Pedone, 1999, 344 p. — M. Kohen, « La codification du droit des traités : Quelques éléments pour un bilan global », *RGDIP* 2000, p. 577-614. — J.S. Morton, *The International Law Commission of the United Nations*, University of South Carolina UP, 2000, XVI-217 p. — Sir Arthur Watts ed., *The International Law Commission 1949-1998*, Oxford UP, 2000, 3 vols 2186 p. (recueil de documents) — H. Thirlway, « Reflexions on *Lex Ferenda* », *NYIL* 2001, p. 3-26. — C. Kessedjian, « Codification du droit commercial international et droit international privé », *RCADI* 2002, t. 300, p. 79-308. — « Focus Section : The ILC : Sixty Years of Progress in Codification », *GYBIL* 2006, p. 77-258.

V. aussi CDI, « Moyens permettant de rendre plus accessible la documentation relative au droit international coutumier », *A/CN.4/6* ; United Nations, « Analytical Guide to the Work of the International Law Commission », New York, 1998, IV-315 p. (n° de vente : E.98.V.10) et les chroniques annuelles de l'activité de la CDI et de la VIe Commission de l'Assemblée générale des Nations Unies, *in AFDI*.

214. Administration de la preuve. — Dans un recours contentieux, la charge de la preuve incombe au demandeur, au moins quand il invoque une règle coutumière régionale ou locale (CIJ, *Ressortissants américains au Maroc, Rec.* 1952, p. 276-277) ; plus généralement, tel est aussi le cas dans les relations diplomatiques : c'est à l'État ou à l'organisation internationale qui s'appuie sur une coutume d'en établir l'existence et la portée exacte.

Il convient de distinguer deux séries de difficultés : faut-il réellement apporter la preuve à la fois de la pratique matérielle et de *l'opinio juris ?* Pour chacun de ces éléments, quel est le degré minimal de pertinence et de précision à atteindre ?

1° Sur le premier point, une partie de la doctrine exprime un doute quant à la nécessité de prouver *l'opinio juris*. Tout en admettant qu'il est souvent difficile, dans les conditions historiques d'apparition des règles coutumières, d'isoler *l'opinio juris* des comportements eux-mêmes, la jurisprudence s'est refusée à consacrer cette thèse.

Il faut cependant reconnaître que, dans l'administration de la preuve de *l'opinio juris* par le juge ou l'arbitre, il y a fréquemment un certain « télescopage » des démonstrations relatives aux éléments matériels et psychologiques (pour une illustration frappante de l'imbrication de ces deux éléments, v. l'arrêt rendu le 2 octobre 1995 par la Chambre d'appel du TPI dans l'affaire *Tadic*, IT-94-1-AR72, §§ 96-142).

2° Quant aux *moyens de preuve*, l'article 15 du statut de la Commission du droit international des Nations Unies fournit l'indication suivante : on ne peut envisager la « codification » d'une règle, donc supposer son caractère coutumier, que dans la mesure où l'on dispose de l'appui d'une *pratique étatique considérable, de précédents (jurisprudentiels) et d'opinions doctrinales (convergentes),* conditions qui sont difficiles à réunir, surtout pour *l'opinio juris,* parfois aussi pour la pratique des sujets de droit.

La preuve de la pratique peut être rendue délicate par le manque de publicité donnée aux comportements diplomatiques, ou par les précautions prises pour empêcher une imputation claire à un sujet de droit international. Des progrès ont été réalisés, au cours des vingt dernières années, pour recenser plus systématiquement cette pratique : les répertoires de la pratique nationale se sont multipliés — les règles sur le secret intéressent plus les documents administratifs que la jurisprudence interne ; les organisations internationales ou des organisations non gouvernementales procèdent à des études comparatives et établissent de nombreuses compilations.

La difficulté majeure réside dans la preuve de l'existence de l'*opinio juris,* lorsqu'elle ne peut pas être déduite de facteurs objectifs. Il faut alors partir à la recherche des intentions. Sur la base de quels indices ? Dans son arrêt de 1969, dans l'affaire du *Plateau continental de la mer du Nord,* la CIJ précise :

« Les actes considérés doivent témoigner par leur nature ou la manière dont ils sont accomplis de la conviction que cette pratique est rendue obligatoire... » (*Rec.* 1969, p. 44).

Sans admettre que la répétition en soi est suffisante, la juridiction internationale considérera volontiers qu'une fois solidement établie, l'élément matériel peut entraîner aussi la preuve de *l'opinio juris* (CIJ, 21 mars 1959, *Interhandel, Rec.* 1959, p. 27 ; 12 avril 1960, *Droit de passage en territoire indien, Rec.* 1960, p. 40). À l'inverse, le juge ou l'arbitre n'hésitera pas à dissocier nettement la preuve des deux éléments, lorsque les intentions ne correspondent manifestement pas aux actes — ces derniers ayant été forcés par les circonstances (sentence arbitrale dans l'affaire *Aminoil,* 1982, *JDI* 1982, p. 879) ou la règle unanimement reconnue faisant l'objet de violations répétées (cf. CIJ, 27 juin 1986, *Activités militaires au Nicaragua, Rec.* 1986, p. 97 s. — dans cette affaire la Cour voit la preuve de l'*opinio juris* des règles relatives à l'emploi de la force et à la non-intervention dans des déclarations de l'Assemblée générale des Nations Unies ; v. notamment *Rec.* 1986, p. 99 s. et 106 s.). D'une façon générale, les résolutions de l'Assemblée générale jouent un rôle de plus en plus important dans la preuve de l'existence de règles coutumières, sans qu'il soit toujours facile de les rattacher à l'un ou à l'autre des éléments formateurs de la coutume comme en témoignent les formules utilisées par la CIJ dans son avis consultatif de 1996 sur la *Licéité de la menace ou de l'emploi d'armes nucléaires* : « Elles peuvent, dans certaines circonstances, fournir des éléments de preuve importants pour établir l'existence d'une règle ou l'émergence d'une *opinio juris.* Pour savoir si cela est vrai d'une résolution donnée de l'Assemblée générale, il faut en examiner le contenu ainsi que les conditions d'adoption ; il faut en outre vérifier s'il existe une *opinio juris* quant à son caractère normatif. Par ailleurs des résolutions successives peuvent illustrer l'évolution progressive de l'*opinio juris* nécessaire à l'établissement d'une règle nouvelle » (*Rec.* p. 254-255).

La récente tentative de recensement des normes coutumières relevant du droit international des conflits armés, menée sous l'égide du CICR (J.-M. Henckaerts et L. Doswald-Beck, *Customary International Humanitarian Law,* 2 volumes (vol. 1 : Rules, vol. 2 : Practice), Cambridge UP, 2005, 674 et 4545 p.), témoigne de la difficulté d'administrer la preuve de l'existence de ce type de normes. Malgré la rigueur et l'amplitude du travail effectué, celui-ci n'a pas échappé à certaines critiques, visant soit les méthodes suivies, soit les conclusions retenues (v. par ex. la lettre envoyée par les États-Unis au Président du CICR le 3 novembre 2006, *ILM,* vol. 46, mai 2007, p. 511 ; ainsi que, du côté de la doctrine, C. Emanuelli, *RGDIP* 2006, p. 435-444, et G. Aldrich, *BYBIL* 2005, p. 503-524, avec la réponse de J.-M. Henckaerts, *ibid.*, p. 525-532).

Face à ces difficultés et à ces incertitudes, les sujets de droit cherchent dans la « codification » du droit coutumier une plus grande sécurité juridique. À l'occasion de cette entreprise, ils pourront poser clairement et directement la question de l'*opinio juris ;* paradoxalement, il leur est ainsi possible de contourner, au moins en partie, le problème de la preuve d'une pratique fréquente et homogène.

215. Notion de codification. — 1° *« Codification » et « développement progressif du droit »*. L'article 13 de la Charte des Nations Unies donne mandat à l'Assemblée générale de « provoquer des études et de faire des recommandations en vue d'encourager le développement progressif du droit international et sa codification ». L'article 15 du statut de la CDI tente de préciser la distinction dans les termes suivants : dans le premier cas, il s'agit de préparer « des projets de conventions sur des sujets qui ne sont pas encore réglementés par le droit international ou pour lesquels le droit n'est pas encore suffisamment développé dans la pratique étatique ». La codification est « la formulation plus précise et la systématisation des règles de droit international dans les domaines où existent déjà une pratique étatique conséquente, des précédents et des opinions doctrinales ».

La *codification* est une opération de *conversion* de règles coutumières en un corps de règles *écrites*, systématiquement groupées. Le *développement* du droit est une opération d'*affirmation* ou de *consécration* de règles nouvelles sur la base du droit existant.

La clarté de la distinction n'est qu'une apparence. Dans la pratique, les deux opérations seront souvent intimement imbriquées, ne serait-ce que pour renforcer la cohérence logique du corps des règles inscrites dans une même convention ; et il faudra encore recourir au juge pour repérer, à l'intérieur d'un texte de codification, les règles coutumières et les règles nouvelles. Le débat sur ces deux concepts aurait pu rester doctrinal. Il est devenu très vite politique, ce qui ne doit pas étonner : la distinction codification-développement du droit a une incidence directe sur l'opposabilité des normes contenues dans les conventions de codification (*Plateau continental de la mer du Nord* devant la CIJ, arrêt de 1969 précité).

2° *Avantages et inconvénients de la codification.* Politiquement, la codification (au sens large, sans qu'il soit possible de la distinguer du développement progressif) présente des attraits certains. Pour les États « contestataires », la codification est l'occasion de faire un « tri » entre les normes qui répondent à leurs propres aspirations et celles qu'ils rejettent parce que, nées de la pratique des États occidentaux, elles leur paraissent répondre aux besoins exclusifs de ces États ; aux autres, la codification apparaît comme la « dernière chance » des règles anciennes, un rempart efficace contre une contestation durable. Au point de vue technique, il convient de dissocier le court et le moyen termes.

a) Dans le court terme, c'est le texte de codification qu'il faut prendre en considération. À cet égard des doutes ont été émis sur l'opportunité d'une « cristallisation » de la coutume, qui fait disparaître sa souplesse et sa malléabilité. En sens contraire, on fera valoir que la codification tend à remédier à l'incertitude qui pèse sur l'existence et le contenu des règles coutumières, et lutte contre l'éparpillement de celles qui s'appliquent à une même matière ; elle peut même favoriser, sur des bases plus saines, une relance de l'élaboration des règles coutumières (voir l'exemple du droit de la mer).

Il ne faut exagérer ni les avantages, ni les inconvénients de la codification en tant qu'elle débouche sur un instrument écrit. La jurisprudence de la CIJ dans les affaires du *Plateau continental de la mer du Nord* (1969), de la *Namibie* (1971), de la *Compétence du Conseil de l'OACI* (1972) et du *Plateau continental Tunisie-Libye* (1982), contrastée dans ses conclusions concrètes, prouve que la distinction entre règles coutumières et règles nouvelles « codifiées » reste plus significative que l'entrée en vigueur de la convention de codification. De même, faut-il tenir compte de la nature juridique de l'instrument de codification, qui conditionne son opposabilité internationale, ainsi que de la participation réservée ou enthousiaste des États à cet instrument (nombre de ratifications, importance des réserves).

b) Dans le moyen terme, les arrière-pensées qui ont commandé l'entreprise de codification ont une plus grande importance encore. Car la diffusion des normes dépendra de leur confirmation par la pratique étatique et de l'appui qui leur sera apporté en doctrine : le compromis initial peut être remis en cause, au fur et à mesure que s'estompe le souvenir des considérations diplomatiques à la base des travaux de la conférence qui a adopté la convention et que les États « particulièrement intéressés » ne sont plus artificiellement placés sur un pied d'égalité avec les autres États. Il est des conventions « mort-nées » comme il est des lois mort-nées en droit interne.

Inversement, le succès d'une codification peut se traduire par la transformation de règles conventionnelles en règles coutumières, opposables à tous les sujets de droit (comme le rappellent volontiers les juges internationaux, tel est le cas des règles d'interprétation énoncées dans les articles 31 et 32 de la Convention de Vienne de 1969 sur le droit des traités – v. par ex. CPA, *Apurement des comptes entre les Pays-Bas et la France*, SA du 12 mars 2004, § 58 et s. ; CIJ, affaire du *Génocide*, arrêt du 26 février 2007, § 160, v. également *supra*, n° 169).

216. Techniques de codification. — Seules sont prises en considération ici celles qui sont mises en œuvre par des sujets de droit international, compétents pour établir des normes internationales (sur les travaux « privés » qui peuvent servir de base aux procédures interétatiques, v. *infra,* n° 257).

Les procédures varient en fonction du cadre institutionnel où s'inscrit l'entreprise de codification : il n'est pas indifférent que l'œuvre soit menée dans un contexte diplomatique classique ou sous les auspices d'une organisation internationale, ni qu'ait été retenue une approche universelle ou régionale. La description devient parfois très complexe compte tenu de la superposition et de la complémentarité des démarches régionales et universelle, comme ce fut le cas pour la révision du droit de la mer dans les années 1970.

Le point de départ des procédures de codification peut résulter d'initiatives étatiques, de suggestions d'organes internationaux et même d'organisations non gouvernementales : cette dernière hypothèse reste importante pour les codifications de droit privé (projets de convention établis en matière commerciale par la Chambre de Commerce Internationale ou par Unidroit, en matière de responsabilité et d'assurance des transports maritimes par le Comité maritime international) et de droit humanitaire (protocoles de Genève de 1977 à l'initiative du CICR) ; mais nous n'envisagerons le processus de codification qu'à partir du moment où les États ont accepté de participer à l'entreprise.

Même en s'en tenant aux illustrations fournies par les Nations Unies, la diversité des solutions est remarquable.

1° Le choix d'un thème de codification résulte en principe d'une décision de l'Assemblée générale, compétente en vertu de l'article 13. Elle sera souvent, mais pas nécessairement, guidée dans ce choix par les propositions d'un organe subsidiaire technique, la Commission du droit international (CDI).

Créée en 1947 par la résolution 174 (II) de l'Assemblée générale, la CDI est composée de trente-quatre juristes élus par l'Assemblée générale à titre d'experts indépendants, de façon à ce que soit assurée « la représentation des grandes formes de civilisation et des principaux systèmes juridiques du monde ».

2° L'Assemblée peut alors décider de confier la préparation d'un projet de texte soit à un organe permanent, soit à un organe temporaire. Après cette première option, elle doit encore choisir entre la formule de l'organe « technique » — CDI ou CNUDCI — et celle de l'organe « politique », composé de représentants d'États — Comité spécial pour le droit de la mer, Comité des pratiques commerciales restrictives de la CNUCED par exemple.

Considérations techniques et considérations politiques interféreront dans ce choix : les méthodes de travail de la CDI garantissent une plus grande rigueur scientifique mais elles présentent l'inconvénient de la lenteur. De plus, elles ne sont guère adaptées aux sujets qui supposent un compromis politique. Dans les matières inédites ou controversées — droit de l'espace, droit de la mer, souveraineté économique — la préférence sera donc donnée à la formule des comités intergouvernementaux. Les deux approches peuvent être combinées (cf. l'exemple de la préparation du projet de statut de Cour pénale internationale dont l'avant-projet a été adopté par la CDI en 1994, avant que des négociations s'engagent au sein de deux comités intergouvernementaux successifs et aboutissent finalement lors de la conférence diplomatique de Rome en 1998 ; un processus très proche a été utilisé pour aboutir à la Convention des Nations Unies sur les immunités juridictionnelles des États et de leurs biens de décembre 2004 – v. *infra*, n° 289).

Le schéma habituel de la CDI est le suivant. La CDI commence par désigner un rapporteur spécial, chargé d'étudier la question avec l'assistance du Secrétariat de l'ONU, puis de préparer une série d'avant-projets introduits par des rapports souvent très substantiels. Après des discussions approfondies, étalées sur plusieurs années et souvent compliquées par des changements de rapporteurs, la CDI adopte collégialement un « projet d'articles » soumis à la VIe Commission de l'Assemblée générale. Dans la pratique s'opère une série de navettes sur diverses parties du texte, avant que l'ensemble soit proposé à l'Assemblée. Depuis un certain temps, la CDI ne se limite cependant pas à élaborer des « projets d'articles », mais prépare également des études plus « académiques », comme c'est le cas par exemple de l'étude sur la fragmentation du droit international et des 42 conclusions adoptées par la CDI à ce sujet en 2006, ou du « Guide de la pratique » sur les réserves aux traités (v. *infra* n° 108), ou encore des Principes directeurs sur les actes unilatéraux des États (2006). Cette variété des formes que peuvent revêtir les textes élaborés par la CDI témoigne d'une certaine volonté de renouvellement de la part de la Commission et montre que tous les sujets ne se prêtent pas à une codification traditionnelle se traduisant par l'adoption d'une convention.

À l'un ou l'autre stade de la préparation, il peut être demandé aux États de fournir leurs observations écrites, en plus de leurs prises de position au sein de la Sixième Commission (juridique) de l'Assemblée générale. Ainsi sollicités, les services juridiques des ministères des Affaires étrangères répondent de façon très inégale, tant quantitativement que qualitativement, ce qui n'est pas sans danger.

Les Comités spéciaux créés par l'Assemblée suivent les règles procédurales habituelles des organes subsidiaires intergouvernementaux ; la technicité du travail de codification les conduit parfois à créer un ou plusieurs sous-comités plus spécialisés (juridique, économique, technique). Comme pour la CDI une « navette » s'établit entre le Comité et une Commission permanente de l'Assemblée générale : le choix de la Commission saisie n'est pas neutre (l'esprit de la codification diffère selon qu'il s'agit de la Commission juridique ou d'une Commission politique). Les espoirs mis dans la rapidité des délibérations diplomatiques sont parfois déçus : soit que la qualité technique du texte soit fortement affaiblie par les compromis recherchés (droit de l'espace, souveraineté), soit même que le comité se sépare sur un échec (droit de la mer) ; il a fallu neuf ans au Comité spécial pour l'élaboration d'une convention internationale contre le recrutement, l'utilisation, le financement et l'instruction de mercenaires pour s'acquitter de sa tâche et la convention enfin adoptée le 4 décembre 1989 par l'Assemblée générale demeure l'objet de vives critiques.

3° Saisie d'un projet, l'Assemblée doit décider de la suite à lui donner. Elle peut se borner à attirer l'attention des États sur le contenu du texte, par voie de résolution : l'entreprise de codification débouche sur un simple « modèle de règles » dont la portée juridique dépend des comportements des États (ainsi, en

1958, pour le projet de la CDI sur la procédure arbitrale ; en 1980 pour les règles de conciliation de la CNUDCI ; en 2002 pour la loi type de la CNUDCI sur la conciliation commerciale internationale, en 2003 pour les dispositions législatives types de la CNUDCI sur les projets d'infrastructure à financement privé ou en 2006 pour la loi type révisée de la CNUDCI sur l'arbitrage commercial international ; l'Assemblée a également « pris note » en 2001 des articles de la CDI sur la responsabilité des États (résol. 56/83), en 2006 des Principes de la CDI sur la répartition des pertes en cas de dommage transfrontière découlant d'activités dangereuses (résol. 61/36), en les recommandant à l'attention des gouvernements, des Principes directeurs applicables aux déclarations unilatérales des États et des conclusions sur la « Fragmentation du droit international »). Elle peut aussi adopter elle-même ce texte, après amendements si elle le souhaite, sous forme d'une convention à laquelle les États seront invités à adhérer (cas des conventions sur le droit de l'espace ou de celle sur les missions spéciales de 1969) ou sous forme de résolutions « solennelles » (Déclaration sur les principes régissant les relations amicales et la coopération entre les États, 1970 ; Charte des droits et devoirs économiques des États, 1974 ; dans ces deux illustrations, il s'agit moins de codification que de développement du droit international). Le plus souvent, l'Assemblée a décidé de provoquer la réunion d'une conférence diplomatique chargée d'adopter le texte de la convention de codification.

4° L'œuvre de la Conférence, théoriquement autonome par rapport à l'ONU, sera plus ou moins guidée par les initiatives antérieures de l'Assemblée puisque la composition des deux organes est très proche.

Ainsi, le Comité spécial des utilisations pacifiques du lit des mers et des océans au-delà des juridictions nationales a été désigné comme l'organe préparatoire de la troisième Conférence des Nations Unies sur le droit de la mer — sans grand succès en l'espèce —, et, au cours de cette conférence certaines résolutions de l'Assemblée ont constitué une importante source d'inspiration, en particulier celle de 1970 sur les « principes régissant le fond des mers » (concept de patrimoine commun de l'humanité). La procédure interne de la conférence est souvent calquée sur le règlement intérieur de l'Assemblée. Enfin et surtout, la négociation s'organise à partir du projet d'articles transmis par l'Assemblée, s'il en existe.

Sur les méthodes habituelles d'adoption des traités et autres actes juridiques internationaux, voir *supra,* chapitre I.

Par rapport à ce schéma, les travaux régionaux peuvent interférer à deux stades : au moment des travaux préparatoires et à celui de la conférence diplomatique — à travers l'action des groupes régionaux. L'avantage de ces pratiques décentralisées est d'écarter plus tôt certaines options techniques, par leur rejet au stade des compromis régionaux, et de réduire la durée des débats universels ; leur inconvénient est de cristalliser prématurément les positions de négociation et de multiplier les risques de « marginalisation » des États minoritaires.

217. Bilan de la codification internationale. — Longtemps, seules les codifications régionales ont pu être menées à bien (cadre panaméricain). Peut-être parce qu'elles avaient un caractère défensif face au processus coutumier dominé par les grandes puissances. Les conférences de La Haye de 1899 et de 1907 eurent des résultats positifs mais restèrent sans prolongement jusqu'à la naissance de l'ONU : à l'époque de la SdN, une Conférence — ambitieuse dans ses objectifs — fut réunie en 1930 ; elle réussit à adopter une convention sur la nationalité mais ne put aboutir à un accord sur la largeur de la mer territoriale ni sur la responsabilité des États à l'égard des étrangers.

Depuis 1945, le bilan des *conférences de codification* sous les auspices des Nations Unies est plus satisfaisant : il comprend les quatre conventions sur le droit de la mer (Genève, 1958), une convention sur la réduction des cas d'apatride (New York, 1961), les conventions sur les relations diplomatiques et consulaires (Vienne, 1961 et 1963), celles sur le droit des traités (Vienne, 1969), sur la représentation des États dans leurs relations avec les organisations internationales de caractère universel (Vienne, 1975), sur la succession d'États en matière de traités (Vienne, 1978) et en matière de biens d'État, d'archives et de dettes (Vienne, 1983), sur le droit de la mer (Montego Bay, 1982), sur le droit des traités entre États et organisations internationales ou entre organisations internationales (Vienne, 1986), ou celle sur l'utilisation des cours d'eau internationaux à des fins autres que la navigation (New York, 1997). La convention sur les immunités juridictionnelles des États et de leurs biens (New York, 2004) a été adoptée quant à elle non pas à la suite d'une conférence internationale proprement dite, mais de travaux menés par un comité spécial. Par ailleurs, l'Assemblée générale peut adopter des modèles de règles (en matière d'arbitrage, 1958) ou des « traités-types » dont les États sont invités à s'inspirer pour l'élaboration d'accords bilatéraux ou régionaux (v. la série de traités-types adoptés en 1990 en matière d'extradition, d'entraide judiciaire en matière pénale, de transfert des poursuites pénales et de surveillance de certains délinquants).

On ne peut cependant réduire l'acquis de la codification aux seuls traités adoptés selon ces procédures. Il convient de rappeler ici l'aboutissement de certaines entreprises de développement du droit sous des formes conventionnelles et non conventionnelles : résolutions et traités sur le droit de l'espace, Déclarations sur les principes régissant les relations amicales (1970), Charte des droits et devoirs économiques des États (1974), définition de l'agression (résol. AG 3314 (XXIX) du 14 décembre 1974), inadmissibilité de l'intervention et de l'ingérence dans les affaires intérieures des États (résol. AG 36/103 du 9 décembre 1981), ou les études de la CDI sur la fragmentation (2006) et les principes directeurs concernant les déclarations unilatérales (2006). Au surplus, certains textes de codification, notamment les projets d'articles de la CDI et les conventions qui en sont issues même avant leur entrée en vigueur, peuvent exercer une influence considérable sur la pratique des États comme en témoigne également l'usage qu'en font les juridictions et les arbitres internationaux.

Pour un exemple particulièrement frappant, v. l'arrêt de la CIJ du 25 sept. 1997 dans l'affaire du *Projet Gabčíkovo-Nagymaros* — pour un bilan très complet, v. « L'œuvre de la Commission du droit international » en introduction à CDI, *Le droit international à l'aube du XXIe siècle,* préc., p. 19-36. La CIJ n'hésite toutefois pas à sélectionner, parmi les dispositions des projets d'articles de la CDI, celles-là seules qui lui paraissent véritablement refléter le droit international coutumier (v. la démarche suivie par la Cour à l'égard de l'article 66 de la Convention de Vienne sur le droit des traités dans l'affaire des *Activités armées sur le territoire du Congo (Congo/Rwanda)*, arrêt du 3 février 2006, § 125, ou celle suivie à l'égard du projet d'articles sur la protection diplomatique dans son arrêt du 24 mai 2007 rendu dans l'affaire *Diallo*, § 39 et 93). Dès lors cependant qu'un des articles de l'instrument de codification est considéré comme reflétant le droit coutumier, le juge international en exploite toutes les potentialités, notamment sur le terrain du champ d'application *ratione temporis* (cas par exemple des articles 31 et 32 de la Convention de Vienne sur le droit des traités de 1969, jugés pour cette raison applicables aux situations antérieures à l'entrée en vigueur de cette convention : v. CPA, SA du 24 mai 2006, *Rhin de fer*, § 45).

En matière économique, les travaux sont plus récents car il a fallu attendre la création de la CNUDCI en 1966 et passer outre aux résistances des institutions transnationales privées qui en avaient traditionnellement le monopole : ont pu être adoptés le code de conduite des conférences maritimes (Convention de Genève de 1974), la Convention de Hambourg de 1978 sur le transport des marchandises par mer, des actes concertés sur les pratiques commerciales internationales ; etc. La Conférence de La Haye de droit international privé est, malgré son nom, une organisation intergouvernementale permanente, chargée de l'élaboration de conventions dans ce domaine.

Aussi impressionnant soit-il, ce bilan ne doit pas faire oublier que l'œuvre de codification est à peine entamée et que ses résultats sont parfois récusés par la pratique internationale (conventions mort-nées, comme celle de 1983 sur la succession d'États en matière de biens, dettes et archives d'États, Accord de New York de 1994 remettant en cause la partie XI, sur l'exploitation de la Zone, de la Convention de Montego Bay, ou projets de la CDI non soumis à une conférence diplomatique : modèles de règles sur la procédure arbitrale, CNPF, Code des crimes contre la paix et la sécurité de l'humanité, courrier et valise diplomatique, etc.). Parmi les thèmes jugés prioritaires et inscrits à l'ordre du jour de la CDI, issus donc d'une double sélection, il faut relever des questions particulièrement difficiles comme la responsabilité des États, que la Commission a examinée durant plus de quarante-cinq ans. En dehors de ce cadre, sont entrepris des travaux, qui traînent en longueur, sur les principes et normes du « nouvel ordre économique international » (en vertu de la résolution AG 34/150 du 12 décembre 1979), sur le régime juridique des opérations de maintien de la paix (depuis la résolution AG 2006 (XIX) du 18 février 1965), sur les sociétés transnationales, sur les transferts de technologie, etc.

Tableau des conventions de codification adoptées sur la base d'un projet de la CDI (1)

Lieu	*Date de signature*	*Objet*	*Nombre de parties*	*Date d'entrée en vigueur (2)*
Genève	*29/04/1958*	*Mer territoriale*	*52*	*10/04/1964*
id.	*id*	*Haute mer*	*63*	*30/09/1962*
id.	*id.*	*Pêche et conservation des ressources biologiques de haute mer*	*38*	*20/03/1966 (18/09/1970)*
id.	*id.*	*Plateau continental*	*58*	*10/06/1964 (14/06/1965)*
Vienne	*18/04/1961*	*Relations diplomatiques*	*186*	*24/04/1964 (31/12/1970)*
New York	*30/08/1961*	*Réduction des cas d'apatridie*	*34*	*13/12/1975*
Vienne	*24/04/1963*	*Relations consulaires*	*171*	*19/03/1967 (31/12/1970)*
Vienne	*23/05/1969*	*Droit des traités*	*108*	*27/01/1980*
New York	*08/12/1969*	*Missions spéciale*	*38*	*21/06/1985*
New York	*14/12/1973*	*Prévention et répression des infractions contre les personnes jouissant d'une protection spéciale*	*166*	*20/02/1977 (20/08/2003)*
Vienne	*14/03/1975*	*Représentation des États dans leurs relations avec org. int.*	*33*	—
Vienne	*23/08/1978*	*Succession d'États en matière de traités*	*21*	*6/11/1996*
[Montego Bay (3)	*10/12/1982*	*Droit de la mer*	*155*	*16/11/1994 (11/04/1996)]*
Vienne	*08/04/1983*	*Succession d'États en matière de biens d'État, archives et dettes*	*7*	—
Vienne	*21/03/1986*	*Droit des traités conclus par les organisations internationales*	*40*	—
New York	*21/05/1997*	*Utilisation des cours d'eau internationaux à des fins autres que la navigation*	*15*	—
New York	*02/12/2004*	*Immunités juridictionnelles des États et de leurs biens*	*4*	—

(1) État au 1er juillet 2008. La CDI a également adopté, en 1994, un avant-projet de Statut de la CPI.
(2) La date d'entrée en vigueur pour la France est, le cas échéant, indiquée entre parenthèses.
(3) La Convention de Montego Bay a été élaborée sans l'intervention de la CDI.

§ 3. — *Mise en œuvre de la coutume*

A. — Ordre juridique international et application des normes coutumières

BIBLIOGRAPHIE. — Q. WRIGHT, « Conflicts between International Law and Treaties », *AJIL* 1917, p. 566-579. — N. KONTOU, *The Termination and Revision of Treaties in the Light of New Customary International Law*, Oxford UP, 1994, 166 p. — M.E. VILLIGER, *Customary International Law and Treaties*, Kluwer, La Haye, 1997, XXIV-346 p.

218. Place respective de la coutume et du traité dans le droit international contemporain. — 1° Dès l'origine, le rôle de la coutume est considérable. L'histoire du droit international révèle que ce droit est né au moment où sont apparues les premières règles coutumières dans le domaine des relations diplomatiques, de la guerre et de la navigation maritime. Parallèlement à l'intensification des rapports entre États, le domaine de la coutume s'amplifiait et s'étendait à d'autres matières fondamentales des relations internationales comme l'arbitrage, la responsabilité internationale et la conclusion des traités. Le principe *pacta sunt servanda* lui-même est en général considéré comme d'origine coutumière. C'est la coutume qui a réglé les conditions de sa propre formation et celles du droit des traités.

Il était donc légitime de considérer les règles coutumières comme de véritables règles « constitutionnelles » de la communauté internationale. L'analogie était d'autant plus justifiée que longtemps les règles coutumières étaient les seules à pouvoir prétendre à l'universalité.

Cette prédominance de la coutume a été favorisée et prolongée par l'apparition tardive des premières institutions internationales autres que l'État. La pratique des traités multilatéraux — dits « collectifs » à l'époque — qui conviennent mieux que les traités bilatéraux à l'élaboration du droit écrit, ne s'est imposée progressivement qu'à partir du XIXe siècle. Au surplus, les premiers traités vraiment multilatéraux n'avaient d'autre ambition que de constater les règles coutumières existantes.

2° Le développement des normes conventionnelles s'amorce véritablement avec les conventions de La Haye de 1899 et 1907. La tendance à un amenuisement continu de la place et du rôle de la coutume s'est brusquement accélérée après la Seconde Guerre mondiale : le processus coutumier traditionnel, en raison de sa lenteur, a paru peu compatible avec les besoins d'une interdépendance internationale en croissance rapide. Le recours intensif à la procédure conventionnelle s'est imposé pour conforter, modifier ou remplacer les anciens régimes coutumiers. La prolifération des traités multilatéraux a-t-elle pour autant sonné le glas de la coutume ?

3° Dans l'ordre international, à la différence de l'évolution constatée dans les droits nationaux, le recul de la coutume n'est pas un mouvement irréversible, ni d'un point de vue quantitatif, ni d'un point de vue qualitatif ; il serait certainement exagéré de soutenir qu'est tombé en désuétude l'article 38, § 1.b), du Statut de la CIJ, dont il résulte que la coutume est une source directe, primaire et autonome du droit positif.

La coutume conserve à la fois un rôle latent de « réservoir » pour les autres sources du droit et même, paradoxalement, de catalyseur d'une relance périodique de l'élaboration du droit conventionnel. Ce phénomène est surtout sensible dans les domaines les plus controversés du droit international, dans lesquels les nécessités de la pratique suscitent des compromis patients impossibles à dégager par la procédure plus brutale de l'accord diplomatique sur le texte d'un traité. Plus imprévu encore, il s'est vérifié que le processus coutumier peut l'emporter sur le processus conventionnel sur son propre terrain, celui de la vitesse d'élaboration du droit : la troisième Conférence sur le droit de la mer a été notamment convoquée pour faire reconnaître l'existence juridique de la zone économique exclusive mais s'est achevée en consacrant cette règle devenue coutumière entre-temps. Enfin, la coutume peut même, paradoxalement, être plus précise et plus complète que le droit conventionnel (cf. CIJ, arrêt du 27 juin 1986, à propos de la réglementation de la légitime défense, *Rec.* 1986, p. 94).

Le succès même de la procédure conventionnelle multilatérale et de modes inédits d'élaboration du droit — par la voie de résolutions d'organisations internationales notamment — autorise une relance du processus coutumier. Confirmée par une convention de codification, la règle coutumière s'imposera en tant que telle aux États non parties à la convention ; de plus la preuve de son existence n'aura plus à être recherchée dans la pratique étatique et pourra être directement déduite du texte conventionnel. Enfin, de par sa portée juridique, le processus coutumier paraît le relais idéal des procédures « déclaratoires » de la coutume « sauvage » : toutes les controverses s'apaisent une fois démontré que le contenu d'une résolution est désormais incorporé dans une règle coutumière.

219. Rapports entre normes coutumières. — 1° En cas de conflit entre normes coutumières successives liant les mêmes États, il faut faire application des principes généraux de droit. La norme coutumière la plus récente l'emporte sur la plus ancienne, la norme spéciale sur la norme générale.

Tel était en partie le problème posé aux juges français par les poursuites engagées contre des pêcheurs espagnols dépourvus des licences de pêche communautaires dans le golfe de Gascogne. Pouvaient-ils invoquer le droit coutumier de 1958 à l'encontre de celui consacré après 1976 en matière de pêche ? Certains tribunaux français ont fait application de la coutume nouvelle de façon catégorique (CA Rennes, 26 mars 1979, *Rego Sanles, AFDI* 1980, p. 823-826) ; d'autres ont été plus hésitants à consacrer l'existence d'une coutume nouvelle à la date critique (Ch. Vallée, *RGDIP* 1979, p. 220-245 et P. Daillier, *RMC* 1982, p. 187-193).

Il faut cependant faire exception pour le cas où la norme coutumière a valeur de *jus cogens.* L'apparition d'une norme nouvelle contraire est théoriquement possible puisque la Convention de Vienne de 1969 admet l'hypothèse d'une succession de règles de *jus cogens ;* dans la pratique, la situation serait assez confuse tant que le processus ne serait pas achevé : la nouvelle norme naissante ne serait pas opposable aux États qui estimeraient toujours en vigueur la norme antérieure ; elle serait même illicite et l'État qui prétendrait l'appliquer engagerait sa responsabilité internationale.

2° Le conflit d'une norme universelle et d'une norme régionale ne peut apparaître que si la norme universelle n'a pas valeur de *jus cogens* (v. *supra*, n° 125). Il faut donc s'en tenir à l'hypothèse d'incompatibilité entre normes coutumières non « impératives ».

Ici le principe d'antériorité ne fournit pas la solution de droit commun. La question doit être envisagée en termes d'opposabilité de la norme universelle et de la norme régionale ou locale aux États en litige. En l'absence d'une hiérarchie des normes coutumières, il paraît logique de faire prévaloir la norme régionale si le différend oppose deux États tenus par la norme régionale — celle-ci est *lex specialis* — et par contre de faire application de la norme universelle dans le cas contraire — puisque seule cette dernière est opposable à l'ensemble des parties au litige.

220. Rapports entre normes coutumières et autres normes de droit international. — Une règle coutumière peut entrer en conflit avec un acte juridique unilatéral étatique, une recommandation d'une organisation internationale, un acte interétatique concerté, une décision d'organisation internationale, une norme conventionnelle. Les solutions à envisager diffèrent selon que la norme coutumière est antérieure ou postérieure à l'autre norme.

1° *Norme coutumière et acte juridique unilatéral étatique :* si la règle coutumière est opposable à l'État en cause, l'acte unilatéral est inopposable aux autres sujets de droit et il est même illicite ; la règle coutumière, antérieure ou postérieure, l'emporte.

2° *Norme coutumière et recommandation :* une norme coutumière postérieure, contraire à la recommandation, entraîne désuétude de celle-ci et donc prévaut sur elle.

La situation est plus complexe lorsque la recommandation est plus récente que la coutume. Dans les rapports de l'État qui invoque la recommandation et ceux qui se prévalent de la coutume, soit qu'ils aient voté contre la recommandation soit qu'ils soient tiers par rapport à l'organisation, la recommandation est inopposable et c'est la coutume qui l'emporte puisqu'elle constitue le seul dénominateur commun. Il peut sembler plus étonnant d'aboutir à la même conclusion lorsque le litige oppose deux États qui ont voté en faveur de ladite recommandation : mais les États ne sont pas engagés — sous réserve de la bonne foi — par ce seul vote (v. *infra,* n° 247) ; ils peuvent continuer à invoquer la coutume contraire.

L'État qui applique la coutume contraire à la résolution ne peut donc voir engager sa responsabilité internationale. Il ne faudrait pas en déduire qu'inversement, l'État qui accorde la préférence à la résolution commet un acte illicite et engage sa responsabilité. Ce n'est pas nécessairement le cas, au moins dans les rapports entre États membres de l'organisation (v. *infra*, n° 248).

3° *A fortiori* les solutions précédentes s'imposent-elles en cas d'incompatibilité entre une norme coutumière et un acte concerté non conventionnel, puisque ce dernier n'est pas opposable, juridiquement, aux « parties ». Sauf peut-être à démontrer que cet acte concerté a rendu inopposable aux parties la coutume antérieure, ici encore en vertu du principe de la bonne foi.

4° Le conflit entre une norme coutumière et une décision d'organisation internationale ou une convention ne doit être envisagé qu'à propos d'un litige opposant des États membres de l'organisation ou des parties à la convention ; les autres sujets de droit ne sont liés que par la coutume et ne peuvent se voir opposer que des actes juridiques compatibles avec cette coutume.

La jurisprudence de la CJCE en matière de pêcheries maritimes confirme cette problématique, tant en ce qui concerne les rapports entre États membres des Communautés européennes que pour les relations avec les pays tiers (CJCE, 8 décembre 1981, aff. 181/80, *Procureur général/Arbelaiz-Emazabel* et aff. jointes 180 et 266/80, *Rec.* 1981, p. 2961 et s. : il faut que la décision communautaire soit elle-même conforme à une nouvelle règle internationale coutumière pour rendre inopposable la règle coutumière antérieure ; si tel est le cas, l'ancienne règle ne peut être utilement invoquée par les ressortissants des pays tiers, ni être appliquée par les tribunaux des États membres de la CE).

Dans les limites de l'hypothèse retenue, il suffit de faire application du principe général selon lequel la norme obligatoire la plus récente l'emporte sur la plus ancienne : si la coutume est antérieure, elle doit être écartée ; si elle est postérieure, elle prévaudra sur la décision ou la convention (ainsi la pratique ultérieure des parties à un traité pourra-t-elle l'emporter sur la lettre du traité : v. *supra*, n° 188, ainsi que CEDH, *Öcalan c. Turquie*, 12 mars 2003, § 198). Toutefois, s'il ne peut faire de doute que les parties à un traité peuvent écarter l'application d'une règle coutumière générale non impérative dans leurs rapports *inter se,* leur intention en ce sens doit être expresse (cf. à propos du principe de l'épuisement des voies de recours internes, CIJ, arrêt du 20 juillet 1989, *Elettronica Sicula, Rec.* 1989, p. 42).

5° La contradiction éventuelle entre une règle coutumière et un principe général de droit *stricto sensu* se résout nécessairement par la mise en œuvre de la règle coutumière : comme on l'a vu, la CIJ refuse de rechercher s'il existe un principe général de droit lorsqu'il est déjà prouvé qu'une norme coutumière est opposable aux États en litige (*Droit de passage, dictum* cité *supra,* n° 211).

B. — Ordre juridique interne et application des normes coutumières

BIBLIOGRAPHIE. — SFDI, *L'application du droit international par le juge français,* Colloque de Grenoble, Armand Colin, 1972, 126 p. — J.-J.-A. SALMON, « Le rôle de la Cour de cassation belge à l'égard de la coutume internationale », *Mél. Ganshof,* 1972, t. I, p. 217-267. — G. TEBOUL, « Le droit international non écrit devant le juge administratif », *RGDIP* 1991, p. 321-370. — M. LEIGH, « Is the President Above Customary International Law ? », *AJIL* 1993, p. 757-763. — A.M. WEISBURD, « States Courts, Federal Courts, and International Law », *YJIL* 1995, p. 1-64. — D. de BÉCHILLON, *Hiérarchie des normes et hiérarchie des fonctions normatives de l'État,* Economica, 1996, 577 p., not. p. 92-94 et 406-446. — A. PETERS, « The Position of International Law Within the European Community », *GYBIL* 1997, p. 9-77. — J. PAUST, « Customary International Law in the US », *GYBIL,* 1997, p. 78-116 ; « Customary International Law and Human Rights Treaties *Are* Law of the United States », *Michigan Jl. IL* 1999, p. 301-336. — « The Application of Customary International Law by National Courts », *Non-State Actors and International Law*, 2004, vol. 1, p. 2-85. — V. également *supra*, la bibliographie citée sur le n° 151.

221. Introduction des normes coutumières dans l'ordre interne. — L'introduction des règles coutumières et leur applicabilité dans l'ordre juridique national ne font pas problème. On ne se heurte pas ici aux difficultés créées par l'ambiguïté de la « réception » formelle des règles conventionnelles internationales (promulgation et publication des traités).

La règle traditionnelle d'origine anglo-saxonne, *international law is part of the law of the land,* est universellement admise ; elle est souvent consacrée expressément par la constitution nationale (voir en particulier l'article 25 de la Loi fondamentale allemande et l'article 10 de la constitution italienne de 1947).

La Constitution française de 1958 se limite, sur ce point, à un renvoi au préambule de la Constitution de 1946, lui-même fort allusif : « La République française, fidèle à ses traditions, se conforme aux règles du droit public international ». Le droit international coutumier n'est pas cité ; mais la doctrine s'accorde à reconnaître qu'il est englobé dans l'expression « droit public international ».

Il est aujourd'hui nécessaire de poser le même problème pour l'introduction du droit coutumier dans l'ordre juridique des autres sujets de droit international. En pratique, la question ne mérite d'être soulevée que pour les Communautés européennes. Dans le silence du Traité CE, il convient d'appliquer par analogie la solution retenue par tous les États membres, et de garantir ainsi la primauté du droit international général. Bien qu'implicite, la jurisprudence des juridictions communautaires confirme cette opinion (CJCE, 24 nov. 1992, aff. C-286/90, *Rec.*, p. I-6019 : les compétences de la Communauté doivent être exercées « dans le respect du droit international » et, en particulier, une disposition communautaire doit être interprétée à la lumière des conventions sur le droit de la mer dans la mesure où celles-ci « codifient des règles générales consacrées par la coutume internationale » ; TPI, 22 janv. 1997, aff. T-115/94, *Opel Austria c. Conseil*, *Rec.* p. II-39 : des traités signés et approuvés par la Communauté mais non encore entrés en vigueur doivent être respectés compte tenu du « principe de bonne foi, principe du droit coutumier international, reconnu par la CIJ et qui, en conséquence, lie la Communauté »).

222. Application des normes coutumières internationales par les tribunaux internes. — Elle est beaucoup moins fréquente et claire qu'on pourrait s'y attendre après les observations précédentes. Non seulement la mise en œuvre du droit coutumier est rarement avouée, mais la pratique juridictionnelle hésite à consacrer la supériorité de la norme coutumière par rapport au droit interne et au droit conventionnel.

1° *Les raisons de la rareté des précédents jurisprudentiels :* elles sont multiples et tiennent à la « psychologie » du juge national mais surtout à certaines particularités procédurales des recours contentieux internes.

Par formation et par prudence naturelle (manque de connaissances en droit international public, manque de familiarité avec les sources de droit international, *judicial restraint*), le juge national manifeste une préférence marquée pour l'application des règles écrites. Aussi accueillera-t-il plus volontiers des conclusions fondées sur la coutume internationale lorsque celle-ci est incorporée dans une convention de codification que si elle ne peut être dégagée qu'à partir d'opinions doctrinales. Même lorsqu'il accepte d'appliquer une norme coutumière, le juge national hésitera à le reconnaître expressément : dans son arrêt du 6 octobre 1983, dans l'affaire *Barbie,* la Cour de cassation préfère recourir à l'appellation de « principe général de droit international » (*JCP* 1983.II.20107 ; il existe quelques exceptions : TGI Seine, 17 janv. 1964, *Consul général d'Argentine, AFDI* 1965, p. 970 et CA Rennes, 26 mars 1979, *Rego Sanles, AFDI* 1980, p. 823). Il en va de même du Conseil d'État (cf. CE, Sect., 23 oct. 1987, *Sté. Nachfolger*, *Leb.* p. 319, concl. Massot).

La principale difficulté réside dans le refus du juge d'admettre la recevabilité d'un moyen fondé sur la coutume lorsqu'elle est invoquée par un individu à son profit : ancré dans la conviction que, par nature, une norme coutumière commande les seuls rapports interétatiques, le juge refusera de lui reconnaître un caractère *self-executing ;* il en déduira qu'elle n'est pas directement invocable et que le moyen est irrecevable. Ce raisonnement a été mis en œuvre de façon catégorique et absolue par les plus hautes juridictions françaises dans l'affaire *Argoud :* « La mise en jeu des responsabilités internationales n'intéresse que les relations d'État à État sans que les individus puissent prétendre y intervenir » (Cour de sûreté de l'État, 28 décembre 1963) ; « L'accusé est sans qualité pour se prévaloir d'une infraction aux règles de droit international public » (Cass. crim., 4 juin 1964 *JCP* 1964.II.13806). La seconde formule, plus que la première, est très contestable et il est heureux que la Cour de cassation y ait renoncé dans l'affaire *Barbie* précitée. Il est vrai qu'il s'agissait de trouver ici une justification juridique à l'exercice de l'action publique à l'encontre des intérêts de l'accusé.

Pourtant, le Conseil constitutionnel français, depuis sa décision du 30 déc. 1975 (*Rec.* p. 26) relative à l'autodétermination des Comores, semble accepter d'apprécier la conformité de la loi au droit international général, en particulier à des principes de nature coutumière, pour autant du moins qu'ils ne se heurtent pas à une disposition formelle de la Constitution (v. aussi les décisions des 8 et 23 août 1985, sur le statut de la Nouvelle-Calédonie, *Rec.*, p. 63 et 70 et la décision « Traité de Maastricht » du 9 avril 1992, dans laquelle il se fonde sur le principe *pacta sunt servanda*, *Rec.* p. 55).

Il faut également relever que la plus haute autorité judiciaire a confirmé implicitement la légitimité de la démarche de certains tribunaux qui, en matière de pêche maritime, avaient accepté d'examiner les arguments tirés du droit de la mer coutumier (Cass. crim., 7 juillet 1980, *Cruijeras Tome, Gaz. Pal.* 1981.I.p. 106) : le paradoxe est que ce résultat est atteint en niant, en l'espèce, le droit des tribunaux inférieurs de se prononcer sur la compatibilité de différentes normes internationales (renvoi pour question préjudicielle à la CJCE.).

Aux États-Unis, la Cour suprême a affirmé dès 1792 l'obligation faite aux tribunaux nationaux d'appliquer la coutume internationale (*Ross v. Rittenhouse* ; v. aussi 1942, Ex parte *Quirin*). Mais la mise en œuvre de ce principe se heurte aux obstacles généraux qui interdisent de prendre au pied de la lettre la célèbre maxime selon laquelle « *international law is part of the law of the United States* » (*United States v. Ravara*, 1793). En pratique, les tribunaux américains font montre d'une grande retenue dans la reconnaissance de normes coutumières internationales applicables dans leur ordre interne (v. par ex. *AJIL* 2004, p. 175-177).

On dénote une prudence similaire, mais s'expliquant cette fois-ci par le caractère pénal de leur fonction qui les oblige à tenir compte du principe de légalité des délits et des peines, de la part des juridictions pénales (v. ainsi Cass. crim., 17 juin 2003, *Bull.* p. 465 : la coutume internationale ne saurait pallier l'absence de texte d'incrimination ; v. également la décision de la Chambre des Lords britannique du 29 mars 2006 dans l'affaire *Margaret Jones*, [2006] UKHL 16). Cela n'a toutefois pas empêché les juridictions pénales internationales de reconnaître l'existence de normes coutumières internationales pénales (v. ainsi Tribunal spécial pour la Sierra Leone, Chambre d'appel, décision du 31 mai 2004, *Norman*, n° SCSL-2004-14-AR72(E), § 17-51 ; Th. Meron, « Revival of Customary Humanitarian Law », *AJIL* 2005, p. 817-834).

2° *Solution des conflits de normes devant les juridictions nationales :* le juge interne peut parfois être confronté à un conflit entre une norme coutumière donnée et une autre norme internationale, coutumière ou conventionnelle (voir la jurisprudence précitée relative aux pêcheurs espagnols dans le golfe de Gascogne et à l'affaire *Barbie*).

Il n'y a aucune raison de ne pas appliquer, dans l'ordre juridique national, la même solution que dans l'ordre international en cas de conflit entre normes coutumières successives (primauté de la norme la plus récente) : c'est la solution retenue par les juges français dans la confrontation entre la liberté de la haute mer et l'institution de la zone économique exclusive. Il doit en aller de même si le conflit concerne une norme coutumière et une norme conventionnelle : l'absence de hiérarchie des sources du droit international conduit à préférer la norme la plus récente (CA Rennes, 1980, précité).

Plus fréquente et plus controversée est l'hypothèse d'un conflit entre normes coutumières et normes internes. Il peut arriver que la constitution contienne une disposition qui proclame expressément la supériorité de la coutume sur les lois. Tel est le cas de la loi fondamentale allemande : « Les règles générales du droit international font partie intégrante du droit fédéral. Elles priment les lois et font naître directement des droits et des obligations pour les habitants du territoire fédéral » (art. 25 ; v. aussi l'art. 28, § 1, de la Constitution grecque du 9 juin 1975).

La Constitution française de 1958 ne constate ouvertement la supériorité du droit international qu'à propos des traités (art. 55) et le juge interne le mieux disposé à l'égard du principe se refuse à transposer celui-ci au profit de la règle coutumière : il tentera toujours de rattacher la règle coutumière à un fondement conventionnel.

Dans l'affaire *Barbie* précitée, la Cour de cassation s'exprime ainsi : « En raison de la nature de ces crimes, ces dispositions sont conformes aux principes généraux de droit reconnus par l'ensemble des nations, auxquels se réfèrent l'article 15, § 2, du Pacte international relatif aux droits civils et politiques et l'article 7, § 2, de la Convention européenne de sauvegarde des droits de l'homme ; elles résultent de traités internationaux régulièrement intégrés à l'ordre juridique interne et ayant une autorité supérieure à celle des lois en vertu de l'article 55 de la Constitution... ».

Par un arrêt du 5 avril 1993 la Cour administrative d'appel de Lyon a jugé qu'en l'absence d'une disposition équivalente à l'article 55, et faute d'intégration dans un traité auquel la France est partie, une règle coutumière ne peut l'emporter sur une disposition législative (CAA Lyon, Plénière, *Aquarone*, *Leb.* p. 439). Le Conseil d'État a confirmé cette jurisprudence : « ni [l'article 55 de la Constitution] ni aucune autre disposition de nature constitutionnelle ne prescrit ni n'implique que le juge administratif fasse prévaloir la coutume internationale sur la loi en cas de conflit entre ces deux normes » (CE, Ass., 6 juin 1997, *Aquarone*, *Leb.* p. 206, concl. Bachelier ; v. aussi 28 juill. 2000, *Paulin*, *Leb.* p. 317). Bien que le Commissaire du Gouvernement ait procédé à une analyse « moniste », il est difficile de ne pas voir dans cette décision une confirmation des thèses dualistes et elle doit sans doute être rapprochée d'une autre jurisprudence administrative récente en matière de traités (cf. CE, Ass., 3 juillet 1996, *Koné*, *Leb.* p. 355 et 30 oct. 1998, *Sarran*, *Leb.* p. 368 ; v. *supra*, n° 182). La seule brèche ouverte à ce jour a concerné « les principes généraux de l'ordre juridique communautaire déduits du traité instituant la Communauté européenne et ayant la même valeur juridique que ce dernier » (CE, 3 décembre 2001, *Syndicat national de l'industrie pharmaceutique*, *Leb.* p. 624).

Acceptable dans son principe au point de vue du droit français, cette position risque de mettre la France dans une position difficile au plan international où sa responsabilité se trouvera engagée si ses juridictions ne donnent pas effet aux coutumes par lesquelles elle est liée ; cette difficulté pourrait être évitée par une interprétation moins frileuse du préambule de la Constitution de 1946 (v. *supra*, n° 221 ; cf. l'article 10 de la Constitution italienne de 1947, rédigé dans des termes comparables et interprété en sens partiellement contraire par la Cour constitutionnelle — cf. l'arrêt n° 48 du 18 juin 1979, *RDI* 1979, p. 797).

Dans le prolongement de sa jurisprudence *International Fruit Cy.* relative à l'appréciation de la validité des actes communautaires au regard des traités (v. *supra*, n° 181), la CJCE considère qu'il lui appartient de s'assurer également de leur compatibilité avec le droit international (en l'espèce, certains principes applicables au droit des traités et à celui de la responsabilité) ; « [t]outefois, en raison de la complexité des règles en cause et de l'imprécision de certaines notions auxquelles elles se réfèrent, le contrôle judiciaire doit nécessairement, en particulier dans le cadre d'un renvoi préjudiciel en appréciation de validité, se limiter au point de savoir si le Conseil, en adoptant le règlement de suspension [d'un accord de coopération avec l'ex-Yougoslavie à la suite de la dissolution de cet État], a commis des erreurs manifestes quant aux conditions d'application de ces règles » (aff. C-162/96, 16 juin 1998, *A. Racke GmbH*, Rec. I-3655 ; v. aussi Aff. C-286/90, 24 nov. 1992, *Poulsen et Diva Navigation*, *Rec.* I, p. 6019.). Le 3 juin 2008, la CJCE a rappelé que « les compétences de la Communauté doivent être exercées dans le respect du droit international, y compris les dispositions des conventions internationales dans la mesure où elles codifient des règles coutumières consacrées par le droit international général » (caractère coutumier refusé en l'espèce à la convention MARPOL 73/78 qui, par conséquent, parce qu'elle ne lie que les États membres, est inopposable à la Communauté) (affaire C-308/06, *Intertanko*, § 51-52).

Section 2

Les principes généraux de droit

BIBLIOGRAPHIE. — H. LAUTERPACHT, *Private Law Sources and Analogies of International Law,* Longmans, Londres, 1932, 326 p. — G. RIPERT, « Les règles du droit civil applicables aux rapports internationaux », *RCADI* 1933-II, vol. 44, p. 569-663. — A. VERDROSS, « Les principes généraux du droit dans la jurisprudence internationale », *RCADI* 1935-II, vol. 52, p. 195-251, et « Les principes généraux de droit dans le système des sources du droit international public », *Mél. Guggenheim,* 1968, p. 521-530. — L. KOPELMANAS, « Quelques réflexions au sujet de l'article 38-3 du statut de la CPJI », *RGDIP* 1936, p. 285-308. — A. MC NAIR, « The General Principles of Law Recognised by Civilised Nations », *BYBIL* 1951, p. 1 et s. — B. CHENG, *General Principles of Law as Applied by International Courts and Tribunals,* Stevens, Londres, 1953, 490 p. — J. RIVERO, « Le problème de l'influence des droits internes sur la Cour de Justice de la CECA », *AFDI* 1958, p. 295-308. — P. REUTER, « Le recours de la CJCE à des principes généraux de droit », *Mél. Rolin,* 1964, p. 263-283. — A. BLONDEL, « Les principes généraux de droit devant la CPJI et la CIJ, *Mél. Guggenheim,* 1968, p. 201-236. — A. PELLET, *Recherches sur les principes généraux de droit en droit international,* Thèse Paris, 1974, LXIII-504 p. — B. VITANYI, « La signification de la généralité des principes de droit », *RGDIP* 1976, p. 536-545, et « Les positions doctrinales concernant le sens de la notion de "principes généraux de droit reconnus par les nations civilisées" », *RGDIP* 1982, p. 48-116. — M. AKEHURST, « Equity and General Principles of Law », *ICLQ* 1976, p. 801-825. — P. WEIL, « Principes généraux du droit et contrats d'État », *Mél. Goldman,* 1982, p. 387-414. — A. TOUFFAIT, « Un magistrat français à la CJCE », *RIDC* 1983, p. 283-300. — G. BATTAGLINI, « Il reconoscimento internazionale dei principi generali del diritto », *Mél. Ago* I, p. 97-140. — D. SIMON, « Y a-t-il des principes généraux du droit communautaire ? », *Droits* 1991, n° 14, p. 73-86. — M. A. DAUSES, « La protection des droits fondamentaux dans l'ordre juridique communautaire », *RAE* 1992-4, p. 9-22. — O. ELIAS et Ch. LIM, « "General Principles of Law", "Soft Law" and the Identification of International Law », *NYBIL* 1997, p. 3-49. — F. SUDRE, *Droit communautaire et droits fondamentaux*, Bruylant, Bruxelles, 1999, 249 p. (recueil de jurisprudence) — L. GRADONI, « L'exploitation des principes généraux de droit dans la jurisprudence des tribunaux pénaux internationaux » *in* E. FRONZA et S. MANACORDA dir., *La justice pénale internationale dans les décisions des tribunaux* ad hoc, Dalloz/Giuffrè, Paris/Milano, p. 10-40. — H. THIRLWAY, « Concepts, Principles, Rules and Analogies : International and Municipal Legal Reasoning », *RCADI* 2002, vol. 294, p. 265-405. — A. ORAISON, « La CIJ, l'article 38 de son Statut et les principes généraux », *RDISP* 2002, p. 103-136. — H. ASCENSIO, « Principes généraux du droit », *Rép. internat. Dalloz* (févr. 2004).

§ 1. — *Nature juridique des principes généraux de droit*

223. Une source directe et autonome. — Reprenant les termes de l'article 38-III du Statut de la CPJI, l'article 38, § 1.-c) du Statut de la CIJ dispose que la Cour applique « les principes généraux de droit reconnus par les nations civilisées », notion discutée dont on a nié à tort le caractère de véritable source du droit international.

1° La réduction des principes généraux de droit à d'autres sources du droit international.

a) Leur caractère directement applicable a été mis en question par les auteurs volontaristes. Sans nier la valeur juridique de ces principes, ils prétendent qu'ils ne peuvent s'appliquer dans les rapports internationaux qu'à la suite d'une autorisation conventionnelle expresse, qui doit intervenir dans chaque cas. Ainsi, quand l'article 38, § 1.-c), du Statut de la CIJ prescrit à la Cour de recourir aux principes généraux de droit, cette prescription ne s'adresse qu'à elle et à elle seule. D'autres juridictions ou tribunaux arbitraux peuvent aussi et individuellement recevoir une telle autorisation (voir l'article 288 du TCE ; art. 340 du TFUE). Mais, tant qu'aucun accord n'est conclu à ce sujet, les principes généraux de droit ne s'imposent ni aux États, ni aux juges, ni aux arbitres, car ils ne constituent pas une source primaire du droit international de laquelle peuvent naître directement des règles positives. Ils obligent, dans chaque cas, non pas par leur force propre, mais par l'intermédiaire de la convention d'autorisation.

C'est la notion même de principes généraux de droit qui a motivé cette prise de position. Ceux-ci sont, en effet, des « propositions premières » dégagées par un lent travail d'induction des règles particulières de l'ordre juridique. Par la voie déductive, ils peuvent ensuite être appliqués à des situations concrètes qui ne sont pas réglées expressément par le droit positif. Il y aurait donc une entière incompatibilité entre le caractère directement obligatoire de ces principes et la conception d'un droit consensuel.

b) Certains auteurs refusent de voir dans les principes généraux de droit une « troisième » source, distincte de la coutume ou de la convention.

Telle était l'opinion de Georges Scelle, qui les confondait complètement avec les coutumes générales et les intégrait au droit coutumier (*Manuel élémentaire*, p. 400). Telle a été aussi l'opinion soviétique dominante, telle que formulée par G. Tunkin (*Droit international public*, 1965, p. 127).

Ces positions s'expliquent, mais reposent sur une confusion : ce que visent en réalité ces auteurs, ce sont les principes généraux *du* droit international, c'est-à-dire les règles générales déduites de l'esprit des coutumes et des conventions en vigueur ; à ce titre, ces règles relèvent bien du droit coutumier. Mais elles doivent être nettement distinguées des principes généraux *de* droit.

2° *Les principes généraux de droit, source autonome du droit international*

a) Leur utilisation comme source directe du droit international résulte d'une pratique ancienne et constante. Dès 1794, les commissions mixtes anglo-américaines constituées par les traités Jay ont directement fondé leurs décisions sur les principes généraux de droit. Depuis, les tribunaux arbitraux, statuant *en droit,* n'ont cessé de suivre le même exemple sans que la validité de leurs sentences ait jamais été contestée pour ce motif par les États parties aux différends qui leur étaient soumis. On peut mentionner aussi l'article 3 de la Convention de La Haye de 1907 sur le règlement pacifique des différends qui dispose que, dans l'interprétation du compromis par lequel les parties le saisissent, le tribunal arbitral peut appliquer les mêmes principes.

Il ressort de ces précédents qu'avant la création de la CPJI, une norme coutumière fondamentale s'était déjà formée en vertu de laquelle les principes généraux de droit étaient dotés de force obligatoire dans l'ordre juridique international. En 1920, l'article 38 n'a donc rien créé. Il n'a fait que constater sinon codifier une coutume préexistante. La version de 1945 de cet article est encore plus claire à ce sujet. Au lieu de débuter, comme en 1920, par les simples mots : « La Cour applique... », il commence par toute une phrase significative : « La Cour dont la mission est de régler conformément au droit international les différends qui lui sont soumis, applique (...) les conventions (...), la coutume (...), les principes généraux de droit reconnus par les nations civilisées ».

Ces principes ont été ainsi reconnus *explicitement* comme une source directe du droit international, indépendamment de toute autorisation conventionnelle.

La négation d'une existence indépendante des principes généraux de droit se heurte à la lettre de l'article 38 du Statut de la CIJ qui, en visant expressément ces principes *à côté et en plus* des autres sources — les conventions et les coutumes — consacre sans ambiguïté leur autonomie respective.

b) Pour déterminer leur provenance, il faut se tourner vers les travaux préparatoires de l'article 38 du Statut de la CPJI. En 1920, les rédacteurs de cette disposition se sont inspirés, en s'en démarquant de l'article 7, al. 2, de la Convention XII de La Haye — 1907, sur la Cour internationale des prises — qui donnait pouvoir à cette Cour de statuer, le cas échéant, « d'après les principes généraux de la justice et de l'équité ». Formule *inconditionnelle* qui aboutissait à habiliter les juges à « faire le droit », selon l'expression même de son rapporteur. C'est pour éviter de consacrer tout pouvoir « créateur » ou « normatif » de cette nature que l'article 38 exige qu'il s'agisse de principes généraux *déjà* « reconnus par les nations civilisées ».

Selon les explications fournies par les membres du Comité des Juristes, il s'agit là des principes de droit interne, en vigueur *in foro domestico.* Le pouvoir concédé au juge n'est qu'un pouvoir de constatation de principes établis, qui existent déjà dans les ordres juridiques nationaux. Cette interprétation est maintenant admise par l'opinion dominante, qui retient donc l'interprétation restrictive de la notion de principes généraux de droit.

Il reste qu'une interprétation plus large de la notion a bénéficié et continue de bénéficier de l'appui d'une doctrine éminente. J. Basdevant jugeait légitime de considérer comme un principe au sens de l'article 38 du Statut tout principe généralement adopté par des systèmes de droit international particulier, ou par des règles ou pratiques nationales relatives aux rapports internationaux, alors même qu'il n'est pas encore incorporé dans le droit international général par un processus coutumier (« Règles générales du droit de la paix », *RCADI* 1936-IV, vol. 58, p. 503). Il serait concevable en effet d'emprunter ces principes à certains droits régionaux — le droit communautaire par exemple, sans s'enfermer dans le cadre des seuls « précédents » nationaux. D'autres auteurs vont plus loin et estiment que les principes de droit peuvent provenir aussi bien de l'ordre international que des ordres internes (Verdross, Hudson, Rousseau). Selon Ch. Rousseau, cette interprétation de l'article 38, § 1.-c), est grammaticalement correcte puisque cette disposition emploie le terme « droit » sans épithète. L'inconvénient de cette solution est qu'elle interdit de reconnaître la spécificité des principes généraux de droit en tant que source, dans la mesure où les règles d'origine internationale se confondront avec la coutume ou la convention.

224. Une source primaire et supplétive. — Pour beaucoup d'auteurs, l'utilité de l'article 38, § 1.-c), et du recours aux principes généraux de droit se réduit à combler certaines lacunes du droit coutumier et conventionnel, ou à éviter les impasses d'une apparence de lacune juridique. Ces principes ne constitueraient donc qu'une source non seulement supplétive mais subsidiaire du droit international.

Selon l'opinion dominante, l'article 38, § 1.-c), est une conséquence nécessaire des limitations de la fonction juridictionnelle internationale. À la différence du juge interne qui peut et doit statuer même en cas de silence de la « loi », le juge international ne le pourrait pas sans habilitation expresse des sujets du droit international. En l'absence d'une réponse conventionnelle ou coutumière au différend qui lui est soumis, le juge ou l'arbitre devrait prononcer le *non liquet,* reconnaître qu'il est dans l'impossibilité de remplir sa mission. Le recours aux principes généraux de droit l'autoriserait à statuer, sans sortir du droit positif. Pour d'autres auteurs, qui récusent l'idée de lacunes du droit — parce qu'elles se résoudraient en une compétence *discrétionnaire* des États (principe d'indépendance) — l'article 38, § 1.-c), aurait pour fonction de réduire le champ de cette compétence discrétionnaire, au-delà de ce qui est opposable aux États en cause sur la base des règles conventionnelles ou coutumières.

Il ne faudrait d'ailleurs pas déduire de la thèse précédente que les principes généraux de droit sont susceptibles de résoudre tous les problèmes posés par l'absence de règles coutumières et conventionnelles. Rien dans la nature de ces principes n'autorise une telle conclusion.

Qu'il s'agisse d'une source supplétive est indiscutable. Le juge international comme les agents étatiques invoquent d'abord, s'ils le peuvent, des règles coutumières et conventionnelles à l'appui de leurs démonstrations (v. *supra,* n° 220). Telle était aussi la pensée du Comité de juristes chargé d'élaborer le projet de Statut de la CPJI. Solution raisonnable car les règles coutumières et conventionnelles ont une existence plus facile à établir et un contenu moins aléatoire. L'ordre établi par l'énumération de l'article 38 du Statut est donc un ordre successif « de prise en considération ».

S'agit-il pour autant d'une source subsidiaire ou « secondaire » ? Faut-il reconnaître une hiérarchie entre les sources visées à l'article 38 ? Si nombre d'auteurs ont soutenu cette thèse, c'est qu'ils avaient à l'esprit la mise en œuvre des principes généraux de droit par le juge ou l'arbitre international sur la base d'une autorisation conventionnelle. Mais on a vu plus haut (n° 223) que cette vision étroite des choses ne correspond pas à la réalité : les juridictions internationales appliquent sans hésiter les principes généraux en l'absence même d'une habilitation — le phénomène est frappant de la part de la CJCE, qui ne s'en tient pas aux hypothèses de responsabilité contractuelle évoquées par l'article 288 du TCE (art. 340 du TFUE) dans sa recherche des principes généraux communs aux droits des États membres : 15 juin 1975, aff. 110/75, *Mills c. BEI, Rec.* 1975, p. 955 et s., not. concl. Warner ; 5 mars 1980, aff. 265/78, *Ferwerda, Rec.* 1980, p. 617 et s. — et les sujets du droit international les invoquent en dehors de tout contentieux.

§ 2. — *Mise en œuvre des principes généraux de droit*

225. Des principes communs aux ordres juridiques nationaux. — 1° Ne peuvent être transposés dans l'ordre juridique international que des principes *communs* aux différents systèmes juridiques nationaux, étant entendu qu'il ne faut pas s'arrêter à la lettre de la formule désuète : « nations civilisées » — à tort ou à raison, tous les États sont considérés aujourd'hui comme répondant à cette appellation.

Il faut et il suffit qu'un principe interne soit vérifié dans la plupart des systèmes juridiques, non pas dans tous. Seront donc écartés les principes propres à tel ou tel pays ainsi que ceux qui ne sont appliqués que par « certains systèmes de droit interne » (CIJ, *Sud-Ouest africain, Rec.* 1966, p. 47).

Concrètement, la composition de la CIJ, fondée sur « la représentation des grandes formes de civilisation et des principaux systèmes juridiques du monde », est en soi une garantie : on peut admettre que la généralité d'un principe de droit interne est suffisamment établie si elle est considérée comme telle par l'ensemble des juges la composant.

2° Si l'on peut admettre que, dans le cadre universel, la « généralité » suffit, on serait tenté de penser que, s'agissant des rapports dans un cercle restreint d'États, l'unanimité tend à s'imposer. Ce raisonnement, appuyé sur l'analogie avec la jurisprudence sur les coutumes régionales, n'est pas toujours vérifié.

La jurisprudence de la CJCE montre que la situation est plus complexe, en raison même du degré élevé de solidarité et d'intégration géographiques et idéologiques au niveau régional. La CJCE applique à la fois des principes généraux de droit en vigueur dans tout système juridique — éventuellement extérieur à l'Europe — et des principes dégagés plus spécifiquement des droits des États membres. Dans le premier cas, la Cour se borne à affirmer l'existence du principe ; dans le second, elle s'assure que le principe dont elle fait application est effectivement reçu dans le droit positif de chacun des États membres (aff. 7/56 et 3 à 7/57, *Algera,* 12 juillet 1957, *Rec.* 1957, p. 115, à propos des principes relatifs au retrait des actes générateurs de droits subjectifs). Toutefois il arrive fréquemment que la Cour de Luxembourg, plutôt que de chercher à dégager un principe commun, applique celui qui lui paraît le mieux adapté : « la jurisprudence de la Cour (...) ne se contente pas de puiser ses sources dans une sorte de « moyenne » plus ou moins arithmétique entre les diverses solutions nationales, mais [choisit] dans chacun des États membres celles qui, compte tenu des objectifs du traité, paraissent les meilleures, ou, si l'on veut employer ce mot, les plus progressistes » (Concl. Lagrange sur CJCE, 12 juillet 1962, aff. 14/61, *Rec.* 1962, p. 539).

226. Des principes transposables dans l'ordre juridique international. — Tous les principes communs aux systèmes juridiques nationaux ne sont pas applicables dans l'ordre international. Encore faut-il qu'ils soient « transportables » (J. Basdevant). Seuls le sont ceux qui sont compatibles avec les caractères fondamentaux de l'ordre international ; ce qui oblige le juge ou l'arbitre international à un examen cas par cas. Pour Anzilotti, la méthode de base du raisonnement est *l'analogie.*

Mais il ne s'agit pas d'une analogie aveugle, il faut constamment tenir compte des différences de structures entre le droit interne et le droit international.

Par exemple, le principe général de droit interne selon lequel l'individu peut ester en justice n'est pas applicable dans un ordre international fondé sur la juxtaposition de sujets souverains, exclusivement compétents pour saisir une instance internationale sur une base consensuelle. De même, dans l'affaire des « *subpoenas* » la Chambre d'appel du TPI pour l'ex-Yougoslavie s'est déclarée « d'avis que les points de vue ou les approches judiciaires internes doivent être maniés avec la plus extrême prudence au plan international, de crainte de ne pouvoir tenir compte des caractéristiques uniques de la procédure pénale internationale » (IT-95-14-AR 108 *bis*, 29 octobre 1997, *Blaskic*, § 23 ; v. aussi § 40).

L'idée de transposabilité peut avoir une autre incidence : lorsque plusieurs principes généraux de droit sont en concurrence pour le règlement d'un problème, il paraît logique de donner la préférence à celui qui est le plus adapté à l'ordre juridique international plutôt qu'à celui qui bénéficie de la plus grande généralité dans les ordres juridiques internes : ainsi la CJCE refusera-t-elle de consacrer directement des principes généraux de droit qui porteraient atteinte à « l'équilibre institutionnel » des Communautés européennes (voir sa jurisprudence célèbre sur les droits fondamentaux de la personne à partir de 1970 : 17 déc. 1970, aff. 11/70, Rec. 1970, p. 1125 ; pour un exemple de conflit entre le principe d'égalité — déduit de la « nature » de la Communauté — et celui de sécurité juridique — tiré des droits nationaux — v. CJCE, 5 mars 1980, aff. 265/78, *Ferwerda, Rec.* 1980, p. 617).

227. Les principes généraux de droit consacrés par la jurisprudence internationale. — Il est difficile d'en dresser une liste exhaustive, car les juridictions internationales ont pris l'habitude, quand elles appliquent un principe général de droit, de ne pas préciser qu'il est de ceux qui sont prévus par l'article 38, § 1.-c), du Statut. De même, si la jurisprudence de la CJCE est souvent explicitée par les conclusions de l'avocat général, elle fait apparaître de fréquentes hésitations entre la nature coutumière et la qualification de principe général de droit d'une règle donnée.

On peut, de façon pragmatique, distinguer quelques grandes catégories :

a) Principes rattachés à la conception générale du droit :

— Abus de droit et principe de la bonne foi : CPJI, *Usine de Chorzow,* 1928, série A n° 17, p. 30 ; *Zones franches,* série A n° 24, p. 12 et A/B n° 46, p. 167 ; CIJ. *Pêcheries norvégiennes, Rec.* 1951, p. 142 ; *Essais nucléaires, Rec.* 1974, p. 268 et 473 ; *Actions armées, Rec.* 1988, p. 105 ; ORD, *Crevettes,* Rapport de l'Organe d'appel (WT/DS58/AB/R), 12 oct. 1998, § 158 ; *FSC,* Rapport de l'Organe d'appel (WT/DS108/AB/R), 24 févr. 2000, § 166 ; *Acier laminé à chaud,* Rapport de l'Organe d'appel (WT/DS184/AB/R), 24 juill. 2001, § 101.

— Nul ne peut se prévaloir de sa propre faute : CPJI, *Usine de Chorzow,* 1927, série A n° 9, p. 31.

— Toute violation d'un engagement comporte obligation de réparer le préjudice subi : CPJI, *Usine de Chorzow,* 1927, série A n° 9, p. 21, et 1928, série A n° 17, p. 29.

— Principes de sécurité juridique et du respect de la « confiance légitime » : CJCE, 9 juill. 1969, aff. 10/69, *Portelange c. Smith Corona, Rec.* p. 309 ; 12 nov. 1981, aff. jointes 212 à 217/80, *Rec.* 1981, p. 2735.

b) Principes de caractère contractuel transposés à la matière des traités :

— Principe de l'effet utile : CJCE, 29 nov. 1956, aff. 8/55, *Rec.* 1955-1956, p. 291.

— Principes relatifs aux vices du consentement et à l'interprétation (v. *supra,* Titre I, Chapitres II et III).

— Force majeure : CPJI, *Emprunts serbes,* série A n° 20, p. 39-40 ; CPA, sentence de 1912 dans l'affaire de *l'Indemnité de guerre turque, RSA* vol. XI, p. 443.

— Prescription libératoire, selon la doctrine dominante : v. la résolution de l'IDI in *Annuaire IDI* 1925, p. 558 ; la jurisprudence est plus réservée : CPA, sentence de 1902 dans l'affaire des *Fonds pieux de Californie, RSA* I, p. 100.

c) Principes relatifs au contentieux de la responsabilité :

— Principe de la réparation intégrale de préjudice : CPJI, *Wimbledon,* 1923, série A n° 1, p. 47.

— Intérêts moratoires : CPJI, *Wimbledon, ibid.*

— Exigence d'un lien de cause à effet entre le fait générateur de la responsabilité et le préjudice subi : CPJI, *Wimbledon, ibid. ; Usine de Chorzow,* 1928, série A n° 17, p. 56-57.

d) Principes de procédure contentieuse : leur transposition dans l'ordre international est pleinement justifiée par le degré de perfectionnement atteint par l'organisation juridictionnelle interne, sous réserve de la place réduite laissée aux individus.

— Autorité de la chose jugée : CIJ, *Effets des jugements du TANU, Rec.* 1954, p. 61 ; CIRDI, décision sur la compétence du 13 mai 1988, *Amco Asia et al. c. Indonésie* (ARB/81/1), § 26 ; décision sur la compétence du 26 juin 2002, *Waste Management, Inc. c. Mexique* (ARB(AF)/00/3), § 39.

— Nul ne peut être juge et partie : CPJI, *Frontières entre la Turquie et l'Irak,* série B n° 12, p. 32.

— Égalité des parties : CIJ, *Jugements du TAOIT, Rec.* 1956, p. 85.

— Respect des droits de la défense, dans la jurisprudence de la CJCE.

e) Principes du respect des droits de l'individu :

— Protection des droits fondamentaux : CJCE, aff. 11/70, *Internationale Handelsgesellschaft,* où la Cour déclare s'inspirer des « traditions constitutionnelles communes aux États membres » (*Rec.* p. 1125).

— Principe de dignité humaine : CJCE, aff. C-36/02, *Omega,* 14 octobre 2004.

— Protection spécifique des droits des agents publics : Concl. Warner sur CJCE, 15 juin 1976, aff. 110/75, *Mills c. BEI, Rec.* 1976, p. 955.

— Principe général selon lequel les tribunaux doivent être établis par la loi : TPI pour l'ex-Yougoslavie, arrêt du 2 oct. 1995, IT-94-1-AR72, *Tadic*, § 41-47.

f) Principes portant sur le régime des actes juridiques : outre les implications du principe de sécurité juridique évoqué plus haut, on peut relever dans la jurisprudence de la CJCE le recours à des principes relatifs à l'effet intertemporel des actes juridiques, au retrait des actes administratifs créateurs de droits, à la « balance des intérêts en présence ».

g) Si le principe de précaution n'a pas été consacré expressément comme un principe général de droit (v. pour le dernier état de la jurisprudence internationale ORD, Groupe spécial, 29 septembre 2006, *CE – Produits biotechnologiques*, § 7.76-7.89), le principe du développement durable (v. *infra*, n° 748) l'a été, lui, récemment (CPA, SA du 24 mai 2005, *Rhin de fer*, § 59).

228. Un renouveau des principes généraux de droit ? — 1° Dans les *matières classiques* du droit international général, intéressant surtout les relations interétatiques, la place des principes généraux est faible et ne peut que se réduire encore : ces principes constituent une source « transitoire » et « récessive » du droit international, leur mise en œuvre répétée les transforme en normes coutumières. Ils ne disparaissent pas, ils sont masqués par des normes coutumières ayant le même contenu.

2° En revanche, de nouveaux appels aux principes généraux de droit sont constatés dans des *domaines nouveaux* des relations internationales, dans lesquels les problèmes doivent être résolus sans que l'on puisse invoquer de précédents internationaux.

Le recours à des principes issus des droits internes est d'autant plus naturel que, dans ces domaines, les situations internationales sont souvent plus proches de celles prévalant au sein des États. Il en va ainsi en particulier dans le cadre des organisations internationales. Les facteurs d'analogie se multiplient parce que celles-ci s'inspirent en partie des modèles étatiques en ce qui concerne les modalités d'exercice de leurs compétences, leurs moyens d'action et leurs règles de fonctionnement (règlements des assemblées parlementaires, droit de la fonction publique, droit des contrats).

Ces rapprochements peuvent aussi être observés dans les rapports entre personnes privées et sujets du droit international : qu'il s'agisse des droits des individus en matière contentieuse ou du régime des contrats transnationaux (sur une application remarquable du principe de l'autonomie de la volonté dans les contrats transnationaux, v. la sentence arbitrale du 19 janvier 1977, *Texaco-Calasiatic, JDI* 1977, p. 350). De même en matière de droit international pénal, branche naissante qui s'inspire nécessairement des règles nationales existantes, même si leur transposition pure et simple est exclue (v. *supra*, n° 226) : cf. les articles 22 à 33 du Statut de la CPI qui définissent les « principes généraux du droit pénal » (*nullum crimen, nulla poena sine lege,* responsabilité individuelle, imprescriptibilité, etc.) et les adaptent au contexte international.

Section 3
L'équité

BIBLIOGRAPHIE. — K. STRUPP, « Le droit du juge international de statuer selon l'équité », *RCADI* 1930-III, vol. 33, p. 357-481. — M. HABICHT, « Le pouvoir du juge international de statuer *ex aequo et bono* », *RCADI* 1934-III, vol. 49, p. 281-369. —

G. BERLIA, *Essai sur la portée de la clause de jugement en équité en droit des gens,* Sirey, 1937, 214 p. — B. CHENG, « Justice and Equity in International Law », *Current Legal Problems,* 1955, p. 185-211. — V.-D. DEGAN, *L'équité et le droit international,* Nijhoff, La Haye, 1970, 261 p. — Ch. DE VISSCHER, *De l'équité dans le règlement arbitral ou judiciaire des litiges de droit international public,* Pedone, 1972, 178 p. — O. PIROTTE, « La notion d'équité dans la jurisprudence récente de la CIJ », *RGDIP* 1973, p. 92-135. — M. AKEHURST, « Equity and the General Principles of Law », *ICLQ* 1976, p. 801-825. — G. SCHWARZENBERGER, *The Dynamics of International Law,* Londres 1976, p. 56-76. — M. CHEMILLIER-GENDREAU, « La signification des principes équitables dans le droit international contemporain », *RBDI,* 1981-1982, p. 509-535. — V. MAROTTA-RANGEL, « L'équité en droit international : des développements récents », *Mél. Constantopoulos,* 1990, vol. B, p. 935-950. — V. LOWE, « The Role of Equity in International Law », *Austr. YBIL,* vol. 12, p. 54-81. — G. ABI-SAAB, « L'orientation de la CIJ. Réflexions sur quelques tendances récentes », *RGDIP* 1992, p. 273-298. — M. MIYOSHI, *Considerations of Equity in the Settlement of Territorial and Boundary Disputes,* Nijhoff, Dordrecht, 1993, 296 p. — Ch. R. ROSSI, *Equity in International Law — A Legal Realist Approach to International Decisionmaking*, Transnational Publishers, New York, 1993, XIX-290 p. — P. WEIL, « L'équité dans la jurisprudence de la CIJ », *Mél. Jennings*, p. 121-144. Se reporter également aux opinions individuelles des juges Shahabuddeen et Weeramantry sous l'arrêt du 14 juin 1993 de la CIJ, affaire *Jan Mayen, Rec.* 1993, p. 191 et s. et p. 216 et s.

229. Équité et ordre juridique international. — En reconnaissant la « faculté » pour la CIJ de statuer *ex aequo et bono,* le paragraphe 2 de l'article 38 de son Statut introduit la question de l'équité. Apparemment il existe une contradiction fondamentale entre les structures de la société internationale, appuyées sur la souveraineté de l'État, et un pouvoir aussi exorbitant accordé au juge. Pourtant les États n'hésitent pas à y faire référence dans les instruments les plus solennels, en vue du règlement pacifique de leurs différends. Est-ce parce que l'équité n'aurait pas en droit international la même portée qu'en droit interne, ou parce qu'elle ne peut être mise en œuvre qu'avec l'accord des souverainetés en présence ?

Il est nécessaire, pour préciser la réponse à cette question, de dissocier les hypothèses où l'équité est mise en œuvre de par la volonté expresse des parties et celles où le recours à l'équité est justifié par des considérations de bonne foi dans les rapports entre les sujets du droit ou de bonne administration de la justice, sans qu'il soit exigé un consentement exprès.

§ 1. — *Recours à l'équité avec l'accord des parties*

230. Clauses de jugement en équité. — Des clauses spéciales dites clauses de jugement en équité peuvent figurer dans les compromis par lesquels les parties qui saisissent le juge ou l'arbitre l'autorisent à juger en équité, surtout s'agissant de litiges d'ordre territorial ou portant sur la responsabilité.

Plus fréquentes dans le passé qu'à l'époque contemporaine, dans les rapports interétatiques, ces clauses sont libellées de façon diverse. Elles demandent aux juges de statuer soit « d'après les principes du droit et de l'équité », soit *« ex aequo et bono »*. Cette dernière formule est celle de l'article 38, § 2, du Statut de la CIJ. Bien que certains auteurs considèrent que ces diverses clauses n'ont pas la même portée, il ne semble pas qu'il y ait lieu de faire une distinction entre elles. L'article V de l'Annexe 2 des accords de Dayton/Paris autorise le Tribunal arbitral chargé de statuer sur la zone de Brcko à se fonder sur « les principes juridiques et équitables pertinents », formule ambiguë qui a conduit le Tribunal à faire largement appel « aux exigences de l'impartialité, de la justice et de la raison » (§ 88 de la sentence du 14 février 1997 — v. J. M. Sorel, *AFDI* 1997, p. 253-270).

L'invitation à régler les différends en usant, si nécessaire, de l'équité reste par contre une pratique courante dans les contrats « internationalisés », conclus par des États avec des sociétés étrangères.

De toute évidence, lorsqu'il est autorisé à statuer en équité, le juge pourra au moins recourir à l'équité pour combler les lacunes du droit, celles qui résultent d'une absence totale de règles applicables.

Allant plus loin, le juge ou l'arbitre peut-il, sur la base de l'équité, écarter l'application du droit positif et, statuant *contra legem,* élaborer la solution du litige en toute indépendance des règles en vigueur ? De nombreux auteurs refusent de se rallier à cette thèse et estiment qu'aucune clause ne peut attribuer au juge des pouvoirs aussi étendus, qui dénaturent complètement la fonction juridictionnelle.

La position qu'adopterait la CIJ — il faut parler au conditionnel car elle n'a jamais encore été saisie dans ces conditions — est difficile à prévoir.

Il est certain que la Cour exigerait une habilitation très claire, de la part des parties, sinon même la référence expresse à l'article 38, § 2 de son Statut. Selon la CPJI, le pouvoir « de nature absolument exceptionnelle » que les parties lui accorderaient « d'établir un règlement qui ferait abstraction des droits reconnus par elle et n'envisagerait que des considérations de pure opportunité devrait résulter d'un texte positif et clair qui ne se trouve pas dans le compromis » (Ordonnance du 6 décembre 1930, *Zones franches,* série A n° 24, p. 10). Mais, cette base acquise, la Cour semblait admettre une liberté totale de jugement, sans référence au droit positif — et même, en l'espèce, contre l'autorité de chose jugée. De la même façon, la CIJ a admis le principe d'une solution *ex aequo et bono* dans son arrêt de 1966, *Sud-Ouest africain* (*Rec.* 1966, p. 48). La jurisprudence récente de la Cour semble confirmer les indications antérieures : dès lors que l'habilitation à statuer en équité n'est pas d'une évidence aveuglante, la Cour s'abstiendra d'aller *contra legem* et même de statuer *praeter legem* (cf. CIJ, arrêt du 22 déc. 1986, *Différend frontalier, Rec.* 1986, p. 567) ; si l'habilitation est indiscutable, la Cour n'aurait « plus à appliquer strictement des règles juridiques, le but étant de parvenir à un règlement approprié » (CIJ, 1982, *Plateau continental Tunisie-Libye, Rec.* 1982, p. 60). Ce qui peut signifier l'exercice d'un certain pouvoir discrétionnaire et le recours à la « justice distributive » *(ibid.).*

La formule retenue par la Cour en 1982 montre bien qu'ici l'équité n'est pas une source du droit, mais un système de référence d'un règlement juridictionnel des différends internationaux. Lorsque l'équité se substitue au droit, il ne paraît guère logique de la considérer comme une source du droit international.

231. Renvoi du droit conventionnel à l'équité. — À défaut de faire de l'équité la base même du règlement des différends, les États acceptent plus volontiers d'en faire un guide de l'application du droit. Il leur suffit pour cela de renvoyer à l'équité ou à des « principes équitables » dans la définition conventionnelle des normes ou institutions juridiques. De simple « faculté », le recours à l'équité devient une obligation juridique et l'équité s'identifie à la règle de droit dont elle constitue la substance.

Ce type de renvois conventionnels est de plus en plus fréquent. Selon l'article XII de la Convention de 1972 sur la responsabilité pour les dommage causés par les objets spatiaux, le montant de la réparation « sera déterminé conformément au droit international et aux principes de justice et d'équité ». Ou encore, la divisibilité des clauses d'un accord est acceptable, lorsque certaines d'entre elles sont entachées de nullité, à condition qu'il ne soit pas « injuste de continuer à exécuter ce qui subsiste du traité » (article 44, § 3 c, de la Convention de Vienne sur le droit des traités). La Convention de Montego Bay de 1982 sur le droit de la mer contient plusieurs dispositions, issues d'un processus à la fois diplomatique et coutumier, invitant à l'utilisation de principes équitables (article 59 sur l'attribution de droits et de juridiction à l'intérieur de la zone économique exclusive : le conflit *« devrait être résolu sur la base de l'équité » ;* article 69 sur le droit des États sans littoral de participer à l'exploitation des ressources halieutiques « selon une formule équitable » ; article 83 sur la délimitation du plateau continental, selon lequel l'accord entre les États limitrophes doit être conforme au droit international « afin d'aboutir à une solution équitable »). Le droit international économique en fournit, lui aussi, de multiples illustrations.

§ 2. — *Recours à l'équité sans l'accord exprès des parties*

232. Une présomption d'équité ? — D'une manière générale, l'équité est une « qualité du droit » qui imprègne toutes les règles du droit international. À ce titre, elle commande dans une grande mesure toute interprétation des normes internationales. Dès lors, et par définition même, elle n'autorise pas à écarter l'application de règles de droit.

La CIJ a confirmé ce point de vue de manière très nette dans l'affaire du *Plateau continental de la mer du Nord :* « Quel que soit le raisonnement juridique du juge, ses décisions doivent par définition être justes, donc, en ce sens, équitables » (CIJ, *Rec.* 1969, p. 48). De même, dans l'affaire du *Différend frontalier,* la Chambre de la Cour a pris « en considération l'équité telle qu'elle s'exprime dans son aspect *infra legem*, c'est-à-dire cette forme d'équité qui constitue une méthode d'interprétation du droit et en est l'une des qualités » (*Rec.* 1986, p. 567-568 ; v. aussi l'arrêt du 11 sept. 1992, *Différend frontalier terrestre, insulaire et maritime,* § 262, *Rec.* p. 514).

On en trouve une autre illustration dans le commentaire d'un projet d'articles de la CDI : « En fait, le principe d'équité est davantage un facteur d'équilibre, un élément correctif destiné à préserver le caractère raisonnable du lien de rattachement entre les biens d'État meubles et le territoire. L'équité permet d'interpréter de la façon la plus judicieuse la notion de « biens liés à l'activité de l'État prédécesseur en relation avec le territoire... » et de lui donner un sens acceptable (« Projet relatif à la succession d'États dans les matières autres que les traités », article 11, *Annuaire CDI,* 1976-II, 2e partie, p. 122).

Doit-on aller jusqu'à corriger les règles de droit lorsque leur application conduit à un résultat contraire au sentiment de justice ?

Dans l'affaire *G. Pinson,* la Commission de réclamations franco-mexicaine l'avait admis (sentence de 1928, *RSA* V, p. 355). Plus récemment, le gouvernement belge soutenait, dans l'affaire de la *Barcelona Traction,* que s'il est exact que le droit de protection diplomatique d'une société appartient à l'État dont elle a la nationalité, il serait souhaitable, pour des raisons d'équité, que la protection des actionnaires de cette société soit assurée plutôt par leur propre État national ; la CIJ a rejeté cette argumentation, non en refusant de faire appel à l'équité, mais parce qu'en l'espèce la prétention du gouvernement belge dépassait les exigences raisonnables de l'équité (*Rec.* 1970, p. 48).

Malgré ces quelques précédents, admettre que des considérations d'équité peuvent conduire à écarter les règles de droit serait contraire au principe élémentaire de la sécurité juridique. De telles considérations peuvent bien inspirer des revendications politiques, qui à leur tour seront peut-être à l'origine de nouvelles normes juridiques, mais l'équité ne peut se substituer au droit positif que si les parties en litige y consentent.

Dans son rapport précité de 1976, la CDI s'exprime très clairement et montre les limites à respecter, y compris dans la perspective du développement du droit : « Le principe de l'équité, malgré son importance, n'a pas la prééminence, puisque l'ensemble de la règle se ramènerait alors à une règle d'équité. À la limite, cette règle rendrait inutile toute tentative de codification... En fait, le principe de l'équité est davantage un facteur d'équilibre, un élément correctif destiné à préserver le caractère « raisonnable » du lien de rattachement... » *(ibid.).*

233. Renvoi du droit coutumier ou de principes généraux de droit à l'équité. — 1° *Illustrations de cette hypothèse.* Dans l'affaire du *Plateau continental de la mer du Nord,* la CIJ a jugé que selon une règle coutumière dont elle a constaté l'existence, la délimitation du plateau continental entre États doit s'effectuer par accord selon des principes équitables (*Rec.* 1969, p. 47-48). Peu après, et toujours sur une base coutumière, elle estimait que les parties ont l'obligation mutuelle d'engager des négociations de bonne foi pour aboutir à la solution équitable de leurs divergences concernant leurs droits de pêche respectifs (CIJ, *Compétence en matière de pêcheries, Rec.* 1974, p. 39).

Il est constant en particulier que, si le droit international comporte des règles assez précises sur les conditions de mise en jeu de la responsabilité internationale, il demeure assez obscur sur la fixation du montant de l'indemnité. Dans ces conditions, les juges et les arbitres sont fréquemment conduits à procéder à une évaluation équitable du montant des indemnités dues.

La CIJ a approuvé une telle attitude adoptée par le TAOIT et a considéré qu'en agissant ainsi, celui-ci n'avait pas « entendu se départir des principes du droit » (CIJ, *Jugements du TAOIT sur requêtes contre l'Unesco, Rec.* 1956, p. 100 ; dans le même sens, Sénat de Hambourg, affaire *Yuille-Shortridge,* sentence arbitrale de 1861, *RAI,* vol. II, p. 108). De même, le principe fondamental applicable à la succession aux biens, dettes et archives d'État est que les États concernés doivent conclure des accords en vue d'atteindre un résultat équitable (avis de la Commission d'arbitrage pour l'ex-Yousgoslavie n° 9 du 4 juillet 1992 — *RGDIP* 1993, p. 591 — complété et précisé par les avis n° 12 et 13 du 16 juillet 1993, *ibid.,* p. 1106 et 1109).

Comme dans l'hypothèse du renvoi à l'équité par le droit conventionnel (*supra*, n° 231), il y a ici obligation juridique de recourir à l'équité ; qui *s'identifie à la règle de droit.*

2° *Nature juridique de cette équité « complémentaire ».* Les avis sont partagés. Pour certains, elle représente des principes de justice à ne pas confondre avec le droit. Pour d'autres, en de telles circonstances, les principes d'équité applicables sont de véritables *principes de droit.*

La seconde position est confortée par la jurisprudence de la CIJ dans l'affaire du *Plateau continental Tunisie-Libye :* « [L]a notion juridique d'équité est un principe général directement applicable en tant que droit. [La Cour] doit appliquer les principes équitables comme partie intégrante du droit international et peser soigneusement les diverses considérations qu'elle juge pertinentes, de manière à aboutir à un résultat équitable. » (*Rec.* 1982, p. 60, § 71).

L'équité constitue donc parfois la substance même de règles juridiques internationales, en particulier à travers les « principes équitables » du droit de la mer et du droit des fleuves contemporains. Mais on ne peut pour autant voir dans l'équité une source autonome du droit.

Dans les autres cas, on peut considérer la règle d'équité, non comme une règle indépendante, constitutive d'une quatrième source du droit international, mais comme une règle accessoire, un moyen d'interprétation des autres règles de droit. Ce n'est qu'une source dérivée, indirecte, « seconde » du droit international. L'équité peut intervenir « comme principe supplémentaire de décision dans les cas où le droit positif est silencieux » (sentence de 1928, *G. Pinson, RSA,* vol. V, p. 355).

Cette solution a le mérite de limiter la subjectivité du juge et de l'arbitre qui ne peut rechercher l'équitable que dans les limites raisonnables de la règle générale et objective qu'il applique (voir op. ind. Hudson dans l'affaire des *Prises d'eau de la Meuse,* CPJI, série A/B n° 70, p. 76-77 ; op. diss. Fitzmaurice dans l'affaire de la *Barcelona Traction,* CIJ, *Rec.* 1970, p. 84-86 ; et CIJ, *Plateau continental Tunisie-Libye, Rec.* 1982, p. 60).

CHAPITRE II

Les modes de formation volontaires

BIBLIOGRAPHIE. — J.-P. JACQUÉ, *Éléments pour une théorie de l'acte juridique en droit international public*, LGDJ, 1972, 512 p.

234. Observations générales. — À côté des actes concertés conventionnels, dont on a déjà souligné la place considérable dans le droit international contemporain (v. *supra,* n°s 36 et 218), la pratique et la jurisprudence internationales reconnaissent l'existence et la contribution à la formation du droit international d'autres catégories d'instruments juridiques qui se distinguent des traités soit par leur caractère unilatéral, soit par leur autonomie par rapport au droit des traités.

Malgré leur diversité formelle, les actes étudiés ici ont une caractéristique commune : il s'agit toujours d'une expression de volonté d'un sujet du droit international, tendant à créer des effets de droit.

Cependant, parce qu'ils sont difficiles à rattacher aux sources formelles traditionnelles du droit international, parce que leur « normativité » est souvent contestée, ces instruments sont au centre d'une controverse sur leur rôle véritable dans l'élaboration du droit.

Il faut reconnaître que les modes volontaires de formation du droit international sont très hétérogènes, souvent difficiles à dissocier des modes conventionnels et à qualifier. L'opposition même entre actes unilatéraux et actes concertés peut soulever des doutes dans certaines circonstances. Une résolution d'une organisation internationale est-elle, compte tenu de ses conditions d'adoption et de sa portée, un véritable acte unilatéral ? De même, faut-il établir une distinction rigide entre les actes des organisations — actes unilatéraux — et les prises de position d'une conférence diplomatique — actes concertés non conventionnels ? Quant à l'opposition entre traités et actes unilatéraux, la frontière entre eux est souvent incertaine. Les déclarations collectives des Puissances ou les traités créant des situations « objectives » (*supra,* n° 160 ; v. par exemple les proclamations des Alliés après la capitulation sans condition de l'Allemagne en 1945) se présentent comme des actes conventionnels vis-à-vis des États qui y sont parties, mais ils s'apparentent à des actes unilatéraux pour les autres États. D'ailleurs, n'a-t-on pas longtemps vu dans les traités eux-mêmes ces faisceaux d'engagements unilatéraux, et ce caractère ne reste-t-il pas très net lorsqu'il s'agit d'un échange de lettres ?

La Déclaration égyptienne du 24 avril 1957 relative au régime du canal de Suez est une illustration classique de telles incertitudes. Bien qu'elle émane du seul gouvernement égyptien, elle a été enregistrée et publiée comme un traité par le Secrétariat des Nations Unies.

On y voit en général une promesse, acte unilatéral (v. *infra,* n° 237). On peut y voir aussi une forme particulière de reconnaissance puisque le gouvernement égyptien s'y déclare « fermement résolu à respecter les termes et l'esprit de la Convention de Constantinople de 1888, ainsi que les droits et obligations qui en découlent ».

Plus récents, les « accords d'Alger » de janvier 1981, qui visent à régler le contentieux entre les États-Unis et l'Iran, sont présentés par le gouvernement algérien comme des « engagements interdépendants » des deux autres gouvernements mais ils ont l'apparence d'« actes unilatéraux croisés » : doit-on les analyser comme des instruments conventionnels ou comme des actes unilatéraux ?

Malgré toutes ces ambiguïtés, il convient de maintenir la distinction entre actes unilatéraux et actes concertés, car leur opposabilité aux sujets du droit se pose en termes différents, ce qui ne peut manquer d'influer sur leur rôle dans l'élaboration du droit international.

Section 1
Les actes unilatéraux

235. Définition de l'acte unilatéral. — Par acte unilatéral, on doit entendre l'acte imputable à un seul sujet du droit international.

La croissance spectaculaire de cette catégorie d'actes est évidemment liée à la multiplication de sujets du droit. Longtemps limitée aux actes unilatéraux des États, elle comprend désormais la masse imposante des actes émanant des organisations internationales. Ce phénomène n'a pu que compliquer l'étude des actes unilatéraux. Dans un monde de coexistence des souverainetés étatiques, les actes des organisations relancent la controverse sur la portée juridique et l'opposabilité des actes unilatéraux aux États. Les raisonnements conduits, à propos des actes étatiques, en s'appuyant sur le principe de souveraineté, ne peuvent être purement et simplement transposés aux actes des organisations internationales : il faut prendre en compte la compétence limitée des organisations et le fait que ces actes atteignent les États tantôt en tant que membres de l'organisation (« actes auto-normateurs »), tantôt en tant que sujets autonomes (« actes hétéro-normateurs ») ; l'opposabilité des actes unilatéraux des organisations dépend d'un jeu d'éléments plus complexes que celle des actes unilatéraux étatiques.

§ 1. — *Les actes unilatéraux des États*

BIBLIOGRAPHIE. — A. C. Kiss, « Les actes unilatéraux dans la pratique française du droit international », *RGDIP* 1961, p. 317-331. — E. Suy, *Les actes juridiques unilatéraux en droit international public,* LGDJ, 1962, 290 p. — G. Venturini, « La portée et les effets juridiques des attitudes et des actes unilatéraux des États », *RCADI* 1964-I, vol. 112, p. 363-467. — J. Dehaussy, « Les actes juridiques unilatéraux en droit international. À propos d'une théorie restrictive », *JDI* 1965, p. 41-66. — Ph. Cahier, « Le comportement des États comme source de droits et d'obligations », *Mél. Guggenheim,* 1968, p. 237-265. — A.-P. Rubin, « The International Legal Effects of Unilateral Declarations », *AJIL* 1977, p. 1-30. — S. Carbone, « Promise in International Law : A Confirmation of its Binding Force », *It. Yb. IL* 1975, p. 166-172. — J.-D. Sicault, « Du caractère obligatoire des engagements unilatéraux en droit international public », *RGDIP* 1979, p. 633-688. — J.-P. JACQUÉ, « À propos de la promesse unilatérale », *Mél. Reuter,* 1981, p. 327-345. — J. CHARPENTIER, « Engagements internationaux et engagements conventionnels : différences et convergences », *Mél. Skubiszewski,* p. 367-380 — W.M. REISMAN et M.H. ARSANJANI, « The Question of Unilateral Governments Statements as Applicable in Investments Disputes », *Mél. Tomuschat,* p. 409-422. — J. D'ASPREMONT LYNDEN, « Les travaux de la CDI relatifs aux actes unilatéraux des États », *RGDIP* 2005, p. 163-189 — O. BARSALOU, « Les actes unilatéraux étatiques en droit international public », *ACDI* 2006, p. 395-419. — V. aussi les rapports de V. RODRIGUEZ-CEDEÑO à la CDI sur « Les actes unilatéraux » (1998-2006).

Sur la reconnaissance : J.-F. WILLIAMS, « La doctrine de la reconnaissance en droit international », *RCADI*, 1933, II, vol. 44, p. 199-314. — H. KELSEN, « Recognition in International Law », *AJIL*, 1941, p. 605-617. — H. LAUTERPACHT, *Recognition in International Law,* Cambridge UP, 1947. — T. C. CHEN, *The International Law of Recognition,* Londres, Stevens, 1951, 461 p. — J. CHARPENTIER, *La reconnaissance internationale et l'évolution du droit des gens,* Pedone, 1956, 350 p. — R. BIERZANEK, « La non-reconnaissance et le droit international contemporain », *AFDI*, 1962, p. 117-138. — B. BOT, *Non Recognition and Treaty Relations,* Sijthoff, Leyde, 1968, 286 p. — H. M. BLIX, « Contemporary Aspects of Recognition », *RCADI,* 1970-II, vol. 130, p. 587-704. — F. MÜNCH, « Quelques problèmes de la reconnaissance en droit international », *Mél. Ganshof,* t. I, 1972, p. 157-172. — J. VERHOEVEN, *La reconnaissance internationale dans la pratique contemporaine,* Pedone, 1975, 861 p. ; « Relations internationales de droit privé en l'absence de reconnaissance d'un État, d'un gouvernement ou d'une situation », *RCADI*, 1985-III, vol. 192, p. 9-232 ; « La reconnaissance internationale : déclin ou renouveau ? », *AFDI* 1993, p. 7-40. — J. DUGARD, *Recognition and the United Nations,* Grotius Publ., Cambridge, 1987, 191 p.

Bibliographie sur la reconnaissance : S. TALMON, *Recognition in International Law. A Bibliography*, Nijhoff, La Haye, 2000, XXXVI-401 p.

V. également *infra* la bibliographie sur le n° 365.

A. — Notion

236. Consécration des actes unilatéraux étatiques par le droit international. — Bien que l'article 38 du Statut de la CIJ n'en fasse pas mention, l'existence d'actes par lesquels un État, agissant seul, exprime sa volonté, et qui produisent des effets en droit international, est indiscutable (CPJI, *Statut juridique du Groënland oriental,* arrêt de 1933, série A/B, n° 53, p. 69 ; CIJ, *Essais nucléaires,* arrêt de 1974, *Rec.* 1974, p. 268 s.). Pour qu'il en soit ainsi, il faut, comme pour tout autre acte juridique, que soient démontrées l'imputabilité de l'acte à un État, agissant dans les limites de sa capacité, et une publicité suffisante de la volonté de l'État. Il n'est pas nécessaire, en revanche, que soit établie une quelconque acceptation de l'engagement unilatéral par les autres sujets de droit. Les juridictions internationales ne se sont pas arrêtées à la diversité des manifestations de cette volonté, dès lors que l'intention étatique est — ou du moins paraît — manifeste.

Elles ont admis que les actes unilatéraux étatiques pouvaient émaner de l'autorité législative ou de l'exécutif, être adressés aux États mais aussi à l'opinion publique nationale, prendre une forme plus ou moins solennelle. La CPJI a jugé qu'une déclaration verbale, faite par le ministre des Affaires étrangères norvégien Ihlen à l'ambassadeur danois en 1919, avait pu lier la Norvège (*Groënland oriental,* précité). La CIJ a pris en considération des comportements aussi variés (mais en l'espèce concordants) qu'un communiqué du Président de la République française, une note de l'ambassade de France en Nouvelle-Zélande, une conférence de presse du chef de l'État et du ministre de la Défense, un discours du ministre des Affaires étrangères devant l'Assemblée générale des Nations Unies (*Essais nucléaires,* précité ; v. également CPA, SA du 2 juillet 2003 dans l'affaire « *OSPAR* », § 87-90). La CIJ a toutefois précisé que n'importe quel organe de l'État ne pouvait pas, sans limites, engager unilatéralement celui-ci. Les chefs d'État et de gouvernement et les ministres des affaires étrangères ont incontestablement cette qualité. Mais celle-ci ne peut être étendue à d'autres personnes que sous certaines conditions. La Cour a relevé en effet qu'« il est de plus en plus fréquent, dans les relations internationales modernes, que d'autres personnes représentant l'État dans des domaines déterminés soient *autorisées* par cet État à engager celui-ci, par leurs déclarations, *dans les matières relevant de leur compétence* ». Il en va ainsi « des titulaires de portefeuilles ministériels techniques exerçant, dans les relations extérieures, des pouvoirs dans leur domaine de compétence, voire même de certains fonctionnaires », ou d'un ministre de la Justice qui peut, « dans certaines circonstances, engager par ses déclarations l'État dont il est le représentant » (CIJ, *Activités armées sur le territoire du Congo (RDC c. Rwanda),* arrêt du 3 février 2006, § 46-48).

Dans les exemples précédents, étaient en cause des comportements explicites des autorités étatiques, ce qui autorisait plus aisément à y reconnaître des actes juridiques. On peut être plus hésitant en ce qui concerne le silence gardé par les représentants des États : la jurisprudence ne comporte pas de précédents très éclairants, car le juge ou l'arbitre statuera en termes d'opposabilité des comportements des États et s'intéressera surtout à la convergence des actes positifs des uns et du silence des autres (CIJ, *Pêcheries norvégiennes, Rec.* 1951, p. 138).

En 1997, la CDI a inscrit le sujet « actes unilatéraux des États » à son ordre du jour. Ses travaux ont abouti à l'adoption en 2006 de « Principes directeurs applicables aux déclarations unilatérales des États susceptibles de créer des obligations juridiques », dont le champ d'application se limite expressément aux « actes unilatéraux *stricto sensu,* revêtant la forme de déclarations formelles formulées par les États dans l'intention de produire des obligations en vertu du droit international » (A/61/10, § 170-177). La Commission a ainsi refusé d'élargir la catégorie des actes unilatéraux « *stricto sensu* » à l'ensemble des comportements unilatéraux (il est vrai très variés dans leur nature) susceptibles de produire des effets juridiques en droit international. Ces Principes directeurs codifient en partie, et tentent de préciser sous certains aspects, les solutions retenues depuis le début du XXe siècle par la jurisprudence des deux Cours de La Haye.

237. Conception étroite : les actes unilatéraux « autonomes ». — 1° L'ensemble de la doctrine admet comme actes unilatéraux *les manifestations unilatérales de volonté, émises sans le moindre lien avec un traité ou une coutume.* De tels actes satisfont à la condition d'autonomie en ce que leur validité ne dépend pas de leur compatibilité avec un autre acte juridique, unilatéral, bilatéral ou multilatéral.

2° C'est pour cette catégorie d'actes unilatéraux qu'une *classification matérielle* est la plus féconde. On distingue en général les principaux types suivants :

a) La *notification :* elle est toujours un « acte-condition », en tant qu'elle conditionne la validité d'autres actes.

Les États procèdent à de nombreuses notifications sans y avoir été invités par un traité, sans y être tenus par le droit coutumier, mais dans le souci d'accélérer l'opposabilité de leurs revendications aux autres États (délimitation des espaces maritimes par exemple).

b) La *reconnaissance,* acte par lequel l'État constate l'existence de certains faits (apparition d'un État, effectivité d'un gouvernement) ou de certains actes juridiques (nationalité accordée à un individu par un État, convention conclue entre des tiers) et admet qu'ils lui sont opposables. C'est sans doute le plus important et le plus fréquent des actes unilatéraux,

Dans une société internationale fondée sur la juxtaposition de souverainetés étatiques, dépourvue d'organes supérieurs, il s'agit de toute évidence d'une institution fondamentale. Même si elle ne s'impose pas pour que les faits, situations et actes juridiques produisent leurs effets, elle présente l'intérêt de clarifier et de consolider ces effets juridiques dans les rapports interétatiques, en les faisant bénéficier du principe du consentement mutuel. À tout le moins, elle interdira aux États d'adopter successivement des comportements contradictoires à propos d'une même situation sous prétexte que rien jusqu'ici ne leur interdisait de faire prévaloir des considérations d'opportunité politique. La diversité et la souplesse des rapports internationaux autorisent des modalités variables de mise en œuvre : la reconnaissance peut être implicite ou expresse, unilatérale ou collective, discrétionnaire ou « liée », appliquée à de simples faits ou à des normes juridiques.

Destinée à introduire une certaine cohérence et une certaine continuité juridiques dans les rapports internationaux, la reconnaissance est, dans la plupart des cas, la manifestation d'une compétence discrétionnaire des sujets du droit international ; mais il est des limites à ce principe : il n'est pas interdit aux États de réglementer l'exercice de la compétence de reconnaissance et ils tendent à le faire de plus en plus, sous les auspices des organisations internationales ; en outre et surtout, la reconnaissance ne devrait pas contribuer à conforter des situations illicites. Sur ce point, il faut constater que le libre arbitre des États n'a pas disparu. On admettra pourtant qu'un État ne peut plus reconnaître une situation contraire à une norme de *jus cogens*. Signe de l'importance de la reconnaissance comme institution régulatrice du droit international contemporain, le Conseil de sécurité peut, dans le cadre du pouvoir de décision qu'il tient de l'article 25 de la Charte, imposer aux États un « devoir de non-reconnaissance » (cf. l'avis de la CIJ de 1971 sur la « présence continue » de l'Afrique du sud en *Namibie* à propos de la résolution 276 (1970), *Rec.* p. 51 s.). Toutefois, une telle interdiction doit être expresse (cf. CIJ, arrêt du 30 juin 1995, *Timor oriental*, *Rec.* p. 103-104). Dans l'affaire du *Mur* israélien construit en territoire palestinien occupé, la Cour a imposé une obligation de non-reconnaissance, en vertu des règles pertinentes du droit international de la responsabilité (CIJ, avis du 9 juillet 2004, *Rec.* p. 200, § 159, et *infra*, n° 491).

Les catégories les plus importantes de reconnaissances seront étudiées *infra* (n° 273 — reconnaissance de gouvernement ; n° 365 s. — reconnaissance d'État ; n° 271 ; n° 371 et 372 — reconnaissance de diverses autres entités ou situations).

c) La *protestation,* pendant négatif de la reconnaissance ; il s'agit d'un acte par lequel l'État réserve ses propres droits face aux revendications d'un autre État ou à l'encontre d'une règle en voie de formation.

Il pourra ainsi empêcher qu'une règle coutumière lui soit opposable : dans l'affaire des *Pêcheries norvégiennes,* la CIJ a considéré que la règle selon laquelle la largeur de la mer territoriale ne pouvait dépasser trois milles marins ne pouvait être opposée à la Norvège en raison de ses protestations constantes. À l'inverse, une absence de protestations non équivoque équivaut à reconnaître les droits des autres États ou la validité d'une situation contestable à l'origine (CIJ, *Temple de Preah-Vihear, Rec.* 1962, p. 23).

d) La *renonciation* a une signification différente. Ce ne sont pas les actes ou les droits des autres États qui sont en cause, mais ceux de l'État qui renonce. Conformément au principe selon lequel « les limitations à l'indépendance ne se présument pas » (CPJI, *Lotus,* arrêt de 1927, série A, n° 10, p. 18), les renonciations doivent être expresses et ne se présument pas.

e) À la différence des actes unilatéraux précédents, qui portent sur des faits ou des actes existants, la *promesse* (ou *l'assurance*) fait naître des droits nouveaux au profit des tiers.

Ainsi les moratoires unilatéraux d'expérimentations nucléaires fournissent aux États non nucléaires une garantie juridique que ne leur apporte pas le droit coutumier (CIJ, *Essais nucléaires français, Rec.* 1974, p. 268 — v. aussi les déclarations unilatérales par lesquelles les cinq Membres permanents du Conseil de sécurité se sont engagés, en 1978, à ne pas utiliser d'armes nucléaires contre les États parties au TNP qui n'en sont pas dotés (engagement réitéré et harmonisé en 1995 – v. la résolution 984 (1995) du Conseil de sécurité) ; v. A. Biad, *AFDI* 1997, p. 227-252).

Dans une espèce singulière, le Conseil d'État français s'est fondé sur un « engagement pris au nom de l'État du Texas » et transmis par les autorités des États-Unis (qui n'avaient donné aucune assurance propre), selon lequel la peine de mort ne serait pas requise contre une accusée pour considérer que l'extradition de celle-ci n'était pas contraire à l'ordre public français (qui exclut la peine capitale) (CE, Ass., 15 oct. 1993, *Aylor*, *Leb.* p. 238).

Il est de plus en plus fréquent par ailleurs en matière de mesures conservatoires que le juge international se limite à prendre acte des assurances données par l'État en cours de procédure aux fins de protéger les droits des parties à l'instance (v. par exemple CIJ, *Affaire relative à des questions concernant l'obligation de poursuivre ou d'extrader (Belgique c. Sénégal)*, ordonnance en indication de mesures conservatoires du 28 mai 2009 : par. 33, 38 et 66-72).

3° L'exigence d'autonomie de l'acte unilatéral, retenue par les partisans de la conception étroite, aboutit à restreindre sensiblement le nombre des actes unilatéraux étatiques. Dès lors que l'on se place moins dans la perspective des sources formelles du droit que dans celle de la formation du droit international, l'exigence d'autonomie n'est plus un critère nécessaire de délimitation des actes unilatéraux. On y renoncera d'autant plus volontiers que ce critère n'a pas la précision souhaitable, puisque les auteurs qui y sont favorables ne sont pas d'accord entre eux sur la liste des actes unilatéraux qui répondent à l'exigence d'autonomie.

238. Conception large : les actes unilatéraux liés à une prescription conventionnelle ou coutumière. — Aucune objection sérieuse ne peut être opposée à une définition large de la catégorie des actes unilatéraux, si l'on ne se place pas sur le terrain des sources du droit. En effet, les actes unilatéraux étatiques jouent un rôle décisif pour l'élaboration et l'application du droit conventionnel et coutumier.

1° La compétence de l'État d'accomplir certains actes découle souvent d'un accord auquel il est partie. Ainsi en est-il de l'adhésion au traité, de la dénonciation ou du retrait réglementés, des réserves à ce traité (sur leurs effets juridiques, v. *supra,* n° 107, n°s 193 s., n°s 108 s.).

De même, par déclaration unilatérale fondée sur l'article 36 du Statut de la CIJ, les États peuvent-ils accepter la juridiction obligatoire de la Cour. Cette acceptation leur permettra de saisir unilatéralement la CIJ des différends les opposant à d'autres États ayant donné le même accord. Certains traités peuvent également imposer aux parties de procéder à des notifications dans certaines circonstances (par exemple : articles 34 et 35 de l'Acte général de Berlin de 1885, pour la notification des occupations coloniales ; articles 3 et 4 de la Convention VII de La Haye de 1907, sur l'obligation d'avis de pose de mines sous-marines ; article 12 de la Convention sur le droit relatif aux utilisations des cours d'eau internationaux à des fins autres que la navigation de 1997).

La combinaison d'un traité et d'un ou plusieurs actes unilatéraux est une solution courante. Elle contribuera à parfaire l'engagement conventionnel en évitant de consacrer ouvertement les discriminations entre les parties.

Cf. la déclaration du Chancelier Adenauer sur le Protocole III à l'Accord de Paris de 1954. Ce Protocole, relatif au contrôle des armements des États membres de l'UEO, impose à la RFA des obligations plus strictes qu'aux autres États pour les armes atomiques, biologiques et chimiques et les armes « conventionnelles » ; formellement, cette situation discriminatoire résulte non du Protocole lui-même, mais de la déclaration unilatérale allemande, dont il se contente de « prendre acte ».

La convergence de l'acte conventionnel et de l'acte unilatéral peut aussi viser à confirmer le caractère « objectif » et opposable à tous du traité en cause : la déclaration remplace alors l'adhésion formelle.

Cette technique est utilisée pour la Convention de Constantinople de 1888 sur le canal de Suez, en particulier de la part de l'Égypte (déclaration précitée de 1957), pour la Charte de l'ONU lorsqu'il s'agit d'universaliser certaines procédures (acceptation de la juridiction de la CIJ par la Suisse avant son adhésion aux Nations Unies) et, dans une moindre mesure, pour le Traité de non-prolifération nucléaire (engagement initial de la France en particulier).

Ou encore l'acte unilatéral prolongera les effets dans le temps de l'acte conventionnel. C'est un procédé souvent utilisé pour les accords de contrôle des armements stratégiques : cette méthode permet de concilier la volonté des États de ne prendre que des engagements expérimentaux et à court terme, et leur souci de ne pas créer de solutions de continuité lorsque la négociation du nouvel accord traîne en longueur. Un acte unilatéral de l'État peut aussi donner « vie juridique » au contenu d'un traité qui n'est pas en vigueur, soit qu'il ait cessé de l'être, soit qu'il ne le soit pas encore.

Ainsi, lors de la crise yougoslave, les anciennes Républiques fédérées ont accepté, dans le cadre de la Conférence européenne pour la paix le texte d'un projet de convention, en date du 4 novembre 1991, que la Commission d'arbitrage a invoqué à plusieurs reprises dans les avis juridiques qui lui ont été demandés (v. les avis n° 2 et 3 du 11 janv. 1992, *RGDIP* 1992, p. 267 et 269). De même, l'admission de nouveaux États au sein du Conseil de l'Europe est subordonnée, depuis le début des années 1990 à des « engagements » pris par les candidats, dont le respect fait l'objet d'une procédure de suivi par l'Assemblée parlementaire de cette organisation (v. J. Malenovski, *AFDI* 1997, p. 633-656). De même encore, les déclarations soviétique et américaine de 1976 ont permis la survie des accords dits SALT I de 1972 jusqu'à la conclusion des accords SALT II. Dans le même esprit, la lettre iranienne à l'Irak du 14 août 1990 peut être considérée comme la réaffirmation de la validité des accords d'Alger et de Bagdad qui avaient, en 1975, fixé la frontière entre les deux pays et que l'Irak avait unilatéralement dénoncés en 1980 avant de déclencher les hostilités contre l'Iran (v. Cl. Symmons, *AFDI* 1990, p. 229-247).

2° Les rapports entre coutume et actes unilatéraux sont également fort nombreux. Les actes unilatéraux peuvent fournir des précédents constitutifs de règles coutumières (v. *supra,* n° 209) ; ils sont aussi la conséquence de règles coutumières habilitant les États à exercer certaines compétences.

C'est en vertu d'une coutume, qui dérive elle-même du principe de la souveraineté de l'État, que celui-ci peut — de façon unilatérale — réglementer l'octroi de la nationalité et distinguer entre ses nationaux et les étrangers, ou déterminer la largeur de sa mer territoriale et la délimiter. À condition de respecter les limites fixées par les règles coutumières pertinentes, la décision de l'État est opposable aux autres sujets de droit.

3° De plus en plus souvent, les actes unilatéraux des États portent sur le contenu de résolutions d'organisations internationales. Soit qu'ils fassent usage d'une habilitation fournie par de telles résolutions, soit qu'ils s'engagent à en respecter les prescriptions (ainsi, par exemple, de l'attitude des États non membres à l'égard des décisions du Conseil de sécurité des Nations Unies en matière de sanction contre la Rhodésie du Sud : RFA et résolution 217 de 1965, Suisse et RDA et résolution 232 de 1972) (v. *infra*, n° 249).

De tels engagements unilatéraux transforment une recommandation en acte obligatoire s'ils sont exprimés à l'avance, et ils rendent une recommandation opposable aux États qui l'acceptent après son adoption. Peu importe, à cet égard, qu'il s'agisse d'un État membre ou d'un État non membre puisque ce n'est plus le droit propre de l'organisation internationale qui est en cause.

Le paragraphe 33 de la résolution 687 du Conseil de sécurité du 3 avril 1991, qui prévoit des sanctions contre l'Irak à la suite de l'invasion du Koweït subordonne le cessez-le-feu à l'acceptation de ses dispositions par l'Irak. Celle-ci a, le 6 avril, adressé une lettre en ce sens au Président du Conseil de sécurité et au Secrétaire général ; ce document n'ajoute rien à la valeur juridique de la résolution, qui constitue une décision prise en vertu du chapitre VII de la Charte, mais interdit à l'Irak d'en remettre en cause la validité.

B. — Portée juridique

239. Les actes autonormateurs. — 1° Il n'est pas douteux que les États peuvent s'imposer des obligations à eux-mêmes ou exercer unilatéralement des droits dans les limites admises par le droit international général.

La CIJ l'a affirmé sans ambiguïté dans l'affaire des *Essais nucléaires* :

« Il est reconnu que des déclarations revêtant la forme d'actes unilatéraux et concernant des situations de droit ou de fait peuvent avoir pour effet de créer des obligations juridiques. Quand l'auteur de la déclaration entend être lié conformément à ses termes, cette intention confère à sa prise de position le caractère d'un engagement juridique, l'État intéressé étant désormais tenu en droit de suivre une ligne de conduite conforme à sa déclaration. Un engagement de cette nature, exprimé publiquement et dans l'intention de se lier, même hors du cadre des négociations internationales, a un effet obligatoire » (*Rec.* 1974, p. 267).

En l'espèce la solution était cependant surprenante, dans la mesure où les parties étaient d'accord pour estimer qu'il s'agissait de simples déclarations politiques n'engageant pas juridiquement la France, et où la portée de celles-ci était pour le moins ambiguë. Il faut sans doute voir dans la position de la Cour une application particulièrement hardie du principe de la bonne foi. À la suite de la reprise par la France d'essais nucléaires souterrains à Mururoa, la Cour a confirmé son analyse de 1974 et rappelé la portée de « l'engagement pris par la France » ; « les déclarations unilatérales des autorités françaises ont été faites publiquement, en dehors de la Cour, et ont exprimé l'intention du Gouvernement français de mettre fin à ses essais atmosphériques » (ord. du 22 sept. 1995, *Demande d'examen de la situation au titre du § 63 de l'arrêt rendu par la Cour le 20 déc. 1974 dans l'affaire des essais nucléaires*, *Rec.* p. 305) et en a déduit que la Nouvelle-Zélande n'était pas fondée à invoquer une violation de son engagement par la France dès lors que les nouveaux essais n'étaient pas effectués dans l'atmosphère (*ibid.*, p. 106). Ce faisant, la Cour confirme que si les États sont liés par leurs déclarations unilatérales, les limitations à la liberté d'action des États « ne se présument pas » (CPJI, *Lotus,* arrêt de 1927, série A, n° 10, p. 18 — v. *supra*, n° 237).

Dans l'affaire franco-canadienne relative au *Filetage dans le golfe du Saint-Laurent,* le Tribunal présidé par le professeur P. de Visscher a considéré que des assurances données au cours de la procédure orale par l'agent du gouvernement français engageaient la France (sentence du 17 juillet 1986, § 63-2°, *RGDIP* 1986, p. 756 ; v. aussi CPJI, 1926, *Certains intérêts allemands*, série A, n° 7, p. 13 ou CIJ, 2001, *LaGrand*, § 127 et *Usines de pâte à papier*, ord. du 13 juillet 2006 (mesures conservatoires), § 83-84). Les tribunaux internationaux considèrent en effet que dans le cadre d'un contentieux international, l'agent d'un gouvernement a qualité pour engager unilatéralement son État (v. CPA, *La Barbade/Trinité et Tobago*, SA du 11 avril 2006, § 291-293). Au contraire, la Chambre de la CIJ qui a tranché le *Différend frontalier* entre le Burkina Faso et le Mali a estimé que des déclarations du chef de l'État malien, faites au cours d'une conférence de presse, n'avaient pas de valeur obligatoire, dans la mesure surtout où, en l'espèce, rien n'eût empêché les parties de formaliser leur entente « par la voie normale : celle d'un accord fondé sur une condition de réciprocité » (*Rec.* 1986, p. 574 ; v. aussi, au sujet d'un engagement qu'aurait pris la Yougoslavie de soumettre à la CIJ les différends l'opposant aux autres anciennes Républiques yougoslaves, l'arrêt du 11 juillet 1996 dans l'affaire de l'*Application de la Convention sur le génocide*, *Rec.* p. 618). De même, la Cour a refusé de considérer qu'une déclaration faite par le ministre de la Justice du Rwanda devant la Commission des droits de l'homme des Nations Unies constituait un « engagement unilatéral », n'y voyant, compte tenu de son contenu et des circonstances ayant entouré sa formulation, qu'une « déclaration d'intention, de portée tout à fait générale » (*Activités armées sur le territoire du Congo (RDC c. Rwanda)*, arrêt du 3 février 2006, § 49-53). Il n'y a pas là de remise en cause du principe selon lequel un État peut s'engager unilatéralement, mais de simples précisions apportées – sur un mode fortement casuistique – quant à la nature qui doit être celle de l'acte pour qu'il soit susceptible de devenir juridiquement contraignant pour son auteur. Tout dépendra à cet égard, en particulier, des méthodes d'interprétation retenues (v. *infra*, 2°).

2° Si la jurisprudence de la Cour est claire sur le principe de l'effet obligatoire de l'acte unilatéral valide, elle laisse encore place à certaines incertitudes sur le régime juridique de ce même acte.

En ce qui concerne les principes à appliquer pour l'interprétation du contenu de l'acte unilatéral, il résulte de la jurisprudence de la CIJ que les dispositions de la Convention de Vienne de 1969 ne peuvent s'appliquer que par analogie et dans la seule mesure où ils sont compatibles avec les caractères propres de l'acte à interpréter (cf. l'arrêt du 4 déc. 1994, *Compétence en matière de pêcheries (Espagne c. Canada)*, *Rec.* p. 453, § 46). Dans l'affaire des *Essais nucléaires,* la Cour a estimé que la portée de l'engagement dépend des circonstances et des termes utilisés (CIJ, *Rec.* 1974, p. 270 : « le gouvernement français a assumé une obligation dont il convient de comprendre l'objet précis et les limites dans les termes mêmes où ils sont exprimés publiquement » ; pour déterminer la portée juridique d'une déclaration, la Cour doit « examiner le contenu réel de celle-ci ainsi que les circonstances dans lesquelles elle a été faite » – arrêt du 3 fév. 2006 précité, § 49). La Cour a notamment précisé qu'une déclaration unilatérale « ne peut créer des obligations juridiques que si elle a un objet clair et précis » (*ibid.*). L'interprétation de la volonté de l'État doit être prudente, parce que « les limitations à l'indépendance ne se présument pas » ; aussi, lorsque « des États font des déclarations qui limitent leur liberté d'action future, une interprétation restrictive s'impose » (*Essais nucléaires*, préc., p. 267, § 44 ; *Souveraineté sur Pedra Branca/Pulau Batu Puteh*, 23 mai 2008, § 229).

Appliquant ces différents critères, la CIJ a par exemple jugé dans l'affaire relative à *Certaines questions concernant l'entraide judiciaire* qu'une lettre du directeur de cabinet du ministre français de la justice ne comportait pas, « en elle-même, d'engagement juridique de la France (...) » compte tenu de « son contenu et [d]es circonstances de fait et de droit dans lesquelles elle a été préparée » (arrêt du 4 juin 2008, § 130).

Un des aspects les plus délicats de la question est de savoir si l'engagement est irréversible ou si l'État peut revenir sur lui. Il n'existe pas d'actes juridiques ou de normes « perpétuels » mais la transformation des actes juridiques internationaux est entourée de certaines garanties. De même, pour les actes unilatéraux, il faut admettre une « faculté de repentir », mais son exercice ne peut être laissé au libre arbitre de l'État : reconnaître aux États le droit discrétionnaire de se dégager des obligations résultant de leurs propres engagements, serait faire litière des droits tirés par les autres États de ces engagements et porter une grave atteinte à la sécurité juridique. Il faut admettre qu'un État ne peut se dégager des obligations issues d'actes unilatéraux qu'en recourant aux procédures habituelles de règlement pacifique des différends. En dernier ressort sera posé le problème de l'obligation de négocier de bonne foi.

Avec une apparente prudence, la CIJ s'est contentée de noter, dans l'affaire des *Essais nucléaires,* que l'engagement français « ne saurait être interprété comme ayant comporté l'invocation d'un pouvoir arbitraire de révision » (*Rec.* 1974, p. 270). Les États en litige avec la France paraissaient pourtant fort peu assurés de l'irréversibilité de sa promesse. Dans son arrêt du 11 septembre 1992, la Chambre de la Cour qui s'est prononcée sur le *Différend frontalier terrestre, insulaire et maritime* entre El Salvador et le Honduras a relevé que le Nicaragua, État intervenant, avait, en cours de procédure, modifié sa position quant à la portée de l'arrêt à son égard ; elle a cependant estimé que la première déclaration du Nicaragua étant incompatible avec son Statut, la question du droit de cet État de revenir sur celle-ci ne se posait pas (*Rec.* p. 610).

Dans ses Principes directeurs de 2006, la CDI considère que pour déterminer si la rétractation d'une déclaration unilatérale engageant son auteur est arbitraire, « il convient de prendre en considération : i) les termes précis de la déclaration qui se rapporteraient à la rétractation ; ii) la mesure dans laquelle les personnes auxquelles les obligations sont dues ont fait fond sur ces obligations ; iii) la mesure dans laquelle il y a eu un changement fondamental de circonstances » (dixième Principe directeur). Sans doute faut-il ajouter que la nature de l'acte unilatéral pourra, le cas échéant, exercer un impact. Ainsi la CIJ a-t-elle considéré que le retrait d'une *autorisation* donnée par un État à des forces armées étrangères de stationner sur son territoire pouvait intervenir librement (*Activités armées sur le territoire du Congo (RDC/Ouganda)*, arrêt du 19 décembre 2005, § 47 et 51).

On a longtemps soutenu que les conditions de validité et de licéité de l'acte étatique unilatéral présentaient des caractères inédits par rapport à celles applicables aux traités. En réalité, il existe de nombreux traits communs. L'acte unilatéral doit respecter la hiérarchie des normes, lorsqu'elle existe (*jus cogens,* actes successifs à identité de parties), ainsi que le principe de licéité du but et de l'objet de l'acte ; il ne doit pas non plus être entaché de vices du consentement.

Ce qui est plus spécifique aux actes unilatéraux est la tendance contemporaine à « couvrir » les vices présumés de ceux-ci par leur compatibilité avec des résolutions d'organisations internationales. Le problème est alors déplacé : selon que l'adoption de telles résolutions a ou non modifié la hiérarchie des normes en vigueur, les actes unilatéraux pourront être jugés légitimes ou non. La question mérite d'être posée plus pour les actes hétéronormateurs que pour les actes autonormateurs.

240. Les actes hétéronormateurs. — On peut déjà voir dans les actes de la catégorie précédente des actes hétéronormateurs, en ce qu'ils créent des droits au profit d'autres sujets de droit. Mais ce caractère hétéronormateur est beaucoup plus marqué lorsque, par un acte unilatéral, l'État prétend imposer des obligations à d'autres sujets de droit.

Le principe est évidemment que les actes unilatéraux de l'État ne sont pas opposables aux autres États sans le consentement de ces derniers, les rapports entre souverains ne pouvant être des relations de subordination ; ils ne sont pas opposables non plus, d'ailleurs, aux organisations internationales mais cet aspect de la question ne sera pas développé ici. La règle générale connaît cependant deux limites.

D'une part, un État peut, unilatéralement, imposer des obligations aux autres États sans que la reconnaissance expresse de ceux-ci soit nécessaire lorsque, ce faisant, il se borne à exercer des compétences établies par des règles conventionnelles ou coutumières (v. *supra,* n° 238).

Il arrive, d'autre part, qu'un État soit en position d'agir comme représentant ou « mandataire » de la communauté internationale : l'illustration classique de cette situation est fournie par la gestion de la navigation dans les canaux internationaux (Suez, Panama) ou dans certains détroits (Bosphore). Les disciplines imposées aux États tiers sur ce fondement supposent une acceptation expresse ou implicite de leur part, souvent difficile à obtenir (voir les protestations élevées à l'encontre de la législation canadienne sur la prévention de la pollution dans l'Arctique ainsi que le combat mené par la France à la troisième Conférence sur le droit de la mer en matière d'intervention contre les risques de pollution maritime).

§ 2. — *Les actes unilatéraux des organisations internationales*

BIBLIOGRAPHIE. — B. SLOAN, « The Binding Force of a Recommandation of the General Assembly of the United Nations », *BYBIL* 1948, p. 1-34 ; « General Assembly Resolutions Revisited », *BYBIL* 1987, p. 39-150. — M. VIRALLY, « La valeur juridique des recommandations des organisations internationales », *AFDI* 1956, p. 69-96. — L. DI QUAL, *Les effets des résolutions des Nations Unies,* LGDJ, 1967, p. 234. — K. SKUBISZEWSKI, « A New Source of the Law of Nations : Resolutions of International Organisations », *Mél. Guggenheim,* 1968, p. 508-520 — Ch.-A. MORAND, *La législation dans les Communautés européennes,* LGDJ, 1968, 310 p. — J. CASTANEDA, « La valeur juridique des résolutions des Nations Unies », *RCADI* 1970-I, vol. 129, p. 211-331 — IUHEI, *Les résolutions dans la formation du droit international du développement,* Droz, Genève, 1971, 190 p. — *L'impact des conventions et recommandations internationales du travail,* BIT, Genève, 1977, 114 p. — C. SCHREUER, *Die Behandlung internationaler Organakte durch staatliche Gerichte,* Duncker & Humblot, Berlin, 1977, p. 383. — Ch. PHILIP, *Normes internationales du travail, Universalisme ou régionalisme ?* Bruylant, Bruxelles, 1978, 316 p. — H. THIERRY, « Les résolutions des organes internationaux dans la jurisprudence de la Cour internationale de Justice », *RCADI* 1980-II, vol. 167, p. 385-450. — J.-F. FLAUSS, « Les réserves aux résolutions des Nations Unies », *RGDIP* 1981, p. 5-37. — P. WEIL, « Vers une normativité relative en droit international ? », *RGDIP* 1982, p. 5-47. — E. MCWHINNEY, *Les Nations Unies et la formation du droit international,* Pedone/Unesco, 1986, 292 p. — C. ÉCONOMIDES, « Les actes institutionnels internationaux et les sources du droit international », *AFDI* 1988, p. 131-145. — K. C. WELLENS (dir.), *Résolutions et déclarations du Conseil de sécurité (1946-1992). Recueil thématique,* Bruylant, Bruxelles, 1993, XL-991 p. ; version CD Rom, 1998. — O. SCHACHTER, « United Nations Law », *AJIL* 1994, p. 1-23. — A. PELLET, « La formation du droit international dans le cadre des Nations Unies », *JEDI* 1995, p. 401-425 — P. Y. MONJAL, *Les normes de droit communautaire*, PUF, « Que sais-je ? », 2000, 128 p. ; *Recherche sur la hiérarchie des normes communautaires*, LGDJ, 2000, XV-629 p. — E. DE WET, « The Security Council as a Law Maker :

The Adoption of (Quasi-)Judicial Decisions » *in* R. WOLFRUM et V. RÖBEN eds., *Developments in International Law Making*, Springer, Berlin, 2005, p. 183-225. — M.D. ÖBERG, « Legal Effects of Resolutions of the UN Security Council and General Assembly in the Jurisprudence of the ICJ », *EJIL* 2005, p. 879-906.

241. Incertitudes terminologiques. — Les organes des organisations internationales peuvent adopter des « résolutions », des « recommandations » et des « décisions », donner des « avis consultatifs », rendre des « arrêts » ou des « jugements ». La caractéristique commune de ces actes est d'être des actes unilatéraux des organisations internationales. Au-delà de cette constatation, l'incertitude terminologique et l'ambiguïté conceptuelle sont la règle.

Les statuts des organisations ne définissent pas toujours la portée des différents actes adoptés par leurs organes ou leur attribuent une portée variable. Lorsqu'ils procèdent à un effort de clarification, comme dans l'article 249 (ex-189) du Traité instituant la Communauté européenne, ils n'excluent pas pour autant l'adoption d'autres actes juridiques que ceux annoncés dans la nomenclature fondamentale.

Ce laxisme terminologique est encore aggravé par le comportement des organes, dans leur pratique quotidienne. Ainsi l'Assemblée générale des Nations Unies baptise certaines de ses résolutions « déclaration », « charte », « programme », « programme d'action » par exemple, sans chercher à en préciser la nature spécifique. L'absence de rigueur dans la dénomination de tels actes est favorisée par le fait que, très souvent, c'est la même procédure d'adoption qui s'applique aux divers actes.

Malgré la diversité des pratiques et des textes, et au prix d'un arbitraire surtout pédagogique, il est possible de donner un sens générique aux dénominations les plus fréquentes, en distinguant les actes des organes non juridictionnels de ceux des organes juridictionnels.

Par opposition à la définition de la « recommandation » proposée dès 1956 par M. Virally : « résolution d'un organe international adressée à un ou plusieurs destinataires (et impliquant) une invitation à adopter un comportement déterminé, action ou abstention », le terme « décision » sera réservé aux actes unilatéraux obligatoires et le mot « résolution » recouvrira les deux catégories précédentes, visant donc tout acte émané d'un organe collectif d'une organisation internationale.

La distinction est commode, elle n'est pas toujours d'un maniement aisé. Elle suppose, en effet, que l'acte a les mêmes effets dans tous ses éléments et à l'égard de tous ses destinataires, ce qui n'est pas nécessairement vérifié (cas des résolutions sur les opérations de maintien de la paix, obligatoires dans leurs implications budgétaires pour les États membres mais pas pour l'État sur le territoire duquel seront stationnées les forces des Nations Unies). En outre, cette distinction fait abstraction des comportements des États, en particulier de leur acceptation expresse de la résolution, qui en modifie les effets (v. *infra*, n° 249).

On observera que la résolution ne coïncide pas avec la notion d'acte unilatéral non juridictionnel. Cette catégorie d'actes est plus large, elle comprend également l'ensemble des actes adoptés par les organes composés d'agents internationaux (Secrétariats, Commission des Communautés européennes).

Pour les actes des organes juridictionnels, la distinction entre « arrêt » (ou « jugement ») et « avis consultatif » est comparable, *mutatis mutandis,* sur le terrain de leur effet, à celle entre décision et recommandation.

Ces questions de terminologie, ont une incidence directe sur la portée juridique des actes unilatéraux des organisations.

A. — Les décisions

BIBLIOGRAPHIE. — M. MERLE, « Le pouvoir réglementaire des organisations internationales », *AFDI* 1958, p. 341-360. — A. TAMMES, « Decisions of International Organs as a Source of International Law », *RCADI* 1958-II, vol. 94, p. 265-363. — R. KOVAR, *Le pouvoir réglementaire de la CECA,* LGDJ, 1964, 348 p. — J.-V. LOUIS, *Les règlements de la CEE,* PU Bruxelles, 1969, 514 p. — J. COMBACAU, *Le pouvoir de sanction de l'ONU,* Pedone, 1974, 394 p. — C. SCHREUER, « The Relevance of UN Decisions in Domestic Law Litigation », *ICLQ* 1978, p. 1-18 et *Decisions of International Institutions before Domestic Courts,* Oceana, New York, 1981, 407 p. — H. BOKOR-SZEGO, *The Role of UN Decisions in the International Legislation,* NHPC, Amsterdam, 1978, 192 p. — T. M. FRANCK, « The Powers of Appreciation : Who Is The Ultimate Guardian of UN Legality ? », *AJIL* 1992, p. 519-523. — M. BEDJAOUI, « Du contrôle de la légalité des actes du Conseil de sécurité », *Mél. Rigaux,* 1993, p. 11-52 ; *Nouvel ordre mondial et contrôle de la légalité des actes du Conseil de sécurité,* Bruylant, Bruxelles, 1994, 634 p. ; « Un contrôle des actes du Conseil de sécurité est-il possible ? » *in* SFDI, colloque de Rennes, *Le chapitre VII de la Charte des Nations Unies*, Pedone, 1995, p. 255-297. — A. PELLET, « Peut-on et doit-on contrôler les actions du Conseil de sécurité ? », *ibid.*, p. 221-238. — T. D. GILL, « Legal and Some Political Limitations of the UN Security Council to Exercise its Enforcement Power under Chapter VII of the Charter », *NYBIL* 1995, p. 33-138. — J. E. ALVAREZ, « Judging the Security Council », *AJIL* 1996, p. 1-39. — M.-P. LANFRANCHI, « La valeur juridique en France des résolutions du Conseil de sécurité », *AFDI* 1997, p. 31-57. — H. ASCENSIO, *L'autorité de chose décidée en droit international public*, Thèse Paris X-Nanterre, 1997, 690 p. — P. Y. MONJAL, *Recherche sur la hiérarchie des normes communautaires*, LGDJ, 2000, XV-629 p. — N. BLOKKER, « Decisions of International Organizations : The Case of the European Union », *NYBIL* 1999, p. 3-44. — C. DENIS, *Le pouvoir normatif du Conseil de sécurité des Nations Unies : portée et limites*, Bruylant, Bruxelles, 2004, XVI-408 p. — J. TERCINET, « Le pouvoir normatif du Conseil de sécurité : le Conseil de sécurité peut-il légiférer ? », *RBDI* 2004, p. 528-551. — A. ORAKHELASHVILI, « The Impact of Peremptory Norms on the Interpretation and Application of UN Security Council Resolutions », *EJIL* 2005, p. 88-111. — V. BORE EVENO, « Le contrôle juridictionnel des résolutions du Conseil de sécurité », *RGDIP* 2006, p. 827-860.

242. Définition. — Dans son sens technique, la décision est un acte unilatéral « autoritaire », c'est-à-dire un acte émanant d'une manifestation de volonté de l'organisation, imputable donc à celle-ci, et qui crée des obligations à la charge de son ou de ses destinataires. C'est bien un acte juridique international (v. *supra,* n° 61).

Seul un acte d'un organe international qui a de tels effets mérite cette qualification. Ce sera, en principe, le cas pour une décision du Conseil de Sécurité des Nations Unies entrant dans le cadre de l'article 25 de la Charte, car le terme « décision » y est entendu dans son sens technique. En revanche, l'acte adopté en vertu d'autres dispositions de la Charte et qualifié de décision, peut être en réalité une recommandation : le mot « décision » est alors pris dans son sens courant et vise un acte servant à conclure une discussion ou une délibération.

La CIJ reconnaît, à propos des « décisions » de l'article 18 de la Charte, qu'elles « comprennent en effet certaines recommandations » de l'Assemblée (avis de 1962, *Certaines dépenses, Rec.* 1962, p. 163).

Dans d'autres cas, l'hésitation ne sera par permise. Selon l'article 249 (anciennement 189) du Traité instituant la Communauté européenne (art. 288 TFUE) :

« Pour l'accomplissement de leur mission et dans les conditions prévues au présent Traité, le Parlement européen conjointement avec le Conseil, le Conseil et la Commission arrêtent des règlements et des directives, prennent des décisions et formulent des recommandations ou des avis.

Le règlement a une portée générale. Il est obligatoire dans tous ses éléments et il est directement applicable dans tout État membre.

La directive lie tout État membre destinataire quant aux résultats à atteindre, tout en laissant aux instances nationales la compétence à la fois quant à la forme et aux moyens.

La décision est obligatoire en tous ses éléments pour les destinataires qu'elle désigne... ».

Mais même dans les situations apparemment les plus simples — décisions du Conseil de sécurité en vertu du chapitre VII de la Charte, actes des Communautés européennes — des difficultés ont surgi pour déterminer si tel ou tel acte avait bien un caractère décisoire. De la jurisprudence de la CIJ comme de celle de la Cour de Luxembourg, il résulte très clairement que la dénomination retenue par un organe n'est pas une indication décisive et que la Cour peut toujours requalifier un acte, en se fondant sur des critères objectifs : « Il faut soigneusement analyser le libellé d'une résolution du Conseil de sécurité avant de pouvoir conclure à son effet obligatoire. Étant donné le caractère des pouvoirs découlant de l'article 25, il convient de déterminer dans chaque cas si ces pouvoirs ont été en fait exercés, compte tenu des termes de la résolution à interpréter, des débats qui ont précédé son adoption, des dispositions de la Charte invoquées et en général de tous les éléments qui pourraient aider à préciser les conséquences juridiques de la résolution du Conseil de sécurité » (CIJ, *Namibie, Rec.* 1971, p. 41). En outre, certaines résolutions qui sont indiscutablement des décisions peuvent avoir un caractère simplement permissif (cf. la résolution 678 (1990) du Conseil de sécurité qui « autorise les États Membres (...) à user de tous les moyens nécessaires » pour faire respecter ses résolutions antérieures, légitimant ainsi le recours à la force armée contre l'Irak qui, en l'absence d'une telle décision, eût été illicite — sauf si l'on se place dans l'hypothèse de la légitime défense collective).

Comme pour les actes unilatéraux, on peut opposer les actes autonormateurs et ceux qui sont hétéronormateurs. Les premiers s'adressent à l'organisation elle-même ou aux États en tant qu'éléments de l'organisation et soumis à son droit propre ; les seconds sont dirigés vers des sujets de droit autonomes vis-à-vis de l'organisation (autres organisations, États membres ou non membres).

Certains actes unilatéraux des organisations sont à la fois auto et hétéronormateurs : c'est le cas en particulier de la résolution par laquelle le budget est adopté, dans les organisations financées par des contributions étatiques, et c'est l'hypothèse la plus fréquente pour les actes des Communautés européennes. Sous ces réserves, l'examen des effets de chaque résolution permet, en règle générale, d'évaluer ses effets « internes » et « externes » et d'en déduire la qualification la plus pertinente.

243. Les actes autonormateurs. — De manière explicite ou implicite, toutes les organisations internationales reçoivent les pouvoirs de décision nécessaires pour atteindre les objectifs fixés par leur charte constitutive, garantir la continuité de leur fonctionnement et permettre leur adaptation aux changements de circonstances ou de situations internationales.

Le droit d'adopter des actes obligatoires est étendu et plus ferme lorsqu'il s'agit pour l'organisation d'assurer son bon fonctionnement interne, l'efficacité de ses procédures, que dans les hypothèses où est recherchée une participation effective de l'organisation aux relations internationales.

1° *Les décisions liées au fonctionnement de l'organisation.* — Certaines ont une portée *individuelle :* nomination des agents de l'organisation et des juges des juridictions internationales rattachées aux organisations, création d'organes subsidiaires, mesures financières, etc.

D'autres décisions constituent de véritables actes normatifs *de portée générale :* règlements intérieurs des différents organes (voir par exemple les articles 21 et 30 de la Charte des Nations Unies pour l'Assemblée générale et le Conseil de Sécurité), règlements financiers, statut des agents, statut des organes subsidiaires. Cette compétence d'auto-régulation peut s'étendre jusqu'à un véritable droit d'« amendement constitutionnel » limité (v. *supra*, n° 191).

Exceptionnellement, une organisation peut en effet amender les règles de base posées par sa charte constitutive, sans l'accord individuel des États membres et avec effet obligatoire pour eux. Un pouvoir aussi exorbitant est bien sûr fermement encadré et des garanties procédurales sont données aux États membres : ainsi de l'élargissement du domaine d'action de la CE en vertu de l'article 308 du TCE (ex-art. 235 ; art. 352 du TFUE).

Ces décisions sont des actes juridiques internationaux et, à ce titre, lient les organes qui les ont adoptées. La jurisprudence internationale est très ferme sur ce point (CIJ, *Effets des jugements du TANU,* avis de 1954, *Rec.* 1954, p. 53 : bien qu'elle ait créé ce tribunal, l'Assemblée ne peut remettre en cause ses décisions ; *Demande de réformation du jugement n° 273 du TANU (Mortished),* avis de 1982, *Rec.* 1982 p. 321).

La distinction des actes selon leur portée individuelle ou générale est plus importante dans le droit des organisations internationales que dans les relations interétatiques. Elle commande en partie la mise en œuvre du principe de la hiérarchie des sources, principe qui trouve mieux à s'appliquer dans un cadre institutionnalisé.

Ainsi les fonctionnaires des Nations Unies sont soumis à un Statut, adopté par l'Assemblée générale, et au Règlement du personnel émanant — en exécution du Statut — du Secrétaire général de l'ONU, lui-même complété par des circulaires et des instructions. La base de la « pyramide » normative est constituée de décisions individuelles d'application. Dans l'affaire *Mortished* précitée, la CIJ a considéré que le TANU était en droit de censurer les actes du Secrétaire général qui portaient atteinte aux droits acquis des fonctionnaires des Nations Unies, dès lors que la garantie de ces droits acquis résidait dans le Statut du personnel, adopté par l'Assemblée générale (CIJ, avis de 1982 précité).

Parce qu'elles ont effet obligatoire pour les organes de l'organisation et pour les États membres, les décisions sont adoptées selon des procédures souvent complexes destinées à faire respecter certains équilibres politiques.

La Charte des Nations Unies en fournit plusieurs illustrations. L'article 97 dispose que le Secrétaire général est « nommé par l'Assemblée générale sur recommandation du Conseil de

Sécurité » ; les juges de la CIJ sont élus à la suite de scrutins séparés de l'Assemblée générale et du Conseil de Sécurité, à la majorité absolue des voix (articles 4 à 12 du Statut annexé à la Charte). L'admission d'un État parmi les Nations Unies se réalise par une décision de l'Assemblée générale sur recommandation du Conseil de sécurité (article 4, § 2, de la Charte). De la même façon, au sein des Communautés européennes, le Conseil de ministres ne peut en principe adopter un acte décisoire que *sur proposition* de la Commission. La « recommandation » du Conseil de Sécurité, la « proposition » de la Commission ne sont pas en eux-mêmes des actes créateurs de normes, mais — en tant qu'actes-conditions — ils ne sont pas dépourvus d'effets juridiques : leur absence constitue un vice de procédure suffisant pour obtenir l'annulation ou l'inopposabilité de l'acte unilatéral de l'organisation (CIJ, *Admission aux Nations Unies,* avis de 1950, *Rec.* 1950, p. 9) ; ou bien encore, il ne peut y être passé outre qu'au prix d'une majorité renforcée (art. 250 du TCE ; art. 293 du TFUE).

2° *Les décisions régissant les activités « externes » de l'organisation.* — Une organisation internationale peut s'obliger, par des actes unilatéraux, à adopter certains comportements vis-à-vis des États, des autres organisations ou même des personnes privées, dans l'exécution de sa politique propre.

Ainsi de certains engagements unilatéraux de coordination des activités des organisations, de l'annonce de la politique suivie par l'organisation à l'égard des États (en matière monétaire et financière, v. les « assurements de tirage » du FMI ; dans le domaine de la concurrence, v. les « communications » de la Commission des Communautés européennes sur les aides publiques nationales) ou des engagements pris à l'égard des individus (par exemple, respect du droit humanitaire dans la conduite des opérations de maintien de la paix, respect des droits fondamentaux de l'homme dans les actes adoptés par le Conseil et la Commission des Communautés européennes, attitude de la Commission vis-à-vis des ententes concertées des entreprises européennes).

L'organisation s'impose-t-elle une véritable obligation, alors qu'elle peut, en respectant certaines procédures, adopter un acte contraire ? Comme les actes étatiques unilatéraux, sur lesquels il n'est pas non plus impossible de revenir, lesdites décisions sont bien des actes juridiques : en effet, elles déterminent la validité ou l'opposabilité des mesures d'application de l'organisation aussi longtemps que, par la procédure prévue par le traité constitutif ou par des décisions générales sur le fonctionnement de l'organisation, une nouvelle décision contraire n'a pas remplacé l'ancienne.

244. Les actes hétéronormateurs des Nations Unies. — Les organisations de la « famille des Nations Unies » peuvent aussi créer directement des obligations à la charge des États membres, plus exceptionnellement à la charge d'autres organisations ou des individus. Elles disposent là des moyens les plus efficaces pour exercer leurs fonctions d'unification ou d'intégration.

1° *Champ d'application.* — Certaines décisions ont une portée *individuelle.* C'est le cas, en premier lieu, des jugements des juridictions internationales. En raison de l'autorité de chose jugée, ces jugements sont d'incontestables actes juridiques (v. *infra,* n° 260). Il s'agit, en second lieu, des décisions de l'Assemblée générale et du Conseil de sécurité : décisions d'admission au sein de l'ONU (ou d'une institution spécialisée), de la constatation d'une situation ou d'une mesure de sanction (article 25 de la Charte).

Déjà dans son avis consultatif de 1962, dans l'affaire *Certaines dépenses des Nations Unies,* la CIJ admettait que le Conseil de sécurité et l'Assemblée générale pouvaient décider une opération de maintien de la paix et en tirer toutes les conséquences concrètes vis-à-vis des États (*Rec.* 1962, p. 151 et s.). Son avis de 1971, dans l'affaire de la *Namibie,* retient une formulation plus générale encore : « Elle [l'Assemblée] n'a pas ainsi tranché des faits mais décrit une situation juridique. Il serait en effet inexact de supposer que, parce qu'elle possède en principe le pouvoir de faire des recommandations, l'Assemblée générale est empêchée d'adopter, dans des cas déterminés relevant de sa compétence, des résolutions ayant le caractère de décisions ou procédant d'une intention d'exécution » (*Rec.* 1971, p. 50).

Ce dernier *dictum* attire l'attention sur certaines particularités du régime des décisions unilatérales des Nations Unies. Leur opposabilité aux États destinataires et même leur validité sont conditionnées, en première ligne, par l'étendue des compétences reconnues à l'organe qui adopte ces décisions ; elle dépend aussi d'une éventuelle acceptation des États destinataires (v. *supra,* n° 238 et *infra*, n° 249).

Le pouvoir de décider attribué par la Charte au Conseil de sécurité dans l'exercice de sa fonction de maintien et de rétablissement de la paix est lourd de conséquences mais est resté longtemps d'un usage exceptionnel. C'est la première fois, dans l'histoire de l'humanité, qu'un organe politique à l'échelon universel est en droit d'imposer ses vues à des États souverains dans le domaine le plus important des relations internationales. Lorsqu'il exerce ce pouvoir de nature « exécutive » il apparaît bien comme une « autorité publique internationale » : le pouvoir de décision que l'article 25 de la Charte reconnaît au Conseil de Sécurité ne se limite pas à l'exercice des compétences prévues par le chapitre VII de la Charte, mais à toutes les mesures jugées opportunes pour le maintien de la paix (CIJ, *Certaines dépenses,* avis de 1962, à propos des opérations de maintien de la paix, *Rec.* 1962, p. 167 ; *Namibie,* avis de 1971, à propos de la déclaration d'illicéité de l'occupation sud-africaine en Namibie, *Rec.* 1971, p. 52-53).

Par ses ordonnances du 14 avril 1992, rendues dans l'affaire opposant la Libye au Royaume-Uni et aux États-Unis à propos de l'*Incident aérien de Lockerbie,* la CIJ a rappelé que « les Membres de l'Organisation des Nations Unies sont dans l'obligation d'accepter et d'appliquer les décisions du Conseil de sécurité conformément à l'article 25 de la Charte » — solution classique ; mais elle a semblé hésiter à admettre qu'il lui appartenait de contrôler la conformité de ces résolutions à la Charte et au *jus cogens* (*Rec.* 1992, p. 15 et 126), ce qui est infiniment plus discutable (v. *supra*, n° 174). On peut espérer que la solution ainsi esquissée tient uniquement au fait qu'il s'agissait de se prononcer sur les mesures conservatoires demandées par la Libye : le Conseil de sécurité n'est pas « au-dessus du droit » et ses résolutions doivent respecter tant la Charte des Nations Unies, qui fonde sa compétence, que les normes de *jus cogens*, qui s'imposent à tous. Les arrêts de la Cour du 27 février 1998 sur les exceptions préliminaires soulevées dans la même affaire n'abordent pas la question de front et les opinions individuelles ou dissidentes jointes sont discordantes sur ce point.

Telle a été la position de la Chambre d'appel du Tribunal pénal international pour l'ex-Yougoslavie (TPIY) dans l'important arrêt qu'elle a rendu le 2 octobre 1995 dans l'affaire *Tadic.* Alors que la Chambre de première instance II avait refusé d'examiner les objections soulevées par l'accusé à l'encontre de la licéité de la création du Tribunal (décision du 10 août 1995 — IT-94-I-T), la Chambre d'appel déclare que le Tribunal est « compétent pour examiner l'exception d'incompétence le concernant fondée sur l'illégalité de sa création » (§ 22) et, par une argumentation solidement argumentée (§§ 26-48), elle rejette la thèse de l'« inconstitutionnalité » en relevant que le Conseil de sécurité avait, en vertu du chapitre VII de la Charte, le pouvoir de créer le Tribunal, que celui « a été établi conformément aux procédures appropriées dans le cadre de la Charte des Nations Unies et offre toutes les garanties nécessaires à un procès équitable » (§ 47).

Dans une autre affaire, le Président du TPI a précisé la portée de l'obligation découlant de la résolution 827 (1993) adoptant le Statut du Tribunal et imposant aux États de « prendre toutes mesures nécessaires en vertu de leur droit interne pour mettre en application les dispositions de la présente résolution et du Statut » : « il s'agit d'une obligation de comportement ou d'une obligation de moyens, à savoir une obligation qui exige des États qu'ils exécutent une action spécifiquement déterminée, à la différence des obligations de résultat, qui requièrent des États qu'ils produisent une certaine situation ou résultat, en les laissant libres d'en choisir les moyens » ; en l'espèce, « tous les États ont l'obligation incontestable de promulguer toute législation d'application nécessaire pour leur permettre d'exécuter les mandats d'arrêt et les requêtes du Tribunal » (aff. *Blaskic*, décision du 3 avril 1996, IT-95-14-1, § 8, *RGDIP* 1996, p. 1153-1154).

Bien que l'Assemblée générale n'ait pas en principe compétence pour adopter des décisions obligeant les États membres, il existe quelques exceptions confirmées par la jurisprudence : dans l'avis précité de 1971, la CIJ lui a reconnu le pouvoir implicite de révoquer unilatéralement le mandat tenu de la SdN par l'Afrique du Sud sur la Namibie (*Rec.* 1971, p. 50) ; mais c'est aux États plus qu'à l'Organisation qu'elle a confié la tâche d'en tirer toutes les conséquences.

Les organisations peuvent aussi user de leur pouvoir réglementaire pour adopter des décisions *de portée générale* intéressant les États. Un tel pouvoir est attentatoire aux compétences des États ; il ne faut donc pas s'étonner qu'il reste le plus souvent enfermé dans des limites étroites et ne s'applique qu'à des problèmes techniques.

Les institutions spécialisées en sont les bénéficiaires principaux. L'Assemblée générale de l'Organisation mondiale de la santé « a autorité pour adopter les règlements concernant telle mesure sanitaire et de quarantaine ou toute autre procédure destinée à empêcher la propagation des maladies d'un pays à l'autre » (article 21 de sa Charte ; v. par ex. le Règlement sanitaire international (2005) adopté par l'Assemblée mondiale de la santé). L'Organisation météorologique mondiale peut « adopter des règlements techniques relatifs aux pratiques et procédures météorologiques » (article 7-d). L'Organisation de l'aviation civile internationale et l'Organisation maritime internationale instituent des « standards internationaux ». L'Autorité internationale des fonds marins, établie par la Convention de Montego Bay de 1982, peut adopter des « règles, règlements et procédures [qui] ont pour objet la prospection, l'exploration et l'exploitation dans la Zone » (art. 160, § 2 f). Il y a là un indéniable élargissement du domaine de la réglementation « autoritaire » des organisations internationales : il est difficile de n'y voir qu'une compétence technique.

On peut rapprocher de cette hypothèse la compétence d'auto-amendement de leur Charte dont disposent certaines organisations (v. *supra*, n°s 191 et 243). Le plus souvent, la « décision » de l'organisation ne sera toutefois qu'une première étape, nécessaire mais non suffisante, pour obtenir la révision du traité constitutif ; c'est donc au plus un acte-condition dans une procédure complexe de modification d'un traité.

2° *La mise en œuvre des décisions des organisations.* — Les progrès réalisés dans l'attribution aux organisations internationales d'un pouvoir de décision « autoritaire » n'ont pas, le plus souvent, de prolongement au stade du contrôle du respect des actes obligatoires de ces organisations. Leur mise en œuvre dépend encore, pour l'essentiel, de la coopération interétatique et des interventions des organes administratifs et juridictionnels nationaux.

Dans l'ordre international, l'application des décisions des organisations dépend tout d'abord de la validité et de la portée intrinsèque des résolutions : ces questions sont réglées à la fois par le droit interne de l'organisation (quant à l'opposabilité aux États membres) et par le droit international général (les États non membres de l'organisation ou les autres organisations internationales pouvant exceptionnellement être atteints par ses décisions).

Pour ce qui est des États membres, voir en particulier le *dictum* de la CIJ cité *supra,* n° 242. Les États non membres ne sont en principe concernés par ces décisions que dans deux cas : ou bien ils les ont acceptées, ou bien elles établissent des situations « objectives » et donc opposables à tous. Aussi l'affirmation péremptoire de la CIJ selon laquelle la déclaration d'une situation illégale par le Conseil de sécurité des Nations Unies est opposable aux États non membres (CIJ, avis sur la *Namibie, Rec.* 1971, p. 56), a-t-elle été fortement contestée.

La création du Tribunal criminel international pour l'ex-Yougoslavie, par voie de résolution des Nations Unies (résolution 827 [1993] du CS du 25 mai 1993) est la meilleure illustration de l'efficacité des procédures et décisions d'une organisation internationale face aux contraintes et limites de la voie conventionnelle : outre leur célérité, elles présentent l'avantage d'aboutir à des solutions opposables à tous les États membres des Nations Unies, voire aux États non membres (cf. le § 4 de la résolution et l'article 29 du statut du Tribunal — v. A. Pellet, *RGDIP* 1994, p. 7-60).

L'application des décisions peut être compromise en cas de conflit entre ces décisions et des normes coutumières ou conventionnelles.

Il va de soi qu'une décision contraire à l'acte constitutif de l'organisation est illicite. Il faut toutefois nuancer cette règle de bon sens lorsque la décision est un élément d'une pratique que l'on en vient à considérer comme étant le droit ou est conforme à une norme coutumière postérieure au traité constitutif (v. *supra*, n° 188). Par rapport aux autres normes conventionnelles, le « droit dérivé » bénéficie de la valeur juridique de l'acte constitutif lui-même et il convient d'appliquer par analogie les règles relatives aux conflits entre normes conventionnelles successives (v. *supra*, n°s 171 s.). Conformément à ces principes, dans l'affaire de *Lockerbie* précitée, la CIJ a semblé reconnaître, au stade des mesures conservatoires en tout cas, la supériorité des obligations découlant des décisions obligatoires du Conseil de sécurité sur toutes les autres obligations internationales conformément aux dispositions de l'article 103 de la Charte (*Rec.* 1992, p. 15 et 126).

Si c'est une norme coutumière qui est invoquée à l'encontre d'une décision, il faut savoir si la coutume est antérieure ou postérieure à la décision. Si elle est postérieure, elle l'emporte et la décision n'est plus opposable (sous réserve qu'il peut être difficile d'apporter la preuve de l'apparition d'une coutume contraire aux vœux des organisations). Si la coutume est antérieure, et tant que la décision ne peut pas être considérée comme l'expression d'une coutume nouvelle, la décision est opposable entre États membres de l'organisation, mais inopposable dans les rapports avec les États tiers. Par conséquent, en termes de responsabilité, l'État membre qui applique la décision ne peut voir sa responsabilité engagée dans ses relations avec un autre État membre ; tandis que sa responsabilité serait engagée pour la même attitude dans ses relations avec un État non membre (v. *supra,* n° 220).

Les États ne peuvent pas davantage se retrancher derrière leur droit interne pour refuser d'exécuter une décision obligatoire à leur égard d'un organe international (cf. TPI, aff. IT-95-14-AR 108 *bis*, 18 juillet 1997, *Blaskić*, §§ 54 et 66).

L'application des décisions des organisations internationales peut être le cas échéant contestée et compromise lorsqu'un destinataire se prévaut d'une contrariété entre leur objet ou leurs modalités et une ou des normes de *jus cogens* (voir *supra*, n°s 124 et s.). Elle peut l'être également en raison de l'effet relatif des actes unilatéraux des organisations internationales (voir, par exemple, le refus par la CJCE de tenir compte de la résolution 541 (1983) du Conseil de sécurité des Nations Unies qui demandait aux États de ne pas reconnaître d'autre État chypriote que la République de Chypre, car « tout à fait étrangère aux relations entre la CE et la Turquie dans le cadre de l'association » (arrêt du 27 sept. 1988, *Grèce / Conseil*, aff.

204/86, point 28, *Rec.* 1988, p. 5323). En revanche, la même juridiction peut privilégier l'importance de l'acte d'une organisation universelle pour assurer sa primauté vis-à-vis des principes généraux du droit de l'ordre juridique régional (arrêt de la CJCE du 30 juillet 1996, *Bosphorus*, aff. C-84/95). La jurisprudence communautaire distingue d'ailleurs l'impact des résolutions des Nations Unies sur les États membres de l'Union européenne et sur l'UE elle-même (arrêt du 14 janvier 1997, *Centro-Com*, aff. C-124/95, *Rec.* 1997, p. I-81 ; arrêt du 27 févr. 1997, *Ebony Maritime*, aff. C-177/95, *Rec.* 1997, p. I-1111). Combinée avec la jurisprudence *Yusuf* précitée (v. *supra* n°s 125 et 127), l'arrêt du TPI du 31 janvier 2007 dans l'affaire *Minin / Commission* (aff. T-362/04) confirme la primauté de l'ordre juridique issu des Nations Unies sur l'ordre juridique communautaire, sous réserve du respect du *jus cogens* (sur les questions posées par l'application des décisions du Conseil de sécurité dans l'ordre juridique communautaire, v. par ex. A. Vandepoorter, *AFDI* 2006, p. 102-136). La CJCE a toutefois retenu une position différente dans son arrêt du 3 septembre 2008 rendu dans l'affaire *Kadi* en considérant au nom de l'autonomie de l'ordre juridique communautaire que primaient en son sein les règles de droit primaire et les droits fondamentaux communautaires (aff. jointes C-402/05 P et C-415/05 P).

La mise en œuvre des jugements des juridictions internationales est facilitée par le principe de l'autorité de la chose jugée (v. *infra*, n° 547). Mais, face à la mauvaise volonté d'un État, les techniques institutionnalisées (article 94 de la Charte) risquent d'être d'une efficacité limitée.

Dans l'ordre juridique interne, les juridictions nationales se montrent embarrassées lorsqu'il leur est demandé de faire application des décisions des organisations internationales. Leur jurisprudence manque de cohérence. Assez souvent, les tribunaux internes éviteront de se prononcer directement sur la valeur juridique de ces actes : sans en nier ouvertement la portée obligatoire, ils trouveront des biais procéduraux pour ne pas avoir à les prendre en considération.

Quelques rares constitutions contiennent des dispositions expresses consacrant la force obligatoire des décisions des organisations internationales et leur supériorité sur la loi (cf. les articles 93 et 94 de la Constitution des Pays-Bas). Lorsque ce n'est pas le cas, les juges nationaux témoignent d'un certain embarras à leur égard.

En France, on doit cependant considérer que, dès lors qu'il est conforme à la Constitution de conclure « des engagements internationaux en vue de participer à la création ou au développement d'une organisation internationale permanente (...) investie de pouvoirs de décision par l'effet de transfert de compétence » (CC, 9 avril 1992, *Traité de Maastricht*), les décisions prises par celle-ci sont obligatoires et doivent être appliquées par toutes les autorités compétentes, y compris les juges, si, du moins, elles sont *self-executing* (v. *supra*, n° 149) ; un problème peut cependant surgir du fait de l'absence de publication de ces instruments au *JORF* (v. M.-P. Lanfranchi, préc., p. 55). La Cour d'appel de Paris a jugé que les règlements sanitaires internationaux adoptés par l'OMS ne sont applicables en droit interne que s'ils ont fait l'objet de mesures nationales d'application (14 novembre 1967, *Époux Pivert, AFDI* 1968, p. 866) ; en revanche, la Chambre sociale de la Cour de cassation a semblé admettre que les résolutions du Conseil de sécurité peuvent être directement applicables en France (4 juin 1996, *Jat c. Dupont*, *RGDIP* 1998, p. 495) et la position de la Chambre civile a évolué en ce sens (Cass. civ. 1re, 15 juill. 1999, *Dumez*, *RGDIP* 2000, p. 542). La Cour de cassation a finalement adopté une position de principe selon laquelle les résolutions du Conseil « n'ont, en France, pas d'effet direct » à défaut de mesures nationales les rendant obligatoires ou les transposant. Elles peuvent cependant au moins dans ce cas « être prises en considération par le juge en tant que fait juridique » (Cass. civ. 1re, 25 avril 2006, *Société Dumez*, *Bull.* p. 178). De son côté, le Conseil d'État a appliqué la résolution 1349 (XIII) de l'Assemblée générale des Nations Unies, relative à la fin de la tutelle française sur le Cameroun, en considérant que celle-ci avait été adoptée « avec le plein accord du gouvernement français » (3 novembre 1961, *M'Bounya*, *Leb.* 1961, p. 612). Toutefois, la Haute juridiction s'interdit d'apprécier le bien-fondé des décisions des « organismes internationaux » (CE, 23 sept. 1992, *Gisti/MRAP*, *Leb.* 346 ; 22 juillet 1994, *Chambre syndicale des transports aériens*, *Leb.* 922) et considère que les décisions prises en application de décisions obligatoires du Conseil de sécurité constituent des actes de gouvernement et « échappent dès lors à tout contrôle contentieux » (29 déc. 1997, *Héli-Union*, *Leb.* p. 501). S'agissant des actes adoptés par l'Union européenne (sur les actes de la CE, v. *infra*, n° 245), le Conseil d'État a jugé que les actions communes décidées dans le cadre de la PESC « sont dépourvues d'effet en droit interne » dès lors qu'elles ne créent d'obligations qu'à l'égard des États membres (CE, 11 décembre 2006, *Dispans*, n° 279690, *Leb.* p. 509).

À propos de résolutions du Conseil de sécurité adoptées sur la base du chapitre VII de la Charte, les tribunaux américains ont réagi négativement (dans une célèbre affaire *Diggs v. Shultz,* 31 octobre 1972, la Cour d'appel du district de Columbia a refusé de faire prévaloir la résolution 232 (1966), relative à l'embargo vers la Rhodésie du Sud, sur l'amendement Bird de 1971 à la loi américaine sur les produits stratégiques : v. *ILM* 1972, p. 1252 ; à propos des résolutions 276 (1970) et 301 (1971) sur la Namibie, la position du tribunal a été plus prudente : v. *Diggs v. Dent,* 13 mai 1975, *ILM* 1975, p. 797).

Sur les problèmes posés par l'application du « décret » n° 1 du Conseil des Nations Unies pour la Namibie, du 27 septembre 1974, approuvé par l'Assemblée générale en 1974 et 1975, qui prévoyait la saisie des produits et matières premières namibiens exploités sans l'autorisation de ce Conseil, v. H. G. Schermers, « The Namibia Decree in National Courts », *ICLQ* 1977, p. 81-96.

Les juridictions nationales montrent moins de réserve lorsque la constitution incorpore les principes des conventions internationales sur la base desquelles certaines organisations appuient leur pratique : ainsi de la jurisprudence des tribunaux allemands et autrichiens en matière de droits de l'homme, qui fait référence aux « décisions » de la Commission et de la Cour européennes des droits de l'homme. Il n'en reste pas moins que les autorités nationales pourront se montrer assez réticentes à mettre en œuvre inconditionnellement les décisions rendues par des juridictions internationales (v. par ex. l'attitude des autorités américaines à la suite de l'arrêt rendu contre les États-Unis par la CIJ dans l'affaire *Avena* — v. A. Peyro Llopis, « Après *Avena :* l'exécution par les États-Unis de l'arrêt de la CIJ », *AFDI* 2005, p. 140-161, et, plus largement, F.M. Palombino, « Les arrêts de la CIJ devant le juge interne », *ibid.*, p. 121-139 ; la CIJ a d'ailleurs jugé dans son arrêt du 19 janvier 2009 relatif à la *Demande en interprétation de l'arrêt du 31 mars 2004 en l'affaire* Avena que ce dernier arrêt était privé d'effet direct [v. par. 43-46]).

245. Cas particulier des actes communautaires

BIBLIOGRAPHIE. — R. ABRAHAM, *Droit international, droit communautaire et droit français,* Hachette, 1989, 223 p. — J.-V. LOUIS, *L'ordre juridique communautaire,* Bruxelles, CE, 6e éd., 1993. Voir les manuels de droit communautaire cités dans la bibliographie générale, en tête de l'ouvrage.

D'exceptionnel dans les organisations de coopération, le pouvoir d'adopter des actes unilatéraux obligatoires devient la règle dans les organisations d'intégration, telles les Communautés européennes.

L'article 249 du TCE (ex art. 189 ; art. 288 du TFUE) retient la distinction et la formulation suivantes : le règlement, la directive et la décision (cité *supra*, n° 242). Le règlement et la directive ont une portée générale, car ils visent tous les États et leurs ressortissants, directement ou indirectement. La décision est adressée à un ou plusieurs États membres ou à des particuliers.

Les particularités de l'ordre juridique communautaire interdisent de dissocier l'ordre juridique de l'organisation de celui des États membres aussi nettement que dans le cas des organisations universelles. Aussi faut-il ici renoncer à la distinction entre actes autonormateurs et hétéronormateurs. Plus généralement cependant, le régime juridique des actes unilatéraux communautaires pose des problèmes semblables à ceux des autres organisations internationales sur de nombreux points. Mais on bénéficie ici d'un apport jurisprudentiel qui permet de préciser certaines solutions.

Dans une affaire célèbre, *Costa c. ENEL,* la Cour de Luxembourg a marqué les limites de l'analogie avec le droit des autres organisations internationales : « À la différence des traités internationaux ordinaires, le traité de la CEE a institué un ordre juridique propre intégré au système juridique des États membres lors de l'entrée en vigueur du traité et qui s'impose à leurs juridictions (...). Issu d'une source autonome, le droit né du traité ne pourrait donc, en raison de sa nature spécifique originale, se voir judiciairement opposer un texte interne quel qu'il soit, sans perdre son caractère communautaire et sans que soit mise en cause la base juridique de la Communauté elle-même. » (15 juillet 1964, aff. 6-64, *Rec. CJCE* 1964, p. 1141). Le Conseil constitutionnel français a fait siennes ces formules en les nuançant dans sa décision du 9 avril 1992 relative au Traité de Maastricht, en précisant que le droit communautaire constitue « un ordre juridique propre qui, bien que se trouvant intégré au système juridique des États membres des Communautés, n'appartient pas à l'ordre institutionnel de la République française » (*RFDA* 1992, p. 373). Le Conseil l'a formulé différemment dans sa décision relative au projet de traité établissant une Constitution pour l'Europe, en remarquant, d'une part, qu'en insérant l'article 88-1 dans la Constitution, « le constituant [avait] consacré l'existence d'un ordre juridique communautaire intégré à l'ordre juridique interne et distinct de l'ordre juridique international », mais en précisant, d'autre part, que le fait que ce traité s'intitule « Constitution » ne portait en rien atteinte à la suprématie, en droit interne, de la Constitution française qui reste « au sommet de l'ordre juridique interne » (décision du 19 novembre 2004, *Rec.* p. 173, § 10-11).

En se prononçant comme elle l'a fait dans l'affaire *Costa c. ENEL,* la Cour ne pouvait affirmer plus clairement que, dès lors qu'ils sont régulièrement adoptés et publiés, les actes décisoires communautaires :

— sont directement opposables à toutes les autorités publiques, administratives et juridictionnelles ;

— ont une autorité supérieure à celle des règles — constitutionnelles, législatives et administratives — des États membres.

La jurisprudence de la Cour, bien que favorable à une applicabilité directe des normes communautaires dans les ordres nationaux aussi étendue que possible, ne l'affirme pas de façon absolue. Les particuliers ne peuvent pas invoquer directement les dispositions du Traité de Rome ou de certains actes du droit « dérivé » (directives) si elles ne sont pas *self executing,* autrement dit si elles supposent l'adoption de mesures nationales ou communautaires d'application. Il reste que cette « invocabilité directe » – au moins dans les rapports entre les particuliers et les personnes publiques – s'est largement étendue depuis l'expiration de la période de transition (1958-1969) en application du devoir de coopération énoncé à l'article 10 du TCE : l'inertie des États membres n'est plus un obstacle aussi puissant à l'applicabilité directe que dans les relations internationales générales.

Les tribunaux nationaux se sont inclinés de plus ou moins bonne grâce devant ces particularités du droit communautaire. En France, la Cour de cassation en a fait une application remarquée à partir de l'arrêt *Sté des Cafés J. Vabre,* du 24 mai 1975 (*D.* 1975, J.P. 497, concl. Touffait). Le Conseil d'État s'est longtemps montré plus réticent (v. *supra,* n° 183). Peu à peu, cependant, en prenant appui sur l'article 88-1 de la Constitution, les obstacles même de nature constitutionnelle ont été contournés ; non seulement la jurisprudence du Conseil constitutionnel français refuse tout examen de constitutionnalité d'un acte de droit dérivé, mais il a récemment étendu du traité constitutif (décision du 5 mai 1998, *Entrée et séjour des étrangers en France et droit d'asile, Rec.* p. 245) aux directives (décision du 10 juin 2004, *Loi pour la confiance dans l'économie numérique, Rec.* p. 101, confirmée par les décisions du 1er et 29 juillet 2004, *Rec.* p. 107 et 108) l'immunité juridictionnelle des lois de transposition à l'égard des normes non fondamentales de la Constitution : le Conseil constitutionnel se déclare incompétent pour apprécier la constitutionnalité des lois de transposition des directives sauf s'il est établi que la directive viole une disposition « expresse » et « spécifique » du bloc de constitutionnalité. Le Conseil d'État a confirmé cette auto-limitation par un arrêt du 8 février 2007, dans l'affaire *Arcelor-Atantique et Lorraine* : conformément à la jurisprudence de la CJCE qui interdit aux juridictions nationales d'apprécier la validité des actes communautaires obligatoires, le Conseil d'État refuse de répondre à l'argument de l'inconstitutionnalité d'un décret de transposition d'une directive et estime devoir dans ce cas poser une question préjudicielle en appréciation de validité à la

Cour de Luxembourg, sous réserve d'une éventuelle violation d'un « principe inhérent à l'identité constitutionnelle de la France » (*Leb.* p. 56 ; v. également, qui prolonge cette décision et en précise la portée, CE, 10 avril 2008, *Conseil national des barreaux et autres*, *AJDA*, 9 juin 2008, p. 1085).

Très exceptionnellement, une décision communautaire pourrait avoir effet dans l'ordre juridique d'un État non membre, avec son consentement préalable. Les difficultés rencontrées pour faire appliquer à l'étranger les décisions communautaires en matière de concurrence manifestent les limites de l'opposabilité de ces décisions en dehors de l'ordre juridique de la Communauté.

Selon l'article 244 (ex-art. 187) du TCE (art. 280 du TFUE), « les arrêts de la Cour de Justice ont force exécutoire » et leur exécution forcée peut être recherchée dans les États membres. Dans la plupart des cas, l'exécution suppose une initiative soit des organes communautaires (Commission et Conseil), soit des États membres, soit des tribunaux nationaux. La mauvaise volonté des États a même justifié un renforcement des menaces de sanctions pécuniaires pour manquement à l'autorité de la chose jugée (amendes et astreintes). Sur un autre terrain, le Conseil constitutionnel n'a pas hésité à déclarer une disposition législative contraire à la Constitution (au principe de la séparation des pouvoirs et de la garantie des droits) au motif que son objet visait à priver d'effet un arrêt de la CJCE (décision n° 2005-531 DC du 29 décembre 2005, *Loi de finances rectificative pour 2005*, *Rec.*, p. 186).

La normalisation et la généralisation du pouvoir de décision, l'applicabilité directe dans les États membres des mesures prises, la possibilité d'agir directement sur les individus sont des facteurs de « supranationalité » qui facilitent aux organisations communautaires l'exercice de leurs fonctions d'intégration.

Aux actes communautaires, le Traité de Maastricht a ajouté en 1992, utilisant une terminologie différente et inédite, des « actions communes » et des « positions communes » pour la mise en œuvre de la partie du traité sur l'Union européenne consacrée à la politique étrangère et de sécurité commune (titre V) et de celle sur la coopération en matière pénale (titre VI). Leur régime juridique est plus proche des actes unilatéraux des organisations intergouvernementales ou même des conférences diplomatiques ; ce qui n'interdit pas l'exercice d'une certaine compétence d'examen et d'interprétation des juridictions communautaires à leur égard (arrêts de la CJCE du 12 mai 1998, aff. C-170/96, *Commission c. Conseil*, *Rec.* p. I-2763 ; ou du TPI du 7 juin 2004, aff. T-338/02, *Segi e.a. c. Conseil*, *Rec.* p. II-1647) ; mais ce sont surtout les actes communautaires de mise en œuvre de ces politiques qui justifient la recevabilité des actions en question.

Bien entendu, ne peuvent bénéficier en dernier ressort de la force normative reconnue au droit communautaire que les actes au profit desquels les États membres ont accepté la production d'un tel effet. Ainsi la Charte des droits fondamentaux de l'Union européenne est-elle « dépourvue, en l'état actuel du droit, de la force juridique qui s'attache à un traité une fois introduit dans l'ordre juridique interne et ne figure pas au nombre des actes du droit communautaire dérivé susceptibles d'être invoqués devant les juridictions nationales » (CE, 5 janvier 2005, *Deprez et Braillard*, *Leb.* p. 1 ; Cass. civ.1re, 13 mars 2007, *MM. X et Y*, *RGDIP* 2007, p. 974, note Th. Haas).

B. — Les recommandations

246. Définition. — La recommandation est un acte qui émane en principe d'un *organe intergouvernemental* et qui propose à ses destinataires un comportement donné.

Cette définition s'applique aussi bien à l'« avis » d'un organe international. On considère cependant parfois que les avis constituent l'aspect le plus élémentaire de l'activité des organisations internationales qui, en les formulant, se borneraient à exprimer une opinion. La pratique des organisations est trop souple pour confirmer une telle opinion. Dans certaines organisations, certains organes non gouvernementaux peuvent être autorisés à émettre des recommandations ; c'est le cas, dans les Communautés européennes, pour la Commission et le Parlement européen. On notera au demeurant que la CIJ, comme déjà la CPJI, n'hésitent pas, le cas échéant dans le dispositif même de l'arrêt, à adresser des recommandations aux parties en litige en vue de favoriser le règlement définitif de leur différend, sans y être expressément habilitées (v. par ex. CPJI, *Zones franches*, 7 juin 1932, *Série A/B n° 46*, *Rec.*, p. 172 ; CIJ, *Cameroun/Nigeria*, 10 octobre 2002, *Rec.*, p. 452, § 316 ; en matière consultative, v. par exemple l'avis de 2004 sur le *Mur*, *Rec.*, p. 202, § 163E).

Le domaine de la recommandation est aussi diversifié que les finalités reconnues aux organisations internationales contemporaines.

Les destinataires de ces recommandations sont d'abord les États, membres ou non membres de l'organisation, et les organes d'une même organisation ; ce sont aussi d'autres organisations internationales lorsqu'il existe un début de hiérarchie entre elles (coordination de leurs activités) ; ce peut être parfois des particuliers ou des entreprises.

Cette diversité d'utilisation de la recommandation explique que sa portée juridique puisse varier et que, même lorsqu'elle n'a pas force obligatoire, sa contribution à l'élaboration du droit reste importante.

247. Portée juridique des recommandations. – Absence de force obligatoire. — La recommandation est un acte dépourvu d'effets obligatoires. Le sens juridique du mot coïncide avec son sens courant. Ses destinataires ne sont pas obligés de s'y soumettre et ne commettent pas d'infraction en ne la respectant pas.

Il en va ainsi, par exemple, des résolutions adoptées par le Conseil de sécurité des Nations Unies dans le cadre du chapitre VI de la Charte (cf. CIJ, 27 fév. 1998, *Lockerbie (exceptions préliminaires)*, *Rec.* p. 26). L'article 249 du TCE (art. 288 du TFUE) indique expressément que les recommandations et avis du Conseil et de la Commission « ne lient pas » (dans le même sens, v. l'article 161 du Traité Euratom) ; une résolution « politique » du Parlement européen ne fait pas partie du « bloc de légalité » communautaire et ne peut faire naître une confiance légitime. La charte constitutive de l'OACI est encore plus précise et conséquente : « Aucun État contractant ne sera considéré coupable d'infraction à la présente convention s'il manque de mettre ces recommandations à exécution » (à propos des recommandations du Conseil, article 69). En conséquence, de telles recommandations n'ont pas d'effet en droit interne (à propos de celles adoptées par l'OACI, v. CE, 23 novembre 2001, *Société Air France*, *Leb.* p. 576), pas plus que les constatations opérées par un organe privé de tout pouvoir de décision comme le Comité des droits de l'homme des Nations Unies (CE, ord. en référé, 11 octobre 2001, *M. Hauchemaille*, req. n° 238849 *Leb.* p. 460).

1° À *l'égard des États,* membres ou non de l'organisation, le pouvoir de recommandation est tout à fait adapté à la fonction de coordination : toute recommandation ne devient obligatoire qu'après une acceptation expresse ou tacite.

Dès lors, et quoi qu'en dise une partie de la doctrine, l'adoption d'une recommandation par un organe d'une organisation ne saurait être considérée comme une intervention dans les affaires relevant essentiellement de la compétence nationale des États. La protection apportée, à cet égard, par l'article 2, § 7, de la Charte des Nations Unies, suppose une atteinte juridique aux souverainetés nationales ; il convient de ne pas en étendre le champ d'application aux inconvénients politiques d'une prise de position de l'organisation.

Non obligatoires d'un point de vue juridique, les recommandations peuvent être politiquement très contraignantes. Ce sont d'indéniables moyens de pression politiques.

En effet, l'opposition d'un État à une recommandation soutenue par un groupe plus ou moins vaste d'États, l'oblige à se tenir sur la défensive, à expliquer sa position surtout si l'organe international a procédé à une qualification de la situation — « occupation », « menace à la paix », « agression » — qui s'impose à des organes subsidiaires. Ces considérations politiques sont particulièrement pressantes lorsque les recommandations sont assorties de moyens de pression *psychologiques* (solennité de l'adoption, formulation calquée sur celle des traités, etc.) ; ou si elles comportent un *mécanisme de contrôle* ayant pour objet de permettre d'apprécier les progrès accomplis dans la mise en œuvre des principes qu'elles posent ou de relever les insuffisances dans leur application (v. *infra*, n° 249).

On a parfois soutenu qu'une recommandation était opposable à un État ayant, par son vote, contribué à son adoption, en invoquant le principe de bonne foi. Il n'est pas exclu que le principe trouve à s'appliquer ; mais la bonne foi n'est pas violée du seul fait qu'un État n'applique pas une recommandation qu'il a votée.

En parlant de « recommandation », la Charte constitutive de l'organisation implique que son contenu n'est pas obligatoire. Très légitimement, les États règlent leur conduite en fonction de cette considération : souvent, un État vote en faveur d'une recommandation *parce qu'il a conscience que son vote ne l'engage pas :* soutenir le contraire conduirait à une grave paralysie du fonctionnement des organisations internationales.

2° Les mêmes solutions s'imposent *dans les relations entre organisations* indépendantes, entre organes égaux d'une même organisation et *a fortiori* pour les recommandations d'un organe inférieur à un organe supérieur.

Avant 1955, lorsque l'Assemblée générale des Nations Unies, exaspérée par le blocage des demandes d'admission du fait d'un Conseil de sécurité paralysé par le veto, lui adressait des recommandations, c'était bien dans le but de faire pression publiquement sur cet organe mais uniquement d'un point de vue politique. Cette pratique s'est généralisée à propos des opérations de maintien de la paix dès 1956 (résolutions 998-1000 et 1001 (ES-I) des 4-5 novembre 1956 créant la FUNU ; résolutions de 1960 du Conseil de sécurité et de l'Assemblée appuyant mutuellement les initiatives et prises de position de l'autre organe dans l'affaire du Congo) et en matière de décolonisation. La jurisprudence de la CIJ en a confirmé la légitimité (avis de 1962, *Certaines dépenses des Nations Unies, Rec.* 1962, p. 164-165). Mais les qualifications données par un organe à une situation ou à un comportement des États ne s'imposent pas à un autre organe si la Charte ne le prévoit pas. On observe fréquemment un « décalage » entre la position de l'Assemblée générale et celle du Conseil de sécurité (voir les affaires de la Rhodésie du Sud et de Bosnie-Herzégovine ou la question du Proche-Orient).

De même les avis consultatifs des juridictions internationales ou les avis des assemblées parlementaires n'ont pas force contraignante pour les organes destinataires (v. *infra,* n° 549 et 412 s.). Il n'en va autrement que sur la base d'une exception expresse ou d'un engagement de coopération entre organisations théoriquement indépendantes (v. *infra,* n° 249).

248. Valeur normative des recommandations. — L'absence de force obligatoire des recommandations ne signifie pas qu'elles n'ont aucune portée. Si tel était le cas, on s'expliquerait mal l'acharnement des débats conduisant à leur adoption. Comme l'a rappelé la CIJ dans son avis consultatif de 1996 sur la *Licéité de la menace ou de l'emploi d'armes nucléaires*, « les résolutions de l'Assemblée générale, même si elles n'ont pas force obligatoire, peuvent parfois avoir une valeur normative » (*Rec.* p. 254). Leur impact politique est souvent fondamental et même leur valeur juridique n'est pas négligeable.

Il est difficile de décrire d'une manière générale et abstraite la portée des recommandations. Comme le signale l'auteur de la sentence arbitrale dans l'affaire *Texaco-Calasiatic,* il faut tenir compte des conditions dans lesquelles une recommandation a été adoptée et procéder à une analyse rigoureuse de ses dispositions (*JDI*, 1977, p. 350). La réponse ne peut être donnée que pour le cas d'espèce.

1° Tout État membre est tenu, pour le moins, *d'examiner la recommandation de bonne foi.* Celle-ci représente en effet l'opinion de la majorité des membres de l'organisation dans laquelle l'État a librement choisi d'entrer et dont il a accepté les finalités.

La charte constitutive rappelle souvent ce devoir et en fait une véritable obligation juridique (art. 2, § 5 et 6 et art. 56 de la Charte des Nations Unies par exemple). L'article 10 du TCE — anciennement art. 5 — est plus explicite et plus contraignant encore : « Ils [les États] s'abstiennent de toutes mesures susceptibles de mettre en péril la réalisation des buts du présent traité ». La jurisprudence de la CJCE en a tiré des conséquences relativement contraignantes pour les États membres (aff. 61/77, 141/78, 32/79, 804/79 : *Rec.* 1978, p. 417, 1979, p. 2923, 1980, p. 2403, 1981, p. 1045 : solidarité communautaire et problèmes de pêche maritime).

Un exemple témoigne de façon remarquable de l'importance, au moins politique, que les États attachent aux recommandations : l'Assemblée générale des Nations Unies avait, dans sa résolution 3379 (XXX) du 10 novembre 1975, assimilé le sionisme au racisme et à la discrimination raciale. Cette position, très controversée, a été « déclarée nulle » par une nouvelle résolution, 46/86, en date du 16 décembre 1991, à la suite des efforts d'Israël et des États-Unis.

2° Dans la mesure où la validité matérielle et formelle d'une recommandation n'est pas contestable, tout État membre est en droit d'en faire application. *Sa responsabilité internationale ne peut être recherchée* s'il agit conformément à la résolution, son comportement ne peut être jugé illicite, dans ses rapports avec les autres États membres, puisqu'il ne fait que respecter la Charte constitutive de l'organisation.

Cette « lapalissade » oblige à constater que la recommandation :

— a, pour le moins, valeur *permissive* ;

— et crée une situation juridique nouvelle lorsque les principes posés par la recommandation ne coïncident pas avec les normes qui régissaient jusque-là les rapports interétatiques.

Le cadre juridique peut en effet devenir très complexe. Les autres États membres restent libres de ne pas donner suite à cette recommandation, et ne sont liés que par les normes antérieurement acceptées. Le conflit éventuel des règles anciennes et nouvelles ne peut être réglé ni en vertu du principe de la hiérarchie des sources — puisque la recommandation est, par hypothèse, valide, ni sur la base du principe *« lex posterior »*, puisque la norme la plus récente n'est pas obligatoire. Même le principe de bonne foi est d'une utilité très limitée : il est inopposable aux États qui ont voté contre la recommandation ; tout au plus interdira-t-il à un État qui a voté pour la recommandation de reprocher à un autre État d'en faire application.

La conséquence essentielle de l'adoption d'une recommandation sera donc d'autoriser les États qui la respectent à écarter l'application d'une norme antérieure pour autant qu'ils ne portent pas atteinte aux droits acquis des autres États. Les États qui la récusent pourront continuer à appliquer la norme antérieure.

Cette situation est concevable, encore qu'inconfortable, lorsqu'il s'agit de principes régissant les rapports interétatiques (v. *infra*, n° 644 la question du droit des nationalisations) ; mais elle constitue une véritable impasse lorsqu'est en cause le fonctionnement d'une organisation internationale, car on voit mal comment pourraient coexister plusieurs « règles du jeu » au sein d'une même organisation.

Ainsi l'Assemblée générale pourrait, en s'appuyant sur la résolution 377 (V) dite Acheson (v. *infra*, n° 587), recommander de recourir à la force dans des conditions non prévues par la Charte. Comment concilier les obligations préexistantes, définies par la Charte, et les normes recommandées ? « Certes les recommandations n'ont aucune force obligatoire, mais ici nous sommes placés dans l'hypothèse où un État met volontairement en application la résolution. Va-t-on dire que cette application spontanée est irrégulière parce qu'elle entre en conflit avec des obligations antérieures ? Ce serait décourager les bonnes volontés et compromettre la réalisation des objectifs de la Charte. Si les résolutions n'ont pas de force obligatoire, elles sont néanmoins adoptées dans le but d'être exécutées » (J.-P. Jacqué, *Éléments pour une théorie de l'acte juridique...*, précité, p. 238).

Ces considérations permettent de justifier en partie la solution *a priori* surprenante retenue par la CDI dans son projet en cours d'élaboration relatif à la responsabilité des organisations internationales. En vertu du projet d'article 15 provisoirement adopté en 2005 par la Commission (A/60/10, p. 98), une organisation internationale engage sa responsabilité internationale si elle autorise l'un de ses membres à (ou lui recommande de) commettre un fait qui serait internationalement illicite s'il était commis par elle et qui la soustrairait ainsi à l'exécution de ses obligations internationales, dans les situations en tout cas où le fait en question serait commis par le membre de l'organisation en s'appuyant sur cette autorisation ou recommandation.

3° L'adoption de recommandations présente un autre intérêt important : elles apportent une contribution de plus en plus sensible à la formation de nouvelles règles coutumières. Pour être un élément formateur de la coutume, les recommandations doivent traduire une *opinio juris* et être suivies d'une pratique conforme (v. *supra*, n° 209). N'exprimant pas nécessairement une réelle *opinio juris* (v. *supra*, n° 247), leur fonction se limite souvent au rôle de « ferment » du processus coutumier.

En premier lieu, la fonction des recommandations dépend de l'intention exprimée par l'organe qui les adopte. Une indication utile peut-elle être tirée de la qualification donnée à une résolution et de l'affirmation que son contenu confirme le droit positif ?

L'Assemblée générale des Nations Unies manifeste une prédilection particulière pour le vote de « déclarations » de principes généraux depuis l'adoption en 1948 de la Déclaration universelle des droits de l'homme : « droits de l'enfant » (1959), « octroi de l'indépendance aux pays et aux peuples coloniaux » (1960), « souveraineté permanente sur les ressources naturelles » (1962), « élimination de toutes les formes de discrimination raciale » (1963), « principes juridiques régissant les activités des États en matière d'exploration et d'utilisation de l'espace extra-atmosphérique » (1963), « principes du droit international touchant les relations amicales et la coopération entre les États conformément à la Charte » (1970), « principes régissant le fond des mers et des océans ainsi que leur sous-sol au-delà des limites de la juridiction nationale » (1970), « instauration d'un nouvel ordre économique international » (1974), « Charte des droits et devoirs économiques internationale » (1974), « désarmement » (1978), « non-intervention dans les affaires intérieures des États » (1965 et 1981), droit au développement » (1986). Cette liste non exhaustive donne une idée de la diversité des domaines où s'expriment les préoccupations des États membres des Nations unies.

La nature juridique et la portée de telles « déclarations » diffèrent-elles de celles des résolutions qui les contiennent ?

La question ne soulève pas de difficultés pour les déclarations purement « confirmatives » du droit coutumier. Les principes ainsi exprimés sont obligatoires en tant que règles coutumières, et leur inclusion dans une recommandation constitue un simple rappel qui, juridiquement, n'ajoute rien. Peu importe dans ce cas la valeur de *l'instrumentum* lui-même. Lorsque, par contre, les déclarations ajoutent au contenu du droit positif, il importe de déterminer si les principes posés bénéficient d'une portée supérieure à celle d'une recommandation. En règle générale, les juridictions internes refuseront d'appliquer ces recommandations en tant que telles.

S'agissant de la Déclaration universelle des droits de l'homme, la jurisprudence française peut paraître contradictoire, mais ce n'est qu'une apparence. Dans l'arrêt *Car* le Conseil d'État refuse d'en faire application (11 mai 1960, *Leb.* 1960, p. 319 : v. aussi : Ass., 23 nov. 1984, *Roujanski, Leb.*, p. 283. — 21 déc. 1990, *Confédération nationale des associations familiales catholiques, Leb.*, p. 369, concl. Stirn ; 17 mai 1993, *Batouche, RFDA* 1993, p. 1139 ; 29 oct. 1997, *Mezrigui*, ou encore, pour une confirmation récente, 2 avril 2004, *Bisiaux*, req. n° 249482) ; tandis que dans l'affaire *Barbie* (6 octobre 1983, *Bull.*, p. 610), la Cour de cassation accepte d'y faire référence : c'est qu'elle s'est convaincue de l'enracinement progressif dans la pratique internationale des principes énoncés en 1948 et de leur transformation en normes coutumières (v. *supra*, n° 222).

Le rôle des recommandations dépend, en second lieu, des circonstances et des modalités de leur adoption : autorité juridique et politique de l'organe qui les adopte, majorité atteinte lors du vote, importance des États exprimant des « réserves » à cette occasion, existence ou non de mécanismes de contrôle de la mise en œuvre de ces recommandations (v. *infra*, n° 249).

Pour cette raison, les principes posés dans les avis consultatifs de la CIJ se voient plus facilement et plus rapidement reconnaître valeur de normes de droit positif que les résolutions d'un organe intergouvernemental. Rendus par le principal organe juridictionnel des Nations Unies à l'issue d'une procédure contradictoire très proche de la procédure contentieuse, ils sont présumés traduire l'état du droit, même lorsque les organes qui ont interrogé la Cour n'en tiennent pas compte.

Autant les institutions internationales s'inclinent volontiers devant les prises de position de la CIJ, autant elles interprètent diversement une même « séquence » de recommandations internationales contradictoires ou ambiguës. Les arbitres appelés à statuer dans quatre affaires de nationalisation de concessions pétrolières ont abouti à des conclusions très diverses lorsqu'ils se sont penchés sur la résolution 1803 (XVII) et sur la Charte des droits et devoirs économiques des États (voir sentences du 10 oct. 1973, *BP c. Libye, ILR* vol. 53, 1979, p. 293-357 ; 19 janv. 1977, *Texaco-Calasiatic, JDI*, 1977, p. 350-389 ; 12 avril 1977, *Liamco, Rev. Arbitrage* 1980, p. 134-191 ; 24 mars 1982, *Aminoil, JDI*, 1982, p. 869-909 ; *infra*, n° 612).

Enfin on peut s'attendre à ce que la contribution des recommandations soit plus marquée dans les domaines « vierges », où il s'agit de poser quelques principes directeurs destinés surtout à empêcher l'apparition d'une pratique étatique fondée sur l'égoïsme des souverainetés, que dans des domaines où préexistent des règles coutumières. La difficulté est alors de réussir à concrétiser ces principes de base : tel est l'enseignement du droit de l'espace extra-atmosphérique et du droit du fond des océans.

249. Effets juridiques exceptionnels de certaines recommandations. — 1° En vertu de principes déjà évoqués, on doit reconnaître force obligatoire à trois catégories de résolutions :

Tel est le cas en premier lieu, au sein d'une organisation, des résolutions, fussent-elles intitulées « recommandations », d'un organe hiérarchiquement supérieur, qui s'imposent aux organes subsidiaires de cet organe (v. *supra*, n° 243). Il en va de même des résolutions qui se limitent à la « récitation » du droit coutumier. Mais, dans ce cas, ce n'est pas l'acte juridique lui-même dont la valeur se modifie mais la portée de son contenu matériel qui bénéficie de la même valeur obligatoire que la norme coutumière (v. *supra*, n° 248).

Un raisonnement semblable s'applique aux avis consultatifs qui expriment des règles coutumières. Au lieu d'avoir une valeur simplement doctrinale, ils auront la portée d'une constatation du droit.

De même aussi, les recommandations qui ont été acceptées par les États s'imposent à ceux-ci. Il existe de nombreux exemples de résolutions acceptées, soit à l'avance (cas des résolutions sur l'espace acceptées *a priori* par les États-Unis et l'URSS), soit *a posteriori*.

Déjà, à l'époque de la SdN, la question avait été posée devant la CPJI à propos des recommandations du Conseil dans un litige entre la Lituanie et la Pologne. La Cour avait admis sans difficulté que les deux gouvernements étaient liés par leur acceptation de la résolution (CPJI, *Trafic ferroviaire,* arrêt de 1931, série A/B, n° 42, p. 116). Dans l'affaire du *Détroit de Corfou,* la CIJ a estimé que, du moment que les parties avaient déclaré qu'elles accepteraient les résolutions du Conseil de Sécurité affirmant la nécessité de régler complètement le différend entre l'Albanie et le Royaume-Uni, cette acceptation devait donner plein effet à la résolution adoptée, alors même qu'à l'époque l'Albanie n'était pas membre de l'ONU (*Rec.* 1948, p. 26).
De même dans le Traité de paix avec l'Italie de 1947, les États se sont engagés à accepter les résolutions de l'Assemblée générale relatives au sort des colonies italiennes (Érythrée, Libye).

Les recommandations adoptées dans ces conditions donnent un contenu à la volonté exprimée par l'État ; mais, dans ces hypothèses, le contenu de la résolution tient sa force obligatoire non pas de la résolution elle-même, mais de la volonté unilatéralement exprimée par l'État (v. *supra*, n° 238).

Les mêmes considérations valent si le demandeur d'un avis consultatif est d'accord *a priori* pour s'y plier. Les statuts du TANU (jusqu'en 1996) et du TAOIT ont prévu la possibilité, dans certaines conditions, de demander à la CIJ de réformer — sous forme d'avis consultatifs — les jugements individuels rendus par ces tribunaux administratifs. Bien que, pour la CIJ, ces dispositions n'affectent ni le raisonnement par lequel la Cour formera son opinion, ni le contenu de l'avis lui-même, ces « avis » s'apparentent à de véritables arrêts quant à leur portée juridique (CIJ, *Jugements du TAOIT sur requêtes contre l'Unesco, Rec.* 1956, p. 77).

2° Certaines recommandations exercent une influence renforcée tout en restant, en elles-mêmes, des actes non obligatoires. Les moyens de pression indirects mis en œuvre à cette fin diffèrent selon que l'application est attendue des États ou des organes d'organisations internationales, et selon que le problème est posé dans un contexte de simple coopération ou dans une organisation intégrée.

S'agissant des États, l'exemple classique est fourni par les actes des organisations qui ont compétence pour adopter des projets de conventions sous forme de recommandations : « Chacun des États membres s'engage à soumettre dans le délai d'un an à partir de la clôture de la session de la conférence la recommandation à l'autorité ou aux autorités dans la compétence desquelles rentre la matière, en vue de la transformer en loi ou de prendre des mesures d'un autre ordre » (art. 39 de la Convention OIT ; dans le même sens l'art. 15, al. b du Statut du Conseil de l'Europe). Là s'arrête l'obligation juridique ; les autorités nationales conservent leur pleine liberté de décision sur l'opportunité de la transformation de la recommandation en normes internes.

Il peut aussi se faire, mais c'est exceptionnel, que l'organisation bénéficie d'une sorte de « privilège du préalable » : sa recommandation s'impose aux États membres tant qu'elle n'a pas été jugée irrégulière par la juridiction internationale compétente. On en trouve quelques illustrations en droit communautaire : en matière d'octroi d'aides publiques, de mesures de sauvegarde, par exemple (art. 86 et 185, etc. du TCE ; art. 106 et 201 du TFUE).

Les techniques les plus utilisées restent les procédures de contrôle *a posteriori* appuyées sur l'obligation pour les États de fournir des rapports périodiques, de répondre à des questionnaires ou d'expliquer leurs retards devant des organes politiques ou devant des experts. L'OIT a joué un rôle de pionnier à cet égard ; son expérience s'est généralisée (ONU, OCDE, OTAN, etc.) dans des domaines aussi divers que la protection des droits de l'homme, la coordination des politiques économiques, le désarmement.

Les traités communautaires prévoient des techniques à mi-chemin de la modalité précédente et de l'avis à valeur obligatoire : ce sont des modalités assez proches de celle de l'« avis conforme ». L'organe destinataire soit ne peut prendre une décision qu'en respectant l'avis de la CJCE (cf. l'ancienne « petite révision » de la CECA), soit doit — pour s'en écarter — user d'une procédure de révision du traité (art. 300 du TCE ; art. 218 du TFUE).

Aux Nations Unies, de telles procédures sont fréquemment utilisées dans les domaines des droits de l'homme, de la décolonisation, du développement et du désarmement. À la limite, elles débouchent sur un mécanisme d'adaptation comparable aux conférences de révision des traités (voir par exemple l'article 34 de la Charte des droits et devoirs économiques des États, adoptée en 1974 par l'Assemblée générale des Nations Unies). En créant de tels organes de contrôle, l'Assemblée générale peut sembler contourner la protection offerte aux souverainetés nationales par l'article 2, paragraphe 7, de la Charte : les États membres ne peuvent contester l'existence et les pouvoirs reconnus à ces organes, l'Assemblée exerçant une compétence établie par la Charte. La CIJ a écarté l'objection fondée sur cette portée juridique indirecte des recommandations dans les termes suivants : « Les fonctions de l'Assemblée générale pour lesquelles elle peut créer des organes subsidiaires comprennent par exemple les enquêtes, l'observation et le contrôle, mais la façon dont ces organes subsidiaires sont utilisés dépend du consentement de l'État ou des États intéressés » (avis de 1962, *Certaines dépenses, Rec.* 1962, p. 165).

Les organisations internationales font preuve de la même volonté d'autonomie que les États dans leurs rapports mutuels ; et au sein d'une organisation, chaque organe défend jalousement ses prérogatives face aux autres organes, en tirant argument des garanties offertes par la charte constitutive. Aussi faut-il disposer de prescriptions expresses pour que soit renforcée la portée habituelle des recommandations et avis. Ce peut être un engagement conventionnel de « prendre en considération » les résolutions transmises par une organisation à une autre : les insuffisances de cette procédure ont été particulièrement illustrées par les rapports difficiles entre l'Assemblée générale des Nations Unies, d'une part, la BIRD et le FMI, d'autre part, dans le domaine de la décolonisation et de la lutte contre *l'apartheid* (*AJNU,* 1967, p. 120-147 et *AFDI,* 1982, p. 639-640). Il peut s'agir d'une déclaration commune de plusieurs organes sur leurs rapports mutuels, telle la résolution de 1978 du Conseil des ministres, du Parlement européen et de la Commission des Communautés européennes sur la portée des avis du Parlement dans le processus de décision communautaire. Enfin, il faut rappeler que la portée des recommandations n'est pas négligeable lorsqu'elles peuvent être analysées comme des actes-conditions (v. *supra,* n° 243).

Section 2
Les actes concertés non conventionnels

BIBLIOGRAPHIE. — F. MÜNCH, « Non-Binding Agreements », *Z.a.ö.R.V.* 1969, p. 1-11. — M. LACHS, « Some Reflections on the Substance and Form of International

Law », *Mél. Jessup,* 1972, p. 99-112. — E. LAUTERPACHT, « Gentlemen's Agreements », *Mél. Mann,* 1977, p. 381-398. — O. SCHACHTER, « The Twilight Existence of Non-Binding Agreements », *AJIL* 1977, p. 296-304. — F. ROESSLER, « Law, De Facto Agreements and Declarations of Principle in International Economic Relations », *GYBIL* 1978, p. 27-59. — P. M. EISEMANN, « Les Gentlemen's Agreements comme source du droit international », *JDI* 1979, p. 326-348. — R. R. BAXTER, « International Law in "Her Infinite Variety" », *ICLQ* 1980, p. 549-566. — M. BOTHE, « Legal and Non-Legal Norms. A Meaningful Distinction in International Relations ? », *NYBIL* 1980, p. 65-95. — M. VIRALLY, « Sur la notion d'accord », *Mél. Bindschedler,* 1980, p. 159-172 ; « La distinction entre textes internationaux ayant une portée juridique entre leurs auteurs et textes qui en sont dépourvus », *Ann. IDI* 1983, p. 166-257 et 328-357. — Ph. MANIN, « L'incertitude de la règle internationale », *Mél. Charlier,* 1981, p. 223-236. — P. WEIL, « Vers une normativité relative en droit international ? », *RGDIP* 1982, p. 5-47 (en anglais : *AJIL* 1983, p. 296-304). — E. DECAUX, « La forme et la force obligatoire des codes de bonne conduite », *AFDI* 1983, p. 81-97 — A. PELLET, « Le bon droit et l'ivraie, plaidoyer pour l'ivraie », *Mél. Chaumont,* 1984, p. 465-493 ; « The Normative Dilemma : Will and Consent in International Law-Making », *Austr. Yb. IL,* vol. 12, p. 22-53. — A. AUST, « The Theory and Practice of Informal International Instruments », *ICLQ* 1986, p. 787-812. — R. IDA, « Formation des normes internationales dans un monde en mutation. Critique de la notion de *soft law* », *Mél. Virally,* 1991, p. 333-340. — N'GUYEN HUU TRU, « Les codes de conduite — un bilan », *RGDIP* 1992, p. 45-60. — G. ABI-SAAB, « Éloge du « droit assourdi ». Quelques réflexions sur le rôle de la *soft law* en droit international contemporain », *Mél. Rigaux*, 1993, p. 59-69. — W. WENGLER, « Les conventions « non juridiques » comme nouvelle voie à côté des conventions en droit », *Ibid.*, p. 637-656. — Ch. TOMUSCHAT, « The Concluding Documents of World Order Conferences », *Mél. Skubiszewski*, 1996, p. 563-585. — Ph. GAUTIER, « Accord et engagement politique en droit des gens — À propos de l'Acte fondateur sur les relations, la coopération et la sécurité mutuelles entre l'OTAN et la Fédération de Russie... », *AFDI* 1997, p. 82-92. — K. ZEMANEK, « Is the Term « Soft Law » Convenient ? », *Mél. Seidl-Hohenveldern* (II), 1998, p. 843-862. — H. HILLGENBERG, « A Fresh Look at Soft Law », *EJIL* 1999, p. 499. — A. E. BOYLE, « Some Reflections on the Relationship of Treaties and Soft Law », *ICLQ* 1999, p. 901-913. — L. BOISSON DE CHAZOURNES, « Normes, standards et règles en droit international » *in* E. BROSSET et E. TRUILHE-MARENGO, *Les enjeux de la normalisation technique internationale*, CERIC, La Documentation française, 2006, p. 43-56. — C. BELL, « Peace Agreements : Their Nature and Legal Status », *AJIL* 2006, p. 373-412.

250. Notion. — Dans la vie internationale, les États négocient fréquemment des instruments qui ne sont pas des traités mais n'en sont pas moins destinés à régir leurs relations mutuelles et, en tout cas, à orienter leur conduite.

Issus, comme les traités, d'une concertation entre sujets du droit international, ces actes ne sont pas soumis au droit des traités et, en particulier, à la règle fondamentale qui sous-tend celui-ci, le principe *pacta sunt servanda.* Ils n'en jouent pas moins un rôle politique extrêmement important, ce qui n'est contesté par personne, et, en dépit de controverses doctrinales particulièrement vives sur ce point depuis les années 1970, ils ont des effets juridiques (v. *infra*, n° 254). À cet égard, ils sont aux traités ce que les recommandations sont aux décisions des organisations internationales.

Si la doctrine latine n'a, pendant longtemps, guère prêté attention au phénomène, il n'en va pas de même de la littérature anglo-saxonne. Les auteurs anglais et américains ont en effet recours depuis fort longtemps à la notion de *gentlemen's agreements.*

Un *gentlemen's agreement* a été défini comme « un accord entre dirigeants politiques qui ne lie pas les États qu'ils représentent sur le plan du droit, mais dont le respect s'impose à ses signataires comme une question d'honneur ou de bonne foi » (M. Virally, *Ann. IDI* 1983, p. 208).

On peut cependant éprouver quelques difficultés pour admettre le bien-fondé de cette définition : elle repose sur le postulat d'une sorte de dédoublement fonctionnel au profit des auteurs de *gentlemen's agreements* qui, bien qu'investis de responsabilités étatiques, pourraient agir à titre personnel dans les relations internationales. En outre, elle tient pour résolue la question fondamentale que posent ces instruments controversés, en les frappant d'excommunication juridique ; d'autre part — et c'est un aspect de cette prise de position générale —, s'agissant d'engagements d'homme à homme, ils ne lieraient pas des sujets de droit international et, de ce fait, demeureraient par définition même, en dehors de la sphère du droit international.

En réalité, les instruments que la doctrine anglo-saxonne nomme *gentlemen's agreements* ou *non-binding agreements* ne sont pas autre chose que des actes concertés non conventionnels, que l'on peut définir comme des instruments issus d'une négociation entre personnes habilitées à engager l'État ou l'organisation internationale (cf. l'accord « Berlin plus » entre l'UE et l'OTAN du 16 novembre 2002) et appelées à encadrer les relations de ceux-ci, sans pour autant avoir un effet obligatoire. Il ne s'agit pas moins d'actes juridiques dès lors qu'ils sont adoptés avec l'intention de produire certains effets juridiques (v. *supra*, n° 234).

251. Différentes catégories d'actes concertés non conventionnels. — L'analyse des actes concertés non conventionnels est d'autant plus difficile qu'adoptés dans les circonstances les plus diverses, ils revêtent des formes hétérogènes et reçoivent des dénominations variées : communiqués communs, déclarations, chartes, codes de conduite, arrangements, mémoranda, actes finals, protocoles, voire même accords... (les mêmes termes sont souvent utilisés pour les traités — sur la variété de leurs dénominations, v. *supra,* n° 63).

Pour tenter de mettre un peu d'ordre dans une matière difficilement saisissable, la doctrine a proposé des classifications fondées sur des critères variés.

Certains auteurs se fondent sur des *critères formels* et opèrent une classification en fonction des *intitulés* ou du *mode d'élaboration.* Dans ce dernier cas, on pourra distinguer, en particulier, les actes concertés non conventionnels élaborés dans le cadre des organisations internationales de ceux adoptés à la suite de négociations diplomatiques « classiques », bilatérales ou multilatérales. Il arrive aussi que ces deux approches soient combinées de manière empirique. Ainsi par exemple M. Virally, dans son étude consacrée aux textes internationaux dépourvus de portée juridique, dégage quatre catégories de « textes incertains » : les communiqués conjoints, les déclarations conjointes, les textes concertés au sein d'un organe international et les accords informels. D'autres s'efforcent de proposer une *classification matérielle* fondée sur la portée des textes proposés ou sur leur contenu. Ainsi, M. Eisemann divise les *gentlemen's agreements* en accords informels politiques, interprétatifs et normatifs.

On peut également envisager de transposer aux actes concertés non conventionnels la classification fréquemment utilisée en ce qui concerne les actes unilatéraux des États et présentée *supra* (n° 237-238), et distinguer les actes « autonomes » de ceux qui sont liés à une prescription conventionnelle ; les premiers ont vocation à orienter la conduite des sujets de droit, indépendamment de toute obligation assumée par un traité ; les seconds ne peuvent en être détachés. Dans cette dernière catégorie figurent par exemple les déclarations conjointes par lesquelles des États qui entreprennent de négocier le texte d'un traité indiquent les principes qui les guideront au cours de la négociation (cf. la Déclaration américano-soviétique du 5 mai 1971, définissant, avant la conclusion de l'Accord SALT I, les thèmes sur lesquels un accord était envisagé ou la Déclaration de Tokyo du 14 septembre 1973 énumérant les principes sur lesquels les participants aux négociations commerciales unilatérales (Tokyo round) entendaient se fonder) ou les textes interprétant ou mettant en œuvre un accord préexistant dont l'application donne lieu à certaines difficultés (cf les « accords » de Lausanne du 2 juill. 1932 sur l'application des accords relatifs aux réparations dues par l'Allemagne ou le fameux « compromis de Luxembourg » du 29 janvier 1966 relatif aux modalités d'adoption des décisions par le Conseil des Communautés européennes ; on peut également inclure dans cette catégorie nombre de *gentlemen's agreements* prévoyant la répartition des sièges par régions au sein des organes restreints des Nations Unies — bien que la pratique tende à se généraliser de fixer cette réparation dans des résolutions formelles de l'Assemblée générale et du Conseil de sécurité — ou les célèbres accords du Smithsonian Institute du 18 décembre 1971 par lesquels le « Groupe des Dix » puis l'ensemble des membres du FMI ont profondément modifié le fonctionnement du système monétaire international sans pour autant procéder à une révision formelle des statuts du Fonds).

Ces regroupements peuvent être commodes. Ils n'ont cependant guère de portée en droit (sauf dans la mesure où ils ont pour objectif de distinguer les instruments « juridiques » des textes « politiques », mais cette distinction est hasardeuse — v. *infra*, n°s 253 et 254). Quel que puisse être l'intérêt intellectuel de ces classifications, elles ne sauraient occulter l'unité de la notion d'acte concerté non conventionnel au point de vue juridique (pas davantage que les tentatives de classification des traités n'ont de conséquences importantes en ce qui concerne le régime juridique de base qui leur est applicable — v. *supra*, n°s 65 et 66).

252. Des frontières mal définies. — En dépit de cette unité et d'une définition qui ne suscite pas d'incertitudes particulières, il n'est pas toujours facile de distinguer les actes concertés non conventionnels des autres catégories d'instruments juridiques internationaux.

Aucun problème ne se pose, *a priori*, pour ce qui est de la distinction des actes concertés non conventionnels et des actes unilatéraux des États : les uns sont le résultat d'une négociation et n'ont pas d'effet obligatoire, les autres émanent d'un seul sujet de droit, qu'ils engagent. Par nature il s'agit donc d'instruments clairement distincts.

On peut cependant remarquer que, de même que certains traités s'apparentent à des « actes unilatéraux collectifs » vis-à-vis de tiers (v. *supra*, n° 234), de même certains actes concertés non conventionnels entendent produire des effets à l'égard des tiers ; tel est le cas, par exemple, des « accords » de Yalta ou de Postdam : actes concertés pour leurs trois signataires, ils n'ont pas ce caractère vis-à-vis de l'Allemagne ; il en va de même de certains codes de conduite dans la mesure où ils s'adressent à des sociétés transnationales n'ayant pas participé à leur élaboration. À travers ces exemples est posé le problème de l'effet des actes concertés non conventionnels à l'égard des tiers ; on peut le résoudre par analogie avec les règles relatives à l'effet des traités pour les États tiers (v. *supra*, n°s 153 s.).

Mais c'est surtout par rapport aux résolutions des organisations internationales d'une part, aux traités d'autre part, que se pose le problème de la spécificité des actes concertés non conventionnels.

1° *Actes concertés non conventionnels et résolutions d'organisations internationales.* — Un trait particulier distingue les actes concertés non conventionnels de l'ensemble des résolutions des organisations internationales : celles-ci sont des actes unilatéraux imputables à l'Organisation qui les adopte, en tant que sujet de droit international ; ceux-là émanent de deux ou plusieurs sujets de droit (en outre, les actes concertés non conventionnels diffèrent des *décisions* des organisations internationales du fait que, par définition, ils n'ont pas d'effet obligatoire).

La distinction est cependant moins claire qu'il y paraît au premier abord. Les incertitudes peuvent tenir à la nature juridique, difficile à déterminer, de l'auteur de l'acte ou aux personnes auxquelles celui-ci doit être imputé.

En ce qui concerne le premier point, on peut en effet s'interroger sur les caractères qui permettent de distinguer réellement une organisation internationale d'une conférence diplomatique s'étalant sur une longue période, comme la Troisième Conférence des Nations Unies sur le droit de la mer, qui a duré près de dix ans, a sécrété un appareil institutionnel complexe, et a adopté des « résolutions », qui semblent devoir être imputées à la Conférence elle-même (même si certaines s'apparentent à des accords multilatéraux ; v. D. Vignes, *AFDI,* 1982, p. 798 s.). En outre, il est fréquent que des conférences diplomatiques soient convoquées par une organisation internationale et s'apparentent à des organes subsidiaires provisoires de l'organe qui les a convoquées, telles la première Conférence des Nations Unies pour le commerce et le développement convoquée à Genève en 1964 par l'Assemblée générale des Nations Unies (alors que la CNUCED n'a été institutionnalisée que quelques mois plus tard par une nouvelle résolution de l'Assemblée générale), ou les Conférences des Nations Unies sur l'environnement de Stockholm en 1972 ou de Rio en 1992. Les textes élaborés au sein de telles instances ont assurément une nature juridique ambiguë. L'incertitude est plus grande encore lorsqu'une instance au statut juridique lui-même incertain (une réunion ministérielle des Douze dans le cadre de la CE) crée une conférence diplomatique assez fortement institutionnalisée et dotée d'un organe arbitral (Déclaration sur la Yougoslavie du 27 août 1991 — v. A. Pellet, *AFDI,* 1991, p. 329-348). Dans le même esprit, la Charte de Paris pour une nouvelle Europe du 21 novembre 1990 institutionnalise le processus de la CSCE (v. E. Decaux, *JEDI* 1994, p. 267-284 et Ch. Bertrand, *RGDIP* 1998, p. 365-406 ; v. *infra* n° 378) ; on assiste alors à un paradoxe : un acte concerté, non obligatoire par lui-même, aboutit à la création d'une structure permanente, dont le financement doit être assuré par les participants (cf. les arrangements financiers figurant dans le « document complémentaire » à la Charte de Paris), ce qui pourrait poser des problèmes au regard des exigences constitutionnelles dans certains États (cf. l'art. 53 de la Constitution française).

Cette ambiguïté est encore accrue lorsqu'un texte concerté au sein d'une institution ayant indiscutablement la nature d'un organe d'organisation internationale est rédigé de telle manière qu'il paraît imputable non à celui-ci mais aux États membres, ce qui renforce leur valeur contraignante. Ainsi, les principes directeurs à l'intention des entreprises multinationales adoptés par l'OCDE le 21 juin 1976 se définissent eux-mêmes comme « des recommandations adressées conjointement par les pays membres aux entreprises multinationales qui opèrent sur leur territoire ». De même, dans ses « conclusions concertées » du 13 octobre 1970, le Comité spécial des préférences, organe subsidiaire du Conseil du commerce et du développement, « prend note » de *l'accord des États* sur les principes fondamentaux du SGP.

Quoi qu'il en soit, la réponse apportée à ces questions présente davantage d'intérêt intellectuel qu'elle n'a d'incidence concrète, dès lors que la portée juridique des actes concertés non conventionnels est très voisine de celle des recommandations des organisations internationales (v. n°s 253 et 254).

2° *Actes concertés non conventionnels et traités.* — Il n'en va pas de même en ce qui concerne les traités. En présence d'un texte donné, il est en effet extrêmement important de déterminer si celui-ci est un traité ou un acte concerté non conventionnel, les conséquences juridiques étant très différentes selon l'hypothèse retenue puisque, par définition même, le traité est obligatoire (n°s 62 et 139), alors que l'acte concerté non conventionnel ne l'est pas (n° 253). Or cette distinction est souvent malaisée.

On ne saurait en trouver le critère dans la dénomination de l'acte — aucune pratique constante n'est suivie à cet égard (v. *supra*, n°s 63 et 250) —, pas plus que dans sa forme : le droit des traités est extrêmement peu formaliste (v. *supra*, n° 63). Comme l'a rappelé la CIJ, il n'existe pas « de règles de droit international interdisant qu'un communiqué conjoint constitue un accord international » (*Plateau continental de la Mer Égée, Rec.* 1978, p. 39), pas plus qu'un « procès-verbal » ou le « compte rendu d'une commission mixte » (TIDM, affaire du *« Hoshinmaru » (Japon c. Russie)*, demande de prompte mainlevée, arrêt du 6 août 2007, § 86).

Dans cette même affaire du *Plateau continental*, la Cour a précisé que la question de savoir si un tel instrument constitue ou non un traité

« dépend essentiellement de la nature de l'acte ou de la transaction dont il fait état » et qu'il faut « tenir compte avant tout des termes employés et des circonstances dans lesquelles le communiqué a été élaboré » *(ibid.)*.

Cette directive, qui s'apparente à celle à mettre en œuvre pour opérer, parmi les résolutions des organisations internationales, une distinction entre les recommandations et les décisions (v. n° 242) ne résout cependant pas tous les problèmes. Dans certains cas, le doute n'est pas permis : il en va ainsi lorsque l'instrument en cause précise lui-même, comme le fait l'Acte final de la CSCE, qu'il exprime la « volonté politique » de ses auteurs et n'est pas « un traité ou accord international », ou, comme les Principes directeurs de l'OCDE à l'intention des entreprises multinationales, que leur respect est « volontaire et ne constitue pas une obligation sanctionnée juridiquement ». Mais, en règle générale, les formules utilisées sont beaucoup plus floues et l'interprète doit faire preuve d'esprit de finesse plus que d'esprit de géométrie.

Ainsi, la Charte de Paris de 1990 prévoit expressément que son texte « n'est pas recevable pour être enregistré au titre de l'article 102 de la Charte des Nations Unies », mais n'en charge pas moins le Gouvernement français d'en assurer la diffusion, y compris au Secrétaire général des Nations Unies, et demande aux États participants à la CSCE de la publier. En outre, le Conseil qu'elle institue est chargé de prendre les mesures nécessaires à l'application des « décisions » qu'elle contient. On peut dès lors considérer qu'il s'agit d'un « acte mixte », non conventionnel pour l'essentiel, mais comportant certaines dispositions obligatoires pour les États participants (financement des instances qu'elle crée, par exemple — v. *supra*) et, à ce titre, accord en forme simplifiée ou, peut-être, « acte unilatéral collectif » (sur la question, v. plus généralement J. D'Aspremont Lynden, « Les dispositions non normatives des actes juridiques conventionnels à la lumière de la jurisprudence de la CIJ », *RBDI* 2003, p. 496-520. Pour un exemple d'analyse rigoureuse, v. M. Reichard *in NJIL* 2004, p. 37-67, à propos de l'accord « Berlin Plus » du 16 novembre 2002 entre l'UE et l'OTAN).

253. Absence de force obligatoire des actes concertés non conventionnels. — Les traités sont obligatoires, les actes concertés non conventionnels ne le sont pas. Ceci est un élément de la définition même des uns et des autres.

Ce principe simple ne doit pas être interprété de manière simpliste : le traité est obligatoire en tant que *source ;* mais il peut contenir des *normes* incertaines, dont l'application est largement laissée à l'appréciation de leurs destinataires (des exemples en ont été donnés, *supra*, n° 139), alors que des actes concertés non conventionnels peuvent contenir des « normes » très précises ; tel est le cas, par exemple, des *gentlemen's agreements* relatifs à la répartition géographique des sièges au sein des organisations internationales ou des Directives relatives aux transferts d'articles nucléaires (« accords de Londres » du 17 juin 1975).

L'ensemble de ces normes incertaines du fait soit de leur contenu, soit de leur inclusion dans une source non susceptible de créer des obligations juridiques (actes concertés non conventionnels et recommandations des organisations internationales) constitue ce que l'on appelle la *soft law*, expression dont la traduction française est difficile (droit « mou » ?, droit « doux » ?, droit « tendre » ?, droit « vert » ?, droit « assourdi » ?).

L'absence de force obligatoire des actes concertés non conventionnels a d'importantes conséquences juridiques : leur non-respect n'engage pas la responsabilité internationale de leurs auteurs et ne peut faire l'objet d'un recours juridictionnel. N'étant pas des accords internationaux, ils ne sont pas soumis au respect des règles spécifiques du droit des traités, tant internationales qu'internes : ils n'ont pas vocation à être enregistrés auprès du Secrétariat des Nations Unies — ce que précise l'Acte final d'Helsinki du 1er août 1975 en ce qui le concerne ; ils n'ont pas à être introduits dans les ordres juridiques nationaux conformément aux règles constitutionnelles concernant les engagements internationaux de l'État, ils ne peuvent être invoqués devant les tribunaux nationaux, etc.

Ainsi par exemple, le Conseil constitutionnel a-t-il considéré que la résolution du Conseil européen du 5 décembre 1978 instaurant le système monétaire européen était « une déclaration de caractère politique » et, de ce fait, n'était pas soumise au respect des articles 52 et 53 de la Constitution (décision du 29 déc. 1978, *Rec.* p. 36).

Il arrive cependant que certaines juridictions nationales adoptent une position contraire. Ainsi, le Conseil d'État turc a, dans un arrêt du 24 juillet 1978, fait application de l'Acte final de la CSCE. Une telle attitude doit être dénoncée au plan juridique.

En dépit de ces caractéristiques, ou peut-être à cause d'elles, les actes concertés non conventionnels sont très largement utilisés dans les relations internationales et semblent même exercer un attrait croissant sur les États. Cet attrait s'explique par la souplesse de ces instruments, bien adaptés aux conditions mouvantes de la vie internationale — tout spécialement en matière économique — et, dans certains cas au moins, par le souci des responsables de la politique extérieure, d'échapper aux contraintes constitutionnelles en matière de traités. La multiplication des conférences au sommet au cours des vingt dernières années explique aussi cette prolifération. Au surplus, l'expérience montre que ces instruments ne sont, en fait, ni moins respectés, ni moins contraignants que des traités en bonne et due forme : souvent adoptés à la suite de longues négociations et de manière solennelle, ils exercent une pression très grande sur leurs destinataires (qui sont en général leurs auteurs) ; il suffit de penser à cet égard, au rôle qu'ont joué et continuent de jouer, par exemple, l'Acte final du Congrès de Vienne et la Déclaration sur la neutralité perpétuelle de la Suisse (1815), la Charte de l'Atlantique (1941), la Déclaration des Nations Unies (1942) et les communiqués ou déclarations adoptés par les grandes conférences interalliées durant la Seconde Guerre mondiale (Moscou, 1943 ; Yalta et Potsdam, 1945) ou l'Acte final de la CSCE (Helsinki, 1975), la Charte de Paris (1990), la déclaration introductive du Pacte de stabilité en Europe (1995), la Déclaration et le Programme d'action de Copenhague pour le développement social (1995), ou l'Acte fondateur sur les relations, la coopération entre l'OTAN et la Fédération de Russie (1997).

Cette pression est encore accrue lorsque l'acte concerté prévoit des procédés particuliers de publicité ou d'examen périodique. Tel était le cas du protocole de clôture de la Conférence de Yalta qui avait prévu des rencontres périodiques des Ministres des Affaires étrangères des trois États signataires (États-Unis, Royaume-Uni, URSS), destinées à apprécier l'application des

« accords » ; de même, les Principes directeurs de l'OCDE à l'intention des entreprises multinationales ont chargé le Comité de l'investissement international et des entreprises multinationales de l'Organisation de procéder, « périodiquement ou à la demande d'un pays membre, à des échanges de vues sur les questions se rapportant aux principes directeurs et sur l'expérience acquise dans leur application » ; cette procédure a été renforcée et précisée en 1979 (dans un domaine différent, v. le § 100 de la section II de la Déclaration et du Programme d'action de Vienne du 25 juin 1995, prévoyant un mécanisme d'évaluation par les Nations unies).

C'est sans doute dans le cadre du processus de la CSCE puis de l'OSCE que ces moyens complémentaires de pression ont été utilisés le plus systématiquement. L'Acte final d'Helsinki lui-même prévoit des mesures visant à lui donner une large publicité et la poursuite du « processus multilatéral amorcé par la Conférence » en vue d'« un échange de vues approfondi portant à la fois sur la mise en œuvre des dispositions de l'Acte final et l'exécution des tâches définies par la Conférence ». En application de ces dispositions, des conférences ont été réunies à Belgrade en 1977 et à Madrid en 1980 ; une autre, convoquée à Ottawa en 1985, a été consacrée à l'examen spécial des questions liées aux droits de l'homme et celles de Moscou, de 1991, à la « dimension humaine » (v. aussi les réunions annuelles ultérieures sur la mise en œuvre et les textes sur la dimension humaine adoptés à Helsinki [1992], Rome [1993] et Budapest [1994]).

(La littérature consacrée à l'Acte final d'Helsinki est extrêmement abondante — v. par exemple : V.-Y. Ghébali, « L'Acte final de la CSCE et les Nations Unies » — J.-F. Prévost, « Observations sur la nature juridique de l'Acte final de la CSCE », *AFDI,* 1975, p. 73-127 et 129-153 ; A. Manin, « La CSCE », *NED,* n° 4271-4272 ; J. E. S. Fawcett, « The Helsinki Act and International Law », *RBDI* 1977, p. 5-9 ; D. Mincic, « Les implications générales juridiques et historiques de la Déclaration d'Helsinki », *RCADI* 1977-I, vol. 154, p. 45-102 ; S. Bastid, « The Special Significance of the Helsinki Act » et G. Cohen-Jonathan et J.-P. Jacqué, « Obligations Assumed by the Helsinki Signatories », *in* Th. Buergenthal ed., *Human Rights, International Law and the Helsinki Accord,* Montclair, New York, 1979, p. 11-19 et 43-70 ; P. Van Dijk, « The Final Act of Helsinki : Basis for a Pan-European System », *NYBIL* 1980, p. 97-124 ; sur le Pacte de stabilité en Europe de 1995, v. J. Charpentier, *AFDI* 1995, p. 199-206 et E. Decaux, *Mél. Thierry*, p. 175-186. — V. les textes officiels du processus d'Helsinki rassemblés et présentés par E. Decaux, *Sécurité et coopération en Europe,* La Documentation française, 1992, 458 p.).

254. Régime juridique des actes concertés non conventionnels. — Du caractère non obligatoire des actes concertés non conventionnels, une partie de la doctrine déduit leur caractère non-juridique : il s'agirait d'engagements purement moraux et politiques, sans portée juridique, et qui, dès lors, ne seraient pas régis par le droit international. Cette thèse repose sur une assimilation abusive entre le « juridique » et l'« obligatoire », et ne peut être acceptée.

La question continue de faire l'objet d'âpres débats doctrinaux et il est significatif à cet égard qu'appelé à examiner la question des « textes internationaux ayant une portée juridique dans les relations actuelles entre leurs auteurs et textes qui en sont dépourvus », l'IDI ait dû renoncer à adopter une résolution au fond (*Ann. IDI*, 1984, vol. 60-II, p. 284).

Pour de nombreux auteurs, « la véritable question est de savoir si les dispositions d'un texte international sont susceptibles ou non d'être valablement invoquées devant un tribunal international et prises en considération par ce dernier » (M. Virally, *Ann. IDI,* 1983, p. 245 ; dans le même sens, P. Weil, *RGDIP* 1982). Ceci traduit une conception fort restrictive de la notion même de droit (tous les systèmes juridiques connaissent l'existence de normes dont les tribunaux ne peuvent connaître — cf. les « obligations naturelles » du droit romain — et, singulièrement, le droit international, dans lequel « l'existence d'obligations dont l'exécution ne peut faire, en dernier ressort, l'objet d'une procédure judiciaire a toujours constitué la règle plutôt que l'exception » (CIJ, *Sud-Ouest africain, 2*[e] *phase, Rec.* 1966, p. 46 — en ce sens, P.-M. Eisemann, *JDI* 1979, p. 346).

On ne saurait trouver la confirmation de ces analyses dans l'article 2, paragraphe 1. a, de la Convention de Vienne de 1969 qui définit le traité comme « un accord international conclu par écrit entre États et régi par le droit international... » (v. n° 63) : cette disposition ne vaut qu'aux fins de l'application de la Convention elle-même et, comme l'établissent les travaux préparatoires, le sens de la formule « est de marquer positivement la soumission des traités à ce droit et non d'exclure un quelconque instrument du champ du droit des gens » (P.-M. Eisemann, *ibid.*, p. 343).

En réalité, comme les recommandations des organisations internationales, les actes concertés non conventionnels, sans être obligatoires, sont soumis au droit international et ont une portée juridique qui est loin d'être négligeable :

— sans être liés par leurs dispositions, les États le sont par le principe de la bonne foi ; leur non-respect n'engage pas, *ipso facto* la responsabilité de l'auteur du manquement, mais l'acte concerté non conventionnel a pu créer des expectatives, qui peuvent autoriser son ou ses partenaires à faire jouer le principe d'estoppel et excluent que celui-ci se réfugie derrière le principe de non-intervention dans les affaires intérieures (cf. le raisonnement suivi par la France pour effectuer des démarches auprès de la Russie au sujet de la Tchétchénie en 1995 — v. *AFDI* 1995, p. 912) ;

— même les auteurs les plus réservés à l'égard de la soumission de ces instruments au droit international admettent que leur conclusion empêche les États signataires d'invoquer l'exception de compétence nationale dans le domaine dans lequel ils sont intervenus et qu'une demande d'exécution émanant d'un État partenaire ne constitue pas une ingérence illicite dans les affaires des États ; elle ne peut non plus être considérée comme un acte inamical ;

— surtout, comme les recommandations des organisations internationales (v. *supra*, n° 248), les actes concertés non conventionnels ont une valeur permissive en ce sens qu'ils neutralisent l'application d'une éventuelle règle antérieure dans les rapports entre les signataires : s'ils ne peuvent exiger l'application des dispositions qu'il contient, ils peuvent du moins respecter ce qui a été convenu et leurs partenaires ne peuvent le leur reprocher, même si cette exécution va à l'encontre de certaines règles préexistantes du droit international ;

— en outre, comme les traités ou les résolutions des organisations internationales, les actes concertés non conventionnels peuvent contribuer à la formation de règles coutumières.

Dans certains cas, le respect des normes contenues dans un acte concerté non conventionnel peut s'imposer aux États ; mais ce n'est pas l'acte lui-même qui est obligatoire ; elles ont ce caractère parce que celui-ci se borne à reprendre des règles coutumières préexistantes. Tel est le cas de nombreuses dispositions de l'Acte final d'Helsinki ou de la Charte de Paris qui, du même coup, contribuent à préciser ces normes et à renforcer leur « efficacité » (v. aussi la Déclaration finale de la Conférence sur l'interdiction des armes chimiques (Paris, 11 janv. 1989), par laquelle les États participants « reconnaissent l'importance et la validité continue du Protocole » de 1925).

En outre, comme les résolutions ou les conventions non entrées en vigueur (v. *supra*, n°s 249 et 238), le contenu d'un acte concerté non conventionnel peut avoir force obligatoire pour les États l'ayant accepté soit par un acte unilatéral, soit par la décision d'une organisation internationale (cf. l'Instrument pour la restructuration du Fonds pour l'environnement mondial adopté en 1994 par une conférence diplomatique — à laquelle ont également été associées des organisations internationales et des ONG — sous forme de conclusions concertées auxquelles des décisions de la BIRD, du PNUD et du PNUE ont donné effet — v. *ILM* 1994, p. 1283 et L. Boisson de Chazournes, *AFDI* 1995, p. 611-632), soit par un traité (cf. l'art. 11 du TUE (art. 21, § 2.*c)*, dans la version de Lisbonne) par lequel les États membres de l'Union européenne proclament que les objectifs de la politique étrangère et de sécurité commune sont, notamment, « le maintien de la paix et le renforcement de la sécurité internationale conformément (...) aux principes de l'Acte final d'Helsinki et aux objectifs de la Charte de Paris » ou l'article 15, § 4.b), du Traité hungaro-slovaque de bon voisinage du 19 mars 1995, dans lequel les Parties prennent l'engagement d'ériger « en obligations juridiques les normes et obligations politiques fixées » dans un document de la CSCE, une déclaration de l'Assemblée générale des Nations Unies et une recommandation de l'Assemblée parlementaire du Conseil de l'Europe, autant de textes qui, par eux-mêmes n'ont pas une valeur juridique obligatoire).

CHAPITRE III

Les moyens de détermination des règles de droit

BIBLIOGRAPHIE. — T. O. ELIAS, « Modern Sources of International Law », *Mél. Jessup,* p. 34-69. — C. MAREK, *Répertoire des documents de la Cour de La Haye,* série I, tome II, Genève, 1967, 1288 p. — M. VIRALLY, « À propos de la *lex ferenda* », *Mél. Reuter,* 1981, p. 519-533. — V. la bibliographie générale sur les sources du droit.

255. Des moyens auxiliaires. — Selon l'article 38, paragraphe 1.d, du Statut de la CIJ, la Cour « applique » :

« sous réserve de la disposition de l'article 59, les décisions judiciaires et la doctrine des publicistes les plus qualifiés des différentes nations, comme moyen auxiliaire de détermination des règles de droit ».

La rédaction de cette partie de l'article 38 n'est pas très satisfaisante, car les termes « applique » et « auxiliaire » pourraient laisser croire que le Statut vise une source du droit international.

La doctrine est unanime pour admettre que ni la jurisprudence, ni la doctrine ne peuvent créer des règles de droit. Elles ne peuvent qu'en prouver l'existence. La Cour « applique » des règles de droit, en se servant de la jurisprudence et de la doctrine pour les découvrir : ce sont des moyens de détermination des règles coutumières et conventionnelles ou des principes généraux de droit.

Que signifie dans ce cas l'allusion au rôle subsidiaire de la jurisprudence et de la doctrine ? Il semble que l'article 38 sous-entende qu'il existe d'autres moyens susceptibles de servir — voire de mieux servir — la même fin. On peut penser aujourd'hui, par exemple, aux recommandations d'organisations internationales auxquelles il est encore impossible de reconnaître valeur obligatoire (v. *supra,* n° 247).

Bien que plus important en droit international qu'en droit interne, le rôle de la doctrine et de la jurisprudence souffre de la volonté des États et des organisations internationales de garder une maîtrise complète des règles qui s'imposent à eux.

§ 1. — *La doctrine*

BIBLIOGRAPHIE. — G. SCHWARZENBERGER, « The Province of the Doctrine of International Law », *Current Legal Problems* 1956, p. 235-265. — J. P. A. FRANÇOIS,

« L'influence des publicistes sur le développement du droit international », *Mél. Gidel,* 1961, p. 275-281. — G. FITZMAURICE, « Legal Advisers and Foreign Affairs », *AJIL* 1965, p. 72-86 ; « Legal Advisers and International Organizations », *AJJL* 1968, p. 114-127 ; « The Contribution of the Institute of International Law to the Development of International Law », *RCADI* 1973-I, vol. 138, p. 203-260. — E. MÜNCH, « Zur Aufgabe der Lehre im Völkerrecht », *Mél. Guggenheim,* 1968, p. 490-507. — A. GROS, « Origine et tradition de la fonction de jurisconsulte du Département des Affaires étrangères », *Mél. Trotabas* 1970, p. 187-196. — M. LACHS, « Teachings and Teaching of International Law », *RCADI,* 1976-II, vol. 151, p. 151-252 et *Le monde de la pensée en droit international,* Economica, 1989, 265 p. (en anglais : Nijhoff, La Haye, 1982, 236 p.). — R. et St. J. MAC DONALD, « The Role of the Legal Adviser of Ministries of Foreign Affairs », *READI* 1977, III, p. 377-482. — Bin CHENG ed., *International Law : Teaching and Practice,* Stevens, Londres, 1982, 265 p. — G. GUILLAUME, « La direction des affaires juridiques du ministère des Affaires étrangères », *Mél. Lacharrière*, 1989, p. 267-278. — A. ORAISON, « Réflexions sur la « doctrine des publicistes les plus qualifiés des différentes nations ». Flux et reflux des forces doctrinales académiques et finalisées », *RBDI* 1991, p. 507-580. — SYMPOSIUM, « The Impact of International Law on Foreign Policy Making, The Role of Legal Advisers », *EJIL* 1991, p. 131-164. — A. CASSESE, « The Role of Legal Advisers... », *Michigan Jl. I. L. 1992,* p. 139-170. — A. CARTY et R. SMITH, *Sir Gerald Fitzmaurice and the World Crisis ; A Legal Adviser in the Foreign Office*, Kluwer, La Haye, 2000, XI-690 p. — SYMPOSIUM, « The European Tradition in International Law », *EJIL* 1990, p. 193-249 (G. Scelle) ; 1995, p. 32-115 (A. Verdross) ; 2000, p. 871-938 (Ch. De Visscher) ; 2003, p. 653-842 (A. Ross) ; 2007, p. 80-210 (M. Huber).

256. Définition. — Le terme « doctrine » a deux acceptions sans lien entre elles et dont seule la seconde est prise en considération ici.

Il désigne parfois la position des acteurs internationaux sur des problèmes politiques. C'est dans ce premier sens que l'on parle des doctrines Monroe, Hallstein, Brejnev. Il importe peu que ces doctrines aient des implications ou un objet juridique (reconnaissance, souveraineté) : leur raison d'être est politique et elles ne prétendent pas exprimer le droit international mais, au plus, une « politique juridique extérieure » (G. de Lacharrière).

Par doctrine, on entend aussi — et c'est ce que vise l'article 38 du Statut de la CIJ — les positions des auteurs, des sociétés savantes ou des organes appelés à formuler des opinions juridiques sans engager les sujets de droit (État, organisation internationale) dont ils relèvent.

Dans la pratique, le poids des opinions individuelles varie de façon sensible selon qu'elles s'expriment dans un cadre pédagogique, de libre discussion académique, ou qu'elles s'insèrent dans une procédure internationale (diplomatique, normative ou contentieuse). Cependant, si la distinction est incontestable, ses limites sont parfois difficiles à préciser (travaux des rapporteurs de la CDI, par exemple).

257. La doctrine proprement dite. — Il peut paraître étonnant que les auteurs du Statut de la CPIJ, puis de la CIJ, aient jugé opportun de faire une référence expresse à l'apport de la doctrine. C'était rendre hommage au rôle important qu'elle avait pu jouer dans le passé, lorsque la pratique diplomatique restait confidentielle, pour constater, classer et expliquer les précédents d'un droit encore essentiellement coutumier ou pour systématiser une jurisprudence internationale dispersée (prédominance absolue de l'arbitrage au XIXe siècle).

Cette contribution ne pouvait que se réduire avec le développement des répertoires de pratique nationale, les travaux menés sous les auspices des organisations internationales, et les atteintes à la liberté de pensée dans les États autoritaires.

L'article 38, paragraphe 1.-d, du Statut est historiquement « situé ». S'il n'entend accorder aucune préférence à un courant de pensée donné, il repose implicitement sur deux postulats : une pensée indépendante, un large consensus sur le sens et la portée des règles juridiques. L'évolution de la société internationale au XXe siècle remet en question l'opportunité de cette disposition, entachée d'« européocentrisme » pour les uns, menacée par le propagandisme pour les autres. Il reste que l'évolution rapide du droit international et la répugnance fréquente des États à exprimer clairement des opinions juridiques qui pourraient créer des précédents gênants pour eux, laissent à la doctrine un rôle non négligeable en particulier lorsque les litiges interétatiques sont soumis aux juridictions internationales : par formation professionnelle, les juges et arbitres sont plus sensibles que les États aux avantages d'une formulation scientifique du droit positif (même si les juridictions permanentes sont moins enclines que les tribunaux arbitraux à se référer expressément aux travaux de la doctrine dans la motivation de leurs décisions).

Il est légitime de distinguer les deux apports possibles de la doctrine : aider à la détermination du droit et exercer une influence sur l'évolution du droit international. Le déclin du rôle de la doctrine est plus marqué sur le second point que sur le premier.

L'article 38 précité ne fait allusion qu'à des individus, « les publicistes les plus qualifiés de différentes nations » ; on ne peut écarter pour autant la contribution des « sociétés savantes », organisations non gouvernementales qui présentent l'avantage d'autoriser des comparaisons plus amples des pratiques nationales et un débat scientifique moins subjectif.

Certains travaux individuels ont eu l'ampleur d'une codification du droit international. En 1868, le Suisse Bluntschli a publié le *Droit international codifié ;* en 1890, l'Italien Fiore rédigeait un *Code de droit international ;* en 1946, le Roumain Pella proposait un *Code répressif mondial.*

Parmi les travaux collectifs les plus remarqués, il faut signaler les recherches de l'Institut de Droit International, celles de l'International Law Association, les programmes systématiques de l'Université Harvard. Quelle que soit la qualité de leurs conclusions, l'influence de ces organisations est purement doctrinale ; la diffusion de leurs conclusions ou propositions dans le droit positif est un processus indirect et aléatoire. Les travaux de la CDI (v. *supra*, n° 216) s'apparentent à ceux de ces sociétés savantes mais bénéficient du « va-et-vient » constant avec l'organe politique qu'est la Sixième Commission de l'Assemblée générale.

258. Les consultations juridiques. — Les sujets du droit international ont, de tout temps, ressenti le besoin d'une expertise juridique. Ils font appel à cette fin à des jurisconsultes ou à des collèges d'experts. Les solutions retenues sont très diverses, selon l'ampleur souhaitée de la confrontation des points de vue, l'indépendance et l'autorité reconnues aux collèges d'experts ou le degré de confidentialité de leurs travaux.

Bien que certaines précautions soient prises pour éviter que l'opinion de ces « consultants » engage les sujets de droit, le poids de ces observateurs de la pratique internationale — moins extérieurs aux données diplomatiques que la « doctrine » — est tel qu'ils sont souvent soumis à une obligation de réserve très étendue. Ce qu'ils gagnent en autorité est souvent perdu en liberté d'expression.

Les grandes puissances ont depuis longtemps songé à faire appel, pour appuyer les services juridiques du ministère des Affaires étrangères, à des membres éminents de la communauté scientifique nationale ou aux magistrats des plus hautes juridictions. Ce type de collaboration peut être permanente ou occasionnelle (participation de juristes qui ne sont pas des diplomates professionnels aux délégations nationales dans diverses conférences ou organisations internationales : la frontière peut devenir très mince entre le « consultant » et le représentant de l'État).

Créé en 1722, l'office du Jurisconsulte est l'un des plus anciens du ministère français des Affaires étrangères. Il lui revient de conseiller les diplomates français avant et pendant toute négociation de conventions internationales ; il a également la charge de la représentation de la France devant toutes les juridictions et instances arbitrales internationales (v. le décret et l'arrêté du 10 décembre 1998 relatifs à l'organisation de l'administration centrale du ministère des Affaires étrangères). Son rôle a pris une extension considérable avec le développement des Communautés européennes et n'a pas un caractère exclusivement technique.

Pour les États-Unis, v. R. B. Bilder, *AJIL* 1962, p. 633-684 ; pour le Royaume-Uni, v. G. G. Fitzmaurice, *AJIL* 1965, p. 72-86.

Les organisations internationales ont créé, au fil des ans, de nombreux organes consultatifs composés d'experts juristes : à l'ONU, outre la CDI, sont apparus la CNUDCI et l'UNITAR ; parmi les organes régionaux les plus représentatifs, on peut relever le Comité juridique interaméricain, le Comité juridique consultatif africano-asiatique et le Comité européen de coopération juridique (Conseil de l'Europe).

Le dédoublement fonctionnel de certains jurisconsultes nationaux — consultants et agents — peut s'observer aussi dans les services juridiques des organisations internationales : tantôt ils agiront en tant qu'agents de l'organisation, tantôt ils serviront de consultants aux gouvernements, sans que change la forme extérieure de leurs interventions (v. les avis du Secrétariat publiés dans *l'Annuaire juridique des Nations Unies*). Ces services apportent également une contribution intéressante aux travaux des organes de codification par leurs compilations des pratiques nationales et conventionnelles.

Il faut mentionner le cas très particulier constitué par les avocats généraux de la Cour de justice des Communautés européennes qui agissent en « consultants privilégiés », en jurisconsultes internationaux, et non en juges. De même, le Secrétaire général des Nations Unies peut, par la voix du Conseiller juridique de l'Organisation, apporter une certaine contribution aux débats devant la CIJ saisie d'une demande d'avis consultatif.

§ 2. — *La jurisprudence*

BIBLIOGRAPHIE. — M. O. HUDSON, « Notes on Dissident Opinions », *AJIL* 1950, p. 20. — H. LAUTERPACHT, *The Development of International Law by the International Courts,* Stevens, Londres, 1958, 407 p. — A. P. SERENI, « Opinions individuelles et dissidentes des juges des tribunaux internationaux », *RGDIP* 1964, p. 819-857. — E. SUY, « Contribution de la jurisprudence récente au développement du droit des gens », *RBDI* 1965, p. 315-347 et 1966, p. 66-93. — J. BOULOUIS, « À propos de la force normative de la jurisprudence », *Mél. Waline,* 1974, p. 149-162. — V. ROEBEN, « Le précédent dans la jurisprudence de la CIJ », *GYBIL* 1989, p. 382-407. — G. ABI-SAAB, « De la jurisprudence », *Mél. Diez de Velasco*, p. 2-8. — Ph. CAHIER, « Le rôle du juge dans l'élaboration du droit international », *Mél. Skubiszewski,* p. 353-366. — F. SALERNO dir., *Il ruolo del giudice internazionale nell'evoluzione del diritto internazionale e communitario,* CEDAM, Milan, 1995, XII-290 p. — M. SHAHABUDDEEN, *Precedent in the World Court,* Grotius, Cambridge UP, 1996, XX-245 p. — N. MILLER, « An International Jurisprudence ? The Operation of "Precedent" Across International Tribunals », *Leiden J. Int'l. L.* 2002, p. 483-501. — P. KOVACS, E. JOUANNET et M. KAMTO, « La juridictionnalisation et la jurisprudence en droit international », *in* SFDI, *La juridictionnalisation du droit international*, Pedone, 2003, p. 267-464. — P.S. RAO, « Multiple International Judicial Forums : A Reflexion of the Growth Strength of International Law or its Fragmentation ? », *Michigan Jl. IL* 2004, p. 929-961. — X. TRACOL, « The Precedent of Appeals Chambers Decisions in the International Criminal Tribunals », *Leiden Jl. IL* 2004, p. 67-102. — K. WELLENS, « Fragmentation of International Law and Establishing an Accountability Regime for International Organizations : The Role of the Judiciary in Closing the Gap », *Michigan Jl. IL* 2004, p. 1159-1184. — A. GATTINI, « Un regard procédural sur la fragmentation du droit international », *RGDIP* 2006, p. 303-336. — V. aussi la bibliographie sur la CIJ, *infra* sur le n° 539.

259. Définition. — La jurisprudence est constituée de l'ensemble des décisions juridictionnelles (« judiciaires » dit l'article 38 du Statut de la CIJ) ou arbitrales, tant nationales qu'internationales (v. *infra,* n° 524 s.).

Considéré isolément, un arrêt ou un avis d'une juridiction internationale constitue un précédent ou un moyen de détermination du droit ; il n'est pas « la jurisprudence ».

La jurisprudence des cours universelles, CPJI puis CIJ, est la première implicitement visée par l'article 38. La référence à l'article 59, relatif à l'autorité de chose jugée des arrêts de la Cour, l'atteste. La pratique le confirme, qui reconnaît une autorité particulière à cette jurisprudence. À défaut, la CIJ renvoie volontiers à la jurisprudence arbitrale, beaucoup plus exceptionnellement aux jurisprudences nationales.

La multiplication des juridictions internationales pose un problème de cohérence des solutions retenues par les unes et les autres (ce qui renvoie au thème de la « fragmentation du droit international » – v. *supra* n° 37). On ne peut exclure qu'elles donnent des réponses distinctes à des problèmes en apparence identiques (comme cela s'est produit en ce qui concerne le « test » à retenir au sujet du degré de contrôle qu'un État doit exercer sur des entités privées pour que la responsabilité des comportements de celles-ci lui soient attribuables – comp. CIJ, arrêt du 27 juin 1986, *Activités militaires et paramilitaires au Nicaragua et contre celui-ci*, *Rec.*, p. 64-65, § 115, solution confirmée dans l'arrêt du 26 février 2007, *Génocide*, § 399, et TPIY, Chambre d'appel, dans sa décision *Tadić* (IT-94-1 T) du 15 juillet 1999, *ILM* 2000, p. 1541, § 117) ; néanmoins de telles contradictions de jurisprudences sont rares et, du fait du prestige dont jouit la Cour mondiale, la *comitas gentium* (le principe de courtoisie) devrait jouer en faveur d'un alignement sur les solutions retenues par celle-ci – lorsque, du moins, elle a été appelée à prendre position sur un sujet donné.

260. Rôle de la jurisprudence. — 1° La référence dans l'article 38 du Statut à la fonction de la jurisprudence comme moyen de détermination du droit correspond à une réalité.

On observe, par exemple, un va-et-vient assez régulier entre la CDI, organe de codification du droit coutumier, et la CIJ dans plusieurs domaines juridiques : l'appui que ces institutions s'apportent mutuellement est remarquable : la jurisprudence de la CIJ constitue une source d'inspiration essentielle dans l'œuvre de codification, en particulier dans le droit de la mer (définition du plateau continental) ou celui des traités (régime des réserves). À l'inverse, la Cour n'hésite pas à se fonder sur les travaux de la CDI (v. par exemple, en matière de droit de la responsabilité, l'arrêt du 28 septembre 1997, *Projet Gabčíkovo-Nagymaros).*

L'autorité ainsi reconnue à la jurisprudence internationale s'explique par les garanties offertes par la procédure juridictionnelle et la composition même des juridictions internationales.

Cette autorité peut pourtant être atténuée lorsqu'est donnée une certaine publicité aux désaccords entre juges ou arbitres ; à cet égard, une *opinion individuelle* peut être aussi regrettable qu'une *opinion dissidente*.

L'opinion *individuelle* est celle d'un juge qui accepte le dispositif d'un arrêt mais non son exposé des motifs ; ce type d'opinion lui permet à la fois de justifier son désaccord et de faire connaître les motifs sur lesquels il entend fonder son acceptation du dispositif. L'opinion *dissidente* est celle d'un juge *minoritaire* qui indique non seulement son opposition au dispositif de l'arrêt, mais encore les motifs sur lesquels il fonde son dissentiment.

Conformément à la pratique suivie par les tribunaux anglo-saxons, la formulation et la publication des opinions individuelles et dissidentes des juges de la CIJ sont admises : les premières par l'article 57 du Statut de la Cour, les secondes par son Règlement.

2° Peut-on soutenir que la jurisprudence est une véritable source du droit ?

Telle était la thèse de G. Scelle qui partait de l'idée que la notion d'acte juridictionnel est une, qu'elle est la même dans tous les systèmes de droit. Or dans la quasi-totalité des ordres juridiques nationaux, il est admis que l'acte juridictionnel est normatif ; il doit en être de même en droit international. En droit strict, cette opinion n'est acceptable que pour la création de normes individuelles : un arrêt n'a de portée normative directe que pour les parties (autorité relative de la chose jugée, selon l'article 59 du Statut de la CIJ ; dans le même sens v. la position de l'organe d'appel de l'ORD dans l'affaire des *Taxes japonaises sur les boissons alcooliques*, WT/DS8-DS10-DS11/AB/R, 4 oct. 1996, § 6.10). En revanche, on ne peut extrapoler la solution anglo-saxonne de l'autorité normative générale de la jurisprudence : celle-ci est fondée sur le principe du *stare decisis* (autorité du précédent juridictionnel), qui n'a pas été transposé en droit international.

En pratique, il est vrai que l'on se rapproche des conditions de continuité jurisprudentielle caractéristique de la tradition anglo-saxonne. La CIJ n'hésite pas à invoquer, dans la motivation de ses arrêts et avis, sa « jurisprudence constante » et a indiqué que, s'« il ne saurait être question d'opposer [à un État partie à un différend] les décisions prises par la Cour dans des affaires antérieures », « la question est en réalité de savoir si, dans [l'espèce qu'elle examine] il existe pour la Cour des raisons de s'écarter des motifs et des conclusions adoptés dans ces précédents » (arrêt du 11 juin 1998, *Frontière terrestre et maritime entre le Cameroun et le Nigeria*, *Rec.* p. 292, § 28). Elle a même eu l'occasion d'admettre que, malgré le principe de l'effet relatif de la chose jugée, une démonstration et une conclusion juridiques de sa part pourraient être directement mises en œuvre dans les rapports entre des États tiers :

« Il est évident que tout prononcé sur la situation de l'Acte de 1928 par lequel la Cour déclarerait que celui-ci est ou n'est plus une convention en vigueur pourrait influencer les relations d'États autres que la Grèce et la Turquie » (CIJ, 1978, *Plateau continental de la Mer Égée, Rec.* 1978, p. 17). Il est clair en effet que si une opinion de la Cour est fondée sur des facteurs objectifs, on ne peut admettre de sa part des conclusions contradictoires. Les exigences de cohérence, de continuité, de sécurité juridique sont plus impératives pour la jurisprudence que pour la doctrine. C'est dans la mesure où ces exigences sont respectées que la jurisprudence est prévisible et a donc une certaine autorité auprès des États. Dans un arrêt du 27 septembre 1990, la Cour européenne des droits de l'homme a jugé qu'elle n'était pas liée par sa jurisprudence antérieure ; « elle a toutefois coutume d'en suivre et appliquer les enseignements dans l'intérêt de la sécurité juridique et du développement cohérent de la jurisprudence relative à la Convention. Cela ne l'empêcherait pourtant pas de s'en écarter si des raisons impérieuses lui paraissaient le demander. Un tel revirement pourrait, par exemple, se justifier s'il servait à garantir que l'interprétation de la Convention cadre avec l'évolution de la société » (*Lossey c. Royaume-Uni,* série A, n° 184, § 35). Les tribunaux arbitraux et transnationaux suivent la même tendance : tout en reconnaissant que les sentences arbitrales rendues ne constituent pas des précédents obligatoires, ils mettent l'accent sur l'autorité persuasive qui leur est attachée et sur la sécurité juridique qui découle de la cohérence des décisions retenues par les différentes juridictions arbitrales (v. par ex. CIRDI, *ADC Affiliate Limited c. Hongrie*, aff. n° ARB/03/16, SA du 2 octobre 2006, § 293). Le même balancement se retrouve dans le cadre de l'ORD qui rappelle le caractère relatif de la chose « jugée » par ses groupes spéciaux (v. *supra*) tout en précisant que leurs rapports n'en créent pas moins « des "attentes légitimes" parmi les membres de l'OMC et qu'ils devraient donc être pris en considération lorsqu'ils sont pertinents pour un différend quelconque » (Groupe spécial, 20 septembre 2006, *États-Unis – Réduction à zéro*, note 733 sous le § 7.99). Dans l'affaire *États-Unis – Mesures antidumping*, l'Organe d'appel est allé jusqu'à considérer que l'interprétation qu'il retient des normes applicables dans le cadre de l'OMC s'impose aux groupes spéciaux, compte tenu de « l'importance de l'uniformité et de la stabilité dans l'interprétation » des droits et obligations des États parties, lesquelles sont essentielles pour « promouvoir "la sécurité et la prévisibilité" du système de règlement des différends et pour assurer le "règlement rapide" des différends » (WT/DS344/AB/R, rapport du 30 avril 2008, § 161, et plus largement § 145-162).

La CIJ semble être allée un peu plus loin que ce qu'autorise l'article 59 de son Statut en soulignant expressément dans l'affaire *Avena*, d'une part, qu'elle s'était prononcée sur des « questions de principe », d'autre part, que les conclusions de son arrêt du 31 mars 2004, bien que portant uniquement sur le cas de ressortissants mexicains, ne pouvaient être interprétées comme étant « inapplicables à d'autres ressortissants étrangers se trouvant dans les mêmes conditions aux États-Unis » (*Rec.* p. 69-70, § 151).

De plus, comme on l'a vu plus haut, il faut reconnaître aux juridictions internationales un rôle dans la création de normes générales d'interprétation des traités, dans l'application de l'équité ainsi que dans l'élaboration des règles coutumières (v. *supra*, n°s 169, 231 et 209). On notera également qu'il appartient aux juridictions internationales, dans des cas il est vrai résiduels, de combler le silence du droit international quand il n'est pas possible de procéder autrement sans aboutir à un *non liquet* (v. par ex. au sujet des règles applicables en matière de délimitation frontalière : CIJ, *Différend frontalier (Bénin/Niger)*, 12 juillet 2005, *Rec.*, p. 141-142, § 124).

Tous ces arguments ne suffisent toutefois pas à faire de la jurisprudence en tant que telle une source du droit international. Une juridiction, fût-ce la Cour internationale de Justice, « dit le droit existant et ne légifère point. Cela est vrai même si la Cour, en disant et en appliquant le droit, doit nécessairement en préciser la portée et, parfois, en constater l'évolution » (CIJ, avis du 8 juillet 1996, *Licéité de la menace ou de l'emploi d'armes nucléaires, Rec.* p. 237).

Il est symptomatique à cet égard qu'une juridiction comme le Tribunal spécial pour la Sierra Leone, dont l'article 20 du Statut impose pourtant expressément qu'il soit « guidé » par les décisions des chambres d'appel des tribunaux pénaux internationaux pour l'ex-Yougoslavie et le Rwanda, ait tenu à préciser que cela n'impliquait pas qu'il soit juridiquement lié par la jurisprudence de ces deux tribunaux (décision du 11 septembre 2006 de sa Chambre d'appel dans l'affaire *Norman*, n° SCSL-2004-14-T, § 12-13).

Les autorités nationales peuvent également s'inspirer de la jurisprudence internationale, sans que l'obligation de publication prévue pour les traités ait à être suivie (cf. Cass. crim., 23 fév. 1993, *Guionnet*, *JCP* 1993, IV.1611, à propos du jugement du Tribunal militaire international de Nuremberg du 1er octobre 1946). Mais, quelle que puisse être l'*influence* des décisions juridictionnelles internationales, leur jurisprudence ne s'impose pas en tant que telle aux juges nationaux (cf. un arrêt du 4 mai 1994 par laquelle la Chambre criminelle de la Cour de cassation française rappelle que les arrêts de la CEDH « n'ont aucune incidence directe en droit interne sur les décisions des juridictions nationales » (*Saidi Farhat*, *Bull.* p. 381) ; s'agissant de l'Allemagne, v. D. Richter, « Does International Jurisprudence Matter in Germany ? », *GYBIL* 2006, p. 51-76).

DEUXIÈME PARTIE

LA COMMUNAUTÉ INTERNATIONALE

BIBLIOGRAPHIE. — J.-A. BARBERIS, « Nouvelles questions concernant la personnalité juridique internationale », *RCADI* 1983-I, vol. 179, p. 145-285 ; *Los sujetas del derecho internacional actual*, Tecnos, Madrid, 1984, 204 p. — M. LACHS, « Quelques réflexions sur la communauté internationale », *Mél. Virally*, 1991, p. 349-357. — G. ABI-SAAB, « Humanité » et « Communauté » dans l'évolution de la doctrine et de la pratique du droit international », *Mél. Dupuy*, 1991, p. 1-12. — P.-M. DUPUY, « Humanité, communauté et efficacité du droit », *ibid.*, p. 133-148. — Ch. DOMINICÉ, « La personnalité juridique dans le système du droit des gens », *Mél. Skubiszewski*, p. 147-172. — G. ABI-SAAB, « La "communauté internationale" saisie par le droit », *Mél. Boutros-Ghali*, p. 81-108. — J. E. NIJMAN, *The Concept of International Legal Personality*, TMC Asser Press, The Hague, 2004, XVIII-494 p. — P.-M. DUPUY, « Retour sur la théorie des sujets du droit international », *Mél. Arangio-Ruiz*, p. 71-84. — E. JOUANNET, « L'idée de communauté humaine », *Archives de philosophie du droit*, 2003, t. 47, p. 191-232. — F. VOEFFRAY, *L'actio popularis ou la défense de l'intérêt collectif devant les juridictions internationales*, PUF, 2004, XXII-403 p. — SFDI, colloque du Mans, *Le sujet en droit international*, Pedone, 2005, 170 p. — S. VILLALPANDO, *L'émergence de la communauté internationale dans la responsabilité des États*, PUF, 2005, XX-526 p.

261. La communauté internationale comme sujet du droit international. — Après avoir analysé les modes d'élaboration du droit international, il convient d'étudier le milieu social auquel il s'applique.

Une question préalable se pose : est-ce que sont seuls sujets du droit les éléments politiques de cette communauté internationale, la communauté elle-même n'étant qu'une fiction juridique. En d'autres termes, les sources du droit international ne s'appliquent-elles à la communauté internationale que par l'intermédiaire des droits et obligations des éléments constitutifs de cette communauté ? Ou bien est-elle, comme tout sujet du droit, titulaire direct de droits et obligations internationaux ?

Intuitivement, on penche pour une réponse négative. Profondément divisée en plus de 190 États souvent antagonistes, la communauté internationale ne paraît guère en mesure d'assumer des droits et devoirs internationaux, encore moins de s'en prévaloir efficacement par voie de réclamation internationale, ce qui représente l'un des critères de la personnalité juridique internationale (CIJ, avis sur la *Réparation des dommages, Rec.* 1949, p. 179). De même imagine-t-on difficilement comment et par qui la communauté internationale pourrait être sanctionnée en cas de non-respect de ses obligations éventuelles (la question cesse d'être théorique lorsqu'une organisation internationale « mandataire » de la communauté internationale assure des fonctions non plus seulement normatives mais également opérationnelles).

On assiste pourtant à une reconnaissance progressive, lente et prudente, d'une certaine personnalité juridique de la communauté internationale, dont on ne sait s'il faut la limiter à celle des États ou s'il s'agit d'une notion plus englobante (cf. le projet de la CDI sur la responsabilité de l'État pour fait internationalement illicite de l'État annexé à la résolution 56/82 de l'Assemblée générale, qui mentionne à plusieurs reprises « la communauté internationale dans son ensemble », sans autre précision).

— La Convention de Vienne de 1969 sur le droit des traités pose le principe du *jus cogens*, c'est-à-dire d'un corps de normes acceptées et reconnues par « la communauté des États dans son ensemble » (art. 53 ; sur sa portée, voir *supra*, n° 125).

— « L'exploration et l'utilisation de l'espace extra-atmosphérique... sont l'apanage de l'humanité tout entière » (art. 1er de la Convention de 1967), et le fond des océans au-delà des limites de la juridiction nationale ainsi que ses ressources sont des éléments du « patrimoine commun de l'humanité » (art. 136 de la Convention de Montego Bay de 1982).

— Dans le projet d'articles de la CDI sur la clause de la nation la plus favorisée, le concept de « communauté des États dans leur ensemble » vise à déterminer l'applicabilité de certains systèmes de préférences généralisées (art. 23).

— L'article 48 du projet d'articles précité de la CDI prévoit que tout État est en droit d'invoquer la responsabilité de l'auteur d'un fait internationalement illicite si « b) l'obligation violée est due à la communauté internationale dans son ensemble » (v. *infra*, n° 493).

— Dans son arrêt du 29 octobre 1997, la Chambre d'appel du TPI pour l'ex-Yougoslavie a interprété les obligations de coopération et d'entraide judiciaire des États avec le Tribunal comme « des obligations « envers la communauté internationale dans son ensemble » ou, en d'autres termes, des obligations « *erga omnes* » », sans, pour autant admettre la possibilité de sanctions pénales à l'encontre des États (IT-95-14-AR 108 *bis*, *Blaskic*, par. 26).

Mais le vocabulaire utilisé est encore hésitant ; surtout, il n'est pas certain que les diverses notions — « communauté des États dans son ensemble », « humanité tout entière », « communauté internationale » — coïncident exactement, d'autant qu'elles sont souvent employées dans des branches du droit différentes, et donc avec une portée qui n'est pas nécessairement uniforme.

Les droits dont bénéficie la communauté internationale sont encore limités et, à ce jour, *ne peuvent être exercés que par les États ou des organisations internationales*, sujets traditionnels du droit international. Dotée d'une indéniable capacité *de jouissance*, la communauté internationale ne bénéficie pas encore d'une capacité *d'exercice direct* de ses droits et obligations ; elle ne peut s'en prévaloir directement. Il est tout aussi remarquable qu'aucune responsabilité juridique ne lui incombe directement.

Néanmoins, il semble légitime de voir là les premiers linéaments d'une situation nouvelle dans laquelle la « communauté » internationale pourrait et devrait être reconnue comme sujet du droit international.

Si des précautions sont prises pour garantir la *représentation objective* de l'ensemble des États dans une structure institutionnelle (v. *infra*, n° 701, à propos de l'Autorité internationale des fonds marins), il devient impossible de distinguer la « communauté internationale » de l'organisation internationale qui agit en son nom. Mais ce n'est que dans la mesure où la personnalité juridique de la communauté internationale s'affirmerait à l'encontre de celle de l'organisation qui exprime sa volonté, que l'on pourrait admettre que cette communauté dispose d'une certaine capacité propre d'exercice de ces droits.

Dans l'état actuel du droit international, la communauté internationale ne peut être qu'un sujet mineur du droit. Sujet mineur, d'abord, par l'étendue de sa capacité de jouissance. Sujet mineur surtout parce qu'il reste nécessaire d'emprunter la forme d'une organisation internationale et que subsiste le risque d'une récupération des compétences de la communauté par la « collectivité des États » membres de cette organisation (cf. les grandes précautions prises dans le Statut de la CPI pour encadrer strictement les activités de la Cour par l'Assemblée des États parties).

262. Membres de la communauté internationale et sujets du droit international. — En droit, ne peuvent être considérés comme membres de la communauté internationale que les entités qui sont les destinataires *directs* des normes internationales. Un membre de la communauté internationale est un sujet du droit international, et inversement.

La doctrine classique, favorable à une conception exclusivement interétatique du droit international et de la communauté internationale, ne reconnaît que l'État comme membre de la communauté internationale et sujet du droit international. En prenant radicalement le contre-pied, les objectivistes de l'école sociologique ont soutenu que seuls les individus peuvent être des sujets du droit international (v. *supra*, n° 55). L'implantation définitive des organisations internationales dans la société internationale infirme ces deux opinions extrêmes. La caducité de la doctrine classique est consacrée par la promotion de l'individu dans le droit international contemporain (v. *infra*, n°s 417 s.).

Le droit positif est fidèlement reflété dans ce *dictum* de la CIJ :

« Les sujets de droit, dans un système juridique, ne sont pas nécessairement identiques quant à leur nature ou à l'étendue de leurs droits » (avis, *Réparation des dommages subis au service des Nations Unies, Rec.* 1949, p. 178).

Rien n'interdit donc la coexistence de sujets divers du droit international, qui se distinguent par des statuts juridiques différents et une personnalité juridique plus ou moins affirmée.

Subsiste cependant une différence remarquable entre les sujets de droit, qui s'explique par les conditions historiques de l'apparition du droit international. Pour les États, la personnalité juridique dérive directement de leur seule existence et se caractérise par la souveraineté ; souveraineté constatée comme un fait par le droit international, non pas créée ou attribuée par lui. Postulant dans l'État un sujet majeur et originaire du droit, le droit international contribue seulement à définir la personnalité internationale de l'État (attribution de compétences plénières : voir *infra*, n°s 296 s.). Pour les autres sujets du droit, c'est bien le droit international lui-même — et, au moins au départ, la volonté concertée des États — qui autorise la reconnaissance de leur personnalité juridique internationale et qui en précise le contenu.

263. Intérêts collectifs et communauté internationale. — La notion de communauté internationale en tant que sujet du droit international présente l'avantage d'autoriser la réglementation d'intérêts collectifs qui, au stade actuel de l'évolution de la société internationale ne peuvent être pris en charge au titre de la juridiction des États ou même des organisations internationales (« apanage de l'humanité tout entière », « patrimoine commun de l'humanité »). L'essentiel des activités correspondant à de tels intérêts collectifs se déroule dans des espaces non attribués, qui sont dits « internationalisés » (v. *infra*, n° 662). Doit-on, pour autant que ces espaces sont réglementés par le droit international, les considérer comme des éléments constitutifs de la communauté internationale ?

En fait, ce sont moins les espaces eux-mêmes que les activités y trouvant place qui sont l'objet d'une réglementation internationale. Il paraît donc plus justifié d'envisager celle-ci comme un élément des rapports internationaux et de l'étudier dans ce cadre (v. *infra*, n°s 691 s., 724, et 728 s.).

Même si la communauté internationale ne peut être considérée comme la simple addition des sujets du droit international, elle se trouve dépourvue de moyens d'action propres et demeure tributaire de ceux-ci. Au surplus, les intérêts collectifs qu'elle incarne sont largement battus en brèche par ceux, spécifiques et souvent égoïstes, de ces autres sujets du droit, au premier rang desquels les États.

Il convient donc d'étudier successivement :

Titre I. — L'État.

Titre II. — Les sujets non-étatiques du droit international.

TITRE I

L'ÉTAT

264. Plan du titre. — Il appartient au droit international, à défaut de « créer » l'État, d'en définir les critères et les compétences. Confronté aux avatars historiques de la société internationale, le droit international a dû également préciser le régime juridique de l'apparition et de la disparition des États. Ce sont les « principes du droit international qui permettent de définir à quelles conditions une entité constitue un État » (Com. arb. Youg., avis n° 1, 29 nov. 1991, *RGDIP*, 1992, p. 264).

Privilégiant tantôt l'État en tant qu'institution juridique, tantôt l'État comme réalité historique, le régime juridique de l'État est un amalgame de règles uniformes, fondées sur l'« égalité souveraine » des États, et de règles diversifiées, plus ou moins adaptées aux différences de richesse, de puissance, de régimes économiques, sociaux et culturels entre États. Le compromis entre recherche de l'uniformité et souci de la diversité varie lui-même d'une époque à l'autre.

On examinera donc successivement :
Chapitre I : La définition de l'État selon le droit international.
Chapitre II : Les compétences de l'État.
Chapitre III : La formation et les transformations de l'État.

CHAPITRE I

Définition de l'État selon le droit international

BIBLIOGRAPHIE. — G. ARANGIO-RUIZ, « L'État dans le sens du droit des gens et la notion de droit international », *Österreichische Zeitschrift für öffentliches Recht*, 1975, vol. 26, p. 3-63 et p. 265-406. — J. CRAWFORD, « The Criteria for Statehood in International Law », *BYBIL* 1976-1977, p. 93-182. — SFDI, Colloque de Nancy, *L'État souverain à l'aube du XXIe siècle*, Pedone, 1994, 318 p. — D. ALLAND, « L'État sans qualités », *Droits*, 1992, p. 1-9. — J.-D. MOUTON, « La notion d'État et le droit international public », *ibid.* p. 45-58. — Th. D. GRANT, « Defining Statehood : The Montevideo Convention and Its Discontent », *Colombia Jl. of Transnl. L.* 1999, p. 403-457. — D. THÜRER, « The « Failed State » and International Law », *RICR* 1999, p. 731-761. — R. HIGGINS, « The Concept of « The State » : Variable Geometry and Dualist Perceptions », *Mél. Abi-Saab*, p. 547-562. — G. KREIJEN, *State Failure, Sovereignty and Effectiveness. Legal Reasons from the Decolonization of Sub-Saharan Africa*, Martinus Nijhoff Publishers, Leiden, 2004, XV-386 p. — Ch. LEBEN, « L'État au sens du droit international et l'État au sens du droit interne (à propos de la théorie de la double personnalité de l'État) », *Mél. Arangio-Ruiz*, p. 131-167. – M. SCHOISWOHL, *Status and (Human Rights) Obligations of non-Recognized* De Facto *Regimes in International Law : The Case of Somaliland*, Nijhoff, Leiden/Boston, 2004, XV-351 p. — M. FORTEAU, « L'État selon le droit international : une figure à géométrie variable ? », *RGDIP* 2007, p. 737-770.

265. Identification de l'État. — L'État est un phénomène historique, sociologique et politique pris en compte par le droit.

Sa définition a pour ambition première d'isoler ce phénomène et cette institution juridique, d'autres entités jouant un rôle dans les relations internationales : l'État doit rester un sujet de droit suffisamment puissant et « rare » pour prétendre conserver une place privilégiée dans la conduite des relations internationales.

Ce but est atteint dans la mesure où l'État est le seul sujet du droit qui bénéficie d'un attribut fondamental, la *souveraineté* ou *l'indépendance*.

Cet attribut s'explique par l'histoire des États modernes. Nés de l'éclatement des Empires, ils se sont affirmés en refusant de se soumettre à l'autorité d'autres entités politiques : « Le Roi de France est Empereur en son Royaume », selon l'adage des légistes français.

La doctrine est unanime pour estimer qu'une collectivité humaine ne peut être un État que si elle dispose d'une population, d'un territoire et d'une autorité politique (« gouvernement »).

Ces *éléments constitutifs* de l'État, qui ont un caractère objectif, sont nécessaires mais non suffisants. Il faut également que l'entité qui prétend à la qualité d'État bénéficie de la *souveraineté* (ou *indépendance*).

Que ce deuxième élément de la définition ait une fonction politique est particulièrement évident à l'époque actuelle. Les États menacés de démembrement récuseront l'accession à la souveraineté des groupes « séparatistes », pour leur interdire l'usage égalitaire des moyens de pression militaires et diplomatiques. De leur côté, les partisans de la sécession feront preuve d'ingéniosité politique pour faire reconnaître le plus prématurément possible leur « indépendance ».

Les États, guidés par ce souci de prééminence par rapport aux autres sujets du droit international, ne se contenteront pas d'une définition fondée sur des critères « objectifs ». Ils introduiront dans cette définition des éléments plus subjectifs, les autorisant à garder un certain contrôle de l'apparition des États, par une sorte de droit de *cooptation*.

Les circonstances historiques de la création des États illustrent la permanence de cette tendance à revendiquer un certain droit de regard sur la composition de la société internationale. Les États modernes sont apparus dans des conditions politiques difficiles, contre le gré des entités politiques les plus puissantes de leur époque. Ces dernières ont prétendu subordonner à la reconnaissance par eux-mêmes de la situation nouvelle, le plein exercice de leurs compétences internationales par les nouveaux États. Par la suite, les États ont adopté la même attitude face aux autres entités politiques qui tentaient de participer aux relations internationales. C'est cette tension entre le caractère objectif de la souveraineté et les conditions de son exercice concret, qui fonde la controverse classique sur la nature et la portée de la reconnaissance d'État (v. *infra*, n° 364).

« L'État est communément défini comme une collectivité qui se compose d'un territoire et d'une population soumis à un pouvoir politique organisé » et « se caractérise par la souveraineté » (Com. arb. Youg., avis n° 1, 29 nov. 1991, *RGDIP*, 1992, p. 264 ; v. aussi : avis n° 8, 4 juill. 1992).

À ce titre, il n'est subordonné à aucun autre membre de la communauté internationale ; en revanche il est soumis directement au droit international, ce qui lui offre une certaine protection juridique.

Cette définition de l'État a un caractère quelque peu tautologique. Si l'on a besoin d'une définition de l'État, c'est pour savoir si telle collectivité humaine peut invoquer à son profit le principe de souveraineté. La définition suppose le problème résolu. Elle se révèle plus utile pour distinguer les États d'autres entités concurrentes que pour en démontrer l'existence.

Section 1. — Les éléments constitutifs de l'État.
Section 2. — La souveraineté.
Section 3. — La protection de la souveraineté.
Section 4. — Les entités étatiques contestées.

Section 1
Les éléments constitutifs de l'État

§ 1. — *Une population*

BIBLIOGRAPHIE. — L. LE FUR, *Races, nationalité, États*, Paris, 1922. — R. REDSLOB, « Le principe des nationalités », *RCADI*, 1931-III, vol. 37, p. 5-81. — P. VER-

GNAUD, *L'idée de la nationalité et de libre disposition des peuples dans ses rapports avec l'idée de l'État*, Montchrestien, Domat, 1955, 258 p. — C. CHARPENTIER, « Le principe mythique des nationalités : tentative de dénonciation d'un prétendu principe », *RBDI* 1992, p. 531-589. — Voir la bibliographie figurant sur le n° 340, *infra*.

266. Rapports entre État et population. — Un État est avant tout une collectivité humaine. Il ne peut exister sans population.

Cette règle « pas de population, pas d'État » conduit logiquement à admettre que l'État disparaît en cas de disparition ou d'émigration de l'ensemble de la population. Cette situation confine à l'hypothèse d'école, dans le monde contemporain : la *diaspora* du peuple juif est un phénomène unique dans l'histoire internationale.

Plus intéressante est la question de savoir si une population très faible ou trop mouvante (nomadisme) est un handicap rédhibitoire pour la constitution de l'État. En soi, le facteur démographique n'est pas décisif. Quelles qu'aient été les critiques adressées à la multiplication des « micro-États » (dits « États lilliputiens » du temps de la SdN), ce n'était pas l'aptitude à être un État qui était niée mais la participation égalitaire de collectivités très petites aux institutions internationales. Quant au nomadisme, il présente des inconvénients pratiques dans le monde moderne et peut faire douter de l'effectivité d'un contrôle gouvernemental ; il n'autorise pas à contester la qualité d'État reconnue, le cas échéant, aux groupes nomades : conclure autrement serait porter atteinte au principe de l'autonomie politique de chaque État.

1° Au sens large, la population de l'État comprend tous les *habitants* qui vivent et travaillent sur son territoire. C'est une donnée géographique et démographique, à la fois trop large et trop étroite d'un point de vue juridique. Trop large parce qu'elle inclut les *étrangers* domiciliés dans l'État ou qui y possèdent leur principal établissement, et qui n'ont pas renoncé à leur nationalité d'origine ; ce choix ne justifie guère leur inclusion dans un des *éléments constitutifs* de l'État. Mais c'est aussi une conception trop restrictive en ce qu'elle néglige les nationaux installés à l'étranger et qui ont choisi de continuer à participer à la vie politique de leur État d'origine.

2° En tant qu'élément constitutif de l'État, la population est plutôt entendue comme la masse des individus rattachés de façon stable à l'État par un lien juridique, le lien de nationalité. C'est l'ensemble des *nationaux*.

Cela n'interdit pas aux États d'accorder certains droits traditionnellement réservés à leurs nationaux à des personnes étrangères entrenant des liens étroits avec eux (résidence prolongée notamment). À ce titre, la CJCE a considéré dans son arrêt du 12 septembre 2006, *Espagne c. Royaume-Uni*, que « le terme "peuples"[employé par les articles 189 CE et 190 CE au terme desquels le Parlement européen est composé de représentants des peuples des États membres] (...) est susceptible d'avoir différentes significations selon les États membres et langues de l'Union » et que rien ne s'oppose en droit communautaire « à ce que les États membres octroient [l]e droit de vote et d'éligibilité [au Parlement européen] à des personnes déterminées ayant des liens étroits avec eux, autres que leurs propres ressortissants ou que les citoyens de l'Union résidant sur leur territoire » (aff. C-145/04, par. 71 et 78).

La nationalité crée une *allégeance personnelle* de l'individu envers *l'État national* ; elle fonde la *compétence personnelle* de l'État, compétence qui l'autorise à exercer certains pouvoirs sur ses *nationaux* où qu'ils se trouvent (v. *infra*, n°s 328 s.).

L'importance symbolique et politique de ce rattachement par la nationalité est telle que les États freinent l'apparition de règles internationales générales sur ce point. La fonction du droit international se limite à régler ou à prévenir les conflits de nationalité. La question de la nationalité reste donc très marquée par ses origines historiques. À l'époque monarchique, l'individu devait son allégeance personnelle au roi dont il était le *sujet*. Aujourd'hui il la doit à l'État mais, vestige du système traditionnel, le national continue à être qualifié de *sujet* de l'État.

3° Par population de l'État, on désigne aussi parfois la collectivité de ses *ressortissants*. Or ce terme, utilisé dans des contextes très variés par les traités, n'est pas interprété de manière uniforme.

Tantôt « ressortissant » et « national » seront pris comme synonymes :

« le terme ressortissant... a également trait aux personnes physiques dont la situation juridique est déterminée par le lien personnel de nationalité qui les unit à l'État » (CPJI, arrêt du 25 mai 1926, *Intérêts allemands en Haute-Silésie polonaise*, série A, n° 7, p. 70).

Tantôt le terme « ressortissant » a un sens plus large que la notion de « national » et vise des personnes *assimilées* aux nationaux, par exemple les sujets d'un État protégé :

« ... l'expression « ressortissant » figurant dans l'article 297 du Traité de Versailles n'est pas restreinte aux nationaux d'un État, mais... comprend également tous ceux qui, par quelque rapport juridique autre que la nationalité, relèvent d'un État » (décision du 30 décembre 1927 du Tribunal arbitral mixte franco-allemand, *Rec. TAM*, vol. VII, p. 655 ; voir aussi la décision du 1er juillet 1923 du TAM anglo-autrichien, *Rec. TAM*, vol. III, p. 236).

267. Population, nation et peuple. — Seul le premier terme est pertinent, en ce qui concerne les éléments constitutifs de l'État.

Ainsi, aucune règle de droit international n'impose qu'à chaque État corresponde une « nation » et une seule. Le droit international n'interdit certainement pas qu'un État englobe plusieurs « nations », dont tous les membres auront la même « nationalité » au sens que le droit international donne à ce mot.

Les exemples d'États *multinationaux* sont nombreux. Ce sont souvent de grands États : Russie, Chine ; ou des États constitués dans des régions où coexistent de nombreuses ethnies ce qui est le cas de la plupart des États africains. La notion même de *nation* n'est d'ailleurs qu'une fiction pour nombre d'États nouveaux créés à partir de fédérations d'ethnies par les colonisateurs : leur première ambition est, très officiellement, d'utiliser les pouvoirs de l'institution étatique pour créer une nation. Pour ces États, la nation ne saurait être un élément constitutif, encore moins un critère préalable.

Cependant la notion de population ne suffit pas à couvrir toutes les réalités prises en compte par le droit et la politique internationale. Il a souvent paru opportun de privilégier, au-delà de la simple réalité statistique et juridique qu'est la population, un fait sociologique et politique symbolisé par la *nation* ou le *peuple*, expressions d'une certaine homogénéité de la population.

Le désaccord est total sur les critères de la nation. Selon la *conception subjective*, pour qu'il y ait nation, il faut et il suffit que les individus qui la composent possèdent la volonté de vivre ensemble. Pour les partisans de la *conception objective*, l'existence de la nation repose sur des facteurs réels : communauté historique, homogénéité raciale, linguistique, culturelle, etc. ; certains ont été jusqu'à prétendre qu'il est légitime d'intégrer dans un État, au besoin malgré eux, tous ceux qui font partie d'une même nation en vertu de tels « critères ».

L'acuité du désaccord est à la mesure des implications politiques que l'on a voulu donner au concept de nation. Au XIXe siècle est né le principe *des nationalités*, selon lequel tous les individus qui appartiennent à une même nation ont le droit — mais non l'obligation — de vivre à l'intérieur d'un État, qui leur soit propre. L'État coïncide alors avec une nation et est un « État national » (v. *supra*, n° 29). À défaut d'être admis en tant que principe général par le droit international, le principe des nationalités a commandé plusieurs régimes conventionnels du XIXe et du XXe siècles (traités de paix, reconnaissance collective de nouveaux États, protection de minorités). On le retrouve, exacerbé, au cœur de certains conflits contemporains (ex-Yougoslavie, ex-URSS).

Son avatar contemporain est le principe du *droit des peuples à disposer d'eux-mêmes*, consacré par le droit positif dans sa portée anti-coloniale (v. *infra*, n°s 340 s.). Mais il ne s'agit que d'une consécration partielle du principe des nationalités : le droit international actuel ne comporte toujours pas de reconnaissance de la légitimité de la sécession (v. *infra*, n° 344).

La tentative de certains États de concrétiser la vision raciale du principe des nationalités (Allemagne nazie, idéologie de la « Grande Serbie ») montre les dangers d'exploitation abusive d'un « principe d'art politique ». La communauté internationale ne peut accepter les bouleversements nés des revendications territoriales sans limites qui en résultent et il est symptomatique à cet égard que le Conseil de sécurité et la Commission des droits de l'Homme des Nations Unies aient vivement réagi à la politique d'« épuration » ou de « nettoyage ethnique » des diverses factions en présence sur le territoire de l'ex-Yougoslavie et, en particulier, en Bosnie-Herzégovine (résolutions 771 du Conseil de sécurité du 13 août 1992 et 1991/S-1/1 de la Commission des droits de l'Homme du 18 août 1992). Par contre, sans les soutenir, elle s'accommode des modifications nées des sécessions.

Dans quelle mesure cette notion *d'auto-disposition* joue-t-elle au bénéfice de la population concrète, c'est-à-dire de la nation ou du peuple ? Le principe du droit des peuples à disposer d'eux-mêmes est au point de rencontre de deux notions fondamentales : le principe des nationalités et l'idée démocratique. Issu du premier, il implique que les cessions et les rattachements territoriaux ne peuvent se réaliser sans la volonté librement exprimée des populations concernées ; rattaché à la seconde, il implique le droit, pour la population de chaque État, de choisir librement son régime politique et son organisation constitutionnelle.

Pour les peuples déjà constitués en États, le principe se confond avec celui de l'autonomie constitutionnelle et politique de l'État : c'est-à-dire la possibilité de choisir leur régime politique et le droit de désigner leurs gouvernants sans ingérence étrangère. Les seules limites imposées portent sur le respect de certains droits de l'homme (interdiction du racisme et de l'apartheid) et, progressivement, de l'idée démocratique (v. *infra*, n° 279).

S'il a fallu, dans les circonstances historiques de la décolonisation, reconnaître certains droits aux *peuples*, pour faciliter leur accession à l'indépendance (v. *infra*, n°s 341-343), il n'était pas question pour les nouveaux États de partager avec les peuples les compétences et les droits traditionnellement reconnus aux seuls États. Une fois l'État créé, il y a confiscation par lui des droits formellement reconnus aux peuples. Toutefois les événements qui ont affecté l'Est de l'Europe à la fin des années 1980 et au début des années 1990 — dissolution de l'URSS, de la Yougoslavie et de la Tchécoslovaquie, réunification allemande — témoignent d'un regain de vitalité du principe du droit des peuples (v. *infra*, n°s 344-345).

L'avancée parallèle sur le terrain économique ne profite guère plus aux peuples. La doctrine de la souveraineté permanente sur les ressources naturelles et les activités économiques se présente certes comme un « élément fondamental » du droit des peuples à disposer d'eux-mêmes (v. *infra*, n° 279). Les peuples ne sont titulaires de cette « souveraineté » qu'aussi longtemps qu'il s'agit d'empêcher l'État dominant de tirer profit de sa souveraineté politique. Du jour où, accédant à l'indépendance, ils seraient en mesure d'en être les titulaires directs, les nouveaux États qu'ils constituent revendiquent l'usage exclusif de la « souveraineté économique ».

§ 2. — *Un territoire*

BIBLIOGRAPHIE. — W. SCHOENBORN, « La nature juridique du territoire », *RCADI*, 1929-II, vol. 30, p. 85-189. — L. DELBEZ, « Le territoire dans ses rapports avec l'État », *RGDIP* 1932, p. 705-738. — R.-Y. JENNINGS, *The Acquisition of Territory in International Law*, Manchester UP, 1963, VII-130 p. — J. H. W. VERZIJL, *International Law in Historical Perspective*, tome III, Sijthoff, Leyde, 1970, 636 p. — L. DEMBINSKI, « Le territoire et le développement du droit international », *ASDI* 1975, p. 71-96. — M. N. SHAW, « Territory in International Law », *NYBIL* 1982, p. 69-91 ; *Title to Territory in Africa*, Clarendon Press, Oxford, 1986, 438 p. — J. A. BARBERIS, « Les liens juridiques entre l'État et son territoire », *AFDI* 1999, p. 132-147. — H. RUIZ FABRI, « Immatérialité, territorialité et État », *Arch. Ph. Droit* 1999, t. 43, p. 187-213. — D. MAILLARD DESGRÉES DU LOÛ dir., « Territoires et État », *RGCT* 2002, 138 p. — J. BARBERIS, *El territorio del Estado y la soberanía territorial*, Abaco de R. Depalma, Buenos Aires, 2003, 234 p.

268. Rapports entre l'État et son territoire. — De même que l'on peut dire « pas d'État sans population », on doit dire « pas d'État sans territoire ». Le principe est fermement établi par la coutume internationale. L'État disparaît avec la perte totale de son territoire.

Le droit international ne s'intéresse qu'aux rapports entre certaines données géographiques et la souveraineté par lesquels se définit le territoire étatique. L'importance accordée au territoire comme élément constitutif de l'État conduit à reconnaître une forte interdépendance du territoire étatique et des autres éléments constitutifs, population et gouvernement.

L'apport des autres disciplines qui s'intéressent aux espaces et à leurs ressources ne doit cependant pas être négligé ici. La répartition spatiale des masses humaines, la situation géo-politique de chaque État, les conditions climatiques et l'emplacement aléatoire des ressources naturelles, la géologie, etc. justifient diverses typologies des États et une certaine diversification du régime juridique de l'État (v. par exemple la catégorie des « petits États insulaires en développement » consacrée au plan international depuis quelques années – v. not. la résol. 59/311 de l'AG des Nations Unies du 14 juillet 2005).

Il n'est pas nécessaire que le territoire ait une dimension importante pour que puisse s'établir un État. On connaît des « micro-États » depuis toujours et leur existence n'est pas contestée.

1° *Territoire et population.* — Entre les deux concepts, la relation est directe et nécessaire : pas de territoire étatique sans population.

La population étatique moderne est une population sédentaire, stabilisée à l'intérieur des frontières du territoire étatique. L'idée d'un *État nomade* est « aberrante » et tous les gouvernements confrontés aux problèmes du nomadisme transfrontières mènent des politiques, parfois brutales, de sédentarisation des groupes nomades.

Dans le même sens, la présence d'un individu sur un territoire étatique constitue, sinon une preuve de la nationalité, du moins un lien de rattachement à l'État qui représente un indice utile en cas de contestation de la nationalité réelle (CIJ, affaire *Nottebohm, Rec.* 1955, p. 23 ; *infra*, n° 323). La résidence pourra également constituer une présomption utile en matière d'acquisition de nationalité à la suite d'une succession d'États (v. *infra*, n° 354).

Cette coïncidence nécessaire d'un territoire et d'une population étatiques n'interdit évidemment pas des fluctuations démographiques importantes : un État ne perd pas sa qualité parce qu'il conduit ou favorise une politique d'émigration massive de sa population, ou parce qu'il laisse se produire une immigration étrangère importante.

2° *Territoire et gouvernement.* — Le lien entre ces deux notions est lui aussi nécessaire, car on ne peut imaginer d'État sans pouvoir stable. Les conditions modernes d'exercice du pouvoir politique et administratif exigent la maîtrise d'un territoire, aussi réduit soit-il.

La possession d'un territoire s'impose donc comme condition préalable de l'existence d'un « gouvernement ». Inversement, le territoire est l'espace sur lequel l'État exerce l'ensemble des pouvoirs reconnus aux entités souveraines par le droit international.

Cette liaison très forte établie entre la plénitude des fonctions gouvernementales et le territoire étatique oblige à qualifier autrement les espaces où les autorités étatiques n'exercent pas des compétences plénières et exclusives : on parle alors de zones ou d'espaces « sous juridiction » de l'État (v. *infra*, n° 270).

Il faut mais il suffit que le gouvernement dispose d'un minimum de base territoriale pour qu'il y ait État. Mais, aussi exigu soit-il, l'intégrité de ce territoire est protégée par un principe fondamental du droit international contemporain qui n'admet les modifications territoriales que par des moyens pacifiques.

Le principe de l'intégrité territoriale, énoncé dans l'article 2, paragraphe 4, de la Charte des Nations Unies, est rappelé dans de très nombreux documents internationaux : communiqué final de la Conférence afro-asiatique de Bandoeng (« principes de la coexistence pacifique »), chartes constitutives d'organisations régionales (OEA, Union africaine), Acte final de la Conférence d'Helsinki (CSCE).

La « Déclaration sur les principes régissant les relations mutuelles des États participants », incluse dans l'Acte final d'Helsinki, rappelle sous le point I (« égalité souveraine ») que « les frontières peuvent être modifiées, conformément au droit international, par des moyens pacifiques et par voie d'accord » et sous les points III-IV, que les signataires « tiennent mutuellement pour inviolables toutes leurs frontières » et qu'ils « s'abstiennent de tout acte incompatible avec les buts et principes de la Charte des Nations Unies contre l'intégrité territoriale (...) de tout État participant » ; *in fine*, ce texte signale que tous ces principes « sont dotés d'une importance primordiale » et qu'en conséquence « ils s'appliquent également et sans réserve, chacun d'eux s'interprétant en tenant compte des autres ».

On peut en déduire ensuite que la qualité d'État n'est pas perdue du seul fait de la diminution du territoire. Non seulement les modifications de frontières restent possibles mais l'identité de l'État ancien n'est pas atteinte par les fluctuations de sa consistance géographique (voir le droit de la succession d'États, *infra*, n° 351).

C'est ainsi qu'en 1870, après avoir perdu les deux tiers de son territoire au profit de l'Argentine, le Paraguay a survécu en demeurant le même État.

269. Nature juridique du territoire. — Les opinions sont divisées sur la meilleure formule juridique permettant de consacrer l'association étroite de l'État et du territoire. Quatre théories principales ont été proposées par la doctrine, dont seules les deux dernières sont susceptibles d'être retenues aujourd'hui.

1° Dans l'intérêt de l'État, les deux premières théories se sont efforcées de créer l'union la plus étroite possible entre l'État et son territoire.

a) Dans la théorie du *territoire-sujet* qui s'apparente à la conception organiciste de l'État, le territoire est considéré comme une composante même de *l'État-personne*. Il est désigné soit comme la « qualité de l'État », soit comme le « corps de l'État », soit comme « un élément de la nature de l'État », soit comme « l'essence de l'État » ; ici l'État est une « corporation territoriale ».

Sous diverses variantes, cette doctrine a été retenue par de nombreux auteurs du XIXe et du XXe siècles (en France, Hauriou et Carré de Malberg).

Une telle valorisation juridique du territoire, qui l'assimile à un titulaire direct de droits et obligations, est inacceptable. Elle favorise la multiplication des fictions juridiques (par exemple l'extraterritorialité des navires) et elle est contredite par le droit positif. Logiquement, elle entraîne que l'identité de l'État doit changer avec chaque mutation territoriale. On vient de voir qu'il n'en est rien.

b) La théorie du *territoire-objet* est un progrès doctrinal, car elle dissocie l'État de son territoire. Mais c'est pour créer aussitôt entre eux le lien le plus intime, le rapport de *propriété*. L'État est censé exercer sur son territoire un *droit réel* semblable à celui que possède un propriétaire sur sa chose.

Cette théorie remonte à l'époque de la monarchie absolue, où prévalait une conception patrimoniale de l'État (réunion d'apanages entre les mains du monarque). Malgré la disparition de la conception patrimoniale, la théorie qui en était issue n'est pas tombée en désuétude et a compté jusqu'au milieu du XXe siècle, de nombreux partisans (Hall, Lauterpacht, Laband, Donati, Cavaglieri, Fauchille).

À la vérité, la théorie du territoire-objet est construite sur une idée erronée du pouvoir d'État, pouvoir qui s'exerce directement sur des hommes ou des activités et non sur des choses.

2° Les deux dernières théories, si elles sont associées, rendent compte exactement de la réalité juridique sans sacrifier les intérêts légitimes de l'État.

a) La théorie soutenue par Michoud et Duguit propose de considérer le territoire comme la *limite* du pouvoir de l'État. Cette théorie du *territoire-limite*, plus réaliste que les précédentes, reflète l'association étroite entre territoire et gouvernement. Elle reste insuffisante en ce qu'elle ne traduit pas dans sa plénitude l'importance juridique que le territoire présente pour l'existence même de l'État.

b) En effet le territoire est plus qu'une limite. Il constitue un *titre juridique* essentiel de la compétence étatique (voir la notion de « souveraineté territoriale », *infra*, n° 297).

Formulée dès 1905 par Radnitzky, la théorie du *territoire-titre de compétence* est la plus généralement acceptée par la doctrine (Kelsen, Verdross, Basdevant, Scelle, Bourquin). Elle est parfaitement compatible avec tous les aspects de l'emprise territoriale de l'État.

Son acceptation n'exclut pas, mais au contraire exige, de retenir parallèlement la théorie du *territoire-limite*. Car, si le territoire confère à l'État un titre pour agir, il est alors nécessaire de limiter son pouvoir de commandement à son propre territoire.

270. Consistance du territoire étatique. — Le territoire est l'espace où s'applique le pouvoir de l'État. Là où l'État exerce l'ensemble des compétences déduites de la souveraineté, il y a territoire étatique.

1° *Les différentes composantes du territoire.* Tout espace répondant à cette condition est inclus dans le territoire *stricto sensu.* Il s'agit d'abord de l'ensemble du territoire terrestre, y compris les voies d'eau et les lacs. On doit y adjoindre certains espaces maritimes (eaux intérieures, mer territoriale) et l'ensemble de l'espace aérien (couche *atmosphérique* surplombant le territoire terrestre et maritime de l'État).

« Le concept juridique fondamental de la souveraineté des États en droit international coutumier, consacré notamment par l'article 2, paragraphe 1, de la Charte des Nations Unies, s'étend aux eaux intérieures et à la mer territoriale de tout État, ainsi qu'« à l'espace aérien au-dessus de son territoire » (CIJ, arrêt du 27 juin 1986, *Activités militaires au Nicaragua (fond), Rec.* 1986, p. 111).

Peu importe, à cet égard, les controverses sur la signification de la souveraineté territoriale (v. *infra*, n° 297) et l'étendue exacte de l'espace aérien (v. *infra*, n° 723).

En revanche les espaces où l'État n'exerce que des « droits souverains » ou une « juridiction fonctionnelle » ne sont pas incorporés au territoire étatique : tel est le cas du plateau continental, de la zone dite contiguë, des zones de pêche et de la zone économique exclusive (v. *infra*, n°s 681 s.). Les règles applicables à ces zones n'en sont pas moins considérées comme servant à déterminer le « statut territorial » de l'État côtier (CIJ, *Plateau continental de la mer Égée, Rec.* 1978, p. 37). Il en va différemment pour les territoires sur lesquels l'État exerce seulement des compétences territoriales mineures (*infra*, n° 312 et s.).

2° Faut-il que le territoire étatique soit d'un seul tenant ? S'il l'est en règle générale — sous réserve des possessions insulaires —, le droit international ne l'exige pas.

Les circonstances historiques ont parfois favorisé le maintien d'enclaves dans des territoires étrangers ou la création d'États sans unité géographique. Le territoire d'un État tiers peut constituer une solution de continuité entre les éléments du territoire terrestre ou maritime d'un État : « couloir » polonais en territoire allemand, en vue d'une communication libre entre la Pologne et Dantzig, entre les deux guerres mondiales ; Inde entre les deux tronçons du Pakistan, avant la création du Bangladesh en 1972 ; territoire de Kaliningrad (Koenigsberg) séparé de la Russie par la Lituanie à la suite du recouvrement de son indépendance par cet État en 1990.

3° *La délimitation du territoire étatique* est certes utile pour prévenir des conflits entre États limitrophes (*infra*, n°s 298 s.). Elle n'est pas juridiquement nécessaire et elle est souvent tardivement réalisée. L'absence de délimitation ou son imprécision ne constitue pas une objection à la reconnaissance de l'existence de l'État (CIJ, *Plateau continental de la mer du Nord,* arrêt du 20 février 1969, *Rec.* 1969, par. 46).

§ 3. — *Un gouvernement*

BIBLIOGRAPHIE. — G. CANSACCHI, « Identité et continuité des sujets internationaux », *RCADI*, 1970-II, vol. 130, p. 587-704. — G. CORTESE et R. PAPINI, *La rupture des relations diplomatiques et ses conséquences*, Pedone, 1972, 299 p. — A. C. BUNDU, « Recognition of Revolutionary Authorities : Law and Practices of States », *ICLQ* 1978,

p. 18-45. — M. J. PETERSON, « Recognition of Governments should not be Abolished », *AJIL* 1983, p. 31-50 ; *Recognition of Governments. Legal Doctrine and State Practice*, Macmillan, Londres, 1997, IX-295 p. — SFDI, Colloque de Dijon, *Révolution et droit international*, Pedone, 1990, VI-446 p. — O. C. OKAFOR, « The Concept of Legitimate Governance in the Contemporary International System », *NILR* 1997, p. 33-60. — S. TALMON, *Recognition of Governments in International Law*, Clarendon Press, Oxford, 1998, LXXII-393 p. — B. R. ROTH, *Governmental Illegitimacy in International Law*, Clarendon Press, Oxford, 1999, XXX-439 p. — SFDI, Colloque de Clermont-Ferrand, *Le chef d'État et le droit international*, Pedone, 2002, 300 p. — A. YANNIS, « The Concept of Suspended Sovereignty in International Law and its Implications in International Politics », *EJIL* 2002, p. 1037-1052. — N. MAZIAU, « L'internationalisation du pouvoir constituant », *RGDIP* 2002, p. 549-579. — L. SAVADOGO, « Quelques observations sur le Conseil des ministres franco-allemand », *RFDC* 2006, p. 571-583. V. aussi les bibliographies figurant sur les n°s 236 et 364.

271. Rapports entre État et gouvernement. — 1° Un appareil politique est tout aussi nécessaire à *l'existence de l'État* qu'une population et un territoire. Personne juridique, l'État a besoin d'organes pour le représenter et exprimer sa volonté. Titulaire de compétences, il ne peut les exercer que par l'intermédiaire d'organes composés d'individus.

Un territoire sans gouvernement dans l'acception moderne du terme ne peut être un État au sens du droit international.

La position de la CIJ dans son avis consultatif de 1975 (*Sahara occidental, Rec.* 1975, p. 39 et 63) est très nette : les liens d'ordre divers qui existaient entre les tribus et émirats sahariens au XIXe siècle permettent d'affirmer qu'il ne s'agissait pas d'une *terra nullius* (un territoire *sans maître*) ; mais cet ensemble politique « n'avait pas le caractère d'une personne ou d'une entité juridique distincte des divers émirats et tribus qui le constituaient ». Tout en admettant que les critères de l'activité étatique doivent tenir compte des particularités des allégeances politiques et religieuses de certaines civilisations (*ibid.*, p. 43), la Cour estime qu'en l'espèce les conditions minimales— en termes d'autorité politique et de structures gouvernementales — n'autorisent pas à parler d'État.

Le droit international confirme bien cette nécessité d'un gouvernement, sans aller jusqu'à dicter aux États les modalités de leur représentation gouvernementale (v. *infra*, n°s 279-280). La notion de gouvernement étatique est donc entendue dans un sens large, sans rapport strict avec les qualifications de droit interne.

Appartiennent au « gouvernement », au sens du droit international, non seulement les autorités exécutives de l'État, mais l'ensemble de ses « pouvoirs publics ». C'est tout l'ordre politique, juridictionnel et administratif interne qui est visé (cf. les articles 4 et 5 des articles de la CDI sur la responsabilité des États de 2001).

Pourtant le droit international ne s'intéresse qu'aux institutions nationales qui peuvent engager internationalement l'État. Il ne prend pas en considération la structure complexe de certains États en matière de répartition des compétences législatives et gouvernementales : dès lors que la coexistence interne de plusieurs autorités gouvernementales n'entraîne pas un éclatement des responsabilités internationales de l'État, il ne veut pas en connaître. Dans ces conditions, peu décisive est en soi la qualification de « gouvernementales » donnée à certaines autorités par le droit interne (sur le cas des États fédéraux, voir *infra*, n° 277).

2° Il existe une deuxième relation entre gouvernement et État, qui porte non plus sur l'existence de l'État mais sur ses compétences. Si l'État dispose d'un gouvernement, c'est pour répondre à sa mission fondamentale qui est de satisfaire les besoins de la population soumise à son autorité. L'idée de gouvernement est directement rattachée à la conception fonctionnelle de l'État. Elle confère, par là, un titre particulier de compétences étatiques, celles relatives à l'organisation et à la défense des services publics de l'État sans lesquelles il serait privé des instruments indispensables à l'exercice de ses devoirs (v. *infra*, n°s 328-329).

272. Exigence de l'effectivité gouvernementale. — L'effectivité signifie ici la *capacité réelle* d'exercer toutes les fonctions étatiques, y compris le maintien de l'ordre et de la sécurité à l'intérieur, et l'exécution des engagements extérieurs. Malgré les avatars de la pratique, cette exigence est une condition juridique de l'existence de l'État.

Certes, la plupart du temps, il est présumé que la condition est vérifiée. Dans les circonstances normales, mettre en doute l'effectivité du pouvoir politique local, ou même prétendre en vérifier l'existence, serait jugé incompatible avec le principe de non-ingérence dans les affaires intérieures des États. Il est déjà plus étonnant de constater que la même réserve pudique s'applique à des situations où un État est déchiré par une guerre civile (Tchad, Liban, Cambodge, Républiques issues de l'ex-Yougoslavie, pour ne retenir que des exemples plus ou moins récents). Dans ces hypothèses, où il s'agit d'États depuis longtemps admis dans la communauté internationale, on peut estimer que les troubles qui les affectent ne remettent pas en cause leur existence : les autres États postulent que leur inaptitude n'est que temporaire.

Cette présomption de continuité a son revers. Si un État perd, au profit d'autorités locales non sécessionnistes, une partie du contrôle effectif de son territoire et si celles-ci violent les obligations internationales de cet État, ce dernier ne peut pas se réfugier derrière son absence de contrôle du territoire pour s'exonérer de sa responsabilité au plan international, car c'est un principe constant que les actes des autorités locales sont attribuables à l'État (*infra*, n° 475). C'est ce qu'a jugé en tout cas la Cour européenne des droits de l'homme dans son arrêt du 8 avril 2004, *Assadnizé c. Géorgie* (req. n° 71503/01, par. 137-150). Plus délicate est la situation dans laquelle une partie du territoire d'un État est provisoirement administrée par une organisation internationale (cas du Kosovo). Il paraîtrait dans ce cas difficile d'engager la responsabilité de cet État si une violation du droit international était commise par l'organisation administrante. La question n'avait pas été tranchée par la Cour européenne des droits de l'homme au sujet du Kosovo, malgré certains problèmes de conformité à la Convention posés par cette situation (v. G. Cohen-Jonathan et J.-F. Flauss, *AFDI* 2003, p. 679-680) ; elle l'a été par son arrêt du 2 mai 2007 (affaires *Behrami* et *Saramati*) dans lequel la Cour a attribué en bloc les actes litigieux à l'ONU en tant qu'autorité administrante (v. *infra*, n° 396).

Plus étonnante encore est l'attitude observée à l'égard d'entités qui accèdent à la souveraineté : combien de nouveaux États sont entrés aux Nations Unies sans que soit vérifiée la condition posée par l'article 4, paragraphe 1, de la Charte : « Peuvent devenir membres des Nations Unies tous autres États pacifiques qui acceptent les obligations de la présente Charte et, au jugement de l'Organisation, sont capables de les remplir et disposés à le faire » ?

C'est pourtant dans cette phase initiale de l'existence de l'État que cet examen mérite d'être réalisé et l'est parfois. Les candidats à la souveraineté en sont bien conscients si l'on en juge par les initiatives des mouvements de libération nationale, initiatives axées sur la preuve de l'effectivité de leur contrôle politique et administratif sur un territoire ou une population donnés, dans des formes aussi symboliques que possible, voire caricaturales. En pratique, il n'est procédé à la vérification de l'effectivité gouvernementale que dans les situations où une intervention militaire extérieure a joué un rôle significatif dans l'indépendance du nouvel État : les conditions politiques sont alors réunies pour que les grandes puissances, usant de leur veto, exigent un examen plus sérieux (Bangladesh, Angola, Bantoustans sud-africains, Rhodésie du Sud — sur ce dernier exemple, v. V. Gowlland-Debbas, « Collective Responses to the Unilateral Declarations of Independance of Southern Rhodesia and Palestine », *BYBIL* 1990, p. 135-153).

Faut-il rapprocher de cette question celle des États *divisés* ? Pour eux comme pour tout autre État, l'existence d'un gouvernement effectif suffirait à affirmer leur qualité d'État et à faire reconnaître l'existence de deux États. La difficulté réelle vient de ce que chacune des entités étatiques prétend représenter seule l'ensemble d'un État. Problème politique plus que juridique, mais où il est tiré argument de la prétendue dépendance de l'adversaire à l'égard d'un protecteur étranger pour refuser toute représentativité étatique à l'autre entité « nationale » (cf. R. W. Piotrowicz, « The Status of Germany in International Law », *ICLQ* 1989, p. 609-635). C'est d'abord en ces termes que se pose le problème de l'existence de Taiwan en tant qu'État (v. J.-M. Henckaerts dir., *The International Status of Taiwan....*, Kluwer, Londres, 1996, XVIII-337 p.).

La proclamation de l'*État de Palestine* en 1988 a posé également de difficiles problèmes juridiques (v. *infra*, n° 295).

273. Portée limitée de la reconnaissance de gouvernement. — La reconnaissance ne constitue pas un « élément constitutif » de l'État : l'existence de celui-ci est un fait qui s'impose aux autres États (v. *supra*, n° 265), que ceux-ci le reconnaissent ou non (v. *infra*, n°s 365 s.). Il en va de même de la reconnaissance de gouvernement.

Sans incidence sur l'existence de l'État, elle n'en présente pas moins une grande importance pratique. C'est pourquoi, malgré ses effets limités et la contestation théorique dont elle est l'objet, la reconnaissance de gouvernement demeure une pratique vivace dans les relations internationales contemporaines.

1° *Effets de la reconnaissance de gouvernement.* — Même lorsque le nouveau gouvernement est issu d'une mutation brutale et entend rompre avec le régime ancien, une chose est certaine : il n'y a pas lieu de reconnaître l'État soumis à de telles transformations révolutionnaires. « Les États survivent à leur gouvernement », disait déjà le Protocole de Londres de 1831, à l'occasion de la crise belge de 1830. L'État ancien subsiste, en vertu du principe de la continuité de l'État, et il continue à être lié par des engagements internationaux antérieurs tout comme il demeure internationalement responsable des violations du droit international commises sous le précédent gouvernement (v. Cour interaméricaine des droits de l'homme, arrêt du 29 juillet 1988, *Velasquez Rodriguez*, *Série* C, n° 4 [1988], par. 184). La reconnaissance d'État déjà acquise ne peut être remise en question. Mais, si les compétences de l'État restent intactes, le nouveau gouvernement peut-il les exercer sans avoir besoin d'être reconnu par les autres gouvernements ?

Au point de vue juridique, la réponse ne fait aucun doute : une reconnaissance formelle n'est pas nécessaire. Sur ce point, l'analogie est complète entre reconnaissance de gouvernement et reconnaissance d'État. La situation d'un gouvernement nouveau avant et après sa reconnaissance, sous réserve des conséquences du principe de la continuité de l'État, est analogue à celle d'un État nouveau à ces deux mêmes moments. En effet, la reconnaissance de gouvernement est, comme la reconnaissance d'État, un acte juridique « déclaratif » fondé sur l'effectivité des autorités gouvernementales nouvelles et non sur leur légalité, et de portée rétroactive. Les seules différences significatives sont que la reconnaissance de gouvernement est révocable et que la validité des actes du gouvernement précédent ne peut être contestée comme peuvent l'être ceux de l'État prédécesseur lorsque la reconnaissance d'État intervient dans un contexte de succession d'États (v. *infra*, n°s 353 s.). Sauf, peut-être, s'agissant des actes concertés non conventionnels (*gentlemen's agreements* — *supra*, n°s 250 s.), les relations internationales sont nouées entre États et le nouveau gouvernement peut exercer les compétences internationales de l'État et demeure lié par les engagements pris au nom de celui-ci par son prédécesseur et il doit assumer les conséquences de la responsabilité encourue pour les faits internationalement illicites de l'État.

Il n'en reste pas moins que la reconnaissance de gouvernement est importante du fait de ses incidences politiques et même juridiques. En particulier, elle permet de déterminer le véritable titulaire de la représentation internationale de l'État (représentation dans les conférences et organisations internationales, possession des ambassades, bénéfice des immunités de juridiction et d'exécution) et de sa responsabilité internationale.

À l'égard de l'État qui l'effectue, la reconnaissance d'un gouvernement produit les effets inhérents à toute reconnaissance (v. *supra*, n° 237) : l'existence de celui-ci lui devient *opposable*, avec toutes les conséquences juridiques que cela implique. En particulier, elle permet à ce dernier et à ses représentants diplomatiques de bénéficier des immunités traditionnelles (de juridiction, d'exécution, fiscales) ; elle garantit le respect de ses actes législatifs et administratifs devant les tribunaux locaux, dans les limites habituelles, ainsi que les effets extra-territoriaux de sa législation sur les personnes, dans l'ordre juridique interne de l'État qui l'a effectuée.

Le changement irrégulier de gouvernement n'a pas d'incidence directe, mécanique, sur la participation de l'État aux organisations internationales : le principe de continuité de l'État s'oppose à ce que l'on voit dans cette péripétie politique le prétexte à une éviction et à une réadmission. Le principe d'effectivité l'emporte sur celui de « légitimité ». Tout au plus, en vertu du droit des traités et des statuts de chaque organisation — et non pas du régime de la reconnaissance de gouvernement —, peut-on envisager une suspension de la participation des autorités gouvernementales aux travaux de l'organisation (cf. le 3e amendement à la Charte de l'OEA de 1992 ou l'article 30 de l'Acte constitutif de l'Union africaine du 11 juillet 2000) — à la rigueur une éviction-sanction selon la procédure propre à l'organisation en cause. La pratique montre en tout état de cause que l'irrégularité du changement de gouvernement importe moins en définitive que les intentions démocratiques ou non démocratiques du nouveau gouvernement (v. la différence des traitements réservés en 2005 au nouveau gouvernement togolais d'une part, au nouveau gouvernement mauritanien d'autre part. L'un et l'autre sont issus d'un processus anti-constitutionnel mais seul le premier a fait l'objet de sanctions au sein de certaines organisations internationales – l'UA et l'OIF – en raison de son orientation non-démocratique).

Le problème se pose surtout au sein d'organisations « fermées », fondées sur des solidarités politiques étroites (cas de la Grèce et de la Turquie au Conseil de l'Europe : voir *infra*, n° 382). Il se pose également dans le cas où deux autorités gouvernementales restent en concurrence (cas de la participation de la Chine ou du Cambodge aux travaux des Nations Unies : voir *infra*, 4°). Il s'agit alors d'un problème de représentation de l'État, non de sa qualité d'État membre. La solution de la question sera confiée à l'organe chargé d'examiner les pleins pouvoirs : dans le cas du Cambodge, après avoir accordé pendant quelques années la priorité au gouvernement évincé, la commission compétente a renvoyé dos à dos les deux délégations en 1984 (le problème a définitivement disparu en 1993 à la suite des élections organisées sous la supervision des Nations Unies).

2° *Reconnaissance de gouvernement et relations diplomatiques.* — Il convient de ne pas entretenir de confusion entre le problème de la reconnaissance en elle-même, et celui du choix entre la rupture et le maintien des relations diplomatiques. Les deux institutions sont liées, certes, mais elles ont des fondements et des effets différents. Par la reconnaissance, un État admet l'effectivité d'un nouveau gouvernement dont l'apparition s'est produite en général dans des circonstances politiques confuses, non prévues par le droit interne, éventuellement contraires à certaines règles internationales (création d'un gouvernement fantoche à la suite d'une intervention armée étrangère) ; il reste en droit de ne pas entretenir de relations avec lui, et le gouvernement reconnu peut également vivre sans rapports étroits avec les autres États. Les relations diplomatiques visent à permettre des rapports internationaux aussi denses et harmonieux que possible, ce qui peut paraître politiquement souhaitable mais n'est pas une condition d'effectivité des gouvernements.

C'est ce qui explique, à la fois que la pratique de la reconnaissance de gouvernement soit extrêmement courante, les pays étrangers l'utilisant comme argument en faveur de relations diplomatiques plus étroites avec les nouvelles autorités, et que le refus explicite de reconnaissance soit au contraire assez exceptionnel.

Toute rupture des relations diplomatiques ne traduit pas un refus de reconnaissance de gouvernement : certaines correspondent à la volonté de « couper les ponts » avec une politique jugée contestable (recours à la force, non-respect des droits des ressortissants étrangers, par exemple) et non pas de contester l'effectivité des autorités gouvernementales. Il paraît difficile par contre de maintenir des relations diplomatiques avec un gouvernement dont on prétendrait contester l'effectivité.

3° Certaines doctrines politiques soutiennent que la reconnaissance de gouvernement est une institution inutile et qu'il convient d'en faire l'économie.

La doctrine la plus connue est issue de la « déclaration Estrada », du nom du ministre mexicain des Affaires étrangères en 1930 : « Le Mexique ne se prononce pas sur le point d'un octroi de reconnaissance. Il considère en effet que c'est là une pratique offensante qui, outre qu'elle attente à la souveraineté d'autres nations, fait que les affaires intérieures de celles-ci peuvent être l'objet d'appréciations dans un sens ou dans un autre de la part d'autres gouvernements ».

Cette position n'est pas illogique et trouve un support théorique dans le principe selon lequel le choix d'un gouvernement est la conséquence du principe du droit des peuples à disposer d'eux-mêmes et relève du « domaine réservé » appartenant à chaque État (v. *infra*, n°s 283 s.). Dès lors, le remplacement d'un gouvernement par un autre n'intéresse pas, en principe, les autres États et toute prise de position négative peut s'analyser comme une ingérence dans les affaires intérieures de l'État, et à tout le moins comme un geste inamical. C'est la conséquence normale du principe de l'autonomie constitutionnelle des États et de l'indifférence du droit international aux régimes politiques nationaux.

Cette position n'a pas obtenu une adhésion générale, compte tenu de l'attrait politique qu'exerce la reconnaissance de gouvernement.

4° *Exercice de la reconnaissance de gouvernement.* — La reconnaissance de gouvernement est une compétence de chaque État, compétence qu'il exerce de façon discrétionnaire, mais en se fondant, en principe, sur l'effectivité du gouvernement nouveau.

De nombreuses doctrines politiques ont tenté de « moraliser » la reconnaissance de gouvernement, en réintroduisant l'idée de légalité du gouvernement nouveau : les plus explicites et les plus connues ont intéressé l'Amérique latine et ses nombreux *pronunciamientos* (doctrine de Tobar, de Bétancourt, de Wilson au XXe siècle : voir leur description *in* Ch. Rousseau, *Droit international public*, t. III, p. 559-567).

Elles ne se sont pas imposées, en droit, face aux exigences de la vie politique internationale et au principe de non-ingérence. Mais il n'est pas interdit à un gouvernement de subordonner sa reconnaissance d'un gouvernement « non-constitutionnel » à un retour à une vie politique « normale », gage d'effectivité ; en attendant que le gouvernement nouveau ait procédé à une consultation populaire, les gouvernements étrangers prétendront ainsi s'en tenir à un critère purement objectif.

L'exercice de cette compétence rencontre des obstacles différents selon que le gouvernement nouveau est installé au pouvoir sans rencontrer de concurrent ou au contraire doit affirmer son effectivité à l'encontre d'autres autorités politiques. S'agissant par hypothèse de gouvernements irréguliers, souvent arrivés au pouvoir par la force, le deuxième cas de figure n'est pas une exception.

a) Reconnaissance revendiquée par une seule autorité politique. Bien que la décision de reconnaître soit justifiée par l'autorité effective du nouveau gouvernement, l'appréciation reste fort subjective dans la pratique : les considérations d'opportunité politique sont souvent décisives, tant en ce qui concerne le moment de la reconnaissance que pour ce qui est de ses formes.

La reconnaissance par la Grande-Bretagne du gouvernement communiste chinois en 1950, trois mois après la prise du pouvoir par Mao Tse Toung, était ainsi rédigée : « Le Gouvernement de Sa Majesté ayant terminé l'examen de la situation résultant de la formation du Gouvernement central de la République populaire de Chine et observant qu'il a maintenant, et de beaucoup, le contrôle effectif de la plus grande partie du territoire de la Chine, a, à ce jour, reconnu ledit gouvernement comme le gouvernement *de jure* de la Chine ». Les États-Unis furent d'un avis contraire, puisqu'ils attendirent 1971 pour opérer cette reconnaissance.

À l'inverse, l'Italie et l'Allemagne avaient reconnu le gouvernement franquiste dès novembre 1936, alors qu'il ne devait l'emporter complètement sur la résistance du gouvernement légal qu'en avril 1939. Cette affirmation d'effectivité était prématurée, de toute évidence.

Les modalités de la reconnaissance de gouvernement sont aussi diversifiées que celles de la reconnaissance d'État. On retrouve les distinctions entre reconnaissances individuelle et collective, sans réserves et conditionnelle, *de jure* et *de facto*, expresse et tacite. Les difficultés de mise en œuvre sont les mêmes (v. *infra*, n° 367).

À la différence de l'État qui est, par nature, une institution juridique, un gouvernement est « de fait » aussi longtemps qu'il n'a pas obtenu une investiture régulière en vertu de son droit interne, « de droit » une fois acquise cette investiture. Il est donc justifié de maintenir la distinction entre reconnaissance de gouvernement *de jure* et celle de gouvernement *de facto*. Il peut se produire cependant quelques distorsions entre les qualifications *du droit interne* et la reconnaissance internationale : un gouvernement de fait peut être reconnu *de jure* et, inversement, un gouvernement *de jure* — du point de vue du droit constitutionnel interne — n'être reconnu que *de facto*.

Au 31 décembre 1944, le gouvernement provisoire de la République française, présidé par le général de Gaulle, n'était qu'un gouvernement *de facto* mais était déjà reconnu *de jure* par quarante-quatre États.

En 1941, le gouvernement soviétique, depuis longtemps gouvernement *de jure*, était reconnu *de facto* par le gouvernement helvétique ; ce dernier attendra 1946 pour procéder à la reconnaissance du gouvernement *de jure*.

L'acceptation du gouvernement nouveau comme représentant qualifié de l'État membre dans une organisation n'est pas analysée comme une reconnaissance collective et n'entraîne pas sa reconnaissance (résolution 396 (V) du 14 décembre 1950 de l'Assemblée générale des Nations Unies). L'inverse n'est pas vérifié : un gouvernement largement reconnu par les autres États sera aisément reconnu comme représentant de l'État dans les organisations internationales (remplacement du gouvernement de Taïwan par celui de Pékin comme représentant de la Chine à l'ONU en 1971) ; mais c'est là une conséquence politique, de fait.

b) Reconnaissance revendiquée par plusieurs autorités gouvernementales. C'est une situation relativement fréquente, et toujours d'actualité ; elle est particulièrement délicate lorsque la compétition armée se prolonge et qu'aucune autorité ne réussit à s'assurer le contrôle effectif de l'ensemble du territoire.

Le problème se pose fréquemment à la suite de l'occupation du territoire d'un État et de la constitution d'un gouvernement en exil. La situation est particulièrement délicate lorsque l'« autorité » exilée ne bénéficie d'aucune investiture légale : tel était le cas de la « France libre », dans ses avatars successifs entre 1940 et 1944. Elle n'a bénéficié d'une reconnaissance de gouvernement, de la part des grandes puissances, que très tardivement au cours de cette période et, longtemps, elle a dû s'accommoder de reconnaissances « fonctionnelles », destinées à l'aider dans sa participation à l'effort de guerre.

Lorsque plusieurs « gouvernements » en exil sont en concurrence, leur degré de représentativité est difficile à apprécier de manière objective ; les États tiers feront souvent prévaloir des considérations d'opportunité politique et tenteront par la reconnaissance de favoriser les autorités de leur « bord idéologique » (cas du Comité polonais de Lublin et de celui de Londres, à l'issue de la Seconde Guerre mondiale).

La compétition entre un gouvernement en exil et une autorité qui contrôle le territoire à l'issue d'une guerre civile tourne généralement en faveur de la seconde (reconnaissance du gouvernement dirigé par Mao Tse Toung en Chine continentale après 1949, abandon progressif de la reconnaissance du gouvernement « nationaliste » de Tchang Kai Tchek replié sur l'île de Taïwan ; hésitations quant à la reconnaissance du gouvernement cambodgien installé après l'intervention armée du Vietnam en 1978-1979. Dans ces situations confuses, les gouvernements étrangers peuvent hésiter à admettre l'exercice par le gouvernement local de la plénitude des compétences gouvernementales ; ainsi, en 1981, la France a nié le droit pour le gouvernement de « transition » tchadien de conclure un traité de fusion entre les États tchadien et libyen (*AFDI*, 1981, p. 901).

Compte tenu de l'importance reconnue aujourd'hui à la participation aux organisations internationales, en tant qu'indice de la reconnaissance des gouvernements nouveaux et en tant que consécration politique de leur représentativité, on comprend que les « compétiteurs » manœuvrent pour obtenir d'être considérés comme les représentants de l'État au sein des principales organisations. Le gouvernement communiste chinois a dû attendre vingt-deux ans (1949-1971) pour y parvenir, au sein des Nations Unies ; et les « Khmers rouges » ont continué à représenter le Cambodge à l'ONU après leur chute consécutive à l'intervention vietnamienne en janvier 1979 ; ils n'y ont été remplacés par les représentants du nouveau gouvernement vietnamien qu'après l'adoption du plan de paix de Paris (23 oct. 1991).

c) La *distinction entre reconnaissance d'État* (v. *infra*, n°s 365 s.) *et reconnaissance de gouvernement* est parfois malaisée. Dans certaines circonstances, les deux institutions se confondent. C'est le cas pour une succession d'États : la reconnaissance de l'État nouveau vaut reconnaissance des premières autorités gouvernementales de cet État. Dans d'autres situations, les États entretiennent la confusion pour des raisons politiques, en particulier lorsqu'un État prétend représenter seul plusieurs entités qui bénéficiaient jusque-là de personnalités juridiques propres.

Le communiqué américano-chinois du 15 décembre 1978 en est une illustration parfaite. Par ce texte, les deux *États* se reconnaissent mutuellement et décident d'établir des relations diplomatiques. Par suite, les États-Unis « reconnaissent le gouvernement de la République de Chine comme l'unique gouvernement légal de la Chine » ; mais ils ne renoncent pas au maintien de relations culturelles, commerciales et d'autres relations non officielles avec la *population* de Taïwan.

Section 2
La souveraineté

BIBLIOGRAPHIE. — Ch. ROUSSEAU, « L'indépendance de l'État dans l'ordre international », *RCADI*, 1948-II, vol. 73, p. 171-253. — H. J. MORGENTHAU, « The Problem of Sovereignty Revisited », *Columbia Law Review*, 1948, p. 341-365. — E. N. VAN KLEFFENS, « Sovereignty in International Law », *RCADI*, 1953-II, vol. 82, p. 5-130. — M. S. KOROWICZ, « Some Present Aspects of Sovereignty in International Law », *RCADI*, 1961-I, vol. 102, p. 5-120. — Ch. CHAUMONT, « Recherche sur le contenu irréductible du concept de souveraineté internationale de l'État », *Mél. Basdevant*, Pedone, 1960, p. 114-151. — P. GUGGENHEIM, « La souveraineté dans l'histoire du droit des gens », *Mél. Rolin*, 1964, p. 134-146. — I. DELUPIS, *International Law and the Independent State*, Gower Press, 1974, 252 p. — A. JALLON, *L'échec d'une idée, la souveraineté partagée*, Thèse Paris II, 1975, 518 p. dactyl. — F. DEMICHEL, « Le rôle de la souveraineté dans les relations internationales contemporaines », *Mél. Burdeau*, p. 1053-1071. — M. VIRALLY, « Une pierre d'angle qui résiste au temps : avatars et pérennité de l'idée de souveraineté », *in* IUHEI, *Les relations internationales dans un monde en mutation*, Sijthoff, Leyde, 1979, p. 179-195. — J. VERHOEVEN, « L'État et l'ordre juridique international », *RGDIP* 1978, p. 749-774. — A. TRUYOL-SERRA, « Souveraineté », *Archives de philosophie du droit*, 1990, p. 313-326. — J. COMBACAU, « Pas une puissance, une liberté : la souveraineté internationale de l'État », *Pouvoirs* 1993, n° 67, p. 47-58. — Y. DAUDET dir., Colloque d'Aix-en-Provence, *Les Nations Unies et la restauration de l'État*, Pedone, 1995, 190 p. — M. SALAH et M. MAHMOUD, « Mondialisation et souveraineté de l'État », *JDI* 1996, p. 611-662. — H. G. GELBER, *Sovereignty through Independence*, Kluwer, La Haye, 1997, XII-248 p. — F. CHALTIEL, *La souveraineté de l'État et l'Union européenne, l'exemple français*, LGDJ, 2000, 601 p. — J. COMBACAU, « La souveraineté internationale de l'État dans la jurisprudence du Conseil constitutionnel français », *Les Cahiers du CC* 2000 n° 9, p. 113. — J. BARTELSON, « The Concept of Sovereignty Revisited », *EJIL* 2006, p. 474-477.

Sur la « souveraineté économique », voir *infra*, la bibliographie sous le n° 609.

274. Éléments constitutifs de l'État et souveraineté. — L'État n'est pas la seule collectivité humaine qui peut se targuer de disposer d'une population, d'un territoire et d'un pouvoir politique effectif. À côté de lui ou même en son sein, d'autres collectivités autonomes peuvent revendiquer les mêmes caractéristiques. Or il n'est pas douteux que ces « concurrents » de l'État n'ont pas la même place que lui en tant que sujets du droit international. C'est donc que seul l'État peut prétendre à une effectivité complète, internationale autant qu'interne. Ne mériteront la qualification d'État que les collectivités présentant le caractère unique d'être souveraines.

§ 1. — *La notion de souveraineté*

BIBLIOGRAPHIE. — L. LE FUR, *État fédéral et confédération d'États*, 1896 ; réédition, Eds. Panthéon-Assas, 2000, XVII-839 p. — M. MOUSKHELY, *La théorie juridique de l'État fédéral*, Thèse Paris 1931 et « La théorie du fédéralisme », *Mél. Scelle*, 1950, vol. I, p. 397-414. — Colloque de Nice, *Le fédéralisme*, PUF, 1956, 412 p. — E. McWhinney, *Comparative Federalism-States'Rights and National Power*, University of Toronto Press, 1962, 104 p. — J. Chappez, « Les micro-États et les Nations Unies », *AFDI*, 1971, p. 541-551. — I. Bernier, *International Legal Aspects of Federalism*, Longmans, Londres, 1973, XII-308 p. — P. Reuter, « Confédération et fédération : vetera et nova », *Mél. Rousseau*, 1974, p. 199-218. — H. J. Uibopbuu, *Die Völkerrechtsubjektibität der Unionsrepubliken der UdSSR*, Springer, Vienne, 1975, XV-342 p. — J. Brossard, *L'accession à la souveraineté et le cas du Québec*, PU Montréal, 1976, 796 p. — R. Adam, « Micro-States and the UN », *IYBIL*, 1976, p. 80-101. — M. M. Gunter, « What Happened to the UN Ministate Problem ? », *AJIL* 1977, p. 110-124. — H. Hannun et R. B. Lillich, « The Concept of Autonomy in International Law », *AJIL*, 1980, p. 858-889. — J. Crawford, « Islands as Sovereign Nations », *ICLQ* 1989, p. 277-298. — F. Dehousse, *Fédéralisme et relations internationales*, Bruylant, Bruxelles, 1991, XIV-294 p. — J. C. Duursma, *Fragmentation and the International Relations of the Micro-States*, Cambridge UP, 1996, XXV-450 p. — B. R. Opeskin, « Federal States in the International Legal Order », *NILR* 1996, p. 353-386. — F. Brial, *Décentralisation territoriale et coopération internationale : le cas de l'outre-mer français*, L'Harmattan, 1997, 350 p. — N. Schrijver, « The Changing Nature of State Sovereignty », *BYBIL* 1999, p. 65-98. — Ch. A. Morand, « La souveraineté, un concept dépassé à l'heure de la mondialisation ? », *Mél. Abi-Saab*, p. 153-175. — G. Kreijen ed., *State, Sovereignty and International Governance (Mel. Kooijmans)*, Oxford UP, 2002, 664 p. — E. Zoller, « Aspects internationaux du droit constitutionnel. Contribution à la théorie de la fédération d'États », *RCADI* 2002, vol. 294, p. 39-166. — SFDI, *Les collectivités territoriales non-étatiques dans le système juridique international*, Pedone, 2002, 208 p.

275. Assimilation de la souveraineté à l'indépendance. — 1° Le principe de la souveraineté de l'État est aussi ancien que l'État lui-même. À l'origine, son rôle était essentiellement de consolider l'existence des États qui s'affirmaient en Europe contre la double tutelle du Pape et du Saint-Empire romain germanique. Jusqu'au XVIIIe siècle, approuvés et encouragés par Jean Bodin, Vattel et les plus grands philosophes de leurs temps, les monarques y puisèrent la justification de leur absolutisme (v. *supra*, n°s 21 s.).

De ce fait, la souveraineté était généralement définie comme un pouvoir suprême et illimité. Cette conception trouvait au XIXe siècle une éclatante consécration dans la science juridique allemande qui, sous l'influence de Hegel, liait étroitement la notion de souveraineté à la toute-puissance de l'État. Jellinek la définissait comme « la compétence de la compétence », entendant par là qu'elle constituait le pouvoir originaire, illimité et inconditionné de l'État, de déterminer sa propre compétence. Ainsi comprise, la souveraineté de l'État ouvre toute grande la porte à des excès qui n'ont pas disparu avec l'État princier. Pour ne parler que de l'ordre international, si l'État a le droit de s'attribuer librement ses compétences, plus rien, à part sa propre volonté *d'autolimitation*, ne l'empêche d'empiéter sur la volonté des autres États. La doctrine de l'autolimitation débouche directement sur la négation du droit international (v. *supra*, n° 51).

En réaction contre ces thèses aux conséquences inacceptables, l'école sociologique n'a pas hésité à proposer de bannir complètement la notion de souveraineté de la théorie du droit. Selon cette approche, il ne devrait exister qu'un déterminateur unique des compétences, commun à tous les États, qui ne pourrait être que l'ordre juridique international, titulaire exclusif de la souveraineté (v. *supra*, n° 55).

2° Pour vigoureuse et moralement respectable qu'elle soit, cette réaction ne peut aller contre le fait que le principe de la souveraineté étatique est solidement ancré dans le droit positif.

Il est à la base des relations entre les Nations Unies dont la Charte rappelle, dans son article 2, paragraphe 1 : « l'Organisation est fondée sur le principe de l'égalité souveraine de tous ses membres ».

Non seulement il est impossible de nier la positivité de la notion de souveraineté, mais encore celle-ci apparaît comme le critère même de l'État.

Il n'est pas nécessaire pour autant d'adhérer à la conception absolutiste de la souveraineté, ne serait-ce que parce que, dans la société internationale contemporaine, largement interétatique, la souveraineté de chaque État se heurte à celles, concurrentes et égales, de tous les autres États. Dès lors, contrairement à ce qu'écrivent les auteurs volontaristes, la limitation de la souveraineté ne découle pas de la volonté de l'État mais des nécessités de la coexistence des sujets du droit international.

La souveraineté apparaît, dans ces conditions, comme la source des compétences que l'État tient du droit international ; celles-ci ne sont pas illimitées mais aucune autre entité n'en détient qui soient supérieures. Comme l'a rappelé la Chambre d'appel du Tribunal pénal international pour l'ex-Yougoslavie, « en droit international coutumier, les États, par principe, ne peuvent recevoir d'« ordres », qu'ils proviennent d'autres États ou d'organismes internationaux » (*Blaskic*, 29 octobre 1997, IT-95-14-AR 108 bis, par. 26). La souveraineté reste bien *l'attribut fondamental* de l'État.

3° À travers l'égalité souveraine, c'est l'indépendance de l'État qui est affirmée.

La jurisprudence internationale assimile systématiquement souveraineté et indépendance. Ainsi l'arbitre Max Huber déclare, dans l'affaire de *l'Île des Palmes* : « La souveraineté dans les relations entre États signifie l'indépendance » (CPA, 4 avril 1928, *RSA*, II, p. 838).

Il est fait usage du critère de l'indépendance, tant par les organes politiques que par les instances juridictionnelles ou arbitrales, chaque fois que l'on s'interroge sur la qualité d'État d'une collectivité politique donnée (CPJI, *Ville libre de Dantzig et OIT*, avis du 26 août 1930, série B, n° 18, p. 15-16 et *Régime douanier austro-allemand*, avis du 5 septembre 1931, série A/B, n° 41, p. 45 et 52).

C'est aussi parce qu'existaient les doutes les plus sérieux sur leur indépendance réelle que l'Assemblée générale a recommandé aux États membres des Nations Unies de ne pas reconnaître les entités issues, à partir de 1976, des Bantoustans, auxquels l'Afrique du Sud avait accordé auparavant l'autonomie (Transkei, Ciskei, Bophutswana et Venda). Il en va de même en ce qui concerne, par exemple, l'« État » chypriote turc.

L'indépendance de l'État n'est en rien compromise, ni sa souveraineté atteinte, par l'existence d'obligations internationales de l'État.

La doctrine volontariste l'admettait déjà : « Les limitations de la liberté d'un État, qu'elles dérivent du droit international commun ou d'engagements contractés n'affectent aucunement, en tant que telles, son indépendance. » (opinion dissidente d'Anzilotti dans l'affaire du *Régime douanier austro-allemand*, CPJI, série A/B, n° 41, p. 57).

276. Soumission directe à l'ordre juridique international. — 1° *La notion d'immédiateté normative.* La souveraineté n'implique nullement que l'État peut s'affranchir des règles du droit international. Au contraire l'État n'est souverain que s'il est soumis directement, immédiatement, au droit international.

Le lien entre souveraineté et capacité normative dans l'ordre juridique international, préalable nécessaire à l'immédiateté du droit vis-à-vis des États, est rappelé dans un *dictum* célèbre du premier arrêt de la CPJI : « La faculté de contracter des engagements internationaux est précisément un attribut de la souveraineté de l'État » (affaire du vapeur *Wimbledon*, série A, n° 1, p. 25). Ce qui est vrai des engagements conventionnels l'est aussi des engagements contractuels : c'est en vertu de sa souveraineté que l'État peut inclure une obligation d'arbitrage dans un contrat et il ne peut donc plus s'en dégager en prétendant que cet engagement est en contradiction avec sa souveraineté (Trib. arb. CCI, 30 avril 1982, sentence *Framatome, JDI*, 1984, p. 58).

Le principe même de l'immédiateté, systématisé par Kunz, sera confirmé incidemment par la CIJ, dans son avis du 11 avril 1949 : l'État est une entité « relevant (...) directement du droit international » (*Réparation des dommages subis au service des Nations Unies, Rec.* 1949, p. 178). La Cour entend par là que, par nature, les États sont titulaires directs de droits et d'obligations en vertu du droit international.

2° *Immédiateté et qualité d'État.* Ce n'est que dans l'État que se rencontrent la souveraineté et l'immédiateté internationale générale. La combinaison des deux critères permet donc de distinguer l'entité étatique, au sens du droit international, des autres sujets du droit international et des collectivités autonomes de droit interne.

Tant qu'une entité étatique ne renonce pas à cette soumission directe au droit international, elle conserve la qualité d'État, quand bien même les délégations de compétences seraient consenties en faveur soit d'un autre État (phénomène de la « représentation internationale » — cf. l'Union économique belgo-luxembourgeoise ou les relations entre Monaco et la France ou le Lichtenstein et la Suisse), soit d'une organisation internationale (sur le cas particulier des relations entre Monaco et la France, et l'évolution vers une plus grande égalité dans les relations entre les deux États à la suite de la signature du traité du 24 octobre 2002, v. M. Torrelli, *RGDIP* 2003, p. 5 et s.).

Ce maintien de la qualité étatique est d'autant plus nécessaire qu'à l'égard des tiers à ces délégations de compétences, l'État reste lié par les engagements internationaux qu'il a pu contracter avec eux (jurisprudence constante par ex. de la CEDH : la délégation de compétences à une organisation internationale qui n'est pas partie à la Convention n'exonère pas les États concernés du respect de cette dernière).

Il en va ainsi y compris à l'égard d'organisations internationales de nature très intégrée. Ainsi, malgré l'étendue des compétences des Communautés européennes et le fait qu'elles portent atteinte, dans certains domaines, aux « conditions essentielles d'exercice de la souveraineté nationale » (décision du Conseil constitutionnel du 9 avril 1992 relative au Traité de Maastricht ; v. aussi la décision de la Cour constitutionnelle allemande du 12 octobre 1993 qui parle d'un « groupement d'États »), la participation à celles-ci n'est pas incompatible avec le maintien d'États souverains. Comme le rappelle l'article 88-1 de la Constitution française, les Communautés et l'Union européennes sont « constituées d'États qui ont choisi librement, en vertu des traités qui les ont instituées, d'exercer en commun certaines de leurs compétences » (v. Ch. Leben, « À propos de la nature juridique des Communautés européennes », *Droits*, 1991, p. 61-72).

Dans sa décision du 19 novembre 2004 relative au Traité établissant une Constitution pour l'Europe, le Conseil constitutionnel a clairement fait sien ce raisonnement en indiquant que la dénomination de ce traité était « sans incidence sur l'existence de la Constitution française et sa place au sommet de l'ordre juridique interne », et en déduisant de ses dispositions, notamment celles relatives à son entrée en vigueur, à sa révision et à la possibilité de le dénoncer, que celui-ci « conserv[ait] le caractère d'un traité international souscrit par les États signataires du TCE et du TUE » (par. 9-10). La victoire du non au referendum français préalable à la ratification de ce traité a d'ailleurs confirmé le bien-fondé de cette analyse volontariste. Celle-ci n'est nullement incompatible avec la prise de position par ailleurs très intégratrice du Conseil qui a relevé qu'en adoptant l'article 88-1 de la Constitution, le constituant français avait « consacré l'existence d'un ordre juridique communautaire intégré à l'ordre juridique interne et distinct de l'ordre juridique international » (par. 11).

À cet égard, le système communautaire, parfois qualifié de « préfédéral », s'apparente encore à une *confédération* dont les États membres, tout en renonçant à d'importantes prérogatives de la souveraineté — dans leurs rapports mutuels mais aussi dans leurs relations avec les pays tiers —, conservent leur personnalité juridique propre, donc restent soumis directement ou immédiatement au droit international. Pour cette raison, ils sont toujours des États au sens du droit international. Selon la formule de l'accord de Banjul, du 11 novembre 1981, entre le Sénégal et la Gambie (projet de Confédération de Sénégambie), « Chacun des États confédérés maintiendra son indépendance et sa souveraineté ».

La confédération d'États est une institution « fragile » : la plupart des illustrations majeures n'ont plus qu'un intérêt historique : soit que la confédération ait éclaté, chaque État membre retrouvant sa pleine autonomie (Commonwealth, « Communauté » instituée par la Constitution française de 1958, Union hollando-indonésienne : il s'agissait de formules politiques de transition dans le processus de décolonisation) ; soit qu'elle se soit transformée en État fédéral (Confédération des États-Unis de l'Amérique du Nord, 1781-1787 ; Confédération helvétique, 1815-1848 ; Confédération germanique, 1815-1866 ; Confédération de l'Allemagne du Nord, 1867-1870). De même, la confédération instituée par l'accord du 18 mars 1994 entre la Bosnie-Herzégovine et la Croatie est, en réalité, mort-née.

Cette fragilité tient moins aux conditions juridiques de la création de ces confédérations — en général, elles sont établies par traités — qu'à l'étendue des délégations de compétences internationales à des organes communs, délégations qui affaiblissent progressivement la représentativité et la responsabilité des États confédérés dans les relations internationales. S'étant imposés des limitations quant au droit de recours à la force, quant au droit de légation ou quant à la capacité de conclure des traités, les États confédérés sont « victimes » du dynamisme croissant des institutions confédérales (ou de l'État dominant dans la Confédération), ou ils préfèrent mettre fin à l'expérience.

277. État fédéral et « États » fédérés. — Tant qu'une entité politique ne peut se prévaloir de l'immédiateté internationale, et quelle que soit l'étendue des compétences qui lui sont reconnues par l'État dont elle relève, cette entité ne peut prétendre être un État au sens du droit international. Telle est la situation de l'État fédéré au sein de l'État fédéral (v. CIRDI, sentence du 13 janv. 1997, *Cable Television of Nevis, Ltd. et al. c. Saint-Kitts-et-Nevis* [ARB/95/2], par. 2.23).

L'État fédéral se définit comme un groupement d'entités qui n'ont pas de rapports immédiats avec la société internationale, soit parce qu'elles y ont renoncé (fédéralisme par agrégation), soit parce qu'elles sont issues d'un mouvement centrifuge qui n'est pas allé jusqu'à son terme, l'ancien État unitaire ayant abandonné certaines de ses compétences au profit de ses composantes (Belgique). Dans tous les cas, les « États » fédérés ne peuvent prétendre, quel que soit leur nom, à la personnalité juridique des États selon le droit international. Au regard de celui-ci, il n'y a qu'un seul État : c'est l'État fédéral.

Le chef de l'État fédéral représente tous les États membres dans les relations internationales ; le ministre des Affaires étrangères est un organe de l'État fédéral ; les agents diplomatiques et consulaires sont nommés par les autorités fédérales et agissent pour le compte de l'ensemble des États fédérés ; les traités sont conclus par l'État fédéral au bénéfice de tous les États membres ; la responsabilité internationale du fait des comportements des États membres est supportée par l'État fédéral ; enfin, l'immunité de juridiction peut être refusée à l'État fédéré par les tribunaux étrangers (jurisprudence constante des Chambres civiles de la Cour de cassation depuis 1932 ; CA Paris, 5 novembre 1969, *État de Hesse c. Jean Neger, RGDIP* 1970, p. 1108-1111).

Dans la réalité, la situation paraît souvent plus complexe. Certains États fédérés continuent à avoir des rapports non médiatisés par l'État fédéral avec la communauté internationale.

Sous le régime de l'Empire allemand de 1871, la Bavière avait conservé le droit de légation et, comme le Wurtemberg, la capacité pour conclure des traités importants. Encore aujourd'hui, sous l'empire de la Loi fondamentale de 1949 qui a atténué le fédéralisme antérieur à l'époque nazie, les *Länder* allemands sont qualifiés de « sujets du droit international public » et ont le droit de conclure des traités internationaux sur des matières qui relèvent de leur compétence législative propre, et à l'exclusion des accords « politiques » ; pour garantir la primauté du droit fédéral, ces accords doivent être compatibles avec les traités conclus par l'État fédéral.

En Suisse et aux États-Unis, les États fédérés sont habilités à conclure, directement ou sous réserve de l'approbation de l'État fédéral, des accords techniques intéressant les relations de voisinage avec les pays étrangers (police, économie, travaux publics).

Ces solutions s'expliquent par les conditions politiques difficiles qui ont présidé à la naissance de ces fédérations, naissance négociée au prix de quelques compromis diplomatiques.

Le fédéralisme soviétique comportait également des dérogations apparentes au principe de la personnalité internationale *exclusive* de l'État fédéral. La justification initiale était le souci de respecter le principe des nationalités, dans une construction politique encore mal assurée (1920). C'est surtout à partir de la révision constitutionnelle de 1944, que les Républiques fédérées bénéficient théoriquement de compétences externes importantes. Selon l'article 80 de la version de 1977 de la Constitution de l'URSS, « la république fédérée a le droit d'entrer en relations avec les États étrangers, de conclure des traités avec eux et d'échanger des représentants diplomatiques et consulaires, de participer aux activités des organisations internationales ». L'article 76 les reconnaissait comme des entités *souveraines*. Ainsi était assurée la concordance du droit interne et de la situation très particulière de l'Ukraine et de la Biélorussie à l'ONU et dans la plupart des organisations du système des Nations Unies (représentation propre pour des raisons politiques lors de la création de l'ONU).

De nos jours, les velléités d'indépendance du Québec ont favorisé un certain renforcement des compétences externes de cet État fédéré, au prix de quelques démêlés avec les autorités fédérales canadiennes.

Sur le cas belge, v. *supra*, n° 88-3°.

Il faut observer que, dans tous les cas, la compétence internationale par excellence — la possibilité de recourir à la force — échappe aux États fédérés.

Même lorsque l'État fédéré bénéficie de certaines compétences internationales, il subsiste toujours une différence de nature entre l'État fédéré et les États au sens plein du terme. En effet, alors que les compétences de ces derniers dérivent directement du droit international, et sont garanties par lui, celles des États fédérés sont déterminées par le droit constitutionnel fédéral et ne sont garanties que par des procédures internes. Une révision de la constitution peut, à tout moment et contre le vœu peut-être de tel État fédéré, étendre mais aussi restreindre ou supprimer leurs compétences internationales. Leur personnalité juridique internationale reste dérivée de celle de l'État fédéral.

Dans l'ordonnance en indication de mesures conservatoires du 9 avril 1998 qu'elle a rendue dans l'affaire *Breard* opposant le Paraguay aux États-Unis à propos de la procédure suivie avant la condamnation à mort de ce ressortissant paraguayen par une Cour de Virginie, la CIJ a semblé considérer que la personnalité juridique et les compétences de cet État fédéré étaient susceptibles de produire certains effets juridiques internationaux puisqu'elle prend soin de préciser que les questions portées devant elles « ne concernent pas le droit des États fédérés qui composent les États-Unis de recourir à la peine de mort » (*Rec.*, p. 257, par. 38) et le paragraphe 1 du dispositif (« Les États-Unis doivent prendre toutes les mesures dont ils disposent pour que M. Angel Francisco Breard ne soit pas exécuté tant que la décision définitive en la présente instance n'aura pas été rendue... ») paraît impliquer que la Cour admet que les États-Unis ne disposent pas d'une compétence plénière d'exécution sur leur propre territoire (*Rec.* p. 258, par. 41). Par une décision du 14 avril 1998, la Cour suprême des États-Unis rejeta la demande de sursis formée consécutivement devant elle par le condamné et le Paraguay : « Il est regrettable que cette affaire nous soit présentée alors qu'une procédure, qui aurait pu avoir lieu plus tôt, est pendante devant la CIJ. Néanmoins, il appartient à cette Cour de juger sur la base du droit » ; et, après avoir fait état de démarches accomplies par le Gouvernement fédéral, la Cour conclut : « Si le Gouverneur [de Virginie] souhaite attendre la décision de la CIJ, ceci relève de ses prérogatives. Mais rien dans notre jurisprudence actuelle ne nous permet de faire ce choix à sa place ». Breard a été exécuté le soir même. À quelques nuances près, le même scénario s'est reproduit dans le cadre de l'affaire *LaGrand* bien que la Cour eût précisé que, d'une part, le gouvernement des États-Unis était « dans l'obligation de transmettre la présente ordonnance [ordonnant le sursis à exécution de LaGrand] au gouverneur » de l'Arizona et, d'autre part, que celui-ci était « dans l'obligation d'agir conformément aux engagements internationaux des États-Unis » (ord. du 3 mars 1999, *Rec.* 1999, p. 16, par. 28).

D'autres entités bénéficient de l'immédiateté au regard du droit international. Les organisations internationales, certains groupes politiques tels que les mouvements de libération nationale, possèdent des capacités juridiques fixées directement par le droit international et, dans cette mesure, sont soumis immédiatement à lui.

Pour autant, ces entités ne se confondent pas avec l'État : « Ceci n'équivaut pas à dire que l'Organisation [l'ONU] soit un État, ce qu'elle n'est certainement pas ». Encore moins cela équivaut-il à dire que l'Organisation soit un « super-État », quel que soit le sens de l'expression », rappelle la CIJ dans son avis sur la *Réparation des dommages subis au service des Nations Unies* (*Rec.* 1949, p. 179).

Sur les entités étatiques contestées, voir *infra*, n°s 292 s.

§ 2. — *Les corollaires de la souveraineté*

BIBLIOGRAPHIE. — B. LEYGUE, *L'origine du principe de l'égalité souveraine des États et son évolution*, Thèse Paris, 1972, 305 p. dactyl. — E. DAVID, « Quelques réflexions sur l'égalité économique des États », *RBDI* 1974, p. 399-424. — R. P. ANAND, « Sovereign Equality of States in International Law », *RCADI*, 1986-II, vol. 197, p. 9-228. —Th. FRANCK, « The Emerging Right to Democratic Governance », *AJIL*, 1992, p. 46-91. — J.-Y. MORIN, « Institution internationale et droits de l'homme : vers de nouvelles exigences de légitimité de l'État », *in* SFDI, Colloque de Nancy, Pedone, 1994, p. 223-300 ; « L'État de droit : Émergence d'un principe du droit international », *RCADI* 1995, vol. 254, p. 9-462. — V. R. BARBERO, *Democracia* y *derecho internacional*, Civitas, Madrid, 1994, 216 p. — J. P. QUÉNEUDEC, « La notion d'État intéressé en droit international », *RCADI* 1995, vol. 255, p. 339-462. — B. KINGSBURY, « Sovereignty and Inequality », *EJIL* 1998, p. 599-625. — L. A. SICILIANOS, *L'ONU et la démocratisation de l'État. Systèmes régionaux et ordre juridique universel*, Pedone, 2000, 321 p. — G. FOX et B. R. ROTH, *Democratic Governance and International Law*, Cambridge UP, 2000, XIII-585 p. — Th. M. FRANCK ed., *Delegating State Powers : The Effect of Treaty Regimes on Democracy and Sovereignty*, Transnl. Publ., X-305 p. — R. MEHDI dir., *La contribution des Nations Unies à la démocratisation de l'État*, Pedone, 2002, 238 p. — J. LENOBLE et M. MAESSCHLACK, *Toward a Theory of Governance : the Action of Norms*, Kluwer Law International, La Haye/Londres/New York, 2003, VIII-

363 p. — D. KOKOROKO, « Souveraineté étatique et principe de légitimité démocratique », *RQDI* 2003, p. 37-60. — N. KRISCH, « More Equal than the Rest ? Hierarchy, Equality and US Predominance in International Law » *in* M. BYERS et G. NOLTE ed., *United States Hegemony and the Foundations of International Law*, Cambridge UP, 2003, p. 135-175. — G. SIMPSON, *Great Powers and Outlaw States. Unequal Sovereigns in the International Legal Order*, Cambridge UP, 2004, XIX-391 p. — J. D'ASPREMONT, « La création internationale d'États démocratiques », *RGDIP* 2005, p. 889-908 ; *L'État non démocratique en droit international*, Pedone, 2008, VIII-376 p. — M. G. KOHEN, commentaire de l'article 2, paragraphe 1, *in* J.-P. COT, A. PELLET et M. FORTEAU dir., *La Charte des Nations Unies. Commentaire article par article*, 3e éd., Economica, 2005, p. 399-416.

V. aussi les bibliographies générales *supra*, sur les nos 274 et 275.

278. Égalité souveraine des États. — Parce qu'en vertu de l'immédiateté normative, les États ne sont subordonnés à aucune autre autorité nationale ou internationale, ils sont égaux juridiquement entre eux.

Ce principe de « l'égalité souveraine » est présenté comme le fondement de la coopération des Nations Unies dans l'article 2, paragraphe 1, de la Charte et sera développé, sinon explicité, dans la *Déclaration relative aux principes du droit international touchant les relations amicales et la coopération des États* (résolution 2625 (XXV) de l'AG).

Il est repris dans toutes les chartes institutives des organisations régionales de coopération. Il est plus implicite dans les traités créant des organisations dites d'intégration (Communautés européennes).

L'Acte final de la Conférence d'Helsinki (CSCE, 1975) tente d'en préciser les implications dans les relations Est-Ouest : « ... Dans le cadre du droit international, tous les États participants ont des droits et des devoirs égaux. Ils respectent le droit de chacun d'entre eux de définir et de conduire à son gré ses relations avec les autres États conformément au droit international [...]. Ils ont aussi le droit d'appartenir ou de ne pas appartenir à des organisations internationales, d'être partie ou non à des traités bilatéraux ou multilatéraux, y compris le droit d'être partie ou non à des traités d'alliance ; ils ont également le droit à la neutralité » (point I de la Déclaration sur les principes régissant les relations mutuelles des États participants).

1° Comme le rappelle la Déclaration d'Helsinki, *tous les États ont les mêmes droits et obligations internationaux.*

Le droit international est réducteur et négateur des différences réelles entre États. Ne permettant pas, la plupart du temps, de prévenir ou de corriger les inégalités de dimension, de richesse, de puissance, il constitue un obstacle à toutes les tentatives pour faire consacrer juridiquement une typologie inégalitaire des *statuts* des États.

Le jeu des successions et des mariages princiers, aux époques où prédominaient les régimes monarchiques, l'application du principe des nationalités puis de celui du droit des peuples à disposer d'eux-mêmes ont favorisé l'apparition d'États très petits, tant par la superficie que par la population. La participation de ces entités « lilliputiennes » aux relations internationales est assez théorique, dans de nombreux domaines, et surtout elle contribue au mauvais fonctionnement de certaines organisations internationales, en particulier sur le plan financier.

Dans l'entre-deux-guerres, le concert des puissances était resté suffisamment effectif pour interdire leur entrée dans les organisations à vocation universelle. Le principe d'autodétermination et la mythologie de la « démocratie » internationale ont fait renoncer à cette pratique. Face aux tensions nées du poids grandissant de ces *micro-États* à l'ONU, quelques grandes puissances et le Secrétaire général ont fait des propositions en vue d'un statut plus adapté d'États « associés » au sein de l'Organisation ; elles n'ont jamais été sérieusement examinées (v. J. Chappez, *AFDI*, 1971, p. 541-551). Par ses résolutions 44/51 et 46/43, l'Assemblée générale attire l'attention sur les problèmes particuliers rencontrés par les micro-États en matière de sécurité.

En droit international et dans les doctrines politiques internationales (« coexistence pacifique »), la principale implication du principe d'égalité est la *réciprocité* des droits et avantages. Il est universellement admis que l'on peut en déduire le principe de *non-discrimination*. Réciprocité et non-discrimination sont trop protectrices de la souveraineté pour qu'il soit réaliste d'envisager leur affaiblissement.

Plus controversées sont certaines conséquences touchant à la participation des États aux institutions politiques internationales, sous prétexte de « démocratisation ». Il n'existe pas encore un *droit* à participer à tous les traités multilatéraux ouverts (voir *supra* le débat sur la clause « tout État », n° 105) ; les débats sur la portée de la clause de la nation la plus favorisée, lors des travaux de codification, ont également établi le souci des États de moduler la mise en œuvre du principe de *réciprocité des avantages*.

2° À défaut de statuts différenciés, il existe des *régimes différenciés* d'exercice des droits et obligations internationaux des États.

L'égalité souveraine peut conduire à négliger et à perpétuer des inégalités concrètes entre États. Le droit international, sous la pression d'un Tiers Monde principale victime de la situation actuelle, tend à suivre la même évolution que celle observée dans les ordres juridiques des États développés aux XIXe et XXe siècles : il y est introduit, non sans atermoiements, des éléments de correction des handicaps naturels ou historiques, pour permettre à tous les États de tirer un profit réel de l'égalité juridique (v. *infra*, n°s 620 s.).

Une telle évolution du droit international entraîne des réactions négatives de la part de certains États, dans la mesure où elle porte atteinte à l'idée d'un rapport direct et nécessaire entre l'égalité et la réciprocité (E. Decaux, *La réciprocité en droit international*, LGDJ, 1980, p. 41 s.).

Lorsqu'a été créée la BERD, on a craint que les énormes besoins financiers de l'URSS absorbent entièrement les ressources de la Banque. En vue de sauvegarder à la fois le principe de l'égalité souveraine et les possibilités d'action de la nouvelle institution, l'article 8 de l'Accord de Paris du 29 mai 1990 prévoit que certains États membres peuvent « demander » que leur accès aux ressources de celle-ci soit limité — ce qu'a fait l'URSS (puis la Russie).

L'abandon d'une réciprocité stricte est-il une véritable atteinte au principe d'égalité ? En réalité, la théorie de *l'inégalité compensatrice* peut être considérée comme une application plus réaliste et plus exacte de l'égalité entre sujets de droit dans des situations différentes ; la démarche n'est pas très différente de celle des juridictions nationales et de la CJCE qui, saisies de l'argument d'égalité à l'encontre des actes normatifs de l'administration ou des institutions communautaires, en limitent la portée aux seules situations exactement comparables. Dans cette perspective, la non-réciprocité n'est pas un tempérament pragmatique du principe d'égalité, justifiée par des considérations morales uniquement. Elle est compatible, en droit, avec le principe d'égalité souveraine dans la mesure où elle traduit des différences objectives entre États.

279. Liberté d'action des États. — Malgré les critiques adressées par la doctrine au concept de souveraineté, les États sont tous trop fermement attachés à ces « avantages » pour y renoncer. Leur objectif est plutôt d'en préciser les implications juridiques, pour mieux asseoir leurs compétences et leurs droits tout en défendant leur autonomie face aux autres sujets de droit.

L'entreprise de « codification » des corollaires de la souveraineté n'est pas récente et a d'abord eu un caractère surtout régional et défensif (Amérique latine, pays afro-asiatiques lors de la Conférence de Bandoeng, 1955). Elle traduit une prise de conscience que l'indépendance des États ne peut pas se limiter à l'exercice des compétences exclusives « internes » des États, qu'il est nécessaire d'en préciser les conséquences dans la conduite des relations interétatiques : il s'agit de poser les principes fondamentaux des pouvoirs « externes » des États pour mieux combattre l'inégalité dans leur exercice.

Malgré l'emploi des termes « droits » et « devoirs », les textes en cause ne cherchent pas à définir les capacités et les droits subjectifs de chaque État, mais bien des principes directeurs permettant de jauger la validité des comportements des États et leurs éventuels abus de droit. Aussi importants que les droits reconnus sont, dans cette perspective, les limitations posées (*infra*, n° 280).

1° *L'absence de toute subordination organique des États* à d'autres sujets du droit international, est la conséquence et aussi la consécration du principe *d'immédiateté* (v. *supra*, n° 276).

Traditionnellement, c'est d'abord à l'égard des autres États que s'entend l'absence de subordination. Un État n'est pas indépendant ni souverain s'il est en situation de *dépendance* vis-à-vis d'un autre État, qui peut lui dicter ses volontés. La déclaration annexée à la résolution 2625 (XXV) de l'Assemblée générale note simplement que « chaque État a le devoir de respecter la personnalité des autres États » et que « les États sont juridiquement égaux ».

Aussi peut-on douter que les États « protégés », les *protectorats*, soient restés souverains. Ils ne disposaient plus ni de la plénitude, ni de l'exclusivité des compétences internes et externes qui sont en principe déduits de l'idée de souveraineté (v. *infra*, nos 301 s.).

La subordination organique d'une collectivité politique et humaine à un État peut exister même lorsque cette collectivité bénéficie d'une large autonomie interne : une « entité autonome n'est pas un État », dira la CPJI dans l'affaire des *Phares* (arrêt de 1937, série A/B, n° 71, p. 103). À l'inverse, il est admis que la primauté de fait de certains États (Concert européen, duopole américano-soviétique, « G-5 », « G-7 » ou « G-8 »), qui sont en mesure d'imposer le respect de situations *objectives*, n'est pas une atteinte de principe à l'indépendance et à la souveraineté des autres États (v. *supra*, n° 161).

Plus récemment, face au dynamisme des organisations internationales — parfois plus puissantes que bien des États membres —, il est apparu nécessaire de rappeler et souligner l'indépendance des États dans leurs rapports avec ces organisations.

Cet aspect de l'indépendance se traduit par l'idée qu'aucune organisation ne constitue un « super-État », pas même l'ONU, et ne peut donc prétendre être une structure organique supérieure aux États (CIJ, *Réparation des dommages, Rec.* 1949, p. 179) : l'Organisation, dit la Cour dans son avis consultatif, est « placée en face de ses membres » et a pour fonction essentielle « de rappeler à ceux-ci certaines obligations » *(ibid.).* Il est vrai que les majorités fluctuantes à l'Assemblée générale oublient parfois cette limitation fondamentale posée par l'article 2, paragraphe 7, de la Charte.

2° *La présomption de régularité des actes étatiques* est une autre conséquence directe de la souveraineté de l'État.

Elle n'a certes pas un caractère absolu, mais dans une société peu réglementée et où l'État bénéficie d'une sorte de « privilège du préalable » (contrôle *a posteriori* seulement de ses comportements), elle présente un argument de défense commode pour l'État, en obligeant les autres États à se situer sur le terrain de l'abus du droit ou de la mauvaise foi.

Cette présomption est établie de manière particulièrement solide pour les actes accomplis par l'État sur son propre territoire ; et elle est d'une grande efficacité, pour affirmer la licéité de ses actes, dans les domaines qui ne sont pas réglés par le droit international (théorie du *domaine réservé*, voir *infra*, n°s 283 s.). Enfin, même lorsqu'il existe une règle de droit international, la licéité du comportement de l'État peut être diversement appréciée selon le contenu prêté à la norme internationale ; il faut alors recourir aux procédures de contrôle *a posteriori*, favorable à l'État en position défensive.

En 1910, la sentence de la CPA dans l'affaire des *Pêcheries de la côte septentrionale de l'Atlantique*, opposant le Royaume-Uni aux États-Unis, se prononçait déjà en ce sens : les États-Unis ne pouvaient, sous prétexte de sauvegarder les droits conventionnels de ses ressortissants, prétendre à un droit de regard sur l'exercice de sa compétence législative par le Royaume-Uni ; une telle exigence, postulant l'illicéité du comportement britannique, serait une ingérence dans ses affaires intérieures (*RSA*, vol. XI, p. 173 et s.). De même, dans l'affaire du *Lac Lanoux*, l'Espagne reprochait à la France d'avoir, sans son consentement préalable, détourné une rivière alimentant le territoire espagnol et ne se satisfaisait pas de l'assurance d'une restitution intégrale des eaux en cause, sous prétexte que la France serait toujours en mesure de ne pas respecter ses engagements. Procès d'intention qui a été écarté par le tribunal arbitral et à juste titre, car « il est un principe général de droit bien établi selon lequel la mauvaise foi ne se présume pas » (*RSA*, vol. XII, p. 305). L'avantage tactique pour la France était évident en l'espèce. C'était à son profit que jouait l'idée qu'il n'existe pas en droit international « une règle qui interdise à un État, agissant pour la sauvegarde de ses intérêts légitimes, de se mettre dans une situation qui lui permette, en fait, en violation de ses engagements internationaux, de préjudicier même gravement à un État voisin » *(ibid.)*.

La Déclaration de 1970 sur les principes régissant les relations pacifiques entre États ne formule pas expressément ce « droit inhérent à la pleine souveraineté », mais on peut le dégager de la combinaison des autres principes posés dans ce texte.

3° *L'autonomie constitutionnelle* de l'État est le résultat de *l'indifférence* du droit international à l'égard des formes politiques internes, dès lors que les institutions nationales disposent de la capacité d'engager l'État dans les relations internationales.

La CIJ l'a rappelé clairement dans l'affaire du *Sahara occidental* : « Aucune règle de droit international n'exige que l'État ait une structure déterminée comme le prouve la diversité des structures étatiques qui existent actuellement dans le monde » (avis du 16 octobre 1975, *Rec.* 1975, p. 43-44). Plus récemment, la Cour a réaffirmé le corollaire de la souveraineté en une formule particulièrement nette :

« L'adhésion d'un État à une doctrine particulière ne constitue pas une violation du droit international coutumier ; conclure autrement reviendrait à priver de son sens le principe fondamental de la souveraineté des États sur lequel repose tout le droit international, et la liberté qu'un État a de choisir son système politique, social, économique et culturel » (arrêt du 27 juin 1986, *Activités militaires et paramilitaires au Nicaragua (fond)*, *Rec.* 1986, p. 133) ; les mêmes considérations s'appliquent en matière de choix de politique extérieure et d'alliances ou de niveau des armements (*ibid.*, p. 133 et 135).

Le libre choix par chaque peuple de son régime politique, économique et social est du reste la principale conséquence concrète du principe d'autodétermination, au moins pour les peuples déjà constitués en États (v. *infra*, n° 342 et la Déclaration de 1970 précitée, qui formule le principe de façon très générale : « chaque État a le droit de choisir et de développer librement son système politique, social, économique et culturel »).

Il n'en résulte pas pour autant que l'organisation politique de l'État n'a aucune incidence sur l'application du droit international. Ainsi par exemple, la Commission d'arbitrage de la Conférence européenne pour la paix en Yougoslavie a, dans son avis n° 1 du 29 novembre 1991, considéré que si « la forme et l'organisation politique interne et les dispositions constitutionnelles constituent de simples faits » au regard du droit international, la prise en considération de ces faits « est cependant utile » pour déterminer l'existence — ou la disparition — d'un État et, en particulier, « l'emprise du Gouvernement sur la population et sur le territoire » (*RGDIP* 1992, p. 264).

Pendant longtemps, les diverses théories de la légitimité politique n'ont pu s'imposer comme normes juridiques internationales. Toutefois la situation nouvelle créée par l'effondrement de l'URSS et la fin de la guerre froide pourrait être à l'origine d'un renouveau du principe de « légitimité démocratique ».

Au XIXe siècle, la tentative de la Sainte-Alliance d'instituer, par la voie internationale, la légitimité monarchique a échoué. Un siècle plus tard, en 1907, dans une Amérique latine secouée par des révolutions chroniques, Tobar, ministre des Affaires étrangères de l'Équateur, proposait la doctrine selon laquelle aucun gouvernement ne pourrait être reconnu avant sa confirmation par des élections démocratiques : ainsi, espérait-on, serait prévenue la tentation de la conquête du pouvoir par la force (pronunciamiento). La doctrine de Tobar aurait pu s'implanter, au moins dans un cadre régional, et s'imposer en tant que règle internationale car elle a eu pendant plusieurs années une portée conventionnelle. Consacrée par une convention centre-américaine du 20 décembre 1907, renouvelée par la Convention de Washington de 1923, elle est tombée en désuétude à partir de 1934, par suite de dénonciations de cette convention.

Après la Seconde Guerre mondiale, la doctrine de la « coexistence pacifique », fondée sur l'acceptation mutuelle de régimes politiques et sociaux contradictoires, a constitué un obstacle à la concrétisation du principe de légitimité démocratique. On en déduisait volontiers que constituait une ingérence dans les affaires intérieures toute prise de position sur les régimes politiques étrangers.

Si le droit de la coexistence pacifique était nécessairement un « droit de l'indifférence », la nouvelle donne internationale induit des tendances nouvelles, dont il est probablement prématuré d'affirmer qu'elles aboutiront à la formation de normes juridiques indiscutables, en tout cas au plan universel, mais qui n'en témoignent pas moins d'un changement d'état d'esprit.

Aux Nations Unies, l'adoption par l'Assemblée générale, le 18 décembre 1990, de la résolution 45/150 consacrée au « renforcement de l'efficacité du principe d'élections périodiques et honnêtes », en porte la marque : non sans précautions de langage, ce texte insiste sur la nécessité d'élections libres. Sa portée se trouve cependant atténuée par l'adoption, le même jour, de la résolution 45/151 consacrée au « respect des principes de la souveraineté nationale et de la non-ingérence dans les affaires intérieures en ce qui concerne les processus électoraux » (v. aussi la résolution 44/147 du 15 déc. 1989). Il n'en reste pas moins que l'ONU n'hésite pas à répondre aux demandes de certains États et à vérifier le bon déroulement des élections qui y ont lieu (v. *infra*, n° 393).

En Europe, le mouvement est beaucoup plus net :

— le préambule de l'Accord de Paris de 1990 créant la BERD se réfère à la « démocratie pluraliste », aux « institutions démocratiques », au « respect des droits de l'homme » et à l'« État de droit » et son article 1er fixe comme objectif à la Banque de contribuer « au progrès et à la reconstruction des pays d'Europe centrale et orientale qui s'engagent à respecter et mettent en pratique les principes de la démocratie pluraliste, du pluralisme et de l'économie de marché » ; ainsi se trouvent nettement consacrées les finalités politiques de son assistance ;

— par la Charte de Paris du 21 novembre 1990, les États participants à la CSCE s'engagent « à édifier, consolider et raffermir la démocratie comme seul système de gouvernement de leurs nations » et précisent les modalités de cet « engagement » ; de même, l'Acte fondateur sur les relations entre l'OTAN et la Russie du 27 mai 1997 reconnaît le « rôle essentiel que jouent la démocratie, le pluralisme politique (...), le respect des droits de l'homme (...) et le développement d'économies de marché dans le développement de la prospérité commune et la sécurité globale » ;

— en vertu de l'article 6 du TCE, « l'Union est fondée sur les principes de la liberté, de la démocratie, du respect des droits de l'homme et des libertés fondamentales ainsi que de l'État de droit, principes qui sont communs aux États membres » ; de plus, l'article 7 du TUE institue un mécanisme de sanctions en cas de « violation grave et persistante » de ces principes (v. aussi l'article 49 relatif à l'adhésion de nouveaux États à l'Union) ;

— et, dans son avis n° 1, la Commission d'arbitrage pour la Yougoslavie a affirmé que les modalités de la succession d'États étaient subordonnées au « respect des droits fondamentaux de la personne humaine et des droits des peuples et des minorités », et estimé qu'une nouvelle association fédérale éventuelle devrait, en vertu du droit international, être « dotée (d') institutions démocratiques » (*RGDIP* 1992, p. 265 et 266).

La même tendance se retrouve sur le continent américain. Ainsi les États membres de l'OEA ont-ils adopté le 11 septembre 2001 la *Charte démocratique interaméricaine* (résol. AG/RES. 1 [XXVIII-E/01]), qui retient une conception large des exigences démocratiques et met en place des mécanismes de surveillance de leur respect.

Au surplus, il n'est pas interdit aux États de s'engager conventionnellement à respecter une idéologie politique donnée (v. par exemple la Convention de l'Unesco du 20 octobre 2005 sur la protection et la promotion de la diversité des expressions culturelles) et d'en tirer le cas échéant certaines conséquences juridiques (entrée dans une organisation régionale, expulsion « autoritaire » d'une telle organisation, avantages mutuels conditionnés par le respect de certains principes fondamentaux : voir les statuts du Conseil de l'Europe ou le Traité instituant la Communauté européenne). Toutefois, une telle limitation ne saurait être présumée et l'engagement assumé par l'État doit être exprès et précis (cf. CIJ, arrêt du 27 juin 1986, préc., § 259 s., *Rec.* 1986, p. 131 s.).

Il n'est pas exclu que le Conseil de sécurité s'ingère, de manière autoritaire, dans des questions constitutionnelles internes aux fins du chapitre VII de la Charte, le verrou de l'article 2, paragraphe 7, sautant dans ce cas de figure (v. *infra*, n° 287). L'action entreprise au Kosovo depuis 1999 par la MINUK sur le fondement de la résolution 1244 (1999) en fournit une illustration exemplaire (v. *infra*, n° 393, 3°). On citera encore la décision du Conseil de sécurité d'aménager les pouvoirs constitutionnels internes en Côte d'Ivoire, dans le but de favoriser le retour à la paix civile (v. les résolutions 1633 [2005] et 1721 [2006]). On touche sans doute là cependant à l'extrême limite de ce que la Charte autorise le Conseil de sécurité à décider.

Au regard des évolutions enregistrées par le droit international depuis 1945, on peut légitimement se demander en définitive si l'affirmation selon laquelle « aucune règle de droit international n'exige que l'État ait une structure déterminée » (v. *supra*, l'avis de la Cour dans l'affaire du *Sahara occidental*) reflète encore fidèlement l'état du droit international général. Certes, et sous réserve des nuances qui viennent d'être apportées, le droit international n'impose pas directement aux États un modèle de gouvernement déterminé. Mais l'on ne peut s'empêcher de relever une certaine orientation du droit international dans la direction d'une conception exclusivement démocratique de l'État, y compris dans ses règles pourtant les plus classiques.

Dans le domaine de la protection diplomatique par exemple, il a toujours été admis que la condition d'épuisement des voies de recours internes devait être réputée remplie si ces recours étaient inexistants ou futiles (v. *infra*, n° 495, 2°), ce qui est nécessairement le cas aujourd'hui s'agissant d'un État ne pratiquant pas la séparation des pouvoirs. Ce dernier n'étant pas dans ce cas en mesure de soulever efficacement une telle exception d'irrecevabilité au plan du contentieux international, il en découle indirectement que le droit international ne peut pas être considéré comme totalement indifférent à la nature du gouvernement de l'État puisqu'il attache des effets juridiques différents aux recours ouverts dans un État de droit et à ceux offerts par un État qui ne l'est pas (un raisonnement du même type peut être tenu à propos du régime des ratifications imparfaites (v. *supra*, n° 117-118) : v. P. d'Argent, *AFDI* 2002, p. 303-305 ; ou du déni de justice, qui constitue une violation classiquement admise du principe du standard minimum : v. notamment J. Paulsson, *Denial of Justice in International Law*, Cambridge UP, 2005, 306 p.). Par ailleurs et surtout, en construisant la liberté de l'État de choisir son système politique, économique, social et culturel sur le droit des peuples à disposer d'eux-mêmes (v. *supra*), le droit international contemporain établit nécessairement un lien entre cette liberté et le principe de légitimité démocratique. En vertu du droit des peuples, le choix souverain par chaque État de son système politique ne pourra résulter que du libre consentement de ses citoyens. On doit concéder néanmoins que, pour impliquée qu'elle soit par le recours au droit des peuples à disposer d'eux-mêmes dans sa variante interne, cette conception démocratique du gouvernement étatique n'est pas encore assumée par l'ensemble des membres de la société internationale. Si les États membres de l'ONU ont proclamé, lors du Sommet mondial de l'ONU de septembre 2005, que « la démocratie constitue une valeur universelle », « indispensable au développement durable », c'est en précisant immédiatement qu'« il n'existe pas de modèle unique de démocratie »... (résol. AG 60/1, *Document final du Sommet mondial de 2005*, 16 septembre 2005, par. 24, b), et par. 135).

4° En revanche, il n'existe pas un *droit de participer aux relations internationales*. En principe, chaque État est libre de fixer l'importance de sa participation aux relations internationales et de choisir ses partenaires. Ceci n'implique pas un droit, opposable aux autres États, d'entrer dans n'importe quel rapport juridique avec ces derniers.

Le droit international, sous la pression des États nouveaux, tend à un meilleur compromis entre le souci d'universalisation et l'autonomie de décision de chaque État. Il a toujours été admis, et il reste admis, que les États sont maîtres de « l'ouverture » de certains traités (par exemple les alliances politiques ou les unions douanières : voir *supra*, n° 105). Mais des progrès ont été obtenus par les partisans de l'universalité des traités multilatéraux *normatifs* et des traités créant des organisations à vocation universelle. Le droit des traités, codifié en 1969, est symptomatique : le régime général des réserves aux traités facilite l'universalisation de la participation, mais les limitations apportées à la liberté de faire des réserves garantissent l'intégrité du traité et l'exclusion des États qui n'adhèrent pas complètement au régime conventionnel initialement négocié. La clause « tout État » est tout aussi légitime que les systèmes de cooptation.

La Déclaration de 1970 n'inclut pas ce droit de participation de chaque État parmi les corollaires de l'égalité souveraine ; il ne peut être déduit que des devoirs qui pèsent sur les autres États dans la conduite de leurs relations extérieures, et de l'idée que tous les États « sont des membres égaux de la communauté internationale ».

Le principe est développé dans le paragraphe 4 de la Déclaration concernant l'instauration d'un nouvel ordre économique international, contenue dans la résolution 3201 (S-VI) de l'Assemblée générale du 1er mai 1974 ; cependant il conserve une forme conditionnelle. La même formulation est reprise, avec plus de fermeté mais encore dans le seul domaine économique, par l'article 10 de la Charte des droits et devoirs économiques des États (1974) : « Tous les États (...) ont le droit de participer pleinement et effectivement à l'adoption, au niveau international, de décisions visant à résoudre les problèmes économiques, financiers et monétaires mondiaux, notamment par l'intermédiaire des organisations » internationales appropriées conformément à leurs règlements présents et *à venir*, et d'avoir part, de manière équitable, aux avantages qui en découlent ». Au mieux, cette disposition est un programme d'action, une amorce de réforme de la situation actuelle, et non l'expression du droit positif.

280. Principes limitant la liberté d'action des États. — La coexistence d'entités étatiques égales et bénéficiaires de droits entraîne, nécessairement, la définition d'obligations des unes qui garantiront l'exercice des droits des autres.

1° L'exigence du *respect du droit international* par les États est une *proposition première*, dans la mesure où elle garantit les autres corollaires de la souveraineté. Si c'est en vertu du droit international que l'État peut exercer la plénitude des compétences internationales, ce ne peut être que dans les limites fixées par ce droit. La soumission au droit international est inséparable de la souveraineté (v. *supra*, n° 276).

Encore faut-il s'entendre sur l'idée de respect du droit, ou plutôt sur sa portée. La difficulté réelle est de concilier le respect d'une norme donnée avec le principe de bonne foi, pour ne pas tomber dans l'abus de droit (v. *infra*, n° 473).

2° L'interdiction de *l'ingérence dans les affaires intérieures* et la *prohibition du recours à la force* sont d'abord la garantie et la contrepartie de l'exclusivité des compétences de l'État sur son territoire. Elles s'expriment en un devoir de *non-intervention* (v. *infra*, n° 288) qui n'est pas remis en cause par l'affirmation politique d'un « devoir d'ingérence humanitaire » (*ibid.*). Elles sont aussi, mais le droit international ne l'a confirmé que plus récemment, les conséquences du principe de non-subordination des États : l'interdiction du recours à la force est le moyen d'atténuer les handicaps des États les moins puissants lorsqu'il est nécessaire de concilier les intérêts étatiques.

Dans sa résolution 2002/1 du 12 août 2002, la Sous-Commission de la promotion et la protection des droits de l'homme a précisé que les interventions militaires dirigées contre les « gouvernements dûment constitués » constituaient aussi « un danger inadmissible pour les droits de l'homme fondamentaux des populations vivant dans les territoires concernés ou une violation desdits droits ».

3° L'obligation de *règlement pacifique des différends* est le complément logique de l'interdiction du recours à la force. Mais pour constituer une véritable alternative, il faut que ce devoir acquière une portée juridique réelle, assez contraignante et concrétise une volonté générale de respect du droit international et de l'obligation de coopération.

L'article 33 de la Charte pose ce devoir comme une obligation juridique mais seulement dans le cas d'un « différend dont la prolongation est susceptible de menacer le maintien de la paix et de la sécurité internationales ». La Déclaration précitée de 1970 en généralise la portée et en précise la finalité : il s'agit de « rechercher rapidement une solution équitable ». Mais que le même texte soit obligé de préciser que l'acceptation de procédures pacifiques « ne peut être considéré(e) comme incompatible avec l'égalité souveraine » prouve combien les États ont de difficulté à admettre que leur souveraineté n'est pas compromise par leurs propres engagements internationaux (v. *infra*, n°s 500 s.).

4° Le *devoir de coopération* peut paraître une proposition très générale et de faible portée juridique. Il présente un double intérêt, cependant. En premier lieu, il est le contrepoint de la souveraineté dans les domaines où celle-ci est définie de façon très énergique, en particulier en matière économique (voir par exemple les articles 3, 7, 8, 9, 11, 17 de la Charte des droits et devoirs économiques de 1974). En second lieu, le devoir de coopération prolonge le principe d'autonomie constitutionnelle, en invitant les États à dégager des formules juridiques adaptées à la diversité de leurs systèmes économiques et politiques.

Ce n'est donc pas un simple principe d'art politique ou un vœu pieux. La jurisprudence internationale peut prendre appui sur lui pour renforcer la portée des engagements de négociation ou de conclusion des accords internationaux.

La construction même de l'article 2 de la Charte des Nations Unies traduit cette interdépendance, cette corrélation, des limites imposées à la souveraineté absolue des États membres. À partir du principe d'égalité souveraine, sont posées les obligations suivantes : remplir de bonne foi les obligations assumées aux termes de la Charte (respect du droit), régler pacifiquement ses différends, s'abstenir de recourir à la force et apporter son assistance à l'ONU (devoir de coopération).

281. Tensions entre droits et devoirs : leur conciliation. — C'est très volontairement que les États formulent en termes très abstraits les corollaires de la notion de souveraineté et se refusent à les hiérarchiser.

Les « dispositions générales » de la Déclaration de 1970 sur les principes régissant les relations amicales prévoient que :

— « dans leur interprétation et leur application, les principes qui précèdent sont liés entre eux et [que] chaque principe doit être interprété dans le contexte des autres principes » ;

— ces principes « constituent des principes fondamentaux du droit international » dont les États devront « s'inspirer (...) dans leur conduite internationale... ».

La Charte des droits et devoirs économiques des États (1974) et l'Acte final d'Helsinki (1975) contiennent des formules comparables, remarquables par l'absence de tout critère de classement et par le refus de l'idée même de classement.

Les États sont pourtant souvent confrontés à la nécessité de concilier les divers corollaires de la souveraineté : soit que deux États invoquent parallèlement des principes dont les conséquences sont contradictoires ; soit qu'un même État doive justifier ses initiatives en évitant d'avouer une atteinte directe à un principe déduit de la souveraineté.

Dans la situation la plus fréquente, chacun des États en litige dénonce dans le comportement de l'autre la violation d'un principe jugé essentiel, par exemple d'un côté le principe de non-ingérence dans les affaires intérieures, de l'autre celui de l'autodétermination (rattaché au principe d'autonomie constitutionnelle) ; la solution peut être cherchée dans une délimitation du champ d'application de chacun des deux principes (v. *infra*, n° 342).

Ou encore, le principe de l'autonomie organique des États et le devoir de coopération : la plupart du temps, le premier principe prévaudra (caractère non obligatoire des recommandations, interprétation restrictive des engagements de consultation et de négociation). Il est très exceptionnel de voir un État sanctionné en raison du non-respect d'une obligation de négocier un traité ou un nouveau régime juridique : une exception est constituée par l'affaire de la *Namibie* (1971), où la CIJ a admis que l'inertie de l'Afrique du Sud avait justifié la disparition du mandat.

Presque aussi fréquente est l'hypothèse où les États invoquent un même principe général, en l'interprétant différemment. Guy de Lacharrière a démontré avec brio, dans son remarquable ouvrage, *La politique juridique extérieure* (Economica, 1982), toutes les techniques *juridiques* qui sont mises en œuvre pour arriver à ce résultat et fournit de multiples illustrations de cette hypothèse. Il est parfois possible de trancher de telles controverses par des procédures pacifiques de règlement des différends, mais là encore les États s'ingénient à limiter la portée de ces techniques.

Il n'est pas exclu, même, qu'un État ait à arbitrer entre plusieurs de ses droits ou entre plusieurs de ses obligations, tous pouvant être justifiés par le respect dû à la souveraineté des autres États. Un État qui intervient par la force pour sauver ses ressortissants en territoire étranger (« intervention d'humanité », lutte contre le terrorisme) est-il plus condamnable que l'État qui laisse sans protection les étrangers qui se trouvent sur son territoire ? Les autres États devront arbitrer entre le respect du principe de non-ingérence et le principe de respect du droit international (standards relatifs aux droits de l'homme) ; c'est toute la problématique du « devoir d'ingérence » (v. *infra*, n° 288). Un État peut-il répondre aux demandes d'assistance émanant d'un gouvernement qui refuse de s'incliner devant une résolution non contraignante (principe d'autonomie organique, devoir de coopération), ou doit-il apporter son aide au mouvement de rébellion (principe d'autodétermination) ? Les réponses de la pratique sont contradictoires, comme le prouvent les attitudes adoptées par les Nations Unies dans l'affaire du Biafra et dans celles de l'Ouganda ou des Kurdes d'Irak.

Dans la plupart des situations, c'est le principe même de souveraineté qui s'impose et le corollaire qui est écarté, parce que « les limitations à la souveraineté ne se présument pas ». Pourtant la solution donnée à la question de l'intervention sollicitée montre que la souveraineté doit parfois céder devant certains corollaires (v. *infra*, n° 284).

Section 3

La protection de la souveraineté

282. Prévention des empiètements sur la souveraineté. — Dans l'important avis consultatif qu'elle a rendu en 1996 à la demande de l'Assemblée générale des Nations Unies sur la *Licéité de la menace ou de l'emploi d'armes nucléaires*, la CIJ a accordé une importance particulière au « droit fondamental qu'a tout État à la survie », dont elle déduit « le droit qu'il a de recourir à la légitime défense, conformément à l'article 51 de la Charte, lorsque cette survie est en cause » (*Rec.* 1996, p. 263), sans cependant pouvoir « conclure de façon définitive à la licéité ou à l'illicéité de l'emploi d'armes nucléaires par un État dans une circonstance extrême de légitime défense dans laquelle sa survie même serait en cause » (*ibid.* — sur la légitime défense, v. *infra*, n°s 566-567).

La décision du Conseil constitutionnel français du 13 octobre 2005 relative aux engagements internationaux relatifs à l'abolition de la peine de mort s'inscrit dans cette lignée. Le Conseil y a considéré que la France ne pouvait pas, en l'état actuel de sa Constitution, ratifier le deuxième protocole facultatif au PIDCP visant à abolir la peine de mort dans la mesure où, d'une part, ce protocole ne pouvait pas être dénoncé (v. en ce sens l'Observation générale n° 26 du Comité des droits de l'homme du 29 octobre 1997), même dans le cas où un danger exceptionnel menacerait l'existence même de la Nation, et où d'autre part, « porte atteinte aux conditions essentielles d'exercice de la souveraineté nationale l'adhésion irrévocable à un engagement international touchant à un domaine inhérent à celle-ci ».

Mais ces circonstances extrêmes ne sont pas les seules dans lesquelles les États se préoccupent de défendre leur souveraineté contre des empiètements extérieurs ou de préserver leurs « intérêts essentiels », qui peuvent aussi tenir à des préoccupations liées, par exemple, à leur environnement naturel (cf. CIJ, arrêt du 25 septembre 1997, *Projet Gabcikovo-Nagymaros*, par. 53).

Les États sont trop attachés à une conception absolue de leur souveraineté pour se contenter de moyens de protection indirects fondés sur l'ambiguïté et la contradiction des corollaires du principe de l'égalité souveraine (v. *supra*, n° 281) ou sur l'exclusivité de leurs compétences territoriales (v. *infra*, n° 309).

La « menace » peut venir du droit international, qui limiterait progressivement l'exercice discrétionnaire des compétences étatiques : la réplique est trouvée dans une limitation *a priori* du champ d'application du droit international et des compétences des organisations internationales (théorie du domaine réservé).

La menace peut venir aussi des autres États, qui sont tentés d'invoquer le champ d'application normal de leur ordre juridique — leur propre territoire —, pour exercer un contrôle sur les actes de souveraineté des autres États, les représentants de la puissance publique ou les ressources publiques étrangères. À cette fin, les États s'abritent derrière les immunités reconnues par le droit international, ou mettent en œuvre des politiques « d'auto-limitation » dont ils attendent et espèrent qu'elles seront réciproques.

§ 1. — *Théorie du « domaine réservé » de l'État*

BIBLIOGRAPHIE. — N. POLITIS, « Le problème des limitations de la souveraineté », *RCADI* 1925-I, p. 5-117. — Ch. ROUSSEAU, *La compétence de la SdN dans le règlement des conflits internationaux*, 1927, p. 65 s. — IDI, *Annuaire*, 1950, vol. 34, p. 5 s. — G. SCELLE, « Critique du soi-disant domaine de compétence exclusive », *RDILC* 1933, p. 365 et s. — J. BASDEVANT, « Règles générales du droit de la paix », *RCADI* 1936-IV, vol. 58, p. 475-691. — P. BERTHAUD, « La compétence nationale des États et l'ONU », *Ann. suisse de DI*, 1947, p. 17 s. — L. PREUSS, « Article 2, paragraphe 7 of the Charter of the UN and Matters of Domestic Jurisdiction », *RCADI* 1949-I, vol. 74, p. 553-653. — R. HIGGINS, *The Development of International Law through the Political Organs of the UN*, Oxford UP, 1963, 402 p. — A. ROSS, « La notion de compétence nationale dans la pratique des Nations Unies », *Mél. Rolin*, 1964, p. 284-299. — A. VERDROSS, « La compétence nationale dans le cadre de l'ONU et l'indépendance de l'État », *RGDIP* 1965, p. 314-325 ; « Le principe de la non-intervention dans les affaires relevant de la compétence nationale d'un État et l'article 2, paragraphe 7, de la Charte des Nations Unies », *Mél. Rousseau*, Pedone, 1974, p. 267-276. — F. ERMACORA, « Human Rights and Domestic Jurisdiction », *RCADI* 1968-II, vol. 124, p. 371-451. — M. MIELE, « Les organisations internationales et le domaine constitutionnel des États », *RCADI* 1970-III, vol. 131, p. 309-392. — A. A. CANCADO TRINIDADE, « The Domestic Jurisdiction of States and the Practice of the UN and Regional Organisations », *ICLQ* 1976, p. 715-765. — J. S. WATSON, « Auto-interpretation, Competence and the Continuing Validity of Article 2 (7) of the UN Charter », *AJIL* 1977, p. 60-83. — 5e Rencontre de Reims, *Le discours juridique sur la non-intervention dans la pratique internationale*, PU Reims, 1988, 378 p. — G. ARANGIO-RUIZ, « Le domaine réservé. L'organisation internationale et le rapport entre droit international et droit interne », *RCADI* 1990, IV, vol. 125, p. 9-484. — O. SCHACHTER, « Is There a Right to Overthrow an Illegitimate Regime ? », *Mél. Virally*, p. 423-430. — J. VERHOEVEN, « Non-intervention : "affaires intérieures" ou "vie privée" ? », *ibid.*, p. 493-500. — Bin CHENG, « La jurimétrie : Sens et mesure de la souveraineté juridique et de la compétence nationale », *JDI* 1991, p. 579-599. — G. GUILLAUME, Commentaire de l'article 2, paragraphe 7, *in* J.-P. COT, A. PELLET et M. FORTEAU dir., *La Charte des Nations Unies. Commentaire article par article*, 3e éd., Economica, 2005, p. 485-507. — R. KOLB, « Du domaine réservé – Réflexions sur la théorie de la compétence nationale », *RGDIP* 2006, p. 597-630.

Voir aussi la bibliographie générale sur les Nations Unies sur le n° 383 et sur l'intervention armée sur le n° 570.

283. Notion de « domaine réservé » de l'État. — La notion de domaine réservé n'est pas un « résidu historique » de la souveraineté absolue de l'époque monarchique. Elle reste intimement liée au concept de souveraineté. Ce dernier exprime à la fois la soumission de l'État au droit international et la liberté de décision de l'État lorsque le droit international se contente de fonder les compétences étatiques sans en réglementer les modalités d'exercice (v. *supra*, nos 279 s.). Elle aura donc un contenu irréductible, aussi longtemps qu'il n'existera pas un « État mondial » et que les États disposeront d'une compétence « discrétionnaire » plus ou moins étendue.

Il est nécessaire de chercher dans le droit international le fondement des attributions de compétences aux États. En revanche, ce n'est pas nier l'existence du droit international, que de reconnaître qu'il ne réglemente pas l'exercice de toutes ces compétences étatiques. Il faut admettre que les compétences étatiques sont tantôt *liées*, tantôt *discrétionnaires* — ce qui, pas plus qu'en droit interne, ne signifie « arbitraires », car leur exercice est toujours soumis au respect des principes généraux du droit international. Il en va de même pour les compétences administratives à l'intérieur des ordres juridiques nationaux.

La conséquence principale est que le droit international détermine, en dernier ressort, l'étendue du domaine réservé : toute limitation inédite d'une compétence étatique *discrétionnaire* réduit la portée du domaine réservé. Le phénomène est, il est vrai, obscurci par le fait que ce sont les États qui sont maîtres des « avancées » du droit international, donc des restrictions progressives du domaine réservé.

Directement fondé sur le droit international et la souveraineté étatique, le « domaine réservé » est un concept juridique et non pas politique. Son existence et sa reconnaissance sont tout à fait compatibles avec la suprématie du droit international.

L'Institut de droit international en a ainsi défini l'économie générale :

« Le domaine réservé est celui des activités étatiques où la compétence de l'État n'est pas liée par le droit international.

« L'étendue de ce domaine dépend du droit international et varie selon son développement.

« La conclusion d'un engagement international, dans une matière relevant du domaine réservé, exclut la possibilité, pour une partie à ces engagements, d'opposer l'exception du domaine réservé à toute question se rapportant à l'interprétation ou à l'application dudit engagement. » (*Ann. IDI*, 1954, vol. 45-II, p. 292).

Le seul reproche que l'on puisse adresser à ce texte est de s'en tenir aux engagements conventionnels des États, en négligeant l'influence croissante des décisions d'organisations internationales.

Si la notion de « domaine réservé » est juridique, il faut disposer d'un critère de son champ d'application. Et ce critère doit être trouvé dans le droit international.

Jusqu'à l'établissement de la SdN en 1919, la doctrine recherchait plutôt un critère matériel de détermination et s'appuyait sur l'idée d'un domaine réservé *par nature*.

D'après la thèse dominante de l'époque, le domaine réservé comprenait les matières se rattachant à la vie « intime » — « domestique », selon la terminologie anglo-saxonne — de l'État, en particulier toutes les questions liées à son régime politique ou à la législation sur l'octroi de la nationalité. Cette approche était doublement contestable.

D'abord parce que le critère matériel est trop ambigu pour autoriser un accord général sur le contenu du domaine réservé : il n'est pas possible de dissocier les activités internes et externes de l'État de façon objective (voir, dans la jurisprudence administrative française, l'évolution prétorienne de la catégorie des « actes de gouvernement »). La théorie classique était, dès le début du XXe siècle, inadaptée à l'interdépendance croissante des États et à l'interpénétration des politiques internes et externes.

Ensuite, parce que la doctrine du domaine réservé *par nature*, filiation directe de l'idée inacceptable que l'État a « la compétence de la compétence », réserve aux États et non au droit international la responsabilité de la définition du domaine réservé. Les États y reçoivent le droit de qualifier en dernier ressort les matières réservées à leur liberté totale, c'est-à-dire de fixer eux-mêmes les barrières à l'action du droit international.

La doctrine du domaine réservé par nature doit être catégoriquement écartée.

Le Tribunal arbitral constitué dans l'affaire du *Chemin de fer du Rhin de fer* (CPA, sentence du 24 mai 2005) n'en a pas décidé autrement. S'il a pu considérer que tout ce qui avait trait à la sécurité d'un ouvrage ferroviaire construit en territoire hollandais en vertu d'un droit de transit accordé par un traité de 1839 à la Belgique relevait des « domaines réservés à la souveraineté » des Pays-Bas (par. 67), c'est en précisant qu'il n'existait aucune règle d'interprétation en vertu de laquelle les limitations à la souveraineté seraient d'interprétation restrictive. Saisie d'une question touchant à l'interprétation de telles limitations, une juridiction internationale doit simplement, selon le Tribunal, faire application des règles normales d'interprétation des traités afin de fixer le sens et la portée des dispositions en jeu (v. par. 50-56 et 87). L'étendue du « domaine réservé » dépend des obligations contractées par chaque État, non de la nature des matières impliquées.

1° *La consécration de la notion par le droit international.* — Les premiers traités qui consacrent la notion de domaine réservé semblent confirmer l'approche traditionnelle. Les accords du début du siècle sur le règlement pacifique des différends internationaux excluent de leur champ d'application les conflits engageant *l'honneur, les intérêts vitaux ou essentiels de l'État* (Traité franco-anglais du 14 octobre 1903, Convention I de La Haye de 1907). De tels critères se prêtent à une interprétation unilatérale, éventuellement arbitraire, des États.

Par contre, l'article 15, paragraphe 8, du Pacte de la SdN s'inscrit dans l'approche contemporaine, en affirmant avec clarté le rôle décisif du droit international pour fixer le domaine de la compétence « exclusive » des États. Il est confirmé par l'article 5 du « Protocole de Genève » du 2 octobre 1924.

La Charte des Nations Unies remplace ce système par celui dit de la compétence « nationale » (art. 2, § 7), sans remettre en question la fonction du droit international (texte *in* n° 287, *infra*).

Les chartes constitutives d'organisations internationales plus récentes préfèrent poser le problème en termes de non-ingérence dans les affaires intérieures ou « politiques » des États membres, mais l'objet est le même (art. 6, section 8, de la Convention du 20 décembre 1976 qui crée le FIDA).

La jurisprudence internationale a très tôt écarté la doctrine du domaine réservé *par nature*. Dans son avis n° 4 du 7 février 1923, la CPJI assimilait déjà le domaine réservé à la notion de compétence discrétionnaire dépendante du droit (CPJI, *Décrets de nationalité en Tunisie et au Maroc*, série B, n° 4, p. 23-24). C'est au juge, dès lors, de préciser si la matière d'un litige entre dans le domaine réservé et justifie que soit écartée la compétence juridictionnelle ou l'intervention des organisations internationales dans le règlement des différends entre États.

La CIJ s'est appuyée sur cette jurisprudence pour développer la sienne dans le même sens : affaire *Interhandel*, où l'une des parties avait prétendu définir sa « compétence nationale » (*Rec.* 1959, p. 24) ; affaire *Nottebohm* deuxième phase, où était en cause de nouveau un problème de nationalité (*Rec.* 1955, p. 20-21) ; affaire du *Droit de passage en territoire indien (fond)* (*Rec.* 1960, p. 33).

Il est intéressant d'observer que, tout en s'inclinant devant cette thèse, les États jugent le problème de la délimitation du domaine réservé trop important pour le confier à n'importe quel interprète. Ainsi l'article 5 du Protocole de Genève de 1924 écarte la compétence des instances arbitrales, saisies du fond d'un litige, et exige que l'exception du domaine réservé soit portée, en tant que question préjudicielle, devant la CPJI : dans cette hypothèse, l'avis de la Cour aurait eu un caractère obligatoire pour les arbitres.

2° *Caractère évolutif de l'étendue du domaine réservé.* — Cette caractéristique résulte du fondement du domaine réservé. Puisque c'est le droit international qui détermine l'étendue des compétences discrétionnaires des États, l'étendue du domaine réservé dépend de la portée des engagements internationaux *de chaque État* et des interventions « autoritaires » des organisations internationales.

Dès l'origine de la jurisprudence actuelle, cette implication est soulignée.

« La question de savoir si une certaine matière rentre ou ne rentre pas dans le domaine exclusif d'un État est une question essentiellement relative : elle dépend du développement des rapports internationaux (...). »

« Il se peut très bien que, dans une matière qui, comme celle de la nationalité, n'est pas, en principe, réglée par le droit international, la liberté de l'État de disposer à son gré soit néanmoins restreinte par des engagements qu'il aurait pris envers d'autres États. En ce cas, la compétence de l'État, exclusive en principe, se trouve limitée par des règles de droit international » (CPJI, *Décrets de nationalité*, série B, n° 4, précité, p. 24).

La démonstration de l'interprète ou du juge se réalise *en deux temps :* à la date critique, le droit international exclut-il, de façon générale, la matière du domaine réservé ? si non, l'État concerné peut-il opposer l'exception de domaine réservé à son adversaire compte tenu des engagements particuliers qui les lient ? La conclusion peut prêter à discussion. La résolution précitée de l'IDI de 1954 souligne, à juste titre, qu'il s'agit là d'une contestation juridique qui peut être tranchée par une juridiction internationale.

Sur le fond du problème, l'évolution du droit international est la résultante des comportements des États soit par leur pratique conventionnelle — conclusion de traités dans des matières inédites —, soit par leur appui aux activités et aux initiatives des organisations internationales. Inévitablement, la place du politique demeure décisive.

L'étendue du domaine réservé étant déterminée par les engagements *lato sensu* des États (y compris au titre d'actes concertés non conventionnels — v. *supra*, n° 254), ces derniers sont en mesure de l'élargir en abrogeant les conventions de portée générale et en ne les remplaçant pas par un nouveau régime : c'est ce qui se passe aujourd'hui, par exemple, pour le droit monétaire international. Dans la mesure du moins où, au régime général antérieur, ne se substituent pas des régimes conventionnels bilatéraux (si c'est le cas, la question se pose en termes d'opposabilité et non d'étendue du domaine réservé).

En l'absence d'un contrôle juridictionnel systématique, la pratique ultérieure des organisations internationales peut fort bien conduire, elle aussi, à un élargissement ou à une restriction du domaine réservé des États membres contraire à la lettre de la Charte constitutive. Les « garde-fous » établis par les États fondateurs peuvent se révéler insuffisants, comme ce fut le cas pour les questions coloniales après 1945 (v. *infra*, n° 287).

284. Domaine réservé et non-intervention des États. — La notion de domaine réservé des États a pour conséquence l'interdiction faite aux autres États d'intervenir dans les matières qui en relèvent. Toutefois, si le principe de non-intervention — ou de non-ingérence, les deux expressions sont synonymes — des États dans les affaires des autres États est, indiscutablement, consacré par le droit positif, ses contours précis n'en sont pas moins incertains.

1° La condamnation de l'intervention a été exprimée en termes particulièrement énergiques par la CIJ, dans l'affaire du *Détroit de Corfou :*

« Le prétendu droit d'intervention ne peut être envisagé par elle [la Cour] que comme une manifestation d'une politique de force, politique qui, dans le passé, a donné lieu aux abus les plus graves et qui ne saurait, *quelles que soient les déficiences présentes de l'organisation internationale*, trouver *aucune place* dans le droit international. L'intervention est peut-être moins acceptable encore dans la forme particulière qu'elle présentait ici, puisque réservée par la nature des choses aux États les plus puissants, elle pourrait aisément conduire à fausser l'administration de la justice internationale elle-même (arrêt du 9 avril 1949, *Rec.* 1949, p. 35). En l'espèce, le gouvernement britannique avait procédé d'autorité au déminage du chenal navigable, dans le but de saisir des éléments de preuve de la culpabilité de l'Albanie, ce qui l'apparentait à une intervention armée (v. *infra*, n° 570).

L'Assemblée générale des Nations Unies, ainsi que plusieurs organisations régionales, ont également accordé une grande importance à la réaffirmation solennelle et générale du principe de non-intervention dans les affaires relevant de la compétence nationale des États :

Voir la « Déclaration sur l'inadmissibilité de l'intervention dans les affaires intérieures des États et la protection de leur indépendance et de leur souveraineté » (résolution 2131 [XX] du 21 décembre 1965), ainsi que la « Déclaration relative aux principes du droit international touchant les relations amicales et la coopération entre les États conformément à la Charte » (résolution 2625 [XXV] du 24 octobre 1970).

La résolution 31/91 du 14 décembre 1976 précise et complète les textes antérieurs en mettant l'accent sur l'intervention indirecte (subversion, recrutement et envoi de mercenaires, refus ou menace de refus d'assistance au développement économique). Il serait prématuré de considérer que cette interprétation large est définitivement reçue en droit positif, même si elle est reprise dans la Déclaration sur l'inadmissibilité de l'intervention et de l'ingérence dans les affaires intérieures des États (résolution 36/103 de 1981, précitée). Le texte adopté en 1981 s'est heurté à l'hostilité de la plupart des États occidentaux qui lui reprochent de répondre surtout aux objectifs du non-alignement (condamnation des alliances militaires, justification du rejet de toute protestation contre les atteintes aux droits de l'homme et à la liberté de l'information).

Voir aussi l'article 18 de la Charte de l'OEA, modifié par la révision de 1967.

Aussi, en droit international général, peut-on considérer que le principe de non-intervention constitue la conséquence nécessaire et directe des deux piliers du droit des relations internationales, le principe de souveraineté et celui de l'égalité des États qui en est l'indissociable conséquence.

Il n'en résulte cependant pas qu'il ait une portée absolue. La démonstration en a été faite, en termes prudents mais clairs, dans la sentence rendue par Max Huber en 1924 :

« Il est incontestable qu'à un certain point, l'intérêt d'un État de pouvoir protéger ses ressortissants et leurs biens doit primer le respect de la souveraineté territoriale, et cela même en l'absence d'obligations conventionnelles. Ce droit d'intervention a été revendiqué par tous les États, ses limites seules peuvent être discutées » (Rapport du 23 octobre 1924, dans l'affaire des *Réclamations britanniques dans la zone espagnole au Maroc, RSA* vol. II, p. 641).

Il convient donc d'en préciser le contenu.

2° *Le contenu du principe de non-intervention.* En effet, si le principe est solidement ancré dans le droit positif, sa portée demeure incertaine, aussi bien en ce qui concerne l'objet que les modalités de l'intervention prohibée.

a) La tentation est permanente pour les États de faire appel au principe de non-intervention de manière systématique, au besoin en lui donnant une portée très vaste : la « manipulation » diplomatique de la théorie du domaine réservé favorise un retour aux conceptions initiales du domaine réservé *par nature* et de sa définition unilatérale et exclusive par chaque État.

La résistance des souverainetés étatiques s'exprime indirectement dans l'attitude des Nations Unies lorsqu'il paraît opportun de « canaliser » les comportements des États. La codification internationale portera sur le principe de non-ingérence, de préférence au principe du domaine réservé (*supra*, n° 280). Peut-être pour ne pas devoir entrer en contradiction ouverte avec l'article 2, paragraphe 7, et d'autres dispositions de la Charte. Mais aussi parce que les États craignent qu'une énumération des matières entrant dans le domaine réservé soit l'objet d'une interprétation restrictive et limite l'exploitation faite de la doctrine du domaine réservé. Il leur est plus facile de nuancer la portée d'un régime matériel — quelles sont les modalités licites de pressions interétatiques ? —, que d'inclure ou d'exclure partiellement une matière du domaine réservé.

Dans son arrêt relatif aux *Activités militaires* (*Nicaragua c. États-Unis*), la CIJ, sans prétendre donner une définition générale du principe de non-intervention, a cependant fourni d'importantes précisions sur ses éléments constitutifs :

« D'après les formulations généralement acceptées, ce principe interdit à tout État ou groupe d'États d'intervenir directement ou indirectement dans les affaires intérieures ou extérieures d'un autre État. L'intervention interdite doit donc porter sur des matières à propos desquelles le principe de souveraineté des États permet à chacun d'entre eux de se décider librement. Il en est ainsi du choix du système politique, économique, social et culturel et de la formulation des relations extérieures. L'intervention est illicite lorsqu'à propos de ces choix, qui doivent demeurer libres, elle utilise des moyens de contrainte » (*Rec.* 1986, p. 108).

À l'heure actuelle, c'est *en matière économique* et dans le domaine des *droits de l'homme* que les controverses sont les plus vives.

Certains États, et de manière générale les pays en développement et les « pays en transition », expriment la crainte que l'assistance dont ils ont besoin devienne le prétexte d'interventions dans les affaires relevant de leur « compétence nationale », par exemple de la part des États qui menacent d'interrompre leur aide bilatérale en cas d'atteintes aux intérêts des entreprises étrangères (*Foreign Assistance Acts* de 1962 et 1965 aux États-Unis). En principe, il n'y a aucune raison de traiter différemment la « souveraineté économique » des autres éléments de la souveraineté : si les États en cause se sont engagés, par traités, à respecter certaines disciplines dans un domaine économique ou financier, la matière est exclue de leur domaine réservé. La difficulté provient plutôt de l'ambiguïté de certains engagements économiques internationaux. D'autant que, souvent, l'engagement invoqué est non pas conventionnel mais coutumier et qu'il y a doute sur son existence même. La question ne peut recevoir de réponse générale ; tout dépend de la nature de l'opération et des circonstances dans lesquelles elle est menée.

À vrai dire, s'agissant de l'aide bilatérale, cet aspect de la controverse est assez marginal car les pays en développement n'ont pas réussi, jusqu'ici, à limiter la compétence discrétionnaire des États dans l'octroi de leur assistance financière ou dans la définition des consignes données à leurs représentants dans les organisations internationales économiques et financières.

Certains États s'offusquent de voir d'autres États subordonner à un plus grand respect des droits de l'homme — question d'ordre intérieur, proclament-ils — l'octroi de certains avantages ou la poursuite de certaines négociations (voir O. Schachter, « Les aspects juridiques de la politique américaine en matière de droits de l'homme », *AFDI* 1977, p. 53-74, à propos de la « doctrine Carter »). Il ne paraît cependant pas douteux que la protection des droits fondamentaux de l'individu échappe depuis longtemps au domaine réservé des États. Il suffit de considérer le nombre et l'importance des instruments conventionnels consacrés à la question, le développement sur cette base de règles coutumières sinon même de normes de *jus cogens*. Il serait paradoxal que la population civile soit mieux protégée en cas de guerre civile ou internationale (protocoles de Genève de 1977) qu'en temps normal.

b) Le passage précité de l'arrêt de 1986 de la CIJ met en évidence le caractère fondamental de l'intervention prohibée : elle comporte un élément de contrainte. Il en résulte en particulier que de simples critiques verbales ou des offres de négociations n'entrent pas dans cette catégorie. En revanche, s'il ne fait aucun doute que l'intervention armée est interdite par le droit international contemporain (v. *infra*, n° 570), le seuil de la contrainte tolérable, inhérente aux relations entre entités inégales en fait, demeure indécis (v. *infra*, n°s 572 s.).

Dans la même affaire, la Cour a estimé que « l'appui fourni par les États-Unis, jusqu'à la fin septembre 1984, aux activités militaires et paramilitaires des contras au Nicaragua, sous forme de soutien financier, d'entraînement, de fournitures d'armes, de renseignements et de soutien logistique constitue une violation indubitable du principe de non-intervention » (*Rec.* 1986, p. 124). Il n'en va pas de même de l'interruption de l'aide économique au Nicaragua décidée par les États-Unis, de la réduction brutale du quota d'importation de sucre ou de l'embargo commercial décrété par ceux-ci (p. 126).

La question se pose également de savoir si, même lorsque l'on se trouve en présence d'une intervention en principe prohibée, celle-ci peut se trouver légitimée dans certaines situations. Les deux principales circonstances qui sont en cause sont celles de l'intervention sollicitée d'une part, de l'« intervention d'humanité » d'autre part. Étant donné que l'une et l'autre se traduisent en général par l'utilisation de la contrainte armée, elles seront évoquées à l'occasion de l'étude du recours à la force armée dans les relations internationales (v. *infra*, n° 570).

285. Domaine réservé et interventions des organisations internationales. — En apparence, l'attitude des États vis-à-vis des organisations internationales est paradoxale. Ils les ont créées dans l'espoir qu'elles contribueraient à prévenir et à apaiser leurs conflits d'intérêts, plus efficacement que les procédures diplomatiques traditionnelles. Conscients que cet objectif impose l'octroi aux organisations de pouvoirs de pression collective, ils en craignent toujours la mise en œuvre à leur égard. C'est pour s'en prémunir qu'ils incluent dans les chartes constitutives des formules abstraites (« compétence exclusive des États », « compétence essentiellement nationale ») destinées à limiter les questions susceptibles d'être réglementées par les organisations.

L'efficacité du procédé est fonction de plusieurs paramètres : entre autres, les possibilités de blocage de la procédure collective à plusieurs étapes, depuis le stade de l'inscription d'une question à l'ordre du jour d'un organe jusqu'à celui de l'adoption de l'acte ou de la résolution ; l'existence ou non de procédures de contrôle de la validité des actes de l'organisation, leur caractère juridictionnel ou politique.

Le problème posé aux États par cette situation est plus ou moins aigu selon l'intensité quantitative et qualitative des interventions des organisations. Plus une organisation a des compétences étendues, plus les États seront sensibles au risque d'ingérence. Ils établiront un premier « garde-fou » en reconnaissant à l'organisation des pouvoirs de décision assez limités. Ils pourront donc se contenter d'une formule générale rappelant l'exclusivité de leurs compétences, vis-à-vis de l'organisation, dans les matières habituelles du domaine réservé. Si le dynamisme de l'organisation la conduit à ne pas respecter les limites en question, l'État s'abritera derrière l'inopposabilité de la recommandation de l'organisation à son égard (v. *supra*, n° 247).

Lorsque l'organisation a des compétences plus restreintes, les États lui reconnaissent plus volontiers des pouvoirs de décision ; d'autre part, il est difficile de formuler en termes généraux et abstraits le domaine réservé des États dans un domaine technique où l'efficacité de l'organisation dépend des disciplines définies collectivement, surtout lorsque ce qui est attendu de l'organisation internationale consiste en prestations matérielles ou financières. Les États se contentent alors de réserves spécifiques dispersées dans la charte constitutive ; ainsi, l'article 6, § 1, du TUE précise que « l'Union respecte l'identité nationale de ses États membres », et le principe de subsidiarité (v. *infra*, n° 389), posé à l'article 5 du Traité créant la Communauté européenne peut être considéré comme l'une des conséquences de cette directive générale (v. aussi les articles 30 et 296).

Les États ne trouvent pas toujours dans ces précautions l'appui espéré. Le problème se pose à propos des politiques menées par les organisations dispensatrices d'aides économiques et financières. Lorsqu'elles subordonnent l'octroi d'une assistance au respect de certains engagements des États membres, elles seront souvent accusées d'empiéter sur le domaine réservé des États membres. Le même raisonnement général que celui exposé pour les rapports interétatiques peut être adopté (v. *supra*, n° 284). Au demeurant les chartes constitutives de ces organisations sont rédigées de façon contrastée (comp. l'art. IV, sect. 10, des statuts de la BIRD, qui lui interdit d'interférer avec les politiques nationales des États membres et l'art. 8 de l'Accord de Paris créant la BERD, qui subordonne l'assistance de celle-ci au respect par les États membres des principes de la démocratie pluraliste).

Les États qui comptent sur la protection offerte par une « clause de sauvegarde de la souveraineté » seront parfois déçus de constater que les organes de l'organisation refusent d'y voir une illustration du domaine réservé. La CJCE a admis qu'une décision communautaire prise dans un domaine relevant de la seule compétence des États membres « manquerait de toute base juridique dans l'ordre communautaire », qu'elle serait donc inexistante (CJCE, 10 décembre 1969, affaires 6 et 11/69, *Commission/France*, Rec. 1969, p. 540). Mais sa jurisprudence est singulièrement exigeante pour que soit reconnue une compétence exclusive des États susceptible de faire échec aux normes communautaires : elle l'a refusé pour la politique monétaire (art. 104 du Traité de Rome, devenu l'art. 101 du TCE, affaire précitée, *ibid.*) et pour les politiques d'ordre public, de santé publique et les autres politiques évoquées à l'article 36 (devenu 30) de ce traité (CJCE 15 décembre 1976, affaire 35/76, *Simmenthal*, Rec. 1976, p. 1886 : l'article 36 n'a pas pour objet « de réserver certaines matières à la compétence exclusive des États membres »). Dès lors par ailleurs que « les États membres sont (...) tenus d'exercer les compétences qui leur sont réservées dans le respect du droit communautaire » (CJCE, 18 déc. 2007, affaire C-281/06, *Jundt*, pt. 86), l'exercice de ces compétences s'en trouve en grande partie paralysé (v. V. Michel, *Recherches sur les compétences de la Communauté*, L'Harmattan, 2003, par. 345 et s.).

286. La compétence « exclusive » d'après l'article 15, § 8, du Pacte de la SdN. — 1° *Compétence exclusive de l'État et pouvoirs du Conseil de la SdN* — C'est par une voie étroite que la doctrine du domaine réservé a pénétré dans le système du Pacte. Son article 15 disposait qu'à défaut de pouvoir recourir à l'arbitrage ou à un règlement judiciaire d'un différend, l'une des parties pourrait porter ce différend devant le Conseil de la SdN ; le Conseil était autorisé, s'il ne parvenait pas à un règlement accepté par les parties, à recommander des solutions. Le paragraphe 8 de l'article 15 précisait toutefois : « Si l'une des parties prétend et si le Conseil reconnaît que le différend porte sur une question que le droit international laisse à la compétence exclusive de cette partie, le Conseil le constatera dans un rapport mais sans recommander aucune solution. »

Cette disposition est tout à fait conforme à l'analyse déjà faite de la notion de domaine réservé (v. *supra*, n° 283). C'est en fonction de la latitude laissée aux États par le droit international que peut être délimité le domaine réservé ; l'interprétation unilatérale des États n'est opposable aux autres parties au différend que pour autant qu'elle a rencontré l'aval du Conseil, organe représentatif de la communauté internationale. Une interprétation restrictive paraissait donc commandée par la formulation retenue, d'autant que seules des « questions » et non des « matières » bénéficiaient de cette clause d'exception.

2° *L'application de l'article 15, § 8, du Pacte de la SdN* — Elle est marquée par deux précédents restés pertinents malgré la transformation de la communauté internationale.

L'affaire des *Iles d'Åland* a été portée devant le Conseil de la SdN en 1920, en raison d'un différend entre la Suède et la Finlande sur le titulaire de la souveraineté. La Finlande exerçait l'autorité effective sur ces îles ; la Suède prétendait que leur population désirait son rattachement à ce pays et demandait l'organisation d'un plébiscite d'autodétermination. La Finlande, invoquant l'exception de l'article 15, § 8, du Pacte, soutint que le Conseil ne pouvait examiner ce différend qui, parce qu'il portait sur la disposition d'un territoire, relevait de la compétence exclusive de l'État. Le Conseil sollicita alors l'avis d'un comité de juristes *ah hoc*. Ce faisant, il admettait que la question de la détermination du domaine réservé est une question juridique.

Le comité de juristes a confirmé l'argumentation de la Finlande. Selon son rapport du 5 septembre 1920 (*JOSdN*, oct. 1920, supplément spécial n° 3), la disposition du territoire national est bien une question appartenant à la compétence exclusive de l'État. En effet, il n'existe pas de règle internationale obligeant un État à consentir à un démembrement de son territoire ; le droit des peuples à disposer d'eux-mêmes n'est pas une norme de droit positif (ceci, qui était exact à l'époque, ne l'est plus aujourd'hui — v. *supra*, n° 267). La compétence de l'État à cet égard reste discrétionnaire.

C'est à la même conception *relative* du domaine réservé que s'est ralliée la CPJI dans l'avis rendu dans l'affaire des *Décrets de nationalité en Tunisie et au Maroc (v. supra*, n° 283). La France, en conflit avec le Royaume-Uni à propos de la législation sur la nationalité dans ces protectorats, refusait l'inscription du litige à l'ordre du jour du Conseil de la SdN. Il était généralement admis que les politiques nationales dans le domaine de la nationalité appartenaient au domaine réservé ; la CPJI le confirme mais récuse pourtant la thèse française. L'interprétation restrictive adoptée par la Cour repose sur l'idée que les États ne peuvent plus invoquer l'article 15, § 8, lorsqu'ils sont parties à des conventions portant sur les questions objets du différend, y compris celles qui relèvent habituellement de la compétence exclusive des États (CPJI, avis de 1923, série B n° 4).

287. Le système de la compétence nationale d'après l'article 2, § 7, de la Charte des Nations Unies. — 1° *« Compétence nationale » et pouvoirs des organes de l'ONU.* — Aux termes de l'article 2, § 7, de la Charte :

« Aucune disposition de la présente Charte n'autorise les Nations Unies à intervenir dans les affaires qui relèvent essentiellement de la compétence nationale d'un État, ni n'oblige les membres à soumettre des affaires de ce genre à une procédure de règlement aux termes de la présente Charte ; toutefois, ce principe ne porte en rien atteinte à l'application des mesures de coercition prévues au Chapitre VII ».

Entre ce texte et la disposition correspondante du Pacte, il existe des différences sensibles.

Tout d'abord, l'article 2, § 7, est d'une portée beaucoup plus vaste. L'article 15, § 8, ne pouvait être invoqué que pour s'opposer à l'examen d'un différend par le Conseil de la SdN. Dans le cadre des Nations Unies, l'exception d'irrecevabilité fondée sur le principe de la « compétence nationale » peut être opposée devant tous les organes, à tout moment, sans avoir à faire de distinctions selon leurs fonctions. C'est la contrepartie de l'internationalisation croissante des problèmes, qui conduisait parallèlement à étendre la compétence de l'ONU à des matières relevant traditionnellement du droit interne — activité économique et sociale, droits de l'homme, administration des territoires non-autonomes.

Cette barrière de protection de la liberté des États ne cède que devant l'action des Nations Unies pour le maintien de la paix, lorsque le Conseil l'entreprend conformément au chapitre VII de la Charte : dans l'intérêt général, exprimé par le Conseil de sécurité, les souverainetés étatiques doivent s'incliner devant les exigences du maintien de la paix. Les rédacteurs de la Charte, instruits par l'expérience de la SdN, n'ont pas voulu renouveler la même erreur qu'elle, en permettant aux États membres des manœuvres dilatoires. C'est sur ce fondement que le Tribunal pénal international pour l'ex-Yougoslavie a établi « le caractère unique du pouvoir conféré au Tribunal international de décerner des ordonnances aux États souverains » (Chambre d'appel, IT-95-14-AR 108 *bis*, 29 oct. 1997, *Blaskic*, par. 26).

Par ailleurs, la rédaction de l'article 2, § 7, est moins précise et, apparemment, plus favorable à la liberté d'interprétation des États que celle de l'article 15, § 8, du Pacte. Elle semble bien traduire une réaction des États à l'interprétation imposée auparavant par la CPJI et les organes de la SdN. L'introduction de l'adverbe « essentiellement » paraît destinée à contourner la démonstration de l'avis n° 4 de 1923 *(Décrets de nationalité préc.)*. Il n'est plus expressément prévu que c'est le droit international qui détermine l'étendue du domaine réservé, ni que les organes de l'organisation exerceront un contrôle des allégations des États. La formulation retenue en 1945 autorisait un retour à la théorie du domaine réservé *par nature*.

2° *Application de l'article 2, § 7.* La pratique ultérieure des Nations Unies a dissipé les craintes d'une interprétation unilatérale de la notion de compétence nationale. Mais elle a consacré la possibilité qu'une majorité d'États membres au sein de l'organisation en fasse une application arbitraire.

Les États membres de l'ONU font un usage intensif de l'argument du domaine réservé : l'article 2, § 7, a été invoqué devant le Conseil de sécurité ou l'Assemblée générale dans la question espagnole (régime franquiste), dans les affaires de la discrimination raciale en Afrique du Sud, de Hongrie, de décolonisation, etc. Ces deux organes ne se sont pas inclinés devant les affirmations péremptoires des États en cause, qui s'opposaient à l'ouverture d'un débat sur ces affaires. D'une part, ils ont posé, par une interprétation restrictive de l'article 2, § 7, que ce dernier n'interdit pas une *discussion* même suivie de l'adoption d'une recommandation, mais seulement une *intervention*, laquelle suppose une *action* en vue d'imposer aux États un comportement déterminé. Était ainsi garantie au moins la possibilité d'une pression politique, à défaut d'une contrainte juridique. D'autre part et surtout, les organes de l'ONU se sont réservés le droit de vérifier, cas par cas, si l'affaire en cause entrait bien dans le domaine réservé de l'État.

Il est tout aussi difficile de soutenir que les solutions données sur ce point sont exemptes de considérations politiques, que de prétendre que les organes des Nations Unies sont totalement indifférents aux données du droit international. La nature de ces organes les oblige à tenir compte des considérations d'opportunité (risque d'utilisation du droit de veto, réalité des blocs et groupes régionaux). En l'absence, le plus souvent, d'une interprétation authentique par une autorité juridictionnelle, il n'est pas facile de démontrer les abus d'interprétation de la part de ces organes. Enfin, la pratique est trop fluctuante pour que se soit dégagée une « jurisprudence » coutumière. On peut regretter que l'avis de la CIJ n'ait pas été sollicité dans un certain nombre de cas ; mais on ne peut contester sérieusement qu'il a souvent été fait une exacte application du droit international (en matière de droits de l'homme ou de maintien de la paix). Là où les décisions prises ont été le plus contestées (décolonisation et droit des peuples à disposer d'eux-mêmes), la pratique fut suffisamment constante pour créer une nouvelle norme de droit international qui légitime désormais l'intervention des Nations Unies malgré l'article 2, § 7. L'expérience des dernières décennies démontre que des interventions répétées des Nations Unies, même d'une licéité initiale douteuse, contribuent tout autant que les engagements conventionnels à la définition de la compétence nationale et à une érosion du domaine réservé, en tout cas à son adaptation aux circonstances.

On trouve une bonne illustration de ce processus en matière de décolonisation. Dans une première phase, alors que l'argumentation des puissances coloniales était conforme au droit positif, l'Assemblée générale a manifestement fait prévaloir l'opportunité politique. Peu à peu, en conjuguant les résolutions de portée générale et les interventions ponctuelles, la majorité des Nations Unies a donné naissance à une norme coutumière, le droit à la décolonisation. Si bien qu'aujourd'hui on peut affirmer que la gestion des territoires coloniaux n'appartient plus au domaine réservé.

Pour autant, l'approche politique est loin d'avoir disparu, comme le prouvent certaines incohérences de la pratique : depuis 1975, la question de Porto-Rico fait l'objet d'attitudes contradictoires du Comité des 24 et de l'Assemblée générale des Nations Unies, le premier voulant y voir un territoire non autonome et les États-Unis, qui invoquent l'article 2, § 7, obtenant que la question ne soit pas inscrite à l'ordre du jour de l'Assemblée ; par contre, il a suffi que la Chine, s'appuyant sur l'idée de questions intérieures, manifeste son désir de voir la question de Hong Kong et de Macao enlevée de la liste des territoires soumis à l'examen du Comité de décolonisation pour qu'il soit déféré à son vœu, sans débat sur le fond (1972).

On pourrait faire le même genre d'observations à propos des droits de l'homme et de la non-ingérence dans les conflits armés internes (utilisation extensive du concept de menace contre la paix : v. *infra*, n° 587).

Confrontée à la même attitude de refus fondé sur l'article 2, § 7, que sa devancière, la CIJ a suivi la même jurisprudence sans s'attarder aux différences de rédaction entre les dispositions du Pacte et de la Charte. La Cour examine les exceptions d'incompétence fondées sur l'article 2, § 7, et les écarte ou les retient en s'appuyant sur le droit international (*Traités de paix*, première phase, *Rec.* 1950, p. 70-71). Elle n'hésite pas à faire appel à la jurisprudence de la CPJI, en particulier à l'avis de 1923 sur les *Décrets de nationalités* (CIJ, *Interhandel, Rec.* 1959, p. 24).

288. *D'un « devoir d'ingérence » à une « responsabilité de protéger » ?*

BIBLIOGRAPHIE. — M. BETTATI et B. KOUCHNER dir., *Le devoir d'ingérence*, Denoël, 1987, 300 p. — M.-J. DOMESTICI-MET, « Aspects juridiques récents de l'assistance humanitaire », *AFDI* 1989, p. 117-148. — M. BETTATI, « Un droit d'ingérence ? », *RGDIP*, 1991, p. 639-670 ; « Souveraineté et assistance humanitaire », *Mél. Dupuy*,

p. 35-45 ; « Ingérence humanitaire et démocratisation du droit international ; *Trim. Monde*, 1992, n° 1, p. 23-36 ; « Action humanitaire d'État et diplomatie », *Mél. Merle*, 1993, p. 249-272 ; *Le droit d'ingérence — Mutation de l'ordre international*, O. Jacob, 1996, 384 p. — E.-K. KOUASSI, « Sécurité et droit d'ingérence dans les rapports entre l'Europe et l'Afrique », *ibid.*, p. 331-352. — C. RUCZ, « Les mesures unilatérales de protection des droits de l'homme devant l'Institut de droit international », *AFDI* 1992, p. 579-628. — O. CORTEN et P. KLEIN, *Droit d'ingérence ou obligation de réaction*, Bruylant, Bruxelles, 1992, XIII, 283 p. — Ph. BRETTON, « Ingérence humanitaire et souveraineté », *Pouvoirs* 1993, n° 67, p. 59-70. — Ch. ZORGBIBE, *Le droit d'ingérence*, PUF, « Que sais-je ? », 1994, 128 p. — A. PELLET, *Droit d'ingérence ou devoir d'assistance humanitaire ?*, La Documentation française, *PPS* n° 758-759, 1995, 133 p. — Unesco, *Colloque sur le droit à l'assistance humanitaire, 25-27 janv. 1995*, Unesco, V-218 p. — E. SPIRY, « Interventions humanitaires et interventions d'humanité : la pratique française face au droit international », *RGDIP* 1998, p. 407-434. — F.K. ABIEW, *The Evolution and Practice of Humanitarian Intervention*, Kluwer, La Haye, 1999, 325 p. — Ph. MOREAU-DEFARGES, *Un monde d'ingérences*, FNSP, 2000, 141 p. — S. CHESTERMAN, *Just War or Just Peace ? Humanitarian Intervention and International Law*, Oxford UP, 2001, XXIX-295 p. — H. THIERRY, « Réflexions sur le « droit d'ingérence humanitaire » », *Mél. Abi-Saab*, p. 219-227. — J. F. ESCUDERO ESPINOSA, *Cuestiones en torno à la intervencion humanitaria y el derecho internacional actual*, Univ. Leon, 2002, 442 p. — A. PETERS, « Le droit d'ingérence et le devoir d'ingérence. Vers une responsabilité de protéger », *Rev. de DI et de droit comparé*, 2002, p. 290-309. — Ch. KU et H. JACOBSON dir., *Democratic Accountability and the Use of Force in International Law*, Cambridge UP, 2003, 440 p. — R. ABRIL-STOFFELS, « Le régime juridique de l'assistance humanitaire dans les conflits armés : acquis et lacunes », *RICR* 2004, n° 855, p. 515-546. — E. DECAUX, « La crise au Darfour. Chronique d'un génocide annoncé », *AFDI* 2004, p. 731-754. — D. MOMTAZ, « Les actions de secours au cours d'un conflit armé », *Mél. Arangio-Ruiz*, p. 2065-2080. — SFDI, Colloque de Nanterre, *La responsabilité de protéger*, Pedone, 2008, 363 p. V. également *infra*, la bibliographie sur le n° 570.

L'exclusion — indiscutable — des droits de l'homme du domaine réservé des États a conduit certains auteurs et certains États à proposer la consécration d'un *devoir* ou d'un *droit d'ingérence* (ou *d'intervention*) humanitaire, en vertu duquel les États ou les ONG seraient fondés à apporter une aide d'urgence aux populations se trouvant en état de détresse. Les incertitudes terminologiques, l'ambiguïté des objectifs, l'hésitation de nombreux États face à des termes (« ingérence », « intervention »), qui ont pour eux une connotation négative, a, jusqu'à présent, empêché que la notion reçoive une consécration juridique indiscutable.

Au demeurant, des distinctions s'imposent : entre le droit et le devoir, entre l'ingérence et l'assistance, et selon qu'elle émane des États ou des ONG, et entre les situations de conflits armés (internationaux ou non) et les autres.

S'il existe un devoir d'assistance humanitaire, il relève davantage de la morale que du droit positif encore que les principes protecteurs des droits de l'homme et le droit au développement, par exemple, lui donnent une certaine consistance juridique (v. la résolution adoptée en septembre 1989 par l'IDI à Saint-Jacques de Compostelle : « La protection des droits de l'homme et le principe de non-intervention dans les affaires intérieures des États »). Mais, de toute manière, il n'en résulte pas forcément un droit corrélatif pour les dispensateurs d'assistance d'« imposer » celle-ci sur le territoire d'États étrangers (v. *infra*, n° 334 sur l'application extra-territoriale du droit national et n° 648 sur le consentement à l'aide, en général). Il n'en va autrement, traditionnellement, que dans deux hypothèses : en cas de conflit armé et dans les limites fixées à l'« intervention » (si l'on veut) de la Croix-Rouge par les conventions de Genève de 1949, et si le Conseil de sécurité des Nations Unies, agissant dans le cadre du chapitre VII de la Charte, constate l'existence d'une menace contre la paix, d'une rupture de la paix ou d'un acte d'agression.

C'est dans ce cadre que le Conseil de sécurité a adopté la résolution 688 (1991) relative à l'aide aux populations civiles kurdes en Irak ; encore faut-il noter que s'il y « exige que l'Irak coopère avec le Secrétaire général à cette fin », il se borne à insister « pour que l'Irak permette un accès immédiat des organisations humanitaires internationales à tous ceux qui ont besoin d'assistance ».

Pour sa part, l'Assemblée générale, à l'initiative de la France, a adopté trois résolutions par lesquelles elle invite « tous les États qui ont besoin d'une » assistance humanitaire aux victimes de catastrophes naturelles et de situations d'urgence du même ordre, pudique allusion aux guerres civiles, à en « faciliter la mise en œuvre par [les] organisations » compétentes (résolution 43/131 ; v. aussi les résolutions 45/100 et 46/182). Toutefois, elle y insiste également sur « la souveraineté des États affectés et le rôle premier qui leur revient ».

La CIJ cependant était allée plus loin dans son arrêt du 27 juin 1986, puisqu'elle avait admis que « la fourniture d'une aide strictement humanitaire à des personnes ou à des forces se trouvant dans un autre pays (...) ne saurait être considérée comme une intervention illicite » si elle présente un caractère strictement humanitaire et est prodiguée sans discrimination (*Rec.* 1986, p. 124-125). Telle est probablement la bonne définition et la limite acceptable, au point de vue juridique, du *droit d'assistance humanitaire*.

La situation dans l'ex-Yougoslavie, avec son cortège de crimes de guerre et de crimes contre l'humanité, avec son caractère de conflit armé à la fois international et interne, a rendu insupportables les limites de l'approche juridique traditionnelle. Appuyés sur le recours au chapitre VII de la Charte et même sur la prise de position de la CIJ dans son ordonnance du 8 avril 1993 (résolution 819 du CS du 16 avril 1993), les organes principaux des Nations Unies ont fait de l'assistance humanitaire l'objet premier de l'intervention collective et la justification de l'interposition armée dans certaines zones ainsi que de l'embargo (cf. la résolution 724 du CS du 15 déc. 1991 et ses suites). Les réactions des Nations Unies dans les affaires de Somalie et du Rwanda présentent des caractères comparables.

On peut, sur ce sujet sensible, se rallier aux conclusions d'une grande sagesse de M. Boutros-Ghali : « Il n'y a pas lieu de s'enferrer dans le dilemme respect de la souveraineté — protection des droits de l'homme. L'ONU n'a nul besoin d'une nouvelle controverse idéologique. Ce qui est en jeu, ce n'est pas le droit d'intervention, mais bien l'obligation « collective qu'ont les États de porter secours et réparation dans les situations d'urgence où les droits de l'Homme sont en péril » *(Rapport sur l'activité de l'Organisation pour 1991)*.

L'article 4 h) de l'Acte constitutif de l'Union africaine adopté le 11 juillet 2000 constitue, au moins sur le papier, un point d'aboutissement remarquable de cette évolution, en énonçant, parmi les principes de l'Organisation, le « droit de l'Union d'intervenir dans un État membre sur décision de la Conférence, dans certaines circonstances graves, à savoir : les crimes de guerre, le génocide et les crimes contre l'humanité ».

Les Nations Unies sont restées quant à elle en retrait de cette évolution en ne consacrant qu'une conception timorée de la « responsabilité de protéger » à l'issue du Sommet mondial de 2005 (résol. AG 60/1, par. 138-140 ; L. Boisson de Chazournes et L. Condorelli, *RGDIP* 2006, p. 11-18 ; G. Molier, *NILR* 2006, p. 37-62 ; C. Stahn, *AJIL* 2007, p. 99-120 ; sur son invocation dans la crise du Darfour, v. le rapport de la Mission de haut niveau présenté au Conseil des droits de l'homme le 9 mars 2007, A/HRC/4/80, par. 19-23) : l'intervention de la communauté internationale en cas de génocide, crimes de guerre, nettoyage ethnique et crimes contre l'humanité n'est prévue qu'en cas de manquement manifeste d'un État à son obligation de protéger sa population de ces crimes, et les moyens d'action collective ouverts se limitent, au-delà de l'aspect préventif et de l'assistance pouvant être apportée à l'État, à un renvoi aux procédures des chapitres VI et VII de la Charte, avec leurs limites inhérentes (v. la prudence similaire de l'IDI dans sa résolution du 2 septembre 2003 relative à l'assistance humanitaire, ainsi que dans sa déclaration et sa résolution du 27 octobre 2007, *Problèmes actuels du recours à la force en droit international, actions humanitaires*, qui endossent le principe formulé par l'ONU en 2005 sans prendre parti sur la possibilité d'un recours à la force en cas de paralysie du Conseil de sécurité). Il est vrai que le recours à des contre-mesures collectives en dehors du cadre des Nations Unies reste aujourd'hui encore discuté (v. *infra*, n° 494) et que les représailles armées ne sont pas plus admises dans le droit international contemporain (v. *infra*, n° 570).

§ 2. — *Les immunités de l'État*

BIBLIOGRAPHIE. — J.-F. LALIVE, « L'immunité de juridiction des États et des organisations internationales », *RCADI* 1953-III, vol. 84, p. 205-302. — L. CAVARE, « L'immunité de juridiction de l'État étranger », *RGDIP* 1954, p. 177-207. — O. LISSTZYN, « Sovereign Immunity as a Norm of International Law », *Mél. Jessup*, 1972, p. 188-201. — S. SUCHARITKUL, « Immunities of Foreign States before National Authorities », *RCADI* 1976-I, vol. 149, p. 87-215 ; v. aussi : *Mél. Miaja de la Muela*, p. 477-503 ; *NILR* 1982, p. 252-264. — J. CRAWFORD, « Execution of Judgments and Foreign Sovereign Immunity », *AJIL* 1981, p. 820-869. — R. HIGGINS, « Certain Unresolved Aspects of the Law of Sovereign Immunity », *NILR* 1982, p. 265-276. — M. SORNARAJAH, « Problems of Applying the Restrictive Theory of Sovereign Immunity », *ICLQ* 1982, p. 661-685. — C. EMMANUELLI, « L'immunité souveraine et la coutume internationale : de l'immunité absolue à l'immunité relative », *ACDI* 1985, p. 26-97. — P.-D. TROOBOFF, « Foreign State Immunity : Emerging Consensus on Principles », *RCADI* 1986-V, vol. 200, p. 235-432. — J. SALMON et S. SUCHARITKUL, « Les missions diplomatiques entre deux chaises : immunité diplomatique ou immunité d'État ? », *AFDI* 1987, p. 163-194. — Ch. SCHREUER, *State Immunity : Some Recent Developments*, Grotius publ., Cambridge, 1988, 195 p. — CEDIN. *L'immunité d'exécution de l'État étranger*, Montchrestien, 1990, 327 p. — M. COSNARD, *La soumission des États aux tribunaux internes face à la théorie des immunités des États*, Pedone, 1996, 478 p. — P. DE SENA, *Diritto internazionale e immunità funzionale degli organi statali*, Giuffrè, Milan, 1997, XX-253 p. — J. BRÖHMER, *State Immunity and the Violation of Human Rights*, Nijhoff, La Haye, 1997, XVII-224 p.— Chr. DOMINICÉ, « Problèmes actuels des immunités juridictionnelles internationales », *Cursos euromediterraneos* 1998, vol. II, p. 305-348. — I. PINGEL-LENUZZA, *Les immunités des États en droit international*, Bruylant, Bruxelles, 1998, XVI-442 p. — P.-M. DUPUY, « Crimes et immunités », *RGDIP* 1999, p. 289-295. — J.-F. FLAUSS, « Droit des immunités et protection internationale des droits de l'homme », *RSDIE* 2000, p. 299-324. — L. CAFLISCH, « Immunité de juridiction et respect des droits de l'homme », *Mél. Abi-Saab*, 2001, p. 651-676. — I. PINGEL, « Droit d'accès aux tribunaux et exception d'immunité : la Cour de Strasbourg persiste », *RGDIP* 2002, p. 893-915. — H. FOX, *The Law of State Immunity*, Oxford UP, 2002, XXXII-572 p. — L. M. CAPLAN, « State Immunity, Human Rights and *Jus Cogens* », *AJIL* 2003, p. 741-781. — E. VOYIAKIS, « Access to Court v. State Immunity », *ICLQ* 2003, p. 297-332. — A. BIANCHI, « Serious Violations of Human Rights and Foreign States Accountability before Municipal Courts », *Mél. Cassese*, 2003, p. 149-181 ; « L'immunité des États et les violations graves des droits de l'homme », *RGDIP* 2004, p. 63-102. — I. PINGEL dir., *Droit des immunités et procès équitable,* Pedone, 2004, 162 p. — J. VERHOEVEN dir., *Le droit international des immunités : contestation ou consolidation ?*, Larcier, Bruxelles, 2004, 283 p. — P. D'ARGENT, « Les nouvelles règles en matière d'immunités selon la loi du 5 août 2003

(Belgique) », *Annales de droit de Louvain*, 2004, p. 191-207. — F. ZARBIEV, « Quelques observations sur le traitement de l'immunité juridictionnelle de l'État étranger par la CEDH », *RTDH* 2004, p. 621-644. — Ch. TOMUSCHAT, « L'immunité des États en cas de violations graves des droits de l'homme », *RGDIP* 2005-1, p. 51-74. — K. E. BANKAS, *The State Immunity Controversy in International Law*, Springer, Heidelberg/Berlin, 2005, 541 p. — J. COOPER-HILL, *The Law of Sovereign Immunity*, Oceana Publications, 2006, 350 p. — G. HAFNER e.a., *La pratique des États concernant les immunités des États*, Martinus Nijhoff Publishers, Leiden, 2006, 1100 p. — A. ORAKHELASHVILI, « State Immunity and International Public Order Revisited », *GYBIL* 2006, p. 327-366. — « Symposium : State Immunity in Civil Proceedings for Serious Violations of Human Rights », *EJIL* 2007, p. 903-970. — R. VAN ALEBEEK, *The Immunity of States and their Officials in International Criminal Law and International Human Rights Law*, Oxford UP, 2008, XXXVIII-450 p.

Sur la Convention européenne de 1972, voir : Ch. VALLÉE, *RTDE* 1973, p. 205-241. — I.-M. SINCLAIR, *ICLQ* 1973, p. 254-283. — M.-C. KRAFT, *ASDI* 1986, p. 16-27.

Sur le Foreign Sovereign Immunities Act *des États-Unis, 1976* voir : G. DELAUME, *AJIL* 1977, p. 399-422 et *JDI* 1978, p. 187-207. — Ch. B. BROWER et autres, *AJIL* 1979, p. 200-214.

Sur le State Immunity Act *britannique*, 1978, voir : R. HIGGINS, *AJIL* 1977, p. 423-437. — G. DELAUME, *AJIL* 1979, p. 185-199. — F.-A. MANN, *BYBIL* 1979, 43-62.

Sur le projet d'articles de la CDI voir : D.-W. GREIG, *ICLQ* 1989, p. 243-276. — C. KESSEDJIAN et Ch. SCHREUER, *RGDIP* 1992, p. 299-339. — D. NEDJAR, *JDI* 1997, p. 60-102.

Sur la Convention des Nations Unies de 2004, voir : G. HAFNER et L. LANGE, *AFDI* 2004, p. 45-76. — G. HAFNER et U. KOHLER, *NYBIL* 2004, p. 3-47. — I. PINGEL, *JDI* 2005, p. 1045-1066. — D.P. STEWART, *AJIL* 2005, p. 194-211. — *ICLQ* 2006, p. 395-446.

Sur les immunités des chefs d'État et de gouvernement, voir : J. VERHOEVEN rapporteur, « Les immunités de juridiction et d'exécution du chef d'État et de gouvernement en droit international », *Ann. IDI* 2000-2001, p. 441-711 et 742-756. — V. KOIVU, « Head-of-State Immunity v. Individual Criminal Responsibility », *Finnish Yearbook of International Law* 2001, p. 305-330. — M. COSNARD, « Les immunités du chef d'État », *in* SFDI, *Le Chef d'État et le droit international*, Colloque de Clermont-Ferrand, Pedone, 2002, p. 189-268. — A. BORGHI, *L'immunité des dirigeants politiques en droit international*, LGDJ/Bruylant, Paris/Bruxelles, 2003, XCI-560 p. — S. METILLE, « L'immunité des chefs d'État au XXIe siècle. Les conséquences de l'affaire du mandat d'arrêt du 11 avril 2000 », *RDISP* 2004, p. 29-86. V. également M. HENZELIN, « L'immunité pénale des chefs d'État en matière financière. Vers une exception pour les actes de pillage de ressources et de corruption ? », *RSDIE* 2002, p. 179-212. La CDI a inscrit ce sujet – sous le seul angle de l'immunité de juridiction pénale – à son programme de travail à long terme en 2006 : v. le rapport de la CDI à l'Assemblée générale de 2006, A/61/10, par. 260, et le plan d'étude préparé par R. KOLODKIN (annexe A du rapport de la CDI), qui contient une ample bibliographie sur le sujet.

Sur l'affaire Pinochet, voir : R. BRODY et M. RATNER eds., *The Pinochet Papers. The Case of Augusto Pinochet in Spain and Britain*, Kluwer, La Haye, 2001, XI-506 p. ; « The Pinochet Case », dossier, *ICLQ* 1999, p. 207-216 ; 687-702 ; 937-965. — A. BIANCHI, « Immunity versus Human Rights : The *Pinochet* Case », *EJIL* 1999, p. 237-278. — M. COSNARD, « Quelques observations sur les décisions de la Chambre des Lords du 25 septembre 1998 et du 24 mars 1999 dans l'affaire Pinochet », *RGDIP* 1999, p. 309-328. — C. DOMINICÉ, « Quelques observations sur l'immunité de juridiction pénale de l'ancien chef d'État », *RGDIP* 1999, p. 297-308. — M. MAHMOUD, « Les leçons de l'affaire Pinochet », *JDI* 1999, p. 1021-1041. — T. BOUTRUCHE, « L'affaire Pinochet ou l'internationalisation balbutiante de la justice », *L'Observateur des Nations Unies* 1999, p. 77-103. — J.-Y. DE CARA, « L'affaire Pinochet devant la Chambre des Lords », *AFDI* 1999, p. 72-100. — C. MCLACHLAN, « Pinochet Revisited », *ICLQ* 2002, p. 959-966.

V. aussi, dans l'index de jurisprudence, les commentaires des décisions *Pinochet* et *Khadafi*.

289. Notion d'« immunités ». — Les immunités de l'État sont destinées à garantir le respect de sa souveraineté lorsque ses agents, sa législation ou ses biens sont en rapport direct avec la souveraineté territoriale d'un autre État. *Stricto sensu*, les immunités de l'État protègent ses biens qui se trouvent dans un territoire étranger et ses actes, contestés à l'étranger. Elles s'étendent cependant aux représentants de l'État, qu'il s'agisse des agents diplomatiques et consulaires, mais alors à ce titre spécifique (v. *infra*, n°s 461 et 467) ou de « certaines personnes occupant un rang élevé dans l'État, telles que le chef de l'État, le chef du Gouvernement ou le ministre des Affaires étrangères » (CIJ, arrêt du 14 février 2002, *Mandat d'arrêt du 11 avril 2000*, par. 51 ; arrêt du 4 juin 2008, *Certaines questions concernant l'entraide judiciaire en matière pénale*, par. 170) (v. *infra*, n° 290).

L'absence de toute hiérarchie entre les États exclut que l'un d'entre eux soit soumis à des actes d'autorité, y compris juridictionnels, d'un autre État conformément à la maxime selon laquelle « *par in parem non habet jurisdictionem* ». Il était donc indispensable d'établir une exception au principe de la souveraineté territoriale ; tel est le rôle des immunités de l'État ; cette exception est d'autant mieux admise qu'elle est réciproque et reçue depuis fort longtemps par le droit international coutumier.

Le lien est si direct et si étroit entre les immunités de l'État et le principe d'égalité souveraine que certains auteurs, en particulier soviétiques, ont estimé que leur fondement ne doit pas être cherché dans le droit coutumier mais être déduit directement de la souveraineté. Cette conception volontiers absolue des immunités souveraines peut trouver un appui dans certaines jurisprudences nationales et dans la rareté relative des régimes conventionnels en la matière. Cependant elle est de moins en moins compatible avec la pratique : il est vrai que les modalités de mise en œuvre du principe des immunités restent en grande partie déterminées par les ordres juridiques nationaux ; mais ce sont les décisions de l'État territorialement compétent qui sont pertinentes et il est absurde de considérer qu'elles sont commandées directement par la souveraineté des autres États et non par l'interprétation du droit coutumier. Le législateur ou le juge d'un État ne peuvent s'exprimer au titre d'un autre État souverain. Il serait tout aussi contestable d'affirmer que chaque État a, en vertu de sa propre souveraineté, le pouvoir de déterminer discrétionnairement l'étendue des immunités accordées aux autres États. Ce serait porter atteinte à l'égalité des sujets souverains.

Dès lors qu'un État invoque l'immunité pour l'un de ses organes (ce dont il doit informer les autorités de l'État du for, en tout cas pour les immunités *ratione materiae*), il assume nécessairement, et consécutivement, au plan international « la responsabilité pour tout acte internationalement illicite commis par de tels organes » pour ce qui concerne les faits qui leur sont reprochés (CIJ, arrêt du 4 juin 2008, *Certaines questions concernant l'entraide judiciaire en matière pénale*, par. 196).

Du point de vue du régime des immunités, les jurisprudences nationales ne confirment plus le système des immunités absolues des États, qui avait l'inconvénient de renvoyer aux administrations des Affaires étrangères la solution des problèmes posés aux particuliers par le refus de juger des tribunaux internes. La quasi-totalité des États se sont alignés sur les conceptions élaborées par les tribunaux belges et italiens depuis la fin du XIXe siècle.

Si le droit des immunités de l'État trouve son fondement classique dans la coutume internationale, donc dans les pratiques des États, le droit conventionnel n'est pas aussi limité qu'on le prétend parfois.

L'évolution en faveur d'une application plus restrictive de l'immunité de juridiction a été consacrée par la Convention européenne de Bâle de 1972 : ses articles 1er à 14 établissent le « catalogue » des hypothèses où l'immunité est levée d'office (actes de gestion). Considérée comme un reflet fidèle de la coutume continentale européenne, cette convention a déjà inspiré un renversement de la jurisprudence britannique, traditionnellement moins restrictive.

Au plan universel, la CDI a reconnu dès 1949 que la question se prêtait à la codification ; mais, dans un premier temps, elle n'a réglé que des aspects particuliers de ce régime (navires d'État, dans la Convention de Genève de 1958 sur la mer territoriale ; biens et avoirs des missions diplomatiques et consulaires, des missions spéciales, des missions auprès des organisations internationales, dans les conventions de codification pertinentes). En 1978, la CDI a décidé d'entamer les travaux de codification plus générale du régime des immunités juridictionnelles des États et de leurs biens. Le projet d'articles qu'elle a adopté sur ce sujet en 1991 (et revu en 1999) constitue un compromis équilibré entre les thèses très divergentes des États (V. aussi la résolution de Bâle de l'IDI du 2 septembre 1991 sur l'immunité de juridiction et d'exécution des États, adoptée à la suite de maintes controverses). Sur la base du projet remis par la CDI en 1999, l'Assemblée générale a décidé l'année suivante d'établir un comité spécial sur le sujet avec l'objectif « d'élaborer un instrument susceptible d'emporter l'adhésion générale » (résol. 55/150 du 12 décembre 2000). Les travaux du comité ont débouché sur l'adoption, le 2 décembre 2004, de la Convention des Nations Unies sur les immunités juridictionnelles des États et de leurs biens, qui vise à établir un régime « uniforme et clair » en vue d'harmoniser les diverses pratiques nationales (résol. AG 59/38). Cette convention consacre une conception plutôt restrictive des exceptions aux immunités de l'État (d'autant qu'elle ne couvre pas les poursuites au pénal), mais tel était sans doute le prix à payer pour parvenir à l'adoption d'un texte jugé acceptable par la grande majorité des États et compatible avec la diversité des solutions nationales.

L'approche contemporaine du régime des immunités de l'État repose sur une double distinction : entre deux types d'immunités tout d'abord, de juridiction et d'exécution, qui obéissent à des dynamiques différentes ; à l'intérieur de chacune ensuite, entre un principe, qui reste celui de la reconnaissance d'immunités au profit de l'État, et des exceptions, qui dépendent de la nature ou de la finalité des actes et de l'affectation des biens bénéficiaires de l'immunité (sur la base notamment de la distinction classique entre les actes d'autorité (*juri imperii*) et les actes de gestion (*jure gestionis*)).

290. Immunité de juridiction. — 1° *Principe.* En ce qui concerne *l'immunité de juridiction*, plus restrictivement reconnue que l'immunité d'exécution, l'article 5 de la Convention des Nations Unies de 2004 rappelle qu'« Un État jouit, pour lui-même et pour ses biens, de l'immunité de juridiction devant les tribunaux d'un autre État ». Il en résulte que, sauf consentement exprès de l'État défendeur, il ne peut être jugé à l'étranger.

L'immunité ne peut évidemment être invoquée par un État que devant un tribunal *étranger*. L'Assemblée du contentieux du Conseil d'État a estimé de ce fait que la France ne pouvait exciper de son immunité de juridiction devant ses propres tribunaux à l'encontre d'un État étranger, en l'espèce le Royaume-Uni, qui contestait la validité du refus d'extrader l'un de ses ressortissants (CE, Ass., 15 oct. 1993, *Royaume-Uni c. Ministre des Affaires étrangères* (affaire *Rais Saniman*), *Leb.* p. 267, concl. Vigouroux).

Le bénéfice de cette immunité s'étend à des entités autres que les instances gouvernementales ou administratives (cf. Cass. civ. 1re, 19 mai 1976, *Zavicha*

Blagojevi&cacute ;, *JDI* 1976, p. 687, *RCDIP* 1977, p. 359 ; Cass. crim., 23 novembre 2004, *Agent judiciaire du Trésor*, *RCDIP* 2005, p. 469). Ainsi, l'article 2 de la Convention de 2004 englobe sous le terme « État » non seulement les organes de gouvernement et les représentants de l'État agissant à ce titre, mais aussi les composantes d'un État fédéral ou les subdivisions politiques de l'État ainsi que toute autre entité dès lors qu'elles sont habilitées à accomplir, et accomplissent effectivement ou agissent à ce titre, des « actes dans l'exercice de l'autorité souveraine de l'État ».

Seules se verront accorder en effet l'immunité les activités « spécifiquement publiques », notion qui correspond approximativement à celle d'actes de puissance publique ou d'actes adoptés dans le cadre d'une mission de service public (Cass. req., 19 février 1929, *URSS c. Association France Export*, D. 1929, 1, 73 ; Cass. civ. 1re, 2 mai 1990, *Sté nationale iranienne de gaz*, *RCDIP* 1991, p. 140 ou Cass. civ. 1re, *AXA courtage*, *RCDIP* 2005, p. 470) (v. *infra*, 2°). Le cas échéant, la juridiction saisie devra également déterminer si l'entité poursuivie constitue une véritable émanation de l'État, compte tenu de son degré d'autonomie statutaire, fonctionnelle et patrimoniale par rapport à lui (v. par ex. Cass. civ. 1re, 6 février 2007, *Bull. civ. I*, n° 52, à propos de la Société nationale des Pétroles du Congo).

La jurisprudence internationale reste attachée au respect de l'immunité souveraine de juridiction de l'État, y compris lorsqu'il paraît impliqué dans la violation de normes impératives de droit international, telle l'interdiction de la torture, dès lors qu'il s'agit de procédures civiles devant des tribunaux d'un État tiers : cet État n'est pas tenu de garantir aux personnes privées victimes des actes reprochés l'accès à un règlement judiciaire efficace (CEDH, arrêt du 21 nov. 2001, *Al-Adsani c. Royaume-Uni*).

La pratique interne suit très majoritairement cette tendance. Des actes aussi graves adoptés par l'État allemand lors de la seconde guerre mondiale que la réquisition aux fins de travail obligatoire ou la déportation vers un camp de concentration ont été considérés par les tribunaux français comme relevant d'un acte d'exercice de la puissance publique, couverts par conséquent par l'immunité de juridiction (Cass. civ. 1re, 16 décembre 2003, *Bucheron c. RFA*, *RGDIP* 2004, p. 259-262, n. F. Poirat ; 2 juin 2004, *Gimenez Exposito c. RFA*, *RCDIP* 2005, p. 75-89, n. H. Muir Watt). La jurisprudence de la Cour suprême spéciale grecque s'est orientée dans la même direction (v. *Rev. hell. DI* 2003, p. 199). D'autres juridictions ont déduit en revanche de l'existence d'un crime international, en violation d'une norme impérative du droit international, la possibilité de lever l'immunité de l'État poursuivi au civil (v. en particulier la décision de la Cour de cassation italienne dans l'affaire *Ferrini c. RFA*, 11 mars 2004, *AJIL* 2005, p. 242-248 ; cette jurisprudence a conduit l'Allemagne à introduire un recours contre l'Italie devant la CIJ le 23 décembre 2008). Ce type de précédent est resté toutefois exceptionnel. Il est à noter d'ailleurs que la Chambre des Lords anglaise a tiré les conséquences de l'arrêt *Al-Adsani* de la CEDH en considérant que la solution audacieuse retenue dans l'affaire *Pinochet* (mise à l'écart de l'immunité : v. *infra*, 3°) ne valait qu'en cas de poursuites pénales fondées sur la convention contre la torture. S'il s'agit d'une action civile dirigée contre l'État, celui-ci doit se voir reconnaître l'immunité de juridiction, même s'il est poursuivi pour acte de torture (*Jones v. Ministry of Interior of the Kingdom of Saudi Arabia*, 14 juin 2006, [2006] UKHL 26, *AJIL* 2006, p. 901).

2° *Exceptions.* L'immunité de juridiction de l'État peut être écartée dans un certain nombre de situations, dont la Convention de 2004 dresse la liste et encadre la définition (v. aussi l'article 7 de la Convention européenne de 1972).

a) Un État perd tout d'abord le droit d'invoquer son immunité s'il a expressément consenti à l'exercice de la juridiction (par exemple dans un accord international ou un contrat écrit, ou par le biais d'une déclaration devant le tribunal saisi) (article 7). La participation de l'État à la procédure peut être considérée dans certains cas comme traduisant son consentement à l'exercice de la juridiction à son égard (article 8).

b) L'État peut par ailleurs se voir privé de toute possibilité d'invoquer son immunité si la contestation porte sur une « transaction commerciale » (article 10).

La Convention de 2004 reste ambiguë sur la définition de ce qui ressortit au « commercial ». Elle le définit en fonction de la nature de la transaction ou du contrat en jeu, mais en précisant qu'il « faudrait aussi prendre en considération son but », en tout cas dans certaines circonstances (article 2). Il faut voir dans ce conditionnel le reflet des divergences des pratiques nationales.

La seule prise en compte de la nature de l'acte implique une conception restrictive de l'immunité de juridiction. Appréhendée à l'aune de ce seul critère, le fait pour un État d'offrir une récompense pour la capture d'une personne recherchée par les autorités sera par exemple considéré comme une transaction commerciale, alors que la prise en compte du but de la récompense aurait conduit à une solution inverse (États-Unis, Cour d'appel du 11e circuit, 1er novembre 2006, *Jose Guevara v. Peru,* n° 05-16235). Les juridictions françaises ont évolué dans le choix de ces différents critères. La jurisprudence semble définitivement fixée depuis l'arrêt de la Cour de cassation du 20 juin 2003, *Mme Naira X c. École saoudienne de Paris et Royaume d'Arabie saoudite :* « les États étrangers et les organismes qui en constituent l'émanation ne bénéficient de l'immunité de juridiction qu'autant que l'acte qui donne lieu au litige participe, par sa nature ou sa finalité, à l'exercice de la souveraineté de ces États et n'est donc pas un acte de gestion » (*RGDIP* 2003, p. 1002-1008, note F. Poirat). Certes, des décisions postérieures ont paru remettre en cause cette solution (v. *AFDI* 2005, p. 794-796), mais la formule de 2003 a été reprise par la Cour de cassation (presque au mot près – sans que l'on sache si le changement mineur apporté est significatif, la Cour visant désormais la nature « et » la finalité de l'acte) le 20 septembre 2006 dans l'affaire *Société Prony habitations c. Guinée Bissau* (*RGDIP* 2006, p. 971, note G. Le Floch).

La multiplication des mesures de nationalisation des entreprises étrangères dans les années 1970 a entraîné un contentieux volumineux dirigé contre les entreprises auxquelles ont été remis les biens et avoirs des entreprises nationalisées. Les tribunaux étrangers feront bénéficier l'entreprise mise en cause soit de l'immunité de juridiction de leur État d'origine, soit de la théorie de l'*Act of State* (Cass. civ. 1re, 2 mai 1978, *Sté Algo c. Sté Sempac, Bull.* p. 138 ou Cass. civ. 1re, 6 juin 1990, *République islamique iranienne c. Framatome, Bull. civ.* I, 1990, p. 100) (sur l'*act of State*, v. *infra*, n° 335). S'agissant, par contre, d'actes de gestion commerciale, les entreprises d'État ne peuvent revendiquer cette immunité (Cass. civ. 1re, 19 mars 1979, *Sté Nat. des Transports routiers c. Cie Algérienne de Transit et d'Affrètement Serres et Pilaire, AFDI* 1980, p. 858, ou Cass. civ. 1re, 4 janvier 1995, *Office des céréales de Tunisie*, *JDI* 1995, p. 649 par exemple) ; il en va également ainsi de l'État lui-même s'il se comporte comme une personne privée, notamment en signant un contrat comportant une clause compromissoire (Cass. civ. 1re, 18 nov. 1986, *Sté d'Études et d'Entreprises, AFDI* 1987, p. 915 ou Cass. soc., 10 nov. 1998, *Barrandon*, *D.* 1999, p. 157) ou d'un chef d'État (cf. CA Paris, 31 mai 1994, *Mobutu c. Sté. Logrine*, *JDI* 1995, p. 641). Les articles 1604 à 1605 de la loi américaine de 1976 et 3 de la loi britannique de 1978 vont dans le même sens.

On notera par ailleurs que l'immunité doit être formellement invoquée par l'État bénéficiaire (cf. Cass. civ. 1re, *République de Lituanie*, *Bull. civ.* I, p. 161).

L'existence d'un mandat du Conseil de sécurité délivré en vertu du Chapitre VII de la Charte des Nations Unies pourra permettre de renforcer le caractère souverain de l'acte litigieux et le faire échapper à la qualification de transaction commerciale (v. ainsi Cour suprême autrichienne, 28 août 2003, *Airport Linz*, *AJIL* 2005, p. 248).

c) L'État peut de la même manière être interdit de se prévaloir de l'immunité de juridiction si la contestation porte sur un contrat de travail relatif à un travail accompli, ou devant l'être, en tout ou partie sur le territoire de l'État du for ; en cas de demande de réparation pécuniaire de dommages causés à des personnes ou des biens sur le territoire de l'État du for par une personne présente sur ce territoire au moment du fait litigieux ; si le litige porte sur certains aspects de propriété, usage et possession de biens mobiliers ou immobiliers ; en matière de propriété intellectuelle et industrielle ; de participation à certaines sociétés ou groupements ; ou d'exploitation de navires utilisés autrement qu'à des fins de service public non commerciales (articles 11 à 16 de la Convention de 2004).

Ces différentes dispositions codifient pour une large partie les solutions retenues par les jurisprudences nationales, même s'il demeure de nombreuses divergences dans la pratique des États pour ce qui touche à la configuration précise de ces exceptions.

Ainsi les États-Unis ont-ils eu tendance ces dernières années à retenir une conception de plus en plus restrictive des immunités de juridiction de l'État, en introduisant de nouvelles exceptions dans leur législation (le FISA de 1976 a été révisé en 1996 pour interdire l'invocation d'immunités par les États « terroristes » et leurs représentants par exemple) ou en faisant une application rétroactive des exceptions aux immunités introduites depuis 1976 à des faits commis antérieurement (Cour suprême, 7 juin 2004, *Republic of Austria v. Altmann*, 124 S. Ct. 2240 (U.S., 2004), à propos de faits commis en 1948).

3° Plusieurs affaires qui ont défrayé la chronique à la fin des années 1990 et au début des années 2000 ont enfin posé la question – en partie différente, dans sa nature et son régime, de celle qui précède – des limites de l'immunité de juridiction dont disposaient les *chefs d'États* ou anciens chefs d'États étrangers, voire les chefs de gouvernement et certains ministres.

Par l'arrêt qu'elle a rendu le 13 mars 2001, dans l'affaire *Khadafi*, la Cour de cassation a admis implicitement mais nécessairement que leur immunité est tenue en échec dans certains cas qu'elle n'a pas précisés : « le crime dénoncé [de terrorisme], quel qu'en soit la gravité, ne relève pas des *exceptions au principe de l'immunité* des chefs d'États étrangers en exercice » (*RGDIP* 2001, p. 474). De manière plus confuse, c'est aussi la conclusion à laquelle parvient la Chambre des Lords britanniques dans la seconde décision *Pinochet* du 24 mars 1999 s'agissant d'un ancien chef d'État mais en se fondant expressément sur la Convention contre la torture de 1984. Toutefois, dans l'affaire *Yerodia*, la CIJ a dit ne pas être « parvenue à déduire de cette pratique l'existence, en droit international coutumier, d'une exception à la règle consacrant l'immunité de juridiction pénale et l'inviolabilité des ministres des Affaires étrangères en exercice lorsqu'ils sont soupçonnés d'avoir commis des crimes de guerre ou des crimes contre l'humanité » (arrêt du 14 fév. 2002, par. 58). Cette constatation discutable vaut sans doute *a fortiori* s'agissant des chefs d'États. Il reste à déterminer à quels autres ministres elle pourrait le cas échéant être étendue (v. par exemple Royaume-Uni, District Judge, 12 février 2004, *Shaul Mofaz, BYBIL* 2004, p. 408-411, décidant d'une extension de la jurisprudence *Yerodia* au cas d'un ministre de la Défense ; de même, le Procureur de la République auprès de la CA de Paris a décidé le 16 novembre 2007 de classer sans suite une plainte déposée contre D. Rumsfeld au motif qu'un ancien secrétaire à la défense bénéficierait « par extension » de la jurisprudence *Yerodia ;* v. *RGDIP* 2008, p. 153-155).

L'arrêt de la CIJ de 2002 implique *a contrario* que lorsque les poursuites dirigées contre le chef d'État émanent d'une juridiction internationale, constituée par traité, l'immunité n'est pas invocable, par dérogation à la règle coutumière. Ainsi la Chambre d'appel du Tribunal spécial pour la Sierra Leone a-t-elle considéré le 31 mai 2004 que Charles Taylor ne pouvait pas se prévaloir de son ancien statut de chef d'État pour se soustraire aux poursuites engagées contre lui devant ce tribunal dès lors que ce dernier constituait une juridiction internationale (affaire n° SCSL-2003-01-I). Cette solution est conforme à l'arrêt *Yerodia* en ce qu'elle fait reposer le rejet de l'immunité non pas sur la nature de l'infraction reprochée, comme l'avait fait le TPIY le 8 novembre 2001 dans l'affaire *Milosevic* (n° IT-99-37 PT) (fondement qui conduisait à rejeter l'immunité devant toute juridiction dès lors que les poursuites visaient un crime international), mais sur la nature (interne ou internationale) de la juridiction. Cette dernière solution découle du principe de base qui sous-tend tout le droit des immunités (l'interdiction faite aux juridictions d'un État d'en juger un autre au nom du principe de l'égalité souveraine), considération qui disparaît devant une juridiction à caractère international – en tout cas dans la mesure où cette juridiction exerce sa compétence à l'égard du chef d'un État à l'égard duquel elle a reçu compétence (solution confirmée par la CPI dans sa décision du 4 mars 2009 dans l'affaire *Omar Al-Bashir*, ICC-02/05-01/09 (délivrance d'un mandat d'arrêt), par. 41-45 et par. 240 et s. ; sur la problématique des immunités devant la CPI, v. également D. Akande, *AJIL* 2004, p. 407-433). Plus problématique est la question de savoir si l'immunité doit également tomber lorsqu'une ordonnance de comparaître à seule fin de témoignage est adressée par une juridiction internationale à un Chef d'État en exercice. La jurisprudence des juridictions pénales internationales n'est pas fixée sur ce point (v. H. Ascensio et R. Maison, *AFDI* 2005, p. 248-250 ; en faveur de la mise à l'écart de l'immunité, v. l'opinion dissidente du Juge Robertson jointe à la décision interlocutoire du 11 septembre 2006 de la Chambre d'appel du Tribunal spécial pour la Sierra Leone dans l'affaire *Norman*).

L'article 2 de la résolution de l'IDI du 26 août 2001 est fort catégorique en ce qui concerne le maintien des immunités du chef d'État étranger, même en cas de violations de normes impératives du droit international : « En matière pénale, le chef d'État bénéficie de l'immunité de juridiction devant le tribunal d'un État étranger pour toute infraction qu'il aurait pu commettre, quelle qu'en soit la gravité » ; selon l'article 3, il ne jouit en revanche d'aucune immunité civile sauf pour les actes accomplis pour l'exercice de ses fonctions officielles ; mais son immunité d'exécution est totale. Lorsque ses fonctions ont cessé, il demeure couvert par l'immunité pour les actes qui « participaient de l'exercice » de ses anciennes fonctions, sauf exceptions, notamment s'il est poursuivi pour un crime de droit international (texte *in RGDIP* 2001, p. 1086). La pratique des États semble cependant, aujourd'hui encore, plus restrictive. Les juridictions américaines ont considéré par exemple à propos de plaintes déposées contre l'ancien Président chinois Jiang Zemin que les actes commis par ce dernier dans l'exercice de ses fonctions quand il était chef d'État bénéficiaient d'une immunité aussi étendue que celle dont peut se prévaloir un chef d'État encore en exercice (v. *AJIL* 2003, p. 974-977 ; Cour d'appel du 7e circuit, 8 septembre 2004, 383 F.3d 620, 2004 U.S. App. LEXIS 18944).

291. Immunité d'exécution. — 1° *Principe*. En vertu de l'immunité d'exécution, aucune forme de contrainte (saisie, saisie-arrêt, saisie-exécution) ne peut être exercée contre les biens d'un État.

Dans sa décision du 12 décembre 2002, *Kalogeropoulou c. Grèce et Allemagne* (req. n° 59021/00), la Cour européenne des droits de l'homme a confirmé sa jurisprudence *Al-Adsani* au terme de laquelle l'immunité n'est pas considérée comme une violation du droit d'accès à un tribunal (v. *supra*, n° 290), en en étendant expressément la solution à l'immunité d'exécution.

Bénéficient de cette immunité tous les biens affectés aux fonctions d'autorité, ce qui couvre, outre les biens nécessaires à l'activité des représentants de l'État et de ses services publics à l'étranger (ambassade, navires de guerre, etc.), ses disponibilités monétaires dans des banques même privées (v. *infra*, 2°).

En raison de l'interdépendance économique croissante des États et de l'interventionnisme économique des personnes publiques, la pratique nationale est de plus en plus complexe en la matière. Les deux phénomènes contribuent à faire placer d'importants fonds publics à l'étranger, ce qui favorise la tentation des États tiers de « geler » ces biens situés sur leur territoire ou même sur le territoire d'autres États (voir la politique américaine à l'égard des fonds publics ou para-publics iraniens en Europe après l'affaire dite « des otages américains à Téhéran », 1979-1981 — c'est cette menace de « gel » des avoirs soviétiques aux

États-Unis, lors de la guerre de Corée, qui est à l'origine du marché des euro-dollars — ou les tentatives des particuliers victimes de mesures arbitraires pour se faire attribuer une indemnité prélevée sur les fonds de l'État placés à l'étranger). L'application du principe de l'immunité doit être nuancée. Les difficultés ne sont pas les mêmes selon qu'il s'agit de protéger les intérêts d'un particulier ou que sont en cause les intérêts d'un État tiers.

Dans le premier cas, s'il n'est pas possible de restreindre l'immunité d'exécution de l'État, il est légitime d'offrir aux particuliers une voie de recours parallèle. C'est la technique mise en œuvre par l'article 1er du Protocole additionnel à la Convention européenne pour l'immunité des États (Bâle, 1972). Par cette convention, l'État partie s'engage en principe à exécuter les jugements rendus contre lui par un tribunal étranger (article 20). S'il s'y refuse et s'il est partie au Protocole (et n'a pas émis une réserve excluant ce droit de recours), il doit porter la question soit devant ses propres tribunaux, soit devant le Tribunal européen créé en vertu de ce Protocole et qui est une émanation de la Cour européenne des droits de l'homme. Le plus remarquable peut-être est que le bénéficiaire du jugement étranger peut lui imposer de porter l'affaire devant le Tribunal européen, à condition d'en exprimer le désir dans un délai assez bref (article 1). Il y a là une dérogation inédite aux principes habituels, quant au droit de saisine par les particuliers des juridictions internationales (v. *infra*, nos 444 et 488 s.).

En ce qui concerne la protection des intérêts des États tiers, qu'en vertu de sa souveraineté territoriale l'État doit faire respecter contre les empiètements d'autres États, la solution consiste à exiger des administrations et tribunaux locaux qu'ils fassent application de la théorie des immunités souveraines au profit de l'État menacé, à l'encontre éventuellement de l'État exerçant une pression en dehors de son propre territoire. Les immunités de ce dernier ne peuvent pas l'emporter sur celles des autres États, en territoire étranger, dans le cas où cette situation placerait en position gênante le souverain territorial.

Quant à l'hypothèse de conflit entre les droits ou intérêts de l'État territorialement compétent et les immunités des États tiers (crimes et délits de leurs diplomates, notamment assassinat et espionnage), elle est en règle générale réglée par les principes du droit diplomatique (v. *infra*, n° 461). La CIJ l'a rappelé très fermement dans son arrêt du 24 mai 1980 (*Personnel diplomatique des États-Unis à Téhéran, Rec.* 1980, p. 40-41).

2° *Exceptions*. La doctrine de l'immunité absolue d'exécution est aujourd'hui battue en brèche (pour la France, v. Cass. civ., 11 février 1969, *Englander c. Statni Banka Ceskoslovenska, Bull. civ.* p. 52 ; Cass. civ. 1re, 1er oct. 1985, *Sonatrach, JCP* 1986.II.20566, concl. Gulphe ; CA Paris, 9 juill. 1992, *Beyrard c. Côte-d'Ivoire*). La Convention des Nations Unies de 2004 en a pris acte, de manière certes restrictive, dans ses articles 18 et 19, en distinguant notamment selon le moment où intervient la mesure de contrainte.

a) Qu'il s'agisse tout d'abord de mesures de contrainte antérieures ou postérieures à un jugement, l'immunité d'exécution cesse d'être invocable si l'État a expressément consenti à l'application de ces mesures ou s'il a réservé ou affecté les biens en question à la satisfaction de la demande qui fait l'objet de la procédure.

L'article 20 de la Convention rappelle à ce titre que la renonciation à l'immunité de juridiction n'implique pas, par elle-même, renonciation à l'immunité d'exécution. La reconnaissance au profit de l'individu d'un droit de recours direct contre un État devant une juridiction internationale n'implique pas de ce fait renonciation par cet État à son immunité d'exécution au cas où l'exécution d'une sentence rendue par cette juridiction serait recherchée devant le juge interne d'un autre État (v. notamment l'article 55 de la Convention du 18 mars 1965 ayant créé le CIRDI, et pour une mise en œuvre, la décision de la High Court of Justice de Londres du 20 octobre 2005 dans l'affaire *AIG Capital Partners c. Kazakhstan*, [2005] EWHC 2239 [Comm]). Tout dépendra à cet égard de la rédaction des clauses conventionnelles ou contractuelles pertinentes. Les juges français estiment aujourd'hui qu'une clause d'une convention d'arbitrage prévoyant que l'État s'engage à se conformer à la sentence qui sera rendue et à l'exécuter emporte renonciation à l'immunité d'exécution (Cass. civ. 1re, 6 juillet 2000, *Sté Creighton Ltd c. Ministre des finances de Qatar*, *JDI* 2000, p. 1054, note I. Pingel), mais qu'en revanche, la simple acceptation d'une clause d'arbitrage n'a normalement pas cet effet (CA Paris, 10 août 2000, *Ambassade de la Fédération de Russie en France*, *JDI* 2001, p. 116, note I. Pingel ; sur les développements ultérieurs, v. *AFDI* 2001, p. 751-753).

L'impossibilité d'invoquer l'immunité d'exécution pourrait-elle découler d'un acte autoritaire émanant d'une organisation internationale ? Le 15 juillet 1999, la Cour de cassation française a indiqué dans l'affaire *Dumez* que le fait que le Conseil de sécurité des Nations Unies sanctionne un État en vertu du Chapitre VII de la Charte et lui impose un certain nombre d'obligations internationales pouvait constituer une circonstance empêchant l'invocation de son immunité d'exécution. Statuant dans la même affaire sur renvoi après cassation, la Cour d'appel de Paris a confirmé cette interprétation dans un arrêt du 20 février 2002 en écartant l'immunité d'exécution revendiquée par l'État irakien au motif que le Conseil de sécurité des Nations Unies, « en enjoignant à l'Irak d'exécuter ses obligations, a, à titre punitif, affecté substantiellement la souveraineté de cet État en le privant de la possibilité d'invoquer le bénéfice d'une immunité d'exécution ». Il y avait là l'attribution d'un effet juridique très excessif, pour dire le moins, aux décisions du Conseil de sécurité, dont les résolutions en l'espèce n'impliquaient nullement cette conclusion et dont la mission n'est de toute manière pas punitive. De nouveau saisie, la Cour de cassation a heureusement cassé ce jugement le 25 avril 2006 en considérant, d'une part, que la résolution 687 (1991) du Conseil de sécurité était dénuée d'effet direct en droit français, d'autre part, qu'on ne pouvait déduire de ses termes que l'État irakien n'était plus en droit de se prévaloir de ses immunités (v. *RGDIP* 2006, p. 950, note F. Poirat).

b) S'agissant ensuite des seules mesures de contrainte postérieures au jugement, l'immunité d'exécution ne sera pas non plus invocable si les biens en cause « sont spécifiquement utilisés ou destinés à être utilisés par l'État autrement qu'à des fins de service public non commerciales » et à condition d'être situés sur le territoire de l'État du for et d'avoir un lien avec l'entité contre laquelle la procédure a été intentée.

L'article 21 de la Convention dresse, de manière complémentaire à cette définition générale, une liste de biens qui doivent être considérés comme protégés par nature par l'immunité d'exécution (biens utilisés dans l'exercice des fonctions de la mission diplomatique, biens de caractère militaire, biens des banques centrales, etc.). S'agissant des premiers types de biens, la Cour de cassation française a jugé par exemple qu'un État ne pouvait pas opposer son immunité d'exécution à une créance relative au paiement de charges de copropriété d'un immeuble qui, certes, servait au logement du personnel diplomatique, mais n'était pas affecté aux services de l'ambassade ni ne servait de résidence pour l'ambassadeur (Cass. civ. 1re, 25 janvier 2005, *République démocratique du Congo*, *RGDIP* 2005, p. 737, note N. Haupais).

Section 4

Entités étatiques contestées

292. Observations générales. — Certaines collectivités ne possèdent pas la qualité juridique d'État, sans être pour autant intégrées dans un État. Bien que ne bénéficiant pas de la souveraineté, elles sont considérées comme des membres de la communauté internationale et des sujets directs du droit international.

À la différence des sujets de droit interne, leur statut est déterminé directement par le droit international ; à la différence des organisations internationales, elles répondent aux critères constitutifs de l'État ; à la différence des « peuples » et des « mouvements de libération nationale », elles ont une existence durable et ne sont pas des formes juridiques de transition vers l'entité étatique. Par ces traits, elles sont proches de l'État, au sens du droit international.

Elles s'en distinguent pourtant par une capacité internationale plus limitée que celle reconnue aux États. Soit que leur forme étatique apparaisse comme une fiction commode, utilisée pour faciliter une mission plus transnationale que nationale ; soit qu'elles ne puissent revendiquer une indépendance complète.

293. Le Saint-Siège

BIBLIOGRAPHIE. — L. LE FUR, *Le Saint-Siège et le droit des gens*, 1930, 294 p. — Y. DE LA BRIÈRE, « La condition juridique de la Cité du Vatican », *RCADI* 1930-III, vol. 33, p. 115-165. — D.-A. GOVELLA, *La Cité du Vatican et la notion d'État*, Pedone, 1933. — A. CORDA, *Statut juridique du Saint-Siège dans le droit public contemporain*, Nancy, 1933. — R.-P. J. LUCIEN-BRUN, « Le Saint-Siège et les institutions internationales », *AFDI* 1964, p. 536-542. — Ch. LAMONIN, « Les rapports juridiques entre le Saint-Siège et les États communistes », *RGDIP* 1973, p. 698-767. — C.-H. EUGÈNE, *The Holy See and the International Legal Order*, Nijhoff, La Haye, 1976, 560 p. — J.-B. D'ONORIO dir., *Le Saint-Siège dans les relations internationales*, Cerf-Cujas, 1989, 469 p. — M. MERLE, *L'Église catholique et les relations internationales depuis la seconde guerre mondiale*, Centurion, 1988, 243 p. — C. DE MONTCLOS, « Le Saint-Siège dans les relations internationales : de l'État à la Nation », *Mél. Merle*, 1993, p. 237-245.

Le Saint-Siège bénéficie, pour assurer la continuité de son action à la tête de l'Église catholique, de moyens comparables à ceux d'un micro-État et remplit apparemment les conditions relatives aux éléments constitutifs de l'État. Une telle assimilation, très artificielle, ne rend cependant pas compte de sa véritable nature juridique, même si elle est encouragée par son passé de grande puissance temporelle.

1° *Évolution du statut juridique du Saint-Siège. a)* La disparition des « États de l'Église » : À l'origine, le Pape cumulait la qualité de chef temporel et de chef spirituel. Au IXe siècle, les États de l'Église furent créés et garantis par les Capétiens. Dans le cadre de son pouvoir temporel, la papauté prétendait alors s'assujettir les autres chefs temporels de l'Europe (*supra*, n°s 14-15).

Sous le régime des « États de l'Église », l'Église catholique était un État comme les autres. Son chef, le Pape, avait le statut de chef d'État. Sans doute, depuis la fin du XVIIIe siècle et surtout depuis le Congrès de Vienne de 1815, ne participait-il plus à la vie politique internationale. Du moins sa qualité de chef d'État n'était-elle pas contestée et exerçait-il les fonctions diplomatiques habituelles.

Cependant, afin de parfaire son unité, l'Italie avait besoin d'évincer le souverain pontife de Rome, assise territoriale de l'État pontifical. Ce projet fut réalisé à l'occasion de la guerre franco-allemande de 1870. L'annexion de Rome par le royaume d'Italie fut approuvée par plébiscite et proclamée par une loi du 31 décembre 1870. La France n'était plus en mesure de s'y opposer et les autres grandes puissances s'inclinèrent devant le fait accompli. Cet événement entraînait la disparition des États du Pape ; ce dernier perdait aussi la qualité de chef temporel. Pourtant, il lui restait possible d'exercer ses fonctions diplomatiques traditionnelles.

b) Les accords du Latran : Le gouvernement italien était désireux de faire consacrer la nouvelle situation territoriale par la communauté internationale. Son projet de conférence internationale échoua et l'Italie dut procéder unilatéralement, par la « loi des garanties » (1871). Celle-ci visait à définir « les prérogatives du souverain pontife et du Saint-Siège et les relations de l'État avec l'Église ».

Cette loi reconnaissait donc l'inviolabilité de la personne du Pape, son assimilation au roi d'Italie quant aux honneurs, aux immunités et à la protection pénale, sa totale liberté dans le domaine spirituel, le droit pour lui d'entretenir des relations diplomatiques avec les autres États, l'immunité des agents diplomatiques accrédités auprès du Saint-Siège sur le territoire italien. Elle attribuait aussi à la papauté la jouissance — mais pas la propriété — des palais du Latran et du Vatican, et prévoyait une dotation annuelle. Conséquence logique de l'annexion, il n'était plus reconnu aucune souveraineté territoriale au Saint-Siège.

La papauté refusa le régime juridique que l'Italie prétendait lui imposer et ce ne fut qu'en 1929 que le gouvernement de Mussolini réussit à normaliser les relations de l'Italie et du Saint-Siège par les accords du Latran du 11 février 1929. Ils comprennent trois documents : un *traité politique* qui « résout et élimine la question romaine » (reconnaissance de Rome comme capitale de l'Italie, donc de l'annexion), un *concordat* qui réglemente le statut de l'Église catholique en Italie, enfin une *convention financière*. Ils ont été confirmés par l'article 7 de la Constitution italienne de 1947.

Les données du problème n'ont pas été modifiées par le nouveau *Concordat conclu entre le Saint-Siège et l'Italie le 18 février 1984*, qui se substitue au Concordat de 1929. Ce texte consacre l'évolution des rapports entre l'Église catholique et la société civile et politique italienne, sans remettre en cause le statut international du Saint-Siège et de la Cité du Vatican : si l'Église prend acte de la laïcité de l'État italien et de l'enseignement public, l'État renonce à toute prétention de contrôle politique ou administratif sur l'Église ; le régime fiscal italien ne s'applique qu'aux biens du Saint-Siège qui n'ont pas un caractère religieux.

2° *Nature juridique du Saint-Siège*

a) Le régime résultant des accords de 1929 confère à la Cité du Vatican *l'apparence* d'un État.

Par ces textes, toutes les prérogatives du Saint-Siège inscrites dans la loi des garanties de 1871 sont réaffirmées. L'Italie reconnaît également *« la souveraineté du Saint-Siège dans l'ordre international comme un attribut inhérent à sa nature, en conformité de sa tradition et des exigences de sa mission dans le monde »* (article 2). L'accent mis sur le caractère « spirituel » de cette souveraineté lui donne une portée inédite, *sui generis*, assez proche de l'analyse faite du Saint-Siège dans la doctrine anglo-saxonne de la fin du XIXe siècle.

De cette reconnaissance de souveraineté, acceptée par les autres États, découle le bénéfice des immunités traditionnellement applicables aux souverains et le droit d'exercer les fonctions externes de l'État (articles 12 et 19 des accords du Latran ; le rôle des nonces a été redéfini par un *motu proprio* du Pape, du 23 juin 1969 : voir Chronique Ch. Rousseau *in RGDIP* 1970, p. 511-512).

Le *traité politique* de 1929 contient la reconnaissance par l'Italie de l'autorité exclusive et absolue du Saint-Siège sur la Cité du Vatican, un territoire de 44 hectares (à comparer aux 40 000 km^2 des États pontificaux de 1870) ; de plus est admis son droit de propriété sur un certain nombre d'immeubles (dont le palais de Castel-Gandolfo). Le Saint-Siège est autorisé à faire fonctionner quelques services publics et à attribuer la citoyenneté vaticane. L'existence de *l'État de la Cité du Vatican* est expressément prévue par ce document solennel.

Les fonctions internationales du Vatican sont assurées, sous l'autorité du Pape, par le Secrétaire d'État — dont les responsabilités ont été étendues en 1984 — et le Secrétaire du

Conseil pour les affaires publiques de l'Église. Le « gouvernement » de l'Église revient à la Curie, dont le statut a été fixé en 1967.

Le Saint-Siège négocie et conclut des traités. Les conventions en question sont de deux sortes : les *concordats*, accords bilatéraux réglant la situation de l'Église catholique dans l'État co-contractant, et des traités selon le droit commun. La plupart des conférences diplomatiques, des organisations internationales et des conventions multilatérales auxquelles participe le Saint-Siège ont un objet humanitaire, technique ou visent à favoriser les relations pacifiques entre États (Union postale universelle, droit de la mer, statut des réfugiés et des apatrides, droit humanitaire dans les conflits armés, régime des relations diplomatiques et consulaires, par exemple). Dans les organisations universelles, il doit se contenter généralement du statut d'observateur (mais au sein des Nations Unies, il dispose d'un statut d'observateur d'*État* non membre). Il est vrai qu'il s'est engagé, par l'article 24 des accords de 1929, à respecter une politique de neutralité et à se tenir à l'écart des compétitions temporelles.

Actuellement une cinquantaine d'États, qui n'ont pas tous une population pratiquant majoritairement le catholicisme, ont des représentants diplomatiques permanents auprès du Saint-Siège.

b) Pourtant les partisans de la thèse étatique sont très peu nombreux. D'abord parce que la Cité du Vatican n'a pas vraiment les caractéristiques d'un État. Son territoire est très exigu. Sa population comprend moins d'un millier de personnes. Les services publics sont créés et gérés par le gouvernement italien. Surtout ces divers éléments ne constituent pas la base des véritables moyens d'action internationaux du Saint-Siège. Ainsi la « nationalité vaticane » ne traduit pas le lien de rattachement à un territoire et à un État, mais reste à base fonctionnelle : les intéressés ne l'acquièrent qu'en raison des fonctions qu'ils exercent au Vatican, ils la perdent dès qu'ils abandonnent ces fonctions, et ils ne renoncent pas à leur nationalité d'origine même pendant leur temps d'activité dans la Cité du Vatican. Enfin il faut relever que la reconnaissance de l'« État de la Cité du Vatican » n'est pas universellement opposable.

La controverse a peut-être été artificiellement entretenue par l'absence d'alternative au statut étatique : on a trop longtemps pensé que la personnalité juridique internationale du Saint-Siège, à moins d'être niée complètement — ce qui serait très contestable —, supposait la qualité d'État. Aujourd'hui on admet qu'il peut exister plusieurs degrés dans cette personnalité juridique, modulés selon des critères fonctionnels (v. *supra*, n° 262). S'il faut rattacher le statut du Saint-Siège à une catégorie générale, on admettra qu'il s'agit d'un cas particulier de *service public international*, de nature spirituelle, dont les prérogatives étendues s'expliquent par l'histoire et la prudence des gouvernements face à une entité qui symbolise la croyance religieuse de plus de 400 millions de fidèles dans le monde. Il n'est donc pas interdit d'emprunter, au profit du Saint-Siège, certains éléments du régime des « micro-États ».

Quant à l'Église catholique, organisation transnationale confessionnelle, elle possède une structure hiérarchisée qui l'autorise à diriger des Églises « nationales » et à leur garantir une certaine indépendance vis-à-vis des autorités étatiques. Son autorité — autrefois politique, aujourd'hui religieuse et morale — justifie sa participation aux relations internationales sur un pied d'égalité avec les États : la reconnaissance de son statut spécifique par plusieurs États importants lui permet de revendiquer une « opposabilité » internationale quasi objective. Fondamentalement, elle reste une organisation non-gouvernementale (v. *infra*, n°s 440 s.).

L'« *Ordre souverain de Malte* », s'il présente certaines « apparences étatiques » (conclusion de traités, relations diplomatiques avec une soixantaine d'États), est, pour sa part, une survivance pittoresque d'un passé prestigieux, mais s'apparente davantage à une ONG qu'à une personne juridique souveraine (v. H. Béat de Fisher, *RCADI* 1979, vol. 163, p. 1-47 ; D. Larger et M. Monin, *AFDI* 1983, p. 229-240). Il a néanmoins reçu le statut d'observateur aux Nations Unies en 1994.

294. Les villes internationalisées

BIBLIOGRAPHIE. — J. MAKOWSKI, « La situation juridique du territoire de la ville libre de Dantzig », *RGDIP* 1923, p. 160. — C. BEREZOWSKI, « Les sujets non souverains du droit international », *RCADI* 1938, III, vol. 65, p. 1-85. — A. GERVAIS, « Le statut de Trieste », *RGDIP* 1947, p. 134-154. — J. LEPRETTE, *Le statut international de Trieste*, Pedone, 1949, 229 p. — M. YDIT, *Internationalized Territories, From the « Free City of Cracow » to the « Free City of Berlin »*, Sijthoff, Leyde, 1960, 323 p. — J. LE MORZELLEC, *La question de Jérusalem devant l'Organisation des Nations Unies*, Bruylant, Bruxelles, 1979, 565 p. — C.-A. WHOMERSLEY, « The International Legal Status of Gdanshe, Klaipeda and the Former East Prussia », *ICLQ* 1993, p. 919-928. — M. HIRSCH, D. HOUSEN-COURIEL et R. LAPIDOTH, *Whither Jerusalem ? Proposals and Positions concerning the Future of Jerusalem*, Nijhoff, La Haye, 1995, XI-182 p. — F. PAGANI, « L'administration de Mostar par l'Union européenne », *AFDI* 1996, p. 234-254.

L'internationalisation de certaines villes a été la réponse à des controverses territoriales aiguës ou à des compétitions entre grandes puissances. Solutions historiquement situées, fonction de rapports de forces conjoncturels, elles ont donné naissance à des régimes juridiques diversifiés et fragiles. Leur trait commun est d'être fondé sur le principe de neutralisation et sur un mécanisme d'autonomie administrative sous contrôle international : leur indépendance n'est pas suffisamment marquée face aux États co-responsables pour leur permettre de revendiquer la qualité d'États souverains.

1° *Cracovie.* Le Traité de Vienne de 1815 a soumis la *ville libre* de Cracovie à l'administration *conjointe* de trois États, l'Autriche, la Prusse et la Russie. Il s'agit d'une simple technique de neutralisation réciproque des revendications territoriales. Un nouveau partage territorial y mettra fin.

2° *Tanger.* Ici, ce sont l'importance stratégique de cette ville et l'opportunité offerte par les compétitions coloniales qui expliquent que l'administration de Tanger ait été temporairement remise au « directoire » constitué par la France, le Royaume-Uni et l'Espagne. Ce régime, fixé par la Convention du 18 décembre 1923, confirme les particularités d'une zone gérée depuis plusieurs années déjà par le corps diplomatique des grandes puissances ; il vise à concilier un droit de regard de la Grande-Bretagne, la confirmation de la souveraineté du Maroc, le système de la « porte ouverte » en matière commerciale, et une administration plus dynamique qu'auparavant. Il ne pouvait manquer de disparaître avec l'exercice par le Maroc de son droit à l'autodétermination, en 1956.

3° *Dantzig*, aujourd'hui Gdansk. Détachée de l'Allemagne par le Traité de Versailles de 1919 pour servir de port à l'État polonais, la ville de Dantzig ne fut pas pour autant rattachée au territoire de la Pologne. Soucieux de garantir les intérêts de la population germanophone, les Alliés établirent un statut spécifique de *ville libre* garanti par la Société des Nations. Elle fut placée sous l'autorité d'un « haut-commissaire », représentant la communauté internationale. Dotée d'une certaine capacité internationale, elle ne pouvait exercer ses compétences que par l'entremise de la Pologne ou qu'avec l'accord de celle-ci (CPJI, *Ville libre de Dantzig et OIT*, avis du 26 août 1930, série B n° 18), et sous réserve d'un certain droit de veto du haut-commissaire de la SdN.

À l'occasion de cette affaire, la Cour n'a pas précisé si Dantzig était un État ou non, mais elle a estimé que la Ville libre ne bénéficiait pas de l'indépendance nécessaire pour pouvoir se passer de l'accord préalable de la Pologne en vue d'entrer dans une organisation internationale. Implicitement, c'était bien lui dénier la qualité d'État (v. *supra*, n° 275).

La Seconde Guerre mondiale a mis fin *de facto* à ce statut et, après 1945, la ville a été totalement incorporée au territoire actuel de la Pologne.

4° *Trieste.* Son importance politique tient au fait que la ville de Trieste est le débouché portuaire naturel de l'Europe danubienne sur la Méditerranée occidentale. Sa population composite — en majorité italienne dans le centre, à dominante yougoslave dans la périphérie — et sa position géographique ont favorisé les revendications concurrentes de l'Italie et de la Yougoslavie. D'enjeu local, Trieste est devenu un des aliments de la « guerre froide » et le statut fixé par le Traité de paix avec l'Italie, du 10 février 1947, consacre surtout la neutralisation des deux grandes puissances et le gel du *statu quo* territorial. La ville ne fut attribuée à aucun des États en compétition mais placée sous l'autorité directe du Conseil de sécurité des Nations Unies.

Elle bénéficiait en principe d'un régime d'administration internationale directe : un « gouverneur » désigné par le Conseil de sécurité était censé gérer la zone de Trieste et devait bénéficier d'un droit de veto sur la conduite des affaires extérieures de Trieste. Ce régime est resté dans les limbes, en raison de la paralysie du Conseil de sécurité à cette époque. Dès que la conjoncture internationale l'a permis, un partage territorial classique a été réalisé, sous les auspices des États-Unis et du Royaume-Uni (Traité de Londres du 5 octobre 1954). L'URSS et la France ont fini par se rallier à cette solution. Il a cependant fallu attendre le Traité d'Osimo, du 10 novembre 1975, pour que la frontière et un régime de bon voisinage soient définitivement établis.

5° *Mostar.* Bien que l'internationalisation du statut juridique de certaines villes ait pu sembler caduque, la crise yougoslave a conduit à une solution qui s'y apparente à certains égards en ce qui concerne Mostar, capitale de l'Herzégovine, déchirée par des conflits sanglants entre les Musulmans bosniaques et les Croates d'une part, les Serbes d'autre part, puis entre les Croates d'un côté et les Musulmans de l'autre.

À la suite d'un accord conclu le 5 juillet 1994 entre les États membres de l'UE et l'UEO et les parties au conflit (Bosnie-Herzégovine et autorités locales constituées sur une base ethnique), l'administration *temporaire* de la ville a été confiée à l'Union européenne par l'intermédiaire d'une Administration de Mostar (AMUE) dirigée par un Administrateur désigné par le Conseil de l'Union assisté de conseillers européens et d'un conseil consultatif représentant les communautés ethniques tandis qu'un contingent de l'UEO assurait la police. Sur le plan militaire, la FORPRONU puis l'IFOR (v. *infra*, n°s 593 s.) ont participé à la démilitarisation de la ville. Après les élections municipales du 30 juin 1996, un Envoyé spécial de l'UE a remplacé l'Administrateur. La supervision internationale a officiellement pris fin le 30 avril 1997.

6° *Jérusalem.* Depuis la résolution 181 (II), du 29 novembre 1947, de l'Assemblée générale des Nations Unies, sur le « Gouvernement futur de la Palestine », de nombreuses résolutions ont préconisé un régime d'internationalisation de Jérusalem ou des Lieux-Saints. Les circonstances politiques ont interdit jusqu'ici le moindre pas dans cette direction qui a cependant produit certaines conséquences juridiques insolites (cf. le statut et les fonctions très particuliers du consulat général de France à Jérusalem — v. J.-Ph Mochon, *AFDI* 1996, p. 929-945).

Les initiatives contraires à cet objectif sont régulièrement condamnées dans les termes suivants : « toutes les mesures et dispositions législatives et administratives prises par Israël, Puissance occupante, qui ont modifié ou visent à modifier le caractère et le statut de la Ville sainte de Jérusalem et, en particulier, la prétendue « loi fondamentale » sur Jérusalem et la proclamation de Jérusalem capitale d'Israël sont nulles et non avenues et doivent être rapportées immédiatement » (résolution AG 36/120 E du 10 décembre 1981 ou 52/53 du 9 déc. 1997).

Voir le texte de la « loi fondamentale » *in DAI* 1er février 1981.

295. L'Autorité palestinienne

BIBLIOGRAPHIE. — V. GOWLLAND-DEBBAS, « Collective Responses to the Unilateral Declarations of Independance of Southern Rhodesia and Palestine », *BYBIL*, 1990, p. 135-153. — N. K. CALVO-GOLLER, « L'accord entre Israël et l'OLP. Le régime d'autonomie prévu par la déclaration de principes du 13 sept. 1993 », *AFDI* 1993, p. 435-450 ; « L'extension de l'autonomie palestinienne à des territoires en Cisjordanie », *AFDI* 1995, p. 53-64. — F. MARCELLI, « Gli Accordi fra Israele e OLP nel diritto internazionale », *RDI* 1994, p. 430-464. — R. BEN ACHOUR, « L'accord israélo-palestinien du 13 septembre 1993 », *RGDIP* 1994, p. 337-376. — A. BOCKEL, « L'autonomie palestinienne — La difficile mise en œuvre des accords d'Oslo-Washington », *AFDI* 1994, p. 261-286 ; « Vers un État palestinien démocratique ? », *AFDI* 1995, p. 33-51 ; « L'accord d'Hébron (17 janvier 1997) et la tentative de relance du processus de paix israélo-palestinien », *AFDI* 1997, p. 184-198 ; « Le pari perdu d'Oslo : le règlement du conflit israélo-palestinien dans l'impasse », *AFDI* 2000, p. 131-138. — M. BENCHIKH, « L'accord intérimaire israélo-palestinien sur la Cisjordanie et la bande de Gaza du 28 septembre 1995 », *AFDI* 1995, p. 7-32. — E. COTRAN et Ch. MALLAT ed., *The Arab-Israeli Accords : Legal Perspectives*, Kluwer, La Haye, 1996, XXIV-303 p. — J.D. MOUTON, « L'autonomie palestinienne après l'accord intérimaire israélo-palestinien du 28 septembre 1995 », *RGDIP* 1996, p. 951-978. — R. SHEHADEH, *From Occupation to Interim Accords : Israel and the Palestinian Territories*, Kluwer, Londres, 1997, XII-305 p. — S. BOWEN ed., *Human Rights, Self-Determination and Political Changes in the Occupied Palestinian Territories*, Nijhoff, La Haye, 1997, XIII-321 p. — G. DENIAU-MAROUDIS, *L'autonomie palestinienne intérimaire dans la bande de Gaza*, Montchrestien, 1999, IX-189 p. — A. J. IGLESIAS VELASCO, *El proceso de paz en Palestina*, UAM, Madrid, 2000, 531 p. — G. R. WATSON, *The Oslo accords : International Law and the Israeli-Palestinian Peace Agreements*, Oxford UP, 2000, XII-429 p.

1° *Origine historique* — Mandat britannique depuis 1922, la Palestine, terre sainte pour les chrétiens et les musulmans, peuplée en majorité d'Arabes, est aussi le berceau du peuple juif dont une fraction l'a toujours habitée en dépit de la *diaspora*. À la fin du XIXe siècle, le mouvement sioniste (cf. Theodor Herzl, *L'État juif*, 1896) se fixe comme objectif la création d'un État juif en Palestine, entreprise qui aboutira à la proclamation de l'État d'Israël le 14 mai 1948, à la suite du rejet par les Arabes du plan de partage de la Palestine en deux États adopté le 29 novembre 1947 par l'Assemblée générale des Nations Unies (résolution 181 (II)). La victoire israélienne lors du conflit armé qui s'ensuivit empêcha la création d'un État palestinien arabe. La Transjordanie, devenue la Jordanie, annexa ce qui restait de Palestine arabe en Cisjordanie en 1950, et l'Égypte administra, sans l'absorber, la bande de Gaza (v. le Statut de 1962).

Après la deuxième guerre israélo-arabe, en 1967, Israël occupe militairement la rive occidentale du Jourdain et Gaza et annexe la partie arabe de Jérusalem après la troisième (1973), annexion condamnée par les Nations Unies (v. *supra*, n° 294).

Créée en 1964 et reconnue par les Nations Unies comme « représentant du peuple palestinien » (résolution 3210 [XXIX] du 14 octobre 1974), l'Organisation de Libération de la Palestine (OLP) apparaît comme un mouvement de libération nationale (v. *infra*, n° 343), auquel des droits particulièrement étendus de participation aux Nations Unies ont été reconnus.

L'OLP a été invitée à participer aux sessions et aux travaux de l'Assemblée générale (résolution 3237 (XXIX) et aux débats du Conseil de sécurité sur la Palestine. Elle est même membre à part entière de la Commission des Nations Unies pour l'Asie occidentale depuis 1977. De plus, au même titre qu'un État, elle a été admise comme membre de plusieurs organisations régionales (Ligue des États arabes, Fonds monétaire arabe, etc.).

La *proclamation de l'État de Palestine* par le Conseil national de l'OLP à Alger le 15 novembre 1988 posait de difficiles problèmes juridiques en ce sens que si l'on peut créditer cette entité d'une population, d'un territoire et d'un pouvoir politique, ses frontières demeurent indéterminées et l'effectivité du contrôle des autorités politiques sur la population palestinienne contestée. L'Assemblée générale de l'ONU a « pris acte » de cette proclamation par sa résolution 43/77, et substitué l'appellation « Palestine » à celle d'OLP au sein du système des Nations Unies mais sans modifier son statut juridique (v. J. Salmon, *AFDI*, 1988,

p. 37-62 ; M. Flory, *RGDIP*, 1989, p. 385-416 ; R. Lapidoth et N.K. Calvo-Goller, *RGDIP* 1992, p. 777-809 ; F.-L. Kirgis, *AJIL* 1990, p. 218-230).

Envisagée par les accords de Camp-David entre l'Égypte, Israël et les États-Unis du 17 septembre 1978, la création d'une « Autorité palestinienne » résulte de la Déclaration de principes sur des arrangements intérimaires d'autonomie, signée à Washington par Israël et l'OLP le 13 septembre 1993 à la suite des négociations d'Oslo, dans le cadre du « processus de paix » amorcé à Madrid en 1991. En vertu de ces « accords d'Oslo-Washington », les deux parties reconnaissent leurs « droits légitimes et politiques mutuels » et s'accordent sur une procédure par étapes de retrait des forces israéliennes et de mise en place progressive de l'autonomie palestinienne. Mais il ne s'agit que d'un arrangement initial d'un processus qui devait déboucher sur un règlement permanent conduisant, au plus tard en 1999, « à la mise en œuvre des résolutions 242 et 338 du Conseil de sécurité » (art. 1er).

Ces principes furent concrétisés dans l'Accord du Caire conclu le 4 mai 1994 entre « le Gouvernement de l'État d'Israël et l'OLP représentant du peuple palestinien », et dans celui de Washington du 28 septembre 1995.

2° *Nature juridique* — En concluant ces accords, l'OLP — qui ne disparaît pas — reconnaît implicitement du même coup qu'elle ne constitue pas le gouvernement d'un État au sens du droit international. L'Autorité palestinienne n'en constitue pas moins un « embryon d'État » bénéficiant d'une autonomie interne relativement étendue au point de vue fonctionnel mais territorialement limitée et d'une personnalité juridique internationale indiscutable mais incomplète.

L'Accord du Caire applique à la bande de Gaza et à la région de Jéricho (« Gaza et Jéricho d'abord ») les principes posés par celui de Washington. Il prévoit le retrait des forces militaires de ces deux zones (art. II), l'établissement de l'Autorité palestinienne (art. IV) et le transfert de compétences d'Israël à celle-ci (art. III) en même temps qu'il fixe les principes applicables à leurs relations mutuelles. Les modalités de mise en œuvre sont précisées dans quatre protocoles et un échange de lettres annexés à l'Accord.

Constituée d'un seul organe de 24 membres, l'Autorité palestinienne a compétence, en vertu de l'article IV de l'Accord du Caire, « pour tous les pouvoirs et responsabilités législatifs et exécutifs qui lui sont transférés » et elle « administre la justice par l'intermédiaire d'un appareil judiciaire indépendant ». Cependant, l'article VI exclut tout droit de légation active ou passive et ne lui reconnaît qu'une capacité limitée de conclure des traités. Les mécanismes de règlement des différends, par voie de conciliation et d'arbitrage (art. XV de l'accord de 1993, art. XVII de celui de 1994), supposent une égalité juridique des protagonistes qui est contredite par le large droit de veto en matière normative, diplomatique et de sécurité extérieure conservé par Israël et par la survivance de l'autorité militaire israélienne sur les territoires occupés ; 280 km^2 seulement (sur les 6 170 km^2 que comptent les territoires occupés) sont partiellement évacués. En outre, dans le reste de la Cisjordanie — à l'exception de Jérusalem —, des compétences limitées sont transférées « par anticipation » à l'Autorité palestinienne (dans les domaines de l'éducation et de la culture, de la santé, du tourisme, des affaires sociales et des impôts).

L'Accord intérimaire paraphé à Taba et signé à Washington le 28 septembre 1995 prolonge celui de 1994. Il définit trois zones territoriales en Cisjordanie : la zone A, dans laquelle le retrait israélien est immédiat et qui comprend les huit villes les plus importantes (à l'exception de Jérusalem) mais qui ne représente que 3 % des territoires occupés ; la zone B (27 %) dans laquelle le « redéploiement » israélien a été effectué pour l'essentiel (à l'exception de la ville d'Hébron) avant janvier 1996 et la zone C où un redéploiement partiel devait être effectué sur dix-huit mois en trois étapes, et dont le degré d'autonomie devait être négocié ultérieurement.

En outre, l'Accord étend considérablement les compétences fonctionnelles de l'Autorité dans les territoires placés sous son contrôle tout en préservant intégralement, comme celui du Caire, la juridiction personnelle d'Israël sur ses ressortissants (art. 17, § 2.c), ce qui n'est pas sans rappeler l'antique système des capitulations (v. *infra*, n° 310), et en organisant de façon méticuleuse une coopération inégalitaire en matière de police et de sécurité (art. 12, § 1). En outre, Israël conserve le contrôle des relations extérieures et de la défense ; cette limitation de la capacité internationale de l'Autorité est cependant atténuée par les exceptions qui lui sont apportées dans l'Accord lui-même dans certains domaines techniques et, surtout, par le maintien de la capacité internationale de l'OLP en tant que mouvement de libération nationale. Par ailleurs, les structures de l'Autorité palestinienne sont précisées : un Conseil de 88 membres et le Président de l'Autorité exécutive sont désormais élus au suffrage universel — les premières élections ont eu lieu le 20 janvier 1996 ; et, bien que le Conseil soit le détenteur théorique des compétences transférées, l'Autorité exécutive conserve un pouvoir considérable.

Dans les faits, la mise en œuvre de l'Accord intérimaire de 1995 s'est trouvée bloquée du fait de l'intransigeance du nouveau gouvernement israélien et le processus de paix est resté dans l'impasse. Tout au plus peut-on signaler la conclusion, le 17 janvier 1997, de l'Accord d'Hébron, qui prévoit l'évacuation de la ville (qui se trouve cependant en zone B — v. *supra*) mais y organise un partage vétilleux des responsabilités en matière de sécurité ; et qui reporte d'un an le calendrier prévu par l'Accord d'Oslo-Washington. Même ce timide accord n'a pas été exécuté par Israël. Les Memorandums d'accord de Wye River du 23 octobre 1998 (v. G. Deniau-Maroudis, *AFDI* 1998, p. 232-242) et de Charm-el-Cheikh du 4 septembre 1999 (v. A. Bockel, *AFDI* 1999, p. 165-180) prévoyant les modalités d'application de l'Accord d'Hebron ne l'ont pas été davantage et la venue au pouvoir de M. Sharon en Israël, suivie de l'éclatement de la seconde « Intifada » (« guerre des pierres ») et de la répression israélienne, a mis fin pour longtemps à tout espoir de paix. Les États-Unis ont certes pris l'initiative en 2002 d'une « Feuille de route » que le Conseil de sécurité a fait sienne par sa résolution 1515 du 19 novembre 2003 et dont le respect doit être garanti par un « Quartet » (États-Unis, Union européenne, Russie et Nations Unies). Celle-ci prévoit la coexistence de deux États démocratiques et viables et impose à chaque partie, en vue de parvenir à cet objectif, un certain nombre d'obligations (démantèlement des groupes armés et fin des attentats pour l'Autorité palestinienne, gel de la colonisation, retrait des troupes et allègement des contrôles pour Israël). Mais cette nouvelle tentative de relance du processus de paix a elle aussi échoué, malgré l'appel à sa mise en œuvre lancé par la CIJ dans son avis du 9 juillet 2004 (*Conséquences juridiques de l'édification d'un mur dans le territoire palestinien occupé*, par. 162). Quant au retrait unilatéral de la bande de Gaza décidé en 2004 par Israël, celui-ci s'est révélé provisoire et n'a pas mis fin, en tout cas entièrement, à l'occupation militaire israélienne (v. A. Bockel, *AFDI* 2005, p. 16-26, ainsi que *infra*, n° 314).

L'Autorité palestinienne œuvre toujours en vue de la création d'un État de Palestine, mais, divisée entre les partisans du Hamas et du Fatah, elle n'a, à ce jour, pas donné suite à ses intentions d'organiser la tenue d'un référendum à cette fin sur la base d'un document qui appellerait à un État palestinien dans les frontières de 1967.

L'Assemblée générale des Nations Unies rappelle régulièrement les droits du peuple palestinien à l'autodétermination (cf. la résolution 49/149 du 23 déc. 1994, réitérée chaque année, dernièrement le 18 déc. 2007 par la résolution 62/146) et à la souveraineté sur les ressources naturelles des territoires occupés (cf. la résolution 51/190 du 16 dec. 1996, reprise annuellement, en 2007 par exemple par la résol. 62/181 du 19 déc.). Pour sa part, le Conseil de sécurité des Nations Unies a évoqué pour la première fois l'existence d'un État de Palestine par sa résolution 1397 (2002) dans laquelle il se déclare « [*a*]*ttaché* à la vision d'une région dans laquelle deux États, Israël et la Palestine, vivent côte à côte, à l'intérieur de frontières reconnues et sûres ».

CHAPITRE II

Compétences de l'État

BIBLIOGRAPHIE. — Ch. ROUSSEAU, « L'aménagement des compétences en droit international », *RGDIP* 1930, p. 420-460. — Ph. MAYER, « Droit international public et droit international privé sous l'angle de la notion de compétence », *RCDIP* 1979, p. 1 s., 349 s. et 537 s. — St. JOVANOVIC, *Restriction des compétences discrétionnaires des États en droit international*, Pedone, 1988, 240 p. — SFDI, Colloque de Rennes, *Les compétences de l'État en droit international*, Pedone, 2006, 320 p.

296. Définition. — On peut définir la notion de compétence internationale de l'État comme un « pouvoir juridique conféré ou reconnu par le droit international à un État (...) de connaître d'une affaire, de prendre une décision, de régler un différend » (*Dictionnaire de la terminologie du droit international*, Sirey, 1960, p. 132).

On ne saurait déduire de cette définition une quelconque antériorité du droit international par rapport à l'État : apparues en même temps, les deux notions sont indissociables ; parce qu'elle est un État, une entité donnée exerce certaines compétences, réglementées par le droit international, et, de cette manière, celui-ci garantit l'existence des États et leur coexistence. « Tout ce que l'on peut demander à un État, c'est de ne pas dépasser les limites que le droit international trace à sa compétence » (CPJI, 1927, affaire du *Lotus*, série A, n° 10, p. 19). Les compétences de l'État dans la sphère internationale sont par ailleurs inhérentes à sa qualité d'entité souveraine et peuvent donc être exercées indépendamment de toute habilitation constitutionnelle interne (cf. la doctrine américaine des *powers inherent in sovereignty* exprimée par plusieurs décisions célèbres de la Cour suprême des États-Unis – cf. *McCulloch c. Maryland* (1819) ; *United States v. Curtiss-Wright Export Corporation* (1936) ; v. S.H. Cleveland, *Texas Law Review* 2002, p. 1-284).

En règle générale, toute compétence peut s'analyser *ratione loci* parce que toute compétence est « spatiale », s'applique à des activités qui ont une assise territoriale. L'adoption de ce critère spatial de détermination des compétences étatiques conduit nécessairement à distinguer les compétences que l'État exerce sur son territoire de celles qu'il exerce en dehors de son territoire.

Sur son territoire, l'État se comporte normalement en souverain et l'ensemble de ses compétences est traditionnellement désigné par la formule « souveraineté territoriale » ou « compétence territoriale majeure ».

Hors de son territoire, les compétences que le droit international reconnaît à l'État sont fondées sur des titres divers.

En raison de la complexité du statut juridique de l'État, la distinction spatiale des compétences ne rend pas compte de l'ensemble des compétences étatiques. En effet, au nombre de celles-ci, il faut comprendre celles relatives à l'exercice des fonctions diplomatiques *lato sensu* de l'État : or ces actes étatiques ne peuvent être géographiquement localisés avec précision et, surtout, ils ne peuvent être fondés directement sur un titre territorial. Il faut faire appel, au moins à titre complémentaire, à une définition des compétences *ratione materiae*, pour traduire la distinction entre les compétences issues du principe de souveraineté et celles dérivées de la souveraineté sur un territoire (v. *supra*, n° 279).

Certains auteurs ont donc proposé d'opposer à la « souveraineté territoriale », les « compétences non territoriales ». En exerçant la première, l'État se comporte en principe en tant que puissance publique, dotée d'un pouvoir de commandement ; ses compétences sont par nature *inégalitaires*. Alors que les *rapports internationaux* qu'il entretient avec les autres sujets du droit international sont nécessairement *égalitaires* (rapports interétatiques), ou du moins excluent toute volonté d'autorité ou de commandement unilatéral (rapports avec les organisations internationales). Voulant traduire la même opposition, on a proposé de qualifier les compétences « non territoriales » de compétences *externes* de l'État et d'englober dans l'expression *compétences internes* toutes les autres compétences.

Les compétences *externes* ne sont pas secondaires, par rapport aux compétences *internes :* matériellement on y inclura le droit d'entretenir des relations diplomatiques, le droit de s'engager par voie de conventions internationales ou d'actes unilatéraux, le droit de participer aux organisations internationales, le droit de recourir à la force dans les limites établies par le droit international. Cependant on ne les étudiera pas globalement ici. Parmi elles, il est possible de distinguer celles qui, pouvant être localisées, mettent en cause une souveraineté territoriale « tierce », de celles qui n'ont aucun lien de rattachement territorial et qui seront évoquées à propos des relations diplomatiques, des grands principes de conduite des États, de la responsabilité internationale ou des rapports avec les organisations internationales.

Le critère décisif reste, dans le cadre de ce chapitre, le critère territorial : aux compétences étendues et prioritaires que l'État exerce sur son territoire, s'opposent celles — parfois matériellement les mêmes (conduite des services publics) — qui le font entrer en concurrence avec un autre souverain territorial ou avec un État qui a un même droit d'accès à un espace géographique donné (haute mer, par exemple). Il en résulte des conflits de compétences qu'il faut concilier.

Section 1. — Compétences exercées par l'État sur son territoire.
Section 2. — Compétences exercées par l'État hors de son territoire.
Section 3. — Concurrence et conciliation des compétences étatiques.

Section 1

Compétences exercées par l'État sur son territoire

297. La « souveraineté territoriale ». — Cette expression est une facilité de langage plus commode qu'exacte : ces compétences *découlent* de la souveraineté sur le territoire, elles en sont des manifestations ou des conséquences, non le contenu. Mais elle a le mérite de mettre l'accent sur le fait que de telles compétences ne peuvent être exercées que du fait d'exclusivité de juridiction de l'État sur son territoire ; et que, corrélativement, ces compétences sont les plus vastes, les plus importantes que le droit international reconnaît à l'État.

Dans sa sentence du 16 novembre 1957, dans l'affaire du *Lac Lanoux*, le Tribunal arbitral exprime très nettement cette idée : « La souveraineté territoriale joue à la manière d'une présomption. Elle doit fléchir devant toutes les obligations internationales, quelle qu'en soit la source, mais elle ne fléchit que devant elles » (*RSA* vol. XII, p. 301). Ce qui est une autre manière d'exprimer ce que disait déjà la CIJ, dans son arrêt de 1949 : « Entre États indépendants, le respect de la souveraineté territoriale est une des bases essentielles des rapports internationaux » (*Détroit de Corfou, Rec.* 1949, p. 35).

Afin de définir cette souveraineté territoriale, il ne suffit pas d'en exposer les caractéristiques générales. La coexistence de plusieurs États oblige à en préciser d'abord le champ d'application géographique.

§ 1. — *Délimitation du territoire étatique*

A. — La délimitation du territoire terrestre

BIBLIOGRAPHIE. — P. DE LA PRADELLE, *La frontière*, Éd. Internationales, 1928, 368 p. — J. ANDRASSY, « Les relations internationales de voisinage », *RCADI* 1951-II, vol. 79, p. 77-181. — Ch. DE VISSCHER, *Problèmes de confins en droit international public*, Pedone, 1969, 200 p. — Ph. PONDAVEN, *Les lacs-frontières*, Pedone, 1972, 451 p. — A. L. W. MUSKMAN, « Adjudication and Adjustment — International Decision and the Settlement of Territorial and Boundary Disputes », *BYBIL* 1972-1973, p. 1-16. — C. E. COSTANZA, *Gli Stati Contamini nel Diritto Internazionale*, Herbita, Palerme, 380 p. — D. BARDONNET, « Les frontières terrestres et la relativité de leur tracé », *RCADI* 1976-V, vol. 153, p. 9-166 ; « Équité et frontières terrestres », *Mél. Reuter*, p. 35-74 ; « Frontières terrestres et frontières maritimes », *AFDI* 1989, p. 1-64. — P.-M. DUPUY, « La coopération régionale transfrontalière et le droit international », *AFDI* 1977, p. 837-860. — I. POP, *Voisinage et bon voisinage*, Pedone, 1980, 383 p. — SFDI, Colloque de Poitiers, *La frontière*, Pedone, 1980, 304 p. — M. FOUCHER, *Fronts et frontières, un tour du monde géopolitique*, Fayard, 1991, 691 p. — M. BERNAD Y ALVAREZ DE EULATE, « La coopération transfrontalière régionale », *RCADI* 1993-VI, vol. 243, p. 293-341. — J. M. SOREL et R. MEHDI, « L'*uti possidetis* entre la consécration juridique et la pratique », *AFDI* 1994, p. 11-40. — M. KOHEN, « Le règlement des différends territoriaux à la lumière de l'arrêt de la CIJ dans l'affaire Libye/Tchad », *RGDIP* 1995, p. 301-334 ; *Possession contestée et souveraineté territoriale*, PUF, 1997, XXV-579 p. ; « Le problème des frontières en cas de dissolution et de séparation d'États : quelles alternatives ? », *RBDI* 1998, p. 129-160 ; « La contribución de América Latina al desarollo del derecho internacional en materia territorial », *ADI* 2001, p. 57-77 ; « El individuo y los conflictos territoriales », *Cursos de derecho internacional (OEA)*, 2001, vol. XXVIII, p. 427-460 ; « La relation titres/effectivités dans le contentieux territorial à la lumière de la jurisprudence de la CIJ », *RGDIP* 2004, p. 561-596. — G. DISTEFANO, « La notion de titre juridique et les différends territoriaux dans l'ordre international », *RBDI* 1998, p. 335-366 ; *L'ordre international entre légalité et effectivité. Le titre juridique dans le contentieux territorial*, Pedone, 2002, XI-590 p. — G. NESI, *L'*uti possidetis iuris *del diritto internazionale*, CEDAM, Milan, 1996, 299 p. ; « L'*uti possidetis* hors du contexte de la décolonisation : le cas de l'Europe », *AFDI* 1998, p. 1-23. — S. R. RATNER, « Drawing a Better Line : *Uti Possidetis* and the Borders of New States », *AJIL* 1996, p. 590-624. — M. N. SHAW, « The Heritage of States : The Principle of *Uti Possidetis* Juris Today », *BYBIL* 1996, p. 75-154 ; « Title, Control, and Closure ? The Experience of the Eritrea-Ethiopia Boundary Commission », *ICLQ* 2007, p. 755-796. — G. NOVELLO, « Tecnica cartografica, territorialità ed evoluzione giuridica nelle relazioni interstatali », *Cta. I.*, 1997, p. 55-88. — L. I. SANCHEZ RODRIGUEZ, « L'*uti* *possidetis* et les effectivités dans les contentieux territoriaux et frontaliers », *RCADI* 1997, vol. 263, p. 149-381. — Ph. WECKEL dir., *Le juge international et l'aménagement de l'espace : la spécificité du contentieux territorial*, Pedone, 1998, 231 p. — J. SALMON et a., « L'applicabilité de l'*uti possidetis juris* dans les situations de sécession ou de dissolution d'États » (colloque), *RBDI* 1998, p. 5-189. — O. CORTEN et a., dir., *Démembrements d'États et délimitations territoriales : l'*uti possidetis *en question*, Bruylant, Bruxelles, 1999, 455 p. — A. G. LOPEZ MARTIN, *El territorio estatal en discusión ; la prueba del ttulo*, McGraw-Hill, Madrid, 1999, XXIX-274 p. — J. CASTELLINO et S. ALLEN, « The Doctrine of *Uti Possidetis* », *GYBIL* 2000, p. 205-226. — R. MCCORQUODALE et P. PANGALANGAN, « Pushing Back the Limitations of Territorial Boundaries », *EJIL* 2001, p. 867-888. — P. TAVERNIER, « Les différends frontaliers terrestres dans la jurisprudence de la CIJ », *AFDI* 2001, p. 137-148. — S. LALONDE, « *Uti Possidetis* : Its Colonial Past Revisited », *RBDI* 2001, p. 23-93 ; *Determining Boundaries in a Conflicted World. The Role of* uti possidetis, McGill-Queen's UP, Montréal, 2002, XIII-347 p. — C. SCHOFIELD e.a. dir., *The Razor's Edge. International Boundaries and Political Geography*, Kluwer Law International, Londres/La Haye/New York, 2002, XVIII-573 p. — L. LOMBARD, « L'adaptabilité de l'*uti possidetis juris* hors du contexte de la décolonisation : l'exemple européen », *L'Observateur des Nations Unies*, automne-hiver 2003, p. 129-150.

298. Notion de frontière. — Selon le *Dictionnaire de la terminologie du droit international*, la frontière est la « ligne déterminant où commencent et où finissent les territoires relevant respectivement de deux États voisins ». Précisant cette définition, le Tribunal arbitral chargé de déterminer la *Frontière maritime* de la Guinée-Bissau et du Sénégal a estimé qu'« une frontière internationale est la ligne formée par la succession des points extrêmes du domaine de validité spatiale des normes de l'ordre juridique d'un État », la même définition valant pour la frontière terrestre et la frontière maritime (*RGDIP* 1990, p. 253 ; v. aussi la sentence arbitrale du 13 oct. 1995 dans l'affaire de la *Laguna del Desierto*, par. 59).

La frontière moderne est une ligne séparant des espaces territoriaux où s'exercent deux souverainetés différentes. Aussi, « définir un territoire est définir ses frontières » (CIJ, 3 fév. 1994, *Différend territorial Libye-Tchad*, *Rec.* p. 20), sans que la distinction entre conflits de délimitation et conflits d'attribution territoriale, parfois faite en doctrine, ait de réelle portée pratique puisque toute délimitation a nécessairement « pour conséquence de répartir les parcelles limitrophes de part et d'autre de ce tracé » (CIJ, Chambre, arrêt du 22 décembre 1986, *Différend frontalier Burkina/Mali*, *Rec.* p. 563 ; v. également CIJ, arrêt du 17 décembre 2002, *Souveraineté sur Pulau Ligitan et Pulau Sipadan*, *Rec.* par. 43).

Le régime juridique de la frontière peut être fixé d'un commun accord. Ainsi par exemple, par l'Accord de Schengen du 14 juin 1985 et sa convention d'application du 19 juin 1990, six États européens, rejoints progressivement par les autres Membres de la Communauté, ont décidé la suppression graduelle des contrôles aux frontières communes. Comme l'a relevé le Conseil constitutionnel, ces dispositions ne sont pas « assimilables à une suppression ou à une modification des frontières qui, sur le plan juridique, délimitent la compétence territoriale de l'État » (décision du 25 juillet 1991, *Rec.*, p. 91). V. aussi le titre VI du Traité UE et le titre IV du Traité CE modifié par les traités de Maastricht et d'Amsterdam.

Il n'en a pas toujours été ainsi. Dans certaines zones ont longtemps subsisté les pratiques traditionnelles des « marches » ou les conceptions patrimoniales des monarques. Aussi a-t-on pu s'interroger sur la survivance de la « frontière-zone », par opposition à la « frontièreligne ». Une certaine jurisprudence a estimé que la « frontière-zone » n'était rien de plus qu'une expression « doctrinale » et qu'elle ne pouvait « ajouter une obligation à celles que consacre le droit positif » (Tribunal arbitral, *Lac Lanoux*, 1957, *RSA* vol. XII, p. 307). La sentence arbitrale du 19 février 1968, rendue dans l'affaire du *Rann de Kutch*, est moins catégorique et admet qu'une zone où prévalait une situation politique fluide ait pu être une frontière entre deux entités étatiques (*RSA*, vol. XVII, *passim*).

L'établissement d'une ligne frontière suppose celle de communautés humaines relativement sédentaires et rattachées à une entité étatique.

Tel n'était pas le cas, selon la CIJ, dans les zones de nomadisme saharien jusqu'au milieu du XIXe siècle. Les liens qui pouvaient exister entre les diverses tribus « ne connaissaient pas de frontière entre les territoires » (*Sahara occidental, Rec.* 1975, p. 65).

La frontière est une limite de caractère international. Elle doit être distinguée aussi bien des lignes établies selon une procédure internationale mais qui ne séparent pas des États, que des limites tracées entre différentes collectivités intra-étatiques selon un procédé de droit interne.

Il en est ainsi des lignes provisoires séparant les combattants et déterminées par les conventions *d'armistice*. En Allemagne occupée, au lendemain de la Seconde Guerre mondiale, les limites des zones d'occupation des Alliés ne sont pas non plus des frontières (v. aussi la sentence arbitrale du 9 octobre 1998 entre l'Érythrée et le Yémen, qui précise que l'Armistice de Mudros entre les Alliés et l'Empire ottoman n'a pu avoir d'effets juridiques définitifs quant à l'attribution des territoires de celui-ci — par. 147-148). La situation est moins claire en ce qui concerne la ligne de partage des États divisés (Corée et, dans le passé, Vietnam et Allemagne) : si l'Acte final de la CSCE (Helsinki, 1975) ne fait allusion qu'aux frontières des États participants, la RFA et la RDA ont, jusqu'à la réunification, maintenu en application un régime particulier pour le « commerce intérieur allemand » qui postule l'absence de frontière internationale entre eux. À la suite du Traité d'unification du 31 août 1990, le Traité de Moscou du 12 septembre 1990 portant règlement définitif relatif à l'Allemagne définit le territoire allemand comme comprenant les anciennes RFA et RDA et « l'ensemble de Berlin », confirme le caractère définitif de ses frontières et dispose que « l'Allemagne unie n'a aucune revendication territoriale quelle qu'elle soit envers d'autres États » (art. 1er). Conformément à ces dispositions, l'Allemagne et la Pologne ont conclu, le 14 novembre 1990, un traité confirmant le tracé de la frontière sur la ligne Oder-Neisse (cf. P. Koenig, « La frontière Oder-Neisse », *AFDI* 1990, p. 107-123).

Quant aux lignes séparant les collectivités territoriales au sein d'un État, ce ne sont pas des frontières, qu'il s'agisse des limites des États membres d'un État fédéral ou de celles des colonies limitrophes d'une même puissance coloniale. Cependant, par l'accession à l'indépendance de ces colonies, ces délimitations administratives pourront se transformer en frontières (v. *infra*, n° 300).

299. Procédés de fixation de la frontière. — L'opération complète de détermination de la ligne frontière se décompose en plusieurs phases, qu'il n'est pas toujours aisé de distinguer en pratique. La première est celle de *délimitation*, opération juridique et politique qui fixe l'étendue spatiale du ou des pouvoirs étatiques. La deuxième est la *démarcation*, opération technique d'exécution qui reporte sur le sol les termes d'une délimitation établie. La troisième et ultime phase consiste dans l'*abornement*, opération qui matérialise la frontière sur le terrain par des repères convenus (bornes, piquets, etc.).

Les deuxième et troisième phases se recoupent le plus souvent en pratique puisque l'abornement n'est qu'un mode de réalisation de la démarcation. La CIJ les a d'ailleurs assimilées dans son arrêt du 10 octobre 2002 rendu dans l'affaire *Cameroun/Nigeria :* « (...) la délimitation d'une frontière consiste en sa "*définition*", tandis que la démarcation d'une frontière, qui présuppose la délimitation préalable de celle-ci, consiste en son abornement sur le terrain » (*Rec.* 2002, par. 84). Mais la distinction mérite sans doute d'être maintenue dès lors que la démarcation a parfois été opérée par le simple biais d'une liste de coordonnées géographiques, sans report sur le terrain (v. pour la frontière irako-koweitienne, M. Mendelson et S. C. Hulton, « Les décisions de la Commission des NU de démarcation de la frontière entre l'Irak et le Koweït », *AFDI* 1993, p. 178-231 ; v. également la déclaration du 27 novembre 2006 de la Commission de délimitation des frontières entre l'Érythrée et l'Éthiopie). Dans ce cas de figure, si la démarcation n'implique pas d'abornement, c'est pour se confondre largement avec la délimitation dont elle partagera le même caractère abstrait.

La démarcation ne suit pas nécessairement les solutions retenues lors de la délimitation. Dans la sentence rendue le 29 septembre 1988 entre l'Égypte et Israël dans l'affaire de *Taba*, le Tribunal arbitral a ainsi semblé faire prévaloir le tracé de la démarcation ultérieure sur celui prévu par l'Accord de délimitation du 1er octobre 1906 entre la Grande-Bretagne et l'Empire ottoman (*ILM* 1988, p. 1427). Rien n'empêche les États concernés de modifier, par le biais d'un accord de démarcation, un accord antérieur de délimitation (v. par ex. l'accord jordano-syrien de démarcation de la frontière du 28 février 2005, qui modifie en partie l'accord de délimitation pertinent de 1931). Cependant, il sera plus fréquent de déduire d'une opération de démarcation l'existence d'un accord antérieur sur la délimitation de la frontière considérée (la CIJ y verra même une « présomption » : *Différend territorial Libye-Tchad, Rec.* 1994, p. 28).

Établir une frontière engage l'avenir. Comme le dit la CIJ dans l'affaire du *Temple de Préah Vihéar :* « D'une manière générale, lorsque deux pays définissent entre eux une frontière, un de leurs principaux objectifs est d'arrêter une solution stable et définitive » (*Rec.* 1962, p. 34). Plus fondamentalement, « c'est un principe de droit international qu'un régime territorial établi par traité "acquiert une permanence que le traité lui-même ne connaît pas" » (CIJ, arrêt du 13 déc. 2007, *Différend territorial et maritime (Nicaragua c. Colombie)*, par. 89). Les États entourent donc de multiples précautions les diverses étapes de l'opération et consacrent leur engagement mutuel par voie de traité, le plus souvent. La solennité de l'opération traduit un souci de stabilité juridique, assez puissant pour dissocier la détermination des frontières du sort des traités qui les ont établies (CIJ, *Différend territorial Libye-Tchad, Rec.* 1994, p. 37).

Le tracé de la frontière peut être établi à la suite d'une négociation, d'un règlement unilatéral ou collectif d'un « concert de puissances », en général après une guerre, en vertu d'une règle coutumière ou d'un règlement juridictionnel ou arbitral. Il sera pratiquement toujours parfait par un accord conventionnel.

La négociation se déroule parfois en plusieurs temps. Après un premier accord sur les principes de délimitation, seront conclus des accords additionnels de démarcation, éventuellement concrétisés par une carte. Les responsables de la démarcation pourront être habilités à aménager la délimitation convenue pour corriger les imperfections dues à une mauvaise connaissance du terrain par les négociateurs. Il peut s'écouler un laps de temps important entre le premier et le second accord : ainsi, la frontière franco-espagnole a été établie au XVIIe siècle par le Traité des Pyrénées (1659), mais son tracé définitif n'a pu être réalisé qu'en 1868 par le Traité de Bayonne.

Les remaniements territoriaux réalisés par les États vainqueurs, après un conflit armé, établissent une situation de fait « objective », opposable en principe à tous. Par précaution, ces États feront reconnaître la légitimité des nouvelles frontières dans des accords multilatéraux ou des actes concertés : la situation confuse en Europe après la Seconde Guerre mondiale a conduit à combiner les deux méthodes (traités de paix ou de « normalisation » et consécration par la CSCE). La résolution 687 (1991) du Conseil de sécurité mettant fin au conflit armé contre l'Irak impose à ce pays et au Koweït de respecter la délimitation de leur frontière commune fixée par un accord antérieur de 1963 (§ 2) et incite fortement les parties à procéder à sa démarcation (§ 3). Sur cette base, le Secrétaire général a constitué une Commission formée de deux représentants des parties et de trois experts neutres, dont les décisions sont obligatoires (v. E. Suy, *in Mél. Jimenez*, p. 441-456).

Souvent, surtout dans un cadre extra-européen, les accords de délimitation revêtent un caractère vague qui crée des problèmes en l'absence de démarcation (cf. la frontière entre l'Irak et le Koweït, délimitée en 1923 et 1932, mais jamais concrétisée — v. M. Mendelson et S.C. Hulton, *AFDI* 1990, p. 194-227, not. p. 222 s. et *BYBIL* 1993, p. 135-195 —, ou celle entre l'Équateur et le Pérou, objet du Protocole de Rio du 29 janvier 1942, qui est restée en litige jusqu'au 26 octobre 1998, date à laquelle les deux États ont conclu les accords de Brasilia réglant définitivement le différend).

À défaut d'un traité, il a été possible d'invoquer le principe coutumier de la prescription ou de l'usucapion, par exemple lorsque l'occupation d'un territoire avait été suivie de l'exercice d'une autorité effective de l'État (sentence Max Huber, *Île de Palmas*, 1928, *RSA* II, p. 839). Cette solution ne serait pas acceptable aujourd'hui du fait de la prohibition de l'acquisition de territoires par l'occupation armée.

Lorsqu'un juge ou un arbitre international est saisi d'un différend sur le tracé d'une frontière, c'est le jugement ou la sentence arbitrale qui fera autorité. Les Parties peuvent s'entendre pour procéder à un abornement sur le terrain (cf. l'accord conclu le 15 avril 1994 entre la Libye et le Tchad à la suite de l'arrêt de la CIJ du 4 avril 1994).

À l'occasion d'une telle procédure juridictionnelle, l'une des parties peut abandonner le titre qu'elle détient sur une partie du territoire en litige, auquel cas la juridiction donnera effet à cette décision unilatérale. Devant la Commission de délimitation de la frontière entre l'Érythrée et l'Éthiopie, ce dernier État a par exemple considéré comme érythréens certains lieux qui pourtant se trouvaient de « son » côté de la ligne conventionnelle de délimitation. La Commission a donc dû procéder à un réajustement de la frontière de manière à donner effet à la déclaration formellement faite par l'Éthiopie dans sa réplique écrite (décision de délimitation du 13 avril 2002, par. 4.69-4.70, *ILM* 2002, p. 1057).

300. Liberté de choix des États quant au tracé de la frontière. — Le droit international n'impose aucune technique particulière pour l'établissement de la frontière. Les États, faisant prévaloir les considérations d'opportunité les plus diverses, peuvent librement décider de retenir comme pertinentes des données « naturelles » et des délimitations antérieures ; ils peuvent tout aussi bien faire table rase du passé ou s'appuyer sur des points ou des lignes tout à fait artificiels.

La frontière dite « naturelle » (naturelle d'un point de vue géographique simplement) n'est donc qu'une ligne coïncidant avec un obstacle naturel, non pas une ligne commandée juridiquement par l'existence de cet obstacle naturel. La seule exception apparente est le tracé du littoral maritime, qui commande celui de la limite externe de la mer territoriale et encore sous certaines réserves (système des lignes de base droites, voir *infra*, n° 676).

1° *Le choix entre* « frontières naturelles » *et* « frontières artificielles » est commandé par la connaissance plus ou moins exacte que les négociateurs ont de la zone traversée par la frontière et par l'existence de points de repère naturels. Le plus souvent les États préféreront utiliser des indices géographiques ou géologiques, qui offrent une plus grande sécurité juridique que des lignes artificielles et facilitent l'opération de démarcation. Mais cela n'a pas toujours été possible dans la période coloniale et, jusqu'à une époque récente, dans des régions peu explorées et insuffisamment peuplées. L'expérience historique prouve qu'il est dangereux de retenir des indices naturels dont la position ou le tracé sont problématiques : c'est une source de difficultés ultérieures.

Le choix de la ligne frontière correspond toujours à un certain équilibre politique ; or cet équilibre peut se modifier avec le temps : la frontière artificielle se révèle alors plus fragile que la frontière naturelle et il est nécessaire d'opérer des ajustements ponctuels à partir de la délimitation initiale.

Une fois choisis quelques points de repère, les négociateurs décrivent la méthode de tracé de la ligne qui les joint. Ce peut être une ligne abstraite, par exemple une ligne astronomique (méridien ou parallèle terrestre), ce peut être aussi une ligne géométrique (ligne droite ou série d'arcs de cercle).

Si les repères sont constitués par un massif montagneux, on aura le choix entre la ligne *de crête* et la ligne de *partage des eaux* ou la ligne de pied des monts (v. la sentence arbitrale du 21 oct. 1994 dans l'affaire de la *Laguna del Desierto* entre l'Argentine et le Chili, *RGDIP* 1996, p. 572 s.) ; la première assure une certaine égalité des États limitrophes en termes de sécurité militaire ; la seconde répond souvent mieux aux besoins concrets de la population locale et évite la multiplication des frictions entre collectivités voisines mais dépendant d'États différents. La démarcation est toujours délicate, en particulier pour la ligne *hydrographique*, et l'assistance d'experts s'impose.

S'il s'agit d'un fleuve ou d'une rivière, la ligne frontière sera située tantôt sur une des rives — ce qui est une solution inégalitaire, puisque l'un des États dispose entièrement de la voie d'eau —, tantôt au milieu de ce fleuve (système de la ligne *médiane*). Pour des raisons pratiques, dans le cas des voies d'eau navigables, une solution domine qui consiste à faire coïncider la frontière avec le *thalweg*, dont il existe plusieurs définitions, mais qui coïncide en général avec la ligne médiane du chenal navigable (cf. CIJ, arrêt du 13 déc. 1999, *Kasikili/Sedudu*, *Rec.* p. 1061-1062, par. 24 ; v. également la sentence du 13 avril 2002, *Délimitation de la frontière entre l'Érythrée et l'Éthiopie*, par. 7.1-7.3) ; s'il y a plusieurs chenaux navigables, on retiendra le chenal principal ; pour le déterminer, la Cour, dans la même affaire, s'est fondée sur une pluralité de critères (profondeur, largeur, « configuration du profil du lit du chenal », navigabilité — *Rec.* p. 1062-1072, par. 27-42). Il convient aussi de préciser si le tracé est établi en fonction des eaux pleines ou des basses eaux du fleuve. La Chambre de la Cour constituée dans l'affaire du *Différend frontalier* (Bénin/Niger) a assimilé quant à elle le chenal principal à « la ligne des sondages les plus profonds » (arrêt du 12 juillet 2005, par. 104). Elle a par ailleurs jugé qu'en l'absence d'accord entre les parties, la solution à retenir s'agissant de la délimitation de la frontière sur les ponts enjambant un cours d'eau frontalier doit être « celle du report vertical de la frontière tracée sur le cours d'eau » (par. 124).

Le choix d'une délimitation fluviale n'est pas sans risques. D'une part, comme pour toute frontière naturelle, il peut s'avérer très difficile de l'identifier avec précision quand elle a été fixée à une époque ancienne sur la base de cartes imprécises et contradictoires. D'autre part, les États s'exposent au risque d'un déplacement du cours d'eau au fil du temps. La CIJ a été confrontée à ce genre de difficultés dans l'affaire du *Différend frontalier, terrestre, maritime et insulaire* entre El Salvador et Honduras (v. l'arrêt du 18 décembre 2003 sur la demande en révision, par. 26 et s. notamment) (à propos des délimitations fluviales, v. *infra*, la bibliographie citée sur le n° 712).

2° Lors des phases de décolonisation, en Amérique latine au XIXe siècle, en Afrique et en Asie au XXe siècle, les États nouveaux ont retenu un principe politique de délimitation dit de l'*uti possidetis juris*, qui consiste à fixer la frontière en fonction des anciennes limites administratives internes à un État préexistant dont les nouveaux États accédant à l'indépendance sont issus ; il a été repris en dehors du cadre de la décolonisation à la suite des dissolutions de la Yougoslavie, de l'URSS et de la Tchécoslovaquie dans les années 1990. Solution favorable au *statu quo ante*, ce principe vise à « geler » les contentieux territoriaux et à contribuer à la limitation des tensions.

Le principe est né de la pratique des anciennes colonies espagnoles en Amérique latine, d'où son intitulé traditionnel : « uti possidetis juris de 1810 ». Les États intéressés décidèrent de fixer leurs frontières en respectant les limites administratives existant à cette date entre les colonies ; dès lors, « le *jus* en question n'est pas le droit international, mais le droit constitutionnel ou administratif du souverain avant l'indépendance » (CIJ (Chambre), arrêt du 11 sept. 1992, *Différend frontalier terrestre, insulaire et maritime*, *Rec.*, p. 558).

À l'aube de leur indépendance, les États africains s'engagèrent dans la même voie. Ils n'ont pas réussi à inscrire le principe de l'*uti possidetis* dans la Charte de l'OUA, mais se sont engagés à le respecter peu de temps après (résolution 16-I de l'OUA, Le Caire, juillet 1964 et Déclaration de la Conférence des non-alignés du Caire, octobre 1964). Sa portée s'en est d'ailleurs trouvée modifiée car il couvre non seulement les limites administratives internes à chaque Empire colonial, mais aussi les limites extérieures de chacun de ceux-ci (cf. la sentence arbitrale du 31 juillet 1989, *Détermination de la frontière maritime Guinée-Bissau/Sénégal, RGDIP* 1990, p. 251). Aux termes de l'article 4.b) de l'Acte constitutif de l'Union africaine, le « respect des frontières existant au moment de l'accession à l'indépendance » est dorénavant l'un des principes de l'Organisation.

Même si cette conséquence est souvent traitée de manière implicite au sein des organisations internationales, le principe implique que le droit des peuples coloniaux à disposer d'eux-mêmes s'exerce dans le cadre des limites administratives fixées par la puissance administrante, ou des frontières coloniales (v. *infra*, n° 343).

Ainsi s'explique l'attitude adoptée par l'Assemblée générale des Nations Unies dans les situations de décolonisation. La solution retenue pour les plébiscites d'autodétermination au Cameroun allait déjà dans ce sens. De façon plus générale, le § 6 de la résolution 1514 (XV) de 1960 fait appel au respect de « l'unité nationale et [de] l'intégrité territoriale » et renvoie implicitement au respect des délimitations coloniales établies. Dès les premières résolutions de l'Assemblée dans l'affaire du Sahara occidental (résolution 2229 (XXI) de 1966) et dans l'avis consultatif de la CIJ de 1975, alors même que les frontières et limites administratives n'avaient qu'une signification réduite pour des populations nomades, ce sont les délimitations des territoires sous domination espagnole qui sont seules prises en compte (ceci est également évident pour le territoire de la Mauritanie, qui n'existait pas avant la colonisation française). Vont dans le même sens, les résolutions 31/4 et 31/6 de l'Assemblée à propos de Mayotte et du Transkei.

Bénéficiant de très nombreuses confirmations conventionnelles, le principe de l'*uti possidetis*, bien qu'il fût apparu en Amérique latine, revêt le caractère d'une règle générale. « Il constitue un principe général, logiquement lié au phénomène de l'accession à l'indépendance où qu'il se manifeste. Son but évident est d'éviter que l'indépendance et la stabilité des nouveaux États ne soient mises en danger » (CIJ, arrêt du 22 déc. 1986, *Différend frontalier, Rec.* 1986, p. 565).

S'agissant de la Yougoslavie, le Conseil de sécurité a fait sienne la Déclaration de la CSCE du 3 septembre 1991 selon laquelle « aucun gain ou changement territorial par la force à l'intérieur de la Yougoslavie n'est acceptable » (résolution 713 du 25 septembre 1991), et exige « le respect du principe du caractère inacceptable de tout changement de frontière par la force » (résolution 752 du 15 mai 1992). Plus explicitement, la Commission d'arbitrage de la Conférence pour la paix en Yougoslavie s'est référée à l'arrêt précité de la CIJ pour estimer que « le principe de l'*uti possidetis juris* (...), bien qu'initialement reconnu dans le règlement des problèmes de décolonisation en Amérique et en Afrique, constitue aujourd'hui un principe présentant un caractère général » (avis n° 3, 11 janv. 1992, *RGDIP* 1992, p. 268), que le droit à l'autodétermination ne peut tenir en échec « sauf en cas d'accord contraire de la part des États concernés » (avis n° 2, 11 janv. 1992, *ibid.*, p. 266). En ce qui concerne l'ex-URSS, v. l'article 5 de l'Accord de Minsk du 8 décembre 1991.

Il reste que, pour bien établi qu'il soit, le principe pourrait difficilement trouver application en dehors des hypothèses de décolonisation ou de dissolution d'un État fédéral. En outre, et c'est une autre limite de sa portée, il ne fige pas pour toujours les frontières des nouveaux États, qui demeurent libres de les modifier par voie d'accords (cf. CIJ, arrêt du 11 sept. 1992, *Différend frontalier terrestre, insulaire et maritime*, *Rec.*, p. 401 et 408). De plus, il est inutile de faire appel à ce principe dès lors que la délimitation frontalière est indiscutablement établie par voie conventionnelle (CIJ, *Différend territorial Libye-Tchad, Rec.*, 1994, p. 38-40). Enfin, l'application de ce principe « présuppose que les autorités coloniales centrales aient procédé à une délimitation territoriale entre les provinces coloniales concernées », faute de quoi il faut se tourner vers la situation post-coloniale (CIJ, arrêt du 8 oct. 2007, *Différend territorial et maritime entre le Nicaragua et le Honduras*, par. 158 et s. et 167 et s.).

301. Contestations et preuves du tracé frontalier. — 1° L'incertitude sur le tracé des frontières est la source d'un *contentieux international* important : il s'agit d'un « problème de souveraineté » extrêmement sensible, dont l'enjeu concret est fondamental puisque c'est l'extension de la souveraineté territoriale de l'État qui est en cause. Même si des contestations territoriales ne sont pas exclues entre de « vieux » États européens (cf. les affaires relatives aux *Minquiers et Écréhous* entre la France et le Royaume-Uni — arrêt de la CIJ du 17 nov. 1953, *Rec.*, p. 47 — ou à certaines *Parcelles frontalières* entre la Belgique et les Pays-Bas — arrêt de la CIJ du 20 juin 1959, *Rec.*, p. 290), ce sont les frontières entre États issus de la décolonisation ou de la dissolution d'États préexistants (URSS, Yougoslavie) qui sont à l'origine des problèmes les plus nombreux et les plus difficiles. Et si le principe de l'*uti possidetis* (v. *supra*, n° 300) fournit, à cet égard, une orientation de solution, son application se révèle souvent insuffisante pour déterminer, concrètement, *le tracé* de la frontière.

Les délimitations coloniales n'ont pas toujours eu une grande précision ou étaient en contradiction avec les données géographiques et naturelles ; parfois même elles n'existaient pas. D'où la résurgence d'un contentieux territorial qui, sauf à recourir à la force, ne peut être que tranché par le recours à l'arbitrage ou à une juridiction internationale (voir notamment la sentence arbitrale du Conseil fédéral suisse, 24 mars 1922, *Venezuela-Colombie, RSA* vol. I, p. 223 ; plus récemment, la sentence de la reine Elisabeth, dans l'affaire du *Canal de Beagle* (1977) et les différends frontaliers entre le Burkina Faso et le Mali (arrêt d'une chambre de la CIJ, 22 déc. 1986), le Salvador et le Honduras (arrêt d'une chambre de la CIJ, 11 sept. 1992), la Guinée-Bissau et le Sénégal (sentence arbitrale du 31 juill. 1989), la Libye et le Tchad (arrêt de la CIJ du 3 février 1994), le Bostwana et la Namibie (arrêt du 13 déc. 1999), le Cameroun et le Nigeria (arrêt du 10 oct. 2002), l'Indonésie et la Malaisie (arrêt du 17 déc. 2002), le Bénin et le Niger (arrêt du 15 juill. 2005) ou le Nicaragua et le Honduras (arrêt du 8 oct. 2007)), ou par des négociations diplomatiques sur la fixation ou la rectification des frontières.

Si, comme l'a relevé une chambre de la CIJ dans l'affaire du *Différend frontalier terrestre, insulaire et maritime*, « on ne peut douter de l'importance du principe de l'*uti possidetis juris* qui, en général, a donné naissance à des frontières certaines et stables », celles-ci « ne sont pas celles sur lesquelles les tribunaux internationaux sont amenés à statuer » et, si les limites antérieures sont incertaines, « l'*uti possidetis juris*, pour une fois, ne parle que d'une voix mal assurée » (arrêt du 11 sept. 1992, *Rec.*, p. 386 ; v. aussi la sentence arbitrale du 9 oct. 1998 dans l'affaire des *Îles Hanish* entre l'Érythrée et le Yémen, par. 99-100).

Dans une telle hypothèse, les « vertus sécurisantes » de l'*uti possidetis* (J.M. Sorel et R. Mehdi, *op. cit.*, p. 19) s'avèrent illusoires : il postule l'existence d'une frontière, mais son tracé doit être établi, souvent « à la manière d'un puzzle à partir de certaines pièces prédécoupées, de sorte que l'étendue et l'emplacement de la frontière obtenue dépendent de la taille et de la forme de la pièce à insérer » (CIJ, Chambre, arrêt du 11 septembre 1992, *Différend frontalier terrestre, insulaire et maritime (El Salvador/Honduras)*, *Rec.*, p. 388).

2° *La notion de « titre » territorial ou frontalier* — Des problèmes surgissent même dans les cas apparemment les plus simples, ceux où le tracé de la frontière repose sur un « titre » au sens le plus strict du terme, « c'est-à-dire un document auquel le droit international confère une valeur juridique intrinsèque aux fins de l'établissement des droits territoriaux » (CIJ, Chambre, arrêt du 22 déc. 1986, *Différend frontalier (Burkina/Mali)*, *Rec.*, p. 582) dont l'effet est à la fois de délimiter celle-ci et de répartir les territoires relevant de chaque État concerné de part et d'autre de ce tracé (*supra*, n° 298). En cas de différend, les États en litige doivent donc établir l'existence et la portée exacte de celui-ci ; dès lors, « la notion de titre peut (...) viser aussi bien tout moyen de preuve susceptible d'établir l'existence d'un droit que la source même de ce droit » (*ibid.*, p. 564).

Cette preuve pose peu de problème lorsque le titre invoqué consiste en un traité valide qui délimite la frontière de manière concluante : il suffit alors de l'interpréter conformément aux principes généraux d'interprétation des traités (cf. CPJI, avis, 21 nov. 1925, *Interprétation de l'article 3, paragraphe 2, du Traité de Lausanne* ; série B, n° 12, p. 20, ou CIJ, arrêt du 3 fév. 1994, *Différend territorial (Libye/Tchad)*, *Rec.*, p. 23 s.). Cette délimitation acquiert une permanence sans rapport avec celle de l'instrument juridique qui la fixe (*ibid.*, p. 37). Dans le cadre de l'*uti possidetis juris*, c'est-à-dire d'une frontière « héritée » d'une ancienne puissance coloniale, un tel titre peut aussi résulter des lois ou règlements internes fixant les limites entre les différentes entités administratives appartenant au même empire colonial (cf. CIJ, arrêt préc. de 1986, p. 568), voire résulter d'un arbitrage antérieur qu'il suffit également d'interpréter (cf. la sentence arbitrale du 21 oct. 1994 dans l'affaire argentino-chilienne de la *Laguna del Desierto*, *RGDIP* 1996, p. 520).

En l'absence d'un tel titre conventionnel ou législatif (*lato sensu*), ou lorsque celui-ci fournit des indications trop générales ou ambiguës, la jurisprudence internationale fait preuve d'un grand empirisme. Les juges et les arbitres déterminent le tracé des frontières contestées en combinant et en pesant les éléments de preuve qui leur sont soumis au sujet de l'exercice respectif d'une autorité effective par les États en litige sur les parcelles litigieuses (« effectivités ») et les preuves cartographiques. Et, même si en l'absence de toute autorisation de statuer *ex aequo et bono*, ils écartent systématiquement l'équité en tant que principe de délimitation, ils ne répugnent pas à s'inspirer, le cas échéant, de considérations équitables.

Le poids des « effectivités » et leur valeur juridique sont affaire d'espèces et ne peuvent être évalués dans l'abstrait. Dans certains cas, « l'effectivité » n'intervient en réalité que pour confirmer l'exercice du droit né d'un titre juridique. Au contraire, « dans le cas où le fait ne correspond pas au droit, où le territoire objet du différend est administré effectivement par un État autre que celui qui possède le titre juridique, il y a lieu de préférer le titulaire du titre » (CIJ, arrêt préc. de 1986, *Rec.*, p. 586-587). La CIJ a très fermement rappelé cette règle, protectrice de la souveraineté et garante de la paix internationale, dans l'affaire *Cameroun/Nigeria* (arrêt du 10 oct. 2002, *Rec.*, pp. 351-355, par. 64-70 et p. 415-416, par. 223). Elle n'en a pas moins admis ultérieurement la possibilité d'un changement « tacite » du titulaire de la souveraineté, découlant du comportement des parties, sous réserve toutefois qu'il « se manifest[e] clairement et de manière dépourvue d'ambiguïté au travers de ce comportement et des faits pertinents » (arrêt du 23 mai 2008, *Souveraineté sur Pedra Branca/Pulau Batu Puteh, Middle Rocks et South Ledge*, par. 120-122 et 273-277, qui admet en l'espèce le déplacement du titre au profit de Singapour ; v. les opinions critiques des juges Ranjeva, Parra-Aranguen, Simma et Abraham, et Dugard).

Lorsque « le titre juridique n'est pas de nature à faire apparaître de façon précise l'étendue territoriale sur laquelle il porte », les effectivités peuvent « jouer un rôle essentiel pour indiquer comment le titre est interprété dans la pratique » (CIJ, arrêt préc. de 1986, *Rec.*, p. 586-587) ; telle a été l'attitude de la CIJ au sujet de nombreux « titres » partiels présentés par les Parties dans les affaires *Burkina/Mali* (*ibid.* p. 589 s.) ou *El Savador/Honduras* (*Rec.* 1992, p. 398-399) ; il en va de même des comportements ultérieurs des parties dans leurs relations *inter se* (v. *ibid.*, p. 485, 565 et 570 s., l'arrêt du 15 juin 1962 dans l'affaire du *Temple de Préah Vihéar*, *Rec.*, p. 27 s. ou l'arrêt préc. de 1994, *Rec.*, p. 32 s.).

Ce n'est que « dans l'éventualité où l'« effectivité » ne coexiste avec aucun titre juridique [qu']elle doit inévitablement être prise en considération » de façon autonome (*Rec.* 1986, p. 587) ; c'est ainsi que, dans l'affaire des *Minquiers et des Écréhous*, la Cour a estimé que « ce qui (...) a une importance décisive ce ne sont pas des présomptions indirectes déduites d'événements du moyen âge [les Parties invoquaient des titres remontant au XIIIe siècle extrêmement incertains], mais les preuves se rapportant directement à la possession » des deux archipels (*Rec.* 1953, p. 57) : donations, assistance sanitaire, procédures criminelles, contrats de vente, registres de pêche, visites officielles d'autorités administratives ou politiques, etc. Le seuil requis d'administration effective est évidemment fonction de la nature plus ou moins habitée et hospitalière du territoire disputé (v. le *dictum* de la CPJI dans l'affaire du *Groënland oriental*, rappelé par la CIJ. dans l'affaire de la *Souveraineté sur Pulau Ligitan et Pulau Sipadan*, arrêt du 17 déc. 2002, *Rec.*, p. 682, par. 134, lui-même rappelé dans l'affaire du *Différend territorial et maritime entre le Nicaragua et le Honduras*, arrêt du 8 oct. 2007, par. 174). Quant à la date critique à prendre en considération, dans les affaires de la *Cordillère des Andes* (1966) et de la *Laguna del Desierto* (1994), le Tribunal arbitral a exclu la pertinence des effectivités postérieures à la sentence arbitrale de 1902 pour l'interprétation de celle-ci (*RSA* XVI, p. 174 et *RGDIP* 1996, p. 593 s.), de même que la CIJ a refusé, dans l'affaire de la *Souveraineté sur Pulau Ligitan et Pulau Sipadan*, de prendre en compte à titre autonome les effectivités postérieures à la date de naissance du différend (arrêt préc., *Rec.*, p. 682, par. 135 ; v. aussi arrêt du 23 mai 2008, *Souveraineté sur Pedra Branca/Pulau Batu Puteh, Middle Rocks et South Ledge*, par. 32 s. et 180). On notera enfin que dans l'affaire des *Îles Hanish*, le Tribunal a reconnu qu'un titre peut résulter de la cristallisation d'une situation historique (v. la sentence du 9 octobre 1998, par. 106 et 114-144,) et a examiné certaines activités des Parties aux abords des îles litigieuses (réglementation des activités maritimes, patrouilles et saisies de navires, octroi de concessions pétrolières ou de permis de passage, publication d'avis à la navigation ou la construction de certaines facilités sur les îles elles-mêmes, etc.).

La Chambre de la Cour qui a tranché le *Différend frontalier* entre le Burkina et le Mali a, en revanche, exclu très catégoriquement l'idée de « titre cartographique » : « hormis l'hypothèse où elles ont été intégrées parmi les éléments qui constituent l'expression de la volonté de l'État [et d'abord si elles sont annexées à un traité], les cartes ne peuvent à elles seules être considérées comme des preuves d'une frontière (...). Elles n'ont de valeur que comme preuves de caractère auxiliaire ou confirmatif... » (*Rec.* 1986, p. 583 ; dans le même sens, v. l'arrêt du 13 déc. 1999, *Île de Kasikili/Sedudu*, *Rec.* p. 1098, par. 84, l'arrêt du 12 juillet 2005 dans l'affaire *Bénin/Niger*, par. 44, l'arrêt du 8 octobre 2007 dans l'affaire du *Différend territorial et maritime entre le Nicaragua et le Honduras*, par. 209-219, ou la sentence préc. de 1994 dans l'affaire de la *Laguna del Desierto*, *RGDIP* 1996, p. 594 ou celle du 9 oct. 1998 relative aux *Îles Hanish*, par. 375 et 388). À cet effet, leur poids varie en fonction de leur fiabilité technique, de leur origine, de leur nombre, de leur constance, etc. Dans l'affaire du *Temple de Préah Vihéar* qui opposait le Cambodge à la Thaïlande, la Cour a accordé une importance décisive à une carte établie par les autorités françaises, communiquée aux autorités siamoises et acceptée par elles (arrêt du 15 juin 1963, *Rec.* p. 6).

Moins orthodoxe est l'approche retenue par la Chambre de la Cour dans l'affaire du *Différend frontalier* (Bénin/Niger) qui a consisté – mais la particularité des faits de l'espèce l'explique en majeure partie – à analyser comme un titre l'« *opinion* de l'ensemble des autorités compétentes de l'administration coloniale », alors que cette opinion n'était pas compatible avec un titre écrit – en l'occurrence, un décret de 1907. La Chambre a toutefois souligné que rien ne permettait « d'affirmer que les autorités administratives qui ont statué à partir de 1927 [d'une manière différente du décret de 1907] auraient soit manifestement excédé leurs compétences, soit manifestement méconnu les règles applicables » (arrêt du 12 juill. 2005, par. 139-140).

Enfin, alors même qu'elle se défend d'appliquer l'équité en tant que telle et qu'elle répugne à recourir à l'équité *contra legem*, et même *praeter legem* (cf. les affaires du *Différend frontalier, Rec.* 1986, p. 567 et 633, et du *Différend frontalier terrestre, insulaire et maritime*, arrêt du 11 sept. 1992, *Rec.* p. 396), la CIJ n'en fait pas moins appel à une forme d'« équité rampante », *infra legem*, « c'est-à-dire à cette forme d'équité qui constitue une méthode d'interprétation du droit et en est l'une des qualités » (*Rec.* 1986, p. 568). Ainsi tout en se refusant, en principe, à faire application de l'équité, la Chambre de la CIJ appelée à trancher le *Différend frontalier* entre le Salvador et le Honduras a estimé que « le fait que des particularités topographiques offrent la possibilité de définir une frontière facilement identifiable et commode est un élément important à prendre en considération lorsqu'aucune conclusion qui conduirait à adopter une autre frontière ne ressort de la documentation » (arrêt préc. du 11 sept. 1992, *Rec.* p. 422 ; v. aussi p. 390). Et, en l'absence de titre clair, l'instance saisie cherchera à atteindre une solution acceptable par les parties en se comportant, à la limite, plus comme un médiateur que comme un juge (cf. les sentences arbitrales du 9 décembre 1966 dans l'affaire de la *Frontière des Andes* et du 19 février 1968 dans l'affaire indo-pakistanaise du *Rann de Kutch*, *RSA* XVII, p. 5). Cet aspect revêt une importance particulière pour la mise en œuvre concrète de la délimitation.

302. Régime des zones frontalières. — Si, par l'effet de la délimitation, le territoire des États s'arrête à la ligne-frontière, il n'en va pas de même de la vie économique dans l'espace avoisinant dit « zone frontalière ». Alors même qu'il existe des obstacles naturels, les régions limitrophes de part et d'autre d'une frontière forment souvent une seule unité sociologique, ethnique, économique, unité qui ne peut être artificiellement niée par les découpages territoriaux. En toute hypothèse, des contacts sont inévitables entre *frontaliers*.

Bien que la notion de « frontière-zone » ne se soit pas imposée en droit positif (v. *supra*, n° 298), la contiguïté des territoires étatiques impose le respect de quelques principes de *bon voisinage* ; à tout le moins elle favorise des procédures de *coopération* plus denses que dans les rapports interétatiques habituels.

Le *droit international du voisinage* repose sur quelques principes empruntés au droit privé interne : répression des abus du droit de propriété, interdiction faite dans certains cas aux propriétaires d'agir de façon unilatérale. Son objet est de restreindre les pouvoirs du souverain territorial, sans aller jusqu'à présumer une intention maligne de sa part. Ainsi, quand la frontière est constituée par un fleuve, sera-t-il interdit à chaque État de modifier unilatéralement son cours par des travaux effectués sur son territoire, de construire des canalisations et des barrages qui en modifieraient le régime, de capter la force hydraulique sans compensation, ou d'utiliser ses eaux de toute autre manière préjudiciable aux intérêts des autres riverains de ce fleuve (*Lac Lanoux*, sentence arbitrale du 16 nov. 1957, *RSA* XII, p. 307). En revanche, les riverains peuvent prévoir qu'en cas de changement naturel, la frontière suivra le cours nouveau (cf. l'article 3, § 5, du Traité de paix israélo-jordanien de 1994).

La coopération volontaire est un phénomène fréquent. Elle se réalise soit par des décisions unilatérales parallèles, soit plus souvent par la conclusion de traités bilatéraux (cf. le Traité israélo-jordanien préc., not. art. 6 et annexe II relatifs à l'eau, ou, parmi de nombreux exemples, l'accord franco-italien des 4-6 oct. 2001 relatif au contrôle de la circulation dans les tunnels du Mont-Blanc et de Fréjus, ou l'accord-cadre sur la coopération sanitaire transfrontalière signé le 22 juill. 2005 par l'Allemagne et la France) ou d'accords entre les collectivités locales concernées. Traditionnellement, ces mesures de coopération organisent la collaboration des services publics frontaliers (police, lutte contre l'incendie, services hospitaliers, communications routières et ferroviaires) et facilitent les déplacements des travailleurs frontaliers (assouplissement des régimes douaniers et de police des étrangers). Plus récemment, la protection de l'environnement a été considérée comme d'intérêt commun, en particulier pour la prévention de la pollution des fleuves et lacs-frontières. Soucieux de renforcer la portée de la coopération transfrontalière et conscients des exigences de rapidité, de souplesse et de diversité des actions communes, les États acceptent plus volontiers qu'autrefois, de décentraliser leurs compétences au profit des collectivités locales (convention de Madrid de 1980, conclue sous les auspices du Conseil de l'Europe et Protocole additionnel de 1995 ; v. N. Levrat, *Le droit applicable aux accords de coopération transfrontière entre collectivités publiques infra-étatiques*, PUF, 1994, XXII-458 p. ; P. d'Argent, « La nature juridique des partenaires à la coopération transfrontalière », *Annales de droit de Louvain*, 2004, p. 419-434 ; Y. Lejeune dir., *Le droit des relations transfrontalières entre autorités régionales ou locales relevant d'États distincts. Les expériences franco-belge et franco-espagnole*, Bruylant, Bruxelles, 2005, ix-213 p. ; C. Fernandez de Casadevante Romani, *L'État et la coopération trans-frontières*, Bruylant, Bruxelles, 2007, 182 p. ; sur la Convention de 1980, v. E. Decaux, *RGDIP* 1984, p. 557-620 ; sur le Protocole de 1995, v. B. Dolez, *RGDIP* 1996, p. 1005-1022 ; pour une illustration bilatérale franco-espagnole, v. la Convention de Bayonne du 10 mars 1995 et C. Fernandez de Casadevante Romani, *RGDIP* 1998, p. 305-326).

Dans la sentence arbitrale du 17 juillet 1986 relative au *Filetage dans le golfe du Saint-Laurent*, le Tribunal a indiqué : « Si le concept de voisinage est généralement utilisé en vue de désigner une situation de proximité géographique, il est plus spécifiquement utilisé dans le langage juridique pour qualifier des situations de proximité qui, à peine d'engendrer des frictions continuelles, appellent une collaboration continue au bénéfice des nationaux ou des services publics de deux ou de plusieurs États dont les activités s'interpénètrent dans un même espace géographique. Tel est le cas par exemple de l'utilisation des eaux d'un même bassin fluvial, de la prévention de la pollution, du régime des travailleurs frontaliers ou de certaines zones douanières » (§ 27, *RGDIP* 1986, p. 732).

B. — Délimitation des territoires maritimes et aériens

303. Renvoi. — Les espaces maritimes et aériens sous la juridiction des États sont limitrophes tantôt de territoires d'autres États, tantôt d'espaces ouverts à l'usage de tous. Leur délimitation répond donc en partie à des considérations différentes de celles qui s'imposent pour les territoires terrestres.

Cela explique, en partie en tout cas, que le droit international soit plus intrusif à leur égard qu'il ne l'est à l'égard des délimitations terrestres pour lesquelles il se contente de fixer, pour l'essentiel, de simples règles de preuve (v. *supra*, n°s 300-301 ; L. Brilmayer et N. Klein, « Land and Sea : Two Sovereignty Regimes in Search of a Common Denominator », *NYU Jl.*

of IL 2001, p. 703-768). Les procédures et critères de délimitation des espaces maritimes et aériens seront étudiés à propos du régime des espaces « internationalisés » (v. *infra*, n°s 668 s. et 723, 2°).

§ 2. — *Caractères généraux des compétences exercées par l'État sur son territoire*

BIBLIOGRAPHIE. — S. BASTID, « Les problèmes territoriaux dans la jurisprudence de la CIJ », *RCADI* 1962-III, vol. 107, p. 361-495. — V. COUSSIRAT-COUSTÈRE et P. M. EISEMANN, « L'enlèvement de personnes privées et le droit international », *RGDIP* 1972, p. 346-400. — W. RIPHAGEN, « Some Reflections on « Functional Sovereignty » », *NYBIL* 1975, p. 121-165. — J. CHARPENTIER, « Le problème des enclaves », *Colloque SFDI Poitiers*, Pedone, 1980, p. 41-56.
Voir aussi la bibliographie sur le n° 268 *supra*.

304. La sentence de Max Huber de 1928. — Il est devenu habituel de dégager les caractéristiques de la souveraineté territoriale à la lumière de la sentence rendue par Max Huber, dans le cadre de la Cour permanente d'arbitrage, à propos d'un différend entre les États-Unis et les Pays-Bas sur l'*Île des Palmes*, ou *Palmas*, dans le Pacifique. L'arbitre unique s'y exprime ainsi :

« La souveraineté, dans les relations entre États, signifie l'indépendance. L'indépendance relativement à une partie du globe est le droit d'y exercer, à l'exclusion de tout autre État, les fonctions étatiques. Le développement de l'organisation nationale des États durant les derniers siècles et, comme corollaire, le développement du droit international, ont établi le principe de la compétence exclusive de l'État en ce qui concerne son propre territoire, de manière à en faire le point de départ du règlement de la plupart des questions qui touchent aux rapports internationaux » (*RSA* II, p. 281).

De ces quelques lignes se détachent les deux caractères fondamentaux de la souveraineté territoriale : la plénitude de son contenu, l'exclusivité de son exercice.

Même les atteintes portées par le droit international contemporain à l'exercice discrétionnaire de ses compétences par l'État confirment la validité de ces propositions fondamentales. Celles apportées par l'ordre juridique communautaire (v. *infra*, n°s 307 et 310), par exemple, s'arrêtent à la libre disposition du territoire des États membres, à la définition de sa consistance et de la juridiction qui s'y applique ; pour le reste de telles atteintes supposent toujours une acceptation directe ou indirecte du souverain territorial, « acceptation-renonciation » qui est aussi une manifestation de sa souveraineté territoriale (CPJI, *Wimbledon*, arrêt de 1923, série A n° 1, p. 25). Mais bien entendu, le fait de confier à un organe international le soin de déterminer lui-même les cas dans lesquels une compétence doit être exercée à son niveau dans un cas donné au lieu de l'être par les organes internes normalement compétents, relativise dans une mesure importante le raisonnement tenu par la CPJI en 1923 (v. l'exemple particulièrement illustratif de la procédure de dessaisissement des tribunaux nationaux au profit des tribunaux pénaux internationaux – E. Lambert-Abdelgawad, *RGDIP* 2004, p. 407-438).
Sur le conflit entre le titre territorial et les autres titres de souveraineté, voir *infra*, n°s 332 et 333.

A. — La plénitude

305. Définition. — Le droit international reconnaît à l'État le droit d'exercer, selon sa propre appréciation discrétionnaire, toutes les fonctions de commandement destinées à favoriser les activités — licites au regard du droit international — qui se déroulent sur son territoire. Le domaine matériel des compétences étatiques est, au moins potentiellement, illimité : l'État est maître de réglementer et de gérer les institutions et les activités humaines les plus diverses et ceci dans le plus grand détail. Il ne lui est pas interdit non plus de modifier fondamentalement l'ampleur de l'interventionnisme étatique.

La sentence de 1982 dans l'affaire *Aminoil* reconnaît la légitimité d'une telle évolution, à propos de la prise en main du secteur pétrolier par les pays producteurs, et le droit pour les États d'en fixer le rythme. Une conséquence imprévue en découle : la nature même d'un contrat entre l'État et une entreprise étrangère peut être modifiée à la suite d'une modification de la politique économique nationale, ce qui affecte les droits respectifs des parties (*JDI* 1982, p. 869).

Cette conclusion rejoint celle que l'on pouvait tirer du principe de l'autonomie constitutionnelle des États (v. *supra*, n° 279).

Cependant, la coexistence des États, leur interdépendance croissante, le rôle des organisations internationales en vue d'une plus grande protection des individus et d'une meilleure cohérence des politiques nationales, tous ces facteurs introduisent des limitations très sensibles à la discrétion reconnue en principe aux gouvernements : ces limitations, pour consenties qu'elles soient, ont désormais une ampleur telle qu'elles créent de véritables exceptions au principe de l'exclusivité de la souveraineté territoriale. Par les compétences communes, particulièrement étendues, qu'il crée au profit de l'Union européenne dans des domaines très sensibles et relevant traditionnellement de la compétence exclusive des États (monnaie, défense, immigration), le Traité de Maastricht en donne un exemple particulièrement frappant, même s'il prend soin de préciser que « l'Union respecte l'identité nationale de ses États membres » (art. 6).

L'État n'exerce la plénitude de ses compétences souveraines que sur le territoire proprement dit (v. *supra*, n°s 268 s.) ; dans d'autres espaces, il n'exerce que des compétences fonctionnelles ou déduites d'autres titres juridiques que le territoire, ce qui interdit de faire jouer les mêmes présomptions en sa faveur (v. *infra*, n°s 312 s.).

306. Le principe. — 1° *Matériellement* la compétence de l'État s'applique à toutes les « fonctions étatiques », depuis son organisation constitutionnelle jusqu'à la réglementation de police la plus modeste, dans le domaine de l'ordre public comme dans celui de l'économie, des règles sur l'octroi de la nationalité jusqu'aux tâches administratives et statistiques les plus humbles.

Ces fonctions pourront être exercées par voie de législation, de réglementation, de juridiction civile et pénale, d'administration concrète, avec toute la diversité d'actes juridiques correspondant à ces différentes modalités d'intervention. Les compétences étatiques peuvent viser les modalités de l'activité individuelle, par exemple l'exercice d'une profession, ou les biens nécessaires à cette activité, biens meubles ou immeubles.

C'est parce que l'État peut revendiquer cette plénitude de compétences, qu'il est présumé toujours pouvoir les mettre en œuvre, à l'encontre des intérêts « acquis » des particuliers. La sentence arbitrale rendue en 1982 dans l'affaire *Aminoil* en déduit qu'une clause de protection contre cet exercice éventuel d'une compétence étatique — ici, une mesure de nationalisation, en principe exclue par une clause contractuelle de « stabilisation » — n'est pas inopérante et qu'il faut lui donner effet utile (*JDI* 1982, p. 869).

Inversement, l'exercice discrétionnaire de telles fonctions, en particulier législatives mais aussi de contrainte juridictionnelle et administrative, est l'indice de la possession de la souveraineté : selon la CPJI « la législation est une des formes les plus frappantes de l'exercice du pouvoir souverain » (CPJI, série A/B, n° 53, p. 48).

Le contenu légitime des mesures prises au titre de la souveraineté territoriale dépend, bien sûr, des engagements internationaux de l'État, qui ont pu transformer une compétence discrétionnaire en compétence *liée*. Mais il n'y a compétence liée qu'après consentement volontaire de l'État, sous réserve du jeu des règles coutumières.

Même lorsqu'elle est discrétionnaire, la compétence de l'État ne doit pas être arbitraire ou abusive (v. *supra*, n° 283). Ses pouvoirs ne sont pas ceux d'un propriétaire (v. *supra*, n° 269) ; les compétences ont un caractère fonctionnel puisqu'elles doivent permettre à chaque État de répondre aux besoins de la collectivité nationale. Sous peine d'abus du droit, il doit faire usage de ses pouvoirs dans l'intérêt général de la population, sans nuire à la communauté internationale, et plus particulièrement aux États voisins.

Cette limitation de principe peut paraître bien théorique, surtout compte tenu de la présomption de régularité qui joue en faveur des actes internes de l'État (v. *supra*, n° 279).

Il est pourtant quelques manifestations de la portée concrète de cette idée d'une utilisation « raisonnable » et « utile » de la souveraineté territoriale.

La Conférence de Stockholm de 1972 rappelle aux États que la mise en place de politiques visant à protéger l'environnement est un devoir pour eux. De même la convention de Montego Bay de 1982, codifiant le droit de la mer, insiste sur les obligations de prévention de la pollution dans les espaces maritimes sous leur juridiction (articles 207-208). V. aussi le projet d'articles adopté par la CDI en 2001 sur les obligations de prévention incombant à l'État en matière d'activités dangereuses (doc. A/55/10).

2° En règle générale, le souverain territorial est compétent pour exercer son pouvoir à l'égard de toutes les *personnes* qui se trouvent sur son territoire, du seul fait de leur présence sur place. Le mot « personnes » doit être pris ici au sens large de personnes physiques et morales.

La compétence de l'État s'applique en premier lieu, et de façon très étendue, à ses nationaux : c'est de lui qu'émane l'essentiel de leur statut personnel. Elle s'étend aux étrangers à plusieurs points de vue : l'État détermine librement les conditions de leur entrée et de leur séjour sur son territoire, y compris les modalités de leur éventuelle expulsion, sous réserve des engagements internationaux en vigueur (cf. l'Accord de Schengen du 14 juin 1985 et la convention d'application du 19 juin 1990) ; il dispose aussi de ses pouvoirs habituels en matière fiscale à leur égard, lorsqu'ils exercent une activité économique ou résident sur son territoire.

S'il ne fait aucun doute qu'aucun principe (international ou constitutionnel français) « n'assure aux étrangers des droits de caractère général et absolu d'accès sur le territoire national », ni que « le législateur peut prendre à l'égard des étrangers des dispositions spécifiques », du moins en l'absence d'engagement international particulier, en revanche, l'État ne saurait se fonder sur sa « souveraineté territoriale » pour limiter leurs droits et libertés fondamentaux (CC, 13 août 1993, *Loi relative à la maîtrise de l'immigration*, *Rec.*

p. 224 ; v. aussi 5 août 1993, *Loi relative aux contrôles d'identité*, *Rec.* p. 213), ce que l'on peut traduire, en droit international, par l'obligation, incombant à tout État de garantir aux étrangers le bénéfice d'un « standard minimum de civilisation » (v. *infra*, n° 429).

Il est une catégorie de personnes, les filiales de sociétés transnationales, que la plupart des États ont le plus grand mal à assujettir à leur ordre juridique et politique autant qu'ils le désireraient (*infra*, n° 417-2°).

3° La plénitude des compétences de l'État sur son territoire se traduit par sa « souveraineté permanente sur ses ressources naturelles et ses activités économiques ».

Une double mise au point terminologique s'impose. D'une part, il faut noter que cette expression, comme celle, courante aussi, de « souveraineté économique » est une simple convention de langage, et qu'elle ne prétend pas amorcer une dissociation des différents éléments de la souveraineté étatique. En réalité, la souveraineté ne se divise pas, elle n'est le critère de l'État que prise dans toute sa plénitude : il serait abusif et maladroit de distinguer souveraineté politique, souveraineté économique ou tous autres aspects de la souveraineté.

La souveraineté économique regroupe tout simplement *l'ensemble des compétences économiques des États qui découlent de leur souveraineté*. C'est un concept descriptif, au même titre que l'expression « souveraineté territoriale » elle-même (v. *supra*, n° 297).

Mais, d'autre part, c'est précisément pour marquer que ces compétences sont extrêmement larges, peu limitées par le droit international, que celles-ci sont regroupées sous le vocable de « souveraineté » ; c'est pour renforcer ce caractère presque absolu que les résolutions des Nations Unies qualifient la souveraineté économique de « permanente, entière et inaliénable ».

De telles précisions seraient surabondantes pour caractériser la souveraineté de l'État : celle-ci est, par essence, permanente, entière et inaliénable. Elles ne sont plus superflues dès lors qu'il s'agit de caractériser certaines compétences que l'État peut être conduit à limiter. Il s'agit de faire « remonter » de la *nature* de la souveraineté certains caractères pour en faire bénéficier certaines *modalités d'exercice*. Les États en développement entendent signifier par ces adjectifs que toute renonciation aux droits que l'État tient de sa souveraineté en matière économique est précaire et révocable.

Il est vrai que la souveraineté politique est un vain mot si les États ne possèdent pas les moyens concrets de l'exercer. Dans le monde contemporain, il n'est pas d'indépendance sans maîtrise de l'activité économique. C'est ce qui explique l'accent mis à l'heure actuelle sur la composante économique de la souveraineté, surtout par les États en développement : peu convaincus de pouvoir tirer parti de l'interdépendance économique, ils insistent sur le droit des États de contrôler l'ensemble des activités économiques menées sur leur territoire.

Sur le contenu de la souveraineté économique de l'État, v. *infra*, n° 609.

307. Exceptions au principe. — Les États ont progressivement accepté de lier leurs compétences souveraines. Ils peuvent, en premier lieu, accepter de s'abstenir de mener certaines politiques ou de réglementer certaines activités ; ou bien encore, à l'inverse, s'engager à élaborer une législation adaptée à telle ou telle fin. Ils peuvent aussi s'obliger à respecter certains principes dans l'exercice de leur souveraineté territoriale, à l'égard de telle catégorie de personnes ou d'activités.

Ces engagements découlent parfois du principe d'une utilisation « raisonnable et utile » du territoire étatique (v. *supra*, n° 306).

Dans le domaine de la défense, le droit international ne peut certes interdire aux États de transformer leur territoire en arsenal militaire. Du moins s'oriente-t-il vers une interdiction des pratiques dangereuses pour les territoires étrangers en période de paix (traités de dénucléarisation et résolutions des Nations Unies sur les zones de paix, interdiction partielle puis totale des expérimentations nucléaires : voir *infra*, n°s 599 s.). La portée juridique de tels engagements est très variable et leur incidence concrète encore limitée (v. S. Szurek, *AFDI* 1996, p. 164-186).

Plus fondamentalement mais de façon très exceptionnelle, ils peuvent aussi porter sur l'aspect le plus symbolique de la souveraineté, l'organisation constitutionnelle de l'État : les accords de Zurich de 1960 imposaient au futur État chypriote certaines règles d'équilibre entre les communautés grecque et turque, selon une méthode qui n'est pas sans analogies avec les traités postérieurs à la Première Guerre mondiale relatifs à la protection des minorités nationales d'Europe centrale.

Par l'article 3 du Traité « 2 + 4 » du 12 septembre 1990 portant règlement définitif relatif à l'Allemagne, celle-ci réaffirme sa renonciation aux armes nucléaires, biologiques et chimiques (qui résultaient déjà, pour la RFA, des accords de Paris de 1954). Plus insolite est le procédé utilisé par le Conseil de sécurité pour imposer à l'Irak de renoncer à ces mêmes armes par la résolution 687 du 3 avril 1991 (§§ 8, 9 et 10) « acceptée » par cet État ; dans cette hypothèse la limitation des compétences souveraines découle d'une décision obligatoire du Conseil de sécurité dont la valeur juridique se trouve renforcée par un acte unilatéral de l'Irak (v. *supra*, n° 238) et est prolongée par un mécanisme de vérification sur place. Plus classiques en la forme, les accords de Dayton/Paris de 1995 vont plus loin encore puisqu'ils incluent (annexe 4) la constitution de la Bosnie-Herzégovine, dont le respect fait l'objet de mécanismes de garantie internationaux (cf. l'annexe 3 sur le régime des élections) suffisamment contraignants pour que l'on ait pu parler de « protectorat déguisé » (N. Maziau, *AFDI* 1999, p. 199).

Dans une perspective plus technique, les traités communautaires et le droit « dérivé » restreignent la liberté d'appréciation des législateurs nationaux de la Communauté économique européenne, par voie de règlements et directives d'harmonisation dans les domaines les plus variés.

Il n'est pas exclu que certaines catégories de personnes bénéficient d'une protection spéciale contre le pouvoir discrétionnaire du souverain territorial. D'abord réservée à des étrangers « privilégiés », cette protection s'est étendue aux droits fondamentaux des nationaux. Mais les États tiennent à garder un contrôle étroit de cette évolution du droit international (v. *supra*, n° 279).

La réticence des États les incite à donner une définition aussi restrictive que possible des diverses catégories de « privilégiés ». D'où la préférence pour la technique des accords bilatéraux, qui garantit mieux la réciprocité des « sacrifices » de souveraineté (traités classiques d'établissement). D'où aussi les contestations relatives à des *standards* minimaux de traitement des étrangers, qui leur garantiraient éventuellement un statut plus favorable qu'aux nationaux (v. *infra*, n° 429). D'où enfin des régimes conventionnels disparates, inégalement protecteurs pour les réfugiés, apatrides et « personnes déplacées » (v. *infra*, n° 430).

Le cas des demandeurs d'asile territorial est le plus symptomatique. Le droit d'asile est accordé à des personnes qui font l'objet de poursuites dans leur pays d'origine et les fait échapper au risque d'une expulsion vers ce pays, sauf si elles tombent sous le coup d'une convention d'extradition. Une conférence réunie en 1977 sous les auspices des Nations Unies pour établir une convention multilatérale a été un échec, tout comme les tentatives antérieures.

Déjà fort nette pour les étrangers, la réserve des États à propos des limitations de leurs compétences l'est plus encore si ce sont ses propres nationaux qui sont les bénéficiaires d'un régime international de protection. Non seulement les États répugnent souvent à s'auto-limiter dans leurs relations avec leurs ressortissants sur leur territoire, mais ils renoncent difficilement à leur monopole de protection diplomatique au profit d'organisations internationales ou d'États tiers (v. *infra*, n°s 433 s.).

Des considérations historiques et fonctionnelles ont favorisé des limitations de la souveraineté territoriale au profit de catégories très particulières d'individus : voir le régime des « capitulations » (v. *infra*, n° 310), celui des immunités diplomatiques et consulaires (v. *infra*, n°s 461 et 467), des agents des organisations internationales (v. *infra*, n° 407), des immunités des États et des organisations internationales (v. *supra*, n° 289 et *infra*, n° 384).

B. — L'exclusivité

308. Définition. — Dans sa sentence de 1928 déjà évoquée (*supra*, n° 304, *Île de Palmas, RSA* vol. II, p. 281), Max Huber insiste sur ce caractère à deux reprises et le rattache directement au principe d'indépendance. La souveraineté territoriale implique le droit exclusif d'exercer les activités étatiques. L'exclusivité caractérise donc *l'exercice* de la souveraineté territoriale : chaque État exerce, par l'unique intermédiaire de ses propres organes, les pouvoirs de législation, d'administration, de juridiction et de contrainte sur son territoire.

L'exclusivité de la compétence territoriale résulte aussi de l'égalité souveraine des États. La jurisprudence internationale a eu souvent l'occasion de le rappeler : « La limitation primordiale qu'impose le droit international à l'État est celle d'exclure — sauf l'existence d'une règle permissive contraire — tout exercice de sa puissance sur un autre État » (CPJI, *Lotus*, série A, n° 10, p. 18-19) ; « Entre États indépendants, le respect de la souveraineté territoriale est une des bases essentielles des rapports internationaux » (CIJ, *Détroit de Corfou, Rec.* 1949, p. 35 ; voir aussi l'affaire du *Droit d'asile, Rec.* 1951, p. 81 et celle du *Droit de passage en territoire indien, Rec.* 1960, p. 39).

Il convient, après avoir précisé les conséquences générales de ce principe, d'établir s'il a un caractère absolu ou relatif.

309. Conséquences du principe. — 1° Le principe de l'exclusivité de la souveraineté territoriale confère à son titulaire le droit de s'opposer aux activités des autres États sur son territoire.

Les États interprètent cette exclusivité de manière stricte dans le domaine de la juridiction et, plus encore, dans celui de la contrainte. C'est d'ailleurs pour eux une obligation dans certaines situations (neutralité en cas de conflit armé : voir *infra*, n°s 582 s.). La jurisprudence internationale confirme que la souveraineté territoriale emporte des effets absolus, tant positivement que négativement.

La Cour de La Haye n'a pas admis que la recherche de preuves d'une éventuelle violation du droit par un État autorisait un autre État à exercer des actes de contrainte dans un territoire étranger (dragage d'un détroit albanais par la Grande-Bretagne dans l'affaire du *Détroit de Corfou, Rec.* 1949, p. 18). Dans l'affaire du *Personnel diplomatique américain à Téhéran*, la CIJ a jugé nécessaire de préciser qu'elle ne pouvait considérer comme légitime l'incursion américaine de 1980 en Iran, malgré la « frustration » éprouvée par les États-Unis face au refus de l'Iran de s'incliner devant les résolutions du Conseil de sécurité et devant l'ordonnance de la Cour sur les mesures conservatoires (*Rec.* 1980, p. 44).

Ce qui est vrai des rapports interétatiques l'est plus encore des rapports entre un État et une organisation internationale. Les limites des interventions des organisations internationales dans les affaires des États membres sont fixées par la notion de « domaine réservé » (v. *supra*, n°s 285 s.) : formulée à propos des pouvoirs de discussion d'un problème qui intéresse directement un État membre, la réserve de compétence nationale s'applique *a fortiori* aux actions d'enquête ou de contrainte sur son territoire. La souveraineté territoriale ne pourrait céder devant les exigences de l'organisation que dans des circonstances tout à fait exceptionnelles. Si la pratique de la décolonisation fournit quelques précédents contraires, ceux-ci restent très ambigus.

— *Positivement*, exclusivité et plénitude de la souveraineté territoriale se confortent mutuellement pour laisser à l'État la pleine maîtrise des utilisations de son territoire, y compris le droit d'en interdire l'accès. Il pourra notamment fermer ses frontières, sous la seule réserve de ses engagements conventionnels et de ses obligations coutumières.

On peut discuter l'existence d'une règle coutumière qui obligerait les États à accorder le libre accès à la mer des États enclavés. Si certaines interprétations de la résolution 3314 (XXIX) de l'Assemblée générale de l'ONU, relative à l'agression, reposent sur l'affirmation de la primauté du droit d'accès des États enclavés, elles ont été émises dans la perspective des conflits de décolonisation et ne paraissent pas confirmées par les débats de la Conférence sur le droit de la mer, ni par la convention de Montego Bay de 1982, ni par la pratique la plus fréquente.

— *Négativement*, on peut faire découler directement du principe de l'exclusivité territoriale ceux de l'intégrité territoriale et de la prohibition de l'ingérence (v. *supra*, n° 284). De même, le souci de ne pas empiéter sur la souveraineté territoriale est, théoriquement, à la base de la retenue manifestée par les tribunaux confrontés à des actes publics étrangers (v. *infra*, n° 335).

Il résulte de ces effets de la souveraineté que l'État est seul responsable des agissements de ses propres autorités sur son territoire : il ne peut pas tirer argument de ce qu'elles ont agi à l'invitation d'un autre État pour modifier ses obligations internationales (CPA, *Savarkar*, sentence du 24 février 1911, *RSA* XI, p. 254 : les autorités portuaires françaises ayant remis un fugitif aux responsables d'un navire britannique, la France ne peut pas réclamer la restitution de l'individu sous prétexte qu'elle a des doutes sur la légalité de son propre comportement).

2° *L'illicéité de tout acte de contrainte en territoire étranger* est la conséquence nécessaire de l'interdiction de tout empiétement non autorisé par le souverain territorial. Tel est notamment le fondement des principes de non-intervention (v. *supra*, n° 284 et *infra*, n° 570) ou d'exclusion de l'exécution extra-territoriale du droit national (v. *infra*, n° 336). De même, les États conviennent aisément qu'il n'existe pas un *droit de poursuite* terrestre. Tout au plus chercheront-ils à éluder leur responsabilité en insistant sur les particularités de chaque cas d'espèce.

On peut citer d'assez nombreux précédents dans le sens de cette règle coutumière. Les tribunaux français ont reconnu la nullité absolue d'une arrestation opérée à l'étranger par des autorités policières officielles, alors même que les faits délictuels ne feraient pas de doute (Tribunal correctionnel d'Avesne, 22 juillet 1933, *Joly*, S. 1934-II-100). La Cour européenne des droits de l'homme se reconnaît d'ailleurs compétente pour sanctionner une éventuelle arrestation qui aurait été effectuée en territoire étranger en violation du droit international (arrêt du 12 mai 2005, *Öcalan c. Turquie*, par. 83-90). En revanche, si l'arrestation en France est la suite d'un enlèvement par des individus ne représentant pas l'État français ou résulte d'une expulsion d'un territoire étranger ou de l'extradition de personnes illégalement emprisonnées à l'étranger, les poursuites devant les tribunaux français restent possibles (Cour de cassation, Crim., affaires *Argoud*, 4 juin 1964, *JDI* 1965, p. 98-100 et *Barbie*, 6 octobre 1983, *RGDIP* 1984, p. 507 et s. ; ainsi que *Nizar*, 18 janvier 2006, n° 05-86445 ; v. également *infra*, n° 337). Dans l'affaire *Alvarez-Machain*, la Cour suprême des États-Unis est allée jusqu'à considérer que les juridictions pénales américaines sont compétentes pour juger un ressortissant étranger, enlevé sur le territoire de l'État dont il a la nationalité, même si un traité d'extradition est en vigueur entre les deux États (15 juin 1992, 946 F. 2d 1466 ; v. plus largement J. Cazala, « L'adage *"male captus, bene detentus"* face au droit international », *JDI*

2007, p. 837-862). En revanche, le TPI pour l'ex-Yougoslavie, tout en reconnaissant la licéité d'une arrestation opérée à la suite d'une ruse, a manifesté des réticences marquées vis-à-vis du principe *male captus, bene detentus* invoqué par le Procureur (aff. *Dokmanovic*, décision du 22 oct. 1997, IT-95-13a-PT). Certaines affaires d'enlèvement ont eu un retentissement international mais dans la plupart des cas les gouvernements responsables préfèrent nier toute participation (enlèvements ou attentats par des services secrets), alors même que leurs services diplomatiques sont compromis dans l'opération.

En 1935, un journaliste allemand anti-hitlérien a été enlevé par la Gestapo en territoire suisse. Suite aux protestations du gouvernement suisse, l'Allemagne a reconnu la faute commise et restitué l'intéressé (affaire *Jacob*). En 1960, des agents israéliens ont enlevé le criminel de guerre allemand *Eichmann*, alors qu'il était réfugié en Argentine ; l'incident a donné lieu à un débat au Conseil de sécurité et à la suite d'une demande de ce dernier formulée dans sa résolution 138 (1960), le gouvernement israélien a préféré présenter ses excuses à l'Argentine et réparer les dommages causés.

Le plus souvent, cependant, les incursions avouées en territoires étrangers ne sont pas sanctionnées autrement que par des excuses officielles pour la soi-disant erreur de subordonnés (affaires des *Policiers espagnols en France*, en 1975, des *Douaniers français en Suisse*, en 1982). Il faut des circonstances exceptionnelles pour qu'un gouvernement prenne à son compte la responsabilité de tels incidents (affaire *Claustre*, au Tchad en 1974 ; délivrance par des forces israéliennes des victimes d'un détournement d'aéronef sur l'aéroport ougandais *d'Entebbe*, en 1976 ; tentative de récupération des *diplomates américains à Téhéran*, en 1980, enlèvement du général *Noriega* par les troupes américaines à Panama en 1990).

3° Sur les conséquences en matière de preuve des faits dans les recours contentieux interétatiques, voir l'arrêt de la CIJ, dans l'affaire du *Détroit de Corfou* (*Rec.* 1949, p. 18) : la juridiction internationale admet qu'il est nécessaire de limiter les handicaps dont souffrent les États face au souverain territorial, mais condamne toute tentative de se procurer les preuves par une intervention sur son territoire.

310. Exceptions au principe. — En réalité, la plupart d'entre elles ne sont pas de véritables exceptions mais plutôt des illustrations de l'idée que la renonciation par l'État à certaines manifestations de sa souveraineté est une manière d'exercer sa souveraineté. Le fondement de ces « exceptions » au principe est soit conventionnel, soit coutumier ; lorsque c'est une organisation internationale qui en est bénéficiaire, la base est quasi exclusivement conventionnelle, sauf dans les cas des Communautés européennes.

1° *Dans les rapports interétatiques*, les atteintes à l'exclusivité territoriale ont un champ très réduit depuis la disparition du régime des *capitulations*. Aujourd'hui, pour l'essentiel, elles intéressent les compétences territoriales « mineures » des États étrangers (v. *infra*, n°s 312 s.) ainsi que les actes réalisés par les autorités diplomatiques et consulaires étrangères, et ce en vertu du droit coutumier ou des conventions de codification de Vienne (1961, 1963 : v. *infra*, n°s 451 s.).

La situation actuelle diffère de façon sensible de celle qui prévalait à l'époque des *capitulations*. On entendait par là les conventions conclues entre les États occidentaux et ceux dont la législation paraissait incompatible avec les modes de vie des ressortissants européens. Ces derniers obtenaient d'échapper presque totalement à l'ordre juridique local : considérés, par une fiction juridique, comme vivant hors du territoire de l'État d'accueil, ils bénéficiaient en fait d'un régime d'*ex-territorialité*. Parmi les précisions apportées par l'arrêt de la CIJ dans l'affaire des *Droits des ressortissants américains au Maroc*, où furent discutés plusieurs éléments du régime local des capitulations, il faut relever plus particulièrement deux points : en premier lieu, que l'interprétation des droits « capitulaires » et de la clause de la nation la plus favorisée dans ce domaine, doit être étroite, dans la mesure où il est porté atteinte par ce régime à l'idée d'égalité et de réciprocité entre États ; en second lieu, que le régime capitulaire est exclusivement conventionnel et n'a pas donné naissance à une coutume (arrêt du 27 août 1952, *Rec.* 1952, p. 198 s.). Le régime des capitulations n'a plus qu'un intérêt historique, tous les États en cause ayant réussi à s'en dégager soit dès l'entre-deux guerres (Turquie, 1923 ; Égypte, 1936), soit après 1945 ; v. cependant *supra*, n° 295 en ce qui concerne les compétences d'Israël en vertu des accords israélo-palestiniens de 1994 et 1995.

2° *Dans les rapports entre États et organisations internationales*, les exceptions à l'exclusivité de la souveraineté territoriale supposent l'accord préalable de l'État. Elles sont donc d'interprétation stricte. Cependant elles doivent être suffisantes pour permettre à l'organisation de mener à bien la mission qui lui a été confiée, conformément à ses statuts et avec le consentement de l'État en cause.

Ce consentement peut résulter de l'adhésion de l'État aux statuts de l'organisation et de l'habilitation contenue dans les statuts de l'organisation à user d'un territoire étatique.

La Commission européenne du Danube, chargée de surveiller la navigation sur ce fleuve depuis une convention de 1856, était dotée après 1921 de compétences réglementaires et juridictionnelles qu'elle devait exercer « dans une complète indépendance de l'autorité territoriale » (Accord de Paris, 23 juillet 1921). Le nouveau Statut, établi par la Convention de Belgrade du 18 août 1948, a atténué — sans les supprimer — les compétences « territoriales » de cette Commission.

L'article 43 de la Charte des Nations Unies prévoit que les États membres doivent accorder le droit de passage sur leur territoire aux forces multinationales qui seraient créées en vertu des pouvoirs du Conseil de sécurité au titre de l'article 42 ; mais ce droit doit faire l'objet d'accords spéciaux dont aucun n'a jamais été conclu.

Le Statut de la CPI accorde au Procureur certains pouvoirs sur le territoire des États parties qui ont été considérés par le Conseil constitutionnel français comme de nature à porter atteinte aux conditions essentielles d'exercice de la souveraineté nationale (v. la décision du Conseil du 22 janvier 1999, qui a conditionné la ratification par la France du Statut de la CPI à la révision de la Constitution – v. son nouvel article 53-1).

La question a une plus grande portée et une actualité certaine dans le cas des Communautés européennes. La CJCE a eu l'occasion d'affirmer que, dans les hypothèses où il y a eu transfert d'une compétence normative des États membres de l'Organisation et où ces États étendent leur juridiction fonctionnelle, par exemple en créant une zone de pêche au-delà de leur mer territoriale, la compétence de la CE s'étend automatiquement à ces nouveaux espaces, sans que les États membres puissent prétendre exercer concurremment les compétences que le droit international leur reconnaît dans la matière considérée (CJCE, affaire 61/77, *Commission c. Irlande, Rec.* 1978, p. 417). Il faut admettre que la base juridique d'un tel raisonnement est assez limitée, à ne considérer que le Traité de Rome de 1957.

Il est plus fréquent de trouver le fondement des pouvoirs reconnus à l'organisation dans des accords internationaux ou dans des actes unilatéraux « autoritaires » de l'organisation, qui complètent la charte constitutive ou pallient son silence. L'exécution directe de services publics par une organisation internationale, sur une base territoriale, implique que l'organisation est autorisée à mener des activités opérationnelles ou, pour le moins, des actions d'enquête et de contrôle auprès de ressortissants des États membres.

Les exemples les plus importants proviennent de l'action de forces armées, celles mises à la disposition d'une organisation régionale (OTAN), ou celles des *opérations de maintien de la paix des Nations Unies*. La nature et le contenu des exceptions à l'exclusivité territoriale sont fixés par accord bilatéral entre l'organisation et l'État hôte des forces des Nations Unies ; en général, le pouvoir de juridiction pénale est pour l'essentiel exercé par les États qui fournissent des contingents aux forces des Nations Unies (voir les accords pour l'UNFICYP, *AJNU* 1964, p. 41 et s.). Cf. aussi les inspections de l'AIEA et celles prévues par plusieurs traités récents en matière de désarmement (v. *infra*, n° 602).

Exceptionnelles et limitées dans leur portée lorsqu'il s'agit d'organisations de coopération (sauf les hypothèses d'administration internationale de territoire : v. *infra*, n° 393), ces atteintes à l'exclusivité sont beaucoup plus étendues dans le cas des organisations d'intégration du type des Communautés européennes. Les agents de la Commission et de la Cour des comptes des Communautés agissent, sur le territoire des États membres, en concurrence avec les administrations nationales, dans plusieurs domaines (enquêtes sur le respect des règles de concurrence et sur la perception des recettes douanières, contrôle de sécurité d'Euratom au titre du Traité sur la non-prolifération des armes nucléaires, etc.).

Section 2

Compétences exercées par l'État hors de son territoire

311. Variété des titres de compétences. — Les États peuvent revendiquer l'exercice de compétences à l'égard de personnes ou d'activités en se fondant sur plusieurs titres juridiques : la souveraineté « territoriale » s'appuie sur l'emprise d'un État sur un espace donné ; mais des compétences « territoriales » peuvent aussi trouver un fondement dans le droit de la guerre ou dans des « délégations » de pouvoirs consentis par la communauté internationale ou par le souverain territorial. Les compétences sur les individus et leurs activités seront justifiées par le lien d'allégeance ou de service public entre un État et ses ressortissants qui survit alors même qu'ils sont situés en dehors de son territoire.

On étudiera successivement :

— les compétences territoriales « mineures », qui sont exercées par l'État hors de ses frontières (§ 1) ;

— les compétences « personnelles » (§ 2) ; et

— les compétences relatives aux services publics à l'étranger (§ 3).

§ 1. — *Les compétences territoriales « mineures »*

BIBLIOGRAPHIE. — G. GRUSEN, « Les servitudes internationales », *RCADI* 1928-II, vol. 22, p. 1-79. — M. VIRALLY, *L'administration internationale de l'Allemagne*, Pedone, 1948, 180 p. — G. VEDOVATO, « Les accords de tutelle », *RCADI* 1950-I, vol. 76, p. 609-700. — A. CORET, *Le condominium*, LGDJ, 1960, 335 p. — M. FLORY, « Les bases militaires à l'étranger », *AFDI* 1955, p. 3-30. — O. DEBBASH, *L'occupation militaire*, LGDJ, 1962, 424 p. — S. BASTID, « Les problèmes territoriaux dans la jurisprudence de la CIJ », *RCADI* 1962-III, vol. 107, p. 317-495. — N. VEICOPOULOS, *Traité des territoires dépendants*, Athènes, 1960, Genève, 1971. — A. GERSON, « War, Conquered Territory and Military Occupation in the Contemporary International Legal System », *Harvard ILJ.* 1977, p. 525-526. — A. PELLET, « Il n'y a qu'un critère de mise en œuvre du droit de l'occupation de guerre : le respect des droits souverains du peuple soumis à occupation », *Pal. YbIL* 1987-1988, p. 44-84. (en anglais *in* E. Playfair, *op. cit. infra*, p. 169-204). — A. ROBERTS, « Prolonged Military Occupation, the Israeli Occupied Territories since 1967 », *AJIL* 1990, p. 44-103. — Colloque CEDIN, *Les aspects juridiques de la crise et de la guerre du Golfe*, Montchrestien, 1991, 502 p. —

E. PLAYFAIR ed., *International Law and the Administration of Occupied Territories*, Clarendon Press, Oxford, 1992, XXXVII-534 p. — E. BENVENISTI, *The International Law of Occupation*, Princeton UP, 1993, VI-223 p. — Symposium, « Foreign Occupation and International Law », *EJIL* 2005, p. 694-784. — E. MILANO, *Unlawful Territorial Situations in International Law*, Nijhoff, 2006, XXXIX-304 p. — A. ROBERTS, « Transformative Military Occupation : Applying the Laws of War and Human Rights », *AJIL* 2006, p. 580-622. — N. HAUPAIS, « Les obligations de la puissance occupante au regard de la jurisprudence et de la pratique récentes », *RGDIP* 2007, p. 117-146.

V. aussi *infra* la bibliographie sur l'autodétermination sur le n° 341 et celle sur le droit des conflits armés sous les nos 575 s. S'agissant de l'occupation de Chypre, v. *infra*, n° 344.

312. Définition. — L'État peut exercer certaines compétences sur des espaces qui n'appartiennent pas à son territoire. Lorsque ces compétences ont un lien direct avec la maîtrise de tels territoires, et non pas seulement avec certaines des activités qui s'y déroulent (compétences « fonctionnelles » : voir *infra*, nos 662 s. à propos des compétences relatives à certains espaces marins), on peut parler de « juridiction territoriale ». Cependant, parce qu'il ne peut revendiquer une véritable souveraineté sur ces espaces, l'État ne dispose pas d'une compétence plénière mais d'un faisceau de compétences déterminées par son titre particulier : ses compétences sont dites « mineures ».

L'exercice des compétences en question est plus ou moins discrétionnaire, dans la pratique : parfois exclusif, il peut être également partagé ou contrôlé.

A. — Exercice exclusif

313. Cession territoriale sans transfert de la souveraineté. — Cette formule juridique est un héritage toujours actuel de pratiques anciennes, inspirées d'institutions à caractère incomplet. L'État cédant reste titulaire de la souveraineté territoriale et garde vocation à en récupérer la plénitude à l'issue d'un délai convenu ou en fonction des circonstances. Ici, la cession n'emporte donc pas transfert de la souveraineté territoriale mais suspension de son exercice par son titulaire initial.

1° La cession peut être temporaire tout en étant de longue durée : c'est la *cession à bail*. Le procédé a pu être utilisé à des fins de colonisation déguisée. Ce fut une pratique souvent imposée à la Chine à la fin du XIXe siècle : Kiaotchéou à l'Allemagne pour 99 ans (traité du 6 mars 1898) ; Port-Arthur à la Russie pour 25 ans (27 mars 1898), transféré au Japon après sa victoire en 1905 avec le consentement de la Chine ; Wei-hai-Wei à la Grande-Bretagne pour 99 ans (1er juillet 1898) ; Kouang-tchéou à la France pour 99 ans (18 novembre 1898). Toutes ces cessions ont disparu aujourd'hui et le régime colonial a pris fin à Hong-Kong (Grande-Bretagne, 1842, 1860, Traité de Pékin de 1898) en 1997 (Accord sino-britannique du 19 décembre 1984, qui organisait les modalités de la restitution — v. L. Focsaneanu, *RGDIP* 1987, p. 479-532. — C. Guerassimoff, *RGDIP* 1997, p. 1011-1021. — P. Slinn, *AFDI* 1985, p. 167-187 et 1996, p. 273-295. — E. Johnson, *GYBIL* 1997, p. 383-404. — R. Maison, *AFDI* 2000, p. 111-130. — R. Mushkat, *ICLQ* 2006, p. 944-961) et à Macao (Portugal, 1897) en 1999 (Accord sino-portugais du 13 avril 1987 v. L. Focsaneanu, *RGDIP* 1987, p. 1279-1303. — A. Gonçalvez, *RIDC*, 1993, p. 817-839. — R. Goy, *AFDI* 1997, p. 271-285).

La thèse de la Chine selon laquelle ces deux territoires n'ont jamais cessé de lui appartenir sans relever de la catégorie des territoires coloniaux non autonomes a été avalisée par le Comité de décolonisation et l'Assemblée générale des Nations Unies, en 1972.

La technique de la cession à bail a été réactivée à la fin de la Seconde Guerre mondiale, afin de répondre à des préoccupations militaires et stratégiques. En vertu de ce régime, l'État cessionnaire peut installer des bases militaires sur le territoire étranger et y exercer des actes d'administration, de juridiction et de police en vue de l'entretien et de la défense de ces bases. Cette pratique a connu son apogée entre 1947 et le milieu des années 1950. En 1948, les États-Unis disposaient d'environ 500 bases réparties en Europe, dans l'Atlantique, le Pacifique et l'Océan Indien. En vertu de l'article 4 du Traité de paix avec la Finlande (Paris, 1947), l'URSS a disposé jusqu'en 1955 — date où elle y a renoncé — d'une base dans la région de Porkhala. Mais toutes les bases militaires n'étaient pas soumises à un tel régime (Bizerte, après l'accession de la Tunisie à l'indépendance, était dans un *no man's land* juridique ; à Mers-el-Khébir, en Algérie, la France ne disposait que de facilités temporaires). Le Traité de paix israélo-jordanien du 26 octobre 1994 prévoit un « régime spécial » pour 25 ans renouvelables, qui s'apparente à une cession à bail de la Jordanie à Israël, pour les zones de Naharayim/Baqura et Zofar/Al-Ghamr (30 km^2 au total). De même, le 15 janvier 2008, la France et les Émirats arabes unis ont conclu un accord créant une base militaire permanente sur le territoire de ce dernier État (v. *RGDIP* 2008, p. 394-395).

La cession peut aussi être sans limitation de durée (bases dans les « zones de souveraineté » britanniques à Chypre, en vertu du « Traité d'établissement » du 6 juillet 1960 : voir chron. Rousseau *in RGDIP* 1960, p. 792-795) ou, ce qui revient au même, être maintenue aussi longtemps que les deux États intéressés n'ont pas accepté d'y renoncer (cas de la base américaine de Guantanamo à Cuba, sur la base des conventions des 16-23 février 1903 et du 29 mai 1934 ; la Cour suprême américaine en a déduit le 28 juin 2004 dans l'affaire *Rasul v. Bush* (124 S. Ct. 2686) que cette base est placée sous la juridiction des États-Unis et que les personnes qui y sont détenues bénéficient par conséquent de la protection des lois américaines, notamment le recours en *habeas corpus*).

2° À côté de la cession à bail, existaient en outre des formules devenues caduques telles que la *cession d'administration* et la *concession*. La première technique a été utilisée, au bénéfice de l'Autriche et au détriment de l'Empire ottoman, pour la Bosnie Herzégovine (article 25 du Traité de Berlin de 1878), et au profit de la Grande-Bretagne, en ce qui concernait Chypre (Traité du 4 juin 1878). La formule de la concession, telle qu'elle fut mise en œuvre en Chine notamment, accordait au concessionnaire des compétences moins étendues que dans le système de la cession territoriale (exclusion de la juridiction locale sur les ressortissants étrangers) et seulement sur quelques quartiers urbains (Shanghaï, Amoy, Canton, Hankéou, Tientsin).

Par le Traité Hay-Bunau-Varilla de 1903, le Panama avait concédé à perpétuité aux États-Unis « l'usage, l'occupation et le contrôle de la zone du canal ». Réaménagé à plusieurs reprises à partir de 1936, ce régime a été abrogé par les traités du 7 septembre 1977, les États-Unis conservant la gestion du canal jusqu'en l'an 2000 (v. *infra*, n°s 709-710).

314. Occupation militaire. — L'occupation militaire suppose la présence, en pratique, prolongée, de forces militaires d'un État sur tout ou partie du territoire d'un autre État.

La notion ne désigne pas une simple action ou une situation : elle donne naissance à un régime territorial particulier. Du fait de sa présence armée sur un territoire étranger, l'État occupant est en droit de se conduire comme une *autorité territoriale* vis-à-vis des personnes et des biens situés sur le territoire occupé ; les compétences qu'il exerce le sont à titre exclusif. Pourtant, aussi étendues que soient ces compétences, elles ne s'expliquent pas par un transfert de souveraineté territoriale en faveur de l'occupant. L'Assemblée générale et le Conseil de sécurité des Nations Unies ont eu l'occasion, à plusieurs reprises, de rappeler ce principe fondamental (affaires de la Palestine, du Liban, de Chypre, de la Namibie, de l'Afghanistan ou du Koweït).

L'occupation militaire peut être *conventionnelle*, donc consentie, ou *unilatérale*, donc imposée.

Les illustrations classiques de la première formule sont l'occupation d'armistice, l'occupation de garantie de l'exécution d'un traité de paix, l'occupation dite *pacifique*. Ces exemples montrent bien que le consentement de l'État occupé n'est guère spontané. Malgré certaines similitudes de fait, il ne faut pas analyser comme une occupation militaire les hypothèses où un gouvernement fait appel à des forces étrangères pour l'assister dans le rétablissement de son autorité sur son territoire ou la population (Tchad, Afghanistan, Cambodge, République démocratique du Congo) : il s'agit dans ces cas d'une *intervention sollicitée* (v. *infra*, n° 570). Mais il peut se produire des glissements d'une catégorie à l'autre.

L'exemple type de la seconde catégorie est l'occupation *de guerre*. Celle-ci désigne la situation née de l'invasion du territoire d'un des belligérants par une armée ennemie, qui stationne sur une portion de ce territoire pendant le déroulement du conflit et le contrôle pendant une période plus longue que celle du combat proprement dit (occupation allemande dans le nord et l'est de la France pendant la Première Guerre mondiale, puis de la Seconde Guerre mondiale). En raison de cette relative stabilité, l'armée ennemie est considérée comme une autorité territoriale de fait. Rien n'interdit toutefois de qualifier d'occupation de guerre un contrôle territorial qui ne s'étale que sur une courte période de temps, du moment que le critère du contrôle effectif du territoire est rempli (v. Commission de réclamations Érythrée/Éthiopie, sentence partielle du 28 avril 2004, *Central Front* [*Front central*], par. 57).

Le régime de l'occupation de guerre est un compromis entre les exigences de l'action militaire — proximité du front des hostilités actives — et la nécessité d'une administration continue des populations civiles. L'État occupant bénéficie des compétences territoriales autorisant la subsistance et la sécurité de ses troupes, mais il ne doit pas en faire un exercice arbitraire. Cette situation est réglementée par la convention IV de La Haye de 1907 et le Règlement qui est annexé à cette convention. Il est aujourd'hui admis que les règles de La Haye s'appliquent à tous les États, soit à titre conventionnel, soit à titre coutumier. Il faut y ajouter les prescriptions posées par les conventions de Genève de 1949, qui renforcent les obligations de la puissance occupante et les garanties de la population non combattante, conventions elles-mêmes complétées par le Protocole I de Genève de 1977 (v. *infra*, n° 580) et quelques conventions particulières (sur la protection du patrimoine historique, par exemple).

Les abus que l'on a cherché à prévenir concernent plus spécialement le droit de réquisition des personnes et des biens, les déplacements forcés de population, les sanctions collectives, l'administration de la justice.

L'évolution du droit des conflits armés depuis 1945 modifie quelque peu les données traditionnelles du problème posé par l'occupation militaire. Celle-ci n'est plus licite que dans le cas de légitime défense — mais les règles relatives à l'occupation s'appliquent lorsque celle-ci résulte d'un usage illicite de la force. En revanche, la prolongation de l'occupation, autrefois favorable à un renforcement des pouvoirs de l'occupant, n'est plus une justification de pouvoirs accrus dès lors qu'est affirmée *l'inadmissibilité de l'annexion par l'occupation :* bien au contraire, cette situation incite à passer d'un régime réglementé, dont le respect doit être recherché par les procédures classiques de la responsabilité internationale, à un régime contrôlé, en particulier par les Nations Unies.

C'est cependant par voie conventionnelle directe entre Israël et l'OLP (accords de Washington de 1993 et de 1995 et du Caire de 1994) qu'a été tentée, avant la reprise des violences, une transition pacifique du régime d'occupation militaire à celui de la souveraineté territoriale palestinienne ; toutefois l'administration israélienne, encore très présente (v. *supra*, n° 295), est toujours demeurée soumise au régime de l'occupation militaire comme le reconnaissait l'article XVII de l'Accord intérimaire de Washington du 28 septembre 1995. S'agissant par ailleurs du retrait unilatéral de la bande de Gaza décidé par le Plan de désengagement adopté par l'État israélien le 14 avril 2004 (et révisé le 6 juin de la même année), l'application du droit de l'occupation a vocation à perdurer, d'une part parce qu'aucun retrait définitif n'est encore effectif, d'autre part parce que ce Plan ne prévoit aucunement un retrait total, Israël se réservant le contrôle de l'espace aérien et maritime du territoire palestinien (v. A. Bockel, *AFDI* 2005, p. 16-26).

Si le principe d'un contrôle de l'occupation est désormais admis par l'Assemblée générale et le Conseil de sécurité, le champ d'application et l'intensité du contrôle restent largement tributaires de considérations politiques. La pratique de ces organes peut aller jusqu'à assimiler les régimes de l'autodétermination anti-coloniale et de l'occupation militaire (affirmation de la souveraineté sur les ressources naturelles, de la protection des droits de l'homme, etc.), comme pour les territoires palestiniens ; mais le plus souvent les États s'en tiennent à une dénonciation rhétorique de l'occupation (Afghanistan, Cambodge, Grenade, nord du Tchad, Chypre-Nord). En revanche, à la suite de l'invasion du Koweït par l'Irak, le Conseil de sécurité a, très vite, affirmé l'applicabilité du droit de l'occupation de guerre (cf. les résolutions 666, 670 et 674 [1990]) et insisté sur les responsabilités de surveillance des organes des Nations Unies, y compris du Secrétaire général.

L'attitude du Conseil de sécurité a été plus ambiguë à l'égard de l'occupation du territoire irakien par les États-Unis et le Royaume-Uni à la suite de leur intervention armée du printemps 2003 (sur la licéité discutable de cette intervention, v. *infra*, n° 570, 3°, et la bibliographie correspondante). Après avoir dans un premier temps rappelé aux États concernés leur obligation de respecter les règles du droit des conflits armés en matière d'occupation de guerre (résol. 1472 [2003]), le Conseil de sécurité a progressivement substitué, voire surajouté, au régime de l'occupation un régime d'administration internationale qui ne disait pas son nom, en confiant aux États occupants la responsabilité de gérer le territoire irakien dans l'attente de la constitution d'un gouvernement légitime et en autorisant la constitution et le déploiement d'une force multinationale sous commandement unifié (résol. 1483 et 1511 [2003]). Depuis 2004, la présence militaire étrangère est fondée sur le consentement expressément donné (et régulièrement renouvelé) par le nouveau gouvernement irakien. Elle a alors quitté la catégorie de l'occupation pour entrer dans celle des interventions sollicitées, encadrée toutefois ici par les résolutions du Conseil de sécurité (v. résol. 1546 (2004) et suivantes). En vertu de ces résolutions d'ailleurs, les États de la Coalition se sont vu octroyer des pouvoirs plus étendus que ceux traditionnellement attribués par le droit de l'occupation, avec les conséquences qui en découlent (v. ainsi la décision du 12 août 2005 de la High Court of Justice de Londres dans l'affaire *Al-Jedda*, qui considère que les résolutions pertinentes du Conseil permettent d'écarter les dispositions contraires des conventions applicables en matière de droits de l'homme ; cette décision a été confirmée en appel le 29 mars 2006 puis par la Chambre des Lords le 12 décembre 2007, [2007] UKHL 58).

Sur l'occupation de l'Irak à la suite de l'intervention armée de 2003 des États-Unis et du Royaume-Uni, v. : Agora, *AJIL* 2003, p. 803-872 ; V. LOWE, « The Iraq Crisis : What Now ? », *ICLQ* 2003, p. 859-871 ; H. TIGROUDJA, « Le régime d'occupation en Irak », *AFDI* 2004, p. 77-101 ; J.-M. SOREL, « Le vil plomb ne s'est pas transformé en or pur », *RGDIP* 2004, p. 845-854 ; M. STARITA, « L'occupation de l'Irak. Le Conseil de sécurité, le droit de la guerre et le droit des peuples à disposer d'eux-mêmes », *RGDIP* 2004, p. 883-916 ; K. DÖRMANN et L. COLASSIS, « International Humanitarian Law in the Iraq Conflict », *GYBIL* 2004, p. 293-342 ; M. ZWANENBURG, « L'existentialisme en Irak : la résolution 1483 du Conseil de sécurité et le droit de l'occupation », *RICR* 2004, n° 856, p. 745-769 ; S. D. MURPHY, « Coalition Laws and Transition Arrangements during Occupation of Iraq », *AJIL* 2004, p. 601-606 ; A. ROBERTS, « The End of Occupation : Iraq 2004 », *ICLQ* 2005, p. 27-48 ; K. H. KAIKOBAD, « Problems of Belligerent Occupation : The Scope of Powers Exercised by the Coalition Provisional Authority in Iraq, April/May 2003–June 2004 », *ibid.*, p. 253-264 ; S. WHEATLEY, « The Security Council, Democratic Legitimacy and Regime Change in Iraq », *EJIL* 2006, p. 531-551.

315. Servitude internationale. — Sous l'influence de la théorie qui assimile le territoire à un objet de propriété, certains auteurs ont soutenu qu'un territoire étatique peut être grevé de servitudes semblables à celles du droit privé (droits réels imposés à un fonds *servant* et bénéficiant à un fonds *dominant*). La jurisprudence internationale se montre très réservée à l'égard de cette thèse. Une telle servitude serait « peu conforme au principe de souveraineté » (CPA, sentence du 7 septembre 1910, *Pêcheries de l'Atlantique, RGDIP* 1912, p. 446), et son existence reste controversée (CPJI, 1923, *Wimbledon*, série A, n° 1, p. 43).

Puisque, malgré tout, l'expression a droit de cité dans le vocabulaire international, il convient de ne pas lui donner un sens qui entretiendrait des confusions. Il ne faut ni la définir selon les critères du droit privé, trop liés à l'idée de propriété, ni l'appliquer à des situations de simple partage de *l'exercice* de compétences entre États. Il n'y a servitude territoriale que si un État doit accepter de confier à un autre État certaines compétences qui normalement lui reviennent en tant que souverain territorial. Le partage de compétences doit porter sur des domaines particuliers et non sur l'ensemble des attributs territoriaux de l'État : sinon, on se trouve dans la situation d'occupation, de cession ou de protectorat. Selon la formule de Lauterpacht, les servitudes internationales « consistent en certains droits de juridiction et de souveraineté exercés à l'intérieur du territoire d'un autre État ».

La renonciation aux compétences territoriales exclusives que représentent les servitudes internationales est trop exorbitante pour être établie autrement que par traité.

Dans la pratique, cette institution a surtout un intérêt historique : police maritime du Monténégro confiée à l'Autriche-Hongrie, par le Traité de Berlin de 1878 ; droit reconnu à la France de réglementer la pêche de ses ressortissants sur une partie de la côte de Terre-Neuve en vertu des traités d'Utrecht (1713) et de Paris (1763) ; prise en charge de la réglementation et des fonctions douanières monégasques par l'administration française (convention d'union douanière du 18 mai 1963). Les transferts de compétence autorisés par les servitudes auraient pu trouver un nouveau domaine d'application avec le développement des organisations « intégrées », mais la transposition est interdite par l'absence de titre territorial des organisations internationales. En outre, il est possible de chercher les fondements de ces transferts dans d'autres institutions juridiques.

Dans l'affaire des *Îles Hanish* entre l'Érythrée et le Yémen, le Tribunal arbitral a assimilé les droits de pêche traditionnels des pêcheurs des deux parties autour des îles en litige à « une sorte de servitude internationale échappant à la souveraineté territoriale » (sentence du 9 octobre 1998, par. 126). Il s'agit là d'une conception très générale et non technique de la notion.

316. Protectorat. — Le protectorat désigne un système particulier de rapports entre deux États, le *protecteur* et le *protégé*, qui n'affecte en théorie que la compétence « externe » du second. L'État protecteur est habilité à représenter totalement l'État protégé dans les relations diplomatiques internationales, à conclure des traités qui engageront celui-ci.

En principe, la souveraineté territoriale de l'État protégé n'est pas entamée. Dans la pratique, cependant, l'État protecteur intervient également dans la gestion interne du protectorat et exerce des compétences territoriales limitées. C'est en cela que le protectorat n'est pas une simple formule de représentation internationale, mécanisme beaucoup plus répandu et moins contestable.

Les modalités de cette « protection interne » sont trop diversifiées pour qu'on puisse parler *d'un* régime du protectorat : « L'étendue des pouvoirs d'un État protecteur sur le territoire de l'État protégé dépend, d'une part, des traités de protectorat entre l'État protecteur et l'État protégé et, d'autre part, des conditions dans lesquelles le protectorat a été reconnu par les « tierces Puissances vis-à-vis desquelles on a l'intention de se prévaloir des dispositions de ces traités. Malgré les traits communs que présentent les protectorats de droit international, ils possèdent des caractères juridiques individuels résultant des conditions particulières de leur genèse et de leur degré de développement » (CPJI, *Décrets de nationalité en Tunisie et au Maroc*, avis de 1923, série B, n° 4, p. 27 ; voir aussi CIJ, *Ressortissants des États-Unis au Maroc*, 1952, *Rec.* 1952, p. 176 s.).

En effet, l'État protecteur installe souvent sur le territoire de l'État protégé certains services publics, qui lui sont propres et qu'il gère lui-même, parce qu'ils sont liés à l'exercice de la protection internationale : services destinés à la défense du territoire protégé, à la gestion financière de la protection assurée, services judiciaires en vue de juger les procès où sont impliqués des étrangers.

Inégalitaires par définition, d'inspiration coloniale, les protectorats — français et britanniques pour l'essentiel — étaient incompatibles avec la conception moderne de l'indépendance et étaient voués à disparaître. Mais on peut se demander s'ils ne réapparaissent pas, sous une forme moins avouée et sous couvert idéologique ou stratégique, dans certaines circonstances (cf. les rapports de l'Inde et du Sikkim par ex., v. G. Fischer, *AFDI* 1974, p. 201-214).

B. — Exercice collectif

317. Condominium. — En établissant un condominium, deux ou plusieurs États accaparent la totalité des fonctions étatiques sur ce territoire et vis-à-vis de l'ensemble des personnes qui s'y trouvent, et ils s'engagent à exercer les compétences étatiques de façon collégiale, en général sur une base paritaire. De ce fait, le territoire en question ne peut tomber sous la souveraineté territoriale de l'un quelconque des États qui le gèrent ; c'est une manière de geler les prétentions territoriales contradictoires ; il reste pour tous un territoire étranger.

Il convient d'éviter de recourir à la notion de « co-souveraineté » pour caractériser le régime du condominium, car on devrait en déduire que les États responsables du condominium exercent leur souveraineté territoriale à son égard. Dans un arrêt du 11 septembre 1992, une Chambre de la CIJ a cependant estimé que le mot « condominium », en tant que terme technique utilisé en droit international, désigne en général [un] système organisé, mis en place [par un accord entre les États concernés] en vue de l'exercice en commun de pouvoirs gouvernementaux souverains sur un territoire ; situation qu'il serait peut-être plus juste d'appeler co-imperium » (*Rec.*, p. 597-598).

Le condominium franco-britannique sur les *Nouvelles-Hébrides* remontait à un traité de 1887 et il consacrait un partage de zones d'influence. Ce territoire accédait à l'indépendance en 1980 sous le nom de Vanuatu (*AFDI* 1980, p. 944). *L'île des Faisans* sur la Bidassoa est soumise au condominium de l'Espagne et de la France depuis la convention de Bayonne du 2 décembre 1856, amendée par une convention du 17 mars 1901. L'accession à l'indépendance du Soudan en 1955 a mis fin au condominium anglo-égyptien établi par des traités de 1899 et 1936.

La notion de condominium peut également s'appliquer, *mutatis mutandis*, à des espaces maritimes (cf. les accords franco-espagnols du 30 mars 1879 et du 14 juillet 1959 à propos d'une partie de la baie du Figuier, v. C. Fernandez de Casadevante Romani, *La frontière franco-espagnole et les relations de voisinage*, Harriet, Bayonne, 1989, p. 103-111, ou l'arrêt de la Cour de justice centre-américaine du 9 mars 1917 entre El Salvador et le Nicaragua (*AJIL* 1917, p. 674), confirmé par l'arrêt précité de la CIJ du 11 septembre 1992, *Rec.* p. 590).

318. Occupation militaire collective. — 1° *Suite à une capitulation sans condition.* Après la défaite de l'Allemagne dans le second conflit mondial, sa capitulation sans condition entraînait la disparition du gouvernement allemand et le transfert de toutes les compétences étatiques en Allemagne aux quatre Puissances victorieuses. Il s'agissait d'une substitution totale, mais temporaire, de compétence ; car il n'était pas question d'annexer ce pays ni d'attribuer aux Alliés, même collectivement, la souveraineté territoriale en Allemagne.

Les occupants se réservaient seulement l'exercice des attributs de la souveraineté territoriale, dans l'attente de l'apparition d'un nouveau gouvernement allemand, désigné selon des procédures démocratiques et susceptible de négocier le retour à la paix. À cette fin un Conseil de contrôle allié a été établi, qui a renoncé à ses attributions initiales au fur et à mesure que les deux États allemands affirmaient leur représentativité internationale ; dès 1955, avec l'entrée en vigueur des accords de 1952 amendés en 1954, il était mis fin au statut d'occupation de l'immédiat après-guerre. Désormais, le Conseil de contrôle allié n'exerçait plus que des compétences partielles à Berlin, au titre des « droits réservés » des Alliés.

2° Lorsque la capitulation n'entraîne pas une substitution complète dans l'exercice des compétences, la répartition des compétences se réalise de la même manière dans l'occupation collective que dans l'occupation individuelle (v. *supra*, n° 314). Cependant, dans le cas d'occupation collective, aucun des États ne peut accomplir seul les actes de portée générale applicables à l'ensemble du territoire occupé.

Cette solution est fréquente au lendemain d'une guerre de coalition : voir l'article 5 du Traité de Paris de 1815 (à propos de l'occupation de positions militaires françaises le long des frontières) ou l'article 428 du Traité de Versailles de 1919 (occupation des territoires allemands à l'Ouest du Rhin).

Le système de sécurité collective des Nations Unies pourrait donner lieu à occupation collective du territoire des États agresseurs ; toutefois, même dans l'affaire du Koweït, une telle solution n'a pas été mise en œuvre et le Groupe d'observateurs des Nations Unies créé par la résolution 687 (1991) du Conseil de sécurité en vue de surveiller une zone démilitarisée entre le Koweït et l'Irak ne saurait être assimilé à une force d'occupation, non plus que la « présence civile et militaire » assurée au Kosovo par la MINUK et la KFOR, même si, concrètement, les compétences de la Yougoslavie sur ce territoire se trouvent, de ce fait, réduites à presque rien (v. *infra*, n°s 393 et 590 ; v. en revanche, à certains égards, la situation en Irak depuis 2003, *supra*, n° 314).

C. — Exercice contrôlé

319. Mandat. — À la fin de la Première Guerre mondiale, le statut de deux catégories de territoires restait en suspens : celui des colonies enlevées à l'Allemagne après sa défaite et des territoires détachés de l'Empire ottoman. Au titre d'un compromis entre les thèses antagonistes de Wilson et des gouvernements européens, fut retenue une solution intermédiaire entre le régime colonial et l'accession immédiate à l'indépendance. En fait, c'est la philosophie colonialiste classique qui a été remise en cause, sous la pression des États-Unis. Leurs motifs étaient à la fois idéologiques et pragmatiques : l'autodétermination américaine a créé une tradition anti-coloniale, peu favorable à des dépendances durables ; en outre, leurs intérêts économiques ne se satisfaisaient pas des monopoles commerciaux du système colonial traditionnel (doctrine de la porte ouverte et système du protectorat répondaient, dès avant guerre, à ce double souci).

L'article 22 du Pacte de la SdN incorpore cette solution dans une formulation qui reste prudente et « paternaliste ». Il part de l'idée que les populations qui habitent ces territoires ne sont pas encore capables « de se diriger elles-mêmes dans les conditions particulièrement difficiles du monde moderne » et proclame comme une « mission sacrée de civilisation » l'aide à apporter à ces peuples en vue de favoriser leur bien-être et leur développement. En conséquence, il confie « la tutelle de ces peuples aux nations développées qui, en raison de leurs ressources, de leur expérience ou de leur position géographique sont le mieux à même d'assurer cette responsabilité et consentent à l'exercer ».

Les « Puissances mandataires », désignées par voie d'accords et non plus en vertu de la loi du plus fort, ont pour mission de guider vers l'indépendance et la condition étatique les peuples des « territoires sous mandat ». En attendant cet aboutissement, les mandataires sont dotés de compétences de nature territoriale sur ces territoires ; mais ces derniers ne sont pas, à la différence des colonies traditionnelles, juridiquement intégrés au territoire des États mandataires. L'institution du mandat n'implique « ni cession de territoire, ni transfert de souveraineté » (CIJ, *Statut international du Sud-ouest africain*, *Rec.* 1950, p. 132). Les puissances mandataires ne peuvent revendiquer la plénitude des compétences territoriales à l'égard des territoires confiés à leur administration. Elles n'ont notamment pas reçu le pouvoir de modifier unilatéralement les frontières du territoire administré (pas plus d'ailleurs que cela ne sera le cas pour les territoires placés après 1945 sous tutelle) (v. CIJ, *Frontière terrestre et maritime entre le Cameroun et le Nigeria*, 10 octobre 2002, *Rec.*, par. 212).

Le Pacte de la SdN établit non pas un mais trois régimes, classés par ordre croissant de compétences du mandataire et d'éloignement progressif des perspectives d'indépendance du territoire sous mandat. Les mandats A comprenaient des territoires du Proche-Orient : Syrie et Liban (France) ; Irak, Palestine et Transjordanie (Grande-Bretagne) La plupart des colonies allemandes en Afrique devenaient des mandats B : Togo et Cameroun (France et Grande-

Bretagne), Tanganyika (Grande-Bretagne), Ruanda-Urundi (Belgique). Le Sud-Ouest africain (Afrique du Sud) et des îles du Pacifique étaient sous mandat C : Samoa occidental (Nouvelle-Zélande), Nauru (Empire britannique, Australie et Nouvelle-Zélande), Nouvelle-Guinée (Australie), Carolines, Mariannes, Marshall (Japon).

Gérés par les États que la communauté internationale a choisis, promis à l'indépendance au moins en ce qui concerne les mandats A — celle-ci n'est d'ailleurs pas formellement exclue pour les mandats B —, les territoires sous mandat font l'objet d'un contrôle par la SdN. Cette organisation créera, afin de l'assister dans ce rôle, la Commission permanente des Mandats. De plus, l'État mandataire n'est pas libre de modifier le régime du territoire sous mandat sans le consentement de l'organisation internationale. Le mandataire ne dispose pas d'une compétence exclusive.

Les territoires sous mandat A accédèrent en effet à l'indépendance dans des délais plus ou moins longs : l'Irak fut le premier bénéficiaire (Traité avec la Grande-Bretagne du 30 juin 1930 ; les mandats syrien et libanais ont pris fin en 1946, le mandat palestinien en 1948 (d'où le premier conflit israélo-arabe).

Après la disparition de la SdN, les mandats subsistants ont été transformés en tutelles (v. *infra*, n° 320), comme l'article 77 de la Charte en prévoyait la possibilité, à l'exception du *Sud-Ouest africain*, que l'Afrique du Sud a refusé de placer sous ce régime.

Consultée par l'Assemblée générale des Nations Unies, la CIJ a conclu qu'au regard du Chapitre XII de la Charte, le régime de tutelle ne succède pas de plein droit à celui du mandat et qu'en conséquence le mandat sur le Sud-ouest africain a survécu à la SdN. En revanche, l'Union sud-africaine ne peut, pas plus que du temps de la SdN, revendiquer une souveraineté plénière et exclusive sur ce territoire. L'ONU, véritable successeur de la SdN, est donc en droit d'exercer les compétences de surveillance initialement confiées à la SdN (CIJ, affaire du *Statut international du Sud-ouest africain, Rec.* 1950, p. 137-139).

L'Assemblée générale réagit à l'arrêt du 18 juillet 1966, par lequel la Cour déclarait irrecevables les requêtes de l'Éthiopie et du Libéria qui invoquaient l'incompatibilité de la politique de ségrégation raciale avec le mandat de 1920, en mettant fin unilatéralement au mandat sur ce territoire, désormais dénommé Namibie. L'année suivante, elle mettait en place le Conseil pour la Namibie et lui confiait la tâche d'administrer le territoire et sa population jusqu'à son accession à l'indépendance. Dans sa résolution 264 (1969), le Conseil de sécurité la suivait dans la même voie. L'année suivante, il déclarait illégale la présence continue de cet État en Namibie et demandait un avis consultatif à la CIJ (résolutions 276 et 284, 1970).

Dans son avis du 21 juin 1971, la Cour confirme l'illicéité de la présence sud-africaine depuis 1966, illicéité opposable non seulement à tous les États membres mais aussi aux États non membres ; elle en déduit que l'Afrique du Sud doit cesser immédiatement d'« occuper » la Namibie et que les autres États doivent s'abstenir de reconnaître la validité des mesures prises par l'ex-mandataire pour le compte ou au nom de la Namibie (*Rec.* 1971, p. 58).

Entre-temps s'est créé un mouvement de libération nationale, la SWAPO, reconnue par l'ONU et l'OUA. Il en est résulté un partage de compétences entre la SWAPO et le Conseil des Nations Unies pour la Namibie, selon des modalités peu claires. Après de longues tractations, le Conseil de sécurité a adopté, en 1978, un plan, négocié initialement par cinq États occidentaux (résolution 435 du 29 sept. 1978) qui, dans ses grandes lignes, a finalement été mis en œuvre. Les négociations directes menées par les États concernés sous l'égide des États-Unis ont porté sur l'ensemble des problèmes de la région et abouti à l'Accord en 14 points de Governor Islands du 13 juillet 1988 et à un cessez-le-feu, entré en vigueur le 1er novembre 1988 (Protocole de Genève du 5 août 1988). Le 16 février 1989, le Conseil de sécurité a constitué le Groupe d'assistance des Nations Unies pour la période de transition (GANUPT) (résolution 632), dont les 8 000 participants ont encadré l'accession de la Namibie à l'indépendance le 21 mars 1990 et son admission à l'ONU le 23 avril ; l'Assemblée générale a dissous le Conseil des Nations Unies pour la Namibie le 11 septembre 1990 (résolution 44/243). Le problème, resté en suspens, de la gestion de Walvis Bay a finalement été résolu par l'accord du 9 novembre 1992, prévoyant sa gestion commune et le transfert de souveraineté à la Namibie.

Sur l'accession de la Namibie à l'indépendance v. L. LUCCHINI, *AFDI* 1969, p. 355-375. — Ch. CADOUX, *AFDI* 1988, p. 13-36. — M. KAMTO, *RGDIP* 1990, p. 577-634. — R. GOY, *AFDI* 1991, p. 387-405.

320. Tutelle. — Les négociateurs de la Charte des Nations Unies avaient à préciser le sort des mandats B et C, compte tenu de la volonté des vainqueurs d'enlever au Japon toutes ses responsabilités antérieures en la matière. Le régime de tutelle, établi par le Chapitre XII de la Charte (articles 75 à 85), répond à ce souci. Reprenant dans ses grandes lignes le système du mandat, il en précise les finalités, renforce les compétences et procédures de l'organisation de contrôle et limite plus strictement les pouvoirs de l'État « chargé de l'administration » de ces territoires.

Désormais, en vertu de l'article 76, les peuples sous mandat reçoivent des garanties d'administration égalitaire (respect des droits de l'homme) et surtout l'assurance de l'accession à *l'indépendance* ou d'une « évolution progressive vers la capacité à s'administrer eux-mêmes (...) compte tenu des conditions particulières à chaque territoire et à ses populations, des aspirations librement exprimées des populations intéressées et des dispositions qui pourront être prévues dans chaque accord de tutelle ». Est également confirmée la doctrine de la « porte ouverte » dans le domaine économique et commercial (égalité de traitement entre membres des Nations Unies).

Le régime de tutelle est placé sous le contrôle plus étroit des Nations Unies que celui du mandat. L'ONU a compétence pour approuver les accords de tutelle, désigner les États administrants et les territoires bénéficiant de ce régime, éventuellement pour assurer elle-même l'administration de tutelle (article 81). Ces compétences sont exercées par l'intermédiaire du Conseil de tutelle, organe où sont représentés à parité les États administrants et d'autres membres des Nations Unies, sous l'autorité de l'Assemblée générale.

La « *realpolitik* » n'a pas perdu tous ses droits : les anciens mandats C japonais ont été soumis à un régime de *tutelle stratégique* gérés par les États-Unis et placés sous le contrôle du Conseil de sécurité.

Tous les territoires intéressés ont aujourd'hui accédé à l'indépendance : la Papouasie-Nouvelle Guinée est devenue un État souverain en 1975 et, tout en réservant le cas des Îles Palaos, le Conseil de sécurité a mis fin à la tutelle stratégique des États-Unis par sa résolution 683 du 22 décembre 1990 (v. L. Lucchini, *AFDI* 1975, p. 155-173. — R. Goy, *AFDI* 1988, p. 454-474) ; la tutelle sur les îles Palaos a été levée en 1994 (v. R. Goy, *AFDI* 1994, p. 356-370).

Au demeurant, même si le régime de tutelle relève dorénavant de l'histoire, des contestations peuvent s'élever entre un ancien territoire sous tutelle et la puissance administrante comme en témoigne l'action portée devant la CIJ par Nauru contre l'Australie (v. l'arrêt du 26 juin 1992 sur les *exceptions préliminaires, Rec.* 1992, p. 240).

321. Territoires non autonomes. — Jusqu'en 1945, l'exercice des compétences des États dans leurs colonies n'était soumis à aucun contrôle international. Seuls étaient réglementés le statut des mandats (v. *supra*, n° 319) et le mode d'acquisition initiale des territoires coloniaux (Acte final de la Conférence de Berlin de 1885).

Avec beaucoup de prudence, les auteurs de la Charte ont recherché un compromis entre les thèses anti-colonialistes et les défenseurs des Empires coloniaux. Par une « déclaration » contenue dans le Chapitre XI de la Charte, ont été définis les objectifs de l'administration de ces territoires et mises en place des procédures d'examen des agissements des États colonisateurs.

Les puissances administrantes ont pour « mission sacrée » d'assurer « le progrès politique, économique et social des populations de ces territoires » et de « développer leur capacité de s'administrer elles-mêmes ». Pour permettre à l'ONU d'exercer ses pouvoirs les États s'engagent à lui adresser un certain nombre de renseignements sur les points pertinents (article 73, al. e, de la Charte).

C'est sur cette base un peu fragile, puisque les États n'avaient en rien renoncé à leurs compétences territoriales sur ces territoires ni même accepté un contrôle ou un partage de leur exercice, que l'Assemblée générale s'est appuyée pour imposer la décolonisation. Au Secrétaire général comme destinataire des rapports des États colonisateurs, elle a substitué en 1952 un comité intergouvernemental, le Comité des renseignements, beaucoup plus incisif ; en 1961, apparaissait le Comité de la décolonisation, chargé de faire aboutir les recommandations de la résolution 1514 (XV) (v. *infra*, n° 341), également destinataire de ces renseignements (résolution 1970 (XVIII) du 16 décembre 1963). Les investigations du Comité ont porté non seulement sur les questions évoquées par l'article 73 de la Charte, mais de plus en plus sur l'évolution politique et constitutionnelle des territoires en cause. Elles ont été complétées par l'envoi de missions sur place. La pression ainsi exercée sur les puissances coloniales ne pouvait plus être contournée, seule l'Assemblée générale pouvant relever la puissance administrante de son obligation d'information. Ce faisant, les Nations Unies ont créé des règles coutumières allant indiscutablement au-delà de la lettre de la Charte.

§ 2. — *La compétence personnelle*

BIBLIOGRAPHIE. — H. BONNEAU, « Le retrait de la nationalité en droit des gens », *RGDIP* 1948, p. 50-81. — E. SZLECHTER, *Les options conventionnelles de nationalité à la suite de cessions de territoires*, Sirey, 1948, 275 p. — S. TORRES-BERNARDEZ, « La convention sur la réduction des cas d'apatridie du 30 août 1961 », *AFDI* 1962, p. 528-555. — P.-M. BLASER, *La nationalité et la protection juridique internationale de l'individu*, Lausanne, 1962. — R. PINTO, « Les problèmes de nationalité devant le juge international », *AFDI* 1963, p. 361-375. — G. GUYOMAR, « La succession d'États et le respect de la volonté des populations », *RGDIP* 1963, p. 92-117. — G. PERRIN, « Les conditions de validité de la nationalité en droit international public », *Mél. Guggenheim*, 1968, p. 853-887. — F.-M. DAY, « La nationalité des navires en temps de paix », *RGDIP* 1973, p. 1000-1080. — J.-F. REZER, « Le droit international de la nationalité », *RCADI* 1986, III, vol. 198, p. 333-400. — P. LAGARDE, *La nationalité française*, Dalloz. — 1989, XXVIII-383 p. — Ministère de la Justice, *La nationalité française (textes et documents)*, La Documentation française, 1989, 340 p. — G. GEOUFFRE DE LA PRADELLE, « Nationalité, extranéité, nationalités étrangères », *Mél. Holleaux*, Litec, 1990, p. 135-155. — L. LUCCHINI, « Le navire et les navires », *Colloque SFDI*, Toulon, Pedone, 1992, p. 3-42. — D. RUZIÉ, « Nationalité, effectivité et droit communautaire », *RGDIP* 1993, p. 107-120. — D. CAMPBELL et J. FISHER, *International Immigration and Nationality Law*, Nijhoff, 1993, 1 036 p. — R. KOVAR et D. SIMON, « La citoyenneté européenne », *CDE* 1993, p. 285-316. — O. SCHRAMECK, « La réforme du droit de la nationalité », *AJDA* 1993, p. 755-767. — G. SEBASTIEN, « La citoyenneté dans l'Union européenne », *RDP* 1993, p. 1263-1290. — B. NASCIMBENE dir., *Le droit de la nationalité dans l'Union européenne*, Giuffrè, Milan, 1996, XV-771 p. — C. SANTULLI, *Irrégularités internes et efficacité internationale de la nationalité*, LGDJ, 1996, VIII-97 p. — Th. M. FRANCK, « Community Based on Autonomy », *Columbia Jl. Transnl. L.*, 1997, p. 42-64. — E. PEREZ VERA, « Citoyenneté de l'Union européenne, nationalité et condition des étrangers », *RCADI* 1996, vol. 261, p. 243-426. — P. D'ARGENT, « Nationalité et droit international public », *Annales de droit de Louvain*, 2004, p. 221-232. — A. M. BOLL, *Multiple Nationality*, Martinus Nijhoff Publishers, Leiden, 2006, 400 p. – M. BENLOLO CARABOT, *Les fondements juridiques de la citoyenneté européenne*, Bruylant, Bruxelles, 2006, XXIV-782 p. — V. également les manuels de droit international privé, ainsi que *infra*, n° 354, à propos des effets de la succession d'États sur la nationalité des personnes privées.

Sur la protection diplomatique, voir la bibliographie *infra*, sur le n° 495.

322. Définition. — Lorsqu'il ne peut fonder sur un titre territorial l'emprise qu'il exerce sur des individus ou sur des activités, l'État peut invoquer un lien d'allégeance particulière qui lui subordonne une personne donnée. Le lien d'allégeance le plus fort est celui déduit de la nationalité de l'individu, mais ce n'est pas le seul concevable (v. *supra*, n° 266). L'importance du lien de nationalité tient également au fait que seul l'État, parmi les divers sujets du droit international, peut l'invoquer à son profit.

Par exemple, « il n'est pas possible, par un recours exagéré à l'idée d'allégeance, d'assimiler au lien de nationalité qui existe entre l'État et son ressortissant le lien juridique qui, selon l'article 100 de la Charte, existe entre l'Organisation, d'une part, et le Secrétaire général et le personnel du Secrétariat, d'autre part » (CIJ, *Réparation des dommages subis au service des Nations Unies, Rec.* 1949, p. 182). Cependant, la Cour s'est refusée dans cet avis à affirmer la priorité de la réclamation présentée par l'État au titre de la protection diplomatique ou celle de l'Organisation fondée sur l'idée de protection « fonctionnelle ».

Le lien de nationalité, s'il est le titre de portée la plus générale, n'est pas le seul qui justifie la compétence « personnelle » de l'État à l'égard de personnes physiques. Les États sont toujours en mesure de décider une extension de cette compétence par voie de traités : c'est la technique retenue pour les apatrides et les réfugiés (v. *infra*, n° 431), ainsi que par certaines conventions sur la protection des droits de l'homme (v. *infra*, n°s 422 s.).

A. — Le lien de nationalité

323. Nationalité de l'individu. — Le problème de la nationalité des personnes illustre bien l'ambiguïté de leur situation juridique en droit international. Les solutions qui lui sont apportées traduisent une double préoccupation. D'abord, permettre à une collectivité politique, l'État, de maîtriser la composition de sa population et l'étendue de sa compétence « personnelle ». Mais aussi reconnaître à chaque individu une certaine liberté de choix pour éviter de porter des atteintes irréversibles à ses droits fondamentaux.

Le premier objectif est un des fondements politiques classiques du principe d'autodétermination : *le principe des nationalités* autorise un groupe d'hommes à faire le choix initial dans le cadre d'un État naissant. Une fois l'État créé, il justifie le rôle essentiel des pouvoirs publics dans la définition des critères de la nationalité, qu'il s'agisse de la nationalité « par défaut » — ou nationalité « originaire », c'est-à-dire celle qui s'impose à chaque citoyen sans qu'il lui soit nécessaire de prendre une initiative — ou qu'il s'agisse de la nationalité

« acquise », à la suite d'une option explicite de l'individu à l'intérieur du cadre offert par le législateur national (critères de la naturalisation). Cependant reconnaître à chaque État une compétence aussi étendue ne va pas sans risque de contradictions, et le droit se doit d'atténuer les inconvénients de cette situation pour les individus.

Le second objectif sous-tend les efforts en vue de la reconnaissance du droit à la nationalité comme un des droits fondamentaux de l'homme. La Déclaration universelle de 1948 a proclamé ce droit, mais ses garanties restent très fragiles : le Pacte de 1966 relatif aux droits civils et politiques ne reconnaît expressément ce droit qu'aux enfants (article 24, § 3) ; en revanche, la convention du Conseil de l'Europe sur la nationalité de 1997 (art. 4), les articles adoptés par la CDI en 1999 sur la nationalité des personnes physiques en relation avec la succession d'États (dont l'Assemblée générale a pris « note » dans sa résolution 55/153 du 12 décembre 2000) (art. 1er) comme la convention du Conseil de l'Europe sur la prévention des cas d'apatridie en relation avec la succession d'États de 2006 (art. 2) reposent sur le principe du droit à une nationalité (v. *infra*, n° 354).

1° *Détermination de la nationalité par l'État*

a) Le principe : la compétence exclusive de l'État. Seul l'État a compétence pour attribuer une nationalité et chaque État a un tel pouvoir. Ce principe est fermement ancré dans la pratique internationale, aussi bien juridictionnelle que conventionnelle.

« Dans l'état actuel du droit international, ces questions sont, en principe, (...) comprises dans le domaine réservé » des États, sauf s'ils ont renoncé à un tel privilège par les voies du droit international, disait déjà la CPJI dans l'affaire des *Décrets de nationalité en Tunisie et au Maroc* (avis de 1923, série B, n° 4, p. 24). Cette opinion a été confirmée par la CIJ dans l'affaire *Nottebohm*, dans les termes les plus clairs : « Le droit international laisse à chaque État le soin de déterminer l'attribution de sa propre nationalité » (*Rec.* 1955, p. 23 ; cette affirmation, reprise dans la jurisprudence transationale, n'exclut nullement l'existence d'un certain contrôle juridictionnel sur l'existence même de l'attribution de la nationalité : v. ainsi CIRDI, *Waguih Elie George Siag c. Egypte,* ARB/05/15, 11 avril 2007, par. 142-201, et CIRDI, Comité d'annulation, *Soufraki c. Émirats arabes unis*, ARB/02/7, 5 juin 2007, par. 60 et s.). S'exprimant en tant que « législateur international », les États qui ont élaboré la convention de La Haye du 12 avril 1930 sur les conflits de lois en matière de nationalité n'ont pas prétendu renverser le principe mais simplement en limiter les inconvénients ; or, les travaux préparatoires de la convention le prouvent, ils avaient bien conscience de respecter fidèlement le droit coutumier (peu importe, dès lors, que cette convention ne soit pas entrée en vigueur). Toutefois, par un important avis consultatif rendu le 19 janvier 1984, la Cour interaméricaine des droits de l'homme a estimé que le droit international impose des limites à l'octroi de la nationalité, qui est en outre un droit pour les individus.

Ce que les États sont libres de faire, ils sont libres de le défaire. Le retrait, la « déchéance » de la nationalité est également une compétence des États.

b) Cette primauté de l'État a une contrepartie : si les autres sujets du droit ne peuvent contester les critères d'attribution de chaque nationalité, ils ne sont pas obligés d'en accepter les conséquences individuelles, sauf s'ils sont liés par un traité bilatéral ou régional (comme la convention européenne sur la nationalité adoptée par le Conseil de l'Europe le 14 mai 1997 — v. R. Schärer, *GYBIL* 1997, p. 438-459). En l'absence d'obligations conventionnelles, les décisions prises par un État à l'égard d'un individu ne leur sont *opposables* que si ces critères ne paraissent pas arbitraires, s'ils justifient l'étendue des droits déduits de la compétence personnelle : la nationalité doit traduire un *fait social de rattachement réel*, dont la consistance demeure cependant imprécise.

L'article 1er de la convention de La Haye précitée pose le principe que les législations nationales doivent respecter les prescriptions du droit international (coutume, conventions pertinentes et même principes généraux de droit). On ne peut concilier cette solution avec le principe de la compétence exclusive de l'État, qu'en déplaçant le problème : ce n'est pas l'exercice de cette compétence normative qui peut être contesté, sauf exception conventionnelle, mais l'opposabilité des mesures d'application qui peut être récusée si ces mesures ont des conséquences dans les relations internationales. Confrontée à un cas de double nationalité, dans l'affaire *Nottebohm*, la CIJ tranchera en faveur de l'inopposabilité d'une nationalité qui n'était pas fondée sur un lien de rattachement effectif :

« La nationalité est un lien juridique ayant à sa base un fait social de rattachement, une solidarité effective d'existence, d'intérêts, de sentiments, jointe à une réciprocité de droits et de devoirs. Elle est, peut-on dire, l'expression juridique du fait que l'individu auquel elle est conférée (...) est, en fait, plus étroitement rattaché à la population de l'État qui la lui confère qu'à celle de tout autre État... Un État ne saurait prétendre que les règles par lui ainsi établies devraient être reconnues par un autre État que s'il s'est conformé (au) but général de faire concorder le lien juridique de la nationalité avec le rattachement effectif de l'individu à l'État... » (*Rec.* 1955, p. 23).

Malgré le retentissement de cette jurisprudence, généralement approuvée par la doctrine, certaines sentences arbitrales en ont réduit la portée pratique : elles n'ont voulu y voir qu'une solution apportée aux difficultés propres aux hypothèses de double nationalité et ont refusé de faire application de l'idée selon laquelle l'opposabilité de la nationalité dépendrait dans tous les cas de son caractère « effectif » (sentence de 1958, *Flegenheimer, RSA* XIV, p. 327). Par sa décision dans l'affaire *A/18*, le Tribunal des réclamations irano-américain a appliqué la théorie de la nationalité « dominante » en cas de double nationalité (décision du 6 avril 1984, *CTR* 1985, p. 251), que la CDI a consacrée dans son projet d'articles sur la protection diplomatique en la réservant à la seule hypothèse dans laquelle l'individu a la nationalité des deux États parties au différend (v. dans le même sens Commission de réclamations Érythrée/Éthiopie, sentence partielle du 19 décembre 2005, *Perte de propriété en Éthiopie*, par. 11). En revanche, lorsque l'État défendeur n'est pas l'un des deux États de nationalité, il ne peut opposer à l'invocation de la protection diplomatique le fait que la nationalité de l'État demandeur ne serait pas la nationalité prépondérante. Dans ce cas, cette nationalité est opposable de plein droit (v. *infra*, n° 495).

2° Chaque État est libre, sous la réserve précédente, de définir les *critères de l'octroi de sa nationalité*, à titre originaire ou par voie de naturalisation. Les choix réalisés dans la pratique sont assez directement fonctions des particularités démographiques et politiques des États ; on ne peut s'étonner de relever une très grande diversité de solutions et parfois même des variations sensibles dans le temps pour un même État.

D'une manière générale, les États utilisent, séparément ou en les combinant, le critère du « lien du sang » *(jus sanguinis)*, déterminé par la nationalité des parents, et celui du lieu de naissance *(jus soli)*, abstraction faite alors de la nationalité des parents.

La naturalisation résulte le plus souvent du mariage de l'individu avec un national ou de sa résidence prolongée sur le territoire d'un État autre que l'État d'origine. Cette procédure exigera, en principe, une manifestation de volonté expresse de l'intéressé car c'est une possibilité offerte à l'étranger, non une obligation lui incombant.

Pour la France, voir les articles 21-1 s. du Code civil. Depuis la réforme de 1973, ce n'est plus un effet de plein droit du mariage de l'étranger avec un ressortissant français.

En vertu du du même Code, le gouvernement est en mesure de s'opposer à la naturalisation, mais sous le contrôle (minimum) du juge administratif qui considère que « la naturalisation constitue une faveur accordée par l'État français à un étranger et n'est donc jamais un droit pour l'intéressé » (CE, 18 janvier 1993, *Ministre de la solidarité c. Dlle. Arab*, *Leb.* p. 14).

Dans un arrêt du 22 février 2000 (affaire *Ka*), la première chambre civile de la Cour de cassation française a considéré que « la détermination, par un État, de ses nationaux par application de la loi sur la nationalité, ne peut constituer une discrimination au sens du Pacte de New York du 19 décembre 1966 sur les droits civils et politiques ». On peut en déduire que l'État conserve sa liberté dans le choix des personnes à qui il peut accorder sa nationalité.

Certaines législations nationales reflètent des données politiques très particulières : ainsi de la Constitution soviétique de 1924 qui autorisait tout travailleur étranger établi en URSS à acquérir la nationalité soviétique, ou de la loi israélienne du 1er avril 1952 dite « du retour » qui facilite l'octroi de la nationalité locale aux juifs qui retournent en Israël avec l'intention de s'y établir. Un État peut aussi manipuler les critères de la nationalité pour « nationaliser » les ressortissants d'entités qui n'ont pas encore un statut étatique ou ne peuvent plus exercer librement leur protection diplomatique (territoires sous mandat ou sous tutelle, protectorats, habitants de Berlin-Ouest avant la réunification allemande).

De façon assez exceptionnelle, l'individu peut trouver dans un *droit d'option* garanti conventionnellement ou établi unilatéralement une relative liberté de choix face aux pressions des États.

Dans la pratique, ce droit est reconnu lors de l'apparition d'un nouvel État ou lors d'une cession territoriale au bénéfice des personnes qui ont leur résidence sur le territoire en cause ou en sont originaires (voir par exemple l'article 21-19, 5°, du Code civil français et les articles pertinents des textes internationaux adoptés en matière d'effets sur la nationalité de la succession d'États [*infra*, n° 354]). En réalité, ce droit d'option est souvent fortement hypothéqué par les conséquences économiques pour les intéressés — obligation de quitter le territoire, perte de leurs biens — ou favorise l'acquisition d'une double nationalité, ce qui n'est guère plus satisfaisant.

La question des modalités du droit d'option prend une acuité politique certaine lorsqu'un État comprend des minorités importantes qui conservent un fort lien de rattachement affectif ou économique avec un État voisin, en particulier lorsque cette situation résulte d'une présence militaire ou civile étrangère prolongée. Tel fut le cas dans la plupart des États d'Europe centrale et orientale après la Première Guerre mondiale et après l'éclatement du bloc communiste. Des solutions conventionnelles complexes, bilatérales et parfois multilatérales, tentent de trouver un équilibre entre les soucis de sécurité des États et le respect tant des droits de l'homme, en particulier le droit à une nationalité, que les exigences spécifiques des minorités (culture et enseignement dans la langue d'origine notamment).

3° Un individu peut recevoir plusieurs nationalités ou se voir dénier toute nationalité par le jeu combiné des règles nationales en la matière, en l'absence de toute violation du droit. On parle alors de *conflits de nationalités.*

Le conflit de nationalités *positif* naît de la *pluripatridie*, dont l'illustration la plus courante est la *double nationalité.* Hypothèse fréquente, en particulier parce que de nombreuses législations nationales prévoient que l'épouse acquiert la nationalité de son mari tandis que d'autres législations l'autorisent à conserver sa nationalité d'origine après son mariage avec un étranger, ou parce que certaines législations ne prévoient pas la perte de leur nationalité d'origine pour les ressortissants qui acquièrent une autre nationalité par voie de naturalisation.

Les conflits positifs de nationalité peuvent être réglés par le juge ou l'arbitre en donnant la préférence à la nationalité la plus réelle ; le test le plus utilisé reste le domicile ou la résidence habituelle.

Le conflit de nationalités *négatif* résulte des contradictions des législations nationales qui ne permettent pas à un individu d'entrer dans le champ d'application de l'une d'entre elles : on pourrait parler ici d'apatridie « institutionnelle », à ne pas confondre avec la situation d'apatridie résultant du retrait de la nationalité d'origine non suivi immédiatement d'une naturalisation (apatridie « conjoncturelle », parfois due à la volonté des intéressés, par exemple des réfugiés politiques qui ne veulent pas reconnaître la déchéance de leur nationalité par leur État d'origine) (sur le régime juridique des apatrides, voir *infra*, n° 431).

L'objectif essentiel est de réduire au maximum les cas d'apatridie, par une consécration plus ferme du droit de l'individu à une nationalité. Le principal élément du droit positif est constitué, outre quelques conventions bilatérales, par la convention de New York de 1961.

Ce texte prévoit que tout État partie, d'une part, attribue sa nationalité à tout individu né sur son territoire et qui, à défaut, serait apatride, et d'autre part, ne prive pas de sa nationalité celui qui, de ce fait, deviendrait apatride. Qu'il ait fallu attendre 1975 pour que cette convention entre en vigueur manifeste les réticences des États à limiter un tant soit peu leurs compétences en la matière.

Les articles 17 à 22, insérés dans le TCE par le Traité de Maastricht du 7 février 1992 instituent une « citoyenneté de l'Union » européenne en vertu de laquelle « toute personne ayant la nationalité d'un État membre » jouit de certains droits et est soumise à certains devoirs. Les principales prérogatives des citoyens de l'Union sont les suivantes :

— liberté de circulation et de séjour sur le territoire des États membres (art. 18),

— droit de vote et d'éligibilité aux élections municipales et au Parlement européen, dans l'État de résidence (art. 19),

— protection diplomatique et consulaire de tout État membre dans les pays tiers où l'État dont le « citoyen de l'Union » à la nationalité n'est pas représenté (art. 20),

— droit de pétition devant le Parlement européen (art. 21 et 192) et de saisir le médiateur nommé par celui-ci (*ibid.*).

Cette citoyenneté de l'Union ne se substitue pas à la nationalité, que les ressortissants des vingt-sept conservent intégralement, mais s'y ajoute.

324. Nationalité des personnes morales. — Les personnes morales, comme les personnes physiques, sont rattachées à chaque État par un lien de nationalité défini discrétionnairement par celui-ci. En raison de cette liberté, les solutions retenues sont aussi diverses que pour la nationalité des individus : tantôt c'est le critère du siège social qui a la préférence, tantôt c'est celui du lieu d'incorporation, tantôt encore celui du contrôle, lui-même fondé sur la nationalité des actionnaires majoritaires ou sur celle des personnes qui dirigent effectivement la société.

L'importance du lien de nationalité des sociétés pour fonder la compétence personnelle de l'État n'est pas moindre que pour les personnes physiques. Comme l'a établi la jurisprudence de la CIJ dans l'affaire de la *Barcelona Traction*, ceci tient au fait que le droit international reconnaît des droits différents à la personne morale et aux actionnaires, dont les intérêts financiers sont pourtant liés à ceux de la société (*Rec.* 1970, p. 35-37).

Quels sont les critères de la nationalité utilisés aux fins de la protection diplomatique ? Selon la CIJ, dans la même affaire : « ... le droit international se fonde, encore que dans une mesure limitée, sur une analogie avec les règles qui régissent la nationalité des individus. La règle traditionnelle attribue le droit d'exercer la protection diplomatique d'une société à l'État sous les lois duquel elle s'est constituée et sur le territoire duquel elle a son siège (...). Sur le plan particulier de la protection diplomatique des personnes morales, aucun critère absolu applicable au lien effectif n'a été accepté de manière générale » (*Rec.* 1970, p. 43). La Cour refuse expressément de faire application ici de la jurisprudence *Nottebohm (ibid.)*. Cette interprétation rejoint celle de nombreuses juridictions nationales, qui ne retiennent le critère du contrôle effectif que dans des circonstances exceptionnelles (temps de guerre, en particulier). Dans le cadre spécifique du contentieux de la protection de l'investissement, cependant, le critère de contrôle a regagné une certaine importance en vertu des dispositions de certains traités bilatéraux de protection et de promotion des investissements et de l'article 25(2)(b) de la convention de Washington de 1965 qui prévoit, expressément, que les parties à un différend peuvent se mettre d'accord pour prendre en compte le « contrôle exercé sur [une société] par des intérêts étrangers » (v. par. ex. la décision sur la compétence dans l'affaire *Autopista Concesionada de Venezuela, CA c. Venezuela* (ARB/00/5), par. 102 ss. ; sur le rôle du critère de contrôle dans la pratique du Tribunal irano-américain des réclamations, v. *AFDI* 2000, p. 334-335).

Dans son projet d'articles sur la protection diplomatique adopté en seconde lecture en 2006, la CDI a opté pour une définition internationale, donc normalement unique, de la nationalité des personnes morales (là où les droits internes définissent cette nationalité chacun pour ce qui le concerne, par recours à des critères qui leur sont propres). Aux termes de l'article 9 du projet, « on entend par État de nationalité [d'une société] l'État sous la loi duquel cette société a été constituée », sauf dans les hypothèses où cette société est « placée sous la direction de personnes ayant la nationalité d'un autre État ou d'autres États et n'exerce pas d'activités importantes dans l'État où elle a été constituée, et que le siège de l'administration et le contrôle financier de cette société sont tous deux situés dans un autre État ». Dans ce cas, c'est ce dernier État qui est réputé être l'État de nationalité (v. *infra*, n° 495). Ce faisant, la Commission a introduit, de manière mesurée, un élément d'effectivité dans l'attribution de la nationalité des personnes morales au regard du droit international.

325. Nationalité des engins. — En règle générale, tout objet a la nationalité de son propriétaire. Il est cependant fait exception pour certains instruments du commerce international, les navires, les aéronefs et désormais les lanceurs de satellites dans l'espace extra-atmosphérique. Ici encore, sous réserve des engagements internationaux, chaque État — et même certaines organisations internationales — définit les conditions d'octroi de sa nationalité ou de son pavillon.

Théoriquement, la liberté de décision des États est limitée par le principe du lien de rattachement effectif : « il doit exister un lien substantiel entre l'État et le navire », précise l'article 91 de la convention de Montego Bay sur le droit de la mer. Non seulement, cette prescription n'est guère respectée dans la pratique, mais il reste très difficile d'obtenir des États l'adoption de critères conventionnels de nature à concrétiser cette obligation.

1° C'est à propos des *navires* que s'est développé le droit international et ce sont les solutions parfois anciennes de la navigation maritime qui ont été transposées aux cas des aéronefs et engins spatiaux.

Pour des raisons de contrôle et de protection, également pour éviter certains abus d'armateurs indélicats, les conventions internationales exigent qu'un navire ait une nationalité et une seule, et qu'il ne soit pas possible d'en changer sans quelques garanties du sérieux de l'opération (article 92 de la convention de Montego Bay, 1982).

À la formule de la Cour permanente d'arbitrage dans l'affaire des *Boutres de Mascate* (sentence du 8 août 1905), font écho les conventions de codification du droit de la mer de 1958 et 1982 :

« En général, il appartient à tout souverain de décider à qui il accordera le droit d'arborer son pavillon et de fixer les règles auxquelles l'octroi de ce droit sera soumis » (*RSA* XI, p. 83-100).

L'article 91 de la convention de Montego Bay (1982) reprend les termes de l'article 5 de la convention de Genève sur la haute mer, y compris l'exigence du lien substantiel, mais il s'abstient de la précision antérieure : « l'État doit notamment exercer effectivement sa juridiction et son contrôle dans les domaines technique, administratif et social sur les navires battant son pavillon ». Ce n'est pas à dire, pourtant, que la communauté internationale ait renoncé à lutter contre la pratique des « pavillons de complaisance » : les initiatives prises au sein de l'Organisation maritime internationale, l'adoption de la convention de Genève du 7 février 1986 (v. D. Momtaz, *AFDI* 1986, p. 715-735), qui insiste sur l'existence d'un lien substantiel entre le pavillon et le navire, attestent la volonté de faire échec aux dangers économiques et écologiques d'un trop grand laxisme ; mais l'on ne tente plus de réduire directement la compétence des États pour définir les critères de l'immatriculation des navires. Renvoyant aux articles 91 et 94 de la convention de Montego Bay et 5 de la convention de Genève sur le droit de la mer, le Tribunal arbitral chargé de trancher le différend franco-canadien relatif au *Filetage dans le golfe du Saint-Laurent* a rappelé « que le droit, pour un État de déterminer par sa législation les conditions d'immatriculation des navires en général, et des bateaux de pêche en particulier, relève de la compétence exclusive de cet État, pour autant qu'il existe un lien substantiel entre « l'État et le navire et que l'État du pavillon exerce effectivement sa juridiction et son contrôle sur les navires battant son pavillon » (sentence du 17 juillet 1966, § 27, *RGDIP* 1966, p. 733 ; v. aussi l'arrêt du TIDM du 1er juillet 1999 dans l'affaire du *Navire Saiga (2)*, dans lequel le Tribunal souligne que l'article 91 de la convention « codifie une règle bien établie du droit international général », (par. 63) mais admet qu'en l'absence même de lien substantiel le navire n'en a pas moins le droit « de battre le pavillon de l'État du pavillon » (par. 82) — comp. avec l'arrêt du 20 avr. 2001 (affaire. du *Grand Prince*) où le Tribunal s'est fondé sur l'absence de preuve d'un lien de nationalité du navire avec l'État demandeur au moment de la demande pour juger celle-ci irrecevable (par. 93)). Dans l'affaire du *« Juno Trader »*, le TIDM a par ailleurs dû s'interroger sur les effets éventuels d'un transfert de propriété du navire (en l'espèce, du fait d'une mesure de confiscation) sur sa nationalité (arrêt du 18 décembre 2004, par. 58-65, ainsi que les opinions des juges Mensah, Wolfrum et Ndiaye).

2° En ce qui concerne les *aéronefs civils*, la convention de Chicago de 1944 rappelle qu'ils ont nécessairement une nationalité et une seule, qu'ils ont la nationalité de l'État sur les registres duquel ils ont été immatriculés et que chaque État fixe les conditions de cette immatriculation.

La règle est que les États n'accordent leur immatriculation qu'aux aéronefs appartenant à des personnes physiques ou morales ayant leur nationalité. Cette nationalité se prouve par les papiers de bord, qui précisent l'identité de l'aéronef et garantissent sa navigabilité. Les changements d'immatriculation, donc de nationalité, sont évidemment possibles, à des fins commerciales.

La création d'organismes internationaux d'exploitation des aéronefs oblige à prendre en considération des situations complexes : l'immatriculation peut être « commune » (propre au groupe d'États qui ont mis leurs moyens en commun) ou « internationale » (sous la responsabilité d'une organisation internationale). Une résolution de 1967 de l'OACI (*AJNU* 1967, p. 292-296) prévoit des solutions alternatives : la nationalité de l'État propriétaire, qui reste possible ; la désignation de l'un des États pour le compte de l'ensemble des États intéressés, la marque commune se substituant dans ce cas à la marque de nationalité. En outre, l'article 83 *bis* de la convention de Chicago permet à un État d'immatriculation et à un État dans lequel un aéronef est exploité de s'entendre pour transférer du premier au second certains droits et obligations (v. L. Weber et B. Verhaegen, *AFDI* 1997, p. 551-558).

3° *Pour les engins spatiaux*, le lien de rattachement est fournie par la formalité de l'immatriculation dont la responsabilité incombe à l'État de lancement (article II de la convention de New York du 14 janvier 1975). On peut remarquer qu'il n'est plus fait référence à la nationalité de l'engin. Les particularités des activités spatiales font que l'immatriculation fournit une garantie suffisante de rattachement d'un engin à un État donné. En outre et surtout, en reconnaissant aux organisations internationales des droits et obligations semblables à ceux des États, les rédacteurs de cette convention devaient tenir compte du fait que le lien de nationalité n'est pas envisageable pour les organisations internationales.

Sur le régime juridique des engins spatiaux, voir *infra*, n°s 731 s.

B. — Exercice de la compétence personnelle

326. Nationaux se trouvant sur le territoire d'un État étranger. — En vertu du droit coutumier, le lien de nationalité autorise l'État à « suivre » ses ressortissants dans des circonstances où le titre territorial serait inefficace, c'est-à-dire lorsqu'il se trouve soit à l'étranger, soit dans un espace qui n'est soumis à la juridiction nationale d'aucun État *(infra*, n° 327). L'État peut agir parce que le droit international l'autorise à réglementer les activités de ses ressortissants en quelque endroit qu'ils se trouvent et à protéger leurs intérêts compromis par les agissements d'autres sujets du droit.

En principe, les ressortissants nationaux dans un État étranger sont soumis à la souveraineté territoriale, plénière et exclusive, de cet État. La compétence personnelle de l'État d'origine ne peut donc s'exercer que dans les limites imposées par la compétence territoriale de l'État hôte (v. *supra*, n° 305 s.).

Par exception, ce principe peut être renversé : tel était le cas dans le régime des *capitulations* (v. *supra*, n° 310). En revanche les privilèges et immunités diplomatiques et consulaires, qui aboutissent à des conséquences comparables du point de vue du souverain territorial, ne constituent pas une illustration de cette hypothèse : leur fondement n'est pas dans la plénitude de la compétence personnelle de l'État d'envoi mais dans la théorie des compétences fonctionnelles de l'État au titre de ses services publics (v. *infra*, n°s 328 s.).

1° L'État d'origine peut atteindre ses ressortissants dans leurs activités à l'étranger : « Loin de défendre, d'une manière générale aux États d'étendre leurs lois et leurs juridictions à des personnes, des biens et des actes hors du territoire, [le droit international] leur laisse à cet égard une large liberté qui n'est limitée que dans quelques cas par des règles prohibitives ; pour les autres cas, chaque État reste libre d'adopter les principes qu'il juge les meilleurs et les plus convenables » (CPJI, 1927, affaire du *Lotus*, série A, n° 10, p. 19). Dès lors, le droit interne d'un État peut viser des situations extra-territoriales (par exemple des bénéfices réalisés à l'étranger ou des comportements anti-concurrentiels adoptés en dehors de son territoire). Mais, pour que cette législation produise ses pleins effets, il faut que les autres États admettent la mise en œuvre sur leur territoire de ce droit étranger (par exemple, l'établissement d'actes d'état civil, le déroulement de consultations électorales, l'application du droit maritime de l'État du pavillon aux navires de commerce dans des ports étrangers). Même lorsque c'est le cas, le souverain territorial se réserve — sauf convention contraire — la possibilité de délimiter le domaine où cette concurrence s'exerce (voir, à propos du droit applicable aux navires de commerce, l'avis de 1806 du Conseil d'État français, *supra*, n° 209).

L'opposabilité du droit de l'État d'origine et son application à ses ressortissants à l'étranger sont déterminées soit par le droit international coutumier et les traités conclus avec l'État hôte, soit par le droit interne de ce dernier, en particulier les règles de droit international privé appliquées par ses tribunaux.

Il est admis que le lien d'allégeance du national à son État d'origine justifie la soumission des personnes expatriées à l'organisation politique de cet État (obligations militaires, droits électoraux) et le bénéfice de certains éléments du droit des personnes de sa législation d'origine (règles relatives à l'état et à la capacité des personnes, rapports familiaux). Peuvent cependant y faire obstacle des considérations d'ordre public de l'État hôte (v. *infra*, n° 335).

Quand ce droit trouve à s'appliquer, l'État d'origine ne dispose pas, en territoire étranger, du pouvoir d'en imposer le respect. Il doit compter sur la collaboration des organes administratifs et juridictionnels de l'État où se trouvent ses ressortissants expatriés pour contraindre ces derniers à l'obéissance (problème des déserteurs ou des fugitifs). Tout ce qui peut contribuer à renforcer l'efficacité de la compétence personnelle de l'État est donc considéré avec intérêt par celui-ci : il conclura à cette fin des conventions d'assistance judiciaire ou administrative, des accords sur la reconnaissance des jugements étrangers, des traités d'extradition, etc.

Sur l'extradition, v. *infra*, n° 337.

À défaut de pouvoir contraindre le souverain territorial à lui prêter main-forte, l'État d'origine est toujours en droit de s'appuyer sur son titre « personnel » pour protester auprès du premier contre les comportements « inamicaux » de celui-ci.

2° Si l'État peut reprocher à un autre État de n'avoir pas respecté sa compétence personnelle, *a fortiori* est-il en droit, à ce titre, de protéger ses ressortissants contre les atteintes à leurs droits individuels commises par les autorités étrangères.

« C'est un principe élémentaire du droit international qui autorise l'État à protéger ses nationaux lésés par des actes contraires au droit international commis par un autre État dont ils n'ont pu obtenir satisfaction par les voies ordinaires (...). En prenant fait et cause pour l'un des siens, en mettant en mouvement en sa faveur l'action diplomatique ou l'action judiciaire internationale, cet État fait valoir son droit propre (...). Ce droit ne peut nécessairement être exercé qu'en faveur de son national, parce que, en l'absence d'accords particuliers, c'est le lien de nationalité entre l'État et l'individu qui seul donne à l'État, le droit de protection diplomatique » (CPJI, *Mavrommatis*, arrêt de 1924, série A, n° 2, p. 12 et *Chemin de fer Panevezys-Saldutiskis*, arrêt de 1939, série A/B, n° 76, p. 16).

L'action diplomatique de l'État en faveur de ses ressortissants à l'étranger est le plus souvent « gracieuse », et consiste en démarches directes auprès des autorités politiques et administratives du pays hôte. En cas d'échec, elle peut prendre une forme contentieuse et conduire à rechercher la responsabilité internationale de l'État auteur du préjudice subi par les individus (v. *infra*, n° 495). Enfermée dans les limites strictes de la recevabilité contentieuse lorsqu'il y a saisine d'une instance arbitrale ou juridictionnelle internationale, la protection diplomatique a en revanche un champ d'application très étendu lorsqu'elle prend la forme d'une intervention gracieuse ; tout au plus doit-elle éviter de prêter le flanc à l'accusation d'ingérence dans les affaires intérieures de l'État hôte.

327. Nationaux se trouvant dans un espace non soumis à juridiction nationale. — Dans les situations où l'État réglemente l'activité de ses ressortissants sans se heurter à la souveraineté territoriale d'un autre État, la mise en œuvre des mesures en cause ne présente pas de difficultés juridiques : leur applicabilité est déterminée par son droit interne et le contrôle de leur application est confié à ses organes administratifs et juridictionnels. Sa compétence est exclusive, sauf s'il y a renoncé conventionnellement (par exemple, contrôle « international » de la pêche ou de la prévention de la pollution en haute mer ; v. *infra*, n°s 662 s.).

L'analyse traditionnelle doit désormais être nuancée, lorsqu'il s'agit d'un espace dont la gestion est confiée à une organisation internationale (v. *infra*, n°s 700 s., à propos de la « Zone » — fonds marins au-delà des juridictions nationales — et des compétences reconnues par la convention de Montego Bay à l'« Autorité », organisation internationale chargée de gérer ces fonds marins). Il faudra ici concilier la compétence personnelle de l'État du pavillon ou d'immatriculation des navires ou engins sous-marins et celle, à base fonctionnelle, de l'organisation internationale.

§ 3. — *Compétence relative aux services publics*

BIBLIOGRAPHIE. — J. CHARPENTIER, « Existe-t-il un droit de suite ? », *RGDIP* 1961, p. 301-316. — S. LAZAREFF, *Status of Military Forces under International Law*, Sijthoff, Leyden, 1971, 458 p.

328. Le service public comme titre de compétence. — En tant qu'éléments constitutifs de l'État, le territoire national et la population nationale constituent, on l'a vu, deux titres distincts de compétence étatique. Puisque l'État est aussi un ensemble de services publics dirigés par les pouvoirs publics (gouvernement), la doctrine française soutient qu'il est investi en outre d'une compétence au titre de ses services publics, aux fins de les organiser, de les faire fonctionner et de les défendre. C'est à J. Basdevant que reviennent la constatation et la mise en valeur de ce troisième titre de compétence étatique.

La compétence relative aux services publics trouve à s'exercer lorsque ceux-ci fonctionnent dans un espace ne relevant d'aucun État, auquel cas sa mise en œuvre peut se heurter à la compétence personnelle d'autres États, et lorsqu'ils sont implantés sur le territoire national d'un État étranger, où se pose le problème de sa conciliation avec la souveraineté territoriale.

En pratique, ce titre n'a qu'un caractère subsidiaire : les États ne s'en prévalent que si les titres fondant leur compétence territoriale ou personnelle sont inopérants. Il présente cependant l'avantage de combler les lacunes de ceux-ci dans des hypothèses particulièrement importantes (v. *infra*, n° 330) et même, le cas échéant de les neutraliser car il est admis que la compétence relative aux services publics l'emporte sur les compétences personnelles et même territoriales (v. *infra*, n° 332).

329. Services publics nationaux dans les espaces ne relevant d'aucun État. — Le titre relatif aux services publics permet à l'État de récuser l'applicabilité à certains engins et agents publics des règles sur l'utilisation de ces espaces, sauf consentement exprès. C'est à l'occasion de l'examen des règles en question que sera précisé le régime des services publics nationaux (v. *infra*, n°s 696 et 726). Il justifie également le droit de poursuite reconnu à certains services publics à l'encontre de navires étrangers en haute mer, c'est-à-dire une atteinte directe à la compétence personnelle de l'État du pavillon de ces navires.

330. Atteintes aux services publics à l'étranger. — 1° Un État est toujours en droit de récuser la présence de services publics étrangers sur son territoire. Mais, s'il y consent, il est tenu de respecter les conséquences qui en découlent, c'est-à-dire l'exercice exclusif par l'État bénéficiaire des compétences correspondantes et le respect de la primauté des droits du service public en cause (régime de privilèges et immunités). Toute limitation sur ce point suppose un accord entre les deux États.

La compétence de l'État d'envoi implique celle de ses tribunaux pour connaître des litiges relatifs au fonctionnement de ce service public.

Ainsi est-ce le juge du lieu d'exécution du contrat, et non la juridiction administrative française, qui est compétente à l'égard d'un contrat de recrutement d'une personne comme employée au service du transport scolaire d'un lycée français à Dakar, dès lors que ce contrat n'était pas régi par les règles du droit public français (Conseil d'État, 9 février 2000, *Boyer*). Le partage des compétences sera évidemment difficile à établir puisque dépendant de ce que l'on concevra comme rattachable à la mission de service public en tant que telle et des présomptions que l'on posera (v. les incertitudes introduites en droit français par les décisions contradictoires du Conseil d'État du 11 juillet 2001, *Dupuis* [présomption d'application du droit français] et du Tribunal des conflits du 22 octobre 2001, *Issa* [présomption d'application de la loi locale]).

Les principales illustrations de services publics à l'étranger concernent :

a) Les *services diplomatiques et consulaires*, qui bénéficient d'immunités propres à côté de celles reconnues au personnel (inviolabilité des bâtiments et des archives). C'est l'hypothèse la plus fréquente car la plupart des États désirent avoir une part active aux relations internationales : soucieux d'établir des relations diplomatiques et consulaires avec les autres États, ils devront, par réciprocité, accueillir sur leur territoire les services des autres États.

À vrai dire, le fondement immédiat des règles pertinentes peut être trouvé dans le droit des privilèges et immunités diplomatiques. Mais la justification de ces règles réside bien dans la compétence exclusive de l'État sur ses services publics.

b) Les *forces armées* stationnées sur un territoire étranger. En l'absence d'un corps de règles coutumières comparable à celui élaboré pour les services diplomatiques et consulaires, les États prennent généralement la précaution de préciser le régime applicable à ces troupes par des conventions internationales (par exemple, pour les troupes de l'OTAN, voir la convention de Londres de 1951 ou les échanges de lettres entre l'Allemagne et les États-Unis, la France et le Royaume-Uni du 25 sept. 1990). Si ces conventions présentent des lacunes, il sera possible de les combler en faisant appel aux principes découlant de la compétence au titre des services publics (v. *infra*, n° 332, à propos de l'affaire des *Déserteurs de Casablanca*).

c) Tout autre service public ayant des démembrements à l'étranger, non rattachés aux services diplomatiques, peut bénéficier du principe d'immunité : services culturels, économiques, commerciaux, financiers. Cette immunité ne s'étend qu'à leurs activités de service public (représentation, information) et pas à leurs éventuelles activités commerciales.

d) Un certain nombre d'engins, éléments constitutifs de services publics, sont couverts par l'immunité de l'État du pavillon ou d'immatriculation lorsqu'ils traversent la mer territoriale et les eaux intérieures d'un État tiers (navires de guerre par exemple), ou son espace aérien (aéronefs publics). Sur le régime applicable, voir *infra*, n°s 669, 674 et 723.

2° Par exception, la compétence fondée sur les services publics peut s'appliquer sur le territoire national de l'État d'envoi.

La plupart des législations nationales prévoient en effet que leurs juridictions pénales pourront poursuivre et punir les ressortissants étrangers qui, à l'étranger, ont porté atteinte à leur sûreté ou à leur crédit financier (complot d'espionnage, falsification de sceaux publics, faux-monnayage). L'exercice de cette compétence est parfois facilité par la conclusion d'accords d'extradition qui visent spécifiquement de tels délits.

Une telle compétence ne peut être fondée ni sur un titre territorial, puisque les faits se sont produits à l'étranger, ni sur un titre personnel, puisque manque le lien de nationalité. Or il ne suffit pas de constater que l'individu poursuivi peut être à la disposition du souverain territorial : s'il se trouve à l'étranger, il ne pourra être extradé que si l'État requis est convaincu que l'État requérant peut exercer légitimement sa compétence juridictionnelle à l'égard de cet individu. La manière correcte d'expliquer et de justifier cette compétence, en droit international, est de faire appel à la nécessité pour l'État de défendre ses services publics, c'est-à-dire, en définitive, de défendre son organisation propre.

Section 3

Concurrence et conciliation des compétences étatiques

331. Position du problème. — Les divers titres en présence peuvent avoir des conséquences contradictoires, plusieurs États, au même moment et pour un même individu, prétendant exercer, souvent à titre exclusif ou prioritaire et dans des sens différents, des compétences qu'ils tiennent du droit international. Il est nécessaire de préciser les hypothèses dans lesquelles de tels conflits apparaîtront et les solutions qui leur sont apportées (§ 1).

La rigidité des solutions théoriques résultant de la hiérarchie des compétences et, en particulier, de la primauté de la souveraineté territoriale sur la compétence personnelle, qui exclut en principe toute application, au moins forcée, du droit national à l'étranger (§ 2), conduit cependant les États à coopérer dans l'exercice de leurs compétences respectives ; les règles applicables à l'extradition constituent un exemple remarquable de cette coopération.

§ 1. — *La hiérarchie des compétences*

332. Primauté supposée de la compétence relative aux services publics. — En tant que fondement des compétences de l'État, ce titre n'a qu'un caractère subsidiaire : il n'est besoin d'en faire usage qu'à défaut de pouvoir invoquer efficacement le titre territorial ou le titre personnel, pour défendre la validité des actes étatiques ou pour échapper à l'emprise des compétences territoriales des autres États. Car, s'il est subsidiaire, ce titre a l'avantage de l'emporter en principe sur les autres titres de compétence, invoqués par un autre État.

1° *Primauté de la compétence relative aux services publics sur la compétence territoriale des États tiers.* Le conflit entre le titre territorial et celui fondé sur les services publics ne peut apparaître qu'avec l'accord de l'État hôte (*supra*, n° 330). Aussi longtemps qu'il n'a pas exprimé son consentement, sa souveraineté territoriale l'emporte sur la compétence des États tiers au titre des services publics : aussi le droit de la mer impose-t-il l'arrêt de la poursuite lorsque le navire poursuivi entre dans la mer territoriale d'un État tiers ; pour la même raison, on ne peut admettre l'existence d'un droit de poursuite sur terre, en dehors des circonstances où le droit international autorise le recours à la force entre États (mais il ne s'agit plus à proprement parler du droit de poursuite).

En revanche, une fois qu'un État a consenti à l'établissement, sur son territoire, de services publics étrangers, il perd tout droit de regard sur leur fonctionnement, qui relève de la compétence exclusive de l'État bénéficiaire.

2° *Primauté de la compétence relative aux services publics sur la compétence personnelle d'un autre État*. Elle a été reconnue par la CPA dans l'affaire des *Déserteurs de Casablanca.*

Avant l'établissement du protectorat français sur le Maroc, en raison des désordres chroniques qui s'y produisaient, l'Acte d'Algésiras de 1906 confiait la police de ce pays à la France. Afin de remplir leur mission, les autorités françaises décidèrent en 1907 d'occuper militairement une région incluant Casablanca (occupation « pacifique »). Le corps expéditionnaire français était composé de légionnaires, parmi lesquels se trouvaient des Allemands. Trois d'entre eux tentèrent de déserter avec l'aide de fonctionnaires du consulat d'Allemagne à Casablanca, mais ils furent arrêtés par des officiers français. Les deux États décidèrent de porter l'affaire devant la CPA. L'Allemagne invoquait à la fois sa compétence « personnelle » sur ses nationaux et ses droits sur ses ressortissants au Maroc reconnus par des conventions « capitulaires » conclues avec le Maroc, auxquels ce dernier ne pouvait porter atteinte sans le consentement de l'Allemagne, par le biais des droits reconnus à la France. Selon la thèse française, la compétence personnelle de l'Allemagne et la compétence territoriale du Maroc étaient primées par la compétence de la France sur son corps d'occupation, service public français, et le Maroc ne pouvait donc pas accorder à l'Allemagne plus de droits qu'il n'en disposait lui-même : les conventions de capitulations étaient donc inopposables sur ce point.

Par sa sentence du 22 mai 1909, la CPA s'est prononcée en faveur de l'argumentation française :

« Un corps d'occupation exerce en règle générale une juridiction exclusive sur tous les hommes appartenant audit corps d'occupation ; les tribunaux de l'État sont compétents aussi pour connaître des crimes ou des délits commis contre les troupes de cet État en territoire étranger » (*RSA* XI, p. 126).

333. Compétence territoriale et compétence personnelle. — L'État n'a besoin d'invoquer sa compétence personnelle que pour agir à l'égard de ses nationaux qui se trouvent ou séjournent hors du territoire national. C'est un titre subsidiaire par rapport au titre territorial. Mais dans la mesure où il invoque ce titre personnel, en concurrence avec le titre territorial de l'État de séjour, il lui faut respecter certaines conditions pour que ce lien de rattachement soit opposable aux tiers (v. *supra*, n°s 323 s.).

Au surplus et surtout, l'exercice de cette compétence se heurte à la portée particulièrement large de la « souveraineté territoriale », caractérisée par la plénitude et l'exclusivité des compétences de l'État qui en bénéficie. Ceci n'empêche pas l'État de réglementer l'activité de ses ressortissants se trouvant à l'étranger mais exclut toute application autoritaire de cette réglementation sans l'accord de l'État du territoire.

Le problème se pose en termes entièrement différents lorsque l'État entend exercer sa compétence personnelle dans des espaces situés en dehors de toute juridiction nationale (haute mer, espace aérien sur-jacent, espace extra-atmosphérique). Dans ce cas, il ne se heurte à aucune souveraineté territoriale et, sous réserve de respecter les règles générales relatives à ces espaces (et, le cas échéant, les compétences fonctionnelles des organisations internationales — Autorité des fonds marins), le lien de nationalité fonde à la fois ses compétences de réglementation et d'exécution (v. *supra*, n° 327).

Les solutions qui précèdent sont évidemment de nature supplétive. Rien n'interdit aux États concernés, ou à une organisation internationale compétente, d'organiser une articulation différente des compétences personnelle et territoriale, en privilégiant le cas échéant la première sur la seconde.

Le Conseil de sécurité a par exemple décidé dans sa résolution 1497 (2003) que « les responsables ou les personnels en activité ou les anciens responsables ou personnels d'un État contributeur qui n'est pas partie au statut de Rome de la CPI sont soumis à la compétence exclusive dudit État pour toute allégation d'actes ou d'omissions découlant de la Force multinationale ou de la force de stabilisation des Nations Unies au Liberia ou s'y rattachant, à moins d'une dérogation formelle de l'État contributeur ». Non seulement la compétence de la CPI est ainsi écartée, mais au surplus, seul l'État de nationalité des criminels potentiels reçoit compétence pour les juger. Pour être remarquable, cette mise à l'écart de la compétence territoriale en matière pénale n'en est pas moins conforme au droit international dès lors qu'elle est consentie ou imposée par l'organe compétent d'une organisation internationale.

§ 2. — *La portée extra-territoriale du droit national*

BIBLIOGRAPHIE. — F. A. MANN, « The Doctrine of Jurisdiction in International Law », *RCADI* 1964-I, vol. 82, p. 9-162 ; « The Doctrine of International Jurisdiction Revisited after Twenty Years », *RCADI* 1984-III, p. 9-115. — J. M. BISCHOFF et R. KOVAR, « L'application du droit communautaire de la concurrence aux entreprises établies à l'extérieur de la Communauté », *JDI* 1975, p. 675-727. — P. MAYER, « Droit international privé et droit international public sous l'angle de la notion de compétence », *RCDIP* 1979, p. 1-29, 350-388 et 537-583. — L. FOCSANÉANU, « L'instruction extra-territoriale de litiges économiques et la défense de la souveraineté des États », *AFDI* 1981, p. 628-652. — P. DEMARET, « L'extra-territorialité des lois et les relations transatlantiques », *RTDE* 1985, p. 1-39. — A.V. LOWE, « The Problem of Extraterritorial Jurisdiction : Economic Sovereignty and the Search for a Solution », *ICLQ* 1985, p. 724-746. — B. STERN, « Quelques observations sur les règles internationales relatives à l'application extra-territoriale du droit », *AFDI* 1986, p. 752 ; « Une tentative d'élucidation du concept d'application extraterritoriale », *RQDI* 1986, p. 49-78 ; « L'extra-territorialité revisitée », *AFDI* 1992, p. 239-313. — P. SLOT et E. GRABANDT, « Extra-territoriality and Jurisdiction », *CMLR* 1986, p. 545-565. — CEDIN, *L'application extra-territoriale du droit économique*, Montchrestien, 1987, 254 p. — A. F. LOWENFELD, « US Law Enforcement Abroad : the Constitution and International Law », *AJIL* 1990, p. 444-492 (v. aussi p. 712-716 et 1991, p. 655-661). — M. BOS, rapport à l'IDI sur « La compétence extra-territoriale des États », *Ann. IDI* 1993, vol. 65, t. I, p. 14-190. — E. FRIEDEL-SOUCHU, *Extraterritorialité du droit de la concurrence aux États-Unis et dans la Communauté européenne*, LGDJ, 1994, XII-494 p. — W. MENG, *Extraterritoriale Jurisdiktion im öffentlichen Wirtschaftsrecht*, Springer, Berlin, 1994, 810 p. — K. M. MEESSEN ed., *Extraterritorial Jurisdiction in Theory and Practice*, Kluwer, La Haye, 1996, XVII-262 p. — G. BURDEAU, « Le gel d'avoirs étrangers », *JDI* 1997, p. 5-57. — CEDIN, H. GHÉRARI et S. SZUREK dir., *Sanctions unilatérales, mondialisation du commerce et ordre juridique international — À propos des lois Helms-Burton et*

D'Amato-Kennedy, Montchrestien, 1998, 340 p. — G. BASTID-BURDEAU, « Les embargos multilatéraux et unilatéraux et leur incidence sur l'arbitrage commercial international », *Rev. Arb.* 2003, p. 753-776. — F. RIGAUX rapporteur, « La compétence extraterritoriale des États », *Ann.IDI*, 2000-2001, p. 87-118. V. également l'étude préparée par le Secrétariat de la CDI sur « la compétence extraterritoriale », *in Rapport de la CDI à l'Assemblée générale* (2006), A/61/10, annexe E.

Sur la compétence universelle, v. V. ZAKANE, « La compétence universelle des États dans le droit international contemporain », *Ann. af. DI* 2000, p. 183-222. — M. HENZELIN, *Le principe de l'universalité en droit international pénal*, Helbing & Lichtenhahn/Bruylant, Bâle/Bruxelles, 2000, XXVII-527 p. ; « La compétence pénale universelle. Une question non résolue par l'arrêt *Yerodia* », *RGDIP* 2002, 810-854. — I. MOULIER, « Observations sur l'*Alien Tort Claims Act* et ses implications internationales », *AFDI* 2003, p. 129-164. — J.-F. FLAUSS, « La compétence civile universelle devant la Cour européenne des droits de l'homme », *RTDE* 2003, p. 139-175. — M. ITSOUHOU MBADINGA, « Le recours à la compétence universelle pour la répression des crimes internationaux : étude de quelques cas », *RDISP* 2003, p. 285-320. — A. PEYRO LLOPIS, *La compétence universelle en matière de crime contre l'humanité*, Bruylant, Bruxelles, 2003, 178 p. — G. BOTTINI, « Universal Jurisdiction after the Creation of the International Criminal Court », *NYU Jl. of IL* 2004, p. 503-562. — P. D'ARGENT, « L'expérience belge de la compétence universelle : beaucoup de bruit pour rien ? », *RGDIP* 2004, p. 597-632. — *La compétence universelle*, Annales de droit de Louvain, Bruylant, Bruxelles, 2004, 352 p. — L. REYDAMS, *Universal Jurisdiction. International and Municipal Legal Perspectives*, Oxford UP, 2004, XXVII-258 p. — S. MACEDO ed., *Universal Jurisdiction. National Courts and the Prosecution of Serious Crimes under International Law*, University of Pennsylvania Press, Philadelphia, 2004, VI-383 p. — R. O'KEEFE, « Universal Jurisdiction », *Journal of International Criminal Justice*, 2004, p. 735-760. — A. BAILLEUX, *La compétence universelle au carrefour de la pyramide et du réseau*, Bruylant, Bruxelles, 2005, VIII-225 p. — D.F. DONOVAN et A. ROBERTS, « The Emerging Recognition of Universal Civil Jurisdiction », *AJIL* 2006, p. 142-163. — N. ROTH-ARRIAZA, « Guatemala Genocide Case, Spanish Constitutional Tribunal Decision on Universal Jurisdiction over Genocide Claims », *AJIL* 2006, p. 207-213. — M. JOUET, « Spain's Expanded Universal Jurisdiction to Prosecute Human Right Abuses in Latin America, China and Beyond », *Georgia Jl of International and Comparative Law* 2007, p. 495-538.

V. également *infra*, la bibliographie sur le n° 442 *bis*.

334. Problèmes posés par l'application extra-territoriale du droit. — La compétence d'un État n'est pas purement territoriale : il peut réglementer des situations se produisant en dehors de son territoire et même agir hors des limites de celui-ci. L'exercice de cette compétence extra-territoriale ne pose pas de problèmes particuliers si elle s'exerce dans un espace qui n'est pas soumis à la juridiction exclusive ou privilégiée d'un autre État. Il en va différemment lorsqu'elle prétend s'exercer à l'étranger. Dans ce cas, il convient d'opérer une distinction entre l'édiction d'une réglementation (au sens large), qui, dans son principe, est permise par le droit international, et son application, qui est l'objet de restrictions considérables.

Comme l'a indiqué la CPJI dans l'affaire du *Lotus* en 1927 :

« Loin de défendre d'une manière générale aux États d'étendre leurs lois et leur juridiction à des personnes, des biens et des actes hors du territoire, il leur laisse, à cet égard, une large liberté, qui n'est limitée que dans quelques cas par des règles prohibitives ; pour les autres cas, chaque État reste libre d'adopter les principes qu'il juge les meilleurs et les plus convenables. C'est cette liberté que le droit international laisse aux États, qui explique la variété des règles qu'ils ont pu adopter sans opposition ou réclamations des autres États » (série A, n° 10, p. 19).

Le Conseil constitutionnel a fort bien exprimé ces mêmes principes dans ses décisions des 16 janvier et 11 février 1982, rendues à propos des nationalisations françaises : « Les limites éventuellement rencontrées dans l'exercice [des compétences dévolues aux conseils d'administration des sociétés nationalisées] en dehors du territoire national constitueraient un fait qui ne saurait restreindre en quoi que ce soit le droit du législateur de régler les conditions dans lesquelles sont administrées les sociétés nationalisées » (*Rec.* p. 18 et p. 31).

Une seconde distinction se greffe sur la première selon que le droit extra-territorial repose sur un critère de rattachement identifiable ou non. En effet, l'État ne bénéficie pas d'une liberté d'action internationale illimitée et ne peut agir qu'en vertu d'un titre de compétences, défini par le droit international public. Toute prétention d'application extra-territoriale du droit doit donc être appréciée à la lumière de la théorie générale des compétences telle qu'elle est exposée ci-dessus. En l'absence de règle permissive particulière et si on laisse de côté le titre de compétence fondé sur le fonctionnement des services publics qui, en pratique, joue rarement (v. *supra*, n°s 328-330 et 332), ce titre peut être territorial ou personnel. De leur combinaison il résulte que :

1° l'État peut édicter des règles applicables à ses ressortissants, que ceux-ci se trouvent sur son territoire, à l'étranger ou sur un espace ne relevant d'aucun État ;

2° sur son territoire, l'État, du fait de la plénitude de ses compétences, peut mettre en œuvre les règles qu'il édicte à l'égard tant de ses nationaux que des ressortissants étrangers qui s'y trouvent ;

3° en outre, le principe de l'exclusivité de la souveraineté territoriale (v. *supra*, n°s 308 s.) autorise un État à s'opposer aux activités concurrentes des autres États sur son territoire.

Il lui est donc possible d'y interdire la mise en œuvre de la législation étrangère ; et c'est en cela — et en cela seulement — que consiste le principe de l'interdiction de l'application extra-territoriale du droit. Le droit international reconnaît aux États une compétence normative extra-territoriale ; il exclut en revanche toute compétence d'exécution extra-territoriale forcée.

Ces orientations très générales laissent cependant place à de graves incertitudes, sources de querelles doctrinales particulièrement vives et de difficiles problèmes de mise en œuvre. En règle générale, les États ne refusent pas, pour des raisons de commodité pratique, de laisser produire certains effets au droit étranger sur leur territoire dans les limites qu'ils définissent. Ils peuvent également coopérer en vue de son application effective, comme le montre l'exemple de l'extradition. Ils manifestent en revanche de vives réticences à l'encontre de toute tentative d'exécution unilatérale, par l'État qui l'a adoptée, d'une réglementation visant des actes commis à l'étranger par des ressortissants étrangers, même lorsque l'exécution forcée ne produit ses effets que sur le territoire de celui-ci.

335. Prise en considération du droit étranger

BIBLIOGRAPHIE. — J. COMBACAU, « La doctrine de l'"Act of State" aux États-Unis », *RGDIP* 1973, p. 35-91. — H.-E. FOLZ, *Die Geltungskraft fremder Hoheitsäusserungen*, Nomos, Baden-Baden, 1975, 296 p. — P. WEIL, « Le contrôle par les tribunaux de la licéité internationale des actes des États étrangers », *AFDI* 1977, p. 9-52. — M. SINGER, « The Act of State Doctrine of the United Kingdom », *AJIL* 1981, p. 282-323. — P. HERZOG, « La théorie de l'"Act of State" dans le droit des États-Unis », *RCDIP* 1982, p. 617-646. — L. FAVOREU dir., *Nationalisations et Constitution*, Economica, 1982, 388 p. (not. p. 156-183). — Ch. STAKER, « Public International Law and the *lex situs* Rule in Property Conflicts and Foreign Expropriations », *BYBIL* 1987, p. 151-252. — J.-S. BHANDARI, « International Debt Litigation in United States Courts », *GYBIL* 1990, p. 383-421. — P. de VAREILLES-SOMMIÈRES, *La compétence internationale de l'État en matière de droit privé. Droit international public et droit international privé*, LGDJ, 1997, XXI-313 p. — M. D. RAMSEY, « Acts of State and Foreign Sovereign Obligations », *Harvard Jl. IL* 1998, p. 1-100. — P. CALLÉ, *L'acte public en droit international privé*, Economica, 2004, 411 p.

Alors que, théoriquement, le principe de l'exclusivité de la compétence territoriale justifie l'indifférence de l'État à l'égard du droit étranger, dans la pratique, les autorités étatiques doivent adopter un comportement plus nuancé. Lorsque le rattachement d'un individu, d'une activité, d'un contrat à son territoire est relativement ténu, faire obstacle à l'application du droit étranger constituerait une atteinte abusive à la compétence personnelle des autres États. En outre, les États seront d'autant moins tentés de violer la compétence territoriale exclusive des autres États qu'ils sauront pouvoir compter sur une certaine coopération juridictionnelle. Il est donc fréquent que les tribunaux d'un État acceptent de faire application de la loi étrangère, étant entendu que, conformément au principe fondamental de l'autonomie des ordres juridiques nationaux les uns par rapport aux autres, lui-même conséquence de la souveraineté des États, c'est le droit *national* de chaque État qui détermine les règles applicables en la matière. Tel est l'objet des règles de *conflits de lois* qui forment le cœur du *droit international privé*.

Certains problèmes se prêtent aisément à une application de la loi étrangère : ainsi en va-t-il du régime matrimonial et du divorce d'époux de nationalités différentes, des règles applicables à un contrat transnational, etc. En outre, les tribunaux nationaux s'imposent une retenue particulière lorsque la législation en cause de l'État étranger concerne des domaines particulièrement sensibles relevant des prérogatives de la puissance publique (nationalisations, protection des attributs de la souveraineté).

Les techniques de prise en considération de la « loi étrangère » (au sens large) varient d'un État à un autre, mais visent toutes au même effet : atténuer le caractère trop absolu de la souveraineté territoriale dans un esprit de coopération.

Il va de soi que le problème est résolu — du moins dans son principe — lorsque les États concernés ont conclu un traité par lequel ils unifient les règles substantielles applicables (conventions portant « lois uniformes » comme les conventions de Genève de 1930 et 1931 sur le chèque et la lettre de change) ou les règles de conflit de lois, d'autorités ou de juridictions. Tel est l'objectif de la Conférence de La Haye de droit international privé, organisation internationale permanente qui constitue, depuis 1893, le principal cadre à vocation universelle de négociations de conventions de ce type (cf. les conventions de La Haye du 15 juin 1955 et du 22 déc. 1986 sur la vente internationale de marchandises). Le mouvement d'uniformisation est plus marqué au plan régional, en particulier en Amérique latine — cf. le « Code Bustamante » (Traité de La Havane, 1928) — et au sein de l'Union européenne. Il convient de mentionner en particulier la très importante convention de Bruxelles du 27 septembre 1968 concernant « la compétence judiciaire et l'effet des jugements dans le Marché commun », qui crée un « espace judiciaire européen » en matière civile et commerciale (modifiée à l'occasion des élargissements successifs de la CE) et la Convention « parallèle » de Lugano du 16 septembre 1988, qui étend, pour l'essentiel, ces solutions aux pays de l'AELE (v. H. Gaudemet-Tallon, *Les conventions de Bruxelles et de Lugano*, LGDJ, 1993, 433 p.).

1° *La doctrine de l'« Act of State »*. Le principe de souveraineté ne s'oppose pas à ce qu'un juge national apprécie la licéité internationale des actes des États étrangers et refuse éventuellement de leur donner effet en territoire étranger.

Cependant la présomption de régularité dont ces actes bénéficient oblige à une certaine circonspection. Dans les pays anglo-saxons, la doctrine de l'*Act of State* témoigne d'une très grande prudence dans ce domaine et pousse à ses conséquences les plus extrêmes l'idée de non-ingérence dans l'exercice des compétences de l'État tiers sur son territoire, y compris dans ses implications extraterritoriales (pour les États-Unis, *Underhill v. Hernandez* (168 U.S. 250), 1897 ; pour la Grande-Bretagne, *Luther v. Sagar* (3. K.B. 532), 1921). Elle signifie que les tribunaux nationaux se refusent « à se prononcer sur la validité des actes publics d'un souverain étranger reconnus commis sur son propre territoire » (Cour suprême des États-Unis, *Banco Nacional de Cuba c. Sabbatino*, 23 mars 1964, *ILM* 1964, p. 381 s.).

Cette doctrine a surtout des justifications pragmatiques. D'une part, les tribunaux qui l'appliquent estiment qu'il n'existe pas de critères sûrs permettant d'apprécier la validité des actes de puissance publique d'un État étranger ; d'autre part, ils entendent éviter toute contradiction entre la position qu'ils seraient amenés à prendre et l'appréciation que pourraient porter sur les mêmes actes les autorités gouvernementales. De ce fait, l'application de la doctrine est une question d'espèce. Sous la pression du législateur (« amendement Hickenlooper » de 1964 aux États-Unis), les tribunaux sont d'ailleurs conduits à apprécier plus fréquemment la validité de tels actes au regard des conceptions nationales de l'« ordre public ».

2° Les États qui ne connaissent pas la doctrine de *l'Act of State* disposent de théories comparables dans leurs conséquences : comme l'a fermement rappelé la Cour d'appel de Paris, dont la position a été confirmée par la Cour de cassation, « à défaut d'une convention internationale définissant les limites d'une coopération internationale réciproque ou d'un objectif de solidarité évident, les tribunaux français ne sont pas compétents pour appliquer les règles de droit public d'un État étranger et participer ainsi à l'activité de celui-ci » (CA Paris, 20 janv. 1988, *République du Guatemala, Gaz. Pal.* 1988, I, p. 199 ; Cass. civ. 1re, 2 mai 1990, *Bull. civ.* I, 1990, p. 37). En particulier, « quelle que soit la nature des fautes commises » par un ancien chef d'État, celles-ci « sont nécessairement liées à l'exercice de la puissance publique et ne peuvent trouver leur solution que dans les principes du droit public » (Cass. civ. 1re, 29 mai 1990, *Duvalier, Bull. civ.* I, 1990, p. 87, *contra :* CA Aix-en-Provence, 25 avril 1988, *État haïtien c. Duvalier, JDI* 1988, p. 779). Toutefois, l'application de la loi étrangère par le juge français est tenue en échec lorsque les dispositions de cette loi sont contraires à *l'ordre public* français (Cass. civ., 23 avril 1969, *Cie Française de Crédit et de Banque c. Atard, RGDIP* 1969, p. 885) ; un jugement *d'exequatur*, qui permet l'exécution en France d'une décision juridictionnelle étrangère, ne sera accordé que si cette décision est compatible avec les exigences de l'ordre public international français (respect des droits de la défense, par exemple, ou, indirectement, respect de la CEDH : v. par exemple Cass. civ., 17 fév. 2004, *M. Khireddine* et *M. Ait Amer*) et des conventions auxquelles la France est partie (Cass. civ. 1re, 3 déc. 1996, *Vve. Tordjeman, Bull. civ.* I, p. 282) ; il n'en va différemment que lorsque la loi étrangère ne produit aucun effet extra-territorial (cf. Cass. soc., 18 juin 1983 et 27 oct. 1983, *Spie Batignolles, JDI* 1984, p. 332).

336. Limites de la compétence d'exécution. — 1° *Interdiction de l'exécution en territoire étranger.* Par contraste avec la compétence normative, qui consiste en l'édiction de normes générales et impersonnelles ou de décisions individuelles par les organes investis de la fonction législative ou réglementaire, la compétence d'exécution « s'entend généralement comme le pouvoir d'accomplir des actes matériels tels la détention, l'instruction ou le redressement de la violation d'une règle de droit » (E. Friedel-Souchu, *op. cit.*, p. 13-14). Dans son principe, l'exercice de cette dernière sur le territoire d'un État étranger est interdit du fait de l'exclusivité dont il bénéficie à cet égard (v. *supra*, nos 308-310). Ceci a, à nouveau (v. *supra*, n° 334), été clairement exprimé par la CPJI dans l'affaire du *Lotus* :

> « La limitation primordiale qu'impose le droit international à l'État est celle d'exclure, sauf l'existence d'une règle permissive contraire, tout exercice de sa puissance sur le territoire d'un autre État. Dans ce sens, la juridiction est certainement territoriale ; elle ne pourrait être exercée hors du territoire, sinon en vertu d'une règle permissive découlant du droit international coutumier ou d'une convention » (arrêt du 7 sept. 1927, série A, n° 9, p. 18). On ajouterait aujourd'hui qu'une telle permission pourrait également être la conséquence d'une décision d'une organisation internationale, en particulier du Conseil de sécurité agissant dans le cadre du Chapitre VII de la Charte.

Ce principe certain n'est pas contesté. Il se traduit notamment par l'interdiction faite aux États de procéder à des arrestations ou à la recherche de preuves sur le territoire d'un État étranger (v. *supra*, n° 309), en tout cas sans le consentement de celui-ci (si ce consentement est donné, l'exécution extra-territoriale est possible, auquel cas il faudra déterminer qui du droit local ou national a vocation à s'appliquer à l'activité menée : v. not. à ce propos CS du Canada, *R. c. Hape*, 7 juin 2007, 2007 CSC 26). Le véritable problème source de tensions entre États est plutôt celui de savoir si un État peut, sans limitation, donner effet, sur son propre territoire, à sa législation extra-territoriale.

2° *Droit d'exécuter sur le territoire national une législation à portée extra-territoriale ?* Une réponse affirmative à cette dernière question semble découler de l'arrêt du *Lotus*, dans lequel la Cour permanente avait en effet ajouté :

> « Mais il ne s'ensuit pas que le droit international défende à chaque État d'exercer, dans son propre territoire sa juridiction dans toute affaire où il s'agit de faits qui se sont passés à l'étranger et où il ne peut s'appuyer sur une règle permissive du droit international » (*ibid.*).

Il n'y a pas là une exception au principe de l'interdiction de l'exécution extra-territoriale du droit puisque, précisément, cette exécution prend place sur le territoire de l'État, et, d'une manière générale, elle ne soulève aucun problème lorsque la personne qui en est l'objet est liée à l'État par un lien de nationalité. Il en va différemment lorsque l'État entend sanctionner des comportements de personnes étrangères qui se sont produits à l'étranger.

a) Dans cette hypothèse, les réactions des États dont les ressortissants se trouvent pénalisés sont souvent très vives comme le montrent les difficultés liées à l'application des lois anti-trusts américaines ou des réglementations communautaires équivalentes ou l'exemple des lois américaines Helms-Burton et D'Amato-Kennedy de 1996, qui s'apparentent à des « boycotts secondaires », dont il existe d'autres exemples (cf. le boycott anti-israélien mis en œuvre par les États arabes à la suite d'une décision de la LEA de 1951 — v. le commentaire de G. Burdeau sous Trib. corr. Orléans, 11 déc. 1992 et CA Orléans, 6 sept. 1993, *LICRA c. Schmitt*, *RGDIP* 1994, p. 754-768).

Par les deux lois de 1996, signées par le Président des États-Unis respectivement le 12 mars (loi « Helms-Burton » — *DAI* 1996, p. 674 et *ILM* 1996, p. 357) et le 5 août 1996 (loi « D'Amato-Kennedy » — *DAI* 1996, p. 778 et *ILM* 1996, p. 1273), le Congrès américain a entendu imposer des « sanctions » non seulement contre Cuba d'une part et l'Iran et la Libye d'autre part et contre les ressortissants de ces pays, mais aussi contre leurs partenaires commerciaux et financiers, en l'absence même de tout lien de rattachement de ceux-ci avec les États-Unis.

Bien qu'elles diffèrent assez considérablement dans le détail des mécanismes mis en œuvre, ces deux lois ont pour point commun de tenter de faire respecter des interdictions de commercer ou d'investir dans les « pays cibles » par des ressortissants non-américains. Qu'il s'agisse de mesures de rétorsion ou de contre-mesures (v. *infra*, n°s 572-574), ces dispositions ont fait l'objet d'une condamnation presque unanime de la doctrine et des États étrangers. L'un des principaux arguments invoqués à leur encontre repose sur leur « extra-territorialité » supposée ; celle-ci n'est pas évidente : s'il est indéniable que, par leur biais, les États-Unis entendent pousser les autres pays et leurs ressortissants à s'associer à leur politique, elles ne font pas l'objet d'une *application* extra-territoriale : elles ont vocation à être appliquée par les tribunaux ou les autorités administratives américaines sur le seul territoire des États-Unis (auquel l'accès sera interdit à certains ressortissants étrangers) ; seuls seront saisis les avoirs étrangers se trouvant sur ce territoire et aucune exécution forcée n'est prévue à l'étranger.

En tout état de cause, même si l'on adopte une définition large de l'extra-territorialité, il est certain que l'« extra-territorialité législative » (c'est-à-dire le fait d'édicter des réglementations visant des faits commis à l'étranger) n'est pas, en elle-même, un motif d'illicéité (v. *supra*, n° 334). En l'espèce, celle-ci ne fait pourtant aucun doute et tient à deux catégories de considérations : en premier lieu, les deux lois américaines de 1996 constituent des ingérences inacceptables dans les affaires intérieures non seulement des « États-cibles » (pour autant qu'elles ne constituent pas des contre-mesures licites), mais aussi des États tiers sur lesquels elles visent ouvertement à faire pression en vue d'obtenir un infléchissement de leur politique étrangère (v. *supra*, n° 284) ; en second lieu, les États-Unis, en l'absence de toute incrimination ou habilitation internationales, ne peuvent invoquer aucun titre de compétence : les faits incriminés sont commis à l'étranger (ce qui exclut le lien de territorialité), par des ressortissants étrangers (pas de lien de nationalité). Au surplus, les deux lois sont contraires à de nombreux engagements internationaux spécifiques par lesquels les États-Unis sont liés (règles de l'OMC et de l'ALENA, Codes de libération de l'OCDE, etc.).

L'ampleur et la vigueur des réactions internationales confirment l'illicéité des lois Helms-Burton et D'Amato-Kennedy (cf. les lois canadienne et mexicaine des 9 et 23 oct. 1996 [*ILM* 1997, p. 111 et 133] et le règlement communautaire n° 2271/96 du 22 nov. 1996 « portant protection contre les effets de l'application extra-territoriale d'une législation adoptée par un pays tiers »). Tous ces instruments s'efforcent de dissuader les opérateurs économiques de respecter les lois américaines en leur interdisant de s'y conformer, éventuellement sous peine d'amendes (« lois de blocages »), interdisent aux juges nationaux de donner effet aux éventuelles condamnations décidées par les tribunaux américains et ouvrent un droit de recours aux victimes de la législation américaine contre les bénéficiaires américains (« lois miroirs »). Pour sa part, la résolution 51/17 de l'Assemblée générale du 12 nov. 1996 dénonce la loi Helms-Burton « dont les effets extra-territoriaux portent atteinte à la souveraineté d'autres États et aux intérêts légitimes d'entités et de personnes placées sous leur juridiction ainsi qu'à la liberté du commerce et de la navigation » (v. aussi la résolution 52/10 du 5 nov. 1997). En outre, la Communauté a saisi l'ORD de l'OMC et un groupe spécial a été constitué en février 1997 ; toutefois, à la suite d'un accord par lequel les États-Unis s'engageaient à ne pas mettre en œuvre la loi Helms-Burton à l'encontre de ressortissants de l'Union européenne, celle-ci a retiré sa plainte en mai 1998. De son côté, l'Iran a saisi le Tribunal des différends irano-américain créé par les accords d'Alger de 1981 pour faire condamner les États-Unis pour ingérence dans ses affaires intérieures.

Ces conclusions peuvent cependant se trouver quelque peu atténuées par la « théorie des effets », selon laquelle un État est fondé à mettre en œuvre sa réglementation extra-territoriale à l'encontre de ressortissants étrangers pour des faits commis à l'étranger si les comportements en cause produisent des conséquences substantielles sur le territoire national. Concurremment, les États ou la Communauté européenne invoquent, en matière économique, et particulièrement en ce qui concerne le droit de la concurrence, le concept de l'« unité de l'entreprise » qui permet à un État (ou à la CE) de poursuivre une entreprise ayant la nationalité de l'État du for pour des activités de ses filiales à l'étranger ou, à l'inverse, de poursuivre la société-mère étrangère pour les activités de ses filiales sur le territoire national. Enfin, troisième justification possible, la doctrine de la « personnalité passive », mise en œuvre par l'article 14 du Code civil français (dont la large formulation rend sa conformité au droit international douteuse) : « L'étranger, même non résident en France (...) pourra être traduit devant les tribunaux de France pour les obligations par lui contractées en pays étranger envers des Français ».

La théorie des effets a été mise en œuvre pour la première fois par une cour américaine en 1945 dans l'affaire *Alcoa* au sujet de comportements anti-concurrentiels commis hors des États-Unis par une société étrangère ; le Juge Hand, auteur de la décision applique le *Sherman Act* de 1890 au prétexte que « c'est une règle bien établie que tout État peut imposer des obligations, même à des personnes qui ne sont pas dans son allégeance, pour des actes accomplis en dehors de ses frontières qui ont des conséquences à l'intérieur de celles-ci » (148 F. 2d 416 [2d Cir. 1945], p. 444). Elle a été réaffirmée ensuite par les juridictions américaines qui l'ont interprétée de manière particulièrement large (cf. les affaires *ICI* (145 F. Supp. 215 [SDNY 1952]) ou de l'*Horlogerie suisse* (Trade cases 70,600 [SDNY 1962]). La CJCE en a également fait une application plus modérée, en s'efforçant de rattacher sa position aux règles de compétences classiques du droit international, dans plusieurs affaires dont la plus célèbre est l'arrêt *Pâtes de bois* de 1988, dans lequel elle juge que « ce qui est déterminant est (...) le lieu où l'entente est mise en œuvre. En l'espèce, les producteurs ont mis en œuvre leur entente à l'intérieur du marché commun (...). Dans ces conditions, la compétence de la Communauté pour appliquer ses règles de concurrence à l'égard de tels comportements est couverte par le principe de territorialité qui est universellement reconnu en droit international public » (aff. 89, 104, 114, 116, 117 et 125 à 129/85, 27 sept. 1988, *A. Ahlström Osakeytiö et a.*, *Rec.* p. 5243).

Souvent les tribunaux se fondent conjointement sur la théorie des effets et sur celle de l'unité de l'entreprise (cf. l'affaire de l'*Horlogerie suisse* préc.). Toutefois, la CJCE a tendance à privilégier cette dernière dont elle fit une application exclusive dans une autre affaire célèbre en 1972. Dans son arrêt « *Matières colorantes* », la Cour a jugé qu'une société-mère pouvait être tenue responsable du comportement sur le territoire communautaire d'une de ses filiales notamment, « lorsque la filiale, bien qu'ayant une personnalité juridique distincte, ne détermine pas de façon autonome son comportement sur le marché, mais applique pour l'essentiel les instructions qui lui sont imparties par la société-mère » (aff. 48/69, 14 juillet 1972, *Imperial Chemical Industries Ltd.*, *Rec.* p. 519 ; v. aussi aff. 6/72, 21 février 1973, *Continental Can*, *Rec.* p. 215).

Toutefois, si chacune de ces théories a reçu des applications concrètes, celles-ci ont souvent fait l'objet de protestations vigoureuses de la part des autres États intéressés, si bien qu'il est difficile de formuler des règles générales indiscutables. Tout au plus peut-on dégager des règles de précaution dont les États doivent s'inspirer lorsqu'ils entendent faire respecter leurs réglementations à portée extraterritoriale : d'une part, les effets des comportements poursuivis dans l'ordre juridique interne doivent être directs, substantiels et probables, et le contrôle économique à l'origine de l'unité de l'entreprise doit être réel ; d'autre part, il est certain que le droit international « impose à tout État l'obligation de faire preuve de modération et de mesure quant à l'étendue de la compétence que s'attribuent ses juridictions dans les affaires qui comportent un élément étranger » (op. indiv. de Sir Gerald Fitzmaurice jointe à l'arrêt de la CIJ du 5 fév. 1970, *Barcelona Traction*, *Rec.* p. 105).

Sur les lois Helms-Burton et D'Amato, v. CEDIN, *op. cit.* sur le n° 334 et A.F. Lowenfeld, *AJIL* 1996, p. 419-434. — B.M. Clagett, *ibid.*, p. 434-440 et p. 641-644. — M. Cosnard, *AFDI* 1996, p. 33-61. — B. Stern, *RGDIP* 1996, p. 979-1003. — J. Van Den Brink, *NILR* 1997, p. 131-148. — A. Giardina, *Mél. Seidl-Hoheveldern* (II), p. 219-232. — D. Chaïbi et L. Weerts, *RBDI* 1997, p. 99-132. — A. Bianchi, *Riv. DI* 1998, p. 313-391. — V. aussi le dossier documentaire établi par le CEDIN, UP-X, UFR Droit, 200 Av. de la République, F-92001 Nanterre cedex.

b) Ces controverses se sont poursuivies depuis plusieurs années à l'égard de la revendication de plus en plus pressante d'une compétence dite « universelle » qui aboutirait à octroyer à tout État une compétence de répression à l'égard de crimes internationaux commis hors de son territoire, par des personnes n'ayant pas sa nationalité. C'est ici la nature des faits reprochés (le fait qu'ils intéressent la communauté internationale dans son ensemble en raison de leur particulière gravité) qui justifierait l'extension de la compétence étatique.

La question ne fait pas difficulté lorsque la victime des crimes a la nationalité de l'État qui entend poursuivre (compétence personnelle passive, aujourd'hui admise) ou lorsqu'il existe un traité autorisant les États parties à exercer leur compétence dans un tel cas de figure. De nombreuses conventions ont retenu ce système, mais en lui apportant deux importantes limites : la compétence universelle ne peut être exercée qu'à titre subsidiaire, et elle ne peut être déclenchée que si le suspect est présent sur le territoire de l'État qui entend poursuivre (v. l'opinion individuelle du Président Guillaume dans l'affaire *Yerodia*, CIJ, 14 février 2002, *Rec.* 2002, par. 5 et s., ainsi que *infra*, n° 441 s. ; v. également les accords bilatéraux conclus par les États-Unis les autorisant, avec l'accord de l'État du pavillon, à appliquer leur droit national à l'égard d'actes commis sur des navires étrangers hors du territoire américain – v. *AJIL* 2003, p. 183-184). Si les conditions posées par ces traités à l'exercice de la compétence universelle sont réunies, l'adoption d'une loi d'amnistie par l'État sur le territoire duquel le crime a été commis est alors sans effet sur le droit de tout autre État partie au traité de poursuivre la ou les personnes suspectées d'en être les auteurs (Cass. crim., 23 octobre 2002, *Ely Ould Dah*, *Bull. crim.* n° 195, p. 725).

Font toujours débat en revanche les points de savoir, d'une part, si la compétence universelle par défaut (c'est-à-dire sans présence du suspect sur le territoire au moment du déclenchement des poursuites) est admise en droit international, d'autre part si la compétence universelle peut être exercée (et, dans ce cas, dans quelles conditions) au titre du droit international coutumier (en dehors du cas particulier de la répression universelle de la piraterie, dont le caractère coutumier est reconnu de longue date – v. l'article 105 de la convention des Nations Unies sur le droit de la mer de 1982). De nombreux arguments militent dans le sens d'une telle extension de la compétence étatique (lutter contre l'impunité des criminels internationaux, pallier l'inertie judiciaire éventuelle de l'État de territorialité ou de nationalité), encore que le besoin soit sans doute moins pressant depuis l'établissement de la Cour pénale internationale. Mais la pratique des États est encore trop hétérogène pour que l'on puisse définitivement conclure à l'émergence d'une règle coutumière autorisant l'exercice d'une telle compétence sans lien de rattachement territorial ou personnel avec le crime commis. Certaines juridictions ont certes admis ces dernières années l'existence d'une compétence universelle coutumière en cas de crime international (v. notamment TPIY, 10 décembre 1998, *Furundzija*, n° IT-95-17/1-T, par. 156 ; Tribunal constitutionnel espagnol, 26 septembre 2005, *Rigoberta Menchu*, STC 237/2005), notamment aux États-Unis où l'*Alien*

Tort Claims Act de 1789 a été interprété par les juridictions américaines à partir de 1980 (affaire *Filartiga*) comme autorisant l'exercice d'une compétence universelle en matière civile, en cas de violation d'une norme fondamentale du droit international (v. Cour suprême, 29 juin 2004, *Sosa v. Alvarez-Machain*), allant jusqu'à considérer que cette compétence pouvait être exercée sans exiger en amont une forme d'épuisement préalable des voies de recours internes devant les tribunaux de l'État sur le territoire duquel le crime a été commis ou de l'État dont le criminel ou les victimes ont la nationalité (v. l'interprétation donnée de l'*Alien Tort Claims Act* américain par la Cour d'appel du 9e circuit le 7 août 2006 dans l'affaire *Sarei v. Rio Tinto*, n° 02-56256). Mais d'autres États ont suivi le chemin inverse en restreignant les possibilités d'utilisation de la compétence universelle (ainsi de la Belgique qui, en 2003, à la suite de l'arrêt *Yerodia* de la CIJ, est revenue sur sa très audacieuse loi de compétence universelle de 1999), tandis qu'une grande partie des États, sinon refusent le principe d'une compétence universelle coutumière, du moins s'abstiennent de la mettre en œuvre lorsqu'elle pourrait être fondée sur leur législation nationale (v. par ex. la législation chinoise qui retient une conception très limitée de la compétence universelle – v. Z. Lijiang, *NILR* 2005, p. 85-107 ; ou la décision de la Cour de cassation du Sénégal du 20 mars 2001 selon laquelle les juridictions sénégalaises sont incompétentes pour connaître d'allégations de crimes contre l'humanité dirigées contre l'ancien Président tchadien H. Habré au motif que les faits reprochés ont été commis à l'étranger, par des étrangers, et cela quand bien même le suspect se trouverait sur le territoire sénégalais – v. *RGDIP* 2006, p. 170-171).

Une solution de compromis pourrait consister à reconnaître l'existence d'une compétence universelle fondée sur le droit coutumier international, mais uniquement pour les crimes internationaux les plus graves (génocide, crime contre l'humanité, crimes de guerre), seulement à titre subsidiaire, et en prohibant la compétence universelle par défaut (v. la résolution de l'IDI du 26 août 2005, *La compétence universelle en matière pénale à l'égard du crime de génocide, des crimes contre l'humanité et des crimes de guerre*). Il ne s'agit là toutefois que d'une proposition, qui n'a sans doute pas encore atteint le seuil de la *lex lata*. La lumière viendra peut-être dans les années à venir de la CIJ, puisque celle-ci est invitée à se prononcer sur le régime de la compétence universelle dans l'affaire *Certaines procédures pénales engagées en France* opposant le Congo à l'État français (suspendue depuis décembre 2004 à la suite de l'annulation par la chambre d'instruction de la Cour d'appel de Paris des poursuites entamées en France contre plusieurs personnalités congolaises suspectées d'être les auteurs de crimes internationaux commis contre des ressortissants congolais sur le territoire du Congo, l'instance devant la Cour mondiale devrait être réactivée à la suite de l'arrêt de la Cour de cassation française du 10 janvier 2007 cassant la décision de la Cour d'appel et décidant la reprise des poursuites).

On peut quoi qu'il en soit d'ores et déjà relever que la Cour européenne des droits de l'homme, appelée à déterminer si l'État poursuivi devant elle pouvait se prévaloir d'arguments raisonnables pour fonder son exercice de la compétence universelle en matière de crime de génocide, a jugé dans l'affaire *Jorgic c. Allemagne* (arrêt du 12 juillet 2007) que même si la convention contre le génocide n'avait pas expressément codifié le mécanisme de la compétence universelle, le fait que l'obligation de prévenir et réprimer ce crime soit une obligation *erga omnes*, ressortissant au *jus cogens*, justifiait en l'espèce l'exercice de cette compétence (par. 66-72).

337. La coopération interétatique pour l'exercice des compétences — l'exemple de l'extradition

BIBLIOGRAPHIE. — F. JULIEN-LAFERRIÈRE, « L'évolution récente du droit français de l'extradition », *RDP* 1979, p. 793-862. — Ch. VAN DEN WINGAERT, *The Political Offense Exception to Extradition*, Kluwer, Deventer, 1980, 263 p. — K. DŒHRING, « New Problems of the International Legal System of Extradition with Special Reference to Multilateral Treaties », *Ann. IDI* 1981, vol. I, p. 79-200. — P. LAMPUÉ, « La loi et le traité dans le droit français de l'extradition », *RJPIC* 1983, p. 365-368. — G. LEVASSEUR, « L'extradition en droit français », *RJPIC* 1983, p. 379-399. — G. GILBERT, *Aspects of Extradition Law*, Nijhoff, Dordrecht, 1991, XIII-282 p. — R. BACLET-

Hainque, « Le Conseil d'État et l'extradition en matière politique », *RDP* 1991, p. 197-248. — J. Puente Egido, « L'extradition en droit international : problèmes choisis », *RCADI* 1991-VI, vol. 231, p. 9-260. — L. Chocheyras, « La convention d'application de l'accord de Schengen », *AFDI* 1991, p. 807-818. — B. Swart, « Refusal of Extradition and the UN Model Treaty of Extradition », *NYBIL* 1992, p. 175-222. — Y. Dinstein, « Some Reflections on Extradition », *GYBIL* 1993, p. 46-59. — H. Labayle, « Le juge et le droit administratif de l'extradition face aux logiques de l'entraide répressive internationale », *RFDA* 1994, p. 20-34. — R. Errera, « Extradition et droits de l'homme », *RCADE* 1995, vol. VI-2, p. 245-305. — J. Dugard et Ch. Van den Wyngaert, « Reconciling Extradition with Human Rights », *AJIL* 1998, p. 187-212. — S. Zühlke et J. Ch. Pastille, « Extradition and the European convention ; *Soering* Revisited », *ZaöRV* 1999, p. 749-784. — C. Izquierdo Sans, « Las frontieras exteriores de la Unión Europea y el Convenio de Schengen », *ADI* 2000, p. 133-189. — S. Laugier-Deslandes, « Les incidences de la création du mandat d'arrêt européen sur les conventions d'extradition », *AFDI* 2002, p. 695-714.

L'extradition est l'acte par lequel un État remet à un autre État, sur la demande de celui-ci, une personne qui se trouve sur son territoire et à l'égard duquel l'État requérant envisage d'exercer sa compétence pénale. Elle constitue une illustration particulièrement nette des procédures de coopération mises en œuvre par les États pour pallier les inconvénients résultant de l'exclusivité de la compétence territoriale sans y porter atteinte.

Cette collaboration est traditionnellement entourée de garanties procédurales destinées à protéger l'individu, à respecter l'ordre public de l'État requis et à éviter des ingérences dans les affaires intérieures des autres États.

La procédure de l'extradition fait l'objet depuis quelques années de controverses aiguës, en raison du nombre croissant de conventions tendant à limiter la portée du principe traditionnel excluant l'extradition lorsque la demande est fondée sur des motifs politiques (lutte contre le terrorisme international et le trafic des stupéfiants, répression de mouvements sécessionnistes, tensions internes dans les États à régime autoritaire) et de la multiplication des demandes d'asile politique.

Son régime résulte, en général de la combinaison de la législation nationale, de traités bilatéraux précisant les hypothèses où l'extradition est possible, éventuellement de conventions multilatérales générales (convention européenne d'extradition du 13 déc. 1957, ratifiée par la France en 1986) ou relatives à certains individus (réfugiés par exemple) ou à certains types de délits (convention européenne sur la répression du terrorisme du 27 janvier 1977). Par sa résolution 45/116 du 14 décembre 1990, l'Assemblée générale des Nations Unies a adopté un « traité-type d'extradition » dont les États sont invités à s'inspirer.

Le droit français, longtemps fondé sur la loi du 10 mars 1927, modifiée à plusieurs reprises, notamment par la loi du 11 juillet 1975, est régi depuis 2004 par les articles 696-8 et suivants du Code de procédure pénale. La demande d'extradition doit respecter certaines formes, faire l'objet d'un avis de la juridiction judiciaire (cf. E. Servidio-Delabre, *Le rôle de la chambre d'accusation et la nature de son avis en matière d'extradition passive*, LGDJ, 1993, XXIV-207 p.) ; si cet avis est favorable à l'extradition, le gouvernement peut lui donner suite, par un décret d'extradition soumis au contrôle de légalité du Conseil d'État.

En effet, depuis 1937 (CE, *Decerf, Leb.* p. 534), le juge administratif a écarté ce type de décrets de la catégorie des actes de gouvernement et vérifie que le décret soumis à sa censure ne violait pas une norme de droit interne. Par son arrêt *dame Kirkwood* de 1952 (*Leb.*, p. 291), il a étendu son examen à la compatibilité du décret avec les conventions internationales pertinentes. Par son arrêt du 24 juin 1977, *Astudillo-Calleja (Leb.* p. 190), confirmé par sa décision dans l'affaire *Croissant* du 7 juillet 1978 (*Leb.*, p. 292), il étend son contrôle à la légalité interne du décret d'extradition, en vérifiant la compatibilité des motifs invoqués à l'appui de la demande d'extradition avec la législation et les conventions pertinentes et il interprète ces dernières à la lumière des principes fondamentaux reconnus par les lois de la République, tels qu'il les détermine (CE, Ass., 3 juillet 1996, *Koné*, *Leb.* p. 255, v. aussi *supra*, n° 182) en se fondant, le cas échéant sur des instruments internationaux (CE, Ass., 1er avr. 1988, *Bereciartua-Echarri*, *Leb.* 135). Il y a donc désormais un double examen de la demande étrangère et cumul des conceptions, pas nécessairement convergentes, de l'ordre public français du juge judiciaire et du juge administratif.

En principe, l'extradition ne sera accordée que si le délit invoqué par l'État requérant n'est pas politique (cf. l'avis de l'Assemblée générale du Conseil d'État du 9 nov. 1995 [*EDCE*, 1995, p. 205] selon lequel il s'agit d'un principe fondamental de valeur constitutionnelle), si la demande n'a pas été faite dans un but politique, si elle ne concerne pas un Français (cf. l'avis du 24 novembre 1994 [*LPA* 1996, n° 3, p. 21], qui précise que cette dernière condition peut être écartée par une convention contraire sous réserve de réciprocité). Il faut également qu'il existe entre l'État requérant et l'individu recherché un lien — relatif aux conditions du délit, à l'auteur ou à la victime de ce délit — qui justifierait la compétence de la juridiction française si c'était devant elle que ce délit était poursuivi (CA Paris, 11 janvier 1977, *Abou-Daoud, Gaz. Pal* 1977, I, p. 105, v. cependant CE 10 avril 1991, *Kilic, RFDA* 1991 p. 668 : la convention européenne de 1957, qui prime le droit français, ne fait pas obstacle à une extradition pour infraction politique ce qui est peu compatible avec l'avis préc. de 1995). En outre, « l'application de la peine de mort à une personne ayant fait l'objet d'une extradition accordée par le gouvernement français serait contraire à l'ordre public français » (CE, 27 fév. 1987, *Fidan, Leb.*, p. 81 et Ass., 15 oct. 1993, *Aylor*, *Leb.* p. 283, concl. Vigouroux) (en revanche, « l'extradition d'une personne qui encourt une peine incompressible de réclusion criminelle à perpétuité, n'est pas contraire à l'ordre public français ni à l'article 3 de la Convention européenne de sauvegarde des droits de l'homme et des libertés fondamentales » : v. CE, 6 novembre 2000, *Nivette*, *RFDA* 2001, p. 265).

Dans le même esprit, par l'arrêt *Soering c. Royaume-Uni* du 7 juillet 1989, la CEDH a jugé que l'extradition d'une personne qui se trouverait, de ce fait, exposée au « syndrome du couloir de la mort » est contraire aux dispositions de l'article 3 de la convention européenne des droits de l'homme aux termes duquel « nul ne peut être soumis à la torture ni à des peines ou traitements, inhumains ou dégradants » (série A, vol. 161). Le Comité des droits de l'homme est allé plus loin en 2003 en jugeant l'extradition impossible du seul fait que l'individu risquerait d'être condamné à la peine capitale par les juridictions de l'État réclamant sa remise. Le droit à la vie lui-même, et non plus seulement l'interdiction des traitements inhumains et dégradants, rendrait illicite au regard du Pacte international sur les droits civils et politiques de 1966 l'extradition dans ce cas de figure (v. la communication n° 829/1998 du 5 août 2003, *Roger Judge c. Canada*, *RGDIP* 2003, p. 969-974, avec le comm. de Ph. Weckel).

Par un arrêt du 15 octobre 1993, le Conseil d'État a admis qu'un État étranger pouvait contester devant lui le refus d'extradition de l'un de ses ressortissants (CE, Ass., *Royaume-Uni c. Ministre des Affaires étrangères*, *Leb.* p. 267) ; prolongeant cette jurisprudence, un autre arrêt, également rendu sur recours d'un État étranger, a mis en exergue, l'année suivante, l'obligation de motiver les refus d'extradition contraires à la convention européenne d'extradition ratifiée par la France en 1986 et annule la décision alors même que l'expulsion des intéressés vers leur pays d'origine rendait l'extradition impossible (CE, 14 déc. 1994, *Gouvernement suisse*, *Leb.* p. 549).

Si l'extradition est réalisée dans des conditions irrégulières ou si le prévenu est soumis à la juridiction française à la suite d'une extradition « déguisée », la procédure sera viciée et le juge abandonnera les poursuites (Cass. civ., *Barbie*, 6 octobre 1983, *RGDIP* 1984, p. 507-510). La CEDH s'est, pour sa part, appuyée sur l'article 5 de la convention de Rome pour contrôler le respect de l'exigence d'une procédure équitable en matière d'extradition (arrêt n° 4/1985, 21 oct. 1986, *Sanchez-Reisse*), y compris en cas d'« extradition déguisée » (aff. 8/1985, 18 déc. 1986, *Bozano*). Mais elle retient de la notion de respect des « voies légales » prévu par l'article 5 une conception très souple (v. la décision de la Grande Chambre rendu le 12 mai 2005 dans l'affaire *Öcalan c. Turquie,* par. 83-99 ; v. également *supra*, n° 309).

Le refus d'extrader un individu accusé de délits politiques doit-il être fondé sur une exception expresse contenue dans un traité d'extradition ? Il a été proposé, à l'Institut de Droit International (session de 1981), de considérer l'exception comme toujours recevable, sauf pour les crimes les plus odieux. Mais il paraît difficile d'admettre qu'il s'agit d'une règle coutumière. La solution n'est acceptable que si elle s'accompagne d'un renforcement de l'obligation alternative de poursuivre au lieu et place de l'État requérant, selon la formule retenue par les conventions sur la répression des détournements d'aéronefs (conventions d'Ottawa et Tokyo).

La procédure d'extradition ne doit pas être confondue avec d'autres mécanismes qui conduisent aux mêmes effets pratiques, mais relèvent d'une nature et d'un régime différents.

Avec la mise en place de véritables juridictions pénales internationales, les États se trouvent désormais tenus de transférer certaines personnes en dehors du régime de l'extradition proprement dit. La remise d'accusés à de telles juridictions constitue un acte de « remise » ou de « transfert » qui échappe aux règles applicables dans le domaine de l'extradition (v. A. Buchet, « Le transfert devant les juridictions internationales », *in* H. Ascensio e.a. (dir.), *Droit international pénal*, Pedone, 2000, p. 969-980). Ne constitue pas plus un acte d'extradition le renvoi par les juridictions pénales internationales d'une affaire dont elles connaissent, et donc de la personne poursuivie, à des juridictions nationales. La Chambre d'appel du TPIY l'a fermement rappelé dans sa décision du 4 juillet 2006 dans l'affaire *Pasko Ljubicic* en indiquant que la procédure de renvoi organisée par l'article 11 *bis* de son Règlement ne correspondait pas à une extradition *stricto sensu* mais constituait une procédure mise en œuvre en vertu d'une résolution du Conseil de sécurité qui, selon la Charte, l'emporte sur les règles nationales applicables en matière d'extradition (aff. IT-00-41-AR11 *bis* 1, par. 8).

CHAPITRE III

Formation et transformation de l'État

338. Dynamique de l'État et dynamique de ses compétences. — La formation et la transformation de l'État s'analysent comme des procédés d'acquisition et de modification de ses compétences.

Pour acquérir les compétences étatiques, il faut et il suffit qu'une collectivité soit un État. Vue sous cet angle, la création d'un État est un procédé d'acquisition en bloc de toutes les compétences étatiques, telles qu'elles viennent d'être déterminées au chapitre précédent.

Quand un État existant se transforme, l'opération produit aussi des conséquences directes sur ses compétences. Cette transformation résulte de celle de ses éléments constitutifs dont l'immutabilité absolue est inconcevable. Elle peut provenir d'une modification du territoire qui entraînera automatiquement un mouvement de population. Le cadre territorial et personnel des compétences de l'État s'agrandira ou rétrécira. Si le territoire entier d'un État, avec sa population, s'amalgame à un autre État, le premier disparaîtra, avec toutes ses compétences, de la communauté internationale. Lorsque la transformation de l'État est consécutive à un changement de gouvernement, dans des conditions telles qu'on puisse y voir un changement de régime politique interne de l'État, cette situation nouvelle est sans incidence sur l'étendue des compétences étatiques ; mais elle n'est pas indifférente aux modalités d'exercice de ces compétences, du fait des orientations inédites des nouveaux titulaires du pouvoir étatique. Les autres États s'estimeront parfois en droit de limiter l'exercice des compétences de l'État en cause, pour autant qu'elles portent sur la conduite des rapports mutuels.

La dynamique de l'État va ainsi de pair avec celle de ses compétences. Les deux matières sont connexes ; l'une et l'autre sont régies partiellement au moins par le droit international.

Les causes qui occasionnent la naissance de l'État et sa transformation, allant jusqu'à sa disparition, sont événementielles. Le droit n'a qu'une incidence marginale. C'est pourquoi, sur le plan des principes, le droit international consacre une double liberté. D'une part, en ne limitant pas le nombre des États composant la communauté internationale, il permet à un État nouveau de se créer à tout moment. D'autre part, il admet que les États existants peuvent sans restrictions se transformer et disparaître (sur l'aspect historique de la communauté internationale, voir *supra*, n°s 17 s.).

Il reste que la fonction nécessaire du droit international, comme celle de tout droit, est d'organiser la vie et les compétences de ses sujets. Il s'en acquitte en réglementant l'exercice de ces deux libertés fondamentales.

339. Plan du chapitre. — L'État est un phénomène extra-juridique dont le juriste se borne à constater l'existence. Toutefois la communauté internationale ne peut se désintéresser de la manière dont une nouvelle entité s'insère dans la vie politique internationale : le droit international a un rôle à jouer pour préciser les droits et obligations des collectivités directement en cause dans les phénomènes de création et de transformation de l'État, à la fois dans leurs rapports mutuels et dans leurs rapports avec les membres actuels de la société internationale.

En premier lieu, les conséquences tirées du principe du droit des peuples à disposer d'eux-mêmes dans la société internationale contemporaine constituent une tentative pour encadrer et, dans certains cas, faciliter la naissance de l'État.

Le droit international précise également les modalités de certaines transformations de la structure des États. Il laisse hors de son champ les transformations des régimes politiques parce qu'elles constituent, en vertu du principe de l'« autonomie constitutionnelle » des États, des questions qui relèvent du domaine réservé à la compétence nationale. En revanche, il détermine directement les procédures d'acquisition et de perte de territoire. C'est là une fonction décisive du droit puisque, par définition, c'est par acquisition et mutations territoriales que se créent les États nouveaux et que se transforment les États existants.

Le droit international joue aussi un rôle important dans la définition des effets de telles mutations territoriales. Aujourd'hui, toute formation et transformation de l'État donnent lieu à une succession d'États dont le régime juridique intéresse directement la viabilité des États en cause et leur aptitude à participer aux relations internationales. Le droit peut d'autant moins ignorer ces conséquences de la succession d'États qu'elles ont considérablement gagné en importance et en ampleur après 1945, à la faveur d'une décolonisation qui a multiplié les situations de succession partielle.

Enfin le droit international institue un mécanisme par le jeu duquel la formation et la transformation de l'État, donc l'acquisition et les modifications de ses compétences, deviendront opposables aux autres États. Il a fait appel, à cette fin, à une institution juridique de portée plus générale, la reconnaissance internationale.

Quatre sections seront consacrées à ces domaines d'intervention du droit :

Section 1. — Création de l'État dans le monde contemporain.

Section 2. — Acquisition et perte de territoire.

Section 3. — Succession d'États.

Section 4. — Reconnaissance.

Section 1

Création de l'État dans le monde contemporain

BIBLIOGRAPHIE. — Ph. JESSUP, *The Birth of Nations*, Columbia UP, 1974, 362 p. — H. RUIZ FABRI, « Genèse et disparition de l'État à l'époque contemporaine », *AFDI* 1992, p. 153-178. — H. GHÉRARI, « Quelques observations sur les États éphémères », *AFDI* 1994, p. 419-432. — V. D. DEGAN, « Création et disparition de l'État (à la lumière du démembrement des trois fédérations multiethniques en Europe) », *RCADI* 1999, vol. 279, p. 195-376. — J. CRAWFORD, *The Creation of States in International Law*, Oxford UP, 2006, 944 p.

340. Mode de création des États nouveaux. — Pendant longtemps la formation de l'État a semblé relever exclusivement de l'histoire et de la sociologie ; elle apparaissait comme extérieure au droit auquel elle s'imposait comme un donné. À l'heure actuelle, dans un monde « fini », la quasi-totalité des espaces terrestres sont soumis à deux catégories de statuts : ou bien — et c'est la règle maintenant générale — ils constituent des États souverains ; ou bien ils forment des territoires coloniaux. Un État nouveau ne peut se constituer que de deux manières : par la séparation d'un territoire colonial de l'État métropolitain, et c'est une décolonisation, ou par l'éclatement d'un État préexistant, et c'est la sécession, la dissolution d'un État préexistant ou la création concertée d'un État nouveau.

Le critère décisif du point de vue juridique devient la qualification donnée aux territoires qui revendiquent l'indépendance ; ont-ils des liens de dépendance coloniale ou non avec l'entité étatique dont ils veulent se détacher ? Ayant défini un régime spécifique pour la décolonisation, c'est la communauté internationale qui a le privilège d'une telle qualification.

Quelques situations politiques et territoriales font exception à la règle : telles les survivances de régimes incompatibles avec le droit international contemporain (v. *supra*, n°s 312 s.) ou l'incorporation de territoires coloniaux dans l'État métropolitain ou leur « libre association » (cas des îles Cook – sur les « États associés » aux États-Unis, v. Ch.I. Keitner et W.M. Reisman, *Texas IL Jl.* 2003, p. 1-62).

Il semble résulter de la décision du Conseil constitutionnel du 9 mai 1991 rendue à propos de la loi portant statut de la collectivité territoriale en Corse que le droit de libre détermination est reconnu par la Constitution française aux peuples des territoires d'outre-mer (cf., à propos de la Nouvelle-Calédonie, le titre XIII réinséré dans la Constitution en 1998), mais non aux autres composantes du peuple français dont les revendications à l'indépendance conduiraient à une sécession, incompatible avec l'unité du « peuple français ».

Les deux situations de base, indépendance au titre de la décolonisation et création d'un nouvel État par démembrement d'un État préexistant, doivent être étudiées séparément : le principe d'autodétermination ne joue pas de la même façon lorsque le territoire en cause est considéré comme distinct du territoire national et lorsque ce n'est pas le cas. Dans la première hypothèse, la création du nouvel État ne sera pas considérée comme une atteinte à l'intégrité territoriale de l'État métropolitain ; au contraire, le démembrement proprement dit restera analysé, conformément à l'idée de souveraineté, comme une atteinte à cette intégrité territoriale.

§ 1. — *Décolonisation et droit des peuples à disposer d'eux-mêmes*

BIBLIOGRAPHIE. — G. SCELLE, « Quelques réflexions sur le droit des peuples à disposer d'eux-mêmes », *Mél. Spiropoulos*, p. 385. — M. MERLE, « Les plébiscites organisés par les Nations Unies », *AFDI* 1961, p. 425-444. — M. VIRALLY, « Droit international et décolonisation devant les Nations Unies », *AFDI* 1963, p. 508-541 ; *L'organisation mondiale*, Armand Colin, 1972, p. 232-253 et 303-310. — P. DAILLIER, *L'ONU et la décolonisation*, La Documentation française, *NED* n° 3734, 1970, 48 p. — J. MORAND, « Autodétermination en Irian occidental et à Barhein », *AFDI* 1971, p. 513-540. — M.-C. SMOUTS, « Décolonisation et sécession, double morale à l'ONU », *RFSP* 1972, p. 832-846. — I. FALL, *Contribution à l'étude du droit des peuples à disposer d'eux-mêmes en Afrique*, Thèse Paris, 1972, 462 p. — A. RIGO-SUREDA, *The Evolution of the Right of Self-determination, A Study of the United Nations Practice*, Sijthoff, Leyden, 1973, 398 p. — S. CALOGEROPOULOS-STRATIS, *Le droit des peuples à disposer d'eux-mêmes*, Bruylant, Bruxelles, 1973, 388 p. — C. LAZARUS, « Le statut des mouvements de libération nationale à l'ONU », *AFDI* 1974, p. 173-200. — M. BARBIER, *Le Comité de décolonisation des Nations Unies*, LGDJ, 1974, 758 p. — D. MATHY, « L'autodétermination des petits territoires revendiqués par des États tiers », *RBDI* 1974, p. 167-207 et 1975, p. 129-160. — G. PETIT, « Les mouvements de libération nationale et le droit », *Ann. Tiers Monde* 1976, p. 57-75. — D. THÜRER, *Der Selbstbestimungs-gerecht der Völker*, Stämpfli, Berne, 1976, 256 p. — J.-F. GUILHAUDIS, *Le droit des peuples à disposer d'eux-mêmes*, PU de Grenoble, 1976, 226 p. ; « La question de Timor », *AFDI* 1977, p. 307-324. — J. BROSSARD, *L'accession à la souveraineté et le cas du Québec*, PU de Montréal, 1976, 800 p. — 3e rencontre de Reims, « La notion de peuple en droit international », *in Réalités du droit international contemporain*, CERI Reims, 1976, p. 117-278. — S. R. CHOWDURY, « The Status and Norms of Self-Determination in Contemporay International Law », *NILR* 1977, p. 72-84. — A. MORENO-LOPEZ, *Iqualidad de derecho y libre determination de los pueblos*, Grenade, 1977, 410 p. — A. CASSESE et E. JOUVE, *Pour un droit des peuples*, Berger-Levrault, 1978, 220 p. — M. POMERANCE, *Self-Determination in Law and Practice. The New Doctrine in the United Nations*, Nijhoff, La Haye, 1982, 154 p. — A. HASBI, *Les mouvements de libération et le droit international*, Éd. Stouki, Rabat, 1981, 540 p. — *Le droit des peuples à disposer d'eux-mêmes, Mél. Chaumont*, 595 p. — E. JOUVE, *Le droit des peuples*, PUF, 1986, « Que sais-je ? » n° 2315, 128 p. — J. CRAWFORD ed., *The Rights of Peoples*, Clarendon Press, Oxford, 1988, X-236 p. — J. DIEZ-HOCHLEITNER, « Les relations hispano-britanniques au sujet de Gibraltar — État actuel », *AFDI* 1989, p. 167-187. — A. GANDOLFI, *Les mouvements de libération nationale*, PUF, « Que sais-je ? », 1989,128 p. — V. GOWLLAND-DEBBAS, « Collective Responses to the Unilateral Declarations of Independence » (Rhodésie du Sud, Palestine), *BYBIL* 1990, p. 135-153 et *Mél. Virally*, p. 323-332. — J.-F. DOBELLE et M. BEDJAOUI, Commentaires des articles 1, § 2, et 73 *in* J.-P. COT et A. PELLET, dir., M. FORTEAU secrét. réd., *La Charte des Nations Unies*, Economica, 2005, p. 337-356 et 1751-1767. — Ph. ARDANT, « Que reste-t-il du droit des peuples à disposer d'eux-mêmes ? », *Pouvoirs* 1991, n° 57, p. 43-54. — Ph. MOREAU-DEFARGES, « L'ONU et le droit des peuples à disposer d'eux-mêmes », *Pol. Eur.* 1993, p. 659-671. — C. BROLMANN et a. ed., *Peoples and Minorities in International Law*, Nijhoff, 1993, 384 p. — C. TOMUSCHAT ed., *Modern Law of Self-Determination*, Nijhoff, 1993, 360 p. — F. L. KIRGIS, « The Degrees of Self-Determination in the United Nations Era », *AJIL* 1994, p. 304-310. — M. KOSKENNIEMI, « National Self-Determination Today : Problems of Legal Theory and Practice », *ICLQ* 1994, p. 241-269. — A. PELLET, « Quel avenir pour le droit des peuples à disposer d'eux-mêmes ? », *Mél. Jimenez*, p. 255-276. — A. CASSESE et Y. DINSTEIN, « Self-Determination Revisited », *ibid.*, p. 229-240 et p. 241-253. — R. MONACO, « Observations sur le droit des peuples dans la communauté internationale », *ibid.* p. 217-227. — A. CASSESE, *Self-Determination of Peoples — A Legal Reappraisal*, Cambridge UP, 1995, 375 p. — R. MCCORDQUODALE, « Negociating Sovereignty : The Practice of the United Kingdom in Regard to the Right to Self-Determination », *BYBIL* 1995, p. 283-331. — G. PALMISANO, « L'autodeterminazione interna nel sistema dei Patti sui diritti dell'uomo », *RDI* 1996, p. 365-412. — Th. D. MUSGRAVE, *Self-Determination and National Minorities*, Clarendon Press, Oxford, 1997, XXXV-290 p. — M. N. SHAW, « Peoples, Territorialism and Boundaries », *EJIL* 1997, p. 478-507. — M. IOVANE, « L'OSCE e la tutela del principio di autodeterminazione interna », *Cta. I.* 1998, p. 460-528. — H. QUANE, « The UN and the Evolving Right to Self-Determination », *ICLQ* 1998, p. 537-562. — R. GOY, « L'indépendance du Timor oriental », *AFDI* 1999, p. 203-225. — A. F. BAYEFSKY ed., *Self-Determination in International Law. Quebec and Lessons Learned*, Kluwer, La Haye, 2000, IX-512 p. — J.-M. SOREL, « Timor oriental : un résumé de l'histoire du droit international », *RGDIP* 2000, p. 37-60. — C. DREW, « The East Timor Story », *EJIL* 2001, p. 651-684. — F. ROCH, « Réflexions sur l'évolution de la positivité du droit des peuples à disposer d'eux-mêmes en dehors des situations de décolonisation », *RQDI* 2002, p. 33-100. — D. RAIC, *Statehood and the Law of Self-Determination*, Kluwer, La Haye, 2002, XIX-495 p. — K. KNOP, *Diversity and Self-Determination in International Law*, Cambridge UP, 2002, XXII-434 p. — E. MCWHINNEY, « Self-Determination of Peoples and Pluri-Ethnic States », *RCADI* 2002, vol. 294, p. 167-264 ; *Self-Determination of Peoples and Plural-Ethnic States in Contemporary International Law*, Martinus Nijhoff, Leiden. 2007, X-134 p. — G. ABLINE, « De l'indépendance du Timor oriental », *RGDIP* 2003, p. 349-376. — M. MANOUVEL, « Politique et droit dans les résolutions de l'Assemblée générale. La question de l'île de Mayotte », *RGDIP* 2005, p. 643-663. — J. SUMMERS, *Peoples and International Law*, Nijhoff, 2006, 480 p.

341. Consécration du droit à la décolonisation. — Prenant appui sur la Charte qui, à deux reprises, mentionne le « principe de l'égalité de droits des peuples et de leur droit à disposer d'eux-mêmes » (articles 1er, § 2, et 55), la majorité anti-colonialiste des Nations Unies a forgé les instruments juridiques permettant de légitimer l'accession à l'indépendance des peuples coloniaux.

Ce processus est d'autant plus surprenant que, loin de promouvoir la décolonisation, la Charte organise juridiquement le colonialisme (v. *supra*, n° 321) : elle ne prévoit aucunement l'indépendance des territoires non autonomes (Chapitre XI) et n'envisage celle des territoires sous tutelle que comme une possibilité — l'autre étant, selon l'article 76, al. b, leur évolution vers l'auto-administration. Cependant, comme l'a rappelé la CIJ dans son avis de 1971 relatif à la *Namibie*, le principe doit être interprété en fonction de « l'évolution que le droit a ultérieurement connue grâce à la Charte des Nations Unies et à la coutume » (*Rec.* 1971, p. 31).

Le sens de l'évolution ne fait aucun doute. Dès sa 5e session, l'Assemblée générale a commencé à insister sur « l'importance du principe du droit des peuples à disposer d'eux-mêmes » et, en 1954, le Conseil économique et social a décidé qu'il ferait l'objet de l'article 1er de chacun des deux Pactes internationaux relatifs aux droits de l'homme.

Mais l'événement décisif fut l'adoption par l'Assemblée générale, le 14 décembre 1960, de la Déclaration sur l'octroi de l'indépendance aux pays et aux peuples coloniaux (résolution 1514 [XV]) dont l'orientation anti-colonialiste est évidente. Ce texte, que l'on a appelé la « Charte de la décolonisation », affirme notamment que « le manque de préparation dans les domaines politique, économique ou social ou dans celui de l'enseignement ne doit jamais être pris comme un prétexte pour retarder l'indépendance » (§ 3), et présente le droit à la décolonisation comme un principe absolu, opposable à tous les États, et concernant tant les territoires non autonomes que ceux sous tutelle.

La postérité de la résolution 1514 (XV) a confirmé la vigueur de la volonté politique anti-coloniale. Dès 1961, par la résolution 1654 (XVI), est mis en place le Comité de décolonisation, ou « Comité des 24 », qui « dévalorise » le Conseil de tutelle et entreprend énergiquement la mise en œuvre concrète de la Déclaration. En 1966, l'Assemblée générale réaffirme avec vigueur, par sa résolution 2189 (XXI), que la persistance du régime colonial met en danger la paix et la sécurité internationales — liaison qui n'était qu'esquissée par l'article 55 de la Charte des Nations Unies et le § 1 de la résolution 1514 (XV) — et surtout elle adopte les deux Pactes internationaux des Droits de l'homme, qui donnent une base conventionnelle supplémentaire au droit des peuples à disposer d'eux-mêmes (v. leur article 1er).

Le dixième anniversaire de la Déclaration coïncidant avec le vingt-cinquième anniversaire de la Charte des Nations Unies (1970), l'Assemblée générale adopte deux textes fondamentaux : sa résolution 2621 (XXV) établit un « Programme d'action pour l'application intégrale de la Déclaration », et sa résolution 2625 (XXV) « codifie » les sept « principes du droit international touchant les relations amicales et la coopération entre les États conformément à la Charte des Nations Unies », parmi lesquels celui de l'égalité de droits des peuples et de leur droit à disposer d'eux-mêmes.

Malgré l'opinion contraire de certains auteurs, malgré le caractère politique de la qualification de « situation coloniale » dans certaines circonstances concrètes, le principe du droit des peuples à disposer d'eux-mêmes n'est pas une simple règle d'art politique ou diplomatique, comme pouvait l'être le principe des nationalités. C'est, sans doute aucun, une règle de droit international coutumier.

Consacré par des résolutions nombreuses et concordantes des Nations Unies adoptées à de très larges majorités pendant plus de vingt ans, il s'appuie sur une *opinio juris* indiscutable et renforcée par l'autorité des avis consultatifs de la CIJ, du 21 juin 1971 et du 16 octobre 1975, dans les affaires de la *Namibie* et du *Sahara occidental.* La pratique de la décolonisation, fondée sur le « droit des peuples », conforte à l'évidence l'expression de cette *opinio juris.*

Il faut en déduire que les actes juridiques reconnaissant ou « octroyant » l'indépendance aux territoires dépendants n'ont pas un caractère constitutif mais seulement une portée déclarative. La base juridique de l'indépendance réside directement dans le droit des peuples à disposer d'eux-mêmes.

On peut même penser que ce principe constitue une règle de *jus cogens.* Le droit à l'autodétermination figure dans la liste d'exemples de règles « impératives » fournie par la Commission du droit international dans son rapport sur le droit des traités (*Ann. CDI*, 1966, vol. II, p. 270). La Commission d'arbitrage de la Conférence pour la paix en Yougoslavie a également qualifié de normes impératives du droit international général les « droits des peuples et des minorités » (avis n° 1, 29 nov. 1991, *RGDIP* 1992, p. 265 et avis n° 9, 4 juillet 1992). Comme l'a indiqué la CIJ, il s'agit en tout cas « d'un des principes essentiels du droit international contemporain », « opposable *erga omnes* » (arrêt du 30 juin 1995, *Timor oriental*, *Rec.* p. 102 ; avis du 9 juillet 2004 dans l'affaire du *Mur*, *Rec.*, par. 88 et 156).

342. Contenu du principe. — Il s'agit ici de dégager la signification exacte des notions de peuple et d'autodétermination. Il est du reste extrêmement difficile de séparer les deux termes : comme sujets de droit, les peuples se définissent par les droits et obligations qui leur sont reconnus par le droit international. Or ceux-ci varient en fonction de la situation concrète des peuples, si bien que le droit des peuples à disposer d'eux-mêmes apparaît comme un principe à contenu variable.

Pour les peuples constitués en État ou intégrés dans un État démocratique qui reconnaît leur existence et leur permet de participer pleinement à l'expression de la volonté politique et au gouvernement, il se traduit par le droit à l'« autodétermination interne », c'est-à-dire par un « droit à la démocratie » encore mal assuré (v. *supra*, n° 279) et, dans les États multinationaux, où coexistent plusieurs peuples, par la reconnaissance, qui s'affirme, des droits des minorités, y compris les peuples autochtones (v. *infra*, n° 427). Mais il n'en résulte en principe aucun droit à l'« autodétermination externe », lorsque celle-ci conduit à une sécession, incompatible avec un autre principe fondamental du droit international contemporain, le droit des États à leur intégrité territoriale (v. *infra*, n° 344). Il n'en va autrement que dans des hypothèses strictement délimitées dont le droit à la décolonisation constitue l'illustration la plus indiscutable (v. *supra*, n° 341).

Dans cette hypothèse, il n'est pas porté atteinte à l'intégrité territoriale de la puissance administrante car, comme le proclament les Nations Unies, « le territoire d'une colonie ou d'un autre territoire non autonome possède, en vertu de la Charte, un statut séparé et distinct de celui de l'État qui l'administre » (Déclaration de 1970 relative aux principes du droit international touchant les relations amicales et la coopération entre les États).

La communauté internationale a délimité restrictivement les entités humaines susceptibles, en tant que peuples, d'invoquer ce droit à l'autodétermination externe à l'encontre des États préexistants. Il n'est reconnu qu'aux « peuples soumis à une subjugation, à une domination et à une exploitation étrangère », selon la résolution 1514 (XV) de l'Assemblée générale des Nations Unies. Formule qui exige une définition complémentaire : si le caractère géographiquement séparé et ethniquement ou culturellement distinct d'un territoire sont des indices de cette situation, seule l'existence d'un régime politique, juridique ou culturel discriminatoire constitue un critère certain de non-autonomie ; la population du territoire considéré est, dès lors, un « peuple colonial » ayant vocation à l'indépendance.

À la faveur de circonstances très exceptionnelles et spécifiques — l'occupation de territoires palestiniens par Israël, la persistance de régimes d'apartheid en Afrique australe —, les Nations Unies ont étendu le droit d'autodisposition reconnu aux peuples coloniaux aux peuples occupés ou soumis à un régime de discrimination raciale. Plus largement, on peut sans doute considérer que le droit des peuples à disposer d'eux-mêmes inclut le droit à l'indépendance dans tous les cas où un peuple est privé de l'exercice de son droit d'autodétermination interne, mais exclusivement dans ces cas.

Conformément à la formule utilisée par la Cour suprême du Canada, « en résumé, le droit à l'autodétermination en droit international donne tout au plus ouverture au droit à l'autodétermination externe dans le cas des anciennes colonies ; dans le cas des peuples opprimés, comme les peuples soumis à une occupation militaire étrangère ; ou encore dans le cas où un groupe défini se voit refuser un accès réel au gouvernement pour assurer son développement politique, économique, social et culturel. Dans ces trois situations, le peuple en cause jouit du droit à l'autodétermination externe parce qu'on lui refuse la faculté d'exercer, à l'interne, son droit à l'autodétermination » (Renvoi relatif à la sécession du Québec, 20 août 1998, § 138).

Les droits politiques et économiques reconnus aux peuples coloniaux ont donc une seule finalité : leur permettre d'accéder à l'indépendance et de « rentrer dans le rang » une fois constitués en États. Certes, en théorie, l'indépendance n'est pas l'objectif inéluctable du droit des peuples. Les résolutions 1541 (XV) et 2625 (XXV) admettent en effet que « la création d'un État nouveau indépendant, la libre association ou intégration avec un État indépendant ou l'acquisition de tout autre statut politique librement décidé par un peuple, constituent pour ce peuple des moyens d'exercer son droit à disposer de lui-même ». Ces solutions alternatives ont parfois été mises en œuvre (Cameroun sous administration britannique). Cependant, la plupart des précédents montrent que l'Assemblée générale est extrêmement méfiante à l'égard de tout processus de décolonisation n'aboutissant pas à l'indépendance (Antilles britanniques, Gibraltar, îles Cook, Timor).

Quant à la doctrine de la souveraineté permanente sur les ressources naturelles, « élément fondamental du droit des peuples à disposer d'eux-mêmes » (résolutions 1314 (XIII) et 1803 (XVII) en particulier), elle ne vise le peuple comme bénéficiaire exclusif et direct qu'avant l'indépendance : son rôle est alors de sauvegarder les droits futurs de la collectivité étatique et de gêner l'exploitation coloniale (v. *infra*, n° 609).

Ainsi défini, le droit des peuples à disposer d'eux-mêmes ne produit d'effets utiles qu'à titre purement transitoire.

L'affaire des îles Falkland, qui oppose la Grande-Bretagne à l'Argentine, de même que toutes les colonies de peuplement européen, montrent les ambiguïtés du principe du droit des peuples à disposer d'eux-mêmes. La majorité des Nations Unies ne peut faire prévaloir le principe de l'unité territoriale des États voisins, pour faire échec à la volonté de la population locale de rester rattachée à la métropole européenne, qu'en niant le caractère colonial de ces dépendances d'outre-mer. C'est poser implicitement que la valeur prééminente reconnue au principe du droit des peuples n'est vérifiée que pour certains d'entre eux.

La situation est encore plus compliquée lorsqu'il a été admis que la dépendance était bien une colonie. Rien ne permet d'établir une priorité au rattachement territorial à un État voisin. La faible densité démographique de certaines dépendances — de petites îles le plus souvent — n'est pas un argument suffisant pour écarter la volonté des populations.

Dans la plupart des cas, l'Assemblée générale préfère s'en tenir à des exhortations en faveur d'une solution négociée.

343. Modalités d'exercice du droit à la décolonisation. — Ces modalités ont été dégagées par la pratique des Nations Unies, fortement influencée par un double souci : forger les instruments juridiques de l'accès à l'indépendance, et limiter strictement l'application « utile » du droit des peuples à disposer d'eux-mêmes aux peuples coloniaux ou assimilés.

Il convient de noter que la décolonisation est un *processus* dont le déclenchement a certains effets juridiques. Ainsi la sentence arbitrale du 31 juillet 1989 entre la Guinée-Bissau et le Sénégal admet l'existence d'un « corollaire du principe de l'autodétermination des peuples selon lequel l'État colonisateur ne pourrait conclure, après le déclenchement d'un processus de libération nationale, des traités portant sur des éléments essentiels du droit des peuples », étant entendu que cette règle ne présente pas un caractère impératif (*RGDIP* 1990, p. 236-237).

1° Le principe de *l'obligation de consulter le peuple colonisé* a été affirmé avec vigueur par la CIJ dans son avis consultatif de 1975 relatif au *Sahara occidental :*

« La validité du principe d'autodétermination, défini comme répondant à la nécessité de respecter la volonté librement exprimée des peuples, n'est pas diminuée par le fait que, dans certains cas, l'Assemblée générale n'a pas cru devoir exiger la consultation des habitants de tel ou tel territoire. Ces exceptions s'expliquent soit par la considération qu'une certaine population ne constituait pas un « peuple » pouvant prétendre à disposer de lui-même, soit par la conviction qu'une consultation eût été sans nécessité aucune en raison de circonstances spéciales » (*Rec.* 1975, p. 33). La Cour, malgré l'existence de liens historiques entre le Sahara occidental, d'une part, et le Maroc et l'« ensemble mauritanien », d'autre part, n'a pas considéré que ces liens étaient « de nature à modifier l'application de la résolution 1514 (XV) quant à la décolonisation [de ce territoire] et, en particulier, l'application du principe d'autodétermination du territoire » (*ibid.*, p. 68). Par plusieurs résolutions, l'Assemblée générale a réaffirmé le droit du peuple sahraoui à l'autodétermination par l'expression libre et authentique de sa volonté (v. C. Rucz, *AFDI* 1994, p. 243-259).

Toutefois, dès lors que l'exercice du droit des peuples à disposer d'eux-mêmes conduit à l'indépendance, les Nations Unies sont peu exigeantes en ce qui concerne la manière dont la consultation a été effectuée : référendum, vote d'une assemblée représentative, accord des représentants d'un mouvement de libération nationale, voire même sondage.

2° Cette consultation doit s'effectuer *dans le cadre des frontières coloniales*, conformément au principe de *l'uti possidetis* (v. *supra*, n° 300).

Il est très remarquable que toutes les résolutions importantes relatives au droit des peuples à disposer d'eux-mêmes insistent sur le respect dû à l'intégrité territoriale des États et des « pays ». Il s'agit par ce rappel de protéger les futurs États contre les tentatives de « dépeçage » de l'ancienne puissance dominante, mais aussi de montrer que les peuples doivent être appelés à exercer leur droit d'auto-disposition dans le cadre des frontières, même arbitraires, tracées par le colonisateur.

Le respect de l'intégrité territoriale des dépendances coloniales est logique : « C'est le besoin vital de stabilité pour survivre, se développer et consolider progressivement leur indépendance dans tous les domaines qui a appelé les États africains à consentir au respect des frontières coloniales et à en tenir compte dans l'interprétation du principe de l'autodétermination des peuples » (CIJ, Chambre, arrêt du 22 déc. 1986, *Différend frontalier, Rec.* 1986, p. 567). Au surplus, l'État colonisateur ne peut disposer d'un territoire « distinct » du sien.

Le principe de la consultation dans les limites coloniales n'est, il est vrai, pas toujours respecté. Il a été mis en échec au Cameroun, en Somalie et aux Comores (voir la décision du Conseil constitutionnel français du 30 décembre 1975, *Rec.* p. 26). De même, par leurs résolutions 32/90 du 4 novembre 1977 et 432 (1978), l'Assemblée générale et le Conseil de sécurité ont demandé la « réintégration » de Walvis Bay à la Namibie, alors qu'il s'agit d'un ancien territoire britannique confié par la Grande-Bretagne à l'Afrique du Sud en 1922, intégré à celle-ci en 1977 et restitué par l'Accord du 9 novembre 1992 (v. R. Goy, *AFDI* 1995, p. 299-310). De même, Hong Kong et Macao ont été « restitués » à la Chine sans aucune consultation des populations, dans un contexte juridique il est vrai très particulier (v. *supra*, n° 313). L'Espagne et le Maroc s'opposent également à propos des « présides » espagnols de Ceuta et Melilla, enclavés dans le territoire marocain et dotées d'un statut d'autonomie depuis 1994 (situation d'enclavement à l'origine de problèmes migratoires de plus en plus difficilement surmontables : v. D. Pavot, *RGDIP* 2006, p. 137-144). En revanche, l'Accord du 21 avril 1998 sur l'avenir de la Nouvelle-Calédonie entre des représentants canaques, caldoches et du gouvernement français exclut toute partition du territoire à l'issue du processus d'autodétermination, qui doit s'étendre sur quinze ans, au minimum (v. V. Goesel-Le Bihan, *AFDI* 1998, p. 24-75).

S'agissant du Timor oriental, ancienne colonie portugaise envahie puis annexée par l'Indonésie en 1975 à la suite d'une éphémère proclamation unilatérale d'indépendance par le mouvement de libération nationale du territoire (FRETILIN), des accords luso-indonésiens du 5 mai 1999 ont fixé les modalités du statut provisoire d'« autonomie spéciale » du territoire et de la consultation populaire devant mener à l'indépendance. Celle-ci est intervenue le 20 mai 2002 à la suite d'une période de transition marquée par de violents affrontements encouragés en sous-main par l'Indonésie en dépit de la présence de la MINUTO, créée par la résolution 1246 du Conseil de sécurité du 11 juin 1999, relayée par une force multinationale sous la direction de l'Australie (INTERFET — résolution 1264 du 15 sept. 1999) et une Administration transitoire des Nations Unies (ATNUTO — résolution 1272 du 25 oct. 1999).

3° Tirant les conséquences logiques des principes précédents, le « programme d'action » de 1970 (résolution 2621 [XXV] de l'Assemblée générale) « réaffirme le droit inhérent des peuples coloniaux de lutter par tous les moyens nécessaires contre les puissances coloniales qui répriment leur aspiration à la liberté et à l'indépendance ». L'usage de la force par un peuple pour se libérer du joug colonial est donc licite (v. *infra*, n° 571) et, par une exception apparente au principe de l'interdiction de l'intervention armée (v. *infra*, n° 570), l'aide dont il peut bénéficier à cette fin n'est pas considérée comme une ingérence prohibée.

Il faut cependant noter que, sauf dans des cas extrêmes (Namibie, Palestine), l'Assemblée générale ne qualifie pas le maintien d'une domination coloniale d'« agression ». Il semble que les Nations Unies ont estimé que les conflits anti-coloniaux constituaient une action légitime contre une « menace contre la paix » au sens du Chapitre VII de la Charte, ce qui constitue une interprétation extensive de l'article 51.

Cette interprétation peut aujourd'hui s'appuyer sur un instrument conventionnel explicite, l'article 1er du premier Protocole additionnel aux conventions de Genève sur le droit humanitaire, adopté en 1977, et aux termes duquel, parmi les conflits armés internationaux, figurent ceux « dans lesquels les peuples luttent contre la domination coloniale et l'occupation étrangère et contre les régimes racistes dans l'exercice du droit des peuples à disposer d'eux-mêmes... » (v. *infra*, n° 575). De ce fait les « combattants de la liberté » bénéficient de la protection du droit humanitaire de la guerre (v. la résolution 3103 (XXVIII) sur les « principes de base concernant le statut juridique des combattants qui luttent contre la domination coloniale et étrangère et les régimes racistes » dont les principes ont été consacrés par le Protocole I de Genève de 1977). En outre, par la Convention du 4 décembre 1989 sur les mercenaires, « les États parties s'engagent à ne pas recruter, utiliser, financer ou instruire de mercenaires en vue de s'opposer à l'exercice légitime du droit inaliénable des peuples à l'autodétermination » (art. 5, § 2), et depuis 1987, la Commission des droits de l'homme des Nations Unies a étudié la question de l'utilisation des mercenaires comme moyen d'empêcher l'exercice du droit des peuples à disposer d'eux-mêmes.

4° *Le statut juridique des mouvements de libération nationale.* — Pour distinguer les groupes politiques engagés dans les conflits avec les puissances coloniales des autres entités sécessionnistes, les premiers ont reçu une dénomination propre : s'est rapidement imposée l'expression « mouvements de libération nationale ». De même que ne sont situations coloniales que celles reconnues comme telles par les Nations Unies, de même ne sont mouvements de libération nationale que les entités qualifiées ainsi par les organes des Nations Unies, instruments de la communauté internationale. Une fois cette reconnaissance acquise, ces entités bénéficient de droits et d'obligations fonctionnels qui en font des sujets du droit international.

a) Le processus de reconnaissance des mouvements de libération nationale est commandé, indiscutablement, par des considérations politiques. Ce qui fait l'originalité de la pratique contemporaine, par rapport aux procédés de la reconnaissance d'insurgés (v. *infra*, n° 571), est l'utilisation fréquente des organisations internationales pour obtenir une reconnaissance collective de certains mouvements et accélérer ainsi les reconnaissances individuelles.

En règle générale, cette reconnaissance se fait en deux temps : l'initiative est prise par une organisation régionale (OUA, LEA), puis confirmée par l'Assemblée générale des Nations

Unies ; tel a été le cas s'agissant de l'OLP, de la SWAPO ou des mouvements de libération des colonies portugaises en Afrique ; en l'absence d'organisation internationale compétente, ce rôle peut être joué par le Mouvement des Non-alignés (Fretilin).

b) Effets de la reconnaissance. Par exception à l'effet habituel de la reconnaissance, celle des mouvements de libération nationale a un caractère « constitutif », et non pas simplement « déclaratif » : les mouvements de libération ne tiennent leurs droits que de la reconnaissance qui leur est accordée par les États. Ce sont ces derniers qui, par le truchement des organisations internationales, définissent les limites de leur personnalité juridique internationale, qu'ils veulent « fonctionnelle » et transitoire, éventuellement restreinte par les droits reconnus à d'autres entités (par exemple le Conseil pour la Namibie, organe intergouvernemental).

Les droits et obligations corrélatives reconnus aux mouvements de libération sont inégalement développés. Étendus pour tout ce qui touche au fonctionnement des organisations internationales, où la majorité des États membres impose sa volonté à certains organes, ils sont plus réduits là où ces droits ne peuvent être exercés qu'avec l'accord des États ; dans ces domaines, les organisations ne peuvent faire que des recommandations et favoriser l'adoption de conventions conformes aux vues de ces mouvements de libération.

La participation des mouvements de libération nationale aux organisations internationales présente pour ces mouvements d'importants avantages, « non seulement parce que l'ONU est une tribune incomparable qui [leur] permet de faire connaître leurs aspirations, mais aussi parce que l'aide fournie par les institutions sera d'autant plus efficace que les mouvements de libération nationale auront participé de plus près à son élaboration » (C. Lazarus, *op. cit.*, p. 174).

À l'ONU les représentants des mouvements reconnus sont invités « à titre d'observateurs [...] sur une base régulière et conformément à la pratique antérieure [...] à participer aux travaux pertinents des grandes commissions de l'Assemblée générale et de ses organes subsidiaires intéressés, ainsi qu'aux conférences, séminaires, et autres réunions organisées sous les auspices de l'ONU qui intéressent leur pays » (résolutions 3280 (XXIX) et 3412 (XXX) de l'Assemblée générale). Ces droits sont très supérieurs à ceux reconnus aux organisations non gouvernementales ; ils sont comparables à ceux du Saint-Siège. Seul leur est donc fermé l'accès à l'Assemblée en séance plénière et aux réunions du Conseil de sécurité et le droit de vote ne leur est pas accordé.

Certains mouvements bénéficient de facilités supplémentaires. Tel est le cas de l'OLP-Palestine qui a également été admise comme membre à part entière de plusieurs organisations régionales (v. *supra*, n° 295) et tel a été le cas de la SWAPO avant l'indépendance de la Namibie.

Grâce à ces mécanismes, les mouvements de libération nationale sont les représentants des peuples colonisés au sein des organisations internationales. Plus généralement, ils sont les véritables bénéficiaires de l'ensemble des droits reconnus à ces peuples.

Outre le droit à une assistance matérielle, financière et diplomatique, l'apport le plus significatif du droit contemporain concerne le statut des combattants, dans les conflits de décolonisation, en particulier sous l'angle humanitaire (v. 3° *supra*). En outre, les mouvements de libération nationale sont parfois invités à participer à la négociation de conventions internationales et, plus exceptionnellement, peuvent y devenir parties (v. *supra*, n° 116).

La *personnalité juridique internationale* des mouvements de libération nationale, comme celle des « peuples », est par définition *temporaire*, parce que fonctionnelle. Le seul objectif qu'ils peuvent poursuivre, et pour lequel des compétences leur sont octroyées, est leur transformation en État. D'une certaine manière l'État nouveau apparaît comme leur « successeur ».

En effet, les États restent très réticents lorsqu'il s'agit d'accorder une capacité juridique propre aux entités non-étatiques. Les circonstances historiques de la décolonisation arrivant à leur terme, on peut penser que le régime juridique des mouvements de libération ne sera pas étendu à des situations non-coloniales et qu'il représentera bientôt une « curiosité juridique ».

§ 2. — *Création d'un État en dehors du cadre de la décolonisation*

BIBLIOGRAPHIE. — V. BERNY, « La sécession du Katanga », *RJPIC* 1965, p. 563-573. — F. WODIE, « La sécession du Biafra et le droit international public », *RGDIP* 1969, p. 1018-1060. — J. SALMON, *La reconnaissance d'État*, Armand Colin, 1971, 287 p. ; « Naissance et reconnaissance du Bangla Desh », *Mél. Wengler*, vol. I, p. 447-490. — C. LEBEN, « Les révolutions en droit international », *Colloque SFDI Dijon*, Pedone 1990, p. 3-48. — D. ROSENBERG, « Le peuple twareg, du silence à l'autodétermination », *RBDI* 1992, p. 5-39. — D. ORENTLICHER, « Separation Anxiety : International Responses to Ethno-Separatist Claims », *Yale Jl. IL* 1998, p. 1-78. — A. TANCREDI, « Secessione e diritto internazionale », *Riv. DI* 1998, p. 673-768 ; *La secessione nel diritto internazionale*, CEDAM, Padova, 2001, XVII-923 p. — Th. CHRISTAKIS, *Le droit à l'autodétermination en dehors des situations de décolonisation*, La Documentation française, 1999, 676 p. — R. KHERAD, « De la nature juridique du conflit tchétchène », *RGDIP* 2000, p. 146-179. — L. MÄLKSOO, *Illegal Annexation and State Continuity : the Case of the Incorporation of the Baltic States by the USSR*, Nijhoff, Leiden, 2003, XXXIV-373 p. — M. KOHEN (ed.), *Secession : International Law Perspectives*, Cambridge UP, 2006, XXXVI-510 p.

Sur la situation de Chypre, v. notamment B. BROMS, « Recent Efforts of the United Nations to Unite Cyprus », *Mél. Degan*, 2005, p. 279-297 ; S. TALMON, « Chypre : écueil pour la Turquie sur la voie de l'Europe », *AFDI* 2005, p. 85-119 ; A. NEDELCHEVA, « Chypre : la partition à l'aune de l'adhésion... ou le contraire ? », *RGDIP* 2007, p. 423-434.

344. Sécession et dissolution d'État. — La sécession peut être définie comme la séparation d'une partie du territoire d'un État préexistant, qui laisse subsister celui-ci. Au contraire, on parlera de dissolution lorsque l'État préexistant éclate en plusieurs États nouveaux. La distinction ne relève pas seulement d'un souci de précision terminologique ; elle a des effets très concrets en ce qui concerne les règles applicables à la succession d'États (v. *infra*, section 3).

1° *La sécession.* — Les réserves des États à l'égard du phénomène de la sécession contrastent avec leur insistance sur le droit à la décolonisation. En vain chercherait-on dans le droit positif un texte ou une pratique permettant de déduire un droit des peuples de faire sécession de leur droit à disposer d'eux-mêmes.

Le territoire « sécessionniste » n'ayant pas, à la différence du territoire colonial (v. *supra*, n° 342), « un statut séparé et distinct de celui du territoire qui l'administre », toute sécession se heurte au principe fondamental de l'intégrité territoriale des États.

La Déclaration de 1970 sur les principes touchant les relations amicales précise fort clairement que le principe du droit des peuples à l'autodétermination ne peut être interprété « comme autorisant ou encourageant une action, quelle qu'elle soit, qui démembrerait ou menacerait, totalement ou partiellement, l'intégrité territoriale ou l'unité politique de tout État souverain et indépendant... ».

Contrairement à ce qui se produit pour les peuples coloniaux, on ne peut donc déduire du droit des peuples à disposer d'eux-mêmes un droit à la sécession s'agissant d'un peuple intégré dans un État : la différence de nature des territoires en cause interdit toute analogie. Le même texte qui favorise le premier condamne explicitement le second, sur le même fondement idéologique.

Dans le même sens, v. la partie VII de l'Acte final d'Helsinki de 1975, la Déclaration de Vienne du 25 juin 1995 de la Conférence mondiale sur les droits de l'homme ou celle adoptée par l'Assemblée générale à l'occasion du 50e anniversaire des Nations Unies, selon laquelle « le droit inaliénable à l'autodétermination (...) ne devra pas être interprété comme autorisant ou encourageant toute mesure de nature à démembrer ou compromettre, en totalité ou en partie, l'intégrité territoriale ou l'unité politique d'États souverains et indépendants respectueux du principe de l'égalité des droits et de l'autodétermination des peuples et, partant, dotés d'un gouvernement représentant la totalité de la population appartenant au territoire, sans distinction aucune ». V. aussi l'avis précité (n° 342) de 1998 de la Cour suprême du Canada (renvoi relatif à la sécession du Québec, §§ 109-139).

S'opposent également les environnements juridiques des deux phénomènes : alors que le droit international réglemente aujourd'hui de façon très précise le processus de décolonisation, la sécession n'est pas prise en compte en elle-même par le droit international. Elle l'est seulement en tant que perturbation des relations internationales, sous l'angle de la belligérance et de l'insurrection (v. *infra*, n° 371).

En règle générale, la sécession sera difficilement tolérée dans l'ordre juridique interne de chaque État, voire expressément prohibée (v. par exemple la loi anti-sécession adoptée le 14 mars 2005 par la Chine à l'égard de Taïwan – *Asian YBIL* 2003-2004, p. 347). Mais même lorsque le droit interne octroie un droit à la sécession, cette reconnaissance — au demeurant fort rare (v. par exemple l'accord de Belfast du 21 avril 1998 par lequel le Royaume-Uni admet la possibilité d'un rattachement futur du territoire de l'Irlande du Nord à la République irlandaise, et le commentaire de M. Eudes, *RGDIP* 2006, p. 631-646) et très souvent hypocrite (article 77 de l'ancienne Constitution soviétique de 1977, par exemple) — est indifférente au droit international ; il n'y a là que l'illustration du principe de l'autonomie constitutionnelle des États. Le droit international abordera pour ce qui le concerne les problèmes de succession d'États selon les mêmes règles, que la situation de sécession soit fondée ou non sur un droit reconnu au plan interne.

Les modalités de sécession du Monténégro, survenue récemment, le confirment. À la suite d'un référendum tenu le 21 mai 2006, l'indépendance fut proclamée le 3 juin. Ce référendum avait été organisé sur la base de l'article 60 de la Charte constitutionnelle de la Serbie-et-Monténégro du 4 février 2003 qui octroyait à chacun des deux États fédérés le droit de mettre unilatéralement fin à leur union, sous réserve d'un référendum préalable. Les États tiers ont attendu la proclamation d'indépendance du Monténégro pour le reconnaître comme État indépendant. Le fait qu'une procédure de sécession ait été précisément encadrée par le droit interne et que les dispositions pertinentes aient été respectées a évidemment facilité la reconnaissance de ce nouvel État par les autres membres de la société internationale. On doit souligner par ailleurs que cela a permis de garantir une solution pacifique. Mais le régime international applicable à la succession d'États n'en a pas été affecté pour autant. Comme la Serbie l'a rappelé le 5 juin 2006 dans une décision de son Parlement relative aux obligations de cet État en tant que successeur de l'ancienne Serbie-et-Monténégro, les problèmes de succession d'États devront être réglés par recours aux principes pertinents du droit international (v. J. CAZALA, « L'accession du Monténégro à l'indépendance », *AFDI* 2006, p. 160-177).

La pratique confirme en général ce « désengagement » du droit international en la matière. Quelle que soit sa légalité au plan interne, la sécession est un fait politique au regard du droit international, qui se contente d'en tirer les conséquences lorsqu'elle aboutit à la mise en place d'autorités étatiques effectives et stables (v. *infra*, n°s 351 s.).

Le critère de l'effectivité de la situation est déterminant à cet égard, en accord avec la conception selon laquelle l'État s'impose comme un fait au droit international. La Commission de réclamations Érythrée/Éthiopie a ainsi jugé dans sa sentence du 17 décembre 2004 que le nouvel État érythréen devait être considéré comme né en 1992, soit antérieurement à la tenue et à la proclamation des résultats du referendum sur l'indépendance, au motif que dès cette date, cette entité exerçait l'effectivité du pouvoir sur le territoire concerné (par. 48). La réaction des autres États et des organisations internationales sera alors bien souvent déterminante pour la réussite ou l'échec de la sécession.

a) Lors de la tentative de sécession du *Katanga*, province minière du Congo, les résolutions du Conseil de sécurité des Nations Unies de 1960-1961 dénonçaient les « activités sécessionnistes illégalement menées par l'administration provinciale du Katanga ». L'intégrité territoriale du nouvel État était défendue avec d'autant plus de fermeté que cette sécession bénéficiait d'appuis étrangers et ne reflétait guère une quelconque volonté populaire.

b) Dans l'affaire du *Biafra*, qui a menacé d'éclatement le Nigéria entre 1967 et 1969, la sécession n'a pas trouvé d'appui politique important aux Nations Unies, ce qui a incité le Secrétaire général à des déclarations conformes aux inquiétudes du Tiers Monde : « l'ONU n'a jamais accepté et n'acceptera jamais, je pense, le principe de sécession d'une partie d'un État » (1970). Plus significative encore est l'abstention des organes politiques, d'où on peut déduire que le problème a été considéré comme relevant des affaires intérieures de l'État en cause.

c) Dans le cas du *Bengale oriental*, on ne peut pas tirer de conclusion juridique du silence du Conseil de sécurité lors du conflit armé de 1970, car cet organe a été paralysé par des vetos successifs. Tout au plus doit-on remarquer que l'ONU n'a rien fait pour soutenir l'expression de la volonté populaire. Une fois acquise la nouvelle situation politique — création du Bangla Desh grâce à l'appui décisif de l'Inde — et levée l'opposition de la Chine (vetos au Conseil de sécurité), l'Organisation n'a rien fait non plus pour gêner la participation du nouvel État aux relations internationales : le Bangla Desh est devenu membre des Nations Unies en 1974.

d) Le silence des organisations universelles et régionales face aux conflits armés *irlandais*, et, dans une moindre mesure, *érythréen et kurde*, ou aux référendums successifs au *Québec*, reflète la même conviction : quelles que soient la légitimité politique d'une tentative de sécession, la gravité et la longueur du conflit, aucun principe juridique n'autorise la communauté internationale à intervenir dans les affaires intérieures de ses membres tant que ce conflit ne se transforme pas en conflit international ; en soi, il ne constitue pas une menace pour la paix. Si l'accession de l'Érythrée à l'indépendance s'est réalisée à l'issue d'une consultation référendaire, en 1993, en présence d'une mission d'observation des Nations Unies créée par l'Assemblée générale, il s'agissait moins d'une opération dans le cadre de la décolonisation que d'une forme d'assistance technique.

En revanche, les organisations internationales ne peuvent rester indifférentes face aux avatars de la République de Chypre depuis 1974 (proclamation d'un État fédéré turc en février 1975, et de la « République turque de Chypre nord » en novembre 1983). Non seulement cette soi-disant indépendance est le résultat de l'intervention armée d'une puissance étrangère, la Turquie, mais cette opération politique contredit ouvertement tous les efforts de maintien de la paix menés sous les auspices de l'ONU en vertu d'un consensus entre les grandes puissances. La résolution du Conseil de sécurité du 18 novembre 1983 déclare la dernière proclamation « légalement nulle et non avenue » et invite les États à ne pas reconnaître ce qui est le prototype de l'« État fantoche ». Pour sa part, dans son arrêt *Loïzidou* du 23 mars 1995, la Cour européenne des droits de l'homme s'est refusée à considérer cette prétendue République comme un État au sens du droit international et a considéré en conséquence qu'au sens de la CEDH, la Turquie exerçait une juridiction sur Chypre-Nord et engageait donc sa responsabilité pour les violations de la Convention commises sur ce territoire. Cette solution (refus de reconnaître un État fantoche et engagement de la responsabilité de l'État exerçant une juridiction effective sur le territoire en cause) a été confirmée plus récemment par la Cour européenne s'agissant de la prétendue « République moldave de Transnistrie », autoproclamée indépendante en 1990 sans avoir été reconnue depuis par la communauté internationale et sur laquelle la Russie exerce une tutelle de fait (arrêt du 8 juillet 2004 dans l'affaire *Ilasçu et autres c. République de Moldova et la Fédération de Russie*).

Bien plus ambiguë est la position adoptée par la communauté internationale à l'égard de la sécession du Kosovo, formalisée par la déclaration d'indépendance du 17 février 2008. Ce territoire, partie intégrante de la Serbie, avait été placé en 1999 sous administration internationale intérimaire par le Conseil de sécurité des Nations Unies (v. *infra*, n° 393). Dans sa résolution 1244 (1999), celui-ci avait confié l'administration de ce territoire à une présence internationale civile (la MINUK), en vue d'instaurer une « autonomie substantielle » et « une véritable auto-administration au Kosovo » dans l'attente de la définition du statut définitif du Kosovo pour la détermination duquel il appartenait à la présence civile internationale de « faciliter un processus politique ». La même résolution rappelait toutefois « l'attachement de tous les Membres à la souveraineté et à l'intégrité territoriale » de la RFY. Deux années de négociations menées principalement sous les auspices de l'envoyé spécial du Secrétaire général, Martti Ahtisaari, n'ont pas suffi à trouver un accord mutuel entre la Serbie et les autorités kosovares ou un compromis entre les membres permanents du Conseil de sécurité sur la Proposition globale de Règlement portant statut du Kosovo présentée par l'envoyé spécial en mars 2007 (S/2007/168) et envisageant l'indépendence du Kosovo sous supervisoin internationale. Faute d'autre perspective politique raisonnablement disponible, mais au risque de constituer un précédent dangereux, une grande partie des pays occidentaux ont décidé en définitive de soutenir la solution sécessionniste, en insistant sur le caractère *sui generis* de la situation du Kosovo (v. not. la Déclaration de l'UE du 18 février 2008). D'autres États (au premier chef la Russie) l'ont quant à eux fermement condamnée (v. les débats tenus au sein du Conseil de sécurité le lendemain de la déclaration d'indépendance, S/PV.5839 ; v. aussi L. Balmond, *RGDIP* 2008, p. 400-402). Le 8 octobre 2008, l'Assemblée générale a saisi la CIJ d'une demande d'avis consultatif (résol. 63/3) lui demandant de se prononcer sur la conformité au droit international de la déclaration d'indépendance du Kosovo. Au 1er juillet 2009, celui-ci avait été reconnu par 60 États et admis comme nouveau membre au FMI et à la Banque mondiale.

2° *La dissolution d'États.* Elle consiste dans l'éclatement d'un État préexistant en deux ou plusieurs États nouveaux, dont aucun ne peut prétendre être le continuateur de celui dont ils sont issus, sinon par accord entre les États successeurs comme cela s'est produit pour l'URSS, les États de la Communauté des États indépendants (CEI) ayant, par l'accord d'Alma-Ata du 21 décembre 1991, reconnu à la Russie le droit de succéder à l'URSS comme membre des Nations Unies avec les prérogatives qui en découlent (siège permanent au Conseil de sécurité, droit de veto).

Le droit international n'encourage pas davantage la dissolution d'un État, qu'il ne pousse à la sécession ; tout au plus la communauté internationale entérine t-elle le fait accompli, comme cela s'est produit en URSS, en Yougoslavie et en Tchécoslovaquie.

a) En ce qui concerne *l'URSS*, l'indépendance des pays baltes proclamée en 1990 (Lettonie et Estonie) et en 1991 (Lituanie) et qui peut s'analyser comme une sécession (les trois États, annexés par Staline en 1940 reprenant leur indépendance), a été le prélude à la dissolution de l'Union à la suite de l'échec des tentatives de M. Gorbatchev pour renouveler le fédéralisme soviétique (cf. le projet de « Traité d'Union » du printemps 1991). Après que l'ensemble des Républiques eurent proclamé leur « souveraineté » dans un premier temps, puis leur indépendance, les accords de Minsk, signés le 8 décembre 1991 par la Russie, l'Ukraine et la Biélorussie, furent l'amorce de la CEI, regroupement de l'ensemble des anciennes Républiques soviétiques.

Organisée par les accords d'Alma-Ata du 21 décembre 1991, la CEI, dont les structures ont été précisées dans la Charte adoptée le 22 janvier 1993, n'est guère plus qu'une confédération au fonctionnement chaotique et à l'avenir incertain (v. R. Yakemtchouk, *AFDI* 1995, p. 245-280 — J. Lippott, *GYBIL* 1997, p. 334-360).

b) Dans *l'ex-Yougoslavie*, la Serbie unie au Monténégro a, dans un premier temps, prétendu être le continuateur de l'ancienne RSFY se fondant sur la volonté d'indépendance de quatre des États fédérés, la paralysie des organes fédéraux et la généralisation du recours à la force ; la Commission d'arbitrage de la Conférence pour la paix en Yougoslavie a contesté ces prétentions. Dans un premier avis, rendu le 29 novembre 1991, elle a constaté que la RSFY était « engagée dans un processus de dissolution » (*RGDIP* 1992, p. 265). Puis, par son avis n° 8 du 4 juillet 1992, elle s'est fondée sur l'accession à l'indépendance de quatre des anciennes Républiques et sur l'attitude du Conseil de sécurité des Nations Unies et des États tiers pour estimer que ce processus était arrivé à son terme et que la RSFY n'existait plus. Par sa résolution 777 du 19 septembre 1992, le Conseil de sécurité a recommandé à l'Assemblée générale de faire en sorte que la fédération formée de la Serbie et du Monténégro « présente une demande d'adhésion à l'ONU », ce qu'elle a fait en octobre 2000 (son admission date du 1er nov. 2000). En juin 2001, une convention conclue entre tous les États sucesseurs de l'ex-Yougoslavie a organisé cette succession (v. *infra*, n° 358).

Il semble difficile d'arrêter le cours de la dissolution de l'ancienne Yougoslavie. Les nouveaux États issus de cette dissolution sont à leur tour frappés de vélléités sécessionnistes, dont certaines ont abouti. Le Monténégro s'est proclamé indépendant de la Serbie-et-Monténégro en juin 2006 et le Kosovo en février 2008 (v. *supra*, 1°).

c) Le 17 juillet 1992, la Slovaquie a proclamé sa souveraineté, à la suite du constat dressé le 20 juin par les dirigeants tchèques et slovaques quant à l'impossibilité de laisser survivre *la Tchécoslovaquie* (« accord de Bratislava »). Les problèmes juridiques complexes posés par cette partition ont été progressivement réglés par des accords négociés (partage des biens, sort des réserves monétaires, prise en charge des emprunts, délimitation de la frontière).

Sur *la dissolution de la Yougoslavie, de l'URSS et de la Tchécoslovaquie :* A. PELLET, « La Commission d'arbitrage de la Conférence européenne pour la paix en Yougoslavie », *AFDI* 1991, p. 329-348 ; 1992, p. 220-238 et 1993, p. 286-304. — M. WELLER, « The International Response in the Dissolution of the Socialist Federal Republic of Yugoslavia », *AJIL* 1991, p. 569-607. — J. MALENOVSKY, « Problèmes juridiques liés à la partition de la Tchécoslovaquie », *AFDI* 1993, p. 305-336.

Tous les cas — relativement rares — de dissolution d'État qui se sont produits récemment ont touché des États fédéraux. Dans ce cadre, le principe de l'intégrité territoriale des anciennes entités fédérées a constamment été affirmé. Il paraît difficile à transposer dans l'hypothèse de l'éclatement d'un État unitaire.

S'agissant de la Yougoslavie, la Commission d'arbitrage présidée par M. R. Badinter a très fermement considéré qu'« à défaut d'un accord contraire, les limites antérieures acquièrent le caractère de frontières protégées par le droit international conformément au principe de l'*uti possidetis juris* » (v. *supra*, n° 300) et qu'« aucune modification des frontières et des limites existantes établie par la force ne peut produire d'effets juridiques » (avis n° 3, 11 janv. 1992, *RGDIP* 1992, p. 268-269). La Commission a également rappelé que, « quelles que soient les circonstances, le droit à l'autodétermination ne peut entraîner une modification des frontières existant au moment des indépendances » (avis n° 2, 11 janv. 1992, *ibid.*, p. 266).

345. Création concertée d'un État nouveau et réunification. — De nombreux États sont nés, ou sont revenus à l'existence après une éclipse plus ou moins longue, de par la volonté d'un ou de plusieurs États préexistants. Seules des circonstances historiques particulières se prêtent à des opérations de ce type. L'inévitable atteinte à l'intégrité territoriale d'États en place n'est acceptée que parce que ces États sont en position de vaincus ou en voie de déliquescence.

La création des États prendra souvent l'apparence d'un règlement conventionnel, accepté par l'État démembré (Belgique, 1830 et 1839 ; Pologne, 1919). En réalité, il s'agit le plus souvent d'une décision unilatérale, ou plutôt « collégiale », celle du Concert européen au XIXe siècle (Empire ottoman), celle des Alliés en 1919 (Empires ottoman, allemand et austro-hongrois).

À la différence de la décolonisation, où les accords d'indépendance ne « créent » pas, à proprement parler, l'État nouveau (v. *supra*, n° 341) mais organisent l'exercice d'un droit fondé sur le principe d'autodétermination, ici ces conventions ont bien une portée « constitutive » : ce sont elles qui consacrent le principe des nationalités.

La réunification allemande intervenue en 1990 pose cependant un problème particulier. L'article 23 de la Loi fondamentale allemande du 23 mai 1949 prévoyait l'accession de nouveaux *Länder* et l'article 146 envisageait l'adoption d'une nouvelle Constitution par le « peuple allemand » qui, dans son préambule, se proclamait « animé par la volonté de sauvegarder son unité nationale et étatique ». Dès lors, en vertu du droit constitutionnel allemand en tout cas, l'unification n'apparaît ni comme la création d'un État nouveau, ni même comme une fusion d'États, mais, bien plutôt, comme la réintégration d'une partie du peuple allemand dans l'État dont il avait été séparé contre son gré.

La réunification s'est faite en deux étapes. Dans un premier temps, le Traité du 18 mai 1990, entré en vigueur le 1er juillet, réalisait une union économique et monétaire entre les deux Allemagnes, qui imposait un alignement de la RDA sur la RFA. Puis, le Traité du 31 août 1990, entré en vigueur le 3 octobre, a réalisé l'absorption de la première par la seconde et modifié la Loi fondamentale, notamment en déclarant achevée l'unité de l'Allemagne ; il fixe en outre les modalités d'application du droit de la RFA dans les nouveaux *Länder* et de la succession d'États (v. *infra*, n°s 357, 360 et 362).

Le Traité de Sanaa du 22 avril 1990 précise pour sa part les modalités de la réunification du Yémen, mais il s'agit d'une fusion d'États réalisée sur une base égalitaire.

Sur la *réunification de l'Allemagne :* Ch. SCHRICKE, *AFDI* 1990, p. 47-87. — W. CZAPLINSKI, *ibid.*, p. 89-105. — Ph. BRETTON, *RGDIP* 1991, p. 671-719 ; *Pol. étr.*, 1991, n° 4 (n° spécial). — J.-A. FROWEIN, *Z.a.ö.R.V.* 1991, p. 333-348 et *AJIL* 1992, p. 152-163 ; Deter, *Z.a.ö.R.V.* 1991, p. 349-383. — D. BLUMENTWITZ, *This is Germany. Germany's Legal Status after Unification,* Bonn, 1993, 100 p. — F. ELBE, *GYBIL* 1993, p. 371-384. — D. PAPENFUSS, *AFDI* 1995, p. 207-244 et *AJIL* 1998, p. 469-488.

Sur les problèmes communautaires liés à l'unification : J.-P. JACQUÉ, *RGDIP* 1990, p. 997-1018. — H. J. GLAESNER, *RMC* 1990, p. 647-654. — GIEGERICH, *Z.a.ö.R.V.* 1991, p. 384-450. — E. GRABITZ, *Cah. dr. eur.* 1991, p. 423-441.

Sur *la réunification du Yémen :* R. GOY, *AFDI* 1990, p. 249-265.

Section 2

Acquisition et perte du territoire

346. Territoire sans maître et territoire étatique. — La doctrine traditionnelle distinguait les territoires étatiques des territoires sans maître, ces derniers étant définis comme non incorporés dans un État. Tout territoire était censé appartenir à l'une ou l'autre catégorie ainsi définies.

Cette conception européo-centriste a été clairement écartée par la CIJ dans son avis consultatif du 16 octobre 1975. Appelée à répondre à la question suivante : « Le Sahara occidental était-il, au moment de la colonisation par l'Espagne, un territoire sans maître (*res nullius*) ? », la Cour a rejeté l'assimilation automatique d'un « territoire sans maître » à un « territoire non étatique » : « Quelles qu'aient pu être les divergences d'opinions entre les juristes, il ressort de la pratique étatique de la période considérée que les territoires habités par des tribus ou des peuples ayant une organisation sociale et politique n'étaient pas considérés comme *terra nullius* » (*Rec.* 1975, p. 39).

En fait, seuls des territoires inhabités peuvent être des territoires sans maître. Toute occupation humaine d'un territoire suppose un minimum d'organisation sociale : un territoire habité, même par des nomades, ne peut être *res nullius*. Il reste que si une collectivité humaine n'a pas réussi à s'organiser selon les formes étatiques, le régime d'acquisition du territoire qu'elle occupe sera équivalent à celui d'un territoire sans maître, sous cette réserve que le juge international considère l'acquisition du territoire habité comme découlant d'accords conclus avec les chefs locaux, donc comme relevant d'un mode d'acquisition territoriale de nature « dérivée » (CIJ, *Sahara occidental*, 16 octobre 1975, *Rec.* 1975, p. 39, par. 80 ; *Frontière terrestre et maritime entre le Cameroun et le Nigeria*, 10 octobre 2002, *Rec.* 2002, par. 205).

Ces considérations peuvent sembler n'avoir plus aujourd'hui qu'un intérêt historique. Dans le monde « fini » qui est le nôtre, toute acquisition de territoires par un État se fait nécessairement au détriment d'un autre État. Elle constitue par nature une atteinte à l'intégrité territoriale d'un État souverain, or, conséquence du principe de l'interdiction du recours à la force dans les relations internationales, une telle atteinte n'est licite que si cet État exprime son consentement. Le procédé normal d'acquisition est donc un procédé conventionnel. Cependant, bien qu'ils ne puissent plus guère s'appliquer aujourd'hui qu'à quelques îlots déserts et, peut-être, aux espaces polaires, l'étude des modes traditionnels d'acquisition de territoires continue à présenter un réel intérêt pratique : même si ces formes sont obsolètes, les contestations territoriales pendantes entre les États doivent être tranchées en faisant appel aux règles appliquées dans le passé, en vigueur au moment où les limites territoriales avaient été fixées, et non en appliquant rétroactivement les règles actuellement en vigueur pour l'attribution de territoires.

Déjà, dans l'affaire de *l'île de Palmas*, l'arbitre Max Huber déclarait : « Les deux parties admettent également qu'un acte juridique doit être apprécié à la lumière du droit de l'époque, et non à celle du droit en vigueur au moment où s'élève ou doit être réglé un différend relatif à cet acte. Par suite, l'effet de la découverte par l'Espagne doit être déterminé par les règles du droit international en vigueur dans la première moitié du XVIe siècle... » (*RSA* II, p. 845). Et dans l'affaire du *Sahara occidental*, la CIJ a jugé devoir répondre à la question de la qualification de ce territoire à la date critique, c'est-à-dire au milieu du XIXe siècle, « eu égard au droit en vigueur à l'époque » (*Rec.* 1975, p. 38-39), comme elle l'a à nouveau fait dans l'affaire *Cameroun/Nigéria* (*Frontière terrestre et maritime*, 10 octobre 2002, *Rec.* 2002, par. 205). Telle est la signification fondamentale du principe de *l'uti possidetis* (v. *supra*, n° 300) : il « gèle le titre territorial ; il arrête la montre sans lui faire remonter le temps » et est « applicable en l'état, c'est-à-dire à l'« instantané » du statut territorial existant » au moment de l'indépendance (CIJ, affaire du *Différend frontalier, Rec.* 1986, p. 568).

Dans cette perspective de droit « intertemporel », la distinction entre les modes d'acquisition d'un territoire non étatique d'une part et d'un territoire étatique d'autre part, conserve donc toute son utilité.

§ 1. — *Modes d'acquisition d'un territoire non étatique*

BIBLIOGRAPHIE. — G. JÈZE, *Étude théorique et pratique sur l'occupation comme mode d'acquérir les territoires en droit international*, 1896. — F. DE VISSCHER, « L'arbitrage de l'île Palmas », *RDILC* 1929, p. 735-762. — R. GENET, « Notes sur l'acquisition par occupation et le droit des gens traditionnel », *RDILC* 1934, p. 285-324 et 416-450. — A. DÉCENCIÈRE-FERRANDIÈRE, « Essai historique et critique sur l'occupation comme mode d'acquérir les territoires en droit international », *RDILC* 1937. — R. Y. JENNINGS, *The Acquisition of Territory in International Law*, Manchester UP, 1963, VII-130 p. — J. P. A. FRANÇOIS, « Réflexions sur l'occupation », *Mél. Guggenheim*, 1968, p. 793-804. — M. SHAW, *Title to Territory in Africa*, Clarendon Press, Oxford, 1986, XII-428 p. — M. CHEMILLIER-GENDREAU, *La souveraineté sur les archipels Paracels et Spratleys*, L'Harmattan, 1996, 306 p. — M. G. KOHEN. *Possession contestée et souveraineté territoriale*, PUF, 1997, XXV-579 p.
V. également *supra*, la bibliographie sur le n° 298.

347. Règle de l'occupation effective. — 1° *Origine et fondement.* — Les États européens en quête de colonies ont procédé sensiblement de la même manière pour s'approprier des territoires non-étatiques, en tout cas des territoires qui ne relevaient pas de la civilisation européenne.

Tout à fait à l'origine, à l'époque des grandes découvertes, l'appropriation tirait sa validité d'une attribution par décision pontificale. Fondée sur son pouvoir « superétatique », la décision du Pape équivalait à un véritable *acte d'investiture*. Par sa célèbre bulle *« Inter Coetera »* du 4 mai 1493, un an après la découverte de l'Amérique, Alexandre VI attribua en bloc toutes les terres nouvelles à l'Espagne et au Portugal ; les deux États convenaient, par le Traité de Tordesillas du 7 juin 1494, de déplacer la ligne de *marcation* (démarcation) dans l'Atlantique plus à l'Ouest et faisaient confirmer leur décision par le pape Jules II en 1506. L'épisode montre que l'autorité pontificale perdait déjà du terrain face aux souverainetés étatiques. L'évolution fut achevée à la faveur de la Réforme. Désormais, le procédé de la découverte s'imposait.

Rapidement cependant, l'idée d'effectivité, donc les véritables rapports de forces, devait l'emporter. Depuis le XVIIe siècle, la règle de l'occupation effective s'est définitivement implantée. Lorsqu'elle s'est révélée difficile à mettre en œuvre, les États ont parfois invoqué le principe de contiguïté géographique, ce qui traduit déjà la tendance moderne à l'emprise étatique sur les espaces non appropriés fondée sur la possession territoriale terrestre.

Le droit international naissant s'est inspiré du droit romain de la propriété : l'acquisition d'un bien exige l'intention d'acquérir et une manifestation concrète, la prise de possession. Transposées dans les relations internationales des XVI-XVIIIe siècles, ces conditions sont devenues : le fait de la découverte et quelques manifestations symboliques de souveraineté, par exemple la pose d'un étendard et un premier contact avec les populations locales. Au terme d'une évolution qui en a fait une règle coutumière, la pratique de l'occupation effective, attestée par des actes d'administration, s'est imposée comme élément matériel nécessaire de l'acquisition territoriale : sentence Max Huber précitée dans l'affaire de *l'île de Palmas* (*RSA* II, p. 839-840) ; sentence arbitrale du roi d'Italie, du 28 janvier 1931, dans l'affaire de *l'Île de Clipperton* opposant la France au Mexique (*RSA* II, p. 1108-1109) ; arrêt de la CPJI du 5 avril 1933 dans l'affaire du *Statut juridique du Groënland oriental*, entre la Norvège et le Danemark (CPJI, série A/B, n° 53, p. 45-46) ; arrêt d'une chambre de la CIJ du 11 septembre 1992 dans l'affaire du *Différend frontalier terrestre, insulaire et maritime* entre El Salvador et le Honduras (*Rec.*, p. 564) ; v. également CIJ, arrêt du 23 mai 2008, *Souveraineté sur Pedra Branca/Pulau Batu Puteh, Middle Rocks et South Ledge*, par. 62 et s.

Sans remettre en cause cette condition d'effectivité, les puissances coloniales de la seconde moitié du XIXe siècle ont tenté de prévenir les incidents en posant une exigence formelle supplémentaire, la *notification* de la prise de possession. Cette condition de publicité, établie par les articles 34 et 35 de l'Acte général de Berlin (1885), n'a pas acquis valeur de règle coutumière ; elle était posée pour le seul continent africain et pour les seuls rapports mutuels des États européens, ce qui a été reconnu par la sentence arbitrale de 1928 (*Île de Palmas, RSA* II, p. 868) et celle de 1931 dans l'affaire de *l'Île de Clipperton (op. cit.*, p. 1110) ; qui plus est, la règle a été abandonnée, dans des conditions de régularité juridique douteuse d'ailleurs, par le Traité de Saint-Germain de 1919.

2° *Manifestations de l'occupation effective.* — Les actes pertinents doivent, en premier lieu, émaner d'une autorité étatique et correspondre aux fonctions étatiques traditionnelles (réglementation des activités économiques, mesures de défense du territoire ou de sécurité des communications, etc.).

La preuve de telles activités publiques est parfois difficile à apporter pour des périodes reculées, où les États confiaient volontiers à des entreprises mi-commerciales, mi-politiques des compétences « quasi-souveraines ». Le degré d'effectivité de l'occupation ne peut être fixé dans l'absolu. Le réalisme oblige à tenir compte du type de civilisation de l'occupant, du régime politique, social et économique dans le territoire occupé, de sa situation géographique et de la densité de sa population.

Un faible degré d'effectivité sera jugé acceptable dans un territoire isolé ou non peuplé. À l'inverse, la jurisprudence est plus exigeante lorsque, même dans un territoire peu peuplé, la vie sociale est assez dense pour donner à l'autorité politique du territoire l'occasion d'intervenir pour imposer les arbitrages politiques et administratifs nécessaires.

Dans la sentence de *Clipperton*, l'arbitre a tenu pour satisfaisante une prise de possession consistant en une déclaration faite à bord d'un bâtiment de guerre à proximité de l'île, en des relevés géographiques accompagnés d'actes de surveillance (*RSA*, II, p. 1110). De même dans l'affaire *Qatar/Bahreïn*, la CIJ a considéré que « certaines catégories d'activités (...) telles que le forage de puits artésiens, pourraient en soi être considérées comme discutables en tant qu'actes accomplis à titre de souverain. La construction d'aides à la navigation, en revanche, peut être juridiquement pertinente dans le cas de très petites îles » (arrêt du 16 mars 2001, par. 197). Dans l'affaire du *Groënland oriental*, où l'habitat est limité et dispersé, la CPJI a accepté la démonstration danoise fondée sur quelques faits d'occupation sommaires et épisodiques (série A/B, n° 53, p. 46).

Si la CIJ a rejeté l'argumentation marocaine dans l'affaire du *Sahara occidental*, en 1975, et écarté l'analogie avec l'affaire du *Groënland oriental*, c'est que la thèse marocaine d'une « possession immémoriale » se fondait « non sur un acte isolé d'occupation mais sur l'exercice public de la souveraineté, ininterrompu et incontesté » ; le problème à résoudre était donc moins celui des titres historiques originels — au demeurant d'une portée douteuse — et de l'acquisition territoriale, que celui de l'autorité effectivement exercée dans la seconde moitié du XIXe siècle. Cependant la méthode de travail observée par la Cour dans cette affaire manifeste le même souci de réalisme que les juridictions confrontées au problème de l'acquisition de territoires. Compte tenu des particularités du système de nomadisme trans-saharien, elle a tenu à examiner avec soin toutes les manifestations d'autorité qui étaient concevables à l'époque et dans la région considérées.

On notera en revanche que dans l'affaire du *Différend frontalier (Bénin/Niger)*, la CIJ a expressément indiqué que les critères de l'occupation effective n'avaient aucun rôle à jouer dans le cadre de l'application du principe de l'*uti possidetis juris*, car on ne peut transposer au droit colonial des concepts issus du droit international (arrêt du 12 juillet 2005, par. 102).

348. Théorie de la contiguïté géographique

BIBLIOGRAPHIE. — *Espaces polaires* : R. DOLLOT, « Le droit international des espaces polaires », *RCADI* 1949, II, vol. 75, p. 115-200. — H. KELSEN, « Contiguïty as a Title to Territorial Soveveignty », *Mél. Wehberg*, 1958, p. 200-210. — R.-J. DUPUY, « Le traité sur l'Antarctique », *AFDI* 1960, p. 111-132. — W. MOUTON, « The International Regime of the Polar Regions », *RCADI* 1962, III, vol. 107, p. 175-285. — F.-M. AUBURN, « Consultative Status under the Antarctic Treaty », *ICLQ* 1979, p. 514-522 ; *Antarctic Law and Politics*, Indiana UP, 1982, 361 p. — R LAGONI, « Antarctic Mineral Resources in International Law », *Z.a.ö.R.V.*, 1979, p. 1-37. — D. PHARAND, « The Legal Status of the Arctic Regions », *RCADI* 1979, II, vol. 163, p. 49-116. — F. ORREGO VICUÑA et M.-T. INFANTE, « Le droit de la mer dans l'Antarctique », *RGDIP* 1980, p. 340-350. — F. ORREGO-VICUÑA, *Antarctic Mineral Exploitation*, Cambridge, UP, 1988, 615 p. ; *Derecho internacional de la Antarctica*, Dolmen, Santiago du Chili, 1994, 685 p. — A. GANDOLFI, *Le système antarctique*, PUF, « Que sais-je ? », n° 2511, 1989, 128 p. — L. CAFLISCH, « L'Antarctique, nouvelle frontière sans frontières ? », *Mél. Virally*, 1991, p. 157-173. — J. COURATIER, *Le système antarctique*, Bruylant, Bruxelles, 1991, 397 p. — G. GUILLAUME, « Le statut de l'Antarctique, réflexions sur quelques problèmes récents », *Mél. Dupuy*, 1991, p. 171-177. — E.-J. SAHURIE, *The International Law of Antarctica*, Nijhoff, Dordrecht, 1991, 624 p. — Sir A. WATTS, *International Law and the Antarctic Treaty System*, Grotius Publ., Cambridge, 1992, XII-469 p. — D. R. ROTHWELL, « International Law and the Protection of the Arctic Environment », *ICLQ* 1995, p. 280-312 ; *The Polar Regions and the Development of International Law*, Cambridge UP, 1996, XXXI-498 p. ; « Polar Environmental Protection and International Law : The 1991 Antarctic Protocol », *EJIL* 2000, p. 591-614. — F. FRANCIONI et T. SCOVAZZI ed., *International Law for Antarctica*, Kluwer, La Haye, 1996, XVII-681 p. — C. C. JOYNER, *Governing the Frozen Commons : The Antarctic Regime and Environmental Protection*, University of South Carolina Press, 1998, XVII-352 p. — M. MANOUVEL, *Le territoire d'outre-mer des terres australes et antarctiques françaises*, Montchrestien, 2000, 219 p. — S. V. SCOTT, « How Cautious is Precautious ? : Antarctic Tourism and the Precautionary Principle », *ICLQ* 2001, p. 963-971. — K. SCOTT, « Institutionnal Developments within the Antarctic Treaty System », *ICLQ* 2003, p. 473-487. — M. H. NORDQUIST e.a. ed., *International Energy Policy, The Artic and the Law of the Sea*, Martinus Nijhoff Publishers, Leiden/Boston, 2005, XIV-339 p. — R. WOLFRUM, « Le régime de l'Antarctique et les États tiers », *Mél. Lucchini/Quéneudec*, p. 695-704. — E. J. MOLENAAR, « Sea-Borne Tourism in Antarctica », *Internl. Jl. of Marine and Coastal Law* 2005, p. 247-295 — C. LE BRIS, « Le dégel en Arctique », *RGDIP* 2008, p. 329-359.

Sur la Convention sur la conservation de la faune et de la flore de l'Antarctique : D. VIGNES, *AFDI* 1980, p. 741-772. — M. HOWARD, *ICLQ* 1989, p. 104-149.

Sur la Convention de Wellington de 1988 : R. BERMEJO, *L'Antarctique et ses ressources minérales : le nouveau cadre juridique*, PUF (IUHEI), 1990, XIII, 204 p. — J. COURATIER, *AFDI* 1988, p. 764-785. — F. FRANCIONI, *RDI* 1989, p. 27-41.

Sur l'Accord de Madrid de 1991 : J.-P. Puissochet, *AFDI* 1991, p. 755-773. — S. K. N. Blay, *AJIL* 1992, p. 377-399. — C. Redgwell, *ICLQ* 1994, p. 599-634 ; « La conservation et la gestion des ressources de l'Antarctique », *RCADI* 1996, vol. 260, p. 239-404. — F. Francioni ed., *International Environmental Law for Antarctica*, Giuffré, Milan, 1992, 282 p. — M.-F. Labouz, *RBDI* 1992, p. 40-66. — P. Sands et a. ed., *The Antarctic Environment and International Law*, Nijhoff, 1992, 220 p. — S. Pannatier, *L'Antarctique et la protection internationale de l'environnement*, Schulthess, Zurich, 1994, XVII-323 p. ; « Le développement institutionnel du système antarctique », *RSDIE* 1994, p. 335-354. — A. Choquet, « Contribution française à la mise en œuvre du Protocole de Madrid », *RGDIP* 2003, p. 907-931. — G. Tamburelli ed., *The Antarctic Legal System and Environmental Issues*, Giuffrè Editore, Milan, 2006, viii-224 p.

La théorie de la contiguïté présente un intérêt lorsque le milieu physique est tel qu'une occupation permanente se révèle très difficile, sinon impossible, et qu'il n'est donc pas question de respecter le critère de l'occupation effective. Elle a été invoquée comme titre d'appropriation de territoires qui pouvaient apparaître comme des « prolongements naturels » d'un territoire étatique. On s'est fondé sur la règle selon laquelle, en matière de propriété, l'accessoire suit le principal.

À l'époque de la colonisation africaine, les États européens utilisaient l'argument pour élargir leur emprise, souvent limitée à quelques enclaves côtières, à des espaces territoriaux dont l'occupation n'était pas effective. Il en a surtout été fait usage, depuis, à propos des régions polaires et de certains espaces maritimes, en particulier le plateau continental (v. *infra*, n°s 687 s.). Mais il arrive qu'il soit invoqué, à titre subsidiaire, dans les conflits territoriaux habituels (voir par exemple la thèse du Maroc dans l'affaire du *Sahara occidental*, CIJ, *Rec.* 1975, p. 42, ou celle de l'Argentine pour les îles Falkland).

Les juges et arbitres internationaux se refusent à donner à la contiguïté ou à la « continuité » du territoire un effet direct, en matière d'appropriation de territoire terrestre. Tout au plus en tiendront-ils compte pour déterminer le degré souhaitable d'effectivité de l'occupation. Cette réserve clairement exprimée par la jurisprudence est tout à fait légitime, tant pour des raisons théoriques que pour des raisons pratiques qui ont été très bien formulées par la sentence Max Huber de 1928 (*Île de Palmas, RSA* II, p. 854-855).

Il existe bien une doctrine diplomatique de la contiguïté, mais elle n'a pas donné naissance à une règle coutumière, comme l'atteste la situation actuelle dans les régions polaires.

1° En ce qui concerne *l'Arctique*, bassin maritime gelé, l'argument de continuité a pris la forme de la théorie dite des *secteurs*. Selon celle-ci, tout État possédant un littoral sur l'océan Arctique devrait se voir reconnaître la souveraineté sur toutes les terres, îles découvertes ou non, situées dans un secteur qui est un triangle dont la base est constituée par ce littoral, le sommet par le pôle Nord, et les côtés par les méridiens partant du pôle et coupant ce littoral à ses extrémités est et ouest.

Sont susceptibles de tirer parti de cette théorie : la Russie, la Norvège, le Danemark (Groënland), le Canada et les États-Unis. Mais ce dernier pays a toujours refusé de la prendre en considération, et aucun État intéressé n'a prétendu y voir un principe juridique opposable aux tiers alors que le Canada prétend inclure l'ensemble de l'archipel Arctique dans ses eaux intérieures.

L'Arctique présente un trop grand intérêt stratégique pour bénéficier, comme l'Antarctique, d'un régime international. Les États-Unis et la Russie ont installé de nombreuses bases scientifiques et militaires sur la calotte glaciaire et ne sont pas prêts à accepter une limitation de leur liberté d'action.

Ceci explique la vivacité des protestations à l'encontre de la législation canadienne de 1970 (Arctic Waters Pollution Prevention Act), qui tentait de prévenir la pollution d'une zone écologiquement fragile par les navires transportant des hydrocarbures (projet américain « Manhattan »). Lors de la Troisième conférence sur le droit de la mer, le Canada a pourtant obtenu que soit consacré le droit pour les États côtiers de prendre des mesures de conservation dans une zone de 200 milles marins (article 234 relatif aux zones recouvertes par les glaces, qui déroge aux articles 192 et s.). Le 28 mai 2008 et à la suite de nouvelles revendications russes, les États riverains de l'Arctique ont adopté une déclaration historique, la Déclaration d'Iulissat, renvoyant aux solutions de droit commun prévues par le droit de la mer.

Établi par la Déclaration d'Ottawa du 19 septembre 1996, le Conseil arctique est un mécanisme de coopération entre les huit États concernés pour la protection de l'environnement de l'océan Arctique et la gestion de son développement durable (v. E. T. Bloom, *AJIL* 1999, p. 712-722).

2° *L'Antarctique* est un continent recouvert de glace où les compétitions territoriales sont beaucoup plus vives, surtout entre la Grande-Bretagne, l'Argentine et le Chili (saisine de la CIJ par la Grande-Bretagne en 1955 ; affaire radiée du rôle de la Cour en 1956). Parmi les États qui ont exprimé des revendications — la France, la Grande-Bretagne, la Norvège, l'Australie, la Nouvelle-Zélande, le Chili, et l'Argentine —, seule cette dernière a fait appel à un argument déduit de la théorie de la contiguïté (en l'espèce, *l'analogie géologique*).

Les États-Unis n'ont reconnu aucun des titres en présence et ont obtenu, par le Traité de Washington du 1er décembre 1959, la mise en place d'un régime d'internationalisation qui consacre le « gel » des revendications contradictoires ; cette solution, qui sauvegarde formellement les prétentions des États latino-américains, a été préférée au régime de neutralisation proposé par l'Inde en 1958. De l'idée de gestion internationale ne subsiste que la formule du préambule du traité : « dans l'intérêt de l'humanité tout entière », l'Antarctique est « réservée aux seules activités pacifiques », en particulier celles de recherche scientifique.

Le statut ainsi établi réserve une position privilégiée aux parties originelles, ce qui a entraîné des critiques de la part du Tiers Monde au sein des Nations Unies. Pourtant la convention de 1959, qui devait être l'objet d'une conférence de révision à l'issue d'une période de trente ans, bénéficie du consensus des grandes puissances et ne paraît guère menacée.

Le régime initial était fort peu institutionnalisé, car il s'agissait pour l'essentiel d'obligations d'abstention et d'un mécanisme de contrôle bilatéral du respect des engagements pris. Peu à peu la situation a évolué : la volonté d'exploiter certaines ressources marines, les incertitudes sur la possibilité d'établir des zones de pêche et de revendiquer les ressources du plateau continental, les craintes d'une pollution massive ont conduit à l'adoption de la Convention de Canberra (1980) sur la conservation de la faune et de la flore marine, premier pas vers une gestion collective des ressources de l'Antarctique. Une véritable organisation internationale est mise en place à cette occasion, qui continue à réserver une place privilégiée aux signataires originaires de la convention de 1959. Une place, modeste au demeurant, est cependant accordée aux organisations d'intégration économique, en particulier à la CE. Par ailleurs, a été créé en juin 2003 le Secrétariat du Traité sur l'Antarctique, qui vise à donner une continuité plus grande à la réunion consultative et à la doter de moyens d'action plus opérationnels.

Le Traité de Wellington du 2 juin 1988 avait prévu un régime de prospection, d'exploration et d'exploitation des ressources minérales de l'Antarctique sous la surveillance d'une Commission composée des parties consultatives. Il n'a pu entrer en vigueur du fait des refus de le signer de l'Australie et de la France qui appelèrent à de nouvelles négociations. Cette initiative est à l'origine du Protocole de Madrid du 4 octobre 1991 relatif à la protection de l'environnement du « sixième continent ». Conformément à l'intention des parties de faire de l'Antarctique une « réserve naturelle consacrée à la paix et à la science », cet accord y interdit toute activité minière (art. 7) pendant cinquante ans sauf accord unanime des parties consultatives (art. 25) et réglemente étroitement les autres activités en vue de préserver l'environnement, notamment en imposant des « évaluations d'impact » préalables. L'internationalisation, sinon l'institutionnalisation, du régime de l'Antarctique s'en trouvent accentuées.

La réglementation demeure néanmoins lacunaire, en particulier face au développement d'activités de nature touristique, appelées sans doute à prendre une ampleur de plus en plus importante dans les années à venir. Pour l'heure, ces activités font pour l'essentiel l'objet d'un régime d'auto-gestion par l'Association nationale des tours-opérateurs de l'Antarctique (v. K. Bastmeijer et R. Roura, *AJIL* 2004, p. 763-781).

§ 2. — *Modes d'acquisition d'un territoire étatique*

BIBLIOGRAPHIE. — D. Johnson, « Acquisitive Prescription in International Law », *BYBIL* 1950, p. 332. — R. Pinto, « La prescription en droit international public », *RCADI* 1955, I, vol. 87, p. 390-452. — Y. Z. Blum, *Historic Titles in International Law*, Nijhoff, 1965, 360 p. — J. Symonides, « Acquisitive Prescription in International Law », *Pol. YBIL* 1970, p. 111-130. — A. Munkman, « Adjudication and Adjustment », *BYBIL* 1972-1973, p. 1-116. — Sh. Korman, *The Right of Conquest. The Acquisition of Territory by Force in International Law and Practice*, Clarendon Press, Oxford, 1996, X-342 p.

349. Modes conventionnels. — En vertu des principes de l'interdiction du recours à la force et de l'intégrité territoriale des États, les modes conventionnels d'acquisition d'un territoire étatique sont les seuls qui, dans le monde contemporain, peuvent être considérés comme licites. Le traité peut se traduire soit par la cession d'une partie du territoire d'un État à un autre, soit par la fusion des deux parties contractantes.

1° *Cession conventionnelle.* En vertu de l'accord de cession, un État peut renoncer volontairement à ses titres sur une partie de son territoire au profit d'un autre État.

Dans le passé, les cessions territoriales étaient de véritables *ventes* d'État à État. Cette pratique princière confortait la thèse, prédominante à l'époque, du territoire objet de propriété. Le lien entre l'existence de l'État et la possession d'un territoire s'étant renforcé, les cessions conventionnelles ne sont plus admises que dans deux situations : des *échanges* mineurs de territoires pour opérer des rectifications du tracé des frontières, ou des transferts plus importants consécutifs à un conflit armé et consacrés par un traité de paix : cession de l'Alsace-Lorraine à l'Allemagne par le Traité de Francfort de 1871, rétrocession de la même région en vertu de l'article 51 du Traité de Versailles de 1919 ; cession de Tende et de Brigue par l'Italie à la France dans le Traité de paix de 1947, etc.

Les hypothèses contemporaines de transfert de territoires sont, en général, fondées sur le principe des nationalités ; aussi est-il assez souvent prévu de consulter les populations par voie de *plébiscite* avant de consacrer définitivement le transfert. Certaines constitutions nationales font d'une telle consultation une condition de la régularité juridique du transfert territorial : par exemple la Constitution française de 1958, dans son article 53. Le respect de telles dispositions n'importe, bien sûr, que dans la perspective du droit interne ; il ne conditionne pas la validité internationale de l'opération.

La doctrine est divisée sur la portée de l'accord de cession. Pour certains auteurs, la cession est parfaite du jour de l'entrée en vigueur de cet accord, qui suffit par lui-même à réaliser le transfert : on en déduit que la cession conventionnelle est un mode *dérivé* d'acquisition du territoire. Pour d'autres, les mêmes critères s'imposent pour les territoires étatiques et pour les territoires « sans maître », en particulier une occupation effective du territoire : c'est donc à la date de cette occupation que le transfert est réalisé. De la solution retenue peut dépendre le véritable titulaire des droits et obligations internationaux au titre de ce territoire (CPJI, arrêt du 8 octobre 1937, *Phares en Crète et à Samos*, série A/B, n° 71, p. 103). La jurisprudence internationale semble plutôt aller dans le sens de la première proposition.

Il n'est pas à exclure que la cession emprunte une voie moins formelle, par exemple la déclaration d'un État à l'occasion d'un contentieux territorial consacrant l'abandon d'une partie de territoire lui revenant pourtant de droit (v. *supra*, n° 299 *in fine*).

2° *Fusion conventionnelle.* Un État peut accepter une fusion complète de son territoire avec celui d'un autre État, pour disparaître au profit de celui-ci ou pour constituer avec lui un nouvel État.

La Tanzanie est née de cette manière, d'une fusion du Tanganyika et de Zanzibar en 1964 de même que le Yémen, par l'Accord de Sanaa du 22 avril 1990, entre les deux Yémen (v. *supra*, n° 345).

En revanche, la réunification de l'Allemagne en 1990 peut difficilement s'analyser comme une « fusion d'États » traditionnelle (v. *ibid.*).

La fusion n'est pas nécessairement définitive. Ainsi en va-t-il de l'éphémère République Arabe Unie, née de la fusion de l'Égypte et de la Syrie, de 1958 à 1961. Sauf à considérer rétrospectivement que l'État ainsi créé n'était qu'une fiction, il faudrait admettre que l'éclatement de l'État, après quelques années d'existence, donne lieu à succession d'États. Pour des raisons certainement plus politiques et pragmatiques que juridiques, cette conclusion n'est pas toujours tirée : ainsi la Syrie est redevenue membre des Nations Unies sans avoir subi de nouveau la procédure d'admission à l'ONU.

350. Modes non conventionnels. — Ils sont de types hétérogènes : il peut s'agir d'un acte juridique unilatéral ou collégial, d'une conquête ou d'un fait de possession.

1° La *décision unilatérale* peut émaner d'un gouvernement international de fait ou d'une organisation internationale.

Bien qu'ils prennent souvent la précaution d'« habiller » leur décision d'une apparence conventionnelle ou arbitrale, les transferts territoriaux réalisés par des États en position de force sont en réalité le résultat d'un acte juridique unilatéral ou collégial (l'analyse est la même pour les modifications de frontières que pour la création d'États : voir *supra*, n° 345).

En 1938 et 1940, l'Allemagne et l'Italie se sont entendues pour attribuer, par un acte d'apparence juridictionnelle *(adjudication)*, des territoires tchécoslovaques et roumains à la Hongrie. De même, les dispositions territoriales contenues dans les traités de paix de 1919-1923 et 1945-1947 ne faisaient qu'entériner les décisions prises par les Alliés vainqueurs, au nom de l'ensemble de la communauté internationale.

Deux décisions d'organisations internationales, agissant pour le compte de la société internationale, ont eu le même objet. Par une résolution du 16 décembre 1925, le Conseil de la SdN, saisi d'une question de frontière entre la Turquie et l'Irak, attribuait à ce dernier le territoire de Mossoul ; la CPJI a été d'avis que ce faisant, le Conseil agissait dans les limites de sa compétence (avis du 21 novembre 1925, série B, n° 12, p. 27). Au lendemain de la seconde guerre mondiale, l'Assemblée générale des Nations Unies, en vertu du Traité de paix avec l'Italie de 1947, attribuait à l'Éthiopie les territoires de l'Érythrée, ancienne colonie italienne.

2° La *conquête*, au sens étroit, désigne l'acquisition d'un territoire, à la suite d'une guerre, lorsque — les hostilités ayant cessé de part et d'autre — l'un des

États reste en possession d'une partie du territoire de l'autre et y établit sa souveraineté, sans que soit intervenu un traité de paix. Elle exige donc l'exercice par l'État vainqueur des fonctions de souveraineté sur le territoire étranger et une décision juridique d'annexion.

C'est la définition retenue par la CPJI dans l'affaire du *Groënland oriental :* « La conquête n'agit comme une cause provoquant la perte de la souveraineté que lorsqu'il y a guerre entre deux États et que, à la suite de la défaite de l'un d'eux, la souveraineté sur le territoire passe de l'État vaincu à l'État victorieux » (série A/B, n° 53, p. 47).

Lorsque cette situation conduit à l'annexion de l'ensemble du territoire de l'État vaincu, on parle traditionnellement de *debellatio.*

Durant la Seconde Guerre mondiale, l'armée allemande a conquis et occupé l'ensemble des territoires de certains États européens : malgré l'absence de gouvernement local autonome (les gouvernements étaient souvent en exil à Londres), il n'y a pas eu *debellatio*, mais annexion partielle dans quelques cas. Après la Seconde Guerre mondiale, l'URSS a imposé un certain nombre d'ajustements territoriaux en Europe centrale, qui correspondaient en partie à des conquêtes à son profit. Elle a pris la précaution de faire cautionner par les gouvernements intéressés le résultat de ces conquêtes (préambule et article 1er de l'Accord de Zgorzelec du 6 juillet 1950 entre la Pologne et la RDA, qui font référence aux accords de Potsdam et à la frontière Oder-Neisse comme « frontière d'État »).

En principe, la conquête a cessé d'être un mode légitime d'acquisition de territoires depuis l'interdiction générale du recours à la force (Pacte Briand-Kellogg de 1928 et Charte des Nations Unies). Les Nations Unies l'ont confirmé de manière solennelle par la Déclaration relative aux principes du droit international touchant les relations amicales de 1970 : « Nulle acquisition territoriale obtenue par la menace ou l'emploi de la force ne sera reconnue comme légale ».

L'URSS n'en a pas moins obtenu la reconnaissance de ses annexions territoriales de la Seconde Guerre mondiale, d'abord par ses alliés du bloc communiste, ensuite par les États occidentaux à l'issue de la Conférence sur la coopération et la sécurité en Europe (Acte final d'Helsinki, 1975).

En revanche, la politique d'annexion d'Israël se heurte à l'opposition résolue des Nations Unies, qu'il s'agisse de l'occupation elle-même (résolution 242 (1967) du Conseil de sécurité), de Jérusalem (résolutions du même organe) ou de la politique de « colonisation » en Cisjordanie (nombreuses résolutions de l'Assemblée générale et du Conseil). De même, l'invasion du Koweït par l'Irak le 2 août 1990 a suscité une condamnation immédiate par le Conseil de sécurité (résolution 662 du 9 août 1990, qui décida en conséquence que « l'annexion du Koweït par l'Iraq, quels qu'en soient la forme et le prétexte n'a aucun fondement juridique et est nulle et non avenue » — v. aussi la résolution 660 (1990)).

3° La *prescription acquisitive ou usucapion* permet l'acquisition d'un territoire étranger par un État qui y exerce son autorité de manière continue et pacifique pendant une longue période. L'État qui possédait ce territoire est présumé, du fait de sa passivité face à l'atteinte à sa souveraineté, avoir renoncé à ses droits. Par l'*usucapion*, la possession acquise de bonne foi se transforme en droit de souveraineté.

Il est souvent contesté que la prescription acquisitive soit reçue en droit international positif, tant l'institution est attentatoire à la souveraineté territoriale et contraire au principe du consensualisme. Il reste qu'elle correspond également à certaines réalités historiques, marquées par un développement progressif de la souveraineté et culminant dans la possession territoriale incontestée. Elle s'est révélée utile surtout pour des possessions territoriales éloignées et à des époques où la densité des actes de puissance publique était moindre qu'aujourd'hui : l'arbitre Max Huber y fait allusion dans l'affaire de *l'Île de Palmas* (*RSA* II, p. 843) et la CIJ dans l'affaire du *Droit de passage en territoire indien* (*Rec.* 1960, p. 39). Dans l'affaire de *l'Île de Kasikili/Sedudu*, la CIJ, sans se prononcer formellement sur la réception de l'institution en droit international, n'en a pas moins examiné au fond (pour la rejeter) la prétention de la Namibie selon laquelle ce pays aurait acquis par prescription la souveraineté territoriale sur l'île contestée ; pour ce faire, elle s'est demandée si la possession invoquée l'avait été « à titre de souverain », et avait été paisible, publique et prolongée (arrêt du 13 déc. 1999, *Rec.*1999, p. 1101 et s.).

Même si l'on ne discute pas l'opportunité de la prescription acquisitive, sa mise en œuvre pose quelque problème en l'absence de critère sûr en matière de délai. La jurisprudence ne peut apporter que des solutions d'espèce, comme le reconnaissait Max Huber dans l'affaire précitée : « il suffit que cet exercice [de souveraineté...] ait déjà existé (...) comme continu et pacifique assez longtemps pour assurer à toute Puissance qui se serait considérée comme possédant la souveraineté sur l'île, ou comme ayant un droit à la souveraineté, une possibilité *raisonnable, d'après les conditions locales*, de constater l'existence d'un état de choses contraire à ses droits réels ou prétendus » (*op. cit.*, p. 867 ; sur le cas des Falkland, v. G. Cohen-Jonathan, *AFDI* 1972, p. 235-262 et J. M. Peláez Marán, *AFDI* 1994, p. 194-213).

Apparemment utilisée par la Commission de délimitation de la frontière entre l'Érythrée et l'Éthiopie dans sa décision du 13 avril 2002 (v. par. 3.14, 3.29 et 4.85), la théorie de la prescription acquisitive a été fermement rejetée par la CIJ dans l'affaire de la *Frontière terrestre et maritime entre le Cameroun et le Nigeria* (arrêt du 10 octobre 2002, *Rec.* 2002, par. 64-70 et 223) : faute d'acquiescement manifeste du titulaire du titre sur le territoire à abandonner toute souveraineté sur celui-ci, les effectivités ne peuvent en aucune manière supplanter le titre existant (v. également *supra*, n° 301).

Section 3

Succession d'États

BIBLIOGRAPHIE. — D. P. O'CONNELL, *The Law of State Succession*, Cambridge UP, 1956, 425 p. ; *State Succession in Municipal Law and International Law*, Cambridge UP, 1967, 592 p. et 430 p. ; « Recent Problems of State Succession in Relation to New States », *RCADI* 1970, II, vol. 130, p. 95-206. — G. GUYOMAR, « La succession d'États et le respect de la volonté de la population », *RGDIP* 1963, p. 92-117. — K. ZEMANEK, « State Succession after Decolonisation », *RCADI* 1965, III, vol. 116, p. 187-300. — M. BEDJAOUI, « Problèmes récents de succession d'États dans les États nouveaux », *RCADI* 1970, II, vol. 130, p. 455-568 ; « Révolution et décolonisation », *Colloque SFDI Dijon*, Pedone, 1990, p. 373-419. — D. BARDONNET, *La succession d'États à Madagascar*, LGDJ, 1970, 877 p. — NGUYEN-HUU-TRU, *Quelques problèmes de succession d'États concernant le Viet-Nam*, Bruylant, Bruxelles, 1970, 323 p. — J. H. W. VERZIJL, *International Law in Historical Perspective*, t. VII, Sijthoff, Leyde, 1974, 378 p. — A. GRUBER, *Essai sur l'existence d'un droit de la succession d'États en droit international contemporain*, Thèse Paris V, 1981, 703 p. — M. BOTHE et C. SCHMIDT, « Sur quelques questions de succession posées par la dissolution de la Yougoslavie et celle de l'URSS », *RGDIP* 1992, p. 811-842. — R. MULLERSON, « The Continuity and Succession of States by Reference to the Former USSR and Yugoslavia », *ICLQ* 1993, p. 473-493. — W. CZAPLINSKI, « La continuité, l'identité et la succession d'États — Évaluation de cas récents », *RBDI* 1993, p. 374-392. — CEDIN, G. BURDEAU et B. STERN dir., *Dissolution, continuation et succession en Europe de l'est*, Montchrestien, 1994, 406 p. — H. RUIZ FABRI et P. BONIFACE dir., *Succession d'États en Europe de l'Est et avenir de la sécurité en Europe*, Montchrestien, 1995, 176 p. — E. DECAUX et A. PELLET dir., *Nationalité, minorités et succession d'États en Europe de l'est*, Montchrestien, 1996, 330 p. — B. STERN, « La succession d'États », *RCADI* 1996, vol. 262, p. 9-437. — ADI, Centre de recherche, P.M. EISEMANN et M. KOSKENNIEMI dir., *La succession d'États : La codification à l'épreuve des faits*, Nijhoff, Dordrecht, 1997, 179 p. et 2000, XXXIX-1012 p. — J. KLABBERS et a., dir., *Pratique des États concernant la succession d'États et les questions de reconnaissance*, Kluwer, La Haye, 1999, 521 p. — M. MRAK ed., *Succession of States*, Nijhoff, La Haye, 1999, XXI-218 p. — E. LAGRANGE, « Les successions d'États : pratiques françaises », *Louisiana L. Rev.* 2003, p. 1183-1239.

Sur la succession d'États dans l'ex-URSS, v. aussi : M. KOSKENNIEMI et M. LEHTO, *AFDI* 1992, p. 179-219. — T. LANGSTROM, *Transformation in Russia and International Law*, Martinus Nijhoff Publishers, Leiden, 2003, XXII-494 p. — A. BLANC ARTEMIR, *La herencia soviética. La Comunidad de Estados independientes y los problemas successorios*, Tecnos, Madrid, 2004, 540 p. — H. HAMANT, *AFDI* 2004, p. 213-230 ; *Démembrement de l'URSS et problèmes de succession d'États*, Bruylant, Bruxelles, 2007, XXIV-616 p.

Sur la succession d'États en Yougoslavie, v. aussi : A. PELLET, *AFDI* 1992, p. 220-238 et 1993, p. 286-304. — M. WELLER, *AJIL* 1991, p. 569-607. — V.-D. DEGAN, *AFDI* 1996, p. 206-227. — en Tchécoslovaquie : J. MALENOVSKY, *AFDI* 1993, p. 305-336. — C. STAHN, *AJIL* 2002, p. 379-397.

§ 1. — *Notion de succession d'États*

351. Succession d'États et éléments constitutifs de l'État. — La CDI et les conférences de codification du droit de la succession d'États ont retenu une définition neutre : « L'expression "succession d'États" s'entend de la substitution d'un État à un autre dans la responsabilité des relations internationales d'un territoire » (art. 2, § 1, al. b, commun aux conventions de Vienne de 1978 et 1983). Cette définition a été reprise dans la sentence arbitrale du 31 juillet 1989 relative à la *Détermination de la frontière maritime entre la Guinée-Bissau et le Sénégal* (*RGDIP* 1990, p. 227) et l'avis n° 1 de la Commission d'arbitrage pour la Yougoslavie du 29 novembre 1991 (*RGDIP* 1992, p. 265).

Cette définition très générale recouvre des réalités très diverses allant de simples ajustements frontaliers à la dissolution d'un État et inclut l'ensemble des modes contemporains de création d'un État étudiés précédemment (*supra*, section 1). À chacune de ces catégories correspondent des règles différenciées. On peut noter à cet égard que le droit de la succession n'est pas indifférent aux circonstances dans lesquelles la succession survient. En particulier, l'importance prise par la décolonisation entre 1945 et la fin des années 1960 a conduit les auteurs des conventions de codification de 1978 et 1983 (v. *infra*, n° 353) à individualiser la catégorie des « États nouvellement indépendants » définis comme des État successeurs « dont le territoire, immédiatement avant la date de la succession d'États, était un territoire dépendant dont l'État prédécesseur avait la responsabilité des relations internationales » (art. 2, § 1.f de la Convention de 1978) ; aux fins de ces instruments, il s'agit donc exclusivement des États issus de la décolonisation, à l'exclusion de ceux résultant d'une sécession ou de la dissolution d'un État.

Dans la mesure où, à l'extrême, la succession d'États provient de la substitution d'un État nouveau à un État préexistant, il existe nécessairement une relation entre les éléments constitutifs de l'État, dont dépend l'existence de l'État nouveau, et la succession d'États — ne serait-ce que par la transformation des délimitations administratives antérieures en « frontières » internationales (v. l'avis n° 3 de la Com. d'arb. pour la Yougoslavie du 11 janv. 1992, *RGDIP*, p. 267). Inversement, toute mutation profonde de l'un des éléments constitutifs de l'État donne-t-il naissance à une succession d'États ?

L'hypothèse d'un changement complet de la population est trop irréaliste pour qu'on s'y arrête. Par contre, une mutation territoriale, à laquelle est inévitablement associée une transformation partielle de la composition de la population, donne automatiquement lieu à succession d'États.

Comme l'a rappelé l'arrêt rendu par une Chambre de la CIJ le 11 septembre 1992, « la succession d'États est l'une des manières dont la souveraineté territoriale se transmet d'un État à un autre » (affaire du *Différend frontalier terrestre, insulaire et maritime*, *Rec.*, p. 597-598). La Chambre ajoute : « et il n'y a apparemment aucune raison, en principe, pour qu'une succession ne crée pas une souveraineté comme dans les cas où une zone maritime unique et indivise est transmise à deux ou plusieurs États » *(ibid.)*, si bien qu'elle admet que le Golfe de Fonseca, baie historique sur laquelle la Couronne espagnole exerçait sa souveraineté, est restée « dans un état d'indivision » entre les trois États riverains (*ibid.*, p. 599).

La véritable difficulté apparaît à propos des changements affectant le « gouvernement » d'un État préexistant : des mutations révolutionnaires du régime politique autorisent-elles à invoquer le droit de la succession d'États ?

La réponse doit être négative, en vertu du principe de la *continuité de l'État*. Par souci d'éviter des atteintes aux droits des autres États à l'occasion des soubresauts de la vie politique interne des États, conformément aussi au principe de *non-ingérence dans les affaires intérieures*, corollaire de la souveraineté et de l'autonomie constitutionnelle, le droit international affirme la survie de la personnalité juridique de chaque État à travers ses régimes constitutionnels successifs (v. *supra*, n° 273).

On en tire la conclusion que le gouvernement nouveau se doit de respecter les engagements internationaux contractés par les autorités antérieures et qu'à son tour, le gouvernement légal rétabli dans son autorité n'a pas le droit de répudier les engagements pris par le gouvernement « révolutionnaire » évincé, alors même que ce dernier n'aurait pas fait l'objet d'une reconnaissance internationale (v. les arbitrages J. Cuculla, *États-Unis c. Mexique*, *Moore, Arbitrations*, p. 2876 ; *Tinoco*, Grande-Bretagne c. Costa-Rica, 18 octobre 1923, *RSA* I, p. 369 ; *Hopkins*, États-Unis c. Mexique, 31 mars 1926, *RSA* IV, p. 41).

À un certain degré de mutation révolutionnaire, qui est fonction non de la violence illégale du changement de gouvernement mais de la philosophie politique et sociale inédite du nouveau régime, le principe de continuité n'est-il pas une simple fiction juridique ? Il est fréquent que les nouvelles autorités étatiques tentent de faire « table rase » des engagements antérieurs de l'État en s'appuyant sur le droit de la succession d'États. La légitimité de cette thèse est contestée et la pratique n'est guère concluante. On peut constater qu'un certain nombre de gouvernements « révolutionnaires » ont obtenu de ne pas respecter intégralement les engagements de leur prédécesseur. Mais s'agit-il d'un simple succès de tactique diplomatique, obtenu en jouant sur la lassitude ou la « compréhension » des autres États face aux difficultés du nouveau régime, ou de la confirmation que la thèse de la succession d'États est, dans ces circonstances, opposable à la communauté internationale ? La réponse est fort subjective.

L'argumentation des régimes « révolutionnaires » est dangereuse car elle se prête à tous les abus, en l'absence d'un consensus international sur les critères de la mutation radicale de régime politique. Un critère « objectif » n'est guère concevable, au demeurant : tout dépend, en réalité, des rapports de forces au sein de la société internationale dans les phases historiques de transformation profonde des régimes politiques nationaux (démocratisation au XIXe siècle ; socialisation dans la première moitié du XXe siècle).

352. Spécificité de la notion de succession en droit international. — La succession d'États résulte en principe d'une mutation territoriale se traduisant par un transfert définitif de territoires d'un État à un autre quelle que soit sa forme : annexion d'un État par un autre, fusion de deux ou plusieurs États préexistants en un nouvel État, démembrement d'un État permettant la formation d'un ou plusieurs États nouveaux, disparition d'un État à la suite du partage de son territoire entre plusieurs autres États.

À la différence de la cession temporaire et de l'occupation, une telle mutation provoque le remplacement d'un État — « prédécesseur » — par un autre — dit « successeur » — sur le territoire considéré.

Il y a bien, matériellement, *opération* de succession. Cependant, dans la terminologie courante, l'expression « succession d'États » est aussi employée pour qualifier un *régime juridique*. Dans ce sens, elle est critiquable, si elle induit à penser que la situation juridique de l'État successeur est celle d'un « héritier ».

Fondamentalement, il n'y a pas succession au sens du droit privé, c'est-à-dire primauté de l'idée de continuité des droits et obligations d'un souverain à l'autre. S'il y a « substitution d'un État à un autre dans la responsabilité des relations internationales d'un territoire », c'est le principe de souveraineté qui doit commander le régime de la succession, donc l'idée de *rupture*. L'État successeur n'est pas le continuateur de l'État prédécesseur : chacun d'entre eux a sa personnalité juridique internationale propre.

L'État successeur exerce désormais la plénitude des compétences sur son territoire, en tant qu'État souverain et indépendant. Il n'est pas lié, dans l'exercice de ses compétences, par des décisions antérieures.

Cette approche n'oblige pas, pour autant, à adopter la doctrine de la *table rase*. Tout élément de continuité n'est pas exclu. S'il faut écarter la thèse de la succession absolue, qui ne correspond pas au droit positif, il n'est pas interdit de reconnaître l'existence de règles internationales qui lient l'État successeur. Simplement, ne doivent être retenues que celles correspondant, fonctionnellement, à des buts légitimes dégagés par la pratique coutumière et par la communauté internationale notamment à l'occasion des travaux de codification.

L'État successeur pénètre non dans un territoire sans maître, mais dans un territoire étatique organisé, pourvu d'une vie politique, économique et juridique qui ne peut être effacée d'un trait de plume. Écartant le modèle trop univoque du droit privé, le droit de la succession d'États peut être adapté aux caractères concrets des situations successorales, dont on a vu qu'elles sont très variables.

§ 2. — *Régime de la succession d'États*

353. Vue générale du droit positif. — Le principe de la « succession universelle » étant exclu, le problème est de déterminer quelles sont, en vue de la continuité jugée souhaitable, les obligations que le droit international impose aux États successeurs.

Même aujourd'hui où la décolonisation a favorisé une pratique abondante, on ne peut affirmer qu'un régime cohérent et complet de la succession d'États est né.

Les conventions entre État prédécesseur et État successeur, conçues pour des cas d'espèce et pour régler surtout des problèmes de transition, ont un caractère fragmentaire et très spécifique. Assez souvent, aucune convention n'a été conclue, soit que l'État prédécesseur ait disparu, soit que l'État successeur ait été en mesure, par une sécession violente, de faire prévaloir la rupture sur la continuité. Une part non négligeable du droit positif est donc constituée par des législations unilatérales, adoptées par l'État successeur plus selon des considérations d'opportunité que pour respecter le droit international coutumier — pour autant qu'il existe.

Les contingences politiques contemporaines n'ont pas simplifié la situation. Un certain nombre d'États nouveaux ont contesté soit l'existence de règles coutumières, soit l'opportunité de leur survivance. Dévalorisant par là même une partie de l'acquis antérieur.

Pour ces diverses raisons, les recherches aux fins de codification de la matière, entamées en 1967 par la CDI, ont progressé difficilement et dans un climat passionnel. Pour sérier les problèmes, la CDI et la VIe Commission de l'Assemblée générale ont décidé de traiter d'abord de la succession en matière de traités, puis de celle dans les autres matières.

Sur le premier thème, une convention a été signée à Vienne le 22 août 1978. La deuxième partie des travaux s'est révélée plus délicate. Le rapporteur, la Commission et les gouvernements étaient nécessairement confrontés au problème-clé des *droits acquis*. La vision très « engagée » et « tiers-mondiste » du premier rapporteur spécial a donné lieu à des affrontements violents et, pour débloquer la situation, la CDI a décidé d'adopter une démarche plus empirique. Le premier thème fixé a été le problème des biens, archives et dettes d'État ; une convention a pu être adoptée à Vienne le 8 avril 1983.

Seule la première de ces deux conventions est entrée en vigueur, près de vingt ans après son adoption, et il est peu vraisemblable que la seconde soit ratifiée par un nombre suffisant de parties, ce qui témoigne des réticences des États et ne permet pas de les considérer comme le reflet fidèle du droit positif. Les principes dont elles s'inspirent ne sont cependant guère contestables et l'on peut au moins en dégager des directives générales : la succession doit être l'objet d'accords en vue d'aboutir à des résultats équitables (cf. Com. arb. Youg., avis n° 1, 29 novembre 1991, *RGDIP* 1992, p. 265, et avis n° 9, 4 juillet 1992, *ibid.* p. 591).

Les avis de la Commission pour l'ex-Yougoslavie présentent un intérêt particulier dès lors qu'en l'absence d'accords conventionnels et d'État successeur unique, ils doivent s'appuyer sur le droit international général : qu'il s'agisse des principes coutumiers consacrés par les conventions de codification ou des normes impératives de droit international (droits fondamentaux de la personne humaine, droits des peuples et des minorités), selon l'avis n° 9 du 4 juillet 1992 (*RGDIP* 1992, p. 591). Dans l'État de tension qui prévaut entre les États successeurs, il est important de relever qu'une limitation est mise à leur liberté conventionnelle : les accords négociés doivent aboutir à des résultats équitables *(ibid.)*. Les avis n° 12 à 15 sont cependant influencés par la nature spécifique des questions posées et de la situation yougoslave (la nouvelle Yougoslavie, constituée de la Serbie et du Monténégro, affirmait être le continuateur de l'ancienne RFSY et refusait un partage entre l'ensemble des États successeurs sur un pied d'égalité juridique : d'où l'insistance sur l'obligation de négocier et de rechercher un règlement pacifique des différends, ainsi que les pressions exercées sur l'État successeur défaillant (v. not. l'avis n° 12, *RGDIP* 1993, p. 1106).

En outre, en 1995, la CDI a inscrit à son ordre du jour la question de la nationalité en relation avec la succession d'États et elle a adopté en seconde lecture, en 1999, un projet d'articles relatif à la nationalité des personnes physiques dont l'Assemblée générale a pris note dans sa résolution 55/153 du 12 décembre 2000.

Le droit de la succession d'États doit impérativement apporter des solutions, au moins supplétives, à des questions très diverses :

— parce qu'un État se substitue à un autre, les sujets de droit interne — en particulier les personnes physiques et morales de droit privé — vont être subordonnés désormais à un nouveau sujet de droit primaire : ils devront respecter l'ordre juridique interne défini par celui-ci, compter désormais sur sa protection diplomatique, etc. ; confrontés au risque d'un bouleversement total de leur vie personnelle et de leur situation économique, peuvent-ils y échapper ou obtenir des garanties transitoires ou durables ? (A).

— en second lieu, le territoire muté n'avait pas été géré comme une entité séparée du reste de l'État prédécesseur ; il est désormais nécessaire de séparer des patrimoines publics pour permettre à l'État successeur de poursuivre sans solution de continuité l'administration de ce territoire (B).

— enfin, l'apparition d'un nouveau sujet de droit ou d'un sujet qui possède de nouvelles responsabilités internationales, n'est pas indifférente au reste de la communauté internationale (C).

A. — Rapports entre l'État successeur et les particuliers

BIBLIOGRAPHIE. — K. S. SIK, « The Concept of Acquired Rights in International Law : a Survey », *NILR*, 1977, p. 120-142. — S. KO SWAN, « The Concept of Acquired Rights in International Law », *Mél. Tammes*, 1977, p. 120-142. — C. ÉCONOMIDÈS, « Les effets de la succession d'États sur la nationalité », *RGDIP* 1999, p. 577-599. — M. I. TORRES CAZORLA, *La sucesión de estados y sus efectos sobre la nacionalidad de las personas físicas*, Universidad de Málaga, Málaga, 2001, 469 p. — A. MARIN LOPEZ, « Sucesión de Estados y cambio de nacionalidad. Las transformaciones en Europa en los años noventa », *ADI* 2002, p. 125-170.

Sur la nationalité en relation avec la succession d'États, v. les rapports de V. MIKULKA à la CDI (1995-1998).

354. Effets de la succession sur la nationalité des personnes privées. — L'octroi — ou le refus — de la nationalité constituent des prérogatives souveraines de l'État (v. *supra*, n° 323). Ceci vaut pour un État successeur comme pour tout autre État. Toutefois, on ne saurait lui reconnaître le droit de déterminer arbitrairement les personnes auxquelles il reconnaît sa nationalité. Comme l'a indiqué la CDI dans le préambule de ses articles sur la nationalité des personnes physiques en relation avec la succession d'États adoptés en 1999, « la nationalité relève essentiellement du droit interne, dans les limites tracées par le droit international » et, dans ce domaine, il faut tenir « dûment compte à la fois des intérêts légitimes des États et de ceux des individus ».

Dès lors, les États concernés par une succession d'États doivent prendre en considération les règles existantes en la matière, en particulier le droit de tout individu à une nationalité proclamé à l'article 15 de la Déclaration universelle des droits de l'homme, ce que rappellent les articles 4 et 18 de la Convention européenne sur la nationalité du 6 novembre 1997.

Ce principe fondamental a été rappelé par la CDI dans l'article 1er de ses articles adoptés en seconde lecture en 1999 : « Toute personne physique qui, à la date de la succession d'États, possédait la nationalité de l'État prédécesseur, quel qu'ait été le mode d'acquisition de cette nationalité, a droit à la nationalité d'au moins un des États concernés... » (formulation reprise presque à l'identique à l'article 2 de la Convention du Conseil de l'Europe sur la prévention des cas d'apatridie en relation avec la succession d'États du 19 mai 2006). En conséquence, il existe une « présomption de nationalité » de l'État successeur en faveur des personnes y ayant leur résidence habituelle (art. 5), tandis qu'à l'inverse cet État ne peut attribuer sa nationalité contre leur gré aux personnes n'y ayant pas leur résidence habituelle « sauf si, à défaut, elles devaient devenir apatrides » (art. 8). Inspiré par le souci fondamental de prévenir l'apatridie (art. 4), le projet s'efforce également, de façon moins convaincante, de limiter les cas de nationalités doubles ou multiples (art. 9 et 10) et fait obligation aux États concernés de tenir compte de la volonté des personnes concernées en prévoyant notamment un droit d'option en faveur de celles qui ont avec lui « un lien approprié » (notion discutable et propre à ce projet) « si, à défaut, elles devaient devenir apatrides » (art. 11 — v. aussi les art. 23 et 26). La deuxième partie du projet (art. 20 à 26) contient des directives particulières dont les États sont appelés à « tenir compte » en ce qui concerne les différentes hypothèses de succession (transfert ou séparation d'une partie du territoire, unification d'États, dissolution), mais n'évoque pas l'hypothèse de la décolonisation.

Ce projet d'articles, qui ne devrait pas donner naissance à une convention mais qui combine codification et développement progressif du droit international et réalise un équilibre satisfaisant entre les nécessités pratiques liées à la succession d'États et les préoccupations liées aux droits de l'homme, pourrait contribuer à stabiliser une pratique encore fluctuante. V. aussi la Déclaration adoptée en 1996 par la Commission du Conseil de l'Europe pour la démocratie par le droit (« Commission de Venise ») sur les incidences de la succession d'États en matière de nationalité des personnes physiques, les articles 18 à 20 de la Convention européenne sur la nationalité du 6 novembre 1997, dont le trait marquant est d'insister sur la nécessité de régler les questions par accord entre les États concernés (art. 19), et les solutions très proches de celles recommandées par la CDI retenues par la Convention du Conseil de l'Europe sur la prévention des cas d'apatridie du 19 mai 2006.

Les dissolutions de la Yougoslavie et de l'URSS ont mis en lumière le rapport entre les effets de la succession d'États en matière de nationalité et la portée reconnue au droit d'autodétermination (v. l'avis n° 2 de la Commission d'arbitrage pour l'ex-Yougoslavie, du 11 janv. 1992 : si le droit d'autodétermination est refusé aux populations serbes de Croatie et de Bosnie-Herzégovine, en contrepartie leur est reconnu le droit de bénéficier d'un régime protecteur des minorités — *RGDIP* 1992, p. 266 ; l'avis n° 10 du 4 juillet 1992 subordonne la reconnaissance de ces États au respect de ces conditions par les nouvelles constitutions — *RGDIP* 1993, p. 594). De son côté, la Commission de réclamations Érythrée/Éthiopie a été confrontée à des situations de double nationalité provisoire résultant du processus de sécession du premier État vis-à-vis du second (v. la sentence partielle sur les réclamations civiles érythréennes du 17 décembre 2004, par. 37 et s. et not. 51).

355. Sort des autres « droits publics ». — Outre les règles sur la nationalité, on entend par « droits publics » le droit électoral, le droit de la fonction publique, la compétence des juridictions, l'autorité juridique de leurs décisions. Ces régimes juridiques sont trop étroitement liés au régime politique et à la souveraineté de l'État pour qu'il soit concevable d'imposer les solutions retenues par un État à un autre État : ainsi n'a-t-il jamais été soutenu que l'État successeur était obligé de conserver à son service les anciens fonctionnaires de l'État prédécesseur. Le principe de continuité ne peut trouver à s'appliquer, sauf dérogations expressément prévues par l'État successeur et/ou l'État prédécesseur, en fonction des situations impliquées.

Dans sa sentence du 19 décembre 2005 dans l'affaire des *Pensions*, la Commission de réclamations Érythrée/Éthiopie a ainsi rejeté la thèse érythréenne selon laquelle à défaut d'accords entre parties intéressées, le droit coutumier de la succession d'États imposerait à l'État prédécesseur l'obligation de payer les pensions de ses anciens fonctionnaires résidant maintenant sur le territoire de l'État successeur. La Commission a constaté en effet que la pratique internationale était variable sur ce point (par. 40-42).

Les dérogations au principe de non-continuité sont, au demeurant, moins exceptionnelles qu'on pourrait le penser.

Ainsi, l'État prédécesseur pourra convenir que c'est toujours sur lui que pèse la charge des pensions à payer aux fonctionnaires et militaires recrutés et employés par lui dans le passé. Sur d'autres éléments des droits publics, ce sont les législations ou les juridictions de chaque État intéressé qui préciseront les solutions : par exemple l'État prédécesseur organisera le reclassement des anciens fonctionnaires du territoire muté.

Ces solutions s'imposent car l'ensemble de la législation de l'État successeur a vocation à s'appliquer immédiatement aux ressortissants du territoire muté, en vertu du jeu habituel des compétences souveraines. Mais, en pratique, il lui est impossible de substituer instantanément un ensemble complet de règles à celles qui étaient en vigueur dont, bon gré mal gré il doit, au moins, à titre transitoire préserver certains droits publics anciens.

356. Problème du respect international des droits acquis. — Le problème du sort des droits acquis par les particuliers sous l'empire de la réglementation antérieure est sans aucun doute celui qui divise le plus les États et la doctrine. Les théories traditionnelles, soutenues par la plupart des États occidentaux et qui s'appuient sur une jurisprudence incontestable mais souvent ancienne, apparaissent tout à fait inconciliables avec les thèses du Tiers Monde et, jusqu'à la fin des années 1980, des États socialistes. Ces dernières, au moins lorsqu'elles sont présentées de façon nuancée, semblent mieux correspondre à l'état actuel de la vie internationale. On ne peut guère que les exposer successivement.

1° Selon les thèses traditionnelles, pour des raisons d'équité, il importe avant tout de sauvegarder les droits patrimoniaux acquis par des particuliers sur la base de la législation de l'État prédécesseur ou des contrats conclus avec lui. L'application de ce principe s'impose pour les *droits privés stricto sensu*, que les particuliers tirent des contrats de droit privé qu'ils avaient conclus avec l'État prédécesseur.

À plusieurs reprises, la CPJI a eu l'occasion de consacrer ce principe. Au lendemain de la Première Guerre mondiale, la Posnanie, province allemande, fut attribuée au nouvel État polonais. Très vite, le gouvernement polonais prétendit remettre en cause la validité des cessions de terres réalisées par le gouvernement allemand au bénéfice de colons allemands. La Cour dénonça l'irrégularité de la politique polonaise, considérant que « des droits privés acquis conformément au droit en vigueur ne deviennent point caducs à la suite d'un changement de souveraineté. Même ceux qui contestent l'existence en droit international du principe de la succession d'États ne vont pas jusqu'à maintenir que les droits privés, y compris ceux qui ont été acquis de l'État en tant que propriétaire foncier, ne peuvent être valablement opposés à celui qui succède à la souveraineté » (avis du 10 septembre 1923, série B, n° 6, p. 15 et 36). La CPJI a confirmé, dans l'affaire des *Intérêts allemands en Haute-Silésie polonaise*, que ce principe faisait partie du droit international commun (arrêt du 25 mai 1926, série A, n° 7, p. 20-21). Et, à propos de l'expropriation de *l'Usine de Chorzow* par la Pologne, la Cour a jugé que la méconnaissance du principe des droits acquis était de nature à engager sa responsabilité internationale (arrêt du 26 juillet 1927, série A, n° 9, p. 27-28).

La mise en œuvre du principe a été étendue aux droits découlant des contrats de *droit public*. Cette interprétation compréhensive de la notion de droits acquis constitue une garantie importante, puisqu'elle permet de revendiquer la survivance des contrats de concession de services publics ou, à défaut, une indemnisation satisfaisante : la pratique tient compte ici de l'importance des investissements initiaux attendus du concessionnaire et de la durée étendue de la période d'amortissement.

Certains traités de dévolution contiennent des dispositions expresses en ce sens : convention additionnelle du 11 décembre 1871 au Traité de paix de Francfort, accords d'Évian du 18 mars 1962 pour l'Algérie.

La jurisprudence internationale confirme l'opposabilité de l'interprétation large des droits acquis. Dans l'affaire *Mavrommatis*, la CPJI a imposé à la Grande-Bretagne le respect des concessions de travaux publics octroyées par l'Empire ottoman à des ressortissants étrangers en Palestine, avant que celle-ci devienne un mandat britannique (arrêt du 26 mars 1925, série A, n° 5, p. 46-47). De même, elle a considéré que les concessions de phares accordées par l'Empire ottoman à des sujets français, étaient opposables à la Grèce en sa qualité d'État successeur (arrêt du 17 mars 1934, affaire *franco-hellénique des phares*, série A/B, n° 62, p. 25 ; cette affaire n'a connu son épilogue que par une sentence arbitrale du 24 juillet 1956, *RSA* XII, p. 155-257).

On doit admettre cependant que ni la pratique conventionnelle, ni une interprétation raisonnable de la jurisprudence internationale n'autorisent des conclusions absolues : la jurisprudence portait le plus souvent sur des engagements conventionnels qui, eux-mêmes, reflétaient des rapports de forces très conjoncturels.

2° *Limitation et contestation*. La critique de la doctrine classique du respect absolu des droits acquis s'appuie à la fois sur une dénonciation idéologique des principes de l'économie de marché — où l'on peut voir le véritable fondement de l'approche traditionnelle — et sur l'idée de souveraineté, surtout dans sa dimension économique. États socialistes et pays du Tiers Monde ont donc des raisons convergentes pour se rencontrer dans le rejet de la doctrine classique.

La jurisprudence des droits acquis est l'objet d'une double critique. D'un point de vue théorique d'une part, on lui reprochera d'être indifférente au consensualisme à la base du droit international : les États successeurs, liés par des décisions qu'ils n'ont pas prises, ne bénéficient que d'une souveraineté « de second ordre » ; ce qui est contraire au principe de l'égalité souveraine. D'autre part, dans une perspective pragmatique, le respect des droits acquis est inéquitable car il fait peser, sur des États fragiles et pauvres, une lourde hypothèque financière qui amoindrit leur liberté réelle dans la conduite de leur politique économique.

La solution doctrinale préconisée par le Tiers Monde, et exprimée en termes juridiques, a été ainsi formulée par M. Bedjaoui, rapporteur spécial de la CDI : « L'État successeur n'est pas lié par les droits acquis reconnus par l'État prédécesseur et ne peut être lié par ces droits que s'il les a acceptés librement ou si sa compétence est conventionnellement liée (...). Mais la compétence de l'État successeur n'est évidemment pas discrétionnaire. Il importe que, dans son action, il ne se départisse à aucun moment des règles de conduite qui régissent tout État. Car, avant d'être un État successeur, il est un État, c'est-à-dire un sujet ayant à côté de ses droits, des obligations internationales dont la violation engagerait sa responsabilité internationale » (*Ann. CDI*, 1969, vol. II, p. 101-102).

Est ainsi écartée la thèse extrême selon laquelle, en vertu de sa souveraineté, un État peut toujours se dégager de ses engagements conventionnels. Reste entière la question de savoir quelles sont ces « règles de conduite qui régissent tout État ». Car, au-delà de la valeur mythique attachée au concept de « droits acquis », ce sont ces règles concrètes qui sont l'objet de la controverse.

On admet, et on a toujours admis (voir l'arrêt n° 7 précité de la CPJI), que l'État successeur est libre de mener la politique économique de son choix, en particulier qu'il est en droit de nationaliser une propriété étrangère. En termes plus modernes, l'article 13 de la Convention sur la succession des États en matière de traités précise : « Rien dans la présente convention n'affecte les principes du droit international affirmant la souveraineté permanente de chaque peuple et de chaque État sur ses richesses et ses ressources naturelles ». Autrement dit, il n'existe pas de principe du *maintien des situations acquises*. Mais la véritable difficulté est de préciser si, au départ de son existence, l'État successeur est libre ou non de reconduire les droits acquis sur la base de la législation antérieure. S'il n'est pas entièrement maître de sa décision, il ne pourra porter atteinte aux droits acquis qu'en payant l'indemnisation prévue pour la rupture des contrats. S'il l'est, il ne sera lié que par le principe *pacta sunt servanda* — au cas où il aurait confirmé conventionnellement les droits acquis — et par les règles générales de la responsabilité internationale pour dommages causés aux ressortissants étrangers (notamment en matière de nationalisation : voir *infra*, n° 644).

La réponse dépend moins d'une argumentation abstraite sur la souveraineté, que de la solution donnée au problème de l'opposabilité de la coutume internationale aux États nouveaux (v. *supra*, n° 213). En effet, le Tiers Monde ne se satisfait pas d'une solution pour l'avenir, mais veut pouvoir démontrer rétroactivement que le non-respect des droits acquis uniquement fondés sur la coutume était légitime dès les années 1960.

Il n'est pas certain que les conventions de codification de 1978 et, surtout, de 1983, aient réalisé entre ces thèses contradictoires un équilibre réaliste (v. *supra*, n° 353).

B. — Rapports entre l'État successeur et l'État prédécesseur

BIBLIOGRAPHIE. — S. OETER, « State Succession and the Struggle over Equity : Some Observations on the Laws of State Succession with Respect to State Property and Debts in Cases of Separation and Dissolution of States », *GYBIL* 1995, p. 73-102. — B. BEAUCHESNE, « Les problèmes des biens publics de l'ex.-URSS localisés à l'étranger », *RGDIP* 1997, p. 987-1010. — P. WILLIAMS et J. HARRIS, « State Succession to Debts and Assets », *Harvard ILJl* 2001, p. 355-417. — A. STANIC, « Financial Aspects of State Succession : the Case of Yugoslavia », *EJIL* 2001, p. 751-780. — J. M. ORTEGA TEROL, « La sucesion de Estados en materia de bienes, archivos y deudas del Estado », *Rev. esp. DI* 2002, p. 131-142. — J. STRAVIDI et A. KOLLIOPOULOS, « L'accord du 29 juin 2001 portant sur des questions de succession entre les États issus de la dissolution de l'ex-Yougoslavie », *AFDI* 2002, p. 163-184. — V. les rapports de M. BEDJAOUI à la CDI et les rapports de la CDI à l'Assemblée générale depuis 1968 ; plus spécialement, *Ann. CDI*, 1981, vol. II et la compilation de la pratique internationale réalisée par le Secrétariat des Nations Unies, ST/LEG/SER.B/17 (1978). V. également G. RESS (rapporteur), « La succession d'États en matière de biens et d'obligations », *Ann. IDI* 2000-2001, p. 119-440 et 712-741.

357. Substitution de systèmes juridiques. — L'ordre juridique interne de l'État prédécesseur disparaît et il est remplacé par celui de l'État successeur. Rien que de très normal à ce « transfert » de législation, de réglementation administrative, de compétence des juridictions civiles, pénales et administratives : c'est la conséquence directe et nécessaire du principe de souveraineté territoriale.

De même, par exemple, que les tribunaux locaux devront affirmer leur compétence pour des recours entamés devant les juridictions de l'État prédécesseur, ces dernières devront désormais se déclarer incompétentes pour connaître plus longtemps de telles affaires.

Bien entendu, et en vertu de sa souveraineté, l'État successeur peut décider de conserver une partie de la législation antérieure, de façon à éviter des solutions de discontinuité juridique préjudiciables aux particuliers et à l'administration du territoire. La continuité, librement consentie, sera fondée sur le souci de sécurité juridique.

La coexistence de législations d'inspirations différentes n'est, le plus souvent, qu'une solution transitoire, car elle pose des problèmes de cohérence rapidement insolubles. Il est cependant des exceptions célèbres (survie du régime concordataire en Alsace-Lorraine, après 1919).

Il n'est pas interdit non plus de régler ces questions par voie d'accords entre l'État prédécesseur et l'État successeur, pour mieux garantir les droits des particuliers. Ainsi, le Traité d'Union entre la RDA et la RFA du 31 août 1990 contient des dispositions détaillées en vue d'assurer le transfert des institutions, du patrimoine et des dettes de l'ancienne RDA à l'Allemagne unifiée et prévoit les mesures transitoires indispensables (v. not. les chapitres V, VI et IX).

C'est en matière pénale que la continuité est la plus difficile à assurer, car tous les systèmes juridiques connaissent le principe de l'opportunité des poursuites, à la discrétion du ministère public. Les traités de paix ou de cession territoriale consacrent souvent quelques dispositions à ce problème. Quant à l'exécution des décisions rendues par les tribunaux de l'État prédécesseur avant la succession, décisions étrangères pour l'État successeur, elle peut être soit refusée, soit assurée de plein droit, soit soumise à la formalité de *l'exequatur*.

358. Passage des biens d'État. — Le principe était bien établi en droit coutumier que passent à l'État successeur l'ensemble des biens, meubles et immeubles, qui appartenaient à l'État prédécesseur. Le transfert de ces biens à l'État successeur « s'opère de plein droit en vertu du traité [de cession] et sans besoin d'un pacte spécial d'acquisition de la part de l'État successeur », a reconnu la CPJI, dans l'affaire de *l'Université Peter Pazmany c. État tchécoslovaque* (arrêt de 1933, série A/B, n° 61, p. 237-238).

L'avis n° 14 de la Commission arbitrale pour l'ex-Yougoslavie du 13 août 1993 (*RGDIP* 1993, p. 1111) exclut de la succession les biens d'entreprises assimilables à des entreprises privées, quel qu'ait été leur statut interne dans le régime antérieur, ainsi que les biens déjà en possession des États fédérés de l'ancienne Fédération yougoslave. En posant en principe que les « biens publics immeubles reviennent à l'État où ils sont situés », l'avis confirme que le passage de ces biens est de plein droit.

La convention de codification de 1983 confirme ce principe, en retenant le terme « passage », de préférence à celui de « transfert », pour supprimer toute équivoque sur le caractère automatique et systématique de la transmission des « biens publics ».

On s'est parfois demandé s'il ne convenait pas de distinguer entre le domaine public et le domaine privé des collectivités publiques de l'État prédécesseur. Dans l'affaire citée plus haut, la CPJI avait écarté l'argumentation favorable à la dissociation des deux types de biens, en s'appuyant sur les termes du traité pertinent. Des opinions divergentes avaient pu, également, être exprimées quant au droit national qui permettait de qualifier un bien de bien public.

La convention de 1983 retient une définition large de la notion de biens publics et conforme à la logique de l'institution (exclusivité de la législation de l'État prédécesseur tant que la succession d'État n'est pas réalisée). Selon l'article 8, « l'expression "biens d'État de l'État prédécesseur" s'entend des biens, droits et intérêts qui, à la date de la succession d'États et conformément au droit interne de l'État prédécesseur, appartenaient à cet État ». Toute difficulté n'est pas réglée pour autant.

Les débats qui ont conduit à l'adoption de la Convention de Vienne de 1983 ont tenté de préciser les points suivants :

— faut-il se contenter de règles supplétives et laisser ainsi les mains libres aux négociateurs des accords de succession ? Si l'État successeur est en position de faiblesse, face par exemple à l'ancienne puissance coloniale, il risque de se voir imposer des solutions inéquitables, sinon même des conditions « léonines » ;

— ne convient-il pas de protéger l'État successeur de façon nuancée, en tenant compte des diverses situations successorales ?

— quels sont les critères à mettre en œuvre pour les biens non localisés sur le territoire objet de la mutation et pour certains biens fongibles ?

Sur le premier point, puisqu'il n'était pas possible de poser des règles « impératives », les auteurs de la convention se sont contentés de fixer quelques directives d'action : pour l'État « nouvellement indépendant », les accords particuliers ne doivent pas porter atteinte au principe de la souveraineté permanente de chaque peuple sur ses richesses et ses ressources naturelles (art. 15, § 4), ni — en ce qui concerne les archives d'État — au droit des peuples au développement, à l'information sur leur histoire et à leur patrimoine culturel (art. 28, § 7).

Sur le deuxième point, et en rapport avec le premier, on remarquera que la présentation des règles diffère selon qu'il s'agit de création d'un nouvel État ou des autres types de succession. En règle générale, le régime de la succession est fixé par voie de conventions, les règles supplétives intervenant à défaut de traité ou pour en combler les lacunes ; pour les hypothèses de décolonisation, la convention expose un certain nombre de règles et c'est *in fine* seulement qu'il est fait allusion à la possibilité d'accords particuliers, sous une forme négative d'ailleurs (limitation des atteintes possibles aux principes généraux). Sur le fond, aussi, l'État « nouvellement indépendant » est en droit de revendiquer un sort plus favorable que les autres États successeurs. La « parenthèse historique » que constitue la période de dépendance du territoire non autonome doit être totalement « gommée ». Il n'y a pas d'équivalent, dans les autres dispositions du texte, à celles qui prévoient que les biens meubles et immeubles, ainsi que les archives, éventuellement situés hors du territoire, ayant appartenu au territoire dépendant avant la colonisation ou à la création desquels il a contribué, reviennent à l'État successeur (art. 15, § 1, al. b, c, e et f ; art. 28, § 1, al. a).

Enfin, sur le dernier point, il n'y avait pas de difficulté pour reconnaître le passage à l'État successeur des biens immeubles situés sur le territoire muté. En ce qui concerne les biens meubles, passent à l'État successeur ceux d'entre eux qui sont liés à l'activité de l'État prédécesseur « en relation » avec le territoire muté et une « proportion équitable » des autres. Les archives font l'objet soit d'une remise des originaux, soit d'une reproduction de celles qui sont nécessaires à une « administration normale du territoire » ou « se rapportent » au territoire plus ou moins directement. On peut s'attendre à quelques controverses dans l'interprétation de critères dont on ne peut donner ici qu'une description schématique et qui accumulent les qualificatifs imprécis.

Les articles 11 et 23 de la convention confirment la règle coutumière, rappelée par la CPJI dans l'affaire de *l'Université Peter Pazmany* précitée, selon laquelle, « à moins qu'il n'en soit autrement convenu par les États concernés ou décidé par un organe international approprié », le passage des biens d'États et archives « s'opère sans compensation ». La résolution adoptée sur le sujet par l'IDI en 2001 évoque cependant avec quelque insistance l'éventualité d'une « compensation équitable (a) entre l'État prédécesseur et l'État successeur ou (b) entre les États successeurs » (art. 7.1) (texte *in RGDIP* 2002, p. 491).

Il est remarquable que selon l'avis n° 12 de la Commission d'arbitrage pour l'ex-Yougoslavie, dans une hypothèse de partage entre États successeurs, l'État défaillant peut craindre des contre-mesures de la part des autres successeurs et une opposabilité internationale des solutions adoptées par ces derniers, en l'absence même d'une décision confirmative d'une « instance internationale compétente ». Il faut y voir un élément de développement du droit international davantage qu'un reflet du droit positif.

Par analogie, les créances et autres droits incorporels sont transmis intégralement à l'État successeur lorsque l'État prédécesseur disparaît. S'il subsiste, la détermination des éléments transférables s'effectue sur la base de leur rattachement au territoire muté.

L'avis n° 15 du 13 août 1993 de la Commission pour l'ex-Yougoslavie prend acte de la disparition de l'État successeur et insiste en conséquence sur la nécessité d'une solution acceptable par les banques centrales des États successeurs. S'agissant de l'opposabilité à leur égard des engagements internationaux pris par la banque centrale avant la dissolution de la Fédération, la réponse reste prudente : il est renvoyé aux termes de chaque accord en cause (*RGDIP* 1993, p. 1114). La solution a été fournie par la Convention de Vienne du 29 juin 2001 entre l'ensemble les États successeurs de la Yougoslavie (*ILM* 2002, p. 3 ; comm. de C. Stahn *in AJIL* 2002, p. 379-397). Dans l'ensemble, les directives de négociation préconisées par la « Commission Badinter » ont été respectées et concrétisées.

359. Transmission des dettes d'État. — L'expression vise « toute obligation financière d'un État prédécesseur à l'égard d'un autre État, d'une organisation internationale ou de tout autre sujet du droit international, née conformément au droit international » (art. 33 de la Convention de Vienne de 1983).

Cette formule tranche un débat ancien sur le point de savoir s'il ne faut prendre en compte que les obligations internationales de l'État prédécesseur : les dettes visées sont nécessairement internationales puisqu'elles résultent d'un accord entre sujets du droit international. Mais cette définition n'a pas une portée générale dans le droit de la succession d'États : elle est donnée aux fins de l'application de la convention de 1983. Le débat reste ouvert pour les éléments des dettes d'État liés au respect des droits acquis des particuliers.

Le partage des dettes donne lieu dans la pratique aux réponses les plus diverses.

La CDI, et à sa suite la convention de codification, ont proposé une formule différente pour les États nouveaux issus de la décolonisation et pour les autres successions. La règle de principe est que la dette passe à l'État successeur « dans une proportion équitable, compte tenu, notamment, des biens, droits et intérêts qui passent à l'État successeur en relation avec cette dette d'État » (art. 37, 40 et 41). Cet équilibre, destiné à garantir que l'État successeur disposera des moyens nécessaires au remboursement de la dette, n'est pas respecté s'agissant des États nouveaux : « aucune dette d'État de l'État prédécesseur ne passe à l'État nouvellement indépendant », énonce l'article 38. Sauf accord des deux États intéressés, ce qui suppose le consentement de l'État successeur. Et, parce que le Tiers Monde craint que ce consentement lui soit « extorqué », il est précisé que ledit accord « ne doit pas porter atteinte au principe de la souveraineté permanente de chaque peuple sur ses richesses et ses ressources naturelles, ni son exécution mettre en péril les équilibres économiques fondamentaux de l'État nouvellement indépendant » (art. 38, § 2). La référence à la souveraineté peut paraître légitime, d'un point de vue théorique ; le second critère est soit une redondance, soit une formulation sans signification juridique.

La dualité de normes consacrée par ce texte de « codification » accentue sa portée *de lege ferenda* (développement du droit). S'il a constitué un incontestable succès tactique pour les États décolonisés, il n'est pas entré dans le droit positif qui demeure extrêmement fluctuant en la matière.

C. — Rapports entre l'État successeur et l'ordre international

BIBLIOGRAPHIE. — C. J. B. HURST, « State Succession in Matters of Tort », *BYBIL* 1924, p. 163-178. — J.-P. MONNIER, « La succession d'États en matière de responsabilité internationale », *AFDI* 1962, p. 65-90. — I. A. SHEARER, « La succession d'États et les traités non localisés », *RGDIP* 1964, p. 5-59. — ILA, *The Effect of Independance on Treaties*, Stevens, Londres, 1965, 391 p. — M. MARCOFF, *Accession à l'indépendance et succession d'États aux traités internationaux*, Fribourg, 1969, 338 p. — S. ROSENNE, « Consent and other Related Words in the Codified Law of Treaties », *Mél. Rousseau*, 1974, p. 229-248. — K. YASSEEN, « La Convention de Vienne sur la succession d'États en matière de traités », *AFDI* 1978, p. 59-114. — W. CZAPLINSKI, « State Succession and State Responsibility », *ACDI* 1990, p. 339-359. — M. J. VOLKOVITSCH, « Righting Wrongs : Towards a New Theory of State Succession to Responsibility for International Delicts », *Columbia. L. rev.* 1992, p. 2162-2214. — E. SCISO, « Dissoluzione di Stati e problemi di successione nei tratatti », *Cta. I.* 1994, p. 63-115. — R. WILLIAMS, « State Succession and the International Financial Institutions », *ICLQ* 1994, p. 776-808. — M. P. SCHARF, « Musical Chairs : The Dissolution of States and Membership in the UN », *Cornell ILJl* 1995, p. 29-69. — V.-D. DEGAN, « La succession d'États en matière de traités et les États nouveaux (issus de l'ex-Yougoslavie) », *AFDI* 1996, p. 206-227. — O. M. RIBBELINK, « On the Uniting of States in Respect of Treaties », *NYBIL* 1995, p. 139-169. — L. SBOLCI, « La participazione degli Stati ai trattati multilaterali mediante notificazione di successione », *RDI* 1996, p. 620-655. — M. C. R. CRAVEN, « The *Genocide* Case, the Law of Treaties and State Succession », *BYBIL* 1997, p. 127-163 ; *The Decolonization of International Law, State Succession and the Law of Treaties*, Oxford UP, 2007, XIV-290 p. — D. PAPENFUSS, « The Fate of the International Treaties of the GDR within the Framework of German Reunification », *AJIL* 1998, p. 469-488. — M. BOJANVIC, « Éléments d'appréciation de la pratique étatique en matière de succession aux traités de la RSFY », *RBDI* 2001, p. 489-531. — F. RUIZ RUIZ, *Sucesión de Estados y salvaguardia de la dignidad humana : la sucesión de Estados en los tratados generales sobre proteccion de las derechos humanos y derecho humanitario*, Universidad de Burgos, Burgos, 2001, 204 p. — K. G. BÜHLER, *State Succession and Membership in International Organizations*, Kluwer, The Hague, 2001, XXII-351 p. — Ph. PAZARTZIS, *La succession d'États aux traités multilatéraux à la lumière des mutations territoriales récentes*, Pedone, 2002, 240 p. —B. STERN, « Responsabilité internationale et succession d'États », *Mél. Abi-Saab*, p. 327-355 ; « Les questions de succession d'États dans l'affaire relative à l'Application de la Convention pour la prévention et la répression du crime de génocide... », *Mél. Oda*, p. 285-305. — P. DUMBERRY et D. TURP, « La succession d'États en matière de traités et le cas de la sécession : du principe de la table rase à l'émergence d'une présomption de continuité des traités », *RBDI* 2003, p. 377-412. — A. RASULOV, « Revisiting State Succession to Humanitarian Treaties : Is There a Case for Automaticity ? », *EJIL* 2003, p. 141-170. — P. DUMBERRY, « The Controversial Issue of State Succession to International Responsibility Revisited in Light of Recent State Practice », *GYBIL* 2006, p. 413-448 ; « The Use of the Concept of Unjust Enrichment to Resolve Issues of State Succession to International Responsibility », *RBDI* 2006, p. 507-528 ; *State Succession to International Responsibility*, Martinus, 2007, XIX-517 p. — S. KARAGIANNIS, « La succession d'États et le droit de la mer. Les zones maritimes de l'État successeur », *RBDI* 2006, p. 459-506.

Sur la succession d'États en matière de traités, v. aussi les rapports annuels de la CDI (à partir de sa 20e session, 1968), plus spécialement *Ann. CDI*, 1974, vol. II-2 ; et la compilation de la pratique internationale réalisée par le Secrétariat des Nations Unies : ST/LEG/SER.B/14 (1967) et supplément de 1972 (A/CN.4/263).

360. Sort des traités en cas de succession d'États concernant une partie du territoire. — S'agissant d'un État successeur qui n'est pas un État nouveau, la règle, confirmée par l'article 15 de la Convention de Vienne de 1978 sur la succession en matière de traités, est certaine : les traités conclus par l'État successeur sont étendus au territoire transféré auquel les traités de l'État prédécesseur cessent de s'appliquer. Cette solution est la conséquence du principe général de l'application territoriale des traités. Il n'en serait autrement que pour les traités comportant des clauses spéciales limitant leur application à telle ou telle partie des territoires respectifs des États parties (v. *supra*, n° 141). La doctrine confirme ce principe d'extension automatique.

La solution retenue lors de la réunification de l'Allemagne confirme ces principes. L'article 11 du Traité d'Union du 31 août 1990 part du principe « que les traités et accords internationaux auxquels la RFA est partie, y compris les traités qui établissent l'appartenance en tant que membre à des organisations ou institutions internationales resteront en vigueur » et s'appliqueront au territoire de l'ancienne RDA. Il est par ailleurs entendu que « dans la mesure où des adaptations seraient nécessaires dans des cas particuliers, le gouvernement de l'Allemagne unie se mettra en rapport avec les autres parties à de tels traités » et l'article 10 pose le même principe en ce qui concerne le droit communautaire. Font exception les clauses territoriales des principaux accords conclus par la RFA en matière militaire.

Toutefois, l'unification de l'Allemagne posait un problème particulier du fait qu'elle se traduisait par la disparition d'un État, la RDA, qui avait son propre réseau d'engagements conventionnels. Il était politiquement difficile de mettre en œuvre les principes codifiés par les articles 31 à 33 de la Convention de 1978 relatifs aux « unifications d'État ». D'où la formule embarrassée de l'article 12 du Traité de 1990 qui prévoit l'examen des traités conclus par la RDA, avec les États cocontractants, afin de fixer leur sort (sur la mise en œuvre de cette disposition, v. D. Papenfuss, *AFDI* 1995, p. 207-244). Au contraire, ces principes paraissent avoir été mis en œuvre lors de l'unification du Yémen.

Traités incorporés dans le droit interne de l'État prédécesseur. — Leurs effets persistent dans la mesure où, à titre exceptionnel, ce droit interne de l'État prédécesseur est partiellement maintenu — par la volonté de l'État successeur — sur le territoire objet de la succession. Après le transfert de l'Alsace-Lorraine à l'Allemagne en 1871, les règles du Concordat français de 1801 avaient continué d'y être en vigueur et, inversement, cette validité persista au lendemain du retour de ce territoire à la France, alors que lesdites règles avaient cessé de s'appliquer depuis 1905 sur le reste du territoire français. Ce système du maintien sélectif a également été retenu à Hong Kong après la réintégration de ce territoire à la Chine (cf. P. Slinn, *AFDI* 1996, p. 285 s.).

En réalité cette hypothèse ne correspond pas à un cas de succession d'États aux traités ; c'est tout simplement une conséquence possible de la liberté laissée à l'État successeur, en vertu de sa propre souveraineté territoriale, de maintenir en vigueur une partie de l'ordre juridique antérieur sur le territoire muté. L'État successeur n'est pas formellement partie à l'accord en cause.

361. Sort des traités en cas de création d'États. — L'État issu d'une sécession ou d'une décolonisation peut-il et doit-il être considéré comme partie aux traités conclus par l'État prédécesseur ? Le problème est complexe, car il met en cause à la fois la souveraineté de l'État successeur et les intérêts des États qui ont contracté avec l'État prédécesseur, sans exclure — à propos de certains traités multilatéraux généraux — les intérêts de la communauté internationale. La solution n'est pas univoque. L'examen de la pratique confirme qu'un principe domine, celui de l'intransmissibilité, atténué par des exceptions importantes.

1° *Le principe d'intransmissibilité.* L'État successeur est un État tiers vis-à-vis des traités de l'État prédécesseur ; il ne peut donc en revendiquer le bénéfice. La solution est commandée par la règle fondamentale de l'effet relatif des traités (v. *supra*, n°s 154 s.).

La même conséquence s'impose, pour une autre raison, dans le cas de traités bilatéraux conclus par un État prédécesseur qui disparaît alors qu'apparaît l'État nouveau : la disparition de l'une des parties entraîne l'extinction de tels traités (v. *supra*, n° 202).

La succession d'États a donc souvent pour conséquence de réduire le champ d'application territoriale d'un certain nombre de traités, sinon le nombre des États parties.

2° *Les exceptions au principe*. Elles peuvent être classées en plusieurs catégories selon les bases juridiques sur lesquelles elles reposent.

a) Application du droit des traités. Dans tous les cas où le droit des traités crée lui-même des exceptions à la règle de l'effet relatif des traités, l'État successeur est lié (v. *supra*, n°s 160-161).

1) La continuité s'applique aux traités créant des situations « objectives » telles une neutralisation, une démilitarisation ou la liberté de navigation pour tous dans certaines zones.

On ne voit pas pourquoi les considérations qui conduisent à juger que de tels traités sont opposables aux États déjà existants et non parties, ne s'appliqueraient pas aux États qui parviendraient plus tardivement à l'existence internationale. Le même raisonnement peut s'appliquer aux traités établissant les frontières des États autres que celles de l'État successeur : l'existence d'un nouvel État ne change rien aux conditions générales de l'opposabilité des traités territoriaux (sur le cas des traités fixant les frontières de l'État successeur, voir *infra*, sous b).

L'État successeur ne devient pas, en vertu de cette règle, partie aux conventions en cause. Il doit simplement prendre acte d'un régime conventionnel donné, avec les droits et obligations que ce régime implique.

Au lendemain de la création de l'État belge, en 1830, après le démembrement des Pays-Bas, la déclaration finale de la Conférence de Londres a précisé : « Les événements qui ont fait naître en Europe un État nouveau ne lui donnent pas le droit d'altérer le système général dans lequel il entre ». C'est le même phénomène qui explique que les conventions de Constantinople et de Montreux, sur le canal de Suez et les détroits turcs, n'aient guère plus de parties contractantes qu'à l'époque de leur conclusion, alors qu'elles sont jugées universellement opposables.

La rédaction très générale de l'article 12 de la Convention de 1978 semble conforter le principe : elle a manifestement pour objet d'éviter que le droit de la succession d'États offre un prétexte à la remise en cause des traités créant des situations objectives.

La pratique, confirmée par le paragraphe 3 de cet article, n'étend pas l'idée de continuité aux conventions sur les bases militaires étrangères installées dans le territoire muté.

2) L'État successeur est tenu également par tout traité déclaratoire de normes coutumières existantes (art. 5 de la Convention de 1978) et, *a fortiori*, des conventions constatant des normes impératives *(jus cogens)*, tels le Pacte Briand-Kellogg de 1928 ou la Convention de 1948 sur la répression du crime de génocide.

La « transmission » s'impose également en ce qui concerne les règles conventionnelles s'imposant aux États tiers dans la mesure où elles sont devenues des règles coutumières, comme c'est le cas des dispositions de la Convention de La Haye de 1907 sur le règlement pacifique des différends internationaux. Tant l'article 38 de la Convention de Vienne de 1969 sur le droit des traités que l'article 5 de celle de 1978 vont dans ce sens.

b) Mise en œuvre de considérations propres à la succession d'États. La Convention de Vienne de 1978, reprenant dans l'ensemble des règles dégagées de la pratique antérieure, s'efforce de faciliter l'insertion du nouvel État dans la vie internationale tout en préservant les droits des autres États. Les solutions sont nuancées dans la mesure où elles résultent de la combinaison de deux distinctions.

1) La première oppose les traités « personnels », c'est-à-dire conclus *intuitu personae* (traités d'alliance, d'établissement, par exemple), et les traités « réels », c'est-à-dire qui portent sur un territoire donné et en fixent le régime. On admet traditionnellement que seuls les seconds suivent le sort du territoire objet de la succession et peuvent être invoqués par l'État successeur ou lui être opposables.

Dans l'arrêt sur les *Zones franches*, la CPJI a jugé qu'après la cession en sa faveur de la Savoie et de Nice, par le Traité de Turin du 24 mars 1860 conclu avec la Sardaigne, la France était tenue de respecter les accords de délimitation de la région de Saint-Gingolph intervenus avant cette cession, en tant qu'« elle a succédé à la Sardaigne dans la souveraineté sur ledit territoire » (CPJI, série A/B, n° 46, p. 144-145). Confirmant cette jurisprudence, la CIJ a estimé que le Cambodge pouvait se prévaloir des traités sur le tracé des frontières conclus entre 1904 et 1907 entre la France, alors État protecteur, et le Siam, la Thaïlande actuelle (*Temple de PréahVihéar, Rec.* 1962, p. 6). En revanche, personne ne soutiendrait que l'Algérie est partie ou liée au Pacte Atlantique, au titre de sa succession à la France.

La règle coutumière est bien établie, même si le partage entre les deux catégories n'est pas exempt de difficultés dans sa mise en œuvre. La Convention de 1978 la consacre par ses articles 11 et 12, en disposant qu'une succession d'États n'affecte pas, en elle-même, les régimes de frontières et autres régimes territoriaux.

Cette règle, qui conforte indirectement le principe de *l'uti possidetis*, a été mise en œuvre par le Tribunal arbitral chargé de la *Détermination de la frontière maritime* entre la Guinée-Bissau et le Sénégal, qui a rappelé que le principe de la table rase n'était pas applicable aux traités relatifs aux frontières, qu'elles soient terrestres ou maritimes (sentence du 31 juillet 1989, *RGDIP*, 1990, p. 251). Toutefois, le même Tribunal a estimé qu'« un État né d'un processus de libération nationale a le droit d'accepter ou non les traités qu'aurait conclus l'État colonisateur après le déclenchement du processus. Dans ce domaine, le nouvel État jouit d'une liberté totale et absolue » (*ibid.*, p. 235) qui, par conséquent, s'étend aux traités de frontières.

Dans un contexte différent, la CIJ a également considéré que la Slovaquie avait, après son indépendance, succédé à un traité conclu en 1977 entre la Hongrie et la Tchécoslovaquie et prévoyant un important investissement conjoint. Se traduisant par l'aménagement d'une portion considérable du Danube intéressant de ce fait également les États tiers, ce traité avait un caractère territorial. Malgré le libellé de l'article 12 de la Convention de 1978, qui laisse entendre que ce sont les droits et obligations de caractère territorial établis par le traité qui passent à l'État successeur, la Cour a estimé que « ce libellé a en fait été retenu pour tenir compte de ce que, en de nombreux cas, les traités qui avaient établi des frontières ou des régimes territoriaux n'étaient plus en vigueur (...). Ceux qui demeuraient en vigueur n'en devaient pas moins lier l'État successeur » (arrêt du 25 sept. 1997, *Projet Gabcikovo-Nagymaros*, par. 123).

2) Il convient aussi d'envisager séparément le sort des traités bilatéraux et celui des traités multilatéraux.

Les premiers ne restent en vigueur que si l'État nouvellement indépendant et l'autre État partie en conviennent, expressément ou implicitement (v. par exemple l'accord du 26 mars 2003 entre la France et la Serbie-et-Montenegro relatif à la succession en matière de traités bilatéraux conclus entre la France et la RSFY).

La Convention de Vienne de 1978 admet l'existence et la validité tant des accords de dévolution passés entre l'État prédécesseur et l'État successeur — sous réserve évidemment de leur conformité au droit des traités — que des déclarations unilatérales de continuité émanant des États successeurs (art. 8 et 9 — pour deux exemples d'échanges de lettres (des 16 mai et 19 juin 1995 d'une part et des 24 juin et 7 août 1996 d'autre part) « constatant » qu'un certain nombre d'accords — limitativement énumérés — continuent de lier la France à la République tchèque et à la Slovaquie, v. *RGDIP* 1998, p. 1091-1101). Cependant, les uns comme les autres ne peuvent être opposés aux États tiers sans leur consentement : la CDI y a vu « la base d'un accord collatéral en forme simplifiée entre le nouvel État indépendant et chacune des parties aux traités de l'État prédécesseur, accord ayant pour objet l'application à titre provisoire des traités après l'indépendance » (A/9610). Cette solution, conforme à une pratique courante qui ménage la volonté des parties concernées en évitant toute solution de continuité dans l'application des traités, doit être approuvée.

La solution retenue par la Convention de 1978 en ce qui concerne les traités multilatéraux est moins équilibrée. L'État successeur peut, en principe, « par une notification de succession, établir sa qualité de partie » à ces traités sauf s'il s'agit d'un traité restreint (« plurilatéral » comme le Traité de l'Atlantique nord ou celui sur l'Antarctique) ou si la participation de l'État nouvellement indépendant est incompatible avec le but et l'objet du traité (art. 17 ; sur le régime de la notification, v. en particulier l'arrêt de la CIJ du 18 novembre 2008 dans l'affaire du *Génocide (Croatie c. Serbie)*, par. 107-111 et par. 117). Ces principes, très favorables à l'État nouveau, sont peu respectueux de la volonté des autres parties.

Il convient sans doute d'y voir le prolongement des efforts réalisés lors de la Conférence de Vienne de 1969 sur le droit des traités, en vue de promouvoir la participation la plus large possible aux traités multilatéraux généraux et qui s'étaient traduits par l'adoption de la Déclaration sur la participation universelle à la Convention de Vienne (de 1969) et de règles assez laxistes en matière de réserves (v. *supra*, n°s 108 s.). Il s'agit plus des premiers linéaments d'un *« droit au traité »* en voie de formation que d'une conséquence nécessaire de la succession d'États. L'article 143 de la Constitution de la Namibie du 31 mars 1990 maintient en vigueur à titre provisoire tous les traités internationaux antérieurs mais réserve à l'Assemblée le droit de récuser ceux conclus par l'Afrique du Sud.

En cas *d'unification ou de séparation d'États*, les articles 31 et suivants de la Convention de 1978 prévoient divers aménagements aux règles précédentes, aménagements rendus nécessaires par le caractère particulier de ces situations successorales.

On peut en outre se demander s'il n'existe pas un principe de succession automatique aux traités de droit humanitaire et de protection des droits de l'homme. Ce principe controversé a été affirmé avec vigueur par la Chambre d'appel du TPI dans son arrêt *Delalic* du 20 février 2001 (par. 110-113), mais sur la base d'une interprétation contestable de la convention de Vienne de 1978. Le Comité des droits de l'homme en avait également défendu l'idée dans son observation générale n° 26 du 29 octobre 1997. En revanche, la Commission de réclamations Érythrée/Éthiopie n'a pas accepté la thèse de la succession automatique aux conventions de Genève de 1949 (sentence du 1er juillet 2003, par. 33).

La Cour internationale de Justice a quant à elle soigneusement évité de prendre position sur cette question sensible lorsqu'elle a été requise de le faire par les parties dans l'affaire du *Génocide* (v. son arrêt du 11 juill. 1996 sur la compétence, *Rec.* 1996, p. 612, par. 23). De même, saisie en appel de la décision de la Chambre de première instance du 6 mai 2003 dans l'affaire *Milutinovic*, la Chambre d'appel du Tribunal s'est estimée incompétente le 8 juin 2004 pour se prononcer sur l'opposabilité automatique de la Charte des Nations Unies (en tout cas des dispositions de son Chapitre VII) aux nouveaux États nés d'un processus de dissolution d'un État membre de l'ONU (v. not. sur la question O. de Frouville, *L'intangibilité des droits de l'Homme en droit international*, Pedone, 2004, p. 415-436).

Bien entendu, lorsqu'il est lié par un traité conclu par l'État prédécesseur, « un État successeur peut faire valoir devant un Tribunal tous les moyens et toutes les exceptions qu'aurait pu invoquer l'État auquel il succède », donc les causes de nullité qui affecteraient le traité et les éventuels motifs de son inopposabilité (sentence arbitrale précitée du 31 juillet 1989, *RGDIP* 1990, p. 228).

362. Participation aux organisations internationales. — L'entrée dans une organisation internationale correspond à une adhésion, sollicitée ou acceptée par les membres de l'Organisation, à un traité multilatéral. En vertu des règles générales sur la succession aux traités que l'on vient de rappeler, il y a là une première raison d'écarter l'idée d'une participation automatique ou « forcée » d'un État nouveau aux organisations internationales fermées, d'intégration ou d'alliance politique étroite.

La participation à une organisation internationale est aussi la reconnaissance de la qualité de sujet du droit international de son bénéficiaire. Il serait inconcevable qu'un État nouveau prétende prendre la place d'un État membre (le problème est différent pour les gouvernements concurrents au nom d'un même État : voir *supra*, n° 273). Le problème ne peut donc être posé que dans l'hypothèse où l'État prédécesseur disposait d'un siège dans l'organisation et où il a disparu de la scène internationale.

La règle générale est que tout État nouveau doit demander son admission et se soumettre aux procédures habituelles d'acceptation de sa candidature. Solution inévitable pour tous les cas de décolonisation, puisque la puissance métropolitaine subsiste en tant qu'État et reste membre des organisations universelles. Certains États issus de la décolonisation ont ainsi dû marquer le pas, face aux objections d'une majorité d'États membres ou au veto d'un membre permanent du Conseil de sécurité des Nations Unies (Mauritanie, Bangladesh).

Il est quelques exceptions apparentes à ce principe. Lors de l'éclatement de l'Empire des Indes en deux États indépendants, l'Inde et le Pakistan, seul le Pakistan a été formellement admis à l'ONU. C'est que le Dominion des Indes disposait déjà d'un siège aux Nations Unies et que l'Inde a été considérée comme son successeur unique. On a déjà signalé (v. *supra*, n° 349) la solution singulière adoptée pour la Syrie après le rejet de la fusion avec l'Égypte dans la RAU. Ni l'Égypte, ni la Syrie n'ont eu à se soumettre de nouveau à la procédure d'admission à l'ONU et aux institutions spécialisées. La différence avec le précédent indien tenait au fait que les deux « nouveaux » États avaient disposé chacun d'un siège quelques années plus tôt : tout s'est passé comme si l'existence de ces sièges avait été suspendue temporairement, les conditions d'admission étant supposées implicitement réunies. En réalité, la solution a été politique, la majorité des États préférant ne pas entrer dans une controverse entre les deux États successeurs à ce propos.

L'*Allemagne réunifiée* s'est bornée à notifier aux organisations internationales dont la RFA faisait partie l'extension du champ d'application territoriale de l'acte constitutif ; depuis lors, l'Allemagne assume les obligations, notamment financières, cumulées des deux États préexistants. S'agissant des Communautés européennes, des dispositions transitoires ont dû être adoptées. En revanche, bien que la possibilité fût prévue par l'article 12, paragraphe 3, du Traité d'union du 31 août 1990, l'Allemagne unie n'a pas succédé à la RDA dans les organisations dont celle-ci, et non la RFA, était membre. Le *Yémen* unifié a, pour sa part, succédé aux deux États prédécesseurs dans toutes les organisations dont l'un ou l'autre (ou les deux) étaient membres.

En revanche, après avoir constaté la dissolution de la *RSFY* (v. *supra*, n° 344), la Commission d'arbitrage de la Conférence pour la paix en Yougoslavie a estimé qu'il devait être mis fin à la qualité de membre de celle-ci dans les organisations internationales « et qu'aucun des États successeurs ne peut revendiquer » un droit à occuper son siège (v. aussi la résolution 777 (1992) du Conseil de sécurité ; v. Y. Z. Blum, *AJIL* 1992, p. 830 et 1993, p. 240 ; M. C. Vitucci, *RDI* 2000, p. 992-1026). La RFY (Serbie-et-Monténégro) a contesté cette interprétation et s'est longtemps prétendu État continuateur de l'ancienne fédération yougoslave. La situation de la RFY par rapport à l'ONU est donc restée plusieurs années incertaine, comme la CIJ l'a constaté dans son arrêt sur la compétence du 11 juillet 1996 dans l'affaire du *Génocide* (*Bosnie-Herzégovine c. RFY*). Elle s'est clarifiée à l'automne 2000 lorsque la RFY a formellement demandé son admission comme nouvel État membre aux Nations Unies. Au plan contentieux, la CIJ a refusé de considérer que cette évolution devait conduire à une révision de son arrêt du 11 juillet 1996 dans la mesure où celui-ci avait été rendu au vu de la situation existant au moment de l'introduction de l'instance (v. son arrêt du 3 février 2003 relatif à la *Demande en révision ;* position confirmée dans l'arrêt du 26 février 2007 rendu au fond dans l'affaire du *Génocide*, par. 81-141). Dans une autre affaire introduite en 1999 par la RFY contre certains États membres de l'OTAN (l'affaire de la *Licéité de l'emploi de la force*), la Cour a déduit en revanche de l'évolution survenue en 2000 que la RFY ne pouvait pas être considérée comme ayant été membre de l'ONU au jour du dépôt de la requête, et donc comme partie au Statut de la Cour annexé à la Charte des Nations Unies. Dans la mesure où cela lui interdisait de saisir la Cour, cette dernière s'est déclarée incompétente pour connaître de la demande de la RFY (v. l'arrêt du 15 décembre 2004 ; v. également l'arrêt du 18 novembre 2008 sur les exceptions préliminaires dans *l'Affaire relative à l'application de la convention pour la prévention et la répression du crime de génocide* [*Croatie c. Serbie*]).

Par l'Accord d'Alma-Ata du 21 décembre 1991, les États membres de la CEI ont accepté que la *Russie* succède à l'URSS aux Nations Unies, avec tous les droits et prérogatives qui lui sont reconnus, notamment le droit de veto. La Russie a notifié au Secrétaire général cette décision, qui ne s'est heurtée à aucune protestation et a donc été mise en œuvre malgré les problèmes juridiques qu'elle soulève (Y. Z. Blum, *IEDI* 1992, p. 354).

363. – Succession d'États et responsabilité internationale. — Les principes généraux de la responsabilité internationale excluent toute idée de continuité en matière de responsabilité passive. Ils ont par ailleurs longtemps été considérés, en vertu d'une jurisprudence arbitrale ancienne et sur la base des règles régissant l'attribution des faits internationalement illicites à l'État, comme excluant également toute continuité en matière de responsabilité active.

Pour ce qui touche au premier point, l'État successeur n'est pas habilité à exercer la protection diplomatique, en vue d'engager la responsabilité d'un État tiers, à raison d'un fait antérieur à la succession et qui a causé un préjudice à un ressortissant du territoire muté. Cette compétence reste, théoriquement, à l'État prédécesseur.

Appliquant la règle selon laquelle la protection diplomatique, comme manifestation de la compétence personnelle de l'État, ne peut s'exercer qu'au profit de ses nationaux, la CPJI a imposé cette solution, pour le motif qu'à l'époque du préjudice la victime n'était pas encore un national de l'État successeur (*Chemins de fer Panevezys-Saldutiskis*, entre l'Estonie et la Lituanie, arrêt du 23 février 1939, série A/B, n° 76, p. 16-17). L'inconvénient de cette approche est que les intérêts des particuliers risquent d'être sacrifiés, l'État prédécesseur n'ayant plus guère de raisons d'agir au profit d'un ressortissant étranger et pouvant même en être empêché par la règle de la continuité de la nationalité de la victime. C'est la raison pour laquelle la CDI a prévu dans son projet d'articles de 2006 sur la protection diplomatique une exception au principe de la continuité de la nationalité en cas de succession d'États (v. l'article 5, par. 2, du projet, et *infra*, n° 495).

S'agissant de la responsabilité active, la jurisprudence internationale classique n'a pas non plus admis le transfert à l'État successeur des actes internationalement illicites commis par l'État prédécesseur au détriment des États tiers (tribunal arbitral anglo-américain, *Brown*, 1923-1924, *RSA* VI, p. 17 ; tribunal arbitral franco-hellénique, aff. des *Phares*, sentence du 24 juillet 1956, *RSA* XII, p. 161). L'État auteur de l'acte reste normalement seul responsable, ce qui ne pose pas de problème sauf s'il a disparu. Dans cette dernière situation, l'équité commanderait que le ou les États successeurs assument la responsabilité de l'État prédécesseur, faute de quoi la dette serait éteinte au détriment de la victime. La pratique étatique contemporaine, manifestée lors des successions survenues dans les années 1990, s'est orientée dans cette direction, les États successeurs assumant en général spontanément la responsabilité des actes commis par l'État prédécesseur dissous (ainsi de la Slovaquie dans l'affaire *Gabcikovo-Nagymaros*).

On notera que dans son arrêt du 26 février 2007 rendu dans l'affaire du *Génocide* opposant la Bosnie-Herzégovine à la Serbie-et-Monténégro, la CIJ semble être allée un peu plus loin encore dans la remise en cause de la jurisprudence classique. Si elle a considéré qu'elle n'avait pas compétence à l'égard du Monténégro à la suite de sa déclaration d'indépendance du 3 juin 2006 et de sa sécession de la Serbie-et-Monténégro (conforme au droit constitutionnel de ce dernier État), dès lors que la Serbie, et elle seule, continuait la personnalité de l'État prédécesseur et que le Monténégro n'avait pas consenti à la compétence de la Cour, elle n'en a pas moins laissé entendre que le Monténégro devait être considéré comme potentiellement responsable des actes commis par l'État prédécesseur, « toute responsabilité établie dans le présent arrêt à raison d'événements passés concerna[n]t à l'époque considérée l'État de Serbie-et-Monténégro » (par. 76-78).

Section 4

La reconnaissance

364. Notion (rappel). — La reconnaissance est le procédé par lequel un sujet du droit international, en particulier un État, qui n'a pas participé à la naissance d'une situation ou à l'édiction d'un acte, accepte que cette situation ou cet acte lui soit *opposable*, c'est-à-dire admet que les conséquences juridiques de l'une ou de l'autre s'appliquent à lui. Elle constitue donc un acte unilatéral et, sous un angle général, elle a déjà été étudiée à ce titre (*supra*, n° 237).

Élément de la consolidation du fait en droit, la reconnaissance joue nécessairement un rôle capital dans la dynamique de l'État. La naissance des États, leurs transformations territoriales ou politiques, qu'elles soient pacifiques ou conflictuelles, constituent des événements qui affectent la structure et le fonctionnement de la communauté internationale : à ce titre, il est légitime que les autres sujets du droit international aient la possibilité d'influencer le moment et la forme de telles interférences. C'est un élément de leur souveraineté que de pouvoir peser ainsi, de façon indirecte, sur la composition de la société internationale (phénomène de cooptation des sujets du droit) et sur les comportements de nature à transformer le droit international (acceptation ou rejet de comportements constitutifs d'une règle coutumière). Pourtant, la portée exacte de la reconnaissance reste difficile à préciser. D'abord, pour des raisons de principe : le droit international prend acte des faits et doit éviter de fournir par ce biais des moyens de pression politique aux États. Ensuite, pour des raisons techniques : la reconnaissance peut être implicite, consister même en de simples silences dont l'interprétation est souvent délicate.

Les occasions de constater une situation nouvelle et d'en tirer des conséquences particulières sont très nombreuses : les États reconnaissent l'acquisition et la perte de territoire, l'établissement d'un protectorat, d'une neutralité perpétuelle, de compétences territoriales « mineures », ou même les principes posés par un traité conclu entre États tiers. Mais les situations susceptibles de reconnaissance les plus significatives sont la reconnaissance d'un nouveau gouvernement (v. *supra*, n° 273) et celle d'un État (§ 1). En outre, les États s'efforcent d'influer sur la création d'États (ou, plus largement, de situations) nouveaux en utilisant leur compétence de reconnaissance à l'occasion de contestations de l'autorité étatique (§ 2).

§ 1. — *Reconnaissance d'État*

BIBLIOGRAPHIE. — R. ERICH, « La naissance et la reconnaissance des États », *RCADI*, 1926, III, vol. 13, p. 427-507. — R. REDSLOB, « La reconnaissance de l'État comme sujet de droit international », *Revue DI*, 1934, p. 429-483. — J. J. A. SALMON, *La reconnaissance d'État*, Armand Colin, 1971, 287 p. — G. BURDEAU, « La situation internationale de l'État révolutionnaire et la réaction des États tiers », *Colloque SFDI Dijon*, Pedone, 1990, p. 163-205. — C. HILLGRUBER, « The Admission of New States to the International Community », *EJIL* 1998, p. 491-509. — Th. D. GRANT, *The Recognition of States : Law and Practice in Debate and Evolution*, Praeger, Londres, 1999, XXII-231 p. — S. D. MURPHY, « Democratic Legitimacy and the Recognition of States and Governments », *ICLQ* 1999, p. 545-581. — S. TALMON, « The Constitutive and the Declaratory Theory of Recognition : *Tertium non datur ?* », *BYBIL* 2004, p. 101-181 ; *La non-reconnaissance collective des États illégaux*, Pedone, 2007, 115 p.

V. aussi la bibliographie citée *supra* sur les n°s 236 et 344.

A. — Nature et portée de la reconnaissance d'État

365. Reconnaissance et naissance d'un nouvel État. — Toute entité humaine comprenant les trois « éléments constitutifs » de l'État (population, territoire et gouvernement) peut prétendre à la souveraineté, élément lui aussi nécessaire pour que cette entité accède à la qualité d'État (v. *supra*, n°s 265 s. et 274 s.).

Ce résultat est atteint par un simple examen objectif des faits — réalité de l'indépendance politique d'un gouvernement effectif —, sans qu'il soit nécessaire d'ajouter une condition, la reconnaissance de l'entité en cause comme État par la communauté internationale. Cette conception objective de l'existence de l'État est cependant contestée par les tenants de la portée constitutive de la reconnaissance d'État.

1° *La conception « attributive » ou « constitutive ».* Selon cette première thèse, la reconnaissance est, avec l'existence d'une population, d'un territoire et d'un gouvernement, un quatrième élément constitutif de l'État. Sans elle, la formation de l'État reste inachevée. Parce qu'elle attribue la qualité d'État, elle le constitue, en ce sens qu'elle parachève son processus de création. Sa portée est donc très large, essentielle.

Cette conception a été proposée par des auteurs volontaristes classiques (Triepel, Jellinek, Cavaglieri en particulier), qui ont considéré que l'existence d'un État nouveau doit être acceptée par les États préexistants : leur consentement s'exprimera par la reconnaissance. Ces États bénéficient ainsi d'une position privilégiée, voire supérieure, puisque sans leur accord, aucun État nouveau ne peut participer en tant qu'État à la société internationale. Privilège d'autant plus discutable que la reconnaissance d'État ne serait pas une compétence « liée ». Il suffit d'énoncer cette conséquence de la théorie attributive pour se convaincre qu'elle est directement contraire au principe d'égalité des États et, dès lors, inacceptable.

Dans sa formulation absolue, la thèse « constitutive » a, aujourd'hui, perdu beaucoup de terrain. L'idée de « cooptation » et de vérification collective de la qualité d'État n'a pourtant pas été totalement abandonnée (v. *infra*, n° 367).

2° *La conception « déclarative ».* On admet généralement que la naissance d'un État nouveau est un *fait* dont l'existence ne dépend pas des intentions ou appréciations des États existants. La conception déclarative repose sur ces prémisses.

La reconnaissance d'État n'a qu'une portée déclarative parce que son seul objet est de *constater* l'existence de l'État nouveau, sans lui conférer aucune qualité juridique qu'il ne possède déjà du fait de ses trois éléments constitutifs. Elle conditionne dans une certaine mesure les effets internationaux de la souveraineté de l'État nouveau, elle ne crée pas la souveraineté, ni l'État.

Telle est la position adoptée par l'Institut de droit international depuis longtemps : « La reconnaissance a un effet déclaratif. L'existence de l'État nouveau, avec tous les effets juridiques qui s'attachent à cette existence, n'est pas affectée par le refus de reconnaissance d'un ou de plusieurs États » (résolution de 1936, session de Bruxelles).

Dans le même sens, l'article 3 de la Déclaration de Montevideo, du 27 décembre 1933 (VIIe Conférence panaméricaine), sur les droits et les devoirs des États, dispose : « L'existence politique de l'État est indépendante de sa reconnaissance par les autres États ». La formule a été confirmée à plusieurs reprises dans le cadre latino-américain : article 9 de la Charte de Bogota de 1948, article 12 de sa version modifiée par la Conférence de Buenos-Aires de 1967.

En jurisprudence, c'est dans une décision d'un tribunal arbitral mixte, à propos de la Pologne de 1919, qu'on trouve un ralliement explicite à la thèse déclarative : « Suivant l'opinion admise à juste titre par la grande majorité des auteurs du droit international, la reconnaissance d'un État n'est pas constitutive, elle est simplement déclarative. L'État existe par lui-même, et la reconnaissance n'est rien d'autre que « la déclaration de son existence reconnue par les États dont elle émane » (*Rec. des décisions des TAM*, vol. IX, p. 336). La Commission d'arbitrage de la Conférence européenne pour la paix en Yougoslavie a également consacré ce point de vue : « L'existence ou la disparition de l'État est une question de fait ; la reconnaissance par les autres États a des effets purement déclaratifs » (avis n° 1, 29 novembre 1991, *RGDIP* 1992, p. 264). Toutefois, nuançant cette affirmation, elle a considéré que la reconnaissance, « tout comme la qualité de membre d'organisations internationales, témoignent de la conviction [des autres] États que l'entité politique ainsi reconnue constitue une réalité et lui confèrent certains droits et certaines obligations au regard du droit international » (avis n° 8, § 1, 4 juillet 1992).

On doit en déduire que la reconnaissance a un effet rétroactif : la reconnaissance de l'État porte ses effets à compter de la naissance effective de l'État et non pas de la date de la reconnaissance (pour l'ex-Yougoslavie, voir l'avis n° 11 de la Comm. d'arb., du 16 juillet 1993, relatif aux dates de succession des nouveaux États, *RGDIP* 1993, p. 1102-1105).

Le refus de reconnaissance n'interdit pas à un État d'exister. Inversement, l'octroi de la reconnaissance ne suffit pas pour créer un État : si les éléments constitutifs ne sont pas vérifiés, l'entité reconnue n'est pas pour autant un État. De ce fait, la conception déclarative constitue un rempart plus sûr contre l'« État fantoche » que la conception constitutive.

Il reste qu'il n'est pas interdit de reconnaître « prématurément » une entité qui ne réunit pas toutes les conditions d'existence d'un État (v. *infra*, n° 367) et qu'une telle reconnaissance n'est pas dépourvue d'effets juridiques : l'État qui procède à cette reconnaissance est lié par cet acte et doit admettre l'opposabilité à son égard de la situation ainsi créée.

La pratique française, réaffirmée très clairement à la suite de la proclamation de l'État de Palestine (v. *supra*, n° 272), consiste à ne pas « reconnaître un État qui ne dispose pas d'un territoire défini » (réponse du ministre des Affaires étrangères à une question écrite, *JO, Débats parl., AN*, 1988, p. 2324).

On peut légitimement se demander en définitive si l'opposition entre les deux conceptions de la reconnaissance n'est pas en grande partie artificielle. Même dans le cadre de la conception déclarative, qui s'est imposée aujourd'hui, la reconnaissance participe au processus (factuel) de formation de l'État dans la mesure où elle aide les faits à s'imposer. Elle ne saurait par conséquent être tenue pour totalement inopérante au plan juridique, quelle que soit la conception que l'on en retient.

Il en ira notamment ainsi en cas de division de la communauté internationale quant au sort à réserver à l'entité se prétendant un nouvel État. Dans le cas du Kosovo par exemple (v. *supra*, n° 344), on peut escompter que la capacité de l'État kosovar à s'imposer comme tel dépendra en définitive des soutiens qu'il sera en mesure d'obtenir sur la scène internationale.

366. Reconnaissance et compétences de l'État nouveau. — Au demeurant, la reconnaissance n'est pas une simple formalité et son utilité juridique est réelle, ce qui explique que le souci primordial de tous les États nouveaux soit d'obtenir leur reconnaissance. On le comprend en allant au-delà de la question de la constatation de l'existence de l'État, et en s'interrogeant sur l'exercice des compétences étatiques. Sur ce terrain, la situation juridique de l'État nouveau n'est pas la même *avant* et *après* sa reconnaissance. L'accord est général sur ce point, mais les auteurs varient quant à l'importance de ce changement de situation juridique.

1° L'État nouveau n'a pas besoin d'être reconnu pour exister en tant qu'État (v. *supra*, n° 365). Dès que le processus de création est achevé il est un État, un sujet de droit international et un membre de la communauté internationale. De ce fait, il est titulaire de toutes les compétences étatiques et peut en faire usage conformément au droit international, comme les autres États. Pour autant donc que ces compétences intéressent les rapports de l'État avec des assujettis à son ordre juridique, il pourra les exercer de manière plénière et exclusive : l'exercice de ses compétences est pleinement opposable. Sur son territoire, il s'organise librement, légifère, administre, juge et ses autorités publiques sont seules en mesure d'exercer des actions de contrainte (police, défense armée).

L'article 12 du Protocole précité de Buenos Aires le confirme en ces termes : « Même avant d'être reconnu, l'État a le droit de défendre son intégrité et son indépendance, d'assurer sa conservation et sa prospérité, et, par suite, de s'organiser le mieux qu'il l'entend, de légiférer sur ses intérêts, d'administrer ses services et de déterminer la juridiction et la compétence de ses tribunaux. L'exercice de ces droits n'a d'autre limite que l'exercice des droits des autres États conformément au droit international ».

En revanche, l'État nouveau non reconnu ne peut contraindre les autres États à reconnaître en lui un égal. Leur propre souveraineté leur permet de ne pas considérer comme opposables les actes juridiques de cet État nouveau. De même, ils sont en droit de refuser d'entrer en relations juridiques avec lui, sur un pied d'égalité, aussi longtemps qu'ils ne le reconnaissent pas comme un État souverain.

Cette règle limite la portée extra-territoriale habituellement reconnue à la législation et aux jugements des tribunaux (v. *supra*, n°s 334-335). Ainsi, dans les procès relatifs à l'état et à la capacité des personnes de nationalité étrangère, aucun principe de droit international n'obligera les tribunaux d'un État à faire application des lois d'un autre État non reconnu. Si, dans la réalité, il leur arrive de les appliquer, c'est parce que, de leur propre appréciation, cette attitude est conforme aux exigences de bonne administration de la justice et aux intérêts des parties. Ce souci de réalisme se retrouve dans les jurisprudences internes qui accordent le bénéfice de l'immunité de juridiction et d'exécution à des États non reconnus impliqués dans des litiges commerciaux (TGI. Paris, 15 mars 1967 et CA Paris, 7 juin 1969, *P. Clerget c. BCEN et Banque du commerce extérieur du Vietnam, RGDIP* 1967, p. 1120 et 1970, p. 522).

Dans les rapports internationaux, l'État non reconnu par tous est en droit d'avoir des relations diplomatiques et juridiques avec les États qui l'ont reconnu : il pourra conclure des traités, entrer dans des organisations internationales régionales, par exemple. Mais sa liberté d'action, vis-à-vis des États qui ne le reconnaissent pas, sera restreinte. Le principe est qu'avant sa reconnaissance, un État ne peut entretenir des relations diplomatiques solennelles, au niveau des ambassadeurs, avec les États qui ne le reconnaissent pas. Pour le reste, c'est le règne de l'empirisme tempéré par le souci des États tiers de ne pas s'engager d'une manière qui pourrait être interprétée comme une reconnaissance implicite : s'il peut présenter sa candidature à l'entrée dans les organisations universelles, il risque de la voir rejeter en l'absence d'une majorité en sa faveur ou en raison du veto d'une grande puissance ; les traités qu'il conclura seront limités dans leur objet (règlement de problèmes techniques ou de problèmes politiques urgents) et leur négociation aura souvent un caractère officieux.

Les relations entre les deux Allemagnes dans les années 1960 donnent une bonne idée des « contorsions » diplomatiques qu'impose une telle situation.

2° Seule la reconnaissance normalise, à tous les échelons et en toutes matières, les relations entre l'État nouveau et l'État qui le reconnaît.

L'article 13 du Protocole précité de Buenos Aires exprime avec netteté les effets globaux de la reconnaissance : « La reconnaissance implique l'acceptation, par l'État qui l'accorde, de la personnalité du nouvel État avec tous les droits et devoirs fixés, pour l'un et l'autre, par le droit international ».

L'État qui reconnaît l'État nouveau accepte que lui soient désormais opposables tous les actes accomplis, dans l'exercice régulier de ses compétences, par l'État qu'il a reconnu. Mais, comme pour tout autre État, l'étendue de ces compétences est fixée par le droit international et dérive de la personnalité juridique reconnue aux États. C'est dans cette limite qu'il convient d'admettre l'importance des effets juridiques de la reconnaissance.

B. — Exercice de la reconnaissance

367. Caractère discrétionnaire. — Il peut paraître étonnant que la reconnaissance d'État ne soit pas une procédure « centralisée » ou du moins que la compétence pour reconnaître un État nouveau ne soit pas une compétence « liée » des États puisque l'État est une réalité objective, dont l'existence s'impose dès que sont établis ses trois « éléments constitutifs ». Refuser de reconnaître un fait réel peut sembler une consécration de la primauté du politique sur le juridique dans les relations internationales.

Mais il faut observer, d'une part, que la reconnaissance ne crée pas l'État mais renforce seulement les effets juridiques internationaux des actes étatiques ; d'autre part, que la souveraineté des États existants les habilite à contrôler la portée sur leur territoire des actes étrangers, à les qualifier en tant qu'actes juridiques opposables à ses ressortissants, et à définir librement l'intensité de leurs relations avec les gouvernements étrangers. En outre, autoriser chaque État à décider de l'opportunité de la reconnaissance d'un État nouveau n'est pas un facteur de désorganisation de la société internationale, d'anarchie des rapports interétatiques : c'est une conséquence normale d'un système très décentralisé, d'autant plus acceptable que l'effet de la reconnaissance ou du refus de reconnaissance n'a qu'un effet relatif, limité aux relations entre deux États (CPJI, *Intérêts allemands en Haute-Silésie polonaise*, arrêt du 25 mai 1926, série A, n° 7, p. 27-28). La reconnaissance collective systématique ne serait pleinement justifiée que si la reconnaissance avait un caractère « constitutif ».

Tout en maintenant le principe classique de la compétence discrétionnaire de reconnaissance, la pratique contemporaine tente cependant d'en limiter les effets anarchiques par des procédures d'harmonisation des attitudes nationales.

1° L'Institut de droit international, dans sa résolution de 1936 précitée (n° 365), prend acte du droit positif et confirme que la reconnaissance d'État est un acte juridique libre, discrétionnaire. Ce qui entraîne qu'en règle générale, *il n'existe ni une obligation de reconnaître, ni un devoir de ne pas reconnaître*. Comme l'a relevé la Commission d'arbitrage de la Conférence pour la paix en Yougoslavie, la reconnaissance « est un acte discrétionnaire que les autres États peuvent effectuer au moment de leur choix, sous la forme qu'ils décident et librement » (avis n° 10 du 4 juillet 1992, § 4, *RGDIP* 1993, p. 594).

Bien que la reconnaissance soit un acte juridique, qui doit respecter certaines règles de fond, donc un acte qui ne doit pas être arbitraire (v. *supra*, n° 237, 2°, b), le droit international est fort peu contraignant quant aux conditions d'exercice de la compétence de reconnaissance.

Il ne peut guère en être autrement, aussi longtemps que la constatation de l'effectivité du pouvoir gouvernemental n'est pas organisée selon une procédure ayant portée universelle. Même si tous les États s'engageaient à ne reconnaître que des autorités étatiques effectives, leurs appréciations ne coïncideraient pas systématiquement. Pareille éventualité étant plus que probable, tout se passerait comme si, contrairement à sa nature et à sa portée réelle, la reconnaissance était constitutive : l'État nouveau n'existerait qu'à l'égard de ceux qui l'auraient reconnu.

2° La pratique prouve que les États n'attachent qu'une portée limitée à la condition d'effectivité : certaines reconnaissances sont manifestement *prématurées*, d'autres manifestement *tardives*.

La reconnaissance est prématurée lorsqu'elle intervient avant l'achèvement du processus de création de l'État nouveau ; elle est tardive lorsque l'État tiers a tardé à reconnaître un État et prétendu, contre toute évidence, que les autorités étatiques ne disposaient pas du contrôle effectif sur leur population et sur leur territoire.

Dès 1778, la France reconnut les États-Unis d'Amérique tout en s'efforçant de justifier sa décision en soulignant que la Grande-Bretagne avait « effectivement perdu » ses anciennes colonies et que « les États-Unis de l'Amérique septentrionale étaient en pleine possession de leur indépendance ». La Grande-Bretagne répondit à cette reconnaissance par une déclaration de guerre, la jugeant prématurée. Ce qui prouve d'ailleurs l'importance politique qui peut s'attacher à la reconnaissance d'un nouvel État.

En 1903, quelques jours à peine après le déclenchement de l'insurrection des Panaméens contre le gouvernement colombien, les États-Unis reconnurent l'État du Panama et conclurent avec lui un traité qui consacrait leurs droits sur le futur canal de Panama. La Colombie protesta, en vain, contre une reconnaissance accordée avant la naissance effective de l'État.

On peut soutenir aussi que la reconnaissance de la République sahraouie en tant qu'État restera prématurée tant que le Front Polisario ne contrôlera pas exclusivement une partie importante de la population et du territoire qu'il revendique.

Une reconnaissance prématurée est tout aussi regrettable qu'une reconnaissance tardive. Ce n'est pas qu'en elle-même la reconnaissance prématurée ou tardive serait illicite, puisqu'il n'existe pas de critères internationaux conditionnant la reconnaissance. Mais, de par sa seule portée déclarative — permettre l'exercice par l'État nouveau de la plénitude des compétences étatiques dans ses rapports avec les États qui le reconnaissent —, la reconnaissance peut créer des situations juridiques dangereuses pour le respect des droits des États tiers, surtout si l'on prend argument de cette reconnaissance pour faire application des règles sur la succession d'États.

Les exemples de reconnaissance tardive sont plus nombreux encore, en particulier de la part de l'État victime du démembrement dont est issu l'État nouveau, plus d'ailleurs aujourd'hui dans les hypothèses de sécession que dans celles de décolonisation. Une autre cause fréquente de reconnaissance tardive réside dans les conflits idéologiques qui divisent la société internationale contemporaine.

Au siècle dernier, après l'émancipation de ses colonies d'Amérique, l'Espagne mit entre dix et soixante-dix ans pour les reconnaître comme États. Beaucoup plus près de nous, le Pakistan n'a reconnu le Bangladesh qu'en février 1974, soit près de trois ans après la sécession victorieuse du Bengale dont cet État est issu ; il ne s'y est d'ailleurs résolu que sous la pression de la Conférence des États islamiques (Lahore, 1974). De même, c'est seulement par l'accord de Jérusalem du 30 décembre 1993 que le Saint-Siège et Israël ont décidé la normalisation de leurs rapports, par l'établissement de relations diplomatiques et ce dernier État n'est toujours pas reconnu par la plupart des États arabes, plus de cinquante ans après sa création. Dans le cadre enfin du processus d'adhésion à l'Union européenne formellement lancé le 3 octobre 2005, la Turquie est tenue de reconnaître l'autorité du gouvernement chypriote sur l'ensemble de l'île de Chypre, ce qu'elle se refuse toujours à faire (v. S. Talmon, *AFDI* 2005, p. 85-119).

3° Les États sont toujours tentés de faire de la reconnaissance un instrument de leur politique diplomatique. Si la plupart des reconnaissances sont inconditionnelles, la *reconnaissance conditionnelle* n'est pas inconnue de la pratique internationale : elle consiste, de la part de l'État qui reconnaît, à subordonner l'octroi ou le retrait de sa reconnaissance à la réalisation de conditions autres que celles qui résultent de situations objectives.

Les auteurs qui retiennent une définition stricte de la reconnaissance, c'est-à-dire qui y voient une « déclaration de capacité telle qu'elle résulte de faits objectifs », sont particulièrement critiques à l'égard de la reconnaissance conditionnelle : H. Lauterpacht la dénonce comme une pratique internationale illicite.

Peut-être doit-on être plus nuancé, car cette pratique est dangereuse surtout lorsqu'elle est unilatérale et ne vise qu'à protéger des intérêts particuliers (par exemple, la reconnaissance du Panama par les États-Unis sous condition que soient observés les droits américains sur la construction du canal transocéanique). Elle est tout à fait admissible, au contraire, lorsqu'elle est collective et vise à obtenir, de l'État nouveau, le respect de principes du droit international. Par exemple, en 1919 la reconnaissance par les Alliés des nouveaux États d'Europe centrale a eu pour contrepartie l'engagement pris par ces derniers de respecter un système international de protection des droits des minorités ethniques. De même, le 16 décembre 1991, la Communauté et ses États membres ont adopté les « Lignes directrices sur la reconnaissance de nouveaux États en Europe de l'Est et en Union soviétique », par lesquelles ils subordonnaient leur reconnaissance à plusieurs conditions (respect de la Charte des Nations Unies et des engagements souscrits dans le cadre de la CSCE, garantie des droits des minorités, respect de l'inviolabilité des limites territoriales, reprise des engagements antérieurs en matière de désarmement, engagement de régler par accords ou par recours à l'arbitrage les questions afférentes à la succession d'États, etc. ; v. J. Charpentier, *RGDIP*, 1992, p 343-355 ; R. Kherad, *RGDIP* 1997, p. 663-693). La Commission d'arbitrage pour la Yougoslavie a été appelée à se prononcer sur la question de savoir si les Républiques yougoslaves remplissaient ces conditions, mais les Douze n'ont guère suivi ses avis (n°s 4 à 7, 11 janvier 1992 ; v. A. Pellet, *AFDI* 1991, p. 343-348).

368. Vers une obligation de non-reconnaissance ? — En théorie, l'autorité de l'État nouveau doit être effective pour qu'il puisse être reconnu. Est-il nécessaire, en outre, qu'il se soit constitué de façon régulière, au regard du droit international ? Dans l'affirmative, les États qui reconnaîtraient un État nouveau issu d'une action illicite commettraient eux-mêmes un acte contraire au droit international.

1° Ce problème fut posé pour la première fois dans toute son ampleur à la suite de l'occupation en 1931 par le Japon de la province chinoise de Mandchourie. Le Japon entreprit de créer un État fantoche, le Mandchoukouo. Le Secrétaire d'État américain de l'époque, Stimson, adressa au gouvernement japonais une note où il déclarait que le gouvernement américain « n'avait pas l'intention de reconnaître une situation, un traité ou un accord qui aurait été obtenu par des moyens contraires aux engagements et obligations du Pacte de Paris (ou Pacte Briand-Kellogg) de 1928 ».

Cette attitude, qualifiée depuis « doctrine Stimson », impliquait le refus de reconnaître un État créé par une action de force illicite.

En dépit de cet avertissement, le Mandchoukouo fut officiellement créé le 1er mars 1932. L'Assemblée de la SdN adopta immédiatement une résolution qui confirmait et universalisait la doctrine Stimson : « Les membres de la Société sont tenus de ne reconnaître aucune situation, traité ou accord créé par des moyens contraires au Pacte de la SdN ou au Pacte de Paris ». Ce qui n'empêcha pas quelques États de reconnaître cet État.

En 1935, après une guerre illicite, l'Italie annexa l'Éthiopie et le Royaume d'Italie devint l'« Empire d'Italie et d'Éthiopie ». L'Assemblée de la SdN n'ayant pas réussi à adopter une résolution comparable à celle de 1932, il fut plus aisé aux États de reconnaître cette nouvelle qualification de l'État italien, résultat d'une création illicite. Le nouvel Empire bénéficia de quarante-quatre reconnaissances, ce qui représentait une très forte majorité des États existant à l'époque.

Cette première tentative d'encadrement de la compétence de reconnaissance paraissait se solder par un échec. Rétrospectivement, l'appréciation peut être plus mesurée.

En 1945, après la défaite du Japon et de l'Italie, le Mandchoukouo et l'« Empire italien » ont disparu, le premier par le retour de la Mandchourie à la Chine et le second par la restauration de l'État éthiopien.

S'agissait-il de la consécration de la perte d'effectivité de ces États nouveaux ou de la conséquence de l'illégalité de leur création ? La disparition ayant été déclarée rétroactive, il semble bien que l'illicéité ait été le facteur principal. Il y a bien eu annulation rétroactive des reconnaissances irrégulièrement accordées (M. Grawitz, « La sentence du 16 mars 1956 de la Commission de conciliation franco-italienne relative aux biens français en Éthiopie », *AFDI* 1958, p. 257-268).

2° Il n'est plus possible de mettre en doute l'existence actuelle d'un devoir de ne pas reconnaître un État nouveau, ou toute autre situation, provenant d'un usage illicite de la force. Les textes les plus solennels affirment ce principe.

Voir l'article 17 de la Charte de Bogota de 1948 (confirmé par l'article 20 de celle de Buenos Aires de 1967), l'article 17 du projet de Déclaration des droits et devoirs des États établi par la CDI en 1949, la Déclaration de 1970 relative aux principes du droit international touchant les relations amicales et la coopération entre les États.

Sur le refus des Nations Unies de reconnaître l'existence de l'État chypriote turc, proclamé le 25 novembre 1983, voir chron. Ch. Rousseau, *RGDIP* 1984, p. 429-432.

Dans son avis n° 10, rendu le 4 juillet 1992, la Commission d'arbitrage de la Conférence pour la paix en Yougoslavie a considéré que la reconnaissance constituait un acte discrétionnaire (v. *supra*, n° 367), « sous la seule réserve du respect dû aux normes impératives du droit international général, notamment celles qui interdisent le recours à la force dans les relations avec d'autres États ou qui garantissent les droits des minorités ethniques, religieuses ou linguistiques » (§ 4 — *RGDIP* 1993, p. 594).

Il est trop tôt par contre pour affirmer que le droit positif consacre une obligation générale de non-reconnaissance lorsque l'illicéité du nouveau régime est due à une autre cause que le recours à la force. Les seuls cas où les Nations Unies ont tenté d'imposer un refus de reconnaissance à tous les États portent sur des situations contraires au droit des peuples à disposer d'eux-mêmes dans le contexte de la décolonisation. Or, dans tous ces cas, la déclaration d'indépendance dans des conditions contraires à la philosophie anti-colonialiste est volontiers assimilée par une majorité d'États à un recours illicite à la force (v. *supra*, n° 341), ce qui renvoie à l'hypothèse précédente.

Tous les organes de l'ONU ont constamment dénoncé la soi-disant indépendance de la Rhodésie du Sud entre sa proclamation en 1965 et la création du Zimbabwe en 1980. Dans son avis consultatif de 1971, la CIJ a admis l'existence d'une obligation de ne pas reconnaître une entité étatique créée en violation des résolutions de l'Assemblée générale et du Conseil de sécurité de l'ONU en matière de mandat, résolutions fondées sur le Pacte de la SdN et la Charte des Nations Unies (*Conséquences juridiques pour les États de la présence continue de l'Afrique du sud en Namibie, Rec.* 1971, p. 58). Confrontée à la proclamation de l'indépendance du Transkei par l'Afrique du Sud en 1976, l'Assemblée générale, l'ayant déclarée « nulle et non avenue », a demandé « à tous les gouvernements de refuser de reconnaître, sous quelques formes que ce soit, le Transkei prétendument indépendant et de s'abstenir d'avoir des rapports quels qu'ils soient » avec les bantoustans ; elle les a également priés « de prendre des mesures efficaces pour interdire à toutes les personnes physiques, sociétés et autres institutions placées sous leur juridiction » d'avoir des rapports avec eux (résolution 31/6 A). Sur le Transkei, v. : G. Fischer, *AFDI* 1976, p. 63-76. et M. F. Witkin, *Harvard ILJl*, 1977, p. 605-627.

Si la dénonciation est énergique, si elle s'appuie sur le défaut d'effectivité des États nouveaux contestés, il en est le plus souvent déduit une simple « invitation » à ne pas reconnaître ces États (résolution 217 (1965) du Conseil de sécurité). Face à de simples recommandations, les États resteront libres de leur choix ; l'intervention des organisations internationales (ONU, OUA) a certainement un impact politique, dissuasif, mais sa portée juridique reste faible.

Très exceptionnellement, l'organisation internationale peut adopter une décision de non-reconnaissance ; la résolution 277 (1970) du Conseil de sécurité des Nations Unies « décide que les États membres s'abstiendront de reconnaître [le] régime illégal » de Rhodésie du Sud, donc l'État dont il a proclamé l'indépendance. Mais on remarquera que, même ici, ce sont encore les États qui reconnaissent ou non. La fonction propre de l'organisation est de créer les conditions de l'émergence d'un État nouveau respectueux des normes internationales.

Si, en revanche, le Conseil de sécurité n'a été en mesure que d'adopter une résolution non-contraignante demandant la non-reconnaissance de la proclamation de la « République turque de Chypre-Nord » (v. not. les résolutions 541 (1983) et 550 (1984)), cela n'a pas empêché la Cour européenne des droits de l'homme d'en déduire dans son arrêt du 18 décembre 1996 (*Loizidou c. Turquie*) l'inopposabilité à son égard de cette proclamation (par. 42-44).

Il convient de ne pas confondre cette obligation juridique de non-reconnaissance avec toutes les hypothèses où un État — ou un groupe d'États — exerce des pressions pour gêner la reconnaissance de certains États, dans la poursuite de ses objectifs nationaux et non pas dans le souci de faire respecter le droit international.

L'exemple le plus connu en est la « doctrine Hallstein », mise en œuvre par la RFA dans les années 1950-60, en vue de faire admettre qu'elle représentait seule l'ensemble du peuple allemand (rupture des relations diplomatiques avec les gouvernements non communistes qui reconnaissaient implicitement la RDA en établissant des relations diplomatiques avec elle). Bien évidemment, il ne s'agit ici que d'une manifestation de la tendance des États à « manipuler » la reconnaissance d'État à des fins politiques. Plus récemment, la Grèce a réussi à s'opposer temporairement à la reconnaissance de la Macédoine par les États membres de la Communauté au prétexte que le nom de ce pays constituerait une menace pour son intégrité territoriale et alors que la Commission d'arbitrage pour la Yougoslavie avait estimé que toutes les conditions mises à cette reconnaissance (v. *supra*, n° 367) étaient réunies (avis n° 6 du 11 janvier 1992, *RGDIP* 1993, p. 571). La Grèce et la Macédoine, tout en constatant leur désaccord sur le nom de cette dernière (admise dans les organisations internationales sous le nom d'« ex-République yougoslave de Macédoine » — FYROM selon le sigle anglais), se sont reconnues mutuellement par un accord intérimaire du 13 septembre 1995 (v. Ph. Pazartzis, *AFDI* 1995, p. 281-297).

369. Reconnaissance *de jure* et reconnaissance *de facto*. — Théoriquement, il ne devrait y avoir que des reconnaissances de l'État *de jure*. Il n'existe pas d'États « de fait » comme il peut exister des gouvernements de fait (v. *supra*, n° 273). On ne peut pourtant faire abstraction d'une pratique établie, qui consacre la distinction des deux reconnaissances. Il convient donc surtout d'éviter d'en tirer des conclusions inexactes : toute reconnaissance est un acte juridique, qui emporte des effets juridiques en matière de capacité d'une entité dans les relations internationales ; il n'existe pas une différence de nature, mais seulement de degré entre la reconnaissance *de jure* et la reconnaissance *de facto*.

La reconnaissance *de jure* est une reconnaissance définitive, irrévocable, pleine et entière, qui produit la totalité des effets théoriques de la reconnaissance. Ce caractère est apparu de façon très nette dans le cas de l'Allemagne après le second conflit mondial : les Alliés n'ont jamais prétendu, malgré la disparition complète des autorités étatiques, que l'État allemand devait de nouveau être reconnu. De même, le gouvernement français a estimé qu'il n'y avait pas lieu de reconnaître à nouveau les États baltes, dès lors que leur annexion par l'URSS n'avait, elle, jamais été reconnue ; le rétablissement des relations diplomatiques a été décidé en août 1991.

La reconnaissance *de facto* est une reconnaissance provisoire, révocable et qui produit des effets plus limités. Elle ne doit pas être confondue avec la reconnaissance implicite (v. *infra*, n° 370, 2°).

Lorsqu'un État procède à une reconnaissance *de facto*, il agit dans le souci d'aider un groupe humain qui est en train de se constituer en État et pour sauvegarder ses propres intérêts. Néanmoins il s'abstient de s'engager définitivement car le processus de création n'est pas achevé et son issue reste aléatoire. Cette forme de reconnaissance est donc un expédient mais un expédient nécessaire et conforme au droit international : elle permet d'éviter une reconnaissance prématurée. Dans l'avenir, si l'État naissant se consolide, la reconnaissance *de facto* sera transformée en reconnaissance *de jure ;* si, à l'inverse, l'indépendance n'est pas acquise, la reconnaissance sera révoquée.

En 1918, les trois États baltes, l'Estonie, la Lettonie et la Lituanie, n'avaient été reconnus que *de facto* ; la reconnaissance *de jure* n'est intervenue qu'en 1922. Les reconnaissances *de facto* octroyées en 1920 aux provinces sécessionnistes de Georgie, d'Arménie et d'Azerbaïdjan ont été retirées après le succès de la reconquête par les forces bolcheviks. Sur la reconnaissance des États baltes lorsqu'ils ont recouvré l'indépendance, v. R. Kherad, *RGDIP* 1992, p. 843-872.

En 1946, les États-Unis ont reconnu *de facto* l'Indonésie, dont le conflit avec les Pays-Bas n'a débouché sur l'indépendance qu'en 1949. De même ont-ils reconnu *de facto* l'État d'Israël onze jours seulement après la proclamation de sa formation.

370. Formes de la reconnaissance d'État. — Aucune forme précise n'est prescrite par le droit international. Les modalités sont nombreuses dans la pratique.

1° *Reconnaissance individuelle et reconnaissance collective.* — Dans la quasi-totalité des cas, chaque État reconnaît l'État nouveau par un acte individuel qui, juridiquement, n'engage que lui. Mais certaines reconnaissances individuelles ont un poids diplomatique particulier, en particulier la reconnaissance opérée par l'État colonisateur lorsque l'État nouveau est issu d'une ancienne colonie ou celle de l'État démembré si l'État nouveau est la conséquence d'une sécession.

Dans certaines circonstances politiques, plusieurs États s'entendent pour procéder à une reconnaissance collective de l'État nouveau. Traditionnellement, il s'agissait d'une initiative des grandes puissances destinées à consacrer définitivement l'indépendance du nouvel État et son insertion dans la communauté internationale, malgré les réticences de l'État démembré. Les États qui participent à cette reconnaissance collective sont liés par elle et ne peuvent plus prétendre subordonner à une reconnaissance individuelle les effets habituels de la reconnaissance.

La Grande-Bretagne, la France, la Russie et la Turquie ont reconnu collectivement le nouvel État grec par le Traité de Constantinople de 1832. De même l'Angleterre, la France, la Prusse, la Russie et l'Autriche avaient reconnu ensemble le nouvel État belge (les Pays-Bas ont attendu 1839 pour le faire). En 1878, le Congrès de Berlin a reconnu la Roumanie, la Serbie et le Monténégro, détachés de l'Empire ottoman. La Pologne et la Tchécoslovaquie ont été reconnues collectivement par tous les États signataires des traités de paix de 1919. Bien qu'il s'agisse non de la reconnaissance d'un État mais de celle d'une situation, les États membres de la CSCE ont reconnu par la Charte de Paris du 21 novembre 1990 l'unification de l'Allemagne réalisée par le Traité du 12 septembre 1990. Plus récemment, les États membres de la Communauté européenne ont reconnu collectivement, en 1992, trois des États issus de la dissolution de la Yougoslavie (la Bosnie-Herzégovine, la Croatie et la Slovénie). En revanche, ils n'ont pas réussi à adopter au début de l'année 2008 de position commune à l'égard de la reconnaissance du Kosovo. V. aussi la reconnaissance d'Andorre comme État souverain par la France et l'Espagne par le Traité des 1er-3 juin 1993 (v. J. Sanchez, « 1993-2003 : Dix ans de souveraineté andorrane », *RGDIP* 2005-1, p. 123-146).

Le développement des organisations internationales universelles invite à s'interroger sur la portée, à cet égard, de l'entrée des États nouveaux dans ces organisations. D'un point de vue politique, il est certain qu'elle est considérée comme la consécration de l'entrée de l'État sur la scène internationale. Mais, dans une perspective juridique, on ne saurait y voir une reconnaissance collective.

Lorsque la participation à une organisation internationale est réservée aux États, on peut déduire de l'entrée de l'État nouveau dans cette organisation qu'une majorité d'États membres a reconnu à l'entité candidate la qualité d'État. L'existence de l'État nouveau devient difficilement contestable de la part des États qui ont voté en faveur de l'État candidat. En outre, et ce en vertu des statuts de l'organisation considérée, les États minoritaires seront liés par la décision collective dans leurs rapports avec le nouvel État au sein de l'organisation : ils doivent le considérer comme un État membre, avec tous les droits et obligations fixés par la charte constitutive de cette organisation. Mais tout ceci n'est vérifié qu'au sein de l'organisation.

Dans les rapports interétatiques, la décision collective n'a pas pour effet de rendre sans objet les reconnaissances individuelles, comme ce serait le cas si cette décision s'analysait comme une reconnaissance collective. Même les États qui ont voté en faveur de l'entrée de l'État nouveau dans l'organisation sont en droit de procéder, parallèlement, à une reconnaissance individuelle. Telle a été la solution appliquée pour tous les États issus de la décolonisation.

2° *Reconnaissance expresse et reconnaissance implicite.* — La reconnaissance expresse, forme la plus courante, suppose l'adoption d'un acte juridique plus ou moins solennel qui exprime clairement la reconnaissance de l'État nouveau. La reconnaissance tacite ou implicite se déduit de certains faits ou de certains actes normalement réservés aux relations interétatiques accomplis par l'État préexistant.

La reconnaissance tacite pose un problème de preuve. Quels faits ou actes ont indiscutablement cet effet ? Il ne fait aucun doute que l'établissement de relations diplomatiques correspond à une reconnaissance tacite, lorsqu'il n'est pas précédé ou accompagné d'une reconnaissance expresse. Pour le reste, la pratique internationale est mal établie ; aussi les États préfèrent-ils parfois préciser que leur comportement n'équivaut pas à une reconnaissance de leur partenaire. Puisque l'essentiel est que la volonté de reconnaître soit établie de façon certaine, un État peut toujours écarter l'interprétation favorable à une reconnaissance implicite par une déclaration contraire.

On soutient parfois que la participation d'un État ancien à un traité auquel est également partie un État nouveau équivaut à une reconnaissance tacite du second par le premier. Il semble que cette thèse ne soit acceptable que si chaque État partie est en mesure de faire objection à la participation des autres entités politiques, ce qui est évident pour un traité bilatéral mais beaucoup plus rare pour les traités multilatéraux. Quoi qu'il en soit, par prudence, l'État ancien pourra préciser qu'il n'est pas dans son intention de reconnaître comme État telle ou telle des autres parties à l'accord (ainsi de la déclaration des puissances occidentales lors de l'adhésion de la RDA à certaines conventions multilatérales, par exemple le Traité de Moscou de 1963 sur l'interdiction des essais nucléaires ou de celles, fréquentes, des États arabes lorsqu'ils adhèrent à un traité multilatéral auquel Israël est partie).

L'« Ostpolitik » du chancelier ouest-allemand Brandt, et en particulier le « Traité fondamental » de 1972 entre les deux Allemagnes, équivalaient à une reconnaissance au moins *de facto* de la RDA par la RFA. Les accords de Camp David de 1978-1979 ont eu également cette portée dans les rapports entre l'Égypte et Israël.

Il en ira de même de l'envoi ou du maintien de consuls sur le territoire de l'État nouveau, de négociations avec les autorités de l'État nouveau en vue de l'indemnisation des nationaux qui ont subi des préjudices lors de la création de cet État *(AFDI* 1978, p. 1094, à propos de « l'État fédéré turc chypriote », *a contrario).*

En cas de dissolution d'un État, qui se traduit par la création de deux ou plusieurs États nouveaux sans qu'aucun puisse prétendre « continuer » l'État prédécesseur (v. *supra*, n° 344), toutes les nouvelles entités ont vocation à être reconnues et aucune ne bénéficie *ipso facto* de la reconnaissance accordée à l'État prédécesseur (cf. Com. arb. Yougo., avis n° 10, 4 juillet 1992, *RGDIP* 1993, p. 594).

La reconnaissance expresse, de son côté, prend les formes les plus diverses. Elle peut résulter d'un acte unilatéral de l'État ancien engageant celui-ci (note diplomatique par exemple), de la conclusion d'un traité bilatéral entre l'État nouveau et l'État préexistant ou entre deux États issus de la dissolution d'un État prédécesseur (cf. l'article 10 de l'Accord de Dayton-Paris de 1995, par lequel la Bosnie-Herzégovine et la Yougoslavie se reconnaissent mutuellement ou l'article 2 du Traité de paix israélo-jordanien de 1994), de l'adoption d'un acte concerté non conventionnel (déclaration commune, communiqué conjoint, communiqué ou « acte final » d'une conférence ou d'un congrès), enfin d'un traité collectif.

§ 2. — *Contestations de l'autorité étatique et reconnaissance*

BIBLIOGRAPHIE. — J. CHARPENTIER, « La reconnaissance du GPRA », *AFDI* 1959, p. 799-816 ; « La France et le GPRA », *AFDI* 1961, p. 855-869. — L. C. GREEN, « Le statut international des forces rebelles », *RGDIP* 1962, p. 5-33. — L. LUCCHINI, « Un aspect des mesures de surveillance maritime au cours des opérations d'Algérie », *AFDI* 1962, p. 920-928. — Ch. ZORGBIBE, *La guerre civile*, PUF, 1975, 208 p. — A. HASBI, *Les mouvements de libération nationale et le droit international*, Stouky, Rabat, 1981, 540 p.

371. Reconnaissance comme insurgés et reconnaissance de belligérance. — L'insurrection interne, parce qu'elle remet en cause l'unité nationale et l'effectivité gouvernementale (d'où des atteintes à la sécurité des biens et des personnes, dont il devient difficile de rechercher la responsabilité), oblige fréquemment les États tiers à prendre position en vue de protéger leurs intérêts. Née d'une pratique coutumière, la reconnaissance d'insurrection et de belligérance infléchit les mécanismes internationaux traditionnels (attribution de droits et obligations au sujet du droit, engagement de la responsabilité internationale) en fonction des réalités d'un conflit armé dont l'issue est douteuse et qui a le caractère d'un conflit armé à la fois international et non international.

Cette situation, pour traditionnelle qu'elle soit, connaît un regain d'actualité avec les nombreuses tensions propres au Tiers Monde (Biafra, Angola, Érythrée, Mozambique, Tchad, Cambodge, Liban, Somalie, Irak, Azerbaïdjan, Géorgie ou, en Europe, Irlande, Bosnie-Herzégovine).

1° La fluidité de la situation politique, le souci de ne pas s'ingérer dans les affaires intérieures des autres États incitent les gouvernements étrangers à éviter de reconnaître un état de guerre ; *a fortiori*, ils s'abstiendront de procéder à une reconnaissance d'État prématurée. La reconnaissance *d'insurgés* remplit cet office.

L'institution est issue de la pratique des États-Unis à la fin du XIXe siècle, attentive au fait que très souvent, dans une première phase de rébellion interne, les insurgés sud-américains ne réussissaient pas à prendre le contrôle d'une partie du territoire terrestre mais étaient en mesure de mener une guerre de course en mer.

Le droit international coutumier attribuait des effets limités à ce type de reconnaissances. Les insurgés pouvaient attendre des États qui procédaient à cette reconnaissance qu'ils seraient assimilés à des prisonniers de guerre, que leurs navires ne seraient pas considérés comme des navires pirates. Le gouvernement légal y trouvait un certain nombre d'avantages ou de garanties qui pouvait l'inciter à accepter cette reconnaissance par les autres États, ou à procéder lui-même à la reconnaissance d'insurrection : en particulier, sa responsabilité internationale du fait des dommages causés par les insurgés était dégagée (v. *infra*, n° 477). En revanche, il n'y avait pas application du droit de la guerre : par exemple, les navires battant pavillon des États tiers n'avaient pas à se soumettre au droit de visite et de prise des autorités insurgées.

Aujourd'hui, la pratique internationale insiste plus sur la portée humanitaire de la reconnaissance d'insurgés. Malgré l'intensité des combats terrestres dans les insurrections contemporaines, il paraît toujours préférable aux États de ne pas entrer dans une controverse sur l'état de guerre, en raison de la condamnation de principe du recours à la force et des incertitudes du principe d'autodétermination (non-reconnaissance du droit de sécession : voir *supra*, n° 344). Le seul domaine où un progrès du droit positif est acceptable pour les parties en présence est celui des droits du combattant en tant qu'individu. Le Protocole II de Genève de 1977 a tenté d'apporter à cette question une réponse plus complète que l'article 3 commun aux conventions de Genève de 1949 (v. *infra*, n° 575).

2° Lorsque les insurgés réussissent à prendre le contrôle d'une partie du territoire national et à mener une véritable guerre contre les autorités légales, il devient rapidement difficile de leur nier une certaine capacité juridique internationale. La reconnaissance *de belligérance* permet de leur attribuer la personnalité internationale d'un gouvernement « de fait » local.

Les pouvoirs de l'autorité « belligérante » sur la portion de territoire qu'elle contrôle sont assimilables à ceux d'un occupant de guerre (v. *supra*, n°s 314 et

318). L'ordre juridique mis en place par l'organisation insurrectionnelle est opposable aux sujets du droit international et justifie que soit engagée la responsabilité internationale des autorités insurgées lorsqu'elles triomphent du gouvernement légal.

La pratique récente (Algérie, Biafra, Cambodge, Afghanistan) traduit une désuétude marquée de cette forme de reconnaissance (v. *infra*, n° 372).

Dans la conduite du conflit armé, qui prend désormais un caractère international, l'autorité légale et les insurgés doivent respecter les règles du droit de la guerre : effectivité du blocus maritime, application du droit humanitaire dans les conflits armés (conventions de Genève de 1949 et Protocole I de Genève de 1977 et, à défaut, règles coutumières pertinentes). Les États tiers devront observer les règles de la neutralité ou intervenir dans le conflit comme belligérants : dans le premier cas, ils doivent assurer une certaine égalité entre les parties (Tribunal arbitral anglo-américain, *Alabama*, sentence de 1872, *Lapradelle et Politis*, t. II, p. 889). Les parties peuvent conclure des accords de suspension d'armes et d'armistice (CPJI, *Intérêts allemands en Haute-Silésie polonaise*, série A, n° 7, p. 27-28).

3° Caractéristiques de ces reconnaissances. Comme la reconnaissance d'insurgés, la reconnaissance de belligérance a une *portée constitutive*.

Les autorités insurgées ne tirent pas directement du droit international leur capacité de sujet du droit, mais uniquement de la reconnaissance. Ses effets sont donc relatifs : les compétences « gouvernementales » reconnues aux insurgés ne sont opposables que dans leurs rapports avec l'entité qui les reconnaît comme belligérants ou insurgés.

Un autre trait commun aux deux types de reconnaissances est leur caractère *transitoire*.

La reconnaissance d'insurgés ou de belligérance est essentiellement provisoire. Elle est frappée de caducité dès que le gouvernement légal triomphe de la tentative de sécession ; elle est transformée si se pose un problème de reconnaissance d'État ou de gouvernement dans le cas où les insurgés l'emportent partiellement (création d'un État nouveau par démembrement de l'ancien) ou totalement (substitution d'un gouvernement à un autre, dans le cadre de l'État ancien).

La décision de reconnaître une insurrection ou une belligérance est une compétence *discrétionnaire*, d'une part, de l'État menacé dans son intégrité territoriale et, d'autre part, des États tiers.

372. Reconnaissance comme nation et reconnaissance de mouvement de libération nationale. — L'une et l'autre ont répondu historiquement à un problème analogue : assurer à des peuples sur le point d'accéder à l'indépendance une capacité juridique internationale susceptible d'accélérer le processus. Leur régime juridique diffère cependant, en ce que la notion de « peuple » n'a pris une consistance juridique qu'à une époque récente : il a donc été plus facile de définir la portée de la reconnaissance de mouvement de libération nationale que de celle de nation. Pour la même raison, la succession chronologique des deux institutions ne doit pas faire illusion : d'un point de vue juridique, la reconnaissance de mouvement de libération n'est pas issue de la reconnaissance de nation.

1° *Reconnaissance comme nation.* Au cours de la Première Guerre mondiale, les puissances alliées et associées ont reconnu la nation tchécoslovaque et la nation polonaise. L'initiative était surprenante puisque la nation n'était pas considérée comme un sujet du droit international et que l'on ne pouvait pas assimiler une nation à une « situation ». De même, au cours du second conflit mondial, après l'établissement du protectorat allemand sur la Bohême-Moravie, fut mis en place un Comité national tchécoslovaque, qui fut reconnu par les puissances alliées.

Le choix de cette formule était dicté par l'impossibilité de procéder à une reconnaissance d'État : l'élément territorial constitutif de l'État manquait aussi longtemps que les Tchèques et les Polonais combattaient en dehors du sol de leur patrie. Son intérêt était, dans l'immédiat, d'offrir une base politique et juridique à la création d'armées nationales sous leur drapeau respectif. À plus long terme, la reconnaissance comme nation impliquait la reconnaissance solennelle du principe des nationalités et autorisait une participation des autorités « nationales » à la conduite des pourparlers de paix et à la création des États nouveaux.

Le problème ne se posait pas dans les mêmes termes pour les gouvernements en exil et les autorités assimilées (v. *supra*, n° 273).

2° *Reconnaissance de mouvement de libération nationale.* C'est la seule forme de reconnaissance utilisée dans les situations contemporaines de décolonisation, de préférence aux institutions classiques de la reconnaissance de belligérance ou d'insurrection.

Cette reconnaissance a une portée et des effets comparables à la reconnaissance de belligérance : les droits reconnus aux mouvements de libération le sont en vertu de la reconnaissance, qui a donc une portée constitutive ; pour l'essentiel, elle entraîne l'applicabilité des règles du droit humanitaire dans les conflits armés internationaux (la reconnaissance collective par les organisations internationales — v. *supra*, n° 343 — n'exclut nullement la possibilité et l'utilité de reconnaissances individuelles par les États).

TITRE II

LES SUJETS NON-ÉTATIQUES DU DROIT INTERNATIONAL : ORGANISATIONS INTERNATIONALES ET PERSONNES PRIVÉES

373. Plan du titre. — D'autres entités que les États peuvent posséder une personnalité juridique, en droit international. Certes, seuls les États disposent de la souveraineté, qui confère des caractères très particuliers à leur personnalité internationale. Mais il n'est pas nécessaire de pouvoir invoquer directement la souveraineté pour revendiquer une certaine « mesure » de personnalité juridique. La personnalité peut avoir un fondement médiat, déduit de la souveraineté, et exprimée par la volonté des États ; mais elle peut aussi être « objective » et s'imposer du fait des caractères propres de l'entité considérée.

En principe, la personnalité des autres sujets du droit international dérive de la volonté des États, et non pas de la nature propre de ces entités, et par conséquent, elle diffère de la personnalité des États par son caractère dérivé.

En conséquence, la personnalité des entités non-étatiques est, comme cette volonté, éminemment variable, mais toujours plus limitée que celle des États : car ceux-ci n'ont pu vouloir confier à d'autres des capacités aussi complètes que les leurs — aussi longtemps du moins qu'il n'existera pas d'État mondial.

Il existe cependant au moins deux exceptions à ce caractère dérivé de la personnalité juridique internationale des sujets non étatiques du droit international. Tel est le cas s'agissant des peuples, qui sont titulaires de droits directement en vertu du droit international, le cas échéant contre l'État (v. *supra*, n° 342). Il en va de même s'agissant des individus : la plupart des droits qu'ils peuvent faire valoir et des obligations leur incombant au plan international dérivent, eux aussi, de la volonté des États ; certains sont cependant « inhérents » et sont la conséquence non de la volonté des États mais du fait que constitue leur existence ; ils s'imposent aux États même contre leur volonté. Il y a là, probablement, une mutation fondamentale du droit international contemporain. Toutefois, pour important qu'il soit sur le plan des principes, le phénomène demeure concrètement assez marginal.

Tous les ordres juridiques connaissent une telle coexistence de personnes juridiques (v. *supra*, n° 262). La société internationale ne fait pas exception à la règle.

Parmi les diverses entités non-étatiques, certaines sont créées par les États en vue de remplir des fonctions internationales. On peut assez aisément déduire de la volonté implicite des États qu'ils ont voulu faire bénéficier ces entités, les organisations internationales, du principe de la personnalité juridique internationale ; quitte à en réduire la portée pour leur interdire d'aller au-delà de la mission qui leur a été confiée.

Des personnes privées peuvent difficilement se targuer d'un mandat comparable, encore que ce ne soit pas totalement exclu pour certaines associations non gouvernementales. Le plus souvent, c'est par leur puissance économique que des personnes privées obligent les États à les considérer comme des « partenaires » — et non pas de simples sujets — ; tacitement et indirectement, une certaine personnalité internationale leur sera reconnue. Moins assurée dans son principe, cette personnalité, exception faite de l'hypothèse, mentionnée ci-dessus, des droits « immanents » des individus, sera beaucoup plus fonction des circonstances que dans le cas des organisations internationales.

Seront donc successivement étudiées :

Chapitre I. — Les organisations internationales.

Chapitre II. — Les personnes privées.

CHAPITRE I

Les organisations internationales (Théorie générale)

BIBLIOGRAPHIE. — S. BASTID, « Place de la notion d'institution dans une théorie générale des organisations internationales », *Mél. Mestre,* 1950, p 43-53 et *Le droit des organisations internationales,* Les cours du droit, 1971-1972, 554 p. — P. REUTER, « Organisations internationales et évolution du droit », *Mél. Mestre,* p. 447-461 et « Confédération et fédération, *Vetera et nova* », *Mél. Rousseau,* 1974, p. 199-218 — A. P. SERENI, *Diritto internazionale*, vol. II, *Le organizzazioni internazionale*, Giuffré, Milan, 1958-1960, p. 236-1225 — L.C. INIS, *Swords into Plowshares,* Random House, NY, 458 p.— J.-M. DEHOUSSE, *Les organisations internationales, Essai de théorie générale,* Gothiex, Liège, 1968, 428 p. — A. J. PEASLEE, *International Governmental Organizations, Constitutional Documents,* 3e éd., Nijhoff, La Haye, 1974-1979, 5 vol. — Unesco, *Le concept d'organisation internationale,* 1980, 292 p. — M. SEARA-VAZQUEZ, *Tratado general de la Organización internacional,* 2e éd., FCE, Mexico, 1974, 1003 p. — M. BETTATI, *Le droit des organisations internationales,* PUF, « Que sais-je ? » n° 2355, 1987, 128 p. — SFDI, Colloque de Strasbourg, *Les organisations internationales contemporaines,* Pedone, 1988, 386 p. — D. DORMOY, *Droit des organisations internationales*, Dalloz, 1995, 114 p. — M.-C. SMOUTS, *Les organisations internationales*, Armand Colin, 1995, 191 p. — M. DIEZ DE VELASCO, *Les organisations internationales*, Economica, 1999, 919 p. ; *Organizaciones Internacionales,* 14e éd., Technos, Madrid, 2006, 884 p. — M. PANEBIANCO et G. MARTINO, *Elementi di diritto dell'organizzazione internazionale*, Giuffrè, Milan, 1997, XII-281 p. — J.-M. SOREL, *Droit des organisations internationales*, L'Hermès, Lyon, 1997, 160 p. — R.-J. DUPUY dir., *Manuel sur les organisations internationales,* Nijhoff, Dordrecht, 1998, XXXVII-967 p. — P. WEISS, *Les organisations internationales*, Nathan, 1998, 128 p. — I. SEIDL-HOHENVELDERN, *Das Recht der internationalen Organisationen einschlielich der supranationalen Gemeinschaften*, C. Heymann, Cologne, 7e éd., 2000, XXXIX-423 p. — Ph. SANDS et P. KLEIN, *Bowett's Law of International Institutions*, Sweet & Maxwell, Londres, 2001, XXXV-610 p. — J. KLABBERS, *An Introduction to International Institutional Law*, Cambridge UP, 2002, XXXV-438 p.— H. SCHERMERS et N. M. BLOKKER, *International Institutional Law. Unity within Diversity*, Nijhoff, La Haye, 2003, XXXIV-1302 p. — C. F. AMERASINGHE, *Principles of the Institutional Law of International Organizations*, Cambridge UP, 2005, XXXIV-511 p. — C. ZANGHI, *Diritto delle organizzazioni internazionali*, Giappichelli, Turin, 2007, XXIII-398 p. — F. SEYERSTED, *Common Law of International Organizations*, Nijhoff, Leiden, 2008, XXVI-604 p. V. aussi les manuels d'Institutions internationales cités dans la bibliographie générale en tête de l'ouvrage.

Pour des présentations générales des Nations Unies : M. VIRALLY, *L'organisation mondiale,* Armand Colin, 1972, 588 p. — R. BROMS, *The United Nations,* Suomalainen Tiedeakademia, Helsinki, 1990, XII-912 p. — B. SIMMA ed., *Charta der Vereinten Nationen : Kommentar,* Beck, Munich, 1991, CX-1188 p. (en anglais : *The Charter of the United Nations — A Commentary*, Oxford UP, 2002, LIX-1405 p.) — O. SCHACHTER et C. JOYNER ed., *United Nations Legal Order*, Cambridge UP, 1995, 2 vol., 576 et 590 p. — R. WOLFRUM ed., *United Nations : Law, Policies and Practice*, Beck/Nijhoff, Munich/Dordrecht, 1995, 2 vol., XXIII-VIII-1533 p. — B. CONFORTI, *Le Nazioni Unite*, Cedam, Padoue, XX-360 p. (en anglais : Nijhoff, Leiden, 2005, XVI-328 p.) — *JEDI/EJIL*, 1995, vol. 6, n° 3, « The United Nations Jubilee Issue », p. 317-499 — Ch. TOMUSCHAT ed., *The United Nations at Age Fifty. A Legal Perspective*, Kluwer, La Haye, 1995, XVII-327 p.— P. WEISS, *Le système des Nations Unies*, Nathan, 2000, 128 p. — H. VOLGER ed., *A Concise Encyclopedia of the United Nations*, Kluwer, La Haye, 2002, XX-806 p. —B. CONFORTI, *Le Nazioni Unite*, Cedam, Padoue, XX-360 p. (en anglais : Nijhoff, Leiden, 2005, XVI-328 p.) — J.-P. COT, A. PELLET, M. FORTEAU, dir., *La Charte des Nations Unies*, Economica, 3e éd., 2005, 2 vol., XX-2363 p. — M. BERTRAND, *L'ONU*, Repères, La Découverte, 2006, 123 p.

Recueils de textes : A. PELLET, *Les Nations Unies — Textes fondamentaux*, PUF, « Que sais-je ? » n° 3035, 1995, 128 p. — H. VON MANGOLDT et V. RITTBERGER, *The United Nations System and Its Predecessors*, Oxford UP, 2 vols, 1997, XXXIX-1619 p. et XLIX-830 p. — M. DIEZ DE VELASCO, *Código de organizaciones internacionales*, Aranzadi, Pampelune, 1997, 1326 p. — M.-P. SCHARF, *The Law of International Organizations : Problems and Materials*, Carolina Academic Press, Durham, 2nd ed., 2007, XXVII, 1326 p. — T. KALALA, *Code des organisations internationales*, Bruylant, Bruxelles, 2008, 1960 p. — S. CHESTERMAN, T.M. FRANCK, D. MALONE, *Law and Practice of the United Nations - Documents and Commentary*, Oxford UP, 2008, XXIV-648 p.

374. Développement historique des organisations internationales. — Le contexte général de la création et du développement des organisations internationales a déjà été décrit (v. *supra,* n° 34).

Les rapprochements institutionnels entre sociétés politiques sont anciens et l'on peut voir dans les Amphyctionies ou les Ligues de la Grèce antique, les ancêtres des organisations internationales contemporaines. Ce n'est cependant qu'une fois l'État consacré comme forme fondamentale d'organisation des sociétés humaines que les organisations internationales, au sens moderne du terme, ont commencé à se développer.

1° *1815-1914.* — La réorganisation européenne après la chute de Napoléon n'a pas été à l'origine de véritables organisations internationales ; à proprement parler, ni la Sainte Alliance, ni le Concert européen n'ont été institutionnalisés. En revanche, la longue période de paix relative qui a marqué cette période, conjuguée au progrès des techniques et des moyens de communication, a vu naître deux sortes d'organisations internationales : les *Commissions fluviales* (Commission centrale du Rhin, prévue dans l'Acte final du Congrès de Vienne et créée par la Convention de Mayence de 1831 ; Commission européenne du Danube, établie par le Traité de Paris de 1856) et les *Unions administratives* chargées de faciliter la coopération dans des domaines techniques (Union Télégraphique Internationale, 1865, Bureau International des Poids et Mesures, 1875 ; Union Postale Universelle, 1878 ; Union pour la Protection des Œuvres Littéraires et Artistiques, 1883 ; etc.).

2° *L'entre-deux-guerres.* Le traumatisme profond causé par les pertes et les destructions de la Première Guerre mondiale et l'idéalisme moralisant qu'il a engendré, ont suscité un effort d'institutionnalisation beaucoup plus poussé que durant la période précédente.

Au plan politique, une organisation à vocation universelle est créée, conformément au 14e point du fameux « message au Congrès » du Président américain Wilson du 8 janvier

1918 ; c'est la *Société des Nations* dont le Pacte, annexé aux traités de paix de 1919, établit une structure complexe reposant sur l'équilibre des intérêts des grandes et des petites puissances. Elle sera installée à Genève.

Parallèlement, cette période est marquée par l'essor des *aspirations régionalistes*. Celles-ci ne se concrétiseront guère en Europe – au moins au niveau intergouvernemental – mais permettront, en Amérique, le renforcement de l'Union Panaméricaine, établie au cours de la période précédente.

Enfin, *au plan technique*, l'expérience de « fédéralisme administratif » prônée par le Pacte a échoué, les anciennes Unions administratives n'ayant pas accepté d'entrer dans une structure intégrée à la SdN À défaut, de nombreux organismes techniques seront créés sous les auspices de la SdN ; en outre, l'Organisation Internationale du Travail, établie par la partie XII du Traité de Versailles, fonctionne en étroite collaboration avec la SdN.

3° *Depuis 1945*. En même temps qu'elle consacrait l'échec de la SdN, la Seconde Guerre mondiale faisait prendre conscience de l'absolue nécessité d'une coopération internationale qui permettrait de prévenir de nouveaux conflits mondiaux, en créant les conditions d'une collaboration fructueuse des États.

Au plan universel, la Charte des Nations Unies (San Francisco, 26 juin 1945) s'efforce de tirer les leçons des faiblesses de la SdN : les principes de base sont conservés et développés, mais les structures, les modes de fonctionnement et les compétences de l'ONU diffèrent assez sensiblement de ceux de l'Organisation de Genève.

La *coopération technique* est revivifiée : les plus importantes organisations préexistantes ou créées après la guerre sont groupées dans le « système des Nations Unies », expression qui traduit à elle seule l'ambition d'unification ou, au moins, de coordination étroite des institutions techniques. Dix-sept « institutions spécialisées », organisations indépendantes mais reliées à l'ONU par des accords (v. *infra*, n° 395), couvrent à peu près tous les aspects techniques et culturels de la vie sociale ; viendront s'y ajouter de nombreux organismes créés par l'ONU elle-même sous forme d'organes subsidiaires (v. *infra*, n° 390 et 397), dont certains se révéleront aussi importants que les institutions spécialisées (FISE, CNUCED, HCR) :

1° L'Organisation de l'Aviation Civile Internationale (OACI : Conférence de Chicago, 1944).

2° L'Organisation pour l'Alimentation et l'Agriculture (OAA ou FAO : Conférence de Hot Springs, 1945).

3° L'Organisation des Nations Unies pour l'Éducation, la Science et la Culture (Unesco : Conférence de 1945).

4° Le Fonds Monétaire International (FMI : Conférence de Bretton Woods, 1944).

5° La Banque Internationale pour la Reconstruction et le Développement (BIRD : Conférence de Bretton Woods, 1945).

6° L'Organisation Mondiale de la Santé (OMS : 1946).

7° L'Organisation Internationale du Travail (OIT : réorganisation en 1946, Conférence de Philadelphie).

8° L'Union Internationale des Télécommunications (UIT : réorganisée en 1947).

9° L'Union Postale Universelle (UPU : réorganisée en 1947 et 1964).

10° L'Organisation Météorologique Mondiale (OMM : réorganisée en 1947).

11° L'Organisation Intergouvernementale Consultative de la Navigation Maritime (OMCI : créée en 1948) ; devenue l'Organisation Maritime Internationale (OMI), après l'entrée en vigueur des amendements de 1975.

12° La Société Financière Internationale (SFI, filiale de la BIRD, créée en 1955).

13° L'Association Internationale pour le Développement (AID ou, de préférence, IDA : autre filiale de la BIRD, créée en 1960).

14° L'Organisation Mondiale de la Propriété Intellectuelle (OMPI : 1967).

15° Le Fonds International du Développement Agricole (FIDA : Conférence de Rome, 1976).

16° L'Organisation des Nations Unies pour le Développement Industriel (ONUDI), créée en 1966, en tant qu'organe subsidiaire de l'Assemblée générale, puis transformée en institution spécialisée par un accord de 1979, entré en vigueur en 1985.

17° L'Organisation Mondiale du Tourisme (OMT), dont les statuts, transformant une ONG en organisation intergouvernementale ont été adoptés en 1970 et sont entrés en vigueur en 1975.

Plusieurs autres organisations, qui ne sont pas qualifiées d'institutions spécialisées, font cependant partie du « système des Nations Unies » en vertu d'accords particuliers : c'est le cas de l'Agence Internationale de l'Énergie Atomique (AIEA : créée en 1956) et de l'Autorité des fonds marins qui a conclu, le 14 mars 1997, un accord sur ses relations avec l'ONU (v. la résol. 52/27 de l'Assemblée générale du 26 nov. 1997 – v. D. Pouëzat, *AFDI* 2005, p. 1-15). Il en va de même de la Cour pénale internationale (CPI) (art. 2 du Statut et Accord du 4 octobre 2004). L'Organisation Mondiale du Commerce (OMC), créée par l'Accord de Marrakech de 1994, a pris la suite du GATT, simple accord de négociation douanière, institutionnalisé par suite de l'échec de la Charte de la Havane de 1948, qui prévoyait une Organisation Internationale du Commerce, et dont les rapports institutionnels avec les Nations Unies semblent devoir demeurer assez lâches.

Dans le même temps, les *solidarités régionales*, à la fois géographiques et idéologiques, se sont considérablement renforcées tant entre les pays occidentaux (« intégration européenne » : Communautés européennes de 1951 et 1957 et Union européenne ; solidarité politique : Conseil de l'Europe, Alliance atlantique et OTAN ; solidarité économique tant entre pays industrialisés (OECE puis OCDE, AIE, ALENA) qu'entre États du Tiers Monde (OUA – devenue Union africaine en 2000, ANASE, OPEP, organisations économiques régionales ou sous-régionales en Afrique et en Amérique latine [SAI succédant au Pacte andin, Mercosur]). Sans compter les organisations qui reflètent d'autres solidarités, par exemple entre États développés et sous-développés.

Certaines organisations régionales forment elles-mêmes de véritables « systèmes ». C'est le cas de la LEA (avec le FMA, l'ALECSO, etc.) et, surtout, de l'Union européenne qui, depuis l'entrée en vigueur du Traité de Maastricht, comporte les trois Communautés européennes (dont « la » Communauté européenne et, en son sein, la BEI et la BCE, toutes dotées de la personnalité juridique ; la plus ancienne Communauté, la CECA, a disparu en 2001 conformément à l'article 97 du Traité de Paris de 1951) et l'UEO qui, selon la formule sibylline du Traité de 1992, « fait partie intégrante du développement de l'Union européenne » (art. 17 § 1er du TUE — A.-D. Pliakos, « La nature juridique de l'Union européenne », *RTDE* 1993, p. 187-224). Le « système européen » se complique encore avec l'articulation établie entre les Communautés européennes et l'Espace économique européen, par le Traité de Porto de 1992 (C. Reymonds, « Institutions, Decision Making Procedure and Settlement of Disputes in the European Economic Area », *CMLR* 1993, p. 449-480).

Certaines organisations internationales « bilatérales » peuvent également jouer un rôle économique significatif (l'exemple le plus connu est l'Union économique belgo-luxembourgeoise, créée en tant qu'union douanière en 1921, étendue à d'autres domaines, et restructurée en 1963, qui fait elle-même partie d'une organisation trilatérale, le Benelux).

375. Droit des organisations internationales et droit international

BIBLIOGRAPHIE. — L. Focsaneanu, « Le droit interne de l'ONU », *AFDI* 1957, p. 315-349. — A. J. P. Tammes, « Decisions of International Organs as a Source of

International Law », *RCADI* 1958-II, vol. 94, p. 265-365 — P. REUTER, « Principes de droit international public », *RCADI* 1961-II, vol. 103, not. p. 526-530. — C. W. JENKS, *The Proper Law of International Organisations*, Stevens, Londres, 1962, 282 p. — Ph. CAHIER, « Le droit interne des organisations internationales », *RGDIP* 1963, p. 563-602. — G. BALLADORE-PALLIERI, « Le droit interne des organisations internationales », *RCADI* 1969-II, vol. 127, p. 1-38.

Certains auteurs soutiennent qu'il faut distinguer le droit *applicable aux* organisations de celui *sécrété par* les organisations. Le premier seul relèverait du droit international, le second, souvent dénommé *droit interne* des organisations, constituant un droit distinct, trop différent des caractéristiques du droit international général pour s'y incorporer.

Cette conception a rencontré un certain succès depuis que l'entrée en scène des Communautés européennes a popularisé la notion de « droit communautaire » et ses caractères inédits, qui contrastent avec les aspects classiques du droit international. Les principaux arguments invoqués en ce sens sont tirés de la procédure d'élaboration des décisions des organisations, du fait que les individus en sont souvent les destinataires et que, parfois, ces actes sont directement applicables dans le territoire des États membres.

On ne peut cependant négliger l'aspect évolutif du droit international (et tenir pour acquis que seul l'interétatisme classique est conforme à la nature du droit international), ni le fait que les décisions des organisations internationales ont leur fondement dans les chartes constitutives des organisations, qui sont des traités multilatéraux, sources classiques du droit international ; leur validité dépend du respect du principe de spécialité des organisations qui, en tant que principe général du droit international, relève également de ce droit. La jurisprudence de la CIJ s'est toujours prononcée en ce sens.

La CIJ, dont la mission est d'appliquer le droit international, n'a jamais refusé de donner effet aux actes juridiques des organes des Nations Unies : voir l'arrêt du 9 avr. 1949, *Détroit de Corfou, Rec.* p. 26 ; et les avis du 3 mars 1950, *Admission aux Nations Unies, Rec.* p. 9 et du 13 juill. 1954, *Effet de jugements du Tribunal administratif des Nations Unies, Rec.* p. 56 et, dans ses ordonnances du 14 avril 1992 (affaires de *Lockerbie*), elle a même semblé affirmer que les décisions du Conseil de sécurité bénéficiaient de la normativité supérieure reconnue à la Charte par son article 103 (*Rec.* p. 15). Dans son avis de 1971 sur la *Namibie,* elle a en outre reconnu un effet *erga omnes* à certaines décisions de l'Assemblée générale et du Conseil de sécurité de l'ONU, sans distinguer entre États membres et États non membres. Cette attitude réduit sensiblement l'intérêt d'une opposition du droit international et du « droit interne » des organisations internationales.

La jurisprudence initiale de la Cour de Justice des Communautés européennes a pu alimenter la thèse d'une distinction fondamentale du droit international et du droit communautaire. Mais la CJCE, sans renoncer à la spécificité de l'ordre juridique communautaire, est désormais assez rassurée sur la pérennité de cet ordre juridique pour se contenter d'écarter les principes du droit international manifestement incompatibles avec le degré de solidarité atteint au sein des Communautés. Par un arrêt du 30 juillet 1996, la CJCE a estimé qu'« [a]u regard d'un objectif d'intérêt général aussi fondamental pour la communauté internationale qui consiste à mettre un terme à l'état de guerre dans la région et aux violations massives des droits de l'homme et du droit international humanitaire dans la république de Bosnie-Herzégovine, la saisie de l'aéronef en question qui est la propriété d une personne ayant son siège dans la république fédérative de Yougoslavie ou opérant depuis cette république ne saurait passer pour inadéquate ou disproportionnée » (*Bosphorus c. Ministre irlandais des transports et as.*, aff. C-84/95. *Rec.* 1996, p. I-03953, § 26). Pour sa part, dans des arrêts importants et controversés du 21 septembre 2005, le TPI a estimé que « tant en application des règles du droit international général qu'en application des dispositions spécifiques du traité, les États membres ont la faculté, et même l'obligation, de laisser inappliquée toute disposition de droit communautaire, fût-elle une disposition de droit primaire ou un principe général de ce droit, qui ferait obstacle à la bonne exécution de leurs obligations en vertu de la charte des Nations Unies » (*Yusuf et as. c. Conseil et Commission*, *Rec.* 2005, p. II-3533, § 240 ; *Kadi c. Conseil et Commission*, *Rec.* 2005, p. II-3649, § 190). La Cour a confirmé cette solution, mais sur la base d'un raisonnement différent et moins discutable par son arrêt du 3 septembre 2008 (*Kadi c Conseil*).

Qu'il s'agisse du droit communautaire ou du droit propre à toute organisation internationale, on peut admettre que l'on est en présence de véritables ordres juridiques (v. *supra*, n° 48), présentant une autonomie réelle tant à l'égard des droits nationaux que du droit international, étant entendu qu'ils dépendent encore largement des premiers pour leur mise en œuvre concrète et qu'ils sont ancrés dans le second dont ils tirent leur existence même. Conformément à la célèbre formule de la CJCE de 1963 — il est vrai abandonnée par la suite (v. *supra,* n° 48) — il s'agit d'« ordres juridiques de droit international » (aff. 26/62, *Van Gend en Loos*, *Rec.* p. 3 — v. A. Pellet, « Les fondements juridiques internationaux du droit communautaire », *RCADE* 1994-2, vol. V, p. 193-271).

S'inspirant très étroitement de la définition donnée à l'article 2, par. 1.j) de la Convention de Vienne de 1986 sur le droit des traités entre États et organisations internationales ou entre organisations internationales, la CDI a défini les « règles de l'organisation » aux fins de son projet d'articles sur la responsabilité des organisations internationales (v. *infra*, n° 468) comme s'entendant « notamment des actes constitutifs, des décisions, résolutions et autres actes constitutifs adoptés conformément aux actes constitutifs, ainsi que de la pratique bien établie de l'organisation » (art. 4, doc. A/59/10, p. 103).

376. Limites d'une étude systématique. — Dire que toutes les organisations internationales possèdent une personnalité juridique et qu'elles sont régies par le droit international n'oblige pas à considérer qu'elles sont soumises à un statut juridique uniforme.

D'un point de vue pratique, une telle solution ne serait pas réaliste : les quelque 300 organisations internationales actuelles diffèrent trop par leur objet, leurs compétences et leurs structures pour se prêter à un régime unique. Une étude complète des organisations internationales devrait comprendre l'analyse concrète de chacune d'elles.

D'un point de vue théorique, admettre cette nécessaire diversité de statuts n'est pas choquant, puisqu'il en va de même pour les États : si, au départ, la capacité juridique des États est uniforme, très vite leurs compétences vont se diversifier en fonction des limitations qu'ils ont accepté d'y apporter. La différence entre les États et les organisations internationales — et elle n'est pas négligeable — est que cette diversification est toujours consentie par les États, en vertu de leur souveraineté, alors qu'elle résulte, pour les organisations, de la volonté des États et des limites fixées à la spécialité des organisations à l'instant de leur création.

Au demeurant, l'observation de la réalité montre qu'au-delà des différences, les points communs sont nombreux ; il est permis de dégager des principes généralement applicables dont l'ensemble constitue le statut juridique des organisations internationales. Ce sont ces principes que l'on se bornera à évoquer ici.

377. Définition des organisations internationales. — La doctrine est, dans son ensemble, favorable à une définition qui avait été proposée au cours des travaux de codification du droit des traités selon laquelle est une organisation internationale une « association d'États constituée par traité, dotée d'une constitution et d'organes communs, et possédant une personnalité juridique distincte de celle des États membres » (Sir Gerald Fitzmaurice, *Ann. CDI* 1956-II, p. 106).

Cette définition pourrait paraître trop « doctrinale » et trop réductrice des différences constatées dans la pratique internationale pour refléter la réalité concrète. Pour cette raison, elle n'est pas reprise dans la pratique conventionnelle. Mais il ne faut pas l'écarter, car c'est la seule qui soit satisfaisante d'un point de vue théorique. En effet, elle attire l'attention sur les deux aspects fondamentaux d'une organisation internationale : son fondement conventionnel et sa nature institutionnelle. Le fonctionnement d'une organisation est inévitablement marqué par la tension et la complémentarité des principes du droit des traités, d'une part, des exigences d'autonomie et d'efficacité de toute organisation humaine, d'autre part.

Cette définition n'a pas été retenue par la Convention de Vienne de 1969 sur le droit des traités et les autres conventions de codification. L'article 2 § 1i), de la Convention de 1969, n'ayant pour objet que de déterminer le champ d'application de la convention, précise simplement que l'expression « organisation internationale » s'entend d'une « organisation intergouvernementale ». Cette description d'une catégorie particulière de sujets du droit international est satisfaisante en ce qu'elle répond à un problème particulier et insiste sur un aspect important : l'élément qui permet de distinguer ces organisations des « organisations non gouvernementales » (v. *infra,* n° 418). Mais elle est insuffisante pour définir les organisations internationales. En revanche, dans l'article 2 de son projet d'articles sur la responsabilité des organisations internationales, la CDI s'est arrêtée à une formule voisine de celle proposée par Fitzmaurice : « Aux fins du présent projet d'articles, on entend par "organisation internationale" toute organisation instituée par un traité ou un autre instrument régi par le droit international et dotée d'une personnalité juridique internationale propre. Outre des États, une organisation internationale peut comprendre parmi ses membres des entités autres que des États » (doc. A/58/10, p. 24) – pour une critique de cette définition v. M. Mendelson, « The Definition of "International Organization" in the International Law Commission's Current Project on the Responsibility of International Organizations », *Mél. Shachter (International Responsibility To-Day)*, 2005, p. 371-389.

Une telle définition permet de différencier les organisations internationales d'autres entités de caractère privé, les organisations non gouvernementales (ONG), dont l'étude sera effectuée dans le chapitre suivant, mais dont on peut souligner que certaines sont investies d'une véritable « mission de service public international » et se sont vues par suite reconnaître des privilèges et des prérogatives habituellement réservés aux organisations intergouvernementales, voire aux États. Tel est le cas, en particulier, du CICR, qui a accédé au statut d'observateur auprès des Nations Unies (v. *infra*, n° 380) et qui a signé, en 1993, un accord de siège avec la Suisse, qui présente de nombreux traits communs avec les accords comparables conclus avec les organisations intergouvernementales (v. Ch. Dominicé, *RGDIP* 1995, p. 5-36).

La définition des organisations internationales reste assez large pour englober des institutions très diverses. Pour introduire plus de clarté dans l'analyse, il est souvent opportun de les étudier par grandes catégories, sur la base d'une typologie qui sera le plus souvent fonctionnelle.

Sur la base de *l'étendue de leur domaine d'activité,* on distingue les *organisations à vocation générale* (certaines universelles : SdN, ONU ; d'autres régionales : OEA, OUA puis Union africaine) des *organisations à vocation spéciale* (économiques et financières : BIRD, FMI, OMT, OCDE, CE, BERD ; sociales et humanitaires : OIT, OMS ; techniques : UIT,

OMM, AIEA, Euratom ; politiques et militaires : Conseil de l'Europe, UEO, OTAN, et jusqu'en 1992, Organisation du Pacte de Varsovie), sans, du reste, que la délimitation entre ces diverses catégories soit rigide.

Sur la base du *rôle général qui leur est assigné,* on distingue les *organisations de coopération* ou de *coordination* et les *organisations d'intégration* ou *d'unification.* Dans une société internationale « relationnelle », ces dernières restent exceptionnelles.

Ce chapitre sera divisé conformément aux éléments annoncés par la définition des organisations internationales :

Section 1. — Création et composition.

Section 2. — Statut juridique.

Section 3. — Structure et fonctionnement.

Section 1

Création et composition

§ 1. — *L'acte constitutif*

BIBLIOGRAPHIE. — A. RAPISARDI-MIRABELLI, « Théorie générale des Unions internationales », *RCADI* 1925-II, vol. 7, p. 341-393. — H. LESGUILLONS, *L'application d'un traité-fondation : le traité instituant la CEE,* LGDJ, 1968, 320 p. — R. MONACO, « Le caractère constitutionnel des actes constitutifs des organisations internationales », *Mél. Rousseau,* 1974, p. 153-172. — Ph. BRETTON, « La transformation de l'ONUDI en institution spécialisée des Nations Unies », *AFDI* 1979, p. 567-578— D. SIMON, *L'interprétation judiciaire des traités d'organisations internationales,* Pedone, 1981, XV, 936 p. — A. PELLET, « Les fondements juridiques internationaux du droit communautaire », *RCADE* 1994-2, vol. V, p. 193-271 — T. SATO, *Evolving Constitutions of International Organizations*, Kluwer, La Haye, 1996, XVIII-301 p. — J. A. FROWEIN, « Are There Limits to the Amendment Procedures in Treaties Constituting International Organizations ? », *Mél. Seidl-Hohenveldern,* 1998, p. 201-218. — C. CHEVALLIER-GOVERS, « Actes constitutifs des organisations internationales et constitutions nationales », *RGDIP* 2001, p. 373-412 — T.C. HARTLEY, « The Constitutional Foundations of the European Union », *LQR* 2001, p. 225-246 ; « International Law and the Law of the European Union – A Reassessment », *BYBIL* 2002, p. 1-35. — R. CHEMAIN et A. PELLET dir., *La Charte des Nations Unies, constitution mondiale ?*, Pedone (CEDIN, *Cahiers internationaux* n° 20), 2006, 237 p.

Voir aussi *supra*, la bibliographie sur le n° 101.

378. Création par un traité multilatéral. — En tant que sujet *dérivé,* l'organisation internationale n'existe que par un traité multilatéral, véritable acte de naissance dont l'initiative est extérieure à l'organisation.

C'est par le premier traité collectif, l'Acte final de Vienne de 1815, que fut créée la première organisation, la Commission centrale du Rhin. En 1856, le traité multilatéral conclu par les grandes puissances européennes réunies en Congrès à Paris donna le jour à une autre Commission fluviale internationale, la Commission européenne du Danube. Tout au long de la seconde moitié du XIXe siècle, les Unions administratives, premières organisations spécialisées et techniques, furent constituées par des traités entre les États qui allaient devenir leurs membres. À l'époque, on s'est contenté d'y voir des traités « collectifs » d'un type particulier, sans pousser plus loin l'analyse.

Qu'il s'intitule Convention, Pacte (de la SdN, 1919), Charte (des Nations Unies, 1945), statuts (du Conseil de l'Europe, 1949), Constitution (de l'OIT, 1946), etc., le traité multilatéral est la forme habituelle de l'acte constitutif des organisations internationales. L'exigence d'un accord s'explique aisément : les États veulent avoir l'occasion d'exprimer leur consentement à l'apparition d'une personne juridique dont le fonctionnement aura toujours, même si c'est à des degrés variables, des incidences sur le contenu ou l'exercice de leurs propres compétences. Chaque État est ainsi en mesure de ne participer à une organisation internationale qu'après en avoir exprimé le désir (cf. l'article 88-1 de la Constitution française) par ratification, approbation, adhésion à la charte constitutive, plus exceptionnellement, simple signature.

Bien que la solution la plus fréquente soit l'adoption d'un accord en forme solennelle, il n'y a rien là d'impératif (le GATT, en tant qu'organisation, a été progressivement construit sur la base de la Commission intérimaire de l'OIC, jamais créée après l'abandon de la Charte de La Havane de 1948 ; sur la distinction entre les types d'accords, voir *supra,* n° 77 s.).

Le principe n'est pas réellement infirmé par certaines solutions, apparemment contraires, observées dans la pratique internationale.

Certains auteurs ont soutenu qu'exceptionnellement une résolution adoptée par une conférence internationale pouvait suffire : en effet ont été ainsi créés le Bureau Hydrographique International ou le Comité Intergouvernemental Provisoire des Mouvements Migratoires en Europe (devenu, en 1989, l'Organisation internationale des Migrations [OIM]). Ces résolutions étaient, en réalité, des accords internationaux informels, catégorie admise par la Convention de Vienne sur le droit des traités (art. 3). Le Traité du 23 mars 1962 consacre l'existence du Conseil nordique, qui fonctionnait déjà avant son adoption.

Quant aux exemples de la CNUCED et de l'ONUDI, mises en place par voie de résolutions de l'Assemblée générale des Nations Unies, elles n'infirment pas non plus la règle générale puisqu'il s'agit d'organes subsidiaires et non d'organisations internationales nouvelles. Les avatars de l'ONUDI le confirment : sa transformation en institution spécialisée a exigé l'adoption d'un traité multilatéral (1979). Le cas de l'Agence Internationale de l'Énergie, créée par une décision du Conseil de l'OCDE du 15 novembre 1974, peut paraître plus troublant ; mais cette institution « organe autonome » est établie « dans le cadre de l'Organisation » (l'OCDE) et se rattache à un accord entre certains États membres relatif à un programme international de l'énergie.

Le traité constitutif peut être soit inédit, soit réviser un accord antérieur en prévoyant un changement de la personnalité juridique d'une organisation préexistante. Dans le second cas, la procédure suivie est la procédure de révision prévue par le traité initial. Dans le premier cas, la procédure d'élaboration est celle qui est en général applicable aux traités multilatéraux, dans le cadre d'une conférence.

L'initiative de la convocation de cette conférence peut revenir :

— à un groupe d'États intéressés : ce sont les quatre grandes puissances en guerre contre l'Allemagne et le Japon – la Chine, les États-Unis, la Grande-Bretagne et l'URSS, la France ayant refusé de se joindre à elles – qui ont convoqué la Conférence de San Francisco, en vue de l'élaboration de la Charte des Nations Unies ;

— à un seul État : l'Italie, pour la conférence de 1905 qui devait établir la charte de l'Institut International d'Agriculture, ancêtre de la FAO ; la France, par la Déclaration Schumann du 9 mai 1950, fut à l'origine de la Conférence de Paris (juin 1950-avril 1951) qui adopta le traité instituant la CECA ;

— à une organisation existante : c'est une solution employée depuis longtemps, mais il faut surtout relever un rôle décisif désormais joué par l'Assemblée générale de l'ONU pour la création d'organisations à vocation universelle. Elle avait déjà joué un rôle déterminant dans la convocation de la Conférence de New York de 1956 en vue de la création de l'AIEA ; elle est aujourd'hui à l'origine de la plupart des conférences universelles dont l'objet exclusif (ONUDI) ou partiel (« Autorité » dans la convention adoptée par la Troisième conférence sur le droit de la mer ; CPI) est l'établissement d'une nouvelle organisation.

Au sein de ces conférences, le vote pour l'adoption du texte s'effectue à la majorité qualifiée ou à l'unanimité, sinon même par consensus, conformément au règlement intérieur de la conférence (v. *supra*, n° 102).

Sans que le principe de la création conventionnelle soit formellement abandonné, des évolutions récentes témoignent d'un certain assouplissement. Ainsi, le processus de la CSCE a progressivement fait l'objet d'une institutionnalisation assez spectaculaire, surtout après l'adoption de la Charte de Paris de 1990 (réunion biennale des chefs d'État et de gouvernement, Conseil des ministres, Comité des hauts fonctionnaires, Comité consultatif, Secrétariat, Bureau des élections libres, Centre de prévention des conflits, etc. — v. E. Decaux, *La CSCE,* PUF, « Que sais-je ? » n° 2661, 1992, 128 p.) jusqu'à son institutionnalisation formelle en OSCE par le sommet de Budapest en décembre 1994 (v. V.-Y. Ghébali, *L'OSCE dans l'Europe post-communiste, 1990-1996*, Bruylant, Bruxelles, 1996, 741 p. ; E. Decaux, *JEDI* 1994, p. 401-422 ; G. Nesi, *Cta. I.* 1994, p. 736-759 ; M. Sapiro, *AJIL* 1995, p. 631-637 ; Ch. Bertrand, *RGDIP* 1998, p. 385-406). Exception à la règle générale, on se trouve donc en présence d'une organisation internationale créée à partir de simples actes concertés non conventionnels (v. *supra,* n° 252) mais dont on peut cependant admettre la personnalité juridique propre sur la base d'un raisonnement comparable à celui suivi par la CIJ en 1949 (v. *infra*, n° 383). *Mutatis mutandis*, il en est allé de même du GATT avant la création de l'OMC La formule retenue par la CDI – qui, à côté de la création par un traité, évoque d'autres instruments juridiques régis par le droit international, couvre ces hypothèses marginales.

379. Aspects constitutionnels de l'acte de création. — Tout acte constitutif est un traité multilatéral, mais, comme la Charte des Nations Unies, celui-ci « présente des caractéristiques spéciales » (CIJ, avis du 20 juill. 1962, *Rec.* p. 157). Il s'agit de « traités d'un type particulier » qui « ont pour objet de créer des sujets de droit nouveaux, dotés d'une certaine autonomie, auxquels les parties confient pour tâche la réalisation de buts communs » (CIJ, avis du 8 juill. 1996, *Licéité de l'utilisation des armes nucléaires* (avis « OMS »), *Rec.* p. 75).

Plus que la société internationale, très décentralisée, les organisations internationales sécrètent un ordre juridique hiérarchisé dont le « sommet » est occupé par leur charte constitutive. En effet, leurs organes n'ont compétence qu'en vertu de l'habilitation contenue dans le traité de base et dans les limites de cette habilitation. En dernier ressort, la norme de référence pour apprécier la régularité des actes de chaque organisation doit être trouvée dans sa charte, sa « constitution » selon la dénomination qui lui est parfois officiellement attribuée (OIT, OMS).

Cependant, si l'image de la constitution est séduisante, elle ne doit pas conduire à une assimilation simpliste aux constitutions nationales. Les États jouent un rôle trop important dans le fonctionnement des organisations internationales – et dans l'interprétation du traité de base – pour être confondus avec les citoyens d'un État. Il n'est pas légitime non plus de confondre le droit constitutionnel, propre à une tradition nationale et autonome vis-à-vis des autres ordres juridiques, et le droit des organisations internationales, en partie subordonné au droit des traités.

Dès avant l'adoption du Traité établissant une constitution pour l'Europe de 2004, qui n'est jamais entré en vigueur du fait de sa non-ratification par la France et les Pays-Bas, les traités communautaires et le Traité de Maastricht de 1992, sur l'Union européenne avaient créé une situation complexe dans laquelle certains voyaient comme la « constitution » d'un ensemble « pré-fédéral » (cf. CEDIN, M.-F. Labouz dir., *Les accords de Maastricht et la constitution de l'Union européenne*, Montchrestien, 1992, 241 p. ; Th. Daups, *L'idée de constitution européenne*, Atelier national de reproduction des thèses, 1992, 520 p. ; J. Gerkrath, *L'émergence d'un droit constitutionnel de l'Europe*, PU Bruxelles, 1997, 425 p. ; D. Blanchard, *La constitutionnalisation de l'Union européenne*, Apogée, Rennes, 2001, 476 p.). V. le texte de la « Constitution de l'Union européenne », *in* S. Rials et D. Alland, PUF, « Que sais-je » nº 3689, 2003, 128 p. et les commentaires de V. Constantinesco, Y. Gautier et V. Michel dir., *Le Traité établissant une Constitution pour l'Europe*, PU Strasbourg, 2005, 462 p ; R. Maison dir., *Les mots de la Constitution européenne*, PUF, 2005, 266 p. Le Traité de Lisbonne du 13 décembre 2007 (TUE – dont l'entrée en vigueur est aujourd'hui bloquée du fait du refus de l'Irlande de le ratifier) a abandonné ce vocabulaire « constitutionnaliste » trompeur ; il présente cependant les mêmes caractères « constitutifs » que tout acte créant une organisation internationale.

La nature « constitutionnelle » du traité de création entraîne néanmoins des conséquences importantes :

1º La charte constitutive organise souvent sa *primauté* vis-à-vis d'autres traités, conclus soit par les États membres, soit par l'organisation elle-même. En ce qui concerne les premiers, il faut distinguer selon qu'ils ont été adoptés antérieurement ou postérieurement à l'entrée en vigueur de cette charte, selon qu'ils lient seulement les États membres ou au contraire aussi des États tiers (art. 20 du Pacte de la SdN, art. 103 de la Charte des Nations Unies, art. 306 et 307 du TCE (350 et 351 du TFUE) — voir *supra,* nº 174). Par des solutions complexes, on tente de garantir le respect des objectifs de l'organisation sans porter atteinte aux droits des États tiers.

Pour mieux assurer la protection de cette solution, les organisations qui possèdent une juridiction propre affirment l'exclusivité de sa fonction, au moins dans les rapports entre États membres (art. 292 du TCE [344 du TFUE] : « Les États membres s'engagent à ne pas soumettre un différend relatif à l'interprétation ou à l'application du présent traité à un mode de règlement autre que ceux prévus par celui-ci » – cf. CJCE, arrêt du 30 mai 2006, *Commission c. Irlande* [aff. *Mox*], aff. C-459/03, Rec. p. I-4635).

La supériorité de la charte constitutive sur les accords conclus par l'organisation vise à interdire aux États membres et aux organes de réviser indirectement la charte. Elle ne pourrait pas être assurée *a posteriori* sans porter atteinte au principe de la supériorité du droit international sur le droit « interne ». Comme pour les États, il faut donc la rechercher de manière préventive (voir, par exemple, l'article 300 § 6 du TCE [218 du TFUE]).

Il en va de même à l'égard des actes unilatéraux adoptés par l'organisation : la primauté de l'acte de création tente de garantir la hiérarchie normative interne, propre à chaque organisation ; ce principe est d'ailleurs à la base du contrôle de légalité que connaissent certaines organisations (art. 230 du TCE [263 du TFUE]).

2º Ce traité doit être accepté *intégralement.* Ici, la technique des réserves paraît toujours inacceptable, au moins en ce qui concerne la structure et le fonctionnement de l'organisation : elles seraient, par nature, non conformes à l'objet et au but du traité. On voit mal, en effet, comment assurer un fonctionnement régulier de l'organisation si tous les États membres ne respectent pas les mêmes règles.

La solution est parfois expressément énoncée : lors de la Conférence de Londres de 1929, les États participants ont adopté une déclaration selon laquelle aucune réserve ne serait admise lors de l'acceptation du Statut de l'Union Postale Universelle. Voir aussi l'obligation faite aux parties au Traité de Marrakech de 1994 d'accepter un certain nombre de conventions antérieures, jusque-là facultatives, en vue d'harmoniser les comportements de défense commerciale des membres de l'OMC ou l'article 120 du Statut de la Cour pénale internationale, qui interdit expressément toute réserve.

C'est parce qu'elle craignait que son statut de neutralité permanente ne l'oblige à émettre une réserve à la Charte des Nations Unies que la Suisse s'est abstenue, fort longtemps, de demander son admission à l'ONU. D'autres États n'ont pas les mêmes scrupules et certains font une « déclaration d'intention » lors de leur entrée dans une organisation ; mais ils reconnaissent eux-mêmes que cette prise de position n'équivaut pas à la formulation d'une réserve (ainsi de l'épisode de l'Inde et de l'OMCI, v. *AFDI* 1959, p. 475).

Il est vrai que les États peuvent parfois faire l'économie de réserves en faisant inscrire les dérogations qu'ils souhaitent dans la charte constitutive de l'organisation (ou à l'occasion des amendements successifs). On peut s'étonner à cet égard du risque pris par les auteurs de l'Accord de New York de 1994 d'imposer une révision des statuts de l'Autorité selon une procédure différente de celle prévue par la Convention de 1982 sur le droit de la mer, à l'encontre d'États parties qui pourraient imposer la coexistence des deux textes, donc de deux organisations concurrentes (mise en œuvre du principe de l'effet relatif des traités — v. *supra*, n° 95).

La règle n'a cependant pas une portée absolue, car toutes les dispositions du traité n'ont pas un caractère nécessaire au bon fonctionnement de l'organisation. Aussi l'article 20 § 3, de la Convention de Vienne de 1969 prévoit-il une solution plus nuancée : « Lorsqu'un traité est un acte constitutif d'une organisation internationale, et à moins qu'il n'en dispose autrement, une réserve exige l'acceptation de l'organe compétent de cette organisation ». Que cette compétence de contrôle revienne à un organe de l'organisation et non aux États parties s'explique : elle sera mise en œuvre au moment de l'examen de la candidature de l'État qui prétend émettre une réserve ou de l'acceptation de l'instrument d'adhésion. Or ce sont les organes de l'organisation qui procéderont à cet examen, une fois l'organisation établie.

L'expérience – en particulier celle de l'Union européenne – prouve que l'existence d'engagements à géométrie variables quant aux politiques menées par ou sous les auspices d'une organisation internationale perturbe nécessairement son fonctionnement et son efficacité et qu'il convient, tôt ou tard, d'y renoncer. La réticence des États membres de l'Union européenne à utiliser le mécanisme des coopérations renforcées institué par le TUE (art. 40 à 40B ; possibilité offerte d'agir en cercle plus réduit que l'ensemble des États membres) le confirme.

3° « De tels traités peuvent poser des problèmes d'interprétation spécifiques en raison, notamment, de leur caractère à la fois conventionnel et institutionnel ; la nature même de l'organisation créée, les objectifs qui lui ont été assignés par ses fondateurs, « les impératifs liés à l'exercice de ses fonctions ainsi que sa pratique propre, constituent autant d'éléments qui peuvent mériter, le cas échéant, une attention spéciale au moment d'interpréter ces traités constitutifs » (CIJ, *« OMS » préc., Rec.* p. 75) auxquels s'appliquent en effet des principes d'interprétation particuliers (v. *infra*, n°s 388 à 390).

4° La *révision* de l'acte constitutif est souvent opposable à un État membre n'ayant pas ratifié l'amendement correspondant (v. *supra*, n°s 160 et 191). À défaut, cet État devra accepter de quitter l'organisation, car l'objectif est ici encore de garantir un bon fonctionnement de l'organisation, donc des règles procédurales uniformes et des objectifs acceptés par tous les États membres.

Le non-respect de ce principe est l'une des faiblesses structurelles de l'OEA, qui connaît une disparité des régimes applicables aux États membres. Il est de beaucoup préférable que les amendements à la charte constitutive de l'organisation entrent en vigueur soit avec le consentement unanime des États membres (solution de la Communauté européenne), soit en étant opposables à tous les États membres dès qu'ils sont acceptés par une majorité qualifiée (ONU, FMI).

Le phénomène de succession d'une organisation à une autre pose la question de la protection des droits des États acquis sous l'ancien régime juridique (voir l'annexe I A à l'Accord de Marrakech de 1994, pour ce qui est du « GATT de 1994 » par rapport au « GATT de 1947 » ; v. Th. Flory, chron., *AFDI* 1994, p. 712-716).

5° Le traité de base n'est, le plus souvent, soumis à *aucune limitation dans le temps.* Cette règle n'est parfois qu'implicite ; elle peut être formulée expressément (art. 312 du TCE (356 du TFUE).

L'organisation internationale apparaît ainsi dotée d'un caractère de *permanence* qui la distingue de simples « conférences internationales », dont la réunion est au mieux épisodique et l'existence éphémère. La permanence de l'organisation est un de ses avantages essentiels par rapport à la technique des conférences. En contrepartie, des clauses sur la *révision* du texte y seront toujours incorporées (v. *supra,* n° 190).

Le Traité de Paris de 1951, créant la CECA pour cinquante ans, est une des rares exceptions à cette règle. En réalité, sa disparition formelle en 2001 a équivalu à une prise en charge de ses missions dans et par la Communauté européenne.

Les traités créant les organisations de produits de base sont d'une durée assez brève, cinq ans en général. Le souci de continuité conduit pourtant à les renouveler régulièrement ; toute solution de continuité devient dès lors fort gênante, ce qui oblige les négociateurs à quelques contorsions juridiques (application provisoire de la convention la plus récente, par exemple).

6° L'acte constitutif doit comprendre *au minimum* des dispositions relatives aux buts, aux structures et aux compétences de l'organisation. C'est en fonction de ces paramètres que peut être appréciée la licéité de l'action et des décisions de ses organes (v. *supra,* n° 244).

V. à cet égard l'analyse du TPI pour l'ex-Yougoslavie : « Le Conseil de sécurité est un organe d'une organisation internationale, établie par un traité qui sert de cadre constitutionnel à ladite organisation. Le Conseil de sécurité est, par conséquent, assujetti à certaines limites constitutionnelles, aussi larges que puissent être ses pouvoirs tels que définis par la constitution. Ces pouvoirs ne peuvent pas, en tout état de cause, excéder les limites de la compétence de l'Organisation dans son ensemble, pour ne pas mentionner d'autres limites spécifiques ou celles qui peuvent découler de la répartition interne des pouvoirs au sein de l'Organisation » (aff. IT-94-1-AR72, Chambre d'appel, 2 oct. 1995, *Tadi&cacute ;*, § 28).

§ 2. — *Les membres de l'organisation*

BIBLIOGRAPHIE. — C. W. JENKS, « Some Constitutional Problems of International Organizations », *BYbIL* 1945, p. 11-72 — N. FEINBERG, « L'admission de nouveaux membres à la SdN et à l'ONU », *RCADI* 1952-I, vol. 80, p. 293-393 et « Unilateral Withdrawal from the UN, The Indonesian Intermezzo », *AJIL* 1967, p. 182-219. — N. SINGH, *Termination of Membership of International Organizations,* Stevens, Londres, 1957, 210 p. — H. MOSLER, « Die Aufname in internationale Organisationen », *Z.a.ö.R.V.* 1958, p. 275-317. — L. B. SOHN, « Expulsion or Forced Withdrawal from an International Organization », *Harvard. L. R.* 1964, p. 1381-1425. — L. R. SCHLEMAN, « Admission of States to the OAS », *AJIL* 1964, p. 968-974. — F. DEHOUSSE, « Le droit de retrait des Nations Unies », *RBDI* 1965, p. 30-48 et 1966, p. 8-27. — E. SCHWELB, « Withdrawal of the UN », *AJIL* 1967, p. 661-672. — E. STEIN et D. CARREAU, « Law and Peaceful Change in a Subsystem : "Withdrawal" of France from the NATO », *AJIL* 1968, p. 577-640. — R. KOVAR, « La participation des territoires non autonomes aux organisations internationales », *AFDI* 1969, p. 522-549. — J.-H. LAVIELLE, « La procédure de suspension des droits d'un État membre des Nations Unies », *RGDIP* 1977, p. 431-465. — M.-C. SMOUTS, *La France à l'ONU,* FNSP, 1979, 392 p. — F. ZEIDLER, *Der Austritt und Ausschluss von Mitgliedern aus den Sonderorganisationen der Vereinten Nationen,* P. Lang, Berne, 1990, 318 p. — Y.Z. BLUM, *Eroding the United Nations Charter,* Nijhoff, 1993, 304 p. — M.C. DOCK, « Le retrait des États membres des organisations internationales de la famille des Nations Unies », *AFDI* 1994, p. 106-155. — J.-F. FLAUSS, « Les conditions d'admission des pays d'Europe centrale et orientale au sein du Conseil de l'Europe », *JEDI* 1994, p. 401-422. — K. D. MAGLIVERAS, *Exclusion from Participation in International Organisations : The Law and Practice Behind Member States Expulsion and Suspension from Membership*, Kluwer, La Haye, 1999, XXVI-298 p. — D. SHRAGA, « La qualité de membre non représenté : le cas du siège vacant », *AFDI* 1999, p. 649-664. — R. O'KEEFE, « The admission to the United Nations of the ex-Soviet and ex-Yugoslav states », *Baltic YBIL* 2001, p. 167-189. — A. VAHLAS, « Souveraineté et droit de retrait au sein de l'Union européenne », *RDP* 2005, p. 1565-1600. — J.V. LOUIS, « Le droit de retrait de l'Union européenne », *Cah. dt. eur.* 2006, p. 293-314 et *Mél. Salmon*, 2007, p. 1293-1316.

380. Droit de participer aux organisations internationales. — 1° *Champ d'application.* La Convention de Vienne sur le droit des traités se contente de qualifier les organisations internationales d'« intergouvernementales » (v. *supra*, n° 377). Elle traduit, ce faisant, l'approche traditionnelle selon laquelle seuls les États sont représentés dans les organisations, leur volonté ne pouvant s'exprimer que par la voix de délégués désignés par leur gouvernement respectif.

Le qualificatif « intergouvernemental(e) » apparaît parfois dans la dénomination de l'organisation : ainsi de l'Organisation Intergouvernementale Consultative de la Navigation Maritime (devenue l'OMI). Ce choix traduisait, en l'espèce, le souci des États fondateurs de limiter au maximum la liberté d'action de l'organisation et sa personnalité juridique. Son abandon correspond à la volonté inverse, qui s'est finalement imposée.

Le choix de l'adjectif « intergouvernemental » est discutable : ce sont les États et non les gouvernements qui créent les organisations internationales et y participent.

Sans exception, donc, les traités constitutifs des organisations internationales sont ouverts aux États. Il ne peut en être autrement, dès lors que ce sont les États qui adoptent ces traités et que ces organisations sont appelées à déployer leurs activités au sein d'une société interétatique. Cependant, rien ne leur interdit d'ouvrir les organisations internationales à d'autres entités, non étatiques. Il peut s'agir de territoires qui ne sont pas souverains ou d'autorités politiques représentant temporairement certains territoires ; il peut s'agir aussi d'organisations internationales.

D'après l'article 1, § 2, du Pacte de la SdN, « tout État, tout Dominion ou Colonie qui se gouverne librement » pouvait devenir membre de la SdN. Ont bénéficié de cette disposition les Dominions britanniques : or ils ne sont devenus des États, au sens du droit international, qu'en vertu du Statut de Westminster (1931) pour certains d'entre eux et du fait de l'accession à l'indépendance après 1945 pour d'autres. De même le Dominion de l'Inde était partie à la

Charte des Nations Unies avant son indépendance, acquise en 1947. Certaines institutions spécialisées des Nations Unies (l'OMM, l'OMS, l'OACI, l'UPU, l'OMT) sont également accessibles aux territoires ou groupes de territoires qui ne sont pas des États indépendants. Les progrès de la décolonisation ont, de nos jours, réduit considérablement l'intérêt de telles exceptions.

Peuvent être autorisées à participer au fonctionnement des organisations internationales des autorités politiques qui n'ont pas un caractère gouvernemental, au sens habituel du terme. Déjà, la convention de 1948 portant création de l'OECE autorisait la participation des commandants en chef des zones occidentales d'occupation en Allemagne ; ce qui s'expliquait par l'objet de cette organisation, chargée de coordonner l'utilisation de l'aide du « plan Marshall » aux États européens. Aujourd'hui, la question se pose plutôt à propos des mouvements de libération nationale ou des organes chargés de représenter les populations des territoires coloniaux ou occupés (Palestine (OLP), SWAPO ou Conseil des Nations Unies pour la Namibie : voir *supra,* n° 345). Le CICR a été invité « à participer en qualité d'observateur aux sessions et aux travaux de l'Assemblée générale » par la résolution 45/6 du 16 octobre 1990 ; v. aussi la résolution 54/195 du 17 décembre 1999 accordant le statut d'observateur à l'Union internationale de conservation de la nature (UICN) alors qu'il s'agit également d'une association de droit suisse (mais, il est vrai, composée d'États).

Théoriquement, une « organisation d'organisations » n'est pas impossible et l'on ne saurait en exclure la multiplication avec le développement des compétences conférées par les États aux organisations internationales. Malgré quelques précédents douteux parfois cités, le premier exemple clair semble être l'Institut commun de Vienne créé « en tant qu'organisation internationale dotée de la pleine personnalité juridique » par un Accord conclu en 1994 entre le FMI, la BIRD, la BRI, l'OCDE et la BERD, en vue d'assurer la formation de fonctionnaires de pays d'Europe centrale et orientale (v. F. Rousseau, *RGDIP* 1995, p. 639-650).

2° *Modalités de la participation.* Les statuts des organisations ou leur pratique distinguent plusieurs régimes juridiques, sans qu'il y ait nécessairement correspondance avec la distinction entre États et autres entités. Celles qui sont parties à la charte constitutive bénéficient du statut de *membres* de l'organisation ; les autres ne sont qu'*associés* ou *observateurs.*

Les associés ont les mêmes droits que les membres, à l'exception du droit de vote ; les observateurs ont des droits plus limités et ne peuvent, en général, participer aux activités de l'organisation que lorsqu'ils sont directement concernés.

L'article 112 de la Convention de Rome du 17 juillet 1998 portant Statut de la CPI prévoit que les États qui ont signé le Statut ou l'Acte final mais ne sont pas devenus parties peuvent siéger à l'Assemblée des États parties à titre d'observateurs. Ces observateurs reçoivent les propositions d'amendements (art. 122) et peuvent participer à la conférence de révision (art. 123).

3° La participation de certaines *organisations internationales* aux activités d'autres organisations en tant qu'observateur ou membre est devenue relativement fréquente depuis que la CE et des organisations d'intégration économique ont reçu compétence pour représenter les intérêts collectifs de leurs membres dans les relations internationales (voir *infra,* la bibliographie sous le n° 392).

Tantôt cette représentation par l'organisation exclut celle de ses États membres, tantôt elle s'y ajoute, tantôt encore elle n'est qu'une formule diplomatique particulière qui fait de l'organisation le « porte-parole » de ses États membres.

Les solutions apportées aux demandes de participation de la CE sont éminemment variables : il est tenu compte de la spécialité fonctionnelle des deux organisations en présence, du nombre et du rôle des États membres de la CE dans l'autre organisation, des moyens de pression dont dispose la CE. Parfois confinée, initialement, dans un statut d'observateur, la CE est membre à part entière d'un nombre croissant d'organisations régionales et universelles. Ainsi la CE (et la BEI) sont membres de la BERD et la CE a été admise à la FAO en décembre 1991 et à l'OMC en tant que membre originaire en 1994 (sur la coopération CE-OIT, v. l'avis *« OIT »* du 10 mars 1993 de la CJCE, 2/91, *Rec.*, p. I-1061, qui exclut l'entrée de la Communauté dans cette organisation, notamment du fait du tripartisme qui caractérise l'OIT ; v. F. Maupain, *RGDIP* 1990, p. 49-90). L'article 18 du TUE, reconnaissant implicitement la capacité de l'Union européenne à participer à d'autres organisations, confie à sa présidence la responsabilité d'exprimer « en principe, la position de l'Union dans les organisations internationales et au sein des conférences intenationales ». Il résulte de ces participations conjointes de difficiles problèmes de coordination entre la Communauté et ses États membres que la CJCE pense pouvoir résoudre en mettant l'accent sur le « devoir de coopération » s'imposant à l'une et aux autres (cf. avis 1/94 du 15 nov. 1994, *« OMC »*, *Rec.* p. I-5267 et aff. C-25/94, *Commission c. Conseil*, arrêt *« OAA »*, 19 mars 1996, *Rec.* p. I-1469 ; sur ces problèmes v. E. Steinberger, « The WTO Treaty as a Mixed Agreement : Problems with the EC's and the EC Member States'Membership », *EJIL* 2006, p. 837-862).

Par sa décision 49/426 du 9 décembre 1996, l'Assemblée générale des Nations Unies a considéré que « l'octroi du statut d'observateur devrait, à l'avenir, être limité aux États et aux organisations intergouvernementales... ». Il n'en a pas toujours été ainsi (v. *supra*, 1°, et n° 370).

381. Admission dans une organisation internationale. — En règle générale, il est une catégorie d'État pour laquelle le problème ne se pose pas, celle des États *originaires :* on entend par ce qualificatif tous ceux qui sont responsables de la création de l'organisation considérée, ayant participé à la conférence d'élaboration de sa charte constitutive et ayant signé celle-ci à l'issue de la conférence. Les États originaires se sont cooptés mutuellement, à l'occasion des invitations initiales à la conférence ; puis, c'est de leur consentement qu'a dépendu l'existence de l'organisation. Ils n'ont pas à se soumettre à une quelconque procédure d'admission.

Il en va de même lorsqu'une nouvelle entité succède à des États déjà membres de l'organisation considérée. L'Allemagne et le Yémen, après leur unification, ont succédé, dans les organisations dont ils sont membres, aux obligations de la RFA et de la RDA, d'une part, et des deux Yémen, d'autre part. À l'inverse la procédure d'admission sera mise en œuvre à l'égard des entités issues du démembrement d'un ancien État membre qui ne sont pas considérées comme « continuateurs » (Yougoslavie par exemple).

Du fait de sa souveraineté, un État ne peut jamais être obligé à participer à une organisation internationale : sa candidature est toujours un acte discrétionnaire.

Il est tout à fait possible de subordonner la ratification d'un traité constitutif d'organisation internationale – ou d'adhésion à ce traité, pour les États qui ne sont pas États originaires – à une consultation préalable interne. Plusieurs États ont recouru à cette technique, en particulier la Norvège, après la négociation de son adhésion aux Communautés européennes en 1972. Cf. aussi les référendums danois et français de 1992 sur la ratification du Traité de Maastricht, espagnol, français, luxembourgeois et néerlandais ou irlandais sur celle du Traité de 2004 établissant une Constitution pour l'Europe, et irlandais sur celle du Traité de Lisbonne de 2007, ou les votations suisses pour l'entrée dans l'EEE (Traité de Porto de 1992) ou à l'ONU.

À l'inverse, sa souveraineté ne garantit pas à chaque État le droit d'être membre de n'importe quelle organisation. Les États qui ont créé une organisation tirent de leur propre souveraineté le droit d'en contrôler l'accès et d'imposer aux autres États une procédure de cooptation.

Si aucune organisation n'est totalement fermée, aucune n'est, en droit, véritablement ouverte à tous les États sans le moindre contrôle.

Une solution inverse pourrait paraître plus logique en ce qui concerne les organisations à vocation universelle. Elle n'est pas consacrée comme une règle générale. Il est vrai qu'aujourd'hui, l'admission à l'ONU est quasi automatique ; mais cette situation est le résultat d'une longue évolution. Jusqu'en 1955, en raison des divergences entre grandes puissances dans le cadre de la « guerre froide », les admissions se produisaient au compte-gouttes et l'ONU offrait l'image d'une institution fermée, en contradiction flagrante avec sa vocation universelle. Depuis l'admission en bloc de seize États (« *package deal* » consacré par la résolution 918 (X) du 8 décembre 1955 de l'Assemblée générale, sur proposition du Conseil de sécurité), la situation s'est inversée. Tous les nouveaux États, y compris les « micro-États », qu'ils soient ou non issus de la décolonisation (admission du Lichtenstein, de Monaco, de Saint-Marin et d'Andorre), ont été admis de façon quasi automatique ; pour ces États, on a consacré en fait un véritable droit à la participation aux Nations Unies. Les quelques exceptions ont été et sont des séquelles de la guerre froide : les deux Allemagne jusqu'en 1972, le Viêt-nam jusqu'en 1977, les deux Corée avant 1991. L'Assemblée générale a manifesté son mécontentement pour les retards apportés à l'entrée de certains États enjeux et symboles de la guerre froide (résol. 3366 (XXX) et 31/21 à propos du veto des États-Unis à l'encontre du Viêt-nam en 1975 et 1976) ; elle a fini par obtenir satisfaction. V. cependant les difficultés rencontrées par le Bangladesh (vetos de la Chine en 1972 et 1973) et, dans une moindre mesure, par la Macédoine et, plus récemment, par le Kosovo.

1° Les *critères d'admission.* — Quand bien même, une organisation serait ouverte à « tout État », la question ne se poserait pas moins pour déterminer si l'entité candidate répond à la définition de l'État.

Les critères d'admission sont établis par le traité constitutif en tenant compte de deux considérations : la volonté d'assurer une grande solidarité entre États membres en « fermant » plus ou moins l'organisation – ce qui conduit à laisser une grande part aux critères politiques, appréciés discrétionnairement – et les finalités de l'organisation ; selon le cas, les exigences porteront sur une certaine proximité géographique des États membres, sur l'uniformité de leur régime économique et social ou de l'idéologie dont ils se réclament. Pour les organisations qui appartiennent à une « famille » d'institutions internationales, ce seront des critères procéduraux qui s'imposeront : l'admission à l'organisation « mère » autorisera l'admission dans les autres organisations du groupe.

Les conditions de fond exigées des États candidats par l'article 4, § 2, de la Charte des Nations Unies sont théoriquement faciles à établir : il suffit d'être un État pacifique, d'accepter les obligations de la Charte, d'être capable de les remplir et disposé à le faire (CIJ, avis du 28 mai 1948, *Conditions d'admission, Rec.* p. 57). L'article 3 du Statut du Conseil de l'Europe est plus contraignant : un État ne sera invité à adhérer que s'il « reconnaît le principe de la prééminence du Droit et le principe en vertu duquel toute personne placée sous sa juridiction doit jouir des droits de l'homme et des libertés fondamentales ».

La plupart des actes constitutifs ne posent pas de conditions de fond :

— soit ils s'en tiennent à une adhésion de la part d'États qui sont déjà membres d'une autre organisation : la quasi-totalité des institutions spécialisées sont ouvertes aux États membres de l'ONU ; pour l'AIEA cette condition est étendue aux États qui ne sont pas membres de l'ONU mais qui le sont d'une institution spécialisée ; l'adhésion à la BIRD est aussi de droit pour un État membre du FMI ; dans le cas de succession d'organisations internationales, les anciens membres sont, de droit, membres originaires de la nouvelle organisation (art. XI de l'Accord de Marrakech de 1994 créant l'OMC, successeur du GATT ; sur les procédures complexes d'accession des nouveaux membres à l'OMC, v. G. Marceau, *ACDI* 1997, p. 233-262) ;

— soit les États originaires ne veulent pas se lier les mains par des critères objectifs, et comptent sur une procédure d'acceptation négociée des candidatures (art. 237 du Traité CE –

271 du TFUE, en principe ouvert à tout État européen qui respecte les principes énoncés à l'article 6 § 1). Pour l'Union et la Communauté européennes, les États candidats sont désormais soumis à une phase de pré-adhésion – assistée techniquement et financièrement – au cours de laquelle ils devront faire la preuve de leur aptitude à respecter l'« acquis communautaire ».

Une procédure inusitée et non prévue par les statuts a été utilisée pour préparer l'entrée des États de la CEI au FMI : un accord d'association signé le 5 octobre 1991 a permis à l'URSS de bénéficier de l'assistance du Fonds, en attendant l'admission, acquise en 1992, des États issus de la dissolution de ce pays. De même, au Conseil de l'Europe un statut d'« invité spécial » a été imaginé et proposé aux anciens États socialistes européens comme préalable à leur adhésion (plus généralement, v. CEDIN Paris-X, P. Daillier et P. Kovacs dir., *Perspectives d'intégration des pays d'Europe centrale et orientale aux institutions de l'Europe occidentale*, Montchrestien, 1998, 386 p.).

2° Les *procédures de contrôle des candidatures*. — Elles sont toujours prévues par les actes constitutifs, même lorsqu'elles n'ont qu'un caractère formel. Le plus souvent, elles constitueront le véritable obstacle pour l'admission.

À l'ONU, l'entrée d'un nouvel État est subordonnée à une recommandation favorable du Conseil de sécurité, où prévalent fréquemment des considérations d'opportunité politique malgré l'avis consultatif de la CIJ (*Conditions d'admission, Rec.* 1948, p. 57 ; *Compétence de l'Assemblée générale pour l'admission d'un État aux Nations Unies, Rec.* 1950, p. 4), et à un vote majoritaire de l'Assemblée générale (v. le commentaire de l'article 4 par G. Feuer et A. Ouraga *in* J.-P. Cot, A. Pellet et M. Forteau dir., *La Charte des Nations Unies,* préc., p. 517-534). Les statuts des institutions spécialisées prévoient un vote des assemblées plénières à la majorité qualifiée (sauf à l'OMS : majorité simple). De même, les chartes des organisations régionales telles celles de l'Union africaine (majorité simple) et de l'OEA (majorité qualifiée). Alors que l'article XII, paragraphe 1, de l'Accord créant l'OMC est particulièrement lapidaire quant aux conditions d'accession des États et « territoires douaniers distincts » à cette organisation, ces modalités sont en fait particulièrement alambiqués et ne comportent pas moins d'une vingtaine d'étapes (v. Th. Garcia et A.-C. Chaumont, *RGDIP* 2007, p. 659-674).

La procédure de sélection est en général complexe dans les organisations « fermées » ou « semi-ouvertes ». Elle se traduit alors soit par une invitation préalable décidée à l'unanimité par les membres originaires (art. 10 du Traité de Washington de 1949, pour l'Alliance atlantique et indirectement pour l'OTAN ; art. 4 du Statut du Conseil de l'Europe), soit par une demande d'admission sur laquelle se prononce à l'unanimité l'organe compétent de l'organisation (art. 49 du TUE : décision du Conseil sur avis conforme du Parlement européen) et l'adoption d'un traité d'adhésion, soit par une « adhésion » qui ne prend effet qu'avec le consentement unanime des membres de l'organisation (art. 9 du Pacte de Varsovie de 1955).

382. Retrait d'une organisation internationale. — Les États ne renoncent pas à leur souveraineté en devenant membre d'une organisation, aussi longtemps qu'aucune organisation ne peut être qualifiée de « super-État ». Leur liberté de sortir d'une organisation n'est donc limitée que par les règles sur le droit des traités, qui s'appliquent aux traités constitutifs des organisations.

Si le retrait *volontaire* d'un État membre est *a priori* possible, y compris dans le silence des textes, on peut hésiter à reconnaître aux autres membres d'une organisation le droit d'*imposer* la sortie de l'organisation à l'un d'entre eux.

1° Le retrait d'un État équivaut à la *dénonciation* du traité constitutif de l'organisation. Il doit donc respecter les règles habituelles en la matière, codifiées par les articles 54 et 56 de la Convention de Vienne de 1969 (v. *supra,* n° 193 s.) : le retrait d'une partie à un traité peut toujours avoir lieu conformément aux dispositions de ce traité ou par consentement de toutes les parties ;

dans le silence du texte et à défaut de consentement, le retrait reste possible s'il est établi qu'il entrait dans les intentions des parties d'admettre la possibilité d'une dénonciation ou d'un retrait, ou si ce droit de retrait peut être déduit de la nature du traité. Ces règles doivent être transposées au cas particulier des organisations internationales.

Si le traité constitutif contient des dispositions pertinentes, il suffit d'en faire application.

Le Pacte de la SdN, les statuts de l'OIT, de la FAO ou de l'Unesco, le Traité de l'Atlantique Nord contiennent de telles clauses. Leur opportunité a semblé discutable au vu de l'expérience de la SdN (retrait de plusieurs États d'Amérique du Sud, de l'Allemagne, du Japon et de l'Italie) : l'insertion d'une clause expresse de retrait, en officialisant le droit de quitter l'organisation, peut contribuer à son affaiblissement. Aussi y a-t-on renoncé dans la Charte des Nations unies.

Le problème est plus délicat dans le silence du texte. À défaut d'une autorisation des autres États membres, il conviendra d'abord d'examiner les travaux préparatoires de la convention constitutive pour s'assurer de la volonté implicite des parties. De cet examen, il résultera par exemple qu'il est licite de quitter l'ONU : la Conférence de San Francisco a estimé que le droit de retrait était inhérent à la souveraineté de l'État (UNCIO, t VII, p. 301). Encore faut-il disposer de travaux préparatoires pertinents (ce qui n'est pas le cas pour les Communautés européennes, notamment – l'entrée en vigueur du Traité de Lisbonne de 2007 permettrait de lever l'incertitude à cet égard, puisque son article 50 permet à tout État membre de l'Union de s'en retirer).

Quant au critère de la « nature du traité », il est d'un maniement malcommode. Peut-on refuser le droit de se retirer à un grand État parce qu'il mettrait en difficulté financière l'organisation et lui interdirait de mener à bien ses activités, alors que l'argument serait sans portée pour un petit État ? Doit-on, par analogie avec l'article 55 de la Convention de Vienne de 1969, interdire le retrait d'un État qui entraînerait une diminution du nombre des États parties telle que la mise en œuvre du traité constitutif serait compromise ? On peut considérer que le droit de retrait est impossible – sauf à accepter la disparition de l'organisation – lorsqu'il existait un très fort sentiment *d'intuitus personae* entre les États fondateurs. Mais cela reste une hypothèse exceptionnelle, et, d'une manière plus générale, il n'existe pas de raison décisive pour ne pas appliquer aux actes constitutifs les règles applicables à la dénonciation de tout traité (v. *supra*, n° 193-204).

Longtemps, après les expériences malencontreuses de l'entre-deux guerres, les États ont hésité à exercer un droit aussi extrême que le retrait d'une organisation et la pratique en ce sens était surtout le fait de petits États. La politisation croissante de certaines institutions a favorisé la multiplication des retraits plus ou moins durables de la part de grandes puissances : après l'Afrique du Sud en 1966, l'Albanie en 1967, le Lesotho en 1971, les États-Unis ont quitté l'OIT en 1977 pour y revenir en 1982. Ils se sont également retirés de l'Unesco en 1984 de même que le Royaume-Uni et Singapour, pour y revenir en 1995. Exceptionnellement, l'annonce de retraits massifs peut entraîner la disparition prématurée d'une organisation internationale (cas du Pacte de Varsovie en 1992).

Depuis une dizaine d'années, la question de la participation d'un État à une organisation internationale est même devenue un thème de controverse politique interne suffisamment aigu pour donner lieu à consultations référendaires : le gouvernement britannique a recouru à cette formule en 1975 pour obtenir la confirmation de l'adhésion du Royaume-Uni aux Communautés européennes.

Le plus souvent, le mécontentement des États les conduit à une réaction plus modérée, consistant à pratiquer la « politique de la chaise vide », c'est-à-dire à s'abstenir de participer aux travaux de l'organisation tout en respectant leurs autres obligations de membre de cette organisation. La validité de cette pratique peut être douteuse ; elle présente moins d'inconvénients que le retrait pur et simple pour la continuité de l'organisation (refus de l'URSS de participer aux débats du Conseil de sécurité de janvier à août 1950, en raison de l'attitude des Nations Unies vis-à-vis de la Chine ; refus de la France de participer aux débats de l'Assemblée générale sur l'Algérie avant 1962 et aux réunions du Conseil des ministres de la CEE lors de la crise de politique agricole commune, de juillet 1965 à janvier 1966).

La distinction entre ces deux formules, juridiquement fondée, est parfois délicate à mettre en œuvre : certains États ont pu se retirer d'une organisation puis la réintégrer sans que soit remise en œuvre la procédure d'admission (cas de l'Indonésie, qui s'est retirée de l'ONU en 1965 pour y revenir l'année suivante) ; on a préféré croire, *a posteriori,* qu'il ne s'agissait pas d'un retrait mais d'une simple suspension de participation. Certaines organisations font preuve de plus de rigueur (voir l'attitude du Conseil de l'Europe à l'égard de la Grèce, revenant dans l'organisation en 1974, et de la Turquie dans les années 1980).

2° *L'éviction, l'expulsion ou l'exclusion* d'un État d'une organisation doit, elle aussi, respecter les règles du droit des traités. La Convention de Vienne de 1969 n'envisage le problème que de façon implicite, par le biais de la nullité des traités ou des incidents dans leur application.

En règle générale, les traités constitutifs d'organisations évoquent la question expressément, et lui apportent une solution en termes de *sanction* des violations de la Charte. L'expulsion d'un État est alors la sanction la plus grave appliquée à un État qui porte atteinte à certains principes fondamentaux de l'organisation ou du droit international général (art. 16, § 4, du Pacte de la SdN, art. 6 de la Charte des Nations unies).

D'autres sanctions, moins radicales, sont également prévues, selon une gamme ascendante destinée à faire pression sur l'État en cause et à retarder l'instant où, par l'expulsion, il risque d'échapper à toute possibilité de pression effective. Ces sanctions pourront être la suspension de droits et privilèges inhérents à la qualité de membre, la suspension du droit de vote dans certains organes (art. 5 et 19 de la Charte des Nations Unies, par exemple).

Voir les commentaires des articles 5, 6 et 19 par Ch. Leben et M. Forteau, et J.-L. Florent *in* J.-P. Cot, A. Pellet et M. Forteau, dir., *La Charte des Nations Unies,* préc., p. 535-571 et 815-821.

La gamme des sanctions internes et l'effectivité de leur mise en œuvre est fonction des objectifs de l'organisation en cause. Ceci est illustré, par exemple, par les accords de produits de base ou, sur un autre plan, par la Charte de l'OEA, telle qu'amendée par le Protocole de Washington du 14 décembre 1992 qui prévoit la suspension des États membres « antidémocratiques » (art. 1er) ; de même, aux termes de l'article 30 de l'Acte constitutif de l'Union africaine, « Les Gouvernements qui accèdent au pouvoir par des moyens anticonstitutionnels ne sont pas admis à participer aux activités de l'Union ». Pourtant, comme le prouve la pratique de la Communauté européenne, l'utilisation vigilante d'un système de contrôle de légalité interne efficace permet d'éviter le recours à des sanctions extrêmes souvent contre-productives.

L'expérience prouve que les organisations hésitent à mettre en œuvre de tels pouvoirs de sanction, même sous leurs formes les plus « anodines ». Très significatif a été l'épisode du refus de plusieurs États membres des Nations Unies — l'URSS, la France et treize autres États — de payer leur part du budget de l'ONU, après les premières opérations de maintien de la paix. Malgré l'avis consultatif de la CIJ (*Certaines dépenses, Rec.* 1962, p. 151) et les termes des articles 17, § 2, et 19 de la Charte, l'Assemblée générale a préféré modifier ses conditions de travail (adoption de ses résolutions par consensus en 1964) plutôt que de poser ouvertement le problème des sanctions. En 1990, les États membres du FMI ont adopté un troisième amendement aux statuts de cette organisation qui diversifie la panoplie des sanctions dont elle dispose ; en même temps, il mettait au point un mécanisme permettant aux États en retard dans les remboursements d'accumuler des droits potentiels s'ils s'acquittent de leurs obligations (« méthode des droits »). Cette combinaison de la sanction et de l'incitation a pour objet de pousser l'État sanctionné à réintégrer au plus vite les disciplines du Fonds, dont un seul État, la Tchécoslovaquie, a été formellement exclu en 1954. Des sanctions « sèches » et, en particulier, l'exclusion, peuvent en effet s'avérer inopportunes en aggravant les difficultés de l'État sanctionné (dont les manquements sont souvent dus à ces difficultés, précisément) ou, s'agissant de l'expulsion, en le déliant des obligations découlant de l'acte constitutif. Il est intéressant de noter que la Convention sur les armes chimiques, qui crée l'OIAC, précise expressément : « Aucun État partie ne peut être privé de sa qualité de membre de l'organisation » (art. VIII § 2).

Si l'exercice de la compétence d'exclusion reste exceptionnel, cela s'explique aussi par l'attitude des États menacés d'en être les victimes : ils préféreront parfois prendre les devants, et se retirer de l'organisation avant de subir le camouflet d'une expulsion (Cuba et FMI en 1964 ; Grèce et Conseil d'Europe en 1969). À la suite des accords de Camp-David, l'Égypte a été « suspendue » de la LEA en 1979 pour y être réintégrée dix ans plus tard, non sans que cette mesure pose des problèmes juridiques difficiles, notamment en ce qui concerne le siège de l'Organisation, entre-temps transféré en Tunisie (v. R. Ben-Achour, *RGDIP* 1990, p. 743-762).

L'article 7 du TUE, tel qu'il résulte du Traité d'Amsterdam de 1997, introduit un mécanisme de sanctions (suspensions de certains droits) à l'encontre d'un État membre de l'Union européenne dont le Conseil constate à l'unanimité qu'il a violé de façon grave et persistante les principes fondamentaux énoncés au paragraphe 1 de l'article 6 (v. *supra*, n° 279).

Quelques États subissent des restrictions très graves à leurs droits en tant qu'États membres. À plusieurs reprises depuis 1970, l'Afrique du Sud de l'apartheid a été empêchée de participer aux débats de l'Assemblée générale de l'ONU ; elle a été exclue du Conseil des gouverneurs et de la Conférence générale de l'AIEA, ainsi que de la Commission océanographique internationale (rattachée à l'Unesco). Une majorité s'est également dégagée à l'Assemblée générale des Nations Unies pour tenter d'imposer à Israël des limitations comparables (résol. ES-9/1 de 1982) mais sans succès. Les résolutions 777 (1992) du Conseil de sécurité et 47/1 de l'Assemblée générale « considérant » que la Yougoslavie, réduite à la Serbie et au Monténégro, ne pouvait prétendre à la continuation de la RSFY (v. *supra,* n° 344) et devait demander son admission aux Nations Unies ont créé une situation juridique *sui generis* inextricable en ce qui concerne le statut de cet État au sein de l'Organisation avant son admission formelle le 1er novembre 2000 ; cette situation a été décrite de manière embarrassée et en partie contradictoire par la CIJ dans les affaires relatives d'une part à l'*Application de la Convention sur le génocide* (v. l'ord. du 8 avr. 1993, *Mesures conservatoires*, *Rec.* p. 12-14, par. 15-18, et les arrêts du 3 fév. 2003, *Demande en révision de l'arrêt sur les exceptions préliminaires*, *Rec.* p. 14-29, § 25-63, et du 26 février 2007, *Fond*, § 88-113), et, d'autre part, à la *Licéité de l'emploi de la force* (cf. les arrêts du 15 déc. 2004 (cf. *Serbie-et-Monténégro c. Belgique*, *Rec.* p. 301-315, § 55-91 ; v. aussi l'opinion individuelle commune de sept juges jointe à ces derniers arrêts (cf. *ibid.*, p. 332-334, § 8-12).

Section 2

Statut juridique

§ 1. — *Personnalité juridique des organisations internationales*

BIBLIOGRAPHIE. — NGUYEN QUOC Dinh, « Les privilèges et immunités des organisations internationales d'après les jurisprudences nationales depuis 1945 », *AFDI*

1957, p. 55-78. — C. W. JENKS, *International Immunities,* Stevens, Londres, 1961, 178 p. — G. I. TUNKIN, « The Legal Nature of the UN », *RCADI* 1966-III, vol. 119, p. 7-68. — M. RAMA-MONTALDO, « International Legal Personality and Implied Powers of International Organizations », *BYbIL* 1970, p. 111-135. — S. BASTID, *Problèmes juridiques posés par les organisations internationales,* Cours de droit, 1971-1972, p. 260-298. — C. OSAKWE, « Contemporary Soviet Doctrine on the Juridical Nature of Universal International Organizations », *AJIL* 1971, p. 502-521. — I. SEIDL-HONENVELDERN, « L'immunité de juridiction des Communautés européennes », *RMC* 1990, p. 474. — C. SCHMIDT, « Le Protocole sur les privilèges et immunités des Communautés européennes », *CDE,* 1991, p. 67-100. — P.H.F. BEKKER, *The Legal Position of Intergovernmental Organizations*, Nijhoff, Dordrecht, 1994, XIX-265 p. — M. WENCKSTERN, *Die Immunität internationaler Organisationen*, Mohr, Tübingen, 1994, 399 p. — Ch. DOMINICÉ, « Observations sur la personnalité juridique de droit interne des organisations internationales », *Mél. Seidl-Hohenveldern* (II), 1998, p. 85-96. — G. HAFNER, « The Amsterdam Treaty and the Treaty-Making Power of the European Union », *ibid.* p. 257-284 ; « The Legal Personality of International Organizations : The Political Context of International Law », *Mél. H. Neuhold*, 2007, p. 81-100 — J. W. DE ZWANN, « The Legal Personality of the European Communities and the European Union », *NYBIL* 1999, p. 75-113 — A. REINISCH, *International Organizations Before National Courts*, Cambridge UP, 2000, LXVIII-449 p. — E. LAGRANGE, *La représentation institutionnelle dans l'ordre international. Une contribution à la théorie de la personnalité morale des organisations internationales*, Kluwer, La Haye, 2002, XIII-608 p. — J.F. MARCHI, *Accord de l'État et droit des Nations Unies. Étude du système juridique d'une organisation internationale*, La Documentation française, 2002, 401 p. — E. ROBERT, « The Jurisdictional Immunities of International Organizations : The Balance between the Protection of the Organizations'Interests and Individual Rights », *Mél. Salmon*, 2007, p. 1433-1460.

383. Possession de la personnalité juridique. — Toute organisation internationale est dotée, dès sa naissance, de la personnalité juridique internationale. C'est un élément de sa définition (v. *supra,* n° 377).

Cette personnalité est fréquemment reconnue de manière expresse dans les traités constitutifs des organisations, ou dans des instruments collatéraux :

Voir l'article 39 de la Constitution de l'OIT, l'article 4 du Statut de la CPI (1998), les articles 281 du TCE et 184 du Traité Euratom, l'article I, section 1, de la Convention sur les privilèges et immunités des Nations Unies (1946), l'article I, section 3, de la Convention sur les privilèges et immunités des institutions spécialisées (1947). Par contraste, le Traité de Maastricht n'évoque pas la personnalité juridique de l'Union européenne, dont la nature juridique est incertaine, mais à laquelle le Traité d'Amsterdam reconnaît une capacité partielle de conclure des traités (art. 24 du TUE— v. D. Vignes, *Mél. Seidl-Hohenveldern* (II), 1998, p. 757-770 ; M. Koskenniemi ed., *International Law Aspects of the European Union*, Kluwer, La Haye, 1998, XIV-324 p. ; A.Tizzano, *RMC* 1998, p. 11-48 et *Mél. Waelbroeck*, 1999, p. 169-204 ; S. Van Raepensbusch, *ibid.*, p. 261-299 ; J.W. De Zwaan, *NYIL* 1999, p. 75-113) ; l'article 47 du Traité (non ratifié) de Lisbonne sur l'Union européenne dispose : « L'Union a la personnalité juridique ». La CEI, institutionnalisée par la Charte du 22 janvier 1993, pose des problèmes comparables (v. R. Yakemtchouk, *AFDI* 1995, p. 245-280).

Que les actes de création soient silencieux sur ce point n'autorise pas à mettre en doute la possession d'une personnalité juridique internationale. Celle-ci résulte implicitement mais nécessairement des besoins exprimés par les États fondateurs à l'occasion de l'établissement de l'organisation internationale. S'il a été jugé opportun de mettre en place une institution permanente, et non pas une simple conférence, c'est avec l'intention de lui conférer les caractéristiques garantissant son efficacité : la possession de la personnalité est une des principales caractéristiques de toute institution sociale ; elle trouve son fondement dans la convention constitutive dans son ensemble, sans qu'il soit besoin d'une disposition l'« attribuant » expressément.

Comme toute personne morale, l'organisation internationale possède une mesure minimale de personnalité : ce « noyau dur » de la personnalité peut être qualifié de « fonctionnalité » dans le cas des organisations internationales.

La fonctionnalité des organisations est dérivée de la volonté des États, et plus précisément des objectifs qu'ils ont assignés à chaque organisation : le *principe de spécialité* (v. *infra*, n° 389) détermine la fonctionnalité reconnue à une organisation. On peut en déduire les limites de la personnalité des organisations internationales, variables d'une organisation à l'autre. La personnalité *in concreto* correspond à l'exercice de toutes les compétences, y compris implicites, nécessaires à la réalisation des objectifs impliqués par la spécialité de l'organisation, et seulement de ces compétences.

La CIJ a présenté ce raisonnement d'une manière synthétique dans son avis de 1949 sur la *Réparation des dommages :* « L'Organisation [des Nations Unies] était destinée à exercer des fonctions et à jouir de droits – et elle l'a fait – qui ne peuvent s'expliquer que si l'Organisation possède une large mesure de personnalité internationale et la capacité d'agir sur le plan international. Elle (...) ne pourrait répondre aux intentions de ses fondateurs si elle était dépourvue de la personnalité internationale. On doit admettre que ses Membres, en lui assignant certaines fonctions, avec les devoirs et les responsabilités qui les accompagnent, l'ont revêtue de la compétence nécessaire pour lui permettre de s'acquitter effectivement de ces fonctions » (*Rec.* p. 179).

Comme cela résulte de l'esprit de la démonstration précédente et comme la Cour le précisera quelques lignes plus loin dans le même avis, on ne peut raisonner ici par analogie avec la personnalité juridique des États. Cette dernière ne peut constituer un « modèle » que d'un point de vue très abstrait et très lointain. Il est plus utile de constater que les objectifs assignés aux organisations en font des acteurs de la vie internationale et les obligent à établir des rapports juridiques tant avec d'autres sujets du droit international qu'avec les ressortissants des États. Leur fonctionnalité doit trouver une traduction juridique à la fois dans l'ordre juridique international et dans les ordres juridiques nationaux, en vue de garantir l'exercice de leurs droits et le respect du droit international.

384. Personnalité juridique interne des organisations. — Déterminer la personnalité interne d'une personne morale, c'est en règle générale rechercher si, et dans quelle mesure, à l'intérieur de l'État, elle a le droit de contracter, d'acquérir et de vendre des biens mobiliers et immobiliers, d'ester en justice. La question se pose nécessairement pour les organisations internationales qui, n'ayant pas de territoire propre, ne peuvent exercer leurs fonctions que sur le territoire des États (État du siège et États auxquels l'organisation apporte une assistance opérationnelle). Dans ces conditions, elles ne peuvent pas ne pas entretenir des rapports juridiques – ne serait-ce que les plus courants – avec des personnes physiques et morales installées dans ces États.

1° *Les bases juridiques.* Aux termes de l'article 104 de la Charte des Nations Unies, « l'Organisation jouit, sur le territoire de chacun de ses membres, de la capacité juridique qui lui est nécessaire pour exercer ses fonctions et atteindre ses buts ». Depuis 1945, cette solution est passée dans le droit commun des organisations internationales. Elle a même été reproduite, à peu près textuellement, dans les actes constitutifs des institutions spécialisées. On la retrouve également dans ceux de certaines organisations régionales (art. 139 de la Charte de l'OEA, article 211 du Traité CE devenu l'article 282 après l'entrée en vigueur du Traité d'Amsterdam [335 du TFUE]). Ces dispositions fondent donc la personnalité interne des organisations directement sur le droit international.

Elles restent cependant trop générales et abstraites pour répondre aux besoins de la pratique. Les modalités d'application du principe sont fixées, en premier lieu, par certains textes internationaux : conventions sur les privilèges et immunités (les plus importantes sont celles de 1946 et 1947 respectivement pour l'ONU elle-même et pour les institutions spécialisées), accords de siège, accords spécifiques avec les États dans le cadre de l'assistance technique et pour la réunion d'organes de l'organisation en dehors de l'État du siège. De plus, au titre de leur obligation de respecter leurs engagements internationaux par les adaptations nécessaires de leur droit interne (ce qui leur est rappelé expressément par l'article final, section 34, de la Convention précitée de 1946 pour l'ONU), les États adoptent des lois et réglementations nationales destinées à faciliter l'exercice de la personnalité interne des organisations (voir les illustrations fournies par la première partie de l'*AJNU*).

2° *L'exercice de ses droits par l'organisation*

a) La question de l'organe habilité à *représenter* l'organisation en justice ou lors de la conclusion des actes juridiques internes ne soulève pas de difficultés : c'est l'agent (ou l'organe collégial exécutif) le plus élevé dans la hiérarchie de l'organisation (Secrétaire général, Directeur général, Commission des Communautés européennes) ou son représentant.

b) Plus délicate est la détermination du *droit applicable* aux actes contractuels que l'organisation conclut avec les particuliers ou les administrations.

Les contrats de fourniture de biens ou de prestation de services nécessaires à l'administration courante peuvent, sans inconvénients, être soumis à la loi locale, l'organisation agissant ici comme n'importe quelle personne morale de droit privé. C'est la gestion privée. On peut hésiter quand il s'agit de contrats dont l'objet se rapporte directement à celui de l'organisation elle-même (contrat de recrutement des agents, contrat de recherche ou d'équipement scientifique). Il serait concevable que ces contrats soient soumis au droit international. En pratique, la solution est le plus souvent donnée de façon expresse, par renvoi à une loi locale (v. D. Meyer, « Les contrats de fourniture de biens et de services dans le cadre des opérations de maintien de la paix », *AFDI* 1996, p. 79-117).

c) Il est constant que les contrats des organisations prévoient des modes appropriés de *règlement des différends.* Non pas que l'organisation ne soit pas en droit d'ester devant les tribunaux locaux ; mais parce qu'elle bénéficie de l'immunité de juridiction (v. *infra,* n° 385). Citée par ses co-contractants devant les tribunaux nationaux, elle peut décliner leur compétence (voir par exemple, l'art. VII, section 29, de la Convention de 1946 pour l'ONU). Pour éviter un déni de justice, il convient de prévoir à l'avance une procédure de substitution (par exemple un arbitrage ; voir les propositions de l'IDI dans la résolution du 6 septembre 1977, à la session d'Oslo, sur les « contrats conclus par les organisations internationales avec des personnes privées », *in Ann. IDI* 1977, II, p. 332-337 ou *AFDI* 1977, p. 1287-1288).

385. Personnalité internationale des organisations. — 1° *Position du problème.* La compréhension dont les États font preuve en matière de personnalité interne ne s'observe pas au même degré lorsqu'il s'agit de la personnalité internationale des organisations. Cette caractéristique donne aux organisations internationales une autonomie face aux États qui peut leur paraître dangereuse car elle autorise à fonder sur le seul droit international la définition et l'exercice des capacités juridiques des organisations. À l'extrême, les organisations deviendraient des entités comparables aux États, dont elles détruiraient le monopole de sujets souverains du droit international.

C'est peut-être dans cette crainte que les États hésitent à inclure des dispositions expresses sur ce point dans les traités constitutifs des organisations. Il est remarquable que les organisations les plus prestigieuses et les plus efficaces supportent un tel handicap (ONU, CE, Euratom, Union européenne, OEA, etc.).

Tout à fait exceptionnel est donc l'article 6, § 2, du Traité de Paris de 1951, instituant la CECA : « Dans les relations internationales, la Communauté jouit de la capacité juridique nécessaire pour exercer ses fonctions et atteindre ses buts. » Voir aussi l'article 4, § 1, du Statut de la CPI : « La Cour a la personnalité juridique internationale. Elle a aussi la capacité juridique qui lui est nécessaire pour exercer ses fonctions et atteindre ses objectifs. »

2° *Solution de principe.* Elle a été apportée par la CIJ dans l'avis consultatif rendu en 1949, sur la demande de l'Assemblée générale des Nations Unies du 3 décembre 1948. Cette dernière désirait savoir si l'ONU possédait la capacité de présenter une réclamation internationale contre un État, pour le compte de ses agents (en l'espèce, les ayant-droit du comte Bernadotte, médiateur des Nations Unies en Palestine, assassiné dans l'exercice de ses fonctions).

S'appuyant sur la permanence de l'ONU et sur certains éléments de sa structure, la Cour a d'abord constaté que l'Organisation possédait bien une personnalité juridique (v. *supra,* n° 383). Pour démontrer que cette personnalité était une personnalité internationale, elle a évoqué la mission internationale de l'ONU : maintenir la paix et la sécurité internationales, développer les relations internationales entre les nations, réaliser la coopération internationale dans l'ordre économique, intellectuel et humanitaire. Pour que ces missions puissent être remplies, l'organisation devait disposer, au moins implicitement, de la personnalité internationale.

Ce raisonnement est transposable aux autres organisations internationales car, par définition, toutes ont des missions qui impliquent une capacité d'action autonome dans les relations internationales, donc une personnalité internationale distincte de celle des États membres.

Par une prise de position hardie, la Cour a souligné fortement que la personnalité internationale de l'ONU était opposable à tous les États, y compris les États non membres, et indépendamment de toute reconnaissance de leur part.

« La Cour est d'avis que cinquante États, représentant une très large majorité des membres de la Communauté internationale [c'était vrai à l'époque], avaient le pouvoir, conformément au droit international, de créer une entité possédant une personnalité internationale objective et non pas seulement une personnalité reconnue par eux seuls » (*Rec.* 1949, p. 185).

La justification donnée par la Cour à cette opposabilité *erga omnes* interdit d'étendre la conclusion précédente à toutes les organisations internationales : le raisonnement par analogie n'est possible que pour les organisations à vocation universelle, les seules qui bénéficient de cette « représentativité » qui est l'argument essentiel de la Cour. Cette argumentation est cependant contestable : comme l'a relevé le Juge soviétique dans son opinion dissidente, l'existence des Nations Unies est « un fait objectif », dont « les États non membres ne peuvent pas ne pas reconnaître l'existence » (*ibid.*, p. 218). Ce raisonnement qui peut être transposé à la plupart des organisations internationales, établit l'existence « objective » de celles-ci – étant entendu que, tout comme un État n'est nullement tenu de reconnaître l'existence d'un autre État (v. *supra*, n° 267), les États bénéficient d'une compétence discrétionnaire pour reconnaître – ou non – la personnalité juridique d'une organisation internationale dont ils ne sont pas membres.

3° *Privilèges et immunités des organisations internationales.* Les organisations, comme les États, bénéficient de privilèges destinés à garantir le respect de leur personnalité juridique et les exigences de leur fonctionnement face en particulier aux risques de pression de la part des États membres. Ces privilèges et immunités seront définis, compte tenu du principe de spécialité, dans les limites imposées par leurs compétences explicites et implicites.

Les organisations internationales peuvent opposer aux autorités nationales à la fois leur immunité de juridiction et celle d'exécution, à titre propre et en faveur de leurs agents.

Ces immunités sont fondées à la fois sur des conventions internationales (telles celles de 1946 et 1947 pour les Nations Unies et les institutions spécialisées) et sur des législations internes (par exemple, aux États-Unis, l'International Organizations Immunities Act de 1945). Leur régime est, en grande partie, calqué sur celui des immunités des États, au point que certains tribunaux ont étendu aux organisations la « théorie restrictive » de l'immunité de juridiction (v. *supra*, n° 289 ; voir la jurisprudence américaine citée *in AJNU* 1977, p. 278-279, relative à un contrat de construction du siège de l'OEA, assimilé à une hypothèse *jure gestionis*, ce qui paraît pour le moins contestable ; pour une illustration relative au droit du contrat de travail, Cass. soc., 24 mai 1978, *Bellaton c. Agence Spatiale Européenne, Bull. civ.* V, 1978, p. 298). Lorsqu'elle existe, l'immunité de juridiction des organisations internationales est « absolue et complète » (Trib. fédl. suisse, 25 janv. 1999, *Z. Malek c. LEA*, *RSDIE* 2000, p. 642-645 ; v. aussi Cass. civ. 1re, 14 nov. 1995, *Hintermann, Bull.* I, 1995, n° 413, p. 288 ; 28 oct. 2003, *Union latine c. Mme. Refievna*, *Bull.* I, 2003, n° 212, p. 167 ou Cass. soc., 30 sept. 2003, *Union latine c. Mme. Mazeas*, *Bull.* V, 2003, n° 245, p. 252) et il n'en résulte aucun droit à réparation au profit de la personne empêchée d'attraire l'organisation internationale devant le juge interne, à tout le moins si un recours lui est ouvert dans le cadre de cette organisation (v. CAA de Paris, 3e chambre, 15 février 2007, *RGDIP* 2007, p. 983 ; sur l'articulation entre le droit à un juge et l'immunité de juridiction des organisations internationales, v. *infra*, n° 438, 1°, ainsi que N. Angelet et A. Weerts, *JDI* 2007, p. 3-26).

Les organisations disposent aussi d'une certaine protection de leur nom et emblème, symboles de leur personnalité, à l'encontre des utilisations commerciales abusives.

386. Autonomie financière des organisations internationales

BIBLIOGRAPHIE. — C.-A. Colliard, « Finances publiques internationales : les principes budgétaires dans les organisations internationales », *Rev. de Science Financière* 1958, p. 237-260, 437-460 et 678-697. — J. D. Singer, *Financing International Organizations. The UN Budget Process,* Nijhoff, La Haye, 1961, 186 p. — J. G. Stoessinger et a., *Financing the UN System,* Brooking Inst., Washington, 1964, 348 p. — D. Ruzié, « L'autonomie financière des Communautés européennes et l'accroissement des pouvoirs budgétaires du Parlement européen », *JCP* 1970, I, 2354.— A. Pellet, « Budgets et programmes aux Nations Unies, quelques tendances récentes », *AFDI* 1976, p. 242-252. — D. Strasser, *Les finances de l'Europe,* F. Nathan, 1980, 590 p. — « Les finances de la Communauté européenne », *Revue française de Finances publiques* 1983, 195 p. — M. Bertrand, « Planification, budgétisation et évaluation à l'ONU », *AFDI* 1986, p. 401-425. — « Le financement des organisations internationales », *Revue française de finances publiques*, n° 52, 1995, 253 p. — T. Kanninen, *Leadership and Reform. The Secretary-General and the UN Financial Crisis of the Late 1980s*, Kluwer, La Haye, 1995, XXIII-292 p. — Colloque, « Unilateralism in International Law – The Consequences of Unilateral 'Pick and Pay'Approaches », *EJIL* 2000, p. 43-75. —

A. POTTEAU, *Recherches sur l'autonomie financière de l'Union européenne*, Dalloz, 2004, 721 p.

Au fur et à mesure que les organisations internationales développent leurs activités et empiètent sur des compétences traditionnelles des États, il est de plus en plus important que leurs moyens financiers ne dépendent plus de la bonne volonté de leurs membres. Leur autonomie financière est un indice et un instrument d'une meilleure protection de leurs compétences et, en dernier ressort, de l'effectivité de leur personnalité juridique. (v. D. Dormoy, « Aspects récents de la question du financement des opérations de maintien de la paix de l'ONU », *AFDI* 1993, p. 131-156).

1° *La procédure budgétaire.* Elle est organisée de manière assez différente dans les organisations de conception classique, telles les institutions des Nations Unies, et dans des organisations comprenant des organes représentant directement les populations des États membres.

À l'ONU, l'Assemblée générale est la principale autorité budgétaire. L'ensemble du budget est voté par cet organe à la majorité des deux tiers (articles 17 § 1 et 2, et 18 § 2), car il s'agit d'une « question importante » au sens de la Charte. Par sa résolution 3043 (XXVII) du 19 décembre 1972, l'Assemblée a adopté le principe de la budgétisation par programme et du cycle budgétaire biennal. En réalité, pour ce qui est du montant des dépenses, l'Assemblée est liée par les décisions prises par les autres organes principaux intergouvernementaux. De plus, une partie importante des fonds nécessaires à l'exécution des programmes opérationnels échappe à cette procédure (système des contributions volontaires à des Fonds ou Programmes spéciaux).

Des difficultés ont surgi dans la pratique, à propos des dépenses des opérations de maintien de la paix. Certains États – l'URSS, la France notamment – ont soutenu qu'il ne s'agissait pas de « dépenses obligatoires » et que l'Assemblée ne pouvait pas les inclure dans la procédure budgétaire de droit commun. Cette attitude était une mise en cause ouverte de la compétence budgétaire de l'Assemblée générale. Pour trancher le débat juridique, il a été fait appel à l'autorité de la CIJ. Dans son avis consultatif du 20 juillet 1962, la Cour a retenu la thèse de la majorité à l'Assemblée. Mais, comme cette majorité n'a pas voulu utiliser tous les moyens de pression à sa disposition – et en particulier la suspension du droit de vote, en vertu de l'article 19 de la Charte –, les États récalcitrants ont poursuivi leur tactique antérieure (v. *supra*, n° 382).

Au sein des Communautés européennes, l'autorité budgétaire était à l'origine monopolisée par le Conseil des ministres. Ses compétences ont été sensiblement atténuées par les réformes intervenues en 1970 (Traité de Luxembourg) et 1975 (traité entré en vigueur en 1977). Est établi un système de co-décision assez complexe associant le Parlement européen et le Conseil des ministres : bien qu'arrêté unilatéralement par le Président du Parlement, le budget doit résulter du consentement du Conseil sur le volume des dépenses non obligatoires (CJCE, arrêt du 3 juillet 1986, aff. 34/86, *Conseil c. PE, Rec.* p. 2155 et du 7 déc. 1995, aff. C-41/95, *Conseil c. PE, Rec.* p. I-4411). Le Conseil et les États membres restent maîtres du volume global des ressources. De son côté, le Parlement peut refuser le projet de budget dans son ensemble ; de plus, il négocie avec le Conseil le montant global et la répartition des dépenses (s'agissant des dépenses « autres que celles qui découlent des obligations du traité et des actes arrêtés en vertu de celui-ci », le Parlement peut imposer des amendements, dans la limite d'un maximum, par un vote à la majorité des trois cinquièmes des suffrages exprimés).

2° *La structure du budget*

a) Les recettes sont, pour l'essentiel, constituées par les contributions des États membres, calculées en fonction d'une « clé de répartition » fixée dans le traité constitutif ou dans le texte budgétaire. Ces contributions sont pour partie

« obligatoires », pour partie « volontaires » (dans la mesure où elles ne résultent pas de l'instrument budgétaire, qui est une décision obligatoire). C'est l'organisation qui fixe unilatéralement le montant des recettes obligatoires, sa décision s'impose aux États membres. En réalité, elle présente pour les États, l'avantage de ne les engager que sur une base annuelle ou biennale – ce qui autorise une renégociation continuelle (il reste exceptionnel que cette relation entre l'ordre juridique de l'organisation et les procédures budgétaires internes soit explicitement établie dans les chartes constitutives : voir cependant la section 1, § 12-c, de l'annexe à l'Accord de New York de 1994 sur la partie XI de la Convention de Montego Bay) ; pour les organisations, elle présente en revanche l'inconvénient de rendre difficile la planification à moyen terme et la continuité des programmes.

Aux contributions étatiques s'ajoutent quelques ressources dégagées par les activités de l'organisation, d'un montant le plus souvent modeste – produit de prêts ou de placements, la retenue opérée sur les traitements des agents de l'organisation (« contributions du personnel »).

Les emprunts que peuvent contracter les organisations internationales pour résoudre leurs problèmes de trésorerie ou pour financer des dépenses extraordinaires ne leur confèrent pas une véritable autonomie : si ce sont elles qui décident l'émission, la souscription dépend pour une large part de la bonne volonté des États membres. Les organisations à vocation financière ou monétaire peuvent compter, outre un appel plus massif aux emprunts, sur la constitution et le renouvellement de leur capital. Les États membres gardent, ici encore, la maîtrise des ressources, car ils négocient entre eux le montant des augmentations de capital et la part prise par chacun dans la reconstitution de ces ressources.

Les Communautés européennes bénéficient d'un mécanisme plus satisfaisant pour leur autonomie : leur budget est alimenté par des « ressources propres » (décision du 21 avril 1970, applicable depuis 1975 – v. l'article 269 du TCE [311 du TFUE]), des contributions des États membres et le produit d'emprunts. Conformément à la décision du Conseil du 29 septembre 2000, modifiée en 2007, il s'agit :

— des trois ressources propres traditionnelles que constituent les droits de douane, les prélèvements agricoles et les cotisations sucre et isoglucose ;

— d'une fraction de la TVA perçue par les États ; et

— de contributions budgétaires calculées en fonction du revenu national brut (« ressource RNB »).

Ces ressources sont plafonnées à 1,27 % du revenu national brut de l'Union. À cela s'ajoutent d'autres recettes tirées des prélèvements opérés sur les rémunérations du personnel communautaire, des intérêts bancaires, des contributions d'États tiers à l'Union au titre de leur participation à certaines politiques, du remboursement d'aides communautaires non consommées, d'intérêts de retard, et du report du solde de l'exercice précédent. Les possibilités de recourir à l'emprunt, fixées par deux règlements du 17 février 1975, ont été élargies ces dernières années ; ce qui conduit les Communautés à s'adresser également au marché des euro-devises.

b) Les dépenses. Depuis la réforme intervenue en 1973, les 33 chapitres du budget des Nations Unies sont présentés par grandes fonctions :

— Politique, direction et coordination d'ensemble ;

— Affaires politiques et affaires du Conseil de sécurité ; maintien de la paix ;

— Affaires politiques, tutelle et décolonisation ;

— Activités économiques, sociales et humanitaires ;

— Justice internationale et droit international ;

— Information ;

— Services communs d'appui ;

— Dépenses spéciales ;
— Dépenses d'équipement.

Cette classification et le montant des crédits budgétaires et extra-budgétaires affectés aux diverses fonctions traduisent l'évolution des tâches des organisations internationales depuis l'accession à l'indépendance d'un grand nombre de pays sous-développés. Aux fonctions traditionnelles de discussion quasi parlementaire se sont ajoutées celles, beaucoup plus coûteuses, d'assistance technique et financière (v. *infra,* n° 392).

Les dépenses des Communautés européennes présentent une structure très différente : outre des tâches de gestion, dont le coût relatif reste modeste, ces organisations consacrent l'essentiel de leurs moyens à la conduite de politiques communes, au premier rang desquelles la politique agricole commune, mais aussi les politiques régionale, de restructuration industrielle, de réadaptation sociale, etc.

Au-delà de ces différences de typologie, l'essentiel est que la part des dépenses réellement budgétisées, et en principe maîtrisées par l'organisation considérée, diffère fortement entre les organisations de coopération et les organisations d'intégration : le budget ordinaire de l'ONU n'est pas d'un montant supérieur à celui du programme des Nations Unies pour le développement, et ne représente qu'un quart des dépenses du « système des Nations unies ».

387. Succession à la personnalité juridique internationale

BIBLIOGRAPHIE. — H. CHIU, « Succession in International Organizations », *ICLQ* 1955, p. 83-120. — A.-C. KISS, « Quelques aspects de la substitution d'une organisation internationale à une autre », *AFDI* 1961, p. 463-491. — R. RANJEVA, *La succession des organisations internationales en Afrique,* Pedone, 1978, 418 p. — J.-P. JACQUÉ, « Étude de la survie de la Commission Européenne du Danube », *AFDI* 1981, p. 747-767.

Pour les organisations internationales, comme pour les États, se pose le problème de la succession. Il est rare qu'une organisation soit mise en liquidation complète (par retour de l'actif aux États membres) ; le plus souvent, ses fonctions et son patrimoine seront confiés à une autre organisation, préexistante ou nouvelle.

Plusieurs cas de successions d'organisations se sont produits depuis 1945 : SdN-ONU ; CPJI-CIJ ; CINA-OACI ; Office International de l'Hygiène-OMS ; IICI-Unesco ; OECE-OCDE ; Commission de Coopération Technique en Afrique-OUA ; GATT-OMC ; OUA-Union africaine, etc.

De telles successions posent des problèmes très complexes, surtout lorsque la participation étatique n'est pas la même dans les deux organisations : attribution des fonctions assumées par l'organisation disparue, responsabilité pour ses dettes, sort des traités engageant cette organisation, droits reconnus à ses agents. Les transferts de patrimoine et de compétences sont, en règle générale, assurés par des textes conventionnels, adoptés par les États membres de la nouvelle organisation (articles 36 § 5, et 37 du Statut de la CIJ ; Convention relative à l'OCDE du 14 décembre 1960), ou par des résolutions adoptées par l'organisation qui procède à sa dissolution (SdN ; CINA). L'expérience prouve qu'il est plus délicat de mettre fin à l'existence d'une organisation dans des conditions d'opposabilité juridique parfaites que d'en tirer les conséquences pour l'organisation nouvelle. Pour résoudre les difficultés non prévues, il sera éventuellement nécessaire de faire appel aux organes juridictionnels établis par les organisations successeurs : ainsi la question du régime des territoires sous mandat (Sud-Ouest africain) et des compétences à leur égard des organes de l'ONU, succédant à ceux de la SdN, a été portée devant la CIJ, par une série de demandes d'avis consultatifs (*Rec.* 1950, 1954, 1955, 1971).

Les transformations d'une organisation peuvent justifier une procédure de succession interne, entre organes anciens et nouveaux de la même organisation, ou encore — hypothèse mixte — entre une organisation qui survit et une organisation nouvelle : cette situation s'est produite dans le cas des Communautés européennes (création d'institutions communes en 1957, fusion des Commissions et des Conseils de ministres en 1965) ; elle pourrait se vérifier aussi, pour une période indéterminée, entre l'OUA et l'Union africaine. D'un point de vue juridique, de telles opérations posent surtout des questions d'harmonisation des procédures normatives et budgétaires, car la diversité antérieure n'est plus acceptable.

§ 2. — *Compétences des organisations internationales*

BIBLIOGRAPHIE. — B. ROUYER-HAMERAY, *Les compétences implicites des organisations internationales,* LGDJ, 1962, 110 p. — R.-L. BINDSCHEDLER, « La délimitation des compétences des Nations Unies », *RCADI* 1963-I, vol. 108, p. 312-421. — Ch. CHAUMONT, « La signification du principe de spécialité dans les organisations internationales », *Mél. Rolin,* 1964, p. 55-66. — E. YEMIN, *Legislative Powers in the United Nations and Specialized Agencies,* Sijthoff, Leyde, 1969, 227 p. — M. RAMA-MONTALDO, « International Legal Personality and Implied Powers of International Organs », *BYBIL* 1970, p. 111-135. — Y. DAUDET dir., Colloque IEP Aix, *Aspects du système des NU dans le cadre de l'idée d'un nouvel ordre mondial,* Pedone, 1992, 207 p. — T. M. FRANCK, « The Powers of Appreciation : Who Is The Ultimate Guardian of UN Legality ? », *AJIL* 1992, p. 519-523. — W. M. REISMAN, « The Constitutional Crisis in the United Nations », *AJIL* 1993, p. 83-100. — M. BEDJAOUI, « Du contrôle de la légalité des actes du Conseil de sécurité », *Mél. Rigaux,* 1993, p. 11-52 ; *Nouvel ordre mondial et contrôle de la légalité des actes du Conseil de sécurité,* Bruylant, Bruxelles, 1994, 634 p. — A. PELLET, F. DELON, H. CASSAN et M. BEDJAOUI, « Les rapports entre les organes des Nations Unies dans le nouveau cadre de la sécurité collective : bilan institutionnel » *in* SFDI, colloque de Rennes, *Le chapitre VII de la Charte des Nations Unies,* Pedone, 1995, p. 221-309. — G. BURDEAU, « Les organisations internationales entre gestion publique et gestion privée », *Mél. Skubiszewski,* 1996, p. 611-624 — D. AKANDE, « The Competence of International Organizations and the Advisory Jurisdiction of the ICJ », *EJIL* 1998, p. 437-467 — E. DE WET, « Judicial Review as an Emerging General Principle of Law and its Implications for the ICJ », *NILR* 2000, p. 181-210 ; « Judicial Review of the UN Security Council and General Assembly through Consultative Opinions of the ICJ », *RSDIE* 2000, p. 237-277 — E.T. SWAINE, « Subsidiarity and Self-Interest : Federalism at the European Court of Justice », *Harvard IL Jl.* 2000, p. 1-128. — V. ENGSTRÖM, « Implied Powers of International Organizations : on the Character of a Legal Doctrine », *Finn. YBIL* 2003, p. 129-157 — D. SAROOSHI, *International Organizations and their Exercise of Sovereign Powers,* Oxford UP, 2005, XVII-143 p.

Voir aussi les bibliographies figurant sur les n°s 242 et 392.

A. — Règles de détermination

388. Mécanisme général. — La reconnaissance de la personnalité juridique des organisations était étroitement liée à la nature et à la portée de leurs compétences : c'est l'existence de compétences propres des organisations qui oblige à prendre acte de leur personnalité internationale, mais inversement c'est de cette personnalité qu'est déduite l'étendue de leurs compétences (v. *supra,* n° 385). Les organisations disposent de toutes les compétences nécessaires à la réalisation de leurs buts, fussent-elles implicites, mais uniquement de celles-ci, en vertu du principe de spécialité, qui lui-même qualifie la personnalité des organisations.

Pourquoi ce « balancement circonspect » pour définir les compétences des organisations ? L'expérience a prouvé que l'on ne pouvait s'en tenir à l'attribution expresse de compétences, par des actes juridiques incontestables ; il est nécessaire de tenir compte des évolutions imposées par la pratique mais aussi de ne pas heurter les États membres, traditionnellement opposés à l'idée d'une présomption de compétence au bénéfice des organisations. Les vues des États sont servies par le principe de spécialité, aussi longtemps qu'il est interprété restrictivement. La théorie des « compétences implicites » a été élaborée pour contourner cet obstacle : elle invite à une interprétation libérale, « dynamique », des compétences expresses et des objectifs des organisations, tout en conservant le « garde-fou » constitué par le principe de spécialité ; aussi serait-il plus exact de traduire l'expression anglo-saxonne « implied powers » par pouvoirs « impliqués ».

Les buts assignés aux organisations par les États permettent d'en préciser les fonctions ; les nécessités de leur exercice conditionnent les pouvoirs des organisations (compétences dites « fonctionnelles »).

L'évolution a été amorcée dès l'entre-deux-guerres. La CIJ rappelle, dans son avis consultatif de 1949, après avoir énoncé le principe des compétences implicites : « Ce principe de droit a été appliqué à l'OIT par la CPJI dans son avis consultatif n° 13, du 23 juillet 1926 » (*Rec.* p. 182-183). La CPJI déclarait aussi dans un avis de 1927 : « Comme la Commission européenne n'est pas un État, mais une institution internationale pourvue d'un objet spécial, elle n'a que les attributions que lui confère le statut définitif pour lui permettre de remplir cet objet ; mais elle a compétence pour exercer ses fonctions dans leur plénitude, pour autant que le statut ne lui impose pas de restrictions » (*Compétences de la Commission européenne du Danube,* série B, n° 14, p. 64).

389. Principes de spécialité et de subsidiarité. — Il est « à peine besoin de rappeler que les organisations internationales sont des sujets de droit international qui ne jouissent pas, à l'instar des États, de compétences générales. Les organisations internationales sont régies par le « principe de spécialité », c'est-à-dire dotées par les États qui les créent de compétences d'attribution dont les limites sont fonction des intérêts communs que ceux-ci leur donnent pour mission de promouvoir » (CIJ, avis « OMS » du 8 juillet 1996, *Rec.* p. 78, § 25). Ce principe est fondé, comme dans la théorie des établissements publics en droit interne, sur la conception dominante d'après laquelle les organisations internationales constituent des moyens pour la poursuite en commun d'objectifs d'intérêt général. Dans cette mesure, les organisations peuvent être rapprochées des « services publics » du droit administratif interne.

Les particularités de leur régime juridique, l'étendue de leurs pouvoirs juridiques ne sont justifiées que par ces objectifs et ne doivent pas être étendues au-delà, pour ne pas empiéter sur la liberté des autres sujets de droit, en premier lieu les États mais aussi les autres organisations internationales.

L'ONU elle-même n'échappe ni à cette assimilation à un « service public », ni à ces limitations. Il est dit, dans le préambule de la Charte, qu'elle est établie « en conséquence » de la décision de ses fondateurs d'associer leurs efforts pour réaliser certains desseins. Au surplus, à l'intérieur de chaque organisation internationale, les compétences des organes sont également bornées par le principe de spécialité (pour un exemple d'application au Conseil de sécurité par le TPI pour l'ex-Yougoslavie, v. *supra*, n° 379). De même, en vertu de l'article 5 du TCE, « la Communauté agit dans les limites des compétences qui lui sont conférées et des objectifs qui lui sont assignés par le présent Traité ». L'article 5 du TUE est encore plus explicite :

« 1. Le principe d'attribution régit la délimitation des compétences de l'Union. Les principes de subsidiarité et de proportionnalité régissent l'exercice de ces compétences.

« 2. En vertu du principe d'attribution, l'Union n'agit que dans les limites des compétences que les États membres lui ont attribuées dans les traités pour atteindre les objectifs que ces traités établissent. Toute compétence non attribuée à l'Union dans les traités appartient aux États membres ».

Il n'existe aucune incompatibilité entre le principe de spécialité et le fait d'attribuer des objectifs très généraux ou ambitieux à une organisation internationale, qu'il s'agisse de l'ONU, de l'OEA ou de l'Union africaine. À leur égard, le principe signifie qu'elles doivent s'abstenir de sortir des activités correspondant à leurs finalités pour s'immiscer dans le domaine des affaires « domestiques », purement intérieures, des États. Son écho et son complément se trouvent dans le principe de la compétence nationale exclusive, posé par les articles 15 § 8, du Pacte de la SdN et 2 § 7, de la Charte des Nations Unies (v. *supra*, n° 283 s.).

La comparaison des solutions retenues par la CIJ à deux demandes d'avis formulées, sur des sujets voisins respectivement par l'OMS d'une part, et l'Assemblée générale des Nations Unies d'autre part, met particulièrement bien en lumière le contenu et la portée du principe de spécialité. Dans le premier cas, la Cour a estimé que « reconnaître à l'OMS la compétence de traiter de la licéité de l'utilisation des armes nucléaires — même compte tenu de l'effet de ces armes sur la santé et l'environnement — équivaudrait à ignorer le principe de spécialité ; une telle compétence ne saurait en effet être considérée comme nécessairement impliquée par la Constitution de l'Organisation au vu des buts qui ont été assignés à cette dernière par ses États membres » (8 juillet 1996, *Licéité de l'utilisation des armes nucléaires par un État dans un conflit armé*, *Rec.* p. 79, § 25). Au contraire, dans l'avis « Nations Unies » du même jour, la CIJ a considéré que la question qui lui était posée par l'Assemblée générale « est pertinente au regard de maints aspects des activités de [celle-ci], notamment en ce qui concerne la menace ou l'emploi de la force dans les relations internationales, le processus de désarmement et le développement progressif du droit international » (8 juillet 1996, *Licéité de la menace ou de l'emploi d'armes nucléaires*, *Rec.* p. 233, § 12).

Le principe de spécialité prend un relief particulier au sein du « système des Nations Unies », dans lequel les différentes institutions *spécialisées* coordonnent leur action avec celle de l'ONU (v. *supra*, n° 374). Dès lors, les attributions de chacune doivent être interprétées « en tenant dûment compte, non seulement du principe général de spécialité, mais encore de la logique du système global envisagé par la Charte » (CIJ, avis « OMS » préc., *Rec.* 1996, p. 80, § 26).

Introduit dans le droit communautaire en matière de protection de l'environnement par l'Acte unique de 1986 (qui en a fait l'article 130 R — devenu l'article 174 § 4, du TCE), le *principe de subsidiarité* a été généralisé par l'article 5 inclus dans le TCE par le Traité de Maastricht (v. aussi l'article 5 du TUE, préc. et le Protocole au Traité de Lisbonne sur l'application des principes de solidarité et de subsidiarité) :

Dans les domaines qui ne relèvent pas de sa compétence exclusive, la Communauté n'intervient, conformément au principe de subsidiarité, que si et dans la mesure où les objectifs de l'action envisagée ne peuvent pas être réalisés de manière suffisante par les États membres et peuvent donc, en raison des dimensions ou des effets de l'action envisagée, être mieux réalisés au niveau communautaire. « L'action de la Communauté n'excède pas ce qui est nécessaire pour atteindre les objectifs du présent Traité ».

Si les deux notions peuvent paraître proches, les principes de spécialité et de subsidiarité n'en sont pas moins distincts et leur application doit être combinée. En outre la subsidiarité ne joue que dans les matières qui ne relèvent pas de la « compétence exclusive » de la Communauté, qui n'est pas toujours facile à déterminer et que la CJCE a tendance à interpréter largement (cf. l'avis 1/75 du 11 nov. 1975 [*Rec.* p. 1359] à propos de politiques commerciales). Celle-ci a admis que le non-respect du principe pouvait constituer un moyen de recours, mais elle semble l'interpréter avec souplesse (cf. aff. C-84/94, 12 nov. 1996, *Royaume-Uni c. Conseil*, *Rec.* p.I-5755 et C-233/94, 13 mai 1997, *Allemagne c. Parlement et Conseil*, *Rec.* p.I-2405) et refuse de le faire prévaloir sur les libertés fondamentales du droit communautaire (aff. C-415/93, 15 déc. 1995, *Bosman*, *Rec.* p. I-4921).

V. H. Bribosia, *RMCUE* 1992, p. 165-188, et *RTDE* 2005, p. 25-64 ; J. Charpentier, *Pouvoirs* 1994, n° 69, p. 49-62 ; M. F. Buffet-Tchakaloff, *RDP* 1992, p. 67-78 ; V. Constantinesco, *Mél. Boulouis,* 1991, p. 35-46, *YBEL* 1991, p. 35-56 et *RTDE* 2005, p. 305-31 ; C. Million-Delsol, PUF, « Que sais-je ? » n° 2793, 1993, 128 p. ; K. Schelter, *RMC* 1991, p. 138-140 ; Toth, *CMLR* 1992, p. 1079-1105 ; P.J.G. Kapteyn, *RAE* 1991-2, p. 35-43 ; P.A. Feral, « Le principe de subsidiarité dans l'Union européenne », *RDP* 1996, p. 203-240, et « Le principe de subsidiarité : progrès ou *statu quo* après le traité d'Amsterdam ? », *RMC* 1998, p. 95-117 ; J.-L. Clergerie, *Le principe de subsidiarité,* Ellipses, 1997, 127 p. ; F. Thoma, *Le principe de subsidiarité en droit communautaire*, Centre Universitaire de Luxembourg, 1998, 432 p. ; A. Estella, *The EU Principle of Subsidiarity and Its Critique*, Oxford UP, 2002, XXII-210 p. ; F. Chaltiel, « Le principe de subsidiarité dix ans après le Traité de Maastricht », *RMC* 2003, p. 365-374 ; F. Delpérée dir., *Le principe de subsidiarité*, Bruylant/LGDJ, Bruxelles/Paris, 2002, 538 p ; J. Rudevskis, « L'application du principe de subsidiarité par les Cours européennes de Luxembourg et de Strasbourg : une comparaison générale », *Baltic YBIL* 2004, p. 129-166 ; Ph. Brault, G. Renaudineau et F. Sicard, *Le principe de subsidiarité*, La Documentation française, n° 5214, 2005, 111 p. ; D. Gareth, « Subsidiarity : the Wrong Idea, the Wrong Place at the Wrong Time », *CMLR* 2006, p. 63-84.

390. Théorie des compétences implicites. — La doctrine est d'accord pour faire remonter son origine à une jurisprudence ancienne de la Cour suprême des États-Unis, élaborée sous l'impulsion du juge Marshall. À propos de la répartition des compétences entre l'État fédéral et les États fédérés, cette juridiction a reconnu à l'État fédéral le droit d'adopter des actes qui n'étaient pas expressément autorisés par la Constitution fédérale : « pourvu que les fins soient légitimes, qu'elles soient dans la sphère de la Constitution, tous les moyens qui sont appropriés [littéralement : nettement adaptés] à ces fins, qui ne sont pas interdits, mais qui sont compatibles avec la lettre et avec l'esprit de la Constitution, sont constitutionnels » (1819, *Mc Culloc v. Maryland*).

C'est à la CPJI que revient la transposition de cette méthode dans les relations internationales (avis du 23 juillet 1926, *Compétences de l'OIT,* série B n° 13, p. 18).

Plus récemment, la CIJ a formulé le principe de la manière suivante dans son avis de 1949 : « Selon le droit international, l'Organisation doit être considérée comme possédant ces pouvoirs [en l'espèce, pouvoirs de protection fonctionnelle des agents et de réclamation internationale] qui, s'ils ne sont pas expressément énoncés dans la Charte, sont, par une conséquence nécessaire, conférés à l'Organisation en tant qu'essentiels à l'exercice des fonctions de celle-ci... » (*Rec.* p. 182). « À considérer le caractère des fonctions confiées à l'Organisation et la nature des missions des agents, il devient évident que la qualité de l'Organisation pour exercer, dans une certaine mesure, une protection fonctionnelle de ses agents, est nécessairement impliquée par la Charte... » (*ibid.,* p. 184).

La jurisprudence de la CIJ fait de la théorie des compétences implicites une application constante, qu'il s'agisse de problèmes propres à l'ONU, ou qu'il s'agisse d'elle-même en tant qu'institution juridictionnelle.

À propos de l'ONU, voir les avis consultatifs dans les affaires suivantes : *Sud-Ouest africain, Rec.* 1950, p. 128 ; *Effet de jugements du Tribunal administratif des Nations Unies,*

Rec. 1954, p. 47 ; *Certaines dépenses des Nations Unies, Rec.* 1962, p. 151 ; *Namibie, Rec.* 1971, p. 16. V. aussi l'arrêt de la Chambre d'appel du TPI dans l'affaire *Tadi&cacute ;* (IT-94-1-AR72, 2 oct. 1995, § 32 à 40).

Appliqué à elle-même, ce raisonnement permet à la CIJ de déterminer ses « pouvoirs inhérents ». Déjà, dans son arrêt du 2 décembre 1963 sur le *Cameroun septentrional,* elle avait estimé être soumise aux « limitations inhérentes à l'exercice de la fonction judiciaire ». Dans l'affaire des *Essais nucléaires,* la Cour fonde entièrement ses arrêts du 20 décembre 1974 sur cette idée et reprend la formulation de 1963 en la systématisant ; elle se reconnaît « un pouvoir inhérent » qui l'autorise à prendre toute mesure voulue, d'une part pour faire en sorte que, si sa compétence au fond est établie, l'exercice de cette compétence ne se révèle pas vain, d'autre part, pour assurer le règlement régulier de tous les points en litige ainsi que le respect des « limitations inhérentes à l'exercice de la fonction judiciaire » (*Rec.* 1974, p. 259 et 463). Cette position a des conséquences très importantes puisqu'elle permet à la CIJ « de bouleverser le déroulement normal de la procédure, d'interpréter les conclusions des parties pour construire l'objet de la demande, de prendre en considération de manière déterminante des déclarations et comportements postérieurs aux requêtes et même la procédure orale » (S. Sur, *RGDIP* 1975, p. 982).

La CIJ n'est pas la seule juridiction à faire application de la théorie de pouvoirs implicites, car cette méthode d'interprétation vaut pour toute organisation et toute juridiction internationale. On ne s'étonnera pas de constater qu'il en est fait un usage fréquent par la CJCE par exemple, dont l'interprétation volontiers téléologique s'appuie à la fois sur la recherche de l'effet utile de l'objet et du but des traités communautaires et sur la théorie des pouvoirs implicites.

CJCE, 16 juillet 1956, affaire 8/55, *Fédéchar, Rec.* 1955, p. 199 (conception étroite des pouvoirs impliqués) ; 31 mars 1971, affaire 22/70, *Commission c. Conseil (AETR), Rec.* 1971, p. 263 (conception extensive), 15 nov. 1994, avis 1/94 *OMC, Rec.* I-5267 (à nouveau conception plus restrictive).

De même la Cour européenne des droits de l'homme, dès ses arrêts des 14 novembre 1960 et 7 avril 1961, dans l'affaire *Lawless,* part des pouvoirs et caractères inhérents à sa fonction juridictionnelle pour affirmer sa compétence de révision de ses arrêts et la représentation des intérêts des particuliers par la Commission européenne. Quant au TPI pour l'ex-Yougoslavie, il se considère comme étant « doté du pouvoir inhérent d'effectuer une détermination formelle sur le manquement par un État à l'une des dispositions du Statut ou du Règlement de procédure et de preuve » (Chambre d'appel, arrêt du 29 oct. 1997, IT-95-14-AR 108 *bis, Blaski&cacute ;,* § 33).

La théorie des pouvoirs implicites n'est rien d'autre qu'une directive d'interprétation des chartes constitutives des organisations internationales. Certains ont pu lui reprocher son caractère assez vague et craindre une utilisation abusive. En elle-même, cette construction jurisprudentielle n'est pas contestable ; encore faut-il en respecter le postulat.

Dans son opinion dissidente sous l'avis consultatif de 1954 de la CIJ, le juge Hackworth a souligné que « la doctrine des pouvoirs implicites a pour rôle de donner effet, dans des limites raisonnables, aux pouvoirs explicites et non de les supplanter ou de les modifier » (*Rec.* p. 80) ; l'avertissement a été réitéré par sir Gerald Fitzmaurice sous l'avis de 1971 de la même Cour (*Rec.,* p. 280). C'est seulement rappeler à l'interprète qu'il doit toujours se référer à l'objet et aux buts des textes constitutifs qui, en l'espèce, coïncident avec l'objet et les buts de l'organisation. Jusqu'ici, la jurisprudence de la CIJ a respecté cette obligation. Elle s'est toujours imposé de ne reconnaître que des compétences implicites corroborées et non contredites par la pratique de l'organisation en cause (*Sud-Ouest africain, Rec.* 1950, p. 137).

Les actes constitutifs de certaines organisations consacrent les compétences implicites de celles-ci, par exemple en autorisant les organes statutaires à créer les organes subsidiaires qu'ils jugent nécessaires à l'exercice de leurs fonctions (cf. les articles 22 et 29 de la Charte). Plus généralement, l'article F du Traité de Maastricht — devenu l'article 269 du TCE (311 du TFUE) — dispose que « l'Union se dote des moyens nécessaires pour atteindre ses objectifs et pour mener à bien ses politiques ».

Voir aussi la Section I, § 1 de l'annexe à l'Accord de New York de 1994 sur la partie XI de la Convention de Montego Bay : l'Autorité « est investie des pouvoirs subsidiaires, compatibles avec la Convention, qu'implique nécessairement l'exercice de ces pouvoirs et fonctions quant aux activités menées dans la Zone. »

B. — Contenu des compétences

391. Fonctions et compétences. — Par fonctions, on entend les finalités des activités des organisations : harmoniser des politiques étatiques, rapprocher des points de vue, créer les conditions d'une plus grande efficacité des politiques nationales, par exemple. Les compétences de chaque organisation sont des pouvoirs juridiques reconnus aux organisations, dont le choix est déterminé par leur adaptation aux fonctions prioritaires de chacune d'entre elles.

La typologie la plus largement reçue oppose les fonctions de coopération et celles d'intégration. Les premières regroupent toutes celles qui ont pour seule ambition de rapprocher des politiques qui restent de la responsabilité des États. Les secondes peuvent englober les premières mais, en tout état de cause, elles les dépassent, en permettant le développement de politiques communes définies et gérées par l'organisation en cause.

Les organisations de coopération ne peuvent viser que le plus petit commun dénominateur des États membres et la coordination des politiques nationales. Les organisations d'intégration peuvent rechercher un intérêt collectif qui n'est pas la simple addition algébrique des intérêts des États membres (l'article 9 § 5, du Traité CECA dans sa rédaction initiale faisait allusion à « l'intérêt général de la Communauté ») ; les traités sur l'Union européenne évoquent à plusieurs reprises « l'intérêt général de l'Union ».

Par définition, le risque d'atteinte aux souverainetés est beaucoup plus faible de la part des organisations de coopération que de celle des organisations intégrées.

Les premières ne troublent pas le fonctionnement d'une société de juxtaposition entre entités souveraines (voir la garantie supplémentaire constituée par la notion de « domaine réservé », *supra*, n°s 283 s.). Elles consistent, pour l'essentiel, dans une fonction de délibération (recherche et synthèse d'informations, adoption de résolutions, ayant la portée de recommandations ou, plus rarement, de décisions). Lorsqu'il s'agit d'une fonction d'intervention, elle se limitera aux formes les plus respectueuses du consentement des États : participation au règlement pacifique des différends internationaux, avec l'accord des parties, assistance financière et technique.

Les fonctions d'intégration supposent qu'une entité non étatique assure concurremment ou parallèlement aux États membres des activités dont ces derniers ont traditionnellement le monopole (fonctions quasi législatives, exécutives et juridictionnelles).

L'article 2, § 2, du Traité de Paris de 1951, instituant la CECA, était symptomatique de la portée des fonctions d'intégration et de leur relative primauté vis-à-vis des souverainetés nationales : « La Communauté doit réaliser l'établissement progressif de conditions assurant par elles-mêmes la répartition la plus rationnelle de la production au niveau de productivité le plus élevé, tout en sauvegardant la continuité de l'emploi et en évitant de provoquer, dans les économies des États membres, des troubles fondamentaux et persistants. » Le Traité sur l'Union européenne est encore plus symptomatique puisqu'il « marque une nouvelle étape dans le processus créant une union sans cesse plus étroite entre les peuples de l'Europe » (art. 1er du TUE) et que l'Union se donne, entre autres objectifs, celui « de promouvoir un progrès économique et social équilibré et durable, notamment par la création d'un espace sans frontières intérieures, par le renforcement de la cohésion économique et sociale et par l'établissement d'une union économique et monétaire comportant, à terme, une monnaie unique » (art. 2 du TUE ; dans sa version de 2007, celui-ci énumère les valeurs communes de l'Union en son article 2 et son article 3 dispose que « [l]'union a pour but de promouvoir la paix, ses valeurs et le bien-être des peuples »).

La distinction entre fonctions est claire et rigoureuse. Celle entre « organisations de coopération » et « organisations d'intégration » l'est beaucoup moins, car toute organisation peut assumer des fonctions des deux types. C'est leur pondération relative, à un moment donné de la vie de l'organisation, qui autorise à la qualifier d'organisation plutôt de coordination ou plutôt d'intégration (v. Ch. Leben, « À propos de la nature juridique des Communautés européennes », *Droits* 1991, p. 61-72). Des organisations de coopération peuvent avoir des fonctions d'intégration : c'est le cas de l'ONU, lorsque le Conseil de sécurité utilise ses pouvoirs de contrainte en vue du maintien de la paix ; de l'OIT, lorsqu'elle contrôle la mise en œuvre de conventions internationales du travail ; de l'AIEA, lorsqu'elle inspecte des installations nucléaires ; des institutions monétaires et financières lorsqu'elles se livrent à des opérations bancaires. Même s'ils sont expressément envisagés — par exemple en matière de maintien de la paix — les moyens de contrainte sont utilisés avec beaucoup de prudence et de réticence, de crainte d'un glissement vers des fonctions d'intégration.

Inversement, les organisations d'intégration ne peuvent invoquer leurs fonctions inédites que dans des domaines prédéterminés (économique, social, énergétique) ; dans tous les autres domaines, elles n'assument que des fonctions de coopération : la « coopération politique » entre les membres de la CE, y compris lorsqu'elle emprunte des voies et moyens communautaires, reste une manifestation de coordination des politiques nationales même après la conclusion de l'Acte unique européen en 1986. En revanche, bien que le Traité de Maastricht sur l'Union européenne du 9 février 1992 laisse la politique étrangère et de sécurité et les questions d'immigration largement en dehors des mécanismes communautaires traditionnels, on peut considérer qu'il en fait un volet de l'intégration (cf. l'article 11 du TUE – 24 dans le Traité de Lisbonne) ; d'autant que les traités d'Amsterdam (1997) et de Nice (2001) ont réintroduit une partie du troisième pilier (entraide judiciaire et droit d'asile) dans le cadre communautaire.

On parle aussi d'« organisations intégrées » ou « supranationales », à propos de certaines communautés économiques. L'expression apparaît, en effet, dans le Traité de la CECA dans sa rédaction originaire : « Les membres de la Haute Autorité (...) s'abstiennent de tout acte incompatible avec le caractère supranational de leurs fonctions ». Chaque État membre s'engage à respecter ce caractère supranational (article 9, § 5 et 6). Comme le contexte l'indique, les rédacteurs de ce texte ont surtout voulu souligner l'indépendance nécessaire de l'autorité exécutive d'une organisation d'intégration et des possibilités d'intervention directe auprès des ressortissants des États membres, mais, dans cette acception étroite (indépendance des agents), ce caractère se retrouve dans toutes les organisations internationales (v. *infra*, n° 407). Au sens d'amorce d'une évolution de l'organisation vers une structure « fédérale », le caractère supranational n'est pas un critère nécessaire de l'organisation d'intégration. L'allusion au caractère « supranational » des fonctions des membres de la Commission n'a pas été reprise à l'occasion des modifications ultérieures de l'article 9 du Traité CECA, non plus que dans les autres traités communautaires.

392. Compétences normatives et compétences opérationnelles

BIBLIOGRAPHIE. — B. Kasme, *La capacité de l'ONU de conclure des traités*, LGDJ, 1960, 214 p. — M. Chiu, *The Capacity of International Organizations to*

Conclude Treaties, Nijhoff, La Haye, 1966, 226 p. — R. KOVAR, « La participation des Communautés européennes aux conventions multilatérales », *AFDI* 1975, p. 903-923. — J.-P. JACQUÉ, « La participation de la CEE aux organisations internationales universelles », *AFDI* 1975, p. 924-948. — P. M. LEOPOLD, « External Relations Power of EEC in Theory and Practice », *ICLQ* 1977, p. 54-80. — Ch.-E. HELD, *Les accords internationaux conclus par la CEE,* Thèse Lausanne, 1977, 240 p. — E. SAUVIGNON, « Les Communautés européennes et le droit de légation actif », *RMC* 1978, p. 176-191 — SFDI, Colloque de Nancy, *L'Europe dans les relations internationales, Unité et diversité,* Pedone, 1982, 322 p. — J. GROUX et Ph. MANIN, *Les Communautés européennes dans l'ordre international,* « Perspectives européennes », Bruxelles, 1984, 166 p. — J. BOURRINET, *Les relations extérieures de la CEE,* PUF, 1989, 128 p. — R. BRILLAT, « La participation de la Communauté européenne aux conventions du Conseil de l'Europe », *AFDI* 1991, p. 819-832. — L. SERMET, « Actualité de l'adhésion de la Communauté européenne aux organisations internationales et aux traités », *AFDI* 1997, p. 671-699 — Colloque, *L'effectivité des organisations internationales : mécanismes de suivi et de contrôle*, Sakkoulas/Pedone, Athènes/Paris, 2000, 338 p. — J.-E. ALVAREZ, *International Organizations as Law-Makers*, Oxford UP, 2005, XLVIII-660 p. — D. SAROOSHI, *International Organizations and Their Exercise of Sovereign Powers*, Oxford UP, 2005, XVII-143 p. — A. FENET et as , *Droit des relations extérieures de l'Union européenne*, Litec, 2006, XVI-396 p. — G. BASTID-BURDEAU, « Quelques remarques sur la notion de droit dérivé en droit international », *Mél. Salmon*, 2007, p. 161-175.

V. aussi les n°s 241 à 249, 510 à 523 et 586 à 598 et les bibliographies correspondantes.

Comme leur nom l'indique, les compétences normatives sont celles autorisant l'adoption de « normes », c'est-à-dire de règles juridiques ou financières de portée générale ou individuelle ; les compétences opérationnelles consistent dans des activités de gestion (ou de simple conseil) dans le domaine administratif, économique, technique ou financier.

Les compétences « juridictionnelles » et quasi juridictionnelles (règlement des différends) sont difficiles à rattacher exclusivement à l'une ou l'autre des deux autres catégories.

Les organisations ont fréquemment un rôle de conciliation, de médiation entre leurs États membres (OUA, OEA). Parfois elles sont en mesure d'offrir une instance juridictionnelle, destinée à trancher les différends soit entre États (CIJ), soit également entre l'organisation et ses membres (CJCE). Elles seront étudiées en tant que modalités particulières du règlement des différends internationaux, *infra,* n° 500 s.).

1° *Les compétences normatives* sont, pourrait-on dire, « de droit commun ». Toutes les organisations internationales les exercent peu ou prou, ne serait-ce que pour assurer leur propre fonctionnement. Ces compétences sont plus étendues encore lorsque l'organisation exerce des fonctions opérationnelles, car elles doivent alors définir le régime juridique de ces activités. Le droit international contemporain est fortement marqué par l'apport normatif des organisations internationales, universelles et régionales : il n'est pas un domaine des relations sociales pour lequel il n'existe pas une organisation chargée de proposer des règles de comportement, de rapprocher les législations nationales et de favoriser la conclusion de traités internationaux.

Outre l'adoption de règles conformément à ses procédures de décision (sur leur régime, voir *supra,* n°s 241 s. et *infra,* n°s 402 à 404), la compétence normative d'une organisation comprend le droit de participer à des conventions internationales (sur le régime de cette participation, voir *supra,* n°s 69 s.).

La capacité de conclure des traités est généralement reconnue aux organisations internationales. L'article 6 de la Convention de 1986 sur les traités conclus entre États et organisations internationales ou entre organisations internationales, sans vouloir trancher la question du fondement de cette capacité, le confirme implicitement en renvoyant aux « règles de [l'] organisation » d'éventuelles limitations à cette capacité (sur les difficultés rencontrées dans l'élaboration de cette disposition, voir *Ann. CDI* 1974, vol. II, 1re partie, p. 310-311 et Ph. Manin, *AFDI* 1986, p. 457-459). Il est bien évident que les organisations internationales ne peuvent agir que dans le cadre de leurs compétences telles qu'elles résultent du principe de spécialité (v. *supra,* n° 389), ce que rappelle, par exemple, l'article 27, § 2, de la Convention des Nations Unies contre le trafic illicite des stupéfiants du 20 décembre 1988 : « Dans leurs instruments de confirmation formelle, les organisations régionales d'intégration économique [qui peuvent devenir parties] préciseront l'étendue de leur compétence dans les domaines relevant » de la Convention.

Les actes constitutifs ne sont pas toujours très explicites quant à cette capacité. Plutôt que de poser directement le principe, ils se limitent souvent à des allusions aux accords qui pourront être conclus par tel organe à telle ou telle fin (art. 43 et 63 de la Charte des Nations Unies, art. 111, 133, 300 et 310 du TCE (l'article 216 du TFUE pose le principe et les limites de la capacité de l'UE de conclure des accords) — v. aussi *supra,* n° 172). Il arrive cependant qu'une telle capacité soit expressément prévue (v. art. 37 de la Convention du 9 septembre 1998 portant création de l'OCCAR).

Cependant l'exercice de la compétence externe peut rencontrer certains obstacles dans la mesure où les États non membres d'une organisation, s'ils ne peuvent pas obliger les États membres à contracter avec eux, peuvent aussi refuser d'avoir une organisation internationale comme partenaire dans la négociation d'un accord. Les États tiers n'étant pas liés par l'affirmation par la charte constitutive de l'organisation de sa capacité de conclure, ils peuvent subordonner la conclusion d'un accord à une reconnaissance implicite ou explicite de l'organisation par eux-mêmes. Le principe de bonne foi entraîne qu'une fois acquise cette reconnaissance de capacité, celle-ci ne peut plus être contestée.

Dans l'ensemble, le droit des traités auxquels des organisations sont parties ne diffère guère du droit général des traités codifiés en 1969 par la Convention de Vienne. Il a cependant fallu tenir compte du fait que les organisations ne sont pas des entités souveraines, que leur statut est variable, qu'il est fonction de leur charte constitutive et de la pratique ultérieure (cf. l'article 6 de la Convention de 1986 sur le droit des traités conclus par les organisations internationale).

2° *Les compétences opérationnelles* regroupent tous les pouvoirs d'action des organisations autres que d'édiction de normes : participation à des procédures de règlement des différends (v. *infra,* n° 510) ; sanction coercitive (v. *infra,* n° 568) ; apport d'une assistance économique, administrative ou militaire aux États (v. *infra,* n° 610) ; représentation diplomatique (droit de légation, exercice de la protection fonctionnelle de l'organisation et de ses agents : v. *infra,* n° 452) ; contrôle de la régularité d'opérations électorales (v. *infra,* n° 393) ; action en justice, y compris devant une juridiction internationale (ce qui peut poser certains problèmes procéduraux, cf. l'art. 22 du Règlement du Tribunal du droit de la mer) ; etc.

Par nature, ces compétences exigent une activité sur un territoire et à l'égard d'individus. Si elles présentent une certaine analogie avec les fonctions exercées par les États dans des zones sous leur juridiction mais pas sous leur souveraineté, elles en diffèrent à deux points de vue : elles ne sont pas systématiques et, en l'absence de toute souveraineté des organisations, elles doivent avoir un fondement exprès.

393. Compétences liées à un territoire

BIBLIOGRAPHIE. — Ph. CAHIER, *Étude des accords de siège conclus entre les organisations internationales et les États où elles résident*, Giuffrè, Milan, 1959, 452 p. — J. SALMON, « Quelques remarques sur l'installation du siège de l'Unesco à Paris », *AFDI* 1958, p. 453-465. — R. GOY, « Le droit d'accès au siège des organisations internationales », *RGDIP* 1962, p. 357-370. — L. LUCCHINI, « La Namibie, une construction des Nations Unies », *AFDI* 1969, p. 355-374. — J. F. ENGERS, « The UN Travel and Identity Documents for Namibians », *AJIL* 1971, p. 571-577. — P. DAILLIER, « L'administration internationale directe dans le contexte de la décolonisation », *RJPIC* 1973, p. 41-60. — J.-M. DUFOUR, « De l'exterritorialité à l'autonomie internationale — À propos des relations de l'organisation intergouvernementale avec l'État hôte », *Mél. Virally*, 1990, p. 239-256. — E. LAGRANGE, « La MINUK, nouvel essai d'administration directe d'un territoire », *AFDI* 1999, p. 335-370 — R. WILDER, « From Dantzig to East Timor and Beyond : The Role of International Territorial Administration », *AJIL* 2001, p. 583-606 — Y. DAUDET, « L'action des Nations Unies en matière d'administration internationale », *CEBDI*, vol. VI, 2002, p. 459-542. — C. TOMUSCHAT, « Yugoslavia's Damaged Sovereignty over the Province of Kosovo », *Mél. Kooijmans* 2002, p. 323-347. — S. CHESTERMAN, *You, the People. The United Nations, Transitional Administration and State-Building,* Oxford University Press, 2004, XX-296 p. — N. BLOKKER, « Headquarters Agreements » *in* PJ van KRIEKEN et D. McKay ed., *The Hague : Legal Capital of the World*, TMC Asser Press, La Haye, 2005, p. 61-110. — K. ARDAULT et a., « L'administration internationale de territoire à l'épreuve du Kosovo et du Timor oriental : la pratique à la recherche d'une théorie », *RBDI* 2006, p. 301-383. — J. D'ASPREMONT « Regulated Statehood : the Kosovo Status Settlement », *Leiden JIL* 2007, p. 649-668. — R. WILDE, *International Territorial Administration*, Oxford UP, Oxford, 2008, XXVIII-608 p.

Les organisations internationales ne peuvent pas exercer de compétences territoriales à proprement parler ; le titre fonctionnel qu'elles peuvent invoquer n'est pas l'équivalent de la souveraineté territoriale : c'est tout au plus le critère du champ d'application géographique de leurs compétences. Leur situation est comparable à celle des États lorsqu'est reconnu à ceux-ci le droit d'étendre au-delà de leur territoire l'application de certaines de leurs réglementations.

1° *Compétences relatives au siège des organisations.* Le siège d'une organisation est le lieu de son établissement, parfois dénommé « district administratif ». Son régime juridique est fixé par un traité, dit « accord de siège », conclu entre l'organisation et l'État hôte (État du siège). Ce texte précise en particulier l'étendue du droit de réglementation et de contrôle de l'organisation dans le périmètre de ses installations.

Ainsi, l'Accord de siège du 26 juin 1947 entre l'ONU et les États-Unis prévoit que le « district administratif sera sous le contrôle de l'ONU » conformément à ses dispositions. En outre, « l'ONU aura le droit d'édicter des règlements exécutoires dans le district administratif et destinés à y créer, à tous les égards, les conditions nécessaires au plein exercice de ses attributions (...). Les lois ou règlements fédéraux, d'État ou locaux des États-Unis ne sont pas applicables à l'intérieur du district administratif, dans la mesure où ils seraient incompatibles avec un des règlements que l'ONU a le droit d'édicter... ».

Ces compétences relatives au siège respectent les limites habituelles des compétences des organisations : elles sont fonctionnelles, c'est-à-dire en l'espèce limitées aux exigences du bon fonctionnement de l'organisation ; elles ont un caractère limité, puisqu'elles sont fondées sur un accord ou sur une coutume ; elles ne portent pas atteinte à la souveraineté territoriale de l'État, car le siège n'est pas une enclave bénéficiant de l'extraterritorialité. L'État renonce seulement à son monopole de l'exclusivité de l'exercice des compétences sur son territoire : la meilleure preuve en est que si l'organisation ne met pas en œuvre ses compétences, l'État hôte peut faire application de ses propres réglementations, par exemple pour le maintien de l'ordre et de la sécurité.

2° *Compétences sur un territoire établies par un traité.* Il est fréquent qu'une organisation soit chargée de contrôler l'exercice par certains États de compétences territoriales : ce fut le cas, pour les territoires sous mandat, sous tutelle et non autonomes (v. *supra,* n°s 319 s.) ; à ce titre l'ONU est plusieurs fois intervenue pour organiser les consultations électorales précédant l'accession à l'indépendance de ces territoires. Il est beaucoup plus rare qu'une organisation exerce elle-même, directement, des pouvoirs d'administration territoriale. Plusieurs tentatives en ce sens n'ont pas abouti.

La SdN s'était vu confier, par le Traité de Versailles, des responsabilités dans la Sarre et à Dantzig. Reprenant ces précédents, le Traité de paix de 1947 avec l'Italie prévoyait un rôle important pour le Conseil de sécurité des Nations Unies dans le statut international de Trieste, qui n'est pas entré en application (v. *supra*, n° 294). De même, l'article 81 de la Charte, selon lequel « la tutelle d'un territoire peut être confiée à l'ONU », est resté lettre morte. La solution, pour autant qu'elle ne serait pas très temporaire, ne paraît guère attirer les populations concernées : par deux fois, on a envisagé de placer la Sarre sous administration internationale – sous celle de la SdN en 1935, sous celle du Conseil de l'Europe en 1955 ; chaque fois, la population a rejeté cette proposition.

Les illustrations de cette hypothèse sont limitées. L'OACI peut être chargée par les États de la gestion directe des aéroports. De 1960 à 1964, le gouvernement belge a placé quelques bases d'aviation au Congo sous l'administration directe de l'ONU Enfin, en vertu d'un accord de 1962 entre les Pays-Bas et l'Indonésie, l'Irian occidental (Papouasie occidentale) a été géré pendant six mois par « l'autorité exécutive temporaire des Nations Unies », tant sur le plan administratif que sur ceux du maintien de l'ordre et de l'exercice de la fonction judiciaire ; le relais a ensuite été pris par l'administration indonésienne, pour le reste du délai prévu pour la préparation du plébiscite d'autodétermination.

L'« Autorité internationale des fonds marins », établie en vertu de l'article 156 de la Convention de Montego Bay, est « l'organisation par l'intermédiaire de laquelle les États parties organisent et contrôlent les activités menées dans la Zone, notamment aux fins de l'administration des ressources de celle-ci » (art. 157).

Premier exemple d'une organisation permanente chargée de l'ensemble de la gestion économique d'un espace conséquent, cette solution n'est possible que parce que le lit des océans n'appartenait à aucun État. Mais la mise en place de l'institution se révèle difficile et un partage entre réglementations internationales et nationales est inévitable. Il reste que la Convention de Montego Bay, a doté l'Autorité de structures fortement inspirées des institutions administratives et juridictionnelles étatiques, aux pouvoirs étendus (v. *infra*, n° 701 et 702). Un « Code d'exploitation minière » a été adopté le 13 juillet 2000 sous la forme de « Règlement relatif à la prospection et à l'exploration des nodules polymétalliques dans la Zone », qui doit être complété par d'autres instruments en cours d'élaboration.

3° *Compétences sur un territoire établies par une décision d'une organisation internationale.* Les précédents anciens se rapprochent de façon sensible de l'hypothèse précédente : lorsqu'un groupe de grandes puissances, tel le Concert européen, décidaient d'exercer conjointement des compétences territoriales, leur décision était plus un acte conventionnel informel qu'une décision d'organisation.

Exemples : Crête, à l'époque du démembrement de l'Empire ottoman ; Tanger, de 1923 à 1936 (v. *supra,* n° 294) ; Allemagne et Berlin entre 1945 et 1990 ; Antarctique, depuis la Convention de Washington de 1959 (v. *supra,* n° 348).

Plus spécifique est la décision prise par l'Assemblée générale, le 27 octobre 1966, à propos du Sud-Ouest africain. Constatant que l'administration de ce territoire par l'Afrique du Sud était assurée d'une manière contraire aux règles du mandat, de la Charte et de la Déclaration universelle des droits de l'homme, l'Assemblée a mis fin au mandat et déclaré que « le Sud-Ouest africain relève directement de l'ONU » ; elle a changé sa dénomination (il est devenu la Namibie) et créé le Conseil des Nations Unies pour la Namibie, chargé de son administration.

Il est vrai que les compétences ainsi revendiquées par les Nations Unies sont demeurées assez théoriques, aussi longtemps que l'Afrique du Sud a conservé la maîtrise effective du territoire et y refusait l'entrée des représentants du Conseil pour la Namibie. Cependant cette compétence territoriale a servi de fondement à une compétence « personnelle » dont l'exercice était plus effectif. En revanche lorsque, à la suite des accords de 1988 (v. *supra,* n° 319), le Conseil de sécurité a créé le Groupe d'assistance des Nations Unies pour la période de transition (GANUPT — résolutions 632 et 640 [1989]), celui-ci, fort de 8 000 hommes, a exercé des compétences territoriales effectives en Namibie, notamment en matière d'organisation et de surveillance des élections.

À plusieurs reprises depuis 1989, l'ONU a accepté d'exercer la surveillance du déroulement de divers processus électoraux. Outre en Namibie, tel a été le cas au Nicaragua (ONUVEN – résol. 637 (1989) du Conseil de sécurité), en Haïti (ONUVEH – résol. 45/2 de l'Assemblée générale du 10 octobre 1990) au Sahara occidental (MINURSO – résol. 690 [1991] du Conseil de sécurité), au Tadjikistan (MONUT – résol. [1997]), en Afghanistan (MINUA – résol. 1536 [2004] et 1589 [2005]), en Sierra Leone (MINUSIL – résol. 1270 [1999]), au Libéria (MINUL – résol. 1546 [2004]), en Irak (MANUI – résol. 1546 [2004] ou 1770 [2007]) ou au Népal (MINUEP – résol. 1740 [2007]). À côté de ces missions électorales majeures, généralement menées dans le cadre d'opérations de maintien de la paix, les Nations Unies dispensent une assistance électorale « standard » sous forme d'assistance technique et d'appui logistique aux missions d'observateurs internationaux ; cette aide est prodiguée par la Division de l'Assistance électorale créée suite à l'adoption de la résolution 46/137 de l'Assemblée générale du 9 mars 1992 et placée auprès d'un Coordinateur pour les activités dans ce domaine en vue de fournir une assistance technique aux États ou, plus solennellement, de coordonner et soutenir la mission d'observateurs internationaux ; depuis 1992, plus de 70 États ont bénéficié d'une assistance de la part de cette division, souvent en coopération avec le PNUD et le Haut Commissariat pour les droits de l'homme.

Au Cambodge, l'Autorité provisoire des Nations Unies au Cambodge (APRONUC), dont la création a été prévue par les résolutions 668 (1990) du Conseil de sécurité et 45/3 de l'Assemblée générale, afin d'aider à la mise en œuvre du cessez-le-feu puis des accords de Paris du 23 octobre 1991, a succédé en 1992 à la Mission préparatoire des Nations Unies au Cambodge (résol. 745 [1992]). Son mandat, qui a pris fin en 1993, était très général puisque, outre la supervision des élections, l'APRONUC était chargée par les accords de Paris d'exercer « un contrôle direct » sur les affaires étrangères, la défense, les finances, la sécurité publique et l'information.

De même, la résolution 1244 (1999) du Conseil de sécurité a établi un statut provisoire du Kosovo, qui consacrait une large autonomie de cette province yougoslave sous la tutelle, au sens général du mot, des Nations Unies. La Mission intérimaire des Nations Unies au Kosovo (MINUK) y assure une « présence internationale civile » consistant à « favoriser, en attendant un règlement définitif, l'instauration (...) d'une autonomie et d'une auto-administration substantielles », exercer, en principe provisoirement, des fonctions d'administration civile et « organiser et superviser la mise en place d'institutions provisoires pour une auto-administration autonome et démocratique » à laquelle la MINUK transfère progressivement ses responsabilités administratives dans l'attente d'un règlement politique définitif. En fait, la

MINUK s'est trouvée « investie de tous les pouvoirs législatifs et exécutifs, pouvoirs judiciaires compris » (rapport du Secrétaire général du 12 juill. 1999, S/1999/779, § 35) sur un territoire toujours formellement intégré à la Yougoslavie, dont la souveraineté et l'intégrité territoriale sont proclamées par la résolution 1244. Investi à l'origine de tous les pouvoirs exécutifs et législatifs, le Représentant spécial du Secrétaire général, à l'origine M. B. Kouchner, coiffe quatre « composantes » confiées à diverses organisations (administration civile [ONU], action humanitaire [HCR], reconstruction [Union européenne] et renforcement des institutions [OSCE]) qui agissent en étroite coopération avec un Conseil transitoire et avec la force multinationale constituée sous l'égide des Nations Unies, la KFOR (v. *infra*, n° 593). Progressivement, nombre des pouvoirs exercés par la MINUK ont été transférés à la « Structure intérimaire mixte » créée par le Règlement n° 2000/1 du Représentant spécial du 14 janvier 2000 puis à des institutions locales démocratiquement élues. À la suite de la proclamation unilatérale d'indépendance du Kosovo, le 17 février 2008, la MINUK a été maintenue, mais elle a dû être réorganisée (cf. les rapports du Secrétaire général au Conseil de sécurité, S/2008/211 et S/2008/458), tandis que l'Union européenne a été appelée à prendre le relais (v. Action commune 2008/124/PESC du Conseil du 4 février 2008 relative à la mission « État de droit » menée par l'UE au Kosovo, EULEX KOSOVO, *JOUE* L 42, 16 février 2008, p. 92).

Au Timor oriental, après un plébiscite favorable à l'autodétermination et l'éviction forcée des autorités indonésiennes, le territoire et sa population ont été gérés par une autorité internationale sous les auspices de l'ONU (ATNUTO) jusqu'à la mise en place en 2002 d'une autorité locale élue (G. Cahin, « L'action internationale au Timor », *AFDI* 2000, p. 139-175).

394. Compétences exercées sur des personnes et des engins. — La compétence personnelle des États est fondée sur le lien d'allégeance qui leur rattache des personnes physiques et morales, le lien de nationalité (v. *supra,* n° 323). Il n'existe rien de tel pour les organisations internationales : celles-ci ne peuvent atteindre les individus qu'à travers la gestion d'un territoire, ce qui reste exceptionnel (v. *supra,* n° 393), à travers un rattachement administratif (hypothèse des agents internationaux) ou à travers l'assujettissement direct de certaines personnes aux normes élaborées par les organisations. Cette dernière situation se vérifie, pour l'essentiel, dans les organisations d'intégration et ne sera pas envisagée ici (v. *supra,* n° 180).

1° *Compétences « personnelles » rattachées à une compétence sur un territoire.* Il est impossible d'administrer un territoire sans tenir compte des besoins des populations locales : se posent inévitablement des problèmes d'ordre public, de déplacement à l'étranger, d'état civil, de juridictions civile et pénale qui ne seront résolus que par une réglementation des activités des individus. La question la plus intéressante, du point de vue international, est de savoir quelle est l'opposabilité de cette réglementation aux États tiers. Le problème s'est posé surtout à propos des titres de voyage délivrés aux habitants et à leur protection diplomatique par des organisations internationales.

L'AETNU a été habilitée à délivrer de tels titres aux ressortissants de l'Irian occidental, en 1962, et à exercer la protection diplomatique à leur profit (v. *supra*, n° 393). De même, le Conseil de la Namibie a pu prendre en charge les réfugiés de ce territoire.

2° *Compétences « personnelles » résultant d'un lien de fonction publique.* Bien que les agents des organisations internationales continuent d'être rattachés à leur État d'origine, ils dépendent de l'organisation qui les emploie pour tout ce qui touche à leurs activités professionnelles (v. *infra*, n° 406 s.). De plus, l'organisation peut leur délivrer des titres de voyage (dits « laissez-passer »), qui facilitent leurs déplacements et le respect de leur immunité ; elle exerce en leur faveur une protection « fonctionnelle », opposable aux États (v. *infra*, n° 407).

3° *Compétences liées à l'immatriculation d'engins.* Les organisations internationales peuvent, dans certaines circonstances, faire naviguer des navires sous leur propre pavillon, ou procéder conjointement avec les États à l'immatriculation d'aéronefs ou d'engins spatiaux. Elles sont alors conduites à exercer des compétences et à supporter des responsabilités comparables à celles de l'État du pavillon ou d'immatriculation (v. *supra*, n° 325 et *infra*, n°s 664 et 731 s.).

C. — Sanction de la mise en œuvre des compétences

395. Contrôle de l'exercice des compétences. — Dès lors que les sujets du droit international tirent leurs compétences de celui-ci, le droit ne peut se désintéresser de la manière dont elles sont exercées. Il est d'autant plus nécessaire de soumettre les organisations internationales à un système de contrôle qu'il s'agit de défendre en même temps les compétences des États. Au point de vue juridique, l'existence d'un excès de pouvoir ou d'un détournement de pouvoir – par la méconnaissance des buts en violation du principe de spécialité (v. *supra*, n° 389) – imputable à une organisation internationale, dépend en grande partie de l'interprétation de son acte constitutif et des autres textes lui attribuant des compétences. Le contrôle de l'exercice de celles-ci revient ainsi à celui de l'exactitude de cette interprétation. On ne peut dire que l'un et l'autre soient actuellement organisés sur des bases très satisfaisantes.

1° Un *contrôle politique* parfait exigerait un système hiérarchisé, unissant l'ensemble des organisations dans un fédéralisme institutionnel avec, au sommet, une instance suprême qui superviserait les activités de toutes les autres organisations.

Selon la Charte des Nations Unies, les organisations régionales de sécurité constituées par les membres de l'ONU sont certes subordonnées au Conseil de Sécurité chaque fois qu'elles entreprennent, conformément à leur propre acte constitutif, une action coercitive (articles 52, 53 et 54 du Chapitre VII de la Charte). En dehors de cette hypothèse — d'application exceptionnelle, au demeurant — le principe reste que les organisations internationales sont des entités autonomes, indépendantes les unes des autres. Même dans le « système des Nations Unies », les diverses institutions spécialisées sont simplement coordonnées avec l'ONU (v. *supra*, n° 249 et *infra*, n° 397).

2° Chargée en premier ressort de faire application des textes qui la régissent, *chaque organisation* possède évidemment le droit de les interpréter. Pour ce qui concerne la détermination de ses pouvoirs, elle exerce cette compétence par l'intermédiaire de son organe suprême. Ce dernier peut, en outre, à tout moment vérifier l'interprétation de leurs compétences respectives, retenue par les autres organes de l'organisation qui lui sont subordonnés.

Ainsi l'Assemblée générale des Nations Unies agit pour elle-même mais aussi pour certains organes « principaux » (le Conseil économique et social, le Conseil de Tutelle, le Secrétariat) et tous les organes subsidiaires créés par elle.

Pour chaque organisation considérée isolément, ce mécanisme de contrôle peut sembler acceptable, à la condition qu'il n'existe qu'un seul organe doté de cette suprématie. Or tel n'est pas toujours le cas : à l'ONU, en raison de l'égalité statutaire entre l'Assemblée et le

Conseil de sécurité, il n'y a pas de contrôle mutuel des compétences. En cas de désaccord entre eux, c'est l'impasse, en l'absence d'un organe tiers pour les départager (voir le problème de l'admission entre 1947 et 1955, celui du financement des opérations de maintien de la paix).

3° En tant que parties au traité constitutif, les *États membres* ont également compétence pour l'interpréter : c'est la conséquence normale du droit reconnu aux États d'interpréter leurs engagements conventionnels (v. *supra,* n°s 164-165).

Lors des débats relatifs au financement des forces d'urgence des Nations Unies, la France et l'URSS ont donné leur interprétation de la notion de « dépenses de l'Organisation » selon l'article 17 de la Charte et ont refusé de s'incliner devant l'interprétation défendue par la majorité des autres États membres et la CIJ. La situation la plus fréquente d'une telle interprétation individuelle intéresse la notion de « compétence nationale » selon l'article 2, § 7, de la Charte : c'est à partir d'elle que les États tenteront de s'opposer à certaines initiatives de l'ONU (v. *supra,* n° 287).

En cas de divergence des interprétations des organes statutaires et de certains États membres, il convient de disposer d'une procédure accordant la priorité à l'une des interprétations en présence. Il arrive que le traité constitutif précise que le dernier mot reviendra à l'organe intergouvernemental (voir, par exemple, l'article 18 des statuts du FMI, qui privilégie le Conseil des gouverneurs), mais cette solution est exceptionnelle.

4° En règle générale, le conflit entre interprétations contradictoires reste sans solution, sauf à être soumis à une *instance juridictionnelle* (v. *infra*, n°s 548-549 s.). La saisine d'une juridiction internationale est rarement imposée, et n'est pas toujours possible.

V. Ch. Dominicé, « Le règlement juridictionnel du contentieux externe des organisations internationales », *Mél. Virally,* 1991, p. 225-238 ; J. Mossé, *Le contentieux des organisations internationales et de l'Union européenne*, Bruylant, Bruxelles, 1997, XIII-828 p.

Les organisations internationales ne peuvent saisir la CIJ que selon la procédure consultative, pour lui demander un avis qui, en principe, n'est pas obligatoire (voir le sort de l'avis de 1962 en matière budgétaire et des avis sur le Sud-Ouest africain). La Cour ne statue par la procédure contentieuse, aboutissant à une décision obligatoire, que si les États membres prennent l'initiative de la saisine (CPJI, arrêt du 10 septembre 1929, *Commission internationale de l'Oder, série A,* n° 23).

La solution la plus satisfaisante est celle en vigueur dans les Communautés européennes : la CJCE peut être saisie indifféremment par les États membres et les organes de décision (Commission, Conseil des ministres) et, mais plus restrictivement, par des personnes privées. Le contentieux peut opposer des organes de l'organisation (institutions) entre eux, ces organes et les États membres, les États membres entre eux, des particuliers aux organes des Communautés.

396. Responsabilité internationale des organisations internationales. — Titulaires de droits, les organisations internationales doivent supporter les obligations corrélatives. Comme pour les autres sujets du droit international, la forme principale d'obligation non contractuelle des organisations est la responsabilité internationale, qui sera engagée en cas d'exercice irrégulier et dommageable de leurs compétences. La transposition des règles du droit international de la responsabilité doit cependant tenir compte des particularités des statuts des organisations et de l'attitude des États non membres à leur égard (v. *infra,* n° 478).

Voir l'article 288 du TCE (340 du TFUE). De son côté, à propos de l'ONUC, le Secrétaire général des Nations Unies a rappelé que l'ONU « a toujours eu pour politique d'indemniser les victimes des dommages engageant la responsabilité juridique de l'Organisation (...). Cette politique est conforme aux principes généralement reconnus du droit, ainsi qu'à la Convention sur les privilèges et immunités des Nations Unies » (*AJNU* 1965, p. 44).

Le principe de la responsabilité propre des Nations Unies a été mis en œuvre par la Grande Chambre de la CEDH dans sa décision du 2 mai 2007 dans les affaires *Berhami c. France* et *Saramati c. Allemagne, France et Norvège* (§ 132-143) par lesquelles elle a estimé, aux fins de la détermination de sa compétence *ratione personae*, que les actes de la MINUK et de la KFOR au Kosovo étaient attribuables aux Nations Unies et non aux États participants à ces opérations.

Toutefois la responsabilité propre des organisations internationales n'exonère pas forcément les États membres de leur responsabilité au regard du droit international. Ainsi, dans un important arrêt de principe du 18 février 1999 *(D. Matthews c./Royaume-Uni)*, la Cour européenne des droits de l'homme a considéré que la Convention de Rome « n'exclut pas le transfert de compétences à des organisations internationales pourvu que les droits garantis par la Convention continuent d'être « reconnus ». Pareil transfert ne fait donc pas disparaître la responsabilité des États membres » (§ 32).

En l'espèce, la Cour de Strasbourg tient le Royaume-Uni pour responsable à la suite de la non-organisation à Gibraltar des élections au Parlement européen. On peut cependant se demander si, en l'espèce, la Cour s'est fondée sur la contrariété des actes communautaires eux-mêmes à la Convention européenne des droits de l'homme ou si elle a considéré qu'était en cause la mise en œuvre de ces actes par l'État défendeur (sur les suites de l'arrêt *Matthews*, v. CJCE, Grande Chambre, aff. C-145/04, 12 sept. 2006, *Espagne c. Royaume-Uni*, *Rec.* 2006, p. I-7917 ; v. aussi les problèmes posés par les requêtes devant la CEDH dans les affaires *Senator Lines c. 15 États parties membres de l'UE* (*RUDH* 2000, p. 191) et la décision de la Grande Chambre du 10 mars 2004 (*Rec.* 2004-IV, p. 347) et les arrêts préc. de la Grande Chambre dans les affaires *Berhami* et *Saramati*). Par son arrêt du 30 juin 2005 dans l'affaire l'affaire *Bosphorus Airways c. Irlande*, la Grande Chambre de la CEDH a estimé que la responsabilité d'un État membre de la Communauté européenne n'était pas engagée dès lors qu'il s'était borné à mettre strictement en œuvre un règlement communautaire ne lui laissant aucune marge d'appréciation (et que l'ordre juridique communautaire offre une protection équivalente à celle découlant de la Convention) (30 juin 2005, *Bosphorus c. Irlande*, req. n° 45036/98, *CEDH Rec.* 2005-VI ; v. aussi, CJCE, 30 juill. 1996, *Bosphorus c. Ministre irlandais des transports et as.*, aff. C-84/95. *Rec.* 1996, p. I-03953).

Section 3

Structure et fonctionnement

§ 1. — *Typologie des organes*

BIBLIOGRAPHIE. — P. REUTER, « Les organes subsidiaires des organisations internationales », *Mél. Basdevant,* 1960, p. 415-440. — C. A. COLLIARD, « Quelques réflexions sur la structure et le fonctionnement des organisations internationales », *Mél. Rolin*, 1964, p. 67-69. — A. PELLET, « Restructuration et démocratisation, l'exemple de la CNUCED et de l'ONUDI », *Colloque d'Alger, Droit international et développement,* OPU, Alger, 1978, p. 383-409. — Z.M. KLEPACKI, *The Organs of International*

Organizations, Nijthoff, La Haye, 1978, 138 p. — D. SAROOSHI, « The Legal Framework Governing United Nations Subsidiary Organs », *BYBIL* 1996, p. 413-478 — E. LAGRANGE, *La représentation institutionnelle dans l'ordre international. Une contribution à la théorie de la personnalité morale des organisations internationales,* Kluwer, La Haye, 2002, pp. 49-258.

397. Classification selon leur mode de création. — Les États qui établissent une organisation internationale ne peuvent se dispenser de mettre en place des organes propres à celle-ci. La création d'organes est la manifestation la plus sûre de leur intention d'établir une institution permanente, distincte de ses membres. C'est en effet par l'intermédiaire de tels organismes que l'organisation exprime sa volonté et exerce ses compétences. Inversement, il est inconcevable qu'une organisation puisse exister sans organes dotés du pouvoir d'agir et de prendre des décisions en son nom. Aussi l'organisation ne sera-t-elle définitivement constituée qu'après la mise en place de ses organes.

Les choix réalisés sur ce point sont très significatifs. Il faut cependant distinguer les ambitions des États fondateurs et le dynamisme propre des organisations. L'organigramme voulu à l'origine peut être modifié de manière fondamentale par les initiatives ultérieures des organes initialement créés ou par la volonté des États membres.

C'est peut-être dans cette crainte et en réaction à l'approche initiale de la Convention de Montego Bay sur le droit de la mer, que la Section I § 3, de l'annexe à l'Accord de New York de 1994 appelle à la prudence dans la création des organes subsidiaires de l'Autorité.

1° *Création par la convention constitutive.* Il appartient en premier lieu à l'acte constitutif de chaque organisation d'en fixer la structure organique (v. *supra*, n° 379).

Dans certains cas, ce n'est pas seulement la charte elle-même qui précise cette structure, mais aussi des instruments collatéraux (Convention du 27 mars 1957 relative à certaines institutions communes aux trois Communautés européennes). Aucune règle ne limite la liberté des États fondateurs. Ils ont la faculté d'établir autant d'organes « originaires » que la réalisation de buts assignés à l'organisation leur paraît l'exiger.

Les fondateurs de l'organisation ne s'en tiennent pas toujours à une énumération d'organes, ils peuvent également préciser la hiérarchie qui doit s'établir entre eux.

La Charte des Nations Unies oppose, dans son article 7, des organes « principaux » créés comme tels en vertu de ses dispositions et des organes « subsidiaires » qui pourraient être créés si le besoin s'en faisait sentir. En réalité la distinction entre les deux catégories n'a rien à voir avec l'instrument et le moment de la création de ces organes : déjà dans la Charte sont établis des organes qui ne sont pas « principaux » selon la liste établie par l'article 7, § 1, ni « subsidiaires » au sens de l'article 7, § 2.

Des précautions étant prises pour éviter que des modifications institutionnelles imprévues soient apportées par les organes ainsi créés, le recours à la voie conventionnelle peut s'imposer de nouveau au cours de l'existence de l'organisation en cause. Il s'agira soit d'une révision formelle de l'acte constitutif, conformément à ses termes, soit d'un acte collatéral.

Le Traité de Bruxelles du 8 avril 1965 a apporté des changements importants dans le système communautaire en instituant un Conseil et une Commission uniques pour les trois

Communautés. L'article 130 de la Charte actuelle de l'OEA prévoit que les États membres peuvent, par des accords multilatéraux, créer des « organismes spécialisés » *intégrés* à l'organisation.

Les membres fondateurs, par crainte des bouleversements susceptibles d'être apportés par une majorité d'États membres, prendront – même dans le cas d'amendement ou de révision formelle – quelques garanties : il sera souvent exigé l'unanimité des États membres (article 48 du TUE), ou du moins celle des principaux États (article 109 de la Charte des Nations Unies), pour que les nouveaux organes soient mis en place.

2° *Création en vertu d'une décision de l'organisation.* La quasi-totalité des actes constitutifs d'organisation contiennent des dispositions selon lesquelles les organes originaires pourront à l'avenir créer de nouveaux organes. Même dans le silence des chartes sur ce point, on admet qu'une telle compétence fait partie des compétences implicites de toute organisation internationale (v. *supra*, n° 390). À leur tour ces organes « dérivés » pourront donner naissance à d'autres organes, compliquant et alourdissant progressivement l'organigramme initial. Cette capacité de créer des organes subsidiaires peut être l'objet d'une habilitation explicite ou implicite.

Dans certains cas, c'est par des décisions convergentes de plusieurs organisations ou organes que sera établi un organe commun (Programme alimentaire mondial, entre l'ONU et la FAO ; Centre du Commerce international, entre le GATT et la CNUCED) ; Fonds pour l'environnement mondial géré par la Banque mondiale, le PNUD et le PNUE).

Ce procédé du « bourgeonnement institutionnel » a été largement utilisé au fur et à mesure que les problèmes de fonctionnement se compliquaient, avec la croissance du nombre des États membres, la diversification des activités et l'extension géographique des tâches assumées par les organisations.

L'importance du phénomène n'est pas seulement quantitative. Théoriquement, le recours à des décisions internes pour modifier les structures organiques n'est admissible que s'il n'aboutit pas à l'amendement informel de la charte constitutive : d'où le lien établi par l'article 7, § 2, de la Charte des Nations Unies entre le caractère dérivé et le caractère « subsidiaire » des nouveaux organes. Dans les faits, certains organes ont vu le jour en tant qu'organes subsidiaires à défaut de l'établissement d'une organisation nouvelle. La majorité d'États favorable à la seconde solution n'aura de cesse d'avoir reconstitué, à l'intérieur de ce « carcan », toute la complexité d'une organisation internationale (tel est le cas de la CNUCED aux Nations Unies, par exemple) ou de finir par arracher la création d'une organisation nouvelle (ONUDI).

398. Classification selon la composition des organes. — La pratique ayant sensiblement obscurci la clarté apparente de la classification fondée sur l'origine des organes des organisations et atténué sa portée initiale, il est vite devenu évident que cette première approche devait être corrigée, ou au moins complétée, par d'autres classifications.

Parmi les diverses typologies proposées sur la base du critère de la composition des organes, la plus significative reste celle qui oppose les organes en fonction de la qualité et de la provenance de leurs membres.

Dans l'état actuel des relations internationales, aucune organisation internationale n'échappe au jeu de deux considérations contradictoires : d'une part, le maintien de l'interétatisme, voulu par les États membres qui sont loin de renoncer aux conceptions classiques de la souveraineté et, d'autre part, le dépassement de cet interétatisme – dépassement qu'ils s'efforcent certes de ralentir mais qu'ils ne peuvent empêcher parce qu'il s'inscrit dans la logique de l'institutionnalisation de la communauté internationale. Or c'est en tout premier lieu au plan des structures que cette double influence se manifeste.

Elle se traduit par la coexistence, dans toutes les organisations, de deux grands types d'organes : ceux dont les membres représentent les États membres, et ceux dont le fonctionnement est confié à des agents internationaux ou à des experts, indépendants des gouvernements. On mesure la force de chacune des considérations précédentes – ainsi que le degré de conciliation réalisée entre elles – par l'importance respective des organes de l'un et de l'autre types.

Au demeurant, la distinction n'est pas absolument rigide ; en particulier, la composition complexe de certains organes rend hasardeuse leur inclusion dans l'une ou l'autre de ces catégories. Ainsi, aux termes de l'article 112 du TCE (art. 283 du TFUE), le Conseil des Gouverneurs de la BCE se compose des membres du directoire de la Banque (nommés d'un commun accord par les États membres de la Communauté européenne après consultation du Parlement) et des gouverneurs des Banques centrales nationales. Il peut aussi se produire qu'un organe change de nature (v. la transformation du Conseil exécutif de l'OMS, conçu au départ comme devant être composé de personnalités indépendantes puis transformé en un organe intergouvernemental — v. C.H. Vignes, *RGDIP* 1999, p. 685-696).

Dans certaines organisations internationales, encore assez exceptionnelles, le dépassement de l'interétatisme se traduit par l'apparition d'organes d'un troisième type, composés de représentants des forces politiques, économiques ou sociales nationales ou transnationales : ils constituent l'amorce d'une participation directe des peuples aux relations internationales.

La mesure de la complexité contemporaine des structures des organisations internationales est donnée par la pléthore des critères de classification proposés par la doctrine, en concurrence avec la classification précédente ou en vue de la nuancer. On peut opposer les organes « individuels » (exemple : le Secrétaire général des Nations Unies) aux organes collectifs ; les organes propres à une organisation à ceux communs à plusieurs ; les organes permanents aux organes temporaires (ceux chargés d'une mission limitée dans le temps, par exemple une opération de maintien de la paix ou une médiation) ; les organes « centraux » et les organes décentralisés (commissions régionalisées des Nations Unies). À l'intérieur de chacune de ces catégories, on peut distinguer les organes gouvernementaux de ceux qui ne le sont pas.

§ 2. — *Organes composés de représentants gouvernementaux*

BIBLIOGRAPHIE. — W. Koo, *Voting Procedures in International Political Organizations,* NY, 1947, 250 p. — Ph. Jessup, « Parliamentary Diplomacy. An Examination of the Legal Quality of the Rules of Procedures of Organs in the UN », *RCADI* 1956-I, vol. 89, p. 185-319. — R. Drago, « La pondération dans les organisations internationales », *AFDI* 1956, p. 529-547. — F. M. Van Asbeck, « L'application du principe représentatif dans les organisations internationales », *Mél. Wehberg,* p. 59-66. — S. D. Bailey, *The General Assembly of the UN,* Pall Mall Press, Londres, 1960, 338 p. — M. Fromont, « L'abstention de vote dans les organisations internationales », *AFDI* 1961, p. 492-523. — M. Prelot, « Le droit des assemblées internationales », *RCADI* 1961-III, vol. 104, p. 471-527. — R. Monaco, « Le système de vote dans les organisations internationales », *Mél. Gidel,* 1961, p. 469-483. — C. S. Manno, « Problems and Trends in the Composition of Non-Plenary UN Organs », *Int. Org.* 1965, p. 37-55. — E. Hambro, « Permanent Representatives to International Organizations, *YBWA* 1976, p. 30-41. — D. Ciobanu, « Credentials of Delegations and Representation of Member States at the UN », *ICLQ* 1976, p. 351-381. — Dotation Carnegie, *Les missions permanentes auprès des organisations internationales,* Bruylant, Bruxelles,

4 vol. — R. BEN ACHOUR, *Évolution des modes de décision dans les organisations internationales,* CNUDST, Tunis, 1986, 323 p. — F. PASETTI BOMBARDELLA, « Le pouvoir décisionnel et l'évolution institutionnelle de la Communauté européenne », *Riv. Dir. europ.* 1991, p. 311-325. — H.-G. SCHMERMERS, « The Chairman of an International Organ », *GYBIL* 1991, p. 296-306. — B. TAULEGNE, *Le Conseil européen,* PUF, 1993, 504 p. — P. VAN ACKERE, « Le processus décisionnel au sein de l'UEO », *Trim. monde* 1993, n° 23, p. 188-198. — D.D. CARON, « The Legitimacy of the Collective Authority of the Security Council », *AJIL* 1993, p. 552-588. — P. TAVERNIER, « Les déclarations du Président du Conseil de sécurité », *AFDI* 1993, p. 86-104. — M. MARIN-BOSCH, *Votes in the UN General Assembly*, Kluwer, La Haye, 1997, XVII-237 p. — M. A. BOISSARD et CHOSSUDOVSKY dir., *La diplomatie multilatérale. Le système des Nations Unies à Genève*, Kluwer, La Haye, 2e éd., 1998, XXII-504 p. — C. H. VIGNES, « Mythes et réalités : le statut des membres du Conseil exécutif de l'OMS », *RGDIP* 1999, p. 685-696.

Sur le consensus : F. Y. CHAI, *Consultations et consensus : un aspect du fonctionnement du Conseil de sécurité,* UNITARPS n° 4 F, 1971, 55 p. — S. BASTID, « Observations sur la pratique du consensus », *Mél. Wengler,* vol. I, p. 11-25. — H. CASSAN, « Le consensus dans la pratique des Nations Unies », *AFDI* 1974, p. 456-485. — Ph. C. JESSUP, « Procedure by Consensus : Silence Gives Consent », *Mel. Morelli,* 1975, p. 401-412. — U. VILLANI, « Conciliation and Consensus in UNCTAD », *IYbIL* 1976, p. 61-79. — T. TREVES, « Device to Facilitate Consensus : The Experience of the Law of the Sea Conference », *IYbIL* 1976, p. 39-60. — E. SUY, « Rôle et signification du consensus dans l'élaboration du droit international », *Mél. Ago* I, 1987, p. 521-542. — SABEL, *Procedure at International Conferences : A Study of the Rules of Procedure of Conferences and Assemblies of International Inter-Governmental Organizations*, Cambridge UP, 2006, XXIX-433 p. — R. MEHDI dir., colloque d'Aix-en-Provence, *La démocratisation du système des Nations Unies*, Pedone, 2001, 208 p. — O. ELDAR, « Vote-trading in International Institutions », *EJIL* 2008, p. 3-41.

399. Une création nécessaire. — La légitimité d'une représentation gouvernementale dans les organisations internationales ne peut être contestée : le principe, en droit international général, est la représentation des États par leur gouvernement : comme on l'a vu, les expressions « organisations internationales » et « organisations intergouvernementales » sont équivalentes.

Cette représentation est parfois assurée par les membres de l'exécutif gouvernemental lui-même (chef de l'État ou du gouvernement, ministre des Affaires étrangères) : cette solution est réservée à ces circonstances un peu exceptionnelles (ouverture de la session de l'Assemblée générale des Nations Unies ; réunion exceptionnelle « au sommet » des membres du Conseil de sécurité). Certains organes, qui se réunissent périodiquement, sont toutefois composés, statutairement, des chefs d'État et de gouvernement (Conférence annuelle à l'Union africaine, bisannuelle au sein de l'Union européenne selon l'article 4, alinéa 2, du TUE – art. 4, § 3, du Traité de Lisbonne).

Le principe est que la représentation de l'État est le fait de représentants diplomatiques (mission permanente auprès de l'organisation en cause). Pourtant, l'élargissement des fonctions assumées par les organisations, leur technicité croissante, conduit à désigner de plus en plus souvent des fonctionnaires « techniciens », assimilés en l'espèce à des diplomates puisqu'ils représentent internationalement leur État.

Les principaux problèmes qui se posent à propos de ces organes sont d'ordre technique, juridique et politique. Ils touchent l'efficacité de leurs méthodes de travail, l'égalité des États membres, la légitimité des délégations gouvernementales. Ces diverses questions seront abordées sous deux angles : le degré d'ouverture des organes et leurs modalités de fonctionnement.

A. — Degré d'ouverture

400. Distinction des organes pléniers et des organes restreints. — Des considérations politiques et d'efficacité conduisent à des solutions très diversifiées quant à la représentation des États membres au sein des organes gouvernementaux. Interprété rigidement, le principe d'égalité souveraine voudrait que tous les États soient représentés dans tous les organes, donc qu'il n'existe que des organes pléniers, et que leurs droits soient les mêmes en matière de délibération et de vote.

1° Cette solution n'est envisageable que si le nombre des États membres n'est pas très élevé. Elle ne peut être mise en œuvre que dans des organisations régionales, pour les principaux organes.

Dans le cadre de l'Union africaine, la Conférence des chefs d'État et de gouvernement, le Conseil exécutif et les comités techniques spécialisés sont des organes pléniers. De même, au sein de l'OEA, pour l'Assemblée générale, la Réunion de consultation des ministres des Relations extérieures, le Comité consultatif de défense et les trois Conseils. Le nombre relativement élevé d'États membres constitue déjà un handicap pour le fonctionnement efficace des organes en question. Même lorsque l'organisation est plus fermée, toute augmentation du nombre des États membres est envisagée avec une certaine inquiétude quant à l'efficacité du processus de décision des organes pléniers, surtout si s'applique, en droit ou en fait, la règle de l'unanimité (Conseil de ministres des Communautés européennes par exemple : l'un des objectifs essentiels du Traité de Nice du 26 février 2001 était de prévenir les inconvénients attendus d'un élargissement de 15 à 20 ou 30 membres ; il en allait de même du Traité de Lisbonne – toutefois le rejet de cet instrument par l'Irlande obligera sans doute à revenir à une représentation de chaque État au sein de la Commission).

2° Dans les organisations *universelles* actuelles, dont le nombre d'États membres dépasse en général la centaine, y compris dans les organisations techniques, l'application systématique du principe égalitaire nuirait certainement à l'efficacité recherchée. Aussi n'est-il souvent mis en œuvre que pour un organe, en principe chargé de donner les principales orientations aux programmes d'action de l'organisation et un aval solennel aux initiatives des organes techniques (d'où le titre d'Assemblée générale, de Conférence générale ou de Congrès donné à cet organe). Au surplus, les réunions de cet organe plénier sont périodiques : le rythme des sessions ordinaires est d'une périodicité allant de un à cinq ans.

Si l'organe plénier est le seul organe de décision de l'organisation, le principe d'égalité ne souffre pas d'exception. Telle était la situation pour les premières organisations, les « unions administratives » créées au XIXe siècle. Mais l'ampleur des tâches aujourd'hui confiées aux organisations est telle qu'il est toujours nécessaire de mettre en place un nombre variable d'organes à composition restreinte, à côté du ou des organes pléniers.

Certaines chartes constitutives n'établissent qu'un organe restreint, chargé du contrôle de la gestion courante de l'organisation : c'est le cas pour les institutions spécialisées des Nations Unies (Conseil exécutif, Conseil d'administration, Conseil des administrateurs, etc.). D'autres en prévoient plusieurs : le Conseil de sécurité, le Conseil économique et social, le Conseil de tutelle de l'ONU sont des organes « originaires » à composition limitée. Les avantages de la formule conduisent à la retenir encore plus fréquemment pour les organes subsidiaires, compte tenu de leurs fonctions techniques. Ce n'est cependant pas une règle absolue : il existe des organes subsidiaires pléniers, par exemple la CNUCED, mais elle comporte elle-même des organes subsidiaires restreints.

401. Organes restreints et égalité des États membres. — Avec l'institution des organes intergouvernementaux restreints, la recherche de l'efficacité prime la réalisation de l'égalité. Les États qui participent à la fois aux organes pléniers et aux organes restreints jouent, de toute évidence, un rôle plus significatif que les autres États membres. Ce d'autant plus que les organes restreints se réunissent beaucoup plus fréquemment que les organes pléniers — souvent plusieurs fois par an — quand ils ne sont pas permanents comme le Conseil de sécurité des Nations Unies. Il existe plusieurs moyens d'atténuer l'inégalité qui résulte de cette situation.

1° *La subordination des organes restreints à l'organe plénier.* — C'est une règle souvent posée par l'acte constitutif ; elle s'impose d'elle-même lorsque l'organe restreint est un organe subsidiaire créé par une résolution de l'organe plénier.

Le Conseil économique et social et le Conseil de tutelle de l'ONU sont placés « sous l'autorité » de l'Assemblée générale. Le Statut de l'Unesco emploie la même expression pour mettre le Conseil exécutif sous la dépendance de la Conférence générale.

Il faut cependant signaler quelques exceptions importantes, qui accentuent l'inégalité entre organes des Nations Unies et, par voie de conséquence, entre les États membres. Le Conseil de sécurité est indépendant de l'Assemblée générale et, à certains égards, l'emporte sur elle, puisque celle-ci ne peut discuter d'une question que le Conseil est en train d'examiner aussi longtemps que ce dernier n'a pas rayé cette question de son ordre du jour ou qu'il ne lui a pas demandé expressément d'en connaître (art. 12 de la Charte). De même, il ressort de l'article 6 des statuts de l'AIEA que la primauté revient au Conseil des gouverneurs et non à la Conférence générale de l'Agence.

2° *La désignation par l'organe plénier de membres des organes restreints.* — Cette désignation se fait le plus souvent par une élection à la majorité qualifiée, parfois à la majorité simple.

En principe, ce sont des États qui sont invités à participer aux organes restreints ; il leur appartient ensuite de désigner leurs représentants. Cependant, dans certains organes techniques, seront élues des personnalités dont la compétence est notoire dans le domaine pertinent. Les États conservent toujours un certain droit de regard sur ces représentants, car ils se réservent le droit de « présenter » des candidatures (voir, par exemple, l'article V-A § 1, de la Constitution de l'Unesco avant sa révision reconnaissant dans les participants au Conseil des représentants des États membres, et l'article 56 du Statut de l'OACI).

Le pouvoir de désignation peut échapper à l'organe plénier. Un exemple typique est fourni par la Charte des Nations Unies qui précise elle-même quels seront les cinq membres permanents du Conseil de sécurité ; seule une révision formelle de la Charte permettrait une solution différente. Moins avouée et plus aléatoire est la restriction découlant de la cooptation par quelques États membres (système observé pour l'AIEA, art. VI des statuts) et certains accords tacites au profit des grandes puissances : l'élection est alors une simple formalité. Jusqu'à une époque récente, il était de règle que les membres permanents du Conseil de sécurité participent à tous les organes restreints de l'ONU ; cette pratique n'est plus systématiquement respectée. La restriction la plus fréquente à une totale liberté de choix de l'organe plénier réside dans l'obligation de respecter certains critères objectifs lors de l'élection des États ; en prévoyant ces critères, les actes constitutifs et les résolutions créant de nouveaux organes visent à satisfaire les exigences d'une répartition géographique ou idéologique équitable, ainsi qu'à garantir l'effectivité des actes adoptés par l'organe restreint.

L'exigence d'une « répartition géographique équitable » est la plus courante, ce qui s'explique aisément. À défaut de pouvoir assurer l'égalité des États considérés individuellement, on tente d'y parvenir pour les groupes d'États ; le groupe régional, paraissant l'instrument de mesure le plus neutre, est généralement préféré à d'autres critères. Afin d'assurer le strict respect de cette modalité de répartition, il arrive que l'acte constitutif enlève toute liberté à l'organe plénier, en lui imposant des nombres précis pour les sièges attribués à chaque région.

Ainsi, l'article 26 des statuts de la BERD répartit en deux groupes et plusieurs sous-groupes les 23 membres du Conseil d'administration : 11 sont élus par les États membres de la CE, la Communauté elle-même, et la BEI ; les 12 autres le sont par les autres pays européens, les pays bénéficiaires et les États non européens, à raison de quatre pour chacun de ces groupes. Voir également les critères compliqués de répartition des sièges au sein du Conseil exécutif de l'OIAC (art. VIII, § 23, de la Convention sur les armes chimiques de 1993, complété par des *gentlemen agreements* internes aux groupes géographiques) ou de l'Organisation du CTBT (art. II, § 28 et 29).

Lorsque ce ne sont pas les actes constitutifs qui prévoient de telles solutions, ce sont des dispositions internes, ce qui démontre la puissance du régionalisme au sein des organisations universelles. Par exemple, depuis l'entrée en vigueur de l'amendement de 1963 à l'article 23 de la Charte, les dix sièges non permanents au Conseil de sécurité doivent se répartir comme suit : cinq pour les États d'Afrique et d'Asie, un pour ceux d'Europe orientale, deux pour ceux d'Amérique latine, et deux pour ceux d'Europe occidentale et du reste du monde (résol. 1991 (XVIII) de l'Assemblée, du 17 décembre 1963). De même, au sein de l'Unesco, après l'adoption en 1968 du système dit des « collèges électoraux » – qui correspondent *grosso modo* aux différentes régions du monde –, la répartition des sièges du Conseil exécutif est aujourd'hui impérativement le résultat du calcul suivant : neuf pour l'Europe occidentale et l'Amérique du Nord (groupe auquel est artificiellement incorporé Israël), sept pour l'Europe orientale, dix pour l'Amérique du Centre et du Sud, douze pour l'Asie, treize pour l'Afrique et sept pour le groupe arabe. Il est aussi entendu, depuis l'origine du FMI, que trois sièges d'administrateurs reviennent aux États de l'Amérique du Sud (article XII, section 3 de l'accord de Bretton Woods). Dès lors, la véritable élection a souvent lieu au sein des groupes régionaux.

3° *La limitation des compétences des organes restreints.* — Elle s'opère théoriquement par la distinction entre organes *généraux,* dont les attributions coïncident avec celles de l'organisation, et organes *spéciaux* ou *spécialisés,* dont les attributions sont partielles. Cette distinction ne correspond pas toujours à celle opposant organes pléniers et organes restreints.

Ainsi le Conseil de la SdN, organe restreint, avait reçu une compétence aussi générale que celle de l'Assemblée, organe plénier. De nos jours, les organes exécutifs de la plupart des institutions spécialisées sont des organes à compétence générale. Quant au Conseil de sécurité des Nations Unies, si ses attributions sont limitées aux questions de maintien de la paix, ceci suffit à en faire un organe général, du fait de l'étendue et de la portée politique de ce domaine d'action.

4° *L'augmentation du nombre des membres des organes restreints.* — C'est une sorte de revanche, ou d'effet « boomerang », du principe de l'égalité souveraine sur les considérations d'efficacité. Cette augmentation, réclamée par les puissances moyennes et petites parce qu'elle accroît, plus que la rotation ou la répartition géographique des sièges, leur chance d'accéder aux organes restreints, constitue un aspect constant de l'évolution des organisations universelles depuis 1945.

Depuis 1965 (date d'entrée en vigueur des amendements de 1963 à la Charte), le nombre des membres non permanents du Conseil de sécurité n'est plus de six mais de dix ; la composition du Conseil économique et social est passée successivement de 18 à 27 puis 54 membres. Les modifications sont tout aussi sensibles dans les institutions spécialisées, malgré leur caractère plus technique : de 18 à 58 pour le Conseil exécutif de l'Unesco, de 24 à 56 pour le Conseil d'administration de l'OIT, de 12 à 22 ou 24 pour le Conseil des administrateurs du FMI, etc. Il convient cependant de garder à l'esprit que le nombre total des États membres a souvent été multiplié par deux ou trois depuis la création de ces organisations : dans la plupart des cas, on a simplement retrouvé les proportions initiales.

B. — Fonctionnement

402. Aspects diplomatiques. — 1° *La diplomatie multilatérale.* — Qu'ils soient pléniers ou restreints, les organes composés de membres désignés par les gouvernements des États membres sont en de nombreux points comparables aux conférences diplomatiques traditionnelles. Ces représentants doivent suivre strictement les instructions de leur gouvernement respectif, comme ils le feraient dans une réunion diplomatique. Par leur intermédiaire, les États membres conservent l'initiative de l'action dans les organisations internationales, dont l'interétatisme se trouve ainsi confirmé. Parallèlement, les organes perdent peu ou prou leur aptitude théorique à exprimer une volonté propre, autonome, de l'organisation.

Dans les organisations d'intégration, l'intervention des organes « intégrés » (par exemple, de la Commission dans les Communautés européennes) contrebalance quelque peu cette tendance ; cela a d'ailleurs été voulu (voir l'article 9 du Traité CECA dans sa rédaction initiale, précité, *supra* n° 391). Par réaction, les États tentent de recréer les conditions de l'interétatisme, en établissant des organes concurrents statutaires (Conseil européen avant son officialisation par l'Acte unique de 1986, COREPER : v. cependant la réaction négative de la CJCE dans son arrêt du 19 mars 1996, aff. C-25/94, *Commission c. Conseil, « OAA », Rec.* p. I-1469).

Un phénomène, inhérent aux conférences diplomatiques occasionnelles, a contaminé le fonctionnement des organisations internationales : le « dédoublement fonctionnel » des représentants d'États, censés tout à la fois exprimer les vues de leur gouvernement et définir une position commune. Ce phénomène présente un défaut essentiel : les participants aux négociations s'emploient à faire prévaloir les intérêts nationaux tels qu'ils se reflètent dans les instructions de leur gouvernement, et la décision finale ne peut être que la somme – ou la soustraction – de ces volontés gouvernementales. Dans ces conditions, le déroulement des débats au sein des organes internationaux n'est pas foncièrement différent de celui des négociations diplomatiques classiques, si ce n'est les adaptations rendues nécessaires par la pluralité des participants à la discussion. L'expression « diplomatie multilatérale » traduit donc bien la réalité des choses.

La diplomatie multilatérale s'institutionnalise et se développe de manière très sensible dans des organisations en croissance rapide. Elle ne peut que gagner en importance avec la participation directe aux débats des chefs d'États et des autorités ministérielles. Le marchandage et la méthode du *« package deal »* (compromis politique sur l'ensemble des questions en discussion) l'emportent alors sur la recherche de solutions techniquement satisfaisantes.

Les négociations, qui sont le fait de l'exécutif, posent des problèmes délicats de conciliation entre les exigences d'efficacité diplomatique et de contrôle démocratique. Les Parlements nationaux tentent de réagir comme le montre l'article 88-4 de la Constitution française adopté en 1992, qui oblige le Gouvernement à soumettre « à l'Assemblée nationale et au Sénat, dès leur transmission au Conseil des Communautés, les propositions d'actes communautaires comportant des dispositions de nature législative » et permet aux deux chambres d'adopter, le cas échéant, des « résolutions » à leur sujet. En outre, la loi constitutionnelle du 4 février 2008, dont l'entrée en vigueur est subordonnée à celle du Traité de Lisbonne, prévoit que « [l]'Assemblée nationale ou le Sénat peuvent émettre un avis motivé sur la conformité d'un projet d'acte législatif européen au principe de subsidiarité. (...) Chaque assemblée peut former un recours devant la Cour de justice de l'Union européenne contre un acte législatif européen pour violation du principe de subsidiarité » (art. 88-6 nouveau de la Constitution).

2° *La vérification des pouvoirs.* — Comme dans toutes les conférences diplomatiques, les représentants gouvernementaux dans les organes internationaux sont soumis à la procédure de vérification des pouvoirs (v. *supra*, n° 71).

L'opération peut être purement formaliste, tant qu'il s'agit simplement de s'assurer que les individus présents sont bien habilités à représenter un État. La commission habituelle instituée à cet effet, par le règlement intérieur de l'organe plénier, a pour seule mission de contrôler la régularité des documents par lesquels les différents gouvernements des États membres délivrent les pouvoirs nécessaires pour délibérer et voter en leur nom.

La question de la vérification des pouvoirs prend une dimension politique lorsqu'elle devient le prétexte et l'occasion de contester la représentativité internationale des gouvernements qui octroient les pleins pouvoirs (v. *supra*, n° 273). Dans les circonstances troublées du monde contemporain, l'opération peut obliger les autres États membres de l'organisation à réaliser un « arbitrage », forcément politique, entre autorités gouvernementales concurrentes ou peut leur permettre de suspendre temporairement la participation d'un gouvernement, donc de l'État de cause, au fonctionnement de l'organisation.

Voir les discussions relatives à la représentation de la Chine ou du Cambodge à l'ONU, ou le rejet systématique des pouvoirs de la délégation sud-africaine par la commission de vérification de l'Assemblée générale entre 1974 et 1992. La question de la représentation de la Yougoslavie dans les organes de l'ONU s'est posée de manière très particulière entre 1992 (date des résolutions 777 du Conseil de sécurité et 47/1 de l'Assemblée générale appelant ce pays à présenter une demande d'admission) et 2001, date à laquelle il fut admis à nouveau dans l'Organisation, du fait des incertitudes liées au statut de la Yougoslavie aux Nations Unies (v. *supra*, n°s 344 et 382). Bien qu'elle n'eût pas été formellement exclue de l'Organisation, ses représentants ne purent participer aux travaux de l'Assemblée ni de la plupart des autres organes des Nations Unies. V. également la contestation des pouvoirs des délégations hongroises (1956-1963), cambodgienne (1973-1974 et 1970-1990), afghane (1996-2000) ou haïtienne (1990-1994).

3° *La procédure de vote.* — Il pourrait sembler que la seule technique de votation compatible avec la souveraineté des États membres soit celle de l'unanimité : tel était le sentiment traditionnel, qui a prévalu encore lors de la rédaction du Pacte de la SdN. Mais le « droit de veto » dont dispose alors chaque gouvernement est une atteinte à la volonté exprimée par les autres États, donc à leur pouvoir de décision. Autrement dit, la souveraineté des États s'accommode aussi bien de la règle de la majorité que de celle de l'unanimité. En réalité, la souveraineté des États s'exprime dans leur libre acceptation des règles statutaires, quelles qu'elles soient.

Dans les relations diplomatiques, la règle de la majorité – souvent qualifiée (majorité des deux tiers, par exemple) – ou celle du consensus s'impose de plus en plus (v. *infra*, n° 404). La solution peut être observée aussi bien dans les conférences qu'au sein des organisations internationales. Il est vrai que la justification du choix est ici entièrement discrétionnaire de la part des États et s'appuie sur des considérations essentiellement pragmatiques.

403. Aspects parlementaires. — 1° *Le système majoritaire.* — Les États peuvent être amenés à retenir le vote à la majorité par analogie avec les règles en vigueur dans les assemblées parlementaires nationales, la transposition au plan des relations internationales étant ici voulue.

En garantissant la primauté de la volonté de la majorité tout en autorisant le respect du principe « un État, une voix », la règle majoritaire apparaît comme un moyen de respecter le principe de souveraineté – et non de « démocratiser » la vie politique internationale comme on le dit parfois : la démocratie n'a de sens que rapportée aux êtres humains. Son jeu permet, à la faveur des prises de position des différents groupes opposés ou coalisés à la veille d'un vote important, de dégager des éléments d'une opinion publique internationale censée refléter les aspirations des peuples.

Comme le vote majoritaire et égalitaire désavantage en fait les grandes puissances, on y remédie dans certaines organisations en recourant au système inégalitaire de la *pondération des voix.*

Dans les organisations à vocation financière et monétaire (FMI, BIRD), chaque État membre se voit attribuer un nombre de voix plus ou moins proportionnel à la valeur de ses apports en capital ; le mécanisme n'est guère différent de celui en vigueur dans le droit interne des sociétés commerciales. Ceci oblige les grandes puissances à suivre les augmentations de capital si elles ne veulent pas rétrograder et perdre de leur influence dans le fonctionnement de ces organisations.

Au sein du Conseil de ministres des Communautés, le calcul de la majorité est réalisé en fonction d'une attribution de voix différente pour les « grands » et les « petits » États membres, avec une gradation savante (selon le Traité de Nice : 29 voix pour les quatre « grands » pays, 3 pour Malte). Depuis l'élargissement à 27, la majorité qualifiée s'établit à 255 voix (devant, le cas échéant, représenter 62 % de la population de l'UE) sur 345. L'article 235, § 3, du TFUE, définit la majorité qualifiée « comme étant égale à au moins 55 % des membres du Conseil représentant les États membres participants, réunissant au moins 65 % de la population de ces États.

Une minorité de blocage doit inclure au moins le nombre minimum de membres du Conseil représentant plus de 35 % de la population des États membres participants, plus un membre, faute de quoi la majorité qualifiée est réputée acquise ».

(Sur la répartition des voix entre les États, v. le Protocole n° 36 sur les dispositions transitoires.)

2° *L'organisation du travail.* — La liberté reconnue à chaque organe d'établir son règlement intérieur est un autre emprunt au parlementarisme interne. De plus, par son contenu, le règlement des assemblées intergouvernementales est très proche de celui des assemblées parlementaires : élection d'un bureau, dont la direction est assurée par un président assisté de vice-présidents, adoption d'un ordre du jour, ordre de vote des motions ou des amendements en concurrence, vote par disjonction – qui est ici de droit – temps de parole, publicité des séances, etc.

Comme dans les organes internes, on recourt largement au travail préalable des commissions, comités et sous-comités, la décision définitive étant prise après audition d'un rapporteur en séance plénière. Les comités et sous-comités sont des formations restreintes. En revanche, entre les commissions et l'assemblée plénière, il n'y a que des différences procédurales : moindre solennité des débats, plus grande limitation du temps de parole, recours systématique à la majorité simple ; les commissions de l'Assemblée générale des Nations Unies sont également des formations plénières.

3° *La diplomatie parlementaire.* — Par ses méthodes, la diplomatie multilatérale moderne est aussi une « diplomatie parlementaire ». Ce n'est pas seulement au plan de la procédure que le système du vote majoritaire rapproche les organes collégiaux et délibérants des organisations internationales des assemblées parlementaires internes. La recherche de la majorité favorise, dans les uns et les autres, la constitution de groupes et la recherche d'accords tactiques en vue de coalitions et d'alliances.

Ce phénomène a un caractère discutable lorsqu'il dégénère en un système « clientéliste » ou repose sur la contrainte idéologique. La politique de non-alignement n'a pas fait totalement disparaître de telles déviations mais elle en a limité la portée. Aujourd'hui, la manifestation la plus frappante de cette tentation du regroupement prend une forme régionale ou idéologique. À côté des grands groupes quasi institutionnalisés (« groupe des 77 », groupes constitués sur la base d'une solidarité continentale), se manifestent sur certains problèmes des groupes plus restreints mais parfois déterminants (poids économique des États membres de la Communauté européenne, fonction de compromis du groupe des pays nordiques). Le poids croissant des affinités idéologiques et politiques dans le fonctionnement des organes intergouvernementaux ouvre la voie à des solidarités semblables à celles qui soudent les partis politiques internes dans les assemblées parlementaires.

404. Vote et consensus. — Si l'adoption d'un texte par un organe s'effectue à l'unanimité, les aspects diplomatiques sont prépondérants ; au contraire, les éléments parlementaires l'emportent en cas de vote majoritaire. La technique du consensus permet de maintenir l'équilibre entre ces deux aspects ; elle présente pourtant des inconvénients certains.

1° *La mise en œuvre des techniques de vote. — a)* La règle de l'unanimité était applicable tant à l'Assemblée qu'au Conseil de la SdN, mais sous deux réserves importantes : l'abstention de quelques États n'empêchait pas l'adoption d'un texte ; les États parties à un litige ne pouvaient prendre part au vote. Malgré ces atténuations, le mécanisme s'est révélé trop rigide et a été tenu pour l'une des causes de l'échec de l'Organisation.

Aujourd'hui, *l'unanimité* est toujours requise pour clore les délibérations principales de certains organes, tels les Conseils de l'OCDE, de la Ligue des États arabes, du CAEM avant sa dissolution en 1992. Au sein du Conseil des Communautés européennes, le vote à l'unanimité devrait être réservé à certains problèmes ; en fait, depuis que la France a manifesté son opposition aux dispositions du traité sur les règles applicables à l'issue de la période de transition et que les autres États membres, tout en s'opposant à ses thèses (« accords » de Luxembourg du 30 janvier 1966), ont adopté les mêmes pratiques, la règle de l'unanimité est appliquée dès qu'un État membre estime qu'une question est « d'intérêt très important ».

À l'ONU, la règle de l'unanimité est maintenue pour les délibérations du Conseil de sécurité sur toute « question de fond » mais uniquement au profit des membres permanents (art. 27 de la Charte — v. P. Tavernier, *in* J.-P. Cot, A. Pellet et M. Forteau dir., *La Charte des Nations Unies,* p. 935-957). En vertu d'une pratique coutumière, l'abstention de ces derniers n'interdit cependant pas l'adoption du texte en discussion. Il y a là une atteinte évidente et voulue au principe de l'égalité souveraine.

Le système de l'unanimité ne présente pas que des défauts : il préserve la liberté d'action des États et peut donc contribuer, dans la pratique, à une application plus spontanée des résolutions adoptées ; de plus, il facilite une large participation à l'organisation dans la mesure où il rassure les États. Mais sa très grande rigidité, source de blocage continuel dans une société internationale hétérogène et divisée, conduit à l'écarter fréquemment.

Pour ne pas porter une atteinte directe au principe unanimitaire lorsqu'il est prévu par les textes, un subterfuge consiste à n'exiger que l'unanimité des votes des États membres qui ont indiqué qu'ils étaient intéressés par le sujet en discussion. Bien sûr, une fois adopté, le texte n'est opposable qu'à ce groupe d'États. Ce moyen de contourner une opposition très minoritaire est largement utilisé à l'OCDE.

b) Le système *majoritaire* est devenu la règle générale dans les organisations internationales à vocation universelle.

Si, dans son principe, la règle majoritaire apparaît comme plus « démocratique » (au moins si la démocratie peut se mesurer à l'aune des États, ce qui est fort contestable), son irréalisme conduit souvent à l'assortir de correctifs :

— par l'attribution d'un nombre variable de voix aux États membres (v. *supra*, n° 403) ;

— par le système de la participation multiple de certains États, qui bénéficient ainsi d'une pluralité de voix : certains organes accueillent des représentants de territoires non autonomes, en sus de la puissance administrante ; jusqu'en 1991, l'URSS disposait, en fait, de trois voix à l'ONU et dans les institutions spécialisées, car elle était également représentée par l'Ukraine et la Biélorussie ;

— par l'octroi d'un siège permanent à quelques États au sein d'organes restreints : l'exemple le plus connu est celui des membres permanents du Conseil de sécurité, mais le système est aussi appliqué dans certaines institutions spécialisées ;

— par la reconnaissance d'un « droit de veto » aux États importants : ceux-ci sont ainsi protégés contre l'adoption de décisions qu'ils désapprouvent ;

— et surtout par le mécanisme de la « majorité qualifiée », qui permet de préserver les intérêts d'une minorité conséquente : à l'Assemblée générale des Nations Unies, les résolutions sur les « questions importantes » doivent être adoptées à la majorité des deux tiers (art. 18, § 2, de la Charte) ; or la notion de question importante est entendue très largement dans la pratique. L'exigence des deux tiers tend à devenir la norme dans les organisations universelles, et elle est volontiers transposée aux délibérations des conférences réunies sous les auspices de ces organisations.

Les majorités qualifiées sont parfois plus complexes : au FMI, les décisions très importantes sont prises à la majorité de 85 % des voix, elles-mêmes pondérées ; en outre, cette majorité doit inclure trois cinquièmes des États membres ; les décisions importantes doivent recueillir 70 % des voix. Au Conseil des ministres de la CE, les conditions auxquelles doit répondre la majorité qualifiée varient selon que la décision est prise ou non sur proposition de la Commission (v. *supra*, n° 403). La sophistication des dispositions pertinentes est l'indice que l'organe est doté d'un réel pouvoir de décision et que les États fondateurs sont très divisés sur la politique que devra mener l'organisation : la Convention de Montego Bay en fournit une illustration caricaturale, à propos des modalités de vote au sein du Conseil de l'Autorité, chargé de gérer les fonds marins (art. 161, § 8, qui prévoit, selon la nature des décisions, la majorité simple, la majorité des deux tiers, celle des trois quarts, éventuellement confirmée par consensus, enfin le consensus ; ces majorités doivent parfois comprendre la majorité des membres du Conseil).

En règle générale, le calcul des majorités requises s'effectue sur la base du nombre des *membres présents et votants,* sauf si l'acte constitutif en dispose autrement. Il n'est pas rare que cette sorte de quorum des membres de l'organe ou de l'organisation soit exigée : l'adoption des amendements à la Charte des Nations Unies exige un vote favorable des deux tiers des membres de l'ONU.

L'efficacité de ces procédures correctives est très variable. Dans la mesure où elles ont pour objectif d'atténuer la pression du nombre sur les grandes puissances et de favoriser le maintien du *statu quo,* elles se sont révélées décevantes dans de nombreuses circonstances. Lorsque leur but est de garantir un très large accord sur le fond, elles n'empêchent pas le phénomène des majorités prétendues « automatiques » et celui du clientélisme : ainsi la règle des deux tiers à l'Assemblée générale n'a pas été un obstacle à l'adoption de résolutions voulues par les États groupés autour des États-Unis dans les années 1950 et par le Tiers Monde durant les années 1970.

2° *Le consensus.* — L'opposition entre le système majoritaire et celui de l'unanimité est moins nette qu'il paraît. Comme on l'a justement fait remarquer, « dans le cas d'une recommandation, la règle de la majorité ne vaut en définitive qu'au niveau de la décision collective. Les décisions de mettre en mouvement les mécanismes d'exécution d'une recommandation sont prises par les États individuellement, ce qui réintroduit, subrepticement, le principe d'unanimité » (M. Virally, *L'organisation mondiale, op. cit.,* p. 193).

Le consensus répond à un objectif d'unanimité au stade de l'adoption d'un texte et n'est, par nature, concevable que dans le cadre d'un système majoritaire dont on désire neutraliser les effets. On peut le définir comme un système de décision sans vote, où le silence général témoigne de l'absence d'objection dirimante de la part des États membres et autorise l'adoption du texte. Les décisions et recommandations adoptées par consensus ont *exactement les mêmes valeur et portée juridiques* que si un vote était intervenu.

Le recours à la technique du consensus est ancien au sein de l'OIT et des organisations de Bretton Woods (FMI, groupe de la Banque mondiale) ; il constitue aujourd'hui une pratique générale dans les institutions spécialisées des Nations Unies. Utilisé depuis longtemps au Conseil de sécurité, il s'est étendu accidentellement à l'Assemblée générale de l'ONU depuis qu'en 1964 cet organe a fait appel à ce « subterfuge procédural » pour éviter d'avoir à se prononcer sur la suspension du droit de vote de l'URSS, en retard de plus de deux ans dans le versement de sa contribution au budget de l'Organisation (article 19 de la Charte). Il est expressément institué comme la modalité de principe pour l'adoption des décisions au sein de certaines organisations récemment créées (cf. l'art. II, § 22, du CTBT, qui prévoit cependant la possibilité de recourir au vote, à la majorité des deux tiers, en cas de blocage).

Il est difficile de porter un jugement sur le système du consensus. Il présente l'inconvénient de traduire en général un compromis sur un désaccord. L'unanimité de façade qu'il préserve cache, le plus souvent, une coalition d'insatisfaits, au point que le consensus est parfois assorti de *réserves,* dont la connaissance est indispensable pour déterminer la portée réelle des textes adoptés. Ce phénomène est très développé dans les institutions économiques, où les affrontements sont vifs (par exemple au sein de la CNUCED). Il est cependant indispensable dans les organisations universelles contemporaines. Il répond à la même nécessité que la création de mécanismes de *concertation* et de *conciliation* couramment utilisés au moment de la rédaction des résolutions.

La majorité des États membres sait qu'elle peut adopter le texte qui lui convient mais redoute qu'il reste lettre morte si le concours d'une minorité est indispensable à sa mise en œuvre. Tel est le cas pour toute résolution adoptée en matière économique face à l'hostilité des pays occidentaux. Cette majorité préfère alors se rallier à un texte acceptable pour tous. Quant à la minorité, la menace d'un vote qui révèlerait son isolement et la placerait dans une situation embarrassante, la pousse souvent à ne pas s'opposer ouvertement à un compromis. V. une illustration de toutes ces techniques (consensus, majorités couplées avec la non-objection des groupes au sein des « chambres ») dans la Section 3 de l'annexe à l'Accord de New York de 1994 sur la partie XI de la Convention de Montego Bay.

§ 3. — *Organes composés d'agents internationaux*

BIBLIOGRAPHIE. — S. BASDEVANT, *Les fonctionnaires internationaux*, Sirey, 1931, 336 p. — M. BEDJAOUI, *Fonction publique internationale et influences nationales*, Pedone, 1958, 674 p. — R. BLOCH et J. LEFEVRE, *La fonction publique internationale et européenne*, LGDJ, 1963, 220 p. — G. LANGROD, *La fonction publique internationale : sa genèse, son essence, son évolution*, Sijthoff, Leyde, 1963, 398 p. — P. WEIL, « La nature du lien de fonction publique dans les organisations internationales », *RGDIP* 1963, p. 273-296. — D. RUZIÉ, *Les fonctionnaires internationaux*, Armand Colin, 1970, 96 p. ; « La condition juridique des fonctionnaires internationaux », *JDI* 1978, p. 868-877 et « La sécurité du personnel des Nations Unies recruté sur le plan local », *JDI* 1999, p. 435-443 — A. PELLET, « La grève des fonctionnaires internationaux », *RGDIP* 1975, p. 923-971 ; « À propos de l'affaire Dumitrescu à l'Unesco », *JDI* 1979, p. 570-588 ; *Les voies de recours ouvertes aux fonctionnaires internationaux*, Pedone, 1982, 201 p. — D. ZAVALA, « La Commission de la fonction publique internationale », *AFDI* 1976, p. 499-527. — A. PLANTEY, *Droit et pratique de la fonction publique internationale*, CNRS, Paris, 1977, 500 p. — Th. MERON, *The UN Secretariat. The Rules and the Practice*, Lexington Books, 1977, 208 p. ; « Status and Independence of the International Civil Servant », *RCADI* 1980-II, vol. 167, p. 285-384. — SFDI, Colloque d'Aix-en-Provence, *Les agents internationaux*, Pedone, 1985, 435 p. — M. BETTATI, « Recrutement et carrière des fonctionnaires internationaux », *RCADI* 1987-IV, vol. 204, p. 171-444. — J. SCHWOB, *Les organes intégrés de caractère bureaucratique dans les organisations internationales*, Bruylant, Bruxelles, 1987, XI-398 p. — C.F. AMERASINGHE, *The Law of the International Civil Service as Applied by International Administrative Tribunals*, Clarendon Press, Oxford, 1988, 2 vol., XII-1133 p. — A. MANIN, « De quelques autorités internationales indépendantes », *AFDI* 1989, p. 229-259 — C. DE COOKER ed., *International Administration. Law and Management Practices in International Organizations*, Unitar — Ntijhoff, 1990. — D. RUZIÉ et J.D. SICAULT, commentaire des articles 100 et 101 *in* J.-P. Cot, A. Pellet et M. Forteau dir., *La Charte des Nations Unies*, Economica, 2005, p. 2083-2114. — A. PELLET et D. RUZIÉ, *Les fonctionnaires internationaux*, PUF, « Que sais-je ? », 1992, 128 p. — SFDI, *Le contentieux de la fonction publique internationale*, Pedone, 1996, 262 p. — D. DIJKZEUL, *The Management of Multilateral Organizations*, Kluwer, La Haye, 1997, XV-241 p. — J. PENAUD, *La fonction publique internationale*. Lexique commenté, La Documentation française, 1997, 336 p. — A.J. MILLER, « Privileges and Immunities of United Nations Officials », *Int. Org. L. Rev.* 2007, p. 169-257. — M. ZANI, « Les secrétariats internationaux des organisations internationales : Étude comparative du statut du Directeur général du BIT et de celui des chefs exécutifs des autres administrations internationales », *RDISDP* 2007, p. 79-107.

405. Caractère et rôle de ces organes. — Le fonctionnement continu des organisations internationales ne peut être assuré par des organes intergouvernementaux. À de très rares exceptions près (MERCOSUR), cette solution n'est guère concevable et mise en œuvre que pour des organisations très fermées — le plus souvent bi- ou trilatérales — peu institutionnalisées et de caractère technique (certaines commissions fluviales) ; il est alors possible de créer un embryon de secrétariat composé de fonctionnaires nationaux. Pour toute organisation à vocation universelle, il ne peut être question d'une solution de ce type.

Aussi les actes constitutifs de la très grande majorité des organisations les dotent d'un ou plusieurs organes permanents, animés par des « agents internationaux ». Avec le développement de leurs missions, les organisations seront conduites à renforcer et à diversifier l'appareil initial de ces organes « internationaux ». C'est là une compétence, explicite ou implicite, des organes intergouvernementaux de toutes les organisations.

Ce faisant, les États membres poursuivent deux objectifs : l'un, pragmatique, est d'assurer un fonctionnement régulier de l'organisation, notamment pour la préparation des travaux des autres organes et l'application des décisions prises ; l'autre, plus ambitieux et plus contesté, est de favoriser la recherche de solutions répondant aux besoins de l'ensemble des États membres et de l'organisation elle-même.

Deux caractéristiques nécessaires se sont donc rapidement dégagées : la permanence des organes internationaux, l'indépendance des agents internationaux vis-à-vis des gouvernements des États membres. Mais pour que ces effets bénéfiques attendus de la création de ces organes soient atteints, encore faut-il qu'ils disposent d'une certaine liberté d'action et d'un pouvoir d'initiative dans l'organisation. Inévitablement, des tensions se produisent entre organes intergouvernementaux et organes internationaux. Si la primauté des premiers est la règle générale, un certain degré d'autonomie des seconds doit être maintenu et garanti dans l'intérêt à long terme de l'organisation.

A. — Les agents internationaux

406. Définition. — Une définition a été proposée par la CIJ dans son avis consultatif du 11 avril 1949 :

Est agent international « quiconque, fonctionnaire rémunéré ou non, employé à titre permanent ou non, a été chargé par un organe de l'organisation d'exercer ou d'aider à exercer l'une des fonctions de celle-ci. Bref, toute personne par qui l'organisation agit » (CIJ, *Réparation des dommages subis au service des Nations Unies, Rec.* p. 177).

L'exercice d'une activité au sein de l'organisation et qui est imputable à celle-ci est le critère déterminant. C'est l'organisation qui recrute l'agent international, ce sont les fonctions de l'organisation qu'il exerce, c'est au nom de l'organisation qu'il agit. Cette définition volontairement très large inclut, outre les fonctionnaires internationaux, des personnalités aussi diverses que les membres des juridictions rattachées à l'organisation, les membres de forces armées nationales mises à la disposition de l'organisation, des intermédiaires diplomatiques chargés de tâches de conciliation ou de bons offices, des consultants ou des « experts en mission » (cf. CIJ, avis consultatifs, 15 déc. 1989, *Applicabilité de la section 22 de l'article VI de la Convention sur les privilèges et immunités des Nations Unies, Rec.* p. 194 ; 29 avril 1999, *Immunité de juridiction d'un rapporteur spécial de la Commission des droits de l'homme, Rec.* p. 62). Certains d'entre eux consacrent entièrement ou régulièrement leur activité à l'organisation mais sont soumis à un statut adapté aux particularités de leur mission (pour les juges internationaux, voir *infra*, n° 540) ; d'autres sont seulement affectés à une mission temporaire.

Parmi les agents internationaux, seuls sont *fonctionnaires internationaux* ceux qui sont au service de l'organisation « d'une façon continue et exclusive ».

La catégorie des fonctionnaires internationaux, même au sens strict, reste trop vaste pour que l'ensemble d'entre eux soit soumis à un même statut. On distingue habituellement le personnel « du cadre organique », chargé des fonctions de conception et de responsabilité, et le personnel d'exécution et des services généraux. L'appartenance à l'un ou à l'autre cadre a des conséquences très sensibles, d'abord en matière pécuniaire, mais aussi quant aux modalités du recrutement : seuls les fonctionnaires du cadre organique doivent être sélectionnés en tenant compte du critère d'une répartition géographique équitable entre les États membres.

407. Indépendance des agents. — 1° *Fondement juridique.* — Cette indépendance est tellement essentielle qu'elle est pratiquement toujours rappelée par les chartes constitutives elles-mêmes. Les États parties s'y engagent à respecter « le caractère exclusivement international » des fonctions des agents de l'organisation et à ne pas tenter de les influencer dans l'exécution de leurs tâches.

Voir les articles 100 de la Charte des Nations Unies, 9 de la Constitution de l'OIT, VI de l'Acte constitutif de l'Unesco, 7 du Statut de l'AIEA, 36 du Statut du Conseil de l'Europe, 11 de la Convention établissant l'OCDE, 10 du Traité de 1965 instituant un Conseil et une Commission uniques des Communautés européennes, 18 de la Charte de l'OUA, 124 de la Charte de l'OEA de 1967, etc.

La question est l'objet principal de l'examen par la CIJ de la *Demande de réformation du jugement n° 333 du Tribunal administratif des Nations Unies* qui lui a été soumise en 1984 mais celle-ci l'a largement éludée dans son avis consultatif du 27 mai 1987 (*Rec.* p. 18). Par son jugement n° 2232 du 16 juillet 2003 (*Bustani c. OIAC*), le TAOIT a réaffirmé (à l'occasion du licenciement irrégulier du Directeur général de l'Organisation) « que l'indépendance des fonctionnaires internationaux est une garantie essentielle tant pour les intéressés que pour le bon fonctionnement des organisations internationales. Cette indépendance est notamment protégée dans le cas des responsables de ces organisations par le fait qu'ils sont nommés pour un mandat de durée déterminée. Admettre que l'autorité investie du pouvoir de nomination (...) puisse mettre fin à ce mandat en vertu d'un pouvoir d'appréciation illimité, constituerait une violation inadmissible des principes qui fondent l'activité des organisations internationales (...) en mettant les fonctionnaires à la merci de pressions et de changements d'ordre politique ».

Cette unanimité a contribué à donner naissance à une « coutume constitutionnelle » sur ce point : l'indépendance des agents internationaux a donc désormais un double fondement, conventionnel et coutumier, le second d'entre eux atténuant la portée des différences éventuelles de formulation dans les actes constitutifs.

2° *Garanties de l'indépendance des agents.* — Les agents internationaux trouvent dans des actes juridiques internationaux les éléments principaux de leur régime juridique, notamment les garanties de leur indépendance vis-à-vis des États (chartes constitutives, conventions subséquentes entre l'organisation et un ou plusieurs États membres, actes unilatéraux de l'organisation).

a) L'entrée en fonction des agents est l'œuvre exclusive de l'organisation qui, par l'intermédiaire de son organe compétent (en général, le Secrétaire ou Directeur général), procède par un acte unilatéral de nomination ou par la voie de l'élection. Les agents ne doivent pas leur emploi à leur État d'origine.

En fait, ce dernier intervient fréquemment dans la présentation des candidatures ; c'est même la règle lorsqu'il s'agit de fonctionnaires nationaux mis à la disposition de l'organisation par la procédure du détachement (ils occupent souvent les postes les plus importants de l'administration internationale, en particulier aux Communautés européennes). Dans l'exercice de ces prérogatives, les États membres doivent agir de bonne foi.

Les modalités de désignation varient selon que l'agent est recruté sur la base d'un contrat « permanent » ou d'un contrat « à durée déterminée ». Le premier système est plus protecteur, mais il en est de moins en moins fait usage dans les organisations du système des Nations unies.

b) Statut et règlement du personnel sont nécessaires pour préciser le régime applicable aux agents. En règle générale, le premier texte est établi par l'organe délibérant le plus élevé dans la hiérarchie, le règlement du personnel étant de la responsabilité du chef du Secrétariat. Ces documents constituent la base exclusive du régime des agents internationaux : il ne peut y avoir application concurrente du statut de la fonction publique nationale de l'État d'origine.

c) Tous les agents peuvent bénéficier, dans l'exercice de leurs fonctions, de la protection « fonctionnelle » de leur organisation.

Cette faculté a été l'objet de la demande d'avis de l'Assemblée à la CIJ en 1949, dans l'affaire de la *Réparation des dommages subis au service des Nations Unies*. La Cour a reconnu l'existence d'un droit de protection fonctionnelle, opposable même aux États non membres de l'ONU, dans les termes suivants : « Eu égard à ses buts et à ses fonctions, l'organisation peut constater la nécessité – et a, en fait, constaté la nécessité – de confier à ses agents des missions importantes, qui doivent être exécutées dans des régions troublées du monde. (...) Les dommages subis par ces agents dans ces conditions se produisent parfois de telle manière que leur État national ne serait pas fondé à introduire une demande en réparation sur la base de la protection diplomatique, ou tout au moins ne serait pas disposé à le faire. Tant afin d'assurer l'exercice efficace et indépendant de ces fonctions que pour procurer à ses agents un appui effectif, l'organisation doit leur fournir une protection appropriée » (*Rec.* 1949, p. 183). Dans son jugement n° 70 du 11 septembre 1964 (*Jurado*), le Tribunal administratif de l'OIT a déclaré que cette protection fonctionnelle est fondée sur « un principe général du droit de la fonction publique internationale ». La protection fonctionnelle doit se combiner avec la protection diplomatique exercée par l'État d'origine de l'agent, qui subsiste.

d) Tous les agents jouissent, à un degré variable avec leur rang dans la hiérarchie de la fonction publique internationale, de *privilèges et immunités* sur le territoire des États membres. Pouvant aller jusqu'à une assimilation aux privilèges et immunités des agents diplomatiques, ils sont établis dans la mesure où ils « leur sont nécessaires pour exercer en toute indépendance leurs fonctions ».

Ce principe est consacré par les actes constitutifs de la plupart des organisations internationales. Ses modalités d'application sont fixées par des conventions postérieures (Convention sur les privilèges et immunités des Nations Unies du 13 février 1946, Convention sur ceux des institutions spécialisées du 21 novembre 1947). Dans deux avis consultatifs de 1989 et de 1999, la CIJ a considéré que des rapporteurs spéciaux de la Sous-Commission et de la Commission des Droits de l'homme devaient être considérés comme des « experts en mission », bénéficiant à ce titre des privilèges et immunités garantis par la Convention de 1946 (14 déc. 1989, *Mazilu*, *Rec.* p. 197, § 55 ; 29 avr. 1999, *Cumaraswamy*, *Rec.* p. 83-85, § 43-45). Les juridictions françaises considèrent que ces immunités sont particulièrement étendues, au moins pour les hauts fonctionnaires (cf. Cass. civ. 1re, 15 avril 1986, *Picasso de Oyagüe, Bull.* I 1986.87 p. 87 ; Cass. crim., 6 sept. 2006, *Peter W. c. Nadia*, *Bull. crim.* n° 209 p. 738). En revanche, en France, les privilèges fiscaux ne sont pas étendus aux pensions de retraite des anciens fonctionnaires internationaux (v. la sentence arbitrale du 14 janvier 2003 rendue dans un litige opposant la France à l'Unesco, *RGDIP* 2003, p. 254 ; v. aussi CE, 17 décembre 2003, *Heskes*, *Leb.* p. 514).

e) Détachés des ordres juridiques nationaux, et ne pouvant plus bénéficier des garanties qu'ils offrent aux agents publics, les agents internationaux ont obtenu l'établissement de procédures de recours dans l'ordre interne des organisations internationales.

Le plus souvent, il s'agit d'une procédure en deux temps, d'abord devant des organes consultatifs, après une tentative de recours gracieux auprès du supérieur hiérarchique, puis par l'introduction d'un recours devant un organe juridictionnel (v. *infra*, nos 554-555). L'abondance du contentieux a permis le développement d'une riche jurisprudence garantissant les agents contre l'arbitraire ; selon une formule célèbre :

« ... le pouvoir de libre appréciation ne doit pas être confondu avec le pouvoir arbitraire ; il doit notamment toujours s'exercer dans la légalité et c'est pourquoi il appartient au Tribunal, saisi d'un recours contre une décision prise en vertu du pouvoir de libre appréciation, de rechercher si cette décision émane d'un organe compétent, est régulière en la forme, si la procédure a été correctement suivie et, en ce qui concerne la légalité interne, si l'appréciation à laquelle l'autorité administrative a procédé est fondée sur une erreur de droit ou des faits inexacts ou si elle révèle que des éléments essentiels n'ont pas été pris en considération ou si des conclusions manifestement erronées ont été tirées des pièces du dossier ou enfin si un détournement de pouvoir est établi » (TAOIT, jgt. n° 191, *Ballo c. Unesco*).

À l'origine, l'objectif était simplement de trouver un substitut à la protection de l'agent par son État d'origine, lorsque cet agent est en désaccord avec son organisation : outre que la protection diplomatique classique aurait été aléatoire, inégale selon le pouvoir de pression des États membres, elle présentait l'inconvénient de multiplier les risques de conflits entre l'organisation et les États, l'inconvénient aussi de ne pas être compatible avec le souci d'indépendance des agents. Aujourd'hui, ces procédures de recours apparaissent également comme une garantie pour l'organisation vis-à-vis des agents et à l'encontre des pressions éventuelles des États membres : on l'a bien vu à l'époque du « maccarthysme » aux États-Unis, au début des années 1950, et plus récemment lors de démêlés avec les pays communistes ou à la suite des pressions exercées par l'Administration Bush en relation avec la guerre en Irak.

B. — Fonctions des organes composés d'agents internationaux

408. Les Secrétariats des organisations internationales. — *a)* Dans toute organisation internationale, on trouve une administration considérée par l'acte constitutif comme un « organe », dénommée le plus souvent « Secrétariat », mais aussi « bureau international » dans les organisations les plus anciennes, telles que l'OIT ou l'UPU, ou « Commission » dans les Communautés européennes.

L'existence de cet organe est la manifestation principale de la permanence de l'organisation. Au demeurant, les fonctions du secrétariat varient considérablement d'une organisation à une autre ; de simple bureau de liaison entre États membres, il peut apparaître comme le garant et le promoteur des intérêts communs qu'il incarne largement, en passant par une gamme diversifiée de missions intermédiaires : études et préparation des décisions des organes intergouvernementaux, expression et gestion des intérêts communs, etc. (v. J. Schwob, *op. cit.,* not. p. 43-147).

L'article 2 de la Constitution de l'OIT dispose expressément que le Bureau international du Travail est placé sous la direction du Conseil de l'OIT, organe gouvernemental restreint. Même en l'absence d'une telle précision, ce qui est assez fréquent dans la pratique, la *subordination* du Secrétariat aux organes intergouvernementaux qu'il assiste dérive directement de la nature administrative de ses fonctions. Il peut en résulter quelques difficultés lorsqu'il est soumis à des directives contradictoires de la part d'organes sur un pied d'égalité (Conseil de sécurité et Assemblée générale des Nations Unies, par exemple).

b) Le chef du Secrétariat (« Secrétaire général », « Directeur général », « Président ») est le plus haut fonctionnaire de l'organisation (v. TAOIT, jugement n° 2232, *Bustani c. OIAC*). Comme l'organe dont il assure la direction, il est lui aussi subordonné aux organes intergouvernementaux.

Certaines chartes régionales en déduisent expressément qu'il est responsable, en tant que chargé de la gestion administrative et financière de l'organisation, devant l'organe délibérant suprême. La Charte de l'OEA confère le pouvoir de le *destituer* à l'Assemblée.

Au-delà de cette conception purement administrative du rôle du Secrétaire général, certains actes constitutifs (et plus souvent la pratique) lui reconnaissent des pouvoirs propres de caractère politique.

Ces pouvoirs peuvent tout d'abord dériver de la fonction d'initiative qui lui est reconnue par les traités de base. La Charte des Nations Unies confère au Secrétaire général le droit, que son prédécesseur à la SdN n'avait pas, d'attirer « l'attention du Conseil de sécurité sur toute affaire qui, à son avis, pourrait mettre en danger le maintien de la paix et de la sécurité internationales » (article 99 et *infra*, n° 519 ; v. aussi l'article 116 de la Charte de l'OEA dans sa rédaction de 1985). Il devient ainsi un troisième rouage du mécanisme du maintien de la paix, placé à égalité avec l'Assemblée et le Conseil de sécurité, en ce qui concerne le déclenchement d'initiatives de la part des Nations Unies, et parfaitement apte en conséquence à les suppléer en cas de carence à cet égard. Ce pouvoir, que les Secrétaires généraux successifs n'ont pas manqué d'exercer, a entraîné la reconnaissance à leur profit d'une zone d'action autonome en extension constante : droit de demander l'inscription d'une question à l'ordre du jour de l'Assemblée générale et du Conseil de sécurité, de s'informer, de prendre parti publiquement sur des événements politiques de nature à constituer une menace contre la paix, droit d'exercer ses « bons offices » pour le règlement des conflits entre États membres, etc.

Dans le même sens, le Directeur général de l'Unesco et de certaines autres institutions spécialisées a compétence pour formuler des propositions en vue des mesures à prendre par la Conférence et le Conseil, ce qui lui donne le droit de prendre la parole pour défendre ses projets. Dès lors, si par sa stature et son expérience, il parvient à faire accepter ses choix aux organes intergouvernementaux, c'est lui qui, en réalité, déterminera l'orientation et la ligne de conduite générale de l'organisation.

L'évolution peut aller jusqu'à faire du Secrétaire général un véritable « exécutif » face aux organes délibérants. Ainsi, le Secrétaire général des Nations Unies est souvent chargé par l'Assemblée générale ou le Conseil de sécurité, sur la base de l'article 98 de la Charte, de *l'exécution* de leurs décisions. Or, dans certains cas importants, celles-ci sont rédigées en termes tellement imprécis qu'en fait, pour mener à bien la tâche qui lui est confiée, il se voit dans l'obligation de prendre personnellement des initiatives politiques d'envergure. En vue de forcer l'Assemblée à les accepter, Dag Hammarskjöld, le deuxième Secrétaire général de l'ONU, avait été amené à engager sa responsabilité politique devant elle, un peu comme un chef de gouvernement dans un régime parlementaire qui pose la question de confiance pour faire triompher sa politique (affaires de la Jordanie et du Liban, en 1958, du Congo en 1960). C'est pour combattre cette évolution que l'Union soviétique a proposé à la même époque, mais en vain, de faire occuper ce poste par trois personnalités émanant respectivement du bloc oriental, du bloc occidental et du Tiers Monde (système dit de la *troïka*).

Ce rôle politique du chef du Secrétariat est plus facile à établir dans les organisations plus restreintes et plus homogènes. Depuis une décision prise par le Conseil atlantique en 1956, à la suite d'une proposition de réforme consécutive à la crise de Suez (rapport dit « des trois sages »), le Secrétaire général de l'OTAN – lui-même une personnalité politique – assure la présidence effective du Conseil, les représentants des États membres n'exerçant par rotation que la présidence d'honneur. À l'OCDE, le Secrétaire général préside également le Conseil. On ne peut douter qu'il s'agit là d'un rôle politique qu'accompagne inévitablement, outre la possibilité d'orienter les débats, le pouvoir d'interpréter de manière indépendante tous les événements intéressant l'organisation.

Ce renforcement des fonctions de « l'exécutif » n'est pas sans heurter les susceptibilités des États membres, qui réagissent parfois de façon brutale ; le Secrétaire général doit savoir faire preuve de mesure et d'autolimitation, surtout lorsque sa liberté apparente de décision résulte des désaccords entre États membres (v. par ex. la révocation brutale du Directeur général de l'OIAC suite aux pressions des États-Unis en 2002 – cf. TAOIT, jgt. n° 2232, préc. et S.D. Murphy, *AJIL* 2002, p. 711-712).

409. La Commission des Communautés européennes. — Créée par le Traité du 8 avril 1965 (articles 9 à 19), et se substituant à la Haute Autorité CECA et aux Commissions CEE et Euratom (CEEA), la Commission unique des Communautés est une *autorité exécutive* au plein sens du terme.

Ses membres, qui sont indépendants des gouvernements et même du Conseil des ministres, sont nommés d'un commun accord par le Conseil, statuant à la majorité qualifiée, après l'approbation du Parlement, qui doit en outre approuver au préalable la désignation par le Conseil du Président dès l'origine du processus de constitution de la Commission (art. 214 du TCE). À l'heure actuelle, le nombre de commissaires est égal à celui des États membres ; le Traité de Lisbonne de 2007 (non entré en vigueur) envisage un système de rotation complexe (art. 17, § 5, et art. 244 du TFUE).

D'après l'article 13 du Traité de 1965, le Conseil ne peut révoquer un commissaire ; il peut seulement demander à la Cour de Justice des Communautés de le déclarer démissionnaire d'office. Le cas ne s'est pas encore présenté (v. l'art. 216 TC – 247 du TFUE).

Organe collégial, la Commission est par contre politiquement et solidairement responsable devant le Parlement européen ; jusqu'ici aucune « motion de censure » n'a abouti (art. 201 du TCE – 234 du TFUE). Il est vrai qu'en raison de l'évolution de l'équilibre des pouvoirs entre organes communautaires, plus favorable au rôle du Conseil qu'à celui de la Commission, c'est souvent le Conseil qui est visé en fait par les propositions de motion de censure.

L'importance du rôle politique de la Commission tient à la multiplicité de ses compétences, à son association étroite aux délibérations du Conseil et à l'appui qu'elle reçoit du Parlement européen.

Ses compétences statutaires sont beaucoup plus étendues que celles habituellement reconnues aux chefs des Secrétariats internationaux. Les délibérations du Conseil doivent, en règle générale, porter sur ses seules propositions ; mais de plus en plus souvent, l'initiative vient désormais du Conseil européen, seule instance en mesure de sortir de l'impasse le Conseil des ministres. Les propositions de la Commission ne peuvent être amendées contre son gré que par un vote à l'unanimité des États membres (art. 250 du TCE – 293 du TFUE). La Commission détient un pouvoir réglementaire propre et surtout un pouvoir normatif et exécutif délégué par le Conseil (art. 202 du TCE ; v. l'article 290 du TFUE). « Gardienne des traités », elle peut introduire des recours en annulation contre les actes des autres organes, y compris ceux du Conseil, et des recours en constatation de manquement contre les États membres.

Les atteintes à ses compétences statutaires ne peuvent être qu'indirectes. En effet, la CJCE a refusé de considérer comme valides les résolutions du Conseil qui tendaient à les limiter (CJCE, 4 juillet 1963, aff. 24/62, *Allemagne c. Commission, Rec.* p. 129). Dans le cadre de l'équilibre institutionnel sauvegardé par la Cour, la Commission continue à être considérée comme l'expression des intérêts communs de la Communauté, face au Conseil où s'affrontent les intérêts particuliers des États membres.

410. Organes juridictionnels. — À la différence des organes « exécutifs » et administratifs, ils sont, de par leurs fonctions, nécessairement indépendants des organes intergouvernementaux pléniers ou restreints.

Il en est ainsi non seulement des juridictions établies par les chartes constitutives ou des traités particuliers – CIJ, CJCE et TPI, Cour européenne des droits de l'homme, mais également des organes juridictionnels créés en tant qu'organes subsidiaires par un organe principal (CIJ, avis consultatif du 13 juillet 1954, *Effet de jugements du Tribunal administratif des Nations Unies. Rec.* 1954, p. 52-53). Ils peuvent également être créés en tant qu'organisations internationales – tel est le cas de la CPI.

Sur la composition, le rôle et le fonctionnement de ces organes, voir *infra*, n°s 538 s.

411. Organes consultatifs. — L'expérience prouve que toute organisation a besoin d'une certaine expertise extérieure, fournie en toute indépendance des gouvernements et de l'organisation elle-même (on laisse de côté ici les organes composés d'experts gouvernementaux, tels l'ancienne Commission et le nouveau Conseil des droits de l'homme des Nations Unies : voir *supra*, n° 397). La contrepartie en est que cette expertise n'a qu'une portée consultative.

De nombreux organes de ce type sont créés, par la volonté du Secrétariat des organisations, auquel cas ils contribuent seulement au travail préparatoire de ce dernier, ou par la volonté d'organes délibérants. Leur rôle est donc, juridiquement, marginal : ils n'ont pas l'initiative ni la liberté de définir le domaine de leurs travaux ; en tant qu'organes subsidiaires, ils sont subordonnés à d'éventuelles directives des organes principaux. Cependant, parce qu'ils délibèrent et élaborent des rapports en toute indépendance et avec le maximum de garanties techniques – leurs membres sont désignés en raison de leurs compétences, souvent avec le souci de représenter les principaux systèmes régionaux et non sans arrière-pensées politiques – ils peuvent exercer une influence décisive sur le contenu des décisions prises par les organes compétents.

L'illustration typique de cette situation est fournie par les activités de la Commission du droit international qui, au sein des Nations Unies, est le moteur de l'action de l'Assemblée générale en matière de développement progressif et de codification du droit international (v. *supra*, n° 215 s.).

§ 4. — *Organes composés de représentants des forces politiques, économiques et sociales*

412. Raisons d'être de ces organes. — La représentation des forces politiques et sociales nationales dans les organisations internationales a longtemps été un monopole gouvernemental, sinon même une « chasse gardée » des ministères des Affaires étrangères. Les critiques adressées à la diplomatie secrète, l'élargissement des domaines de la coopération internationale et des missions des organisations internationales, l'habitude prise au plan interne d'ouvrir la consultation politique à des groupes d'intérêt socio-professionnels, tous ces facteurs ont incité les États à prévoir une certaine participation des représentants des forces politiques et sociales aux travaux des organisations internationales.

À côté des formes de représentation institutionnalisée, on peut observer d'autres techniques qui visent le même objectif : ainsi de la participation de parlementaires ou syndicalistes dans les délégations gouvernementales au sein de certains organes ; outre le souci sincère de faciliter l'information des intéressés et des groupes qu'ils représentent, il peut y avoir là une manière de garder un certain contrôle des événements.

Parfois imposée par les actes constitutifs, cette pratique s'est généralisée progressivement, parfois de manière très informelle (mise en place d'une assemblée parlementaire auprès du Conseil atlantique, par exemple) ou à l'occasion d'une révision de la charte initiale (création d'une assemblée parlementaire lors de l'amendement du Pacte de l'UEO en 1954).

Par l'Accord de Lima du 16 novembre 1987, les États d'Amérique latine ont institutionnalisé le Parlement latino-américain où sont représentées les assemblées législatives nationales et qui constitue non un organe d'une organisation préexistante, mais une organisation internationale dotée de la personnalité juridique.

Les exemples qui seront fournis ci-dessous ne reflètent donc qu'imparfaitement la réalité. Ils attirent l'attention sur deux approches différentes du problème qui se sont développées parallèlement, mais avec une certaine antériorité de la représentation des intérêts socio-professionnels sur celle des forces politiques ou partisanes : ce qui tendrait à prouver que les gouvernements sont moins réticents face à la concurrence des groupes de pression, qu'à l'égard de celle des représentants de l'opinion publique.

A. — Participation d'intérêts socio-professionnels

413. Le « tripartisme » à l'OIT

BIBLIOGRAPHIE. — G. SCELLE, *L'Organisation internationale du Travail et le BIT*, Librairie des sciences politiques et sociales, 1930, XVI-333 p. — B. BEGUIN, *Le tripartisme dans l'OIT*, Droz, Genève, 1959, 64 p. — E. VOGEL-POLSKY, *Du tripartisme à l'OIT*, ULB, Bruxelles, 1966, XV-352 p. — G. A. JOHNSTON, *The International Labour Organization*, Europa Publications, Londres, 1970, 363 p. — R. AGO et N. VALTICOS dir., *L'Organisation Internationale du Travail*, OIT, Genève, 1987, 332 p. — B. DUPUY, *Nouvelle structure de l'OIT*, Economica, 1987, X-216 p. — V. Y. GHEBALI, *L'OIT*, Georg, Genève, 1987, 332 p. — H.G. BARTOLOMEI DE LA CRUZ et A. EUZÉBY, *L'OIT*, PUF, 1997, « Que sais-je ? » n° 836, 128 p. — F. BLANCHARD, *L'OIT*, Seuil, 2004, 311 p.

L'OIT se distingue des autres organisations internationales en ce qu'elle ne comprend aucun organe exclusivement intergouvernemental. Dans ses deux organes représentatifs – l'organe plénier qu'est la « Conférence générale des représentants des membres » (plus communément appelée « Conférence internationale du Travail ») et l'organe restreint, le « Conseil d'administration », délégués gouvernementaux et délégués non gouvernementaux se partagent à égalité les sièges. Ces derniers représentent les organisations professionnelles, patronales et syndicales, qui existent dans chaque État membre. Les représentants des travailleurs, des employeurs et des gouvernements ont ainsi toujours été associés, depuis 1920, aux réalisations internationales dans le domaine social.

À la Conférence générale, la délégation de chaque État est composée de quatre membres, deux représentants des pouvoirs publics et deux personnes représentant l'une les employeurs, l'autre les travailleurs salariés.

Formellement, c'est le gouvernement de l'État membre considéré qui désigne ces deux délégués non gouvernementaux. Mais il doit les choisir parmi les représentants des organisations les plus représentatives ; dans les pays à pluralisme syndical, il prendra la précaution d'obtenir l'accord préalable des organisations professionnelles, afin d'éviter des contestations lors de la vérification des pouvoirs. Souvent, il se bornera, en fait, à entériner les propositions de ces organisations (v. CPJI, avis consultatif du 31 juillet 1922, *Délégué ouvrier néerlandais à l'OIT, série B,* n° 1).

Depuis 1965, le gouvernement français pratique une politique de l'alternance parmi les trois principales organisations syndicales – la CFDT, FO et la CGT – pour le poste de délégué titulaire ; le poste de conseiller technique revient à une organisation autre que celle bénéficiaire du poste principal.

Pour que le tripartisme ne soit pas vidé de son sens, les représentants des travailleurs et des employeurs doivent être indépendants de leurs gouvernements. Le droit de vote attribué individuellement à chaque délégué implique une telle indépendance (art. 4). Effectivement, il n'est pas rare que dans une même délégation d'État non totalitaire, les deux délégués non gouvernementaux ne votent pas comme leurs deux autres collègues qui, eux, doivent se conformer aux instructions de leur gouvernement.

Depuis de nombreuses années, les délégués non gouvernementaux des pays occidentaux protestent contre « l'érosion de la représentation tripartite à l'OIT », due à l'absence d'indépendance de leurs collègues des autres parties du monde. Officiellement, ce fut aussi une des raisons du retrait temporaire des États-Unis (1977-1983 ; voir *supra*, n° 382). Les amendements à l'acte constitutif adoptés le 25 juin 1986 aménagent certaines modalités de fonctionnement de l'Organisation, sans mettre en cause le principe du tripartisme.

414. Le Comité économique et social de la CE. — Selon l'article 257 du TCE, ce Comité est composé de « représentants des différentes composantes à caractère économique et social de la société civile organisée, notamment des producteurs, des agriculteurs, des transporteurs, des travailleurs, des négociants et artisans, des professions libérales, des consommateurs et de l'intérêt général » (v. l'art. 300, § 2, du TFUE).

Ses membres sont nommés pour quatre ans par le Conseil de ministres, statuant à l'unanimité. Afin d'assurer une représentation adéquate des diverses catégories que l'on vient de rappeler, le Conseil peut recueillir l'opinion des organisations européennes représentatives des différents secteurs économiques et sociaux intéressés à l'activité de la Communauté (art. 259 du TCE – 302 du TFUE). Le traité précise que les membres du Comité sont désignés à titre personnel et ne doivent être liés par aucun mandat impératif (art. 258 du TCE v. l'art. 300, § 2, du TFUE). Le rôle du gouvernement de chaque État membre se limite à la présentation d'une liste de candidats dont le nombre est double de celui des sièges à pourvoir. La représentation par État est pondérée, donc inégalitaire.

Les attributions du Comité sont consultatives. Le Conseil et la Commission peuvent lui demander un avis lorsqu'ils le jugent opportun, sauf les cas où, en vertu du traité, sa consultation est obligatoire.

À côté de cet organe statutaire, il en est un très grand nombre, constitués pour la plupart à l'initiative de la Commission, dont la fonction consultative est encore plus dépendante de son bon vouloir, mais qui présentent l'intérêt de permettre à la Commission d'apprécier le réalisme de ses propositions au Conseil et leurs chances de succès.

B. — Participation d'élus

BIBLIOGRAPHIE. — H. KLEBES, « Les institutions parlementaires internationales », *RGDIP* 1988, p. 815-880.

415. L'Assemblée consultative du Conseil de l'Europe. — L'article 25 du Statut du Conseil de l'Europe qui règle la composition de cette Assemblée est rédigé en termes ambigus. D'un côté, il dispose que ses membres sont des représentants des États membres ; de l'autre, il prévoit qu'ils sont élus par les Parlements nationaux ou désignés selon une procédure fixée par ces Parlements.

Après quelques hésitations, la pratique a levé cette ambiguïté : recrutés parmi les parlementaires, ils représentent leur parti politique et leur Assemblée d'origine. Ils sont indépendants de leur gouvernement et ne reçoivent pas de mandat impératif. L'Assemblée est donc en mesure de fonctionner comme une assemblée parlementaire.

Siégeant par ordre alphabétique et non par nationalité, ils se répartissent officieusement en groupes politiques transnationaux, en fonction de leurs affinités partisanes. La représentation de chaque État dans cet organe est pondérée. L'Assemblée se réunit en sessions annuelles ordinaires et en sessions extraordinaires ; elle établit librement son règlement intérieur, fixe son ordre du jour, élit son président et son bureau, constitue des comités et commissions, vote des résolutions à la majorité simple ou des deux tiers, selon le cas.

Le rôle de cette assemblée, en matière normative, est limité car sa fonction est exclusivement consultative. Elle prend position sur des projets de convention avant que le Comité des ministres, organe intergouvernemental, leur donne son approbation ; elle peut émettre des vœux politiques et des recommandations dans des domaines très variés, mais sous réserve d'une approbation préalable du Comité des ministres. Elle a pu jouer un rôle non négligeable en matière de droits de l'homme (enquêtes sur les pratiques de la Grèce « des colonels ») ; son utilité essentielle reste d'être un forum européen plus large que les Communautés européennes et de refléter les fluctuations de l'opinion publique sur les problèmes européens.

416. Le Parlement européen

BIBLIOGRAPHIE. — A. COCATRE-ZILGIEN, « De l'élection du "Parlement européen" au suffrage universel direct. La "décision" et l'"acte" du Conseil des Communautés européennes du 20 septembre 1976 », *AFDI* 1976, p. 785-304. — V. COUSSIRAT-

COUSTÈRE, « Le Conseil constitutionnel et l'élection au suffrage universel direct de l'Assemblée européenne », *ibid.*, p. 805-821. — P. RAMBAUD, « L'approbation par la France des dispositions relatives à l'élection du Parlement européen au suffrage universel direct », *AFDI* 1977, p. 884-901. — L. BURBAN, *Le Parlement européen et son élection,* Bruylant, Bruxelles, 1980, 209 p. ; *Le Parlement européen*, PUF, « Que sais-je ? » n° 858, 1998, 128 p. — M. A. FEFFER, B. STRIN et M. PINAULT, « Les élections européennes, mode de scrutin et contentieux », *EDCE* 1979-1980, p. 97-103 — E. GRABITZ et Th. LÄUFER, *Das Europäische Parlament,* Europa Union, Bonn, 1980, 743 p. — A. CHITI-BATELLI, *I « poteri » del Parlamento Europeo,* Giuffré, Milan, 1981, XI-406 p. — J.-P. COT, « Le Parlement européen ; fausse perspective et vrai paradoxe », *Mél. Dupuy,* 1991, p. 121-132. — M.A. ROBLES-CARRILLO, *El controllo de la Politica exterior por el Parlamento europeo,* Cuadernos de estudios europeos, Grenade, 1994, 563 p. — O. COSTA, *Le Parlement européen, assemblée délibérante*, ULB, Bruxelles, 2001, 507 p. — N. CLINCHAMPS, *Parlement européen et droit parlementaire : essai sur la naissance du droit parlementaire de l'Union européenne*, LGDJ, 2006, XVII-776 p. — R. CORBETT, *The European Parliament*, John Harper, 7e éd., 2007, XVI-407 p.

La Convention de Rome du 25 mars 1957, relative aux institutions communes, a réuni les trois Assemblées créées en vertu des traités de Paris (1951) et de Rome (1957) dans une Assemblée unique (art. 1 et 2). Cette technique un peu complexe était rendue nécessaire par l'existence antérieure d'une assemblée de la CECA (v. *supra*, n° 387).

Aucun de ces textes n'ayant arrêté une dénomination spécifique, l'Assemblée s'est intitulée elle-même, d'abord « Assemblée parlementaire européenne », puis, en 1962, « Parlement européen ». Cette dénomination n'a été consacrée qu'en 1986, par l'Acte unique européen.

Jusqu'en 1979, le Parlement européen était composé de délégués des Parlements nationaux, qui les désignaient parmi leurs membres. Conformément aux dispositions de l'article 190, § 3, du TCE, les États membres se sont mis d'accord le 20 septembre 1976 sur le principe de l'élection des membres du Parlement au suffrage universel direct (v. l'art. 223 du TFUE). Les premières élections ont eu lieu en juin 1979 selon un mode de scrutin propre à chaque État membre ; il est prévu l'instauration d'un système électoral uniforme, mais celui-ci, qui doit résulter d'un projet du Parlement lui-même, ne peut qu'être recommandé aux États membres par le Conseil statuant à l'unanimité.

Les 785 sièges actuels sont répartis de la manière suivante : Allemagne ; 99, France, Italie, Royaume-Uni : 78 chacun ; Espagne, Pologne : 54 ; Roumanie : 35 ; Pays-Bas : 27 ; Belgique, Grèce, Hongrie, Portugal et Rép. tchèque : 24 ; Suède : 19 ; Autriche et Bulgarie : 18 ; Danemark, Finlande et Slovaquie : 14 ; Irlande et Lituanie : 13 ; Lettonie : 9 ; Slovénie : 7 ; Chypre, Estonie, Luxembourg : 6 et Malte : 5. Ces chiffres devraient varier légèrement si le Traité de Lisbonne devait entrer en vigueur. Les parlementaires européens appartiennent à des groupes politiques transnationaux.

Le Parlement européen établit son règlement intérieur, élit son Président et son bureau, peut créer des commissions, délibère à la majorité des suffrages exprimés sauf disposition contraire des traités. En dehors des séances plénières qui ont lieu à Strasbourg, les travaux se déroulent pour l'essentiel à Bruxelles tandis que le Secrétariat est à Luxembourg.

Par sa décision du 9 avril 1992 relative au Traité sur l'Union européenne, le Conseil constitutionnel a considéré que, malgré l'extension de ses pouvoirs, le Parlement européen « ne constitue pas une assemblée souveraine dotée d'une compétence générale et qui aurait vocation à concourir à l'exercice de la souveraineté nationale » (*Rec.* p. 55).

Il n'est pas l'organe « législatif » des Communautés européennes, car le pouvoir de décision appartient, en dernier ressort, au Conseil des ministres. La compétence du Parlement n'a longtemps été que consultative (en matière normative) et elle n'est pas générale. Cette compétence n'est cependant pas une simple formalité : la CJCE a eu l'occasion d'invalider des actes adoptés par le Conseil pour non-respect de la condition d'une consultation effective du Parlement européen (CJCE, 29 octobre 1980, *Roquette Frères c. Conseil et Maizena c. Conseil,* affaires 138/79 et 139/79, *Rec.* 1980 p. 3333 et p. 3393).

Le Parlement a longtemps revendiqué un véritable pouvoir de « co-décision » avec le Conseil. Dans un premier temps, il a renforcé la portée de son intervention tant auprès de la Commission (modification des propositions présentées par la Commission au Conseil, pour tenir compte de ses suggestions) qu'auprès du Conseil (réunion d'une commission mixte paritaire de concertation pour rapprocher les points de vue des deux organes : déclaration tripartite du 4 mars 1975). L'« Acte unique » de 1986 lui a reconnu une plus grande autorité lorsqu'est applicable la procédure de « coopération » avec le Conseil (article 7, modifiant l'article 149 du Traité CE) : le Parlement européen peut imposer au Conseil une deuxième lecture et un vote à l'unanimité pour l'adoption des textes d'application de plusieurs dispositions importantes du traité. Bien que, contrairement à ce qui avait été envisagé initialement, le Traité de Maastricht n'utilise pas l'expression « co-décision », il accroît assez considérablement le rôle du Parlement et lui reconnaît parfois un véritable droit de veto. L'article 249 du TCE (16 du TUE) évoque les actes adoptés par « le Parlement européen conjointement avec le Conseil » et l'article 251 du TCE (294 du TUE) permet désormais au Parlement, à l'issue d'une procédure très compliquée — un peu simplifiée par le Traité d'Amsterdam de 1997 —, de rejeter une décision unanime du Conseil, à la majorité absolue de ses membres. En outre, les hypothèses dans lesquelles cette procédure conjointe intervient sont plus nombreuses et couvrent notamment le rapprochement des législations des États membres, la libre circulation des personnes, la protection de l'environnement, l'éducation, la santé publique, la recherche et la protection des consommateurs.

Le Parlement est obligatoirement consulté sur les projets de révision des traités constitutifs. En outre, le Traité de Maastricht impose son approbation pour la désignation du Président de la Commission et la nomination de l'ensemble de la Commission « en tant que collège » (art. 214 du TCE – 17, § 7 du TUE dans la version de Lisbonne).

Sa position était restée assez marginale pour la conclusion des engagements internationaux de la Communauté. Toutefois l'adhésion de nouveaux États membres et la conclusion des accords de la Communauté sur la base de l'article 300 du TCE (218 du TFUE) sont désormais subordonnés à son « avis conforme ».

Dans le domaine financier, son rôle a été considérablement renforcé depuis l'adoption en 1970 du système des « ressources propres » (v. *supra*, n° 386) et l'entrée en vigueur de la réforme de la procédure budgétaire de 1975. Le Parlement a le dernier mot sur l'ensemble du budget et sur le montant des « dépenses non obligatoires » ; par ce biais, il a désormais les moyens de pression nécessaires pour obtenir du Conseil de ministres aussi bien des aménagements internes significatifs qu'une augmentation sensible des crédits initialement prévus. Il donne décharge à la Commission, sur recommandation du Conseil, de l'exécution du budget.

En matière de contrôle politique, le Parlement n'a longtemps eu aucun pouvoir à l'encontre du Conseil. En revanche, il disposait de l'arme de la motion de censure à l'égard de la Commission (votée à la majorité des deux tiers des voix exprimées et par une majorité des parlementaires, elle entraîne la démission collective de la Commission). Cette situation a été modifiée d'abord sous l'impulsion de la Cour de Luxembourg en 1985 : dans l'affaire 13/83, *Parlement c. Conseil,* la Cour a accueilli et donné suite à un recours en carence introduit par le Parlement européen contre le Conseil, visant à obliger ce dernier à établir une politique commune des transports cohérente (22 mai 1985, *Rec.* p. 1513). Désormais, il peut demander à la Commission de faire des propositions normatives (art. 192, al. 2, du TCE – 225 du TFUE), protéger ses prérogatives par la voie du recours en annulation (art. 230, al. 3, du TCE – 263, al. 2, du TFUE). En contrepartie, il est exposé à des recours en annulation et en carence pour sa participation à la procédure normative ou son abstention.

Le Traité de Maastricht a institué un Comité des régions composé de représentants des collectivités régionales et locales, qui est doté de fonctions consultatives (articles 263 à 265 du TCE [305 à 307 du TFUE] – v. M.-F. Labouz, L. Burgorgue-Larsen et T. Daups, *Europe* oct. 1994, p. 1 ; C. Schneider, *AFDI* 1994, p. 597-617 ; J. Bourinet dir., *Le Comité des régions de l'Union européenne*, Economica, 1997, 305 p. ; J. Vergès dir., *L'Union européenne et les collectivités territoriales*, Economica, 1997, 220 p.).

CHAPITRE II

Les personnes privées

BIBLIOGRAPHIE. — J. SPIROPOULOS, « L'individu et le droit international », *RCADI* 1929-V, vol. 30, p. 195-269. — P. REUTER, « Quelques remarques sur la situation juridique des particuliers en droit international public », *Mél. Scelle,* LGDJ, 1950, p. 535-552. — J. DE SOTO, « L'individu comme sujet du droit des gens », *ibid.,* p. 687-716. — G. SPERDUTI, « L'individu et le droit international », *RCADI* 1956-II, vol. 90, p. 733-849, « La personne humaine et le droit international », *AFDI* 1961, p. 141-162. — G. ARANGIO-RUIZ, « L'individuo e il diritto internazionale », *Riv.* 1971, p. 561-608. — P. VELLAS, « Les entreprises multinationales et les organisations non gouvernementales, sujets du droit international », *in Mél. Couzinet,* Univ. Toulouse, 1974, p. 749-788 — J. A. BARBERIS, « Nouvelles questions concernant la personnalité juridique internationale », *RCADI* 1983, I, vol. 179, p. 145-187 — P.-M. DUPUY, « L'individu et le droit international », *Archives phil. dt.*, tome 32, Paris, Sirey, 1987, p. 119-133 — R. MULLERSON, « Human Rights and the Individual as a Subject of International Law », *JEDI* 1990, p. 33-43. — A. PELLET, « Le droit international à l'aube du XXIe siècle », *Cursos Euromediterraneos* vol. I, 1997, not. p. 83-98 — Th. FRANCK, *The Empowered Self — Law and Society in the Age of Individualism*, Oxford UP, 1999, XIII-312 p. — A. RANDELZHOFER et Ch. TOMUSCHAT ed., *State Responsibility and the Individual. Reparation in Instances of Grave Violations of Human Rights*, Nijhoff, La Haye, 1999, XIII-296 p. — V. ABELLAN HONRUBIA, « La responsabilité internationale de l'individu », *RCADI* 1999, vol. 280, p. 135-428. — R. HOFMAN ed., *Non-State Actors as New Subjects of International Law*, Duncker & Humblot, Berlin, 1999, 175 p. — E. ROUCOUNAS, « Facteurs privés et droit international public », *RCADI* 2002, vol. 299, p. 11-419. — J.M. SOREL, « L'émergence de la personne humaine en droit international public : l'exemple de la jurisprudence de la CIJ », *Mél. Arangio-Ruiz,* 2003, p. 2170-2198. — Ph. ALSTON ed., *Non-State Actors and Human Rights*, Oxford UP, 2005, IX-368 p. — A. CLAPHAM, *Human Rights Obligations of Non-State Actors*, Oxford UP 2006, XXXIII-613 p. — Th. SKOUTERIS et A. VERMEER-KÜNZLI ed., *The Protection of the Individual in International Law : Essays in Honour of John Dugard*, Cambridge UP, 2007, 275 p./*Leiden JIIL* 2007, p. 729-1003. V. aussi la revue *Non-State Actors and International Law* (2001-2005), devenue : *International Community Law* en 2006.

Sur les organisations internationales non-gouvernementales : S. BASTID, Rapport à l'IDI, *Ann. IDI* 1950, t. 1, p. 5471 et s. — J. MEYNAUD, *Les groupes de pression internationaux*, Lausanne, 1961, 556 p. — B. STOSIC, *Les organisations internationales non gouvernementales et les Nations Unies,* Droz, Genève, 1964, 368 p. — M. BETTATI et P.-M. DUPUY dir., *Les ONG et le droit international*, Economica, 1986, 318 p. —

M.-O. WIEDERKEHR, « La convention européenne sur la reconnaissance de la personnalité juridique des organisations internationales non gouvernementales du 24 avril 1986 », *AFDI* 1987, p. 749-761. — D.L. SHELTON, « The Participation of Nongovernmental Organizations in International Judicial Proceedings », *AJIL* 1994, p. 611-642. — F. SUDRE, « Le protocole additionnel à la Charte sociale européenne prévoyant un système de réclamations collectives », *RGDIP* 1996, p. 715-739 — T. WEISS ed, *Non-governmental Organizations, the United Nations and the Global Governance*, Brown University, Lynne Rienner, Boulder, 1996, 250 p. — R. RANJEVA, « Les organisations non gouvernementales et la mise en œuvre du droit international », *RCADI* 1997, vol. 270, p. 9-105. — O. SCHACHTER, « The Decline of the Nation State and its Implications for International Law », *Columb. JTL* 1997, p. 7-23. — S. GUILLET, « Les relations entre les ONG et l'ONU dans le domaine des droits de l'Homme : Un partenariat en mutation », *Obs. NU*, 1999, p. 77-90 — D.A. JURIJ, « The United Nations Committee on Non-Governmental Organizations : Guarding the Entrance to a Politically Divided House », *EJIL* 2002, p. 943-962. — M. MERLE, Commentaire de l'article 71 de la Charte, *in* J.-P. COT, A. PELLET et M. FORTEAU, *La Charte des Nations Unies,* 3e éd., Economica, 2005, p. 1729-1738. — A.K. LINDBLOM, *Non-Governmental Organisations in International Law*, Cambridge UP, 2005, XXII-559 p. — S. CHARNOVITZ, « Nongovernmental Organizations and International Law », *AJIL* 2006, p. 348-372. — G. COHEN-JONATHAN et J.-F. FLAUSS ed., *Les organisations non gouvernementales et le droit international des droits de l'homme / International human rights law and non governmental organizations*, Bruylant, Bruxelles, 2006, 258 p — O. DE FROUVILLE, « Une société servile à l'ONU », *RGDIP* 2006, p. 391-434. — T. TREVES, « États et organisations non gouvernementales », *Mél. Salmon*, 2007, p. 659-680.

Sur les entreprises transnationales : F. FELICIANO, « Legal Problems of Private International Enterprises », *RCADI* 1966-11, vol. 118, p. 209-312. — G. ANGELO, « Les sociétés multinationales », *RCADI* 1968-III, vol. 125, p. 447-607. — D.-F. VAGTS, « The Multinational Enterprise : A New Challenge for Transnational Law », *Harvard, LR* 1970, p. 739-792. — R. VERNON, *Les entreprises multinationales, la souveraineté nationale en péril,* Calmann-Lévy, 1973, 350 p. — F.W. FRÖHLICH, *Multinationale Unternehmen*, Nomos, Baden-Baden, 207 p. — ONU, Centre sur les sociétés transnationales, *L'élaboration d'un code de conduite et les questions qu'elle soulève,* E/C.10/17, 1976. — L. KOPELMANAS, « L'application du droit international aux sociétés multinationales », *RCADI* 1976-II, vol. 150, p. 295-336. — Cl. LAZARUS, Ch. LEBEN, A. LYON-CAEN, B. VERDIER, *L'entreprise multinationale face au droit,* Lib. Techn., 1977, 454 p. — B. GOLDMAN, Rapport à l'IDI sur « Les entreprises multinationales, *Ann. IDI* 1977, p. 266-382. — C. STOIBER, « Equality and Discrimination in International Economic Law, the Multinational Enterprise », *YBWA* 1977, p. 217-235. — *Mélanges Goldman, Le droit des relations économiques internationales,* Litec, 1982, not. p. 185-197 (A. Lyon-Caen) et p. 327-342 (J. Schapira) — P. MERCIAI, *Les entreprises multinationales et le droit international,* Bruylant, Bruxelles, 1993, 414 p. — T. BRÜHL, *Unternehmen in der Weltpolitik : Politiknetzwerke, Unternehmensregeln und die Zukunft des Multilateralismus*, Dietz, Bonn, 2004, 285 p. — P.G. KIRCHSCHLÄGER, *Menschenrechte und Wirtschaft im Spannungsfeld von State und Nonstate Actors*, Stämpfi, Bern, 2005, XI-311 p. — G. WINTER, *Die Umweltverantwortung multinationaler Unternehmen : Selbststeuerung und Recht bei Auslandsdirektinvestitionen*, Nomos, Baden-Baden, 2005, XI-315 p. — P. T. MUCHLINSKI, *Multinational Enterprises and the Law*, Oxford UP, 2007, LXXXVIII-767 p.

417. Définition des catégories de personnes privées dans les relations juridiques internationales. — Si la définition des personnes physiques ne pose pas de problème particulier, il n'en va pas de même des personnes morales, parmi lesquelles il faut distinguer deux types particuliers de personnes : les ONG et les entreprises.

1° Une *organisation non gouvernementale*, ou une association internationale, est une institution créée par une initiative privée — ou mixte —, à l'exclusion de tout accord intergouvernemental, regroupant des personnes privées ou publiques, physiques ou morales, de nationalités diverses.

Pour être qualifiée de transnationale, et répondre à la définition de l'association internationale, une association doit fonctionner selon des statuts qui respectent plusieurs critères formels. En premier lieu, regrouper en tant qu'adhérents « directs » des personnes physiques ou morales de nationalités différentes. En second lieu, que ces adhérents se soient soumis au lien associatif sur une base purement volontaire.

En revanche, ces critères ne sont pas toujours vérifiés au sein de chaque participant. Chacun des membres de l'organisation non gouvernementale peut, en tant qu'association ou que société, être composé d'adhérents qui n'ont pas cette liberté de choix (cas de certains syndicats ou partis politiques).

Pour distinguer clairement les organisations non gouvernementales des sociétés transnationales, les indices précédents sont insuffisants. Il faut prendre en considération également les finalités de l'organisation : les organisations non gouvernementales ne poursuivent pas de buts lucratifs ; leur objectif est de tenter d'influencer l'activité des autres sujets du droit international, en principe par une action étendue à plusieurs États (au moins deux, selon l'article 1er de la Convention de Strasbourg de 1986).

Cette définition reste extrêmement compréhensive. La diversité des buts poursuivis est quasi infinie. Ce peut être :

— un but humanitaire (CICR, associations caritatives diverses, Amnesty International) ou religieux (Églises, Conseil Œcuménique des Églises) ;

— un but politique (Fédérations socialistes, communistes, libérales) ;

— un but scientifique (Institut du droit international et International Law Association, dans le domaine du droit international : v. *supra* n° 257 ; Comité maritime international, qui associe des praticiens et des enseignants de droit maritime privé ; mouvement « Pugwash », qui a joué un certain rôle dans la définition de la doctrine stratégique des États-Unis au début des années 1960) ;

— un but économique et social (fédérations syndicales, associations professionnelles) ;

— un but sportif (Comité olympique international) ;

— un but écologique (Greenpeace) ;

— un objectif documentaire, etc.

La diversité des organisations non gouvernementales est tout aussi remarquable en ce qui concerne leur dimension, leur organisation interne – plus ou moins décentralisée – et leur impact sur les relations internationales.

Certaines d'entre elles ont des millions de membres, au moins indirectement (fédérations syndicales), beaucoup en ont des milliers (associations caritatives et humanitaires), la plupart quelques centaines ou quelques dizaines. Certaines tablent sur un appui ouvert de l'opinion publique à leurs démarches, d'autres préfèrent des initiatives plus discrètes pour conserver la sympathie des gouvernements.

Quelques organisations non gouvernementales ont pu acquérir une indépendance totale et sont en mesure de négocier avec les gouvernements, d'autres font figure de véritables services publics internationaux : le Comité international de la Croix-Rouge, réunissant ces deux caractéristiques, s'est vu confier des responsabilités étendues par les conventions humanitaires de Genève de 1949 et leurs protocoles de 1977 ; de façon plus pragmatique, le Conseil de sécurité des Nations Unies leur a reconnu un rôle privilégié dans l'exécution des mesures humanitaires dérogeant aux embargos imposés à l'Irak après l'invasion du Koweït (résol. 666 (1990) et suivantes) ou dans la recherche d'informations concernant la violation du droit humanitaire dans l'ex-Yougoslavie (résol. 771 (1992)). Certaines organisations non gouvernementales sont même des organisations intergouvernementales qui ne s'avouent pas : l'Association internationale des transports aériens a été créée sous cette forme (association de compagnies aériennes publiques et privées) pour répondre au souci des États-Unis de limiter les interventions des États dans le partage des trafics aériens et les tarifs mais elle a été longtemps marquée, en pratique, par la prédominance des compagnies « étatisées ». Il arrive du reste que certaines ONG se transforment en organisations intergouvernementales (OIPC devenue INTERPOL, UIOOT devenue OMT).

La plus grande partie de ces organisations ont leur siège et la base principale de leurs activités en Europe et aux États-Unis ; le Tiers Monde reste encore mal représenté dans ce type d'institutions.

La diversité de ces associations, l'embarras des gouvernements à leur égard expliquent que ces derniers désirent leur fixer un cadre juridique international mais aussi qu'ils s'en tiennent à un régime très partiel et hétérogène. Le seul texte de principe est la Convention de Strasbourg de 1986 sur la reconnaissance de la personnalité juridique de ces organisations, à l'initiative du Conseil de l'Europe : elle s'en tient à généraliser à tous les États parties la reconnaissance et la capacité juridique obtenues dans l'État du siège statutaire de l'ONG considérée, sans écarter pour autant les restrictions propres à « l'intérêt public éventuel » de chaque État concerné. Malgré son objet limité, elle n'a été ratifiée que par onze États.

Il est encore très exceptionnel que les États acceptent d'associer des ONG à leur activité normative sur un pied d'égalité au sein d'une organisation internationale : en dehors de l'exemple de l'OIT, où sont représentés des syndicats nationaux et non pas transnationaux, une illustration récente ouvre peut-être la voie à un changement d'attitude dans certains domaines des relations internationales : la Convention de Stockholm du 27 février 1995 établissant l'Institut international pour la démocratie et l'assistance électorale prévoit dans son article IV que les ONG concernées peuvent devenir « membres associés » de l'Organisation, et être représentés au sein du Conseil au même titre que les États et organisations internationales (sans pouvoir dépasser leur nombre). Au sein de l'OMT, les ONG bénéficient (comme les entreprises touristiques) d'un statut de « membres affiliés » qui ne leur confère que des droits assez limités.

En principe, les accords conclus par des ONG avec des États ne sont pas des traités ; seul le CICR a pu conclure un accord avec l'État hôte de son siège qui peut être assimilé à un accord international (Ph. Gautier, « ... À propos de l'accord conclu le 29 novembre 1996 entre la Suisse et la Fédération des sociétés de la Croix-Rouge et du Croissant-Rouge », *RBDI* 1997, p. 172-189 ; v. aussi *supra*, n° 62, 2°).

Plus généralement, sur le CICR, v. P. Ruegger, « L'organisation de la Croix-Rouge sous ses aspects juridiques », *RCADI* 1953-I, vol. 82, p. 377-479 ; R. Perruchoud, *Les résolutions des conférences internationales de la Croix-Rouge,* Inst. Henry-Dunant, Genève, 1979, XXII-469 p. ; G. Willemin et R. Heacock, *The International Committee of the Red Cross*, La Haye, Nijhoff, 1984, IV-209 p. ; P. Reuter, « La personnalité juridique internationale du CICR »,

Mél. Pictet, 1984, p. 783-791 ; F. Bugnion, *Le Comité international de la Croix-Rouge et la protection des victimes de la guerre*, CICR, Genève, 1994, XLIII-1438-64 p. (en anglais : Macmillan, Oxford, 2003, LXVIII-1161-64 p.) et « The International Committee of the Red Cross and the Development of International Humanitarian Law », *Chicago Jl. IL* 2004, p. 191-215 ; C. Girod, *Le Comité international de la Croix-Rouge et la guerre du Golfe, 1990-1991*, Bruylant – LGDJ, Bruxelles-Paris, 1995, ix-401 p. ; A. Lorite Escorihuela, « Le Comité international de la Croix-Rouge comme organisation *sui generis* ? : remarques sur la personnalité juridique internationale du CICR », *RGDIP* 2001, p. 581-614 ; DP Forsythe, *The Humanitarians : the International Committee of the Red Cross*, Cambridge UP, 2005, XV-356 p ; DP Forsythe et BAJ Rieffer-Flanagan, *The International Committee of the Red Cross : a Neutral Humanitarian Actor*, Routledge, Londres, 2007, XVI-122 p.

Malgré les appels en faveur d'un statut international qui garantirait aux ONG un « traitement minimum » (résolutions de l'IDI de 1923 et de 1950), aucune convention internationale ne réglemente globalement leurs activités, aucune n'impose une limitation sérieuse aux actions des États à leur égard. Leur personnalité juridique est *dérivée, fonctionnelle et relative*. Par voie de conséquence, les capacités juridiques qu'on peut en déduire, la gamme des droits et obligations impliqués sont beaucoup plus variables que pour les entreprises transnationales : il n'y a pas ici la relative uniformité d'objectifs déduits de la finalité lucrative de celles-ci. D'autant que l'évolution récente, marquée par l'abandon des critères préconisés par le Conseil économique et social de l'ONU, accentue encore l'hétérogénéité de ce groupe et justifie dans une large mesure l'hésitation à leur reconnaître globalement un statut précis.

Cela n'exclut certes pas un rôle significatif dans les relations internationales ; mais il faut reconnaître que ces organisations sont plus adaptées à une participation à l'élaboration des normes internationales qu'à leur application et à leur contrôle juridictionnel.

2° Toute définition de l'*entreprise transnationale* (ou « société transnationale » ou « multinationale ») doit mettre l'accent sur leur différence avec les organisations non gouvernementales, différence qui réside dans la finalité lucrative des premières. À cette nuance près, on peut admettre que :

« Les sociétés multinationales sont des entreprises qui sont propriétaires d'installations de production ou de service ou les contrôlent en dehors du pays dans lesquels elles sont basées. De telles entreprises ne sont pas toujours des sociétés anonymes ou des sociétés privées, il peut s'agir aussi de coopératives ou d'entités appartenant à l'État » (ONU, Groupe de personnalités, *Effets des sociétés multinationales sur le développement et sur les relations internationales,* ST/ESA/6, 1974, p. 27), que le « GATT de 1994 » (v *infra*, n° 651) désigne par l'appellation « entreprises commerciales d'État » (Mémorandum sur l'interprétation de l'article XVII).

On peut préférer retenir la définition adoptée par l'IDI en 1977 :

« Les entreprises formées d'un centre de décision localisé dans un pays et de centres d'activité, dotés ou non de personnalité juridique propre, situés dans un ou plusieurs autres pays, devraient être considérées comme constituant en droit des entreprises multinationales ».

Ces définitions prennent implicitement parti sur un certain nombre de controverses terminologiques et de fond.

L'usage terminologique a longtemps été et reste flou. On parle indifféremment de « firmes », d'« entreprises » ou de « sociétés » ; on les qualifie de « multinationales », d'« internationales », de « transnationales », de « mondiales ». On ne recule même pas devant la formule de « cosmo-sociétés ». Parce qu'il est neutre sur le plan juridique, le terme « entreprise » peut sembler le plus approprié ; le qualificatif « multinational » est ambigu en ce qu'il semble viser les actions ou entreprises communes de plusieurs États, ce qui conduit à préférer le qualificatif « transnationale ».

Plus significatives sont les divergences sur le contenu de l'expression, car ce sont les critères de la transnationalité — donc le champ d'application d'un régime juridique spécifique — qui sont en jeu.

Un rapport du Secrétariat des Nations Unies à la Commission des sociétés transnationales a fait le bilan des indices ou critères utilisés : nombre de filiales à l'étranger, composition du capital, part des exportations dans le chiffre d'affaires, nationalité et même « état d'esprit » des dirigeants de la société considérée (*Recherches sur les sociétés transnationales*, E/C.10/12, 1976). Le *Rapport sur l'investissement dans le monde 2004* de la CNUCED définit les sociétés transnationales comme une entité (société mère) qui, sans tenir compte de sa forme juridique, exerce un contrôle direct ou indirect sur les actifs possédés par une ou plusieurs entreprises situées dans des pays et économies différentes (sociétés filiales) (p. 345). L'OCDE n'a pas jugé utile d'adopter une définition précise de l'entreprise multinationale mais s'est limitée à indiquer dans ses principes directeurs de 2001 qu'il s'agit « d'entreprises ou d'autres entités établies dans plusieurs pays et liées de telle façon qu'elles peuvent coordonner leurs activités de diverses manières » (point I.3).

En l'absence d'un consensus sur ce point, mieux vaut s'en tenir à une description empirique : une société transnationale est une société qui cherche à optimiser ses profits par des opérations avec ou à l'étranger, et qui est soumise à des influences nationales diverses. Si l'on veut mettre l'accent sur les effets des activités de telles sociétés et sur le paradoxe de leur situation, on peut dire qu'il s'agit d'*entreprises qui, par la diversité de leurs intérêts internationaux, peuvent tirer le meilleur profit de la division du monde en États souverains.*

En tant que personnes morales privées, du point de vue du droit interne des États, ces entités transnationales sont soumises le plus souvent au droit commun local des associations et à celui des entreprises industrielles et commerciales ; assez rares sont les pays dont la réglementation prévoit un régime juridique spécifique à ces entités, au-delà d'une application du droit des associations et sociétés étrangères. Cette situation ne suffit pas à régler le problème : les limitations territoriales de l'applicabilité du droit national ne permettent pas d'encadrer efficacement les activités de ces personnes morales soumises à des législations différentes. Faire abstraction de leur transnationalité, par une application simpliste du principe de souveraineté, ne répond ni aux besoins des États, ni à ceux des personnes transnationales. Seule la mise en place d'un corps de règles internationales équilibrées peut résoudre le problème à long terme. On n'échappe pas à l'exigence d'un régime comportant à la fois des droits pour les États et pour ces entités et les obligations corrélatives. (v. par ex. les Principes directeurs de l'OCDE à l'intention des entreprises multinationales, 2001, doc. DAFFE/IME/WPG(2000)15/FINAL – v. A.A. Fatouros, *Mél. Lalive*, 1974, p. 231-240 ; ou les Normes sur la responsabilité des sociétés transnationales et autres entreprises en matière de droits de l'homme (élaborées par la Commission des Droits de l'homme des Nations Unies), 2003, E/CN.4/Sub.2/2003/38/Rev.2 ; R.J. Ruggie, *AJIL* 2007, p. 819-840). Reste que la portée des uns et des autres est très imparfaitement déterminée à l'heure actuelle.

Reconnaître aux entreprises transnationales la qualité de sujets du droit international, sujets *mineurs et dérivés* au demeurant, ne se heurte à aucun obstacle théorique ou pratique dirimant (cf. la BRI qui malgré son statut de société de droit suisse a été décrite comme une « création *sui generis* qui est une organisation internationale » (sentence partielle du 22 novembre 2002, *H. Reineccius et as c. BRI*, *RSA* vol. XXIII, p. 212-216, § 104-118)). Les objections sont plutôt tactiques : comment leur reconnaître cette personnalité juridique sans être inéluctablement conduit à un régime trop favorable, la personnalité internationale impliquant un certain nombre de droits, et sans préjuger leur futur statut juridique international ?

De nombreux auteurs, notamment originaires du Tiers Monde, sont hostiles à toute réglementation internationale des sociétés transnationales. Ils font valoir qu'un statut juridique « légaliserait » un phénomène regrettable et contribuerait à hausser ces sociétés au niveau des États. Cette position repose sur un raisonnement erroné confondant personnalité juridique et souveraineté. Rien n'interdit d'accorder une telle personnalité internationale sans en faire des sujets souverains du droit international. Il suffit que cette personnalité soit *dérivée* – parce qu'accordée et contrôlée par les États ou les organisations internationales.

La reconnaissance ou l'octroi d'une telle personnalité résulte, en général, de la conclusion par un État d'un contrat « internationalisé » avec une société transnationale, contrat qui est soumis à des normes – de fond ou procédurales – de droit international. Il apparaît clairement, dans ces circonstances, que la personnalité internationale de la société en cause est dérivée de la volonté d'un État, qu'elle est limitée aux droits et obligations contractuels, qu'elle est *fonctionnelle*, parce que réduite à ce qui est nécessaire à la société pour respecter ses obligations et faire respecter ses droits, enfin qu'elle est *relative* dans la mesure où elle n'est opposable qu'à l'État ou aux États qui l'ont reconnue. Il s'agit bien d'un sujet mineur du droit international.

Ni les règles, tout à fait spéciales, applicables aux agents et fonctionnaires internationaux, ni celles relatives à la responsabilité civile internationale ne sont examinées dans ce chapitre. Les premières ont été décrites à propos du droit des organisations internationales (v. *supra*, n° 407) ; les secondes feront l'objet de développements ultérieurs ; en effet elles ne peuvent être distinguées des règles concernant la responsabilité internationale de l'État ; c'est donc à l'occasion de l'étude de celles-ci qu'il convient de se demander d'une part si les faits des particuliers peuvent engager la responsabilité de l'État (v. *infra*, n° 476), d'autre part si et dans quelle mesure le préjudice subi par une personne privée du fait d'un manquement au droit international doit être distingué du dommage causé à l'État lui-même (v. *infra*, nos 487 et 495 s.).

Les problèmes relatifs à la personnalité juridique internationale des personnes privées se posent, au plan des principes, dans les mêmes termes en ce qui concerne les personnes physiques (individus) ou morales (sociétés, associations). Mais, sauf exceptions, les règles de droit international positif s'appliquent plutôt aux premières qu'aux secondes, qu'il s'agisse de la protection internationale dont certaines d'entre elles bénéficient ou de celles concernant la responsabilité pénale des personnes privées en droit international, ou encore des modalités de leur participation aux procédures internationales d'application du droit. En revanche, les ONG et les entreprises multinationales ont un rôle plus étendu au stade de l'élaboration des normes et de leur application.

De ce fait, il est nécessaire d'établir, du point de vue du droit international, les critères de chacune des catégories prises en considération. Opération qui, dans la mesure où elle conditionne la reconnaissance de certains droits, provoque des controverses politiques peu favorables à un consensus sur l'étendue de chaque catégorie.

De plus, si la définition des personnes physiques ne présente pas de difficulté, il n'en va pas de même des communautés humaines ou groupes sociaux auxquels sont reconnus, ès qualités, des droits ou des devoirs propres : les problèmes politiques qu'ils posent conduisent à privilégier des définitions conventionnelles, de portée limitée (v. *infra*, n°s 427 et 428).

418. Critères de la personnalité juridique internationale des personnes privées. — 1° *Problématique générale.* — La question de la place des personnes privées et, tout particulièrement des individus, dans l'ordre juridique international, fait l'objet de controverses doctrinales très vives. Aux auteurs qui, comme Georges Scelle, estiment qu'en définitive la société internationale est une société d'individus, auxquels le droit des gens s'applique directement, s'opposent ceux qui considèrent que les personnes privées n'ont aucune place dans l'ordre juridique international (les thèses en présence ont été exposées *supra*, n°s 50 à 56). À vrai dire, il est vain de chercher dans le droit international une directive générale en la matière ; il n'en comporte pas.

Il n'est pas douteux que les personnes privées sont concernées par un très grand nombre de règles internationales, soit qu'elles leur accordent des avantages, soit qu'elles leur imposent des sujétions. Mais il n'en résulte pas que, pour autant, les personnes privées soient des sujets du droit international car, dans la plupart des cas, l'État fait « écran » entre elles et le droit international : leur personnalité juridique, leur capacité d'action, leur responsabilité active et passive sont fixées par les ordres juridiques nationaux. Il est donc rare que les personnes privées puissent se prévaloir directement au plan international des avantages qui leur sont conférés par certaines normes du droit des gens, et, même au regard des droits internes, la médiation étatique est le plus souvent indispensable.

L'ambiguïté de la position de l'individu, même lorsque des droits lui sont reconnus dans l'ordre juridique international, est bien mise en évidence par l'arrêt rendu en 2001 par la CIJ dans l'affaire *LaGrand* : la Cour constate que l'article 36, paragraphe 1er, de la Convention de Vienne de 1963 sur les relations consulaires « *crée des droits individuels* » (d'information et d'accès à la protection consulaire en faveur des personnes détenues à l'étranger), mais pour ajouter aussitôt que ces droits (qu'il n'est pas nécessaire de qualifier de « droits de l'homme » – § 78), « en vertu de l'article premier du protocole de signature facultative, peuvent être invoqués devant la Cour *par l'État dont la personne détenue a la nationalité* » (§ 77 ; v. aussi, § 89). Dans son arrêt du 31 mars 2004, la Cour a considéré que dans des « circonstances toutes particulières d'interdépendance des droits de 1'État et des droits individuels, le Mexique peut, en soumettant une demande en son nom propre, inviter la Cour à statuer sur la violation des droits dont il soutient avoir été victime à la fois directement et à travers la violation des droits individuels conférés à ses ressortissants » (*Avena*, *Rec.*, p. 36, § 40).

Dans une sentence du 21 novembre 2007, un Tribunal CIRDI (ALENA), a considéré que l'investisseur qui saisit le CIRDI ne fait qu'exercer un droit d'action en défense d'obligations dues *à son État*, mais qu'en revanche, il n'a pas de droit propre à faire valoir (à la différence de la situation qui existe en droit international des droits de l'homme) (*Archer Daniels Midland Company and Tate and Lyle Ingredients Americas, Inc, c. Mexique,* n° ARB(AF)/04/05, § 168-180) ; cette position très conservatrice, qui a été justifiée par le

Tribunal par des motifs propres à la rédaction du Traité créant l'ALENA, va à contre-courant des tendances récentes relatives à la personnalité juridique internationale des personnes privées et invente une sorte de « fiction Mavrommatis » inversée (v. *infra*, n° 487) fort contestable au regard du droit international général.

De plus, en règle générale, c'est à l'État qu'il appartient de faire respecter par les personnes privées soumises à sa juridiction, les obligations les visant et la répression proprement internationale des actes illicites commis par les personnes privées reste très marginale (v. *infra*, n°s 434 s.). L'écran étatique n'est cependant pas totalement « opaque » et toute technique juridique qui permet de le percer conduit à reconnaître à la personne privée une certaine mesure de capacité juridique internationale.

On admet depuis longtemps qu'une telle situation peut résulter de la volonté des États eux-mêmes. Tel est le cas si la norme est « individualisée » au plan international, c'est-à-dire si, lors de son adoption, les États concernés ont manifesté l'intention de conférer des droits ou d'imposer des obligations aux particuliers dans l'ordre juridique international (v. CPJI, avis du 3 mars 1928, *Juridiction des tribunaux de Dantzig*, série B n° 15) ou communautaire (effet immédiat et direct des règlements, invocabilité directe partielle des dispositions des directives) ; les normes communautaires, en particulier, peuvent porter atteinte à des droits des particuliers ou des entreprises, qui ont donc intérêt à agir au contentieux soit national, soit communautaire. On ne peut cependant en déduire qu'une personnalité « dérivée », fruit de la volonté aléatoire et changeante d'autres sujets du droit international.

Il en va autrement si des droits ou obligations individuels sont établis *directement* en vertu du droit international, la volonté des États ayant peut-être trouvé à s'exprimer à l'origine, au stade de la formulation des normes, mais ne s'imposant plus désormais pour que ces normes soient invocables et opposables aux États sans qu'il soit nécessaire de s'assurer de leur consentement préalable, éventuellement même en rendant inefficace leur refus de donner un consentement explicite.

C'est dans le domaine de la protection des droits de l'homme et du droit humanitaire que ce phénomène s'est amorcé et amplifié au cours des dernières décennies (v. *infra*, n°s 422 s.) : c'est la qualité propre de personnes privées – individuellement ou comme membre de la « population civile » ou d'un « peuple » – qui justifie certains droits ou garanties d'une importance particulière, soit en tant que normes de « *jus cogens* », soit en tant que « normes indérogeables ».

Pour une illustration de cette approche, v. la décision de la Commission interaméricaine des droits de l'homme, du 12 mars 2002, où – sur un fondement de sa compétence assez fragile – la Commission affirme que les « talibans » détenus à Guantanamo par les États-Unis peuvent invoquer le droit indérogeable, en temps de paix comme de guerre, à faire déterminer leur statut juridique par une « juridiction compétente » (*ILM* 2002, p. 532).

Essentiellement destinées à protéger la dignité de la personne humaine, bénéficiant donc du principe d'égalité universelle de cette dignité, ces règles impératives ne sont certes pas très nombreuses, mais elles constituent un fondement suffisant à la reconnaissance d'un droit « naturel », inhérent, des personnes humaines, à la personnalité juridique internationale.

Un autre domaine se révèle un terrain privilégié du progrès de la capacité juridique des personnes privées, celui du régime des investissements étrangers, où le handicap juridique des particuliers est souvent compensé par la réalité des rapports de force économiques.

La personnalité juridique n'implique pas exclusivement des droits mais également des devoirs. Aucune société ne peut se dispenser d'instituer un système répressif pour assurer la défense de ses intérêts supérieurs. Aussi peu intégrée qu'elle soit, la société internationale n'échappe pas à cette règle générale. Depuis longtemps, son droit comporte une branche pénale qui concerne directement les individus coupables d'actes illicites graves, dont la nocivité internationale est manifeste. Par là même, l'individu est aussi depuis longtemps sujet immédiat d'un droit international « sanctionnateur ». Cette qualité n'est pas un privilège. Au lieu de lui conférer des droits, elle ne lui attribue que des devoirs dont la méconnaissance engage sa responsabilité pénale. Il n'en est pas moins vrai qu'au point de vue juridique, cette individualisation constitue une atteinte significative à la structure interétatique du droit international. Au seul plan de la responsabilité internationale, elle entraîne des conséquences importantes : celle-ci cesse d'être exclusivement une responsabilité « civile » et une affaire d'État à État.

L'incrimination internationale couplée avec une répression internationale, pour exceptionnelle qu'elle soit, présente l'intérêt de permettre une mise en concurrence directe des ordres juridiques nationaux et international, sans que ni les États ni leurs ressortissants ne puissent plus invoquer une soumission exclusive, ni même parfois prioritaire, à l'ordre juridique national.

2° *Éléments de la capacité juridique internationale des personnes privées.* — Il ne suffit pas d'observer une croissance rapide des normes dont les personnes privées sont destinataires directs et indirects, phénomène indiscutable à l'époque contemporaine, pour en déduire un progrès décisif de leur personnalité juridique internationale. Encore faut-il qu'elles disposent de droits d'action directs au plan international leur permettant d'en imposer le respect dans les ordres juridiques internes et international. Cependant, compte tenu des différences fondamentales entre relations juridiques internes et internationales, il convient d'éviter de transposer mécaniquement les caractéristiques des sujets de droit d'un ordre juridique à l'autre.

La doctrine propose trois critères, alternatifs ou cumulatifs, pour appréhender le degré de capacité de chaque « objet » de droit et en déduire l'existence d'une personnalité juridique justifiant la qualité de « sujet » de droit : la participation directe ou indirecte à l'élaboration des normes qui s'appliquent à la personne considérée ; le droit d'en revendiquer le respect dans les rapports entre sujets de droit, dans un rapport contractuel ou avec l'appui de la puissance publique ; le droit de recourir à des tiers – administrations ou juridictions – pour en imposer le respect.

En premier lieu, les personnes privées ne peuvent revendiquer – face au monopole diplomatique des gouvernements – qu'une participation indirecte et le plus souvent officieuse à l'élaboration des normes internationales. Comme en droit interne, il est nécessaire de recourir à des « intercesseurs » qui exerceront cette fonction au nom ou pour le compte des personnes privées. La difficulté pour rendre plus systématique cette capacité – en toute indépendance des États ou des organisations internationales – tient à l'absence de critère objectif et de consensus sur la désignation de tels « intercesseurs ». Au stade actuel d'évolution de la société internationale, il est en effet délicat de proposer des critères universels de légitimité de cette fonction tribunicienne. La controverse actuelle sur le rôle des ONG et de la « société civile internationale » en témoigne.

En deuxième lieu, les personnes physiques et les entreprises ne peuvent prétendre qu'à une faible participation directe à l'application des obligations internationales en raison du privilège du préalable dont disposent les autorités publiques étatiques – et, dans une moindre mesure, les organes des organisations internationales, ainsi que de la prédominance de leurs moyens diplomatiques et militaires dans les relations internationales. Même à l'échelle réduite de l'Union européenne, les progrès dans l'instauration d'un espace judiciaire européen sont lents et incertains.

En troisième lieu, la possibilité de privilégier le recours à des instances internationales heurte de front le symbole de souveraineté étatique – et de primauté de l'État comme sujet du droit international – que représente la faculté de faire justice entre des prétentions concurrentes, ou entre les auteurs de crimes et délits et leurs victimes. Les solutions que l'histoire a imposées ont donc été, dans un premier temps, ponctuelles et temporaires, le plus souvent sous contrôle étroit de chaque État ou d'un groupe d'États dominants, parfois d'une efficacité limitée. La mise en place d'institutions permanentes, facilement accessibles aux personnes privées, dotées d'une autorité supranationale, reste l'exception. D'abord réservée à des expériences régionales difficilement transposables – tel l'ordre juridique communautaire, ou à des domaines particuliers – telle la protection des investisseurs, elle se concrétise aujourd'hui avec la création de la Cour pénale internationale (v. *infra*, n° 445). Certes, l'accessibilité de cette juridiction reste limitée – mais elle n'est plus entre les seules mains des autorités étatiques, ce qui constitue une innovation significative, sa compétence matérielle est restreinte à quelques crimes internationaux majeurs — mais ce sont les plus significatifs pour la reconnaissance des intérêts propres de « l'humanité », distincte de la simple addition des États. Sa structure et son statut témoignent de la volonté de répondre aux critères d'efficacité auxquels on vient de faire référence.

Ces progrès dans l'étendue de la capacité juridique des personnes privées restent dictés par les États. Ceux-ci n'y consentent que pour répondre aux attentes dominantes de chaque catégorie de personnes privées, différentes de l'une à l'autre, ce qui interdit d'espérer une description univoque du bilan actuel de leur personnalité juridique internationale.

Section 1

Participation des personnes privées à l'élaboration des normes internationales

BIBLIOGRAPHIE. — R. HOFMANN ed., *Non-State Actors as New Subjects of International Law...*, Duncker & Humblot, Berlin, 1999, 175 p. — G. BRETON-LE GOFF, « Les clés de l'influence des ONG dans la négociation de quelques instruments internationaux », *RQDI* 2000, p. 169-200 ; *L'influence des ONG sur la négociation de quelques instruments internationaux*, Bruylant-Y. Blais, 2001, XVIII-263 p. — H. GHERARI et S. SZUREK dir., *La société civile internationale*, Pedone, 2003, III-350 p. — B. FRYDMAN dir., *La société civile et ses droits*, Bruylant, Bruxelles, 2004, 218 p. — L. BOISSON DE CHAZOURNES et R. MEHDI dir., *Une société internationale en mutation : quels acteurs pour une nouvelle gouvernance ?*, Bruylant, Bruxelles, 2005, 387 p. — G. COHEN-JONATHAN et J.-F. FLAUSS, *Les organisations non-gouvernementales et le droit international des droits de l'homme*, Bruylant, Bruxelles, 2005, 258 p. — A.-K. LINDBLOM, *Non-Governmental Organisations in International Law*, Cambridge UP, 2005, XXII-559 p. — K. MARTENS, *NGOs and the United Nations : Institutionalization, Professionalization and Adaptation*, 2005, XV-199 p. — T. TREVES et as. ed.,

Civil Society, International Courts and Compliance Bodies, TMC Asser Press, La Haye, 2005, XX-317 p. — M. D. VARELLA, « Le rôle des organisations non-gouvernementales dans le développement du droit international de l'environnement », *JDI* 2005, p. 41-76 — S. SZUREK, « Les valeurs de la communauté internationale et la société civile internationale » *in* R. CHEMAIN et A. PELLET dir., *La Charte des Nations Unies, constitution mondiale ?*, Pedone, 2006, p. 199-205.— St. TULLY, *Corporations and International Lawmaking*, Nijhoff, Boston, 2007, XX-508 p. — R. BEN ACHOUR et S. LAGHMANI dir., *Acteurs non étatiques et droit international*, Pedone, 2007, 398 p.

419. Diversité des situations. — En l'absence d'une consécration juridique de la « légitimité » des personnes privées dans la conduite des relations internationales, le niveau et les modalités des concessions étatiques aux personnes privées sont très variés et souvent aléatoires. Dans la mesure où des normes internationales obligatoires se prêtent mieux que les autres au processus d'individualisation (v. *supra*, n° 417), il convient d'examiner plus précisément cette hypothèse.

Encore faut-il tenir compte du fait que coutumes internationales et principes généraux de droit ne se prêtent guère, en raison de leur mode de formation (v. *supra*, nos 209 s., 225 s.), à une action des personnes privées. Aussi l'analyse doit-elle porter essentiellement sur deux sources de droit : les normes conventionnelles et les actes juridiques des organisations intergouvernementales.

420. L'influence des groupes d'intérêts et des ONG sur l'élaboration des traités. — Il existe de nombreuses illustrations récentes d'un tel processus, qu'il s'agisse de traités multilatéraux ou plurilatéraux, de conventions bilatérales (en particulier en matière économique), ou même de compromis d'arbitrage.

Certaines sociétés savantes, par opposition aux organes composés d'experts gouvernementaux, ont joué un rôle considérable dans des domaines particuliers, par exemple le droit maritime international, mais elles ont perdu du terrain à l'époque contemporaine, face surtout à la concurrence des secrétariats d'organisations internationales.

Désormais le relais est plutôt pris par des ONG humanitaires ou idéologiques, comme on a pu l'observer lors de la négociation de la Convention d'Ottawa sur la prohibition des mines antipersonnel, 1997, de la Convention de Rome de 1998 sur la Cour pénale internationale, de nombreuses conventions sur l'environnement ; parfois, à l'inverse, les ONG tirent leur force de persuasion de leur composition non militante, de leur réputation d'expertise scientifique. D'une manière générale, la tendance contemporaine des organisations intergouvernementales et même de nombre de gouvernements est d'associer un certain nombre d'entre elles aux travaux de ces organisations internationales – jusqu'à les qualifier de « partenaires » – et aux délégations officielles de ces gouvernements.

Par l'intermédiaire des organisations professionnelles auxquelles ils adhèrent, le travailleur salarié et l'employeur participent, du fait de la composition tripartite des organes de l'OIT, à l'élaboration des projets de convention (v. *supra* n° 413) et au contrôle de la mise en œuvre de celles-ci, fondé sur l'examen des rapports des gouvernements (v. *supra* n° 144).

Le phénomène n'est donc pas nouveau mais la fonction consultative des experts ou groupes de pression (certaines ONG sont des associations corporatives ou des fédérations d'entreprises industrielles et commerciales) tend à s'institutionnaliser : certaines conventions sur l'environnement, plutôt que de créer de nouveaux organes intergouvernementaux, préfèrent confier – au moins à titre temporaire – à une ONG la responsabilité du secrétariat permanent chargé du suivi et de la préparation des amendements à ces conventions.

Il serait cependant prématuré de voir dans leur participation aux conférences internationales une véritable obligation juridique pour les organisateurs de ces rencontres diplomatiques. En revanche, on peut déceler dans ce phénomène le signe du besoin ressenti par les sujets traditionnels de la société internationale de disposer d'intermédiaires avec les sociétés civiles internes, ce qui est de nature à faciliter l'individualisation des normes internationales dans certaines circonstances.

Plus traditionnel est le rôle joué par des groupes d'intérêts — par exemple les associations de porteurs de titres d'emprunts – dans la négociation de conventions bilatérales en vue de la réparation de dommages subis (v. par ex. l'accord de Paris du 27 mai 1997 sur les emprunts russes ; v. P. Juillard et B. Stern dir., *Les emprunts russes — Aspects juridiques*, Pedone CEDIN Paris I, 2002, 330 p.).

Phénomène plus significatif encore, certains accords ne sont que la couverture interétatique d'un accord conclu en réalité entre groupes d'intérêts privés (indemnisation par les banques des spoliations intervenues pendant la Seconde Guerre mondiale, accord de Washington du 18 janvier 2001) : le préambule de ce dernier accord reconnaît la « contribution positive des banques, des avocats et des autres représentants des victimes à la conclusion » de cet accord.

421. L'influence des personnes et groupes d'intérêts sur l'élaboration du droit dérivé de certaines organisations. — 1° *Reconnaissance de leur existence.* — Les organisations internationales ont, plus que les États, ressenti le besoin d'une collaboration régulière avec les ONG. Cependant, le poids des États dans les organisations internationales a favorisé des réactions négatives et le renforcement des contrôles sur les organisations non gouvernementales.

L'article 24 du Pacte de la SdN semblait annoncer une collaboration étroite, en prévoyant des « bureaux » placés sous le contrôle de la Société ; dès 1923, le Conseil décidait d'exclure les organisations non gouvernementales du champ d'application de cette disposition. La collaboration qui s'est poursuivie ne s'est donc pas institutionnalisée. La Charte des Nations Unies, dans son article 71, est plus explicite mais encore assez restrictive :

« Le Conseil économique et social peut prendre toutes dispositions utiles pour consulter les organisations non gouvernementales qui s'occupent de questions relevant de sa compétence ». Seul un organe de l'ONU bénéficie de cette association institutionnelle ; or tous les domaines intéressant l'action de l'ONU ne sont pas de sa compétence.

Une coopération similaire est prévue par les actes constitutifs de certaines institutions spécialisées (OIT, Unesco, UIT) et de certaines organisations régionales (OEA, Communautés européennes).

D'ailleurs même dans le silence des textes, ou au-delà de ces textes, rien n'interdit d'établir des relations officieuses ou officielles avec les associations internationales : l'OACI, le Conseil de l'Europe, l'OMI utilisent fréquemment des propositions émanant d'associations spécialisées (l'IFALPA, en matière de sécurité aérienne ; le CMI, en droit maritime privé, etc.).

Cette forme de participation ne doit pas être confondue avec la représentation de certaines forces socio-politiques au sein des organes des organisations internationales, au titre de la représentation des États membres (v. *supra*, n°s 412 et s.), ni avec la consultation d'experts (v. *supra*, n° 411).

2° *Modalités de la coopération.* — Parfois informel, le statut des organisations non gouvernementales est fixé par les organes des organisations internationales auprès desquels elles sont représentées.

À l'ONU, les relations avec les associations internationales sont fondées sur la résolution 1296 (XLIX) de 1968 du Conseil économique et social, revue et complétée par la résolution 1996/31.

La première de ces résolutions distingue trois types d'organisations non gouvernementales, celles relevant des « catégories » I et II, et celles inscrites sur la « liste » du Conseil.

Les ONG des deux premières classes peuvent déléguer des observateurs aux séances publiques du Conseil et de ses organes subsidiaires, y prendre la parole, leur adresser des exposés écrits et bénéficier de la documentation qui y est distribuée. Seules les associations de la catégorie I, qui s'intéressent en principe à la plupart des activités du Conseil, peuvent proposer l'inscription d'une question à l'ordre du jour de ces organes. Ces diverses facilités — à l'exclusion de la dernière — peuvent être exceptionnellement octroyées aux associations inscrites sur la « liste ».

La résolution 1996/31 du 25 juillet 1996 énonce les critères que doivent remplir les ONG pour bénéficier de ce statut consultatif, notamment des conditions de stabilité, de gouvernance et de transparence. Appliqués de façon laxiste par le Comité chargé des organisations non gouvernementales, ces principes bénéficient à près de 3 000 ONG.

L'influence des ONG au sein des Nations Unies est surtout sensible en matière humanitaire et dans le domaine des droits de l'homme. Ainsi, le CICR, « eu égard au rôle et aux mandats particuliers qui lui ont été assignés par les conventions de Genève de 1949 », s'est vu reconnaître le statut d'observateur – en principe réservé aux organisations intergouvernementales et aux États non membres – par l'Assemblée générale (résol. 45/6 du 16 oct. 1990 ; statut étendu à la Fédération internationale des sociétés de la Croix-Rouge et du Croissant-Rouge par la résol. 49/2 du 19 oct. 1994) ; l'Ordre souverain de Malte et l'Union internationale pour la conservation de la nature en ont également bénéficié (résol. 48/265 du 24 août 1994 – v. aussi *supra*, n° 380).

L'Unesco, la FAO et la CNUCED distinguent également plusieurs régimes selon l'importance des organisations non gouvernementales dans le domaine d'activité et l'organisation considérée. D'une manière générale, leur accès aux divers organes et à l'ensemble des activités des institutions spécialisées est moins « filtré » qu'à l'ONU. Mais la pratique tend à gommer ces différences, l'Assemblée générale des Nations Unies ayant tendance à ouvrir plus largement le secteur des consultations au domaine des relations internationales politiques.

C'est probablement sous les auspices des Communautés européennes que s'est développé le réseau le plus dense d'associations, en particulier socio-professionnelles, chargées de promouvoir certains textes d'harmonisation, de suivre les progrès de la construction européenne, voire de faire pression sur les différents organes des Communautés : ainsi du mécanisme très particulier permettant de transformer en directives des conventions négociées entre partenaires sociaux au niveau européen, prévu par l'article 139 du TCE (155 du TFUE) et qui a déjà été mis en œuvre à plusieurs reprises.

Outre la qualité de parties à des contrats « internationalisés » — qui concerne essentiellement des entreprises —, des personnes privées sont aujourd'hui invitées à jouer un rôle direct dans la poursuite de certains objectifs des organisations internationales : le Secrétaire général des Nations Unies sollicite depuis plusieurs années certains éléments de la « société civile »

— par exemple des fondations — pour un « parrainage » avec participation financière de projets ou de programmes opérationnels de l'Organisation.

Certaines ONG — et de plus en plus souvent, de grandes entreprises ou des associations professionnelles — participent également aux travaux de conférences diplomatiques qui peuvent déboucher sur l'adoption d'actes concertés non conventionnels, eux-mêmes à l'origine de futures conventions internationales.

Section 2

Protection internationale des personnes privées

BIBLIOGRAPHIE. — N. MANDELSTAM, « La protection internationale des droits de l'homme », *RCADI* 1931-IV, vol. 38, p. 129-231. — G. GUYOMAR, « Nations Unies et organisations régionales dans la protection des droits de l'homme », *RGDIP* 1964, p. 687-707. — F. ERMACORA, « Human Rights and Domestic Jurisdiction », *RCADI* 1968-1, vol. 124, p. 371-452. — K. VASAK, « Le droit international des droits de l'homme », *RCADI* 1974-IV, vol. 140, p. 333-416 — K. VASAK dir., *Les dimensions internationales des droits de l'homme*, Unesco, 1978, XX-780 p. — J.-B. MARIE, *Glossaire des droits de l'homme*, Maison des sciences de l'homme, Paris, 1981, 339 p. — P. SIEGHART, *The International Law of Human Rights*, Clarendon Press, Oxford, 1983, XXIV-569 p. —J. BALLALOUD, *Droits de l'homme et organisations internationales*, Montchrestien, 1984, 243 p. — M. El. KOUHENE, *Les garanties fondamentales de la personne humaine en droit humanitaire et les droits de l'homme*, Nijhoff, Dordrecht, 1986, XXII-258 p. — J. DHOMMEAUX, « De l'universalité du droit international des droits de l'homme », *AFDI* 1989, p. 399-423. — CEDIN, *Droit international et droits de l'homme* (E. DECAUX et H. THIERRY dir.), Montchrestien, 1990, 296 p. — A. CASSESE ed., *The International Fight Against Torture*, Nomos, Baden-Baden, 1991, 186 p. — N. VALTICOS, « La notion de droits de l'homme en droit international », *Mél. Virally*, 1991, p. 483-491. — Ph. ALSTON ed., *The United Nations and Human Rights. A Critical Appraisal*, Oxford UP, 1992, XIII-748 p. — R. CLAUDE et B. WESTON, *Human Rights in the World Community*, University of Pennsylvania Press, 1992, XIII-450 p. — H. HANUM ed., *Guide to International Human Rights*, University of Pennsylvania Press, 1992, 308 p. — F. OUGUERGOUZ, « L'absence de clause de dérogation dans certains traités relatifs aux droits de l'homme », *RGDIP* 1994, p. 289-336. — P. WACHSMANN, *Les droits de l'homme*, Dalloz, 1995, 2e éd., 1995, 144 p. — D. PRÉMONT et al. dir., *Droits intangibles et états d'exception*, Bruylant, 1996, XXVII-644 p. — SFDI, colloque de Strasbourg, *La protection des droits de l'homme et l'évolution du droit international*, Pedone, 1998, 344 p.— K. VASAK, « La paix et les droits de l'homme », *CEBDI*, vol. II, 1998, p. 577-611. — A.A. CANÇADO-TRINDADE, « The International Law of Human Rights at the Dawn of the XXIst Century », *CEBDI*, vol. III, 1999, p. 145-221. — J. S. WATSON, *Theory and Reality in the International Protection of Human Rights*, Transnational Publishers, New York, 1999, X-325 p. — L.-A. SICILIANOS ed., *The Prevention of Human Rights Violations*, Nijhoff/Sakkoulas, La Haye/Athènes, 2001, XV-363 p. — R. PROVOST, *International Human Rights and Humanitarian Law*, Cambridge UP, 2002, XXXIX-418 p. — C. VILLAN DURAN, *Curso de derecho internacional de los derechos humanos*, Trotta, Madrid, 2002, 1028 p. — M. BERGSMO ed, *Human Rights and Criminal Justice for the Downstrodden. Essays in Honour of Asbjørn Eide*, Nijhoff. Leiden, 2003, XXIII-825 p. — Ch. TOMUSCHAT, *Human Rights : Between Realism and Idealism*, Oxford UP, 2003, XIVI-333 p. — C. F. DE CASADEVANTE ROMANI dir., *Derecho internacional de los derechos humanos*, Dilex, Madrid,

2004, 681 p. — O. DE FROUVILLE, *L'intangibilité des droits de l'homme en droit international*, Pedone, 2004, XII-561 p. — F. SUDRE, *Droit international et européen des droits de* l'homme, PUF, 2005, 672 p. — E. DECAUX dir., *Les Nations Unies et les droits de l'homme*, Pedone, 2006, 348 p. — R. ERGEC, *Protection européenne et internationale des droits de l'homme*, Bruylant, Bruxelles, 2006, 272 p. — A. BIANCHI, « Human Rights and the Magic of *jus cogens* », *EJIL* 2008, p. 491-508. — SFDI, colloque de Nanterre, *La responsabilité de protéger*, Pedone, 2008, 358 p.

Recueils de textes : P. ROLLAND et P. TAVERNIER, *La protection internationale des droits de l'homme*, PUF, « Que sais-je ? », n° 2461, 1994, 128 p. — I. BROWNLIE, *Basic Documents on Human Rights*, Clarendon Press, Oxford, 1992, X-603 p. — Haut-Commissariat des Nations Unies aux Droits de l'Homme, *Droits de l'homme : recueil d'instruments internationaux*, vol. I, *Instruments Universels*, 2 tomes, New York/Genève, 2002, n° de vente : F.02.XIV-4, XVI-1090 p. (vol. II, en anglais seulement : *Regional instruments*, 1997, VI-484 p.) — P.R. GHANDI, *Blackstone's International Human Rights Documents*, Oxford UP, 2004, XV-507 p. — O. DE SCHUTTER, F. TULKENS et S. VAN DROOGHENBROECK, *Code de droit international des droits de l'homme*, Bruylant, Bruxelles, 2005, 851 p. — F.F. MARTIN et as. dir., *International Human Rights and Humanitarian Law. Treaties, Cases and Analysis*, Cambridge UP, 2006, XXXII-990 p.

Sur le droit international humanitaire, v. *infra* la bibliographie figurant sur le n° 578.

422. L'« invocabilité » des droits de l'homme. — En principe, la norme internationale n'atteint la personne privée que si l'État l'édicte sous une forme qui la rend invocable par celle-ci ; à cette condition — et à cette condition seulement — elle peut être opposée aux autorités publiques nationales. Le Professeur Guggenheim appelle cette exigence l'« individualisation » au plan interne *(Traité de droit international public*, Librairie de l'université, Genève, 1954, t. II, p. 28 s.). Traditionnellement, si l'État néglige cette formalité essentielle, le particulier ne dispose d'aucun recours pour l'obliger à l'accomplir ou pour pallier cette omission, sauf, s'il s'agit d'un ressortissant étranger, à obtenir la protection diplomatique de son État national, avec tous les aléas tenant à cette institution (v. *infra*, n°s 487 et 495-496).

Face aux défaillances d'un certain nombre d'États, des institutions internationales — juridictionnelles ou non — ont progressivement développé une jurisprudence favorable à l'invocabilité et à l'opposabilité à tous les États de quelques normes internationales fondamentales. Les États ont fini par accepter cette novation au moins dans certains domaines, tel celui des droits de l'homme.

La protection offerte par le droit international des droits de l'homme ne cesse pas en temps de conflit armé sauf disposition spéciale contraire et s'étend « aux actes d'un État agissant dans l'exercice de sa compétence en dehors de son propre territoire », en particulier dans les territoires occupés (CIJ, avis consultatifs, 8 juill. 1996, *Licéité de la menace ou de l'emploi d'armes nucléaires*, *Rec.* 1996, p. 239, § 24 ; 9 juill. 2004, *Édification d'un mur dans le territoire palestinien occupé*, *Rec.* 2004, p. 177-181, § 104-113 ; arrêt, 19 déc. 2005, *Activités armées sur le territoire du Congo (RDC c. Ouganda)*, *Rec.* 2005, p. 243-245, § 216-220 ; v. aussi CEDH, arrêts du 23 mars 1995, *Loizidou c. Turquie* (exceptions préliminaires), *Série A* n° 310, § 62 ; 10 mai 2001, *Chypre c. Turquie*, *CEDH Rec.* 2001-IV, § 77 ; 8 juill. 2004, *Ilascu et autres c. Moldova et Russie*, *CEDH Rec.* 2004-VII, § 386-394). Le droit humanitaire apparaît ainsi comme une *lex specialis* par rapport au droit international des droits de l'homme dont l'applicabilité est toujours le principe.

§ 1. — *Les droits protégés*

BIBLIOGRAPHIE. — V. la bibliographie générale sur le n° 422 et les bibliographies particulières ci-dessous.

Sur les droits de la femme : N.-K. HEVENER, *International Law and the Status of Women*, Westview Press, Boulder, 1982, XII-249 p. ; K. D. ASKIN et D. M. KOENIG, eds., *Women and International Human Rights Law*, Transnational Publishers, New York, 3 vols., 1999, XXIX-736 p. et XXIII-731 p., 2001, XXVI-1013 p ; F. GASPARD, « L'ONU et les droits des femmes », *Obs. NU* 2006, p. 285-297 — *Sur les droits de l'enfant :* M. TORELLI, *La protection internationale des droits de l'enfant*, PUF, 1983, 218 p. ; Ph. ALSTON, St. PARKER et J. SEYMOUR ed., *Children, Rights and the Law*, Oxford UP, 1992, XIV-263 p. ; Sh. DETRICHT, J. DOEK et N. CANTWELL, *The UN Convention on the Rights of the Child – A Guide to the* Travaux préparatoires, Nijhoff, Dordrecht, 1992, X-712 p. ; J. RUBELLIN-DEVICHI et R. FRANCK, *L'enfant et les conventions internationales*, PU Lyon, 1996, 492 p. ; E. VERHELLEN ed., *Monitoring Children's Rights*, Nijhoff, La Haye, 1996, 940 p. ; B.C. et J.O. HAFEN, « Abandoning Children to their Autonomy », *Harvard ILJl* 1996, p. 449-491 ; F. BLOISE, A. CÉZARD et J.-Ph. KOT, « Le Protocole facultatif se rapportant à la Convention relative aux droits de l'enfant, concernant l'implication d'enfants dans les conflits armés : évolution ou révolution ? », *Obs. NU* 2002, p. 199-220 ; C. PRICE COHEN, *Jurisprudence on the Rights of the Child*, Transnational Publishers, Ardsley, 2004, 4 vol., 4170 p. ; R. ERRERA, « L'application de la Convention de l'ONU relative aux droits de l'enfant et l'incidence de la Convention européenne des droits de l'homme sur les droits de l'enfant dans la jurisprudence du Conseil d'État », *RUDH* 2005, p. 329-337 ; J. TODRES et as. ed., *The UN Convention on the Rights of the Child : An Analysis of Treaty Provisions and Implications of US Ratification*, Transnational, Ardsley, NY, 2006, XVIII-375 p. — *Sur les droits des personnes handicapées :* F. MÉGRET, « The Disabilities Convention : Human Rights of Persons with Disabilities or Disabilities Rights ? », *HRQ* 2008, p. 494-516 ; v. aussi SYMPOSIUM, « The United Nations Convention on the Rights of Persons with Disabilities » *in Syracuse Journal of International Law and Commerce*, 2007, p. 287-671.

Sur les droits dits « de la troisième génération » : V. les articles de Ph. ALSTON, *RDH* 1979, p. 19-67 ; *NILR* 1982, p. 307-322 et *AJIL* 1984, p. 607-621 — *Sur le droit au développement* v. R.-J. DUPUY dir., *Le droit au développement*, colloque de l'Académie de droit international, Sijthoff et Noordhoff, 1980, XII-446 p. ; N. ROJAS-ALBONICO, *Le droit au développement comme droit de l'homme*, P. Lang, Berne, 1984, 321 p. et les articles de K. M'BAYE, *RDH* 1972, p. 503-534 et *Mél. Lachs*, Nijhoff, La Haye, 1984, p. 163-177 ; J.-A. CARRILLO SALCEDO, *Rev. Esp. Der. I.* 1972, p. 119-125 ; K. DE VEY MESTDAGH, *NILR* 1987, p. 30-53 ; Ch. TOMUSCHAT, *GYBIL* 1982, p. 85-112 ; J.-J. ISRAEL, *RGDIP* 1983, p. 5-41 ; A. PELLET, *in* Colloque d'Aix-en-Provence, 1982. M. FLORY dir., *La formation des normes en droit international du développement*, CNRS-OPU, Paris-Alger, 1984, p. 71-85 et *Third World Legal Studies* 1984, p. 129-139 ; R.-J. DUPUY, *Mél. Chaumont*, 1984, p. 263-280 ; C. A. COLLIARD, *AFDI* 1987, p. 614-628 ; G. ABI-SAAB, *ASDI* 1988, p. 9-24 ; S. R. CHOWDHURY, E. M. G. DENTERS et P. J. I. M. DE WAART, *The Right to Development in International Law*, Nijhoff, Dordrecht, 1992, XXVI-415 p., A. KERDOUN, *RQDI* 2004, p. 73-96 ; M.J. DENNIS et D.P. STEWART, « Justiciability of Economic, Social and Cultural Rights : Should There Be an

International Complaints Mechanism to Adjudicate the Rights to Food, Water, Housing and Health ? », *AJIL* 2004, p. 462-515 ; A. Mahiou ET F.G. Snyder ed., *La sécurité alimentaire*, Nijhoff, Leiden, 2006, 992 p. ; E. Riedel et P. Rothan ed., *The Human Right to Water*, BWV Berliner Wissenschafts-Verlag, 2006, 213 p. — *Sur le droit à un environnement sain* : *Le droit à un environnement sain*, Colloque, Unesco, Paris, 1987, 178 p. ; « Agora », *AJIL* 1990, p. 190-212 ; M. Thorme, « Establishing Environment as a Human Right », *Denver Jl. of I.L.* 1991, p. 301-342 ; A. E. Boyle et M. R. Anderson (dir.), *Human Rights Approaches to Environmental Protection*, Clarendon Press, Oxford, 1996, 302 p. ; P. Tavernier, « Le droit de l'homme à un environnement sain, le droit de propriété et les libertés économiques », *Ann. I. Droits. H.* 2006, p. 219-237. — *Sur le droit à la nourriture :* v. Ph. Alston et K. Tomasevski, *The Right to Food*, Nijhoff, La Haye, 1984, 228 p. ; Ch. Courtis, « The Right to Food as a Justiciable Right : Challenges and Strategies », *Max Planck YBUNL*, p. 317-337 ; S. Skogly, « Right to Adequate Food : National Implementation and Extraterritorial Obligations », *ibid.*, 2007, p. 339-358 — *Sur le droit à la santé :* H.K. Nielsen, *The World Health Organisation : Implementing the Right to Health*, Eurpublishers, Copenhague, 2002, 95 p.

A. — Définition internationale des droits de l'homme

423. Position générale de la question. — La protection internationale de l'individu est ressentie par les États comme une grave atteinte à leur souveraineté. En raison de sa compétence personnelle et de sa compétence territoriale, c'est à l'État que revient le pouvoir exclusif d'agir à l'égard des individus, nationaux ou étrangers, qui vivent sur son territoire (v. *supra*, n° 309). Or, il est évident qu'aucun État n'avoue que sa propre législation – ordinaire et constitutionnelle – ignore les droits individuels et ne suffit pas à constituer, à elle seule, une protection efficace de ces droits. Par ailleurs, les États admettent difficilement l'idée d'une protection internationale qui jouerait en définitive contre eux-mêmes. Dans ces conditions, il faut s'attendre à ce que, en tant que « législateurs internationaux », ils n'acceptent pas sans réticence une intervention extérieure dans ce domaine, fût-ce celle de la communauté internationale. Sans oser toujours la repousser ouvertement, ils expriment des doutes sur sa nécessité ou y voient un risque de manipulation politique.

À partir du moment où l'on écarte la conception absolue de la souveraineté, le problème ne doit plus être posé en termes généraux et abstraits. En fait, l'exclusivité de la compétence étatique n'est concevable qu'à l'égard des nationaux, non des étrangers. En second lieu, les atteintes à cette exclusivité sont très différemment ressenties selon la dimension du groupe protégé et les objectifs de la protection internationale, selon aussi le caractère plus ou moins superétatique du mécanisme de protection. Les États accepteront plus facilement les contraintes d'une réglementation internationale protectrice des étrangers que des nationaux, celle en faveur de groupes nettement caractérisés que de l'ensemble de leurs ressortissants. Et ils préféreront la méthode des législations parallèles, harmonisées par voie de conventions internationales, dont ils conservent la maîtrise, à l'intervention d'organes internationaux plus ou moins indépendants.

L'histoire de la protection internationale des individus conduit donc à distinguer deux hypothèses principales : la protection de l'ensemble des personnes résidant sur le territoire de l'État, nationaux ou étrangers, dans le cadre de la protection internationale générale des droits de l'homme – qui est sensiblement différente au niveau universel et dans le cadre régional ; celle de certaines catégories particulières de personnes, qu'il s'agisse des étrangers en tant que tels ou de certains groupes relevant à un titre ou à un autre de l'État concerné.

424. Affirmation des droits de l'homme au niveau universel

Sur la Déclaration universelle de 1948 : R. CASSIN, « La Déclaration universelle et la mise en œuvre des droits de l'homme », *RCADI* 1991-II, vol. 79, p. 237-367. — A. EIDE, ALFREDSSON et G. MELANDER ed., *The Universal Declaration of Human Rights — A Commentary*, Scandinavian UP, Oslo, 1992, III-474 p. — P. R. GHANDHI, « The Universal Declaration of Human Rights at Fifty Years », *GYBIL* 1998, p. 206-251. — Commission consultative des droits de l'homme, colloque, *La Déclaration universelle des droits de l'homme*, La Documentation française, 1999, 416 p. — M. KHDIR, « Quelques réflexions sur la nature juridique de la Déclaration universelle des droits de l'homme du 10 décembre 1948 », *RDIDC* 1999, p. 333-357.

Sur les Pactes de 1966 : M. NOWAK, *UN Covenant on Civil and Political Rights. CCPR Commentary*, Engel, Kehl, 1994, XXVIII-936 p. ; S.N. CARLSON et G. GISVOLD, *Practical Guide to the International Covenant on Civil and Political Rights*, Transnl. Publ., Ardsley, 2003, XII-249 p. ; S. JOSEPH, J. SHULTZ et M. CASTAN, *The International Covenant on Civil and Political Rights : Cases, Materials and Commentaries*, Oxford UP, 2004, LX-985 p. ; M. SEPÚLVEDA, *The Nature of the Obligations Under the International Covenant on Economic, Social and Cultural Rights*, Intersentia, Antwerp, 2003, XX-466 p. ; M.A. BADERIN et R. MCCORDOQUALE ed., *Economic, Social and Cultural Rights in Action*, Oxford UP 2007, XXIII-499 p. ; E. STAMATOPOULOU, *Cultural Rights in International Law : Article 27 of the Universal Declaration of Human Rights and Beyond*, Brill, Leiden 2007, XVI-333 p. — *Sur l'entrée en vigueur des Pactes* v. J. MOURGEON, *AFDI* 1976, p. 290-304 et E. DECAUX, *RGDIP* 1980, p. 487-534 ; et sur l'adhésion de la France : V. COUSIRAT-COUSTÈRE, *AFDI* 1983, p. 510-532. — *Sur le Comité des droits de l'homme :* J. DHOMMEAUX, « Les méthodes du Comité des droits de l'homme dans l'examen des rapports soumis par les États parties au Pacte sur les droits civils et politiques », *AFDI* 1988, p. 331-364 ; « La jurisprudence du Comité des droits de l'homme », *AFDI* 1987, p. 447-477, 1991, p. 514-552, 1993, p. 657-683, 1995, p. 447-468 et 1998, p. 613-646 ; G. COHEN-JONATHAN, *Mél. Dupuy*, 1991, p. 83-97 ; D. MCGOLDRICK, *The Human Rights Committee*, Clarendon Press, Oxford, 1991, XLV-576 p. ; K.A. YOUNG, *The Law and Process of the UN Human Rights Committee*, Transnl. Publ., Ardsley, 2002, XXVI-355 p. ; L. HENNEBEL, *La jurisprudence du Comité des droits de l'homme des Nations Unies : le Pacte international relatif aux droits civils et politiques et son mécanisme de protection individuelle*, Bruylant, Bruxelles, 2007, 582 p. — *Sur le Comité des droits économiques, sociaux et culturels :* A. A. CANÇADO TRINDADE, *RGDIP* 1990, p. 913-946 ; D. TURP, *Mél. Virally* 1991, p. 465-481. — H. GHERARI, *RGDIP* 1992, p. 75-102 — P. TAVERNIER, « L'ONU et l'affirmation de l'universalité des droits de l'homme », *RTDH* 1997, p. 379-393 — « La France et le Pacte international relatif aux droits civils et politiques », *LPA*, n° spécial, 25 mai 2000, 70 p. — R. SODINI, *Le Comité des droits économiques, sociaux et culturels*, Montchrestien, 2000, 220 p.

Sur les principales conventions universelles protectrices des droits de l'homme : *Sur l'interdiction de l'esclavage et de la traite :* G. SCELLE, « Une institution disparue, l'assiento », *RGDIP* 1906, p. 357-397. — M. SCHREIBER, « La convention supplémentaire des Nations Unies relative à l'abolition de l'esclavage... », *AFDI* 1956, p. 547-557. — G. FISCHER, « Esclavage et droit international », *RGDIP* 1957, p. 71-101. —

O. PETRE-GRENOUILLEAU, *La traite des noirs*, PUF, coll. « Que sais-je ? », 1997, 128 p. — A. Y. RASSAM, « Contemporary Forms of Slavery and the Evolution of the Prohibition of Slavery and the Slave Trade under Custmoray International Law », *Virginia JIL* 1999, p. 303-352. — *Sur la discrimination raciale :* G. COHEN-JONATHAN, « Le droit de l'homme à la non-discrimination raciale », *RTDH* 2001, p. 665-688. — N. ALVAREZ MOLINERO, « La Convención para la Eliminación de Todas las Formas de Discriminación Racial », *in* F. Gómez Isa dir., *La protección internacional de los derechos humanos en los albores del siglo XXI*, Universidad de Deusto, Bilbao, 2003, p. 215-241. — L.-A. SICILIANOS, « Les potentialités de la Convention pour l'élimination de la discrimination raciale » *in Mél. Cohen-Jonathan*, 2004, p. 1385-1397 ; « L'actualité et les potentialités de la Convention sur l'élimination de la discrimination raciale », *RTDH* 2005, p. 869-921 ; « La dynamique de la Convention sur l'élimination de la discrimination raciale : évolutions récentes », *in* A. YOTOPOULOS-MARANGOPOULOS dir., *L'état actuel des droits de l'homme dans le monde : défis et perspectives*, Pedone, 2006, p. 193-235. — *Sur l'apartheid :* R. E. EDGAR, *Sanctioning Apartheid*, Africa World Press, Trenton, 1990, VIII-433 p. — M. ORKIN, *Sanctions Against Apartheid*, St. Martin's Press, New York, 1990, VIII-328 p. — A. KLOTZ, *Norms in International Relations : The Struggle Against Apartheid*, Cornell UP, Ithaca, 1995, XI-183 p. — *Sur la torture :* M.D. EVANS, *ICLQ* 2002, p. 365-383 ; E. DE WET, « The Prohibition of Torture as an International Norm of *jus cogens* and Its Implications for National and Customary Law », *EJIL* 2004, p. 97-121. — *Sur les disparitions forcées :* C. CALLEJON, « Une immense lacune du droit international comblée par la convention des Nations Unies pour la protection de toutes les personnes contre les disparitions forcées », *RTDH* 2006, p. 337-358 ; O. DE FROUVILLE, « La Convention des Nations Unies pour la protection de toutes les personnes contre les disparitions forcées : les enjeux juridiques d'une négociation exemplaire. Première partie : les dispositions substantielles », *Droits fondamentaux*, n° 6, janv.-déc. 2006, 92 p., www.droits-fondamentaux.org. ; M.F. PEREZ SOLLA, *Enforced Disappearances in International Human Rights*, McFarland & Company, Jefferson, 2006, 241 p. ; T. SCOVAZZI et G. CITRONI, *The Struggle Against Enforced Disappearance and the 2007 United Nations Convention*, Nijhoff, Leiden, 2007, XVIII-432 p. — *Sur la Convention sur le génocide* – v. la bibliographie figurant sur le n° 442.

1° *Le rôle des organisations internationales.* — Il n'existe pas une « organisation internationale des droits de l'homme » unique. Si l'ONU a une compétence générale dans ce domaine, l'OIT et l'Unesco y exercent également des responsabilités importantes.

Dès son préambule, la Charte proclame la foi des Nations Unies dans les « droits fondamentaux de l'homme, dans la dignité et la valeur de la personne humaine » et nombre de ses dispositions affirment que l'ONU développera, encouragera et favorisera « le respect universel et effectif des droits de l'homme et des libertés fondamentales pour tous, sans distinction de race, de sexe, de langue ou de religion » (art. 1, 13, 55, 62, 68, 76). Quoique juridiquement obligatoires en raison de leur caractère conventionnel, ces dispositions n'énoncent que des principes généraux qu'il faut traduire en termes concrets directement applicables. L'Assemblée générale s'y emploie, aidée par le Conseil économique et social et par le Conseil des droits de l'homme. Son action en ce domaine est continue et résolue au plan normatif mais lente et prudente en ce qui concerne la mise en œuvre des droits proclamés.

L'Assemblée générale tient ses compétences en la matière non seulement de son mandat extrêmement général et de l'article 55 de la Charte des Nations Unies, mais aussi de l'article 13 qui lui enjoint de « faciliter pour tous, sans distinction de race, de sexe, de langue ou de religion, la jouissance des droits de l'homme et des libertés fondamentales », questions qui sont en général examinées par sa troisième grande Commission (Commission des questions sociales, humanitaires et culturelles), sauf celles liées au colonialisme qui sont renvoyées à la quatrième Commission. De même, l'article 62, § 2, confère au CES une responsabilité particulière dans ce domaine et l'article 68 l'invite à instituer des commissions pour le progrès des droits de l'homme. Parmi les nombreux organes subsidiaires qu'il a créés à cet effet, deux présentaient une importance particulière : la Commission de la condition de la femme, créée par sa résolution 11 (II) du 21 juin 1946, et la Commission des droits de l'homme, instituée par la résolution 5 (I) du 16 février 1946 dont le mandat très large en faisait l'organe-pivot chargé de préparer la plupart des déclarations et des conventions adoptées par les Nations Unies en la matière ; la Commission était assistée dans sa tâche par la Sous-Commission de la lutte contre les mesures discriminatoires et de la protection des minorités dont les membres étaient des experts indépendants : chargée d'entreprendre des études dans ses domaines de compétence, elle assistait la Commission dans l'examen des réclamations relatives aux droits de l'homme. Cet édifice a été mis à mal par la résolution 60/251 de l'Assemblée générale du 15 mars 2006 qui a remplacé la Commission par un Conseil des droits de l'homme, organe subsidiaire de l'Assemblée, composé de 47 États supposés avoir apporté leur concours « à la cause de la promotion et de la défense des droits de l'homme » et se soumettre à un contrôle régulier de leur comportement en la matière, vœux restés parfaitement pieux (v. M. Eudes, *AFDI* 2006, p. 599-616 et, plus généralement, *in* J.-P. Cot, A. Pellet et M. Forteau, dir., *La Charte des Nations Unies*, Economica, 3e éd., 2005, les commentaires des articles 13, § 1.b, 55.c, et 62, § 2, par R. Mehdi, J.-B. Marie, N. Questiaux et D. Rosenberg).

Deux institutions spécialisées des Nations Unies sont en outre très actives dans leurs domaines respectifs : l'OIT pour la protection des droits de l'homme au travail et l'Unesco qui a, en matière de droits de l'homme, une compétence à la fois normative et de contrôle.

2° *Les principaux instruments juridiques.* — Le noyau central de l'activité normative des Nations Unies est la *Charte internationale des droits de l'homme* constituée par la Déclaration universelle adoptée le 10 décembre 1948 par l'Assemblée générale, les deux Pactes de 1966 et le Protocole facultatif annexé au Pacte relatif aux droits civils et politiques.

Comme toutes les déclarations de droits contenues dans les constitutions nationales de l'après-Seconde Guerre mondiale, la Déclaration universelle des droits de l'homme consacre les droits civils et politiques traditionnels et les droits économiques et sociaux et constitue une synthèse entre la conception libérale occidentale et la conception socialiste : bien qu'ils n'aient pas été entièrement satisfaits du compromis réalisé – surtout du fait du mutisme de la déclaration sur les droits des peuples – les pays de l'Est se sont volontairement abstenus lors du vote final pour ne pas le déparer par des votes hostiles (48 voix contre 0 et 9 abstentions).

En ce qui concerne sa valeur juridique, la Déclaration universelle n'est, en dépit de son importance historique et politique exceptionnelle, pas différente de celle des autres résolutions déclaratives de principes adoptées par l'Assemblée générale (v. *supra*, n° 249).

Elle n'est pas, en tant que recommandation, source d'obligations pour les États. Ainsi, le Conseil d'État français a été saisi d'un recours dans lequel, afin d'obtenir l'annulation d'une élection, le requérant avait invoqué la violation de la Déclaration universelle par l'ordonnance du 21 avril 1944 qui avait déclaré inéligibles certains individus, en raison des actes de collaboration avec l'ennemi pendant la guerre. La Haute juridiction a cependant confirmé que cette Déclaration est dépourvue de caractère juridiquement obligatoire parce qu'elle ne constitue pas un traité international (CE, 18 avril 1951, *Élection de Nolay, Leb.*, p. 189). Les tribunaux américains ont eu l'occasion de rendre des décisions analogues.

En revanche, les principes qu'elle proclame ont pour la plupart, valeur de droit coutumier, voire de normes impératives. Ainsi, par exemple, dans l'affaire du *Personnel diplomatique et consulaire des États-Unis à Téhéran*, la CIJ a estimé que « le fait de priver abusivement de leur liberté des êtres humains et de les soumettre, dans des conditions pénibles, à une contrainte physique est manifestement incompatible avec les principes de la Charte des Nations Unies et avec les droits fondamentaux énoncés dans la Déclaration universelle des droits de l'homme » (*Rec.* 1980, p. 42). Plus précis encore, le TPI pour l'ex-Yougoslavie, dans son arrêt du 10 décembre 1998, *Furundzija (*IT-95-17/1-T, § 144), considère que l'interdiction de la torture est désormais une règle impérative du droit international et que de tels actes ne peuvent être couverts par des législations nationales sur l'amnistie.

Le 16 décembre 1966, l'Assemblée générale a approuvé deux pactes internationaux, l'un relatif aux droits économiques, sociaux et culturels, l'autre, assorti d'un Protocole facultatif de mise en œuvre, aux droits civils et politiques. Fruits d'un lent travail de maturation, ils énoncent tous deux des droits devenus classiques avec, souvent, un certain luxe de détails qui traduit le compromis intervenu entre les États membres. L'article 1er de chacun d'eux rappelle le principe du droit des peuples à disposer d'eux-mêmes (v. *supra*, n° 343).

Le Pacte relatif aux droits économiques, sociaux et culturels est entré en vigueur le 3 janvier 1976, celui relatif aux droits civils et politiques, ainsi que le Protocole facultatif, le 23 mars suivant. Ils sont aujourd'hui respectivement en vigueur à l'égard de 157 et 160 États (110 pour le Protocole I).

Après de longs travaux préparatoires, un second protocole additionnel au Pacte relatif aux droits civils et politiques, visant à abolir la peine de mort a finalement été adopté à New York le 15 décembre 1989. Il est entré en vigueur en 1991 (la France a ratifié ce protocole en 2007 après l'adoption d'un amendement à la Constitution (art. 66-1) rendu nécessaire par la décision du Conseil constitutionnel déclarant le Protocole incompatible avec la Constitution de 1958 (déc. n° 2005-524/525 DC, 13 oct. 2005, *Rec.* p. 142-143).

Outre ces textes fondamentaux, de *nombreuses conventions protectrices des droits de l'homme* ont été adoptées par ou sous les auspices des Nations Unies. Les plus importantes concernent la prévention et la répression du crime de génocide (1948), l'abolition de la traite des êtres humains et de la prostitution (1950) et de l'esclavage (1953 et 1956), l'élimination de toutes les formes de discrimination raciale (1966) ou fondées sur le sexe (1979) et de l'apartheid (1973), la lutte contre la torture et autres peines ou traitements inhumains ou dégradants (1984) ou la protection contre les disparitions forcées (2007).

Nombre de ces instruments sont assortis de mécanismes de surveillance ou de recours, ouverts aux États parties et, parfois, aux particuliers, mais ne présentant pas, en règle générale, un caractère répressif (v. *infra*, n° 438).

425. Affirmation des droits de l'homme au niveau régional

BIBLIOGRAPHIE. — H. GROS-ESPIELL, « La Convention américaine et la Convention européenne des droits de l'homme ; Analyse comparative », *RCADI* 1989-VI, vol. 218, p. 167-412.

En Europe : M. MERLE, « La Convention européenne des droits de l'homme », *RDP* 1951, p. 705-735. — K. VASAK, *La Convention européenne des droits de l'homme*, LGDJ, 1964, 327 p. — F.-M. VAN ASBECK, « La Charte sociale européenne », *Mél. Rolin*, Pedone, 1964, p. 427-448. — Th. BUERGENTHAL ed. *Human Rights, International Law and the Helsinki Accord*, American Society of International Law, 1977, 203 p. — G. COHEN-JONATHAN, « La Convention européenne des droits de l'homme et la Communauté européenne », *Mél. Dehousse*, 1979, t. I, p. 157-168 ; *La Convention européenne des droits de l'homme*, Economica, 1989, 616 p. ; « Le 50e anniversaire de la Convention européenne des droits de l'homme », *RGDIP* 2000 p. 849-872. — Sir Humphrey WALDOCK, « The Evolution of Human Rights Concepts and the Application of the European Convention on Human Rights », *Mél. Reuter*, 1981, p. 535-547. — H. WIEBRINGHAUS, « La Charte sociale européenne : 20 ans après la conclusion du traité », *AFDI* 1982, p. 934-947. — S. ERLMAN, *La Convention européenne des droits de l'homme — guide de jurisprudence*, Braumüller, Vienne, XXX-528 p. — A. DRZEMCZEWSKI, *European Human Rights Convention in Domestic Law, A Comparative Study*, Oxford, Clarendon Press, 1985, XIV-372 p. — J.-F. FLAUSS, « L'activité conventionnelle du Conseil de l'Europe... », *AFDI* 1989, p. 484-511. — A. CLAPHAM, « A Human Rights Policy for the European Community », *YEL* 1990, p. 309-366. — Ph.J. VELU et R. ERGEC, *La Convention européenne des droits de l'homme*, Bruylant, Bruxelles, 1990, 1188 p. — A. BLOED et P. DIJK, *The Human Dimension of the Helsinki Process*, Nijhoff, Dordrecht, 1991, XVI-334 p. — A. CLAPHAM et as. *Human Rights and the European Community*, Nomos, Baden-Baden, 1992, 3 vol., VIII-263 p., XVIII-647 p., XVIII-479 p. — N. FERNANDEZ SOLA, *La dimension humana en la Conferencia sobre seguridad y cooperacion en Europea*, PU Zaragossa, 1993, 265 p. — G. COHEN-JONATHAN, *Aspects européens des droits fondamentaux*, Montchrestien, Paris, 1996, XIII-199 p. — J.-F. FLAUSS et M. DE SALVIA dir., *La Convention européenne des droits de l'homme : développements récents et nouveaux défis*, Bruxelles, Bruylant, 1997, 198 p. — P. VAN DIJK et G.J.H. VAN HOOF, *Theory and Practice of the European Convention on Human Rights*, Kluwer, La Haye, 1998, XXVII-850 p. — D. L. LIÑÁN NOGUERAS, « Derechos Humanos y Unión Europea », *CEBDI*, vol. IV, 2000, p. 363-420. — E. PÉREZ VERA, « El Consejo de Europa y los derechos humanos », *CEBDI*, vol. IV, 2000, p. 463-513. — J.-F. AKANDJI-KOMBÉ et S. LECLERC dir., *La Charte sociale européenne*, Bruylant, Bruxelles, 2001, XII-207 p. — Ph. ALSTON dir., *L'Union européenne et les droits de l'homme*, Bruylant, Bruxelles, 2001, 983 p. — D. HARRIS, *The European Social Charter*, Transnl. Publ., Ardsley, 2001, XXVII- 418 p. — I. CAMERON, *An Introduction to the European Convention on Human Rights*, Iustus Förlag, Uppsala, 2002, XIII-417 p. — F. SUDRE, *La Convention européenne des droits de l'homme*, PUF, « Que sais-je ? » n° 2513, 2004, 128 p. — J.-P. MARGUÉNAUD, *La Cour européenne des droits de l'homme*, Dalloz, 3e éd., 2005, 155 p. — S.C. GREER, *The European Convention on Human Rights : Achievements, Problems and Prospects*, Cambridge UP 2006, XIX-365 p. — D. SZYMCZAK, *La Convention européenne des Droits de l'Homme et le juge constitutionnel national*, Bruylant, Bruxelles, 2006, XXI-349 p. — J.-P. COSTA, « L'État, le territoire et la Convention européenne des droits de l'homme », *Mél. Caflisch*, 2007, p. 179-195. — J.-F. RENUCCI, *Traité de droit européen des droits de l'homme*, LGDJ, 4e éd., 2007, XII-1135 p. — K. REID, *A Practitioner's Guide to the European Convention on Human Rights*, Sweet & Maxwell, Londres, 3e éd., 2008, LXXIV-709 p.

Sur la ratification par la France de la Convention européenne — A. PELLET, *RDP* 1974, p. 1319-1379 ; J.-F. VILLEVIEILLE, *AFDI* 1973, p. 922-927 ; R. GOY, *NILR* 1975, p. 30-50 ; *sur la jurisprudence française relative à la Convention*, v. M.-A. EISSEN, ENM, Bordeaux, 1983, 83 p. et J.-F. FLAUSS, « Le juge administratif français et la Convention européenne des droits de l'homme », *AJDA* 1983, p. 347-401 et, plus généralement, sur « la France devant la Convention européenne des droits de l'homme », v. les colloques de Besançon *in RDH* 1970, p. 550-737, de *Montpellier de 1993*, F. SUDRE dir., Kehl-Strasbourg, Angel, 1994, 513 p. et les *Cahiers du CREDHO*, n° 1 à 7 (1992-2001), qui font le point sur la jurisprudence française relative à la Convention ; v. aussi : F. LAZAUD, *L'exécution par la France des arrêts de la Cour Européenne des droits de l'homme*, PU d'Aix-Marseille, 2006, 2 vol., 635 p.

V. aussi les bibliographies figurant sur le n° 434 et sous le n° 437.1°. a).

En Amérique — K. VASAK, « La protection internationale des droits de l'homme sur le continent américain », *OZÖR* 1967, p. 113-122. — Th. BUERGENTHAL, « The American Convention of Human Rights : an Illusion of Progress », *Mél. Ganshoff van der Mersch*, t. I, Bruylant-LGDJ, Bruxelles-Paris, 1972, p. 385-396. — H. Gros-ESPIELL, « Le système interaméricain comme régime régional de protection internationale des droits de l'homme », *RCADI* 1976-II, vol. 145, p. 1-56. — L.-J. LEBLANC, *The OAS and the Promotion and Protection of Human Rights*, Nijhoff, La Haye, 1977, 179 p. — A.-A. CANÇADO-TRINDADE, « The Evolution of the OAS System of Human Rights Protection », *GYBIL* 1982, p. 489-514 ; « Le système inter-américain de protection des droits de l'homme : État actuel et perspective d'évolution à l'aube du XXIe siècle », *AFDI* 2000, p. 548-577. — P. NIKKEN, « Le système interaméricain des droits de l'homme », *RUDH* 1990, p. 97-109. — D. SCOTT, *The Inter-American Human Rights System*, Dartmouth Publishing, 1997, XVIII-381 p. — D. HARRIS et S. LIVINGSTONE, *The Inter-American System of Human Rights*, Clarendon Press, Oxford, 1998, XXV-581 p. — C. PRONER, *Os direitos humanos e seus paradoxos : Análise do sistema americano de proteção*, Fabris, Porto Alegre, 2002, 247 p.

V. aussi les bibliographies figurant sur le n° 434 et sous le n° 437.1°. b).

En Afrique : Ph. KUNIG, « The Protection of Human Rights by International Law in Africa », *GYBIL* 1982, p. 138-168. — U.-O. UMOZURIKE, « The African Charter on Human and Peoples Rights », *AJIL* 1983, p. 902-912. — F. OUGUERGOUZ, *La Charte africaine des droits de l'homme et des peuples*, PUF, 1993, XXIX-477 p. ; *The African Charter on Human and Peoples'Rights : A Comprehensive Agenda for Human Dignity and Sustainable Democracy in Africa*, Nijhoff, La Haye, 2003, XLVII-1016 p. — M. HAMALENGWA, C. FLINTERMANN et E. DANKWA, *The International Law of Human Rights in Africa-Basic Documents and Annotated Bibliography*, Nijhoff, Dordrecht, 1988, VII-427 p. — K. MBAYE, *Les droits de l'homme en Afrique*, Pedone, 1992, 312 p. — J. MATRINGE, *Tradition et modernité dans la Charte africaine des droits de l'homme et des peuples*, Bruylant, Bruxelles, 1996, 137 p. — M. HANSUNGULE, « The African Charter on Human Rights and Peoples Rights : A Critical Review », *Ann. af. DI* 2000, p. 265-331 — M. EVANS et R. MURRAY ed., *The African Charter on Human and Peoples's Rights : The System in Practice*, Cambridge UP, 2002, XX-390 p. — V.O.O. NMEHIELLE, *The African Human Rights System : Its Laws, Practice, and Institutions*, Nijhoff, La Haye, 2001, XXX-436 p. — G.W. MUGWANYA, *Human Rights in Africa : Enhancing Human Rights Through the African Regional Human Rights System*, Transnl. Publ., Ardsley, 2003, XV-492 p. — R. MURRAY, *Human Rights in Africa. From the OAU to the African Union*, Cambridge UP, 2004, VIII-349 p. — M. KAMARA, « La promotion des droits fondamentaux dans le cadre de la Charte africaine des droits de l'homme et des peuples et du Protocole additionnel facultatif de juin 1998 », *RTDH* 2005, p. 709-728. — M. MUBIALA, *Le système régional africain de protection des droits de l'homme*, Bruylant, Bruxelles, 2005, XX-299 p.

V. aussi les bibliographies figurant sur le n° 434 et sous le n° 437.1°. c).

1° *Au Conseil de l'Europe.* — L'Europe occidentale a eu, dans ce domaine un rôle de pionnier. Chacun des quarante-sept (2008) États membres du Conseil de l'Europe « reconnaît le principe de la prééminence du droit et le principe en vertu duquel toute personne placée sous sa juridiction doit jouir des droits de l'homme et des libertés fondamentales » (art. 3 du Statut). Cette communauté d'idéal a permis à l'action normative d'aboutir rapidement.

Comme aux Nations Unies, deux instruments distincts concernent les droits civils et politiques d'une part, les droits économiques et sociaux d'autre part ; les premiers font l'objet de la Convention européenne des droits de l'homme dont la mise en œuvre est assurée par un mécanisme juridictionnel très contraignant (v. *infra*, n° 437), signée le 4 novembre 1950, les seconds de la Charte sociale européenne du 18 octobre 1961.

a) La Convention européenne des droits de l'homme est entrée en vigueur en 1953 et tous les États membres du Conseil d'Europe y sont parties. Après plus de vingt années d'hésitation la France l'a ratifiée en 1974.

La Convention a été complétée par quatorze protocoles ; certains (protocoles n° 2, 3, 5, 8, 11 et 14) concernent le fonctionnement des organes visés par la Convention ; les autres ajoutent des droits nouveaux à la liste des droits protégés : droit de propriété, droit à l'instruction, élections libres (Protocole n° 1), interdiction des peines de prison pour la non-exécution d'obligations contractuelles, liberté de circulation, interdiction de procéder à des expulsions de nationaux et collectives d'étrangers (Protocole n° 4), abolition de la peine de mort d'abord seulement en temps de paix (Protocole n° 6), puis en tout temps (Protocole n° 13, conclu à Vilnius en 2002), garanties procédurales en cas d'expulsion, droit à appel en cas de condamnation et à indemnisation en cas d'erreur judiciaire, égalité des époux dans le mariage, principe *non bis in idem* (Protocole n° 7), principe de non-discrimination (protocole n° 12, signé en 2000).

Adopté le 11 mai 1994, le Protocole n° 11 — qui abroge le Protocole n° 9 et est en vigueur depuis le 1er novembre 1998 — rénove profondément le mécanisme de contrôle établi par la Convention (v. *infra*, n° 437) ; il est entré en vigueur après ratification par l'ensemble des États parties à la Convention de Rome (1er novembre 1998). En revanche, le Protocole n° 14, du 3 mai 2004, n'est pas encore en vigueur, faute de sa ratification par la Russie (à la date du 30 juillet 2008 – alors que les 46 autres États membres du Conseil de l'Europe l'avaient ratifié dès 2007). Le nouveau paragraphe 2, inséré dans l'article 59 (« L'Union européenne peut adhérer à la (...) Convention ») ouvre la voie à l'adhésion de l'UE, également envisagée par l'article 6, § 2, du Traité de Lisbonne et son Protocole 5.

Au point de vue normatif, en ce qui concerne les droits protégés, la Convention est plus précise que la Déclaration universelle mais pas plus originale. Sans mentionner les droits économiques et sociaux, elle a apporté plus de détails dans la définition des droits civils et politiques reconnus (droit à la vie, à la sûreté, à la propriété, au mariage, à l'éducation, libertés de pensée, de conscience, de religion, d'expression, de réunion, d'association...).

b) Élaborée non sans difficultés, adoptée à Turin en 1961, la *Charte sociale européenne* est entrée en vigueur en 1965. Complétée par un protocole de Strasbourg du 5 mai 1988 (applicable entre 13 États au 1er janvier 2008), son mécanisme de suivi a été amendé par un Protocole signé à Turin le 21 octobre 1991, qui n'est toujours pas en vigueur en 2008 (v. M. Mohr, *JEDI* 1992,

p. 363-370) ; en revanche, le Protocole additionnel du 9 novembre 1995, qui prévoit un système de plaintes collectives, est entré en vigueur en 1998 et lie actuellement 12 États (v. R.R. Churchill et U. Khaliq, *EJIL* 2004, p. 417-456). Une version révisée de la Charte sociale a été adoptée à Strasbourg le 3 mai 1996 et est entrée en vigueur en 1999 (v. D. O'Keeffe, « The Uneasy Progress of European Social Policy », *Columb. J. Europ. Law*, 1996, p. 241-263 ; G.S. Catrougalos, « The implementation of Social Rights in Europe », *Columb. JEL* 1996, p. 277-312 ; C. Pettiti, « La Charte sociale européenne révisée », *RTDH* 1997 n° 29, p. 1). Au 1er janvier 2008, 27 États avaient ratifié la Charte de 1961, et 24 la Charte révisée de 1996.

L'une comme l'autre, ces Chartes énumèrent un grand nombre de droits économiques et sociaux dont sept constituent le « noyau » de la Convention : droit au travail, droit syndical, droit de négociation collective, droit à la sécurité sociale, droit à l'assistance sociale et médicale, droits de la famille, droits des travailleurs migrants. À ces droits fondamentaux s'ajoutent un très grand nombre de droits considérés comme ayant une importance moindre ou qui n'ont valeur que de « déclarations d'intention ».

Le système d'engagement des États est complexe puisque les Parties peuvent n'accepter de garantir qu'une partie des droits prévus, dont au moins cinq des sept droits fondamentaux (art. 20 de la Charte ; six de neuf articles spécifiques de la Partie II, selon l'article A de la Partie III de la Charte révisée) et ne doivent pas accepter des obligations en retrait par rapport à leurs engagements au titre de la Charte de 1961. Ce système d'engagements à contenu variable a le double mérite de tenir compte du niveau inégal de développement des États membres du Conseil de l'Europe et d'être réaliste : les Parties pouvant moduler leurs obligations, on s'attend à ce qu'elles les respectent totalement.

2° Au sein des *Communautés européennes*. — Le lien entre la construction d'une union économique et la question des droits de l'homme n'avait guère été perçu par les auteurs des traités de Rome et de Paris. De fait, il ne s'est concrétisé que du jour où les tribunaux nationaux ont été confrontés aux conséquences de l'effet direct des normes du droit communautaire dérivé, en particulier au risque de contradiction entre ces normes et la protection des droits individuels par les droits constitutionnels nationaux (*supra*, n° 183). L'absence d'un contrôle démocratique des « législateurs » communautaires – Commission et Conseil – pouvait dès lors paraître pleine de menaces et contraire à l'idée moderne de légitimité politique. La réaction s'est produite très rapidement, une fois le danger perçu, selon deux approches : par une meilleure protection juridictionnelle (v. *infra*, nos 437 s.) et par un renforcement des garanties dans le processus de décision communautaire.

Cette préoccupation nouvelle s'affirme, sur le plan politique, dans la Déclaration de Copenhague de 1973 sur « l'identité européenne ». Puis, dans une déclaration commune du 5 avril 1977, les trois organes principaux des Communautés – Conseil, Parlement européen et Commission – s'engageront à sauvegarder les droits fondamentaux de l'individu dans l'élaboration du droit communautaire, ce qui fournit un point d'appui supplémentaire au contrôle juridictionnel. Cet objectif, transposé aux Communautés européennes, s'est traduit par l'accord du 12 avril 1989 sur le droit de pétition individuel au Parlement européen (*Bull. CE* 1989 n° 4) confirmé par le Traité de Maastricht et complété par l'institution du médiateur (art. 194 et 195 du TCE).

L'étape ultime de cette évolution devrait être l'adhésion des Communautés à la Convention européenne des droits de l'homme. C'est finalement une affirmation directe qui a été retenue par le Traité de Maastricht (1992, art. 6), en combinant deux approches : « L'Union respecte les droits fondamentaux, tels qu'ils sont garantis par la convention européenne de sauvegarde des droits de l'homme signée à Rome le 4 novembre 1950, et tels qu'ils résultent des traditions constitutionnelles communes aux États membres, en tant que principes généraux du droit communautaire ». Formule d'autant moins rhétorique que le Traité d'Amsterdam (1997) prévoit que l'État membre qui commet une « violation grave et persistante » des principes énoncés à l'article 6, § 1, pourrait être sanctionné par la suspension de ses droits (art. 7). La seule menace d'une telle éventualité aura certainement une forte portée dissuasive.

L'adoption de la Charte des droits fondamentaux de l'UE, « proclamation solennelle » des trois organes principaux, à l'occasion de la Conférence de Nice du 7 décembre 2000 (*DAI* 2001 n° 2, p. 64) a une portée juridique quelque peu ambiguë : d'un côté, elle constitue un texte programmatoire pour les « législateurs » communautaires « dans le respect du principe de subsidiarité » (art. 51) ; de l'autre, elle confirme le souci d'assurer une véritable cohérence avec la Convention de Rome de 1950 (art. 52), sans affirmer une volonté de dépassement ou du moins une reconnaissance de compétence normative inédite.

Alors que le Traité établissant une constitution pour l'Europe incorporait la Charte des Droits fondamentaux (titre II), l'article 6 du Traité de Lisbonne sur l'Union européenne (dont le sort est incertain) se borne à reconnaître « les droits, les libertés et les principes » qui y sont énoncés (v. A. Iliopoulou, *Cah. dt. eur.* 2007, p. 421-478, ou A. Moriceau, *RMC* 2007, p. 361-364).

Sur le plan particulier des droits sociaux, l'articulation avec le Conseil de l'Europe (convention précitée de Turin, 1961) est également recherchée et réalisée par la Charte communautaire des droits sociaux fondamentaux des travailleurs (résolution du Parlement européen du 22 novembre 1989 et déclaration du Conseil européen du 9 décembre 1989, d'abord annexée au Traité de Maastricht de 1992 puis intégrée au Traité d'Amsterdam, art. 136 du TCE). Jusqu'ici, la productivité de cette disposition a été des plus réduites.

La pratique conventionnelle de la Communauté européenne élargit le champ géographique de cette préoccupation pour le respect des droits de l'homme, avec l'apparition au cours des années 1990, de clauses de « conditionnalité politique » dans les accords d'association ou de partenariat avec des pays tiers, consacrant la trilogie « démocratie, droits de l'homme et État de droit » mise en avant auparavant dans le seul cadre européen.

3° *La « dimension humaine » de la CSCE-OSCE* — Le respect des droits de l'homme et des libertés fondamentales et la « coopération dans les domaines humanitaires » occupent une place importante dans l'Acte final d'Helsinki de 1975. Le rapprochement de ces deux thèmes est à l'origine, depuis 1989 (« Document de Vienne » du 19 janvier 1989), du concept de « dimension humaine » approfondi par la suite dans de nombreux instruments de l'OSCE (Documents de Copenhague, 29 juin 1990 et de Moscou, 3 octobre 1991) et consacré par la Charte de Paris du 21 novembre 1990, dont la première section porte à la fois sur « Droits de l'homme, démocratie et État de droit » – v. E. Decaux, *RGDIP* 1990, p. 1019-1034).

Le lien entre ces trois éléments constitue certainement l'une des particularités de la « dimension humaine » de l'OSCE par comparaison avec les autres mécanismes universels ou régionaux de protection des droits de l'homme qui demeurent largement indifférents à l'organisation politique et constitutionnelle des États (v. cependant *supra* n° 278) : le pluralisme démocratique et le respect de la règle de droit dans les relations entre l'État et les citoyens font partie des « engagements » assumés par les participants. Autre originalité marquante, dans le Document de Moscou de 1991, les États participants « déclarent catégoriquement et irrévocablement que les engagements contractés dans le domaine de la dimension humaine de l'OSCE sont un sujet de préoccupation directe et légitime pour tous les États participants et qu'ils ne relèvent pas exclusivement des affaires intérieures de l'État en cause » ; ainsi se trouve écartée la prétention de certains États de voir dans la protection des droits de l'homme un élément de leur « domaine réservé » (v. *supra*, n°s 283-284).

4° À *l'Organisation des États américains.* — Le système en vigueur depuis l'entrée en vigueur de la Convention interaméricaine de San José de Costa Rica du 22 novembre 1969 – acceptée par 24 États latino-américains (suite à la dénonciation de Trinité-et-Tobago en 1998) – n'est pas très différent du système européen de 1950. Cette convention définit les droits protégés (y compris les droits économiques, sociaux et culturels dont le développement progressif est expressément prévu à l'article 26 et tardivement réalisé par le Protocole de San Salvador, 1988). Comme moyens de la protection, il est créé — comme au Conseil de l'Europe — un organe non-juridictionnel, la Commission interaméricaine des droits de l'homme, et un organe juridictionnel, la Cour interaméricaine des droits de l'homme (v. *infra*, n° 435 et 437).

5° Au sein de *l'Union africaine.* — Signée à Nairobi le 27 juin 1981, la Charte africaine des droits de l'homme et des peuples – dite de Banjul où elle a été adoptée –, entrée en vigueur en 1986, s'inspire des précédents européen et américain mais présente par rapport à ceux-ci des traits distinctifs assez marqués.

Comme son intitulé l'indique, à côté des droits de l'homme *stricto sensu*, elle garantit certains droits des peuples (à l'existence, à la décolonisation, à la libre disposition des ressources naturelles, à la paix — articles 19 à 24) ; ceux-ci apparaissent surtout comme des droits de l'État. En outre, il s'agit du premier traité de droits de l'homme qui intègre dans un même instrument les droits civils et politiques d'une part et les droits économiques, sociaux et culturels d'autre part ; un chapitre entier est consacré aux devoirs de l'individu envers la famille, l'État, la communauté internationale. Enfin, la Convention prévoit la création d'une Commission des droits de l'homme et des peuples (v. *infra*, n° 436) et, après beaucoup d'hésitations, une Cour africaine des droits de l'homme et des peuples a été instituée par le Protocole d'Ouagadougou du 9 juin 1998 (v. *infra*, n° 437).

Dans les autres régions, l'effort conventionnel est soit quasiment absent (Asie), soit très en retrait par rapport aux standards universels (cf. la Charte arabe des droits fondamentaux du 22 mai 2004, entrée en vigueur en 2008, qui se substitue à une Charte arabe des droits de l'homme de 1994 fort peu ratifiée).

B. — Protection internationale des droits de certaines catégories de personnes privées

1° *Travailleurs nationaux*

BIBLIOGRAPHIE. — BIT, *L'impact des conventions et des recommandations internationales du travail*, Genève, 1977, II-114 p. — Ch. PHILIP, *Normes internationales du travail : universalisme ou régionalisme*, Bruylant, Bruxelles, 1978, 316 p. — N. VALTICOS, *Droit international du travail*, Dalloz, 1983, VIII-683 p. — D. S. EHRENBERG, « The Labor Link : Applying the International Trading System to Enforce

Violations for Forced and Child Labor », *Yale JIL* 1995, p. 361-417. — F. MAUPAIN, « La protection internationale des travailleurs et la libéralisation du commerce mondial : un lien ou un frein ? », *RGDIP* 1996, p. 45-100. — N. VALTICOS. « Les conventions de l'OIT à la croisée des anniversaires », *RGDIP* 1996, p. 5-44. — R. BLANPAIN et M. COLUCCI ed., *Code de droit international du travail et de la sécurité sociale*, Bruylant/LGDJ, Bruxelles/Paris, 2002, XXI-595 p. — J.-C. JAVILLIER et B. CERNIGON dir., *Les normes internationales du travail : un patrimoine pour l'avenir : mélanges en l'honneur de Nicolas Valticos*, BIT, Genève, 2004, XXV-709 p. — J.-M. SERVAIS, *International Labour Law*, Kluwer, La Haye, 2005, 346 p. — N. RUNBIN et as. ed., *Code of International Labour Law : Law, Practice and Jurisprudence*, Cambridge UP, 2005, vol. I : *Essentials of International Labour Law* ; LXXVI-770 p. ; vol. II : *Principal Standards of International Labour Law* – t. 1, XLVI-1476 p, t. II : XXXVIII- p. 1479-2336. — A. WISSKIRCHEN, « Le système normatif de l'OIT : pratique et questions juridiques », *Rev. int. travail* 2005, p. 267-305 — V.A. LEARY et D. WARNER ed., *Social Issues, Globalisation and International Institutions : Labour Rights and the EU, ILO, OECD and WTO*, Nijhoff, Leiden, 2006, XXII-418 p. — F.J.L. PENNINGS ed., *Between Soft and Hard Law : The Impact of International Social Security Standards on National Social Security Law*, Kluwer, La Haye, 2006, XIV-325 p.

426. Normes universelles. — Un minimum de règles internationales en la matière s'impose en raison d'une part de l'internationalisation de la main-d'œuvre, rendue possible par le développement des moyens de communication et l'importance des flux migratoires, et, d'autre part, de la concurrence économique entre les États ; il faut éviter que certains pays soient tentés d'abaisser unilatéralement la rémunération directe et indirecte du travail pour diminuer le coût de leurs produits.

Au sortir de la Première Guerre mondiale, les Alliés ont pris conscience de la liaison entre la paix générale du monde et la paix sociale et les États ont accepté assez facilement une limitation de leurs compétences dans un domaine technique. Le résultat est le bond en avant d'une ampleur considérable qui s'est concrétisé par l'adoption de la partie XIII du Traité de Versailles, créant l'Organisation internationale du travail (OIT).

Le préambule de cette partie est rédigé en termes significatifs : « Attendu que la Société des Nations a pour but d'établir la paix universelle et qu'une telle paix ne peut être fondée que sur la paix sociale » ; « attendu que la non-adoption par une nation quelconque d'un régime de travail réellement humain, fait obstacle aux efforts des autres nations désireuses d'améliorer le sort des travailleurs dans leurs propres pays ».

Une des fonctions de l'OIT est d'ordre quasi législatif. Elle contribue à l'établissement des normes internationales du travail, au bénéfice direct des individus, en adoptant des recommandations aux États et des projets de convention (*supra*, n° 104). De 1919 à 2007, 188 conventions ont été adoptées, complétées par un nombre plus élevé encore de recommandations. Ces textes ne visent pas seulement les ouvriers de l'industrie, mais aussi les travailleurs intellectuels et agricoles (cf. CPJI, avis consultatif n° 2, *Compétence de l'OIT pour la réglementation internationale des conditions de travail des personnes employées dans l'agriculture*, série B., n° 3). Ils réglementent un large éventail de matières correspondant à celles qu'énonce, pour atteindre la justice sociale, la Déclaration de Philadelphie du 10 mai 1944 sur les buts et objectifs de l'OIT et concernent en général les travailleurs tant nationaux qu'étrangers (certains sont plus précisément consacrés à ces derniers — v. *infra*, n° 429 s.). En 1998, la Conférence internationale du travail a adopté une Déclaration relative aux principes et droits fondamentaux au travail assorti d'un « mécanisme de suivi promotionnel » (v. H. Kellerson, *Rev. int. travail*, 1998, p. 244-248 ; Ph. Alston, *EJIL* 2004, p. 457-521, et *EJIL* 2006, p. 467-480 ; F. Maupain, *EJIL* 2006, p. 439-465). La Déclaration sur la justice sociale pour une mondialisation équitable adoptée par consensus en 2008 et assortie d'un mécanisme de suivi, reconnaît les bénéfices de la mondialisation mais prône une nouvelle stratégie pour promouvoir la justice sociale à travers les quatre objectifs interdépendants de l'Agenda pour le travail décent (2001) – emploi, protection sociale, dialogue social et tripartisme, et principes et droits fondamentaux au travail.

Les aspects novateurs les plus remarquables du système de la protection se trouvent dans son mécanisme institutionnel où l'individu se voit attribuer, de différentes manières, un rôle actif.

Par l'intermédiaire des organisations professionnelles auxquelles il adhère, il participe, du fait de la composition tripartite des organes de l'OIT, à l'élaboration des projets de convention (v. *supra*, n° 413) et au contrôle de la mise en œuvre de celles-ci, fondé sur l'examen des rapports des gouvernements (v. *infra*, n° 435).

Plus importants en pratique, surtout avec l'extension géographique croissante des Communautés européennes, sont les mécanismes du Traité de Rome et le contenu de la politique sociale européenne, relancée par la Charte des droits sociaux fondamentaux des travailleurs, adoptée par le Conseil en 1989 et applicable tant aux nationaux qu'aux résidents « communautaires ». Cette évolution a été confirmée par le Traité d'Amsterdam de 1997 (v. *supra*, n° 425).

2° *Droits de certains groupes de nationaux*

BIBLIOGRAPHIE. — A. MANDESLTAN, « La protection des minorités », *RCADI* 1923, vol. 1, p. 367-517. — Ch. TOMUSCHAT, « Protection of Minorities under Article 27 of the International Covenant on Civil and Political Rights », *Mél. Mosler*, Springer, Berlin, 1983, p. 949-979. — N. LERNER, *Groups Rights and Discrimination in International Law*, Nijhoff, Dordrecht, 1991, XIV-181 p. — B. VUKAS, « States, Peoples and Minorities », *RCADI* 1991-VI, vol. 231, p. 263-524 — P. THORNBERRY, *International Law and the Rights of Minorities*, Clarendon Press, Oxford, 1991, XIII-443 p. — I. O. BOKATOLA, *L'ONU et la protection des minorités*, Bruylant, Bruxelles, 1992, XVII-291 p. ; « La déclaration des Nations Unies sur les droits des personnes appartenant à des minorités nationales et ethniques, religieuses et linguistiques », *RGDIP* 1993, p. 745-766. — Y. DINSTEIN et M. TABORY ed., *The Protection of Minorities and Human Rights*, Nijhoff, Dordrecht, XII-535 p. — G. GILBERT, « The Legal Protection Accorded to Minority Groups in Europe » *NYBIL* 1992, p. 67-104. — C. BRÖLMANN, R. LEFEBER et M. ZIECK ed., *Peoples and Minorities in International Law*, Nijhoff, Dordrecht, 1993, XIII-347 p. — H. HANNUM ed., *Documents on Autonomy and Minority Rights*, Nijhoff, Dordrecht, 1993, XXI-770 p. — Y. BEN ACHOUR, « Souveraineté étatique et protection internationale des minorités », *RCADI* 1994-I, vol. 245, p. 321-464. — S. PIERRÉ-CAPS, « Peut-on parler actuellement d'un droit européen des minorités ? », *AFDI* 1994, p. 72-105. — J. YACOUB, *Les minorités, quelle protection ?*, Desclée de Brouwer, Paris, 1995, 398 p. — N. ROULAND, S. PIERRÉ-CAPS, J. POUMARÈDE, *Droit des minorités et des peuples autochtones*, PUF, « Droit fondamental », 1996, 581 p. — F. DE VARENNES, *Language, Minorities and Human Rights*, Nijhoff, La Haye, 1996, XII-532 p. —

R. HOFMANN, « Minority Rights : Individual or Group Rights ? A comparative View on European Legal Systems », *GYBIL* 1997, p. 356-382. — *RTDE*, 1997 n° 30, numéro spécial sur la protection des minorités — D. THÜRER, « Protection of Minorities in General International Law and in International Humanitarian Law », *Mél. Suy*, p. 533-547. — R. WOLFRUM, « The Protection of Indigenous Peoples in International Law », *ZaöRV* 1999, p. 369-382. — A. FENET, dir., *Le droit et les minorités, Analyse et textes*, A. FENET dir., Bruylant, Bruxelles, 2000, 661 p. — K. HENRARD, *Devising an Adequate System of Minority Protection. Individual Human Rights, Minority Rights and the Right to Self-determination*, Nijhoff, La Haye, 2000, XVI-363 p. — P. KOVACS, *Le droit international pour les minorités face à l'État-Nation*, PU Miskolc, 2000, 201 p., *La protection internationale des minorités nationales aux alentours du millénaire*, Pedone, 2005, 96 p. — S. RATNER, « Does International Law Matter in Preventing Ethnic Conflict ? », *Jl. of IL & Pol.* 2000, p. 591-698. — S. RAMU, « Le statut des minorités au regard du Pacte international relatif aux droits civils et politiques », *RTDH* 2002, p. 587-628. — S.J. ANAYA ed., *International Law and Indigenous Peoples*, Ashgate, Aldershot, 2003, XXI-483 p. ; *Indigenous Peoples in International Law*, Oxford UP, 2004, XI-377 p. — G. PENTASSUGLIA, *Minorités en droit international*, Conseil de l'Europe, 2004, 304 p. — T.H. MALLOY, *National Minority Rights in Europe*, Oxford UP, 2005, xx-343 p. — B. CHATRÉ, « Minorité nationale, un concept européen », *AFRI*, 2006, p. 172-188. — R. COLAVITTI, « L'ONU et la protection des minorités : un droit coutumier *in statu nascendi* ? », *Obs. NU* 2006, p. 261-283. — R. LA ROSA, *Evoluzione e prospettive della protezione delle minoranze nel diritto internazionale e nel diritto europeo*, Giuffrè, Milan, 2006, XV-372 p. — J. RINGELHEIM, *Diversité culturelle et droits de l'homme : l'émergence de la problématique des minorités dans le droit de la Convention européenne des droits de l'homme*, Bruylant, Bruxelles, 2006, XVIII-490 p. — A. EIDE, « Rights of Indigenous Peoples – Achievements in International Law during the Last Quarter of a Century », *NYBIL* 2006, p. 155-214. — J. SYMONIDES, « L'évolution de la réponse normative de l'OSCE à la question des minorités : des droits collectifs aux droits individuels », *AFRI* 2007, p. 181-199. — S. SUR, « L'OSCE et les minorités : bilan et perspectives », *ibid.* p. 97-105. — A. VERTICHEL et as. ed., *The Framework Convention for the Protection of National Minorities : a useful Pan-European instrument ?*, Intersentia, Antwerp, 2008, XV-282 p.

427. Droits reconnus aux membres de « minorités nationales ». — De tout temps, la nécessité de la protection des minorités au sein d'un même État apparaît chaque fois que l'homogénéité de sa population est en cause parce qu'elle comprend des collectivités de races, de langues et de religions différentes. Il s'agit, sur le plan politique et juridique, de garantir les minoritaires contre les abus possibles de la majorité et, sur le plan sociologique et culturel, d'assurer le maintien de leurs caractéristiques propres. Mais dans cette hypothèse, l'internationalisation de la protection aurait, à la limite, pour conséquence de conférer aux nationaux d'un État le droit d'en appeler à la société internationale contre leur propre État. Pour un État souverain, cette éventualité est difficilement acceptable. Il est inutile de chercher ailleurs la raison pour laquelle, pendant longtemps, le droit international n'a pu pénétrer dans ce domaine.

Cependant, au lendemain de la Première Guerre mondiale, les données mêmes du problème se sont internationalisées. La reconstitution et la création de certains États, la révision des frontières de certains autres, en Europe, ont été accompagnées de l'inclusion dans ces États de minorités étrangères, sans considération pour le principe des nationalités (Pologne, Tchécoslovaquie,

Grèce, Roumanie, Yougoslavie, Albanie, États baltes, Finlande). Les vainqueurs ont cependant ressenti la nécessité d'instituer en contrepartie une protection internationale des populations minoritaires qui ont parfois dû changer d'États. Des conventions ont été signées à cet effet par les principales puissances alliées et associées avec la plupart de ces États. Certains autres ont exprimé leur consentement par une déclaration unilatérale (Albanie, États baltes, Finlande).

Parmi les droits protégés figuraient le droit à la nationalité, le droit à l'usage de la langue maternelle, soit dans les relations privées ou de commerce, soit en matière de religion, de presse ou de publication de toute nature, le droit à l'enseignement dans la langue maternelle, le droit à la propriété privée, le droit à la sécurité contractuelle et, par-dessus tout, le droit au traitement égal avec les ressortissants majoritaires. Ce dernier droit entraînait l'interdiction de toute discrimination pour des motifs raciaux ou religieux (pour l'application et l'interprétation de ces droits, v. CPJI, arrêt, *Écoles minoritaires en Haute-Silésie*, Série A n° 15 ; avis consultatifs, *Traitement des nationaux polonais à Dantzig*, *Écoles minoritaires en Albanie*, Série A/B, n°s 44 et 64).

La protection des minorités ainsi organisée s'est soldée par un échec. De l'avis général, la responsabilité en incombait au Conseil de la SdN dont le souci principal était de ménager la susceptibilité des États soumis à son contrôle. Ces derniers ont, d'autre part, dénoncé le caractère inégalitaire et discriminatoire du système qui leur a été en fait imposé, alors qu'il épargnait tous les autres États multinationaux placés devant le même problème.

Le bilan médiocre de cette approche et les circonstances politiques qui prévalaient au lendemain de la seconde guerre mondiale n'ont pas permis sa rénovation : aucun des traités de paix de 1947 n'a rétabli ce système. Tout au plus a-t-il été possible de régler quelques situations particulières, avec plus ou moins de bonheur, entre les États directement intéressés : déclaration germano-danoise du 29 mars 1955 pour le Slesvig, accord italo-autrichien du 5 septembre 1946 sur le Sud-Tyrol, mémorandum quadripartite du 5 octobre 1954 et accord italo-yougoslave de 1976 relatifs à Trieste, accords de Londres et Zurich de février 1959 pour Chypre. La multiplication des États multi-ethniques depuis 1945 a rendu plus difficile encore la définition des droits des minorités dans les conventions humanitaires.

La Déclaration universelle de 1948 et le Pacte des droits civils et politiques de 1966 ne consacrent qu'une disposition aux droits des minorités et se contentent d'affirmer le principe de non-discrimination, ce qui ne résout que la moitié du problème (cf. l'article 27 du Pacte, dont le Comité des droits de l'homme a précisé la portée ; v. not. les affaires 24/1977, *Sandra Lovelace*, 30 juillet 1982, et 167/1984, *Ominayak*, 26 mars 1990 et 358/1989, *RL et Conoors c. Canada*, 5 nov. 1991 et l'observation générale n° 23 – CCPR/C/21/Rev.1/Add.5, 26 avril 1994).

Il faut d'ailleurs relever que c'est toujours l'individu, et non la minorité elle-même, qui est bénéficiaire de ces normes.

Toutefois, par sa Déclaration des droits des personnes appartenant à des minorités nationales ou ethniques, religieuses et linguistiques (résol. 47/135 du 18 décembre 1992), l'Assemblée générale, prudemment et de manière encore très floue, a paru consacrer les droits des minorités elles-mêmes : selon son article 1er « les États protègent l'existence et l'identité nationale ou ethnique, culturelle, religieuse et linguistique des minorités sur leurs territoires respectifs, et favorisent l'instauration des conditions propres à promouvoir cette identité » ; mais la Déclaration s'emploie surtout à préciser les droits des personnes s'en réclamant (en particulier, droits à l'identité et à la participation), tout en affirmant fortement le principe de l'intégrité territoriale des États (v. I.O. Bokatola, *RGDIP* 1993, p. 745-765). Après de longues années de négociation, une Déclaration sur les droits des peuples autochtones, catégorie particulière de minorités, a également été adoptée par l'Assemblée générale le 13 septembre 2007 (résol. 61/295). Mais la protection conventionnelle marque le pas (v. cependant l'importante Convention de l'Unesco du 14 décembre 1960 concernant la lutte contre la discrimination dans le domaine de l'enseignement (not. art. 5 c) qui institue un système propre de contrôle — v. *infra*, n° 435).

De même, dans le cadre régional européen, la protection des minorités est longtemps demeurée fort timide.

L'article 14 de la CEDH se borne à interdire la discrimination fondée notamment sur « l'appartenance à une minorité nationale » ; ce qui a donné l'occasion à la Cour européenne d'amorcer une jurisprudence importante dans son principe (affaire relative au *Régime linguistique de l'enseignement en Belgique*, arrêts des 9 février 1967 et 23 juillet 1968).

Cependant, grâce à la démocratisation des régimes des États d'Europe de l'Est, à la dissolution de certains d'entre eux et aux problèmes inter-ethniques accrus qui en sont résultés, il devient possible et indispensable de faire progresser les droits des minorités ethniques, religieuses, linguistiques ou culturelles sur le continent européen.

L'arrêt *Chypre c. Turquie* du 10 mai 2001 a donné à la Cour l'occasion de préciser que les conditions d'existence difficiles imposées à une minorité ethnique peut être analysée comme un « traitement inhumain et dégradant » au sens de l'article 3 de la Convention européenne. Dans son arrêt *Stankov c. Bulgarie* du 2 octobre 2001, à propos de la minorité macédonienne, la Cour renforce la protection des libertés d'expression et d'opinion des minoritaires et retient une interprétation restrictive de la marge d'appréciation des autorités confrontées à de prétendues atteintes à l'ordre public de leur fait.

En outre, dans le cadre du *Conseil de l'Europe* a été signée, le 5 novembre 1992, la Charte européenne des langues régionales ou minoritaires qui vise à favoriser la préservation et la pratique de ces langues dans l'enseignement, la justice, l'administration, les médias et la vie économique et sociale ; le contrôle de sa mise en œuvre est assuré par l'examen de rapports périodiques, confié à un groupe d'experts indépendants (v. P. Kovacs, *RGDIP* 1993, p. 411-418). Cette Charte ne pallie cependant qu'en partie le « déficit minoritaire » (*ibid.*) de la Convention européenne de 1950. À la suite de la Déclaration sur les minorités nationales adoptée le 9 octobre 1993 par le sommet de Vienne, la Convention-cadre sur la protection des minorités nationales a été conclue le 10 novembre 1994. Les États européens restent encore réticents pour accorder les droits culturels et politiques reconnus par cette convention (G. Malinverni, *RSDIE* 1995, p. 521-546 ; P. Tavernier, *RGDIP* 1995, p. 385-402 ; F. Benoit-Rohmer, *JEDI* 1995, p. 573-597 ; M. Weller ed., *The Rights of Minorities : A Commentary on the European Framework Convention for the Protection of Minorities*, Oxford UP, 2006, XLIX-674 p.).

De même, dans le cadre de la *CSCE*, les États participants ont, dans la Charte de Paris de 1990, affirmé vouloir protéger « l'identité ethnique, culturelle, linguistique et religieuse des minorités nationales » et veiller « à ce que chacun jouisse de recours effectifs sur le plan national ou international » (v. aussi le Document de Copenhague du 29 juin 1990 et le Rapport de la Réunion d'experts de la CSCE sur les minorités nationales, Genève, 19 juillet 1991). Lors du Sommet d'Helsinki (1992) a été décidée la nomination d'un Haut commissaire pour les minorités nationales, chargé d'engager une « alerte » ou une « action » rapides « lorsque des tensions liées à des problèmes de minorités nationales risqueront de dégénérer en un conflit dans la zone de la CSCE ».

Cette situation évolue cependant et il est symptomatique que, dans ses avis n° 1 et 2 de 1991 et 1992, la Commission d'arbitrage pour la Yougoslavie ait englobé, dans une expression unique, le principe du « respect des droits fondamentaux de la personne humaine et des *droits des peuples et des minorités* », qualifié, de manière il est vrai inexacte et en tout cas, prématurée sous cette forme, de « norme impérative du droit international général », et a affirmé le droit des minorités « de voir leur identité reconnue » (*RGDIP* 1992, p. 265 et 267 — v. A. Pellet, *AFDI* 1991, p. 336-341).

3° *Droits des ressortissants de certaines dépendances politiques*

V. la bibliographie figurant sur le n° 341.

428. Affirmation des droits des habitants de territoires non autonomes. — Comme on l'a vu (*v. supra*, n°s 319 s.), l'autonomie du statut juridique des territoires coloniaux s'est progressivement affermie par rapport à celui de la puissance administrante. Dépendant de celle-ci, leur population n'en avait pas toujours la nationalité et la montée des sentiments anticolonialistes a conduit à prévoir une protection internationale spéciale des habitants de ces territoires. D'abord instituée en faveur des populations des territoires sous mandat au sortir de la Première Guerre mondiale, précisée avec l'institution de la tutelle en 1945, cette protection a été progressivement étendue aux habitants de l'ensemble des territoires non autonomes.

Les droits protégés des habitants des territoires sous mandat ou sous tutelle sont énoncés par le Pacte de la SdN (art. 22) et par la Charte des Nations Unies (art. 76) : droits au progrès politique, économique et social, au développement de l'instruction, à l'évolution progressive vers l'auto-administration ou l'indépendance. Dans l'exercice de sa compétence de contrôle le Conseil de la SdN était assisté par la Commission permanente des mandats ; l'Assemblée générale de l'ONU l'était par le Conseil de tutelle. Ici encore, les individus accèdent à la vie internationale en participant directement à la procédure de contrôle par voie de pétitions (v. *infra*, n° 435).

On retrouve des formules voisines dans l'article 73 de la Charte des Nations Unies, par lequel les États administrant des territoires non autonomes qui ne sont pas placés sous le régime international de la tutelle « reconnaissent le principe de la primauté des intérêts des habitants de ces territoires ». Ils acceptent, outre un certain nombre d'obligations à leur égard, énoncées sous forme d'objectifs très généraux, « de communiquer régulièrement au Secrétaire général, à titre d'information, sous réserve des exigences de la sécurité et de considérations d'ordre constitutionnel, des renseignements statistiques et autres de nature technique relatifs aux conditions économiques, sociales et de l'instruction dans les territoires dont ils sont respectivement responsables ».

Cette disposition qui, passablement sollicitée, a constitué l'un des fondements du droit de la décolonisation (v. *supra*, n° 341), a été à l'origine d'un mécanisme général de surveillance des activités des puissances administrantes qui a été décrit par ailleurs (v. *supra*, n° 321). À l'occasion de l'examen des communications des États coloniaux, le Comité des renseignements relatifs aux territoires non autonomes, créé en 1952, a entrepris un contrôle méthodique du respect des droits des habitants de ces territoires. À partir de 1961, le Comité de décolonisation (Comité des 24) a pris le relais en se fondant davantage sur les termes de la Déclaration 1514 (XV) que sur les dispositions de l'article 73 de la Charte ; en même temps, le droit de pétition des habitants des territoires s'est trouvé affermi et renforcé (v. *infra* n° 438 — sur tous ces points v. le commentaire de l'article 73 par M. Bedjaoui, *in* J.-P. Cot, A. Pellet et M. Forteau dir., *La Charte des Nations Unies*, Economica, 3e éd., 2005, p. 1751-1767).

Au surplus, les organes des Nations Unies chargés d'assurer la protection internationale des droits de l'homme accordent une attention spéciale au respect de ceux-ci – et, tout particulièrement, de l'interdiction de la discrimination raciale – dans les territoires non autonomes (dans lesquels les puissances administrantes ont parfois tenté de se réserver la possibilité de ne pas étendre l'application de conventions relatives aux droits de l'homme par l'inclusion de la « clause coloniale » ; v. *supra*, n° 141). En général exclue des instruments conclus sous les auspices des Nations Unies – parfois à la suite de débats difficiles (v., par exemple, les travaux préparatoires de la Convention sur les droits politiques de la femme de 1953), cette clause figure en revanche dans des instruments adoptés dans le cadre européen (article 63 de la Convention européenne des droits de l'homme, article 34 de la Charte sociale européenne).

4° *Affirmation des droits de ressortissants étrangers*

BIBLIOGRAPHIE. — *En général* — A.H. ROTH, *The Minimum Standard of International Law Applied to Aliens*, Sijthoff, La Haye, 1949, 194 p. — A.-C. KISS, « Condition des étrangers en droit international et droits de l'homme », *Mél. Ganshof van der Meersch*, Bruylant, Bruxelles, 1972, t. III, p. 675-672. — G.-S. GOODWILL-GILL, « Limit of the Power of Expulsion in Public International Law », *BYBIL* 1974-1975, p. 55-156, *International Law and the Movement of Persons between States*, Clarendon Press, Oxford, 1978, XXVII-324 p. et *The Refugee in International Law*, Oxford UP, 1983, XXVI-318 p. — R.-B. LILLICH, « Duties of States Regarding the Civil Rights of Aliens », *RCADI* 1978-III, vol. 161, p. 329-442. — R.-B. LILLITCH et S.-C. NEFF, « Treatment of Aliens and International Human Rights Norms », *GYBIL* 1978, p. 97-118. — A.H.J. SWART, « The Legal Status of Aliens : Clauses in Council of Europe Instruments Relating to the Rights of Aliens », *NYBIL* 1980, p. 3-64. — A.-M. CALAMIA, *Amnizione ed allontamento degli stranieri*, Giuffré, Milan, 1980, 308 p. — A.-C. EVANS, « The Political Status of Aliens in International Law, Municipal Law and European Community », *ICLQ* 1981, p. 20-41. — D. LOCHAK, « L'étranger et les droits de l'homme », *Mél. Charlier*, 1981, p. 615-633. — J. LEBULLENGER, « À propos de l'expulsion des étrangers : les garanties de procédure administrative en droits français et communautaire », *RGDIP* 1981, p. 447-448. — R. PERRUCHOUD, « L'organisation internationale pour les migrations », *AFDI* 1987, p. 513-539 ; « L'expulsion en masse d'étrangers », *AFDI* 1988, p. 677-693. — T.A. ALEINIKOFF et V. CHETAIL ed., *Migration and International Legal Norms*, Cambridge UP, 2003, XXVIII-382 p. — G. CAVALLAR, *The Rights of Strangers : Theories of International Hospitality, the Global Community and Political Justice Since Victoria*, Ashgate, Aldershot, 2002, VII-415 p. — C. COURNIL, *Le statut interne de l'étranger et les normes supranationales*, L'Harmattan, 2005, 740 p. — E. GUILD et A. BALDACCINI ed., *Terrorism and the Foreigner : a Decade of Tension around the Rule of Law in Europe*, Nijhoff, Leiden, 2007, XXII-431 p. — J.-Y. CARLIER, *La condition des personnes dans l'Union européenne*, Larcier, Bruxelles, 2007, 485 p. — D. WEISSBRODT, *The Human Rights of Non-Citizens*, Oxford UP, 2008, XXIII-257 p.

Sur la circulation des personnes. — J. MEGRET, *Droit de la CEE*, vol. III, *Libre circulation des travailleurs, établissement*, Éds. U. de Bruxelles, 1971, 326-245 p. — M. FLORY et R. HIGGINS, dir., *Liberté de circulation des personnes en droit international*, Economica, 1988, 263 p. — L. SOHN et Th. BUERGENTHAL, *The Movement of Persons Accross Borders*, ASIL, Washington DC, 1992, 193 p. — B. GOLDMAN et A. LYON-CAEN, *Droit commercial européen*, Dalloz, 1983, XXV-1123 p. — J. A. R. NAFZINGER, « The General Admission of Aliens under International Law », *AJIL* 1983, p. 804-847. — D. TURPIN, « La loi du 9 septembre 1986 relative aux conditions d'entrée et de séjour des étrangers en France », *RCDIP* 1986, p. 607-631 — R. PLENDER, *International Migration Law*, Nijhoff, Dordrecht, 2e éd., 1988, XXVII-587 p. ; *Basic Documents on International Migration Law*, Nijhoff, Dordrecht, 1988, 499 p. — R. HOFMANN, *Die Ausreisefreiheit nach Völkerrecht und staatlichem Recht*, Springer, Berlin, 1988, XIV-337 p. (liberté de circulation et émigration) — J.-Y. CARLIER et

B. Coulie dir., *L'avenir de la libre circulation des personnes dans l'UE*, Bruylant, Bruxelles, 2006, 322 p. — E. Spaventa, *Free Movement of Persons in the European Union : Barriers to Movement in their Constitutional Context*, Kluwer, La Haye, 2007, XIX-182 p.

Sur le droit d'asile et les réfugiés. — F. Schnyder, « Aspects juridiques actuels du problème des réfugiés », *RCADI* 1965-II, vol. 114, p. 339-450 — B. Vukas, « International Instruments Dealing with the Status of Stateless Persons and of Refugees », *RBDI* 1972, p. 143-175. — S. Aga Khan, « Legal Problems Relating to Refugees and Displaced Persons », *RCADI* 1976-I, vol. 149, p. 287-352. — E.-W. Vierdag, « Asylum and Refugee in International Law », *NILR* 1977, p. 287-303. — P. Weiss, *Nationality and Statelessness in International Law*, Sijthoff et Noordhoff, Alphen, 1979, 337 p. et « The Draft UN Convention on Territorial Asylum », *BYBIL* 1979, p. 151-171. — A. Grahl-Madsen, *Territorial Asylum*, Almqvist et Wiksell, Stockholm, 1980, XVI-231 p. — H.-I. Von Pollern, *Das moderne Asylrecht*, Duncker & Humblot, Berlin, 1980, XL-555 p. — « Les réfugiés dans le monde », *P.P.S.* n° 455, 1983, p. 1-55. — M. Chemillier-Gendreau, « Droit des peuples à disposer d'eux-mêmes et réfugiés », *Mél. Chaumont*, 1984, p. 161-177. — J.-C. Hathaway, « The Evolution of Refugee Status in International Law : 1920-1950 », *ICLQ* 1984, p. 348-380 ; *The Law of Refugee Status*, Butterworths, Toronto, 1991, XXIII-252 p. ; *Reconceiving International Refugee Law*, Nijhoff, La Haye, 1997, XXIX-171 p. ; *The Rights of Refugees Under International Law*, Cambridge UP, 2005, LI-1072 p. — F. Tiberghien, *La protection des réfugiés en France*, Economica, 1984, 316 p. — M. Bettati, *L'asile politique en question*, PUF, 1985, 205 p. — *Thesaurus Acroasium*, vol. XIII, The Refugee Problem on Universal, Regional and National Level, Thessalonique, 1987, 1022 p. — Journée d'études, « La reconnaissance de la qualité de réfugié et l'octroi de l'asile », *RBDI* 1989, p. 5-256. — V. P. Nanda ed., *Refugee Law and Policy — International and US Responses*, Greenwood, Westport, 1989, X-228 p. — L.A. Aledo, « La perte du statut de réfugié en droit international public », *RGDIP* 1991, p. 371-404. — J.J. De Bresson, « Heurs et malheurs de la Convention de Genève du 28 juillet 1951 sur le statut des réfugiés », *Mél. Virally*, 1991, p. 147-156. — J. Rossetto, « Le droit d'asile en Europe », *AFDI* 1993, p. 919-935. — E. Guild et J. Niessen ed., *The Developing Immigration and Asylum Policies of the European Union. Adopted conventions, Resolutions, Recommandations, Decisions and Conclusions*, Kluwer, La Haye, 1996, XVII-528 p. — R. Cholewinski, *Migrant Workers in International Human Rights Law ; Their Protection in Countries of Employment*, Clarendon Press, Oxford, LXXII-452 p. — SFDI, Colloque de Caen, *Droit d'asile et des réfugiés*, Pedone, 1997, 383 p. — F. Nicholson et P. Twomey, ed., *Refugee Rights and Realities. Evolving International Concepts and Regimes*, Cambridge UP, 1999, XXVIII-391 p. — V. Chetail dir., *La Convention de Genève du 28 juillet 1951 relative au statut des réfugiés 50 ans après : bilan et perspectives*, Bruylant, Bruxelles, 2001, XI-456 p. — D. Alland et C. Teitgen-Colly, *Traité du droit d'asile*, PUF, 2002, 693 p. — A.V. EGGLI, *Mass Refugee Influx and the Limits of Public International Law*, Nijhoff, La Haye, 2002, XXII-319 p. — E. Feller, V. Türk et F. Nicholson ed., *Refugee Protection in International Law*, Cambridge UP, 2003, LIX-673 p. — R. Trujillo Herrera, *La Unión Europea y el derecho de asilo*, Dykinson, Madrid, 2003, 486 p. — S. Da Lomba, *The right to seek refugee status in the European Union*, Intersentia, Antwerp, 2004, XII-325 p. — C. Phuong, *The International Protection of Internally Displaced Persons*, Cambridge UP, 2004, XIX-293 p. — F. Julien-Laferrière, H. Labayle et Ö. Edström dir., *La politique européenne d'immigration et d'asile : bilan critique cinq ans après le Traité d'Amsterdam = The European Immigration and Asylum Policy : Critical Assessment Five Years After the Amsterdam Treaty*, Bruylant, Bruxelles, 2005, VII-338 p. — H. Battjes, *European Asylum Law and International Law*, Leiden, 2006, XX-688 p. — G. Clayton, *Textbook on Immigration and Asylum Law*, Oxford UP, 2nd ed. 2006, XLIV-617 p. — K. MUSALO, J.M. MOORE, R.A. BOSWELL, *Refugee Law and Policy : A Comparative and International Approach*, Carolina Academic Press, Durham, 2007, XXXVII, 1196 p. — G.S. GODDWILL-GILL et J. MCADAM, *The Refugee in International Law*, Oxford UP, 2007, LIV-788 p. — A. LE PORS, *Le droit d'asile*, PUF, « Que sais-je ? », 2008, 128 p.

Sur la condition des travailleurs étrangers — SFDI, Colloque de Clermont-Ferrand, *Les travailleurs étrangers et le droit international*, Pedone, 1979, VII-449 p.

429. Protection des étrangers — Le standard minimum. — La matière est traitée ici de façon résiduelle : nombre de questions relatives à la protection des étrangers sont traditionnellement étudiées à l'occasion de l'examen de certains principes généraux du droit des gens : souveraineté permanente sur les ressources naturelles et les activités économiques et compétence personnelle (v. *supra*, nos 322 s. et *infra*, nos 637 s.), protection des droits de l'homme (v. *supra*, nos 423 s.) ou protection diplomatique (v. *infra*, nos 487 et 495 s.).

Le statut international des étrangers, amalgame de règles coutumières et conventionnelles, a connu un développement spectaculaire au cours des dernières décennies avec la multiplication de traités couvrant tout le champ des préoccupations, du domaine économique à celui des libertés publiques, à l'exception de la question des droits politiques, matière qui, jusqu'à présent, n'a fait que très exceptionnellement l'objet d'une concertation internationale (v. cependant le débat sur le droit de vote des « citoyens communautaires », droit posé par l'article 17 du TUE – 42 dans le TFUE).

Indépendamment des points précisément réglementés par des conventions en vigueur – dont le nombre et l'intensité varient d'un État à un autre, un problème préalable se pose, lié à la nécessité de concilier les compétences souveraines des États et le souci de protéger les droits de l'homme : jusqu'où s'étend le « standard minimum » dans le traitement assuré aux étrangers qui est imposé par le droit international aux États ? La question réapparaît aujourd'hui dans toute son acuité dans une société internationale où les inégalités de développement perdurent, où les bouleversements internes sont fréquents, et où la diversité des régimes politiques et des idéologies gouvernementales doit être tenue pour un fait acquis.

Les partisans de la thèse du « traitement national » – c'est-à-dire l'affirmation que selon le droit international lui-même les étrangers ne sont protégés que contre la discrimination et ne peuvent revendiquer que l'égalité avec les nationaux dans l'application du droit national – font valoir que l'idée d'un standard international minimum a servi d'argument pour assurer un traitement privilégié des étrangers (par exemple, régime des « capitulations », *supra*, nos 307 et 310) et la mainmise étrangère sur des secteurs-clés de l'économie nationale, qu'elle a fourni parfois un prétexte commode à des interventions armées. Si l'on peut dénoncer, à juste titre, des abus dans la définition et la mise en œuvre du standard minimum, il n'est cependant pas justifié d'en récuser le principe : il reste nécessaire de pouvoir interdire aux États d'échapper à leur responsabilité internationale en toutes circonstances, sous prétexte qu'étrangers et nationaux ont été soumis au même traitement.

À tout le moins, la notion de standard minimum s'impose pour des catégories d'étrangers spécialement protégés, tels que les agents diplomatiques ou consulaires, et pour les aspects de leurs activités qui différencient les étrangers des ressortissants locaux (taxation fiscale, mouvement de capitaux). La pratique reste rien moins qu'ambiguë : sur le point crucial des nationalisations, les Nations Unies ont semblé consacrer la notion en 1962, dans la Déclaration sur la souveraineté permanente sur les ressources naturelles, et la récuser dans la Charte des droits et devoirs économiques des États de 1974 ; l'idée d'un standard minimum a cependant refait une entrée en force dans le droit contemporain des investissements internationaux (v. *infra*, n°s 642 et s.).

Les jurisprudences récentes de certains États tendent à réduire la marge d'appréciation discrétionnaire des autorités administratives en matière de liberté de circulation des étrangers (v. *infra*, n° 430), concrétisant par là un traitement minimal susceptible de se généraliser (pour la France, v. CE 13 janvier 1975, *Da Silva et as., Leb.* 16 ; 18 juin 1976, *Moussa Konaté, Leb.* 321 ; CE, 21 janvier 1977, *Ministre de l'Intérieur c. Dridi, Leb.* 38 ; 13 mai 1977, *Perregaux et a., Leb.* 216 ; 8 déc. 1978, *GISTI et a., Leb.* 492, concl. Dondoux ; C. const., 9 janv. 1980, *Gaz. Pal.* 1980.II.532, n. L. Hamon).

La Convention de New York du 18 décembre 1990 sur la protection des droits de tous les travailleurs migrants et de leur famille va dans le même sens. Mais son insuccès — elle ne compte que 37 parties et n'est entrée en vigueur qu'en 2003 — illustre les réticences de la plupart des États à l'égard d'un tel contrôle de leur politique à l'égard des travailleurs étrangers.

Bien qu'il y ait un certain arbitraire à effectuer une telle sélection, les activités des étrangers font, généralement, l'objet d'une réglementation particulièrement précise en ce qui concerne d'une part leur accès au territoire et leur liberté de circulation sur celui-ci, et d'autre part leurs activités économiques.

430. Liberté de circulation. — En dépit de proclamations très générales faites dans certains instruments relatifs à la protection des droits de l'homme, la liberté de circulation des personnes d'un État à l'autre, et même sur le territoire d'un État donné, est très imparfaitement réalisée à l'heure actuelle.

Aux termes de l'article 13 de la Déclaration universelle des droits de l'homme :

« (1.) Toute personne a le droit de circuler librement et de choisir sa résidence à l'intérieur d'un État.

« (2.) Toute personne a le droit de quitter tout pays, y compris le sien, et de revenir dans son pays. »

Cependant, l'article 12, paragraphe 3, du Pacte international relatif aux droits civils et politiques ouvre la porte à des limitations importantes en admettant que ces droits peuvent faire l'objet de restrictions législatives si celles-ci sont « nécessaires pour protéger la sécurité nationale, l'ordre public, la santé ou la moralité publiques » ; de nombreux États ont une conception singulièrement large de ces motifs au point qu'ils inversent le principe et les exceptions et soumettent l'accès des étrangers à leur territoire et leur circulation à l'intérieur de leurs frontières à des limitations considérables, voire à une interdiction totale.

Même dans le cadre *a priori* favorable de la liberté de circulation intracommunautaire (art. 14 et 18 du TCE), restent possibles au moins des contrôles d'identité, y compris à l'égard des nationaux circulant entre plusieurs États membres (arrêt de la CJCE, 21 sept. 1999, aff. C-378/97, *Proc. pénale c. F.A. Wijsenbeek, Rec.* p. I-6207).

Il convient à cet égard de distinguer le problème de la sortie et de l'entrée temporaires de celui de l'émigration et de l'immigration. Correspondant à un droit de séjour un caractère permanent ou, au moins, de plus grande stabilité, ces dernières sont en général soumises à un régime plus strict que les premières et sont, la plupart du temps, subordonnées, au moins par l'État d'accueil, à une autorisation plus ou moins libéralement accordée (cf. pour la France, dont l'extrême sensibilité politique est attestée par les fréquentes mutations apportées au régime de l'ordonnance du 2 novembre 1945 relative aux conditions d'entrée et de séjour des étrangers, aujourd'hui repris dans le Code de l'entrée et du séjour des étrangers et du droit d'asile, au cours des vingt-cinq dernières années, les lois du 10 janvier 1980, 20 octobre 1981, 17 juillet 1984, 9 septembre 1986 (fondée sur le principe que l'entrée sur le territoire est un droit de l'État et non de l'étranger), du 10 janvier 1990 — qui améliore les garanties juridictionnelles en cas d'expulsions —, des 24 août et 30 décembre 1993, du 24 avril 1997, du 11 mai 1998, du 18 mars 2003 pour la sécurité intérieure, du 26 novembre 2003 relative à la maîtrise de l'immigration, au séjour des étrangers en France et à la nationalité, du 18 janvier 2005 de programmation pour la cohésion sociale, du 24 juillet 2006 relative à l'immigration et à l'intégration et du 20 novembre 2007 relative à la maîtrise de l'immigration, à l'intégration et à l'asile).

Tous les États se réservent le droit d'expulser les étrangers dont le séjour sur leur territoire menace l'ordre public. Prérogative de l'exécutif — comme l'a rappelé la Cour de cassation : « il est de la nature d'une expulsion d'être exécutée au besoin par la contrainte » (Crim., 20 février 1979, *Batchono, Bull.* p. 208 ; v. aussi la décision 96-179 L du Conseil constitutionnel, du 14 octobre 1996, *JORF* 18 oct. 1996, p. 15301) — l'expulsion a, en France, été considérée comme un acte de gouvernement, insusceptible dès lors de recours contentieux (CE, 4 août 1836, *Naundorff, Leb.* 380), jusqu'à un revirement de jurisprudence intervenu en 1884 (CE, 14 mars 1884, *Morphy, Leb.* 215).

D'abord réticentes pour exercer un contrôle poussé des procédures d'expulsion (cf. Crim., 15 nov. 1934, *D.* 1935.I.11, n. Donnedieu de Vabres ; CE, 21 oct. 1949, *Persager Leb.* 431), les juridictions françaises ont progressivement assoupli leur position. Le Conseil d'État a accepté en particulier de censurer des décisions d'expulsion entachées d'une erreur manifeste d'appréciation (CE, 3 fév. 1975, *Ministre de l'Intérieur c. Pardov, Leb.* 83 ; 24 juin 1981, *Cheghba, Leb.* 853 ; le contrôle contentieux devient même « normal » si l'arrêté d'expulsion indique le pays d'origine de l'étranger : CE, 6 novembre 1987, *Buayi ;* contrôle du respect de la vie familiale et mise en œuvre de principe de proportionnalité : CE, 18 janv. 1991, *Beldjoudi Leb.* p. 18 ; 19 avril 1991, *Belgacem et Meme N. Babas, Leb.* p. 152, concl. Abraham ; 26 avril 1991, *Mlle Hadad, Leb.* p. 675 ; à l'encontre éventuellement de considérations d'ordre public : 31 juillet 1996, *Keddar, Leb.* p. 328) et d'accorder, le cas échéant, le sursis à l'exécution d'une telle mesure (CE 23 juill. 1974, *Fernandez Gil Ortega, Leb.* 448 ou 18 juin 1976, *Moussa Konaté*, préc., n° 428). De son côté, le Conseil constitutionnel tente de contenir dans des limites raisonnables les restrictions apportées à l'accès au territoire national (décision 2003-484 DC, 20 nov. 2003, *Loi relative à la maîtrise de l'immigration, au séjour des étrangers en France et à la nationalité, Rec.* p. 438-454) et d'assurer le maintien de certains droits au bénéfice des personnes frappées d'une mesure administrative d'expulsion (décision 93-321 du 20 juillet 1993, *Loi portant réforme du Code de la nationalité, Rec.* p. 196-203).

Le paradoxe de l'expulsion en masse est que cette mesure n'est pas interdite par le droit international général mais qu'elle est soumise à des conditions de mise en œuvre impossibles à satisfaire. Plutôt que de devoir constater que le principe n'est jamais respecté, ne conviendrait-il pas de tendre à l'inverser ? (V. les travaux de codification entrepris depuis 2004 par la CDI sur l'expulsion des étrangers et les rapports du Rapporteur spécial, M. Kamto.)

Mesure administrative par laquelle l'exécutif se borne à ordonner qu'un étranger sorte du territoire national pour des raisons d'ordre public, l'expulsion doit être distinguée de l'extradition, qui consiste en la remise d'un étranger à son État national qui entend exercer à son égard sa compétence pénale (v. *supra*, n° 337).

De nombreux traités, bilatéraux ou régionaux, souvent appelés « conventions d'établissement », réglementent les conditions d'entrée, de séjour, d'exercice du commerce ou d'une industrie et du droit de propriété – à l'exclusion en général des questions concernant le droit du travail – des ressortissants de chaque État partie sur le territoire des autres Parties. Ces conventions, d'autant plus libérales que les liens entre les pays contractants sont étroits (Conseil de l'Europe avec la Convention d'établissement de 1955, Union européenne et conventions de Schengen de 1985 et 1990), s'efforcent de réaliser un équilibre entre les intérêts en présence (sur la Convention additionnelle à l'Accord de Schengen, de 1990, v. L. Chocheyras, *AFDI* 1991, p. 807-818 et Ph. Weckel, *RGDIP* 1991, p. 405-437). Celui-ci est particulièrement délicat dès lors qu'est posé le principe du droit pour les nationaux de chaque Partie d'exercer des activités lucratives sur le territoire des autres États parties (liberté d'établissement *stricto sensu* — v. *infra*, n° 432).

L'Union européenne s'essaie à coordonner les politiques des États concernant l'immigration en provenance de pays tiers ; leur action s'inscrit dans les procédures établies, par la Convention de Schengen de 1985 et la Convention complémentaire de 1990, sur la suppression des contrôles aux frontières « intérieures » et dans la concertation souhaitée par l'article 100 C du Traité CE et les articles K à K 9 du Traité de Maastricht (Titre VI du TUE sur la justice et les affaires intérieures) pour, en vertu du Traité d'Amsterdam de 1997, s'inscrire désormais en partie dans le cadre du droit communautaire (Titre IV du TCE : « Visas, asile, immigration et autres politiques liées à la libre circulation des personnes »).

Aux termes de l'article 2, § 1, de la Convention d'application de l'Accord de Schengen, du 19 juin 1990, « les frontières intérieures [des États parties] peuvent être franchies en tout lieu sans qu'un contrôle des personnes soit effectué ». Par sa décision du 25 juillet 1991, le Conseil constitutionnel a estimé que cette disposition ne portait « pas atteinte aux conditions essentielles d'exercice de la souveraineté nationale » (*Rec.* 91).

Par la même décision, le Conseil a considéré que la possibilité, prévue à l'article 29, pour chaque État partie de s'en remettre aux autres États parties en ce qui concerne le traitement des demandes d'asile n'était pas contraire au préambule de la Constitution de 1946 — qui reconnaît le droit d'asile en France à « tout homme persécuté en raison de son action en faveur de la liberté » — dès lors que cette même disposition réserve le droit de toute Partie contractante d'assurer elle-même ce traitement si son droit national l'exige, ce qui est le cas en France *(ibid.)*. Le Parlement ayant, nonobstant cette interprétation, adopté en 1993 une loi refusant aux étrangers la possibilité de demander l'asile en France si leur demande a été préalablement refusée par un autre État partie à la Convention de 1990, le Conseil constitutionnel a, par une nouvelle décision — 93-325 — du 13 août 1993, déclaré cette disposition non conforme à la Constitution. En application de l'article 54 de celle-ci, le Président de la République a, en conséquence, soumis au Congrès une révision constitutionnelle ; le nouvel article 53-1 de la Constitution a été adopté le 19 novembre 1993. Il est ainsi rédigé :

« La République peut conclure avec les États européens qui sont liés par des engagements identiques aux siens en matière d'asile et de protection des Droits de l'Homme et des libertés fondamentales, des accords déterminant leurs compétences respectives pour l'examen des demandes d'asile qui leur sont présentées.

« Toutefois même si la demande n'entre pas dans leur compétence en vertu de ces accords, les autorités de la République ont toujours le droit de donner asile à tout étranger persécuté en raison de son action en faveur de la liberté ou qui sollicite la protection de la France pour un autre motif. »

Cette volonté de maintenir un droit de regard unilatéral sur les politiques d'asile territorial et d'immigration est confirmée par la décision du Conseil constitutionnel 97-394, du 31 décembre 1997 : le passage de l'unanimité à la majorité qualifiée dans la procédure de décision en ces matières (prévu par l'article 73-O du Traité d'Amsterdam sur l'Union européenne, devenu art. 67 du TCE – v. les articles 77 à 80 du TFUE) suppose une nouvelle révision de la Constitution française. La directive 2004/38 du Parlement européen et du Conseil du 29 avril 2004 établit et réglemente le droit des citoyens de l'Union et des membres de leurs familles de circuler et de séjourner librement sur le territoire des États membres.

431. Réfugiés et apatrides. — Bien que leur étude soit en général effectuée simultanément, la situation des réfugiés et celle des apatrides sont clairement distinctes au point de vue juridique. Les premiers sont des étrangers placés dans une situation spéciale vis-à-vis de l'État d'accueil qui leur accorde sa protection du fait des persécutions dont ils sont victimes dans leur propre pays ; les seconds sont des personnes « qu'aucun État ne considère comme (ses ressortissants) par application de sa législation » (Convention de 1954 relative au statut des apatrides, art. 1, § 1).

Si le statut juridique des uns et des autres est bien différent, les deux situations ont souvent une cause unique : la fuite des personnes concernées devant un conflit ou des persécutions pour des raisons de race, de religion ou d'opinion politique. Bien que le phénomène soit ancien, il a pris une ampleur exceptionnelle au cours du XXe siècle : les répressions se sont faites plus massives, l'amélioration des transports a permis, dans certains cas au moins, aux victimes de les fuir moins malaisément, le perfectionnement des communications a facilité la prise de conscience internationale.

L'action internationale en faveur des victimes ne date que du lendemain de la Première Guerre mondiale. Elle a débuté par la création d'organismes chargés de venir en aide aux intéressés.

En 1921, le Haut-Commissariat aux réfugiés russes vit le jour au sein de la SdN Il prit en charge des réfugiés du Proche-Orient en 1928. Nansen, son Directeur, inventa le célèbre titre spécial de voyage qui devait porter son nom (passeport Nansen) délivré par la SdN et permettant à ses détenteurs de circuler entre les États qui en reconnaissaient la validité. À partir de 1933, les réfugiés allemands vinrent grossir en masse les rangs des protégés de cet organisme. Avant même la fin de la Seconde Guerre mondiale, l'UNRRA (United Nations Relief and Rehabilitation Agency) fut créée pour s'occuper des « personnes déplacées », terme nouveau désignant les gens qui avaient été déportés durant les hostilités. La tâche principale de cet organisme était de faciliter leur rapatriement. Comme plus d'un million d'entre elles refusèrent de retourner dans leur foyer, il fallut les aider à trouver une terre d'accueil et à s'y installer. Face à ce nouveau problème, une véritable organisation internationale fut établie : l'Organisation internationale des réfugiés (OIR) rattachée à l'ONU comme institution spécialisée (résol. 62 (I) du 15 décembre 1946 de l'Assemblée générale de l'ONU). De 1946 à 1950, elle a réussi à rapatrier 70 000 réfugiés et à reclasser dans leurs pays d'établissement plus d'un million d'autres. En 1950, l'OIR a été remplacée par le Haut Commissariat des Nations Unies pour les réfugiés qui est toujours en place à l'heure actuelle. Parallèlement, le CICR (Comité international de la Croix-Rouge) a déployé sans relâche au cours de toutes ces années son action humanitaire, de même que le Comité intergouvernemental pour les migrations européennes, créé en 1951, dont la vocation devenue mondiale et l'objectif permanent sont consacrés par la révision de 1987, qui a transformé le CIME en « Organisation internationale pour les migrations » (OIM). Aussi bien les flux de réfugiés sont-ils un phénomène permanent, lié aux soubresauts de certains régimes politiques et à des conflits locaux (Hongrie 1956, Tchécoslovaquie 1968, Chili, Cambodge, Ouganda, Tchad, Vietnam, Iran, Liban, Yougoslavie, Rwanda, Irak, Soudan, etc.).

Toutefois, l'œuvre des organes internationaux ne peut aller au-delà d'une assistance morale et matérielle car, pour doter les victimes d'un statut juridique international, seuls les États sont compétents. Or les efforts effectivement entrepris à cette fin se développent lentement et les résultats obtenus restent incomplets.

a) *Le statut de réfugiés* est indissociable de la question du droit d'asile territorial (qui doit être distingué de l'asile diplomatique — v. *infra*, n° 460), c'est-à-dire du droit de toute personne persécutée de chercher et de trouver asile dans un autre pays. Proclamé par l'article 14 de la Déclaration universelle des droits de l'homme, ce droit n'a été consacré que sur le continent américain sur lequel il a probablement une valeur coutumière (v. les conventions de La Havane du 20 février 1928, de Montevideo du 26 décembre 1933 et de Caracas du 28 mars 1954) ; il n'est reconnu ni par le Pacte international relatif aux droits civils et politiques de 1966, ni par la Convention européenne des droits de l'homme.

L'Assemblée générale des Nations Unies a cependant adopté une Déclaration sur l'asile territorial (résolution 2312 [XXII] du 14 décembre 1967). Et l'article 4 du Protocole n° 4 à la Convention européenne des Droits de l'homme (1963) interdit « les expulsions collectives d'étrangers » ce qui n'est pas une précaution superflue ainsi que le montrent le développement de certains mouvements xénophobes et les mesures radicales prises par certains États du Tiers Monde au cours des dernières années (Ghana, Nigeria, Libye, Malaisie, Mauritanie ou Afrique du Sud).

À défaut de garantir, positivement, un accueil aux réfugiés, les États, ou du moins certains d'entre eux, leur accordent, lorsqu'ils sont admis à séjourner sur leur territoire, un statut privilégié. Au plan universel, ce statut est organisé par la Convention du 28 juillet 1951 et le Protocole du 31 janvier 1967 relatifs au statut des réfugiés. En vertu de ces instruments, les États parties s'engagent à accorder aux réfugiés, sans discrimination, un traitement égal à celui dont bénéficient leurs nationaux en matière de liberté religieuse, d'accès aux tribunaux, d'enseignement primaire, d'assistance publique, de législation du travail et de sécurité sociale, et de charges fiscales (traitement national), un traitement non moins favorable que celui accordé aux étrangers les plus favorisés en ce qui concerne les droits d'association et d'exercer une profession (traitement de la nation la plus favorisée) et les droits habituellement accordés aux étrangers en matière de propriété, de logement, d'éducation et de circulation ; ils lui délivrent en outre des pièces d'identité et des titres de voyage reconnus par les autres Parties contractantes. Le Haut Commissariat des

Nations Unies pour les réfugiés est chargé de la surveillance de l'application de la Convention et du Protocole.

Plusieurs conventions régionales précisent et complètent les textes à vocation universelle (qui ont été ratifiés par la plupart des États) : en Amérique (v. les conventions précitées sur l'asile territorial), en Afrique (Convention de l'OUA régissant les aspects propres aux problèmes des réfugiés en Afrique, du 10 septembre 1969) et en Europe (accords européens relatifs à la suppression des visas pour les réfugiés, 20 avril 1959, et sur le transfert des responsabilités à l'égard des réfugiés, 16 octobre 1980, Accord de Schengen de 1985 et Convention additionnelle de 1990 — v. *supra* n° 430).

b) *Le statut des apatrides* est constitué par la Convention de New York du 28 septembre 1954, qui reprend le schéma de la Convention de 1951 sur les réfugiés. Toutefois, les réserves plus grandes des États se manifestent par les droits, plus limités à certains égards (droits d'association ou d'exercer une profession), accordés aux apatrides et par le nombre bien moindre des ratifications (62 en 2008).

La Convention de 1954 est complétée par celle du 30 août 1961 sur la réduction des cas d'apatridie, qui n'a été ratifiée que par 34 États (2008), principalement occidentaux, et par laquelle les parties s'engagent, sous certaines conditions, à attribuer leur nationalité à des personnes qui, autrement, seraient apatrides et, en principe, à ne pas priver un individu de sa nationalité, si cette mesure doit le rendre apatride.

432. Mobilité professionnelle. — a) *Principes généraux.* — Alors que les États occidentaux et la plupart des pays du Tiers Monde acceptent assez libéralement l'entrée et même le séjour des étrangers sur leur territoire, tout en les contrôlant, ils se montrent beaucoup plus réticents pour admettre que ceux-ci exercent une activité lucrative, tout spécialement dans les contextes de crise économique, du fait de ses répercussions en matière d'emploi. Dans ce domaine, le principe fondamental est que l'admission du travailleur migrant sur le territoire national est subordonnée à l'autorisation, en principe préalable, de l'État d'accueil.

Si certaines conventions bilatérales y font exception, dans des cas en général bien déterminés, il en va différemment des conventions multilatérales, qu'elles aient été adoptées par l'OIT ou dans le cadre du Conseil de l'Europe : ces instruments s'efforcent de faciliter la mobilité professionnelle des travailleurs mais ne font jamais de l'exercice d'une activité lucrative un droit au profit des ressortissants des autres États parties, sauf au sein des Communautés européennes (v. *infra*, b)). En revanche, ces textes organisent, souvent avec précision, la protection des travailleurs étrangers une fois que ceux-ci ont été autorisés à exercer leur profession sur le territoire d'un État partie, l'idée générale étant un alignement aussi poussé que possible des droits des migrants sur ceux des travailleurs ayant la nationalité de l'État-hôte.

Alors que, traditionnellement, les conventions bilatérales d'établissement ou les traités d'amitié, de commerce et de navigation ne concernent pas les salariés, les accords multilatéraux visent ceux-ci au premier chef, soit exclusivement (Convention du Conseil de l'Europe de 1977), soit parmi d'autres catégories de travailleurs (conventions de l'OIT). Il est cependant remarquable qu'alors qu'elle est largement abandonnée en droit communautaire, la distinction entre liberté de circulation (travailleurs salariés) et liberté d'établissement (investissements, travailleurs non salariés), conserve toute sa vigueur en droit international général. De plus, les pratiques de prestations de services transnationales se généralisant – au-delà du phénomène classique des « travailleurs saisonniers » –, il devient nécessaire de préciser les droits des travailleurs migrants temporaires.

Au plan multilatéral, les efforts de protection des droits des travailleurs étrangers ont été principalement le fait de l'OIT d'une part, du Conseil de l'Europe d'autre part.

« La défense des intérêts des travailleurs occupés à l'étranger » constitue l'un des objectifs de l'OIT, tels qu'ils sont énoncés dans le préambule de la Constitution de cette organisation. Dès 1939, celle-ci a adopté une convention n° 66 « concernant le recrutement, le placement et les conditions des travailleurs migrants ». Jamais entrée en vigueur du fait de la guerre, celle-ci, qui a été formellement retirée en 2000, a été remplacée par la Convention n° 97 concernant les travailleurs migrants, du 1er juillet 1949 qui organise leur protection durant la migration (recrutement, voyage, accueil) et durant leur séjour (protection sociale, conditions de travail). Ce texte a été complété par la Convention n° 143 du 23 juin 1975 sur les travailleurs migrants, qui présente cette particularité que ses deux parties – l'une consacrée aux migrations dans des conditions abusives ou illégales, l'autre ayant trait à l'égalité de traitement des migrants – peuvent être ratifiées séparément.

En outre, l'Assemblée générale des Nations Unies a adopté, le 18 décembre 1990, une Convention internationale sur la protection des droits de tous les travailleurs migrants et des membres de leur famille, dont le respect sera contrôlé par un Comité d'experts indépendants chargé d'examiner les rapports périodiques établis par les États parties. Ceux-ci peuvent en outre accepter la compétence du Comité pour examiner des « communications » (plaintes) d'autres États parties (art. 76) ou de particuliers (art. 77). Fondée sur une définition assez extensive de la garantie des droits fondamentaux de la personne humaine et du traitement national en matière sociale et culturelle — au seul profit des migrants en situation « régulière » -, cette convention n'est pas encore entrée en vigueur.

Dans le cadre du Conseil de l'Europe, certains éléments d'un statut juridique du travailleur migrant figurent dans la Convention européenne des droits de l'homme (et notamment dans le Protocole n° 4 qui garantit le droit de toute personne de quitter tout pays, y compris le sien, et d'y retourner et qui interdit les expulsions collectives), dans la Convention européenne d'établissement de 1955, dans la Charte sociale européenne (art. 18 et 19) et, surtout, dans la Convention du 24 novembre 1977 qui s'applique aux ressortissants d'une Partie contractante qui ont été autorisés par une autre Partie à y occuper des emplois salariés (art. I) et qui couvre les mêmes domaines que la Convention n° 97 de l'OIT.

Un aspect particulièrement délicat des problèmes posés par les travailleurs migrants concerne les regroupements familiaux. Le droit du travailleur d'être rejoint par sa famille est en général reconnu de manière assez libérale par les conventions en vigueur. Plus largement, le Conseil d'État français a reconnu aux étrangers résidant en France le droit de « mener une vie familiale normale » (CE, 8 déc. 1978, *GISTI*, préc. n° 430). Des restrictions importantes à ce droit ont été apportées par les lois sur la maîtrise de l'immigration des 26 novembre 2003 et 20 novembre 2007.

b) *Solutions propres aux Communautés européennes.* — Les règles applicables dans les Communautés européennes font exception aux principes généraux exposés ci-dessus. L'article 48 du Traité de Rome pose en effet deux principes, nettement dérogatoires du droit commun : celui de la libre circulation des travailleurs à l'intérieur de la CE d'une part, celui de l'abolition de toute discrimination fondée sur la nationalité, d'autre part.

Ces principes sont précisés par les articles 48 et 66 du Traité de Rome (devenus les art. 39 et 55 du TCE – 45 du TFUE) et ont été mis en œuvre par de nombreux règlements et directives.

Le traité distingue trois hypothèses : le cas des salariés (libre circulation) et celui des non salariés (liberté d'établissement) qui situent le centre de leurs activités dans un autre État que celui d'origine, enfin le cas des individus qui n'exercent qu'épisodiquement leur profession en dehors de l'État où ils ont le siège de leurs activités (libre prestation de services). À l'expérience, il est apparu opportun de développer une réglementation en grande partie commune et qui ne se limite pas aux aspects classiques du problème des migrations (collaboration administrative, harmonisation des régimes de sécurité sociale, facilités pour les déplacements transfrontaliers). Les institutions communautaires se sont consacrées à éliminer des discriminations indirectes dans les domaines les plus variés (droit du travail, crédit, déontologie professionnelle, etc.) et à favoriser la reconnaissance mutuelle des diplômes.

Fidèle à ses traditions, la CJCE a interprété ces textes de manière à leur faire donner leur plein effet, principalement de trois manières. D'une part, elle a interprété de façon large la notion de conditions de travail — au regard desquelles les travailleurs ressortissants des autres États membres doivent bénéficier du traitement national (cf. CJCE, affaires 15/69, 15 octobre 1969, *Ugliola, Rec.* 349 et 76/72, 11 avril 1973, *M.S., Rec.* 457). D'autre part, elle a une vision restrictive de l'exception d'ordre public dont est assorti le principe de la liberté de circulation (v. aff. 8/77, 14 juillet 1977, *Sagulo e.a., Rec.* 1495 et 115 et 116/81, 18 mai 1982, *Adoui et a., Rec.* 665). Enfin, la jurisprudence communautaire a renforcé l'effet du droit communautaire dérivé à l'encontre de l'inertie des États membres (cf. aff. 167/73, 4 avril 1974, *Commission c. République française, Rec.* 359 ; 2/74, 21 juin 1974, *Reyners, Rec.* 631 ; C-58/90, 25 juill. 1991, *Commission c. Italie, Rec.* p. I-4193 ; C-185/96, 29 oct. 1998, *Commission c. Grèce, Rec.* p. I-6601 ; C-131/97, 25 févr. 1999, *Carbonari e.a., Rec.* p. I-1103 ; C-371/97, 3 oct. 2000, *Gozza e.a., Rec.* p. I-7881 ; C-162/99, 18 janv. 2001, *Commission c. Italie, Rec. p.* I-541).

La jurisprudence administrative française reste réticente à l'égard des techniques juridiques imaginées pour atteindre ce résultat, mais confirme le degré inédit de protection des libertés des étrangers dans le cadre communautaire (CE, 21 janv. 1977, *Ministre de l'Intérieur c. Dridi*, préc. n° 440 ; 22 déc. 1978, *Ministre de l'Intérieur c. Cohn-Bendit, Leb.* 524).

433. L'applicabilité et l'invocabilité directes des normes protectrices. — Certaines normes décrites précédemment ne sont adressées qu'aux États, invités à atteindre certains résultats par les voies normatives internes : il en va ainsi de la plupart de celles d'harmonisation, *a fortiori* de celles qui offrent une option aux États, et de celles de droit international privé. D'autres sont suffisamment précises et inconditionnelles pour pouvoir être mises en œuvre directement par les autorités nationales à la demande des particuliers. Encore faut-il que les ordres juridiques interne et international autorisent ou imposent cette invocabilité ou encore que la fonction de mise en œuvre soit confiée à un organe international, au moins à titre de contrôle *a posteriori*.

En effet, à défaut d'un contrôle *a posteriori*, les réponses des institutions nationales peuvent se révéler aléatoires et divergentes (v. la position des juridictions suprêmes françaises à propos de la Convention sur les droits de l'enfant, *supra*, n° 149).

Selon des techniques différentes, le rapport établi entre la Cour européenne des droits de l'homme, d'une part, et la Cour de justice des Communautés européennes, d'autre part, et les tribunaux des États parties aux conventions de Rome de 1950 et de 1957, permet de corriger ce défaut traditionnel et d'assurer une opposabilité des normes internationales protectrices selon les mêmes termes dans tous les ordres juridiques nationaux, malgré toutes leurs spécificités.

L'efficacité de cette « collaboration des juges » relevant d'ordres juridiques différents en vue d'une application uniforme des normes internationales — européennes — ou communautaires invocables et applicables individuellement est désormais suffisamment ressentie par les États pour les inciter à en freiner le développement : ainsi des réticences et précautions prises en ce qui concerne les mesures prises dans le cadre du Titre IV du TCE (V du TFUE), qui portent à la fois sur la question sensible du contrôle de l'immigration et sur la coopération judiciaire.

Pour autant, il n'y a pas de réponse unique : elle dépend d'un examen à la fois de chaque disposition conventionnelle mais également de l'effort de transposition du législateur national (l'exemple le plus évident est fourni par la directive communautaire qui n'est appliquée directement que pour autant qu'elle n'a pas été ou pas correctement transformée en droit national) : car — en règle générale — c'est encore et toujours au droit interne d'opérer cette « individualisation ».

§ 2. — *Mécanismes internationaux de protection*

BIBLIOGRAPHIE. — *Au niveau universel* — R. CASSIN, « La Commission des droits de l'homme de l'ONU, 1947-1971 », *Mél. Ganshof van der Meersch*, t. I, 1972, p. 397-433. — J.-B. MARIE, *La Commission des droits de l'homme de l'ONU*, Pedone, 1975, 352 p. — M. SCHREIBER, « La pratique récente des Nations Unies dans le domaine de la protection des droits de l'homme », *RCADI* 1975-II, vol. 145, p. 297-398. — B.-G. RAMCHARAN, *International Law and Facts Finding in the Field of Human Rights*, Nijhoff, 1982, X-259 p. ; *The Concept and Present Status of the International Protection of Human Rights*, Nijhoff, Dordrecht, 1989, XI-611 p. ; *The principle of Legality in International Human Rights Institutions. Selected Legal Opinions*, La Haye, Nijhoff, 1997, 393 p. ; *The United Nations High Commissioner for Human Rights : The Challenges of International Protection*, Nijhoff, La Haye, 2002, XX-250 p. ; *The Security Council and the Protection of Human Rights*, Nijhoff, La Haye, 2002, X-373 p. — A.A. CANÇADO TRINDADE, « Co-Existence and Coordination of Mechanisms of International Protection of Human Rights (at Global and Regional Levels) », *RCADI* 1987-II, vol. 202, p. 9-435. — A. DORMENVAL, *Procédures onusiennes de mise en œuvre des droits de l'homme*, PUF, 1991, XIV-274 p. — Ph. ALSTON et J. CRAWFORD ed., *The Future of UN Human Rights Treaty Monitoring*, Cambridge UP, 2000, XXXV-563 p. — B. WESTON, R. A. LUKES et K. HNATT, « Regional Human Rights Regime — A Comparison and Appraisal », *Vanderbilt Jl. of Trsnl. L.* 1987, p. 585-637. — M. O'FLAHERTY, *Human Rights and the UN : Practice Before the Treaty Bodies*, Kluwer, La Haye, 2002, XI-215 p. — A. O'SHEA, *Amnesty for Crime in International Law and Practice*, Kluwer, La Haye, 2002, XXXIII-355 p. — E. DECAUX, « Concurrence et complémentarité des systèmes juridictionnels de protection des droits de l'homme », *CEBDI*, 2001, p. 719-769 ; « La CIJ et les droits de l'homme », *Mél. Arangio-Ruiz*, 2003, p. 921-970. — N. JAYAWICKRAMA, *The Judicial Application of*

Human Rights Law : National, Regional and International Jurisprudence, Cambridge UP, 2002, CXXIX-965 p. — C. SCOTTI-LAM, *L'applicabilité des traités internationaux relatifs aux droits de l'homme en droit interne*, Bruylant, Bruxelles. 2004, XVIII-676 p. — G.C. SCHAFFER, *Defending Interests : Public-Private Partnerships in WTO Litigation*, Brookings Inst., Washington D.C., 2003, 227 p. — D. SHELTON, *Remedies in International Human Rights Law*, Oxford UP, 2005, XLIV-495 p. — Th. BUERGENTHAL, « The Evolving International Human Rights System », *AJIL* 2006, p. 783-807. — N. ANDO, « The Development of the Human Rights Committee's Procedure to Consider States Parties'Reports under Article 40 of the International Covenant on Civil and Political Rights », *Mél. Caflisch*, 2007, p. 17-32 — Ch. TOMUSCHAT, « Reparation in Favour of Individual Victims of Gross Violations of Human Rights and International Humanitarian Law », *ibid.*, p. 569-590. — Ch.-E. COTE, *La participation des personnes privées au règlement des différends internationaux économiques : l'élargissement du droit de porter plainte à l'OMC*, Bruylant, Bruxelles, 2007, XVI-535 p.

Au niveau régional : Sur la protection des droits de l'homme en Europe — F. MONCONDUIT, *La Commission européenne des droits de l'homme*, Sijthoff, Leiden, 1965, 559 p. — Ch. PHILIP, « La CJCE et la protection des droits fondamentaux dans l'ordre juridique communautaire », *AFDI* 1975, p. 383-407. —E. SCHAEFFER, « La mise œuvre de la protection des droits de l'homme dans le cadre de la Convention européenne et du droit communautaire européen », *RJPIC* 1982, p. 662-686. — S. ERLMAN, *La Convention européenne des droits de l'homme — guide de jurisprudence*, Braumüller, Vienne, XXX-528 p. — V.-Y. GHEBALI, « La question des droits de l'homme à la réunion de Madrid sur les suites de la CSCE », *AFDI* 1983, p. 59-80.— A. DRZEMCZEWSKI, *European Human Rights Convention in Domestic Law, A Comparative Study*, Oxford, Clarendon Press, 1985, XIV-372 p. — A. BLOED et as. ed., *Monitoring Human Rights in Europe : Comparing International Procedures and Mechanisms*, Nijhoff, Dordrecht, 1993, XVI-327 p. — E. DECAUX et L.-A. SICILIANOS, *La CSCE : Dimension humaine et règlement des différends*, CEDIN-Fondation Marangopoulos, Montchrestien, 1993, 284 p. — R. St. J. MACDONALD, F. MATSCHER et H. PETZOLD ed., *The European System for the Protection of Human Rights*, Nijhoff, Dordrecht, 1993, XXX-940 p. — J. G. MERILLS, *The Development of International Law by the European Court of Human Rights*, Manchester UP, 1993, X-259 p. — N. FERNANDEZ SOLA, *La dimension humana en la Conferencia sobre seguridad y cooperacion en Europea*, PU Zaragossa, 1993, 265 p. — G. COHEN-JONATHAN, *Aspects européens des droits fondamentaux*, Montchrestien, Paris, 1996, XIII-199 p. — J. RIDEAU, « Le rôle de l'Union européenne en matière de protection des droits de l'homme », *RCADI* 1997, vol. 265, p. 9-480. — D. L. LIÑÁN NOGUERAS, « Derechos Humanos y Unión Europea », *CEBDI*, vol. IV, 2000, p. 363-420. — E. PÉREZ VERA, « El Consejo de Europa y los derechos humanos », *CEBDI*, vol. IV, 2000, p. 463-513

Sur la Convention européenne des droits de l'homme, v. *supra* la bibliographie sous le n° 425. *Sur la Cour européenne des droits de l'homme*, v. la bibliographie sous le n° 437.1°. a). *Sur l'activité de la Commission européenne des droits de l'homme*, v. les chroniques de G. COHEN-JONATHAN et J.-P. JACQUÉ à l'*AFDI*.

Sur la protection des droits de l'homme dans le cadre américain — K. VASAK, *La Commission interaméricaine des droits de l'homme*, LGDJ, 1968, 287 p. — B. SANTOS-COY, *La Commission interaméricaine des droits de l'homme et le développement de sa compétence par le système des pétitions individuelles*, PUF, Publ. IUHEI, 1995, XX-576 p. — M. PINTO, « La réparation dans le système interaméricain des droits de l'homme », *AFDI* 1996, p. 733-747. — H. FAÚNDEZ LEDESMA, *El sistema interamericano de protección de los derechos humanos. Aspectos institucionales y procesales*, San José, Institut inter-américain des droits de l'homme, 2004, XXX-1053 p.

Sur la Convention interaméricaine des droits de l'homme, v. la bibliographie sous le n° 425. *Sur la CIDH*, v. la bibliographie sous le n° 437.1°. b).

Sur la protection des droits de l'homme dans le cadre africain — F. OUGUERGOUZ, « La Commission africaine des droits de l'homme et des peuples... », *AFDI* 1989, p. 557-571 —E. A. ANKUMAH, *The African Commission on Human and Peoples'Rights. Practice and Precedents*, La Haye, Kluwer, 1996, 246 p. — M. EVANS et R. MURRAY ed., *Documents of the African Commission on Human and Peoples'Rights*, Hart, Oxford, 2001, X-817 p. — J.-F. FLAUSS et E. LAMBERT-ABDELGAWAD dir., *L'application nationale de la Charte des droits de l'homme et des peuples*, Bruylant, Bruxelles, 2004, 266 p.

Sur la Charte africaine des droits de l'homme et des peuples, v. la bibliographie sous le n° 425.

Sur la Cour africaine des droits de l'homme, v. la bibliographie sous le n° 437.1°. c).

434. Le contrôle du respect des normes internationales par les États. — Dans son avis consultatif du 3 mars 1928, la CPJI relevait que l'« on ne saurait contester que l'objet même d'un accord international, dans l'intention des parties contractantes, puisse être l'adoption par les parties de règles déterminées créant des droits et des obligations pour les individus et *susceptibles d'être appliquées* par les tribunaux nationaux » (*Compétence des tribunaux de Dantzig, ser. B*, n° 15, p. 17-18) ; mais elle ajoutait aussitôt que « selon un principe de droit international bien établi un accord international ne peut, comme tel, créer *directement* des droits et des obligations pour les particuliers » (*ibid.* ; dans le même sens, v. la sentence arbitrale du 17 juillet 1986, *Filetage dans le golfe du Saint-Laurent*, § 26, *RGDIP* 1986, p. 764). Dans le même esprit, la Chambre criminelle de la Cour de cassation a estimé, dans l'affaire *Argoud*, que le requérant, enlevé sur le territoire de la RFA par les services secrets français, était « sans qualité pour se prévaloir d'une infraction aux règles du droit international » (Crim., 4 juin 1964, v. *supra*, n° 222).

L'institution de mécanismes internationaux de protection ouverts aux particuliers pour la défense de leurs droits se heurte encore à une vive répugnance de la part des États. Dans toute la mesure du possible, ils recourent plus volontiers à d'autres solutions et, en particulier, plutôt qu'internationaliser les recours, ils préfèrent ouvrir des possibilités de protection des droits des personnes privées dans un ou, le cas échéant, plusieurs ordres juridiques nationaux. En tout état de cause, ils subordonnent généralement la saisine des mécanismes internationaux qu'ils instituent à l'épuisement préalable des recours internes.

En définitive, tout se passe comme si une personnalité juridique n'était reconnue aux personnes privées dans l'ordre international que si les solutions purement nationales ont fait la preuve de leur insuffisance, soit parce que l'expérience a montré qu'il était vain d'en attendre une quelconque efficacité, au moins dans certaines situations (par exemple et surtout en cas de violations massives des droits de l'homme), soit parce que les États se trouvent en présence de phénomènes qu'ils ne peuvent saisir dans un cadre purement national (s'agissant, par exemple, des sociétés transnationales).

La résolution 60/147 adoptée par l'Assemblée générale le 16 décembre 2005, sur les « Principes fondamentaux et directives concernant le droit à un recours et à réparation des victimes de violations flagrantes du droit international des droits de l'homme et de violations graves du droit international humanitaire » illustre cette relative prudence : bien qu'elle proclame un droit à réparation et à recours des personnes privées dans ces hypothèses, elle n'en confie pas moins aux États, individuellement ou en coopération, le soin de mettre ce droit en œuvre notamment par le biais de la protection diplomatique (v. *infra*, n° 487).

C'est en droit communautaire que l'on trouve l'illustration la plus nette de la personnalité juridique reconnue aux particuliers en dehors des ordres juridiques nationaux.

L'« individualisation » y est généralisée en ce sens que les traités constitutifs prévoient que les personnes privées sont directement titulaires des nombreux droits et obligations qu'ils instituent ou qui pourront découler du « droit dérivé » (c'est-à-dire des règles adoptées par les institutions communautaires). Au surplus, les traités instituent des mécanismes, gracieux ou juridictionnels, qui peuvent être saisis directement par les personnes privées.

Il est cependant révélateur que, même au sein des Communautés, la saisine directe par les particuliers des institutions et, en particulier, de la CJCE, demeure limitée (v. *infra*, n° 438). En outre, certaines juridictions nationales se sont longtemps efforcées de limiter l'effet de l'individualisation normative préconisée par la jurisprudence communautaire (cf. CE, 22 décembre 1978, *Ministre de l'Intérieur c. Cohn-Bendit, Leb.* 524).

La jurisprudence de la Cour interaméricaine des droits de l'homme est particulièrement dynamique sur ce point : un arrêt du 14 mars 2001, dans l'affaire *Barrios Altos c. Pérou*, n'hésite pas à considérer comme « dépourvues d'effet juridique » des législations nationales accordant une amnistie pour des violations graves des droits de l'homme (série C, n° 65) ; v. aussi l'arrêt du 26 septembre 2006 dans l'affaire *Almonacid Arellano et as. c. Chili* (série C n° 154) et la décision, plus ambiguë, de la Chambre d'appel du TSSL du 13 mars 2004 (décision « amnistie », aff. SCSL-2004-15 et 16-AR72E, *Norman, Kallon et Kamara*).

Dans un registre plus étendu, la CJCE exige également des États membres qu'ils adoptent les législations et réglementations nationales nécessaires pour sauvegarder les droits des personnes privées tels que fixés par des actes communautaires.

A. — Droit d'accès aux organes internationaux de règlement des différends

435. Organes non-juridictionnels — Organisations universelles — 1° *À l'ONU :* De nombreux mécanismes de protection internationale des droits de l'homme ont été institués dans le cadre des Nations Unies par des résolutions des organes de l'Organisation ou par des conventions conclues sous leurs auspices.

Ainsi, le *Comité des droits de l'homme* institué par l'article 28 du Pacte de 1966 relatif aux droits civils et politiques est composé de 18 membres siégeant à titre individuel – donc indépendants des États, élus pour quatre ans par les Parties. Dans le cadre d'une mission de contrôle, ce Comité reçoit et étudie les rapports des États sur les mesures prises pour donner effet aux droits reconnus et sur les progrès réalisés dans la jouissance de ces droits. Il lui est permis d'adresser éventuellement des observations à ces mêmes États (art. 40). Ceux-ci peuvent, au moyen de déclarations unilatérales d'acceptation, reconnaître au Comité une certaine compétence dans le règlement amiable des différends relatifs à l'exécution du Pacte (art. 41, entré en application en 1979 mais qui n'a pas encore été mis en œuvre). Le Comité a orienté ses travaux moins sur la dénonciation des violations du Pacte par tel ou tel État, que sur l'approfondissement des concepts au vu des violations et des insuffisances constatées.

En ce qui concerne les individus, le Protocole facultatif leur ouvre le droit d'adresser au Comité des pétitions, appelées en l'espèce des communications, dont l'examen peut aboutir à des constatations destinées à l'État en cause et aux pétitionnaires et qui peuvent être publiées dans le rapport annuel des activités du Comité.

L'examen des communications émanant des particuliers est entouré de grandes précautions : i) elles ne peuvent être anonymes ; ii) leur recevabilité est subordonnée à l'épuisement des recours internes et à l'absence d'examen parallèle par une autre instance internationale d'enquête ou de règlement ; iii) l'État incriminé est appelé à soumettre des éclaircissements ; et iv) le Comité tient ses séances à huis clos.

En 1985, l'Ecosoc a créé un Comité des droits économiques, sociaux et culturels, composé d'experts indépendants et chargé de surveiller le respect des obligations découlant du Pacte relatif aux droits économiques sociaux et culturels par les États parties. Une réforme est en cours visant à permettre à cet organe d'examiner les plaintes des particuliers (v. le Protocole adopté à cet effet le 10 déc. 2008, rés. AG 63/117).

D'autres conventions élaborées dans le cadre des Nations Unies ont créé un mécanisme fonctionnant selon des principes comparables, notamment la Convention pour l'élimination de toutes les formes de discrimination raciale de 1966, la Convention contre la torture de 1984, celles de 1990 sur les droits de l'enfant ou la protection des travailleurs migrants ou celle de 2006 sur les droits des personnes handicapées.

Le Comité pour l'élimination de la discrimination raciale a été institué par la Convention de 1966, et chargé de l'examen des rapports périodiques que doivent présenter les États parties, ainsi que des pétitions et rapports concernant les territoires dépendants. Le Comité est également investi d'un rôle de bons offices et de conciliation si un État estime qu'une autre Partie n'applique pas convenablement la Convention. En outre, les États parties peuvent accepter la compétence du Comité pour étudier les communications émanant de personnes ou de groupes de personnes privées (art. 14 — cette disposition est entrée en vigueur en 1982) (v. G. Ténékidès, « L'action des Nations Unies contre la discrimination raciale », *RCADI* 1980-III, vol. 168, p. 289-487 ; N. Lerner, *The UN Convention on all Forms of Racial Discrimination*, Sijthoff, Alphen, 1980, XVII-259 p. ; R. de Gouttes, « La Convention internationale et le Comité des Nations Unies sur l'élimination de la discrimination raciale », *RTDH* 1996, p. 515-539 ; M. Bidault, *Le Comité pour l'élimination de la discrimination raciale*, Montchrestien, 1997, 230 p. ; L.A. Sicilianos, « L'actualité et les potentialités de la Convention sur l'élimination de la discrimination raciale », *RTDH* 2005, p. 869-921 ; et sur la Convention de 1979 sur l'élimination de toutes les formes de discrimination à l'égard des femmes : L. A. Rehof, *Guide to the* Travaux Préparatoires, Nijhoff, Dordrecht, 1993, XVII-383 p.).

En revanche, d'autres instruments, telle la convention contre la torture (1984), laissent toute latitude aux Parties de refuser la compétence pourtant modeste des instances d'examen établies par eux (v. Z. Haquani, *RGDIP* 1986, p. 127-170 ; C. Chanet, « Le Comité contre la torture », *AFDI* 1991, p. 553-560).

Outre ces mécanismes conventionnels, l'ONU et les institutions spécialisées ont institué, par voie de résolutions, des procédures d'examen des communications émanant de particuliers, qui ont une portée plus générale et présentent la caractéristique remarquable de n'être pas subordonnées à l'acceptation des États. Toutefois, ces procédures sont également marquées par leur confidentialité et le caractère non obligatoire des constatations faites par l'organe saisi.

Indépendamment des mécanismes prévus par les Pactes de 1966 et les diverses conventions précitées, le CES avait adopté, le 27 mai 1970, la résolution 1503 (XLVIII), mettant en place une procédure d'« examen des communications (individuelles) relatives aux violations des droits de l'homme et des libertés fondamentales » et faisant intervenir la Sous-Commission de la lutte contre les mesures discriminatoires et de la protection des minorités et la Commission des droits de l'homme. Déjà édulcorée en 2000 par le CES, la « procédure 1503 » a été remplacée, en 2007, par un nouveau mécanisme institué par la résolution 5/1 du Conseil des Droits de l'homme approuvée par la résolution 62/219 de l'Assemblée générale qui fait intervenir le nouveau Comité consultatif des Droits de l'homme qui peut être saisi par « un individu ou (...) un groupe d'individus [y compris une ONG] qui affirme être victime d'une violation des droits de l'homme et des libertés fondamentales » ou en avoir une connaissance sûre.

Le droit des individus de saisir des organes internationaux se manifeste de manière particulièrement spectaculaire dans le cadre de la *protection internationale des droits et intérêts des habitants des territoires non autonomes*, à laquelle les Nations Unies portent un intérêt particulier.

Prévu en faveur des habitants des territoires sous mandat par une décision du Conseil de la SdN de 1923, le droit de pétition est expressément accordé à ceux des territoires sous tutelle par l'article 87 de la Charte des Nations Unies et a été étendu à l'ensemble des territoires non autonomes dont les ressortissants peuvent adresser des pétitions, au Comité de décolonisation qui, comme le Conseil de tutelle, peut décider de se rendre sur place ou de convoquer les pétitionnaires pour les entendre, leur permettant ainsi de participer personnellement au déroulement de la procédure. Le droit de pétition reconnu aux habitants des territoires non autonomes peut être rattaché à celui qui était reconnu aux minorités par les Traités de paix de 1919 (v. *supra*, n° 428). Bien qu'il soit toujours utilisé, il a perdu une part de son intérêt du fait de la reconnaissance d'un statut juridique aux mouvements de libération nationale (v. *supra*, n° 341).

2° *À l'OIT* : On peut noter quelques éléments qui caractérisent un dépassement de l'interétatisme classique : l'État plaignant n'a pas à établir que lui-même ou ses ressortissants ont subi un préjudice direct ; la procédure de plainte peut être engagée par le Conseil d'administration du BIT soit d'office, soit sur la plainte d'un délégué à la Conférence internationale du travail. En outre, les commissions d'enquête bénéficient d'une très grande indépendance et de larges pouvoirs d'investigation. Les organisations d'employeurs et de travailleurs peuvent déclencher encore plus directement la procédure de réclamation.

Indépendamment des procédures de plainte inter-étatique, la Constitution de l'Organisation (art. 24 et 25) prévoit que les organisations de travailleurs ou d'employeurs peuvent saisir le Conseil d'administration de l'Organisation de réclamations dirigées contre le non-respect par un État d'une convention internationale du travail à laquelle il est partie. Cette possibilité, très ouverte mais assez formelle, est peu utilisée à la différence du mécanisme spécial de protection de la liberté syndicale institué en 1950 ; grâce à lui, les États membres de l'OIT et leurs organisations professionnelles peuvent saisir le Comité de la liberté syndicale d'une plainte contre tout État membre ne respectant pas cette liberté fondamentale, même si celui-ci n'a pas ratifié les conventions pertinentes. En vertu d'une règle coutumière, ce dernier procédé s'applique même aux États qui n'ont pas ratifié les conventions de liberté syndicale. Ces procédures informelles se développent considérablement. Les recommandations du Comité sont facultatives mais exercent une grande influence, de même que la procédure, plus rarement utilisée et plus formelle, menée par la Commission d'investigation et de conciliation, qui, pour sa part, ne peut être mise en œuvre qu'avec le consentement de l'État intéressé. Ces mécanismes ont joué un grand rôle à la suite du coup d'État chilien de 1973 et dans le cadre de la lutte engagée par le gouvernement polonais à l'encontre du syndicat Solidarité à partir de 1981.

V. N. Valticos, « Une nouvelle forme d'action internationale : les "contacts directs" de l'OIT en matière d'application de conventions et de liberté syndicale », *AFDI* 1981, p. 477-489.

À la suite d'une plainte de 25 délégués travailleurs à la Conférence internationale du Travail en vertu de l'article 26 de la Constitution de l'OIT contre le gouvernement du Myanmar pour non-respect des dispositions de la convention (n° 29) sur le travail forcé, le Conseil d'administration a décidé de constituer une commission pour enquêter sur les faits allégués. Après une enquête exhaustive, la Commission a conclu que les autorités civiles et militaires birmanes pratiquent de façon très généralisée le recours au travail forcé en violation de la Convention (rapport du 2 juill. 1998 – doc. GB.267/16/2, GB.268/14/8, GB.268/15/1). En conséquence, le Conseil d'administration a recommandé, et la Conférence internationale du Travail a adopté, des sanctions contre Myanmar (suspension de l'assistance technique à ce pays et de sa participation aux réunions de l'Organisation – résol. de juin 1999 ; diffusion de cette condamnation et recommandation aux Membres et aux autres organisations internationales de suspendre ou de mettre fin à leur coopération avec son gouvernement – résol. de juin 1999).

De plus, à l'OIT, les organisations d'employeurs ou de salariés sont en droit de requérir l'interprétation des dispositions de la Déclaration de principe tripartite sur les entreprises multinationales et la politique sociale de 1977 (v. *infra*, n° 643).

3° *À l'Unesco :* La Commission de conciliation et de bons offices instituée par le Protocole de 1962 à la Convention de l'Unesco concernant la lutte contre la discrimination dans le domaine de l'enseignement ne peut être saisie par des particuliers. Cependant, le Conseil exécutif de l'Unesco a institué une procédure d'examen des communications émanant de particuliers ou d'associations et invoquant la violation des droits de l'homme, et notamment des droits éducatifs et culturels (v. S. Bastid, « La mise en œuvre d'un recours concernant les droits de l'homme dans le domaine relevant de la compétence de l'Unesco », *Mél. Mosler*, 1983, p. 45-57).

436. Organes non-juridictionnels — Organisations régionales

1° *En Europe*

a) Conseil de l'Europe

Tirant parti d'un contexte politique favorable, le Conseil de l'Europe a poursuivi son rôle pionnier en établissant une nouvelle garantie non juridictionnelle. La Convention européenne pour la prévention de la torture (Strasbourg, 1987) établit un système de visites périodiques sous les auspices d'un comité indépendant des gouvernements dont le contrôle présente la grande particularité d'être préventif et peut se traduire par une « déclaration publique » dénonçant les situations insatisfaisantes (v. A. Cassese, *RGDIP* 1989, p. 5-43 ; J.-B. Marie, *Rev. gle. de droit-Ottawa*, 1988, p. 109-125 ; sur la première déclaration publique relative à la Turquie du 21 décembre 1992, v. G. Cohen-Jonathan, *RGDIP* 1993, p. 419-427).

Les mécanismes de contrôle de l'application de la Charte sociale européenne constituent le pendant européen de ceux élaborés sous les auspices de l'OIT (v. *supra*, n° 435). S'ils ignorent le système des plaintes étatiques et individuelles, par contre le protocole additionnel de Strasbourg du 9 novembre 1995, entré en vigueur en 1998, organise une procédure de réclamations collectives (qui s'appliquera aussi au contrôle de la mise en œuvre de la Charte sociale révisée pour les États ayant accepté ce protocole ; v. F. Sudre, in *RGDIP* 1996, p. 715-739).

Ce mécanisme se limite à l'examen des rapports des États parties, selon des modalités complexes, assez lentes, mais d'une certaine efficacité. Interviennent successivement deux organes propres à cette convention, le Comité d'experts indépendants et le Comité gouvernemental de la Charte sociale, et deux organes du Conseil de l'Europe, l'Assemblée parlementaire – à titre consultatif – et le Comité des ministres, qui peut adresser des recommandations aux États contractants. Dans la pratique, l'OIT est associée à la procédure, ainsi que des organisations nationales et internationales d'employeurs et de travailleurs – dont l'information et l'intervention sont précisées par le protocole d'amendement de Turin du 21 octobre 1991 (pas encore en vigueur en 2008). Les progrès réalisés dans le contrôle sont pragmatiques mais, à long terme, ils peuvent se révéler efficaces dans une organisation moins hétérogène que l'OIT.

b) Communauté européenne

Plus importants en pratique, surtout avec l'extension géographique des Communautés européennes, sont les mécanismes du Traité de Rome et le contenu de la politique sociale européenne, relancée par la Charte des droits sociaux fondamentaux des travailleurs, adoptée par le Conseil en 1989 et applicable tant aux nationaux qu'aux résidents « communautaires ». Cette évolution a été confirmée par le Traité d'Amsterdam de 1997 (préambule, définition des objectifs de l'Union européenne selon l'article B ; v. articles 136 s. du TCE – 151 s. du TFUE).

c) OSCE : Les États participants ont progressivement établi un mécanisme souple de surveillance qui comportait quatre phases à l'origine (Document de Vienne de 1989) : échange d'informations et « représentations diplomatiques », réunions bilatérales (pouvant porter sur des cas spécifiques), information diffusée auprès des États tiers et, en dernier ressort, saisine de la Conférence. À ce mécanisme purement diplomatique ont été ajoutés par la suite des éléments d'« objectivation » : missions d'experts chargées d'assister les États dans la mise en œuvre de leurs engagements au titre de la dimension humaine et « missions de rapporteurs » qui peuvent être chargés d'établir les faits litigieux même en l'absence de consentement de l'État requis (Document de Moscou de 1991). Le secrétariat de ces mécanismes est assuré par le Bureau des institutions démocratiques et des droits de l'homme qui siège à Varsovie (cf. le Document final du Sommet d'Helsinki du 10 juillet 1992) (Sur ce mécanisme, v. surtout L.A. Sicilianos *in* E. Decaux et L.A. Sicilianos dir., *op. cit.*, p. 159-187). La Cour de conciliation et d'arbitrage au sein de l'OSCE pourrait être saisie de différends relatifs à la dimension humaine (v. *infra*, n°s 509 et 534).

d) Une modalité très différente de participation de personnes privées à des procédures internationales est constituée par la possibilité ouverte à des entités non gouvernementales de saisir les organes internationaux chargés de suivre *l'application de certains codes internationaux de conduite* au sujet des difficultés d'interprétation de ceux-ci. Tel est le cas à l'OCDE où les entreprises multinationales ou les organisations professionnelles peuvent demander une interprétation des Principes directeurs à l'intention des entreprises multinationales de 1976 à la Commission de l'investissement international et des entreprises multinationales, selon une procédure complexe.

2° *À l'Organisation des États américains.* — Le système en vigueur depuis l'entrée en vigueur de la Convention interaméricaine de San José de Costa Rica du 22 novembre 1969 suppose l'intervention préalable de la Commission interaméricaine.

La Commission est composée de sept membres élus à titre personnel pour quatre ans par l'Assemblée générale de l'OEA ; elle est habilitée à recevoir et à examiner des « pétitions contenant des plaintes et des dénonciations » des particuliers et des groupes de particuliers sans qu'une acceptation spéciale des États parties soit nécessaire (art. 44).

3° *Au sein de l'Union africaine*

Aussi longtemps que la Cour africaine des droits de l'homme ne fonctionnera pas effectivement (v. *infra*, n° 437), seule la Commission prévue par la Convention africaine des droits de l'homme et des peuples peut intervenir (v. *supra*, n° 425). Composée de 11 membres élus par la Conférence des Chefs d'État et de gouvernement parmi les nationaux des États parties, elle est chargée de promouvoir les droits proclamés et de recevoir les communications émanant des États et, le cas échéant, d'autres sources – mais à des conditions assez strictes ; ses recommandations demeurent confidentielles sauf si la Conférence des Chefs d'État et de gouvernement de l'OUA décide leur publication.

437. Organes juridictionnels et arbitraux. — Si rien ne les y oblige, les États peuvent permettre aux particuliers, individus ou groupements, de recourir à des procédures non nationales, soit qu'ils signent un traité à cette fin, soit qu'ils instituent une procédure transnationale par un contrat les liant à une personne privée déterminée (contrat d'État — v. *infra*, n° 624).

Depuis une vingtaine d'années, un certain nombre de techniques ont permis de limiter le caractère interétatique et discrétionnaire des modes de règlement des différends concernant des personnes privées, de rendre plus « objective » la capacité juridique internationale de ces dernières : abandon du principe de réciprocité, dans la mesure où l'accès aux juridictions internationales est fonction du rattachement de la personne privée au territoire ou à l'ordre juridique de l'État en cause ; reflux de la condition de l'épuisement préalable des voies de recours internes avant la saisine de l'organe international ; priorité des normes internationales quant au droit invocable et applicable devant les institutions internationales. Particulièrement actives en matière de droits de l'homme, de telles procédures existent aussi dans d'autres domaines.

1° *Juridictions compétentes en matière de droits de l'homme*

a) La Cour européenne des droits de l'homme

BIBLIOGRAPHIE. — M.-A. EISSEN, « La Cour européenne des droits de l'homme », *AFDI* 1959, p. 617-658. — R. PELLOUX, « La Cour européenne des droits de l'homme », *EDCE* 1969, p. 83-102. — V. BERGER, « Le règlement amiable devant la Cour europ. des droits de l'homme », *Mél. Wiarda*, 1988, p. 55-64. — J.-F. FLAUSS, « Le droit de recours individuel devant la CEDH (protocole n° 9) », *AFDI* 1990, p. 507-519. — P. H. IMBERT, « La réforme de la procédure devant les organes de contrôle de la Convention européenne des droits de l'homme : quelques observations prospectives », *JEDI* 1990, p. 292-300. — E. GARCIA DE ENTERRIA, « De la légitimité des mesures provisoires prises par la Commission et la Cour européenne des droits de l'homme », *RTDH* 1992, p. 251-280. — R. S. J. MC DONALD, « Interim Measures in International Law... », *ZaöRV* 1992, p. 703-740. — W. DEUKERT, « À propos de la réforme du système de protection prévu par la Convention européenne des droits de l'homme », *RUDH* 1992, p. 217-226. — F. SUDRE, « ... L'évolution du mécanisme européen de garantie des droits de l'homme », *Mél. Apollis*, 1992, p. 113-124 ; *Les grands arrêts de la Cour européenne des droits de l'homme*, PUF, « Que sais-je ? » n° 3269, 1997, 128 p. — J.-C. SOYER et M. DE SALVIA, *Le recours individuel supranational*, LGDJ, 1992, 287 p. —

J. G. MERILLS, *The Development of International Law by the European Court of Human Rights*, Manchester UP, 1993, X-259 p. — F. MATSCHER, « Quarante ans d'activités de la Cour européenne des droits de l'homme », *RCADI* 1997, vol. 270, p. 237-398. — J. RIDEAU, « Le rôle de l'Union européenne en matière de protection des droits de l'homme », *RCADI* 1997, vol. 265, p. 9-480. — E. LAMBERT, *Les effets des arrêts de la Cour européenne des droits de l'homme*, Bruylant, Bruxelles, 1999, XXIX-624 p. — J.-P. COSTA, « La Cour européenne des droits de l'homme depuis le 1er novembre 1998 », *AFDI* 1999, p. 732-745. — O. JACOT-GUILLARMOD, « La nouvelle Cour européenne des droits de l'homme dans la perspective du juge national », *RSDIE* 1999, p. 43-78. — F. SALERNO, « Rapporti fra procedimenti concernenti le medesime istanze individuali presso diversi organismi internazionali tutela dei diritti umani », *Riv. DI* 1999, p. 363-450. — G. COHEN-JONATHAN et Ch. PETTITI dir., *La réforme de la Cour européenne des Droits de l'Homme*, Bruylant, Bruxelles, 2003, 194 p. — F. RIVIÈRE, *Les opinions séparées des juges à la Cour européenne des Droits de l'Homme*, Bruylant, Bruxelles, 2004, IX-464 p. — M. EUDES, *La pratique judiciaire interne de la Cour européenne des droits de l'homme*, Pedone, 2005, 564 p. — F. MODERNE, *La Convention européenne des droits de l'homme*, Dalloz, 2005, 128 p. — V. BERGER, *Jurisprudence de la Cour européenne des droits de l'homme*, Dalloz-Sirey, 10e éd., 2007, XIV-836 p. — F. SUDRE et as., *Les grands arrêts de la jurisprudence de la Cour européenne des droits de l'homme*, PUF, 2007, 816 p. — L. WILDHABER, « De l'évolution des idées sur les missions de la Cour européenne des Droits de l'Homme », *Mél. Caflisch*, 2007, p. 639-653.

Sur la jurisprudence de la Cour, v. les chroniques de V. COUSSIRAT-COUSTÈRE puis de G. COHEN-JONATHAN et J.-F. FLAUSS à l'*AFDI* et d'E. DECAUX et P. TAVERNIER au *JDI ;* voir aussi les chroniques de la *Revue universelle des droits de l'homme* et la *Revue trimestrielle des droits de l'homme*.

Sur le Protocole n° 11 : J.A. CARILLO-SALCEDO, *RGDIP* 1993, p. 629-643 ; G. COHEN-JONATHAN, *Europe*, 1994, p. 1-3 ; R. ABRAHAM, *AFDI* 1994, p. 619-632 ; G. JANSSEN-PEVTSCHIN, *RTDH* 1994, p. 483-500 ; P. WACHSMANN e.a., *Le protocole n° 11 à la Convention européenne des droits de l'homme*, Bruylant, Bruxelles, 1995, 194 p. ; F. SUDRE, *Semaine juridique éd. G* 1995, n° 21-22 ; R. BERNHARDT, *AJIL*, 1995, p. 145-154 ; I. CAMERON, *YEL*, 1995, p. 219-260 ; A. Z. DRZEMCZEWSKI, *EJIL* 1997, p. 59-76 ; O. DE SCHUTTER, *CDE* 1998, p. 319-352 ; P. BOILAT, *RSDIE* 1999, p. 5-24 ; M.E. VILLIGER, *RSDIE* 1999, p. 79-95 ; J.-F. FLAUSS dir., *La mise en œuvre du Protocole n° 11 : le nouveau Règlement de la Cour européenne des droits de l'homme*, Bruylant, Bruxelles, 2000, 178 p.

Sur le Protocole n° 14 : — L.A. SICILIANOS, *AFDI* 2003, p. 611-640 ; S. LAGOUTTE, *RDDC* 2005, p. 187-213 et *Cah. dt. eur.* 2005, p. 127-154 ; B. NASCIMBENE, *RTDH* 2006, p. 531-546 ; V. STARACE, *LPICT* 2006, p. 163-182 ; P. EGLI, *Berkeley Jl. I.L* 2007, p. 1-32 ; G. COHEN-JONATHAN et J.-F. FLAUSS dir., *La réforme du système du contrôle contentieux de la Convention européenne des droits de l'homme...*, Bruylant, Bruxelles, 2005, 256 p. ; P. LEMMENS et W. VANDENHOLE ed., *Protocol n° 14 and the Reform of the European Court of Human Rights*, Intersentia, Anvers, 2005, XII-153 p. ; F. SALERNO dir., Colloque de Ferrare, *La nouvelle procédure devant la Cour européenne des droits de l'homme après le Protocole 14*, Bruylant, Bruxelles, 2007, VII-174 p.

Voir aussi les bibliographies sur les nos 425 et 434.

La Convention de Rome du 4 novembre 1950, aujourd'hui en vigueur entre tous les États membres du Conseil de l'Europe, ne s'est pas contentée de formuler des dispositions normatives (v. *supra*, n° 425). Elle a mis en place un système de contrôle qui comprenait initialement : la Commission européenne des droits de l'homme, le Comité des ministres du Conseil de l'Europe et la

Cour européenne des droits de l'homme. Seule la Cour, qui est devenue depuis 1998 l'unique organe chargé de mettre en œuvre la Convention, après l'entrée en vigueur, en 1998, du Protocole n° 11 du 11 mai 1994 (v. *supra*, n° 423), est à proprement parler une juridiction internationale.

Le remplacement, par ce Protocole, des articles 19 à 56 de la Convention initiale (nouveau Titre II) et du Protocole n° 2 (établissant la compétence consultative de la Cour), a profondément modifié les contours de cette institution et bouleversé la procédure antérieure.

i) Organisation et fonctionnement : La Cour se composait d'un nombre de juges égal, non pas à celui des États parties à la Convention, mais à celui des États membres du Conseil de l'Europe ; désormais, ce nombre est égal à celui des parties contractantes au Protocole n° 11. Chaque partie présentera trois candidats. Les juges sont élus par l'Assemblée consultative à la majorité des voix, pour un mandat en principe de six ans renouvelable ; la moitié des mandats doit être renouvelée tous les trois ans (art. 23 nouveau de la Convention).

La Cour, réunie en Assemblée plénière, élit un président et un ou deux vice-président(s) ainsi que les présidents des Chambres, établit son règlement et fixe sa procédure. Pour l'examen de chaque affaire, elle siège en formations restreintes — de trois juges en comités, de sept juges en Chambre, de dix-sept juges en « Grande Chambre », les Chambres comprenant obligatoirement le ou les juges nationaux du ou des États intéressés, les autres juges étant les membres de droit et des juges désignés conformément au règlement.

Des dessaisissements peuvent s'opérer des comités au bénéfice d'une Chambre et d'une Chambre vers la Grande Chambre.

La fonction protectrice traditionnelle de l'État se retrouve dans le droit de tierce intervention — devant une Chambre ou la Grande Chambre — qui lui est reconnu par l'article 36 du Protocole dans toute affaire où l'un de ses ressortissants est requérant (par hypothèse, le recours ne peut ici être dirigé que contre un autre État que l'État du national). En outre, en dépit du silence de son statut, l'article 39 du Règlement autorise la Cour à indiquer des mesures provisoires que, depuis ses arrêts des 6 février 2003 et 4 février 2005 dans l'affaire *Mamatkulov c. Turquie* (qui opère un spectaculaire renversement de jurisprudence – cf. l'arrêt du 20 mars 1991, *Cruz Varas c. Suède*), la juridiction de Strasbourg, s'alignant sur la position de la CIJ (v. *infra*, n° 546), considère comme étant juridiquement obligatoires.

La procédure est contradictoire (art. 38 nouveau de la Convention), mais confidentielle pendant la recherche d'un règlement amiable (art. 28, § 2, nouveau, de la Convention).

ii) Compétence. Première juridiction dont la mission spécifique est de contrôler le respect des droits de l'homme, la Cour européenne inquiétait dans la mesure où sa fonction impliquait une intervention dans les affaires intérieures des États parties, au profit non seulement des ressortissants étrangers mais également des nationaux. Jusqu'à l'adoption du Protocole n° 11, les partisans de la Cour n'ont obtenu gain de cause qu'en apaisant les réserves de certains gouvernements en ce qui concernait les droits procéduraux reconnus aux particuliers.

Jusqu'à l'entrée en vigueur du Protocole n° 11, la Cour ne pouvait jamais être directement saisie, même par des États. Toutes les contestations étaient portées d'abord devant la Commission européenne des droits de l'homme. La saisine de la Cour de Strasbourg n'était possible qu'après qu'ait été constaté l'échec de la tentative de règlement amiable de la Commission.

En outre, la recevabilité d'une requête devant la Cour, émanant aussi bien d'un État que de la Commission, supposait en premier lieu que l'État « défendeur » ait accepté la juridiction de la Cour européenne (art. 46 initial). À la suite de l'entrée en vigueur du Protocole n° 11, en vertu du nouvel article 33, tout État partie peut saisir la Cour d'une requête dirigée contre un autre État partie.

Enfin, jusqu'à l'entrée en vigueur des protocoles n° 9 ou 11, la décision de saisir la Cour ne pouvait être le fait de particuliers, qui ne pouvaient que saisir la Commission lorsque l'État en cause avait accepté la saisine individuelle (art. 25 ancien) ; mais même dans ce cas, seuls étaient en mesure de procéder à cette saisine la Commission européenne, l'État dont la victime était le ressortissant, l'État qui avait introduit l'affaire devant la Commission et l'État mis en cause. Le plus souvent, c'était la Commission qui prenait cette initiative et se comportait, en l'espèce, comme un ministère public. Ni la Commission, ni *a fortiori* les particuliers victimes, n'étaient des « parties » devant la Cour. Selon l'article 34 nouveau de la Convention, peut saisir la Cour toute personne physique, toute organisation non gouvernementale, tout groupe de particuliers qui se prétend victime d'une violation d'une disposition de la Convention.

Il reste que, dans la pratique, la situation des particuliers était déjà sensiblement supérieure à celle qui leur est réservée devant la plupart des autres juridictions internationales. En raison d'abord de l'attitude des États qui ont, dans les années 1990, tous accepté la juridiction de la Cour et le droit de recours individuel. En raison aussi du comportement de la Commission qui saisissait de plus en plus régulièrement la Cour. En raison enfin du libéralisme du règlement de procédure de la Cour, qui l'autorisait à faire comparaître la victime, à l'interroger, à accepter la présence de son avocat auprès des représentants de la Commission.

En second lieu, la compétence de la Cour devait être écartée si l'affaire avait déjà été portée devant le Comité des ministres du Conseil de l'Europe et soumise à un règlement diplomatique. Cependant la compétence de la Cour était prioritaire, si elle était saisie dans les trois mois de la transmission au Comité des ministres du rapport de la Commission.

L'activité de la Cour, restée assez confidentielle pendant les années soixante, et sans commune mesure avec celle de la Commission, a pris une dimension plus significative depuis lors ; aussi sa jurisprudence s'est-elle beaucoup étoffée, et devient même répétitive (utilisation intensive par les avocats sous l'angle, en particulier, du droit à un procès équitable) (72 arrêts au principal pour la seule année 1996, à comparer à plus de 3 500 décisions de la Commission ; 1735 arrêts (et 27 057 décisions de radiation et 41 700 requêtes) en 2007).

Désormais, l'examen de la recevabilité d'une requête individuelle relève de la compétence d'un « comité » (article 28 du Protocole) ou, à défaut, d'une Chambre ; l'examen au fond d'une telle requête est de la compétence d'une Chambre ; le Protocole n° 14 de 2004 organise un filtrage renforcé de la recevabilité des requêtes (notamment en confiant à un juge unique la fonction d'écarter les requêtes manifestement irrecevables). Pour les requêtes interétatiques, l'examen de la recevabilité et du fond relève nécessairement d'une Chambre, sauf dessaisissement en faveur de la Grande Chambre. Cette dernière a seule compétence pour répondre à une demande d'avis consultatif.

L'idée selon laquelle la Cour ne protège pas seulement des droits individuels, mais les principes posés dans la Convention trouve une confirmation dans le droit pour la Cour de prolonger l'examen de la requête, à l'encontre éventuellement de la volonté du requérant (désistement), « si le respect des droits de l'homme garantis par la Convention et ses protocoles l'exige » (art. 37 nouveau de la Convention).

Reprenant la compétence dont disposait la Commission, la Cour peut rechercher un règlement amiable (art. 38, § 1, nouveau, de la Convention). En cas d'échec, elle peut déclarer la violation de la Convention et accorder au requérant une satisfaction équitable (art. 41 nouveau de la Convention).

L'arrêt ou l'avis consultatif de la Cour est motivé (articles 45 et 49 nouveaux de la Convention). Les opinions individuelles – dites « séparées » – des juges peuvent lui être jointes. L'arrêt est définitif, éventuellement après un réexamen par la Grande Chambre (art. 43

nouveau de la Convention) ; il est publié et obligatoire. Il est transmis au Comité des ministres du Conseil de l'Europe, qui en surveille l'exécution mais n'est plus un organe de décision, alternatif à la Cour (art. 46 nouveau de la Convention ; v. J.-F. Flauss, « La pratique du Comité des ministres..., 1985-1988 », *AFDI* 1988, p. 408-423). Le Protocole n° 14 renforce les pouvoirs de surveillance du Comité des Ministres en coopération avec la Cour devant laquelle une demande en interprétation et un recours en manquement sont possibles (art. 46).

b) La Cour interaméricaine des droits de l'homme

BIBLIOGRAPHIE. —T. BURGENTHAL, « The Advisory Practice of the Inter-American Human Rights Court », *AJIL* 1985, p. 1-27. — P. FRUMER, « ... la jurisprudence de la Cour interaméricaine des droits de l'homme », *RBDI* 1995, p. 514-539. — C.M. CERNA, « Questions générales de droit international examinées par la Cour interaméricaine des droits de l'homme », *AFDI* 1996, p. 715-732. — D. HARRIS et S. LIVINGSTONE ed., *The Inter-American System of Human Rights*, Clarendon Press, Oxford, 1998, XXV-581 p. — A. A. CANÇADO TRINDADE, « Le système interaméricain de protection des droits de l'homme... », *AFDI* 2000, p. 548-577 — W.M. REISMAN et S. BENESCH, « The Use of Friendly Settlements in the Inter-American Human Rights System », *Méls. Cassese*, 2002, p. 741-769. — J.M. PASQUALUCCI, *The Practice and Procedure of the Inter-American Court of Human Rights*, Cambridge UP, 2003, XLVII-469 p. — H. FAÚNDEZ LEDESMA, *El sistema interamericano de protección de los derechos humanos. Aspectos institucionales y procesales*, San José, Institut interaméricain des droits de l'homme, 2004, XXX-1053 p. — H. TIGROUDJA et I.K. PANOUSSIS, *La Cour interaméricaine des droits de l'homme. Analyse de la jurisprudence consultative et contentieuse*, Bruylant, Bruxelles, 2003, XXV-330 p. — H. TIGROUDJA, « La Cour interaméricaine des droits de l'homme au service de "l'humanisation du droit international public" », *AFDI* 2006, p. 617-640. — L. BURGORGUE-LARSEN et A. ÚBEDA DE TORRES, *Les grandes décisions de la Cour interaméricaine des droits de l'homme*, Bruylant, Bruxelles, 2008, LXXXVIII-995 p.

Sur la jurisprudence de la CIDH v. les chroniques de C.M. CERNA à l'*AFDI* 1983, p. 300-312, 1987, p. 351-369, 1996, p. 715-732. V. aussi la bibliographie citée sur les n°s 425 et 434.

Le système interaméricain s'est très largement inspiré du modèle européen. Après avoir énoncé les droits protégés, la Convention de San José de Costa Rica du 22 novembre 1969 institue, en tant que « moyens de protection », une Commission et une Cour interaméricaine des droits de l'homme. Seule la Cour est un organe juridictionnel.

Bien que le processus de ratifications soit lent, en 2008, 24 États latino-américains avaient ratifié la Convention (tandis que Trinité et Tobago l'a dénoncée en 1998), 19 avaient accepté la compétence de la Cour (art. 62) et 10 seulement la possibilité de plaintes étatiques (art. 45).

L'analogie avec le mécanisme européen est également vérifiée dans les règles sur l'organisation, le fonctionnement et les compétences de la Cour. On retrouve l'intervention préalable de la Commission, la clause facultative de juridiction obligatoire, le droit de saisine réservé à la Commission et aux États parties, la procédure juridictionnelle.

Un certain nombre de particularités peuvent cependant être relevées. La Cour interaméricaine bénéficie d'un plus haut degré d'institutionnalisation que la Cour européenne : en effet, la Cour ne comprend que sept juges (élus à titre personnel par l'Assemblée de l'OEA), ce qui justifie le recours aux juges *ad hoc* en cas de besoin (article 55).

La compétence de la Cour est plus diversifiée. Elle est ouverte aux États et à la Commission et non aux particuliers. Son statut est entré en vigueur le 1er janvier 1980 et elle a rendu sa première décision le 13 novembre 1981. Le premier arrêt sur le fond, dans l'affaire *Velásquez Rodriguez c. Honduras* (29 juillet 1988, *série C* n° 4), à propos d'une des si fréquentes

« disparitions forcées » dans les guerres civiles latino-américaines, rappelle aux États que pèse sur eux non seulement l'obligation de respecter les droits garantis mais aussi celle de prévenir raisonnablement les « situations virtuellement attentatoires aux droits protégés », définition large de la diligence due pour assurer effectivement le respect des droits de l'homme.

Les rôles respectifs de la Commission et de la Cour, ainsi que la définition des droits propres des individus face aux États dans ces procédures, ont été précisés dans les « affaires honduriennes » (arrêts de la CIDH du 29 juillet 1988, *Velasquez Rodriguez*, précitée, du 20 janvier 1989, *Godinez Cruz, série C* n° 5, et du 15 mars 1989, *Fairén Garbi et Solis Corrales, série C* n° 6).

Outre sa fonction contentieuse, elle exerce une fonction consultative. Selon l'article 64 de la Convention, à la demande de tout État membre de l'OEA, elle peut notamment fournir un avis sur la compatibilité d'une loi de cet État avec la Convention de 1969 ou avec tout autre traité relatif à la protection des droits de l'homme dans les États américains. Ce système préventif volontaire peut se révéler d'une certaine efficacité et inspirer d'autres expériences régionales.

Enfin, la Convention reconnaît expressément compétence à la Cour pour régler les contestations sur le sens ou la portée de ses propres arrêts (article 67).

c) La Cour africaine des droits de l'homme et des peuples

BIBLIOGRAPHIE. — F. OUGUERGOUZ, « La Cour africaine des droits de l'homme et des peuples », *AFDI* 2006, p. 213-240 — M. MUBIALA, « L'accès de l'individu à la Cour africaine des droits de l'homme et des peuples », *Mél. Caflisch*, 2007, p. 369-378.

Après beaucoup d'hésitations, une Cour africaine des droits de l'homme et des peuples a été instituée par le Protocole d'Ouagadougou du 9 juin 1998 remplacé par le Protocole de Lomé du 11 juillet 2000, annexé à l'acte constitutif de l'Union africaine, entré en vigueur en 2004. Bien qu'elle eût été officiellement installée en 2006, l'avenir de cette juridiction, qui doit être fusionnée avec la Cour de Justice de l'Union africaine, est incertain.

Disposant d'une compétence tant contentieuse que consultative, cette juridiction peut être saisie par la Commission africaine des Droits de l'homme, par les États parties et par les organisations intergouvernementales africaines ; les personnes privées ou les organisations non gouvernementales observateurs auprès de la Commission ne peuvent la saisir que si l'État mis en cause a accepté cette procédure (art. 5 et 34, § 6). La Cour peut tenter un règlement amiable du litige, cumulant ainsi les fonctions reconnues en Europe, dans le passé, à la Commission et à la Cour des droits de l'homme.

2° *Mécanismes juridictionnels ou arbitraux dans des domaines autres que les droits de l'homme*

a) Dans la Communauté européenne — Bien que sa compétence soit plus vaste, la CJCE accepte la responsabilité de protection des droits de l'homme qu'elle est invitée par les particuliers à assumer : « Le respect des droits fondamentaux (de la personne) fait partie intégrante des principes généraux de droit dont la Cour de Justice assure le respect » (aff. 11/70, 17 décembre 1970, *Internationale Handelsgesellschaft, Rec.* p. 1125). La Cour de Luxembourg n'hésite pas à faire une référence directe à des articles de la Convention européenne des droits de l'homme en mentionnant le fait que celle-ci avait été ratifiée par tous les États membres (v. aff. 36/75, 28 octobre 1975, *Rutili, Rec.* p. 1219). Cependant, elle reste attachée à l'idée que les Communautés européennes et l'Union européenne, en tant que sujets de droit, ne sont pas liées par cette Convention et ne pourraient l'être (avis 2/94 du 28 mars 1996, *Rec.* p. I-1759). Le Traité de Lisbonne envisage cependant l'adhésion de l'UE à la Convention de Rome (art. 6).

Chargée d'assurer « le respect du droit dans l'interprétation et l'application du traité » (art. 220 du TCE – 19 du TUE dans le texte de Lisbonne), la CJCE (qui devrait devenir la Cour de l'Union européenne) ne peut, depuis la création du Tribunal de première instance en 1988 conformément aux prévisions de l'Acte unique européen, connaître des recours des particuliers qu'en cas de pourvoi contre un arrêt du Tribunal. Celui-ci peut être saisi par des personnes physiques ou morales de recours en annulation, en carence ou en responsabilité lorsqu'elles sont le destinataire d'un acte communautaire ou directement concernées par lui (ou par sa carence) (v. *infra* n° 438.3°).

Sur le fonctionnement de la Cour de Justice et du TPI, v. *infra* n° 553.

b) La *protection juridictionnelle des minorités* en tant que telles n'a pu être organisée qu'exceptionnellement (création du Tribunal arbitral de la Sarre à la suite du référendum de 1955 – F. Deruel, *in AFDI* 1956, p. 509-516. ; sur la protection de la minorité germanique du Haut-Adige, A. Fenet, *in AFDI* 1993, p. 357-376).

c) La compétence des *juridictions pénales* internationales, temporaires ou permanente (Cour pénale internationale), est limitée à la sanction de certains crimes internationaux ; elles seront présentées dans le cadre de la responsabilité des personnes privées (v. *infra*, n°s 443 s.). Les particuliers victimes de ces crimes n'ont pas le droit de saisir les juridictions pénales internationales ; elles ne sont d'ailleurs pas parties au procès même si elles n'en sont pas complètement absentes (surtout devant la CPI).

d) Les deux techniques conventionnelles et contractuelles d'« internationalisation » de la protection des droits de la personne privée (v. ci-dessus) sont parfois combinées. Un exemple particulièrement clair et important de cette combinaison est fourni par la procédure instituée par la Convention pour le règlement des différends relatifs aux investissements entre États et ressortissants d'autres États, conclue dans le cadre de la BIRD. le 18 mars 1965 : cette convention institue un organisme de conciliation et d'arbitrage, le Centre international pour le règlement des différends relatifs aux investissements (CIRDI) (sur l'ensemble du mécanisme, v. *infra*, n°s 438 et 646).

B. — Participation active des personnes privées à la procédure de règlement

438. Droit de saisir un organe international de règlement. — Les États se montrent particulièrement soucieux de conserver le monopole de l'action en justice dans l'ordre international. La règle générale de l'exclusion des recours individuels trouve son expression catégorique dans l'article 34, § 1, du Statut de la Cour internationale de Justice (v. *infra*, n° 542).

Pour ce qui est de la saisine d'organes non-juridictionnels, v. *supra*, n°s 435-436.

En principe, les tribunaux internationaux ne peuvent connaître des affaires concernant une personne privée que s'ils sont saisis par son État national prenant fait et cause pour lui (protection diplomatique). Cette règle ne connaît que des exceptions rares et prudentes, comme on l'a vu plus haut (v. *supra*, n°s 435 et 437). Une forme atténuée de ce quasi-monopole est le système de « collaboration des juges » — national et communautaire ou arbitral — qui a pris un grand essor pratique dans la Communauté européenne par le biais des questions préjudicielles de l'article 177 du Traité de Rome (puis 234 du TCE – 267 du TFUE). Longtemps confiné aux domaines de compétence de la Communauté européenne, il est appelé à répondre désormais à des problèmes plus variés — y compris de caractère pénal ou de politique étrangère (questions de validité des actes d'exécution par l'Union européenne des mesures d'embargo sollicitées par le Conseil de sécurité des Nations Unies par exemple). Dans ce mécanisme, si les particuliers ne disposent ni du droit de saisine, ni de la formulation des questions posées, ils sont en revanche en droit d'intervenir auprès du juge national pour l'inciter à poser ces questions préjudicielles – et ce dernier peut être tenu d'y donner suite, selon la jurisprudence de la CJCE.

Dans le passé, quelques conventions créant des juridictions internationales particulières ont prévu des recours individuels. Il ne s'agissait toutefois que de rares exceptions qui sont restées soit sans effectivité, soit sans lendemain.

Il ressort de l'article 4 de la Convention XII de La Haye du 18 octobre 1907 portant institution de la Cour internationale des prises que les particuliers neutres et belligérants avaient le droit de la saisir, mais cette convention ne fut pas ratifiée et cette Cour resta à l'état de projet. Les individus pouvaient aussi accéder à la Cour de Justice centre-américaine établie par la Convention de Washington du 20 décembre 1907 conclue entre les cinq Républiques de l'Amérique centrale. Cette Cour eut une vie courte (1907-1917) tandis que les quatre seuls recours individuels dont elle fut saisie ont été déclarés irrecevables à raison du non-épuisement préalable des recours internes.

Encore que leur caractère international ait été sérieusement contesté par une partie de la doctrine (Anzilotti), les tribunaux arbitraux mixtes (TAM) constitués par les différents traités de paix de 1919 offrent l'exemple d'une autre exception fondée sur les circonstances particulières de la guerre et de l'après-guerre. Devant ces juridictions *ad hoc*, les ressortissants des puissances alliées ou associées avaient le droit d'intenter contre les États ex-ennemis des recours en indemnités pour les dommages ou préjudices causés sur les territoires de ceux-ci, à leurs biens, droits ou intérêts.

À ces exemples, qui n'ont plus qu'un intérêt historique, se sont ajoutés, depuis 1945, des mécanismes nouveaux, institués au coup par coup, qui demeurent loin d'inverser le principe de l'exclusion des requêtes individuelles. Ils concernent les fonctionnaires internationaux, les investisseurs et les victimes de certains conflits ; il faut y ajouter le cas particulier de la CJCE et celui prévu par le Protocole à la Convention européenne sur l'immunité des États.

1° Depuis la création du Tribunal administratif de la SdN en 1927, un très grand nombre d'organisations internationales ont institué des juridictions chargées de trancher les litiges les opposant aux membres de leur personnel. Tel est le cas dans le système des Nations Unies (Tribunaux administratifs de l'OIT, des Nations Unies et de la BIRD. — v. *infra*, n° 554) ou dans de nombreuses organisations régionales (Commissions de recours des organisations européennes coordonnées, Tribunaux administratifs de l'OCDE, de l'OEA ou de la LEA — v. *infra*, n° 555). Au sein des Communautés européennes, la Cour de Justice était compétente pour se prononcer sur le recours des agents (art. 236 du TCE) et le nombre de ces actions y est tellement considérable que la création d'un Tribunal administratif spécialisé s'est imposée (décision de 1988 créant le Tribunal de première instance) ; le Traité de Lisbonne confirme la création du

Tribunal de la fonction publique européenne (Annexe 1 au Protocole III sur la Cour de Justice) institué par une décision du Conseil (2004/752/CE, Euratom) du 2 novembre 2004.

Par un arrêt du 25 janvier 2005, la Chambre sociale de la Cour de cassation a écarté l'immunité dont se prévalait la Banque africaine de développement faute pour cette organisation d'avoir offert à ses agents la possibilité d'un recours juridictionnel (*B.A.D. c. Degboe*, *Bull. civ.* V, n° 16 p. 13) ; au contraire, la CEDH a admis que l'existence de voies de recours ouvertes aux fonctionnaires de l'ASE satisfaisait le droit à un tribunal ouvert par l'article 6, § 1, de la CEDH (arrêt du 18 février 1999, *Waite et Kennedy*, *Rec.* 1999-I, p. 456, § 73).

Soucieuses d'accorder des garanties aussi étendues que possible aux membres du personnel des organisations, les juridictions administratives internationales ont, en règle générale, interprété leur compétence de manière large, étendant au maximum le droit au recours prévu par leur statut en faveur d'agents ou au sujet de problèmes non expressément visés par celui-ci (v. TAOIT, jugement n° 2232, *Bustani c. O.I.A.C.*).

2° Les *investisseurs* se sont vus reconnaître le droit de saisir un organe juridictionnel ou arbitral non national dans trois hypothèses bien distinctes.

a) La *Convention pour le règlement des différends relatifs aux investissements*, conclue en 1965 sous les auspices de la BIRD et entrée en vigueur l'année suivante, met en place un « Centre international » (CIRDI), qui peut être saisi directement par les investisseurs ; en contrepartie, leur État d'origine renonce à l'exercice de sa compétence traditionnelle, la protection diplomatique, qui les aurait éventuellement fait profiter des mêmes règles, mais de façon indirecte.

La Convention a été ratifiée par 144 États (au 31 juillet 2009), tant développés qu'en voie de développement ; toutefois, cette ratification est une condition nécessaire mais non suffisante à la compétence du Centre, qui doit faire l'objet d'un consentement explicite, soit dans un accord d'investissement, soit dans une loi nationale, soit encore dans le contrat lui-même. Si ces conditions sont remplies, l'investisseur étranger comme l'État partie peuvent saisir ou une commission de conciliation (chargée de faire des recommandations) ou un tribunal arbitral (qui rendra une sentence obligatoire).

En pratique, les clauses prévoyant la compétence du Centre (« clauses CIRDI ») sont nombreuses. Une grande partie des quelque 3 000 traités bilatéraux pour la promotion et la protection des investissements renvoie au mécanisme du Centre ce qui, conformément à une jurisprudence aujourd'hui bien acquise (CIRDI, SA, 21 févr. 1997, *AMT c. Zaïre*, § 5.17-5.23) constitue l'engagement ferme des Etats parties d'y recourir. De surcroît, des instruments multilatéraux contiennent également des clauses CIRDI : c'est le cas de l'ALENA (art. 1120) et, dans une certaine mesure, du Traité sur la Charte de l'énergie de 1994 (art. 26).

Le 27 septembre 1978, le Conseil administratif du Centre a adopté un mécanisme supplémentaire étendant la compétence du Centre aux litiges n'ayant pas un lien direct avec un investissement ou dont l'une des parties n'est pas liée par la Convention. En réalité, le CIRDI ne fait alors rien de plus que constituer le cadre de procédures de conciliation ou d'arbitrage qui, pour le reste, sont soumises au droit commun des procédures transnationales.

La « procédure CIRDI » a inspiré le mécanisme de règlement pacifique des différends entre États et investisseurs sous les auspices de l'Agence multilatérale de garantie des investissements contre les risques non commerciaux (créée par la Convention de Séoul de 1985).

Dans les conventions bilatérales sur la protection des investissements, préférence est parfois donnée à l'arbitrage commercial selon le « modèle CNUDCI », approuvé par la résolution 31/98 de l'Assemblée générale de l'ONU (1976).

Pour sa part, l'article 187 de la *Convention sur le droit de la mer* prévoit la compétence de la Chambre pour le règlement des différends relatifs aux fonds marins du Tribunal international du droit de la mer, pour se prononcer sur les litiges contractuels soumis par une personne physique ou morale « patronnée » par un État partie, l'opposant à l'Autorité (v. *infra*, n° 551).

La constitution du Tribunal arbitral qui a été appelé à se prononcer dans l'affaire *Eurotunnel* (sentence partielle du 30 janvier 2007) témoigne de l'imbrication très étroite entre États et parties privées : institué conformément à la fois aux dispositions du Traité de Cantorbery de 1986 relatif à la construction d'une « liaison fixe » transmanche et du contrat de concession entre la France et le Royaume-Uni d'une part et les sociétés concessionnaires d'Eurotunnel d'autre part, ce tribunal comportait deux arbitres nommés par chacun des États, deux autres nommés par les concessionnaires et un président désigné par les deux premiers avec l'accord des deux autres, les uns et les autres n'ayant pas les mêmes pouvoirs puisque, aux termes de l'article 19 du Traité, « [l]es deux arbitres nommés par les Concessionnaires ne prennent pas part à tout ou partie d'une décision relative à l'interprétation ou à l'application du présent Traité » (v. les § 75 à 90 de la sentence).

b) Les *contrats d'État* peuvent ouvrir au cocontractant privé étranger de l'État la faculté de saisir un tribunal arbitral qui se prononcera sur le fondement du droit international si les parties l'y ont invité, expressément ou implicitement (v. *infra*, n° 624). L'internationalisation est cependant limitée : le contrat demeure ancré dans le droit national et l'application de la sentence dans l'ordre juridique interne est subordonnée aux règles propres à celui-ci.

c) Dans la ligne des précédents historiques évoqués ci-dessus, les États ont parfois prévu de confier à des tribunaux arbitraux le *règlement de certains litiges, conséquences de conflits interétatiques*, et intéressant les particuliers. Dans ces hypothèses, il peut arriver que les personnes privées concernées se voient reconnaître un droit de saisine direct.

Deux cas relatifs au règlement de contentieux nés de la seconde guerre mondiale peuvent être évoqués. En premier lieu, la *Commission arbitrale sur les biens, droits et intérêts en Allemagne*, créée par la Convention de Bonn du 26 mai 1952, amendée par les accords de Paris du 23 octobre 1954 était saisie directement par les personnes privées (v. les chroniques de G. Guyomar, à l'*AFDI* entre 1960 et 1970). Quant au Traité austro-allemand du 15 juin 1957, il instituait un *Comité de conciliation*, sans compétence obligatoire, que les particuliers pouvaient saisir directement ; mais le Tribunal arbitral, qu'il créait par ailleurs, ne pouvait rendre une opinion obligatoire qu'à la demande des tribunaux nationaux (v. I. Seidl-Hohenveldern, *AFDI* 1969, p. 266-275).

Un exemple remarquable de tribunal arbitral international ouvert aux particuliers est constitué par le *Tribunal irano-américain de réclamations* institué par les accords d'Alger du 19 janvier1981. Aux termes de l'article II de la Déclaration du gouvernement algérien sur le règlement du contentieux entre les États-Unis et l'Iran, ce tribunal a pour mission « de statuer sur les demandes des ressortissants américains contre l'Iran et les demandes des ressortissants iraniens contre les États-Unis ». Ceux-ci présentent directement leurs demandes si elles excèdent 250 000 dollars (si elles sont inférieures à ce chiffre, elles sont introduites en leur nom par le gouvernement de l'État dont ils sont ressortissants).

Le Tribunal, qui siège à La Haye, applique en principe le règlement d'arbitrage de la CNUDCI. Il compte 9 membres et les affaires qui lui sont soumises sont examinées en formation plénière ou par des sections de 3 membres. Ses sentences sont obligatoires et sans recours et un fonds de garantie a été constitué en vue d'assurer l'exécution effective des sentences prononcées contre l'Iran (v. les chroniques sur la jurisprudence du Tribunal à l'*AFDI* 1999-2003).

On peut en rapprocher la *Commission de compensation* qui avait été chargée, sous les auspices du Conseil de sécurité des Nations Unies, d'apurer le contentieux des dommages résultant du conflit entre l'Irak et le Koweit, créée par la résolution 692 du 20 mai 1991. Confrontée à un nombre très élevé de réclamations individuelles dont le traitement était urgent, émanant de ressortissants de pays qui n'étaient pas toujours en mesure d'exercer une protection diplomatique efficace, la Commission a dû alléger les conditions de sa saisine et traiter globalement et forfaitairement certains dossiers. Mais les réclamations d'une certaine importance financière ont pu être présentées directement par leurs ayants droit. Au 31 juillet 2008, la Commission avait achevé l'examen des plaintes et accordé des indemnités pour un montant total de 52,4 milliards de dollars dont un peu plus de la moitié avait été versée sous sa supervision.

La *Commission des réclamations entre l'Érythrée et l'Éthiopie* a été créée par l'Accord d'Alger du 12 décembre 2002 ; en vertu de l'article 5 « elle est chargée de rendre une sentence arbitrale sur toutes les demandes en dommages et intérêts formées par l'un ou l'autre ou les deux États ou par les ressortissants de ceux-ci personnes physiques ou personnes morale de droit privé ou de droit public a) sur le fondement d'un conflit lié à l'accord-cadre, aux modalités de mise en œuvre de cet accord ou à l'accord de cessation des hostilités et, b) résultant d'une violation des règles du droit international humanitaire, ou encore des dispositions des conventions de Genève de 1949 ou des règles de droit international ». Seuls les deux États peuvent saisir la Commission, en leur nom ou au nom de leurs ressortissants (v. le § 8 de l'article 5 de l'Accord d'Alger).

La Commission, qui a rendu treize sentences partielles et deux sentences finales entre 2003 et 2005, a dû reconnaître, dans sa décision n° 8 du 27 juillet 2007 que, les Parties ayant choisi de présenter des requêtes interétatiques, n'avaient pas l'obligation de l'informer de leurs intentions quant à la répartition des dommages-intérêts qui seront alloués aux victimes de violations du *jus ad bellum*.

3° Alors que les personnes privées bénéficient d'une large immédiateté normative dans le cadre des *Communautés européennes*, leur droit de saisir le TPI (qui a succédé à la CJCE comme destinataire direct des recours des particuliers en 1988) est relativement limité. Indépendamment du droit de recours ouvert aux agents des différentes institutions (v. *supra* 1°), elles y sont autorisées dans les cas suivants :

— lorsqu'elles contestent la légalité de décisions dont elles sont destinataires ou de textes qui, bien qu'ils soient apparemment adressés à une autre personne ou ayant une portée générale, « les concernent directement et individuellement » (art. 173, § 2, devenu art. 230, § 2, du TCE – 263 du TFUE) ; si la jurisprudence a longtemps été restrictive quant à la recevabilité de ces requêtes, elle a progressivement admis un certain nombre d'atténuations (CJCE, 18 mai 1994, *Codorniu S.A. c. Conseil*, C-309/89, *Rec.* p. I-1853 ; 22 novembre 2001,

Antillean Rice Mills c. Conseil, C-451/98, *Rec.* p. I-8949 ; du 25 juillet 2002, *Unión de Pequeños Agricultores c. Conseil*, C-50/00 P, *Rec.* p. I-6677).

— lorsqu'une institution s'est abstenue de leur adresser une décision ou un avis, alors qu'elle était dans l'obligation de le faire (recours en carence, art. 232 du TCE – 265 du TFUE) ;

— lorsqu'elles critiquent le bien-fondé d'une sanction ou le montant d'une amende qui leur a été infligée par la Commission (art. 229 du TCE — il s'agit d'un contentieux de pleine juridiction, différent du recours en annulation prévu à l'article 230), et

— lorsqu'elles se prétendent victimes d'un dommage causé par les institutions communautaires ou leurs agents (art. 288 du TCE – 340 du TFUE).

La technique du référé, si elle permet le prononcé de sursis à exécution, et celle de l'exception d'illégalité sont susceptibles d'améliorer la position des personnes privées confrontées à des conditions défavorables de recevabilité.

439. Droit de participer à l'examen au fond du différend. — Même lorsqu'ils ne se voient pas reconnaître le droit de saisir eux-mêmes une juridiction internationale, les particuliers peuvent être appelés à jouer un rôle actif au cours de la procédure se déroulant devant elle. Les juridictions qui bénéficient d'une certaine durée sont appelées à développer – sur la base de statuts souvent imprécis à l'origine – un véritable code de procédure fondé sur le principe d'un « procès équitable » : c'est souvent l'occasion de rétablir une certaine égalité de traitement et de mieux garantir les droits de la défense en faveur de la partie la plus faible – les particuliers en l'occurrence.

Certaines techniques procédurales peuvent atténuer les inconvénients d'une recevabilité limitée des recours introduits par les personnes privées : le droit d'intervention autorise leur participation à un recours qui leur est inaccessible directement, mais elle doit s'inscrire dans la limite des moyens ou des conclusions de la partie à laquelle elles s'associent ; la répartition de la charge de la preuve peut également contribuer à limiter le déséquilibre des forces entre États et particuliers.

Dans les hypothèses examinées ici – et à la différence de celles ayant fait l'objet des développements précédents (v. *supra*, n° 438) – les personnes privées ne sont pas demanderesses ; un filtrage de leurs réclamations est toujours effectué, préalablement à la saisine de la juridiction soit par un gouvernement (Commissions de conciliations établies par les Traités de paix de 1947), soit par un organe intergouvernemental (procédure de réformation des jugements de certains tribunaux administratifs internationaux), soit par un organe de conciliation (Cours européenne et interaméricaine des droits de l'homme), soit par une juridiction nationale (art. 177 du Traité de Rome CE devenu art. 234 du TCE – 267 du TFUE).

D'une certaine manière, c'est aussi ce qui se produit lorsqu'un particulier demande et obtient la protection diplomatique de l'État dont il est ressortissant et lorsque les deux États concernés saisissent une juridiction ou un tribunal arbitral internationaux : sans être partie à l'instance, la personne privée peut jouer un rôle actif « dans les coulisses » (celui-ci est plus apparent dans le cas de certains arbitrages que dans celui où le différend est soumis à la CIJ — v. les exemples donnés par Ch. Rousseau, *Droit international public*, t. II, Sirey, 1974, p. 732 s.). Mais cette participation n'est prévue par aucune règle juridique et dépend entièrement de la bonne volonté de l'État intéressé.

Au contraire, dans les cas évoqués ci-après, non seulement la personne privée est, ou peut être, indirectement, à l'origine de la saisine de la juridiction, mais encore sa participation à la procédure est en général expressément prévue et organisée.

1° *Les Commissions de conciliation établies par les traités de paix de 1947* étaient de véritables tribunaux internationaux devant lesquels les individus et les sociétés participaient directement à la procédure mais seulement après que leur requête avait été introduite par l'agent de l'État dont ils avaient la nationalité.

2° Du fait des difficultés suscitées, durant les années 1950, par l'application de certains jugements rendus par les Tribunaux administratifs de l'OIT et des Nations Unies à la suite de la « chasse aux sorcières » aux États-Unis, des *procédures de réformation* des décisions de ces deux juridictions devant la CIJ avaient été instituées. Bien qu'assez différentes techniquement, les deux procédures présentaient des points communs : le fonctionnaire international requérant devant le Tribunal administratif ne pouvait en aucun cas saisir directement la CIJ ; en revanche, une fois celle-ci saisie par un organe intergouvernemental, il pouvait présenter ses arguments par l'intermédiaire du Chef du Secrétariat intéressé ; seules certaines catégories de questions, limitativement énumérées, pouvaient être soumises à la Cour ; l'avis consultatif qu'elle rendait était reconnu comme obligatoire (v. *infra*, n° 554).

S'agissant du TAOIT, ses jugements ne peuvent être soumis à la CIJ qu'à l'initiative d'un organe intergouvernemental de l'Organisation défenderesse et par celui-ci. Au contraire, dans le cas des jugements du TANU, le fonctionnaire concerné (ou le Secrétaire général des Nations Unies, ou un État membre) pouvait saisir le Comité des demandes de réformation, composé des États membres du bureau de l'Assemblée générale, qui décidait, sans appel, des suites qu'il convenait de réserver à cette demande.

La CIJ s'était efforcée de compenser l'inégalité entre les véritables parties au différend qui lui était soumis par ce biais — l'Organisation et le fonctionnaire — notamment en refusant la tenue d'une procédure orale (cf. les avis consultatifs du 23 octobre 1956, du 12 juillet 1973, du 20 juillet 1982 et du 27 mai 1987). Finalement, ce mécanisme a été supprimé, pour ce qui est du TANU, par la résolution 50/54 de l'Assemblée générale du 11 décembre 1995.

3° *Les Cours régionales des droits de l'homme* ont été initialement conçues selon le même modèle et fonctionnaient sur le fondement de principes identiques : leur saisine n'est pas ouverte aux particuliers ; ceux-ci peuvent saisir la Commission des droits de l'homme – si l'État concerné a fait une déclaration expresse en ce sens dans le cadre de la Convention européenne – qui, ensuite, peut transmettre l'affaire à la Cour (v. *supra*, n° 436) ; dans ce cas, les personnes privées prennent une part active à la procédure devant la Cour, sans cependant être parties à l'instance.

Le Protocole n° 9 à la Convention européenne, adopté à Rome le 6 novembre 1990, en vigueur depuis le 1er octobre 1994, consacre les droits des particuliers en tant que parties au contentieux devant la Cour, au moins dans les rapports avec les États qui auront accepté le droit de recours individuel (soit sur la base de l'article 25 de la Convention de 1950, soit par consentement dans un cas d'espèce). Ce mécanisme est repris par le Protocole n° 11.

Avec l'entrée en vigueur fin 1998 du Protocole n° 11 à la Convention de Rome créant une Cour européenne des droits de l'homme unique (v. *supra* n° 425), les particuliers peuvent désormais saisir directement cette juridiction, le filtre de la Commission étant supprimé.

Le mécanisme en deux étapes (Commission-Cour) perdure dans le cadre interaméricain et, semble-t-il, en vertu de l'article 5 du Protocole créant la Cour africaine des Droits de l'homme et des peuples du 10 juin 1998.

Toutefois, et à la différence de la Convention de Rome dans sa formulation initiale, l'accès des personnes privées à la Commission est de droit et ne nécessite pas de déclaration spéciale d'acceptation de la part des États parties (v. également n° 437). En outre, la CIDH s'est constamment efforcée de faciliter la participation des individus au procès devant elle ; mais sa saisine leur demeure fermée (v. l'arrêt du 28 février 2003, *Cinq retraités c. Pérou*, série C, n° 98, qui rappelle avec insistance que ce sont eux qui sont « les titulaires de tous les droits consacrés dans la Convention américaine » (§ 155).

Le Statut de la *Cour africaine des droits de l'homme*, dont l'avenir reste incertain (v. *supra*, n° 437), retient également l'idée de filtrage des demandes individuelles, mais l'examen de leur recevabilité est réalisé par la Cour elle-même ; celle-ci statue après avoir sollicité l'avis de la Commission. Il n'est donc pas exclu que ces organes s'inspirent de la pratique développée sur la base de la Convention de Rome de 1950, avant sa récente réforme.

4° Dans le cadre des *questions préjudicielles* que les juridictions des États membres des Communautés européennes peuvent ou doivent poser à la *CJCE* (art. 177 du Traité de Rome CE — art. 234 du TCE, 267 du TFUE — v. *infra* n° 553), les particuliers peuvent pleinement exposer à la Cour leurs arguments juridiques, bien qu'ils ne disposent pas, dans ce cadre, d'un recours direct.

Conformément à la logique de ce mécanisme non-contentieux, les parties au litige au principal doivent inscrire leur intervention devant la CJCE dans le cadre des seules questions posées par la juridiction nationale à l'origine de la demande. Par contre, elles disposent d'une très grande latitude dans le choix de leurs arguments (v. *supra*, n° 438).

5° Le développement de l'institution de l'*amicus curiae* au profit de personnes privées devant certaines juridictions internationales constitue une autre manifestation de l'irruption de celles-ci dans la sphère juridique internationale. Par ce biais, des particuliers peuvent informer la cour ou le tribunal de leur point de vue sur une question juridique sans devenir formellement parties à l'affaire.

Dans le cadre de l'OMC, les premières « interventions désintéressées » (*amicus curiae briefs*) soumises par des ONG, dans l'affaire des *Crevettes (États-Unis c. Inde, Malaisie, Pakistan et Thaïlande)* ont été très mal reçues par le groupe spécial qui a refusé de les prendre en considération en tant que telles. Ce sont finalement les États-Unis, une des parties au différend, qui ont introduit certaines parties de ces interventions en tant que documents annexés (v. rapport du groupe spécial, 15 mai 1998, § 3.129-3.134 et rapport de l'organe d'appel dans la même affaire, 12 oct. 1999, § 89-110). Finalement, l'organe d'appel a explicitement accepté de recevoir et de prendre en considération des telles interventions désintéressées (rapport de l'organe d'appel, 10 mai 2000, *Plomb et bismuth II (États-Unis c. Communauté européenne)*, § 42).

Dans le cadre du CIRDI, pourtant ouvert à la saisine par des particuliers, un Tribunal arbitral a également admis la participation des représentants de la société civile à soumettre des interventions en tant qu'*amicus curiae* (v. l'ord. du 19 mai 2005, *Aguas Argentinas, S.A., Suez, Sociedad General de Aguas de Barcelona, S.A. et Vivendi Universal, S.A. c. Argentine*, aff. ARB/03/19).

440. Portée juridique du jugement ou de la sentence arbitrale à l'égard des personnes privés concernées. — Pour autant que la personne privée est partie au contentieux international, elle est soumise au principe de l'autorité de la chose jugée. Bénéficiaire éventuellement d'une décision d'octroi d'une satisfaction équitable (réparation indemnitaire ou simple constat de la violation du droit par le défendeur), elle renonce le plus souvent *a priori* à contester le jugement ou la sentence – sauf selon les voies offertes par le statut de l'organe international.

Dans le rapport postérieur avec l'État condamné, la personne privée est contrainte de tabler sur sa bonne foi ou sur le recours aux voies d'exécution nationale ou, en dernière extrémité, sur l'exercice de la protection diplomatique de son propre État.

Très exceptionnellement, la victime peut compter sur un mécanisme internationalisé de règlement de sa créance (fonds d'indemnisation créés par l'accord d'Alger de 1981 dans le contentieux États-Unis/Iran, ou par les résolutions du Conseil de sécurité des Nations Unies dans le contentieux Irak/ Koweït).

Plus la recevabilité des recours individuels est ouverte, plus les États seront sensibles à l'impact de la jurisprudence des organes internationaux dans leur ordre juridique interne. L'« autorité de chose interprétée » reconnue à la jurisprudence communautaire ainsi qu'à celle de la Cour européenne des droits de l'homme crée une articulation inédite entre les ordres juridiques dont les effets positifs pour les droits des personnes privées dépassent largement la satisfaction des réclamations individuelles portées au niveau international.

Section 3

Responsabilité internationale des personnes privées

BIBLIOGRAPHIE. — S. GLASER, « Culpabilité en droit international pénal », *RCADI* 1960-I, vol. 99, p. 473-591 et *Droit international pénal conventionnel*, Bruylant, Bruxelles, 1970, 649 p. — M. Ch. BASSIOUNI, « Le droit pénal international : son histoire, son objet, son contenu », *Rev. I. dt. pénal* 1981, p. 41-82 ; *International Criminal Law conventions and their Penal Provisions*, Transnl. Publ., Irvington, 1997, X-1250 p. ; *Introduction to International Criminal Law*, Transnl. Publ., Ardsley, 2003, XXXVI-823 p. — A. BLANC ALTEMIER, *La violación de los derechos humanos fundamentales como crimen internacional*, Bosch, Barcelone, 1990, XXIV-444 p. — G. KOMAROV, « Individual Responsibility under International Law : the Nuremberg Principles in Domestic Legal Systems », *ICLQ* 1980, p. 21-37. — Ch. BARBIER, « La répression des crimes de guerre et des crimes contre l'humanité », *Arès* 1982, p. 11-20. — F. MALEKIAN, *International Criminal Law*, Uppsala, 1991, 2 vol., XXXV-621 p., XVIV-507 p. — M. DELMAS-MARTY dir., *Quelle politique pénale pour l'Europe ?*, Economica, 1993, 372 p. — L. S. SUNGA, *The Emerging System of International Criminal Law. Developments in Codification and Implementation*, Kluwer, La Haye, 1997, XXII-486 p. — R. RATNER et J. ABRAMS, *Accountability for Human Rights Atrocities in International Law*, Clarendon Press, 1997, Oxford, XXXV-360 p. — A.-M. LA ROSA, *Dictionnaire de droit international pénal*, PUF, 1998, XII-118 p. — J. BARBOZA, « International Criminal Law », *RCADI* 1999, vol. 278, p. 9-200. — E. GREPPI, « The Evolution of Individual Criminal Responsibility under International Law », *RICR* 1999, p. 531-553. — M. HENZELIN, *Le principe de l'universalité en droit pénal international*, Helbing & Lichtenhahn/Bruylant, Bâle/Bruxelles, 2000, XXVII-527 p. — H. ASCENSIO, E. DECAUX, A. PELLET dir., *Droit international pénal*, Pedone, 2000, 1053 p. — G.K. MCDONALD et O. SWAAK-GOLDMAN ed., *Substantive and Procedural Aspects of International Criminal Law. The Experience of International and National Courts*, Kluwer, La Haye, 2000, vol. I, *Commentary*, XVI-705 p., vol. II, *Documents and Cases*, XVI-2451 p. — M. HENZELIN et R. ROTH, *Le droit pénal à l'épreuve de l'internationalisation*, Georg, Genève, 2002, XVII-355 p. — N. PASSAS, *International Crimes*, Ashgate, Burlington, 2003, XXVI-592 p. — A. ZIMMERMAN ed.,

International Criminal Law and the Current Development of Public International Law, Duncker & Humblot, Berlin, 2003, 254 p. — R. MAISON, *La responsabilité individuelle pour crime d'État en droit international public*, Bruylant, Bruxelles, 2004, XIV-547 p. — C. VAN DEN WINGAERT et G. STESSENS ed., *International Criminal Law. A Collection of International and European Instruments*, Kluwer, La Haye, 3e éd., 2004, 1542 p. — M. DELMAS-MARTY, E. FRONZA et E. LAMBERT-ABDELGAWAD dir., *Les sources du droit international pénal*, LGDJ, 2005, 488 p. — G. METTRAUX, *International Crimes and the Ad Hoc Tribunals*, Oxford UP, 2005, XXXII-442 p. — G. WERLE, *Principles of International Criminal Law*, TMC Asser Press, La Haye, 2005, XXII-467 p. — G. WERLE et F. JESSBERGER, *Principles of International Criminal Law*, TMC Asser Press, La Haye, 2005, XXII-485 p. — J.P. GRANT et J. CRAIG BARKER, *International Criminal Law Deskbook*, Cavendish Publ., Londres, 2006, XII-551 p. — T. MERON, « Reflections on the Prosecution of War Crimes by International Tribunals », *AJIL* 2006, p. 551-579. — I. BANTEKAS et S. NASH, *International Criminal Law*, Routledge, Londres, 2007, XLI, 594 p. — G. BOAS, J.L. BISCHOFF et L. REID, *Forms of Responsibility in International Criminal Law*, Cambridge UP, 2007, XXV-436 p. — R. CRYER, *An Introduction to International Criminal Law and Procedure*, Cambridge UP, XLIV-477 p. — R. KOLB et Ph. GRANT, *Droit international pénal : précis*, Helbing & Lichtenhahn/Bruylant, Bâle/Bruxelles, 2007, XI-488 p. — A. CASSESE, *International Criminal Law*, Oxford UP, 2008, LI-455 p. — A. ZAHAR, G.K. SLUITER, *International Criminal Law : A Critical Introduction*, Oxford UP, 2008, XLVIII-530 p.

V. aussi les ouvrages de droit pénal international (approche privatiste) : C. LOMBOIS, *Droit pénal international*, Dalloz, 2e éd., 1979, XI- 688 p. — A. HUET et R. KOERING-JOULIN, *Droit pénal international*, PUF, 3e éd., 2005, XXVI-507 p.

Recueils de textes : E. DAVID, *Code de droit international pénal*, Bruylant, Bruxelles, 2004, 1532 p. — Ch. VAN DEN WYNGAERT et as., *International Criminal Law : A Collection of International and European Instruments*, Nijhoff, Leiden, 3e éd., 2005, XVIII-1542 p. — G. VERMEULEN, *Essential Texts on International and European Criminal Law*, Apeldcorn, Anvers, 2005, 1028 p.

V. aussi : *International Criminal Law Review* (depuis 2001) et *Journal of International Criminal Justice* (depuis 2003) et la bibliographie consacrée plus précisément à la répression des crimes internationaux, *infra*, sur le n° 443.

§ 1. — *Définition internationale d'incriminations pénales*

441. Détermination des infractions internationales. — Actes commis par une personne privée pour son propre compte

BIBLIOGRAPHIE. — *Sur la piraterie maritime* : — C. TOURET, *La piraterie au XXe siècle – Piraterie maritime et piraterie aérienne*, LGDJ, 1992, XIV-306 p. — M. VOELKEL, « La piraterie est-elle un crime de droit des gens ? », *Ann. Dt. Mer* 2000, p. 93-121. — E. BERTIN-MOUROT, F. LELIEUR et E. TERROIR, *Terrorisme et piraterie*, L'Harmattan, 2005, 168 p.

Sur la traite des esclaves : v. la bibliographie sur l'interdiction de l'esclavage, *supra*, n° 424.

Sur la lutte contre les trafics de stupéfiants et le crime organisé : C. H. VIGNES, « La convention sur les substances psychotropes », *AFDI* 1971, p. 641-656. — M. BETTATI, « Le contrôle international des stupéfiants », *RGDIP* 1974, p. 170-227. — S.K. CHATTERJEE, *Drug Abuse and Drug-Related Crimes*, La Haye, Nijhoff, 1988, 276 p. — F. ROUCHEREAU, « La convention des NU contre le trafic illicite de stupéfiants... », *AFDI*, 1988, p. 601-617. — T. TREVES, « Intervention en haute mer et navires étrangers », *AFDI*, 1995, p. 651-675 — P. STURMA, « Aspects récents du contrôle international des stupéfiants... », *AFDI* 1995, p. 633-649. — J.-L. FILLON, « Le droit international de la mer et la législation française face au trafic des stupéfiants en mer », *ADMA*, 1996, p. 67-87. — W. C. GILMORE, « Narcotics Interdiction at Sea : the 1995 Council of Europe Agreement », *Marine Policy* 1996, p. 3-14. — A. DECOURRIÈRE, *Les drogues dans l'Union européenne*, Bruylant, Bruxelles, 1996, 381 p. — A. SUBHAN, « L'Union européenne et la lutte contre la drogue », *RMCUE* 1999, p. 196-201. — D. FONTANAUD, *La criminalité organisée*, La Documentation française, 2002, *Problèmes politiques et sociaux* n° 874/875, 138 p. — A. EDWARDS et P. GILL ed., *Transnational Organised Crime : Perspectives on Global Security*, Routledge, Londres, 2003, XIII-290 p. — Ch. BASSIOUNI éd., *La cooperazione internazionale per la prevenzione e la repressione della criminalita'organizzata e del terrorismo*, Giuffrè, Milan, 2005, VII-482 p.

Sur les détournements d'aéronefs : E. MCWHINNEY, « Illegal Diversion of Aircraft and International Law », *RCADI* 1973-I, vol. 138, p. 261-372 et *Aerial Piracy and International Terrorism*, Nijhoff, Dordrecht, 1987, IX-244 p. — C. EMMANUELLI, « Étude des moyens de prévention et de sanction en matière d'interférence illicite dans l'aviation civile internationale », *RGDIP* 1973, p. 577-671 et 1081-1134. — A. E. BOYLE, « The Entebbe Hostage Crisis », *NILR* 1982, p. 32-71. — H. LABAYLE, « Sécurité dans les aéroports et progrès de la collaboration internationale contre le terrorisme », *AFDI* 1989, p. 711-723. — J. T. CHOI, *Aviation Terrorism — Historical Survey, Perspectives and Responses*, McMillan, Londres, 1994, XIII-249 p. — G. KYRIAKOPOULOS, *La sécurité de l'aviation civile en droit international public*, Sakkoulas-Bruylant, Athènes-Bruxelles, 1999, 542 p.

Sur la lutte contre le terrorisme : P. JUILLARD, « Les enlèvements de diplomates », *AFDI* 1971, p. 205-231 — Colloque de Bruxelles, 1973, *Réflexions sur la définition et la répression du terrorisme*, ULB, Bruxelles, 1974, 292 p. — J.-F. PRÉVOST, « Aspects nouveaux du terrorisme international », *AFDI* 1973, p. 579-600. — C.L. ROZAKIS, « Terrorism and the Internationally Protected Persons », *ICLQ* 1974, p. 32-72. — Ch. VALLÉE, « La convention européenne pour la répression du terrorisme », *AFDI* 1976, p. 756-786. — G. LEVASSEUR, « Les aspects répressifs du terrorisme international, in IHEI, *Terrorisme international*, Pedone, 1977, p. 59-131 — A.E. EVANS et J.F. MURPHY, *Legal Aspects of International Terrorism*, NHPC, Amsterdam, 1978, XIII-219 p. — G. FRAISSE-DRUENE, « La convention européenne pour la répression du terrorisme », *RGDIP* 1978, p. 969-1023. — S. SHUBBER, « The International Convention against the Taking of Hostages », *BYBIL* 1981, p. 205-239. — K. HAILBRONNER, « International Terrorism and the Laws of War », *GYBIL* 1982, p. 169-198. — J.P. PANCRACIO, « L'affaire de l'Achille Lauro et le droit international », *AFDI* 1985, p. 221-236. — H. LABAYLE, « Droit international et lutte contre le terrorisme », *AFDI* 1986, p. 105-138. — ADI, *Les aspects juridiques du terrorisme international*, CERDIRI-Nijhoff, La Haye, 1988, 126 p. — D. MOMTAZ, « La convention pour la répression d'actes illicites contre la sécurité de la navigation maritime », *AFDI* 1988, p. 589-600. — M. HALBERSTAM, « Terrorism on the High Seas... », *AJIL* 1988, p. 269-310. — G. GUILLAUME, « Terrorisme et droit international », *RCADI* 1989-III, vol. 215, p. 289-416 ; sous le même titre, *CEBDI*, vol. VII, 2003, p. 25-37. — P. LEJEUNE, *La coopération policière européenne contre le terrorisme*, Bruylant, Bruxelles, 1992, IX-281 p.— Y. ALEXANDER ed., *International Terrorism : Political and Legal Documents,* Nijhoff, Dordrecht, 1992, XV-623 p. — E. CHADWICK, *Self-determination, Terrorism and the International Humanitarian Law of Armed Conflict*, Nijhoff, La Haye, 1996, XIII-221 p. — R. HIGGINS et M. FLORY dir., *Terrorism and International Law*, Routlege, Londres, 1997, 382 p. — M. COSNARD, « Observations à propos de l'arrêt rendu par la Haute Cour de justice écossaise dans l'affaire de Lockerbie », *AFDI*

2000, p. 643-653. — A. AUST, « Lockerbie : The Other Case », *ICLQ* 2000, p. 278-296. — J.C. MARTIN, « Quelques remarques sur la convention de l'OUA sur la prévention et la lutte contre le terrorisme », *Obs. NU* 2000, n° 9, p. 59-91 ; *Les règles internationales relatives à la lutte contre le terrorisme*, Bruylant, Bruxelles, 2006, 618 p. — A. CASSESE, « Terrorism is Also Disrupting Some Crucial Legal Categories of International Law », *EJIL* 2001, p. 99-1002. — L. CONDORELLI, « Les attentats du 11 septembre et leurs suites : où va le droit international », *RGDIP* 2001, p. 829-848. — K. BANNELIER et as. ed., *Le droit international face au terrorisme*, Pedone, 2002, VI-356 p. — P.J. VAN KRIEKEN, *Terrorism and the International Legal Order*, TMC Asser Press, 2002, XVI-482 p. — Y. BANIFATEMI, « La lutte contre le financement du terrorisme international », *AFDI* 2002, p. 103-128. — H. TIGROUDJA, « Quel(s) droit(s) applicable(s) à la "guerre au terrorisme" », *ibid.*, p. 80-102. — Symposium : « 'A War against Terrorism' : What Role for International Law ? US and European Perspectives », *EJIL* 2003, p. 209-378. — E. ROSAND, « Security Council Resolution 1373, the Counter-Terrorism and the Fight Against Terrorism », *AJIL* 2003, p. 333-341. — A. BIANCHI ed., *Enforcing International Law Norms Against Terrorism*, Hart, Oxford, 2004, XXII-549 p. — C. WALTER et a. ed., *Terrorism as a Challenge for National and International Law : Security versus Liberty ?*, Springer, Berlin, 2004, XI-1482 p. — SFDI, Journée franco-allemande, *Les nouvelles menaces contre la paix et la sécurité internationales*, Pedone, 2004, 298 p. — H. DUFFY, *The 'War on Terror'and the Framework of International Law*, Cambridge UP, 2005, LI-488 p. — C. DE JONGE OUDRAAT, « Le Conseil de sécurité et la lutte contre le terrorisme », *AFRI* 2005, p. 116-127. — E. CORTHAY, « Le concept de terrorisme ou la définition d'un monstre polycéphale », *Obs. NU* 2006, p. 111-144. — J. GAFNER, *L'incrimination du financement du terrorisme*, Schulthess, Genève, 2006, XLII-359 p. — P. KLEIN, « Le droit international à l'épreuve du terrorisme », *RCADI* 2006, vol. 321, p. 205-484. — I. COUZIGOU, « La lutte du Conseil de sécurité contre le terrorisme international et les droits de l'homme », *RGDIP* 2008, p. 49-84. — M. GLENNON et S. SUR ed., *Terrorisme et droit international*, ADI, Nijhoff, Leiden, 2008, XXXVII-813 p. — M. DI FILIPPO, « Terrorist Crimes and International Cooperation », *EJIL* 2008, p. 533-570. — L.M. HINOJOSA MARTÍNEZ, *La Financiación del terrorismo y las Naciones Unidas*, Tecnos, Madrid, 2008, 239 p.

Recueil de documents : Nations Unies, *Instruments internationaux relatifs à la prévention et à la répression du terrorisme international*, New York, 2005, n° de vente : F.03.V.9, VIII-363 p.

Sur la lutte contre la corruption privée : OCDE, *Rapport sur les paiements illicites dans les transactions commerciales internationales*, Paris, 1990. — C. YANNAKA-SMALL, « Les paiements illicites dans le commerce international et les actions entreprises pour les combattre », *AFDI* 1994, p. 792-803. — S. MANACORDA, « La criminalité économique transnationale : un premier bilan des instruments de politique criminelle », *Trim. du monde*, 1995 n° 29, p. 59-81. — Ph. KAHN et C. KESSEDJIAN dir., Colloque CREDIMI de Dijon de 1995, *L'illicte dans le commerce international*, Litec, Paris, 1996, 604 p. — P. CAVALERIE, « La convention OCDE du 17 décembre 1997 sur la lutte contre la corruption d'agents publics étrangers dans les transactions commerciales internationales », *AFDI* 1997 p. 609-632. — L. A. LOW e.a., « The Inter-American Convention against Corruption... », *Virginia JIL* 1998, p. 243-22. — S. WHITE, *Protection of the Financial Interests of the European Communities : the Fight against Fraud and Corruption*, Kluwer, La Haye, 1998, 244 p. — S.R. SALBU, « Extraterritorial Restriction of Bribery... », et Ph. M. NICHOLS, « Regulating Transnational Bribery... », *Yale ILJ* 1999, p. 233-255 et p. 257-303. — C. KESSEDJIAN, « La norme juridique est-elle apte à lutter contre la corruption ? », *Mél. Ph. Kahn, Souveraineté étatique et marchés internationaux*, Litec, 2000, p. 601-612. — N. KOFELE-KALE, *The International Law of*

Responsibility for Economic Crimes : Holding State Officials Individually Liable for Acts of Fraudulent Enrichment, Ashgate, Aldeshot, 2e éd., 2006, XII-411 p. — M. PIETH et as. ed., *The OECD Convention on Bribery : a commentary on the Convention on Combating Bribery of Foreign Public Officials in International Business Transactions of 21 November 1997*, Cambridge UP, 2007, XLIV, 608 p. — I. N. ANDROULAKIS, *Die Globalisierung der Korruptionsbekämpfung*, Nomos, Baden-Bade, 2007, 581 p. — S. NAGEL, *Entwicklung und Effektivität internationaler Maßnahmen zur Korruptionsbekämpfung*, Nomos, Baden-Baden, 2007, 261 p.

Pour que la responsabilité pénale internationale de l'individu soit effective, il faut que le droit international détermine lui-même des faits individuels illicites considérés comme des infractions au sens du droit pénal.

Depuis longtemps les États ont jugé tellement graves certains agissements des individus qu'ils les ont érigés en infractions internationales. Ce mouvement, d'abord très lent et très prudent, s'est amplifié depuis la Seconde Guerre mondiale sans cependant répondre à un plan d'ensemble et l'on ne peut guère qu'énumérer les diverses infractions internationales en suivant l'ordre chronologique de leur apparition.

Malgré l'analogie des termes, les incriminations relatives aux individus sont distinctes des comportements des États susceptibles d'engager leur responsabilité et qualifiés, pour certains, de crimes internationaux (v. *infra*, n° 472) : l'aspect pénal n'existe pas dans ce cas. Toutefois les deux situations ne se laissent pas aisément distinguer car si l'individu engage sa responsabilité lorsqu'il agit exclusivement en tant que personne privée, il peut aussi en aller de même lorsqu'il agit comme agent public.

À l'égard des individus, il n'existe pas un code pénal international. L'intervention directe du droit international, par la coutume, ou par le procédé conventionnel, en vue de créer à la charge des individus des devoirs et des responsabilités est réelle, mais elle est fragmentaire et empirique. La qualification des faits est indécise, la distinction traditionnelle entre crimes et délits n'est pas clairement perçue. Quand ils sont explicites sur ce point, les textes conventionnels n'utilisent que l'expression « crime » probablement parce que leurs auteurs estiment que les faits qu'ils incriminent sont particulièrement graves. Dans d'autres cas, ils s'abstiennent de toute qualification et se contentent de la description objective des faits punissables.

1° L'incrimination la plus ancienne est d'origine coutumière. C'est la *piraterie en haute mer.* Sont ainsi qualifiés les faits accomplis au moyen de violence contre les biens et les personnes dans un but de lucre. Ils doivent être distingués à la fois des actes similaires commis sur la terre ferme ou en mer territoriale et des entreprises fondées sur des buts politiques. L'opinion générale assimile cette infraction au brigandage maritime.

Les règles applicables à la piraterie maritime ont été codifiées en même temps que l'ensemble du droit de la mer, par la Convention de Genève sur la haute mer (articles 14 à 22), dont les dispositions ont été reprises, sans changement notable, par la Convention de Montego Bay du 10 décembre 1982 (articles 100 à 107).

2° La deuxième infraction traditionnelle est la *traite des esclaves.* À la suite de la découverte du nouveau monde, le commerce des esclaves fut considéré comme une activité licite et même une institution d'État. Son érection en infraction internationale fut difficile.

Monopole de l'État espagnol, il fut, après le Traité d'Utrecht de 1713, largement dominé par l'Angleterre. De 1650 à 1800, il avait enlevé à l'Afrique près de douze millions d'hommes. Il ne fut flétri pour la première fois qu'en 1815, par l'Acte final du Congrès de Vienne dans lequel, au nom des principes universels de moralité et d'humanité, les puissances participantes proclamèrent solennellement leur désir de « mettre un terme à un fléau qui a si longtemps désolé l'Afrique, dégradé l'Europe et affligé l'humanité ». Cette condamnation de principe ne fut pas suivie rapidement d'effets en raison des rivalités entre la France et la Grande-Bretagne, les deux grandes puissances navales de l'époque (le Traité de Londres du 20 décembre 1841 ne fut pas ratifié par la France). En 1885 seulement, l'Acte de Berlin, confirmé par l'Acte anti-esclavagiste de Bruxelles de 1890, pose la règle que « conformément au droit des gens, la traite des esclaves est interdite ». L'infraction est ainsi fondée à la fois sur la règle coutumière et sur le droit conventionnel. Au lendemain de la Première Guerre mondiale, une convention conclue le 25 septembre 1926 sous les auspices de la SdN et amendée en 1953 a repris la question, ce qui montre que, malgré son interdiction, le commerce des esclaves était encore pratiqué – mais plus par les puissances européennes – entre les deux guerres. Techniquement mieux rédigé, ce texte s'efforce de définir les éléments constitutifs de l'infraction (art. 1er), condamnée à nouveau par les conventions sur le droit de la mer de 1958 (haute mer, art. 13) et de 1982 (art. 99).

La convention du 7 septembre 1956, conclue à l'initiative du Conseil économique et social des Nations Unies, condamne l'esclavage de façon plus générale, tandis que les conventions de Paris de 1904 et 1910 concernent la traite des femmes et des enfants. En reconnaissant ses liens avec la criminalité internationale organisée, les protocoles de New York de 2001 (traite des femmes et des enfants, trafic illicite des migrants), ne se limitent pas à renforcer la répression de ce dernier crime mais accentuent son caractère international.

3° *Le trafic des stupéfiants* a été érigé en infraction internationale par les conventions de La Haye (1912) et de Genève (1936), remplacées par la Convention unique sur les stupéfiants du 30 mars 1961, complétée par celle de Vienne du 21 février 1971 et le protocole du 25 mars 1972 (v. M. Bettati, *RGDIP* 1974, p. 170-227 et C. Lombois, *RJPIC* 1983, p. 418-428) et, en dernier lieu, par la Convention de Vienne du 19 décembre 1988.

À la différence des deux précédentes, cette infraction ne justifie pas la « compétence universelle » de contrôle en haute mer. Aussi, la Convention de Strasbourg du 31 janvier 1995 – en vue d'une application régionale plus efficace de l'article 17 de la convention de 1988 – s'en tient-elle à une entraide mutuelle entre États – un droit d'intervention à l'égard des navires battant pavillon d'un autre État partie subordonné à l'accord préalable de ce dernier – et à un élargissement de la compétence *ratione loci* des juridictions des États parties.

4° En matière d'*interférence illicite dans l'aviation civile internationale*, l'intervention directe du droit international a abouti, à ce jour, à la définition de trois infractions distinctes.

Les conventions de Genève sur la haute mer de 1958 (articles 15 à 21) et de Montego Bay de 1982 (articles 100 à 107) ont assimilé en tous points la *piraterie* aérienne, quant à sa définition et à sa répression, à la piraterie maritime.

Ces dispositions n'érigent pas en infraction internationale la *capture illicite d'aéronef*. Tel est en revanche l'objet de la Convention de La Haye du 16 décembre 1970, tandis que la Convention de Montréal du 23 septembre 1971 a groupé dans une infraction autonome les *actes illicites dirigés contre la sécurité de l'aviation civile internationale* (le Protocole de Montréal du 24 février 1988 prend en compte les actes illicites de violence dans les aéroports). Le Conseil de l'OACI a complété, le 22 mars 1974, la convention de Chicago de 1944 par une annexe 17 qui pose un certain nombre de standards internationaux et de pratiques recommandées en la matière. De leur côté, les organes de l'ONU, très divisés sur ce problème, pour des raisons politiques, se sont contentés de quelques exhortations. Une première extension au domaine maritime a été réalisée par la Convention de Rome du 10 mars 1988, dirigée contre les actes illicites mettant en cause la sécurité des plates-formes fixes sur le plateau continental.

5° Certains instruments internationaux visent à réprimer le *terrorisme* dans une perspective plus large que la lutte traditionnelle contre les attentats à la sûreté de l'État.

Dès avant la Seconde Guerre mondiale, une convention avait été conclue le 16 novembre 1937 ; mais la recrudescence des activités terroristes depuis lors a conduit à un renouveau de l'activité conventionnelle dans ce domaine à compter du début des années 1970. L'initiative a été prise par l'OEA : le 2 février 1971 a été adoptée à Washington la Convention pour la prévention et la répression des actes de terrorisme prenant la forme de crimes contre les personnes ou d'actes d'extorsion connexes qui ont une portée internationale. L'approche reste marquée par le souci de protéger les diplomates, comme dans la convention adoptée par l'Assemblée générale le 14 décembre 1973.

Après l'attentat commis au cours des jeux Olympiques de Munich en 1972, les États ont été préoccupés tout particulièrement par la *prise d'otages*. Dès le 10 novembre 1976, le Conseil de l'Europe a adopté la Convention européenne pour la répression du terrorisme (signée le 7 janvier 1977 et appliquée au sein des Communautés européennes par la convention de Dublin du 4 décembre 1979 ; v. Ch. Vallée, *AFDI* 1976, p. 766-786. — G. Fraisse-Druesne, *RGDIP* 1978, p. 969-1023. — A. V. Lowe et J. R. Young, *NILR* 1978, p. 305-333. — F. Mosconi, *Riv.* 1979, p. 303-332. — E. Jouve, *Mél. Charlier*, 1981, p. 807-829). Les travaux ont avancé plus lentement aux Nations Unies. Néanmoins, l'Assemblée générale examine la question depuis 1972 à l'initiative du Secrétaire général et a créé un Comité spécial du terrorisme international ; le 17 décembre 1979, elle a adopté la Convention internationale contre la prise d'otages dont l'article 1er dispose : « Commet l'infraction de prise d'otages (...) quiconque s'empare d'une personne (...) ou la détient et menace de la tuer, de la blesser ou de continuer à la détenir afin de contraindre une tierce partie (...) à accomplir un acte quelconque ou de s'en abstenir en tant que condition explicite ou implicite de la libération de l'otage » (v. W. D. Verwey, *AJIL* 1981, p. 69-92. — S. Shuber, *BYBIL* 1981, p. 205-239).

Le problème a revêtu une acuité particulière dans le cadre de l'affaire relative au *Personnel diplomatique et consulaire des États-Unis à Téhéran*. Toutefois, dans son arrêt du 24 mai 1980, la CIJ s'est fondée principalement sur les violations des conventions de Vienne relatives aux relations diplomatiques et consulaires et a considéré que la prise d'otages était imputable à l'État iranien.

Les menaces qui pèsent sur les représentants et agents des organisations internationales, en particulier dans le cadre d'opérations de maintien de la paix où certaines prises d'otages par des factions armées ont un objectif politique ou lucratif, ont favorisé l'adoption de la Convention de New York du 9 décembre 1994 relative à la sécurité des agents des Nations Unies. Plus récemment, sous la pression des grandes puissances, il a paru opportun de reprendre la question dans une perspective plus ouverte, avec l'adoption par l'Assemblée générale des Nations Unies, le 15 décembre 1997, de la convention pour la répression des attentats terroristes à l'explosif.

Toutes ces conventions supposent que la situation comporte un élément d'extranéité, ne serait-ce que la présence à l'étranger de l'auteur présumé de l'infraction (v. par exemple l'article 3 de la convention de 1997). Les définitions des infractions dans ces différents textes sont liées à l'objet de chacun d'eux ; elles sont également influencées par l'idéologie dominante au niveau universel ou régional.

Alors que la Convention européenne de 1976 retient des critères matériels et une approche technique, les buts et les mobiles de l'acte de violence sont parfois pris en compte par les textes adoptés par les Nations Unies : ainsi, par une formule alambiquée, l'article 12 de la Convention de 1979 exclut en fait l'application de celle-ci aux prises d'otages commises dans le cadre des luttes contre une domination coloniale, une occupation étrangère ou un régime raciste ; restriction qu'on ne retrouve pas dans la convention de 1998.

À la suite des attentats du 11 septembre, et alors même que les négociations en vue d'une convention globale contre le terrorisme piétinent, le Conseil de sécurité s'est institué en quasi-législateur international sur la question.

Le mouvement avait déjà commencé avec l'adoption, en 1999, de la résolution 1269 qui, sans rapport particulier avec une situation spécifique, avait appelé les États à appliquer plus effectivement les instruments internationaux de lutte contre le terrorisme et à coopérer à cette fin. Toutefois, c'est avec la résolution 1373 (2001) que le Conseil de sécurité passe de l'incitation à la décision puisqu'il se situe dans le cadre du chapitre VII de la Charte (qui lui permet de prendre des décisions obligatoires – v. *infra*, n°s 587 s.) et va au-delà d'un simple rappel de règles coutumières pré-existantes puisqu'il impose en fait aux États de mettre en œuvre des règles similaires à celles figurant dans la Convention de 1999 sur la répression du financement du terrorisme (qu'ils l'aient ratifiée ou non) et crée un organe de suivi (devenu le Comité contre le terrorisme, qui a été « revitalisé » en 2004 et doté, l'année suivante, par la résolution 1624 (2005) d'un pouvoir d'examen des rapports que les États sont appelés à lui adresser sur les mesures qu'ils ont prises pour lutter contre le terrorisme). Appelant tous les États à appliquer le principe *aut dedere, aut judicare* aux auteurs et aux complices d'actes terroristes, la résolution 1566 (2004) est moins ouvertement normative (v. aussi la résolution 1624 [2005]). Les sanctions prévues par ces textes touchent directement les personnes privées, dans des conditions parfois fort contestables quant au respect des droits de l'homme et des libertés fondamentales.

6° La liste qui précède n'est pas exhaustive ; on peut y ajouter *la circulation et le trafic des publications obscènes* (Convention de Genève du 12 septembre 1923) ou les actes accomplis en violation de la Convention de La Haye du 14 mai 1954 pour la *protection des biens culturels en cas de conflit armé* (cf. article 28). Par ailleurs, la Convention de Vienne du 26 octobre 1979 sur *la protection physique des matières nucléaires* oblige les États parties à ériger en infraction nationale les activités qu'elle interdit, notamment le vol de matières nucléaires et le chantage exercé à l'aide de celles-ci.

7° Plus récemment, le mouvement conventionnel s'est développé à l'encontre de la *corruption*, véhicule souvent essentiel de la criminalité organisée poursuivie en tant que telle par les instruments évoqués plus haut. D'origine régionale – OEA : Convention de Caracas du 29 mars 1996 ; Union européenne : protocoles du 27 septembre 1996 et du 19 juin 1997 à la Convention du 26 juillet 1995, d'une part, convention de Bruxelles du 26 mai 1997, d'autre part – ; Conseil de l'Europe : conventions pénale et civile contre la corruption adoptée à Strasbourg en 1999 –, il acquiert une portée universelle sous la pression des grandes puissances, par le biais de la Convention de l'OCDE, signée à Paris le 17 décembre 1997 (v. E. Quiñones, *AFDI* 2003, p. 563-574), et plus directement par les conventions des Nations Unies contre la criminalité transnationale organisée (New York, 15 novembre 2000) et contre la corruption (New York, 31 octobre 2003). Comme pour les autres infractions, est posée l'obligation d'ériger ce délit en infraction pénale, de le poursuivre ou de permettre l'extradition de ses auteurs.

442. Détermination des infractions internationales — Actes commis par des personnes en tant qu'agents publics

BIBLIOGRAPHIE. — *Génocide* : A. Cassese, « La communauté internationale et le génocide », *Mél. Virally*, 1991, p. 183-194. — J. Verhoeven, « Le crime de génocide, originalité et ambiguïté », *RBDI* 1991, p. 5-26. — R. Verdier et E. Decaux et J. P. Chrétien dir., *Rwanda, un génocide du XXe siècle*, L'Harmattan, Paris, 1995, 259 p. — K. Boustany et D. Dormoy dir., *Génocide(s)*, Bruylant, Bruxelles, 1999, 518 p. — R. Maison, « Le crime de génocide dans les premiers jugements du Tribunal pénal international pour le Rwanda », *RGDIP* 1999, p. 129-145. — P. M. Martin, « Le crime de génocide : quelques paradoxes », *D.* 2000, p. 477-481. — W. Schabas, *Genocide in International Law*, Cambridge UP, 2000, XVI-624 p. — G. Verdirame, « The Genocide Definition in the Jurisprudence of the *ad hoc* Tribunals », *ICLQ* 2000, p. 578-598. — L. Burgorgue-Larsen dir., *La répression internationale du génocide rwandais*, Bruylant, Bruxelles, 2003, VII-351 p. — D.L. Shelton ed., *Encyclopedia of Genocide and Crimes Against Humanity*, Macmillan, Detroit, 2005, XXI-1458 p. — A. Jones, *Genocide : A Comprehensive Introduction*, Routledge, Londres, 2006, XXVI-430 p. — J. Quigley, *The Genocide Convention : An International Law Analysis*, Ashgate, Aldershot, 2006, XV-301 p. — C. Kress, « The Crime of Genocide under International Law », *Internl. Criml. L. Rev.* 2006, p. 461-502. — M. Milanovi&cacute ;, « State Responsibility for Genocide », *EJIL* 2006, p. 553-604. — M. Lattimer ed., *Genocide and human rights*, Ashgate, Aldershot, 2007, XXIII-571 p. — G.W. Mugwanya, *The Crime of Genocide in International Law : Appraising the Contribution of the UN Tribunal for Rwanda*, Cameron May, Londres, 2007, 361 p.

Crimes contre l'humanité : J. Graven, « Les crimes contre l'humanité », *RCADI* 1950-I, t. 76, p. 427-607. — L. C. Green, « The Maxim *nullum crimen sine lege* and the Eichmann Trial », *BYBIL* 1962, p. 457-471 ; « Aspects juridiques du procès Eichmann », *AFDI* 1963, p. 150-190 — M. C. Bassiouni, *Crimes against Humanity in International Criminal Law*, Nijhoff, Dordrecht, 1992, XXXV-802 p. ; « Crimes against Humanity : the Need for a Specialized Convention », *Columb. JTL* 1994, p. 457-494 ; « La commission d'experts des Nations Unies établie par la résolution 780 (1992) du Conseil de sécurité, *RIDP* 1995, p. 193-223. — E. Zoller, « La définition des crimes contre l'humanité », *JDI* 1993, p. 549-568. — J.E. Alvarez et C. Greenwood et R. Maison, « The International Tribunal for Former Yugoslavia Come of Age », *EJIL* 1996, p. 245-299. — Y. Dinstein, « Crimes against Humanity, *Mél. Skubiszewski*, 1996, p. 891-908. — D. Robinson, « Defining « Crimes against Humanity » at the Rome Conference », *AJIL* 1999, p. 43-57. — Y. Jurovics, *Réflexions sur la spécificité du crime contre l'humanité*, LGDJ, 2002, 519 p. — G. Mettraux, « Crimes against Humanity in the Jurisprudence of the International Criminal Tribunals for the Former Yugoslavia and for Rwanda », *Harvard ILJ* 2002, p. 237-316. — G. Robertson, *Crimes Against Humanity : The Struggle for Global Justice*, Penguin, Lodres, 2e éd., 2002, XXXIV-657 p. — J.-F. Roulot, *Le crime contre l'humanité*, L'Harmattan, Paris, 2002, 442 p. — M. Lattimer et Ph. Sands ed., *Justice for crimes against humanity*, Hart, Oxford, 2003, XV-512 p. — H. Yablonka, *The State of Israel vs. Adolf Eichmann*, Schocken, New York, 2004, IX-303 p. — L. May, *Crimes against Humanity : A Normative Account*, Cambridge UP, 2005, 326 p. — Ph. Currat, *Les crimes contre l'humanité dans le Statut de la Cour pénale internationale*, Bruylant-LGDJ-Schultness, Bruxelles/Paris/Genève, 2006, XIV-806 p. — F.Z. Ntoubandi, *Amnesty for Crimes Against Humanity under International Law*, Nijhoff, Leiden, 2007, XII-252 p.

Crimes de guerre : P. Mertens, *L'imprescriptibilité des crimes de guerre et contre l'humanité : étude de droit international et de droit pénal comparé*, ULB, Bruxelles, 1974, 230 p. — T. Meron, « Rape as a Crime under International Humanitarian Law »,

AJIL 1993, p. 424-428 ; « War Crimes in Yugoslavia and the Development of International Law », *AJIL* 1994, p. 78-87. — Y. DINSTEIN et M. TABORY ed., *War Crimes in International Law*, Nijhoff, La Haye, 1996, XIV-469 p. — K.D. ASKIN, *War Crimes against Women, Prosecution in International Law*, Kluwer, La Haye, 1997, XVIII-455 p. — E. GREPPI, *I crimini di guerra e contro l'umanita nel diritto internazionale*, UTET, Turin, 2001, 250 p. — Y. BEIGBEDER, *Judging War Crimes and Torture : French Justice and International Criminal Tribunals and Commissions (1940-2005)*, Nijhoff, Leiden, 2006, XXII-377 p. — L. MAY, *War Crimes and Just War*, Cambridge UP, 2007, XI-343 p. — E. LA HAYE, *War crimes in internal armed conflicts*, Cambridge UP, 2008, XIX-424 p. V. aussi la bibliographie figurant sur le n° 578.

Agression : M.C. CICIRIELLO, *L'agressione in diritto internazionale. Da 'crimine'droit international Stato a crimine dell'individuo*, Ed. scienticica, Naples, 2002, 156 p. — D.D.N. NSEREKO, « Aggression under the Rome Statute of the International Criminal Court », *NJIL* 2002, p. 497-521. — W.M. REISMAN, « The Definition of Aggression and the ICC », *ASIL Proceedings*, 2002, p. 181-192. — M. POLITI et G. NESI ed., *The International Criminal Court and the Crime of Aggression*, Ashgate, Hants, 2004, XII-193 p. — R. KHERAD, « La question de la définition du crime d'agression dans le Statut de Rome », *RGDIP* 2005, p. 331-361. — A. REMIRO BRÓTONS, « Crimen de agresión, crimen sin castigo », *AADI* 2005, p. 33-68. — N. BLOKKER, « The Crime of Aggression and the United Nations Security Council », *Leiden Jl. IL* 2007, p. 867-894. — A. CASSESE, « On Some Problematical Aspects of the Crime of Aggression », *ibid.*, p. 841-849. — C. KRESS, « The Crime of Aggression before the First Review of the ICC Statute », *ibid.*, p. 851-865. — O. SOLERA, *Defining the Crime of Aggression*, Cameron May, Londres, 2007, 259 p. — L. MAY, *Aggression and Crimes Against Peace*, Cambridge UP, 2008, X-356 p. — N. WEISBORD, « Prosecuting Aggression », *Harvard IL Jl.*, 2008, p. 161-220.

V. aussi la bibliographie en début de section et les rapports à la CDI de D. THIAM, sur le projet de code des crimes contre la paix et la sécurité de l'humanité, *Ann. CDI* 1983, 1984, 1985, 1989, 1992 ; et les commentaires de D.H.N. JOHNSON, *in ICLQ* 1995, p. 445 ; J. ALLAIN et J. JONES *in EJIL* 1997, p. 100-117 ; A. MAHIOU, *Obs. des NU* 1997, n° 3, p. 177-185.

1° *Responsabilité de l'État et responsabilité de l'agent.* — Sous réserve du cas très particulier de l'article 227 du Traité de Versailles de 1919 (v. *infra*, n° 443), aucun texte antérieur à la seconde guerre mondiale ne prévoyait d'infractions dont les auteurs étaient susceptibles d'agir au nom de l'État.

Les conventions de La Haye de 1899 et de 1907 ayant établi des règles sur la conduite de la guerre, leurs violations par les membres des forces armées belligérants auraient pu être qualifiées de « crimes internationaux » (crimes de guerre). Au contraire, l'article 3 de la quatrième Convention de La Haye dispose que de telles violations n'engageraient que la responsabilité (civile) de l'État dont relèvent leurs auteurs, écartant en la circonstance toute idée de responsabilité pénale internationale individuelle.

S'il est vrai que le Traité de Washington du 6 février 1922 assimile à la piraterie le fait individuel des commandants de sous-marins qui s'attaqueraient en temps de guerre aux navires de commerce, le principe n'a pas pénétré le droit positif (aucun de ses cinq signataires ne l'ayant ratifié). De même les actes d'agression commis en violation du Pacte de la SdN ou du Pacte Briand-Kellogg de 1928 sont également imputables à l'État et non individuellement aux dirigeants qui les ont organisés et ordonnés. Ceux-ci sont ainsi hors d'atteinte de la communauté internationale et n'encourent aucune sanction pénale internationale.

L'Accord de Londres du 8 août 1945 portant Statut du tribunal de Nuremberg chargé de juger les grands criminels de guerre allemands (v. *infra*, n° 443) apporte des nouveautés fondamentales en la matière. Pour la première fois, les crimes de guerre, les crimes contre la paix, les crimes contre l'humanité sont expressément prévus et définis dans leurs éléments constitutifs par un texte conventionnel. Pour la première fois aussi, les agents publics de l'État sont visés ; en l'espèce, il s'agit même des personnes les plus haut placées qui occupent des fonctions dirigeantes. Une conception révolutionnaire de l'infraction individuelle est ainsi introduite : les sujets actifs de l'infraction peuvent être des personnes représentant l'État et agissant en son nom. Dans le passé, en l'absence de cette dissociation entre l'État et ses gouvernants ou ses agents, le droit pénal international ne frappait que des faits commis par des particuliers et qui étaient, quant à leur gravité, sans commune mesure avec ceux susceptibles d'être accomplis par des individus ayant à leur disposition toute la puissance matérielle de l'État.

Au demeurant, il n'en résulte pas nécessairement que l'individu auteur de l'acte illicite soit véritablement sujet du droit international alors même qu'il est directement sanctionné en vertu du droit international et par une juridiction internationale. « Le fait qu'une sanction individuelle soit appliquée à un membre des forces armées ayant violé le droit de la guerre ne modifie pas sa situation d'« organe » de l'État. La sanction que subit le soldat ayant commis un crime de guerre lui est appliquée pour avoir violé, en tant qu'organe de l'État, le droit de la guerre » (J. A. Barberis, *RCADI* 1983-1, vol. 179, préc., p. 208). Ainsi, alors que la répression se trouve davantage « internationalisée », cette hypothèse constitue un exemple moins net de subjectivité internationale des personnes privées que celle examinée *supra*, du moins s'agissant de crimes commis dans un conflit international (l'innovation est plus significative s'il s'agit d'un conflit interne : v. l'affaire *Kanyabashi* devant le TPIR, arrêt du 18 juin 1997).

À l'inverse, la pénalisation internationale de certains crimes commis par des individus n'exonère pas l'État de sa propre responsabilité (v. C. Kress, « L'organe *de facto* en droit international public. Réflexions sur l'imputation à l'État de l'acte d'un particulier... », *RGDIP* 2001, p. 93-144) quand bien même, selon la formule célèbre du Tribunal de Nuremberg, « [c]e sont des hommes, et non des entités abstraites, qui commettent les crimes » (jugement du 14 nov. 1947, documents officiels, tome I, p. 235). Ainsi, dans son ordonnance du 8 avril 1993, rendue dans l'affaire relative à l'*Application de la Convention pour la prévention et la répression du crime de génocide*, la CIJ a considéré qu'en vertu de l'article 1er toutes les parties à cet instrument ont assumé l'obligation « de prévenir et punir le crime de génocide » (*Rec.* p. 22) ; au surplus, la Cour a admis qu'un État pouvait être, lui-même, tenu pour responsable d'un crime de génocide, sans que cette responsabilité présente pour autant un caractère pénal (v. 26 février 2007, *Application de la Convention sur le génocide*, § 155-179 ; v. aussi l'opinion individuelle commune jointe à l'arrêt du 3 fév. 2006, *Activités armées sur le territoire du Congo (RDC c. Rwanda)*, *Rec.* 2006, p. 72, § 28 ; plus généralement, v. l'article 25, § 4, du Statut de la CPI). Tant la CIJ que le TPIY n'ont constaté la commission d'un génocide dans le cadre des évènements de l'ex-Yougoslavie qu'en ce qui concerne l'élimination d'une large partie des Musulmans de l'enclave de Srebrenica en juillet 1995 (CIJ, arrêt du 26 fév. 2007, préc., § 297 ; TPIY, IT-98-33-T, Chambre de 1re instance, 2 août 2001, *Krstić*, § 591-598 et IT-98-33-A, Chambre d'appel, 19 avril 2004, § 37-38 ; IT-02-60-T, Chambre de 1re instance, 17 janv. 2005, *Blagojević*, § 674). Par ce même arrêt, la CIJ a reconnu la responsabilité de la Serbie pour n'avoir pas utilisé tous les moyens à sa disposition pour prévenir et punir ce génocide (§ 438 et 471 [5]) ; elle a en revanche décidé que cet État n'avait pas commis de génocide, ni participé à une entente à cette fin, ni ne s'en était rendu complice (v. *infra*, n° 474).

2° *Les incriminations.* — Les statuts des tribunaux de Nuremberg et de Tokyo définissent trois catégories d'infractions internationales, dont les auteurs peuvent être des agents publics : crimes contre la paix, crimes de guerre et crimes contre l'humanité.

Les résolutions 3 et 95 (1) de l'Assemblée générale des Nations Unies, du 13 février et du 11 décembre 1946, confirmaient les « principes de droit international reconnus par le statut de la Cour de Nuremberg et par l'arrêt de cette Cour » et invitaient la CDI « à considérer comme une question d'importance capitale les projets visant à formuler » lesdits principes. Une impulsion très ferme était donnée à l'essor du droit conventionnel : les prescriptions de l'Accord de Londres de 1945 se voyaient reconnaître la qualité de normes coutumières.

La distinction établie en 1945 a été confirmée par la Cour de cassation française dans l'affaire *Barbie.* Récusant la conception restrictive retenue par la Cour d'appel de Lyon dans son arrêt du 4 octobre 1985, la Chambre criminelle a estimé :

« que le crime contre l'humanité se définit par la volonté de nier dans un individu l'idée même d'humanité par des traitements inhumains (...) ou des persécutions pour des motifs raciaux ou religieux, ces traitements et persécutions étant exercés contre des populations civiles et cette volonté s'exerçant dans le cadre d'une politique étatique délibérée tendant à cette fin ; que le caractère systématique de cette volonté résultant de son insertion dans une telle politique permet de le distinguer du crime de guerre et de caractériser l'intention coupable de son auteur par la connaissance qu'il peut avoir de la circonstance qu'il s'en fait l'agent volontaire » (Cass. crim., 20 décembre 1985, *Gaz. Pal.* 8 mai 1986, p. 26 ; la Cour d'appel de Paris a pris acte de cette définition dans son arrêt du 5 mars 1986, *Gaz. Pal.* 28 juin 1986, p. 8). Cette définition permet d'inclure les mauvais traitements infligés à des résistants, qu'excluait l'arrêt précité de la Cour d'appel de Lyon. Les articles 211-1 et 212-1 à 212-3 du Code pénal français, modifiés en 1992, distinguent le génocide des « autres crimes contre l'humanité » que sont « la déportation, la réduction en esclavage ou la pratique massive et systématique d'exécutions sommaires, d'enlèvements de personnes suivis de leur disparition, de la torture ou d'actes inhumains inspirés par des motifs politiques, philosophiques, raciaux ou religieux et organisés en exécution d'un plan concerté à l'encontre d'un groupe de population civile » (v. aussi l'arrêt du 21 octobre 1993 rendu par la Chambre criminelle de la Cour de cassation dans l'affaire *Touvier*).

En revanche, au plan international, la distinction tripartite résultant du Statut du Tribunal de Nuremberg s'est trouvée estompée dans les travaux de codification ultérieurs, l'Assemblée générale ayant demandé à la CDI d'établir un projet unique de Code des crimes contre la paix et la sécurité de l'humanité.

Cette demande a été formulée dès 1947 par la résolution 177 (II) du 21 novembre 1947. La CDI a présenté un projet de Code à l'Assemblée générale en 1951 et 1954, dont l'article 1er précisait : « Les crimes contre la paix et la sécurité de l'humanité sont des crimes de droit international, et les individus qui en sont responsables seront punis. » L'article 2 énumérait treize catégories d'actes constituant de tels crimes, au premier rang desquels figurait l'agression.

La définition de l'agression faisant alors l'objet de travaux laborieux (v. *infra* n° 566), l'Assemblée générale a décidé, par sa résolution 897 (IX) du 4 décembre 1954, d'attendre qu'ils soient menés à bien pour poursuivre l'examen du projet.

Une fois la définition de l'agression acquise (résol. 3314 (XXIX) du 14 décembre 1974), l'Assemblée générale décida, en 1978, de soumettre à nouveau le projet aux gouvernements et, en 1981, invita la CDI à reprendre ses travaux (résol. 36/106). L'unanimité s'est faite entre ses membres pour considérer que « tout crime international n'est pas forcément un crime contre la paix et la sécurité de l'humanité », mais que ces derniers se distinguent « par leur caractère particulier d'horreur et de cruauté, de sauvagerie et de barbarie » (ce sont « les plus graves parmi les plus graves ») (*Ann. CDI* 1983, vol. II, 2e partie, p. 14), pour reconnaître la responsabilité pénale de l'individu (alors qu'elle se montrait divisée sur la responsabilité pénale de l'État) et pour conserver la liste de 1954 à titre de point de départ, tout en précisant qu'ils pouvaient être répartis en trois catégories : ceux portant atteinte à la souveraineté et à l'intégrité territoriale de l'État, les crimes contre l'humanité et les actes commis en violation des lois et des coutumes de la guerre.

La CDI s'est montrée plus divisée sur la liste des infractions à ajouter à celle de 1954. Sur la base du projet adopté en 1991, les débats ultérieurs ont conduit à ne retenir, en 1996, que les infractions suivantes : l'agression, le génocide, les crimes contre l'humanité, les crimes contre le personnel des Nations Unies et le personnel associé, les crimes de guerre.

La question a été reprise dans la perspective particulière de la compétence de la Cour pénale internationale. L'article 5 paragraphe 1er du Statut de Rome du 17 juillet 1998 retient quatre incriminations relevant de la compétence de cette juridiction :

« La compétence de la Cour est limitée aux crimes les plus graves qui touchent l'ensemble de la communauté internationale. En vertu du présent Statut, la Cour a compétence à l'égard des crimes suivants :
a) Le crime de génocide ;
b) Les crimes contre l'humanité ;
c) Les crimes de guerre ;
d) Le crime d'agression. »

Seule la dernière catégorie ne fait pas l'objet d'une définition ; elle ne pourra résulter que d'une procédure d'amendement conformément au Statut ; ce qui est reconnaître implicitement que la définition existante, de 1974 (v. *infra*, n° 566), est insatisfaisante, et que la définition de l'agression exige un très large consensus entre les États.

a) *Les crimes portant atteinte à la souveraineté et à l'intégrité territoriale de l'État* comprennent les crimes contre la paix tels qu'ils sont définis par l'article 6.a) du Statut du Tribunal de Nuremberg :

« La direction, la préparation, le déclenchement ou la poursuite d'une guerre d'agression ou d'une guerre en violation des traités, assurances ou accords internationaux, ou la participation à un plan concerté ou à un complot pour l'accomplissement de l'un quelconque des actes qui précèdent. »

Ils constituent cependant une catégorie plus large et comprennent outre l'agression et la menace d'agression et, peut-être, l'agression économique, le fait pour les autorités d'un État de préparer l'emploi de la force armée contre un autre État, d'organiser ou d'encourager l'organisation de bandes armées en vue d'incursions sur le territoire d'un autre État, d'entreprendre ou d'encourager des activités visant à fomenter la guerre civile ou des activités terroristes dans un autre État, l'annexion au moyen d'actes contraires au droit international d'un territoire appartenant à un autre État et l'intervention dans les affaires intérieures ou extérieures d'un autre État.

S'agissant du mercenariat, la CDI a d'abord considéré que « dans la mesure où cette pratique vise à porter atteinte à la souveraineté des États et à la stabilité des gouvernements et à faire obstacle aux mouvements de libération nationale, elle constitue un crime contre la paix et la sécurité de l'humanité » (*Ann. CDI* 1984, vol. II, 2e partie, p. 18 – sur la question du mercenariat en général, v. *infra* n° 580), alors que la Convention de New York adoptée par les Nations Unies le 4 décembre 1989 laissait la question ouverte. Dans son projet final de code des crimes contre la paix et la sécurité de l'humanité (1996), la CDI l'a finalement exclu de la liste de ces crimes.

Comme on l'a signalé plus haut, l'article 5, paragraphe 1, du Statut de Rome de 1998 maintient également l'incertitude sur la définition de l'agression.

b) *Les crimes de guerre* visés par l'article 6.b) du Statut du tribunal de Nuremberg y étaient globalement définis comme « les violations des lois et coutumes de guerre ». Sans que la liste soit limitative, ces violations comprennent :

« l'assassinat, les mauvais traitements ou la déportation pour des travaux forcés ou tout autre but des populations dans les territoires occupés, l'assassinat ou les mauvais traitements des prisonniers de guerre ou des personnes en mer, l'exécution des otages, le pillage des biens publics ou privés, la destruction sans motif des villes et villages, la dévastation que ne justifient pas les exigences militaires. »

Les quatre conventions de Genève du 12 août 1949, conclues sous les auspices du Comité international de la Croix-Rouge et très largement acceptées par les États, ont confirmé la définition des crimes de guerre donnée par l'Accord de Londres.

La Convention du 26 novembre 1968 les déclare imprescriptibles, ce qui renforce le caractère dissuasif de la répression internationale, dont le principe est réaffirmé de façon solennelle par la résolution 3074 (XXVIII) de l'Assemblée générale des Nations Unies, du 3 décembre 1973 (Principes de la coopération internationale en ce qui concerne le dépistage, l'arrestation, l'extradition et le châtiment des individus coupables de crimes de guerre et de crimes contre l'humanité). Les « infractions graves » aux conventions de 1949 et au Protocole de Genève de 1977 ont été définies de façon extensive et assimilées aux crimes de guerre (article 85 du premier Protocole de 1977).

L'approche antérieure a été confirmée par le très long article 8 de la Convention de Rome de 1998, dont la structure interne d'apparence complexe répond à un souci d'efficacité face à la diversité des conflits armés – internationaux et non internationaux – et à l'opposabilité variable des acquis conventionnels de 1949 et de 1977 aux États.

c) L'article 6.c) du Statut du Tribunal de Nuremberg énumère, parmi *les crimes contre l'humanité* :

« l'assassinat, l'extermination, la réduction en esclavage, la déportation et tout autre acte inhumain commis contre toutes populations civiles avant ou pendant la guerre, ou bien les persécutions pour des motifs politiques et religieux, lorsque ces actes ou persécutions, qu'ils aient constitué ou non une violation du droit interne du pays où ils ont été perpétrés, ont été commis à la suite de tout crime rentrant dans la compétence du tribunal ou en liaison avec ce crime. »

Cette catégorie d'infractions a fait l'objet, depuis 1945, d'une activité conventionnelle importante qui a permis d'en élargir et d'en préciser le contenu. Progressivement, le génocide s'en est détaché pour constituer une catégorie autonome.

Dans sa résolution du 11 décembre 1946, l'Assemblée générale de l'ONU a proclamé que le génocide est « un crime relevant du droit international ». À l'unanimité des 55 voix, elle a adopté le 9 décembre 1948 la « Convention sur la prévention et la répression du crime de génocide » qui est entrée en vigueur dès 1951.

D'après l'article 2 de cette convention, « le génocide s'entend de l'un quelconque des actes ci-après, commis dans l'intention de détruire, en tout ou en partie, un groupe national, ethnique, racial ou religieux, comme tel : a) meurtre de membres du groupe ; b) atteinte grave à l'intégrité physique ou mentale de membres du groupe ; c) soumission intentionnelle du groupe à des conditions d'existence devant entraîner sa destruction physique totale ou partielle ; d) mesures visant à entraver les naissances au sein du groupe ; e) transfert forcé d'enfants du groupe à un autre groupe ».

Cette disposition incrimine le génocide dans ses deux aspects, physique et biologique. Le génocide culturel qui s'accomplit par « la destruction d'institutions ou de formes à travers lesquelles un groupe humain trouve son expression » n'a pas été retenu, bien qu'il ait été visé dans le projet rédigé par le Conseil économique et social.

Les auteurs du génocide doivent être châtiés, qu'ils soient des gouvernants, des fonctionnaires ou des particuliers. Au point de vue de ses sujets actifs, ce crime présente ainsi un caractère mixte : dans la typologie des infractions internationales, il faut désormais distinguer entre infractions commises par les particuliers, infractions commises par les agents publics et infractions susceptibles d'être commises par les uns et les autres.

À la différence des crimes contre l'humanité énumérés par l'article 6.c) du Statut du Tribunal de Nuremberg, qui n'étaient punissables que s'ils étaient commis « à la suite de » ou « en liaison » avec les crimes contre la paix et les crimes de guerre (cf. Cass. crim., 1er avr. 1993, *Sobansky Wladyslav*, aff. dite *Bourdarel)*, le crime de génocide constitue une infraction autonome, qu'il soit commis en temps de paix ou en temps de guerre.

L'« épuration ethnique » pratiquée à grande échelle dans l'ex-Yougoslavie, en particulier en Bosnie-Herzégovine a fait l'objet de vigoureuses condamnations de la part de la communauté internationale (v. not. les résolutions 47/80, 47/147 et 48/153 de l'Assemblée générale, 771 (1992) et 780 (1992) du Conseil de sécurité, et 1992/S-1/1 et 1992/S-2/1 de la Commission des droits de l'homme). On peut y voir une manifestation du crime de génocide (v. les ordonnances de la CIJ des 8 avril et 13 septembre 1993, *Rec.* p. 3 et 325), que le TPIY (2 août 2001, *Krstić*, § 598) et la CIJ (arrêt du 26 fév. 2007, § 297) ont estimé avéré dans le seul cas de l'extermination des musulmans bosniaques de Srebrenića. Sur la base de la définition donnée par l'article 4 du Statut du TPIY, ce Tribunal retient comme critères de l'incrimination pour génocide : que l'un des actes énumérés dans la définition soit perpétré dans une intention spécifique, et que soit établie – par la nature des atteintes à la dignité humaine – la volonté de mettre fin à l'existence d'un groupe ; à défaut d'un projet ou d'un ordre politique explicite, le juge international peut dégager une preuve suffisante d'un ensemble de faits concordants (affaires *Karadzić et Mladic*, IT-95-5/18, ordonnance du 11 juillet 1996, § 92 s. ; *Jelisić*, IT-95-10, arrêt du 5 juillet 2001 ; v. cependant la position plus réservée à cet égard de la CIJ, arrêt du 26 fév. 2007, § 373).

L'article 5 du même statut confirme expressément que peu importe, s'agissant de la répression des crimes contre l'humanité, que ceux-ci aient été commis dans un conflit armé international ou interne. Les premières condamnations sur ce fondement ont été prononcées dans les affaires *Erdemovic* (IT-96-22), arrêts du 29 novembre 1996 et du 7 octobre 1997, et *Tadić* (IT-94-1), arrêt du 7 mai 1997. En revanche les autres violations graves des conventions de Genève de 1949 ne peuvent être poursuivies que si elles ont eu lieu lors d'un conflit armé international, ce qui ouvre la porte à des contradictions dans les appréciations des différentes formations de jugement (comparer les affaires *Rajić* (IT-95-12, décision (R61) du 1er sept. 1996, § 8 s.) et *Tadić*).

Selon la jurisprudence de ce tribunal, la définition du crime contre l'humanité n'exige pas forcément que soit établie la preuve d'une intention discriminatoire à l'encontre d'un groupe (v. l'arrêt de la Chambre d'appel du 15 juillet 1999 dans l'affaire *Tadić*, § 285 ou 290 ; *contra :* TPIR, Chambre d'appel, arrêt du 1er juin 2001, *Akeyasu*, § 464 ; cette divergence de jurisprudence s'explique par des différences de rédaction des statuts des deux juridictions). Selon la CIJ, le groupe protégé doit être défini positivement, « [c]e qui signifie que le crime doit être inspiré par l'intention de détruire un ensemble de personnes possédant une identité collective particulière » (26 février 2007, *Application de la Convention pour la prévention et la répression du crime de génocide*, § 188 ; v. aussi TPIY, IT-95-16, Chambre d'appel, 22 mars 2006, *Stakić*, § 20-28) – en l'occurrence, les Musulmans et non les « populations non-serbes ». En tant que crimes de masse, les actes génocidaires doivent s'inscrire dans une organisation ou au moins un « contexte systématique » étatique ou quasi-étatique (affaires *Nikolić ;*, IT-94-2, décision du 20 octobre 1995, § 75 et s., *Karadzić et Mladić*, 11 juillet 1996, § 92 et s., *Tadić*, 7 mai 1997, § 643 et s., et 15 juill. 1999, § 227, *T. Blaskić ;*, IT-95-14, 3 mars

2000 ; ainsi que l'arrêt du TPIR du 1er juin 2000, dans l'affaire *G. Ruggiu* (ICTR-97-32-I)). « En d'autres termes », selon la constatation du TPIY relayée par la CIJ, « quand la persécution atteint sa forme extrême consistant en des actes intentionnels et délibérés destinés à détruire un groupe en tout ou en partie, on peut estimer qu'elle constitue un génocide » (IT-95-16-T, 14 janvier 2000, *Kupreskić*, § 636 ; v. aussi, CIJ, 26 février 2007, affaire du *Génocide*, § 188), alors que « l'expression "nettoyage ethnique" ne revêt, par elle-même, aucune portée juridique », au moins dans le contexte de la Convention de 1948 (*ibid.*, § 190). En revanche, l'intention d'anéantissement du groupe peut être limitée à une zone géographique précise dès lors qu'elle concerne une portion substantielle de celui-ci (cf. TPIY, IT-98-33, Chambre d'appel, 19 avril 2004, *Krstić*, § 12-13 ; ou CIJ, 26 février 2007, affaire du *Génocide*, § 197-200).

S'agissant de la situation au Darfour, déférée à la CPI par le Conseil de sécurité (résol. 1593 [2005]), la Commission internationale d'enquête présidée par le professeur Cassese est parvenu à la conclusion que le Gouvernement soudanais était responsable de violations graves des instruments internationaux relatifs aux droits de l'homme et du droit international humanitaire, mais n'avait pas mené une politique de génocide en l'absence d'intention génocidaire (S/2005/60) (v. aussi E. Decaux, « La crise du Darfour : chronique d'un génocide annoncé », *AFDI* 2005, p. 731-754). Le Procureur de la CPI n'en a pas moins lancé, en juillet 2008, un mandat d'arrêt contre le Président de la République du Soudan, M. O. El-Béchir, comportant notamment une accusation de génocide.

La Convention du 30 novembre 1973 sur l'élimination et la répression du crime d'*apartheid* (entrée en vigueur en 1976) procède de la même manière, en créant une infraction nouvelle et en la qualifiant de crime contre l'humanité (art. 1er). Aux termes de l'article 2, la notion « englobe les politiques et pratiques semblables de ségrégation et de discrimination raciales » et correspond à une liste d'actes inhumains — assez proche de celle du génocide — commis en vue d'entretenir la domination d'un groupe racial sur un autre.

Le projet de code des crimes contre la paix et la sécurité de l'humanité adopté en première lecture par la CDI visait également l'apartheid, l'esclavage, le colonialisme et les atteintes particulièrement graves à l'environnement, l'expulsion ou le transfert d'une population de son territoire, ainsi que le trafic international des stupéfiants. Ils n'apparaissent plus dans la version de 1996 : on peut en déduire que seuls les crimes contre l'humanité *stricto sensu* sont désormais considérés comme relevant de cette catégorie.

Par ses articles 6 et 7, le Statut de Rome de 1998 distingue également le crime de génocide des (autres) crimes contre l'humanité. La définition du génocide reprend mot pour mot celle de 1948 (v. plus haut).

Plus inédite est l'approche retenue pour les « crimes contre l'humanité ». Elle est plus générale que certaines des définitions conventionnelles antérieures, en ce qu'elle comprend des comportements qui sont « perpétrés dans le cadre d'une attaque généralisée ou systématique dirigée contre une population civile et en connaissance de cause de l'attaque », ce qui inclut certains conflits non internationaux (telle la politique de la Yougoslavie à l'encontre du Kosovo en 1998). Pour sa part, la liste des éléments constitutifs de ces crimes s'en tient aux illustrations – malheureusement déduites de l'histoire la plus récente – de comportements inhumains, d'atteintes les plus graves à la dignité humaine.

Toute modification des incriminations incluses dans le Statut de la CPI exige un consensus étendu : les amendements – y compris la définition de l'agression – sont adoptés à la majorité des deux tiers des États parties à la convention et n'entrent en vigueur que s'ils sont acceptés par les sept huitièmes d'entre eux ; le refus d'un amendement autorise la dénonciation de la convention (art. 121).

Le Statut de Rome de 1998 pose deux principes essentiels aux fins de la lutte contre l'impunité : d'une part, la non-exonération de la responsabilité pénale en raison de l'ordre hiérarchique ou de l'ordre de la loi – qui est absolue s'agissant de crime de génocide et des crimes contre l'humanité (art. 33, § 2) ; d'autre part, ce que l'article 27 intitule « le défaut de pertinence de la qualité officielle », qualité qui non seulement n'est pas un motif de réduction de la peine encourue mais justifie une définition plus extensive des obligations de comportement et de contrôle pour les « supérieurs hiérarchiques », militaires ou autres.

Il ne suffit évidemment pas que des incriminations soient établies dans une convention internationale pour qu'on puisse les qualifier de crimes internationaux ; le plus souvent, les États parties sont invités à les introduire dans leur droit pénal ou administratif interne, en respectant la définition qui en est donnée par telle ou telle convention (exemples de traités récents de ce type : convention de 2001 contre la cybercriminalité, convention de 2000 contre la criminalité organisée et protocoles de New York de 2001 sur la lutte contre le trafic illicite des armes à feu et contre la traite des femmes et des enfants).

Le principal obstacle à l'applicabilité directe de ces incriminations réside dans la répugnance des tribunaux pénaux à donner suite à des poursuites qui ne sont pas fondées sur une incrimination « légale », *stricto sensu*, c'est-à-dire exprimée dans un texte législatif national.

Un autre obstacle significatif résulte de l'hésitation des juridictions nationales à exercer une compétence « universelle », *a fortiori* à l'encontre de représentants des États et d'autant plus qu'ils bénéficient d'immunités d'État (v. *infra* n° 442 *bis*). D'où l'intérêt porté aux premières tentatives d'incrimination de chefs d'État ou de gouvernement.

Sur « l'affaire Pinochet » devant les tribunaux britanniques, voir : J. C. BARKER e.a. *in ICLQ* 1999 passim ; A. BIANCHI, *in EJIL* 1999 p. 237-278 ; J. Y. DE CARA *in AFDI* 1999 p. 72-100 ; M. COSNARD, *in RGDIP* 1999 p. 309-328 ; C. DOMINICE *in RGDIP* 1999 p. 297-308 ; M. MAHMOUD *in JDI* 1999 p. 1021-1041 ; J. M. SEARS, *GYBIL* 1999 ; S. F. VILLALPANDO *in RGDIP* 2000 p. 393-427. *Sur « l'affaire Kadhafi » devant les juridictions françaises*, voir : F. Poirat, « Chronique de jurisprudence française en matière de droit international public, Cass. crim, 13 mars 2001 », *in RGDIP* 2001, p. 474.

Très exceptionnellement, un acte international vise explicitement une personne en qualifiant le crime qui lui attribué : ainsi de résolutions récentes du CS à l'égard des terroristes et de leurs complices, personnes physiques et morales ou des actions communes du Conseil de l'Union européenne à l'égard des taliban et d'Oussama Ben Laden.

Les États restent très réticents à l'idée de confier, même à des organisations internationales d'intégration, cette fonction normative : aussi ont-ils explicitement écarté à l'origine toute compétence communautaire en matière pénale ; ce n'est que depuis le Traité de Maastricht qu'est envisagée une coopération policière et judiciaire (Titre VI du TUE – V du TFUE), au moyen d'instruments juridiques qui peuvent être des conventions intergouvernementales classiques ou des « décisions ». Ce barrage n'est plus étanche : en communautarisant la politique des « visas, asile, immigration », le Traité d'Amsterdam de 1997 a prévu la possibilité pour le Conseil d'adopter des mesures dans le domaine de la sécurité et de la lutte contre la criminalité (art. 61.e) du TCE – 67 du TFUE).

§ 2. — *La justice pénale internationale*

BIBLIOGRAPHIE. — O. SALDANA, « La justice pénale internationale », *RCADI* 1925-V, vol. 10, p. 227-425. — B. FERENCZ, *An International Criminal Court*, Oceana,

London, 1980, 2 vols., 538 et 674 p. — L. G. GREEN, « International Crimes and the Legal Process », *ICLQ* 1980, p. 567-584. —L. S. SUNGA, *Individual Responsibility in International Law for Serious Human Rights Violations*, Nijhoff, Dordrecht, 1992, XXII-222 p. — B. V. A. RÖLING et A. CASSESE, *The Tokyo Trial and Beyond*, Polity Press, Cambridge, 1993, IX-143 p. — E. ZOLLER, « La définition des crimes contre l'humanité », *JDI* 1993, p. 549-568. — G. VASSALLI, *La giustizia internazionale penale*, Giuffré, Milan, 1995, 223 p. — L. CONDORELLI et as. dir., *Les Nations Unies et le droit international humanitaire*, Pedone, 1996, 506 p. — F. LATTANZI et E. SCISIO dir., *Dai tribunali penali internazionali* ad hoc *a una corte permanente*, Colloque de Rome, Ed. scientifica, Napoli, 1996, 363 p. — D. SHELTON ed., *International Crimes, Peace and Human Rights : The Role of the International Criminal Court*, Transnl. Publ., Ardsley, 2000, IV-356 p. — S. GABORIAU et H. PAULIAT dir., *La justice pénale internationale*, PU Limoges, 2001, 614 p. — G.-J.A. KNOOPS, *Defenses in Contemporary International Criminal Law*, Transnl. Publ., Ardsley, 2001, XXXVIII-287 p. ; *Surrendering to International Criminal Courts : Contemporary Practice and Procedures*, Transnl. Publ., Ardsley, 2002, XXXVI-399 p. ; *The Prosecution and Defense of Peacekeepers under International Criminal Law*, Transnl. Publ., Ardsley, 2005, XII-364 p. — Ch. SAFFERLING, *Towards an International Criminal Procedure*, Oxford UP, 2001, 418 p. — K. AMBOS, *Der Allgemeine Teil des Völkerstrafrechts : Ansätze einer Dogmatisierung*, Duncker & Humblot, Berlin, 2002, 1058 p. — R. MAY et M. WIERDA, *International Criminal Evidence*, Transnl. Publ., Ardsley, 2002, XXIV-348 p. — H. ASCENCIO, « La justice pénale internationale de Nuremberg à La Haye », *in La justice pénale internationale,* PU de Limoges, 2002, p. 29-44. — A.-M. LA ROSA, *Juridictions pénales internationales : La procédure et la preuve*, PUF, 2003, XIX-507 p. — J. JONES et S. POWLES, *International Criminal Practice*, Transnl. Publ., Ardsley, 2003, XLIV-1055 p. — F. POCAR, « Current Issues in International Criminal Jurisdiction », *CEBDI*, vol. VII, 2003, p. 457-503. — Ph. SANDS ed., *From Nuremberg to The Hague : The Future of International Criminal Justice*, Cambridge UP, 2003, XIII-192 p. — G. HAFNER et C. BINDER, « The Interpretation of Article 21 (3) ICC Statute – Opinion Reviewed », *ARIEL* 2004, p. 163-190. — H. OLÁSOLO, *The Triggering Procedure of the International Criminal Court*, Nijhoff, Leiden, 2005, XIX-386 p. — A. YOKARIS, *La répression pénale en droit international public*, Bruylant, Bruxelles, 2005, 147 p. — S. ZAPPALÀ, *Human Rights in International Criminal Proceedings*, Oxford UP, 2003, XXVIII-280 p. ; *La justice pénale internationale*, Montchrestien, 2007, 154 p. — Ph. PAZARTZIS, *La répression pénale des crimes internationaux*, Pedone, 2007, 95 p.

Sur la compétence universelle : H. DONNEDIEU DE VABRES, « Le système de la répression pénale universelle. Ses origines historiques, ses formes contemporaines », *RCDIP* 1922-1923, p. 533-564. — B. GRAEFRATH, « Universal Criminal Jurisdiction and an International Criminal Court », *JEDI* 1990, p. 67-88. — S. SUNGAL, *The Emerging System of International Criminal Law*, Kluwer, La Haye, 1997, XXII-486 p. — B. STERN, « La compétence universelle en France : le cas des crimes commis en ex-Yougoslavie et au Rwanda », *GYBIL* 1997, p. 280-299. — W.J. ACEVES, « Liberalism and International Legal Scholarship : The Pinochet Case and the Move towards a Universal System of Transnational Law Litigation », *Harvard ILJ* 2000, p. 129-184. — G. DE LA PRADELLE, « La compétence universelle », *in* CEDIN, *Droit international pénal*, Pedone, 2000, p. 905-918. — M. SCHARF et Th. FISCHER ed., « Symposium : Universal Jurisdiction : Myths, Realities, and Prospects », *New England Law Review*, 2000-2001, p. 227-469. — M.C. BASSIOUNI, « Universal Jurisdiction for International Crimes : Historical Perspectives and Contemporary Practice », *Virginia Jl. IL* 2001, p. 1-100. — A. PERÓ LLOPIS, *La compétence universelle en matière de crime contre l'humanité*, Bruylant, Bruxelles, 2003, 178 p. — L. REYDAMS, *Universal Jurisdiction : International and Municipal Legal Perspectives*, Oxford UP, 2003, XXVII-258 p. —

S. Macedo ed., *Universal Jurisdiction : National Courts and the Prosecution of Serious Crimes Under International Law*, University of Pennsylvania Press, 2004, VI-383 p. — A. Bailleux, *La compétence universelle au carrefour de la pyramide et du réseau. De l'expérience belge à l'exigence d'une justice pénale transnationale*, Bruylant, Bruxelles, 2005, VIII-225 p.

V. également *supra* la bibliographie sur le n° 334. Sur l'« affaire Pinochet » devant les tribunaux britanniques, voir la bibliographie *supra* sur le n° 289 et dans le n° 442.

442 *bis*. Répressions nationale et internationale des crimes internationaux. — Au même titre que l'ouverture aux personnes privées de recours directs au plan international pour la défense de leurs droits (v. *supra*, n° 434), la création de mécanismes répressifs internationaux se heurte à de vives réticences de la part des États, qui voient dans la faculté de punir un attribut de la souveraineté.

Comme l'illustre la stratégie juridique traditionnelle et actuelle des États-Unis — à propos de la Convention interaméricaine des droits de l'homme (qu'ils ont signée mais pas ratifiée) et de la Cour pénale internationale (dont ils se tiennent éloignés et n'hésitent pas à entraver le fonctionnement à certains égards) —, la crainte des hommes politiques est, par le biais d'une accusation dirigée par des victimes contre des exécutants, de voir engagée leur propre responsabilité politique et juridique internationale : la recherche d'une immunité s'avoue sans fard à propos de la conduite des opérations de maintien de la paix (résolution 1422 du Conseil de sécurité des NU du 12 juillet 2002, renouvelée par la résolution 1487 du 12 juill. 2003).

Ainsi la « promotion internationale » de l'individu en matière pénale est loin d'être complète. La plupart des incriminations internationales ne sont pas susceptibles d'être jugées par des autorités internationales.

Il va de soi qu'il appartient d'abord aux États eux-mêmes de réprimer les crimes internationaux commis par leurs propres agents et qu'aucune immunité internationale ne peut être opposée à de telles poursuites (cf. CIJ, arrêt du 14 février 2002, *Mandat d'arrêt du 11 avril 2000*, *Rec.* p. 25-26, § 61). En principe, cette répression est exercée par l'État sur le territoire duquel l'infraction a été commise :

« Dans le droit classique, un État ne peut normalement connaître d'une infraction commise à l'étranger que si le délinquant, ou à la rigueur la victime a la nationalité de cet État ou si le crime porte atteinte à sa sûreté intérieure ou extérieure. Les États demeurent d'ordinaire incompétents pour connaître d'infractions commises à l'étranger entre étrangers » (opinion individuelle du Président G. Guillaume jointe à l'arrêt de la CIJ du 14 février 2002, *Mandat d'arrêt du 11 avril 2000*, *Rec.* p. 37, § 4).

On s'est cependant efforcé, par la combinaison de règles principales et de règles subsidiaires d'attribution de compétence, de rendre la répression nationale effective, en multipliant les titres en vertu desquels les États peuvent juger les auteurs d'infractions internationales.

En ce qui concerne la piraterie ou la traite, si l'infraction est commise en haute mer, la compétence revient à l'État capteur qui prime ainsi à la fois l'État du pavillon du navire pirate et l'État national du pirate lui-même. Pour les autres infractions, la compétence prioritaire est celle de l'État sur le territoire duquel elles sont commises ou celle de l'État du pavillon. Cette priorité est maintenue même si, s'agissant d'une infraction complexe, ses actes constitutifs sont accomplis dans différents pays, l'acte final seul étant perpétré dans l'État territorial. L'État de refuge du coupable et l'État de son arrestation, qu'il soit ou non le national de l'un ou l'autre, sont aussi compétents, le cas échéant. Leur intervention est possible, notamment quand le territoire d'accomplissement du délit ou du crime est indéterminable (transport ferroviaire ou aérien international). À noter, en matière civile, la « résurrection » aux États-Unis de l'*Alien Tort Claims Act* de 1789 (complété, en 1992, par le *Torture Victim Protection Act*), permettant aux tribunaux américains de se prononcer sur des actions en réparation de victimes non-américaines de violations du droit international commises à l'étranger par des étrangers (cf. l'affaire *Filartiga c. Pena Irala*, *ILR*, vol. 77, p. 169 ; v. I. Moulier, *AFDI* 2003, p. 129-164).

Certaines conventions internationales ont fait obligation aux États parties de prendre toutes les mesures nécessaires pour prévenir et réprimer les infractions punissables (v. par exemple les articles 2 de la Convention de 1926 sur l'esclavage ou 1er de celle de 1948 sur le génocide), mais la répression demeurait purement nationale (sous réserve, pour le génocide de la compétence d'une Cour criminelle internationale – art. 6 – qui restait à créer). À compter de la conclusion des conventions de Genève, en 1949, d'autres instruments internationaux imposent aux États de poursuivre ou d'extrader les auteurs des crimes internationaux les plus graves – *aut dedere aut judicare* (cf. l'art. 146 de la Convention IV de Genève) et, à partir de 1970, de nombreux traités imposent aux parties à la fois d'établir leur compétence pour juger les auteurs de ces crimes et de l'exercer effectivement ou, à défaut de les extrader s'ils se trouvent sur leur territoire (cf. les articles 4, § 3, et 7 de la Convention de 1970 pour la répression de la capture illicite d'aéronefs, ou les articles 5, § 3, et 7 de celle de 1984 contre la torture). De la combinaison de ces clauses résulte ce que l'on appelle la « compétence universelle » (v. *supra*, n° 336, 2°, b).

Celle-ci a été interprétée de manière très extensive par certains États qui, durant la dernière partie du XXe siècle, ont établi la compétence des juridictions nationales pour connaître des infractions internationales les plus graves « indépendamment du lieu où celles-ci auront été commises » (art. 7 de la loi belge du 16 juin 1993 amendée en 1999 ; v. aussi l'article 23.4 (et pas 24) de la loi organique espagnole sur le pouvoir judiciaire de 1985). Interprétée extensivement, cette prétention peut être source de grands désordres (compétences concurrentes) et se heurte à des objections au regard du droit international qui n'autorise les États à agir au plan international que s'ils peuvent exciper d'un *titre* de compétence (essentiellement territorial – lieu du crime, mais aussi lieu où se trouve son auteur présumé – ou national : nationalité de la victime ou de l'accusé – v. *supra*, n° 296 et 311), ce qui limite en tout cas l'exercice de la compétence de juger par contumace et pose de difficiles problèmes de priorités entre ces différents titres.

La Belgique a renoncé à sa loi de 1993 suite à l'arrêt précité de la CIJ dans l'affaire du *Mandat d'arrêt* alors qu'elle n'y était pas juridiquement tenue car la Cour s'était placée sur un terrain différent et avait ordonné la « mise à néant » du mandat d'arrêt émis par la Belgique à l'encontre d'un ancien ministre congolais des Affaires étrangères accusé de violations graves du droit international humanitaire non pas du fait de l'incompétence des juridictions belges – qui eût été soutenable – mais au prétexte de l'immunité absolue de juridiction dont celui-ci aurait bénéficié (*Rec.* 2002, p. 33, par. 78.D.2). Ce faisant, la Cour est allée à contre-courant du mouvement de lutte contre l'impunité des dirigeants de l'État responsables des crimes internationaux les plus graves et a donné un coup d'arrêt, fort contestable, à la tendance qui s'est manifestée dans certains États consistant à écarter l'immunité dans ces circonstances (cf. les affaires *Pinochet* au Royaume-Uni ou *Khadafi* en France ; v. *supra*, n° 442).

Cependant, progressivement, la probabilité de la répression des infractions internationales se trouve accrue du fait de la multiplication des États compétents et de l'engagement de plus en plus systématique d'« extrader ou punir ».

Si ni l'une ni l'autre de ces techniques ne porte atteinte au principe du caractère purement national de la répression puisque, dans tous les cas, ce sont des tribunaux nationaux qui constatent l'infraction et imposent la sanction, l'efficacité de ces voies de droit sera renforcée par la complémentarité des poursuites menées dans plusieurs États (cf. l'affaire *Pinochet*) et par la concurrence qui s'esquisse avec l'« épée de Damoclès » que constitue leur éventuel dessaisissement au profit de juridictions pénales internationales (v. *infra*, n°s 444 et 445).

La création de telles juridictions pose cependant quelques problèmes difficiles de coordination avec la répression nationale : doit-on, pour écorner le moins possible le monopole étatique traditionnel, donner la priorité à celle-ci au prétexte que seuls les États sont outillés pour procéder aux enquêtes sur le terrain, ou de rapprocher la justice des victimes ? Ou fera-t-on valoir que la gravité de certains crimes qui « défient l'imagination et heurtent profondément la conscience humaine » « touchent l'ensemble de la communauté internationale » (Statut de Rome de la CPI, préambule) et doivent, dès lors, être punis par des juridictions agissant au nom de celle-ci ?

Les réponses du droit positif sont diverses à cet égard : alors que les Tribunaux de Nuremberg et de Tokyo, créés au sortir de la Seconde Guerre mondiale pour juger les grands criminels de guerre nazi et japonais, bénéficiaient d'une compétence exclusive à l'égard de ceux-ci, les tribunaux *ad hoc* institués par le Conseil de sécurité pour juger les auteurs des crimes commis dans l'ex-Yougoslavie et au Rwanda à la fin du siècle dernier ont une priorité à cette fin, tandis que la CPI ne peut, sauf saisine par le Conseil de sécurité, exercer sa compétence que si l'État en principe compétent refuse, ou est dans l'incapacité, de procéder à des poursuites (v. *infra*, n° 445).

Dès lors que l'on considère que la répression des crimes internationaux est l'affaire de la communauté internationale dans son ensemble, il ne paraît pas logique que les États puissent juger leurs auteurs individuellement, et, moins encore, les amnistier. À cet égard, les organes de droits de l'homme peuvent prendre le relais de mécanismes répressifs internationaux défaillants. La jurisprudence de la Cour interaméricaine des droits de l'homme est particulièrement dynamique sur ce point : un arrêt du 14 mars 2001, dans l'affaire *Barrios Altos c. Pérou*, n'hésite pas à considérer comme « dépourvues d'effet juridique » des législations nationales accordant une amnistie pour des violations graves des droits de l'homme (série C, n° 65) ; v. aussi l'arrêt du 26 septembre 2006 dans l'affaire *Almonacid Arellano et as. c. Chili* (série C n° 154) et la décision, plus ambiguë, de la Chambre d'appel du TSSL du 13 mars 2004 (décision « amnistie », aff. SCSL-2004-15 et 16-AR72E, *Norman, Kallon et Kamara*).

La jurisprudence des organes de protection des droits de l'homme, en particulier, contribue également à renforcer l'obligation de poursuivre les auteurs de violations graves, en précisant les implications d'un « droit à l'établissement des faits » — selon la terminologie de la Cour interaméricaine — dans le domaine de la procédure pénale nationale : obligation de conduire des enquêtes judiciaires, obligation de supprimer certains obstacles à l'accès aux juridictions, par exemple. (Sur l'existence et les limites de ce « droit à la vérité », v. not. CIDH, arrêts du 12 nov. 1997, *Suárez Rosero c. Equateur*, série C, n° 35 ; 25 nov. 1999, *Bámaca Velásquez c. Guatemala* (série C, n° 70).

La multiplication récente de juridictions pénales « mixtes » ou « internationalisées » tente de concilier les considérations en sens opposés qui plaident, pour certaines en faveur de la répression internationale des crimes internationaux, pour d'autres en faveur de poursuites au plan national.

443. Origines de la répression internationale — Punition des crimes commis durant la Seconde Guerre mondiale

BIBLIOGRAPHIE. — H. DONNEDIEU DE VABRES, « Le procès de Nuremberg devant les principes modernes du droit pénal international », *RCADI* 1947-I, vol. 70, p. 481-581. — M. MERLE, *Le procès de Nuremberg et le châtiment des grands criminels de guerre*, Pedone, 1949, XV-187 p. — P. R. PICCIGALLO, *The Japanese on Trial. Allied War Crimes Operations in the East*, 1945-1951, Texas UP, 1979, XV-292 p. — R. E. CONOT, *Justice at Nuremberg*, Harper and Row, New York, 1983, XIII-593 p. — G. GINSBURG et V. KURIASTEV ed., *The Nuremberg Trial and International Law*, Nijhoff, Dordrecht, 1990, XVI-288 p. — N. BOISTER et R. CRYER, *The Tokyo International Military Tribunal*, Oxford UP, 2007, XVIII-358 p. — G. METTRAUX ed., *Perspectives on the Nuremberg Trial*, OUP, 2008, 800 p.

Il est depuis longtemps admis que la répression des crimes commis par des individus en tant qu'agents publics revêt une nature mixte, à la fois nationale et internationale (v. *supra*, n° 434).

Certaines juridictions internationales ont cependant pu être établies dans des situations où les données politiques autorisaient un contournement du monopole de la répression nationale. Ce n'est cependant qu'en 1998 qu'a pu aboutir le projet d'une juridiction internationale de caractère permanent.

En 1919, le Traité de Versailles, dans son article 227, créa un tribunal spécial pour juger Guillaume II, « coupable d'offense suprême à la morale internationale et à l'autorité des traités ». Ce tribunal ne put fonctionner car le gouvernement des Pays-Bas, où Guillaume II avait trouvé asile, refusa de l'extrader. Les articles 228 à 230 du même traité disposaient également que les individus auteurs des actes incriminés devraient être, comme exécutants, livrés par l'Allemagne aux Alliés pour être jugés par leurs tribunaux militaires respectifs. Ces dispositions ne furent pas non plus appliquées, les Alliés ayant finalement renoncé à leur compétence au profit de la Cour allemande de Leipzig (sur 896 criminels réclamés par les Alliés, 45 seulement ont été jugés et 9 condamnés).

Lors de la Seconde Guerre mondiale, instruits de ces fâcheux précédents, les Alliés ont publié à Moscou, en octobre 1943, une déclaration dans laquelle ils affirmaient énergiquement leur détermination de châtier les criminels de guerre après la victoire.

Ceux-ci étaient alors divisés en deux catégories : les criminels majeurs, à savoir les grands dirigeants dont les actes ne seraient pas susceptibles d'être géographiquement localisés et les criminels mineurs, exécutants ayant accompli leurs forfaits à l'intérieur de tel ou tel État occupé. Les seconds seraient soumis à un système national de répression mis en œuvre par l'État territorial lui-même. Quant aux premiers, ils seraient déférés devant un tribunal international. En même temps, les Alliés proclamaient leur volonté d'exiger éventuellement de tous les États de refuge l'extradition des individus recherchés.

a) La répression proprement *internationale* n'a donc concerné, encore que partiellement, que les grands criminels de guerre jugés par les Tribunaux militaires internationaux de Nuremberg et de Tokyo institués respectivement par l'accord de Londres du 8 août 1945 et la Décision du Commandement en chef des troupes d'occupation au Japon du 19 janvier 1946. L'un et l'autre ont fonctionné selon les mêmes principes.

L'Accord de Londres, conclu entre les États-Unis, la France, le Royaume-Uni et l'URSS, a reçu par la suite l'adhésion de dix-huit autres États.

Le Tribunal de Nuremberg était composé de quatre juges titulaires et de quatre juges suppléants désignés respectivement par les États-Unis, la France, le Royaume-Uni, et l'URSS La « commission d'instruction et de poursuite des grands criminels de guerre » prévue par le Statut a déféré au Tribunal 21 accusés (16 civils, 5 militaires) et lui a transmis, après approbation, l'acte d'accusation. Le jugement a été rendu le 1er octobre 1946 : douze condamnations à mort par pendaison, trois à la prison à vie, deux à vingt ans de prison, une à quinze ans de prison, une à dix ans de prison, enfin deux acquittements ont été prononcés. Toutes les peines ont été exécutées (condamné à mort, Goering s'est suicidé le 15 octobre 1946).

Dans son jugement du 12 novembre 1948, le Tribunal de Tokyo a réaffirmé les mêmes principes que ceux adoptés par le Tribunal de Nuremberg. Six condamnations à mort ont été prononcées.

En ce qui concerne la détermination des responsabilités des accusés, à la thèse de la défense qui invoquait la cause d'exonération tirée de l'existence d'un ordre supérieur (ordre du Führer), le Tribunal a répondu :

« Les obligations internationales qui s'imposent aux individus priment leur devoir d'obéissance envers l'État dont ils sont ressortissants. Celui qui a violé les lois de la guerre ne peut, pour se justifier, alléguer le mandat qu'il a reçu de l'État, du moment que l'État, en donnant ce mandat, a outrepassé les pouvoirs que lui reconnaît le droit international ».

Il est difficile de poser plus clairement tout à la fois le principe de l'application immédiate du droit international à l'individu, celui de la responsabilité pénale des agents de l'État qui ne sauraient invoquer, pour se couvrir, un ordre supérieur illégal et celui de la primauté du droit international sur le droit interne.

Longtemps, les divergences de vues entre membres de la société internationale ont rendu impossible la confirmation de ce principe par un texte de portée générale, évidemment essentiel pour assurer une répression efficace (sur la prise en compte du principe par le Statut de Rome de 1998, *infra*, n° 445).

b) L'existence, temporaire, de juridictions pénales internationales n'a pas suffi à internationaliser complètement la répression des crimes commis durant la Seconde Guerre mondiale. Une répression nationale s'est exercée parallèlement à la justice internationale.

Ceci résulte en premier lieu de la distinction entre criminels mineurs et criminels majeurs effectuée par les statuts des deux Tribunaux (v. *supra*) ; mais, même s'agissant de ces derniers, nombre d'entre eux étaient en fuite après la défaite de l'Allemagne et ce n'est que longtemps plus tard que certains ont pu être retrouvés et jugés. Ils l'ont été par des juridictions nationales.

Tel a été le cas d'Eichmann, jugé par une juridiction israélienne en 1961 ou de plusieurs criminels dont le dossier a plus récemment été soumis à des cours françaises (Touvier, Legay et Barbie). Dans l'affaire *Legay*, la Chambre criminelle de la Cour de cassation, a déclaré : « Si le statut du Tribunal international de Nuremberg prévoit la compétence de cette juridiction en la matière, elle n'exclut pas celle des pays où ont été perpétrés les crimes, lesquels, aux termes de l'article 3 de la résolution des Nations Unies du 13 avril 1946, expressément visée par la loi du 26 décembre 1964, peuvent y être jugés et punis, conformément aux lois de ce pays (...) ; qu'enfin les crimes contre l'humanité sont des crimes de droit commun, commis dans certaines circonstances et pour des motifs précisés par les textes ; qu'aucune disposition légale, ni aucune convention internationale signée par la France n'interdisent à un particulier alléguant un préjudice personnel résultant directement d'un tel crime, de mettre en mouvement l'action publique par une plainte assortie d'une constitution de partie civile » (*Bull.* 1982, p. 629). Et, dans l'affaire *Barbie*, la Chambre d'accusation de la Cour d'appel de Lyon s'est fondée sur l'Accord de Londres de 1945 et la résolution 3 (I) de l'Assemblée générale des Nations Unies pour estimer que les crimes imputés au prévenu « ne relèvent pas seulement du droit pénal interne français, mais encore d'un ordre répressif international auquel la notion de frontières et les règles extraditionnelles qui en découlent sont fondamentalement étrangères » (8 juillet 1983, *JDI* 1983, p. 791). Cette solution a été confirmée par la Cour de cassation (Crim., 6 octobre 1983, *ibid.*).

c) L'imprescriptibilité des crimes commis durant la Seconde Guerre mondiale résulte implicitement, selon les tribunaux français, de l'accord de Londres de 1945, conformément à l'interprétation donnée le 15 juin 1979 par le ministre des Affaires étrangères à l'occasion de l'affaire *Touvier* (cf. Crim., 26 janvier 1984, *Barbie, RGDIP* 1984, p. 971). Cette interprétation est conforme aux termes de la loi française du 26 décembre 1964 qui « constate » l'imprescriptibilité des crimes contre l'humanité.

Au plan universel, l'Assemblée générale des Nations Unies a adopté, le 26 novembre 1968, une convention dans le même sens qui s'applique aux crimes de guerre comme aux crimes contre l'humanité et n'est pas limitée aux suites de la seconde guerre mondiale ; elle est entrée en vigueur en 1970. Au plan régional, la Convention du Conseil de l'Europe du 25 janvier 1974 n'est entrée en vigueur qu'en 2003 et ne compte actuellement que 4 États parties (2008). Cet échec n'est peut-être pas définitif dans la mesure où les États européens pourraient juger opportun de mettre en œuvre dans leurs rapports mutuels le principe posé par l'article 29 du Statut de Rome de 1998, selon lequel ce sont l'ensemble des crimes relevant de la compétence de la Cour pénale internationale qui sont imprescriptibles.

444. Tribunaux pénaux internationaux *ad hoc*

BIBLIOGRAPHIE. — E. David, « Le TIP pour l'ex-Yougoslavie », *RBDI* 1992, p. 565-598. — J. C. O'Brien, « The International Tribunal for Violations of International Humanitarian Law in the Former Yugoslavia », *AJIL* 1993, p. 639-659. — H. A. M. Von Hebel, « An International Tribunal for Former Yugoslavia : An Act of Powerlessness or a New Challenge for the International Community », *NQHR* 1993, p. 432-456. — Ph. Weckel, « L'institution d'un Tribunal international pour la répression des crimes de droit humanitaire en Yougoslavie », *AFDI* 1993, p. 232-261. — K. Lescure, *Le Tribunal pénal international pour l'ex-Yougoslavie ;* Montchrestien, 1994, 203 p. —A. Pellet, « Le Tribunal criminel international pour l'ex-Yougoslavie — Poudre aux yeux ou avancée décisive ? », *RGDIP* 1994, p. 7-60. — M. Castillo, « La compétence du Tribunal pénal pour la Yougoslavie », *ibid.*, p. 61-87. — Th. Meron, « War Crimes in Yugoslavia and the Development of International Law », *AJIL* 1994, p. 78-87. — M. Mubiala, « Le tribunal international pour le Rwanda : vraie ou fausse copie du tribunal pénal international pour l'ex-Yougoslavie ? », *RGDIP* 1995, p. 929-954. — M. Bassiouni et P. Manikas, *The Law of the International Tribunal for the Former Yugoslavia*, Transnat. Pub., Irvington, 1996, XXXIII-1072 p. — J.-F. Dupaquier dir., *La justice internationale face au drame rwandais*, Karthala, 1996, 227 p. — L. Condorelli, « Le Tribunal pénal international pour l'ex-Yougoslavie et sa jurisprudence », *Cursos euromediterraneos* 1997, p. 241-276. — J. Jones et S. Powles, *International Criminal practice : the International Criminal Tribunal for the Former Yugoslavia, the International Criminal Tribunal for Rwanda, the International Criminal Court, the Special Court for Sierra Leone, the East Timor Special*

Panel for Serious Crimes, War Crimes Prosecutions in Kosovo, Oxford UP, 2003, XLIV-1085 p. — F. MÉGRET, *Le Tribunal pénal international pour le Rwanda*, Pedone, 2002, 249 p. — R. KERR, *The International Criminal Tribunal for the Former Yugoslavia : An Exercise in Law, Politics, and Diplomacy*, Oxford UP, 2004, VIII-239 p. — O. DELAS, R. CÔTÉ, F. CRÉPEAU et P. LEUPRECHT (dir.), *Les juridictions internationales : Complémentarité ou concurrence ?*, Bruylant, Bruxelles, 2005, 208 p. — G. METTRAUX, *International Crimes and the* Ad Hoc *Tribunals*, Oxford UP, 2005, XXXII-442 p. — D. WIPPMAN, « The Costs of International Justice », *AJIL* 2006, p. 861-880. — F. POCAR, « Criminal Proceedings before the International Criminal Tribunals for the Former Yugoslavia and Rwanda » *in* A. DEL VECCHIO dir., *New International Tribunals and New International Proceedings*, Giuffrè, Milan, 2006, pp. 119-133. — W.A. SCHABAS, *The UN International Tribunals*, Cambridge UP, 2006, LIV-711 p.

V. également les chroniques annuelles sur l'activité des tribunaux pénaux internationaux de A. PELLET et H. ASCENSIO (1995) et H. ASCENSIO et R. MAISON (depuis 1997) à l'*AFDI* et de D. ROBINSON *in ACDI*.

La double hostilité de l'URSS à la reconnaissance d'une personnalité juridique internationale aux individus et au principe même de toute juridiction internationale a fait que les précédents de Nuremberg et de Tokyo sont longtemps restés isolés. La fin de la guerre froide et l'horreur des crimes commis à grande échelle en ex-Yougoslavie, d'abord, au Rwanda, ensuite, ont conduit à relancer le processus amorcé après la guerre. Deux juridictions pénales internationales *ad hoc* ont donc vu le jour ; mais leur compétence *ratione loci* et *ratione temporis* restait étroitement circonscrite.

a) *Le Tribunal pénal international pour l'ex-Yougoslavie*. La dissolution de la RSFY à la suite de la proclamation unilatérale d'indépendance de la Croatie et de la Slovénie le 25 juin 1991 a entraîné des violences armées et de graves conflits ethniques, en particulier mais non-exclusivement en Bosnie-Herzégovine.

Dès le 15 mai 1992, le Conseil de sécurité a exigé que cessent « les expulsions forcées de personnes de leur lieu de résidence et toutes les tentatives visant à changer la composition ethnique de la population » (résolution 752 (1992)). Le 14 août 1992, la Commission des droits de l'homme a, à son tour, vivement condamné le « nettoyage ethnique » et chargé un Rapporteur spécial d'enquêter sur les « violations éventuelles des droits de l'homme sur le territoire de l'ancienne Yougoslavie, y compris au sujet de celles qui peuvent constituer des crimes de guerre » (résolution 1992/S-1/1).

Parallèlement, le Conseil de sécurité a affirmé la responsabilité individuelle des auteurs des violations graves des conventions de Genève de 1949 (résolution 764 [1992]), demandé aux États et aux organisations humanitaires internationales de lui transmettre les informations dont ils disposaient sur ces violations (résolution 771 [1992]) et constitué une Commission impartiale d'experts chargée d'examiner et d'analyser ces informations (résolution 780 [1992]).

À la suite d'une initiative française (v. le Rapport du Comité de juristes chargé de réfléchir à la création d'un Tribunal pénal international pour l'ex-Yougoslavie — doc. S/25266, 10 février 1993), le Conseil de sécurité a décidé « la création d'un tribunal international pour juger les personnes présumées responsables de violations graves du droit humanitaire international commises sur le territoire de l'ex-Yougoslavie depuis 1991 » (résolution 808 [1993] du 22 février 1993), dont, se fondant expressément sur le chapitre VII de la Charte, il a adopté le statut, élaboré par le Secrétaire général, par sa résolution 827 du 25 mai 1993.

Les seize juges du Tribunal, élus par l'Assemblée générale sur une liste dressée par le Conseil de sécurité, se répartissent en trois Chambres de première instance et une Chambre d'appel (commune au TPIY et au TPIR) ; les juges sont élus pour quatre ans renouvelables ; des juges *ad litem* institués par la résolution 1329 (2000) du 30 novembre 2000, élus dans les mêmes conditions, sont appelés à siéger dans des affaires déterminées. Le Procureur, élu par le Conseil de sécurité, est chargé de l'instruction et des poursuites. Les juges et le Procureur sont assistés d'un greffe. Le Tribunal siège à La Haye.

Le Tribunal a adopté son « Règlement de procédure et de preuve » le 11 février 1994. Ce texte ne pallie qu'imparfaitement la plus grave lacune du Statut qui laisse pendante la question du jugement par contumace. Aux termes de l'article 61.C du Règlement, en cas d'inexécution d'un mandat d'arrêt, la Chambre de première instance est invitée à « statuer en conséquence » si elle estime « qu'il existe des raisons suffisantes de croire que l'accusé a commis une ou toutes les infractions mises à sa charge dans l'acte d'accusation ». Pour une description très claire des différentes étapes de la procédure du TPIY et de la force probante de ses décisions, v. CIJ, arrêt du 26 février 2007, *Application de la Convention sur la prévention et la répression du crime de génocide*, § 216-224.

Le Tribunal est compétent pour juger les personnes suspectes d'avoir commis ou donné l'ordre de commettre des infractions graves aux conventions de Genève de 1949, des violations des lois et coutumes de la guerre, un génocide ou des crimes contre l'humanité. À l'exception du premier chef d'incrimination qui, de manière fort discutable, renvoie à des textes conventionnels, les autres infractions sont définies par des expressions reprenant les définitions données respectivement dans la Convention IV de La Haye de 1907, la Convention de 1948 sur le génocide et le Statut du Tribunal de Nuremberg, mais ces textes ne sont pas mentionnés en tant que tels, ce qui confirme le caractère coutumier de ces incriminations.

Le statut du Tribunal, qui répond aux exigences du principe *nullum crimen, nulla poena sine lege*, reconnaît les compétences concurrentes des juridictions nationales tout en assurant la primauté de celles exercées par lui et en évitant les doubles condamnations (*non bis in idem*). Il précise en outre que « ni la qualité officielle d'un accusé, soit comme chef d'État ou de gouvernement, soit comme haut fonctionnaire », ni le fait qu'il « a agi en exécution d'un ordre d'un gouvernement ou d'un supérieur » ne l'exonèrent de sa responsabilité pénale (art. 7). Les accusés sont passibles d'une peine d'emprisonnement à l'exclusion de la peine de mort (art. 24).

La jurisprudence des TPI pour l'ex-Yougoslavie et le Rwanda a confirmé la validité de cette procédure particulière de création de juridictions spécialisées, tant face aux accusations d'une justice « politique » que face à l'argument de la primauté des mécanismes traditionnels, internes ou internationaux, de poursuite des infractions internationalisées (arrêt du 10 août 1995 du TPIY dans l'affaire *Tadi&cacute ;*, arrêt du 18 juin 1997 du TPIR, dans l'affaire *Kanyabashi* – comp. avec l'arrêt sur la compétence de la Chambre d'appel du TSSL du 13 mars 2004 sur la constitutionnalité de sa création, aff. SCSL-2004-14 à 16-AR72E, *Norman, Kallon et Kamara*).

Tous les États sont tenus de coopérer avec le Tribunal notamment pour la remise des accusés et la recherche des preuves. Le financement est assuré par le budget des Nations unies.

L'une des principales faiblesses du système contemporain de répression pénale des violations massives des droits de l'homme et du droit humanitaire réside dans l'absence d'un catalogue hiérarchisé de sanctions, au point qu'il a fallu revenir à la grille des peines pénitentiaires du droit national des inculpés (droit yougoslave, droit rwandais, pour les tribunaux *ad hoc*, avec la seule exclusion de la peine de mort). Or le principe « *nulla poena sine lege* » est tout aussi impératif que le « *nullum crimen sine lege* ». C'est donc la jurisprudence qui précise et concrétise progressivement, sur la base de « principes équitables », l'échelle des sanctions.

b) *Le Tribunal pénal international pour le Rwanda.* À la suite des massacres au Rwanda en 1994, le Conseil de sécurité a institué une commission d'enquête chargée de déterminer les responsabilités de ces atrocités (résolution 935 (1994). Cette enquête, concluant à l'existence d'actes de génocide, a débouché sur la création d'un nouveau Tribunal pénal international (résolution 955 (1994) du 8 novembre 1994), fortement inspiré de son prédécesseur.

Il s'en distingue cependant à plusieurs égards, en partie en raison du fait que le gouvernement rwandais a pu intervenir dans l'élaboration du Statut de ce tribunal, en partie du fait du caractère moins internationalisé de ce conflit interethnique : les faits incriminés sont les crimes de génocide, les crimes contre l'humanité et les violations graves de l'article 3 commun aux conventions de Genève de 1949 et du Protocole II de 1977 – différence notable sur ce dernier point d'avec le statut du TPI ex-Yougoslavie ; les particularités de ce conflit armé ont cependant conduit à étendre la compétence *ratione loci* du tribunal à des actes commis dans les pays voisins. Comme toutes les juridictions internationales contemporaines, le Tribunal ne peut prononcer que des peines d'emprisonnement.

Par sa résolution 1503 (2003) du 28 août 2003, le Conseil de sécurité a demandé au TPIY et au TPIR « de prendre toutes mesures en leur pouvoir pour mener à bien les enquêtes d'ici à la fin de 2004, achever tous les procès de première instance d'ici à la fin de 2008 et terminer leurs travaux en 2010 (Stratégies d'achèvement des travaux) ».

Les conditions très particulières qui ont rendu juridiquement possible la création des tribunaux internationaux pour l'ex-Yougoslavie et le Rwanda ne sont pas susceptibles d'être remplies fréquemment : ce n'est que parce que le Conseil de sécurité a estimé que les violations graves du droit humanitaire international constituaient, en l'espèce, une menace contre la paix qu'il a pu créer cette nouvelle juridiction internationale en se fondant sur le chapitre VII de la Charte, implicitement dans le premier cas, explicitement dans le second. Même lorsque ces conditions sont réunies, les États ne sont pas nécessairement favorables à la reproduction pure et simple de tels statuts et peuvent préférer une « juridictionnalisation internationale mitigée » (cas du Cambodge et de la Sierra Leone, où ont été créées des juridictions mixtes quant à leur composition – nationale et internationale – v. *infra*, n° 445 *bis*).

Il est certain que le Conseil de sécurité n'aurait pas, à la différence de l'Assemblée générale, compétence pour créer une juridiction criminelle internationale permanente.

L'article 6 de la Convention sur le génocide a bien prévu, à côté de la compétence des tribunaux de l'État sur le territoire duquel ce crime a été commis, la compétence de la « Cour criminelle internationale ». Mais cette deuxième solution est longtemps restée symbolique ; cette Cour restait à créer et sa juridiction était conçue comme purement facultative. De même, la Convention de 1973 sur l'apartheid, n'exclut pas l'éventuelle intervention d'un tribunal international pénal, dans des conditions mal définies (article V).

La question de l'institution d'une juridiction internationale compétente pour les crimes les plus graves demeurait donc entière jusqu'à l'adoption du Statut de Rome du 17 juillet 1998 portant création de la Cour pénale internationale.

445. La Cour pénale internationale

BIBLIOGRAPHIE. — Dans une littérature extrêmement abondante : J. CRAWFORD, « The ILC's Draft Statute for an International Criminal Court » et « The ILC Adopts a Statute... », *AJIL* 1994, p. 140-152 et 1995, p. 404-416 — M. C. BASSIOUNI, *The Statute of the ICC, A documentary history*, Transnat. Publ., Ardsley, 1998, XXII-793 p. — J.-F. DOBELLE, « La convention de Rome portant statut de la CPI », *AFDI* 1998, p. 356-369 — Ph. WECKEL, « La CPI, présentation générale », *RGDIP* 1998, p. 983-993 — A. DEL VECCHIO, « CPI e giuridizione internazionale nel quadro di crisi della sovranità degli Stati », *Cta. I.* 1998, p. 630-652 — R. S. LEE ed., *The ICC, The Making of the Rome Statute, Issues, Negociations, Results*, Kluwer, La Haye 1999, 657 p. ; *The International Criminal Court : Elements of Crimes and Rules of Procedure and Evidence*, Transnl. Publ., Ardsley, 2001, LXVI-857 p. — M. H. ARSANJANI, « The Rome Statute of the ICC », *AJIL* 1999, p. 22-43 — J. I. CHARNEY, « Progress in International Criminal Law », *AJIL* 1999, p. 452-464 — A. CASSESE, « The Statute of the ICC :... », *EJIL* 1999, p. 144-171 — L. CONDORELLI, « La CPI : un pas de géant... », *RGDIP* 1999, p. 7-21 — P. GAETA, « The Defence of Superior Orders : the Statute of the ICC v. Customary International Law », *EJIL* 1999, p. 172-190 — E. LA HAYE, « The jurisdiction of the ICC... », *NILR* 1999, p. 1-25 — F. LATTANZI, « Compétence de la CPI et consentement des États », *RGDIP* 1999, p. 425-444 — C. LAUCCI, « Compétence et complémentarité dans le statut de la future CPI », *Observateur des NU* 1999, n° 7, p. 131-176 — *Reflections on the ICC Essays in honour of Adriaan Boos*, Asser Press, La Haye, 1999, 211 p. — M. POLITI, « Le statut de la CPI : le point de vue d'un négociateur », *RGDIP* 1999, p. 817-850 — D. SAROOSHI, « The Statute of the ICC », *ICLQ* 1999, p. 387-404 — R. WEDGWOOD, « The ICC : an American View », *EJIL* 1999 p. 93-107 et les répliques critiques, *ibid.* p. 108-123 — M. ZWANENBURG, « Peacekeepers Under Fire ? », *EJIL* 1999 p. 124-143 — P. GARGIULO, « Il controverso rapporto tra CPI e Consiglio Sicureza per la repressione dei crimini droit international diritto internazionale », *Cta. I.* 1999, p. 428-473 — G. H. OOSTHUIZEN, « Some Preliminary Remarks on the Relationship between the Envisaged ICC and the UN Security Council », *NILR* 1999, p. 313-342 — R. KHERAD, « La compétence de la CPI », *D.* 2000, chron. p. 587-594. — H. ASCENSIO, A. DECAUX A. PELLET dir., *Droit international pénal*, Pedone, 2000, not. p. 735-866. — C. KRESS et F. LATANZI ed., *The Rome Statute and Domestic Legal Orders*, Nomos, Baden-Baden, 2 vol., 2000, XXXII-251 p. ; 2005, XXVII-543 p. — M. LEIGH, « The United States and the Statute of Rome », *AJIL* 2001, p. 124-131. — D. J. SCHEFFER, « The United States and the ICC », *AJIL* 2001, p. 12-22. — Z. DEEN-RACSMANY, « The Nationality of the Offender and the Jurisdiction of the ICC », *AJIL* 2001, p. 606-623. — J. A. YÁÑEZ-BARNUEVO, « Hacia un tribunal de la humanidad : la Corte Penal Internacional », *CEBDI*, vol. V, 201, p. 805-830. — L.N. SADAT, *The International Criminal Court and the Transformation of International Justice : Justice for the New Millenium*, Transnl. Publ., Ardsley, 2002, XVIII-566 p. — M. POLITI et G. NESI dir., *The Rome Statute of the International Criminal Court ; A Challenge to Impunity*, Ashgate, Dartsmouth, 2001, XX-319 p. — A. CASSESE, P. GAETA et J. JONES ed., *The Rome Statute of the International Criminal Court*, Oxford UP, 2002, 3 vols., CXL-2018-184 p. — G. COTTEREAU, « Statut en vigueur, la Cour pénale internationale s'installe », *AFDI* 2002, p. 129-161. — F. COULÉE, « Sur un État tiers bien peu discret : Les États-Unis confrontés au Statut de la Cour pénale internationale », *AFDI* 2003, p. 32-70. — Th. INGADOTTIR ed., *The International Criminal Court – Recommendations on Policy and Practice (Financing, Victims, Judges and Immunities)*, Transnational Publ., Ardsley, 2003, XXIII-212 p. — D. MCGOLDRICK, P. ROWE et E. DONNELLY ed., *The Permanent International Criminal Court : Legal and Policy Issues*, Hart, Oxford, 2004, XVIII-486 p. — W.A. SCHABAS, « United States

Hostility to the International Criminal Court : It's All About the Security Council », *EJIL* 2004, p. 701-720 ; *An Introduction to the International Criminal Court*, Cambridge UP, 3e éd., 2007, XIII-548 p. — M.C. BASSIOUNI, *The Legislative History of the International Court*, Transnl Publ., Ardsley, 2005, 3 vol., LVIII-537 p., XXII-773 p., VII-679 p. — F. ARGIRÒ et G. LATTANZI dir., *La Corte Penale Internazionale : organi, competenza, reati, processo*, Giuffrè, Milan, 2006, XXXIX, 1876 p. — Y. KERBRAT, « La saisine des juridictions pénales internationales » *in* H. RUIZ FABRI et J.-M. SOREL dir., *La saisine des juridictions internationales*, Pedone, (coll. : « Contentieux International »), 2006, p. 265-290. — M. POLITI et F. GIOIA, « The Criminal Procedure before the ICC : Main Features » *in* A. DEL VECCHIO dir., *New International Tribunals and New International Proceedings*, Giuffrè, Milan, 2006, p. 135-156. — F. RAZESBERGER, *The International Criminal Court : The Principle of Complementarity*, Lang, Francfort/Main, 2006, 201 p. — J.-P. CERONE, « Dynamic Equilibrium : The Evolution of US Attitudes Toward International Criminal Courts and Tribunals » *EJIL* 2007, p. 277-316. — A.M. MAUGERI, *La responsabilità da comando nello statuto della Corte Penale Internazionale*, Giuffrè, Milan, 2007, XI-844 p. — O. TRIFFTERER (ed.), *Commentary on the Rome Statute of the International Criminal Court : Observers'Notes, Article by Article*, Hart, Oxford, 2008, 1200 p. — S.-K. YOUNG, *The Law of the International Criminal Court*, Hein, Buffalo, 2007, XXII, 571 p. — M. POLITI et F. GIOIA ed., *The International Criminal Court and National Jurisdictions*, Ashgate, Aldershot, 2008, VIII-177 p.

V. aussi les dossiers consacrés à la CPI publiés *in AJIL* 1999, p. 1-123 (articles de Ph. KIRSCH et J. T. HOLMES, p. 2-12 ; D. SCHEFFER, p. 12-22 ; M. ARSANJANI, p. 22-43 et D. ROBINSON, p. 43-57) ; *EJIL* 1999, p. 93-143 (R. WEDGWOOD, p. 93-107 ; G. HAFNER et as., p. 108-123 ; M. ZWANENBURG, p. 125-143 ; A. CASSESE, p. 144-171 et P. GAETA, p. 172-191) ; *RGDIP* 1999, p. 7-45 (L. CONDORELLI, p. 7-21 ; J. A. CARILLO SALCEDO, p. 23-28 et S. SUR, p. 29-45) ; *YBIHL* 1999 (Sh. ROSENNE, p. 119-141 ; H. P. KAUL et C. KRESS, p. 143-175).

1° *Historique de sa création.* — À la suite de l'adoption de la Convention sur le génocide (1948), l'Assemblée générale de l'ONU a demandé à la CDI d'étudier cette question ; celle-ci a rédigé et déposé un rapport affirmatif. Sur cette base, l'Assemblée générale a décidé, contre l'avis de l'Union soviétique, de confier à un Comité la rédaction du projet de statut de la future Cour criminelle internationale (résolution du 27 novembre 1950). Ce Comité s'étant acquitté de sa tâche, l'Assemblée a fait étudier son projet par un autre Comité spécial, établi en 1953, qui a élaboré son propre projet en s'inspirant largement de celui de son prédécesseur.

Ce dernier projet suggère de limiter la compétence de la Cour au jugement des actes illicites accomplis par les personnes physiques. C'est la confirmation attendue du principe de la responsabilité internationale de l'individu. La Cour ne devrait pas être un simple organe subsidiaire de l'Assemblée ; en conséquence, sa création ne devrait pas résulter d'une décision de celle-ci mais d'une convention internationale. Elle ne bénéficierait que d'une compétence facultative. Elle pourrait être saisie par l'Assemblée générale des Nations Unies, par toute organisation internationale dûment habilitée et par n'importe quel État partie à la convention constitutive. Les peines seraient fixées discrétionnairement par la Cour. Ses arrêts seraient rendus en dernier ressort, sauf recours en révision devant elle ou recours en grâce devant un « Conseil de grâce » qui serait désigné. Ce projet n'a pas soulevé beaucoup d'enthousiasme dans la doctrine. Il a subi le même sort que celui réservé au projet de code des crimes contre la paix et la sécurité de l'humanité. En 1957, l'examen de ce projet a été renvoyé *sine die* par l'Assemblée.

De nouveau, en 1990, celle-ci a chargé la CDI « d'étudier la question de la création d'une Cour de justice pénale internationale ou d'un autre mécanisme juridictionnel pénal de caractère international ».

La CDI a établi successivement, de 1992 à 1994, trois groupes de travail chargés d'examiner la question (v. les rapports de ces groupes annexés à ceux de la Commission, *Ann. CDI* 1992, vol. II, 2e partie, p. 61-82 ; 1993, vol. II, 2e partie, p. 104-137 ; 1994, vol. II, 2e partie, 19-92) et s'est finalement prononcée pour un projet de statut de Cour criminelle internationale qui, dans ses grandes lignes, diffère peu de celui de 1953 : création par voie exclusivement conventionnelle d'une juridiction unique chargée de juger, à titre subsidiaire (la compétence des juridictions nationales est préservée), les auteurs de crimes de génocide et d'agression, les violations graves des lois et coutumes applicables dans les conflits armés, les crimes contre l'humanité, ou des crimes définis par certains traités, dès lors qu'« eu égard au comportement incriminé, ils constituent des crimes de portée internationale qui sont d'une exceptionnelle gravité » (infractions graves aux conventions de Genève de 1949, piraterie aérienne et maritime, apartheid, prise d'otages, torture, trafic de stupéfiants). Les seuls éléments d'originalité du projet concernent le génocide (une plainte pouvant être déposée par tout État partie à la Convention de 1948) et l'agression (il est prévu d'une part que le Conseil de sécurité, agissant dans le cadre du chapitre VII de la Charte, peut renvoyer une affaire à la Cour, et, d'autre part, qu'une plainte est subordonnée à la constatation préalable « qu'un État a commis l'acte d'agression qui fait l'objet de la plainte »). Dans tous les autres cas le dépôt d'une plainte est subordonné à la double condition que l'État de détention du suspect et celui sur le territoire duquel le crime a été commis aient accepté la compétence de la Cour pour cette catégorie de crimes.

Le Statut adopté le 17 juillet 1998 confirme cette approche sur plusieurs points essentiels, tout en étant moins restrictif quant au déclenchement de l'action contentieuse, sous l'impulsion de quelques gouvernements et de nombre d'ONG (v. *supra*, n° 421). Plus rapidement que prévu, le Statut de Rome est entré en vigueur le 1er juillet 2002, après le dépôt du 60e instrument de ratification (art. 126).

2° *Structure.* — La Cour est juridiquement autonome, dispose d'une personnalité juridique propre (art. 4) et a un caractère permanent. Toutes ses caractéristiques correspondent aux critères habituels d'une juridiction : indépendance des juges – supposée favorisée par un mandat unique de neuf ans –, jugement conformément au droit, autorité de la chose jugée.

Elle est composée d'une présidence (un président et deux vice-présidents), d'une section préliminaire, d'une section de première instance et d'une section des appels (article 34), instance évidemment constituées de juges, 18 au total inégalement répartis entre pénalistes et internationalistes. S'y ajoutent un bureau du procureur et un greffe. (V. G. Abline, « La désignation des juges et du Procureur de la CPI », *JDI* 2004, p. 465-490).

À la différence de ses prédécesseurs, dont l'existence et la compétence dépendaient de décisions politiques au coup par coup, la CPI fournit une garantie juridictionnelle plus systématique et réduit le risque de jurisprudences contradictoires.

Parce qu'elle est permanente, la recevabilité des requêtes devant elle ne connaît pas de limitation temporelle ou géographique, sauf application du principe de non-rétroactivité et effets d'une immunité décidée par le Conseil de sécurité (v. ci-dessous).

3° *Étendue de sa compétence.* — La Cour peut être saisie par l'État concerné (art. 13 et 14), c'est-à-dire l'État partie sur le territoire duquel le crime a été commis ou dont l'auteur du crime a la nationalité (« renvoi »), par le Conseil de sécurité des Nations Unies agissant au titre du chapitre VII de la Charte (art. 13) ou par le Procureur agissant de sa propre initiative (art. 13 et 15).

La Cour a été saisie à trois reprises sur la base de l'article 14 du Statut : par l'Ouganda en janvier 2004, par la République démocratique du Congo en avril 2004 et par la République Centrafricaine en janvier 2005 (V. C. Bakker, « Le principe de complémentarité et les "auto-saisines" : Un regard critique sur la pratique de la Cour pénale internationale », *RGDIP* 2008, p. 361-378). De plus, le 31 mars 2005 elle a été saisie de la situation au Darfour par le Conseil de sécurité agissant sous chapitre VII de la Charte des Nations Unies (v. la résolution 1593(2005) du 31 mars 2005).

La faculté d'auto-saisine du Procureur – une des propositions majeures émanant des ONG qui ont participé au processus d'élaboration du Statut de Rome –, si elle constitue une alternative partielle à une recevabilité des requêtes directes des victimes qui a été récusée, a du moins le mérite de confirmer l'abandon de l'exclusivisme étatique ou interétatique traditionnel. Elle inquiète suffisamment les États pour qu'ils l'aient entourée de garanties, en particulier l'autorisation de la chambre préliminaire et la possibilité d'interjeter appel de cette décision (art. 18).

La portée politique d'une saisine de la Cour, dans un contexte souvent conflictuel, est attestée par le pouvoir reconnu au Conseil de sécurité d'imposer un sursis aux poursuites par une résolution adoptée dans le cadre du chapitre VII (art. 16) ; ce pouvoir d'empêcher, au profit de certains contingents armés des forces menant des opérations de maintien de la paix, est cependant moins susceptible de gêner l'action répressive internationale qu'une condition d'autorisation préalable telle qu'elle avait été envisagée dans certains projets antérieurs.

La compétence de la Cour s'impose aux États parties au Statut ainsi qu'à ceux qui l'acceptent unilatéralement, dans la mesure où le crime poursuivi a eu lieu sur leur territoire – ou dans un engin immatriculé sur leur territoire – ou si l'accusé est un de leurs ressortissants (art. 12).

La Côte-d'Ivoire est aujourd'hui le seul État à avoir consenti à ce que la Cour pénale internationale exerce sa compétence pour les crimes commis sur le territoire ivoirien depuis les événements du 19 septembre 2002 dans une déclaration faite en vertu de l'article 12-3 du Statut de Rome.

Le champ de sa compétence *ratione materiae*, tel qu'il est précisé par les articles 5 à 8, a déjà été évoqué (v. *supra*, n° 442). Les États restent temporairement en droit d'en écarter les crimes de guerre : c'est le cas de la France et de la Colombie. De plus, le crime d'agression ne peut faire l'objet de poursuite puisqu'il n'a pas été défini à ce jour.

Outre des condamnations pénales, la Cour peut décider de la réparation – pécuniaire mais aussi morale – accordée aux victimes (art. 75), qui pour la première fois dans l'histoire de la justice pénale internationale peuvent participer à la procédure répressive et faire valoir un droit à réparation.

Bien qu'elle ait été créée en tant que juridiction permanente, la Cour pénale internationale n'a pas une compétence exclusive, ni même prioritaire, ce qui constitue un certain recul par rapport à la solution retenue pour les tribunaux pénaux *ad hoc* (v. *supra*, n° 444) mais peut s'expliquer par le domaine plus vaste de sa compétence. Selon l'article 1er du Statut de Rome de 1998, « elle est complémentaire des juridictions pénales nationales », pour autant que celles-ci remplissent leur rôle conformément au droit international selon l'opinion de la Cour.

Cette complémentarité impose de réglementer avec précision les conditions de recevabilité devant la Cour (art. 17 et 18), de mise en œuvre du principe *ne bis in idem* (art. 20), et de préciser les modalités et l'étendue de la coopération des États avec la Cour (art. 89 s.) et entre eux, aux fins de remise d'une personne notamment (art. 90). Une interprétation extensive de ces dispositions pourrait permettre à un État, par un réseau de traités bilatéraux d'extradition, de faire échapper ses ressortissants à toute remise à la CPI

Telle est l'approche actuelle des États-Unis, qui ont adopté, en 2002, l'*American Servicemembers'Protection Act*, qui prohibe toute coopération avec la Cour, conclu plus de cent accords bilatéraux d'immunité, par lesquels leurs partenaires s'engagent (au mépris de leurs obligations statutaires) à ne pas transférer à la CPI de ressortissants américains, et obtenu du Conseil de sécurité le vote (renouvelé) d'une résolution s'employant à faire obstacle, pour une période de 12 mois, à l'exercice de la compétence de la Cour à l'égard de personnels ayant la nationalité d'un État non-partie au Statut, participant à une opération de maintien de la paix décidée par le Conseil de sécurité – résolution 1422 (2002) du 12 juillet 2002 (renouvelée une seule fois, l'année suivante, par la résolution 1487 (2003).

4° *Règles de fonctionnement et procédure pénale.* — L'instruction d'une affaire est entre les mains du procureur et de ses adjoints, sous le contrôle de la chambre préliminaire, et nécessite l'assistance des États dans l'enquête, la mise à disposition du prévenu. Le déroulement du procès – le jugement par contumace étant exclu – doit répondre aux exigences des droits de la défense mais aussi de la protection des victimes et des témoins ainsi que du principe d'un jugement dans un délai raisonnable.

Le Procureur est par exemple dans l'obligation de divulguer les preuves à décharge en sa possession au suspect ou à l'accusé, une fois les charges confirmées à son encontre (art. 67.2). Cette obligation est toutefois restreinte par la possibilité pour le Procureur de signer des accords de confidentialité avec ses sources (art. 54.3.e). Les problèmes nés des conflits entre ces deux dispositions ont été à l'origine de la suspension du premier procès dans l'affaire *Le Procureur c. Thomas Lubanga Dyilo* par la Chambre de première instance I (v. Chambre de première instance I, décision du 13 juin 2008, n° ICC-01/04-01/06-1410).

En l'absence d'un corps cohérent de règles coutumières internationales en la matière, le Statut devait comprendre l'équivalent d'un véritable code de procédure pénale et d'un code pénal, qui s'inspirent des principes communs aux systèmes étatiques. Un Règlement de preuve et de procédure, un Règlement de la Cour et un Règlement du Greffe ont également été adoptés afin de compléter le Statut de Rome. L'expérience acquise au cours des premières années de fonctionnement des tribunaux pénaux *ad hoc* – auteurs de leurs propres règlements de procédure et de preuve (v. *supra*, n° 444), alors que celui de la CPI a été adopté non par la Cour elle-même mais par l'Assemblée des États parties le 10 septembre 2002 – en a facilité la rédaction. Les dispositions pertinentes déterminent le droit applicable et certains principes fondamentaux (articles 20 à 30), définissent les causes d'exonération (articles 31 à 33), précisent l'organisation et les modalités de fonctionnement de la Cour (art. 34 à 52), ainsi que les modalités des poursuites et du procès (art. 53 à 76), les peines applicables (art. 77 à 80), les procédures d'appel – ce dernier se rapproche plutôt du pourvoi devant la CJCE ou de la cassation dans le système français – et de révision (art. 81 à 85).

La collaboration avec les États jusqu'au stade de l'exécution des sanctions fait l'objet des dispositions des chapitres 9 et 10 du Statut (art. 86 à 111). Elle bénéficiera également, quant à l'exécution des peines de prison, de l'expérience acquise des tribunaux *ad hoc*.

Les règles de fonctionnement et la procédure pénale applicable au sein de la Cour pénale internationale se distinguent de celles applicables au sein de tribunaux *ad hoc*. Par exemple, outre l'obligation faite au Procureur d'enquêter à charge et à décharge, une fois que la personne visée par un mandat d'arrêt est transférée à la Cour, la Chambre préliminaire doit confirmer les charges retenues à son encontre dans le cadre d'une procédure contradictoire. Pour se faire, elle tient une audience de confirmation des charges en présence de l'Accusation, de la Défense et des représentants légaux des victimes autorisées à participer à la procédure, afin de déterminer s'il existe des preuves suffisantes donnant des motifs substantiels de croire que la personne a commis chacun des crimes qui lui sont imputés.

5° *Participation des victimes à la procédure et les réparations.* — L'une des innovations majeures du Statut de Rome réside dans le fait que les victimes peuvent désormais être autorisées à participer aux procédures devant la Cour pénale internationale. En effet, dans le cadre des tribunaux *ad hoc* les victimes ne peuvent ni participer aux débats répressifs, ni obtenir réparation des dommages subis (seules sont prévues des mesures de protection, particulièrement pour la victime en tant que témoin). L'adoption du Statut de Rome permet désormais aux victimes de participer à la procédure lorsque leurs intérêts sont concernés, d'une manière qui n'est ni préjudiciable ni contraire aux droits de la Défense et aux exigences d'un procès équitable et impartial (art. 68.3).

Si, dans les débats sur la question de la culpabilité, les droits des représentants des victimes sont encore quelque peu limités par rapport à ceux de la défense, ces limites disparaissent complètement dans la phase de la procédure relative à la réparation du préjudice subi par la victime. Dans cette phase, un interrogatoire direct du prévenu, des témoins et des experts par les conseils des victimes est possible, sans être subordonné à l'autorisation de la Chambre (règle 91 du Règlement de procédure et de preuve).

La participation des victimes est possible tant dans le cadre d'une situation – lorsqu'une personne n'est pas expressément visée par la procédure, que dans le cadre d'une affaire. La Chambre d'appel de la Cour pénale internationale a précisé plus avant les modalités de participation des victimes au stade du procès, non précisées par le Statut et laissées à la discrétion des chambres concernées. Par exemple, outre la possibilité qui leur est directement reconnue dans le Statut d'exprimer leurs vues et préoccupations, les victimes peuvent également présenter des éléments de preuve concernant la culpabilité ou l'innocence de l'accusé et contester la recevabilité des éléments de preuve présentés par l'Accusation et la Défense (v. Chambre d'appel, *Situation en RDC*, jugement du 11 juill. 2008, n° ICC-01/04-01/06-1432).

La légitimité et l'efficacité de la Cour dépendront en grande partie du réalisme et des conditions d'application de l'ensemble de ces règles de fonctionnement.

445 *bis*. Juridictions pénales internationalisées

BIBLIOGRAPHIE. — S. CHESTERMAN, « Justice Under International Administration : Kosovo, East Timor and Afghanistan », *Finnish YBIL* 2001, p. 143-164. — D. TURNS, « 'Internationalized'or *ad hoc* Justice for International Criminal Law in a Time of Transition : the Cases of East Timor, Kosovo, Sierra Leone and Cambodia », *ARIEL* 2001, p. 123-180. — K. AMBOS et M. OTHMANN ed., *New Approaches in International Criminal Justice : Kosovo, East Timor, Sierra Leone and Cambodia*, Iuscrim, Fribourg, 2003, XI-282 p. — L. DICKINSON, « The Promise of Hybrid Courts », *AJIL* 2003, p. 295-310. — C. ROMANO, T. BOUTRUCHE, « Tribunaux pénaux internationaux : état des lieux d'une justice hybride », *RGDIP* 2003, p. 109-124. — Y. KERBRAT, « Juridictions internationales et juridictions nationales internationalisées : les tribunaux hybrides pour le Cambodge et la Sierra Leone », P. TAVERNIER dir., *Actualité de la jurisprudence pénale internationale*, Bruylant, Bruxelles, 2004, p. 263-273. — P. PAZARTZIS, « Tribunaux pénaux internationalisés : une nouvelle approche de la justice pénale (inter)nationale ? », *AFDI* 2004, p. 641-661. — C. ROMANO, A. NOLLKAEMPER, J. KLEFNER, *Internationalized Criminal Courts*, Oxford UP, 2004, 491 p. — M. BOHLANDER et R. WINTER, « Inernationalisierte Strafgerichte auf nationaler Ebene : Kosovo, Kambodscha, Sierra Leone und Timor-Leste », *in* St. KIRSCH, *Internationale Strafgerichtshöfe*, Nomos, Baden-Baden, 2005, p. 261-279. — J. COCKAYNE, « The Fraying Shoestring : Rethinking Hybrid War Crimes Tribunals », *Fordham IL Jl.* 2005,

p. 616-680. — H. ASCENSIO, E. LAMBERT-ABDELGAWAD, J.M. SOREL dir., *Les juridictions pénales internationalisées*, SLC, 2006, 383 p. — D. COHEN, « Hybrid Tribunals : Prospects and Challenges », *in* H. RADTKE ed., *Historische Dimensionen von Kriegsverbrecherprozessen nach dem Zweiten Weltkrieg*, Nomos, Baden-Baden, 2007, p. 91-107 ; « 'Hybrid'Justice in East Timor, Sierra Leone, and Cambodia : 'Lessons Learned'and Prospects For the Future », *Stanford Jl. Int'l L* 2007, p. 1-38. — T. KUOSMANEN, *Bringing Justice Closer : Hybrid Courts in Post-Conflict Societes*, Erik Castrén Institute of International Law and Human Rights, Helsinki, 2007, X-148 p. – A.-C. MARTINEAU, *Les juridictions pénales internationalisées – Un nouveau modèle de justice hybride ?*, Pedone, 2007, XIV-300 p. — L. VON BRAUN, *Internationalisierte Strafgerichte : eine Analyse der Strafverfolgung schwerer Menschenrechtsverletzungen in Osttimor, Sierra Leone und Bosnien-Herzegowina*, Berliner Wissenschafts-Verlag, Berlin, 2008, XXI-491 p.

Sur le Tribunal spécial pour la Sierra Leone : S. SZUREK, « Sierra Leone : un État en attente de "paix durable". La communauté internationale dans l'engrenage de la paix en Afrique de l'Ouest », *AFDI* 1999, p. 176-201, spéc. p. 188-195. — M. FUILLI, « The Special Court for Sierra Leone : Some Preliminary Comments », *EJIL* 2000, p. 763-813. — C. LAUCCI, « Projet de Tribunal spécial pour la Sierra Leone : vers une troisième génération de juridiction pénales internationales ? », *Obs. NU* 2000, p. 195-217. — St. BERESFORD et A.S. MULLER, « The Special Court for Sierra Leone : An Initial Comment », *Leiden JIL* 2001, p. 635-651. — R. CRYER, « A 'Special Court'for Sierra Leone ? », *ICLQ* 2001, p. 435-446. — C. DENIS, « Le Tribunal spécial pour la Sierra Leone », *RBDI* 2001, p. 236-287. — S. BERESFORD, *Leiden Jl. IL* 2001, p. 635-651. — C. CISSÉ, *Forum DI* 2002, p. 7-11. — A. CRETA, « The Special Court for Sierra Leone : 'a Treaty Based *sui generis* Court' », *in* A. DE GUTTRY, *Le nuove sfide nella protezione internazionale dei diritti dell'uomo : tutela e promozione dei diritti umani alla luce dei recenti sviluppi del diritto internazionale*, ETS, Pise, 2002, p. 185-223. — C. SCHOCKEN, *Berkeley Jl. IL* 2002, p. 436-461. — A. BLANC AMTEMIR, « El Tribunal especial para Sierra Leona : un instrumento contra la impunidad por violaciones graves del Derecho internacional humanitario », *ADI* 2003, p. 101-137. — P. TURLAN, « Le Tribunal spécial pour la Sierra Leone : de sa genèse aux premiers actes d'accusation », *African YBIL* 2003, p. 313-339. — A. CASSESE, *Jl. Internl. Crimi. L.* 2004, p. 1130-1140. — C. DAMGAARD, *NJIL* 2004, p. 485-503. — O.Y. ELAGAB, « The Special Court for Sierra Leone : Some Constraints », *Intl. Jl. HR* 2004, p. 249-273. — M. FACK, « Developments at the Special Court for Sierra Leone », *LPICT* 2005, p. 171-192. — S. HOROVITZ, « Transitional Criminal Justice in Sierra Leone », *in* N. ROHT-ARRIAZA et J. MARIEZCURRENA, *Transitional Justice in the Twenty-First Century : Beyond Truth versus Justice*, Cambridge UP, 2006, p. 43-69. — W.A. SCHABAS, *The UN International Criminal Tribunals : the former Yugoslavia, Rwanda and Sierra Leone*, Cambridge UP, 2006, LIV-711 p. — Ch. C. JALLOH, « The Contribution of the Special Court for Sierra Leone to the Development of International Law », *African Journal of International and Comparative Law* 2007, p. 165-207. — C. LAUCCI, *Digest of Jurisprudence of the Special Court for Sierra Leone*, Nijhoff, Leiden, 2007, XX-873 p. — M. MAYESTRE et A. WERNER, « Un modèle de tribunal "internationalisé" : analyse du et perspectives sur le Tribunal spécial pour la Sierra Leone », *in* R. KOLB, *Droit international pénal : précis*, Helbing & Lichtenhahn/ Bruylant, Bâle/ Bruxelles, 2007, p. 375-440. V. aussi le Rapport de A. CASSESE, 12 décembre 2006, disponible sur : http://www.sc-sl.org/Documents/independentexpertreport.pdf.

Sur les Chambres extraordinaires du Cambodge : D. BOYLE, *Dts. fdtx.* 2001, p. 215-229. — H. HORSINGTON, « The Cambodian Khmer Rouge Tribunal : the Promise of a Hybrid Tribunal », *Melbourne Jl. IL* 2004, p. 462-482. — S. WILLIAMS, « The Cambodian Extraordinary Chambers : A Dangerous Precedent for International Justice ? », *ICLQ* 2004, p. 227-245. — M. ALIÉ, « Les chambres extraordinaires établies au sein des tribunaux cambodgiens pour juger les hauts responsables Khmers rouges », *RBDI* 2005, p. 583-621. — J. RAMJI et B. VAN SCHAACK, *Bringing the Khmer Rouge to Justice : Prosecuting Mass Violence Before the Cambodian Courts*, Mellen Press, Lewiston, 2005, III-441 p. — Ph. AMBACH, « Die "Extraordinary Chambers in the Courts of Cambodia" – endlich Gerechtigkeit ? », *Humanitäres Völkerrecht* 2006, p. 168-178. — S. DE BERTODANO, « Problems Arising from the Mixed Composition and Structure of the Cambodian Extraordinary Chambers », *Jl. Int'l Crim. J.* 2006, p. 285-293. — G. POISONNIER, « Les chambres extraordinaires au sein des tribunaux cambodgiens », *JDI* 2007, p. 85-102.

Sur les Chambres pour crimes graves du Timor oriental : X. TRACOL, « Justice pour le Timor oriental », *Obs. NU* 2000, p. 121-138. — S. KATZENSTEIN, « Hybrid Tribunals : Searching for Justice in East Timor », *Harvard Human Rights Jl.* 2003, p. 245-278. — M. OTHMAN, « East Timor : a critique of the model of accountability for serious human rights and international humanitarian law violations », *NJIL* 2003, p. 449-482. — S. DE BERTODANO, *Jl. Internl. Criml. L.* 2004, p. 910-926. — S. LINTON, « Unraveling the First Three Trials at Indonesia's Ad Hoc Court for Human Rights Violations in East Timor », *Leiden Jl. IL* 2004, p. 303-361.

Sur les cours internationalisées du Kosovo : G. SERRA, *Le Corti Penali 'ibride' : verso una quarto generazione di Tribunal Internazionali Penali ? : il caso del Kosovo*, Ed. Scientifica, Naples, 2007, XVII-236 p.

Sur le tribunal spécial pour le Liban : A. AZAR, « Le tribunal spécial pour le Liban : une expérience originale ? », *RGDIP* 2007, p. 643-658. — F. MÉGRET, « A Special Tribunal for Lebanon : the UN Security Council and the Emancipation of International Criminal Justice », *Leiden JIL* 2008, p. 485-512. — W.A. SCHABAS, « The Special Tribunal for Lebanon : Is a "Tribunal of an International Character' Equivalent to an International Criminal Court" ? », *Leiden JIL* 2008, p. 513-528. V. aussi le numéro du *Journal of International Criminal Justice* consacré au Tribunal (2007, vol. 5, n° 5).

La création de juridictions pénales internationales à la fin du XXe siècle a constitué une étape capitale dans la lutte contre l'impunité des auteurs des crimes les plus graves en même temps qu'elle a consacré une novation profonde du droit international dont on ne peut plus raisonnablement prétendre qu'il présente un caractère purement interétatique. Qu'il s'agisse des tribunaux *ad hoc* ou de la CPI, elles n'en ont pas moins révélé leurs limites et suscité de vives critiques : coupées des réalités locales (et des sociétés affectées par les crimes), ces juridictions sont mal outillées pour mener les enquêtes permettant de confondre les coupables et dépendent des États tant pour leur arrestation que pour la recherche des preuves ; en outre le coût de la justice pénale internationale est considérable.

Les tribunaux « mixtes » ou « hybrides » établis à la fin du XXe et au début du XXIe siècles sont censés remédier à ces inconvénients : combinant – selon des modalités variables – des modes de création et de fonctionnement faisant appel à des techniques de droit interne et de droit international, ils appliquent des règles relevant de l'un et de l'autre ; ils sont composés de juges nationaux et internationaux et siègent dans le pays même où les crimes ont été perpétrés, cette proximité devant, dans l'esprit de leurs instigateurs, favoriser la réconciliation nationale.

À ce jour, cinq juridictions internationalisées (à des degrés divers) ont vu le jour :

— le Tribunal spécial pour la Sierra Leone (mis en place conformément à l'Accord entre l'ONU et le Gouvernement de Sierra Leone du 16 janv. 2002) ;

— les Chambres extraordinaires établies au sein des Tribunaux cambodgiens chargées de traduire en justice les personnes responsables de crimes commis pendant la période de Kampuchea démocratique (créées par une loi votée par les deux chambres du parlement cambodgien respectivement le 2 et 15 janvier 2001, modifiée suite à la conclusion d'un accord de coopération avec les Nations Unies du 6 juin 2003) ;

— les Chambres spéciales pour les crimes graves du Timor-Leste (mises en place par les règlements 2000/11 du 6 mars 2000 et 2000/15 du 6 juin 2000 de l'Administration transitoire des Nations Unies au Timor oriental [ATNUTO]) ;

— les cours internationalisées du Kosovo (« Chambres 64 », créées par le règlement 2000/6 du 15 févr. 2000 de la MINUK, amendé par les règlements 2000/64 du 15 déc. 2000 et 2001/2 du 12 janv. 2001) ; et

— le Tribunal spécial pour le Liban (« Tribunal Hariri » créé par l'Accord entre l'ONU et le Liban, entériné par le Conseil de sécurité par sa résolution 1757 (2007) du 30 mai 2007 pour juger les responsables de l'attentat à la bombe ayant causé la mort de M. Hariri, ancien Premier ministre, en 2005).

Les caractéristiques des tribunaux internationalisés, créés sur des bases *ad hoc*, sont fondamentalement hétérogènes. Certains ont été établis par des administrations temporaires des Nations Unies (Timor, Kosovo) ; d'autres sur la base d'un accord conclu entre les Nations Unies et l'État intéressé (Sierra Leone) éventuellement combiné avec une loi nationale préexistante (Cambodge). S'agissant du Tribunal Hariri, le Parlement libanais n'a pu adopter la loi prévue et il a été créé uniquement par une résolution du Conseil de sécurité adoptée dans le cadre du chapitre VII de la Charte. L'étendue de leurs compétences est très inégale : ponctuelle s'agissant du Tribunal spécial pour le Liban ; largement internes s'agissant du Kosovo ; comparables à celles des tribunaux *ad hoc* dans le cas de ceux pour la Sierra Leone et Timor, tandis que les Chambres cambodgiennes ont compétence pour juger « les dirigeants supérieurs du Kampuchea démocratique et ceux qui portent la plus grande responsabilité pour les crimes et graves violations du droit pénal cambodgien, du droit et de la coutume humanitaire internationale, et des conventions internationales reconnues par le Cambodge » (art. 2 de la loi de 2001). Leurs liens avec l'ordre juridique national sont également contrastés (les Chambres extraordinaires du Cambodge font partie du système judiciaire cambodgien alors qu'il découle du Statut du Tribunal pour la Sierra Leone que celui-ci a un caractère international). Dans certains cas (Sierra Leone, Timor, Liban), les juges étrangers (« internationaux ») sont majoritaires, dans celui du Cambodge, ils sont minoritaires, tandis que la composition des tribunaux internationalisés au Kosovo varie en fonction de règles complexes. Enfin, le degré d'internationalisation du droit applicable est, lui aussi, fort variable : alors que le Tribunal Hariri doit appliquer le droit libanais ceux établis pour le Timor oriental ou en Sierra Leone mettent en œuvre des règles essentiellement internationales ; au Kosovo, les normes établies par la MINUK l'emportent sur celles de l'ex-Yougoslavie qui s'appliquent pour le surplus. Dans tous les cas, la peine de mort est exclue.

La réussite des tribunaux internationalisés sera largement fonction du degré de coopération qu'ils recevront des États dont ils dépendent plus encore que les tribunaux *ad hoc* puisque, à l'exception du Tribunal spécial pour le Liban, ils ne peuvent se réclamer de l'autorité du Conseil de sécurité.

À terme, l'acceptation généralisée de la compétence de la CPI devrait restreindre, voire supprimer, le besoin de recourir à de telles juridictions (comme, du reste, à de nouveaux tribunaux *ad hoc*). Celles-ci ont cependant probablement encore de beaux jours devant elles tant cette perspective paraît lointaine. Il reste que l'on peut s'interroger sur l'opportunité, et même la légitimité, de l'établissement de ces tribunaux mixtes dès lors que la répression des crimes dont il s'agit est de l'intérêt non pas de tel ou tel État déterminé, mais de la communauté internationale tout entière (sur ce point, v. A. Pellet, « Postface », *in* C. Romano et as. ed., *Internationalized Criminal Courts*, préc., p. 437-444).

TROISIÈME PARTIE

LES RAPPORTS INTERNATIONAUX

446. Consécration juridique de l'interdépendance. — Par opposition à l'Empire, l'État coexiste avec d'autres entités étatiques dont il admet l'existence et qui bénéficient des mêmes droits que lui-même. Dans cette perspective, le droit international apparaît comme la synthèse dialectique de la souveraineté et de l'égalité et a pour fonction de définir les compétences appartenant à l'État et d'en assurer l'exercice, dans la mesure compatible avec les compétences identiques appartenant aux autres États. Cet aspect du droit international fait l'objet de la deuxième partie et, tout particulièrement, de son titre I.

Mais ceci ne constitue que l'une des fonctions du droit des gens. Aucun État n'a jamais pu vivre en autarcie complète et des relations pacifiques ou armées ont toujours été liées entre les sociétés humaines. Ces contacts sont particulièrement nombreux et diversifiés dans le monde contemporain qui ne peut être réduit à une simple juxtaposition d'États souverains. Dès lors, à la dialectique de la souveraineté et de l'égalité se superpose celle de l'indépendance et de l'interdépendance. Le droit ne peut se borner à garantir la cohabitation des États ; pour répondre à sa mission, il doit aussi encadrer et réglementer les relations que ceux-ci nouent entre eux et permettre d'apporter une solution aux conflits qui peuvent naître de l'application de cette réglementation.

L'interdépendance se trouve ainsi consacrée et encadrée par le droit au même titre que l'indépendance.

447. Le ministère des Affaires étrangères, instrument privilégié des rapports internationaux de l'État

BIBLIOGRAPHIE. — J. BAILLOU et P. PELLETIER, *Les affaires étrangères*, PUF, 1962, VIII-379 p. — A. GROS, « Origines et traditions de la fonction de jurisconsulte du département des affaires étrangères », *Mél. Trotabas*, LGDJ, 1970, p. 187-195. — J. DU BOISBERRANGER, « Domaine et instruments de la politique étrangère de la France », *NED* 1976, n° 4254 à 4256, 92 p. — R. St. J. MACDONALD, « The Role of the Legal Adviser of Ministries of Foreign Affairs », *RCADI* 1977-III, vol. 156, p. 377-482. — *Les affaires étrangères et le corps diplomatique français*, CNRS, 1984, 2 vols., 841 et 1018 p. — G. GUILLAUME, « La direction des affaires juridiques du ministère des affaires étrangères : conseil juridique et action diplomatique », *in Guy Ladreit de Lacharrière et la politique juridique extérieure de la France*, Masson, 1989, p. 267-278 ; « Droit international et action diplomatique : le cas de la France », *JEDI* 1991, p. 136-147. —

E. ZOLLER, *Droit des relations extérieures*, PUF, 1992, 368 p. — C. LEQUESNE, *Paris-Bruxelles, Comment se fait la politique européenne de la France ?*, Presses de la FNSP, 1993, 288 p. — Ministère des Affaires étrangères, *Attributions-Organisation*, *JORF*, 1996, 3e éd., XXXIV-730 p. — F. ROCHE et B. PIGNIAU, *Histoire de la diplomatie culturelle des origines à 1995*, Ministère des Affaires étrangères, La Documentation française, 1995, 295 p. — *Collection of Essays by Legal Advisers of States, Legal Advisers of International Organizations and Practitioners*, ONU, Office of legal affairs, New York, 1999, 523 p.

Bien que ces questions relèvent en grande partie de l'organisation et de la réglementation constitutionnelles ou administratives internes, elles ne sont pas totalement ignorées du droit international. Celui-ci ne peut se désintéresser complètement des institutions qui gèrent, au niveau le plus élevé, les relations internationales quotidiennes de l'État, de même qu'il ne peut faire abstraction des modalités internes de conclusion des traités (v. *supra*, n° 89 s.).

Les structures des ministères des Affaires étrangères sont certes commandées d'abord par les orientations dominantes de la politique étrangère de chaque État. Mais elles doivent aussi être adaptées aux particularités de la société internationale et modifiées pour tenir compte de ses transformations : multiplication des organisations internationales et des conventions multilatérales, participation de l'État à des intégrations économiques et juridiques, technicité croissante des problèmes soumis aux diplomates. L'essentiel reste que, en toutes circonstances, les autorités responsables de la conduite de la diplomatie disposent des moyens de communication avec les représentants de l'État à l'étranger et que soit garantie l'unité d'expression de la volonté de l'État dans les relations internationales : du point de vue du droit international, le ministre des Affaires étrangères doit avoir autorité pour engager l'État ; lorsque des ministères techniques participent à la vie politique internationale et pourraient concurrencer le ministère des Affaires étrangères, il est nécessaire d'établir un organe ou une procédure de coordination sous le contrôle des Affaires étrangères (v. en France, le Comité interministériel pour les questions de coopération économique européenne, créé en vertu du décret du 25 juin 1948).

Ces principes, appliqués de manière universelle, sont adaptés en fonction des rapports politiques internes (prééminence du chef de l'État dans les régimes dictatoriaux) et internationaux.

En France, les attributions et les structures du ministère des Affaires étrangères ont été fréquemment modifiées dans le détail mais, depuis 1945 au moins, l'inspiration générale demeure la même : le Quai d'Orsay est supposé centraliser, coordonner et superviser l'ensemble de l'action extérieure de la France — point qu'entendait établir symboliquement la modification de l'appellation du ministère intervenue entre 1981 et 1986 — alors même que chaque ministère « interne » a tendance à se doter d'une direction ou de services spécialisés dans les relations internationales ; et, par ailleurs, la structure du ministère repose à la fois sur des distinctions géographiques et matérielles, l'accent étant mis, selon les périodes, sur les unes ou sur les autres.

Il est donc périodiquement nécessaire de rappeler cette exigence de cohérence et de coordination de la politique juridique extérieure (v. les circulaires du 6 juillet 1984 amendée le 22 janvier 1998, du 17 juillet 1995 et du 30 mai 1997 sur la négociation des accords internationaux ; celle du 12 mai 1987 sur l'action extérieure des collectivités territoriales ; celles sur la compétence exclusive du ministre des Affaires étrangères pour les relations avec les agents publics étrangers, en dernier lieu celle du 30 mai 1997).

Le caractère particulier des relations de la France avec ses anciennes colonies (anciens mandats et protectorats et Algérie exceptés) a été longtemps marqué du fait de l'existence d'un ministère de la Coopération, distinct du ministère des Affaires étrangères. Le décret n° 98-1124 portant organisation de l'administration centrale du ministère des affaires étrangères du 10 décembre 1998, plusieurs fois amendé depuis lors, a intégré les anciens services du ministère de la Coopération au sein du ministère des Affaires étrangères. Bien que les « affaires européennes » soient parfois confiées à un ministre délégué ou à un secrétaire d'État, celui-ci est toujours placé sous l'autorité du ministre des Affaires étrangères.

À la suite de réformes successives, les structures administratives du ministère français des Affaires étrangères — couramment appelé « le Département » — sont les suivantes : à sa tête est placé un Secrétaire général (institué en 1915) qui coordonne l'action d'une vingtaine de directions ou services à vocation géographique (affaires africaines et malgaches ; Europe, Asie et Océanie, Amérique) ou fonctionnelle (affaires politiques — dont relève le service des Nations Unies et des organisations internationales — affaires économiques et financières, relations culturelles, scientifiques et techniques, affaires juridiques, et, parmi d'autres, diverses directions compétentes en matière de coopération). En outre ont été rattachés directement au cabinet du ministre le Centre d'analyse et de prévision, créé en 1973 et chargé d'une réflexion sur l'action extérieure à long terme, et une « structure de crise », établie en 1979, et permettant de réagir rapidement face à des problèmes exceptionnels. Un Conseil des Affaires étrangères, composé de neuf diplomates de haut rang et de six personnalités extérieures a été créé en 2006 (et réformé en 2008).

Sur ces différents points, v. en particulier Conseil d'État, *La norme internationale en droit français*, Les études du Conseil d'État, La Documentation française, 2000, p. 69 et s. ; G. Cahin, F. Poirat et S. Szurek (dir.), *La France et le droit international*, Pedone, 2007, 391 p.

La primauté du ministre des Affaires étrangères dans la conduite des relations diplomatiques est reconnue par l'article 41, § 2, de la Convention de Vienne du 18 avril 1961 : « Toutes les affaires officielles traitées avec l'État accréditaire, confiées à la mission par l'État accréditant, doivent être traitées avec le ministère des Affaires étrangères de l'État accréditaire, ou par son intermédiaire, ou avec tel autre ministère dont il aura été convenu ». Parce qu'il est le représentant de l'État, et s'exprime en son nom (CPJI, affaire du *Groënland oriental*, 1933, *série A/B*, n° 53), le ministre bénéficie des privilèges et immunités diplomatiques, sur la base du droit coutumier et de la courtoisie internationale.

La CIJ en a précisé les contours dans son arrêt du 14 février 2002 relatif à l'affaire *Yerodia* (*Mandat d'arrêt du 11 avril 2000*). Selon la Cour, « les fonctions d'un ministre des affaires étrangères sont telles que, pour toute la durée de sa charge, il bénéficie d'une immunité de juridiction pénale et d'une inviolabilité totales à l'étranger » (*Rec.*, p. 22, § 54), sans qu'il y ait lieu « d'opérer de distinction entre les actes accomplis (...) à titre "officiel" et ceux qui l'auraient été à titre "privé", pas plus qu'entre ceux accomplis par l'intéressé avant qu'il n'occupe les fonctions de ministre des affaires étrangères et ceux accomplis durant l'exercice des fonctions » (*ibid.*, § 55) ; ces immunités le protègent de toute poursuite à l'étranger même lorsqu'il est accusé de crimes de guerre ou de crimes contre l'humanité (*ibid.*, p. 24-25, § 58-59). Bien que la Cour eût précisé que « l'*immunité* de juridiction dont bénéficie un ministre des affaires étrangères en exercice ne signifie pas qu'il bénéficie d'une *impunité* au titre des crimes qu'il aurait pu commettre » (*ibid.*, p. 25, § 60) et que des poursuites sont possibles dans son propre pays, lorsque celui-ci décide de lever l'immunité, lorsque ses fonctions ont cessé pour les crimes commis avant ou après la période durant laquelle il a exercé ses fonctions (et durant celle-ci pour les actes accomplis à titre privé) ou lorsqu'il existe un traité le prévoyant (§ 61), cet arrêt très discutable tranche nettement avec la tendance actuelle des juridictions internes de plusieurs États, qui considèrent que les chefs d'État eux-mêmes ne sont pas à l'abri des poursuites en cas de violations graves de normes impératives du droit international (v. *supra*, n° 442 *bis*). Dans son arrêt du 4 juin 2008, la CIJ a estimé qu'il n'existe en droit international aucune base permettant d'affirmer que de hauts fonctionnaires non diplomates sont admis à bénéficier d'immunités personnelles (*Certaines questions concernant l'entraide judiciaire en matière pénale*, § 194), sans préciser cependant les conditions dans lesquelles ceux-ci pourraient bénéficier d'une immunité fonctionnelle.

Le ministère des Affaires étrangères est également le mieux placé pour infléchir l'application du droit international conventionnel dans l'ordre juridique interne. C'est vers lui que se tourneront souvent les tribunaux internes pour connaître l'interprétation des traités soumis à leur juridiction ou certains faits juridiques internationaux. De plus c'est sous son autorité qu'est, en règle générale, organisée la répartition des indemnités aux ressortissants français versées par les pays étrangers.

À ces deux titres, le ministère contribuera à une pratique constitutive du droit coutumier international, dans des domaines tels que le statut d'un État étranger et de ses biens, la reconnaissance des États et des gouvernements, le statut d'un individu qui revendique l'immunité diplomatique, l'état de guerre, etc. Ce ministère est donc tout à la fois un rouage essentiel des relations diplomatiques et un acteur décisif dans la formation du droit international.

448. Plan de la troisième partie. — Le droit international constitue le cadre juridique normal des relations internationales quoique celles-ci relèvent également, mais plus accessoirement, d'autres systèmes juridiques : les droits nationaux des États et le droit transnational régissent l'essentiel des relations « trans-frontières » des personnes privées et peuvent avoir une incidence sur la conduite des États eux-mêmes. Il reste qu'en l'absence d'un domaine réservé par nature à l'État (v. *supra*, n° 283), les règles nationales ou transnationales ne jouent, dans l'encadrement juridique des relations internationales, qu'un rôle résiduel.

Les normes pertinentes du droit international peuvent avoir un caractère général et s'appliquer aux relations entre les États quel que soit leur objet.

Elles peuvent aussi concerner plus précisément des domaines spécifiques — relations économiques, sociales, culturelles, scientifiques ou techniques. Faute de pouvoir décrire dans le détail l'ensemble de ces règles, souvent très diversifiées et ponctuelles, on donnera un aperçu de l'encadrement fixé par le droit international pour un certain nombre de domaines où la coopération répond à des finalités ou à des contraintes naturelles telles qu'un régime assez développé et cohérent a pu s'établir progressivement.

Titre I. — Cadre juridique des relations internationales.
Titre II. — Droit de la coopération internationale.

TITRE PREMIER

CADRE JURIDIQUE DES RELATIONS INTERNATIONALES

449. Portée limitée de la distinction entre droit de la paix et droit de la guerre. — Traditionnellement l'on considérait que deux corps de règles bien distincts s'appliquaient à chacun des aspects fondamentaux de la vie politique internationale : la paix et la guerre. La distinction semblait être bien établie et le rôle de l'un et de l'autre si équilibré que les auteurs divisaient très habituellement les traités et les manuels en deux parties : la première était consacrée au droit de la paix, la seconde au droit de la guerre.

Une telle présentation serait difficile aujourd'hui : même dans le sens le plus large de l'expression, les règles du droit de la guerre sont loin d'avoir connu l'extension prise par celles du droit de la paix et, surtout, l'opposition entre les unes et les autres a beaucoup perdu de sa simplicité traditionnelle. D'une part, les relations conflictuelles, entre les États, empruntent aujourd'hui des formes extrêmement diverses qui vont de conflits armés variés mais que l'on ne peut qualifier de « guerres » à la « guerre froide » et même à la coexistence pacifique ; et, d'autre part, de nombreuses règles du droit international contemporain visent moins à réglementer l'usage de la contrainte qu'à l'empêcher ou, en tout cas, à le limiter. La prévention des conflits tend à prendre le pas sur la réglementation de leur déroulement dans les préoccupations de la communauté internationale et ne relève ni du droit de la paix, ni du droit de la guerre, dans leur acception traditionnelle.

Il paraît dès lors préférable de partir des règles générales qui caractérisent les mécanismes des relations interétatiques — et qui sont applicables en temps de paix aussi bien qu'en temps de conflit armé comme l'a rappelé la CIJ à propos du droit des relations diplomatiques (arrêt du 24 mai 1980, *Personnel diplomatique et consulaire des États-Unis à Téhéran, Rec.* 1980, p. 40, § 86) — avant d'examiner les moyens qui s'offrent aux États pour régler de manière pacifique les litiges qui les opposent puis les conditions et les limites du recours à la contrainte dans les relations internationales contemporaines.

Sous-titre I. — Mécanismes généraux des relations internationales.
Sous-titre II. — Règlement pacifique des différends internationaux.
Sous-titre III. — Recours à la contrainte dans les relations internationales.

Sous-titre premier

MÉCANISMES GÉNÉRAUX DES RELATIONS INTERNATIONALES

450. Observations générales. — Comme tout système juridique, le droit international détermine les principes que ses sujets doivent respecter dans leurs relations et les procédures qu'ils doivent suivre et établit la sanction des comportements contraires à ces prescriptions.

Les règles d'action — ou d'abstention — qui s'imposent aux États constituent le corps même du droit international et reposent sur des *principes généraux* qui, pour l'essentiel, ont déjà été étudiés : souveraineté et égalité.

Par ailleurs, les relations entre les États empruntent certaines *formes et procédures* qui sont, elles aussi, réglementées par le droit, qu'il s'agisse des modes d'élaboration des règles — droit des sources — ou, plus généralement, des moyens permettant aux États de se concerter sur les problèmes d'intérêt commun, concertation dont les relations diplomatiques et consulaires sont la manifestation habituelle.

Enfin, sous réserve de règles encore ambiguës concernant le recours à la contrainte (v. *infra*, sous-titre III), le droit international actuel, dépourvu d'organes supérieurs aux États, continue de reconnaître la règle traditionnelle de la responsabilité étatique comme seule sanction générale et pacifique des comportements contraires à ces principes et à ces procédures : si un État commet un acte internationalement illicite qui cause un préjudice à un autre État ou à ses ressortissants, il engage sa responsabilité, ce qui entraîne, le cas échéant, une obligation de le réparer.

Les principes généraux applicables à la conduite des États et le processus de formation du droit international étant déjà étudiés (v. les première et deuxième parties), il reste à examiner les relations diplomatiques et consulaires entre États et la responsabilité internationale des États.

L'apparition puis la multiplication des organisations internationales ont conduit à transposer à celles-ci les règles applicables aux États ; elles ont cependant dû être adaptées pour tenir compte de leur spécificité ; les particularités des règles s'appliquant aux relations qu'elles entretiennent soit entre elles soit avec les États seront signalées le cas échéant dans les développements qui suivent.

Chapitre I. — Relations diplomatiques et consulaires.
Chapitre II. — Responsabilité internationale.

CHAPITRE I

Relations diplomatiques et consulaires

451. Souveraineté territoriale et exigences des relations internationales. — Les relations diplomatiques et consulaires entre les peuples existent depuis une période reculée. Le droit international les a adoptées et organisées mais non instituées. Après l'apparition du phénomène étatique, la pratique révèle que l'indice le plus sûr de la souveraineté d'un État est le fait qu'il entretient effectivement, par l'intermédiaire de ses propres agents et sur un pied d'égalité, des relations diplomatiques et consulaires avec d'autres États souverains et qu'il est représenté auprès des organisations internationales et participe à leurs activités.

L'aspect juridique essentiel que présentent ces relations résulte de leur mécanisme qui crée un cas d'exercice concurrent des compétences de deux États sur un même territoire. Un service public national placé sous la direction d'un État est établi et fonctionne sur le territoire d'un autre État qui est ainsi atteint dans son pouvoir le plus fort, dans sa souveraineté territoriale. Les problèmes posés par cette concurrence prennent un relief tout particulier dans le monde d'aujourd'hui où coexistent non seulement des États ayant des régimes politiques, économiques et sociaux profondément différents, mais aussi des États ex-colonisateurs et des États ex-colonisés qui redoutent toujours des tentatives de domination indirecte. Indispensables au renforcement des relations amicales entre les peuples, les relations diplomatiques (et consulaires dans une moindre mesure) peuvent aussi devenir un instrument de pressions des États forts sur les États faibles. Les règles qui leur sont applicables s'efforcent de faciliter ce renforcement tout en évitant ces pressions.

La diversité des sujets du droit international accroît encore la complexité des problèmes posés par les relations diplomatiques. Ainsi, l'État de siège d'une organisation internationale doit accepter la présence sur son territoire de missions accréditées auprès de celle-ci par d'autres États, et, le cas échéant, par des mouvements de libération nationale ou par d'autres organisations internationales ; ce phénomène peut être source de graves difficultés lorsque l'État de siège ne reconnaît pas les entités accréditantes. De même, d'une manière générale, les relations des mouvements de libération nationale dépendent entièrement de la bonne volonté des États partenaires. Dans toutes les hypothèses, la problématique de base est la même : il s'agit de concilier le principe de la souveraineté territoriale avec les exigences des relations internationales. Ceci établit à nouveau l'irréalisme de toute conception absolue de la souveraineté.

Section 1
Les relations diplomatiques

BIBLIOGRAPHIE. — R. GENET, *Traité de diplomatie et de droit diplomatique*, Pedone, 1931, 3 vols, 608, 652 et 612 p. — M. GIULIANO, « Les relations et immunités diplomatiques », *RCADI* 1960-II, vol. 100, p. 6-128. — C.-W. JENKS, *International Immunities*, Stevens, Londres, 1961, XV, 178 p. — Ph. CAHIER, *Le droit diplomatique contemporain*, Droz/Minard, Genève/Paris, 1962, p. 535. — L. SFEZ, « La rupture des relations diplomatiques », *RGDIP* 1966, p. 359-430. — R. PAPINI et G. CORTESE, *La rupture des relations diplomatiques et ses conséquences*, Pedone, 1972, 299 p. — G.-E. DO NASLIMENTO E SILVA, *Diplomacy in International Law*, Sijthoff, Leyde, 1973, XVI-217 p. — F. PRZETACZNIK, *Protection of Officials of Foreign States According to International Law*, Nijhoff, La Haye, 1983, XIII-390 p. — SFDI, *Aspects récents du droit des relations diplomatiques, Colloque de Tours*, Pedone, 1989, 301 p. — B. S. MURTY, *The International Law of Diplomacy*, Nijhoff, Dordrecht, 1989, XXIII-682 p. — L. DEMBINSKI, *The Modern Law of Diplomacy*, Nijhoff, Dordrecht, 1990, XV-282 p. — J. SALMON, « Immunités et actes de la fonction », *AFDI* 1992, p. 314-357 ; *Manuel de droit diplomatique*, Bruylant, Bruxelles, 1994, XXII-678 p. — H. FAUPIN, « Les problèmes juridiques posés par la circulation automobile des diplomates », *AFDI* 1998, p. 167-186. — N. ANGELET, « Le droit des relations diplomatiques et consulaires dans la pratique récente du Conseil de sécurité », *RBDI* 1999, p. 149-177. — R. LANGHORNE, « The Regulation of Diplomatic Practice : the Beginnings to the Vienna Convention on Diplomatic Relations, 1961 », *in* Ch. JÖNSSON ed., *History of Diplomacy*, Sage, Londres, 2004, vol. II, p. 316-333. — J.-P. PANCRACIO, *Droit et institutions diplomatiques*, Pedone, 2007, 268 p. — E. VILARIÑO PINTOS, *Curso de derecho diplomático y consular*, Tecnos, Madrid, 3e éd., 2007, 491 p. — E. DENZA, *Diplomatic Law : Commentary on the Vienna Convention on Diplomatic Relations*, Oxford UP, 3e éd., 2008, XXII-5561 p.

Sur les missions spéciales v. M. BARTOS, « Le statut des missions spéciales de la diplomatie *ad hoc* », *RCADI* 1963-I, vol. 108, p. 431-560. — J. NISOT, « Diplomatie *ad hoc* — les missions spéciales », *RBDI* 1968, p. 416-422. — M.-R. DONNARUMMA, « La Convention sur les missions spéciales du 8 décembre 1969 », *RBDI* 1972, p. 34-79. — A. MARESCA, *Le missioni speciali*, Giuffrè, Milan, 1975, XXIX-858 p.

Sur les problèmes en relation avec les organisations internationales v. la bibliographie citée *infra* sous le § 2.

452. Le droit de légation. — Le droit international classique reconnaît aux États souverains le « droit de légation » qui comporte deux aspects. Le droit de légation active est celui d'envoyer des représentants diplomatiques auprès des États étrangers ; comme ces représentants doivent être accrédités auprès de ceux-ci, l'État qui envoie ces représentants est désigné par l'expression « État accréditant ». Le droit de légation passive est celui de recevoir les représentants diplomatiques des puissances étrangères ; l'État qui reçoit les représentants accrédités auprès de lui, est dénommé « État accréditaire ».

En outre, les États participent aux activités des organisations internationales par l'intermédiaire de missions diplomatiques permanentes ou spéciales et, inversement, les organisations internationales peuvent être représentées auprès des États. Les règles traditionnelles applicables aux relations diplomatiques doivent être adaptées au statut juridique particulier de ces institutions (v. n°s 402 s., 463 et 464).

Représentant des peuples en lutte contre une domination coloniale ou étrangère ou contre un régime raciste (v. n° 343), les mouvements de libération nationale attachent une extrême importance à l'établissement de relations aussi officielles que possible avec les États d'une part, avec les organisations internationales d'autre part. Sans qu'existe un véritable droit de légation à leur profit, ces mouvements sont souvent autorisés à ouvrir, sur le territoire des États qui les ont reconnus, des bureaux, « officiels » ou non, qui bénéficient de certains des privilèges, immunités et facilités garantis aux missions diplomatiques. Ceux-ci sont accordés au cas par cas par l'État d'accueil et demeurent précaires s'ils ne sont pas formalisés par un accord.

La question du statut des missions des mouvements de libération nationale auprès des organisations internationales est encore plus délicate : le statut d'observateur qui est accordé à certains d'entre eux serait totalement vain si leurs représentants ne pouvaient accéder au territoire de l'État de siège, or celui-ci peut ne pas reconnaître le mouvement de libération nationale en cause. Dans la pratique, et en l'absence de toute règle générale, le statut des missions des mouvements de libération nationale auprès des organisations internationales s'inspire de celui reconnu aux missions des États non reconnus par l'État de siège (v. *infra*, n° 463).

Le droit de légation est également reconnu traditionnellement au Saint-Siège dont les chefs de mission portent, selon le cas, le titre de nonces ou d'internonces (v. *infra*, n° 457-2°).

§ 1. — *Relations diplomatiques entre États*

453. Évolution historique. — Jusqu'en 1815, toutes les règles applicables aux relations diplomatiques étaient d'origine coutumière. En 1815, les monarchies européennes réunies au Congrès de Vienne eurent l'intention de leur substituer un droit écrit ; elles ne réussirent à établir qu'un seul texte sur la hiérarchie des diplomates, le Règlement de Vienne complété le 21 novembre 1818 par le Protocole d'Aix-la-Chapelle.

En 1927, la première tentative de mettre fin au règne de la coutume devait échouer. Le comité des experts désigné par la SdN pour déterminer les matières codifiables avait retenu la question des privilèges et immunités diplomatiques parce que, selon lui, il serait inadmissible de laisser se perpétuer une « tradition surannée ». Toutefois, l'Assemblée déclarait que la conclusion d'un accord universel lui paraissait malaisée en l'espèce et refusait de l'inclure dans le programme de la conférence de codification de 1930. À La Havane, en 1928, une Convention sur les agents diplomatiques a été adoptée par la 6e Conférence des États américains, mais sa portée était purement régionale.

Ce sont les incidents de la guerre froide qui ont conduit l'ONU à s'orienter dans une voie différente de celle de sa devancière. Faisant état de violations fréquentes des règles applicables en la matière, la délégation yougoslave a obtenu en 1952 le vote par l'Assemblée générale d'une résolution demandant à la Commission du droit international d'étudier en priorité la codification du sujet des relations et immunités diplomatiques (résolution 685 (VII) du 5 décembre 1952). En décembre 1959, l'Assemblée générale votait une nouvelle résolution pour décider la convocation d'une Conférence de codification qui devait se réunir à Vienne, en souvenir du Congrès de 1815. Les délibérations ont abouti à l'adoption à l'unanimité (72 voix favorables et une abstention) de la convention, ouverte à la signature des États participants le 18 avril 1961, qui lie aujourd'hui la quasi-totalité des États.

Sur la Convention de Vienne sur les relations diplomatiques de 1961, v. les articles de C.-A. Colliard, *AFDI* 1961, p. 3-42 ; R. Bindschedler, *ASDI* 1961, p. 29-44 ; E. Suy, *OZÖR* 1962, p. 86-114 ; E. Kerley, *AJIL* 1962, p. 88-129 ; v. aussi la bibliographie générale, ci-dessus.

Il ressort du compromis réalisé que, fondamentalement, la Convention n'a pas bouleversé la structure générale du régime existant, tel qu'il est issu de la coutume, bien qu'elle ait introduit de nombreuses solutions inédites afin de tenir compte non seulement des aspirations des nouveaux États, mais aussi des transformations techniques, notamment en matière de télécommunications.

Précédée d'un préambule, composée de 53 articles et suivie de deux protocoles dont l'un porte sur le règlement obligatoire des différends, la Convention de 1961, qui est entrée en vigueur le 24 avril 1964, constitue désormais le véritable code des relations diplomatiques. Si, aux termes de son préambule, la coutume continue à s'appliquer, ce n'est plus qu'à titre subsidiaire. En 1969, la Convention a été complétée par une autre sur les missions spéciales adoptée le 8 décembre par l'Assemblée générale des Nations Unies. En outre, la CDI a entrepris de compléter la codification de la matière par l'étude du statut du courrier diplomatique ; un projet d'articles sur ce sujet a été adopté en 1989 mais la réunion d'une conférence diplomatique qui adopterait une convention de codification sur cette base semble improbable.

Le droit des relations diplomatiques apparaît ainsi comme l'une des branches les plus anciennement et les plus fermement établies du droit international. Même si le détail de ses règles demeure perfectible, il constitue un corps de normes cohérent et « fini », ainsi que l'a rappelé la CIJ :

« [L]es règles du droit diplomatique constituent un régime se suffisant à lui-même qui, d'une part énonce les obligations de l'État accréditaire en matière de facilités, de privilèges et d'immunités à accorder aux missions diplomatiques et, d'autre part, envisage le mauvais usage que pourraient en faire des membres de la mission et précise les moyens dont dispose l'État accréditaire pour parer à de tels abus. Ces moyens sont par nature d'une efficacité totale car, si l'État accréditant ne rappelle pas sur le champ le membre de la mission visé, la perspective de la perte presque immédiate de ses privilèges et immunités, du fait que l'État accréditaire ne le reconnaîtra plus comme membre de la mission, aura en pratique pour résultat de l'obliger, dans son propre intérêt, à partir sans tarder » (arrêt du 24 mai 1980, *Personnel diplomatique et consulaire des États-Unis à Téhéran*, *Rec.* p. 40, § 86).

Les questions réglées se répartissent en trois rubriques principales : l'établissement et la rupture des relations diplomatiques, leurs modalités et les privilèges et immunités diplomatiques.

A. — Établissement et rupture des relations diplomatiques

454. Principe du consentement mutuel. — Le droit de légation, dont la positivité n'est pas douteuse (v. *supra*, n° 452), est assurément une compétence appartenant à l'État mais ce n'est pas un droit parfait. Il n'existe pas d'obligation de légation passive en ce sens qu'un État n'est pas en droit d'exiger qu'un autre État reçoive ses représentants.

Ceci est clairement admis par l'article 2 de la Convention de Vienne de 1961 aux termes duquel :

« L'établissement de relations diplomatiques entre États et l'envoi de missions diplomatiques permanentes se font par consentement mutuel ». Ce consentement s'exprime de manière plus ou moins solennelle (traité d'amitié, communiqué conjoint, simple fait constitué par l'échange d'ambassadeurs, etc.).

La distinction entre la jouissance du droit de légation et son exercice est clairement affirmée. Ce texte implique la reconnaissance de ce droit en faveur de tout État, mais il s'abstient de le mentionner expressément afin d'écarter toute discussion sur sa nature et sa portée. Au demeurant, la règle du consentement mutuel apparaît comme le résultat d'un compromis rationnel, entièrement conforme au principe selon lequel toute limitation des compétences souveraines d'un État dépend de son acceptation. Il existe aussi un lien évident entre l'établissement des relations diplomatiques avec un État et la reconnaissance de cet État ou de son gouvernement. Comme le droit positif général ne comporte actuellement aucune obligation juridique de reconnaître (v. *supra*, n° 367), il ne saurait obliger non plus un État quelconque à recevoir des représentants d'un État ou d'un gouvernement auquel cet État a le droit de refuser la reconnaissance.

Ceci est confirmé par la pratique. La Chine et le Japon ont vécu pendant des siècles sans entretenir aucune relation avec les pays étrangers. À l'époque actuelle on peut noter que jusqu'à l'Ostpolitik du Chancelier W. Brandt, la RFA a refusé d'entretenir des relations diplomatiques avec les États reconnaissant la RDA (doctrine Hallstein) ; il en va de même, aujourd'hui, de la Chine populaire avec les États qui reconnaissent le gouvernement de Taïwan, ou du Maroc avec ceux qui reconnaissent la « République sahraouie » ou du refus des États arabes d'entretenir des relations diplomatiques avec Israël.

En revanche, si, « aucun État n'a l'obligation d'entretenir des relations diplomatiques ou consulaires avec un autre État », dès lors qu'il le fait, « il ne saurait manquer de reconnaître les obligations impératives qu'elles comportent et qui sont maintenant codifiées dans les conventions de Vienne de 1961 et 1963 » (CIJ, ordonnance du 15 déc. 1979, *Personnel diplomatique et consulaire des États-Unis à Téhéran, Rec.* p. 20, § 41).

455. Relations externes de l'État membre de l'État fédéral. — Le problème du droit de légation des États membres d'un État fédéral se pose dans les mêmes termes que celui de leur capacité à conclure des traités et est résolu en fonction du même principe fondamental : celui de l'indifférence (v. *supra*, n° 116). C'est dire que le droit international ne donne aucune directive particulière en ce domaine : l'État fédéré ne possède pas *ipso facto* le droit de légation, qu'elle soit active ou passive, mais rien ne l'empêche d'entretenir des relations avec des États souverains ou des organisations internationales si l'État fédéral dont il est membre l'admet ou le tolère. Le laconisme de l'article 2 de la Convention de Vienne de 1961 sur ce point (préc. n° 454) apparaît dès lors comme un compromis en vertu duquel le droit international et le droit interne sont concurremment compétents pour désigner les États habilités à entretenir des relations externes.

Encore faut-il noter qu'il ne s'agit pas de « relations diplomatiques » à proprement parler : les privilèges et immunités reconnus, au cas par cas par des décisions ou des accords spéciaux, aux représentants des États membres des États fédéraux auprès d'un État tiers les apparentent en général davantage à des agents consulaires (v. section II) qu'à des agents diplomatiques.

Une illustration très remarquable en est fournie par le statut des « délégations » du *Québec* à New York, à Paris et à Londres (depuis 1961-1962) à la suite d'un compromis, dont l'élaboration a été ardue, entre les autorités d'Ottawa, celles de Québec et celles des États d'accueil ; depuis lors, le Québec a multiplié les « délégations générales » (sept en 2008) et les « bureaux » et autres représentations à l'étranger. De plus, le Québec participe en tant que tel aux activités de l'Agence de coopération culturelle et technique (ACCT) puis de l'Organisation internationale de la Francophonie (OIF), quoique, formellement, seul le Canada en soit membre ; d'une manière générale, la participation de la province aux conférences multilatérales (notamment en matière d'éducation et de francophonie) continue de poser des problèmes mal résolus (V. M. Torelli, « Les relations extérieures du Québec », *AFDI* 1970, p. 275-303 ; J.-Y. Morin, *in* SFDI, *Colloque de Tours* précité, p. 61-103 ; D. Turp, « L'émergence d'un droit québécois des relations internationales », *in Mél. Salmon*, 2007, p. 681-710).

En règle générale, les États fédéraux se montrent encore plus réticents pour reconnaître aux entités fédérées le droit de légation que pour leur accorder le droit de conclure des traités. Admis dans l'Empire allemand jusqu'en 1919, il n'a été maintenu ni par la Constitution de Weimar, ni par la Loi fondamentale de la RFA de 1949, pas plus qu'il n'existe au profit des cantons suisses ou des États membres des États-Unis. Et ce n'est que pour permettre à l'URSS d'atteindre ses objectifs de représentation renforcée au sein des Nations Unies qu'il a été reconnu formellement aux Républiques soviétiques entre 1944 et 1991 (l'Ukraine et la Biélorussie ont entretenu une mission permanente auprès des Nations Unies à New York et à Genève).

456. Fin des relations diplomatiques. — Comme leur établissement, la rupture des relations diplomatiques est un acte discrétionnaire de l'État et se traduit par la décision unilatérale que prend celui-ci de fermer sa mission diplomatique imposant ainsi la même décision à son partenaire, en vertu du principe de réciprocité.

Il s'agit donc d'un acte grave qui n'intervient qu'en dernier ressort, d'autres mesures moins radicales pouvant être prises par l'État accréditant en cas de désaccord avec l'État accréditaire.

La rupture est normalement automatique en cas de guerre entre les deux États. La rupture des relations diplomatiques peut également être décidée sans guerre si le différend entre eux est d'une gravité telle que les autres mesures possibles (expulsion de diplomates, rappel du chef de mission) apparaissent insuffisantes. Elle peut aussi résulter d'une action collective revêtant le caractère d'une sanction d'un État ayant manqué à ses obligations internationales.

En cas de guerre, rien n'interdit en théorie aux États concernés de maintenir leurs relations diplomatiques malgré le conflit qui les oppose, mais cela rendrait alors très aléatoire la mise en œuvre du droit des relations diplomatiques qui a été conçu à l'origine pour être appliqué en temps de paix. Confrontée à cette situation inédite, la Commission de réclamations Érythrée/Éthiopie a dû « reconstruire » le droit diplomatique de manière à le rendre effectivement applicable, en ayant conscience de naviguer, selon ses propres termes, dans des

« eaux juridiques troubles » (v. les deux sentences partielles du 19 décembre 2005 relatives aux *réclamations diplomatiques* de l'Érythrée [réclamation n° 20] et de l'Éthiopie [réclamation n° 8], not. § 5-6 et 14 s. de la première sentence).

S'agissant de la « rupture-sanction », l'OEA a demandé à ses membres de rompre leurs relations diplomatiques avec Cuba en 1964. De même, en application de l'article 41 de la Charte des Nations Unies, le Conseil de sécurité a décidé d'imposer des sanctions, comprenant la rupture des relations diplomatiques, contre la Rhodésie du Sud (résol. 232 du 16 décembre 1966) et leur limitation à un niveau réduit avec la Libye (résol. 748 [1992]), la Yougoslavie (Serbie et Montenegro) (résol. 757 [1992]) ou le Soudan (résol. 1054 [1996]) et l'Afghanistan des Taliban (rés. 1333 [2000]). Bien qu'il ait également prononcé des sanctions contre l'Afrique du sud du fait de la présence continue de ce pays en Namibie, le Conseil n'a pas, cependant, ordonné aux États de rompre leurs relations diplomatiques avec celui-ci. En conséquence de la fin du mandat, la CIJ a cependant estimé que « les États membres doivent s'abstenir d'accréditer auprès de l'Afrique du sud des missions diplomatiques ou des missions spéciales dont la juridiction s'étendrait au territoire de la Namibie ; ils doivent en outre s'abstenir d'envoyer des agents consulaires en Namibie et rappeler ceux qui s'y trouvent déjà. Ils doivent également signifier aux autorités sud-africaines qu'en entretenant des relations diplomatiques ou consulaires avec l'Afrique du sud ils n'entendent pas reconnaître par là son autorité sur la Namibie » (avis consult. du 21 juin 1971, *Conséquences juridiques pour les États de la présence continue de l'Afrique du sud en Namibie..., Rec.* p. 55, § 132) (v. le commentaire de l'article 41 par E. Lagrange et P.-M. Eisemann *in* J.-P. Cot, A. Pellet et M. Forteau dir., *La Charte des Nations Unies*, Economica, 3e éd., 2005, p. 1195-1242).

Il peut paraître surprenant que ni le Conseil de sécurité, ni les États militairement impliqués dans le rétablissement de la légalité internationale n'aient estimé devoir préconiser la rupture des relations diplomatiques avec l'Irak après son agression contre le Koweit, en dehors même de toute idée de sanction internationale.

En cas de rupture, l'ex-État accréditant confie la protection de ses intérêts dans l'ex-État accréditaire à la mission diplomatique d'un État tiers.

La pratique contemporaine, si elle confirme le caractère symbolique de la rupture des relations diplomatiques, traduit aussi la tentation d'une utilisation plus conjoncturelle et plus souple, avec pour contrepartie des effets moins stricts du point de vue juridique et économique.

B. — Modalités des relations diplomatiques

457. Missions diplomatiques permanentes. — La mission diplomatique permanente, qualifiée généralement d'ambassade et parfois de légation, est un service public de l'État accréditant installé en permanence sur le territoire de l'État accréditaire. Comme le principe de l'établissement de relations diplomatiques, l'envoi de ces missions se fait par consentement mutuel entre les États concernés (v. *supra*, n° 454). Il peut s'agir d'un accord unique ; les États peuvent aussi procéder en deux étapes au moyen de deux accords successifs.

1° *Accréditation. — a) Hypothèse générale.* Le chef de mission ne peut entrer en fonction qu'avec l'accord préalable du gouvernement étranger. Cet accord se nomme *agrément*. Au moment de la prise effective de ses fonctions, le chef de mission doit encore accomplir une autre formalité : la remise de ses *lettres de créance* par lesquelles son propre État l'accrédite auprès de l'État accréditaire. La désignation des autres membres de la mission est faite unilatéralement par le gouvernement national sous réserve d'une simple notification au gouvernement de l'État d'accueil.

La fonction de tout membre du personnel diplomatique prend fin dans l'État accréditaire si celui-ci le déclare *persona non grata* et demande son rappel.

L'État accréditant peut aussi prendre l'initiative de le rappeler. Le rappel temporaire du chef de mission est un acte grave motivé généralement par un État de tension politique entre l'accréditant et l'accréditaire.

b) Accréditation double ou multiple. Pour remédier à la pénurie de personnel diplomatique et en vue de réaliser des économies budgétaires, certains États ont été amenés à pratiquer le système de l'accréditation double ou multiple (accréditation d'une même personne auprès de plusieurs États).

Depuis la fin de la Seconde Guerre mondiale les États nouveaux issus de la décolonisation ont fait un large usage de cette pratique. Il ne restait plus à la Convention de 1961 qu'à la consacrer (art. 5). Elle a même combiné cette forme avec celle des missions diplomatiques permanentes, en prévoyant qu'un État accréditant peut établir une mission permanente, dirigée par un chargé d'affaires *ad interim* dans chacun des États accréditaires où le chef de la mission n'a pas de résidence permanente.

Des divergences se sont manifestées au sujet de la nécessité du consentement préalable des États accréditaires, y compris bien entendu le premier d'entre eux. La pratique a été incertaine. On connaît quelques exemples de refus d'accréditation multiple : le Saint-Siège n'accepte pas que le représentant d'un État auprès du Vatican soit aussi accrédité auprès de l'Italie. L'article 5 de la Convention a adopté une solution souple : le consentement tacite des différents États accréditaires suffit.

c) Représentation commune. Aux termes de l'article 6 de la Convention de 1961 : « Plusieurs États peuvent accréditer la même personne en qualité de chef de mission auprès d'un autre État, à moins que l'État accréditaire ne s'y oppose ».

Outre les économies qu'elle induit, une telle représentation sert et entretient la solidarité entre des États accréditants unis par des intérêts communs. Probablement, l'État accréditaire ne l'accepte que si, de son côté, il éprouve un même sentiment et poursuit une même politique à l'égard de tous les États accréditaires associés en la circonstance.

La Convention de Vienne a, en l'espèce, redonné vie à une coutume tombée en désuétude mais qui retrouve une nouvelle vigueur dans le contexte international actuel (v. l'art. 8.C introduit dans le Traité CE par le Traité de Maastricht, art. 20 du TUE — art. 35 du Traité de Lisbonne). D'après son article 6, le chef de mission commun sera accrédité autant de fois qu'il y aura d'États qui le chargeront de le représenter.

La représentation commune doit être distinguée du cas où, pour quelque raison que ce soit, un État n'a pas de représentant auprès d'un autre État et charge un troisième État qui, lui, est représenté auprès de cet autre État, d'assurer la défense de ses intérêts et de ses nationaux. Dans ce cas en effet l'agent diplomatique chef de la mission permanente de l'État tiers n'est pas spécialement accrédité par le premier État.

En pratique, les États sont cependant réticents pour mettre en place des missions communes au sens de la Convention de Vienne, malgré des projets franco-allemands en ce sens au début des années 1990. Afin de réduire les coûts de la mise en place et de l'entretien d'une mission diplomatique ou consulaire à l'étranger, deux plusieurs États peuvent néanmoins partager les locaux et gérer certains services communs ; mais il s'agit, juridiquement, de plusieurs missions diplomatiques accréditées individuellement par l'État hôte. De telles missions « communes » ont été mises en place par l'Allemagne et la France (v. l'accord-cadre entre la France et l'Allemagne relatif aux implantations communes de missions diplomatiques et de postes consulaires du 12 oct. 2006), par les États nordiques, mais également entre plusieurs États de l'Union européenne et la Commission (v. l'exemple de la mission commune à Abuja, Mémorandum d'entente du 18 avr. 1994 entre la Belgique, le Danemark, l'Allemagne, la Grèce, l'Espagne, la France, l'Irlande, l'Italie, les Pays-Bas, le Portugal et la Commission).

2° *Organisation de la mission.* — La Convention de Vienne de 1961 englobe dans l'expression « membres de la mission », le « chef de mission » que le langage courant désigne aussi par l'expression « chef de poste » et les autres « membres du personnel de la mission ». Ceux-ci se subdivisent à leur tour en « membres du personnel diplomatique » qui ont la qualité de diplomates, « membres du personnel administratif et technique », qui sont employés dans le service administratif et technique de la mission, et « membres du personnel de service » qui sont employés au service domestique de la mission. Quant à l'expression « agent diplomatique », elle s'entend du chef de la mission ou de n'importe quel membre du personnel diplomatique.

La Convention de Vienne a supprimé toute hiérarchie parmi les chefs de mission. Elle les a seulement répartis en trois classes, tout en ne donnant à cette répartition qu'une portée formelle en ce qui concerne la préséance et l'étiquette :

1° ambassadeurs ou nonces accrédités auprès des chefs d'État, et autres chefs de mission ayant un rang équivalent ;

2° envoyés, ministres ou internonces accrédités auprès des chefs d'État ;

3° chargés d'affaires accrédités auprès des ministres des Affaires étrangères.

Afin d'éviter des missions trop nombreuses qui peuvent constituer une charge importante pour l'État accréditaire, la Convention de Vienne a précisé que l'effectif d'une mission devrait être maintenu dans des limites raisonnables et normales ; il est clair que cette limitation, dont l'État accréditaire peut imposer le respect, est aussi fondée sur des motifs politiques.

3° *Fonctions de la mission.* — Selon l'article 3 de la Convention de Vienne, les fonctions d'une mission diplomatique consistent notamment à :

a) représenter l'État accréditant auprès de l'État accréditaire ;

b) protéger dans l'État accréditaire les intérêts de l'État accréditant et de ses ressortissants ;

c) négocier avec le gouvernement de l'État accréditaire ;

d) s'informer par tous les moyens licites des conditions et de l'évolution des événements dans l'État accréditaire et faire rapport à ce sujet au gouvernement de l'État accréditant ;

e) promouvoir des relations amicales et développer les relations économiques, culturelles et scientifiques entre l'État accréditant et l'État accréditaire. Cette liste n'est pas exhaustive.

Aux termes de l'article 41, § 1, de la Convention de Vienne de 1961 le personnel de la mission a le devoir de respecter les lois et règlements de l'État accréditaire et de ne pas s'immiscer dans ses affaires intérieures. En pratique, certains États ont cependant une conception singulièrement extensive de la fonction d'information de leurs agents diplomatiques. Lorsque l'État accréditaire a acquis la conviction qu'un diplomate étranger se livre à des activités illicites de renseignement ou d'espionnage, il peut le déclarer *persona non grata* et lui enjoindre de quitter son territoire (cf. les expulsions de diplomates-espions soviétiques puis russes par le Royaume-Uni en 1971, en 1985, en 1996 ou en 2007 et par la France en 1983 ou 1992 ; souvent ces expulsions en entraînent d'autres « en riposte » de la part de l'État visé — v. aussi *infra*, n° 459).

458. Missions spéciales. — « Les relations diplomatiques entre États revêtent aussi d'autres formes qu'on pourrait désigner par l'expression “diplomatie *ad hoc*” qui vise les envoyés itinérants, les conférences diplomatiques et les missions spéciales envoyées à un État à des fins limitées ». Ainsi s'est exprimée la CDI dans son rapport de 1958 (*Ann. CDI*, 1958, vol. II, p. 92, § 51). La Convention de La Havane de 1928 avait également envisagé cette forme de relations quand elle traitait dans son article 9 des « agents diplomatiques extraordinaires ».

La Conférence de Vienne de 1961 a reconnu l'importance des missions spéciales et leur utilité dans les relations entre États, mais elle n'a pu faire à leur endroit que des déclarations générales contenues dans la résolution I qu'elle a votée le 10 avril 1961. Les modalités de leur régime ont été déterminées ultérieurement par la Convention sur les missions spéciales adoptée le 8 décembre 1969 par l'Assemblée générale des Nations Unies.

L'article 1er de cette convention souligne le caractère à la fois bilatéral, provisoire, limité et consensuel de la mission spéciale :

« L'expression "mission spéciale" s'entend d'une mission temporaire, ayant un caractère représentatif de l'État, envoyée par un État auprès d'un autre État avec le consentement de ce dernier pour traiter avec lui de questions déterminées ou pour accomplir auprès de lui une tâche déterminée ».

Le premier État est qualifié d'État d'envoi et le deuxième, d'État de réception. D'après l'article 2, le consentement de l'État de réception peut être obtenu par la voie diplomatique normale ou par « toute autre voie convenue et mutuellement acceptable ». Cette dernière précision est à rapprocher de l'article 7 aux termes duquel « l'existence de relations diplomatiques ou consulaires n'est pas nécessaire pour l'envoi ou la réception d'une mission spéciale ». Le Chef de l'État, le Chef du gouvernement, le ministre des Affaires étrangères et d'autres personnalités de rang élevé peuvent conduire personnellement une mission spéciale (art. 21). Quand il en est ainsi, les règles générales du droit international et de la courtoisie concernant leur statut sont automatiquement applicables (honneurs, facilités, privilèges, immunités).

En ce qui concerne l'organisation de la mission spéciale, la désignation et le statut de ses membres, leurs privilèges et immunités, les règles élaborées par la convention de 1969 s'alignent largement sur celles de 1961, ce qui explique les réserves d'un grand nombre d'États à son égard.

C. — Privilèges et immunités

459. Définition et fondement. — Comme on l'a vu (*supra*, n° 451), les agents et la mission diplomatiques se trouvent dans une situation très particulière : ils constituent les moyens pour l'État accréditant d'exercer une mission de service public sur le territoire de l'État accréditaire. Cette position spéciale conduit à reconnaître aux uns et à l'autre des garanties exceptionnelles permettant ou, au moins, facilitant, l'accomplissement de cette mission ; on désigne ces facilités par l'expression « privilèges et immunités ».

1° *Distinction entre privilèges et immunités.* — Une distinction, fondée sur leur base juridique, a été proposée entre privilèges et immunités.

Seules ces dernières, par exemple les immunités juridictionnelles, seraient fondées directement sur le droit international ; elles seules, constitueraient des atteintes à la souveraineté de l'État accréditaire et s'imposeraient comme telles à lui. Par contre, les privilèges dépendraient exclusivement du droit interne de l'État accréditaire qui aurait pleine compétence pour les « octroyer » à l'État accréditant. D'après Fauchille, les privilèges varient « selon le bon plaisir des divers États, les uns les accordant plus largement, les autres plus étroitement ». D'autres auteurs, tel Verdross, repoussent toute distinction ; ils soutiennent que privilèges et immunités sont des termes équivalents et que les uns comme les autres reposent uniquement sur le droit international. Cette thèse est favorable à l'État accréditant.

La Convention de Vienne a tranché en adoptant une solution intermédiaire. Elle a maintenu la distinction entre privilèges et immunités tout en assouplissant sa portée. Il ressort de l'ensemble de ses dispositions que les immunités sont en totalité fondées sur le droit international tandis que, pour les privilèges, si certains d'entre eux ont bien une origine de droit international — c'est le cas des exemptions fiscales —, d'autres, telles les franchises douanières, sont de simples mesures de courtoisie à propos desquelles le droit international s'exprime en termes permissifs et non impératifs, et qui dépendent dès lors, pour leur existence et leur étendue concrètes, des textes internes (art. 34 et 36 — v. *infra*, n° 461).

Par son arrêt du 4 juin 2008 dans l'affaire relative à *Certaines questions concernant l'entraide judiciaire* entre Djibouti et la France — qui concernait les immunités du Chef de l'État, mais la solution est transposable à tous les représentants d'un État étranger, la CIJ a estimé que l'envoi au Président de la République de Djibouti « d'une simple invitation à témoigner que le chef de l'État pouvait accepter ou refuser librement » n'avait pas porté atteinte aux immunités de juridiction pénale dont celui-ci bénéficie (§ 171) ; elle a cependant considéré que la procédure cavalière suivie par la juge d'instruction n'était pas conforme à la courtoisie due à un chef d'État étranger (§ 172) et que « des excuses s'imposaient de la part de la France » (§ 173). La Cour n'a cependant pas tiré de conséquences de ces constatations dans le dispositif de son arrêt.

2° *Justification conceptuelle.* — Cette recherche n'est pas dépourvue d'intérêt pratique ; il s'agit de déterminer des directives d'interprétation en cas de silence ou d'obscurité du droit applicable. Trois théories relatives aux finalités et à la raison d'être des privilèges et immunités sont en présence.

En vertu de la théorie de l'*exterritorialité*, l'agent diplomatique est considéré comme n'ayant pas quitté le territoire de son propre État et comme se trouvant, en conséquence, en dehors du territoire de l'État accréditaire bien qu'il y exerce ses fonctions. Les locaux de la mission sont traités de la même façon. Les privilèges et les immunités s'expliqueraient par cette exterritorialité ; pour cette raison, ils devraient être interprétés de manière extensive.

Depuis longtemps cette théorie a été critiquée et abandonnée, à juste titre. Elle repose, en effet, sur une fiction qui entraîne, au surplus, des solutions juridiquement inexactes. Par exemple, la mission ne devrait livrer à l'État accréditaire un délinquant de droit commun qui s'y réfugierait qu'à la suite d'une procédure d'extradition alors qu'en droit positif, elle a l'obligation de le faire.

La deuxième théorie est fondée sur le *caractère représentatif* de l'agent diplomatique et de la mission diplomatique. L'un et l'autre représentant l'État accréditant et son chef. C'est en cette qualité qu'ils bénéficient des privilèges et immunités car, en respectant leur dignité et leur indépendance, l'État accréditaire respecte en même temps, comme il en a le devoir, la dignité, l'indépendance et la souveraineté de l'État accréditant et de son Chef. Cette théorie est favorable à l'État accréditant autant que celle de l'exterritorialité car le « caractère représentatif » ne se délimite pas avec précision. Comme celle-ci, elle est un vestige de l'ère monarchique.

La troisième théorie rejoint les conceptions fonctionnelles modernes des institutions juridiques. Elle est construite sur l'idée que les privilèges et immunités sont fondés sur les seules nécessités de l'exercice indépendant de la fonction diplomatique. Tout en mettant l'accent sur « l'intérêt de la fonction », elle ouvre la voie à la limitation de ces privilèges et immunités et vise par là à l'établissement d'un équilibre entre les besoins de l'État accréditant et les droits de l'État accréditaire.

La pratique combine l'une et l'autre de ces deux dernières théories ainsi que ceci ressort du préambule de la Convention de Vienne de 1961 :

« ... le but desdits privilèges et immunités est non pas d'avantager les individus mais d'assurer l'accomplissement efficace des fonctions des missions diplomatiques en tant que représentant des États ».

Ce texte illustre un souci de compromis. Le recours à la théorie du « caractère représentatif » permet éventuellement de reculer les limites qu'impose la théorie fonctionnelle. Ainsi, la Convention ne détermine pas les nécessités de la fonction par rapport à l'activité statutaire du membre de la mission pris individuellement, mais par rapport à l'activité globale de la mission en tant qu'entité représentative. Cette méthode légitime l'extension au personnel administratif et technique de la mission des privilèges et immunités dont jouissent les agents diplomatiques. Pareil libéralisme est d'autant plus remarquable (et discutable) qu'il avantage surtout les grands États qui ont les moyens de doter leurs missions d'un personnel nombreux. Il s'est heurté à Vienne à une opposition vive, mais vaine, de la part des petits États.

Dans l'affaire relative au *Personnel diplomatique et consulaire des États-Unis à Téhéran*, la CIJ a mis l'accent tant sur le fonctionnalisme des privilèges et immunités que sur leur lien avec le caractère représentatif des diplomates :

« Dans la conduite des relations entre États, il n'est pas d'exigence plus fondamentale que celle de l'inviolabilité des diplomates et des ambassades et, au long de l'histoire, des nations de toutes croyances et de toutes cultures ont observé des obligations réciproques à cet effet ; et les obligations ainsi assumées pour garantir la sécurité personnelle des diplomates et leur exemption de toute poursuite sont essentielles, ne comportent aucune restriction et sont inhérentes à leur caractère représentatif et à leur fonction diplomatique. L'institution de la diplomatie, avec les privilèges et immunités qui s'y rattachent, a résisté à l'épreuve des siècles et s'est avérée un instrument essentiel de coopération efficace dans la communauté internationale, qui permet aux États, nonobstant les différences de leurs systèmes constitutionnels et sociaux, de parvenir à la compréhension mutuelle et de résoudre leurs divergences par des moyens pacifiques » (ordonnance du 15 déc. 1979, *Rec.* p. 19, § 38).

Et la Cour a vu dans le droit des relations diplomatiques « un édifice juridique patiemment construit par l'humanité au cours des siècles et dont la sauvegarde est essentielle pour la sécurité et le bien-être d'une communauté internationale aussi complexe que celle d'aujourd'hui, qui a plus que jamais besoin du respect constant et scrupuleux des règles présidant au développement ordonné des relations entre ses membres » (arrêt du 24 mai 1980, *Rec.* p. 43, § 92).

460. Privilèges et immunités de la mission diplomatique. — 1° *Liberté des communications officielles.* — L'État accréditaire a l'obligation de permettre et de protéger la libre communication de la mission pour toutes fins officielles (art. 27). Cette immunité est traditionnelle.

a) Elle se traduit d'abord, par l'immunité de la *valise diplomatique* qui ne doit être ni ouverte ni retenue. C'est le principe du secret et de l'inviolabilité de la correspondance officielle de la mission. Pour que la valise diplomatique bénéficie de cette protection, les colis qui la constituent doivent porter des marques extérieures de leur caractère et ne peuvent contenir que des documents diplomatiques ou des objets à usage officiel.

La discussion, au sein de la CDI, du projet d'articles relatif au Statut du courrier diplomatique et de la valise diplomatique non accompagnée par un courrier diplomatique (adopté en seconde lecture en 1989) et l'accueil réservé qu'il a reçu montrent qu'il est souvent difficile de concilier, dans le détail des règles applicables, les exigences du secret de la correspondance diplomatique et de la liberté des communications officielles avec celles tenant au respect des lois et règlements de l'État accréditaire et, le cas échéant, des États de transit, et à leur sécurité.

b) Autres moyens de communication. — En principe, la mission est autorisée à employer tous autres moyens de communication appropriés. L'existence des techniques nouvelles de transmission a posé à Vienne le problème de l'installation et de l'utilisation par une mission d'un poste émetteur de radio. Les petits États ne se sont pas montrés enthousiastes, l'égalité réelle étant en cause car seules les grandes puissances sont en mesure de procéder à une telle installation. Finalement le compromis a été trouvé dans la règle de la subordination du recours à ce moyen à l'assentiment de l'État accréditaire.

2° *Inviolabilité.* — Il s'agit là d'une règle fondamentale imposant à l'État accréditaire non seulement de ne pas porter atteinte aux locaux de la mission et aux biens qui s'y trouvent, mais encore de prendre toutes dispositions nécessaires pour les protéger et prévenir les atteintes qui pourraient y être portées par des éléments incontrôlés (cf. CIJ, arrêt du 24 mai 1980, *Personnel diplomatique et consulaire des États-Unis à Téhéran, Rec.* not. p. 30 s., § 61 s. ; v. aussi, 19 déc. 2005, *Activités armées sur le territoire du Congo [RDC c. Ouganda], Rec.* p. 277 s., § 334 s.).

a) Les locaux de la mission sont inviolables. Ils ne peuvent faire l'objet d'aucune perquisition et contrôle. Les agents de l'État accréditaire ne peuvent y pénétrer qu'avec le consentement du chef de la mission. L'État accréditaire a aussi l'obligation spéciale de prendre toutes mesures appropriées afin d'empêcher que les locaux de la mission ne soient envahis ou endommagés.

Sur les problèmes que peut poser cette inviolabilité lorsque le titre de propriété des locaux de la mission appartient à des personnes privées, v. CEDH, décision sur la recevabilité du 3 mars 2005 dans l'affaire *Manoilescu et Dobrescu c. Roumanie et Russie*, req. n° 60861/00.

L'État hôte peut-il contourner cette obligation en mettant fin unilatéralement à la mission diplomatique ? La question a pu se poser pour des représentations étrangères dans un pays occupé. La pratique internationale ne condamne pas, d'une manière générale, une telle initiative sinon l'atteinte à l'inviolabilité des locaux et archives. Il en va différemment lorsque l'occupation militaire a été condamnée par le Conseil de sécurité, *a fortiori* si elle a été sanctionnée dans le cadre du chapitre VII de la Charte des Nations Unies (v. les résolutions 662, 664, 667 et 679 [1990] à l'encontre de l'Irak).

L'inviolabilité des locaux de la mission a donné lieu à la pratique de l'asile diplomatique accordé par la mission diplomatique à des personnes poursuivies pour des délits politiques. Mais cette pratique n'est pas unanime ; les États qui l'adoptent ne s'accordent pas non plus sur leurs modalités (v. pour l'Amérique latine, l'affaire *Haya de la Torre* jugée par la CIJ, arrêt du 13 juin 1951, *Rec.* p. 71). La matière n'ayant pas paru mûre pour la codification, la Convention de 1961 a observé à son égard un silence prudent.

Repris en 1975, le débat sur cette question a confirmé que les gouvernements ne sont pas favorables à la reconnaissance d'un droit à l'asile diplomatique. Des considérations politiques et juridiques se conjuguent pour expliquer une telle réticence. Dans un climat de guerre civile, l'asile est de nature à compliquer les relations de la mission diplomatique avec les autorités locales. En outre, l'existence d'une règle coutumière est controversée, car l'octroi de l'asile est souvent fondé sur des engagements officieux.

b) Les biens meubles, les archives et documents de la mission ainsi que ses moyens de transports, sont aussi protégés par l'inviolabilité. En conséquence, ils ne peuvent faire l'objet d'aucune réquisition, saisie ou mesure d'exécution.

461. Privilèges et immunités des agents diplomatiques. — 1° *Inviolabilité personnelle.* — La personne de l'agent diplomatique (chef de mission et membres du personnel diplomatique) est inviolable ; sur le territoire de l'État accréditaire, sa sécurité doit être totale. Cette règle est traditionnelle, mais devant les violations répétées dont elle a fait l'objet à l'époque contemporaine, la Convention de 1961 a dû la réaffirmer en termes énergiques. Elle rappelle à l'État accréditaire qu'il ne peut soumettre l'agent diplomatique à aucune forme d'arrestation ou de détention, qu'il doit le traiter avec le respect qui lui est dû et prendre des mesures appropriées pour empêcher toute atteinte à sa personne, sa liberté et sa dignité (art. 29). Dans son arrêt du 4 juin 2008 dans l'affaire relative à *Certaines questions concernant l'entraide judiciaire*, la CIJ a estimé que cette inviolabilité « se traduit par des obligations positives à la charge de l'État d'accueil, pour ce qui est des actes de ses propres autorités, et par des obligations de prévention concernant les actes éventuels de particuliers. Elle impose notamment aux États d'accueil l'obligation de protéger l'honneur et la dignité des chefs d'État, en relation avec leur inviolabilité » (§ 174). Ces obligations sont applicables « même en cas de conflit armé ou de rupture des relations diplomatiques » (CIJ, arrêts, 24 mai 1980, *Personnel diplomatique et consulaire des États-Unis à Téhéran*, *Rec.* p. 274, § 324, ou 19 décembre 2005, *Activités armées sur le territoire du Congo (RDC c. Ouganda)*, *Rec.* p. 274, § 324).

L'article 26 ajoute que l'État accréditaire lui assure la liberté de déplacement et de circulation sur son territoire. Il ne peut limiter cette liberté que pour des raisons de sécurité nationale et conformément à ses lois et règlements.

Ce n'est plus seulement de l'État hôte que des atteintes à l'intégrité de la personne des agents diplomatiques sont à craindre : un certain climat d'insécurité dans les métropoles, des actions terroristes, sont des réalités avec lesquelles les diplomates doivent désormais compter. Le problème de l'insécurité est l'objet, dans les organisations concernées ou dans les rapports bilatéraux entre États, d'une concertation sur l'amélioration de la surveillance policière. Le problème du terrorisme exige une réglementation conventionnelle, en raison de son caractère international, en vue d'un renforcement de l'entraide judiciaire.

Les États-Unis ont obtenu un premier résultat en ce domaine, par la conclusion de la Convention de Washington du 2 février 1971. Cette Convention est applicable dans le cadre de l'OEA. Sur les instances du Secrétaire général des Nations Unies, l'Assemblée générale a adopté une Convention de portée universelle, le 14 décembre 1973, sur « la prévention et la répression des infractions contre les personnes jouissant d'une protection internationale, y compris les agents diplomatiques ». L'effet de dissuasion est attendu de l'obligation faite à l'État de refuge des « terroristes » soit de les extrader, soit de les sanctionner pénalement. Par ailleurs, par sa résolution 35/168 du 15 décembre 1980, l'Assemblée générale a institué, à la suite de l'affaire des « otages » américains en Iran (v. l'arrêt de la CIJ du 24 mai 1980), une procédure d'examen de rapports relatifs aux cas de violations graves de la protection et de la sécurité des missions et des représentants diplomatiques et consulaires ; ce mécanisme a été précisé depuis.

Le fait qu'un attentat vise les locaux diplomatiques ou consulaires d'un État fournit à celui-ci une base juridique suffisante pour poursuivre les auteurs de cet attentat devant ses propres juridictions pénales (art. 6, § 2 sous b) de la Convention sur la répression des attentats à l'explosif adoptée le 9 décembre 1997 par l'Assemblée générale des Nations Unies).

2° *Immunité juridictionnelle.* — L'agent diplomatique jouit de l'immunité de juridiction pénale. Cette immunité est absolue, que l'agent soit ou non dans l'exercice de ses fonctions au moins dans toute la mesure où des crimes internationaux dont la répression intéresse la communauté internationale dans son ensemble ne sont pas en cause. Il bénéficie aussi de l'immunité de juridiction civile et administrative, à moins qu'il ne s'agisse de procès relatifs à un immeuble situé sur le territoire de l'État accréditaire et lui appartenant personnellement, à une succession, ou à une profession libérale ou commerciale qu'il exerce en dehors de ses fonctions officielles. Dans le cas où l'immunité s'applique, elle s'étend aussi aux mesures d'exécution. Confirmant une coutume résultant des pratiques nationales uniformes approuvées par la doctrine, la Convention admet la possibilité de renonciation à l'immunité juridictionnelle.

La tendance des juridictions françaises est d'exiger une renonciation certaine, non équivoque et expressément autorisée par le gouvernement accréditant (CA Paris, 17 mars 1978, *Dame Nzie c/ Vessah, JDI* 1978, p. 605).

La Convention de 1961 prévoit aussi que l'immunité de juridiction d'un agent diplomatique ne saurait l'exempter de la juridiction de l'État accréditaire (art. 31.4).

3° *Exemptions fiscales et franchises douanières.* — L'agent diplomatique ne peut être contribuable dans l'État accréditaire car, sur le plan des principes, le paiement de l'impôt est un acte de sujétion et d'allégeance. L'article 34 de la Convention de 1961 proclame l'immunité fiscale tout en créant certaines exceptions parmi lesquelles figurent notamment les impôts fonciers dus pour des immeubles privés et ceux qui frappent les revenus privés ayant leur source dans l'État accréditaire.

Traditionnellement, l'exemption des droits de douane relève de la courtoisie internationale et non du droit international. Tenant compte de cette nuance, la Convention déclare que suivant les dispositions législatives et réglementaires qu'il peut adopter, l'État accréditaire accorde l'entrée et l'exemption des droits de douane des objets destinés à l'usage personnel de l'agent diplomatique ou des membres de sa famille (article 36).

4° *Privilèges et immunités des membres de la famille des diplomates.* — L'article 37 de la Convention dispose que les membres de la famille d'un agent diplomatique qui font partie de son ménage bénéficient des mêmes privilèges et immunités que ceux prévus en faveur de cet agent, pourvu qu'ils ne soient pas ressortissants de l'État accréditaire.

Les immunités couvrent également les agents et les membres de leur famille qui les accompagnent ou qui voyagent séparément, quand les uns et les autres sont en transit régulier à travers le territoire d'un État tiers pour se rendre dans l'État accréditaire ou pour rentrer dans leur pays.

5° *Privilèges et immunités des autres membres de la mission et des domestiques privés.* — La situation de ces personnes est réglée par l'article 37 de la Convention. Elles ne peuvent bénéficier des immunités qu'à la condition qu'elles ne soient pas ressortissants de l'État accréditaire ou qu'elles n'y aient pas leur résidence permanente :

— Les membres du personnel administratif et technique, ainsi que les membres de leurs familles jouissent, à quelques différences près, des mêmes immunités que celles des agents diplomatiques.

— Les membres du personnel de service ne bénéficient de l'immunité que pour les actes accomplis dans l'exercice de leurs fonctions. Il s'ensuit que les membres de leurs familles en sont entièrement exclus.

— Les domestiques privés d'un membre de la mission sont exemptés des impôts et taxes sur les salaires qu'ils reçoivent du fait de leurs services. Pour le reste, ils sont à la discrétion de l'État accréditaire qui détermine librement les privilèges et immunités qu'il est disposé à leur accorder.

§ 2. — *Relations diplomatiques et organisations internationales*

BIBLIOGRAPHIE. — L. GROSS, « Immunities and Privileges of Delegations to the UN », *Int Org.* 1962, p. 483-520. — J. RAUX, *Les relations extérieures de la CEE*, Cujas, 1966, 557 p. — M. HARDY, « The Diplomatic Activities of International Organisations : the UN and the European Communities Contrasted », *RBDI* 1969, p. 44-61. — M. VIRALLY, P. GERBET, J. SALMON et a., *Les missions permanentes auprès des organisations internationales*, Bruylant, Bruxelles, 4 vols., I-1971, 918 p. ; II-1973, 437 p. ; III-1975, 216 p. ; IV-1976, 165 p. — W.-H. BALEFIAN, « Der Rechtsstatut permanenter Missionen Von Nichtmitgtiedstaaten bei internationalen Organisationen », *OZÖR* 1976, p. 67-83. — E. SAUVIGNON, « Les Communautés européennes et le droit de légation actif », *RMC* 1978, p. 176-191. — G.-E. DO NASCIMENTO E SILVA, « Privileges and Immunities of Permanent Missions to International Organisations », *GYBIL* 1978, p. 9-26. — J.-P. LOUIS et P. BRUCKNER, *Le droit de la CEE*, vol. 12, *Les relations extérieures*, PU Bruxelles, 1980, 294-80 p. — A. EL ERIAN, « Representation of States to International Organizations », *Mél. Binschedler*, 1980, p. 479-490. — V.Y. GHEBALI, « Le rôle des missions permanentes auprès des organisations internationales universelles », *in* SFDI, colloque de Tours, *Aspects récents du droit des relations diplomatiques*, Pedone, 1989, p. 173-188. — S. W. DUKE, « Preparing for European Diplomacy ? », *Jl. of Common Market Studies* 2002, p. 849-870. — M. KNODT et S. PRINCEN, *Understanding the European Union's External Relations*, Routledge, London, 2003, XVI-221 p.

V. également *supra* la bibliographie générale en tête de la présente section et celles figurant sous le n° 392 et sur le n° 399.

462. Organisations internationales et droit de légation. — L'observation de la pratique montre que les États entretiennent auprès de nombreuses organisations des missions permanentes qui bénéficient de privilèges et d'immunités, de même que les membres de leurs délégations participant aux travaux des organes. Dans certains cas, les organisations envoient également des représentants dans les États membres. Mais, dans les deux hypothèses, la seconde surtout, l'assimilation de ces relations aux relations diplomatiques interétatiques paraît difficile. La question du droit de légation en relation avec les organisations internationales, s'il existe, présente au moins trois particularités par rapport au droit de légation envisagé dans les relations entre les États (*supra*, n° 452) ; la première tient à l'histoire, les deux autres ont un caractère théorique ; toutes trois ont d'importantes incidences pratiques.

a) En premier lieu, si la diplomatie multilatérale a des origines anciennes, son institutionnalisation par la création des organisations internationales est récente (v. n°s 34 et 374). Il en résulte que le droit applicable est moins fermement établi que dans le cas des relations entre États, d'autant plus que les problèmes posés sont hétérogènes : ils se présentent différemment s'agissant du droit de légation active et du droit de légation passive, et, en ce qui concerne ce dernier, des situations très diverses peuvent survenir selon que l'État représenté est membre ou non membre de l'organisation, reconnu ou non reconnu par l'État hôte, et que sa représentation est permanente ; d'autres questions concernent les relations entre deux ou plusieurs organisations internationales. Au surplus, la pratique a varié dans le temps et n'est pas uniforme d'une organisation à une autre.

Dans ces conditions, il est difficile de dégager des principes simples et constants et l'œuvre de codification se heurte à des difficultés considérables.

La CDI, qui a entrepris en 1963 l'examen de la question des relations entre les États et les organisations internationales ou entre deux ou plusieurs organisations internationales, a scindé le sujet en deux parties. Dans un premier temps ses travaux ont conduit à l'adoption de la Convention de Vienne du 14 mars 1975 sur la représentation des États dans leurs relations avec les organisations internationales dont l'article 5 pose le principe du droit de légation passive de l'organisation. Très critiquée notamment par les principaux États hôtes, cette convention dont la portée est limitée aux organisations à vocation universelle, n'est toujours pas entrée en vigueur (33 ratifications sur les 35 requises au 1er janvier 2008). Quant à la deuxième partie du sujet — qui inclut notamment la question du droit de légation active des organisations internationales — elle a été abandonnée en 1991.

Sur la Convention de Vienne de 1975 sur la représentation des États dans leurs relations avec les organisations internationales, v. les articles de A. EL ERIAN et de J.-P. RITTER, *AFDI* 1975, p. 444-470 et p. 471-482 ; J.-C.-A. STAEHELIN, *ASDI* 1975, p. 52-70 ; J.-G. FENNESSY, *AJIL* 1976, p. 62-72 ; H.-F. KOCK, *OZÖR* 1977, p. 51-105 ; W. LANG, *ZAÖRV*, p. 43-86.

b) Alors que le concept de *souveraineté* imprègne le droit diplomatique *stricto sensu*, les relations entre États et organisations internationales concernent *des sujets de droit de nature très différente*. Et le caractère non-souverain des secondes interdit de chercher le fondement des privilèges et immunités de leurs représentants dans la théorie du « caractère représentatif » et, à plus forte raison, dans celle de la territorialité ; ils ne peuvent donc avoir qu'une base strictement fonctionnelle (v. *supra*, n° 459).

Il est révélateur que l'article 105 de la Charte des Nations Unies évite de qualifier de « diplomatiques » les privilèges et immunités qu'il ne reconnaît aux représentants des États membres que dans la mesure où « ils leur sont nécessaires pour exercer en toute indépendance leurs fonctions en rapport avec l'Organisation ».

c) Par ailleurs le « droit de légation » passive des organisations internationales pose des problèmes qui concernent non seulement l'État d'envoi et l'organisation mais également l'État sur le territoire duquel celle-ci a son siège. Son exercice met inévitablement en présence *trois catégories d'intérêts* (sauf dans les relations entre l'organisation et l'État hôte lui-même), qu'il faut tenter de concilier.

L'État hôte est soucieux de préserver sa sécurité et de ne pas se voir imposer la présence sur son territoire de personnes qu'il juge indésirables. Mais, en acceptant d'abriter le siège de l'organisation, il s'engage, souvent explicitement dans l'accord de siège, à ne pas entraver le fonctionnement de celle-ci. La conciliation entre ces impératifs est d'autant plus difficile que la question de l'accès de ressortissants étrangers au siège de l'organisation et de leur séjour sur le territoire de l'État hôte se pose non seulement pour les représentants des autres États membres de l'organisation, mais aussi pour les observateurs des États non-membres et, d'une façon générale, pour toutes les personnes appelées à participer à ses travaux : délégués des ONG, mouvements de libération nationale ou pétitionnaires, etc. Des problèmes pratiques très difficiles se sont en effet posés (cf. par ex. le cas d'un pétitionnaire entendu par la 4e Commission des Nations Unies en 1963 et qui risquait de faire l'objet d'une mesure d'extradition de la part des États-Unis — affaire *Galvao* — ou le différend né entre les États-Unis et les Nations Unies suite à l'adoption de la loi américaine contre le terrorisme en 1987 visant expressément l'OLP et déclarant illégal le maintien du bureau de sa mission auprès de l'Organisation — v. l'avis consultatif de la CIJ du 26 avril 1988 dans l'affaire de l'*Obligation d'arbitrage*, *Rec.* p. 12).

Sous réserve des règles particulières applicables aux agents de l'organisation (v. *supra*, no 407), il n'existe pas de principes très fermes en la matière ; la pratique habituelle conduit à considérer que l'État hôte ne peut s'opposer que tout à fait exceptionnellement à l'accès au siège de l'organisation de personnes que celle-ci a autorisées à participer à ses travaux mais qu'il n'est pas tenu de leur accorder des privilèges ou immunités particuliers, même s'il le fait parfois (v. R. Goy, « L'accès au siège des organisations internationales », *RGDIP* 1962, p. 357-370).

Aux Nations Unies, l'Assemblée générale a chargé le Comité des relations avec le pays hôte, créé par la résolution 2819 (XXVI), de s'occuper de la question de la sécurité des missions et de leur personnel et de l'ensemble des problèmes connexes.

Sur la question de la sécurité des agents des organisations internationales, face à des actes de contrainte et prises d'otages assimilés à une forme de terrorisme, voir la Convention de New York du 9 décembre 1994, citée *supra* no 441, relative aux seuls agents des Nations Unies mais qui pourrait être étendue aux représentants des organisations associées à l'ONU dans les opérations de maintien de la paix.

463. Représentation des États auprès des organisations internationales. — La Convention de Vienne de 1975 établit une distinction entre les missions permanentes d'une part et les délégations aux organes des organisations ou aux conférences tenues sous leurs auspices, d'autre part.

Si cette distinction n'est pas discutée, les règles prévues sont en revanche très controversées et l'alignement sur les règles retenues par les conventions de 1961 sur les relations diplomatiques (pour les missions permanentes) et de 1969 sur les missions spéciales (pour les délégations) a été contesté, d'autant plus que, lorsqu'il y a différence, c'est pour alourdir les obligations des États hôtes et diminuer leur pouvoir de contrôle (v. *infra*).

La question du statut des représentants des mouvements de libération nationale reconnus, observateurs auprès des organisations internationales, n'est pas évoquée dans la Convention, mais une résolution de la Conférence de 1975 invite les États à leur accorder « les facilités, privilèges et immunités nécessaires à l'accomplissement de leurs tâches en s'inspirant des dispositions pertinentes de la Convention ». Les divergences de vues entre États, sur ce point, qui expliquent cette « demi-mesure », ont réapparu à propos du projet de statut du courrier diplomatique (*supra*, no 453).

1o *Missions permanentes.* — L'article 5 de la Convention de 1975 reconnaît le droit pour les États membres d'établir des missions permanentes et pour les États non membres des missions permanentes d'observation auprès d'une organisation internationale, mais seulement « si les règles de l'Organisation le permettent » et pour l'accomplissement des fonctions énumérées par les deux dispositions suivantes. Les règles applicables aux missions permanentes et aux missions permanentes d'observation sont à peu près identiques. Le statut de ces missions et de leurs membres est largement aligné sur celui des missions et des agents diplomatiques sous réserve d'adaptation, réduites au minimum, rendues nécessaires par la préservation des intérêts de l'État hôte et la prise en considération du caractère non-souverain de l'organisation.

Les principales adaptations retenues par la Convention sont le caractère fonctionnel des privilèges et immunités dont bénéficient les membres de la mission et l'absence de toute procédure d'agrément (tant de la part de l'organisation que de celle de l'État hôte), à peine compensée par une obligation de notification (à l'organisation et, par son intermédiaire, à l'État hôte) et de déclaration de *persona non grata*, assortie cependant d'une obligation de rappel par l'État d'envoi en cas d'infraction grave et de la possibilité pour l'État hôte « de prendre les mesures qui sont nécessaires à sa propre protection » à la suite de consultations avec l'État d'envoi (« clause de sécurité » de l'art. 77). En outre, l'article 82 de la Convention dispose : « 1. Les droits et les obligations de l'État hôte et de l'État d'envoi (...) ne sont affectés ni par la non-reconnaissance par l'un de ces États de l'autre État ou de son gouvernement ni par l'existence ou la rupture de relations diplomatiques entre eux ».

Née au temps de la SdN, la pratique des missions permanentes n'est visée ni par la Charte des Nations Unies, ni par les conventions sur les privilèges et immunités des Nations Unies (1946) et les institutions spécialisées (1947). Elle est consacrée en revanche par la résolution 257 A (III) de l'Assemblée générale, par l'Accord de siège entre l'ONU et les États-Unis du 26 juin 1947 et par la décision du Conseil fédéral suisse du 30 mars 1948. Ces deux derniers textes sont plus respectueux des intérêts de l'État hôte que la Convention de 1975, notamment en ce que les membres de la mission, autres que son chef, sont désignés après accord entre les trois parties intéressées, et peuvent être déclarés *personae non gratae* ce qui ne manque pas de causer des difficultés épineuses comme montre l'affaire introduite devant la CIJ en 2006 par la Dominique contre la Suisse au sujet de prétendues violations de la Convention de Vienne sur les relations diplomatiques en rapport avec un agent diplomatique de la Dominique auprès de l'Office des Nations Unies à Genève (l'affaire a été rayée du rôle deux mois plus tard). Par ailleurs les facilités accordées aux représentants de gouvernements non reconnus par l'État hôte sont réduites.

Au sein des Communautés européennes, la réunion des représentants permanents des États membres forme un organe consacré par le traité de fusion des exécutifs du 8 avril 1965 (art. 4) : le Comité des représentants permanents (COREPER) (de même que le Conseil de sécurité des Nations Unies est composé des représentants permanents de ses membres — v. aussi le cas, très particulier, des administrateurs du FMI et de la Banque mondiale). Les missions permanentes des États non membres sont particulièrement nombreuses auprès des Communautés (plus de cent) ; leur existence est prévue par le Protocole sur les privilèges et immunités des Communautés européennes. L'ouverture de la mission est décidée par un accord entre l'État d'envoi et les Communautés et le chef de la mission doit présenter ses lettres de créance successivement au Président du Conseil puis à celui de la Commission (auquel elles étaient présentées exclusivement avant 1966 — affaire dite « du tapis rouge »).

2° *Délégations à des organes ou à des conférences.* — La Convention de 1975 aligne très largement les règles applicables aux délégués des États membres et aux observateurs des États non membres sur celles prévues par la Convention de 1969 sur les missions spéciales (v. *supra*, n° 458). Ceci va au-delà des dispositions des conventions sur les privilèges et immunités et des accords de siège des organisations du système des Nations Unies et de la pratique habituelle des organisations régionales.

464. Représentation des organisations internationales. — Le problème, qui ne fait, à l'heure actuelle, l'objet d'aucun texte général de codification, se pose différemment pour la représentation des organisations internationales auprès des États d'une part, auprès d'autres organisations internationales d'autre part. Toutefois, un point commun important caractérise les deux situations : les représentants de l'organisation sont toujours des agents de celle-ci et, en général, des fonctionnaires internationaux, qui bénéficient, en tant que tels, des privilèges et immunités attachés à leur fonction (v. *supra*, n° 407).

1° *Auprès des États.* — Ici encore, la distinction entre représentations permanentes et missions spéciales s'impose. Les secondes posent peu de problèmes spécifiques et l'on peut admettre que les règles applicables à la diplomatie *ad hoc* (v. *supra*, n° 458) sont transposables. Le statut juridique des représentations permanentes est plus difficile à définir.

L'hypothèse la plus usuelle est celle des représentations établies par une organisation internationale auprès de ses propres membres soit pour y mener des opérations d'assistance (coordonnateurs-résidents du PNUD et représentants des diverses institutions spécialisées des Nations Unies dans les pays en développement), soit pour y informer sur l'action de l'organisation (centres d'information des Nations Unies). Bien que leur statut, fixé par les conventions sur les privilèges et immunités ou par les accords spéciaux, présente certaines similitudes avec celui des diplomates (agrément de l'État d'accueil, privilèges et immunités internationalement prévus), leurs fonctions les en distinguent très nettement et sont limitées par le principe de spécialité (v. *supra*, n° 389) ; même si les coordonnateurs-résidents sont souvent considérés comme de véritables « ambassadeurs » du système des Nations Unies auprès du gouvernement de l'État hôte.

L'institution de représentations permanentes auprès d'États non-membres est rarissime. On doit relever cependant l'existence de très nombreuses délégations de la Commission européenne auprès d'États tiers (plus de 130 en 2009). Celles-ci trouvent leur fondement dans l'article 20 du TUE qui mentionne les « délégations de la Commission dans les pays tiers » (l'article 35 du Traité de Lisbonne, non encore entré en vigueur, vise de manière moins ambiguë les « délégations de l'Union » et plus « de la Commission »). Dans la pratique actuelle, ces délégations se sont vues reconnaître par les États tiers concernés le bénéfice du statut diplomatique.

2° *Auprès d'autres organisations internationales.* — La coopération inter-organisations est de plus en plus poussée — elle peut aller jusqu'à l'admission d'une organisation à une autre (v. *supra*, n° 380) — et de plus en plus complexe. Dans tous les cas, il est nécessaire que les représentants ou les observateurs de l'organisation bénéficient d'un statut permettant leur participation effective aux travaux ; les règles relatives aux représentants des États (v. *supra*, n° 463) sont applicables *mutatis mutandis*.

Section 2

Relations consulaires

BIBLIOGRAPHIE. — A. Heyring, « La théorie et la pratique des services consulaires », *RCADI* 1930-IV, vol. 34, p. 815-911. — T. Libera, « Le fondement juridique des privilèges et immunités consulaires », *RGDIP* 1959, p. 434-477. — J. Zourek, « Le statut et les fonctions des consuls », *RCADI* 1962-II, vol. 106, p. 357-497. — S. Torres Bernardez, « La Convention de Vienne sur les relations consulaires », *AFDI* 1963, p. 78-118. — J. Wiebringhaus, « La Convention européenne sur les fonctions consulaires », *AFDI* 1968, p. 770-783. — M.-A. Ahmad, *L'institution consulaire et le droit international*, LGDJ, 1973, XII-311 p. — A. Maresca, « Les relations consulaires et les fonctions du consul en matière de droit privé », *RCADI* 1971-III, vol. 134, 1973,

p. 105-161. — « Consular Law — Le consul, ses fonctions et son statut », *Ann. AAA* 1979-1980, p. 1-441. — G. NONNENMACHER, « Le consul, ses fonctions et son statut : quelques réflexions sur le droit et les relations consulaires », *Ann. AAA* 1982, p. 9-17. — SFDI, colloque de Lyon, *La protection consulaire*, Pedone, 2006, 188 p. — L. T. LEE et J. QUIGLEY, *Consular Law and Practice*, 3e éd., OUP, Oxford, 2008, XLIV-684 p.

V. aussi, dans l'index de jurisprudence, les commentaires des décisions rendues par la CIJ dans les affaires relatives à l'*Application de la Convention de Vienne sur les relations consulaires* (*affaires Breard, LaGrand* et *Avena*).

465. Évolution historique. — Alors qu'en matière de relations diplomatiques la coutume a précédé le droit écrit, c'est exactement le processus inverse qu'on observe dans le domaine des relations consulaires. Depuis les origines de l'institution consulaire, sa réglementation a toujours été établie par des conventions bilatérales entre États intéressés. Afin de compléter celles-ci, dans de nombreux pays, des lois et règlements internes ont été établis et sont appliqués par leurs propres tribunaux. Peu à peu, des coutumes générales sont nées à partir des règles constantes figurant dans des textes bilatéraux et unilatéraux, ainsi que des décisions de juridictions nationales, coutumes constatées par plusieurs sentences arbitrales.

À la suite des travaux de la CDI, sur l'invitation de l'Assemblée générale des Nations Unies, une conférence réunie à Vienne a adopté, le 24 avril 1963, la Convention sur les relations consulaires, entrée en vigueur en mars 1967.

Comme l'a relevé la CIJ,

« le déroulement sans entrave des relations consulaires, également nouées entre les peuples depuis des temps anciens, n'est pas moins important » que celui des relations diplomatiques « dans le droit international contemporain, en ce qu'il favorise le développement des relations amicales entre les nations et assure protection et assistance aux étrangers résidant sur le territoire d'autres États ; dès lors, les privilèges et immunités des fonctionnaires et employés consulaires et l'inviolabilité des locaux et archives consulaires sont, eux aussi, des principes de droit international profondément enracinés » (ordonnance du 15 décembre 1979, *Personnel diplomatique et consulaire des États-Unis à Téhéran, Rec.* p. 19-20, § 40).

466. L'institution consulaire. — 1° *Établissement et rupture des relations consulaires.* — Les postes consulaires sont, comme les missions diplomatiques, des services publics relevant de leur État national, mais installés dans un État étranger. C'est pourquoi l'établissement des relations consulaires et des postes consulaires est soumis, comme pour les relations et les missions diplomatiques, à la règle du consentement mutuel (art. 2 et 4 de la Convention de 1963).

Du fait du caractère essentiellement administratif des relations consulaires, leur établissement est indépendant de celui des relations diplomatiques et même de la reconnaissance mutuelle des États concernés. Inversement, la rupture des relations diplomatiques n'entraîne pas nécessairement celle des relations consulaires.

Un État d'envoi peut installer plusieurs postes consulaires dans un même État de résidence, sous la seule réserve du consentement de celui-ci ; le ressort territorial de chacun de ces postes est désigné par le terme de *circonscription consulaire*.

2° *Exequatur.* — Chaque chef de poste consulaire est muni d'une « lettre de provision » de son État d'envoi (et non d'une « lettre de créance ») ; il ne commence à exercer ses fonctions qu'après avoir reçu l'autorisation de l'État de résidence, cette autorisation porte le nom d'*exequatur* (en France, l'*exequatur* est délivré par décret du président de la République).

Un État peut nommer à un poste consulaire un citoyen étranger, généralement un commerçant ressortissant de l'État de résidence ; celui-ci est appelé « consul marchand » ou « consul honoraire » ; naturellement, en tant que national de l'État de résidence, celui-ci ne bénéficie pas des mêmes privilèges et immunités que les consuls de carrière.

3° *Fonctions.* — Les consuls et les postes consulaires ne sont pas chargés d'un rôle de représentation politique. Leurs fonctions revêtent un caractère purement administratif.

Ce caractère remonte à l'origine de l'institution consulaire. C'est en effet au XIIe siècle, au moment où les peuples commençaient à entrer dans la voie des échanges économiques, que les premiers consuls furent désignés par les Républiques italiennes et envoyés dans les ports de pays du Levant. Leur mission était alors limitée au contrôle du mouvement des bateaux de leur nationalité et à la protection de leurs compatriotes.

Aujourd'hui, selon l'article 5 de la Convention de 1963 qui codifie les anciennes pratiques, les consuls sont principalement chargés de protéger dans l'État de résidence les intérêts de l'État d'envoi et de ses ressortissants, personnes physiques et morales ; de favoriser le développement des relations commerciales, économiques, culturelles et scientifiques entre l'État d'envoi et l'État de résidence ; d'exercer certaines fonctions concernant les nationaux se trouvant dans l'État de résidence (état civil, assistance judiciaire et parajudiciaire, délivrance des passeports) ; d'accorder des visas aux personnes étrangères qui désirent se rendre dans l'État d'envoi ; de surveiller les bateaux, navires, aéronefs et leurs équipages en provenance de l'État d'envoi et de leur prêter assistance.

V. l'interprétation extensive de l'obligation pour l'État hôte de permettre aux consuls d'intervenir dès les premiers stades d'un procès pénal à l'encontre de leurs nationaux : CIJ, arrêt du 27 juin 2001, affaire *LaGrand*, confirmé par l'arrêt du 31 mars 2004 dans l'affaire *Avena*.

L'article 20 du TCE (35 du Traité de Lisbonne TUE) invite les États membres à engager les négociations nécessaires avec les pays tiers pour étendre la juridiction consulaire d'un État membre à tous les « ressortissants communautaires » en tant que citoyens de l'Union européenne. Le contenu de cette protection a été précisé par une décision des représentants des gouvernements concernés du 19 décembre 1995 (*JOCE* L 314 du 28 déc. 1995 p. 73 ; J.-P. Cot, E. Cujo, « Remarques sur l'article 20 du TCE : protection consulaire ou protection diplomatique ? », *Mél. Touscoz*, 2007, p. 830-843). Des instructions consulaires communes sont établies par décisions du Conseil de l'Union.

467. Privilèges et immunités consulaires. — L'adoption de la conception purement fonctionnelle des privilèges et immunités consulaires, d'où est exclue toute idée de représentation politique, explique et justifie les ressemblances et les différences entre le régime de ces privilèges et immunités et celui en vigueur en matière de relations diplomatiques.

1° *Privilèges et immunités du poste consulaire*

a) L'inviolabilité des locaux consulaires ne s'applique qu'aux bâtiments que le personnel utilise exclusivement pour les besoins de son travail (art. 31 de la Convention de 1963) ; ainsi elle ne protège pas la résidence du chef de poste consulaire (art. 1.j).

b) La liberté et la protection des communications officielles reposent sur une exigence fonctionnelle qui est à peu près la même pour les postes consulaires et les missions diplomatiques. La valise consulaire bénéficie toutefois d'une protection moins absolue que celle de la valise diplomatique puisque lorsque les autorités compétentes de l'État de résidence ont de sérieux motifs de croire qu'elle contient des objets non-officiels, elles peuvent demander à l'ouvrir (art. 35, § 3).

2° *Privilèges et immunités des agents consulaires*

a) L'inviolabilité personnelle des fonctionnaires consulaires est sérieusement amoindrie, ils peuvent être mis en état d'arrestation ou de détention préventive pour « crime grave » ; la Convention prescrit seulement que dans ce cas, la procédure dirigée contre eux doit être ouverte dans le plus bref délai et l'État de résidence doit prévenir au plus tôt le chef de poste consulaire ; si celui-ci est lui-même en cause, l'État de résidence en informe l'État d'envoi par la voie diplomatique (art. 41-42).

b) L'immunité juridictionnelle n'est pas non plus absolue, les fonctionnaires consulaires et employés consulaires ne sont protégés qu'à raison des actes accomplis dans l'exercice des fonctions consulaires (art. 43) ; en dehors de cet exercice, ils peuvent même faire l'objet de poursuite pénale. Conformément à un amendement déposé par le Royaume-Uni, l'article 43, § 2, précise encore que, même pour les actes accomplis dans l'exercice des fonctions, l'immunité de juridiction ne s'applique pas en cas d'action civile « résultant de la conclusion d'un contrat passé par un fonctionnaire consulaire ou par un employé consulaire qu'il n'a pas conclu expressément ou implicitement en tant que mandataire de l'État d'envoi ; ou intentée par un tiers pour un dommage résultant d'un accident causé dans l'État de résidence par un véhicule, un navire ou un aéronef ».

Les ressortissants ou résidents permanents de l'État de résidence qui sont nommés fonctionnaires consulaires de l'État d'envoi ne bénéficient, en plus des avantages supplémentaires qui pourraient leur être accordés par décision de l'État de résidence, que de l'immunité de juridiction et de l'inviolabilité personnelle pour les actes officiels accomplis dans l'exercice de leurs fonctions (art. 71).

CHAPITRE II

La responsabilité internationale des États et des organisations internationales

BIBLIOGRAPHIE. — *En général* : Ch. DE VISSCHER, *La responsabilité des États*, *RCADI* 1923-II, p. 89-119. — G. COHN, « Théorie de la responsabilité internationale », *RCADI* 1939-II, vol. 68, p. 207-325. — G. BERLIA, « De la responsabilité internationale de l'État », *Mél. G. Scelle*, 1950, tome II, p. 875-894. — P. REUTER, *La responsabilité internationale*, Les Nouvelles institutes, 1955-1956, également reproduit *in Le développement de l'ordre juridique international*, Economica, 1995, p. 377-560. — H. ACCIOLY, « Principes généraux de la responsabilité internationale d'après la doctrine et la jurisprudence », *RCADI* 1959-I, vol. 96, p. 350-441. — R.-B. ILLICH ed., *International Law of State Responsibility for Injuries to Aliens*, Virginia UP, XI-412 p. — R.-B. LILLICH et B.-H. WESTON ed., *International Claims : Contemporary European Practice,* Virginia UP, 1982, X-204 p. — I. BROWNLIE, *System of the Law of Nations : State Responsibility*, vol. I, Oxford, Clarendon Press, 1983, XVI-302 p. — R. AGO, *Scritti sulla responsabilita internazionale degli Stati*, Naples, E. Jovene, 3 vol., 1979-1986, 306-592-581 p. — P.-M. DUPUY, « Le fait générateur de la responsabilité internationale de l'État », *RCADI* 1984-V, vol. 188, p. 89-134. — *Archiv des Volkerrechts*, vol. 24, 1986-4, n° spécial sur la responsabilité internationale — *Mél. Ago*, vol. III, « Les différends entre les États et la responsabilité », Milan, Giuffré, 1987, 524 p. — A.-E. BOYLE, « State Responsibility, and International Liability for Injurious Consequences of Acts not Prohibited by International Law : a Necessary Distinction ? », *ICLQ* 1990, p. 1-26. — A. BARAV et D. SIMON, « La responsabilité de l'administration nationale en cas de violation du droit communautaire », *RMC* 1987, n° 305, p. 165-174. — SFDI, *La responsabilité dans le système international*, Pedone, 1991, VI-336 p. — C.-J. PIERNAS dir., *La responsabilidad internacional*, PU Alicante, 1990, 660 p. — B. STERN, « La responsabilité internationale aujourd'hui... Demain... », *Mél. Apollis*, 1992, p. 75-102 ; « La responsabilité internationale des États : perspectives récentes », *CEBDI*, vol. VII, 2003, p. 645-721 ; « La France et le droit de la responsabilité des États », *in* G. Cahin e.a. (dir.), *La France et le droit international*, Pedone, 2007, p. 169-195. — M. FRIGESSI DI RATTALMA, « Le régime de responsabilité internationale institué par le Conseil d'administration de la Commission de compensation des Nations Unies », *RGDIP* 1997 p. 45-90. — Ph. GASPARON, « The Transposition of the Principle of Member State Liability into the Context of External Relations », *EJIL* 1999, p. 605-624. — SYMPOSIUM, « State Responsibility », *EJIL* 1999, p. 339-460. — Ch. TOMUSCHAT, « Current Issues of Responsibility under International Law », *CEBDI*, vol. IV, 2000, p. 515-599. — A. KOLLIOPOULOS, *La Commission d'indemnisation des Nations Unies et le droit de la responsabilité internationale*, LGDJ, 2001, XVI-483 p. —

C. GUTIERREZ ESPADA, « *¿Quo vadis responsabilidad ?* (La revisión del Proyecto de la CDI) », *CEBDI*, vol. V, 2001, p. 383-564. — G. NOLTE, « From Dioniso Anzilotti to Roberto Ago : The Classical International Law of State Responsibility and the Traditional Primacy of a Bilateral Conception of Inter-State Relations », *EJIL* 2002, p. 1084-1098. — M. FITZMAURICE et D. SAROOSHI ed., *Issues of State Responsibility Before International Judicial Institutions*, Hart, Oxford, 2004, VI-236 p. — M. RAGAZZI ed., *International Responsibility Today. Essays in Memory of Oscar Schachter*, Nijhoff, Leiden, LXXI-2005, 472 p. — R. HIGGINS, « The International Court of Justice : Selected Issues of State Responsibility », *Mél. Schachter*, 2005, p. 271-286. — Sh. ROSENNE, « Decisions of the International Court of Justice and the New Law of State Responsibility », *Ibid.*, p. 297-309. — S. VILLALPANDO, *L'émergence de la communauté internationale dans la responsabilité des États*, PUF, 2005, XX-527 p. — M. FORTEAU, *Droit de la sécurité collective et droit de la responsabilité internationale de l'État*, Pedone, 2006, VI-699 p. — P. DUMBERRY, *State Succession to International Responsibility*, Nijhoff, Leiden/Boston, 2007, XIX-517 p. — H. LESAFFRE, *Le règlement des différends au sein de l'OMC et le droit de la responsabilité internationale*, LGDJ, 2007, XVIII-614 p. — A. NOLLKAEMPER, « Internationally Wrongful Acts in Domestic Courts », *AJIL* 2007, p. 760-799.

Voir aussi la bibliographie concernant les relations entre droit des traités et droit de la responsabilité, *supra*, sur le n° 114, et sur la responsabilité des organisations internationales, *infra* sur le n° 478.

468. La responsabilité, « corollaire du droit ». — Tout ordre juridique suppose que les sujets de droit engagent leur responsabilité lorsque leurs comportements portent atteinte aux droits et intérêts des autres sujets de droit. À plus forte raison, dans la société internationale où, en vertu de sa souveraineté, l'État détermine librement ses décisions et se heurte à une liberté égale des autres États. La responsabilité internationale des États apparaît comme le mécanisme régulateur essentiel et nécessaire de leurs rapports mutuels.

Bien qu'elle soit équitable et irréfutable, cette idée s'est imposée tardivement dans l'ordre interne : la responsabilité de la puissance publique a longtemps paru difficilement conciliable avec la relation inégalitaire entre l'État et ses sujets. De tous les règnes, celui de la fameuse maxime « le roi ne peut mal faire » a été le plus durable.

Dans l'ordre international, au contraire, le principe de la responsabilité des États est aussi ancien que celui de leur égalité. Charles de Visscher affirme avec raison qu'il est « le corollaire obligé de leur égalité » (*op. cit.*, p. 90). En effet, si les États sont égaux, ils ne peuvent pas ne pas admettre, en même temps, qu'ils le sont en droits comme en devoirs.

Pourtant, au-delà de la reconnaissance du principe de la responsabilité, son régime s'est constitué lentement. Ce qui n'est pas pour étonner, dans une société internationale sans législateur et sans juge universel ; au surplus, la mise en œuvre du droit international dépend encore largement des circonstances factuelles de chaque espèce et exige un grand pragmatisme dans la définition et l'application de ses règles. Les principales règles coutumières ne se sont dégagées que dans la seconde moitié du XIXe siècle grâce à un recours plus fréquent à l'arbitrage, après une très longue éclipse (v. *infra* n°s 525 s.). Et de nos jours encore, le droit de la responsabilité internationale reste pour l'essentiel coutumier. Destiné à concilier les intérêts divergents et les volontés autonomes des États, ce droit demeure très controversé et, parfois, confus. Il ne remplit donc qu'imparfaitement son rôle. Toutefois, le projet d'articles de la CDI sur la responsabilité pour fait internationalement illicite, adopté en 2001 et annexé à la résolution 56/83 de l'Assemblée générale qui en a pris note, exerce en ce domaine une influence clarificatrice bénéfique. En revanche, les controverses demeurent vives en ce qui concerne la responsabilité éventuelle des États pour les conséquences préjudiciables des activités compatibles avec le droit international.

Les tentatives de codification ont, pendant longtemps, plus montré les difficultés de la tâche que rapproché les points de vue. La Conférence de Genève de 1930 n'a pu adopter une convention en raison des divergences entre les participants. La Commission du droit international a repris l'entreprise, depuis 1955, sur la base des rapports successifs de F. V. Garcia-Amador, R. Ago, W. Riphagen, G. Arangio-Ruiz et J. Crawford pour ce qui est de la responsabilité de l'État pour fait internationalement illicite. Les travaux préparatoires, soumis aux aléas de la succession inévitable des rapporteurs spéciaux sur une aussi longue période, ne traduisent pas une approche linéaire, ni peut-être même cohérente : l'adoption en 1996, en première lecture, du projet d'articles de la CDI n'a correspondu ni à un consensus réel entre ses membres, ni à un résultat « scientifiquement » satisfaisant (manque de précision de la deuxième partie, consacrée aux conséquences du fait illicite de l'État ; présentation confuse du régime juridique des délits et des crimes internationaux ; caractère discutable des dispositions relatives aux contre-mesures). Le projet définitif est plus cohérent, malgré des lacunes, mais il demeure une œuvre de codification doctrinale même si l'Assemblée générale des Nations Unies n'exclut pas de convoquer une conférence diplomatique en vue de la conclusion d'une convention sur le sujet (cf. résol. 56/83, 12 déc. 2001, 59/35, 2 déc. 2004 et 62/61, 6 déc. 2007). La question de l'élaboration d'une éventuelle convention sur la responsabilité de l'État pour fait internationalement illicite ou de toute autre décision donnant suite aux articles est toujours en cours d'examen au sein de la Sixième commission de l'Assemblée générale (v. § 4 de la résol. 62/61 préc.).

Par souci d'en terminer avec la codification de ce sujet plus que pour des raisons doctrinales convaincantes, la CDI en a détaché la question de la protection diplomatique — qui n'est qu'une modalité de mise en œuvre de la responsabilité des États — confiée successivement à deux rapporteurs spéciaux, M. Bennouna et J. Dugard, qui a abouti, en 2006, à l'adoption d'un projet d'articles peu convaincant, même s'il marque certaines avancées. L'Assemblée générale a pris note du projet d'articles et a demandé aux États de se prononcer sur l'éventualité de convoquer une conférence diplomatique pour l'élaboration d'une convention internationale sur le sujet (résol. 61/35, 4 déc. 2006, § 2 ; résol. 62/67, 6 déc. 2007, § 3). Cette question est actuellement en cours d'examen au sein de la Sixième commission (résol. 62/67 préc., § 4).

À défaut d'un texte conventionnel de portée générale, on trouve en droit positif des solutions conventionnelles à des problèmes particuliers.

Parmi les traités consacrés directement à cette question, on peut signaler la Convention IV de La Haye, de 1907, sur la responsabilité à raison des actes commis par les forces armées en campagne, diverses conventions relatives au transport de matières nucléaires (Bruxelles, 25 mai 1962 ; Vienne, 19 mai 1963), le Traité du 29 mars 1972 sur la responsabilité pour les dommages résultant du lancement de satellites, la Convention de Bruxelles du 29 novembre 1969 relative à la réparation des dommages de pollution de la mer par les hydrocarbures, etc.

Parce qu'elles ont un rôle opérationnel croissant, les organisations internationales sont également susceptibles d'engager leur responsabilité internationale ou de rechercher la réparation des préjudices subis par leurs agents ou par elles-mêmes, du fait surtout des États. S'agissant d'un phénomène récent, les solutions ont été empruntées au droit coutumier existant et se sont largement inspirées de l'approche interétatique classique, au prix de quelques adaptations. Il reste donc possible de présenter le droit de la responsabilité internationale selon une démarche uniforme pour tous les sujets du droit international, bien qu'ils ne soient plus tous égaux.

En 2002, la CDI a nommé M. G. Gaja Rapporteur spécial sur la question de la responsabilité des organisations internationales.

La question de la responsabilité internationale des individus se pose toujours en termes trop particuliers pour être rapprochée, sans artifice, de la situation des États et des organisations internationales (v. *supra*, n°s 441 s.).

469. Le fait générateur de la responsabilité. — Selon la conception classique, à laquelle une partie de la doctrine demeure attachée, tout particulièrement en France, la responsabilité se limite à une obligation de réparer un dommage. Le préjudice y tenait donc une place centrale. Cette approche présentait l'avantage d'unifier le concept même de responsabilité internationale autour d'un fait générateur unique : qu'elle soit engagée à la suite d'un manquement au droit ou de la seule survenance d'un dommage en l'absence de toute violation d'une obligation internationale, elle n'entraînait des conséquences concrètes que si, et dans la mesure où, le fait générateur avait causé un dommage à un sujet de droit international.

Cette conception étroitement « civiliste », interpersonnelle, était adaptée à une société internationale faite de souverainetés juxtaposées, dans laquelle chaque État était libre de poursuivre ses propres intérêts, sans égard pour ceux d'une « communauté internationale » inexistante ou, en tout cas, tellement embryonnaire, qu'il était aventureux de parler d'« ordre public international ». Elle n'est pas appropriée dès lors que l'on reconnaît que certaines valeurs transcendent les égoïsmes nationaux et se traduisent par des normes impératives s'imposant à tous dans l'intérêt de la communauté internationale dans son ensemble.

Cette idée, consacrée par la reconnaissance des effets du *jus cogens* dans le cadre du droit des traités (v. *supra*, n° 125), a trouvé son prolongement dans le projet d'articles de la CDI sur la responsabilité de l'État pour fait internationalement illicite. Aux termes de son article 1er, « [t]out fait internationalement illicite d'un État engage sa responsabilité internationale ».

La portée de ce texte, adopté sous la vigoureuse impulsion de Roberto Ago, deuxième Rapporteur spécial de la CDI sur le sujet (v. *supra*, n° 468), est très claire : le fait internationalement illicite est la condition nécessaire et suffisante de l'engagement de la responsabilité. Il s'en déduit que la responsabilité est engagée *indépendamment* de ses conséquences éventuelles ; telle est la véritable « révolution », la vraie rupture avec la conception dominante antérieure : la responsabilité est générée par un fait « objectif » ; elle résulte du manquement, quelles qu'en puissent être les conséquences.

De même que l'automobiliste qui grille un feu rouge est responsable du seul fait qu'il n'a pas respecté le code de la route, quand bien même il n'a causé aucun dommage, de même, l'État qui manque à l'une de ses obligations en vertu du droit international engage sa responsabilité, indépendamment de tout préjudice qui pourrait en avoir résulté pour un autre État, car il est de l'intérêt de la communauté internationale tout entière que le droit soit respecté.

Il n'est pas exagéré de parler à cet égard d'une véritable « révolution conceptuelle » ; et celle-ci ouvre la porte à des conséquences pratiques considérables : dès lors que l'on admet que le seul manquement au droit engage la responsabilité de son auteur, il est possible d'envisager que la réaction à l'illicite soit le fait non plus du (ou des) seul(s) État(s) lésé(s), mais de la communauté internationale tout entière ou de chacun de ses membres. Conséquence de la solidarité accrue (même si elle reste embryonnaire) qui règne au sein de la société internationale, le système de la responsabilité internationale s'est rapproché quelque peu de celui que l'on connaît en droit interne : au volet « civil » traditionnel s'ajoutent, potentiellement au moins, des conséquences pénales, étant entendu que cette comparaison avec le droit interne connaît rapidement ses limites : ni civile ni pénale, mais tenant de l'une et de l'autre, la responsabilité internationale présente des caractères propres et ne saurait être assimilée aux catégories du droit interne tant il est vrai que la société des États a peu à voir avec la communauté nationale.

Au surplus, concrètement, cette évolution ne produit encore que des conséquences pratiques limitées : sauf dans des cadres régionaux (Communauté européenne, Mercosur), au plan international, les solidarités « communautaires » demeurent rudimentaires et, pour l'essentiel, en l'absence de préjudice individualisé, la responsabilité d'un État pour fait internationalement illicite ne produit d'effets concrets que dans les rares hypothèses où les intérêts en cause sont considérés comme communs à l'ensemble des États ou au moins à un groupe d'États en tant que tel, principalement en cas de « violations graves d'obligations découlant de normes impératives du droit international général » (v. *infra*, n° 472).

Dans le cadre communautaire, le recours en constatation de manquement est une procédure « dépassant de loin les règles jusqu'à présent admises pour assurer l'exécution des obligations des États » (CJCE, 15 juill. 1960, aff. 20/59, *Italie c. Haute Autorité*, *Rec.* p. 691), notamment du fait qu'elle « n'implique pas l'existence d'un préjudice subi par les autres États membres comme condition » de l'exercice de son exercice (CJCE, 14 déc. 1971, aff. 7/71, *Commission c. France*, *Rec.* 1971, p. 1003).

Au demeurant, le régime général de la responsabilité peut être tenu en échec par des règles spéciales dérogatoires dont on s'est demandé si elles se suffisaient à elles-mêmes (*self-contained régimes*).

Quand bien même ces régimes seraient très complets (comme les règles applicables aux relations diplomatiques ou celles en vigueur au sein de l'OMC), elles n'en sont pas moins ancrées dans le droit international et les normes générales du droit international s'appliquent dans ce domaine à titre subsidiaire (y compris celles relatives aux contre-mesures (v. *infra*, n° 494). V. à ce sujet B. Simma, « Self-Contained Regimes », *NYBIL* 1985, p. 111-136 et B. Simma et D. Pulkowski, « Of Planets and the Universe : Self-Contained Regimes in International Law », *EJIL* 2006, p. 483-529 ; v. aussi J. Pauwelyn, *Conflict of Norms in Public International Law : How WTO Law Relates to Other Rules of International Law*, Cambridge UP, 2003, XXVII-522 p. ou A. Lindroos et M. Mehling, « Dispelling the Chimera of 'Self-Contained Regimes' — International Law and the WTO », *EJIL* 2006, p. 857-877). Bien que cette position soit contestée, on peut considérer qu'il en va de même s'agissant du droit communautaire (cf. G. Conway, « Breaches of EC Law and the International Responsibility of Member States », *EJIL* 2002, p. 679-695).

Le *fondement de droit commun* de la responsabilité internationale est donc *l'illicéité*. Mais ce n'est pas nécessairement le seul, même s'il est indiscutable qu'il est dominant. Il peut se faire que les sujets du droit prévoient expressément une solution différente, par exemple une responsabilité *objective* ou une responsabilité partagée sur la base de considérations d'opportunité. En outre, on peut s'interroger sur l'existence d'une responsabilité pour les conséquences préjudiciables des activités qui ne sont pas interdites par le droit international en l'absence même de tout traité.

Certains auteurs, en particulier Georges Scelle, ont soutenu que la responsabilité de l'État devait avoir un fondement unique : l'idée de *risque*. Il s'agissait plus d'une prémonition et d'une anticipation audacieuse que d'une théorie vérifiée par la pratique. Certes, en droit international comme en droit interne, le caractère particulièrement dangereux de certaines activités, la difficulté de prouver l'origine de certains dommages, un plus grand sentiment de solidarité financière ont favorisé la reconnaissance d'une responsabilité *objective*, pour *risque*. Mais l'évolution en ce sens reste de portée très limitée.

La Commission du Droit international a cependant entrepris, depuis 1978, la codification des règles applicables à la « Responsabilité pour les conséquences préjudiciables des activités qui ne sont pas interdites par le droit international » qui n'a, à ce jour, abouti qu'à des résultats décevants (v. *infra*, n° 498).

Étant donné les différences fondamentales existant dans le régime juridique qui leur est applicable, il convient d'étudier séparément :

Section 1. La responsabilité pour fait internationalement illicite.

Section 2. La responsabilité pour les activités compatibles avec le droit international.

Section 1

Responsabilité pour fait internationalement illicite

BIBLIOGRAPHIE. — V. la bibliographie générale en tête du chapitre.

Sur la codification du droit de la responsabilité internationale : M. SPINEDI et B. SIMMA ed., *UN Codification of State Responsibility*, New York, Oceana Pub., 1987, XI-418 p. — A. PELLET, « La codification du droit de la responsabilité internationale : tâtonnements et affrontements », *Mél. Abi-Saab*, 2001, p. 285-304 ; « Les rapports de Robero Ago à la CDI sur la responsabilité des États », *Forum DI* 2002, p. 222-229. — M. SPINEDI, « From One Codification to Another : Bilateralism and Multilateralism in the Genesis of the Codification of the Law of Treaties and the Law of State Responsibility », *EJIL* 2002, p. 1099-1125. — P.-M. DUPUY, « Quarante ans de codification du droit de la responsabilité internationale des États : un bilan », *RGDIP* 2003, p. 305-348. — M. SPINEDI, A. GIANELLI et M.-L. ALAIMO dir., *La codificazione della responsabilità internazionale degli stati alla prova dei fatti*, Giuffrè, Milan, 2006, X-517 p.

Sur le projet d'articles de la CDI sur la responsabilité des États, adopté en première lecture en 1996, v. Sh. ROSENNE, *The ILC's Draft articles on State Responsibility*, Nijhoff, Dordrecht, 1991, IX-380 p. — A. PELLET, « Remarques sur une révolution inachevée : le projet d'articles de la CDI sur la responsabilité internationale des États », *AFDI* 1996, p. 7-32. — SYMPOSIUM, « Assessing the Work of the International Law Commission on State Responsibility », *EJIL* 2002, p. 1053–1255. — SYMPOSIUM, D. Bodganski et J.R. Crook ed., « The ILC's State Responsibility articles », *AJIL* 2002, p. 773-891. — W. CZAPLÍNSKI, « UN Codification of the Law of State Responsibility », *Archiv des Völkerrechts*, 2003, p. 62-82. — et, sur les réactions des gouvernements, v. F. Belaïch, *AFDI* 1998, p. 512-532.

Sur le projet adopté en seconde lecture en 2001 : J. CRAWFORD, « Revising the Draft articles on State Responsibility », *EJIL* 1999, p. 435-460 ; *The ILC's articles on State Responsibility ; Introduction, Text and Commentaries*, Cambridge UP, 2002, XXXIII-387 p. ; *Les articles de la CDI sur la responsabilité de l'État — Introduction, texte et commentaires*, Pedone, Paris, 2003, XVI-461 p. ; « The ILC's articles on Responsibility of States for Internationally Wrongful Acts : A Retrospect », *AJIL* 2002, p. 874-890. — J. CRAWFORD, P. BODEAU et J. PEEL, « La seconde lecture du projet d'articles sur la responsabilité des États de la CDI », *RGDIP* 2000, p. 911-938 (en anglais *in AJIL* 2000,

p. 660-676) — G. HAFNER, « The Draft articles on the Responsibility of States for Internationally Wrongful Acts — The Work of the ILC », *ARIEL* 2000, p. 189-270. — C. ÉCONOMIDÈS, « Le projet définitif de la CDI sur la responsabilité des États pour faits internationalement illicites », *Rev. hell. DI* 2001, p. 372-381. — D.D. CARON, « The ILC articles on State Responsibility : The Paradoxical Relationship Between Form and Authority », *AJIL* 2002, p. 857-873. — K. KAWASAKI, « Draft articles on State Responsibility adopted by the ILC in 2001 : A Brief Overview », *Hitotsubashi Jl. of L. and Politics* 2002, p. 35-55. — A. PELLET, « Les articles de la CDI sur la responsabilité de l'État pour fait internationalement illicite — Suite et fin ? », *AFDI* 2002, p. 1-23. — SYMPOSIUM, « Assessing the Work of the International Law Commission on State Responsibility », *EJIL* 2002, p. 1053-1239. — J. CRAWFORD et S. OLLESON, « The Continuing Debate on a UN Convention on State Responsibility », *ICLQ* 2005, p. 959-971. — Ch. YAMADA, « Revisiting the International Law Commission's Draft articles on State Responsibility », *Mél. Schachter*, 2005, p. 117-123.

Voir également les rapports à la CDI : de R. AGO (*Ann. CDI* 1969-1978), W. RIPHAGEN (*Ann. CDI* 1980-1986), G. ARANGIO RUIZ (*Ann. CDI* 1988-1996), J. CRAWFORD (1998-2001) et G. GAJA (depuis 2003). V. aussi la compilation de décisions de juridictions internationales et d'autres organes internationaux établie par le Secrétaire général des Nations Unies (A/62/62 et Add.1, 2007).

§ 1. — *Le fait générateur* *Le fait internationalement illicite*

BIBLIOGRAPHIE. — A. DECENCIÈRE-FERRANDIÈRE, *La responsabilité internationale des États à raison des dommages subis par des étrangers*, Rousseau & co., 1925, 279 p. — Ch. DE VISSCHER, « Le déni de justice en droit international », *RCADI* 1935-II, vol. 52, p. 369-441. — R. AGO, « Le délit international », *RCADI* 1939-II, vol. 68, p. 419-554. — P. ZANNAS, *La responsabilité internationale des États pour les actes de négligence*, Gauguin & Laubscher, Montreux, 1952, 146 p. — A.-V. FREEMAN, « Responsibility of States for the Unlawful Acts of their Armed Forces », *RCADI* 1955-II, vol. 88, p. 263-416. — R. PINTO, « Les règles du droit international concernant la guerre civile », *RCADI* 1965-I, vol. 114, p. 451-553. — C.-F. AMERASINGHE, *State Responsibility for Injuries to Aliens*, Oxford UP, 1967, XVI-324 p. — F. PRZETACZNIK, « La responsabilité internationale de l'État à raison des préjudices de caractère moral et politique causés à un autre État », *RGDIP* 1974, p. 919-974. — M.-S. MCDOUGAL, H.-D. LASWELL, LUNG CHU CHEN, « The Protection of Aliens from Discrimination and World Public Order : Responsibility of States Conjoined with Human Rights », *AJIL* 1977, p. 432-469. — P.-M. DUPUY, « Faute de l'État et "fait internationalement illicite" », *Droits* 1987, p. 51-63. — G. ARANGIO RUIZ, « State Fault and the Forms and Degrees of International Responsibility », *Mél. Virally* 1991, p. 25-41. — P. REUTER, « Trois observations sur la codification de la responsabilité internationale des États pour fait illicite », *ibid.*, p. 137-145. — J. SALMON, « L'intention en matière de responsabilité internationale », *ibid.*, p. 413-422. — A. GATTINI, « La notion de faute à la lumière du projet de convention de la CDI », *JEDI* 1992, p. 253-284 ; « Smoking/No Smoking : Some Remarks on the Current Place of Fault in the ILC Draft articles on State Responsibility », *EJIL* 1999, p. 397-404. — B. STERN, « Et si on utilisait la notion de préjudice juridique ? Retour sur une notion délaissée à l'occasion de la fin des travaux de la CDI sur la responsabilité des États », *AFDI* 2001, p. 3-44 (v. aussi, en anglais, *Mél. Schachter*, 2005, p. 93-106). — L.-Ch. DELANOY et T. PORTWOOD, « La responsabilité de l'État pour déni de justice dans l'arbitrage d'investissement », *Rev. Arb.* 2005,

p. 603-643. — C. GUTTIÉRREZ ESPADA, *El hecho ilícito internacional*, Dickinson, Madrid, 2005, 243 p. — C. LALY-CHEVALIER, *La violation du traité*, Bruylant, Bruxelles, 2005, VIII-675 p. — J. PAULSSON, *Denial of Justice in International Law*, Cambridge UP, 2005, XXVI-279 p. — J.R.C. CRAWFORD, « Multilateral Rights and Obligations in International Law », *RCADI* 2006, vol. 319, p. 325-482. — O. DIGGELMAN, « Fault in the Law of State Responsibility : Pragmatism *ad infinitum* ? », *GYBIL* 2006, p. 293-305. — T. BECKER, *Terrorism and the State : Rethinking the Rules of State Responsibility*, Hart, Oxford, 2006, XII-390 p.

470. Faute et manquement. — La question de la nature du fait générateur de la responsabilité pour fait internationalement illicite fait l'objet d'un débat doctrinal mais qui repose en partie sur un quiproquo. Certains auteurs (Strupp) soutiennent que la responsabilité repose sur une *faute* des sujets du droit international.

Cette thèse peut se prévaloir de quelques précédents jurisprudentiels, en particulier de la sentence de 1912 dans l'affaire de *L'indemnité russe* (*RSA* vol. XI, p. 44), et des prises de position de certains juges internationaux (opinions dissidentes Ammoun et de Castro sous l'affaire *Fasla, Rec. CIJ* 1973, p. 247 et 289).

La doctrine dominante et, à sa suite, les travaux de codification s'opposent à une telle explication. À vrai dire, il y a plus là une querelle de définition qu'une divergence de fond. Si les auteurs de la première tendance retiennent comme « faute » un comportement marqué d'une intention malveillante, leur approche doit être écartée. Elle est à la fois trop étroite et ambiguë. Faire appel à des éléments aussi subjectifs est difficilement compatible avec la responsabilité des personnes morales, surtout lorsqu'il s'agit d'États souverains. Un tel fondement limite à l'excès la portée de la responsabilité internationale et les conditions de sa mise en œuvre. Cette manière de voir n'est pas retenue dans la pratique internationale ni dans la jurisprudence dominante. En revanche, si l'on dénomme « faute » un manquement au droit international, il n'est pas niable qu'une telle violation est le fondement habituel de la responsabilité internationale. Mieux vaut — pour éviter l'ambiguïté du terme « faute » — recourir à des formules plus neutres et plus objectives : l'acte, le fait, le comportement, illicite. C'est la solution retenue par la Commission du droit international, comme point de départ de l'œuvre de codification : « *Tout fait internationalement illicite d'un État engage sa responsabilité internationale* » (article 1er du projet d'articles de 2001 préc.).

L'article 2 de ce même projet précise :

« Il y a fait internationalement illicite de l'État lorsque : *a)* un comportement consistant en une action ou une omission est attribuable, d'après le droit international, à l'État ; et *b)* que ce comportement constitue une violation d'une obligation internationale ».

Cette définition vaut pour tout sujet du droit international et l'on peut dire que la responsabilité internationale peut être engagée dès lors qu'un *manquement* au droit international a été commis et que ce manquement peut être *attribué* à un sujet du droit international.

On remarquera que la CDI préfère parler d'« attribution » du comportement que d'« imputabilité » — terme plus classique, mais qui implique une opération intellectuelle de rattachement alors que l'attribution peut résulter d'une causalité directe — et de « fait internationalement illicite » que d'« acte ». Le terme « acte » implique, en effet, une action positive alors que, comme le souligne le projet de la CDI, la responsabilité internationale peut être engagée aussi bien par une omission ou une abstention que par une action. L'affaire du *Détroit de Corfou*, fournit une bonne illustration de cette double possibilité : dans son arrêt du 9 avril 1949, la CIJ a considéré que la responsabilité de l'Albanie était engagée parce qu'elle *n'avait pas* notifié la présence de mines dans les eaux de ce détroit international, tandis que celle du Royaume-Uni l'était parce qu'il *avait* procédé de son propre chef au déminage dans les eaux territoriales albanaises. Dans son arrêt du 26 février 2007, la CIJ a indiqué qu'alors que la complicité de génocide « se produit par action, la violation de l'obligation de prévenir se produit par omission » (*Application de la Convention sur le génocide*, § 432) et a constaté la responsabilité de la Serbie-Monténégro pour n'avoir pas utilisé tous les moyens à sa disposition pour prévenir et punir le génocide commis à Srebrenica et, notamment, pour n'avoir pas coopéré pleinement avec le TPIY.

Le principe, façonné par la coutume, est certain. Il a été reconnu et mis en œuvre fréquemment, par une jurisprudence constante :

CPJI, 13 septembre 1928, *Usine de Chorzów*, Série A, n° 17 ; 14 juin 1938, *Phosphates du Maroc*, Série A/B, n° 74, p. 10 ; CIJ, arrêts, 9 avril et 15 décembre 1949, *Détroit de Corfou*, *Rec.* p. 244 ; 5 février 1970, *Barcelona Traction*, *Rec.* p. 36, § 46 ; avis consultatif, 9 juill. 2004, *Conséquences juridiques de l'édification d'un mur dans le territoire palestinien occupé*, *Rec.* p. 197, § 147. V. aussi CIRDI, sentence sur le fond du 31 mai 1990, *Amco Asia et al. c. Indonésie* (ARB/81/1), § 172 ; comité *ad hoc*, décision d'annulation du 3 juill. 2002, *Compañia de Aguas del Aconquija SA et Vivendi Universal c. Argentine (ARB/97/3)*, § 16 ; Tribunal arbitral (*ad hoc*), sentence partielle du 19 août 2005, *Eureko BV c. Pologne*, § 188 et les décisions des Commissions de réclamations mexicaines (outre de nombreuses sentences admettant la responsabilité internationale de l'État pour déni de justice, certaines sentences apportent la contre-épreuve en refusant d'engager cette responsabilité en l'absence d'un fait internationalement illicite : voir 15 février 1930, *Mexican Union Railway, RSA* vol. V, p. 115 ; 18 juin 1931, *Interoceanic Railway of Mexico, ibid.*, p. 178) ainsi que des Commissions de conciliation créées par les traités de paix de 1947 (par exemple, Commission États-Unis — Italie, 6 décembre 1954, *Shafer, RSA* vol. XIV, p. 205).

Il convient de préciser les deux éléments de la règle générale et d'examiner les circonstances particulières dans lesquelles, en vertu de certains principes du droit international, un comportement en soi illicite peut perdre cette qualité et ne pas justifier l'engagement de la responsabilité internationale du sujet de droit mis en cause.

A. — Violation d'une obligation internationale

BIBLIOGRAPHIE. — J. COMBACAU, « Obligations de résultat et obligations de comportement — Quelques questions et pas de réponse », *Mél. Reuter*, 1981, p. 181-204. — J. LENOBLE, « Responsabilité internationale des États et contrôle territorial », *RBDI* 1981, p. 95-110. — J.-J.-A. SALMON, « Le fait étatique complexe, une notion contestable », *AFDI* 1982, p. 709-738 ; « Les obligations quantitatives et l'illicéité », *Mél. Abi-Saab*, 2001, p. 305-325. — J. COMBACAU et D. ALLAND, « 'Primary'and 'Secondary'Rules in the Law of State Responsibility : Categorizing International Obligations », *NYBIL* 1985, p. 81-109. — R. PISILLO MASSESCHI, *« Due Diligence » e responsibilità internazionale degli stati*, Giuffrè, Milan, 1989, XIV-418 p. — P.-M. DUPUY, « Reviewing the Difficulties of Codification : On Ago's Classification of Obligations of Means and Obligations of Result in Relation to State Responsibility »,

EJIL 1999, p. 371-385 ; « A General Stocktaking of the Connections Between the Multilateral Dimension of Obligations and Codification of the Law of Responsibility », *EJIL* 2002, p. 1054-1081. — L.-A. SICILIANOS, « The Classification of Obligations and the Multilateral Dimension of the Relations of International Responsibility », *Ibid.*, p. 1127-1145. — A. MARCHESI, *Obblighi di condotta e obblighi di risultato : contributo allo studio degli obblighi internazionali*, Giuffrè, Milan, 2003, p. X-174 p. — R.-P. BARNIDGE Jr., « The Due Diligence Principle Under International Law », *International Community Law Review*, 2006, p. 81-121. — G. DISTEFANO, « Fait continu, fait composé et fait complexe dans le droit de la responsabilité », *AFDI* 2006, p. 1-54.

Sur la notion de « crime » international ou de « violation grave d'une obligation découlant d'une norme impérative », v. : K. MAREK, « Criminalizing State Responsibility », *RBDI* 1978-1979, p. 460-485. — M. GOUNELLE, « Quelques observations sur la notion de « crime international » et sur l'évolution de la responsabilité internationale de l'État », *Ibid.*, p. 315-326. — P.-M. DUPUY, « Action publique et crime international de l'État », *AFDI* 1979, p. 539-554 ; « Observations sur le crime international de l'État », *RGDIP* 1980, p. 449-486. — G. GILBERT, « The Criminal Responsibility of States », *ICLQ* 1990, p. 345-369. — Ch. TOMUSCHAT, « Obligations Arising for States Without or Against their Will », *RCADI* 1993-IV, vol. 241, p. 195-374. — G. PALMISANO, « Les causes d'aggravation de la responsabilité des États et la distinction entre « crimes » et « délits » internationaux », *RGDIP* 1994, p. 629-673. — A. PELLET, « Vive le crime ! Remarques sur les degrés de l'illicéité en droit international », *in* CDI, *Le droit international à l'aube du XXe siècle*, NU, New York, 1997, p. 287-315 ; « Can a State Commit a Crime ? Definitely, Yes ! », *EJIL* 1999, p. 425-434 ; « Le nouveau projet de la CDI sur la responsabilité de l'État pour fait internationalement illicite : *Requiem* pour le crime », *Mél. Cassese*, 2002, p. 654-681 (en anglais *in NYBIL*, 2001, p. 55-79). — R. ROSENSTOCK, « An international Criminal Responsibility of States ? », *in* CDI, *Le droit international à l'aube du XXe siècle*, préc., p. 265-285. — Sh. ROSENNE, « State Responsibility and International Crimes : Further Reflections on Article 19 of the Draft articles on State Responsibility », *NYU Jl. of I.L. and Pol.* 1997-1998, p. 145-166. — D. BOWETT, « Crimes of State and the 1996 Report of the International Law Commission on State Responsibility », *EJIL* 1998, p. 163-173. — G. ABI-SAAB, « The Uses of Article 19 », *EJIL* 1999, p. 339-351. — N.H.B. JØRGENSEN, *The Responsibility of States for International Crimes*, Oxford UP, 2000, XXXIV-325 p. — J. BARBOZA, « State Crimes : a Decaffeinated Coffee », *Mél. Abi-Saab*, 2001, p. 357-375. — M. KOSKENNIEMI, « Solidarity Measures : State Responsibility as a New International Order ? », *BYBIL* 2001, p. 337-356. — A. GATTINI, « A Return Ticket to 'Communitarisme', Please », *EJIL* 2002, p. 1181-1199. — E. WYLER, « From 'State Crime'to Responsibility for 'Serious Breaches of Obligations Under Peremptory Norms of General International Law' », *Ibid.*, p. 1147-1160. — P.-M. DUPUY dir., *Obligations multilatérales, droit impératif et responsabilité internationale des États*, Pedone, 2003, 296 p. — M. ARCARI, « Responsabilité de l'État pour violations graves du droit international et système de sécurité collective des Nations Unies », *ADI* 2005, p. 415-447. — P.S. RAO, « International Crimes and State Responsibility », *Mél. Schachter.*, 2005, p. 63-80. — P. PICONE, « Obblighi *erga omnes* e codificazione della responsabilità degli Stati », *Riv. DI* 2005, p. 893-954 ; *Communità internazionale e obblighi « erga omnes »*, Jovene, Naples, 2006, XII-683 p. — G. ABI-SAAB, « Que reste-t-il du « crime international » ? », *Mél. Salmon*, 2007, p. 69-91. *Sur les conséquences de ces violations*, v. *infra* la bibl. figurant sur le n° 488.

471. Notion. — La violation d'une obligation internationale constitue un « fait internationalement illicite ». Deux éléments doivent donc être réunis : un comportement qui, comme on vient de le signaler (n° 470), peut être une action ou une omission, et sa contrariété avec une règle internationale de caractère coutumier ou conventionnel.

En vertu de l'autonomie du droit international par rapport aux autres ordres juridiques, le fait internationalement illicite est une notion totalement autonome par rapport au droit propre des sujets du droit international, États ou organisations internationales. Comme l'affirme avec force l'article 3 du projet de la CDI : « La qualification du fait de l'État comme internationalement illicite relève du droit international ».

La même disposition insiste sur l'une des conséquences de ce principe : « Une telle qualification ne saurait être affectée par la qualification du même fait comme licite d'après le droit interne ». Inversement, la qualification d'illicite d'un fait par un droit interne ne suffit pas à consacrer l'illicéité internationale de ce fait.

Le projet ne fait que reprendre, sur ce point, une jurisprudence internationale bien établie. Un acte interne conforme au droit national, donc licite au regard de ce dernier, n'en est pas moins internationalement illicite s'il est contraire au droit international (CPJI, 17 août 1923, *Wimbledon*, *Série A*, n° 1, p. 30 ; 7 sept. 1927, *Lotus*, *Série A*, n° 10, p. 24 ; 4 févr. 1932, avis relatif au *Traitement des nationaux polonais à Dantzig*, *Série A/B*, n° 44, p. 24-25 ; v. aussi CIRDI, comité *ad hoc*, décision d'annulation du 3 juill. 2002, *Compañia de Aguas del Aconquija SA et Vivendi Universal c. Argentine* [ARB/97/3], § 96-97 ; sentence du 29 mai 2003, *Técnicas Medioambientales Tecmed SA c. Mexique* [ARB(AF)/00/2], § 120 ; décision sur la compétence du 6 août 2003, *SGS c. Pakistan* [ARB/01/13], § 147 ; sentence du 12 oct. 2005, *Noble Ventures, Inc. c. Roumanie* [ARB/01/11], § 53).

Peu importent, à cet égard, les distinctions du droit interne entre les divers actes juridiques : constitutions, lois, décisions administratives et actes juridictionnels sont tous de simples « faits » au regard du droit international (CPJI, 25 mai 1926, *Intérêts allemands en Haute-Silésie polonaise*, *Série A*, n° 7, p. 19).

La question de la date à laquelle le fait illicite s'est produit peut présenter une grande importance pratique, particulièrement lorsqu'il faut établir la date de la survenance d'un différend aux fins de son règlement juridictionnel, et poser des problèmes délicats (notamment en ce qui concerne le droit applicable), au moins lorsque la violation est continue (cf. CIJ, ord., 2 juin 1999, *Licéité de l'usage de la force*, *Rec.* p. 132 s., § 22 s. ; CEDH, Grande chambre, arrêt du 8 mars 2006, *Ble&ccaron ;i&cacute ; c. Croatie*, exceptions préliminaires, § 81 et 92 ; v. sur la question du fait internationalement illicite et le temps, les art. 14 et 15 des articles préc. et leurs commentaires, A/56/10, p. 146-158).

S'il est possible de déterminer, dans une formule univoque, la notion d'illicéité, il est immédiatement nécessaire d'introduire quelques distinctions entre les diverses formes de faits illicites, pour en préciser les contours.

472. Degrés de l'illicéité — Les « violations graves d'obligations découlant de normes impératives ». — Jusqu'à une époque récente, la question de savoir si l'illicéité constitue une notion unique ou est susceptible de degrés n'avait guère été posée clairement en droit international.

Tel qu'il avait été adopté en première lecture, le projet de la CDI retenait deux catégories différentes de violations du droit international : le « délit » et le « crime » international dont la définition était donnée dans l'article 19, paragraphe 2 :

« Le fait illicite qui résulte d'une violation par un État d'une obligation si essentielle pour la sauvegarde d'intérêts fondamentaux de la communauté internationale que sa violation est reconnue comme un crime par cette communauté dans son ensemble constitue un crime international ».

Le paragraphe 3 de cette disposition fournissait une liste de crimes internationaux : l'agression, le maintien par la force d'une domination coloniale, l'esclavage, le génocide, l'apartheid, l'atteinte grave à l'environnement humain, en particulier. Tous les autres faits internationalement illicites étaient qualifiés de « délits » aux termes du paragraphe 4 de ce même article 19.

Bien qu'elle eût, à l'origine (en 1976), été adoptée à l'unanimité par la Commission du Droit international, cette distinction a suscité de vives critiques, tant de la part de la doctrine que de certains États, en particulier les grands pays occidentaux.

Il lui était notamment reproché :

— d'introduire un vocabulaire pénaliste dans des mécanismes de responsabilité « civile » ;

— de reposer sur des appréciations entièrement subjectives en l'absence de critères clairs permettant de déterminer l'existence d'un crime ; et

— de ne pas avoir de conséquences pratiques significatives.

En outre, les exemples figurant au paragraphe 3 de l'article 19 ont été jugés, non sans raison, discutables, souvent très « datés » et, en tout état de cause, il n'était pas approprié d'inclure, dans un projet de codification, une liste d'exemples non limitative.

À la suite de débats difficiles et parfois houleux, tant au sein de la Sixième Commission de l'Assemblée générale (compétente en matière juridique) que de la CDI, celle-ci a abandonné toute allusion à d'éventuels degrés de l'illicéité dans la première partie du projet définitivement adopté en 2001, consacrée au « fait internationalement illicite ». En revanche, la distinction réapparaît dans la deuxième partie du projet relative au « contenu de la responsabilité internationale de l'État », dont le chapitre III esquisse le régime juridique applicable aux « violations graves d'obligations découlant de normes impératives du droit international général », périphrase un peu laborieuse qui se substitue au mot « crime » du projet précédent tout en reprenant pour l'essentiel les dispositions qui en tiraient les conséquences et en ménageant la possibilité d'évolutions futures (v. *infra*, n° 491).

Grâce à cette substitution, la connotation abusivement « pénaliste » du projet de 1996 disparaît du second (qui ne mentionne pas davantage les « délits »), ce qui devrait désarmer une partie des critiques. Au surplus, les exemples qui figuraient malencontreusement dans l'ancien article 19 sont relégués dans le commentaire du nouvel article 40 (v. les § 4 et 5 de ce commentaire dans le rapport de la CDI de 2001, A/56/10, p. 304-306), et un effort est fait pour préciser la définition de ces « violations graves ». D'une part en effet, l'appellation même de celles-ci renvoie aux « normes impératives du droit international général », c'est-à-dire au *jus cogens*, dont la définition est maintenant acquise (v. *supra*, n° 125), même si une part, inévitable, de subjectivité subsiste. D'autre part, le paragraphe 2 de l'article 40 précise que :

« La violation d'une telle obligation est grave si elle dénote de la part de l'État responsable un manquement flagrant ou systématique à l'exécution de l'obligation ».

Cette précision s'impose. Sans doute peut-on soutenir que, presque par définition, toute violation d'une règle de *jus cogens* est « grave » ; et c'est certainement exact au plan moral ou politique. Toutefois, s'il est évident qu'un génocide ou une agression sont toujours graves et tombent dès lors automatiquement sous le coup de cette définition, il n'en va pas forcément de même des violations de certaines normes impératives du droit international général.

Ainsi par exemple, il n'est pas douteux que la prohibition de la torture constitue une telle norme (cf. le jugement de la Chambre de première instance du TPIY du 10 décembre 1998 dans l'affaire *Furundzija*, IT-95-17/1-T, § 151-157 ou l'arrêt de la Chambre des Lords britannique du 24 mars 1999 dans l'affaire *Pinochet*) ; mais il n'en résulte pas que toute violation de celle-ci tombe sous le coup des dispositions de l'article 40 du projet de la CDI. Et si, par un arrêt *Selmouni*, du 28 juillet 1999, la Cour européenne des droits de l'homme a condamné la France pour des actes de torture, il ne serait pas acceptable de voir dans ceux-ci une « violation grave d'une obligation découlant d'une norme impérative du droit international général » au sens de cet article 40.

Cette pérennisation de la notion de « crime international » sans le nom doit être approuvée : entre un génocide et la simple violation d'un accord de commerce bilatéral il y a une différence non pas seulement de degré, mais bien de nature ; pour fâcheuse qu'elle soit, la seconde n'intéresse que les rapports entre les deux États parties à l'accord au contraire du génocide qui répugne à la conscience de l'humanité tout entière et menace les fondements mêmes de la fragile communauté internationale. « Vu l'importance des droits en cause, tous les États peuvent être considérés comme ayant un intérêt juridique à ce que ces droits soient protégés ; les obligations dont il s'agit sont des obligations *erga omnes* » (CIJ, arrêt du 5 févr. 1970, *Barcelona Traction Light and Power Cy., Fond (2e phase), Rec.* p. 32, § 33 ; v. aussi, 3 fév. 2006, *Activités armées sur le territoire du Congo (RDC c. Rwanda), Rec.* p. 31-32, § 64).

Encore faut-il que cette distinction, intellectuellement et moralement nécessaire, produise des effets concrets. Ce n'est que très partiellement le cas, au moins à s'en tenir aux conséquences qu'en tirent les articles 41 et 48 du projet d'articles de la CDI (v. *infra*, n° 491).

473. Détermination de l'illicéité et nature de l'obligation violée. — « Il y a violation d'une obligation internationale par un État lorsqu'un fait dudit État n'est pas conforme à ce qui est requis de lui en vertu de cette obligation, quelle que soit l'origine ou la nature de celle-ci » (art. 12 du projet de la CDI). En d'autres termes, peu importe la source, conventionnelle, coutumière ou autre de l'obligation violée et sa consistance ; il suffit qu'elle soit en vigueur à l'égard de l'État ou de l'organisation internationale concerné au moment du comportement qui ne lui est pas conforme (art. 13).

Dans l'affaire du *Projet Gab&ccaron ;íkovo-Nagymaros*, la CIJ s'est appuyée sur les dispositions correspondantes du premier projet adopté par la CDI pour estimer qu'il est « bien établi que, dès lors qu'un État a commis un acte internationalement illicite, sa responsabilité internationale est susceptible d'être engagée quelle que soit la nature de l'obligation méconnue » (*Rec.* 1997, p. 38, § 47). Dans celle du *Rainbow Warrior*, le Tribunal arbitral a également rappelé que « toute violation par un État d'une obligation, quelle qu'en soit l'origine, engage la responsabilité de cet État » (SA, 30 avr. 1990, *RSA* XX, p. 251, § 75).

L'existence de l'obligation à la « date critique » n'est pas toujours facile à apprécier notamment lorsque la violation est continue (cf. l'article 14 du projet) ou est constituée par un fait composite (art. 15). Le rattachement d'une violation à l'une ou l'autre de ces catégories n'est pas purement théorique et peut avoir des conséquences pratiques importantes notamment en ce qui concerne la fixation de la réparation appropriée (cf. la sentence arbitrale préc. dans l'affaire du *Rainbow Warrior*, *RSA* XX, p. 264, § 101).

Déterminer le caractère illicite d'un fait présente apparemment moins de difficulté lorsque la règle de droit international non respectée consiste en une *obligation de résultat* que lorsqu'il s'agit d'une *obligation de comportement* ou *de moyens*. Ceci serait toujours vrai si la distinction reposait sur le degré de précision de l'obligation internationale. Mais ce n'est pas le cas.

En effet, la distinction des deux catégories d'obligations n'est pas propre au droit de la responsabilité internationale ; en tout cas elle n'est pas déterminée dans ce cadre. Dans son premier projet, la CDI l'avait retenue en tant que « modes d'être » de l'obligation internationale qui aurait été violée (cf. les articles 20 et 21 du projet de 1996). Elle considérait qu'est *obligation de comportement* une obligation résultant d'une norme coutumière ou conventionnelle qui précise que *sa mise en œuvre exige du destinataire* — État ou organisation internationale — *l'emploi de moyens spécifiquement déterminés*, c'est-à-dire suppose des actions ou omissions de la part d'une autorité étatique ou d'une organisation internationale (*Ann. CDI* 1977, vol. II, 2e partie, p. 13 s.). Seront analysées comme des obligations de moyens (ou de comportement) l'interdiction pour les forces armées d'un État de pénétrer sur le territoire d'un autre État, l'obligation faite au législateur national de ne pas maintenir ou établir des mesures racistes ou l'obligation faite aux tribunaux d'un État de reconnaître une certaine portée juridique aux jugements de tribunaux étrangers. Au contraire, il y aurait violation par un État d'une obligation de résultat « si par le comportement adopté, l'État n'assure pas le résultat requis de lui par cette obligation » (art. 21, § 1).

Cette distinction, qui a fait l'objet de vives critiques doctrinales a été abandonnée dans le projet de 2001. Elle n'en correspond pas moins à la réalité.

La distinction des deux types d'obligations ne porte pas sur le degré de précision de la norme juridique. Il est des obligations de résultat floues ou ambiguës, comme il est des obligations de comportement très précises (par exemple, dans les conventions d'unification du droit privé). Le critère décisif réside dans la « permissivité quant aux moyens » laissée initialement au destinataire de la norme — ou à tout le moins dans la possibilité qui lui est reconnue de corriger les effets pervers de la mise en œuvre initiale de son obligation. Lorsqu'existe une telle permissivité — ou ce « droit de repentir » —, on peut parler d'une obligation de résultat ; sinon, il s'agit d'une obligation de comportement.

Il faut bien reconnaître que le critère de la permissivité quant aux moyens n'est pas d'un maniement aisé. L'exécution des engagements internationaux des États exige presque toujours l'emploi de techniques de droit interne que les États utilisent avec une certaine marge d'appréciation.

La distinction ne correspond qu'en partie à celle opposant le règlement et la directive du droit communautaire (article 249 du Traité CE — 288 du TFUE). Si le règlement est bien l'instrument d'une obligation de comportement, il est de plus en plus douteux que la directive emporte simplement obligation de résultat : la jurisprudence de la CJCE pose de telles conditions à la mise en œuvre des directives (exigences de transparence, de précision et de sécurité juridique des mesures nationales de transposition, d'efficacité des procédures de répression des infractions commises par les particuliers : voir par exemple, arrêts du 28 avril 1993, *Commission c. Italie*, C-306/91, *Rec.* p. I-2133 ; du 22 juin 1993, *Commission c. Danemark*, C-243/89, *Rec.* p. I-3353 ; 11 juillet 2002, *Marks & Spencer plc. et Commissioners of Customs & Excise*, C-62/00, *Rec.* 2002, p. I-6325) que le critère de permissivité n'est plus toujours vérifié.

Malgré tout, parce que l'obligation de comportement doit composer avec la souveraineté étatique et que les États — dans ce cas — ne peuvent plus tabler sur une certaine liberté d'appréciation, le contenu de l'obligation sera souvent formulé de façon plus ambiguë que lorsqu'il s'agit d'une obligation de résultat. Le juge ou l'arbitre devra apprécier l'attitude de l'État en fonction d'un comportement moyen, ce qui est un critère prêtant inévitablement à une certaine subjectivité.

Il peut s'agir d'un devoir général de vigilance (*« due diligence »*), que Max Huber définissait ainsi dans sa sentence arbitrale de 1928 (affaire de l'*Île de Palmas*) : « La souveraineté territoriale implique le droit exclusif d'exercer les activités étatiques. Ce droit a pour corollaire un devoir : l'obligation de protéger, à l'intérieur du territoire, les droits des autres États, en particulier leur droit à l'intégrité et à l'inviolabilité en temps de paix et en temps de guerre, ainsi que les droits que chaque État peut réclamer pour ses nationaux en territoire étranger » (*RSA*, vol. II, p. 839). En effet, les États sont tenus de traiter convenablement les étrangers séjournant sur leur territoire, de respecter à leur égard des « standards minimum de civilisation » souvent malaisés à apprécier.

Les obligations qui en résultent sont doublement ambiguës. La détermination des « standards » est éminemment contingente et subjective. Celle de la *« due diligence »* est également fonction des circonstances. Ainsi, la Convention XII de La Haye relative à l'établissement d'une Cour internationale des prises (1907) précisait qu'en temps de guerre ce devoir de vigilance devait être mis en œuvre par l'État neutre « selon les moyens » dont il dispose. De même, dans l'affaire de l'*Alabama* (1872), le Tribunal arbitral a estimé que la vigilance des neutres « doit être en raison directe des dangers réels que le belligérant peut courir par le fait ou la tolérance du neutre et en raison inverse des moyens directs que le belligérant peut avoir d'éviter ces dangers » (*RAI*, vol. II, p. 780).

L'appréciation de l'illicéité du comportement présente des difficultés semblables lorsqu'il s'agit d'un *abus* dans l'usage d'un droit ou d'une faculté établie par le droit international.

Dans le cas d'une obligation de comportement, il suffit de constater que son destinataire n'a pas adopté l'attitude attendue de lui pour en déduire la violation d'une obligation internationale. En revanche, par hypothèse, « il n'en garantit pas pour autant le résultat » (CIJ, arrêt, 4 juin 2008, *Certaines questions concernant l'entraide judiciaire en matière pénale*, § 123) ; ainsi par exemple, « on ne saurait imposer à un État quelconque de parvenir à empêcher, quelles que soient les circonstances, la commission d'un génocide » (CIJ, arrêt, 26 février 2007, *Application de la Convention sur le génocide*, § 430).

Dans l'affaire *LaGrand*, la CIJ a, dans son ordonnance du 3 mars 1999, adopté une mesure conservatoire aux termes de laquelle les États-Unis devaient « prendre toutes les mesures dont ils disposent pour que M. Walter LaGrand ne soit pas exécuté tant que la décision définitive en la présente instance n'aura pas été rendue » (*Rec.* p. 16, § 29). LaGrand ayant été exécuté le lendemain, la Cour a, dans son arrêt sur le fond du 27 juin 2001, estimé qu'en s'étant bornés à transmettre le texte de l'ordonnance au gouverneur de l'Arizona sans l'accompagner d'aucun commentaire ni d'une demande de sursis à l'exécution, les États-Unis ne s'étaient pas acquittés de l'obligation de comportement (et non de résultat) leur incombant (*Rec.* p. 506-508, § 111-115). Dans l'affaire des *Activités armées sur le territoire du Congo (RDC c. Ouganda)*, « [l]a Cour ayant conclu que l'Ouganda était une puissance occupante (...), la responsabilité de celui-ci est donc engagée à raison à la fois de tout acte de ses forces armées contraire à ses obligations internationales et du défaut de vigilance requise pour prévenir les violations des droits de l'homme et du droit international humanitaire par d'autres acteurs présents sur le territoire occupé. » (*Rec.* 2005, p. 231, § 179 ; v. aussi l'arrêt préc. du 26 février 2007 dans l'affaire du *Génocide*, § 430).

Peu importe qu'en fait le résultat attendu ait été atteint d'une manière différente de celle prévue, par exemple par l'absence de mise en œuvre d'une législation qui — selon l'obligation internationale — aurait dû être abrogée. Dans son principe, l'illicéité est relativement facile à établir.

Dans la pratique, ainsi que l'illustre la jurisprudence de la Cour de Luxembourg relative à l'application de ses règlements par la CE, les solutions du droit communautaire sont moins univoques (CJCE, 27 septembre 1979, *Eridiana*, aff. 230/78, *Rec.* p. 2749 : malgré son applicabilité directe, un règlement peut habiliter les autorités nationales à prendre des mesures d'application, y compris dérogatoires ; v. aussi, 20 juin 2002, *Mulligan et as.*, C-313/99, *Rec.* p. I-5719).

En revanche, s'agissant d'une obligation de résultat, le seul critère général réside dans « une confrontation entre le résultat atteint et celui que l'État aurait dû assurer », confrontation qui doit tenir compte de la latitude éventuellement laissée au destinataire de corriger par de nouvelles initiatives les effets insuffisants de son attitude initiale. Il faut donc attendre que soient parcourues les diverses étapes d'un « fait étatique (ou du fait d'une organisation internationale) complexe » avant de pouvoir déceler la violation de l'obligation internationale ; il convient parfois aussi de s'assurer que la satisfaction accordée par le destinataire de la norme internationale est bien *équivalente* au droit dont il n'a pu garantir directement le bénéfice. Dans toutes ces situations, l'interprète doit vérifier sur un plan concret le respect de l'obligation internationale.

L'illustration classique de cette difficulté propre aux obligations de résultat est fournie par l'obligation d'offrir des voies de recours internes efficaces aux ressortissants étrangers qui invoquent l'inexécution de ses obligations internationales par l'État de résidence (la question est importante pour la mise en œuvre du principe de l'épuisement des voies de recours internes, v. *infra*, n° 495).

B. — Attribution à un sujet de droit international

I. *ATTRIBUTION À UN ÉTAT*

BIBLIOGRAPHIE. — L. CONDORELLI, « L'imputation à l'État d'un fait internationalement illicite », *RCADI* 1984-V, vol. 188, p. 9-222. — H. DIPLA, *La responsabilité de l'État pour violation des droits de l'homme : problèmes d'imputation*, Pedone, 1994, 118 p. — S. RATNER, « Corporations and Human Rights », *Yale L. Jl.* 2001, p. 443-545. — R. HIGGINS, « The Concept of « the State » : A Variable Geometry and Dualist Perceptions », *Mél. Abi-Saab*, 2001, p. 547-561. — G. Bartolini, « Organi di fatto e responsabilità internazionale : recenti sviluppi », *Cta. I.* 2001, p. 435-473. — F. DOPAGNE, « La responsabilité de l'État du fait des particuliers », *RBDI* 2001, p. 292-525. — L. ZEGVELD, *The Accountability of Armed Opposition Groups in International Law*, Cambridge UP, 2002, XXVIII-260 p. — I. BROWNLIE, « The Responsibility of States for the Acts of International Organizations », *Mél. Schachter*, 2005, p. 355-362. — R. WOLFRUM, « State Responsibility for Private Actors : an Old Problem of Renewed Relevance », p. 423-434. — P. DUMBERRY, « New State Responsibility for Internationally Wrongful Acts by an Insurrectional Movement », *EJIL* 2006, p. 605-621. — E. SAVARESE, « Issues of Attribution to States of Private Acts : Between the Concept of *De Facto* Organs and Complicity », *IYBIL* 2006, p. 111-133. — A. FELDER, *Die Beihilfe im Recht der völkerrechtlichen Staatenverantwortlichkeit*, Schulthess, Zurich, 2006, XLV-317 p. — P. PALCHETTI, *L'organo di fatto dello Stato nell'illecito internazionale*, Giuffrè, Milan, 2007, IX-307 p. — M. FORTEAU, « L'État selon le droit international : une figure à géométrie variable ? », *RGDIP* 2007, p. 737-770. — Ph. LAGRANGE, « Responsabilité des États pour actes accomplis en application du Chapitre VII de la Charte des Nations Unies », *RGDIP* 2008, p. 85-110.

474. Faits des autorités étatiques. — L'attribution à l'État est très largement admise dès lors que le comportement dénoncé émane de personnes ou d'organes sous son autorité effective. Le droit international confirme, par ce biais, que les habilitations juridiques internes ne sont que des faits pour les autres sujets de droit international.

En précisant qu'un organe de l'État « *comprend* toute personne ou entité qui a ce statut d'après le droit interne de l'État », l'article 4 du projet de la CDI nuance cependant quelque peu ce principe et réalise un équilibre satisfaisant entre deux exigences contradictoires : l'autonomie d'organisation interne qui appartient à tout État (v. *supra*, n° 279) et le souci de ne pas permettre à un État d'échapper à sa responsabilité en s'abritant derrière la personnalité juridique distincte qu'il peut reconnaître à ses démembrements. La responsabilité internationale de l'État est donc engagée par tout organe ou « entité » (ce qui vise principalement les collectivités territoriales) que le droit national désigne comme tel, mais aussi par ceux qui sont habituellement considérés comme tels. Dans l'affaire du *Génocide*, la CIJ a exclu que la République serbe autoproclamée de Bosnie-Herzégovine (Republika Srpska) ou l'armée de cette entité constituaient des organes *de jure* de l'État défendeur car ils ne possédaient pas, en vertu du droit interne de celui-ci, le statut d'organes (arrêt du 26 fév. 2007, § 387).

Dès lors, un État ne peut invoquer les particularités de son organisation constitutionnelle ou les difficultés de sa vie politique pour échapper à l'engagement de sa responsabilité internationale : c'est la contrepartie de l'interdiction faite aux autres États de s'immiscer dans ses affaires intérieures (v. *supra*, n°s 278-279).

Malgré — et aussi, en raison — d'une intégration plus poussée au sein des Communautés européennes, et en dépit du respect affirmé pour le parlementarisme, la même logique conduit la Cour de Justice à écarter « l'obstacle d'ordre interne » comme excuse absolutoire dans les recours en constatation de manquement dirigés contre les États membres.

1° Le fait illicite est toujours attribué à l'État — ou à l'organisation internationale — *au nom duquel* agit l'auteur de l'acte ou du comportement illicite. « [L]e comportement de tout organe d'un État doit être regardé comme un fait de cet État » (CIJ, avis consultatif, 29 avr. 1999, *Immunité d'un Rapporteur spécial de la Commission des Droits de l'homme*, *Rec.* p. 87, § 62, ou arrêt, 19 décembre 2005, *Activités armées sur le territoire du Congo* [*RDC c. Ouganda*], *Rec.* p. 242, § 313 ; v. aussi TPIY, Chambre d'appel, 29 oct. 1997, *Bla&scaron ;ki&cacute ;* [aff. des *sub poenas*], IT-95-14, § 39-40 ; CIRDI, 14 juill. 2006, *Azurix* [ARB/01/12], § 50).

Il peut s'agir d'un organe *individuel*, depuis les gouvernants et les plus hauts fonctionnaires jusqu'à l'agent le plus subalterne.

Seuls les États d'Amérique latine ont tenté de soutenir que les fonctionnaires subalternes, simples agents d'exécution, ne pouvaient engager la responsabilité internationale de l'État. Cette opinion, caractéristique d'États dont la fonction publique a été longtemps mal structurée, peu efficiente, et dont la vie politique était souvent agitée, n'a pas prévalu.

De même, aucune distinction n'est à établir entre les autorités centralisées et décentralisées, entre celles qui sont spécialement en charge des relations extérieures de l'État — chef de l'État, chef du gouvernement, ministre des Affaires étrangères et agents diplomatiques — et les autres, non plus qu'en fonction du caractère législatif, exécutif, administratif ou juridictionnel des activités de l'agent (v. MERCOSUR, sentence du 9 janv. 2002, *Interdiction d'importer des pneus rechapés en provenance d'Uruguay ;* pour les actes accomplis par un ministre, ORD, rapport du Groupe spécial du 1er mai 2000, *Corée — Mesures affectant les marchés publics* [WT/DS163/R], § 6.5).

Bien entendu, lorsque ces fonctions sont confiées à des organes *collectifs* ou collégiaux, désignés ou élus, ces derniers engagent l'État dans les mêmes conditions. Tous ces points ont été explicitement rappelés par l'article 6 du projet de la CDI de 1996, dont la CIJ a reconnu le caractère de pure codification (A.C., 29 avr. 1999, *Cumarawamy*, *Rec.* p. 87, § 62), et dont la substance est reprise dans l'article 4, paragraphe 1, du projet définitif adopté en 2001.

Cette solution vaut aussi dans le cadre communautaire : la responsabilité d'un État membre peut être engagée « pour toute hypothèse de violation du droit communautaire par un État membre, et quel que soit l'organe de l'État membre dont l'action ou l'omission est à l'origine du manquement » (CJCE, aff. C-46/93 et C-48/93, 5 mars 1996, *Brasserie du Pêcheur et Factortame*, *Rec.* I-1029).

a) L'activité administrative est celle qui comporte le plus de contacts entre l'État et les particuliers, donc le plus d'occasions d'engager la responsabilité de l'État à l'égard des ressortissants étrangers. On peut en dire autant pour les organisations internationales, dont les fonctions les plus étendues — de caractère normatif — sont rarement susceptibles d'engager leur responsabilité, à la différence de leurs activités opérationnelles ou de gestion.

Les décisions juridictionnelles et arbitrales dans ce domaine sont particulièrement nombreuses. Elles retiennent notamment la responsabilité de l'État pour :

— des actes qui portent atteinte aux contrats bénéficiant aux étrangers et qui mettent en cause non seulement le principe du respect des obligations contractuelles, mais encore celui du respect des droits acquis (atteintes aux contrats de concession : affaire *Martini* entre l'Italie et le Venezuela (sentence Ralston du 8 juillet 1904, *RSA* vol. X, p. 644), affaire de la *Compagnie de navigation de l'Orénoque* (CPA, sentence du 25 octobre 1910, *RGDIP* 1911, p. 186), affaire franco-hellénique des *Phares de l'Empire ottoman* (sentence du 24 juillet 1956, *RSA* vol. XII, p. 155), affaire *Mavrommatis* (CPJI, arrêts des 30 août 1924 et 26 mars 1925, *Série A*, n° 2 et n° 5 ; atteintes aux contrats d'emprunt : affaire des *Emprunts serbes et brésiliens* (CPJI, arrêt du 12 juillet 1929, *Série A*, n° 20/21) ; si cette jurisprudence un peu ancienne serait aujourd'hui infléchie par l'évolution des idées sur la protection des droits acquis (v. *supra*, n° 356), elle reste pertinente en matière d'attribution aux États des comportements de ses agents et elle a été confirmée depuis notamment dans la jurisprudence du CIRDI ;

— des actes d'arrestation arbitraire suivis de mauvais traitements : des illustrations typiques sont fournies par l'affaire *Chevreau*, entre la France et le Royaume-Uni (CPA, sentence du 9 juin 1931, *RSA*, vol. II, p. 1113), l'affaire *Costa Rica Packet* entre le Royaume-Uni et les Pays-Bas (sentence de Martens, 25 février 1897, *Clunet* 1897, p. 624) ou encore par les affaires *Torrey* et *Underhill* soumises à la Commission des réclamations États-Unis-Vénézuéla de 1903 (*RSA* vol. IX, p. 225 et p. 155) ;

— l'inertie des pouvoirs publics dans la poursuite des auteurs de violations des droits de l'homme et les enquêtes judiciaires à leur encontre (cf. CIJ, arrêt du 19 décembre 2005, *Activités armées sur le territoire du Congo (RDC c. Ouganda)*, *Rec.* p. 231, § 180), souvent sanctionnée par les Cours européenne et interaméricaine des droits de l'homme, mais aussi leur incapacité à maintenir des conditions d'ordre public et de sûreté normales dans le terminal d'Eurotunnel (SA du 30 janvier 2007, *Eurotunnel*, § 319 et 352) ;

— des actes d'expulsion arbitraire, comme dans l'affaire *Ben Tillet* entre le Royaume-Uni et la Belgique (sentence Desjardins du 26 décembre 1898), et dans plusieurs affaires soumises aux Commissions des réclamations dites vénézuéliennes de 1903 (*Paquet*, *RSA* vol. IX, p. 323 ; *Oliva* et *Boffolo*, *RSA* vol. X, p. 600 et p. 528) ; ou

— des actes accomplis par les autorités militaires en temps de guerre comme en temps de paix : de nombreuses décisions ont été prononcées en matière de capture et de saisie de navires : ainsi dans les affaires du *Manouba* et du *Carthage* entre la France et l'Italie, à propos de navires postaux français (CPA, 6 mai 1913, *RSA*, vol. XI, p. 463 et p. 449) ; voir aussi les décisions des Commissions dites vénézuéliennes et mexicaines en ce qui concerne des actes commis à l'encontre de ressortissants d'États belligérants ou neutres ; il va de soi que des actes d'hostilité, même en l'absence de guerre à proprement parler, engagent la responsabilité de l'État ; ainsi, la CIJ a considéré que la responsabilité des États-Unis se trouvait engagée par l'aide apportée aux forces contre-révolutionnaires *(contras)* au Nicaragua, par les attaques directes perpétrées contre ce pays, par son survol ou par la pose de mines dans ses ports (arrêt du 27 juin 1986, *Activités militaires ou paramilitaires au Nicaragua* ; voir également la destruction accidentelle du navire américain Stark par un missile irakien en 1987 et l'accord des 27-28 mars 1989) et celle de l'Ouganda par des bombardements aveugles de populations civiles ou d'autres actes contraires au droit international humanitaire (arrêt du 19 déc. 2005,

Activités armées sur le territoire du Congo (RDC c. Ouganda), Rec. p. 240-241, § 208-211), y compris le pillage et l'exploitation des ressources naturelles d'un territoire occupé (*ibid.*, p. 253, § 250) ; sur l'affaire du « *Rainbow Warrior* » où, par exception, un gouvernement a officiellement reconnu sa responsabilité pour des agissements de services secrets (septembre 1985), voir l'accord de Paris du 9 juillet 1986 qui aboutit à un règlement amiable (J. Charpentier, *AFDI* 1985, p. 210-220 et 1986, p. 885-775 ; G. Apollis, *RGDIP* 1987, p. 9-43).

b) Tant par son abstention que par son action, *l'organe législatif* engage la responsabilité de l'État s'il méconnaît ses obligations internationales.

L'abstention ou l'omission d'adopter des mesures législatives nécessaires à l'exécution d'une obligation internationale, notamment de comportement, est un fait internationalement illicite :

Un gouvernement ne peut invoquer comme excuse l'indépendance du Parlement ou le mauvais fonctionnement des procédures parlementaires. Déjà, dans l'affaire de l'*Alabama*, la sentence arbitrale du 14 septembre 1872 refusait de prendre en compte l'insuffisance de la législation interne pour exonérer le Royaume-Uni de sa responsabilité (*RAI* t. II, p. 889). Plus récente, la jurisprudence de la Cour de justice des Communautés européennes condamne fréquemment les manquements des États membres résultant des retards du législateur national dans la mise en œuvre des directives communautaires et ouvre la voie à des actions en responsabilité au profit des particuliers (CJCE, 7 février 1973, aff. 39/72, *Commission c. Italie, Rec.* 1973, p. 101). Mais si ce manquement a porté préjudice à des particuliers, sa réparation pécuniaire relève, en première ligne, du droit interne et du juge national de l'État membre concerné ; si la victime est un national, elle ne peut d'ailleurs pas espérer obtenir réparation au niveau communautaire.

Plus fréquemment, c'est parce que les initiatives normatives du législateur national contredisent un engagement conventionnel qu'un fait internationalement illicite sera attribué à l'État :

Ainsi, la sentence arbitrale G. Ador du 15 juin 1922 a retenu le principe de la responsabilité de l'État dont la loi fiscale imposait aux étrangers un impôt extraordinaire non conforme à un engagement conventionnel (*RSA*, vol. I, p. 302). De même, la CPJI a estimé qu'une législation polonaise annulant virtuellement les droits acquis de ressortissants d'origine allemande était contraire aux dispositions du Traité de Versailles sur les minorités et, dès lors, engageait la responsabilité de la Pologne (avis du 10 septembre 1923, affaire des *Colons allemands en Haute-Silésie polonaise*, Série B n° 6, p. 19-20, 35-38).

Une loi visant à nationaliser des biens étrangers n'est pas illicite dans son principe, comme l'attestent de nombreux traités bilatéraux sur la protection et l'encouragement des investissements. Cependant, selon une jurisprudence traditionnelle, la responsabilité de l'État serait engagée s'il était procédé à une réquisition ou à une expropriation en vertu d'une loi qui ne prévoit pas une indemnité satisfaisante (CPA, sentence du 13 octobre 1922, *Armateurs norvégiens, RSA* vol. I, p. 307), y compris en l'absence de discrimination sur ce point entre nationaux et étrangers (CPJI, arrêt du 25 mai 1926, *Certains intérêts allemands en Haute-Silésie polonaise*, Série A, n° 7, p. 19 ; pour une illustration récente, v. la sentence arbitrale CIRDI du 30 août 2000, *Metalclad Corp. C. Mexique*, § § 109-111 : un traitement inéquitable de la propriété étrangère peut être constitutive d'une expropriation indirecte qui justifie une réparation financière).

Le juge international préfère parfois considérer qu'en elle-même la législation contestée n'a qu'un effet potentiel ; le fait illicite n'est établi que si les tribunaux chargés de faire respecter cette législation en concrétisent la portée discriminatoire ou contraire à un engagement international : c'est alors le *déni de justice* qui constitue le fait illicite international.

c) Le principal *acte juridictionnel* internationalement illicite est le *déni de justice*.

L'État se doit d'accorder aux ressortissants étrangers une certaine protection juridictionnelle. Tout manquement à cette obligation coutumière — et de plus en plus souvent conventionnelle — constitue un déni de justice.

Il en sera ainsi du refus opposé aux étrangers d'accéder aux tribunaux administratifs et judiciaires, d'un retard excessif ou à l'inverse d'une conduite inhabituellement expéditive de la procédure, d'un comportement manifestement xénophobe des magistrats, d'un jugement définitif incompatible avec les obligations internationales de l'État ou manifestement injuste, du refus d'assurer l'exécution d'un jugement favorable à un étranger (Tribunal italo-vénézuélien, sentence du 3 mai 1930, affaire *Martini, RSA*, vol. II, p. 978 ; CIJ, *Barcelona Traction*, arrêt du 5 février 1970, *Rec.* 1970, p. 1 ; Tribunal arbitral ALENA, SA, 1er nov. 1999, *Robert Azinian et as. c. Mexique*, § 97 à 102 ou CIRDI, 8 mai 2008, *Victor Pey Casado c. Chili*, § 650-674).

Exceptionnellement, c'est pour avoir laissé ses juridictions exercer leurs compétences habituelles que l'État peut être jugé avoir violé un engagement conventionnel et engager sa responsabilité. Dans l'affaire *Yerodia*, la CIJ a considéré que l'émission, par un juge belge, d'un mandat d'arrêt international contre le ministre congolais des Affaires étrangères en violation du principe de l'immunité de juridiction attachée à sa fonction et sa diffusion au plan international constituaient des faits internationalement illicites engageant la responsabilité de la Belgique (arrêt du 14 février 2002, *Rec.* p. 29-31, § 70-71 et 75 ; v. aussi la sentence du Tribunal Iran — États-Unis de réclamations du 28 déc. 1998, aff. *Iran c. États-Unis, A15 et A/24*) et la décision sur la compétence (ALENA) du 5 janv. 2001, *Loewen Group c. États-Unis* (ARB(AF)/98/3, § 54-58). Dans l'affaire relative à *Certaines questions concernant l'entraide judiciaire en matière pénale*, la CIJ a estimé que, « pour apprécier qu'il y a eu atteinte à l'immunité du chef de l'État [djiboutien] il faut vérifier si celui-ci a été soumis à un acte d'autorité contraignant » (CIJ, arrêt, 4 juin 2008, *Certaines questions concernant l'entraide judiciaire en matière pénale*, § 170) ; tel n'est pas le cas d'une invitation à témoigner qu'il pouvait accepter ou refuser librement (§ 171 et 179).

Dans un arrêt de principe du 30 septembre 2003, la CJCE a considéré que, « [s]i, dans l'ordre juridique international, l'État dont la responsabilité est engagée du fait de la violation d'un engagement international est considéré dans son unité, que la violation à l'origine du préjudice soit imputable au pouvoir législatif, judiciaire ou exécutif, il doit en être d'autant plus ainsi dans l'ordre juridique communautaire » et qu'« [e]u égard au rôle essentiel joué par le pouvoir judiciaire dans la protection des droits que les particuliers tirent des règles communautaires, la pleine efficacité de celles-ci serait remise en cause et la protection des droits qu'elles reconnaissent serait affaiblie s'il était exclu que les particuliers puissent, sous certaines conditions, obtenir réparation lorsque leurs droits sont lésés par une violation du droit communautaire imputable à une décision d'une juridiction d'un État membre statuant en dernier ressort » (*Köbler c. Autriche*, aff. C-224/01, *Rec.* I-10239, § 32 et 33 ; v. aussi 13 juin 2006, *Traghetti del Mediterraneo, SpA*, C-173/03, *Rec.* I-5177 et 9 décembre 2003, aff. C-129/00, *Commission c. Italie*, *Rec.* I-14637 : reconnaissance par la CJCE de la responsabilité d'un État pour manquement commis par une autorité juridictionnelle).

2° Le fait d'un *agent incompétent* est susceptible d'engager l'État.

Cette solution, admise par la CDI (art. 7 du projet d'articles), est conforme à la jurisprudence internationale. Cette dernière, après avoir longtemps hésité, s'y est ralliée sans ambiguïté par souci d'équité.

La sentence du 23 novembre 1926 dans l'affaire *Yourmans* s'exprime en ces termes : « Il ne pourrait jamais y avoir de responsabilité pour de tels méfaits (meurtres et pillages commis par des soldats) si l'on adoptait le point de vue que tous les actes commis par des soldats en contravention de leurs instructions doivent toujours être considérés comme des actes commis à titre personnel » (*RSA*, vol. IV, p. 116 ; pour des illustrations récentes, v. Tribunal irano-américain de réclamations, sentence n 324-10199-1, 2 nov. 1987, *Iran-US CTR*, vol. 17, p. 111, § 65 ; CIDH, 29 juill. 1988, *Velásquez Rodriguez*, § 170 ; CEDH, Grande Chambre,

8 juill. 2004, *Ilaşcu et as. c. Moldova et Russie*, § 319, CIRDI (ALENA), sentence du 9 janv. 2003, *ADF Group Inc. c. États-Unis* (ARB(AF)/00/1), § 190 ; CIRDI, sentence du 12 oct. 2005, *Noble Ventures, Inc. c. Roumanie* (ARB/01/11), § 81).

De même le Protocole I de Genève de 1977 dispose, dans son article 2, qu'un État est responsable de *tous* les actes commis par les personnels de ses forces armées au cours des conflits armés internationaux. Les implications concrètes de cette disposition restent cependant incertaines ; seule la pratique permettra d'en préciser la portée (v. CIJ, arrêt du 19 déc. 2005, *Activités armées sur le territoire du Congo (RDC c. Ouganda)*, *Rec.* p. 242, § 213).

3° On peut rapprocher le cas précédent de celui des particuliers qui, à la suite d'événements exceptionnels, en temps de guerre notamment, se conduisent en *fonctionnaires de fait* ou qui exercent une activité précise à *l'instigation de l'État* dont ils exécutent les injonctions. Entrent dans cette dernière catégorie : les dirigeants des partis uniques, les personnes suivant des consignes de boycott ou de prises d'otages ordonnés ou inspirés par des autorités publiques à l'encontre d'intérêts étrangers, les personnes chargées de missions d'espionnage ou de sabotage.

Sur ce point encore le projet de la CDI confirme, dans son article 9, les règles généralement admises.

L'affaire du *Personnel diplomatique et consulaire des États-Unis à Téhéran* a donné l'occasion à la CIJ de rappeler les limites de la fiction à laquelle ont recours certains gouvernements pour éviter d'engager leur responsabilité internationale : « L'ayatollah Khomeini et d'autres organes de l'État iranien ayant approuvé ces faits et décidé de les perpétuer, l'occupation continue de l'ambassade et de la détention persistante des otages ont pris le caractère d'actes dudit État. Les militants... sont alors devenus des agents de l'État iranien dont les actes engagent sa responsabilité internationale » (*Rec.* 1980, p. 37, § 74).

À l'inverse, dans l'affaire des *Activités militaires et paramilitaires au Nicaragua*, la Cour a refusé d'admettre que les actes des forces contre-révolutionnaires (*contras*) étaient imputables aux États-Unis : « Même prépondérante ou décisive, la participation des États-Unis à l'organisation, à la formation, à l'équipement, au financement et à l'approvisionnement des *contras*, à la sélection de leurs objectifs militaires ou paramilitaires et à la planification de toutes leurs opérations demeure insuffisante en elle-même (...) pour que puissent être attribués aux États-Unis les actes commis par les *contras* au cours de leurs opérations militaires ou paramilitaires au Nicaragua (...). Pour que la responsabilité [des États-Unis] soit engagée, il devrait en principe être établi qu'ils avaient le contrôle effectif des opérations militaires ou paramilitaires au cours desquelles les violations en question se seraient produites » (arrêt du 27 juin 1986, *Rec.* p. 64-65, § 115 ; ce critère n'est pas toujours retenu par les formations du TPI ex-Yougoslavie : il est écarté dans l'affaire *Rajić* (IT-95-12), décision du 13 septembre 1996, mais admis par la Chambre de première instance dans l'affaire *Tadić* (IT-94-1), décision du 7 mai 1997, et défini dans des termes différents par la Chambre d'appel dans la même affaire, décision du 15 juillet 1999). La CIJ a fermement maintenu sa position dans l'affaire du *Génocide* en considérant que ni la République serbe de Bosnie-Herzégovine (Republika Srpska), ni l'armée de celle-ci, ni les forces paramilitaires serbes ne constituaient des organes *de facto* de l'État défendeur (arrêt du 26 février 2007, § 390-395) et que ces entités n'avaient pas agi sous le contrôle effectif de l'État défendeur au sens donné à cette expression dans l'arrêt de 1986 (*ibid.*, § 396-412). Au surplus, malgré « l'aide considérable fournie sur les plans politique, militaire et financier par la RFY à la Republika Srpska et à la VRS », la Cour a estimé que la complicité du Défendeur dans le génocide commis contre les Musulmans de Srebrenica n'était pas avérée au prétexte qu'« il n'a pas été établi de façon concluante que la RFY ait fourni, au moment crucial, une aide aux auteurs du génocide en pleine conscience de ce que cette aide serait employée à commettre un génocide » (*ibid.*, § 422 et 423).

475. Faits des démembrements de l'État. — Les articles 4 et 5 du projet de la CDI considèrent comme faits de l'État les comportements des collectivités territoriales ou de toute entité « qui est habilitée par le droit de cet État à exercer des prérogatives de puissance publique ».

Ces dispositions visent les communes, les provinces, les régions, les cantons et les États membres des États fédéraux, les administrations autonomes des territoires dépendants, les établissements publics et même les personnes morales de droit privé investies de prérogatives de puissance publique. Ce sont ces entités très diverses que l'on regroupe sous le vocable de « démembrements de l'État ».

L'autonomie de ces démembrements en droit interne n'est qu'un fait pour le droit international : la sécurité juridique des autres sujets du droit international conduit à ne connaître que l'État comme sujet responsable (ALENA, sentences du 11 oct. 2002, *Mondev International Ltd c. États-Unis* [ARB(AF)/99/2], § 67 et du 9 janv. 2003, *ADF Group Inc. c. États-Unis* [ARB(AF)/00/1], § 165 ; CIRDI, décision sur la compétence du 29 avril 2004, *Tokios Tokelés c. Ukraine* [ARB/02/18], § 102).

On a parfois soutenu que cette présentation favorisait une confusion inadmissible entre les organes de l'État et ceux de personnes morales qui en sont juridiquement distinctes. Quelle que soit la pertinence de cette observation en droit interne, elle n'est pas recevable en droit international. Pour les sujets du droit international, les prérogatives de puissance publique dont bénéficient ces « démembrements » leur sont déléguées par l'État, qui en est le véritable titulaire dans la mesure où elles dérivent de la souveraineté (v. *supra*, n° 474).

Ces principes sont du reste conformes à une jurisprudence internationale bien établie en ce qui concerne notamment la responsabilité des États fédéraux du fait des comportements de leurs États membres. L'État fédéral ne peut s'abriter derrière une constitution qui organise l'autonomie de ses éléments composants pour dégager sa responsabilité internationale.

La sentence arbitrale du 26 juillet 1875, rendue dans l'affaire du *Montijo* (*États-Unis c. Colombie*), pose très explicitement le principe selon lequel l'État ne peut invoquer une insuffisance de son droit interne pour se soustraire à sa responsabilité ; c'est au droit interne de s'adapter aux exigences du droit international et non l'inverse (*RAI*, t. III, p. 663).

Plusieurs autres incidents internationaux ont abouti aux mêmes conclusions. En 1891, l'État de Louisiane avait refusé de poursuivre les auteurs d'un lynchage de ressortissants italiens ; ce refus, imputable dans le système juridictionnel américain au seul État fédéré, a néanmoins engagé la responsabilité de l'État fédéral. Il en a été ainsi lorsque les autorités de l'État de Californie, seules compétentes en matière de régime scolaire, ont exclu des enfants japonais des écoles de San Francisco, en violation d'une convention américano-japonaise de 1894 (Chronique J. Barthélemy, *RGDIP* 1907, p. 677 et p. 636). V. aussi l'ordonnance en mesures conservatoires de la CIJ, du 9 avril 1998, *Application de la Convention de Vienne sur les relations consulaires* (aff. *Breard*). Dans l'affaire *Pellat*, la Commission des réclamations France-Mexique a également admis la responsabilité du Mexique, bien qu'en l'espèce l'État fédéral n'ait pas eu autorité effective sur l'État fédéré (7 juin 1929, *RSA* vol. V, p. 534).

La responsabilité de l'État fédéral n'est pas la seule hypothèse de responsabilité indirecte. On peut également citer :

— la responsabilité de l'État protecteur du fait des actes de l'État *protégé* : cette conséquence du protectorat international a été rappelée et mise en œuvre par la sentence Max Huber du 1er mai 1925 (affaire des *Réclamations britanniques dans la zone espagnole du Maroc, RSA* vol. II, p. 627) et par l'arrêt de la CIJ du 27 août 1952 (affaire des *Droits des ressortissants américains au Maroc, Rec.* 1952, p. 176) ;

— la responsabilité des États mandataires à raison des actes accomplis par la collectivité sous mandat (CPJI, affaire *Mavrommatis*, arrêt du 30 août 1924, Série A, n° 2).

476. Faits des particuliers. — Le principe général applicable est très clair : l'État n'est jamais responsable des faits de particuliers, car leurs actes ne peuvent lui être attribués.

Cette règle certaine a souvent été confirmée par la jurisprudence arbitrale et par la pratique diplomatique (rapport du Comité de juristes de la SdN de 1924 dans l'affaire *Tellini* : v. *infra*, n° 570). Il n'en va autrement que si le particulier agit en tant que fonctionnaire de fait ou à l'instigation de l'État, auquel cas il est assimilé à un organe de l'État (v. *supra*, n° 474).

La situation juridique peut être complexe lorsque, par exemple, une agence publique est transformée en une entreprise privée : son comportement illicite n est imputable à l'État qu'aussi longtemps qu'elle est restée sous son contrôle (sentence CIRDI du 13 nov. 2000, *Maffezini c. Espagne*, § 50 et 57).

À cette règle générale il peut sembler exister une exception : l'État peut être tenu responsable des faits des particuliers sous sa juridiction lorsqu'il n'a pas pris des précautions suffisantes pour prévenir un incident ou pour protéger les victimes. L'exception n'est qu'apparente puisque, dans cette hypothèse, la responsabilité de l'État est engagée non pas du fait du particulier auteur du dommage, mais en raison du comportement de ses propres organes, qui n'ont pas observé l'obligation de vigilance qui leur incombe (v. *supra*, n° 473). La responsabilité de l'État reste fondée sur la négligence de ses autorités vis-à-vis de l'obligation de faire cesser ou de réparer les actes des particuliers préjudiciables aux étrangers (affaire *Tellini* précitée ; affaire *Wippermann, RAI* t. III, p. 3041 ; affaire *Chapman, RSA* vol. IV, p. 632, etc.).

Sur ce point encore, l'affaire du *Personnel diplomatique et consulaire des États-Unis à Téhéran* est l'illustration la plus spectaculaire de la règle : la CIJ a très nettement marqué, dans son arrêt du 24 mai 1980, que la responsabilité de l'Iran était engagée du fait de la carence de son gouvernement face aux attaques des locaux diplomatiques menées par des « militants » (*Rec.* p. 33, § 66-67).

Il reste que la reconnaissance de la responsabilité pénale internationale des individus n'exclut pas la responsabilité des États, dès lors que les conditions d'engagement de cette responsabilité sont établies (art. 25, § 4, de la Convention de Rome de 1998 relative au Statut de la Cour pénale internationale- v. *supra*, n°s 442 et s.) ; ici, la responsabilité de la personne physique coexiste avec celle de l'État au nom duquel elle a agi.

477. Faits d'insurrection. — Bien que la guerre civile soit un phénomène très général, ce sont surtout les conflits internes du continent américain qui ont donné lieu à une jurisprudence arbitrale abondante. Les solutions dégagées expriment néanmoins des règles générales qui dépassent le cadre régional.

1° Qu'elles soient le fait des insurgés ou du gouvernement légal, les *opérations militaires* n'entraînent aucune responsabilité pour les dommages causés aux biens et aux personnes, pour autant du moins qu'elles ne sont pas réalisées en violation des règles sur les conflits armés et des principes du droit humanitaire.

Cette irresponsabilité de principe a parfois été justifiée par l'idée de force majeure (rapport Max Huber du 29 décembre 1924, dans l'affaire des *Réclamations britanniques dans la zone du Maroc espagnol, RSA* vol. II, p. 627). Toutefois, « le principe de la non-responsabilité n'exclut point le devoir d'exercer une certaine vigilance. Si l'État n'est pas responsable des événements révolutionnaires eux-mêmes, il peut être néanmoins responsable de ce que les autorités font ou ne font pas, pour parer, dans la mesure possible, aux suites » (*ibid.*, p. 642 ; v. aussi CIRDI, 27 juin 1990, *AAPL c. Sri Lanka*, § 72-73).

2° *Si l'insurrection triomphe*, l'autorité victorieuse devenue gouvernement légal sera responsable de tous les actes commis par ses agents pendant le conflit armé interne mais aussi des mesures prises par l'autorité gouvernementale déchue (art. 10 du projet de la CDI) — sous réserve des dommages dus aux opérations de guerre.

Cette solution peut paraître *a priori* un peu surprenante, mais elle est confirmée par plusieurs décisions arbitrales. Des justifications diverses ont été proposées. Dans l'affaire *Georges Pinson*, la sentence du 19 octobre 1928 de la Commission franco-mexicaine a fondé la responsabilité du nouveau gouvernement sur le fait que, par leur succès, les insurgés doivent être considérés rétroactivement, depuis le début de la guerre civile, comme les représentants de la volonté nationale (*RSA*, vol. V, p. 353). Juridiquement est ainsi consacrée la continuité de l'État. Mais on pourrait également voir dans ce raisonnement une application de la notion de risque. Certains auteurs, par exemple Cavaré, préfèrent expliquer la solution en faisant appel à l'idée qu'un gouvernement est normalement responsable des actes accomplis par ses organes, y compris lorsqu'ils étaient dirigés par d'autres, et que ce sont désormais les anciens insurgés qui sont titulaires de l'autorité gouvernementale et en supportent la responsabilité internationale.

Lorsque l'insurrection aboutit non au renversement du gouvernement légal, dans le cadre d'un État préexistant, mais à la constitution d'un nouvel État sur une portion de cet État (sécession), les faits illicites des autorités insurrectionnelles seront attribués au nouvel État, sans qu'il y ait lieu — si l'on s'en tient à la formulation très générale de l'article 10 du projet de la CDI — de faire une exception pour les conflits de décolonisation.

3° *Si l'insurrection échoue*, une solution différente s'impose. Le gouvernement légal est évidemment responsable du fait de ses agents mais pas des actes des insurgés. Sur ce point encore la jurisprudence arbitrale est fermement établie.

Appliquée à propos de la guerre de Sécession américaine, cette jurisprudence est surtout fondée sur la sentence de 1903, rendue dans l'affaire *Sambiaggo* (*RSA* vol. X, p. 499).

En faveur de l'exonération du gouvernement légal vainqueur d'une insurrection, on peut faire valoir des considérations de droit et d'équité. Les insurgés ne peuvent pas être considérés comme des agents de fait du gouvernement légal puisque ce dernier n'exerce sur eux aucun contrôle tout au long de la guerre civile ; face à une situation assimilée à un cas de force majeure, le gouvernement légal ne peut être tenu responsable. En outre, il serait illogique de le rendre responsable des agissements de ses adversaires. La différence entre les deux solutions tient pour l'essentiel au fait que dans la première hypothèse on pouvait faire jouer la fiction de la continuité juridique des gouvernements, et pas dans la seconde.

Il reste que cette solution n'est guère équitable, dans la mesure où elle conduit à sacrifier les intérêts des étrangers victimes de la guerre civile. Ils pourraient ainsi être incités à souhaiter la victoire de l'insurrection, à défaut de pouvoir compter sur une indemnisation décidée par le législateur national au profit de toutes les victimes de la guerre civile.

Les agissements des mouvements de libération nationale, pour autant qu'ils sont assimilés à des forces engagées dans un conflit armé international, conformément au Protocole I de Genève de 1977, relèvent du droit de la guerre et non de l'hypothèse de l'insurrection. La responsabilité internationale de ces autorités devrait logiquement être soumise au même régime que la responsabilité des forces armées des États belligérants (v. *supra*, n° 474-1.*a)* et *infra*, n° 578), qui n'est d'ailleurs pas générale. À cet égard, le projet de la CDI, qui paraît assimiler ces mouvements à des groupes insurrectionnels (l'article 10 s'intitule « Comportement d'un mouvement insurrectionnel *ou autre* ») est fort critiquable.

II. *Attribution* à une organisation internationale

BIBLIOGRAPHIE *générale sur la responsabilité des organisations internationales* : B. du Ban, « Les principes généraux de la responsabilité non contractuelle de la Communauté européenne », *CDE* 1977, p. 397-434. — M. Perez Gonzalez, « Les organisations internationales et le droit de la responsabilité », *RGDIP* 1988, p. 63-102. — H. G. Schermers et al. dir., *Non-Contractual Liability of the European Communities*, Nijhoff, La Haye, 1988, 260 p. — F. Fines, *Étude de la responsabilité extra-contractuelle de la CEE — De la référence aux principes généraux du droit à l'édification jurisprudentielle d'un système autonome*, LGDJ, 1990, XVII-501 p. — R. Zacklin, « La responsabilité des organisations internationales », *in La responsabilité internationale*, Colloque de la SFDI, Pedone, 1991, p. 91-100. — W. Wils, « Concurrent Liability of the Community and a Member State », *ELR* 1992, p. 191-206. — M. Hartwig, *Die Haftung der Mitgliedstaaten für internationale Organisationen*, Springer, Berlin, 1993, XXI-371 p. — R. Higgins, « Legal Consequences for Member States of the Non-Fulfilment by International Organizations of their Obligations Towards Third Parties », rapport à l'IDI, *Ann. IDI* 1995, p. 249-469. — M. Hirsch, *The Responsibility of International Organizations Towards Third Parties*, Nijhoff, Dordrecht, 1995, 220 p. — L. Goffin, « À propos des principes régissant la responsabilité non contractuelle des États membres en cas de violation du droit communautaire », *CDE* 1997, p. 531-554. — G. Vandersanden et M. Dony, *La responsabilité des États membres en cas de violation du droit communautaire*, Bruylant, Bruxelles, 1997, VI-413 p. — P. Klein, *La responsabilité des organisations internationales*, Bruylant, Bruxelles, 1998, XXXII-673 p. — W. Van Gerven, *La jurisprudence récente de la CJCE dans le domaine de la responsabilité extracontractuelle, Droit européen*, Pedone, 1998, p. 59-100. — J. M. Sorel, « La responsabilité des Nations Unies dans les opérations de maintien de la paix », *Forum DI* 2001, p. 127-138. — C. Tomuschat, « The International Responsibility of the European Union » *in* E. Cannizzaro ed., *The European Union as an Actor in International Relations*, Kluwer, La Haye, 2002, p. 177-191. — K. Wellens, *Remedies Against International Organisations*, Cambridge UP, 2002, XIII-278 p. — ILA, rapport final sur la responsabilité (« Accountability ») des organisations internationales, Conférence de Berlin (2004). — A. Geslin, « Réflexions sur la répartition de la responsabilité entre l'organisation internationale et ses États membres », *RGDIP* 2005, p. 539-580. — S. Yee, « The Responsibility of States Members of an International Organization for Its Conduct as a Result of Membership of Their Normal Conduct associated Membership », *Mél. Schachter*, 2005, p. 435-454. — M. Zwanenburg, *Accountability of Peace Support Operation*, Nijhoff, Leiden/Boston, 2005, XII-364 p. — E. Paasivirta et P.J. Kuijper, « Does One Size Fit All ? The European Community and The Responsibility of International Organizations », *NYBIL* 2005, p. 169-226.

V. aussi les rapports de G. Gaja à la CDI depuis 2003.

478. Faits de l'organisation internationale elle-même. — Comme les États, les organisations internationales voient leur responsabilité internationale engagée du fait des comportements illicites qui leur sont imputables. Il n'y a là qu'une conséquence nécessaire de leur personnalité juridique (v. *supra*, n° 396). Ceci est reflété par l'article 3 du projet de la CDI (en voie d'élaboration) sur la responsabilité des organisations internationales, qui reproduit, *mutatis mutandis*, les articles 1 et 2 des articles sur la responsabilité de l'État (v. *supra*, n° 470).

Certains États ne sont pas favorables à cette solution et préfèrent rechercher la responsabilité des États membres. À défaut d'une attribution expresse aux États membres, assez exceptionnelle au demeurant, la solution de principe doit prévaloir.

Il est plus fréquent, en revanche, que la responsabilité de l'organisation soit dégagée *a priori* : soit par une renonciation de tel État à exercer sa protection diplomatique à l'encontre de l'organisation internationale ; soit par la prise en charge par l'État où l'organisation exerce une activité, des dommages qui pourraient être causés à ses ressortissants (clause fréquente dans les accords d'assistance technique).

Le régime de cette responsabilité suit, dans ses règles générales, celui de la responsabilité de l'État. La transposition a été d'autant plus naturelle qu'il s'agissait de règles coutumières et que ces règles visaient souvent à protéger les intérêts de particuliers. Sa mise en œuvre est rendue délicate, dans les faits, par l'absence de procédures de règlement préétablies et, au plan de la réparation, par les moyens très limités dont disposent les organisations internationales pour s'acquitter de leurs obligations en la matière (v. *infra*, n° 489).

1° *Faits des organes et agents de l'organisation agissant dans le cadre de leurs compétences.* — La responsabilité de l'organisation peut être engagée tant pour les initiatives des organes normatifs que pour les agissements des services « administratifs » et juridictionnels de l'organisation (art. 4 du projet de la CDI).

Il n'est pas rare que les chartes constitutives ou les accords de siège des organisations prévoient le recours à l'arbitrage pour certains différends avec les États dans ces hypothèses où, implicitement, la responsabilité de ces organisations pourrait être engagée. Plus exceptionnellement il est prévu que leur responsabilité pourrait être retenue pour des actes normatifs qui ont causé un préjudice à des particuliers (v., en ce sens, l'article 288 TCE).

En l'absence d'une prévision explicite, le principal obstacle résidera dans la difficulté d'établir un lien de causalité directe entre l'activité normative de l'organisation et le préjudice subi. À cet égard, l'article 15 du projet de la CDI met à juste titre l'accent sur la distinction qu'il convient de faire entre d'une part la responsabilité de l'organisation découlant d'une « décision obligeant un État membre (...) à commettre un fait qui serait internationalement illicite s'il était commis par elle et qui la soustrairait à une obligation internationale » et, d'autre part, l'hypothèse dans laquelle elle autorise l'État membre à commettre le fait en question. La CDI admet, à juste titre, que, dans ce second cas, la responsabilité de l'organisation est engagée si l'État membre « commet le fait en question en s'appuyant sur cette autorisation ou cette recommandation ». Dans le premier cas, la responsabilité de l'État membre n'en pourrait pas moins être engagée (exclusivement ou conjointement avec celle de l'organisation), s'il bénéficiait d'un pouvoir d'appréciation dans la mise en œuvre de la décision (cf. CEDH, Grande Chambre, 30 juin 2005, *Bosphorus*, *Rec.* 2005-VI, § 157).

2° *Faits d'organes et d'agents incompétents.* — Bien que l'agent ait agi *ultra vires*, l'organisation n'en est pas moins tenue par ses agissements et elle engage sa responsabilité dans les mêmes conditions que les États (art. 6 du projet de la CDI). Ainsi, les Nations Unies, alors même qu'elles refusent d'indemniser les victimes d'actes commis par les forces de maintien de la paix qui résultent des nécessités militaires, reconnaissent leur responsabilité pour les actes de pillage et de violence commis par ces forces en dehors des opérations militaires (*AJNU* 1965, p. 41) ; elles adoptent toutefois l'attitude inverse lorsqu'un membre d'une telle force « agit de manière indépendante et individuelle » (*AJNU* 1986, p. 345).

479. Responsabilité d'un État à raison du fait d'une organisation internationale. — Les limites imposées aux capacités opérationnelles des organisations internationales les obligent souvent à mandater leurs États membres pour réaliser certaines de leurs tâches ou à recourir à des agents nationaux pour l'exécution de certaines activités. C'est la solution habituelle pour les organisations de coopération, mais elle est aussi très répandue dans les organisations d'intégration. L'attribution de la responsabilité internationale se révèle parfois délicate en raison du partage de l'autorité exercée sur ces agents ou de la marge d'appréciation laissée aux autorités nationales.

Les opérations de maintien de la paix menées par les Nations Unies posent un problème comparable (v. chronique Rousseau, *RGDIP* 1969, p. 1110 ; sur un cas particulier, M. Guillaume, « La réparation des dommages causés par les contingents français en ex-Yougoslavie et en Albanie », *AFDI* 1997 p. 151-166). Dans une telle hypothèse, il convient de s'interroger sur l'effectivité et l'intensité du contrôle exercé par l'Organisation sur les contingents militaires nationaux. Sur la jurisprudence incertaine de la CEDH à ce sujet, v. *supra*, n° 396.

Cette situation doit évidemment être distinguée de celle où des États, collaborant pour exécuter une convention internationale, causent un dommage par leur action conjointe : se pose alors un problème de partage de la réparation entre ces États, en fonction de leur responsabilité respective dans la réalisation de l'irrégularité (v. par ex., l'article 35 de la Convention de Strasbourg de 1990 sur la confiscation des revenus du crime) ou de leur « solidarité ».

La jurisprudence de la Cour de Luxembourg, dans le cadre de la Communauté européenne, part du principe que la responsabilité des États membres est à rechercher en premier lieu, lorsque les particuliers estiment avoir subi un préjudice en raison des conditions dans lesquelles tel État membre a mis en œuvre la réglementation communautaire (v. not., CJCE, 19 novembre 1991, *Francovich et Bonifaci c. Italie*, C-6/90 et C-9/90, *Rec.* p. I-5357 ; 5 mars 1996, *Brasserie du pêcheur et Factortame*, C-46/93 et C-48/93, *Rec.* p. I-1029). Peu importe à cet égard que le dommage ait résulté d'un défaut de la norme communautaire.

En outre, les États peuvent chercher à se retrancher derrière une organisation internationale à laquelle ils délèguent certaines responsabilités pour s'exonérer de leurs propres responsabilités internationales. Comme l'a indiqué la CEDH :

« [L]orsque des États créent des organisations internationales pour coopérer dans certains domaines d'activité ou pour renforcer leur coopération, et qu'ils transfèrent des compétences à ces organisations et leur accordent des immunités, la protection des droits fondamentaux peut s'en trouver affectée. Toutefois, il serait contraire aux buts et à l'objet de la Convention que les États contractants soient ainsi exonérés de toute responsabilité au regard de la Convention dans le domaine d'activité concerné » (arrêt du 18 février 1999, *Waite et Kennedy c. Allemagne*, *Rec.* 1999-I, p. 446, § 67 ; v ; aussi : CEDH, Grande Chambre, arrêt du 30 juin 2005, *Bosphorus Hava Yollary Turizm ve Ticaret Anonim Sirketi c. Irlande*, *Rec.* 2005-VI, § 154).

Ce principe a été retenu par la CDI dans son projet d'articles sur la responsabilité des organisations internationales (art. 28).

C. — Circonstances excluant l'illicéité

BIBLIOGRAPHIE. — O. SCHACHTER, « Self-Defense and the Rule of Law », *AJIL* 1989, p. 259-277. — A. GATTINI, *Zufall und* force majeure *im System der Staatenverantwortlichkeit anhand der ILC-Kodificationsarbeit*, Duncker et Humblot, Berlin, 1991, 282 p. — V. LOWE, « Precluding Wrongfulness or Responsibility : A Plea for Excuses », *EJIL* 1999, p. 405-411. — C. GUTIÉRREZ ESPADA, « El estado de necesidad cabalga de nuevo », *Rev. esp. DI* 2005, p. 669-704. — SFDI, colloque de Grenoble, *La nécessité en droit international*, Pedone, 2007, 382 p. — Th. CHRISTAKIS, « Les « circonstances excluant l'illicéité » : une illusion optique ? », *Mél. Salmon*, 2007, p. 223-270. — V. HUET, « Les circonstances excluant l'illicéité et le recours à la force », *JDI* 2008, p. 75-99.

480. Notion. — La notion de circonstance excluant l'illicéité correspond à ce que l'on appelle, en droit interne, les causes exonératoires de responsabilité. L'expression « circonstance excluant l'illicéité » paraît cependant plus exacte à deux points de vue. D'une part, elle présente l'avantage d'éviter une confusion entre, d'un côté, la responsabilité et, de l'autre, son fait générateur : les circonstances dont il s'agit concernent celui-ci, pas celle-là même si, par ricochet, elles la font disparaître. D'autre part, elle marque bien que c'est l'un des deux éléments constitutifs du fait internationalement illicite, la violation d'une obligation (constitutive de l'illicéité) qui, seul, se trouve, en quelque sorte, neutralisé ; l'attribution du comportement à l'État ou à l'organisation internationale intéressés n'en est nullement modifiée.

En outre, il faut bien comprendre que ces circonstances excluent l'illicéité d'un comportement déterminé ; mais elles laissent pleinement subsister l'obligation violée à la charge de l'auteur du manquement : si les circonstances le permettent (et si l'obligation s'y prête), celui-ci devra s'en acquitter à nouveau.

À cet égard, le mécanisme de la responsabilité est tout à fait différent de celui de l'extinction d'un traité comme conséquence de sa violation, envisagé par l'article 60 de la Convention de Vienne sur le droit des traités (v. *supra*, n° 199). Cette différence a été bien mise en évidence par la CIJ dans son arrêt de 1997 relatif au *Projet Gab&ccaron ;íkovo-Nagymaros* : « même si l'existence d'un état de nécessité est établie, il ne peut être mis fin à un traité sur cette base. L'état de nécessité ne peut être invoqué que pour exonérer de sa responsabilité un État qui n'a pas exécuté un traité. Même si l'on considère que l'invocation de ce motif est justifiée, le traité ne prend pas fin pour autant ; il peut être privé d'effet tant que l'état de nécessité persiste ; il peut être inopérant en fait, mais il reste en vigueur, à moins que les Parties n'y mettent fin d'un commun accord. Dès que l'état de nécessité disparaît, le devoir de s'acquitter des obligations du traité renaît » (*Rec.* 1997, p. 63, § 101 ; v. aussi l'article 27.b) du projet d'articles de la CDI).

Comme le précise l'article 26 du projet de la CDI, aucune circonstance ne saurait exclure « l'illicéité de tout fait de l'État qui n'est pas conforme à une obligation découlant d'une norme impérative du droit international général ».

La liste des circonstances excluant l'illicéité n'est pas facile à arrêter. La CDI en a retenu six : le consentement, la légitime défense, les contre-mesures, la force majeure, la détresse et l'état de nécessité (art. 20 à 26 du projet). La qualification de certaines d'entre elles (notamment les contre-mesures et la légitime défense) est discutable et, à l'inverse, on s'est parfois demandé si d'autres circonstances n'y auraient pas eu leur place.

Ainsi, il a été proposé de considérer *l'exceptio non adimpleti contractus* comme une circonstance excluant l'illicéité ; mais, comme cela est indiqué ci-dessus, il s'agit d'une institution propre au droit des traités, qui n'a pas sa place dans le droit de la responsabilité. De même, l'exigence des « mains propres » (*clean hands*) ou, plutôt, son pendant négatif, le principe selon lequel on ne peut tirer avantage de son propre fait illicite doit être considéré comme une condition de recevabilité d'une réclamation ou un élément à prendre en considération pour la réparation du dommage (v. *infra*, nos 481 et 489) et non comme une circonstance excluant l'illicéité. Pour une interprétation restrictive de la doctrine des mains propres (dont l'existence même est mise en doute par le Tribunal), v. la sentence du 17 septembre 2007 du Tribunal arbitral dans l'affaire de la *Délimitation des frontières maritimes entre Guyana et le Surinam* (§ 418-421).

On s'en tiendra aux circonstances retenues par la CDI en les regroupant en deux catégories selon qu'elles tiennent à la victime du dommage éventuellement causé par le fait internationalement illicite ou qu'elles lui sont étrangères.

481. Faits de la victime. — Dans cette hypothèse, la victime est nécessairement un sujet de droit international. Même lorsque la victime réelle du préjudice subi est un particulier (mais sauf les cas où celui-ci est partie au litige comme sujet de droit international), seuls les faits résultant du comportement des États et des organisations internationales sont pertinents ; la victime concrète s'efface devant eux, en raison du mécanisme de la protection internationale — diplomatique ou fonctionnelle (v. *infra*, n° 487).

1° Le *consentement de la victime.* — À la différence du droit pénal interne, le droit international admet que l'illicéité n'est pas automatiquement constituée par des circonstances objectives ; la volonté des sujets du droit international peut suffire à couvrir l'illicéité ou à interdire que l'acte illicite soit imputé à son auteur. Participant à la définition de la « légalité » internationale, ces sujets du droit peuvent y introduire les exceptions souhaitées. La responsabilité internationale ne peut dès lors être engagée, dans les limites du consentement exprimé (art. 20 du projet d'articles de la CDI).

Il n'en ira autrement que si la norme transgressée est une norme de *jus cogens* : dans ce cas, en effet, la victime ne peut jamais consentir à la violation de la norme (v. *supra*, n°s 125 et 480).

Le consentement à une violation du droit par le particulier victime est, en revanche, sans effet juridique direct. Les individus ne peuvent participer à la définition des obligations internationales et, s'ils prétendaient le faire, leur comportement serait inopposable aux États. Tout au plus, en agissant ainsi, pourraient-ils inciter l'État qui serait en mesure de les protéger de renoncer à exercer sa protection diplomatique (v. le débat sur la « clause Calvo », *infra*, n° 497).

Le fait du particulier victime du comportement de l'État, s'il n'est pas pris en compte au stade de l'engagement de la responsabilité, peut l'être « en amont » et « en aval » du problème envisagé ici : soit que le comportement de l'État ne puisse être considéré comme illicite en raison de celui de la victime (par exemple, il n'y a pas violation de l'obligation de vigilance lorsque le particulier fait preuve d'imprudences dans une situation troublée et malgré les avertissements qui lui sont adressés) ; soit que la réparation du préjudice subi en raison d'un fait illicite de l'État soit réduite pour tenir compte des agissements du particulier (doctrine des « mains propres »).

Les risques d'une utilisation abusive de l'argument du consentement à l'illicéité sont très réels, en particulier dans des situations où un État empiète sur la souveraineté territoriale d'un autre État (« interventions d'humanité », maintien de bases militaires étrangères). Aussi la CDI insiste-t-elle sur les modalités que doit revêtir ce consentement pour être efficace : il doit être « librement donné et clairement établi. Il doit être effectivement exprimé par l'État et ne peut être simplement présumé... » (*Rapport* A/56/10 [2001], p. 187, § 6 du commentaire de l'art. 20).

2° *L'exercice de la légitime défense.* — Lorsque l'acte illicite n'est qu'une réponse à un autre acte illicite, dans des conditions justifiées par la notion de légitime défense, le sujet de droit qui est à l'origine du processus ne pourra pas invoquer l'illicéité du comportement qui lui est opposé. Par son attitude initiale, la « victime en second » a perdu son droit à invoquer l'illicéité du comportement en réponse.

Dans l'affaire des *Activités militaires et paramilitaires au Nicaragua* la CIJ a très nettement admis le principe tout en considérant qu'en l'espèce les faits reprochés par les États-Unis au Nicaragua ne justifiaient pas l'exercice du droit de légitime défense (arrêt du 27 juin 1986, v. notamment *Rec.* p. 70 s. et 102 s. ; v. aussi 6 nov. 2003, *Plates-formes pétrolières*, *Rec.* p. 183 s., § 43 s.). Voir également les affaires de la *Caroline* (1837, *RAI*, t. I, p. 681-683) et du *Virginius* (1878, *in* McNair, *International Law Opinions*, Cambridge, 1956, t. II, p. 233 et s.), entre les États-Unis et le Royaume-Uni.

Tout en consacrant le principe traditionnel (article 21 du projet), la CDI n'a pas voulu entrer dans le débat sur la notion même de légitime défense et sa portée (v. *infra*, nos 566 s.) : elle se contente donc de renvoyer à la Charte dans son ensemble, et non au seul article 51 de cette dernière, pour éviter d'avoir à proposer une interprétation de cette disposition. Il n'en reste pas moins que l'on peut tenir pour acquis que « la licéité de la riposte à l'agression [armée] dépend du respect des critères de nécessité et de proportionnalité des mesures prises au nom de la légitime défense » (CIJ, arrêts préc. des 27 juin 1986, *Rec.* p. 103, § 194 — v. aussi, p. 94, § 176, et 6 novembre 2003, *Rec.* p. 196, § 74 ; avis consultatif du 8 juillet 1996, *Licéité de la menace ou de l'emploi d'armes nucléaires*, *Rec.* p. 245, § 41).

Il reste que l'on peut s'interroger sur le bien-fondé de l'inclusion de cette disposition dans le projet de la CDI : d'une part, il y a là une irruption discutable du « droit de la Charte » dans celui de la responsabilité alors qu'il s'agit de branches distinctes du droit international, répondant à des logiques différentes ; d'autre part, la légitime défense n'est qu'une forme particulière de « contre-mesure ».

3° *Les « contre-mesures ».* — Une action non conforme aux exigences d'une obligation internationale perd son caractère d'acte illicite si elle constitue une contre-mesure légitime à l'encontre d'une infraction commise par un sujet du droit (sur la notion de contre-mesure, v. aussi *infra*, nos 494 et 572 s.). Manifestation d'une « justice privée » (D. Alland) qui peut être source d'anarchie, les contre-mesures n'excluent l'illicéité que dans de strictes conditions que le projet de la CDI s'est efforcé d'encadrer aussi strictement que possible (cf. les art. 49 à 53).

L'arrêt de la CIJ du 25 septembre 1997 dans l'affaire *Gab&ccaron ;íkovo-Nagymaros* relève qu'une fois dépassé le stade des mesures préparatoires encore réversibles, les décisions de la Slovaquie constituaient des comportements illicites parce non conformes au principe de proportionnalité, donc des actes illicites susceptibles d'engager sa responsabilité (*Rec.* p. 55 s., § 82 s.).

Le projet d'articles de la CDI confirme l'existence d'une telle circonstance excluant l'illicéité (article 22 du projet), déjà admise par la jurisprudence arbitrale relative aux représailles (affaire de la *Responsabilité de l'Allemagne à raison des dommages causés dans les colonies portugaises du sud de l'Afrique — Naulilaa*, sentence du 31 juillet 1928, *RSA* vol. II, p. 1025 ; v. aussi CIJ, arrêt du 27 juin 1986, préc., *Rec.* p. 106 et 110 s.).

La CDI a préféré l'expression « contre-mesure » à des termes plus traditionnels, comme « représailles » ou « sanctions » (ce dernier terme devrait être réservé aux mesures appliquées, en vertu de décisions d'une organisation internationale, à la suite de violations du droit ayant de graves conséquences pour la communauté internationale). On peut estimer que ce ne sont pas tant les contre-mesures en tant que telles qui constituent des circonstances excluant l'illicéité, mais le fait internationalement illicite lui-même auquel il s'agit de riposter.

482. Circonstances étrangères à la victime. — L'État qui commet un acte illicite ne saurait invoquer sa souveraineté pour s'exonérer de sa responsabilité. Ce serait nier l'existence même du droit international. En revanche, certains faits extérieurs, tout à la fois à l'auteur du manquement et à sa victime, peuvent exclure toute illicéité.

1° *Force majeure.* — La CDI envisage par là « une force irrésistible ou un événement extérieur imprévu qui échappe au contrôle de l'État » (article 23 ; la même définition s'applique aux effets de la force majeure dans le droit des traités, v. *supra*, n°s 142 et 202).

La CDI n'a pas jugé opportun de dissocier les deux notions de force majeure et de cas fortuit en raison des divergences sur les critères de la distinction et sur la portée de ces notions et a renoncé, dans son projet définitif de 2001 à évoquer le cas fortuit. Une partie de la doctrine estime que la différence réside dans la cause des deux facteurs : une force ou une contrainte, pour la force majeure ; un événement, pour le cas fortuit. D'autres auteurs mettent plutôt l'accent sur les effets différents : la force majeure entraînerait une impossibilité matérielle d'agir, le cas fortuit empêcherait l'auteur de l'acte de prendre conscience que son comportement n'est pas celui exigé par le droit. La solution retenue par la Commission est justifiée par le fait que, si la distinction a peut-être des incidences sur la mise en œuvre de la responsabilité, elle n'en a pas sur l'illicéité elle-même : de toutes manières, l'acte illicite perd ce caractère.

Si la force majeure exclut le caractère illicite du comportement, c'est à la condition, cependant, que le responsable n'ait pas contribué par sa négligence à la survenance de la situation de force majeure ou de cas fortuit. En effet, par définition, il doit s'agir de comportements véritablement involontaires.

Souvent invoquées, ces causes d'exonération sont rarement accueillies car les conditions sont difficiles à remplir : la situation de force majeure doit tout à la fois être irrésistible, imprévisible et extérieure à l'auteur du comportement contraire au droit international (CPA, *Indemnité russe*, sentence de 1912, *RSA* vol. XI, p. 401 ; CPJI, *Emprunts serbes*, Série A n° 20 ; SA 30 avr. 1990, *Rainbow Warrior (II)*, *RSA* XX, p. 252-253, § 77) ; v. *in Ann. CDI* 1978, vol. II, 1re partie, p. 58-224, Doc. A/CN.4/315, l'étude établie par le Secrétariat des Nations Unies).

2° *Détresse.* — La situation est ici un peu différente, en ce que l'auteur de l'acte *choisit*, face à un péril extrême, de ne pas respecter une obligation internationale et prend le risque d'adopter un comportement illicite. C'est parce que son choix, en réalité, n'est pas plus libre ou volontaire que dans le cas de force majeure qu'il sera exonéré de sa responsabilité.

De telles situations supposent que des intérêts prééminents des individus (dont le comportement engage l'État), plus que de l'État lui-même, sont en cause : la plupart des illustrations de la « détresse » portent sur des risques réels courus par des personnes physiques (menaces pour leur vie dans des circonstances atmosphériques ou techniques très difficiles : fuite d'un navire devant la tempête ou refuge en cas d'avarie, entrée dans l'espace aérien d'un État d'un aéronef en difficulté ou à court de carburant). La souveraineté territoriale ou la protection de l'environnement seront alors jugées non prioritaires et des atteintes pourront légitimement leur être apportées.

En excluant que la personne en cause ait pu contribuer à la survenance de la situation de détresse, en exigeant que la violation du droit soit un moindre mal, la CDI manifeste son souci d'enfermer cette cause exonératoire dans des limites assez strictes. Il ne semble d'ailleurs pas exister de jurisprudence « positive » par laquelle un tribunal ou une juridiction international(e) aurait admis l'excuse de détresse (pour un refus, v. la sentence arbitrale du 30 avr. 1990 dans l'affaire du *Rainbow Warrior*, *RSA* XX, p. 253-255, § 78).

3° *État de nécessité.* — Beaucoup plus contesté que les circonstances précédentes en tant que cause d'exonération, l'état de nécessité a été finalement retenu par la CDI (article 25 du projet), mais de façon très restrictive afin d'éviter une utilisation abusive de cette notion. En effet, l'état de nécessité suppose un péril grave et imminent pour un « intérêt essentiel » de l'État. On imagine aisément les divergences d'appréciation entre sujets du droit à propos d'un tel danger, lorsque leurs intérêts matériels sont contradictoires (destruction d'un navire, étranger en haute mer pour limiter les effets d'une pollution maritime, par exemple). La rédaction négative de l'article 25 du projet de la CDI (« l'État ne peut invoquer l'état de nécessité... que si... »), montre que cette clause d'exclusion est destinée à demeurer tout à fait exceptionnelle.

Simple « soupape de sécurité », l'état de nécessité ne sera susceptible d'effacer l'illicéité d'une violation du droit que si plusieurs conditions sont cumulativement réunies :

— l'excuse ne doit pas être écartée par la règle « primaire » prétendument violée, expressément ou même dans son esprit (ce qui exige un examen cas par cas de l'objet et du but de cette règle) ;

— la violation du droit était le seul moyen utilisable ;

— cette violation ne doit pas porter atteinte à un intérêt tout aussi essentiel de l'État victime ou de la communauté internationale dans son ensemble.

Dans l'affaire *Gabčíkovo-Nagymaros* précitée, la CIJ a fait une application directe des critères proposés par la CDI, pour refuser à la Hongrie le bénéfice de cette cause exonératoire : un « intérêt essentiel » de l'État — intérêt écologique en l'occurrence — était effectivement en jeu en l'espèce, mais les périls invoqués n'étaient pas suffisamment établis ni imminents ; de plus, d'autres moyens que ceux utilisés restaient disponibles. De même, dans son avis consultatif du 9 juillet 2004 dans l'affaire du *Mur*, la CIJ a estimé que « la construction du mur [israélien dans le territoire palestinien occupé] selon le tracé retenu [n'était pas] le seul moyen de protéger les intérêts d'Israël contre le péril dont il s'est prévalu... » (*Rec.* p. 195, § 140).

Bien qu'aboutissant à des conclusions différentes dans son application à la crise argentine, plusieurs tribunaux CIRDI ont admis qu'une situation économique dramatique menaçant les conditions de vie de la population et le gouvernement de l'État pouvait justifier l'invocation de l'état de nécessité dès lors que les conditions posées à l'article 25 des articles de la CDI étaient réunies (sentences des 12 mai 2005, *CMS Gas Transmission c. République argentine*, aff. ARB 01/8, § 315-331 et 3 octobre 2006, *LG&E Energy Corp. et as. c. République argentine*, aff. ARB/02/1 (décision sur la responsabilité), § 245-261 ; v. aussi la décision sur l'annulation du 25 sept. 2007, *CMS Gas Transmission c. République argentine*, aff. ARB 01/8, § 119 s. ou les sentences du 22 mai 2007, *Enron*, 28 septembre 2007, *Sempra Energy*, 24 décembre 2007, *BG Group*, et du 6 juin 2008, *Metalpar*, qui toutes se prononcent sur la question de l'état de nécessité invoquée par l'Argentine ; v. not. les commentaires de J. Fouret, *Rev. arb.*, p. 249-272 et Th. Christakis, *RGDIP* 2007, p. 879-896.

L'État qui invoque l'état de nécessité ne doit pas avoir contribué à sa survenance. V. en ce sens le rapport du 14 octobre 1970 de la Commission d'enquête du BIT sur des *plaintes au sujet de l'observation par la Grèce de certaines conventions du travail* — l'état d'exception étant le fait de l'État grec lui-même (*Bull. Off. BIT*, 1971 n° 2 supplément spécial) — ainsi que l'arrêt précité de la CIJ, 1997, dans l'affaire *Gabčíkovo-Nagymaros* (*Rec.* p. 46, § 57).

§ 2. — *Conséquences du fait internationalement illicite*

BIBLIOGRAPHIE. — C. GUTIÉRREZ ESPADA, *La responsabilidad internacional (Las consecuencias del hecho ilícito)*, Diego Marín, Murcia, 2005, 311 p.

483. Mécanisme général de la responsabilité. — Sous réserve de l'existence éventuelle d'une responsabilité sans manquement en droit international (v. *infra*, n°s 498 et 499), la responsabilité peut être définie comme la situation créée par la survenance d'un fait internationalement illicite. Il en résulte une nouvelle relation juridique entre l'État ou l'organisation internationale auteur de ce fait et un ou plusieurs autres sujets du droit international.

Toute règle de droit international se décompose en une obligation majeure, qui est de la respecter, et une obligation mineure, consistant à corriger les effets de son non-respect. Tel est le contenu même de la responsabilité dans tout système juridique.

Pendant longtemps, la grande majorité de la doctrine a limité ces conséquences à la seule obligation de réparer le préjudice causé par le fait internationalement illicite. Dès lors, la responsabilité ne pouvait être mise en œuvre que si l'on pouvait apporter la preuve d'un dommage *imputable à un sujet du droit international* et *supporté par un autre sujet de droit*. Le droit coutumier a fortement préservé le « privilège » des sujets classiques du droit international d'invoquer la responsabilité internationale, au prix de quelques fictions juridiques. En cantonnant ainsi l'engagement effectif de la responsabilité internationale à l'idée de réparation, on entendait préserver une certaine neutralité face à des violations du droit ; ces dernières n'étaient pas dénoncées et sanctionnées en tant que telles mais uniquement corrigées dans leurs effets matériels.

On perçoit ici une différence essentielle entre le droit international et le droit interne. La société étatique, fortement intégrée, sanctionne ses membres dès lors qu'ils ont commis un délit, sans que doive être établie l'existence d'un préjudice. Dans la société internationale, l'idée de sanction pénale, de responsabilité à l'égard de la communauté dans son ensemble, n'en est encore qu'à ses balbutiements : on ne peut en citer que des illustrations isolées (la notion de « sécurité collective », les conséquences de la violation d'un traité multilatéral tirées par l'article 60, § 2, de la Convention de Vienne sur le droit des traités). La communauté internationale, entité non structurée et faiblement intégrée, est une société « civile » (v. l'arrêt de la CIJ du 18 juillet 1966, dans l'affaire du *Sud-Ouest africain*, *Rec.* p. 6, et not. p. 28-30, § 33-35, qui montre bien que le problème de responsabilité ne peut être posé qu'une fois démontré l'intérêt pour agir des requérants ; ce qui bloque souvent son examen au stade de la recevabilité du recours, en l'absence d'un intérêt collectif au respect du droit) ; ses membres ne sont en principe tenus de s'acquitter d'une réparation que si, concrètement, leur comportement a lésé d'autres sujets du droit.

Sous un angle descriptif, cette analyse peut sembler rendre encore largement compte des mécanismes de la responsabilité internationale ; mais elle n'est pas intellectuellement exacte. En effet, comme on l'a vu (*supra*, n° 469), elle ne répond plus aux besoins actuels de la société internationale dans laquelle la prise de conscience d'un « socle minimal » de valeurs communes se traduisant par l'existence de principes fondamentaux indérogeables, en nombre limité, a nécessairement des répercussions sur le mécanisme de la responsabilité dont la mise en œuvre ne peut être soumise aux aléas de réactions purement inter-personnelles à l'illicite.

Le raisonnement de la CDI, qui a suivi sur ce point l'argumentation très subtile de son rapporteur spécial Roberto Ago, est très clair : pour que la responsabilité d'un sujet du droit international soit engagée au plan international, il suffit qu'un fait internationalement illicite puisse lui être attribué (v. *supra* n° 470). Cette approche nouvelle ouvre la voie à des réactions à l'illicite qui s'écartent du schéma traditionnel dans lequel le dommage constituait un élément nécessaire à la naissance même de la responsabilité. Dorénavant, des réactions collectives peuvent être envisagées sans que les auteurs de ces réactions aient nécessairement à se « prévaloir » d'un préjudice qu'ils auraient directement et individuellement subi.

À cet égard, l'approche d'un autre rapporteur spécial de la CDI, G. Arangio Ruiz s'est éloignée quelque peu de celle de R. Ago en ce sens qu'il a paru considérer le préjudice, au moins « juridique », comme la condition nécessaire de l'existence de la responsabilité elle-même. Le détour par cette « explication » est superflu dès lors que l'on admet que tout fait internationalement illicite d'un sujet de droit engage sa responsabilité.

Il reste que la société internationale demeure peu intégrée et n'est guère solidaire. Il en résulte que, pratiquement, dans la grande majorité des cas, si le fait internationalement illicite n'a causé aucun dommage, la responsabilité demeurera platonique et ne pourra donner lieu à des conséquences concrètes. L'hypothèse inverse, qui met à mal la doctrine classique, ne se traduit en pratique que dans des hypothèses rares et limitées (v. *infra*, n° 491). Dans tous les autres cas, la responsabilité n'entraîne de conséquences que si le fait internationalement illicite d'un sujet de droit international a causé un préjudice à un autre sujet de droit international.

Les très rares hypothèses dans lesquelles des conséquences « pénales » (répressives) peuvent sembler découler d'un fait internationalement illicite relèvent, en réalité, des mécanismes de la Charte destinés à assurer le maintien de la paix et de la sécurité internationales et non du droit de la responsabilité. À noter en particulier que, à s'en tenir en tout cas au projet de la CDI, les contre-mesures constituent un mécanisme de mise en œuvre de la responsabilité et non la répression d'un manquement à une « règle primaire » (v. *infra*, n° 494).

Dans le cadre communautaire, l'article 228 du Traité CE (260 du TFUE) permet à la CJCE d'infliger le paiement de « sommes forfaitaires » (en fait de véritables amendes) ou des astreintes aux États membres qui ne prennent pas les mesures qu'appelle la constatation d'un manquement par la Cour. En outre, aux termes de l'article 104, paragraphe 11, (126, § 11, du TFUE) le Conseil de la Communauté a le pouvoir d'imposer des amendes aux États qui ne donnent pas suite à ses décisions en matière de réduction des déficits publics.

Certains auteurs établissent une distinction entre préjudice et dommage ; les deux termes seront considérés ici comme équivalents.

A. — Le préjudice

BIBLIOGRAPHIE. — M. HAURIOU, *« Les dommages indirects dans les arbitrages internationaux »*, *RGDIP* 1924, p. 203-231. — J.-P. RITTER, « Subrogation de l'assureur et protection diplomatique », *RGDIP* 1961, p. 765-802. — B. BOLLECKER-STERN, *Le préjudice dans la théorie de la responsabilité internationale*, Pedone, 1973, 382 p. — T. MERON, « The Insurer and the Insured under International Claims Law », *AJIL* 1974,

p. 628-647. — P. REUTER, « Le dommage comme condition de la responsabilité internationale », *Mél. Miaja de la Muella*, 1979, vol. II, p. 837-846. — F. RIGAUX, « International Responsibility and the Principle of Causality », *Mél. Schachter*, 2005, p. 81-91. — H. THIRLWAY, « Injured and Non-injured States before the International Court of Justice », *Mél. Schachter*, 2005, p. 311-328.

Sur le dommage médiat et la protection diplomatique, v. *infra*, la bibliographie figurant sur le n° 495.

484. Préjudice matériel et préjudice moral. — L'existence d'un préjudice matériel, quels que soient son objet et sa nature, est toujours suffisante pour engager concrètement la responsabilité de l'auteur du fait internationalement illicite qui en est la cause. S'agissant du préjudice moral, la réponse de la jurisprudence internationale, comme celle des tribunaux administratifs français en droit interne, a longtemps été négative.

Dans la sentence du 31 juillet 1905, l'arbitre Ralston déclarait : « les sentiments ne sont pas mesurables en bolivars ou en livres sterling » (Commission mixte de réclamations France-Vénézuéla, *Héritiers de Jules Brun, RSA* vol. X, p. 24).

Le revirement a été réalisé par la sentence du 1er novembre 1923, dans l'affaire du *Lusitania*, navire torpillé par un sous-marin allemand en 1916 (*RSA* vol. VII, p. 35-37). Depuis ce précédent, la prise en compte du préjudice moral est devenue la règle.

Voir Commission États-Unis-Mexique, 1927, affaire *Agnès Connelly* (*RSA* vol. IV, p. 117) ; CPA, 9 juin 1931, affaire *Chevreau* (*RSA* vol. II, p. 1113) ; CIJ, avis consultatif du 12 juillet 1973, affaire de la *Demande de réformation du jugement n° 158 du Tribunal administratif des Nations Unies* (dite affaire *Fasla*), *Rec.* p. 195, § 59, où la Cour rappelle, en la considérant comme justifiée, la prise en considération par le Tribunal administratif du « tort causé à la réputation et à l'avenir professionnel du requérant ».

L'ensemble de la doctrine est favorable à cette solution. Anzilotti écrivait déjà : « L'élément économique est bien loin d'avoir dans les rapports entre États un poids semblable à celui qu'il a entre les particuliers : l'honneur et la dignité de l'État l'emportent de beaucoup sur les intérêts matériels ». Aussi, dans les rapports entre États, « le dommage moral prend une importance de très loin supérieure à celle qu'il a dans le droit national » (*Cours de droit international*, Sirey, 1929, vol. I, p. 523). L'observation reste valable même si elle repose sur une vision très classique de la souveraineté.

La question, aujourd'hui, est plutôt de fixer l'étendue des préjudices non matériels et leur degré d'individualisation pour que soit engagée la responsabilité internationale ou, plus largement, les conséquences de l'acte internationalement illicite (v. *infra*, n° 493).

L'article 31, § 2, du projet d'articles de la CDI reflète indiscutablement le droit positif : « Le préjudice comprend tout dommage, tant matériel que moral résultant du fait internationalement illicite de l'État ». Du même coup se trouve confirmée la synonymie des mots « dommage et préjudice ».

485. Distinction du droit et de l'intérêt. — Un manquement à une règle de droit peut ne porter préjudice aux droits d'aucun sujet de droit ou ne porter préjudice qu'à certains sujets de droit.

Dans la perspective du droit traditionnel, qui demeure globalement exacte, dans le premier cas, la responsabilité ne peut pas produire d'effets concrets puisqu'aucun sujet du droit international ne peut invoquer un dommage et, dans le second, seuls les sujets lésés pourront chercher à engager la responsabilité de l'auteur du fait illicite.

1° Le droit international classique ignore l'« action populaire » *(actio popularis)*, c'est-à-dire la possibilité pour tout sujet du droit de faire établir la responsabilité de tout autre sujet qui a enfreint la légalité. Dans le domaine de la responsabilité, les sujets du droit international ne peuvent invoquer un fait illicite pour fonder leur action que si ce fait a porté atteinte à un *droit juridiquement protégé*, un droit dont ils sont titulaires. Ils n'ont qu'un *intérêt* au respect du droit international, en dehors de cette hypothèse ; cet intérêt n'est pas suffisant en soi pour que leur recours soit recevable, sauf en cas de violation d'une « obligation *erga omnes* » dont le respect intéresse la communauté internationale dans son ensemble (CIJ, 5 février 1970, affaire de la *Barcelona Traction, Rec.* p. 32, § 33).

Ce point a été clairement mis en évidence par la CIJ dans son arrêt de 1966, à propos de l'affaire du *Sud-Ouest africain.* L'Éthiopie et le Liberia lui demandaient de condamner l'Afrique du Sud à exécuter les obligations qui lui incombaient au titre de son mandat sur le Sud-Ouest africain. La Cour s'est refusée à « admettre une sorte d'*actio popularis* ou un droit pour chaque membre d'une collectivité d'intenter une action pour la défense d'un intérêt public. S'il se peut que certains systèmes de droit interne connaissent cette notion, le droit international, tel qu'il existe actuellement, ne la reconnaît pas » (*Rec.* p. 47, § 88).

Il ne peut y avoir fait internationalement illicite, donc responsabilité, en l'absence d'atteinte à un droit. La règle générale ne peut faire de doute, mais elle ne doit pas être interprétée de manière trop rigide, car elle peut supporter des exceptions conventionnelles et, aujourd'hui, une exception de principe doit même être admise.

Dans l'arrêt précité de 1970, dans l'affaire de la *Barcelona Traction*, la Cour évoque l'idée qu'« une distinction essentielle doit (...) être établie entre les obligations des États envers la communauté internationale dans son ensemble, et celles qui naissent vis-à-vis d'un autre État dans le cadre de la protection diplomatique. Par leur nature même, les premières concernent tous les États. Vu l'importance des droits en cause, tous les États peuvent être considérés comme ayant un intérêt juridique à ce que ces droits soient protégés ; les obligations dont il s'agit sont des obligations *erga omnes* » (*Rec.* p. 32, § 33). La Cour fournit quelques exemples de telles obligations : interdiction de l'agression et du génocide, protection des « droits fondamentaux » de la personne humaine.

La portée de cette construction jurisprudentielle a fait couler beaucoup d'encre. On doit y voir la reconnaissance d'une *actio popularis* lorsqu'un fait internationalement illicite porte atteinte aux intérêts fondamentaux de la communauté internationale dans son ensemble, en particulier, en cas de violation grave d'une obligation découlant d'une règle de *jus cogens* (v. *supra*, n° 472).

2° Dire qu'il existe un droit collectif au respect du droit, c'est admettre que chaque sujet du droit international possède un droit propre à le faire respecter sans avoir à démontrer qu'il a subi un préjudice du fait de la violation du droit. Encore rare, cette hypothèse existe dans le droit international contemporain (v. *infra*, n°s 491 et 493). En l'absence d'un tel droit collectif, le dommage — pour pouvoir être invoqué — doit nécessairement être *individualisé*.

C'est la raison pour laquelle, sauf en cas d'atteinte à un intérêt collectif, en particulier, de violation d'une règle de *jus cogens* ou d'une obligation *erga omnes*, une illicéité non accompagnée d'un dommage individualisé ne peut engager la responsabilité internationale : dans ce cas, en effet, aucun sujet du droit ne peut démontrer l'existence d'un intérêt pour agir qui lui soit propre.

Sur l'ensemble de la question de l'invocation de la responsabilité, v. *infra*, n° 493.

486. Préjudice direct et préjudice indirect. — En principe, la solution est simple et ferme. Selon une pratique et une jurisprudence internationales constantes, seul le préjudice direct — qu'il ne faut pas confondre avec le dommage immédiat (v. *infra*, n° 487) — est susceptible d'engager la responsabilité internationale.

Voir arbitrage du Sénat de Hambourg, 21 octobre 1861, affaire *Yulle-Shortridge* (*RAI* vol. II, p. 78) ; arbitrage du 14 septembre 1872, affaire de *l'Alabama* (*RAI* vol. II, p. 889) ; CPJI, 17 août 1923, affaire de *Wimbledon* (Série A n° 1, p. 32) ; sentences arbitrales, 1er mai 1925, *Biens britanniques au Maroc espagnol (Melilla — Ziat, Ben Kiran)* (*RSA*, vol. II, p. 732, point 5) ; 30 juin 1930, affaire de la *Responsabilité de l'Allemagne à raison des actes commis postérieurement au 31 juillet 1914...* (*RSA* vol. II, p. 1035) ; 23 avril 1931, affaire *Eagle Star and British Dominion Insurance Company* entre le Royaume-Uni et le Mexique (*RSA* vol. V, p. 139) et CIRDI, sentence du 27 juin 1990, *AAPL c. Sri Lanka* (ARB/87/3), § 88.

Est dommage direct celui qui découle *nécessairement* de l'acte illicite : il suffit donc qu'il soit démontré que tel préjudice est relié par un rapport de cause à effet au fait illicite, qu'il existe entre eux un lien de causalité certain même s'il est éloigné (certains auteurs parlent d'une causalité *transitive*). En l'absence d'un tel lien, la responsabilité de l'auteur du fait internationalement illicite est engagée du seul fait de l'existence de celui-ci, mais aucune conséquence pratique n'en découle.

Cette approche est celle retenue par le Tribunal arbitral germano-portugais de 1930 précité : « Il ne serait pas équitable de laisser la victime supporter le poids de dommages que l'auteur du premier acte illicite a prévus et peut-être voulus, par le seul motif que se sont interposés des liens intermédiaires dans la chaîne reliant cet acte au dommage subi » (*RSA*, vol. II, p. 1035).

Dans son importante décision n° 7 du 27 juillet 2007 sur la *Responsabilité relevant du* jus ad bellum, la Commission des réclamations entre l'Érythrée et l'Éthiopie a soigneusement analysé les diverses formules appliquées pour mettre en œuvre la « causalité » entre le fait illicite et le dommage (caractère « direct », proximité, prévisibilité, certitude — § 7-12) pour, finalement, s'en tenir à une approche pragmatique fondée sur le concept de « proximité causale » (*proximate cause*) qui fait une large part à l'appréciation empirique de la prévisibilité (§ 13).

La résolution 687 (1991) du Conseil de sécurité « réaffirme que l'Irak (...) est responsable, en vertu du droit international, de tout dommage — y compris les atteintes à l'environnement et la destruction des ressources naturelles — et de tous autres *préjudices directs* subis par des États étrangers et des personnes physiques et sociétés étrangères du fait de l'invasion et de l'occupation illicites du Koweït par l'Irak ». La Commission d'indemnisation des Nations Unies qui est chargée d'appliquer cette directive interprète extensivement la notion de « préjudices directs » (cf. la décision n° 1 du Conseil, 2 août 1991, *ILM* 1991, p. 1712) et fait appel à des « présomptions de causalité » souvent inédites traduisant une conception large de la transitivité (v. par exemple la décision n° 40, 18 déc. 1996, *ILM* 1997, p. 1343 : tout en constatant que des puits de pétrole koweïtiens ont été détruits par les bombardements alliés, la Commission n'en retient pas moins la responsabilité de l'Irak qui avait placé des explosifs autour des puits — rapport de la Commission, § 85 et 86, p. 1356). De même, la CEDH se fonde fréquemment sur l'absence d'un tel lien de causalité pour rejeter les demandes de réparation pécuniaire en cas de violation du principe du droit à un procès équitable (cf. 25 avr. 1983, n° 63, *Van Droogenbroeck c. Belgique (art. 50), série A*, n° 63). L'exigence d'un lien de causalité directe entre le manquement et le dommage invoqué est également fermement affirmée par la CJCE (cf. 12 juill.. 1962, aff. 18/60, *Worms*, *Rec.* p. 377 ; 16 déc. 1963, aff. 36/62, *Aciéries du Temple*, *Rec.* p. 589 ou 4 oct. 1979, aff. 64 et 113/76, 167 et 239/78 et 27, 28 et 45/79, *Dumortier*, *Rec.* p. 3091 ; 16 déc. 1987, *Delauche c. Commission*, 111/86, *Rec.* p. 5345 ; 1er juin 1994, *Commission c. Brazzelli Lualdi e.as.*, C-36/92 P, *Rec.* p. I-1981 ; 14 mai 1998, *Conseil c. de Nil et Impens*, C-59/96 P, *Rec.* p. I-2915 ; 21/02/2008, *Commission c. Girardot*, C-348/06 P).

Le tout est que n'intervienne pas dans l'enchaînement des faits, un événement qui rompe ce lien de causalité et rende accessoires tous les préjudices subséquents. La rupture du lien de causalité peut être due à des aléas de fait mais aussi à des facteurs juridiques tels que la conclusion d'un contrat d'assurance ou l'existence d'une créance sur la victime directe.

L'assureur qui a indemnisé la victime d'un fait illicite — ou ses créanciers, qui perdent tout espoir de remboursement — peuvent-ils obtenir réparation comme l'aurait pu la victime directe ? La réponse est négative car on admet que la causalité directe est interrompue lorsque le préjudice se propage à la faveur d'une relation purement contractuelle (Commission mixte des réclamations États-Unis-Allemagne, affaire du *Lusitania*, avis du 1er novembre 1923 [*RSA* vol. VII, p. 91] ; CIJ, 5 février 1970, affaire de la *Barcelona Traction* [*Rec.* p. 35, § 44]).

Anzilotti avait raison, lorsqu'il écrivait que « c'est ... une question d'espèce que de déterminer si le rapport de causalité existe » (*Cours de droit international* (trad. G. Gidel), Ed. Panthéon-Assas, 1999, p. 553, n° 472). On peut admettre qu'en fait, doit être indemnisé « le dommage qui doit être considéré comme étant raisonnablement la conséquence du fait imputé à l'État » (réponse des Pays-Bas lors de la préparation de la conférence de codification de 1930, cité par B. Bollecker-Stern, *op. cit.* p. 212).

487. Préjudice immédiat et préjudice médiat. — La notion de protection diplomatique. La responsabilité internationale ne peut être engagée que dans la mesure où le dommage est juridiquement causé à un sujet du droit international.

1° Si c'est un État ou une organisation internationale qui subit le préjudice, il n'y a pas de difficulté à admettre que cette condition est vérifiée : on parle, dans ce cas, d'un préjudice *immédiat*.

La mise en œuvre de la responsabilité est aisée, dans cette situation : l'État exerce une compétence déduite de sa souveraineté. Les organisations internationales trouvent une base juridique suffisante dans leur personnalité juridique internationale.

Dans l'affaire *Saiga (2)*, le TDM a estimé qu'aucune des violations des droits dont se prévalait le demandeur (Saint-Vincent-et-les-Grenadines) ne pouvait « être interprétée comme une violation [par la Guinée] d'obligations concernant le traitement des étrangers » (arrêt du 1er juill. 1999, § 98), la liberté des mers étant garantie aux États pas aux particuliers.

Il en va de même lorsqu'une organisation internationale agit pour faire valoir les droits d'un de ses agents ayant subi un dommage dans l'exercice de ses fonctions : dans ce cas c'est indiscutablement son droit propre qu'elle fait respecter en la personne qui a subi un dommage en agissant en son nom. En conséquence, la protection fonctionnelle des organisations internationales (v. *supra*, n° 394) ne s'apparente que partiellement à la protection diplomatique et n'en est pas exclusive. Fondée sur le lien de fonction qui unit l'organisation à ses agents, elle ne détruit pas, ni ne fait obstacle au lien de nationalité qui existe entre un agent international et son État d'origine. La protection fonctionnelle ne peut donc jouer que pour la sauvegarde des intérêts de l'organisation en la personne de ses agents De plus la protection diplomatique peut toujours être mise en œuvre. Comme l'a reconnu la CIJ : « En pareil cas, il n'existe pas de règle de droit qui attribue une priorité à l'un ou à l'autre, ou qui oblige soit l'État, soit l'organisation à s'abstenir de présenter une réclamation internationale » (avis consultatif du 11 juillet 1949, *Réparation des dommages subis au service des Nations Unies, Rec.* 1949, p. 185).

2° Lorsque la victime concrète est un sujet du droit interne — une personne privée —, il faut recourir à une fiction juridique pour pouvoir considérer que c'est un sujet du droit international qui est la victime au sens du droit international. C'est à ce prix que peut être maintenue la formule, classique, selon laquelle « le dommage subi par le particulier ne donne pas lieu à réparation » (F. Garcia Amador, *in Ann. CDI* 1961, vol. II, p. 4).

Partant, traditionnellement, du postulat que les particuliers sont dépourvus de personnalité juridique internationale et ne peuvent être titulaires de droits et d'obligations dans les relations internationales, il paraissait traditionnellement impossible de reconnaître que le dommage subi par eux était causé à un sujet du droit international. Pour éviter un véritable déni de justice, il fallait trouver un détour juridique justifiant l'interposition de l'« écran étatique » entre les particuliers et le sujet du droit international auteur du dommage.

Cette fiction trouve son expression dans la célèbre formule de la CPJI, selon laquelle : « en prenant fait et cause pour l'un des siens, en mettant en mouvement en sa faveur l'action diplomatique ou l'action judiciaire internationale, cet État fait, à vrai dire, valoir son propre droit, le droit qu'il a de faire respecter, en la personne de ses ressortissants, le droit international » (arrêt du 30 août 1924, affaire *Mavrommatis*, Série A n° 2, p. 12).

La formule a été maintes fois reprise, dans une jurisprudence constante (CPJI, 12 juillet 1929, affaire des *Emprunts serbes*, Série A n° 20-21, p. 17 ; 28 février 1939, affaire des *Chemins de fer Panevezys-Saldutiskis*, Série A/B n° 76, p. 16 ; CIJ, 6 avril 1955, affaire *Nottebohm, Rec.* p. 24), et les jurisprudences internes en ont tiré les conséquences : pour la France, Cass. civ. 1, 14 juin 1977, *RSF de Yougoslavie, JDI* 1977, p. 864 ; CE, 7 juillet 1978, *Jonquières d'Oriola, RDP* 1979, p. 546, concl. Rougevin-Baville.

Le dommage subi par un particulier s'analyserait dès lors en une atteinte au droit juridiquement protégé de l'État ou de l'organisation internationale de faire respecter les garanties, offertes par le droit international, à ses ressortissants ou à ses agents dans leurs relations avec d'autres États ou organisations. Pour traduire ce « transit » du dommage d'une personne — le particulier — à une autre — l'État ou l'organisation —, on qualifie alors le dommage de *médiat*.

Il ne faut donc pas confondre la distinction entre préjudices direct et indirect, qui porte sur l'origine du dommage (*supra*, n° 486), et celle entre préjudices immédiat et médiat, qui porte sur la personne lésée.

Sous l'influence de la reconnaissance progressive aux personnes privées d'une véritable subjectivité juridique internationale (v. *supra*, n° 418), la « fiction Mavrommatis » a fait l'objet ces dernières années de contestations, radicales ou larvées, qui interdisent de lui reconnaître le caractère absolu qu'elle a longtemps revêtu, malgré les critiques que l'on pouvait lui adresser.

Si sa véritable signification est historique, elle semble anachronique dans la mesure où elle s'est imposée à l'époque du libéralisme triomphant ; manifestement, la justification économique a, alors, été écartée au profit de la primauté de la souveraineté étatique. Au surplus, elle ne cadre pas avec les hypothèses dans lesquelles les personnes privées disposent de recours directs au plan international comme dans le cadre de l'Union européenne ou des mécanismes régionaux de protection des droits de l'homme (v. *supra*, n° 437). Dans l'arrêt *Francovich* du 19 novembre 1991, la Cour de Luxembourg a fermement posé le principe selon lequel « les États membres sont obligés de réparer les dommages causés aux particuliers par les violations du droit communautaire qui leur sont imputables » (C-6/90 et C-9/90, *Rec.* I-5357). De même, les procédures devant la Commission d'indemnisation des Nations Unies (Koweït-Irak) ne reposent pas sur une protection diplomatique *stricto sensu* même si les réclamations des particuliers sont formellement introduites par les États (cf. A. Kolliopoulos, *op. cit.*, p. 292-297).

Du reste, même dans les relations diplomatiques traditionnelles, la pratique ne tire que très partiellement les conséquences cette fiction. En particulier, dès lors qu'en l'exerçant l'État est censé faire valoir son propre droit, on ne voit ni pourquoi la personne protégée pourrait en paralyser l'exercice en s'abstenant d'épuiser les voies de recours internes à sa disposition, ni pour quelle raison on exige de celle-ci qu'elle conserve la nationalité qu'elle avait au moment où le dommage lui a été causé, lorsque l'État endosse sa réclamation (v. *infra*, n° 495). Il n'est pas plus logique que l'évaluation du dommage soit faite en fonction du préjudice subi par la personne privée alors que l'État est supposé exercer son « droit propre » — il l'est en revanche que, comme le rappellent fréquemment les accords d'indemnisation, la répartition de l'indemnité soit de la seule compétence de l'État, les litiges sur ce point avec les particuliers ne pouvant engager la responsabilité de l'État à l'origine du préjudice (mais uniquement, le cas échéant, celle de l'État national — v. TC, 2 déc. 1991, *Coface*, *Leb.* p. 478).

Ces critiques justifiées commencent à porter leurs fruits. Dans l'article 1er de son projet d'articles sur la protection diplomatique, adopté en 2006 et considéré par la Cour internationale de Justice comme reflétant le droit international coutumier (arrêt du 24 mai 2007 dans l'affaire *Diallo*, § 39), la CDI a défini celle-ci comme « l'invocation par un État, par une action diplomatique ou d'autres moyens de règlement pacifique, de la responsabilité d'un autre État pour un préjudice causé par un fait internationalement illicite dudit État à une personne physique ou morale ayant la nationalité du premier État en vue de la mise en œuvre de cette responsabilité » (A/61/10, 2006, p. 17). En omettant de préciser que, dans une telle hypothèse, l'État agit « en son nom propre » (comme l'indiquait encore son projet de première lecture [A/59/10, 2004, p. 17]), la Commission ouvre la voie à l'abandon de l'inutile fiction traditionnelle.

De même, par sa résolution 5/2006 sur la « Protection diplomatique des personnes et des biens », l'ILA. a estimé que « Le droit d'un ressortissant affecté doit être affirmé et respecté au moyen de la protection diplomatique comme étant un intérêt dominant. Le droit parallèle de l'État de nationalité doit également être affirmé et respecté dans ce contexte mais ne devrait pas être substitué au droit propre du ressortissant ». Lorsque le particulier lésé dispose d'un droit de recours propre (comme c'est le cas dans le cadre de la Convention de Washington de 1965 — v. *infra* n° 646), on doit considérer qu'il met bien en cause la responsabilité de l'État dans l'ordre juridique international (v. Ch. Leben, « La responsabilité internationale de l'État sur le fondement des traités de promotion et de protection des investissements », *AFDI* 2004, p. 683-714).

Allant plus loin, par sa résolution 60/147 du 16 décembre 2005, sur les « Principes fondamentaux et directives concernant le droit à un recours et à réparation des victimes de violations flagrantes du droit international des droits de l'homme et de violations graves du droit international humanitaire » l'Assemblée générale a défini comme « victimes » « les personnes qui, individuellement ou collectivement, ont subi un préjudice, notamment une atteinte à leur intégrité physique ou mentale, une souffrance morale, une perte matérielle ou une atteinte grave à leurs droits fondamentaux, en raison d'actes ou d'omissions constituant des violations » de ce type (§ 8) et reconnu que, dans ces deux hypothèses, ces victimes bénéficiaient, en vertu du droit international d'un droit à recours et à réparation. C'est dire que les particuliers sont bien les destinataires directs de ce droit, même si ce sont les États qui « ont l'obligation d'enquêter et, s'il existe des éléments de preuve suffisants, le devoir de traduire en justice la personne présumée responsable et de punir la personne déclarée coupable de ces violations » (§ 4 — v. le commentaire de cette résolution par P. D'Argent, *AFDI* 2005, p. 27-55). Dans la même veine, la CIJ elle-même a reconnu, dans son avis sur le *Mur* israélien en Palestine, qu'en application du droit international de la responsabilité, Israël a « l'obligation de réparer tous les dommages causés à toutes les personnes physiques ou morales concernées » (*Rec.* 2004, p. 198, § 152).

Même si ces évolutions sont bienvenues tant en théorie qu'au plan pratique, deux précisions s'imposent :

— en premier lieu, il n'en résulte pas que la protection diplomatique soit devenue une institution juridique obsolète : aujourd'hui encore, elle demeure le seul mécanisme permettant la réparation des dommages subis par un particulier en conséquence d'un fait internationalement illicite d'un État autre que celui dont il a la nationalité, et elle constitue un ultime filet de sécurité lorsque les voies de saisine directe sont fermées ou ne fonctionnent pas de façon satisfaisante ;

— en second lieu, il s'agit cependant d'une possibilité aléatoire car, même si l'on admet que l'État agit au nom de la personne privée protégée, il n'en reste pas moins qu'il décide discrétionnairement d'exercer ou non sa protection et des modalités de cet exercice (v. *infra*, n° 496).

B. — Contenu de la responsabilité internationale

BIBLIOGRAPHIE. — G. SALVIOLI, « La responsabilité des États et la fixation des dommages et intérêts par les tribunaux internationaux », *RCADI* 1929-III, vol. 28, p. 231-289. — J. PERSONNAZ, *La réparation du préjudice en droit international public*, Paris, Sirey, 1938, 352 p. — L. REITZER, *La réparation comme conséquence de l'acte illicite en droit international*, Thèse Genève, 1938, 239 p. — P.A. BISSONNETTE, *La satisfaction comme mode de réparation en droit international*, Thèse Genève, 1953, Imp. Grandchamp, Annemasse, 185 p. — J.-L. SUBILIA, *L'allocation d'intérêts dans la jurisprudence internationale. Contribution à l'étude de la réparation en droit international*, Lausanne, Imp. vaudoise, 1972, 190 p. — R.-B. LILLITCH et B.-H. WESTON, *International Claims. Their Settlement by Lump Sum Agreements*, UP of Virginia, Charlottesville, 1975, vol. I, 372 p., vol. II, 372 p. — P.-M. DUPUY, « Observations sur la pratique récente des « sanctions » de l'illicite », *RGDIP* 1983, p. 505-548 et « Responsabilité et légalité », *Colloque SFDI, Le Mans*, Pedone, 1991, p. 263-297. — M. IOVANE, *La riparazione nella teoria et nella prassi dell'illicito internazionale*, Giuffré, Milan, 1990, VIII-340 p. — C. DOMINICE, « De la réparation constructive du préjudice immatériel souffert par un État », *Mél. Jimenez de Arechaga*, 1994, p. 505-522. — J. PAUWELYN, « The Concept of a « Continuing Violation » of an International Obligation. Selected Problems », *BYBIL* 1995, p. 416-450. — G. ABI-SAAB, « De la sanction en droit international public : essai de clarification », *Mél. Skubiszewski*, 1996, p. 1-17. — H. B. JØRGENSEN, « A Reappraisal of Punitive Damages in International Law », *BYBIL* 1997, p. 247-266. — S. WITTICH, « Awe of the Gods and Fear of the Priests : Punitive Damages and the Law of State Responsibility », *Eur. Law* 1998, p. 101-157. — B. H. WESTON, R. B. LILLICH et D. J. BEDERMAN, *International Claims :*

Their Settlement by Lump Sum Agreements, 1975-1995, Transnl. Public., New York, 1999, XIII-359 p. — Ch. GRAY, « The Choice Between Restitution and Compensation », *EJIL* 1999, p. 413-423. — P. D'ARGENT, *Les réparations de guerre en droit international public*, Bruylant/LGDJ, Bruxelles/Paris, 2002, XVI-904 p. — D. SHELTON, « Righting Wrongs : Reparations in the articles on State Responsibility », *AJIL* 2002, p. 833-856. — C. BARTHE-GAY, « Réflexions sur la satisfaction en droit international », *AFDI* 2003, p. 105-128. — A. GATTINI, *Le riparazioni di guerra nel diritto internazionale*, CEDAM, Padoue, 2003, XXIV-722 p.

Sur la responsabilité des États membres des Communautés européennes à l'égard des particuliers, pour violation du droit communautaire : G. VANDERSANDEN et M. DONY, *La responsabilité des États membres en cas de violation du droit communautaire*, Bruxelles, Bruylant, 1997, VI-413 p. ; G. CONWAY, « Breaches of EC Law and the International Responsibility of Member States », *EJIL* 2002, p. 679-695. — voir aussi M. WATHELET et S. VAN RAEPENBUSCH, *CDE* 1997 p. 13-65 et L. GOFFIN, *ibid.* p. 531-554 ; F. FINES, *RTDE* 1997, p. 69-101.

Sur le régime particulier des violations graves d'obligations découlant de normes impératives : Ch. TAMS, « Do Serious Breaches Give Rise to Any Specific Obligations of the Responsible State ? », *EJIL* 2002, p. 1161-1180. — A.A. CANÇADO TRINDADE, « Complementarity between State Responsibility and Individual Responsibility for Grave Violations of Human Rights : the Crime of State revisited », *Mél. Schachter*, 2005, p. 253-269. — G. GAJA, « Do States Have a Duty to Ensure Compliance with Obligations *erga omnes* by Other States ? », *Ibid.*, p. 31-36. V. aussi *supra* la bibl. figurant sur le n° 471.

488. Exécution de l'obligation, cessation et non-répétition. — Le fait internationalement illicite est une atteinte à la sécurité des rapports juridiques. Comme tout système juridique, le droit international, malgré son caractère faiblement « exécutoire » (par opposition à « obligatoire », ce qu'il est comme tout autre ordre juridique), s'efforce d'en limiter les effets perturbateurs.

Et d'abord en réaffirmant la persistance de l'obligation violée : « Les conséquences juridiques d'un fait internationalement illicite... n'affectent pas le maintien du devoir de l'État responsable d'exécuter l'obligation violée » (art. 29 des articles de la CDI).

Il n'en va évidemment ainsi que si cette obligation persiste, ce qui n'est pas forcément le cas. Il peut exister des obligations « instantanées » dont le respect tardif n'a plus de sens. La violation elle-même peut également rendre sans objet la reprise de l'exécution. Et il en va de même si le ou les sujets de droit international lésé(s) ont, de manière licite, mis fin à l'obligation dans leurs rapports avec l'auteur du fait internationalement illicite, par exemple, dans le cas d'obligations conventionnelles en mettant fin au traité conformément aux dispositions de l'article 60 de la Convention de Vienne de 1969. Dans les mêmes hypothèses, il est vain d'exiger la cessation d'une violation qui a, nécessairement, produit tous ses effets.

Aux termes de l'article 30 du projet de la CDI, l'État responsable du fait internationalement illicite a également « l'obligation : a) d'y mettre fin si ce fait continue ; b) d'offrir des assurances et des garanties de non-répétition appropriées si ces circonstances l'exigent ».

Il est évident que l'État responsable doit s'abstenir de renouveler ou de reprendre le comportement constitutif du fait internationalement illicite ; c'est la conséquence logique du caractère obligatoire des règles de droit international et un nouveau rapport de responsabilité naîtrait du non-respect de ce principe.

En revanche, il est douteux que l'obligation (éventuelle) d'offrir des garanties de non-répétition ait un caractère autonome : elle relève bien plutôt d'un mode particulier de réparation, la satisfaction (v. *infra*, n° 490-3°).

Ceci étant, on peut s'interroger sur le caractère de la règle posée par la CDI dans l'article 30 b) de son projet : s'agit-il de codification ou de développement progressif ? Dans la pratique diplomatique, de telles assurances sont souvent exigées et parfois données (v. les exemples donnés par la CDI dans le commentaire de l'art. 30, Rapport 2001, A/56/10, p. 236, § 9, et p. 238-240, § 12-13) ; toutefois, on pouvait se demander s'il s'agissait là d'une obligation juridique ou de simples gestes de bonne volonté. Dans la sentence de 1941 relative à l'affaire de la *Fonderie de Trail*, le Tribunal arbitral avait précisé que le Canada devait adopter des mesures propres à « prévenir efficacement des émissions importantes de fumée aux États-Unis à l'avenir », *RSA* III, p. 1934). Dans l'affaire *LaGrand*, la CIJ a confirmé le caractère obligatoire de telles assurances dans certains cas (v. *infra*, n° 490-3°) ; dans celle relative aux *Activités armées sur le territoire du Congo (RDC c. Ouganda)*, elle a estimé qu'un engagement conventionnel pris par l'État responsable d'un fait internationalement illicite satisfaisait à une demande de garanties et assurances de non-répétition (arrêt du 19 décembre 2005, *Rec.* p. 256, § 257 ; v. plus généralement L. Dubin, « Les garanties de non-répétition à l'aune des affaires *LaGrand* et *Avena* », *RGDIP* 2005, p. 859-888).

La cessation du fait internationalement illicite qui se prolonge ou se répète dans le temps ne soulève pas les mêmes problèmes. Elle est la première et la plus évidente conséquence de l'obligation générale incombant à l'État ou à l'organisation internationale responsable d'éliminer les conséquences de son fait internationalement illicite, principe qui guide également le droit applicable en matière de réparation (v. *infra*, n°s 489 et 490).

Pour des exemples de « cessations » ordonnées au contentieux, v. l'arrêt de la CIJ de 1980 dans l'affaire du *Personnel diplomatique des États-Unis à Téhéran*, *Rec.* p. 44-45 ou celui de la CEDH dans l'affaire *Vermeire* en date du 29 novembre 1991, *série A*, vol. 214-C, p. 82-83 ; v. aussi l'avis consultatif de la CIJ dans l'affaire du *Mur*, *Rec.* 2004, p. 197-198, § 150-151. Il va de soi qu'il n'y a pas lieu de recourir à cette forme de réparation lorsque la violation a cessé au moment où les modalités de la réparation sont appréciées (cf. CIJ, arrêt du 19 décembre 2005, *Activités armées sur le territoire du Congo [RDC c. Ouganda]*, *Rec.* p. 255, § 254).

Bien qu'elle soit étroitement liée à l'obligation d'exécution de l'obligation violée, celle de mettre fin au fait internationalement illicite ne se confond pas avec elle ; elle en est le préalable nécessaire. Dans certains cas, l'obligation de cessation peut aussi être difficile à distinguer de la réparation sous forme de *restitutio in integrum* (v. *infra*, n° 490-1°).

489. L'obligation de réparer. — L'obligation de réparer tout manquement au droit est impliquée par toute règle juridique et présente un caractère d'automaticité. Ce que la CPJI exprimait déjà en ces termes : « La Cour constate que c'est un principe de droit international, voire une *conception générale du droit*, que toute violation d'un engagement comporte l'obligation de réparer » (13 septembre 1928, *Usine de Chorzów*, Série A, n° 17, p. 29 ; à titre d'illustration, v. TIDM, 1er juill. 1999, *Saiga (2)*, § 170 ; CIRDI, sentence du 2 oct. 2006, *ADC Affiliate Limited and ADC & ADMC Management Limited c. Hongrie* [ARB/03/16], § 494-495) ; obligation de réparer « dans une forme adéquate », avait-elle précisé peu auparavant dans la même affaire (26 juillet 1927, Série A, n° 9, p. 21). Ces principes s'appliquent aux États comme aux organisations internationales.

1° En ce qui concerne les *États*, l'article 31 du projet d'articles de la CDI précise que « [l]'État responsable est tenu de réparer *intégralement* le préjudice causé par le fait internationalement illicite ». Il s'agit là de l'énoncé d'une règle bien établie et consacrée par une jurisprudence ferme et constante (cf. CPJI, 26 juill. 1927, *Usine de Chorzów (compétence)*, série A n° 9, p. 21 ; CIJ, 25 sept. 1997, *Projet Gab&ccaron ;íkovo-Nagymaros*, *Rec.* p. 81, § 152 ; 31 mars 2004, *Avena*, *Rec.* p. 59, § 119 ou 19 déc. 2005, *Activités armées sur le territoire du Congo [RDC c. Ouganda]*, *Rec.* p. 257, § 259)

À côté de *l'obligation* de réparer, caractéristique de la responsabilité, existe une *faculté* de réparer, à titre gracieux. L'hypothèse reste exceptionnelle — si on n'y inclut pas des circonstances où deux États sont en désaccord sur l'existence d'une violation du droit et où celui accusé d'un manquement accepte de réparer tout en maintenant sa position de principe. Saint-Marin avait manqué à ses devoirs d'État neutre pendant la seconde guerre mondiale et avait été l'objet de bombardements britanniques ; à la fin du conflit, tout en refusant d'admettre une obligation de réparer, le Royaume-Uni a consenti à l'indemniser des préjudices subis dans ces circonstances. De même, par des accords conclus avec le Royaume-Uni, le 15 juillet 1986, et la France, le 27 mai 1997, la Russie a accepté l'indemnisation (très partielle) de ces deux pays (à charge pour eux de répartir l'indemnité entre les créanciers individuels) des « emprunts russes » antérieurs à 1917, tout en précisant que le versement de cette somme « n'est pas réputé valoir reconnaissance d'une responsabilité lui incombant » (art. 7, § 1, de l'Accord de 1997 — v. S. Szurek, *AFDI* 1998, p. 144-166 et P. Juillard et B. Stern dir., *Les emprunts russes*, Pedone, 2002, 330 p.). Pour leur part, les États-Unis ont indemnisé, « à titre gracieux et indépendamment de la question de la responsabilité juridique », des pêcheurs japonais qui avaient subi des rayonnements à la suite d'essais nucléaires (v. l'échange de notes constituant un accord entre les États-Unis et le Japon relatif au règlement des réclamations japonaises concernant les dommages aux personnes et aux biens causés par des essais d'engins nucléaires effectués aux îles Marshall en 1954, Tokyo, 4 janvier 1955, *RTNU*, vol. 237, p. 206 [n° 3346]).

Au contraire, à la suite du conflit du Golfe, la résolution 687 (1991) du Conseil de sécurité « réaffirme que l'Irak (...) est responsable, en vertu du droit international, de toute perte, de tout dommage, y compris les atteintes à l'environnement et la destruction des ressources naturelles, et de tous autres préjudices directs subis par des États étrangers et des personnes physiques et sociétés étrangères du fait de l'invasion et de l'occupation illicites du Koweït par l'Irak », et décide la création d'un fonds de compensation alimenté par un pourcentage, fixé ultérieurement (résol. 705 [1991]) à 30 % de ses exportations pétrolières, et géré par une Commission internationale mise en place par la résolution 692 (1991) (v. G. Cottereau, *AFDI* 1991, p. 99-117 et J. R. Crook, *AJIL* 1993, p. 144-157).

La réparation peut revêtir des formes diverses dont l'utilisation et la combinaison est fonction des circonstances, qui doivent toutefois être appréciées à la lumière d'un principe directeur unificateur énoncé par la CPJI dans l'affaire de l'*Usine de Chorzów* : « Le principe essentiel est que la réparation doit autant que possible, effacer toutes les conséquences de l'acte illicite et rétablir l'état qui aurait vraisemblablement existé si ledit acte n'avait pas été commis » (arrêt n° 13, 13 septembre 1928, Série A, n° 17, p. 47 ; v. aussi CIJ, arrêt du 14 février 2002, *Mandat d'arrêt du 11 avril 2000*, § 76 ; 9 juill. 2004, *Conséquences juridiques de l'édification d'un mur dans le territoire palestinien occupé*, *Rec.* p. 198, § 152 ; ou 26 février 2007, *Application de la Convention sur le génocide*, § 460).

Pour sa part, la CIJ a estimé que les « remèdes » à retenir en cas de violation d'une obligation internationale n'étaient pas nécessairement identiques dans toutes les situations ; ainsi, « [s]i de simples excuses peuvent constituer un remède approprié dans certains cas, elles pourraient se révéler insuffisantes dans d'autres » (arrêt du 27 juin 2001, *LaGrand*, *Rec.* p. 489, § 63).

Comme le rappelle l'article 39 du projet de la CDI, « [p]our déterminer la réparation, il est tenu compte de la contribution au préjudice due à l'action ou à l'omission, intentionnelle ou par négligence, de l'État lésé ou de toute personne ou entité au titre de laquelle réparation est demandée ».

2° Dès lors que les *organisations internationales* sont dotées d'une personnalité juridique au plan international, il n'existe, *a priori*, aucune raison de ne pas leur appliquer, *mutatis mutandis*, les principes applicables en cas de fait internationalement illicite de l'État (v. les art. 31 à 42 du projet de la CDI sur la responsabilité des organisations internationales).

Leur transposition pure et simple peut cependant poser en pratique de difficiles problèmes car les organisations internationales ne disposent pas des moyens financiers, qui pourraient être considérables, nécessaires pour indemniser les victimes de certains faits internationalement illicites qui leur seraient attribuables (dans le cadre d'une opération de maintien de la paix ou d'activités spatiales par exemple) — cf. le précédent de la faillite du Conseil international de l'étain (v. P.M. Eisemann, « Crise du conseil international de l'étain et insolvabilité d'une organisation intergouvermentale », *AFDI* 1986, p. 730-746 et « Épilogue de la crise du Conseil international de l'étain », *AFDI* 1991, p. 678-703 ; C.T. Ebenroth, « Shareholders'Liability in International Organizations — the Settlement of the International Tin Council Case », *Leiden JIIL* 1991, p. 171-183 ; S. Sadurska et C.M. Chinkin, « The Collapse of the International Tin Council : a Case of State Responsibility ? », *Int. Org.* 2005, p. 367-412).

Il est certainement exact que, sur le plan des principes « aucune obligation subsidiaire des membres envers la partie lésée n'est censée naître lorsque l'organisation responsable n'est pas en mesure d'offrir une réparation » (Rapport de la CDI, 2007, A/62/10, p. 220, § 2 du commentaire du projet d'article 43). On peut cependant estimer que les États membres, en entrant librement dans l'organisation acceptent du même coup de donner à celle-ci les moyens de s'acquitter de ses obligations juridiques (cf. l'opinion individuelle de Sir Gerald Fitzmaurice jointe à l'avis consultatif de la CIJ du 20 juill. 1962, *Certaines dépenses des Nations Unies*, *Rec.* p. 208). L'article 43 du projet de la CDI, adopté après de longs débats, tire partiellement les conséquences de cette analyse :

« Les membres de l'organisation internationale responsable doivent prendre, conformément aux règles de l'organisation, toutes les mesures appropriées pour lui donner les moyens de s'acquitter effectivement de ses obligations en vertu du présent chapitre » (relatif à la « Réparation du préjudice »).

490. Modalités de la réparation. — Comme l'indique clairement le projet de la CDI, « la réparation intégrale du préjudice causé par le fait internationalement illicite prend la forme de restitution, d'indemnisation et de satisfaction, séparément ou conjointement » (art. 34 ; v. aussi l'arrêt du TIDM du 1er juill. 1999 dans l'affaire du *Saiga (2)*, § 171 et CIRDI, sentence du 12 mai 2005, *CMS Gas Transmission Company c. Argentine* (ARB/01/8), § 399).

1° *Remise des choses en l'état ou* restitutio in integrum. — Conformément au célèbre *dictum* précité (n° 489) de la CPJI dans l'affaire de l'*Usine de Chorzów*, l'objectif premier de la réparation est d'effacer toutes les conséquences du fait internationalement illicite. Il en résulte que, chaque fois que cela est possible, il convient de privilégier la *restitutio in integrum* qui vise à la remise des choses en l'état antérieur au fait internationalement illicite par rapport aux autres formes de réparation. Celle-ci constitue donc la modalité de principe de la réparation.

Dans l'affaire *Texaco-Calasiatic*, l'arbitre a estimé que « la *restitutio in integrum* constitue (...) la sanction normale de l'inexécution d'obligations contractuelles » et qu'elle ne pouvait être écartée que dans la mesure où le rétablissement du *statu quo* se heurterait à une impossibilité absolue (19 janvier 1977, *JDI* 1977, p. 350 ; dans le même sens, v. la jurisprudence de la CEDH, et, not. 31 oct. 1995, *Papamichalopoulos*, série A, n° 330 B ; 23 janv. 2001, *Brumarescu*, *CEDH Rec.* 2001-I ou 28 nov. 2002, *Ex-roi de Grèce et as.* [satisfaction équitable], § 73).

Si l'acte illicite est un acte juridique, la remise des choses en l'état consiste dans son annulation, indépendamment de sa nature, même s'il s'agit d'une décision de justice (SA, 3 mai 1930, affaire *Martini, RSA* vol. II, p. 975).

Dans l'affaire *Yerodia* (arrêt du 14 fév. 2002), la CIJ a estimé que la Belgique devait « par les moyens de son choix, mettre à néant le mandat d'arrêt » illicite émis contre le ministre des Affaires étrangères de la RDC « et en informer les autorités auprès desquelles ce mandat a été diffusé » (*Rec.* p. 32-33, § 76 et 78.3) alors même que les fonctions de l'intéressé avaient cessé, position contestée non sans raison par certains juges (v. l'opinion individuelle) commune de R. Higgins, P. Kooijmans et Th. Buergenthal (*ibid.* p. 89-90, § 86-89).

Les instances internationales n'ont pas compétence, en principe, pour procéder elles-mêmes à l'annulation d'un acte national. Cela est vrai même des juridictions appartenant à des institutions d'intégration, telle la CJCE. C'est donc à l'État responsable de prendre les mesures nécessaires pour que l'acte illicite disparaisse ou ne porte plus ses effets. Le Memorandum d'accord sur les règles et procédures régissant le règlement des différends entre les Membres de l'OMC, annexé au GATT de 1994 (v. *infra*, n° 651) privilégie également le retrait des mesures dont la contrariété aux règles des accords est constatée par l'ORD, par rapport à la compensation ou aux contre-mesures (v. *infra*, n° 522-2°).

Il est une exception célèbre, mais qui confirme la règle : la CPJI a été autorisée par le compromis qui la saisissait, dans l'affaire des *Zones franches* entre la France et la Suisse, à déclarer « nulle et de nul effet » une loi française de 1923 jugée incompatible avec les obligations internationales de la France (Accord du 30 octobre 1924).

En cas de préjudice matériel, la *restitutio in integrum* est encore possible quand il suffit, par exemple, de reconstruire un immeuble détruit ou de libérer une personne victime d'une détention arbitraire. Cependant, quand l'acte juridique a déjà produit des effets irréversibles ou lorsqu'un acte matériel a causé un dommage définitif, la remise des choses en l'état n'est plus concevable et il faut chercher une autre modalité de réparation. L'article 35 du projet d'articles de la CDI exclut la restitution lorsqu'elle fait peser sur l'État responsable « une charge hors de toute proportion avec l'avantage qui dériverait de la restitution plutôt que de l'indemnisation ».

2° *Réparation par équivalence : indemnisation.* — Toujours dans l'affaire de *l'Usine de Chorzów*, la CPJI a reconnu que « c'est un principe de droit international que la réparation d'un dommage peut consister en une indemnité » (Série A, n° 17 préc., p. 27). En effet, si la *restitutio in integrum* constitue le mode de réparation privilégié, celle-ci se révèle souvent difficile et le paiement d'une indemnité est, dans la pratique, la modalité de réparation la plus courante. C'est que, « comme le dit Grotius, l'argent est la mesure de la valeur des choses » (sentence arbitrale du 1er novembre 1923, affaire du *Lusitania, RSA*, vol. VII, p. 34). De fait, l'indemnisation est la forme la plus fréquente de réparation ; elle doit couvrir l'intégralité du préjudice subi mais celui-ci seulement.

Conformément à la formule imagée du TAOIT : « Les dommages-intérêts pour tort matériel n'ont jamais d'autre objet que de réparer une perte effectivement subie et ils ne sauraient être considérés ni comme une manne tombée du ciel ni comme la marmite de pièces d'or que l'on est censé trouver au pied de l'arc-en-ciel » (jugement n° 2338, 14 juillet 2004, aff. *Bustani (recours en révision de l'OIAC)*, § 7).

Pour un exemple d'indemnisation accordée au plan diplomatique, sans recours à un arbitre ou à un juge, v. les accords de Pékin des 30 juillet et 16 décembre 1999 fixant la compensation financière pour les dommages humains et matériels subis à la suite du bombardement de l'ambassade de Chine à Belgrade durant la crise du Kosovo.

Comme en droit interne, le calcul du montant de l'indemnité est toujours délicat. Le projet de la CDI comporte quelques directives utiles à ce sujet. Ainsi, le paragraphe 2 de l'article 36 précise que « [l]'indemnité couvre tout dommage susceptible d'évaluation financière, y compris de manque à gagner dans la mesure où celui-ci est établi » (v. aussi le commentaire de cette disposition, *Rapport* 2001, A/56/10, p. 271-283). Et l'article 38 rappelle que des intérêts sont dus « dans la mesure nécessaire pour assurer la réparation intégrale » (§ 1) et « courent à compter de la date à laquelle la somme principale aurait dû être versée jusqu'au jour où l'obligation de payer est exécutée ».

Pour l'essentiel, les règles applicables doivent cependant être déduites de la jurisprudence :

— le calcul doit toujours être fait sur la base des règles de droit international ; les règles nationales doivent être écartées dans tous les cas, y compris dans l'hypothèse d'un préjudice médiat (CPJI, *Usine de Chorzów*, Série A, n° 13) ;

— cependant, dans le cas du préjudice médiat, le dommage subi par le particulier fournit la mesure de la réparation due à l'État (*ibid.*) ; on retrouve ici un indice de la fiction sur laquelle repose le mécanisme traditionnel de la protection diplomatique (*supra*, n° 487) ;

— tout dommage direct, fût-il transitif, est indemnisable, y compris le *pretium doloris* ; la réparation doit prendre en compte le *damnum emergens* (perte réalisée) comme le *lucrum cessans* (gain manqué) : v. la sentence Asser du 29 novembre 1902, *Cap Horn Pigeon, RSA*, vol. IX, p. 65 et CPJI, 13 septembre 1928, *Usine de Chorzów*, Série A, n° 17 ;

— l'importance du préjudice doit être appréciée au moment de la fixation de l'indemnité ; quelques sentences ont même pris en considération la valeur de remplacement de l'objet détruit ;

— des intérêts sont dus pour compenser effectivement le préjudice subi (pour un exemple particulièrement éclairant, v. TIDM, 1er juill. 1999, *Saiga (2)*, préc., § 169-175) ;

— en revanche, la pratique de « l'indemnité punitive » est inconnue en droit international car « il ne s'agirait plus de la réparation d'un préjudice matériel ni même moral, mais bien d'une sanction, d'une peine infligée à l'État coupable et inspirée, comme les peines en général, par les idées de réprobation, d'avertissement et d'intimidation » (arbitrage du 30 juin 1930, affaire de la *Responsabilité de l'Allemagne dans les colonies portugaises du sud de l'Afrique, RSA* vol. II, p. 1077 ; affaire précitée du *Lusitania*).

Sur ce dernier point, la CDI a longuement hésité avant de renoncer à prévoir, dans son projet final sur la responsabilité de l'État pour fait internationalement illicite, la possibilité de dommages aggravés ou punitifs, même en cas de violation grave d'une obligation découlant d'une norme impérative du droit international général. Dans sa décision n° 7 du 27 juillet 2007, la Commission des réparations entre l'Érythrée et l'Éthiopie, tout en excluant l'octroi de dommages-intérêts punitifs, n'en a pas moins semblé estimer que l'importance et l'étendue de la réparation en cas de manquement au *jus ad bellum* dépendaient de la gravité de l'atteinte (telle que déterminée par le Conseil de sécurité (§ 21-32) — ce qui paraît discutable sur le plan théorique du fait de la confusion ainsi opérée entre le droit de la responsabilité et celui de la Charte, mais qui s'explique sans doute en partie par le mandat de la Commission et est, en tout cas, réaliste).

Conformément à une jurisprudence bien établie, la CEDH accorde une indemnisation financière, parfois considérable, en cas de non restitution d'un bien litigieux en violation de l'article 1er du Protocole additionnel à la Convention de Rome (v. not. 31 oct. 1995, *Papamichalopoulos et autres c. Grèce (article 50), série A* n° 330-B, p. 59, § 36 ; 28 mai 2002, *Beyeler c. Italie ;* 28 novembre 2002, *ex-Roi de Grèce et as. c. Grèce* ; 26 jan. 2005, *Terazzi S.r.l. c. Italie* ; 4 déc. 2007, *Pasculli c. Italie*).

Dans le cadre du droit communautaire, s'est développée une jurisprudence relative au droit à une compensation financière du préjudice subi par les particuliers victimes de la non-transposition ou de la mauvaise transposition des directives communautaires par les États membres : CJCE, 19 novembre 1991, *A. Francovich et Bonifaci c. Italie*, aff. j. C-6 et C-9/90, *Rec.* p. I-5357 ; 16 décembre 1993, *Miret c. Fonds de garantie salariale*, aff. C-334/92, *Rec.*

p. I-6911 ; 14 juillet 1994, *P. Faccini Dori*, aff. C-91/92, *Rec.* p. I-3325 ; 5 mars 1996, *Brasserie du Pêcheur* et *Factortame*, aff. j. C-46 et 48/93, *Rec.* p. I-1029 ; 26 mars 1996, *British Telecommunications*, aff. C-392/93, *Rec.* p. I-1631 ; 23 mai 1996, *H. Lomas*, aff. C-5/94, *Rec.* p. I-2553 ; 2 avr. 1998, *Norbrook Laboratories*, aff. C-27/95, *Rec.* p. I-1531 ; 4 juill. 2000, *Haim*, aff. C-424/97, *Rec.* p. I-5123 ; et pour une application récente v. 17 avr. 2007, *AGM-COSMET*, aff. C-470/03, *Rec.* p. I-2749.

3° *La satisfaction.* — Dans certains cas, l'indemnisation est inadéquate pour réparer un préjudice purement moral ; la réparation la mieux adaptée est, elle aussi, purement morale : c'est la satisfaction.

Il s'agit, par exemple, des *regrets* exprimés ou des *excuses* présentées par l'État responsable, ou encore, dans certains cas, d'actes symboliques comme, maintenant obsolète, le *salut au drapeau*, lorsque l'acte dommageable consiste dans une offense ou un outrage à l'État victime. Il peut s'agir de *sanctions internes* (mesures administratives ou disciplinaires) contre l'agent public auteur de l'acte illicite. Il est souvent admis aussi que la simple *déclaration par le juge ou l'arbitre international* de l'illicéité de l'acte incriminé constitue en soi une satisfaction suffisante (sentence arbitrale du 6 mai 1913, affaires du *Carthage* et du *Manouba, RSA* vol. IX, p. 472 ; CIJ, arrêts, 15 décembre 1949, *Détroit de Corfou, Rec.* p. 36 ou 27 juin 2001, *LaGrand, Rec.* p. 508, § 116 ; v. aussi, 10 octobre 2002, *Cameroun c. Nigeria, Rec.* p. 452, § 319 ; 26 février 2007, *Application de la Convention sur le génocide*, § 463, 465 et 469 ; 4 juin 2008, *Certaines questions concernant l'entraide judiciaire en matière pénale*, § 204 ; SA 17 septembre 2007, *Délimitation des frontières maritimes entre Guyana et le Surinam*, § 450-452).

La satisfaction constitue un mode de réparation approprié surtout dans les relations interétatiques et pour les dommages immédiats, où l'honneur, la dignité, le prestige revêtent une importance particulière. Pour autant, elle n'est pas inconnue lorsque sont en cause des dommages médiats (Commission mixte Italie-Venezuela, 3 mai 1930, affaire *Martini, RSA* vol. II, p. 1002). Par un accord conclu en 1986 grâce à la médiation du Secrétaire général des Nations Unies, la France a présenté formellement des excuses à la Nouvelle-Zélande à la suite du sabotage en 1985 d'un navire étranger se trouvant dans un port néo-zélandais par des agents secrets français ; en même temps, une indemnité élevée a été versée. Plus originale est la peine de substitution — assignation à résidence — imposée aux agents français condamnés à une peine d'emprisonnement par les tribunaux néo-zélandais ; en ne respectant pas strictement cet engagement, la France s'est exposée à voir sa conduite déclarée par un tribunal arbitral, solennellement et publiquement, une « violation substantielle de ces obligations » ; ce qui, en soi, « constitue, dans les circonstances, une satisfaction appropriée pour les dommages légaux et moraux causés à la Nouvelle-Zélande » (sentence du 30 avril 1990, *RGDIP* 1991, p. 838-878). À défaut d'une injonction de compensation monétaire, c'est par accord mutuel qu'a été mis en place un « fonds destiné à promouvoir des relations amicales entre les citoyens des deux pays » (Wellington, 29 avril 1991). Pour des exemples de satisfactions très variées, v. la jurisprudence de la CIDH (arrêts du 27 novembre 1998, *Loayza Tamayo c. Pérou (réparations)*, série C, n° 42 : publication de l'arrêt dans le journal officiel du Défendeur, ouverture d'une enquête effective, érection d'un monument dédié à la mémoire des victimes ; 1er mars 2005, *Sœurs Serrano Cruz c. El Salvador*, série C, n° 120 : enquête effective ; acte public de reconnaissance de responsabilité).

Bien que, dans ses articles sur la responsabilité des États, la CDI ait distingué les assurances et garanties de non-répétition de la réparation *stricto sensu* (art. 30 — v. *supra*, n° 488), dans l'affaire *LaGrand*, la CIJ a estimé qu'il s'agissait de formes de satisfaction, au même titre que les excuses. Dans son arrêt du 27 juin 2001, la Cour considère « que des excuses ne suffisent pas en l'espèce, comme d'ailleurs chaque fois que des étrangers n'ont pas été avisés sans retard de leurs droits en vertu du paragraphe 1 de l'article 36 de la Convention de Vienne [sur les relations consulaires] et qu'ils ont fait l'objet d'une détention prolongée ou ont été condamnés à des peines sévères » (§ 123) ; mais elle estime « que l'engagement pris par les États-Unis d'assurer la mise en œuvre des mesures spécifiques adoptées en exécution de leurs obligations (...) doit être considérée comme satisfaisant à la demande de l'Allemagne visant à obtenir une assurance générale de non-répétition » (§ 124).

491. Régime particulier des violations graves d'obligations découlant de normes impératives du droit international général. — La distinction qu'effectue l'article 40 du projet d'articles de la CDI (v. *supra*, n° 472) conduit à s'interroger sur les conséquences juridiques propres aux « violations graves d'obligations découlant de normes impératives du droit international général » (les « crimes » dans la terminologie du projet de 1996).

L'abandon bienvenu de l'ancienne terminologie à connotation « pénaliste » (v. n° 472) présente l'avantage de montrer que l'on ne s'oriente pas forcément vers une « criminalisation » de la responsabilité internationale de l'État (alors même que l'on peut estimer que le sort de l'Allemagne après la seconde guerre mondiale, celui de l'Irak à la suite du conflit du Golfe ou celui du régime des Talibans en Afghanistan à la suite des attentats du 11 septembre 2001 s'apparentent bien à une situation de ce type). Il existe, certes, dans le monde contemporain, des possibilités de « réprimer » des comportements illicites ; mais cette répression relève, au plan universel en tout cas, des mécanismes de la Charte des Nations Unies (chapitre VII) dont l'objectif n'est pas la mise en œuvre de la responsabilité internationale, mais le maintien de la paix et de la sécurité internationales, même si, en règle générale, un comportement menaçant ou rompant la paix est, du même coup, illicite.

Quoi qu'il en soit, les « violations graves » constituent avant tout des faits internationalement illicites engageant la responsabilité internationale de l'État ou de l'organisation internationale et entraînant dès lors, d'abord, des conséquences identiques (cf. l'art. 41, § 3, du projet de la CDI) : obligations de cesser le comportement illicite, d'en réparer les conséquences préjudiciables et, le cas échéant de donner des assurances et des garanties de non-répétition (qui peuvent être d'autant plus appropriées ici qu'il s'agit de violations d'une particulière gravité).

Les conséquences des « violations graves » se surajoutent à celles de droit commun, qui résultent de tout fait internationalement illicite. Dans ce domaine, les questions et incertitudes sur le régime applicable restent plus nombreuses que les données du droit positif. Plus encore qu'à l'occasion de la codification du droit des traités, on touche de trop près au « noyau dur » de la souveraineté étatique et aux principes directeurs de la sécurité internationale pour que les États ne fassent pas preuve de la plus extrême prudence. Le projet de la CDI reflète cette prudence tout en ne fermant pas la porte à des évolutions plus audacieuses. Aux termes des deux premiers paragraphes de l'article 41 :

« 1. Les États doivent coopérer pour mettre fin, par des moyens licites, à toute violation grave au sens de l'article 40.

« 2. Aucun État ne doit reconnaître comme licite une situation créée par une violation grave au sens de l'article 40, ni prêter assistance au maintien de cette situation ».

Ces conséquences sont moins anodines qu'il y paraît. L'obligation de coopérer pour mettre fin aux « violations graves » est tout à fait spécifique à celles-ci : nul n'a jamais prétendu que la solidarité entre les États soit suffisamment solide pour leur imposer un devoir (positif) de coopération pour mettre fin à quelque autre fait internationalement illicite que ce soit. La structure propre de la société internationale, faite d'abord de souverainetés juxtaposées, exclut évidemment une telle obligation. Celle qui est reconnue au paragraphe 1 de l'article 41 est donc, symboliquement au moins, en rupture avec le droit international classique et correspond aux avancées (modestes) de la solidarité internationale. Elle comporte en outre une indispensable garantie : en rappelant que tous les États doivent coopérer, « par des moyens *licites* », pour mettre fin aux violations graves, elle exclut par avance l'usage de la force armée d'une manière contraire à la Charte des Nations Unies.

Dans l'affaire relative aux *Conséquences juridiques de l'édification d'un mur dans le territoire palestinien occupé*, la CIJ a constaté la violation par Israël de nombreuses et importantes obligations lui incombant en vertu du droit international des droits de l'homme et du droit humanitaire ; reprenant la formule de son arrêt de 1970 au sujet des obligations *erga omnes* (v. *supra*, n° 472 et *infra* n° 493), elle a considéré que, « [v]u la nature et l'importance des droits et obligations en cause, (...) tous les États sont dans l'obligation de ne pas reconnaître la situation illicite découlant de la construction du mur dans le territoire palestinien occupé » et de coopérer pour faire respecter les obligations violées (avis consultatif du 9 juill. 2004, *Rec.* p. 200, § 159).

Au sujet des interdictions, rappelées au paragraphe 2 de l'article 41, on a pu prétendre que l'obligation de non-reconnaissance n'était pas spécifique aux situations résultant de « violations graves ». Ceci n'est pas exact : certes, il n'appartient pas à un État non directement lésé par un fait internationalement illicite « ordinaire » de reconnaître une situation créée par un tel fait, mais la raison en est que cette situation est purement « intersubjective », elle ne le regarde pas ; il est tiers par rapport à elle et n'a pas à prendre position à son égard. En revanche, il va de soi que l'État lésé est parfaitement en droit de « passer l'éponge » et de reconnaître, s'il le veut, les conséquences préjudiciables d'une violation dont il est la victime (cf. l'article 20 du projet — v. *supra*, n° 481-1° — et l'article 45 qui précise que : « La responsabilité d'un État ne peut pas être invoquée si : a) l'État lésé a valablement renoncé à la demande »). Encore faut-il que ce consentement ou cette renonciation soit « valable », ce qui signifie, en particulier, qu'il ne doit pas porter sur un fait contraire à une obligation résultant d'une règle de *jus cogens*.

Il reste que, si l'on s'en tient à l'article 41 du projet de la CDI, ces différences entre les conséquences des « violations graves » et celles des autres faits internationalement illicites demeurent limitées. Celui-ci, toutefois, ménage l'avenir — et même le présent — en précisant qu'il est « sans préjudice... de toute conséquence supplémentaire que peut entraîner, d'après le droit international », une violation de ce type.

Certaines de ces conséquences paraissent d'ores et déjà acquises. Il en va ainsi par exemple de l'ouverture d'une *actio popularis* dans l'hypothèse où une juridiction internationale serait compétente pour connaître d'une action en justice (cf. le *dictum* préc., n° 485, de la CIJ dans l'affaire de la *Barcelona Traction*). De même, on peut considérer que l'existence d'une « violation grave » a pour conséquence la « transparence » partielle de l'État, en ce sens que, parallèlement à la responsabilité internationale de l'État auteur du crime, la responsabilité pénale et personnelle des personnes physiques l'ayant ordonné ou exécuté peut être recherchée quand bien même elles auraient agi à titre de représentants de l'État y compris comme chefs d'État (v. *supra*, n° 290 et 442 *bis*).

Bien que les deux projets ne soient pas formellement liés, un premier pas vers la codification de ce dernier élément a déjà été accompli avec l'adoption par la CDI du projet de Code des crimes contre la paix et la sécurité de l'humanité (v. *supra* n° 442). En outre, dans sa résolution 60/147 du 16 décembre 2005, l'Assemblée générale a admis que les « violations flagrantes du droit international humanitaire et [les] violations graves du droit international humanitaire » entraînaient des droits particuliers dans le chef des particuliers et, pour les États des obligations spécifiques de poursuite des coupables (v. *supra*, n° 487).

Dans son arrêt du 21 novembre 2001, *Al-Adsani c. Royaume-Uni*, la grande chambre de la CEDH a reconnu que la prohibition de la torture constituait une règle de *jus cogens* (§ 26) ;

mais elle a estimé, par une étroite majorité, qu'elle ne permettait pas de passer outre à l'obstacle procédural que constitue l'immunité de juridiction d'un État étranger. Cette solution est fondée et n'infirme pas ce qui précède : d'une part, il n'est pas établi qu'il s'agissait, en l'occurrence, d'une « violation grave » de cette norme ; d'autre part et surtout, était en cause une action *civile* contre *l'État lui-même* et non une procédure pénale contre ses dirigeants. Alors que les décisions *Pinochet* de la Chambre des Lords britannique, et, surtout, l'arrêt *Khadafi* de la Cour de cassation française vont dans le sens de cette transparence, la très contestable jurisprudence *Yerodia* de la CIJ tente de mettre un coup d'arrêt à cette évolution souhaitable (v. *supra*, n° 442 *bis*). Dans le même esprit, rompant avec une jurisprudence dominante en sens contraire, la Cour de Cassation italienne a estimé qu'un État ne pouvait se prévaloir de son immunité de juridiction en cas de crime international (*Ferrini c. RFA*, 11 mars 2004, *AJIL* 2005, p. 242).

D'autres conséquences sont plus incertaines, même si elles semblent logiques. Ainsi, il paraît naturel que l'invocation de circonstances excluant l'illicéité soit exclue ou, au moins atténuée, en cas de violation grave d'une obligation découlant d'une norme impérative de droit international. De même, celle-ci pourrait ouvrir une faculté de recours à des [contre-]mesures à des États ou des organisations internationales non lésés (sur ce point, v. *infra*, n° 494).

Dans cet esprit, le projet de la CDI prend acte des évolutions récentes de la communauté internationale en admettant que les États qui ne sont pas directement atteints par la violation grave d'une obligation découlant d'une norme de *jus cogens* peuvent néanmoins invoquer la responsabilité de son auteur (cf. l'article 48 du projet). Ceci constitue probablement la particularité la plus importante du régime particulier de la responsabilité pour « violations graves ». Elle n'est cependant pas limitée à celles-ci et, comme elle concerne la mise en œuvre de la responsabilité plus que son contenu *stricto sensu*, elle sera étudiée ultérieurement (n° 493).

Les violations graves des obligations découlant de normes de *jus cogens* entraînent l'application d'un régime particulier de responsabilité. À côté de celui-ci, il en existe bien d'autres ; mais, contrairement à lui, les autres régimes spéciaux résultent de la volonté des États concernés qui, du moment qu'ils respectent le *jus cogens*, sont libres de déroger comme ils l'entendent aux règles générales applicables dans leurs rapports *inter se*. L'article 55 du projet de la CDI prend acte de cette possibilité : « Les présents articles ne s'appliquent pas dans les cas et dans la mesure où les conditions de l'existence d'un fait internationalement illicite ou le contenu ou la mise en œuvre de la responsabilité internationale d'un État sont régis par des règles spéciales de droit international ».

Dans plusieurs arrêts récents, la CIDH a consacré l'existence d'une responsabilité « aggravée », matinée d'une coloration pénale, en cas de crimes de droit international, notamment de terrorisme d'État (arrêts du 22 septembre 2006, *Goiburu et as. c. Paraguay*, v. not. § 66 ; ou du 25 novembre 2006, *Prison Miguel Castro Castro c. Pérou*, § 313).

§ 3. — *Mise en œuvre de la responsabilité*

492. Présentation générale. — Le schéma classique de mise en œuvre de la responsabilité internationale suppose que le sujet de droit international qui a subi un dommage — État ou organisation internationale — adresse une réclamation à celui auquel le fait internationalement illicite peut être attribué dès lors qu'existe un lien de causalité entre le fait internationalement illicite et le dommage. La nouvelle conception que l'on se fait du mécanisme général de la responsabilité (v. *supra*, n°s 469 et 483) conduit à infléchir et compléter ce schéma traditionnel à plusieurs points de vue :

— dans une mesure limitée, on en est venu à reconnaître que tous les États intéressés à la défense d'intérêts collectifs, y compris tous les États lorsque sont en cause des intérêts fondamentaux de la communauté internationale dans son ensemble, pouvaient invoquer la responsabilité de l'auteur du fait internationalement illicite et en tirer des conséquences ;

— l'institution traditionnelle des représailles, rebaptisée « contre-mesures » a été rattachée, malgré des réticences, à la responsabilité et doit dorénavant s'analyser comme l'un des moyens d'obliger ou d'inciter l'État ou l'organisation internationale auquel un fait internationalement illicite peut être attribué à en effacer les conséquences ;

— des personnes qui, traditionnellement, ne bénéficiaient d'aucune personnalité juridique au plan international se sont vu reconnaître la possibilité de mettre en œuvre la responsabilité des États et des organisations internationales.

Il s'agit là d'avancées conceptuelles considérables mais force est de reconnaître que leurs conséquences demeurent quantitativement et pratiquement limitées à l'exception de la dernière, qui est particulièrement affirmée dans des cadres régionaux restreints où les solidarités sont plus poussées qu'au plan universel, et qui est à l'origine de la personnalisation juridique croissante des personnes privées notamment en matière de droits de l'homme (v. *supra*, n°s 422 s.).

Toutefois, même à cet égard, le mouvement n'est pas suffisamment affirmé pour rendre inutile le recours au mécanisme traditionnel de la protection diplomatique, qui demeure le moyen de droit commun de mise en œuvre de la responsabilité de l'État en cas de dommages « médiats » (v. *supra*, n° 487) et qui peut constituer un utile « filet de sécurité » même lorsque des mécanismes de réclamation sont ouverts directement aux personnes privées.

A. — Mécanismes généraux de mise en œuvre

493. Invocation de la responsabilité. — 1° *Le titulaire du droit d'invoquer la responsabilité.* La société internationale est marquée par un degré poussé de décentralisation ; contrairement à ce qui se passe dans l'État, il n'y existe pas d'autorité centrale pouvant déclencher des « poursuites » contre un État ou une organisation internationale auquel un fait internationalement illicite peut être attribué.

Sans doute, les Nations Unies sont-elles dotées de pouvoirs coercitifs qui, en dernière analyse, peuvent être utilisées pour obliger un État à exécuter les obligations qui lui incombent en matière de responsabilité ; et certaines organisations internationales régionales (OEA, Union africaine) peuvent contribuer à cette mission. Mais celle-ci ne s'inscrit pas dans le cadre du droit de la responsabilité : il s'agit de maintenir la paix et la sécurité internationales, même si, à cette occasion, la cessation d'un fait internationalement illicite ou la réparation de ses conséquences dommageables peuvent être exigées, notamment par le Conseil de sécurité agissant dans le cadre du chapitre VII de la Charte.

L'invasion du Koweït par l'Irak (1990-1991) illustre bien l'ambiguïté de cette situation. La victime directe n'étant plus en mesure d'agir par elle-même, elle ne pouvait plus compter que sur la solidarité collective contre l'agression et sur les droits d'intervention reconnus à la communauté internationale et aux États tiers. Une conjoncture politique favorable au Koweït a permis de combiner les mécanismes de la Charte en vue du rétablissement de la paix et de ceux du droit de la responsabilité.

Tout en organisant la riposte militaire à l'agression, le Conseil de sécurité a tiré les conséquences de la responsabilité de l'Irak en décidant l'inopposabilité internationale des décisions irakiennes, en reconnaissant la légitimité des mesures de représailles (embargo et gel des avoirs financiers de l'Irak et du Koweït), en créant un mécanisme de réparation des dommages fondé sur un contrôle international des ressources financières de l'agresseur (Commission d'indemnisation des Nations Unies), et en organisant des mesures préventives telles que la limitation de certains armements de l'Irak (destruction contrôlée des armes chimiques et des missiles, des équipements nucléaires). Cette coïncidence fortuite entre les deux corps de règles montre que, dans des circonstances exceptionnelles, la « communauté internationale organisée » peut se fonder sur, et « instrumentaliser », les règles du droit de la responsabilité ; mais il ne s'agit pas là d'un mécanisme habituel de mise en œuvre de celles-ci.

Dans la très grande majorité des cas, seul l'État lésé, celui qui a subi un préjudice, immédiat ou médiat, est en droit d'invoquer la responsabilité de l'auteur d'un fait internationalement illicite.

L'article 42 du projet de la CDI, qui rappelle ce principe, y ajoute cependant l'hypothèse où l'obligation violée est due à un groupe d'États dont celui qui invoque la responsabilité fait partie « si la violation de l'obligation : i) atteint spécialement cet État ; ou ii) est de nature à modifier radicalement la situation de tous les autres États auxquels l'obligation est due » (al. b). Le sous-alinéa i) n'est guère spécifique : il s'agit, par exemple, du cas où une pollution illicite atteint les plages de plusieurs États qui se trouvent, de ce fait, directement et individuellement lésés. La seconde hypothèse est plus intéressante ; elle vise le cas où la violation d'un traité (de désarmement par exemple) atteint les intérêts de toutes les parties quand bien même aucune n'est particulièrement atteinte par la violation de l'obligation qui se trouve ainsi vidée de sa substance.

Cette seconde hypothèse est difficile à distinguer de celle envisagée à l'article 48, paragraphe 1.a), du projet, aux termes duquel : « tout État autre qu'un État lésé est en droit d'invoquer la responsabilité d'un autre État, si : a) l'obligation violée est due à un groupe d'États dont il fait partie, et si l'obligation est établie aux fins de la protection d'un intérêt collectif du groupe ». Il s'agit de ce que l'on appelle les « obligations *erga omnes partes* » qui ont « pour but principal de défendre un intérêt commun dépassant les intérêts individuels des États concernés » (commentaire de l'art. 38, § 7, *in* Rapport de la CDI 2001, A/56/10, p. 345). Cette hypothèse peut se prévaloir d'une certaine pratique jurisprudentielle.

Dans son avis relatif aux *Réserves à la convention pour la prévention et la répression du crime de génocide*, la CIJ a estimé que, « dans une telle convention, les États contractants n'ont pas d'intérêts propres, ils ont seulement, tous et chacun, un intérêt commun, celui de préserver les fins supérieures qui sont les raisons d'être de la Convention » (*Rec.* 1951, p. 23). Dans son premier arrêt, la CPJI a admis que les États parties à une convention multilatérale (en l'occurrence le Traité de Versailles de 1919) pouvaient engager la responsabilité d'un État qui ne respecte pas ses engagements — la liberté de passage dans un canal international pour les navires battant pavillon d'un autre État, quand bien même ils n'étaient pas directement lésés (17 août 1923, *Wimbledon*, Série A n° 1, p. 15 et not. p. 20).

Tout le système de protection des droits de l'homme institué par la Convention de Rome 1950, repose également sur cette idée. La Commission européenne des droits de l'homme l'a souligné : « En concluant la Convention, les États contractants n'ont pas voulu se concéder des droits et obligations réciproques utiles à la poursuite de leurs intérêts nationaux respectifs, mais réaliser les objectifs et les idéaux du Conseil de l'Europe tels que les énonce le statut, et instaurer un *ordre public* communautaire des libres démocraties d'Europe. (...) Il en résulte que les obligations souscrites par les États contractants dans la convention ont essentiellement un caractère objectif du fait qu'ils visent à protéger les droits fondamentaux des particuliers contre les empiétements des États contractants plutôt qu'à créer des droits subjectifs et réciproques entre ces États » (11 janvier 1961, affaire *Fall, Ann.* p. 14[illegible]).

La jurisprudence de la Cour de Luxembourg, dans le cadre des Communautés européennes, va dans le même sens depuis le célèbre arrêt *Van Gend en Loos* du 5 février 1963 : le Traité de Rome « constitue plus qu'un accord qui ne créerait que des obligations mutuelles entre

États contractants... la Communauté constitue un nouvel ordre juridique international de droit international » (aff. 26/62, *Rec.* p. 3).

L'article 48 du projet de la CDI va plus loin encore en admettant que « tout État autre qu'un État lésé est en droit d'invoquer la responsabilité d'un autre État si :... b) l'obligation violée est due à la communauté internationale dans son ensemble ». Cette disposition vise, sans s'y limiter, les violations graves d'obligations découlant de normes impératives du droit international général (v. *supra*, n° 491) et, plus généralement, la violation des obligations *erga omnes*. Comme la CIJ l'a déclaré dans l'affaire de la *Barcelona Traction* :

« Vu l'importance des droits en cause, tous les États peuvent être considérés comme ayant un intérêt juridique à ce que ces droits soient protégés ; les obligations dont il s'agit sont des obligations *erga omnes* » (*Rec.* 1970, p. 32, § 33).

Dans cet arrêt, la Cour a donné des exemples de telles obligations : « Ces obligations découlent par exemple dans le droit international contemporain, de la mise hors la loi des actes d'agression et du génocide mais aussi des principes et des règles concernant les droits fondamentaux de la personne humaine, y compris la protection contre la pratique de l'esclavage et la discrimination raciale » (*Rec.* 1970, p. 32, § 34). Dans son arrêt du 30 juin 1995 relatif au *Timor oriental*, la CIJ a également reconnu que « le droit des peuples à disposer d'eux-mêmes, tel qu'il s'est développé à partir de la Charte et de la pratique de l'Organisation des Nations Unies, est un droit opposable *erga omnes* » (*Rec.* 1995, p. 102, § 29 ; v. aussi l'avis consultatif du 9 juill. 2004 dans l'affaire du *Mur*, *Rec.* p. 199, § 156) ; il en va de même des droits et obligations consacrés par la Convention sur le génocide de 1948 (arrêts du 11 juill. 1996, affaire du *Génocide (exceptions préliminaires)*, *Rec.* p. 616, § 31, et du 3 fév. 2006, *Activités armées sur le territoire du Congo (RDC c. Rwanda)*, *Rec.* p. 31-32, § 64).

Cette extension du cercle des États habilités à invoquer la responsabilité d'un sujet du droit international auteur d'un fait internationalement illicite pose cependant un problème : autant il paraît légitime de considérer que tout membre de la communauté internationale a un intérêt à faire cesser un génocide ou à s'élever contre la pratique de l'esclavage, autant il serait choquant que des États non directement lésés puissent réclamer en leur faveur une indemnité de ce fait. Il est certain que le droit international est mal stabilisé à cet égard et la CDI a probablement fait œuvre de développement progressif plus que de codification *stricto sensu* en précisant, au paragraphe 2 de l'article 48 :

« Tout État en droit d'invoquer la responsabilité en vertu du paragraphe 1 peut exiger de l'État responsable : a) la cessation du fait internationalement illicite et des assurances et garanties de non-répétition, conformément à l'article 30 ; et b) l'exécution de l'obligation de réparation conformément aux articles précédents, dans l'intérêt de l'État lésé ou des bénéficiaires de l'obligation violée ».

Au demeurant, ces dispositions réalisent un équilibre satisfaisant entre la nécessité de protéger les intérêts de la communauté internationale et ceux des victimes des violations du droit en cause. Elles laissent entière la question de savoir si les États non directement lésés peuvent utiliser des mesures de contrainte pour obliger l'État responsable à s'acquitter de ses obligations (v. *infra*, n° 494).

2° *Les modalités de l'invocation de la responsabilité.* Les procédures de mise en œuvre de la responsabilité internationale d'un État ou d'une organisation internationale ne présentent aucune particularité par rapport aux mécanismes usuels des relations entre États (v. *infra*, n° 496-2o). Elles passent en général par le canal des missions diplomatiques des États concernés et les divergences qui peuvent opposer l'État responsable et celui ou ceux qui invoquent sa responsabilité doivent être résolues par des moyens pacifiques, dont les négociations diplomatiques sont le plus usuel (v. *infra*, n° 504 et 505) Pour deux exemples très particuliers de négociations diplomatiques (et autres) ayant abouti à indemnisation des victimes d'actes internationalement illicites, v. J.-F. Marchi, « Le règlement des affaires Lockerbie et du DC-10 d'UTA : indemnités et questions connexes », *AFDI* 2004, p. 173-212.

Si les négociations échouent, le différend peut être soumis à un organe juridictionnel ou arbitral. Certains tribunaux ont du reste été institutionnalisés spécifiquement afin de se prononcer sur des contentieux en matière de responsabilité ; tel a été le cas, dans le passé, des Commissions mixtes de réclamations entre les pays européens ou les États-Unis d'une part et ceux d'Amérique latine d'autre part, des Tribunaux arbitraux mixtes et des Commissions de conciliation créés à la suite des deux guerres mondiales ou, plus récemment, du Tribunal des différends États-Unis-Iran ; v. aussi la mission très particulière de la Commission d'indemnisation des Nations Unies (Koweït/Irak) (v. *supra*, n° 487).

Aux termes de l'article 43 du projet de la CDI, « [l]'État lésé qui invoque la responsabilité d'un autre État notifie sa demande à cet État ». Dans cette demande, il « peut préciser notamment » le comportement attendu de l'État responsable et la forme que devrait prendre la réclamation.

494. Recours à des contre-mesures. — V. *infra*, la bibliographie figurant sur le n° 572.

Aux termes de l'article 22 du projet de la CDI, les contre-mesures constituent une circonstance excluant l'illicéité (v. *supra*, n° 481). Elles constituent aussi un moyen de mise en œuvre de la responsabilité.

Dans une société aussi fortement décentralisée que la société internationale (v. *supra*, n° 493), il est inévitable que la sanction des manquements au droit soit, pour l'essentiel, abandonnée à chacun de ses membres. Telle est la fonction des contre-mesures, qui, comme leur nom l'indique, sont des mesures en riposte à un fait internationalement illicite.

Traditionnellement appelées « représailles », les contre-mesures sont une pratique ancienne dont la légitimité a été consacrée par une jurisprudence abondante qui en a fixé les limites, la principale étant l'exigence de proportionnalité entre le fait internationalement illicite et la riposte à laquelle il donne lieu (cf. la sentence arbitrale du 9 décembre 1978 dans l'affaire concernant l'*Accord franco-américain relatif aux transports aériens, RSA XVIII*, p. 454 ou l'arrêt de la CIJ du 25 sept. 1997, affaire du *Projet de Gabčíkovo-Nagymaros*, *Rec.* p. 55 s., § 82 s.). S'y ajoute aujourd'hui l'interdiction du recours à la force armée sauf en cas de légitime défense conformément à l'article 51 de la Charte (v. *infra*, n° 566).

Non sans de fortes réticences de la part de certains de ses membres et de certains États, la CDI a décidé d'inclure les contre-mesures dans la troisième partie de son projet d'articles consacrée à la « mise en œuvre de la responsabilité internationale des États ». Cette inclusion est légitime dès lors que l'on considère que la responsabilité est définie comme la situation nouvelle résultant de la survenance d'un fait internationalement illicite (v. *supra*, n° 483) : la faculté de recourir à des contre-mesures est l'une des conséquences de cette situation.

Il reste que, réservées par la nature des choses aux États les plus puissants, les contre-mesures doivent être enfermées dans des limites strictes. La CDI s'est efforcée de les définir aussi précisément que possible. Les grands traits de ce régime, qui est présenté de manière plus détaillée *infra* (n°s 572 et 574), sont les suivants :

1° L'État lésé ne peut prendre de contre-mesures à l'encontre de l'État responsable *que* pour amener cet État à acquitter de ses obligations en matière de responsabilité, c'est-à-dire pour obtenir la reprise du respect de l'obligation violée, la cessation de la violation, une réparation appropriée et, le cas échéant des garanties de non-répétition (art. 49, § 1). Elles doivent permettre la reprise des obligations en question (art. 49, § 3) et cesser « dès que l'État responsable s'est acquitté des obligations qui lui incombent à raison du fait internationalement illicite » (art. 53) ou si celui-ci a cessé ou si « [l]e différend est en instance devant une cour ou un tribunal habilité à rendre des décisions obligatoires pour les parties en cause » (art. 52, § 3).

2° Le recours à la force armée est exclu sauf de manière compatible avec la Charte des Nations Unies (v. en ce sens la sentence arbitrale du 17 septembre 2007 dans l'affaire de la *Délimitation des frontières maritimes entre Guyana et le Surinam*, § 446) et les contre-mesures ne doivent porter atteinte ni à une règle de *jus cogens* (notamment aux obligations de caractère humanitaire ou concernant la protection des droits de l'homme), ni aux immunités diplomatiques ; elles ne dégagent pas l'État qui les prend de ses obligations en matière de règlement des différends (art. 50).

3° « Les contre-mesures doivent être proportionnelles au préjudice subi, compte tenu de la gravité du fait internationalement illicite et des droits en cause » (art. 51).

4° Sous réserve de la possibilité reconnue (et menaçante) de prendre des « contre-mesures urgentes », elles ne peuvent, en principe, être prises qu'après que l'État lésé a demandé à l'État responsable de s'acquitter de ses obligations et offert d'entrer en négociations (art. 52).

L'une des questions les plus difficiles posées par les contre-mesures est de savoir si les États non lésés au sens de l'article 42 du projet d'articles, mais qui sont en droit d'invoquer la responsabilité conformément aux dispositions de l'article 48 (v. *supra*, n° 493), peuvent recourir à des contre-mesures. Bien que ceci paraisse légitime dès lors qu'il s'agit de préserver des intérêts collectifs et d'exiger le respect d'obligations dues à la communauté internationale dans son ensemble, la CDI a apporté une réponse ambiguë à cette question dans l'article 54 de son projet :

« Le présent chapitre [relatif aux contre-mesures] est sans préjudice du droit de tout État, habilité en vertu du paragraphe 1 de l'article 48 à invoquer la responsabilité d'un autre État, de prendre des mesures licites à l'encontre de ce dernier afin d'assurer la cessation de la violation ainsi que la réparation dans l'intérêt de l'État lésé ou des bénéficiaires de l'obligation violée ».

B. — La protection diplomatique

BIBLIOGRAPHIE. — E. BORCHARD, *Les principes de la protection diplomatique des nationaux à l'étranger*, *RCADI* 1923-III, p. 3-52 et Rapport à l'IDI, *Ann. IDI* 1931, vol. I, p. 256-455. — LIPSTEIN, « The Place of the Calvo Clause in International Law », *BYbIL* 1945, p. 130-145. — J.-M. VERZIJL, « La règle de l'épuisement des recours internes », *Ann. IDI* 1954, vol. I, p. 5-33 et 1956. — G. BERLIA, « Contribution à l'étude de la nature de la protection diplomatique », *AFDI* 1957, p. 63-72. — P. DE VISSCHER, « La protection diplomatique des personnes morales », *RCADI* 1961-I, vol. 102, p. 395-513. — G. GAJA, *L'esaurimento dei ricorsi interni nel diritto internazionale*, Giuffré, Milan, 1967, 246 p. — J. CHAPPEZ, *La règle de l'épuisement des voies de recours internes*, Pedone, 1972, 263 p. — M. DIEZ DE VELASCO, « La protection diplomatique des sociétés et des actionnaires », *RCADI* 1974-I vol. 141, p. 87-186. — L. DUBOUIS, « La distinction entre le droit de l'État réclamant et le droit du ressortissant à la protection diplomatique », *RCDIP* 1978, p. 615-640. — G. PERRIN, « La naissance de la responsabilité internationale et l'épuisement des voies de recours internes dans le projet d'articles de la CDI », *Mél. R. Bindschedler*, 1980, p. 271-291. — E. WYLER, *La règle dite de la continuité de la nationalité dans le contentieux international*, Genève, IUHEI, 1990, 314 p. — P. KLEIN, « La protection diplomatique des doubles nationaux : reconsidération des fondements de la règle de non-responsabilité », *RBDI* 1988, p. 184-216. — M. BENNOUNA, « La protection diplomatique, un droit de l'État ? », *Mél. Boutros-Ghali*, 1998, p. 245-250. — R. PISILLO MAZZESCHI, « La riparazione per violazione dei diritti umani nel diritto internazionale e nella Convenzione Europea », *Cta. I.* 1998, p. 215-235 ; « Exhaustion of Domestic Remedies and State Responsibility for Violation of Human Rights », *IYBIL* 2000, p. 17-43. — S. WITTICH, « Direct Injury and the Incidence of the Local Remedies Rule », *Eur. Law* 2000, p. 121-187. — P. GANDHI, « Some Aspects of the Exhaustion of Domestic Remedies Rule Under the Jurisprudence of the Human Rights Committee », *GYBIL* 2001, p. 485-497. — A.J. BOYLE, *Minority Shareholders'Remedies*, Cambridge UP, 2002, XVII-139 p. — V. LOWE, « Shareholders'Rights to Control and Manage : From *Barcelona Traction* to *ELSI* », *Mél. Oda*, 2002, p. 269-284. — H. G. SCHERMERS, « Exhaustion of Domestic Remedies », *ibid.*, p. 947-975. — J.-F. FLAUSS dir., *La protection diplomatique. Muations contemporaines et pratiques nationales*, Bruylant, Bruxelles, 2003, XI-167 p. — G. GAJA, « Is a State Specially Affected When Its National's Human Rights Are Infringed ? », *Mél. Cassese*, 2003, p. 373-382. — C.F. AMERASINGHE, *Local Remedies in International Law*, Cambridge UP, 2004, VIII-700 p. ; *Diplomatic Protection*, Oxford UP, 2008, XXV-350 p. — J.F. FLAUSS, « Contentieux européen des droits de l'homme et protection diplomatique », *Mél. Cohen-Jonathan*, 2004, p. 813-838. — C. SANTULLI, « Entre protection diplomatique et action directe, éléments épars du statut des sujets internes », SFDI, Colloque du Mans, *Le sujet en droit international*, Pedone, 2005, p. 85-98. — ILA, Toronto Conference (2006), *Diplomatic Protection of Persons and Property*, Report of the 72nd Conference, Toronto, p. 353-399 (http://www.ila-hq.org/). — E. KLEIN, « Völkerrechtliche Grenzen des staatlichen Verzichts auf diplomatischen Schutz », *Mél. Tomuschat*, 2006, p. 361-376. — J. VERHOEVEN, « Protection diplomatique, épuisement des voies de recours internes et juridictions européennes », *Mél. Salmon*, 2007, p. 1511-1528. — A. VERMEER-KÜNZLI, « As If : The Legal Fiction in Diplomatic Protection », *EJIL* 2007, p. 37-68. — S. TOUZÉ, *La protection des droits des nationaux à l'étranger — Recherches sur la protection diplomatique*, Pedone, 2007, XIII-513 p.

V. aussi les rapports de M. BENNOUNA (1998) et J. DUGARD (2000-2006) à la CDI sur la protection diplomatique et les commentaires du projet de la CDI : A. Pellet, *Mél. Caflisch*, 2007, p. 1133-1155 (projet de 2004) ; *Mél. Salmon*, 2007, p. 1359-1382 (projet de 2006) ; J.R.C. Crawford, *South African Yb. of I.L.* 2006, p. 19-51 ; E. Crespo Navarro, *Rev. esp. DI* 2006, p. 221-238.

495. Conditions d'exercice. — Comme cela est indiqué ci-dessus (n° 487), la protection diplomatique est l'« endossement » par un État de la réclamation d'un particulier lésé par un fait internationalement illicite d'un autre État ou d'une organisation internationale. En l'absence de mécanismes permettant aux personnes privées de faire valoir directement leurs droits au plan international, il s'agit du seul moyen de mettre en œuvre la responsabilité internationale de l'auteur d'un fait internationalement illicite si celui-ci a causé un dommage « médiat ». Il est subordonné à deux conditions : la personne au profit de laquelle la protection est exercée doit avoir la nationalité de l'État protecteur et elle doit avoir épuisé les recours disponibles dans le droit de l'État responsable.

Les organisations internationales peuvent exercer en faveur de leurs agents une protection fonctionnelle, qui s'apparente à certains points de vue à la protection diplomatique (v. *supra*, n° 407 et n° 487).

1° *Nationalité de la personne protégée*

a) La règle. — Conformément au principe énoncé à l'article 3, paragraphe 1, du projet de la CDI sur la protection diplomatique (v. *supra*, n° 487), « L'État en droit d'exercer la protection diplomatique est l'État de nationalité ». En d'autres termes, il ne peut exercer sa protection diplomatique qu'au profit de ses nationaux, c'est-à-dire des personnes physiques et morales qui sont rattachées à lui par un lien de nationalité ou d'immatriculation — son substitut pour certains engins tels que navires, aéronefs, fusées et satellites. Ce lien lui permet d'affirmer sa compétence *personnelle*, fondement de l'exercice de la protection diplomatique (v. *supra*, n°s 322 s.).

Traditionnellement, l'exigence du lien de nationalité entraîne, sauf texte contraire, l'irrecevabilité d'une réclamation internationale émanant d'un apatride et présentée par un État. L'article 8 du projet de la CDI sur la protection diplomatique écarte cette exigence, tant pour les apatrides que pour les réfugiés si, « au moment où le dommage a été causé et à la date de la présentation officielle de la réclamation » la personne bénéficiant de la protection a sa résidence légale sur le territoire de l'État qui l'exerce.

La jurisprudence internationale est cependant constante sur ce point. Elle s'exprime de façon catégorique : « en l'absence d'accords particuliers, seul le lien de nationalité donne à l'État le droit de protection diplomatique » (CPJI, 28 février 1939, affaire des *Chemins de fer Panevezys-Saldutiskis*, Série A/B, n° 76).

Si la condition de nationalité de la personne est une condition nécessaire à l'exercice de la protection diplomatique, encore faut-il s'entendre sur la personne protégée : ainsi qu'en est-il lorsque le particulier est considéré en tant qu'actionnaire d'une société ? En effet, dans ce cas, c'est en principe la personnalité — et la nationalité — de la société, personne morale qui prédomine (v. *infra*, sous b).iv) ; CIJ, arrêt du 5 février 1970, *Barcelona Traction, Rec.* p. 46, § 88).

En dehors des nationaux proprement dits, certains ressortissants de l'État pourront leur être assimilés, en raison d'accords particuliers tels ceux auxquels la Cour faisait allusion dans l'arrêt cité plus haut : accords de protectorat, accords de tutelle, accords de représentation internationale d'un État par un autre.

b) Son application

i) À quel moment le particulier doit-il posséder la nationalité de l'État dont il recherche la protection diplomatique ? Sous réserve de solutions conventionnelles différentes, on peut admettre que cette condition doit être vérifiée à deux moments précis au moins : à la date du fait illicite, à celle de l'introduction de la réclamation internationale par l'État. La question est plus discutée, et les solutions plus diverses, sur le point de savoir si la victime doit avoir la nationalité de l'État qui exerce la protection diplomatique jusqu'à la décision finale.

Longtemps, la jurisprudence arbitrale a respecté strictement la règle dite de *la continuité de la nationalité*, qui exige que le particulier conserve sa nationalité jusqu'à la décision finale de l'instance chargée d'examiner la réclamation. Cette règle, supposée éviter le phénomène du « *forum shopping* » (changement abusif de nationalité pour confier sa réclamation à un État puissant ou trop bienveillant), s'est révélée trop sévère, compte tenu de la longueur de certaines procédures internationales et des négociations diplomatiques. Aussi y a-t-on partiellement renoncé depuis la fin de la Première Guerre mondiale, par une interprétation plus souple : les sentences arbitrales ne tiennent plus compte, par exemple, des changements forcés de nationalité en cours d'instance — en particulier de ceux qui résultent de mutations territoriales (pour une application récente particulièrement rigide du principe, v. cependant l'affaire *Loewen*, sentence du 26 juin 2003, § 220-239). L'article 5 du projet de la CDI sur la protection diplomatique confirme cette évolution : tout en maintenant l'exigence de principe de la continuité de la nationalité (§ 1), il admet que l'État dont une personne a licitement acquis la nationalité « pour une raison sans rapport avec la présentation de la réclamation », peut exercer sa protection.

ii) Il faut également que la nationalité dont se prévaut le particulier soit *opposable* à l'État contre lequel la réclamation est dirigée. Pour se prononcer sur cette opposabilité, les instances arbitrales et judiciaires prennent en considération à la fois les législations internes — lois nationales sur l'attribution de la nationalité — et certaines règles internationales pertinentes, telle celle de la *nationalité effective* (v. *supra*, n° 323).

La jurisprudence internationale marque une certaine hésitation sur la portée à reconnaître à la nationalité effective : CPA, 3 mai 1912, affaire *Canevaro, RGDIP* 1913, p. 328 ; CIJ, 6 avril 1955, *Nottebohm, Rec.* p. 23, où la juridiction internationale fait prévaloir le principe d'effectivité plutôt qu'une opposabilité automatique d'une législation nationale ; Commission de conciliation États-Unis-Italie, décision du 10 juin 1955, affaire *Strunsky-Mergé, RGDIP* 1959, p. 125-140 ; *contra*, Tribunal arbitral États-Unis-Égypte, 8 juin 1932, affaire *Salem, RSA* vol. II, p. 1187.

iii) Dans les cas de *double nationalité* (v. *supra*, n° 323), aucune réclamation diplomatique ne peut être exercée à l'encontre d'un État dont le particulier est également le national.

Cette règle, déjà admise avant la première guerre mondiale (CPA, affaire *Canevaro*, préc.), a été reprise dans l'article 4 de la Convention de La Haye de 1930 relative à la nationalité : « Un État ne peut exercer sa protection diplomatique au profit d'un de ses nationaux à l'encontre d'un État dont celui-ci est aussi le national ». On peut voir dans cette règle une « pratique généralement suivie », pour reprendre la formule utilisée par la CIJ dans son avis du 11 avril 1949 (*Réparation des dommages subis au service des Nations Unies, Rec.* p. 186).

Dans l'affaire *A/18*, le Tribunal des différends irano-américains a cependant remis en cause cette solution et estimé que des personnes ayant la double nationalité pouvaient néanmoins introduire des réclamations contre l'un des deux États dès lors que leur « nationalité dominante » était celle de l'autre État (décision du 6 avril 1984, *CTR* 1985, p. 251-337). Il est vrai qu'en l'espèce on ne peut parler de protection diplomatique au sens strict.

Le projet de la CDI sur la protection diplomatique reprend le principe selon lequel « [t]out État dont une personne ayant une double ou multiple nationalité a la nationalité peut exercer la protection diplomatique à l'égard de cette personne à l'encontre d'un État dont elle n'a pas la nationalité » (art. 6, § 1). En revanche, s'inspirant de la jurisprudence *A/18*, il admet que la règle traditionnelle selon laquelle « [u]n État ne peut exercer la protection diplomatique à l'égard d'une personne contre un État dont cette personne est également un national », peut être tenue en échec si la nationalité « prépondérante » de cette personne est celle de l'État qui exerce la protection « tant à la date du préjudice qu'à la date de la présentation officielle de la réclamation » (art. 7) ; de même, dans sa résolution 5/2006 sur « La protection diplomatique des personnes et des biens », l'ILA pose le principe d'un lien « original et efficace et prédominant en cas de nationalités concurrentes ».

iv) Enfin, le problème s'est posé de savoir si les *actionnaires et les obligataires* d'une société peuvent obtenir la protection diplomatique de leur État en vue de défendre les droits et intérêts *de cette société* à l'encontre d'un autre État.

Quand il n'y a que deux États en cause, l'État du siège social ou d'incorporation de la société et l'État national des actionnaires, le problème peut être résolu en se référant aux principes qui régissent l'attribution de la nationalité aux sociétés (v. *supra*, n° 324).

Si la société a la nationalité de l'État sur le territoire duquel elle installe son siège social, et si les mesures qui lèsent les actionnaires sont prises par cet État de siège, il est clair que la réclamation de l'État national des actionnaires n'est pas recevable. L'hypothèse et la solution pourront être semblables à celles de la double nationalité des personnes physiques. Dans l'affaire Diallo, dans laquelle justement une telle hypothèse s'était présentée, la Cour « ayant examiné avec soin la pratique des États et les décisions des cours et tribunaux internationaux en matière de protection diplomatique des associés et des actionnaires, est d'avis qu'elles ne révèlent pas — du moins à l'heure actuelle — l'existence en droit international coutumier d'une exception permettant une protection par substitution » par laquelle l'État national de l'actionnaire pourrait protéger les droits de la société ayant la nationalité de l'État défendeur (arrêt du 24 mai 2007, § 89).

Si la société a la nationalité de la majorité des actionnaires, il y a confusion entre État national des actionnaires et État national de la société ; il est alors parfaitement concevable que cet État agisse contre l'État du siège (le plus souvent d'ailleurs en tant qu'État national de la société, dont la personnalité prime ici celle des actionnaires ; il en va autrement lorsque la société a dû être dissoute et n'a plus de personnalité juridique : les actionnaires constituent le plus souvent une association chargée de défendre leurs intérêts propres d'actionnaires et qui agit en leur nom).

Le problème se complique quand il y a trois États en cause : l'État responsable, l'État national de la société et l'État national de la majorité des actionnaires. Dans ce cas de figure, présent dans l'affaire de la *Barcelona Traction*, la CIJ a refusé d'admettre la recevabilité de la réclamation de l'État des actionnaires — la Belgique — après que l'État de la société — le Canada — eut renoncé à l'exercice de sa protection diplomatique (arrêt du 5 février 1970, *Rec.* p. 3).

Par sa résolution 5/2006, l'ILA a cependant proposé en matière de protection des actionnaires des règles beaucoup plus souples et mieux adaptées aux exigences contemporaines de la vie des affaires, largement inspirées des normes et dispositions figurant couramment dans les conventions bilatérales d'investissement. La CIJ a cependant clairement souligné que « [l]e fait ... que différents accords internationaux tels les accords sur la promotion et la protection des investissements étrangers et la convention de Washington [de 1965] aient institué des régimes juridiques spécifiques en matière de protection des investissements, ou encore qu'il soit courant d'inclure des dispositions à cet effet dans les contrats conclus directement entre États et investisseurs étrangers, ne suffit pas à démontrer que les règles coutumières de protection diplomatique auraient changé ; il pourrait tout aussi bien se comprendre dans le sens contraire » (arrêt du 24 mai 2007, *Diallo*, § 90).

2° *Épuisement préalable des voies de recours internes*

a) Le principe. — Un État ne peut, au titre de la protection diplomatique, introduire une réclamation internationale avant que le particulier, victime de l'acte illicite, ait épuisé tous les recours internes — gracieux et contentieux — prévus et mis à sa disposition par l'ordre juridique de l'État dont la responsabilité est recherchée.

La règle ne trouve évidemment pas à s'appliquer lorsqu'il s'agit d'un dommage immédiat, puisque dans ce cas l'État défend ses intérêts propres et ne fait pas usage de la protection diplomatique (CPJI, 14 juin 1938, affaire des *Phosphates du Maroc*, Série A/B n° 74, p. 28). V. en ce sens l'arrêt du TIDM du 1er juillet 1999, dans l'affaire *Saïga (2)* : Saint-Vincent et Grenadines défendait son propre droit au respect de la libre circulation maritime et une requête directe contre la Guinée, qui y avait porté atteinte, était donc recevable (§ 97-98). Dans son arrêt du 31 mars 2004 (*Avena et autres ressortissants mexicains*), la CIJ a considéré que l'obligation d'épuiser les voies de recours internes ne s'appliquait pas dans des circonstances particulières d'interdépendance de droits de l'État et de droits individuels (*Rec.* p. 35-36, § 40).

Cette condition donne à la protection diplomatique, comme moyen de défense des particuliers, un caractère *subsidiaire*. Le fait qu'elle soit parfois rappelée dans des dispositions conventionnelles n'interdit pas d'y voir une règle de nature coutumière, comme l'a reconnue la CIJ à plusieurs reprises (22 juillet 1952, *Anglo-Iranian Oil Company, Rec.* p. 93 ; 19 mai 1953, *Ambatielos, Rec.* p. 10 ; 21 novembre 1959, *Interhandel, Rec.* p. 27) : elle reste donc exigible en toutes circonstances, même sans texte (CIJ, 20 juillet 1989, *Elettronica Sicula, Rec.* p. 42 s.). Mais les États sont en droit d'y renoncer.

L'article 26 de la Convention de Washington de 1965 sur la protection des investissements prévoit que la condition ne s'impose que si l'État en litige avec une entreprise étrangère a fait une déclaration expresse en ce sens : « ... Comme condition à son consentement à l'arbitrage dans le cadre de la présente convention, un État contractant peut exiger que les recours administratifs ou judiciaires internes soient épuisés ».

La règle de l'épuisement des recours internes ne s'applique pas seulement à l'occasion d'un recours arbitral ou juridictionnel, mais dès le stade de l'introduction de la réclamation.

L'article 35 de la Convention européenne des droits de l'homme de 1950 précise que la Cour, ne peut être saisie qu'après épuisement des voies de recours internes « tel qu'il est entendu selon les principes de droit international généralement reconnus ». Il en allait de même de la Commission, organe non juridictionnel, avant l'entrée en vigueur du Protocole n° 11 (art. 26 de la Convention). Comme la Commission naguère, la Cour a une conception rigoureuse de cette exigence qu'elle estime applicable même aux voies de recours offertes devant les tribunaux de la « *République turque de Chypre nord* » occupée illicitement par la Turquie (arrêt du 10 mai 2001, *Chypre c. Turquie*, § 90-91).

L'article 44.b) du projet de la CDI sur la responsabilité de l'État pour fait internationalement illicite se borne à rappeler que l'épuisement des « voies de recours internes disponibles et efficaces » est une condition de recevabilité de la demande lorsque celle-ci est soumise à cette exigence. Le projet d'articles sur la protection diplomatique a rappelé le principe (art. 15) et précisé les exceptions à la règle (art. 16).

b) Fondement et portée de la règle. — On justifie cette obligation de s'adresser en priorité aux instances locales pour tenter d'obtenir satisfaction, par deux présomptions.

En premier lieu, on peut logiquement penser que le particulier qui se rend à l'étranger ou y investit accepte par avance de se soumettre au droit local. Il est supposé faire confiance aux recours que la loi nationale offre à tous ceux qui vivent sur son territoire, qu'ils soient nationaux ou étrangers, pour la défense de leurs droits et intérêts. Sans doute le droit international confère-t-il aux étrangers un droit dont ne bénéficient pas les nationaux, le droit d'user de procédures autres que les recours internes. Mais ce droit ne peut être exercé que si le particulier peut démontrer qu'il ne pouvait obtenir satisfaction par les voies de droit commun.

La seconde présomption est déduite de la souveraineté étatique, en vertu de laquelle les États reconnaissent l'équivalence des ordres juridiques nationaux. L'ancien système des capitulations mis à part (*supra*, n° 310), les États se font mutuellement confiance pour l'administration de la justice. Aussi accepteront-ils, sous réserve de réciprocité, de n'agir en faveur de leurs nationaux qu'une fois établie la défaillance ou l'insuffisance de la justice locale.

Reposant sur des présomptions, la règle ne peut se voir reconnaître une valeur absolue. Elle est inopposable lorsque les recours internes n'existent pas ou sont inefficaces : les États ne peuvent l'invoquer s'ils ne sont pas en mesure de démontrer que c'est par la faute du particulier que leurs voies de droit n'ont pas pu corriger un manquement au droit international.

« Là où le caractère illusoire de tout recours a été complètement démontré, la prétendue négligence à épuiser les recours locaux internes ne peut être considérée comme un chef d'irrecevabilité » (Tribunal arbitral États-Unis-Royaume-Uni, 22 mai 1923, *R. Brown, RSA* vol. VI, p. 120 ; dans le même sens, arbitrage Unden du 29 mars 1933, affaire des *Forêts du Rhodope central, RSA*, vol. III, p. 1405 ; arbitrage Hutcheson, 1937, Royaume-Uni c. États-Unis, *S.-S. Lisman, RSA* vol. III, p. 1767).

L'existence d'une présomption explique que ce soit au demandeur de supporter l'essentiel de la charge de la preuve ; il devra démontrer qu'il a bien tenté d'utiliser efficacement toutes les procédures internes théoriquement disponibles. À l'appui de cette démonstration, les intéressés peuvent invoquer non seulement des motifs de droit mais aussi des considérations de fait (pression exercée sur les juges par le gouvernement, l'opinion publique ou l'émeute populaire ou encore, plus exceptionnellement, la xénophobie des magistrats : v. Tribunal arbitral États-Unis-Royaume-Uni, 1923, affaire *R. Brown* préc., *RSA* VI, p. 128-129).

La jurisprudence de la Cour et surtout de la Commission européenne des droits de l'homme est particulièrement riche et nuancée sur ce point. Il faut et il suffit qu'aient été exercés tous les recours effectifs, c'est-à-dire accessibles et susceptibles de redresser la violation alléguée, donc ceux qui ne sont pas dépourvus de chances de succès. S'y ajoute la condition que le requérant doit avoir fait valoir dans les juridictions nationales les griefs, fondés sur la convention de 1950, qui seront portés devant les instances internationales (Cour européenne, arrêt du 18 juin 1971, affaires du *Vagabondage*, § 61-62 ; Commission européenne DH, décision du 9 mai 1983, affaire *De Varga*, D.R. 33, p. 158). Dans sa résolution 5/2006, l'ILA a, non sans raison, assimilé les recours internationaux disponibles aux recours internes : « La disponibilité de ces procédures exclut la protection diplomatique sauf en ce qui concerne l'exécution des décisions ou des violations d'un processus juste par l'État d'accueil ».

On peut également douter que la règle soit applicable si l'étranger lésé n'a que des liens fortuits avec l'État responsable (théorie du « lien volontaire ») ; v., par exemple, le cas où un préjudice résulte d'un « incident aérien » ou si le dommage est causé hors de territoire national de l'auteur du fait internationalement illicite.

496. Modalités d'exercice de la protection diplomatique. — 1° *Déclenchement de la protection diplomatique*. Alors même que l'on peut contester qu'en prenant fait et cause pour ses ressortissants, l'État fait valoir son droit propre et non celui des personnes protégées (v. *supra*, n° 487), l'exercice de la protection diplomatique demeure sans aucun doute une compétence discrétionnaire de l'État.

La CIJ a rappelé ce principe bien établi :

« L'État doit être considéré comme seul maître de décider s'il accordera sa protection, dans quelle mesure il le fera et quand il y mettra fin. Il possède à cet égard un pouvoir discrétionnaire dont l'exercice peut dépendre de considérations, d'ordre politique notamment, étrangères au cas d'espèce » (5 février 1970, *Barcelona Traction*, *Rec.* p. 44, § 79). Le problème s'est à nouveau posé dans le cadre de la Commission des réclamations Érythrée-Éthiopie au sujet de l'*Indemnisation des victimes de guerre :* bien qu'il se fût agi d'un contentieux interétatique (et non de l'exercice de la protection diplomatique), la Commission s'était inquiété des modalités de l'affectation des réparations aux victimes ; elle s'est heurtée à une fin de non-recevoir de la part des Parties et a dû reconnaître que celles-ci disposent d'une « autorité pleine et entière pour décider de l'utilisation et de la distribution de tout dommage-intérêt » qui leur seront octroyés (décision n° 8 du 27 juillet 2007, § 3).

Cette solution, qui est certaine dans les rapports entre sujets du droit international, n'est pas transposable dans les rapports entre l'État et ses ressortissants : le droit interne détermine, de façon autonome, le régime de la protection diplomatique. Certaines constitutions, telle celle de la République de Weimar (1919), peuvent en faire un droit pour les particuliers : toute « défaillance » du gouvernement peut alors engager sa responsabilité selon le droit national et devant les tribunaux internes. D'autres droits internes, et ce sont les plus nombreux, traduisent dans les rapports entre l'État et ses nationaux, le caractère discrétionnaire de la protection diplomatique en droit international. Ainsi, en France, l'exercice de cette compétence est un « acte de gouvernement » — au sens du droit administratif —, c'est-à-dire un acte dont les juridictions administratives n'acceptent pas de connaître, qu'il soit reproché à l'État d'avoir refusé sa protection (CE, 23 décembre 1904, *Poujade, Leb.* p. 783), de l'avoir mal assurée (CE, 26 avril 1855, *Héritiers de Penhoat, Leb.* p. 313 ; 27 juin 1967, *Société des transports en commun de la région de Hanoi, Leb.* p. 279 ; 18 déc. 1968, *Beinich JDI* 1969 p. 361 ; TC, 2 déc. 1991, *Préfet de Paris, Leb.* p. 478), ou de l'avoir retirée (CE, 12 février 1904, *Bachatori, Leb.* p. 105). En 2006, l'ILA a recommandé que le refus par l'État d'endosser la réclamation d'un ressortissant puisse faire l'objet d'une révision judiciaire (résolution 5/2006, sur la « Protection diplomatique des personnes et des biens » — v. aussi la « pratique recommandée » à l'article 19 du projet de la CDI).

Par ses arrêts *Ayadi* et *Hassan* du 12 juillet 2006 (T-253/02 et T-49/04), le TPI a mis à la charge des États membres de l'UE un véritable devoir de protection diplomatique des particuliers faisant l'objet de sanctions du Conseil de sécurité. Il a constaté que ceux-ci n'ont pas le droit de se faire entendre personnellement par le comité des sanctions ; de ce fait, « ils dépendent, pour l'essentiel, de la protection diplomatique que les États accordent à leurs ressortissants » et « les États membres sont (...) tenus de faire diligence pour que le cas des intéressés soit présenté sans retard et de façon loyale et impartiale audit comité, en vue de son réexamen, si cela apparaît objectivement justifié au regard des informations pertinentes fournies ».

2° *Moyens d'exercice de la protection diplomatique.* — L'État peut mettre en œuvre toute la gamme des moyens de règlement pacifique des différends offerts par le droit international, depuis les représentations et les consultations diplomatiques ou consulaires jusqu'aux procédures arbitrales et juridictionnelles (v. *supra*, n° 457 et *infra*, n°s 502 s., n°s 524 s.). En pratique, compte tenu de la difficulté d'obtenir le consentement des États pour le déclenchement des recours contentieux, ce sont les démarches non-contentieuses qui prédominent.

La protection diplomatique ne peut constituer un prétexte pour l'emploi de moyens non licites en droit international : le recours à la force ne peut plus, depuis qu'il est prohibé par le droit international, trouver ici une justification.

Il n'en a pas toujours été ainsi : l'emploi de mesures coercitives contre l'État responsable était de pratique courante, en particulier sous la formule du blocus maritime dit « pacifique », jusqu'au début du XXe siècle (Venezuela en 1902). La deuxième Convention de La Haye de 1907, dite Drago-Porter, est la première tentative de limitation de cet usage traditionnel (v. *infra*, n° 561).

497. Problèmes posés par la renonciation à la protection diplomatique. — Il n'est pas douteux que l'État peut, de lui-même, renoncer à exercer sa protection diplomatique, soit par un traité ou par une déclaration unilatérale antérieurs au litige, soit *a posteriori.*

Ainsi l'article 27, alinéa 1, de la Convention de Washington de 1965 pour le règlement des différends relatifs aux investissements entre États et ressortissants d'autres États, dispose : « Aucun État contractant n'accorde la protection diplomatique ou ne formule de revendication internationale au sujet d'un différend que l'un de ses ressortissants et un autre État contractant ont consenti à soumettre ou ont soumis à l'arbitrage dans le cadre de la présente convention, sauf si l'autre État contractant ne se conforme pas à la sentence rendue à l'occasion du différend ».

Plus délicate est l'hypothèse d'une renonciation exprimée par un particulier, dans un contrat avec un État, sans l'aval de l'État susceptible d'exercer sa protection diplomatique. Une telle renonciation lui est-elle opposable ?

Cette situation est née d'une pratique latino-américaine, imaginée par l'homme d'État argentin Calvo (1824-1906) — d'où le nom générique de « clause Calvo » — qui consiste à insérer dans un contrat de concession, à la demande de l'autorité concédante, une disposition selon laquelle le concessionnaire étranger s'engage à ne pas demander la protection diplomatique de son État d'origine en cas de litige. L'investisseur étranger accepte de n'utiliser que les voies de recours internes (v. sur la notion, l'historique et sur la portée de la clause « Calvo », J. Dugard, Troisième rapport sur la protection diplomatique (2002), doc. A/CN.4/523/Add.1).

Comme il s'agit d'engagements contractuels valables en eux-mêmes, la jurisprudence internationale a d'abord hésité à les priver de tout effet (v. la décision n° 21 de la Commission des réclamations Royaume-Uni — Mexique, du 15 février 1930, *Mexican Union Railway*, *RSA* vol. V, p. 115, selon laquelle la clause n'est pas contraire au droit international). Elle s'est contentée de reconnaître leur inopposabilité aux États dont les cocontractants sont les nationaux (v. not. Commission des réclamations États-Unis — Mexique, 31 mars 1926, *North American Dredging Company of Texas*, *RSA*, vol. IV, p. 26 ; v. aussi CIRDI, déc. sur la compétence, 8 déc. 2003, *Azurix c. Argentine*, § 83-84 ; déc. sur la compétence, 29 janv. 2004, *SGS c. Philippines*, § 151-153). Rapidement, pourtant, les juges et arbitres internationaux se sont ralliés à la thèse radicale de la nullité de ce type de clauses :

Sentence arbitrale Ralston du 8 juillet 1904, dans l'affaire *Martini* entre l'Italie et le Venezuela, *RSA* vol. X, p. 644 ; CPJI, 30 août 1924, affaire *Mavrommatis*, Série A, n° 2 ; 26 juillet 1927, affaire de *l'Usine de Chorzów — demande en indemnité (compétence)*, Série A, n° 9.

La jurisprudence confirme sur ce point une pratique diplomatique, ainsi formulée dès 1888 par les États-Unis : « Ce gouvernement ne peut admettre que ses citoyens puissent par la simple conclusion de contrats avec des puissances étrangères ou par d'autres actes n'équivalant pas à une répudiation de leur nationalité ou à un abandon délibéré de leur qualité de citoyens américains, annuler leur dépendance envers leur gouvernement ou supprimer l'obligation de celui-ci de les protéger en cas de déni de justice. »

Cette réaction très vive s'explique par la volonté des États de conserver une entière maîtrise de leur compétence de protection diplomatique, en tant qu'expression de leur « souveraineté personnelle ». La thèse de l'illicéité de la clause Calvo conforte la fiction selon laquelle, en accordant sa protection diplomatique, l'État exerce un droit qui lui est propre : les particuliers n'ont dès lors aucun titre à y renoncer et à lier cette compétence.

La doctrine dominante estime qu'au regard des principes généraux du droit international, la clause Calvo est dépourvue de toute validité juridique ; tout au plus peut-elle servir à confirmer, à l'égard de celui qui l'accepte, le principe de l'épuisement des recours internes. Pourtant une partie de la doctrine, choquée du caractère immoral de cette thèse et soucieuse de mieux protéger les intérêts des pays faibles, persiste à soutenir la validité de la clause Calvo (E. Jimenez de Arechaga, *in Manual of Public International Law*, M. Sørensen ed., Londres, Stevens, 1968, p. 592). Il paraît aller de soi que si l'abandon de la « fiction Mavrommatis » devait se confirmer (v. *supra*, n° 487) rien ne s'opposerait plus à ce que les personnes privées puissent, librement, renoncer à bénéficier de la protection de leurs propres droits.

Section 2

Responsabilité pour les activités compatibles avec le droit international

BIBLIOGRAPHIE. — D. LEVY, « Responsabilité pour omission et responsabilité pour risque en droit international public », *RGDIP* 1961, p. 744-764. — C.-W. JENKS, « Liability for Ultra-hazardous Activities in International Law », *RCADI* 1966-I, vol. 117, p. 99-200. — P.-M. DUPUY, *La responsabilité internationale des États pour les dommages d'origine technologique et industrielle*, Pedone, 1977, 319 p. — Ph. CAHIER, « Le problème de la responsabilité pour risque en droit international », *in* IUHEI, *Les relations internationales dans un monde en mutation*, Sijthoff, Leyde, 1977, p. 409-434. — C.-G. CAUBET, « Le droit international en quête d'une responsabilité pour les dommages résultant d'activités qu'il n'interdit pas », *AFDI* 1983, p. 99-120. — J. BARBOZA, « La responsabilité « causale » à la Commission du droit international », *AFDI* 1988, p. 513-522 ; « International Liability for the Injurious Consequences of Acts Not Prohibited by International Law and Protection of the Environment », *RCADI* 1994-III, vol. 247, p. 291-405. — F. FRANCIONI et T. SCOVAZZI ed., *International Responsibility for Environmental Harm*, Graham et Trotman, Londres, 1991, 499 p. — Ch. TOMUSCHAT, « International Liability for Injurous Consequenses Arising out of Acts not Prohibited by International Law : the Work of the International Law Commission », *in* F. FRANCIONI et T. SCOVAZZI ed., *International Responsibility for Environmental Harm*, Graham & Trotman, London, 1991, p. 37-72. — H. SMETS, « Le principe pollueur-payeur », *RGDIP* 1993, p. 339-364. — P. STURMA, « La responsabilité en dehors de l'illicite en droit international économique », *PYb IL* 1993, p. 91-112. — S. SUCHARITKUL, « State Responsibility and International Liability in Transnational Relations », *Mél. Skubiszewski*, 1996, p. 283-299. — L. DE LA FAYETTE, « The ILC and International Liability : a Commentary », *Review of European Community and International Environmental Law* 1997, p. 322-333. — N. DE SADELEER, *Les principes du pollueur-payeur, de prévention et de précaution*, Bruylant, Bruxelles, 1999, 437 p. — M. FITZMAURICE, « International Liability for Injurious Consequences of Acts not Prohibited by International Law (the 'Liability Draft') », *PYBIL* 1999-2000, p. 47-76. — P.S. RAO, « Prevention of Transboundary Harm from Hazardous Activities : a Sub-Topic of International Liability », *Environmental Policy and Law* 2002, p. 27-28.

V. également les rapports de R. QUENTIN-BAXTER à la CDI, *Ann CDI* vol. II, de 1980 à 1986, de J. BARBOZA de 1986 à 1996, et de P. S. RAO de 1998 à 2006. V. aussi *infra* les bibliographies relatives à la responsabilité du fait des activités spatiales (sur le n° 728) et pour les dommages causés à l'environnement (sur le n° 739).

498. Domaine de la responsabilité sans manquement. — Si la responsabilité pour fait internationalement illicite constitue la responsabilité de droit commun en droit international, elle n'exclut pas l'éventualité d'une responsabilité sans manquement, pour risque ou pour dommage. Deux grandes questions se posent à cet égard : une telle responsabilité pèse-t-elle sur les États même lorsqu'ils ne sont pas les opérateurs des activités en cause ? Et peut-elle être engagée en l'absence de texte la prévoyant expressément ?

L'abandon du dommage comme élément constitutif du fait internationalement illicite (v. *supra*, n° 469) a entraîné une nette solution de continuité entre les deux régimes de responsabilité (que l'anglais distingue par l'emploi de deux mots différents : le terme « *responsibility* » s'applique à la responsabilité pour fait internationalement illicite, celui de « *liability* » à la responsabilité sans manquement).

Cette constatation a conduit la CDI à séparer, dès 1974, l'étude de la responsabilité pour fait internationalement illicite, qui a abouti au projet d'articles de 2001 (v. *supra*, n° 468), de celle de la responsabilité pour les conséquences préjudiciables résultant d'activités qui ne sont pas interdites par le droit international. Confiée à trois rapporteurs spéciaux successifs (R. Quentin Baxter, J. Barboza et P.S. Rao), cette dernière a soulevé de grandes difficultés et a abouti à l'adoption de deux très timides projets d'articles. Le premier, adopté par la CDI en 2001, porte sur la « prévention des dommages transfrontières résultant d'activités dangereuses » et n'aborde pas le cœur du sujet ; il s'agit de la réglementation des obligations de vigilance incombant aux États à cet égard, c'est-à-dire des règles « primaires » dont la violation entraîne la responsabilité, pour fait internationalement illicite, de l'État auquel elle est attribuée. Le second, de 2006, consiste en un prudent et assez insipide « Projet de principes sur la répartition des pertes en cas de dommage transfrontière découlant d'activités dangereuses », dont le titre même traduit l'embarras de la Commission à ce sujet.

Après avoir pris note de ces projets (résol. 56/82 du 12 déc. 2001 et 61/36 du 18 déc. 2006) l'Assemblée générale les a recommandés aux États et a demandé leurs observations concernant la question d'une éventuelle convention (résol. 62/68, 6 déc. 2007 — les deux projets sont annexés à la résolution).

1° La gravité des dommages que certaines activités, rendues possibles par les progrès de la science et de la technique, peuvent causer à l'homme et à son environnement conduit, en droit international comme en droit interne, à admettre des cas de responsabilité pour risque et à s'interroger sur la place de cette responsabilité.

Il est cependant une différence importante entre les approches du droit interne et du droit international. Ce dernier ne fonde pas la responsabilité de droit commun sur la faute, en tant qu'intention malveillante, mais sur l'illicéité, la violation d'une obligation internationale, c'est-à-dire un fait « objectif » (v. *supra*, n° 470) ; de plus il n'est guère envisageable de recourir, dans la société internationale, à la notion de « solidarité devant les charges publiques ». À aucun moment de sa réflexion la CDI n'a adopté une approche claire et tranchée entre deux fondements possibles de cette forme de responsabilité : le risque ou le simple dommage transfrontière (même en l'absence de risque particulier).

Le simple fait que ce type de responsabilité ne se conçoit (et n'a de raison d'être) qu'en l'absence d'un fait internationalement illicite en restreint considérablement le domaine potentiel au fur et à mesure que les États multiplient les obligations internationales nouvelles, créant par là de nouvelles hypothèses de responsabilité pour fait illicite. Il en va notamment ainsi de l'affermissement des obligations de prévention du dommage, objet du projet d'articles de la CDI de 2001.

Les quelques précédents internationaux volontiers cités pour illustrer le principe de responsabilité sans manquement ne sont pas concluants. Qu'il s'agisse de l'arrêt rendu par la CIJ dans l'affaire du *Détroit de Corfou* ou de la sentence arbitrale du 11 mars 1941, dans l'affaire de la *Fonderie de Trail* entre les États-Unis et le Canada, la responsabilité de l'État, telle qu'elle a été retenue par l'instance internationale, a été fondée sur une négligence constitutive d'une violation de l'obligation de vigilance (v. *supra*, n° 473). L'arrêt de 1949 évoque, à l'encontre de l'Albanie, « l'obligation pour tout État de ne pas utiliser son territoire aux fins d'actes contraires aux droits d'autres États » (*Rec.* p. 22) ; la sentence de 1941 fait application de la même idée aux dommages dus à des fumées d'usines dépassant les frontières nationales (*RSA*, vol. III, p. 1938).

Quant aux illustrations conventionnelles, il convient d'être attentif aux fondements retenus par ces textes en matière de responsabilité : les hypothèses où la victime bénéficie d'une réparation sans avoir à démontrer une « faute » ne correspondent à une responsabilité pour risque que s'il apparaît clairement que les États se sont refusés à consacrer, implicitement, une nouvelle forme d'obligation de vigilance.

Il semble bien que les États hésitent à consacrer le principe de la responsabilité pour risque. Il est significatif, à cet égard, que la Déclaration de Stockolm de 1972, adoptée à l'issue de la Conférence sur l'environnement, comme la convention de Montego Bay de 1982 sur le droit de la mer et les initiatives prises après l'accident nucléaire de Tchernobyl (conventions de Vienne de 1986 sur la notification rapide d'un accident nucléaire et sur l'assistance en cas d'accident nucléaire ou d'urgence radiologique), insistent plus sur les obligations de prévention de la pollution par les États que sur l'opportunité d'un régime inédit de responsabilité. En matière de responsabilité, ces documents se contentent de renvoyer au droit international général ou à l'obligation traditionnelle de « vigilance » *(due diligence)*, c'est-à-dire, en réalité, à la responsabilité pour fait internationalement illicite.

Plusieurs de ces traités et la pratique récente de la réparation pour dommages de pollution manifestent que les États retiennent volontiers la responsabilité pour risque lorsqu'elle peut être supportée, à titre principal ou exclusif, par des personnes privées (en fait des entreprises) ; que, en revanche, ils expriment des réserves croissantes à l'égard d'un projet de convention qui prévoirait, exclusivement ou même parallèlement, la responsabilité internationale de l'État. Cependant, il ne faut pas exclure qu'en contrepartie des causes d'exonération de la responsabilité pour fait illicite, certaines hypothèses de responsabilité pour risque soient plus clairement retenues qu'auparavant.

2° Malgré cette pratique incertaine, en tout cas limitée, certains auteurs, relevant que la plupart des ordres juridiques nationaux admettent aujourd'hui une responsabilité pour risque dans des domaines plus ou moins étendus, estiment que cette convergence témoigne de l'existence d'un principe général de droit. On peut soutenir cette thèse, mais à la condition de préciser que la responsabilité d'un sujet du droit international ne peut être engagée sur cette base que pour les activités très dangereuses, seul domaine de responsabilité pour risque qui paraisse commun à tous les ordres internes.

L'hypothèse générale de la responsabilité « objective », parallèlement à celle de la responsabilité pour fait internationalement illicite peut en effet être contestée et il s'agit en tout cas davantage de développement progressif du droit international que de codification au sens strict (sur la distinction, v. *supra*, n° 215).

Il convient d'autant plus d'être prudent en la matière que les conceptions actuelles sont paradoxales. Comme l'ont remarqué certains auteurs, à propos de problèmes posés par la pollution de l'environnement, on suggère à la fois d'y voir un domaine privilégié de la responsabilité pour risque — ce qui suppose l'absence de fait illicite — et d'y appliquer un régime de responsabilité aggravée, correspondant à l'idée de violation grave d'obligations découlant de normes impératives du droit international général.

499. Régimes juridiques de responsabilité pour risque. — Le CDI a éprouvé de grandes difficultés pour déterminer un régime général (et n'y est du reste parvenue que très imparfaitement — v. *supra*, n° 498).

C'est dans le domaine de la protection de l'environnement qu'une solution présenterait le plus grand intérêt, mais on peut se demander s'il y a place pour un régime général de responsabilité objective ou « causale » dès lors qu'existent en la matière un certain nombre de conventions établissant des régimes fort hétérogènes (v. *infra*, n°s 751 s.) et que les obligations de prévention et de *due diligence* des États sont ici particulièrement étendues et fermes (v. l'arbitrage de la *Fonderie de Trail*, 1941, préc. ; v. *infra*, n° 749). L'attitude de l'URSS et des États tiers victimes de la pollution radiologique en provenance des réacteurs de Tchernobyl traduit leur perplexité en l'absence d'un régime conventionnel et la difficulté de traiter isolément la question de la réparation dans le cas d'un risque de pollution massive.

En droit positif, ce sont des conventions spécifiques à certaines activités qui organisent des régimes particuliers de responsabilité. En l'absence d'un régime général, le développement de ce volet du droit de la responsabilité suppose donc un règlement conventionnel, éventuellement — comme dans l'affaire de la *Fonderie de Trail* — sous les auspices d'une instance juridictionnelle ou arbitrale.

La gamme des solutions conventionnelles s'étend de la responsabilité des personnes directement responsables d'une activité à risque ou de produits dangereux, à celle des États eux-mêmes, les modalités intermédiaires prévoyant une responsabilité subsidiaire ou complémentaire de l'État exerçant sa juridiction sur l'opérateur privé :

— responsabilité automatique de la personne responsable de l'engin ou de l'installation dont le fonctionnement a causé un dommage, celle de l'État d'établissement ou d'immatriculation ne pouvant être mise en cause que pour manquement, en particulier parce qu'il a manqué à ses obligations de vigilance (non-respect de l'obligation qui lui est faite de vérifier que les exploitants se sont couverts par une assurance suffisante ou de soumettre certaines activités à une autorisation ou à un contrôle préalable) ;

V. les conventions de Rome du 7 octobre 1952, relative aux dommages causés aux tiers à la surface par des aéronefs étrangers ; de Berne, 26 févr. 1966, additionnelle à la Convention internationale concernant le transport des voyageurs et des bagages par chemin de fer (CIV) du 25 février 1961, relative à la responsabilité du chemin de fer pour la mort et les blessures des voyageurs ; de Bruxelles du 29 novembre 1969, relative à la responsabilité civile pour les dommages dus aux hydrocarbures, et du 17 décembre 1971, sur la création d'un Fonds d'indemnisation (et protocoles de Londres du 25 mai 1984 pas entrés en vigueur) ; la Convention de Londres du 17 décembre 1976, pour les mêmes dommages résultant de la recherche et de l'exploitation des ressources minérales du sous-sol marin ; les conventions d'Helsinki de 1992 sur la protection des cours d'eau transfrontières et des lacs internationaux et sur la protection de l'environnement marin dans la zone de la mer Baltique ; de Lugano du 9 mars 1993 sur la responsabilité civile des dommages résultant d'activités dangereuses pour l'environnement ; l'Accord conclu sous les auspices de la FAO, le 24 novembre 1993, en vue de favoriser le respect par les navires des mesures internationales de conservation et de gestion des ressources en haute mer (*JOCE* n° L 177 du 16 juill. 1995, p. 26 ; v. *infra* n°s 754 et 756) ; le Protocole de Bâle du 10 déc. 1999, sur la responsabilité et l'indemnisation en cas de dommages résultant de mouvements transfrontières et de l'élimination de déchets dangereux ; le protocole de Kiev de 2003 sur la responsabilité civile et l'indemnisation en cas de dommages causés par les effets transfrontières d'accidents industriels sur les eaux transfrontières.

— responsabilité automatique de cet exploitant, le montant maximum de sa responsabilité restant « sous plafond » ; l'automaticité est d'autant mieux établie que la convention a effet direct pour des particuliers ; le mécanisme est amélioré dans le cas où l'État de rattachement s'engage à prendre en charge le surplus du dommage réellement subi (système du « relais étatique »). Le plus souvent, cependant, cette réparation complémentaire ne pourra dépasser un nouveau plafond, plus élevé que le précédent. Telle est la solution retenue pour les dommages dont le montant ne peut être déterminé à l'avance et qui peut être particulièrement élevé, tels les dommages d'origine nucléaire civile.

V. les conventions de Paris, du 29 juillet 1960, relative à la responsabilité civile dans le domaine nucléaire (modifiée en 2004 pour devenir la Convention de Paris de 2004) ; la Convention de 1962 relative à la responsabilité des exploitants de navires nucléaires ; de Vienne, du 19 mai 1963, sur le même sujet (et protocole commun de Vienne du 21 septembre 1988, protocole d'amendement de 1997 et la Convention de 1997 sur la réparation complémentaire des dommages nucléaires) ; de Bruxelles, du 25 mai 1962, sur la responsabilité civile dans le domaine du transport maritime de matières nucléaires ; du 27 nov. 1992 sur la responsabilité civile pour les dommages dus à la pollution par les hydrocarbures ; du même jour portant création d'un fonds international d'indemnisation pour les dommages dus à la pollution par les hydrocarbures (amendées en 2000) et son protocole de 2003 (ces deux conventions remplacent celles de 1969 et de 1971) ; de Genève du 10 octobre 1989, sur la responsabilité civile pour les dommages causés au cours du transport de marchandises dangereuses par route, rail et bateaux de navigation intérieure (CRTD) ; du 3 mai 1996, adopté au sein de l'OMI, sur la responsabilité et l'indemnisation pour les dommages liés au transport par mer de substances nocives et potentiellement dangereuses (Convention SNPD) ; du 23 mars 2001 sur la responsabilité civile pour les dommages dus à la pollution par les hydrocarbures de soute adopté au sein de l'OMI.

— responsabilité objective de l'État ou de l'organisation internationale sous la juridiction desquels se trouve l'engin ou l'activité à l'origine du dommage, mais applicable seulement à certaines catégories de dommages, la réparation de tout autre dommage supposant que soit établie une faute de l'État ou de l'organisation.

V. la Convention de Londres-Moscou-Washington du 29 mars 1972, relative à la responsabilité internationale pour les dommages causés par les objets spatiaux (v. *infra*, n° 731 et s.) ; la Convention de Montego Bay sur le droit de la mer de 1982 (art. 263 : les États ou organisations internationales sont responsables des dommages causés par la pollution du milieu marin résultant de recherches scientifiques marines effectuées par eux ou pour leur compte) ; Convention de 1997 sur le droit relatif aux utilisations des cours d'eau internationaux à des fins autres que la navigation (art. 7).

Il reste que, dans la plupart des cas, les conventions internationales se contentent d'imposer aux États la mise en place, dans leur droit interne, d'un régime de responsabilité civile des seuls opérateurs économiques (principe du « pollueur-payeur », d'application fort nuancée d'ailleurs ; v. *infra*, n° 744).

Sous-titre II

RÈGLEMENT PACIFIQUE DES DIFFÉRENDS INTERNATIONAUX

BIBLIOGRAPHIE. — A. BERLAIEN, « La distinction entre les différends juridiques et les différends politiques dans la pratique des organisations internationales », *RBDI* 1975, p. 405-444. — J.-H.-W. VERZIJL, *International Law in Historical Perspective*, vol. VIII et *Interstate Disputes and Their Settlement,* Sijthoff, Leyde, 1976, 636 p. — K. EHR, « Les clauses de règlement des différends dans les conventions et accords du Conseil de l'Europe », *AFDI* 1978, p. 942-960. — J. DUTHEIL DE LA ROCHÈRE, « Les procédures de règlement des différends frontaliers », SFDI, Colloque de Poitiers, *La frontière,* Pedone, 1980, p. 112-150. — « Manuel sur le règlement pacifique des différends entre États » *in Rapport du Comité spécial de la Charte des Nations Unies et du raffermissement du rôle de l'Organisation,* A/46/33, p. 24-234. — ADI, D. BARDONNET éd., Colloque 6-8 sept. 1990, *Le règlement pacifique des différends internationaux en Europe,* Nijhoff, Dordrecht, 1991, XXV-678 p. — V. COUSSIRAT-COUSTÈRE, « Le règlement des différends dans l'œuvre de la CDI », *Mél. Apollis,* 1991, p. 29-46.— Ph. PAZARTZIS, *Les engagements internationaux en matière de règlement pacifique des différends entre États,* LGDJ, 1992, 349 p. — Y. DAUDET éd., colloque Aix-en-P., 4-5 déc. 1992, *Actualités des conflits internationaux,* Pedone, 1993, 302 p. — Ch. TOMUSCHAT, « Are Counter Measures Subject to Prior Recourse to Dispute Settlement Procedures ? », *JEDI* 1994, p. 77-88 ; « The 1928 General Act for the Pacific Settlement of International Disputes Revisited », *Mél. Oda,* 2002, p. 977-994. — C. P. ECONOMIDES, « L'obligation de règlement pacifique des différends internationaux : une norme fondamentale tenue à l'écart », *Mélanges B. Boutros Ghali*, Bruylant, Bruxelles, 1999, p. 405-418 ; « La portée et le contenu de l'obligation de règlement pacifique des différends internationaux », *Rev. hell. DI* 2007, p. 289-298. — J. COLLIER et V. LOWE, *The Settlement of Disputes in International Law : Institutions and Procedures*, Oxford UP, 1999, XXVIII-390 p. — L. CAFLISCH, « Cent ans de règlement pacifique des différends interétatiques », *RCADI* 2001, p. 245-468. — F. HORCHANI et H. BEN MAHFOUDH dir., *Règlement pacifique des différends internationaux*, Bruylant, Bruxelles, 2002, XVI-605 p.— F. ORREGO VICUÑA, *International Dispute Settlement in an Evolving Global Society : Constitutionalization, Accessibility, Privatization*, Cambridge UP, 2004, XXIII-156 p. — J. CHARPENTIER, B. SIERPINSKI et H. ASCENSIO, commentaire des articles 2 paragraphes 3, et 33 *in* J.-P. COT, A. PELLET et M. FORTEAU dir., *La Charte des Nations Unies,* Economica, 3e éd. 2005, p. 425-436 et 1047-1060. — J. G. MERRILLS, *International Dispute Settlement*, Cambridge UP, 2005, XXVII-387 p. — S. VOIGT, M. ALBERT et D. SCHMIDTEN ed., *International Conflict Resolution*, Mohr Siebeck, Tübingenn, 2006, VIII-374 p.

Recueils de textes : K. OELLERS-FRAHM et A. ZIMMERMANN, *Dispute Settlement in Public International Law*, Springer, Berlin, 2001, 2 vols., XXXII-2254 p. ; Sh. ROSENNE, *Les Conférences de la Paix de La Haye de 1899 et 1907 et l'Arbitrage international : actes et documents*, Bruylant, Bruxelles, 2007, XXIX-461 p.

500. Obligation générale de règlement pacifique. — Aux termes de l'article 1er de la Convention pour le règlement des conflits internationaux, signée à La Haye le 18 octobre 1907 : « En vue de prévenir autant que possible le recours à la force dans les rapports entre les États, les puissances contractantes conviennent d'employer tous leurs efforts pour assurer le règlement pacifique des différends internationaux ». Cette disposition est incluse dans un Titre I intitulé « Du maintien de la paix générale ». Pourtant elle n'exige des États ni l'abstention de recourir à la force dans leurs relations mutuelles, ni le règlement pacifique de leurs différends : fidèle reflet du volontarisme classique, elle se contente de les souhaiter.

À l'époque contemporaine, l'interdiction de l'emploi de la force dans les relations internationales est hissée au niveau d'une norme impérative de valeur très large. Parallèlement, l'obligation de résoudre les conflits par des moyens pacifiques, qui en est le corollaire (v. CIJ, arrêt du 27 juin 1986, *Rec.* p. 145), acquiert le même caractère impératif.

Elle est affirmée par les articles 2, paragraphe 3, et 33 de la Charte des Nations Unies et, avec plus de force encore, par la « Déclaration relative aux principes du droit international touchant les relations amicales et la coopération entre les États », votée par l'Assemblée générale des Nations Unies le 24 octobre 1970. D'après ce texte :

« Tous les États *doivent* régler leurs différends internationaux avec d'autres États par des moyens pacifiques, de telle manière que la paix et la sécurité internationales ainsi que la justice ne soient pas mises en danger ».

Dans l'état actuel de son développement, la société internationale ne peut exiger que les parties à un différend aboutissent à un règlement effectif. Toutefois, la tendance est de multiplier les pressions en ce sens, par le recours à des procédures diplomatiques souvent collectives ou par un meilleur encadrement juridique. Le recours aux divers modes de règlement pacifique des différends doit se faire de bonne foi et avec la volonté d'aboutir (v., pour la négociation, *infra*, n° 504). Les modalités de règlement pacifique font elles-mêmes l'objet d'une « normalisation » par le biais de conventions multilatérales ou de « modèles de règles ».

Ces efforts ont souvent un caractère universel : voir les conventions de La Haye de 1899 et 1907, l'Acte général d'arbitrage de 1928 révisé en 1949, le modèle de règles sur la procédure d'arbitrage de 1958, et les discussions qui ont abouti, au sein de l'ONU, à la rédaction d'un manuel pratique sur le règlement pacifique des différends (v. bibl. *supra*). Mais les progrès sont plus sensibles au sein de certaines régions, en particulier en Amérique latine et en Europe (Pacte de Bogota du 30 avril 1948, révisé par le Protocole de Buenos Aires de 1967 ; convention de Strasbourg du 29 avril 1957 dans le cadre du Conseil de l'Europe ; protocole du 21 juillet 1964 relatif à la Commission de médiation, de conciliation et d'arbitrage, dans le cadre de l'OUA ; Pacte de la Ligue arabe du 22 mars 1945 ; CSCE (Acte final d'Helsinki, 1975, complété par la Charte de Paris pour une nouvelle Europe, 1990, les « principes » de La Valette, 1991 et la Convention de Stockholm de 1992) ; procédures internes à des organisations intégrées telle l'Union européenne.

501. Liberté de choix entre les divers modes de règlement pacifique. — Le droit international général ne contient pas d'obligation pour les États de faire usage de telle modalité de règlement pacifique plutôt que telle autre.

La seule tentative en ce sens, le Protocole du 2 octobre 1924 établi par l'Assemblée de la SdN, a été abandonnée (nombre insuffisant de ratifications, à la suite de la défection du Royaume-Uni).

Aujourd'hui, l'article 33 de la Charte des Nations Unies dresse une liste non limitative des modes de règlement sans en imposer aucun :

« Les parties à tout différend dont la prolongation est susceptible de menacer le maintien de la paix et de la sécurité internationales doivent en rechercher la solution, avant tout, par voie de négociation, d'enquête, de médiation, de conciliation, d'arbitrage, de règlement judiciaire, de recours aux organisations ou accords régionaux, ou par d'autres moyens pacifiques de leur choix ».

Cette liberté de choix est le leitmotiv de la Déclaration de Manille sur le règlement pacifique des différends, approuvée par l'Assemblée générale des Nations Unies le 5 novembre 1982 (résolution 37/10). Selon son point I, paragraphe 3 : « Les différends internationaux doivent être réglés sur la base de l'égalité souveraine des États et *en accord avec le principe du libre choix des moyens,* conformément aux obligations découlant de la Charte des Nations Unies et aux principes de la justice et du droit international ».

Les parties à un litige peuvent perdre leur liberté de choix, mais seulement dans la mesure où elles se sont engagées à l'avance, par la voie conventionnelle, à se soumettre à un procédé déterminé de règlement.

La technique fréquemment utilisée pour les conventions actuelles de codification du droit international manifeste bien cette volonté des États de rester maîtres de la portée de l'obligation de règlement pacifique : s'ils s'engagent à recourir aux procédés les moins contraignants, ils renvoient l'obligation de recourir aux modes « obligatoires » à un instrument spécial que seules ratifieront les parties qui le souhaitent.

Mais rien n'interdit aux États de subordonner la participation à une convention à une obligation plus stricte : ils pourront par exemple décider que la disposition sur le règlement des différends par des procédés contraignants — juridiction internationale ou arbitrage — ne peut faire l'objet de réserves (le Traité de Rome de 1957, par exemple).

À défaut d'un engagement conventionnel qui canalise le choix du mode de règlement, il est de plus en plus fréquent, avec le développement du rôle des organisations internationales, de faire appel aux résolutions des organes de ces organisations pour guider les États dans ce choix : c'est l'une des fonctions majeures du Conseil de sécurité et, dans une moindre mesure, de l'Assemblée générale des Nations Unies. Dans des circonstances exceptionnelles, le Conseil de sécurité pourra décider d'imposer à un État de recourir à un mode déterminé de règlement, en vertu de l'article 25 et du chapitre VII de la Charte (v. ses résolutions 687 et 692 [1991] relatives aux modalités de règlement des différends relatifs à la responsabilité de l'Irak suite à l'invasion du Koweït). Dans le cadre européen, c'est par voie de consensus qu'ont été posés les principes et la « procédure CSCE pour le règlement des différends » (La Valette, 1991) : la fonction première du Comité des hauts fonctionnaires et surtout de « l'Organisme de la CSCE » est d'assister les États dans la recherche de la meilleure méthode de règlement. Il en va de même de l'ORD au sein de l'OMC.

Usant de cette liberté, les États utilisent plus volontiers les procédés politiques que les procédés juridiques. Parmi ces derniers ils accordent la priorité au règlement non juridictionnel, dont les résultats ont une portée peu contraignante, plutôt qu'aux procédures arbitrales et juridictionnelles. Ces préférences marquées découlent de leur volonté de préserver leur souveraineté, et aussi d'une raison de politique générale qu'il convient de mettre en lumière immédiatement, car elle éclaire d'un jour particulier toute la matière de la solution pacifique des conflits internationaux.

Les conflits interétatiques ne sont pas comparables, en effet, aux litiges entre sujets du droit interne. Face aux troubles engendrés dans la société internationale par un litige même localisé, les États estiment souvent qu'il faut et même qu'il suffit de créer un climat d'apaisement, par l'acceptation d'un règlement fût-il négocié par voie diplomatique ; chercher à imposer une solution obligatoire et conforme au droit conduit inévitablement à retarder la solution du litige. Aussi longtemps que la société internationale restera formée d'États souverains simplement juxtaposés, la formule désabusée « c'est la paix qui sert la justice et non la justice qui sert la paix » traduira un fait d'expérience regrettable mais incontournable.

Il va sans dire que la liberté de choix des États les autorise à combiner très discrétionnairement les divers modes de règlement pacifique. Aussi ne peut-on établir aucune correspondance entre les classifications juridiques et le déroulement chronologique d'une procédure de règlement d'un conflit : les procédés politiques et juridiques se succèdent sans autre lien logique que celui défini par les tactiques des États ; ils peuvent tout aussi bien être utilisés parallèlement (CIJ, affaire du *Plateau continental de la mer Égée, Rec.* 1978, p. 12 ; affaire du *Personnel diplomatique et consulaire à Téhéran, Rec.* 1980, p. 22-23 ; affaire des *Activités militaires et paramilitaires au Nicaragua, Rec.* 1984, p. 433 ; affaire de *Lockerbie,* ord. du 8 avril 1993, *Rec.* p. 18-19 ; affaire de la *frontière terrestre et maritime, Cameroun c. Nigéria, except. prél., Rec.* 1998, p. 302-304, § 56 s.). Tout au plus peut-on observer que le recours à certains modes de règlement pacifique, en particulier l'arbitrage, est parfois subordonné à l'échec d'une tentative préalable de négociation diplomatique.

Il n'y a pas là une règle absolue. La CIJ, dans l'affaire précitée du *Nicaragua contre les États-Unis,* a refusé d'admettre que sa saisine était subordonnée à l'épuisement des procédures régionales de négociation (*Rec.* 1984, p. 440, § 106-108) ; dans le même sens, arrêt précité du 11 juin 1998, p. 304 s., § 61 s., not. p. 307 et 321-322, § 68 et 109.

La classification doctrinale des différents modes de règlement pacifique se heurte à des difficultés. D'abord, parce que la terminologie utilisée par les États manque de rigueur : certaines commissions dites de « conciliation » se révèlent être des organes d'arbitrage, des procédures d'enquête déboucheront sur des propositions de règlement, dépassant par là les limites reconnues à cette formule.

On a suggéré ensuite que la distinction principale devait opposer les différends « politiques » et les différends « juridiques », chaque type de conflits étant susceptible de modalités différentes de règlement. Mais il n'a jamais été possible de justifier une différence de nature telle que chaque type de différends ait un champ d'application propre : tout conflit international est à la fois politique et juridique, seule la pondération des aspects politiques et juridiques varie.

Dans l'affaire précitée qui les a opposés au Nicaragua, les États-Unis ont soutenu que le recours à la force durant un conflit armé présentait des caractéristiques qui ne se prêtaient pas à l'application de la procédure judiciaire, tout en récusant la distinction entre « question politique » et « question juridique ». L'argument a été rejeté par la CIJ, car celle-ci « ne s'est jamais dérobée devant l'examen d'une affaire pour la simple raison qu'elle avait des implications politiques ou comportait de sérieux éléments d'emploi de la force » (*Rec.* 1984, p. 435, § 96 ; v. déjà, *Détroit de Corfou, Rec.* 1949, p. 35). En effet, en matière de maintien de la paix, « le Conseil (de sécurité) a des attributions politiques ; la Cour exerce des fonctions purement judiciaires. Les deux organes peuvent donc s'acquitter de leurs fonctions distinctes mais complémentaires à propos des mêmes événements » *(ibid. ;* v. aussi l'arrêt de la Cour du 27 février 1998, affaire de l'*Interprétation et de l'application de la convention de Montréal de 1971 (exceptions préliminaires)*, *Rec.*, p. 27-28, § 49).

Face à cette impasse, on a tenté d'opposer les procédés juridiques — ceux qui sont destinés à trancher le différend sur la base du droit — et les procédés politiques — qui autorisent la prise en considération d'arguments d'opportunité.

La distinction a été utilisée par les États-Unis, dans le litige avec le Nicaragua, sous un angle particulier : selon les États-Unis, la compétence de la Cour, organe juridictionnel, devait être écartée parce que la procédure judiciaire serait inadaptée à une situation évolutive comme celle d'un conflit armé et que les pouvoirs du juge ne lui permettent pas de mettre fin à ce conflit ; seul un organe politique, tel le Conseil de sécurité, répondrait aux exigences de cette situation. La Cour, se plaçant sur le plan de la recevabilité de la requête, a écarté cet argument sans y répondre (*ibid.*, p. 436-437).

À vrai dire, la distinction est souvent peu opératoire : la négociation, mode « politique », peut avoir pour objet de préciser le droit applicable et donc contribuer à trancher en droit le différend ; à l'inverse, une procédure arbitrale peut être établie en vue de donner une solution équitable à un litige, donc aboutir à un résultat comparable à celui atteint par un mode politique.

La souplesse du droit international, qui autorise les parties à définir le mandat des organes de règlement du différend, interdit une relation univoque entre la caractéristique habituelle d'un type d'organes et le comportement de chaque organe appartenant à cette catégorie d'organes. Dans son principe, pourtant, cette distinction ne doit pas être sous-estimée, car le souci de sécurité juridique l'emporte à long terme sur les commodités de l'opportunité conjoncturelle et donne une plus grande stabilité aux règlements établis en droit.

D'un point de vue juridique, il est une distinction qui présente une relative clarté et dont la portée est moins contestable que les précédentes. Elle consiste à opposer les modes de règlement qui permettent *d'imposer* une solution aux parties à un différend, et ceux par lesquels une solution leur est seulement *proposée*, qu'ils ne sont pas tenus de respecter.

Il ne faut cependant pas en exagérer la clarté. Il existe une gamme progressive de procédés pacifiques, sans solution de continuité, entre ceux qui sont les moins contraignants et ceux qui le sont complètement. En outre, l'opposition quant à la portée juridique de la solution entre une invitation ou une recommandation, d'une part, et une décision, d'autre part, ne coïncide pas nécessairement avec les modalités organiques : une instance en principe habilitée à émettre une décision peut fort bien s'en tenir à une recommandation, comme le prouve surabondamment la pratique du Conseil de sécurité des Nations Unies.

Sous cette réserve, on est conduit à distinguer deux grandes catégories de modes de règlement des différends, en combinant le critère de la portée juridique de la solution et son fondement, en opportunité ou en droit :

Chapitre I. — Le règlement non juridictionnel des différends.
Chapitre II. — Le règlement juridictionnel.

CHAPITRE I

Règlement non juridictionnel des différends

502. Une institutionnalisation progressive. — Approche la plus classique, puisque contemporaine de la naissance des relations internationales modernes, le règlement non juridictionnel des conflits internationaux s'est, par nécessité, tout d'abord inscrit dans un cadre interétatique.

L'apparition des organisations internationales n'a pas entraîné l'abandon de cette démarche. À l'inverse, il a paru possible d'inscrire les modalités connues de règlement pacifique dans le cadre de ces organisations : aucune de leurs caractéristiques n'y faisait obstacle. Le Pacte de la SdN y faisait référence dans ses articles 12 à 16 (négociation, enquête). Aujourd'hui encore, les statuts de nombreuses organisations se limitent à inviter les États membres à recourir aux procédés interétatiques traditionnels.

Mais, pour les organisations les plus importantes d'un point de vue politique, il a aussi été immédiatement décidé de faire jouer un rôle plus direct et plus actif à leurs organes propres. Simples cadres de négociation multilatérale ou instances de décision, la pratique de ces organes a pu infléchir les modalités des procédures interétatiques non juridictionnelles : les États en litige n'ont plus la maîtrise discrétionnaire du déclenchement des procédures de règlement et, à la limite, ils peuvent se trouver dans la situation inconfortable d'un État qui ne peut récuser la solution préconisée par l'organisation qu'en violant ses obligations de membre de celle-ci (v. *infra*, n°s 514 et s.).

La pratique internationale n'a pas attendu que soient créées des organisations internationales pour faire intervenir des tiers dans la conduite des procédures interétatiques : mais il ne s'agissait que d'individus, d'organes transitoires ou d'autres États ; cette « internationalisation » ne permettait pas une véritable « institutionnalisation ». Seule la permanence et l'étendue des moyens de pression des organisations internationales ont pu mettre en route le processus de dépassement.

Section 1. — Procédés interétatiques.

Section 2. — Règlement non juridictionnel dans le cadre des organisations internationales.

Section 1

Procédés interétatiques

503. Rôle respectif des parties au différend et des tiers. — La technique la plus ancienne est la négociation. En règle générale, elle ne met en présence que les États directement en litige. Les tiers peuvent cependant y intervenir, en vue d'en faciliter l'aboutissement : une telle interférence, dans la mesure où elle ne diminue pas juridiquement la liberté de décision des parties, ne modifie pas la nature de cette modalité de règlement.

Il en va autrement lorsque l'intervention d'un organe pré-constitué autorise celui-ci à modifier les données de la négociation diplomatique, infléchissant ainsi la liberté des parties, et *a fortiori* lorsque cet organe est habilité à se substituer aux parties dans la recherche d'un règlement.

§ 1. — *Négociation diplomatique*

BIBLIOGRAPHIE. — P. REUTER, « De l'obligation de négocier », *Mél. Morelli,* 1975, p. 711-733. — P.-J. DE WAART, *The Element of Negociation in the Pacific Settlement of Disputes Between States,* Nijhoff, La Haye, 1973, 230 p. — G. GEAMANU, « Théorie et pratique des négociations en droit international », *RCADI* 1980-I, vol. 166, p. 365-448. — N. E. GHOZALI, « La négociation diplomatique dans la jurisprudence internationale », *RBDI* 1992, p. 323-350. — B. Y. DIALLO, *Introduction à l'étude et à la pratique de la négociation*, Pedone, 1998, 244 p. — G. BRETON-LE GOFF, *L'influence des organisations non gouvernementales (ONG) sur la négociation de quelques instruments internationaux*, Bruylant, Bruxelles, 2001, XVIII-263 p. — D. LHOMME, *Recherches sur les règles juridiques applicables à la négociation en droit international public*, thèse Toulon (PU Lille), 2001, 689 p. — A. PLANTEY, *La négociation internationale. Principes et méthodes,* CNRS, 2e éd. 2002, 783 p. (trad. anglaise : *International Negotiation in the Twenty-First Century*, Routledge-Cavendish, Abingdon, 2007, XIV-562 p.)

504. L'obligation de négocier. — 1° *Fondement.* — Degré minimum de l'obligation de régler pacifiquement les différends internationaux, et condition de mise en œuvre des procédés plus techniques, l'obligation de négocier a un fondement coutumier. On peut considérer que le rappel qu'en font les statuts des organisations internationales ne constitue qu'une sorte de codification particulièrement solennelle de cette obligation coutumière.

Il n'est pas interdit aux sujets de droit international de rappeler ou de préciser la portée de cette obligation par voie de traité ; le fondement conventionnel l'emporte dans ce cas, en particulier lorsque l'étendue de l'obligation est formulée avec précision ou lorsque la procédure de négociation bénéficie d'une certaine organisation.

De nombreuses conventions renvoient à des consultations ou à une négociation le règlement des difficultés d'interprétation et d'application. Certaines précisent que les organes d'une organisation internationale pourront participer à la négociation interétatique (art. 84 de la Convention de Vienne du 14 mars 1975 sur les relations des États avec les organisations internationales de caractère universel).

La négociation peut n'être explicitement prévue que pour la solution de certains problèmes, telle l'organisation de la coopération opérationnelle entre États (Convention de Genève du 13 janvier 1979 sur la pollution atmosphérique transfrontière, accords sur la lutte contre la pollution maritime accidentelle) ou les modalités d'exploitation des gisements proches des limites des plateaux continentaux (Accord de Stockholm du 29 septembre 1972 entre la Finlande et l'URSS, par exemple).

Les accords conclus sous les auspices du GATT prévoient le plus souvent un mécanisme de consultations, avec l'assistance de groupes d'experts dans certains cas ; de même, les accords sur les produits de base prévoient des négociations sur la base de propositions émanant de comités consultatifs (v. *infra*, n° 522).

L'objet et les modalités de la négociation constituent parfois l'essentiel de l'accord (Mémorandum de Genève du 11 décembre 1972 entre les États-Unis et l'URSS sur la négociation SALT-I, complété par un protocole du 30 mai 1973 ; Accord de Berne du 11 novembre 1976 entre la Grèce et la Turquie à propos du différend sur le plateau continental de la mer Égée, p. 13 ; Accord additionnel au Traité de bon voisinage et de coopération entre la Roumanie et l'Ukraine, 2 juin 1997, pt. 4).

2° *Fonctions.* — L'obligation de négocier s'impose d'abord en soi dès que deux sujets du droit international sont en litige, parce qu'elle constitue le minimum de ce qui est attendu d'eux pour régler pacifiquement tout différend. À ce titre, la négociation directe entre États en conflit constitue la technique de droit commun : elle trouve à s'appliquer en toutes circonstances, même sans texte.

Selon la CPJI, le règlement judiciaire « n'est qu'un succédané au règlement direct et amiable de ces conflits entre les parties » (ordonnance du 19 août 1929, affaire des *Zones franches* entre la France et la Suisse, *Série A*, n° 22 ; v. aussi CIJ, 21 juin 2000, *Incident aérien*, *Rec.* p. 33, § 51).

Très souvent, la négociation n'est qu'un des éléments d'un engagement plus vaste ; elle intervient alors soit en tant que préalable nécessaire à une procédure complexe — en amont d'un autre procédé de règlement, par exemple l'arbitrage, soit en vue de faciliter l'achèvement de la procédure — en aval d'un autre mode, tel que le règlement juridictionnel.

Il est de jurisprudence constante qu'« avant qu'un différend fasse l'objet d'un recours en justice, il importe que son objet ait été nettement défini au moyen de pourparlers diplomatiques » (CPJI, 30 août 1924, *Mavrommatis*, *Série A*, n° 2, p. 15 ; CIJ, 26 novembre 1957, *Droit de passage en territoire indien — exceptions préliminaires, Rec.* 1957, p. 148-149 ; le principe de bonne foi n'interdit pas, pour autant, le dépôt immédiat d'une requête (« par surprise ») après celui de la déclaration d'acceptation de la juridiction de la Cour par l'État demandeur, dès lors que l'objet du différend est bien établi : *Frontière terrestre et maritime, Cameroun c. Nigeria*, 11 juin 1998, *Rec.* p. 296 s., § 36 s.).

Il arrive d'ailleurs que, au-delà de cette obligation de bon sens, la négociation soit un *préalable juridique* à la saisine de l'organe arbitral ou juridictionnel : la recevabilité de la requête est alors subordonnée au respect du principe de « l'épuisement des négociations préalables ». Mais il ne s'agit pas là d'une obligation coutumière : elle ne s'impose que s'il est prouvé qu'un engagement conventionnel en ce sens lie les parties en litige. Aussi la CIJ a-t-elle refusé de l'admettre dans plusieurs affaires et jugé que la requête pouvait lui être soumise alors que les négociations se poursuivaient (*Plateau continental de la mer Égée*, *Rec.* 1978, p. 12, § 29 ; *Activités militaires et paramilitaires au Nicaragua, Rec.* 1984, p. 440 ; *Frontière terrestre et maritime*, *Cameroun c. Nigeria*, *Rec.* 1998, p. 302-303, § 56 ; *Activités armées sur le territoire du Congo (RDC c. Rwanda)*, *Rec.* 2006, p. 41, § 92 ; v. aussi p. 43, § 100).

La négociation diplomatique a une fonction purement technique lorsque le jugement ou la sentence arbitrale a apporté une solution complète au différend ; elle acquiert une portée décisive lorsque l'organe juridictionnel ou arbitral s'est borné à obliger les parties à négocier de bonne foi (l'arbitrage de 1977, dans l'affaire du *Plateau continental de la mer d'Iroise,* correspond à la première hypothèse, de même — malgré certaines précautions dans la forme du dispositif et des difficultés d'interprétation et d'application — que les arrêts de la CIJ du 24 février 1982 et du 3 juin 1985, dans les affaires du *Plateau continental (Tunisie/Libye et Malte/Libye)* et celui du 12 octobre 1984 dans l'affaire de la *Délimitation maritime dans le golfe du Maine ;* les arrêts de la CIJ, du 20 février 1969 et du 25 juillet 1974, dans les affaires du *Plateau continental de la mer du Nord* et de la *Compétence en matière de pêcheries,* ou encore du 25 septembre 1997 dans l'affaire du *Projet Gabčíkovo-Nagymaros* illustrent bien la seconde situation ; v. aussi l'opposition sur ce point entre le Danemark et la Norvège dans l'affaire *« Jan Mayen »* et la décision de la Cour dans l'arrêt du 14 juin 1993, *Rec.* p. 56 s.).

3° *Portée de l'obligation.* — L'obligation de négocier n'est jamais purement formelle, mais sa portée est susceptible de degrés.

Au niveau minimal, celui d'une obligation « non conditionnée », elle « n'est pas seulement d'entamer des négociations, mais encore de les poursuivre autant que possible en vue d'arriver à des accords » (CPJI, 15 octobre 1931, affaire du *Trafic ferroviaire entre la Lituanie et la Pologne*, Série A/B, n° 42, p. 116). En cas d'échec, un tiers est en mesure de vérifier que les parties ont fait preuve de la bonne foi nécessaire pour qu'aucune d'entre elles ne puisse être accusée d'avoir manqué à son obligation.

À un degré supérieur, l'engagement de négocier — ou l'intervention d'un tiers — fait de cette obligation une obligation « conditionnée » ou « liée » : non seulement les parties ne doivent pas la conduire de mauvaise foi, en s'enfermant dans la certitude qu'en cas d'échec s'appliqueront automatiquement les principes qui ont leur faveur, mais ils doivent tenter de mettre en œuvre des principes de droit équitables.

Comme le marque fortement la CIJ : « Les parties ont l'obligation de se comporter de telle manière que la négociation ait un sens, ce qui n'est pas le cas lorsque l'une d'entre elles insiste sur sa propre position sans envisager aucune modification [il y avait ici tout à la fois une critique de l'attitude antérieure de certains États et une directive pour la nouvelle négociation] ; les parties sont tenues d'agir de telle sorte que, dans le cas d'espèce et compte tenu de toutes les circonstances, des principes équitables soient appliqués... » (20 février 1969, *Plateau continental de la mer du Nord, Rec.* 1969, p. 47).

En principe, l'obligation de négocier n'implique pas l'obligation d'arriver à une solution concertée ; tout au plus exige-t-elle la poursuite de la négociation aussi longtemps que nécessaire. L'obligation de conclure repose en effet nécessairement sur un fondement conventionnel. On peut en voir une illustration dans les traités de dévolution qui prévoient que le nouvel État prendra toute disposition pour accéder aux conventions internationales qui le liaient avant l'accession à l'indépendance : la négociation qu'il entreprendra avec les parties à ces traités doit être conduite, de sa part au moins, avec le souci de devenir partie à ces conventions.

Tel était aussi l'enjeu dans l'affaire du *Sud-ouest africain* : l'obligation de renégocier le régime des territoires sous mandat, contenue dans la Charte de l'ONU, était-elle une obligation sanctionnée, ce qui ne laissait pas à l'Afrique du sud la liberté de maintenir le régime antérieur ? À défaut d'une réponse de la CIJ en 1966, l'Assemblée générale puis le Conseil de sécurité des Nations Unies l'ont explicitement admis.

La technique de règlement des différends au sein de l'OMC repose sur l'utilisation combinée de la négociation préalable à la saisine d'un groupe spécial, de la négociation postérieure pour concrétiser les recommandations de ce groupe, avec recours éventuel à un organe arbitral ; tantôt il ne s'agit que d'une obligation de négocier de bonne foi, tantôt les parties sont tenues d'atteindre un certain résultat ; dans des situations évolutives, cette multiplication d'étapes et d'intervenants peut entraîner des conflits de compétence (v. rapport des groupes spéciaux du 11 déc. 2000, Communautés européennes c. États-Unis, affaire des *« Mesures à l'importation de certains produits... », WT/DS165* ; et du 21 déc. 2001, Communautés européennes et États-Unis c. Inde, affaire des *« Mesures concernant le secteur automobile », WT/DS146 & 175*).

505. Modalités de la négociation. — La négociation peut être bilatérale ou multilatérale. Pour l'essentiel, elle consiste en « conversations » et débouche soit sur l'acceptation concertée d'une solution (éventuellement consacrée par une convention), soit sur le constat de l'échec.

L'objet de la négociation n'est pas nécessairement ni exclusivement de régler le différend né. Une négociation qui aboutit à l'adoption d'une réglementation nouvelle peut ainsi contribuer à prévenir ou à désamorcer des situations potentiellement conflictuelles. Par son objet très large, la technique de la négociation reste donc un des instruments privilégiés de la stabilité de la société internationale (adaptation aux changements des circonstances).

La personnalité des négociateurs varie. Les conversations peuvent être le fait d'hommes politiques en leur qualité de gouvernants — chef de l'État, chef du gouvernement, Ministre des affaires étrangères. Le plus souvent, elles sont confiées à des agents publics spécialisés, les ambassadeurs et autres diplomates dont c'est la fonction normale en particulier auprès des représentants du gouvernement local. Pour certains conflits, les États conviennent de désigner des « plénipotentiaires », chargés d'une négociation déterminée. C'est une des manifestations courantes de la diplomatie *ad hoc* (v. *supra*, n° 458).

Les conversations directes ont d'autant moins de chance d'aboutir que le litige qui oppose les États est aigu ou d'origine récente. Il est courant de faire appel à des États tiers par rapport au litige — ou d'accepter leur intervention — pour débloquer une situation, éviter une escalade ou donner une meilleure opposabilité internationale à la solution négociée.

Comme le reconnaissait la CIJ en 1962, à propos de la « diplomatie parlementaire », la conférence est « l'un des moyens établis de conduire des négociations internationales » (affaire du *Sud-ouest africain*, *Rec.* 1962, p. 346).

La négociation va se poursuivre en présence et avec l'assistance d'un ou plusieurs États tiers. Elle se déroulera dans un *congrès* ou une *conférence.*

La formule de la conférence présente des avantages et des inconvénients. Elle va dans le sens de l'institutionnalisation des procédures de règlement, surtout si elle bénéficie d'une certaine continuité juridique, ce qui reste exceptionnel (la co-présidence anglo-soviétique des conférences de Genève de 1954 et de 1962 sur l'Indochine et le Laos devait permettre de les « réactiver » en cas de besoin ; mais l'expérience n'est pas très convaincante ; la Conférence sur la sécurité et la coopération en Europe et plusieurs conférences sur le désarmement ou la protection de l'environnement ont prévu des réunions périodiques sur les progrès réalisés dans les objectifs définis lors de la conférence initiale). En outre, le caractère public des débats peut favoriser des concessions mutuelles, dans la mesure où certains États répugnent à porter devant l'opinion mondiale la responsabilité de la prolongation d'un conflit. Toutefois, la publicité donnée aux négociations a son revers : la pression de l'opinion publique interne peut inciter certains gouvernements à refuser certaines concessions auxquelles ils auraient consenti si elles avaient pu rester confidentielles ou n'être divulguées qu'à l'issue de la négociation ; c'est un facteur de rigidité pour les tactiques diplomatiques des États démocratiques. Par ailleurs, l'institutionnalisation est le plus souvent éphémère, la conférence disparaissant en principe à la clôture de la négociation.

§ 2. — *L'intervention de tiers*

BIBLIOGRAPHIE. — N. POLITIS, « Les commissions internationales d'enquête », *RGDIP* 1912, p. 149-188. — J. EFREMOFF, « La conciliation internationale », *RCADI* 1927-III, vol. 18, p. 5-147 et *RCADI* 1937-I, vol. 59, p. 99-223. — G. REVEL, « Rôle et caractère des commissions de conciliation », *RGDIP* 1931, p. 564-607. — A. GROS, « Remarques sur la conciliation internationale », *Mél. A. Mestre*, 1956, p. 279-283. — H. ROLIN, « Rapport sur la conciliation internationale », *Ann. IDI,* 1959, vol. 48-I, p. 5-130. — NGUYEN QUOC DINH, « Les commissions de conciliation sont-elles aussi des commissions d'enquête ? », *RGDIP* 1967, p. 565-674. — J.-P. COT, *La conciliation internationale,* Pedone, 1968, 380 p. — N. BAR-YAACOV, *The Handling of International Disputes by Means of Inquiry,* Oxford UP, Londres 1974, 370 p. — L. MARION, « Remarques sur l'échec d'un projet de réforme de l'enquête internationale », *RBDI* 1975, p. 475-524. — T. BENSALAH, *L'enquête internationale dans le règlement des conflits (Règles juridiques applicables),* LGDJ, 1976, 270 p. — P. RUEGGER, « Réflexions sur le rôle actuel et futur des commissions internationales d'enquête », *Mél. R. Bindschedler,* 1980, p. 427-442. — V.-D. DEGAN, « International Conciliation : Its Past and Future », *Mél. Verosta*, 1980, p. 261-286. — R. GOY, « Quelques accords récents mettant fin à des guerres civiles », *AFDI* 1992, p. 112-135. — W. J. DIXON, « Third Party Techniques for Preventing Conflict Escalation and Promoting Peaceful Settlement », *Int. Org.* 1996, p. 653-681. — M. BÉNIARD, « La médiation officieuse : la spécificité des bons offices dans la gamme des procédures non juridictionelles de règlement pacifique des différends », *Finn. YBIL* 2005, p. 295-339. — J. WILKENFELD ed., *Mediating International Crises*, Routledge, Londres, 2005, XII-235 p. — S.M.G. KOOPMANS, *Diplomatic Dispute Settlement : The Use of Inter-State Conciliation*, TMC Asser Press, 2008, XV-304 p.

506. Gradation des formes d'intervention. — Il est toujours possible aux parties à un litige de faire appel, dès le départ de la négociation ou au cours de celle-ci, à d'autres États ou aux organes d'organisations internationales (v. *infra*, n° 510), dans l'espoir de faciliter cette négociation.

Même en s'en tenant à des modes strictement interétatiques, les techniques utilisées sont assez diversifiées pour qu'il soit possible de les classer selon une gamme ascendante. Deux critères de classement peuvent être envisagés : l'importance du rôle reconnu aux tiers, le degré d'institutionnalisation. Sur la base du premier critère, on distinguera selon que le tiers participe ou non à la négociation au fond ; en vertu du second, on opposera la recherche d'un ou plusieurs tiers une fois le litige né ou la négociation entamée — c'est le système classique du congrès ou de la conférence —, et la désignation d'un organe tiers préconstitué.

Cette seconde formule constitue un progrès en ce qu'elle limite le risque d'échec ou de retard dans la recherche « à chaud » d'un tiers acceptable par les parties en litige. Il convient cependant de souligner que les distinctions que l'on opère classiquement entre les divers modes non juridictionnels de règlement des différends faisant intervenir des tiers ne sont pas rigides : il peut être difficile de distinguer nettement bons offices, médiation et conciliation, voire même cette dernière de l'arbitrage (v. par ex. la Commission mixte Cameroun/Nigeria — M. Mohamed Salah, *AFDI* 2005, p. 162-184) ; de plus, un même mécanisme peut servir successivement à chacune de ces missions (cf. l'« Organisme » créé par le Rapport de La Valette dans le cadre de la CSCE en 1991 — v. *infra,* n° 521).

Le recours à des tiers ne vise pas seulement à faciliter la négociation elle-même. Il peut également avoir pour objet d'apaiser la tension ou de préparer les conditions d'ouverture de cette négociation, ou encore de garantir le respect de la solution négociée : à côté de la formule bien connue des « opérations de maintien de la paix » sous les auspices d'une organisation internationale (v. *infra*, n°s 592 s.), existe la technique des forces « multinationales » constituées à l'initiative directe de certains États (v. *infra*, n° 598).

507. Bons offices et médiation. — D'origine coutumière, ces deux modes ont été codifiés par les conventions de La Haye du 29 juillet 1899 et du 18 octobre 1907.

1° *Nature.* — Les bons offices désignent l'intervention d'une tierce puissance qui juge « bon d'offrir » son entremise pour faire cesser un litige entre deux États, ou qui est invitée à le faire par l'un ou les deux États en conflit. C'est le degré le plus modeste de l'intervention. L'État tiers utilise son influence morale ou politique pour établir le contact — ou le rétablir s'il a été rompu — entre les parties et faciliter l'organisation matérielle de la négociation. En principe, l'État tiers ne prend pas une part directe aux conversations, qui restent l'œuvre exclusive des parties au différend. Sa tâche est terminée dès que les adversaires acceptent de se rencontrer et entament la négociation.

En 1946, les États-Unis ont exercé leurs bons offices dans le litige frontalier entre la France, agissant pour le compte du Cambodge alors sous protectorat, et la Thaïlande. Les bons offices de la France ont contribué à la signature des accords mettant fin à la deuxième guerre d'Indochine (Paris, 1973) ou à celui qui a suivi l'intervention de la Russie en Géorgie (Ossétie du Sud) en 2008.

La médiation, offerte ou demandée, consiste en premier lieu, comme les bons offices, à mettre en présence les protagonistes d'un conflit. Mais elle ne s'en tient pas là. Le médiateur propose des bases de négociation et intervient dans le déroulement de la négociation pour favoriser un rapprochement des points de vue des intéressés, sans chercher cependant à imposer une solution.

Comme illustrations de cette technique, voir la médiation de 1867 du Royaume-Uni à propos du différend franco-prussien sur le Luxembourg ; celle de la France dans le conflit entre les États-Unis et l'Espagne de 1898 ; celle des États-Unis lors de la guerre russo-japonaise de 1905 ; plus récemment celle des États-Unis entre l'Égypte et Israël, qui a permis la conclusion des accords de Camp David de 1978 et du Traité de paix de 1979 ; celle du Saint-Siège, sur la base du Traité de Montevideo du 8 janvier 1979 entre l'Argentine et le Chili, dans l'affaire des suites de l'arbitrage du canal de Beagle de 1977 (v. A. Brouillet, *AFDI* 1979, p. 47-73) ; celle de l'Algérie qui a débouché sur les accords d'Alger de 1981 entre les États-Unis et l'Iran, celle de la Norvège et des États-Unis, qui a permis de conclure l'Accord de Washington de 1993 entre Israël et l'OLP, ou la pratique des « groupes de contact » au Tadjikistan (v. résol. 1274 (1999) du Conseil de sécurité, 12 nov. 1999) ou en Afghanistan (résol. 1333 (2000), 19 déc. 2000) (sur les médiations du Secrétaire général des Nations Unies, v. *infra*, n° 519).

Que, dans l'affaire du *Rainbow Warrior* comme dans les interventions du Comité des ministres du Conseil de l'Europe en matière de droits de l'homme, le rapport du médiateur s'impose aux parties au différend n'est pas une atteinte à la définition de la médiation mais le simple effet d'une dérogation conventionnelle (communiqué commun du 19 juin 1986 et article 32, § 4, de la Convention de Rome de 1950).

La différence essentielle réside donc dans l'étendue des tâches confiées au médiateur, qui l'autorise à suivre et même à guider la négociation jusqu'à son aboutissement.

Les deux modes d'intervention présentent des caractères communs, au point qu'ils sont parfois confondus ; il est vrai que, dans la pratique, une mission réussie de bons offices est de nature à inciter les parties à accepter une offre de médiation pour la conduite des négociations. En outre, par définition, une médiation inclut les bons offices.

2° *Pratique.* — Médiation et bons offices sont confiés soit à des représentants de gouvernements tiers, soit à des personnalités indépendantes, soit à des représentants d'organisations non gouvernementales (le CICR par exemple) ; le recours à des personnalités (en général investies de fonctions officielles – ex. : le Secrétaire général des Nations Unies), autrefois très exceptionnel, est devenu plus fréquent.

Médiation et bons offices peuvent être individuels ou collectifs, selon qu'ils sont mis en œuvre par un État — ou une organisation internationale — ou par un groupe d'États. Ils se sont imposés dans la pratique parce qu'ils sont très respectueux des souverainetés étatiques en conflit. L'offre de bons offices ou de médiation peut être refusée par l'un ou l'autre des États en litige.

Il n'en va autrement que dans l'hypothèse, assez rare, où il existe un engagement conventionnel d'accepter une médiation dans certaines circonstances (ainsi de l'article 8 du Traité de Paris de 1856 entre la France, l'Autriche, le Royaume-Uni, la Prusse, la Russie, le royaume de Sardaigne et la Turquie qui prévoyait, en cas de conflit entre la Turquie et l'un des autres États parties, la médiation des cocontractants).

Les États en litige sont tout aussi libres de refuser la base de négociation ou de solution de fond présentée par le médiateur.

La susceptibilité des États est si grande qu'à l'origine il paraissait encore nécessaire de préciser que l'offre de bons offices et de médiation ne pouvait être considérée comme un « acte peu amical » (art. 3 des conventions de La Haye de 1899 et de 1907 pour le règlement pacifique des conflits internationaux). Mais il arrive que, dans l'état de tension qui règne entre les parties, le médiateur doive accepter le rôle de prête-nom (v. les accords d'Alger de 1981 et *supra*, n° 63).

À l'inverse, les caractéristiques de la médiation peuvent favoriser l'acceptation par les parties d'un mode de règlement obligatoire du différend, par exemple la conclusion d'un compromis d'arbitrage (ainsi dans le litige entre l'Érythrée et le Yémen relatif à la souveraineté sur les îles Hanish : suite à une intervention française, ont pu être conclus les accords de Paris du 21 mai 1996 sur les principes d'un arbitrage et du 3 octobre 1996 constituant le compromis d'arbitrage) ou aboutir à une solution plus effective qu'une procédure contraignante (ainsi de l'échec de la sentence arbitrale du 18 avril 1977 et de la médiation du Saint-Siège, sur la base de l'accord de Montevideo du 8 janvier 1979, dans l'affaire du Canal de Beagle entre le Chili et l'Argentine, qui a autorisé la conclusion du traité de paix de Rome du 29 novembre 1984).

508. Enquête internationale. — 1° *Nature.* — En tant que moyen interétatique de règlement non juridictionnel, l'enquête consiste dans une recherche portant sur des faits présentés comme à l'origine d'un litige, en vue de constater leur matérialité, leur nature, les circonstances qui les accompagnent, et dans la fourniture d'un rapport aux parties. Cette tâche est le plus souvent confiée à un organe collégial, dit commission d'enquête. Comme les modes précédents, l'enquête est une procédure facultative, à la fois dans son déclenchement et dans sa portée.

Une commission d'enquête est constituée en vertu d'un accord spécial entre les parties en litige, qui précisera la mission qui lui est confiée : il indique les faits à examiner, les modalités de composition et le délai de constitution, l'étendue des pouvoirs de la Commission.

Le rapport de la commission d'enquête n'a aucun caractère obligatoire : les parties restent entièrement libres des suites à lui donner. D'autant que la commission doit s'en tenir à établir les faits, sans chercher à en tirer la moindre conclusion, même lorsque celle-ci découle nécessairement des faits.

Ce caractère excessivement étroit de la mission de la commission d'enquête est apparu clairement dès la première expérience, dans l'affaire de *Hull,* dite aussi du *Dogger Bank* (1904-1905) : tout en prétendant s'en tenir aux faits, la Commission a procédé à une recherche sur les responsabilités des parties, question éminemment de droit.

Ces caractéristiques font que l'enquête ne se suffit pas à elle-même comme moyen de règlement. Elle est complémentaire des procédés de la négociation ou du règlement juridictionnel ou arbitral.

De plus, pour que l'enquête reste crédible, elle doit intervenir assez rapidement après les événements contestés, sinon les éléments de preuve seront difficiles à établir. Les réticences des États ne permettent pas toujours de respecter cette condition (affaire du *Tubantia* : la destruction du navire est intervenue en 1916, le rapport de la commission n'a pu être établi qu'en 1922).

L'institution de l'enquête, dans sa forme originelle, est enfermée dans des limites tellement strictes qu'elles en affectent l'efficacité et l'utilité ; une fois le premier pas franchi, il n'est pas rare de voir les États accepter d'élargir sa portée. En outre, plusieurs conventions ont tenté de répondre à cette critique, en perfectionnant le mécanisme et en accroissant le domaine d'investigation et de proposition de la commission.

2° *Fondements conventionnels et pratique.* — Créée selon les caractéristiques que l'on vient de décrire par la Convention de La Haye de 1899 précitée (à partir d'une initiative du négociateur russe de Martens), la technique de la commission d'enquête a été confirmée par la Convention de La Haye de 1907, sans changement notable malgré les critiques adressées à la première expérience d'enquête internationale.

Ont été entérinées les règles de procédure, proches de celles de l'arbitrage, qu'avait mises en œuvre la commission désignée dans l'affaire du *Dogger Bank* précitée ; elle a également élargi de trois à cinq membres la composition de la commission (le nombre des membres neutres passant de un à trois).

Le champ d'application de cette procédure était restreint par l'article 9 de la Convention de 1907 aux litiges internationaux qui n'engagent « ni l'honneur, ni des intérêts essentiels ». Un assouplissement important intervient avec les Traités Knox de 1909, du nom du Secrétaire d'État américain de l'époque, entre les États-Unis, d'une part, et la France et le Royaume-Uni, d'autre part. Ces traités ne sont pas entrés en vigueur mais marquent une étape importante dans l'évolution de cette institution. Ils étaient destinés à compléter des conventions d'arbitrage de 1908 et prévoyaient, au cas où l'arbitrage était obligatoire, qu'une procédure d'enquête la précéderait obligatoirement. À cette première atteinte au caractère facultatif de l'enquête s'en ajoutait une autre : lorsque la commission conclurait à l'unanimité moins une voix que l'affaire devrait être soumise à l'arbitrage, cette conclusion s'imposerait aux États en litige. Qu'une telle conclusion ait été possible manifestait un élargissement sensible de la mission de l'organe d'enquête, qui ne s'en tenait plus à la constatation des faits.

Les traités Bryan, traités bilatéraux conclus entre les États-Unis et les États européens et américains en 1914-1915, reprennent plusieurs innovations des traités Knox. Le recours à ces commissions d'enquête est obligatoire en cas de différend. Elles peuvent examiner des points de fait et de droit, ce qui les oblige à examiner le fond des litiges. Mais l'apport le plus significatif pour l'avenir est que les parties s'engageaient à s'abstenir du recours à la force jusqu'à la fin de la procédure.

De nombreux traités conclus entre États américains ont prévu le recours à des commissions d'enquête disposant de pouvoirs étendus : Traité de Montevideo du 27 février 1915, entre le Chili et l'Uruguay ; Traité de Buenos Aires du 25 mai 1915 entre l'Argentine, le Brésil et le Chili ; Convention de Washington du 7 février 1923 entre les États-Unis, le Guatemala, le Salvador, le Honduras, le Nicaragua et le Costa Rica ; Traité de Santiago du Chili du 3 mai 1923 pour le règlement pacifique des conflits entre les États américains ; Pacte de Bogota du 30 avril 1948 ; Protocole de Buenos Aires du 27 février 1967, etc.

L'article 90 du premier Protocole additionnel de 1977 aux conventions de Genève de 1949 (droit humanitaire dans les conflits armés internationaux) prévoit la constitution d'une commission internationale d'établissement des faits.

Sa compétence doit être acceptée expressément par les États concernés, soit par une déclaration générale, soit à propos d'un litige donné. La commission est composée de membres élus par les États parties qui ont formulé cette acceptation. Lorsque son intervention est admise, la commission peut enquêter sur toute violation grave des règles humanitaires de 1949 et de 1977 et même prêter ses bons offices aux parties.

Sur la Commission internationale humanitaire d'établissement des faits, v. les études de F. Krill, *RICR* 1991, p. 204-221 ; J.A. Roach, *ibid.*, p. 178-203 ; E. Kussbach, *ICLQ* 1994, p. 174-185 ; A. Reinisch, *Nordic Jl. I.L.* 1996, p. 241-255 ; L. Condorelli, *RICR* 2001, p. 393-406 ; A. Mokhtar, *IYBIL* 2003, p. 69-94.

À la différence des enquêtes sous les auspices des organisations internationales (v. *infra*, n°s 510 s.), le bilan de l'enquête interétatique est assez mince et décevant. Les précédents connus se réduisent à quelques incidents, surtout maritimes, de médiocre importance :

— l'affaire de *Hull* ou du *Dogger Bank* (1904-1905), entre le Royaume-Uni et la Russie ;
— l'affaire des navires *Tavignano, Camouna et Gaulois* en 1912, entre la France et l'Italie ;
— l'affaire du *Tubantia* de 1916-1922, entre l'Allemagne et les Pays-Bas (Scott, *Hague Court Reports*, 1932, p. 135-145 et 210-217) ;
— l'affaire du *Red Crusader* en 1961-1962, entre le Royaume-Uni et le Danemark.

509. Conciliation internationale. — 1° *Définition, nature et portée.* — La conciliation consiste à faire examiner un différend par un organe, préconstitué ou accepté par les parties à l'occasion d'un litige, qui fera à celles-ci des propositions en vue d'un arrangement. Dérivée de l'enquête, elle est moins limitée dans sa portée. Les commissions de conciliation peuvent certes procéder à un examen des faits mais surtout elles devront étudier le litige dans tous ses aspects pour pouvoir élaborer une solution.

La conciliation repose toujours sur un accord ; ne correspondant pas à une obligation coutumière, le recours à la conciliation ne s'impose aux États qu'en vertu d'un engagement conventionnel. Il peut s'agir d'un accord de caractère préventif qui organise à l'avance la constitution et le mode de saisine de l'organe, la commission n'étant saisie que si un différend survient. Il peut également s'agir d'un accord conclu aux fins d'un différend déjà né.

En raison de ce fondement conventionnel, les solutions sont trop diversifiées pour que l'on puisse parler d'un régime unique et uniforme de la conciliation. Cependant, certaines conventions ayant servi de modèles, il est possible de dégager un « droit commun » de la compétence des commissions.

Ce droit commun trouve son expression dans l'article 15 de l'Acte général d'arbitrage de 1928 :

« La Commission de Conciliation aura pour tâche d'élucider les questions en litige, de recueillir à cette fin toutes les informations utiles, par voie d'enquête ou autrement, et de s'efforcer de concilier les Parties. Elle pourra, après examen de l'affaire, exposer aux Parties les termes de l'arrangement qui leur paraîtrait convenable et leur impartir un délai pour se prononcer ».

Par sa procédure contradictoire, analogue à celle suivie par les juridictions internationales, la conciliation se rapproche d'une véritable « instance » internationale. Ceci peut inciter les États à une certaine réserve à son égard, ce qui explique qu'une partie de la doctrine ait regretté une telle évolution.

Malgré l'étendue de ses pouvoirs et la procédure suivie, la commission de conciliation reste un organe non juridictionnel et la solution qu'elle propose ne s'impose pas aux États parties au litige. La portée intrinsèque de la conciliation est faible, en théorie. Mais, sur un plan pratique, elle n'est pas négligeable lorsque les États se sont engagés, en cas de rejet du rapport ou de la recommandation, à accepter une procédure juridictionnelle ou arbitrale. Or une telle situation est assez fréquente (v., par exemple, le chapitre III de la Convention de Strasbourg du 29 avr. 1957).

2° *Mise en œuvre.* — Ce mode de règlement a paru aux États un compromis satisfaisant si l'on en juge par le très grand nombre de traités qui contiennent un engagement d'y recourir. Mais, à considérer la faible densité de son application, on a longtemps pu craindre que la conciliation fût surtout un moyen hypocrite pour les États d'échapper à des procédures plus contraignantes. Cette crainte s'est atténuée après la Seconde Guerre mondiale et certains observateurs ont pu parler d'un « épanouissement de la conciliation ».

a) Les auteurs du Pacte de la SdN, puis les États membres de cette organisation, s'étaient refusés à répondre à une initiative de la Suisse en 1919 relayée par la Norvège et la Suède en 1920 pour que le traité constitutif contienne une référence à la procédure de conciliation. En 1922, l'Assemblée de la SdN se contenta d'inviter les États à conclure des conventions en ce sens. La pratique est donc restée interétatique pendant l'entre-deux-guerres. Mais elle a été très abondante, puisqu'on a relevé près de 200 traités bilatéraux contenant une clause de conciliation. En outre, quelques conventions multilatérales ont rapidement « banalisé » cette procédure : les traités de Locarno de 1925, l'Acte général d'arbitrage de 1928 révisé, le 25 avril 1949, par l'Assemblée générale des Nations Unies pour tenir compte du remplacement des institutions liées à la SdN.

Le mouvement ne s'est pas interrompu : la conciliation est prévue par le Pacte de Bogotá de 1948 (article 15), la Convention européenne de 1957 sur le règlement pacifique des différends (article 4 relatif aux litiges non justiciables au sens de l'article 1er). La Convention de Rome de 1950 relative à la sauvegarde des droits fondamentaux de l'individu en étend le champ d'application à des litiges entre États et particuliers dans le domaine des droits de l'homme : en vertu de l'article 28, et jusqu'à l'entrée en vigueur du Protocole n° 11, la Commission européenne était chargée de tenter une conciliation amiable avant tout recours devant la Cour européenne.

Les conventions universelles prévoient, à titre facultatif ou obligatoire, le règlement des litiges sur leur interprétation ou leur application grâce à la conciliation (voir en particulier le Pacte de 1966 relatif aux droits civils et politiques, article 42 ou la Convention de Montego Bay de 1982 sur le droit de la mer, article 284 et annexe V). La « conciliation obligatoire » connaît également un renouveau spectaculaire dans le cadre de l'OSCE depuis le début des années 1990 (v. *infra*, n° 521).

On peut considérer que la consécration du procédé de la conciliation a été apportée par la Convention de Vienne de 1969 sur le droit des traités. Son article 66 en fait la procédure de droit commun en ce qui concerne les litiges relatifs à la nullité, à l'extinction ou à la suspension de l'application des traités (il n'en va autrement que pour les litiges fondés sur l'incompatibilité d'un traité avec une norme de *jus cogens*).

b) La pratique postérieure à 1945 connaît d'importants cas d'application de ce mode de règlement :

— le règlement d'un contentieux territorial entre le Cambodge, protégé par la France, et la Thaïlande en 1947 (S. Bastid, *Mél. G. Scelle,* 1950, tome I, p. 1-20) ;

— le règlement en 1954 de deux différends entre la France et la Suisse, sur la base de la convention bilatérale du 6 avril 1925 (S. Bastid, *AFDI* 1956, p. 436-440) ;

— le règlement en 1952 d'incidents maritimes survenus à Anvers en mai 1940, qui opposaient la Belgique au Danemark (H. Rolin, *RGDIP* 1953, p. 353-371) ;

— le règlement en 1956 d'un litige sur l'application de certains impôts italiens à des ressortissants suisses (V. Breton-Jokl, *AFDI* 1957, p. 210-220) ;

— le Comité de conciliation institué par le Traité austro-allemand du 15 juin 1957, portant règlement des biens, a pu résoudre de nombreux litiges sans qu'il soit nécessaire de recourir aux modes de règlement juridictionnel prévus en cas d'échec ;

— en revanche, la Commission instituée pour examiner l'affaire du déroutement de l'avion transportant Ben Bella et ses compagnons (1956), sur la base d'une convention franco-marocaine, n'a pu fonctionner (X, *AFDI* 1958, p. 282-295) ;

— en vertu d'un accord du 28 mai 1980, une commission de conciliation a procédé à la délimitation du plateau continental entre l'Islande et l'île norvégienne de Jan Mayen (rapport du 20 mai 1981, commenté in *AFDI* 1981, p. 724), ce qui a facilité la conclusion ultérieure de l'accord d'Oslo du 22 octobre 1981 relatif à une exploitation équitable des ressources de ce plateau ;

— la procédure de conciliation a également été utilisée pour régler certains différends en matière de remboursement d'emprunts internationaux, parfois sous la dénomination d'« avis arbitraux » (voir Ch. Rousseau, *Droit international public — Les rapports conflictuels,* tome V, Sirey, 1983, p. 294).

Section 2

Règlement non juridictionnel dans le cadre des organisations internationales

BIBLIOGRAPHIE. — V. COUSSIRAT-COUSTÈRE, *La contribution des organisations internationales au contrôle des obligations conventionnelles,* Thèse Paris II, 1979, 635 p. mult. — E.-B. HAAS, « Régime Decay : Conflict Management and International Organizations », *Int. org.* 1983, p. 189-256. — C.F. AMERASINGHE, « Dispute Settlement by International Organizations », *Indian Jl. I.L.* 2003, p. 409-444.

Voir aussi la bibliographie sur la « diplomatie multilatérale » (v. *supra*, n° 399) et sur le règlement des différends économiques (v. *infra,* n°s 522 et 615).

510. Portée de l'intervention des organisations internationales. — Lorsqu'ils ont créé les premières organisations internationales politiques, les États leur ont assigné comme finalité principale le maintien de la paix, en particulier par l'apaisement et la prévention des tensions internationales. Par leur existence même, les organisations internationales devaient constituer des moyens de règlement pacifique des différends. La tendance la plus naturelle était de transposer, dans leur cadre, les modes de règlement déjà acceptés et mis en œuvre dans les rapports interétatiques.

Rapidement, il est apparu que ce faisant, on n'avait pas seulement rendu plus systématique et plus fréquent le recours aux modes de règlement pacifique traditionnels. Les particularités du fonctionnement des organisations internationales — la permanence des organes, les processus de décision majoritaires — ont infléchi la portée des procédures interétatiques : le principe du consentement préalable des parties à un différend, garantie fondamentale des souverainetés étatiques, a subi des atteintes plus ou moins sensibles ; le frein que ce principe pouvait constituer pour la mise en place des organes préconstitués a été remplacé par une manipulation des procédures internes des organisations pour créer, si besoin était, des organes *ad hoc*.

C'est la nature des procédures classiques qui a été modifiée lorsqu'il a été reconnu à certaines organisations, en particulier à l'ONU, des pouvoirs de décision en vue du maintien de la paix. Certes, il n'a pas toujours été possible de mettre en œuvre les dispositions les plus énergiques et contraignantes du Chapitre VII de la Charte. En contrepartie, la pratique des Nations Unies s'est orientée vers un retour, par des pressions pacifiques, des États perturbateurs dans la légalité internationale. À cette fin, tous les moyens et toutes les compétences prévus aux Chapitres V, VI et VII — autres que l'emploi de la coercition armée — ont été employés, faisant de l'ensemble de ces dispositions un tout indissociable. Pour d'autres organisations qui ne bénéficiaient pas de la même mission ni de pouvoirs aussi étendus, il a suffi de les doter de procédures juridictionnelles pour que leurs États membres découvrent toutes les vertus des mécanismes non juridictionnels que contenaient leurs statuts.

L'intervention des organisations internationales a aujourd'hui une portée que l'on imaginait difficilement au début du siècle, à la fois en raison des facilités qu'offre leur cadre à des négociations permanentes — pour prévenir les conflits d'intérêts et pour les apaiser —, et en raison de l'avantage que leur procurent tantôt leur relative neutralité dans les compétitions entre États, tantôt leur position d'arbitre.

Les modes de règlement pacifique propres aux organisations internationales ne trouvent pas à s'appliquer seulement aux différends interétatiques, où ils sont en concurrence avec les techniques plus traditionnelles. Ils ont un champ d'application exclusif, constitué par les litiges résultant de l'existence des organisations elles-mêmes : règlement des conflits de juridiction entre organisations universelles, ou entre organisations universelles et régionales ; règlement des conflits de compétence entre organes d'une organisation, conflits qui ne trouvent pas toujours une solution simple dans le principe hiérarchique.

L'argumentation qui précède s'applique surtout aux organisations à compétence générale, aux organisations politiques. Elle est moins adaptée aux organisations techniques, qui jouent cependant un rôle important dans le règlement pacifique des différends : ici, c'est l'interdépendance des intérêts des États membres qui est la principale justification du développement des procédures de règlement internes aux organisations ; leur intérêt à long terme, la réciprocité généralisée des avantages mutuels les incitent à privilégier des techniques multilatérales.

Organisations universelles et organisations régionales ne peuvent pas apporter les mêmes solutions techniques au problème du règlement des différends entre leurs membres. Les institutions régionales correspondent à un degré de solidarité politique qui autorise un équilibre des modes non juridictionnels et des modes juridictionnels différent de celui concevable dans une organisation universelle. Quant aux institutions « régionalisées » (Commissions économiques des Nations Unies, par exemple), elles se prêtent — par le nombre plus réduit de leurs membres que dans l'organisation-mère — au développement pragmatique de techniques de règlement plus contraignantes et plus efficaces qu'au plan universel.

§ 1. — *Organisations universelles à compétences générales*

A. — Du Pacte de la SdN à la Charte des Nations Unies : rupture et continuité

BIBLIOGRAPHIE. — A. MANDELSTAM, « La conciliation internationale d'après le Pacte et la jurisprudence du Conseil de la SdN », *RCADI* 1926-V, vol. 14, p. 337-643. — Ch. ROUSSEAU, *La compétence de la SdN dans le règlement des conflits internationaux*, Pedone, 1927, 315 p. — J. RAY, *Commentaire du Pacte de la SdN*, Sirey, 1930, 717 p. (et suppléments 1931-1935). — H. RAUCHBERG, « Les obligations juridiques des membres de la SdN pour le maintien de la paix », *RCADI* 1931-III, vol. 37, p. 87-203. — J. KUNZ, « L'article 11 du Pacte de la SdN », *RCADI* 1932-I, vol. 39, p. 683-789. — T. TREVES, « La prévention des conflits internationaux dans la déclaration adoptée en 1988 par l'AG de l'ONU », *AFDI* 1988, p. 436-453.

511. Le précédent de la Société des Nations. — Les solutions qui seront retenues par les auteurs de la Charte des Nations Unies, en vue du règlement pacifique des différends, ne pouvaient faire abstraction des leçons de l'expérience de la SdN. Il reste aujourd'hui encore nécessaire de préciser les mécanismes de l'entre-deux-guerres pour comprendre comment on a tenté d'en corriger les lacunes et les insuffisances. En effet, si la SdN a échoué dans son ambition principale, éviter des conflits armés, la responsabilité de cet échec ne tient pas — pour l'essentiel — aux techniques de règlement pacifique instituées par le Pacte.

La plupart d'entre elles étaient fondées sur des données fondamentales qui sont toujours observées : coexistence d'États souverains et juxtaposition d'États d'inégale puissance.

1° *Les grandes lignes du système du Pacte.* — Les deux principaux organes de la SdN, l'Assemblée et le Conseil, étaient également et concurremment compétents, au moins en théorie.

Bien qu'il ne se rapporte pas directement au règlement des différends, l'article 11 du Pacte a une portée suffisamment large pour être utilisé à cette fin. Il dispose, dans son paragraphe 2 : « ... Tout membre de la Société a le droit, à titre amical, d'appeler l'attention de l'Assemblée ou du Conseil sur toute circonstance de nature à affecter les relations internationales et qui menace par suite de troubler la paix ou la bonne entente entre nations, dont la paix dépend ». L'article 11 autorise à régler un différend grave, à tenter d'empêcher son aggravation et à rétablir l'ordre et la paix.

a) Le Conseil. — En matière de règlement pacifique des différends (art. 12 à 15), sa compétence est prioritaire en vertu de l'article 15 du Pacte. La grande innovation du Pacte est d'autoriser l'intervention obligatoire du Conseil à la demande d'une seule partie à un différend. Son action est cependant entravée par le fait qu'il ne peut intervenir dans les affaires « qui relèvent de la compétence exclusive des États » (voir v. *supra*, n° 286), et par le fait qu'il ne peut émettre que des recommandations.

1) Selon l'article 12, les parties au litige doivent obligatoirement choisir entre les procédés juridictionnels et le procédé politique de « l'examen du Conseil ». Le déroulement de cet examen est détaillé par l'article 15. Valablement saisi par l'une des parties, son intervention est obligatoire pour tous les conflits graves, ceux « susceptibles d'entraîner une rupture de la paix ». Cette première condition a été interprétée libéralement. Les États en cause peuvent ne pas être membres de la SdN (art. 17).

La procédure débute par une enquête réalisée par le Secrétariat. Sur la base de ce rapport, le Conseil s'efforce de régler le différend ; s'il échoue, il adopte un rapport indiquant les « solutions qu'il recommande comme les plus équitables et les mieux appropriées à l'espèce ». Le Conseil se comporte, successivement, en médiateur puis en conciliateur. Le rapport du Conseil est adopté sans tenir compte des voix des États en litige. S'il n'a jamais un caractère obligatoire, son adoption n'est pourtant pas sans effet juridique. Voté à la majorité, il impose un « moratoire de guerre » : pendant trois mois après son adoption, les parties au litige ne peuvent entreprendre d'actions armées. Voté à l'unanimité, il interdit aux États d'entrer en conflit armé avec les États qui l'ont accepté.

2) Une fois saisi au titre de l'article 11, ce qui est légitime puisqu'un différend grave répond aux conditions posées par cet article, le Conseil est autorisé à prendre toute mesure appropriée qui n'est pas incompatible avec le Pacte. Toute la gamme des moyens classiques peut être mise en œuvre par le Conseil : enquête, bons offices, médiation, conciliation. La grande faiblesse de cette procédure tient aux règles de la prise de décision : s'appliquent ici l'article 5, qui prévoit le vote à l'unanimité, et l'article 4, § 5, qui autorise un État en litige non membre du Conseil à y avoir une représentation *ad hoc* « lorsqu'une question qui l'intéresse particulièrement est portée devant le Conseil ». Le risque de blocage est très grand.

b) L'Assemblée. — Conformément aux articles 11 et 15, l'Assemblée peut être saisie par un État dans les quinze jours qui suivent la saisine du Conseil, ou par le Conseil lui-même.

Ce sont les mêmes règles de procédure qui s'appliquent à l'Assemblée et au Conseil. Cependant, pour que les États ne puissent entrer en guerre, il suffit ici que le rapport de l'Assemblée ait été approuvé à l'unanimité des États membres représentés au Conseil et à la majorité des autres membres de la SdN (art. 15, § 10).

2° *La pratique.* — Malgré des échecs majeurs, dont certains se sont produits dans des situations qui, politiquement et juridiquement, ne se prêtaient pas à un règlement pacifique, le bilan de la SdN n'est pas entièrement négatif.

L'incident frontalier de *Demir Kapou,* entre la Grèce et la Bulgarie, peut être cité au titre d'une mise en œuvre réussie de l'article 11 par le Conseil : saisi le 22 octobre 1925, le Conseil obtenait immédiatement le retour au calme, puis procédait à une enquête, envoyait sur place un groupe d'observateurs militaires et réglait le différend au fond dès le 14 décembre. On notera ici l'emploi de plusieurs techniques utilisées par les Nations Unies de nos jours, dans des circonstances semblables.

La procédure de l'article 15 a été plus fréquemment employée par le Conseil :

— affaire sino-japonaise (29 janvier 1932) ;

— affaire du *Leticia* entre la Colombie et le Pérou (saisine en janvier 1933 ; rapport accepté par les parties le 23 juin 1933) ;

— affaire du *Gran Chaco* entre la Bolivie et le Paraguay (31 mai 1934) ;

— affaire italo-éthiopienne (saisine en mars 1935, nomination d'une commission d'enquête, rapport du 7 octobre 1935, décision de sanction contre l'Italie pour non-respect de l'article 15, § 6, en application de l'article 16 du Pacte).

De son côté, l'Assemblée est intervenue sur la base de l'article 15 dans deux circonstances :

— affaire sino-japonaise : saisie par la Chine, l'Assemblée a désigné une commission d'étude et d'enquête, dite Commission Lytton ; sur la base de ses observations, elle a voté le 24 février 1933 un rapport ;

— affaire du *Gran Chaco* : l'Assemblée a désigné un comité consultatif qui a agi comme une commission de conciliation et dont le rapport a été approuvé à l'unanimité par l'Assemblée le 24 novembre 1934 ; ce rapport a été accepté par la Bolivie et rejeté par le Paraguay.

512. Répartition des compétences au sein des Nations Unies. — 1° *Au point de vue organique*, la Charte maintient la double intervention obligatoire de l'organe plénier — l'Assemblée générale — et de l'organe restreint — le Conseil de sécurité.

Il était difficile de renoncer à un compromis logique et ingénieux qui permet d'associer effectivement au règlement des différends tous les États membres, quels que soient leur poids politique et leur dimension. Cependant, au lieu de les placer sur un pied d'apparente égalité comme le faisait le Pacte de la SdN, la Charte consacre et organise la primauté de l'organe restreint.

La recherche de l'efficacité n'est pas la seule raison de cette primauté. Les auteurs de la Charte ont souhaité institutionnaliser la prépondérance des grandes puissances : ils partageaient la conviction générale qu'une des causes essentielles de l'échec de la SdN tenait au refus d'attribuer aux grands États des responsabilités à la mesure de leur puissance relative. En revanche, c'est le seul souci de l'efficacité qui explique que des compétences particulières, ignorées du Pacte, aient été conférées par la Charte au Secrétaire général des Nations Unies, organe individuel et indépendant des gouvernements. Dans la pratique, le blocage fréquent des organes délibérants a accentué la portée de cette attribution de compétences.

En 1988 encore, on relève la même insistance sur ces deux organes dans la déclaration sur la prévention des conflits internationaux (résolution AG 43/51 du 5 déc.), que l'on peut analyser autant comme une « codification » de la pratique que comme un code de bonne conduite.

2° *Au point de vue matériel*, la même question se pose en 1945 qu'en 1919 : tous les conflits sont-ils susceptibles d'être portés devant les organes internationaux en vue de leur règlement pacifique ? Dans l'ensemble, la Charte confirme les solutions du Pacte.

a) L'Assemblée et le Conseil sont habilités à examiner aussi bien des *différends* que des *situations*. La Charte s'est abstenue de définir ces notions, ce qui a ouvert la voie à des divergences d'appréciation dont l'incidence peut être fâcheuse.

En doctrine, on entend généralement par différend « une contestation dans laquelle on ne peut pas faire abstraction de l'individualité des parties en cause » (critère subjectif). Par contre la situation est une notion objective, en tant que « circonstance » détachable du comportement des États qui y sont impliqués et susceptible d'être envisagée indépendamment de ce comportement.

La distinction entre différend et situation est consacrée par de nombreuses dispositions de la Charte (voir les articles 1, § 1, 11, § 3, 12, § 1, 34, 35, § 1, 99, etc.), qui en tire des conséquences en matière de saisine des organes, d'étendue de leurs compétences, de processus de décision. On peut le regretter dans la mesure où cette solution complique l'action des organes dans des circonstances où il est souvent difficile d'opposer nettement les deux phénomènes : si une situation ne crée pas nécessairement un différend, tout différend est de nature à créer une situation dangereuse pour la paix. Progressivement, les Nations Unies se sont employées à élargir les possibilités d'intervention préventive (cf. la résol. 43/51 préc.).

Dans un rapport au Conseil de sécurité en date du 30 juin 1992, intitulé *Agenda pour la paix* et appelé à un certain retentissement, B. Boutros-Ghali a présenté un ensemble complexe de mesures destinées à renforcer la capacité de l'Organisation dans le domaine de la « diplomatie préventive » et du maintien et du rétablissement de la paix ; il y préconisait notamment le renforcement du système d'alerte rapide et le développement préventif des opérations des Nations Unies, y compris en cas de crise nationale (doc. A/47/277 ou S/24 1111). Cette approche a été poursuivie par K. Annan dans un rapport de 2001 sur la prévention des conflits armés dans lequel il s'est proposé de présenter périodiquement des rapports sur les situations qui peuvent donner lieu à des menaces contre la paix et la sécurité internationales (A/55/985-S/2001/574 et Corr.1). Cette proposition a été accueillie favorablement par le Conseil (résol. 1366 (2001), 30 août 2001, § 5).

Le rôle important de la diplomatie préventive dans la perspective du règlement pacifique des différends a été souligné par les résolutions de l'Assemblée générale 47/120 A du 18 déc. 1992 (v. Ch. Schricke, *AFDI* 1992, p. 11-31), 51/242 du 15 sept. 1997 et 57/26 du 19 nov. 2002. L'importance de la prévention a été également soulignée par la Déclaration du Millénaire (résol. 55/2, 8 sept. 2000) et la résolution du Conseil de sécurité 1318 (2000) du 7 sept. 2000. Dans son rapport sur la « Prévention des conflits armés », le secrétaire général a souligné que les Nations Unies doivent passer d'une culture de réaction à une culture de prévention (A/55/985-S/2001/574, 7 juin 2001, § 169).

b) En principe, sont de la compétence de l'ONU seulement les différends *graves*, c'est-à-dire ceux « dont la prolongation est susceptible de menacer le maintien de la paix et de la sécurité internationales » (art. 33 de la Charte). Cette condition n'est pas entendue strictement.

S'il est sage de ne pas encombrer l'ordre du jour des organes principaux de conflits mineurs, sans incidence directe sur les États tiers, il serait tout aussi inopportun de limiter les occasions qui s'offrent à l'Organisation d'exercer sa mission d'apaisement des différends internationaux ou de saisir le prétexte d'incidents mineurs pour appeler les États au respect de certains principes fondamentaux (voir, par exemple, l'examen par le Conseil de sécurité de l'affaire *Eichmann* entre l'Argentine et Israël en 1961).

c) Une autre condition de recevabilité est tout aussi traditionnelle mais a été formulée en termes plus larges que dans le Pacte : le différend doit être « international », ce qui signifie qu'il ne doit pas porter sur une question qui relève de la « compétence exclusive » de chaque État (sur la controverse relative à ce critère, v. *supra*, n° 287).

d) Le différend susceptible d'être porté devant l'ONU n'oppose pas nécessairement des États membres (v. *infra*, n° 515). La Charte, à la suite du Pacte, s'efforce au contraire de faciliter l'accès des États non membres aux organes de règlement de l'Organisation, tant il est évident que la paix est indivisible.

513. Exercice des compétences. — 1° *Les fonctions des organes compétents* de l'ONU sont identiques à celles des organes de la SdN. Les uns comme les autres exercent leur mission par voie d'enquête, de médiation et de conciliation.

Par sa résolution 46/59 du 9 décembre 1991, l'Assemblée générale a adopté une « Déclaration concernant les activités d'établissement des faits de l'ONU en vue du maintien de la paix et de la sécurité internationales », qui encourage les organes des Nations Unies à recourir plus largement à des enquêtes menées par des « missions d'établissement des faits ». Conformément à la recommandation formulée par l'Assemblée générale dans sa résolution 47/120A du 18 déc. 1992, le Secrétaire général a établi une liste de personnalités qualifiées qu'il peut utiliser notamment pour des missions d'établissement des faits.

2° *Les pouvoirs* des organes sont identiques dans le Pacte et dans la Charte, aussi longtemps qu'il s'agit de règlement pacifique des différends. Les organes ne peuvent adopter que des recommandations, actes juridiques sans effet obligatoire pour les parties à un conflit.

En revanche, si le différend est suffisamment grave pour être jugé une menace pour la paix ou pour constituer une rupture de la paix, la mission de certains organes s'élargit. À cet égard, les solutions du Pacte et de la Charte diffèrent : le Conseil de la SdN ne pouvait agir que par voie de recommandations pour rétablir ou maintenir la paix ; le Conseil de sécurité pourra adopter des décisions, actes obligatoires (voir v. *infra*, n°s 585 s.).

3° Une dernière différence est à signaler entre les deux systèmes, qui porte sur le *processus de décision*. Le Pacte consacrait le principe du vote à l'unanimité. Parce qu'on lui attribuait une part de responsabilité dans l'échec de la SdN, les auteurs de la Charte ont recherché un mécanisme plus complexe et plus souple. La règle majoritaire s'impose au sein de l'Assemblée générale (majorité des deux tiers, en la matière) ; au Conseil de sécurité, une majorité également renforcée (9 voix sur 15) doit être conjuguée avec l'unanimité des membres permanents (sur le droit de veto, v. *supra*, n° 404).

La résolution 37/10 de l'Assemblée générale, précitée, confirme dans le point II de la Déclaration de Manille les solutions acquises après trente ans de pratique de la Charte, et invite les États membres à faire un usage systématique des facilités offertes par l'ONU. Cet appel a été réitéré par la résolution 57/26 du 19 novembre 2002.

B. — Mise en œuvre des procédures de règlement par les organes des Nations Unies

BIBLIOGRAPHIE. — H. KELSEN, *The Law of the United Nations,* Stevens, Londres, 1951, XVIII-999 p. et suppl. — P. BRUGIÈRE, *Les pouvoirs de l'Assemblée générale des Nations Unies en matière politique et de sécurité*, Pedone, 1955, XII-432 p. — E. JIMENEZ DE ARECHAGA, « Le traitement des différends internationaux par le Conseil de sécurité », *RCADI* 1954-I, vol. 85, p. 5-105. — F.-A. VALLAT, « The Competence of the United Nations General Assembly », *RCADI* 1959-II, vol. 97, p. 203-292. — R. HIGGINS, « The Place of International Law in the Settlement of Disputes by the Security Council », *AJIL* 1970, p. 1-18. — M.-C. SMOUTS, *Le Secrétaire général des Nations Unies*, Armand Colin.-FNSP, 1971, 299 p. — M. VIRALLY, « Le rôle des organisations internationales dans l'atténuation et le règlement des crises internationales », *Pol. Etr.* 1976, p. 529-562. — E.-A. GROSS, « International Organization and Collective Security : Changing Values and Priorities », *RCADI* 1973-I, vol. 138, p. 413-454. — D. CIOBANU, *Preliminary Objections Related to the Jurisdiction of the United Nations Political Organs*, Nijhoff, La Haye, 1975, 230 p. — A.-N. PAPADOPOULOS, « The Maintenance of International Peace and the United Nations : a Legal Analysis », *Int. Rel.* 1975, p. 800-824. — P. TAVERNIER, « L'abstention des États parties à un différend : l'article 27 § 3 *in fine* de la Charte. Examen de la pratique », *AFDI* 1976, p. 283-289. — G. FISCHER et D. VIGNES dir., *L'inspection internationale,* Bruylant, Bruxelles, 1976, 520 p. — K. VENKATARAMAN ed., *Dispute Settlement Through the United Nations*, UNITAR, 1977, 750 p. — T. M. FRANCK, « The Secretary General's Role in Conflict Resolution : Past, Present and Pure Conjecture », *JEDI* 1995, p. 360-387. — C. PALLEY, *An International Relations Debacle – The UN Secretary-General's Mission of Good Offices in Cyprus 1999-2004*, Hart., Oxford, 2005, XIII-592 p. — Voir aussi les commentaires de L. NEMER CALDEIRA BRANT (art. 12, § 1), R. MAISON (art. 14), H. ASCENCIO (art. 33), S. BOUIFFROR (art. 34), R. DAOUDI (art. 35), D. MOMTAZ (art. 36) et M.-F. LABOUZ (art. 37 et 38), *in* J.-P. COT, A. PELLET et M. FORTEAU dir., *La Charte des Nations Unies. Commentaire article par article*, 3e éd., Economica, 2005, p. 683-690, 745-752 et 1047-1126 et la bibliographie (p. 1127-1130).

Voir également les bibliographies sur les nos 374 et 586.

I. *LE CONSEIL DE SÉCURITÉ*

514. Prééminence du Conseil de sécurité. — Elle est justifiée par l'article 24, § 1, de la Charte en ces termes :

« Afin d'assurer l'action rapide et efficace de l'Organisation, ses membres confèrent au Conseil de sécurité la responsabilité principale du maintien de la paix et de la sécurité internationales et reconnaissent qu'en s'acquittant des devoirs que lui impose cette responsabilité, le Conseil de sécurité agit en leur nom ».

Bien que ce texte vise le maintien de la paix et non le règlement des différends, on peut considérer, au vu de la pratique, que ces deux missions sont trop interdépendantes pour ne pas autoriser une interprétation large du champ d'application de l'article 24.

D'autres dispositions de la Charte précisent les moyens et modalités de cette primauté, garantie notamment par l'absence de subordination hiérarchique du Conseil à l'Assemblée générale (voir v. *supra*, no 512 et *infra*, no 517) et par l'application en la matière des limitations à la compétence de l'Assemblée en vertu des articles 11 et 12 (art. 35, § 3). Dans la mesure où ces dispositions concernent le maintien de la paix, elles peuvent également jouer en matière de règlement pacifique ; car le Conseil de sécurité ne dissocie pas ses pouvoirs au titre de l'une et de l'autre compétences — au point d'éviter de faire référence dans ses résolutions aux différents chapitres qui concernent ces deux compétences théoriquement distinctes, le chapitre VI pour le règlement pacifique et le chapitre VII pour le maintien de la paix.

515. Saisine du Conseil. — 1° Le *droit de saisine* est très libéralement attribué par la Charte, en vue d'éviter des procédés dilatoires.

a) Tout État membre, partie ou non à un différend, impliqué ou non dans une « situation », peut « attirer l'attention » du Conseil sur ce différend ou cette situation (article 35, § 1). La compétence du Conseil ayant son fondement dans la Charte, elle s'impose à tous les États membres, y compris les parties au différend : une saisine unilatérale par une partie est toujours possible. L'absence d'accord préalable des parties donne à l'action du Conseil le caractère d'une intervention *d'office* (voir aussi, comme hypothèses d'action d'office, les articles 33, § 2, 34 et 36).

La saisine n'étant pas une obligation pour les parties, le droit des États tiers de prendre cette initiative — véritable *actio popularis* — trouve toute sa signification.

Bien que la modalité la plus fréquente soit la saisine par une partie, il ne manque pas d'exemples de saisine par des tiers : l'Inde et l'Australie ont été à l'origine de l'examen par le Conseil du conflit entre l'Indonésie et les Pays-Bas en 1947 ; en 1979, le Conseil de sécurité s'est réuni à la demande des États-Unis, de la Norvège, du Portugal et du Royaume-Uni dans l'affaire du Cambodge et du litige Chine-Vietnam ; en 1980, à la demande du Mexique et de la Norvège à propos du conflit entre l'Iran et l'Irak ; en 1984, de la France et du Koweït à propos du Liban, puis, en 1985, de l'Égypte et à la demande des pays non alignés pour la Namibie ; en 1989, sur la demande du Nicaragua, le Conseil a été saisi à propos de l'intervention américaine au Panama, en1991, à la demande de l'Australie, du Canada et de la Hongrie pour la situation en ex-Yougoslavie, puis à la demande de la Côte d'ivoire pour la situation au Liberia ; en 1992, à l'initiative du Kirghistan pour la situation en Tadjikistan ; en 1994, le Conseil a été saisi de la situation au Yémen par les États voisins.

La Charte réglemente deux autres formes d'initiative émanant des parties. La première s'écarte de l'idée de saisine facultative, qui constitue le droit commun. Si les parties n'ont pas réussi à régler leur différend par le recours aux moyens énoncés à l'article 33, elles sont dans l'obligation de soumettre ce différend au Conseil (art. 37). La seconde consiste dans la saisine du Conseil « si toutes les parties à un différend le lui demandent » (art. 38, qui ne s'applique pas aux « situations »).

La rédaction défectueuse de l'article 37 pourrait laisser croire que le Conseil doit être saisi par une initiative conjointe des parties ; en réalité, leur consentement n'est exigé que si, ensemble, elles souhaitent mettre en œuvre l'article 38. En 1948, dans le conflit entre l'Inde et le Pakistan, il a été admis que la condition posée par l'article 38 était vérifiée lorsque le Conseil était saisi en vertu de deux demandes séparées en application de l'article 35, § 1. L'article 38 est très rarement invoqué.

b) Un État *non membre* de l'ONU peut également saisir le Conseil, mais dans des conditions plus strictes : il doit s'agir d'un différend, l'État doit être partie à ce différend et il doit accepter préalablement les obligations de règlement pacifique prévues par la Charte (art. 35, § 2).

À la différence de ce que prévoyait l'article 17, § 1, du Pacte, l'État non membre bénéficie *de droit*, dans la suite de la procédure, d'une situation identique à celle d'un État membre (voir la convocation du Conseil en février 1988 à la demande de la Corée du Sud, affaire de la destruction d'un aéronef).

c) Le droit de saisine reconnu à *certains organes* de l'ONU permet de suppléer à l'éventuelle carence des États. En vertu de l'article 11, § 3, l'Assemblée générale peut ainsi attirer l'attention du Conseil sur une « situation » (v. *infra*, n° 517 et 519). L'innovation la plus intéressante réside dans l'article 99 qui autorise le Secrétaire général à saisir le Conseil d'une « affaire », ce qui recouvre à la fois l'idée de différend et de situation (v. *supra*, n° 408 et *infra*, n° 519).

2° *Effet de la saisine.* — Une fois saisi, le Conseil reste libre d'accepter ou de refuser l'examen du différend ou de la situation. Un premier débat aura lieu sur *l'inscription de la question à l'ordre du jour du Conseil*, ce qui implique seulement que le Conseil accepte d'ouvrir une discussion. On n'y voit donc qu'une question de procédure, susceptible d'un vote majoritaire sans droit de *veto* des membres permanents.

L'ouverture de la discussion ne préjuge ni la recevabilité de l'initiative, ni *a fortiori* une solution au fond. Pourtant les États n'hésitent pas à argumenter contre l'inscription d'une affaire à l'ordre du jour. C'est que ce premier pas peut avoir un certain retentissement politique. Désormais, l'affaire sera soustraite au secret des négociations diplomatiques et fera l'objet de débats publics. Toutefois, surtout depuis le début des années 1990, il est d'usage courant que ceux-ci soient préparés par des concertations poussées entre les cinq membres permanents.

516. Modalités d'intervention du Conseil de sécurité. — Le Conseil peut faire appel à l'ensemble des moyens *non juridictionnels* de règlement pacifique des différends offerts par le droit international général. En principe, il procède par voie de recommandations, mais il semble désormais acquis qu'il est en droit d'imposer aux parties le recours à un mode de règlement par une décision : dans l'avis consultatif du 21 juin 1971, la CIJ a considéré que le libellé de l'article 25 de la Charte n'interdisait pas de reconnaître valeur décisoire à des résolutions du Conseil de sécurité qui ne s'inscrivaient pas dans le cadre du chapitre VII de la Charte (affaire de la *Namibie, Rec.* p. 53).

1° *Exercice direct de ses pouvoirs de règlement des différends.* — Quand il examine une affaire, le Conseil est d'abord en droit d'ouvrir et de faire procéder sous son autorité à une enquête.

Même sans habilitation spéciale, le Conseil peut toujours décider de connaître la matérialité des faits (enquête *ordinaire* : par exemple, en 1977, à propos d'une attaque par des mercenaires au Bénin ; en 1981, à propos d'une attaque de l'aéroport des Seychelles ; ou encore en 1993 sur la situation en Bosnie-Herzégovine (résol. 819 [1993]). Le Conseil charge des sous-commissions, des sous-comités, des missions spéciales, des équipes d'observateurs ou certains de ses membres de mettre en œuvre les pouvoirs d'enquêtes. La résolution AG 43/51 précitée l'invite même à créer des commissions d'enquête ou de bons offices au titre de la prévention des conflits (v. *supra*, n° 512).

Le Conseil peut aller plus loin, sur la base de l'article 34, et procéder à une enquête *spéciale* : il cherche alors à déterminer si la prolongation d'un différend ou d'une situation « semble devoir menacer le maintien de la paix et de la sécurité internationales » (v. notamment les comités et les groupes d'experts chargés de l'investigation des faits concernant la Somalie [résol. 751 (1992), 24 avr. 1992, 1425 (2002), 22 juill. 2002, 1474 (2003), 8 avr. 2003 et 1519 (2003), 16 déc. 2003], l'Afghanistan [résol. 1267 (1999), 15 oct. 1999 et 1333 (2000), 19 déc. 2000] ou la Côte-d'Ivoire [résol. 1572 (2004), 15 nov. 2004 et 1584 (2005), 1er févr. 2005). L'objet de l'enquête est plus ambitieux, puisqu'elle aboutit à des conclusions de fond relatives à la qualification juridique des faits ; ces conclusions peuvent constituer la première étape vers une prise de positions sur le maintien de la paix (v. *infra*, n° 587).

Lorsqu'il est saisi en vertu des articles 37 et 38, le Conseil peut recommander les termes d'un règlement. Ce faisant, il exerce la fonction de médiateur ou de conciliateur.

On a parfois soutenu que le Conseil pouvait jouer le rôle d'un arbitre. On ne peut admettre cette analyse que si le Conseil adopte une décision obligatoire pour les parties au différend. Une telle éventualité n'est peut-être pas interdite par la lettre du Chapitre VI, mais elle ne s'est encore jamais vérifiée.

En règle générale, il n'agit pas par lui-même, car sa structure ne s'y prête pas, mais par l'intermédiaire d'une commission intergouvernementale ou de personnalités dont il avalise les résultats.

Exemples : commission de médiation dans l'affaire du *Cachemire* (1948), de conciliation dans l'affaire du *Congo* (1960) ; une personnalité dans les affaires de *Palestine* (1948) et de *Chypre* (1964), plusieurs dans la question de *l'apartheid* (1963) ; assez fréquemment, le Conseil invite le Secrétaire général à exercer une mission de bons offices et de médiation ou lui confie cette tâche (par exemple, mission de bons offices à Chypre, en 1975 ; résolution 505 (1982) dans l'affaire des Falklands ; résol. 674 (1990) du 29 octobre 1990 après l'invasion du Koweït par l'Irak ; v. *infra*, n° 519) ; dans la même affaire, le Secrétaire général a, sur le fondement de la résolution 687 (1991) du Conseil de sécurité, créé une Commission de démarcation de la frontière entre les deux États, composée de deux membres nommés par eux et de trois experts indépendants ; la Commission a remis son rapport, obligatoire pour les parties en vertu de la résolution 687 (elle-même adoptée dans le cadre du chapitre VII), le 20 mai 1993 (v. texte *in RGDIP* 1993, p. 827 et le commentaire de J.-P. Quéneudec, *ibid.*, p. 767-775). Depuis les années 1990, le Conseil se contente cependant souvent de soutenir des initiatives régionales et d'approuver des solutions élaborées hors de son enceinte, souvent par une résolution fondée sur le Chapitre VII (v. p.ex. sur la Bosnie-Herzégovine, résol. 1022 [1995], 22 nov. 1995 ; sur le Kosovo, résol. 1244 [1999], 10 juin 1999 ; sur la Côte d'ivoire, résol. 1464 [2003], 4 fév. 2003 ; et la résol. 1515 [2003], 19 nov. 2003, approuvant le plan de paix au Proche-Orient [« feuille de route »]).

2° *Invitation adressée aux parties de recourir à un mode de règlement déterminé*

a) Dans deux cas d'intervention d'office, le Conseil peut faire des recommandations relatives aux moyens de règlement pacifique d'un litige. D'après l'article 33, § 2, s'il le juge nécessaire, il invite les parties à choisir parmi les moyens traditionnels de règlement, énoncés dans le paragraphe 1 : par exemple, dans l'affaire *indonésienne*, il a poussé les Pays-Bas et l'Indonésie à accepter une mission de bons offices. L'article 36, § 1, lui permet d'être plus précis et de recommander telle procédure ou « méthode d'ajustement » qu'il estime appropriée : dans l'affaire du *Détroit de Corfou*, sa résolution du 9 avril 1947 recommandait au Royaume-Uni et à l'Albanie de porter leur différend devant la CIJ.

b) Le Conseil de sécurité peut également inviter les parties au différend à recourir aux bons offices d'un autre organe, en particulier ceux du Secrétaire général des Nations Unies (v. *infra*, n° 519), ou aux procédures offertes par d'autres organisations internationales (v. *infra*, n° 520).

c) De plus en plus, le Conseil de sécurité a tendance à créer des *organes subsidiaires* qui lui sont directement subordonnés et dont la mission est de l'assister dans sa tâche. Dans la plupart des cas, ce sont des organes *ad hoc*. Leur composition (organe individuel ou collégial, composé de représentants d'États, de personnalités indépendantes, d'experts ou même de juges) et leurs compétences sont déterminées librement par le Conseil — dans les limites de ses propres pouvoirs —, en fonction des circonstances et des exigences spécifiques de chaque affaire (v. *infra,* n° 587).

Par une résolution du 27 juillet 1978, le Conseil de sécurité a chargé le Secrétaire général de nommer un représentant spécial pour la Namibie qui aurait mission de faire procéder à des élections libres en vue de l'accession à l'indépendance ; en septembre de la même année, aux mêmes fins, il a créé un Groupe d'assistance des Nations Unies pour une période de transition (GANUPT, résol. C.S. 435 [1988]). De même, désignation d'un représentant spécial pour le Sahara occidental (résol. C.S. 621 [1988] puis création d'une Mission des Nations Unies pour l'organisation d'un référendum au Sahara occidental (MINURSO — résol. 690 [1991]), de divers organismes de contrôle pour le rétablissement de la sécurité internationale en Amérique centrale (résol. C.S. 637 [1989] et ses suites), d'un représentant au Cambodge (résol. 718 [1991]), en Angola (résol. 747 [1992]), en Somalie (résol. 751 [1992]), au Mozambique [1992]), au Liberia (résol. 813 [1993]), à Haïti (1993), en Géorgie (1993), au Rwanda (résol. 929 [1994]), au Tadjikistan (1994), au Burundi (déclaration du Président du 5 janvier 1996), en Sierra Leone (1997), au Kosovo (1999), en Afghanistan (2000), en Côte d'Ivoire (résol. 1464 [2003]), au Liberia (résol. 1509 [2003]) en Haïti (résol. 1542 [2004]), au Timor (résol. 1543 [2004], 1573 [2004] et 1599 [2005]), au Soudan (résol. 1547 [2004]). Dans certaines circonstances, ces initiatives peuvent déboucher sur des opérations de plus grande ampleur — v. par exemple la résolution C.S. 740 (1992) du 7 février 1992 à propos de la Yougoslavie —, parfois difficiles à distinguer des opérations de maintien de la paix (v. *infra*, n°s 587 et 592).

Bien que sa compétence pour créer ces organes soit fixée par une disposition, l'article 29 de la Charte, qui appartient à une section du chapitre V intitulée « Procédure », on admet qu'il s'agit en général d'une question de fond, soumise pour cette raison au veto des membres permanents du Conseil.

Comme exemples de commissions chargées d'une enquête au titre de l'article 34, dont la création est une décision soumise au veto, on peut citer la commission sur les incidents survenus à la frontière grecque (résol. 15 [1946]) ; d'autres organismes chargés de l'enquête ordinaire, telle la sous-commission sur les incidents survenus dans le détroit de Corfou (résol. 19 [1947]) ou le sous-comité chargé d'examiner les déclarations concernant Laos (résol. 132 [1959]), ont été créés par un simple vote de procédure sans veto.

II. *L'ASSEMBLÉE GÉNÉRALE*

517. Fluctuations des compétences de l'Assemblée. — Comme organe plénier, l'Assemblée est davantage un forum, une tribune politique, qu'une instance de règlement. On aurait pu craindre qu'elle ne présente pas la neutralité nécessaire à l'exercice d'une fonction de règlement pacifique. Mais le reproche pourrait être adressé à tous les organes politiques et n'est pas pertinent lorsqu'il s'agit d'éviter qu'un différend ne devienne une menace pour la paix. Son intervention a été jugée utile parce qu'elle garantit une égalité entre États que n'assure pas la procédure de vote au Conseil de sécurité, et parce qu'elle peut prendre position à la majorité.

La Charte lui reconnaît des compétences concurrentes de celles du Conseil. La pratique a montré la nécessité de contourner certaines limitations initiales. Mais les grandes puissances restent très attentives à toute tentative de remise en cause indirecte des compétences propres du Conseil.

1° *Compétences de l'Assemblée d'après la Charte.* — L'article 10 de la Charte lui attribue une compétence tout à fait générale :

« L'Assemblée générale peut discuter toutes questions ou affaires rentrant dans le cadre de la présente Charte ou se rapportant aux pouvoirs et fonctions de l'un quelconque des organes prévus par la présente Charte... » et « formuler sur ces questions ou affaires des recommandations aux membres de l'Organisation des Nations Unies, au Conseil de sécurité, ou aux membres de l'Organisation et au Conseil de sécurité ».

Les articles 11, 12 et 14 définissent plusieurs hypothèses qui intéressent le règlement des différends.

L'Assemblée peut discuter et faire des recommandations sur toutes « questions » intéressant le maintien de la paix (art. 11, § 2) ; sa compétence est confirmée par l'article 35. Sa saisine est relativement aisée puisqu'elle peut être le fait d'un État membre, d'un État non membre ou du Conseil de sécurité. Elle peut attirer l'attention du Conseil de sécurité sur les situations dangereuses pour la paix (art. 11, § 3). Elle peut enfin — et surtout — recommander les « mesures propres à assurer l'ajustement pacifique de toute situation » (art. 14).

Afin de remédier aux inconvénients d'un parallélisme absolu des compétences de l'Assemblée et du Conseil à l'égard des différends les plus graves, et comme garantie de la prépondérance de ce dernier, la Charte impose deux limitations à l'Assemblée.

Selon l'article 12, l'Assemblée générale n'a pas le droit de faire de recommandations sur les « affaires » — différends ou situations, y compris celles discutées au titre de l'article 14 — qu'examine le Conseil de sécurité. Tout au plus est-elle en droit d'en « discuter » ; cette « réserve à la réserve » peut paraître dérisoire : de quelle utilité est un débat qui ne peut déboucher sur l'adoption d'une recommandation ? En fait, la conclusion du débat peut n'être que reportée : en effet, l'Assemblée est en mesure de faire des recommandations lorsque le

Conseil lui demande expressément de prendre position, ou lorsqu'il a éliminé l'affaire de son ordre du jour.

En second lieu, chaque fois que l'examen d'une affaire appelle une action coercitive régie par le Chapitre VII de la Charte, l'Assemblée générale doit le renvoyer au Conseil soit avant, soit après la discussion (art. 11, § 2 *in fine*). Le monopole du Conseil en matière coercitive implique, en principe, l'incompétence de l'Assemblée pour recommander une telle « action ».

2° La pratique, marquée par des avancées et des reculs de la compétence de l'Assemblée, est moins restrictive que ne laisse entendre le texte de la Charte. Face à la menace permanente de blocage de l'activité du Conseil par le veto de ses membres permanents, l'Assemblée a rapidement recherché les moyens de pallier l'inefficacité de la procédure prévue par la Charte.

Sa résolution 111 (II) du 13 novembre 1947 est la première tentative en ce sens. Fondée sur l'article 22 de la Charte, relatif à la création des organes subsidiaires, elle établit une « Commission intérimaire » de l'Assemblée, parfois qualifiée de « petite Assemblée » parce que tous les États membres pouvaient y désigner un représentant. Cette résolution répondait à une suggestion des États-Unis : mettre en place un organe qui seconderait l'Assemblée dans l'intervalle entre deux sessions. Le but recherché était de permettre aux États intéressés de saisir sans retard l'Assemblée en cas d'impuissance du Conseil. Cette initiative s'est heurtée à l'hostilité de l'URSS et n'a jamais rendu les services attendus. La Commission a fini par s'ajourner *sine die* en 1952.

Il faut attendre la fameuse résolution 377 (V) du 3 novembre 1950, « Union pour le maintien de la paix » mais dénommée souvent « résolution Dean Acheson » du nom de son instigateur, le Secrétaire d'État américain de l'époque, pour que le dépassement de la lettre et de l'esprit de la Charte soit réalisé. Bien que sa « constitutionnalité » soit restée très contestée (v. *infra*, n° 589), il existe une pratique suffisante pour que l'on puisse y voir le fondement de certaines initiatives de l'Assemblée en matière de règlement des différends. Certes, en principe, pour que la résolution soit mise en œuvre il faut pour le moins une menace contre la paix. Mais l'Assemblée s'autorise à en faire usage sans nécessairement qualifier la situation qu'elle dénonce ; évitant de désigner nommément les États concernés, elle se contente de recommander des mesures politiques tout à fait compatibles avec l'idée de règlement pacifique des différends.

Cet emploi, *a priori* un peu surprenant, de la résolution Acheson a pu être observé dans les affaires de l'intervention militaire en Égypte (1956), de Hongrie (1956), du Liban (1958), du conflit indo-pakistanais de 1971, et de nouveau à propos de la Jordanie (1980), de l'Afghanistan (1980) et de la Namibie (1981) ou de la Bosnie-Herzégovine (1992).

D'autre part, l'Assemblée n'a jamais jusqu'ici recommandé l'emploi de mesures collectives semblables à celles énumérées à l'article 41 de la Charte en matière de maintien de la paix. La concurrence avec le Conseil reste inscrite dans le cadre des moyens de règlement pacifique.

518. Modalités d'exercice des compétences de l'Assemblée générale. — Comme le Conseil de sécurité, l'Assemblée générale peut faire appel à toute la gamme des techniques de règlement pacifique des différends. Mais elle souffre d'un handicap très marqué, sa composition : le nombre élevé des États membres, le très large éventail de leur puissance réelle, la dépendance de beaucoup d'entre eux vis-à-vis des grandes puissances, les divergences d'intérêts interdisent à cet organe de mettre directement en œuvre certains modes de règlement telles la conciliation et la médiation. Aussi l'Assemblée préfère-t-elle soit demander au Conseil de sécurité de recommander l'emploi des moyens pacifiques de règlement ou de les mettre en œuvre, soit inviter les parties au différend à y recourir eux-mêmes.

1° Dans le cadre de la résolution Acheson, mais aussi sur d'autres bases, l'Assemblée s'associe volontiers au Conseil en vue du règlement de certaines affaires, quand elle ne tend pas à l'associer à ses propres initiatives : ce fut le cas dans l'affaire de Palestine (1948), du Congo (1960), un peu plus récemment de la Namibie (1981) ou de la Palestine (1980).

Son appui aux initiatives du Conseil de sécurité s'est exprimé de manière plus générale dans les résolutions 39/88 du 13 décembre 1984, et 43/51 du 5 décembre 1988, relatives au raffermissement du rôle de l'Organisation en matière de prévention des différends notamment. Elle peut également inviter le Secrétaire général à exercer une mission de bons offices ou d'autres formes d'intervention pacifique : v. résol. 37/9 et 38/12 du 4 novembre 1982 et du 16 novembre 1983 dans l'affaire des îles Falkland ; résol. 47/21 du 25 novembre 1992 sur le retrait des forces armées étrangères du territoire des États baltes ; de portée plus générale, la résolution 46/59 du 9 décembre 1991, sur les activités d'établissement des faits de l'ONU.

2° Lorsqu'elle recommande aux États de recourir à des moyens pacifiques, outre les exhortations directes, l'Assemblée renforce sa pression en utilisant des organes existants ou en créant de nouveaux organes subsidiaires, surtout aux fins d'enquête :

V. par exemple : commission spéciale pour la Palestine (résol. 106-S-1-1947), commission d'enquête sur les circonstances de la mort de Lumumba et sur celles de la mort d'Hammarksjöld (résol. 1601 (XV)-1960 et 1628 (XVI)-1961), sous-comité d'enquête en Angola (résol. 1603 (XV)-1961), commission d'enquête sur les massacres du Mozambique (résol. 3114 (XXIX)-1973).

Ces organes sont composés soit de personnalités indépendantes, soit — plus souvent — de représentants d'États ; tantôt c'est l'Assemblée elle-même qui les désigne, tantôt elle confie cette responsabilité à son Président. Mais les résolutions pertinentes insistent toujours sur le consentement de l'État hôte et le respect de son intégrité territoriale.

III. *Le Secrétaire général de l'ONU*

519. Ses fonctions « diplomatiques ». — 1° Selon l'article 99 de la Charte, « Le Secrétaire général peut attirer l'attention du Conseil de sécurité sur toute affaire qui, à son avis, pourrait mettre en danger le maintien de la paix et de la sécurité internationales ». En vertu de cette disposition, le Secrétaire général peut déclencher l'intervention du Conseil dans les cas où aucun État ne prend l'initiative de le saisir. L'article 99 a pour but de remédier à cette carence.

Sur ce point, les auteurs de la Charte ont tiré la leçon de l'expérience de la SdN dont le Secrétaire général, agent purement administratif, ne disposant pas d'une compétence semblable, devait rester impuissant face à l'inertie volontaire et calculée des États membres. Le Secrétaire général de l'ONU est par contre en mesure de sonner l'alarme et de jouer le rôle d'une autorité internationale permanente, au moins morale, de sa propre initiative.

Les Secrétaires généraux successifs n'ont fait qu'un usage modéré de cette possibilité en invoquant expressément l'article 99, à l'exception d'Hammarskjöld et, plus récemment, de MM. Boutros-Ghali et Annan. Cependant, comme il l'avait annoncé dans son premier rapport général, le Secrétaire général des années 1980 (M. Perez de Cuellar) a tenté d'y trouver le fondement — le plus souvent implicite — de ses initiatives en vue de prévenir des différends internationaux. En 1987, l'URSS ayant cessé d'y faire obstruction, le Secrétaire général a pu établir un « bureau de la recherche et de la collecte d'informations » dont le rôle sera d'autant plus central que la résolution 43/51 de l'Assemblée générale n'attribue à aucun autre organe — contrairement au vœu initial — une telle compétence. Ce pouvoir a été réaffirmé par l'Assemblée dans sa résolution 46/59 du 9 décembre 1991 et, plus tard, par le Conseil de sécurité dans sa résolution 1366 (2001) du 30 août 2001. Sur les appels des Secrétaires généraux à un recours accru à la diplomatie préventive, v. *supra* n° 512.

La fonction d'initiative reconnue au chef du Secrétariat de l'Organisation répond à un besoin d'efficacité vérifié dans de nombreuses organisations internationales : systématique au sein des Communautés européennes, elle a été consacrée par la réforme de l'OEA en 1985.

2° Le Secrétaire général exerce parfois ses fonctions diplomatiques non pas de son propre chef, mais sur la base d'un mandat qui lui est confié par l'Assemblée ou le Conseil de sécurité, hypothèse prévue par l'article 98 de la Charte.

À l'initiative de l'Assemblée, les affaires des prisonniers américains en Chine (1953), de Palestine (résolution du 4 avril 1956), les négociations entre l'Afghanistan, l'Iran et le Pakistan depuis 1980 ou les combats en Afghanistan (1993), par exemple (v. aussi *supra*, n° 518). À l'initiative du Conseil, l'affaire du conflit indo-pakistanais (résol. 218 [1965]), celle du Moyen-Orient (résol. 242 [1967]) et du différend frontalier entre l'Irak et l'Iran (résol. 348 [1974]), ou encore des violations du Protocole de Genève de 1925 sur l'emploi d'armes chimiques (résol. C.S. 620 [1988]), des prises d'otages en Irak (résol. C.S. 674 [1990]), ou les atrocités commises au Rwanda (1994) ; v. aussi *supra*, n° 516.

3° Même sans habilitation ni texte, le Secrétaire général est dans une position stratégique dans l'ONU qui l'autorise à jouer, souvent de manière discrète sinon même confidentielle, un rôle important pour le règlement de certains différends. En principe, il peut mettre en mouvement tous les modes de règlement pacifique : négociations, bons offices, médiation, conciliation. En réalité certaines modalités sont privilégiées. La conciliation est peu plausible, aussi recourt-il essentiellement aux bons offices et à la médiation (définies *supra*, n° 507).

Il a pu arriver que le Secrétaire général mène une négociation : ce fut le cas en 1953, après l'armistice en Corée, pour obtenir de la Chine la libération des prisonniers américains non rapatriés ; ce fut aussi le cas en 1956, en marge des discussions au sein du Conseil de sécurité, pour aboutir à l'adoption de la résolution du 13 octobre sur les six principes de libre navigation dans le canal de Suez ; ce le fut, en dernier lieu, par la conclusion du mémorandum d'accord de Bagdad du 23 février 1998, qui a dénoué temporairement la crise relative au contrôle du désarmement de l'Irak (approuvé par la résolution du C.S. 1154, du 2 mars 1998).

Beaucoup plus fréquemment, le Secrétaire général offre ses bons offices aux parties : le différend entre les Pays-Bas et l'Indonésie sur l'Irian occidental a pu être réglé par un accord formel entre les deux États grâce à son intervention (1962) ; en 1956, en tant qu'« agent » du Conseil, il a exercé une mission de bons offices et de médiation dans l'affaire de Palestine ; en 1974, encore, pour rapprocher l'Iran et l'Irak ; avec l'assentiment de ces deux États et celui du Conseil de sécurité, en 1980, il a ainsi obtenu un accord de principe sur la navigation dans le Chatt-el-Arab, accord qui ne fut pas respecté, et en 1983, il a été autorisé à envoyer une mission d'enquête sur les dommages « civils » causés par le conflit. En 1988, le mémorandum d'accord de Genève sur le contrôle du retour à la paix en Afghanistan lui attribue une mission de bons offices. L'affaire du Sahara occidental présente l'originalité d'une solution bicéphale (bons offices du Secrétaire général et du Président en exercice de l'OUA).

Enfin, il est plusieurs exemples de médiation : l'accord de désengagement entre l'Égypte et l'Arabie saoudite, dans l'affaire du Yémen (1963) a résulté d'une initiative personnelle du Secrétaire général, et a été simplement avalisé *a posteriori* par le Conseil de sécurité (saisi de la question par l'URSS qui tenait à faire confirmer la compétence prioritaire de cet organe) ; il a désigné un représentant spécial aux mêmes fins dans les affaires de Chypre (1964, 1974), dans le différend indo-pakistanais (1965) et après le conflit de 1967 au Proche Orient, pratique qui s'est largement généralisée depuis (au Moyen Orient, à Chypre, en Colombie, en Corée du Nord ou à Myanmar). En 1986, il a été chargé de cette fonction par la France et la Nouvelle-Zélande dans l'incident du *Rainbow Warrior* et l'a menée à bien (v. *supra*, n° 507).

§ 2. — *Organisations régionales à compétence politique*

BIBLIOGRAPHIE. — H. SABA, « Les accords régionaux dans la Charte des Nations Unies », *RCADI* 1952-I, vol. 80, p. 635-716. — G. FUCHS, « La commission interaméricaine de paix », *AFDI* 1957, p. 142-149. — E. JIMENEZ DE ARECHAGA, « La coordination des systèmes de l'ONU et de l'Organisation des États américains pour le règlement pacifique des différends et la sécurité collective », *RCADI* 1964-I, vol. 111, p. 423-526. — B. BOUTROS-GHALI, *L'Organisation de l'unité africaine*, Paris, Armand Colin, 1968, 195 p. — F. JULIEN-LAFFERRIÈRE, *L'Organisation des États américains*, Paris, PUF, 1972, 96 p. — M. BEDJAOUI, « Le règlement pacifique des différends africains », *AFDI* 1972, p. 85-99. — H.-Al. HASSOUNAH, *The League of Arab States and Regional Disputes*, Sijthoff, Leyde, 1976, 512 p. — E.-K. KOUASSI, *Les rapports entre l'ONU et l'OUA*, Bruylant, Bruxelles, 1978, 414 p. — E. JOUVE, *L'Organisation de l'Unité africaine*, PUF, Paris, 1984, 284 p. — M. C. DJIENA-WEMBON, « À propos du nouveau mécanisme de l'OUA sur les conflits », *RGDIP* 1994, p. 377-386. — Ch. WALTER, *Vereinte Nationen und Regionalorganisationen. Eine Untersuchung zu Kapitel VIII der Satzung der Vereinten Nationen*, Springer, Berlin, 1996, XX-407 p. — M. BOTHE et as. ed., *The OSCE in the Maintenance of Peace and Security. Conflict Prevention, Crisis Management and Peaceful Settlement of Disputes*, La Haye, Kluwer, 1997, XIX-557 p. — M. IOVANE, « La NATO, le organizzazioni regionali e le competenze del Consiglio di Sicurezza delle Nazioni Unite in tema di mantenimento della pace », *Cta. I* 1998, p. 43-71. — U. VILLANI, « Il ruolo delle Organizzazioni regionali per il mantenimento della pace nel sistema dell'ONU », *Cta. I.* 1998, p. 428-459. — V. les commentaires des articles 52 à 54 par E. KODJO et H.GHERARI, R. KOLB, et M. GUEUYOU, *in* J.-P. COT, A. PELLET, M. FORTEAU dir., *La Charte des Nations Unies. Commentaire article par article*, 3e éd., Economica, 2005, p. 1367-1445. — M. KAMTO, « Le rôle des « accords et organismes régionaux » en matière de maintien de la paix et de la sécurité internationales à la lumière de la Charte des Nations Unies et de la pratique internationale », *RGDIP* 2007, p. 771-802. — H.B. REIMANN, « Le règlement pacifique des différends à l'OSCE », *Mél. Caflisch*, 2007, p. 891-895. — D.J.D. SANDOLE, *Peace and Security in the Postmodern World : the OSCE and Conflict Resolution*, Routledge, Londres, 2007, XXV- 260 p. — S.M. MAKINDA et F.W. OKUMU, *The African Union : Challenges of Globalization, Security, and Governance*, Routledge, Londres, 2008, XVII-209 p.

V. aussi les bibliographies figurant sous le n° 591 et, sur le Conseil de l'Europe et la CSCE/OSCE, sous le n° 425.

520. Rapports entre l'ONU et les organisations régionales. — Le Chapitre VIII de la Charte des Nations Unies est consacré aux organisations régionales. Son article 52, § 1, reconnaît expressément la compatibilité des accords constitutifs de ces organisations et de la Charte. Le paragraphe 2 précise que les membres des Nations Unies qui concluent de tels accords « doivent faire tous leurs efforts » pour régler d'une manière pacifique, par le moyen de ces accords, « les différends d'ordre local avant de les soumettre au Conseil de sécurité » de l'ONU.

Se pose inévitablement un problème de coordination ou d'articulation entre les procédures de règlement des organisations universelle et régionale. Il est un point acquis : la Charte n'établit pas une quelconque hiérarchie des mécanismes existants, ni une répartition des compétences selon un critère matériel. Certes, le paragraphe 3 de l'article 52 prévoit que le Conseil de sécurité « encourage » l'utilisation des procédures disponibles au plan régional pour les différends « d'ordre local », mais sa compétence propre n'est en rien diminuée car le paragraphe suivant confirme sa compétence générale — ainsi que celle de l'Assemblée générale — exprimée dans les articles 34 et 35 (v. *supra*, n°s 514 s.).

On peut en déduire trois conséquences, au moins. Le Conseil de sécurité peut, à tout moment, procéder d'office à une enquête pour déterminer si la prolongation du différend ou de la situation régionale est de nature à menacer la paix. En outre, si un ou plusieurs des États impliqués dans un litige ne sont pas membres d'une organisation régionale à laquelle appartiennent les autres États intéressés, il ne saurait être question de faire jouer les mécanismes régionaux : le droit d'accès des premiers aux procédures de la Charte, garanti par l'article 35, demeure intact. Enfin, pour ce qui est d'un litige entre États membres d'une organisation régionale, il n'y a aucune raison — d'un point de vue politique — de « pénaliser » ces États pour leur double appartenance à l'organisation régionale et aux Nations Unies : ils doivent pouvoir choisir librement l'instance qui leur paraît la plus efficace.

Sur le plan juridique, il faut cependant tenir compte de l'existence, dans les statuts de l'organisation régionale, d'une disposition par laquelle les États membres se sont interdit de recourir à d'autres moyens que ceux offerts par l'organisation. La solution se dégagera des principes du droit des traités relatifs à la compatibilité des traités successifs. Cependant, une telle objection — opposable au sein de l'organisation régionale — n'est pas nécessairement recevable au sein de l'organisation universelle.

Dans chaque cas d'espèce, c'est au Conseil de sécurité de décider s'il est opportun de se saisir de l'affaire ou de la renvoyer à une instance régionale. L'article 52 permet seulement d'affirmer qu'un État membre de l'ONU ne viole pas la Charte en faisant d'abord appel aux moyens disponibles dans une organisation régionale et en défendant la thèse que ces moyens sont plus adaptés aux circonstances de l'espèce, du moins tant que leur échec n'est pas établi ; il ne peut, pour autant, en tirer prétexte pour nier la recevabilité d'une demande adressée au Conseil de sécurité.

Après avoir fait preuve d'une certaine incohérence lors de l'examen de la plainte déposée directement devant lui en 1954 par le Guatemala contre le Honduras et le Nicaragua, le Conseil de sécurité de l'ONU a constamment confirmé la persistance du droit d'accès direct des États membres d'une organisation politique régionale aux instances des Nations Unies.

En 1960, alors que les États-Unis avaient déjà saisi l'OEA d'une requête contre Cuba, ce dernier saisissait le Conseil de sécurité et l'Assemblée générale. Le Conseil a jugé recevable l'action cubaine et son attitude a été soutenue par un grand nombre d'États y compris du continent américain. De son côté, l'Assemblée générale a voté le 21 avril 1961 une résolution admettant la compétence parallèle de l'ONU et de l'OEA. La même attitude a été observée dans l'affaire Haïti-Saint-Domingue, en 1963 (saisine du Conseil), et dans l'affaire Panama-États-Unis, en 1964 (recours devant l'OEA et le Conseil de sécurité).

La CIJ confirme cette analyse, à propos de la soi-disant obligation d'épuiser les négociations régionales préalables (v. *supra*, n° 504) invoquée par les États-Unis dans l'affaire des *Activités militaires au Nicaragua :* « l'existence même de négociations actives auxquelles

les deux Parties pourraient participer ne doit empêcher ni le Conseil de sécurité ni la Cour d'exercer les fonctions distinctes qui leur sont conférées par la Charte... » (*Rec.* 1984, p. 440).

L'article 52, § 3, fournit une solution sage, en tout cas pragmatique, au problème de la coordination des initiatives concurrentes des organisations internationales, en prévoyant le renvoi de l'affaire par le Conseil de sécurité à l'examen des organes régionaux. Décision évidemment discrétionnaire de sa part, qui ne peut donc être interprétée comme un aveu d'incompétence. L'examen par le Conseil est seulement suspendu : il faut une décision expresse du Conseil pour que l'affaire soit rayée de son ordre du jour ; le renvoi à une autre organisation ne constitue pas un dessaisissement définitif. De plus, rien n'interdit au Conseil de formuler des recommandations au fond, à l'occasion du renvoi à l'organisation régionale.

Sur le fond, le Conseil s'abstient prudemment de prendre des mesures susceptibles de compromettre les chances du règlement régional en cours ou à venir. Aussi se contente-t-il de voter des recommandations générales, invitant les parties à adopter un comportement modéré et les États tiers à ne pas intervenir.

Depuis les années 1980, le Conseil de sécurité manifeste une tendance plus nette à appuyer les efforts régionaux — en particulier en Afrique et en Europe — de règlement des différends (affaire du Sahara occidental) et même de maintien de la paix (affaire du Tchad, *consensus* du 30 avril 1982 ; résol. C.S. 713 du 25 sept. 1991 sur la Yougoslavie ; appui à la CEDEAO/ECOMOG au Liberia par exemple). Sur les problèmes posés par la coopération entre les Nations Unies et l'OEA à la suite du coup d'État dirigé contre le Président démocratiquement élu d'Haïti en 1991, v. la résolution 46/7 de l'Assemblée générale ; Y. Daudet, *AFDI* 1992, p. 89-111 et dir. du Colloque d'Aix-en-Provence, *La crise d'Haïti (1991-1996)*, Montchrestien, 1996, 206 p. En ce qui concerne l'« endossement » par le Conseil de sécurité de certaines intiatives régionales (Bosnie-Herzégovine, Palestine), v. aussi *supra,* n° 516-1°.

521. Procédures non juridictionnelles de règlement des différends au sein des organisations régionales. — La plupart des organisations politiques régionales disposent de compétences qui les autorisent à mettre en œuvre les divers modes de règlement pacifique des différends : négociation, bons offices, médiation, conciliation. Toutes cependant n'ont pas établi ou organisé des procédures spécifiques : dans ce cas, elles sont mises en place en fonction des circonstances.

Ainsi, dans une résolution du 14 décembre 1956, à la suite des tensions entre alliés dues à l'affaire de Suez, le Conseil de l'OTAN a autorisé le Secrétaire général de l'Organisation à proposer ses bons offices aux États membres en litige. Après acceptation des parties, il peut faciliter ou même prendre l'initiative de l'ouverture d'une procédure d'enquête, d'une médiation, d'une conciliation ou d'un arbitrage. Il a été fait usage de cette possibilité à plusieurs reprises, en particulier dans l'affaire de Chypre, à l'occasion de certains incidents gréco-turcs après 1964 et dans l'affaire des pêcheries islandaises après 1973.

Le plus souvent, les organisations concrétisant des alliances militaires se contentent de proclamer dans leurs statuts l'engagement des États membres de se conformer à l'obligation de règlement pacifique contenue dans la Charte des Nations Unies (v. *supra*, n° 520).

Le système de règlement des différends propre à chaque organisation est plus ou moins complet. Sa structure n'est pas, pour l'essentiel, très différente de celle que connaît l'ONU : les États membres sont invités à recourir aux procédés classiques de règlement pacifique ; les organes de l'organisation sont, de leur côté, habilités à mettre directement en action les mêmes procédés.

En règle générale, les statuts des organisations se préoccupent plutôt des différends entre États membres portant sur l'interprétation et l'application des textes constitutifs de l'organisation. C'est le cas du Traité de Rome de 1957, instituant la Communauté européenne : l'article 227 du TCE (259 du TFUE), qui vise spécifiquement les recours interétatiques, prévoit une phase de médiation-conciliation sous les auspices de la Commission des Communautés européennes, qui précède obligatoirement la saisine de la Cour de Justice par un État membre ; il est ainsi tenté de désamorcer le différend, par des démarches plus discrètes que le recours juridictionnel. L'article 226 (258 TFUE) oblige la Commission à engager, avant tout recours contentieux contre les États membres, une procédure de règlement amiable : si ce mécanisme doit être évoqué ici, c'est qu'il n'est pas rare qu'en déclenchant cette procédure, la Commission cherche en réalité à prévenir ou à résoudre un conflit entre les États membres. Cette procédure est réservée aux litiges relatifs à l'application du droit communautaire. Pour des litiges connexes, il sera fait appel à d'autres instances, le Conseil des ministres — agissant comme instance diplomatique — ou le Conseil européen.

La section B du chapitre 20 de l'Accord du 17 décembre 1992 créant l'ALENA prévoit également, préalablement à la création d'un « groupe spécial arbitral », une obligation de consultation entre les Parties et l'intervention de la Commission du libre-échange (v. D. Turp, *AFDI* 1992, p. 808-822).

Il est une organisation qui constitue une exception majeure à cette règle : le Conseil de l'Europe. En vertu de la Convention de Rome de 1950, un mécanisme complexe de règlement des différends interératiques relatifs au respect des droits de l'homme associe une commission de conciliation, la Commission européenne des droits de l'homme, et le Comité des ministres du Conseil de l'Europe — à défaut de saisine de la Cour européenne des droits de l'homme (sur le fonctionnement de ce système, qui joue également au profit des individus, v. *supra*, n° 425).

Les organisations dont l'une des missions fondamentales est de résoudre les crises et tensions régionales méritent un examen particulier de leur système de règlement des différends.

1° *L'Organisation des États américains (OEA).* — Les États latino-américains n'ont pas trouvé jusqu'ici une solution de principe stable en matière de règlement des différends. Ils sont en particulier divisés sur la priorité à reconnaître à des procédures internationalisées susceptibles de déroger à un strict consensualisme. Les trois grandes étapes normatives postérieures au second conflit mondial traduisent cette hésitation et le malaise face à l'inefficacité de trop nombreux instruments de prévention des différends.

a) Le premier système était fondé sur la concurrence de la Charte de l'OEA et du Traité interaméricain d'assistance mutuelle (Pacte de Bogotá de 1948). Le Conseil de l'OEA était assisté d'une Commission interaméricaine de la paix, autorisée à présenter ses bons offices et à désigner des commissions d'enquête.

Le mécanisme a souvent été mis en action, la plupart du temps pour régler des incidents militaires : Costa Rica-Nicaragua, en 1948, 1949, 1955 et 1959 ; situation dans les Caraïbes, Haïti-Saint-Domingue, en 1950 et 1963 ; Équateur-Pérou, en 1955 ; Honduras-Nicaragua, en 1957 ; Panama-États-Unis en 1959 et 1964 ; Venezuela-Saint-Domingue, en 1960 ; États-Unis-Cuba, en 1960-1961.

b) Un nouveau système a été établi par le Protocole de Buenos-Aires du 27 février 1967. Les deux organes essentiels sont le Conseil permanent de l'OEA et son organe subsidiaire, la Commission interaméricaine de règlement pacifique des différends.

Une première forme d'intervention a un caractère *facultatif*. Les parties peuvent saisir ensemble le Conseil permanent pour lui demander d'exercer ses bons offices. Dans cette situation, le Conseil peut, avec l'accord des parties, effectuer une enquête et recommander des procédures de règlement appropriées ; il peut aussi saisir de lui-même la Commission interaméricaine (article 84). L'intervention peut aussi être de caractère *obligatoire*, lorsqu'aucune des procédures politiques ou juridiques énoncées à l'article 24 du Protocole n'a encore été mise en œuvre : le Conseil peut être saisi par une seule des parties. Ses pouvoirs sont alors plus restreints.

Le Conseil défère la requête à la Commission. Cette dernière a le droit de procéder d'office à une enquête sur les faits. Ensuite, si elle le juge opportun, elle offre ses bons offices. L'acceptation par l'autre partie au litige lui permettra de recommander des procédures de règlement. En cas de rejet, la solution prévue est nettement insuffisante. La Commission se borne à adresser un rapport au Conseil ; si les bons offices ne sont toujours pas acceptés, le Conseil rédige à son tour un rapport adressé à l'Assemblée de l'OEA. Les efforts de règlement par l'Organisation sont alors suspendus ; il ne reste plus au Conseil que la ressource d'exhorter les parties à s'abstenir de tous actes de nature à aggraver le différend. Les résolutions du Conseil sont adoptées à la majorité des deux tiers.

c) Soucieux de redonner à l'OEA un certain dynamisme politique et juridique, ses membres ont amendé le système précédent par le Protocole de Carthagène (1985). Ce dernier consacre le droit pour une partie à un différend de saisir unilatéralement le Conseil permanent (article 84) et, supprimant la Commission interaméricaine pour retrouver l'esprit du mécanisme de 1948, autorise le Conseil à créer des commissions *ad hoc*, avec l'accord des parties.

2° *L'Union africaine. — a)* La Charte d'Addis-Abeba du 15 mai 1963, qui créait l'Organisation de l'Unité africaine (OUA), prévoyait l'établissement d'une Commission de médiation, de conciliation et d'arbitrage (article 19). Cette disposition a été concrétisée par le Protocole du Caire du 21 juillet 1964.

La solution retenue est originale, en ce que le même organe avait des fonctions à la fois non juridictionnelles et arbitrales. Elle n'avait pas une compétence obligatoire pour les parties à un différend, car elle ne pouvait intervenir qu'avec leur accord. Sa saisine n'était unilatérale que d'un point de vue technique : elle pouvait être le fait d'une des parties, du Conseil des ministres ou de la Conférence des Chefs de d'État. En revanche l'intervention du Conseil des ministres avait un caractère obligatoire. En effet, l'accord de l'autre partie n'ayant pu être obtenu, le bureau de la Commission devait renvoyer l'affaire devant le Conseil pour examen. Le Protocole ne précise pas, dans ce cas, quels sont les pouvoirs du Conseil. Si sa compétence était acceptée, la Commission pouvait effectuer des enquêtes puis, en fonction du choix des parties, exercer une médiation, une conciliation ou procéder à un arbitrage.

Le mécanisme a eu quelques résultats satisfaisants dans certaines affaires (Congo, litige frontalier entre l'Algérie et le Maroc, entre la Somalie et l'Éthiopie). Il est apparu inefficace dans d'autres cas. Par défaut, le Secrétaire général de l'OUA a été invité à intervenir plus fréquemment, en concurrence avec le Président en exercice.

b) La transformation de l'OUA en Union africaine par le traité de Lomé du 11 juillet 2000 a entraîné une modification de ce système. Toutefois, alors que la Commission a été supprimée, les rôles respectifs du Secrétaire général et du Président demeurent incertains et la Cour de Justice de l'Union africaine, appelée à fusionner avec la Cour africaine des Droits de l'homme et des peuples, peine à se mettre en place (v. *supra*, n° 437).

3° *L'Organisation sur la sécurité et la coopération en Europe (OSCE). —* Bien que l'OSCE ne soit pas une organisation internationale au sens habituel

(v. *supra,* n°s 252 et 378), elle joue un rôle croissant dans le règlement des différends en Europe. Deux mécanismes formels de « conciliation obligatoire » (v. *supra,* n° 509) y ont été mis sur pieds après l'écroulement du communisme en Europe de l'Est.

Institué en 1991, le « mécanisme de La Valette » repose sur un « Organisme », à la nature juridique incertaine.

Composé de personnes choisies sur une liste de personnalités qualifiées, l'Organisme peut être saisi unilatéralement par les États participants à l'OSCE et successivement, formuler des avis sur le ou les modes de règlement appropriés — fonction qui relève plutôt des bons offices ou de la médiation —, puis, en cas de non-recours à ceux-ci, sur le fond même du différend. En cas d'échec de cette conciliation, les Parties en litige peuvent, par voie d'accord, confier à l'Organisme un rôle d'enquête ou d'arbitrage (v. G. Bosco, *Cta.I.* 1991, p. 259-277 ; H. Hillgenberg, *GYBIL* 1991, p. 122-137 ; Ch. Leben, *RGDIP* 1991, p. 857-880 ; H. Ruiz Fabri, *AFDI* 1991, p. 297-314 ; L. Caflisch, *RGDIP* 1993, p. 1-13).

Le mécanisme connaît tant de limitations et d'exceptions que, malgré les perfectionnements de détail qui lui ont été apportés par le Conseil de la CSCE réuni à Stockholm le 15 décembre 1992, il semble en pratique à peu près inutilisable. C'est pourquoi la Convention de conciliation et d'arbitrage au sein de la CSCE, conclue le même jour, a institué un système de règlement des différends plus classique – qui n'en est pas moins également demeuré lettre morte jusqu'à présent.

Comme l'indique l'intitulé même de la Convention de Stockholm, celle-ci combine l'arbitrage (v. *infra,* n° 534) et un système de conciliation obligatoire entre les États parties et facultative entre un État partie et un autre État participant à l'OSCE mais n'ayant pas ratifié la Convention (art. 18 et 20).

Constituée de deux conciliateurs désignés par les Parties en litige sur une liste pré-établie (à raison de deux conciliateurs nommés par chaque État partie à la Convention) et de trois conciliateurs neutres désignés par le Bureau de la Cour de conciliation et d'arbitrage, « la Commission de conciliation aide les parties au différend à régler celui-ci conformément au droit international et aux engagements auxquels elles ont souscrit dans le cadre de la CSCE » (art. 24), en recherchant une « solution mutuellement acceptable ». En cas d'échec, le rapport de la Commission est transmis au Conseil de l'OSCE Il s'agit toutefois d'un mécanisme subsidiaire et l'article 19 prend grand soin de préserver la compétence éventuelle des autres instances de règlement des différends existantes.

En outre, également le 15 décembre 1992, le Conseil de l'OSCE a adopté des « Dispositions concernant une Commission de conciliation de la CSCE », constituée sur une base *ad hoc* et purement volontaire pour chaque litige, dont la seule originalité est que les États peuvent, par avance, en accepter les conclusions, et des « Dispositions relatives à la conciliation prescrite » aux termes desquelles le Conseil de l'OSCE peut imposer à des États parties à un différend de recourir à la conciliation prévue soit par la Convention de Stockholm (pour les États parties), soit par les Dispositions concernant une Commission de conciliation, les États en litige ne pouvant s'y opposer.

V. la bibliographie sur la Convention de 1992, *infra* n° 534.

§ 3. — *Organisations internationales à compétence technique*

BIBLIOGRAPHIE. — A. Broches, « International Legal Aspects of the Operations of the World Bank », *RCADI* 1959-III, vol. 98, p. 297-409. — C.-A. Colliard, « Le règlement des différends dans les organisations intergouvernementales de caractère non politique, *Mél. Basdevant*, 1960, p. 152-182. — O. SCHACHTER, « Conciliation Procedure on UNCTAD », *Mél. Domke*, Nijhoff, La Haye, 1967, p. 268-274. — N. VALTICOS, « Un système de contrôle international : la mise en œuvre des conventions internationales du travail », *RCADI* 1968-I, vol. 123, p. 311-407 ; « Les commissions d'enquête de l'Organisation internationale du Travail », *RGDIP* 1987, p. 847-879. — G. MALINVERNI, *Le règlement des différends dans les organisations internationales économiques*, Sijthoff, Leyde, 1974, 251 p. — C. LEBEN, *Les sanctions privatives de droit et de qualité dans les organisations internationales spécialisées*, Bruylant, Bruxelles, 1979, 402 p. — T. FLORY, « Les accords du Tokyo Round du GATT et la réforme des procédures de règlement des différends dans le système commercial interétatique », *RGDIP* 1982, p. 235-253. — F. MAUPAIN, « The Settlement of Disputes within the International Labour Office », *Jl. of Il. Eco. L.* 1999, p. 273-293.

Sur la réforme du règlement des différends au sein du GATT puis de l'OMC, v. *infra* la bibliographie sous le n° 652.

Voir la chronique de droit international économique *in AFDI* depuis 1968. Voir aussi *infra* la bibliographie sur le n° 615.

522. Organisations économiques. — 1° *Observations générales.* — L'objet spécifique des différends économiques, les particularités du droit international applicable (v. *infra*, nos 610 et 619), l'importance de la réciprocité et de la continuité dans les relations économiques internationales, tous ces facteurs incitent à confier la responsabilité du règlement de tels différends à des organes propres des organisations spécialisées, plutôt qu'aux mécanismes diplomatiques classiques ou à des instances extérieures telles que les juridictions internationales.

L'intérêt que les États trouvent à leur participation à des organisations économiques — fourniture de prestations financières ou techniques, multilatéralisation des concessions douanières, etc. — les pousse à accepter des procédures de règlement transactionnelles et fortement encadrées par ces organisations. La répartition des compétences entre organes d'examen et de proposition fera une place plus large aux experts que cela n'est concevable dans des conflits politiques.

Il ne faut donc pas attacher ici une aussi grande portée à la distinction entre procédures juridiquement contraignantes et procédures non contraignantes. Si l'État est libre de ne pas s'incliner devant la solution qui fait l'objet d'une recommandation, il peut craindre qu'une telle attitude entraîne des « pénalisations » insidieuses mais coûteuses. Dans ces conditions, l'aspect contrôle suffit à garantir des résultats qui exigeraient une sanction dans d'autres contextes.

Cependant, il reste opportun de construire les systèmes de règlement à partir des techniques classiques, parce que les États ne peuvent renoncer à intervenir directement dans la solution des différends économiques : en effet, plus encore que les conflits politiques, ceux de nature économique ont moins pour objet de déterminer le droit applicable que de provoquer la transformation du droit positif, objectif dont les États ne sauraient se désintéresser.

Ceci explique également certaines particularités techniques de ces modes de règlement : large ouverture de la recevabilité (il n'est pas nécessaire de prouver la violation d'un droit subjectif), participation d'autres États que ceux directement en litige aux procédures de caractère diplomatique.

2° *Modes de règlement. — a) Au sein du GATT et de l'OMC* — Les procédures de règlement se sont d'abord développées empiriquement. À côté des « notifications » et « consultations », s'est développée la technique de la conciliation — sur la base de l'article XXIII, § 2, du GATT ; des « groupes spéciaux » *(« panels »)*, composés d'experts, sont chargés d'assister les États dans la procédure de conciliation. Une décision du 28 novembre 1979 a codifié cette pratique et précisé certains aspects de son déroulement.

Malgré des résultats encourageants — que l'on retrouve dans le cadre de diverses unions douanières non intégrées telle l'AELE — il est apparu utile de formaliser davantage ces procédures. Dans un premier temps, le Conseil du GATT a adopté, le 12 avril 1989, une décision accentuant le caractère juridictionnel de ces mécanismes de règlement et institué formellement le recours volontaire à l'arbitrage. Surtout, dans un second temps, le cycle d'Uruguay a conduit à « conventionnaliser » le mécanisme de règlement des différends au sein de la nouvelle Organisation mondiale du commerce.

Dorénavant, le mécanisme de règlement de l'OMC se caractérise par une procédure en deux temps. Le premier, qui fait intervenir des « groupes spéciaux », reprend en le formalisant le système des panels de l'ancien GATT et aboutit à des rapports non obligatoires pour les parties en litige. Dans un second temps, l'« Organe d'appel » est investi d'un pouvoir de décision qui en fait une quasi-juridiction internationale : cette procédure sera donc étudiée avec les autres modes de règlement juridictionnel des différends (v. *infra,* n° 653).

b) Les *accords de produits de base* attirent l'attention sur d'autres particularités des modes de règlement des conflits économiques. On y rencontre fréquemment une disposition qui confie un véritable pouvoir de décision au Conseil intergouvernemental et qui menace de sanctions drastiques l'État auteur d'un manquement à la convention.

Voir l'Accord du 5 juillet 1984 sur le sucre qui distinguait une procédure pour le règlement des différends relatifs à l'interprétation ou à l'application de la convention (art. 32), et une procédure d'examen des plaintes pour manquements à la convention (art. 33). La première prévoyait que la décision du Conseil pouvait s'appuyer sur l'avis motivé d'une commission consultative indépendante et prendre en compte « toutes les données pertinentes ». La seconde entraînait les sanctions suivantes : suspension du droit de vote ou d'éligibilité de l'État fautif, sinon même son exclusion de l'Organisation. Si ce double mécanisme a disparu du texte le plus récent (convention de Genève du 20 mars 1992), on le retrouve dans d'autres conventions (art. 50 et 51 de la Convention de 2001 sur le cacao ou art. 42 de la Convention sur le café de 2001, par exemple).

523. Autres organisations techniques. — On y rencontre les mêmes compétences d'enquête des organes intergouvernementaux, déléguées à des comités d'experts dont le rapport et les suggestions sont avalisés par l'organe plénier.

Très souvent, les organes techniques apportent une solution aux divergences entre États membres par l'adoption d'une réglementation nouvelle qui fait l'objet d'une application générale par des procédés simplifiés (procédure de non-objection, dans le cadre de l'OMI ; réforme des procédures de navigation aérienne, au sein de l'OACI, par exemple).

CHAPITRE II

Règlement juridictionnel des différends

BIBLIOGRAPHIE. — N. POLITIS, *La justice internationale*, Hachette, 1924, 325 p. — S. BASTID, *La fonction juridictionnelle dans les relations internationales*, Cours de Droit, Paris, 1956-57, 435 p. — L. DELBEZ, *Les principes généraux du contentieux international*, LGDJ, 1962, 329 p. — H. MOSLER et R. BERNHART ed., *Judicial Settlement of International Justice*, Springler Verlag, Heidelberg, 1974, XIII-572 p. — A. DEL VECCHIO, *Le parti nel processo internazionale*, Giuffré, Milan, 1975, 320 p. ; *Giurisdizione internationale e globalizzazione : i tribunali internazionali tra globalizzazione e frammentazione*, Giuffrè, Milan, 2003, IX-241 p. — A. COCATRE-ZILGIEN, « Justice internationale facultative et justice internationale obligatoire », *RGDIP* 1976, p. 689-737. — D.-V. SANDIFER, *Evidence Before International Tribunals*, UP of Virginia, 1975, 520 p. — *Mélanges Morelli, Communicazioni e Studi*, vol. XIV, 1975, 1082 p. — E. LAUTERPACHT, *Aspects of the Administration of International Justice*, Grotius Publ., Cambridge, 1991, XXXIV-166 p. — P. FAZARTZIS, *Les engagements internationaux en matière de règlement pacifique des différends entre États*, Pedone, 1992, XXIV-349 p. — W.M. REISMAN, « The Supervisory Jurisdiction of the ICJ : International Arbitration and International Adjudication », *RCADI* 1996, vol. 258, p. 9-394. — D. BARDONNET, « Quelques observations sur le recours au règlement juridictionnel des différends interétatiques », *Mél. Skubiszewski*, 1996, p. 737-752. — Colloque de Tunis, *Justice et juridictions internationales*, R. BEN ACHOUR & S. LAGHMANI dir., Pedone, 2000, 336 p. — C. SANTULLI, « Qu'est-ce qu'une juridiction internationale ? Des organes répressifs internationaux à l'ORD », *AFDI* 2000, p. 58-81 ; « Les juridictions de droit international : Essai d'identification », *AFDI* 2001, p. 45-61 ; *Droit du contentieux international*, Montchrestien, 2005, XI-584 p. — S. NEGRI, *I principi generali del processo internazionale nella giurisprudenza della Corte internazionale di Giustizia*, Ed. scientifiche, Naples, 2002, 201 p. — *Justices internationales*, la Documentation française, *Questions internationales*, n° 4 (novembre-décembre 2003), 126 p. — P. GAETA, « Inherent Powers of International Tribunals », *Mél. Cassese*, 2003, p. 353-372. — H. RUIZ FABRI et J.-M. SOREL dir., *Le contentieux de l'urgence et l'urgence dans le contentieux devant les juridictions internationales*, Pedone, 2003, 211 p. ; *Le principe du contradictoire devant les juridictions internationales*, Pedone, 2004, 198 p. ; *Le tiers à l'instance devant les juridictions internationales*, Pedone, 2005, 266 p. ; *La saisine des juridictions internationales,* Pedone, 2006, 319 p. ; *La preuve devant les juridictions internationales*, Pedone, 2007, 253 p. ; *La motivation des décisions des juridictions internationales*, Pedone, 2008, 285 p. — S.Y. SHANY, *The Competing Jurisdictions of International Courts and Tribunals*, Oxford UP, 2003,

LXIX-348 p. — SFDI, Colloque de Lille, *La juridictionnalisation du droit international*, Pedone, 2003, 548 p. — C.F. AMERASINGHE, *Jurisdiction of International Tribunals*, Kluwer, La Haye, 2003, LXI-864 p. ; *Evidence in International Litigation*, Nijhoff, Leiden, 2005, XXXIV-481 p. — L.N.C. BRANT, *L'autorité de la chose jugée en droit international public*, LGDJ, 2004, 396 p. — F. VOEFFRAY, *L'*actio popularis *ou la défense de l'intérêt collectif devant les juridictions internationales*, PUF, 2004, XXII-403 p. — N. NIYUNGEKO, *La preuve devant les juridictions internationales*, Bruylant, Bruxelles, 2005, XX-480 p. — G. DISTEFANO et G.P. BUZZINI dir., *Bréviaire de la jurisprudence internationale. Les fondamentaux du droit international public*, Bruylant, Bruxelles, 2005, XII-1548 p. — Ch. BROWN, « The Inherent Powers of International Courts and Tribunals », *BYBIL* 2006, p. 195-244. — A. DEL VECCHIO dir., *New International Tribunals and New International Proceedings*, Giuffrè, Milan, 2006, VI-365 p. — L. MALINTOPPI, « Methods of Dispute Resolution in Inter-State Litigation : When States Go to Arbitration Rather than Adjudication », *LPICT* 2006, p. 133-163. — Y. SHANY, *Regulating Jurisdictional Relations between National and International Courts*, Oxford UP, 2007, XXXVI-216 p. — S. GUINCHARD et as., *Droit processuel*, Dalloz, 2007, XIV-1195 p. — D. TERRIS, C. ROMANO et L. SWIGART, *The International Judge : An Introduction to the Men and Women who Decide the World's Cases*, Oxford UP, 2007, XXII-315 p. — T.M. NDIAYE, « La recevabilité devant les juridictions internationales », *in Law of the Sea, Environmental Law and Settlement of Disputes :* liber amicorum *Judge Thomas A. Mensah*, Nijhoff, Leiden, 2007, p. 249-295.— G. LE FLOCH, *L'urgence devant les juridictions internationales*, Pedone, 2008, 517 p. — I. SOURMY, *L'accès des organisations non gouvernementales aux juridictions internationales*, Bruylant, Bruxelles, 2008, XV- 603 p.

V. *The Law and Practice of International Courts and Tribunals : a Practioners'Journal* (depuis 2001).

524. Caractères de la justice internationale. — Contrairement aux modes de règlement étudiés dans le chapitre précédent, les procédés juridictionnels — et arbitraux — conduisent à une solution *imposée* aux États en litige par des tiers. Dans ce type de règlement, sont en effet réunis les éléments fondamentaux de la fonction juridictionnelle : une décision fondée sur des considérations juridiques, obligatoire pour les parties, prononcée par un organe indépendant des parties au litige, à l'issue d'une procédure contradictoire et garantissant les droits de la défense et l'égalité des parties.

Malgré tout, la justice internationale présente des traits sensiblement différents de ceux du règlement juridictionnel interne.

1° Une première différence essentielle tient au fait que les *principaux justiciables* sont *des États* et que tout le système juridictionnel international a été conçu pour en tenir compte.

Alors que dans l'ordre interne, le droit des individus de saisir une juridiction est considéré comme une liberté publique essentielle et un droit fondamental dans leurs rapports mutuels, ce droit ne leur est conféré qu'à titre exceptionnel dans l'ordre international (v. *supra*, n° 437). L'accès à la justice internationale a été et reste un privilège des États, une capacité déduite de leur souveraineté. Même les organisations internationales se voient refuser ce droit d'accès, au moins devant les juridictions universelles : la modalité la plus fréquente pour elles est l'arbitrage.

La souveraineté des États leur donne les moyens de freiner toute tentative de rapprochement rapide du règlement juridictionnel international avec le règlement juridictionnel dans un État de droit.

2° *Caractère facultatif de la justice internationale.* — Dans l'ordre interne, la justice est obligatoire, en ce sens que toute partie à un litige est en droit de saisir les tribunaux par une requête unilatérale (citation directe), et son adversaire est tenu de comparaître. Dans l'ordre international, le recours à une procédure juridictionnelle ou arbitrale est subordonné au consentement de toutes les parties à un litige. Aussi longtemps que survivra la souveraineté étatique, il sera difficile d'établir une justice internationale obligatoire, autorisant chaque État à citer unilatéralement un autre État devant une juridiction internationale à propos de n'importe quel différend.

En fait, le règlement juridictionnel international est en progrès, mais son évolution continue de dépendre de la conclusion volontaire d'engagements de se soumettre à un procédé juridictionnel déterminé. Aussi peut-on parler de justice internationale obligatoire, mais seulement en précisant dans quelles relations et entre quels États : cette obligation ne repose pas sur un principe général du droit international, mais toujours sur un fondement conventionnel.

3° *Importance de la justice non institutionnalisée.* — Tous les systèmes juridiques connaissent la distinction entre justice *non institutionnalisée* — ou règlement *arbitral*, exercée pour chaque litige (ou groupe de litiges) par un organe constitué par les parties, donc *occasionnel*, et justice *institutionnalisée* — ou règlement *juridictionnel stricto sensu* —, assurée par des organes préconstitués, *permanents*, et qui procèdent selon une procédure prédéterminée.

On a longtemps préféré le qualificatif « judiciaire » à celui de « juridictionnel », par opposition à « arbitral ». Il y a là une trace de l'influence dominante du droit privé à l'origine du droit international. Il paraît préférable de renoncer à cette habitude qui peut conduire à des confusions, en raison du sens restreint du mot « judiciaire » dans certains droits internes.

La distinction entre les deux modes gardera toute son importance tant que la procédure arbitrale n'aura pas été complètement « juridictionnalisée » ; malgré quelques progrès en ce sens, l'évolution est loin d'être achevée. Et si, dans l'ordre interne, le règlement juridictionnel institutionnalisé est largement prépondérant, il n'en va pas de même dans l'ordre international.

L'article 33 de la Charte des Nations Unies, comme l'article 12 du Pacte de la SdN, laissent aux États le libre choix entre l'arbitrage et le recours à une juridiction internationale.

Cette solution reflète une donnée historique : l'arbitrage a précédé l'apparition des premières juridictions internationales, apparition récente au demeurant. Les données statistiques montrent non seulement que les États sont favorables à cette situation, mais qu'ils en tirent argument pour donner, en pratique, la préférence à l'arbitrage. Dans le règlement non juridictionnalisé, ils sont sensibles aux avantages de souplesse (adaptation aux particularités de chaque litige) qu'offre ce mode de règlement. Selon le mot d'un délégué à la Conférence de La Haye de 1907, l'arbitrage est la confiance, le règlement juridictionnel, l'obéissance. L'Acte général d'arbitrage de 1928, où les différends non juridiques ne sont susceptibles que d'arbitrage, repose sur les mêmes prémisses. À une époque plus récente, le retrait de certaines déclarations d'acceptation de la juridiction obligatoire de la CIJ a parfois été officiellement justifié par cette préférence pour l'arbitrage (cas de la France, v. *AFDI* 1974, p. 1052).

4° *Distinction des différends justiciables et des différends non justiciables*

BIBLIOGRAPHIE. — H. LAUTERPACHT, « La théorie des différends non justiciables en droit international », *RCADI*, 1930-IV, t. 34, p. 499-653. — G. BERLIA, *Essai sur la portée de la clause de jugement en équité en droit des gens*, Sirey, Paris, 1937, 214 p. — I. Brownlie, « The Justiciability of Disputes and Issues in International Relations » *BYBIL* 1967, p. 123-143 ; « Causes of Action in the Law of Nations », *BYBIL* 1979, p. 13-41.

Toujours soucieux de conserver leur libre arbitre, les États ne se satisfont pas des garanties offertes par le règlement juridictionnel ou tentent de limiter la portée d'engagements « imprudemment » souscrits. D'où le succès de la théorie du différend non justiciable, notion parfois reprise dans des conventions internationales. Cette tentative pour limiter la portée de la juridiction « obligatoire » se heurte à de nombreux obstacles, d'un point de vue conceptuel, et apparaît comme un prétexte hypocrite à la remise en cause de conventions internationales sur le règlement des différends.

La doctrine s'est essayé à définir, selon un critère objectif, la justiciabilité *par nature* des litiges internationaux. La distinction coïnciderait avec celle des conflits « juridiques » — justiciables — et des conflits « politiques » — non justiciables. Seuls les premiers seraient susceptibles d'un mode « juridique » de règlement pacifique. Ce n'est que déplacer le problème, puisqu'il faut dégager le critère du conflit « politique » (ou du conflit « juridique », chacun procédant de l'autre par élimination).

Certains auteurs ont proposé de voir dans le conflit politique une « opposition d'intérêts », et dans le conflit juridique une « divergence d'interprétation du droit » entraînant un désaccord sur son application concrète. D'autres ont soutenu que le conflit juridique est celui dont la solution peut être trouvée en faisant application du droit positif, tandis que le conflit politique porte sur la modification, la révision ou l'abrogation du droit en vigueur. Les premiers sont justiciables, et pas les seconds, parce que le rôle du juge est de dire le droit, non de l'élaborer.

Tous ces arguments ne sont guère convaincants. Mieux vaut renoncer à une justification conceptuelle : aucun conflit interétatique n'a un caractère exclusivement juridique ou politique (v. *supra*, n° 501).

La jurisprudence récente de la CIJ rejette très catégoriquement toutes les tentatives pour limiter sa compétence par l'argument du différend politique : « Aucune disposition du Statut ou du Règlement ne lui interdit de se saisir d'un aspect d'un différend pour la simple raison que ce différend comporterait d'autres aspects, si importants soient-ils » et « Nul n'a cependant jamais prétendu que, parce qu'un différend juridique soumis à la Cour ne constitue qu'un aspect d'un différend politique, la Cour doit se refuser à résoudre dans l'intérêt des parties les questions juridiques qui les opposent... ; si la Cour, contrairement à sa jurisprudence constante, acceptait une telle conception, il en résulterait une restriction considérable et injustifiée de son rôle en matière de règlement pacifique des différends internationaux » (CIJ, *Personnel diplomatique et consulaire des États-Unis à Téhéran, Rec.* 1980, p. 20, § 37 ; *Activités militaires au Nicaragua, Rec.* 1984, p. 439-440, § 105 ; *Actions armées frontalières et transfrontalières (Nicaragua c. Honduras), Rec.* 1988, p. 91, § 52).

À défaut, les États peuvent tenter de faire échec au règlement juridictionnel en sollicitant une autolimitation du tribunal concerné « pour des raisons d'opportunité judiciaire » (CIJ, 11 juin 1998, *Frontière terrestre et maritime entre le Cameroun et le Nigeria, Rec.* p. 275, § 72).

5° *Multiplication des modes de règlement* – BIBLIOGRAPHIE : I.J. Charney, « Is International Law Threatened by Multiple International Tribunals ? », *RCADI* 1998, vol. 271, p. 101-382. — L. Boisson de Chazournes, « Multiplication des instances de règlement des différends : vers la promotion de la règle de droit », *Forum DI*, 1998, p. 14-15. — P.-M. Dupuy, « Multiplication des juridictions internationales et dangers de fragmentation de l'ordre juridique international », *CEBDI*, vol. III, 1999, p. 259-281. — Symposium, « The Proliferation of International Tribunals : Piecing Together the Puzzle », *NYU Jl. of I.L.* 1999, p. 679-993. — R.P. Alford, « The Proliferation of International Courts and Tribunals : International Adjudication in Ascendance », *Proc.* 2000, vol. 94, p. 160-165. — S.M. Schwebel, « The Proliferation of International Tribunals : Threat or Promise ? » *in* M. Andenas ed., *Judicial Review in International Perspective*, Kluwer, La Haye, 2000 p. 3-8. — T. Treves, « Le Tribunal international du droit de la mer et la multiplication des juridictions internationales », *Riv. DI* 2000, p. 726-746 ; « Judicial Lawmaking in an Era of 'Proliferation' of International Courts and Tribunals : Development or Fragmentation of International Law ? » *in* R. Wolfrüm et V. Röben eds., *Developments of International Law in Treaty Making*, Springer, Berlin, 2005, p. 587-620. — K. Oellers-Frahm, « Multiplication of International Courts and Tribunals and Conflicting Jurisdiction : Problems and Solutions », *Max Planck YBUNL* 2001, p. 67-104. — Th. Buergenthal, « Proliferation of International Courts and Tribunals : Is It Good or Is It Bad ? », *Leiden JIL* 2001, p. 267-275 ; « The Proliferation of International Courts and the Future of International Law », *CEBDI*, vol. V, 2001, p. 29-43. — Sh. Spelliscy, « The Proliferation of International Tribunals : A Chink in the Armor », *Columbia Jl. of transnal. L.* 2001, p. 143-175. — L. Reed, « Great Expectations : Where Does the Proliferation of International Dispute Resolution Tribunals Leave International Law ? », *Proc.*, vol. 96, 2002, p. 219-231. — S. Karagiannis, « La multiplication des juridictions internationales : un système anarchique ? », *in* SFDI, colloque de Lille, *La juridictionnalisation du droit international*, Pedone, 2003, p. 7-161. — M. Bedjaoui, « "La multiplication des tribunaux internationaux", ou La bonne fortune du droit des gens », *ibid.*, p. 529-545. — Y. Shany, *The Competing Jurisdictions of International Courts and Tribunals*, Oxford UP, 2003, LXIX-348 p. — A.M. Slaughter, « A Global Community of Courts », *Harvard I.L.Jl.* 2003, p. 191-219. — M. Kawano, « L'affaire du thon à nageoire bleue et les chevauchements de juridictions internationales », *AFDI* 2004, p. 516-541. — O. Delas, P. Leuprecht et F. Crépeau dir., *Les juridictions internationales, complémentarité ou concurrence ?*, Bruylant, Bruxelles, 2005, 208 p. — A. Gattini, « Un regard procédural sur la fragmentation du droit international », *RGDIP* 2006, p. 303-336. — E.-U. Petersmann, « Justice as Conflict Resolution : Proliferation, Fragmentation, and Decentralization of Dispute Settlement in International Trade », *U. Pennsylvania Jl. Internl. Eco. L.* 2006, p. 273-366. — R. Higgins, « A Babel of Judicial Voices ? : Ruminations from the Bench », *ICLQ* 2006, p. 791-804. — T. Stephens, « Multiple International Courts and the 'Fragmentation' of International Environmental Law », *Austr. YBIL* 2006, p. 227-271. — A. Aust, « Peaceful Settlement of Disputes : a Proliferation Problem ? », *in Mél. Mensah* préc., 2007, p. 131-141. — Ch. Brown, *A Common Law of International Adjudication*, Oxford UP, 2007, LIII-303 p. — T. Treves, « Fragmentation of International Law : the Judicial Perspective », *Com. e Studi* 2007, p. 821-875.

Alors que la création des premières juridictions internationales des temps modernes remonte à 1907 (v. *infra*, n° 538) et que le développement du règlement juridictionnel s'est fait extrêmement lentement durant toute la plus grande partie du XXe siècle, depuis la fin de celui-ci on assiste à une prolifération de tribunaux, plus ou moins étroitement spécialisés. En l'absence de mécanisme de coordination – seule juridiction universelle à compétence générale, la CIJ ne bénéficie d'aucune primauté (au moins en droit), ce développement anarchique témoigne de la grande vitalité du droit international mais n'en pose pas moins quelques problèmes.

L'affaire *MOX*, relative à un litige entre l'Irlande et le Royaume-Uni sur la construction d'une unité de fabrication de combustible nucléaire constitue une très remarquable illustration de ces problèmes.

Dans un premier temps, l'Irlande a demandé la constitution d'un tribunal arbitral en application de l'article 32 de la Convention pour la protection du milieu marin de l'Atlantique du Nord-Est de 1992 ; elle soutenait que le Royaume-Uni avait manqué aux obligations prévues à l'article 9 de ladite Convention en refusant de lui fournir une copie complète du rapport d'évaluation portant sur la justification économique de l'usine ; par sa sentence du 2 juillet 2003, le Tribunal (« OSPAR ») a rejeté cette demande.

Peu après la constitution du Tribunal OSPAR, l'Irlande a saisi le TIDM qui a adopté une ordonnance indiquant une mesure conservatoire (obligation de consultation) dans l'attente d'une décision du tribunal arbitral constitué conformément à l'article 287 et à l'annexe VII de la Convention sur le droit de la mer de 1982, dont il a constaté la compétence *prima facie* (ord. du 3 décembre 2001, § 62). Par son ordonnance n° 3 du 24 juin 2003, ce Tribunal a reconnu que les problèmes en cause « concernent principalement le fonctionnement d'un ordre juridique distinct (à savoir l'ordre juridique des Communautés européennes) auquel les deux Parties à cette procédure sont soumises... » (§ 24) ; et tout en prononçant de nouvelles mesures conservatoires, il a considéré que, « [c]ompte tenu des circonstances, et en gardant à l'esprit les considérations de courtoisie et de respect mutuels qui devraient prévaloir entre institutions judiciaires qui peuvent l'une et l'autre être appelées à se prononcer sur les droits et obligations de deux États, il serait inapproprié qu'il procède à l'audition des Parties sur le fond du différend avant que ces problèmes soient résolus » (§ 38).

Considérant qu'en engageant une procédure de règlement des différends contre un autre État membre dans un cadre extra-communautaire, l'Irlande avait méconnu la compétence exclusive de la CJCE pour statuer sur tout différend relatif à l'interprétation et à l'application du droit communautaire, la Commission des Communautés européennes a engagé un recours en manquement contre celle-ci ; par un arrêt du 30 mai 2006, la Cour de Luxembourg a constaté que l'Irlande avait « manqué aux obligations qui lui incombent en vertu des articles 10 CE, 292 CE, 192 EA et 193 EA ». (V. Y. Kerbrat, « Le différend relatif à l'usine MOX de Sellafield (*Irlande/Royaume-Uni*) : connexité des procédures et droit d'accès à l'information en matière environnementale », *AFDI* 2005, p. 607-623 ; J. Finke, « Competing Jurisdiction of International Courts and Tribunals in Light of the *MOX Plant* Dispute », *GYBIL* 2006, p. 307-326 ; S. Maljean-Dubois, « L'affaire de l'Usine Mox devant les tribunaux internationaux », *JDI* 2007, p. 437-471).

6° Les caractéristiques que l'on vient d'évoquer traduisent l'importance du consentement concerté pour définir la compétence des organes juridictionnels ou arbitraux internationaux ainsi que la recevabilité des requêtes présentées de façon unilatérale.

Il existe cependant des *limites à l'incidence du consensualisme* : les organes juridictionnels et arbitraux disposent d'une compétence propre qui peut faire échec aux efforts des États pour remettre en question leur engagement initial ; les juridictions *stricto sensu* bénéficient en outre d'une permanence qui favorise l'apparition d'une jurisprudence, ce qui contribue à atténuer le caractère unique de chaque différend ; enfin, de par leur propre volonté, les États peuvent renoncer à maintenir leur monopole traditionnel en matière de saisine de juridictions internationales.

Cette dernière hypothèse reste exceptionnelle. On la rencontre surtout dans le cadre de relations ou d'organisations fortement intégrées. Ainsi, la protection des droits de l'homme justifie un élargissement de la recevabilité des recours des individus. De même, la solidarité étroite entre États membres des Communautés européennes autorise une généralisation du règlement juridictionnel de tous les différends relatifs à la mise en œuvre des traités constitutifs.

L'arbitrage, plus encore que le règlement juridictionnel, offre aux États la possibilité de fixer les modalités du règlement de leurs différends ; comme on l'a vu, ceci explique sa place encore considérable dans la pratique internationale. Il convient donc de les étudier successivement.

Section 1. — Le règlement arbitral.
Section 2. — Le règlement par une juridiction permanente.

Section 1
Règlement arbitral

BIBLIOGRAPHIE. — D. SCHINDLER, « Les progrès de l'arbitrage obligatoire depuis la création de la SdN », *RCADI* 1928-V, vol. 25, p. 237-361. — E. BOREL, « Les voies de recours contre les sentences arbitrales », *RCADI* 1935-II, vol. 52, p. 5-105. — G. SCELLE, « Rapports sur la procédure arbitrale », *Ann. CDI* 1950, 1951, 1957, 1958. — J.-P.-A. FRANÇOIS, « La Cour permanente d'arbitrage », *RCADI* 1955-I, vol. 87, p. 457-553. — L. SIMPSON et H. FOX, *International Arbitration*, Londres, 1959, 330 p. — Ph. CHAPAL, *L'arbitrabilité des différends internationaux*, Pedone, 1967, 294 p. — E. ZOLLER, « Observations sur la révision et l'interprétation des sentences arbitrales », *AFDI* 1978, p. 327-351. — E. DECAUX, « Pratique française en matière d'arbitrage », *AFDI* 1978, p. 352-372. — L. CAFLISCH, « L'avenir de l'arbitrage interétatique », *AFDI* 1979, p. 9-45. — S.M. SCHWEBEL, *International Arbitration, Three Salient Problems* (effet de nullité ou suspension du compromis, refus de l'arbitrage, retrait d'arbitre), Grotius Publ., Cambridge, 1987, XVIII-303 p. — A.M. STUYT, *Survey of International Arbitrations (1794-1984)*, Nijhoff, Dordrecht, 1990, XXI-658 p. — V. COUSSIRAT-COUSTÈRE et P.M. EISEMANN, *Répertoire de la jurisprudence arbitrale internationale (1794-1988)* Nijhoff, Dordrecht, 4 vols., 1989-1991, XXXIV-546 p., XXV-872 p., XXXV-2031 p. — C. GRAY et B. KINGSBURY, « International Arbitration since 1945 », *BYBIL* 1992, p. 197-234. — Ph. HAMILTON et as. ed., *The Permanent Court of Arbitration : International Arbitration and Dispute Resolution. Summaries of Awards, Settlement Agreements and Reports*, Kluwer, La Haye, 1999, XII-318 p. — H. JONKMAN, « The Role of the Permanent Court of Arbitration in International Dispute Resolution », *RCADI* 1999, t. 79, p. 9-50.

Sur le Tribunal des différends irano-américains : B. AUDIT, *JDI* 1985, p. 791-863. — Colloque du CEDIN, *Le Tribunal des différends irano-américains*, Imp. Univ. Paris X, 1985, L-116 p. — D. CARON, « The Nature of the Iran-U.S. Claims Tribunal and the Evolving Structure of International Dispute Resolution », *AJIL* 1990, p. 104-156. — R. KHAN, *The Iran-U.S. Claims Tribunal,* Nijhoff, Dordrecht, 1990, XV-343 p. — C.N. BROWER, « The Iran-United States Claims Tribunal », *RCADI* 1990, t. 124, p. 123-396 ; (avec J.D. BRUESCHKE), Nijhoff, La Haye, 1998, XX-911 p. — A.B. AVANESSIAN, *Iran-U.S. Claims Tribunal*, Graham et Trotman, Londres, 1991, 400 p. — J.-A. WESTBERG, *International Transactions Involving Government Parties. Case Law of the Iran-U.S. Claims Tribunal,* International Law Institute, Washington, 1991, XX-392 p. — W. MAPP, *The Iran-U.S. Claims Tribunal. The First Ten Years,* Manchester UP, 1993, XVII, 384 p. — G.H. ALDRICH, *The Jurisprudence of the Iran-United States Claims Tribunal,* Clarendon Press, Oxford, 1996, XV-590 p. — P. DAILLIER dir., « Tribunal irano-américain des réclamations », *AFDI* 1999, p. 515-553, 2000, p. 326-379, 2001, p. 283-326, 2002, p. 407-454 et 2003, p. 302-344. — D.D. CARON et J.R. CROOK, *The Iran-United States Claims Tribunal and the Process of International Claims Resolution*, Transnl. Publ., Ardsley, 2000, XIII-509 p.

Sur la Commission d'indemnisation des Nations Unies (Irak) : P. D'ARGENT, « Le Fonds et la Commission de compensation des NU », *RBDI* 1992, p. 485-518. —

B. STERN, « Une procédure mi-politique, mi-juridictionnelle... », Colloque IEP d'Aix, *Actualité des conflits internationaux*, Pedone, 1993, p. 171-185. — J. R. CROOK, « The UNCC — A New Structure to Enforce State Responsibility », *AJIL* 1993, p. 144-157. — J.M. GROSSEN, « Un quasi-arbitrage ? À propos de la Commission de compensation des NU et de sa procédure », *Mél. Lalive*, 1993, p. 509-516. — G. AFFAKI, « La CINU : trois ans d'épreuve au service du règlement des différends internationaux », *DPCI* 1994, p. 471-517. — R. J. BETTAUER, « The UNCC — Developments since 1992 », *AJIL* 1995, p. 416-425. — R. B. LILLICH ed., *The United Nations Compensation Commission*, Transnat. Pub., Irvington, 1995, XI-470 p. — L. BOUONY, « Regard sur la CINU », *AFDI* 1997, p. 116-131. — H. WASSGREN, « The UN Compensation Commission : Lessons of Legitimacy, State Responsibility, and War Reparations », *Leiden Jl. I.L.* 1998, p. 473-492. — M. FRIGESSI DI RATTALMA et T. TREVES ed., *The United Nations Compensation Commission ; A Handbook*, Kluwer, La Haye, 1999, XI-273 p. (recueil de documents). — N. WÜHLER, « The United Nations Compensation Commission : a New Contribution to the Process of International Claims Resolution », *Jl. of Il. Eco. L.* 1999, p. 249-272. — A. KOLLIOPOULOS, *La Commission d'indemnisation des Nations Unies et le droit de la responsabilité internationale*, LGDJ, 2001, XVI-483 p. — A. GATTINI, D. CARON et B. MORRIS, M. B. FOX, « The Compensation Commission » (trois articles), *EJIL* 2002, p. 161-221. — M. EICHLORST, *Rechtsprobleme der United Nations Compensation Commission*, Duncker & Humblot, Berlin, 2002, 255 p. — J.R. CROOK, « The UN Compensation Commission : What Now ? », *Forum DI* 2003, p. 276-282. — V. HEISKANEN, « The United Nations Compensation Commission », *RCADI* 2003, vol. 296, p. 255-397. — D. CAMPANELLI, « The United Nations Compensation Commission (UNCC) : Reflections on its Judicial Character », *LPICT* 2005, p. 107-139.

525. Évolution de l'arbitrage. — Plus respectueux de la souveraineté de l'État que le règlement juridictionnel, l'arbitrage l'a précédé dans l'histoire des relations internationales.

1° Dans l'Antiquité, il était déjà utilisé pour résoudre certains conflits religieux entre cités grecques. Au Moyen Âge, tant que la Papauté et le Saint Empire ont été en mesure d'imposer leur autorité aux princes, ceux-ci ont parfois soumis leurs différends à l'arbitrage de ces instances « superétatiques » (v. *supra*, n°s 12 s.).

Avec l'apparition des États modernes, l'arbitrage s'est raréfié : jaloux de leur jeune souveraineté, les nouveaux États n'acceptèrent pas de se soumettre au jugement d'un tiers. Selon Vattel, pour des conflits mineurs qui ne mettaient pas en péril « le salut des Nations » — largement entendu, les États en ont fait épisodiquement usage. Pour les conflits majeurs, le procédé politique de la négociation diplomatique restait le seul mode de règlement pacifique. Cette mise en veilleuse de l'arbitrage s'est prolongée jusqu'à la fin du XVIIIe siècle.

2° L'esprit pratique des Anglo-Saxons et leur prédilection pour des solutions transactionnelles furent les principaux facteurs de la renaissance puis de l'essor de l'arbitrage interétatique.

En vue de régler à l'amiable les problèmes multiples et complexes nés de l'indépendance américaine (délimitation frontalière, contentieux financier et commercial, etc.), les États-Unis et le Royaume-Uni signèrent le 19 novembre 1794 un traité — dit « Traité Jay » — pour soumettre leurs contestations à l'arbitrage de commissions mixtes auxquelles fut accordée compétence pour adopter des décisions obligatoires. Ces commissions fonctionnèrent jusqu'en 1831 et leurs résultats furent suffisamment positifs pour inciter d'autres États à suivre la même voie.

La technique utilisée à cette époque était celle de l'arbitrage « diplomatique ». D'un point de vue organique, il s'agissait soit d'un arbitre unique — un homme politique, le plus souvent un chef d'État, donc *un pair* et non un juge professionnel, soit d'un organe diplomatique mixte. La décision arbitrale était une *transaction*, un compromis plus ou moins équilibré entre prétentions opposées, non un jugement en droit.

3° L'arbitrage au sens étroit est une création postérieure à la guerre de Sécession (1861-1865), à l'occasion de l'affaire de *l'Alabama* jugée en 1872 (*RAI* vol. II, p. 713).

Le gouvernement des États-Unis reprochait au Royaume-Uni d'avoir manqué aux devoirs de la neutralité en permettant aux navires des insurgés sudistes — dont le plus redoutable et dévastateur avait été l'« Alabama » — de s'équiper et de se ravitailler au Royaume-Uni. Le litige fut soumis à l'arbitrage par le Traité de Washington de 1871. Cette convention innovait sur plusieurs points essentiels.

Pour la première fois, l'organe arbitral n'avait pas un caractère purement mixte : il était composé de cinq arbitres dont trois de nationalité autre que celle des parties. Pour la première fois aussi, le traité d'arbitrage précisait le droit applicable — des règles de neutralité dont le gouvernement britannique contestait qu'elles fussent en vigueur à l'époque des faits, ce qui avait retardé la conclusion du traité. Cette solution impliquait que la décision serait fondée sur le droit international et non sur des considérations d'opportunité ou d'équité.

4° Rapidement, la technique de l'arbitrage s'est perfectionnée. La première étape importante est constituée par la Conférence de La Haye de 1899 où fut adoptée une convention pour le règlement pacifique des conflits internationaux : son titre IV (art. 15 à 57) était entièrement consacré à l'arbitrage. Des améliorations lui ont été apportées par la convention correspondante n° I adoptée lors de la seconde Conférence de la Paix (La Haye, 1907).

5° De nouveaux progrès ont été réalisés après 1919, avec l'adoption par l'Assemblée de la SdN le 26 septembre 1928 de l'Acte général d'arbitrage, et la conclusion de conventions bilatérales. Au lendemain de la Seconde Guerre mondiale, l'Acte général d'arbitrage a été révisé par l'Assemblée générale de l'ONU (1949). Mais les progrès ont été plus significatifs au plan régional (Convention européenne de 1957) que dans les organisations universelles.

Pourtant la Commission du droit international avait été chargée très tôt de codifier le droit de l'arbitrage et avait présenté un projet en 1955, à partir des propositions de G. Scelle. L'Assemblée générale ayant rejeté l'idée d'une convention sur ce sujet, la Commission s'est contentée de transmettre un « modèle de règles sur la procédure arbitrale » que l'Assemblée a proposé à l'attention des États (1958). Ce relatif échec s'explique par les réticences de nombreux États à consacrer le « développement progressif du droit » incorporé dans le texte de G. Scelle ; mais c'est ce qui en a assuré le succès en tant que « modèle ».

La croissance contemporaine de l'arbitrage n'est qu'en partie la poursuite de l'évolution en faveur du règlement pacifique des différends interétatiques (cf. la Cour de conciliation et d'arbitrage au sein de l'OSCE). Une proportion importante des arbitrages internationaux actuels sont rendus dans des litiges qui opposent des États à des personnes privées étrangères, surtout à propos des investissements de puissantes sociétés transnationales (v. *infra*, n° 646).

Malgré les infléchissements sensibles du procédé de l'arbitrage, la définition donnée par l'article 37 de la Convention de La Haye reste pertinente :

« L'arbitrage international a pour objet le règlement des litiges entre les États par des juges de leur choix et sur la base du respect du droit.

« Le recours à l'arbitrage implique l'engagement de se soumettre de bonne foi à la sentence ».

Bien que cette définition, reprise de l'article 15 de la Convention de 1899, ait été consacrée par la CPJI (avis consult. du 21 nov. 1925, *Interprétation du Traité de Lausanne, série B* n° 12, p. 26) et la CIJ (arrêt du 16 mars 2001, *Délimitation maritime et questions territoriales entre Qatar et Bahreïn, Rec.* p. 76-77, § 113 ; v. aussi la sentence arbitrale du 19 oct. 1981, *Différend frontalier entre Chardjah et Doubaï, ILR*, vol. 91, p. 574-575), on peut lui reprocher de ne mettre qu'implicitement et partiellement en valeur l'importance du consentement des parties au différend dans tous les éléments de la technique de l'arbitrage.

On pourra vérifier la place importante du consensualisme en étudiant successivement : le recours à l'arbitrage, l'organe arbitral et la procédure arbitrale.

§ 1. — *Recours à l'arbitrage*

526. Caractère volontaire de l'engagement d'arbitrage. — La souveraineté implique le droit de refuser d'être attrait devant un tiers ; elle implique tout autant le droit de faire exception à ce refus par un engagement conventionnel (CIJ, 19 mai 1953, *Ambatielos, Rec.* p. 19). Ce consentement à l'arbitrage doit être suffisamment clair et précis pour constituer une véritable obligation juridique internationale.

Certaines conventions ont plutôt le caractère de conventions-cadres, définissant dans le principe le champ d'application *possible* de futurs engagements d'arbitrage. Tel est le cas de l'article 38 de la Convention I de La Haye de 1907 :

« Dans les questions d'ordre juridique et, en premier lieu, dans les questions d'interprétation ou d'application des conventions internationales, l'arbitrage est reconnu par les puissances contractantes comme le moyen le plus efficace et en même temps le plus équitable de régler les litiges qui n'ont pas été résolus par les voies diplomatiques.

« En conséquence, il *serait désirable* que, dans les litiges sur les questions susmentionnées, les puissances contractantes eussent, *le cas échéant*, recours à l'arbitrage *en tant que les circonstances le permettraient* ».

Aussi l'article 39 du même texte prévoit-il la conclusion de conventions d'arbitrage proprement dites.

Dans d'autres cas, l'acceptation de l'arbitrage est formulée en termes trop ambigus pour être réellement contraignante ou suppose encore la conclusion d'un compromis d'arbitrage (v. *infra*, n° 528). C'est la raison de l'échec de la tentative d'arbitrage conclue par une sentence d'incompétence le 4 août 2000, dans l'affaire du *Thon à nageoires bleues du Pacifique Sud*, Australie et Nouvelle-Zélande c. Japon (*ILM* 2000, p. 1358) : les fondements offerts par l'annexe VII de la Convention de Montego Bay, 1982, et l'accord régional de Canberra de 1993, par leur combinaison, exigeaient un consentement *a posteriori* des parties, absent en l'espèce.

Malgré leur portée juridique limitée, de telles dispositions ont une très grande importance dans les relations internationales. Du point de vue politique, ce qui importe, plus que le recours effectif au règlement arbitral, c'est la volonté manifestée par les États de recourir à un procédé pacifique pour apaiser leurs différends. On peut transposer ici la formule de Politis : « au point de vue du maintien de la paix, le compromis a plus de valeur que la sentence ». Ces conventions traduisent en effet une approche nouvelle du maintien de la paix.

Les conventions d'arbitrage — ou les clauses arbitrales d'un traité dont l'objet principal n'est pas le règlement des différends — peuvent être conclues après qu'un litige est né et aux seules fins de ce litige : c'est l'application dans toute sa plénitude de la technique de l'arbitrage *facultatif*.

Malgré les apparences, certains traités prévoyant le règlement des différends par voie d'arbitrage ne sont pas des engagements d'arbitrage obligatoire, mais des illustrations de l'arbitrage facultatif. Les dispositions selon lesquelles l'engagement ne sera parfait que par la conclusion d'un compromis entre les parties à un litige donné ne sont effectives que postérieurement au litige et à la condition que le compromis soit conclu : c'est le cas du Pacte de 1945 pour les États de la Ligue arabe et du Protocole de 1964 pour les membres de l'OUA.

Cette solution présente des inconvénients politiques et juridiques. Pour les éviter, les États peuvent exprimer leur accord sur l'arbitrage préalablement aux litiges éventuels et organiser à l'avance la procédure : tant que le traité survit, le recours à l'arbitrage est *obligatoire* et *permanent*.

A. — Arbitrage facultatif

527. Compromis d'arbitrage. — L'accord des parties sur le recours à l'arbitrage, à l'occasion d'un litige donné, s'exprime par voie de traité, les conventions ayant cet objet sont dénommées « compromis d'arbitrage ». S'appliquent donc au compromis d'arbitrage les principes du droit des traités. La validité du consentement et, par voie de conséquence, de l'obligation d'arbitrage elle-même dépend de la validité et de l'opposabilité du compromis.

Comme pour d'autres traités, l'entrée en vigueur du compromis exige la mise en œuvre des procédures de conclusion (ratification avec l'« assentiment » du Sénat, pour les États-Unis ; compétence exclusive de l'exécutif en France).

La validité internationale du compromis répond aux conditions habituelles du droit des traités (v. *supra*, n°s 114 s.).

Reconnaissant la possibilité (en tout cas dans le contentieux arbitral mixte) d'une saisine par le biais d'un compromis *non écrit*, v. CIRDI, *Salini Costruttori S.p.A. c. Jordanie*, ARB/02/13, 31 janvier 2006, par. 70 s. ; *MCI Power Group L.C. and New Turbine, Inc. c. Équateur*, ARB/03/6, 31 juillet 2007, par. 323.

Les parties fixent librement le contenu du compromis : les règles des conventions multilatérales sur le règlement pacifique des différends n'ont qu'un caractère supplétif. La volonté des États s'impose à l'organe arbitral qu'ils mettent en place. Le compromis est donc la « loi de l'arbitrage » : on y trouvera la définition de l'objet du litige, les conditions de désignation des arbitres, les pouvoirs de ces derniers, les règles de procédure, éventuellement le droit applicable par les arbitres.

(V. l'illustration célèbre de la Convention de Washington de 1871, dans l'affaire de l'*Alabama, supra*, n° 525 ; et plus récemment le compromis franco-britannique de 1974 dans l'affaire du *Plateau continental de la mer d'Iroise, RGDIP* 1975, p. 677, le compromis franco-néo-zélandais du 14 février 1989 dans l'affaire du *Rainbow Warrior, RGDIP* 1989, p. 491, celui de Paris du 3 octobre 1996 dans l'affaire des *Îles Hanish* entre l'Érythrée et le Yémen, *RGDIP* 1996, p. 1125).

Le risque est moins de voir les États abuser de cette liberté pour poser des règles dérogatoires aux modèles de règles offerts par les conventions générales, que de les voir négliger certaines précisions techniques. Si les parties n'ont pas pris la précaution de donner aux arbitres tous pouvoirs pour combler ces lacunes éventuelles, l'inconvénient est limité dès lors que ces États sont parties aux conventions générales de règlement des différends. Dans ce cas, le silence du compromis est corrigé par l'application des règles supplétives contenues dans ces conventions générales (art. 51 de la Convention de La Haye de 1907).

La meilleure solution technique consiste, comme y invitent les articles 53 et 54 de la Convention de 1907, à confier à une commission nommée par les parties le soin de rédiger le compromis. La présence d'experts permet d'espérer qu'aucun élément nécessaire à la conduite de la procédure ne sera oublié. Le « modèle de règles » de la CDI (1958) fournit une liste des questions qui doivent être envisagées par le compromis.

B. — Arbitrage « obligatoire »

528. Formes de l'engagement d'arbitrage obligatoire. — L'acceptation de l'arbitrage pour des litiges encore éventuels est un progrès du droit de l'arbitrage, en ce qu'elle permet de définir la portée de ce mode de règlement en l'absence de tension politique, à l'issue d'une négociation diplomatique, mais surtout en ce qu'elle autorise le déclenchement unilatéral de la procédure d'arbitrage lorsque survient un litige : c'est en ce sens que l'on peut parler d'arbitrage « obligatoire » dont la CIJ a rappelé la portée dans son avis consultatif du 26 avril 1988 (*Applicabilité de l'obligation d'arbitrage en vertu de l'accord du 26 juin 1947 relatif au siège de l'ONU, Rec.*, p. 12).

En réalité, même lorsque l'engagement est contraignant, il reste souvent nécessaire de conclure un compromis pour préciser la procédure d'arbitrage et l'objet de la demande. Ceci est d'ailleurs souvent prévu expressément par les parties (v. les accords de Paris du 21 mai 1996 et du 3 octobre 1996 entre l'Érythrée et le Yémen dans le différend sur les *îles Hanish*).

A fortiori en va-t-il ainsi lorsqu'on peut douter du caractère obligatoire de l'acceptation : l'arbitre désigné par la convention recherchera une confirmation explicite de son « mandat » par un compromis d'arbitrage. Le problème s'est posé en ces termes dans plusieurs affaires opposant le Chili à l'Argentine, où le fondement de la procédure de règlement résidait dans le Traité de Santiago du Chili du 22 mai 1902 (affaire de la *Frontière andine*, accord du 6 nov. 1964 ; affaire du *Canal de Beagle*, compromis du 22 juillet 1971).

Le nombre de tels engagements a augmenté régulièrement au XXe siècle, par voie tant de traités multilatéraux que de conventions bilatérales, tant au plan universel qu'à l'échelon régional, tant pour le règlement des différends en général que pour le règlement de litiges spécifiques.

1° *Technique de la clause compromissoire.* — L'engagement d'arbitrage peut être contenu dans une clause d'un traité dont l'objet est autre que le règlement des différends. Cette clause « compromissoire » appartient en général au groupe des clauses « finales » du traité. La portée de la clause compromissoire peut varier.

La clause est dite « spéciale » lorsqu'elle prévoit le recours à l'arbitrage pour les seuls litiges « relatifs à l'application et à l'interprétation » du traité qui la contient.

À la différence du déclin constaté après 1945 pour les traités d'arbitrage, l'inclusion de clauses spéciales d'arbitrage est encore une pratique courante. On rencontre souvent ce type de clauses dans les traités bilatéraux de paix, de commerce et d'établissement, de transports aériens, de sécurité sociale, de relations de voisinage. Mais tout traité peut s'y prêter (v. par exemple l'article 4 de la Convention du 18 février 1949, relative aux modalités d'indemnisation des intérêts belges dans les entreprises de gaz et d'électricité nationalisées par la France en 1946). Cette pratique est beaucoup moins fréquente pour des traités multilatéraux, à l'exception des conventions relatives aux communications internationales (transports maritimes et aériens). Les organisations internationales, qui ne peuvent, en général, saisir une juridiction internationale y recourent souvent – cf. l'article 29 de l'Accord de siège entre la France et l'Unesco du 2 juill. 1954 ; ou l'article 15 de l'Accord sur le statut des forces entre l'UE et le Gabon du 16 juin 2005 ; au sujet de la pratique de l'UE et de la CE en matière de règlement des différends, v. plus largement A. Rosas, *GYBIL* 2004, p 284-322.

La clause compromissoire est dite « générale » lorsqu'elle vise tous les différends susceptibles de naître du fait du traité qui la contient.

Voir, par exemple, l'article 9 de la Convention de 1952 mettant fin au régime d'occupation de la République fédérale d'Allemagne par les États-Unis, la France et le Royaume-Uni.

Un même traité contient parfois des clauses compromissoires des deux types : ainsi de la plupart des conventions bilatérales actuelles sur la protection et l'encouragement des investissements étrangers, qui contiennent un engagement d'arbitrage intergouvernemental, de type spécial, et un engagement sur les différends entre État-hôte et investisseurs privés, le plus souvent de type général.

La pratique française, dans ce domaine, s'est rapidement enrichie au cours des dernières années (99 conventions bilatérales en 2008), comme celle de la plupart des États, quel que soit leur degré de développement. Dans ces accords, l'arbitrage intergouvernemental reste conforme aux canons classiques ; par contre, la clause compromissoire générale renvoie souvent à « l'arbitrage CIRDI » ou à l'arbitrage selon le « modèle CNUDCI » (v. *supra*, n° 437).

2° *Technique du traité d'arbitrage* — L'engagement d'arbitrage obligatoire est d'une portée plus large quand il est contenu dans un traité portant sur le règlement des différends : la négociation des accords de ce genre ne mérite en effet d'être engagée que si des catégories assez larges de différends sont concernées.

La clause compromissoire est l'accessoire du traité auquel elle appartient. Le traité d'arbitrage permanent et obligatoire est un traité autonome.

Jusqu'en 1914, les traités d'arbitrage obligatoire étaient essentiellement des traités bilatéraux (139 conventions, liant 47 États ; le plus important, d'un point de vue politique, étant le Traité franco-britannique de 1903). La période de l'entre-deux-guerres est marquée par la poursuite de la conclusion de traités bilatéraux, où l'arbitrage est souvent couplé avec la conciliation (v. *supra*, n° 509), et par des tentatives d'engagements multilatéraux : si le Protocole de Genève de 1924, étroitement lié au Pacte de la SdN, fut un échec, l'Acte général de 1928 est rapidement entré en vigueur pour 23 États. La concurrence de la CPJI a cependant entraîné une relative éclipse du recours à l'arbitrage. Les Nations Unies n'ont pu que prolonger l'existence de l'Acte général de 1928 — dénoncé par plusieurs États depuis 1949 — et approuver un « modèle de règles » en 1958 (v. *supra*, n° 500). Quelques conventions multilatérales régionales ont pu être adoptées (v. *supra*, n° 500). Mais le nombre de traités bilatéraux est resté très réduit.

529. Champ d'application de l'engagement d'arbitrage. — Tout différend est « arbitrable » si telle est la volonté des parties. La pratique de l'arbitrage le confirme : ni la gravité des intérêts politiques en jeu (intérêts économiques et stratégiques dans l'affaire du *Canal de Beagle,* souveraineté territoriale dans l'affaire des *Îles Hanish*) ni le caractère très technique du différend (interprétation d'accords aériens) ne font obstacle au recours à l'arbitrage.

Lorsque l'arbitrage est fondé sur l'application du droit international, un différend est arbitrable, selon Max Huber, s'il est « susceptible d'une décision sur la base du droit international » (27 août 1924, *Biens britanniques au Maroc espagnol*, *RSA*, vol. II, p. 637). Plus spécifiquement, l'arbitrabilité d'un différend est l'« aptitude d'un différend à remplir les conditions pour répondre à une obligation d'engagement d'arbitrage » (J. Salmon, *Dictionnaire de droit international public*, Bruylant, Bruxelles, 2001, p. 76), c'est-à-dire, s'il satisfait les conditions de la clause compromissoire (v. aussi art. 3, § 1, du projet de la CDI sur la procédure arbitrale, *Ann. CDI* 1958, vol. II, p. 5).

1° *Conflits politiques.* — Il ressort de certaines conventions que la volonté des parties est de considérer comme arbitrables des litiges qui n'appartiennent pas à l'énumération des différends juridiques selon les mêmes textes.

Par exemple, l'article 21 de l'Acte général de 1928, qui soumet à l'arbitrage les conflits « autres que ceux visés à l'article 17 », c'est-à-dire autres que les litiges juridiques.

Les auteurs qui sont partisans d'une conception strictement juridictionnelle de l'arbitrage qualifient de « néo-arbitrage » cet arbitrage « élargi » aux conflits non « juridiques ». Il s'agit bien là d'un nouvel aspect de l'évolution de l'arbitrage. Cet élargissement de l'arbitrabilité est consacrée par les clauses compromissoires « générales », qui soumettent à l'arbitrage obligatoire « tous les conflits » nés de l'application des traités qui les contiennent, ou encore par l'article 19 de la Convention européenne pour le règlement pacifique des différends (1957), selon lequel :

« Les Hautes Parties contractantes soumettront à la procédure arbitrale *tous les différends* qui s'élèveraient entre elles autres que les différends visés à l'article 1er (c'est-à-dire autres que tous les “différends juridiques relevant du droit international”, qui sont obligatoirement soumis à la CIJ) et qui n'auraient pu être conciliés... ».

2° *Différends « juridiques ».* — La plupart des engagements limitent l'arbitrage aux conflits dits juridiques, c'est-à-dire, conformément à la définition classique donnée par la CPJI en 1924, « un désaccord sur un point de droit ou de fait, une contradiction, une opposition de thèses juridiques ou d'intérêts entre deux personnes » (*Concessions Mavrommatis en Palestine*, *série A* n° 2, p. 11 ; v. aussi, CIJ, 27 fév. 1998, *Lockerbie*, *Rec.* p. 17, § 22 et p. 122, § 21, 10 fév. 2005, *Certains biens*, *Rec.* p. 18, § 24, ou 3 fév. 2006, *Activités armées sur le territoire du Congo (RDC c. Rwanda)*, *Rec.* p. 40, § 89 ; ord., 16 juill. 2008, *Avena et as. (interprétation)*, § 53-57). Ceux-ci sont définis selon deux techniques différentes.

Parfois, les États procèdent de manière *systématique*, en faisant référence à une formule générale. Il en est ainsi des clauses compromissoires spéciales, qui visent les litiges découlant « de l'application ou de l'interprétation d'un traité ».

Les accords de Locarno et, à leur suite, l'article 17 de l'Acte général d'arbitrage de 1928, suivent la même démarche mais visent les « contestations au sujet desquelles les parties se contesteraient réciproquement un droit ». La formule, par sa subjectivité, n'est pas à l'abri de la critique.

D'autres textes procèdent de manière *empirique*, en énumérant les conflits estimés juridiques par les parties.

L'illustration devenue classique est fournie par l'article 13 du Pacte de la SdN, qui a été repris par les statuts respectifs de la CPJI et de la CIJ, ainsi que par l'article 1er de la Convention européenne de 1957 (v. *infra*, n° 544). L'inconvénient de cette technique est qu'elle ne fournit qu'une liste non limitative des différends juridiques. À l'inverse, la Convention de 1992 de la CSCE pose en principe que « tous les différends » sont arbitrables mais énumère ceux qui peuvent être soustraits à l'acceptation de la clause facultative d'arbitrage obligatoire (art. 26).

3° *Réserves.* — Il est rare que les engagements d'arbitrage obligatoire ne soient pas assortis de réserves. Pendant longtemps, celles-ci ont été formulées en des termes très larges.

Suivant le modèle fourni par le traité d'arbitrage franco-britannique du 14 octobre 1903, elles excluaient les litiges mettant en jeu « les intérêts vitaux », « l'indépendance » ou « l'honneur des États », et « les intérêts des tierces puissances ».

Fort justement, on a relevé que de telles réserves étaient trop *subjectives* et imprécises, et qu'elles risquaient de vider les engagements d'arbitrage de toute substance. Aussi y a-t-on progressivement renoncé. À l'heure actuelle, la pratique des réserves subsiste, mais elles sont rédigées avec un souci plus grand d'objectivité : seront exclus, par exemple, les litiges antérieurs à l'engagement d'arbitrage ou les litiges territoriaux. Naturellement, la réserve des conflits touchant la « compétence nationale » des États est la plus fréquente (v. *supra*, n° 287).

Cette pratique peut être canalisée par un engagement conventionnel : v., par exemple, l'article 35 de la Convention européenne de 1957 qui limite le type des réserves admissibles et en interdit l'utilisation pour ce qui concerne la conciliation ; en vertu de l'article 38 de cette convention, tout différend sur la portée d'une réserve doit être soumis à la CIJ ou à l'organe d'arbitrage.

530. Mise en œuvre de l'engagement d'arbitrage. — 1° *Conclusion d'un compromis.* — Le plus souvent, les engagements conventionnels ne créent qu'une obligation *de principe* de recourir à l'arbitrage. Pour que le recours soit effectif, il est alors nécessaire de déterminer la composition, les règles de fonctionnement et les pouvoirs de l'organe arbitral. Même lorsque ces questions ont été résolues dans le traité pertinent, il reste toujours nécessaire de préciser, par un nouvel accord, les questions qui seront posées à l'arbitre, c'est-à-dire l'objet concret du différend. Cet accord spécifique à un litige né est également qualifié « compromis d'arbitrage ». Dans la pratique la plus fréquente, ce compromis ne diffère guère du compromis « classique », celui conclu dans tous les cas où n'existe pas un engagement d'arbitrage obligatoire.

Devoir compter sur la bonne volonté des parties dans des situations de tension politique est un inconvénient certain : l'efficacité de l'engagement d'arbitrage est compromise en l'absence d'accord entre les parties. Pour limiter ce risque, les traités ou les clauses d'arbitrage prévoient souvent la possibilité de faire appel à un tiers pour pallier l'inertie de l'un des États en litige quant à la désignation des arbitres ou du surarbitre (v. *infra*, n° 531) ; plus rarement, il est prévu qu'un tiers facilitera la rédaction du compromis d'arbitrage ou se substituera aux parties défaillantes dans l'exécution de cette tâche, à l'expiration d'un certain délai (art. 5 et 4, § 2, de l'Accord de Paris du 21 mai 1996 sur le différend relatif aux *Îles Hanish* entre l'Érythrée et le Yémen, précité). À défaut, il peut aussi être admis que l'une des parties est en droit de saisir l'organe d'arbitrage par une requête unilatérale (art. 25 de la Convention européenne de 1957 précitée).

Cette responsabilité très large reconnue à un tiers est illustrée par l'Acte général d'arbitrage de 1928 et par certaines conventions bilatérales, telle la Convention de Santiago de 1902 entre l'Argentine et le Chili, mise en œuvre dans l'affaire du *Canal de Beagle* pour l'élaboration du compromis du 22 juillet 1971 (*RGDIP* 1971, p. 1231 et s.) ou par l'accord de Paris de 1996 sur le différend relatif aux *Îles Hanish*, précité.

2° *Contrôle de l'arbitrabilité.* — Les conflits sur ce point sont insolubles dès lors que chaque partie s'arroge compétence exclusive pour qualifier les litiges visés par l'engagement d'arbitrage. Par contre l'impasse peut être évitée si les États acceptent de soumettre le conflit sur l'arbitrabilité à un juge ou à un arbitre.

Face au refus des États-Unis de se soumettre à l'arbitrage prévu à la section 21 de l'Accord de siège de l'ONU du 26 juin 1947, l'Assemblée générale a demandé à la CIJ de se prononcer sur l'applicabilité de cette obligation par sa résolution 42/229 B (v. *Rec.* 1988, p. 12).

Même dans l'hypothèse la plus favorable, la compétence initiale des États parties pour qualifier le différend est de nature à rendre difficile la conclusion du compromis d'arbitrage. La partie qui conteste l'arbitrabilité du différend y trouve une justification ou un prétexte à son refus de conclure le compromis.

Les controverses sur la portée de l'engagement ou sur le sens d'une réserve qui lui est attachée sont assez fréquentes. La procédure suivie dans l'affaire *Ambatielos*, qui a opposé le Royaume-Uni à la Grèce, illustre toutes les difficultés qui peuvent en résulter. La Grèce, agissant au profit d'un de ses ressortissants qui n'avait pu obtenir satisfaction dans un litige contractuel avec la Grande-Bretagne, réclamait l'arbitrage en invoquant une clause compromissoire spéciale (déclaration annexée à un traité de 1926 prévoyant l'arbitrage pour les réclamations fondées sur un traité de 1886) ; la Grande-Bretagne s'y refusait car, selon elle, il ne s'agissait pas d'un différend portant sur l'interprétation et l'application de ce dernier traité. La Grèce saisit de ce différend la CIJ, qui se reconnut compétente (arrêt du 1er juillet 1952, *Rec.* p. 28) et considéra que le différend était bien soumis à l'obligation d'arbitrage (arrêt du 19 mai 1953, *Rec.* p. 10). Il fut alors possible de constituer l'organe arbitral chargé de statuer au fond.

Dans l'affaire des *Îles Hanish*, les deux parties ne purent s'entendre sur la définition exacte du différend, qui fut tranché en deux temps ; en application de l'article 2 du compromis, la première phase fut consacrée à la souveraineté et à la définition de la portée du différend entre l'Érythrée et le Yémen (v. la sentence du 9 octobre 1998, § 73 à 90, *Ann. Droit de la mer 1998,* p. 580 s.)

§ 2. — *L'organe arbitral*

531. Constitution de l'organe arbitral. — Dans le cadre d'une justice non institutionnalisée, la libre volonté des États demeure la règle d'or. C'est par accord entre les parties que se constitue l'organe arbitral chargé du règlement. Elles l'établissent à propos de chaque litige — ou d'un groupe de litiges tels que ceux issus d'un conflit armé — et pour ce seul litige ou groupe de litiges, parfois pour une durée prédéterminée. Le caractère occasionnel de cet organe reste le principe, en dépit de certaines tentatives d'institutionnalisation (v. *infra*, n° 534).

Confirmant une coutume bien établie, tous les textes généraux sur l'arbitrage reconnaissent le droit des parties de créer elles-mêmes le tribunal ou subordonnent à leur accord l'intervention d'un tiers pour faciliter la mise en place de cet organe.

Voir l'article 55 de la Convention I de La Haye de 1907, l'article 21 de l'Acte général d'arbitrage de 1928, l'article 20 de la Convention européenne de 1957, l'article 3 du « modèle de règles » de 1958 de la CDI. L'intervention de tiers pour éviter une impasse lors de la constitution de l'organe arbitral est organisée de façon détaillée mais à titre très subsidiaire, par les mêmes textes : le tiers ainsi désigné est le plus souvent le Président de la CIJ, parfois aujourd'hui le Président de la Cour de justice des Communautés européennes ou le Secrétaire général des Nations Unies.

Malgré les précautions prises, l'obstruction des États est souvent difficile à contourner : ainsi dans l'affaire de *l'Interprétation des traités de paix avec la Bulgarie, la Hongrie et la Roumanie*, l'avis consultatif de la CIJ du 18 juillet 1950 a dû reconnaître qu'il était impossible au Secrétaire général des Nations Unies de désigner le tiers membre aussi longtemps que certains États refusaient — même irrégulièrement — de désigner le membre national des commissions arbitrales (*Rec.* p. 221).

Sur une tentative de récusation unilatérale d'un arbitre « neutre », v. la sentence arbitrale États-Unis / Iran du 15 janvier 1982, *ILR*, vol. 68, p. 513-522.

532. Structure de l'organe arbitral. — 1° *Arbitre unique.* — L'organe constitué d'un seul arbitre est la formule la plus ancienne. Longtemps pratiqué et consacré par la Convention de 1907 (art. 56), l'arbitrage par chef d'État est en déclin. Par contre, le choix d'un arbitre unique parmi des experts (jurisconsulte, diplomate, magistrat, etc.) reste fréquent.

Au début du XIXe siècle, le roi d'Espagne était volontiers choisi pour arbitrer les conflits de frontières entre les nouveaux États d'Amérique latine. Plus récemment, la reine d'Angleterre a rendu deux sentences importantes dans les différends frontaliers entre l'Argentine et le Chili (9 décembre 1966, affaire de la *Frontière des Andes, RSA*, vol. XVI, p. 109-182, *RGDIP* 1967, p. 257-261 et 22 avril 1977, affaire du *Canal de Beagle*, *RSA*, vol. XXI, p. 57-223). En réalité, c'est un tribunal composé de juristes éminents qui, dans les deux cas, a rédigé la sentence, la Reine se bornant à l'endosser. Cette tradition du juge unique-chef d'État européen pour des litiges extra-européens tend à disparaître (v. L.I. Sanchez Rodriguez, « Un arbitrage territorial strictement latino-américain dans l'affaire de la « Laguna del desierto » », *AFDI* 1994, p. 465-483). Pour un exemple récent de renvoi à la décision d'un expert unique, v. l'Accord franco-canadien du 17 mai 2005 relatif à l'exploration et l'exploitation des champs d'hydrocarbures transfrontaliers, art. 3 et annexe III.

2° *Commission mixte.* — L'arbitrage par commission mixte a pour origine le Traité Jay de 1794, entre les États-Unis et la Grande-Bretagne (v. *supra*, n° 525). Dans sa forme originelle pure, elle revêt une forme paritaire et ne comprend que des membres désignés par les parties parmi leurs ressortissants. Pour départager les commissaires nationaux, un *surarbitre* (« *umpire* », dans la terminologie anglo-saxonne) ressortissant d'un État tiers peut être désigné : il ne siège et ne participe à la délibération qu'en cas de désaccord entre les deux groupes de commissaires nationaux.

Tout en conservant le principe paritaire, les parties peuvent décider de faire jouer un rôle plus actif au surarbitre, qui assure une véritable présidence « neutre » de l'organe arbitral. De plus, il est parfois prévu que tous les membres « nationaux » ne seront pas des ressortissants des parties au différend.

Ces « assouplissements » de la forme pure, formules de transition vers le tribunal collégial, ont été utilisés à plusieurs reprises au XXe siècle : commissions de 1903 entre le Venezuela et divers États européens (Italie, Allemagne, Grande-Bretagne), commissions établies en 1922 et 1927 entre le Mexique et la France et entre le Mexique et la Grande-Bretagne.

3° *Tribunal collégial.* — Le plus souvent, aujourd'hui, les parties établissent un organe comprenant trois à cinq membres, selon diverses pondérations : soit trois neutres constituant la majorité et chaque partie désignant un membre ; soit deux arbitres nationaux et un neutre ; soit uniquement des neutres. Cette structure collégiale est considérée comme la solution la meilleure au point de vue technique, en raison des garanties d'impartialité fournies par la présence majoritaire d'arbitres neutres et par la présence d'un neutre à la présidence de l'organe (« surarbitre »).

La formule à cinq membres dont trois neutres a été retenue pour la première fois par la Convention de Washington de 1871 pour le tribunal chargé de régler les séquelles de la guerre de Sécession dans les rapports entre les États-Unis et le Royaume-Uni (en particulier l'affaire de *l'Alabama* ; v. *supra*, n° 525-3°).

Il convient de ranger dans cette catégorie les tribunaux arbitraux mixtes (TAM) créés en vertu des traités de paix de 1919. Chacun d'eux était composé de deux nationaux des États en litige et était présidé par un neutre désigné par les premiers ou, à défaut de leur accord, par le Conseil de la SdN. Leur compétence portait sur les litiges relatifs aux mesures prises pendant la guerre par les gouvernants ennemis contre les biens des ressortissants des pays vainqueurs. Les parties étaient des États belligérants groupés deux à deux : il y avait ainsi un TAM franco-allemand, un TAM anglo-allemand, etc. Une de leurs caractéristiques originales était de pouvoir être saisis par des particuliers (v. *supra*, n°s 438 s.). C'est également la formule retenue pour les tribunaux arbitraux dans les affaires des *Îles Hanish* entre l'Érythrée et le Yémen (art. 2 de l'accord de Paris du 21 mai 1996) et du *Tracé de la frontière Érythrée/Éthiopie* (art. 4 de l'accord de paix d'Alger du 12 décembre 2000).

Les « commissions de conciliation » constituées par les traités de paix de 1947 fonctionnaient selon des principes comparables et constituaient donc de véritables tribunaux arbitraux.

533. Pouvoirs de l'organe arbitral. — 1° *Compétence de sa compétence.* — Les compétences de l'organe arbitral dérivent du compromis d'arbitrage. Mais, parce qu'il a un caractère juridictionnel, cet organe est habilité à interpréter ce compromis. Comme tout juge, il détient la « compétence de la compétence », c'est-à-dire qu'il peut trancher une contestation entre les parties sur l'étendue de sa compétence (v. en ce sens la décision 2-A2-FT, *États-Unis / Iran*, 21 décembre 1981, *Iran-US CTR*, vol. 1, p. 101 ; la décision avant dire droit rendue par la Commission d'arbitrage pour l'ex-Yougoslavie le 4 juillet 1992, *RGIDP* 1992, p. 584).

L'article 9 du « modèle de règles » de la CDI codifie cette règle coutumière en ces termes : « Le tribunal arbitral, juge de sa compétence, dispose du pouvoir d'interpréter le compromis et les autres instruments sur lesquels cette compétence est fondée » (résol. de l'AG 989 (X) du 14 déc. 1955). En contrepartie, une interprétation irrégulière du compromis conduisant à une extension abusive des pouvoirs de l'arbitre est constitutive d'excès de pouvoir.

2° *Détermination du droit applicable.* — Comme tout juge, l'arbitre doit statuer selon le droit, même lorsqu'il ne dispose d'aucune directive quant au droit applicable.

L'article 91 du « modèle de règles » de la CDI déclare : « le tribunal ne peut prononcer le *non liquet* sous prétexte du silence ou de l'obscurité du droit à appliquer ».

Le plus souvent, le compromis se contente de renvoyer aux diverses sources du droit international (v. par exemple l'article V de la déclaration d'Alger du

19 janvier 1981 sur le règlement du contentieux entre les États-Unis et l'Iran ou l'article 3 de l'accord de Paris du 21 mai 1996 et l'article 2 du compromis, Érythrée-Yémen, précités, qui insistent sur certaines sources telle la Convention de Montego Bay de 1982). Dans le silence du compromis sur le droit applicable, l'arbitre applique automatiquement le droit international positif, de préférence même à un droit national lorsqu'une hésitation est permise (v., en ce sens, la jurisprudence du Tribunal irano-américain mis en place en 1981). En l'absence d'une solution conventionnelle ou d'une règle coutumière pertinente, il fera appel aux principes généraux de droit ou aux principes généraux du droit international (v., par exemple, la sentence de 1977 dans l'affaire du *Plateau continental de la mer d'Iroise*, *RSA*, vol. XVIII, p. 130).

Lorsque le compromis d'arbitrage établit des règles spéciales pour un cas d'espèce, l'arbitre doit en faire usage, en priorité.

La négociation du Traité de Washington de 1871, entre les États-Unis et le Royaume-Uni, a été très lente et difficile car les parties étaient en désaccord sur les règles de la neutralité qui devraient être mises en œuvre par l'organe d'arbitrage. Le Royaume-Uni a fini par admettre des règles qui, selon lui, n'appartenaient pas au droit positif lors de la guerre de Sécession. Cette pratique n'est pas isolée, même si elle n'est pas toujours aussi spectaculaire et si elle tend à se raréfier : compromis entre les États-Unis et le Venezuela dans l'affaire de la *Compagnie de navigation de l'Orénoque* (arbitrages de 1894 et de 1910 : *RGDIP* 1911, p. 186) ; compromis du 11 avril 1935 entre les États-Unis et le Canada dans l'affaire de la *Fonderie de Trail* (*RSA* vol. III, p. 1907).

3° *Pouvoirs spéciaux.* — *a)* Dans certains cas, l'organe arbitral reçoit expressément le pouvoir *d'amiable composition*, c'est-à-dire le pouvoir d'établir une solution transactionnelle sur la base de considérations non juridiques. L'organe arbitral doté d'un tel pouvoir de décision exerce, en pratique, une fonction de *conciliation* obligatoire.

Les clauses d'amiable composition n'étaient pas exceptionnelles dans les compromis relatifs à des contestations territoriales au début du XIXe siècle : affaires de l'*Île de Bulama*, en 1870 (*RSA* vol. II, p. 612), et de la *Baie de Dealagoa*, en 1875, entre le Portugal et la Grande-Bretagne (*RSA*, vol. III, p. 637) ; affaire de la *Guyane* en 1891, entre la France et les Pays-Bas (H. La Fontaine, *Pasicrisie internationale*, 1902, p. 329). Dans l'affaire de la *Frontière de l'Est* entre la République d'Orange et la République sud-africaine (1870), le roi des Pays-Bas, arbitre unique, a statué en amiable compositeur (*RSA*, vol. II, p. 576) ; la régularité de son comportement était douteuse, car il n'avait pas reçu mandat d'agir de cette manière.

b) Une clause spéciale du compromis peut prévoir un règlement *ex aequo et bono* (v. *supra*, n°s 229 s.).

L'article 28 de l'Acte général de 1928 érige même *en règle* le droit de l'organe arbitral de statuer *ex aequo et bono* en cas de lacune du droit positif. C'est certainement aller au-delà de ce que souhaitent généralement les États (prévue dans de nombreux traités de conciliation et d'arbitrage des années 1925-1935 encore en vigueur, et dans quelques accords économiques des années 1960, une telle clause doit être confirmée dans le compromis spécial établi pour un différend particulier).

Lorsque l'arbitre est autorisé à faire usage de l'équité comme élément d'application du droit, il dispose d'une latitude qui rend sans objet une éventuelle compétence d'amiable composition.

c) S'éloignant plus encore du rôle habituel du juge, certains compromis autorisent les arbitres à établir des règles de droit applicables dans l'avenir et destinées à prévenir des conflits semblables à celui qui a nécessité leur intervention. L'organe arbitral devient un véritable législateur. La clause du compromis qui octroie un tel pouvoir est dite clause de *règlement d'intérêts*.

Cette hypothèse reste exceptionnelle. On a pu l'observer dans l'affaire des *Pêcheries des phoques à fourrure de la mer de Béring* (15 août 1893, *Clunet* 1893, p. 1259), dans celle des *Pêcheries de l'Atlantique* (7 septembre 1910, *RSA* vol. XI, p. 173) et dans celle de la *Fonderie de Trail* (1938, *RSA* vol. III, p. 1911).

534. Tentatives d'institutionnalisation. — On vient de le voir, la technique de l'arbitrage a une efficacité pratique limitée en raison des difficultés pour établir un organe arbitral disposant d'une compétence assez large pour régler l'ensemble des litiges juridiques qui opposent les États. Plusieurs réponses ont été apportées aux insuffisances du système coutumier de l'organe occasionnel.

Les unes sont pragmatiques : l'engagement conventionnel garantit la résolution d'une série de litiges connexes ou semblables (mécanisme des commissions mixtes de conciliation d'après-guerre, des tribunaux arbitraux entre États européens et latino-américains, du tribunal entre l'Iran et les États-Unis créé en 1980) : on peut alors parler *d'institutionnalisation de fait.* D'autres solutions visent à renforcer la portée de l'engagement initial et à réduire celle du compromis, quant à la constitution de l'organe arbitral. Elles correspondent à une véritable *institutionnalisation juridique*, en permettant de passer outre à la mauvaise volonté de l'une des parties. Cependant, si des progrès dans ce sens sont possibles, ils ne peuvent supprimer complètement le caractère occasionnel de la technique arbitrale : si l'organe d'arbitrage acquiert la permanence ou si la saisine unilatérale de cet organe devient la règle, la distinction entre arbitrage et règlement « judiciaire » s'estompe totalement.

1° *La Cour Permanente d'Arbitrage (CPA).* — Cette institution a été créée par la Convention de La Haye de 1899 pour le règlement des conflits et confirmée par celle de 1907 (Convention I). Contrairement à ce que laisse supposer sa dénomination, la CPA n'est pas une juridiction. De plus, elle n'apporte même pas une réponse satisfaisante à la question de la constitution automatique de l'organe d'arbitrage.

Ce n'est pas une juridiction car elle ne comporte aucun organe de jugement propre, préexistant aux litiges et s'imposant aux parties. La CPA consiste en une liste internationale d'arbitres, constituée par l'addition des listes « nationales » d'arbitres, listes établies par les États parties aux conventions de 1899 et 1907.

Chaque État désigne parmi ses nationaux, pour six ans, quatre arbitres qui formeront sa liste nationale. Quand des États décident de porter leur différend devant la CPA, ils choisissent eux-mêmes, librement, conformément à la règle traditionnelle, les arbitres parmi ceux figurant sur la liste internationale.

Le seul organe permanent de cette « Cour » est le Bureau international qui lui sert de greffe.

L'utilité de cette institution n'en est pas moins réel. Elle permet de mettre à la disposition des parties une liste d'arbitres dans laquelle elles sont assurées de trouver des personnes qualifiées, quels que soient la nature et l'objet de leur différend. C'est avant tout un support matériel commode — fourniture de locaux et d'un secrétariat informé de la pratique arbitrale — et un modèle de règles pour la procédure arbitrale en cas de lacunes du compromis d'arbitrage : avantages non négligeables dans la mesure où l'incertitude procédurale peut fournir des prétextes à la contestation ultérieure de la validité de la sentence arbitrale.

En soi le système de la liste ne fournit pas la garantie que l'organe arbitral sera mis en place. Le progrès apporté à cet égard par l'article 45 de la Convention de La Haye de 1907 est restreint.

Les États qui saisissent la CPA, s'ils n'ont pas adopté une autre solution, nomment chacun un arbitre national et un arbitre de nationalité étrangère. Les quatre arbitres ainsi désignés se réunissent pour désigner le surarbitre. S'ils n'y parviennent pas, il doit être fait appel à d'autres États et, le cas échéant, procéder à un tirage au sort parmi les personnes proposées par ces États tiers. Cette procédure est particulièrement lourde et archaïque.

Après des débuts assez prometteurs — cinq affaires entre 1899 et 1907, douze entre 1908 et 1922 —, la CPA a connu un très net déclin. Vingt affaires seulement ont été jugées par la CPA en tant que telle, la dernière sentence arbitrale rendue dans ce cadre remontant à 1932. Toutefois, depuis lors, la Cour s'est efforcée de regagner la faveur des parties en litige, en diversifiant ses activités, notamment en s'ouvrant à des entités privées, et les services qu'elle est susceptible de leur offrir. Ces efforts ont porté des fruits depuis le début des années 1990.

En 1962, le Bureau de la CPA a adopté un « règlement d'arbitrage et de conciliation pour les conflits internationaux entre deux parties dont l'une seulement est un État » (v. G. Guyomar, *AFDI* 1962, p. 377-390). Ce règlement a été modifié en 1993 et a attiré depuis vers la Cour des investisseurs privés (cf. par ex. les affaires *Saluka Investments B.V. c. République tchèque*, qui a donné lieu à une sentence partielle du 17 mars 2006 ou *Eurotunnel c. France et Royaume-Uni* (sentence partielle du 30 janv. 2007) mais aussi, de manière inédite, un mouvement de libération nationale au sujet d'un différend frontalier avec un État (cf. l'affaire opposant le gouvernement du Soudan au Mouvement/Armée populaire de libération du Soudan [« l'Arbitrage Abyei »]). Cette tentative pour élargir le champ de l'arbitrage sous les auspices de la CPA et pour moderniser la procédure a été prolongée par l'adoption successive d'un nouveau règlement pour l'arbitrage entre deux États (1992), de règlements d'arbitrage pour les organisations internationales et les États d'une part, et les parties privées d'autre part (1996), et d'un règlement de procédure sur les commissions d'enquête (1997), règles facultatives pour le règlement arbitral des différends relatifs aux ressources naturelles et à l'environnement (2001). Plusieurs affaires interétatiques ou « mixtes » ont bénéficié des facilités offertes par la CPA (locaux, greffe, etc. ; v. en particulier les sentences du 9 octobre 1998 et du 19 décembre 1999, à propos du différend entre l'Érythrée et le Yémen, relatif à la souveraineté sur certaines îles de la mer Rouge, *RSA*, vol. XXII, p. 211-334, du 24 mai 2005 dans l'affaire du *Rhin de fer* entre la Belgique et les Pays-Bas ou du 30 janvier 2007 dans l'affaire opposant les concessionnaires d'*Eurotunnel* à la France et au Royaume-Uni).

2° *Projet de Cour de justice arbitrale* — Il fut discuté lors de la Conférence de La Haye de 1907, à l'initiative des États-Unis. Malgré des efforts pour concilier les points de vue des grandes puissances, qui refusaient d'être minoritaires, et de ceux des autres États, qui réclamaient une égalité fonctionnelle, la volonté unanime de respecter l'idée d'une composition restreinte a entraîné l'échec de cette première tentative d'arbitrage permanent. L'intérêt de cette négociation avortée est d'avoir prouvé l'irréalisme de certaines formules relatives à la composition d'une juridiction permanente. La leçon de l'échec sera tirée lors des discussions sur la création de la CPJI (v. *infra*, n°s 540-541).

3° *Renouveau de l'arbitrage institutionnalisé ?* — Plusieurs initiatives récentes ont pu donner à penser que l'arbitrage interétatique pourrait connaître un regain de faveur, au moins dans le cadre européen de l'après-guerre froide. Elles sont cependant restées sans lendemain, alors que les mécanismes institués au sein de l'ALENA sont vivaces.

a) La Commission d'arbitrage pour l'ex-Yougoslavie a été instituée par la Déclaration sur la Yougoslavie adoptée le 27 août 1991 par les ministres des Affaires étrangères des « douze » de l'Union européenne. Initialement composée des Présidents de cinq cours constitutionnelles d'États membres de la Communauté, elle l'a été après la Conférence de Londres sur l'ex-Yougoslavie des 26-27 août 1992, de trois Présidents de cours constitutionnelles, d'un juge à la CEDH et d'un membre désigné par le Président de la CIJ. Elle a, depuis sa création, été présidée par le Président du Conseil constitutionnel français, M. R. Badinter (« Commission Badinter »).

En principe compétente pour rendre des sentences arbitrales tranchant les différends qui lui étaient soumis par les États issus de la dissolution de l'ancienne Yougoslavie (sous réserve d'une « autorisation » des co-Présidents de la Conférence internationale pour l'ex-Yougoslavie), elle n'a été saisie qu'à titre consultatif soit par les co-Présidents, soit par le Conseil des ministres de la Communauté et a rendu quinze avis sur certains problèmes juridiques se posant dans le cadre de la conférence (v. A. Pellet, *AFDI* 1991, p. 329-348 ; 1992, p. 220-238 ; 1993, p. 286-304 ; M. Weller, *AJIL,* 1992, p. 569-607 ; C.R. Craven, *BYBIL* 1995, p. 333-414). Elle est depuis lors tombée en désuétude.

b) La Cour de conciliation et d'arbitrage au sein de la CSCE. La fin de la guerre froide a permis d'envisager, au début des années 1990, la création de mécanismes paneuropéens de règlement pacifique des différends. Tel a été le cas du « mécanisme de La Valette » institué en 1991, dont la mise en œuvre peut aboutir, à titre optionnel, à un quasi-arbitrage dans la mesure où les parties en litige peuvent décider « d'accepter tout avis ou observation de l'Organisme comme ayant force obligatoire partiellement ou totalement » (v. *supra,* n° 521). Cette procédure irréaliste a été légèrement améliorée par le Conseil de la CSCE réuni à Stockholm le 15 décembre 1992.

Au cours de la même réunion, le Conseil a adopté la Convention relative à la conciliation et à l'arbitrage au sein de la CSCE qui institue une « Cour de conciliation et d'arbitrage » dont le fonctionnement est inspiré de la CPA (v. 1° *supra*) :

liste d'experts présentant la particularité d'être répartis entre conciliateurs (deux par État) et arbitres (un par État et un suppléant) parmi lesquels sont désignés les membres de la commission de conciliation ou du tribunal arbitral appelés à se prononcer sur le différend. Toutefois, alors que le recours à la conciliation est obligatoire et peut donc être déclenché par une saisine unilatérale, la constitution d'un tribunal arbitral repose exclusivement sur le consentement des États parties au différend, soit qu'ils concluent un accord à cette fin, soit qu'ils aient accepté la clause facultative d'arbitrage obligatoire de l'article 26, paragraphe 2, de la Convention (calquée sur celle de l'article 36, paragraphe 2, du Statut de la CIJ — v. *infra,* n° 544-2° — mais qui n'autorise de réserve à la compétence de la Cour que pour des catégories de questions limitativement énumérées).

La saisine d'un tribunal par voie de requête est subordonnée à l'échec de la conciliation préalable. Un État participant à la CSCE, mais non partie à la Convention, peut également conclure un compromis avec un État partie en vue de la constitution d'un tribunal ou intervenir dans une instance opposant des États parties. Le Tribunal est formé des deux arbitres nommés par les parties et de trois arbitres désignés par le Bureau de la Cour, sa compétence est subsidiaire en ce sens qu'il doit décliner son exercice si un autre tribunal arbitral ou la CIJ est saisi de l'affaire. Son rôle « est de trancher, conformément au droit international, les différends qui lui sont soumis » sans préjudice de la faculté de statuer *ex aequo et bono* si les parties en sont d'accord (art. 30, § 2).

Sur le volet « conciliation » de la Convention, v. *supra,* n° 521. Sur l'ensemble du mécanisme, v. L. Caflisch, « Vers des mécanismes paneuropéens de règlement pacifique des différends », *RGDIP* 1993, p. 1-38 ; A. Pellet et P.-M. Eisemann *in* E. Decaux et L.A. Sicilianos dir., Colloque du CEDIN, 1993, *La CSCE : Dimension humaine et règlement des différends,* Montchrestien, p. 189-218 et 219-229 ; L.A. Sicilianos, *AFDI,* 1993, p. 899-918 ; G. Nesi, *Ctà. I.,* 1993, p. 235-277 ; Ch. Leben, « La mise en place de la Cour de conciliation et d'arbitrage au sein de l'OSCE », *RGDIP* 1996, p. 135-148.

c) La Convention du 17 décembre 1992, qui met en place l'ALENA, prévoit plusieurs modes de règlement des différends.

BIBLIOGRAPHIE. — D. TURP, *in AFDI* 1992, p. 808-822 ; F. M. ABBOTT, « The NAFTA Environmental Dispute Settlement System as a Prototype for Regional Economic Integration Arrangements », *YIEL* 1993, p. 1-29 ; J. I. GARVEY, *AJIL* 1995 p. 439-453 ; J. A. VANDUZER, « Investor-State Dispute Settlement under NAFTA Chapter 11 », *ACDI*, 1997, p. 263-290 ; A. DE MESTRAL, « The North American Free Trade Agreement », *RCADI* 1998, t. 275, p. 216-416 ; E.J. PAN, « Assessing the NAFTA Chapter 19 Binational Panel System », *Harvard Int.L. Journal* 1999, p. 379-449 ; J. C. THOMAS, « Investor-State Arbitration under NAFTA Chapter 11 », *ACDI* 1999, p. 99-137 ; A. MILANOVA, « Le règlement des différends dans le cadre de l'ALENA : les atours discrets d'une hégémonie », *JDI* 2003, p. 87-100.

L'une des procédures se veut de portée générale (chapitre 20), les autres concernent des contentieux particuliers ; ce qui peut s'expliquer par la diversité des domaines couverts par cet accord de libre-échange (commerce mais aussi investissement, environnement, politique sociale, etc.) ; ce qui a d'ailleurs conduit les auteurs de cette convention à prévoir et à régler les risques de concurrence avec les systèmes de règlement offerts par d'autres organisations internationales, en particulier l'OMC.

La procédure débute nécessairement par une phase de négociation, par voie de « consultations », qu'il est tenté de rendre aussi efficace que possible et où il peut être fait appel à toutes les techniques non contraignantes offertes par le droit international (v. *supra*, n°s 506 s.). En cas d'échec, tout État partie peut demander et obtenir la constitution d'un « groupe arbitral spécial », composé d'experts. Celui-ci, sur la base d'un « mandat », établit deux rapports successifs, dits initial et final.

Pour renforcer le poids des rapports arbitraux, on s'est efforcé de mieux assurer l'indépendance des membres des groupes : il est procédé à leur désignation selon la méthode originale du « choix inversé » : chaque partie désigne un expert ressortissant de l'autre État.

Ces rapports ont seulement valeur de recommandations, ce qui est une caractéristique de la conciliation : les Parties doivent tenter d'en respecter les termes mais, en tout état de cause, ils conservent un choix entre renoncer à la mesure jugée incompatible avec la convention et accorder une compensation pour la perte de l'avantage prévu par la convention. La Partie qui refuserait toute solution négociée, à l'encontre du rapport, s'expose à des contre-mesures unilatérales de la part de son partenaire (suspension d'avantages équivalents jusqu'à la solution du différend), mais elle dispose aussi d'une possibilité de contestation si elle estime que ces réactions sont excessives (constitution d'un nouveau groupe arbitral). Le mécanisme est moins contraignant que celui offert par l'ORD, sous les auspices de l'OMC (v. *infra*, n° 652), et l'éventuelle jurisprudence est plus confidentielle.

Pour le règlement des différends entre les opérateurs privés et un État, notamment dans le domaine de l'investissement (chapitre 11), l'ALENA n'instaure pas son propre mécanisme mais se réfère purement et simplement à ceux existants dans d'autres cadres, en les adaptant légèrement. Ainsi, conformément à l'article 1120, un investisseur peut introduire une instance arbitrale en vertu de la Convention de Washington de 1965 (CIRDI), en vertu du règlement du mécanisme supplémentaire du CIRDI (dans le cas où soit l'État hôte, soit l'État national de l'investisseur n'est pas partie à la Convention de 1965) ou en vertu du règlement d'arbitrage de la CNUDCI (1976). Le mécanisme ainsi instauré dans le cadre de l'ALENA fonctionne bien et a déjà donné lieu à plusieurs sentences arbitrales. Les investisseurs ne semblent pas manifester de préférence en faveur de l'un ou l'autre de ces modes arbitraux de règlement d'arbitrage ; le CIRDI comme le règlement d'arbitrage de la CNUDCI ont été utilisés. V. p. ex. les sentences dans les affaires *ADF Group c. États-Unis* (9 janv. 2003) (CIRDI, mécanisme supplémentaire), *ADM c. Mexique* (26 sept. 2007) (CIRDI, mécanisme supplémentaire), *Canfor, Tembec et Terminal c. États-Unis* (6 juin 2006) (CNUDCI), *GAMI Investments, Inc. c. Mexique* (15 nov. 2004) (CNUDCI), *International Thunderbird Gaming Corporation c. Mexique* (26 janv. 2006) (CNUDCI)), *Loewen Group c. États-Unis* (26 juin 2003) (CIRDI, mécanisme supplémentaire), *Marvin Feldman c. Mexique* (16 déc. 2002) (CIRDI, mécanisme supplémentaire), *Metalclad Corporation c. Mexique* (2 sept. 2000) (CIRDI, mécanisme supplémentaire), *Methanex Corporation c. États-Unis* (9 août 2005) (CNUDCI), *Mondev c. États-Unis* (11 oct. 2002) (CIRDI, mécanisme supplémentaire), *Pope & Talbot, Inc. c. Canada* (26 juin 2000 et 10 avr. 2001) (CNUDCI), *S.D. Myers, Inc. c. Canada* (13 nov. 2000 et 21 oct. 2002) (CNUDCI), *Waste Management c. Mexique* (2 juin 2000) (CIRDI, mécanisme supplémentaire).

§ 3. — *Procédure arbitrale*

535. Tendance à la juridictionnalisation. — Le procès arbitral se déroule, en principe, conformément aux règles de procédure établies par les parties dans le compromis d'arbitrage ou dans les autres instruments conventionnels qui les lient. Les règles posées par des textes généraux, tels les conventions de La Haye de 1899 et de 1907 ou l'Acte général de 1928, ne présentent donc qu'un caractère supplétif. À défaut de règles écrites, l'organe arbitral a compétence pour préciser le déroulement de l'instance.

Le progrès réalisé par les conventions et textes supplétifs consiste dans un rapprochement des règles procédurales avec celles applicables devant une juridiction permanente. Pourtant, cette tendance générale rencontre des limites qui tiennent aux différences de nature entre l'arbitrage interétatique et les juridictions internes : différences quant aux parties en présence, quant à la permanence de l'organe, quant à la place du consensualisme dans le déroulement du procès.

Comme toute juridiction, l'organe arbitral respecte un certain découpage du déroulement de l'instance : à une phase d'instruction écrite, succède une phase de débats oraux. La volonté d'assurer une stricte égalité des parties est cependant plus marquée que ce n'est parfois le cas devant les tribunaux internes.

Depuis les conventions de La Haye de 1899 et 1907, on a renoncé à l'approche extrême qui reposait sur la fiction de l'absence de « parties » (demandeur et défendeur) et impliquait, selon la méthode inquisitoriale, le dépôt simultané des pièces de procédure. Admettant l'idée qu'il s'agissait d'un véritable procès, une procédure strictement contradictoire a été organisée : représentation des parties par des « agents », eux-mêmes assistés de conseils et d'avocats ; échanges de mémoire, contre-mémoire, réplique et duplique. Dans la pratique, il est vrai ces différences théoriques ne sont pas toujours respectées.

Les principales différences avec la procédure contentieuse interne portent sur le secret des débats et sur la procédure par défaut. Les débats ne sont publics qu'en vertu d'une décision de l'organe arbitral, prise avec l'assentiment des parties (art. 66 de la Convention de 1907 ; par exception et depuis une réforme récente de son règlement d'arbitrage (art. 32, par. 2), les débats devant le CIRDI sont en principe publics, sauf si l'une des parties s'y oppose). Sans être totalement exclue, la procédure par défaut est plus difficile à mettre en œuvre qu'en droit interne dans la mesure où elle contredit le principe du consensualisme interétatique.

D'autres particularités de l'instance arbitrale, aux yeux de juristes d'Europe continentale, résultent d'emprunts à d'autres traditions nationales, notamment anglo-saxonnes. Le secret des délibérations des arbitres est atténué par la pratique des *opinions dissidentes*, qui autorisent les arbitres minoritaires à exprimer publiquement leur désaccord total ou partiel avec l'opinion exposée dans la sentence par la majorité des arbitres. En matière de preuve devant l'organe arbitral, également, il est parfois fait usage de la technique anglo-saxonne de *l'estoppel*. Dans le cadre procédural, on entend par là l'objection péremptoire qui s'oppose à ce qu'une partie à un procès prenne une position contredisant ce qu'elle a antérieurement admis (v. *infra*, n°s 543-3 et 545). Selon Guggenheim, l'estoppel est « une exception d'irrecevabilité opposable à toute allégation qui, bien que peut-être conforme à la réalité des faits, n'en est pas moins inadmissible parce que contraire à une attitude antérieurement adoptée par la partie qui l'avance » (*Traité de Droit international public*, tome II, p. 158).

536. La sentence arbitrale. — L'instance se clôture par la décision finale des arbitres, c'est-à-dire par le prononcé de la sentence. Si elle est le fait d'un organe collégial, il suffit qu'elle ait obtenu l'approbation d'une majorité de ses membres.

1° *Obligation de motiver la sentence.* — Elle ne s'est pas toujours imposée ; c'est une conséquence de l'effort de juridictionnalisation de l'arbitrage (art 79 de la Convention de La Haye de 1907). Considérée désormais comme le droit commun, la motivation reste souvent expressément prévue par les parties dans le compromis.

Que cette règle évidente ne se soit pas immédiatement imposée résulte des particularités de l'arbitrage originel, par chef d'État. Ce dernier ne tenait pas à expliciter les motifs de sa décision, de peur de se lier lui-même ainsi que son propre pays dans l'avenir, de crainte aussi de heurter la susceptibilité des États en litige.

2° *Caractère obligatoire de la sentence.* — La règle est certaine et permet de distinguer la sentence arbitrale de toutes les formes de règlement non juridictionnel. Comme tout acte juridictionnel, la sentence arbitrale est dotée de *l'autorité de chose jugée.*

L'article 81 de la Convention de La Haye de 1907 déclare que la sentence « décide *définitivement* » la contestation. Quant à l'article 30 du « modèle de règles » de la CDI, il s'exprime en ces termes : « La sentence est obligatoire pour les parties dès qu'elle est rendue ». En conséquence, les parties au procès sont dans l'obligation de prendre toutes les mesures législatives, administratives, financières et juridictionnelles nécessaires pour se conformer à la sentence. L'argument de l'ordre public parfois opposé aux sentences arbitrales étrangères est inopposable ici.

Le fondement de cette force obligatoire peut être recherché soit dans la souveraineté étatique, à travers l'acceptation préalable des parties qui ont signé le compromis d'arbitrage, soit dans le fait que la sentence a été rendue sur la base du droit. Conformément au droit commun de l'autorité de chose jugée, la sentence ne s'impose qu'aux parties à l'instance arbitrale. Elle a une autorité *relative*, et non absolue : elle n'a pas effet *erga omnes*.

3° *Caractère non exécutoire de la sentence.* — Il n'existe pas en droit international d'exécution forcée des sentences arbitrales contre les États. La mise en œuvre de la sentence repose sur la *bonne foi* des États, qui doit être présumée. Elle peut cependant être favorisée par des pressions de la communauté internationale et par l'organisation de la procédure destinée à examiner les griefs adressés à la sentence par une partie. À la limite, le refus d'exécuter la sentence sera sanctionné par l'engagement de la responsabilité de l'État défaillant, selon le droit commun (v. *supra,* n°s 468 s.).

L'article 13, § 4, du Pacte de la SdN esquissait un procédé particulier d'exécution forcée : « Faute d'exécution de la sentence, le Conseil propose les mesures qui doivent en assurer l'effet ». Cette disposition n'a été invoquée qu'une fois, sans résultat probant parce qu'en l'espèce une entente amiable entre les parties a mis fin à l'action du Conseil. La Charte de l'ONU n'a pas repris cette solution (sur son article 94 qui ne concerne que les arrêts de la CIJ, v. *infra,* n° 547). Tout à fait exceptionnel est l'avertissement par l'arbitre lui-même que la sentence pourrait être révisée dans le cas où l'une des parties ne la respecterait pas (sentence « finale » du 5 mars 1999 relative à la « zone de Brcko », *DAI* 1999 p. 345).

L'article 82 de la Convention de 1907 prévoit que tout différend qui pourrait surgir entre les parties concernant l'exécution de la sentence sera, sauf stipulation contraire, soumis au jugement du tribunal qui l'a rendue. Cette procédure ne peut être mise en œuvre que si le tribunal arbitral est encore en activité — ce qui sera le cas pour un organe arbitral chargé de liquider un contentieux volumineux — ou s'il peut être reconstitué facilement (v. en ce sens la décision du 14 mars 1978 du Tribunal arbitral franco-britannique dans l'affaire du *Plateau continental de la mer d'Iroise*, *RSA*, vol. XVIII, p. 339). À défaut, il faudra avoir recours à un autre organe, arbitral ou juridictionnel (CIJ, arrêt du 12 nov. 1991, affaire de la *Sentence arbitrale du 31 juillet 1989 (Guinée-Bissau / Sénégal)*, qui rejette la contestation, *Rec.* p. 52-184 ; l'affaire a connu un épilogue amiable, avec la conclusion de l'accord de Dakar du 14 octobre 1993).

Le seul moyen d'échapper à ces difficultés est de déroger au principe de l'exécution par l'État « fautif » : s'agissant d'une réparation pécuniaire, il peut être établi un fonds débité à l'initiative du tribunal arbitral ; seules des considérations politiques particulières et très rarement rencontrées expliquent cette solution (Tribunal irano-américain de 1981, Commission des Nations Unies pour les réclamations dirigées contre l'Irak).

Il est assez rare qu'un État refuse d'exécuter une sentence arbitrale internationale. À tout le moins, il s'appuiera sur les vices supposés de la sentence pour justifier son attitude, ce qui autorise sinon un refus unilatéral, du moins l'ouverture de recours.

Malgré les termes très clairs du compromis du 22 juillet 1971, qui rappelait le caractère obligatoire de la sentence, l'Argentine a refusé d'appliquer la sentence du 22 avril 1977 qui donnait satisfaction au Chili dans l'affaire de *Canal de Beagle*. Elle reprochait au tribunal d'avoir déformé les thèses argentines, d'avoir statué *ultra petita* et d'avoir adopté un raisonnement contradictoire. Par une communication du 8 mars 1978, le tribunal a protesté contre cette attitude (texte *in RGDIP* 1978, p. 636). Il a fallu une médiation du Saint-Siège, pour que l'Argentine finisse par s'incliner (texte *in RSA* vol. XXI — v. E. Lauterpacht, *Mél. Virally,* 1991, p. 359-371 ; v. *supra,* n° 507). De même, l'application de la sentence arbitrale du 13 avril 2002 de la Commission de délimitation des frontières entre l'Érythrée et l'Éthiopie, qui avait pour mandat à la fois de délimiter et de démarquer ces frontières, a été rendue impossible du fait de la non-coopération des parties, en dépit de l'appui du Conseil de sécurité qui n'a cependant pas invoqué le chapitre VII de la Charte (v. not. les résolutions 1560 [2004] du 14 septembre 2004 et 1710 [2006] du 29 septembre 2006 – v. L. Lucchini *in AFDI* 2004, p. 389-415).

537. Voies de recours. — Comme pour les décisions des tribunaux internes, le fait que la sentence soit définitive n'interdit pas toute contestation à son égard. Cependant, l'exercice des voies de recours contre la sentence rencontre certains obstacles tenant à la non-permanence de l'organe arbitral.

1° En premier lieu, il est toujours possible d'exercer un recours *en interprétation* devant le tribunal qui a rendu la sentence (art. 82 de la Convention de La Haye de 1907 ; v. la sentence interprétative du 14 mars 1978, précitée, dans l'affaire du *Plateau continental de la mer d'Iroise ;* v. aussi la sentence de la Commission de délimitation des frontières entre l'Érythrée et l'Éthiopie du 24 juin 2002 refusant de procéder à l'interprétation demandée par l'Éthiopie (v. doc. S/2002/732, Lettre datée du 5 juillet 2002, adressée au Président du Conseil de sécurité par le Secrétaire général, Annexe) et, à défaut, devant un nouveau tribunal (sentence de 1995 dans l'affaire de la *Laguna del Desierto,* à propos de celle de 1994 relative au Tracé frontalier entre la borne 62 et le Monte Fitzroy, différend qui trouve son origine dans un arbitrage de 1902 ; v. H. Barati, *AFDI* 1996, p. 443).

2° Est également possible, en second lieu, si le compromis le prévoit, un recours *en révision.* En principe, ce recours doit être exercé devant le tribunal auteur de la sentence. Il n'est recevable que si la partie qui réclame la révision invoque « la découverte d'un *fait nouveau* qui eût été de nature à exercer une influence décisive sur la sentence et qui, lors de la clôture des débats, était inconnu du tribunal lui-même et de la partie qui a demandé la révision » (art. 83 de la Convention de 1907). Les inconvénients d'une telle remise en cause de la sentence expliquent les précautions prises. Le compromis peut fixer le délai dans lequel la demande de révision peut être formée. Le tribunal saisi doit examiner d'abord la recevabilité de la révision avant de statuer au fond.

La jurisprudence du Tribunal arbitral Iran-États-Unis admet que la compétence de révision puisse n'être qu'implicite mais elle confirme qu'elle doit être réservée à des circonstances exceptionnelles (décisions du 23 avr. 1985, *Dames and Moore c. Iran, Iran-US CTR* vol. 8, p. 107, du 28 déc. 1993, *Ram Int. Industries c. Iran, Iran-US CTR* vol. 29, p. 383, du 14 déc. 1995, *H. Birnbaum c. Iran, Iran-US CTR* vol. 31, p. 286, du 17 mars 1997, *États-Unis c. Iran, Iran-US CTR* vol. 33, p. 56 ; v. aussi la décision du 17 nov. 2004, *F.L. Riahi c. Iran*).

Sur la procédure en révision des arbitrages CIRDI, v. *infra*, n° 646.

3° Le problème du recours *en appel ou en réformation*, non plus, n'est pas simple. Il peut paraître contradictoire qu'une décision arbitrale, définitive et obligatoire, soit susceptible d'appel. Mais une sentence est un acte juridique et en tant que tel, conformément à la théorie générale des actes juridiques, elle est soumise à des conditions de validité dont la non-observation entraîne sa nullité.

Dans certains cas, les parties feront prévaloir la première idée en s'interdisant de faire appel de la sentence ; c'est alors leur volonté qui prévaudra (v., par exemple, l'article 14 du compromis de 1971 entre l'Argentine et le Chili, précité).

Il existe deux causes principales de nullité d'une sentence : la *nullité du compromis arbitral*, fondement de la sentence, et l'*excès de pouvoir* de l'arbitre. Cette deuxième cause provient généralement de la méconnaissance par les arbitres des termes du compromis. Il en est ainsi, par exemple, lorsqu'ils statuent *ultra petita* en tranchant des questions non prévues dans le compromis ou lorsqu'ils ne respectent pas ses directives sur le droit applicable. L'excès de pouvoir peut aussi résulter de la violation d'une règle fondamentale de procédure, ce qui entache la sentence d'un *vice de forme* substantiel. Le « modèle de règles » de la CDI prévoit une troisième cause de nullité, qui réside dans la *corruption* de l'arbitre.

Si la cause de nullité apparaît alors que l'instance n'est pas achevée, l'État intéressé peut élever une protestation et même, s'il n'est pas suivi, retirer son arbitre national (retrait du membre allemand de la Commission mixte germano-américaine, en 1938, dans l'affaire *Black Tom and Kingsland (sabotage)*), ce qui n'a pas empêché le surarbitre de rendre la sentence en révision alors que c'était cette compétence qui était contestée. Au cas où l'irrégularité de la sentence est invoquée après la fin de l'instance, l'État qui s'en prévaut peut certes la déclarer nulle lui-même ; mais sa décision ne s'impose évidemment pas à l'autre partie. Il s'ensuit un nouveau différend, qui devra être réglé par une nouvelle instance si le tribunal a disparu, ce qui suppose l'assentiment des parties. Il existe quelques précédents en ce sens.

Dans l'affaire précitée de la *Compagnie de navigation de l'Orénoque,* entre les États-Unis et le Venezuela, une première sentence — rendue en 1894 et partiellement entachée d'excès de pouvoir — a été réexaminée par la CPA en 1910. La solution a été trouvée ici au prix de deux arbitrages successifs. Il peut également être fait appel, en deuxième instance, à une juridiction internationale permanente. Par l'accord de Paris du 28 avril 1930, la Hongrie d'une part, et la Tchécoslovaquie, la Roumanie et la Yougoslavie, d'autre part, acceptaient de soumettre à la CPJI, sans compromis spécial, les contestations relatives à la validité des sentences prononcées par les TAM existant entre ces pays (CPJI, 15 décembre 1933, Hongrie-Tchécoslovaquie, *Appel du Tribunal arbitral mixte (Université Peter Pazmany c. État tchécoslovaque), Série A/B* n° 61 ; 16 décembre 1936, Hongrie-Yougoslavie, affaire de *l'appel des sentences du 21 avril 1933 du tribunal arbitral mixte hongaro-yougoslave (Esterhazy, Pejzs et Csaky), Série A/B* n° 68 : dans les deux cas, l'appel a été rejeté). De son côté, la CIJ a été saisie en 1958, par accord des parties, du différend entre le Nicaragua et le Honduras relatif à la validité de la sentence rendue par le roi d'Espagne en 1906 à propos d'un différend frontalier. La Cour, dans son arrêt du 18 novembre 1960, a examiné le problème de l'excès de pouvoir de l'arbitre quant au droit applicable (*Rec.* 1960, p. 192). De même, la Guinée-Bissau a saisi la CIJ le 23 août 1989 d'une requête contestant la validité et l'existence de la sentence rendue le 31 juillet 1989 par le Tribunal arbitral pour la détermination de la frontière maritime entre cet État et le Sénégal.

Section 2
Règlement par une juridiction permanente

BIBLIOGRAPHIE. — G. Berlia, « Jurisprudence des tribunaux internationaux en ce qui concerne leur compétence », *RCADI* 1955-II, vol. 88, p. 105-157. — L. Cavare, « La notion de juridiction internationale », *AFDI* 1956, p. 496-509. — J. Rideau, *Juridiction internationale et contrôle du respect des traités constitutifs des organisations internationales,* LGDJ, 1969, 382 p. — R.-P. Anand, *International Courts and Contemporary Conflicts,* New York, Asia Publishing House, 1974. — M. Virally, « Le champ opératoire du règlement judiciaire international », *RGDIP* 1983, p. 281-314. — SFDI, Colloque de Lyon, *La juridiction internationale permanente,* Pedone, 1987, VIII-439 p. — C. Gray, *Judicial Remedies in International Law*, Oxford, Clarendon Press, 1987, XIX-250 p. — Ch. Leben, « La juridiction internationale », *Droits* 1989, p. 143-155. — F. Salerno dir., *Il ruolo del giudice internazionale nell'evoluzione del diritto internazionale e communitario*, Cedam, Milan, 1995, XII-290 p. — J.-I. Charney, « Third Party Settlement and International Law », *Columb. J. Transnl. L.*, 1997, p. 65-89. —

« Justices internationales », *Questions internationales* (La Documentation française), n° 4, nov.-déc. 2003, p. 1-72. —Sh. ROSENNE, *Provisional Measures in International Law*, Oxford UP, 2005, XX-231 p.

V. aussi la bibliographie au début du chapitre sur le n° 524.

538. Juridiction permanente et organisation internationale. — Historiquement, les deux phénomènes sont liés. Toutes les tentatives pour établir des juridictions internationales proprement dites dans un cadre purement interétatique ont été des échecs. Les seules juridictions qui ont pu acquérir une véritable permanence ont été créées sous les auspices d'organisations internationales, bénéficiant de leur appui institutionnel, mais aussi souffrant de leur inachèvement politique.

La Conférence de La Haye de 1907, antérieure à toute organisation politique universelle, a tenté de mettre en place deux juridictions permanentes. La première n'a pas rencontré l'adhésion nécessaire : il s'agissait d'un projet de Cour de Justice arbitrale (v. *supra*, n° 534). La seconde, une *Cour internationale des prises* établie par la Convention XII de La Haye, n'a existé que sur le papier. En revanche, une convention du 20 décembre 1907 a créé la Cour de justice centre-américaine, entre le Costa Rica, le Guatemala, le Honduras, le Nicaragua et le Salvador. Cette juridiction permanente a disparu au bout de dix ans, après avoir contribué au règlement de quelques différends.

C'est le Pacte de la SdN qui a engagé de manière irréversible l'évolution vers une juridiction universelle permanente. En application de son article 14, le Conseil a désigné un « comité de juristes » chargé de codifier un avant-projet de Cour permanente de Justice internationale. Le texte élaboré le 24 juillet 1920 fut adopté, avec quelques modifications, par le Conseil le 28 octobre suivant puis par l'Assemblée le 13 décembre 1920, et proposé à la signature des États à partir du 16 décembre 1920. À la veille du second conflit mondial, 50 États avaient ratifié le Statut de la CPJI, à l'exception notable des États-Unis et de l'URSS. Cette Cour devait disparaître avec la SdN, malgré l'autonomie de son Statut par rapport au Pacte de la SdN.

En 1945, les États réunis à San Francisco pour élaborer la Charte de l'ONU décidaient non seulement la création d'une nouvelle juridiction universelle — la Cour internationale de Justice — mais son inclusion dans l'ONU, en qualité *d'organe principal* de cette Organisation. Le lien entre juridiction et organisation était sensiblement renforcé, mais dans le même temps on insistait sur la nécessaire continuité des juridictions universelles successives (v. *infra*, n° 539). Par la suite, d'autres juridictions, plus spécialisées, seront établies sous les auspices des organisations internationales (tribunaux administratifs).

La règle n'est évidemment pas absolue. Il existe des juridictions permanentes, comme la Cour européenne des droits de l'homme ou le tribunal établi par un protocole additionnel à la Convention de Bâle de 1972 (entré en vigueur en 1985 seulement ; v. *infra*, n° 550), qui ne sont pas des organes d'une organisation internationale. Même dans ces cas, tout rattachement à une organisation existante n'est pas exclu (rôle des organes du Conseil de l'Europe dans la nomination des juges, le suivi des jugements, par exemple).

L'histoire du règlement juridictionnel des différends internationaux autorise à penser que l'établissement d'une juridiction permanente exige une organisation politique de la société internationale. La contrepartie est qu'en l'état actuel de cette organisation, une véritable juridiction obligatoire n'est pas encore possible, au moins au plan universel.

Étroitement rattachées à des organisations internationales, les juridictions permanentes voient leur compétence propre définie en rapport avec les fonctions de l'organisation dont elles dépendent. Cette compétence, déterminée par l'objet des litiges qui peuvent leur être soumis, ne s'étend pas au-delà de la finalité reconnue à l'organisation de rattachement. Seule la principale juridiction liée à l'organisation politique universelle peut avoir une compétence *générale* ; les autres n'ont qu'une compétence *restreinte*.

§ 1. — *La Cour internationale de Justice (CIJ)*

BIBLIOGRAPHIE. — M.-O. HUDSON, *La Cour Permanente de Justice internationale,* Pedone, 1936, XVI-723 p. — V. BURNS, « La CPJI, son organisation et sa compétence », *RCADI* 1937-IV, vol. 62, p. 551-670. — S. BASTID, « La jurisprudence de la CIJ », *RCADI* 1951-I, vol. 78, p. 579-686 et « Les problèmes territoriaux dans la jurisprudence de la CIJ », *RCADI* 1962-III, vol. 107, p. 361-495. — E. HAMBRO, *La jurisprudence de la Cour internationale,* 8 vol., Leyde, 1952-1976. — M. DUBISSON, *La CIJ,* LGDJ, 1964, 470 p. — K. MAREK dir., *Précis de la jurisprudence de la Cour Internationale, I-CPJI,* Nijhoff, La Haye, 1974, 1194 p. — *Mél. Morelli, in Communicazione e Studi* vol. XIV, 1975, 1082 p. — L. GROSS ed., *The Future of the International Court of Justice,* Oceana Pub., Dobbs Ferry, New York, 1976, 2 vol., 862 p. — Sir G. FITZMAURICE, *The Law and Practice of the International Court,* Nijhoff, Dordrecht, 1985, XXV-811 p. — S. ROSENNE, « The Role of the ICJ in Inter-State Relations Today », *RBDI* 1987, p. 275-289 ; *Documents relatifs à la CIJ,* Nijhoff, Dordrecht, 1991, XXI-923 p. ; *The Law and Practice of the International Court, 1920-2005,* Nijhoff, Leiden, 2006, 4 vol., XXXV-1891 p. — K. M'BAYE, « L'intérêt pour agir devant la CIJ », *RCADI* 1988-II, vol. 209, p. 225-345. — H. THIRLWAY, « The Law and Procedure of the ICJ », *BYBIL,* chronique depuis 1989, p. 1-57, 1990, p. 1-133, 1991, p. 1-75, 1992, p. 1-96, 1993, p. 1-54, 1994, p. 1-102, 1995, p. 1-96, 1996, p. 1-73, 1998, p. 1-83, 2000, p. 1-63 et p. 71-180, 2002, p. 37-181, 2003, p. 7-114, 2005, p. 1-119, 2006, p. 1-82. — S.M. SCHWEBEL, « Relations between the ICJ and the UN », *Mél. Virally,* 1991, p. 431-443. — G. ABI-SAAB, « L'orientation de la CIJ — Quelques tendances récentes », *RGDIP* 1992, p. 273-298. — S. ODA, « The ICJ Viewed from the Bench », *RCADI* 1993-VII, vol. 244, 9-190. — R. JENNINGS, « New Problems at the ICJ », *Mél. Jimenez de Arechaga*, 1994, p. 1061-1068 ; « The Role of the ICJ », *BYBIL* 1997, p. 1-64. — J. SETTE CAMARA, « Behind the World Bench », *ibid.*, p. 1069-1080. — C. PECK et R.-S. LEE ed., *Increasing the Effectiveness of the ICJ*, Nijhoff, La Haye, 1997, XVI-542 p. — B. STERN, *20 ans de jurisprudence de la CIJ — 1975-1995*, Nijhoff, La Haye, 1998, XVIII-1055 p. — M. KDHIR, *Dictionnaire juridique de la Cour Internationale de Justice*, Bruylant, Bruxelles, 2e éd., p. 527. — A. EL-KOSHERI, « La Cour internationale de Justice comme garante de la légalité internationale », *CEBDI*, vol. V, 2001, p. 771-803. — J.-M. SOREL et F. POIRAT dir., *Les procédures incidentes devant la Cour internationale de Justice : exercice ou abus de droit ?*, Pedone, 2001, 158 p. — B. PATEL, *The World Court Reference Guide : Judgments, Advisory Opinions and Orders of the Permanent Court of International Justice and the International Court of Justice (1922-2000)*, Kluwer, La Haye, 2002, XXI-928 p. — O. SPIERMANN, « 'Who Attempts Too Much Does Nothing Well' : The 1920 Advisory Committee of Jurists and the Statute of the PCIJ », *BYBIL* 2002, p. 187-260 ; « A Permanent Court of International Justice », *NJIL* 2003, p. 399-418 ; *International Legal Argument in the Permanent Court of International Justice*, Cambridge UP, 2005, XLIII-490 p. — A. AZAR, *L'exécution des décisions de la Cour internationale de Justice*, Bruylant, Bruxelles, 2003, XX-314 p. — M.-S.-M. AMR, *The Role of the International Court of Justice as the Principal Judicial Organ of the United Nations*, Kluwer, La Haye, 2003, XXIII-447 p. — G. GUILLAUME,

La Cour internationale de Justice à l'aube du XXIe siècle – Le regard d'un juge, Pedone, 2003, XXV-344 p. — L.-N.-C. BRANT, *L'autorité de la chose jugée en droit international public*, LGDJ, 2004, 396 p. ; *A Corte Internacional de Justiça e a construção do direito internacional*, O Lutador, Belo Horizonte, 2005, 1292 p. — T.-D. GILL, *Rosenne's The World Court. What It Is and How It Works*, Nijhoff, Leiden, 2003, XVIII-332 p. — C. PAULSON, « Compliance with Final Judgments of the ICJ », *AJIL* 2004, p. 434-461. — A. PELLET, « Strengthening the Role of the International Court of Justice as the Principal Judicial Organ of United Nations », *LPICT* 2004, p. 159-180 ; « Remarks on Proceedings before the ICJ » *in* A. DEL VECCHIO dir., *New International Tribunals and New International Proceedings*, Giuffrè, Milan, 2006, p. 99-118 et *in LPICT* 2006, p. 163-182. — P.-M. PALOMBINO, « Les arrêts de la Cour internationale de Justice devant le juge interne », *AFDI* 2005, p. 121-139. —A. ZIMMERMANN, Ch. TOMUSCHAT et K. OELLERS-FRAHM, ed., *The Statute of the ICJ*, Oxford UP, 2006, LXXXIV-1577 p. — B. TCHIKAYA, *Memento de la jurisprudence du droit international public*, Hachette, coll. « Les fondamentaux », 2007, 160 p. — *Un dialogue à la Cour – Actes du colloque organisé à l'occasion du 60e anniversaire de la CIJ*, CIJ, 2006, 51 p. — P.-M. EISEMANN et P. PAZARTZIS, *La jurisprudence de la Cour internationale de Justice*, Pedone, 2008, XVI-1007 p.

J. DOUMA, *Bibliographie de la CIJ y compris la Cour permanente, 1918-1964*, Sijthoff, Leyde, 1966, 387 p. — Bibliothèque de la CIJ, Bibliographie, annuelle. Sur la procédure devant la Cour, v. aussi les chroniques trimestrielles de D.W. PRAGER (2002-2004) et de D. MÜLLER (depuis 2004) dans *LPICT*.

539. De la CPJI à la CIJ. — 1° Le principe de la création d'une juridiction permanente *à compétence générale* avait été accepté dès août 1944, lors de la Conférence de Dumbarton Oaks (États-Unis), par les experts chargés de rédiger un avant-projet de Charte des Nations Unies. Juste avant l'ouverture de la Conférence de San Francisco, un comité de juristes présidé par J. Basdevant proposa de ne pas maintenir la CPJI et d'instituer une juridiction nouvelle. Plusieurs considérations militaient en faveur de cette solution. Les unes étaient politiques : les Nations Unies avaient décidé d'exclure, dans l'immédiat, les États ex-ennemis de toute coopération internationale ; or, certains d'entre eux restaient parties au Statut de la CPJI. D'autres raisons étaient plus techniques. Le renouvellement des juges de la CPJI dépendait d'une décision d'organes de la SdN, qui n'étaient plus en mesure de le réaliser car le processus de dissolution de la SdN était déjà entamé.

Pour ces raisons, la Conférence de San Francisco établit, tout à la fois, la Charte des Nations Unies et le Statut de la CIJ. Selon l'article 92 de la Charte :

> « La Cour internationale de Justice constitue l'organe judiciaire principal des Nations Unies. Elle fonctionne conformément à un Statut, établi sur la base du Statut de la Cour Permanente de Justice Internationale et annexé à la présente Charte dont il fait partie intégrante ».

2° Il est manifeste, d'après les termes de cette disposition, que la non-reconduction de la CPJI n'équivalait nullement à son désaveu.

Si l'on n'avait pas tenu à affirmer la *continuité* de l'ancienne à la nouvelle juridiction, on n'aurait pas précisé que le Statut de la CIJ devait « être établi sur la base du Statut » de sa devancière. En fait, les deux statuts sont quasiment identiques ; on a même conservé sans changement la numérotation des articles. Le souci de continuité s'est manifesté encore dans d'autres domaines. Ainsi lorsque, le 3 avril 1946, la CIJ tint sa première réunion pour établir son règlement, conformément à l'article 30 du Statut, elle décida d'adopter pour base de discussion l'ancien règlement de la CPJI. De même, la jurisprudence élaborée par celle-ci continue d'être reconnue par la CIJ comme faisant partie intégrante de la « jurisprudence de la Cour » actuelle. Et les articles 36, § 5, et 37 établissent la compétence de la nouvelle Cour à l'égard des litiges pour lesquels les États avaient reconnu la compétence de l'ancienne.

Le rythme des activités de ces deux juridictions traduit une réserve plus forte des États après 1945 qu'après 1920, compte tenu de la multiplication de leur nombre.

De 1922 à 1940, la CPJI a rendu 31 arrêts au fond et 27 avis, pour l'essentiel dans les différends opposant des États européens. De 1946 à mi-2008, la CIJ a tranché 43 affaires au fond et rendu 24 avis consultatifs. Longtemps, les États communistes sont restés totalement réfractaires au règlement juridictionnel international ; les États du Tiers Monde manifestaient également une hésitation certaine à faire appel à la CIJ.

Il faut cependant noter que, depuis les années 1980, les États du Tiers Monde sont plus nombreux que les pays du Nord à introduire des requêtes devant la CIJ, surtout – mais pas seulement – en matière de délimitation maritime ou terrestre. Ils y sont encouragés par la création (en 1989) d'un Fonds d'affectation spéciale destiné à alléger le coût financier du contentieux et de la mise en œuvre des jugements. L'URSS, de son côté, a créé une certaine surprise en levant ses réserves à la clause du règlement juridictionnel dans plusieurs conventions humanitaires (1989) et en souhaitant, de concert avec les États-Unis (communiqué conjoint du 23 septembre 1989), un accord de portée universelle favorisant « un grand usage de la CIJ ». La Russie n'est pas revenue sur ces positions, qui ne se sont cependant pas traduites en actes.

3° En ce qui concerne le *fonctionnement et l'organisation* des deux Cours, les différences ne sont pas importantes, malgré les modifications apportées au règlement de la CIJ en 1972 et en 1978. La Cour actuelle est permanente, en dehors des périodes de vacances judiciaires, alors que la CPJI tenait une session ordinaire par an et des sessions extraordinaires, en fonction des nécessités.

Comme la CPJI, la CIJ a son siège à La Haye ; elle se réunit en séances plénières ou en formations restreintes (Chambres) ; elle élit pour trois ans son président et son vice-président et elle nomme son greffier ainsi que les agents du Greffe mais elle dépend, financièrement, de l'Assemblée générale des Nations Unies, qui vote son budget.

Avant d'étudier les deux grandes fonctions de la Cour, la question de sa composition fera l'objet d'un examen particulier : les États n'ont accepté la création d'une juridiction permanente universelle qu'une fois ce problème résolu par la double institution des juges permanents et des juges *ad hoc* et par un mécanisme de désignation très particulier (v. *infra*, n° 541).

A. — Composition

BIBLIOGRAPHIE. — K. TANAKA, « Independance of International Judges », *Mél. Morelli,* 1975, p. 855-871. — N. VALTICOS, « L'évolution de la notion de juge *ad hoc* », *Rev. hell. DI* 1997, p. 1 s. ; « Pratique et éthique d'un juge *ad hoc* à la Cour internationale de Justice », *Mél. Oda*, 2002, p. 107-116. — A. ORAISON, « Réflexions sur l'institution du juge *ad hoc...* », *RBDI* 1998, p. 272-299. — S. ROSENNE, « Article 31 of the Statute of the ICJ Revisited », et S.M. SCHWEBEL, « National Judges and Judges ad hoc », *Mél. Valticos*, Pedone, 1999, p. 301-317 et p. 319-329. — D. NANOPOULOS, « Remarques sur l'incidence d'une réforme du Conseil de sécurité sur la CIJ », *Ann. af. DI* 2005, p. 215-233. — I. SCOBBIE, « "Une hérésie en matière judiciaire" ? » : The Role of the Judge *Ad Hoc* in the International Court », *LPICT* 2005, p. 421-464.

540. Les juges élus, membres de la Cour. — Selon l'article 2 du Statut de la CIJ : « La Cour est un corps de magistrats indépendants, élus sans égard à leur nationalité, parmi les personnes jouissant de la plus haute considération morale et qui réunissent les conditions requises pour l'exercice, dans leurs pays respectifs, des plus hautes fonctions judiciaires ou qui sont des jurisconsultes possédant une compétence notoire en matière de droit international ».

La Cour se compose de quinze membres. Elle ne peut comprendre plus d'un ressortissant d'un même État.

1° *Statut.* — Les membres de la Cour ne sont donc pas des agents gouvernementaux soumis aux instructions de leurs gouvernements respectifs. Pour garantir leur indépendance, des immunités semblables à celles des agents diplomatiques leur sont accordées. Ils sont inamovibles et ne doivent, en principe, exercer aucune autre activité professionnelle. Avant d'entrer en fonction, chacun d'eux doit, en séance publique, prendre l'engagement solennel d'exercer ses attributions « en pleine impartialité et en toute conscience ».

Élus pour neuf ans, ils sont rééligibles.

Le renouvellement intégral tous les neuf ans pouvant nuire à la continuité de la Cour, il est prévu un renouvellement par tiers tous les trois ans (art. 13 du Statut).

2° *Élection.* — L'élection des juges de la CIJ est assurée séparément par l'Assemblée générale et par le Conseil de sécurité des Nations Unies (pouvoir de codécision).

Ce procédé, déjà mis en œuvre pour la CPJI, est satisfaisant tant pour les petites et moyennes puissances, qui sont en majorité à l'Assemblée, que pour les grandes puissances, membres permanents du Conseil de sécurité, mais qui ne disposent pas ici d'un privilège excessif car elles ne peuvent faire usage, en la matière, de leur droit de veto (art. 10 du Statut).

Pour être élu, chaque candidat doit réunir la majorité absolue des voix à la fois à l'Assemblée et au Conseil. Cette double majorité est exigée jusqu'à la troisième séance d'élection. Si, au-delà, il reste encore des sièges à pourvoir parce qu'il n'y a pas un nombre suffisant de candidats réunissant cette double majorité, le Statut prévoit que l'Assemblée ou le Conseil peut demander la formation d'une « commission médiatrice », composée de six membres nommés paritairement par l'Assemblée et le Conseil. Cette commission propose, suivant certaines modalités, à l'adoption conjuguée du Conseil et de l'Assemblée, un nom pour chacun des sièges restant à pourvoir. Si cette procédure échoue à son tour, il appartient aux juges déjà nommés de pourvoir eux-mêmes aux sièges encore vacants (art. 12, § 3, du Statut). Cette situation ne s'est encore jamais présentée.

Des précautions sont prises pour assurer, dès le départ, l'indépendance des candidats. Ils ne sont pas présentés directement par les gouvernements, mais par les divers groupes nationaux de la CPA (v. *supra,* n° 534), après consultation de certaines instances nationales, telles les juridictions « souveraines », les Facultés de droit, etc. Chaque groupe national a le droit de présenter quatre candidats ; toutefois, il ne peut présenter, au plus, que deux nationaux. Cette dernière règle est d'une grande utilité : elle permet une *présélection*, dans la mesure où les mêmes noms de personnalités étrangères peuvent figurer sur des listes présentées par plusieurs groupes nationaux. Les États parties au Statut de la CIJ, mais non à la CPA, ne sont pas l'objet d'une discrimination : ils sont invités à constituer, pour cette seule fin, un groupe national semblable à ceux de la CPA.

Afin de réaliser l'universalité de la Cour, l'article 9 du Statut dispose que les juges élus doivent assurer « dans l'ensemble, la représentation des grandes formes de civilisation et des principaux systèmes juridiques du monde ».

En fait, chaque État membre permanent du Conseil de sécurité — sauf la Chine à certaines époques — a toujours bénéficié jusqu'ici d'un juge de sa nationalité. En ce qui concerne les autres États, pour se conformer à la disposition précédente, on a introduit dans l'élection des juges la règle générale de la *répartition géographique équitable* qu'appliquent les organisations du système des Nations Unies quand elles procèdent à la désignation des membres de leurs organes intergouvernementaux. Le jeu de cette règle a conduit à la réduction du nombre des juges européens, qui étaient en majorité à l'origine, et a rendu difficile le strict respect de l'article 2 du Statut — qui interdit d'avoir égard à la nationalité des juges. En tout état de cause, depuis 1970, la composition de la Cour – d'un point de vue régional – n'a pas changé et suit la répartition géographique appliquée au sein du Conseil de sécurité : sur les quinze membres, cinq viennent de l'Europe occidentale et d'autres États occidentaux, trois d'Afrique, trois d'Asie, deux d'Amérique latine et des Caraïbes et deux d'Europe de l'Est.

541. Les juges *ad hoc*. — À la différence des membres de la CIJ, qui sont des juges permanents, les juges *ad hoc* sont des juges occasionnels, spécialement désignés pour un litige déterminé et dont la mission prend fin en même temps que le procès qui a motivé leur nomination.

L'intervention des juges *ad hoc* se produit lorsque la Cour est saisie d'un différend dans lequel soit l'un des plaideurs seulement a un juge national comme juge permanent, soit aucun des États intéressés n'a un juge national siégeant en permanence (art. 31 du Statut). La désignation de juges *ad hoc* répond à plusieurs objectifs, une fois écartée la solution de la récusation d'un juge permanent — peu compatible avec la présomption d'impartialité des juges.

Dans la première hypothèse, celle où l'une des parties bénéficie de la présence d'un juge national permanent et pas l'autre, le système du juge *ad hoc* garantit l'égalité des parties. Il aurait certes été conforme à la nature d'une juridiction de maintenir purement et simplement le juge national « en service ordinaire », sans modifier la composition de la Cour ; mais l'autre État partie aurait pu s'estimer en position de faiblesse, ce qui l'aurait incité à récuser la compétence de la Cour. La logique institutionnelle heurtait ici le principe de souveraineté et s'est inclinée devant ce dernier. Dans les deux hypothèses, l'intervention de juges *ad hoc* est une garantie de bonne administration de la justice. Très souvent, un État n'accepte de soumettre un différend à la Cour que s'il est assuré de voir son approche du problème directement exposée, sinon défendue, par l'un des membres de l'organe de jugement : il estime essentiel de pouvoir désigner un juge national qui, sans être juridiquement son représentant, comprend mieux que ses collègues ses problèmes nationaux ou son système juridique.

Une partie autorisée à désigner un juge *ad hoc* peut choisir une personne qui n'a pas sa nationalité. C'est ce qui s'est produit, par exemple pour l'Albanie dans l'affaire du *Détroit de Corfou*, pour l'Espagne et la Belgique dans l'affaire de la *Barcelona Traction*, pour le Nicaragua dans toutes les affaires dans lesquelles il a été partie, pour la Tunisie pour la *Révision et l'interprétation du jugement du 24 février 1982 (plateau continental Tunisie-Libye)*, pour le Tchad dans l'affaire de la *Bande d'Aozou* ou pour la Bosnie-Herzégovine dans l'affaire du *Génocide*.

L'intervention du ou des juges *ad hoc* est indéniablement une déviation du règlement juridictionnel, qui le rapproche de l'arbitrage. Afin d'en réduire les inconvénients, l'article 31 du Statut de la Cour prévoit qu'ils doivent remplir toutes les conditions de compétences et d'indépendance exigées des juges élus, « de préférence » parmi les personnes inscrites sur les listes nationales de la CPA. La vérification de ces conditions et le contrôle de la nomination sont assurés directement par la Cour après consultation de l'autre partie (Cf. CIJ, avis sur la *Namibie, Rec.* 1971, p. 25-26). Une fois désigné, le juge *ad hoc* a toutes les prérogatives et toutes les obligations d'un juge « permanent » ; il peut prendre parti contre l'État qui l'a désigné (v. CIJ, arrêt du 10 décembre 1985, *Demande en révision et en interprétation de l'arrêt du 24 février 1982 en l'affaire du plateau continental (Tunisie, Libye), Rec.* 1985, p. 229 s. et opinion individuelle de S. Bastid, juge *ad hoc*, p. 247 ; v. aussi, partiellement, les prises de position des Juges *ad hoc* de la Slovaquie (M. Skubizsewski) dans l'affaire du *Projet de Gab&ccaron ;íkovo-Nagymaros* (1997), du Nigeria (M. Ajibola) dans l'affaire *Cameroun c. Nigeria* (*exceptions préliminaires*, 1998) ou de la Guinée (M. Mahiou) dans l'affaire *Diallo* (*exceptions préliminaires*, 2007)).

Les considérations précédentes justifient la *faculté* pour les États de désigner un juge *ad hoc* ; elles n'imposent pas cette solution. Les États peuvent donc renoncer à invoquer cette possibilité ; telle fut l'attitude de la Thaïlande et du Cambodge, dans l'affaire du *Temple de Préah Vihéar* (cf. *Rec.* 1961, p. 17 et 1962, p. 6).

Pour éviter le risque d'une modification trop importante de la composition de la Cour, les États qui font cause commune ne peuvent désigner qu'un seul juge *ad hoc.*

Dans les affaires de la *Compétence en matière de pêcheries,* qui opposaient le Royaume-Uni et la RFA à l'Islande, la Cour a, dans un premier temps, refusé la désignation d'un juge *ad hoc* par la RFA au motif que celle-ci faisait cause commune avec le Royaume-Uni (*Rec.* 1973, p. 51, § 7). Durant le débat sur le fond, et bien que la Cour ait décidé de ne pas joindre les deux instances, l'Allemagne a renoncé à sa demande du fait du défaut de l'Islande. Sans s'en expliquer, la Cour a adopté la position contraire dans l'affaire de *Lockerbie* (v. la déclaration commune, critique et fortement argumentée, des juges Bedjaoui, Guillaume et Ranjeva, jointe à l'arrêt du 27 fév. 1998 sur les *exceptions préliminaires*, *Rec.* 1998, p. 32 ; v. J.M. Sorel, *RGDIP* 1998, p. 685 s.).

Dans quelques affaires consultatives, la CPJI et la CIJ ont admis la désignation de juges *ad hoc*, mais toujours avec une certaine réticence (cf. CPJI, avis, 5 septembre 1931, affaire du *Régime douanier entre l'Allemagne et l'Autriche,* série A/B, n° 42, p. 108). Dans l'affaire de la *Namibie,* la Cour a rejeté la demande formulée par l'Afrique du Sud (*Rec.* 1971, p. 13). Dans celle du *Sahara occidental*, elle a accordé au Maroc le droit de nommer un juge *ad hoc*. Dans son ordonnance du 22 mai 1975, elle a en revanche rejeté une demande similaire de la Mauritanie, estimant vraisemblablement qu'il n'existait pas entre l'Espagne et cet État de « question juridique actuellement pendante » (*Rec.* 1975, p. 6).

B. — Fonction contentieuse

542. Qualité pour saisir la Cour. — La compétence *ratione personae* de la Cour est déterminée par le Chapitre II de son Statut.

1° L'article 34, § 1, du Statut est catégorique : *« Seuls les États ont qualité pour se présenter devant la Cour ».*

En principe, la Cour n'est ouverte qu'aux États qui sont parties au Statut. Il s'agit, en premier lieu, de tous les membres de l'ONU, qui sont automatiquement parties au Statut puisque celui-ci est annexé à la Charte. Ce sont, en outre, les États non membres qui, conformément à l'article 93, § 2, de la Charte des Nations Unies, sont devenus parties au Statut en acceptant les conditions fixées — cas par cas — par l'Assemblée générale sur recommandation du Conseil de sécurité (la Suisse, la RFA, Saint-Marin et le Liechtenstein, avant leur entrée dans l'ONU).

L'article 35, § 2, du Statut prévoit, par dérogation au principe précédent, la possibilité pour les autres États qui ne sont pas parties au Statut d'accéder à la Cour aux conditions fixées par le Conseil de sécurité ; ce dernier doit veiller à ce que l'égalité des parties au litige soit assurée (v. sa résolution du 15 octobre 1946 dans l'affaire du *Détroit de Corfou*).

2° Situation des *particuliers*. — Ils ne peuvent *jamais* être parties à un litige porté devant la Cour.

L'exclusion des personnes privées ne signifie pas que les litiges portés devant la Cour ne concernent jamais les particuliers. Au contraire, de nombreuses affaires jugées par la CPJI puis par la CIJ, en matière de responsabilité internationale, résultent de la mise en œuvre de la protection diplomatique par des États qui ont pris fait et cause pour leurs ressortissants et ont défendu leurs intérêts (v. *supra*, n°s 487 et 495 s.).

3° Situation des *organisations internationales*. — L'article 34, § 1, du Statut de la Cour interdit aux organisations internationales d'apparaître en position de demandeur ou de défendeur devant la CIJ. Mais les paragraphes 2 et 3 de cet article prévoient la possibilité d'une collaboration entre elles et la Cour. La Cour peut, notamment, leur demander des renseignements relatifs aux affaires qu'elle examine. Les organisations peuvent même, de leur propre initiative, adresser des informations à la Cour.

Si l'instruction d'une affaire contentieuse conduit la Cour à interpréter l'acte constitutif d'une organisation ou d'une convention conclue en vertu de cet acte, le greffier de la CIJ doit en aviser l'organisation concernée et lui communiquer la procédure écrite, pour lui permettre de prendre position.

543. Le principe : une juridiction facultative. — On entend par là que, à la différence de la situation des particuliers devant les tribunaux internes, les États ne sont soumis à la juridiction de la Cour pour un litige donné que *pour autant qu'ils y consentent*.

Il convient donc de ne pas confondre « juridiction facultative », qui porte sur l'engagement de recourir à une juridiction internationale — dont le jugement a un caractère obligatoire — et « fonction consultative », qui porte sur la nature de l'activité confiée à la juridiction — qui n'aboutit, dans cette seconde hypothèse, qu'à un avis sans force obligatoire.

1° *Affirmation du principe*. — En 1920, le Comité des juristes chargé de présenter un avant-projet de statut pour la CPJI avait proposé que la juridiction de la Cour fût obligatoire pour tous les différends juridiques. L'hostilité des grandes puissances (France, Italie, Royaume-Uni) avait interdit l'adoption d'une telle proposition. Une nouvelle tentative en 1945, lors de la Conférence de San Francisco, s'est heurtée à l'opposition décisive des États-Unis et de l'URSS.

La nécessité d'un consentement des États parties pour que la Cour puisse exercer sa compétence contentieuse est rappelée systématiquement et en termes catégoriques par les deux Cours :

« La juridiction de la Cour dépend de la volonté des Parties » (CPJI, affaire des *Droits des minorités en Haute-Silésie,* Série A, n° 15, p. 22 ; *Usine de Chorzów*, arrêt sur le fond, série A, n° 17, p. 37-38) ; « La Cour ne peut exercer sa juridiction à l'égard d'un État si ce n'est avec le consentement de ce dernier » (CIJ, arrêt, 15 juin 1954, *Or monétaire pris à Rome en 1943, Rec.* p. 32) ; « selon un principe fondamental aucun État ne peut être soumis à sa juridiction sans y avoir consenti » (26 février 2007, *Application de la Convention sur le génocide*, § 76). Un examen d'office de l'existence de ce consentement est plus impératif encore lorsque l'une des parties s'abstient de comparaître ou de faire valoir ses moyens (19 décembre 1978, *Plateau continental de la mer Égée (compétence)*, *Rec.* p. 9 ; 30 juin 1995, *Timor oriental*, *Rec.*, p. 101, § 26). Dans cette dernière affaire, la Cour a eu l'occasion de souligner que « l'opposabilité *erga omnes* d'une norme et la règle du consentement à la juridiction sont deux choses différentes » (p. 102, § 29), et « que le seul fait que des droits et obligations *erga omnes* seraient en cause dans un différend ne saurait donner compétence à la Cour pour connaître de ce différend » ; il en va de même si un différend porte sur le respect d'une norme possédant un caractère impératif (*jus cogens*), « ce qui est assurément le cas de l'interdiction du génocide, [qui] ne saurait en lui-même fonder la compétence de la Cour pour en connaître » (arrêt du 3 fév. 2006, *Activités armées sur le territoire du Congo (RDC c. Rwanda)*, *Rec.* 2006, p. 32, § 64 ; v. aussi p. 52, § 125 ; v. aussi, 26 fév. 2007, *Application de la Convention sur le génocide*, § 147).

L'expression de ce consentement doit être claire. Il n'y a pas de difficulté, en principe, lorsque la Cour est saisie par une initiative commune des parties. En revanche, la Cour doit procéder à un examen plus attentif si le fondement de la saisine réside dans une requête et, plus encore, d'une série d'actes et de comportements (affaire précitée du *Plateau continental de la mer Égée, Rec.* 1978, p. 40-45).

2° *Compromis.* — Dans le cadre de la juridiction facultative, la Cour est saisie en règle générale par voie de compromis, document où s'exprime le consentement des parties. Puisque la CIJ est une institution permanente, le compromis n'a pas à fixer la composition du tribunal ni sa procédure. La différence avec les compromis arbitraux est en principe très nette sous cet angle.

Cependant, la faculté offerte aux parties, par les articles 26 et 31 du Statut de la Cour, de participer à la détermination des membres d'une Chambre spécialisée, ainsi que de suggérer à cette Chambre certains éléments de la procédure, rapproche à cet égard le compromis juridictionnel du compromis arbitral (v. le compromis du 29 mars 1979 entre les États-Unis et le Canada, dans l'affaire de la *Délimitation de la frontière maritime dans la région du golfe du Maine, Rec.* 1984, p. 252 s., celui du 16 septembre 1983 entre la Haute-Volta et le Mali dans l'affaire du *Différend frontalier, Rec.* 1986, p. 558, celui du 24 mai 1986 entre El Salvador et le Honduras dans l'affaire du *Différend frontalier terrestre, insulaire et maritime, Rec.* 1992, p. 356, ou encore celui du 15 juin 2001 entre le Bénin et le Niger au sujet de leur *Différend frontalier* (v. l'arrêt du 12 juill. 2005) ; v. L. Marion, « La saisine de la CIJ par voie de compromis », *RGDIP* 1995, p. 257-300).

Comme un compromis d'arbitrage, le compromis juridictionnel doit comporter, outre l'expression de l'accord des parties pour saisir la Cour, la définition de l'objet du litige et les questions posées aux juges. Les États intéressés procèdent librement à cette détermination. Peu importe que le différend puisse être plutôt qualifié de différend politique ou de différend juridique. L'article 36, § 1, du Statut prévoit en effet que « la compétence de la Cour s'étend à *toutes* les affaires que les parties lui soumettent... ». Et la CPJI a confirmé qu'« il n'y a aucun différend que les États admis à ester devant la Cour ne puissent lui soumettre » (arrêt du 26 avril 1928, *Droits de minorités en Haute-Silésie (écoles minoritaires), Série A*, n° 15, p. 22). La compétence de la Cour est liée par ces indications, à condition qu'elles ne contredisent pas les limites naturelles de la fonction juridictionnelle (v. *infra*, n° 546).

Les parties peuvent-elles également apporter des précisions quant au droit applicable, au risque de contredire les directives du Statut de la Cour ? La Cour l'admet tout en se réservant d'assurer la compatibilité sur ce point entre le compromis et l'article 38 de son Statut (CIJ, affaire du *Plateau continental Tunisie-Libye, Rec.* 1982, p. 37).

3° *« Forum prorogatum ».* — Selon une jurisprudence constante, la volonté d'un État de soumettre un différend à la Cour peut résulter non seulement d'une déclaration expresse contenue dans un compromis formel préalable, mais aussi de tout « acte concluant », en particulier du comportement de l'État défendeur postérieurement à la saisine de la Cour (CPJI, affaire des *Droits de minorités,* préc., *Série A*, n° 15, p. 24 ; CIJ, 25 mars 1948, affaire du *Détroit de Corfou, Rec.* 1947-48, p. 28 ; 22 juill. 1952, affaire de l'*Anglo-Iranian Oil Cy, Rec.* p. 114 ; 3 fév. 2006, *Activités armées sur le territoire du Congo (RDC c. Rwanda), Rec.* p. 18-19, § 21-22). Dans ce cas, la compétence est établie par l'accord implicite du Défendeur (*forum prorogatum*).

Ainsi, dans le cas où un État porterait directement un différend devant la Cour, celle-ci s'estimerait valablement saisie si l'autre État acceptait de se présenter à l'instance (hypothèse vérifiée dans l'affaire du *Détroit de Corfou*, précitée) ou s'il participait effectivement à la discussion en déposant ses propres conclusions ou en n'émettant pas d'objection contre une future décision au fond (CPJI, affaire des *Concessions Mavrommatis à Jérusalem, Série A*, n° 5, p. 27-28 ; CIJ, affaire *Haya de la Torre, Rec.* 1951, p. 78 ; comparer cependant avec CIJ, arrêt du 11 juillet 1996, affaire de l'*Application de la convention sur le génocide, Rec.* 1996, p. 620-621, § 40 ; v. S. Yee, *GYBIL* 1999, p. 147-191). De telles attitudes sont considérées par la Cour comme des manifestations d'une acceptation tacite de sa compétence, sur laquelle la partie défenderesse n'est plus en droit de revenir en vertu du principe de bonne foi ou de l'*estoppel* – étant entendu que « [l]à où la compétence est fondée sur le *forum prorogatum*, une attention toute particulière doit être portée à l'étendue du consentement tel qu'il est circonscrit par l'État défendeur » (CIJ, arrêt, 4 juin 2008, *Certaines questions concernant l'entraide judiciaire en matière pénale*, § 87).

L'article 38, paragraphe 5, introduit en 1978 dans le Règlement de la Cour, envisage la possibilité pour un État d'accepter la compétence de celle-ci après le dépôt d'une requête. On peut penser que cette disposition – dont il résulte qu'une affaire n'est pas inscrite au rôle de la Cour lorsque celle-ci n'a manifestement pas compétence pour en connaître, exclut dorénavant toute possibilité de recours au *forum prorogatum* classique (*contra :* CIJ, arrêt préc., 4 juin 2008, § 64). Longtemps resté lettre morte, ce *forum progatum* encadré a été par deux fois accepté par la France dans des affaires introduites par la République du Congo et Djibouti, respectivement en 2002 et 2006.

544. L'exception : une juridiction « obligatoire »

BIBLIOGRAPHIE. — J. CRAWFORD, « The Legal Effect of Automatic Reservations to the Jurisdiction of the ICJ », *BYBIL* 1979, p. 63-86. — J. G. MERILLS, « The Optional Clause Today », *BYBIL* 1980, p. 87-116. — J.-I. CHARNEY, « Compromissory Clauses and the Jurisdiction of the ICJ », *AJIL* 1987, p. 855-887. — R. SZAFARZ, *The Compulsory Jurisdiction of the International Court,* Nijhoff, Dordrecht, 1993, XII-189 p. — S. A. ALEXANDROV, *Reservations in Unilateral Declarations Accepting the Compulsory Jurisdiction of the ICJ*, Nijhoff, Dordrecht, 1995, X-176 p. — J. CHARPENTIER, « Engagements unilatéraux et engagements conventionnels : différences et convergences », *Mél. Skubiszewski*, 1996, p. 367-380. — Sh. ODA, « The Compulsory Jurisdiction of the International Court of Justice : A Myth ? A Statistical Analysis of Contentious Cases », *ICLQ* 2000, p. 251-277. — M. KAWANO ; J.G. MERRILLS ; F. ORREGO VICUÑA (trois articles), *Mél. Oda*, 2002, vol. I, p. 419-434 ; p. 435-450 ; p. 463-479.

Il s'agit en réalité d'un cas particulier du consentement des États au règlement juridictionnel des différends. Ce consentement reste nécessaire, mais il ne porte plus sur un différend né. L'engagement de se soumettre à la juridiction de la Cour porte sur des différends éventuels, plus ou moins définis à l'avance. La juridiction de la Cour est « obligatoire » parce que l'accord des parties est contenu, à l'avance, dans un acte juridique contraignant. Cette obligation résulte, selon le cas, soit d'un consentement conventionnel, donc mutuel, soit de la rencontre de deux consentements unilatéraux.

1° *Accords attributifs de compétence.* — Comme pour l'arbitrage, on observe dans la pratique des engagements conventionnels de portée variable.

a) Les *engagements spéciaux* sont inclus dans une clause spéciale de règlement juridictionnel contenue dans un traité dont l'objet principal n'est pas le règlement des différends ; ils visent les différends pouvant naître de l'application ou de l'interprétation de ce traité.

Voir, après le premier conflit mondial, les traités de paix, ceux de minorités, les accords de mandat ; après la Seconde Guerre mondiale, les accords de tutelle, les actes constitutifs des institutions spécialisées des Nations Unies, certaines conventions sur le commerce et la protection des investissements (CIJ, arrêt du 20 juillet 1989, *Ellettronica Sicula*, *Rec.*, p. 15 : Traité d'amitié, de commerce et de navigation conclu entre les États-Unis et l'Italie du 2 févr. 1948). Plus récemment, les clauses et protocoles de signature facultative de certaines conventions de codification (protocole aux conventions de Genève de 1958 sur le droit de la mer, article 66 de la Convention de Vienne de 1969 sur le droit des traités, etc.). La Cour a eu l'occasion de préciser que de tels engagements ne doivent pas être interprétés extensivement (ord. du 10 juill. 2002, *Activités armées sur le territoire du Congo*, *RDC c. Rwanda)* : l'article 65 de la Convention de 1969 sur le droit des traités n'est pas un fondement suffisant pour imposer le règlement juridictionnel de différends portant sur d'autres traités).

Pour tous les traités antérieurs à 1945, qui prévoyaient la compétence de la CPJI, l'article 37 du Statut de la CIJ prévoit que celle-ci se substitue à sa devancière dans les rapports entre États parties à ces traités et à son Statut.

L'interprétation de cette disposition a présenté quelques difficultés lorsqu'il existait une solution de continuité entre la soumission d'un État au Statut de la CPJI et sa soumission au Statut de la CIJ (CIJ, affaire de la *Barcelona Traction, Rec.* 1964, p. 6), ou lorsque le droit de saisir la Cour était reconnu aux membres de la SdN (CIJ, 21 décembre 1962, affaire du *Sud-Ouest africain, Rec.* 1962, p. 334-335 : la Cour a admis la transmission automatique d'une Cour à l'autre lorsque les parties au recours sont toutes membres originaires des Nations Unies).

b) Les *engagements généraux* figurent dans des traités, bilatéraux ou multilatéraux, consacrés principalement au règlement pacifique des différends et cohabitent, le plus souvent, avec des engagements d'arbitrage. L'engagement de juridiction obligatoire porte alors exclusivement sur des différends qualifiés de « juridiques » (Acte général d'arbitrage de 1928, pour autant qu'il serait jugé encore opposable, Pacte de Bogota de 1948, Convention européenne de 1957 pour le règlement pacifique des différends, etc.).

Le juge — comme l'arbitre — ayant la « compétence de la compétence », il appartient à la CIJ de trancher toute contestation sur la portée de l'accord ou de la clause qui lui attribuent juridiction.

Sur l'article XXI du Pacte de Bogota comme base suffisante de la compétence de la CIJ, v. les arrêts du 20 déc. 1988 dans l'affaire des *Actions armées frontalières (Nicaragua c. Honduras)* et du 13 déc. 2007, *Différend territorial et maritime (Nicaragua c. Colombie)* ;

sur l'interprétation de l'article 1er du Protocole facultatif à la Convention de Vienne sur les relations consulaires, v. l'arrêt du 27 juin 2001, *LaGrand*. Par un curieux arrêt rendu le 1er juillet 1994 dans l'affaire de la *Délimitation maritime et des questions territoriales entre Qatar et Bahreïn,* la CIJ s'est reconnue compétente sur le fondement d'accords prévoyant la soumission à la Cour de l'ensemble du différend opposant les parties. Mais n'ayant été saisie que d'une partie du litige par une requête du Qatar, la Cour a décidé « de donner aux parties l'occasion de soumettre à la Cour l'ensemble du différend » soit conjointement soit individuellement (*Rec.* p. 127) et s'est finalement reconnue compétente, le 15 février 1995, sur la base d'un accord bilatéral autorisant une saisine unilatérale (*Rec.* p. 6).

2° *Clause d'option ou clause facultative de juridiction obligatoire* — *a) L'option* pour la juridiction de la Cour est offerte aux États par l'article 36, § 2, de son Statut, reproduction fidèle de la clause correspondante du Statut de la CPJI :

« Les États parties au présent Statut pourront, à n'importe quel moment, déclarer reconnaître comme obligatoire de plein droit et sans convention spéciale à l'égard de tout autre État acceptant la même obligation, la juridiction de la Cour sur tous les différends d'ordre juridique ayant pour objet : a) l'interprétation d'un traité ; b) tout point de droit international ; c) la réalité de tout fait qui, s'il était établi, constituerait la violation d'un engagement international ; d) la nature ou l'étendue de la réparation due pour la rupture d'un engagement international ».

On a estimé que tous les différends d'ordre juridique sont visés par l'énumération précédente. Il en est donc également fait application pour déterminer le champ d'application de certains engagements d'arbitrage (v. *supra*, n° 529).

Pour souscrire à la « clause facultative », il suffit que l'État soit partie au Statut de la Cour et adresse une déclaration d'acceptation au Secrétaire général des Nations Unies qui en transmettra copie aux autres États parties au Statut et au greffier de la Cour (art. 36, § 4). Dans l'affaire des *Activités militaires contre le Nicaragua,* la CIJ a estimé qu'il ne convenait pas de faire preuve d'un formalisme excessif sur l'expression du consentement.

En l'espèce, l'instrument de ratification du Statut de la CPJI par le Nicaragua, condition nécessaire à la prise d'effet d'une déclaration d'acceptation de la juridiction datant de 1929, n'avait pas été reçu par le Greffe. La CIJ a considéré que le consentement à être lié par cette déclaration résultait d'un certain nombre d'indices formels non contredits par des objections de l'État concerné (*Rec.* 1984, p. 413). Il est vrai que certains de ces indices émanaient des services de la Cour ou du Secrétariat de l'ONU.

Quant aux conditions procédurales d'opposabilité d'une déclaration d'acceptation, la Cour est beaucoup moins formaliste qu'en matière de retrait d'une telle acceptation : comparer les arrêts sur le *Droit de passage en territoire indien* (*Rec.* 1957, p. 146) et dans l'affaire de la *Frontière terrestre et maritime entre le Cameroun et le Nigeria* (11 juin 1998, *Rec.* p. 293 s., § 29 s.), d'une part, à l'arrêt du 26 novembre 1984, affaire des *Activités militaires... au Nicaragua...*, (*Rec.* p. 419 s., § 63 s.), d'autre part.

Les déclarations d'acceptation de la juridiction de la CPIJ peuvent, en vertu de l'article 36, § 5, du Statut de la CIJ, s'appliquer à celle-ci lorsque leur durée l'autorise et que l'État auteur de la déclaration est devenu immédiatement partie au Statut de la CIJ (CIJ, 26 mai 1961, *Temple de Préah Vihéar (exceptions préliminaires)*, *Rec.* p. 17 ; affaire préc. des *Activités militaires au Nicaragua, Rec.* 1984, p. 408).

À la veille de la Seconde Guerre mondiale, cinquante-quatre des cinquante-neuf États parties au Statut de la CPJI avaient accepté la clause facultative. En

2008, 65 sur les 192 États parties avaient fait cette déclaration. Avant 1991, aucun État communiste n'avait jamais souscrit à cette clause ; depuis, l'attitude de plusieurs États d'Europe centrale s'est inversée (V. Lamm, *RGDIP* 1996, p. 335-365). Après les dénonciations de la France en 1974 (après l'ordonnance du 22 juin 1973 dans l'affaire des *Essais nucléaires),* des États-Unis en 1985 (après l'arrêt du 26 nov. 1984 dans l'affaire des *Activités militaires au Nicaragua*), seul, parmi les membres permanents du Conseil de sécurité, le Royaume-Uni demeure lié par l'article 36, § 2 – moyennant de nombreuses réserves.

Or, en vertu du principe de réciprocité, lorsque la Cour est saisie par une requête unilatérale fondée sur l'article 36, § 2, la juridiction de la Cour n'est établie que si les deux États sont également liés par leur déclaration d'acceptation. Toute défection réduit donc de façon très sensible le champ de la juridiction obligatoire.

b) De très nombreux États ont accompagné leur déclaration d'acceptation de *réserves.* Ces dernières tendent à limiter le champ d'application de l'engagement dans le temps et d'un point de vue matériel. Très souvent, l'acceptation est d'une durée limitée ou comporte une faculté de dénonciation avec un très court préavis. En outre, des catégories plus ou moins étoffées de différends peuvent être exclues du domaine couvert par la clause.

Cette pratique était déjà en vigueur à l'époque de la CPJI. Les réserves formulées alors portaient normalement sur des conflits pour lesquels il existait des conventions stipulant un autre mode de règlement obligatoire ou sur des conflits entre États appartenant à un groupement très solidaire (Commonwealth britannique). Depuis 1946, non seulement les États multiplient les réserves mais ils leur donnent une formulation aussi extensive que possible. Les États-Unis avaient donné l'exemple avec une réserve d'une régularité douteuse (réserve dite « automatique »), selon laquelle étaient exclus tous les conflits relevant de la compétence nationale « telle qu'elle est déterminée par les États-Unis ». La déclaration française de 1947 reprenait cette réserve à son compte ; elle n'y avait renoncé qu'en 1966, au profit de réserves plus précises et plus compatibles avec l'esprit de l'article 36. Les États-Unis avaient en outre considérablement limité la portée de leur déclaration en excluant la juridiction de la Cour à l'égard des « différends résultant d'un traité multilatéral » (CIJ, arrêt du 27 juin 1986, *Rec.* p. 34 s.).

Dans la pratique, l'effet limitatif des réserves est multiplié par le jeu du principe de réciprocité, qui autorisera l'État défendeur à invoquer à son profit les réserves contenues dans la déclaration d'acceptation de l'État demandeur.

Cette « mésaventure » s'est produite au détriment de la France, qui avait alors formulé une réserve « automatique », dans l'affaire des *Emprunts norvégiens* (CIJ, 6 juillet 1957, *Rec.* 1957, p. 23). V. aussi CPJI, 4 avril 1939, *Compagnie d'électricité de Sofia et de Bulgarie, Série A/B*, n° 77, p. 81 ; CIJ, *Anglo-Iranian Oil Company, Rec.* 1952, p. 103.

Quel que soit le mode de saisine initiale de la Cour, le consentement de la partie adverse n'est pas nécessaire pour qu'une demande en interprétation présentée sur le fondement de l'article 60 du Statut soit recevable (v. l'arrêt du 10 décembre 1985, *Rec.* 1985, p. 216 et l'ordonnance du 16 juillet 2008 [§ 44-46] et l'arrêt du 19 janvier 2009 sur la *Demande en interprétation de l'arrêt du 31 mars 2004 en l'affaire* Avena et as. [§ 15 et 16]. Il en va de même en ce qui concerne les requêtes en révision.

545. – Procédure

BIBLIOGRAPHIE. — Ch. DE VISSCHER, *Quelques aspects récents du droit procédural de la CIJ,* Pedone, 1966, 219 p. — R.-J. DUPUY, « La réforme du règlement de la

CIJ », *AFDI* 1972, p. 265-283. — P.-M. EISEMANN, « Les effets de la non-comparution devant la CIJ », *AFDI* 1973, p. 351-375. — E. HAMBRO et S. PETREN, *Mél. Rousseau,* 1974, p. 125-138 et p. 187-198. — G. GUYOMAR, « Le nouveau règlement de procédure de la CIJ », *AFDI* 1978, p. 321-336 et *Commentaire du règlement de la CIJ*, Pedone, 1983, 760 p. — A.-M. STUYT, « Contre-mémoire ou « livre blanc » ? Nouvelles tendances à la CIJ », *RGDIP* 1978, p. 401-433. — A. GIARDINA, « La mise en œuvre au niveau national des arrêts et des décisions internationales », *RCADI* 1979-IV, vol. 165, p. 253-352. — Sir G. FITZMAURICE, « The Problem of the « Non-Appearing » Defendant Government », *BYBIL* 1980, p. 89-122. — S. ROSENNE, « Equitable Principles and the Compulsory Jurisdiction of International Tribunals », *Mél. R. Bindschedler,* 1980, p. 407-425 ; *Procedures in the International Court, A. Commentary on the 1978 Rules of the ICJ,* Nijhoff, La Haye, 1983, XVIII-305 p. ; *Intervention in the ICJ,* Nijhoff, Dordrecht, 1993, XVII-207 p. — T.-O. ELIAS, « The Limits of the Right of Intervention in a Case before the ICJ », *Mél. M. Mosler,* 1983, p. 159-172. — E. JIMENEZ DE ARECHAGA, « Intervention Under Article 62 of the Statute of the ICJ », *Ibid.*, p. 453-465. — S. ODA, « Intervention in the ICJ articles 62 and 63 of the Statute », *Ibid.*, p. 629-648. — I. HUSSAIN, *Dissenting and Separate Opinions at the World Court,* Dordrecht, Nijhoff, 1984, 335 p. — A. EL OUALI, *Effets juridiques de la sentence internationale,* LGDJ, 1984, 321 p. — H. N. A. THIRLWAY, *Non-appearance before the ICJ*, Cambridge UP, 1984, 181 p. ; « The Drafting of ICJ Decisions : Some Personal Recollections and Observations », *Ch. Jl. I.L.* 2006, p. 15-28. — S.-M. SCHWEBEL, « *Ad hoc* Chambers of the ICJ », *AJIL* 1987, p. 831-854. — G. WEGEN, *Vergleich und Klagerücknahme inm internazionalen internationalen Prozess*, Duncker et & Humblot, Berlin, 1987, 484 p. (désistement, transaction). — M. BEDJAOUI, « La fabrication des arrêts de la CIJ », *Mél. Virally,* 1991, p. 87-107. — G. CELLAMARE, *Le forme d'intervento del processo dinanzi della CIG,* Cacussi, Bari, 1991, XXII-312 p. — K. GUENTHER, « Zulässigkeit und Grenzen der Intervention bei Streitigkeiten vor dem IGH », *GYBIL* 1991, p. 254-295. — Sir Robert JENNINGS, « Chambers of the ICJ », *Mél. Dupuy* 1991, p. 197-201. — M. LACHS, « Some Comments on *ad hoc* Chambers of the ICJ », *ibid.,* p. 203-210. — G. GUILLAUME, *Les formations restreintes des juridictions internationales,* Cours IHEI, Pedone, 1992, 91 p. — Sir R. JENNINGS, « New Problems at the ICJ », *Mél. Jimenez,* 1994, p. 1061-1067. — L.C. CAFLISCH, « Valeur et effets des déclarations faites par des juges ou arbitres internationaux », *Ibid.*, p. 1159-1180. — R. RANJEVA, « L'environnement, la CIJ et la Chambre spéciale... », *AFDI* 1994, p. 433-441. — J. G. MERRILLS, « Interim Measures of Protection in the Recent Jurisprudence of the ICJ », *ICLQ* 1995, p. 90-146. — A. TANZI, « Problems of Enforcement of Decisions of the ICJ and the Law of the UN », *JEDI* 1995, p. 539-572. — D.W. BOWETT, J. CRAWFORD, I. SINCLAIR, A.-D. WATTS, « The ICJ Efficiency of Procedure and Working Methods », *ICLQ* 1996, supplement, 35 p. ; *Process, Practice and Procedure*, BIICL, Londres, 1997, XI-190 p. — G. GUILLAUME, « Quelques propositions concrètes à l'occasion du cinquantenaire », *RGDIP* 1996, p. 323-333. — A. PELLET, « Conseil devant la Cour, quelques impressions », *Mél. Thierry*, 1998, p. 345-362 ; « The Role of the International Lawyer in International Litigation » *in* Ch. WICKREMASINGHE ed., *The International Lawyer as Practionner*, BIICL, Londres, 2000, p. 147-162. — H. ASCENSIO, « L'*amicus curiae* devant les juridictions internationales », *RGDIP* 2001, p. 897-930. — S. TORRES BERNÁRDEZ, « La modification des articles du Règlement de la Cour internationale de Justice relatifs aux exceptions préliminaires et aux demandes reconventionnelles », *AFDI* 2003, p. 207-247.

1° *Source des règles procédurales.* — Leur détermination échappe pour l'essentiel à la volonté des parties, à la différence de la situation qui prévaut en matière d'arbitrage. Ces règles sont exposées dans le chapitre III du Statut de la

Cour et sont complétées par le règlement que la Cour est habilitée à adopter et à modifier en vertu de l'article 30 du Statut (texte initial du 6 mai 1946, amendé en 1972 et en 1978).

2° Dans leurs traits essentiels, les règles régissant le déroulement du procès devant la Cour le situent entre l'arbitrage et le règlement juridictionnel interne.

a) La formation de jugement. La réforme du règlement de 1978 vise à faciliter la soumission des affaires à des formations restreintes (« Chambres »), dont la composition est en principe décidée par la Cour.

Si les États parties en expriment le désir, ils sont consultés par la Cour sur ce point (ordonnance du 20 janvier 1982 dans l'affaire de la *Délimitation de la frontière maritime dans la région du golfe du Maine, Rec.* p. 2 ; v. *supra*, n° 543). L'intervention des États, en l'espèce, a été jugée excessive. Elle tend à atténuer la distinction traditionnelle entre l'arbitrage et le règlement juridictionnel. Le même reproche ne paraît pas pouvoir être adressé aux parties dans l'affaire du *Différend frontalier entre le Burkina Faso et le Mali* (ord. du 3 avril 1985, *Rec.* p. 6) ni dans l'affaire *Elettronica Sicula* (arrêt du 20 juillet 1989, *Rec.*, p. 17 s.) ni à celles opposant le Salvador au Honduras (v. l'arrêt du 13 septembre 1990 relatif à l'intervention du Nicaragua, *Rec.*, p. 97) ou le Bénin au Niger (arrêt du 12 juill. 2005, *Rec.* p. 90). Le 6 août 1993, la Cour a, pour la première fois, constitué une chambre spécialisée en matière d'environnement pour une durée de six mois renouvelable en application de l'article 26 de son Statut. Constamment reconduite depuis lors, celle-ci n'a, jusqu'à présent, été saisie d'aucune affaire.

b) La procédure par défaut, peu usitée en matière d'arbitrage, connaît une application plus fréquente devant la CIJ (v. J.B. Acosta Estevez, *Rev. esp. DI* 1997, p. 11-28).

Certains systèmes procéduraux internes admettent qu'en cas de défaut du défendeur, le tribunal saisi peut adjuger au demandeur ses conclusions sans exiger de preuves À l'égard des États, la Cour ne peut adopter un tel comportement. Le refus de comparaître peut signifier le refus de l'État, fondé ou non, de reconnaître la compétence de la Cour. Il faut dès lors entourer la décision qui le frapperait de toutes les précautions désirables. L'article 53 du Statut dispose qu'avant d'adjuger ses conclusions à la partie non défaillante, la Cour doit « s'assurer, non seulement qu'elle a compétence aux termes des articles 36 et 37, mais que les conclusions sont fondées en fait et en droit ». À la différence encore des systèmes internes, la partie condamnée par défaut par la CIJ ne peut pas, en principe, faire opposition au jugement.

La CPJI n'avait jamais eu l'occasion de statuer par défaut. Par contre, la CIJ a été immédiatement confrontée au problème, dans l'affaire du *Détroit de Corfou* (arrêt du 15 déc. 1949 : défaut de l'Albanie dans la phase finale), et l'a été fréquemment (cf. les arrêts du 25 juillet 1974, affaire de la *Compétence en matière de pêcheries* : défaut de l'Islande ; 20 décembre 1974, affaire des *Essais nucléaires* : défaut de la France ; 19 décembre 1978, affaire du *Plateau continental de la mer Égée* : défaut de la Turquie ; 21 mai 1980, affaire du *Personnel diplomatique et consulaire des États-Unis à Téhéran* : défaut de l'Iran ; 27 juin 1986, affaire des *Activités militaires contre le Nicaragua* : défaut des États-Unis, alors qu'ils avaient participé à la procédure sur les mesures conservatoires et les exceptions préliminaires).

c) Comme dans une instance interne, la procédure d'*intervention* est admise devant la CIJ (art. 62 et 63 du Statut et art. 81 et 82 du règlement de la Cour). Cette intervention est de droit si la Cour est saisie d'une question d'interprétation d'une convention à laquelle ont participé d'autres États que ceux en litige.

Longtemps la CIJ a écarté la plupart des demandes en ce sens, pour défaut d'intérêt juridique de la part des États en cause (Malte dans l'affaire du *Plateau continental*

Tunisie-Libye : arrêt du 14 avril 1981, *Rec.* p. 19 ; Italie dans l'affaire du *Plateau continental Libye-Malte* : arrêt du 21 mars 1984, *Rec.* p. 1-28 ; El Salvador dans l'affaire des *Activités militaires du Nicaragua* : demande jugée irrecevable à ce stade par ordonnance du 4 octobre 1984, *Rec.* p. 215 ; Philippines dans l'affaire de la *Souveraineté sur Pulau Ligitan et Pulau Sipadan*, arrêt du 23 oct. 2001, *Rec.* p. 575). L'attitude de la Cour paraît commandée par la crainte de voir cette procédure utilisée pour étendre indirectement sa compétence, sans que soit respecté le principe du consentement préalable des États qui ont accepté sa juridiction pour un différend précis. Toutefois, en 1990, elle a accueilli partiellement la requête en intervention du Nicaragua dans l'affaire du *Différend frontalier terrestre, insulaire et maritime* entre El Salvador et le Honduras sur le fondement de l'article 62 de son Statut. Elle a précisé à cette occasion que « l'État intervenant ne devient pas partie à l'instance » (arrêt du 13 sept. 1990, *Rec.* p. 136 ; dans le même sens, v. l'ordonnance du 21 oct. 1999 par laquelle la Cour a autorisé la Guinée équatoriale à intervenir à l'instance dans les mêmes conditions dans l'affaire de la *Frontière terrestre et maritime entre le Cameroun et le Nigeria*, *Rec.* p. 1029 ; dans cette affaire, la Cour avait, dans l'arrêt du 11 juin 1998, réservé sa position en considérant que la question de compétence, compte tenu des droits des États tiers, ne pouvait être considérée comme exclusivement préliminaire ; mais elle reconnaissait que de sa réponse à la revendication du Cameroun et de son incidence sur les droits des États tiers dépendrait la possibilité de statuer au fond, en l'absence de ces États – *Rec.* 1998, p. 324, § 116 ; v. également l'arrêt sur le fond du 10 oct. 2002, *Rec.* p. 421, § 283).

La volonté de la Cour de protéger les droits des parties reste cependant entière : dans l'affaire *El Salvador/Honduras*, l'intérêt juridique du Nicaragua n'est reconnu que pour ce qui concerne le régime juridique des eaux du golfe de Fonseca (*Rec.* 1990, p. 137) ; l'État intervenant ne peut voir son statut se rapprocher de celui des parties qu'avec le consentement de ces derniers (*id.*, p. 135 ; et arrêt du 11 septembre 1992, *Rec.* p. 610) : l'État ne devient pas partie à l'instance, en l'absence de ce consentement, et l'arrêt n'a donc pas à son égard autorité de chose jugée (*ibid.*).

d) Les deux phases de l'instance, l'instruction *écrite* et les débats *oraux*, sont réglées avec une grande minutie afin d'assurer pleinement l'égalité des plaideurs et la libre discussion de leurs argumentations respectives. Malgré tout, les parties ne sont pas toujours dans une situation équilibrée quant à la charge de la preuve, en particulier lorsque la Cour est saisie par voie de requête.

e) En matière de *preuve*, « c'est ... au plaideur qui cherche à établir un fait qu'incombe la charge de la preuve » (arrêt du 26 novembre 1984, *Activités militaires*, *Rec.* 1984, p. 437, § 101 ; v. aussi 31 mars 2004, *Avena*, *Rec.* 2004, p. 41, § 55 ; ou 26 février 2007, affaire du *Génocide*, § 204).

Au cours de l'instruction, la Cour a le pouvoir de décider des enquêtes, des expertises ainsi que des descentes sur les lieux si elle estime que ces mesures sont nécessaires à l'administration de la preuve (la circonstance s'est présentée deux fois, en 1937 et en 1997 ; v. M. Bedjaoui, *Mél. Seidl-Hohenveldern*, vol. II, p. 1-23 ; J.-M. Thouvenin, *AFDI* 1997, p. 333-340 ; P. Tomka et S. Wordsworth, *AJIL* 1998, p. 134-140).

f) La Cour semble donner effet, avec prudence et parcimonie, à la pratique anglo-saxonne de l'*estoppel* (v. *supra*, n° 535).

Pour écarter cet argument, invoqué par les États-Unis dans l'affaire des *Activités militaires au Nicaragua*, la Cour rappelle qu'il ne suffit pas d'établir qu'un État a accepté d'une manière claire et constante un régime juridique ou un principe ; encore faut-il que son comportement ait amené « un autre ou d'autres États, se fondant sur cette attitude, à modifier leur position à leur détriment ou à subir un préjudice » (arrêt du 26 nov. 1984, *Rec.* p. 415). On relève une même réticence à accueillir cet argument dans l'affaire de la *Frontière terrestre et maritime, Cameroun c. Nigeria*, (arrêt du 11 juin 1998, *Rec.* p. 303-304, § 57).

g) Radiation d'une affaire du rôle de la Cour. C'est la phase finale de la procédure contentieuse, soit que l'affaire soit définitivement jugée, soit que le demandeur se soit désisté sans rencontrer d'objections de la part du défendeur. Une telle radiation n'interdit pas nécessairement une réinscription au rôle de la Cour, en particulier si le désistement n'équivaut pas à une renonciation définitive à la réclamation initiale (CIJ, arrêt du 24 juillet 1964, *Barcelona Traction, Rec.* 1964, p. 18 s.).

Lorsque son incompétence est manifeste, la Cour peut accepter de rayer l'affaire du rôle sans même avoir à examiner les exceptions préliminaires de l'État attrait devant elle (cf. l'ord. du 22 sept. 1995, *Essais nucléaires — Examen de la situation selon le § 63 de l'arrêt de la Cour du 20 déc. 1974, Rec.* 1995, p. 287), notamment à l'occasion de l'examen d'une demande en indication de mesures conservatoires (cf. les ord. du 2 juin 1999, *Licéité de l'emploi de la force (Yougoslavie c. Espagne, Rec.* p. 774 et *Yougoslavie c. États-Unis, Rec.* 1, p. 826)).

h) En 1989, le Secrétaire général des Nations Unies a établi un *Fonds d'affectation spéciale* destiné à aider les États en développement saisissant la Cour par compromis ou par requête à faire face aux dépenses, souvent considérables — probablement entre 500 000 et 10 millions d'euros — entraînées par la procédure (v. D. Vignes, *AFDI* 1989, p. 321-324 et P.H.F. Bekker, *AJIL* 1993, p. 659-668). Le Statut du Fonds a été révisé en 2004, notamment en vue d'en élargir les conditions d'accès (doc. A/59/372, 21 sept. 2004, qui contient la nouvelle version du Statut en annexe).

546. Pouvoirs de la Cour. — Dans les arrêts rendus dans l'affaire des *Essais nucléaires*, 1974, la CIJ a rappelé qu'elle possédait « un pouvoir inhérent qui l'autorise à prendre toute mesure voulue, d'une part, pour faire en sorte que, si sa compétence au fond est établie, l'exercice de cette compétence ne se révèle pas vain, d'autre part pour assurer le règlement régulier de tous les points en litige... » (20 décembre 1974, *Rec.* 1974, p. 259 et 463 ; sur la théorie des compétences implicites, v. *supra*, n° 390).

1° La Cour est *juge de sa propre compétence*, en vertu des termes mêmes de l'article 36, § 6, de son Statut : « En cas de contestation sur le point de savoir si la Cour est compétente, la Cour décide ». Cette disposition, que l'on trouvait déjà dans le Statut de la CPJI, ne fait que codifier une jurisprudence arbitrale constante (v. *supra*, n° 533).

Procéduralement, les objections adressées par l'État défendeur à la juridiction de la Cour s'expriment en général par voie d'*exceptions préliminaires* portant sur l'*incompétence du juge*, et sur l'*irrecevabilité de la requête*.

Il n'est pas totalement exclu que de telles « exceptions » soient présentées par l'État demandeur : ce dernier peut ainsi protéger les droits d'un État tiers, qui pourraient être compromis par le jugement (CIJ, 15 juin 1954, *Or monétaire, Rec.* p. 19).

La Cour est très fréquemment saisie de ces objections préliminaires, sur lesquelles elle doit statuer *in limine litis,* avant d'examiner le fond de l'affaire sauf lorsqu'elle estime devoir joindre une exception au fond. Il peut arriver que le défendeur soulève des objections d'incompétence ou d'irrecevabilité en dehors du délai prévu ; une telle exception n'est pas irrecevable mais elle ne suspend pas la procédure au fond et est examinée en même temps que lui (31 mars 2004, *Avena, Rec.* 2004, p. 29, § 24 ou 26 fév. 2007, *Génocide (Bosnie-Herzégovine c. Serbie) – fond,* § 101). Les exceptions s'appuient sur divers arguments : l'incompétence de la Cour *ratione personae* (v. *supra*, n°s 542-544), son incompétence *ratione materiae* (inexistence d'un différend juridique actuel et de caractère international), son incompétence *ratione temporis* (expiration de la durée d'application d'un engagement unilatéral ou conventionnel, faits antérieurs à l'engagement de juridiction obligatoire), l'irrecevabilité d'une requête pour défaut d'intérêt à agir ou pour le non-respect de certaines conditions préalables. En outre, la CIJ a parfois pris en considération des questions préliminaires ne pouvant être classées à strictement parler ni parmi les problèmes de compétence ni parmi ceux concernant la recevabilité de la requête (2 déc. 1963, *Cameroun septentrional, Rec.* p. 29 ; 20 déc. 1974, *Essais nucléaires, Rec.* p. 259, § 22, et p. 463, § 22 ; ou 13 déc. 2007, *Différend territorial et maritime (Nicaragua c. Colombie)*, § 49).

En 1996, dans l'affaire des *Plates-formes pétrolières*, la Cour a, à l'occasion d'un important tournant jurisprudentiel, « durci » les conditions d'appréciation de sa compétence *ratione materiae* en précisant que, pour l'établir, elle « ne peut se borner à constater que l'une des Parties soutient qu'il existe un (...) différend et que l'autre le nie. Elle doit rechercher si les violations du traité (...) alléguées (...) entrent ou non dans les prévisions de ce traité » (*Rec.* p. 810, § 16, à lire en particulier à la lumière de l'opinion individuelle de la juge Higgins, *ibid.*, p. 847-861). Cette position a rapidement fait jurisprudence, au sein de la Cour, bien entendu (v. par ex. : CIJ, affaire relative à la *Licéité de l'emploi de la force (Yougoslavie c. Belgique), Rec.* 1999, p. 137, § 38) mais aussi au-delà, notamment dans la jurisprudence arbitrale mixte où il est devenu usuel d'invoquer le « *platforms test* » (v. par ex. CIRDI, sentence sur la compétence, 22 nov. 2002, *United Parcel Services of America Inc. v. Government of Canada* (2002), § 35 ; ou 29 janv. 2004, *SGS c. Philippines*, § 26 ; SA 30 janvier 2007, *Eurotunnel*, § 135).

Cet examen peut poser de délicats problèmes juridiques et aboutir à l'arrêt de la procédure contentieuse si l'une des exceptions est accueillie par la Cour. Parmi les cas où la Cour a ainsi renoncé à un examen au fond, sa décision a eu un grand retentissement politique dans l'affaire du *Sud-Ouest africain* (arrêts de 1962 et 1966) ; d'autres affaires ont illustré la lenteur et la complexité de la justice internationale confrontée à la multiplication des exceptions préliminaires (*Barcelona Traction*, arrêts de 1964 et de 1970 précités ; *Frontière terrestre et maritime entre le Cameroun et le Nigeria (Cameroun c. Nigeria ; Guinée Équatoriale (intervenant))*, arrêts de 1998 (exceptions préliminaires), 1999 (interprétation) et 2002 (fond), et *Application de la convention pour la prévention et la répression du crime de génocide (Bosnie-Herzégovine c. Serbie-et-Monténégro)*, arrêts de 1996 (exceptions préliminaires), 2003 (révision) et 2007 (fond)).

Sur un total de 94 saisines contentieuses sans désistement (19 affaires ont été retirées suite au désistement des parties) jusqu'en juillet 2008, seulement 43 cas se sont terminés par un arrêt sur le fond, tandis que la Cour a dû s'abstenir de juger l'affaire sur le fond dans 38 cas, soit une proportion de plus de 45 %. Il est vrai que plusieurs saisines poursuivaient surtout un but politique et n'avaient aucune chance d'être accueillies (affaires portant sur des « incidents aériens »). Au 31 juillet 2009, 14 affaires étaient en cours d'instance.

En outre, les États commencent à développer une pratique de *demandes reconventionnelles*, bien accueillie par la Cour jusqu'ici (ord. du 17 décembre 1997 et du 10 mars 1998, respectivement dans les affaires de l'*Application de la convention sur le génocide, Bosnie-Herzégovine c. Yougoslavie* ; 10 mars et du 10 mai 1998, affaire *Plates-formes pétrolières, Iran c. États-Unis* ; 30 juin 1999, *Frontière terrestre et maritime entre le Cameroun et le Nigeria* ; ord. préc. du 29 nov. 2001 et arrêt du 9 déc. 2005, *Activités armées sur le territoire du Congo (RDC c. Ouganda), Rec.* 2005, p. 259-279, § 266-344).

La compétence de la Cour étant liée à l'objet de la requête, la Cour déduit de la « compétence de la compétence » son pouvoir d'interpréter les conclusions des parties (CIJ, arrêt du 20 décembre 1974, *Essais nucléaires, Rec.* p. 262). Selon ses propres termes dans cette affaire, « c'est l'un des attributs de sa fonction judiciaire » *(ibid.)*.

2° Outre ses pouvoirs d'instruction (v. *supra*, n° 545), la Cour est en droit de fixer des *mesures conservatoires* par voie d'ordonnances, au besoin même d'office et, « en cas d'extrême urgence », elle peut « procéder sans tenir d'audience » (ord. du 3 mars 1999, *LaGrand*, *Rec.* p. 14, § 21 ; v. P. Gaeta, *La Giustizia cautelare nel diritto internazionale*, CEDAM, Milan, 2000, 261 p.).

Alors qu'un juge interne peut *imposer* aux justiciables, par voie d'injonction, de telles mesures conservatoires, l'article 41 du Statut de la CIJ se contente de prévoir que « la Cour a le pouvoir *d'indiquer*, si elle estime que les circonstances l'exigent, quelles mesures conservatoires du droit de chacun *doivent* être prises à titre provisoire ». La formulation est ambiguë, sinon même contradictoire, et l'on s'est longtemps demandé s'il fallait faire prévaloir le caractère impératif du verbe « devoir » ou le caractère permissif d'une « indication ».

Finalement, la Cour a tranché cette controverse de façon très catégorique, en faveur du caractère obligatoire de telles ordonnances pour autant qu'elles ne constituent pas de « simples exhortations », par son arrêt du 27 juin 2001, dans l'affaire *LaGrand* (*Rec.* p. 501-506, § 98 à 109), sans pour autant se prononcer sur l'applicabilité de l'article 94 de la Charte (v. *infra*, n° 547-3°) à ces ordonnances (*ibid.*, p. 506, § 108).

Pour aboutir à cette conclusion, la Cour accorde un grand poids à l'objet et au but du Statut et fait valoir que le caractère obligatoire des mesures conservatoires est seul de nature à lui permettre « de s'acquitter de sa mission fondamentale, qui est le règlement judiciaire des différends internationaux au moyen de décisions obligatoires conformément à l'article 59 du Statut » (p. 502, § 102). V. aussi, 19 déc. 2005, *Activités armées sur le territoire du Congo (RDC c. Ouganda), Rec.* p. 258, § 263 ; ou 26 fév. 2007, *Application de la Convention sur le génocide*, § 452).

Pour décider de l'opportunité de mesures conservatoires, la Cour doit être convaincue de l'imminence d'un préjudice irréparable et du risque d'une aggravation du différend.

C'est parce que ces deux conditions n'étaient pas vérifiées que la Cour a rejeté la demande en ce sens de la Grèce dans l'affaire du *Plateau continental de la mer Égée* (ordonnance du 11 septembre 1976, *Rec.* 1976, p. 3) : les activités reprochées à la Turquie consistaient en une simple exploration des ressources du plateau continental ; et la résolution 395 (1976) du Conseil de sécurité de l'ONU permettait d'espérer un apaisement de la tension entre les parties. De même, dans l'affaire du *Grand Belt*, la Cour a rejeté la demande de la Finlande en relevant notamment que la procédure sur le fond « devrait normalement être menée à son terme » avant que le pont, dont la construction avait été entreprise par le Danemark, soit achevé, les travaux ne portant pas, en eux-mêmes, une atteinte irrémédiable aux droits invoqués par la Finlande (ordonnance du 29 juill. 1991, *Rec.*, p. 18 ; v. aussi l'ordonnance du 13 juill. 2006 dans l'affaire des *Usines de pâte à papier sur le fleuve Uruguay*, dans laquelle la Cour relève qu'il sera possible de remédier aux manquements aux règles de procédure imposée par le Statut du fleuve Uruguay de 1975, invoqués par l'Argentine au stade du fond [§ 70-71]). Voir également, l'ordonnance du 14 avril 1992 dans l'affaire de l'incident aérien de *Lockerbie, Libye c. Royaume-Uni* : refus par la Cour d'ordonner des mesures conservatoires fondées sur la Convention de Montréal relative à l'aviation civile internationale du fait de l'adoption par le Conseil de sécurité de la résolution 748 (1992) qui bénéficie *prima facie* de la force obligatoire supérieure conférée à la Charte par l'article 103. Au contraire, par ses ordonnances des 8 avril et 13 septembre 1993, la Cour a indiqué que le Gouvernement de la Yougoslavie (Serbie et Monténégro) devrait « prendre toutes les mesures en son pouvoir afin de prévenir la commission du crime de génocide » (*Rec.* p. 24 ; v. aussi p. 349).

Tirant les conséquences du caractère désormais obligatoire des mesures conservatoires et en vue d'éviter tout abus dans leur sollicitation, la Cour a récemment ajouté une troisième condition à l'indication de telles mesures, celle du caractère « plausible » des droits revendiqués (v. *Affaire relative à des questions concernant l'obligation de poursuivre ou d'extrader (Belgique c. Sénégal)*, ordonnance du 28 mai 2009, par. 56-61 ; v. également les opinions des juges Abraham et Bennouna sous l'ordonnance du 13 juillet 2006 dans l'affaire des *Usines de pâte à papier sur le fleuve Uruguay)*.

3° *Droit applicable par la Cour.* — La CIJ doit statuer en application du droit international puisque, selon l'article 38 de son Statut, sa « mission est de régler *conformément au droit international* les différends qui lui sont soumis... ». Ceci n'interdit pas aux États de tenter d'orienter la démonstration et les conclusions de la Cour, en l'invitant à accorder une importance particulière à telle source du droit international ou à tel principe qui s'y rattache, ou plus directement en assortissant leur acceptation de la compétence de la Cour de réserves par lesquelles ils lui interdisent l'application de certaines normes internationales (v. *supra*, n° 544). Surtout ceci n'interdit pas aux parties de rechercher, auprès de la Cour, un jugement déclaratoire qui précise la portée d'une norme peut-être encore en voie de formation.

Ainsi, dans l'affaire des *Essais nucléaires*, l'Australie tentait d'obtenir un début de reconnaissance de l'illicéité des essais nucléaires atmosphériques ; dans l'affaire de la *Compétence en matière de pêcheries*, le Royaume-Uni visait à faire infléchir l'évolution du droit de la mer en faveur d'une juridiction préférentielle, et non pas exclusive, de l'État riverain sur les pêcheries adjacentes à la mer territoriale ; en invitant la Cour à prendre en compte les « tendances » nouvelles du droit de la mer, dans l'affaire du *Plateau continental Tunisie-Libye*, ces deux États élargissaient le champ du droit international positif. Face à ces pressions, la CIJ a toujours fait preuve d'une extrême prudence pour ne pas être accusée d'enfreindre les indications de son Statut quant au droit applicable.

4° *Pouvoirs spéciaux de la Cour. — a)* La Cour peut être autorisée par les parties à statuer *ex aequo et bono*, c'est-à-dire en équité (art. 38, § 2, du Statut ; v. *supra*, n° 230). Elle n'est alors plus strictement limitée par l'énumération des sources du droit applicables contenue dans l'article 38, § 1, de son Statut.

b) En revanche, à la différence des arbitres (v. *supra*, n° 533), la Cour estime contraire à la « fonction judiciaire » de procéder à un « règlement de juge ». Ce type de jugement consisterait à fixer un régime pour l'avenir, en définissant des règles juridiques susceptibles de prévenir la réapparition des facteurs d'un différend entre États.

Le compromis du 20 octobre 1924 entre la France et la Suisse invitait la CPJI à élaborer le régime économique des zones franches de Haute-Savoie et du pays de Gex. Par son ordonnance du 6 décembre 1930, la Cour a décliné cette mission qu'elle a jugée « mal adaptée au rôle d'une Cour de Justice ». Elle s'en est ainsi justifiée : « Le règlement de ces matières est, non pas une question de droit mais une question qui dépend du jeu d'intérêts économiques réciproques pour lesquels aucun gouvernement ne saurait accepter le contrôle d'un organe extérieur. Ces questions sont en dehors du domaine où une Cour de justice, dont la tâche est d'appliquer des règles de droit, peut aider à la solution des différends entre deux États » (*série A/B*, n° 35, p. 12-13).

Si la fonction de la Cour est de contribuer à la solution d'un litige en apportant des solutions juridiques à des questions juridiques, ces réponses peuvent n'être que partielles, de façon à laisser aux États une certaine marge d'appréciation dans la mise en œuvre des règles posées par la Cour. Aussi la Cour accepte-t-elle de se limiter à fournir des « directives » aux États qui la saisissent d'un différend (détermination des principes et des règles de droit international applicables à une délimitation : CIJ, 20 février 1969, affaire du *Plateau continental de la mer du Nord, Rec.* p. 53 ; 24 février 1982, affaire du *Plateau continental Tunisie-Libye, Rec.* p. 92) ; ces « directives » n'en sont pas moins obligatoires pour les parties (10 décembre 1985, *Demande en révision et en interprétation de l'arrêt du 24 février 1982, Rec.* p. 218 s.).

c) La Cour se refuse également à répondre à une demande de *jugement déclaratoire* portant sur une norme internationale purement hypothétique, parce que caduque par exemple. Agir autrement serait contraire à la « fonction judiciaire » ainsi formulée dans son arrêt du 2 décembre 1963, dans l'affaire du *Cameroun septentrional* :

« La fonction de la Cour est de dire le droit, mais elle ne peut prendre des arrêts qu'à l'occasion de cas concrets dans lesquels il existe, au moment du jugement, un litige réel impliquant un conflit d'intérêts juridiques entre les Parties. L'arrêt de la Cour doit avoir des conséquences pratiques en ce sens qu'il doit pouvoir affecter les droits et obligations juridiques existants des parties, dissipant ainsi toute incertitude dans leurs relations juridiques » (*Rec.* 1963, p. 33-34).

L'argument avait été présenté par les États-Unis, à titre d'exception préliminaire visant à un non-lieu à statuer, dans l'affaire dite de *Lockerbie* : les résolutions du Conseil de sécurité auraient rendu sans objet la demande de la Libye, fondée sur la convention de Montréal de 1971, et sans effet concret une décision de la Cour. L'arrêt du 27 février 1998 sur les exceptions préliminaires écarte l'argument, à ce stade de la procédure, dans la mesure où il n'a pas, selon elle, un caractère « exclusivement » préliminaire (*Rec.* 1998, p. 26-29, § 45 et s.). L'affaire ayant été retirée du rôle suite au désistement de la Libye, la question n'a pas été examinée au fond.

547. Arrêt de la Cour. — L'arrêt de la Cour est adopté à la majorité des juges présents ; en cas de partage égal des voix, celle du Président est prépondérante.

Dans l'histoire des deux Cours, cette éventualité s'est réalisée deux fois seulement en matière contentieuse : à propos de l'arrêt du 7 septembre 1927, dans l'affaire du *Lotus* entre la France et la Turquie, et pour l'arrêt rendu le 18 juillet 1966 dans l'affaire du *Sud-Ouest africain* (mais aussi pour l'avis consultatif du 8 juillet 1996, *Licéité de la menace ou de l'emploi d'armes nucléaires*).

1° *Forme de l'arrêt.* — Il est divisé en trois parties.

La première regroupe un ensemble d'éléments disparates qui sont utiles à *l'individualisation* de l'affaire : composition de la Cour, indication des parties et de leurs représentants, analyse des faits, reproduction des conclusions et des argumentations juridiques des parties.

La deuxième est consacrée à *l'exposé des motifs*. En effet, la *motivation* de l'arrêt est obligatoire. Parce que sont en cause des États souverains dont le juge tient à ménager la susceptibilité et parce que le règlement juridictionnel n'est souvent qu'un élément d'un processus plus vaste de règlement du différend, la motivation est nécessairement très développée, ce qui, outre le style narratif adopté, explique la longueur des arrêts. Lorsque les questions de fait sont complexes, la pratique habituelle de la Cour consiste à se prononcer « dans un premier temps sur les faits, puis [à appliquer] les règles pertinentes du droit international à ceux qu'elle aura jugés avérés » (arrêt du 19 déc. 2005, *Activités armées sur le territoire du Congo (RDC c. Ouganda)*, *Rec.* p. 200, § 57).

La troisième consiste dans le *dispositif*, c'est-à-dire l'exposé de la décision par laquelle la Cour tranche le différend. C'est en fonction de lui que se détermine le vote des juges, et non de l'exposé des motifs. Le dispositif indique le nombre de voix obtenues par la décision de la Cour et le nom des juges s'étant prononcés dans un sens ou dans l'autre. Pour déterminer l'appui obtenu par la motivation auprès des juges, il est nécessaire de consulter les *opinions individuelles et dissidentes* (v. *supra*, n° 260, et les observations de la Cour dans l'affaire *Yakimetz*, avis de 1987, *Rec.* 1987, p. 45).

2° *Portée de l'arrêt.* — Il est *obligatoire* et *définitif* et jouit de l'autorité *relative* de chose jugée : il n'oblige que les parties au litige et pour le seul cas tranché (art. 59 du Statut). Cette force juridique s'attache indiscutablement au dispositif de l'arrêt. On admet qu'elle bénéficie également aux éléments de l'exposé des motifs qui sont indispensables pour justifier le dispositif.

Pour une application particulièrement ferme du principe selon lequel *res judicata pro veritate habetur*, v. l'arrêt du 26 février 2007 dans l'affaire relative à l'*Application de la Convention sur la prévention et la répression du crime de génocide*, § 120-140.

Les arrêts rendus le 20 décembre 1974 dans les affaires des *Essais nucléaires* posent un problème délicat. Dans leur dispositif, ils constatent qu'il n'existe pas de différend justiciable entre les parties, en s'appuyant sur des déclarations françaises qui, elles, ne sont définies que dans les motifs. Ce qui laisse ouverte la question de savoir si un arrêt de la Cour confère à des actes juridiques unilatéraux dont la nature juridique est ambiguë et sur lesquels se fonde le dispositif, une force juridique obligatoire, fondée sur l'autorité de chose jugée de l'arrêt.

Comme pour les sentences arbitrales, cette force obligatoire de l'arrêt ne fait pas obstacle à l'introduction de recours en interprétation et en révision (art. 60 et 61 du Statut) (v. l'arrêt du 10 décembre 1985, *Demande en révision et en interprétation de l'arrêt du 24 février 1982 en l'affaire du plateau continental [Tunisie/Libye], Rec.* 1985, p. 192), même d'un arrêt portant sur les exceptions préliminaires (v. l'arrêt du 25 mars 1999, *Frontière terrestre et maritime entre le Cameroun et le Nigeria, Rec.* p. 31).

La mise en œuvre des arrêts de la Cour peut poser de difficiles problèmes en droit interne, en particulier lorsqu'ils impliquent une remise en cause ou une « mise à néant » (v. l'arrêt du 14 févr. 2002 sur le *Mandat d'arrêt, Rec.* p. 32, § 76 et p. 33, § 78 [3]) d'un acte juridictionnel définitif ou d'une loi ou lorsqu'ils touchent au partage des compétences entre un État fédéral et les entités fédérées. Ainsi, par l'arrêt du 31 mars 2004 dans l'affaire *Avena* la Cour a décidé que les États-Unis étaient « tenus d'assurer, par les moyens de leur choix, le réexamen et la révision des verdicts de culpabilité rendus et des peines prononcées contre [certains] ressortissants mexicains » condamnés sans que les droits qu'ils tiennent de la Convention de Vienne sur les relations consulaires aient été respectés (*Rec.* 2004, p. 72, § 159.9) ; bien qu'un memorandum du Président des États-Unis eût « déterminé » que cette décision était applicable par les juridictions américaines, la Cour suprême a fait droit à un pourvoi du Texas et considéré, par un arrêt du 25 mars 2008, que l'arrêt de la CIJ n'était pas directement applicable et ne s'imposait pas aux États fédérés (*Medellin v. Texas*, 128 S. Ct. 1346 (U.S. 2008) ; v. aussi, même si antérieur à cette décision de la Cour suprême, A. Peyro Llopis, « Après *Avena :* l'exécution par les États-Unis de l'arrêt de la CIJ », *AFDI* 2005, p. 140-161).

3° *Possibilité d'une exécution forcée de l'arrêt ?* — L'article 13, § 4, du Pacte de la SdN n'avait fourni qu'une esquisse de solution, en disposant que faute d'exécution d'une sentence arbitrale ou d'un jugement, le Conseil proposerait « les mesures qui doivent en assurer l'effet ». On a pu voir, avec raison, dans cette disposition la base d'un mécanisme d'exécution forcée dans les relations internationales.

Compte tenu des compétences et responsabilités du Conseil de sécurité, les « voies d'exécution » pourraient aller jusqu'à des mesures de contrainte obligatoire pour l'ensemble des membres de l'ONU. Théoriquement efficace, le système de l'article 94, § 2, de la Charte est resté purement théorique jusqu'ici. Il est vrai qu'à l'exception de l'arrêt rendu en 1949 dans l'affaire du *Détroit de Corfou*, dans une large mesure de celui de 1980 dans l'affaire du *Personnel diplomatique des États-Unis à Téhéran* et de celui de 1986 sur les responsabilités des États-Unis dans les *Activités militaires contre le Nicaragua* (seule affaire où il y a eu invocation directe de l'article 94 de la Charte, sans résultat d'ailleurs), tous les jugements au fond de la CIJ ont été respectés par les États. L'efficacité du mécanisme de l'article 94 est du reste limitée par sa rédaction permissive : le « Conseil de sécurité, s'il le juge nécessaire, peut faire des recommandations ou décider des mesures à prendre pour faire exécuter l'arrêt » (v. S. Rosenne, « L'exécution et la mise en vigueur des décisions de la CIJ », *RGDIP* 1953, p. 532-583 ; G. Guillaume, « De l'exécution des décisions de la CIJ », *RSDIE* 1997 p. 431-448 ; C. Paulson, « Compliance with Final Judgments of the ICJ since 1987 », *AJIL* 2004, p. 434-461 ; C. Schulte, *Compliance with Decisions of the ICJ*, Oxford UP, 2004, XXXIII-485 p. ; A.P. Llamzon, « Jurisdiction and Compliance in Recent Decisions of the International Court of Justice », *EJIL* 2007, p. 815-852). Mais l'absence de voies d'exécution crédibles n'affecte pas le caractère obligatoire des décisions de la Cour (cf. l'arrêt du 27 juin 2001, *LaGrand, Rec.* p. 505, § 107).

C. — Fonction consultative

BIBLIOGRAPHIE. — K.-J. KEITH, *The Extent of the Advisory Jurisdiction of the ICJ*, Sijthoff, Leiden, 1971, 271 p. — D. PRATAP, *The Advisory Jurisdiction of the International Court*, Clarendon Press, Oxford, 1972, XVI-292 p. — P. DAILLIER, « L'intervention du Secrétaire général des Nations Unies dans la procédure consultative de la CIJ », *AFDI* 1973, p. 373-410 et commentaire de l'article 96 de la Charte *in* J.-P. COT, A. PELLET et M. FORTEAU dir., *La Charte des Nations Unies*, 3e éd., Economica, 2005, p. 2003-2019. — E. JIMENEZ DE ARECHAGA, « The Participation of International Organization in Advisory Proceedings Before the ICJ », *Mél. Morelli*, 1975, p. 413-422. — M. LACHS, « Perspectives pour la fonction consultative de la CIJ », *Ibid.*, p. 423-437. — G. BACOT, « Réflexions sur les clauses qui rendent obligatoires les avis consultatifs de la CIJ et de la CPJI », *RGDIP* 1980, p. 1027-1067. — T. FURUKAWA, « Le double rôle de la CIJ à l'égard des organisations internationales : protection et contrôle », *Mél. Reuter*, 1981, p. 293-314. — R. AGO, « Les avis consultatifs « obligatoires » de la CIJ », *Mél. Virally*, 1991, p. 9-24 et *AJIL* 1991, p. 439-451. — S. SCHWEBEL, « Was the Capacity to Request an Advisory Opinion Wider in the PCIJ than it is in the ICJ ? », *BYBIL* 1991, p. 77-118. — C. D. ESPOSITO, *La juridiccion consultativa de la Corte internacional de Justicia*, Madrid, McGraw Hill, 1996, XXXIX-300 p. — D. AKANDE, « The Competence of International Organizations and the Advisory Jurisdiction of the ICJ », *EJIL* 1998, p. 437-467. — P.O. SAVOIE, « La CIJ, l'avis consultatif et la fonction judiciaire : entre décision et consultation », *ACDI* 2004, p. 35-90. — M.M. ALJGHOUB, *The Advisory Function of the International Court of Justice 1946-2005*, Springer, Berlin, 2006, XXX-285 p.

Voir la bibliographie générale, *supra*, n° 539.

548. Examen de la demande d'avis consultatif. — Comme sa devancière (art. 14 du Pacte de la SdN), la CIJ est investie d'une fonction consultative dont elle s'acquitte en adoptant des avis consultatifs. Les bases et conditions d'exercice de cette fonction sont établies par l'article 96 de la Charte des Nations Unies et par le chapitre IV du Statut de la Cour.

1° *Saisine de la CIJ.* — À l'inverse de la fonction contentieuse, la procédure consultative n'est pas ouverte aux États ; seules les organisations internationales y ont accès.

L'exclusion des États paraît justifiée, bien que certains en aient éprouvé quelque regret. En effet, si en cas de litige pendant, l'une des parties était autorisée à saisir la Cour d'une demande d'avis, elle pourrait mettre les autres protagonistes devant un « fait accompli judiciaire », sans qu'ait pu être respecté le principe d'égalité des États. En outre, par ce biais, pourrait s'introduire une forme de juridiction obligatoire. Si, pour éviter cet inconvénient, on exigeait que l'avis soit demandé conjointement par toutes les parties à un différend, on créerait une confusion entre la fonction contentieuse et la fonction consultative de la Cour, ce que ses créateurs ont entendu éviter.

L'article 14 du Pacte ne permettait qu'aux deux organes principaux de la SdN, le Conseil et l'Assemblée, de saisir la CPJI. Cette solution a paru trop restrictive aux auteurs de la Charte. Selon l'article 96, § 2, peuvent demander un avis à la CIJ non seulement l'Assemblée générale et le Conseil de sécurité des Nations Unies, mais encore tout organe de l'ONU et toute institution spécialisée qui y auraient été autorisés par l'Assemblée générale. Cette autorisation a été assez libéralement accordée, à l'exception notable du Secrétaire général des Nations Unies.

La CIJ a estimé qu'au sens de cette disposition, par « organes de l'ONU » susceptibles d'être autorisés à saisir la Cour, il fallait entendre aussi bien les organes principaux que ses organes subsidiaires (avis du 12 juillet 1973, *Demande de réformation du jugement n° 158 du TANU*, *Rec.* 1973, p. 172-174). Il est rare que les institutions spécialisées utilisent la faculté qui leur appartient de saisir la Cour : seules l'Unesco, l'OMCI et l'OMS en ont fait usage (avis de 1956, 1960, 1980, 1993 et 1996).

Le Conseil de sécurité peut être invité à exercer sa compétence de saisine de la Cour sur une base conventionnelle (v. l'article 32, § 3, de la Convention de Vienne de 1988 contre le trafic illicite de stupéfiants).

La demande d'avis résulte d'une résolution de l'organe intéressé. Elle n'est pas considérée par l'Assemblée générale comme une question importante exigeant la majorité des deux tiers (art. 18 de la Charte).

Saisie sur la base de la résolution 49/75 K du 15 décembre 1994, qui pose la question de la licéité de la menace ou de l'usage de l'arme nucléaire, la CIJ n'a pas soulevé d'office la question de sa validité, alors même qu'elle n'avait pas été adoptée à la majorité des deux tiers des voix.

Il est probable qu'au Conseil de sécurité, cette demande serait traitée comme une question de fond soumise au *veto*, encore que, dans le seul cas où il a pris l'initiative de saisir la Cour, sa pratique n'ait pas été concluante (résol. 284 [1970] relative aux *Conséquences juridiques pour les États de la présence continue de l'Afrique du Sud en Namibie* : cette résolution a été adoptée par 12 voix, sans opposition et avec trois abstentions — celles de la Pologne, du Royaume-Uni et de l'URSS).

2° *Suite donnée à la demande d'avis.* — Selon l'article 96, l'Assemblée générale et le Conseil de sécurité peuvent interroger la Cour sur « toute question juridique », tandis que les autres organes habilités ne peuvent la saisir que de « questions juridiques qui se poseraient dans le cadre de leur activité ». *A contrario,* la recevabilité de la demande, *ratione materiae*, n'est possible que si l'organe — autre que le Conseil de sécurité et l'Assemblée — ne pose pas une question relative à l'activité d'un autre organe. Cette limitation se révèle gênante lorsque la procédure consultative est mise en œuvre par un organe qui s'intercale entre celui dont l'acte est soumis à l'examen de la Cour et celle-ci. Tel était le cas du « comité des demandes de réformation » des jugements du TANU (sur l'abandon de cette procédure, v. *infra*, n° 554). Lorsque la Cour a été confrontée au problème, elle ne s'est pas arrêtée à la lettre de l'article 96 et elle a admis en l'espèce l'applicabilité de l'article 96 de la Charte (avis du 12 juill. 1973, aff. *Fasla*, *Rec.* p. 174-175).

L'article 96 de la Charte, comme l'article 65 du Statut de la Cour, sont rédigés en termes *permissifs*. Aussi, théoriquement, la Cour n'est pas obligée de répondre à la demande qui lui est adressée. Dans l'exercice de sa fonction consultative, comme en matière contentieuse, elle est pleinement compétente pour juger de la recevabilité de la requête. En fait, l'attitude de la Cour est volontairement très libérale, car elle estime qu'en sa qualité d'« organe judiciaire principal » du système des Nations Unies, elle a le devoir de participer à son action et de contribuer à son fonctionnement régulier (CIJ, *Rec.* 1950, p. 72 ; *Rec.* 1960, p. 153 ; *Rec.* 1971, p. 27 ; *Rec.* 2004, p. 158-158, § 47).

« En principe, la réponse à une demande d'avis ne doit pas être refusée », déclare la Cour à plusieurs occasions (*Rec.* 1950, p. 71, *Rec.* 1971, p. 19). En effet, « il faudrait des raisons décisives pour déterminer la Cour à opposer un refus à une demande d'avis consultatif » (*Rec.* 1956, p. 86 ; *Rec.* 1962, p. 155 ; avis du 8 juillet 1996, *Licéité de la menace ou de l'emploi des armes nucléaires*, *Rec.* p. 235, § 14 ; 9 juillet 2004, *Conséquences juridiques de l'édification d'un mur dans le territoire palestinien occupé*, *Rec.* 2004, p. 156-157, § 44).

Quelles seraient ces « raisons décisives » qui obligeraient la Cour à ne pas répondre ? Ce serait le cas des questions qui ne seraient pas juridiques (CIJ, avis relatif à *Certaines dépenses, Rec.*, 1962, p. 155), ou qui concerneraient des « affaires relevant essentiellement de la compétence nationale » des États (CIJ, *Rec.* 1950, p. 70) ou encore qui devraient la conduire à *trancher au fond* un litige pendant (CIJ, avis relatif à l'*Applicabilité de la section 22 de l'article VI de la Convention sur les privilèges et immunités des Nations Unies* (affaire *Mazilu*), 15 déc. 1989, *Rec.* p. 177-221). La Cour refuse d'interpréter restrictivement le terme « question juridique » et de se cantonner à des questions « abstraites » sans le moindre lien avec un quelconque différend (avis du 8 juillet 1996 préc., § 11 s. ; v. aussi l'avis du 9 juill. 2004 dans l'affaire du *Mur*, *Rec.* p. 155, § 41). Les avis consultatifs rendus jusqu'ici par la Cour ont porté aussi bien sur des « points de droit » que sur des questions en rapport avec une controverse interétatique.

Jusqu'ici, les deux refus de répondre (CPJI, avis du 23 juill. 1923, affaire du *Statut de la Carélie orientale, Série B* n° 5 ; CIJ, avis du 8 juill. 1996, affaire de la *Licéité de l'utilisation de la menace ou de l'emploi des armes nucléaires, Rec.* p. 66) ont été fondés, le premier, sur le lien entre la demande et un litige avec un État non membre de la SdN, l'URSS en l'espèce, le second, sur l'absence de rapport entre l'objet de la question et l'activité de l'Organisation, l'OMS en l'occurrence. À l'inverse, la question similaire posée par l'Assemblée générale des Nations Unies, a été jugée recevable car elle relevait des fonctions de cet organe (*Rec.* p. 226).

3° *Procédure.* — Comme l'y invite l'article 68 de son Statut, et à l'image de la CPJI, la CIJ a tendance à transposer, dans l'exercice de sa fonction consultative, les règles procédurales appliquées dans ses activités contentieuses (v. *supra*, n° 545). La procédure peut être relativement lourde lorsque de nombreux États et organisations internationales participent à la procédure écrite (respectivement 46 – plus la Palestine – et 4 dans l'affaire du *Mur*) ou orale (12 – plus la Palestine – et 3).

549. Portée de l'avis consultatif. — Quelles que puissent être les analogies entre les fonctions consultative et contentieuse de la CIJ, l'une et l'autre restent distinctes de par leur portée juridique. L'avis consultatif n'est pas un acte juridictionnel. Ne possédant pas la force obligatoire de l'arrêt, il s'analyse non comme une décision, mais comme une *opinion* de la Cour, destinée à éclairer l'organe qui la consulte.

Il peut se produire que des avis consultatifs acquièrent force obligatoire, mais c'est en raison d'une base juridique particulière. Un tel résultat peut être atteint par *l'acceptation de l'avis* par les États intéressés (cf. l'avis de la CPJI de 1923 sur les *Décrets de nationalité, Série B* n° 4, entre la France et le Royaume-Uni).

Leur force obligatoire peut aussi reposer sur une *base conventionnelle.* L'article 37, § 2, de l'Acte constitutif de l'OIT en fournit une illustration : à défaut de soumettre à la CIJ un litige relatif à l'interprétation de la charte constitutive ou des conventions conclues sous les auspices de l'OIT, le Conseil d'administration peut le soumettre à une juridiction spéciale ; celle-ci sera liée par tout jugement et tout avis consultatif de la CIJ pertinent. De même, la Convention de 1946 sur les privilèges et immunités des Nations Unies prévoit qu'en cas de différend entre l'ONU et les États membres sur l'application et l'interprétation de cette convention, la Cour sera saisie par la voie consultative ; les parties s'engagent à se conformer à l'avis émis (art. VIII, section 30 — v. l'avis consultatif du 29 avr. 1999, aff. *Cumaraswamy*, *Rec.* 1999, p. 62). Ce mécanisme de l'avis obligatoire doit jouer comme correctif à la règle qui interdit aux organisations internationales de saisir la Cour par la voie contentieuse.

Les statuts des deux principaux tribunaux administratifs internationaux ont comporté un mécanisme comparable (v. *infra*, n° 554). À l'occasion de la mise en œuvre de ce mécanisme, la Cour a précisé que l'effet décisoire des avis ne constitue pas une objection à l'exercice de sa fonction consultative (avis du 23 oct. 1956 sur *les Jugements du TAOIT sur requêtes contre l'Unesco, Rec.* p. 84 ; avis du 12 juill. 1973, dans l'affaire de la *Demande de réformation du jugement n° 158 du TANU, Rec.* p. 183 ; avis du 20 juill. 1982, affaire de la *Demande de réformation du jugement n° 273 du TANU, Rec.* p. 336).

Dans la pratique, les avis consultatifs s'imposent généralement en raison de leur autorité morale. Ils contiennent au surplus l'une des composantes de tout acte juridictionnel, à savoir la *constatation du droit* en vigueur. Aussi les avis sont-ils placés sur le même plan que les arrêts dans la détermination de la « jurisprudence » de la Cour (v. *supra*, n° 259).

§ 2. — *Juridictions internationales à compétence restreinte*

550. Caractéristiques communes. — À côté des juridictions qui peuvent en principe connaître de tous les différends interétatiques, les États ont créé des juridictions plus spécialisées : soit qu'elles ne puissent être saisies que par un nombre limité d'États, soit qu'elles ne puissent connaître que de certains types de litiges. Ainsi « restreintes » à certains égards, en conséquence du fait qu'elles sont rattachées à des organisations régionales ou du fait que leur mission répond à une finalité particulière dans le cadre d'organisations universelles, elles sont plus « ouvertes » que les juridictions générales sous l'angle de la participation des particuliers à leur fonctionnement (v. *supra,* n°s 436 s.).

Ces juridictions ont donc pour traits communs de pouvoir être saisies par des particuliers, ou du moins d'autoriser la participation directe ou indirecte de ceux-ci au procès international, sans pour autant exclure — dans la plupart des cas — leur saisine par des États ; et de ne bénéficier que d'une compétence d'attribution établie par la charte constitutive d'une organisation ou par une convention multilatérale.

Cette deuxième caractéristique explique que cette catégorie de juridictions présente une assez forte hétérogénéité quant au droit applicable et aux types de litiges qui leur sont soumis. Certaines ne peuvent trancher que des problèmes de fonction publique internationale, sur la base du droit interne de l'organisation de rattachement. Il s'agit pour l'essentiel de juridictions dites « administratives ». D'autres peuvent connaître à la fois d'un contentieux interétatique, d'un contentieux opposant les États à l'organisation de rattachement et d'un contentieux opposant les particuliers soit à l'État, soit à l'organisation ; le droit applicable par une telle juridiction n'est alors que pour partie le « droit interne » de l'organisation.

La distinction qui sera retenue ici, entre juridictions non administratives et juridictions administratives internationales, prend en considération cette différence d'ambition. Il faut garder à l'esprit qu'elle n'est pas totalement satisfaisante, puisqu'il n'est pas interdit à une juridiction présentée comme « non administrative » d'être également une juridiction « administrative » (contentieux de la fonction publique assuré par la Cour de justice des Communautés européennes puis par le Tribunal de première instance et le Tribunal de la fonction publique, par exemple). Il n'est pas possible d'évoquer ici, de manière exhaustive, l'ensemble des juridictions. Les juridictions protectrices des droits de l'homme ont été présentées ci-dessus (n° 437) et l'Organe de Règlement des différends (ORD) de l'OMC sera étudié à l'occasion de la présentation de cette organisation. On se bornera donc à une description sommaire du Tribunal international du droit de la mer (TIDM) et de certaines juridictions régionales qui ont fait florès dans le cadre d'organisations internationales d'intégration sur le modèle de la CJCE.

Le tribunal établi par le protocole additionnel à la Convention de Bâle du 16 mai 1972, sur l'immunité des États, peut — dans certaines conditions — être saisi par les particuliers de la question de savoir si l'État est obligé — selon la convention — de donner effet à un jugement d'un tribunal national rendu en leur faveur. L'originalité de cette juridiction tient moins à cette possibilité de saisine qu'à la fonction très inédite du tribunal (v. *supra*, n° 425).

A. — Juridictions internationales non administratives

551. Tribunal du droit de la mer

BIBLIOGRAPHIE. — A. O. ADEDE, *The System for Settlement of Disputes under the UN Convention on the Law of the Sea*, Nijhoff, Dordrecht, 1987, XV-285 p. — A. CANNONE, *Il Tribunale internazionale del diritto del mare,* Cacucci, Bari, 1991, XIX-247 p. — articles de J. P. A. BERNHARDT, *Virginia Jl. of I.L.* 1978, p. 69-105. — L. CAFLISCH, *Mél. Bindschedler* 1980, p. 351-371. — L. B. SOHN, *Virginia Jl. of I.L.* 1983, p. 171-189. — C. A. COLLIARD *in* SFDI, colloque de Rouen, *Perspectives du droit de la mer...*, Pedone, 1984, p. 174-189. — Sh. ODA, *Mél. Lachs* 1984, p. 645-656. — J. P. QUENEUDEC, « Le choix des procédures de règlement des différends selon la Convention des NU sur le droit de la mer », *Mél. Virally*, 1991, p. 383-387. — T. TREVES, « Réflexions sur quelques conséquences de l'entrée en vigueur de la convention de Montego Bay », *AFDI* 1994, p. 849-863, et « Le règlement du Tribunal international du droit de la mer : entre tradition et innovation », *AFDI* 1997, p. 341-367. — S. ROSENNE, *AJIL* 1995, p. 806-814. — J.J. CHERNEY, *AJIL* 1996, p. 69-75. — M.M. MARSIT, « Le règlement du TIDM », *Ann. D.M.* 1997, p. 309-331 & *Le TIDM*, Pedone, 1999, 171 p. — Ph. GAUTIER, « La procédure devant le Tribunal international du droit de la mer », *ERM* 1998, p. 24-43. — J. E. NOYES, *Cornell I.L. Jl.* 1998, p. 109-182. — N. ROS, « Un bilan de la première activité du Tribunal international du droit de la mer », *AFDI* 2000, p. 496-523. — G. EIRIKSSON, *The International Tribunal for the Law of the Sea*, Nijhoff, La Haye, 2000, XXXI-369 p. — P.Ch. RAO et R. KHAN ed., *The International Tribunal for the Law of the Sea. Law and Practice*, Kluwer, La Haye, 2001, IX-238 p. — J.-P. QUÉNEUDEC, « Coup d'œil rétrospectif sur les origines du Tribunal international du Droit de la Mer », *Mél. Oda*, 2002, p. 621-632. — M. KAMTO, « Regard sur la jurisprudence du Tribunal international du droit de la mer depuis son entrée en fonctionnement (1997-2004) », *RGDIP* 2005, p. 793-828. — H.N. KLEIN, *Dispute Settlement in the UN Convention on the Law of the Sea*, Cambridge UP, 2005, XXXIII-418 p. — H. CAMINOS, « The International Tribunal for the Law of the Sea : an Overview of its Jurisdictional Procedure » *in* A. DEL VECCHIO dir., *New International Tribunals and New International Proceedings*, Giuffrè, Milan, 2006, p. 17-33. — P.Ch. RAO et Ph. GAUTIER ed., *The Rules of the International Tribunal for the Law of the Sea : A Commentary*, Nijhoff, Leiden, 2006, XII- 521 p. — S. WASUM-RAINER, « The UNCLOS Dispute Settlement System : Between Hamburg and The Hague », *GYBIL* 2006, p. 187-222. — M. WOOD, « The International Tribunal for the Law of the Sea and General International Law », *Internl. Jl. of Marine and Coastal Law* 2007, p. 351-367.

V. aussi les chroniques sur la jurisprudence du Tribunal de Ph. Gautier, au *Ch. Jl. I.L.* ; T. Treves, au *IYBIL* ; et Ph. Weckel, dans la *RGDIP* ; et la bibl. figurant sur le n° 663.

Cette juridiction a été établie par la Convention de Montego Bay de 1982 (partie XV et annexe VI).

1° *Composition.* — Le TIDM comprend 21 membres représentant les principaux systèmes juridiques, selon une représentation géographique équitable. La seule particularité sur ce point est qu'il est exigé des juges une « compétence notoire en droit de la mer ». Ils sont élus par les États parties à la convention pour neuf ans.

Le Tribunal peut siéger en formation plénière, en « chambres spécialisées » de trois membres (à la demande des parties au différend), en « chambre de procédure sommaire » ou en « chambre pour le règlement des différends relatifs aux fonds marins ». Cette dernière chambre est composée de onze membres élus par le Tribunal parmi ses membres, pour trois ans. Elle peut constituer une « chambre *ad hoc* » de trois membres pour un différend donné.

On remarquera que la tendance déjà relevée à propos des chambres de la CIJ (*supra*, n° 545), d'offrir aux États parties à un différend un certain droit de regard sur la composition de la formation de jugement, est encore plus marquée ici : le choix des membres d'une « chambre spéciale » ou de la chambre *« ad hoc »* doit recevoir *l'assentiment* des parties.

La formation de jugement peut, si nécessaire, comporter des juges *ad hoc* (art. 17 de l'annexe).

2° *Compétence. — a) Nature des litiges* qui peuvent lui être soumis (compétence *ratione materiae*). Selon l'article 288, ce Tribunal a compétence pour connaître au contentieux de tout différend relatif à l'interprétation ou à l'application de la Convention de Montego Bay et de tout autre accord « se rapportant aux buts » de cette convention.

Les États peuvent restreindre la portée de cette disposition en faisant appel aux réserves et limitations, prévues par les articles 297 et 298 de la Convention, au champ d'application des « procédures obligatoires aboutissant à des décisions obligatoires » (intitulé de la section 2 de l'annexe VI). Si la compétence de ce tribunal est bien établie pour ce qui est des mesures conservatoires, elle peut être mise en échec pour le jugement au fond par des conventions particulières qui prévoient d'autres modes de règlement ou même qui rendent facultatifs les modes les plus efficaces (v. l'affaire du *« Thon à nageoires bleues du Pacifique »* [décision du 4 août 2000, *RSA*, vol. XXIII, p. 1-57], où l'organe arbitral visé par la Convention de Canberra de 1993 s'est déclaré incompétent et a mis fin aux mesures conservatoires arrêtées le 27 août 1999 par le Tribunal du droit de la mer [*Rec.*, p. 280]).

Compte tenu de la compétence obligatoire de la Chambre des fonds marins, des précautions ont été prises, dans l'article 189 de la Convention, pour éviter des empiétements, par le biais contentieux, sur les compétences discrétionnaires de l'« Autorité » des fonds marins, organisation internationale créée en vertu de l'article 156.

Le Tribunal, ou plus précisément la Chambre pour le règlement des différends relatifs aux fonds des mers, a également compétence pour donner des avis consultatifs sur les questions juridiques qui se posent dans le cadre des activités de l'« Autorité ». Seuls l'Assemblée et le Conseil de cette institution peuvent lui adresser une demande en ce sens.

b) Conditions de sa saisine. La juridiction du Tribunal n'est obligatoire que si les États parties au différend ont exprimé leur accord sur sa saisine. D'autres solutions concurrentes sont offertes aux États par l'article 287 de la convention.

La compétence du Tribunal n'est donc ni exclusive, ni même prioritaire : en effet, la procédure de droit commun est celle de l'arbitrage, établie par l'annexe VII de la Convention.

Il est cependant une exception à ce principe, qui concerne les différends relatifs à l'exploration et à l'exploitation des fonds marins. Selon la section 5 de la partie XI de la Convention, combinée avec l'article 287, § 2, la compétence de la chambre spécialisée est ici obligatoire et exclusive. Limitation à l'exception : certains litiges contractuels peuvent échapper à la chambre spécialisée, si les intéressés donnent la préférence à l'arbitrage commercial international (art. 188, § 2, de la Convention).

Ratione personae, la recevabilité des requêtes est plus étendue que devant la CIJ. Les États parties à la Convention peuvent évidemment saisir le Tribunal ; mais également, pour les différends relatifs aux fonds marins, les organes de l'« Autorité », « l'Entreprise » internationale et les entreprises privées qui sont en relations contractuelles avec ces institutions.

La répugnance des États à défendre leurs intérêts contre un particulier, ici une entreprise privée ou publique nationale, devant une juridiction internationale, se manifeste dans l'article 190, § 2, de la Convention : l'État en position de défendeur peut demander à ce que l'État qui « patronne » l'entreprise, se substitue à elle aux fins de l'instance.

3° *Procédure.* — Dans ses principaux éléments, elle suit l'expérience des juridictions universelles. Les articles 24 à 34 de l'annexe VI prévoient l'introduction de l'instance par voie de compromis ou de requête unilatérale, la possibilité d'un jugement par défaut et le droit d'intervention, la motivation du jugement, le recours en interprétation d'un jugement.

On notera qu'ici, en vertu de l'article 290, § 6, de la Convention de Montego Bay, les mesures provisoires prescrites ont un caractère obligatoire (ord. du 27 août 1999, *Thon à nageoire bleue*, *Rec.*, p. 297, § 87). Comme devant d'autres juridictions internationales, les parties disposent d'une certaine liberté pour organiser la procédure contentieuse (v. l'ord. du 20 déc. 2000 relative à la constitution de la chambre de jugement dans l'affaire *Chili c. Communauté européenne*, « *Conservation et exploitation des stocks d'espadons dans le Pacifique Sud-Est* », *Rec.* p. 148).

Si tous ses jugements ont force obligatoire et un caractère définitif, seuls ceux relatifs aux fonds marins bénéficient expressément de la force exécutoire (art. 39 de l'annexe VI).

552. La Cour de Justice des Communautés européennes (CJCE) et le Tribunal de première instance (TPI)

BIBLIOGRAPHIE. — E. VAN BOGGAERT, « Le caractère juridictionnel de la CJCE », *Mél. Rolin*, 1964, p. 449-461. — J.-M. COLIN, *Le gouvernement des juges dans les Communautés européennes*, LGDJ, 1966, 544 p. — L. PLOUVIER, *Les décisions de la CJCE et leurs effets juridiques*. Bruylant, Bruxelles, 1975, 310 p. — Ch. TOMUSCHAT, « La contribution de la CJCE au règlement des conflits entre États membres », *RGDIP* 1974, p. 40-59. — G. VANDERSANDEN et A. BARAV, *Contentieux communautaire*, Bruylant, Bruxelles, 1977, 722 p. — Ch. PHILIP, *La CJCE*, PUF, 1983, 128 p. — J. BOULOUIS et R.-M. CHEVALLIER, *Grands arrêts de la CJCE*, Dalloz, tome I, 1994, XVIII-434 p. — J. RIDEAU et F. PICOD, *Code de procédure communautaire*, Litec, Paris, 1994, 1077 p. — Colloque de Bordeaux, « Le Tribunal de première instance des Communautés européennes », *RMC* 1995, p. 563-612. — F. GREVISSE, « La Cour de justice et la révision de 1996 », *RMC* 1995, n° 384, p. 11-13. — R. MEDHI dir., *L'avenir de la justice communautaire, Enjeux et perspectives*, La Documentation française, 1999, 125 p. — J.P. JACQUÉ, « L'avenir de l'architecture juridictionnelle de l'Union européenne », *RTDE* 1999, p. 443-449. — L.N. BROWN, F.G. JACOBS et T. KENNEDY, *The Court of Justice of the European Communities*, Sweet & Maxwell, Londres, 2000, XC-470 p — J.-D. MOUTON et Ch. SOULARD, *La Cour de justice des Communautés européennes*, PUF, « Que sais-je ? », n° 2102, 2004, 128 p. — J. BOUDANT, *La Cour de justice des Communautés européennes*, Dalloz, 2005 164 p. — A. ARNULL, *The European Union and its Court of Justice*, Oxford UP, 2006, LXXX-699 p. — K. LENAERTS et as. ed., *Procedural Law of the European Union*, Sweet & Maxwell, Londres, 2006, CCIII-790 p. — J.Cl. MASCLET, *Les grands arrêts de droit communautaire : droit institutionnel : Cour de justice des Communautés européennes, Conseil constitutionnel, Cour de cassation, Conseil d'État*, PUF, « Que sais-je ? » n° 3014, 2007, 128 p. — P. RAMBAUD, *Les grandes décisions de la jurisprudence communautaire*, Hachette Supérieur, 2007, 160 p. — F. DONNAT, *Contentieux communautaire de l'annulation*, LGDJ, coll. « Systèmes », 2008, VIII-243 p.

a) Bases juridiques. Le Traité de Paris de 1951 avait créé la Cour de Justice de la CECA. En vertu des articles 3 et 4 de la Convention de Rome de 1957 relative à certaines institutions communes aux Communautés européennes, cette Cour a été remplacée par une Cour unique, commune aux trois Communautés (CECA, CEE et CEEA).

Son organisation, son fonctionnement et sa compétence sont établis par les trois traités constitutifs (amendés par l'Acte unique européen de 1986, articles 4, 11, 26, 18, 19, les traités de Maastricht de 1992, d'Amsterdam de 1997 et de Nice de 2001), un protocole du 17 avril 1957, et un règlement de procédure (règlement du 19 juin 1991 [*JOCE* 1991 n° L 176 p. 7-32], amendé à plusieurs reprises [la dernière modification date du 15 janv. 2008, *JOCE* L 24 du 29 janv. 2008, p. 39–41] – une version consolidée est disponible sur le site internet de la Cour [http://curia.eu/]).

La création d'un Tribunal de première instance a été prévue par l'Acte unique européen de 1986 (art. 168 A du Traité CEE, devenu art. 225 du TCE) ; il été institué par la décision du Conseil 88/591 du 24 octobre 1988.

Le Tribunal de la fonction publique a été créé par la décision du Conseil 2004/752/CE du 2 novembre 2004 pour statuer sur le contentieux de la fonction publique de l'Union européenne. Institutionnellement, le Tribunal est une des chambres juridictionnelles dont la création est envisagée par l'article 225 A du TCE et qui sont adjointes au Tribunal de première instance pour exercer, dans certains domaines spécifiques, des compétences juridictionnelles prévues par le traité.

L'artcle 19 du Traité de Lisbonne du 13 décembre 2007, dont l'entrée en vigueur est incertaine, intègre et complexifie ces mécanismes en prévoyant la réunion de la Cour (ex CJCE), du Tribunal (ex TPI) et de « tribunaux spécialisés » dans une « Cour de justice » unique : « La Cour de justice de l'Union européenne comprend la Cour de justice, le Tribunal et des tribunaux spécialisés. Elle assure le respect du droit dans l'interprétation et l'application des traités ». Le protocole 3 est consacré au Statut de la CJUE et son annexe institue l'un de ces tribunaux spéciaux, le Tribunal de la fonction publique de l'Union européenne (TFPUE – v. *infra*, n° 555).

b) Organisation. La Cour de Luxembourg est composée d'autant de juges qu'il y a d'États membres et de huit avocats généraux (depuis le Traité de Maastricht). Le Tribunal de première instance (TPICE), créé en 1988, est formé d'au moins un juge par État membre. Les avocats généraux jouent un rôle comparable à celui des commissaires du gouvernement au sein du Conseil d'État français : ils sont chargés de présenter « publiquement, en toute impartialité et en toute indépendance, ces conclusions motivées ». Juges et avocats généraux sont nommés pour six ans d'un commun accord par les gouvernements des États membres : cette procédure « interétatique » dans une organisation intégrée manifeste l'importance politique reconnue à cette juridiction. Les juges désignent, parmi eux, pour trois ans renouvelables, leur président. Ils sont renouvelés partiellement tous les trois ans.

Le Tribunal de la fonction publique créé en 2004 est composé de sept juges seulement. Les juges sont nommés par le Conseil sur avis d'un comité composé de sept personnalités parmi d'anciens membres de la Cour de justice et du Tribunal de première instance et de juristes possédant des compétences notoires et en assurant dans la mesure du possible le plus grande base géographique parmi les ressortissant des États membres. Leur mandat est de six ans renouvelable.

À l'origine, la Cour statuait surtout en formation plénière. Aujourd'hui, il est de plus en plus fait usage de la formule des chambres à composition restreinte.

Les règles procédurales sont plus proches de celles suivies par les juridictions internes que de celles des juridictions internationales.

c) Compétence. Elle est très largement définie par l'article 164 du Traité instituant la CE (art. 220 du TCE – v. l'art. 19 préc. du Traité de Lisbonne sur l'UE) : « La Cour assure le *respect du droit* dans l'interprétation et l'application du traité ». Cette clause a été interprétée comme concernant également l'ensemble du droit communautaire « dérivé », dont on sait l'ampleur dans tous les domaines où existent des politiques communes.

À cette compétence de principe s'ajoute une compétence éventuelle pour des litiges connexes aux traités de base ou pour ceux qui lui seraient attribués en vertu de conventions particulières. Cette seconde hypothèse a été vérifiée pour la Convention de Bruxelles du 27 septembre 1968 sur la compétence judiciaire et l'exécution des décisions en matière civile et commerciale, qui donne lieu à un important contentieux de droit international privé devant la Cour. Voir aussi, plus récemment, les deux Protocoles de Bruxelles du 19 décembre 1988 sur l'interprétation de la Convention de Rome du 19 juin 1980 relative à la loi applicable aux obligations contractuelles, la Convention de Bruxelles de 1997 sur la signification des actes judiciaires en matière civile et commerciale.

Le volume des activités de la Cour est ainsi devenu considérable, au point d'être désormais difficilement maîtrisable par une juridiction aussi peu nombreuse. Une part importante de ce contentieux s'expliquant par les problèmes de gestion de la fonction publique européenne, il a été décidé, sur la base de l'Acte unique européen, de décharger la Cour en n'en faisant plus qu'une instance d'« appel » — « pourvoi » — dans ce domaine (décision 88/591/CECA, CEE, Euratom, créant le « Tribunal de première instance », TPI). Outre ce contentieux, la compétence du TPI a été progressivement étendue à l'ensemble des recours en annulation initiés par les personnes privées. À son tour, le TPI a été déchargé du contentieux de la fonction publique au profit du Tribunal de la fonction publique depuis 2004.

Cependant, dans la mesure où la Cour reste seule compétente pour répondre aux questions préjudicielles au titre de l'article 234 du Traité TCE (267 du TFUE), son activité ne cesse de croître et de justifier de nouvelles réformes. Ni le Traité de Maastricht de 1992, ni celui d'Amsterdam de 1997 n'ont répondu à cette attente. En revanche, le Traité de Nice de 2001 introduit d'importantes modifications au système juridictionnel actuel : création de « chambres juridictionnelles » spécialisées au sein du TPI (dont le Tribunal de la fonction publique est pour le moment le seul exemple) — certaines affaires pourront dès lors connaître trois degrés de juridiction — ; compétence concurrente du TPI pour répondre à certaines catégories de questions préjudicielles (nouvel article 225, § 3 – 256, § 3 du TFUE) ; compétence éventuelle de la Cour à l'égard de conventions qui créent des titres communautaires de propriété industrielle (nouveaux articles 229 A et 140 A § 3 du TCE – v. l'art. 262 du TFUE).

La juridiction de la Cour est obligatoire et exclusive dans les matières dans lesquelles elle a compétence (art. 292 du Traité CE – cf. CJCE (Grande

Chambre), 30 mai 2006, *Commission c. Irlande (aff. MOX)*, C-459/03, *Rec. p.* I-4635). Certes, la saisine de la Cour dépend d'une décision en grande partie discrétionnaire des États et surtout de la Commission et des tribunaux nationaux. Mais l'État ou l'organe communautaire attaqué devant la Cour devra le plus souvent s'incliner devant la compétence de la Cour (inefficacité de la plupart des exceptions préliminaires habituelles devant les juridictions internationales). L'étendue réelle de ses compétences ne peut être pleinement saisie qu'en ayant à l'esprit les facilités inédites de sa saisine et la diversité des contentieux.

d) Pouvoirs de la CJCE. Elle est saisie par voie de citation directe soit par la Commission (art. 226 et 230 al. 2 du TCE – art. 258 et 263 al. 2 TFUE), soit par le Parlement européen, la Cour des comptes ou la Banque centrale européenne (art. 230 al. 3 du TCE – art. 263 al. 3 du TFUE), soit par les États (art. 227 et 230 al. 2 du TCE – art. 259 et 263 al. 2 du TFUE), soit par les particuliers (art. 230 al. 4 et 288 du TCE – art. 263 al. 4 et 340 du TFUE), soit encore par les juridictions nationales (art. 234 du TCE (ex art. 177 traité CE) — 267 du TFUE). La recevabilité du recours est plus ou moins largement admise selon les actes juridiques en cause, la qualité des requérants ou le type de contentieux.

Dans la mesure où, désormais, c'est le TPI qui doit être saisi directement par les personnes physiques ou morales de recours en annulation, en carence ou en responsabilité, la Cour ne peut connaître de ces recours que par la voie du pourvoi (dans cette hypothèse, la Cour ne doit examiner que les questions de droit ; dans le cas où le pourvoi est jugé fondé, la Cour peut statuer sur le fond si l'affaire est en état d'être jugée, ou renvoyer l'affaire devant le TPI).

L'intérêt pour agir est très largement admis pour les États et pour la Commission des Communautés, moins aisément en ce qui concerne les institutions qui doivent prouver qu'elles cherchent à protéger leurs prérogatives propres (le Traité de Nice de 2001 prévoit de faire bénéficier le Parlement européen du statut de « requérant privilégié », au même titre que la Commission et le Conseil). De même, la Cour accueille très volontiers les questions préjudicielles qui lui sont posées par les tribunaux nationaux au titre de l'article 234 (26 du TFUE), ce qui assure indirectement — les tribunaux internes acceptant de plus en plus souvent les sollicitations des requérants — un pouvoir de contrôle de la légalité communautaire tant des mesures ou abstentions nationales que des actes de droit dérivé, à l'initiative des particuliers.

À la différence des autres juridictions internationales, la CJCE connaît d'un contentieux diversifié :

— un contentieux de l'interprétation des traités et des actes communautaires, qui peut s'étendre aux conventions internationales auxquelles les Communautés européennes sont parties,

— un contentieux de l'annulation et de l'« appréciation de validité » des actes communautaires, auquel on peut rattacher la procédure consultative de l'article 300 du TCE (art. 300 § 11 du TFUE).

Si l'avis de la Cour conclut à l'incompatibilité de la convention internationale qui lui est soumise avec le traité constitutif, celle-ci ne peut être conclue par les organes communautaires. L'effet juridique reconnu à ces « avis » donne à la Cour un véritable pouvoir de « codécision » (procédure proche de celle de l'« avis conforme »).

— d'un contentieux de la responsabilité extra-contractuelle (recours indemnitaires),

— et même d'un contentieux de la répression (contrôle des sanctions sous forme d'amendes imposées par la Commission en vertu du droit communautaire de la concurrence et du marché commun charbon-acier), où les juridictions sont dotées d'un pouvoir de pleine juridiction (compétence pour réformer la décision contestée, en particulier le montant des amendes).

Plusieurs de ces contentieux sont tout à fait inhabituels dans les relations internationales générales, ce qui autorise certains auteurs à voir dans la CJCE les prémisses d'une cour suprême fédérale. Il est en tout cas certain que cette juridiction constitue désormais une pièce maîtresse du système « supranational » et un instrument important de son dynamisme, face à certaines carences des autres organes communautaires.

Le recours en annulation s'est inspiré initialement, dans le cadre de la CECA, du mécanisme du recours pour excès de pouvoir devant le Conseil d'État français. Par un effet de réaction, le Traité de Rome de 1957 a atténué cette analogie, en interdisant la recevabilité des recours des particuliers contre les actes de portée générale.

Le recours en interprétation est surtout original dans la procédure indirecte des questions préjudicielles, adressées par les tribunaux nationaux à la Cour de Luxembourg (art. 234 – 267 du TFUE ; originellement art. 277 du Traité de Rome). Ce recours doit obligatoirement être déclenché si un problème d'interprétation du traité ou d'un acte communautaire dérivé se pose devant une juridiction nationale dont la décision n'est pas susceptible d'appel. En vertu de la jurisprudence de la Cour, cette obligation s'impose à *toutes* les juridictions nationales lorsque se pose une question d'appréciation de validité d'un acte communautaire.

Certains tribunaux nationaux, en particulier le Conseil d'État français, ont été tentés d'exploiter la théorie de « l'acte clair » pour échapper à cette obligation (v. *supra*, n° 164).

En principe, la CJCE ne doit prendre position que sur le sens et la portée des actes communautaires et laisser aux tribunaux nationaux le soin d'en tirer les conséquences pratiques en droit interne. La « collaboration des juges » conduit souvent le juge communautaire à dicter au juge national la solution qui s'impose quant à la compatibilité du droit national avec le droit communautaire.

Les voies procédurales sont plus diversifiées encore que devant les autres juridictions internationales : recours au principal ; pourvoi ; référé, en vue d'obtenir des mesures provisoires (sursis à exécution des actes communautaires, en particulier ; art. 242 et 243 du TCE – 278 et 279 du TFUE) ; recours en interprétation fondé sur l'obscurité ou l'ambiguïté de l'arrêt, ouvert seulement aux parties à l'affaire ou aux intervenants ; recours en révision, qui doit se réaliser en deux étapes procédurales, la première étant consacrée à la seule question de sa recevabilité, et qui suppose la découverte d'un « fait nouveau » susceptible d'avoir eu une influence décisive sur l'arrêt contesté — conditions jamais remplies jusqu'ici.

Le contrôle de légalité est mis en œuvre de manière plus ou moins intense selon les types d'actes et les domaines normatifs ou les politiques en cause : le contrôle peut être « restreint » quant les juridictions estiment devoir protéger le pouvoir d'appréciation discrétionnaire de l'organe communautaire, ou « complet » dans le cas contraire.

553. Autres juridictions d'organisations d'intégration économique. — Le succès de la CJCE en a fait le « modèle » autour duquel on peut regrouper tout un ensemble de mécanismes juridictionnels fonctionnant dans le cadre d'unions douanières ou économiques qui s'inspirent de ce précédent.

Sur la Cour de justice du Benelux : W.-J. GANSHOF VAN DER MEERSCH, *AFDI* 1969, p. 245-265 et G. DEMEZ, *CDE* 1976, p. 149-177 ; *sur la Cour de l'Espace économique européen* : C. RAYMOND, « Institutions... and Settlement of Disputes in the European

Economic Area », *CMLR* 1993, p. 449-480 ; T. BLANCHET et M. WESTMAN-CLÉMENT, « La Cour EEE, un premier bilan », *RMC* 1995, n° 391, p. 496-501 et *AFDI* 1995, p. 743-753.

D'autres juridictions ne répondent à aucun modèle précis : « l'Organe judiciaire » de l'OPAEP s'inspire à la fois de la CIJ et de la CJCE (T. Bensalah, *AFDI* 1980, p. 293-310) ; sur le projet de Cour islamique internationale de justice, cf. T. Bouachba, *AFDI* 1982, p. 284-286 ; sur la Cour de Justice de la Caraïbe : D. Perrot, *RTDE* 2007, p. 445-471.

a) En Amérique latine. BIBLIOGRAPHIE. — P. DAILLIER, dir., « La jurisprudence des tribunaux des organisations d'intégration latino-américaines », *AFDI* 2005, p. 633-673, 2006, p. 532-598 ; *sur la Cour de justice du Groupe andin :* F. ORREGO VICUÑA, *CDE* 1974, p. 127-148 ; *sur le règlement des différends dans le Mercosur :* L.O. BAPTISTA, « Continuité et innovation : le système de règlement des différends du Mercosul », *Mél. Kahn*, 2000, p. 335-365 ; N. SUSANI, *Le système de règlement des différends du MERCOSUR*, L'Harmattan, 2008, III-321 p.

À l'heure actuelle, l'Amérique latine connaît quatre organisations d'intégration économique : le CARICOM, le MERCOSUR, la Communauté andine et le SICA. Dans chacune d'entre elles un système de règlement obligatoire des différends, plus ou moins sophistiqué, a été institué.

Curieusement, c'est sans doute au sein de la plus dynamique de ces organisations, le MERCOSUR, que le mécanisme est le moins « juridictionnalisé ». Le Traité d'Asunción du 26 mars 1991 le créant prévoyait une simple procédure de négociations pour régler les différends entre les membres, suivie, en cas d'échec par une double conciliation sous l'égide des organes politiques chargés de la mise en place du Marché commun. Toutefois, le Protocole de Brasilia signé quelques mois plus tard (17 déc. 1991) coiffait le dispositif d'un arbitrage (interétatique) *ad hoc* en cas d'échec des deux premières phases. Le Protocole d'Ouro Preto de 1994, qui s'est efforcé de simplifier ces mécanismes, et celui d'Olivos du 18 février 2002, qui a accentué le caractère juridictionnel du mécanisme en créant un Tribunal permanent de révision (TPR), ont complété ce dispositif par un système, à l'efficacité incertaine, de contrôle de la mise en œuvre des sentences.

Ce système hybride montre qu'intégration communautaire et solide pilier juridictionnel ne vont pas forcément de pair. Toutefois, les réformes successives tendent sans doute à montrer qu'à terme le MERCOSUR devrait « rentrer dans le rang ». Contrairement aux membres des tribunaux *ad hoc* qui sont désignés par les Parties sur des listes pré-existantes à l'image de ce qui se produit s'agissant de la CPA, les arbitres qui composent le TPR le sont sur une base permanente (mais pour des périodes relativement brèves – cinq ans ; trois pour le surarbitre) ; le droit applicable n'est pas laissé à la discrétion des Parties ; le TPR est également investi d'un rôle constitutif et pourrait être saisi directement par les Parties en cas d'échec des négociations – ce qui n'a jamais été le cas jusqu'à présent. Comme cela se fait dans le cadre de l'OMC, si une Partie ne respecte pas une sentence du TPR, l'autre État peut être autorisé à adopter des mesures compensatoires étroitement encadrées. En dépit de toutes ces limitations, la jurisprudence des organes ainsi créés a, globalement, contribué à l'approfondissement de l'intégration.

Pour leur part des juridictions instituées par le traité constitutif (Tribunal de Justice de la Communauté andine – créé par l'Accord de Carthagène du 28 mai 1979 et réformé en profondeur par le Protocole de Cochambamba du 28 mai 1996) ou par des protocoles ultérieurs (Cour centreaméricaine de Justice créée par le Protocole de Tegucigalpa du 12 décembre 1991 au sein de la SICA et Cour de Justice des Caraïbes instituée dans le CARICOM par le Traité de Saint-Michael du 14 février 2001) sont devenues les garantes du processus d'intégration dans chacune des sous-régions concernées.

b) En Afrique. M. Kamto, « Les cours de justice des communautés et des organisations d'intégration économique africaine », *Ann. afDI* 1998, p. 107-150.

La plupart des nombreuses organisations de coopération ou d'intégration économique qui ont été créées en Afrique se sont également dotées de mécanismes juridictionnels souvent méconnus et qui ne semblent guère actifs. On peut citer :

— la Cour arbitrale de la Communauté de l'Afrique de l'ouest (Protocole J au Traité du 3 juin 1972 créant la CEAO) ;

— la Cour de Justice de la Communauté des États de l'Afrique de l'ouest (Traité du 28 mai 1975 modifié le 24 juillet 1994 et Protocole sur la Cour du 6 juill. 1991) ;

— la Commission pour le règlement des différends du Conseil de coopération du Golfe, qui ne peut faire que des recommandations (art. 10 de la Charte instituant le Conseil du 25 mai 1981) ;

— la Cour de justice de l'Union du Maghreb arabe (Traité de Marrakech du 17 fév. 1989) (v. L. Bouony, *RBDI* 1993, p. 351-373) ;

— la Cour de justice de la Communauté économique africaine (Traité du 3 juin 1991) (v. A. Mahiou, *AFDI* 1993, p. 806-808) ;

— la Cour de justice du Marché commun d'Afrique orientale et méridionale (COMESA – Traité de Kampala du 5 nov. 1993) ;

— la Cour de Justice de l'Union économique et monétaire ouest-africaine (Traité du 10 janv. 1994) ;

— la Cour de justice de la Communauté économique et monétaire de l'Afrique centrale (Traité de Libreville du 5 juill. 1996) ; ou

— la Cour de justice d'Afrique de l'Est (Traité du 30 nov. 1999 revivifiant la Communauté d'Afrique de l'Est).

B. — Juridictions administratives internationales

BIBLIOGRAPHIE. — S. BASTID, « Les tribunaux administratifs internationaux et leur jurisprudence », *RCADI* 1957-II, vol. 92, p. 343-517. — A. PELLET, « Les voies de recours ouvertes aux fonctionnaires internationaux », *RGDIP* 1981, p. 253-312 et p. 657-742 et Pedone, 1982, 201 p. — D. RUZIÉ, « La protection des agents internationaux », *in Les agents internationaux*, SFDI, Colloque d'Aix-en-Provence, Pedone, 1985, p. 281-324 ; « Réflexions sur la pratique du droit de recours des fonctionnaires internationaux », *Mél. Georg Ress*, Heymann, Cologne, 2005, p. 223-233. — C.F. AMERASINGHE, *The Law of the International Civil Service Law Applied by International Administrative Tribunals*, Clarendon Press, Oxford, 2 vols., 1988, 1333 p. — *Le contentieux de la fonction publique internationale,* Journées d'études de la SFDI, 1994, Pedone, 1996, 262 p.

Voir aussi la bibliographie sous les n°s 405 s.

554. Dans le système des Nations Unies

BIBLIOGRAPHIE. — J. DEHAUSSY, « La procédure de réformation des jugements du Tribunal administratif des Nations Unies », *AFDI* 1956, p. 460-481. — B.-C. KOH, *The United Nations Administrative Tribunals*, Louisiana State UP, 1966, 178 p. — J. BALLALOUD, *Le Tribunal administratif de l'OIT et sa jurisprudence*, Pedone, 1967, 160 p. — S. BASTID, « Le Tribunal administratif des Nations Unies », *EDCE* 1969, p. 15-32. — F. WOLF, « Le Tribunal administratif de l'OIT (origine et évolution) », *EDCE* 1969, p. 33-72. — M. LETOURNEUR, « La jurisprudence du Tribunal administratif de l'OIT », *Mél. Couzinet*, Toulouse, 1974, p. 449-462. — P. TAVERNIER, « La fusion des Tribunaux administratifs des Nations Unies et de l'OIT — nécessité ou utopie ? », *AFDI* 1979, p. 442-459. — T. MERON et B. ELDER, « The New Administrative Tribunal of the World Bank », *NYU Jl. of IL* 1981, p. 1-27. — B.-M. DE VUYST, « The World Bank Administrative Tribunal », *RBDI* 1982, p. 81-94. — C.F. AMERASINGHE, « The World Bank Administrative Tribunal », *ICLQ* 1982, p. 748-764 ; *Case Law of the World Bank*

Administrative Tribunal, Clarendon Press, 2 vol., 1989, XVI-285 p. et 1993, XVII-256 p. — E. JIMENEZ DE ARECHAGA, « The World Bank Administrative Tribunal », *NYU Jl. of IL* 1982, p. 895-909. — W. ABLA, *Les conditions de recevabilité de la requête devant le TANU et le TAOIT,* Pedone, 1991, 296 p. — H. THIERRY, « Note sur l'abrogation de l'article 11 du Statut du TANU », *AFDI* 1995, p. 442-446. — D. RUZIÉ, « Le double degré de juridiction dans le contentieux de la fonction publique internationale », *Mél. Thierry,* Pedone, 1998, p. 369-381. — K.H. KAIKOBAD, *The International Court of Justice and Judicial Review. A Study of the Court's Powers with Respect to Judgements of the ILO and UN Administrative Tribunals,* Kluwer, La Haye, 2000, XXVII-353 p.

Voir aussi les chroniques régulières de jurisprudence à l'*AFDI* et au *JDI (Clunet).*

1° *Tribunal administratif de l'Organisation internationale du Travail (TAOIT).* — Le premier tribunal administratif international ayant pour compétence de statuer sur les différends survenus entre les organisations internationales et leurs fonctionnaires et agents a été créé en 1927, dans le cadre de la SdN Le TAOIT est son successeur.

a) Il se compose de sept juges élus pour trois ans par la Conférence générale de l'OIT et rééligibles. Son siège est Genève.

b) Sa *compétence* dépasse le cadre de l'OIT. De nombreuses *institutions spécialisées* ont accepté sa juridiction : l'Unesco, l'OMS, la FAO, l'OMM, l'UIT notamment. Mais aussi des organisations qui n'appartiennent pas à cette catégorie, par exemple le GATT, l'AIEA et quelques organisations européennes.

Le TAOIT connaît des recours contre des mesures prises par ces organisations en violation des contrats d'engagement, ainsi que ceux relatifs au régime des pensions et indemnités, en cas d'invalidité ou de retraite. Il s'agit d'un contentieux volumineux.

Une requête n'est recevable que si la décision contestée est définitive, l'intéressé ayant épuisé les recours administratifs préalables. Le Tribunal administratif statue à la majorité des voix. Il peut soit prononcer *l'annulation* de la mesure incriminée pour excès de pouvoir, soit accorder une *réparation* pécuniaire.

c) Vis-à-vis du fonctionnaire requérant, le jugement du Tribunal est *définitif et sans appel* (art. VI, § 1, du Statut du TAOIT).

La situation, du point de vue des organisations internationales, est différente. Un mécanisme spécial de « réformation » a été établi en 1954, que seule l'organisation peut mettre en œuvre, en saisissant la CIJ d'une *demande d'avis* sur la validité du jugement rendu (art. XII, § 1 du Statut). Selon le § 2 de cette disposition, l'avis de la Cour a, en la circonstance, *force obligatoire* (v. *supra,* n° 549).

Cette procédure d'avis n'a été utilisée, qu'une fois par l'Unesco, en 1955. Quatre fonctionnaires de cette organisation, de nationalité américaine, avaient refusé de répondre à un questionnaire du gouvernement des États-Unis dont le but était de s'assurer de la fidélité politique des fonctionnaires (époque du « Maccarthysme »). Par suite de ce refus, le Directeur général de l'Unesco n'avait pas renouvelé leur contrat. Par ses jugements 17, 18, 19 et 21, le TAOIT a estimé abusifs ces non-renouvellements et a accordé des indemnités aux requérants. Le 25 novembre 1955, le Conseil exécutif de l'Organisation a voté une résolution en vue de consulter la CIJ sur la validité de ces jugements. La CIJ y a répondu par un avis du 23 octobre 1956 qui écartait tous les griefs adressés aux jugements en question.

2° *Tribunal des Nations Unies (TANU) — a)* Le TANU a été établi en vertu d'une résolution du 24 novembre 1949 par l'Assemblée générale de l'ONU.

Juridiquement, cette résolution est fondée sur les articles 101 et 22 de la Charte des Nations Unies : la première disposition donne compétence à l'Assemblée pour fixer le Statut des fonctionnaires de l'Organisation ; la seconde autorise l'Assemblée à créer les « organes subsidiaires » nécessaires à l'exercice de ses fonctions. Le Statut du Tribunal, adopté par la même résolution, fixait sa composition, sa compétence et ses règles de fonctionnement. Il a été modifié à plusieurs reprises. En 2007, une réforme radicale a été adoptée par la résolution 62/228 du 22 décembre 2007, qui institue un double degré de juridiction (Tribunal du contentieux administratif des Nations Unies et Tribunal d'appel des Nations Unies) et une très lourde machinerie administrative chargée d'en assurer le fonctionnement (Bureau de l'administration de la justice).

En attendant l'entrée en vigueur de cette réforme, le Tribunal comprend sept membres élus par l'Assemblée générale pour trois ans, mandat qui peut être renouvelé (en règle générale, les membres sont constamment réélus). Les candidats sont proposés par les gouvernements. Le Tribunal a son siège à New York mais tient également l'une de ses deux sessions annuelles à Genève. Chaque formation de jugement ne comprend que trois membres (et, souvent, un membre suppléant qui ne prend pas part au vote).

Dans un souci de rationalisation et d'unité jurisprudentielle, il est envisagé depuis plusieurs années de fusionner le TANU et le TAOIT. Mais cette réforme se heurte aux réticences des organisations concernées et semble définitivement compromise par celle de l'administration de la justice à l'ONU adoptée en 2007.

b) La *compétence* du TANU s'étend aux requêtes dirigées par les fonctionnaires et agents de l'ONU contre les décisions du Secrétaire général les concernant. La solution a été étendue en 1996 aux agents de la CIJ. Elle peut s'étendre aussi aux recours formés par les fonctionnaires des institutions spécialisées, dans des conditions fixées par accord entre ces organisations et le Secrétaire général de l'ONU (en particulier en matière de pensions, pour lesquelles le TANU a une compétence exclusive à l'égard de l'ensemble des fonctionnaires des organisations du système des Nations Unies).

c) Caractère juridictionnel et voies de recours contre les jugements du TANU — Au début des années 1950, la question a été posée de savoir si le TANU était bien une juridiction internationale et bénéficiait des garanties reconnues à ce type d'institutions vis-à-vis des organes normatifs de l'Organisation. À l'époque du « Maccarthysme », le Secrétaire général de l'ONU avait cédé aux pressions du gouvernement des États-Unis et licencié des fonctionnaires de nationalité américaine qui avaient refusé de répondre à des questionnaires relatifs à leur affiliation politique. Onze de ces décisions de licenciement avaient été annulées par le Tribunal et des indemnités avaient été allouées aux requérants. Lorsque le Secrétaire général a demandé à l'Assemblée générale le vote des crédits budgétaires nécessaires au paiement de ces indemnités, les États-Unis ont défendu la thèse que, s'agissant d'un organe subsidiaire de l'Assemblée, cette dernière pouvait réviser ces jugements.

Pour éclairer ce débat, l'Assemblée a demandé à la CIJ un avis sur la nature des rapports entre l'Assemblée et le Tribunal. Dans son avis du 13 juillet 1954, la Cour a estimé que le Tribunal était bien une création de l'Assemblée et qu'à ce titre, l'Assemblée avait compétence pour élaborer son Statut et, éventuellement, pour mettre fin à l'existence du Tribunal. Cependant, aussi longtemps que le TANU subsiste, il est un organe judiciaire indépendant, ses décisions sont obligatoires pour tous les organes des Nations Unies, y compris l'Assemblée générale, et elles sont exécutoires.

Tout en s'inclinant, les États membres ont adopté une réforme qui, tout à la fois consacrait le caractère obligatoire et exécutoire des jugements du TANU, et soumettait à certaines conditions leur caractère définitif : la résolution 957 (X) du 8 novembre 1955 a créé le « comité des demandes de réformation de jugements du TANU », composé de représentants d'États membres. Il ne s'agissait pas d'un système d'appel mais de « filtrage » des jugements, avant saisine éventuelle de la CIJ.

Les suites à donner à l'avis de la Cour étaient précisées par l'article 11, § 3, du Statut du Tribunal. Le Secrétaire général avait le choix entre se conformer purement et simplement à l'avis, ou demander au TANU de se réunir spécialement pour confirmer son jugement initial ou pour rendre un nouveau jugement *conforme* à l'avis de la Cour. Dans les deux cas, l'avis de la Cour bénéficiait d'un caractère *obligatoire* (v. *supra*, n° 560).

Il n'a été fait qu'un usage très modéré de cette procédure, et jamais par la volonté du Secrétaire général de l'ONU. La première demande d'avis a été adoptée en 1972, à partir d'une initiative du requérant (avis de la Cour du 12 juillet 1973, dans l'affaire *Fasla, Rec.* 1973, p. 166) ; depuis, la Cour a été invitée à se prononcer dans deux circonstances (avis du 20 juillet 1982, affaire *Mortished, Rec.* 1982, p. 325 : pour la première fois, le Comité avait été saisi par un État, en l'occurrence les États-Unis ; avis du 25 mai 1987, affaire *Yakimetz*).

Les garanties d'un débat équitable devant le Comité et lors de l'examen de la demande par la Cour ont souvent été contestées (v. CIJ, avis précité de 1982, affaire de la *demande de réformation du jugement n° 273 du TANU, Rec.* 1982, p. 325). Ce mécanisme a finalement été abandonné (résol. 50/54 de l'AG, du 29 janvier 1996 ; H. Thierry, « Note sur l'abrogation de l'article 11 du statut du TANU », *AFDI* 1995, p. 442-446).

L'article 12 du Statut du Tribunal prévoit un recours en *révision* susceptible d'être introduit par le Secrétaire général ou par le requérant.

d) La réforme de l'« administration de la justice à l'ONU » adoptée en 2007 (v. ci-dessus) va entraîner de grands changements dans ce mécanisme.

Outre le double degré de juridiction décidé par la résolution 62/228, celle-ci institue un Bureau d'aide juridique du personnel, mécanisme fort coûteux d'assistance judiciaire, et un un « Bureau de l'Ombudsman unique, intégré et décentralisé pour le Secrétariat de l'Organisation et les fonds et programmes des Nations Unies ». En même temps le traditionnel recours précontentieux est supprimé.

3° *Tribunal administratif de la BIRD et du FMI* — Ces juridictions administratives sont de création relativement récente, en raison des réticences traditionnelles des États-Unis : le Statut du TABM est entré en vigueur le 1er juillet 1980 seulement, et son règlement a été adopté le 26 septembre suivant. Le Tribunal administratif du Fonds monétaire international est encore plus récent (1994). L'« émiettement » institutionnel dans ce domaine n'en est que renforcé.

Le TABM est composé de sept juges et siège normalement en formation plénière.

Conformément à la pratique habituelle, sa compétence a été définie de façon quelque peu restrictive : le Tribunal peut connaître de toute requête invoquant l'inobservation du contrat d'engagement ou des conditions d'emploi d'un fonctionnaire du « groupe » de la Banque mondiale. Mais sa jurisprudence limite les inconvénients de cette situation.

Dans la pratique, une procédure intéressante a été imaginée pour réduire le nombre des recours redondants : une solution adoptée par le Tribunal est automatiquement étendue aux fonctionnaires qui se trouvent dans une situation identique à celle des requérants. Le principe de l'autorité *relative* de chose jugée est ainsi, de fait, contournée. Mais subsiste le principe de l'irrecevabilité des recours dirigés directement contre un acte de portée générale.

555. Juridictions rattachées à des organisations internationales régionales

BIBLIOGRAPHIE. — G. GUILLAUME, « La Commission de recours de l'OTAN et sa jurisprudence », *AFDI* 1968, p. 322-332 et « Les Commissions de recours des "organisations coordonnées" », *EDCE* 1969, p. 73-82. — J. ROBERT, « Les tribunaux administratifs dans les organisations européennes », *Ann. Européen* 1972, p. 125-152. — G. VANDERSENDEN, « La Commission de recours de l'OTAN, Son fonctionnement à la lumière de sa jurisprudence », *RBDI* 1974, p. 90-116. — M.-O. WIEDERKEHR, « Le nouveau système de recours ouvert aux fonctionnaires du Conseil de l'Europe », *AFDI* 1982, p. 409-431.

Outre le Tribunal administratif de l'OEA, la principale catégorie est constituée par les commissions de recours des « organisations coordonnées », pour la plupart dénommées désormais « tribunaux administratifs ». Ces juridictions administratives sont instituées dans le cadre d'organisations telles que l'OCDE, l'UEO, le Conseil de l'Europe, l'OTAN et l'Agence spatiale européenne.

L'éparpillement de ces tribunaux administratifs constitue un obstacle à une interprétation uniforme des textes identiques appliqués par ces institutions. En l'absence d'une procédure d'appel ou de réformation devant une juridiction commune, il n'est guère possible d'espérer une amélioration de cette situation peu satisfaisante du point de vue de la sécurité juridique et de l'égalité des agents internationaux.

Ces juridictions comprennent un président et deux membres de nationalités différentes à titre de titulaires et un nombre égal de suppléants. Elles sont compétentes pour statuer en premier et dernier ressort sur les recours des fonctionnaires et agents contre les décisions des organisations qui les emploient.

La réforme du Statut des agents du Conseil de l'Europe et du statut de la Commission de recours, par la résolution (81) 1 du Comité des ministres, a consacré pleinement la nature juridictionnelle de cette institution, a élargi sa compétence et la recevabilité des requêtes — qui peuvent émaner des agents, du Comité du personnel et des syndicats —, a introduit des procédures de sursis à exécution et accru les pouvoirs de cette juridiction en matière d'exécution de sa décision. Toutes ces innovations, dont certaines s'inspirent du statut des agents des Communautés européennes, autorisent un équilibre plus satisfaisant des droits respectifs des agents et de l'Administration de l'Organisation que par le passé et même que devant les juridictions administratives des organisations universelles. Sa compétence a, de plus, été étendue au contentieux de pleine juridiction dans les litiges de caractère pécuniaire.

Conformément à une possibilité ouverte par le Traité de Nice, le Conseil de l'UE a, en 2004, « adjoint » au TPI le Tribunal de la Fonction publique de l'Union européenne.

Composé de sept juges nommés par le Conseil, statuant en principe en chambres de trois membres, il a compétence pour se prononcer sur l'ensemble du contentieux entre la Communauté et ses agents. Ses décisions peuvent faire l'objet d'un pourvoi, limité aux questions de droit (incompétence du Tribunal de la Fonction publique de l'UE, irrégularités de procédure ou violation du droit communautaire), devant le TPI (dont les arrêts peuvent eux-mêmes faire exceptionnellement l'objet d'un réexamen par la CJCE – v. *supra*, n° 552).

Sous-titre III

LE RECOURS À LA CONTRAINTE DANS LES RELATIONS INTERNATIONALES

556. Définition de la contrainte. — Dans un sens relativement étroit, on peut tenter de caractériser *a contrario* la contrainte, par opposition au « recours à la force » — au sens de « mesures militaires » de toute nature.

La contrainte serait ainsi toute forme de pression autre que le recours à la force, d'une gravité suffisante pour pouvoir infléchir la décision de la personne physique (représentant de l'État) ou de la personne morale (l'État lui-même) auxquelles cette pression est appliquée.

Déterminer, parmi les mesures de pression, celles qui sont des actes de contrainte autres que le « recours à la force » reste un problème particulièrement délicat, car il dépend de l'acception plus ou moins large donnée au concept de « recours à la force » ou de mesures « coercitives » (voir v. *infra*, n°s 564 et s.). Dans le débat sans conclusion sur la portée de l'article 2, § 4, de la Charte, certains États incluent dans l'idée de recours à la force, l'usage de la contrainte économique mais en excluent certaines formes jugées légitimes de recours à la force armée (décolonisation) tandis que d'autres États soutiennent des positions inverses.

Aussi la définition *a contrario*, par élimination du recours à la force ou par opposition à celle-ci, est-elle décevante.

Faut-il dès lors, dans une perspective générale, entendre la contrainte au sens habituel de « pression de quelque forme que ce soit qui porte atteinte au libre arbitre d'un sujet de droit » ? Dans ce sens très large, la contrainte inclut le recours à la force, y compris la force armée, mais ne se limite pas à elle.

C'est en ce sens qu'il faut, semble-t-il, comprendre le terme contrainte dans les articles 51 et 52 de la Convention de Vienne sur le droit des traités.

Cependant, les dispositions d'autres instruments internationaux, telle la Charte des Nations Unies, dont l'objet est de prohiber certains comportements non pacifiques qualifiés de contrainte, suggèrent des interprétations plus restrictives.

La contradiction n'est qu'apparente : les définitions conventionnelles étroites ne visent que les mesures prohibées par ces textes ; or il existe d'autres actes de contrainte non légitimes. De telles définitions n'ont pas une portée juridique suffisamment générale pour qu'on y trouve la ligne de partage théorique entre la contrainte illicite et la pression licite.

Cette définition « positive », malgré son étendue, reste cependant moins large que celle de la contrainte dans le vocabulaire courant.

D'abord parce que la seule contrainte prise en considération ici est celle qui s'applique dans les relations internationales, c'est-à-dire dans les rapports entre sujets du droit international.

Cependant, une controverse peut s'ouvrir immédiatement sur la qualité de sujets du droit international de certains protagonistes (sur le problème posé par les mouvements de libération, v. *supra*, n° 372).

À l'inverse, on ne veut pas dire par là que le droit international est indifférent à la contrainte *intraétatique* (voir le Protocole additionnel II aux conventions de Genève de 1949, adopté en 1977) ; mais seulement que la répression, même armée, des situations de tensions internes n'est pas une mesure de contrainte selon le droit international.

Ensuite et surtout parce que cette définition n'autorise pas à soutenir que le droit international a pour but, en encadrant les mesures de contrainte, de corriger toutes les inégalités naturelles, et d'interdire toutes les formes de « pression » qui expriment un rapport de forces : par exemple, doivent être catégoriquement rejetées les thèses selon lesquelles, en droit international, l'inégalité de puissance ou de richesse est en soi une contrainte ; faute de quoi, c'est l'existence même du droit international qui serait niée : il émane d'États indiscutablement inégaux en fait sinon en droit.

La définition de la contrainte doit être politiquement neutre pour rester cohérente : le préambule du Protocole additionnel I de 1977 aux conventions de Genève de 1949 rappelle, dans une perspective humanitaire, que sa mise en œuvre est indifférente à toute distinction « fondée sur la nature ou l'origine du conflit armé ou sur les causes soutenues par les Parties au conflit, ou attribuées à celles-ci ».

La définition « positive » de la contrainte laisse entier le problème de son régime juridique. Or, dans un milieu tel que la société internationale contemporaine, on ne peut envisager un régime uniforme pour toutes les mesures de contrainte. Il est tout aussi irréaliste de retenir le principe d'une prohibition absolue, que de nier l'interdiction du recours aux mesures de contrainte armée.

Ne proposant pas un critère de délimitation entre la « contrainte » et la multitude des « pressions » dont est tissée la vie politique internationale et auxquelles les États ne sont pas prêts à renoncer, une telle définition ne permet guère de préciser la gradation des mesures coercitives, des plus légitimes à celles qui sont formellement prohibées. Elle ne peut donc servir que de point de départ.

L'insistance actuelle sur la notion de « contre-mesures » unilatérales (v. *infra*, n° 572), qui regroupe certains actes de contrainte et des pressions qui vont au-delà des mesures de contrainte licites, traduit la tentation des États d'échapper à une prohibition dont le champ d'application est jugé trop extensif. L'effet « pervers » d'une définition très large est qu'elle incite à développer de nouvelles fictions juridiques, tout aussi ambiguës que celles contre lesquelles on s'était précédemment élevé.

557. Plan du sous-titre. — La matière du recours à la contrainte *lato sensu* est dominée par le principe de l'interdiction du recours à la force et la limitation du recours à d'autres formes de contrainte.

Si, sur le plan *normatif*, la communauté internationale a su donner au premier principe toute la portée juridique souhaitable, en en faisant une règle fondamentale, sinon même de *jus cogens*, elle a été beaucoup moins heureuse dans la définition des moyens d'en contrôler le respect. La mise en œuvre juridique de ce principe, bien qu'en progrès, comporte de nombreuses insuffisances techniques et politiques. Aussi les possibilités de recours à la force restent-elles très réelles aussi longtemps que l'on ne peut compter que sur les moyens d'action propres des États, dont l'emploi est autorisé par le droit international. Pour inciter les États à compter sur le seul emploi légitime de la contrainte, il faut donc que la communauté internationale offre des moyens correctifs et préventifs satisfaisants à chaque État, moyens mis en œuvre de manière collective. C'est l'objet, connexe aux limitations du recours à la contrainte, des politiques de sécurité collective.

Chapitre I. — Limitations du recours à la contrainte.
Chapitre II. — Maintien de la paix et de la sécurité internationales.

CHAPITRE I

Limitations du recours à la contrainte

BIBLIOGRAPHIE. — Q. WRIGHT, « Changes in the Conception of War », *AJIL* 1924, p. 755 et s. ; *A. Study of War*, Chicago UP, 1942 ; « History of the Concept of War », *Indian Yb. of. Int. Aff.* 1965, p. 116-147. — H. WALDOCK, « The Regulation of the Use of Force by Individual States in International Law », *RCADI* 1952-II, vol. 81, p. 451-517. — I. BROWNLIE, *International Law and the Use of Force by States,* Clarendon Press, Oxford, 1963, XXVIII-532 p. — G. SCHWARZENBERGER, *The Law of Armed Conflicts*, Londres, Stevens, 1968, LV-881 p. — D. BINDSCHEDLER, « La reconsidération du droit des conflits armés » *in The Law of Armed Conflicts*, Dot. Carnegie, NY, 1971, p. 1-61. — G. FAHL, *Internationales Recht der Rüstungsbeschränkung*, Berlin Verlag, Berlin, 1993. — *Declarations on Principles — A Quest for Universal Peace*, Liber amicorum *B. V. A. Röling*, Sijthoff, Leyden, 1977, 403 p. — H. H. W. VERZIJL, *International Law in Historical Perspective*, vol. IX-X, Sijthoff-Noordhoff, Leyden, 1978, 547 et 326 p. — J. E. MURPHY, *The UN and the Control of International Violence. A Legal and Political Analysis*, Manchester UP, 1982, 212 p. — SFDI, Colloque de Montpellier, *Le droit international et les armes*, Pedone, 1983, 366 p. — Ch. ROUSSEAU, *Le droit des conflits armés*, Pedone, 1983, 629 p. — D. COLARD et J. F. GUILHAUDIS, *Le droit de la sécurité internationale*, Masson, 1987, 203 p. — W. BUTLER ed., *The Non-Use of Force in International Law,* Nijhoff, Dordrecht, 1989, 250 p. — A. CASSESE, *Violence et droit dans un monde divisé,* PUF, 1990, 223 p. — H. MC COUBREY et N. D. WHITE, *International Law and Armed Conflict,* Dartmouth Publ., Aldershet, 1992, XII-356 p. — M. WEISBURD, *The Practice of States Since World War II*, Pennsylvania State UP, 1997, XVII-376 p. — R. TUCK, *The Right of War and Peace*, Oxford UP, New York, 1999, 234 p. — R. BERMEJO GARCIA, « Custiones actuales referentes al uso de la fuerza en el derecho internacional », *ADI* 1999, p. 3-70. — Th. FRANCK, *Recourse to Force : State Action Against Threats and Armed Attacks*, Cambridge UP, 2002, 205 p. — J. SALMON, « La déclaration de Bruges sur le recours à la force », *RBDI* 2003, p. 566-574. — Ph. WECKEL, « L'usage déraisonnable de la force », *RGDIP* 2003, p. 377-400. — Ch. GRAY, *International Law and the Use of Force*, Oxford UP, 2004, XIII-334 p. — F. RIGAUX, *Guerres et interventions dans le sud-est européen*, Pedone, 2004, 317 p. — R. BEN ACHOUR et S. LAGHMANI dir., *Le droit international à la croisée des chemins. Force du droit et droit de la force*, Pedone, 2004, 444 p. — Y. DINSTEIN, *War, Aggression and Self-Defence*, 4e édition, Cambridge UP, 2005, XXV-349 p. — N. BLOKKER et N. SCHRIJVER, *The Security Council and the Use of Force*, Martinus Nijhoff Publishers, Leiden, 2005, XX-312 p. — *International Law and the Use of Force at the Turn of Centuries – Essays in Honour of VD Degan*, Univ. de Rijeka, Faculté de

Droit, 2005, XIV-286 p. — O. CORTEN, *Le droit contre la guerre*, Pedone, 2008, VII-867 p.

558. Sanction du droit international et conflits d'intérêts. — Sur le plan de la technique juridique, le recours à la contrainte dans les rapports internationaux, avec ou sans emploi de la force matérielle, se rattache au problème de la sanction du droit international. Il se range parmi les procédés destinés à en assurer l'efficacité. Aucun droit ne peut compter uniquement sur sa force morale pour se faire respecter. À ses sujets récalcitrants, il ne s'impose effectivement que s'il s'érige aussi en un ordre de contrainte.

Vue sous cet angle, la contrainte est une composante légitime du système juridique international, comme de tout système juridique. Elle constitue une des principales manifestations de la fonction *exécutive*, au côté de la fonction législative et de la fonction juridictionnelle, qui y contribuent avec leur finalité propre d'ailleurs.

Il existe toutefois une différence fondamentale entre l'ordre interne et l'ordre international. À l'intérieur de l'État, la réalisation du droit est confiée aux autorités gouvernementales qui peuvent procéder à l'exécution forcée des lois et des jugements par la contrainte dont elles détiennent le monopole. Hors de leurs frontières, les États ne peuvent compter que sur eux-mêmes, sur leurs propres moyens, pour assurer le respect de leurs droits. Telle est la règle classique. Corollaire du principe de la souveraineté de l'État, elle est aussi la conséquence de l'absence d'une autorité supérieure dans la société internationale.

Comme à l'heure actuelle les organisations internationales ne peuvent prétendre être des autorités superétatiques, cette règle de base conserve sa validité, quelles que soient les adaptations que les réalités nouvelles ont pu lui imposer.

Pour la mettre en œuvre, les États disposent d'un éventail de moyens, selon une gradation qui va, traditionnellement, des mesures pacifiques au recours à la force armée. Les États peuvent commencer par faire usage de moyens qui seront efficaces aussi longtemps que leurs partenaires feront preuve de bonne volonté et de bonne foi. Les techniques utilisables vont des démarches diplomatiques aux autres procédures politiques, éventuellement au règlement juridictionnel ou arbitral. En cas d'échec, il ne leur reste — dans la mesure de leurs possibilités matérielles — que le recours à la contrainte, qui n'est donc, dans cette perspective, qu'un mode d'exercice d'une « compétence » qui leur est juridiquement reconnue.

Mais il est évident, au vu de l'expérience historique, que l'usage de la contrainte n'a pas toujours cette finalité « légaliste » et que la poursuite des intérêts juridiquement protégés des États n'a souvent été qu'un prétexte et la justification spécieuse de politiques de puissance. Aussi est-il apparu de plus en plus opportun d'« encadrer » la liberté d'appréciation des États quant au degré de contrainte qui resterait légitime.

559. Prévention du recours à la contrainte et réglementation de son usage. — Chaque fois qu'une opération de force met aux prises des États, on peut craindre une menace à la paix, sinon même la rupture de la paix en cas de guerre. Tout acte de contrainte constitue, au moins virtuellement, un danger pour la sécurité internationale.

Dans ces conditions, l'ordre international doit se perfectionner pour tenter de concilier la défense du droit et celle de la paix. Il ne parviendra pas à désarmer ses négateurs tant qu'il tolérera le libre emploi de la force par ses sujets.

Cette conciliation entre le principe traditionnel d'autodéfense des intérêts nationaux et la prévention des conflits armés a été recherchée dans trois directions : une détermination beaucoup plus stricte des hypothèses où le recours à la force peut être un instrument de règlement des différends ; un effort pour préciser les conditions de mise en œuvre des moyens non militaires de règlement des différends ; enfin, dans les cas où ces démarches préventives auraient échoué, une réglementation du droit des conflits armés qui vise à en réduire le coût humain et à en limiter la durée.

Section 1

Principe de l'interdiction du recours à la force armée

§ 1. — *Consécration progressive du principe*

BIBLIOGRAPHIE. — H. A. Moulin, « La doctrine de Drago », *RGDIP* 1907, p. 417-472. — H. Wehberg, « Le problème de la mise de la guerre hors la loi », *RCADI* 1928-IV, vol. 24, p. 151-305 et « L'interdiction du recours à la force. Le principe et les problèmes qui se posent », *RCADI* 1951-I, vol. 78, p. 7-121. — V. H. Rutgers, « La mise en harmonie du Pacte de la SdN avec le Pacte de Paris », *RCADI* 1931-IV, vol. 38, p. 1-123. — A. Mandelstam, « L'interprétation du Pacte de Paris par les organes de la SdN », *RGDIP* 1933, p. 537-605, 1934, p. 179-269 et 1935, p. 241-292. — P. Barandon, *Le système juridique de la SdN pour la prévention de la guerre*, Pedone, 1933, 444 p. — Y. de La Brière, *Le droit de juste guerre*, Pedone, 1938, 207 p. — R. Higgins, « The Legal Limits to the Use of Force by Sovereign States. UN Practice », *BYbIL* 1961, p. 269-319. — W. Wengler, « L'interdiction du recours à la force. Problèmes et tendances », *RBDI* 1971, p. 401-450. — J. Zourek, *L'interdiction de l'emploi de la force en droit international*, Sijthoff, Leyde, 1974, 152 p. — H. Neuhold, *Internationale Konflikte-verbotene und erlaubte Mittel ihrer Austragung*, Springer, Vienne, 1977, XX-598 p. — J.-P. Colin, « Guerres et luttes armées ou le droit introuvable », *RBDI* 1981-1982, p. 209-242. — M. Virally, Commentaire de l'article 2, § 4, de la Charte *in* J.-P. Cot et A. Pellet éd., *La Charte des Nations Unies,* Economica, 2e éd., 1991, p. 115-128 ; N. Schrijver, *ibid.*, 3e éd., 2005, vol. 1, p. 437-466. — T. Treves, « La déclaration des Nations Unies sur le renforcement de l'efficacité du principe du non-recours à la force », *AFDI* 1987, p. 379-398. — R. Bermejo Garcia, *El marco juridico internacional en materia de uso de la fuerza : ambigüedades y limites,* Livitas, Madrid, 1993, 422 p. — E. Cannizzaro et P. Palchetti ed., *Customary International Law on the Use of Force. A Methodological Approach*, Martinus Nijhoff Publishers, Leiden, 2005, XVI-347 p. — O. Corten, « The Controversies over the Customary Prohibition on the Use of Force », *EJIL* 2005, p. 823-822. — M. Roscini, « Threats of

Armed Force and Contemporary International Law », *NILR* 2007, p. 229-278. — N. STURCHLER, *The Threat of Force in International Law*, Cambridge UP, 2007, XXII-364 p.

Sur les contre-mesures, v. *infra* la bibliographie sur le n° 572.

560. De la liberté de faire la guerre. — Le droit international classique n'a jamais cherché à restreindre l'usage de la guerre. Du XVIe au XIXe siècles, les États apprécient librement l'opportunité de son déclenchement, ils sont seuls juges des buts — politiques ou juridiques — qu'ils désirent atteindre grâce au recours à la force armée. Le prestige international reste déterminé par l'issue favorable ou défavorable des conflits armés dans lesquels chaque nation s'engage ou est engagée. Jusqu'en 1919, on ne veut voir dans la guerre qu'une manifestation normale de la souveraineté des États.

Les théologiens du XVIe et du XVIIe siècle, fondateurs du droit international, avaient tenté de valoriser la distinction canoniste entre la guerre *juste* et la guerre *injuste*.

Seule serait juste la guerre tendant à faire prévaloir une prétention légitime et seule la guerre juste serait légitime.

Cette distinction fut également adoptée par les partisans du droit naturel (voir v. *supra*, n° 25). Toutefois, ces approches sont restées purement doctrinales et le droit positif les a toujours ignorées. Vattel, son fidèle interprète, ne répudiait certes pas ouvertement la notion de guerre juste, mais il en réduisait à rien la portée en lui donnant une définition purement formelle. Selon lui, est guerre juste celle qui est déclenchée loyalement, à la suite d'une déclaration de guerre ; dans ces conditions, seule était condamnable la guerre « par surprise ».

Si, dans la pratique, les États estimaient souvent opportun d'invoquer un motif juridique ou moral pour justifier leurs entreprises guerrières, c'était avant tout pour des raisons psychologiques et non parce qu'ils avaient la conviction d'y être juridiquement obligés.

La situation était assez paradoxale. Pour pouvoir recourir librement à la force, sans avoir à fournir la moindre justification, les États n'avaient qu'à décider de se servir du moyen extrême de la guerre. Par contre, s'ils s'en tenaient à la forme plus modérée des « représailles armées », ils devaient alors fonder leur action sur un motif juridique valable.

561. La Convention « Drago-Porter », première tentative de limitation. — Au début du XXe siècle, une utilisation abusive des représailles armées a favorisé une première réaction, consacrée par la deuxième Convention de La Haye de 1907, dite Convention Drago-Porter. Son intitulé officiel est « Convention concernant la limitation de l'emploi de la force pour le recouvrement de dettes contractuelles », ce qui marque sa portée pratique très limitée.

Cette initiative diplomatique a son origine dans les opérations de représailles — blocus maritimes et bombardements de ports — exercées par l'Italie, l'Allemagne et le Royaume-Uni à l'encontre du Venezuela en 1902. Le gouvernement vénézuélien, confronté à une grave crise financière après une période de guerre civile, avait dû suspendre le remboursement de dettes contractées auprès de ressortissants étrangers. L'expédition maritime de 1902 avait pour objectif de contraindre le Venezuela à respecter ses obligations contractuelles.

L'incident émut à la fois les autres gouvernements latino-américains, souvent en butte aux mêmes difficultés, et les États-Unis, qui appréhendaient toute intervention européenne sur le continent américain (doctrine de Monroe). À cette occasion, Drago — ministre des Affaires étrangères de l'Argentine, à l'époque — formula la « doctrine » selon laquelle le recouvrement *coercitif* de dettes publiques était contraire au droit international. Pour lui, le recours à la force, en l'espèce, était contraire à la souveraineté de l'État débiteur et au caractère aléatoire de ce type de dettes. Les États-Unis décidèrent d'utiliser l'opportunité offerte par la deuxième Conférence de La Haye pour faire de cette doctrine une règle de droit conventionnel. Porter, leur plénipotentiaire, s'y employa avec succès, d'où le titre donné à cette convention.

Le principe de la doctrine Drago est consacré par l'article 1er de la Convention : « Les puissances contractantes sont convenues de ne pas avoir recours à la force armée pour le recouvrement de dettes contractuelles réclamées au gouvernement d'un pays par le gouvernement d'un autre pays comme dues à ses nationaux ».

Les États débiteurs n'obtenaient l'abandon du recours à l'exercice de la prérogative de faire la guerre ou d'exercer des représailles qu'en s'engageant parallèlement à recourir à des moyens pacifiques de règlement des différends. Le même article 1er, dans son § 2, prévoyait que la limitation du recours à la force ne s'appliquerait pas si l'État débiteur refusait l'arbitrage, laissait sans réponse une offre d'arbitrage, rendait impossible la constitution de l'organe arbitral ou refusait de se conformer à sa sentence.

Bien que cette convention ait laissé pratiquement intacte la compétence discrétionnaire des États de recourir à la force armée, elle est un jalon essentiel comme point de départ des tentatives pour donner des fondements objectifs au non-recours à la force et imposer l'usage de moyens de règlement pacifique des différends.

562. Limitations du droit de recourir à la guerre dans le Pacte de la SdN. — À la différence des conflits du XIXe siècle, certaines des guerres du XXe siècle ont été — par leur extension géographique et leur intensité — des conflits mondiaux et des guerres « totales ». Les progrès techniques ont été tels qu'il n'existe pratiquement plus de limites aux moyens de destruction, qui pourraient compromettre définitivement l'écosystème mondial. Ce caractère total des guerres et les risques d'escalade d'un conflit mineur à l'origine justifient une condamnation absolue de tout recours à la force comme instrument de la conduite des affaires extérieures.

Pourtant, même au lendemain du premier conflit mondial, les États n'étaient pas prêts à accepter une solution aussi drastique. Dans le Pacte de la SdN, ils ont seulement accepté une « amputation » de leur compétence traditionnelle de guerre. Le préambule de ce document se borne à dire qu'il importe que les États acceptent « *certaines obligations* de ne pas recourir à la guerre ». Seules donc certaines guerres sont expressément considérées comme illicites, les autres — implicitement — restent licites. L'efficacité de l'approche retenue dépendait donc du caractère compréhensif et objectif des critères de la guerre illicite, et de la possibilité d'en assurer le respect.

1° *Guerres illicites*. La principale hypothèse est celle de la « guerre d'agression », interdite en vertu de l'article 10 du Pacte.

Les autres hypothèses visent à consacrer le lien étroit établi entre interdiction du recours à la force et obligation de régler pacifiquement les différends internationaux : est illicite toute guerre entreprise avant que le différend qui la justifie ait été soumis à une procédure pacifique (arbitrage, règlement juridictionnel ou examen par le Conseil de la SdN, selon l'article 12, § 1), toute guerre qui est dirigée contre un État qui se conforme à une décision arbitrale ou juridictionnelle (article 13, § 4), ainsi que toute guerre contre un État qui respecte les recommandations contenues dans un rapport unanime du Conseil de la SdN (article 15, § 6).

2° *Guerres licites*. Dans la mesure où ce qui n'est pas interdit reste autorisé, on peut — par un raisonnement *a contrario* — déterminer un certain nombre d'hypothèses de guerres licites, considérées pour cette raison comme des « fissures » du Pacte.

Les guerres légitimes en elles-mêmes, principales limitations au principe de prohibition, sont celles justifiées par la défense d'un droit « que le droit international laisse à la compétence *exclusive* » des États (article 15, § 8, v. *supra*, n° 286) et celles qui sont entreprises dans l'exercice du droit de légitime défense (voir v. *infra*, n° 566).

Les autres hypothèses sont plutôt la conséquence d'un échec des procédures préventives et des moyens de règlement pacifique prévues par le Pacte.

Est licite, en premier lieu, la guerre dirigée contre un État qui refuse d'exécuter une décision arbitrale ou juridictionnelle ou de se conformer au rapport unanime du Conseil. L'intervention d'un tiers ou de la communauté internationale ayant attesté la validité du droit revendiqué par l'une des parties, cette dernière est alors justifiée à recourir aux moyens de pression les plus violents pour faire respecter son droit : c'est le retour, après un détour procédural, à la justification traditionnelle de la « guerre-exécution du droit » (v. *supra*, n° 558 et *infra*, n° 575).

Est également licite la guerre entreprise alors que le Conseil de la SdN n'a pas réussi à adopter un rapport, ou s'il ne l'a adopté qu'à la majorité et non pas à l'unanimité. Ici, ni l'une ni l'autre des parties au litige n'a réussi à faire consacrer ses thèses dans des conditions indiscutables d'un point de vue juridique et politique. L'une et l'autre retrouvent, après le délai ouvert pour l'examen du Conseil, leur entière compétence de guerre. Dans un monde divisé, cette situation sera — on pouvait aisément l'imaginer dès l'origine — fréquemment vérifiée : la « guerre duel » (v. *infra*, n° 570) reste une possibilité trop réelle.

3° À défaut de pouvoir interdire la guerre en dehors de circonstances encore exceptionnelles, les auteurs du Pacte ont cherché à éviter le déclenchement des conflits armés par une escalade non contrôlée. À cette fin, l'article 12 pose une importante règle de procédure. Aucune guerre ne peut être licite si elle est déclenchée avant l'expiration d'un délai de trois mois après l'adoption du rapport du Conseil ou le prononcé d'une décision arbitrale ou juridictionnelle (« moratoire de guerre »).

563. Mise hors la loi de la guerre par le Pacte Briand-Kellogg. — C'est finalement en dehors du cadre de la SdN que le pas décisif a été franchi par la Convention de Paris du 26 août 1928 dite Pacte Briand-Kellogg.

1° *Consécration*

En 1927, la France et les États-Unis ont ouvert des négociations en vue du renouvellement d'un traité d'arbitrage. Briand, ministre des Affaires étrangères, proposa d'y adjoindre un engagement des deux États de renoncer à tout recours à la guerre dans leurs relations mutuelles ; Kellogg, son homologue américain, suggéra alors d'élargir la négociation à d'autres États en vue de conclure un traité multilatéral d'interdiction générale de la guerre. Ce traité, signé par quinze États, fut ouvert à l'adhésion de tous les autres États.

Entré en vigueur le 24 juillet 1929, il s'appliquait à 63 États en 1939 et, de ce fait, bénéficiait d'une incontestable universalité, compte tenu du nombre des États à cette époque.

D'après son article 1er :

« Les Hautes Parties contractantes déclarent solennellement qu'elles condamnent le recours à la guerre pour le règlement des différends internationaux et y renoncent en tant qu'instrument de politique nationale dans leurs relations mutuelles ».

Soucieux de ménager la susceptibilité des États, le Pacte de 1928 indique que ce sont eux qui « renoncent » à la guerre. Cette manifestation de volontarisme traduit la conviction qu'il ne s'agit pas de codifier ou de généraliser une règle de droit positif mais bien de la créer.

C'est une concession d'importance mineure face à l'apport principal de ce texte qui, en interdisant la « guerre » sans plus de précision, couvre toutes les hypothèses de guerre, c'est-à-dire tout conflit armé interétatique sauf ceux menés au titre de la légitime défense (v. *infra*, n°s 566 et 575).

Par sa formulation générale et par son opposabilité quasi universelle, cet instrument international a — de façon plus convaincante que le Pacte de la SdN — mis fin à la règle traditionnelle de la compétence discrétionnaire de guerre.

L'atteste, d'abord, le fait qu'en 1946 le Tribunal de Nuremberg s'est fondé sur ce document pour condamner les crimes de guerre soumis à sa juridiction (v. *supra*, n° 442). De plus, c'est parce qu'ils étaient convaincus que le Pacte Briand-Kellogg constituait l'acte de naissance de l'interdiction du recours à la force et de la condamnation des traités conclus à l'issue d'un conflit armé irrégulier, que les auteurs de la Convention de Vienne de 1969 sur le droit des traités ont pris la précaution d'écarter tout risque de contestation des traités de paix postérieurs à 1928 en posant la règle de la non-rétroactivité de cette convention (article 4).

2° Mais si le principe est établi de manière irréversible, sa sanction et son efficacité sont rien moins que garanties.

Certes l'article 2 du Pacte de 1928 pose le principe de la recherche obligatoire d'un règlement pacifique. Mais c'est seulement dans l'Acte général d'arbitrage, adopté séparément en 1928, que seront établis l'arbitrage ou la juridiction « obligatoires ». Or, fort peu d'États ont ratifié cette convention. De ce fait manquait le préalable nécessaire à toute interdiction crédible du recours à la force.

En outre, ce Pacte reste totalement muet quant aux procédures de contrainte collective destinée à réprimer ses violations. Certes, à l'égard des États parties qui étaient en même temps membres de la SdN et parties au Pacte de 1928, on pouvait songer à utiliser le système de sanction établi par l'article 16 de la SdN. Cette solution présentait plusieurs défauts.

Les deux documents ne coïncident pas matériellement : l'article 16 du Pacte de 1919 ne peut s'appliquer qu'aux hypothèses de guerres illicites selon ce texte (v. *supra*, n° 562), alors que le Pacte de 1928 interdit toute guerre autre que de légitime défense. Les tentatives d'amendement du Pacte de la SdN destinées à mettre son texte en harmonie avec celui du Pacte Briand-Kellogg sur ce point n'ont pas abouti.

Ils ne coïncident pas non plus dans leur champ d'application *ratione personae*, car les États parties à l'un d'entre eux ne l'étaient pas toujours à l'autre.

564. Interdiction générale du recours à la force par la Charte des Nations Unies. — Élaborée au moment où l'épreuve de la seconde guerre mondiale, plus meurtrière encore que la première, était en cours, la Charte se devait, au minimum, de consacrer pour tous les États l'acquis du Pacte de Paris — sur une base juridique incontestable, et non plus seulement coutumière pour certains d'entre eux —, tout en allant au-delà de façon à corriger ses imperfections démontrées par l'expérience.

Sur le plan *normatif*, l'évolution est menée à son terme. La prohibition posée par l'article 2, § 4, de la Charte vise *tout recours à la force*, dont la guerre n'est qu'une forme extrême :

« Les membres de l'Organisation s'abstiennent, dans leurs relations internationales, de recourir à la menace ou à l'emploi de la force, soit contre l'intégrité territoriale ou l'indépendance politique de tout État, soit de toute autre manière incompatible avec les buts des Nations Unies . »

Cette formule, consacrée par tous les pactes régionaux de sécurité et de défense mutuelle, dans la mesure où elle recouvre indiscutablement d'autres formes d'utilisation des armes que la guerre au sens traditionnel du mot, a une portée plus large que les expressions utilisées antérieurement. Peut-on aller plus loin et dresser une liste exhaustive des hypothèses de « conflits armés » prohibés ? La réponse n'est pas dans l'article 2, § 4, mais dans l'ensemble de la Charte et dans la pratique internationale : les conclusions auxquelles on aboutit restent controversées. Sur la base de la résolution 31/9 de l'Assemblée générale, les Nations Unies ont entrepris de « codifier » cette question, à l'occasion de l'examen de la « conclusion d'un traité mondial sur le non-recours à la force dans les relations internationales » ; mais la lenteur des travaux et l'acuité des divergences de vues ont laissé peu d'espoir d'une solution rapide et plus satisfaisante que celle issue des travaux sur la définition de l'agression (v. *infra*, n° 566). Même dans le contexte politique plus favorable de la fin des années 1980, et bien que bénéficiant de l'apport de la Conférence de Stockholm (1986), les Nations Unies n'ont pu adopter qu'une « déclaration » sur le renforcement de l'efficacité du principe du non-recours à la force (résol. AG 42/28 du 18 novembre 1987), déclaration dont toutes les grandes puissances se sont attachées à affirmer l'innocuité.

Les progrès apportés par la Charte aux conditions d'application du principe sont-ils plus heureux ?

L'article 2, § 3, de la Charte confirme, sans plus, l'obligation de règlement pacifique des différends contenue dans les Pactes de 1919 et de 1928. Il n'est toujours pas question d'une véritable juridiction obligatoire (v. *supra*, nos 543-544).

La résolution 39/11 du 12 novembre 1984, portant Déclaration sur le droit des peuples à la paix, expression la plus récente des mêmes préoccupations, réitère la condamnation de tout recours à la force et l'obligation d'un règlement pacifique des différends, sans constituer un progrès ni de leur définition, ni des procédures contraignantes de mise en œuvre : si les peuples « ont un droit sacré à la paix », qui constitue « une obligation fondamentale pour chaque État », ce n'est pas encore une obligation juridique : l'élimination des « menaces de guerre » reste un simple objectif vers lequel doit tendre la politique des États.

En revanche, les mécanismes de la Charte en matière d'action préventive et de sanction collective sont beaucoup plus développés que dans le Pacte de la SdN (v. *infra*, nos 585 et s.).

§ 2. — *Portée du principe*

565. Limites du principe posé par la Charte. — À la différence du Pacte, qui procédait par énumération des hypothèses de guerres illégitimes, l'article 2, § 4, de la Charte prohibe — rappelons-le — « la menace ou l'emploi de la force... de toute autre manière incompatible avec les buts des Nations Unies ». On ne peut donc pas parler de « fissures de la Charte », comme l'on parlait des « fissures du Pacte » (v. *supra*, n° 562).

Le problème est déplacé : dans chaque cas d'espèce, il convient de vérifier si l'emploi de la « force » est ou n'est pas « compatible avec les buts des Nations Unies ».

La réponse se trouve tantôt dans la Charte elle-même — qui autorise l'usage de la force dans l'exercice de la légitime défense individuelle ou collective pour l'assistance à l'État victime d'une agression (article 51), par exemple —, tantôt dans la pratique des organes compétents pour approuver ou condamner certains usages de la force en vertu de leur pouvoir d'interprétation et d'application de la Charte.

Les textes pertinents comme la pratique ultérieure manifestent que tout recours à ce qu'objectivement il faudrait considérer comme une manifestation de force n'est pas nécessairement condamné par les Nations Unies au titre de l'article 2, § 4. On ne peut pas postuler une interprétation large de l'interdiction du recours à la force. Le principe comporte donc des limitations.

Parmi ces limitations, on doit évidemment inclure les cas d'usage de la force qui relèvent de la sphère interne des États, au premier chef ceux qui concernent l'exercice d'activités de police, comme l'arraisonnement de navires (v. ainsi SA du 17 sept. 2007, *Guyana/Suriname*, par. 441 et s. ; D. Guilfoyle, *ICLQ* 2007, p. 69-82).

A. — Emplois de la force prévus par la Charte

BIBLIOGRAPHIE. — E. GIRAUD, « La théorie de la légitime défense », *RCADI* 1934-III, vol. 49, p. 691-865. — NGUYEN QUOC Dinh, « La légitime défense d'après la Charte des Nations Unies », *RGDIP* 1948, p. 223-254. — J. ZOUREK, « La définition de l'agression et le droit international », *RCADI* 1957-II, vol. 92, p. 755-860 et « La notion de légitime défense en droit international », *Ann. IDI* 1975, p. 1-80. — D. W. BOWETT, *Self-Defense in International Law*, Manchester UP, 1958, 294 p. — J. DELIVANIS, *La légitime défense en droit international*, LGDJ, 1971, 201 p. — P. LAMBERTI-ZANARDI, *La legittima difesa nel diritto internazionale*, Giuffré, Milan, 1972, 314 p. — S. SCHWEBEL, « Aggression, Intervention and Self-Defence in Modern International Law », *RCADI* 1972-II, vol. 136, p. 411-498. — J. STONE, « Hopes and Loopholes in the 1974 Definition of Agression », *AJIL* 1974, p. 224-246. — B. P. FERENCZ, *Defining International Agression : The Search for World Peace,* Oceana Pub., Dobbs Ferry, New York, 1976, 2 vol., 588 p. et 562 p. — P. RAMBAUD, « La définition de l'agression par l'ONU », *RGDIP* 1976, p. 835-881. — B. BROWN, « The Definition of Agression », *RCADI* 1977-I, vol. 154, p. 299-400. — A. HASBI et M. LAMOURI, « La définition de l'agression à l'épreuve de la réalité », *RJPEM* 1982, p. 11-46. — Rencontre de Reims, *Réalités du droit international contemporain. Discours sur l'agression et réalités contemporaines*, PU Reims, 1982, 210 p. — A. CASSESE éd., *The Current Legal Regulation of the Use of Force*, Nijhoff, Dordrecht, 1986, XIV-536 p. ; *Violence et droit dans un monde divisé*, PUF, 1990, 223 p. ; Commentaire de l'article 51 *in* J.-P. COT, A. PELLET et M. FORTEAU dir., *La Charte des Nations Unies*, Economica, 2005, p. 1329-1361. — D. W. GREIG, « Self-Defence and the Security Council : What Does Article 51 Require ? », *ICLQ* 1991, p. 366-402. — M. C. ORTEGA CARCELEN, *La legitima defensa del territorio del Estado,* Tecnos, Madrid, 1991, 199 p. — B. P. FERENCZ, *New Legal Foundations for Global Survival. Security through the Security Council*, Oceana, Dobbs Ferry, 1994, 451 p. — D. BROWN, « The Role of the UN in Peace-Making and Truce Monitoring », *RBDI* 1994, p. 559-602. — *Le Chapitre VII de la Charte des Nations Unies,* Colloque de la SFDI Rennes, Pedone, 1995, 324 p. — L. CONDORELLI, « Les attentats du 11 septembre et leurs suites : où va le droit international ? », *RGDIP* 2001, p. 829-848. — J. DELBRÜCK, « The fight against global terrorism... », *GYbIL* 2001, p. 9-24. — L.-A. SICILIANOS, « L'autorisation par le Conseil de sécurité de recourir à la force : une tentative d'évaluation », *RGDIP* 2002, p. 5-50. —

O. Corten et F. Dubisson, « Operation « Liberté immuable » : une extension abusive du concept de légitime défense », *RGDIP* 2002, p. 51-77. — M. Glennon, « The Fog of Law : Self-Defense, Inherence, and Incoherence in Article 51 of the United Nations Charter », *Harvard Jl. of L. & Publ. Pol.* 2002, p. 539-558. — J. Verhoeven, « Les étirements de la légitime défense », *AFDI* 2002, p. 49-80. — T. J. Farer, « Beyond the Charter Frame : Unilateralism or Condominium », *AJIL* 2002, p. 359-364. — S. D. Murphy, « Terrorism and the Concept of Armed Attack in Article 51 of the UN Charter », *Harvard ILJl* 2002, p. 41-51. — J. Kammerhofer, « Uncertainties of the Law on Self-Defence in the UN Charter », *NYBIL* 2004, p. 143-202. — J. Gardam, *Necessity, Proportionality and the Use of Force by States*, Cambridge UP, 2005, XX-316 p. — W. M. Reisman et A. Armstrong, « The Past and Future of the Claim of Preemptive Self-Defense », *AJIL* 2006, p. 525-550. — F. Dubuisson, « La guerre du Liban de l'été 2006 et le droit de légitime défense », *RBDI* 2006, p. 529-564. — AG Hamid, « The Legality of Anticipatory Self-Defence », *NILR* 2007, p. 441-490. — R. Kherad dir., *Légitimes Défenses*, LGDJ, 2007, 304 p. — Ph. Lagrange, « Le Conseil de sécurité et l'autorisation de prendre toutes les mesures nécessaires », *Les Annales de droit (Rouen)*, 2007, p. 199-257. — E. Roucounas, rapport, *Present Problems of the Use of Force in International Law* (Sub-group on Self-defence), *Ann. IDI* 2007, p. 67-102.

566. Reconnaissance du droit de légitime défense par la Charte. — 1° *Reconnaissance de ce droit.* La légitime défense est inhérente à tout système juridique. En droit interne, elle s'exerce essentiellement en matière répressive — parce que le caractère irréparable de certains préjudices s'accommode mal des solutions juridictionnelles *a posteriori* — et elle constitue en soi une mesure de police. Il en va de même en droit international, où la légitime défense remplit la même fonction de « soupape de sécurité » dans un contexte pourtant fort différent.

L'article 51 de la Charte reconnaît, de façon expresse, un « droit naturel de légitime défense, individuelle et collective, dans le cas où un membre des Nations Unies est l'objet d'une agression armée ».

La place même de cette disposition, dans le Chapitre VII dont on sait qu'il est consacré à la sécurité collective, est significative.

Il est certain que dès la Conférence de San Francisco de 1945, alors que les futurs membres permanents du Conseil de sécurité exigeaient un droit de *veto*, la plupart des autres États n'éprouvaient qu'une confiance limitée dans l'efficacité du système de sécurité collective qu'ils allaient instituer. La reconnaissance du droit de recourir à la force dans l'attente d'une réaction collective efficace ou en l'absence d'une telle réaction leur a paru une garantie nécessaire. Contrepartie de la renonciation de principe très étendue qu'ils consentaient, la reconnaissance de la légitime défense ne pouvait pas être — comme c'était encore le cas dans les Pactes de 1919 et de 1928 — simplement implicite.

L'importance de ces considérations est également attestée par deux précisions du texte. Ce droit y est qualifié de « droit naturel », ce qui écarte les interprétations restrictives fondées sur la logique de la sécurité collective, conçue elle comme une construction artificielle. La CIJ a du reste considéré que l'expression impliquait l'existence d'un droit coutumier de légitime défense (arrêt du 27 juin 1986, *Activités militaires et paramilitaires au Nicaragua, Rec.*, p. 94 et 102), qui s'impose aujourd'hui comme hier :

« La Cour ne saurait au demeurant perdre de vue le droit fondamental qu'a tout État à la survie, et donc le droit qu'il a de recourir à la légitime défense, conformément à l'article 51 de la Charte, lorsque cette survie est en cause » (avis du 8 juillet 1996, *Licéité de la menace et de l'emploi de l'arme nucléaire*, § 96).

Et c'est un droit qui peut être mis en œuvre collectivement (CIJ, arrêt du 19 déc. 2005, *Activités armées sur le territoire du Congo (Congo c. Ouganda)*, par. 128) tout autant qu'individuellement, ce qui est de nature à rassurer les petits États qui ne peuvent compter, pour leur sécurité dans les conditions traditionnelles, que sur une alliance classique.

2° *Conditions d'exercice du droit de légitime défense*. Selon les termes de l'article 51, seule l'agression armée — et non toute contrainte — justifie le recours à la force au titre de la légitime défense.

Une mise en œuvre satisfaisante du principe suppose donc une définition universellement admise de l'agression. Il peut paraître étonnant qu'un élément aussi directement lié au système de sécurité collective n'ait pas été défini dans la Charte des Nations Unies, et qu'il ait fallu attendre une vingtaine d'années pour qu'un consensus se dégage à son égard.

En 1945, au cours de la Conférence de San Francisco, les partisans de l'élaboration d'une définition n'ont pas réussi à vaincre les objections des gouvernements qui n'estimaient pas possible d'établir une fois pour toutes une liste satisfaisante des faits d'agression ou qui pensaient qu'une définition incomplète présenterait le risque d'inciter certains États à en exploiter les lacunes. On a aussi fait valoir à l'époque que, dans des situations aussi complexes que celles des relations internationales, des actes qui pourraient paraître dans l'abstrait des actes d'agression pourraient dans la réalité se révéler des mesures de légitime défense (UNCIO, séances du Comité III/3, vol. 12, p. 344 et s.).

Après plusieurs tentatives infructueuses à partir de 1950, l'Assemblée générale, par une résolution du 18 décembre 1967, a créé un comité spécial d'étude dont les travaux ont abouti en 1974.

Près de trente ans après l'entrée en vigueur de la Charte, l'Assemblée générale a adopté par consensus, le 14 décembre 1974, la résolution 3314 (XXIX) qui définit l'agression en ces termes :

« L'agression est l'emploi de la force armée par un État contre la souveraineté, l'intégrité territoriale ou l'indépendance politique d'un autre État, ou de toute autre manière incompatible avec la Charte des Nations Unies... » (article 1er), ce qui en soi ne constitue guère un progrès par rapport au texte de la Charte.

La définition retenue ne concerne que l'agression armée, comme dans l'article 51 de la Charte dont cette définition est supposée faciliter la mise en œuvre.

Des propositions en faveur d'une définition large ont été proposées par certains gouvernements (en particulier par l'URSS dans un projet du 3 octobre 1957), mais elles avaient peu de chance de réunir un consensus dans la mesure où elles auraient facilité une interprétation plus subjective de la légitime défense et étendu son champ d'application.

La résolution de 1974 se contente, dans l'article 3, de dresser une liste *non exhaustive* d'actes d'agression.

Il convient de ne pas faire dire à ce texte plus qu'il ne signifie. Son objectif n'est pas de donner une définition de l'agression en général, ni d'affirmer la licéité de toute forme d'agression autre que l'agression armée (v. *infra*, n°s 587 et s.).

Les difficultés rencontrées dans la recherche d'une définition générale sont réapparues à l'occasion de l'élaboration du code des crimes contre la paix et la sécurité de l'humanité, d'une part, et du Statut de la Cour pénale internationale (CPI), d'autre part (v. *supra,* n° 442). Dans le premier cas, la CDI a, d'abord, repris la définition de 1974 (projet de code adopté en première lecture en 1991, art. 15) ; dans un second temps, elle a jugé préférable de s'en tenir à une approche plus empirique et s'est bornée à affirmer la responsabilité individuelle de tout dirigeant ou organisateur prenant « une part active dans la planification, le déclenchement ou la conduite d'une agression commise par un État », sans s'aventurer à définir celle-ci.

De même, la définition du crime d'agression a constitué une pomme de discorde entre les États participant à la Conférence de Rome de 1998, à tel point que, tout en posant le principe de la compétence de la CPI à l'égard du crime d'agression, l'article 5 du Statut renvoie sa définition à une conférence de révision ultérieure, prévue sept ans après l'entrée en vigueur du Statut. Ce n'est qu'alors que la Cour pourra exercer sa compétence à cet égard. À la fin de l'année 2008, les discussions étaient encore en cours sur la question, avec les mêmes oppositions entre États parties que celles rencontrées en 1998.

La portée de la définition retenue par la résolution de 1974 est limitée. Comme le précise cette résolution, s'agissant d'une simple recommandation de l'Assemblée au Conseil de sécurité, ce dernier peut la mettre en œuvre dans un sens aussi bien restrictif que dans un sens extensif : « compte tenu des autres circonstances pertinentes », il peut disqualifier un acte qui à première vue paraît un acte d'agression (article 2) ; à l'inverse, il peut « qualifier d'autres actes d'agression conformément aux dispositions de la Charte » (article 3). De cette manière est préservée la responsabilité principale du Conseil de sécurité en matière de maintien de la paix, condition posée par les grandes puissances pour que soit accepté ce document.

En effet, cet organe joue un rôle décisif dans la mise en application de l'article 51. Le droit de légitime défense ne peut être invoqué qu'aussi longtemps que le Conseil de sécurité n'a pas *pris les mesures nécessaires pour maintenir la paix* et il doit être exercé en tenant immédiatement informé le Conseil des mesures prises.

Très légitimement, les auteurs de la Charte ont estimé que l'action des États devait être harmonisée et coordonnée avec les responsabilités propres de l'ONU.

En droit interne également, la réglementation de la légitime défense tente de concilier l'usage individuel de la force par les particuliers en état de légitime défense avec les responsabilités des pouvoirs publics. L'exercice de la légitime défense suppose une carence de l'autorité publique, il doit cesser dès que cette carence disparaît et il est soumis à un contrôle *a posteriori*. La légitime défense, exception temporaire aux règles d'une société policée, est une faculté *subsidiaire, provisoire et contrôlée.*

On retrouve les mêmes caractéristiques dans l'ordre international. Le caractère provisoire et contrôlé de la légitime défense résulte des éléments procéduraux évoqués par l'article 51 ; son caractère subsidiaire se déduit de la responsabilité principale du Conseil, expression de la communauté internationale, dans le maintien de la paix et du caractère temporaire de l'exercice de la légitime défense.

Dans la pratique, toutes les insuffisances du système de sécurité collective ne peuvent qu'atténuer le caractère subsidiaire et temporaire, donc contrôlé, de l'exercice de la légitime défense. Lorsque, paralysé par un *veto* ou les divergences d'opinions de ses membres, le Conseil de sécurité n'est pas en mesure de qualifier une situation ou de prendre des mesures correctives, il laisse un champ inédit au principe de légitime défense. Et l'on sait combien est fréquente cette hypothèse.

Dans l'arrêt qu'elle a rendu le 27 juin 1986 dans l'affaire relative aux *Activités militaires et paramilitaires au Nicaragua et contre celui-ci*, la CIJ a eu, pour la première fois, l'occasion de préciser le régime de la légitime défense en droit international. L'apport de cette décision est double et concerne d'une part les conditions nécessaires à l'exercice du droit de légitime défense et, d'autre part, ses modalités.

En ce qui concerne le premier point, la Cour a mis l'accent sur l'exigence d'une agression armée :

« Dans le cas de la légitime défense individuelle, ce droit ne peut être exercé que si l'État intéressé a été victime d'une agression armée. L'invocation de la légitime défense collective ne change évidemment rien à cette situation » (*Rec.* p. 103). Se fondant sur la définition donnée par la résolution 3314 (XXIX), elle a admis que l'envoi de bandes armées sur le territoire d'un autre État peut constituer une agression armée s'il s'agit d'une opération de grande ampleur mais que tel n'est pas le cas d'une simple assistance à des rebelles *(ibid.)*. De même, des manœuvres militaires, ou l'envoi de fonds ou d'armements à des rebelles n'entrent pas dans la catégorie des actes d'agression (*Rec.* p. 118-119).

La CIJ a eu l'occasion de préciser certains de ces éléments dans sa jurisprudence ultérieure. Elle a tout d'abord posé comme principe que la légitime défense ne serait possible qu'« en cas d'agression armée par un État contre un autre État » (avis du 9 juill. 2004, *Conséquences juridiques de l'édification d'un mur dans le territoire palestinien occupé*, par. 139) – ce que l'article 51 de la Charte ne précise pourtant aucunement). Elle a ensuite rappelé que la légitime défense n'était invocable qu'en cas d'agression armée, et non, « au-delà », « pour protéger des intérêts perçus comme relevant de la sécurité » (arrêt du 19 déc. 2005, *Activités armées sur le territoire du Congo (Congo c. Ouganda)*, par. 148).

La Cour est restée en revanche relativement floue s'agissant du seuil de gravité à atteindre pour qu'un cas de recours à la force puisse être qualifié d'acte d'agression (arrêt du 6 nov. 2003, *Plates-formes pétrolières (Iran c. États-Unis)*, *Rec.*, p. 191-192, par. 64 et p. 195, par. 72 ; v. également la sentence du 19 déc. 2005 de la Commission Érythrée/Éthiopie sur le *jus ad bellum*, par. 11-16). Par ailleurs, elle n'a pas estimé utile dans l'affaire des *Activités armées sur le territoire du Congo (Congo c. Ouganda)* de se prononcer sur le point de savoir « si et à quelles conditions le droit international contemporain prévoit un droit de légitime défense pour riposter à des attaques d'envergure menées par des forces irrégulières » (précit., par. 147 ; v. les critiques des juges Kooijmans et Simma (respectivement par. 20 et s. et par. 4 et s. de leurs opinions jointes), qui estiment que la Cour aurait dû saisir l'occasion pour se prononcer – favorablement – sur cette question), pas plus qu'elle n'a déterminé si une riposte militaire était possible, en deçà de la légitime défense, pour lutter contre un cas de recours à la force n'atteignant pas le seuil de l'agression (v. l'opinion du juge Simma sous l'arrêt du 6 nov. 2003 précité, par. 12-13). Tout juste a-t-elle précisé qu un État ne pouvait, en tout état de cause, pas invoquer la légitime défense pour faire face à des actes armés trouvant leur origine à l'intérieur d'un territoire placé sous sa juridiction (hypothèse du territoire palestinien occupé par Israël : v. l'avis du 9 juill. 2004 précité, par. 139, et les critiques des juges Higgins et Buergenthal, par. 33-34 et par. 6 de leurs opinions jointes à l'avis). La Cour ne s'est pas plus prononcée sur l'admissibilité de la légitime défense préventive en droit international.

Le Groupe de personnalités de haut niveau (chargé à l'automne 2003 par le Secrétaire général de l'ONU de dresser un état des lieux du système de sécurité collective) a considéré sur ce dernier point dans son rapport du 1er décembre 2004 sur les menaces, les défis et le changement que la légitime défense ne pouvait pas être invoquée en cas de menace non imminente d'agression (A/59/565, 2 décembre 2004, par. 188-192 et par. 53 des recommandations). Seule la légitime défense anticipée, et non préventive, serait donc admise en droit international contemporain. Cette approche semble correspondre aujourd'hui à l'*opinio juris* majoritaire (v. dans le même sens la résol. de l'IDI du 27 octobre 2007 consacrée à la légitime défense ; cette résolution admet par ailleurs que le droit de légitime défense puisse être actionné à l'égard d'entités non étatiques ; v. également, en plus de la bibliographie citée sur le n° 566, E. McWhinney, *Mél. Degan*, 2005, p. 107-122 ; D. Petrović, *ibid.*, p. 123-149 ; W. M. Reisman et A. Armstrong, *AJIL* 2006, p. 525-550).

Dans la mesure enfin où le champ d'application de la légitime défense est étroitement dépendant des actions menées par le Conseil de sécurité pour maintenir ou rétablir la paix, il n'est pas exclu que celui-ci retienne de celle-ci une conception plus extensive que celle retenue en jurisprudence. Certaines résolutions sont de ce fait délicates à interpréter car on peut tout aussi bien y voir la traduction d'une conception élargie de la légitime défense du droit international coutumier, ou la simple expression de son instrumentalisation aux fins (plus larges) du maintien et du rétablissement de la paix (v. not. les résolutions 1368 [2001] et 1371 [2001], adoptées à la suite des attentats du 11 sept. 2001 contre le *World Trade Center* à New York, dans lesquelles le Conseil de sécurité « reconnaît » et « réaffirme » le droit naturel de légitime défense à l'égard non pas d'actes d'agression étatiques, mais d'attaques terroristes, et alors même que ces attaques ont cessé).

Quant aux modalités d'exercice de la légitime défense, elles ne sont pas définies de manière complète par l'article 51 de la Charte et doivent être précisées par des normes coutumières.

« Ayant reconnu elle-même l'existence de ce droit, la Charte n'en réglemente pas directement la substance sous tous ses aspects. Par exemple, elle ne comporte pas la règle spécifique — pourtant bien établie en droit international coutumier — selon laquelle la légitime défense ne justifierait que des mesures proportionnées à l'agression armée subie, et nécessaires pour y mettre fin » (affaire *Nicaragua*, *Rec.*1986, p. 94, v. aussi, p. 122 ; conditions reprises avec insistance *in* CIJ, *Plates-formes pétrolières [Iran c. États-Unis]*, arrêt du 6 nov. 2003, *Rec.*, p. 183, par. 43, p. 196, par. 74 et p. 198, par. 76).

567. Exercice de la légitime défense collective. — L'article 51 n'indique pas à quelles conditions le droit de légitime défense peut s'exercer de façon collective.

L'origine de cette formule se trouve dans la pratique interaméricaine (Acte de Chapultepec du 5 mars 1945). Elle a connu une fortune considérable, sur une base multilatérale, dans tous les continents, et même dans des accords bilatéraux, dans le contexte de la guerre froide :

Traité interaméricain d'assistance mutuelle de Rio du 2 septembre 1947 ; Traité de Washington du 4 avril 1949 dit de l'Atlantique Nord ; Convention sur la défense commune et la coopération des États de la Ligue arabe du 13 avril 1950 ; Traité de défense mutuelle entre les États-Unis et les Philippines du 30 août 1951 ; Traité tripartite de sécurité dit ANZUS du 1er septembre 1951 ; Traité de défense collective pour l'Asie du Sud-Est dit OTASE, du 8 septembre 1954 ; Traité de Varsovie du 14 mai 1955 ; Traité de coopération et de sécurité mutuelle entre les États-Unis et le Japon du 22 juin 1970 ; traités bilatéraux « d'amitié » entre États du Pacte de Varsovie ; Traité de Basse-terre du 18 juin 1981, portant création de l'Organisation des États des Caraïbes orientales ; Charte de la Communauté des États indépendants (Traité de Minsk du 22 janvier 1993).

À quelles conditions doit répondre un accord de légitime défense collective pour correspondre aux prévisions de l'article 51 de la Charte ? La question a fait parfois l'objet de controverse, en particulier de la part de l'URSS à l'égard de l'Alliance atlantique. Il doit s'agir d'un accord librement consenti, par lequel les parties s'engagent à considérer qu'une agression dirigée contre l'une d'entre elles est une agression *dirigée contre une autre ou toutes les autres parties.*

Ces deux conditions sont nécessaires et suffisantes. Ainsi pourra-t-on douter qu'une alliance « forcée », imposée par une grande puissance à l'un des membres de son bloc, corresponde à la définition. En revanche, il n'est pas exigé que les dispositions de l'accord comportent un engagement d'assistance militaire automatique au sein de l'alliance : c'est d'ailleurs l'exception plus que la règle dans les accords multilatéraux.

Le souci des Nations Unies d'interdire des ingérences armées dans les affaires intérieures des États a conduit l'Assemblée générale à dénoncer en termes très généraux les politiques d'alliance militaire (Déclaration sur l'inadmissibilité de l'intervention, annexée à la résolution 36/103 du 9 décembre 1981) ; cette prise de position a été jugée contraire à l'article 51 de la Charte par plusieurs États dont la France.

L'existence d'un tel accord autorise tout État partie, et non pas seulement la première victime de l'agression armée, à invoquer la légitime défense collective pour entrer dans le conflit armé ; au titre de l'article 51, chaque État exerce son droit propre, mais il le fait sur demande de l'État victime (v. *infra*).

Il n'est pas nécessaire que l'accord sur lequel se fondent les États soit antérieur au déclenchement de l'agression. On admet qu'une *intervention sollicitée*, par un État victime d'une agression armée, seulement au moment de l'agression reste soumise au droit de la légitime défense collective.

Dans ce cas, il n'y a plus guère de différence avec les accords classiques d'assistance militaire, ce qui traduit *a contrario* l'étroite interdépendance entre légitime défense et sécurité collective. Moins celle-ci est assurée, plus la pratique internationale retrouve les formules de sécurité traditionnelles, en particulier l'appel à l'aide émanant du gouvernement légal.

Les exemples *d'interventions consenties* ou *sollicitées*, fondées sur des accords antérieurs ou sur des demandes d'assistance de dernière heure, sont très nombreux : interventions des États-Unis en Grèce en 1947 et au Liban en 1958, en application des doctrines « Truman » et « Eisenhower » ; interventions de l'URSS en Hongrie en 1956 et en Tchécoslovaquie en 1968, en application officiellement du Pacte de Varsovie ; intervention des États-Unis au Viet Nam à partir de 1967, sur la base du traité de l'OTASE ; intervention marocaine au Zaïre en 1978, interventions françaises au Zaïre (Shaba) en 1978 et au Tchad à plusieurs reprises, de la Russie dans certains États de la CEI (Géorgie, Tadjikistan, dans le rôle inédit de « facilitateur » d'un règlement politique), du Zimbabwe en République démocratique du Congo en 1998, etc.

Toutes ces interventions ne sont pas exclusivement fondées sur le principe de légitime défense : certaines ont été aussi justifiées par le souci de protéger des ressortissants nationaux à l'étranger. Mais, dans la mesure où *l'intervention d'humanité* est souvent mal accueillie de nos jours (v. *infra*, n° 570), il paraît opportun de s'appuyer sur un principe plus compatible avec la souveraineté et d'invoquer la légitime défense collective.

Dans la perspective de la légitime défense, la régularité de telles interventions est soumise à deux conditions : que ce soit bien l'autorité gouvernementale légitime qui fasse appel à une assistance extérieure ; qu'il y ait bien agression armée et non lutte de factions internes. Ne pas respecter la première condition est s'exposer à une violation du droit des peuples à disposer d'eux-mêmes. Ne pas respecter la seconde est commettre une violation de l'article 51 de la Charte. Dans les deux cas, l'État intervenant s'expose à l'accusation d'ingérence dans les affaires intérieures d'un autre État (affaires précitées de Hongrie et de Tchécoslovaquie, interventions soviétiques en Éthiopie après 1978 et en Afghanistan en 1979, des États-Unis au Salvador, en liaison avec la tension avec le Nicaragua en 1981, et à la Grenade en 1983 ; intervention française au Rwanda en 1996, celle d'États africains en République démocratique du Congo en 1998). On s'étonnera d'autant plus du silence, ou plutôt de l'acceptation tacite, de la communauté internationale face à l'intervention militaire de la « force indienne de maintien de la paix » (IPKF) dans la guerre civile sri lankaise, sur la base de l'accord du 29 juillet 1987 (A. Lewin, *AFDI* 1987, p. 95-105), et plus encore peut-être de « l'ingérence humanitaire » des puissances occidentales en 1991 lors de la répression par les autorités irakiennes de la rébellion kurde.

Dans son arrêt du 27 juin 1986 (préc.), la CIJ a tout particulièrement insisté sur la double exigence d'une déclaration par laquelle l'État victime se proclame agressé et d'une demande d'assistance : « Il est clair que c'est l'État victime d'une agression armée qui doit en faire la constatation. Il n'existe, en droit international coutumier, aucune règle qui permettrait à un autre État d'user du droit de légitime défense collective contre le prétendu agresseur en s'en remettant à sa propre appréciation de la situation » (*Rec.* p. 104 ; v. aussi p. 105 et 120).

La mise en œuvre du droit de légitime défense collective répond aux mêmes conditions que celle de la légitime défense individuelle.

Ces conditions ont été vérifiées dans « l'affaire du Golfe » (1990-1991). C'est à la demande du Koweït envahi par l'Irak, en août 1990, qu'un groupe d'États prend les premières initiatives diplomatiques, économiques et militaires en vue de rétablir l'autorité légitime sur ce territoire. Par sa résolution 661 (1990), le Conseil de sécurité constate — en vertu des articles 39 et 40 de la Charte — la rupture de la paix par l'Irak et avalise la démarche initiale des alliés du Koweït. C'est également en s'appuyant sur les conditions fixées par le Conseil de sécurité que la coalition anti-irakienne entreprendra la dernière étape de cet exercice de légitime défense, la récupération par la force militaire du territoire koweïtien.

Cependant, si elle est fondée sur un pacte régional, il faut tenir également compte des dispositions de l'article 54 de la Charte qui précisent et renforcent les compétences du Conseil de sécurité (v. *infra*, n° 591).

568. Action pour le maintien de la paix. — Sont évidemment compatibles avec la Charte les emplois de la force décidés par les organes compétents de l'ONU dans les limites des fonctions et des pouvoirs qui leur sont attribués en vue du maintien de la paix.

Les organes des Nations Unies étant autorisés par la Charte à déléguer leurs pouvoirs coercitifs ou à les décentraliser, les bénéficiaires peuvent également faire usage de la force, dans les mêmes limites (v. *infra*, n° 590).

Selon l'article 53 de la Charte, les organismes régionaux de sécurité peuvent entreprendre des actions coercitives, soit parce qu'ils en sont chargés par le Conseil de sécurité, soit parce qu'ils y ont été autorisés par lui (v. *infra*, n° 591).

Certains États membres peuvent être désignés par le Conseil de sécurité pour mettre en œuvre ses décisions en matière de maintien de la paix, en faisant usage si besoin est de la force armée (article 48 de la Charte). Au même titre que les organes des Nations Unies entreprenant une action préventive ou coercitive, ces États doivent bénéficier de l'assistance des autres États membres (article 2, § 5, et 49). Ces règles n'ont qu'une application limitée, les meilleures illustrations restant fournies par l'affaire de Corée (1950-1953), la réplique à l'annexion du Koweït par l'Irak (résol. CS 670 (1990) en particulier) et la gestion de la fin de la domination indonésienne sur le Timor oriental (1999-2000).

Les États membres sont juridiquement obligés d'apporter leur concours aux décisions du Conseil de sécurité, comme pour toute autre forme de sanction collective (v. *supra*, n° 516). En théorie, ils ne pourraient faire valoir leur neutralité dans un conflit pour échapper à cette obligation. La participation d'États perpétuellement neutres à l'ONU est fondée sur la conviction qu'il n'existe pas de véritable contradiction entre les deux principes (v. *infra*, n° 584).

569. Action contre les États ex-ennemis. — Les auteurs de la Charte ont cru devoir prendre des précautions particulières à l'encontre des adversaires des Nations Unies au cours de la seconde guerre mondiale. Ceci s'explique aisément dans le contexte de la Conférence de San Francisco. On peut aujourd'hui estimer que les dispositions en cause (articles 53 et surtout 107) sont caduques, en raison du changement de circonstances.

B. — Recours à la force en dehors des hypothèses prévues par la Charte

BIBLIOGRAPHIE. — N. POLITIS, « Les représailles entre États membres de la SdN », *RGDIP* 1924, p. 5-166 et *Ann. IDI* 1934, vol. 38, p. 1-16. — R.-P. DE LA BRIÈRE, « Évolution de la doctrine et de la pratique en matière de représailles », *RCADI* 1928-II, vol. 22, p. 241-294. — P.-B. POTTET, « L'intervention en droit international moderne », *RCADI* 1930-II, vol. 32, p. 611-689. — E. C. STOWELL, « La théorie et la pratique de l'intervention », *RCADI* 1932-II, vol. 40, p. 91-151. — J. B. WHITTON, « La doctrine de Monroe », *RGDIP* 1933, p. 5-44, 140-180 et 273-325. — G. SCELLE, « La guerre civile espagnole et le droit des gens », *RGDIP* 1938, p. 265-301 et 649-657 et 1939, p. 197-227. — T. KOMARNICKI, « L'intervention en droit international moderne », *RGDIP* 1956, p. 521-568. — L. FOCSANEANU, « La doctrine Eisenhower pour le Proche-Orient », *AFDI* 1958, p. 33-111. — J.-C. VENEZIA, « La notion de représailles en droit international public », *RGDIP* 1960, p. 465-498. — J. E. S. FAWCETT, « Intervention in International Law », *RCADI* 1961-II, vol. 103, p. 347-423. — M. AKEHURST, « Reprisals by Third States », *BYbIL* 1970, p. 1-18. — F. KALSHOVEN, *Belligerent Reprisals,* Sijthoff, Leyde, 1971, XIX-389 p. (nouvelle édition, 2005, XXVI-390 p.) ; « Belligerent Reprisals Revisited », *NYBIL* 1990, p. 43-80. — S. M. SCHWEBEL, « Agression, Intervention and Self-Defense in Modern International Law », *RCADI* 1972-II, vol. 136, p. 411-498. — R. W. TUCKER, « Reprisals and Self Defence, The customary Law », *AJIL* 1972, p. 581-596. — D. W. BOWETT, « Reprisals Involving Recourse to Armed Force », *AJIL* 1972, p. 1-36. — R. B. LILLICH, *Humanitarian Intervention and the UN*, UP of Viriginia, 1973, 240 p. — D. SCHINDLER, « Le principe de non-intervention dans les guerres civiles », *Ann. IDI* 1973, p. 416-510 et 1975, p. 119-130. — M. BENNOUNA, *Le consentement à l'ingérence militaire dans les conflits internes*, LGDJ, 1974, 236 p. — N. A. OUCHAKOV, « La compétence interne des États et la non-intervention dans le droit international contemporain », *RCADI* 1974-I, vol. 141, p. 1-86. — T. J. FARER, « The Regulation of Foreign Intervention in Civil Armed Conflicts », *RCADI* 1974-II, vol. 142, p. 291-406. — S. E. NAHLIK, « Le problème des représailles à la lumière des travaux de la conférence diplomatique sur le droit humanitaire », *RGDIP* 1978, p. 130-169. — A. GRAHL-MADSEN, « Decolonization : The Modern Version of a « Just War » », *BYbIL* 1979, p. 255-273. — T. SCHWEISFURTH, « Operations to Rescue Nationals in Third States Involving the Use of Force in relation to the Protection of Human Rights », *GYbIL* 1980, p. 159-180. — H. A. WILSON, *International Law and the Use of Force by National Liberation Movements,* Clarendon Press, Oxford, 1988, XI-209 p. — J. GAIL GARDAM, « Proportionality and Force in International Law », *AJIL* 1993, p. 391-413. — S. D. MURPHY, *Humanitarian Intervention : The UN in an Evolving World*, University of Pennsylvania Press, 1996, XVIII-418 p. — N. KRISCH, « Unilateral Enforcement of the Collective Will : Kosovo, Iraq, and the Security Council », *Max Planck YUNL*, vol. 3, 1999, p. 59-103. — A. CASSESE (A.), « *Ex iniuria ius oritur :* Are We Moving towards International Legitimation of Forcible Humanitarian Countermeasures in the World Community ? », *EJIL* 1999, p. 23-30 ; « A Follow-Up : Forcible Humanitarian Countermeasures and *Opinio Necessitatis* », *ibid.*, p. 791-799. — N. J. WHEELER, *Saving Strangers : Humanitarian Intervention in International Society,* Oxford UP, 2001, XV-348 p. — B. KIOKO, « The Right of Intervention under the African Union's Constitutive Act », *RICR* 2003, p. 807-825. — J.L. HOLZGREFE, R. O. KEOHANE ed., *Humanitarian Intervention. Ethical, Legal and Political Dilemmas*, Cambridge UP, 2003, 362 p. — O. CORTEN, *Le retour des guerres préventives. Le droit international menacé*, Labor, Bruxelles, 2003, 96 p. — A. ORFORD, *Reading Humanitarian Intervention : Human Rights and the Use of Force,* Cambridge

UP, 2003, IX-235 p. — T. CHRISTAKIS et K. BANNELIER, « *Violenti non fit injuria ?* Les effets du consentement à l'intervention militaire », *AFDI* 2004, p. 102-137. — V. S. MANI, « 'Humanitarian'Intervention Today », *RCADI* 2005, vol. 313, p. 9-324. — J. M. WELSH, *Humanitarian Intervention and International Relations*, OUP, 2006, 240 p. — R. GOODMAN, « Humanitarian Intervention and Pretexts for War », *AJIL* 2006, p. 107-141. — N. BERMAN, « Intervention in a 'Divided World' : Axes of Legitimacy », *EJIL* 2006, p. 769-800. — T. NARDIM et M. WILLIAMS eds., *Humanitarian Intervention*, NYU Press, 2006, XII-298 p. — G. MOLIER, « Humanitarian Intervention and Responsibility to Protect after 9/11 », *NILR* 2006, p. 37-62. — O. CORTEN, « La licéité douteuse de l'action militaire de l'Éthiopie en Somalie et ses implications sur l'argument de l'"intervention consentie" », *RGDIP* 2007, p. 513-537.

Voir aussi *supra*, la bibliographie sous le n° 288, ainsi qu'*infra*, la bibliographie sur le n° 572.

570. Intervention et représailles armées. — Dans les relations interétatiques, l'intervention est le fait d'un État qui cherche à pénétrer dans la sphère de compétence exclusivement réservée à un autre État, soit pour l'aider à régler ses affaires propres, soit pour les régler à sa place ou l'obliger à les régler conformément à ses vœux (v. *supra*, n° 284) ; quant à elles, les représailles constituent une réponse à un acte illicite (v. *infra*, n° 572). Dans la mesure où elles se manifestent par un recours à la force armée, elles se heurtent au principe fondamental du droit international contemporain de l'interdiction du recours à la force armée dans les relations internationales et sont prohibées.

1° *Délimitation*

a) Notion d'intervention armée. L'intervention peut être individuelle ou collective, sous les auspices d'une organisation internationale ou dans un cadre purement interétatique, armée ou non. On n'envisagera ici que les interventions armées qui ne se rattachent pas à la légitime défense collective (v. *supra*, n° 567). Il s'agit, pour l'essentiel, des interventions unilatérales dans les guerres civiles, des interventions pour protéger un droit et des interventions visant à assurer la sauvegarde des particuliers (« interventions d'humanité »).

Il n'existe pas de définition généralement admise du degré minimum de pression ou d'action qui doit être exercée pour que l'on puisse parler d'intervention armée. Incontestablement, la notion d'intervention couvre toute « ingérence » — consentie, sollicitée ou imposée — consistant en une action de caractère militaire. La question est plus discutée lorsqu'il s'agit de pressions politiques et économiques : elles constitueront une intervention dans la mesure où on pourra les assimiler à des usages de la force (sur les ambiguïtés de la notion de recours à la force, v. *supra*, n° 565).

Dans son arrêt du 27 juin 1986, la CIJ a cependant fourni d'importantes précisions sur le seuil de ce que l'on peut considérer comme une intervention armée :

« Cet élément de contrainte, constitutif de l'intervention prohibée et formant son essence même, est particulièrement évident dans le cas d'une intervention utilisant la force, soit sous la forme directe d'une action militaire soit sous celle, indirecte, du soutien à des activités armées subversives ou terroristes à l'intérieur d'un autre État » (*Rec.*, p. 108).

Par ses résolutions 660, 661, 662 et 664 (1990), le Conseil de sécurité a estimé que les agissements de l'Irak contre le Koweït répondaient aux critères de l'intervention militaire.

b) Notion de représailles armées. Les représailles armées sont des actes de contrainte militaire contraires au droit international mis en œuvre pour répondre à un comportement d'un autre État lui-même contraire au droit international.

Manifestation traditionnelle de l'autoprotection, les représailles armées restent une pratique fréquente dans les relations internationales.

La politique de « la canonnière » a été longtemps à l'honneur, parfois sous la qualification plus anodine de « blocus pacifique ». En 1902, une escadre anglo-italo-allemande a capturé des navires de guerre vénézuéliens et bombardé un port pour obtenir réparation des torts causés à des ressortissants des trois États. En 1914, le port de Vera Cruz a été bombardé et occupé pendant plusieurs mois par des forces américaines en vue de contraindre le gouvernement mexicain à réparer certaines offenses. Ces mesures n'équivalaient pas à de véritables actes de guerre et pouvaient donc être rangées dans la catégorie des représailles.

On peut en rapprocher, à une époque plus récente, des actions telles que destructions d'aéronefs civils à l'étranger (raid israélien sur l'aéroport de Beyrouth, en décembre 1978), bombardements (par les États-Unis sur le Vietnam Nord en 1964, en réplique à des attaques de navires américains dans le golfe du Tonkin) et blocus pacifique (« quarantaine » établie par les États-Unis autour de Cuba, lors de l'« affaire des fusées » en octobre-novembre 1962) ; incursions militaires contre des bases de mouvements de résistance ou de rebelles situées dans un pays tiers (Afrique du Sud en Angola et au Mozambique entre 1978 et 1982 ; intervention israélienne au Liban en 1982 et raid sur le quartier général palestinien en Tunisie en 1985) ; bombardements américains au Soudan et en Afghanistan en 1998, en représailles à des attentats terroristes contre des ambassades américaines en Somalie et au Kenya.

2° *Illicéité de principe des représailles armées*

Sous l'empire du Pacte de la SdN, la licéité des mesures de représailles armées — indiscutable en droit « classique » — a pu être discutée. Le Pacte lui-même ne prenait pas position sur ce point et se bornait à condamner la guerre *stricto sensu* (v. *supra*, n° 562). Une interprétation stricte de la lettre du Pacte autorisait à soutenir la thèse de la licéité des représailles. Bien que le précédent ait été ambigu, il semble que c'est cette thèse qui l'a encore emporté lors de l'affaire *Tellini* en 1924.

Le général italien Tellini, président de la commission de délimitation des frontières albanaises, avait été assassiné en Grèce en 1924. Par représailles, l'Italie avait occupé militairement Corfou. Une commission de juristes a été chargée par le Conseil de la SdN de répondre à la question suivante :

« Les mesures de coercition qui ne sont pas destinées à constituer des actes de guerre sont-elles conciliables avec les articles 12 à 15 du Pacte quand elles sont prises par un membre de la SdN contre un autre membre de la Société, sans recours préalable à la procédure prévue par ces articles ? ».

Malgré des termes peu clairs, l'opinion de la commission paraît avoir été l'exclusion des représailles du champ d'application du Pacte.

Une réponse différente s'impose aujourd'hui. Dès lors qu'il y a usage de la force armée, le recours aux représailles tombe sous le coup de la prohibition de tout recours à la force énoncée par la Charte (article 2, § 4). L'illicéité des représailles armées en découle, mais dans les mêmes limites et avec les mêmes incertitudes que dans l'hypothèse générale du recours à la force armée (v. *supra*, n°s 565 et s.).

La position des organes des Nations Unies est très claire, à cet égard, qu'il s'agisse de représailles contre des mouvements de libération nationale ou contre des États.

Voir, outre toutes celles relatives aux incursions armées de l'Afrique du Sud en Angola et en Zambie depuis 1978, les résolutions du Conseil de sécurité 487 du 19 juin 1981 (attaque par Israël d'installations nucléaires irakiennes) ou 527 du 15 décembre 1982 (agression armée de l'Afrique du Sud contre le Lesotho).

Dans son ordonnance du 10 mai 1984 et son arrêt du 27 juin 1986, la CIJ a clairement condamné également les atteintes au libre accès aux ports du Nicaragua favorisées par les États-Unis (*Rec.* 1984, p. 187 et arrêt de 1986, § 6 du dispositif, *Rec.*, p. 147). Par ailleurs, dans cette seconde décision, la Cour a considéré qu'il n'existait aucune justification à un acte de riposte armée et, en particulier, aucun « droit qui jouerait pour l'intervention le rôle que le droit de légitime défense collective joue à l'égard de l'agression armée » (*Rec.* 1986, p. 110-111).

Il reste que certaines opérations dites de représailles, qui ont pourtant le caractère d'hostilités armées, n'ont fait l'objet d'aucune condamnation des Nations Unies, malgré les protestations de plusieurs États (incursion chinoise au Vietnam et de la Tanzanie en Ouganda en 1978, par exemple) ; ces précédents s'expliquent par des raisons procédurales et politiques, qui interdisaient de porter de tels incidents devant les organes des Nations Unies.

De ce fait, le régime juridique des représailles armées — dont la réglementation initiale avait fixé le régime traditionnel des représailles (v. *infra*, n° 574) — ne peut plus correspondre au *régime* des représailles non armées.

Il n'est cependant pas exclu, en matière de responsabilité, que le principe de proportionnalité entre les actions coercitives et la menace combattue grâce aux représailles puisse avoir une certaine incidence sur la nature et le montant de la réparation.

Il faut pourtant relever que dans l'affaire du *Personnel diplomatique des États-Unis à Téhéran,* la CIJ a explicitement refusé de tenir compte de la tentative de récupération forcée des États-Unis pour apprécier le comportement de l'Iran (*Rec.* 1980, p. 43-44).

3° *Cas controversés de licéité de certaines interventions et représailles armées*

Comme on vient de le voir, les représailles armées sont illicites sauf si les conditions de la légitime défense sont réunies (v. *supra*, n°s 566 et s.). *A priori*, il en va de même s'agissant des interventions armées, d'autant plus qu'il ne s'agit plus alors de répondre à un acte lui-même illicite. Ne peut-il en aller différemment, par exception, dans l'hypothèse où un État intervient soit pour défendre les droits fondamentaux des individus (« intervention d'humanité »), soit à la demande du gouvernement de l'État d'accueil lui-même (« intervention sollicitée ») ?

a) La question de la licéité des *interventions armées unilatérales des États pour la défense d'un droit* est délicate.

En pratique, le débat serait plus serein s'il n'était pas fait un usage aussi fréquent de l'argument de la défense du droit pour justifier des interventions armées proches de l'agression caractérisée.

Les précédents sont, en effet, nombreux et diversifiés. Dans certaines circonstances, les États prétendent agir dans un intérêt collectif, qui va au-delà de la seule protection de leurs ressortissants : ainsi, au XIXe siècle, l'intervention d'humanité des puissances européennes en faveur des *chrétiens persécutés* de l'Empire ottoman, au nom de la protection des droits de l'homme et aujourd'hui de la politique d'ingérence humanitaire en faveur de minorités opprimées (Irak, 1991 ; v. E. Spiry, « Interventions humanitaires et interventions d'humanité : la pratique française face au droit international », *RGDIP* 1998, p. 407-434 ; Kosovo, 1999 :

v. *infra*, nº 590, 5°). Sur le « devoir d'ingérence » et la « responsabilité de protéger », v. *supra*, nº 288.

Les dangers d'un unilatéralisme trop marqué dans l'appréciation de l'atteinte portée au droit international ont été clairement illustrés par l'intervention des États-Unis et du Royaume-Uni au printemps 2003 (opération *Iraqi Freedom*) lorsque ces derniers ont prétendu pouvoir se fonder sur leur seule appréciation de la violation par l'Irak des résolutions pertinentes du Conseil de sécurité en matière de désarmement (en particulier la résolution 1441 [2002]) pour envahir cet État et destituer son Président, Saddam Hussein. Non seulement le Conseil de sécurité n'avait aucunement habilité expressément (en raison notamment d'une menace de veto français) ce qui paraît constituer une agression armée, mais au surplus, les motifs avancés pour justifier ce recours unilatéral à la force (l'Irak aurait été sur le point de faire usage d'armes de destruction massive qui seraient restées en sa possession malgré l'opération de désarmement mené par les Nations Unies) se sont révélés faux par la suite. Si cette intervention a fait l'objet de très fortes réprobations au plan international, ses effets ont néanmoins été indirectement avalisés par le Conseil de sécurité après le conflit, puisque celui-ci a confié aux forces de la Coalition la mission d'administrer le territoire irakien, dans l'attente de l'institution d'un gouvernement stable et démocratique (v. *supra*, nº 314 *in fine*). Cette attitude du Conseil de sécurité, qui rappelle, même si les contextes étaient différents, la démarche suivie en 1999 à la suite de l'intervention armée de l'OTAN au Kosovo (v. la résolution 1244 [1999]) s'explique par la nécessité qu'il y avait, aux fins du maintien de la paix dans la région, d'aider le peuple irakien à se doter d'un nouveau gouvernement légitime, quelle que soit l'appréciation juridique que l'on pouvait porter sur la licéité de l'intervention initiale américano-britannique. L'atteinte portée au principe cardinal du non-recours à la force et à l'autorité du Conseil de sécurité qui a été contourné n'en est pas moins problématique. L'ampleur des réactions qu'elle a suscitées, y compris de la part de certains alliés traditionnels des États-Unis et du Royaume-Uni, montre toutefois que cette action armée n'est pas susceptible de créer un précédent (v. d'ailleurs la Déclaration de l'IDI de Bruges sur le recours à la force adoptée quelques mois plus tard, le 2 septembre 2003, qui rappelle que la légitimité de la lutte contre le terrorisme ne doit pas remettre en cause l'interdiction des représailles armées). V. « Études : l'intervention militaire en Irak (mars-avril 2003) et le droit international », *AFDI* 2003, p. 1-31 ; O. Corten, « Opération *Iraqi Freedom* : peut-on admettre l'argument de l'« autorisation implicite » du Conseil de sécurité ? », *RBDI* 2003, p. 205-247 ; F. Nguyen-Rouault, « L'intervention armée en Irak et son occupation au regard du droit international », *RGDIP* 2003, p. 835-864 ; Agora *in AJIL* 2003, p. 553-642 ; K. Bannelier e.a. eds., *L'intervention en Irak et le droit international*. Pedone, 2004, 378 p. ; J. Brunnee et S. T. Toope, « The Use of Force : International Law after Iraq », *ICLQ* 2004, p. 785-806 ; R. Kherad dir., *Les implications de la guerre en Irak*, Pedone, 2005, 248 p. Sur la position juridique de la Russie à l'égard de cette intervention, v. *ICLQ* 2003, p. 1059-1063.

Si l'on excepte le cas irakien, les États justifient plus volontiers de nos jours leurs interventions humanitaires par le souci plus strict de la protection des ressortissants nationaux et des biens de l'État intervenant. C'est l'hypothèse traditionnelle de *l'autoprotection* (*self-help* dans la terminologie anglo-saxonne). L'État intervenant invoque ici sa propre souveraineté : en l'espèce, il cherche à assurer le respect de son droit de protéger ses ressortissants à l'étranger (v. *supra*, nº 326).

Ainsi de la Belgique, aidée par les États-Unis et le Royaume-Uni, en 1964, procédant à une intervention militaire lors d'une insurrection au Congo ; des États-Unis, qui invoquent cette justification au début de leurs opérations à Saint-Domingue, en 1965, ou à Grenade, en 1983, et prétendent limiter ainsi la portée initiale de leur intervention ; du raid israélien du 4 juillet 1976 sur l'aéroport d'Entebbe (Ouganda), pour délivrer les victimes d'un détournement d'avion ; de la France, lors de l'expédition au Zaïre (Shaba), en 1978 ; des États-Unis, de nouveau, en 1980, pour tenter de libérer leurs diplomates en Iran, et en 1990 au début de la guerre civile au Liberia.

Outre ces interventions dites *d'humanité*, certaines interventions ne peuvent se justifier que par la protection de certains biens ou de certains principes conventionnels ou coutumiers : en 1956, la France et le Royaume-Uni ont affirmé que leur intervention militaire à Suez avait pour objectif de sauvegarder l'intégrité du principe de la liberté de navigation dans le canal, gravement menacé par la guerre israélo-égyptienne.

On soutient souvent que cette intervention est tolérable aussi longtemps que la société internationale restera une société insuffisamment intégrée et que les organes des Nations Unies ne seront habilités à agir qu'en matière de sécurité internationale. *A priori,* une action pour assurer le respect du droit ne serait pas illicite au regard de la Charte.

Il est vrai qu'aucun État n'a expressément renoncé à invoquer l'« autoprotection » et que les débats aux Nations Unies ont souvent marqué une hésitation certaine à condamner l'intervention d'humanité.

Lors de la discussion au Conseil de sécurité de l'intervention des États-Unis à *Saint-Domingue* (séance du 4 mai 1965), le représentant de la France s'était contenté d'exprimer le vœu que les interventions de ce genre soient « limitées dans leur objectif, leur durée et quant à l'ampleur des moyens mis en œuvre ». De même, dans l'affaire *d'Entebbe*, le Conseil de sécurité n'a pas été en mesure de prendre position, les considérations humanitaires étant « équilibrées » par la crainte des pays du Tiers Monde de consacrer un précédent dangereux pour leur souveraineté.

La CIJ, dans son arrêt du 24 mai 1980, s'est contentée d'exprimer le « souci » que lui inspirait l'incursion armée américaine en Iran, tout en reconnaissant comprendre leur sentiment de « frustration » face au non-respect des prises de position du Conseil de sécurité et de l'ordonnance de la Cour du 15 décembre 1979. La Cour a laissé entière la question de la licéité de cette intervention et a seulement relevé qu'un tel comportement était de nature à nuire au respect du règlement judiciaire dans les relations internationales (*Rec.* 1980, p. 44).

Il reste que la condamnation exprimée par la CIJ dans l'affaire du *Détroit de Corfou*, rappelée plus haut (v. *supra*, n° 284), est trop générale pour ne pas s'appliquer également à cette hypothèse. Cette défense de la souveraineté territoriale constitue le fondement de la protestation des États du Tiers Monde contre les pratiques d'intervention dans la défense d'un droit. D'autant que l'État intervenant ne peut pas toujours invoquer une violation initiale du droit international par l'État victime de l'intervention, mais uniquement son incapacité à respecter son devoir de vigilance dans la protection des ressortissants étrangers (v. *supra*, n° 333). Tirer argument de l'incapacité des organes des Nations Unies à résoudre les problèmes posés par des troubles internes, en vue de justifier des interventions unilatérales, n'est pas très convaincant : c'est considérer comme juridiquement acquise une diminution des compétences du Conseil de sécurité et une caducité de certaines dispositions de la Charte à la seule vue d'une carence de fait qui n'a pas cette portée.

Au stade actuel, la question ne paraît pas tranchée : l'intervention d'humanité ne bénéficie pas d'une habilitation expresse, mais sa condamnation ne fait pas non plus l'objet d'un consensus suffisant pour que se soit dégagée une *opinio juris* qui permettrait d'affirmer l'illicéité de cette forme d'intervention. Tout au plus peut-on, par un raisonnement *a contrario*, voir dans la résolution précitée 36/103 l'indice du refus de reconnaître dans la défense des droits de l'homme et des peuples une justification à des interventions extérieures contre l'État, sous réserve de la lutte contre une forme de racisme, l'apartheid. Dans le même esprit, sans condamner formellement l'intervention d'humanité, mais en évitant d'utiliser l'expression, la CIJ en a retenu une conception particulièrement restrictive dans son arrêt du 27 juin 1986 :

« Selon la Cour, pour ne pas avoir le caractère d'une intervention condamnable dans les affaires intérieures d'un autre État, non seulement l'« assistance humanitaire » doit se limiter aux fins consacrées par la pratique de la Croix-Rouge, à savoir « prévenir et alléger les souffrances de l'homme » et « protéger la vie et la santé (et) faire respecter la personne humaine » ; elle doit aussi, et surtout, être prodiguée sans discrimination à toute personne dans le besoin... » (*Rec* 1986, p. 125). Par ailleurs, la CIJ a précisé : « De toute manière, si les États-Unis peuvent certes porter leur propre appréciation sur la situation des droits de l'homme au Nicaragua, l'emploi de la force ne saurait être la méthode appropriée pour vérifier et assurer le respect de ces droits » (*ibid.*, p. 134).

Les conditions dans lesquelles la France, puis d'autres États, ont tenté d'introduire un « devoir d'ingérence humanitaire » en droit international (création de « zones de sécurité » au Kurdistan irakien en 1991, « couloirs humanitaires » en Yougoslavie en 1992, « zone humanitaire sûre » au Rwanda en 1994), ont relancé le débat dans un contexte toujours marqué par l'insistance des organes principaux de l'ONU sur le strict respect de la souveraineté (voir cependant une amorce d'évolution dans le souci nouveau de protection des minorités : v. *supra*, n° 288).

b) Une seconde hypothèse controversée d'intervention est celle de l'*intervention sollicitée*. En tant qu'intervention, il s'agit d'un acte manifestement incompatible avec la Charte des Nations Unies, qui reconnaît l'égalité souveraine des États, et une atteinte directe au principe de la plénitude et de l'exclusivité de la souveraineté territoriale (v. *supra*, n°s 308 et s.). Mais la sollicitation de l'État sur le territoire duquel a lieu l'intervention peut avoir dans certains cas l'effet de rendre licite la présence étrangère, à condition néanmoins que cette sollicitation ait été faite expressément et dans la seule mesure où l'habilitation ainsi donnée n'a pas été retirée ou n'a pas vu son terme, fixé au préalable, arrivé à échéance (v. CIJ, arrêt du 19 déc. 2005, *Activités armées sur le territoire du Congo (Congo c. Ouganda)*, par. 42 et s. et 92 et s.).

La question de la licéité d'une intervention armée d'un État dans un autre État, à la demande du gouvernement de ce dernier, illustre bien les difficultés rencontrées pour concilier les corollaires du principe de souveraineté.

En soi, la sollicitation est conforme au droit puisque chaque État est maître de ses alliances et titulaire exclusif des compétences exercées sur son territoire : rien ne lui interdit de faire appel à des tiers, aussi longtemps qu'il n'aliène pas son indépendance, sinon qu'il se prête ainsi à une ingérence des tiers dans ses affaires intérieures et implique peut-être des tiers dans une controverse sur l'exercice du droit d'autodétermination. Tout dépend donc du principe qu'il convient de privilégier selon les caractéristiques de la situation : l'intégrité territoriale de l'État qui sollicite l'intervention, celle-ci étant alors légitime, ou le principe du droit des peuples à disposer d'eux-mêmes, qui interdit, dans certains cas, aux tiers d'aider le souverain territorial à résister par la force à une tentative d'accession à l'indépendance ou de se débarrasser par la force des opposants au gouvernement en place (v. *infra*, n° 571).

S'il y a agression d'un État par un autre, l'agressé est en droit de faire appel à des États alliés en vertu de la légitime défense collective. De là, l'intérêt de l'argument utilisé en cas de guerre civile selon lequel une des factions bénéficie de l'appui armé d'un État étranger (ainsi de la thèse de l'URSS dans l'affaire afghane, 1979-1989).

Lorsque le gouvernement et, *a fortiori*, une faction politique fait appel à l'aide d'un État étranger pour l'emporter dans une guerre civile, l'intervention étrangère se heurte au droit des peuples à disposer d'eux-mêmes. Elle doit être tenue pour illicite en dehors des hypothèses de décolonisation. Non pas que le droit international consacre le droit à la sécession ou à la rébellion, mais parce que les autres États sont tenus par le principe de l'interdiction du recours à la force et celui de non-ingérence dans les affaires intérieures.

Dans l'affaire opposant le Nicaragua aux États-Unis, la CIJ a cependant semblé admettre la licéité d'une intervention sollicitée par le gouvernement en place ; elle a en revanche très fermement condamné toute intervention sollicitée par des opposants : « Le principe de non-intervention relève du droit international coutumier. Or, il perdrait assurément toute signification réelle comme principe de droit si l'intervention pouvait être justifiée par une simple demande d'assistance formulée par un groupe d'opposants dans un autre État (...). On voit mal en effet ce qui resterait du principe de non-intervention en droit international si l'intervention, qui peut déjà être justifiée par la demande d'un gouvernement, devait aussi être admise à la demande de l'opposition à celui-ci. Tout État serait ainsi en mesure d'intervenir à tout coup dans les affaires intérieures d'un autre État » (affaire relative aux *activités militaires et paramilitaires au Nicaragua et contre celui-ci*, arrêt du 27 juin 1986, *Rec.* p. 126).

Il faut distinguer de l'intervention sollicitée interétatique, l'hypothèse où les Nations Unies interviennent au titre d'une opération de maintien de la paix (v. *infra*, n°s 592 et s.) : en principe, les forces armées en cause s'interdisent toute ingérence dans les affaires intérieures et ne mettent pas en question le droit des peuples à disposer d'eux-mêmes ; dans les faits, la situation est parfois moins claire puisque, par leur seule présence, les forces des Nations Unies gèlent la situation politique sur le terrain (affaires du Congo, de Chypre, des Kurdes irakiens et de la Bosnie-Herzégovine, du Kosovo) ou ont pour mandat de faciliter un règlement politique entre les factions qui ne correspond pas nécessairement aux tactiques de ces dernières.

571. Le recours à la force armée dans le cadre de l'exercice du droit des peuples à disposer d'eux-mêmes. — Depuis le début de la décolonisation contemporaine, la question de savoir si le recours à la force dans ce contexte était licite de la part seulement des États colonisateurs, de la part seulement des peuples recherchant leur indépendance, ou de la part des uns et des autres ne pouvait recevoir une réponse juridique qu'une fois déterminé si ces conflits étaient internationaux par nature.

Une réponse positive à cette question autorise à trouver dans la Charte des Nations Unies des éléments de réponse au problème de la licéité du recours à la force.

La démarche normative des Nations Unies a procédé en deux étapes. Dans la première, en s'appuyant sur la légitimité du droit des peuples à disposer d'eux-mêmes et sur le statut distinct des territoires non autonomes et de celui du territoire métropolitain (v. *supra*, n°s 341 et s.), il a été reconnu que le recours à la force de la part des peuples coloniaux n'était pas illicite et s'inscrivait dans la catégorie des conflits armés internationaux ; ainsi a été écartée la thèse traditionnelle, qui assimilait ces conflits à de simples rébellions internes et tout appui armé extérieur à un acte illicite en tant qu'ingérence dans les affaires intérieures de l'État colonisateur.

La déclaration annexée à la résolution 2625 (XXV) de l'Assemblée générale des Nations Unies formule très explicitement les règles déduites de cette « neutralisation » de l'illicéité de la « rébellion coloniale » et de l'assistance militaire qui lui est apportée par des pays tiers : « Tout État a le devoir de s'abstenir de recourir à toute mesure de coercition qui priverait les peuples... de leur droit à disposer d'eux-mêmes, de leur liberté et de leur indépendance.

Lorsqu'ils réagissent et résistent à une telle mesure de coercition dans l'exercice de leur droit à disposer d'eux-mêmes, ces peuples sont en droit de chercher et de recevoir un appui conforme aux buts et principes de la Charte. »

Cette résurgence de la notion de guerre juste dans un cas particulier n'est pas sans conséquence sur la notion de légitime défense. Elle interdit à l'État colonisateur et à ceux qui lui accordent assistance d'invoquer l'article 51. À l'inverse, autorise-t-elle les États qui interviennent militairement au côté d'un mouvement de libération coloniale à faire jouer le droit de légitime défense ? Cette thèse n'a été accueillie ni dans la Déclaration sur les relations amicales (1970), ni dans la définition de l'agression (1974) et semble aujourd'hui abandonnée par les États du Tiers Monde (v. cependant *supra*, n° 343). Outre ses dangers propres — favoriser par l'applicabilité de l'article 51 de la Charte une aggravation des conflits armés —, une telle solution se heurte parfois à un obstacle pratique, l'incertitude sur l'autorité habilitée, au nom du peuple colonisé, à formuler l'appel à un appui extérieur. La majorité à l'Assemblée générale des Nations Unies s'estime qualifiée pour déterminer cette autorité légitime, sans recours à l'article 51 et sur la seule base du droit des peuples coloniaux à disposer d'eux-mêmes.

Une réponse conventionnelle consacrant la pratique des Nations Unies n'a été donnée que tardivement, par l'article 1er, § 4, du Protocole additionnel I de Genève, du 8 juin 1977.

Selon cette disposition sont assimilés aux conflits armés internationaux « les conflits armés dans lesquels les peuples luttent contre la domination coloniale et l'occupation étrangère et contre les régimes racistes dans l'exercice du droit des peuples à disposer d'eux-mêmes... ».

Dans une seconde phase, en insistant sur l'illicéité du recours à la force de la part de l'État colonisateur, les Nations Unies en ont déduit que tout appui à cet État par des États tiers serait une assistance à l'agression : dès lors, cette assistance serait contraire aux buts de la Charte et donc un acte illicite.

Les États qui persistaient à apporter une assistance militaire aux puissances métropolitaines ont été invités de manière de plus en plus pressante par l'Assemblée générale et le Conseil de sécurité des Nations Unies à s'en abstenir : condamnation du mercenariat (résol. 2465 [XXIII] du 20 décembre 1968 de l'Assemblée), refus de l'assistance militaire (résol. 312 [1972] du Conseil à propos des territoires africains sous administration portugaise et résolutions itératives de l'Assemblée sur l'application de la Déclaration sur l'octroi de l'indépendance aux pays et aux peuples coloniaux, dirigées contre le Portugal et l'Afrique du Sud).

Section 2

Recours à des mesures de contrainte non militaires

BIBLIOGRAPHIE. — A. RAPISARDI-MIRABELI, « La rétorsion », *RDILC* 1914, p. 223-224. — Ch. ROUSSEAU, « Le boycottage dans les rapports internationaux », *RGDIP* 1958, p. 5-25. — L. DUBOUIS, « L'embargo dans la pratique contemporaine », *AFDI* 1967, p. 99. — L. LUCCHINI, « Le boycottage », *in* SFDI, colloque d'Orléans, *Aspects du droit international économique,* Pedone, 1972, p. 67-101. — « International Trade Embargoes and Boycotts », *Columbia JTL*, 1981, n° 3 (n° spécial). — Ch. LEBEN, « Les contre-mesures interétatiques et les réactions à l'illicite dans la société internationale », *AFDI* 1982, p. 9-77. — J.-L. DEWOST, « La Communauté, les Dix et les « sanctions » économiques : de la crise iranienne à la crise des Malouines », *ibid.*,

p. 215-232. — D. ALLAND, « La légitime défense et les contre-mesures dans la codification du droit international », *JDI* 1983, p. 728-762. — M. S. DAOUDI et M. S. DAJAVI, *Economic Sanctions*, Routledge et Kegan Paul, Londres, 1983, 263 p. — P.-M. DUPUY, « Observations sur la pratique récente des "sanctions" de l'illicite », *RGDIP* 1983, p. 505-548. — E. ZOLLER, « Quelques réflexions sur les contre-mesures en droit international public », *Mél. Colliard*, 1984, p. 361-381 et *Peace-time Unilateral Remedies : an Analysis of Countermeasures,* Transnational Publishers, Dobbs Ferry, 1984, XIII-196 p. — Colloque de Bruxelles sur les moyens de pression économiques et le droit international (1984), *RBDI* 1984-1985, n° 1. — Société belge de DI, *Les moyens de pression économiques et le droit international*, Bruylant-Éd. Univ. Bruxelles, 1985, 245 p. — C. HUFBAUER *et a., Economic Sanctions Reconsidered,* Institute for International Economics, Washington DC, 1990, 2 vol., XXIII-298 et XVI-636 p. — L. A. SICILIANOS, *Les réactions décentralisées à l'illicite — des contre-mesures à la légitime défense,* LGDJ, 1990, 532 p. ; « The Relationship between Reprisals and Denunciation or Suspension of a Treaty », *JEDI* 1993, p. 341-359 ; « La codification des contre-mesures par la Commission du droit international », *RBDI* 2005, p. 447-500. — L. BOISSON DE CHAZOURNES, *Les contre-mesures dans les relations économiques internationales,* Pedone, 1992, 246 p. — D. ALLAND, *Justice privée et ordre juridique international,* Pedone, 1994, 503 p. — D. BARDONNET, « Quelques observations sur le principe de proportionnalité en droit international », *Mél. Jimenez*, 1994, p. 995-1036. — P. KINSCH, *Le fait du prince étranger*, LGDJ, 1994, XXIV-583 p. — L. A. BARNHOORN, « Diplomatic Law and Unilateral Remedies », *NYBIL* 1994, p. 39-81. — Symposium, « Countermeasures and Dispute Settlement : The Current Debat within the ILC », *JEDI* 1994, p. 20-115. — O. SCHACHTER, « Dispute Settlement and Countermeasures in the ILC », *AJIL* 1994, p. 471-477. — A. PELLET, « Remarques sur une révolution inachevée : le projet d'articles de la CDI sur la responsabilité des États », *AFDI* 1996, p. 7-32. — L. F. DAMROSCH, « Enforcing International Law through Non-Forcible Measures », *RCADI* 1997, vol. 269, p. 11-250. — M. P. MALLOY, *United States Economic Sanctions. Theory and Practice*, Kluwer, La Haye, 2001, XXV-738 p. — D.J. BEDERMAN, « Counterintuiting Countermeasures », *AJIL* 2002, p. 817-832. — J. ALCAIDE FERNANDEZ, « Contre-mesures et règlement des différends », *RGDIP* 2004, p. 347-380. — L. PICCHIO FORLATI et L.-A. SICILIANOS eds., *Les sanctions économiques en droit international*, Martinus Nijhoff Publishers, Leiden, 2004, XXXVII-868 p. — C. LALY-CHEVALIER, *La violation du traité*, Bruylant, Bruxelles, 2005, XVIII-657 p. — M.E. O'CONNELL, « Controlling Countermeasures », *Mél. Schachter*, 2005, p. 49-62. — V. TZEVELEKOS, « Vers la reconnaissance d'un droit étatique à l'autoprotection ? », *RGDIP* 2008/2, p. 295-328.

V. également la bibliographie relative aux représailles citée sous le n° 570 et, dans le cadre des travaux de la CDI sur la responsabilité des États, les rapports de R. AGO et ceux de la CDI correspondants, notamment *Ann. CDI* 1979, vol. II, 1re partie, p. 40-48 et 2e partie, p. 128-135 ; les rapports de G. ARANGIO RUIZ (1991-A/CN.4/440 et Add. 1 ; 1992 — A/CN.4/444 et add. 1-2 ; v. *Ann. CDI*, 1991 vol. II, 1re partie, p. 1-37, 1992, vol. II, 1re partie, p. 6-52, et 2e partie, p. 18-43, 1995, vol. II, 2e partie, p. 67-78, et rapport de la CDI à l'Assemblée générale, 1996, A/51/10, p. 176-188) ; et ceux de J. CRAWFORD (2000, A/CN.4/507/Add. 3 et Add.4, et rapport de la CDI à l'Assemblée générale de 2000, A/55/10, par. 290-357).

572. Définitions. — L'observation de la pratique montre que les États utilisent une panoplie très diversifiée de mesures destinées à exercer une pression sur d'autres États et qui sont loin d'être exclusivement constituées par le recours à la force armée (v. *supra,* n° 556) ; le point commun de ces mesures est qu'elles sont toujours présentées par le gouvernement qui les met en œuvre comme une riposte destinée à répondre à un acte commis par l'État contre lequel elles sont dirigées.

Selon les circonstances de leur adoption et leurs caractères, ces réactions constituent des actes de rétorsion ou des contre-mesures (représailles, dans la terminologie traditionnelle), ou des sanctions.

a) Dans le langage familier, prendre une mesure de rétorsion, c'est « rendre la pareille ». « Un État à l'égard duquel un autre État a pris une mesure qui, tout en étant légale et licite, est discourtoise, rigoureuse, dommageable, peut prendre à son tour, à l'égard de celui-ci, des mesures ayant le même caractère, afin de l'amener à composition. Ce moyen de contrainte s'appelle la rétorsion ». Cette définition proposée par Rivier (*Principes du droit des gens*, Rousseau, 1899, t. II, p. 189) est certainement valable en ce que les mesures de rétorsions sont des actes de contrainte qui ne comportent pas d'usage de la force armée et sont licites en elles-mêmes au regard du droit international, ce qui les distingue des représailles et des contre-mesures. Peu importe que la rétorsion réponde à un acte illicite ou à un acte licite.

Dans l'affaire qui a donné lieu à l'arrêt de 1986 entre les États-Unis et le Nicaragua, la Cour a estimé que « l'appui fourni par les États-Unis, jusqu'à la fin septembre 1984, aux activités militaires et paramilitaires des *contras* au Nicaragua, sous forme de soutien financier, d'entraînement, de fournitures d'armes, de renseignements et de soutien logistique constitue une violation indubitable du principe de non-intervention » (*ibid.* p. 124). Il n'en va pas de même selon la Cour de l'interruption de l'aide économique au Nicaragua décidée par les États-Unis, de la réduction brutale du quota d'importation de sucre ou de l'embargo commercial décrété le 1er mai 1985 (p. 126). Ces dernières mesures relèvent de la rétorsion, les autres des représailles.

b) À la différence des mesures de rétorsion, les *représailles* peuvent être armées (v. *supra*, n° 570) ou non armées et, surtout, elles s'exercent par des moyens qui, dans d'autres circonstances, seraient illicites. C'est ce qu'a exprimé l'Institut de droit international dans la définition qu'il en a donnée en 1934 :

« Les représailles sont des mesures de contrainte dérogatoires aux règles ordinaires du droit des gens prises par un État à la suite d'actes illicites commis à son préjudice par un autre État et ayant pour but d'imposer à celui-ci au moyen d'un dommage, le respect du droit » (*Ann.* 1934, p. 708).

c) Conformément à la terminologie adoptée par la CDI, on peut retenir l'expression « *contre-mesures* » pour désigner l'ensemble des actes par lesquels un État riposte à une mesure prise par un autre État et qui seraient illicites dans des circonstances normales, mais deviennent licites du fait qu'ils répondent à un comportement lui-même illicite dont il conteste le bien-fondé. Du fait qu'elles sont licites par définition — ce sont des « circonstances excluant l'illicéité » (v. *supra,* n° 480) — les contre-mesures n'incluent pas les représailles armées, aujourd'hui interdites (v. *supra*, n° 570).

La CDI ne pouvait dès lors se désintéresser de la question dans son projet d'articles relatif à la responsabilité internationale des États ; elle voit en effet dans l'illicéité commise à l'origine une circonstance susceptible d'exclure l'illicéité de la riposte : « L'illicéité du fait d'un État non conforme à l'une de ses obligations internationales à l'égard d'un autre État est exclue si, et dans la mesure où, ce fait constitue une contre-mesure prise à l'encontre de cet autre État conformément au chapitre II de la troisième partie », c'est-à-dire si ce fait vient en riposte à un fait internationalement illicite (art. 22 du projet d'articles adopté en première lecture en 1996 dans sa version de 2001, s'appuyant en particulier sur le *dictum* de la CIJ dans son arrêt de 1997, aff. du *projet Gabcikovo-Nagymaros*, p. 55, § 83 ; v. *supra*, n° 481).

Dans la mesure où la finalité et le régime des contre-mesures s'inscrivent dans le droit international de la responsabilité et du rétablissement de la légalité internationale, ils ne peuvent répondre à la logique spécifique de la Charte, orientée en priorité vers le règlement pacifique des différends et la sécurité collective. Mais ils ne peuvent et ne doivent pas non plus la contredire ou lui faire obstacle ; d'où la disposition du projet de codification (art. 59 de la version de 2001) précisant que « les conséquences juridiques d'un fait internationalement illicite — dont, implicitement, les contre-mesures — sont sans préjudice de la Charte des Nations Unies » (sur l'articulation entre le droit de la responsabilité internationale et le droit de la sécurité collective, v. M. Forteau, *Droit de la sécurité collective et droit de la responsabilité internationale de l'État*, Pedone, 2006, not. p. 468-481).

L'article 49 du projet d'articles (précédemment art. 47) tente de concilier efficacité des contre-mesures et prévention des abus de la part des États les plus puissants en précisant l'objet et le contenu de telles mesures : elles ne peuvent viser qu'à inciter l'État auteur du fait illicite à s'acquitter de ses obligations dans le cadre du droit de la responsabilité (§ 1), elles doivent se limiter à la suspension de l'exécution des obligations propres de l'État qui les adopte à l'égard de l'État responsable (§ 2) et, dans la mesure du possible, elles doivent privilégier la reprise par l'État responsable de l'exécution des obligations initialement violées (§ 3) (sur le régime des contre-mesures, v. *supra*, n° 494 et *infra*, n° 574).

Il convient cependant de relever qu'une partie de la doctrine utilise l'expression « contre-mesures » dans un sens plus large pour désigner toute mesure de riposte à un comportement jugé inamical, que celui-ci soit licite ou non, et que la riposte elle-même soit *a priori* licite (rétorsion) ou illicite (représailles, dans la terminologie traditionnelle).

d) Représailles et rétorsions apparaissent comme des *sanctions* au sens large de ce mot. On relève cependant une tendance à réserver, dans le droit international contemporain, le terme « sanction » aux mesures de réaction appliquées en vertu d'une décision prise par une organisation internationale à la suite d'une violation d'une obligation internationale, et notamment pour certaines « mesures que l'ONU est autorisée à adopter, dans le cadre du système prévu par la Charte, en vue du maintien de la paix et de la sécurité internationales » (*Ann. CDI* 1979, vol. II, 2e partie, p. 134).

Dans cette acception plus limitée, les sanctions, qui sont un élément du système de sécurité collective prévu par la Charte, seront étudiées en même temps que celui-ci (v. *infra*, n° 589 à 591).

Quant au terme « représailles », il tend à n'être plus utilisé que dans le cadre du droit des conflits armés et ne viser que les politiques de contrainte comportant un recours à la force, selon le commentaire du rapport de la CDI sur la responsabilité internationale des États (*rapport* 2001, p. 181).

573. – Rétorsion. — 1° *Le seuil de licéité.* — Le principal problème juridique posé par les mesures de rétorsion, par hypothèse licites, tient précisément à la définition de ce que l'on peut appeler le « seuil de licéité ». S'il n'est guère douteux qu'un État peut entretenir ou ne pas entretenir de relations diplomatiques, commerciales ou autres avec un autre État, en l'absence de tout engagement conventionnel contraire, il reste que cette liberté n'est sans doute pas absolue : limitée d'une part par l'obligation faite aux États de respecter les normes impératives du droit international *(jus cogens)*, elle l'est également par l'interdiction de l'abus du droit.

En pratique, deux voies ont été explorées pour tenter de définir le seuil de licéité : l'une est relative à l'objectif poursuivi par la mesure de rétorsion, la seconde à son intensité. Si le droit international contemporain donne des directives générales en ce qui concerne l'une et l'autre, il s'agit davantage de tendances que de règles fermes et généralement acceptées permettant de tracer une frontière nette entre le licite et l'illicite et, par suite, entre rétorsion et représailles.

S'il est très généralement admis que des mesures de rétorsion peuvent légitimement constituer une riposte à un acte illicite de l'État contre lequel elles sont dirigées, l'Assemblée générale des Nations Unies, sous l'influence des États du Tiers Monde, a condamné à plusieurs reprises « l'usage des mesures économiques et politiques, ou de toute autre nature pour contraindre un autre État à subordonner l'exercice de ses droits souverains et pour obtenir de lui des avantages de quelque ordre que ce soit » (résol. 2131 (XX) et 2625 (XXV) ; v. aussi la résol. 36/103 et l'art. 32 de la Charte des droits et devoirs économiques des États).

Le critère tenant au but poursuivi est éminemment subjectif, celui qui concerne l'intensité de la rétorsion ne l'est pas moins : par analogie avec le principe de « proportionnalité » en matière de représailles (v. *infra*, n° 574), on admet généralement que les mesures de rétorsion ne doivent pas être démesurées par rapport à l'objectif poursuivi, mais ni la pratique, ni la jurisprudence ne fournissent d'indications claires à cet égard. Toutefois, dans son arrêt du 27 juin 1986, la CIJ a admis que les faits reprochés au Nicaragua (aide à des mouvements d'insurrection dans divers pays d'Amérique centrale), à supposer qu'ils aient été établis, « auraient pu justifier des contre-mesures proportionnées » de la part des États victimes ; en revanche, « ils ne sauraient justifier des contre-mesures prises par un État tiers » (affaire des *Activités militaires au Nicaragua*, *Rec.* p. 127).

2° *Diversité des mesures de rétorsion.* La politique de rétorsion peut prendre des formes extrêmement variées. Elle consiste parfois en mesures vexatoires à l'égard des ressortissants des États en litige, par exemple, l'expulsion de journalistes ou de diplomates (notamment en réponse à des mesures semblables prises par l'autre État) — ou se traduit par la rupture des relations diplomatiques ou le rappel de diplomates, et, très fréquemment aujourd'hui, par des entraves à des relations commerciales ou économiques normales.

Les exemples — même en ne retenant pas les mesures nationales ou régionales d'application de sanctions collectives préconisées par les Nations Unies, qu'elles précèdent parfois — en sont très nombreux :

— suspension ou réduction par les États-Unis de leur aide publique aux États qui, durant les années 1960, avaient étendu leurs zones de pêche exclusive au-delà des limites de leur mer territoriale, ou à ceux nationalisant les investissements américains sans verser une indemnité appropriée (amendement Hickenlooper de 1962 au *Foreign Assistance Act*), ou à ceux qui ne respectent pas les droits de l'homme (« politique Carter » de 1977 à 1980 — V. l'article de O. Schachter, *AFDI* 1977, p. 53-74) ou, tout simplement à ceux dont ils désapprouvent les orientations (Nicaragua entre 1981 et 1989) ; diminution de l'aide alimentaire de la CEE à la Pologne en 1980, et de certaines préférences commerciales à la Turquie dans les années 1990, à la Birmanie (Myanmar) en 1997, etc. ;

— embargo commercial : cette mesure peut être totale (interdiction des importations en provenance d'Argentine par le Conseil des Communautés — règlement 877/82 du 16 avril 1982 — à la suite de l'intervention armée de ce pays contre les îles Falkland, ou de toute relation commerciale avec l'Iran pour les États-Unis dans le cadre de l'affaire des otages en 1980, ou avec le Nicaragua, toujours par les États-Unis, en 1985 ; dans les rapports entre la CEE et la Yougoslavie à partir de 1991) ; ou partielle (embargo céréalier à l'encontre de l'URSS par les États-Unis à la suite de l'ingérence soviétique en Afghanistan — 1979 — ou de la « normalisation » en Pologne — 1981, interdiction de tout nouvel investissement en Afrique du Sud par le gouvernement français en réaction contre le durcissement de la répression dans le cadre de la politique d'apartheid en 1985 ; embargo communautaire sur les armes dirigé contre le Soudan en 1994) ;

— expulsion de diplomates ou de citoyens étrangers (par exemple, durant l'affaire des otages américains à Téhéran, des étudiants iraniens ayant contrevenu aux lois et règlements des États-Unis en matière d'immigration et de certains membres du personnel diplomatique iranien en poste à Washington avant la rupture complète des relations diplomatiques) ;

— refus de participation à certaines activités pour protester contre l'attitude de l'État-hôte (« boycott » des Jeux olympiques de Moscou par les États-Unis en 1979 et ceux de Los Angeles par les pays de l'Est en 1984), de poursuite de négociations diplomatiques ou de ratification d'accords déjà signés (par exemple non-examen des accords SALT II par le Sénat américain à la suite de la crise afghane) ; dénonciation d'accords avantageux pour l'État « cible » (décision 91/602 du Conseil de la Communauté européenne, à l'encontre de la Yougoslavie) ; législations-miroirs contre les législations américaines ayant effet extra-territorial (règlement 2271/96 de la Communauté européenne) ;

— limitation des visites de haut niveau, réduction de la participation aux manifestations culturelles et invitation d'opposants à la célébration des fêtes nationales, décidées par les États membres de l'UE afin de protester contre la vague de répression d'opposants par le gouvernement cubain depuis 2003 (mesures temporairement suspendues par le Conseil Affaires générales de l'UE, le 31 janvier 2005, à la suite de la libération d'un certain nombre de prisonniers politiques).

Le cas de l'embargo technologique sélectif pratiqué par les États occidentaux sur les exportations, vers les pays se réclamant du communisme, de matériels pouvant avoir une utilisation militaire est très particulier : l'initiative en a été prise dès 1949 par les États-Unis qui ont progressivement entraîné leurs alliés dans leur sillage ; en 1950, un organisme de concertation, chargé de tenir à jour une liste de matériels sensibles, a été créé, le COCOM (puis le CHINCOM en 1952) ; peu actif durant les années de détente, le COCOM a été réactivé à la suite des affaires d'Afghanistan et de Pologne au début des années 1980 et dissout en 1993 après la chute du communisme en Europe de l'Est (v. B. Chantebout et B. Warufsel dir., *Le contrôle des exportations de haute technologie vers les pays de l'Est,* Masson, 1988 ; P. D'Argent, « Les enseignements du COCOM », *RBDI* 1993, p. 147-164).

574. Contre-mesures. — 1° *Licéité.* — *a)* Si la licéité des représailles armées est plus que douteuse (v. *supra*, n° 570), celle des représailles non armées ne l'est pas *dans son principe*. Elle est du reste admise par l'article 22 des articles de la CDI de 2001 concernant la responsabilité des États (préc., *supra*, n° 572) : les « contre-mesures » visées par cette disposition visent avant tout les représailles non armées, ainsi que ceci résulte de ses travaux préparatoires. Dès lors qu'elles remplissent certaines conditions, précisées dans les articles 49 à 53 du projet de la CDI, leur licéité peut être postulée.

De même, sans faire de distinction entre rétorsion et représailles, le Tribunal arbitral qui s'est prononcé sur *l'Interprétation de l'accord franco-américain relatif au transport aérien international* a estimé que :

« dans l'état actuel du droit international général, abstraction faite des engagements spécifiques découlant de traités particuliers, et notamment des mécanismes institués dans le cadre des organisations internationales, chaque État apprécie lui-même sa situation juridique au regard des autres États. En présence d'une situation qui comporte à son avis la violation d'une obligation internationale par un autre État, il a le droit, sous la réserve des règles générales du droit international relatives aux contraintes armées, de faire respecter son droit par des contre-mesures » (affaire dite de la rupture de charge, sentence du 9 décembre 1978, *RSA*, vol. XVIII, p. 417 et s.).

La solution est d'autant plus remarquable que l'Accord du 27 mars 1946 qu'il s'agissait d'interpréter comportait une clause d'arbitrage ; le Tribunal a admis que les États-Unis avaient pu utiliser des représailles pour forcer la France à y recourir (*contra Ann. CDI* 1979, vol. II, 2e partie, p. 131).

Également, dans l'affaire du *Personnel diplomatique et consulaire des États-Unis à Téhéran*, la CIJ s'est abstenue de condamner les contre-mesures adoptées par le demandeur, dont certaines avaient indiscutablement le caractère de représailles (v. *infra*, 2e), alors même que l'affaire était *subjudice* (v. l'arrêt du 24 mai 1980, *Rec.* p. 3 s.).

Un exemple intéressant de contre-mesure est donné par le règlement 1091/98 du Conseil de la Communauté européenne du 7 septembre 1998. En riposte aux violations graves du droit humanitaire au Kosovo par la Yougoslavie, ce texte interdit les vols d'avions au départ ou à destination de la Communauté assurés par des transporteurs yougoslaves alors même qu'aucun droit subjectif des États membres n'avait été violé (v. D. Wybaux, *AFDI* 1998, p. 262-282).

Certaines modalités de représailles non armées sont en outre licites en vertu de règles bien établies du droit international. Ainsi, l'article 60 de la Convention de Vienne de 1969 légitime expressément la suspension totale ou partielle de l'application d'un traité par les autres parties — sous la seule réserve des engagements de caractère humanitaire — en tant que réponse à une violation substantielle de ce traité par l'une des parties (v. *supra*, n° 199). Certains accords réglementent les représailles possibles en cas de violations de leurs dispositions.

Malgré des protestations, peu convaincantes dans la mesure où elles émanent *alternativement* des différents groupes de pays, la pratique des représailles reste très en faveur, les États ne se résignant pas à renoncer à la doctrine de l'« autoprotection ».

Comme l'ont admis les rapporteurs spéciaux sur le projet de la CDI relatif à la responsabilité des États, le principe de proportionnalité et le respect des droits des parties à une même convention acquièrent une force particulière s'il s'agit d'un régime « se suffisant à lui-même ». Cependant, l'interdiction du recours aux représailles n'est efficace que si, dans ces régimes conventionnels, il existe une procédure crédible de coercition collective, qu'elle soit politique ou juridictionnelle : on en trouve des illustrations dans les Communautés européennes, en matière économique (articles 80, § 2, 102, § 2, du Traité de Rome ; v. CJCE, affaire 68/76, 16 mars 1977, *Commission c. République française, Rec.* p. 515).

b) Cette licéité de principe n'est cependant *pas inconditionnelle.*

Dès lors que, par définition (v. *supra*, n° 572-c), il s'agit toujours de répondre à un acte illicite, et sous réserve que ce caractère soit établi, il paraît difficile de considérer, comme en matière de rétorsion (v. *supra*, n° 573), que le recours aux représailles puisse être exclu du fait de l'objectif poursuivi. En revanche, l'État ne peut recourir à n'importe quelle forme de représailles, fussent-elles non armées et la doctrine unanime admet qu'il convient de s'inspirer en ce domaine de la réglementation traditionnelle des représailles armées.

Dans leur état définitif, ces règles ont été formulées de la façon la plus claire et la plus complète par deux sentences rendues par un tribunal arbitral germano-portugais institué par le Traité de Versailles, en date respectivement du 31 juillet 1928 et du 30 juin 1930 (*RSA* II, p. 1025 et 1056).

Dans la première de ces affaires (*Responsabilité de l'Allemagne à raison des dommages causés dans les colonies portugaises du Sud de l'Afrique — incident de Naulilaa*), il s'agissait à l'origine d'un incident survenu, en 1915, près de Naulilaa, port portugais en Afrique situé près d'une possession allemande de l'époque, au cours duquel trois Allemands furent tués. L'incident était dû à un malentendu. Comme mesure de représailles, le gouvernement allemand envoya à Naulilaa une expédition militaire qui chassa la garnison portugaise, ce qui obligea le Portugal, pour se défendre, à prendre des mesures militaires assez graves qui lui causèrent un préjudice considérable. Devant le tribunal arbitral, l'Allemagne soutenait qu'elle avait agi en réponse à une violation du droit international par le Portugal.

Dans la seconde affaire (*Responsabilité de l'Allemagne à raison des actes commis postérieurement au 31 juillet 1914 et avant que le Portugal ne participât à la guerre* — affaire *« Lysne »*), l'Allemagne avait coulé un navire battant pavillon du Portugal — puissance neutre à l'époque — au prétexte que celui-ci transportait des marchandises dont elle avait décrété unilatéralement qu'elles constituaient des articles de contrebande pour protester contre des violations du droit de la guerre sur mer par le Royaume-Uni.

Il résulte de ces deux sentences que les représailles sont légitimes quand elles sont destinées à répondre à un acte internationalement illicite. Mais le Tribunal précise qu'elles doivent répondre à d'autres conditions et sont licites seulement :

— si elles sont dirigées contre l'État auteur de l'acte illicite lui-même ;

— si elles ne sont pas hors de proportion avec l'acte illicite auquel elles ont pour but de répondre (v. également la sentence préc. du 9 décembre 1978) ;

— dans le cas de nécessité, c'est-à-dire d'impossibilité pour l'auteur des représailles d'obtenir satisfaction par d'autres moyens ;

— après sommation restée infructueuse.

Le projet de la CDI sur la responsabilité des États a tenté de limiter les abus auxquels donnent lieu les contre-mesures, réservées par la nature des choses aux États les plus puissants, qui s'érigent volontiers en « gardiens du droit ». Aussi les travaux de la CDI sur la responsabilité des États (v. *supra*, bibliographie sur le n° 572 ; G. Arangio-Ruiz, 4e rapport à la CDI, (A/CN.4/444) et add. 1-2, 1er juin 1992) se sont-ils orientés vers un « durcissement » de ces conditions de licéité, que traduisent les dispositions pertinentes des articles adoptés définitivement en 2001 (v. *supra*, n° 494).

2° *Pratique des contre-mesures.* Comme en matière de rétorsion, elle est extrêmement variée : suspension de l'application des accords en vigueur, boycott, confiscation de biens, fermeture des ports, saisie de navires, embargo À l'origine, l'embargo avait un sens précis, il ne concernait que les navires de l'État auteur du premier acte illicite se trouvant dans les ports de l'État victime À l'heure actuelle, il est couramment utilisé comme une arme économique de portée générale.

La distinction entre rétorsions et représailles est souvent difficile à effectuer, non seulement parce que la licéité intrinsèque des mesures décidées n'est pas aisée à apprécier (v. *supra*, n° 573-1°) et est toujours contestée par l'État victime, mais aussi parce que, la plupart du temps, les États décident un « train de mesures » mêlant les unes et les autres. Ainsi, dans l'affaire du *Personnel diplomatique et consulaire des États-Unis à Téhéran*, les États-Unis ont exigé la diminution du nombre des fonctionnaires en poste à l'Ambassade d'Iran à Washington, puis rompu leurs relations diplomatiques avec ce pays et interdit à leurs ressortissants de s'y rendre, ce qui relève sans aucun doute de la rétorsion ; ils ont aussi bloqué les avoirs iraniens se trouvant sous leur contrôle, y compris les dépôts effectués dans les banques américaines et dans leurs succursales à l'étranger et tenté de délivrer les otages par la force, ce qui constitue des mesures de représailles ; et ils ont proclamé un embargo commercial qui avait un caractère « mixte » puisqu'il portait aussi bien sur les contrats en cours (représailles) que sur les transactions à venir (rétorsion) (CIJ, arrêt du 24 mai 1980, *Rec.* 1980, p. 16 s. et 43). De même, l'embargo pétrolier décidé par l'OPAEP contre Israël et certains pays occidentaux en 1973 doit être considéré comme une action de représailles dans la mesure où il a entraîné la rupture de contrats en cours et comme un acte de rétorsion dès lors qu'il excluait la conclusion de futurs accords (v. SFDI, Colloque de Caen, *La crise de l'énergie et le droit international,* Pedone, 1976, 310 p.). Il en va de même également des mesures décidées par le Royaume-Uni, d'autres États européens, la CEE et les États-Unis à l'encontre de l'Argentine à la suite de l'invasion des îles Falkland en 1982.

Outre cette relative indifférenciation des « contre-mesures », deux tendances très remarquables (et interdépendantes) peuvent être relevées dans la pratique actuelle des États : leur globalisation et leur utilisation en tant que substituts aux sanctions prévues par la Charte des Nations Unies.

Ainsi, dès l'institution du COCOM, les États-Unis se sont efforcés d'obtenir de leurs alliés qu'ils s'associent aux mesures décidées par eux contre l'URSS, la Chine et leurs alliés. De même les contre-mesures dirigées contre l'Argentine en 1982 ont fait l'objet d'une large concertation entre les pays occidentaux. La rupture par les États africains de leurs relations diplomatiques avec Israël à la suite de la guerre des six jours en 1967 relève du même phénomène de globalisation ; mais il s'agit sans doute de rétorsion plus que de représailles. Les mesures unilatérales, telles les lois Helms-Burton (v. *supra,* n° 336), destinées à faire pression sur les autres États pour qu'ils respectent les contre-mesures adoptées par un État s'inscrivent dans la même problématique et illustrent la difficulté à en assurer l'efficacité.

Du même coup, le caractère de « substitution » (v. P.-M. Dupuy, *op. cit.*, p. 515 s.) de ces mesures concertées aux sanctions que peut décider le Conseil de sécurité apparaît clairement : leurs auteurs se posent en défenseurs de la légalité internationale que celui-ci, lorsqu'il est paralysé par le droit de veto, ne peut faire respecter (même si, à vrai dire, ce n'est pas strictement son rôle : v. *infra*, n° 586 et s.). Il est du reste remarquable que les contre-mesures étatiques soient souvent intervenues à la suite de recommandations du Conseil de sécurité ou de l'Assemblée générale ou même de la simple constatation d'une violation du droit par ces organes (v. Ch. Leben, *op. cit.*, p. 27 et s.). Voir par exemple la résolution 748 du CS du 31 mars 1992 qui prévoit un embargo sélectif à l'encontre de la Libye et sa mise en œuvre par le règlement 945/92/CEE du 14 avril 1992 (*JOCE* L 101, 1992, p. 53). Mais lorsque ces mesures interviennent sur le fondement d'une décision du Conseil de sécurité, il faut y voir des sanctions, selon la terminologie contemporaine (v. *supra,* n° 572). Dans ce dernier cas de figure, l'État auteur de la mesure n'a plus besoin d'en passer par le régime des contre-mesures pour justifier son acte, il lui suffit d'invoquer la décision du Conseil, à condition en tout cas que celle-ci ait les caractères d'une habilitation expresse à agir.

Section 3

Droit des conflits armés internationaux

BIBLIOGRAPHIE. — L. FRIEDMAN, *The Law of War — A Documentary History,* Simon et Shuster, New York 1972, 656 p. (recueil de documents) — A. ROBERTS et R. GUELFF ed., *Documents on the Laws of War,* Clarendon Press, Oxford, 1982, XII-498 p. — Ch. ROUSSEAU, *Le droit des conflits armés,* Pedone, 1983, 689 p. — V. HAROUEL, *Grands textes du droit humanitaire*, PUF, 2001, 127 p. ; *Genève-Paris 1863-1918, Le droit humanitaire en construction*, CICR, Genève, 2003, XII-817 p. — E. DAVID dir., *Code de droit international humanitaire*, Bruylant, Bruxelles, 2002, 750 p. ; *Principes de droit des conflits armés*, Bruylant, Bruxelles, 2008, 4e éd., 1117 p. — D. SCHINDLER et J. TOSMAN ed., *The Law of Armed Conflicts. A Collection of conventions, Resolutions and Other Documents,* Martinus Nijhoff Publishers, Leiden/Boston, 2004, XLI-1430 p. — UK Ministry of Defence, *The Manual of the Law of Armed Conflict*, Oxford UP, 2004, 672 p. — F. BOUCHET-SAULNIER, *Dictionnaire pratique du droit humanitaire*, La Découverte, 2006, 587 p. — M. SASSOLI et A. BOUVIER, *How Does Law Protect in War ? Cases, Documents and Teaching Materials*, CICR, Genève, 2006, 2 vol., 2473 p.

V. également la bibliographie générale figurant en tête du chapitre.

§ 1. — *Champ d'application et sources*

BIBLIOGRAPHIE. — L. DELBEZ, « La notion de guerre — essai d'analyse dogmatique », *RGDIP* 1952, p. 5-33 et 460-488 et 1953, p. 16-39 et 177-209. — L. KOTZCH, *The Concept of War in Contemporary History and International Law,* Droz, Genève, 1956, 311 p. — D. RUZIÉ, « Jurisprudence comparée sur la notion d'état de guerre », *AFDI* 1959, p. 396-410. — Ch. ZORGBIBE, *La guerre civile*, PUF, 1975, 128 p. — A. KLAFKOWSKI, « Les formes de cessation de l'état de guerre en droit international », *RCADI* 1976-I, vol. 149, p. 217-286. — R. R. BAXTER, « Armistices and other Forms of Suspension of Hostilities », *ibid.*, p. 353-400. — D. SCHINDLER, « The Different Types of Armed Conflicts According to the Geneva conventions and Protocols », *RCADI* 1979-II, vol. 163, p. 117-164. — J.-P. COLIN, « Guerres et luttes armées ou le droit introuvable », *RBDI* 1981-1982, p. 209-242. — R. ARON, *Paix et guerre entre les nations,* Calmann-Lévy, 1984, 794 p. — Ch. GREENWOOD, « The Concept of War in Modern International Law », *ICLQ* 1987, p. 283-306. — C. BYRON, « Armed Conflicts : International or Non-International ? », *Journal of Conflict and Security Law* 2001, p. 63-90. — A. CASSESE, « Terrorism is Also Disrupting Some Crucial Legal Categories of International Law », *AJIL* 2001, p. 993-1002. — L. CONDORELLI, « Les attentats du 11 septembre et leurs suites : où va le droit international ? », *RGDIP* 2001, p. 829-848. — J. DELBRÜCK, « The Fight Against Global Terrorism : Self-Defense or Collective Security as International Police Action... », *GYbIL* 2001, p. 9-24. — D. MOMTAZ, « Le droit international humanitaire applicable aux conflits armés non internationaux », *RCADI* 2001, vol. 292, p. 9-146. — F. MÉGRET, « "War" ? Legal Semantics and the Move to Violence », *EJIL* 2002, p. 361-401. — N° spécial, « Les nouveaux types de conflits », *RICR* 2003, n° 849, p. 7-74. — F. DE MULINEN, « Nouvelles situations d'usage violent de la force », *Revue de droit militaire et de droit de la guerre*, 2003, p. 415-437. — R.S. SCHONDORF, « Extra-State Armed Conflicts : Is There a Need for a New Legal Regime ? », *NYU Jl. of IL* 2004, p. 1-78. — D. WIPPMAN et M. EVANGELISTA ed., *New Wars, New Laws ?*, Ardsley, New York, 2005, v-290 p. — J.-M. HENCKAERTS et L. DOSWALD-BECK, *Customary International Humanitarian Law*, 2 volumes (vol. 1 : Rules, vol. 2 : Practice), Cambridge UP, 2005, 674 et 4545 p. — C. EMMANUELLI, « L'étude du CICR sur le droit humanitaire coutumier : la coutume en question », *RGDIP* 2006, p. 435-444.

Sur les conférences et les conventions de La Haye et de Genève, v. la bibliographie figurant sous le § 2, *infra*.

Sur le droit de l'occupation, v. également *supra*, n° 314, et la bibliographie sur le n° 312.

Sur l'application du droit des conflits armés aux organisations internationales, v. : L. CONDORELLI, « Le statut des forces de l'ONU et le droit international humanitaire », *Riv.DI* 1995, p. 881-906. — D. SHRAGA, « UN Peacekeeping Operations : Applicability of International Humanitarian Law and Responsibility for Operations-Related Damages », *AJIL* 2000, p. 406-412. — M. BENCHIKH éd., *Les organisations internationales et les conflits armés*, L'Harmattan, 2001, 308 p. — S. VITE, « L'applicabilité du droit international de l'occupation militaire aux activités des organisations internationales », *RICR* 2004, n° 853, p. 9-36. — R. KOLB e.a., *L'application du droit international humanitaire et des droits de l'homme aux organisations internationales*, Bruylant, Bruxelles, 2005, 502 p.

575. Notion de conflit armé international. — Au concept traditionnel de « guerre », il convient de préférer aujourd'hui, au point de vue juridique, celui de « conflit armé international », plus compréhensif, et qui correspond mieux à la réalité contemporaine. D'une part, en effet, le concept juridique de guerre renvoie à un formalisme dépassé. D'autre part, le régime juridique de la guerre a perdu sa spécificité et a été étendu à d'autres situations, sans qu'il soit possible d'effectuer une distinction rigide entre les unes et les autres. La notion de guerre est incluse dans celle, plus large, de « conflit armé international » que consacre de manière significative le Protocole n° I (1977) additionnel aux quatre conventions de Genève de 1949 qui portaient sur le droit humanitaire de la guerre *stricto sensu*.

Au même titre que la guerre, tout conflit armé international comprend, comme l'expression l'indique, un aspect militaire et un aspect international. Depuis 1977 cependant (et d'ailleurs de manière minimale déjà en 1949), le droit des conflits armés régit également les conflits armés non internationaux, dès lors en tout cas que certaines conditions sont remplies.

1° *Aspect militaire*. Dans le langage courant, le « mot » guerre est souvent employé pour désigner des situations qui ne correspondent pas au concept du même nom car il n'est pas fait usage des armes. Ainsi, l'expression « guerre froide », qui synthétise les différents aspects de l'affrontement idéologique entre l'Est et l'Ouest au lendemain de la Seconde Guerre mondiale, ne doit pas être entendue dans un sens juridique. De même, le programme défensif lancé par les États-Unis en 1985 et appelé « guerre des étoiles » ne répondait aucunement, lui non plus, à la définition juridique de la guerre : il relevait de la compétition technologique. Le doute n'est évidemment pas permis s'agissant de conflits armés internationaux.

Le droit international ne fixe pas le niveau de violence que doivent atteindre les opérations armées pour que soient applicables les règles relatives aux conflits armés internationaux. Au cours des premiers mois de la Seconde Guerre mondiale, les combats militaires n'étaient guère significatifs (« drôle de guerre ») et cependant, sur le plan juridique, les parties opposées étaient déjà considérées comme étant en guerre. De même les combats de guérilla, dont une caractéristique est d'être sporadiques, peuvent relever du droit des conflits armés internationaux. Par ailleurs, la lutte armée peut se dérouler sur terre, sur mer, dans les airs et demain, peut-être, dans l'espace.

Strictement réglementées par le droit traditionnel de la guerre, l'ouverture et la cessation des hostilités ne sont plus soumises aujourd'hui à des règles précises. Le conflit armé est un fait bien plus qu'une intention.

Au contraire, un élément subjectif, l'intention de guerre, caractérisait le concept de guerre au sens strict. Cette intention devait s'exprimer par une *déclaration de guerre*.

La Convention III de La Haye du 18 octobre 1907 sur l'ouverture des hostilités disposait que les États ne pourraient les commencer « sans un avertissement préalable et non équivoque ». Pourtant, en 1904, l'attaque japonaise dirigée contre Fort-Arthur, qui déclenchait la guerre russo-japonaise ne fut pas précédée de déclaration de guerre ; il en a été de même du bombardement de Pearl Harbor en 1941 par l'aviation japonaise. Cette exigence du droit classique est de plus en plus souvent méconnue, les guerres contemporaines prenant d'ailleurs souvent la forme d'une escalade de la violence en réponse à des « infiltrations » de bandes armées en provenance d'États voisins (guerre du Vietnam, conflit entre l'Éthiopie et la Somalie, etc.). Même les invasions ouvertes sont réalisées sous des prétextes divers — droit de légitime défense, intervention sollicitée par un soi-disant gouvernement légal — qui dispensent de reconnaître officiellement un état de guerre (Tchécoslovaquie en 1968, conflits du Proche-Orient, Cambodge, République démocratique du Congo en 1998). On peut aujourd'hui considérer que le recours effectif aux armes marque le point de départ du « conflit armé international » (v. M. Voelckel, « Faut-il encore déclarer la guerre ? », *AFDI* 1991, p. 7-24).

En revanche, celui-ci ne prend pas juridiquement fin dès l'intervention d'un *cessez-le-feu*, qu'il s'agisse d'un armistice en bonne et due forme ou d'une simple décision concertée, ou même unilatérale, des parties (v. l'accord entre l'Irak et l'Iran du 6 janvier 1991 et l'accord israélo-libanais du 27 avril 1996). De tels actes mettent un terme aux opérations militaires et non au conflit. Seule la conclusion d'un accord (traité de paix ou accord d'indépendance par exemple) ou la capitulation sans conditions peut avoir cet effet (tel le Traité de paix égypto-israélien du 26 mars 1979 ou l'éphémère accord israélo-libanais du 17 mai 1983 :

v. J. Le Morzellec, *AFDI* 1980, p. 175-1982 et M. Flory, *AFDI* 1983, p. 137-173 ; plus récemment le Traité de paix d'Amman, du 26 octobre 1994, entre Israël et la Jordanie, ou l'accord d'Alger du 12 décembre 2000 mettant fin au conflit armé entre l'Éthiopie et l'Érythrée) (sur l'institution des traités de paix, v. Ch. Bell, « Peace Agreements : Their Nature and Legal Status », *AJIL* 2006, p. 373-412).

Bien que la « guerre du Golfe » fût une opération militaire internationale menée dans le cadre du chapitre VII de la Charte et non un conflit armé international au sens strict de l'expression, on a estimé que la résolution 687 (1991) du Conseil de sécurité, expressément acceptée par le Koweït et par l'Irak, constituait un succédané de traité de paix (R. Zacklin, « Les Nations Unies et la crise du Golfe » *in* CEDIN, *Les aspects juridiques de la crise et de la « guerre » du Golfe,* Montchrestien, 1991, p. 71). On peut aussi y voir, malgré l'« acceptation » de l'Irak, l'utilisation par le Conseil de son pouvoir de décision et de sanction au titre du chapitre VII (v. *infra,* n° 590). De même, sans être véritablement des traités de paix, les accords de Washington et du Caire conclus entre Israël et l'OLP le 13 septembre 1993 et le 11 mai 1994 n'en sont pas moins à l'origine d'un retrait des forces militaires israéliennes de la bande de Gaza et de la région de Jéricho et d'un « transfert d'autorité » à l'« Autorité palestinienne » (v. *supra,* n° 295).

2° *Aspect international.* Traditionnellement, toute insurrection au sein d'un État était qualifiée de guerre civile, à partir d'un certain degré de violence et d'extension territoriale — sinon il s'agissait d'une simple rébellion à force ouverte justiciable d'une opération de police ; à ce titre, elle ne relevait que du droit interne et de la « compétence exclusive » de l'État concerné. La guerre, quant à elle, opposait des « belligérants », c'est-à-dire des États au sens du droit international : il pouvait y avoir guerre entre les membres d'une confédération d'États (conflit de 1866 entre la Prusse et l'Autriche, membres de la Confédération germanique), il n'y avait que guerre civile en cas d'insurrection d'États fédérés contre le gouvernement d'un État fédéral (guerre de Sécession aux États-Unis, 1861-1865). Si des emprunts au droit de la guerre pouvaient être faits dans les hypothèses où les insurgés bénéficiaient d'une reconnaissance de belligérance (guerre de Sécession américaine), cela ne changeait rien à la qualification de guerre civile, aussi longtemps qu'elle ne se transformait pas en guerre internationale par l'intervention directe d'États tiers.

D'un point de vue conceptuel, cette distinction avait le mérite de la clarté mais était peu opératoire. Un même conflit peut répondre à la fois au critère interétatique et au critère international et avoir un caractère mixte, c'est-à-dire apparaître comme un conflit international dans les relations entre certains belligérants et comme une guerre civile entre d'autres belligérants (conflits coréens depuis 1950, vietnamien de 1964 à 1975 ou indo-pakistanais en 1971 à propos du Bangladesh, conflit tchétchène). De plus, sans même parler de la difficulté de « classer » la « guerre contre le terrorisme », un conflit peut débuter comme une guerre civile et se transformer en conflit armé international (Yougoslavie au milieu des années 1990). Il n'y a donc pas lieu de s'étonner que, lorsque leurs intérêts les y invitent, les États ou les parties en présence diffèrent fréquemment d'opinion sur la nature juridique d'un conflit.

Il reste que la distinction conserve un intérêt fondamental pour déterminer le droit applicable, en particulier la responsabilité des personnes accusées de crimes de guerre ou de violations graves des conventions de Genève de 1949 ainsi que les garanties reconnues à leurs victimes (sous réserve de l'article 3 commun à ces conventions). La question a été au centre de controverses entre membres du Tribunal pénal international pour l'ex-Yougoslavie et du TPI Rwanda. Dans l'arrêt du 7 mai 1997 rendu dans l'affaire *Tadic*, la Chambre de première instance a considéré qu'à partir du retrait « officiel » des forces armées de la Yougoslavie et en l'absence de preuves suffisantes du contrôle effectif par cet État des forces serbes-bosniaques — la coordination des actions entre autorités serbes n'étant pas jugée assimilable à l'idée de « commandement et de contrôle » —, le conflit en Bosnie-Herzégovine n'avait plus la nature d'un conflit international entre la Yougoslavie et la Bosnie-Herzégovine après le 19 mai 1992 ; ce qui interdisait en l'espèce de faire application des conventions opposables en cas d'occupation militaire (la condamnation est intervenue sur la base d'incriminations qui ne sont pas fondées sur les conventions de Genève). Pour arriver à cette conclusion, la formation de jugement, à la différence de celle qui avait rendu la décision du 13 septembre 1996, dans l'affaire *Rajic* (conflit impliquant la Croatie en Bosnie-Herzégovine entre 1992 et 1994), s'est appuyée sur les critères de l'imputation des agissements d'individus ou de groupes d'individus à un État, posés par la CIJ dans l'affaire des *Activités militaires et paramilitaires au Nicaragua*, arrêt du 27 juin 1986 : on peut juger cette transposition irréaliste, tant au regard des réalités du conflit en ex-Yougoslavie que du fait qu'il s'agit ici de responsabilité pénale individuelle et non de la recherche d'une violation du droit international par un État (la solution a été fermement critiquée par le Président de la Chambre, et elle a d'ailleurs été rejetée par la Chambre d'appel dans sa décision du 15 juillet 1999, qui s'est écartée de la jurisprudence *Nicaragua* au profit d'une appréciation globale du contrôle exercé par les États sur les entités non étatiques intervenant dans un conflit armé ; mais depuis, la CIJ a critiqué cette décision en rappelant fermement le critère du contrôle effectif posé dans l'affaire *Nicaragua :* v. arrêt du 26 fév. 2007, *Application de la convention pour la prévention et la répression du crime de génocide,* par. 396-407). La différence dans le degré d'exigence quant à la nature et à la preuve des rapports établis entre des autorités étatiques et des ressortissants d'un autre État explique ces solutions contrastées : il est remarquable que ces précédents se soient appuyés plus sur des données de fait que sur des définitions théoriques.

Par un important arrêt *Hamdan* du 29 juin 2006, la Cour suprême des États-Unis a estimé que les dispositions de l'article 3 commun aux Conventions de Genève s'appliquaient à la « guerre contre le terrorisme » et exigeaient que les « ennemis combattants » bénéficient d'un minimum de garanties procédurales lors de leur procès.

Cette difficulté à trancher face aux réalités concrètes n'est pas, cependant, la cause fondamentale du changement d'optique réalisé depuis quelques années : la majorité des États s'en accommodent ; dans la mesure où ils gardent comme objectif prioritaire d'avoir les mains libres contre les entreprises de sécession, ils ne sont guère enclins à accepter les contraintes du droit de la guerre dans la répression des insurrections. En revanche, soucieux de favoriser l'aboutissement de la décolonisation, ils ont pesé de tout leur poids pour que soient reconnues aux mouvements de libération nationale la compétence de guerre et l'application à leur profit du droit de la guerre. C'était faire admettre que ce droit s'applique non seulement aux conflits interétatiques mais également aux autres conflits dont le caractère *international* est aujourd'hui reconnu : les luttes anticoloniales et celles qui leur sont assimilées (résistance contre une occupation étrangère ou contre un régime raciste — v. *supra*, n° 341). La guerre entre États n'est, dès lors, plus qu'un cas particulier de conflit armé international.

Cette évolution est consacrée par le Protocole additionnel aux conventions de Genève du 12 août 1949, relatif à la protection des victimes des conflits armés internationaux, adopté en 1977 et entré en vigueur l'année suivante. Renvoyant aux conventions de 1949, l'article 2 de ce Protocole inclut les situations que celles-ci prévoyaient déjà : tout conflit interétatique, y compris la guerre, et toute forme d'occupation. La même disposition y ajoute « les conflits armés dans lesquels les peuples luttent contre la domination coloniale et (...) contre les régimes racistes dans l'exercice du droit des peuples à disposer d'eux-mêmes ».

L'article 1er de la Convention de 1981 sur l'interdiction ou la limitation de l'emploi de certaines armes classiques consacre la définition extensive des conflits armés internationaux retenue par le Protocole I de 1977 auquel il renvoie.

Cet aboutissement du droit des peuples à disposer d'eux-mêmes n'a pas été acquis sans mal face aux objections des États favorables au maintien du *statu quo* et aux revendications en faveur d'une définition plus extensive du conflit armé international, assimilé par certains à la lutte contre toute forme d'agression armée et contre toute domination contraire au droit des peuples à disposer d'eux-mêmes. Il faut reconnaître que le compromis très « politique » auquel on a abouti se prête à des interprétations divergentes au moins aussi aiguës et fréquentes que la notion de guerre ; mais les organisations internationales, régionales ou universelles, disposeront d'une plus grande latitude qu'auparavant pour imposer une solution dans les cas litigieux.

En outre, si les hypothèses de colonisation et de discrimination raciale sont théoriquement faciles à cerner, celle d'occupation étrangère renvoie au concept de nation, qui est susceptible d'interprétations variées, et au droit de sécession, qui n'est pas admis par la majorité des États. Cependant, quelle qu'en soit la légitimité juridique internationale, il est certain que la sécession constitue bien l'objectif poursuivi dans un grand nombre de ces conflits (Biafra, Bangladesh, ex-Yougoslavie, Tchétchénie, Géorgie).

Situées hors du cadre des rapports directs d'État à État, les mesures de police internationale menées par certaines organisations internationales (SdN, ONU et quelques organisations régionales) en vue du maintien de la paix et de la sécurité internationales, ne sont pas juridiquement des actes de guerre. Les règles du droit humanitaire des conflits armés internationaux sont néanmoins applicables à ces opérations, sinon en vertu du droit international coutumier, du moins par analogie (v. d'ailleurs la circulaire adoptée par le Secrétaire général le 6 août 1999, *Respect du droit international humanitaire par les Forces de Nations Unies*, ST/SGB/1999/13).

La protection des victimes des conflits armés non internationaux, qu'évoquait très brièvement l'article 3 de chacune des conventions de Genève de 1949, a fait l'objet de développements un peu plus étendus dans le Protocole n° II de 1977.

La même majorité d'États qui avaient écarté l'argument selon lequel les mouvements de libération nationale n'étaient pas en mesure de respecter leurs propres obligations selon le droit de conflits armés internationaux ont été beaucoup plus sensibles à l'argument lorsqu'il s'est agi de définir le conflit armé non international, dans l'intention évidente de réduire la portée du concept. Peut seul être ainsi qualifié un conflit armé se déroulant sur le territoire d'un État « entre ses forces armées et des forces armées dissidentes ou de groupes armés organisés qui, sous la conduite d'un commandement responsable, exercent sur une partie de son territoire un contrôle tel qu'il leur permette de mener des opérations militaires continues et concertées et d'appliquer le présent protocole. En revanche, n'entrent pas dans cette catégorie, les situations de tensions internes, de troubles intérieurs, comme les émeutes, les actes isolés et sporadiques de violence et autres actes analogues » (article 1er du Protocole II de 1977). Des situations comme celles du Liberia — après 1990 — ou de l'Afghanistan — après le retrait soviétique en 1989 — illustrent bien l'hypothèse de conflit armé non international.

La portée exacte de la distinction entre conflits armés internes et internationaux se trouve également brouillée par la conception de plus en plus extensive de la notion de « menace contre la paix » sur laquelle se fonde le Conseil de sécurité pour prendre des décisions dans le cadre du chapitre VII de la Charte. Non seulement le Conseil considère qu'un conflit armé interne peut constituer une telle menace (affaire des Kurdes d'Irak en 1991 ; Somalie depuis 1992 ; Liberia, Angola, Géorgie et Bosnie-Herzégovine après 1993 ; Rwanda en 1994 ; Zaïre en 1996 ; Timor oriental en 1999), mais encore il est allé jusqu'à imposer des sanctions à l'une des parties à une guerre civile (v. à propos de l'Angola, les résolutions 864 [1993] et 1173 [1998] ; à propos du Sierra Leone, la résolution 1171 [1998]) ; en invoquant le chapitre VII de la Charte à propos de la situation de l'Afghanistan des taliban, il a reconnu d'abord implicitement cette menace dans l'appui au terrorisme international (résol. 1267 [1999], 1333

[2000], 1363 [2001]) puis explicitement et avec une portée plus générale par la résolution 1373 du 28 septembre 2001.

576. Positivité du droit des conflits armés internationaux. — Le droit de la guerre *(jus in bello)* et, plus largement, des conflits armés internationaux doit être distingué du droit préventif de la guerre *(jus ad bellum)* et du recours à la force. À l'époque contemporaine, celui-ci est entièrement construit sur la base, non pas du « droit » mais de l'interdiction de recourir à la force armée qui constitue une norme impérative ; il comprend les règles et les procédés destinés à en assurer l'efficacité (v. *infra*, § 2). Le droit des conflits armés internationaux proprement dit ne s'applique qu'une fois le conflit déclenché et indépendamment de la licéité du recours à la force (cf. F. Bugnion, *RICR* 2002, p. 523-546). Son objet essentiel est de réglementer, dans le cadre de l'*état de guerre* substitué à l'*état de paix*, deux séries de rapports, ceux entre combattants et ceux entre combattants et non-combattants. On se trouve en présence d'un effet considérable de la souveraineté : par un *acte unilatéral*, la partie qui a décidé de recourir aux armes provoque une « novation du régime juridique international tout entier » réalisée par le passage du « droit de la paix » au « droit de la guerre ».

Le droit des conflits armés internationaux soulève une controverse qui met en question sa propre existence. On a invoqué contre lui deux arguments principaux. Il serait en premier lieu *inutile* parce qu'il est toujours en retard d'un conflit. Établi sur les expériences du conflit précédent, il sera inapplicable au suivant en raison des progrès rapides accomplis par la technique des combats dans l'intervalle. En second lieu, ce droit serait *vain* et *inefficace*. Dans la pratique, il n'impressionne pas les belligérants qui l'ont toujours violé lors de toutes les guerres ; tant qu'une responsabilité pénale de l'individu en droit international ne sera pas pleinement instituée, il n'y aura pas de sanctions effectives contre les actes individuels de violation. Le châtiment des criminels de guerre demeure un événement exceptionnel (v. *supra*, n°s 442 s.). Les adversaires du droit des conflits armés internationaux estiment, en conclusion, qu'il est préférable que le législateur international se consacre à l'amélioration et à l'enrichissement du droit de la paix.

Les faits eux-mêmes se sont chargés de répondre à ces critiques : le recours à la force armée n'étant pas définitivement éliminé de la vie internationale, il est nécessaire de continuer à soumettre son déroulement au droit afin de limiter, autant que faire se peut, ses dangers et ses dommages.

Malgré tout, on ne peut nier la contradiction entre l'interdiction du recours à la force et la réglementation juridique de son exercice. Plus que l'aveu de l'impuissance du droit préventif, cette réglementation d'une activité interdite équivaut à une véritable organisation de l'illicite. Aussi, quelque chose est-il resté des objections précédentes : bien que le domaine du droit des conflits armés soit vaste, les règles positives qui le constituent sont peu nombreuses et peut-être plus fondées sur une démarche éthique, qui refuse de prendre acte des nombreuses violations des normes, que sur un rattachement parfois spécieux aux sources « classiques » du droit international (coutume et traité).

Voir le *dictum* de la Cour dans son avis de 1996 sur la *Licéité de la menace ou de l'emploi d'armes nucléaires* : « La Cour prend note du fait que les États dotés d'armes nucléaires qui se sont présentés devant elle soit ont reconnu, soit n'ont pas nié que leur liberté d'agir était effectivement restreinte par les principes et règles du droit international et plus particulièrement du droit humanitaire (...). Il en a été de même des autres États présents devant la Cour » (§ 22).

577. Sources du droit des conflits armés internationaux. — Entre les peuples, il y a toujours eu une alternance de rapports pacifiques et de relations belliqueuses. Comme le droit des relations diplomatiques et consulaires, le droit de la guerre existe depuis une époque reculée et procède aussi, à ses origines, de la *coutume*. Dès le début du XVIIe siècle, Grotius était en mesure de la systématiser dans son célèbre *De jure belli ac pacis*. La conviction de sa nécessité avait déjà été exprimée, avant lui, par les théologiens qui, au nom du droit naturel autant que de la morale, enseignaient que les belligérants autorisés à engager une guerre *juste* avaient néanmoins l'obligation de respecter des règles humanitaires.

Depuis longtemps, et la pratique continue de nos jours, la source coutumière est alimentée en partie par des *instructions* adressées par les gouvernements nationaux à leurs armées (les États-Unis ont ouvert la voie avec les instructions *Lieber* de 1863 ; toutes les grandes puissances contemporaines établissent des règlements de discipline générale en partie consacrés aux obligations des forces armées en temps de guerre ; pour la France, décret du 28 juillet 1975, modifié notamment par celui du 12 juillet 1982).

Par ailleurs, dans cette matière comme dans toutes les autres, les *principes généraux de droit* au sens de l'article 38 du Statut de la CIJ, figurent aussi, à leur place habituelle, comme sources du droit. Ils sont particulièrement utiles en l'espèce, car, souvent, ils restent le dernier rempart à l'action démesurée des belligérants.

Dans son arrêt du 27 juin 1986, *Nicaragua c. États-Unis*, la CIJ reconnaît aux « principes généraux de base du droit humanitaire », exprimés notamment dans l'article 3 commun aux conventions de Genève de 1949, une portée éminente tant dans leur champ d'application — qui ne se réduit pas aux conflits armés non internationaux — que dans leur opposabilité (*Rec.* 1986, p. 65-69).

L'entreprise de *codification* a commencé durant la deuxième moitié du XIXe siècle. Bien que la majeure partie du droit de la guerre soit maintenant constituée par des règles écrites, tout n'a pu être codifié et les *conventions* de codification doivent être complétées, en cas de besoin, par le recours à la coutume, qui conserve sa validité.

1° Conventions *antérieures à la Seconde Guerre mondiale*

a) Parmi les *conventions du XIXe siècle*, figure d'abord, par ordre chronologique, la *Déclaration de Paris de 1856* sur la guerre maritime, œuvre collective des vainqueurs de la guerre de Crimée. Postérieurement, trois autres conventions ont été établies qui doivent jeter les premières bases de ce qu'il est convenu d'appeler le « droit humanitaire ».

La *Convention de Genève de 1864* est relative à la protection des blessés, des malades et du personnel sanitaire. À la suite de la publication en 1862 de l'ouvrage du Suisse Henry Dunant, *Un souvenir de Solférino*, elle a été conclue sous les auspices d'un comité genevois dont cet auteur faisait partie et qui devait se transformer en 1880 en « Comité international de la Croix-Rouge ». La *Déclaration de Saint-Pétersbourg de 1868* inaugure le mouvement en faveur de l'interdiction de certaines armes. Enfin, la *Déclaration de Bruxelles de 1874* ouvre la voie à la consécration de la distinction entre combattants et non-combattants.

b) L'entreprise de codification s'est poursuivie au début du XXe siècle, lors des deux *Conférences de la Paix de La Haye de 1899 et de 1907.*

La première a adopté une Convention concernant les lois et coutumes de la guerre sur terre suivie d'une annexe, et une Convention adaptant à la guerre maritime des principes de la Convention de Genève du 22 août 1864 ; à ces textes se sont ajoutées trois Déclarations sur le « lancement des projectiles du haut des ballons », « les gaz asphyxiants », et « l'emploi de balles ».

En 1907, la codification atteignait son apogée. Sur le seul droit de la guerre, pas moins de treize textes ont été élaborés et signés : une Convention sur l'ouverture des hostilités (la IIIe), une Convention sur les lois et coutumes de la guerre sur terre (la IVe) accompagnée d'une annexe contenant un « Règlement », six conventions sur la guerre maritime auxquelles il convient d'adjoindre la Convention non ratifiée portant création de la Cour internationale des prises (la XIIe), deux conventions sur la neutralité dans la guerre terrestre et dans la guerre maritime, une Déclaration sur le lancement de projectiles du haut de ballons.

Les conventions de La Haye ont été assorties d'une clause spéciale dénommée clause de solidarité ou clause *si omnes* qui en restreint considérablement la portée. En vertu de cette clause, leurs dispositions ne seraient applicables à une guerre qu'à la condition que tous les belligérants soient des États contractants. Ainsi, l'Allemagne a soutenu lors de la Première Guerre mondiale, qu'à partir du 8 août 1917, date de l'entrée en guerre du Liberia qui n'était pas partie à ces conventions, celles-ci cessaient d'être applicables. Lors de la guerre de 1939-1945, la même thèse a été reprise après l'entrée en guerre de l'Italie qui ne les avait pas ratifiées. Cette clause a disparu depuis.

En 1909, la *Déclaration de Londres* rédigée par les signataires de la Convention XII sur la Cour internationale des prises a été entièrement consacrée à la guerre maritime. Elle n'a pas été ratifiée, mais on la considère, aujourd'hui encore, comme l'expression la plus complète de la coutume en la matière.

Si, en 1907, rien n'a été fait en matière de guerre aérienne, c'est parce que celle-ci était encore inconnue de la technique guerrière de l'époque. Elle n'est apparue qu'en 1911, lors de la guerre italo-turque.

c) Après 1919, il a fallu tenir compte, non seulement de l'expérience de la guerre qui venait de prendre fin, mais aussi des nouveaux perfectionnements techniques. La rapidité des « progrès » de la technique a provoqué, à l'inverse, un ralentissement notable de la codification.

En 1923, un Règlement sur la guerre aérienne comprenant 62 articles a pu être mis sur pied à La Haye mais il n'est pas entré en vigueur.

En ce qui concerne la guerre sur terre, un protocole a été signé à Genève le 11 juin 1925 sur la prohibition de l'emploi de gaz asphyxiants ou toxiques et de moyens bactériologiques. Sur le plan du traitement des blessés, des malades et du sort des prisonniers, quelques conventions conclues à Genève le 27 juillet 1929 ont renforcé le droit positif. Pour la guerre maritime, on peut citer les deux conventions navales de Washington de 1922 et de Londres de 1930, suivies d'un « procès-verbal » de Londres du 6 novembre 1936 sur l'attaque des navires de commerce par les sous-marins.

2° *Depuis la fin de la Seconde Guerre mondiale*, l'essentiel des efforts a été concentré sur le droit préventif. En ce qui concerne le droit des conflits armés proprement dits des réalisations positives ont cependant concerné le droit humanitaire de la guerre et l'interdiction ou la réglementation de l'usage de certains types d'armes.

a) Renforcement du « droit humanitaire de la guerre ». La Conférence de Genève de 1949, organisée par le Comité international de la Croix-Rouge, a adopté trois conventions portant révision des textes antérieurs sur les malades, blessés et prisonniers et une quatrième Convention sur la protection de la population civile en temps de guerre. Ces conventions ont mis fin à la pratique de la clause *si omnes* (v. *supra*, 1°, *b)*). De l'avis de la CIJ, ces textes ne font, sur un certain nombre de points, qu'« exprimer » les « principes généraux de base du droit humanitaire » et leurs dispositions ont, de ce seul fait, un caractère coutumier autant que conventionnel (arrêt du 27 juin 1986, affaire des *Activités militaires et paramilitaires au Nicaragua, Rec.* p. 113-114).

En 1970, le Comité international de la Croix-Rouge a pris l'initiative d'une Conférence « sur la réaffirmation et le développement de certaines règles et matières du droit international humanitaire ». La Conférence n'a débuté, après de longs travaux préparatoires, qu'en 1974 au niveau des experts et s'est achevée le 10 juin 1977, par l'adoption de deux protocoles additionnels aux conventions de Genève de 1949, le premier relatif aux conflits armés internationaux, l'autre consacré aux conflits armés non internationaux.

Un troisième protocole additionnel a été adopté le 8 décembre 2005 (entré en vigueur le 14 janvier 2007) en vue d'ajouter un nouveau signe distinctif à ceux déjà admis par les conventions de Genève.

L'ambition des initiateurs de la Conférence de 1974-1977 était double : mieux inscrire les formes de guerre non conventionnelles, notamment la guérilla, dans le cadre des conventions humanitaires de 1907 et de 1949 ; renforcer et concrétiser l'application des dispositions humanitaires du droit des conflits armés internationaux aux conflits armés non internationaux.

Tâche difficile et inégalement menée à bien, car les difficultés étaient considérables : inégalité des parties en présence, refus des gouvernements d'aller au-delà d'une réglementation empirique, nécessité de ne compter que sur la valeur intrinsèque des dispositions du droit humanitaire puisque, par hypothèse, des autorités non étatiques ne peuvent pas être parties à de telles conventions. Les deux protocoles sont entrés en vigueur le 7 décembre 1978.

En 2008, 194 États avaient ratifié les quatre conventions de 1949. Cette universalité permet de les considérer comme la formulation autorisée de règles coutumières certaines (v. la résol. 39/77 de l'Assemblée générale des Nations Unies). Il n'en va pas de même des protocoles de 1977, bien que le premier ait été ratifié par 166 États et le second, par 162 (dont la France), en raison de leur date d'adoption plus récente.

Parallèlement, plusieurs conventions au champ d'application sectoriel sont venues compléter les conventions de 1949 et leurs protocoles additionnels. En particulier :

— Le 14 mai 1954, sous les auspices de l'Unesco, a été conclue une Convention pour la protection des biens culturels en cas de conflit armé, qui prohibe l'utilisation de ces biens à des fins susceptibles de les exposer à la destruction ou à la déprédation (v. S. E. Nahlik, *RCADI* 1967-I, vol. 120, p. 61-64 ; Th. Desch, *YBIHL* 1999, p. 63-90 ; R. O'Keefe, *ibid.*, p. 26-56 ; H. Abtahi, « The Protection of Cultural Property in Times of Armed Conflicts, the Practice of the ICTY », *Harvard Human Rights Journal*, 2001, p. 1-29 ; « La protection des biens culturels en cas de conflit armé », *RICR*, n° spécial, juin 2004, p. 313-414 ; Cl. Bories, *Les bombardements serbes sur la vieille ville de Dubrovnik. La protection internationale des biens culturels*, CEDIN Paris X, Pedone, 2005, 235 p.). La protection spécifique offerte par cette convention a été renforcée par l'adoption, le 26 mars 1999, du deuxième Protocole additionnel à la Convention de La Haye pour la protection des biens culturels en cas de conflit armé, qui s'y ajoute sans s'y substituer. Ce protocole permet d'aboutir à un rapprochement partiel des mécanismes de protection offerts en cas de conflit armé avec les solutions retenues par la Convention du patrimoine mondial, culturel et naturel, de novembre 1972.

— Plus récemment, l'utilisation par plusieurs belligérants d'enfants-soldats a fait l'objet d'une forte réprobation de la part de la communauté internationale qui s'est traduite, d'une part, par de nombreuses prises de position du Conseil de sécurité sur le sujet (v. la dernière résolution en date, résol. 1612 du 26 juillet 2005 ; A. Ayissi et C. Maia, *RTDH* 2004, p. 341-352), d'autre part, par l'adoption le 25 mai 2000 d'un protocole facultatif à la convention relative aux droits de l'enfant concernant l'implication d'enfants dans les conflits armés (T. Ferraro, *RGDIP* 2000, p. 499-505 ; F. Bloise e.a., *Obs. NU* 2002, p. 199-222). Les juridictions pénales internationales y voient un crime de guerre. Le premier accusé devant la CPI a d'ailleurs été inculpé le 28 août 2006 (charges confirmées par la Chambre préliminaire le 29 janvier 2007) des seuls chefs d'enrôlement et de conscription d'enfants de moins de quinze ans dans le but de les faire participer activement à des hostilités armées, lors du conflit ayant embrasé la Région des Grands lacs.

b) Réglementation ou limitation de l'usage de certaines armes. Les accords conclus en matière de maîtrise des armements ont également une incidence sur le déroulement des conflits armés (v. *infra*, n°s 603 à 605), au point que la frontière entre le droit du désarmement et le droit humanitaire de la guerre est loin d'être évidente. On peut cependant considérer que l'interdiction de la *fabrication* ou de la *détention* de certaines armes relève du premier et la limitation ou l'exclusion de leur *utilisation* du second.

Dans ce domaine, le principal progrès a été constitué par l'adoption, le 10 octobre 1980, de la Convention de Genève sur l'interdiction ou la limitation de l'emploi de certaines armes classiques qui peuvent être considérées comme produisant des effets traumatiques excessifs ou comme frappant sans discrimination. Cette Convention est entrée en vigueur en 1983 ; si elle n'a été acceptée que par 108 États (2008), figurent dans la liste des parties toutes les grandes puissances militaires. Cinq protocoles sont venus successivement compléter cette convention.

Constatant une utilisation croissante des armes chimiques — notamment au Cambodge, en Afghanistan et durant la guerre entre l'Irak et l'Iran —, l'Assemblée générale des Nations Unies a adopté, en 1982, la résolution 37/98 D qui institue des « procédures provisoires » d'enquête « visant à maintenir l'autorité » du Protocole de Genève de 1925. Le conflit du Golfe et les accords de désarmement entre les États-Unis et l'URSS à partir de 1990 ont favorisé l'adoption de la Convention de Paris du 13 janvier 1993 sur l'interdiction de la mise au point, de la production et du stockage des armes chimiques et sur leur destruction, entrée en vigueur en 1997 ; après quelques hésitations, les grandes puissances militaires tels les États-Unis, la Russie et la Chine l'ont acceptée (v. *infra,* n° 603).

Enfin, une convention adoptée à Ottawa le 3 décembre 1997 entrée en vigueur dès 1999, tente de mettre un frein à l'utilisation intensive des mines antipersonnel, dont les dangers pour les populations civiles — tant pendant les conflits armés qu'une fois la paix revenue — ont fini par être admis par un certain nombre significatif de gouvernements (155 États parties en 2008 ; v. *infra,* n° 579).

§ 2. — *Rapports entre parties au conflit*

BIBLIOGRAPHIE. — *En général* : Ph. BRETTON, *Le droit de la guerre*, Armand Colin, coll. U, 1976, 96 p. — A. MIGLIOZZA, « Évolution de la réglementation de la guerre... », *RCADI* 1972-III, vol. 137, p. 143-242. — F. KALSHOVEN, *The Law of Warfare*, Sijthoff, Leyde, 1973, 138 p. — M.-F. FURET, J.-Cl. MARTINEZ et H. DORANDEU, *La guerre et le droit*, Pedone, 1979, 335 p. — B. BROMS, « The Effect of Armed Conflicts on Treaties », *Ann. IDI* 1981, t. I, p. 271-284 ; t. II, p. 175-244. — F. V. RUSSO, « Neutrality at Sea in Transition », *Ocean Development & Int. Law. J.* 1988, p. 381-499. — N. RONZITTI dir., *The Law of Naval Warfare, A Collection of Agreements and Documents with Commentaries*, Dordrecht, Nijhoff, 1988, XVIII-888 p. ; « Le Manuel de San Remo sur le droit applicable aux conflits armés en mer », *Espaces et ress. marit.* 1996, p. 94-100 ; *Diritto internazionale dei conflitti armati*, Giappichelli, Torino, 2001, XI-364 p. — PLAYFAIR ed., *International Law and the Administration of Occupied Territories,* Clarendon Press, Oxford, 1992, XXXVII-534 p. — I. DETTER, *The Law of War*, Cambridge UP, 2000, XXIX-516 p. — B. Kessler, « The Duty to "Ensure Respect"under Common Article 1 of the Geneva conventions », *GYBIL* 2001, p. 498-516. — P. D'ARGENT, *Les réparations de guerre en droit international public. La responsabilité internationale des États à l'épreuve de la guerre*, Bruylant/LGDJ, Bruxelles/Paris, 2002, XVI-902 p. — A. GATTINI, *Le riparazioni di guerra nel diritto internazionale*, Cedam, Padova, 2003, 722 p. — Y. DINSTEIN, *The Conduct of Hostilities under the Law of International Armed Conflict*, Martinus Nijhoff Publishers, Leiden, 2004, 296 p.

— *Sur le droit humanitaire dans les conflits armés* : R. J. WILHEM, « La protection de la personne humaine par le droit international dans les conflits armés », *RCADI* 1972-III, vol. 137, p. 311-418. — J. PICTET, *Le droit humanitaire et la protection des victimes de la guerre*, Sijthoff, Leyde, 1973, 152 p. ; *Développement et principes du droit international humanitaire*, Pedone, 1983, 119 p. — H. S. LEVIE, *Prisoners of War in International Armed Conflicts*, US Naval War College, Newport, 1978, LXIX-529 p. ; « Some Recent Development in the Law of War », *GYBIL* 1982, p. 217-251. — S.-E. NAHLIK, « Droit dit de "Genève" ou droit dit "de La Haye" : unité ou dualité ? », *AFDI* 1978, p. 9-27. — A. CALOGEROPOULOS-STRATIS, *Droit humanitaire et droits de l'homme ; la protection des personnes en période de conflit armé*, Sijthoff, Leyde, 1980, 258 p. — M. TORRELLI, *Le droit international humanitaire*, PUF, « Que sais-je ? » n° 211, 1985, 128 p. — G. ABI SAAB, *Droit humanitaire et conflits internes, Origine et évolution de la réglementation internationale*, Genève-Paris, I. H. Dunant-Pedone, 1986, 280 p. — *Les dimensions internationales du droit humanitaire*, Pedone-I. H. Dunant-Unesco, 1986, 360 p. — R. ERGEC, *Les droits de l'homme à l'épreuve des circonstances exceptionnelles*, Bruxelles, Bruylant, 1987, XV-427 p. — *Le droit international humanitaire, problèmes actuels et perspectives d'avenir*, Univ. Clermont-Ferrand, 1987, 173 p. — F. KALSHOVEN et Y. SANDOZ éd., *Mise en œuvre du droit international humanitaire,* Nijhoff, Dordrecht, 1989, XIV-462 p. — S. BOITON-MALHERBE, *La protection des journalistes en mission périlleuse dans les zones de conflit armé*, Bruylant, Bruxelles, 1989, XXV-404 p. — R. RONZITTI, « Le droit humanitaire applicable aux conflits armés en mer », *RCADI* 1993-V, t. 242, p. 9-196. — *Le droit face aux crises humanitaires, De l'efficacité du droit humanitaire dans les conflits armés, L'accès aux victimes*, Office des publ. off., Commission des CE, Bruxelles-Luxembourg, 1995, 2 vol., 384 et 216 p. — P. BUIRETTE, *Le droit international humanitaire*, La Découverte, 1996, 124 p. — L. CONDORELLI e.a. dir., Colloque de Genève, *Les Nations Unies et le droit international humanitaire*, Pedone, 1996, 506 p. — M. DEYRA, *Droit international humanitaire*, Gualino, 1998, 151 p. — P. TAVERNIER, L. BURGORGUE-LARSEN dir., *Un siècle de droit international humanitaire*, Bruylant, Bruxelles, 2001, VII-262 p. — K. BOUSTANY, D. DORMOY dir., *Perspectives humanitaires entre conflits, droit(s) et action*, Bruylant, Bruxelles, 2002, 332 p. — J. PUEYO LOSA e.a. coord., *El derecho internacional humanitario en una sociedad internacional en transición*, Tórculo, Santiago de Compostela, 2002, 446 p. — R. PROVOST, *International Human Rights and*

Humanitarian Law, Cambridge UP, 2002, XXXIX-418 p. — J.-F. FLAUSS dir., *Les nouvelles frontières du droit international humanitaire*, Bruylant, Bruxelles, 2003, 218 p. — A. BALGUY-GALLOIS, « Protection des journalistes et des médias en période de conflit armé », *RICR* 2004, n° 853, p. 37-68. — S. LUNZE, « Servir Dieu et César : le personnel religieux et sa protection en cas de conflit armé », *RICR* 2004, n° 853, p. 69-92. — H. J. HEINTZE, « De la relation entre le droit international humanitaire et la protection qu'assure le droit des droits de l'homme », *RICR* 2004, n° 856, p. 789-814. — K. WATKIN, « Controlling the Use of Force : A Role for Human Rights Norms in Contemporary Armed Conflicts », *AJIL* 2004, p. 1-34. — A. ROSAS, *The Legal Status of Prisoners of War*, Abo, Finland, 2005, X-523 p. — V. HAROUEL-BURELOUP, *Traité de droit humanitaire*, PUF, 2005, 556 p. — P. A. FERNANDEZ-SANCHEZ ed., *The New Challenges of Humanitarian Law in Armed Conflicts. In Honour of Professor J. A. Carrillo-Salcedo*, Martinus Nijhoff Publishers, Leiden/Boston, 2005, XIV-366 p. — A. BIAD, *Droit international humanitaire*, Ellipses, 2006, 139 p. — P. ROWE, *The Impact of Human Rights Law on Armed Forces*, Cambridge UP, 2006, XI-249 p. — M. BÉLANGER, *Droit international humanitaire général*, Gualino, coll. « Mémentos », 2e éd. 2007, 156 p.

— *Sur les conventions de La Haye de 1899 et 1907* : A. PILLET, *Les conventions de La Haye*, Pedone, 1918, 274 p. — J. B. SCOTT, *Les Conférences de la paix de La Haye de 1899 et de 1907*, Pedone, 1918, 3 vol., 693 p. — « The Second Hague Peace Conférence – A Centennial Commemoration (1907-2007) », *NILR* 2007, p. 195-413.

— *Sur les conventions de Genève du 12 août 1949 et leurs travaux préparatoires :* P. DE LA PRADELLE, *La Conférence diplomatique et les nouvelles conventions de Genève du 12 août 1949*, Éd. internationales, 1951, 424 p. — J. PICTET (dir.), *Les conventions de Genève du 12 août 1949. Commentaire*, CICR, 4 volumes, 1952-1958. — G. DRAPER, « The Geneva conventions of 1949 », *RCADI* 1965-I, vol. 124, p. 63-162 et les articles de J. GUTTERIDGE, *BYBIL* 1949, p. 294-326. — S. TCHIRKOVITCH, *RGDIP* 1950, p. 97-110 et J. DES CILLEULS, *ibid.*, p. 505-516. — J. PICTET, *AJIL* 1951, p. 462-475.

— *Sur les Protocoles de 1977 et leurs travaux préparatoires* : A. CASSESE ed., *The New Humanitarian Law of Armed Conflicts*, Éd. Scientifica, Naples, 1979, 501 p. — M. BOTHE, J. J. PARTSCH, W. A. SOLF, *New Rules for Victims of Armed Conflicts*, Nijhoff, La Haye, 1982, XXI-746 p. — *RGDIP* 1978, « Vers un nouveau droit international humanitaire », n° spécial, p. 5-234. — S. E. NAHLIK, « L'extension du statut de combattant à la lumière du Protocole I... », *RCADI* 1977-III, vol. 164, p. 171-250. — E. KAKWA, *The International Law of Armed Conflicts*, Nijhoff, Dordrecht, 1992, 208 p. — *Commentaire des protocoles additionnels du 8 juin 1977 aux conventions de Genève du 12 août 1949*, CICR-Nijhoff, Genève-Dordrecht, 1994, XXXV-1647 p. — SYMPOSIUM : « The Hague Peace Conference », *AJIL* 2000, p. 1-98. — et les articles de J. SALMON, *RBDI* 1975, p. 27-52 ; Ph. BRETTON, *AFDI* 1977, p. 197-220, *JDI* 1978, p. 208-271, *RDP* 1979, p. 379-423 ; *AFDI* 1987, p. 540-557 ; et *Mél. Thierry*, 1998, p. 57-72 ; Ch. BARBIER et M. BUHL, *Arès* 1977, p. 361-382 ; F. KALSHOVEN, *NYBIL* 1977, p. 107-135, et 1978, p. 107-171 ; H. B. REIMANN, *ASDI* 1978, p. 9-28 ; M. BOTHE, K. IPSEN et J. J. PARTSCH, *Z.a.ö.R.V.* 1978, p. 1-159 ; Y. DINSTEIN, *YBWA* 1979, p. 265-283 ; Y. SANDOZ, *RDH* 1979, p. 135-161 ; G. H. ALDRICH, *AJIL* 1981, p. 764-783 ; B. A. WORTLEY, *BYBIL* 1983, p. 143-166 ; H. MEYROWITZ, *RGDIP* 1985, p. 243-298 ; F. BUGNON, *RSDIE* 1999, p. 371-401.

— *Sur le rôle de la Croix-Rouge* : v. J. PICTET, « La Croix-Rouge et les conventions de Genève », *RCADI* 1950-I, vol. 76, p. 5-119. — P. RUEGGER, « L'organisation internationale de la Croix-Rouge sous ses aspects juridiques », *RCADI* 1953-I, vol. 82, p. 377-479 ; J. FREYMOND, *Guerres, révolutions, Croix-Rouge*, IUHEI, Genève, 1976, XII-222 p. — Y. SANDOZ, « Réflexions sur la mise en œuvre du droit humanitaire et sur le rôle de la Croix-Rouge en ex-Yougoslavie », *RSDIE* 1993, p. 461-490. — F. BUGNION, *Le CICR et la protection des victimes de la guerre*, CICR, Genève, 1994, 1438 p. — C. GIROD, *Tempête sur le désert. Le CICR et la guerre du Golfe, 1990-1991*, Bruylant-LGDJ, Bruxelles-Paris, 1995, IX-401 p.

— *Sur les conflits armés non internationaux* : J. SIOTIS, *Le droit de la guerre et les conflits armés de caractère non international*, LGDJ, 1958, 251 p. — R. PINTO, « Les règles du droit international concernant la guerre civile », *RCADI* 1965-I, vol. 114, p. 445-582. — J. MALLEIN, *La situation juridique des combattants dans les conflits armés non internationaux*, PU Grenoble, 1980, 623 p. — L. MOIR, *The Law of Internal Armed Conflicts*, Cambridge UP, 2002, XIX-297 p. — et les articles de J. H. LEURDIJK, *NILR* 1977, p. 143-159 ; D. P. FORSYTHE, *AJIL* 1978, p. 272-285 ; A. CASSESE, *ICLQ* 1981, p. 416-439 et « La guerre civile et le droit international », *RGDIP* 1986, p. 553-578.

— *Sur les luttes de libération nationale et la guérilla* : E. KOSSOY, *Living with Guerilla,* Droz, Genève, 1976, 405 p. — G. ABI-SAAB, « Wars of National Liberation in the Geneva conventions and Protocols », *RCADI* 1997-IV, vol. 165, p. 353-446. — M. VEUTHEY, *Guérilla et droit humanitaire*, CICR, Genève, 1983, 384 p. — E. CHADWICK, *Self-Determination, Terrorism, and the International Humanitarian Law of Armed Conflict*, Nijhoff, La Haye, 1996, XIII-221 p. — et les articles de Ch. CHAUMONT, *Mél. Rousseau*, 1974, p. 46-61 ; J. SALMON, *RBDI* 1977, p. 353-378 ; M. BOTHE, *RGDIP* 1978, p. 82-102.

— *Sur les mercenaires* : E. DAVID, « Les mercenaires en droit international », *RBDI* 1977, p. 197-237 et *Mercenaires et volontaires internationaux en droit des gens*, PU, Bruxelles, 1978, 459 p. — et les articles de J. TERCINET, *AFDI* 1977, p. 269-293 ; H. C. BURMESTER, *AJIL* 1978, p. 37-56 ; A. CASSESE, *Z.a.ö.R.V.* 1980, p. 1-30 ; T. GARCIA, *RGDIP* 2003, p. 677-692.

— *Sur les armes chimiques* : H. MEYROWITZ, « Les armes psycho-chimiques et le droit international », *RGDIP* 1964, p. 81-126 ; *Les armes biologiques et le droit international,* Pedone, 1969, 159 p. — R. FRAILE, *La guerre biologique et chimique*, Economica, 1982, VII-243 p. — *La convention sur l'interdiction et l'élimination des armes chimiques..., Colloque de l'Ac.DI, La Haye*, D. BARDONNET dir., Nijhoff, Dordrecht, 1995, 635 p. — N. RONZITTI, « La convention sur l'interdiction... des armes chimiques », *RGDIP* 1995, p. 881-928 ; et « Le désarmement chimique et le Protocole de Genève de 1925 », *AFDI* 1989, p. 149-157. — W. LANG et W. GEHR, « La Convention sur les armes chimiques et le droit international », *AFDI* 1992, p. 136-151. — M. BOTHE, N. RONZITTI et A. ROZAS, *The New Chemical Weapons Convention. Implementation and Prospects*, Kluwer, La Haye, 1998, XV-613 p. — J. CLERCKX, *La vérification de l'élimination de l'arme chimique*, LGDJ, 2001, VIII-307 p.

— *Sur les autres armes* : M. BETTATI, « Examen de la Convention sur l'interdiction des armes classiques produisant des effets traumatiques excessifs », *AFDI* 1995, p. 185-198 ; « La convention sur l'interdiction de l'emploi, du stockage, de la production et du transfert des mines antipersonnel et sur leur destruction », *AFDI* 1997 p. 218-226. — B. M. CARNAHAN et M. ROBERTSON, The Protocol on « Blinding Laser Weapons... », *AJIL* 1996 p. 484-490. — M. J. MATHESON, « The Revision of the Mines Protocol », *AJIL* 1997 p. 158-167. — L. CAFLISCH et F. GODET, « De la réglementation à l'interdiction des mines antipersonnel », *RSDIE* 1998, p. 1-50. — S. MALSEN, *The Convention on the Prohibition of the Use, Stockpiling, Production, and Transfer of Anti-Personnel Mines and on their Destruction*, Oxford UP, 2005, 704 p.

— *Sur les armes nucléaires* : v. *infra*, la bibliographie sur le n° 603.

— *Sur les armes de destruction massive :* R. MEHDI, *Les Nations Unies face aux armes de destruction massive*, Pedone, 2004, 178 p. — S. SUR, « La résolution 1540 du

Conseil de sécurité : entre la prolifération des armes de destruction massive, le terrorisme et les acteurs non étatiques », *RGDIP* 2004, p. 855-882.

— *Sur la protection de l'environnement durant les conflits armés* : D. MOMTAZ, « Les règles relatives à la protection de l'environnement au cours des conflits armés à l'épreuve du conflit entre l'Irak et le Koweït », *AFDI* 1991, p. 203-219. — M. BOTHE, « The Protection of the Environment in Times of Armed Conflict », *GYBIL* 1991, p. 54-62. — L. C. GREEN, « The Environment and the Law of Conventional Welfare », *ACDI* 1991, p. 222-237. — A. BOUVIER, « La protection de l'environnement naturel en cas de conflit armé », *RICR* 1991 p. 599-611 et 1992 p. 578-591. — F. P. FELICIANO, « Marine Pollution and Spoliation of Natural Resources as War Measures », *Mél. Tieya*, 1993, p. 285-310. — B. M. CARNAHAN, « Protecting Nuclear Facilities from Military Attacks », *AJIL* 1992, p. 524-541. — W. HEINSCHEL et M. DONNER, « New Developments in the Protection of the Natural Environment in Naval Conflicts », *GYBIL* 1994, p. 281-314. — H. P. GASSER, « For Better Protection of the Natural Environment in Armed Conflict », *AJIL* 1995, p. 637-644. — R. J. GRUNAWALT e.a. ed., *Protection of the Environment During Armed Conflict,* Naval War College, Newport, 1997, XIX-656 p. — M. CASTELLANETA, « La responsibilità internazionale degli Stati per danni all'ambiante causati nel corso conflicti armati », *Riv. DI* 1998, p. 632-672. — M. AZNAR GOMEZ, « Environmental Damages and the 1991 Gulf War : Some Yardsticks before the UNCC », *Leiden Jl. IL* 2001, p. 301-334. — K. MOLLARD BANNELIER, *La protection de l'environnement en temps de conflit armé*, Pedone, 2001, 542 p. — N. AL-DUAIJ, *Environmental Law of Armed Conflicts*, Ardsley, New York, 2004, XXXV-501 p. — D. GUILLARD, *Les armes de guerre et l'environnement naturel* L'Harmattan, 2006, 390 p.

— *Sur les combattants irréguliers et la lutte contre le terrorisme :* K. HAILBRONNER, « International Terrorism and the Laws of War », *GYBIL* 1982, p. 169-198. — A. CASSESE, « Terrorism is Also Disrupting Some Crucial Legal Categories of International Law », *EJIL* 2001, p. 99-1002. — L. CONDORELLI, « Les attentats du 11 septembre et leurs suites : où va le droit international », *RGDIP* 2001, p. 829-848. — M. SASSOLI, « La "guerre contre le terrorisme", le droit international humanitaire et le statut de prisonnier de guerre », *ACDI* 2001, p. 211-250. — S. RATNER, « *Jus ad Bellum* and *Jus in Bello* after September 11 », *AJIL* 2002, p. 905-921. — H. TIGROUDJA, « Quel(s) droit(s) applicable(s) à la "guerre au terrorisme" ? », *AFDI* 2002, p. 81-102. — H.P. GASSER, « Acts of Terror, "Terrorism"and International Humanitarian Law », *RICR* 2002, p. 547-570. — P. SERRANO, « El Estatuto juridico de las personas detenidas durant el conflicto armado internacional en Afganistàn », *ADI* 2002, p. 171-204. — M. PEREZ GONZALES e.a., « El caso de los detenidos de Guantànamo ante el derecho internacional humanitario », *REDI* 2002, p. 11-40. — A. BEHSEN, « The Status of Mercenaries and Other Illegal Combattants under International Humanitarian Law », *GYBIL* 2003, p. 494-536. — K. DÖRMANN, « The Legal Situation of "Unlawful/Unprivileged Combatants" », *RICR* 2003, p. 45-74. — M. FINAUD, « L'abus de la notion de "combattant illégal" », *RGDIP* 2006, p. 861-890. — C. WALTER et as. ed., *Terrorism as a Challenge for National and International Law : Security versus Liberty ?*, Springer, Berlin 2004, XI-1482 p.

— *Sur le* jus in bello *durant la « guerre du Golfe »,* v. *infra*, la bibliographie sous le n° 590, 4°.

578. Rupture des relations pacifiques et rapports de belligérance. — Les rapports entre parties au conflit sont soumis à un bouleversement juridique relativement profond. Le droit des conflits armés internationaux qui va désormais les régir intégralement comprend des règles différentes de celles du droit de la paix. C'est donc un régime d'exception qui a normalement vocation à s'appliquer.

Mais le déclenchement de celui-ci ne suspend pas pour autant nécessairement l'application des règles applicables en temps de paix. Le droit applicable *aux* conflits armés ne se limite pas en effet au droit *des* conflits armés entendu *stricto sensu*. Plutôt que d'exclusion réciproque, on assiste à une application parallèle de plus en plus fréquente du droit de la guerre et du droit de la paix, qui oblige à établir le cas échéant un rang de priorité de leurs applications respectives. Ainsi le droit international des droits de l'homme peut-il, dans certaines occasions, continuer de s'appliquer malgré la survenance d'un conflit armé. La CIJ l'a reconnu très clairement dans son avis relatif aux *Conséquences juridiques de l'édification d'un mur dans le territoire palestinien occupé* : « (...) la protection offerte par les conventions régissant les droits de l'homme ne cesse pas en cas de conflit armé, si ce n'est par l'effet de clauses dérogatoires du type de celle figurant à l'article 4 du pacte international relatif aux droits civils et politiques » (avis du 9 juillet 2004, par. 106). Si ces clauses ne sont pas activées, ou si elles le sont seulement à l'égard de certaines dispositions, les deux branches du droit s'appliquent concurremment (une juridiction comme la Cour européenne des droits de l'homme peut ainsi connaître, sous l'angle des droits de l'homme, de situations d'occupation militaire, de même que la CIJ peut déclarer un État internationalement responsable sur ces deux fondements – v. *Activités armées sur le territoire du Congo*, arrêt du 19 décembre 2005, par. 215-220). En cas d'incompatibilité, le droit international humanitaire est considéré comme la *lex specialis* par rapport au droit des droits de l'homme (avis du 9 juillet 2004, par. 106 ; v. aussi l'avis du 8 juillet 1996 dans l'affaire de l'*Arme nucléaire*, *Rec.* 1996, p. 240, par. 25, ainsi que A. Guellali, *RGDIP* 2007, p. 539-574 et A. Orakhelas-hvili, *EJIL* 2008, p. 161-182). Plus largement, c'est tout le problème de l'effet des conflits armés sur les traités qui se trouve ici impliqué (v. *supra*, n° 200).

Sous la réserve de ce qui précède, aussitôt après l'ouverture des hostilités, toutes les relations normales entre les parties sont en principe rompues et font place à des rapports de belligérance.

En cas de guerre *stricto sensu*, les relations diplomatiques, qui sont exclusivement des relations pacifiques, sont rompues en tout premier lieu, et automatiquement. On procède à l'échange des diplomates. Chaque belligérant charge un État tiers de défendre ses intérêts sur le territoire de son ou de ses adversaires. Toutefois, l'hôtel et les biens de l'ambassade continuent d'être couverts par l'inviolabilité (v. *supra*, n° 460). Un terme est également mis aux relations juridiques par l'application de la règle classiquement suivie de la caducité des traités bilatéraux du fait de la guerre. En cas de nécessité, les belligérants ne passent entre eux que des accords pratiques, de caractère militaire, afin de régler des problèmes qui naissent des combats, par exemple, l'évacuation des malades et des blessés. Sur le plan économique, les échanges de toute nature sont aussi interrompus. Chaque belligérant peut même saisir les biens privés des États ennemis.

Les individus ne sont pas épargnés, comme il ressort surtout des pratiques des deux dernières guerres. À l'opposé de la conception traditionnelle soutenue par des auteurs classiques, la guerre n'a jamais été une entreprise intéressant exclusivement les États et non les peuples. Les nationaux de chaque belligérant perdent le droit de commercer avec l'ennemi. La situation des ressortissants ennemis est encore plus gravement affectée. Leurs biens peuvent être mis sous séquestre ; les traités de paix de 1947 ont entériné de telles mesures. Ils peuvent être expulsés. Lors des deux dernières guerres, ils ont même fait l'objet de mesures d'internement administratif. Depuis lors, celui-ci a été réglementé par la Convention de Genève de 1949.

Le droit des conflits armés repose moins sur des principes que sur un compromis difficile entre des considérations contradictoires. D'une part, l'issue recherchée par chaque partie étant la victoire, elle doit vouloir mettre en œuvre toutes ses possibilités d'action pour l'atteindre. De l'autre, le respect de la vie humaine s'impose. Ainsi, le régime de la belligérance doit concilier, dans la mesure permise par l'évolution des techniques, les nécessités militaires et les exigences humanitaires élémentaires. D'où la nécessité de distinguer — tout en reconnaissant leur complémentarité — le « droit de La Haye », centré sur le comportement des belligérants et combattants dans la conduite des hostilités et qui s'efforce de limiter l'ampleur de la violence, et le « droit de Genève », consacré à la protection des victimes (1949 et 1977).

Comme l'exprime, avec quelque embarras, la CIJ dans l'avis consultatif du 8 juillet 1996, *Licéité de la menace et de l'emploi de l'arme nucléaire* : « Le principe de proportionnalité ne peut pas, par lui-même, exclure le recours aux armes nucléaires en légitime défense en toutes circonstances. Mais en même temps, un emploi de la force qui serait proportionné conformément au droit de la légitime défense doit, pour être licite, satisfaire aux exigences du droit applicable dans les conflits armés, dont en particulier les principes et règles du droit humanitaire. » (§ 42).

579. Conduite des hostilités. — Posé par l'article 22 de la Convention III de La Haye de 1899 et de la Convention IV de 1907, le principe cardinal est que « *les belligérants n'ont pas un choix illimité des moyens de nuire à l'ennemi* ».

Au-delà du standard de comportement, la question concrète est de savoir si les belligérants ne sont tenus que par des prohibitions explicites, à l'inverse par le principe que tout ce qui n'est pas autorisé par une norme juridique est prohibé, ou encore qu'ils doivent réaliser un choix dans chaque cas d'espèce en étant guidés par des principes tels celui de proportionnalité. La seconde solution doit être écartée. Comme le rappelle la CIJ, dans son avis précité de 1996 sur la licéité des armes nucléaires : « La pratique des États montre que l'illicéité de l'emploi de certaines armes en tant que telles ne résulte pas d'une absence d'autorisation, mais se trouve au contraire formulée en termes de prohibition. » (§ 52).

Cependant « un emploi de la force qui serait proportionné conformément au droit de la légitime défense doit, pour être licite, satisfaire aux exigences du droit applicable dans les conflits armés, dont en particulier les principes et règles du droit humanitaire » (§ 42).

Aux moyens (les armes), l'article 35, § 1, du Protocole n° I de 1977, ajoute les *méthodes* (l'utilisation des armes). Ce principe est à l'origine des règles diversifiées concernant les hostilités sur terre, sur mer ou dans les airs ; d'autres déterminent les conditions de l'occupation du territoire — ou d'une portion de territoire — de l'État vaincu.

1° *Hostilités sur terre*

a) L'usage des armes « propres à causer des maux superflus » a été interdit dès 1899, et ce principe a été réaffirmé en 1907 (art. 23 du Règlement annexé à la Convention IV) et en 1977 (art. 35, § 3, du Protocole I). D'interprétation très subjective, ce principe, trop général, a été progressivement précisé.

Dès 1868, la Déclaration de Saint-Pétersbourg, complétée en 1899, a interdit l'emploi de certaines catégories de balles explosives. C'est également en 1899 qu'a été posé le principe de l'interdiction d'utiliser des gaz asphyxiants ou toxiques, étendu par le Protocole de Genève de 1925 qui y ajoute les moyens de guerres bactériologiques, dont la Convention du 10 avril 1972 interdit la détention (v. *infra*, n° 603-2°) et par la Convention du 13 janvier 1998 qui y ajoute les armes chimiques. En outre, la Convention IV de 1907 prohibe l'emploi du poison et des armes empoisonnées.

Plus récemment, avec la Convention de Genève de 1981, la terminologie traditionnelle a été modifiée puisque celle-ci concerne les « armes classiques qui peuvent être considérées comme produisant des effets traumatiques excessifs ou comme frappant sans discrimination ». Les trois premiers protocoles annexes, qui peuvent être ratifiés séparément, concernent respectivement l'interdiction de l'emploi de « toute arme dont l'effet principal est de blesser par des éclats qui ne sont pas localisables aux rayons X dans le corps humain », la réglementation de celui des mines, pièges et autres dispositifs d'une part et des armes incendiaires (y compris le napalm) d'autre part. Les conférences de Vienne de 1995 et d'Ottawa de 1997 ont quelque peu renforcé les prohibitions relatives à deux types d'armes : celles à laser, dites aussi « aveuglantes » (nouveau Protocole IV), ne sont interdites que dans la mesure où elles n'ont pour objet que de blesser l'adversaire, ce qui ne correspond qu'à un faible nombre de ces engins ; par contre, l'utilisation des mines antipersonnel semble plus systématiquement prohibée, mais la question reste posée des modalités et du contrôle de la destruction des stocks existants ainsi que du déminage à court et moyen termes. Enfin, un cinquième protocole à la Convention de Genève de 1981 a été adopté le 28 novembre 2003, qui complète les règles relatives aux mines anti-personnel par d'autres applicables aux restes explosifs de guerre, qui n'étaient pas couverts par les premières.

Même en ce qui concerne les armes énumérées *supra*, le principe d'interdiction n'est pas toujours absolu : on considère que la Déclaration de Saint-Pétersbourg est tombée en désuétude ; les conventions de 1899 et 1907 sont assorties de la clause *si omnes*, et de nombreux États se sont réservé la possibilité d'utiliser les armes prohibées à titre de représailles ou interprètent de manière étroite des dispositions incertaines dont les termes sont mal définis (Protocole de 1925).

Par ailleurs, malgré les appels répétés de l'Assemblée générale des Nations Unies (cf. résol. 1653 [XVI] du 24 novembre 1961 ou 46/37D du 6 décembre 1991 à laquelle est annexé un « Projet de convention sur l'interdiction des armes nucléaires »), aucun accord n'a pu être conclu sur l'interdiction de l'usage et même l'initiative de l'usage des « armes de destruction massive » (armes nucléaires). On peut estimer que « causant des maux superflus », leur emploi se trouve prohibé de ce seul fait, mais la licéité des bombardements aériens massifs, reconnu par le Tribunal de Nuremberg après la seconde guerre mondiale, ne permet guère d'être affirmatif sur ce point (v. cependant *infra*, n° 580-4°). Toutes les grandes puissances nucléaires s'estiment en droit d'employer les premières l'arme nucléaire — la renonciation unilatérale confirmant qu'il s'agit d'un droit à leurs yeux — mais le réservent au cas où elles seraient victimes d'une agression armée. Que ce consensus *inter se* soit inopposable éventuellement aux autres États ne donne pas une solution satisfaisante à la garantie souhaitée par ces derniers. Il semble acquis que l'adoption du Protocole I de 1977 ne modifie pas les données du problème (v. H. MEYROWITZ, « La stratégie nucléaire et le Protocole additionnel I aux conventions de Genève de 1949 », *RGDIP* 1979, p. 905-961). Simple « pas dans la direction » souhaitée par les États non dotés d'armes nucléaires parties au Traité de non-prolifération, selon les termes de son préambule, la résolution 984 du 11 avril 1995 du Conseil de sécurité « prend acte » des déclarations unilatérales des États possédant des armes nucléaires en faveur de « garanties de sécurité contre l'emploi de telles armes » et reconnaît la légitimité du souhait d'une assistance immédiate en cas d'agression impliquant l'emploi de ces armes ; les engagements pris au nom du Conseil de sécurité restent assez dérisoires (saisine du Conseil, enquête) ; il se contente de rappeler le principe de la légitime défense armée, et envisage la seule responsabilité indemnitaire pour les dommages causés par une agression. Confronté aux essais nucléaires de l'Inde et du Pakistan, c'est par de simples déclarations de son Président — et non par des résolutions — que les membres du Conseil de sécurité ont tenté d'apaiser l'émotion des autres États et invité ces deux États à devenir parties au TNP. La réaction du Conseil a été plus vive en revanche à l'égard de la Corée du Nord. Après avoir unilatéralement dénoncé le TNP le 10 janvier 2003, comme l'y autorisait son article X, § 1, celle-ci a procédé le 9 octobre 2006 à un essai nucléaire qui a conduit le Conseil de sécurité, d'une part à exiger de cet État qu'il « revienne » au TNP, d'autre part à demander aux autres États membres de prendre des sanctions non militaires à son encontre (résol. 1718 [2006] ; v. également les sanctions prononcées contre l'Iran par la résolution 1737 [2006], renforcées depuis, dernièrement par la résol. 1803 [2008]).

On peut s'interroger sur la portée juridique et pratique de l'avis rendu le 8 juillet 1996 par la CIJ à propos de la « licéité de la menace ou de l'emploi d'armes nucléaires » (*Rec.* 1996 p. 66-85). Selon la Cour, si le recours à de telles armes n'est ni autorisé ni interdit spécifiquement par le droit positif — coutumier ou conventionnel —, si même il paraît contraire aux règles applicables dans les conflits armés et illicite dès lors qu'il serait mis en œuvre dans des conditions contraires à l'article 2, § 4, de la Charte des Nations Unies, il reste impossible — selon la Cour — de se prononcer pour le cas où un tel usage des armes nucléaires se produirait « dans une circonstance extrême de légitime défense dans laquelle la survie même d'un État serait en cause » (§ 97).

La Cour admet que « le principe de proportionnalité ne peut pas, par lui-même, exclure le recours aux armes nucléaires en légitime défense en toutes circonstances » (§ 42), s'il doit jouer un rôle important dans la décision d'y recourir. La possession d'armes nucléaires, l'affirmation d'une politique de dissuasion nucléaire n'équivalent pas à une menace prohibée par l'article 2, § 4, de la Charte (§ 48). Quant aux traités spécifiques conclus jusqu'ici, ils sont peut-être l'amorce d'une « future interdiction générale de l'utilisation de ces armes, mais ils ne comportent pas en eux-mêmes une telle interdiction » (§ 62). Une *opinio juris* en faveur d'une règle coutumière prohibant les politiques de dissuasion nucléaire ne peut pas davantage être établie (§ 67 et s.), même dans le cadre plus restreint du droit humanitaire, alors même que ces armes n'échappent pas, malgré leur nouveauté, au champ d'application de ce droit (§ 86).

Il est à noter toutefois que le 13 avril 2005, l'Assemblée générale des Nations Unies a adopté une convention internationale pour la répression des actes de terrorisme nucléaire (résol. AG 59/290). L'article 4 de cette convention prend certes le soin d'exclure de son champ d'application les actions menées par des forces armées en période de conflit armé et de réserver la question de la licéité ou de l'illicéité de l'emploi ou de la menace de l'emploi d'armes nucléaires. Mais cette incrimination à part entière du terrorisme nucléaire n'en traduit pas moins une évolution vers une condamnation de plus en plus ferme du recours à cette arme et devrait conduire à rendre désormais plus difficile la justification de son utilisation par un État.

b) Les *ruses de guerre* ont toujours été considérées comme une composante normale des hostilités ; leur licéité s'arrête cependant au seuil de la *perfidie*, notion à vrai dire fort subjective que l'article 37, § 1, du Protocole I de 1977 définit ainsi : « Constituent une perfidie les actes faisant appel, avec l'intention de la tromper, à la bonne foi d'un adversaire pour lui faire croire qu'il a le droit ou l'obligation d'accorder la protection prévue par les règles du droit international applicable dans les conflits armés ». Tel est le cas, par exemple, de l'abus du pavillon parlementaire, ou des emblèmes des Nations Unies, d'un État neutre ou de la Croix-Rouge.

Le bénéfice de ces règles n'a pas été étendu aux conflits armés non internationaux, les États refusant aux « criminels de droit commun » que sont les rebelles à leurs yeux, ce qu'ils garantissent aux « combattants légitimes », alors même que la principale victime de fait est la population civile.

2° *Hostilités navales.* La réglementation de la guerre sur mer — qui peut se dérouler dans la mer territoriale des belligérants et en haute mer (sauf dans quelques zones neutralisées) — inclut les principes généraux applicables aux hostilités sur terre. Les particularités suivantes doivent être mentionnées :

— la Convention VIII de La Haye de 1907 autorise en principe l'usage de *mines* fixes, mais non celui de mines restant dangereuses lorsque le belligérant qui les pose en perd le contrôle ;

— les *sous-marins* ont été assimilés aux bâtiments de surface par le Traité de Londres du 22 avril 1930 (mais les limitations de leur activité n'ont pas été respectées lors de la Seconde Guerre mondiale) ;

— la capture des navires de commerce ennemis, ou, dans certains cas, neutres et la saisie des marchandises qu'ils transportent sont autorisées sous réserve du respect de certaines procédures ; c'est le *droit de prise*.

3° *Hostilités aériennes.* Les principes généraux du droit de la guerre leur sont applicables en l'absence presque totale de réglementation conventionnelle spécifique.

4° En matière d'*occupation de guerre*, tenant compte des nécessités militaires, les conventions de La Haye confèrent à l'occupant des compétences étendues sur le territoire occupé. Ces droits ne sont cependant pas illimités.

« Un territoire est considéré comme occupé lorsqu'il se trouve placé de fait sous l'autorité de l'armée ennemie » (Convention IV, art. 42), mais il ne résulte pas de cette situation la fin de l'état de guerre et l'article 2, commun aux quatre conventions de Genève de 1949, précise que celles-ci s'appliquent « dans tous les cas d'occupation de tout ou partie du territoire d'une Haute Partie contractante, même si cette occupation ne rencontre aucune résistance militaire ».

La définition d'une situation comme constituant une occupation n'est pas toujours aisée. Ainsi, bien qu'elle l'ait condamnée, l'Assemblée générale des Nations Unies n'a pas qualifié d'« occupation » l'ingérence militaire continue de l'URSS en Afghanistan entre 1981 et 1989. Il faudra au minimum, comme la Cour l'a rappelé dans son arrêt du 19 décembre 2005, qu'il y ait une situation de contrôle effectif du territoire par l'occupant. Celui-ci doit avoir « substitué [sa] propre autorité à celle du Gouvernement » de l'État détenteur de la souveraineté territoriale pour que l'on puisse véritablement parler d'occupation militaire (*Activités armées sur le territoire du Congo (Congo/Ouganda)*, par. 172-173).

La première limite traditionnelle imposée aux pouvoirs de l'occupant tient au fait que l'occupation, même totale, n'opère pas, par elle-même, transfert de souveraineté. Appliqué par les tribunaux nationaux (cf. Cass. crim., 20 déc. 1919, *Naoum e.a., Gaz. Pal.* 1920, 1, 62), ce principe a été consacré par le Tribunal militaire international de Nuremberg dans son jugement du 1er octobre 1946 ; il s'est trouvé renforcé par celui de l'inadmissibilité de l'annexion par l'occupation, aujourd'hui indiscutable (v. *supra*, n° 314).

Par ailleurs, la Convention IV de La Haye de 1907 autorise l'occupant à lever des impôts et des contributions, à opérer des réquisitions de propriétés privées, à exiger des services, et à saisir les biens de l'État vaincu, mais soumet l'exercice de ces droits à certaines limites (respect de procédures déterminées, obligation de s'en tenir aux mesures nécessaires au rétablissement de l'ordre public et à l'entretien de l'armée d'occupation) et interdit de porter atteinte à l'honneur et aux droits fondamentaux des habitants ou de procéder à la prise d'otages, à la déportation et au pillage (art. 43 à 56).

À la suite de l'occupation de certains territoires par Israël depuis 1967, l'Assemblée générale des Nations Unies a fait prévaloir une interprétation sourcilleuse de ces règles, qui ont, aujourd'hui, acquis une valeur coutumière (v. notamment les résolutions adoptées par la

7e session extraordinaire d'urgence en 1982 et la Déclaration et le Programme d'action adoptés en 1983 par la Conférence internationale de Genève sur la question de Palestine) (v. not. A. Roberts, « Prolonged Military Occupation : The Israeli Occupied Territories since 1967 », *AJIL* 1990, p. 44-103. — S. Bowen ed., *Human Rights, Self-Determination and Political Change in the Occupied Palestinian Territories*, La Haye, Nijhoff, 1997, XIII-321 p. — A. Imseis, « On the Fourth Geneva Convention and the Occupied Palestinian Territory », *Harvard ILJl* 2003, p. 65-138.). Dans le cadre de sa dixième session extraordinaire d'urgence tenue entre 1997 et 2004 à propos des mesures prises par Israël dans le territoire palestinien occupé, l'Assemblée générale a notamment demandé à Israël, en tant que puissance occupante, de s'abstenir « de procéder à toute expulsion et [de] cesse[r] toute menace à la sécurité du Président élu de l'Autorité palestinienne » (résolution ES-10/12 du 19 septembre 2003) avant, le 8 décembre 2003 (résolution ES-10/14), de saisir la CIJ d'une demande d'avis consultatif portant sur la licéité de l'édification par Israël d'un mur dans le territoire palestinien occupé. Dans son avis du 9 juillet 2004, la Cour a jugé cette construction contraire au droit international et en a demandé la cessation, tout en constatant qu'Israël devait réparer les dommages causés et que les autres États membres de l'ONU étaient tenus, en raison du caractère *erga omnes* des obligations violées, de ne pas reconnaître la situation illicite découlant de ces violations et de ne prêter ni aide, ni assistance, à son maintien. La Cour a également constaté que les États membres de l'ONU avaient « l'obligation, dans le respect de la Charte des Nations Unies et du droit international, de faire respecter par Israël le droit international humanitaire incorporé » dans la Convention de Genève relative à la protection des personnes civiles en temps de guerre (par. 149-159).

En contrepartie des compétences reconnues à l'occupant, celui-ci doit assurer la sécurité des habitants et sanctionner les actions criminelles des forces armées, règles renforcées par le premier Protocole de Genève de 1977 (son article 86 confirme que la responsabilité de l'occupant est engagée s'il n'a pas empêché ou puni un crime de guerre) : voir par exemple l'affaire du massacre dans les camps palestiniens de Sabra et Chatila au Liban en 1982.

Sur l'occupation de l'Irak à la suite de l'intervention américano-britannique de 2003, v. supra, n° 314.

580. Droit humanitaire. — Comme le rappelle la CIJ dans l'avis du 8 juillet 1996, un principe doit dominer la matière, la clause de Martens, énoncée pour la première fois dans la Convention II de La Haye de 1899 concernant les lois et coutumes de la guerre sur terre, et qui s'est révélée être un moyen efficace pour faire face à l'évolution rapide des techniques militaires (v. A. Cassese, *EJIL* 2000, p. 187-216). Une version contemporaine de cette clause se trouve à l'article premier, paragraphe 2, du protocole additionnel I de 1977, qui se lit comme suit :

« Dans les cas non prévus par le présent protocole ou par d'autres accords internationaux, les personnes civiles et les combattants restent sous la sauvegarde et sous l'empire des principes du droit des gens, tels qu'ils résultent des usages établis, des principes de l'humanité et des exigences de la conscience publique. » (*Licéité de la menace et de l'emploi de l'arme nucléaire*, § 78) ; d'où la Cour déduit « la confirmation que les principes et règles du droit humanitaire s'appliquent aux armes nucléaires » (*id.*, § 87).

Cette applicabilité des règles fondamentales du droit international humanitaire à toute forme d'action armée — y compris les opérations de maintien ou de rétablissement de la paix — est confirmée par la circulaire du Secrétaire général des Nations Unies du 6 août 1999, relative aux obligations des forces des Nations Unies (*RICR* 1999, n° 836, p. 806 ; P. Benvenuti, *RGDIP* 2001, p. 355-372).

Pourtant, les garanties à accorder aux individus sont très différentes selon qu'il s'agit de combattants ou de non-combattants. Les premiers ne peuvent espérer une certaine sollicitude qu'une fois blessés ou prisonniers, les seconds doivent en tout temps être épargnés par les horreurs de la guerre mais ne sont pas protégés comme les combattants mis hors de combat s'ils participent épisodiquement aux combats.

Déterminer le champ d'application des diverses branches du droit humanitaire oblige à préciser la distinction entre combattants et non-combattants, distinction qui s'est fortement estompée dans le cadre des conflits du XXe siècle.

1° *La qualité de combattant.* Le problème de la détermination de celle-ci se pose en ce qui concerne d'une part les individus, d'autre part les navires et aéronefs, participant aux combats.

a) Pour ce qui est des *individus*, les fluctuations du concept de combattant suivent fidèlement les diverses formes des conflits armés : les corps d'auxiliaires ou de volontaires recrutés par le gouvernement et dirigés ouvertement par l'autorité militaire sont assimilés aux combattants par le Règlement de La Haye ; il en va de même des francs-tireurs ou d'une population se levant en masse, à condition qu'ils portent ouvertement les armes et respectent les lois de la guerre.

La Conférence de 1977 s'est attachée au cas des « guérilleros » et des mercenaires. Les caractéristiques d'un *guérillero*, qui l'autorisent à être considéré comme un combattant, avec les droits qui s'y attachent, ont été définies par l'article 44, § 3, du Protocole I : « Étant donné, toutefois, qu'il y a des situations dans les conflits armés où, en raison de la nature des hostilités, un combattant armé ne peut se distinguer de la population civile, il conserve son statut de combattant, à condition que, dans de telles situations, il porte ses armes ouvertement : a) pendant chaque engagement militaire ; b) pendant le temps où il est exposé à la vue de l'adversaire alors qu'il prend part à un déploiement militaire qui précède le lancement d'une attaque à laquelle il doit participer ». Au terme d'un compromis, seule subsiste l'exigence du port apparent des armes pendant une période limitée.

À l'inverse, le *mercenaire* — catégorie faisant l'objet d'une condamnation politique quasi unanime — se voit refuser la qualité de combattant, et donc de prisonnier de guerre, par l'article 47 du Protocole I ; en contrepartie, c'est une définition restrictive qui a été retenue.

Le compromis auquel on est arrivé exige que soient vérifiés les critères cumulatifs suivants : le mercenaire est une personne recrutée en vue de combattre dans un conflit armé, et qui y prend part directement ; sa motivation essentielle est un gain personnel très supérieur à la rémunération matérielle assurée aux membres des forces armées de la Partie qui l'a recruté ; il n'est ni un membre de ces forces armées, ni un national ou un résident sur le territoire de cette Partie, ni enfin un membre des forces armées d'un État qui n'est pas partie au conflit, envoyé en mission officielle.

La mise en œuvre de la définition du mercenaire ne sera pas toujours aisée, dans le climat passionnel qui entoure cette question. L'ambiguïté de la fonction assurée par le mercenariat dans les conflits modernes est apparue clairement lorsqu'a été posée la question de la licéité internationale des mécanismes de recrutement des mercenaires ; il ne s'est pas dégagé, à la conférence, une majorité suffisante pour condamner les États qui favorisent ou n'interdisent pas de telles pratiques sur leur territoire (certaines législations européennes ont été adoptées ou renforcées récemment pour permettre aux pouvoirs publics de les contrôler plus efficacement). Après dix ans de négociation, a pu être adoptée la Convention de New York du 4 décembre 1989 qui, sur la base de la même définition du mercenaire qu'en 1977, en étend le champ d'application à « tout acte concerté de violence » — concept plus large que celui de conflit armé — visant à porter atteinte à l'ordre constitutionnel ou à l'intégrité territoriale d'un État, condamne le recrutement et l'utilisation des mercenaires, adopte la même approche répressive que la lutte contre le terrorisme (sanction pénale ou extradition) et reste assez ambiguë quant aux garanties reconnues : si, selon l'article 16, la Convention n'affecte pas les dispositions relatives au statut du combattant et du prisonnier de guerre, l'article 11 reconnaît seulement que « les normes applicables du droit international — quant au « traitement équitable » — *devraient* être prises en compte ».

À l'occasion de l'examen en première lecture du projet du Code des crimes contre la paix et la sécurité de l'humanité, la CDI avait considéré que « dans la mesure où cette pratique (le mercenariat) vise à porter atteinte à la souveraineté des États et à la stabilité des gouvernements et à faire obstacle aux mouvements en libération nationale, elle constitue un crime contre la paix et la sécurité de l'humanité » (*Ann. CDI* 1984, vol. II, 2e partie, *Rapport* à la 39e session de l'Assemblée générale, § 65, p. 18). Elle a renoncé à cette position dans le projet adopté en deuxième lecture en 1996.

b) La qualité de combattant n'est par ailleurs reconnue qu'aux *navires de guerre*, dont une définition conventionnelle a été donnée par l'article 2 de la Convention de Genève de 1958 sur la haute mer et a été reprise, en termes très voisins par l'article 29 de la Convention sur le droit de la mer de 1982 (v. *infra,* n° 664).

L'un des éléments essentiels de cette définition tient à l'intégration du navire de guerre dans les forces armées d'un État, ce qui confirme l'illicéité de la guerre de course, pratiquée par des navires privés contre des navires ennemis avec l'autorisation de l'État, déjà interdite par la Déclaration de Paris du 16 avril 1856.

À l'inverse, la Convention VII de La Haye admet la transformation d'un navire de commerce en navire de guerre (croiseurs auxiliaires) et, face à une doctrine divisée, la jurisprudence contemporaine admet que les navires de commerce soient dotés d'un armement défensif, sans qu'ils doivent pour autant être assimilés à des navires de guerre.

Ces règles sont applicables, *mutatis mutandis*, aux *aéronefs*.

2° *Protection des prisonniers et des blessés*. En tant que prisonnier de guerre, le combattant doit, selon la Convention de Genève du 27 juillet 1929, la troisième Convention de Genève du 12 août 1949 et le Protocole I de 1977, être traité avec humanité. Toute capture doit être notifiée à l'État ennemi. Les représailles contre les prisonniers sont prohibées, de même que les peines collectives ; leurs camps doivent être situés à une distance suffisante des théâtres d'opérations et ils ont le droit de désigner des personnes de confiance pour les représenter auprès des autorités militaires ennemies ; les blessés et malades capturés doivent être soignés. Par ailleurs, le droit d'accès du CICR aux camps de prisonniers a été considéré par la Commission de réclamations Érythrée/Éthiopie comme relevant des principes intransgressibles du droit international humanitaire (sentence du 1er juillet 2003 [réclamation éthiopienne], par. 55-62).

Les garanties du statut de prisonnier de guerre sont dues également au guérillero qui ne remplit pas les conditions pour être considéré comme un combattant ou qui n'a pas respecté les lois de la guerre. Dans un souci humanitaire, même le mercenaire bénéficie des protections fondamentales prévues par les conventions de 1949 et des dispositions sur la comparution en justice pour crime de guerre (article 75 du Protocole I). Les combattants les plus gravement atteints et les corps des décédés doivent être rapatriés dès que possible, les autres prisonniers doivent l'être à l'issue du conflit et ne pas servir d'otages à des fins politiques.

Ce principe est loin d'être toujours et correctement appliqué, en particulier dans les conflits régionaux du Tiers Monde (Inde-Pakistan, 1971 ; Irak-Iran malgré la résolution du Conseil de sécurité 598 [1987], Irak-Koweit, 1990-1991 ; Érythrée-Éthiopie, 1998-2000).

3° *Protection du personnel des Nations Unies et du personnel associé.* Au cours des récentes opérations de maintien de la paix, les forces des Nations Unies ont dû de plus en plus souvent faire face à des agressions multiples ; dans un premier temps, la seule réponse qui a pu être apportée était une escalade dans la gestion de ces crises, par la mise sur pied d'opérations de protection militaire des contingents multinationaux (Force de réaction rapide en Bosnie, par exemple). Aussi les Nations Unies ont-elles recherché une alternative juridique, par l'adoption d'un instrument plus dissuasif que les conventions de Genève de 1949 et plus facile à faire accepter par les États qu'un nouveau protocole à ces dernières. La Convention de New York du 9 décembre 1994 vise à combler une lacune dans le champ d'application des conventions sur le droit de la guerre et de droit humanitaire.

Aussi est couverte, selon une formulation ambiguë, toute « opération établie par l'organe compétent de l'ONU conformément à la Charte des Nations Unies et menée sous l'autorité et le contrôle des Nations Unies » (art. 1er), mais est écartée du champ d'application de la convention toute action coercitive menée en vertu du chapitre VII de la Charte et à laquelle s'applique le droit des conflits armés internationaux (art. 2). La convention poursuit des objectifs à la fois préventifs et répressifs, selon des modalités inspirées des conventions contre le terrorisme (compétence pénale des États parties « quasi universelle », obligation d'extrader à défaut de répression locale, entraide judiciaire renforcée). L'efficacité de la convention, à cet égard, est affaiblie par la liberté laissée aux États parties de déterminer les sanctions pénales. À condition de porter des marques distinctives, le personnel de l'Organisation et des contingents administratifs et militaires mis à sa disposition — ou agissant avec son aval —, ainsi que les membres des ONG humanitaires ayant conclu un accord en ce sens avec le Secrétaire général des Nations Unies ne doivent pas être l'objet de menaces, ni être empêchés d'exercer leur mandat ni être détenus ; s'ils le sont, ils doivent être traités conformément au droit humanitaire et être relâchés aussitôt que possible. L'État hôte de l'opération doit s'engager à conclure un accord précisant le contenu des privilèges et immunités reconnus à ces personnels. Paradoxalement, l'ONU ne peut être partie à cette convention, malgré l'intérêt direct qu'elle peut trouver à sa mise en œuvre (v. Cl. Emanuelli, *RGDIP* 1995, p. 849-880 ; E. T. Bloom, *AJIL* 1995, p. 621-631 ; M. C. Bourloyannis-Vrailas, *ICLQ* 1995, p. 560-590 ; H. M. Kindred, *A.Can.DI* 1995, p. 257-280).

Cette convention a vu son champ application élargi par l'adoption, le 8 décembre 2005, d'un Protocole facultatif (v. la résolution 60/42 de l'Assemblée générale des Nations Unies), dont l'article II étend le régime de la Convention de 1994 « à toutes les autres opérations des Nations Unies établies par un organe compétent des Nations Unies, conformément à la Charte des Nations Unies, et menées sous l'autorité et le contrôle de l'ONU aux fins : a) d'apporter une aide humanitaire ou politique, ou une aide au développement dans le cadre de la consolidation de la paix, ou b) d'apporter une aide humanitaire d'urgence ». Ce protocole n'est toutefois pas applicable lorsque l'État hôte en décide ainsi, préalablement au déploiement de l'opération, lorsque cette dernière est « menée à seule fin de réagir à une catastrophe naturelle » (v. H. Llewellyn, *ICLQ* 2006, p. 718-728).

4° *Protection de la population civile.* La protection des populations civiles a été également étendue, plus d'ailleurs dans le contexte d'un conflit international (Protocole I) que dans le cadre d'un conflit interne (Protocole II ; v. *supra*, n° 579), pour des raisons politiques évidentes. Alors que le Règlement de La Haye de 1907 se bornait à des prescriptions élémentaires, la quatrième Convention de Genève de 1949 était déjà beaucoup plus précise et a été améliorée en 1977.

Sur le territoire d'un État belligérant, les sujets ennemis sont sous la protection directe de l'autorité judiciaire. Il est interdit de prononcer contre eux des internements arbitraires et ils peuvent demander à retourner dans leur pays. En cas d'occupation, interdiction formelle est adressée à l'autorité de fait de procéder à des transferts forcés ou à des déportations ; la réquisition de main-d'œuvre est soumise à des règles strictes. Aucune condamnation pénale ne peut être prononcée sans un procès régulier. Sont particulièrement protégés les blessés, malades, femmes enceintes, vieillards et enfants. Le Protocole I de 1977 a consacré également une disposition particulière aux journalistes, qui sont souvent particulièrement exposés.

Mais surtout, instruits par l'expérience des conflits actuels, les gouvernements se sont préoccupés des menaces globales contre la population : interdiction des attaques « dont le but principal est de semer la terreur », des attaques « sans discrimination » (article 51 § 4), de celles dirigées à titre de représailles contre la population ; interdiction de s'en prendre aux biens indispensables à la survie de la population (protocoles I et II), ainsi qu'aux ouvrages et installations « contenant des forces dangereuses » (digues et barrages).

Dans le même esprit, la Convention de La Haye du 14 mai 1954 organise la protection des biens culturels en cas de conflit armé contre la destruction, le pillage ou le vol sous la réserve de nécessités militaires inéluctables ; mais seul un protocole facultatif prévoit l'obligation de restitution des œuvres d'art dérobées (v. *supra*, n° 577).

L'aide humanitaire internationale aux victimes des conflits armés n'est plus, aujourd'hui, dispensée par la seule Croix-Rouge ; s'y ajoutent celle du HCR, de multiples ONG, voire de forces multinationales à vocation essentiellement humanitaire (ONUSOM, FORPRONU, MINUAR, opération temporaire dans la région des Grands Lacs — Afrique centrale — en 1996, en Albanie en 1997 ; v. *infra*, n° 595). Cette assistance n'est pas à l'abri des convoitises des combattants et devient parfois un enjeu militaire. Au début des années 1990 se sont développés de nouvelles formes de protection, souvent armée, de l'aide humanitaire : « corridors humanitaires » ou « routes bleues » créés en Irak pour l'acheminement de l'assistance aux populations kurdes (cf. la résol. 688 [1991] du Conseil de sécurité) ou dans l'ex-Yougoslavie (résol. 764 [1992]), « zones de sécurité » ou « zones protégées » toujours dans l'ex-Yougoslavie (résol. 819 et 824 [1993]) « zone humanitaire sûre » au Rwanda (résol. 929 [1994]) (v. Cerim, *La protection armée de l'aide humanitaire,* Éd. Université de Montpellier, 1994, 114 p. ; M. Torelli, « Les zones de sécurité », *RGDIP* 1995, p. 787-848 ; M. Bettati, « La protection des organisations humanitaires en mission périlleuse », *Mél. Thierry*, 1998, p. 23-42).

La protection des ressortissants des pays neutres est garantie.

5° *Protection de l'environnement.* Le recours à des mesures portant gravement atteinte à l'environnement à des fins de guerre est ancien. Il s'est cependant considérablement amplifié au cours des dernières décennies (cf. la déforestation systématique pratiquée par les Américains au Vietnam ou le bombardement des installations pétrolières offshore de l'Iran lors de la guerre avec l'Irak et, surtout, les graves pollutions marines et le feu mis aux installations pétrolières koweitiennes par l'Irak lors du conflit du Golfe — v. D. Momtaz, *AFDI* 1991, p. 203-219, ou lors du conflit libanais de 2006). Une première avancée, plus justifiée d'ailleurs par la volonté de freiner la course aux armements, avait été consacrée par la Convention du 10 décembre 1976 — ouverte à la signature le 18 mai 1977 et en vigueur depuis 1978 —, sur l'interdiction d'utiliser des techniques de l'environnement à des fins hostiles (v. G. Fischer, *AFDI* 1977, p. 820-836). Plus significatives ont été les dispositions incluses dans le Protocole I de 1977, qui interdisent l'utilisation « des méthodes et des moyens de guerre qui sont conçus pour causer, ou dont on peut attendre qu'ils causeront, des dommages étendus, durables et graves, à l'environnement naturel » (art. 35 § 3 ; v. aussi l'art. 55).

Par sa résolution 687 du 8 avril 1991, le Conseil de sécurité a, en application de ces principes, déclarés l'Irak « responsable, en vertu du droit international, de toute perte, de tout dommage — *y compris les atteintes à l'environnement* et la destruction des ressources naturelles », occasionnés par l'invasion et l'occupation illicites du Koweït. À son tour, l'Assemblée générale a demandé à Israël de réparer les dommages causés par la marée noire occasionnée par certains actes des forces armées israéliennes lors de l'opération menée au Liban à l'été 2006 (résol. 61/194 du 20 déc. 2006).

Dans son avis du 7 juillet 1996 relatif à la *licéité de la menace et de l'emploi des armes nucléaires*, la CIJ a également reconnu l'importance qui doit être accordée aux préoccupations écologiques dans la conduite des hostilités armées, sans y voir pour autant un motif d'illicéité *per se* de ces armes (§ 27 à 33).

581. Contrôle du respect du droit des conflits armés internationaux. — 1° *Mécanisme de la puissance protectrice*. La rupture des relations diplomatiques entre les belligérants rend nécessaire l'intervention d'un tiers, qualifié de « puissance protectrice » s'il s'agit d'un État et de « substitut », s'il s'agit d'un organisme humanitaire tel que le CICR.

Codifiant une pratique ancienne, déjà partiellement réglementée par la Convention de 1929 sur les prisonniers de guerre, les quatre conventions de 1949 disposent qu'elles seront appliquées « avec le concours et sous le contrôle des Puissances protectrices chargées de sauvegarder les intérêts des Parties au conflit ».

Ce système constitue un grand progrès par rapport au mécanisme antérieur. D'une part, il confère à la puissance protectrice un mandat général pour le contrôle du respect des quatre conventions, y compris des dispositions concernant la conduite des hostilités (il était déjà admis que la puissance protectrice achemine les protestations d'une partie au conflit relatives au non-respect par une autre partie des règles du droit de la guerre). D'autre part et surtout, l'acceptation des activités d'une puissance protectrice ou, à défaut, d'un substitut, est rendue obligatoire.

Paradoxalement, le mécanisme de la puissance protectrice n'a guère été utilisé, faute de volonté politique, depuis sa systématisation en 1949, peut-être du fait du rôle excessif confié à la puissance tierce. En revanche, le rôle humanitaire du CICR, qui a préféré obtenir le consentement des parties qu'utiliser les prérogatives automatiques prévues par les conventions de Genève, s'est affirmé (sur les difficultés rencontrées par le CICR lors du conflit entre l'Irak et l'Iran, v. Y. Sandoz, *AFDI* 1983, p. 161-173).

L'article 5 du Protocole I de 1977 lève certaines ambiguïtés du système retenu en 1949, mais ne le modifie pas radicalement. Le Protocole II n'étend pas aux conflits armés non internationaux le mécanisme de la puissance protectrice et du substitut et exige même le consentement préalable du gouvernement pour toute assistance alimentaire ou sanitaire dans la zone contrôlée par une rébellion (voir l'affaire du Kurdistan irakien en 1991 : résol. 688 du Conseil de sécurité).

2° *Autres mécanismes*. Les conventions de Genève de 1949 et le Protocole I de 1977 ajoutent au système de la puissance protectrice des procédures d'enquête et prévoient la mise en jeu de la responsabilité pénale des auteurs des infractions commises.

a) Procédures d'enquête. Chacune des conventions de 1949 prévoit que les parties au conflit alléguant une violation de leurs dispositions peut exiger qu'une enquête soit ouverte et qu'« une fois la violation constatée, les Parties au conflit y mettront fin et la réprimeront le plus rapidement possible ».

Ce vœu, pieux et peu réaliste, est renouvelé par le Protocole de 1977 dont l'article 90 institue une Commission internationale d'établissement des faits qui devrait permettre, avec l'accord de l'État intéressé, de vérifier la véracité des allégations portées contre lui.

Pour sa part, la Convention de 1977 sur l'interdiction des techniques de modification de l'environnement prévoit également la possibilité d'enquêtes par des « organisations internationales appropriées » et un comité consultatif d'experts. En cas de violation, un État partie peut également saisir le Conseil de sécurité.

En outre, l'Assemblée générale a adopté, en 1982, la résolution 37/98 instituant une procédure d'enquête concernant les activités pouvant constituer une violation du Protocole de 1925 prohibant l'emploi des gaz asphyxiants et de moyens bactériologiques — qui ne prévoyait aucun contrôle (v. S. Sur, *AFDI* 1984, p. 93-109).

De même, la Convention d'Ottawa de 1997 sur les mines antipersonnel (v. *supra*, n°s 577-578) prévoit qu'à la demande de l'État concerné ou de l'Assemblée des Parties contractantes, des contrôles sur place peuvent être confiés à des missions d'établissement des faits ; mais ce mécanisme semble plus approprié à la vérification de la destruction des stocks, non à celle de l'usage des mines, et relève donc moins de la conduite des hostilités — sinon à titre préventif — que du contrôle des armements (v. *infra*, n° 603).

b) Responsabilité. Conformément à un principe fondamental du droit des gens, toute violation des règles du droit des conflits armés internationaux, engage la *responsabilité internationale de l'État* auteur du manquement. Les conventions de 1949 rappellent cette évidence, mais précisent que les représailles sont interdites et qu'une partie ne saurait s'exonérer des responsabilités encourues par elle du fait d'infractions graves à leurs dispositions quelle qu'en soit la cause.

À la responsabilité étatique de droit commun, les conventions de Genève superposent un mécanisme de *responsabilité pénale* des individus auteurs de ces infractions graves, précisé par le Protocole additionnel n^{o} I. Ces infractions pour lesquelles existe une obligation de répression sont considérées comme des crimes de guerre et sanctionnables en tant que tels (v. *supra*, n°s 442 s.).

La liste en est fort longue et vise tant des méthodes et moyens de combat, que des atteintes à la population civile : fait d'attaquer une personne que l'on sait hors de combat, attaques délibérées contre les civils, modification de la population civile dans les territoires occupés, retard injustifié dans les rapatriements, discrimination raciale, jugement ni régulier, ni impartial des personnes protégées, etc. (art. 85). Dans les conditions prévues par l'article 86, § 2, les supérieurs sont tenus pour responsables des infractions commises par leurs subordonnés : sur ce point, le Protocole a codifié la jurisprudence relative à « l'omission criminelle », des Tribunaux militaires internationaux de Nuremberg et de Tokyo.

Les mêmes incriminations sont susceptibles de justifier des procédures devant la Cour pénale internationale, dirigées contre des individus, conformément à la Convention de Rome de 1998 (v. *supra*, n°s 442 et 445).

§ 3. — *Droit de la neutralité*

BIBLIOGRAPHIE. — J. F. LALIVE, « International Organization and Neutrality », *BYBIL* 1947, p. 72-89. — M. HUBER, « Neutralitätzrecht und Neutralitätspolitik », *ASDI* 1948, p. 9-28. — R. BINDSCHEDLER, « Die Neutralität im modernen Völkerrecht », *Z.a.ö.R.V.* 1956, p. 1-37. — Ch. CHAUMONT, « Nations Unies et neutralité », *RCADI* 1956-I, vol. 89, p. 5-59. — AIJD, *Aspects juridiques de la neutralité*, Bruxelles, 1961, 139 p. — D. SCHINDLER, « Aspects contemporains de la neutralité », *RCADI* 1967-I, vol. 121, p. 221-322. — F. DEAK, « Neutrality Revisited », *Mél. Jessup*, 1971, p. 137-154. — N. RONZITTI, « La guerre du Golfe, le déminage et la circulation des navires »,

AFDI 1987, p. 647-662. — M. TORRELLI, « La neutralité en question », *RGDIP* 1992, p. 5-43. — E. CHADWICK, *Traditional Neutrality Revisited*, Kluwer, La Haye, 2002, XI-268 p.

Sur la neutralité de la Suisse : v. B. DUTOIT, *La neutralité suisse à l'heure européenne*, LGDJ, 1963, 139 p. — G. PERRIN, *La neutralité permanente de la Suisse et les organisations internationales*, Uge, Heule, 1964, 106 p. — E. BONJOUR, *Histoire de la neutralité suisse*, La Baconnière, Neuchâtel, 1970, 3 vol., 487, 471 et 438 p. — D. SCHINDLER, « Kollektive Sicherheit der Vereinten Nationen und dauernde Neutralität der Schweiz », *RSDIE* 1992, p. 435-470. — *Sur celle de l'Autriche* : A. VERDROSS, « La neutralité autrichienne », *RGDIP* 1957, p. 177-192 et *Die immerwährende Neutralität Österreichs,* Verlag für Geschichte und Politik, Vienne, 1977, 80 p. — G. HAFNER et P. SCHULZ, « La neutralité de l'Autriche après son adhésion à l'Union européenne », *AFDI* 1994, p. 287-325.

Sur la neutralité des organisations internationales, v. biblio. *supra*, sur n° 566 ; sur le droit à la neutralité face à une agression dénoncée par le Conseil de sécurité, v. la biblio. *infra*, sur n° 592.

582. Définition et droit applicable. — La novation juridique entraînée par l'état de guerre est moins étendue dans le cadre des rapports entre belligérants et non-belligérants. Le principal effet de la survenance de la guerre concerne la neutralité.

Conformément aux règles générales du droit de la guerre, tout État qui ne veut pas participer à une guerre a le droit de proclamer sa neutralité. Au cours de l'évolution du conflit, à tout moment, il peut réviser son attitude et décider d'abandonner sa neutralité pour rejoindre les belligérants. Lors de la Première Guerre mondiale, l'Italie avait entendu être neutre en 1914, mais elle entra en belligérance aux côtés des Alliés contre l'Allemagne en 1915 ; les États-Unis avaient été neutres de 1914 à 1917. On se trouve en présence d'un nouvel exemple d'unilatéralisme en droit international : par sa seule décision, un État déclenche l'application du statut de la neutralité, ou y met fin.

Les règles classiques qui constituent ce statut résultent de la Déclaration de Paris en 1856 sur la guerre maritime, du Traité anglo-américain de Washington de 1871 conclu en vue de l'arbitrage de l'Alabama et, surtout, de deux conventions de La Haye de 1907 (III et XIII). La réglementation détaillée de 1907 est due à l'intervention des grandes puissances navales qui en avaient subitement éprouvé la nécessité parce que, pour la première fois, elles avaient été neutres dans une guerre maritime, la guerre russo-japonaise de 1904-1905.

Depuis, le droit de la neutralité a profondément évolué. D'une part, le caractère total et, en particulier, les aspects économiques des guerres modernes, ont conduit à un « grignotage » des droits des neutres. D'autre part, des situations intermédiaires entre la neutralité et la belligérance sont apparues ; elles sont désignées par l'expression *neutralité différentielle*, par opposition à la *neutralité intégrale* classique.

Différentielle ou intégrale, cette neutralité occasionnelle, le temps d'un conflit, et volontaire, est totalement différente de la neutralité perpétuelle qui est une obligation juridique. Dans ce second cas, l'État neutre est tenu de le demeurer face à quelque conflit que ce soit et ce statut est incompatible avec la neutralité différentielle et avec l'adhésion à une alliance militaire. La Suisse a de ces obligations une conception particulièrement exigeante qui l'a conduite à se tenir à l'écart des Nations Unies jusqu'à une date très récente (v. *supra*, n° 379).

Bien qu'il n'en aille pas forcément ainsi (Suède), la neutralité perpétuelle est généralement garantie par un traité multilatéral. Tel a été le cas de la Belgique (traités de 1831 et 1839), du Luxembourg (1867), du Laos (1962), de la Suisse (Acte final de la Conférence de Vienne, 1815, réaffirmé par les traités de paix de 1919) ou de l'Autriche (Traité d'État de 1955). Excepté dans ces deux derniers cas, cette garantie internationale n'a pas empêché les États « perpétuellement neutres » de subir des agressions étrangères. Malgré ces échecs, le statut de neutralité permanente demeure attractif : Malte s'est déclarée perpétuellement neutre en 1981 et le Costa Rica en 1983 et ces deux pays ont cherché à faire reconnaître leur neutralité par les Puissances (L'Acte final d'Helsinki de 1975 reconnaît aux participants le droit à la neutralité et le document de clôture de la réunion de Madrid de 1983 sur les suites de la CSCE « prend note » de la Déclaration maltaise).

Il est intéressant de noter que la déclaration de Malte du 15 mai 1981 lie la neutralité de ce pays à son adhésion à la politique de *non-alignement*. Pas plus que le *neutralisme* cette doctrine de politique étrangère n'a cependant d'incidence juridique. Ni l'un ni l'autre ne sauraient être assimilés, de quelque manière que ce soit, à la neutralité, occasionnelle ou permanente (v. les articles de N. Ronzitti, *IYbIL* 1980-1981, p. 171-201 et J.-F. Flauss, *AFDI* 1983, p. 175-193).

583. Neutralité intégrale. — Dans le régime traditionnel, l'État neutre est tenu d'observer deux obligations complémentaires : l'obligation d'*impartialité* et l'obligation d'*abstention*. Il ne doit favoriser aucun des belligérants et doit se tenir à l'écart des opérations militaires. La méconnaissance de cette double obligation l'expose à des réactions de la part du belligérant lésé, mais l'acceptation, par un État neutre des fonctions de puissance protectrice (v. *supra*, n° 581), n'est pas contraire au statut de la neutralité.

Si l'État neutre conserve en principe le droit de commercer librement avec les belligérants, la nécessité de respecter les obligations précédentes lui impose à ce sujet des limitations sérieuses. Il ne peut livrer à aucun belligérant des produits susceptibles d'alimenter son effort de guerre et de renforcer son potentiel militaire. Ses ressortissants sont soumis à la même interdiction.

Le droit de la guerre maritime institue une sanction rigoureuse contre les violations de celle-ci. Tout produit rentrant dans la catégorie susvisée est qualifié *contrebande de guerre* ; les navires de guerre des belligérants ont le droit de contrôler les navires neutres en haute mer et d'exercer un *droit de prise* sur les produits hostiles qui figurent sur la liste de contrebande. Les belligérants peuvent également interdire ou contrôler l'accès de tout navire neutre à des dépendances de la mer qui font l'objet d'un blocus qu'ils ont décidé eux-mêmes et réquisitionner les navires neutres moyennant indemnité (droit d'*angarie*).

Dans les faits, l'infériorité de la condition juridique de l'État neutre a été non seulement confirmée mais encore aggravée lors des deux dernières guerres mondiales.

Les nouvelles limitations des droits neutres s'insèrent dans le mécanisme général de la guerre totale. Sur le plan militaire, les progrès de la technique des armements, surtout en matière aérienne, sont tels que les États neutres échappent de moins en moins aux opérations armées et se trouvent de plus en plus entraînés dans le conflit, leur territoire se transformant malgré eux en théâtre des hostilités ou, plus simplement, en lieu de transit de forces armées étrangères, notamment aériennes. Très peu d'entre eux restent des îlots de sécurité relative au milieu d'une guerre totale, on s'en est rendu compte au cours de la guerre de 1939-1945. Sur le plan économique, chaque belligérant s'efforce de détruire et de désorganiser l'économie de l'ennemi. Or, c'est le commerce des neutres avec les belligérants, déjà restreint en droit classique, qui est désormais gravement compromis par cette guerre économique en raison de la double extension quasi illimitée de la liste de contrebande de guerre et des zones de blocus.

Le droit de la guerre et de la neutralité accorde ainsi aux belligérants de véritables pouvoirs superétatiques.

En revanche, ils doivent respecter la neutralité de l'État neutre. En ce sens, ils ont notamment l'obligation de respecter le territoire de cet État, de s'abstenir d'en faire un théâtre des opérations militaires, de l'envahir afin de le transformer en une base, de s'en servir comme lieu de transit militaire. Cependant la supériorité du belligérant est sur ce point poussée à un degré extrême, puisqu'il lui est permis, par un acte de sa seule volonté, de supprimer la neutralité d'un État en le considérant comme ennemi, avec ou sans déclaration expresse de guerre.

Cette extension unilatérale de la guerre n'est illicite que si elle s'applique à un État perpétuellement neutre. Hormis ce cas, la seule limite à la compétence du belligérant dans ce domaine est qu'il doit choisir entre la guerre et la neutralité. Il ne peut, tout à la fois, prendre l'initiative d'attaquer un État neutre et persister à le considérer comme tel en exigeant de lui l'exécution de ses obligations d'impartialité et d'abstention.

Le conflit Irak-Iran (1980-1988) a fourni une illustration spectaculaire des difficultés rencontrées pour assurer le respect de ces principes.

Sur la protection des ressortissants neutres dans le territoire d'un État belligérant, voir *supra*, n° 580.

584. Neutralité différentielle. — En ce qui concerne la neutralité différentielle « ou qualifiée », l'état actuel du droit et de la pratique permet de dégager quelques cas.

a) Lors de la dernière guerre, plusieurs États, sans participer directement aux opérations de guerre, sont intervenus dans le conflit par l'aide qu'ils apportaient délibérément à l'un des belligérants. Leur attitude a été qualifiée de *non-belligérance*.

Tel fut le cas, à partir de juin 1940, de la non-belligérance favorable aux Alliés des États-Unis, jusqu'à décembre 1941, date de leur entrée officielle en guerre. Politiquement, la situation peut s'expliquer par l'appel à la notion de « guerre civile internationale » : chaque État non belligérant a choisi son camp idéologique. Mais juridiquement, celui-ci est bel et bien sorti de la stricte neutralité dont il a méconnu les obligations. Il l'a fait à ses risques et périls.

b) Le deuxième cas repose sur une base juridique. C'est celui d'un État lié à un autre par un pacte d'assistance mutuelle ou de défense collective et qui exécute ses engagements, quand celui-ci est victime d'une agression à laquelle il riposte par une guerre en légitime défense. Dès lors que cet État entend demeurer hors de la guerre, malgré l'assistance qu'il apporte à l'État victime, peut-il encore juridiquement prétendre qu'il est neutre et se prévaloir des droits de la neutralité ? Cette question a été discutée. Si l'on tenait compte uniquement du principe de la réciprocité, la réponse devrait être négative ; elle pourrait être différente si l'agresseur était lui aussi partie au pacte qu'il a le premier violé.

c) Les deux cas précédents relèvent des rapports interétatiques. Un troisième peut résulter du *fonctionnement de l'ONU.* En effet, le Conseil de sécurité peut décider d'entreprendre une mesure de contrainte avec emploi de force contre un agresseur, ou simplement contre un État qui, par son comportement, menace la paix internationale (v. *infra*, n° 590-591). Or, l'article 2, § 5, de la Charte crée à la charge de tous les États membres de l'ONU l'obligation de donner à celle-ci pleine assistance dans toute action régulièrement entreprise par elle. Interprétant cette disposition, on est allé jusqu'à soutenir qu'elle a aboli l'institution de la neutralité. En réalité, selon l'article 48, § 1, le Conseil de sécurité a le droit de choisir les États membres à qui il demande de participer directement à l'exécution de ses décisions. La Charte fait donc une distinction entre la participation directe à l'opération coercitive entreprise par l'Organisation et la simple assistance. L'État membre, qui n'est pas désigné au titre de l'article 48, § 1, et qui se conforme seulement à l'article 2, § 5, se trouve en fait dans une situation intermédiaire entre l'intervention et l'abstention c'est-à-dire, pour employer la terminologie interétatique classique, entre la belligérance et la neutralité.

On est alors confronté à une question analogue à celle évoquée dans le deuxième cas : cet État membre qui agit conformément à la Charte peut-il se prévaloir des droits de la neutralité ? La réponse est ici différente puisque cet État, quelles que soient les mesures que l'État qui fait l'objet de l'action coercitive pourrait prendre contre lui, est protégé par la Charte et par l'Organisation elle-même, à laquelle il a le droit de faire appel.

La Convention de Genève de 1949 sur le traitement des prisonniers de guerre a consacré, au moins indirectement, la notion de neutralité différentielle. Elle distingue, dans son article 4, entre puissances neutres et non-belligérantes (le qualificatif non belligérant est employé ici dans son sens générique : au-delà des exemples de non-belligérance proprement dite fournis par les événements de la dernière guerre, il englobe toutes les situations intermédiaires entre la guerre et la neutralité). Mais, jusqu'à ce jour, aucun autre texte général n'a procédé à la détermination explicite d'un véritable statut de la neutralité différentielle ou de non-belligérance au sens large.

CHAPITRE II

Maintien de la paix et de la sécurité internationales

585. Prévention de la guerre et sécurité collective. — La sécurité internationale doit être recherchée en priorité par des moyens de règlement pacifique des différends (v. *supra*, n°s 500 et s.). De son côté, l'interdiction du recours à la force constitue, tout à la fois, une incitation à accorder la priorité aux moyens pacifiques et une garantie de leur efficacité (v. *supra*, n°s 559 et s.). Mais elle apparaîtra comme une utopie si elle n'est pas accompagnée, sur le plan *institutionnel*, de procédures et de moyens destinés à réprimer tout recours à la force et à assurer, au lieu et place des États désormais privés de leur pouvoir de contrainte unilatérale, le respect de toutes les règles de droit. Les États ne peuvent se satisfaire de ce que leur garantit le mécanisme de la responsabilité internationale, c'est-à-dire une réparation *a posteriori*, aléatoire et en tout état de cause insuffisante pour certaines violations du droit. La conciliation de la souveraineté étatique et de la sécurité internationale au sens large exige un véritable *pouvoir exécutif* international. Or les États ne sont pas prêts à l'accepter, ce qui introduit un déséquilibre dans le mécanisme de la sécurité internationale.

Au lieu d'instituer la fonction exécutive dans sa plénitude, les États, au lendemain des deux guerres mondiales, ne se sont préoccupés que ce qui leur a semblé impérieux, la « sécurité collective ». Ainsi, ils se sont bornés à conférer aux organes des organisations internationales la fonction et les pouvoirs d'assurer l'efficacité, non du droit en général, mais de la seule règle de l'interdiction de l'emploi de la force ; le droit et la paix devraient être tous deux sauvegardés par la même action collective. Face à un conflit d'intérêts, la préoccupation fondamentale reste le maintien de la paix et non de la justice. L'ONU, après la SdN, a préféré donner un sens étroit à l'« intérêt commun » des États.

Ce n'est que tardivement et de façon très modeste que l'ONU a envisagé d'anticiper la cristallisation d'un différend ou de prévenir la survenance de conflits armés (résol. AG 43/51, « Déclaration sur la prévention des conflits internationaux », et 57/337, « Prévention des conflits armés », ainsi que résol. CS 1625 (2005) ; v. *supra*, n°s 511 et s. ; B. Boutros-Ghali, *Paix, développement, démocratie — Trois agendas pour gérer la planète*, Pedone, 2002, XII-235 p. ; Y. Petit, *Droit international du maintien de la paix*, LGDJ, 2000, 216 p.).

Ce n'est que tout récemment également que les États membres de l'ONU ont pris conscience de la nécessité de créer les structures nécessaires à la consolidation de la paix après les conflits, en aval des actions éventuellement prises pour rétablir la paix dans le cadre du mécanisme de sécurité collective, en vue d'en éviter la reprise et de garantir une paix durable. Lors du Sommet mondial de l'ONU de septembre 2005, les Nations Unies ont décidé d'instituer à cette fin une Commission de consolidation de la paix (résol. AG 60/1, par. 97-105), dont la mise en place effective a été rendue possible par l'adoption des résolutions 60/180 de l'Assemblée générale et 1645 du Conseil de sécurité le 20 décembre 2005. Mais, malgré une volonté très nette de rendre cet organe le plus opérationnel possible, notamment en lui donnant la possibilité d'associer les grands bailleurs de fonds internationaux, sa simple qualité d'« organe consultatif intergouvernemental » devant prendre ses décisions (de simples avis et recommandations) par consensus, laisse présager une faible efficacité du mécanisme si les anciens belligérants ne parviennent pas à résoudre le différend à l'origine du conflit armé qui les a opposés.

Cette vision étroite justifie, de la part des États, une réticence certaine à l'égard des procédures de sécurité collective, même si la fin de la guerre froide en a permis une utilisation beaucoup plus dense que dans les quarante premières années de l'ONU. Surtout elle interdit un climat politique favorable à une démarche progressive vers le désarmement, condition d'une utilisation systématique des moyens collectifs — y compris militaires — contre les États qui violeraient les droits des autres États, et garantie de l'efficacité de ces moyens.

Section 1. — Sécurité et sanctions collectives dans le cadre des Nations Unies.

Section 2. — Désarmement.

Section 1

Sécurité et sanctions collectives dans le cadre des Nations Unies

BIBLIOGRAPHIE. — L. CAVARE, « Les sanctions dans le cadre de l'ONU », *RCADI* 1952-I, vol. 80, p. 191-291. — M. FRANKENSTEIN, *L'ONU devant le conflit coréen*, Pedone, 1952, 364 p. — P.-F. BRUGIÈRE, *Les pouvoirs de l'Assemblée générale des Nations Unies en matière politique et de sécurité*, Pedone, 1955, 420 p. — E. A. GROSS, *The United Nations : Structure for Peace*, Harper, New York, 1962. — E. JIMENEZ DE ARECHAGA, « La coordination des systèmes de l'ONU et de l'OEA pour le règlement pacifique des différends et la sécurité collective », *RCADI* 1964-II, vol. 111, p. 419-601. — A. L. KARAOSMANOGLU, *Les actions militaires coercitives et non coercitives des Nations Unies*, Droz, Genève, 1970, 320 p. — D. RUZIÉ, *Organisations internationales et sanctions internationales*, Armand Colin, 1971, 223 p. — Ph. MANIN, *L'ONU et le maintien de la paix*, LGDJ, 1971, 343 p. et « L'ONU et la guerre du Moyen-Orient », *AFDI* 1973, p. 538-563. — P. M. EISEMANN, *Les sanctions contre la Rhodésie*, Pedone, 1972, 154 p. — J. COMBACAU, *Le pouvoir de sanction de l'ONU. Étude théorique de la coercition non militaire*, Pedone, 1974, 394 p. — V. COUSSIRAT-COUSTÈRE, « La crise chypriote de l'été 1974 et les Nations Unies », *AFDI* 1974, p. 437-455. — S. D. BAILEY, « Cease-Fire, Truces and Armistices in the UN Security Council », *AJIL* 1977, p. 461-473 et « The United Nations and the Termination of Armed Conflicts, 1946-1964 », *Int. Affairs*, 1982, p. 465-475. — M. F. LABOUZ, *L'ONU et la Corée. Recherches sur la fiction en droit international public*, PUP, 1980, 382 p. — J. F. GUILHAUDIS,

« Considérations sur la pratique de l'Union pour le maintien de la paix », *AFDI* 1981, p. 382-398. — G. DE LACHARRIÈRE, « La réglementation du recours à la force : les mots et la conduite », *Mél. Chaumont*, 1984, p. 347-362. — J. LEPRETTE, « Le Conseil de sécurité et la résolution 377/A (1950) », *AFDI* 1988, p. 426-435. — V. GOWLAND-DEBBAS, *Collective Responses to Illegal Actions in International Law — UN Action in the Question of Southern Rhodesia*, Nijhoff, Dordrecht, 1990, 753 p. ; « Security Council Enforcement Action and Issues of State Responsibility », *ICLQ* 1994, p. 55-98. — K. HERNDL, « Reflections on the Role of the Security Council of the UN », *RCADI* 1990-IV, vol. 223, p. 289-396. — M. J. PETERSON, *The General Assembly in World Politics*, Unwin Hyman, Boston, 1990, XII-320 p. — N. D. WHITE, *The UN and the Maintenance of International Peace and Security*, Manchester UP, 1990, XIV-240 p. — Y. DAUDET, « L'ONU et l'OEA en Haïti et le droit international », *AFDI* 1992, p. 89-111. — ADI, *Le développement du rôle du Conseil de sécurité — Peace-keeping and Peace-building*, Nijhoff, Dordrecht, 1993, XVIII-495 p. — Z. BLUM, *Eroding the UN Charter*, Nijhoff, Dordrecht, 1993, XXI-266 p. — P.-M. DUPUY, « Sécurité collective et organisation de la Paix », *RGDIP* 1993, p. 617-627. — G. GAJA, « Réflexions sur le rôle du Conseil de sécurité dans le nouvel ordre mondial », *RGDIP* 1993, p. 297-320. — K. C. WELLENS, *Résolutions et déclarations du Conseil de sécurité (1946-1992) — Recueil thématique*, Bruylant, Bruxelles, 1993, XI-993 p., version Cd-Rom, 1998. — B. FERENCZ, *New Legal Foundations for Global Survival — Security through the Security Council*, Oceana, New York, 1992, XLIII-638 p. — N. ANGELET, « La mise en œuvre des mesures coercitives économiques des Nations Unies dans la Communauté européenne », *RBDI* 1993, p. 500-533. — J.-M. SOREL, « L'ONU et le règlement des crises », *PPS* 1994, n° 725, 64 p. — G. FERMANN, *Bibliography on International Peace-keeping*, Nijhoff, Dordrecht, 1993, XIII-291 p. — J. COMBACAU, *in Les nouveaux aspects du droit international, Colloque de Tunis*, Pedone, 1994, p. 139-158. — H. FREUDENSCHUSS, « Between Unilateralism and Collective Security : Authorizations of the Use of Force by the Security Council », *JEDI* 1994, p. 492-531. — J. COT, *Opérations des Nations Unies, Leçons de terrain : Cambodge, Rwanda, ex-Yougoslavie*, Fond. Études de défense, 1995, 390 p. — Y. DAUDET dir., *La crise d'Haïti*, Montchrestien — CEDIN Paris I, 1996, 206 p. — R. MEDHI dir., *Les Nations Unies et les sanctions : quelle efficacité ?*, Pedone, 2000, 246 p. — M. LIEGEOIS, *Maintien de la paix et diplomatie coercitive. L'ONU à l'épreuve des conflits de l'après guerre froide*, Bruylant, Bruxelles, 2003, 240 p. — N. D. WHITE ed., *Collective Security Law,* Asghate Publ., 2003, XXV-585 p. — A. NOVOSSELOFF, *Le Conseil de sécurité des Nations Unies et la maîtrise de la force armée*, Bruylant, Bruxelles, 2003, XXVIII-660 p. — R. KOLB, *Ius contra bellum, Le droit international relatif au maintien de la paix*, HELBING & LICHTENHAHN, Bâle/Bruxelles, 2003, XI-313 p. ; *Le droit relatif au maintien de la paix internationale. Évolution historique, valeurs fondatrices et tendances actuelles*, Pedone, 2005, 118 p. — SFDI et Deutsche Gesellschaft für Völkerrecht, *Les nouvelles menaces contre la paix et la sécurité internationales. New Threats to International Peace and Security*, Pedone, 2004, 300 p. — S. SUR, *Le Conseil de sécurité dans l'après 11 septembre*, LGDJ, 2004, 162 p. — L. BOISSON DE CHAZOURNES, « Rien ne change, tout bouge, ou le dilemme des Nations Unies. Propos sur le Rapport du Groupe de personnalités de haut niveau sur les menaces, les défis et le changement », *RGDIP* 2005-1, p. 147-161. — SFDI, *Les métamorphoses de la sécurité collective*, Journée franco-tunisienne, Pedone, 2005, 280 p. — D.-L. TEHINDRAZANARIVELO, *Les sanctions des Nations Unies et leurs effets secondaires*, PUF, 2005, 523 p. — M. FORTEAU, *Droit de la sécurité collective et droit de la responsabilité internationale de l'État*, Pedone, 2006, XIII-699 p.

Sur le régime du Chapitre VII de la Charte, v. également *infra* la bibliographie citée sur le n° 587.

Sur les opérations de maintien de la paix v. aussi *infra* la bibliographie citée sur le n° 592. V. également la publication (depuis 1995) de la revue *International Peacekeeping* devenue ensuite le *Yearbook of International Peace Operations*.

586. Du système du Pacte aux opérations de maintien de la paix. — Réponse au problème politique central des relations internationales, chaque système juridique de sécurité internationale est à la fois une *codification* des acquis des tentatives antérieures et une *correction* de leurs insuffisances techniques selon les conceptions des puissances dominantes à l'issue du conflit majeur qui justifie un nouveau système. Cette dualité a pu être vérifiée tant en 1815, qu'en 1919 et en 1945. Une fois un système établi, il évolue en fonction de circonstances qui n'avaient pas été prévues par ses créateurs.

De toute évidence, ce ne sont pas des mécanismes juridiques qui garantissent la sécurité internationale ; ils ne peuvent agir que dans des situations politiques où règne un minimum de consensus sur le degré insupportable de la violence. Ceci était prévu par les auteurs de la Charte des Nations Unies ; on ne peut donc y voir la preuve de l'échec ou du succès d'un système de sécurité collective.

1° *Consécration de l'idée de sécurité collective*. Les auteurs de la Charte des Nations Unies n'ont pas considéré que les postulats de la SdN étaient responsables de son échec, mais leur caractère inachevé. L'idée de sécurité collective a été sauvegardée, en ce qu'elle constituait un progrès par rapport au système traditionnel des alliances politiques et militaires : la sécurité collective ne consiste pas en une coalition *a priori* de certains États partageant une philosophie commune contre d'autres, ni en des alliances « fluides » et pragmatiques ; c'est l'engagement pris par chaque État d'apporter son appui à une décision collective de s'opposer à tout État coupable, au jugement de la majorité, d'une agression ou d'une menace à la paix. Par définition, la sécurité collective est *défensive*, à la différence des alliances rigides de la fin du XIXe siècle, et elle se prête à une réaction « tous azimuts », aucun État ne pouvant compter sur des alliés indéfectibles pour échapper à la menace de sanction collective.

Ce schéma n'interdit pas des systèmes *régionaux* de sécurité collective, à condition qu'ils restent conformes aux mêmes postulats et subordonnés au système universel (v. *infra*, n° 591). En revanche, il n'est guère conciliable avec des alliances régionales même défensives, car elles ne peuvent qu'être tournées contre les États extérieurs à l'alliance.

Cette systématisation de l'action de tous contre tous, et de tous avec tous, selon la formule de M. Virally, n'a jamais été totale, en ce sens que certains États échappent à sa logique : à l'époque de la SdN, les États puissants pouvaient exploiter les « fissures » du Pacte ; dans la Charte, les membres permanents du Conseil de sécurité sont, grâce au *veto*, à l'abri de la mise en œuvre des sanctions collectives.

Ce qui est inédit, dans le système établi par la Charte, est le rôle fondamental confié à quelques grands États — les vainqueurs du second conflit mondial — tenus pour responsables du maintien de la paix. L'inefficacité de la SdN étant attribuée à un respect trop scrupuleux de l'égalité des États en la matière, on n'a pas hésité à consacrer juridiquement leur inégalité, à travers la « responsabilité principale du Conseil de sécurité » pour le maintien de la paix.

Cette évolution juridique correspondait aussi à un changement des rapports de force dans la société internationale : ce changement tient moins à la multiplication du nombre des États, peu manifeste au lendemain immédiat de la guerre, qu'à la distance plus grande entre les États les plus puissants et tous les autres (phénomène qui culminera, quelques années plus tard, dans la « bipolarisation »).

2° *Difficultés d'une politique de sécurité collective.* Le pari sur lequel repose le nouveau système de sécurité collective est que l'entente fondamentale entre les Grands, qui avait permis de gagner la guerre, permettrait de conserver la paix.

Ce pari a été perdu pendant toute la période de la « guerre froide » (1946-1989). Il était certes établi, implicitement, dans la Charte que l'ONU ne pourrait rien entreprendre contre les grandes puissances dotées du veto et engagées dans un conflit qui constituerait une rupture de la paix. Mais les États en cause sont, en raison de leur désaccord très vite apparent, allés plus loin. Dans tout conflit, le Conseil de sécurité n'a pu entreprendre une action quelconque que si les membres permanents le lui demandaient, et dans la mesure où ils le lui demandaient. Faisant application de leurs privilèges dans des situations conflictuelles où elles n'étaient qu'indirectement impliquées, les grandes puissances ont réduit comme peau de chagrin le champ d'application de la sécurité collective.

La tâche essentielle des autres organes des Nations Unies consistait, dès lors, à inciter les grandes puissances à se désengager des conflits marginaux pour leurs intérêts fondamentaux. C'est dans ce sens que se sont orientés les efforts du Secrétaire général Dag Hamarskjöld dans l'affaire du Laos (1959-1961), par exemple.

Si l'on peut trouver dans la pratique des Nations Unies, au cours de leurs soixante ans d'existence, des illustrations de toutes les sanctions annoncées par la Charte, il faut reconnaître que la plupart n'ont eu qu'une utilisation épisodique et surtout qu'elles n'ont pas été mises en œuvre dans toutes les situations qui les auraient justifiées. Un écart croissant s'est produit avec l'idée d'un système juridique suffisamment *répressif* pour être dissuasif : la primauté accordée à l'idée de retour au *statu quo ante* a conduit les Nations Unies à rechercher des techniques inédites, permettant de mettre fin aux conflits armés ouverts par des satisfactions équilibrées, au besoin en permettant aux États agresseurs de « sauver la face ». Tel était le prix à payer pour obtenir le consensus minimum au sein du Conseil de sécurité, entre des États qui avaient toujours quelques « protégés » parmi les responsables d'un conflit.

De là le succès d'une formule, dont il n'existe pas la moindre annonce dans la Charte, celle des opérations de maintien de la paix. Leur objectif comme leur mode de fonctionnement n'ont rien à voir avec la répression de l'agresseur : par une interposition judicieuse entre les forces en présence, l'opération de maintien de la paix crée les conditions d'un « moratoire », dans l'espoir qu'il sera exploité pour conduire une négociation — dans le cadre ou hors de l'ONU — permettant à chaque partie au différend de prétendre n'avoir rien perdu dans la confrontation.

La fin de la « guerre froide » a permis il est vrai, à certains égards en tout cas, de revenir à une mise en œuvre de la Charte plus proche du dessein originel de ses rédacteurs. Mais si la fréquence des actions menées par le Conseil de sécurité en vertu des dispositions du Chapitre VII de la Charte s'est considérablement accrue, cela n'a pas fait disparaître pour autant le recours à la formule des opérations de maintien de la paix, si bien que la distinction de ces dernières avec les opérations de rétablissement de la paix en est devenue plus floue. On assiste ainsi depuis quelques années à un dégradé de plus en plus subtil des moyens octroyés et des missions assignées aux différents types d'opérations.

§ 1. — *Système de la charte*

BIBLIOGRAPHIE. — K. HERNDL, « Reflections on the Role of the Security Council of the UN », *RCADI* 1990-IV, vol. 223, p. 289-396. — B. FERENCZ, *New Legal Foundations for Global Survival — Security through the Security Council*, Oceana, New York, 1992, XLIII-638 p. — ADI, *Le développement du rôle du Conseil de sécurité — Peace-keeping and Peace-building,* Nijhoff, Dordrecht, 1993, XVIII-495 p. — *Le chapitre VII de la Charte,* Colloque de la SFDI, Pedone, 1995, 324 p. — T. D. GILL, « Legal and Some Political Limitations on the Power of the UN Security Council to Exercise its Enforcement Powers under Chapter VII of the Charter », *NYBIL* 1995, p. 33-138. — Ch. DOMINICE, « Le Conseil de sécurité et l'accès aux pouvoirs qu'il reçoit du Chapitre VII de la Charte des NU », *ASDIE* 1995, p. 417-439. — I. ÖSTERDHAL, *Threat to the Peace — The Interpretation by the Security Council of Article 39 of the UN Charter*, Iustus Förlag, Uppsala, 1998, 176 p. — M. REISMAN et D. STEVICK, « The Applicability of International Law Standards to UN Economic Sanctions Programmes », *EJIL* 1998, p. 86-141. — P. POZZO SERRANO, « La Corte internacional de Justicia y las competencias del Consejo de Seguridad en el ámbito del mantenimiento de la paz y seguridad internacionales », *ADI* 1998, p. 417-542. — F. ALABRUNE, « La pratique des Comités des sanctions du Conseil de sécurité depuis 1990 », *AFDI* 1999, p. 226-279. — D. SAROOSHI, *The United Nations and the Development of Collective Security*, Clarendon Press, Oxford, 1999, XIX-311 p. ; « The Role of the Secretary-General in the United Nations Peace-Keeping Operations », *Austr. YBIL* 1999, p. 279-297 ; « The United Nations Collective Security System and the Establishment of Peace », *Current Legl. Pbs.* 2000, p. 621-645. — J. CARVER et J. HULSMANN, « The Role of Article 50 of the UN Charter in Search for International Peace and Security », *ICLQ* 2000, p. 528-577. — F. DOPAGNE, « Le recours à la force armée autorisée par le Conseil de sécurité », *Ann. de droit de Louvain* 2000, p. 189-244. — V. GOWLLAND-DEBBAS ed., *United Nations Sanctions and International Law*, KLUWER, La Haye, 2001, XIV-408 p. ; *National Implementation of UN Sanctions. A Comparative Study,* Nijhoff, Leiden/Boston, 2004, x-671 p. — M. AZNAR GOMEZ, « A Decade of Human Rights Protection by the UN Security Council », *EJIL*, 2002, p. 223-241. — L.-A. SICILIANOS, « L'autorisation par le Conseil de sécurité de recourir à la force », *RGDIP* 2002, p. 5-50. — M. A. DUMBL, « Judging the 11 September Attack », *HRQ* 2002, p. 323-360. — M. ZAMBELLI, *La constatation des situations de l'article 39 de la Charte des Nations Unies par le Conseil de sécurité. Le champ d'application des pouvoirs prévus au Chapitre VII de la Charte des Nations Unies*, Helbing & Lichtenhahn, Bâle, 2002, XVIII-517 p. — M. BENNOUNA, « Les sanctions économiques des Nations Unies », *RCADI* 2002, vol. 300, p. 9-78. — E. DE WET, *The Chapter VII Powers of the UN Security Council*, Hart Publ., Oxford, 2004, XVIII-413 p. — S. SZUREK, « La lutte internationale contre le terrorisme sous l'empire du Chapitre VII : un laboratoire normatif », *RGDIP* 2005, p. 5-49. — Dossier, « Actualité des pouvoirs du Conseil de sécurité », *RBDI* 2004, p. 457-492. — Commentaires des articles 39 à 51 de la Charte *in* J.-P. COT, A. PELLET et M. FORTEAU dir., *La Charte des Nations Unies. Commentaire article par article*, 3e éd., Economica, 2005, vol. 1, p. 1131-1366. — M. FORTEAU, « La levée et la suspension des sanctions internationales », *AFDI* 2005, p. 57-84. — W. CZAPLINSKI, « Regional Organisations and the Use of Force » *in Mél. Degan*, 2005, p. 39-54. — G. NESI ed., *International Cooperation in Counter-Terrorism*, Ashgate, Aldershot, 2006, XV-313 p.

587. Pouvoir de constatation. — Selon les dispositions de la Charte, en particulier du chapitre VII, la responsabilité du maintien de la paix s'exerce en une série de prises de position successives du Conseil. C'est l'ordre annoncé par le texte qui sera suivi, encore que dans la pratique l'adoption de mesures provisoires précède souvent la constatation d'une menace à la paix ou d'une rupture de la paix.

1° *Rôle du Conseil de sécurité.* La constatation d'une menace à la paix, d'une rupture de la paix ou d'un acte d'agression est, aux termes de l'article 39 de la Charte, la première décision que le Conseil doit prendre et qui détermine tout le développement ultérieur de sa mission. Pour le faire en connaissance de cause, il peut procéder à l'enquête préalable de l'article 34.

Les organes créés à cette fin par le Conseil de sécurité ne doivent pas être confondus avec les organes chargés d'observer la mise en œuvre de mesures déjà décidées ou recommandées, qui constituent une forme de forces de maintien de la paix et seront étudiés à ce titre (v. *infra*, n° 595). Ils sont d'ailleurs peu nombreux (résolutions 39 du 20 janvier 1948, sur le Jammu et le Cachemire, 161 du 21 février 1961 sur le Congo (disparition du Secrétaire général), sans référence à l'article 34, 496 du 15 décembre 1981, plainte des Seychelles), le Conseil donnant plutôt mandat au Secrétaire général pour établir une commission d'enquête (v. résolutions 1012 du 28 août 1995 sur le Burundi, et 1013 du 7 septembre 1995 sur le Rwanda, par exemple).

Une fois établie la matérialité des faits, il lui faudra les qualifier, ce qui n'est pas une tâche aisée, pour des raisons de fond — la complexité des relations internationales — et de procédure — l'usage du veto au sein du Conseil de sécurité des Nations Unies. Toutefois, la fin de la guerre froide a permis de surmonter en partie ce second obstacle et a entraîné une intensification spectaculaire de l'activité du Conseil. Celle-ci s'est traduite par la multiplication de résolutions constatant l'existence de « menaces contre la paix », au moins au plan régional. En revanche, le Conseil de sécurité marque toujours une grande hésitation pour qualifier une situation d'« agression », même lorsque celle-ci est flagrante.

Ainsi, la résolution 660 (1990), qui vise expressément les articles 39 et 40 de la Charte, condamne « *l'invasion* du Koweït par l'Irak » mais n'utilise pas le mot « agression », non plus que les résolutions ultérieures qui stigmatisent « l'occupation » du Koweït et se fondent sur le chapitre VII (v. not. les résolutions 661 [1990] et 674 [1990]).

De même, dans le cadre des conflits dans l'ex-Yougoslavie puis en Bosnie-Herzégovine, le Conseil de sécurité a constamment qualifié la situation de « menace contre la paix » alors que la rupture de la paix (au moins) était évidente (cf. les résolutions 713 [1991] ou 757 [1992]). Il en a été de même pendant très longtemps lors du conflit entre l'Irak et l'Iran : alors que les hostilités avaient éclaté en 1980, il a fallu attendre la résolution 598 (1987) pour que le Conseil constate l'existence d'une « rupture de la paix ». De même, le Conseil a appréhendé le récent conflit entre Israël et le Liban sous le seul angle d'une menace contre la paix (résol. 1701 [2006]).

Si le Conseil de sécurité n'a jamais constaté l'existence d'une agression, il a, dans quelques rares hypothèses, utilisé des périphrases s'en approchant : « action militaire lancée par Israël » (résol. 248, de 1968), « attaques militaires » dirigées par Israël contre le Liban (résol. 332, en 1973), « actes d'agression », « attaques armées » ou « acte agressif » à propos des interventions armées de l'Afrique du Sud en Angola, en Zambie et au Lesotho (résol. 387 et 393 [1976] et 527 [1982]) ou « acte d'agression armée » à propos d'une action de mercenaires au Bénin (résol. 405 [1977]).

La prudence manifestée par le Conseil de sécurité pour qualifier une situation est parfois justifiée, dans une interprétation optimiste, par l'idée qu'en s'abstenant de déterminer l'auteur d'une agression, le Conseil sauvegarde les chances d'un règlement politique de la crise internationale (v. commentaire de l'article 39 par G. Cohen-Jonathan *in* J.-P. Cot et A. Pellet *La Charte des Nations Unies*, Economica, éd. 1991, p. 645-666 ; et par P. d'Argent e.a. dans l'édition 2005, t. 1, p. 1131-1170).

À l'inverse, l'utilisation extensive de la notion de « menace contre la paix » a servi de justification à de multiples opérations.

Le phénomène n'est pas entièrement nouveau. Dès 1965, le Conseil de sécurité a qualifié de menace contre la paix la situation résultant de la proclamation unilatérale de l'indépendance par la minorité blanche de Rhodésie du sud (v. les résolutions 217 [1965] et 221 et 232 [1966]). Il en est allé de même pour la politique d'apartheid en Afrique du sud (résol. 418 [1977]).

Le mouvement s'est cependant amplifié depuis le début des années 1990. Ont été qualifiés de « menaces contre la paix » les « actes de terrorisme international » à propos des attentats aériens de Lockerbie et du vol UTA 772 attribués à la Libye (v. les résolutions 731 et 748 [1992] ; et les résolutions 1054 et 1070 [1996] dirigées contre le Soudan ; et après les attentats du 11 septembre 2001 : résol. 1373 du 28 sept. 2001, justifiant le recours au chapitre VII de la Charte, et 1377 du 12 nov. 2001, qui évoque « l'une des menaces les plus graves à la paix ») tout comme la prolifération des armes de destruction massive (v. en général la résolution 1540 [2004] et en particulier les résolutions 1718 [2006] et 1737 [2006] adoptées respectivement contre la Corée du Nord et l'Iran). Ont également été qualifiées de menaces contre la paix des situations concernant bien davantage la paix civile que les relations internationales dès lors qu'il était possible de relever des éléments d'internationalité : répression des populations civiles irakiennes, notamment des Kurdes (résol. 688 [1991]), « tragédie humaine » constituée par la situation en Somalie (cf. les résolutions 733, 746 et 794 [1992], 897 [1994]), guerres civiles au Liberia (résol. 788 [1992]), en Angola (résol. 864 [1993] et 1127 [1997]), en Afghanistan (déclaration du 15 février 1996), dans la région des Grands Lacs (résol. 1080 [1996]), en Albanie (résol. 1114 [1997]), en République centrafricaine (résol. 1125 [1997]), ou encore en Côte d'Ivoire (résol. 1572 [2004]) ; « crise humanitaire » au Rwanda (résol. 929 [1994] ; v. aussi la décision du TPI Rwanda, dans l'affaire *Procureur c. Joseph Kanyabashi*, n° ICTR 96-15-T, compétence, § 20), éviction du Président démocratiquement élu en Haïti (résol. 940 [1994] ou en Sierra Leone (résol. 1132 [1997]). Parfois, le Conseil retient la formule plus prudente de « menace pour la stabilité de la région » (résol. 1049 [1996] sur le Burundi) avant de recourir à la notion de menace pour la paix et la sécurité de la région (résol. 1072 [1996] sur le propos du même État). Dans plusieurs de ces dernières hypothèses, les constatations faites par le Conseil de sécurité ont justifié des interventions humanitaires sous forme d'opérations de maintien de la paix ou de forces multinationales autorisées par les Nations Unies (v. *infra*, n°s 595 et 598).

La controverse sur le « devoir d'ingérence » pourrait être résolue, au moins en partie, de cette manière : l'intervention unilatérale d'un État demeure proscrite, fût-ce pour des raisons humanitaires, mais elle devient licite dans le cadre d'une opération autorisée par le Conseil de sécurité après qu'il a constaté l'existence d'une menace contre la paix. (v. *supra*, n° 288).

Il reste que la notion de menace contre la paix est, de ce fait, considérablement sollicitée et que le problème du contrôle des décisions du Conseil de sécurité, notamment par la CIJ, s'en trouve posé de façon aiguë (v. ADI, *op. cit.* sur le n° 586, notamment les contributions de B. CONFORTI, M. BOTHE, Th. FRANCK et M. REISMAN ; Th. FRANCK, « The « Power of Appreciation » : Who is the Ultimate Guardian of UN Legality ? », *AJIL* 1992, p. 519-523 ; M. BEDJAOUI, « Du contrôle des actes du Conseil de sécurité », *Mél. Rigaud*, 1993, p. 69-110 ; A. PELLET et M. BEDJAOUI *in* SFDI, Colloque de Rennes, *Le chapitre VII de la Charte des Nations Unies et les nouveaux aspects de la sécurité collective*, Pedone, 1995, p. 221-238 et p. 255-297 ; v. aussi *supra*, n° 244) ; T. D. GILL, « Legal and Some Political Limitations on the Power of the UN Security Council to Exercise its Enforcement Powers under Chapter VII of the Charter », *NYBIL* 1995, p. 33-138 ; Chr. DOMINICE, « Le Conseil de sécurité et l'accès aux pouvoirs qu'il reçoit du Chapitre VII de la Charte des NU », *ASDIE* 1995, p. 417-439 ; N. BLOKKER, « Is the Authorization Authorized ? Powers and Practice of the UN Security Council to Authorize the Use of Force by « Coalitions of the Able and the Willing » », *EJIL* 2000, p. 489-519 ; Colloque, *Unilateralism in International Law —*

Unilateral Action Based on UN Mandate or Going Well Beyond a Limited One, *EJIL* 2000, p. 349-392 ; E. D. LOPEZ-JACOISTE, *Actualidad del Consejo de Seguridad de las Naciones Unidas. La legalidad de sus decisiones y el problema de su control*, Thomson-Civitas, Madrid, 2003, 396 p. ; I. PERCULESCU, « The Review of the UN Security Council Resolutions by the ICJ », *ICLQ* 2005, p. 167-195 ; V. BORE EVENO, « Le contrôle juridictionnel des résolutions du Conseil de sécurité », *RGDIP* 2006, p. 827-860 ; v. aussi *supra*, n° 244).

En pratique, aucune constatation n'est possible si l'agresseur est l'un des membres permanents — sinon même l'un des États protégés par eux. Le système des blocs a démesurément élargi une exception que les auteurs de la Charte avaient acceptée en la limitant implicitement aux grandes puissances. Ainsi, dès le départ de la procédure, une défaillance du Conseil de sécurité est d'autant plus à craindre qu'en l'absence de cette constatation, l'emploi illicite de la force sera indirectement « innocenté ».

Le pouvoir du Conseil n'est pas limité aux litiges intéressant les États membres. L'article 2, § 6, de la Charte l'autorise, du point de vue de la Charte en tout cas, à prendre, à l'égard des États non membres, toutes les mesures qui lui paraissent nécessaires à l'exercice de ses fonctions.

2° *Compétence de l'Assemblée générale*. La Charte n'a conféré à l'Assemblée générale qu'un rôle subsidiaire et réduit en matière de maintien de la paix (articles 12 et 11, § 2). Mais, comme on l'a vu (v. *supra*, n° 517), la pratique a favorisé un élargissement de ses pouvoirs en vue de suppléer les « défaillances » du Conseil de sécurité.

Quelles ont été les conséquences, en la matière, de la résolution 377(V) ?

Celle-ci prévoit, d'une part, que le Conseil de sécurité peut saisir l'Assemblée et réclamer la réunion d'une session extraordinaire chargée d'examiner une situation internationale dangereuse pour la paix ; d'autre part, que l'Assemblée peut se saisir elle-même d'un tel problème lorsque, « du fait que l'unanimité n'a pu se réaliser parmi ses membres permanents, le Conseil de sécurité manque à s'acquitter de sa responsabilité... »

L'Assemblée a déduit de cette possibilité d'examen et du pouvoir de recommandation qu'elle s'est ainsi reconnue qu'elle avait compétence pour procéder à la constatation prévue à l'article 39, en principe réservée au Conseil de sécurité par la Charte.

La régularité de ce pouvoir au regard de la Charte dépend des mêmes considérations que celles qui seront évoquées à propos du pouvoir de recommander des mesures coercitives ; elle sera étudiée à cette occasion (v. *infra*, n° 589).

Les organes de l'ONU justifient parfois leur abstention par la priorité reconnue aux initiatives régionales (v. *infra*, n° 591), par exemple en 1987 dans l'affaire Libye-Tchad. Il serait certainement abusif de déceler dans cette pratique une remise en cause des compétences de l'ONU fondées sur les articles 52, 33 et 35 de la Charte.

La « responsabilité principale » reconnue au Conseil de sécurité par l'article 24, paragraphe 1, de la Charte, n'exclut pas la compétence de la CIJ pour se prononcer sur les aspects juridiques d'un différend mettant en cause l'utilisation de la force dans les relations internationales (cf. CIJ, ord., 2 juin 1999, *Licéité de l'emploi de la force*, *Rec.* p. 132, par. 18 ; v. *supra*, n° 501 ; v. A. Pellet, « Le glaive et la balance — Remarques sur le rôle de la CIJ en matière de maintien de la paix et de la sécurité internationale », *Mél. Rosenne*, 1989,

p. 539-566 ; J.-M. Thouvenin, « La CIJ et la sécurité collective », *in* SFDI, *Les métamorphoses de la sécurité collective*, Pedone, 2005, p. 109-120).

588. Adoption de mesures provisoires. — Il ressort de l'article 40 que le Conseil de sécurité peut, avant toute constatation, préconiser les mesures provisoires qu'il juge nécessaires ou souhaitables afin d'empêcher la situation de s'aggraver, par exemple un cessez-le-feu, le tracé de lignes de démarcation, un armistice (résol. 62 [1948] sur la Palestine). Le Conseil ne peut *qu'inviter* les parties intéressées à se conformer à de telles mesures. En employant ce terme, l'article 40 indique clairement que le Conseil ne détient en la circonstance que le droit d'émettre des *recommandations*.

Cette compétence du Conseil a une portée limitée, qui ne permet pas de corriger l'absence de constatation de l'emploi illicite de la force. Les mesures préconisées ne comportent aucune condamnation. Comme le précise l'article 40, elles « ne préjugent en rien les droits, les prétentions ou la position des parties intéressées ».

La pratique a toutefois renforcé la portée des mesures provisoires au-delà de ce que semblait impliquer la seule lettre de l'article 40, achevant ainsi de révéler la « fausse neutralité » de cette disposition (v. J.-M. Sorel, commentaire de l'article 40, *in* J.-P. Cot et A. Pellet éd., *La Charte des Nations Unies*, éd. 2005, p. 1183 et s.). Le Conseil de sécurité n'a pas hésité à adopter un ton comminatoire (résol. 598 [1987] à propos du conflit entre l'Irak et l'Iran ; résol. 660 [1990] lors de l'invasion du Koweït par l'Irak) et, surtout, à menacer de tirer les conséquences d'un refus de respecter ces mesures en qualifiant cette attitude de « rupture de la paix » (résol. 54 du 15 juillet 1948). (v. D. Simon, commentaire de l'article 40, *in* J.-P. Cot et A. Pellet éd., *op. cit.*, éd. 1991, p. 667-689). Par ailleurs, le Conseil a pu expressément fonder sur l'article 40 des mesures relevant plutôt par leur contenu et leur effet de l'article 41 (v. la résol. 1696 [2006] adoptée contre l'Iran ; mais il est vrai que le Conseil est revenu par la suite à la base juridique de l'article 41 (v. la résol. 1737 [2006]).

589. Pouvoir de sanction non militaire. — L'article 41 de la Charte autorise le Conseil de sécurité à « décider quelles mesures n'impliquant pas l'emploi de la force armée doivent être prises pour donner effet à ses décisions », c'est-à-dire pour permettre la mise en œuvre des injonctions qu'il a pu préalablement, ou qu'il peut concomitamment, adresser à l'État ou à l'entité à l'origine d'une menace contre la paix, d'une rupture de la paix ou d'un acte d'agression, en vue d'y mettre un terme. L'existence de l'une des trois situations visées à l'article 39 constitue une condition indispensable du recours à l'article 41.

Il ressort de l'expérience rhodésienne que les sanctions prononcées frappaient autant, sinon plus, une illicéité que la menace à la paix qu'elle engendrait. Par le biais de son pouvoir de constatation, le Conseil a étendu en l'espèce son pouvoir de contrainte, du domaine de la sécurité, au domaine général de la sanction du droit. Ainsi était « corrigée » la lettre, sinon l'esprit de la Charte. Mais le Conseil a manifesté beaucoup de réticence à reconnaître directement cette extension de pouvoir, en acceptant de sanctionner un manquement dont il n'aurait pas d'abord reconnu que, par sa gravité, il constituait une menace à la paix.

Pour inciter le Portugal à respecter la Déclaration du 14 décembre 1960 sur l'octroi de l'indépendance aux pays et peuples coloniaux, l'Assemblée générale a recommandé à plusieurs reprises au Conseil de sécurité de décider des sanctions économiques contre cet État, mais il s'y est toujours refusé.

Face à la politique de discrimination raciale de l'Afrique du Sud, en dépit des exhortations de l'Assemblée, le Conseil a longtemps persisté dans son attitude de réserve. Il s'en est tenu à une pression *politique* en votant, le 23 juillet 1970, la résolution 282 dans laquelle il déclarait que la « situation actuelle de l'Afrique du Sud constitue une *menace potentielle* pour la paix et la sécurité internationales » et *recommandait* un embargo sur les armes, sans s'engager dans le processus de sanction de l'article 41. Par la suite, cependant, en se fondant sur le Chapitre VII de la Charte, en général, le Conseil a constaté que l'acquisition de matériel militaire par le gouvernement sud-africain représentait une menace pour la paix et *décidait* un embargo sur toute fourniture d'armes à ce gouvernement (résol. 418 [1977] complétée par une résolution 421 [1977] qui établit un comité chargé de veiller à son application). Ces sanctions n'ont été levées qu'après la fin du régime d'apartheid (résol. 919 du 25 mai 1994).

Dans l'affaire de la Namibie, il y a effectivement eu des sanctions pour illicéité, sans menace à la paix. Mais il s'agissait de la mise en œuvre du régime spécial du mandat, et non de l'exercice du pouvoir général de sanction prévu au Chapitre VII de la Charte (v. *supra*, n° 319).

1° *Nature des actes du Conseil*. Conformément à l'article 41 de la Charte, le Conseil de sécurité est autorisé à agir énergiquement en adoptant des *décisions*. Cette disposition précise, il est vrai, que le Conseil ne peut qu'inviter les États membres à appliquer ces décisions. Mais en combinant les articles 25 et 41, le Conseil leur a donné un effet obligatoire.

La question s'est posée dès l'affaire rhodésienne. La résolution 232 (1966) du Conseil de sécurité *exigeait* des États membres sa mise en œuvre, en rappelant « que le fait pour l'un quelconque d'entre eux de ne pas appliquer ou de refuser d'appliquer la présente résolution constituera une violation de l'article 25 ». La même précision peut être relevée dans les résolutions successives dans cette affaire. D'une manière générale, l'injonction a été suivie d'effet, les principaux États concernés — le Royaume-Uni, les États-Unis et la France — ayant pris les mesures nécessaires dans leur ordre juridique national

La pratique ultérieure est allée dans le même sens, le Conseil n'hésitant plus d'ailleurs à demander aux États membres comme non membres d'exécuter les mesures imposées (ainsi des décisions adoptées par la résolution 748 du 31 mars 1992 sanctionnant le refus de la Libye de remettre deux de ses ressortissants à des pays décidés à enquêter sur des actes de terrorisme aérien).

On sait que dans son avis de 1971, dans l'affaire de *Namibie*, la CIJ a donné une portée très étendue à l'article 25, tout en attirant l'attention sur la nécessité de procéder à un examen minutieux de chaque résolution avant de considérer qu'il s'agit d'une décision obligatoire.

Bien entendu, et le fait n'est pas rare, le Conseil peut se borner à adopter une recommandation, comme le précise l'article 39 de la Charte.

En revanche, il est plus difficilement justifiable que le Conseil de sécurité s'octroie une compétence de type législatif sur le fondement du chapitre VII de la Charte, comme il l'a pourtant fait depuis 2001 (résol. 1373 et s. s'agissant de la lutte contre le terrorisme international, et 1540 (2004) pour les mesures destinées à éviter à enrayer la prolifération nucléaire ; v. J. Tercinet, « Le pouvoir normatif du Conseil de sécurité : le Conseil de sécurité peut-il légiférer ? », *RBDI* 2004, p. 528-551 ; C. Denis, *Le pouvoir normatif du Conseil de sécurité des Nations Unies : portée et limites*, Bruylant, Bruxelles, 2004, XVI-408 p.).

À la différence des mesures provisoires, les décisions prises sur le fondement de l'article 41 constituent de véritables actes de contrainte.

Il sera toutefois difficile dans certaines situations de déterminer si la mesure prise relève bien de l'article 41 de la Charte, faute pour le Conseil de sécurité de toujours indiquer formellement la base juridique de sa décision (v. par ex. la résol. 1695 [2006] adoptée contre la Corée du Nord).

Les articles 49 et 50 de la Charte s'efforcent de donner aux États les moyens concrets de respecter effectivement les mesures coercitives décidées par le

Conseil. À cette fin, ils prévoient une assistance mutuelle des États membres de l'ONU et la « consultation » du Conseil par les États dont l'économie souffre de l'exécution des décisions des Nations Unies.

Sur la base de ces dispositions, la résolution 386 (1976) du Conseil a appelé tous les États et les organisations du système des Nations Unies à accorder une aide spéciale au Mozambique pour les dommages subis du fait des sanctions contre la Rhodésie. Il ne s'agissait que d'une recommandation.

Dans l'affaire irako-koweïtienne de 1990, le Conseil de sécurité a créé un comité des sanctions, également chargé de déterminer quels États devaient bénéficier d'une assistance financière ou économique — en contrepartie du préjudice subi du fait de l'embargo —, de l'aide humanitaire apportée aux réfugiés, etc. (résol. 661 et 665 [1990]) ; de même à l'occasion du conflit en ex-Yougoslavie : v. la résolution 843 (1993), appuyée par la résolution 48/210 de l'Assemblée générale, du 21 décembre 1993 et *infra* ; pour l'Angola : v. résol. 864 (1993).

2° *Portée des mesures*. Le Conseil a le libre choix des mesures et il peut se contenter de mesures de pression économiques ou politiques : interruption partielle ou totale des relations économiques et des communications ferroviaires, maritimes, aériennes, postales et des autres moyens de communications, rupture des relations diplomatiques. La Charte a amélioré, sur ce point, le système de la SdN qui, selon l'article 16 du Pacte, laissait le déclenchement de telles mesures à la discrétion des États membres.

Accorder la priorité à de telles mesures est logique, car elles apportent moins de trouble dans les relations internationales que des opérations armées. En outre ce sont, le plus souvent, les seules concevables dans l'état actuel des alliances internationales.

3° *Mise en œuvre*. Si l'on néglige la résolution de l'Assemblée générale du 18 mai 1951 recommandant un embargo sur les produits stratégiques à destination de la Corée du Nord, les applications de cette procédure ont eu lieu dans l'affaire rhodésienne, lors de l'invasion du Koweït par l'Irak (1990), à l'encontre de la Libye en 1992 et 1993, des parties aux conflits yougoslaves depuis 1991, de la Somalie et du Liberia depuis 1992 (et de nouveau en 1999), d'une des parties en Angola et d'Haïti en 1993, du Rwanda en 1996, de la Yougoslavie en 1998 (conflit au Kosovo), de l'Afghanistan depuis 1999 (lutte contre le terrorisme), des milices étrangères en RDC depuis 2003, du Soudan et de la Côte-d'Ivoire depuis 2004 ainsi qu'au Liban, contre la Corée du Nord et contre l'Iran depuis 2006.

La résolution 232 (1966) du Conseil, déjà citée, décidait de sanctions économiques contre la *Rhodésie du Sud* en se fondant expressément sur le Chapitre VII, ce qu'il avait évité de faire jusque-là, mais a réitéré dans ses résolutions ultérieures. L'action de contrainte a été renforcée par les résolutions 253 (1968) et 277 (1970) : interdiction de toutes relations commerciales et financières avec la Rhodésie du Sud, retrait des représentations commerciales et financières, interruption de tout moyen de transport, rupture des relations diplomatiques. Jusqu'à l'accession à l'indépendance dans des conditions compatibles avec le principe du droit des peuples à disposer d'eux-mêmes, la pression des sanctions économiques a été maintenue et accentuée : les résolutions 388 (1976) et 409 (1977) visaient expressément l'article 41 — et non plus seulement le Chapitre VII en général — et interdisaient désormais tout emploi ou transfert de fonds en provenance ou à destination de ce territoire.

Cette expérience de l'article 41 montre les limites de son efficacité : il est parfois difficile d'obtenir des États non membres un respect scrupuleux des décisions du Conseil et il suffit d'un État bien situé pour affaiblir le dispositif d'« étouffement » économique mis en place. Ainsi, le Portugal et l'Afrique du Sud ont continué à approvisionner la Rhodésie en pétrole et à commercer avec elle. Leur attitude a rappelé l'application anarchique des sanctions, à l'époque de la SdN, dans l'affaire *italo-éthiopienne* de 1935. De plus, certaines sociétés transnationales ont été en mesure de contourner les sanctions. L'efficacité des sanctions peut imposer d'aller jusqu'à sanctionner les États qui ne s'inclinent pas devant les décisions du Conseil, ce qui est politiquement délicat : en l'espèce, la demande de sanctions exprimée par les États africains contre les États tiers s'est heurtée aux vetos du Royaume-Uni et des États-Unis.

En outre, les mesures de blocus maritime sont coûteuses et peu nombreux sont les États capables de les mettre en œuvre pour le compte des Nations Unies.

La fin de la guerre froide a facilité cependant l'adoption de sanctions et renforcé l'efficacité de leur mise en œuvre.

La résolution 661 (1990) du Conseil a invité les États membres et non membres des Nations Unies à établir un embargo général à l'encontre de *l'Irak* et des ressources koweïtiennes susceptibles d'être confisquées par l'occupant, cinq jours après que l'intervention armée de l'Irak eut été qualifiée d'« invasion » en vertu du chapitre VII de la Charte (le mot « agression » n'étant pas utilisé [résol. 660], le Conseil lui ayant préféré la qualification plus neutre de « rupture de la paix »). Pour la première fois, la Suisse s'est déclarée prête à s'associer pleinement à la mise en œuvre d'une résolution de ce type, alors qu'elle n'était pas encore membre de l'ONU à cette date. L'efficacité de ce boycott total des relations militaires, commerciales et financières, fondé sur le chapitre VII de la Charte a été renforcée par l'autorisation d'un blocus naval, avec éventuellement recours à la contrainte (résol. 665, 669 et 670 [1990]). Ces sanctions ont été prolongées après la fin du conflit armé par les résolutions 687 (1991) et 778 (1992) (v. *infra*, n°s 590 et 593 et s.). Leur mise en œuvre a été aménagée par la résolution 778 (1992), autorisant l'Irak à vendre certaines quantités de pétrole pour financer notamment les besoins alimentaires et de santé de sa population (v. *infra*, n° 590). Tout allégement — ou aggravation — des sanctions initiales était désormais lié aux avatars du processus de contrôle du désarmement irakien (résol. 1115 et 1134 (1997), cette dernière résolution limitant la liberté de circulation internationale des fonctionnaires et officiers irakiens). À la suite de l'intervention armée des États-Unis et du Royaume-Uni en Irak en 2003 (v. *supra*, n°570), le Conseil de sécurité a définitivement levé les sanctions par sa résolution 1483 (2003).

Dans l'*affaire yougoslave*, le Conseil de sécurité a successivement décrété un embargo général et complet sur les armes à destination de la Yougoslavie (résol. 713 et 724 [1991] et 727 [1992]), puis sur toutes les transactions, y compris le transport aérien, avec la Yougoslavie (Serbie et Monténégro) (résol. 752, 757 et 787 [1992]) puis avec les zones se trouvant « sous le contrôle des forces serbes de Bosnie » en même temps que le gel des avoirs de la Yougoslavie (Serbie et Monténégro) et des entreprises de ce pays et le blocus de ses ports (résol. 820 [1993]) ; auparavant le Conseil avait interdit le survol militaire de la Bosnie-Herzégovine (résol. 781 [1992]). Le souci d'efficacité a conduit à établir un contrôle de la navigation sur le Danube, confiée à l'UEO et à l'OSCE (résol. 992 [1995]). Dès 1991 avait été mis en place un comité de surveillance du Conseil de sécurité chargé de contrôler le respect des mesures d'embargo et d'accorder des dérogations, notamment à des fins humanitaires. Avec l'évolution du conflit, l'embargo vise seulement certaines zones ou certains des protagonistes (résol. 942 [1994] contre les zones serbes en Bosnie-Herzégovine, résol. 967 [1994] et 988 [1995] contre la Serbie-Monténégro). À l'inverse, la Bosnie-Herzégovine est exemptée de l'embargo sur les armes par la résolution 1021 (1995), puis de toute forme de sanction par la résolution 1074 (1996). Ces sanctions ont été levées en 1996.

Des sanctions économiques ont également été décidées contre *Haïti* à la suite du coup d'État contre le Président démocratiquement élu J.-B. Aristide par l'OEA d'abord (résol. 1/91 et 2/91 des 3 et 8 octobre 1991 et 3/92 du 17 mai 1992) puis par le Conseil de sécurité (résol. 841 [1993] ; l'embargo commercial a été suspendu, rétabli, renforcé — interruption des relations aériennes et maritimes, gel des avoirs financiers — puis abandonné (résol. 948 [1994] en fonction de l'évolution de la situation).

Sur l'embargo sur les livraisons d'armes et de matériel militaire en *Somalie* et au *Liberia*, v. les résolutions initiales 733 du 23 janvier 1992 et 788 du 19 novembre 1992 ; embargo sur les armes également lors de la crise au *Rwanda* : v. les résolutions 918 (1994) et 997 (1995), avec contrôle international (résol. 928 [1994]) ; la crise du *Sierra Leone* a conduit non seulement à un embargo sur les armes et les produits pétroliers, mais également à des restrictions aux déplacements des membres de la junte militaire (résol. 1132 [1997] ; v. S. Szurek, *AFDI* 2000, p. 176-201).

Par sa résolution 864 (1993), le Conseil a également imposé un embargo sur les armes et les produits pétroliers vendus ou fournis à l'une des parties à la guerre *civile* en *Angola*, l'UNITA ; par sa résolution 1270 (1999), le même type d'embargo visait l'ensemble des factions en lutte au Sierra Leone. Le *Soudan* a également été frappé d'un embargo sur les armes, dans le cadre de la lutte contre le terrorisme (résol. 1070 [1996]), levé par la résolution 1372 du 28 sept. 2001. Plus classiques dans leur justification par l'existence d'un conflit armé international, les embargos sur les armes décidés par la résolution 1304 (2000) à propos de la RD du Congo, ou la résolution 1320 (2000) dans l'affaire Éthiopie / Érythrée.

Sur le terrorisme aérien et en particulier l'*affaire libyenne* (l'affaire de *Lockerbie*) : v. les résolutions du CS 286 du 9 sept. 1970, 635 du 14 juin 1979, la déclaration du président du CS du 30 déc. 1988, les résolutions du CS 731 du 21 janvier 1992, 748 du 31 mars 1992 (v. M. Arcari, *Riv. DI* 1992, p. 932-965) et 883 du 11 novembre 1993, ainsi que les ordonnances de la CIJ du 14 avril 1992 (*Rec. CIJ* 1992, p. 3 et 113). La CIJ y admet *prima facie* l'obligation pour les États de respecter la décision incluse dans la résolution 748 du CS, qui prévaut, en vertu de l'article 103 de la Charte sur tout autre engagement conventionnel ; la Cour a préféré s'appuyer sur cet argument que de s'en tenir à un argument procédural (en l'espèce, le non-épuisement du délai en vue de l'arbitrage dans la Convention de Montréal sur l'aviation civile). À la suite d'un règlement amiable du litige relatif aux actes terroristes commis, la Libye s'est désisté de l'instance introduite devant la Cour, qui a rayé l'affaire de son rôle le 10 septembre 2003. Deux jours plus tard, le Conseil de sécurité levait les sanctions imposées à cet État depuis 1992 (v. J.-F. Marchi, *AFDI* 2004, p. 171-212).

Depuis la fin des années 1990, et à la suite notamment des critiques dirigées contre les effets économiques des embargos sur les peuples des États sanctionnés (en Irak tout particulièrement), le Conseil de sécurité a de plus en plus souvent recours aux sanctions « intelligentes » (*smart sanctions*), dont la caractéristique est de ne plus frapper aveuglément des populations civiles mais individuellement les dirigeants des entités mises en cause ou des personnes ciblées à raison de leurs comportements jugés répréhensibles.

De telles mesures ont été utilisées dans le cadre de la lutte contre le terrorisme international (gel des fonds des personnes présumées terroristes, interdiction de déplacement, traduction en justice : v. les résol. 1373 [2001], 1566 [2004] et 1617 [2005] ; mise en place d'une notice spéciale d'INTERPOL réservée aux individus sanctionnés par le Conseil de sécurité – v. la résol. 1699 [2006]). De telles sanctions ont été imposées également dans les situations liberienne (résol. 1532 [2004]), ivoirienne (résol. 1572 [2004]), soudanaise (résol. 1591 [2005] et 1672 [2006]) ou encore libanaise (résol. 1636 [2005]) et nord-coréenne (résol. 1718 [2006]). Il a découlé de cette nouvelle pratique des problèmes de conformité aux standards internationaux applicables en matière de droits de l'homme (en particulier concernant le droit des personnes sanctionnées de contester les mesures défavorables prises à leur encontre), qui ont été portés devant certaines juridictions (v. notamment les deux arrêts du TPICE *Yusuf* et *Kadi* du 21 septembre 2005, aff. T-306/01 et T-315/01, et l'arrêt du 3 septembre 2008 de la CJCE dans la même affaire *Kadi*, aff. jointes C-402/05 P et C-415/05 P ; v. aussi I. Couzigou, « La lutte du Conseil de sécurité contre le terrorisme et les droits de l'homme », *RGDIP* 2008, p. 49-84). Le Conseil de sécurité a progressivement pris en considération ces critiques et a commencé à en tirer les conséquences qui s'imposaient (v. notamment les résol. 1730, 1732 et 1735 [2006] offrant des mécanismes de recours aux individus sanctionnés, ainsi que 1822 [2008]).

Le Conseil de sécurité s'est reconnu par ailleurs la compétence de créer des tribunaux pénaux internationaux aux fins du rétablissement de la paix et de la sécurité internationales (v. *supra*, n° 444, à propos des résolutions du Conseil ayant créé le TPIY et le TPIR sur le fondement de l'article 41 de la Charte ; v. également la résol. 1757 [2007] s'agissant de la création du Tribunal spécial pour le Liban), et depuis 2002, il est habilité par le statut de la CPI à la saisir sur ce même fondement, si la situation l'exige (v. *supra*, n° 445 ; le Conseil s'est prévalu une seule fois à ce jour de cette possibilité, s'agissant des crimes commis au Darfour [Soudan] – v. la résol. 1593 [2005] ; M. Nappold, *ICLQ* 2006, p. 226-236 ; F. Aumond, *RGDIP* 2008, p. 111-134). V. également les résolutions 1638 (2005) et 1688 (2006) demandant l'arrestation et le transfert de Charles Taylor au Tribunal spécial pour la Sierra Leone, puis son transfert pour jugement aux Pays-Bas (la tenue de son procès en Sierra Leone risquant de menacer la paix et la sécurité internationales, selon le Conseil de sécurité).

La dynamique d'extension des moyens d'action du Conseil de sécurité au titre de l'article 41 ne s'est pas arrêtée là. C'est encore en vertu de cette disposition que celui-ci a pu décider la mise en place d'administrations civiles et militaires transitoires au Kosovo et au Timor oriental (v. *supra*, n° 343 et 393), ou aménager la répartition interne des pouvoirs constitutionnels d'un État (Côte-d'Ivoire : v. *supra*, n° 279, 3°).

4° *Exercice par l'Assemblée générale des pouvoirs établis par la « résolution Dean Acheson ».*

a) Lorsque les conditions prévues par la résolution 377 (V) sont remplies — carence du Conseil, décision de réunir l'Assemblée (v. *supra*, n°s 517 et 518) —, l'Assemblée « examinera immédiatement la question afin de faire aux membres les recommandations appropriées sur les mesures collectives à prendre... ».

L'Assemblée peut donc adopter des sanctions non militaires, éventuellement différentes de celles prévues par le Chapitre VII. La résolution met en place, à cette fin, une *Commission des mesures collectives* chargée de définir des mesures plus souples que celles du chapitre VII.

La principale limitation porte non pas sur le contenu des mesures préconisées, mais sur leur portée juridique, puisqu'elles ne peuvent être l'objet que de *recommandations*.

b) Validité de cette résolution. La résolution Acheson est indiscutablement en contradiction avec la lettre de la Charte, et d'abord de manière flagrante avec l'article 12, surtout lorsque l'Assemblée n'est pas saisie par le Conseil.

Elle implique que l'Assemblée peut faire des recommandations sur une affaire qui continue à figurer à l'ordre du jour du Conseil, dont il ne s'est pas officiellement dessaisi et à propos de laquelle il ne lui a rien demandé.

La résolution est aussi en opposition radicale avec l'article 11, § 2, de la Charte *in fine* qui interdit à l'Assemblée de définir une « action » à propos d'une affaire de maintien de la paix.

Si son « inconstitutionnalité » originelle ne fait pas de doute, malgré l'argumentation des partisans de la théorie des « pouvoirs implicites » (v. *supra*, n° 390), l'utilisation qui en a été faite à plusieurs reprises a-t-elle pu couvrir ce vice et donner naissance à une coutume contraire à la Charte et qui l'emporterait sur elle, parce que plus récente ? On peut en douter : en premier lieu, parce que c'est l'équilibre institutionnel général qui est ainsi modifié ; en second lieu, parce que plusieurs États, et non des moindres (URSS, France), se sont toujours opposés à la reconnaissance de sa validité.

Il est vrai que leur opposition de principe transige avec l'opportunité diplomatique, qui les incite parfois à accepter la mise en œuvre de la procédure Acheson.

La CIJ n'a pas saisi l'occasion qui lui était offerte de se prononcer sur ce point, dans l'affaire relative à *Certaines dépenses* : son avis du 20 juillet 1962 s'est borné à admettre que la responsabilité du Conseil de sécurité en matière de paix et de sécurité internationale était certes principale, mais non exclusive (*Rec.* 1962, p. 163 et s.). En revanche, la Cour a expressément validé la pratique issue de la résolution Acheson dans son avis du 9 juillet 2004 dans l'affaire du *Mur*, ce qui l'a conduite à contrôler s'il existait une carence du Conseil de sécurité (par. 24 et s. et par. 31 de l'avis).

Sans se fonder expressément sur la résolution Dean Acheson, l'Assemblée générale s'est fréquemment prononcée sur des conflits ou des situations dont le Conseil de sécurité était saisi, et ce malgré les termes de l'article 12 de la Charte (v. par exemple la résolution 46/242 du 25 août 1992 sur la situation en Bosnie-Herzégovine dans laquelle, contrairement au Conseil de sécurité, l'Assemblée n'hésite pas à qualifier d'« agression » la situation dans ce pays ; résolution 47/167 où elle préconise la convocation d'une conférence internationale sur la Somalie).

590. Pouvoir de sanction militaire. — 1° *Principes.* Aux termes de l'article 42 de la Charte, si le Conseil estime que les mesures coercitives non armées sont ou seraient inadéquates, il peut adopter des mesures de contrainte militaire, en entreprenant « au moyen de forces aériennes, navales ou terrestres, toute action qu'il juge nécessaire au maintien ou au rétablissement de la paix et de la sécurité internationales ».

La Charte ne comporte pas les insuffisances du Pacte de la SdN, où les sanctions militaires étaient strictement facultatives pour les États membres : désormais c'est l'Organisation elle-même qui non seulement décide de recourir à la force mais la met en œuvre.

Ici aussi le Conseil peut préférer n'adopter que des recommandations : le recours à des décisions n'est qu'une faculté.

L'article 48 prévoit la possibilité pour le Conseil de sécurité de désigner les États membres auxquels il sera demandé de participer à l'exécution des décisions du Conseil.

La solution serait satisfaisante si l'Organisation disposait de moyens propres, au plan militaire, de nature à décourager toute agression qui ne serait pas le fait de l'un des membres permanents. Or, au lieu de créer une véritable *armée internationale*, indépendante des États membres et placée sous le commandement direct du Conseil, la Charte a prévu que ce seraient les États membres qui mettraient à la disposition du Conseil les forces armées nécessaires, en vertu d'un ou plusieurs accords spéciaux (article 43). Les forces éventuellement disponibles ne sont que l'addition de forces nationales coordonnées par le Conseil. Le seul organe commun est un Comité d'état-major, composé des chefs d'état-major des cinq membres permanents du Conseil et chargé d'assister ce dernier pour les questions militaires (article 47). Ce système n'a d'ailleurs jamais vu le jour, faute pour ces dispositions d'avoir jamais été mises en œuvre. Le Conseil de sécurité n'a donc pas eu d'autre choix que d'en passer par un mécanisme d'habilitation par lequel il autorise certains États membres à faire usage de la force pour donner effet à ses décisions.

Dans son *Agenda pour la paix* de 1992 (v. *supra*, n° 519), le Secrétaire général préconise un recours accru aux mesures militaires envisagées par le chapitre VII et propose la création d'« unités d'imposition de la paix » à mi-chemin entre les forces de maintien de la paix dont la pratique s'est développée depuis 1956 (v. *infra*, § 2) et les forces prévues à l'article 43. Cette suggestion n'a guère rencontré d'écho auprès du Conseil de sécurité (résol. 868 [1993] et déclaration de son Président du 3 mai 1994 ; v. *infra*, n° 593 et s.).

2° *Compétence de l'Assemblée générale au titre de la résolution Acheson.* En vertu de la résolution 377 (V), l'Assemblée peut « faire aux membres les recommandations appropriées sur les mesures collectives à prendre y compris, s'il s'agit d'une rupture de la paix ou d'un acte d'agression, l'emploi de la force armée, en cas de besoin, pour rétablir la paix ou la sécurité internationale ».

La portée juridique d'une résolution de l'Assemblée est ici encore limitée à celle d'une recommandation. L'Assemblée peut préconiser d'autres mesures militaires que celles prévues par le chapitre VII de la Charte. Par exemple, elle a invité le Secrétaire général à étudier la constitution d'une *force internationale* autre que celle prévue à l'article 43 de la Charte (résol. 503 [VI] du 12 janvier 1952).

3° *Mise en œuvre*

a) *L'affaire de Corée*

BIBLIOGRAPHIE. — M. FRANKENSTEIN, *L'ONU devant le conflit coréen*, Pedone, 1952, 364 p. — M. F. LABOUZ, *L'ONU et la Corée. Recherches sur la fiction en droit international public,* PUP, 1980, 382 p.

Ce fut longtemps la seule occasion où les Nations Unies, par un jeu de circonstances tout à fait exceptionnelles, ont été en mesure d'appliquer le système de sécurité collective selon les prévisions de la Charte. Encore a-t-il été nécessaire d'apporter quelques adaptations pour tenir compte du pouvoir de blocage des membres permanents du Conseil de sécurité.

i) La cause de la *rupture de la paix* résidait dans le désaccord entre les États-Unis et l'URSS sur le moyen de reconstituer l'unité et l'indépendance de la Corée, dominée par le Japon de 1911 à 1945. En 1948, deux autorités politiques concurrentes se partageaient, de fait, le territoire selon le 38e parallèle — au nord un régime d'obédience communiste, au sud un régime nationaliste. Le 25 juin 1950, les forces armées nord-coréennes envahissaient le territoire méridional et tentaient une réunification par la force.

ii) Aspects particuliers de l'action du Conseil de sécurité. Ils résultent de l'absence volontaire de l'URSS de son poste au Conseil (en signe de protestation contre la non-représentation du gouvernement de Mao Tsé-Toung dans le siège de la Chine aux Nations Unies) et de la nécessité d'organiser la riposte militaire autour d'une force essentiellement américaine.

a) Adoption des résolutions du Conseil. Saisi le jour même de l'invasion par les États-Unis, le Conseil de sécurité constatait l'agression nord-coréenne. La résolution 82 du 25 juin 1950 demandait la cessation des hostilités, le retrait des troupes nord-coréennes au nord du 38e parallèle. Les membres des Nations Unies étaient invités à prêter leur concours à l'ONU et à n'apporter aucune assistance aux autorités nord-coréennes. L'absence de l'URSS lui a interdit de faire échec à cette résolution par son veto. La résolution a été considérée comme adoptée grâce à neuf votes favorables et une abstention (celle de la Yougoslavie), l'absence de l'URSS étant assimilée à une abstention. Dans les mêmes conditions, deux autres résolutions seront adoptées le 27 juin et le 7 juillet 1950.

b) Constitution de la force internationale. Par la force des choses, l'armée américaine avait dû intervenir avant d'avoir reçu un quelconque mandat des Nations Unies. Les deux dernières résolutions citées ont eu pour objet de régulariser cette situation : le Conseil *invitait* les États membres à apporter à la Corée-du-Sud « toute l'aide nécessaire pour repousser les assaillants » et à placer leurs contingents militaires « à la disposition d'un commandement unifié sous l'autorité des États-Unis ». La formule était évidemment tout à fait différente de celle de l'armée internationale prévue par l'article 43 de la Charte (v. *supra*, sous a).

iii) Conséquences. La question de la *légalité* de l'action ainsi entreprise ne pouvait manquer d'être soulevée par l'URSS. Celle-ci a évidemment toujours soutenu que l'assimilation de son absence à une abstention était abusive et viciait toute l'opération. Un certain nombre d'objections ont également été formulées à l'encontre de mesures qui ne correspondaient pas à la lettre du chapitre VII de la Charte. On a fait valoir qu'en dehors du mécanisme transitoire de l'article 106, aucune action coercitive du Conseil ne pouvait s'exercer par d'autres forces armées que celles prévues par l'article 43 et sans l'assistance du Comité d'état-major (articles 45 et 47). Les mesures auraient dû être prises par voie de décisions et non de recommandations, comme en l'espèce.

À ces critiques, il a été répondu que le Conseil avait pleine compétence pour choisir le procédé qu'il estimait être le plus approprié, eu égard aux circonstances auxquelles il avait à faire face, à condition de ne pas s'écarter de sa fonction et des buts de la Charte. Ainsi, par exemple, les formes de sanction armée de l'article 43 ne seraient pas les seules dont le Conseil pourrait faire usage. Dans un autre contexte, cette interprétation souple sera admise par la CIJ (avis du 20 juillet 1962, affaire de *certaines dépenses des Nations Unies, Rec.* 1962, p. 167).

Le retour de l'URSS au sein du Conseil de sécurité, et l'emploi systématique de son *veto* dans la suite des événements après le 1er août 1950, ont paralysé le Conseil. Le « Commandement des Nations Unies », qui dépendait des instructions du Conseil, a été livré à lui-même. Devant l'aggravation de la situation après octobre 1950, les États-Unis firent usage de la « résolution Acheson » pour débloquer la situation en saisissant l'Assemblée générale.

b) *L'affaire Irak-Koweït (1990-1991)*

BIBLIOGRAPHIE. — J. VERHOEVEN, « États alliés ou Nations Unies : l'ONU face au conflit entre l'Irak et le Koweït », *AFDI* 1990, p. 145-194. — Centre de droit international (ULB), *Entre les lignes. La guerre du Golfe et le droit international*, Creadif, Bruxelles, 1991, 214 p. — CEDIN, *Les aspects juridiques de la crise et de la « guerre » du Golfe*, Montchrestien, 1991, 435 p. — S. SUR, « La résolution 687 (1991) du CS dans l'affaire du Golfe : problèmes de rétablissement et de garantie de la paix », *AFDI* 1991, p. 25-97 ; « De la responsabilité de l'Irak selon la résolution 687 du CS », *AFDI* 1991, p. 99-117. — M. KOSKENNIEMI, « Le Comité des sanctions » [créé par la résolution 661 (1990)] », *AFDI* 1991, p. 139-164. — Ph. WECKEL, « Le chapitre VII de la Charte et son application par le CS », *AFDI* 1991, p. 165-202. — P.-M. DUPUY, « Après la guerre du Golfe... », *RGDIP* 1991, p. 621-628. — Ph. BRETTON, « Remarques sur le *jus in bello* dans la guerre du Golfe, 1991 », *AFDI* 1991, p. 139-164. — D. MOMTAZ, « Les règles relatives à la protection de l'environnement au cours des conflits armés à l'épreuve du conflit entre l'Irak et le Koweït », *AFDI* 1991, p. 203-219. — M. MERLE, *La crise du Golfe et le nouvel ordre international*, Economica, 1991, 115 p. — SYMPOSIUM, « The Gulf War and its Aftermath », *JEDI* 1991, nº 2, p. 85-132. — D. SCHACHTER, « UN in the Gulf Crisis », *AJIL* 1991, p. 452-473. — E. ROSTOW et B. WESTON, *ibid.* p. 506-535. — U. VILLANI, *Lezioni su l'ONU e la crisi del Golfo*, Cacucci, Bari, 1991, 193 p. — Département de la défense, Rapport au Congrès des États-Unis sur la conduite de la guerre du Golfe (annexe O), *ILM* 1992, p. 612-644. — *Aspects du système des Nations Unies dans le cadre de l'idée d'un nouvel ordre mondial*, Colloque IEP Aix, Y. DAUDET dir. Pedone, 1992, 207 p. — H. MEYROWITZ, « La guerre du Golfe et le droit des conflits armés », *RGDIP* 1992, p. 551-601. — R. LAVALLE, « The Law of the UN and the Use of Force under the Relevant Security Council Resolutions of 1990 and 1991 to Resolve the Persian Gulf Crisis », *NYBIL* 1992, p. 3-65. — J. N. MOORE, *Crisis in the Gulf ; Enforcing the Rule of Law*, Oceana, New York, 1992, XLIII-638 p. — *Actualité des conflits internationaux*, Colloque IEP Aix, Y. DAUDET dir., Pedone, 1993, 202 p. — R. M. MOURA RAMOS dir., *A crise do Golfo e o direito internacional*, PU Porto, 1993, 321 p. — S. EL SAYEGH, *La crise du Golfe. Le dossier d'une crise internationale 1990-1992*, LGDJ, 1993, 544 p. — P. TAVERNIER ed., *Nouvel ordre mondial et droits de l'homme ; la guerre du Golfe*, Publisud, 1993, 211 p. — M. KHADDURI et E. GHAREEB, *The Iraq-Kuwait Conflict and its Implications*, Oxford UP, 1997, X-294 p. — A. BENCHENEB, « Pétrole contre nourriture : l'ONU et les contrats internationaux d'assouplissement de l'embargo... », *JDI* 1998, p. 945-962. — G. DEN DEKKER, R. A. WESSEL, « Military Enforcement of Arms Control in Iraq », *Leiden JIL*

1998, p. 497-512. — R. BUTLER, *The Greatest Threat : Iraq, Weapons of Mass Destruction, and the Crisis of Global Security*, Public Affairs, New York, 2000, XXIV-262 p. — F. MICHAUD-SELLIER et A. NOVOSSELOFF, « Le désarmement de l'Irak : l'impasse de la « communauté internationale » », *AFDI* 2000, p. 202-220 ; SYMPOSIUM, « The Impact on International Law of a Decade of Measures against Iraq », *EJIL* 2002, p. 1-321. — U. VILLANI, *L'Onu e la crisi del golfo*, Cacucci Editore, Bari, 2005, 318 p. — R. POPA, *La mission de désarmement de l'ONU en Irak*, Pedone, 2005, 207 p.

V. également les recueils de documents publiés par : D. BETHLEHEM, *The Kuwait Crisis : Sanctions and their Economic Consequences*, Grotius Publs., Cambridge, 1991, 2 vols., XLV-VIII-992 p. — B. STERN, *Guerre du Golfe. Le dossier d'une crise internationale 1990-1992*, La Documentation française, 1993, 626 p. — M. WELLER, *Iraq and Kuwait. The Hostilities and their Aftermath*, Grotius Publ., Cambridge, 1993, XXIX-770 p.

Le consensus politique entre membres permanents du Conseil de sécurité a autorisé, pour la première fois dans l'histoire de l'ONU, une utilisation directe et presque systématique de l'ensemble du dispositif de la Charte. En l'absence de contestation de la légitimité et de la légalité des actions entreprises, les pouvoirs de contrainte les plus caractéristiques ont pu être appliqués.

i) Reconnaissance immédiate d'une rupture de la paix et de la sécurité internationales (résol. 660 du 2 août 1990) et affirmation expresse du recours au chapitre VII de la Charte (résol. 661 du 6 août 1990) ; le fait d'agression et l'agresseur sont clairement identifiés, même si ces termes ne sont pas utilisés, mais c'est seulement par la résolution 662 du 9 août qu'est récusée toute portée juridique à l'annexion, déclarée « nulle et non avenue », et dans la résolution 670 du 25 septembre qu'apparaît la référence à l'article 25 de la Charte.

ii) Les mesures d'embargo sont d'emblée définies dans les termes les plus larges et rendues obligatoires pour tous les États (résol. 661 et 670 précitées) ; le Conseil de sécurité admet un contrôle militaire maritime par les États (résol. 665 du 25 août).

iii) L'autorisation de recourir à la force est implicitement mais nécessairement donnée, à compter du terme donné à l'Irak pour renoncer à sa conquête (le 15 janvier 1991), par la résolution 678 du 29 novembre 1990 qui autorise les États « coopérant avec le Gouvernement du Koweït à utiliser tous les moyens nécessaires pour mettre en œuvre la résolution 660 ». Elle est mise en œuvre par une force multinationale, sous contrôle direct du Conseil de sécurité mais pas sous son autorité, à partir du 17 janvier 1991. Le comité d'état-major de l'ONU, auquel il est fait allusion dans la résolution 665 précitée, n'aura pas de responsabilités effectives.

iv) L'Irak acceptera toutes les conditions posées dans la résolution 687 du 3 avril 1991 pour l'entrée en vigueur d'un cessez-le-feu définitif. Il doit se soumettre à des mesures de désarmement partiel sous contrôle international avant de pouvoir espérer la levée de l'embargo.

À la différence de la pratique antérieure, le rétablissement de la paix internationale — à défaut de la « paix civile » irakienne — n'est pas réalisé au prix d'un affadissement de la légalité internationale.

Adoptée dans le cadre du chapitre VII, la résolution 687 constitue, malgré l'opinion contraire de certains auteurs (cf. S. SUR, *AFDI* 1991, *préc.*), le prolongement non militaire des sanctions décidées par les résolutions 660 et 678. Paradoxalement, elle exige cependant l'acceptation expresse par l'Irak des mesures, pourtant coercitives, décidées par le Conseil : établissement définitif et démarcation de la frontière, déploiement d'observateurs des Nations Unies (Mission d'observation des Nations Unies pour l'Irak et le Koweit-MONUIK), destruction et centralisation des armes chimiques et biologiques et des missiles balistiques et de longue portée, renonciation inconditionnelle à l'arme nucléaire sous contrôle international et paiement de réparations par l'intermédiaire d'un fonds de compensation géré par une Commission internationale et alimenté par une portion des recettes d'exportation pétrolière. Constatant le refus de l'Irak de coopérer à la mise en œuvre de ce dispositif, le Conseil de sécurité a, par une nouvelle résolution 778 en date du 2 octobre 1992, décidé que les États où se trouvent des fonds irakiens résultant de la vente de pétrole devraient les verser pour partie au compte séquestre créé par les résolutions 706 et 712 (1991) ; ce mécanisme, constamment sous contrôle du Conseil de sécurité, a été étendu par l'autorisation donnée à l'Irak — qui ne l'a pas toujours utilisée de manière complète — d'exporter un volume significatif de produits pétroliers (à partir de la résol. 986 [1995] ; M. Forteau, « La formule « pétrole contre nourriture » mise en place par les Nations Unies en Irak... », *AFDI* 1997, p. 132-150 ; L. Ezzarqui, *La résolution 986 — Pétrole contre nourriture*, Montchrestien, 1998, IX-286 p. ; L. Oette, « Die Entwicklung des Oil for Food-Programms und die gegenwärtige humanitäre Lage in Irak », *ZaöRV* 1999, p. 839-862 ; v. aussi *supra*, n° 589).

La Commission spéciale des Nations Unies chargée de surveiller le désarmement de l'Irak (UNSCOM) conformément à la résolution 687 a pu opérer sur place dans des conditions à peu près satisfaisantes jusqu'en 1997, date à laquelle l'Irak a prétendu interdire l'accès de son territoire aux inspecteurs de nationalité américaine créant ainsi une situation qualifiée de « menace pour la paix et la sécurité internationales » par le Conseil de sécurité (résol. 1137 [1997] du 12 nov. 1997). En décembre de la même année, l'Irak prétendit interdire l'accès de l'UNSCOM à certains sites qualifiés de « présidentiels » ; cette crise fut finalement désamorcée par un mémorandum d'accord conclu le 23 février 1998 entre l'Irak et l'ONU et entériné par le Conseil de sécurité (résol. 1154 [1998] du 2 mars 1998). Toutefois, à partir du mois d'août 1998, l'Irak suspendit puis rompit toute coopération avec la Commission ; ces décisions furent condamnées par deux résolutions du Conseil de sécurité qui, cependant, ne décida aucune action (résol. 1194 [1998] du 9 sept. 1998 et 1205 [1998] du 5 nov. 1998), ce qui n'a pas empêché les États-Unis et le Royaume-Uni de déclencher, le 16 décembre, des frappes aériennes contre des cibles irakiennes diverses dans le cadre de l'opération « Renard du désert », qui s'est poursuivie jusqu'à l'intervention armée de 2003 (v. C. Denis, *RBDI* 1998, p. 485-537 ; J. Lobel et M. Ratner, *AJIL* 1999, p. 124-154 ; J. M. Thouvenin, *AFDI* 1998, p. 209-231 ; M. Torrelli, *RGDIP* 1998, p. 435-455). Par sa résolution 1284 du 17 décembre 1999, le Conseil de sécurité a finalement reconstitué une nouvelle commission de contrôle — l'UNMOVIC — qui n'a pas pu réaliser sa mission faute de consentement de l'Irak jusqu'en 2003, date à laquelle le Conseil de sécurité a définitivement levé toutes les sanctions imposées, à la suite du renversement par la force du gouvernement de Saddam Hussein (v. *supra*, n° 589, 3°).

c) *La crise yougoslave et la crise du Kosovo*

BIBLIOGRAPHIE. — *Sur la crise yougoslave* : L. CONDORELLI et D. PETROVIC, « L'ONU et la crise yougoslave », *AFDI* 1992, p. 32-60. — P. MARTIN-BIDOU, « Les mesures d'embargo prises à l'encontre de la Yougoslavie », *AFDI* 1993, p. 262-285. — C. ALTERMATT, « La CSCE et le conflit yougoslave, 1991-1993 », *Trim. du monde* 1993, p. 139-151. — E. REMACLE, « L'UEO et l'OTAN dans le conflit de l'ex-Yougoslavie », *Trim. du monde* 1993, p. 153-165. — E. KALPYRIS e.a., *Les sanctions des Nations Unies dans le conflit de l'ex-Yougoslavie. La coopération OSCE/Union européenne*, Bruylant-LGDJ, Bruxelles-Paris, 1995, XI-191 p. — J. M. SOREL, « L'accord de paix sur la Bosnie-Herzégovine du 14 décembre 1995 », *AFDI* 1995, p. 65-99. — M. C. R. CRAVEN, « The European Community Arbitration Commission on Yugoslavia », *BYBIL* 1995, p. 333-413. — T. CHRISTAKIS, *L'ONU, le Chapitre VII et la crise yougoslave*, Montchrestien-CEDIN Paris I, 1996, XX-231 p. — J. M. COICAUD, « La communauté internationale et l'accord de Dayton », *Trim. du monde* 1996, p. 73-92. — P. GAETA e.a., « The Dayton Agrements », *EJIL* 1996, p. 147-244. — F. PAGANI, « L'administration européenne de Mostar », *AFDI* 1996, p. 234-254. — M. COX, « The Dayton Agreement in Bosnia and Herzegovina : A study of Implementation Strategies », *BYBIL* 1998, p. 201-243. — Y. DAUDET, « Les opérations de maintien de la paix sont-elles toujours viables ? Observations sur les conflits en ex-Yougoslavie », *Mél. Thierry*, 1998, p. 159-174. — Y. DAUDET et R. MEHDI dir., *Les Nations Unies et l'ex-Yougoslavie*, Pedone, 1998, 199 p. — B. DELCOURT et O. CORTEN, *Ex-Yougoslavie, droit international, politique et idéologie*, Bruylant, Bruxelles, 1998, 202 p. — N. MAZIAU, « Cinq ans après, le Traité de Dayton-Paris à la croisée des chemins », *AFDI* 1999, p. 181-202. — S. TRIFUNOVSKA dir., *Yugoslavia through Documents. From its Creation to the Peace Settlement*, Nijhoff, Dordrecht, 1999, XXVIII-1346 p. — M. DUCASSE-ROGIER, *À la recherche de la Bosnie-Herzégovine. La mise en œuvre de l'accord de paix de Dayton*, PUF, 2003, 600 p.

Sur l'intervention au Kosovo : A. CASSESE, « *Ex injuria ius oritur* : Are We Moving Towards International Legitimation of Forcble Humanitarian Countermeasures in the World Community ? », *EJIL* 1999, p. 23-30 et « A Follow-Up : Forcible Humanitarian Countermeasure and *opinio necessitatis* », *EJIL* 1999, p. 791-799. — « Editorial Comments : NATO's Kosovo Intervention », *AJIL* 1999, p. 824-862. — M. GUILLAUME, G. MARHIC et G. ÉTIENNE, « Le cadre juridique de l'action de la KFOR au Kosovo », *AFDI* 1999, p. 308-334. — M. KOHEN, « L'emploi de la force et la crise du Kosovo », *RBDI* 1999, p. 128-148. — E. LAGRANGE, « La Mission intérimaire des Nations Unies au Kosovo », *AFDI* 1999, p. 335-370. — F. NOUVEL, « La position du Conseil de sécurité face à l'action militaire engagée par l'OTAN et ses États membres contre la RFY », *AFDI* 1999, p. 292-307. — A. PELLET, « « La guerre du Kosovo » — Le fait rattrapé par le droit », *Forum DI*, 1999, p. 160-165. — B. SIMMA, « NATO, the UN and the Use of Force : Legal Aspects », *JEDI* 1999, p. 1-22. — S. SUR, « L'affaire du Kosovo et le droit international », *AFDI* 1999, p. 280-291. — S. ZAPPALA, « Nuovi sviluppi in tema di uso della forza armata in relazione alle vicende del Kosovo », *RDI* 1999, p. 975-1004. — M. BOTHE, « Die NATO nach dem Kosovo-Konflikt und das Völkerrecht », *RSDIE* 2000, p. 177-195. — O. CORTEN et F. DUBUISSON, « L'hypothèse d'une règle émergente fondant une intervention militaire sur une "autorisation implicite" du Conseil de sécurité », *RGDIP* 2000, p. 873-910. — D. KRISTIOSIS, « The Kosovo Crisis and NATO », *ICLQ* 2000, p. 330-359. — Th. GARCIA, « La MINUK », *RGDIP* 2000, p. 61-71. — C. GUTIEREZ ESPADA, « Uso de la fuerza, intervencián humanitaria y libre determinacián », *ADI* 2000, p. 93-132. — W. RALIN, « Humanitäre Intervention : Legitimation durch Verfahren ? Zehn Thezen zur Kosovo-Crisis », *RSDIE* 2000, p. 159-176. — N. VALTICOS, « Les droits de l'homme, le Droit international et l'intervention militaire en Yougoslavie », *RGDIP* 2000, p. 5-18. — Ph. WECKEL, « L'emploi de la force contre la Yougoslavie ou la Charte fissurée », *RGDIP* 2000, p. 19-36. — P. PICONE, « La "guerra del Kosovo" e il diritto internazionale generale », *RDI* 2000, p. 309-360. — A. BUZZI, *L'intervention armée de l'OTAN en RFY*, Pedone, 2001, VII-277 p. — Symposium, *EJIL* 2001, n° 3. — Ch. TOMUSCHAT (ed.), *Kosovo and the International Community. A Legal Assessment*, Kluwer Law International, London, 2002, x- 354 p. — N. KRISCH, « Legality, Morality and the Dilemna of Humanitarian Intervention in Kosovo », *EJIL* 2002, p. 323-336. — D. H. JOYNER, « The Kosovo Intervention : Legal Analysis and a More Persuasive Paradigm », *EJIL* 2002, p. 597-619.

Le Conseil de sécurité s'est d'abord montré beaucoup plus réticent pour utiliser ou laisser utiliser la force armée dans ce cadre. Ce n'est que le 16 novembre 1992 que, après avoir multiplié les sanctions non militaires (v. *supra*, n° 589) et devant l'échec de la FORPRONU (v. *infra*, n° 595), il a demandé aux États et aux organisations régionales « de prendre des mesures qui soient en rapport avec les circonstances du moment selon qu'il sera nécessaire, sous l'autorité du Conseil », pour faire respecter l'embargo, périphrase laborieuse impliquant l'éventualité de l'usage de la force (résol. 787 [1992] ; v. aussi les résol. 770 [1992], 781 [1992] sur l'interdiction de survol, 820 et 836 [1993] et la décision du Conseil de l'Atlantique Nord du 9 février 1994 autorisant le recours à des frappes aériennes pour soutenir l'action de la FORPRONU à Sarajevo [*RGDIP* 1994, p. 567]. Ce sont ensuite les menaces qui pesaient sur les contingents de cette Force et sur l'assistance humanitaire qui ont justifié l'autorisation d'un soutien aérien de l'OTAN (résol. 908 [1994] et 981 [1995]) puis la création d'une « capacité de réaction rapide » implicitement autorisée à recourir à la force pour permettre à la FORPRONU de remplir son mandat (résol. 998 [1995]). En approuvant les accords de Dayton, le Conseil de sécurité autorise une force commandée par l'OTAN, l'IFOR, à prendre des « mesures coercitives » si nécessaire pour la mise en œuvre de ces accords et sa propre protection et pour prendre le commandement de toute la circulation aérienne civile et militaire (résol. 1031 [1995] : les parties sont supposées avoir donné leur consentement dans les accords de Dayton-Paris). De même sera reconnu le droit de recourir à la force au successeur de l'IFOR en Bosnie-Herzégovine (la SFOR), par la résolution 1088 [1996]). La répression menée au Kosovo a de nouveau incité le Conseil de sécurité à préconiser un embargo sur les armes à destination de la Yougoslavie, toutes les autres initiatives du Conseil restant limitées à des démarches de caractère diplomatique ou humanitaire (résol. 1160 du 31 mars 1998). Mais c'est finalement la menace d'une frappe aérienne sous commandement de l'OTAN qui s'est concrétisée (v. *supra*, n° 570) et a permis une solution politique avalisée par la résolution 1244 du 10 juin 1999. Implicitement, cette dernière a autorisé l'usage de la force par la « présence internationale civile et militaire » établie à titre transitoire dans la mesure nécessaire au rétablissement de l'ordre intérieur et de la sécurité des « frontières » du Kosovo (v. *infra,* n° 593).

d) Depuis la fin des années 1990, le Conseil de sécurité a autorisé à de nombreuses autres reprises le recours à la force armée sur la base du Chapitre VII de la Charte, en décidant le déploiement de forces multinationales (certaines régionales), dont la mission les rapproche de certaines opérations de maintien de la paix (v. *infra*, n° 593 *in fine* et n° 598).

Le déploiement de telles forces, auxquelles est reconnu le droit de recourir à la contrainte armée, a été autorisé en Côte d'Ivoire (résol. 1464 [2003], forces de la CEDEAO ; 1528 (2004), autorisation octroyée à la France de faire usage de la force pour aider l'ONUCI), en République démocratique du Congo (résol. 1484 [2003], force multinationale intérimaire d'urgence), au Liberia (résol. 1497 [2003], force multinationale) et en Haïti (résol. 1529 [2004], force multinationale intérimaire).

591. Système universel de maintien de la paix et mécanismes régionaux

BIBLIOGRAPHIE. — E. JIMENEZ DE ARECHAGA, « La coordination des systèmes de l'ONU et de l'OEA pour le règlement pacifique des différends et la sécurité collective », *RCADI* 1964-II, vol. 111, p. 419-601. — N. ANGELET, « La mise en œuvre des mesures coercitives économiques des Nations Unies dans la Communauté européenne », *RBDI* 1993, p. 500-533. — D. MOMTAZ, « La délégation par le Conseil de sécurité de l'exécution de ses actions coercitives aux organisations régionales », *AFDI* 1997, p. 105-115. — D. SAROOSHI,

« The United Nations System for Maintaining International Peace : What Role for Regional Organizations such as NATO ? », *Current Legl. Pb.* 1999, p. 473-501. — U. VILLANI, « Les rapports entre l'ONU et les organisations régionales dans le domaine du maintien de la paix », *RCADI* 2001, vol. 290, p. 225-436 ; « The Security Council's Authorization of Enforcement Action by Regional Organizations », *Max Planck Yearbook of UNL* 2002, p. 535-557. — E. DE WET, « The Relationship between the Security Council and Regional Organizations during Enforcement Action under Chapter VII of the UN Charter », *Nordic Jl. of IL* 2002, p. 1-37. — B. DELCOURT et F. DUBUISSON, « Contribution au débat juridique sur les missions « non-article 5 » de l'OTAN », *RBDI* 2002, p. 439-467. — A. ABASS, *Regional Organizations and the Development of Collective Security*, Hart Publishing, Oxford and Portland/Oregon, 2004, XXVIII-239 p. — Commentaires des articles 52 à 54 de la Charte *in* J.-P. COT, A. PELLET et M. FORTEAU dir., *La Charte des Nations Unies. Commentaire article par article*, 3e éd., Economica, 2005, t. 2, p. 1367-1445, et la bibliographie générale p. 1446-1449. — A. BA, « La contribution de l'Union africaine au maintien de la paix », *Rev. de DI et de droit comparé* 2006, p. 197-231. — M. KAMTO, « Le rôle des "accords régionaux" en matière de maintien de la paix et de la sécurité internationales à la lumière de la Charte des NU et de la pratique internationale », *RGDIP* 2007, p. 771-802.

1° *Licéité des « accords régionaux »*. Elle est reconnue par l'article 52 de la Charte, sous certaines conditions. Les activités de ces organismes régionaux doivent être « compatibles avec les buts et principes des Nations Unies » et elles doivent être destinées « à régler les affaires qui, touchant au maintien de la paix et de la sécurité internationales, se prêtent à une action de caractère régional ».

La formule de l'article 52 ne permet pas d'affirmer que ces accords régionaux doivent répondre aux critères du système universel de sécurité collective (v. *supra*, n° 586). L'Assemblée générale des Nations Unies s'estime compétente, au même titre que le Conseil de sécurité, pour déterminer quelles sont les organisations régionales ou sous-régionales qui répondent aux critères de cet article (OEA, OUA, Conférence islamique, par exemple).

Il est douteux que tout processus régional de négociation puisse être qualifié d'« accord régional » au sens de l'article 52 de la Charte : les États-Unis l'ont soutenu à propos du « Groupe de Contadora », devant la CIJ, mais celle-ci a exprimé de sérieuses réserves à l'égard de cette thèse (affaire des *activités militaires au Nicaragua, Rec.* 1984, p. 432 et 440).

Quant aux alliances conclues après la Seconde Guerre mondiale, elles s'inscrivent plus exactement dans le cadre de l'article 51, au titre de la légitime défense collective dont la philosophie n'est pas la même (v. *supra*, n° 567).

2° *Rôle des systèmes régionaux de sécurité*. Le chapitre VIII de la Charte règle les rapports entre le Conseil de sécurité et les organisations régionales de sécurité établies par les États membres. Il établit une sorte de *fédéralisme* — plus fonctionnel qu'institutionnel —, dont le Conseil de sécurité occupe le sommet.

Toutes les activités de ces organisations en matière de sécurité sont placées sous le contrôle du Conseil, qui doit en être informé (article 54) ; en particulier, aucune action coercitive ne devrait être entreprise par elles sans son autorisation préalable (article 53, § 1, sauf l'exception établie par l'article 107 pour les « États ex-ennemis »).

Certains États soutiennent que les initiatives régionales doivent avoir la priorité sur les interventions des Nations Unies. Ils invoquent, pour justifier ce renversement de la hiérarchie indiquée par la Charte, des arguments pratiques de rapidité et d'efficacité, mais aussi une considération juridique : l'obligation qui leur serait faite, par les statuts de l'organisation régionale, d'intervenir préventivement dans certaines circonstances, tandis que la Charte de l'ONU ne prévoirait qu'une faculté d'intervention du Conseil de sécurité. Ont été cités en ce sens, lors de l'affaire de la Grenade (1983) et dans celle du Nicaragua, l'article 2 du Traité interaméricain d'assistance mutuelle et l'article 23 de la Charte de l'OEA.

Cette argumentation sous-estime manifestement la portée de l'article 103 de la Charte, qui affirme sa primauté par rapport aux autres traités de sécurité collective, comme l'a rappelé la CIJ dans l'affaire des *Activités militaires au Nicaragua* (*Rec.* 1984, p. 440). Dans une perspective plus politique, le Conseil de sécurité insiste toujours sur sa responsabilité « principale » dans le maintien de la paix (v. ainsi la résolution 1318 du 7 sept. 2000, « Déclaration du Conseil réuni au niveau des chefs d'État et de gouvernement »), ce qui ne l'empêche nullement de militer activement en faveur d'une coopération plus intense avec les organisations régionales et sous-régionales (v. les résol. 1631 [2005] ou 1809 [2008]).

L'affaiblissement des organisations politiques régionales (en Amérique latine et en Afrique) favorise à l'heure actuelle un transfert de responsabilités au bénéfice des instances de l'ONU.

À l'inverse, le Conseil peut se décharger sur des organisations régionales de l'exécution des mesures qu'il a adoptées.

Voir la résolution 504 du Conseil de sécurité, du 30 avril 1982, par laquelle il prend acte de la décision de l'OUA (juin 1981) de créer, avec l'accord du Tchad, une Force chargée d'y maintenir la paix, et favorise la création d'un Fonds d'assistance pour cette Force (v. *infra*, n° 597) ; la résolution 38/40 de l'Assemblée générale (7 décembre 1982) approuve implicitement le texte d'une résolution de l'OUA demandant l'établissement d'une force de maintien de la paix au cours du référendum d'autodétermination du Sahara occidental, sous la responsabilité commune de l'ONU et de l'OUA.

De même, dans le cadre de la *crise yougoslave*, une coopération s'est instituée entre les Nations Unies et, d'une part, la Communauté européenne, qui se traduit notamment par la coprésidence de la Conférence pour la paix en Yougoslavie depuis 1992 — ainsi que, d'autre part, l'OTAN et l'UEO : ces organisations seront d'abord chargées de mettre en œuvre le blocus maritime de la Yougoslavie (Serbie et Monténégro), l'interdiction de survol de la Bosnie-Herzégovine (v. *supra*, n° 589), de recourir à la force si nécessaire pour assurer la sécurité de la FORPRONU, de contrôler la navigation sur le Danube ; finalement, elles se substitueront à la Force de paix des Nations Unies dans le cadre des accords de Dayton de 1995 (v. *supra*, n° 590). De même sont-elles soutenues dans leurs démarches diplomatiques dans la phase actuelle de tentative en vue de l'apaisement du conflit au Kosovo (résol. 1160 [1998]), puis dans leur mission de surveillance internationale (résol. 1199 [1998]), enfin — avec une motivation plus implicite — dans la solution politique acquise au prix d'une intervention armée sous l'égide de l'OTAN (résol. 1244 [1999]).

Sur la collaboration entre l'ONU et l'OEA pour le rétablissement de la démocratie en Haïti, v. notamment les résolutions 46/7 et 48/27 de l'Assemblée générale et 841 (1993) du Conseil de sécurité.

§ 2. — *Opérations de maintien de la paix*

BIBLIOGRAPHIE. — M. VIRALLY, « Les Nations Unies et l'affaire du Congo en 1960 », *AFDI* 1960, p. 557-597. — P. POIRIER, *La force internationale d'urgence*, LGDJ, 1962, 387 p. — G. ATTIA, *Les forces armées des Nations Unies en Corée et au Moyen-Orient*, Genève, Droz, 1963, 467 p. — D. W. BOWETT, *UN Forces, A Legal Study of UN Practice*, Stevens, Londres, 1964, 579 p. — M. FLORY, « L'ONU et les opérations de maintien de la paix », *AFDI* 1965, p. 446-468. — F. SEYERSTED, *UN Forces in the Law of Peace and War*, Sijthoff, Leyde, 1966, 447 p. — R. SIMMONDS, *Legal Problems Arising from the United Nations Operations in the Congo*, La Haye, Nijhoff, 1968, 356 p. — R. HIGGINS, *UN Peacekeeping, Documents and Commentary*, Oxford UP, Londres, vol. I, 1969, XIV-674 p. ; vol. II, 1970, XVIII-486 p. ; 1981, 419 p. —

Ph. MANIN, *L'ONU et le maintien de la paix. Le respect du consentement de l'État*, LGDJ, 1971, 343 p. — H. THIERRY, « L'accord israélo-égyptien du 4 septembre 1975 et les nouvelles responsabilités des États-Unis et des Nations Unies au Moyen-Orient », *AFDI* 1975, p. 45-64. — J. BALLALOUD, « L'opération des Nations Unies à Chypre », *RGDIP* 1976, p. 130-162. — G. FEUER, « La force arabe de sécurité au Liban », *AFDI* 1976, p. 51-62. — G. VILALTA, *Les casques bleus, Une nouvelle fonction pour les armées nationales* ?, Cahier n° 6 de la FEDN, Sept Épées, 1977, 118 p. — J.-C. MARTINEZ, « Le financement des opérations de maintien de la paix de l'ONU », *RGDIP* 1977, p. 102-166 et « La Force internationale des Nations Unies au Liban », *AFDI* 1978, p. 479-511. — Ph. DEWAST, « Quelques aspects du statut des « casques bleus » », *RGDIP* 1977, p. 1007-1046. — G. ABI-SAAB, *The UN Operation in the Congo (1960-1964)*, Oxford UP, 1978, 206 p. — J.-C. GAUTRON, « La force de maintien de la paix au Tchad : éloge ou requiem ? », *Année Africaine* 1981, p. 167-189. — A. PELLET dir., *Les forces régionales du maintien de la paix*, FEDN, 1982, dactyl., 249 p. — A. BROUILLET, « La Force multinationale d'interposition à Beyrouth », *AFDI* 1982, p. 293-336. — L. LUCCHINI, « La Force internationale du Sinaï le maintien de la paix sans l'ONU », *AFDI* 1983, p. 121-136. — A. MIGLIAZZA dir., *Le Forze multinazionali nel Libano e nel Sinai*, Milan, Giuffré, 1988, XXIV-446 p. — R. SIECKMANN, *Basic Documents on UN and Related Peace-Keeping Forces*, Nijhoff, Dordrecht, 1989, XXI-415 p. ; *National Contingents in UN Peace-Keeping Forces*, Nijhoff, Dordrecht, 1991, XV-226 p. — F. ORREGO VICUNA, « Le groupe d'observateurs des Nations Unies en Amérique centrale », *AFDI* 1989, p. 572-583. — D. PETROVIC et L. CONDORELLI, « L'ONU et la crise yougoslave », *AFDI* 1992, p. 32-60. — J.-M. SOREL, « La Somalie et les Nations Unies », *AFDI* 1992, p. 61-88. — M. WELLER, « The International Response to the Dissolution of the SFRY », *AJIL* 1992, p. 569-607. — L. F. DAMROSCH ed., *Enforcing Restraint. Collective Intervention in Internal Conflicts*, Council on Foreign Relations, New York, 1993, XII-388 p. — P. ISOART, « L'ONU et le Cambodge », *RGDIP* 1993, p. 645-687 ; « L'APRONUC », *AFDI* 1993, p. 157-177. — St. RATNER, « The Cambodia Settlement Agreements », *AJIL* 1993, p. 1-41. — M. VOELCKEL, « Quelques aspects de la conduite des opérations de maintien de la paix », *AFDI* 1993, p. 65-85. — O. CORTEN et P. KLEIN, « Action humanitaire et chapitre VII : la redéfinition du mandat et des moyens d'action des forces des Nations Unies », *AFDI* 1993, p. 105-130. — D. DORMOY, « Aspects récents de la question du financement des opérations de maintien de la paix », *AFDI* 1993, p. 131-152. — F. MELEDJE DJEDRO, « La guerre civile du Liberia », *RBDI* 1993, p. 393-436. — M.-C. SMOUTS dir., *L'ONU et la guerre, La diplomatie en kaki*, Complexe, 1994, 159 p. — M. C. BOURLOYANNIS-VRAILAS, « The Convention on the Safety of UN and Associated Personnel », *ICLQ* 1995, p. 560-590. — P. TAVERNIER, *Les casques bleus*, PUF, « Que sais-je ? » n° 3169, 1996, 128 p. — L. CONDORELLI, « Le statut des forces de l'ONU et le droit international humanitaire », *Riv.DI* 1995, p. 881-906. — H. MCCOUBREY et N. D. WHITE, *The Blue Helmets : Legal Regulation of United Nations Military Operations*, Dartmouth Publishing, 1996, XI-214 p. — P. DAILLIER, « La fin des opérations de maintien de la paix », *AFDI* 1996, p. 62-78. — R. HOUZEL, *Rwanda*, Montchrestien, 1997, 203 p. — M. MUBIALA, « À la recherche du droit applicable aux opérations des Nations Unies sur le terrain pour la protection des droits de l'homme », *AFDI* 1997, p. 167-183. — N. D. WHITE et O. ÜLGEN, « The Security Council and the Decentralized Military Option », *NILR* 1997, p. 378-413. — *Actions civilo-militaires et opérations de reconstruction*, Fond. pour études de défense dir., FDN, 1998, 160 p. — M. GUILLAUME e.a., « Le cadre juridique de l'action de la KFOR au Kosovo », *AFDI* 1999, p. 308-334. — J. M. THOUVENIN, « Le statut juridique des forces de maintien de la paix », *Forum DI* 2001, p. 105-113. — M. J. KELLY e.a., « Legal Aspects of Australia's Involvement in the International Force for East Timor », *RICR 2001*, n° 841, p. 101-139. — M. FRULLI, « Le operazioni di mantenimento della pace delle Nazioni Unite e l'uso della forza », *RDI* 2001, p. 347-392. — I. Moulier, *L'ONU et les opérations de maintien de la paix*, Pedone, 2002, 230 p. — A. Carré de Malberg, *Le cadre juridique des opérations extérieures de la France*, L'Harmattan, 2002, 352 p. — M. Katayanagi, *Human Rights Functions of UN Peacekeeping Operations*, Martinus Nijhoff Publishers, La Haye, 2002, XIX-316 p. — A. J. Iglesias Velasco, *Los problemos del mantenimiento de la paz*, Ministerio de defensa, Madrid, 2003, 421 p. — M. Forteau, « La situation juridique des contingents militaires français chargés d'assurer le maintien de l'ordre public sur le territoire d'un État étranger », *RGDIP* 2003, p. 635-676. — G. Cottereau, « Une licorne en Côte-d'Ivoire au service de la paix », *AFDI* 2003, p. 176-206. — M. Ubeda-Saillard, « L'invocabilité en droit interne des règles d'engagement applicables aux opérations militaires multinationales », *RGDIP* 2004, p. 149-176. — S. Zasova, *Macédoine. De la FORPRONU-Macédoine à la FORDEPRENU (1993-1999)*, Pedone, 2004, XI-227 p. — P. Daillier, « Les opérations multinationales consécutives à des conflits armés en vue du rétablissement de la paix », *RCADI* 2005, vol. 314, p. 233-431. — R. Ben Achour, « Les opérations de maintien de la paix », *in* J.-P. Cot, A. Pellet, M. Forteau, *La Charte des Nations Unies. Commentaire article par article*, Economica, 2005, t. 1, p. 265-286. — M. Zwanenburg, *Accountability of Peace Support Operations*, Martinus Nijhoff Publishers, Leiden, 2005, XII-364 p. — J.-F. Roulot, « Le recours à la force dans le cadre d'une mission de maintien de la paix sous l'égide de l'ONU », *RDP* 2006, p. 1617-1632. V. aussi le rapport du Secrétaire général du 23 janvier 2008 : « Assurer la paix et le développement : le rôle des Nations Unies dans l'appui à la réforme du secteur de la sécurité » (A/62/659 – S/2008/39).

Sur l'application des règles du droit des conflits armés aux opérations de maintien de la paix, v. aussi *supra*, la bibliographie sur le n° 575.

592. Caractéristiques générales. — L'opération de maintien de la paix est une action *non coercitive*. Accomplie sur le terrain, elle n'est pas dirigée — comme le voudrait le système de sécurité collective — contre un État dont il aurait été préalablement reconnu, selon la procédure de l'article 39 de la Charte, qu'il représente une menace pour la paix.

De ce fait, elle ne constitue pas un procédé autoritaire de maintien de la paix. Elle ne peut être menée en principe que par voie de recommandations acceptées par tous les États intéressés, en particulier par celui sur le territoire duquel l'opération a lieu. Elle présente un très net caractère *consensuel.*

M. Virally souligne en outre que l'opération tend à assurer la *présence physique* de l'ONU dans les lieux troublés par des combats (*L'organisation mondiale, op. cit.*, p. 486). Cette présence d'un témoin impartial, représentatif de la communauté internationale, est la principale justification de ce procédé plus connu de l'opinion publique sous la dénomination journalistique de « casques bleus ».

Là où, par exemple, un cessez-le-feu recommandé et accepté demeure précaire, cette présence des Nations Unies rassure les uns et fait hésiter les autres à rouvrir les hostilités.

Compte tenu de cette finalité, les opérations de maintien de la paix n'exigent pas des forces armées à la mesure des forces nationales en présence. Le volume et la composition des forces multinationales diffèrent selon la mission qui leur est assignée. Comme la pratique le révèle, deux formules principales sont mises en œuvre. Dans la première, une tâche d'observation et d'information est confiée à un groupe relativement restreint d'observateurs militaires (par exemple le GONUL, groupe d'observation des Nations Unies au Liban, en 1958, la FINUL, Force intérimaire au Liban depuis 1978, l'UNFICYP à Chypre depuis 1964). La seconde consiste en une force armée plus conséquente chargée de s'interposer entre les adversaires de manière à ce que la reprise des hostilités exige un acte de contrainte dirigé contre cette force ; il sera dans ce cas très facile de décider quel est l'État qui commet la prochaine agression.

Théoriquement, la création des forces de maintien de la paix ne relève pas du règlement pacifique des différends, à la différence des missions d'observation. Toutefois, la distinction n'est pas rigide. Une mission d'observation peut être transformée ultérieurement en une véritable force de maintien de la paix comme le montre l'exemple de la FORPRONU (Force de protection des Nations Unies) dans l'ex-Yougoslavie (v. les résol. 727 et 743 [1992] du Conseil de sécurité). De plus, dans la pratique, l'une des missions des Forces est de procéder à des observations en vue de contrôler le respect des décisions ou recommandations du Conseil de sécurité (v. *supra*, n° 516 et *infra*, n° 595).

Ainsi, par une résolution du 27 juillet 1978, le Conseil de sécurité a chargé le Secrétaire général de nommer un représentant spécial pour la Namibie qui aurait mission de faire procéder à des élections libres en vue de l'accession à l'indépendance ; puis, en septembre de la même année, et aux mêmes fins, il a créé un Groupe d'assistance des Nations Unies pour une période de transition (GANUPT, résol. CS 435 [1988]). De la même façon, dans l'affaire du Sahara occidental, un représentant spécial a d'abord été désigné (résol. CS 621 [1988] puis a été mise en place la Mission des Nations Unies pour l'organisation d'un référendum au Sahara occidental (MINURSO — résol. 690 [1991]). On observe une pratique semblable s'agissant du rétablissement de la sécurité internationale en Amérique centrale (résol. CS 637 [1989] et ses suites) ou en Géorgie (observateurs militaires puis création de la MONUG).

Les créations de missions de ce type se sont multipliées depuis le début des années 1990. Elles ont souvent pour fonction de faciliter le retour à la paix *civile*. On peut citer, parmi d'autres, le Groupe d'observateurs des Nations Unies au *Salvador* (ONUSAL — résol. 717 [1991] ; APRONUC — résol. 745 [1992] ; l'opération des Nations Unies au *Mozambique* (ONUMOZ, résol. 797 [1992]) ; la Mission de vérification des Nations Unies en *Angola*, chargée de veiller à l'application de l'accord intervenu entre ce pays, l'Afrique du Sud et Cuba (UNAVEM I — résol. 628 [1988] ; remplacée par les UNAVEM II et III — résol. 976 [1995], chargées de faciliter la fin de la guerre civile entre factions locales) puis de celui, éphémère, signé entre les parties à la guerre civile en *Somalie* (ONUSOM I et II — résol. 751 [1992] et 814 [1993]), la Mission d'observation des Nations Unies en *Afrique du Sud* (MONUAS — résol. 772 [1992], la Mission d'observation des Nations Unies chargée de la vérification du référendum en *Érythrée* (ONUVER — résol. 47/114 de l'Assemblée générale), la Mission d'observation des Nations Unies en *Géorgie* (MONUG — résol. 858 [1993], la Mission d'observation des Nations Unies au *Liberia* pour assister et contrôler les opérations de la Force africaine d'interposition créée par la CEDEAO (MONUL — résol. 866 [1993]), la Mission d'observation des Nations Unies en *Haïti*, chargée d'accompagner le rétablissement de l'ordre démocratique dans ce pays (MINUAH I — résol. 867 [1993], remplacée par la MICIVIH : résol. 975 [1995]), la Mission des Nations Unies pour l'assistance au *Rwanda* (MINUAR I — résol. 872 [1993]), le Groupe d'observateurs des Nations Unies dans la bande d'Aozou, chargé d'observer le retrait par la *Libye* de cette zone à la suite de l'arrêt de la CIJ du 3 février 1994 (GONUBA : résol. 915 [1994]) ; la Mission d'observation au *Tadjikistan* (MONUT, résol. 968 [1994]), en *Sierra Leone* (MONUSIL : résol. 1181 [1998]).

Dans certaines situations, les Nations Unies reconnaissent à des entités régionales ou à un État une responsabilité principale dans la gestion d'une crise et s'en tiennent à l'envoi de quelques observateurs, civils ou militaires, chargés surtout de fournir au Conseil de sécurité une information autonome (exemple du conflit en Géorgie, tentative de sécession de l'Abkazie : résol. 849 [1993] et mission d'observation des faits confiée au Secrétaire général : résol. 876 [1993]).

La logique de ces opérations voudrait qu'elles soient *temporaires*, de courte durée. À défaut de solutions de rechange ou de prolongement, elles tendent à s'institutionnaliser, ce qui n'est pas sans poser des problèmes financiers et de crédibilité politique.

Les difficultés rencontrées dans la conduite d'opérations longues et coûteuses, insuffisamment articulées avec les prescriptions de la Charte, ont incité l'Assemblée générale à procéder à un examen d'ensemble qui pourrait déboucher sur une codification de la pratique. Mais les divergences de vues ont jusqu'ici rendu impossible un accord d'ensemble.

La systématisation est d'autant plus malaisée que la distinction entre les forces de maintien de la paix, dont la pratique s'est développée depuis 1956 (v. *infra*, n° 593) et les opérations militaires envisagées par le chapitre VII de la Charte (v. *supra*, n° 590) tend à s'estomper. Plusieurs forces de maintien de la paix ont en effet été instituées sur le fondement du chapitre VII depuis 1990. Une même crise peut justifier à la fois des mesures militaires au titre du chapitre VII et une opération de maintien de la paix classique pour tous les aspects « civils » de l'intervention ou justifier qu'une opération coercitive succède à une opération de maintien de la paix (résol. 1080 [1996] relative à la région des Grands Lacs). De plus, l'invocation du chapitre VII peut n'avoir comme objectif que de fournir une meilleure base juridique au recours à la force en cas de légitime défense (résol. 1101 [1997], relative à la Force multinationale de protection en Albanie, dont la mission est seulement d'assistance humanitaire, mais qui présente la particularité de prévoir une coopération étroite de la force avec l'OSCE et l'Union européenne — v. M. Castillo, *AFDI* 1998, p. 243-261). La différence de principe reste qu'une opération de maintien de la paix suppose le consentement des États concernés par le déploiement des forces sur le terrain, tandis qu'une opération au titre du chapitre VII est coercitive, décidée et mise en œuvre unilatéralement par les Nations Unies, dans l'esprit du système imaginé par les auteurs de la Charte.

Cette différence de principe n'est toutefois elle-même pas absolue puisqu'il est des cas où le Conseil de sécurité décide de créer et d'octroyer à une opération militaire, en vertu du chapitre VII de la Charte, le droit de faire usage de la force, tout en soumettant son déploiement au consentement de l'État hôte (v. ainsi la résol. 1706 du 31 août 2006 à propos du Soudan).

Malgré tout, le succès relatif de la formule a incité à l'utiliser comme modèle dans d'autres cadres que les Nations Unies : soit de la part d'organisations régionales (ce qui est légitime au titre de l'article 52, v. *supra*, n° 591), soit dans une démarche interétatique plus traditionnelle.

Tableau des opérations de maintien de la paix des Nations Unies

	Début	Fin ou poursuite
— conflits Inde-Pakistan :		
- UNCIP : 1948-1950	CS 39 (1948)	CS 80 (1950)
- GOMNUIP : 1948-	CS 47 (1948)	-
- UNIPOM : 1965-1966	CS 210 (1965)	SG 1966
— Palestine :		
- ONUST : 1948-	CS 50 (1948)	Fin des accords de trêve
— Corée :		
- commandement unifié : 1950-1951	CS 84 (1950)	CS 90 (1951)
— Grèce :		
- Mission d'observation : 1951	AG 508 (VI)	-
— Proche-Orient :		
- FUNU I : 1956-1967	CS 143 (1960) + AG 998-1000 (ES-I)	décision du SG 1967
- FUNU II : 1973-1979	CS 340 (1973)	CS 438 (1978)
- FNUOD : 1974-	CS 350 (1978)	CS reconduction

— Liban :		
- GONUL : 1958	CS 128 (1958)	extinction de l'accord
- FINUL : 1978-	CS 425 (1978)	CS reconduction
— Congo :		
- ONUC : 1960-1964	CS 143 (1960) + AG 1474 (ES-IV)	AG 1885 (XVIII)
— Papouasie occidentale (AETNU) :		
- forces de sécurité : 1962-1963	AG 1752 (XVII)	fin de 1re phrase selon l'accord constatée par le SG
— Yémen :		
- MONUY : 1963-1964	CS 179 (1963)	SG 1964
— Chypre :		
- UNFICYP : 1964-	CS 186 (1964)	CS reconduction
— Namibie :		
- GANUPT : 1978-1992	CS 435 (1978)	AG 42/207
— Irak-Iran :		
- GOMNUII : 1988-1991	CS 598 (1987)	Décl. du Président CS 1991
— Afghanistan :		
- MBONUAP : 1988-1990	CS 622 (1988)	CS 647 (1990)
— Angola :		
- UNAVEM : 1989-1991	CS 626 (1988)	CS 696 (1991)
- UNAVEM II : 1991-1995	CS 696 (1991)	CS 976 (1995)
- UNAVEM III : 1995-	CS 976 (1995)	CS reconduction
— Amérique centrale :		
- ONUCA : 1989-1992	CS 644 (1991)	CS 730 (1992)
- CIAV & GONUAC : 1989-1990	AG 44/10	AG 45/15
— Nicaragua :		
- MONUVEN : 1989-1990	AG 44/10	AG 45/15
— Irak-Koweit :		
- Guerre du Golfe : 1990-1991	CS 678 (1990)	CS 687 (1991)
- MONUIK : 1991-2003	CS 689 (1991)	CS 1490 (2003)
— Haïti :		
- ONUVEH : 1990-	AG 45/2	-
- MINUHA : 1993-1995	CS 867 (1993) + CS 964 & 975 (1994)	SG retrait
- MICIVIH : 1993-1996	CS 867 (1993)	CS 1086 (1996)
- MANUH : 1996-1997	CS 1063 (1996)	CS 1086 (1996)
— El Salvador :		
- ONUSAL : 1991-1995	CS 693 (1991)	CS 991 (1995)
— Sahara occidental :		
- MINURSO : 1991-	CS 690 (1991)	CS reconduction
— Cambodge :		
- MIPRENUC : 1991-1992	CS 717 (1991)	CS 745 (1992)
- APRONUC : 1992-1993	CS 745 (1992)	CS 860 (1993)
— Yougoslavie :		
- FORPRONU : 1992-1995	CS 743 (1992)	CS 1031 (1995)
- IFOR : 1995-1996	CS 1031 (1995)	CS 1088 (1996)
- SFOR : 1996-2004	CS 1088 (1996)	CS 1575 (2004)
- EUFOR et OTAN : 2004-	CS 1575 (2004)	
— Somalie :		
- ONUSOM : 1992	CS 751 (1992)	CS 794 (1992)
- ONUSOM II : 1993-1994	CS 814 (1993)	CS 954 (1994)
— Afrique du sud :		
- MONUAS : 1992-1994	CS 772 (1992)	CS 930 (1994)
— Mozambique :		
- ONUMOZ : 1993-1994	CS 797 (1992)	CS 957 (1994)

— Géorgie-Abkhazie :		
- MONUG : 1993-	CS 858 (1993)	CS reconduction
— Rwanda :		
- MINUAR : 1993-1996	CS 872 (1993)	CS 1050 (1996)
- MONUOR : 1993-1994	CS 846 (1993) & 891 (1993)	CS 928 (1994)
— Tadjikistan :		
- MONUT : 1994-1997	CS 968 (1994)	CS 1099 (1997)
— Croatie :		
- ONURC : 1995-1996	CS 990 (1995)	CS 1037 (1996)
- ATNUSO-UNTAES : 1996-1998	CS 1037 (1996)	1145 (1997)
- MONUP (Prevlaka) : 1999-2002	CS 1252 (1999)	CS 1437 (2002)
— Albanie :		
- FMP : 1997	CS 1101 (1997)	CS 1114 (1997)
— Sierra Leone :		
- MONUSIL, puis MINUSIL : 1998-2006	CS 1181 (1998)	CS reconduction du mandat jusqu'au 31-12-2006
— Rép. centrafricaine :		
- MINURCA : 1998-2000	CS 1159 (1998)	Prés. CS, déc. 10 fév. 2000
- BONUCA : 2000-	Prés. CS, décl. 10 fév. 2000	
— Congo (Rép. démoc.) :		
- MONUC : 1999-	CS 1279 (1999)	CS reconduction
— Érythrée-Éthiopie :		
- MINUEE : 2000-2008	CS 1312 (2000)	CS 1827 (2008)
— Afghanistan :		
- MANUA : 2002-	CS 1401 (2002)	CS reconduction
— Liberia :		
- MINUL : 2003-	CS 1509 (2003)	CS reconduction
— Côte-d'Ivoire :		
- ONUCI : 2004-	CS 1528 (2004)	CS reconduction
— Haïti :		
- MINUSTAH : 2004-	CS 1542 (2004)	CS reconduction
— Burundi :		
- ONUB : 2004-2006	CS 1545 (2004)	CS 1719 (2006)
— Soudan :		
- MINUS : 2005-	CS 1590 (2005)	CS reconduction
- MINUAD : 2007-	CS 1769 (2007)	
— Timor :		
- MINUT : 2006-	CS 1704 (2006)	CS reconduction
— Népal :		
- MINUPEP : 2007-	CS 1740 (2007)	CS reconduction

N'apparaissent pas dans cette liste les opérations menées par d'autres organisations, simplement avalisées par l'ONU et sans mise en place au moins d'une mission des NU (République centrafricaine en 1997, Guinée-Bissau en 1998, Somalie en 2007 (AMISOM, mise en place par l'UA et autorisée par la résolution 1744 [2007] du Conseil de sécurité) – v. *infra*, n° 597).

A. — Forces des Nations Unies

593. Modes de création. — Le mérite de l'invention de ce système de sécurité revient à l'Assemblée générale, agissant dans le cadre de la « résolution Acheson ». On sait que la compatibilité des pouvoirs octroyés par cette résolution avec l'équilibre institutionnel de la Charte est contestée (v. *supra*, n° 589). Aussi des difficultés sont-elles rapidement apparues dans la mise en œuvre, et le Conseil de sécurité a-t-il retrouvé un rôle prioritaire en la matière.

1° Création par l'Assemblée générale. La première initiative s'inscrit dans le cadre de l'affaire de Suez.

À la suite de l'intervention militaire franco-britannique en Égypte (octobre-décembre 1956), le Conseil de sécurité a été empêché d'agir par le veto de ces deux États. L'Assemblée générale fut alors saisie, par la procédure « Acheson », et se réunit en session extraordinaire. La résolution 997 (ES-I), du 2 novembre 1956, recommandait aux parties un cessez-le-feu, mais celui-ci n'était acceptable par la France et le Royaume-Uni qu'à la condition qu'une Force des Nations Unies fût installée pour préserver la paix jusqu'à la conclusion d'un accord durable entre Israël et les États voisins. En l'absence des forces prévues par l'article 43 de la Charte, l'Assemblée était confrontée au même problème que le Conseil de sécurité en 1950 (v. *supra*, n° 590), à cette différence près qu'elle n'était pas mise devant un « fait accompli ». Sur la base d'un projet canadien, la résolution 998 (ES-I), du 4 novembre 1956, créait « avec l'assentiment des nations intéressées une Force internationale d'urgence des Nations Unies chargée d'assurer et de surveiller la cessation des hostilités ». La FUNU-I, pour la distinguer d'une opération postérieure sur une base juridique différente, est restée en place du 15 novembre 1956 jusqu'à son retrait à la demande du gouvernement égyptien à la veille de la « guerre des six jours » entre l'Égypte et Israël (19 mai 1967).

La formulation de cette première tentative marquait bien les caractéristiques de toutes les futures opérations des Forces des Nations Unies jusqu'au début des années 1990 : être fondées sur le consentement de toutes les parties en présence, ne pas avoir de fonction répressive ou coercitive.

Malgré l'appui massif donné à cette résolution, la compétence de l'Assemblée pour créer la FUNU a été récusée par l'URSS puis par la France, qui invoquaient dans le sens de leur thèse l'article 11, § 2, de la Charte. Cette disposition réserve au seul Conseil de sécurité compétence pour entreprendre toute « action » dans le domaine du maintien de la paix.

Saisie du problème, sous l'angle du financement de la FUNU et de l'ONUC, la CIJ a estimé que la compétence exclusive du Conseil ne s'imposait que pour des actions coercitives, les seules couvertes par l'article 11, § 2, selon elle ; en revanche, l'Assemblée générale est autorisée à recommander toutes « les mesures propres à assurer l'ajustement pacifique de toute situation » et, par voie d'implication nécessaire, à recommander une « forme quelconque d'action » autre que coercitive (avis du 20 juillet 1962, *Certaines dépenses des Nations Unies, Rec.* 1962, p. 163-165).

Ni l'URSS, ni la France ne se sont inclinées devant cet avis. La controverse s'est poursuivie au sein du Comité spécial sur les opérations de maintien de la paix.

2° Création par le Conseil de sécurité. La création d'une Force des Nations Unies ne se heurte pas aux mêmes objections lorsqu'elle résulte d'une initiative du Conseil de sécurité. La seule difficulté provient de ce que la formule n'est pas expressément prévue par la Charte, mais elle est mineure puisqu'elle n'est pas formellement exclue.

Le Conseil a décidé la création d'une Force à plusieurs reprises (v. le tableau *supra* n° 592).

L'opération des Nations Unies au Congo (ONUC), réponse à une demande d'assistance du gouvernement congolais, comprenait une Force du type de la FUNU (résol. 143 du 14 juillet 1960).

L'expérience a été réitérée par la Force des Nations Unies à Chypre (plus connue sous son sigle anglais : UNFICYP), mise en place le 4 mars 1964 et toujours en activité. Pour s'assurer du contrôle étroit de l'opération, le Conseil de sécurité reconduit le mandat de la Force pour de courtes périodes.

À la suite de la « guerre d'octobre » 1973 au Proche-Orient, le Conseil de sécurité dépêcha des observateurs — empruntés à la « mission d'observation de la trêve » créée en 1948, après le premier conflit israélo-arabe, dite ONUST — pour superviser le respect du cessez-le-feu, puis il décida à l'unanimité (la Chine ne prenant pas part au vote) de créer sous son autorité, une Force d'urgence des Nations Unies dite FUNU II (résol. 340 du 25 octobre 1973), chargée de s'interposer dans le Sinaï.

Dans le même contexte politique et militaire, la résolution 350 du Conseil a établi la Force des Nations Unies pour l'observation du désengagement (FNUOD), chargée d'une mission comparable dans le Golan ; la seule originalité est que la résolution du Conseil a été postérieure à un accord entre Israël et la Syrie du 31 mai 1974.

Après l'intervention israélienne au Sud-Liban, en mars 1978, a été mise en place la Force intérimaire des Nations Unies au Liban (FINUL), toujours en activité, dont la mission est de confirmer le retrait des forces israéliennes — mais pas de l'accélérer — et de contribuer au rétablissement de la souveraineté libanaise... Elle repose sur le consentement du Liban et des États qui fournissent les contingents de la FINUL. À la suite du conflit qui a opposé en 2006 Israël aux forces du Hezbollah agissant depuis le territoire libanais, le Conseil de sécurité a adopté la résolution 1701 (2006) qui renforce les effectifs de la FINUL, ses missions ainsi que ses moyens d'action.

L'apaisement des tensions en Amérique latine a exigé le recours à plusieurs mécanismes de contrôle en 1989 et 1990, dont la Commission internationale d'appui et de vérification (CIAV) et le Groupe d'observateurs des Nations Unies en Amérique centrale (ONUCA) créé par la résolution 644 (1989) du Conseil de sécurité. V. aussi *supra*, n° 516.

Face à une crise humanitaire grave dans la région des Grands Lacs, par la résolution 925 (1994), le Conseil de sécurité transforme la mission d'observation au Rwanda en une force d'interposition, avant d'inscrire ses initiatives dans le cadre du chapitre VII de la Charte (résol. 929 [1994] : autorisation donnée à des États tiers pour qu'ils mènent des opérations d'assistance et de protection).

Créée par les résolutions 687 et 689 (1991) à la suite du conflit du Golfe, la Mission d'observation des Nations Unies pour l'Irak et le Koweït (MONUIK-UNIKOM selon le sigle anglais) présente la particularité de l'avoir été dans le cadre du chapitre VII qui autorise le Conseil à adopter des décisions obligatoires. Toutefois, la « consultation » de l'Irak et du Koweït et l'acceptation de ces dispositions par l'Irak atténuent le caractère hétérodoxe de sa création. Quant à l'APRONUC (Autorité provisoire des Nations Unies au Cambodge), elle a été créée par la résolution 745 (1992) en application des accords de Paris sur le Cambodge du 23 octobre 1991.

D'autres forces de maintien ou de rétablissement de la paix ont néanmoins été créées par la suite sur le fondement du chapitre VII. Celui-ci tend même à devenir dans la pratique récente le fondement de droit commun. Tel est le cas de la FORPRONU (cf. la résol. 743 [1992] et les résolutions subséquentes élargissant son mandat), chargée essentiellement d'observer le respect du *statu quo* et des arrangements militaires en Croatie, en Bosnie-Herzégovine et en Macédoine, de l'ONUSOM (Opération des Nations Unies en Somalie, d'abord créée sous la forme d'un simple groupe d'observateurs (résol. 751 [1992]), puis transformée en véritable force de maintien de la paix par la résolution 814 [1993] pour prendre la relève de l'opération *« Restore Hope »* menée sous commandement unifié américain (v. *infra*, n° 598), de la MINUAR II (Mission des Nations Unies au Rwanda — résol. 929 [1994]), de la KFOR et de la MINUK pour le Kosovo (résol. 1244 [1999], sous la dénomination un peu étrange — mais révélatrice de l'ambiguïté de sa mission — de « présence internationale civile et militaire »). La grande majorité des opérations établies depuis 2002 l'ont également été sur le fondement du chapitre VII de la Charte ou se sont vu accorder des pouvoirs au titre de ce chapitre (la MINUL pour le Liberia (résol. 1509 [2003]), l'ONUCI pour la Côte-d'Ivoire (résol. 1528 [2004]), la MINUSTAH pour Haïti (résol. 1542 [2004]), l'ONUB pour le Burundi (résol. 1545 [2004], ou encore la MINUAD pour le Soudan (résol. 1769 [2007]).

594. Statut juridique et composition. — Les Forces des Nations Unies sont authentiquement internationales et entièrement intégrées à l'ONU. Le programme de mise en place est établi par le Secrétaire général, sous le contrôle de l'organe qui en a autorisé la création — Assemblée générale ou Conseil de sécurité —, son commandant en chef est désigné par les Nations Unies, les États qui fournissent des contingents sont déterminés par un accord entre l'organe compétent et les États membres sollicités. À tous les points de vue, les Forces d'urgence ou d'observation sont des organes *subsidiaires* de l'Assemblée ou du Conseil.

Dans les rapports avec le ou les États sur le territoire duquel stationne une Force, son statut est précisé par la conclusion d'accords, eux-mêmes complétés par un « règlement » établi par le Secrétaire général (pour la FUNU-I, v. l'échange des lettres entre l'ONU et l'Égypte du 8 février 1957 ; pour les autres opérations, les textes pertinents sont reproduits dans *l'AJNU* de l'année correspondant à leur création).

La composition des Forces a longtemps respecté le principe posé en 1956, selon lequel aucun État membre permanent du Conseil ne devait fournir un contingent. Une première dérogation, justifiée par des considérations pratiques (présence de bases britanniques à Chypre), avait été consentie pour l'UNFICYP ; une seconde s'est produite, au « bénéfice » de la France, pour la FINUL

Depuis la fin de la guerre froide, les grandes puissances participent très habituellement à ces opérations (contingents anglais, français et russes dans la FORPRONU et participation des cinq membres permanents à la MONUIK ou à la MINUL. Sur les difficultés rencontrées par l'Allemagne et le Japon pour participer à ces forces v. Ch. Tomuschat, *AFDI* 1993, p. 451-467 et Y. Otani, *ibid.*, p. 468-479), étant entendu que la localisation de la force peut conduire à une composition plus régionale (v. par ex. la composition de la MINUT au Timor).

Ces forces peuvent êtres fort nombreuses : près de 20 000 hommes pour l'ONUC en 1961, 20 000 pour l'ONUSOM II en 1993, près de 23 000 pour la FORPRONU au début de 1994, et plus de 18 000 pour la MONUC en janvier 2008. Ces chiffres restent toutefois l'exception, la majorité des opérations étant composées d'une dizaine de milliers d'hommes, voire considérablement moins (1 500 environ par ex. pour la MINUEE au début de l'année 2008).

595. Missions et conduite des opérations. — 1° Les missions sont définies par l'organe des Nations Unies qui crée la Force et le ou les États territorialement concernés. Elles prennent fin avec la décision de l'organe compétent d'arrêter l'opération ou avec le retrait exigé par l'État où stationne la Force.

Sauf prescription conventionnelle contraire, le principe du consensualisme impose-t-il le respect de la volonté exprimée par l'État ? Le Secrétaire général, confronté à une telle demande de l'Égypte en 1967, s'est incliné. Les organes principaux des Nations Unies peuvent exercer leurs compétences habituelles, en appréciant les conséquences de ce retrait pour le maintien de la paix. En revanche le même Secrétaire général a considéré que, pour les opérations de maintien de la paix décidées et dirigées par le Conseil de sécurité, seul ce dernier pouvait imposer le retrait de la Force.

Dans la plupart des cas, il s'agit simplement pour ces Forces d'observer le respect du désengagement des forces armées antagonistes, le retrait programmé de certaines d'entre elles et l'absence d'incursions dans les *no man's lands* convenus. Au plus pourront-elles s'interposer pour régler quelques incidents mineurs. Aussi ne portent-elles les armes que pour assurer leur propre sécurité (légitime défense).

Par exemple, la FUNU II — dont le mandat s'est achevé en juillet 1979 par décision du Conseil de sécurité — était garante du désengagement décidé par les accords israéloégyptiens du 18 janvier 1974 et du 4 septembre 1975 ; elle contrôlait en outre la zone d'Abu-Rudeis le long du golfe de Suez.

De même, l'ONUCA avait pour mission, dans un contexte de guerres civiles (Nicaragua, Honduras, El Salvador), d'interdire toute forme d'assistance militaire étrangère aux mouvements insurrectionnels, tout acte d'agression y compris dans les espaces maritime et aérien (1989-1990). La MINUEE devait surveiller et garantir quant à elle depuis 2000 la cessation des hostilités entre l'Éthiopie et l'Érythrée et contrôler le redéploiement des forces militaires des deux belligérants. Elle a été dissoute en juillet 2008 du fait de l'obstruction de l'Érythrée (v. la résol. 1827 [2008] du Conseil de sécurité).

Très exceptionnellement, comme en 1961 après une série d'événements tragiques (disparitions de Lumumba et de D. Hammarskjöld, sécession du Katanga), le Conseil a pu autoriser « le recours à la force, si besoin est, en dernier ressort », pour empêcher la guerre civile et obtenir le retrait des forces étrangères y compris les mercenaires (résol. 161 et 169 des 21 février et 24 novembre 1961).

Cette décision a été critiquée, bien que le pouvoir du Conseil de décider une action *coercitive* ne soit pas contestable. Il est certain que, sur le plan juridique, à défaut de la constatation prévue par l'article 39 de la Charte d'une menace à la paix, l'emploi effectif de la force — qui a bien eu lieu — était susceptible de transformer l'ONUC en une *intervention* classique. On a tenté de la justifier en invoquant, non pas la compétence du Conseil selon la Charte, mais le consentement donné par le gouvernement central congolais.

La multiplication des conflits mi-internationaux, mi-internes favorise un élargissement des missions des Forces des Nations Unies, en les rapprochant de l'hypothèse congolaise.

Les troubles chypriotes à partir de 1964 et l'intervention armée turque depuis 1974 ont conduit le Conseil de sécurité à confier à l'UNFICYP, outre les missions habituelles de surveillance et d'interposition, la tâche de maintenir l'ordre interne et de fournir une assistance humanitaire. Dans une approche similaire, l'ONUCA était chargée de rétablir un climat de confiance dans une zone déchirée par plusieurs guerres civiles concomitantes.

Voir dans le même sens, les fonctions de regroupement et de désarmement des factions armées ainsi que de rétablissement des services publics essentiels confiées à l'APRONUC (« Autorité provisoire des NU au Cambodge ») par la résolution du CS 745 du 28 février 1992, et — mais dans une moindre mesure — à la FORPRONU en Yougoslavie par ses résolutions 743 du 21 février 1992 et 836 du 4 juin 1993, ou la mission de désarmement des factions armées somaliennes confiées à l'ONUSOM II par la résolution 814 (1993), les missions de rétablissement de la paix assurées par la KFOR et à la MINUK au Kosovo (à partir de la résolution 1244 du Conseil de sécurité du 10 juin 1999 ; v. *supra*, n° 393) et par la MINUTO puis par l'ATNUTO au Timor oriental (résol. 1246 du 11 juin 1999 et 1279 du 25 oct. 1999).

L'échec flagrant de la FINUL met en valeur *a contrario* les conditions à respecter : définition réaliste de la mission de la Force dans le contexte local, absence de contingents d'un membre permanent du Conseil de sécurité, droit de légitime défense appliqué à la sécurité des implantations de la Force (v. J. P. Issele, *AFDI* 1987, p. 107-128).

L'efficacité des opérations de maintien de la paix dépend en effet dans une large mesure des moyens matériels mais aussi juridiques reconnus aux forces militaires présentes sur le théâtre d'opération. Tel était le constat opéré par le Rapport « Brahimi » rendu au Secrétaire général le 17 août 2000 (A/55/305-S/2000/809), dont le Conseil de sécurité a repris les recommandations dans sa résolution 1327 (2000). Mais la pratique consécutive n'a pas conduit à une amélioration significative de l'efficacité des opérations mandatées, si ce n'est le recours désormais de plus en plus fréquent à la base juridique du chapitre VII qui permet de leur garantir un droit de recours à la force (v. *supra*, n° 593 *in fine*).

2° La question principale dans la *conduite des opérations* est celle du rôle du Secrétaire général, ou plus précisément de son autonomie réelle vis-à-vis de l'organe de décision.

Dans le cas de la FUNU-I, le Secrétaire général n'avait qu'un pouvoir de proposition quant à la composition et au fonctionnement de la Force. Son autorité était beaucoup plus marquée dans l'action de l'ONUC, ce que la CIJ, dans son avis de 1962, a estimé justifié par l'article 98 de la Charte (*Rec.* 1962, p. 177). Étant entré en conflit ouvert avec l'URSS dans l'exécution du mandat qui lui avait été alors confié par le Conseil de sécurité, le Secrétaire général n'a plus disposé dans les opérations suivantes de la même liberté de manœuvre. Le contrôle du Conseil de sécurité auquel le Secrétaire général doit rendre compte périodiquement sur les forces créées dans le cadre du chapitre VII qui sont de plus en plus nombreuses (v. *supra*, n° 593 *in fine*) est par ailleurs particulièrement étroit.

Plusieurs arrangements ont été élaborés en vue d'améliorer la concertation avec les États qui fournissent des contingents aux forces multinationales (v. les déclarations du Président du Conseil de sécurité du 4 novembre 1994 et du 28 mars 1996, S/PRST/1994/62 et 1996/13).

596. Financement. — Le transport et l'entretien de plusieurs milliers d'hommes équipés militairement, en provenance de tous les continents, pendant plusieurs années, posent un problème financier délicat.

Les deux premières opérations de maintien de la paix avaient été financées au titre des « dépenses obligatoires », votées par l'Assemblée générale au titre de sa compétence budgétaire. Jugeant qu'une telle pratique renforçait la revendication de compétence de l'Assemblée au détriment du Conseil, l'URSS et la France ont refusé de payer les contributions correspondantes et entraîné une grave crise financière. C'est pourtant encore cette technique des contributions obligatoires (article 17, § 2, de la Charte) qui a été utilisée, malgré les protestations de la Chine, pour la FUNU II.

C'est à propos du financement qu'une demande d'avis consultatif a été adressée à la CIJ en 1961, que le déroulement de la session de 1964 de l'Assemblée générale a été perturbé (v. *supra*, n° 404), qu'un débat se poursuit depuis 1967 sur le régime des opérations de maintien de la paix et qu'une session extraordinaire de l'Assemblée générale a été tenue en novembre 1978, pour assurer la poursuite des activités de la FINUL. Ses prises de position récentes, dans le cadre des projets de réforme de l'Organisation, restent muettes sur cet aspect de la question (v. résol. 52/12 du 12 novembre 1997 ; 60/1 du 16 septembre 2005).

Depuis la création de la FUNU II en 1973, un double critère, politique et économique, permet de calculer la participation financière des États pour chaque opération. Considérant que certains États portaient une responsabilité plus grande dans le maintien de la paix — et pas seulement en raison de leur droit de veto — l'Assemblée générale a établi un barème spécial, qui n'est pas celui du budget ordinaire, où les quote-parts des membres permanents et des États industrialisés sont augmentées pour alléger celles des pays en développement et, plus particulièrement, celles des pays les moins avancés (résol. S-8/2 du 21 avril 1978 pour la FINUL ; v. les modifications apportées par la résol. 55/235 du 23 décembre 2000).

Cette « sur-imposition » des grandes puissances n'est pas sans éveiller quelque inquiétude : ces États n'en tireront-ils pas argument pour infléchir la conduite des opérations de maintien de la paix ou pour justifier la substitution de certaines organisations régionales (OTAN, UEO, OSCE) à l'organisation universelle ?

La solution inverse, le financement par des contributions volontaires, ne s'est pas révélée plus satisfaisante, car elle est plus encore de nature à autoriser des pressions permanentes préjudiciables à l'exécution des missions ou à la survie des Forces.

Un veto russe a néanmoins obligé à recourir à des contributions prioritairement volontaires pour le financement de l'UNFICYP depuis 1993. En 1994, le coût des opérations de maintien de la paix s'est élevé à 3,5 milliards de dollars dont près de 32 % étaient financés par les États-Unis ; en 2006, il se montait à 5 milliards de dollars auxquels les États-Unis ont contribué à hauteur de 27 %.

B. — Forces régionales et multinationales

597. Forces régionales. — La décision de lancer une opération de maintien de la paix sous les auspices de l'ONU se heurte souvent à de nombreux obstacles : réticence des grandes puissances à intervenir dans des conflits de portée régionale ou des guerres civiles, volonté des États limitrophes ou de même tendance politique d'écarter les ingérences des puissances non régionales ou de la communauté internationale, urgence d'une intervention politique ou humanitaire et souci d'efficacité opérationnelle. Dans certaines situations, les États favorables à une action collective mais restreinte rechercheront l'aval ou les moyens d'une organisation internationale et solliciteront au plus une habilitation de l'ONU.

Après une expérience satisfaisante dans un contexte plus favorable (Koweït, 1961), la Ligue arabe a décidé en 1976 d'établir une Force arabe de dissuasion au Liban (opération dite des « casques verts »), pour tenter de mettre fin à la première phase de l'affrontement interne. La tentative n'a guère été convaincante : très vite la FAD s'est réduite au seul contingent fourni par la Syrie et elle a surtout servi de paravent aux ingérences de cet État dans le conflit libanais.

En 1981, l'OUA a favorisé la création d'une force multinationale africaine destinée à surveiller l'exécution d'un accord entre diverses factions tchadiennes. Cette tentative s'est également soldée par un échec, malgré l'appui donné à cette initiative par le Conseil de sécurité (v. *supra*, n° 591), comme ce fut le cas pour l'interposition entre factions armées au Liberia depuis 1991.

La CEDEAO a mis sur pied en 1991 une force d'interposition dans la guerre civile libérienne, dans une perspective à dominante humanitaire, avec des résultats difficiles à évaluer. Cette opération préfigure celle mise en place au Kurdistan irakien (1991). Dans l'un et l'autre cas, en l'absence de tout consentement préalable des autorités gouvernementales, on peut y voir des interventions d'humanité plus que des opérations de maintien de la paix classiques. En revanche, l'activité de la Mission interafricaine chargée de surveiller l'application des accords de Bangui (MISAB) en République centrafricaine — rébellion armée — résulte d'un accord avec l'autorité politique en place et bénéficie de l'aval du Conseil de sécurité (résol. 1125 [1997]). De même appuiera-t-il les initiatives diplomatiques de la CEDEO et de l'OUA après la tentative de coup d'État au Sierra Leone, en 1997 (déclarations du Président), tout en établissant un embargo dans le cadre de ses pouvoirs au titre du Chapitre VII de la Charte (résol. 1132 [1997]). Le Conseil de sécurité a également autorisé le déploiement d'une opération de l'UA en Somalie (l'AMISOM), en l'autorisant à faire usage de tous moyens nécessaires, en vertu du chapitre VII de la Charte (v. résol. 1744 [2007] et 1801 [2008]). Il a également autorisé le déploiement d'une force hybride UA/ONU au Soudan, pour faire face au conflit du Darfour (la MINUAD, v. la résol. 1769 [2007]), et décidé la même année d'établir une « présence multidimensionnelle » au Tchad, combinant une force de l'Union européenne et une mission des Nations Unies (la MINURCAT) (v. la résol. 1778 [2007]).

Le poids croissant ainsi accordé aux organisations régionales et la mise sur pied de partenariats avec l'ONU visent à favoriser la réussite des opérations menées, qui bénéficieront tout à la fois de l'impartialité ou de la neutralité de l'Organisation mondiale et de la puissance et de l'efficacité de l'organisation régionale.

598. Forces multinationales. — L'expérience de forces multinationales « pures » (sans intervention des Nations Unies) a été tentée à deux reprises jusqu'ici : à la suite du dernier conflit israélo-égyptien, pour l'exécution du retrait israélien du Sinaï en vertu du traité de paix de 1979 ; au Liban, à la demande du gouvernement de cet État, deux fois en 1982, d'abord pour assurer l'évacuation des combattants palestiniens et des membres de la Force arabe de dissuasion après l'invasion israélienne, ensuite pour tenter de rétablir l'autorité des instances étatiques libanaises.

Autant l'opération a été une réussite dans le premier cas, autant elle s'est révélée dans l'incapacité de résister aux difficultés rencontrées, dans le deuxième. Il est donc encore difficile d'affirmer que ces systèmes interétatiques, extérieurs aux Nations Unies, sont appelés à devenir de véritables « alternatives » aux opérations de maintien de la paix de l'ONU (v. *supra*, n° 590).

Pour le Sinaï, la Force multinationale et d'observateurs (FMO) est entrée en activité en avril 1982. Elle était composée de contingents américains, français, etc. Force « intégrée », elle présente des caractéristiques très proches de celles des Forces des Nations Unies.

Au Liban, le mandat de la Force multinationale d'interposition a été très bref (août 1982) et a été correctement rempli. Celui de la Force multinationale de sécurité était beaucoup plus délicat, car il l'obligeait à s'interposer dans la guerre civile, et il s'est prolongé de septembre 1982 à la fin de 1983. Ces Forces s'éloignaient de manière sensible du mode d'organisation des Forces des Nations Unies, car chaque contingent — américain, français, anglais et italien — restait sous commandement national, la coordination se réalisant par des démarches intergouvernementales classiques (comité de liaison comprenant un échelon diplomatique et un échelon militaire).

Pour rester des opérations de maintien de la paix, encore faut-il que les missions des Forces multinationales ne correspondent pas à des *interventions* même consenties (v. *supra*, n° 567). La distinction sera toutefois en pratique des plus délicates à opérer.

Ici encore par ailleurs, des évolutions récentes estompent la distinction entre forces de maintien de la paix, opérations militaires du chapitre VII et forces multinationales. Ainsi, à la suite de l'échec des opérations d'aide humanitaire à la Somalie déchirée par une guerre civile, menées dans un premier temps sous l'égide des Nations Unies, le Conseil de sécurité a autorisé les États membres « qui coopèrent » à « employer tous les moyens nécessaires pour instaurer aussitôt que possible des conditions de sécurité pour les opérations de secours humanitaires en Somalie » (résol. 794 du 3 décembre 1992) ; forte de 30 000 hommes, essentiellement américains et sous commandement unifié des États-Unis, la Force d'intervention unifiée (UNITAF) a constitué, en réalité, une force multinationale mais sur le fondement d'une autorisation formelle du Conseil de sécurité se prononçant dans le cadre du chapitre VII et pour pallier les carences, espérées temporaires, de l'ONUSOM (v. *supra*, n° 593). Cette opération, baptisée « *Restore Hope* » (« Rétablir l'espoir ») n'a guère été convaincante et a laissé la place à l'ONUSOM II (résol. 814 du 26 mars 1993).

De même, par sa résolution 929 (1994), le Conseil de sécurité a donné « son accord à ce qu'une opération multinationale puisse être mise sur pied à des fins humanitaires au Rwanda jusqu'à ce que la MINUAR soit dotée des effectifs nécessaires » ; telle a été l'origine de l'opération « Turquoise » menée sous commandement français du 22 juin au 22 août 1994. De même encore, en Haïti, la résolution 940 (1994) a autorisé une force multinationale sous direction américaine à utiliser « tous les moyens nécessaires » pour « instaurer un climat sûr et stable » et permettre « un prompt retour du Président légitimement élu ».

On notera par ailleurs l'ambiguïté de certaines opérations, à mi-chemin de l'intervention consentie par l'État hôte et de l'intervention mandatée par le Conseil de sécurité en vertu du chapitre VII de la Charte. En 2004 par exemple, les autorités de Bosnie-Herzégovine ont donné leur approbation au maintien de la présence de l'OTAN ainsi qu'au déploiement, en remplacement de la SFOR, d'une force de l'Union européenne (EUFOR) sur leur territoire, ce qui n'a pas empêché le Conseil de sécurité de prendre lui-même la décision d'autoriser la création de cette force européenne et son déploiement, ainsi que le maintien de la présence de l'OTAN sur le territoire de la Bosnie, et de les habiliter l'une et l'autre à faire usage de la force – v. sa résolution 1575 (2004). De même, le Conseil de sécurité a pleinement « appuyé » le 25 mai 2006 le déploiement de forces de défense et de sécurité sur le territoire du Timor-Leste par le Portugal, l'Australie, la Nouvelle-Zélande et la Malaisie, à la demande du gouvernement de cet État.

Section 2

Désarmement

BIBLIOGRAPHIE. — L. DE BROUCKÈRE, « Les travaux de la SdN en matière de désarmement », *RCADI* 1928-V, vol. 25, p. 365-450. — J. DE MONSABERT, *La limitation des armements navals et ses difficultés*, LGDJ, 1935, 213 p. — A. MARTIN, *Legal Aspects of Disarmament*, BIICL, Londres, 1963, 133 p. — J. KLEIN, *L'entreprise du désarmement (1946-1964)*, Cujas, 1964, 325 p. — D. COLARD, *Le désarmement*, A. Colin, 1972, 128 p. — F. CHAPPUIS, *La limitation des armements en droit international public*, Imp. Vaudoise, Lausanne, 1975, 280 p. — SIPRI, *Outer Space — Battlefield of the Future*, Londres, Taylor and Francis, 1978, 202 p. — SIPRI, « Armement et désarmement à l'âge nucléaire », *NED*, La Documentation française, 1978, n° 4456 et « Le désarmement : limitation, réglementation, contrôle », *PPS*, La Documentation française, 1978, n° 336. — J. VON PANDER, *Die Sicherheitskontrolle nach dem Nichtverbreitungsvertrag in den EG-Staaten*, C. Heymanns, Cologne, 1978, LXXXVI-526 p. — H. THIERRY, « La nouvelle politique française du désarmement », *AFDI* 1978, p. 512-519. — P. LELLOUCHE dir., *La science et le désarmement*, IFRI, 1981, 282 p. — D. COLARD, J. FONTANEL, J.-F. GUILHAUDIS, *Le désarmement pour le développement, Dossier d'un pari difficile*, Cahiers de la FEDN n° 19, 1981, 168 p. — *La crise du désarmement. La deuxième session extraordinaire de l'Assemblée générale des Nations Unies sur le désarmement, Arès*, suppl. n° 1, 1983, 171 p. — W. LANG, « Multilateral Disarmament Diplomacy », *ÖZöRV* 1983, p. 24-45. — G. FISCHER et E. SCHAEFFER éd., *Armement, développement, droits de l'homme, désarmement*, Bruylant, Bruxelles, 1985, XXVI-606 p. — N. MATEESCO-MATTE dir., *Arms Control and Disarmament in Outer Space*, Montreal, Univ. McGill, 1985, 203 p. — P. BONIFACE, *Les sources du désarmement*, Economica, 1989, 263 p. — *Arès* 1990-1, « Course aux armements et désarmement, La négociation du désarmement en Europe ». — V.-Y. GHEBALI, « Le Traité sur les forces armées conventionnelles en Europe (Paris, 12 novembre 1990) », *RGDIP* 1991, p. 833-856. — R. YAKEMTCHOUK, *Le commerce des armes*, Studia diplomatica, 1992, 320 p. — J. GOLDBLAT, *Arms Control. A Guide to Negociations and Agreements*, IPRI, Sage Pub., Oslo, 1994, XXVII-772 p. — S. SUR, « Vérification en matière de désarmement », *RCADI* 1998, t. 273, p. 9-102. — A. BIAD, « Face à la perspective d'un bouclier antimissile : l'architecture de l'arms control et du désarmement en question », *AFDI* 2000, p. 221-241. — D. FLECK, « Developments of the Law of Arms Control as a Result of the Iraq-Kuwait Conflict », *EJIL* 2002, p. 105-119. — P. DAHAN, « La Conférence du désarmement : fin de l'histoire ou histoire d'une fin ? », *AFDI* 2002, p. 196-213. — Th. GRAHAM, *Disarmament Sketches : Three*

Decades of Arms Control and International Law, University of Washington Press, Seattle, London, 2002, XIX-344 p. — A. POPA, *La mission de désarmement de l'ONU en Irak,* Pedone, 2005, 207 p.

V. aussi le recueil de textes publiés par J. KLEIN, *Maîtrise des armements et désarmements : les accords conclus depuis 1945*, La Documentation française, 1991, 348 p. et les publications du SIPRI (Stockholm International Peace Research Institute), notamment *l'Annuaire (Armaments and Disarmament)*, et celles des Nations Unies : *Les Nations Unies et le désarmement, 1945-1970*, New York, 1971 : 504 p. et *1970-1975*, 1977, 282 p. ; *Annuaire du désarmement* (depuis 1976), revue *Désarmement* (depuis 1978), UNIDIR, *Répertoire de la recherche sur le désarmement*, NU, Genève, 1982, 454 p.

Voir les chroniques à l'AFDI et la revue *Arès — Défense et sécurité* (depuis 1977).

Sur les armes nucléaires, v. *infra*, bibliographie sur le n° 603 ; sur les autres armes, v. *supra*, bibliographie sur le n° 578.

599. Notion de désarmement. — Au sens propre du terme, le désarmement correspond à une diminution du volume absolu — nombre d'armes, puissance de feu — des armements des États.

Selon que cette diminution est limitée ou non, on parlera de désarmement *partiel* ou *total.*

Avec les progrès des armements, l'appréciation du « niveau » des armements est devenue une question fort complexe, qui fait intervenir des probabilités statistiques quant au degré d'efficacité ou de précision des armes, quant à leur aptitude à déjouer les contre-mesures électroniques ou à leur résister, etc. Négocier des garanties sur le ralentissement du rythme de ces progrès techniques ou sur leur mise en œuvre devient plus important que de réduire l'état actuel d'armements qui seront peut-être obsolètes demain. La *maîtrise des armements* (ou le *contrôle des armements*, selon une traduction littérale mais peu explicite de la formule anglaise *« arms control »*) ne présente pas de véritable solution de continuité avec le désarmement au sens classique du terme. Cependant, dans la mesure où la maîtrise des armements est tout à fait compatible avec une certaine course aux armements, dont elle cherche simplement à ralentir la vitesse de façon concertée entre les grandes puissances, il est préférable de ne pas confondre les deux notions.

On ne retiendra comme mesures de désarmement, au sens strict, que celles qui aboutissent à la destruction de stocks d'armes existants, et non pas celles qui se contentent d'en limiter ou d'en interdire l'usage (v. *supra*, n°s 579-580).

Il existe des mesures traditionnelles de désarmement. Elles ont pour traits communs d'être inégalitaires et de ce fait moins significatives sur le plan juridique que sur le plan politique, mais aussi d'être le plus souvent temporaires. Ce sont les démilitarisations, destructions de fortifications, réductions des forces imposées aux vaincus par les États vainqueurs. Des traités contemporains en fournissent de nombreux exemples : Traité de Versailles, Convention de Paris de 1954 créant l'UEO et son Agence de contrôle des armements, Traité de San Francisco de 1951 avec le Japon, Traité de Moscou de 1990 sur l'unification allemande.

Voir aussi la résolution 687 du 3 avril 1991, du Conseil de sécurité de l'ONU, imposant à l'Irak la destruction de ses armes ABC et de certains vecteurs (missiles balistiques) ; v. également la résolution 715 du 11 octobre 1991 et les plans de contrôle et de vérification annexés.

Un véritable désarmement suppose une renonciation générale — équilibrée sinon égalitaire, puisque les stocks d'armes ne sont pas partout les mêmes. Il ne peut être réalisé que par des conventions universelles, de caractère préventif autant que curatif. Aussi la méthode de négociation comme la nature des mesures de désarmement peuvent-elles parfois correspondre à celle des démilitarisations classiques.

§ 1. — *Techniques juridiques du désarmement*

600. Mécanismes de négociation. — 1° *Objectifs de la négociation.* L'objectif ultime des Nations Unies est le désarmement *général et complet* (résolution 1378 [XIV] de l'Assemblée générale, maintes fois réaffirmée très solennellement). Nul n'ignore, bien sûr, qu'il est utopique aussi longtemps qu'un seul État disposera d'une force suffisante pour commettre une agression : tant qu'un système de sécurité collective d'une efficacité absolue n'aura pas été établi, chaque État pourra invoquer les exigences de la légitime défense pour justifier son arsenal militaire. Le problème n'est donc pas seulement l'existence d'un « contrôle international efficace » des armements et du désarmement, comme le reconnaissent les organes de l'ONU, mais d'un progrès de la sécurité collective.

Pour des raisons idéologiques et pratiques évidentes, les Nations Unies préfèrent associer le désarmement à des conditions plus générales de la sécurité internationale : les droits de l'homme, la décolonisation, le développement et le désarmement (idéologie « des quatre D », dont l'expression achevée peut être trouvée dans la résolution de l'Assemblée générale n° 2734 [XXV] de 1970 portant Déclaration sur le renforcement de la sécurité internationale).

2° *Procédures.* À cet égard, deux principes antinomiques sont en jeu. Les moyens militaires étant très inégalement répartis dans le monde actuel, il est nécessaire de reconnaître la responsabilité principale des grandes puissances dans l'effort de désarmement. Mais il convient aussi de ne tenir à l'écart de la négociation aucun État ou groupe d'États : dans le cas contraire, la tentation serait forte pour celui-ci de refuser le résultat de la négociation et de détruire l'équilibre des armements réalisé sans son accord.

Toutes les méthodes ont été expérimentées, depuis la première tentative de 1899, lors de la Conférence de La Haye, sans qu'aucune ne se soit imposée par son efficacité.

La négociation égalitaire, encore que limitée aux États invités, correspond à la pratique des conférences de La Haye de 1899 et de 1907. Les articles 8 et 9 du Pacte de la SdN donnaient compétence au Conseil, organe restreint comprenant certaines des grandes puissances seulement, assisté d'une commission préparatoire des plans de réduction d'armements : l'approche privilégiait les grandes puissances. Cependant, en 1932, une négociation universelle fut tentée dans le cadre de la conférence du désarmement.

Depuis 1945, la priorité oscille entre la technique bilatérale et l'universalisme « tempéré » selon la Charte.

L'article 11 de la Charte reconnaît à l'Assemblée générale, organe plénier, la compétence d'étudier les *principes* du désarmement ; son article 26 confie au Conseil de sécurité, assisté du Comité d'état-major, la responsabilité d'établir des *plans* en vue d'établir un système de réglementation des armements. (v. les commentaires des articles 11, § 1, et 26 par H. Thierry et H. Gros Espiell *in*

J.-P. Cot, A. Pellet, M. Forteau dir., *La Charte des Nations Unies*, Economica, 3e éd., 2005, p. 655-660 et 919-933).

Le Conseil de sécurité a été très rapidement paralysé et n'a plus joué qu'un rôle marginal en la matière. L'Assemblée manifeste plus d'intérêt pour la question, mais ses prises de position restent trop rhétoriques.

Les organes spécialisés créés en 1946 et 1952, souvent de composition trop ouverte, se sont révélés incapables de prendre des initiatives. Par la suite, des négociations sur des problèmes concrets ont été menées en liaison avec l'Assemblée générale, dans d'autres enceintes et le rôle prédominant des États-Unis et de l'URSS s'est constamment affirmé : les projets adoptés par ces instances multilatérales ne faisaient qu'entériner des propositions communes des deux grandes puissances.

La primauté des deux « grands » a été très marquée après la création, en 1959, de la *Conférence du comité du désarmement* (CCD), sous double présidence américano-soviétique. Cette dénomination curieuse vise à maintenir la fiction d'un lien avec les travaux des Nations Unies, tout en garantissant une procédure diplomatique intergouvernementale. Les modifications successives de sa composition manifestent pourtant l'impossibilité de maintenir le débat sur le désarmement dans une perspective classique.

Composée initialement de dix membres sur une base paritaire est-ouest, la CCD a été ouverte en 1961 à huit États « non engagés » (d'où le nom qui lui est resté de « Comité des dix-huit ») puis élargie en 1969 et en 1975. La France a toujours refusé d'occuper le siège qui lui était réservé.

À la fin d'une « décennie pour le désarmement » décidée par l'Assemblée générale en 1969 et des plus décevantes, l'Assemblée a décidé de reprendre l'initiative lors de la dixième session extraordinaire (1978). Réaffirmant sa primauté, elle a réactivé la Commission du désarmement, ouverte à tous les États membres, et remplacé la CCD par un *Comité du désarmement* de 40 membres, comprenant tous les États dotés d'armes nucléaires et qui devrait être le principal forum de négociation. Toute cette activité traduit un regain d'intérêt du tiers-monde pour les problèmes du désarmement, considérés comme un préalable au développement économique et comme une source potentielle de transferts financiers des pays développés vers les pays en développement (v. en particulier la résolution 51/45 de l'Assemblée générale des Nations Unies du 10 décembre 1996).

Ce retour de balancier en faveur de la négociation universelle ne doit pas faire illusion : les clés des véritables concessions restent entre les mains des deux « grands » comme le prouve la relance de ces dernières années (v. *infra*, n° 605). L'Assemblée générale s'inquiète par ailleurs depuis quelques années de l'érosion du multilatéralisme en ce domaine. Il faut cependant noter qu'en prévoyant des conférences de suivi ou d'examen périodiques, les conventions contemporaines offrent l'opportunité aux autres États de faire pression sur les grandes puissances.

Le Conseil de sécurité serait-il désormais en mesure de jouer un rôle plus significatif, grâce à une plus grande convergence de vues des membres permanents ? À la suite des explosions d'armes nucléaires réalisées en 1998 par l'Inde et le Pakistan, sa réaction s'en est tenue à l'adoption de déclarations de son président (14 et 29 mai 1998), invitant ces États à ratifier le TNP, qui s'inscrivent dans le cadre de sa « responsabilité en ce qui concerne le maintien de la paix et de la sécurité internationales », et non du désarmement en tant que tel.

601. Techniques conventionnelles. — Elles sont également marquées par la primauté des grandes puissances, combinée avec un réel souci d'universaliser autant que possible les engagements pris.

À la première tendance, se rattache le rôle prééminent qui, du temps de la guerre froide, avait été reconnu à trois États — les États-Unis, l'URSS et le Royaume-Uni — dans l'existence de ces conventions. Parties « originaires », elles sont dépositaires des conventions et leur ratification est nécessaire pour qu'elles entrent en vigueur. Ces États sont également autorisés à opposer leur veto à toute tentative de révision. Enfin la faculté de retrait correspond à leurs exigences.

En revanche, la matière du désarmement est caractérisée par la pratique des conventions multilatérales « ouvertes ». Du temps de la guerre froide, l'existence de plusieurs dépositaires, appartenant aux blocs antagonistes, garantissait la possibilité d'adhésion de tous les États non reconnus par l'un d'entre eux pour des raisons idéologiques (v. *supra*, n° 113). De plus, en prévoyant souvent des conférences périodiques d'examen des résultats de la convention, une occasion est offerte aux « petits » États de se faire entendre ; c'est la solution retenue en particulier par l'accord le plus important, le Traité de non-prolifération nucléaire (TNP) du 1er juillet 1968 (les sept conférences qui se sont tenues tous les cinq ans depuis 1975 n'ont répondu que partiellement à ce souci ; un progrès a certes été enregistré lors de la 6e conférence tenue en 2000, mais la 7e tenue en 2005 a abouti à un échec : faute du moindre consensus en raison de l'opposition trop tranchée entre les États détenteurs de l'arme nucléaire et ceux n'en disposant pas, aucun document final n'a pu être adopté). C'est aussi la solution retenue par les conventions de 1971 sur la dénucléarisation du fond des mers, de 1972 sur les armes bactériologiques, de 1993 sur les armes chimiques, de 1996 sur l'interdiction complète des essais nucléaires (connu aussi sous son sigle anglais : CNTBT) et de 1997 sur les mines antipersonnel.

Le même « équilibre inégal » peut être relevé en ce qui concerne les règles matérielles. Le TNP, en particulier, fait peser des obligations très différentes sur les États selon qu'ils sont ou non dotés d'armes nucléaires.

L'inégalité est apparemment moins marquée dans le Traité de Moscou de 1963, sur l'interdiction des expérimentations nucléaires dans plusieurs espaces, mais elle est tout aussi réelle, dans la mesure où les puissances nucléaires « établies » — surtout intéressées à la miniaturisation de leurs armes — peuvent se passer d'expérimentations autres que souterraines et même, désormais, de toute expérimentation autre que « virtuelle ». Sous cette dernière réserve, le Traité de New York du 10 septembre 1996 sur l'interdiction complète des essais nucléaires constitue un pas important vers une plus grande égalité entre les États, compte tenu des règles de fonctionnement de l'Organisation mise en place (application du principe de la répartition géographique équitable, partage des fonctions entre organes plénier et restreint) et des modalités du contrôle du respect des engagements pris (v. *infra*, n° 603).

La structure interne de ces accords répond à la présentation habituelle des conventions multilatérales (v. *supra*, n° 73). Il n'en va pas de même de certains accords bilatéraux, tels les accords SALT (v. *infra*, n° 605) : ce sont des instruments complexes, dont la portée juridique est souvent difficile à apprécier.

Les accords SALT II comportent 19 articles de base, chacun assorti de définitions et d'interprétations communes précises et techniques, auxquels s'ajoutent divers protocoles et déclarations, portant notamment sur les principes des futures négociations SALT III.

On notera enfin que le recours aux techniques conventionnelles n'exclut pas l'emploi parallèle d'instruments juridiques plus souples, même s'ils traduisent des engagements juridiques contraignants (v. par exemple l'adoption par plus de cent États le 25 novembre 2002 d'un code de conduite international contre la prolifération des missiles balistiques).

602. Contrôle. — C'est certainement l'un des points les plus délicats des négociations sur le désarmement, car les États sont très réticents pour admettre un contrôle sur place de leurs établissements militaires ou de recherche. Cette technique n'est pourtant pas totalement exclue : elle est acceptable, sous les auspices d'une organisation internationale, pour les installations nucléaires civiles.

Plusieurs conventions, en particulier le TNP et le Traité de Tlatelolco de 1967 sur la dénucléarisation de l'Amérique latine, prévoient un système de *garanties* mis en œuvre par l'AIEA : il s'agit de s'assurer que l'énergie nucléaire n'est pas « détournée de ses utilisations pacifiques vers des armes nucléaires ou d'autres dispositifs nucléaires » (article III du TNP).

Ce système consiste en l'envoi sur place d'inspecteurs chargés d'établir une « comptabilité » des matières fissiles afin de s'assurer de l'absence de détournement. La solution, imposée aux États non dotés d'armes nucléaires, a été acceptée par des États dotés d'armes nucléaires (États-Unis et Royaume-Uni). Elle est également mise en œuvre sur une base bilatérale ou trilatérale (France-Afrique du Sud-AIEA, par exemple), en dehors du cadre du TNP.

Outre son champ géographique limité, le contrôle de l'AIEA présente l'inconvénient d'être *a posteriori*. Pour tenter d'y remédier, les États exportateurs de technologie nucléaires de l'Est ou de l'Ouest se sont groupés depuis 1975 dans le « club de Londres », avec pour objectif d'élaborer une réglementation commune interdisant le détournement des techniques civiles ou scientifiques à des fins militaires. Cette approche a été complétée, depuis 1982, par un effort de concertation sur les exportations de missiles (régime dit MTCR, Missile Technology Control Regime ; v. R. Prenat, « Les régimes multilatéraux de maîtrise des exportations de technologies sensibles à l'utilisation militaire », *AFDI* 1998, p. 298-311).

L'autre méthode concevable, celle des inspections sur place, n'a longtemps pu être mise en œuvre que dans les conventions sur le désarmement, ou la non-militarisation, d'espaces « internationalisés » : Convention de Washington de 1959 sur l'Antarctique, Convention de 1971 sur la dénucléarisation du fond des mers. Selon cette approche, chaque État peut vérifier le respect des engagements pris ou obtenir le déclenchement d'une enquête internationale.

Le tournant pris par la diplomatie soviétique a permis, à l'issue des négociations sur les « euromissiles » (Convention de Washington de 1987), que le principe de l'inspection sur place s'applique en Europe, au prix d'un réseau « croisé » de conventions bilatérales. Un système expérimental, applicable aux armes stratégiques offensives, a été mis en place par l'un des accords de Jackson Hole de 1989 entre les États-Unis et l'URSS, consacré par les protocoles de Washington de 1990 ; plus ambitieux et plus complexe que le précédent, dans la mesure où il n'ambitionne pas seulement de contrôler la destruction définitive et complète d'une catégorie précise d'armes, ce système comporte douze types d'inspections dans le traité START de 1991. Cette approche a été confirmée par la conclusion du Traité de Helsinki, du 24 mars 1992, dit « ciel ouvert », qui autorise le survol aérien des territoires des États parties à des fins de contrôle, au titre des « mesures de confiance » entre les deux « blocs » stratégiques.

La résolution 687 (1991) du Conseil de sécurité a imposé à l'Irak à la suite du conflit du Golfe des inspections sur place destinées à vérifier la mise en œuvre des obligations de désarmement unilatéral très contraignantes imposées à ce pays (destruction des armes ABC et des missiles balistiques à longue portée, non-acquisition d'armes nucléaires).

À défaut d'inspections sur le terrain, il reste possible d'envisager un « espionnage mutuellement accepté » depuis l'espace : la fiabilité des procédés d'observation depuis les satellites terrestres est aujourd'hui assez grande pour apaiser certaines inquiétudes. Mais c'est une solution coûteuse et réservée aux États technologiquement avancés ; c'est aussi une technique qui peut être tenue en échec par les progrès des armements (miniaturisation) et qui est peu fiable pour certains types d'armes (chimiques, par exemple). Lors de la 10e session extraordinaire de l'Assemblée générale (mai 1978), la France a lancé l'idée d'une Agence internationale de contrôle par satellites que l'Assemblée a décidé d'étudier. Cette initiative est restée sans suite concrète.

Le problème du contrôle ne se pose pas seulement pour les armements nucléaires, mais tout autant pour certains armements « classiques ». Des clauses de non-réexportation, imposées à l'acheteur, tentent avec plus ou moins de succès d'interdire les détournements de telles armes. La fin de la guerre froide a permis des progrès dans ce domaine. Le plus spectaculaire est constitué par la Convention de Paris sur les armes chimiques de 1993 qui crée une organisation internationale chargée de veiller à sa mise en œuvre (OIAC) et un mécanisme d'inspection sur place. Ce modèle a été suivi par le traité de 1996 dit « CNTBT » (v. *infra*, n° 603).

La Convention d'Ottawa du 4 décembre 1997 sur l'interdiction de l'emploi, du stockage, de la production et du transfert des mines antipersonnel et sur leur destruction représente un progrès significatif à cet égard. Elle organise « des mesures de transparence » (article 7 : rapports au Secrétaire général des Nations Unies), et un mécanisme de contrôle sur place par des « missions d'établissement des faits », soit à la demande de l'État dont le comportement a paru suspect à un autre État partie, soit à la demande de l'Assemblée ou de l'Assemblée extraordinaire des États parties (article 8). Au vu des conclusions d'une mission, l'Assemblée des États parties peut adopter des recommandations, l'État concerné devant lui adresser un rapport sur les suites qui ont été données à ces recommandations. Le système présente deux faiblesses : son caractère peu contraignant, qui n'est pas corrigé par les modalités de règlement général des différends, et la difficulté d'obtenir une prise de position de l'Assemblée (nécessité du consensus ou, à défaut, d'une majorité des deux tiers).

À ces mécanismes de contrôle institutionnalisés sont venues s'ajouter ces dernières années d'autres techniques dont la particularité est de fonctionner sur un mode moins consensuel. L'échec des approches préventives a conduit en effet les États-Unis à introduire à partir de 1993 — à la suite de la crise avec la République populaire de Corée — un concept de « contre-prolifération », pouvant inclure des moyens de riposte armée aux fins de la non-prolifération et qui risquait de se transformer en un nouvel avatar de l'intervention armée. De manière plus mesurée, ceux-ci ont finalement lancé le 31 mai 2003 l'*Initiative contre la prolifération* (*Proliferation Security Initiative*), à laquelle se sont joints par la suite dix États (Allemagne, Australie, Espagne, France, Italie, Japon, Pays-Bas, Pologne, Portugal, Royaume-Uni). Le 4 septembre 2003, ces onze États ont adopté une déclaration contenant un certain nombre d'interdictions et organisant les moyens de les faire respecter, notamment par le biais d'inspections de navires ou aéronefs suspectés de transporter des armes de destruction massive et de leur saisie éventuelle par l'État du pavillon ou d'immatriculation. En vue de renforcer ce contrôle, plusieurs accords bilatéraux ont été conclus qui permettent à chaque partie à l'accord de pouvoir, de manière réciproque, contrôler, voire saisir, un navire battant pavillon de l'autre partie. D'autres États (dont la Russie) se sont associés depuis à cette initiative, mais celle-ci ne fait pas encore l'objet d'un consensus international (v. M. Byers, *AJIL* 2004, p. 526-545 ; T. Perry, *Ocean. Devlpt. and IL* 2006, p. 33-53 ; Y.-H. Song, *ibid.*, 2007, p. 101-145).

Le Conseil de sécurité a repris la main par la suite en qualifiant la prolifération d'armes de destruction massive de « menace contre la paix » justifiant le recours aux dispositions du chapitre VII de la Charte des Nations Unies. Cela lui a permis, d'une part, d'instituer un comité chargé de contrôler les mesures imposées aux États membres dans ce domaine (résol. 1540 [2004]) ; d'autre part, de sanctionner les États dont les comportements en matière nucléaire lui ont paru constituer une menace à la paix (essais nucléaires nord-coréens (résol. 1718 [2006]) et non coopération de l'Iran avec l'AIEA (résol. 1737 [2006]). Certains auteurs y ont vu une évolution des techniques de désarmement, « de la non-prolifération conventionnelle et préventive à une contre-prolifération coercitive et répressive » (S. Sur, *RGDIP* 2004, p. 855-882 ; R. Lavalle, *NILR* 2004, p. 411-437 ; v. également Ph. Weckel, « Le Conseil de sécurité des NU et l'arme nucléaire », *AFDI* 2006, p. 178-197).

§ 2. — *Mesures de maîtrise des armements et de désarmement*

BIBLIOGRAPHIE. — *Sur les armes nucléaires* : G. FISCHER, *La non-prolifération des armes nucléaires*, LGDJ, 1969, 244 p. — A. GARCIA-ROBLES, « L'interdiction des armes nucléaires en Amérique latine », *RCADI* 1971-II, vol. 133, p. 43-134. — J. GIJSSELS, « L'accord entre Euratom et l'AIEA en application du traité sur la non-prolifération des armes nucléaires », *AFDI* 1972, p. 837-863. — M.-F. FURET, *Le désarmement nucléaire*, Pedone, 1973, 303 p. — S. COURTEIX, *Exportations nucléaires et non-prolifération*, Economica, 1978, 264 p. — H. MEYROWITZ, « Le statut des armes nucléaires en droit international », *GYBIL* 1982, p. 217-251. — A. ROZAS, « Negative Security Assurances and Non-Use of Nuclear Weapons », *GYBIL* 1982 p. 199-218. — H. BLIX, « Aspects juridiques des garanties de l'AIEA », *AFDI* 1983, p. 37-58. — G. FISCHER, « Contradictions et droit international : l'exemple de la non-prolifération », *Mél. Chaumont*, 1984, p. 282-296. — « Le désarmement nucléaire », *PPS* n° 480-481, La Documentation française, 1984. — *Les Nations Unies et la non-prolifération nucléaire*, ONU, NY (série « Livres bleus », vol. III), 1995, 203 p. — P. TAVERNIER, « L'adoption du traité d'interdiction complète des essais nucléaires », *AFDI*, 1996, p. 118-136. — M. LEFEBVRE, « Les garanties de l'AIEA à l'épreuve des crises récentes du régime de non-prolifération nucléaire », *AFDI* 1996, p. 137-163. — M. P. LANFRANCHI et Th. CRISTAKIS, *La licéité de l'emploi d'armes nucléaires devant la CIJ*, Pedone, 1997, 328 p. — A. BIAD, « Les arrangements internationaux pour garantir les États non dotés d'armes nucléaires contre l'emploi ou la menace de ces armes », *AFDI* 1997, p. 227-252. — *Le droit international des armes nucléaires*, Journées d'études de la SFDI, Pedone, 1998, 207 p. — J. CRAWFORD et Ph. SANDS, « Legal Aspects of a Nuclear Convention », *Ann. af.DI* 1998, p. 153-179. — E. GARCIA RICO, *El uso de las armas nucleares y el derecho internacional*, Tecnos, Madrid, 1999, 191 p. — K. BOUSTANY, « Le rôle de l'AIEA dans la gestion du secteur nucléaire », *RQDI* 2002, p. 1-32. — G. ARBELLOT DU REPAIRE, « Le traité sur la non-prolifération des armes nucléaires à l'épreuve du terrorisme », *Bulletin de droit nucléaire* 2003, p. 17-45. — J.-F. GUILHAUDIS dir., « Désarmement, maîtrise des armements, non prolifération », *Annuaire français des relations internationales*, 2004, p. 723-801. — M.I. SHAKER, « The Evolving International Regime of Nuclear Non-Proliferation », *RCADI* 2006, t. 321, p. 9-202. — A.-S. MILLET-DEVALLE, « Non-prolifération nucléaire : le régime de non-prolifération, mouvements d'ensemble et mouvements partiels », *RGDIP* 2007, p. 435-448.

V. aussi les commentaires de l'avis consultatif de la CIJ du 8 juillet 1996, *Licéité de la menace et de l'emploi de l'arme nucléaire*, cités dans l'index de jurisprudence.

Sur les armes stratégiques : G. FISCHER, « Les accords SALT II », *AFDI* 1979, p. 129-202. — N. K. GOLLER-CALVO et M. A. CALVO, *Les accords SALT*, Bruylant, Bruxelles, Bruylant, 1987, XXII-510 p. — J.-J. ROCHE, « Le traité START », *AFDI* 1991, p. 315-327. — E. COCHER, « L'avenir du processus américano-soviétique de limitation et de réduction des armements nucléaires stratégiques... », *AFDI* 1997, p. 199-217.

Sur les armes classiques, chimiques, les mines : v. *supra*, bibliographie sur le n° 579.

Sur les zones dénucléarisées : J. F. GUILHAUDIS, « Nuclear Free Zones and Zones of Peace. The Regional Approach to Disarmament Within « Non-Nuclearised » Regions », *Arms Control*, 1981, p. 198-217. — J. GOLDBLAT, « The Sea-bed Treaty : Its History, Scope, Verification and Implementation », *Disarmament*, 1983, n° 2, p. 53-64. — A. MEERBURG et E. MYJER, « The Sea-bed Treaty », *Ibid.*, p. 73-89. — P. MERCIAI, « La démilitarisation des fonds marins », *RGDIP* 1984, p. 46-113. — S. SZUREK, « Zones exemptes d'armes nucléaires et zones de paix dans le Tiers Monde », *RGDIP* 1984, p. 114-203 et « De Rarotonga à Bangkok et Pelinda, ... nouvelles zones exemptes d'armes nucléaires », *AFDI* 1996, p. 164-186. — P. GASPARINI ALVES et D. B. CIPOLLONE ed., *Nuclear-Weapon Free Zones in the 21st Century*, Unidir, 1997, 148 p. — M. ROSCINI, « La zone dénucléarisée du sud-est asiatique », *RGDIP* 2001, p. 617-646.

Sur les modalités de contrôle : M. VOELCKEL, « L'inspection en Antarctique », *in L'inspection internationale*, Bruxelles, 1976, p. 223-246. — SIPRI, *Strategic Disarmament Verification and National Security*, Londres, Taylor and Francis, 1977, 174 p. — S. COURTEIX, « Les « satellites bleus » au service de la paix et du désarmement », *GYbIL* 1981, p. 242-261. — S. SUR, « La résolution A/37/98 du 13 décembre 1982 et les procédures d'enquête en cas d'usage allégué d'armes chimiques et bactériologiques », *AFDI* 1984, p. 93-109 ; « Problèmes de vérification dans le Traité américano-soviétique sur l'élimination des missiles à portée intermédiaire et à plus courte portée », *AFDI* 1987, p. 69-93 ; et *La vérification des accords sur le désarmement et la limitation des armements moyens, méthodes et contrôles*, UNIDIR, Nations Unies, 1991, IX-406 p. — M. P. SCHARF, « Clear and Present Danger : Enforcing the International Ban on Biological and Chemical Weapons Through Sanctions, Use of Force, and Criminilization », *Michigan Jl. IL* 1999, p. 477-510.

603. Maîtrise des armements et désarmement au plan universel. — Les résultats acquis peuvent paraître modestes, au regard des progrès quantitatifs et qualitatifs des armements. Mais ces dernières années ont vu une accélération significative des engagements en ce domaine.

1° *Armements nucléaires.* À défaut du moindre engagement universel de réduction des stocks existants, les efforts ont surtout visé à limiter le nombre d'États susceptibles d'accéder à la capacité nucléaire militaire. Trois conventions à vocation universelle poursuivent cet objectif.

a) Le Traité de Moscou du 5 août 1963 interdit aux États parties les essais nucléaires dans l'atmosphère, dans l'espace extra-atmosphérique, sous l'eau et « dans tout autre milieu si une telle explosion provoque la chute de déchets radio-actifs en dehors des limites territoriales de l'État sous la juridiction ou le contrôle duquel a été effectuée l'explosion ».

b) Le Traité, adopté par l'Assemblée générale des Nations Unies le 10 septembre 1996, d'interdiction complète des essais nucléaires, vise à répondre aux critiques adressées à la situation antérieure et à trouver un compromis entre les

États soucieux de non-prolifération nucléaire et ceux désirant l'interruption des essais nucléaires.

Malgré certaines ambiguïtés sur la portée réelle de l'interdiction (seulement celle des explosions ou également celle des essais, même en laboratoire ?) et sur la volonté de faire du traité un instrument de la politique de désarmement, et malgré les incertitudes sur son entrée en vigueur qui n'était toujours pas advenue dix ans après son adoption, cette convention est une étape importante pour le contrôle des armements.

Dans un domaine particulièrement sensible, elle fait appel à la plupart des techniques habituelles de contrôle, en combinant les modalités préventives et *a posteriori* : création d'une organisation internationale autonome, secrétariat technique chargé d'exploiter le « Système international de surveillance », mise en place d'un mécanisme détaillé de vérification et de contrôle, y compris sur place. La difficulté habituelle de concilier de telles « intrusions » avec la souveraineté des États trouve des solutions axées sur les mesures de confiance et une organisation assez tatillonne des inspections, assez semblables aux règles prévues pour le désarmement conventionnel ou par l'AIEA. La confiance mutuelle étant la condition nécessaire de l'efficacité de ces contrôles, le Système international dispose de ses propres installations. Mais la complexité des procédures rend peu probables des investigations par surprise.

c) Le Traité de non-prolifération nucléaire (TNP) signé à Moscou, Londres et Washington le 1er juillet 1968, est plus complexe. Les États dotés d'armes nucléaires s'engagent à ne pas transférer aux autres États d'armes nucléaires et autres « dispositifs nucléaires » et à ne pas les aider à en acquérir. Pour leur part, les États non dotés d'armes nucléaires renoncent à en acquérir et acceptent le système de « garanties » de l'AIEA (v. *supra*, n° 602).

En contrepartie, les États non nucléaires ont obtenu des premiers l'engagement de faciliter un échange aussi large que possible d'équipements, de matières et de renseignements scientifiques et technologiques, en vue de leur permettre de bénéficier des utilisations pacifiques de l'énergie atomique, y compris des applications de la technique des explosions nucléaires.

Cet engagement n'a pas eu les suites attendues et les États non dotés d'armes nucléaires ont protesté, lors de la première conférence d'examen (1975), contre le manque d'empressement des États nucléaires. Ces derniers paraissent surtout inquiets des risques de détournement de toute information transférée (v. *supra*, n° 602, à propos du « Club de Londres »).

Les États non dotés d'armes nucléaires tentent aussi d'obtenir la conclusion d'arrangements internationaux efficaces garantissant ces États contre l'utilisation ou la menace d'utilisation des armes nucléaires.

Ce thème des garanties dites « négatives » a été au centre des discussions du Comité du désarmement depuis 1979, mais sans suite positive malgré de nombreuses résolutions de l'Assemblée générale en ce sens. Tout au plus la résolution 984 (1995) du Conseil de sécurité, du 11 avril 1995, prend-elle acte des déclarations et engagements unilatéraux des États dotés d'armes nucléaires, et rappelle-t-elle les compétences du Conseil en cas d'agression impliquant l'utilisation de telles armes.

Une des principales faiblesses de la voie conventionnelle retenue est qu'elle ne permet pas d'imposer les engagements du traité aux États qui refusent de le ratifier. Plusieurs États dotés d'armes nucléaires — la France, la Chine, l'Inde, le Pakistan — et de nombreux États qui possèdent les connaissances nécessaires pour s'en doter rapidement — l'Afrique du Sud, l'Argentine, le Brésil, la Corée, l'Égypte, l'Espagne, Israël — ont longtemps refusé ou refusent encore de se lier formellement par le TNP, tout en acceptant parfois de s'engager à le respecter. Tel était le cas de la France jusqu'à sa ratification, intervenue en 1992.

Lors du sommet tenu en juin 2002 à Kananaskis et en réaction aux risques révélés par les attentats du 11 septembre 2001, les chefs d'État et de gouvernement du G8 ont lancé le

Partenariat mondial contre la prolifération des armes de destruction massive et des matières connexes, qui vise à appuyer des projets de coopération au bénéfice de certains États (en commençant par la Russie) pour promouvoir la non-prolifération, le désarmement, la lutte contre le terrorisme et la sûreté nucléaire. Il s'agit notamment de prévenir tout détournement d'armes de destruction massive en offrant aux États concernés une aide matérielle et financière permettant la destruction de certains stocks, le démantèlement de certains engins militaires (sous-marins nucléaires) et l'élimination de matières comme les matières fissiles.

2° Jusqu'à une date récente, le seul domaine où avait été adoptée une véritable mesure de désarmement était celui des armes biologiques (et bactériologiques) et à toxines. Sous l'empire du Protocole de 1925, seule en était interdite l'utilisation, ce qui en faisait un instrument de réglementation de la guerre et non de désarmement. La Convention signée à Londres, Moscou, Washington le 10 avril 1972, d'une part, interdit la mise au point, la fabrication et le stockage de ces armes, d'autre part, exige la destruction des stocks existants. La Convention du 13 janvier 1993 procède de la même manière en ce qui concerne les armes chimiques elles-mêmes.

Alors que la Convention de 1972 ne prévoit aucun système fiable du contrôle, celle de 1993 crée une organisation internationale pour l'interdiction des armes chimiques (OIAC) chargée de surveiller son application et institue un mécanisme d'inspection sur place par mise en demeure qui pourrait se révéler dissuasif.

Pour les armes dites « conventionnelles » ou « classiques », qui posent un problème beaucoup plus vaste, le progrès le plus marquant a été réalisé par le Traité de Paris du 19 novembre 1990 sur les forces armées conventionnelles en Europe (FCE). Ce traité fixe des plafonds aux armements de l'ensemble des pays européens et impose aux États parties de procéder à la destruction des stocks excédentaires ; un de ses protocoles institue un système sophistiqué d'inspection sur place, qui peut être « par surprise ».

Sur la mise en œuvre de cette procédure de contrôle par la France, voir la loi du 6 juillet 1993, complétée par le décret 94-116 du 4 février 1994. D'une manière plus générale, on observera que toutes les conventions comportant un droit d'accès de tiers éventuellement à des propriétés privées et exigeant la répression judiciaire des infractions par des particuliers imposent l'adoption d'une législation interne spécifique (v. aussi la loi 98-467 du 17 juin 1998 pour l'application de la Convention de 1993 sur les armes chimiques, et la loi 98-564 pour l'application du Traité sur les mines antipersonnel).

La Convention de New York du 10 avril 1981, conclue à Genève le 10 octobre 1980, sur l'interdiction ou la limitation de l'emploi de certaines armes qui peuvent être considérées comme produisant des effets traumatiques excessifs ou comme frappant sans discrimination (napalm et autres armes incendiaires, par exemple) constitue un progrès du droit humanitaire de la guerre et non une mesure de désarmement. Le principe de réciprocité en limite la portée concrète. Quant au projet de convention sur l'interdiction des armes radiologiques, il n'a pas encore abouti.

Par sa résolution 46/36 L du 6 décembre 1991, l'Assemblée générale a prié « le Secrétaire général d'établir et de tenir, au siège de l'ONU à New York, un registre universel et non-discriminatoire des armes classiques incluant des données sur les transferts internationaux d'armes, ainsi que les informations fournies par les États membres sur leurs dotations militaires, leurs achats liés à la production nationale et leur politique en la matière ».

3° *Démilitarisation et dénucléarisation.* La première technique vise à exclure toute activité militaire dans un milieu ou une zone donnée. La seconde correspond, au sens strict, au *retrait* des armes nucléaires d'un territoire ou d'un espace donné, et au sens large, à *l'interdiction de la présence* d'armes de ce type. La démilitarisation implique évidemment la dénucléarisation, puisque le simple fait d'entreposer des armes peut être considéré comme une activité militaire.

Une démilitarisation *partielle* de certains milieux a pu être obtenue par voie conventionnelle.

Dans *l'espace extra-atmosphérique*, les essais nucléaires avaient déjà été interdits par le Traité de Moscou de 1963, précité. Le Traité sur l'espace du 27 janvier 1967 interdit en outre aux États de mettre sur orbite terrestre tout objet porteur d'armes nucléaires ou de toute autre arme de destruction massive ; par contre, il n'a pas été possible d'établir une interdiction des autres utilisations militaires de l'espace, sauf sur la Lune et les autres corps célestes (v. *infra*, n° 730).

Une solution semblable a été retenue pour la présence d'armes nucléaires et d'autres armes de destruction massive sur le *fond des mers et des océans*, par la convention du 11 février 1971. Il est intéressant de relever qu'en fixant l'engagement de dénucléarisation à 12 milles marins de la ligne de base — limite externe de la mer territoriale des États, selon la pratique la plus courante —, les États ont accepté un droit de contrôle des autres États sur l'utilisation non économique du plateau continental qui est sous leur juridiction, donc sur des espaces non internationalisés.

Enfin, on peut rapprocher de cette démarche le Traité de Genève du 18 mai 1977 interdisant d'utiliser des techniques de modification de l'environnement à des fins militaires.

604. Maîtrise des armements et désarmement au plan régional. — Les efforts de la communauté internationale sont orientés vers les mêmes techniques de *démilitarisation* et de *dénucléarisation* de certaines zones. Les résultats sont très décevants, à deux exceptions près.

1° Le continent *Antarctique* a été totalement démilitarisé, en vertu du Traité de Washington du 1er décembre 1959. D'après son article 7, chaque partie au traité peut faire contrôler par des observateurs tous les équipements et installations des autres parties.

2° La création de plusieurs *zones exemptes d'armes nucléaires* a été préconisée par de nombreuses résolutions des Nations Unies, en particulier en Afrique, au Proche-Orient, en Asie du Sud, dans l'océan Indien et dans le Pacifique Sud.

Les opinions des États divergent sur l'idée même de dénucléarisation (rapport du CCD, *Étude complète de la question des zones exemptes d'armes nucléaires sous tous ses aspects*, 1976, A/10027/Add. 1). Pour le moins, un tel régime implique l'absence totale des armes nucléaires dans la zone considérée, mais pas nécessairement l'absence de tout « dispositif explosif ». L'engagement doit être pris tant par les États de la région que par les États dotés d'armes nucléaires qui lui sont extérieurs mais peuvent y disposer de certaines forces, en particulier navales, ou y faire transiter des armements. Pour être crédible, le statut de la zone doit comporter un système international de vérification (v. la résolution 3472 [XXX] de l'Assemblée générale).

Telles sont en effet les caractéristiques retenues par le Traité de Tlatelolco du 14 février 1967, qui établit la première zone non internationalisée exempte d'armes nucléaires et qui couvre l'ensemble de *l'Amérique latine*. Les parties à ce traité s'engagent à utiliser à des fins exclusivement pacifiques le matériel et les installations nucléaires sous leur juridiction ; à ne pas tolérer la présence d'armes nucléaires sur leur territoire ; et à accepter le contrôle de l'Organisme pour l'interdiction des armes nucléaires en Amérique latine (OPANAL).

Deux protocoles additionnels complètent ce traité. Le premier, ouvert à l'adhésion d'États extérieurs à la région qui possèdent des dépendances territoriales en Amérique latine, prévoit l'extension du statut de dénucléarisation à ces territoires non autonomes. Par le second, les États nucléaires s'engagent à respecter le statut de dénucléarisation et à ne recourir ni aux armes nucléaires, ni à la menace de leur emploi contre les États parties.

Un projet de zone de paix pour le Mercosur, le Chili et la Bolivie est resté jusqu'en 1999 au stade d'une déclaration d'intention politique (Ushuaïa, 24 juillet 1999), mais il est devenu réalité le 27 juillet 2002, date de création d'une zone de paix en Amérique du Sud. Le 12 juillet 2004, une zone de paix andine a par ailleurs été créée dans le cadre de la 15e session du Conseil présidentiel andin.

Par un traité signé à Rarotonga en 1985, quatorze États du Pacifique se sont engagés à établir une zone dénucléarisée qui s'étendrait de l'équateur à l'Antarctique. Toutes les grandes puissances nucléaires ont accepté, depuis 1996, d'apporter leur concours à l'absence d'implantation, d'expérimentation et d'utilisation des armes nucléaires dans la zone géographique concernée.

Le continent africain a bénéficié d'un régime analogue — en vertu du traité signé au Caire le 11 avril 1996, dit de Pelindaba —, après beaucoup d'hésitations puisque cette solution avait été préconisée par l'Assemblée générale de l'ONU dès le 24 novembre 1961 (résol. 1652 [XVI]). Il en va de même pour l'Asie du Sud-Est, zone d'application du traité de Bangkok du 15 décembre 1995, entré en vigueur en 1997. Des propositions allant dans le même sens, pour le Moyen-Orient, n'ont toujours pas été concrétisées, malgré les appels réguliers en ce sens de l'Assemblée générale des Nations Unies. Le 8 septembre 2006, en revanche, cinq États de la région ont institué une zone exempte d'armes nucléaires en Asie centrale.

3° Une autre approche a parfois été préconisée, fondée sur la notion de *zone de paix*, notion qui correspond à un effort de désarmement *partiel*. Dans l'esprit de ses partisans, elle implique l'exclusion de la présence militaire des grandes puissances de la zone, l'interdiction de leur offrir des bases militaires ou de maintenir leurs propres bases, et une coopération régionale en matière de sécurité.

Il s'agit plus d'un des éléments de la doctrine du « non-alignement » et du principe de non-ingérence dans les affaires intérieures des États (tel qu'entendu par la résolution 36/103 de l'Assemblée générale de l'ONU), que d'un engagement de réduction des armements de la part des États de la zone.

Préconisée lors de la conférence de Lusaka du mouvement des non-alignés (1970), la proclamation de l'océan Indien comme zone de paix a été avalisée par l'Assemblée générale des Nations Unies en 1971 (résol. 2832 [XXVI]). Aucune conséquence concrète n'en a été tirée jusqu'ici.

4° De nombreux plans de désarmement ont été proposés en *Europe*, dont le plus célèbre fut le « plan Rapacki » de 1957. La plupart n'ont été que des manœuvres diplomatiques. Depuis 1973, une négociation sur la « réduction mutuelle et équilibrée des forces » conventionnelles (MBFR) recherche un consensus sur l'importance des forces militaires de l'Atlantique à l'Oural. Négociation « de bloc à bloc », elle se développe depuis 1989, dans un contexte géopolitique complètement bouleversé qui a permis d'aboutir à la signature de l'accord de Paris du 19 novembre 1990 sur la réduction des forces conventionnelles en Europe — qui devrait être remplacé par le traité d'Istanbul de 1999 — et de l'accord START de 1991 (v. *infra*, n° 605, dans la mesure où il concerne certains sites d'armes nucléaires en Europe). L'Accord d'Helsinki du 10 juillet 1992 sur la limitation des effectifs des forces armées terrestres et aériennes en Europe, entre les deux anciens « blocs », complète l'Accord de Paris de novembre 1990 relatif aux armements conventionnels. L'originalité de l'approche réside dans la procédure de « standstill » quantitatif « auto-proclamé » par chaque État.

Mais il s'agit du dernier avatar de la logique de la guerre froide en Europe ; les efforts ultérieurs de réduction des armements devraient se situer dans l'optique d'un continent balkanisé, où une partie importante des armements classiques sont désormais revendus à des « milices » mal contrôlées par des autorités étatiques.

Quelques « mesures de confiance » ont pu être retenues à l'issue de la Conférence sur la sécurité et la coopération en Europe (1975) : annonce des manœuvres d'une certaine importance, invitation d'observateurs étrangers à cette occasion ; ces solutions, qui visent surtout à atténuer la tension politique et à éviter des erreurs d'interprétation sur la signification de certains déplacements des forces armées, restent très en deçà d'un engagement de réductions des armements. Ces mesures ont été renforcées et précisées par l'« accord » (communiqué final) de la Conférence de Stockholm du 22 septembre 1986 et ont connu un développement accéléré à l'initiative des États-Unis et de l'URSS (Accord de Moscou de 1988 sur la notification du lancement des missiles balistiques, Accord de Jackson Hole de 1989 sur la notification préalable des exercices stratégiques, Accord de Moscou de 1989 sur la prévention des activités militaires dangereuses, Traité « ciel ouvert » signé en 1992 à Helsinki, Documents de Vienne de 1990, de 1994, puis de 1999, sur les mesures de confiance et de sécurité).

605. Mesures bilatérales de maîtrise des armements. — Elles résultent, pour l'essentiel, des négociations américano-soviétiques des années 1970-1990.

Outre l'importance intrinsèque des mesures de ralentissement de la course aux armements et leurs implications stratégiques, l'intérêt de ces conventions bilatérales — sur le plan juridique — est d'indiquer quelles sont les voies et moyens de la maîtrise des armements entre des puissances militaires comparables.

Certains engagements visent seulement à prévenir le déclenchement « accidentel » d'une guerre nucléaire, ce qui intéresse la réglementation de la guerre plus que la maîtrise des armements (système dit du « téléphone rouge » établi en 1963 et amélioré à plusieurs reprises) ou à établir un climat de confiance nécessaire à la poursuite des négociations (Accord précité de Jackson Hole, 1989).

D'autres accords sont des prolongements et des améliorations des engagements pris au plan multilatéral. Ainsi en va-t-il des accords de 1974 et 1976 sur la limitation des explosions nucléaires souterraines et sur les expérimentations nucléaires à des fins pacifiques, qui complètent le Traité de Moscou de 1963 (v. *supra*, n° 603).

La Convention de 1974 prévoit des enquêtes mutuelles qui peuvent être complétées par des inspections sur place, auxquelles cependant l'État suspecté peut se refuser. L'Accord de 1976 est plus satisfaisant à cet égard : il organise très méticuleusement l'observation sur place des explosions d'une puissance supérieure à 150 kilotonnes (d'équivalent TNT).

D'un point de vue politique et technique, le pas décisif en matière de contrôle des mesures de désarmement proprement dites est franchi avec l'Accord de Washington de 1987, portant sur les « euromissiles » nucléaires sol-sol, qui rend possible l'Accord de Jackson Hole sur des « mesures expérimentales pour la vérification des futures réductions des armes stratégiques offensives ». Cette avancée permet de prendre conscience des conditions juridiques nécessaires à un plein succès en la matière : nécessité d'établir un réseau de conventions bilatérales avec les alliés des grandes puissances, système complexe de notifications, très grande précision des concepts et des engagements, enfin nécessité — encore mal acceptée — d'établir un mécanisme efficace du règlement pacifique des différends relatifs à l'interprétation et à l'application de ces accords internationaux.

Les accords les plus importants ont d'abord été conclus dans le cadre des « *Strategic Arm's Limitation Talks* » (SALT, « négociations sur la limitation des armements stratégiques »).

Les accords dits SALT I du 26 mai 1972, complétés en 1974, ne sont plus en vigueur mais continuent à être observés.

Les accords SALT II ont été signés le 18 juin 1979, mais le Sénat américain a refusé d'autoriser leur ratification. Alors que les premiers visaient à limiter très strictement les armements stratégiques défensifs, les seconds établissaient des plafonds assez élevés pour les armes et les vecteurs offensifs. Leur objet était moins de réduire les armements existants que de maintenir dans certaines limites les progrès de leur modernisation.

Les négociations FNI (« euromissiles », c'est-à-dire armements nucléaires à moyenne et courte portées) ont conduit à un véritable ralentissement de la course aux armements nucléaires en Europe (Convention de Washington de 1987) et rendu plausible une réduction réelle des plafonds d'armes stratégiques offensives ainsi que des armes chimiques (Accord de Jackson Hole de 1989, accord START — *Strategic Arm's Reduction Talks* — du 31 juillet 1991 qui enregistre l'engagement d'une diminution de 30 % en moyenne des armements nucléaires offensifs à longue portée des deux Grands d'ici l'an 2000).

La disparition du bloc soviétique a permis de développer un réseau d'accords bilatéraux entre les États-Unis et la Russie et ses anciens alliés pour aboutir à une diminution réelle des stocks stratégiques (prévention de la prolifération des armes de destruction massive, gestion du plutonium retiré des programmes militaires, contrôle des exportations d'armes dites conventionnelles, destruction de certaines infrastructures militaires stratégiques, contrôle sismique des expérimentations nucléaires).

Le 23 mai 1992, les États-Unis ont conclu à Lisbonne, avec la Russie, l'Ukraine, le Belarus et le Kazakhstan un Protocole d'application du Traité START par lequel les quatre anciennes Républiques soviétiques s'engagent à appliquer le Traité de 1991. Elles sont aidées, par une assistance technique et financière américaine, à tenir leur engagement de détruire les têtes nucléaires ou de les remettre à la Russie. Par un mémorandum signé à Washington en 1997, les membres de la CEI ont succédé formellement à l'URSS pour l'application du Traité ABM.

Le 13 décembre 2001, les États-Unis ont unilatéralement dénoncé ce dernier traité (dénonciation entrée en vigueur le 13 juin de l'année suivante) en vue de rendre compatible avec leurs engagements juridiques le déploiement d'un bouclier anti-missiles sur le territoire américain. Cela n'a toutefois pas mis un terme aux efforts communs des deux États. Le 24 mai 2002 ils concluaient le Traité SORT réaffirmant les engagements du Traité START et tentant d'aller plus loin dans la voie du désarmement nucléaire (au prix toutefois d'un affaiblissement des mécanismes de contrôle). Les deux États ont également conclu le 24 février 2005 un accord sur les missiles sol-air portatifs en vue de limiter les risques de prolifération (engagement de destruction des stocks non nécessaires à l'exercice du droit de légitime défense).

TITRE II

DROIT DE LA COOPÉRATION INTERNATIONALE

606. Présentation. — L'approche qui a été suivie jusqu'ici correspondait, pour l'essentiel, à une perspective « horizontale » des concepts et des procédures juridiques du droit international public : elle privilégiait les institutions, les standards ou les normes applicables à tous les domaines des relations interétatiques. De ce fait, compte tenu de la faible solidarité « intersociale » de la communauté des États, l'analyse devait insister sur les lacunes et faiblesses de la concertation entre sujets du droit international.

Dans un certain nombre de domaines, pourtant, une solidarité voulue — ou une interdépendance subie — autorisent ou imposent un dépassement de ces faiblesses du droit international.

Trois secteurs ont été retenus pour illustrer cette réalité du monde contemporain, fortement interdépendants d'ailleurs : celui des relations économiques, celui des espaces et celui de l'environnement — ce dernier ayant été pris en compte beaucoup plus récemment que les deux premiers.

Dans les premières éditions de cet ouvrage, il avait été jugé plus opportun de ne prendre en compte les règles propres à l'environnement qu'à titre d'illustrations de l'impact de l'interdépendance dans les divers éléments constitutifs du droit international général : cette option pouvait se justifier par le caractère à la fois naissant et hétérogène des techniques juridiques mises en œuvre en matière de lutte contre la pollution, de protection des écosystèmes, etc. Il semble plus satisfaisant aujourd'hui de faire une présentation plus synthétique de cette branche du droit, tout en reconnaissant que les progrès vers un régime cohérent et univoque ne sont certainement pas encore arrivés à leur terme.

Sous-titre I. — Droit des relations économiques internationales.
Sous-titre II. — Droit des espaces.
Sous-titre III. — Droit de l'environnement.

Sous-titre I

DROIT DES RELATIONS ÉCONOMIQUES INTERNATIONALES

607. Existence et contenu du droit international de l'économie. — Si les considérations économiques n'ont jamais été absentes du droit international, elles sont apparues plus pressantes dans la période récente, conduisant les juristes à accorder une attention plus directe à la signification et à la portée économiques des normes juridiques. Faut-il pour autant voir dans le droit des relations économiques internationales une branche particulière du droit international public, une matière spécifique ou *a fortiori* un ensemble normatif suffisamment cohérent pour être l'objet d'une systématisation inédite ?

Répondre par l'affirmative à la première question, c'est supposer qu'il existe une « matière économique » distincte des autres secteurs des relations internationales.

Il est facile d'objecter aux partisans de la réponse affirmative, d'abord, que toutes les activités humaines ont une dimension économique ; ensuite, qu'il est impossible de délimiter scientifiquement la matière économique : la protection de l'environnement, le contrôle des migrations humaines, par exemple, relèvent-ils de l'économie ?

On peut cependant admettre qu'il existe un « noyau dur » des activités économiques constitué par toutes les *activités de production et d'échange de biens et de services*, portant donc à la fois sur des biens matériels et des services « intellectuels » (le « savoir-faire », une émission télévisée ou un programme informatique), dès lors que les uns et les autres donnent lieu à rémunération.

À vrai dire, le débat porte plutôt sur la deuxième question — le droit des relations économiques internationales est-il un ensemble cohérent — et ses corollaires terminologiques : faut-il parler de droit économique international, de droit international économique, de droit international de l'économie ? À travers cette querelle de mots, les juristes s'opposent sur le degré d'autonomie à reconnaître à cette branche du droit.

Avec Prosper Weil, il semble raisonnable de considérer que « sur le plan scientifique, le droit international économique ne constitue qu'un chapitre parmi d'autres du droit international général » (« Le droit international économique, mythe ou réalité », *in Aspects du droit international économique*, Colloque d'Orléans de la SFDI, Pedone, 1972, p. 34).

On peut même penser qu'il s'agit d'un regroupement au deuxième degré de matières régies par le droit international « classique », sous des systématisations répondant directement aux préoccupations des juristes : droit de la responsabilité, règlement des différends, droit des communications. Il ne s'agirait donc que d'approfondir le contenu matériel de leur application aux activités économiques. Ce faisant, il n'est pas question de nier les particularités des solutions apportées aux relations économiques internationales, mais tout au plus de ne pas présumer que toutes ces particularités répondent à une justification univoque, propre à la dimension économique.

Si une partie du droit international public constitue bien un encadrement des relations économiques internationales, représente-t-elle la totalité ou même seulement l'essentiel de cet encadrement normatif ? Bien au contraire — et ceci explique peut-être la désaffection prolongée des internationalistes —, l'une des constantes du problème est la place considérable conservée, malgré l'interventionnisme étatique, par le droit commercial privé et par les droits nationaux dans la réglementation des relations économiques externes, sans même parler des règles d'origine privée elles-mêmes dont l'économie constitue le domaine privilégié.

La puissance des agents économiques, la souplesse nécessaire des relations économiques expliquent l'mportance que joue la *lex mercatoria* – c'est-à-dire un ensemble de normes d'origine exclusivement privée (v. *supra*, n° 4 *bis*). À l'expérience, et malgré les préférences idéologiques de certains gouvernements, il est apparu inopportun d'imposer aux agents économiques soit le respect d'un droit national, soit même l'application de droits nationaux harmonisés, *a fortiori* celle du droit international public. L'expertise de certains organismes professionnels, l'inadaptation de certains droits nationaux aux exigences du commerce international, la nécessité de reconnaître la validité extraterritoriale de contrats soumis à une loi étrangère, la préférence de plus en plus nette des acteurs de la vie économique internationale pour l'arbitrage transnational, tout converge pour laisser une place très large aux usages du commerce international et faire accepter des dérogations à une compétence normative des États théoriquement exclusive.

La place du droit international public n'en est pas moins conséquente et tend à augmenter, par une démarche volontaire d'une majorité d'États. D'une part, ce droit délimite l'étendue des compétences de l'État en ce qui concerne les activités économiques menées sur son territoire, et il en garantit l'exercice. D'autre part, il régit — directement bien que partiellement — la circulation internationale des biens et des services, en apportant la sécurité juridique qu'implique de plus en plus l'ampleur des flux financiers mis en œuvre.

C'est sans doute dans le domaine économique que la dialectique de l'indépendance et de l'interdépendance, sur laquelle est fondé le droit international général, apparaît avec le plus de clarté. Dans la mesure où il proclame la souveraineté de l'État sur ses ressources économiques, l'indépendance perdure ; comme, simultanément, il réglemente la circulation internationale des facteurs de production, il concrétise aussi l'interdépendance des souverainetés nationales.

Certains auteurs vont plus loin, et considèrent que l'interdépendance (ou la solidarité) est le fondement du droit international de l'économie. Cette vue est exacte pour le droit des relations économiques internationales *stricto sensu*, réduites aux activités d'échange ; elle ne l'est pas si l'on retient la définition plus large proposée ici.

Ayant retenu une définition large de la notion de relations économiques internationales — toutes les activités économiques qui ont un élément d'extranéité, même s'il n'y a pas transfert extraterritorial des biens et services —, il convient de rappeler les caractères généraux du droit international de l'économie, avant d'apporter quelques précisions sur les règles matérielles des divers échanges économiques internationaux, en les distinguant selon la classification habituelle des facteurs de production.

La distinction entre ces deux volets s'explique, du point de vue juridique, plus par des considérations historiques (v. *infra*, n° 627) que par la netteté des concepts en cause. Le succès actuel de l'approche néo-libérale renforce leur interdépendance et complique la détermination des compétences respectives des organisations internationales (F. GIANVITI, « Les rapports entre l'OMC et le FMI », SFDI, Colloque de Nice, *Les Nations Unies et le droit international économique*, Pedone, 1996, p. 75-86).

Chapitre I. — Caractères généraux.
Chapitre II. — Relations monétaires et financières.
Chapitre III. — Circulation internationale des biens et des services.

CHAPITRE I

Caractères généraux

BIBLIOGRAPHIE. — Les ouvrages d'initiation fondamentaux, en langue française, sont : D. CARREAU et P. JUILLARD, *Droit international économique*, Dalloz, 2007, XI-744 p. — P. DAILLIER, G. DE LA PRADELLE et H. GHÉRARI dir., *Droit de l'économie internationale*, Pedone (CEDIN), 2004, XVI-1118 p.

Adde : G. SCHWARZENBERGER, « The Province and Standards of International and Economic Law », *ICLQ* 1948, p. 402-420 et « The Principles and Standards of International Economic Law », *RCADI* 1966-I, vol. 117, p. 5-98. — G. ERLER, *Grundprobleme des Iinternationalen Wirtschaftsrechts*, O. Schwartz, Göttingen, 1956, XI-216 p. — E. LANGEN, *Studien zum internationalen Wirtschaftsrecht*, Beck, Munich-Berlin, 1963, XII-132 p. — H. BLAGOJEVI&CACUTE ;, « Quelques caractéristiques du droit économique international actuel », *RIDC* 1968, p. 273-285. — G. DE LACHARRIÈRE, *La nouvelle division internationale du travail*, Droz, Genève, 1969, 350 p. — SFDI, *Aspects du droit international économique*, Colloque d'Orléans, Pedone, 1972, 222 p. — E. PALEOLOGUE, *Les nouvelles relations économiques internationales*, PUF, Paris, IEDES, 1980, 278 p. — P. VERLOREN VAN THEMAAT, *The Changing Structure of International Economic Law*, Nijhoff, La Haye, 1981, XXV-395 p. — A. PELLET, *Le cadre juridique de la vie économique internationale*, Cours IEP, Paris, FNSP, 1982, 322 p. et 1983, 23-VI p. — E.-U. PETERSMANN, *Constitutional Functions and Constitutional Problems of International Economic Law*, Éd. universitaires, Fribourg, 1991, LI-463 p. — I. SEIDL-HOHENVELDERN, *International Economic Law*, Nijhoff, 1992, XIII-286 p. — M. BÉLANGER, *Institutions économiques internationales*, Economica, 5e éd., 1997, VIII-218 p. — J.H. JACKSON, « Changing Fundamentals of International Law and International Economic Law », *Archiv des Völkerrechts*, 2003, p. 435-448 ; *Legal Problems of International Economic Relations : Cases, Materials and Text on the National and International Regulation of Transnational Economic Relations*, West, St. Paul, MN, 5e éd., 2008, L-1210 p. — H. KRONKE et as., *Handbuch internationales Wirtschaftsrecht*, Schmidt, Cologne, 2005, XXXIV-2212 p. — A.T. GUZMAN et A.O. SYKES ed., *Research Handbook in International Economic Law*, Elgar, Chethenham, 2007, VIII-624 p. — M. HERDEGEN, *Internationales Wirtschaftsrecht : ein Studienbuch*, Beck, Munich, 2007, XVII-291 p. — A.H. QURESHI et A.R. ZIEGLER ed. *International Economic Law*, Sweet & Maxwell, Londres, 2e éd., 2007, XXVIII-548 p. — E. SCISO, *Appunti di diritto internazionale dell'economia*, Giappichelli, Turin, 2007, XIII-281 p. — A.F. LOWENFELD, *International Economic Law*, Oxford UP, 2e éd., 2008, LIII, 956 p.

Recueils de textes : B. COLAS dir., *Accords économiques internationaux*, La Documentation française 1990, *NED* n° 4893-4895, 485 p. — S. ZAMORA et

R. A. BRAND, *Basic Documents of International Economic Law*, Commerce Clearing House, Chicago, 1990, 2 vol., III-1057 p. et III-1080 p. — F. BOTCHWAY, *Documents in International Economic Law*, Routledge, Londres, 2006, X-950 p.

608. Unité et diversité du droit international de l'économie. — Le droit international de l'économie est marqué par une tension entre tendance unificatrice et aptitude à la diversification des normes plus marquée que dans le cadre du droit international général.

La manifestation la plus spectaculaire de cet émiettement des règles juridiques a été l'émergence du droit international du développement durant les années 1960 et 1970. Mais ce n'était pas la seule : la diversification des règles applicables aux pays industrialisés, d'une part, aux pays en développement, d'autre part, mais également au sein de chacune de ces catégories, était telle — au point que l'on a pu parler de « dualité » et même de « pluralité » des normes économiques internationales — que la seconde tendance paraissait l'emporter.

Ce sentiment a été conforté par les prises de position et les revendications de la part d'une majorité d'États née de la conjonction des États en développement et des pays se réclamant du socialisme. Mais les réactions des grandes puissances économiques et la montée en puissance, rapide et spectaculaire, des « pays émergents », a montré que cette évolution n'était pas aussi irréversible qu'on l'avait cru, qu'elle ne constituait qu'un correctif aux principes du droit des relations économiques fixés à l'issue du second conflit mondial et qu'elle résistait mal à la disparition de l'appui assez artificiel fourni par la confrontation « Nord-Nord » — antagonisme des modèles capitaliste et communiste — à l'opposition des intérêts « Nord-Sud ».

L'observation du droit international de l'économie dans le monde contemporain ne laisse pourtant aucun doute : la « globalisation » ou la « mondialisation » des échanges se traduit par la prédominance très nette des normes inspirées par l'idéologie libérale.

L'échec de la revendication d'un « Nouvel ordre économique international » met en lumière, de manière particulièrement frappante, cette vérité fondamentale que le droit n'est jamais que le reflet des rapports de force dans une société donnée. En matière économique, ceux-ci n'ont jamais basculé au profit des États « contestataires ». La quasi-disparition des pays à économie centralement planifiée et le triomphe de l'idéologie libérale imprègnent profondément l'ordre économique international et les institutions qui l'encadrent.

Section 1

Institutions du droit international de l'économie

§ 1. — *Acteurs des relations économiques internationales*

609. États — La « souveraineté économique »

BIBLIOGRAPHIE. — G. FISCHER, « La souveraineté sur les ressources naturelles », *AFDI* 1962, p. 516-528. — P. J. O'KEEFE, « The UN and the Permanent Sovereignty over Natural Resources », *JWTL* 1974, p. 239-282. — G. ELIAN, « Le principe de souveraineté sur les ressources nationales et ses incidences juridiques sur le commerce international », *RCADI* 1976-I, vol. 149, p. 1-86. — A. GARCIA, « Les instruments de la politique française du commerce extérieur », *NED*, La Documentation française, 1977, n° 4403-4404, 68 p. — P. J. I. M. DE WAART, « Permanent Sovereignty over Natural Resources as a Cornerstone for International Economic Rights and Duties », *NILR* 1977, p. 304-322. — G. FEUER, « La théorie de la souveraineté sur les ressources naturelles dans les résolutions des Nations Unies », *Colloque d'Alger, Droit international et développement*, OPU, Alger, 1978, p. 99-132. — I. BROWNLIE, « Legal Status of Natural Resources in International Law », *RCADI* 1979, p. 245-318. — D. ROSENBERG, *Le principe de la souveraineté des États sur leurs ressources naturelles*, LGDJ, 1983, 395 p. — B. KINGSBURY, « Sovereignty and Inequality », *EJIL* 1998, p. 599-625. — N. SCHRIJVER, *Sovereignty over Natural Resources. Balancing Rights and Duties*, Cambridge UP, 1997, 452 p. — K. RAUSTIALA, « Rethinking the Sovereignty Debate in International Economic Law », *Jl. of Il. Eco. L.* 2003, p. 841-878. — J.H. JACKSON, *Sovereignty, the WTO and Changing Fundamentals of International Law*, Cambridge UP, 2006, XXVI-361 p. — F.G. JACOBS, « The State of International Economic Law : Re-Thinking Sovereignty in Europe », *Jl. of Il. Eco. L.* 2008, p. 5-41.

1° *Évolution historique générale.* — La conception longtemps dominante de l'« État-gendarme » a écarté les États d'une intervention active dans la réglementation internationale de nombreuses activités économiques. Il n'était jusqu'aux fonctions « nobles » de la souveraineté — la monnaie en particulier — qui n'étaient touchées par ce désintérêt, dans leur aspect externe. Le refus des contraintes de la coopération internationale l'emportait sur la recherche d'une plus grande efficacité dans la défense des intérêts nationaux.

Cette attitude était pourtant en contradiction avec le mercantilisme des XIV-XVIIe siècles, fondé sur une intervention active des gouvernements dans les relations commerciales. Aussi les États ont-ils manifesté, à partir de la révolution industrielle, une plus grande préoccupation pour l'encadrement juridique de cette catégorie de relations économiques (traités de libre-échange du XIXe siècle, unions douanières).

La réaction aux effets pervers des politiques autarciques menées lors de la crise économique des années 1930, les exigences de la période d'expansion économique postérieure à 1950, ont « internationalisé » les économies nationales, ce qui rendait les gouvernements plus sensibles à la nécessité d'un contrôle de leurs relations économiques avec les autres pays ; dans le même temps la socialisation des économies — qui, au plan interne, renforçait la position des ministères économiques et techniques au sein du gouvernement — leur assurait la maîtrise des principaux instruments du commerce extérieur.

Les États pouvaient d'autant moins se désintéresser des questions économiques internationales qu'ils étaient devenus eux-mêmes des agents économiques, que les ressources budgétaires sont directement engagées dans les investissements privés et les contrats avec l'étranger, que la balance des paiements est sensible au « rapatriement » des devises acquises et des bénéfices réalisés par les opérations des sociétés transnationales. Mais les intérêts économiques ne sont pas seuls en cause ; interfèrent aussi des considérations de prestige diplomatique. La place des principes d'organisation de l'économie dans les idéologies politiques qui s'affrontent a longtemps fait de la compétition entre « modèles » économiques un test du prestige des grandes puissances.

Si, dans l'ensemble, ces données ont incité les États à rationaliser et à renforcer le droit économique, il n'en va pas toujours ainsi. Certains États puissants, inspirés par l'idéologie libérale, peuvent préférer laisser aux agents économiques une certaine liberté d'action ; ils peuvent aussi, par leur pratique bilatérale, ancrer cette orientation dans la réalité juridique. C'est cette tendance qui prédomine très nettement depuis les années 1990 (chute du mur de Berlin) et qui se traduit par un rôle, dans l'ensemble, plus modeste de l'État face à la globalisation de l'économie contemporaine (v. *infra*, n° 621).

2° *Le contenu du concept de souveraineté « économique ».* — À vrai dire, cet élément essentiel de la souveraineté n'était pas ignoré du droit international classique ; mais les droits de l'État qui en résultent étaient en grande partie occultés par l'accent mis sur le principe de la liberté du commerce et la protection de la propriété privée (doctrine des « droits acquis », en particulier). Au surplus, les États européens n'ont longtemps pas éprouvé de difficultés particulières pour exercer effectivement leurs compétences économiques. Des rythmes de développement comparables, des investissements croisés, des avancées techniques irrégulières laissaient une large place à la réciprocité des avantages et incitaient à accepter les inconvénients temporaires d'une moindre compétitivité internationale.

De leur côté, ayant accédé le plus souvent à l'indépendance avec des structures économiques héritées de la colonisation et encore dominées par des entreprises étrangères, les pays en développement ont très vite constaté le décalage existant entre la souveraineté quelque peu immatérielle qui leur était reconnue et leur incapacité de contrôler concrètement la vie économique nationale. Cette situation défavorable les a conduits d'abord à mettre l'accent sur la souveraineté permanente sur les ressources naturelles, puis, plus globalement, sur les activités économiques. Elle les a incités également à tenter d'infléchir le sens de cette notion, pour en faire un instrument de la transformation des rapports économiques internationaux, la base même du « nouvel ordre économique international » auquel ils aspiraient et du droit du développement dont on a espéré faire un instrument de « décollage » (*take off*) économique. L'étude chronologique des résolutions fondamentales des Nations Unies sur ce point permet de mesurer l'ampleur de l'évolution des conceptions et, pour partie, du droit international.

Les principales étapes sont marquées par l'adoption des textes suivants :

— Le premier texte important est la *résolution 626 (VII)* de 1952 qui, bien que les États « occidentaux » se soient abstenus lors de son adoption, paraît rétrospectivement bien anodine : elle insiste sur la « nécessité de maintenir le courant des capitaux dans des conditions de sécurité et dans une atmosphère de confiance mutuelle et de coopération entre les États ». L'intérêt de cette résolution tient à l'habitude qui s'est prise, par la suite, de réaffirmer régulièrement le principe de la souveraineté permanente sur les ressources naturelles.

— La deuxième étape, marquée par l'adoption de la toujours importante *résolution 1803 (XVII)* de 1962, correspond à une phase de compromis entre les thèses défendues par les États occidentaux et celles des pays socialistes et du Tiers Monde : en particulier, le droit de nationaliser la propriété étrangère y est réaffirmé clairement mais son exercice est entouré de certaines restrictions.

— La troisième phase, ponctuée de durcissements successifs du Tiers Monde, trouve son point d'aboutissement dans la *Charte des droits et des devoirs économiques des États* de 1974. Son article 2, § 1 (Chapitre II), rappelle que « chaque État détient et exerce librement une souveraineté entière et permanente sur toutes ses richesses, ressources naturelles et activités économiques, y compris la possession et le droit de les utiliser et d'en disposer » (la

CIJ a reconnu le caractère coutumier de ce principe dans son arrêt du 19 décembre 2005, *Activités armées sur le territoire du Congo [RDC c. Ouganda]*, par. 244).

Dans l'ensemble, cette évolution traduit le souci de « désinternationaliser » les compétences économiques de l'État. Souci tactique compréhensible : les États en développement, comme les États « socialistes » de l'époque, cherchent à définir leur place dans les relations internationales par opposition aux États qui dominent aujourd'hui les rapports économiques internationaux ; pour ce faire, il leur paraît opportun de supprimer les limitations, imposées par un droit international d'origine européenne, à leur droit de réglementation interne et à une utilisation discrétionnaire de leurs richesses naturelles. Ils sont parfois rejoints dans cette entreprise par des États développés qui y voient le moyen soit de résister plus efficacement à la domination américaine, soit de dégager les règles d'une nouvelle discipline économique spécifique aux relations entre pays développés (exploitation de l'idée de « dualité » ou de « pluralité » des normes).

Le caractère évolutif de la notion de souveraineté économique, l'opposition des principaux pays occidentaux à certains éléments considérés comme acquis par la majorité des États, rendent aléatoire — et sans doute contestable — tout essai de synthèse. On peut cependant esquisser un bilan provisoire de l'évolution du droit international en la matière.

a) En ce qui concerne le titulaire de la souveraineté économique, deux ambiguïtés subsistent.

D'abord d'un point de vue juridique. Du fait que la notion se rattache à la souveraineté, son bénéfice ne devrait revenir qu'aux États. Certains textes, et en particulier la Charte des droits et devoirs économiques (résol. 3281 [XXIX] de 1974), semblent bien en réserver l'exercice aux États ou aux « pays » ; mais de nombreux autres documents considèrent qu'il s'agit « d'un élément fondamental du droit des peuples et des nations à disposer d'eux-mêmes », par exemple l'article 1er, § 2, des deux Pactes des droits de l'homme de 1966 qui dispose : « Pour atteindre leurs fins, tous les peuples peuvent disposer librement de leurs ressources et de leurs richesses naturelles » (sur la notion de peuple, v. *supra*, no 267).

Il apparaît donc que la souveraineté sur les ressources naturelles appartient à l'État qui l'exerce au nom du peuple, à partir du moment où celui-ci est constitué en État, mais aussi aux peuples sous domination coloniale ou soumis à un régime d'apartheid ou de discrimination raciale, la communauté internationale veillant en quelque sorte à leurs intérêts en attendant leur accession à l'indépendance (v. *supra*, nos 341 s.).

En conséquence, des résolutions de l'Assemblée générale des Nations Unies rappellent que « toute puissance administrante ou occupante qui prive les peuples coloniaux de l'exercice de leurs droits légitimes sur leurs ressources naturelles, ou fait passer des intérêts économiques et financiers étrangers avant les droits et intérêts de ces peuples, viole les obligations solennelles qui lui incombent en vertu de la Charte des Nations Unies » (résol. 31/7 ; v. aussi par ex. la résol. 51/140 du 13 déc. 1996, dans laquelle on retrouve encore la même idée ; de manière significative, cette dernière, comme la résolution qui l'a précédée en 1995 (v. la résol. 50/33 du 6 déc. 1995), met néanmoins l'accent sur les bienfaits de principe de l'investissement étranger, ce que ne faisaient pas les textes antérieurs) – pour une illustration v. le « décret » adopté le 27 sept. 1974 par le Conseil des Nations Unies pour la Namibie (resté lettre morte), qui interdisait l'exploitation des ressources naturelles de ce territoire sans autorisation et qui prévoyait la responsabilité des contrevenants devant le futur gouvernement de la Namibie indépendante ; v. également l'avis du Conseiller juridique des Nations Unies du 29 janvier 2002 relatif aux conditions d'exploitation des ressources minérales du Sahara occidental sous « administration » marocaine (S/2002/161, 12 février 2002) ; ainsi que l'arrêt de la CIJ du 19 décembre 2005 précité dans l'affaire *RDC c. Ouganda*, par. 248.

Le même problème a été longuement débattu au cours de la troisième Conférence sur le droit de la mer. Les États du Tiers Monde ont dû renoncer à l'insertion d'une clause conventionnelle sur ce point et se contenter de l'adoption de la résolution III, incluse dans l'Acte final de la Conférence en 1982.

L'approche défensive qui inspirait les pays en développement ne pouvait être celle des pays industrialisés trop sensibles à leur interdépendance et aux risques de rétorsion pour espérer tirer parti de la souveraineté permanente telle que conçue par les États du Tiers Monde. On trouve un écho de cette analyse dans la sentence arbitrale rendue en 1982 dans l'affaire *Aminoil* : le tribunal affirme, à titre de « considération fondamentale », qu'un État favorable à l'investissement étranger et à l'investissement à l'étranger ne peut soutenir une interprétation de sa souveraineté manifestement destinée à évincer tous les intérêts étrangers (*JDI* 1982, p. 901). C'est, aujourd'hui, l'idée dominante : conséquence de leur « souveraineté territoriale » (v. *supra*, n° 306), les États demeurent maîtres de réglementer et de contrôler les activités économiques menées sur leur territoire, mais ils exercent très généralement cette compétence de manière à attirer les investissements étrangers – notamment en concluant des conventions bilatérales d'investissement – CBI) extrêmement protectrices de ceux-ci (v. *infra*, n° 639).

b) Ratione materiae, l'objet de la souveraineté « permanente » est très étendu.

Les premières résolutions des Nations Unies visaient exclusivement les ressources (et richesses) naturelles ; depuis 1974, l'Assemblée générale y a adjoint les *activités économiques*. L'expression recouvre aujourd'hui tant les ressources minérales et agricoles que les activités d'exploration, d'exploitation, de transformation et de commercialisation des richesses *nationales*.

Ces richesses peuvent être situées sur le territoire terrestre et maritime proprement dit, mais également dans toutes les zones sous juridiction économique nationale : zone de pêche exclusive, zone économique exclusive, plateau continental. Les États ont certes pris la précaution de ne pas étendre à ces zones la souveraineté territoriale, mais les caractéristiques de généralité et d'exclusivité des compétences étatiques s'y retrouvent, au moins au plan économique, puisque l'État côtier se voit reconnaître des « droits souverains » en ce domaine (v. *infra*, n°s 665 s.).

Ceci n'empêche nullement de nombreux États de trouver intérêt à établir, de manière unilatérale ou sur une base conventionnelle, des « enclaves » économiques et fiscales étrangères (système des zones « franches », par exemple).

c) L'objet primordial de la notion de souveraineté permanente est de constater l'existence d'un pouvoir de contrôle particulièrement étendu de l'État sur les intérêts étrangers. Les conséquences déduites de cette notion par l'article 2, § 2, de la Charte des droits et devoirs économiques des États visaient toutes à écarter le risque d'une mainmise étrangère sur les instruments essentiels de l'économie nationale :

« Chaque État a le droit :

a) de réglementer les investissements étrangers dans les limites de sa juridiction nationale et d'exercer sur eux son autorité en conformité avec ses lois et règlements et conformément à ses priorités et objectifs nationaux. Aucun État ne sera contraint d'accorder un traitement privilégié à des investissements étrangers ;

b) de réglementer et de surveiller les activités de sociétés transnationales dans les limites de sa juridiction nationale et de prendre des mesures pour veiller à ce que ces activités se conforment à ses lois, règles et règlements et soient conformes à ses politiques économiques et sociales. Les sociétés transnationales n'interviendront pas dans les affaires intérieures d'un État hôte. Chaque État devrait, compte dûment tenu de ses droits souverains, coopérer avec les autres États dans l'exercice du droit énoncé au présent alinéa ;

c) de nationaliser, d'exproprier ou de transférer la propriété des biens étrangers, auquel cas il devrait verser une indemnité adéquate, compte tenu de ses lois et règlements et de toutes les circonstances qu'il juge pertinentes. Dans tous les cas où la question de l'indemnisation donne lieu à différend, celui-ci sera réglé conformément à la législation interne de l'État qui prend des mesures de nationalisation et par les tribunaux de cet État, à moins que tous les États intéressés ne conviennent librement de rechercher d'autres moyens pacifiques sur la base de l'égalité souveraine des États et conformément au principe du libre choix des moyens ».

Dans une large mesure ce texte n'a plus qu'un intérêt historique et certaines des conséquences qu'il entendait tirer du principe de souveraineté permanente sur les ressources naturelles et les activités économiques reflétaient davantage les souhaits de la majorité politique au sein de l'Assemblée générale – impuissante à modifier le droit positif – que des règles en vigueur. Il n'en reste pas moins que, même si elles doivent être exercées « conformément au droit international », les trois catégories de compétences énumérées par la Charte de 1974 appartiennent effectivement aux États et sont la conséquence de leur « souveraineté permanente ».

Aujourd'hui, si la « souveraineté » de l'État (entendue au sens erroné de pouvoir sans limite) est menacée c'est sans doute bien davantage par les limitations considérables résultant de l'adhésion à des organisations d'intégration économique (zones de libre-échange, marché commun ou union économique – v. *infra*, n° 623) auxquelles ils délèguent l'essentiel de leurs compétences en matière économique.

3° *Les institutions nationales.* — Les institutions gouvernementales et administratives internes reflètent ces évolutions. Contrairement à la règle générale pour les affaires étrangères, le ministère des Affaires étrangères ne joue pas un rôle central de direction et de coordination des activités économiques à l'étranger. Les autres ministères techniques ont, dans la plupart des États, su garder la maîtrise de leur politique externe (v. par exemple la gestion de la politique agricole commune par le ministère de l'Agriculture en France). Souvent, ce sont des administrations spécialisées dans le commerce extérieur qui ont acquis une position centrale pour la négociation des conventions économiques et la défense des intérêts économiques nationaux à l'étranger. Les diplomates « professionnels », dont la compétence est pourtant reconnue par la Convention de Vienne de 1961 (v. *supra*, nos 453 s.), ne jouent alors qu'un rôle formel et marginal ; au mieux, ils sont chargés d'harmoniser les démarches économiques et les autres approches diplomatiques de l'État (v. le rôle joué en France par le Secrétariat général du Comité interministériel pour les questions européennes).

En France, le ministère des Affaires étrangères subit à la fois la montée en puissance des ministères de l'Économie et du Commerce extérieur, et les effets de la perte de certaines de ses responsabilités économiques antérieures.

Deux directions du ministère de l'Économie jouent un rôle essentiel : celle des Douanes et droits indirects et celle du Trésor. La première assure la « police du commerce extérieur ». La direction du Trésor prépare et applique la politique monétaire et financière internationale de l'État (service des Affaires internationales), réglemente les investissements français à l'étranger et étrangers en France (service des Interventions) et agit indirectement sur les échanges par la politique du crédit (service des Activités financières).

Le ministère du Commerce extérieur, issu en 1974 du ministère de l'Économie, a autorité sur l'importante *direction des relations économiques extérieures* (DREE), s'appuie sur 156 missions économiques (appelées auparavant postes d'expansion économique) implantés dans 113 pays. Celle-ci a vocation à observer l'évolution de la conjoncture internationale, préparer les décisions de politique douanière (en concertation avec la *direction générale des douanes* du ministère du Budget), négocier les accords commerciaux, participer aux travaux des organisations commerciales internationales et promouvoir les exportations françaises à l'étranger. Elle a autorité sur les conseillers commerciaux des « postes d'expansion économique à l'étranger », placés auprès des ambassadeurs. En France, elle est assistée par le *Centre français du commerce extérieur* (CFCE), qui a surtout une fonction d'assistance et d'information des exportateurs. La *Banque française du commerce extérieur* (BFCE) octroie des crédits préférentiels aux exportateurs et facilite le financement des exportations. Quant à la *Compagnie française d'assurance pour le commerce extérieur* (COFACE), c'est la pièce maîtresse du système d'assurance des risques courus par les exportateurs. Tous ces mécanismes jouent un rôle décisif pour la conquête de marchés extérieurs (politique des prêts « liés »).

Au ministère des Affaires étrangères, l'instance principale de réflexion et de coordination est la *direction des affaires économiques et financières.* Mais cette dernière souffre de la réorganisation du ministère, qui privilégie les directions régionales (tous les problèmes, y compris économiques, intéressant une région du monde sont centralisés par l'une d'elles). De plus, les questions économiques intéressant les pays relevant de l'ancien ministère de la Coopération — pour l'essentiel des pays africains qui représentent une part disproportionnée des échanges extérieurs français — sont de la compétence de la *direction du développement économique* de ce ministère.

610. Organisations internationales à vocation économique

BIBLIOGRAPHIE. — J. et C. NEME, *Organisations économiques internationales*, PUF, Thémis, 1972, 482 p. — Cl. RUCZ, *Le Conseil économique et social de l'ONU et la coopération pour le développement*, Economica, 1983, XII-501 p. — SFDI, *Les Nations Unies et le droit international économique*, Colloque de Nice, Pedone, 1986, VII-383 p. — L. SABOURIN, *Organismes économiques internationaux*, La Documentation française, « Retour aux textes », 1994, 481 p. — G. AL-KHATIB, *La part du droit dans l'organisation économique contemporaine*, Bruylant, Bruxelles, 1994, XIV-237 p. — J. FONTANEL, *Organisations économiques internationales*, Masson, 1995, XII-186 p. — J.J. REY et J. DUTRY, *Institutions économiques internationales*, Bruylant, Bruxelles, 2001, 229 p. — G.G. LETTERMAN, *Basics of Multilateral Institutions and Multinational Organizations : Economics and Commerce*, Transnational Publ., Ardsley, 2002, LIV-346 p. — J.-P. COT, A. PELLET et M. FORTEAU dir., *La Charte des Nations Unies*, Economica, 2005, not. p. 1451-1749. — W. GIELER ed., *Internationale Wirtschaftsorganisationen : Entstehung, Struktur, Perspektiven : ein Handbuch*, Lit, Münster, 2005, 410 p.

1° *Au plan universel.* L'effort de reconstruction internationale, après la seconde guerre mondiale, s'est appuyé sur une critique de la situation antérieure — l'insuffisance des organisations économiques internationales — et sur la survivance du *credo* libéral en l'efficacité de la concurrence comme moteur de l'expansion économique.

La conception initiale confiait à l'ONU un rôle normatif et de coordination des activités d'un ensemble d'organisations spécialisées dans les différentes branches des relations économiques et financières internationales. L'organe chargé de cette mission devait être le Conseil économique et social, placé sous l'autorité directe de l'Assemblée générale. L'ambiguïté de la fonction réelle confiée à l'Organisation universelle — qui se traduit dans la position peu logique des dispositions pertinentes de la Charte (articles 55 s.) — a été accentuée par des évolutions politiques contrastées : d'un côté, les Nations Unies ont renforcé la participation directe de l'Organisation aux activités économiques et sociales, en créant plusieurs organes ou organismes « opérationnels », de l'autre, une majorité d'États membres ont critiqué de plus en plus sévèrement la composition restreinte du Conseil économique et social et tendaient à affaiblir sa fonction de coordination, en renforçant l'autonomie des organes subsidiaires ou en les transformant en institutions spécialisées.

La fonction normative de l'Assemblée générale, organe difficilement contestable parce qu'« universel », ne pouvait que bénéficier de cette situation. Par une démarche à la fois incantatoire, programmatique et opérationnelle, elle a réussi à infléchir progressivement et à rendre plus convergente l'action des organisations à vocation mondiale.

Sur le fond, au sortir de la guerre, les initiateurs principaux de la nouvelle approche, au premier rang desquels les États-Unis, ont imposé une technique qui a été respectée jusqu'ici : obtenir du plus grand nombre possible d'États le respect d'un code de bonne conduite, inscrit dans une convention internationale qui — dans le même temps — établirait une organisation internationale chargée de mettre en œuvre incitations et sanctions. Les obligations contractées seraient d'autant plus facilement acceptées qu'elles seraient progressives, liées au rétablissement des économies nationales et sujettes à des mesures de sauvegarde. Mais la tendance serait difficilement réversible, en raison des avantages attachés à la participation à ces organisations.

Ce système s'est révélé assez cohérent, dans l'ensemble, pendant un quart de siècle. Sans être exhaustif, il couvrait plusieurs domaines essentiels : la monnaie, le commerce, le niveau de protection sociale des travailleurs — un élément important de la concurrence économique ; les organisations les plus importantes étaient le FMI, le projet d'Organisation internationale du commerce et son avatar le GATT puis l'OMC et l'OIT.

Les organisations économiques avaient d'autres fonctions, qui en garantissaient la pérennité lorsque les États faisaient preuve d'une certaine réserve à l'égard d'une discipline collective jugée trop contraignante. Par l'aide financière qu'elles étaient habilitées à accorder aux États membres qui rencontraient des difficultés temporaires, elles pouvaient exercer une action conjoncturelle utile ; par les dérogations que ces organisations pouvaient autoriser, elles évitaient de dramatiser des conflits d'intérêts temporaires ; enfin elles constituaient des enceintes irremplaçables de négociation et de centralisation de l'information économique.

Ces institutions ont su maintenir leur place dans les relations internationales en s'ouvrant aux nouveaux États et en répondant à leurs revendications mieux que ne l'aurait laissé supposer la lettre de statuts élaborés à une époque où la décolonisation était à peine amorcée. Mais elles n'ont pas toujours réussi à répondre aux critiques qui leur étaient adressées, ce qui a favorisé la multiplication d'institutions concurrentes (CNUCED, ONUDI). Il reste que si l'on examine l'évolution subie par les organisations plus récentes et leur bilan contrasté, les plus anciennes ont su faire preuve d'une souplesse intéressante.

La CNUCED a été créée en 1964 dans le souci de disposer d'un forum de concertation en matière commerciale moins pragmatique que le GATT, plus apte à élaborer un ordre normatif correspondant aux besoins du Tiers Monde. Sans changer de statut juridique — celui d'un organe subsidiaire —, la CNUCED a su établir les structures et l'autorité d'une organisation autonome cependant que, en 1994, le GATT donnait naissance à l'Organisation mondiale du commerce.

L'ONUDI a pour vocation de promouvoir l'industrialisation des pays en développement, en fournissant une assistance moins circonscrite que celle que peuvent apporter les organes d'assistance technique (v. *infra*, n° 661) et en définissant une politique internationale conforme au « nouvel ordre économique international ». Créée en 1966 en tant qu'organe subsidiaire de l'Assemblée générale, l'ONUDI est devenue une institution spécialisée en vertu de l'Acte constitutif adopté le 8 avril 1979 à Vienne (entré en vigueur en 1985).

La contrepartie de cette évolution des organisations universelles a été un alourdissement de leur organigramme et une autonomie accrue de chacune d'elles. Aussi l'un des principaux échecs a-t-il été l'incapacité de l'ONU à assurer la fonction de coordination qui lui était dévolue : malgré plusieurs tentatives de réforme, le Conseil économique et social reste un organisme inefficace ; en outre la dispersion des efforts d'aide au développement est toujours la règle.

2° *Au plan régional.* La croissance et l'efficacité des organisations économiques régionales sont des phénomènes plus remarquables encore. Le sentiment de solidarité, le facteur de proximité géographique, la similitude des niveaux de développement et de modèles économiques des États d'une même région contribuent à l'expliquer. Et c'est dans le domaine économique que les organisations d'intégration – auxquelles les États délèguent l'exercice de leurs compétences souveraines – ont connu l'essor le plus spectaculaire à la suite de la démarche sectorielle retenue par les « pères de l'Europe ».

Mais ce succès relatif n'est pas général comme le montrent l'échec de l'Alliance pour le progrès dans le cadre de l'OEA dans les années soixante, du « Plan de Lagos » de l'OUA (1980) resté lettre morte ou l'avenir incertain de nombreuses organisations d'intégration économique africaines. Les organisations des pays du Tiers Monde ainsi que celles des pays à économie planifiée (CAEM) se sont révélées plus fragiles que celles des pays à économies de marché (OCDE et Communautés européennes).

3° De grands espoirs ont été placés dans des organisations qui ne sont pas à proprement parler régionales, puisqu'elles regroupent des États qui partagent des intérêts semblables ou complémentaires à l'égard d'un produit économiquement important : pétrole, matière première minérale ou végétale. Après certains succès, ces organisations ont été de plus en plus marginalisées.

Sur la distinction entre associations de producteurs et organisations de produits, voir *infra*, n° 658.

611. Entreprises transnationales

BIBLIOGRAPHIE. — Voir la bibliographie figurant *supra* sur le n° 417 ; *sur les contrats transnationaux, infra*, sous le n° 624 et, *sur les tentatives de réglementation internationale :* BIT, *Les entreprises multinationales et la politique sociale*, Études et documents n° 79, Genève, 1973. — St. COONROD, « The UN Code of Conduct for Transnational Corporation », *Harvard ILJ* 1977, p. 273-307. — H. SCHWAMM, « The OECD Guidelines for Multinational Enterprises », *JWTL* 1978, p. 342-351. — Y. DAUDET et R.-F. BIZEC dir., *Un code de conduite pour le transfert de technologie*, Economica, 1980, 218 p. — A.-A. FATOUROS, « Le projet de code international de conduite sur les entreprises transnationales », *JDI* 1980, p. 5-47. — E. SCHAEFFER, « La coopération entre États en vue de la prévention et de la répression des pratiques commerciales restrictives de concurrence dans le commerce international », *RJPIC* 1983, p. 440-463. — R. HOUIN, « Les sociétés multinationales et la CEE », *Ibid.*, p. 464-469. — F. MORGENSTERN, « La Déclaration de principes tripartite de l'OIT sur les entreprises multinationales et la politique sociale », *JDI* 1983, p. 61-75. — D. WEISSBRODT et M. KRUGER, « Norms on the Responsibilities of Transnational Corporations and Other Business Enterprises with Regard to Human Rights », *AJIL* 2003, p. 901-922. — E. DECAUX, « La responsabilité des sociétés transnationales en matière de droits de l'homme », *RSCDPC* 2005, p. 789-798 ; v. aussi la bibliographie citée sur le n° 250.

Les relations économiques internationales sont avant tout le fait des agents économiques. Parmi eux, les sociétés transnationales, privées ou publiques, présentent un intérêt juridique particulier.

Le paradoxe est que la densité des normes internationales qui encadrent leurs activités est inversement proportionnelle à l'importance de celles-ci (v. *supra*, n° 417). Soit parce que les États ne réussissent pas à élaborer une réglementation commune, soit parce qu'ils y répugnent, ces acteurs de fait essentiels n'ont qu'une personnalité juridique internationale contestée et limitée du fait de la répugnance des États à élaborer une réglementation juridique encadrant leurs activités (v. P. Dumberry, « L'entreprise, sujet de droit international ? », *RGDIP* 2004, p. 103-122).

Les pays industrialisés et ceux du Tiers Monde se rejoignent à cet égard mais pour des raisons différentes : les premiers sont hostiles à une réglementation poussée du fait de leur positionnement idéologique libéral ; les seconds par crainte (non fondée) de voir consacrer la puissance de pouvoirs menaçant pour leur souveraineté. Les inconvénients — tant pour les opérateurs économiques que pour les États — d'une absence de politique normative internationale, peuvent être circonscrits lorsque les activités des sociétés étrangères ne posent problème qu'à un État, au titre de sa souveraineté territoriale ou de sa souveraineté personnelle. Par une action unilatérale, l'État intéressé peut résoudre la difficulté ou trouver des éléments de solution dans les « modèles de textes » fournis par les organisations internationales. Le plus souvent pourtant — et ceci est particulièrement net pour les activités d'échange de biens et services —, les droits et agissements des agents économiques, surtout des sociétés transnationales, intéressent au moins deux États, qui peuvent invoquer de manière contradictoire leurs souverainetés territoriale et personnelle sur ces opérateurs économiques. Quant aux États tiers, il n'est pas exclu qu'ils invoquent de leur côté une compétence à caractère universel (v. *supra*, n° 336, 2°, b) ; v. par ex. O. de Schutter, « Les affaires *Total* et *Unocal :* complicité et extraterritorialité dans l'imposition aux entreprises d'obligations en matière de droits de l'homme », *AFDI* 2006, p. 55-101).

Dans leur souci de définir et de contrôler le comportement de leurs ressortissants et de leurs capitaux à l'étranger, les États tentent souvent de donner un effet extraterritorial à leur législation économique ou sociale (« long-arm statutes » des Anglo-Saxons : v. par exemple les normes anti-apartheid des sociétés occidentales en Afrique du Sud, jusqu'à l'abandon de cette politique). Ce comportement est ressenti par l'État d'accueil des capitaux comme un empiétement sur sa compétence normative et provoque l'adoption de « contre-mesures » législatives (ainsi des lois européennes sur le secret des affaires, face aux règles anti-trust des États-Unis). Paradoxalement, les bénéficiaires de ce « bras-de-fer » interétatique seront les opérateurs économiques, en particulier les sociétés transnationales, aussi longtemps qu'une réglementation internationale n'apportera pas des garanties suffisantes aux États en présence.

Seules des mesures concertées sont en mesure d'appréhender globalement le phénomène international que constituent les sociétés transnationales. Qu'il s'agisse de la licéité des politiques de nationalisation, de la réglementation des transferts de technologie ou du renforcement des normes sociales, les ordres juridiques nationaux ne peuvent pas être efficacement adaptés sans l'appui d'une démarche collective. Mais celle-ci, entreprise il y a plus d'un demi-siècle, est toujours balbutiante que ce soit au plan universel ou dans des cadres régionaux.

1° *Études menées au sein des organisations des Nations Unies.* — Bien que, depuis le milieu des années 1960, la question des sociétés multinationales soit un sujet de préoccupation pour les organisations universelles, les controverses n'ont pas permis de dépasser le stade des études préliminaires et de quelques initiatives normatives ponctuelles.

C'est à l'OIT que les réalisations sont les plus abouties. Dès 1973, un groupe d'experts avait suggéré une étude des problèmes sociaux posés de façon spécifique par les entreprises multinationales, par opposition aux firmes nationales. Après de nombreuses consultations visant à identifier les véritables difficultés, le Conseil d'administration a adopté, le 16 novembre 1977, une *Déclaration tripartite sur les principes concernant les entreprises multinationales et la politique sociale.* Les 58 points de ce document s'adressent aux gouvernements, aux organisations d'employeurs et de salariés et aux entreprises elles-mêmes, qui sont invités à collaborer dans son application. Les principes qui y sont formulés portent sur les politiques sociales, l'emploi, la formation, les conditions de travail et de vie, les relations professionnelles (liberté syndicale en particulier). La Déclaration insiste sur la nécessité de respecter la souveraineté des États d'accueil des investissements et les droits de l'homme.

Simple recommandation, cette Déclaration n'a pas force obligatoire. Le caractère souvent très abstrait des principes énoncés ne se prête d'ailleurs pas à une formulation conventionnelle. Cependant un certain suivi est prévu : en mars 1978, le Conseil de l'OIT a demandé aux gouvernements de lui adresser des rapports sur sa mise en œuvre en droit interne. Ces informations, qui peuvent être complétées par celles envoyées par les organisations d'employeurs et de travailleurs, sont soumises à l'examen soit des organes compétents pour les conventions et recommandations internationales du travail citées en annexe de la Déclaration, soit à une commission tripartite issue du Conseil d'administration (1980 et 1983). L'influence de ce texte dépasse le cadre de l'OIT : certains organes de l'OCDE ont pu s'en inspirer pour combler les lacunes des « principes directeurs » de cette organisation (v. *supra*, n° 254).

Au sein de l'Assemblée générale et du Conseil économique et social *des Nations Unies*, les problèmes ont été abordés dans une perspective plus large.

Par sa résolution 1721 (LIII), le Conseil économique et social a, en 1972, regretté l'absence de toute réglementation et procédure internationales et demandé des études préliminaires. Une étude préalable a été soumise en 1973 par le Secrétaire de l'ONU, et en 1974 le « groupe de personnalités » désignées par lui a déposé un premier rapport, qui insistait sur la nécessité d'informations complémentaires. Sur la base des suggestions de ces deux documents, l'Assemblée et le Conseil ont amorcé le processus visant à « formuler, adopter et appliquer un code international de conduite pour les sociétés transnationales » (résol. 3202 — S.VI). En décembre 1974, le Conseil a créé à cette fin la *Commission des sociétés transnationales*, composée de 48 États membres et assistée d'un Centre d'information et de recherche sur les sociétés transnationales.

Les travaux de ces organismes ont été plus lents et plus délicats que prévu. Outre une certaine dispersion des thèmes d'action prioritaire, les débats se sont prolongés sur la question de la forme juridique à donner au code de conduite et n'ont permis l'adoption d'aucun document significatif.

De son côté, la CNUCED a étudié le problème sous deux angles particuliers : les pratiques commerciales restrictives et les questions relatives au transfert des techniques.

Sur le premier point, il a été possible d'aboutir en 1980 à un « Ensemble de principes et de règles équitables convenus au niveau multilatéral pour le contrôle des pratiques commerciales restrictives », entériné par l'Assemblée générale des Nations Unies (résol. 35/63). Ce texte ne vise pas spécifiquement les comportements des sociétés transnationales, mais l'attention est attirée à plusieurs reprises sur les dangers qu'ils représentent. Il ne se voulait qu'un premier pas vers une réglementation internationale satisfaisante : il n'a pas de caractère contraignant, les normes posées sont souvent peu précises et il n'est pas prévu de procédures de contrôle.

Les conférences destinées à rédiger un code de conduite sur les transferts de technologie ont achoppé jusqu'ici sur la question de la nature juridique de ce code et sur certaines normes de fond. Les États développés veulent s'en tenir à un texte non obligatoire, le Tiers Monde insiste pour que soit adoptée une convention. Les travaux ont été suspendus en 1993 (v. la résol. 48/167 de l'Assemblée générale).

Malgré les réticences exprimées à l'origine par certains de ses membres, la CNUDCI s'intéresse également, depuis 1973, aux aspects juridiques de la question. Ses travaux restent assez circonscrits et ont abouti en 1993 à un premier « modèle de règles » sur les marchés de fournitures et la construction, remplacé en 1994 par celui sur « la passation des marchés de biens, de travaux et de services ». Pour sa part, la Sous-Commission des droits de l'homme des Nations Unies a adopté, en 2003, un projet de « Normes sur la responsabilité des sociétés transnationales en matière de droits de l'homme » (résolution 2003/16), mal accueilli par la Commission des droits de l'homme (décision n° 2004/116) ; mais le sujet devrait donner lieu, au sein des Nations Unies, à de nouvelles études par un expert indépendant (v. en particulier sur ce point R. J. Ruggie, « Business and Human Rights : The Evolving International Agenda », *AJIL* 2007, p. 819-840).

2° *Mesures adoptées dans un cadre régional.* — Les obstacles rencontrés sont moindres dans des organisations régionales, lorsque les États membres sont à un niveau de développement comparable et mènent des politiques homogènes. Ceci explique les résultats assez inégaux atteints dans diverses enceintes.

a) Parmi les pays en développement, seuls les États du Pacte andin ont, un temps (1970-1987), mené à bien la création d'un système juridique régional d'encadrement des activités des sociétés transnationales, en particulier de leur politique d'investissement. En revanche, l'OEA a toujours été tiraillée entre les exigences contradictoires des États-Unis et des pays latino-américains et n'a pas réussi jusqu'ici à adopter le projet de code de conduite sur les sociétés transnationales. Les problèmes rencontrés en la matière devraient désormais trouver une solution dans le cadre des accords de libre-échange connexes à l'ALENA.

b) Les pays développés sont intéressés, à un double titre, à un meilleur encadrement des sociétés en cause : en tant qu'États d'origine de la plupart d'entre elles, ils tiennent à ne pas gêner leur développement par des mesures désordonnées ; en tant que pays hôtes, ils veulent obtenir le respect d'une saine concurrence.

Déjà le Traité de Rome de 1957 contient des dispositions relativement rigoureuses en ce qui concerne les ententes concertées et les abus de positions dominantes. Plusieurs firmes multinationales, américaines et suisses mais aussi relevant des États membres de la CEE, ont dû subir de lourdes amendes et renoncer à certaines pratiques, sous la pression de la Commission et de la CJCE. En revanche, les États membres restent divisés sur l'opportunité d'un traitement moins favorable des sociétés transnationales non européennes que des sociétés européennes, ce qui a conduit pour un temps au blocage du projet de société commerciale européenne. La Société européenne (désignée sous son nom latin de « *Societas Europaea* » ou SE) est cependant devenue une réalité avec l'entrée en vigueur en 2004 du règlement du Conseil n° 2157/2001 du 8 octobre 2001 (*JOCE* L n° 294 du 10 nov. 2001, p. 1-21). Une telle société européenne peut être créée par fusion (de sociétés anonymes d'États membres différents), par création d'une société holding (ouverte aux sociétés anonymes et aux SPRL ayant une présence communautaire, soit des sièges dans des États membres différents ou des filiales ou succursales dans des pays autres que leur siège), sous forme de filiale commune (ouverte à toute entité de droit public ou privé suivant les mêmes critères) et la transformation d'une société anonyme de droit national.

L'OCDE s'est révélée l'enceinte la plus dynamique pour traiter de ce problème, probablement parce qu'elle regroupe l'ensemble des États d'origine des sociétés transnationales et voulait disposer d'une réglementation opposable aux travaux menés dans les organisations universelles. Ont été successivement adoptés, en juin 1976, des « principes directeurs » à l'intention des entreprises multinationales (amendés en 1979, 1984 et 2000), en juillet 1978, une recommandation du Conseil sur les pratiques commerciales restrictives affectant le commerce international, y compris celles dues aux entreprises multinationales. Intégrés dans une Déclaration de l'OCDE sur l'investissement international et les entreprises multinationales constamment remise à jour depuis 1976, ces textes entendent offrir « un cadre équilibré pour améliorer le climat de l'investissement international et encourager la contribution positive que les entreprises multinationales peuvent apporter aux objectifs économiques, sociaux et environnementaux » (communiqué de la réunion ministérielle de l'OCDE de juin 2000). Malgré leur caractère non contraignant, les procédures de contrôle mises en œuvre se sont révélées assez persuasives (v. par ex. le « concordat » de Bâle de 1975, révisé en 1983, sous les auspices de la BRI, dans le domaine bancaire).

Faute de réglementation contraignante généralement acceptée, c'est sans doute dans la jurisprudence arbitrale relative aux investissements étrangers qu'il faut chercher les principes juridiques applicables aux activités des entreprises transnationales (v. *infra*, n°s 642 et 643).

§ 2. — *Normes économiques internationales*

BIBLIOGRAPHIE. — IUHEI, *Les résolutions dans la formation du droit international du développement*, Colloque, Droz, Genève, 1971, 189 p. — F. ROESSLER, « Law, *de facto* Agreements and Declarations in International Economic Soft Law », *GYBIL* 1978, p. 27-73. — I. SEIDL-HOHENVELDERN, « International Economic Soft Law », *RCADI* 1979-II, vol. 163, p. 165-246. — E. DECAUX, « La forme et la force obligatoire des codes de bonne conduite », *AFDI* 1983, p. 81-97. — M. FLORY dir., *La formation des normes en droit international du développement*, CNRS/OPU, Paris-Alger, 1984, 393 p. — M. NGUYEN HUU TRU, « Les codes de conduite, un bilan », *RGDIP* 1992, p. 45-60. — A. PELLET, « Contre la tyrannie de la ligne droite ; Aspects de la formation des normes en droit international de l'économie et du développement », *Thesaurus Acroasium*, vol. XIX, *Sources of International Law*, Thessalonique, 1992, p. 287-355. — S.A. VOITOVICH, *International Economic Organizations in the International Legal Process*, Nijhoff, Dordrecht, 1995, XVIII-199 p. Voir aussi la bibliographie *sur les recommandations, supra*, n° 241, et *sur les actes concertés non conventionnels*, *supra*, n° 250.

612. Élaboration des normes. — 1° Si la réalité des rapports de force est en général occultée dans la formation des règles du droit international général, elle est au contraire mise en évidence dans celle des normes économiques internationales.

Ceci est particulièrement net en ce qui concerne l'adoption des décisions et des recommandations des organisations économiques internationales. Alors qu'elle est l'exception dans les organisations à vocation politique (v. *supra*, n° 404), la *pondération du vote* constitue une règle fréquente dans les organisations économiques. Les systèmes de pondération sont très variés. Ils dépendent de l'objet même de l'organisation et de la puissance relative des groupes d'États en présence. Il ne faudrait cependant pas y voir une règle absolue ni systématique : le système de pondération n'a d'intérêt pratique que dans les organisations où les résolutions ne sont pas prises à l'unanimité ; or nombre d'entre elles, et non des moindres, imposent l'unanimité (OCDE, AELE, par exemple).

Au sein des Communautés européennes, le nombre des voix attribué à chaque État membre au sein du Conseil est — très approximativement — fonction de son poids économique. Des considérations de prestige diplomatique conduisent à « lisser » certaines différences économiques pour constituer des catégories de membres à égalité (v. *supra*, n° 403).

Dans les organisations à vocation financière et monétaire, le nombre de voix est proportionnel à l'importance de la souscription de chaque État au capital, mais avec des correctifs importants (nombre de voix minimum, pas de prise en compte de certaines contributions supplémentaires au capital pour l'attribution des voix, etc.). Les effets de la pondération peuvent être atténués par des règles spéciales de majorité ou la nécessité d'obtenir l'accord de plusieurs catégories d'États membres dont le nombre de voix est inégal ; ces effets peuvent, à l'inverse, être aggravés par l'exigence de majorités renforcées. Un tel système est en vigueur au FMI et même dans les institutions financières établies par des États du Tiers Monde. Les statuts des banques régionales contiennent des dispositions qui visent à limiter le nombre de voix dont les États extérieurs à la région considérée peuvent bénéficier — ce qui n'apparaît pas toujours, à l'expérience, très réaliste (à tel point que les règles de vote à la Banque africaine de développement ont dû être modifiées en 1979).

Pour les associations de pays exportateurs de produits de base, la même diversité de solutions peut être observée. Les plus importantes d'entre elles (l'OPEP, la CIPEC) ignorent la pondération des voix, d'autres la retiennent (critère du volume des exportations ou de la production). Les organisations chargées de la gestion des accords de produits de base pratiquent en général des répartitions complexes de voix : les pays exportateurs disposeront d'un nombre total de voix égal à celui des pays « consommateurs » (système paritaire), mais à l'intérieur de chaque groupe le droit de vote est proportionnel à l'importance relative de chaque État du groupe dans les exportations ou les importations du produit en cause.

L'accord du 20 décembre 1976 instituant le FIDA est encore plus original. Les États parties sont rangés dans trois groupes, celui des pays industrialisés à économie du marché, celui des États membres de l'OPEP, celui des autres pays en développement. À l'intérieur des deux premiers groupes, l'attribution des voix est proportionnelle à la contribution de chaque État ; en revanche, les États de la troisième catégorie respectent le principe d'égalité « un État-une voix ». Les statuts du Fonds commun pour les produits de base, adoptés en 1980 et en vigueur depuis 1988, donnent satisfaction aux pays du Tiers Monde sur le principe, en dissociant nombre de voix et contribution financière de chaque État, sans renoncer à la pondération des votes. Ainsi le groupe des 77 peut-il être surreprésenté au regard de sa participation au capital, sans atteindre pourtant la majorité absolue.

La pratique fréquente du consensus (v. *supra*, n° 404) qui a été institutionnalisée à l'OMC (v. *infra*, n° 651) ou le retour de fait à l'unanimité, atténuent ce que le principe de la pondération des voix peut avoir de politiquement choquant. Dans les organisations universelles, la pondération reste pourtant l'objet de critiques acerbes.

La nécessité de tenir compte des rapports de forces concrets explique aussi l'importance particulière des *mécanismes de conciliation* au sein des organes délibérants des organisations à vocation économique : par ce biais, est recherché le concours de la minorité, nécessaire à la mise en œuvre des mesures adoptées par une majorité d'États (v. *supra*, n° 404).

Ainsi, la résolution 1995 (XIX) de l'Assemblée générale de l'ONU, qui institutionnalise la CNUCED, prévoit des « procédures... destinées à établir un processus de conciliation qui doit intervenir avant le vote et fournir une base suffisante pour l'adoption de recommandations concrètes concernant des propositions concrètes prévoyant des mesures qui affectent de manière substantielle les intérêts économiques ou financiers de certains pays ». Cette formulation embarrassée vise à limiter le champ d'application de ce mécanisme. Destiné à éviter l'isolement ou l'opposition des pays développés, ce mécanisme trop lourd n'a pas été utilisé : les pays développés y ont vu le danger d'être liés par des résolutions adoptées dans des conditions qui semblaient préserver leurs intérêts. Les besoins qui l'avaient inspiré n'en demeurent pas moins, d'où le recours à la formule des « groupes de contact », moins solennelle mais qui a le même objet.

Le mécanisme de la conciliation, à travers une recherche prolongée du *consensus*, a été également prévu par le règlement de la conférence de codification du droit de la mer — avec la même dérive vers des formules plus souples — et dans la Convention de Montego Bay de 1982, à propos des décisions sur les questions de fond adoptées par l'Assemblée de l'« Autorité » (article. 159, § 9).

2° On peut enfin voir dans la spécificité des questions économiques l'explication du rôle inhabituellement important — sinon même parfois décisif — confié soit aux experts, soit aux organisations non gouvernementales (v. *supra*, n° 420) dans l'élaboration des conventions économiques.

613. Caractères des normes. — La réglementation internationale des questions économiques fait appel à toutes les sources du droit international. Mais la place respective de chacune d'elle ne correspond pas à son importance relative en droit international général.

Concurrencée par les pratiques commerciales et les arbitrages privés, la coutume internationale ne trouve pas des conditions favorables à son développement. Progressivement cependant, le rôle croissant du règlement juridictionnel des différends économiques au regard de leur volume global favorise l'émergence d'un ensemble cohérent de principes généraux de droit, dont la fréquence est plus élevée dans le contentieux économique que dans d'autres contentieux (en raison surtout de la jurisprudence de la Cour de justice des Communautés européennes et des arbitrages transnationaux (par le biais du CIRDI notamment) ainsi que des perspectives offertes par les procédures de l'OMC).

Parmi les sources « traditionnelles », c'est cependant la pratique conventionnelle qui demeure décisive. Pour ce qui est des sources plus récentes, les résolutions d'organisations internationales — politiques autant qu'économiques — et les actes concertés non conventionnels — dans et hors des organisations internationales — prennent une place croissante. La souplesse intrinsèque des secondes répond au souci de malléabilité, souvent recherchée en matière économique. Si la convention rencontre une si grande acceptation, malgré la rigidité de l'instrument, c'est que les États ont su y réintroduire la souplesse nécessaire au stade de la mise en œuvre. En privilégiant la courte durée des traités, en multipliant les clauses de sauvegarde, en prévoyant éventuellement une application provisoire pour accélérer la mise en œuvre, ils sont en mesure de concilier la sécurité juridique et l'efficacité économique.

Les caractéristiques usuelles des normes économiques permettent ainsi de dégager des règles adaptées aux besoins des opérateurs économiques, sous la forme de *standards* (v. *infra*, n° 653).

614. Contenu des normes. — 1° Le droit économique constitue un terrain privilégié de ce que l'on a proposé de qualifier le « droit mou » (*soft law* des Anglo-saxons). Les obligations y sont énoncées de manière souvent vague, et plutôt sous la forme d'engagements de comportement que de résultat (v. *supra*, n° 473).

L'exemple le plus célèbre en est fourni par la partie IV de l'Accord général sur les tarifs douaniers et le commerce (GATT), adoptée en 1964 et intégrée dans le « GATT de 1994 »

(v. *infra*, n° 650), qui, comme l'indique son titre (« commerce et développement »), cherche à répondre aux revendications des pays en développement. On peut y lire, par exemple : « les parties contractantes... devront, *dans toute la mesure du possible*,... accorder une *haute priorité*... » à tel problème ou à telle action. Très fréquentes en matière commerciale, de telles formules le sont également dans le domaine monétaire (voir, par exemple, l'article IV des statuts du FMI, dans sa rédaction de 1976), dans les accords d'assistance technique ou dans ceux relatifs aux produits de base.

La multiplication des clauses de sauvegarde, des régimes dérogatoires ou d'exception, que l'on observe même dans les conventions les plus contraignantes telles le Traité de Rome de 1957 (articles 93, 103 et 108), s'inscrit dans la même perspective.

La nécessité de n'adopter que des règles susceptibles de s'adapter à la conjoncture économique explique pour partie cette prudence et ces imprécisions. De plus, le caractère technique des matières réglementées semble parfois irréductible au droit. Enfin, les politiques économiques sont une composante essentielle de la souveraineté de l'État moderne ; la revendication d'une souveraineté permanente sur les ressources naturelles et les activités économiques ne peut qu'encourager cette tendance à adopter principalement des règles souples, laissant aux États une grande marge d'appréciation.

2° Contrastant avec cette première tendance, au moins en apparence, le droit international de l'économie manifeste un grand souci de *concrétisation*.

Réducteur des différences comme la plupart des disciplines juridiques, le droit international public appréhende le plus souvent les États comme des entités abstraites, dont l'égalité est postulée. Sans abandonner l'axiome de l'égalité souveraine, le droit économique l'applique de manière plus réaliste, en acceptant de consacrer des catégories plus homogènes que la communauté internationale globale (v. *infra*, n° 625).

Une autre particularité des normes économiques qui peut paraître antinomique avec l'idée d'un droit « mou » est la fréquence des dispositions accordant des pouvoirs exceptionnels aux organisations internationales en période de crise.

Le droit des conjonctures économiques « fastes » est plus respectueux des souverainetés étatiques que celui des temps de crise. Les pouvoirs de la Commission des Communautés européennes dans la gestion des industries du charbon et de l'acier en fournissent une illustration extrême (v. aussi le régime du contrôle des aides nationales aux secteurs en crise structurelle).

La volonté de concrétisation s'exprime également dans le caractère précis, circonstancié, de nombreuses normes économiques. Ces caractéristiques, en l'espèce, ne contredisent pas l'idée d'un « droit mou » mais l'illustrent au contraire : les précisions inscrites dans la norme économique visent souvent à nuancer ou à limiter sa portée dans le temps, à transformer une norme apparemment de résultat en norme de comportement, d'où la formulation complexe de ces normes.

Il n'y a donc pas de contradiction entre les objectifs poursuivis. Dans le contenu des normes, comme dans leur élaboration, c'est toujours l'efficacité à long ou moyen termes qui est recherchée, par un équilibre dynamique de la rigueur et de la souplesse. Dans l'optique néo-libérale qui s'impose depuis une trentaine d'années, il est reconnu que les entreprises sont des participants nécessaires à l'application des normes économiques internationales — sans aller jusqu'à reconnaître effet direct à celles-ci — et qu'il convient donc de privilégier « la sécurité et la prévisibilité du système commercial multilatéral » comme objet et but essentiels de ce système, y compris dans ses mécanismes de règlement des différends (rapports du groupe spécial ORD du 4 oct. 1996, *Taxes sur les boissons alcooliques*, p. 35 ; du 22 déc. 1999, articles *301 à 310 de la loi de 1974 (Cté. eur. c. États-Unis)*, point 7.75 ; du 5 oct. 2001, *Sirop de maïs (Mexique c. États-Unis)*, § 79 et 107 ; du 22 juill. 2004, *Bois de construction résineux V (États-Unis c. Canada)*, § 112).

615. Application des normes

BIBLIOGRAPHIE. — G. GARZON CLARIANA, « Settlement of Disputes in International Commodity Agreements, 1949-1979 », *Riv. di Diritto Internaz.* 1980, p. 392-410. — Z. HAQUANI, « La conciliation et le consensus dans la pratique de la CNUCED », *Mél. Abendroth*, 1982, p. 100-117. — Colloque de l'Académie de droit international de La Haye, *Le règlement des différends sur les nouvelles ressources naturelles*, Nijhoff, La Haye, 1983, 487 p. — H. A. H. AUDRECHTSH, « Supervision in the EEC, OCDE and Benelux : a Difference of Degree, but Also in Kind ? », *ICLQ* 1987, p. 873. — L. BOISSON DE CHAZOURNES, *Les contre-mesures dans les relations économiques internationales*, IUHEI, Pedone, 1992, 246 p. Sur le règlement des différends au sein de l'OMC v. la bibliographie figurant *infra* sous le n° 652 et sur l'arbitrage (CIRDI not.) en matière d'investissements, celle figurant sur le n° 646.

Le contenu des normes influe inévitablement sur leur application. La souplesse, l'adaptabilité des règles économiques rend particulièrement difficile l'appréciation des manquements.

Au surplus, il convient de ne pas vider la règle de sa substance au prétexte d'appliquer une sanction : « le droit international économique n'a pas une vision légaliste et contentieuse de l'ordre international. Il n'est pas intéressé par la question de savoir « qui a violé quoi ». Il veut s'assurer de la continuité de *l'esprit de coopération* des participants qui se sont écartés provisoirement du respect de la règle économique » (D. Carreau, P. Juillard, T. Flory, *Droit international économique*, LGDJ, 1990, p. 22).

Plutôt qu'une démarche de « ministère public », soucieux de la moindre violation de la loi, les États préfèrent adopter, en matière économique, une attitude à la fois plus pragmatique et politique : à travers des bilans périodiques, l'équilibre global des prestations des États — ou des avantages tirés de l'application d'une norme — sera vérifié ; par un examen au coup-par-coup, un apaisement sera apporté aux opérateurs économiques dont les intérêts auront été sérieusement compromis par le comportement de leurs concurrents étrangers.

Dans ces perspectives, les procédures d'« évaluation » ont autant sinon plus d'importance que les mécanismes de règlement des différends, car elles déterminent souvent l'application d'ensembles normatifs dont la survivance juridique est souvent aléatoire : de nombreuses conventions économiques sont maintenues en vigueur au-delà du délai où, selon leurs clauses finales, elles pourraient être dénoncées par les États parties.

Les procédures d'évaluation prennent la forme de rapports obligatoires selon une périodicité plus ou moins grande, de consultations préalables, d'expertises systématiques ou non. Leur portée juridique peut sembler parfois contestable, parce que les normes sont d'une trop grande imprécision, mais en pratique elle n'est jamais négligeable pour les États qui ont besoin de l'assistance des autres États.

Les procédures de règlement des différends sont tantôt non contentieuses, tantôt contentieuses. Ces dernières sont moins souvent prévues que les procédures non contentieuses dans les conventions multilatérales (à l'exception notable des accords OMC), mais la fréquence des arbitrages internationaux est là pour témoigner qu'il est exagéré de parler d'une allergie des États au juge dans le domaine de l'économie (v. *infra*, n° 646).

Dans l'ensemble, le respect des normes économiques n'est pas moins sanctionnable que celui d'autres règles internationales. Mais les États répugnent à mettre systématiquement en œuvre les mesures théoriquement utilisables et préfèrent recourir aux possibilités de dérogations et aux sanctions indirectes.

616. Limites de la spécificité du droit international de l'économie. — Les traits particuliers que l'on vient de signaler ne caractérisent le droit international économique que par leur fréquence statistique ; ils existent — à un moindre degré — dans d'autres domaines du droit international général.

On peut soutenir, d'ailleurs, qu'il est d'autres matières que l'économie où ces caractéristiques sont tout aussi marquées : c'est le cas pour la protection internationale des droits de l'homme (v. *supra*, n°s 419 s.) ou le droit de l'environnement (v. *infra*, n° 734 s.).

Il faut reconnaître aussi que ces traits ne sont vérifiés que dans une vision d'ensemble du droit économique. Les relations économiques entre certains États — relations bilatérales ou multilatérales, telles celles qui se développent au sein des Communautés européennes — sont régies par des règles plus précises à beaucoup d'égards et mieux sanctionnées que celles de droit international général. Certaines activités économiques, en raison de leur ancienneté ou, à l'inverse, de leur caractère inédit, répondent mal à cette vision schématique (droit de la mer, droit de l'espace extra-atmosphérique).

L'originalité — relative — du droit international des relations économiques ne tient pas au fait que l'économie est irréductible au droit. Chaque époque a des conceptions différentes sur ce point. De nos jours, les particularités de ce droit s'expliquent surtout par le primat politique accordé aux données économiques et sociales : le fait suffit à expliquer la réticence des États à lier leur compétence dans cette matière. En outre, l'expérience historique a convaincu les responsables des politiques étrangères du danger d'une attitude trop rigide dans le court terme ; la souplesse est gage de survie des principes dominants de l'ordre économique souhaité par les grandes puissances économiques.

Section 2

L'ordre économique international

617. La notion d'ordre économique. — D'un point de vue juridique, un « ordre économique » se définit comme l'ensemble des normes et institutions réglementant les comportements et les activités des opérateurs économiques, et correspondant à quelques principes directeurs ou standards jugés complémentaires par un « modèle » économique.

Bien évidemment, la notion d'ordre économique, au sens plein, est très marginalement juridique. Les phénomènes, les lois qui l'animent, ne sont que partiellement déterminés par le droit, en particulier par le droit international public. C'est une des grandes difficultés du problème que de prévoir les « effets pervers » — parce que non prévus — des normes juridiques dans ce domaine.

Par les résolutions 3201 et 3202 (S-VI) du 1er mai 1974, au cours de sa sixième session extraordinaire, l'Assemblée générale des Nations Unies adoptait une déclaration et un programme d'action relatifs à l'instauration d'un « nouvel ordre économique international ». L'expression a fait fortune, parce qu'elle traduisait les aspirations au changement d'une très forte majorité d'États : elle est plus chargée de signification tactique que de contenu matériel. L'évolution politique et économique des quinze dernières années a mis à mal cette aspiration. Le ralliement des États de l'ancien bloc communiste au modèle libéral, le renversement du rapport des forces au détriment du Tiers Monde, l'aboutissement du cycle de l'Uruguay en matière commerciale n'ont pas fait disparaître les causes profondes des aménagements souhaités et parfois acquis, même si le concept ambitieux de « nouvel ordre économique » n'est plus guère d'actualité.

La recherche d'un « nouvel ordre économique international » plus équitable par les pays en développement dans les années 1970 a fait long feu faute d'avoir correspondu à l'évolution concrète des rapports de force, si bien que l'ordre économique international actuel conserve largement les caractéristiques « néo-libérales » qui marquaient celui qui avait été édifié au sortir de la seconde guerre mondiale.

§ 1. — *La construction de l'ordre économique international*

BIBLIOGRAPHIE. — *Sur l'ordre mondialisé actuel*, v. *infra*, la bibliographie figurant sur le n° 621.

Sur le nouvel ordre économique international : — M. VIRALLY, « La deuxième décennie des Nations Unies pour le développement : essai d'interprétation para-juridique », *AFDI* 1970, p. 9-33 et « Notes de lecture » (Charte de 1974), *AFDI* 1974, p. 57-77. — J. CASTAÑEDA, « Note sur (le) processus d'élaboration » (de la Charte de 1974), *ibid.*, p. 31-56. — G. FEUER, « Réflexions sur la Charte des droits et devoirs économiques des États », *RGDIP* 1975, p. 273-320 et « Les différentes catégories de pays en développement », *JDI* 1982, p. 5-54. — C.N. BROWER et J. B. TEPE, « The Charter of Economic Rights and Duties of States : A Reflection or Rejection of International Law ? », *Int. Lawyer* 1975, p. 295-318. — Ch. TOMUSCHAT, « Die Charta der Wirtschaftichen Rechte und Pflichten der Staaten », *Z.a.ö.r.v.* 1976, p. 444-490. — R. C. A. WHITE, « A New International Economic Order », *ICLQ* 1975, p. 542-552. — P.M. EISEMANN, « Le nouvel ordre économique international en tant que concept juridique », *Ann. Tiers Monde* 1976, p. 103-113. — P.M. MARTIN, « Le NOEI », *RGDIP* 1976, p. 502-535. — D. CARREAU, « Le NOEI », *JDI*, 1977, p. 595-605. — G. FEUER, « Les Nations Unies et le NOEI », *JDI* 1977, p. 606-629. — D. COLARD, « Vers l'établissement d'un NOEI », *NED*, La Documentation française, 1977, n° 4412-4414, 84 p. — Colloque, *Aspects juridiques du nouvel ordre économique en perspective, NILR* 1977, p. 507-545 et 1978, p. 217-299. — M. BENNOUNA, « Le NOEI et la doctrine juridique », *RJPE du Maroc* 1977, n° 3, p. 33-44. — J. SIOTIS, « Les Nations Unies à la recherche du nouvel ordre mondial : réflexions sur l'avenir du multilatéralisme », *Les relations internationales en mutation*, IUHEI, Sijthoff, Leyde, 1977, p. 163-178. — J. MARCZYK, « Le rôle du droit international dans l'instauration d'un NOEI », *GYbIL* 1977, p. 217-235. — M. BEDJAOUI, *Pour un nouvel ordre économique international*, Unesco, 1979, 296 p. — F. RIGAUX, « Pour un autre ordre international », *in Droit économique 2*, IUHEI, Pedone, 1979, p. 269-443. — M. FLORY, « La troisième décennie pour le développement », *AFDI* 1980, p. 593-605. — R. BERMEJO, *Vers un NOEI*, Éd. Univ., Fribourg, 1982, 527 p. — G. MERLOZ, *La CNUCED : droit international et développement*, Bruylant, Bruxelles, 1980, 460 p. — G. ABI-SAAB, *Développement progressif des principes et normes du droit international relatif au NOEI*, UNITAR, 1984 (doc. A/39/504/Add. 1). — M. BETTATI, *Le nouvel ordre économique international*, PUF, « Que sais-je ? » n° 2088, 1985, 128 p. — J. MAKARCZYK, *Principles of a New International Economic Order*, Dordrecht, Nijhoff, 1988, 367 p. — G. VERDIRAME, « The Definition of Developing Countries under GATT and International Law », *GYbIL* 1996, p. 164-197. Voir aussi ONU, *Le nouvel ordre économique international : bibliographie sélective*, New York, 1980, ST/LIB/SER.B/30, 128 p.

Sur le droit international du développement : M. VIRALLY, « Vers un droit international du développement », *AFDI* 1965, p. 3-12 et « Où en est le droit international du développement ? », *RJPIC* 1975, p. 279-290. — G. DE LACHARRIÈRE, « L'influence de l'inégalité de développement des États sur le droit international », *RCADI* 1973-II, vol. 139, p. 227-269. — SFDI, *Pays en voie de développement et transformation du droit international*, Colloque d'Aix, Pedone, 1974, 376 p. — S. MARCHISIO, *La cooperazione per lo sviluppo nel diritto delle Nazioni Unite*, Jovene, Naples, 1977, 334 p. — M. FLORY, *Droit international du développement*, PUF, Thémis, 1977, 336 p. — « Pour un droit social international », *Mél. Dupuy*, 1991, p. 149-157. — Colloque d'Alger, *Droit international et développement*, DPU, Alger, 1978, 500 p. — E. JIMENEZ DE ARECHAGA, « International Law in the Last Third of a Century », *RCADI* 1978-I, vol. 159, p. 1-344. — B.O. DE RIVERO, *New Economic Order and International Development Law*, Pergamon Press, Oxford, 1980, 142 p. — R.-J. DUPUY, « Communauté internationale et disparités de développement », *RCADI* 1979-VI, vol. 165, p. 9-232. — Cl. RUCZ, *Le Conseil économique et social de l'ONU et la coopération pour le développement*, Economica, 1983, XII-501 p. — M. BENNOUNA, *Droit international du développement. Tiers Monde et interpellation du droit international*, Berger-Levrault, 1983, 335 p. — M. BENCHIKH, *Droit international du sous-développement*, Berger-Levrault, 1983, 331 p. — Th. WEISS et Z. JENNINGS, *More for the Least*, Lexington Books, 1983, XXVI-177 p. — Contributions de M. BENNOUNA, F. BORELLA, A. HASBI et A. PELLET, *in Mél. Chaumont*, 1984, p. 59-72, 73-88, 323-346 et 465-494. — F. SNYDER et P. SLINN ed., *International Law of Development (Comparative Perspectives)*, Professional Books, Abingdon, 1987, IX-322 p. — J.-M. PELAEZ MARON, *La crisis del derecho international del desarollo*, Cordoba, 1987, 233 p. — A. PELLET, *Droit international du développement*, PUF, « Que sais-je ? », n° 1731, 2e éd., 1987, 128 p. — G. FEUER et H. CASSAN, *Droit international du développement*. Dalloz, 1991, 2e éd., XXX, 612 p. — J. BOUVERESSE, *Droit et politique du développement et de la coopération*, PUF, 1990, 316 p. — F.V. GARCIA-AMADOR, *The Emerging International Law of Development. A New Dimension of International Economic Law*, Oceana Publ., New York, 1990, VIII-286 p. — G. BLANC, « Peut-on encore parler d'un droit du développement ? », *JDI* 1991, p. 903-945. — M. BULAJIC, *Principles of International Development Law*, Nijhoff, Dordrecht, 1993, XIX-484 p. — A. COMBA, *Il neo liberalismo internazionale. Strutture giuridiche e dimensione mondiale degli accordi di Bretton Woods all'Organizzazione mondiale del commercio*, Giuffré, Milan, 1995, 300 p. — J.C.N. PAUL, « The UN and the Creation of an International Law of Development », *Harv. ILJ* 1995, p. 307-328. — M. BENCHIKH, « Bilan du Droit international du développement », *CEBDI*, vol. II, 1998, p. 269-303. — G. FEUER, « Libéralisme, mondialisation et développement : à propos de quelques réalités ambiguës », *AFDI* 1999, p. 148-164. — A. MAHIOU, « Droit international et développement », *CEBDI* vol. III (1999), p. 7-144.

Voir l'*Annuaire du Tiers Monde* (1974-1986) et les recueils de documents réunis par B. STERN, *Vers un NOEI ?*, Economica, 1983, LXI-740 p. et A.P. MUTHARIKA, *The International Law of Development*, recueil de documents, Oceana, New York, 4 vol., 1978-1985 ; et la bibliographie sur le développement durable, *infra*, n° 748.

618. Rémanence de l'orientation néo-libérale. — L'ordre économique mondial existant est issu de l'effort de reconstruction de l'immédiat après-guerre. À cette époque, les États industrialisés à économie de marché — sous la houlette des États-Unis — ont eu le souci de rétablir le plus vite possible les règles du jeu du marché et de la concurrence, *dans leurs relations mutuelles*, ce qui les a incités à établir les organisations internationales et à élaborer les normes conventionnelles internationales garantes du respect des règles du jeu à cette fin.

Les premières institutions économiques étaient destinées à garantir et à étendre les principes du néo-libéralisme dans les relations économiques internationales (v. *infra*, n° 621) : les règles dont le respect est assuré par le FMI et le GATT vont toutes dans ce sens. Malgré les critiques politiques, pendant la phase de déclin de l'idéologie libérale — jusqu'au début des années 1980 —, les grandes puissances ont maintenu les acquis de l'époque précédente. Dans les secteurs où le néo-libéralisme pouvait sembler menacé — le financement des investissements à l'étranger, par exemple, de nouvelles voies ont été explorées en dehors des institutions existantes : la croissance de l'euro-marché, relais devenu en une dizaine d'années décisif dans les relations financières internationales, a donné au libéralisme économique une nouvelle vigueur ; l'internationalisation des activités économiques, par la multiplication des sociétés transnationales, a indirectement forcé la plupart des États à participer à la même logique économique ; la multiplication de conventions bilatérales d'investissement, conçues sur le même modèle, a rétabli et renforcé un modèle unifié de protection des investissements étrangers.

Le renouveau du prestige de l'idéologie néo-libérale, au cours des dernières années, n'a fait que consacrer une situation bien réelle, un nouvel ordre en gestation qui n'est pas celui souhaité par le Tiers Monde.

619. La revendication avortée d'un nouvel ordre économique international. — La déclaration de 1974 « concernant l'instauration d'un nouvel ordre économique international » (v. *supra*, n° 617) indiquait les nouveaux objectifs poursuivis par les Nations Unies à l'instigation des pays en développement avec le soutien des États à économie centralement planifiée. Il devait s'agir d'un ordre économique :

« fondé sur l'équité, l'égalité souveraine, l'interdépendance, l'intérêt commun et la coopération entre tous les États, indépendamment de leur système économique et social, qui *corrigera les inégalités et rectifiera les injustices* actuelles, permettra d'éliminer le fossé croissant entre les pays développés et les pays en voie de développement et assurera dans la paix et la justice aux générations présentes et futures un développement économique et social qui ira en s'accélérant ».

Cette prise de position était l'aboutissement d'une *évolution historique* assez rapide. C'est à partir des années 1960, avec l'accession à la vie juridique internationale de nombreux États décolonisés, que le problème de l'adaptation du droit international de l'économie aux rapports entre pays inégalement développés a été posé avec insistance. Jugeant que ce problème particulier était déterminant pour la structure d'ensemble de cette branche du droit, les États en développement ont fait porter leurs revendications sur les règles applicables à *toutes* les relations économiques internationales.

En dépit d'éléments de continuité avec l'ordre néo-libéral de l'après-guerre, le principal point de divergence, mais il est considérable, porte sur les avantages d'une concurrence saine et libre. Les rigueurs de ses conséquences entre partenaires inégaux ne sont pas acceptées et tout doit être mis en œuvre pour y faire échapper les États en développement : grâce à des mesures compensatrices, hétérodoxes par rapport aux principes actuels, à court terme ; par l'action de règles inédites, à plus long terme. On a, un temps, tenté de faire la synthèse de cet ensemble cohérent de revendications, dans le cadre d'une branche nouvelle du droit international, le droit international du développement – mais force a été de constater le caractère largement incantatoire de ces normes souhaitées mais jamais intégralement passées dans le droit positif (v. A. Pellet *in Mél. Chaumont*, 1984, p. 465-493).

C'est en matière de relations commerciales internationales que la contestation a été la plus vive et les transformations les plus significatives. À travers le slogan « *Trade not Aid* » (« Du commerce, pas de l'aide »), le Tiers Monde exprimait le désir de sortir d'une situation d'assistance humiliante : l'aide devait être reléguée en seconde position si les réaménagements nécessaires étaient apportés aux règles du commerce international. Telle fut l'entreprise de la Conférence des Nations Unies pour le commerce et le développement (CNUCED), à partir de 1964. Cette institution a eu un rôle essentiel d'impulsion dans la proclamation d'un droit *au* et *du* développement, qui a débouché sur la recherche d'un « nouvel ordre économique ».

Les « temps forts » qui ont scandé cette période de contestation de l'ordre économique de l'après-guerre peuvent être schématisés de la manière suivante :

— La proclamation en 1961 de la *première décennie des Nations Unies pour le développement* (résol. 1710 [XVI]) témoigne de l'intérêt nouveau porté par les Nations Unies aux problèmes propres des États dits de la « périphérie » (Galtung) mais reste très imprégnée de l'esprit d'« assistance ».

— En 1964, à l'occasion de la première CNUCED (Genève), sont adoptés quinze « principes généraux » et certains « principes particuliers » qui constituent le premier essai de définition du futur « nouvel ordre économique » ; la même année est adoptée la partie IV du GATT (v. *infra*, n°s 625 et 650).

— L'adoption en 1970 de la *Stratégie des Nations Unies pour la deuxième décennie pour le développement* (résol. 2626 [XXV] de l'Assemblée générale) traduit l'évolution des idées par rapport à la première « décennie » : la communauté internationale ne s'en tient plus à des objectifs abstraits. À travers le terme « stratégie », c'est une conception plus militante qui s'impose.

— Le ton se durcit, de la part des États en développement, avec la *déclaration d'Alger* de la 4e conférence des non-alignés (1973) et surtout avec l'offensive de l'OPEP en ce qui concerne le prix du pétrole et le contrôle de son exploitation.

— L'année suivante, la réunion de la 6e session extraordinaire de l'Assemblée générale de l'ONU, l'adoption par celle-ci de la *déclaration* et du *programme d'action concernant l'instauration d'un nouvel ordre économique international* (1er mai 1974), suivie par le vote de la *Charte des droits et devoirs économiques des États* en décembre de la même année, constituent sans doute le point d'orgue des revendications du Tiers Monde.

— En 1975, la *7e session extraordinaire sur le développement et la coopération économique internationale*, la conclusion de la *convention de Lomé I* entre la CEE, ses États membres et les États ACP marquent une pause dans les revendications et s'efforcent de consolider les acquis ; peu après, la *conférence sur la coopération économique internationale* (CCEI, dite « conférence nord-sud », 1975-1977) témoignera des limites des concessions que les pays développés sont prêts à consentir ; parallèlement, des efforts sont entrepris pour encourager la coopération économique entre pays en développement (cf. le concept d'autonomie économique collective avalisé par la 4ᵉ CNUCED – Nairobi, 1976).

— Depuis lors, la persistance des effets de la crise économique puis des fluctuations du dollar et les évolutions géopolitiques ont été peu favorables aux revendications globales : l'idée de *programme intégré* et de *Fonds de stabilisation du cours des matières premières* lancée en 1976 n'aboutit que quatre ans plus tard. Tout en maintenant leurs objectifs dans la *troisième et la quatrième décennies des Nations Unies pour le développement* (résolutions 35/56 du 5 décembre 1980 et 45/199 du 21 décembre 1990 qui incorporent également des « stratégies »), et malgré l'importance accordée au principe de *négociation globale*, le Tiers Monde fait porter ses efforts sur des solutions immédiates à ses graves problèmes financiers, monétaires et énergétiques.

Malgré tout, le concept de « nouvel ordre économique international » est à l'origine de nouveaux objectifs que se fixe la communauté internationale ; il a débouché, en particulier, sur la notion de « développement durable » *(sustainable development)*, idée force de la Déclaration de Rio du 13 juin 1992 qui vise à intégrer la protection de l'environnement dans le processus de développement (sur le développement durable, v. *infra*, nº 748 et la bibliographie précédant ce nº).

Sur la demande de l'Assemblée générale (résol. 47/191), l'Ecosoc a créé, en 1993, une Commission du développement durable chargée de « contrôler les progrès réalisés pour appliquer l'Agenda 21 — le programme d'action adopté par la conférence de Rio — et intégrer les objectifs relatifs à l'environnement et au développement dans l'ensemble du système des Nations Unies... » (Ph. Orliange, *AFDI* 1993, p. 820-832).

Le constat s'impose aujourd'hui : il n'est plus guère question de nouvel ordre économique international même si les acquis du début des années 1970, en matière commerciale surtout, ne sont pas ouvertement remis en cause mais, dans le cadre des principes néo-libéraux fortement réaffirmés au cours de la dernière décennie, ils apparaissent comme des *dérogations*, limitées dans leur portée et leur durée, accordées aux pays en développement.

620. L'encadrement institutionnel de l'ordre économique international. — À l'origine, l'ordre économique de l'après-guerre devait reposer sur trois piliers : monétaire, financier et commercial. La Conférence de Bretton Woods (1944) s'est employée à construire les deux premiers, celle de La Havane (1947-1948) le troisième.

Très logiquement, suite à la désorganisation monétaire et au repliement autarcique résultant de la Première Guerre mondiale et de la crise des années 1930, il a paru essentiel de construire d'abord un ordre monétaire proprement international, assurant à la fois la création d'instruments monétaires en quantité suffisante et leur circulation, puisque la monnaie est le moyen nécessaire pour assurer le financement tant des investissements (volet financier) que des achats de biens et de services (volet commercial). L'attitude des États qui ont participé aux négociations de Bretton Woods n'a cependant pas été la même dans le domaine monétaire et pour les questions financières, malgré l'interdépendance des flux en cause : autant il leur paraissait impératif, au vu de l'expérience désastreuse des manipulations monétaires des années 1930, de reconnaître une autorité réelle à l'organisation compétente dans le domaine monétaire (FMI), autant ils étaient réticents à sacrifier leurs compétences de contrôle des flux financiers à des fins d'investissement – l'URSS pour préserver son système économique étatique, les pays européens par crainte d'une mainmise des intérêts américains sur leurs économies.

Ce projet cohérent, d'inspiration nettement keynésienne n'a été réalisé que partiellement. Le Fonds monétaire international (FMI) a été doté de compétences étendues et de moyens d'agir efficaces en matière monétaire, mais la Banque internationale pour la reconstruction et le développement (BIRD) a été conçue comme une organisation exclusivement axée sur l'assistance financière au développement (elle a été déchargée de son rôle pour la reconstruction des économies – principalement européennes – dévastées par la guerre grâce au Plan Marshall [1947]) à l'exclusion de toute compétence de régulation dans le domaine de la circulation des capitaux. Quant au pilier commercial, il n'a été que partiellement édifié : la Convention de La Havane créant une Organisation internationale du Commerce (OIC) n'a pu entrer en vigueur, suite à l'hostilité du Sénat américain et il a fallu se contenter d'un accord, signé le 30 octobre 1947 et conçu à l'origine pour être provisoire : l'Accord général sur les tarifs douaniers et le commerce (GATT selon son sigle anglais) qui s'est progressivement cristallisé en une organisation internationale dotée d'une structure institutionnelle légère.

La guerre froide a empêché l'achèvement du projet initial. Au plan financier, l'OCDE (qui a succédé à l'OECE initialement créée pour gérer les fonds du plan Marshall) a promu la libre circulation des capitaux entre ses membres, tandis qu'en matière commerciale les pays en développement ont suscité la création de la CNUCED, organisation autonome au sein des Nations Unies pour concurrencer le GATT réputé trop favorable aux intérêts occidentaux.

Ce n'est qu'avec la chute du mur de Berlin que l'ordre commercial international, esquissé en 1947, a pu être doté d'une organisation internationale chargée de la double mission de l'approfondir (en constituant le cadre des négociations commerciales multilatérales – NCM) et d'en faire respecter les règles (en sanctionnant le non-respect des principes applicables) : l'Organisation mondiale du commerce (OMC), créée par les accords de Marrakech. Ses pouvoirs sont cependant extrêmement déséquilibrés : autant ils sont remarquablement étendus s'agissant du contrôle du respect des normes du GATT (considérablement amplifiées) grâce à un mécanisme efficace de règlement de différends entre ses membres (ORD), autant les compétences normatives de l'Organisation demeurent limitées et dépendent d'un improbable consensus entre toutes les catégories d'États la composant.

Quant à l'ordre financier international, il demeure fort anarchique. En l'absence de toute organisation internationale compétente au plan universel (sur l'échec de l'Accord multilatéral sur les investissements – AMI – au sein de l'OCDE, v. *infra*, n° 623), la réglementation des mouvements internationaux de capitaux demeurent de la compétence des États et de l'autorégulation des pouvoirs économiques privés ; et elle est loin d'être arrivée à maturité.

L'éclatement des organisations internationales à vocation économique et social au niveau mondial, dont les compétences se chevauchent partiellement, pose de difficiles problèmes de coordination qui n'ont jamais été résolus de façon satisfaisante bien que le chapitre IX de la Charte des Nations Unies eût chargé l'ONU d'une mission de coordination entre les « institutions spécialisées » « créées par des accords intergouvernementaux et pourvues (...) d'attributions étendues dans les domaines économique, social, de la culture intellectuelle et de l'éducation, de la santé publique et autres domaines connexes... » (art. 57, § 1). Le Conseil économique et social (ECOSOC) créé pour aider l'Assemblée générale à s'acquitter de ces fonctions joue davantage un rôle de « courroie de transmission » entre les institutions spécialisées et l'Assemblée qu'il n'a réussi à s'imposer comme un véritable acteur de cette coordination.

§ 2. — *Caractéristiques de l'ordre économique international*

BIBLIOGRAPHIE. — J. TOUSCOZ, « Mondialisation et sécurité économique internationale », *RGDIP* 1998, p. 623-646. — J. LEBULLENGER, « Les dispositions commerciales de l'accord de partenariat ACP/CE de Cotonou confrontées aux règles de l'OMC », *RAE* 2001-2002, p. 75-91. — E. MENDES et O. MEHMET, *Global Governance, Economy and Law*, Routledge, Londres, 2003, XII-260 p. — G. OLIVARES, « The Essence of Economic Globalization : The Legal Dimension », *RBDI* 2003, p. 56-91. — P. ROSIAK, *Les transformations du droit international économique : les États et la société civile face à la mondialisation économique*, L'Harmattan, 2003, 330 p. — P. DE SENARCLENS, *La mondialisation. Théories, enjeux et débats*, Armand Colin, 2005, X-275 p. *Sur la mondialisation du droit*, v. *supra* la bibliographie figurant sur le n° 32.

621. La mondialisation. — L'ordre économique international actuel tient sa cohérence idéologique du libéralisme qui l'inspire (v. *supra*, n° 618), et qui se traduit par la mondialisation des règles juridiques qui le constituent.

La mondialisation du droit est un phénomène qui dépasse la sphère purement économique (v. *supra*, n° 34 *bis*). Il reste que c'est le droit applicable aux relations économiques internationales qui est, de manière frappante, le plus profondément affecté : c'est dans ce domaine que l'effacement des frontières entre le droit privé et le droit public est le plus manifeste, que l'affranchissement des contraintes étatiques par les pouvoirs économiques privés est le plus spectaculaire, et que la prégnance de normes élaborées et appliquées par ces mêmes pouvoirs est la plus marquée (v. *supra*, n° 4 *bis* sur la *lex mercatoria*). Dans cette perspective, la mondialisation du droit reflète la globalisation de l'économie.

Selon certains auteurs, il conviendrait de réserver le mot « globalisation » pour désigner le phénomène économique sous-jacent : l'unification économique du monde résultant de l'abaissement considérable des barrières douanières, de la part des entreprises transnationales, largement délocalisées, dans les échanges mondiaux, de la relative fluidité des facteurs de production et de la naissance d'une économie de l'immatériel dé-territorialisée. À vrai dire, le terme « globalisation » correspond plutôt à un anglicisme (« *globalization* ») et paraît interchangeable avec celui, préféré ici, de « mondialisation ».

En matière économique, la mondialisation du droit se traduit par un effacement relatif des États au profit des pouvoirs économiques privés. Désormais insaisissables par les États agissant isolément, les activités des entreprises transnationales sont régulées autrement : alors qu'une réglementation globale s'est, jusqu'à présent, révélée irréalisable (v. *supra*, n° 611), un ensemble de principes généraux résultant de la conjonction de la pratique conventionnelle, contractuelle et arbitrale se cristallisent rapidement mais de façon encore passablement anarchique dans le dommaine des investissements et du commerce. En revanche, le développement du financement privé marginalise l'aide du FMI et, par suite, son pouvoir d'influence, et, dans une mesure moindre, celle de la BIRD. Néanmoins, le rôle de la société civile et de ses principaux vecteurs, les ONG, se renforce et constitue sans doute le contre-pouvoir de l'avenir à l'influence pour l'instant largement prédominante des entreprises transnationales.

Plus bruyante qu'efficace, l'« altermondialisation » développe ses forums (cf. les réunions de « Porto Alegre » — du nom de la ville qui a accueilli le premier forum altermondialiste (en 2003) pour faire pendant à celui de Davos (« Forum économique mondial ») qui réunit chaque année les principaux responsables économiques – publics et privés – de la planète). Sur le long terme, cet activisme encore désordonné pourrait cependant contribuer à l'infléchissement de la mondialisation dans un sens plus « écologique » et plus « social » (cf. le débat sur la « clause sociale » à l'OMC – v. E. DE WET, « Labor Standards in the Globalized Economy : the Inclusion of a Social Clause in the General Agrement On Tariff and Trade », *HRQ* 1995, p. 443-462 ; E. ROBERT, « Enjeux et ambiguïtés du concept de clause sociale ou les rapports entre les normes de travail et le commerce international », *RBDI* 1996, p. 145-190 ; V.A. LEARY, « The WTO and the Social Clause : post-Singapore », *EJIL* 1997, p. 118-122 ; M. VELLANO, « Le plein-emploi et la clause sociale dans le cadre de l'OMC », *RGDIP* 1998, p. 879-914 ; S. AGO, « A Crossroad in International Protection of Human Rights and International Trade : is the Social Clause a Relevant Concept ? », *in Mél. Valticos*, 1999, p. 539-548 ; Ch. BEZOU, *La clause sociale : la négociation internationale menée par l'OIT*, Eska, 2008, 169 p.).

A. — Éléments de tension

622. Tensions entre bilatéralisme et multilatéralisme. — L'un des credo sur lesquels reposait la reconstruction de l'ordre économique international au sortir de la Seconde Guerre mondiale était la confiance que ses concepteurs plaçaient dans la régulation des relations économiques opérée par les pouvoirs publics à l'intérieur, des organisations intergouvernementales fortement interventionnistes au plan international. Ceci constituait un puissant facteur de multilatéralisation du droit applicable tant en ce qui concerne son élaboration que la surveillance de sa mise en œuvre (v. *supra*, n° 620).

Ce credo était partagé tant par les États occidentaux, dont le libéralisme était largement teinté de keynésianisme, que par les pays à économie centralement planifiée qui, à l'exception de la Yougoslavie n'avaient jamais adhéré au GATT ni aux statuts du FMI et de la Banque mondiale du fait de la guerre froide mais l'URSS avait participé à la Conférence de Bretton Woods et signé son Acte final. Sur ce point la revendication d'un nouvel ordre économique international n'était pas en rupture avec celui issu de la reconstruction de l'après-guerre : les pays en développement ne contestaient nullement le « dirigisme international » mais l'orientation libérale des organisations internationales économiques existantes et leur contrôle par les pays industrialisés à économie de marché.

La création de l'OMC en 1994 (v. *supra*, n° 620) semble cependant être la dernière grande avancée du multilatéralisme. Les piétinements des négociations de Doha lancées en 2001, dont l'objectif est de libéraliser davantage encore le commerce international des biens et des marchandises, et l'échec des divers projets de traité multilatéral relatif aux investissements (dont le plus célèbre a été l'AMI au sein de l'OCDE – v. *infra*, n° 623), témoignent sinon d'un retour au protectionnisme unilatéral, du moins d'une préférence pour les techniques bilatérales qu'illuste également la multiplication des CBI ou celle des *Free Trade Agreements* (accords de libre commerce – FTA) par les États-Unis.

Il reste que ce bilatéralisme est doublement trompeur. Même si les pays en développement d'une part, les pays industrialisés d'autre part, concluent des CBI entre eux, ces traités bilatéraux restent (comme les FTA) essentiellement des instruments au service des politiques économiques des États industrialisés et des pays émergents (donc un reflet brouillé de l'unilatéralisme). À l'inverse, la répétition des mêmes dispositions (ou de clauses d'inspiration très voisine) dans de nombreux accords bilatéraux contribue puissamment à l'unification des principes applicables, manifestations d'un multilatéralisme lui aussi masqué.

623. Tensions entre universalisme et régionalisme. — L'aspiration à une multilatéralisation des règles applicables aux relations économiques internationales se heurte à l'absence de sentiment de solidarité au plan universel. Celui-ci est beaucoup plus fort entre pays voisins, partageant une histoire, une culture et des valeurs communes. Ceci explique que l'unification des normes qui se révèle impossible au plan universel s'avère souvent plus aisée au niveau régional, soit dans le cadre d'organisations de simples coordination comme l'OCDE, l'OEA ou l'ASEAN (Communauté économique de l'ASEAN, créée par l'Accord de Bali II en 2003), soit dans celui d'organisations d'intégration, sur le modèle des Communautés européennes (v. *supra*, n° 610 et *infra*, n° 626).

Le bilan assez positif de ces organisations, surtout pour la libéralisation des échanges, ne tient pas à des pouvoirs plus étendus que ceux des organisations universelles : les compétences des Communautés européennes sont longtemps restées une exception dans le panorama des organisations régionales. Il ne tient pas non plus à des procédures de décision plus efficaces, la règle restant l'unanimité. C'est la volonté politique qui, en assouplissant des techniques juridiques de coopération classique, leur donne une meilleure « productivité ».

Mais le mouvement n'est pas à sens unique : il peut se faire qu'à la suite de l'échec d'un projet de réglementation au plan régional le niveau universel prenne le relais. Les mésaventures du projet de convention sur les investissements étrangers, sous les auspices de l'OCDE (dite « AMI »), constituent un exemple de cette tendance, minoritaire mais pas inexistante. Ce projet a dû être abandonné en 1998 sous la pression des pays en développement, qui craignaient de se voir imposer un accord élaboré en dehors d'eux, mais aussi de certains pays développés, dont la France (v. P. Juillard, *AFDI* 1998, p. 595-612 ; C. Vadcar, *JDI* 1998, p. 9-44 ; A. Böhmer, *GYBIL* 1999, p. 267-298 ; et SFDI, Journée d'études, *Un Accord multilatéral sur l'investissement : d'un forum de négociation à l'autre ?*, Pedone, 1999, 140 p.). À la suite de cet échec, la négociation d'un accord en la matière a été confiée à l'OMC (Déclaration de Doha du 14 nov. 2001) – pour être, il est vrai, abandonnée par la suite.

L'articulation entre le niveau global et les coopérations et, plus encore, les intégrations, régionales, ne va pas sans poser de difficiles problèmes. Si, en matière monétaire, le FMI s'accommode de l'existence d'unions monétaires (sans en tirer néanmoins toutes les conséquences) (v. *infra*, n°s 634 et 635), les tensions sont plus fortes en matière commerciale : le GATT puis les accords de Marrakech créant l'OMC comportent des régimes dérogatoires en faveur des mécanismes régionaux d'intégration commerciale que ces deux organisations ont envisagé (et continuent d'envisager s'agissant de l'OMC) avec une certaine suspicion (v. *infra*, n° 656).

624. « Privatisation » du droit international de l'économie ? — 1° L'importance du rôle des acteurs privés (ONG et, surtout, entreprises transnationales) dans l'ordre juridique mondialisé a conduit à parler de « privatisation du droit international » (H. Gherari et S. Szurek, *L'émergence de la société civile internationale, Vers la privatisation du droit international*, CEDIN Paris X, Pedone, 2003, III-350 p.).

Avec la généralisation de l'économie du marché, le rôle du secteur public diminue et les actions des États et des organisations internationales intergouvernementales se limitent de plus en plus à la création d'un cadre favorable aux intérêts des pouvoirs économiques privés en adoptant les normes permissives et en créant les structures institutionnelles propres à en assurer le respect nécessaires à cette fin et permettant d'en limiter les excès. Les États n'hésitent d'ailleurs plus à associer le secteur privé à leurs travaux notamment dans le cadre des organisations internationales d'encadrement de l'ordre économique international. L'OMT qui est composée de membres étatiques et de membres représentant les opérateurs touristiques en est un bon exemple. L'UPU associe également très étroitement les opérateurs postaux à ses travaux (depuis 1999). Lorsque n'existent pas de structures faisant une place aux représentants d'intérêts privés au sein des institutions intergouvernementales, le *lobbying*, de plus en plus organisé et influent, des divers secteurs de la société civile y supplée.

Contrairement à la tendance générale, la BRI, créée sous la forme d'une société anonyme de droit suisse, a décidé de racheter les actions détenues par des personnes privées pour réserver le statut d'actionnaire aux seules banques centrales actionnaires (décision de l'Assemblée générale de la BRI, du 8 janvier 2001). Le rachat de ces actions a donné lieu à un important contentieux concernant l'évaluation du prix de rachat (v les sentences arbitrales rendues les 22 nov. 2002 et 19 sept. 2003, *RSA*, vol. XXIII, p. 183-296).

La société civile internationale, tout particulièrement dans le domaine économique, a acquis ou est en train d'acquérir une homogénéité telle que les organismes professionnels ou les groupements d'entreprises sont aujourd'hui aptes à réguler les activités de secteurs entiers en ce qui concerne aussi bien l'élaboration des règles les régissant que le règlement des différends surgissant entre les acteurs. Les meilleurs exemples de normes ainsi créées sont les codes de conduites qu'élaborent les secteurs d'activités ou les entreprises transnationales elles-mêmes (cf. OCDE, Groupe de travail du Comité des échanges, *Codes de conduites : étude exploratoire sur leur importance économique*, doc. TD/TC/WP[2001]10/FINAL).

Cette « privatisation » partielle, inspirée au moins autant par des *a priori* idéologiques que par des nécessités pratiques, est réalisée par la voie de traités, multilatéraux ou bilatéraux (v. *supra*, n° 612, et *infra*, n° 639) et de contrats d'États conclus par des entreprises privées avec des organismes publics, qui ont été au centre de controverses doctrinales (mais de grande portée pratique), qui tendent aujourd'hui à s'apaiser.

2° *Controverses relatives aux contrats conclus par les entreprises transnationales*

BIBLIOGRAPHIE. — P. WEIL, « Problèmes relatifs aux contrats passés entre un État et un particulier », *RCADI* 1969-III, vol. 128, p. 92-240 ; « Les clauses de stabilisation et d'intangibilité insérées dans les accords de développement économique », *in Mél. Rousseau*, 1974, p. 301-328 ; « Principes généraux du droit et contrats d'État », *in Mél. Goldman*, 1982, p. 387-414 ; « L'État, l'investisseur étranger et le droit international », *in Écrits de DI*, PUF, 2000, p. 409-423. — G. VAN HECKE, Rapports à l'IDI, *Ann. de l'IDI* 1977, vol. 1, p. 192-265. — N. VALTICOS, Rapports à l'IDI, *Ann. de l'IDI* 1977, vol. II, p. 1-191. — P. MAYER, « Le mythe de "l'ordre juridique de base" (ou Grundlegung) », *Mél. Goldman*, 1982, p. 199-216 ; et « La neutralisation du pouvoir normatif de l'État », *Clunet* 1986, p. 5-78. — J.-F. LALIVE, « Contrats entre États ou entreprises étatiques et personnes prives. Développements récents », *RCADI* 1983, p. 9-234. — E. PAASIVIRTA, *Participation of States in International Contracts and Arbitral Settlement Disputes*, Helsinki, 1990, XXIII-357 p. — Ch. LEBEN, « Retour sur la notion de contrat d'État et sur le droit applicable à celui-ci », *Mél. Thierry*, 1998, p. 247-280 ; « La théorie du contrat d'État et l'évolution du droit international des investissements », *RCADI* 2003, t. 302, p. 197-386 ; « L'évolution de la notion de contrat d'État », *Rev. arb.* 2003, p. 629-646. — P. JUILLARD, « Le "suivi" des instruments OCDE du 21 juin 1976... », *in L'effectivité des organisations internationales, colloque d'Athènes*, Sakkoulas-Pedone, 2000, p. 181-196. — L. LANKARANI EL-ZEIN, *Les contrats d'État à l'épreuve du droit international*, Bruylant, Bruxelles, 2001, 572 p. — A. F. M. MANIRUZZAMAN, « State Contracts in Contemporary International Law : Monist Versus Dualist Controversies », *EJIL* 2001, p. 309-327. — H.-A. GRIGERA NAÓN, « Les contrats d'État : quelques réflexions », *Rev. arb.* 2003, p. 667-690. — M. KAMTO, « La notion de contrat d'État : une contribution au débat », *Rev. arb.* 2003, p. 719-751. — M.-E. RODRÍGUEZ, *Contratos públicos internacionales*, Colex, Madrid, 2003, 194 p. — S. LEMAIRE, *Les contrats internationaux de l'administration*, LGDJ, 2005, XII-414 p.

a) Position du problème. — Parmi les diverses classifications des contrats transnationaux, celle qui est la plus pertinente *a priori* — au moins pour ce qui est de leur fondement — est celle qui distingue les contrats entre une société transnationale et une autre personne privée, d'une part, et les contrats — dits « contrats d'État » — où le partenaire de la société est un État, ou l'un de ses démembrements publics.

Parce qu'ils sont conclus entre personnes privées, les premiers sont nécessairement fondés sur un droit national.

En principe, « tout contrat qui n'est pas un contrat entre des États en tant que sujets du droit international a son fondement dans une loi nationale. La question de savoir quelle est cette loi fait l'objet de la partie du droit qu'aujourd'hui on désigne le plus souvent sous le nom de droit international privé, ou des théories des conflits de lois. Les règles en peuvent être communes à plusieurs États et même être établies par des conventions internationales ou des coutumes. Mais, à part cela, il y a lieu de considérer que lesdites règles font partie du droit interne » (CPJI, arrêt de 1929, *Emprunts serbes, série A* n° 14, p. 41). Le seul problème est donc de savoir de quelle liberté disposent les contractants privés pour choisir ce droit national.

Cette prise de position ne suffit pas à répondre à la question du droit applicable. Ce qui est vrai du fondement du contrat ne l'est pas nécessairement du droit qui s'y applique : il est des contrats « privés » dont le régime échappe à l'emprise des droits nationaux. Pour des raisons d'opportunité ou compte tenu des règles de conflit des lois, il n'est pas interdit de soumettre ces contrats — sous réserve des exigences de l'ordre public national appréciées, le cas échéant, par les tribunaux nationaux, à un droit non national, « transnational », par exemple les coutumes du commerce international *(lex mercatoria).* Ce droit transnational comprend à la fois des normes matérielles qui régissent les prestations respectives des parties, et des règles procédurales, en particulier celles qui s'appliquent aux recours en cas de litige entre les parties (arbitrage commercial international, notamment) – v. *supra*, n° 4 *bis*.

En revanche, dès qu'un État est partie à un contrat, il lui est loisible, en tant que souverain, de soumettre — ou d'accepter de soumettre — le contrat à des normes de droit international, ce dont « bénéficiera » éventuellement son cocontractant.

b) Les contrats d'État. Opposant les contrats entre États à l'ensemble des contrats auxquels étaient parties des personnes privées, la doctrine n'a pas, dans un premier temps, éprouvé la nécessité d'opérer des distinctions à l'intérieur de la catégorie des contrats transnationaux, selon que l'un des contractants était ou non un État.

Lorsqu'il est apparu que certains États tiraient argument du fait que de tels contrats n'étaient pas des traités pour nier l'opposabilité à leur égard des clauses dérogeant au droit interne, la doctrine a cherché à renforcer la portée de ces contrats en les détachant complètement du droit interne, en refusant d'admettre que leur fondement résidait dans un droit national. Plusieurs théories ont été proposées à cette fin.

Selon la thèse du *contrat sans loi ou a-national*, le contrat crée un ordre juridique indépendant et constitue l'unique loi des parties. Une telle sacralisation de la liberté contractuelle est inacceptable, ne serait-ce qu'en raison de ses impasses pratiques : toutes les difficultés ne pouvant être prévues par les parties, aucune règle juridique ne permettra de trancher un différend ; de plus, en l'absence de principes d'ordre public, c'est la loi du plus fort qui l'emportera.

Pour éviter les inconvénients de la théorie précédente, sans renoncer à ses objectifs, d'autres auteurs préconisent de soumettre les contrats transnationaux à un *tiers ordre juridique*. Pour les uns, celui-ci serait constitué des principes généraux de droit, pour les autres d'un ensemble de pratiques habituellement suivies en la matière (droit « transnational » coutumier) qui constituerait un véritable ordre juridique (*lex mercatoria*).

Selon une troisième approche, les contrats transnationaux sont — ou devraient être — soumis au *droit international public*. À l'appui de leur proposition, les auteurs invoquent d'abord ses avantages pratiques : notamment, le droit international, extérieur aux parties — ce qui n'est pas tout à fait exact pour les États —, serait « neutre » par rapport à elles. Ils font valoir, en outre, que certaines sentences arbitrales de ce type font référence, quant au droit applicable, à des normes empruntées au droit international général.

Sont généralement citées en ce sens les affaires *Lena Goldfields c. URSS*, 1930, *Cornell Law Quarterly* 1950, p. 31 ; *Petroleum Dev. Ltd c. Scheikh d'Abu Dhabi*, 1951, *ILR* 1951, p. 144 ; *Ruler of Qatar c. I.M.O.C.*, 1953, *ILR* 1953, p. 534 ; *Aramco* (qui écarte cependant expressément l'application du droit international), 1958, *RCDIP* 1963, p. 272 ; *Sapphire c. N.I.O.C.*, 1958, *ASDI* 1962, p. 273 ; *B.P. c. Libye*, 1973, *Rev. arb.* 1980, p. 117 ; *Texaco-Calasiatic*, 1977, *JDI* 1977, p. 350 ; *Liamco*, 1977, *Rev. arb.* 1980, p. 132 ; *Aminoil c. Koweit*, 1982, *JDI* 1982, p. 869.

Ces démarches doivent être écartées. Soumettre au droit international public l'ensemble des contrats d'État revient à postuler l'égalité des parties ; or, seule l'une d'entre elles est un sujet souverain.

La pratique ne confirme pas l'idée que tous les contrats d'État sont soumis à un régime uniforme : dans l'exercice de sa souveraineté, l'État dispose d'une très grande liberté de choix. De toute évidence il n'est pas interdit aux États de conclure des contrats soumis à une loi nationale — locale ou étrangère. La qualité du partenaire de l'entreprise transnationale n'imprime pas automatiquement un caractère transnational au régime de ces contrats ; on n'est donc pas en droit de présumer un tel caractère, même si, en vertu de la souveraineté de l'État, rien ne s'oppose à leur internationalisation *volontaire*. Il ne peut être interdit à un État de soumettre un contrat au droit international.

Le problème ne se pose pas dans les mêmes termes en ce qui concerne les contrats conclus par des personnes privées avec des *organisations internationales*. Ici aucune souveraineté n'est en cause. Si les parties sont libres de soumettre leur contrat à un droit interne, en l'absence d'indications en ce sens, il faut présumer qu'elles l'ont ancré dans le droit international. Il faut donc inverser la problématique appliquée aux contrats d'État.

Le problème devient un problème de preuve. Si la référence est expresse, mais c'est probablement exceptionnel, il n'y a pas de difficulté. Dans le cas contraire, la détermination du droit applicable est un problème d'espèce. L'interprète peut s'appuyer sur un certain nombre d'indices pour en déduire la volonté de l'État de soumettre le contrat à un régime de droit international public ou à la *lex mercatoria* :

— la référence aux principes généraux de droit ou aux principes du droit international ;

— l'existence de clauses d'arbitrage évoquant la pratique interétatique ;
— la présence de clauses exorbitantes du droit commun, etc.
En cas de doute, sous réserve de l'incidence des clauses « parapluie » (v. ci-dessous), le contrat doit être réputé soumis au droit interne, car les limitations à la souveraineté ne se présument pas. Telle est l'approche retenue par la convention de Washington de 1965 (v. l'annulation des sentences arbitrales CIRDI dans les affaires *Klöckner c. Cameroun et AMCO c. Indonésie*).

Accepter de soumettre un contrat d'État aux normes du droit international, ne revient pas à en faire un engagement international, ni *a fortiori* à l'assimiler aux traités.

Comme le rappelait l'arbitre dans l'affaire *Aramco* précitée, « la convention n'ayant pas été conclue entre deux États mais entre un État et une compagnie privée américaine, elle ne relève pas du droit international public » *(RCDIP* 1963, p. 313). Moins ambigu, l'arbitre dans l'affaire *Texaco-Calasiatic* précitée déclarait :

« Dire que le droit international régit les rapports contractuels d'un État et d'une personne privée étrangère ne signifie nullement que celle-ci soit assimilée à un État, ni que le contrat qu'elle a conclu avec lui soit assimilé à un traité » *(JDI* 1977, p. 361).

Dans la pratique récente des conventions bilatérales pour la promotion et la protection des investissements, la multiplication des clauses dites « parapluie » (*umbrella clauses*), par lesquelles l'État s'engage conventionnellement à respecter sa propre réglementation à l'égard des investissements étrangers modifie les données du problème. L'application de ces clauses permet, sous certaines conditions, de transformer un simple différend de nature contractuelle entre l'investisseur et l'État en un différend concernant la violation de la convention bilatérale engageant la responsabilité internationale de l'État. Toute violation du contrat entre État et investisseurs devient ainsi une violation de la convention bilatérale sans pour autant changer la nature juridique du contrat qui, en tant que tel, n'est aucunement soumis au droit international. Par l'effet de la clause parapluie les obligations du droit interne bénéficient d'une protection au plan du droit international (cf. en particulier CIRDI, sentence du 12 oct. 2005, *Noble Ventures Inc. c. Roumanie* [ARB/01/11], § 53 ; ainsi que *infra*, n° 647).

Certains tribunaux arbitraux ont accepté quant à eux de soumettre directement au droit international public certains contrats internationaux, en l'absence de toute clause parapluie (ainsi dans l'affaire *Eurotunnel c. France et Royaume-Uni*, sentence du 30 janvier 2007).

B. — Éléments de diversité

625. Prise en compte atténuée des inégalités de développement

BIBLIOGRAPHIE. — G. DE LACHARRIÈRE, « Identification et statut des pays « moins développés » », *AFDI* 1971, p. 483-512. — A. BROUILLET, « La Conférence des Nations Unies sur les pays les moins avancés », *AFDI* 1981, p. 587-627. — G. FEUER, « Les différentes catégories de pays en développement. Genèse, évolution, statut », *JDI* 1982, p. 5-54.

Comme cela a été souligné (*supra*, n° 614.2°), l'une des caractéristiques du droit international de l'économie est le souci de concrétisation qui imprègne ses normes. Celui-ci se traduit notamment par l'existence de règles différenciées en fonction des situations particulières et, notamment, du niveau de développement, de leurs destinataires. Dans la perspective de l'idéologie capitaliste libérale prédominante aujourd'hui, cette préoccupation est cependant moins prégnante que naguère.

Ce n'est pas que les déclarations solennelles de 1974 en faveur d'un nouvel ordre économique international (*supra*, n° 619) soient restées lettre morte. Mais soit leur mise en œuvre n'a été que partielle, soit elle n'a pas eu les effets attendus — en tout cas, pas celui de déstabiliser l'ensemble du droit économique – soit encore les avantages acquis ont été rognés du fait de l'abandon de règles moins avantageuses auparavant applicables dans les relations entre pays industrialisés (cas du SGP – v. ci-dessous).

1° L'exigence la plus ancienne des pays en développement est que soit reconnu et traduit dans les normes juridiques le fait même de l'inégalité de développement. La première étape de cette concrétisation a consisté dans l'émergence en tant que concept juridique de catégories particulières d'États.

Distinguer États développés et pays en développement selon un critère objectif et universellement acceptable s'est révélé une tâche politiquement insoluble. Aussi se borne-t-on à dresser des listes d'États, variables selon l'objet de la norme en cause, auxquelles chaque État accède par le système de l'« autosélection aménagée » (G. de Lacharrière), ou plus exactement selon un mécanisme de candidatures à l'inscription sur une des listes, les différends donnant lieu à compromis sous le contrôle de l'ensemble des parties concernées. Les critères juridiques y ont moins d'importance que les solidarités politiques.

Des nécessités particulières ont conduit à reconnaître de nombreuses sous-catégories : parmi les États industrialisés, on dissociera les États à économie de marché de ceux à planification centralisée ou « en transition économique » ; parmi les pays en développement, il faudra distinguer :

— les pays « les moins avancés » (PMA), dont la liste — mouvante — a été établie par l'Assemblée générale après la résolution 2564 (XXIV) ; ou

— les pays insulaires et ceux sans littoral, en particulier dans le cadre du droit de la mer, mais aussi plus généralement dans le cadre du droit du développement (« stratégies » de l'ONU en 1970, 1980 et 1990, CNUCED).

La tentative menée durant vingt ans par le Tiers Monde visait à faire accepter un corps de règles spécifiques aux relations entre États appartenant à des groupes différents ainsi qu'aux relations entre États appartenant à un même groupe. Menée à son terme, une telle entreprise aurait entraîné une véritable « pluralité » des normes économiques internationales et un « ordre » international tout à fait inédit. En réalité, ces subdivisions n'ont eu, concrètement, qu'une portée juridique réduite à quelques règles. La seule qui ait une portée significative est l'opposition pays développés-pays en développement, et la « dualité » des normes qui en est déduite dans quelques domaines privilégiés : le droit monétaire (la révision de l'article XIV des statuts du FMI en 1976 consacre explicitement le droit pour les pays en développement de ne pas assurer la convertibilité de leur monnaie) et surtout le droit des relations commerciales internationales.

2° Les *principes applicables aux relations commerciales Nord-Sud* ont tenté de favoriser l'insertion des États en développement dans les circuits commerciaux en prenant le contre-pied des standards habituels — la réciprocité, le traitement de la nation la plus favorisée (v. *infra*, n° 654).

a) La *non-réciprocité* est supposée constituer la règle dans les échanges entre pays industrialisés à économie de marché et pays en développement. Ce principe, affirmé par la première CNUCED en 1964, a été transcrit à la même époque dans l'article XXXV, § 8, du GATT, malgré la contradiction évidente avec son postulat fondamental :

« Les parties contractantes développées n'attendent pas de réciprocité pour les engagements pris par elles dans les négociations commerciales de réduire ou d'éliminer les droits de douane et autres obstacles au commerce des parties contractantes peu développées ».

En application de cette disposition, les engagements pris lors des « cycles » Kennedy (1967), de Tokyo (1979) ou de l'Uruguay (1994) par les États développés l'ont été sans réciprocité de la part des pays en développement. Mais il peine à se concrétiser dans le cadre des négociations du cycle de Doha (depuis 2001) au cours desquelles l'irruption des pays émergents qui s'affirment comme des puissances économiques concurrentes des économies développées traditionnelles (Chine, Inde, Brésil, Afrique du Sud) modifie profondément la donne.

Mais son influence déborde le cadre du GATT. Dans les accords successifs de Lomé (1975, 1979, 1984, 1989, amendé en 1995) puis de Cotonou (2000), entre la CEE et ses partenaires ACP, la CEE renonce à demander aux ACP de lui consentir des avantages comparables à ceux qu'elle leur accorde. C'est également un des principes directeurs du « système généralisé des préférences » (SGP), mis au point par la CNUCED en 1970 et appliqué par les États développés et la CEE.

b) Il a été plus difficile d'obtenir la renonciation générale au principe du traitement de la nation la plus favorisée, qui est en contradiction avec l'idée de *préférence*. Le *traitement préférentiel* consiste pour un État à accorder à certains autres des concessions — réductions des droits de douane, par exemple — qu'il n'accepterait pas d'accorder à tous ses partenaires commerciaux.

Or, la clause générale de la nation la plus favorisée contenue dans le GATT interdit un tel comportement, sauf dans quelques situations spécifiées (v. *infra*, n° 654). Il a fallu attendre l'issue du Tokyo Round pour que les États en développement obtiennent satisfaction sur ce point (clause dite d'« habilitation »).

Au demeurant, si le « GATT de 1994 » (v. *infra*, n° 654) préserve théoriquement les avantages acquis par les pays en développement en matière commerciale, il les érode considérablement dans la mesure où, du fait de l'abaissement des droits de douane appliqués au commerce entre pays industrialisés, le « différentiel avantageux » résultant du système préférentiel se trouve amenuisé. On assiste dès lors à un retour au mécanisme classique des clauses dérogatoires en faveur des pays en développement ou de certaines catégories d'entre eux (PMA) ; on peut toutefois penser que, la rivalité commerciale entre pays industrialisés se polarisant sur la question des obstacles non tarifaires au commerce, ceux-ci manifesteront, dans ce domaine, une compréhension plus grande envers les États en développement qu'à l'égard des autres pays développés, ne serait-ce qu'en vertu du principe d'indifférence...

626. Une régionalisation inégalement réalisée. — Il existe des degrés divers de coopération et d'intégration économique régionale, que ce soit en matière monétaire ou dans le domaine commercial, sans que les limites entre ces mécanismes inégalement contraignants pour les États membres soient toujours très claires (v. *infra*, n° 656, les définitions respectives des zones de libre-échange, unions douanières, marchés communs et unions économiques).

C'est dans le monde industrialisé que les formes les plus poussées de coopération (OCDE) ou d'intégration (Communautés européennes) – l'ALENA constituée entre les trois États d'Amérique du Nord présentant des traits intermédiaires – se sont montrées les plus efficaces. Même si elles se sont multipliées entre pays du sud – essentiellement en Afrique et en Amérique latine, à de rares exceptions près (Mercosur), leur existence est chaotique et parfois éphémère.

Déjà prônées par la Conférence de Bandoung en 1955, les ententes régionales dans le Tiers Monde ont été fortement encouragées par la résolution 23 (II) de la CNUCED en 1968. De son côté, le GATT a fait preuve d'un grand laxisme dans l'appréciation de la licéité des accords qui les institutionnalisent (dérogation au principe de la nation la plus favorisée). Il est intéressant de noter que certains de ces accords (l'ALADI : Convention de Montevideo du 12 août 1980 ; la Communauté des Caraïbes — CARICOM : chapitre VII de l'annexe à la Convention de Port of Spain du 4 juillet 1973 ; la CEA-Communauté économique africaine : Traité d'Abuja du 3 juin 1991) admettent une modulation du statut de leurs membres en fonction de leur inégal degré de développement.

Plus récemment, et dans la perspective d'offrir une alternative aux projets de zones de libre-échange sous l'influence des États-Unis, un certain nombre d'États latino-américains ont créé ou réformé des organisations sous-régionales en vue d'atteindre des objectifs plus ambitieux et plus réalistes : ainsi du Traité d'Asuncion du 26 mars 1991, établissant le Marché commun du sud (Mercosur ou Mercosud), qui s'appuie sur une forte coopération bilatérale entre l'Argentine et le Brésil et dont les structures institutionnelles ont été renforcées par le protocole du 17 décembre 1994. De son côté, le Groupe andin, qui s'était désagrégé au cours des années 1970, s'est également réformé en 1997 pour donner naissance au Système andin d'intégration (SAI).

CHAPITRE II

Relations monétaires et financières

627. Définitions. — La monnaie est le moyen de tout échange international.

L'objet de cet échange peut être financier : une certaine quantité de monnaie est échangée contre un actif financier, l'opération consistant dans un achat ou dans une vente de titres de propriété ou de créance. Cet objet peut aussi être commercial : la monnaie est alors échangée contre un bien ou un service. Il peut enfin être monétaire, une monnaie étant échangée contre une autre monnaie.

La territorialité de chaque monnaie veut que tout échange financier ou commercial de caractère international ait été précédé ou suivi, d'une manière ou d'une autre, par un échange monétaire.

De ce fait, les relations monétaires internationales commandent l'ensemble des flux financiers internationaux, mais également — pour une large part — internes.

On a pourtant coutume de traiter ensemble des relations monétaires et financières, opposées aux relations commerciales. Plus que la logique, ce qui commande ce regroupement est une considération historique et ses conséquences juridiques.

À la fin de la seconde guerre mondiale, lorsque les États entreprirent de reconstruire un ordre économique international anéanti par la crise de l'entre-deux-guerres et le conflit, ils dissocièrent deux négociations : l'une, amorcée dès 1942, qui aboutit aux accords de Bretton Woods (1944) sur les questions monétaires et financières (FMI et BIRD) ; l'autre, postérieure à la guerre, consacrée aux échanges commerciaux (Charte de La Havane de 1948 et son appendice « provisoire », le GATT).

Si les négociations de Bretton Woods ont pris en compte l'ensemble des flux financiers, c'est qu'il n'existe pas une solution de continuité nette entre ceux qui intéressent la balance des paiements à court terme (le solde des opérations commerciales courantes, mais aussi certains emprunts ou certains dépôts bancaires des résidents étrangers) et ceux qui correspondent à une présence prolongée dans un État étranger au titre des investissements. Cette difficulté explique probablement la rédaction obscure de l'article XXX des statuts du FMI qui porte sur la distinction, pourtant essentielle, entre les « paiements courants » et les « mouvements de capitaux ».

Le développement, depuis vingt ans, du marché des eurodevises et des euroobligations montre également le caractère artificiel de la distinction entre flux financiers. Théoriquement alimenté par des capitaux « flottants », ce qui devrait conduire à y voir plutôt des éléments des politiques monétaires, ce marché est utilisé par les États aussi bien pour résoudre des difficultés monétaires que pour financer des politiques de développement. Cette incertitude ne facilite évidemment pas la définition d'un cadre normatif international.

Section 1

Relations monétaires

628. Coopération universelle et coopérations régionales. — Pendant une vingtaine d'années, le système de Bretton Woods a fonctionné de manière satisfaisante, tout en assurant au dollar américain, monnaie dominante, des facilités qui affranchissaient largement les États-Unis des contraintes imposées aux autres États membres du FMI. Face aux tensions nées de l'abus de ces facilités pour résorber les déficits commerciaux américains, à la demande croissante de liquidités monétaires pour les besoins du commerce mondial et à l'importance des déséquilibres des balances des paiements, aucun État n'était plus en mesure d'assurer la stabilité des relations monétaires internationales, à travers une organisation universelle. Les disciplines antérieures se sont relâchées, jusqu'à l'abandon du principe fondamental liant la convertibilité des diverses monnaies à la convertibilité du dollar en or. En acceptant le « flottement » des taux des principales devises, les États ont renoncé à un véritable ordre monétaire mondial.

Pour en atténuer les inconvénients, ils se sont orientés vers des solidarités monétaires plus restreintes, soit en redécouvrant les avantages des « zones monétaires » traditionnelles, soit en mettant en place de nouveaux mécanismes dans le cadre d'organisations régionales.

§ 1. — *Système monétaire international*

BIBLIOGRAPHIE. — F. A. MANN, « Money in Public International Law », *RCADI* 1959-I, vol. 96, p. 7-128 ; *Le système monétaire international*, PUF, 1985, 467 p. ; *Legal Aspects of Money*, Clarendon Press, Oxford, 1992, LXIII, 580 p. — D. CARREAU, *Souveraineté et coopération monétaire internationale*, Cujas, 1970, 530 p. ; *Le FMI*, Armand Colin, 1970, 270 p. et *Le système monétaire international, aspects juridiques*, Armand Colin, 1972, 398 p. ; « Le rééchelonnement de la dette extérieure des États », *JDI* 1985, p. 5-48 ; « Le système monétaire international privé : UEM et euro-marchés », *RCADI* 1998, vol. 274, p. 309-392 ; « La souveraineté monétaire de l'État à la fin du XXe siècle, mythe ou réalité », *Mél. Ph. Kahn*, Litec, 2000, p. 491-506. — J. F. GOLD, *The Stand-by Arrangements of the IMF*, FMI, Washington, 1970, 298 p. ; « International Law and the IMF », *Finance et développement* 1977, n° 4, p. 35-37. — M. R. SHUSTER, *The Public International Law of Money*, Clarendon Press, Oxford, 1973, 358 p. — M. G. DE VRIES, *The IMF, 1966-1971, The System under Stress*, FMI, 1976, 2 vol., 700 et 340 p. — L. FOSCANEANU, « Le droit international monétaire selon le 2e amendement aux statuts du FMI », *JDI* 1978, p. 805-867. — M. LELART, *Les opérations du FMI*, Economica, 1981, 272 p. ; *Le Fonds monétaire international*, PUF, « Que sais-je ? », n° 2617, 1991, 128 p. ; *Le système monétaire international*, La Découverte, 2007, 128 p. — Ph. KAHN dir., *Droit et monnaie*, Litec, 1988, 540 p. — G. BURDEAU, « L'exercice des compétences monétaires par les États », *RCADI* 1988-V, vol. 212, p. 211-370. — F. GIANVITTI, « The IMF and External Debt », *RCADI* 1989-VIII, vol. 215, p. 205-286.

— *Festschrift in Honor of Sir Joseph* GOLD, Verlag Recht und Wirtschaft, Heidelberg, 1990, 470 p. — D. ZERAH dir., *Économie financière internationale. Les interventions du Trésor*, La Documentation française, « Études », 1992, 232 p. — H. ASCENSIO, « Les activités internationales des banques : liberté ou contrôle ? », *JDI* 1993, p. 255-297. — J. M. SOREL, *Les aspects juridiques de la conditionnalité du FMI*, 1991, Thèse miméo. Université de Paris XIII et *JEDI* 1996, p. 42-66 ; « La puissance normative des mesures de suivi au sein du FMI et de la Banque mondiale », *in L'effectivité des O.I., colloque d'Athènes*, Sakkoulas-Pedone, 2000, p. 197-212 ; « L'évolution des institutions financières internationales : entre redéploiement et fragilité, une restructuration systémique en chantier », *AFDI* 2006, p. 481-504. — R. CHEMAIN, « Le développement des euromonnaies, vers une privatisation du système monétaire international ? » *in* CEDIN, *L'émergence de la société civile internationale : vers la privatisation du droit international ?*, Pedone, 2003, p. 219-242. — R.-M. LASTRA, *Legal Foundations of International Monetary Stability*, Oxford UP, 2006, LII-547 p. — J.-R. VREELAND, *The International Monetary Fund : Politics of Conditional Lending*, Routledge, Londres, 2007, XIV-172 p. — R.-W. STONE, « The Scope of IMF Conditionality », *I.O.* 2008, p. 589-620. — D.-M. ANDREWS ed., *Orderly Change : International Monetary Relations since Bretton Woods*, Cornell UP, 2008, XII-245 p.

Voir la chronique de D. CARREAU *in AFDI* et la série des « brochures » du FMI et la série d'ouvrages intitulée « Current Developments in Monetary and Financial Law » (4 vol. parus entre 1999 et 2005).

629. Le Fonds monétaire international. — Trois organes de décision se partagent la responsabilité de la gestion du Fonds, qui compte 185 États membres au 31 décembre 2008. Le Conseil des gouverneurs, où tous les États membres sont représentés par leur ministre des Finances ou le président de leur Banque centrale ; il statue sur les questions les plus importantes (admission de nouveaux membres, révision des quotas (« quotes-parts »), décision d'expulsion d'un État membre, etc.). Un organe restreint, le Conseil d'administration, où sont représentés les cinq pays dont les quotas sont les plus importants, les autres (de quinze à dix-neuf) étant élus pour deux ans ; en pratique, cet organe fonctionne selon le principe du consensus. Le directeur général du Fonds est élu par les administrateurs.

Le Fonds est constitué à l'image d'une société par actions où chaque État dispose d'un droit de vote proportionné à sa « quote-part », c'est-à-dire à sa souscription au pool de devises qu'est le FMI. Cette quote-part résulte en fait d'une négociation entre le FMI et le pays candidat, puis de la participation de chaque État aux relèvements successifs des quotes-parts. Compte tenu des modalités de prise de décision, le rapport des quotes-parts est important à deux points de vue : pour constituer une minorité de blocage et pour déterminer les droits de tirage de chaque État membre en monnaies convertibles (v. *infra*, n° 632).

La fonction principale du FMI, dans la conception initiale, était d'établir et de faire respecter une certaine discipline dans les politiques monétaires des États membres.

D'où un système de sanction des défaillances des États membres particulièrement sévère en principe : pressions diplomatiques, interdiction de bénéficier des ressources du Fonds (« inéligibilité », en vertu de l'article XXVI, section 2 (a) ou des dispositions spécifiques aux diverses « facilités » du Fonds), expulsion (« retrait forcé »). Le troisième amendement aux statuts adopté le 28 juin 1990, et entré en vigueur en 1992, crée une solution intermédiaire, la suspension du droit de vote de l'État concerné. Si une telle sanction exige une majorité importante (70 % du total des voix des États membres), elle est plus réaliste, donc plus dissuasive, que l'exclusion formelle.

La fonction d'assistance financière du FMI n'était que connexe à la première : il s'agissait d'aider les États qui rencontreraient des déséquilibres temporaires de leur balance des paiements, à opérer les ajustements nécessaires. Les solutions envisagées ne pouvaient être à la mesure des problèmes qui se sont posés aux États, développés ou non, du fait de la crise monétaire et des politiques de développement économique.

Le paradoxe du sort du FMI est qu'au moment même où il perdait en partie sa place centrale dans le dispositif normatif monétaire (1971-1976), il retrouvait à travers les besoins d'assistance financière à des fins monétaires sa fonction d'orientation en matière de politique économique générale des États membres.

Plus que le garant d'un code de bonne conduite monétaire, le FMI apparaît aujourd'hui comme une organisation chargée d'aider les États membres confrontés à des difficultés, comme la BIRD. Il s'en éloigne en ce que les finalités poursuivies sont plus étroites : cette aide vise avant tout à faciliter des ajustements des balances des paiements. Il s'en rapproche dans la mesure où les déséquilibres pris en compte ont de plus en plus un caractère structurel, comme l'illustrent les crises financières de 1998 ou de 2008.

La fonction concrète du FMI, en matière d'assistance, évolue en fonction inverse de la participation du système bancaire privé au financement des politiques économiques des États. L'interdépendance entre les institutions monétaires publiques et le marché international des capitaux privés connaît même une amorce d'organisation, à travers l'Institut financier international établi en 1983.

Il ne faut cependant pas exagérer la place du FMI dans la régularisation des rapports économiques internationaux : le mécanisme des DTS a déçu, les États développés échappant à sa discipline ; de plus, les ressources du Fonds ne représentent que le dixième de la dette des seuls États en voie de développement en 2007 et sa politique d'aide des années 1970 a contribué à réduire la liquidité monétaire internationale des années 1980. Plus globalement, la mondialisation des échanges financiers a marginalisé le rôle des institutions financières intergouvernementales (FMI mais aussi BRI) et rendu plus floue la répartition des rôles respectifs du FMI et de la BIRD. Aussi s'interroge-t-on désormais sur une réforme significative du FMI que la crise financière des années 2008-2009 rend particulièrement urgente.

Le changement d'orientation du FMI coïncide avec une réforme profonde du code de conduite monétaire initial : démonétisation de l'or et création de nouveaux signes monétaires gérés selon les règles inédites (les DTS, par l'accord de Stockholm de 1968, portant premier amendement aux statuts du Fonds) ne pouvaient manquer de modifier les structures et le mode de fonctionnement du FMI (apparition d'un « département des DTS » distinct du « département général » traditionnel).

Le rôle du FMI est encore appelé à évoluer. Face à la crise financière de 2008-2009, les dirigeants du G 20 ont décidé, lors du Sommet du 2 avril 2009, le renforcement substantiel des pouvoirs de supervision et de surveillance des institutions financières, et tout particulièrement du FMI dont les moyens ont été considérablement augmentés. Le Fonds va être désormais appelé à travailler en étroite collaboration avec le Conseil de stabilité financière. Ce nouvel organisme financier, qui remplacera le Forum de stabilité financière, sera chargé d'anticiper les risques économiques et financiers et de prendre les mesures nécessaires. Des propositions de réorganisation du FMI et de la Banque mondiale ont aussi été avancées lors du Sommet avec pour objectif d'accorder plus de poids aux pays émergents.

A. — Évolution du code de bonne conduite monétaire

630. Système de change. — L'une des règles essentielles posée en 1944 était la recherche de la *stabilité des parités monétaires*, c'est-à-dire du taux de change de chaque monnaie exprimé dans les autres monnaies.

Ces taux devaient être définis par rapport à l'or, instrument de mesure commun, et leurs fluctuations maintenues à l'intérieur d'une marge étroite de plus ou moins 1 %. La parité officielle pouvait être modifiée (dévaluation, réévaluation) pour corriger un déséquilibre fondamental, mais sous le contrôle des organes du FMI.

Cette règle n'a pas résisté à l'abandon de la référence à l'or — ou au dollar, tant que celui-ci, à travers la convertibilité automatique du dollar en or, conservait en fait une parité-or fixe. En décembre 1971 (accords dits du Smithsonian Institute), les autres États entérinaient l'abandon de la convertibilité du dollar en or. Les accords de Kingston (ou de la Jamaïque) du 8 janvier 1976, portant amendement aux statuts du FMI et entrés en vigueur le 1er avril 1978, ont consacré officiellement le retour à une totale liberté de choix des États entre le système de la parité fixe, celui du change flottant ou un système intermédiaire.

Les États prennent quelques engagements de portée limitée : il leur est désormais interdit de définir leur monnaie par rapport à l'or ; ils doivent notifier au FMI leurs dispositions de change et les modifications qu'ils y apportent ; ils sont soumis à la surveillance générale du Fonds et doivent lui fournir tous renseignements utiles. L'objectif théorique demeure, pourtant, d'instaurer « un système généralisé de dispositions de change reposant sur des parités stables mais ajustables ».

Les règles de droit international sur la discipline monétaire redevenant très générales et très souples, la formule de la CPJI correspond de nouveau au droit positif : « C'est un principe généralement admis que tout État a le droit de déterminer lui-même ses monnaies » (12 juillet 1929, *Emprunts serbes, Série A*, n° 20, p. 45). On assiste ainsi, au niveau universel, au triomphe tardif des thèses de Keynes lors de la Conférence de Bretton Woods, le « droit à l'inflation » — justifié par la priorité des politiques de développement — restant la principale manifestation de la souveraineté monétaire résiduelle des États. La « ferme surveillance » du FMI, mise en œuvre sans distinction entre les États à monnaie convertible et ceux à monnaie inconvertible, dans un contexte de fluctuations amples des parités monétaires, est certes largement un leurre à l'égard des grandes puissances économiques. En revanche, elle justifie encore des pressions jugées excessives par les États en développement, qui supportent mal que leurs demandes d'assistance soient soumises à l'adoption de politiques d'ajustement très contraignantes ; les directives adoptées en 2002 par le Conseil d'administration du Fonds (et revues en 2007) visent à cibler et définir plus précisément les conditions qui s'attachent à son financement et à plus de souplesse dans l'examen des choix de politique économique des pays sollicitant une aide financière.

631. Convertibilité des monnaies. — 1° Les États membres du FMI s'engagent à assurer la libre convertibilité de leur monnaie *dans les autres monnaies*, c'est-à-dire à fournir leur monnaie en échange de toute offre du montant équivalent en monnaie étrangère (article VIII des statuts).

Cette seconde règle, essentielle pour le développement du commerce international, présente des dangers pour les monnaies soumises à spéculations à la baisse parce que leur parité officielle est irréaliste. Aussi les États peuvent-ils y échapper, en vertu de l'article XIV des Statuts.

Cette clause de dérogation au principe est en réalité une clause de sauvegarde, puisqu'elle peut être mise en œuvre sans l'accord préalable du FMI. À l'origine, elle ne devait avoir qu'une portée temporaire, mais l'accord de Kingston en autorise l'usage permanent, consacrant le fait qu'elle était invoquée par une majorité d'États membres, en particulier la quasi-totalité des États en développement.

Une autre disposition autorise une véritable dérogation. Les États dits « de l'article VIII », qui ont renoncé à l'article XIV mais se trouvent en situation difficile, peuvent obtenir du FMI l'autorisation de suspendre la convertibilité de leur monnaie, le temps nécessaire au rétablissement de leur situation.

2° *La convertibilité doit être garantie par rapport aux autres monnaies et* non par rapport à l'or.

Les statuts initiaux du Fonds ne l'interdisaient pas, mais ne l'imposaient pas non plus. La décision prise par les États-Unis le 15 août 1971 de suspendre la convertibilité du dollar en or n'était donc pas contraire aux statuts ; mais elle mettait fin au système de « *dollar-exchange standard* » qui s'était substitué en fait au *gold-exchange standard*. Les États-Unis étant le seul État qui garantissait une telle convertibilité en or, leur décision rendait caduque cette faculté d'option. Ce qui fut confirmé, en droit, par le 2e amendement aux statuts, intervenu en 1976.

En revanche, cette décision était irrégulière en ce qu'elle suspendait la convertibilité du dollar dans les autres devises et laissait évoluer sa parité en fonction du marché.

Le problème de la convertibilité des monnaies n'est pas seulement une question de rapports entre monnaies nationales. Il est étroitement lié à la question d'un volume satisfaisant de liquidités internationales pour les besoins du commerce et de l'investissement. Ceci entraîne en fait une certaine interdépendance entre les règles du jeu monétaire et la création des signes artificiels de paiement. Une des difficultés rencontrées à propos des « droits de tirage spéciaux » est que leur rôle ne pourrait être développé que s'ils apparaissaient aussi crédibles que les principales monnaies convertibles ; c'est loin d'être le cas.

B. — Rôle opérationnel du Fonds monétaire international

632. Opérations du département général. — 1° *Moyens de financement du Fonds*. — Ils sont constitués par le capital, apporté par les États membres sous forme de « quotes-parts » (ou « quotas »), et par les emprunts contractés par le FMI ou par des groupes d'États qui les mettent à la disposition du Fonds.

Le capital peut être, et a été plusieurs fois, augmenté, par appel aux États membres, dont les quotas seront ajustés à chaque élargissement. La treizième révision générale des quotes-parts, décidée en 2007, a porté les ressources du Fonds à 217 milliards de DTS. De plus, des augmentations partielles, intervenues en 2007 et 2008, ont permis de rééquilibrer la part respective des pays en développement et des pays émergents et la réforme de 2008 a entraîné une nouvelle formule de calcul des quotes-parts et prévoit de réaligner tous les cinq ans les quotes-parts et les voix attribuées. Les États versent effectivement le montant de la quote-part, pour partie en monnaie nationale, pour partie en devises étrangères ou en DTS ;

cette seconde partie des versements est qualifiée de « tranche de réserve » (v. *infra*, 2°). Lors du Sommet du 2 avril 2009, les dirigeants du G 20 ont décidé de tripler les moyens de financement du Fonds. Les ressources du FMI seront ainsi portées à 750 milliards de dollars sans compter 250 milliards en tant que nouvelle allocation de DTS.

Le FMI peut également obtenir des ressources financières par le mécanisme des « accords généraux d'emprunt » (AGE). Imaginé en 1962, ce système consiste dans l'engagement pris par un certain nombre d'États à monnaie convertible d'autoriser le Fonds à appeler leur monnaie jusqu'à un certain montant pour répondre aux demandes d'autres États. Initialement il fonctionnait en faveur des seuls États développés, car seuls les prêteurs pouvaient en être bénéficiaires. Après quelques assouplissements, une réforme importante est intervenue en 1983 : sous réserve d'un droit de contrôle des prêteurs, c'est le FMI qui décide d'en faire bénéficier n'importe quel État membre (en 1992, 17 milliards de DTS et constamment reconduits depuis lors, tandis qu'en 1997, de « nouveaux accords d'emprunts » (NAE) conclus avec 25 États membres assurent au FMI l'accès à un total de 34 milliards supplémentaires de DTS selon des modalités comparables).

Soucieux de laisser au capital du Fonds sa fonction de ressource principale, le FMI se refuse à emprunter directement plus de l'équivalent de la moitié environ des quotas. Ces emprunts restent placés auprès d'institutions publiques et non sur le marché international privé des capitaux.

2° *Modalités de l'assistance financière.* — Un État qui, du fait de la situation de sa balance des paiements ou de ses réserves monétaires, a besoin de devises étrangères, peut les acquérir auprès du Fonds en échange de sa propre monnaie. Cette opération (« achat » ou « tirage ») constitue la base de la quasi-totalité des activités d'assistance du Fonds à ses membres.

Tel est le cas, en particulier, de la politique des tranches. Les achats effectués dans la « tranche de réserve » — c'est-à-dire ceux qui ne portent pas le montant de monnaie nationale du pays tireur détenu par le FMI à plus de 100 % de sa quote-part — sont « inconditionnels » : ils ont un caractère automatique, dans la mesure où le Fonds n'effectue aucun contrôle *a priori* sur la réalité du besoin dont le pays tireur fait état et n'assortit son versement d'aucune condition particulière.

Au contraire, les achats dans les « tranches de crédit » — qui ont pour effet de porter le montant de monnaie nationale du tireur auprès du Fonds à plus de 100 % de sa quote-part — sont soumis à la *conditionnalité* du Fonds : l'État bénéficiaire doit respecter des conditions de plus en plus strictes à mesure que le montant des tirages se rapproche du montant maximal de 200 % de la quote-part autorisé dans le cadre de la politique des tranches.

En règle générale, la conditionnalité est assurée par la technique de *l'accord de confirmation* (ou *assurement de tirage* ou encore *arrangement stand-by*), que l'on peut définir comme une promesse anticipée de crédit, dans laquelle sont fixées par avance les conditions et les modalités du tirage. En effet, un accord de confirmation est une décision unilatérale par laquelle le FMI autorise un État à effectuer des tirages dans la limite d'un plafond déterminé et sous réserve du respect des conditions qui y sont énoncées.

Ces conditions sont reprises d'un document — *la lettre d'intention* —, dépourvu de caractère obligatoire, adressé au FMI par l'État concerné et dans lequel celui-ci indique les éléments de politique monétaire et économique qu'il entend suivre.

L'octroi des devises « achetées » à ce titre ne se fait pas en une seule fois, mais par tranches successives : le Fonds peut ainsi vérifier, à chaque étape, que l'État a respecté les objectifs quantitatifs et qualitatifs fixés par l'accord de confirmation (objectifs dits *« critères de réalisation* », par exemple l'encours maximum des crédits bancaires, le gel des tarifs douaniers). Si ce n'est pas le cas, comme pour plusieurs pays très endettés d'Amérique latine dans les années 1980 (la « décennie perdue ») ainsi qu'à la suite de la crise financière asiatique qui a débuté avec l'effondrement de la roupie indonésienne en janvier 1997 ou de celle de 2001 en Argentine, de délicates négociations s'engagent entre le Fonds et l'État en cause. C'est à ces deux occasions, conclusion et renégociation des accords de confirmation, que les réserves des États à l'égard des exigences du Fonds les conduisent à l'accuser d'intervention dans les affaires intérieures ou de rigidité excessive dans la mise en œuvre de la conditionnalité.

En pratique, c'est moins le montant du tirage lui-même qui est significatif que le fait même de l'obtention d'un accord de confirmation : ils traduisent l'opinion des experts monétaires sur l'état de santé d'une économie nationale et déterminent souvent l'attitude plus ou moins compréhensive du système bancaire privé mondial. Cette considération accroît la vulnérabilité aux pressions du Fonds des États qui font appel à lui.

3° *Techniques complémentaires. Les « politiques spécifiques »*. — Les États membres du Fonds, et tout particulièrement les pays en développement, ont fait pression sur les organes du Fonds pour échapper à la rigidité de la politique des tranches, caractérisée par le plafond trop faible des tirages — 200 % de la quote-part — et par l'indifférence aux causes profondes du déséquilibre des balances des paiements.

Cette action a conduit à un double assouplissement. D'une part, le montant maximal des tirages autorisés — dans le cadre global de la politique des tranches et des politiques « spécifiques » — a été relevé et peut atteindre aujourd'hui jusqu'à 600 % de la quote-part, voire davantage dans des circonstances exceptionnelles. Il devrait être considérablement dépassé en conséquence des décisions du Sommet du G 20 d'avril 2009.

D'autre part, sous le nom de « politiques spécifiques », des réponses ont été recherchées aux besoins particuliers des pays en développement.

Destinés à résoudre des difficultés en principe « conjoncturelles », les mécanismes de ces politiques sont fréquemment réexaminés et leurs modalités réajustées. Certaines d'entre elles n'ont même qu'un caractère temporaire.

Ont un caractère permanent :

— le financement compensatoire des fluctuations des exportations, institué en 1963, libéralisé en 1966, 1975, 1979 et étendu en 1987 aux « événements imprévus extérieurs » (consacré en 1988 par la « facilité de financement compensatoire et de financement pour imprévus », FFCI) ; s'y est ajoutée en 1981 la « facilité céréalière », destinée à compenser le coût excédentaire et le déficit d'exportation de céréales ;

— le financement de stocks régulateurs de produits de base (1969) ;

— le mécanisme élargi de crédit, destinée explicitement à corriger un déséquilibre structurel de la balance des paiements (1974) ;

— la facilité pour la transformation systémique (FTS, 1993-1995) destinée à venir en aide aux pays dont l'économie, anciennement socialisée, est en voie de transition vers l'économie de marché ;

— créée en 1997, la facilité de réserve supplémentaire (FRS) constitue un mécanisme conditionnel d'aide non concessionnelle aux États victimes d'une déstabilisation exogène suite à une fuite de capitaux et répond à d'importants besoins de financement à très court terme.

N'ont qu'un caractère temporaire :

— les deux mécanismes pétroliers, visant à pallier des difficultés de balance des paiements dues au renchérissement du prix du pétrole (1974-1976), qui ne sont plus en vigueur ;

— le mécanisme de financement complémentaire (ou facilité « Witteveen »), destiné à faciliter le recours aux « accords de confirmation » et alimenté par des emprunts du FMI

(1977) ; il a été remplacé en 1981 par la « politique d'accès élargi », qui fonctionne selon des principes voisins ;

— la facilité pour la transformation systémique (FTS, 1993-1995) destinée à venir en aide aux pays dont l'économie, anciennement socialisée, était en voie de transition vers l'économie de marché.

Toutes ces politiques fonctionnent selon le même schéma général que la politique des tranches : elles consistent donc en achats conditionnels dans le cadre d'accords de confirmation ou d'instruments similaires.

D'autres politiques temporaires sont financées par des ressources en provenance de comptes gérés par le Fonds. Elles se traduisent non pas par des tirages supplémentaires, mais par une amélioration des conditions de crédit : bonification d'intérêts grâce à des comptes spéciaux qui permettent d'alléger le paiement des intérêts dus au titre des premiers mécanismes pétroliers ou de la facilité Witteveen, octroi de crédits au titre du Fonds fiduciaire, alimenté surtout par le produit de la vente d'une partie du stock d'or du FMI, qui a permis entre 1976 et 1981 de fournir une aide à long terme aux pays en développement par des prêts pratiquement sans intérêt. Pour faire face à la crise de 2008-2009, les dirigeants du G 20 ont à nouveau décidé, lors du Sommet de Londres du 2 avril 2009, d'autoriser le FMI à vendre une nouvelle partie de son stock d'or pour aider les pays les plus pauvres touchés par la crise. La facilité d'ajustement structurel (FAS, 1986-1987), relayée par la facilité d'ajustement structurel renforcée (FASR depuis 1987) a fonctionné selon le même principe ; leur mise en œuvre était subordonnée à l'approbation d'un « document-cadre de politique économique » établissant un programme d'ajustement structurel et non à l'obtention d'un accord de confirmation. En 1999, la FASR a été remplacée par la Facilité pour la réduction de la pauvreté et la croissance (FRPC) qui permet le financement de programmes établis sur la base de documents de stratégie pour la réduction de la pauvreté (DSRP) exhaustifs dont les pays bénéficiaires ont l'entière responsabilité, tandis que la facilité de protection contre les chocs exogènes (facilité PCE), créée en 2006, permet au Fonds de fournir une aide concessionnelle aux pays à faible revenu confrontés à des chocs exogènes brutaux ; elles sont, l'une et l'autre, financées par un compte de fiducie géré par le FMI.

En 1996, le FMI et la Banque mondiale ont engagé l'Initiative en faveur des pays pauvres très endettés (PPTE) afin d'assurer qu'aucun pays ne soit confronté à une charge d'endettement intolérable. Cette initiative suppose une action concertée de la communauté financière internationale, y compris les institutions multilatérales et les autorités nationales, en vue de ramener à un niveau supportable la charge de l'endettement extérieur des PPTE ayant souscrit un DSRP. En 2005, l'Initiative d'allégement de la dette multilatérale (IADM), qui vise l'annulation de la totalité des créances détenues par le FMI, l'AID et le Fonds africain de développement est venue s'ajouter à l'Initiative PPTE.

633. Gestion des droits de tirage spéciaux (DTS). — 1° *Définition.* — Confrontés à une crise de liquidités internationales et à une moindre crédibilité du dollar comme instrument de réserve, les États membres du FMI ont prévu la création d'un nouvel instrument de réserve, totalement artificiel puisque sa création dépend de la seule volonté des organes du Fonds.

Les DTS sont une monnaie scripturale, dont la valeur a résulté d'abord d'un rattachement à une certaine quantité d'or monétaire (1968-1974), puis a été fixée en fonction d'un « panier » de monnaies (16 initialement, 5 aujourd'hui).

D'instrument de crédit, au moins en partie, à l'origine, le DTS est devenu depuis 1981 une monnaie internationale conventionnelle.

2° *Modes de création.* — Elle résulte de l'inscription au crédit des États participant au « Département des droits de tirage spéciaux » — aujourd'hui tous les États membres du Fonds — d'un certain montant de DTS, proportionnel à leur quote-part au FMI.

Les allocations de DTS ne peuvent, en principe, être décidées que s'il est reconnu un besoin mondial de liquidités et en vertu d'une procédure qui fait intervenir les États membres, le Directeur général du Fonds, son Conseil d'administration et le Conseil des gouverneurs, à la majorité de 85 % des voix. Cette décision n'a été prise qu'à deux reprises, en 1970 et en 1978, pour un montant total de 21 milliards (échec de la proposition d'une modeste augmentation en 1994). Le Sommet du G 20 d'avril 2009 a cependant décidé le principe d'une nouvelle allocation de DTS (équivalant à 250 milliards de dollars).

3° *Modalités d'utilisation.* — Pour renforcer le rôle des DTS en tant que monnaie internationale, le FMI en a assoupli considérablement les conditions d'utilisation. À l'origine, il s'agissait au moins partiellement d'une sorte de « prêt » au bénéficiaire ; depuis 1981, ils n'ont plus du tout à être remboursés (abandon de l'obligation de reconstitution). Par contre, ils portent intérêt, ce qui les rend plus attractifs donc négociables.

4° *Garanties d'utilisation.* — Aussi longtemps que les DTS ne seront pas devenus une véritable monnaie internationale, les États titulaires de DTS auront besoin de les transformer en monnaies convertibles.

Il était donc nécessaire de prévoir qu'« afin de garantir que les participants seront en mesure d'utiliser leurs DTS, le Fonds (désigne) les participants appelés à fournir de la monnaie contre des montants spécifiés de DTS » (article XXV section 5-a des statuts modifiés). Les participants dont la monnaie est ainsi demandée ne peuvent en principe se récuser. En échange des DTS qu'ils reçoivent, ces États doivent fournir de la « monnaie librement utilisable », c'est-à-dire convertible et couramment traitée sur le marché des changes.

§ 2. — *Coopérations régionales*

BIBLIOGRAPHIE. — B. GRIZIOTTI, « La Banque des règlements internationaux », *RCADI* 1932-IV, vol. 42, p. 353-466. — DE LA FOURNIÈRE, *La zone franc*, PUF, « Que sais-je ? », 1971, n° 868, 128 p. — G. FEUER, « La révision des accords de coopération franco-africains et franco-malgache », *AFDI* 1973, p. 731-739. — R. PIEROT, « La BRI », *NED*, La Documentation française, 1973, n° 3953-3954, 73 p. — G.-K. SIMONS et L.G. RADICATI, « A trustee in Continental Europe : The Experience of the Bank for International Settlements », *NILR* 1983, p. 330-345. — D. CARREAU, « Les zones monétaires en droit international public », *Mél. Mann.*, 1977, p. 673. — J.-C. BAKER, *The Bank for International Settlements : Evolution and Evaluation*, Quorum Books, Westport, 2002, XVI-259 p. — G. TONIOLO et P. CLEMENT, *Central Bank Cooperation at the Bank for International Settlements, 1930-1973*, Cambridge UP, 2005, XXII-729 p. — M.-L. DIATTA, *Les Unions monétaires en droit international*, PUF, 2007, XX-377 p.

Sur le système monétaire européen : N. GAUTRAS, « Le système monétaire européen. Bilan et avenir », *in La CEE en crise*, Economica, 1982, p. 91-146. — J. VAN YPERSELE et J. C. KŒUNE, *Le système monétaire européen*, Communautés européennes, Bruxelles, 1983, 129 p. — A. D. SCHOR, *Le système monétaire européen*, PUF, « Que sais-je ? », n° 2225, 1985, 128 p. — T. VISSOL, « L'ECU dans la phase de transition vers l'Union économique et monétaire », *RMCUE* 1994, n° 380, p. 425-436. — *RAMSES 1996*, IFRI, Paris, 1995, p. 257-363. — J. V. LOUIS et as., *Union économique et monétaire, cohésion économique et sociale, politique industrielle et technologique européenne*, Commentaire Mégret, vol. 6, Éd. Univ. Bruxelles, 1995, 339 p. — S. BIENVENU e.a., « Les enjeux concrets du passage à l'Union économique et monétaire », *RMCUE* 1996, p. 287-295. — R. CHEMAIN, *L'UEM, Aspects juridiques et institutionnels*, Pedone, 1996, 479 p. — P. J. SLOT, « Les dispositions institutionnelles de l'UEM », IHEI, *Droit européen*, vol. I, Pedone, 1997, p. 5-30. — R. SMITS, *The European Central Bank, Institutional Aspects*,

Kluwer, La Haye, 1997, XXXVIII-569 p. — X. LARDOUX, « L'UEM : genèse, mise en place, perspectives », *RMCUE* 1998 n° 420, p. 429-441. — G. BURDEAU, « L'euro et l'évolution du droit monétaire international », *Mél. Ph. Kahn*, Litec, 2000, p. 473-490. — J.-M. SOREL, « L'euro vu de l'extérieur : une monnaie entre puissance et incertitude », *JDI* 2000, p. 7-33. — Ch. ZILIOLI et M. SELMAYR, *The Law of the European Central Bank*, Hart, Oxford, 2001, LIII-268 p. (en italien, Giuffrè, Milan, 2007, XIV-619 p.). — M.-L. ESCUDERO, *El euro en el sistema monetari*, Tecnos, Madrid, 2004, 191 p. — D. KOUNKOU, *Monnaie africaine : la question de la zone franc en Afrique centrale*, L'Harmattan, 2008, 345 p.

634. Coopération entre pays industrialisés. — Aujourd'hui, la coopération monétaire entre les États occidentaux est à la fois transrégionale et régionale.

La nécessité de dépasser les systèmes bilatéraux de compensation *(clearing)* mis en place dans l'immédiat après-guerre a engagé très tôt les États européens dans la voie d'une coopération monétaire privilégiée. À l'origine substituts à une convertibilité insuffisante des monnaies européennes, ces mécanismes sont aujourd'hui le cadre d'une concertation en vue de stabiliser les parités de change qui n'est plus assurée par le FMI, et d'une assistance mutuelle contre les fluctuations temporaires des balances des paiements. Cet élargissement des objectifs, d'abord favorable à des organisations de coopération, joue de plus en plus en faveur d'institutions plus intégrées telles les Communautés européennes.

1° *Mécanismes de coopération monétaire régionale*

La technique initiale a été celle des accords de *swap* par lesquels les États se consentent bilatéralement des facilités de découvert. Dès 1947 était conclu un premier accord de compensation monétaire multilatéral. En 1950 était créée *l'Union européenne des paiements* (UEP), qui a permis d'instaurer la transférabilité et la convertibilité des monnaies des États parties. Ce mécanisme perdit sa raison d'être lorsque la convertibilité des monnaies put être généralisée (1961) : renonçant au régime exceptionnel de l'article XIV des statuts du FMI, les États européens devenaient des « pays de l'article VIII » de ces statuts (v. *supra*, n° 631) et bénéficiaient pleinement des règles du Fonds. Un *Accord monétaire européen* succéda pourtant à l'UEP, mais son utilité était moins évidente.

Le *Fonds de soutien financier* de l'OCDE, organisation dont la composition n'est pas exclusivement européenne, accorde depuis 1975 des prêts à ses membres qui éprouvent des difficultés de balance des paiements, en plus de ceux consentis par le FMI.

La *Banque des règlements internationaux*, créée en 1930, est tout à la fois un cadre de concertation entre banques centrales d'Europe occidentale et centrale, un intermédiaire pour leurs accords de *swap*, et l'agent de certaines opérations financières décidées dans le cadre du « système monétaire européen ».

« Banque centrale des banques centrales » des pays les plus développés, la BRI est sortie de son rôle très technique des années 1930 ; elle est devenue, à partir des années 1960, le principal intermédiaire dans l'octroi mutuel de facilités de crédit considérables entre banques centrales, d'abord des seuls États membres, et désormais d'États non membres également.

De plus en plus, ses interventions sont articulées avec celles du FMI : la BRI offre des « crédits-relais » pour la période de négociation des « accords de confirmation » du FMI à ses membres (v. *supra*, n° 633).

2° Négligée par le Traité de Rome de 1957, la coopération monétaire *entre les États membres des Communautés européennes* a connu des vicissitudes ; elle est devenue une réalité dans le cadre de l'*Union économique et monétaire* établie par le Traité de Maastricht de 1992.

Prévue par le sommet de La Haye de décembre 1969, l'« Union économique et monétaire », qui devait relancer la construction communautaire, n'a pu respecter l'échéancier fixé. La crise monétaire internationale, l'ampleur des fluctuations des parités des monnaies européennes ont conduit les États membres à adopter une démarche plus pragmatique.

Le principe d'une zone monétaire avait été posé par la résolution du Conseil des Communautés du 21 mars 1972, complétée par un accord entre les banques centrales. Ces dernières s'engageaient, à court terme, à intervenir sur les marchés des changes pour éviter des fluctuations supérieures à 2,25 % des parités des monnaies européennes entre elles (système dit du « serpent dans le tunnel ») et supérieures à 4,5 % par rapport au dollar. Un Fonds européen de coopération monétaire, créé en 1973, devait contribuer au bon fonctionnement du système ; des mécanismes de crédits mutuels permettraient aux États rencontrant des difficultés temporaires de respecter leurs engagements. L'aboutissement du processus était envisagé pour 1980. Les monnaies les plus faibles — livre sterling, lire italienne, franc français parfois — ne purent maintenir une discipline aussi rigide.

Le projet fut relancé par le Conseil européen de Brême (juillet 1978) et la décision de principe acquise lors de celui de Bruxelles, le 5 décembre suivant. Le *système monétaire européen* est entré en vigueur le 13 mars 1979 ; sa composition a varié mais il n'a jamais compris l'ensemble des États membres de la Communauté. Les traits caractéristiques de cette tentative de « zone de stabilité en Europe » étaient les suivants :

— création d'une *unité monétaire européenne* (Ecu), d'abord unité de compte, puis signe monétaire international : sa valeur résulte d'une moyenne pondérée de celles des monnaies des États membres ;

— établissement d'un *mécanisme de change et d'intervention* : chaque monnaie nationale, affectée d'un « taux pivot » bilatéral avec chaque autre monnaie du système, est rattachée à l'Écu ; au-delà d'une fluctuation — par rapport à ces taux-pivots — initialement fixée à 2,25 % mais considérablement assouplie — elle est, en principe, portée à plus ou moins 15 % — et diversifiée à la suite des graves crises monétaires de 1992 et 1993, l'intervention des banques centrales sur les marchés des changes est impérative ; un mécanisme de surveillance et de prévention (l'« indicateur de divergence » d'une monnaie par rapport à l'Ecu doit permettre de déterminer la monnaie responsable d'une perturbation) est institué pour réduire la fréquence de telles interventions ;

— les États améliorent de manière importante leur *solidarité* en cas de difficultés de balances des paiements : soutien monétaire à court terme, concours financiers à moyen terme (par l'intervention d'un Fonds (FECOM au départ) alimenté par le dépôt de 20 % des réserves de change des États membres), mesures destinées à renforcer les économies les moins prospères des États participants (bonification de prêts à moyen terme).

L'Acte unique européen (1986) a posé les fondements d'un véritable espace financier intégré. Lors du Conseil européen de Hanovre (1988), les États membres ont pris acte de cette évolution irréversible et relancé les travaux sur l'Union économique et monétaire (UEM). Le Conseil européen de Madrid (1989) a prévu l'entrée dans une première phase dès 1990 (renforcement du SME, du rôle de l'Écu et du mandat du Comité des gouverneurs de banques centrales).

Le SME, bien qu'il n'ait pas réussi à réduire les fluctuations des parités, est considéré comme ayant mieux résisté aux difficultés monétaires internationales que les observateurs s'y attendaient à l'époque de sa mise en place.

Le pas ultime vers une véritable zone monétaire a été franchi avec l'entrée en vigueur du Traité de Maastricht (1992, articles 105 et s. — 127 et s. du TFUE). Ce dernier prévoit la fixation irrévocable des taux de change, une monnaie unique (« euro »), une politique monétaire et une politique de changes uniques selon l'article 3 A 2° nouveau — article 4 du TCE (129 du TFUE), ainsi que la mise en place, à terme, d'un « système européen de banques centrales » et d'une banque centrale européenne (article 4 A nouveau — article 8 du TCE — et le protocole afférent ; sur la chronologie des opérations, v. D. Carreau, *AFDI* 1995, chron., p. 599-600).

Une fois garantie l'indépendance des banques centrales des États concernés — en France, par les lois 93-980 du 4 août 1993 et 98-357 du 12 mai 1998 —, et sur la base de la décision du Conseil du 13 décembre 1996, relative à l'entrée dans la troisième phase de l'UEM, ont été adoptés les premiers règlements sur l'introduction de l'euro — 1103/97 du 17 juin 1997 et 974/98 du 3 mai 1998 — et mises en place les institutions bancaires prévues.

Dotée de la personnalité juridique et d'un pouvoir normatif propre, responsable de l'émission de la monnaie (et par ce biais de la politique du crédit bancaire) et de la gestion du SEBC, la Banque centrale européenne (BCE) est la principale institution commune. Le Système européen de banques centrales (SEBC), sans personnalité juridique propre, définit la politique monétaire de l'Union européenne, détient et gère les réserves officielles de change des États membres, conduit les opérations de change. Il comprend la BCE et les banques centrales nationales.

Établie sur le modèle de la banque centrale allemande, la BCE est indépendante des gouvernements des États membres. Elle est dirigée par un « Directoire » de six membres — nommés par le Conseil européen, ce qui atteste de l'importance de ses responsabilités et des inquiétudes des gouvernements —, et par le « Conseil des gouverneurs » — composé des membres du Directoire et des gouverneurs des banques centrales nationales.

Pour tenir compte des rapports entre la gestion monétaire et la libre circulation des capitaux dans le marché intérieur européen, sont créés deux organes consultatifs : un « comité monétaire » et un « comité économique et financier », de quatre membres chacun, nommés par la Commission et les États membres sur une base paritaire (article 114 du TCE – 134 du TFUE). Au 1er janvier 2009, la « zone euro » comptait 16 États membres.

635. Zones monétaires. — Dans la pureté des principes, on entend par zone monétaire une aire de coopération monétaire caractérisée par :

— la transférabilité illimitée des monnaies des États membres, librement convertibles entre elles à des taux fixes ;

— la libre circulation des capitaux ;

— une réglementation commune des relations monétaires et financières avec les pays tiers ;

— la mise en commun des réserves de change des pays membres (or et devises des pays tiers).

Dans la réalité, ces conditions sont rarement réunies, et l'on appelle zone monétaire une aire de coopération monétaire privilégiée au sein de laquelle une monnaie de réserve commune est adoptée.

La *zone sterling*, créée en 1931, dont le fonctionnement a toujours été très souple et les structures à peu près inexistantes, a disparu en 1972 lorsque le Royaume-Uni a décidé de supprimer la libre circulation des capitaux à l'intérieur de la zone.

La *zone franc* résulte de l'institution en 1939 du contrôle des changes : il s'agissait initialement d'un mécanisme purement interne, entre la France et ses dépendances d'outre-mer. À partir de 1960, avec l'accession à l'indépendance de la plupart des colonies, il devient un système de coopération monétaire fondé sur des conventions internationales.

Les réformes intervenues en 1972-1974, par la révision des accords antérieurs, ont élargi les pouvoirs monétaires des États associés au mécanisme et réduit la prédominance des institutions françaises. Toutefois, chaque État continue d'être titulaire d'un compte d'opérations, ouvert auprès du Trésor français, sur lequel il verse l'essentiel de ses disponibilités monétaires ; en contrepartie, ce dernier met à sa disposition les sommes nécessaires à ses règlements extérieurs.

La zone franc continue d'être soumise à une réglementation commune des changes, au principe de la transférabilité totale et de la convertibilité fixe, mais depuis 1973 les partenaires de la France ont la faculté de diversifier plus leurs réserves de change ; ils bénéficient cependant d'une garantie de change en monnaies étrangères pour leurs avoirs en francs.

Les avantages apportés par ces mécanismes ont longtemps assuré à la zone franc un caractère attractif. Paradoxalement, la dévaluation du CFA en 1994 a favorisé la réintégration des membres africains de cette zone dans la logique générale du FMI, au prix d'un contrôle plus strict des « ajustements structurels ». En vertu d'un protocole annexé au Traité de Maastricht, la France conserve son monopole d'émission monétaire dans cette zone et continue de déterminer la parité du franc CFA. Par une décision du Conseil de l'UE en date du 23 novembre 1998, la France a été autorisée à « maintenir les accords sur des questions de change qui la lient actuellement à l'UEMOA (Union économique et monétaire ouest-africaine), à la CEMAC (Communauté économique et monétaire de l'Afrique centrale) et aux Comores ».

La *zone dollar* n'est pas une zone monétaire, au sens juridique du terme ; l'expression traduit une réalité de fait, l'existence d'une aire où la valeur des monnaies s'aligne en principe sur celle du dollar.

Section 2

Mouvements de capitaux — Les investissements étrangers

BIBLIOGRAPHIE. — G. SCHWARZENBERGER, *Foreign Investments and International Law*, Stevens, Londres, 1969, 238 p. — M. A. BEKHECHI, « Droit international et investissement international : quelques réflexions sur des développements récents », *Mél. Virally*, 1991, p. 109-124. — CNUCED, *International Investment Instruments. A Compendium*, NY-Genève, 14 vols. depuis 1996. — I. SEIDL-HOHENVELDERN, *Collected Essays on International Investments and International Organizations*, Kluwer, La Haye, 1998, XXIII-465 p. — *Mélanges Ph. Kahn*, Litec, 2000, not. p. 367-470. — F. HORCHANI, « Le droit international des investissements à l'heure de la mondialisation », *JDI* 2004, p. 367-418. — M. SORNARAJAH, *The International Law on Foreign Investment*, Cambridge UP, 2007, XXV-525 p. — F. HORCHANI dir., *Où va le droit international de l'investissement ? : désordre normatif et recherche d'équilibre*, Colloque de Tunis, Pedone, 2007, 338 p. — T. GAZZINI, « The Role of Customary International Law in the Field of Foreign Investment », *The Journal of World Investment & Trade* 2007, p. 691-716. — Ph. KAHN et Th. W. WÄLDE dirs., *Les aspects nouveaux du droit des investissements internationaux*, Académie de droit international, Nijhoff, Leiden, 2007, XXXV, 1036 p. — H. DAVIES et D.M.A. GREEN, *Global Financial Regulation : The Essential Guide*, Polity, Cambridge, 2008, XIII-289 p. — R. DOLZER et C. SCHREUER, *Principles of International Investment Law*, Oxford UP, 2008, XLIII-433 p. — P. MUCHLINSKI, F. ORTINO et Ch. SCHREUER eds., *The Oxford Handbook of International Investment Law*, Oxford UP, 2008, LXV-1282 p. — P.-B. ROSS, *International Financial System : Policy and Regulation*, Kluwer, Alphen aan den Rijn, 2008, XXII-193 p.

636. Financement international des investissements. — L'attitude des États a longtemps été ambivalente, en ce qui concerne les investissements étrangers sur leur territoire et les investissements nationaux à l'étranger. D'un côté, les États peuvent se montrer soucieux de conserver la maîtrise de leur politique industrielle et de ne pas soumettre leur balance des paiements à des tensions excessives. De l'autre, ils souhaitent de plus en plus favoriser l'entrée des capitaux qui financent leur développement ; la contrepartie de cette politique, très largement dominante aujourd'hui, est qu'il faut garantir la sécurité des investissements étrangers et la liberté de circulation des capitaux dans le sens de l'entrée et de la sortie. « Dès lors qu'un État admet sur son territoire des investissements étrangers ou des ressortissants étrangers, personnes physiques ou morales, il est tenu de leur accorder la protection de la loi et assume certaines obligations quant à leur traitement » (CIJ, arrêt du 5 février 1970, *Barcelona Traction*, *Rec.* 1970, p. 32, § 33).

Dans le cadre de la mondialisation, la plupart des États s'ouvrent largement aux investissements étrangers qu'ils s'efforcent de solliciter par des législations nationales attractives et, surtout, en concluant des conventions bilatérales d'investissement (CBI – *Bilateral Investment Treaties – BITs* – en anglais) dont le nombre et la concordance (v. *infra*, n° 639) sont à l'origine d'une profonde modification des règles juridiques applicables dans le sens d'un libéralisme marqué, très favorable aux intérêts des sociétés privées. Cette évolution s'affirme avec d'autant plus de force que ces traités comportent presque toujours des clauses d'arbitrage dont la mise en œuvre a permis l'affermissement d'une jurisprudence abondante en ce sens.

Malgré des critiques doctrinales et les doutes exprimés par la CIJ (cf. l'arrêt du 24 mai 2007, *Diallo*, § 89), l'assez grande homogénéité des CBI et la relative concordance de la jurisprudence arbitrale permettent de tenir pour coutumières certaines au moins des règles consacrées dans les CBI et par les tribunaux arbitraux. Quant aux rares conventions multilatérales pertinentes, elles accompagnent ce mouvement sans le contrecarrer (cf. l'Accord de Marrakech de 1994 sur les mesures concernant l'investissement et liées au commerce [TRIMs, selon son acronyme anglais]) la Charte de l'énergie du 17 décembre 1994 (v. Th.W. Wälde ed., *The Energy Charter Treaty : an East-West Gateway for Investment and Trade*, Kluwer, Londres, XXVII-700 p. ; R. Happ, *GYBIL* 2003, p. 331-362 ; K. Hobér, *JWTL*, 2007, p. 323-356) ou le chapitre XI de l'ALENA du 17 décembre 1992).

L'approche dominante, outre qu'elle confirme la doctrine traditionnelle des États exportateurs de capitaux quant aux garanties du droit d'établissement, d'investissement et de liberté des transferts financiers, la renforce par l'accent mis sur le principe de non-discrimination. Corrélativement, la longue controverse sur les impératifs du développement et la récupération « autoritaire » des investissements dans les secteurs de base, par le biais des nationalisations, a perdu de son actualité et de son acuité.

De son côté, l'assistance financière au développement constitue un relais des investissements privés et est soumise à un encadrement juridique spécifique.

§ 1. — *Liberté de circulation des capitaux*

BIBLIOGRAPHIE. — P. JASINSKI, *Régime juridique de la libre circulation des capitaux*, LGDJ, 1967, 340 p. — P. JUILLARD, « Les conventions bilatérales d'investissement conclues par la France », *JDI* 1979, p. 274-325 et chroniques *in AFDI* ; « La libre circulation des capitaux », *DPCI* 1988, p. 621-658 ; « L'évolution des sources du droit des investissements », *RCADI* 1994-VI, vol. 250, p. 9-216 ; « L'accord sur les mesures concernant l'investissement lié au commerce », *in* Colloque SFDI, *La réorganisation mondiale des échanges*, Pedone, 1996, p. 113-130 ; « À propos du décès de l'AMI », *AFDI* 1998, p. 595-612 ; « Le nouveau modèle américain de traité bilatéral sur l'encouragement et la protection réciproques des investissements », *AFDI* 2004, p. 669-682. — P. MAYER, « La neutralisation du pouvoir normatif de l'État », *JDI* 1986, p. 5-78. — P. BÂCHÉ, « La libération des mouvements de capitaux et l'intégration financière de la Communauté », *RMC* 1987, p. 77-82. — Th. JACOMET, É. DIDIER et Th. GONTARD, *Les relations financières avec l'étranger*, 1990, coll. Gide Loyrette Nouel, 1990, XXI-408 p. — G. SACERDOTI, « Bilateral and Multilateral Instruments on Investment Protection », *RCADI* 1997, t. 267, p. 251-467. — Journées d'études de la SFDI, *Un accord multilatéral sur l'investissement : d'un forum de négociation à l'autre ?*, Pedone-IHEI, 1999, 140 p. — W.-M. REISMAN et M.-H. ARSANJANI, « The Question of Unilateral Governments Statements as Applicable in Investments Disputes », *Mél. Tomuschat*, p. 409-422 (et *ICSID Rev.* 2004, p. 328-343). — J. SCHOKKAERT, *La pratique conventionnelle en matière de protection juridique des investissements internationaux : droit comparé, droit interne, conventions européennes*, Bruylant, Bruxelles, 2006, VI-234 p. — A.-O. KEES, *Privatisierung im Völkerrecht : zur Verantwortlichkeit der Staaten bei der Privatisierung von Staatsaufgaben*, Duncker & Humblot, Berlin, 2008, 384 p. — G. ROLAND ed., *Privatization : Successes and Failures*, Columbia UP, 2008, XIX-231 p.

Voir *supra* la bibliographie sur le n° 611 (entreprises transnationales) et sous le n° 624-2° (contrats conclus par les entreprises transnationales).

637. La liberté de réglementation étatique et ses limites. — Conséquence de la souveraineté territoriale (v. *supra*, n° 297), le principe premier en la matière est celui de la liberté de chaque État de réglementer comme il l'entend la circulation des capitaux depuis et vers son territoire, qu'il s'agisse des investissements étrangers (sur la définition de ce concept, v. *infra*, n° 641) ou de ceux réalisés par les résidents à l'étranger – étant entendu cependant qu'il ne peut faire respecter par la contrainte la réglementation qu'il édicte à cette fin (v. *supra*, n° 336).

Même si nombre des règles qu'elle énonce ne sont pas passées dans le droit positif ou sont aujourd'hui dépassées, c'est à juste titre que l'article 2, paragraphe 2, de la Charte des droits et devoirs économiques des États de 1974 (préc. n° 609) affirme qu'en vertu du concept de « souveraineté permanente sur les ressources naturelles et les activités économiques », « [c]haque État a le droit : a) de réglementer les investissements étrangers dans les limites de sa juridiction nationale et d'exercer sur eux son autorité en conformité avec ses lois et règlements et conformément à ses priorités et objectifs nationaux ». De même, dans leur principe, les deux conséquences que cette disposition tire de ce droit inhérent à la souveraineté demeurent exactes : dès lors, l'État est libre « b) de réglementer et de surveiller les activités de sociétés transnationales dans les limites de sa juridiction nationale » (v. *supra*, n° 611) et « c) de nationaliser, d'exproprier ou de transférer la propriété des biens étrangers ».

Le *droit de nationaliser* (sur ce concept, v. *infra*, n° 644) les propriétés étrangères situées sur le territoire national ne peut être mis en doute et n'est aujourd'hui nié par personne. Dans sa sentence du 19 janvier 1977, rendue dans l'affaire opposant *Texaco-Calasiatic* au gouvernement libyen, l'arbitre R.-J. Dupuy a rappelé : « Le droit d'un État de procéder à des nationalisations n'est pas aujourd'hui contestable. Il résulte du droit international coutumier établi à la suite de pratiques concordantes considérées par la communauté internationale comme étant le droit. L'exercice de la compétence étatique de nationaliser est considéré comme étant l'exercice de sa souveraineté territoriale » *(JDI* 1977, p. 367 ; v. aussi CIRDI, 20 nov. 1984, *AMCO c. Indonésie*, § 188.a)).

Un problème surgit toutefois lorsque l'investissement résulte d'un contrat d'État dans lequel figure une clause d'intangibilité (par laquelle l'État s'engage à ne pas utiliser ses prérogatives de puissance publique pour modifier unilatéralement le contrat qui le lie à une personne privée étrangère) ou de stabilisation (par laquelle il gèle le droit applicable au contrat).

Une partie de la doctrine considère que ces clauses sont contraires à une norme de *jus cogens* (permanence de la « souveraineté économique ») et qu'elles sont, dès lors, dénuées de toute valeur. À l'inverse, d'autres auteurs estiment, comme la sentence arbitrale rendue en 1958 dans l'affaire qui opposait la société Aramco à l'Arabie Saoudite, que « rien ne s'oppose à ce qu'un État, dans l'exercice de sa souveraineté, se lie irrévocablement par les clauses d'une concession et attribue à un concessionnaire des droits irrétractables » *(RCDIP* 1963, p. 315).

Dans la sentence *Texaco*, l'arbitre a solennellement consacré cette dernière thèse en affirmant que l'État « ne saurait se prévaloir de sa souveraineté pour méconnaître les engagements auxquels il a librement souscrits » ; fût-ce par un contrat de concession internationalisé. « L'État souverain nationalisant ne saurait méconnaître les engagements pris par l'État contractant » *(JDI* 1977, p. 370).

Pour sa part, le tribunal arbitral, qui s'est prononcé par une sentence du 24 mars 1982 dans une affaire opposant la société *Aminoil* au gouvernement koweïtien, tout en rejetant les prétentions de celui-ci de faire déclarer nulle une clause de stabilisation insérée dans le contrat de concession, a adopté une position beaucoup plus nuancée, qui concilie mieux les exigences contradictoires résultant du droit souverain de l'État de nationaliser et sa capacité, souveraine aussi, de s'engager : « Sans aucun doute, les limitations contractuelles du droit de l'État de nationaliser sont juridiquement possibles, mais cela impliquerait un engagement particulièrement grave qui devrait être expressément stipulé et qui devrait se conformer aux règles régissant la conclusion des contrats avec un État ; et, en règle générale, elles ne devraient concerner qu'une période relativement limitée » *(JDI* 1982, p. 894).

Ceci conduit à distinguer clauses d'intangibilité et de stabilisation d'une part, et clauses de non-nationalisation d'autre part qui, pour produire des effets juridiques, doivent être expresses et limitées dans le temps. Toutefois, aujourd'hui, avec le développement des CBI et du CIRDI, l'internationalisation des relations contractuelles entre l'État et un investisseur privé est désormais le plus souvent la conséquence des clauses de couverture (« *umbrella clauses* ») (v. *infra*, n° 647).

Au même titre que le droit de nationaliser, celui de privatiser les biens publics trouve son fondement dans la souveraineté permanente sur les ressources naturelles et les activités économiques et, comme le relève l'Assemblée générale des Nations Unies dans sa résolution 47/171 du 22 décembre 1992, « chaque État a le droit souverain de décider du développement de ses secteurs privé et public en tenant compte des avantages comparatifs de chacun d'eux ».

Du fait du renouveau du libéralisme dans l'idéologie mondiale dominante, les privatisations font, aujourd'hui, l'objet de davantage d'intérêt dans les instances internationales qui se préoccupent notamment d'assurer une coopération en ce domaine et d'aider les pays qui les entreprennent (v. la résolution 47/171 préc. et l'engagement de Carthagène adopté par la 8e CNUCED en 1992). Néanmoins, comme le montre la grave crise économique qui a débuté en 2008 et qui a entraîné une renationalisation partielle (et en général rampante) de certaines banques privées, le « balancier » n'est toujours pas stabilisé à ce jour.

Conséquences directes de la souveraineté économique de l'État, la liberté de réglementer les investissements étrangers et ses corollaires ne peuvent être limités que par des règles précises et certaines car on ne saurait présumer une limitation à ces droits très étendus et exclusifs. Un tel encadrement peut résulter soit de conventions particulières, soit de règles coutumières solidement établies.

Pendant longtemps, et sous réserve de rares coutumes universelles, comme celle conditionnant la licéité d'une mesure de nationalisation à une indemnisation (v. *infra*, n° 644), les limitations au droit souverain de l'État de réglementer les investissements étrangers n'ont été admises que dans des cadres interétatiques plus solidaires que la communauté mondiale, dans les relations entre des pays qui partageaient la même conviction idéologique, ce qui n'était manifestement pas le cas de la majorité des pays du Tiers Monde qui, en insistant sur la souveraineté permanente sur les activités économiques, accentuaient la tendance traditionnelle. Avec l'unification idéologique du monde, on assiste cependant à une intense activité conventionnelle bilatérale (multiplication des conventions bilatérales d'investissement – CBI), dont on peut considérer qu'elles donnent naissance à de nouveaux principes généralement applicables.

En outre, les États et les opérateurs privés ont dégagé des solutions spécifiques, le plus souvent favorables à la liberté de circulation des capitaux. Les États se sont souvent engagés à mettre en œuvre une politique donnée, pour rassurer les investisseurs étrangers, se réserver certains droits de contrôle et éviter des pratiques purement privées qui rendraient inopérantes leurs pratiques nationales.

Si l'on insiste ici sur des données de droit international public, il ne faut pas sous-estimer la place des accords directs entre opérateurs privés (banquiers, investisseurs) et de la liberté dont disposent les sociétés multinationales financières ou industrielles pour ne pas avoir à tenir compte des réglementations nationales. La matière relève encore pour l'essentiel, au moins pour les États à économie de marché, du droit privé international et de la *lex mercatoria*.

Forts de la liberté dont ils disposent, les États, individuellement, édictent des réglementations souvent contraignantes en matière d'importation et d'exportation des capitaux.

Les États en développement, les plus inquiets des risques présentés par les investissements étrangers — mais rejoignant sur ce point l'attitude traditionnelle de certains pays développés — ont multiplié les codes d'investissement et les réglementations des entreprises mixtes (« *joint ventures* »), dans lesquels ils exposent systématiquement et solennellement la politique qu'ils entendent poursuivre.

De leur côté, les États exportateurs de capitaux ont élaboré divers systèmes d'assurance et de garantie en faveur de leurs investisseurs (Banque centrale du commerce extérieur et COFACE en France).

En France, la loi du 29 décembre 1966, modifiée et complétée en 1989, 1996 et 2004, et incorporée dans les articles L-151 et suivants du Code monétaire et financier en vigueur depuis 2001, pose, sous l'impulsion du droit communautaire, le principe de la liberté des relations financières avec l'étranger. Toutefois, elle soumet à déclaration, autorisation préalable ou contrôle, les mouvements de capitaux avec l'étranger, qu'il s'agisse d'investissements français à l'extérieur ou d'investissements étrangers en France si l'intérêt général constaté par décret en Conseil des ministres l'exige. Sa mise en œuvre a été plus ou moins libérale selon les périodes et la conjoncture économique : elle a longtemps été plus favorable aux investissements étrangers en France qu'aux mouvements de capitaux français vers l'étranger (ce qui facilite les « délocalisations », seulement soumises à un régime de déclaration). Un régime très libéral s'applique aux investissements directs depuis le décret 89-938 modifié par le décret 96-117 du 14 février 1996. Bien entendu, ces textes s'appliquent sous réserve des dispositions contraires des statuts du FMI (v. *supra*, n° 631) et du droit communautaire (v. *infra*, n° 640).

638. Faiblesse de l'encadrement au plan universel. — Le désengagement du droit international public dans le domaine financier est illustré par l'article VI, section 3, des statuts du FMI, aux termes duquel :

« Les membres pourront exercer tous les contrôles nécessaires pour réglementer les mouvements internationaux de capitaux ». Contrastant avec les dispositions consacrées aux paiements courants, en particulier l'article VIII, cette disposition marque bien l'intention des États de faire échapper les opérations financières aux fins d'investissement à un quelconque code de bonne conduite contrôlé par une institution internationale.

Sur les difficultés de principe pour mettre en œuvre deux politiques différentes pour des types de flux financiers qui sont moins distincts dans la réalité qu'en théorie, voir *supra*, n° 627.

À l'origine du système actuel, on a pu croire que ce désintérêt du droit international pour l'encadrement juridique des mouvements de capitaux ne serait que temporaire. En effet, dans une optique libérale, il était logique de viser, au moins à terme comme pour la convertibilité monétaire, la libre circulation des capitaux entre les États.

Aussi l'article 12 de la Charte de La Havane de 1948 prévoyait-il que les États membres de l'Organisation internationale du commerce qu'elle instituait devraient accorder des possibilités raisonnables d'investissement aux capitaux étrangers, leur assurer des conditions suffisantes de sécurité et ne pas pratiquer de discrimination à leur égard. Cette disposition — au demeurant assez vague — n'est jamais entrée en vigueur, en raison de l'échec de ce traité, et est longtemps demeurée sans postérité.

Toutefois, les capitaux « internationalisés » n'évoluent pas dans une zone de non-droit.

La Banque mondiale, qui n'a pas compétence normative en matière de circulation des capitaux, a tenté d'en favoriser la libéralisation en apaisant les appréhensions des détenteurs de capitaux aux fins d'investissement et celles des États soucieux d'en canaliser l'impact économique et social. La Convention de Washington de 1965 et celle de Séoul de 1985 établissent deux institutions essentielles : le Centre international pour le règlement des différends relatifs aux investissements entre un État et une personne privée (CIRDI, v. *infra*, n° 646) et l'Agence multilatérale de garantie des investissements (AMGI). Elles sont autonomes, mais « patronnées » par la Banque mondiale (sur les liens entre celle-ci et le CIRDI, v. J. Fouret, *Int. Org.* 2007, p. 121-144).

L'AMGI vise à reconnaître pleinement l'égalité de l'État hôte et de l'État d'origine des capitaux dans le fonctionnement du mécanisme. D'un côté, par le biais de l'assurance, elle tente de répondre aux difficultés rencontrées par les investisseurs étrangers, en particulier les risques d'atteinte à la liberté de transfert financier, d'expropriation et de conflits politiques internes, y compris par des opérations d'assurance et de réassurance ; de l'autre, elle propose aux États une assistance technique pour améliorer leur réglementation et leur pratique administrative.

Les « Principes directeurs pour le traitement de l'investissement direct étranger », approuvés le 21 septembre 1992 par le Comité de développement de la BIRD, constituent un guide, non obligatoire, à l'action des États dans ce domaine. Directement inspirés de la pratique des États occidentaux et des conventions bilatérales conclues à leur instigation (v. *infra*, n° 639), ils visent à encourager et protéger l'investissement étranger en promouvant les « standards » du traitement juste et équitable, de la nation la plus favorisée et du traitement national ainsi qu'à imposer des limites strictes aux nationalisations (doctrine Hull — v. *infra*, n° 644 — v. le texte des Principes directeurs et la chronique de P. Juillard *in AFDI* 1992, p. 779-807). On peut noter que subsiste le principe de la liberté pour les États de ne pas accepter l'entrée sur leur territoire de capitaux à fins d'investissement.

L'Accord sur les mesures concernant les investissements et liées au commerce (MIC – TRIM's selon le sigle anglais) annexé à l'Accord instituant l'OMC s'inspire de la même philosophie et vise à renforcer tant le standard du traitement national en matière commerciale (v. *infra*, n° 654) que l'obligation d'éliminer les restrictions quantitatives (v. *infra*, n° 655).

Cet accord traduit un nouveau rapport de forces entre investisseurs privés et États hôtes de délocalisations compétitives, fondées tant sur l'abaissement des coûts de la main-d'œuvre que sur une liberté aussi complète que possible des importations des matières premières et d'exportation des produits finis. C'est cette liberté qui est poursuivie par l'Accord (dans la ligne des conclusions du « groupe spécial » États-Unis — Canada de 1984), même s'il prend en considération les problèmes de balance commerciale et de balance des paiements des pays en voie de développement (un délai d'adaptation plus long leur est offert). Une liste non limitative de mesures ainsi prohibées est établie par l'Accord : elle vise essentiellement les obligations d'approvisionnement en produits nationaux et les restrictions à l'importation de produits étrangers, imposées par l'État hôte de l'investissement.

Cet accord a trouvé un premier (et, pour l'instant unique) prolongement dans l'article 5 du *Traité sur la Charte de l'énergie* conclue entre les pays européens et d'autres États membres de l'OCDE d'une part et ceux issus de la dissolution de l'URSS (Lisbonne, 17 décembre 1994), qui facilite – sans l'imposer – les investissements des États parties en matière énergétique et offre une protection étendue aux investissements ainsi réalisés.

Il reste que la conclusion d'un accord multilatéral de portée générale s'est, jusqu'à présent, révélée impossible : les Principes directeurs de la Banque mondiale n'ont pas force obligatoire et les tentatives en vue de l'adoption d'un instrument conventionnel n'ont pas abouti.

Négocié dans le cadre de l'OCDE durant les années 1990 (à la suite de l'échec d'un précédent projet de Convention sur la protection des biens adopté par le Conseil de l'OCDE en 1967), l'Accord multilatéral sur l'investissement (AMI) reposait sur une conception très libérale de la protection due non seulement aux investissements étrangers mais aussi à leur réalisation. Outre que le cadre (non universel) retenu pour sa négociation était critiquable, le projet d'accord a suscité l'opposition de certains États (dont la France qui ne pouvait accepter la définition trop large de l'investissement vers laquelle on s'acheminait [v. *infra* n° 641]) et de nombreuses ONG et a finalement été abandonné en 1998. Bien que l'OMC constituât un forum de négociation sans doute plus acceptable pour un tel accord, et que la Déclaration ministérielle de Doha du 13 novembre 2001 eût préconisé la préparation d'un « Cadre multilatéral sur l'investissement », l'idée en a été abandonnée de fait (peut-être momentanément) à la suite de l'échec de la Conférence de Cancún en 2003.

Suite à cet échec, les États-Unis et quelques autres États (Australie) ont conclu avec des pays souvent vulnérables des accords bilatéraux de libre commerce (*Free Trade Agreements* — FTA) comportant des dispositions protectrices de l'investissement échappant au principe du traitement de la nation la plus favorisée. Ce sauve-qui-peut bilatéralisé écarte encore davantage la perspective de la conclusion d'un accord multilatéral à vocation universelle.

639. Réglementation de substitution – les conventions bilatérales d'investissement. — Face aux manifestations de la souveraineté économique des États du Tiers Monde, les États exportateurs de capitaux ont fait appel à la technique conventionnelle pour protéger les investissements de leurs ressortissants et garantir ainsi la persistance des flux de capitaux. Les *conventions* *bilatérales de promotion et de protection des investissements* (CBI) se sont multipliées au cours des quinze dernières années.

Leur objet n'est pas seulement, ni même principalement, de définir les secteurs où ces investissements seront favorisés par l'État d'accueil : cette question relève plus des accords de coopération et des conventions d'établissement. Il s'agit pour l'essentiel de garantir une protection et un traitement juste et équitable à l'investisseur et à l'investissement, de garantir le rapatriement des bénéfices réalisés à l'étranger, ainsi que des indemnisations obtenues en cas d'expropriation ou de nationalisation. On y trouve souvent, également, un engagement de l'État exportateur de capitaux de ne pas apporter une garantie publique à tel investissement sans l'accord de l'État d'accueil : cette précaution permet à ce dernier de déterminer les hypothèses dans lesquelles il accepte de prendre le risque d'un conflit direct avec un État, et non plus avec une entreprise. Ainsi seront conciliés les droits contradictoires des deux États en matière de transferts de capitaux.

Dans leurs négociations avec les pays importateurs de capitaux, les États développés s'inspirent de « modèles » qui traduisent une certaine conception des droits reconnus au souverain territorial ; la pratique française des vingt dernières années s'est développée à partir d'un Projet de convention multilatérale sur la protection des biens étrangers, élaboré par l'OCDE, qui est relativement équilibré. Les modèles successifs des États-Unis (1982, 1994 et 2004) font la part belle à l'État d'origine des capitaux et tiennent compte des évolutions de la jurisprudence internationale en matière de protection des investissements (v. chroniques P. Juillard, *AFDI* 1983, p. 589-605 et 2004, p. 669-682) ; l'Accord de Marrakech, 1994, sur les mesures concernant les investissements et liées au commerce, ne va qu'en partie dans ce sens : v. *supra*, n° 638. Toutefois, alors que le modèle européen n'accorde le bénéfice de la CNPF et du traitement national aux investissements qu'une fois qu'ils sont établis, le modèle nord-américain (celui du Canada suit à peu près exactement le modèle des États-Unis), l'étend, sauf exceptions, à l'établissement de l'investissement. Les Principes directeurs de la Banque mondiale pour le traitement de l'investissement direct étranger consolident les tendances manifestées par ces conventions bilatérales dans le sens d'une protection accrue des investissements étrangers, mais ils sont dénués de force juridique obligatoire (v. *ibid.*).

Le réseau des CBI se densifie à une vitesse très considérable et n'est plus, aujourd'hui, l'apanage des seuls pays développés. À la fin de l'année 2007, la CNUCED recensait 2 608 CBI (et 254 accords de libre-échange et de coopération économique ayant des dispositions relatives à l'investissement – v. le *Rapport sur l'investissement dans le monde 2008*) conclues aussi bien par des pays développés entre eux et avec des pays en développement que par ceux-ci entre eux. Dans une large mesure, ces traités abordent des problèmes comparables et comportent des clauses identiques. Il est donc légitime de se demander si cette pratique n'est pas à l'origine de normes coutumières s'imposant à l'ensemble des États dans ce domaine (v. *supra*, n°s 209-212). Néanmoins, les obstacles, jusqu'à présent insurmontés, auxquels se heurte la conclusion d'un traité multilatéral consacré aux investissements (v. *supra*, n° 638) montre que si les orientations générales semblent assez solidement fixées, il est sans doute prématuré de voir dans ces standards (sur cette notion, v. *infra*, n° 653) des normes obligatoires s'imposant aux États en l'absence de traité.

Dans l'affaire *Diallo*, la CIJ a laconiquement écarté la possibilité d'une « protection par substitution » visant « à offrir une protection aux actionnaires étrangers d'une société qui ne pourraient pas invoquer le bénéfice d'un accord international, et auxquels aucun autre recours ne serait ouvert, dans la mesure où les actes prétendument illicites auraient été commis à l'encontre de la société par l'État de la nationalité de celle-ci » (arrêt du 24 mai 2007, *Ahmadou Sadio Diallo (exceptions préliminaires)*, § 88) en considérant que : « [l]e fait (...) que différents accords internationaux tels les accords sur la promotion et la protection des investissements étrangers et la convention de Washington aient institué des régimes juridiques spécifiques en matière de protection des investissements, ou encore qu'il soit courant d'inclure des dispositions à cet effet dans les contrats conclus directement entre États et investisseurs étrangers, ne suffit pas à démontrer que les règles coutumières de protection diplomatique auraient changé ; il pourrait tout aussi bien se comprendre dans le sens contraire. Les arbitrages qui ont été invoqués par la Guinée relèvent eux aussi de régimes particuliers... » (*ibid.*, § 90).

640. Réglementations régionales. — La *libre circulation des capitaux dans un cadre régional* n'est pas réduite aux relations entre États développés à économie de marché même si c'est entre eux qu'elle est le plus largement réalisée.

Dès 1959, les États membres de l'OCDE (à l'époque OECE) ont adopté un « Code de libération des mouvements de capitaux », conformément aux prescriptions de l'article II-D de l'acte constitutif de cette organisation. Ce code, complété en 1961, de caractère obligatoire, repose sur deux techniques juridiques : la clause de « consolidation » (ou « standstill »), qui interdit aux États de renforcer les restrictions existantes, et la clause de libération progressive des mouvements de capitaux (assortie du système du « cliquet » qui exclut la remise en cause d'une mesure de libération entrée en vigueur). Il admet d'importantes dérogations et régimes d'exceptions, mais sous un contrôle assez strict — bien que non sanctionné — des organes de l'OCDE. Dans ce cadre assez souple, des progrès importants ont pu être réalisés (notamment l'adoption d'un Code de libération des « opérations invisibles courantes », couvrant en particulier les assurances), mais la tâche est loin d'être achevée.

La libération progressive de la circulation des capitaux entre les États membres est l'un des objectifs de la CE (articles 31 et 67 du Traité de Rome) et même une « liberté fondamentale » au sens de l'article 3, selon la jurisprudence de la CJCE (11 novembre 1981, *G. Casati*, aff. 203/80, *Rec.* 1981, p. 2595). Des directives de 1960, 1962 et 1973, l'ont réalisée en ce qui concerne les fonds des travailleurs migrants ; la directive 72/156 du 21 mars 1972 a donné un début d'application à l'article 70 du Traité, qui prévoit la coordination progressive des politiques relatives aux mouvements de capitaux entre la Communauté et les États tiers. Ce mouvement culmine avec l'adoption de la directive 88/361, traduite immédiatement par la suppression complète du contrôle des changes dans sept États membres — dont la France. Cette approche est complétée, à partir de 1986, par des directives sur l'harmonisation des marchés boursiers et la liberté d'établissement dans des secteurs très protégés (banques, assurances), ce qui permet aujourd'hui de parler d'un véritable Marché commun des capitaux d'investissement. L'article 56 du TCE (63 du TFUE) dispose :

« Dans le cadre des dispositions du présent chapitre, toutes les restrictions aux mouvements de capitaux entre les États membres et entre les États membres et les pays tiers sont interdites » et est considéré par la CJCE comme étant *self-executing* (CJCE, 14 déc. 1995, *Sanz de Lera, Diaz Jiménez, Kapanoglu*, C-163/94, C-165/94, et C-254/94, *Rec.* p. I-4821, point 48). L'article 58 (64 du TFUE) autorise cependant le maintien des restrictions existantes dans les relations avec les pays tiers (v. cependant CJCE, 31 janvier 1984, affaires 286/82 & 26/83, *G. Luisi et G. Carbone*, *Rec.* 1984, p. 377).

Il faut noter enfin que le Traité de Lisbonne de 2007 octroie pour la première fois une compétence à la Communauté dans le domaine des investissements étrangers, dans le cadre de la politique commerciale commune (article 207 du TFUE). À terme, l'exercice de cette compétence, qui est de nature exclusive, devrait donc impliquer une substitution de la Communauté aux États membres dans la conclusion de traités bilatéraux d'investissement avec les tiers.

De son côté, le chapitre XI de l'ALENA (1992) sans assurer la libre circulation totale des capitaux entre les trois États parties, assure aux investissements une fois établis une protection étendue, garantie par le mécanisme de règlement des différends établi par les articles 1115 et suivants de l'Accord (v. *infra*, n° 646).

§ 2. — *Réglementation de l'investissement étranger*

BIBLIOGRAPHIE. — P. JUILLARD, « Définir l'investissement », *AFDI* 1984, p. 773-779. — I.F.I. SHIHATA, « The Multilateral Investment Guarantee Agency and the Legal Treatment of Foreign Investment », *RCADI* 1987, vol. 203, p. 95-230. — J. TOUZCOZ, « Les opérations de garantie de l'Agence multilatérale de garantie des investissements », *JDI* 1987, p. 901-925. — E. JOS, « L'AMGI », *RGDIP* 1994, p. 387-416. — S. VASCIANNIE, « The Fair and Equitable Treatment Standard in International Investment Law and Practice », *BYBIL* 2000, p. 99-164. — A. BENCHENEB, « Sur l'évolution de la notion d'investissement », *Mél. Kahn*, Litec, 2000, p. 177-196. — S. EL BOUDOUHI, « L'intérêt général et les règles substantielles de protection des investissements », *AFDI* 2005, p. 542-563. — S. MANCIAUX, « The Notion of Investment : New Controversies », *JWTL* 2008, p. 443-466. — A. REINISCH ed., *Standards of Investment Protection*, Oxford UP, 2008, XXXVI-264 p. — I. TUDOR, *The « Fair and Equitable Treatment Standard » in the International Law of Foreign Investment*, Oxford UP, 2008, XXXII-315 p. — E. GAILLARD, « Reconnaître ou définir ? Réflexions sur l'évolution de la notion d'investissement dans la jurisprudence du CIRDI » *in Le droit international économique à l'aube du XXIe siècle. En hommage aux professeurs Dominique Carreau et Patrick Juillard*, Pedone, 2009.

641. Définition de l'investissement étranger. — Extrêmement décentralisée et éparpillée, la réglementation relative aux investissements étrangers ne repose sur aucune définition généralement acceptée de ceux-ci. Du reste, nombre des instruments qui réalisent cet encadrement s'abstiennent de proposer une définition générale. Tel est le cas de la Convention de Washington de 1965 relative au règlement des différends relatifs aux investissements dont l'article 25 donne compétence au CIRDI pour le règlement des « différends d'ordre juridique (...) qui sont en relation directe avec un investissement », sans pour autant définir cette notion. Cette lacune délibérée est aujourd'hui partiellement comblée par les conventions bilatérales qui déterminent les investissements internationaux tombant sous leur champ d'application et par l'interprétation qu'en donnent les tribunaux d'arbitrage qui les mettent en œuvre, étant entendu que ces définitions peuvent être modulées en fonction de la volonté des parties et des circonstances.

Les Principes directeurs de la Banque mondiale pour le traitement de l'investissement direct étranger (v. *supra*, n° 638) ne comportent aucune définition de cette dernière notion, pas davantage que l'Accord de Marrakech sur les mesures concernant les investissements et liées au commerce (dont une annexe donne cependant une « liste exemplative » de telles mesures). En revanche, la Convention de Séoul créant l'AMGI distingue les investissements admissibles à la garantie de l'Agence (qui comprennent notamment « les prises de participation, y compris les prêts à moyen ou à long terme accordés ou garantis par les détenteurs de l'entreprise intéressée ») de ceux qui ne le sont pas — mais permet au Conseil d'administration de passer outre à cette distinction. Le projet d'AMI (v. *supra*, n° 638) avait, pour sa part, retenu une définition particulièrement large :

« Tout type d'actif détenu ou contrôlé, directement ou indirectement, par un investisseur, notamment : (i) une entreprise (personne morale ou autre entité constituée ou organisée selon le droit applicable d'une partie contractante, avec ou sans but lucratif, privée ou appartenant à une autorité publique ou contrôlée par elle, y compris une société de capitaux, fiducie, société de personnes, entreprise individuelle, succursale, co-entreprise, association ou organisation) ; (ii) les actions, parts de capital ou autres formes de participation au capital d'une entreprise et les droits en découlant ; (iii) les obligations, titres d'emprunt, prêts et autres formes de créance et les droits en découlant ; (iv) les droits au titre de contrats, notamment les contrats clés en main et les contrats de construction, de gestion, de production ou de partage des recettes ; (v) les créances monétaires et les droits à prestations ; (vi) les droits de propriété intellectuelle ; (vii) les droits conférés par la loi tels que les concessions, licences, autorisations et permis ; (viii) tout autre bien corporel ou incorporel, meuble ou immeuble, et tous droits connexes de propriété tels que location, hypothèque, privilège et gage » (OCDE, doc. DAFFE/MAI(98)7/REV1, 24 avril 1998) ; v. aussi les longues définitions énumératives contenues dans les articles 1139 de l'ALENA et 1, § 6, du Traité de la Charte de l'énergie.

Bien que cette définition (qui, en incluant les droits de propriété intellectuelle, menaçait le principe d'une « exception culturelle ») eût, en partie, été à l'origine de l'échec de l'AMI, elle correspond néanmoins à celle, extrêmement large, que l'on peut déduire de la comparaison des CBI et de la jurisprudence des tribunaux arbitraux qui ont eu à se prononcer sur la question.

Il reste en effet qu'en dépit de variations non négligeables d'une CBI à une autre et du caractère en général non limitatif des définitions qu'elles retiennent, on note des convergences très frappantes qui peuvent conduire (sous réserve de nécessaires adaptations au cas par cas), à la définition suivante : l'expression « investissement étranger » s'entend d'un apport en capital émanant d'un acteur économique ayant la nationalité d'un État donné sur le territoire d'un autre État, impliquant une prise de risque de la part de l'investisseur, visant à établir des liens durables entre celui-ci et l'économie d'accueil et (mais ce dernier critère est discuté en jurisprudence) contribuant au développement de celle-ci. Un tel investissement sera qualifié de « direct » s'il permet à l'investisseur d'exercer un contrôle partiel ou total sur l'activité économique en question. (V. la définition de l'investissement direct donnée à l'annexe D du Code de la libération des mouvements de capitaux de l'OCDE).

Dans le cadre de la Convention CIRDI, la jurisprudence des tribunaux arbitraux a précisé les critères permetttant de définir l'investissement — qui suppose une certaine durée, une certaine régularité de profits et de plus-values, une prise de risque et la contribution au développement économique de l'État d'accueil (v. notamment CIRDI, 11 juill. 1997, décision sur la compétence, *Fedax NV c. Venezuela*, § 43). Bien que le dernier critère, la contribution au développement de l'économie de l'État d'accueil, demeure controversé, plusieurs tribunaux arbitraux ont refusé la qualification d'investissement à des opérations qui, selon eux, n'apportaient rien à l'économie nationale (v. CIRDI, Comité *ad hoc*, décision d'annulation, 1er nov. 2006, *Patrick Mitchell c. RDC*, § 25-33 et 39 (cabinet d'avocat) ; 17 mai 2007, sentence, *Malaysian Historical Salvors c. Malaisie*, § 125-144 (contrat de sauvetage ; v. aussi *infra* n° 642 (2°)).

Cette approche majoritaire et raisonnable a cependant été critiquée par certains tribunaux se réclamant d'une conception « flexible et pragmatique » (à vrai dire laxiste et subjective), selon lesquels « [é]tant donné que la Convention [CIRDI de 1965] n'a pas inclus une définition stricte, objective, de l'investissement, on peut douter qu'il appartient aux tribunaux arbitraux qui se prononcent dans des affaires particulières d'imposer une définition susceptible de s'appliquer dans tous les cas et à toutes fins » (24 juillet 2008, *BiwaterGauff Tanzania Limited c. République Unie de Tanzanie*, § 313 ; v. aussi 6 août 2004, *Joy Mining c. Égypte*, § 51-52 ou 10 janv. 2005, *LESI/Dipental c. Algérie*, § 13).

Il reste que, même sans tomber dans ces excès, la plupart des tribunaux arbitraux se sont ralliés à une conception très large de l'investissement, qui les a conduits à y inclure :

— la gestion hôtelière (CIRDI, 25 sept. 1983, décision sur la compétence, *AMCO c. Indonésie*, § 37-38) ;

— les billets à ordre (CIRDI, 11 juill. 1997, décision sur la compétence, *Fedax NV c. Venezuela*, § 43) ;

— un contrat de services (CIRDI, 24 mai 1999, décision sur la compétence, *CSOB c. Slovaquie*, § 89 ; 6 août 2003, décision sur la compétence, *S.G.S. c. Pakistan*, § 135 ; 29 janv. 2004, décision sur la compétence, *S.G.S. c. Philippines*) ;

— l'exécution de marchés publics, notamment pour la construction de routes (CIRDI, 23 juill. 2001, décision sur la compétence, *Salini Costrutorri S.p.A. et Italstrade S.p.A. c. Maroc*, § 57 ; 27 sept. 2001, décision sur la compétence, *Autopista c. Venezuela*, § 101 ; 14 nov. 2005, décision sur la compétence, *Bayindir c. Pakistan*), de canaux (CIRDI, 16 juin 2006, *Jan de Nul N.V. and Dredging International N.V. c. Égypte*, § 90) ou de barrages (CIRDI, 22 avr. 2005, décision sur la compétence, *Impregilo c. Pakistan*) ; ou

— l'acquisition et l'exploitation d'un journal (CIRDI, 8 mai 2008, *Pey Casado et Fondation « Presidente Allende » c. Chili*, § 233).

À l'inverse, des tribunaux ont estimé que ne constituaient pas des investissements :

— des études préparatoires à un investissement non réalisé (CIRDI, 15 mars 2002, *Mihaly c. Sri Lanka*) ;

— des garanties bancaires (CIRDI, 6 août 2004, *Joy Mining Machinery Ltd. c. Égypte*, § 41-63) ; ou

— un cabinet d'avocat (en l'absence de preuve d'une contribution réelle au développement du pays d'accueil — CIRDI, Comité *ad hoc*, décision d'annulation, 1er novembre 2006, *Patrick Mitchell c. RDC*, § 25-33 et 39).

A. — Régime juridique

642. Principes protecteurs de la souveraineté de l'État. — Bien que la compétence souveraine de l'État d'accueil de l'investissement demeure le principe (*supra,* n° 637), celle-ci se trouve largement battue en brèche par la « préférence pour l'investisseur » que manifestent tant les CBI, alignés sur ceux conclus entre pays industrialisés et pays en développement quelles qu'en soient les parties, et par l'interprétation globalement très favorable aux intérêts des investisseurs privés qu'en donnent les arbitres appelés à se prononcer sur leur mise en œuvre. Il reste que d'une part, en l'absence de règle conventionnelle contraire, l'État conserve une « souveraineté résiduelle » et que, d'autre part, des infléchissements récents peuvent laisser espérer l'avènement d'une pratique plus équilibrée.

Un tel rééquilibrage pourrait résulter notamment de la correction des flux de capitaux : traditionnellement « nord-sud », ils sont aujourd'hui non pas inversés mais rééquilibrés par l'importance croissante des investissements en provenance des pays émergents dans les économies développées. Telle est notamment la raison pour laquelle le nouveau modèle de CBI des États-Unis de 2004 se montre plus ouvert que les précédents (v. *supra,* n° 639) aux exigences de l'intérêt général.

1° *L'admission de l'investissement.* Alors que le droit international positif fait néanmoins la part belle aux intérêts des investisseurs, il se montre plus soucieux de la préservation des droits de l'État en ce qui concerne la constitution de l'investissement sur laquelle celui-ci conserve indiscutablement un droit de contrôle et de réglementation illimité en l'absence de disposition conventionnelle contraire. Ainsi par exemple, les Principes directeurs pour le traitement de l'investissement étranger de la Banque mondiale, qui reflètent assez bien l'état actuel du droit en la matière, incitent les États à faciliter les investissements étrangers sur leur territoire mais rappellent que « [c]haque État conserve le droit de réglementer [leur] admission ».

La « clause d'encouragement » qui figure dans la très grande majorité des CBI conclues suivant le modèle OCDE est rédigée dans le même esprit : chacun des deux États s'engage à « admettre et encourager » les investissements étrangers sur son territoire mais « dans le cadre de sa législation » – ce qui revient à admettre qu'il appartient à chacun d'eux d'en fixer les conditions (v. aussi le Protocole de Buenos Aires conclu entre les États membres du Mercosur le 1er août 1994 sur la promotion et la protection des investissements originaires des pays non membres). Le modèle nord-américain (et celui du Japon) posent le principe inverse (v. *supra,* n° 639) mais comportent de nombreuses exceptions (dans le même sens, v. l'article 1106 de l'ALENA).

2° *Le traitement de l'investissement.* Lorsque la CBI limite expressément la protection qu'elle offre aux investissements réalisés « conformément à la législation » de l'État d'accueil, il ne fait aucun doute que l'investisseur est tenu de respecter les lois et règlements de celui-ci (notamment en matière de corruption) — mais, à vrai dire, il en va de même dans le silence de la Convention : la souveraineté territoriale de l'État d'accueil l'implique nécessairement, sous la seule réserve des dispositions de la convention bilatérale et des règles de nature coutumière s'imposant à tout État.

La question se pose de savoir quel peut être l'effet de la violation par l'investisseur de l'obligation de respecter la législation de l'État d'accueil. Dans un premier temps, suivant la solution de principe posée par le Tribunal CIRDI dans l'affaire *Salini c. Maroc* (décision sur la compétence, 23 juill. 2001, § 46), les arbitres ont considéré qu'une clause expresse en ce sens concernait la validité de l'investissement contesté mais non sa définition et n'avait donc pas d'incidence sur sa compétence (v. aussi CIRDI, 29 avril 2004, décision sur la compétence, *Tokios Tokelès c. Ukraine*, § 83-86). Plusieurs tribunaux se sont récemment cependant prononcés en sens contraire et ont considéré que dès lors que l'investissement n'est pas « conforme à la loi » la compétence du tribunal n'est pas établie *ratione materiae* (cf. CIRDI, 2 août 2006, *Inceysa Vallisoletana c. El Salvador*, § 257, ou 16 août 2006, *Fraport c. Philippines*, § 401 ; v. également CIRDI, 27 août 2008, *Plama Consortium Ltd c. Bulgarie*, §§ 139 et s. qui se fonde seulement à cet égard sur les exigences de « l'État de droit »). Par une sentence du 4 octobre 2006 (*World Duty Free c. Kenya*, v. surtout § 138-157 et 188), un tribunal CIRDI a estimé qu'un contrat obtenu par la corruption était nul car contraire à l'ordre public transnational et que le demandeur ne pouvait dès lors formuler aucune réclamation devant lui (le même argument a été rejeté dans l'affaire CIRDI, 29 juillet 2008, *African Holding Company of America, Inc., c. RDC* au motif que la corruption n'avait pas été prouvée en l'espèce).

Un autre problème, lui aussi à la frontière entre les questions relatives à la définition même de l'investissement et celles portant sur les règles qui lui sont applicables, est de savoir si, pour bénéficier d'un traitement favorable, un apport en capital doit être bénéfique à l'économie du pays d'accueil. Sous cette forme, la condition se prête sans doute à une appréciation excessivement subjective ; en revanche, on doit admettre que l'intention des parties au contrat doit être prise en compte et que seuls doivent bénéficier de la protection offerte par la CBI — voire par le droit international — les investissements qui visent à concourir au développement de l'économie d'accueil. La jurisprudence n'est cependant pas stabilisée à cet égard.

Les implications de cette question sont clairement idéologiques ; elle ne s'en pose pas moins sur le terrain juridique. Ainsi, dans la décision sur la compétence dans l'affaire *FEDAX c. Venezuela* du 11 juillet 1997, le Tribunal, pour admettre que des billets à ordre constituaient un investissement, a-t-il relevé que « les opérations en cause en l'espèce ne sont pas des opérations commerciales ordinaires mais concernent assurément un intérêt public fondamental » (§ 42). De même, dans l'affaire *CSOB c. Slovaquie*, le Tribunal justifie l'exercice de sa compétence à l'égard d'un différend relatif à un contrat de refinancement de créances par le fait que l'accord conclu à cette fin « supposait une contribution significative de la CSOB au développement économique de la République slovaque » (décision sur la compétence, 24 mai 1999, § 88 ; v. aussi, 23 juill. 2001, décision sur la compétence, *Salini c. Maroc*, § 52 et 57). À l'inverse, lorsque cette contribution n'est pas avérée, l'investisseur ne peut se prévaloir de la protection offerte par la CBI (cf. CIRDI, Comité *ad hoc*, décision d'annulation, 1er novembre 2006, *Patrick Mitchell c. RDC*, § 27-41, ou SA, 17 mai 2007, *Malaysian Historical Salvors, SDN, BHD c Malaisie*, § 125 et 139).

Cette condition a été mise en doute, notamment dans une sentence du 8 mai 2008 par laquelle un Tribunal CIRDI a indiqué que « [l]'exigence d'une contribution au développement de l'État d'accueil, difficile à établir, lui paraît en effet relever davantage du fond du litige que de la compétence du Centre. Un investissement peut s'avérer utile ou non pour l'État d'accueil sans perdre cette qualité. Il est exact que le préambule de la convention CIRDI évoque la contribution au développement économique de l'État d'accueil. Cette référence est cependant présentée comme une conséquence, non comme une condition de l'investissement : en protégeant les investissements, la convention favorise le développement de l'État d'accueil. Cela ne signifie pas que le développement de l'État d'accueil soit un élément constitutif de la notion d'investissement. C'est la raison pour laquelle, comme l'ont relevé certains tribunaux arbitraux, cette quatrième condition est en réalité englobée dans les trois premières » (*Pey Casado et Fondation « Presidente Allende » c. Chili*, § 232 ; v. aussi CIRDI, décision sur la compétence, 12 juillet 2006, *LESI et ASTALDI c. Algérie*, § 72).

Enfin, dans la même veine, certains tribunaux se sont efforcés — mais sans beaucoup de succès — de tenir compte de la situation d'infériorité, au moins technique, dans laquelle se trouve parfois le pays d'accueil par rapport à l'investisseur.

Les litiges relatifs aux transferts d'« usines clés en main », par exemple, fournissent l'occasion de préciser la portée des engagements de comportement et de résultat des sociétés transnationales, face à des États qui ne sont pas encore en mesure de réaliser des contre-expertises administratives sur la validité des projets de développement qui leur sont proposés. Ainsi, l'une des premières sentences CIRDI rendue le 21 octobre 1983, dans l'affaire *Klöckner Industrie c. Cameroun*, insistait sur cette inégalité de fait des partenaires pour imposer aux entreprises privées une obligation de loyauté et la charge de certains risques économiques qui va au-delà des pratiques industrielles traditionnelles ; l'annulation de cette sentence en 1985, pour excès de pouvoir, est fondée sur l'idée que la décision initiale repose sur un simple postulat et semble admettre qu'une obligation de moyens, non de résultat pèse sur l'investisseur (§ 21 et 133-144).

La crise argentine du début des années 2000 et les défaillances de paiement qui en ont résulté ont également conduit des tribunaux arbitraux à s'interroger sur les effets de l'état d'urgence ou de nécessité invoqué par ce pays pour s'exonérer en tout ou en partie des atteintes portées aux droits de nombreux investisseurs étrangers. Dans la sentence du 12 mai 2005, le Tribunal arbitral constitué pour connaître de l'affaire *CMS Gas Transmission Company* a observé que si la situation ne pouvait s'analyser en une circonstance excluant l'illicéité du comportement des autorités argentines (notamment du fait que « les politiques et les erreurs gouvernementales ont contribué de manière importante à la crise et à la situation d'urgence ») elle devait cependant être prise en considération pour la détermination de la réparation (§ 315-356). Le Comité *ad hoc*, qui a annulé la sentence précitée sur plusieurs points par sa décision du 25 septembre 2007, a considéré quant à l'état de nécessité que, malgré certaines erreurs de droit commises par le tribunal, il avait correctement appliqué et la règle coutumière concernant la nécessité et l'article XI de la CBI en cause. Allant plus loin, le Tribunal qui s'est prononcé sur l'affaire *LG&E* a considéré que l'Argentine n'était pas tenue de respecter les obligations lui incombant sous la CBI de 1991 avec les États-Unis et n'encourrait aucune responsabilité pour les actes commis entre le 1er décembre 2001 et le 26 avril 2003, du fait de la survenance d'un état de nécessité (3 octobre 2006, décision sur la responsabilité, § 245-261 ; v. aussi 5 sept. 2008, SA, *Continental Casualty Company c. Argentine*, § 231-233). Ici encore, force est de constater que la jurisprudence n'est pas stabilisée et qu'un équilibre satisfaisant reste à trouver.

643. Principes protecteurs de l'investissement. — D'une manière très générale, le droit positif, s'il comporte toujours des éléments protecteurs de la souveraineté et des droits de l'État d'accueil, n'en privilégie pas moins la protection des intérêts de l'investisseur. Cela se traduit principalement par la mise en œuvre des standards (ou combinaison de standards) suivants :

— la garantie d'un « traitement juste et équitable » ;

— le standard de « pleine et entière protection et sécurité » ;

— la combinaison des standards de la nation la plus favorisée et du traitement national ;

— la liberté de rapatriement des gains et du produit de la liquidation de l'investissement.

1° Le *traitement juste et équitable*. Traditionnellement, les étrangers et leurs biens jouissent sur le territoire de l'État de ce qu'il est convenu d'appeler le « standard minimum (de civilisation) » (v. *supra*, n° 429), qui « détache » le droit qui leur est applicable de celui qui régit les nationaux et implique donc qu'ils doivent bénéficier d'un régime spécifique pouvant être, le cas échéant, plus favorable que celui-ci (mais, pas moins favorable dans la mesure où s'applique le standard du traitement national — v. 3° *infra*). En matière d'investissement, cette garantie traditionnelle des droits des étrangers connaît un nouvel avatar avec l'exigence d'un « traitement juste et équitable », notion particulièrement floue, dont l'appréciation dépend des circonstances et dont il n'existe pas de définition communément admise bien qu'elle figure *expressis verbis* dans la plupart des CBI et des autres instruments relatifs à la protection des investissements mais selon des rédactions diverses et plus ou moins précises.

Sur le rattachement de l'exigence d'un traitement juste et équitable au standard minimum traditionnel, v. T.A. (ALENA), sentence partielle, 13 nov. 2000, *SD Myers c. Canada*, § 258-268 et ALENA, Free Trade Commission (FTC), 31 juill. 2001, « Notes of Interpretation of Certain Chapter XI Provisions » ; cette dernière interprétation a été récusée comme étant excessivement statique par la sentence *Pope et Talbot c. Canada* du 31 mai 2002 (T.A. [ALENA], § 47 ; v. aussi, CIRDI [ALENA], 11 oct. 2002, *Mondev International Ltd. c. États-Unis*, § 114-119, et 9 janv. 2003, *ADF Group Inc. c. États-Unis*, § 175-186 ; *contra :* CIRDI [ALENA], 26 juin 2003, *Loewen c. États-Unis*, § 124-128).

Se gardant d'avancer une définition générale de ce standard, les tribunaux arbitraux ont procédé par petites touches en se prononçant au cas par cas (en fonction d'appréciations largement subjectives et, en règle générale, très favorables aux investisseurs). Parmi les principaux enseignements que l'on peut tirer de la jurisprudence actuelle, on peut relever que :

— en n'offrant pas « un cadre transparent et prévisible au développement des projets et à l'investissement » du demandeur, l'État d'accueil manque au standard du traitement juste et équitable (CIRDI [ALENA], 30 août 2000, *Metalclad c. Mexique*, § 99-101 — mais v. l'annulation partielle de la sentence par la Cour suprême de Colombie britannique, arrêt du 2 mai 2001, *The United Mexican States v. Metalclad Corp.*, 2001 *BCSC* 665 ; v. aussi CIRDI, 20 mai 1992, *SPP c. Égypte*, § 82-83 ; 13 nov. 2000, *Mafezzini c. Espagne*, § 83 ; 12 mai 2005, *CMS c. Argentine*, § 274-276, ou 3 oct. 2006, *LG&E c. Argentine*, § 127-131) ;

— il en va de même en cas de traitement discriminatoire équivalant à une injustice flagrante de la part des tribunaux internes (le processus judiciaire interne devant être considéré comme un tout) (CIRDI [ALENA], 26 juin 2003, *Loewen c. États-Unis*, § 137), et, d'une façon générale, de tout déni de justice avéré (cf. CIRDI, 25 sept. 1983, *AMCO c. Indonésie*, § 139 ; 30 avr 2004, *Waste Management c. Mexique,* 30 avr. 2004, § 98, ou 8 mai 2008, *Pey Casado et Fondation « Presidente Allende » c. Chili*, § 653-674) ;

— et, plus généralement encore, de toute discrimination arbitraire (v. *ibid.* ou CIRDI, 12 mai 2005, *CMS Gas Transmission Company c. Argentine*, § 290-295 ; 22 mai 2007, *Enron c. Argentine*, § 282) ;

— ou encore d'une transaction acceptée par l'investisseur sous la contrainte (CIRDI, 6 février 2008, *Desert Line Projects LLC c. Yémen*, § 178-194 — qui renoue avec une jurisprudence traditionnelle ; v. par ex. : Commission mixte États-Unis-Venezuela, SA, 2 sept. 1890, *Gowen & Copeland : Los Monges (The Monks)*, *Moore* IV, p. 3354 ; 1er mars 1952, Commission de Conciliation (Traité de Paix avec l'Italie), décision n° 125, *Différend Industrie Vicentine Elettro-Meccaniche (IVEM)*, *RSA* XIII, p. 344-346, ou 20 mai 1950, décision n° 60 ; *ibid.*, *Différend Wagons-Citernes*, *RSA* XIII, p. 215 ; v. aussi T.A. (ALENA), 10 avr. 2001, *Pope et Talbot c. Canada*, § 156-181, ou CIRDI, 29 mai 2003, *TECMED c. Mexique*, § 163).

À ce jour, la définition la plus compréhensive du standard a sans doute été donnée par le Tribunal CIRDI qui s'est prononcé dans l'affaire *TecMed c. Mexique :*

L'investisseur « attend de l'État hôte d'agir d'une manière cohérente, dépourvue d'ambiguïté et entièrement transparente dans ses relations avec l'investisseur étranger, afin que ce dernier puisse connaître à l'avance non seulement les règles et réglementations applicables à son investissement, mais aussi les politiques et les pratiques ainsi que les directives administratives pertinentes, de façon à lui permettre de planifier ses activités dans le respect de cette réglementation. (...) L'investisseur étranger s'attend également à ce que l'État d'accueil se comporte d'une manière cohérente, c'est-à-dire notamment sans revenir arbitrairement sur des décisions ou des autorisations données par l'État sur lesquelles l'investisseur a tablé lorsqu'il a pris ses engagements et lorsqu'il a planifié et démarré ses opérations économiques et commerciales. L'investisseur compte également que l'État utilisera les instruments juridiques qui déterminent les actions de l'investisseur ou l'investissement conformément à la fonction normalement attribuée à ces instruments, et en tout cas de telle manière à ce que l'investisseur ne soit pas privé de son investissement sans indemnité » (CIRDI, 29 mai 2003, § 154 ; v. aussi CIRDI [ALENA], *Waste Management Inc. c. Mexique,* sentence du 30 avril 2004, § 98).

Cette conception large du principe du traitement juste et équitable a conduit certains investisseurs étrangers à invoquer, avec succès, comme seul fondement de la protection de leurs intérêts la frustration de leurs « attentes légitimes » (« *legitimate expectations* »). Ce concept ancien, appliqué par exemple en 1905 dans l'affaire *Aboilard* (SA du 26 juillet 1905 [France c. Haïti], *RSA*, vol. XI, p. 80 : « il y a eu (...) faute grave de la part du gouvernement haïtien (...) à créer des attentes légitimes qui, ayant été trompées par le fait du gouvernement lui-même, ont entraîné un préjudice dont réparation est due ») se retrouve également dans la jurisprudence arbitrale contemporaine. Les « attentes légitimes » sont régulièrement considérées depuis quelques années comme l'une des composantes à part entière du principe du traitement juste et équitable (v. par ex. CIRDI [ALENA], *Waste Management Inc. c. Mexique,* sentence précitée du 30 avril 2004, § 98 ; ou CIRDI, *Biwater Gauff [Tanzania] Ltd c. Tanzanie*, sentence du 24 juillet 2008, § 602). Leur protection n'est opérée cependant que sous de très strictes conditions, ces attentes devant être « raisonnables et légitimes ». La preuve de leur existence doit être par ailleurs très précisément apportée (v. *ibid. ;* ainsi que par ex. CIRDI, *Plama Consortium Ltd. c. Bulgarie*, sentence du 27 août 2008, § 176 ; *Jan de Nul NV c. Égypte,* sentence du 6 novembre 2008, § 186 ; et, *a contrario*, CPA, *Eurotunnel c. France et Royaume-Uni*, sentence du 30 janvier 2007, § 384). *Sur les « attentes légitimes »*, v. les études de S. Fietta *in The Journal of World Investment & Trade* 2006, p. 423-432 ; E. Snodgrass *in ICSID Review* 2006, p. 1-58 ; et A. Siwy *in Austrian Arbitration Yearbook* 2007, p. 355-377.

Certaines dispositions conventionnelles contenues dans les CBI aident également à mieux cerner la portée du standard du traitement juste et équitable.

Ainsi, aux termes de l'article 3 du modèle usuellement suivi pour les CBI conclues par la France : « Chacune des Parties contractantes assure, sur son territoire et dans sa zone maritime, un traitement juste et équitable, conformément aux principes du droit international, aux investissements des nationaux et sociétés de l'autre Partie contractante et fait en sorte que l'exercice du droit ainsi reconnu ne soit entravé ni en droit, ni en fait. En particulier, bien que non exclusivement, sont considérées comme des entraves de droit ou de fait au traitement juste et équitable, toute restriction à l'achat et au transport de matières premières et de matières auxiliaires, d'énergie et de combustibles, ainsi que de moyens de production et d'exploitation de tous genres, toute entrave à la vente et au transport des produits à l'intérieur du pays et à l'étranger, ainsi que toutes autres mesures ayant un effet analogue ». V. aussi l'article 10, § 1, du Traité sur la Charte de l'énergie.

2° Le standard de la *pleine et entière protection et sécurité* complète et concrétise le traitement juste et équitable garanti aux investissements étrangers. Figurant traditionnellement dans les traités d'amitié de commerce et de navigation conclus par les États-Unis, cette clause est aujourd'hui courante dans les instruments internationaux de protection des investissements et fait peser sur l'État d'accueil une obligation non de résultat mais de comportement (cf. SA, Commission mixte Italie-Venezuela (surarbitre Ralston), 1903, *Sambiaggio*, *RSA* X, p. 521 ; CIJ, 20 juill. 1989, *ELSI*, *Rec.*, p. 65, § 108 ; CIRDI, 27 juin 1990, *AAPL c. Sri Lanka*, § 47-50, ou 12 oct. 2005, *Noble Ventures c. Roumanie*, § 164). Il s'agit, en réalité, d'une manifestation de l'obligation traditionnelle de *due diligence* (v. *ibid.*, § 73-77 ou CIRDI (ALENA), 26 juin 2003, *Loewen c. États-Unis*, § 125 ; v. *supra* n° 473), dont la conséquence ne saurait être d'obliger l'État « à protéger l'investissement étranger contre toute forme possible de perte causée par des personnes dont les actes ne pourraient être attribués à l'État » (SA [CNUDCI], 3 sept. 2001, *Ronald S. Lauder c. République tchèque*, § 308).

Bien que la jurisprudence soit moins fournie que celle portant sur le standard du traitement équitable, on peut déduire des sentences mettant en œuvre celui de pleine et entière protection et sécurité qu'il y est porté atteinte par :

— le manquement de l'État d'accueil de l'investissement à l'obligation de s'efforcer de protéger d'insurrections ou d'émeutes (CIRDI, 27 juin 1990, *AAPL c. Sri Lanka*, § 72 ; 8 déc. 2000, *Wena Hotels c. Égypte*, § 84 ; 21 févr. 1997, *AMT c. Zaïre*, § 6.02 et s.) ; ou

— l'absence de protection juridique adéquate de l'investisseur et de son investissement (cf. CIRDI, 14 juill. 2006, *Azurix c. Argentine*, § 406-408, ou 6 fév. 2007, *Siemens c. Argentine*, § 303), ce qui, à vrai dire, renvoie à l'exigence d'un « cadre transparent et prévisible » (v. *supra*, 1°) et montre combien il est artificiel de séparer le standard du traitement juste et équitable de celui de la pleine et entière protection et sécurité.

3° *Traitement national et clause de la nation la plus favorisée*. Le principe de non-discrimination est fréquemment mis en œuvre par le biais de clauses conventionnelles insérées dans les CBI, par lesquelles chaque partie s'engage à accorder aux investisseurs de l'autre (ou des autres) partie(s) le bénéfice du traitement national d'une part et de la nation la plus favorisée d'autre part.

L'absence de telles dispositions ne signifie pas que l'État d'accueil est libre de soumettre l'investisseur à un traitement discriminatoire : la non-discrimination est un élément du standard du traitement juste et équitable (v. 1° *supra*) ; mais, dans ce cas, les paramètres (race, secteur d'activité) en fonction desquels la discrimination doit être appréciée sont plus incertains qu'en présence de clauses prévoyant le traitement national ou celui de la nation la plus favorisée, qui obligent respectivement l'État d'accueil à ne pas traiter l'investisseur moins bien que ses nationaux (mais il peut le traiter mieux), ni que les ressortissants d'États tiers. Ces normes n'ont pas un caractère coutumier et ne sont pas obligatoires pour les États en l'absence de dispositions conventionnelles expresses.

La mise en œuvre concrète de chacun de ces deux types de clauses pose des problèmes complexes que l'on ne peut signaler que brièvement :

— en ce qui concerne le traitement national, la question se pose notamment de savoir si le principe s'applique *in abstracto* ou si son application doit être modulée en fonction de la situation concrète des opérateurs économiques concernés (v. not. TA [ALENA], sentence partielle, 13 nov. 2000, *SD Myers c. Canada*, § 248-255) ; et,

— pour ce qui est de la CNPF, on peut se demander si elle ne joue que pour les dispositions substantielles de la convention ou si elle s'étend à celles qui définissent l'investissement (ce qui n'est guère soutenable) ou prévoient les modes de règlement (comme l'a jugé, de façon discutable, un Tribunal CIRDI dans l'affaire *Maffezini c. Espagne* (sentence sur la compétence du 25 janv. 2000), § 54-64 ; v. aussi, 3 août 2004, décision sur la compétence, *Siemens c. Argentine*, § 32-110, ou 17 juin 2005, décision sur la compétence, *Gas natural SDG c. Argentine*, § 49 ; *contra :* 29 nov. 2004, *Salini c. Jordanie*, § 119 ; 8 fév. 2005, *Plama c. Bulgarie*, § 179-184 et 227, ou 13 sept. 2006, *Telenor c. Hongrie*, § 90-100 ; plus raisonnablement, dans l'affaire *Tecmed c. Mexique*, le Tribunal a estimé que les dispositions qui forment le cœur même de l'engagement des Parties devaient être négociées entre elles et n'entraient pas dans le champ d'application de la clause [sentence du 29 mai 2003, § 74]).

Il va de soi que les rédactions variées de ces clauses peuvent appeler des réponses diversifiées à ces différentes questions.

644. Conditions d'exercice du droit de nationaliser (et d'exproprier)

BIBLIOGRAPHIE. — L. LUCCHINI, *Expropriations et nationalisations en droit international public,* thèse Paris, 1960, 433 p. dact. — G. WHITE, *Nationalisation of Foreign Property,* Stevens, Londres, 1961, 278 p. — G. FOUILLOUX, *La nationalisation et le droit international public,* LGDJ, 1962, 478 p. — S. PETREN, « La confiscation des biens étrangers et les réclamations internationales auxquelles elle peut donner lieu », *RCADI* 1963-II, vol. 109, p. 492-571. — F. BOULANGER, *Les nationalisations en droit international privé comparé,* Economica, 1975, 296 p. — G. THESAURO, *Nazionalizazioni e diritto internazionale,* Ed. Scientifiche Italiane, Naples, 1976, 234 p. — G. HARTMANN, *Nationalisierung und Enteignung im Vökerrecht*, Duncker & Humbolt, Berlin, 1977, 212 p. — D.-F. VAGTS, « Coercion and Foreign Rearrangements », *AJIL* 1978, p. 17-36. — A.-K. BOYE, *L'acte de nationalisation,* Berger-Levrault, 1979, 213 p. — R. HIGGINS, « The Taking of Property by the State : Recent Development in International Law », *RCADI* 1982-III, vol. 176, p. 263-398. — B.-H. WESTON, « The Charter of Economic Rights and Duties of States and the Deprivation of Foreign-Owned Property », *AJIL* 1981, p. 437-475. — R. DOLZER, « New Foundations of the Law of Expropriation of Alien Property », *AJIL* 1981, p. 553-589. — W.-D. VEWEY et N.-J. SCHRIJVER, « The Taking of Foreign Property under International Law : A New Legal Perspective ? », *NYbIL* 1984, p. 9-96. — M.-CH. BOUTARD-LABARDE, *Nationalisations imposées – nationalisations négociées,* PUF, 1984, 157 p. — NGUYEN HUU-TRU, « La validité internationale des mobiles d'expropriation », *RBDI* 1990, p. 441-463. — A. MOURI, *The International Law of Expropriation as Reflected in the Work of the Iran-U.S. Claims Tribunal*, Nijhoff, Dordrecht, 1993, XXXVI-567 p. — J.F. MCELDOWNEY, *National and International Perspectives on Law and Privatisation*, BIICL, Londres, 1999, IX-229 p. — P. DAILLIER dir., « Tribunal irano-américain de réclamations », *AFDI* 2002, p. 407-454 et *AFDI* 2003, p. 302-344. — Y. DINSTEIN, « Deprivation of Property of Foreigners under International Law », *Mél. Oda*, 2002, p. 849-869. — Y. NOUVEL, « Les mesures équivalant à une expropriation dans la pratique récente des tribunaux arbitraux », *RGDIP* 2002, p. 79-102. — R. DOLZER et F. BLOCH, « Indirect Expropriation : Conceptual Realignments ? », *Forum DI* 2003,

p. 155-165. — V. Heiskanen, « The Contribution of the Iran-United States Claims Tribunal to the Development of the Doctrine of Indirect Expropriation », *ibid.*, p. 176-187. — A.S. Weiner, « Indirect Expropriations : the Need for a Taxonomy of 'Legitimate'Regulatory Purposes », *Forum DI* 2003, p. 166-175. — Y. Fortier et S.L. Drymer, « Indirect Expropriation in the Law of International Investment : I Know It When I See It, or Caveat Investor », *ICSID Rev.* 2004, p. 293-327. — W.M. Reisman et R.D. Sloane, « Indirect Expropriation and its Valuation in the Bit Generation », *BYbIL* 2004, p. 115-150. B. Kunoy, « The Notion of Time in ICSID's Case Law on Indirect Expropriation », *Jl.I.Arb.* 2006, p. 337-349. — A. Faruque, « Validity and Efficacy of Stabilisation Clauses », *ibid.*, p. 317-336. — S. Fietta, « Expropriation and the 'Fair and Equitable'Standard : the Developing Role of Investors' 'Expectations'in International Investment Arbitration », *ibid.*, p. 375-399. — J. Kalicki et S. Medeiros, « Fair, Equitable and Ambiguous : What is Fair and Equitable Treatment in International Investment Law ? », *ICSID Rev.* 2007, p. 24-54. — B. Bollecker-Stern, « In Search of the Frontiers of Indirect Expropriation », *Contemporary Issues in International Arbitration and Mediation : the Fordham Papers 2007*, Nijhoff, Leiden, 2008, p. 29-51. — Ch. Schreuer, « The Concept of Expropration Under the ECT and Other Investment Protection Treaties », *W.Arb.Med. Rev.* 2008, p. 89-128. — A. Sheppard, « The Distinction Between Lawful and Unlawful Expropriation », *ibid.*, p. 137-160.

La transposition au plan international de la distinction parfois effectuée en droit interne entre nationalisation et expropriation n'entraînant aucune différence de régime juridique (cf. l'article 2, § 2. c, de la Charte des droits et devoirs économiques des États), il y a lieu de tenir ici les deux notions pour équivalentes.

Droit de l'État inhérent à sa souveraineté territoriale (v. *supra,* n° 637), la nationalisation a souvent une forte connotation idéologique et peut relever d'une orientation socialiste (de façon à transférer à la collectivité les moyens de production) ou nationaliste (« récupération » des ressources naturelles) et, dans ce cas, ne viser que — ou principalement — les propriétés étrangères. Considérées par les États se réclamant du socialisme et la plupart des pays du Tiers Monde comme un moyen de développement jusqu'aux années 1980, les nationalisations sont devenues plus rares et moins massives même si elles demeurent un moyen souvent indispensable de pilotage des économies (cf. la renationalisation partielle de certaines banques dans les pays occidentaux à la suite de la crise des années 2008-2009). L'opération inverse, de privatisation, répond au contraire à un souci de libéralisation de l'économie et peut également poser des problèmes juridiques.

Comme le droit de nationaliser, celui de *privatiser* des biens publics relève du droit discrétionnaire de l'État. Le principal problème que peut poser une opération de privatisation en droit international tient à l'ouverture (ou non) du capital de l'entité privatisée aux investisseurs étrangers. Bien que le principe du traitement national ne constitue pas une norme de droit international général — tout particulièrement en ce qui concerne l'opération initiale d'investissement, il est fréquemment rendu obligatoire par des instruments internationaux (v. *supra*, n°s 639 et 643-3°) ; lorsque tel est le cas, les étrangers, ressortissants des États liés par ces traités, doivent pouvoir concourir à la privatisation au même titre que les nationaux (CIRDI, 12 octobre 2005, *Noble Ventures c. Roumanie*).

1° La notion de nationalisation. La nationalisation consiste en un transfert, décidé autoritairement, de propriétés privées à l'État ou à une collectivité publique pour des raisons d'intérêt public (v. Tbl. Iran/États-Unis,

14 juill. 1987, sentence partielle, *Amoco International Finance Corporation c. Iran*, *Iran-US CTR*, vol. 15, p. 222-223). Trois critères doivent être réunis pour que l'on puisse parler de nationalisation ; si l'un vient à manquer, on est en présence d'un phénomène différent.

En premier lieu, le transfert de propriété doit être décidé autoritairement. Mais il existe d'autres modes d'acquisition, par les collectivités publiques, de biens appartenant à des personnes privées. L'État peut recourir à l'achat, soit dans des conditions commerciales normales, soit en combinant l'usage de prérogatives de puissance publique et le recours aux mécanismes du droit privé, mais la cession se fait par contrat et non à la suite d'une décision unilatérale de l'État, qui constitue l'un des critères de la nationalisation (même si le montant de l'indemnité est ensuite négocié, ce qui ne change rien à la nature de l'opération).

Il faut, en deuxième lieu, que le bénéficiaire du transfert de propriété soit l'État ou une autre collectivité publique. Il peut arriver, par ailleurs, que l'État oblige un propriétaire étranger à transférer les avoirs qu'il détient sur son territoire à des personnes privées ayant sa nationalité. Une telle décision répond à certains des objectifs poursuivis par les nationalisations de propriétés étrangères, mais non à celui de socialisation de la vie économique. Ce mode de transfert autoritaire des propriétés étrangères a été utilisé par certains pays du Tiers Monde adhérant aux principes de l'économie capitaliste libérale (Brésil, Corée du Sud, Côte d'Ivoire, Maroc). Toutefois, dans une sentence du 20 novembre 1984, un tribunal CIRDI a estimé qu'il est « admis en droit international que l'on se trouve en présence d'une expropriation non seulement lorsqu'un État s'empare d'une propriété privée mais également lorsque l'État expropriant transfère la propriété à une autre personne physique ou morale » (*AMCO c. Indonésie*, § 158).

Enfin, la nationalisation est inspirée de motifs politiques, économiques ou sociaux de caractère général et ceci permet de la distinguer de la confiscation dont le mobile est punitif : il s'agit alors de sanctionner le propriétaire évincé.

Ouverte ou rampante, la nationalisation n'a d'incidence internationale que dans deux hypothèses : si elle porte sur des biens et intérêts appartenant à des propriétaires étrangers et situés sur le territoire de l'État qui nationalise, ou si elle vise des biens appartenant à des nationaux mais situés en territoire étranger. Dans le premier cas, la compétence territoriale de l'État nationalisant se heurte à la compétence personnelle de l'État dont le propriétaire a la nationalité ; dans le second, c'est l'inverse qui se produit. De difficiles problèmes de droit international, tant public que privé, surgissent alors (qui ne se posent pas lorsque l'État nationalise des biens appartenant à ses nationaux et situés sur son propre territoire : les principes de la plénitude et de l'exclusivité des compétences étatiques trouvent pleinement application — v. *supra*, n°s 306 et 309).

Moins fréquentes que naguère, les nationalisations revêtent souvent aujourd'hui un caractère rampant et inavoué qui suscite un abondant contentieux arbitral dont l'enjeu — souvent considérable — est de déterminer si les règles qui garantissent à l'investissement étranger un traitement juste et équitable s'appliquent, en particulier celles relatives à l'indemnisation. Ces mesures ayant un effet équivalent à une nationalisation sont expressément mentionnées dans les CBI et autres instruments de protection des investissements.

La pratique des « expropriations rampantes » (*creeping expropriations*) — qui n'est d'ailleurs pas nouvelle (cf. CPJI, arrêt, 25 mai 1926, *Certains intérêts allemands en Haute-Silésie polonaise (fond)*, série A, n° 7, p. 44, ou 12 déc. 1934, *Oscar Chinn*, série A/B n° 63, p. 27) — oblige les juges et les arbitres internationaux à « regarder au-delà des apparences et [à] analyser les réalités de la situation litigieuse » (CEDH, 23 sept. 1982,

Sporrong et Lönnroth, série A, n° 52, § 63 ; v. aussi Tbl. Iran/États-Unis, 19 déc. 1983, *Starrett Housing Corp.*, *Iran-US CTR*, vol. 4, p. 154 ; 22 juin 1984, *Tippetts, Abbett, McCarthy, Stratton (TAMS)*, *Iran-US CTR*, vol. 6, p. 225 ; 14 août 1991, *Petrolane, Inc.*, *Iran-US CTR*, vol. 27, p. 93 ; 24 août 1994, *Mohsen Asgari Nazari*, *Iran-US CTR*, vol. 30, p. 157-158). À cette occasion, ils doivent s'assurer d'une part que les mesures litigieuses équivalent effectivement à une privation du droit de propriété, et, d'autre part, que cette expropriation déguisée est attribuable à l'État (v. CIRDI, 29 avr. 1999, *Tradex c. Albanie (fond)*, § 137).

La sentence CIRDI du 20 novembre 1984 dans l'affaire *AMCO Asia c. Indonésie* constitue une bonne illustration de cette seconde étape : après avoir constaté que le transfert forcé de propriété litigieux n'était pas le fait de l'État défendeur et ne constituait donc pas une expropriation (§ 163), le Tribunal n'en conclut pas moins que la police et l'armée indonésienne ont engagé sa responsabilité en s'abstenant de protéger l'investisseur étranger (§ 172-177 ; v. aussi Tbl. Iran/États-Unis, 31 mars 1989, *Seismograph Service Corporation*, *Iran-US CTR*, vol. 22, pp. 73 ss. ; 14 juill. 1995, *Edgar Protiva*, *Iran-US CTR*, vol. 31, p. 89, § 71. — v. cependant la conclusion plus prudente de la décision d'annulation du 16 mai 1986, § 60-68 ; v. aussi 29 avr. 1999, *Tradex Hellas c. Albanie (fond)*, préc., § 147 et s. (non-attribution)).

Pour des exemples de décisions constatant l'existence de mesures équivalant à une expropriation, v. not. : SA, 24 août 1978, *Revere Copper v. OPIC*, *ILR* 1980, p. 291-292 (augmentation brutale des taxes rendant l'exploitation impossible — comp. CIRDI, 22 juin 2006, *Telenor c. Hongrie*, §§ 63-80) ; Tbl. Iran/États-Unis, 19 déc. 1983, *Starrett Housing Corp.*, *Iran-U.S. CTR*, vol. 4, p. 154 (nomination d'administrateurs) ; 22 juill. 1988, *Houston Contracting Company*, *Iran-US* CTR, vol. 20, p. 3 (refus d'une autorisation d'exportation) ; 31 mars 1989, *Seismograph Service Corporation*, *Iran-US* CTR, vol. 22, p. 3 (*ibid.*) ; CIRDI, 20 mai 1992, *SPP c. Égypte (fond)*, § 162-172 (annulation d'un projet de développement touristique) ; Tbl. Iran/États-Unis, 5 mars 1998, *George E. Davidson*, *Iran-US CTR*, vol. 34, p. 3, § 111 ; CIRDI, 10 fév. 1999, *Goetz c. Burundi*, § 124 (révocation d'une autorisation d'exporter) ; 30 août 2000, *Metalclad c. Mexique*, § 102-108 (refus arbitraire d'un permis de construire qui seul aurait permis la réalisation de l'investissement) ; SA (CNUDCI), 13 sept. 2001, *CME c. République tchèque*, § 591-609 ; ou 6 fév. 2007, *Siemens c. Argentine*, § 262-272 (succession de mesures réglementaires - comp. : CIRDI, 29 avr. 1999, *Tradex c. Albanie (fond)*, § 191-203).

2° Conditions d'exercice du droit de nationaliser – L'indemnisation

BIBLIOGRAPHIE. — R.-B. LILLICH, *The Valuation of Nationalized Property in International Law*, UP of Virginia, Charlottesville, 4 vol., 1972 : 174 p., 1973 : 208 p. ; 1975 : XV-212 p. ; 1987 : 238 p. — A.-K. BOYE, « Problèmes actuels posés par l'indemnisation », *Ann. T.M.* 1975, p. 30-40. — F. FRANCIONI, « Compensation for Nationalization of Foreign Property : the Borderland between Law and Equity », *ICLQ* 1975, p. 255-383. — D.A. GLANTZ, « The Marcona Settlement : New Forms of Negociation and Compensation for Nationalized Property », *AJIL* 1977, p. 474-493. — D.-A. LAPRÈS, « Principles of Compensation for Nationalized Property », *ICLQ* 1977, p. 97-109. — Y. NOUVEL, « L'indemnisation d'une expropriation indirecte », *Forum DI* 2003, p. 198-204. — A. COHEN SMUTNY, « Some Observations on the Principles Relating to Compensation in the Investment Treaty Context », *ICSID Rev.* 2007, p. 1-23.

Tout en reconnaissant pleinement le droit de l'État de nationaliser (*supra*, n° 637), le droit international subordonne la validité de son exercice à trois conditions : la nationalisation doit répondre à un motif d'intérêt public, ne pas être discriminatoire, et être accompagnée d'une indemnité. Sans être abandonnées, les deux premières sont, aujourd'hui, interprétées de manière très large ; au contraire la troisième, malmenée dans les années 1970, fait l'objet d'un encadrement juridique de plus en plus sourcilleux.

La résolution 1803 (XVII) de l'Assemblée générale qui, malgré son ancienneté, est souvent considérée comme traduisant le droit positif du fait des conditions de son adoption, dispose : « la nationalisation, l'expropriation ou la réquisition devront se fonder sur des *raisons ou des motifs d'utilité publique*, de sécurité ou d'intérêt national, reconnus comme primant les simples intérêts particuliers ou privés, tant nationaux qu'étrangers » (en ce sens, v. CPA, 13 oct. 1922, SA, *Armateurs norvégiens*, *RSA* I, p. 334). Bien que certaines sentences postérieures aient affirmé que « le droit international ne s'occupe pas des mobiles » (v. sentences *Liamco*, 12 avril 1977, *Rev. arb.* 1980, p. 163 et *Texaco-Calasiatic, préc., JDI* 1977, p. 372 ; Tbl. Iran/États-Unis, 22 juin 1984, *Tippetts, Abbett, McCarthy, Stratton (TAMS), Iran-US CTR*, vol. 6, p. 225 ; 19 mars 1986, *Phelps Dodge Corp.*, *ibid.*, vol. 10, p. 130), cette condition ne paraît pas devoir être répudiée (cf. Tbl. irano-américain, 19 déc. 1983, *American International Group*, *Iran-US CTR*, vol. 4, p. 105 ou 14 juill. 1987, sentence partielle, *Amoco International Finance Corp.*, *Iran-US CTR*, vol. 15, p. 233-234, § 144-147 ; CIRDI, 31 mars 1986, *LETCO c. Liberia ;* 20 mai 1992, sentence au fond, *SPP c. Égypte*, § 158) ; cependant elle a largement perdu son autonomie et l'intérêt public, discrétionnairement apprécié par l'État qui nationalise, n'est contrôlé que très superficiellement par les arbitres (cf. CIRDI, 30 nov. 1979, *AGIP c. République du Congo*, § 74-76 ; 10 fév. 1999, *Goetz c. Burundi*, § 125 ; v. cependant CIRDI, 2 oct. 2006, *ADC c. Hongrie*, § 429-433) et se confond largement avec les exigences du développement.

De même, le principe de *non-discrimination* a une portée incertaine.

Il n'est pas douteux que les étrangers peuvent bénéficier de discriminations positives par rapport aux nationaux (la nationalisation du crédit en France et au Mexique en 1982 a épargné les banques étrangères). En ce qui concerne les discriminations entre étrangers et nationaux ou parmi les investisseurs étrangers, la jurisprudence arbitrale est incertaine : les arbitres semblent éviter de se placer sur ce terrain, mais admettent que les États procèdent de manière progressive et nationalisent par étapes différentes sociétés opérant sur leur territoire, même dans une branche économique donnée (cf. les sentences *Texaco-Calasiatic*, 19 janv. 1977, § 74, ou *Aminoil*, 24 mars 1982, § 86-87). Les Principes directeurs pour le traitement de l'investissement étranger adoptés en 1992 dans le cadre de la Banque mondiale n'en réaffirment pas moins fortement l'interdiction de toute « discrimination pour cause de nationalité ».

Le problème de l'indemnisation a, en revanche, divisé profondément les États et la doctrine dans le cadre de la revendication d'un nouvel ordre économique international (v. *supra*, n° 619). Il ne peut cependant faire de doute aujourd'hui que l'indemnisation est une condition *sine qua non* de la validité d'une nationalisation, même si certaines incertitudes demeurent sur les règles applicables au calcul de son montant et aux modalités de son versement.

a) Traditionnellement, *l'obligation d'indemniser* est le corollaire du droit de nationaliser et la résolution 1803 (XVII) de l'Assemblée générale rappelle qu'en cas de nationalisation, « le propriétaire recevra une indemnisation adéquate, conformément aux règles en vigueur dans l'État qui prend ces mesures dans l'exercice de sa souveraineté et en conformité du droit international » (§ 4). Conformément à la fameuse « doctrine Hull », exprimée par le Secrétaire d'État américain de ce nom en 1938, l'indemnité doit être « prompte, intégrale, effective » (formule au demeurant plus souple que celle employée parfois en doctrine, selon laquelle elle devrait être « préalable et intégrale »).

Même s'il a parfois été critiqué, le principe même de l'indemnisation du propriétaire évincé n'a pas réellement été remis en cause, quoique la Charte des droits et devoirs économiques des États, qui a marqué le point culminant de la contestation des règles traditionnelles par le Tiers Monde, ne le présente qu'au conditionnel : l'État « devrait verser une indemnité adéquate ». Compte tenu des circonstances de son adoption, il apparaît que c'est moins le principe de l'obligation d'indemniser qui était contesté que les modalités traditionnelles du calcul et du versement de l'indemnité.

Les États ont été en effet profondément divisés en ce qui concerne les règles applicables au *calcul* et au *versement de l'indemnité*, au point que l'opposition des pays occidentaux sur ce point explique en grande partie leur hostilité à la Charte du 12 décembre 1974.

Hostiles à la « doctrine Hull », les pays en développement ont fait valoir que de telles exigences mettent en danger leurs projets de développement en opérant une ponction importante et soudaine sur leur capacité de financement et « qu'il appartient à chaque État de fixer le montant des indemnités éventuelles » (résol. 3171 [XXVIII], § 3), « compte tenu de ses lois et règlements et de toutes circonstances qu'il juge pertinentes » (Charte des droits et devoirs économiques des États, art. 2, § 2 c). D'« intégrale », l'indemnité deviendrait « équitable ». L'équité viendrait ainsi modérer les règles traditionnelles. À la suite des États socialistes, de nombreux pays du Tiers Monde ont proposé de calculer le montant de l'indemnité dans une perspective historique, en tenant compte notamment des profits déjà réalisés par l'investisseur étranger. Ces tentatives de remise en cause n'ont cependant jamais fait l'objet d'une acceptation générale.

b) L'examen de la pratique permet de dégager deux constatations principales : d'une part, les États satisfont généralement à leur obligation d'indemniser ; d'autre part, *les modalités de cette indemnisation* ont longtemps relevé du plus grand pragmatisme. Toutefois, la forte réaction des États occidentaux contre la remise en cause de la « doctrine Hull » s'est traduite non seulement par la réaffirmation de celle-ci mais encore à sa précision et à son « durcissement » dans les CBI et les autres instruments protecteurs de l'investissement au point que l'on doit sans doute considérer que, indépendamment des variations de détail qui peuvent se manifester dans la rédaction de ces clauses, l'exigence coutumière d'une indemnisation intégrale est l'une des conséquences des principes du traitement juste et équitable et de la pleine et entière protection de sécurité (v. *supra*, n° 643).

Réaffirmant strictement la doctrine Hull, les Principes directeurs de la Banque mondiale de 1992 subordonnent la licéité de la nationalisation au versement d'une « indemnisation appropriée », c'est-à-dire « adéquate, effective et rapide », en précisant que « l'indemnisation sera généralement réputée « adéquate » si elle est calculée à partir de la juste valeur marchande de l'actif exproprié telle que celle-ci est déterminée juste avant l'expropriation ou la publication de la décision d'expropriation ». D'autres dispositions de ces *directives* précisent, en grands détails mais sans force obligatoire, le sens de ces formules, atténuées cependant si la nationalisation intervient à titre de sanction ou « dans le cadre de grandes transformations sociales ». La grande majorité des CBI modernes — qui, elles, sont obligatoires pour les parties, comportent également des dispositions extrêmement détaillées et précises en la matière (cf. l'article 6 du modèle français ; v. aussi l'article 13 du Traité sur la Charte de l'énergie).

Bien que la pratique arbitrale ait parfois paru assez réservée à l'égard d'un retour pur et simple à la doctrine Hull (Tbl. irano-américain, sentence du 12 octobre 1994, *Shahin Shane Ebrahimi*, *Iran-US CTR*, vol. 30, p. 170, § 88), les tribunaux se montrent en règle générale soucieux d'assurer une réparation « complète » (*full compensation*) (v. par ex., Tbl. irano-américain, 12 août 1985, *INA Corporation*, *Iran-US CTR*, vol. 8, p. 377-379 ; ou CIRDI, 30 nov. 1979, *AGIP c. Congo*, 8 août 1980, *Benvenuti et Bonfant*, CIRDI, 20 nov. 1984, *Amco Asia c. Indonésie*, § 267 ; 31 mars 1986, *LETCO c. Liberia*) et d'appliquer le principe posé par la CPJI dans l'affaire relative à l'*Usine de Chorzów* (v. *supra*, n° 489-1° — v. par ex. C.C. Stockholm, 29 mars 2005, *Petrobart c. Kyrgystan*, § 430 ou CIRDI, 20 oct. 2006, *ADC c. Hongrie*, § 497). Ceci a conduit un certain nombre de tribunaux à accorder des intérêts composés (souvent écartés en droit international général) (cf. CIRDI, 17 fév. 2000, *CDSE c. Costa Rica*, § 96-106 ; 30 août 2000, *Metalclad c. Mexique*, § 128 ; 13 nov. 2000,

Maffezini c. Espagne, § 96 ; 12 avril 2002, *Middle East Cement Shipping c. Égypte*, § 173-175 ; 29 mai 2003, *Tecmed c. Mexique*, § 196 ; 14 juill. 2006, *Azurix c. Argentine*, § 439-440, ou, 8 mai 2008, *Pey Casado et Fondation « Presidente Allende » c. Chili*, § 713-716 ; *contra :* 23 sept. 2003, *Aucoven c. Venezuela*, § 393-397, ou 14 mars 2003, *CME c. République tchèque*, § 642-647 ; v. cependant Tbl. Iran/États-Unis, 27 juin 1985, *Sylvania Technical Systems*, *Iran-US CTR*, vol. 8, p. 298 et 31 juill. 1984, *R.J. Reynolds Tobacco Company*, *ibid.*, vol. 7, p. 181).

3° Effets des nationalisations décidées à l'étranger

BIBLIOGRAPHIE. — D. YANNOPOULOS, « Effets en France des nationalisations intervenues à l'étranger », *RGDIP* 1973, p. 1240-1246. — G. SPERDUTI, « Des actions judiciaires intentées dans un État du chef de nationalisations et d'expropriations opérées dans un autre État », *Mél. Rousseau*, 1973, p. 249-265.

Bien que cette question relève plutôt du droit international privé, il convient d'en traiter brièvement, compte tenu de son extrême importance. Il s'agit en effet de déterminer dans quelle mesure une nationalisation décidée par un État peut produire des effets dans un autre État.

Une première chose est certaine et constitue une conséquence directe du principe de la souveraineté territoriale : « une mesure de nationalisation ne peut avoir d'effet que sur le territoire de l'État qui la prend » (Cass. civ. 1re, 20 février 1979, *Sté méditerranéenne de combustibles c. Sonatrach, Bull. civ.*, p. 53). Bien entendu, ce principe n'empêche pas l'État qui procède à une nationalisation de manifester l'intention d'étendre les effets de celle-ci hors de son territoire. Comme l'a souligné le Conseil constitutionnel français dans ses décisions du 16 janvier et du 11 février 1982, « les limites éventuellement rencontrées dans l'exercice de leurs pouvoirs par les organes des nouvelles sociétés nationales (...) en dehors du territoire national constitueraient un fait qui ne saurait restreindre, en quoi que ce soit, le droit du législateur de régler les conditions dans lesquelles sont administrées les sociétés nationalisées ».

L'efficacité des nationalisations à l'étranger est subordonnée au bon vouloir de l'État concerné (principe de la souveraineté territoriale). Le problème consiste alors à déterminer si les tribunaux nationaux sont compétents pour apprécier la licéité d'une nationalisation décidée par un État étranger. On retrouve une question qui a été abordée *supra* (n° 290) sous sa forme générale.

Les jurisprudences nationales sont très variées même si l'on peut noter une tendance générale à répondre de plus en plus souvent par l'affirmative. Les juridictions françaises considèrent que les textes étrangers décidant des nationalisations sont applicables en France dans la mesure où ils ne sont pas inconciliables avec l'ordre public français (cf. CA Amiens, 25 mai 1970, *Compagnie française de crédit et de banque c. consorts Atard, JDI* 1971, p. 86). Toutefois, ces mêmes juridictions estiment qu'en l'absence d'indemnisation ou si celle-ci est insuffisante, les nationalisations sont contraires à l'ordre public et ne peuvent dès lors produire aucun effet en France (v. CE, 31 janvier 1969, *Moraly, Leb.* 50). Les formules utilisées sont cependant variées et défient la systématisation : les juridictions refusent tout effet sur le territoire français aux nationalisations décidées à l'étranger si elles n'ont pas été accompagnées, tantôt, du *versement* d'une indemnité « juste et préalable » (formule courante entre les deux guerres et reprise, par exemple, par Cass. civ., 19 mars 1979), tantôt de la *fixation* préalable d'une indemnité équitable (formule usuelle depuis la Seconde Guerre mondiale et reprise, par exemple, dans une série d'arrêts de la Cour de cassation du 23 avril 1969, concernant des nationalisations algériennes, *Bull.* 109 c. concl. Blondeau), et tantôt même du simple fait que l'indemnité ait été *prévue*, ce qui constitue un assouplissement considérable (cf. Cass. civ. 1re, 1er juillet 1981, *Bull. civ.* 198). Si ces conditions — alternatives — ne sont pas remplies, le juge se prononce comme si l'ancien propriétaire l'était demeuré et en tire des conséquences parfois surprenantes (cf. Cass. civ. 1re, 23 avril 1969, *Bull. civ.* 112, concl. Blondeau).

Sagement, la Cour suprême des États-Unis, dans un arrêt célèbre rendu en 1964 *(Banco Nacional de Cuba c. Sabbatino*, 376 U.S. 398), a estimé que l'appréciation par les juges américains de la validité des nationalisations cubaines, « repose sur des présupposés excessifs : savoir que les décisions des tribunaux du plus grand pays exportateur de capitaux du monde, tenant principal du système de la libre entreprise, seraient accueillies comme une expression désintéressée de principes juridiques incontestables par ceux qui adhèrent à des idéologies radicalement différentes ». En réaction contre cette application très intéressante de la doctrine de l'*Act of State* (v. *supra*, n° 290), le Congrès des États-Unis a voté un amendement au *Foreign Assistance Act* prévoyant que, sauf demande du Président tenant à des raisons de politique étrangère, les tribunaux américains ne pourront refuser d'apprécier la validité de nationalisations étrangères intervenues après 1959, par rapport au droit international (v. aussi les arrêts rendus dans l'affaire *Banco Nacional de Cuba c. First National City Bank*, 1971 et 1972, et l'arrêt *Alfred Dunhill of London c. Rep. de Cuba et a.*, 1976, *ILM* 1976, p. 735).

645. Mécanismes de garantie. — Par définition même un investisseur prend un risque (v. *supra,* n° 641) qui peut être purement économique et financier mais également politique, contre lequel il peut se prémunir en recourant à la garantie d'un mécanisme fonctionnant soit dans son État de résidence soit au plan international.

1° Au plan universel, *l'Agence multilatérale de garantie des investissements* (AMGI — MIGA selon le sigle anglais) a été créée par la Convention de Séoul du 11 octobre 1985 et fait partie du « groupe de la Banque mondiale » tout en constituant une organisation internationale dotée d'une personnalité juridique distincte. Elle offre — selon des modalités variées — des garanties pouvant aller jusqu'à 95 % des pertes subies, contre les restrictions de change, les nationalisations discriminatoires, les risques politiques (guerre et troubles intérieurs, terrorisme) et la rupture de contrat pour une période s'étendant de trois à quinze ans (et, exceptionnellement jusqu'à vingt ans) pour un montant de 200 millions de dollars au maximum (ou plus dans le cadre d'un syndicat de garants). En outre, des fonds fiduciaires peuvent être créés pour faire face aux besoins spéciaux de zones à risques comme cela a été le cas en 2006 pour garantir des investissements effectués dans la bande de Gaza.

Entre sa création (en 1988) et le 1er septembre 2007, l'AMGI avait accordé sa garantie à 885 projets dans 96 pays différents (en développement ou en transition) pour un total de 17,4 milliard de dollars. Elle offre en outre aux investisseurs et aux États une assistance technique sous la forme d'études et de conseil et de la facilitation du règlement des différends et facilite la mobilisation des garanties privées.

2° En règle générale, les *mécanismes nationaux de garantie* sont limités à la couverture des risques politiques (les assureurs privés prenant en charge les risques économiques ou liés aux catastrophes naturelles). Bien que, depuis le début des années 1970, la garantie relevât, en France, de deux organismes distincts — la BFCE, qui gérait la garantie de l'investissement industriel et la COFACE qui garantissait les seules opérations commerciales (n'impliquant pas une sortie de capitaux), le mécanisme a été unifié en 1991 et relève dorénavant de la seule responsabilité de cette dernière (privatisée en 1994), qui garantit les risques d'atteinte à la propriété (nationalisation, modification de la législation du pays d'accueil), de non-recouvrement (contrôle des changes) et, le cas échéant, de déni de justice. La garantie de la COFACE est accordée exclusivement aux investissements dépassant 15 millions d'euros, pour une durée comprise entre cinq et quinze ans, et ne couvre qu'une fraction (de 90 à 95 %) de la perte subie. (V. A. Moutiers, « La garantie des investissements français à l'étranger » *in* CEDIN, *Droit de l'économie internationale*, préc., p. 765-774).

V. une liste très complète des mécanismes publics de garantie *in* A. Niang, « Les systèmes nationaux et international de garantie », *ibid.*, p. 700.

B — Règlement des différends

BIBLIOGRAPHIE. — Ch. SCHREUER, *The ICSID Convention : A Commentary*, Cambridge UP, 2001, XLVIII-1466 p. — CH. LEBEN, « La responsabilité internationale de l'État sur le fondement des traités de promotion et de protection des investissements », *AFDI* 2004, p. 683-714 ; *Le contentieux arbitral transnational relatif à l'investissement – Nouveaux développements*, Anthemis/IHEI, 2006, 396 p. — E. GAILLARD, *La jurisprudence du CIRDI*, Pedone, 2004, V-1105 p. — E. GAILLARD et Y. BANIFATEMI ed., *Annulment of ICSID Awards*, Juris Publishing/Staempfli Verlag, New York/Berne, 2004, III-499 p. — T. WEILER ed., *NAFTA Investment Law and Arbitration : Past Issues, Current Practice, Future Prospects*, Transnl. Publ., Ardsley, 2004, XXXVII-551 p. ; *International Investment Law and Arbitration, Leading Cases from the ICSID, NAFTA, Bilateral Treaties and Customary International Law*, Cameron May, Londres, 2005, 822 p. — S. MANCIAUX, *Investissements étrangers et arbitrage entre États et ressortissants d'autres États — Trente années d'activité du CIRDI*, Litec, 2004, XIII-727 p. — W. BEN HAMIDA, « L'arbitrage État-investisseur face à un désordre procédural : la concurrence des procédures et les conflits de juridictions », *AFDI* 2005, p. 564-602 ; « La prise en compte de l'intérêt général et des impératifs de développement dans le droit des investissements », *JDI* 2008, p. 999-1033. — N. RUBINS et N.S. KINSELLA, *International Investment, Political Risk and Dispute Resolution*, Oceana, Dobbs Ferry, 2005, XL-748 p. — Y. SHANY, « Contract Claims vs. Treaty Claims : Mapping Conflicts Between ICSID Decisions on Multisourced Investment Claims », *AJIL* 2005, p. 835-851. — D.D. CARON, L.M. CAPLAN et M. PELLONPÄÄ, ed., *The UNCITRAL Arbitration Rules : A Commentary*, Oxford UP, 2006. XLII-1066 p. — C.S. GIBSON et C.R. DRAHOZAL, *The Iran-U.S. Claims Tribunal at 25 : The Cases Everyone Needs to Know for Investor-State & International Arbitration*, Oxford UP, 2007, XV-442 p. — R. HOFMANN et Ch. J. TAMS eds., *The International Convention on the Settlement of Investment Disputes (ICSID) : Taking Stock After 40 Years*, Nomos, Baden-Baden, 2007, 329 p. — C. MCLACHLAN, L. SHORE, M. WEINIGER, *International Investment Arbitration — Substantive Principles*, Oxford, 2007, 536 p. — G. VAN HARTEN, *Investment Treaty Arbitration and Public Law*, Oxford UP, 2007, XXXII-208 p. — CH. F. DUGAN et as., *Investor-State Arbitration*, Oxford UP, 2008, XXV-791 p. — O.K. FAUCHALD, « The Legal Reasoning of ICSID Tribunals : an Empirical Analysis », *EJIL* 2008, p. 301-364. — N. GAL-OR, « The Concept of Appeal in International Dispute Settlement », *ibid.*, p. 43-65. — M.L. MOSES, *The Principles and Practice of International Commercial Arbitration*, Cambridge UP, 2008, XVIII-340 p. — S. RIPINSKY and K. WILLIAMS, *Damages in International Investment Law*, *BIICL*, Londres, 2008, XXXVIII-561 p. — K.P. SAUVANT et M. CHISWICK-PATTERSON eds., *Appeals Mechanism in International Investment Disputes*, Oxford UP, 2008, XXIII-447 p. — A. PELLET, « Adieu Philippines ! Remarques sur la distinction entre les réclamations conventionnelles et contractuelles dans le droit de l'investissement international » *in Le droit international économique à l'aube du XXIe siècle. En hommage aux professeurs Dominique Carreau et Patrick Juillard*, Pedone, 2009.

Sur les modes de règlement dans les organisations internationales économiques, voir aussi *supra*, sur les n°s 522, 552 et 553.

La jurisprudence arbitrale en matière d'investissement est accessible sur les sites suivants : http://ita.law.uvic.ca/ ; http://www.investmentclaims.com/ et http://icsid.worldbank.org/ (CIRDI seulement pour le dernier site). Les sentences du CIRDI sont publiées sous le titre *ICSID Reports* par Cambridge University Press. V. aussi la revue *Foreign Investment Law Review* publiée par le CIRDI.

646. Recours privilégié à des mécanismes arbitraux. — Le contentieux relatif aux investissements internationaux peut opposer deux États entre eux, deux investisseurs privés entre eux, ou un État et un investisseur étranger. Dans les trois hypothèses, en l'absence de traité contraire, les principes traditionnels doivent trouver application ; mais la multiplication d'accords prévoyant le recours à l'arbitrage « mixte », tend à faire de celui-ci un mode de règlement privilégié — au moins s'agissant des investissements présentant une certaine ampleur.

En l'absence d'exception conventionnelle (la négociation est, dans ce domaine comme dans tous les autres, le moyen privilégié de régler les différends interétatiques — v. *supra n*° 504) ou contractuelle, le principe demeure : c'est aux juridictions nationales de l'État d'accueil qu'il incombe de se prononcer sur les litiges concernant l'accueil, l'opération et la fin d'un investissement étranger puisque « tout contrat qui n'est pas un contrat entre des États en tant que sujets du droit international a son fondement dans une loi nationale » (CPJI, 1929, *Emprunts serbes, série A* n° 14, p. 41 — v. *supra*, n° 624-2°). Si le droit national de l'État ou des États concernés ne s'y oppose pas, il est loisible aux contractants privés d'opter en faveur d'un arbitrage transnational (Chambre de commerce international [Paris] par ex.), dont l'étude relève du droit international privé.

La saisine des juridictions internes de l'État d'accueil de l'investissement peut se révéler insatisfaisante : indépendamment des doutes que l'on peut avoir dans certains cas sur leur indépendance, les tribunaux nationaux appliquent le droit national — qui peut ne pas être compatible avec les standards internationaux de protection des investissements internationaux, et peuvent se heurter à des objections à leur compétence fondées sur l'immunité de l'État. Quant au recours à la protection diplomatique, le caractère discrétionnaire de celle-ci (v. *supra,* n° 496-1°) le rend aléatoire. Ces inconvénients expliquent le développement considérable de modes de règlement internationaux (ou « mixtes ») des différends relatifs aux investissements, et principalement le recours croissant à l'arbitrage.

Lorsque les recours internes ont été épuisés en vain, l'État dont l'investisseur a la nationalité peut exercer sa protection diplomatique dans les conditions de droit commun (v. *supra* n° 487 et 495-497). La Cour mondiale a été conduite à rendre plusieurs arrêts dans ce domaine (cf. CPJI, arrêt du 30 août 1924, *Mavrommatis*, Série A n° 2 ; CPJI, 25 mai 1926, *Certains intérêts allemands en Haute-Silésie polonaise*, série A, n° 7 ; 12 juill. 1929, *Emprunts serbes*, Série A n° 20-21 ; 28 fév. 1939, *Chemin de fer Panevezys-Saldutiskis*, Série A/B n° 76, p. 16 ; CIJ, 6 avr. 1955, *Nottebohm*, *Rec*. 1955, p. 24 ; 22 juillet 1952, *Anglo-Iranian Oil Company, Rec.* 1952, p. 93 ; 19 mai 1953, *Ambatielos, Rec.* 1953, p. 10 ; 21 nov. 1959, *Interhandel, Rec.* 1959, p. 6 ; 5 fév. 1970, *Barcelona Traction*, *Rec.* 1970, p. 3 ; 20 juill. 1989, *Elettronica Sicula*, *Rec.* p. 13 ; 24 mai 2007, *Ahmadou Sadio Diallo*) ; elle a également été appelée à se prononcer sur certains litiges purement interétatiques (cf. CIJ, 27 août 1952, arrêt, *Droits de ressortissants des États-Unis d'Amérique au Maroc*, *Rec.* 1952, p. 176 ; 29 juill. 1991, ord. (mesures conservatoires), *Passage par le Grand-Belt, Rec.* 1991, p. 12 ; 25 sept. 1997, arrêt, *Projet Gabcikovo-Nagymaros*, *Rec.* 1997, p. 5 ; 13 juill. 2006 et 23 janv. 2007, ord. (mesures conservatoires), *Usines de pâte à papier sur le fleuve Uruguay*). Les États concernés peuvent également s'entendre pour soumettre leur litige à un arbitrage (cf. pour des exs. traditionnels : CPA, SA, 4 sept. 1920, *Biens des congrégations religieuses au Portugal, RSA*, vol. I, p. 7, ou 13 oct. 1922, *Armateurs norvégiens*, *RSA*, vol. I, p. 307). Malgré le déclin relatif de ce mode de différend dans le monde contemporain (mais v. *infra* n° 652 en ce qui concerne le contentieux dans le cadre de l'OMC), on peut citer quelques rares cas récents d'arbitrage proprement interétatiques en matière d'investissement (v. not. 30 nov. 1992, SA, *Redevances d'usage à l'aéroport de Heathrow*, *RSA*, vol. XXIV, p. 1).

Les mécanismes arbitraux les plus fréquemment institués ou utilisés ont été décrits ci-dessus (v. n° 438-2°) : il peut s'agir d'arbitrages *ad hoc* fonctionnant souvent conformément aux règles de procédure adoptées par la CNUDCI et approuvées par l'Assemblée générale des Nations Unies en 1976, ou s'agissant de domaines plus spécialisés ou de cadres géographiques plus limités, des tribunaux arbitraux prévus pour le règlement de certains litiges par la Convention des Nations Unies sur le droit de la mer de 1982 (v. *supra*, n° 551), des mécanismes du Mercosur (Protocoles de Brasilia du 17 décembre 1991 et d'Ouro Preto du 24 avril 1994, dont les dispositions, reprises dans le chapitre XI du Protocole d'Olivos du 18 février 2002, offrent aux particuliers un accès limité au mécanisme de règlement des différends dans le Mercosur) ou du Tribunal des différends irano-américain qui, depuis sa création, par la « Déclaration d'Alger » en 1981 (v. *supra*, n° 438-2°), est à l'origine d'une importante jurisprudence mettant en œuvre les principes juridiques protecteurs des investissements. Cependant, c'est sûrement la Convention de Washington du 18 mars 1965 pour le règlement des différends relatifs aux investissements entre États et ressortissants d'autres États, conclue sous les auspices de la BIRD, qui constitue l'innovation la plus frappante et la plus importante à cet égard (pour une présentation générale, v. *supra,* n° 438-2°).

Sa mise en œuvre suppose d'une part que l'État dont l'investisseur a la nationalité et l'État d'accueil soient tous deux parties à la Convention, et, d'autre part qu'un État contractant et le ressortissant d'un autre État contractant, parties à un différend d'ordre juridique en relation directe avec un investissement, aient consenti par écrit à soumettre ce différend au Centre pour le règlement des différends relatifs aux investissements (CIRDI) institué par cette Convention. Dans une telle hypothèse, l'investisseur n'est pas tenu en principe d'épuiser les recours internes (v. *supra,* n° 495-2°), bien que certains tribunaux aient considéré qu'en l'absence d'efforts raisonnables pour obtenir réparation devant les juridictions internes, la preuve d'une violation des standards de protection de l'investissement n'était pas apportée (cf. CIRDI, 16 sept. 2003, *Generation Ukraine c. Ukraine*, § 20.30 ; v. aussi : CIRDI [ALENA], 30 avr. 2004, *Waste Management c. Mexique*, § 97).

Le consentement à l'arbitrage du Centre peut résulter :

— d'un accord exprès entre les parties au différend (qu'il figure dans une clause du contrat d'investissement ou dans une convention ultérieure), que les tribunaux ont tendance à interpréter de manière fort large (cf. 21 oct. 1983, *Klöckner c. Cameroun*, § 65-69 ; 1er août 1984, décision sur la compétence, *SOABI c. Sénégal*, § 4.01-4.52 ; ou 1er fév. 2006, décision sur la compétence, *Duke Energy c. Pérou*, § 119-134 — application de la théorie de l'« unité de l'investissement ») ;

— d'une loi nationale que les tribunaux interprètent comme constituant un consentement de l'État à recourir à l'arbitrage du Centre se suffisant à lui-même (cf. 14 avr. 1988, décision sur la compétence II, *SPP c. Égypte*, § 69 et s.) — mais qui doit être acceptée par l'investisseur (une requête équivalant à une telle acceptation — cf. 24 déc. 1996, décision sur la compétence, *Tradex c. Albanie*) ;

— il en va de même lorsque le consentement de l'État figure dans une disposition incluse dans une CBI (cf. 27 juin 1990, *AAPL c. Sri Lanka*, § 2 ; 21 fév. 1997, *AMT c. RDC*, § 5.18 ; 8 déc. 1998, décision sur la compétence, *LANCO c. Argentine*, § 40 ; 16 sept. 2003, *Generation Ukraine c. Ukraine*, § 12.1-12.8 ; 29 janv. 2004, décision sur la compétence, *SGS c. Philippines*, § 30-31 ; 22 avr. 2005, décision sur la compétence, *Impregilo c. Pakistan*, § 108 ; 11 mai 2005, décision sur la compétence, *Camuzzi International SA c. Argentine*, § 130-132 ; 11 mai 2005, décision sur la compétence, *Sempra Energy International c. Argentine*, § 140 ; 6 juill. 2007, décision sur la compétence, *Ioannis Kardassopoulos c. Géorgie*, § 118 ; 8 nov. 2008, décision sur la compétence, *Wintershall Aktiengesellschaft c. Argentine*, § 160) ou dans un traité multilatéral comme le Traité sur la Charte de l'Énergie de 1994 ou l'ALENA qui ouvrent aux parties le choix entre plusieurs possibilités (cf. l'article 1120 de l'ALENA qui permet à l'investisseur de saisir le CIRDI, le mécanisme supplémentaire du CIRDI ou un tribunal arbitral régi par les dispositions du Règlement de la CNUDCI).

La tendance des tribunaux CIRDI (ou équivalents) à interpréter largement leur compétence est renforcée par l'acceptation (discutable) d'étendre aux dispositions concernant le règlement des différends le bénéfice de la clause de la nation la plus favorisée (v. *supra,* n° 643-3°).

En outre, le Centre administre, sous le nom de « Mécanisme supplémentaire », un ensemble de procédures de conciliation et d'arbitrage mises en place en 1978 et modifiées en 2002, procédures de conciliation et d'arbitrage pour le règlement de différends juridiques ne relevant pas de la compétence du CIRDI soit parce que l'État partie au différend ou celui dont l'investisseur est ressortissant n'ont pas adhéré à la Convention de 1965, soit parce que le litige n'est « pas en relation directe avec un investissement » ; s'y ajoutent de possibles procédures de constatation des faits.

Conformément aux dispositions de l'article 42, § 1, de la Convention « [l]e Tribunal statue sur le différend conformément aux règles de droit adoptées par les parties. Faute d'accord entre les parties, le Tribunal applique le droit de l'État contractant partie au différend — y compris les règles relatives aux conflits de lois — ainsi que les principes de droit international en la matière » (comp. art. 33 du Règlement de la CNUDCI et 1131 de l'ALENA). Souvent les CBI elles-mêmes contiennent des dispositions sur le droit applicable qui, la plupart du temps, renvoient à la fois au droit de l'État d'accueil et au droit international (ainsi, le cas échéant, qu'aux clauses contractuelles pertinentes ; la combinaison de ces différents corps de règles (auxquels les tribunaux font appel même en l'absence de clauses conventionnelles expresses) pose souvent de difficiles problèmes (v. par ex. : CIRDI, Comité *ad hoc*, décision d'annulation, *Amco Asia c. Indonésie*, § 20 ; CIRDI, 5 juin 1990, *Amco Asia c. Indonésie II*, § 40 ; CIRDI, 27 juin 1990, *AAPL c. Sri Lanka*, § 18-24 ; 10 fév. 1999, *Antoine Goetz c. Burundi*, § 95-99 ; Tribunal *ad hoc* [CNUDCI], 1er juill. 2004, *Occidental c. Équateur*, § 93 ; CIRDI, 12 mai 2005, *CMS c. Argentine*, § 117 ; etc.) compliqués encore par la présence fréquente d'un traité international « de couverture » (*umbrella agreement* — v. *infra,* n° 647).

Les sentences arbitrales du CIRDI sont obligatoires à l'égard des parties (et même directement exécutoires sur leur territoire — art. 54) et ne peuvent être l'objet d'aucun appel ou autre recours, à l'exception de ceux prévus à la Convention de Washington elle-même (art. 53). Mis à part les recours classiques en interprétation et en révision, l'annulation de la sentence par un « comité *ad hoc* » est possible « pour l'un quelconque des motifs suivants : (a) vice dans la constitution du Tribunal ; (b) excès de pouvoir manifeste du Tribunal ; (c) corruption d'un membre du Tribunal ; (d) inobservation grave d'une règle fondamentale de procédure ; (e) défaut de motifs » (art. 52, § 1). Si la sentence est déclarée nulle en tout ou en partie, le différend est soumis à un nouveau tribunal. Bien que les deux premières décisions en annulation (3 mai 1985, *Klöckner c. Cameroun*, et 16 mai 1986, *Amco Asia c. Indonésie*) eussent reposé sur une interprétation laxiste des compétences des comités *ad hoc*, ce mécanisme se révèle être un utile garde-fou et les comités semblent avoir trouvé un équilibre satisfaisant entre le rôle (qu'ils n'ont pas) de cours d'appel et celui de simples chambres d'enregistrement des décisions rendues sur le fond. Entre 1985 et 2008, 33 comités *ad hoc* ont été constitués et sept décisions d'annulation ont été prononcées.

Au fil des années, les tribunaux CIRDI et leurs équivalents (procédure CNUDCI, tribunaux *ad hoc*) ont forgé une riche jurisprudence, plus attentive cependant aux intérêts des investisseurs qu'à ceux des États, qui pourraient regimber (cf. la dénonciation de la Convention de Washington par la Bolivie le 2 mai 2007). En outre, le mode de désignation des arbitres et l'extrême décentralisation du mécanisme sont à l'origine de fâcheuses contradictions de jurisprudence (pour des exemples, v. *supra,* nos 643 et 644-2°, ou *infra,* n° 647), que la procédure d'annulation de l'article 52 ne permet pour l'instant pas de corriger.

Après des débuts assez lents (la première saisine du Centre date de 1972 (aff. *Holiday Inns c. Maroc ;* et la première sentence sur le fond a été rendue le 29 août 1977 dans l'affaire

Adriano Gardella S.p.A. v. Côte-d'Ivoire), le règlement des litiges conformément au mécanisme arbitral mis en place par la Convention de Washington a connu une faveur très grande de la part des investissueurs : entre la date d'entrée en vigueur de la Convention (1966) et le 31 décembre 2008, le CIRDI a été saisi de 280 affaires. Cette progression a cependant marqué le pas en 2008. La première décision sur le fondement de l'article 41(5) du règlement d'arbitrage révisé au 10 avril 2006 qui permet au Tribunal de se prononcer, à l'issue d'une procédure accélérée, sur la question de savoir si la demande est « manifestement dénuée de fondement juridique » est intervenue le 12 mai 2008 (*Trans-Global Petroleum c. Jordanie*, rejet).

Les institutions d'arbitrage commercial comme la Chambre de commerce internationale, les Cours d'arbitrage de Londres ou de Stockholm peuvent aussi connaître de différends relatifs aux investissements. Il en va de même du Tribunal des réclamations Iran/États-Unis (v. n° 438).

La Convention CIRDI prévoit également la possibilité de régler les différends en question par le recours à la conciliation — qu'elle place sur un pied d'égalité avec l'arbitrage (cf. les art. 28 à 35), mais, en pratique, ce mode de règlement n'est pas utilisé (le seul cas soumis au CIRDI a été réglé par accord amiable : aff. *Tesoro Petroleum Corporation c. Trinidad and Tobago* (ICSID Case N°. CONC/83/1), Rapport de la Commission du 12 nov. 1985.

647. Contentieux conventionnel et contentieux contractuel. — La distinction entre les réclamations conventionnelles (*treaty claims*) d'une part et contractuelles (*contract claims*) d'autre part, des investisseurs privés illustre la concurrence, dans ce domaine, du droit international et des droits internes et, bien souvent, des mécanismes internationaux de règlement des différends et des tribunaux internes ou d'arbitrages purement privés.

Sur le plan des principes, on doit admettre que les différends concernant l'interprétation ou l'application d'une CBI doivent être réglés conformément au droit international public tandis que ceux qui découlent de l'interprétation et de l'application d'un contrat doivent être résolus en référence au droit, en général national, applicable au contrat. Mais il y a là une première source de difficultés puisque le traité, d'une part, et le contrat, d'autre part, peuvent, au moins en partie, avoir le même objet ou des objets si intrinsèquement liés qu'il peut être très difficile, voire impossible, de distinguer entre ce qui est « contractuel » et ce qui relève du « conventionnel » ; en outre, le traité et le contrat peuvent prévoir des procédures distinctes de règlement des différends (par exemple la CBI prévoira un arbitrage et le contrat la soumission du litige à des juges nationaux ; ou bien ils renverront l'une et l'autre à un arbitrage mais par des arbitres différents).

A priori, comme l'a souligné un comité *ad hoc* du CIRDI, « il est manifeste qu'un différend relatif à un investissement peut en même temps soulever des questions d'interprétation et d'application des dispositions de la CBI et des questions de nature contractuelle » et « la détermination de l'existence d'une violation de la CBI et celle d'un manquement au contrat sont deux questions distinctes. Chacune d'elles sera déterminée par application du droit qui lui est applicable — dans le cas de la CBI, le droit international ; dans le cas du contrat de concession, le droit applicable au contrat » (3 juill. 2002, décision d'annulation, *Vivendi c. Argentine*, § 60 et 96). Autrement dit, si le demandeur invoque une violation du contrat, le droit applicable sera le droit qui régit le contrat (à savoir, le contrat lui-même et, en principe, le droit interne du pays hôte de l'investissement) et le mécanisme pour trancher ce différend sera celui prévu dans le contrat ; en l'absence d'une disposition spécifique dans le contrat, il s'agit donc des tribunaux internes. Si le motif de la réclamation est la violation de la CBI, le droit applicable sera le droit international public et le tribunal arbitral prévu dans le traité aura compétence pour connaître du différend.

Mais, concrètement, les choses se compliquent lorsque les parties prétendent que l'un des deux modes de règlement doit prévaloir et régler l'ensemble du litige et lorsque la CBI ne prend pas position à cet égard (v. CIRDI, décision sur la compétence, 6 août 2003, *SGS c. Pakistan*, § 148). La jurisprudence arbitrale demeure divisée et il est impossible d'en dégager des principes généraux clairs — d'autant que tout dépend en grande partie de la formulation même des clauses compromissoires invoquées dans chaque espèce :

— dans l'affaire *Vivendi*, le Comité *ad hoc* a recherché quelle était la « base essentielle » (« *essential basis* ») de la demande ;

— dans l'affaire *SGS c. Pakistan*, le Tribunal a estimé que la disposition de la CBI visant les « différends relatifs à l'investissement » n'impliquait nullement qu'il aurait eu compétence pour se prononcer sur tous les aspects du litige, fussent-ils d'origine contractuelle (décision sur la compétence préc., 6 août 2003, § 161) ;

— au contraire, dans la décision sur la compétence rendue dans l'affaire *SGS c. Philippines*, un autre Tribunal CIRDI ayant à interpréter une clause similaire a considéré que cette expression « s'étendait évidemment aux différends contractuels » (29 janv. 2004, décision sur la compétence, § 132 ; v. aussi 23 juill. 2001, *Salini c. Maroc*, § 60-61).

Le problème est encore plus compliqué lorsque le traité tente d'attirer les réclamations contractuelles par le jeu de ce que l'on appelle une « clause parapluie » (« *umbrella clause* ») par laquelle l'État d'accueil de l'investissement s'engage — au-delà d'assez grandes variations rédactionnelles — *dans la CBI* à respecter les engagements *contractuels* qu'il a souscrits.

Sans exclure qu'il pourrait en aller différemment dans des circonstances exceptionnelles, le tribunal *SGS c. Pakistan* a refusé de reconnaître à une telle clause litigieuse l'effet de « transformer » ou d'« élever » des violations du contrat au rang de violations du traité (décision préc., § 159). C'est pourtant cette interprétation « extraordinairement extensive » (*ibid.*, § 171) qui a été retenue, quelques mois plus tard, par le Tribunal *SGS c. Philippines* (décision préc., § 128) et, à nouveau, en 2005, dans l'affaire *Noble Ventures* (12 oct. 2005, § 53, v. aussi Tribunal *ad hoc* [CNUDCI], 19 août 2005, sentence partielle, *Eureko BV c. Pologne*, § 244-260). Comme l'a relevé un autre tribunal CIRDI dans des termes particulièrement éclairants :

« [O]n ne saurait admettre que l'insertion d'une *umbrella clause* dans le Traité (...) puisse avoir pour effet de transformer tout différend contractuel en un différend relatif à un investissement en application du Traité, à moins bien sûr qu'il y ait une violation claire des droits et obligation nés du Traité ou une violation d'obligations contractuelles d'une telle ampleur qu'elle déclenche la protection du Traité, ce qui n'est pas le cas en l'espèce » (6 août 2004, *Joy Mining Machinery Limited c. Égypte*, § 81 ; v. aussi, CIRDI, 22 avr. 2005, décision sur la compétence, *Impregilo S.p.A. c. République islamique du Pakistan*, § 289 ; v. aussi § 168 et Comité *ad hoc*, 25 septembre 2007, décision d'annulation partielle, *CMS c. Argentine*, § 95).

Une autre clause assez fréquemment insérée dans les CBI a une incidence sur la distinction entre différends contractuels et conventionnels : en vertu de cette disposition que l'on pourrait appeler « de la patte d'oie » (« *fork in the road* », ou encore principe *electa une via*), l'investisseur est libre d'opter pour un règlement arbitral ou par les tribunaux nationaux mais, une fois ce choix effectué, il est irréversible (sur les difficultés posées par cette clause, v. not. 17 juill. 2003, *CMS c. Argentine*, § 77-82).

§ 3. — *Assistance Financière*

BIBLIOGRAPHIE. — F. LUCHAIRE, « La Banque mondiale et ses filiales », *RJPIC* 1970, p. 159-186 et p. 387-418 ; *L'aide au développement*, PUF, « Que sais-je ? », 1977, 128 p. — J. TOUSCOZ, « Le groupe de la Banque mondiale face aux exigences du développement », *RBDI* 1970, p. 10-43. — R. LAVALLE, *La Banque mondiale et ses filiales : aspects juridiques et fonctionnement*, LGDJ, 1972, 324 p. — J. SYS, *International Development Banks*, Sijthoff, Leyde, 1974, 296 p. — A. A. FATOUROS, « Le rôle de la Banque mondiale dans le droit international », *JDI* 1977, p. 559-594. — A.U. OMER, *Le financement international public du développement : aspects juridiques*, Droz, Genève, 1979, XVII-219 p. — Y. ZMEGAVIE, *La Banque africaine de développement*, Pedone, 1977, 368 p. — OCDE, *L'aide des pays de l'OPEP*, Paris, 1983, 173 p. — I. F. I. SHIHATA, *The World Bank in a Changing World, Selected Essays*, Nijhoff, Dordrecht, 3 vol., vol. I, 1991, 490 p., vol. II, 1995, 802 p., vol. III, 2000, 1028 p. ; *The*

World Bank Legal Papers, Nijhoff, La Haye, LX-895 p. — J. KRANZ, *Entre l'influence et l'intervention : certains aspects juridiques de l'assistance financière multilatérale*, P. Lang, Francfort, 1994, IX-277 p. — A. BROCHES, *Selected Essays*, Nijhoff, Dordrecht, 1995, XVII-545 p. — J. W. HEAD, « Evolution of the Governing Law for Loan Agreements of the World Bank and other Multilateral Development Banks », *AJIL* 1996, p. 214-234. — C. HOLMGREN, *La renégociation multilatérale des dettes : le club de Paris au regard du droit international*, Bruylant, Bruxelles, 1998, XIII-350 p. — S. CANTONI, *Cooperazione multilaterale e finanziamento dello sviluppo*, Jovene, Naples, 2004, X-314 p. — F. MARCELLI, *Il debito estero dei paesi in via di sviluppo nel diritto internazionale*, Giuffrè, Milan, 2004, X-186 p. — J.-J. GABAS dir., *L'aide publique française au développement*, La Documentation française, 2005, 171 p. — A. MAHIOU, « Regard sur le financement de l'aide publique au développment », *Mél. Salmon*, 2007, p. 1005-1021. — H. SCHIER, *Towards a Reorganisation System for Sovereign Debt : An International Law Perspective*, Nijhoff, Leiden, 2007, XII-312 p. — R.P. BUCKLEY, *International Financial System : Policy and Regulation*, Kluwer, Alphen aan den Rijn, 2008, XXII-193 p. — K. MARSHALL, *The World Bank : From Reconstruction to Development to Equity*, Routledge, Abingdon, 2008, XX-191 p. — L.F. GUDER, *The Administration of Debt Relief by the International Financial Institutions : A Legal Reconstruction of the HIPC Initiative*, Springer, Berlin, 2009, XVIII-355 p.

648. Règles et mécanismes. — On peut admettre que constitue une aide ou une assistance au développement toute opération procurant à un pays en développement un avantage qu'il ne pourrait acquérir par la voie de transactions fondées sur l'équilibre d'intérêts purement économiques à court terme.

En fonction des canaux par lesquels transite l'aide, on peut opposer l'assistance privée à l'aide publique. Cette dernière peut elle-même être décomposée en assistance multilatérale — transitant par des organisations internationales — et assistance bilatérale.

En fonction de son objet, l'assistance peut être financière ou technique. La première est un transfert direct de ressources. La seconde consiste en un transfert de connaissances : elle comprend par exemple l'octroi de bourses à des étudiants qui viennent achever leur formation professionnelle dans un pays développé, l'envoi de coopérants dans un pays en développement ou le transfert de brevets à des conditions avantageuses.

1º Principes généraux applicables à l'aide au développement — a) *Base consensuelle*. L'assistance au développement, pièce essentielle du droit du développement, doit en respecter la finalité : permettre aux pays en développement d'exercer concrètement leur « responsabilité principale d'assurer leur propre développement » (résolution 2626 [XXV], § 11, de l'Assemblée générale des Nations Unies proclamant la « stratégie internationale du développement » pour la deuxième décennie pour le développement). Aussi les rapports d'assistance sont-ils toujours établis sur une base volontaire, tant du côté du donneur que du receveur : une aide ne peut être imposée à un État ; un État ne peut être obligé de s'associer à une opération d'assistance spécifique. Aisée à formuler, la règle peut être d'application délicate et connaît des limites.

En ce qui concerne le pays *bénéficiaire*, le respect de la souveraineté de l'État implique que l'aide soit *consentie au gouvernement* lui-même ou à des organismes contrôlés par lui ; si ce n'est pas le cas, il faut rechercher son accord exprès pour l'opération projetée. Il est significatif, à cet égard, que la Société financière internationale — filiale de la BIRD dont l'objet est d'encourager l'initiative privée — n'en doive pas moins demander et obtenir le consentement du gouvernement pour chaque projet de prise de participation dans des sociétés.

Le consentement de l'État est exprimé dans un *instrument international*, en règle générale sous une forme conventionnelle, ce qui doit garantir qu'il s'agit d'un choix libre de sa part. Ainsi les accords de prêt ou de garantie de la BIRD sont régis par le droit international ; de même les accords de base de l'assistance technique, conclus entre les organisations « participantes » du PNUD et les États bénéficiaires.

Cette liberté théorique de choix de *l'État receveur* est, en réalité, fortement compromise par l'urgence de ses besoins. C'est un élément supplémentaire de déséquilibre entre les parties, dans les rapports d'assistance interétatique mais également dans la mise en œuvre des programmes multilatéraux.

La liberté d'action de *l'État donneur* ou de l'organisation internationale est, elle aussi, protégée par le principe du consentement : la définition des priorités — choix des bénéficiaires, choix des projets dans un ensemble de demandes qui dépasse les moyens disponibles — reste leur responsabilité. Toutefois, dans la mesure où les Nations Unies ont proclamé un droit à l'aide au développement, pèse sur les États industrialisés un *devoir d'assistance*, corollaire de ce droit.

Transformer ce « devoir » en une véritable obligation juridique se révèle difficile comme le montrent les balbutiements de la « responsabilité de protéger » (v. *supra*, n° 288).

b) *Objectifs quantitatifs.* Dès 1960, la résolution 1522 (XV) de l'Assemblée générale exprimait l'espoir que le montant de l'assistance et des capitaux internationaux atteindrait « 1 % environ du total des revenus nationaux des pays économiquement avancés ». Le Comité d'aide au développement (CAD) de l'OCDE a repris cette recommandation à son compte en 1965.

L'objectif quantitatif a été rapidement élargi et précisé, l'invitation s'est faite plus pressante. En 1968, la deuxième CNUCED a recommandé que les apports financiers totaux correspondent à 1 % du produit national brut et non plus du revenu national, ce qui accroît d'environ 25 % l'effort financier demandé aux pays développés.

À défaut d'avoir obtenu un engagement plus généreux d'assistance financière pour l'ensemble des pays en développement, le Tiers Monde et les États développés sont tombés d'accord, lors de la Conférence de Paris de 1979 (Conférence sur la coopération économique internationale), sur une solidarité accrue avec les « pays les moins avancés » : l'aide qui leur serait fournie devrait correspondre à 0,15 % du PNB des pays industrialisés. L'objectif alors fixé a été repris et confirmé par la résolution 35/56 de l'Assemblée générale de 1980 (troisième décennie pour le développement) et repris par le « Consensus de Monterrey » (v. *infra*) en 2002.

La solennité de telles recommandations ne peut pallier l'absence d'un véritable engagement conventionnel : les objectifs quantitatifs ne constituent pas des obligations juridiques.

Cinq pays seulement (Norvège, Danemark, Luxembourg, Suède et Pays-Bas) ont atteint ou dépassé l'objectif de 0,7 % du PNB (en 2006). D'autres États et l'Union européenne se sont engagés à atteindre ce chiffre au plus tard en 2015 mais les résultats effectifs ne sont à la hauteur ni des espérances ni des engagements.

c) *Règles qualitatives.* — L'aide est contestée pour trois raisons principales : elle est imprévisible ; malgré le principe du consentement de l'État receveur, elle menace sa souveraineté ; elle est en réalité coûteuse.

L'irrégularité et l'imprévisibilité des flux financiers consacrés au développement sont incompatibles avec une stratégie intégrée (v. *supra*, n° 619).

Comme le rappelle la résolution 3362 (S-VII) de l'Assemblée générale, « il est nécessaire d'accroître substantiellement les ressources financières fournies aux pays en développement à des conditions de faveur, d'améliorer les conditions et modalités des transferts et de rendre ceux-ci *prévisibles, réguliers et de plus en plus sûrs* pour faciliter aux pays en développement l'exécution de leurs programmes à long terme de développement économique et social ».

Des mesures comme le mécanisme des « chiffres indicatifs de planification » du PNUD facilitent les prévisions des pays en développement, mais elles demeurent très insuffisantes dans une période de grande instabilité monétaire.

Pour pallier les risques d'atteinte à la souveraineté des États bénéficiaires de l'aide, les Nations Unies préconisent le respect de trois principes fondamentaux :

— Corollaire du principe de l'autonomie constitutionnelle, en vertu duquel chaque État est libre de choisir son régime politique, *économique et social* (v. *supra*, n° 279), l'aide doit être distribuée *sans discrimination*.

Malgré son caractère fondamental, cette règle subit de sérieuses entorses de la part des États et même des organisations internationales. Les statuts des organisations internationales leur font obligation de respecter le principe (cf. l'article IV, section 10, des statuts de la BIRD) ; leur pratique peut être infléchie par l'interprétation de leurs fonctions favorisée par une majorité d'États membres.

— La règle de la *non-intervention* dans les affaires intérieures des États constitue également un corollaire fondamental de la souveraineté étatique (v. *supra*, n° 279) qui doit être respecté dans la politique d'assistance au développement.

Cette obligation — pas toujours respectée — est également souvent rappelée expressément dans les statuts des organisations internationales (article IV, section 10 des statuts de la BIRD, actes constitutifs de l'IDA et des banques régionales de développement ; v. aussi la résolution 31/91 de l'Assemblée générale). Plus ouvertement, la pratique de la « conditionnalité politique » de l'octroi de l'assistance s'est développée sur un autre terrain, celui de la protection internationale de l'État de droit, de la démocratie et des droits de l'homme. Plus facilement admise en termes de politique étrangère, elle n'en pose pas moins la même question de principe : le consentement de l'État bénéficiaire reste-t-il libre ?

— Le *déliement* de l'aide est également présenté comme un objectif fondamental par toutes les résolutions des Nations Unies relatives à l'aide au développement.

L'aide peut être *liée* à plusieurs égards : soit dans la personne du bénéficiaire direct — l'État donneur exige que son aide aille vers telle catégorie de pays ou de projets —, soit dans la personne du bénéficiaire indirect — les entreprises, le plus souvent de la nationalité de l'État donneur, qui enlèveront les marchés financés grâce à cette aide. Imposer aux États receveurs d'aide de telles conditions politiques ou économiques limite considérablement la portée de leur consentement et supprime parfois les avantages financiers de l'opération ; de plus c'est une atteinte aux principes de non-discrimination et de non-intervention.

Les efforts pour imposer le respect de cette règle se heurtent à de puissants obstacles, car les États donneurs s'abritent derrière leur propre liberté de décision. Parmi les rares progrès réalisés sur ce point, il faut simplement citer l'accord de déliement partiel conclu entre États développés à l'économie de marché au sein du CAD, en 1974 ; en 2001, le même organe a adopté une recommandation sur le déliement de l'aide publique au développement aux pays les moins avancés (PMA) et aux pays pauvres très endettés (PPTE), qui a été modifiée en 2006 et en 2008. Les conventions conclues par l'Union européenne avec des pays en développement permettent un desserrement de l'aide liée, en imposant une libre concurrence entre les ressortissants des États membres de la Communauté.

2º Les mécanismes de l'assistance financière. À plusieurs reprises, depuis le début du XXe siècle, une réflexion globale sur le financement du développement a été entreprise, en particulier par la Conférence internationale sur le financement du développement qui a adopté le « Consensus de Monterrey » (22 mars 2002) censé instaurer un nouveau « partenariat mondial pour le développement » et la lutte contre la pauvreté. Il n'en est cependant pas résulté une refonte radicale des mécanismes d'assistance financière au développement mis en place depuis 1944 (Conférence de Bretton Woods — v. *supra*, nº 620).

Sur le consensus de Monterrey, v. : E. Bécard et N. Thomé, « Le bilan de la conférence de Monterrey sur le financement du développement : chronique d'un échec annoncé ? », *Obs. NU* 2002, p. 81-109 ; A.H. Bouab, « Financing for Development, the Monterrey Consensus : Achievements and Prospects », *Michigan Journal of International Law* 2004, p. 359-369 ; I. Haque and R. Burdescu, « Monterrey Consensus on Financing for Development : Response Sought from International Economic Law », *Boston College International and Comparative Law Review*, 2004, p. 219-289.

Sur l'Initiative d'allégement de la dette multilatérale BIRD/FMI v. *supra*, nº 632.

a) *Au plan universel :* Si le FMI joue un rôle majeur pour aider les États (pas seulement en développement) à faire face à des crises monétaires et financières (v. *supra*, nº 632), la fonction principale d'assistance financière dans le système des Nations Unies est assurée par le « groupe de la Banque mondiale », la Banque internationale pour la reconstruction et le développement (BIRD) et ses « filiales ».

— *La BIRD.* L'accent a été successivement porté sur la « reconstruction » des économies ravagées par la guerre, puis sur l'aide au développement des pays pauvres. Aussi, bien qu'ils assurent l'essentiel des ressources propres de la Banque et de ses filiales — et qu'ils bénéficient du pouvoir de décision —, les États développés ont-ils admis plus facilement qu'en matière monétaire un renversement des priorités.

Le capital de la Banque est constitué par les souscriptions des États membres, dont 10 % seulement sont versés effectivement, les 90 % restants servant de caution aux emprunts lancés par la BIRD (article IV section 8 des statuts). Ces emprunts constituent la principale ressource de la Banque. Ils peuvent être placés auprès d'institutions publiques, mais aussi — à la différence du FMI — sur le marché international des capitaux et sur les marchés nationaux ; dans ce dernier cas, le lancement de l'emprunt ne peut avoir lieu qu'avec l'accord de l'État concerné.

Cette origine des fonds explique que les prêts de la Banque soient consentis à des conditions relativement coûteuses.

Il s'agit de prêts à long terme (vingt ans en moyenne), remboursables dans la monnaie du prêt, le paiement des intérêts étant assorti d'un « différé d'amortissement » de trois à sept ans.

Les opérations de prêt sont soumises à des conditions générales assez strictes :

— les prêts ne sont accordés qu'à des gouvernements ou doivent être garantis par eux ;

— la Banque s'assure de la solvabilité de l'emprunteur et subordonne parfois son concours à l'adoption de mesures de redressement ;

— les prêts ne peuvent être accordés que pour des projets en principe individualisés et productifs, à défaut d'être nécessairement rentables d'un point de vue financier ;

— il doit s'agir aussi de projets qui ne pourraient être financés par d'autres moyens ; ceci n'interdit pourtant pas des projets cofinancés, l'apport de la Banque étant souvent déterminant pour convaincre d'autres sources de financement de l'opportunité du projet ; la Banque ne finance jamais la totalité des dépenses ;
— ces projets doivent faire appel à la concurrence internationale, le plus souvent sous forme d'adjudications, et les prêts sont totalement non- « liés » ;
— les accords de prêt ou de garantie conclus par la BIRD sont soumis au droit international public et non au droit de l'État contractant l'emprunt.

— L'action de la *Société financière internationale (SFI)* et de *l'Association internationale de développement (AID)*, créées respectivement en 1956 et en 1960, complète celle de la Banque mondiale.

La *SFI* a pour vocation d'encourager la croissance du secteur privé dans les économies en développement. À la différence de celui de la BIRD, son capital est entièrement souscrit, car il constitue le moyen essentiel de ses interventions sous formes de prêts — à des conditions assez onéreuses — et de prises de participation dans des entreprises privées.

Le fonctionnement et l'assistance de l'*AID* correspondent mieux aux conceptions actuelles de l'aide au développement et aux besoins des États les plus pauvres.

Les États « de la première partie », pays développés, versent l'intégralité de leur souscription en devises convertibles, librement échangeables et utilisables par l'organisation ; ceux « de la deuxième partie » ne paient que 10 % de leur souscription en monnaies convertibles, le reste n'étant utilisable que sur leur territoire.

L'assistance de l'AID se traduit par des « crédits », et non par des « prêts », en raison de ses conditions financières particulièrement avantageuses : absence d'intérêts, différé d'amortissement de dix ans et remboursement en cinquante ans. Les conditions économiques de ces aides, en partie identiques à celles pratiquées par la BIRD, en diffèrent sur deux points : ils peuvent être consentis sans la garantie de l'État et bénéficier à des projets non productifs, mais seulement « dans les régions les moins avancées du monde » (article 1er des statuts). Les caractères particuliers des crédits de l'AID lui interdisent de se procurer des capitaux sur le marché privé des capitaux. Elle ne peut compter que sur des subventions de la BIRD et sur les dons que lui consentent les États en participant à des reconstitutions de capital (contributions supplémentaires sans droit de vote).

— Depuis longtemps, les États du Tiers Monde s'efforcent d'obtenir la multiplication des Fonds d'aide au développement. Plusieurs ont été créés sous forme d'organes subsidiaires à l'ONU ou dans les institutions spécialisées.

Au sein de l'ONU, les premières tentatives de portée générale ont été malheureuses : un projet de Fonds spécial pour le développement (SUNFED) a dû être abandonné en raison de l'hostilité des pays industrialisés ; le Fonds d'équipement créé en 1966 contre leur gré n'a pas eu plus de succès, faute de ressources.

Parmi les Fonds à vocation financière spécialisée, il faut surtout signaler le Fonds international pour le développement agricole (FIDA), créé en 1976 et qui présente la particularité d'être une institution spécialisée.

b) *Au plan régional.* Parmi les *organisations des pays industrialisés*, les *Communautés européennes*, relayant pour partie les mécanismes antérieurs d'assistance financière des États membres, ont un rôle particulièrement important. Les systèmes communautaires s'inscrivent dans un cadre conventionnel, ce qui présente plusieurs avantages : certitude quant au montant de l'aide promise, planification des opérations, établissement d'une procédure de négociation et de suivi des opérations.

Par leur volume, ce sont les conventions CEE-États africains et malgache (Yaoundé, 1963 et 1969) suivies par les conventions CEE-ACP (Lomé, 1975, 1979, 1984, 1989) puis par l'accord de partenariat de Cotonou du 23 juin 2000, conclu pour vingt ans et modifié en 2005, qui sont les plus significatifs. Négociées à l'origine avec 46 (aujourd'hui 79) pays en développement dans plusieurs continents, elles intéressent une part importante du Tiers Monde.

L'aide financière est distribuée par le Fonds européen de développement (FED), par le biais de deux instruments : la facilité de l'aide non remboursable qui fait l'objet d'un montant forfaitaire pr chaque pays, et la facilité d'investissement, gérée par la Banque européenne d'investissement (BEI), qui peut investir sous forme de prêts, de fonds propres et de quasi-fonds propres ou accorder des garanties à l'appui d'investissements privés intérieurs et étrangers. Un nouveau système de programmation de l'aide octroyée par l'UE est institué et centré sur des stratégies de coopération nationale (SCN) qui font l'objet d'un examen annuel.

Comme ses devancières, l'Accord de Cotonou met en place des procédures et des moyens destinés à réduire l'endettement des États ACP et à favoriser des « ajustements des structures » économiques et sociales de ces pays et crée des institutions chargées d'en assurer le suivi (Conseil des ministres, Comité des ambassadeurs et Assemblée parlementaire paritaire).

L'assistance financière de la CE, si elle est orientée prioritairement vers les pays ACP associés, ne leur est pas réservée. En bénéficient également certains États du bassin méditerranéen et quelques autres pays du Tiers Monde en particulier les pays les moins avancés.

L'OCDE n'a pas une politique propre d'assistance financière mais l'un de ses organes, le Comité d'aide au développement (CAD) centralise l'information sur les politiques de ses États membres et sert de centre de négociation pour harmoniser les positions de ces États sur certaines propositions des Nations Unies.

— Certaines *organisations Nord-Sud* regroupent des États développés et des États en développement et gèrent l'assistance financière des premiers aux seconds. C'est le cas de l'OEA, en ce qui concerne une partie de l'aide américaine aux pays d'Amérique latine, et de certaines banques régionales de développement qui — pour élargir leur capital — se sont ouvertes à des États extérieurs à leur région (Banque interaméricaine de développement, Banque africaine de développement, Banque asiatique de développement, Banque du Sud [Bancosur]).

Ces banques fonctionnent selon des principes analogues à ceux qui régissent la BIRD. Des précautions particulières ont cependant été prises pour éviter que les membres extérieurs à la région en viennent à constituer la majorité des voix. Elles empruntent sur les marchés privés ou publics de capitaux, et consentent des prêts aux États membres ou à leurs ressortissants. Des crédits à des conditions beaucoup plus favorables sont consentis par des Fonds spéciaux de développement, établis au sein de ces banques et financés par des contributions volontaires.

— En outre des banques régionales extra-européennes ne comprenant pas d'États extérieurs à leur région, contribuent également au financement du développement. Tel est le cas d'organisations constituées par les pays exportateurs de pétrole (Fonds spécial de développement de l'OPEP) et d'organisations de pays arabes (Fonds arabe de développement économique et social créé en 1968, Banque islamique de développement, Fonds de solidarité islamique établi en 1974, Banque arabe pour le développement en Afrique depuis 1973). Les premières, composées d'États aux ressources financières élevées, orientent leur aide vers les États non membres ; les secondes assistent plutôt ceux de leurs États membres les plus pauvres.

c) *Dans les relations bilatérales.* La plus grande partie de l'aide des pays industrialisés aux pays en développement est unilatérale dans ses origines —

elle émane d'un seul État — et bilatérale dans ses modalités, établies par voie conventionnelle.

L'assistance financière n'est qu'un élément d'un ensemble plus vaste de prestations fournies par les États développés : ce sont souvent des conventions-cadres qui établissent les principes généraux, ces derniers étant concrétisés par les accords spécifiques d'assistance financière.

Sur les structures administratives françaises créées pour définir et gérer cette politique d'aide, voir *infra*, n° 661. Placée sous la double tutelle du ministre de l'Économie et des finances et du ministre des Affaires étrangères et européennes l'Agence française de Développement (AFD) joue un rôle central à cet égard et met en œuvre, depuis 1998, quatre instruments principaux : les prêts, les subventions-projets, les aides budgétaires globales et les contrats désendettement-développement.

CHAPITRE III

Circulation internationale des biens et des services

649. Définitions. — La notion de « bien » ne présente pas de difficultés particulières. On entend par là tout produit matériel — matière première minérale, produit agricole, produit semi-ouvré ou transformé. Il peut s'agir d'un ensemble de biens très complexe, dont la conception intellectuelle représente une part importante de la valeur marchande.

Le commerce international a toujours porté également sur des prestations immatérielles, des « services », de nature très diversifiée et même hétérogène : transport de biens ou de personnes, assurance, tourisme, savoir-faire (« *know how* ») industriel ou commercial, etc. C'est à ce sens large que s'arrête la CIJ dans son arrêt du 12 décembre 1996, dans l'affaire des *Plates-formes pétrolières* :

« Or le mot " commerce ", dans son acception usuelle, ne se limite pas aux seules activités d'achat et de vente ; il a des connotations qui dépassent le simple fait d'acheter et de vendre, et comprend " l'ensemble des transactions, arrangements, etc., nécessaires à cette fin " (...). De même, l'expression " commerce international " désigne, dans son sens propre, " l'ensemble des transactions à l'importation et à l'exportation, des rapports d'échange, d'achat, de vente, de transport, des opérations financières, entre nations " et, parfois même, " l'ensemble des rapports économiques, politiques, intellectuels entre États et entre leurs ressortissants " (*Dictionnaire de la terminologie du droit international,* établi sous l'autorité du Président Basdevant, Sirey, 1960, p. 126). (...) Ainsi, que le mot " commerce " soit pris dans son sens le plus commun ou au sens juridique, au plan interne ou international, il revêt une portée qui excède la seule référence aux activités d'achat et de vente » (§ 45).

Plus encore que pour les biens matériels, la concurrence dans le commerce des services suppose une avance technique ou la capacité de mobiliser des capitaux importants. En outre, certains services sont considérés par les États comme des activités dont ils doivent garder la maîtrise pour des raisons de sécurité nationale (santé, transport maritime, par exemple).

De telles caractéristiques expliquent qu'il ait été naturellement plus facile d'établir une réglementation internationale de l'échange des biens. L'opposition entre les deux catégories ne doit cependant pas être exagérée. Certains biens ne peuvent être commercialisés séparément des services qui en assurent l'utilisation. Certains contrats prévoient l'acquisition d'installations en état de fonctionner et le savoir-faire industriel et commercial qui garantira la compétitivité des produits fabriqués sur les marchés nationaux et internationaux : ce sont d'ailleurs souvent de tels contrats qui font l'objet des arbitrages internationaux contemporains.

Section 1
Cadre général

BIBLIOGRAPHIE. — T. FLORY, *Le GATT, Droit international et commerce international*, LGDJ, 1968, 306 p. ; « L'évolution du système juridique du GATT », *JDI* 1977, p. 787-805 ; « L'évolution des régimes juridiques du GATT depuis les accords du Tokyo Round de 1979 », *JDI* 1986, p. 329-345 ; *L'OMC. Droit institutionnel et substantiel*, Bruylant, Bruxelles, 1999, XXII + 248 p. — J.H. JACKSON, *World Trade and the Law of GATT*, Bobbs-Merill, NY, 1969, 952 p. ; *Restructuring the GATT System*, Council on Foreign Relations Press, 1990, 121 p. ; *The Jurisprudence of GATT and the WTO : Insights on Treaty Law and Economic Relations*, Cambridge UP, 2000, XIII-497 p. ; *Sovereignty, the WTO and Changing Fundamentals of International Law*, Cambridge UP, 2006, XXVI-352 p. — K. W. DAM, *The GATT : Law and International Economic Organization*, Chicago UP, 1970, 480 p. — C.O. KIM, *La CEE dans les relations commerciales internationales*, Éd. Université de Bruxelles, 1971, 544 p. — R.E. HUDEC, *The GATT, Legal System and World Trade Diplomacy*, Praeger, New York, 1975, 400 p. ; *Enforcing International Trade Law – The Evolution of Modern GATT Legal System*, Butterworth, Salem, 1993, XVI-620 p. ; *Essays on the Nature of International Trade law*, Cameron May, Londres, 1999, 396 p. — GATT, *Les négociations commerciales multilatérales du Tokyo Round*, Genève, 1979, 232 p. — W. BENEDEK, *Die Rechtsozdnang Rechtsordnung des GATT aus völkerrechtlicher Sicht*, Springer, Heidelberg, 1990, XXIII-557 p. — P. SARCEVIC et H. VAN HOUTTE, *Legal Issues in International Trade*, Graham et Trotman, Londres, 1990, XI-225 p. — SFDI, Colloque du Québec, *Perspectives convergentes et divergentes sur l'intégration économique*, Pedone, 1993, 206 p. — T.P. STEWART ed., *The GATT Uruguay Round. A Negotiating History (1986-1992)*, vols. I et II, *Commentary*, 1993, XV-2869 p., IX-973 p. ; vol. III, *Documents* ; vol. IV, *The End Game* (part I), 1999, XXII-935 p. —P. DIDIER, « Code antidumping... » et « Code anti-subventions du Cycle de l'Uruguay », *CDE* 1994, p. 251-326 et p. 679-750. — E. MCGOVERN, *International Trade Regulations*, Exeter, Globefield Press, 1995, mises à jour semestrielles, 1 100 p. — P. MESSERLIN, *La nouvelle organisation mondiale du commerce*, IFRI – Dunod, 1995, 368 p. — E.U. PETERSMANN, « The Transformation of the World Trading System... », *JEDI* 1995, p. 161-221 ; *International Trade Law and the GATT/WTO Dispute Settlement System*, Kluwer, La Haye, 1997, XVIII-704 p. ; (ed.), *Reforming the World Trading System : Legitimacy, Efficiency and Democratic Governance*, Oxford UP, 2006, XX-559 p. — SFDI, Colloque de Nice, *La réorganisation mondiale des échanges*, Pedone, 1996, 337 p. — K. ADAMANTOPOULOS, *An Anatomy of the WTO*, Kluwer, La Haye, 1997, X-169 p. — P. DIDIER, *Les principaux accords de l'OMC et leur transposition dans la Communauté européenne*, Bruylant, Bruxelles, 1997, 646 p. — D. CARREAU, P. JUILLARD et P. MENGOZZI dir., *L'OMC*, Nijhoff, Dordrecht, 1998, 119 p. — A.O. KRUEGER, *The WTO as an International Organization*, University of Chicago Press, 1998, XVI-412 p. — D. PALMETER et P.C. MAVROIDIS, « The WTO Legal System : Sources of Law », *AJIL* 1998, p. 398-413. — M. BRONCKERS et R. QUICK dir., *New Directions in International Economic Law. Essays in Honour of John H. Jackson*, Kluwer, La Haye, 2000, XII-593 p. — G. MARCEAU, « A Call for Coherence in International Law : Praises for the Prohibition Against « Clinical Isolation » in WTO Dispute Settlement », *JWTL* 1999, p. 87-152 ; « Fragmentation in International Law : the Relationship Between WTO Law and General International Law : a Few Comments from a WTO Perspective », *Finnish Yb. IL* 2006, p. 5-20. — V. PACE, *L'Organisation mondiale du commerce et le renforcement de la réglementation juridique des échanges commerciaux internationaux*, L'Harmattan, 2000, 480 p. —

WTO Secretariat, *From GATT to the WTO, The Multilateral Trading System in the New Millenium*, Kluwer, La Haye, 2000, XVIII-265 p. — J. Pauwelyn, « The Role of Public International Law in the WTO : How Far Can We Go ? », *AJIL* 2001, p. 535-578 ; *Conflict of Norms in Public International Law : How WTO Law Relates to Other Rules of International Law*, Cambridge UP, 2003, XXVII-522 p. — S. Charnovitz, *Trade Law and Global Governance*, Cameron, Londres, 2002, 539 p. — S. Dillon, *International Trade and Economic Law and the European Union*, Hart, Oxford, 2002, XVIII-391 p. — M. Iynedjian, *L'accord de l'OMC sur l'application des mesures sanitaires et phytosanitaires*, LGDJ, 2002, 258 p. — K.P. Gallagher et J. Werksman ed., *International Trade and Sustainable Development*, Earthcan, Londres, 2002, XVII-395 p. — D.L.M. Kennedy et J.D. Southwick ed., *The Political Economy of International Trade Law. Essays in Honour of Robert E. Hudec*, Cambridge UP, 2002, XIII-696 p. — J. Neumann, *Die Koordination des WTO-Rechts mit anderen völkerrechtlichen Ordnunungen : Konflikte des materiellen Rechts und Konkurrenzen der Streitbeilegung*, Duncker & Humblot, Berlin, 2002, 760 p. — P. Picone et A. Ligustro, *Diritto dell'organizzazione mondiale del commercio*, CEDAM, Padoue, 2002, XXXIX-676 p. — D.E. Siegel, « Legal Aspects of the IMF/WTO Relationship : The Fund's articles of Agreement and the WTO Agreements », *AJIL* 2002, p. 561-599. — J. Alvarez ed., Symposium, « The Boundaries of the WTO », *AJIL* 2002, p. 1-158. — P. Zapatero, *Derecho del comercio global*, Civitas, Madrid, 2003, 627 p. — D. Luff, *Le droit de l'Organisation mondiale du commerce : Analyse critique*, Bruylant, Bruxelles, 2004, XLIV-1207 p. — S. Charnovitz *et al.* ed., *Law in the Service of Human Dignity. Essays in Honour of Florentino Feliciano*, Cambridge UP, 2005, XXII-425 p. — J. Béguin et M. Menjucq dir., *Traité de droit du commerce international*, Litec, 2005, XXII-1119 p. — M. Li&ccaron ;kovà, *La Communauté européenne et le système GATT/OMC*, Pedone, 2005, XVII-201 p. — M. Melloni, *The Principle of National Treatment in the GATT : A Survey of the Jurisprudence, Practice and Policy*, Bruylant, Bruxelles, 2005, XXII-253 p. — P. Van Der Bossche, *The Law and Policy of the World Trade Organization*, Cambridge UP, 2005, XXXVIII-737 p. — M. Matsushita, Th. J. Schoenbaum et P.C. Mavroidis, *The World Trade Organization : Law, Practice and Policy*, Oxford UP, 2006, CVII-989 p. — A.H. Qureshi, *Interpreting WTO Agreements : Problems and Perspectives*, Cambridge UP, 2006, X-232 p. — Th. Cottier, *The Challenge of WTO Law : Collected Essays*, Cameron May, Londres, 2007, 615 p. — D. Roca, *Le démantèlement des entraves aux commerces mondial et intracommunautaire : droit communautaire et de l'OMC comparés*, L'Harmattan, 2007, 2 vol., 328 et 451 p. — J. Wouters et B. de Meester, *The World Trade Organization : A Legal and Institutional Analysis*, Intersentia, Anvers, 2007, XVI-301 p. — B. Kieffer, *L'Organisation Mondiale du Commerce et l'évolution du droit international public*, Larcier, Bruxelles, 2008, 371 p. — D. Bethlehem ed., *The Oxford Handbook of International Trade Law*, Oxford UP, 2009, LIII-801 p.

§ 1. — *Cadre institutionnel*

650. De l'OIC au GATT et à l'OMC. — Signé le 30 octobre 1947, l'Accord général sur les tarifs douaniers et le commerce (GATT) est un accord en forme simplifiée, entré en vigueur le 1er janvier 1948. Son application devait être provisoire, en attendant la ratification de la Charte de La Havane de 1948 établissant l'Organisation internationale du commerce (OIC). Cette convention n'étant pas entrée en vigueur, le GATT est demeuré le seul accord de portée générale en matière commerciale et, pour pallier l'absence de l'organisation prévue, a été progressivement institutionnalisé, mais de manière assez pragmatique (jusqu'en 1994 le sigle GATT a donc correspondu à une réglementation conventionnelle et à l'organisation internationale de coopération qui en est issue).

L'Accord général est loin de contenir une réglementation aussi cohérente et complète que la Convention de La Havane car, malgré les amendements ultérieurs, son objet est exclusivement douanier. Le système international du commerce comporte de ce fait des lacunes que les États en développement ont critiquées et dont ils ont pris argument pour préconiser et, parfois, obtenir, des réformes importantes (création de la CNUCED et du SGP, v. *supra*, n° 619 et *infra*, n° 657).

Cependant, à travers des négociations multilatérales périodiques sous les auspices du GATT, les États industrialisés à économie de marché ont tenté de répondre aux besoins du commerce international tout en évitant la concurrence d'autres forums internationaux. Ainsi le Tokyo Round (1973-1979) est-il apparu comme l'occasion de définir les prémisses d'une convergence des politiques commerciales des grandes puissances industrialisées — pour résister plus efficacement à la tentation du protectionnisme —, et de préciser les moyens d'insérer progressivement les pays en développement dans la même règle du jeu, au prix de dérogations temporaires.

À l'issue de l'Uruguay Round (1986-1993), les parties contractantes du GATT ont adopté, le 15 décembre 1993, un accord, formellement signé à Marrakech le 15 avril 1994, instituant l'Organisation mondiale du commerce (OMC), destinée à être le « cadre institutionnel commun pour la conduite des relations commerciales entre ses Membres » (art. II) et chargée de mettre en œuvre les accords commerciaux multilatéraux qui y sont annexés, d'être l'enceinte privilégiée des négociations commerciales multilatérales, d'administrer le « Mémorandum d'accord sur les règles et procédures régissant le règlement des différends » et le « Mécanisme d'examen des politiques commerciales ». Il ne s'agit toutefois que d'un assez pâle succédané de l'OIC dont la création était envisagée par la Charte de La Havane, sinon en ce qui concerne le règlement des différends (v. *infra*, n° 652).

L'OMC comporte une Conférence ministérielle et un Conseil général composés de représentants de tous les États membres et trois Conseils spécialisés (commerce des marchandises, des services et des « aspects des droits de propriété intellectuelle qui touchent au commerce » (ADPIC) ainsi que divers comités (dont l'un se consacre au commerce et au développement)). L'Organe de règlement des différends (ORD) et l'Organe d'examen des politiques commerciales sont intégrés dans l'Organisation mais jouissent d'une autonomie marquée. Les décisions doivent être prises par consensus dans toute la mesure du possible (art. IX, § 1). Au 31 décembre 2008, l'OMC comptait 153 membres – dont les Communautés européennes et le Taipei chinois ; toutefois la Fédération de Russie, l'Iran, l'Algérie, etc. se tiennent encore à l'écart de l'Organisation avec laquelle des négociations d'adhésion ont cependant été entamées.

Une série d'accords est annexée à l'Accord créant l'OMC. Il convient de distinguer les « accords commerciaux multilatéraux », « contraignants pour tous les Membres » et les « accords commerciaux plurilatéraux » qui « ne créent ni droits ni obligations pour les Membres qui ne les ont pas acceptés » (art. II, § 2 et 3). Les premiers sont constitués de l'« Accord général sur les tarifs douaniers et le commerce de 1994 » auquel sont annexés de nombreux accords ou mémorandums d'accord sur des points spécifiques, de l'Accord général sur le commerce des services, de l'Accord sur les ADPIC, du Mémorandum d'accord sur les règles et procédures régissant le règlement des différends et d'un instrument créant le

Mécanisme d'examen des politiques commerciales. Les seconds concernent les aéronefs civils, les marchés publics, le secteur laitier et la viande bovine.

Le « GATT de 1994 » « est juridiquement distinct » de celui de 1947 (art. II, § 4, de l'Accord de Marrakech) mais il l'incorpore avec toutes les modifications et adjonctions qui lui ont été apportées depuis lors auxquelles s'ajoutent les textes nouveaux issus de l'Uruguay Round. Il comporte en outre un Accord portant Mécanisme d'examen des politiques commerciales (MEPC) des États membres par un organe permanent (Organe d'examen des politiques commerciales — OPEC).

651. Le mécanisme de négociations de l'OMC. — L'article XXVIII *bis* du GATT invite les parties à mener « des négociations visant, sur la base de réciprocité et d'avantages mutuels, à la réduction substantielle des droits de douane et des autres impositions perçues à l'exportation et à l'importation ».

Depuis 1947, huit grandes négociations tarifaires se sont déroulées dans le cadre du GATT. Les « négociations Kennedy » (1963-1967), menées selon des techniques multilatérales, ont permis l'abaissement d'au moins 50 % du taux des droits de douane sur les deux tiers des produits *manufacturés* échangés entre les pays industrialisés. Les résultats du « Tokyo Round » (1973-1979) ont poursuivi cette tendance — dans un contexte néo-protectionniste moins favorable — mais ont surtout créé des précédents favorables à un élargissement du champ d'application de la libération des échanges : limitation des obstacles aux échanges de produits agricoles, règles communes sur certains instruments des politiques douanières (valeur en douane, règles d'origine, procédures de licence d'importation, subventions et mesures compensatoires et droits anti-dumping), début d'harmonisation pour les marchés publics. Toutes ces innovations, consolidées par le Cycle de l'Uruguay (1986-1993), constituent une amorce de réglementation internationale de la concurrence commerciale, qui faisait totalement défaut, et contribuent ainsi — en interdisant certains abus — à renforcer l'idéologie néo-libérale. Il en va de même des accords sur l'application des mesures sanitaires et phytosanitaires ou sur les obstacles techniques au commerce annexés au GATT de 1994.

Pour apprécier l'effet réel des concessions négociées, il faut garder à l'esprit qu'elles entrent souvent en vigueur selon un échéancier étalé sur plusieurs années (cinq ans pour les accords de l'Uruguay Round) et qu'en vertu du principe de réciprocité, certaines n'entreront pas en vigueur parce que l'une des grandes puissances commerciales (États-Unis, CE, Japon notamment) n'a pu ou voulu respecter un de ses engagements.

Lancées en 2001, les négociations du cycle de Doha s'éternisent sans que toute chance de les voir couronnées de succès soit complètement compromise. Celles-ci portent sur 19 questions de très vaste portée (dont ont été toutefois exclues en juillet 2004 celles, très importantes, portant sur le commerce et l'investissement, le commerce et la politique de la concurrence, et la transparence des marchés publics [questions « de Singapour »]). Il reste que les 5e (Cancún, 2003) et 6e (Hong Kong, 2005) conférences ministérielles n'ont pas permis de parvenir à un consensus global et qu'à la suite de l'échec de la réunion restreinte de juillet 2008 (Genève), dû essentiellement à l'impossibilité d'arriver à un accord sur l'agriculture, les négociations ont été officiellement suspendues ; mais elles pourraient reprendre à la suite du Sommet du G 20 d'avril 2009.

652. Le mécanisme de règlement des différends de l'OMC.

BIBLIOGRAPHIE. — Th. FLORY, « Les accords de Tokyo Round du GATT et la réforme des procédures de règlement des différends dans le système commercial interétatique », *RGDIP* 1982, p. 235-253. — E. CANAL-FORGUES, « Le système de règlement des différends de l'OMC », *RGDIP* 1994, p. 688-707 ; « La procédure d'examen en appel de l'OMC », *AFDI* 1996, p. 845-863 ; *Le règlement des différends à l'OMC*, Bruylant, Bruxelles, 2004, 195 p. — R. YOUNG, « Dispute Resolution in the Uruguay Round », *JEDI* 1995, p. 389-409. — SFDI, colloque de Nice, *La réorganisation mondiale des échanges*, Pedone, 1996, not. p. 281 à 318 (contributions d'E. CANAL-FORGUES, Y. RENOUF, F. ROESSLER). — A. LIGUSTRO, *Le controversie tra Stati nel diritto del commercio internazionale...*, Cedam, Padoue, 1996, XXV-654 p. — S.P. CROLEY et J.H. JACKSON, « WTO Dispute Procedure, Standards of Review, and Deference to National Governments », *AJIL* 1996, p. 193-213. — H. RUIZ FABRI, « Le contentieux de l'exécution dans le règlement des différends de l'OMC », *JDI* 2000, p. 605-645 ; « Le règlement des différends au sein de l'OMC : naissance d'une juridiction, consolidation d'un droit », *Souveraineté étatique et marchés internationaux à la fin du XXe siècle, Mél. Ph. Kahn*, 2000, p. 305-334 ; « La juridictionnalisation du règlement des litiges économiques entre États », *Rev. Arb.* 2003, p. 881-947 ; « Le juge de l'OMC : Ombres et lumières d'une figure judiciaire singulière », *RGDIP* 2006, p. 39-83. — S. CHANOVITZ, « Rethinking WTO Trade Sanctions », *AJIL* 2001, p. 792-832. — Y. NOUVEL, « Les attentes dans le droit de l'OMC », *AFDI* 2001, p. 461-474. — D. PALMETER et P.C. MAVROIDIS, *Dispute Settlement in the World Trade Organization : Practice and Procedure*, Cambridge UP, 2004, XVIII-315 p. — R.H. STEINER, « Judicial Lawmaking at the WTO : Discursive, Constitutional and Political », *AJIL* 2004, p. 247-275. — R. YERXA et B. WILSON dir., *Key Issues in WTO Dispute Settlement. The First Ten Years*, Cambridge UP, 2005, XXXVIII-289 p. — T. GAZZINI, « The Legal Nature of WTO Obligations and the Consequences of their Violation », *EJIL* 2006, p. 723-742. — R. WOLFRUM, P.-T. STOLL et K. KAISER ed., *WTO Institutions and Dispute Settlement*, Nijhoff, Leiden, 2006, XXXI-644 p. — G. SACERDOTI, A. YANOVICH et J. BOHANES ed., *The WTO at Ten : The Contribution of the Dispute Settlement System*, Cambridge UP, 2006, XLIV-531 p. — H. LESAFFRE, *Le règlement des différends au sein de l'OMC et le droit de la responsabilité internationale*, LGDJ, 2007, XVIII-614 p. — C. MATROIDIS, « No Outsourcing of Law ? : WTO Law as Practiced by WTO Courts », *AJIL* 2008, p. 421-474. — A.D. MITCHELL, *Legal Principles in WTO Disputes*, Cambridge UP, 2008, LII-308 p.

Sur la jurisprudence des groupes spéciaux et de l'organe d'appel de l'OMC v. la série bilingue de commentaires dirigée par B. STERN et H. RUIZ FABRI, *La jurisprudence de l'OMC / The Case Law of the WTO*, Nijhoff, Leide, vol. I (1996-1997), 2004, XI-355 p., vol. II (1998-1), 2005, IV-283 p., vol. III (1998-2), 2005, VII-222 p., vol. IV (1999-1), 2006, 572 p. ; vol. V (1999-2), 2008, 632 p. ; v. aussi la chronique annuelle de Ph. MADDALON à l'*AFDI* depuis 2005.

Les recommandations et décisions des groupes spéciaux et de l'Organe d'appel de l'OMC sont publiées *in Dispute Settlement Reports*, Cambridge UP. V. aussi, E. CANAL-FORGUES et Th. FLORY dir., *GATT/OMC, Recueil des contentieux du 1er janvier 1948 au 31 décembre 1999*, Bruylant, Bruxelles, 2001, XVIII-1229 p. Les rapports sont également publiés sur le site Internet de l'OMC (http://www.wto.org/french/tratop_f/dispu_f.htm).

L'une des nouveautés les plus frappantes des règles adoptées en 1994 tient à la création d'un « Organe de règlement des différends » (ORD) intégré à l'OMC et chargé de l'application de l'Accord (établissement des groupes spéciaux et de l'organe d'appel, surveillance de la mise en œuvre des décisions et des recommandations).

Alors que les mécanismes de règlement des différends au sein du GATT, antérieurs à 1995, se caractérisaient par leur souplesse, leur pragmatisme et leur résultat non obligatoire, l'Accord de Marrakech du 15 avril 1994 (« GATT de 1994 ») comporte une annexe 2 portant « Mémorandum d'accord sur les règles et procédures régissant le règlement des différends », qui constitue certainement l'apport le plus original des négociations du « cycle Uruguay » et dont le mécanisme se substitue aux traditionnels *panels*.

Ceux-ci ne disparaissent pas, mais — sous le nom de « groupes spéciaux » — ils constituent seulement une étape dans la procédure de règlement d'un différend relatif à l'application du GATT de 1994, après les « consultations directes » qui doivent conduire à une « solution mutuellement acceptable » et compatible avec les règles du GATT et dont les Membres conviennent qu'elle est « nettement préférable » (art. 3, § 7, du Mémorandum d'accord), et avant l'éventuel « examen en appel » dont l'issue est, en principe, obligatoire pour les parties (art. 17) ; ces derniers peuvent néanmoins convenir d'avoir recours à un arbitrage formel (art. 25). D'un système de persuasion argumentée, on est donc passé à un mécanisme d'arbitrage qui ne veut pas dire son nom et qui a largement démontré son efficacité.

Enfermée dans les délais stricts destinés à éviter toute échappatoire, la procédure, dans ses très grandes lignes — elle est fort complexe — est la suivante : dans un premier temps, un membre peut demander des consultations auxquelles le ou les autres membres concernés ne peuvent se soustraire (art. 4) ; si les consultations n'aboutissent pas dans les 60 jours (20 en cas d'urgence), la partie plaignante peut demander la constitution d'un « groupe spécial », sauf à recourir, en accord avec l'autre partie aux bons offices, à la conciliation ou à la médiation du Directeur général de l'OMC (art. 5). Le groupe spécial est, en principe, composé de trois personnes « très qualifiées » et indépendantes, « proposées » par le Secrétariat de l'ORD ou, à défaut, désignées par le Directeur général (art. 8) ; la procédure n'est pas véritablement contradictoire, mais le groupe spécial, qui peut recueillir l'avis de groupes consultatifs d'experts, est tenu de « consulter » les parties afin d'arriver à une solution mutuellement satisfaisante. Dans le cas contraire, le groupe spécial présente – en principe dans les 60 jours, mais en tout cas dans les 90 jours – « ses constatations sous la forme d'un rapport écrit à l'ORD » dans lequel il expose ses constatations et recommandations. Le rapport est adopté par l'Organisme dans un délai maximum de 30 jours, sauf si une partie décide de recourir à l'Organe d'appel permanent, composé de sept personnes désignées par l'ORD pour quatre ans. « Un rapport de l'Organe d'appel sera adopté par l'ORD et accepté sans condition par les parties au différend, à moins que l'ORD ne décide par consensus de ne pas adopter le rapport de l'Organe d'appel » (art. 17, § 14), ce qui ne s'est jamais produit jusqu'ici. Ces procédures sont confidentielles. Par voie d'accord, les Parties peuvent recourir alternativement à l'arbitrage (art. 25).

Présenté comme « un élément essentiel pour assurer la sécurité et la prévisibilité du système commercial multilatéral » (art. 3, § 2), ce mécanisme a pour fonction première de préserver les droits et obligations résultant du GATT de 1994. Son aboutissement normal est le retrait rapide des mesures en cause ; la compensation ou la suspension des concessions commerciales ne doivent intervenir qu'à titre de pis-aller exceptionnel (art. 3, § 7, et 22). En cas de désaccord sur les contre-mesures compensatoires, légitimes si la partie condamnée refuse de retirer les mesures litigieuses, ou sur la compatibilité des mesures correctrices avec les accords OMC, l'affaire peut être portée devant les mêmes instances (art. 21) ou devant un arbitre (art. 25). À défaut de compensation volontaire (art. 22.1), la partie plaignante peut être autorisée par les arbitres (constitués par le groupe spécial initial ou désignés par le Directeur général) à suspendre des concessions ou d'autres obligations équivalant à la réduction des avantages subis (v. SA, 24 février 2004, *États-Unis – Loi de 1916*, § 5.37 et s.).

Des règles spéciales sont prévues pour faciliter la participation des pays en développement et particulièrement des PMA au système de règlement des différends de l'OMC.

Au 31 décembre 2008, 388 différends avaient fait l'objet d'une plainte, l'Organe d'appel avait publié 94 rapports et 28 affaires avaient donné lieu à un arbitrage au titre de l'article 21,

§ 3 (fixation d'un délai raisonnable pour se conformer aux décisions de l'Organe d'appel). Si les États-Unis (plaignants dans 91 affaires et défendeurs dans 105) et les Communautés européennes (79 et 64) demeurent les parties concernées par le plus grand nombre d'affaires, ces procédures sont mises en œuvre dans les rapports entre toutes les catégories d'États.

Les accords de l'OMC constituent la source première du droit applicable par les groupes spéciaux et l'Organe d'appel, qui les interprètent conformément aux règles fixées aux articles 31 et 32 de la Convention de Vienne sur le droit des traités de 1969 (v. *supra*, n° 169 – cf. OA, 29 avril 1996, *Etats-Unis – Essence*, p. 16-17, et OA, 4 octobre 1996, *Japon – Boissons alcooliques*, p. 11-14). En revanche, alors que les autres accords liant les membres peuvent être pris en considération aux fins de l'interprétation des accords visés par le Memorandum d'accord (OA, 9 septembre 1997, *CE – Bananes*, § 164-178), leur application autonome est exclue (cf SA, 12 juillet 1999, *CE – Hormones*, § 50). Il semble devoir en aller de même s'agissant des règles coutumières (cf. OA, *CE – Hormones*, § 124 – v. cependant, panel, 1er mai 2000, *Corée – Marchés publics*, § 7.96). En revanche, les principes généraux de droit, communs à tous les systèmes juridiques (v. *supra*, n° 223) sont appliqués par l'Organe d'appel (cf. 12 oct. 1998, *États-Unis – Crevettes*, § 165 (abus de droit), ou OA, 18 sept. 2000, *Canada – Durée d'un brevet*, § 71, et OA, 16 septembre 2002, *CE – Sardines*, § 200-207 (non-rétroactivité)).

§ 2. — *Cadre normatif*

653. Principe de la liberté du commerce. — 1° *La liberté du commerce, un principe d'art politique.* La croyance dans les vertus du commerce international pour favoriser la croissance et le développement est à l'origine du droit international moderne. La liberté des mers en découle directement (v. *infra*, n° 665). La liberté de communication était même présentée par l'École du droit naturel comme un principe de droit naturel, s'imposant donc aux États.

La liberté du commerce a été définie par la CPJI comme « la faculté, en principe illimité, de se livrer à toute activité commerciale, que celle-ci ait pour objet le négoce proprement dit, c'est-à-dire la vente et l'achat de marchandises, ou qu'elle s'applique à l'industrie..., qu'elle s'exerce à l'intérieur ou qu'elle s'exerce avec l'extérieur par importation ou exportation » (arrêt du 12 décembre 1934, affaire *Oscar Chinn*, *Série A/B* n° 63, p. 84 ; c'est aussi le sens qu'a retenu la CIJ dans son arrêt du 12 décembre 1996, dans l'affaire des *Plates-formes pétrolières*, en citant sa devancière, *Rec.* p. 819).

Postulat fondamental de la théorie libérale classique, l'idée selon laquelle l'accroissement des échanges internationaux constitue un facteur essentiel de développement économique a inspiré les politiques douanières des États durant l'ère du libre-échange (1860-1914). Elle demeure très largement partagée : inspiratrice des efforts de reconstitution de l'ordre commercial dans les deux après-guerres, elle s'est progressivement imposée aux pays socialistes, y compris la Chine, et les pays en développement y sont particulièrement attachés (v. *supra*, n° 619).

Mais cette liberté n'est qu'un principe d'art politique, qu'il appartient aux sujets du droit international de faire passer dans le droit positif soit par l'adoption de réglementations unilatérales, soit par la conclusion d'accords internationaux, qui en précisent les effets sur des principes juridiques telle la souveraineté. « Faculté en principe illimitée », pour reprendre l'expression de la CPJI, la liberté du commerce reconnue est essentiellement celle d'une concurrence saine.

Quelles que soient leurs préférences idéologiques, tous les États sont d'accord sur ce point, ce qui explique qu'ils aient pu se mettre d'accord en priorité sur quelques exigences minimales : par sa résolution 35/63, l'Assemblée générale a approuvé, dès 1980, le « code » relatif à « l'ensemble des principes et des règles équitables convenues au niveau multilatéral pour le contrôle des pratiques commerciales restrictives », élaboré par une conférence sous les auspices de la CNUCED (Genève, 1980). Par la suite, de nombreux textes contraignants ou de *soft law* ont réaffirmé les convictions libérales de la quasi-totalité des États du monde, particulièrement en matière commerciale – cf. la Déclaration ministérielle adoptée en même temps que les accords de Marrakech (v. *supra*, n° 650), par laquelle « [l]es Ministres se déclarent déterminés à résister aux pressions protectionnistes de toute nature ».

2° *Réglementation de l'exercice de la liberté du commerce.* — Nombre de décisions unilatérales, conventions bilatérales, accords régionaux (v. *infra*, n° 656) et traités à vocation universelle lui sont consacrés. De la confrontation de ces textes se dégagent un certain nombre de *standards* internationaux, c'est-à-dire de principes juridiques habituellement retenus entre lesquels les États choisissent ceux qu'ils entendent appliquer. Ce sont en quelque sorte des principes coutumiers « optionnels », rarement mis en œuvre de manière absolue : c'est de leur combinaison dans une même réglementation que l'on peut déduire l'orientation dominante d'un régime juridique.

Ce que l'on appelle le « standard minimum » ne correspond pas exactement à la définition du standard retenue ici. C'est une règle supplétive de volonté, qui s'applique dès lors qu'aucun régime juridique n'est défini ; d'origine coutumière, il n'est pas « optionnel », même s'il supporte d'être modulé par voie conventionnelle. En vertu de ce standard, les États doivent accorder aux étrangers un traitement décent, correspondant aux exigences de la justice et conforme aux principes généraux de droit (v. *supra*, n° 643-1° en matière d'investissement).

Le rôle des standards est particulièrement important dans le domaine des relations commerciales internationales, mais il se fait sentir aussi dans d'autres secteurs, notamment en matière d'investissements (principes du « traitement juste et équitable » ou « de la pleine et entière protection et sécurité » par exemple ; cf. les « Principes directeurs pour le traitement de l'investissement étranger » adoptés dans le cadre de la BIRD en 1992, v. *supra*, n° 642) et dans les domaines techniques – cf. les standards de l'UIT en matière de cybersécurité ; v. L. Boisson de Chazournes, « Normes, standards et règles en droit international » *in* E. Brosset et E. Truilhé-Marengo, *Les enjeux de la normalisation technique internationale*, CERIC, La Documentation française, 2006, p. 43-56).

Parmi les plus usuels en la matière, on peut citer :

— Le traitement *de la nation la plus favorisée*, qui implique que l'État doit accorder à celui auquel le lie la clause de la nation la plus favorisée, un traitement au moins égal à celui qu'il applique à un État tiers. Ce standard est susceptible de modalités diverses et de multiples nuances (v. *supra*, n° 158) ;

— Le traitement *préférentiel*, incompatible avec le standard précédent, suppose une coopération privilégiée entre les partenaires. Il peut être réciproque ou consenti unilatéralement ;

— Le traitement *réciproque* implique que les États liés se consentent mutuellement les mêmes avantages ou prestations ;

— Le traitement *national* est le standard selon lequel un État doit accorder à ses partenaires et à leurs ressortissants les mêmes droits et avantages que ceux qu'il reconnaît à ses propres nationaux ;

— Le régime de *la porte ouverte* exige que les États soient placés sur un pied de stricte égalité en ce qui concerne les activités de leurs ressortissants dans un territoire qui soit relève de la souveraineté de l'un d'entre eux, soit est sous la souveraineté d'un État tiers. Mis en œuvre dans les rapports avec la Chine à la fin du XIXe siècle, ce régime a trouvé à s'appliquer dans certains territoires non autonomes (en vertu de l'article 76.d de la Charte des Nations Unies, pour les territoires sous tutelle).

654. Principes fondamentaux du GATT. — Instrument de libération des échanges, le GATT est fondé sur deux grands principes, celui de non-discrimination et celui du désarmement douanier.

1° Le principe de *non-discrimination* est réalisé à travers trois standards internationaux : les deux premiers s'appliquent aux rapports de concurrence entre États qui exportent vers un même pays ; le troisième joue dans les rapports de concurrence entre l'État exportateur et l'État importateur en tant que producteur :

a) La *clause générale du traitement de la nation la plus favorisée* (article I) est l'un des piliers du GATT (OA, 31 mai 2000, *Canada – Automobile*, § 69) ; son champ d'application est très vaste : elle s'applique non seulement aux droits de douane mais à divers obstacles non tarifaires aux échanges (ceux issus de la réglementation et des formalités afférentes aux importations et aux exportations) et à la fiscalité intérieure des produits importés ; elle vise aussi la discrimination *de facto* (OA, 31 mai 2000, *Canada – Automobile*, § 78) ; de plus, elle fait l'objet de garanties et de contrôle par voie de consultation et de conciliation.

Cette disposition exige de tout État qui consent une concession douanière à l'un de ses partenaires du GATT d'en étendre le bénéfice à toutes les autres parties, c'est-à-dire en pratique à la très grande majorité des États (v. *supra*, n° 650).

b) En vertu du principe de *réciprocité*, un État peut ne faire de concessions qu'en contrepartie de concessions de la part des autres parties au GATT — ou ne pas les appliquer aux États qui ne respectent pas leurs propres engagements. Cet équilibre des avantages se vérifie dans le texte du GATT lui-même, dans le protocole négocié lors de l'entrée d'un nouvel État dans l'Organisation et dans les négociations multilatérales sous les auspices du GATT.

C'est ce standard qui a suscité la contestation la plus radicale de la part des pays en développement : avec l'adoption de la partie IV du GATT, par l'amendement intervenu en 1964, ils ont obtenu des autres parties une dérogation générale et permanente à cette règle. De plus, par la « clause d'habilitation », consacrée par les accords du Tokyo Round de 1979, ces États ont également obtenu la reconnaissance permanente et générale des plus importants systèmes de préférence tarifaires, qui par définition ne bénéficient pas réciproquement aux pays développés (SGP, préférences négociées dans le cadre du GATT, ou entre pays en développement ou encore en faveur des pays les moins avancés) (v. *infra*, n° 657).

La mise en œuvre de ce standard est très délicate dans la pratique car la même concession tarifaire n'a pas la même portée économique ou financière pour les diverses parties. Une partie importante des négociations contemporaines est consacrée à dégager un accord sur une méthode qui assure au mieux cette réciprocité réelle.

c) Le principe du *traitement national*, c'est-à-dire de la non-discrimination entre produits étrangers importés et produits nationaux, est exprimé par l'article III, § 4, du GATT dans les termes suivants :

« Les produits du territoire de toute autre partie contractante ne seront pas soumis à un traitement moins favorable que le traitement accordé aux produits similaires d'origine nationale ».

La mise en œuvre de ce standard – dont l'objet est d'éviter que les conditions de concurrence soient faussées « au détriment des produits importés » (OA, 11 déc. 2000, *Corée – Diverses mesures affectant la viande de bœuf*, § 137, v. aussi OA, 25 avr. 2005, *République dominicaine – importation et vente de cigarettes*, § 93) – se révèle souvent délicate, notamment face à des manipulations fiscales de caractère protectionniste (sur la difficulté des comparaisons entre « produits similaires » et la complexité des analyses économiques, voir par exemple les affaires *Japon – Boissons alcooliques* qui ont donné lieu aux rapports du groupe spécial du 11 juillet 1996 et de l'Organe d'appel du 4 octobre 1996, confirmés par l'ORD le 1er novembre de la même année ; v. aussi OA, 12 mars 2001, *CE – Amiante*, § 85 et 88, ou 14 janv. 2002, *États-Unis – FSC*, § 215).

d) La *lutte contre les pratiques déloyales* se traduit essentiellement :
— à l'égard des entreprises par les mesures *anti-dumping ;*
— vis-à-vis des États par une réglementation stricte des *subventions.*

Aux termes de l'article VI, par. 1, du GATT de 1947, « Les parties contractantes reconnaissent que le *dumping*, qui permet l'introduction des produits d'un pays sur le marché d'un autre pays à un prix inférieur à leur valeur normale, est condamnable s'il cause ou menace de causer un dommage important à une branche de production établie d'une partie contractante ou s'il retarde de façon importante la création d'une branche de production nationale ». Cette disposition a été complétée à l'issue de l'Uruguay Round par l'Accord sur la mise en œuvre de l'article VI (modifiant le « Code anti-dumping » adopté en 1979 à l'issue du Tokyo Round), qui en précise les modalités d'application. Si, à la suite d'une enquête ouverte (à certaines conditions strictement fixées) à la demande de la « branche de production nationale » invoquant le dommage, celui-ci est avéré, le pays importateur lésé peut imposer des droits anti-dumping dans la limite de la marge de dumping et pour une durée limitée – à l'exclusion de toute autre mesure (cf. OA, 11 août 2000, *États-Unis – Loi de 1916*, § 113-116 ; 16 janv. 2003, *États-Unis – Loi sur la compensation [amendement Byrd]* § 242-262).

L'article XVI du GATT de 1947 condamne, en termes mesurés, les subventions (définies comme des contributions financières publiques favorisant un opérateur économique (cf. OA, 23 juill. 1999, *Brésil – aéronefs*, § 157, ou 19 janvier 2004, *États-Unis – bois d'œuvre résineux*, § 51), ayant « directement ou indirectement pour effet d'accroître les exportations d'un produit du territoire de ladite partie contractante ou de réduire les importations de ce produit sur son territoire » et causant ou menaçant « de causer un préjudice grave aux intérêts d'une autre partie contractante »). Mais le régime des subventions n'a été précisé qu'avec le « Code sur les subventions » de 1979 et, surtout, l'Accord sur les subventions et les mesures compensatoires (Accord SMC) de 1994. L'Organe d'appel a ainsi précisé que l'accord SMC et l'article XVI ne devaient pas « être interprétés indépendamment l'un de l'autre » (OA, janv. 2002, *États-Unis – FSC*, § 30). Sont interdites les subventions à l'exportation (OA, 2 août 1999, *Canada – aéronefs civils*), les exonérations fiscales (OA, 14 janvier 2002, *États-Unis – FSC*). Peuvent « donner lieu à une action » les autres subventions spécifiques, à l'exclusion de celles relevant du traitement préférentiel reconnu aux pays en développement. Si, à la suite d'une enquête, il apparaît qu'une subvention « contestable » cause (ou est susceptible de causer) un dommage important à une « branche de production nationale », l'État affecté peut imposer des droits compensateurs pour une durée maximale de cinq ans.

2° Le *désarmement douanier* s'impose dans la perspective néo-libérale des auteurs du GATT. Comme le relève l'article XXVIII *bis* de l'Accord : « les droits de douane constituent souvent de sérieux obstacles au commerce » et ont été progressivement limités par les grandes négociations commerciales multilatérales menées dans le cadre de l'Organisation (v. *supra*, n° 651). En outre, l'article XI interdit les restrictions quantitatives (contingentements, en particulier) à l'importation comme à l'exportation.

Il peut paraître curieux qu'une égale importance soit accordée aux obstacles à l'exportation et à ceux à l'importation ; c'est qu'à l'époque l'« extroversion » des économies était beaucoup moins marquée qu'aujourd'hui et qu'en période de pénurie les États étaient souvent tentés de réserver certains produits à l'effort de reconstruction nationale ; la circonstance est devenue plus exceptionnelle mais elle se rencontre encore (pénurie temporaire ou produits « sensibles », tel le pétrole ; plus récemment les politiques dirigistes de développement ont fait un usage des restrictions à l'exportation qui a conduit à y voir des atteintes à la liberté de l'investissement).

La distinction entre les standards de concurrence loyale et le désarmement douanier ne doit pas être exagérée : une même réglementation peut contrevenir aux principes du GATT sous les deux aspects (v. l'affaire des *Pellicules et papiers photographiques*, plainte des États-Unis dirigée contre le Japon, groupe spécial, 31 mars 1998, *Japon – Mesures affectant les pellicules et papiers photographiques destinés aux consommateurs*).

655. Souplesse des principes du GATT – Les clauses de sauvegarde et les dérogations. — La *souplesse des principes du GATT* se traduit d'abord par l'existence de *clauses de sauvegarde*, qui autorisent les parties à ne pas appliquer certaines règles dans des circonstances exceptionnelles, celles-ci étant parfois définies de façon assez vague.

Ainsi, aux termes de l'article XIX, une partie peut se prémunir contre un risque de désorganisation de son marché intérieur par une suspension temporaire de ses engagements.

Largement (et souvent abusivement) utilisée avant 1995, cette clause (et les accords d'auto-limitation conclus dans le même esprit) est désormais beaucoup plus rigoureusement encadrée (v. l'Accord sur les sauvegardes annexé au GATT de 1994, qui réglemente le recours à l'article XIX et exclut les accords d'autolimitation) et sa mise en œuvre est efficacement contrôlée (OA, 4 déc. 1999, *Argentine – mesures de sauvegarde à l'importation de chaussures* ; v. aussi par ex. l'affaire des surtaxes américaines sur les importations d'acier – OA, 10 nov. 2003, *États-Unis – Sauvegardes concernant l'acier*). Sur les restrictions à l'exportation en matière agricole, v. *infra* n° 658.

Grâce au mécanisme de règlement des différends, la marge d'appréciation discrétionnaire des États dans l'usage de mesures unilatérales de rétorsion est en voie de réduction sensible (v. par ex. les rapports des groupes spéciaux de l'OMC, sur des plaintes des Communautés européennes contre les États-Unis, du 22 déc. 1999, affaire articles *301 à 310 de la loi de 1994 sur le commerce extérieur*, § 7.184 et du 17 juillet 2000, *Mesures à l'importation de certains produits en provenance des Communautés européennes*, § 6-19 et 6-20 ; v. aussi le rapport de l'Organe d'appel du 11 décembre 2001, § 120).

La célèbre « clause de sécurité » de l'article XXI du GATT, rédigée en termes très généraux (elle vise les « mesures nécessaires à la protection des intérêts essentiels de l'État »), a fait l'objet d'une tentative d'encadrement minimal peu convaincant par la Déclaration ministérielle du GATT du 29 novembre 1982.

Les célèbres lois américaines de 1996 dites « Helms-Burton » et « Kennedy-D'Amato » sanctionnant le commerce avec l'Iran, la Libye et Cuba (y compris celui en provenance ou en direction d'autres États) se réclament – très abusivement – de cette clause de sauvegarde. Bien que l'ORD eût été saisie, la procédure a été suspendue en 1997 et n'a pas repris.

Pour sa part, la *clause générale de dérogation* de l'article XXV, permet à une majorité des deux tiers des parties de relever momentanément un État de ses obligations. Elle est complétée par des clauses de dérogation plus ciblées prévoyant notamment :

— la licéité de plein droit de certaines exceptions au principe de non-discrimination, dérogations fondées sur des coopérations institutionnalisées (article XXIV) : on a admis que les sacrifices de souveraineté consentis dans de tels cas, en contrepartie des concessions douanières internes au groupe d'États concernés (v. *infra*, n° 656), ne pouvaient trouver leur équivalent dans les concessions que pourraient offrir les autres membres du GATT ; il ne s'agit donc que d'une exception apparente au principe de réciprocité (v. le Mémorandum d'accord sur l'interprétation de l'article XXIV annexé au GATT de 1994) ;

— la licéité contrôlée de dérogations fondées sur certains impératifs de santé publique, d'ordre public, d'environnement (article XX – comp. par ex. OA, 12 oct. 1998, *États-Unis – crevettes*, not. § 163-164, et 22 oct. 2001, *États-Unis – crevettes II*, not. § 152 ; v. aussi, parmi une jurisprudence abondante : OA, 20 mai 1996, *États-Unis – normes concernant l'essence*, ou 12 mars 2001, *CE – amiante*) ;

— en outre, après quelques hésitations, la jurisprudence de l'OMC pourrait évoluer vers une acception plus étendue du principe de précaution, dans cette perspective (v. OA, 12 mars 2001, *CE – amiante*, et 22 oct. 2001, *États-Unis – crevettes :* « et *supra*, n° 227, 9) »).

La diversification des règles applicables aux relations commerciales entre États industrialisés, d'une part, et à celles applicables entre pays développés et pays en développement, d'autre part (v. *supra*, n°s 621 et s. et *infra*, n°s 657) accentue en outre la souplesse des principes du GATT.

656. Coopérations commerciales régionales. — Entre des pays unis par des liens particuliers de nature historique, idéologique ou géographique, des mécanismes de coopération commerciale privilégiée sont souvent institués.

En dehors des simples accords commerciaux — qui n'organisent qu'une coopération ponctuelle, limitée dans le temps et ne portant que sur un nombre restreint de produits, on peut distinguer selon un degré croissant d'intégration :

1° Les *zones de libre-échange* que l'article XXIV 8.b du GATT définit comme des « groupes de deux ou plusieurs territoires douaniers entre lesquels les droits de douane et les autres réglementations commerciales restrictives sont éliminés pour l'essentiel des échanges commerciaux portant sur des produits *originaires* des territoires constitutifs ». La coopération est purement interne au groupe des États membres et n'implique aucune réglementation commune vis-à-vis des pays tiers.

Pour autant, la solidarité économique entre membres de la zone autorise des dérogations au standard de la nation la plus favorisée, en particulier quant à la non-discrimination dans l'application des mesures de sauvegarde unilatérales (OA, 15 fév. 2002, *États-Unis – Tubes et tuyaux de canalisation*).

L'Accord de libre-échange nord-américain (ALENA) de 1992 crée entre le Canada, les États-Unis et le Mexique une zone de libre-échange qui étend ses effets très au-delà de la seule libération des échanges de marchandises puisqu'il comporte également, par exemple, des règles relatives à l'investissement ou au commerce des services. Ce qui tend à rapprocher cette zone d'un marché intérieur tout en restant en deçà d'une union douanière sur le plan commercial.

2° Les *unions douanières* ajoutent, à la suppression des obstacles douaniers dans les échanges mutuels des États membres, une unification douanière et de la réglementation des échanges commerciaux avec les pays tiers (article XXIV 8.a du GATT). Les territoires douaniers nationaux se fondent dans un territoire douanier unique, comme cela est réalisé depuis 1968 dans les Communautés européennes.

L'expérience des Communautés européennes montre que la libre circulation au sein d'une union douanière ne peut être complètement réalisée sans une harmonisation progressive des réglementations commerciales internes et un transfert — des États membres à l'union douanière — des compétences pour la négociation d'accords internationaux en matière commerciale.

Dans l'affaire *Turquie – textiles*, l'Organe d'appel a estimé que, pour déterminer si une mesure jugée incompatible avec certaines autres dispositions du GATT pouvait être justifiée au titre de l'article XXIV, il fallait établir i) qu'une « union douanière », telle qu'elle est définie à l'article XXIV.8, existait et ii) que la mesure était nécessaire à l'établissement d'une union douanière (22 oct. 1999, § 48-63).

3° Les *marchés communs* sont également fondés sur une union douanière et comportent un certain nombre de politiques économiques communes, en particulier dans le domaine commercial. L'Acte unique européen (1986), qui organise les voies et moyens d'un véritable « marché intérieur », autorise cet aboutissement, prêté un peu abusivement dans le passé aux traités de Paris (1951, CECA) et de Rome (1957, CEE).

4° Le stade ultime de l'intégration est atteint avec l'*union économique* qui remet à des institutions communes l'ensemble des pouvoirs de conception et de gestion des politiques économiques, dont les politiques commerciales et douanières avec les pays tiers.

Dans la mesure où toutes ces formes de coopération se caractérisent par un traitement commercial privilégié des États membres dans leurs rapports mutuels, elles entrent en conflit avec le principe de la nation la plus favorisée et de non-discrimination sur lequel repose l'économie générale du GATT (v. *supra*, n°s 158 et 653). L'article XXIV du GATT admet pourtant de telles dérogations, dès lors qu'elles répondent aux critères énoncés dans cette disposition à la satisfaction des instances du GATT (c'est-à-dire du moment qu'elles n'opposent pas d'« obstacles au commerce d'autres parties contractantes avec ces territoires »).

Autant cet examen a été platonique pour la plupart des zones de libre-échange et pour les unions douanières établies par les pays en développement, autant il a été acrimonieux pour les Communautés européennes en 1958-1960, au point de s'être achevé sans conclusion officielle, et pour les accords d'association de la CEE avec des pays tiers. Dans le premier cas, les protestations émanaient d'autres pays développés — Royaume-Uni et États-Unis ; dans le second, ce sont les pays en développement qui se sont inquiétés des préférences accordées à une partie seulement d'entre eux. L'attitude à l'égard des organisations et accords des pays en développement se fonde, en réalité, plus sur la partie IV du GATT (v. *infra*, n° 657) que sur l'article XXIV.

Le Mémorandum d'accord sur l'interprétation de l'article XXIV inséré dans le GATT de 1994 précise les conditions et les modalités d'évaluation par l'OMC de la validité de ces accords. Créé en 1996, le Comité des accords commerciaux régionaux, est chargé de procéder à cette évaluation conformément à la procédure dorénavant établie par le Mécanisme pour la transparence des accords commerciaux régionaux adopté par le Conseil général le 29 juin 2006 (v. not. H. Ghérari, « Règles de l'OMC et accords commerciaux régionaux », *RGDIP* 2008/2, p. 255-293).

657. Commerce et développement.

BIBLIOGRAPHIE. — G. DE LACHARRIÈRE, *La stratégie commerciale du développement*, PUF, 1973, 238 p. — P.M. EISEMANN, « L'accord international sur le cacao », *AFDI* 1975, p. 738-766 ; *L'organisation internationale du commerce des produits de base*, Bruylant, Paris-Bruxelles, 1982, 409 p. ; « Le Fonds commun pour les produits de base », *AFDI* 1981, p. 568-586. — G. FISCHER, « Les associations de pays exportateurs de produits de base », *AFDI* 1976, p. 528-562. — C. R. JOHNSTON, *Law and Policy of Intergovernmental Primary Agreements*, Dobbs Ferry, New York, 1976, 2 vol. — G. et A. MERLOZ, « Le SGP en faveur des pays en voie de développement », *Rev. Algérienne* 1976, p. 801-842. — J.F. DORSEY, « Preferential Treatment : A New Standard for International Economic Relations », *Harvard ILJ* 1977, p. 109-135. — D. CARREAU, « Le programme intégré pour les produits de base (une nouvelle approche juridique des matières premières dans l'ordre international) », *Études internationales* 1978, p. 194-213. — N. LUSSON-LEROUSSEAU, « Les accords de produits de base, instruments de régulation des marchés », *RGDIP* 1981, p. 5-37. — J. ENGER, « La portée des nouvelles règles du GATT en faveur des parties contractantes en voie de développement », *RGDIP* 1982, p. 253-304. — X. CORNU, *Le schéma communautaire des préférences généralisées*, Lang-PUE, Berne-Francfort, 1983, 345 p. — D.E. POLLARD, *Law and Policy of Producers Associations*, Clarendon Press, Oxford, 1984, XII-372 p. — F. GORDON-ASHOWRTH, *International Commodity Control. A Contemporary History and Appraisal*, Croom Helm, Londres, 1984, XX-356 p. — D. DORMOY, *Le commerce des produits de base et l'action internationale*, Pedone, 1986, XI-751 p. — G. FEUER, « L'Uruguay Round, les pays en développement et le droit international du développement », *AFDI* 1994, p. 758-775. — M. RAFFAELLI, *Rise and Demise of Commodity Agreements...*, Woodhead, Cambridge, 1995, XV-240 p. — P. VINCENT, « L'Uruguay Round et les pays en développement », *RBDI* 1995, p. 486-513. — B. TAXIL, *L'OMC et les pays en développement*, Montchrestien, 1998, 179 p. — E. CHRISPEELS ed., *International Commodity Organisations in Transition*, Cameron May, Londres, 2002, 379 p. — B. HOEKMAN, A. MATTOO et Ph. ENGLISH ed., *Development, Trade and the WTO : A Handbook*, The World Bank, Washington DC, 2002, XXX-641 p. — M. LOFTI M'RINI, *De La Havane à Doha. Bilan juridique et commercial de l'intégration des pays en développement dans le système commercial multilatéral*, PU Laval, 2005, XXIII-517 p. — J.-S. ODELL ed., *Negotiating Trade : Developing Countries in the WTO and NAFTA*, Cambridge UP, 2006, XI-298 p. G.-A. BERMANN et P.-C. MAVROIDIS ed., *WTO Law and Developing Countries*, Cambridge UP, 2007, VIII-372 p. — L. CRUMP et S.-J. MASWOOD ed., *Developing Countries and Global Trade Negotiations*, Routledge, Londres, 2007, XIV-208 p. — D. NJINKEU et H. CAMERON ed., *Aid for Trade and Development*, Cambridge UP, 2008, XXVI-428 p. — G.-P. SAMPSON et W.-B. CHAMBERS ed., *Developing Countries and the WTO : Policy Approaches*, United Nations UP, 2008, XVIII- 327 p. — A. ALAVI, *Legalization of Development in the WTO : Between Law and Politics*, Kluwer, Alphen aan den Rijn, 2009, XIV-243 p.

Sur la politique de la CE, v. *supra*, bibliographie sur le n° 648 et Ph. CHAPAL, « Évolution politique des Communautés en faveur des productions des pays en voie de développement », *AFDI* 1975, p. 949-963. — P. VERGES, « Les accords conclus par la CEE avec les pays en développement », *in l'Europe dans les relations internationales*, Colloque SFDI de Nancy, Pedone, 1982, p. 293-312. — G. FABER, *The European Community and Development Cooperation*, Van Gorcum, Assem, 1982, 257 p. — *L'aide au développement*, vol. 14 de *Droit de la CEE*, Bruxelles, éd. de l'Univ., 1986, 552 p. — A. HASBI et S. IHRAI, *Commerce et protectionnisme*, L'Harmattan, 1989, 129 p. — J. LEBULLENGER et C. AVRIL de KARAGUIMSKY, « Système communautaire de préférences généralisées », *JCl. Eur.* fasc. 2350 et 2351.

On l'a vu (n° 625), les inégalités de développement ne sont que très partiellement prises en compte par le droit international de l'économie. C'est dans le domaine du commerce que les pays en développement ont déployé le plus d'efforts pour obtenir un aménagement favorable du principe d'égalité et pour promouvoir la « dualité des normes » (v. *supra*, n° 619) et c'est dans ce domaine que les résultats ont été les plus marqués et les plus durables. Les principes fondamentaux du GATT y sont en partie battus en brèche par la reconnaissance d'un traitement plus avantageux en faveur des pays en développement qui se traduit par une atténuation de la réciprocité et des « préférences » incompatibles avec la CNPF.

Encouragé par la première CNUCED, le mouvement a été amorcé par l'adoption en 1964 de la « Partie IV » du GATT, qui promeut (avec prudence et de façon non contraignante) « des mesures spéciales pour favoriser [le] commerce et [le] développement » des « parties contractantes peu développées » et amorce l'abandon de la réciprocité et du traitement de la nation la plus favorisée dans les relations entre pays inégalement développés. Le plus spectaculaire de ces régimes dérogatoires est constitué par le système généralisé de préférences (SGP). S'il s'est perpétué jusqu'à ce jour, et si quelques autres mesures ont pu être adoptées dans cet esprit et figurent dans les accords de l'OMC, il n'en reste pas moins que, face aux réactions hostiles des pays industrialisés, ce mouvement a marqué le pas depuis la décennie 1980.

Bien qu'il réponde à une exigence d'information et de transparence de portée générale, le « mécanisme d'examen des politiques commerciales » établi par le Conseil du GATT (décision du 12 avril 1989) et pérennisé par l'annexe 3 à l'Accord instituant l'OMC de 1994 contribue à mieux concilier les standards du commerce international et les attentes des pays en développement.

1° Le *système généralisé de préférences (SGP)*. — Envisagé dès la première CNUCED en 1964, le principe d'un SGP sans réciprocité ni discrimination a été adopté par la Conférence de New Delhi en 1968 (résol. 21 (II)) et a fait l'objet de « conclusions concertées », au sein du Comité spécial des préférences, le 12 octobre 1970. Mais l'accord de 1970 ne constituait qu'un cadre : il appartient aux États ou groupes d'États (CE) industrialisés de proposer individuellement leur schéma de préférences.

Les premiers ont été ceux de l'URSS (1965) et de l'Australie (1966). Les plus importants sont ceux de la CEE et des États-Unis adoptés respectivement en 1971 et 1976 et constamment reconduits depuis lors. Les États ACP associés à la CE bénéficient à la fois du SPG général de la CE et des préférences spéciales prévues par les conventions de Lomé puis par l'Accord de Cotonou.

a) Bénéficiaires. — En principe, les préférences doivent être accordées à tous les pays en développement qui se définissent comme tels. Toutefois les pays industrialisés sont en droit d'écarter tel ou tel État de cette catégorie (système de l'« auto-élection aménagée »).

Concrètement, les préférences profitent en général à l'ensemble des pays du groupe des « 77 » (125 États environ), et parfois à quelques États supplémentaires. Le principe de non-discrimination a d'abord été bien respecté, sous réserve de l'existence des systèmes de préférences « spéciales » et de certains schémas portant la trace de préoccupations politiques (en particulier celui des États-Unis).

b) Produits concernés. — Le plus souvent, les schémas de préférences portent sur l'ensemble de produits manufacturés et semi-finis, la liste des exceptions tendant à se réduire (textiles, articles en cuir, produits pétroliers, certains produits agricoles).

c) Ampleur des réductions tarifaires. — Quelques schémas, en particulier celui des États-Unis, prévoient la suppression totale des droits de douane sur l'ensemble des produits couverts. D'autres n'accordent une franchise totale qu'aux produits industriels, et offrent des « contingents tarifaires » à taux réduit sur d'autres produits.

Depuis 1995, la Communauté offre un accès illimité au marché communautaire, exempt de toute restriction quantitative, compensé par un mécanisme de modulation des réductions douanières (exonération totale pour les PMA) et par une politique de graduation (Initiative « TSA » (Tout sauf les armes) ; règlement du Conseil du 28 février 2001). Le régime spécial d'encouragement au développement durable et à la bonne gouvernance, le « SPG + », octroie des bénéfices supplémentaires aux États qui appliquent certaines normes internationales : droits des travailleurs et de l'homme, protection de l'environnement, lutte contre les drogues et bonne gouvernance (règlement 980/2005 du Conseil du 27 juin 2005). Le règlement n° 732/2008 du Conseil du 22 juillet 2008 a reconduit le SGP communautaire jusqu'au 31 décembre 2011.

L'ampleur des préférences a été, de fait, réduite à la suite des concessions tarifaires consenties lors des Tokyo et Uruguay Rounds.

d) Généralisation et limitations. — Le SGP n'avait été prévu initialement que pour une durée de dix ans, mais il a été reconduit et la « clause d'habilitation » adoptée en 1979 constitue une dérogation permanente aux principes du GATT permettant, à certaines conditions, d'« accorder un traitement différencié et plus favorable aux pays en développement sans l'accorder aux autres Parties Contractantes ».

Parallèlement, alors que le Tokyo Round a consacré l'idée d'une pluralité de normes pour le commerce international, il a été entendu que les pays en développement les moins pauvres (« nouveaux pays industriels » et pays « de niveau intermédiaire ») devraient le plus rapidement possible accepter les mêmes disciplines que les pays développés (« clause évolutive » contenue dans une décision du GATT du 28 novembre 1979). Rapidement exploitée par les grandes puissances commerciales (États-Unis, CEE), elle a reçu un fondement conventionnel à l'issue du Cycle de l'Uruguay.

De nombreuses clauses de sauvegarde limitent la portée réelle des schémas nationaux ; ceci est autorisé par la résolution 21 (II) de la CNUCED qui prévoit que les pays donneurs pourront moduler leur SGP en fonction de leur situation économique et commerciale.

Le même effet restrictif est attaché aux règles sur l'origine des produits, dont la détermination commande le bénéfice des avantages tarifaires. Il est souvent préconisé de remplacer l'exigence de l'origine nationale (fabrication dans un pays) par le critère de l'origine régionale — plus facile à établir pour des produits transformés —, ce qui de plus constituerait une incitation à la coopération Sud-Sud. La CEE a pris des initiatives en ce sens. Un Accord sur les règles d'origine est annexé au GATT de 1994 ; son application est assurée par un Comité technique ; une annexe spéciale concerne les règles d'origine préférentielles.

Enfin, il est reproché à certains schémas de préférences d'en subordonner l'octroi à des conditions qui portent atteinte au principe de non-réciprocité.

2° *Autres mesures.* — La résolution 96 (IV) de la CNUCED envisageait un « ensemble de mesures corrélatives et solidaires pour accroître et diversifier les exportations d'articles manufacturés et semi-finis des pays en développement ».

Une première mesure significative a été l'adoption en 1979 d'un code de conduite destiné à lutter contre les pratiques commerciales restrictives, en particulier les restrictions liées aux licences de brevets ou de marques, cartels, pratiques internes aux sociétés multinationales.

Les accords de Marrakech reconnaissent systématiquement les intérêts particuliers des pays en développement et généralisent les exceptions en leur faveur (délais étendus de mise en œuvre, allègement des obligations, assistance technique, etc.). Ils prévoient en outre des avantages supplémentaires en faveur des PMA (v. en particulier l'article XI, § 2, de l'Accord instituant l'OMC qui exonère expressément les PMA reconnus par les Nations Unies, de l'obligation de faire des concessions et une Décision finale admet que les concessions qui leur sont accordées pourront être mises en œuvre de façon autonome).

Section 2

Circulation des biens et des services (Règles particulières)

657 *bis*. Règles spéciales. — Les accords de Marrakech de 1994 établissent un tissu normatif extrêmement serré et complexe applicable à l'ensemble des transactions commerciales internationales. Cette intensification de l'encadrement juridique se traduit à la fois par la précision accrue des règles applicables et par leur généralisation à des domaines qui, auparavant, soit échappaient à toute réglementation internationale, soit relevaient de la « zone grise », c'est-à-dire de pratiques à la licéité douteuse qui n'étaient ni interdites ni permises par le GATT.

L'illustration la plus nette de ce concept est constituée par les « restrictions volontaires à l'exportation » ou les arrangements de « commercialisation ordonnée », tels les « accords d'autolimitation » et l'Accord multifibres, que les États développés ont imposés aux pays en développement et qui, sans être contraires à la lettre du GATT, étaient difficilement compatibles avec sa philosophie générale. L'article 11 de l'Accord de 1994 sur les sauvegardes met fin à ces pratiques.

Généralisant une technique imaginée dans les années 1960 pour certains produits textiles, l'accord « multifibres » (AMF), conclu en 1973 et constamment renouvelé jusqu'en 1994 avait tenté d'organiser le retrait ordonné des industries vieillissantes des pays industrialisés en n'autorisant qu'une conquête progressive des marchés de ces États par les produits des nouvelles industries du Tiers Monde. Le GATT de 1994 comporte un Accord, extrêmement précis et détaillé, sur les textiles et les vêtements qui se substitue à l'AMF et vise à appliquer progressivement à ces produits les principes généraux du commerce international, tout en maintenant de nombreuses sauvegardes et dérogations (sur les problèmes particuliers posés par le commerce des textiles, v. N. Blokker, *International Regulation of World Trade in Textiles*, Nijhoff, Dordrecht, 1989, XII-405 p. et F. Marella, « L'OMC et les textiles », *RGDIP* 2000, p. 659-693).

L'un des aspects les plus frappants des accords de l'Uruguay Round est l'intégration dans le cadre juridique unique du « droit de l'OMC » de l'ensemble des transactions commerciales internationales, y compris celles portant sur les services qui étaient exclues du GATT de 1947. Il reste qu'elles sont soumises à un régime spécial (Accord général sur le commerce des services – GATS), comme le sont en grande partie les transactions portant sur les produits de base dont la spécificité n'est pas prise en compte par les GATT de 1947 ou de 1994 (sauf, pour ce dernier, s'agissant des produits agricoles). Les mesures concernant les investissements et liées au commerce et les droits de propriété intellectuelle touchant au commerce font également l'objet de traitements particuliers établis par des accords distincts (MIC et ADPIC).

§ 1. — *Commerce des biens*

658. Produits de base et agriculture. — En droit positif, il n'existe pas de définition de l'expression « produit de base ».

Selon celle donnée par l'article 56 de la Charte de La Havane de 1948, la notion de produit de base paraît avoir une finalité avant tout commerciale :

« Tout produit de l'agriculture, des forêts ou de la pêche, et tout minéral, que ce produit soit sous sa forme naturelle ou qu'il ait subi la transformation qu'exige communément la *vente en quantité importante sur le marché international* », par exemple le sucre, les huiles végétales, l'étain, etc.

La notion de « matière première » renvoie plutôt au processus de production industrielle, et celle de « produit primaire » s'inscrit dans la distinction des divers secteurs économiques dans la doctrine économique.

Les pays en développement tirent encore une proportion considérable — et très inégalement décroissante — de leurs recettes d'exportation de la vente de ces produits. Tout naturellement, ils portent une attention très particulière à l'élaboration de règles nouvelles relatives à leur commercialisation : modes de fixation des prix, moyens d'assurer la stabilité de ces prix face à l'instabilité des marchés internationaux, modalités d'accès aux marchés des pays industrialisés. Malgré le retour en force de l'idéologie libérale dont il témoigne, le GATT de 1994 réserve un traitement particulier et largement dérogatoire aux produits agricoles (v. l'annexe 5 à l'Accord sur l'agriculture).

À l'issue de la guerre, les pays à économie de marché ont surtout cherché des moyens de lutter contre les pratiques de « cartels » — le plus souvent privés — qui avaient marqué l'entre-deux-guerres et auxquels il était reproché de constituer des atteintes à la concurrence. La Charte de La Havane préconisait la conclusion d'accords intergouvernementaux entre producteurs et consommateurs de chaque produit. Cette méthode, pourtant peu conciliable avec la doctrine du libéralisme économique — ce qui explique en partie l'échec de la Charte devant le Congrès américain, conserve la faveur des pays industrialisés à économie de marché. Devant les résultats décevants de cette approche, les pays producteurs ont préconisé d'autres méthodes.

1° Accords *de produit.* — Revenant partiellement à la technique mise en œuvre durant l'entre-deux-guerres, des accords ont été conclus entre les principaux États producteurs et importateurs des produits afin de réglementer le commerce de ces produits.

La conclusion d'accords internationaux diffère de celle du cartel par la nature des partenaires — des personnes publiques et non privées — et leur caractère officiel — alors que le cartel était souvent occulte. Chaque accord crée une organisation internationale chargée d'en suivre l'application. Les États sont regroupés en deux « collèges » et disposent en général d'un droit de vote proportionnel à leur part dans le commerce du produit en cause (v. *supra*, n° 612).

Huit accords de ce type sont en vigueur. Ils concernent le blé (1971 ; 1986 dans la version actuelle), l'huile d'olive (1973 ; le texte le plus récent date de 1986 ; amendé et reconduit en 1993), l'étain (1975 ; 1981), le café (1975 ; 1982 ; 1989 ; 1994 et 2000), le sucre (1973 ; 1977 ; 1992 – et Protocole « sucre » aux accords de l'OMC de 1994), le cacao (2001), le caoutchouc naturel (1979 et 1995) et les bois tropicaux (1994 et 2006).

Certains de ces accords se bornent à une concertation institutionnalisée entre les États parties. D'autres, plus ambitieux mais en général dépassés aujourd'hui, créaient des mécanismes de stabilisation des prix, soit par le contingentement, soit par l'établissement de stocks régulateurs constitués lorsque le cours du produit est inférieur à un prix plancher, et offerts à la vente lorsque le cours est supérieur à un prix plafond. D'autres encore reposaient sur un système de prix minima à l'exportation.

Les « arrangements » relatifs à la viande bovine et aux produits laitiers, conclus lors du Tokyo Round transformés en « accords plurilatéraux » à l'issue de l'Uruguay Round, s'ils ne présentent pas les caractéristiques institutionnelles des accords de produits, recourent à plusieurs de ces techniques.

En dehors des accords sur les produits de base, de simples groupes d'études intergouvernementaux servent de cadre à la concertation entre producteurs et consommateurs pour des produits tels que la laine ou le coton. Certains fonctionnent au sein de la FAO (thé, agrumes, riz) ; d'autres dans le cadre de la CNUCED (tungstène, plomb et zinc).

Enfin, certains produits font l'objet d'arrangements officieux qui constituent des actes concertés non conventionnels, sans valeur obligatoire.

En revanche, un Protocole annexé au GATT de 1994 règle spécifiquement la question des échanges de sucre et va largement dans le sens des thèses du Tiers Monde, car il comporte un engagement mutuel d'achat et de vente selon un système de prix garantis et d'indexation.

2° La constitution d'*associations de producteurs* répond à une philosophie différente : à la concertation, caractéristique de la méthode précédente, tend à se substituer une stratégie de confrontation entre pays producteurs et pays consommateurs.

La première, l'OPEP a été créée en 1960 et n'a joué un rôle réel qu'à partir de 1970. D'autres ont vu le jour, à l'initiative tantôt des seuls pays en développement, tantôt de pays développés ou non : le Conseil intergouvernemental des pays exportateurs de cuivre (CIPEC) en 1968, l'Association internationale de la bauxite en 1974, l'Organisation des pays exportateurs de minerai de fer en 1975, qui sont toutes à vocation universelle. Certaines ont un caractère régional, dont la plus connue est l'Organisation des pays arabes exportateurs de pétrole (OPAEP) établie en 1968.

Contrairement à ce qu'affirment certains auteurs, ces organisations, dans la mesure où leur but est de préserver la souveraineté de leurs membres et d'accroître leur pouvoir de négociation, ne sauraient être assimilés aux cartels d'avant-guerre entre entreprises privées.

Selon l'article 5 de la Charte de 1974, « tous les États ont le droit de se grouper en organisations de producteurs de produits de base en vue de développer leur économie nationale et d'assurer un financement stable à leur développement, et dans la poursuite de leurs objectifs, d'aider à promouvoir la croissance soutenue de l'économie mondiale et en particulier d'accélérer le développement des pays en voie de développement ».

Le même document dispose que « réciproquement, tous les États ont le devoir de respecter ce droit en s'abstenant d'appliquer des mesures économiques et politiques qui le limiteraient », recommandation qui n'a pas toujours été admise par les États soucieux de la sécurité de leurs approvisionnements (création de l'Agence internationale de l énergie en 1974 par les États importateurs de pétrole) ; et qui n'est admissible que si la pratique de ces organisations répond à des critères économiques et non de tactique politique.

3° L'opportunité d'une *approche intégrée* du problème des produits de base est ressentie depuis longtemps par les pays en développement mais les États industrialisés à économie de marché ne s'y sont ralliés que tardivement et avec les plus extrêmes réserves, au plan universel. Cependant, des solutions concrètes ont pu être adoptées dans des cadres plus restreints, fournissant des éléments utiles d'appréciation.

Comme on l'a vu (v. *supra*, n° 619), cette démarche a des justifications de fond — apprécier le problème dans toute son ampleur, autoriser des réformes structurelles — et une ambition tactique — faciliter la cohésion des pays en développement et inviter à une « négociation globale » au sein d'organes où le Tiers Monde dispose du pouvoir de décision.

Elle n'est pas totalement inédite. En effet, le titre VI de la Charte de La Havane prévoyait la conclusion d'accords par produits dont il constituait le cadre juridique. Ce texte n'est pas entré en vigueur et aucune réglementation d'ensemble du commerce des produits de base n'avait comblé cette lacune, malgré quelques tentatives avortées de coordination au sein du Conseil économique et social des Nations Unies. Les deux premières CNUCED, en 1964 et 1968, demandèrent en vain que soit adopté un accord-cadre sur les ententes relatives aux produits de base ; il fallut attendre 1976 pour que soit adoptée par « quasi-consensus » la résolution 93 (IV) de la Conférence tenue à Nairobi, portant « Programme intégré des produits de base » portant sur dix-huit d'entre eux. Ce programme, qui poursuivait des objectifs ambitieux et équilibrés (stabilité des cours, amélioration du revenu réel des pays en développement et de l'accès au marché, sécurité de l'approvisionnement, financement des stocks régulateurs par un Fonds commun) n'a pas donné les résultats escomptés.

Les produits de base des pays ACP bénéficient également des dispositions tarifaires particulièrement favorables des accords de Lomé et de Cotonou de 2000.

Le *Stabex*, mécanisme financier de stabilisation des recettes d'exportation — et non des prix des produits —, établi par la Convention de Lomé CEE-ACP de 1975, prorogé et étendu par les accords de Lomé successifs, avait également pour ambition d'atténuer les effets négatifs des fluctuations des prix de certains produits sur les économies des pays ACP. Bien qu'il eût des résultats plus convaincants, le STABEX a été abandonné par l'Accord de Cotonou en 2000.

4° Plus spécifiquement, *en matière agricole*, des restrictions à l'exportation peuvent être autorisées « pour prévenir une situation critique due à une pénurie de produits alimentaires » (article XI du GATT). En vertu de cette disposition, le commerce international des produits agricoles est rapidement sorti du champ d'application du GATT ; à la suite du Tokyo Round, il a tendu à y revenir par le biais d'un contrôle collectif des pratiques de subventions à ces produits, première étape vers une plus grande sincérité des prix et vers une concurrence normale. L'accord sur l'agriculture annexé au GATT de 1994 parachève cette évolution et, tout en maintenant une clause de sauvegarde spéciale, comporte des dispositions précises et contraignantes en matière, notamment, de soutien interne et de subventions à l'exportation. Un Comité de l'agriculture est chargé de veiller à son application au sein de l'OMC. Le commerce des produits agricoles (et tout spécialement la question des subventions à l'agriculture) est l'un des grands enjeux des négociations du cycle de Doha.

L'Accord sur l'application des mesures sanitaires et phytosanitaires également annexé au GATT de 1994 constitue de fait un complément à celui sur l'agriculture et vise à éviter les restrictions déguisées au commerce au prétexte de protection de la santé (v. par exemple OA, 16 janv. 1998, *CE – Hormones [Canada]*).

659. Mesures concernant les investissements et liées au commerce. — À la différence de la Charte de La Havane (art. 12), le GATT de 1947 ne consacrait aucune disposition aux investissements. Un différend célèbre opposant les États-Unis au Canada a cependant montré qu'une distinction rigide était artificielle et que les obligations imposées par un État à un investisseur pouvaient constituer des obstacles à la libre circulation des marchandises (v. groupe spécial, 7 février 1984, *Canada – Administration de la Loi sur l'examen de l'investissement étranger [FIRA]*). Cette constatation est à l'origine de l'Accord « MIC » (TRIMs selon le sigle anglais). Circonscrit au seul commerce des marchandises, celui-ci ne réalise pas l'encadrement juridique global des investissements étrangers qui fait toujours défaut (v. *supra*, n° 638) mais vise prioritairement à exclure ou à limiter les mesures liées à un investissement, par lesquelles un État porte atteinte à l'interdiction des restrictions quantitatives ou au principe du traitement national (v. la liste indicative de l'article 2, § 2). Un Comité des MIC surveille l'application de l'Accord et fournit aux membres une assistance en vue de sa mise en œuvre.

§ 2. — *Circulation des services*

BIBLIOGRAPHIE. — H. DESBOIS, « La Conférence de Stockholm relative aux droits intellectuels », *AFDI* 1964, p. 7-46. — D. VIGNES, « Droit d'auteur et aide au développement », *ibid.*, p. 716-741. — A. FRANÇON, « Les actes de Paris portant révision des conventions internationales sur la propriété littéraire et artistique », *AFDI* 1974, p. 626-636. — J.-M. DELEUZE, *Le contrat de transfert de processus technologique*, Masson, 1974, 224 p. — Ph. KAHN, « Transfert de technologie et division internationale du travail ; pour une politique juridique », *RBDI* 1976, p. 451-465. — P. JUDET, Ph. KAHN, A. C. KISS et J. TOUSCOZ éd., *Transferts de technologie et développement*, Lib. Techniques, 1977, 562 p. — M. K. BOUGUERRA, *Le commerce technologique entre pays d'inégal développement*, PU d'Aix-Marseille, 1977, 164 p. — J. TOUSCOZ dir., *Transfert de technologie, sociétés transnationales et nouvel ordre international*, PUF, 1978, 330 p. — J. SCHAPIRA, « Les contrats internationaux de transfert technologique », *JDI* 1978, p. 5-37. — Colloque H. Laugier, « Découverte et innovation au service du Tiers Monde », *Revue Tiers Monde* 1979, n° 2, 214 p. — M. SALEM et M.A. SANSON, *Les contrats « clés en main » et les contrats « produits en main » ; technologie et vente de développement*, Lib. Techniques, 1979, 212 p. — R.F. BIZET et Y. DAUDET dir., *Un code de conduite pour le transfert de technologie*, Economica, 1980, 217 p. — A. LANGLOIS, *Les Nations Unies et le transfert de technologies*, Economica, 1980, 222 p. ; « L'ordre technologique international : production et transferts », La Documentation française, *NED* 1981, n° 4641-4642. — R.J. BIZET, *Les transferts de technologie*, PUF, « Que sais-je ? », n° 1915, 1981, 128 p. — P. BAUCHET, *Le transport international de marchandises*, Economica, 1982, 587 p. — M. DUBISSON, « Les caractères juridiques du contrat de coopération en matière industrielle et commerciale », *DPCI* 1984, p. 297-318. — J. JEHL, *le commerce international de la technologie*, Lib. Techniques, 1985, 502 p. — A. YUSUF, « L'élaboration d'un code international de conduite pour les transferts de technologie », *RGDIP* 1984, p. 781-824. — C.J. BERR, « L'accord général sur le commerce des services », *AFDI* 1994, p. 748-757. — E. GREPPI, *La disciplina giuridica internazionale della circolazione dei servizi*, Jovene, Naples, 1994, 387 p. — T. FLORY, « Remarques à propos du nouveau système commercial mondial issu des accords du cycle d'Uruguay », *JDI* 1995, p. 877-891. — E. CRABIT et J. BERGERIN, « Le cadre réglementaire des services de la " société de l'information " : laboratoire pour un nouveau droit du marché intérieur », *RMUE* 1995 n° 1, p. 15-68. — F. WEISS, « The General Agreement on Trade in Services, 1994 », *CMLR* 1995, p. 1177-1225. — L. BANCEL-CHARENSOL, *La déréglementation des télécommunications dans les grands pays industrialisés*, ENSPTT-Economica, 1996, 320 p. — S. CIABRINI, *Les services dans le commerce international*, PUF, « Que sais-je », n° 3179, 1996, 128 p. — A. PIQUEMAL, « La libéralisation des services financiers dans le cadre du GATT et de l'OMC », *in* Colloque SFDI, *La réorganisation mondiale des échanges*, Pedone, 1996, p. 163-194. — « Droit des télécommunications : entre déréglementation et régulation », *AJDA* 1997, p. 211-274. — F. DEHOUSSE et T. ZGAJEWSKI, « De l'UIT à l'OMC : Les mutations du droit international des télécommunications », *RBDI* 1999, p. 271-328. — Ch. ARUP, *The New World Trade Organization Agreements. Globalizing Law through Services and Intellectual Property*, Cambridge UP, 2000, XIII-340 p. — H. RUIZ FABRI et J.-Ph. CRONTIRAS, « L'OMC et les services publics », *Rapports de l'IDDRI*, n° 2, 2003, 64 p. — K. ALEXANDER et M. ANDENAS ed., *The World Trade Organization and Trade in Services*, Nijhoff, Leiden, 2008, XIII-1006 p. — P. DELIMATSIS, *International Trade in Services and Domestic Regulations : Necessity, Transparency, and Regulatory Diversity*, Oxford UP, 2008, XXVIII-335 p. — L. MAYER-ROBITAILLE, *Le statut juridique des biens et services culturels dans les accords commerciaux internationaux*, L'Harmattan, 2008, 541 p. — M. PANISSON, N. POHL et P. SAUVÉ ed., *GATS and the Regulation of International Trade in Services*, Cambridge UP, 2008, XX-655 p. — R. WOLFRUM et P.-T. STOLL ed., *WTO : Trade in Services*, Nijhoff, Leiden, 2008, XXIX, 784 p.

Sur la Convention du 20 octobre 2005 sur la diversité culturelle, v. : A. KOLLIOPOULOS et J. MUSITELLI, *AFDI* 2005, p. 487-511 et 512-523 ; H. RUIZ FABRI, *RGDIP* 2007, p. 43-87 ; D. FRAU-MEIGS, *AFRI* 2007, p. 895-909.

Voir aussi, *supra*, la bibliographie sur le n° 650 et, plus spécifiquement sur l'assistance technique, *infra* sur le n° 661.

660. L'accord général sur le commerce des services (GATS). — 1° Longtemps mal encadré juridiquement par le droit commercial international, dans la mesure où les principes initiaux du GATT ne le concernaient pas, le commerce des services se prêtait aux réactions protectionnistes des États et au libre jeu de la concurrence, sans que soient pour autant écartés les risques de concertations privées peu compatibles avec une saine concurrence.

Depuis les années 1990, avec le développement des échanges de prestations immatérielles (information, assurances et surassurances, tourisme), les États développés ont admis la nécessité de règles plus cohérentes et d'une limitation des obstacles indirects à ces échanges. Pour une part, les réponses sont de caractère technique (harmonisation des normes et des contrôles) ; mais des progrès sont possibles dans le domaine de la simplification des formalités administratives, de la reconnaissance mutuelle des normes et des contrôles, par l'extension du traitement national ou de la clause de la nation la plus favorisée aux activités de service.

Le Traité de Rome de 1957 prévoit, sous certaines réserves (transports), une libération complète des prestations de services (articles 59 à 66 ; v. *supra*, n° 432). Le Tokyo Round (1973-1979) a permis d'amorcer une étude de ces difficultés au plan universel, en adoptant un code sur les obstacles techniques au commerce (ou « code de la normalisation ») ; il n'a pas apporté de solution au fond, car le code sur les marchés publics ou achats gouvernementaux ne portait pas sur les services.

Il a fallu attendre l'Accord de Marrakech de 1994 pour que les services soient couverts par le GATT de 1994 auquel est ajouté un « Accord général sur le commerce des services » (GATS) qui couvre également les prestations de services liées au commerce des marchandises (cf. OA, 9 sept. 1997, *CE – Bananes III*, § 221-222).

Le GATS met en œuvre le standard du traitement de la nation la plus favorisée (art. II) qui s'étend à la discrimination *de facto* (cf. OA, 9 sept.

1997, *CE – Bananes III*, § 233-234). Le GATS impose aux membres une obligation de transparence (de publication de toutes les mesures affectant le fonctionnement de l'accord – art. III). Comme pour le commerce des biens (v. *supra*, n° 654), cet accord ménage un régime dérogatoire en faveur des intégrations économiques (art. V) ; en outre, l'article XII contient une clause de sauvegarde générale. Des négociations commerciales multilatérales sont prévues en vue d'aboutir à une libéralisation progressive (art. XIX). L'ouverture réalisée par le GATS est cependant moindre que celle concernant le commerce des biens :

— les « services fournis dans l'exercice du pouvoir gouvernemental » en sont exclus (art. III, alinéa 3.b – v. cf. OA, 9 sept. 1997, *CE – Bananes III*, § 220) ;

— il s'agit essentiellement d'un accord cadre, qui ne produit ses effets qu'à travers les concessions résultant des négociations entre les parties (listes d'engagements spécifiques ; ces listes font « partie intégrante » du GATS et doivent être interprétées « conformément aux règles codifiées dans l'article 31, et dans la mesure appropriée, l'article 32 de la Convention de Vienne [sur le droit des traités] », v. OA, 7 avr. 2005, *États-Unis – Jeux*, § 160) ;

— le standard du traitement national est assorti de restrictions nombreuses (art. XVII) ;

— même le traitement de la nation la plus favorisée est nuancé par l'existence de listes d'exemptions individuelles annexées à l'Accord.

Des annexes réglementent les activités de service à statut dérogatoire (transports aériens et maritimes, services financiers, télécommunications). Des accords sectoriels conclus ultérieurement (services financiers – 1995 et 1997 ; télécommunications – 1997) complètent ce dispositif. Depuis le 1er janvier 2000, l'ensemble de ces services est inclus dans les nouvelles négociations sur les services.

Un Conseil du commerce des services, intégré à l'OMC, est chargé de favoriser la réalisation de l'Accord.

2° *L'Accord sur les aspects des droits de propriété intellectuelle qui touchent au commerce (ADPIC – TRIP's selon le sigle anglais).* Traditionnellement distinctes de celles relatives au commerce (des marchandises comme des services), les règles internationales protectrices de la propriété intellectuelle (conventions de Paris de 1883 pour la propriété industrielle et de Berne de 1886 pour la protection des œuvres littéraires et artistiques – l'une et l'autre maintes fois modifiées) sont mises en œuvre par l'OMPI. Leur intégration dans les accords de 1994 constitue une innovation considérable : tout en reprenant l'essentiel des règles habituellement applicables dans ce domaine (auquel il renvoie), l'ADPIC étend à la propriété intellectuelle les principes fondamentaux du GATT : traitements national et de la nation la plus favorisée. L'application de cet accord fort complexe a fait l'objet d'un contentieux abondant dans le cadre de l'ORD. Un Conseil des ADPI est chargé de contrôler l'application de l'Accord.

3° Malgré les innovations introduites par le GATS, il n'en reste pas moins que, dans les relations entre pays développés, l'approche traditionnelle prédomine toujours : la question des *transferts de techniques* est laissée à l'initiative des opérateurs économiques privés.

Lorsque les États s'intéressent au problème, c'est surtout en vue de protéger certains secteurs ou certains secrets (technologie militaire au sens large, par exemple : voir les conventions conclues au sein de l'Alliance atlantique ainsi que l'article 294 du TCE [55 du TFUE]), pour garantir les droits de propriété industrielle et intellectuelle, enfin pour favoriser certaines alliances industrielles. Leur législation et des conventions internationales entre États intéressés permettent de prendre les précautions nécessaires, sans que l'on puisse dégager d'autres règles que celles du droit privé en matière de brevet, copyright, etc.

Les initiatives en ce sens remontent à la fin du XIXe siècle, lorsqu'on a pris conscience du lien direct entre progrès technologique et protection des droits des auteurs et inventeurs (brevet). Les « unions » créées à cet effet, par les conventions de Paris (20 mars 1883, Union internationale pour la protection de la propriété industrielle) et de Berne (1886), ont été parmi les premières organisations internationales ; mais le système unioniste n'avait pas une véritable universalité. Des réformes récentes, au plan universel, ont permis d'améliorer cette situation : Convention de Genève de 1952 dite convention universelle sur le droit d'auteur, moins protectrice que la Convention de Berne et qui — pour cette raison — a eu la préférence des pays en développement ; Convention de Paris de 1971 révisant les conventions de Berne et de Genève et entrée en vigueur en 1974 ; Traité de Washington du 19 juin 1970, sur la coopération en matière de brevets, révisé à Genève le 14 avril 1978.

L'Acte de Stockholm de 1967 a permis de moderniser les structures institutionnelles, avec la création d'une Organisation mondiale de la propriété intellectuelle.

Les modifications récentes renforcent la protection des droits d'auteur — droit de traduction, de reproduction, de représentation publique, de diffusion — et rapprochent sur ce point les systèmes de Berne et de Genève, tout en introduisant des possibilités de dérogation assez nombreuses au profit des pays en développement (v. les traités de Genève du 27 octobre 1994 sur le droit des marques, du 15 décembre sur les droits d'auteur et du 20 décembre 1996 relatif aux interprétations et aux phonogrammes, sous les auspices de l'OMPI, ainsi que l'accord-cadre de Bangkok du 15 décembre 1995 sur la coopération en matière de protection de la propriété intellectuelle, sous les auspices de l'OMC).

Les États développés ont recherché la protection du titulaire d'un brevet en l'autorisant à défendre son monopole d'exploitation dans l'ensemble des États « unionistes », à la condition qu'il ait procédé au dépôt de son brevet dans les autres États ; en vertu de ces conventions, il bénéficie d'une priorité temporaire pour le faire, ce qui est une garantie contre ses concurrents locaux. Les accords pertinents laissent aux propriétaires de brevets une large marge d'appréciation quant à la durée de la protection légale de ses droits et quant à la rémunération du transfert de connaissances (redevances et licences d'exploitation).

De nouvelles initiatives ont également été prises au plan régional en matière de brevet (conventions de Munich du 5 octobre 1973, en vigueur depuis 1977, et de Luxembourg du 15 décembre 1975). Le système européen autorise une protection uniforme par un dépôt unique auprès d'une agence centrale, ce qui constitue un progrès sur le plan financier et en matière de diffusion des connaissances techniques.

Le développement très rapide de services par radio et télédiffusion ou par les réseaux informatiques pose également des problèmes inédits quant à la protection de la propriété intellectuelle et à une concurrence loyale, qui favorisent l'adoption de réglementations adaptées à la spécificité de ces supports (v., par exemple, outre les initiatives communautaires, la convention de Strasbourg du 11 mai 1994, sur les droits d'auteur dans le cadre de la radiodiffusion transfrontalière par satellite, sous les auspices du Conseil de l'Europe, *RGDIP* 1994, p. 561-566 ; sur Internet : J.S. Bertonicini, « Transformation de l'intermédiation et commerce électronique », *RMCUE* 1998, n° 417, p. 234-239 ; K. Coates, « Competing for the Internet », *Competition Policy Newsletter* 1998 n° 1, p. 11-17 ; F.C. Mayer, « The Internet and Public International Law – Worlds Apart ? », *EJIL* 2001, p. 617-622 ; O. Cachard, *La régulation internationale du marché électronique*, LGDJ, 2002, XV-487 p. ; G. Chatillon dir., *Le droit international de l'Internet*, Bruylant, Bruxelles, 2003, 693 p. ; U. Draetta, *Internet et commerce électronique en droit international des affaires*, Bruylant, Bruxelles, 2003, 227 p. ; E. Lagrange, « L'Internet Corporation for Assigned Names and Numbers : un essai d'identification », *RGDIP* 2004, p. 305-346 ; D. Campbell et C. Bán ed., *Legal Issues in the Global Information Society*, Oceana, Dobbs Ferry, 2005, XXIII-758 p. ; É.A. Caprioli, *Droit international de l'économie numérique : les problèmes juridiques liés à l'internationalisation de l'économie numérique*, Litec, 2007, XIV-369 p. ; P.P. Polanski, *Customary Law of the Internet : in the Search for a Supranational Cyberspace Law*, TMC Asser Press, 2007, XXIII-413 p.

661. Pays en développement et accès aux techniques.

BIBLIOGRAPHIE. — G. FEUER, *Les aspects juridiques de l'assistance technique*, LGDJ, 1957, 234 p. — M. VIRALLY, « La notion de programme — Un instrument de la coopération technique multilatérale », *AFDI* 1968, p. 530-553. — L.P. PEARSON, *Vers une action commune pour le développement du Tiers Monde*, BIRD-Denoël, 1969, 512 p. — R. JACKSON, *Étude de la capacité du système des Nations Unies pour le développement*, ONU, New York, 1969, DP/S. — P. DAILLIER, « La réforme du PNUD : continuité et rationalisation », *AFDI* 1971, p. 483-512 et *Les institutions du développement*, PUF, 1972, 96 p. — J.G. SPETH, « Le PNUD et le développement humain durable », *Trim. du monde* 1995, n° 32, p. 67-74. — C.N. MURPHY, *The United Nations Development Programme : A Better Way ?*, Cambridge UP, 2006, XVIII-372 p.

V. aussi la bibliographie générale sur l'aide au développement sur le n° 648.

1° *Des règles embryonnaires.* Comme en matière financière, les pays en développement aspirent à un traitement préférentiel qui leur permette un accès privilégié aux services et aux techniques modernes.

Cette revendication se heurte à des difficultés d'autant plus aiguës qu'ils sont la propriété d'entreprises privées peu soucieuses de les céder à des conditions avantageuses.

Le transfert des techniques Nord-Sud s'opère le plus souvent soit dans les relations internes d'une société multinationale, soit par un contrat entre une entreprise ou une administration d'un pays en développement et une entreprise d'un État industrialisé. Dans l'un et l'autre cas, les États en développement peuvent craindre d'être placés devant un fait accompli ou de prendre des décisions inopportunes qui les engagent à long terme ; de leur côté, les entreprises s'inquiètent du risque d'abandon de projets fort coûteux. Pour se prémunir contre ces dangers, les partenaires tentent d'inscrire les diverses opérations ponctuelles dans une perspective d'ensemble négociée en tenant compte de la politique économique de l'État intéressé : aussi, de plus en plus fréquemment, c'est à travers des « accords de développement économique » ou d'investissement, que ces transferts sont prévus et organisés.

On entend par « accord de coopération industrielle » et de « développement économique » des conventions contractuelles entre entreprises étrangères ou gouvernements ou entreprises dans lesquelles sont définis, avec beaucoup plus de précision que dans les contrats traditionnels, les buts de l'investissement — en particulier ceux d'intérêt général — *poursuivis en commun* par les deux partenaires, ainsi que les droits et obligations respectifs du gouvernement et de la société étrangère. Ces conventions se caractérisent donc moins par l'échange de prestations que par leurs finalités, formulées dans le texte même de l'accord, et non pas simplement dans un préambule de valeur juridique ambiguë ; de plus elles comportent des prestations immatérielles au moins aussi importantes pour la réussite du projet que la fourniture des biens immobiliers ou industriels (« savoir-faire » touristique et hôtelier dans l'affaire *SPP c. Égypte* (CCI, SA, 11 mars 1983) ; méthodes d'exploration pétrolière ; acquisition des brevets les plus récents, par exemple). La sentence du Tribunal CIRDI du 21 octobre 1983 dans l'affaire *Klöckner Industrie c. Cameroun* insiste sur la différence d'expertise et de connaissance du marché mondial des produits en cause (engrais) pour déterminer la part de responsabilité des participants à la convention d'investissement.

Une démarche plus complète était retenue par les résolutions 87 (IV) et 112 (V) de la CNUCED qui reprenaient, en les systématisant, les apports des résolutions 1713 (XVI) de 1961 et 2626 (XXV) de l'Assemblée générale en faveur d'un code de conduite des transferts de technologie. Le processus d'examen a débuté en 1970-1973, mais la conférence de négociation bute depuis 1978 sur deux controverses principales : la forme plus ou moins contraignante de l'instrument qui incorporera ce code, l'étendue des limitations imposées à la capacité contractuelle des agents économiques et l'on peut considérer que le projet, qui répondait à la logique d'un nouvel ordre économique international, est aujourd'hui abandonné.

L'Accord général sur le commerce des services annexé au GATT de 1994 prévoit un régime dérogatoire en faveur des pays en développement tout en encourageant une « participation croissante » de ceux-ci (art. IV).

2° *Assistance technique.* L'assistance technique (qu'il faut distinguer de l'assistance financière – v. *supra*, n° 648) consiste à « fournir... des *conseils* techniques dans les domaines économique, social et culturel aux États membres qui désireraient cette aide » (résol. 52 [I] de l'Assemblée générale). Il s'agit donc d'un transfert de *connaissances* d'un pays à un autre.

Pour sa part, la technologie est définie par le projet de code de conduite aujourd'hui « suspendu » (v. 1° ci-dessus), comme « le transfert des connaissances systématiques nécessaires à la fabrication d'un produit, à l'application d'un procédé ou à la prestation d'un service » et ne s'étend pas aux transactions comportant une simple vente ou un simple louage de biens (§ 1-2). En d'autres termes, c'est l'ensemble des connaissances, de l'expérience et de l'habileté nécessaires à la production d'un bien ou d'un ensemble de biens, et éventuellement à l'établissement d'une entreprise à cet effet.

Longtemps les États développés ont soutenu que la tâche des organisations internationales devait s'en tenir à cette conception restrictive de l'assistance, le transfert de technologie commerciale, industrielle ou agricole ne posant qu'un problème financier et pouvant se réaliser par les voies commerciales de droit commun ou par l'investissement étranger. Peu à peu, les États en développement ont obtenu que la fonction d'assistance soit étendue aux processus d'industrialisation et de production agricole eux-mêmes : tel était l'enjeu de la création de l'Organisation des Nations Unies pour le développement industriel, en 1966, et de sa transformation en institution spécialisée par une convention conclue en 1979. Au-delà des problèmes financiers posés (v. *supra*, n° 648), c'est l'acquisition de connaissances sur les techniques de production et de commercialisation modernes — traditionnellement fondées sur le droit des brevets et sur la protection de la propriété intellectuelle — qu'il faut réglementer.

a) Au plan universel. Le *Programme des Nations Unies pour le développement* (PNUD) est le principal organisme universel, moins par son programme propre d'assistance technique que par son rôle de coordination et de financement des programmes des institutions spécialisées. Il est le résultat d'une évolution historique et institutionnelle assez complexe.

Dès 1948, l'Assemblée générale demandait au Secrétaire général d'effectuer des opérations d'assistance technique ; ainsi naissait le « programme ordinaire », financé par le budget de l'ONU. En 1949, était créé le « programme élargi » (PEAT) chargé d'aider les « pays insuffisamment développés ». Le nouveau mécanisme était caractérisé par deux innovations : il était financé par des contributions volontaires ; il servait de cadre à la coordination de l'assistance par les diverses institutions spécialisées des Nations Unies, représentées dans le Bureau de l'assistance technique (BAT). Les mêmes caractéristiques furent données au Fonds spécial qui, à partir de 1958, compléta l'action du PEAT, en facilitant le financement de projets plus importants et leur pré-investissement.

Déjà apparaissaient les difficultés de gestion de fonds trop nombreux et concurrents. Un premier effort de rationalisation consista à regrouper le PEAT et le Fonds spécial, au sein du PNUD (résolution 2029 (XX) de l'Assemblée générale, dite « Au service du progrès »). Pour répondre aux critiques et suggestions du « rapport Jackson » *(Étude sur la capacité du système des NU pour le développement)*, une réforme des modalités de fonctionnement du PNUD fut entreprise (« programmation par pays » depuis 1971). De nouvelles tentatives de rationalisation du système, marqué par une mauvaise coordination des organisations, après une vaste enquête en 1975, n'ont pas abouti à des résultats plus satisfaisants.

Le PNUD, organe subsidiaire du Conseil économique et social, constitue le principal rouage opérationnel du système des Nations Unies. Son fonctionnement répond aux modalités suivantes :

— ses ressources proviennent de contributions volontaires (après une période de croissance régulière jusqu'en 1980, les contributions au PNUD tendent à stagner, ce qui affaiblit sa position privilégiée) ;

— la plupart des institutions spécialisées et un certain nombre d'organes de l'ONU compétents en la matière sont des « participants » au PNUD ; ce qui signifie qu'ils participent au Bureau consultatif interorganisations, saisi de tous les sujets importants, et qu'ils reçoivent des crédits du PNUD. Celui-ci alimente ainsi une partie importante de leurs programmes d'assistance technique ;

— le PNUD détermine des projets prioritaires sur la base d'une programmation par pays, fondée sur les besoins exprimés par les États assistés en tenant compte d'un « chiffre indicatif de planification » établi par le PNUD lui-même ;

— le PNUD n'assure jamais le financement intégral des opérations auxquelles il participe : l'État bénéficiaire doit supporter une partie des dépenses, ce qui évite quelques abus ;

— le PNUD assure directement toutes les opérations d'assistance qui ne sont pas confiées à une institution spécialisée ou à un autre organe de l'ONU.

L'importance de son rôle opérationnel, la nécessité de coordonner les demandes des gouvernements et les travaux sur le terrain des « organisations participantes » ont justifié la décentralisation des structures du PNUD (présence de « représentants résidents » dans de nombreux pays du Tiers Monde).

Les institutions spécialisées ont également des programmes propres d'assistance technique, financés par leur budget ou par des contributions volontaires. C'est même la vocation première de l'ONUDI, chargée de la coordination de l'assistance à l'industrialisation. De plus, des organisations dont la mission principale est normative (CNUCED) ou financière (BIRD) apportent aussi une assistance technique dans les domaines de leur compétence.

Établis sous forme de « fonds » à vocation spécialisée, plusieurs organes subsidiaires des Nations Unies ne distribuent pas de prêts ou de dons financiers mais des prestations techniques ou humanitaires :

— le *FISE* (UNICEF), créé dès 1945, fournit à la fois une aide alimentaire et une assistance technique en faveur des enfants et des adolescents ;

— le *Programme alimentaire mondial* (PAM) présente la particularité d'avoir été créé et d'être géré conjointement par l'ONU et la FAO (1963) ;

— le *Haut-Commissariat pour les réfugiés* (HCR), comme les autres organismes à finalité humanitaire, bénéficie depuis quelques années d'une croissance plus rapide des crédits mis à sa disposition ; il est ainsi en mesure d'accentuer ses programmes d'assistance technique.

b) Les *organisations régionales* jouent également un rôle non négligeable à cet égard, qu'il s'agisse des organisations des pays industrialisés et, en particulier, des Communautés européennes, dans le cadre en particulier des conventions de Lomé puis des accords de Cotonou qui contiennent tous un volet important sur l'assistance technique, et qui gèrent des programmes diversifiés — agriculture, mines et industrie — selon des procédures paritaires avec les pays ACP ou des organisations « Nord-Sud »

c) Assistance technique bilatérale. Les États industrialisés ont créé des structures gouvernementales et administratives chargées de définir et de mettre en œuvre les politiques nationales d'assistance et de coopération.

En règle générale, un organisme unique est compétent pour centraliser les problèmes et les moyens d'action. Aux États-Unis, c'est *l'Agency for International Development*, qui dépend du *State Department*. Au Royaume-Uni, c'est le *Ministry of Overseas Development*.

Le système français, souvent critiqué, est caractérisé par la fragmentation géographique et l'éparpillement des responsabilités. Il a fait l'objet de plusieurs réformes qui traduisent l'importance politique reconnue à la politique de coopération avec le Tiers Monde dans la conduite de la politique extérieure de la France.

Depuis une importante réforme intervenue en 2004, le Secrétariat d'État chargé de la coopération et de la francophonie est considéré comme le « chef de file » de l'aide publique au développement française sous l'autorité du ministre des Affaires étrangères et européennes. Pour sa part, le Comité interministériel de la Coopération internationale et du Développement (CICID) « définit les orientations de la politique de coopération internationale et d'aide au développement ». La Conférence d'orientation stratégique et de programmation (COSP) réunit les acteurs publics de l'aide française et donne une expression concrète aux orientations décidées par le CICID. Enfin, la Direction générale de la Coopération internationale et du Développement (DGCID) suit l'ensemble des problèmes relatifs à l'aide au développement pour le compte du ministère des Affaires étrangères.

Dans les ambassades, les missions d'aide et de coopération, les conseillers culturels et commerciaux constituent des services extérieurs de leurs administrations respectives. Enfin, il existe de nombreux organismes spécialisés, notamment en matière financière (v. *supra*, n° 648).

Sous-titre II

RÉGIME INTERNATIONAL DES ESPACES

662. Approche fonctionnelle. — Les caractéristiques des transports internationaux et des communications, les besoins de la recherche scientifique, les nécessités militaires ont, très tôt, conduit les États à revendiquer l'accès libre à des zones étendues de l'espace terrestre et surtout maritime. Au XXe siècle, la même exigence a été formulée à l'égard des espaces aérien et extra-atmosphérique. De ce fait, certains espaces échappent à toute appropriation nationale et font l'objet d'une réglementation avant tout internationale.

Pour rendre compte de ce phénomène on a parfois recours à la notion du « domaine public », afin de traduire l'idée d'affectation de ces espaces à l'usage de tous. L'expression est cependant trompeuse : en droit interne le domaine public relève de collectivités publiques nettement individualisées ; il est déterminé et réglementé par des autorités administratives dotées des moyens nécessaires pour faire respecter leurs décisions. Dans l'ordre international nulle autorité n'est investie de cette compétence générale de réglementation ni, moins encore, des moyens d'imposer le respect des règles applicables. Du reste la doctrine considère ces espaces tantôt comme *res communis* (régime de l'appropriation collective), — ce qui pourrait les rapprocher de la notion de domaine public —, tantôt comme *res nullius* (dont l'exploitation est à la discrétion de chaque État susceptible de l'assurer) — ce qui les en distingue —, et, à vrai dire, leurs régimes empruntent à l'une et à l'autre de ces deux idées.

Les règles applicables à ces espaces sont, en réalité, extrêmement diversifiées et dépendent largement des rapports de force internationaux, des priorités défendues par les grandes puissances, mais aussi des conceptions juridiques dominantes à chaque époque quant aux « intérêts publics » (protection de l'environnement, nécessité de la recherche scientifique, exploitation optimale des ressources naturelles, sécurité des communications). Au surplus, il n'y a pas de solution de continuité entre les espaces insusceptibles d'appropriation nationale et ceux relevant de la souveraineté de l'État ; entre les uns et les autres existent des espaces au statut mixte, sur lesquels un État exerce des compétences étendues mais qui ne sont pas exclusives ou, en tout cas, pas plénières. Dès lors, le « régime international des espaces » apparaît surtout comme la juxtaposition de régimes juridiques très divers tentant d'organiser — en les limitant — les compétences étatiques pouvant s'y exercer en fonction des activités qui y sont menées.

Compte tenu des préoccupations parfois contradictoires qui les inspirent, on peut schématiser ainsi la gradation de ces différents régimes juridiques, en allant de celui qui laisse jouer le plus librement la concurrence des compétences étatiques à celui qui fait la plus large place aux compétences exclusives de l'État :

— Non-appropriation et liberté d'accès et d'exploitation pour chaque État, les seules contraintes résidant dans l'obligation de ne pas porter atteinte à l'égale liberté des autres États. Tels sont les traits dominants du régime de la haute mer et de l'espace extra-atmosphérique.

— Non-appropriation et gestion collective. Cette approche, qui exige l'établissement d'une organisation internationale aux compétences étendues, est celle qui inspire la Convention sur le droit de la mer de 1982 en ce qui concerne les grands fonds marins (la Zone).

— Non-appropriation, mais gestion collective par un petit nombre d'États dans leur intérêt exclusif. Telle est la formule tentée, non sans difficultés, au sein des Communautés européennes pour la gestion des ressources halieutiques.

— Non-appropriation mais droits exclusifs réservés, à certaines fins, à un État déterminé. C'est le régime de la zone économique exclusive, du plateau continental et de la zone contiguë.

— Appropriation nationale mais pouvoir de gestion subordonné au respect de certaines libertés des États tiers : régime traditionnel de la mer territoriale.

— Souveraineté nationale exclusive mais généralement tempérée par l'octroi des droits d'accès ou d'exploitation aux États tiers, par voie conventionnelle ou coutumière. Tel est le principe admis pour l'espace aérien et les eaux intérieures.

Atteindre un objectif unique — par exemple la préservation du patrimoine culturel sous-marin — malgré la diversité des régimes juridiques des espaces marins concernés se révèle donc une tâche ardue et aboutit à des compromis souvent peu satisfaisants : ainsi de la convention Unesco signée à Paris le 6 novembre 2001 (*ILM* 2002 p. 40 et *AJIL* 2002 p. 419-434, note G. Carducci ; T. Scovazzi, *AFDI* 2002, p. 579-591 ; C. Forrest, *ICLQ* 2002, p. 511-554 ; L. Savadogo, *RGDIP* 2003, p. 31-72 ; S. Dromgoole et K.-Ch. Fu, *Internl. Jl. of Marine and Coastal Law* 2003, p. 59-108 et p. 109-126 ; R. Garabello et T. Scovazzi eds., *The Protection of the Underwater Cultural Heritage. Before and After the 2001 Unesco Convention*, Martinus Nijhoff Publishers, Leiden, 2003, XI-292 p. ; M.J. Aznar Gomez, *La protectión internacional del patrimonio cultural subacuático*, Tirant, Valencia, 2004, 661 p.).

Dans ces conditions, on comprend aisément que se soient multipliés dans le droit positif des types de compétences aux contours plus ou moins flous, et que les problèmes de délimitation au sein d'un même espace naturel aient souvent pris un tour aigu.

Pour mettre un peu d'ordre dans l'exposé de cette situation complexe, le critère matériel fondé sur la nature des espaces est traditionnellement retenu. Ce sous-titre sera donc divisé en trois chapitres :

Chapitre I. — La mer.
Chapitre II. — Les canaux, les fleuves et les lacs internationaux.
Chapitre III. — L'air et l'espace extra-atmosphérique.

CHAPITRE I

La mer

BIBLIOGRAPHIE (1). — G. GIDEL, *Le droit international public de la mer*, Sirey, 3 vol., 1932-1934, 814 p. — O. DE FERRON, *Le droit international de la mer*, Droz, Genève, 2 vol., 1958-1960, 239 et 265 p. — M. S. MCDOUGAL et W. T. BURKE, *The Public Order of the Oceans*, Yale UP, 1962, XXV-1226 p. — C. J. COLOMBOS, *Le droit international de la mer*, Pedone, 1965, 660 p. — D. W. BOWETT, *The Law of the Sea*, Manchester UP, 1967, 117 p. — SFDI, Colloque de Montpellier, *Actualités du droit de la mer*, Pedone, 1973, 296 p. et Colloque de Rouen, *Perspectives du droit de la mer à l'issue de la troisième Conférence des Nations Unies*, Pedone, 1984, 341 p. — R. J. DUPUY, *L'océan partagé*, Pedone, 1979, 287 p. — E. LANGAVANT, *Droit de la mer*, Cujas, 4 vol., 1979-1985, 210 p., 194 p., 243 p. et 344 p. — « Vers un nouveau droit international de la mer ? », n° spécial de la *RGDIP* 1980, p. 1-268 (la plupart de ces études ont été reprises et mises à jour dans D. BARDONNET et M. VIRALLY éd., *Le nouveau droit international de la mer*, Pedone, 1983, XI-381 p.). — D. P. O'CONNELL et I. A. SHEARER, *The International Law of the Sea*, Clarendon Press, Oxford, 2 vol., 1982 et 1984, XXXIII-634 p. et XXVI-567 p. — P. C. RAO, *The New Law of Maritime Zones*, Milin, New Dehli, 1983, 423 p. — E. DU PONTAVICE et P. CORDIER, *La mer et le droit*, PUF, vol. 1, 1984, 569 p. — J. COMBACAU, *Le droit international de la mer*, PUF, « Que sais-je ? » n° 2257, 1985, 128 p. — R. J. DUPUY et D. VIGNES, *Traité du nouveau droit de la mer*, Economica, 1985, XXI-1447 p. — L. LUCCHINI et M. VOELCKEL, *Droit de la mer*, t. I, Pedone, 1990, X-640 p. ; t. II, 1996, 2 vol., 424 et 717 p. — T. TREVES, « Codification du droit international et pratique des États dans le droit de la mer », *RCADI* 1990-IV, vol. 223, p. 9-302. — SFDI, Colloque de Toulon, *Le navire en droit international*, Pedone, 1992, 246 p. — M. RÉMOND-GOUILLOUD, *Droit maritime*, Pedone, 1993, 498 p. — E. D. BROWN, *The International Law of the Sea*, Aldershot, Sidney, 1994, 2 vol., XLV-494 p. et xv-393 p. — T. SCOVAZZI, *Elementi di diritto internazionale del mare*, Giuffrè, Milan, 2002, 272 p. — *Mélanges Oda*, 2002, t. II, p. 1011-1434. — B. KWIATKOWSKA, *Decisions of the World Court Relevant to the UN Convention on the Law of the Sea. A Reference Guide*, Kluwer, La Haye, 2002, LXIV-222 p. — E. CANNIZZARO, « Pouvoirs discrétionnaires des États et proportionnalité dans le droit de la mer », *RGDIP* 2002, p. 241-268. — *Mélanges offerts à L. Lucchini et J.-P. Quéneudec. La mer et son droit*, Pedone, 2003, 712 p. — Sh. ODA, *Fifty Years*

(1) La bibliographie relative au droit de la mer est extrêmement abondante, on ne donne ici que certaines références, parmi les plus importantes et les plus aisément accessibles. Il en va de même pour les bibliographies figurant à l'intérieur du chapitre.

of the Law of the Sea, Kluwer, La Haye, 2003, XVIII-829 p. — D. CARON et H. SCHEIBER eds., *Bringing New Law to Ocean Waters*, Martinus Nijhoff Publishers, Leiden, 2004, XII-497 p. — A. G. OUDE ELFERINK ed., *Stability and Change in the Law of the Sea*, Martinus Nijhoff Publishers, Leiden, 2005, XVII-250 p. — J.-P. BEURIER dir., *Droits maritimes*, Dalloz, 2006, XXVI-1008 p. — D. FREESTONE e.a. ed., *The Law of the Sea. Progress and Prospects*, Oxford UP, 2006, 350 p. — PH. VINCENT, *Droit de la mer*, Larcier, 2008, 292 p.

Plusieurs revues sont spécialisées dans le droit de la mer : *ADMA* (Nantes et Paris, depuis 1976) ; *DMF* (Paris, depuis 1923) ; *ERM* (Espaces et ressources maritimes, Nice et Paris) ; *JMLC* (Washington, depuis 1949) ; *Ocean DIL* (New York, depuis 1973).

Bibliographies sur le droit de la mer : A. BERMES et J.-P. LEVY, *Bibliographie du droit de la mer*, Éd. techn. et éco., 1974, 138 p. — N. PAPADAKIS et M. GLASSNER, *International Law of the Sea*, Nijhoff, Alphen, 2 vol., 1980, XVII-457 p., et 1984, XXVI-579 p. — L. A. FOSTER et C. L. VIKTOR, *Marine Affairs Bibliography*, Nijhoff, Dordrecht, 1987, XV-685 p. — V. aussi les bibliographies sélectives établies périodiquement par la Bibliothèque des Nations Unies (Dag Hammarskjöld) depuis 1974 (ST/LIB/SER.B).

Recueils de documents : Sh. ODA, *The International Law of the Ocean Development*, Sijthoff, Leyde, 2 vol., 1972 et 1975, 519 p. et 638 p., mise à jour 1979. — S. H. LAY e.a. ed., *New Directions in the Law of the Sea*, Oceana, Dobbs Ferry, 10 vol. depuis 1972, mise à jour périodique. — B. CONFORTI e.a. ed., *Stuti e documenti sul Diritto internazionale del Mare*, Giuffrè, Milan, 16 vol. (thématiques) parus depuis 1974. — J.-P. QUENEUDEC, *Conventions maritimes internationales*, Pedone, 1979, X-815 p. — P. M. EISEMANN, *La Convention des Nations Unies sur le droit de la mer*, La Documentation française, *NED* 1983, n° 4703-4704, 204 p. — *Index of Multilateral Treaties on the Law of the Sea*, Milan, Giuffrè, 1985, VII-373 p.

Sur l'histoire du droit de la mer, V. J. H. W. VERZIJL, *International Law in Historical Perspective*, Sijthoff of Noordhof, Leyde, vol. 4, 1971, 547 p. — R. P. ANAND, *Origin and Development of the Law of the Sea*, Nijhoff, La Haye, 1983, 249 p. — T. SCOVAZZI, « The Evolution of International Law of the Sea », *RCADI* 2000, vol. 286, p. 39-244. — Sur les Conférences de 1958 et 1960 et les conventions de 1958 v. les articles de B. CONFORTI, *Communicazione et Studi* 1957, p. 203-238. — J. PATREY, *RGDIP* 1958, p. 446-468. — G. FITZMAURICE, *ICLQ* 1959, p. 73-121. — Ph. JESSUP, *Columbia L. Rev.* 1959, p. 234-268. — J. VERZIJL, *NYBIL*, 1959, p. 1-42. — R. E. CHARLIER, *AFDI* 1960, p. 63-76. — A. H. DEAN, *AJIL* 1960, p. 751-789. — J. P. A. FRANÇOIS, *NYBIL* 1960, p. 249-254. — H. MEYER, *Z.a.ö.R.V.* 1961, p. 38-80. — Sur la troisième Conférence des Nations Unies sur le droit de la mer, v. A. DE MARFFY, *La genèse du nouveau droit de la mer ; le Comité des fonds marins*, Pedone, 1980, 326 p. — J. P. LEVY, *La Conférence des Nations Unies sur le droit de la mer*, Pedone, 1983, 159 p. — et les commentaires session par session de J. R. STEVENSON et B. H. OXMAN, *AJIL* 1974 et 1975 ; B. H. OXMAN, *AJIL* 1977 à 1982 ; et J.-P. BEURIER et P. CADENAT, *DMF* 1975 à 1983 ; v. aussi la bibliographie citée *supra*, sous le n° 72 et sur le n° 101.

Sur la Convention de Montego Bay de 1982, v. les ouvrages généraux cités *supra* et les présentations générales de M. H. NORDQUIST e.a. ed., *United Nations Convention on the Law of the Sea ; a Commentary*, Nijhoff, Dordrecht, 6 vol., vol. I, 1985, LXV-467 p. ; II, 1993, XLVII-1040 p. ; III, 1995, XLV-697 p. ; IV, 1991, XLIII-769 p. ; V, 1989, XXXV-497 p. ; VI, 2002, XLVIII-1016 p. ; *sur l'Accord du 29 juillet 1994* : T. TREVES, *AFDI* 1993, p. 850-873 et 1994, p. 849-863. — J. R. STEVENSON et B. H. OXMAN, *AJIL* 1994, p. 498-499 et p. 687-696. — Numéro spécial de *Z.a.ö.R.V.*, 1995, 658 p. — « Focus Selection : UNCLOS Revisited 1995-2005 », *GYBIL* 2005, p. 77-264.

Sur les positions françaises en matière de droit de la mer : R.-J. Dupuy éd., *La France et le droit de la mer*, Cnexo, Institut dt. paix, Nice, 1975, 232 p. — J.-P. Beurier et P. Cadenat, *RGDIP* 1975, p. 1028-1069. — L. Lucchini, *JDI* 1982, p. 567-627. — J.-P. Queneudec, « La France et le droit international de la mer », *in* G. Cahin et autres (dir.), *La France et le droit international*, Pedone, 2008, p. 87-117.

Sur les Communautés européennes et le droit de la mer : P. Daillier, *RGDIP* 1979, p. 417-473 ; *ADMA* 1982, p. 267-298 et 1983, p. 171-196. — G. Gaja, *IYBIL* 1980-1981, p. 110-114. — K. R. Simmonds, *RCADI* 1989-VI, vol. 218, p. 9-166. — Colloque CEDECE, Brest, *La Communauté et la mer*, J. Lebullenger et D. Le Morvan dir., Economica, 1990, 830 p. — T. Treves et L. Pineschi ed., *The Law of the Sea, the European Union and its Member States*, La Haye, Nijhoff, 1997, 590 p. — A. Cudennec et G. Gueguen-Hallouët eds., *Le juge communautaire et la mer*, Bruylant, Bruxelles, 2003, XIV-188 p. — R. Casado Raigon, *L'Europe et la mer. Pêche, navigation et environnement marin*, Bruylant, Bruxelles, 2005, 521 p. — L. Juda, « The European Union and Ocean Use Management », *Ocean. Devlpt. and I.L.* 2007, p. 259-282 ; v. aussi la bibliographie citée *infra*, n° 683.

Sur les problèmes généraux de délimitation des espaces marins : G. Apollis, *Les frontières maritimes en droit international*, Cnexo, 1979, 156 p. — S. P. Jagota, « Maritime Boundary », *RCADI* 1981-II, vol. 171, p. 81-224 ; et les articles de A. Laraba, *Rev. alg.* 1978, p. 265-291. — M. Voelckel, *AFDI* 1979, p. 693-711. — P. Weil, *Perspectives du droit de la délimitation maritime*, Pedone, 1988, IX-319 p. ; et *Mél. Virally*, 1990, p. 501-511. — W. A. Thirlway, « The Law and Procedure of the ICJ », *BYbIL* 1993, p. 1-54 et 1994, p. 1-102. — L. M. Alexander et J. I. Charney ed., *International Maritime Boundaries*, Nijhoff, Dordrecht, vol. 1 et 2, 1993, XLVI-2138 p., vol. 3, 1998, XXI-478 p., vol. 4, 2002, XXII-579 p. — J. I. Charney, *AJIL* 1994, p. 227-256. — M. P. Pozzo Serrano, *ADI* 1997, p. 407-466. — V. D. Degan, « La raison, l'équité et le droit dans les délimitations », *ERM* 1999-2000, p. 101-116. — G. Cataldi, « La ligne unique de délimitation », *Ann. Droit. Mer* 2002, p. 227-238. — R. Kolb, *Case Law on Equitable Maritime Delimitation. Digest and Commentaries / Jurisprudence sur les délimitations maritimes selon l'équité. Répertoire et commentaires*, Martinus Nijhoff Publishers, La Haye, 2003, XXIV-575 p. — N. M. Antunes, *Towards the Conceptualization of Maritime Delimitation*, Martinus Nijhoff Publishers, Leiden, 2003, XVIII-680 p. — Indemer, *Le processus de délimitation maritime, étude d'un cas fictif*, Pedone, 2004, 400 p. — Y. Tanaka, « Quelques observations sur deux approches jurisprudentielles en droit de la délimitation maritime », *RBDI* 2004, p. 419-455. — V. Prescott et C. Schofield, *The Maritime Political Boundaries of the World*, Martinus Nijhoff Publishers, Leiden/Boston, 2005, XIV-665 p. — J. J. Urbina, *Controversias maritimas, intereses estatales y derecho internacional*, Dilex, S.L., Madrid, 2005, 186 p.

Sur la recherche scientifique marine, v. O. Freymond, *Le statut de la recherche scientifique marine en droit international*, Georg, Genève, 1978, 164 p. — T. Treves dir., *La ricerca scientifica nell'evoluzione del diritto del mare*, Giuffrè, Milan, 1978, 196 p. — A. H. A. Soons, *Marine Scientific Research and the Law of the Sea*, Nijhoff, La Haye, 1982, XIX-363 p. — A. Borrman et H. Weber, *Meeresforschung und Meeresfreiheit*, Weltarchiv, Hambourg, 1983, 479 p. ; v. aussi les articles de L. Caflisch et J. Piccard, *Z.a.ö.R.V.* 1978, p. 848-901. — A. Martray, *ADMA* 1982, p. 387-395.

Sur le régime juridique des pêcheries : J. P. Beurier, *Ressources halieutiques et droit international*, Cnexo, Brest, 1979, 169 p. — Sh. Oda, *International Law of the Ressources of the Seas*, Sijthoff, Leyde, 1979, 132 p. ; et *International Control of Sea Resources*, 2e éd., Dordrecht, Nijhoff, 1989, XXXV-215 p. — T. Scovazzi, *La pesca nell'evoluzione del diritto del mare*, Giuffrè, Milan, 2 vol., t. I : 1979, 232 p. ; t. II :

1984, 300 p. — R. CARROZ, « Les problèmes de la pêche dans la Convention sur le droit de la mer et la pratique des États » *in* D. BARDONNET et M. VIRALLY, *op. cit.*, p. 177-230. — C. A. FLEISCHER, « The New Regime of Maritime Fisheries », *RCADI* 1988-II, vol. 209, p. 95-222. — E. HEY, *The Regime of the Exploitation of Transboundary Marine Fisheries Resources*, Nijhoff, Dordrecht, 1989, XII-306 p. — W. T. BURKE, *The New International Law of Fisheries...*, Clarendon Press, Oxford, 1994, XXVII-373 p. — D. VIGNES, G. CATALDI et R. CASADO RAIGON, *Le droit international de la pêche maritime*, Bruylant, Bruxelles, 2000, 616 p. — S. M. KAYE, *International Fisheries Management*, Kluwer, La Haye, 2001, XXI-606 p. — M. LE HARDY, *Que reste-t-il de la liberté de la pêche en haute mer ? De l'exploitation individuelle à la gestion collective*, Pedone, 2002, 427 p. — L. POMPEI, « Nature juridique de l'activité de pêche maritime », *Ann. de droit maritime et océanique* 2003, vol. 21. — J. BEER-GABEL et V. LESTANG, *Les commissions de pêche et leur droit*, Bruylant, Bruxelles, 2003, 298 p. — E. J. MOLENAAR, « Participation, Allocation and Unregulated Fishing : The Practice of the Regional Fisheries Management Organisations », *Internl. Jl. of Marine and Coastal Law* 2003, p. 457-480. — n° spécial sur les organisations de pêche, *Ocean. Devlpt. and I.L.* 2006, p. 113-264.

Sur les zones de pêche, v. *infra* la biblio. sur le n° 683.

Sur le système de règlement des différends prévu dans la Convention de Montego Bay : v. *supra*, la bibliographie sous le n° 551.

Sur le statut juridique des îles : D. W. BOWETT, *The Legal Regime of Islands in International Law*, Oceana, Dobbs Ferry, 1979, 337 p. — C. R. SYMMONS, *The Maritime Zones of Islands in International Law*, Nijhoff, La Haye, 1979, XII-307 p. — M. DIPLA, *Le régime juridique des îles dans le droit international de la mer*, PUF, 1984, 247 p. — H. W. JAYEWARDENE, *The Regime of Islands in International Law*, Nijhoff, Dordrecht, 1990, XXV-572 p. — R. KOLB, « L'interprétation de l'article 121 § 3 de la Convention de Montego Bay », *AFDI* 1994, p. 876-909. — J.I. CHARNEY, « Rocks that Cannot Sustain Habitation », *AJIL* 1999, p. 873-878. — L. LUCCHINI, « L'État insulaire », *RCADI* 2000, vol. 285, p. 251-392. — R. LAVALLE, « Not Quite a Sure Thing : The Maritime Areas of Rocks and Low-Tide Elevations under the UNCLOS », *Internl. Jl. of Marine and Coastal Law* 2004, p. 43-69. — S. TOUZE, « Les îles volcaniques émergées : règles d'acquisition territoriale et régime de délimitation maritime », *AFDI* 2006, p. 455-479.

Sur les régions polaires et le droit de la mer : A. G. OUDE ELFERINK et D. R. ROTHWELL eds., *The Law of the Sea and Polar Maritime Delimitation and Jurisdiction*, Martinus Nijhoff Publishers, La Haye, 2001, XXXIII-382 p.

V. également *supra*, la bibliographie sous le n° 348.

663. Définition de la mer. — Les géographes la définissent comme l'ensemble des espaces d'*eau salée*. Cette définition tient compte exclusivement des caractères physiques de l'eau de mer, alors que la définition juridique inclut d'autres facteurs. Au regard du droit international, les différents espaces d'eau salée ne constituent la « mer » qu'à la condition qu'ils soient en *communication libre et naturelle* sur toute l'étendue du globe.

La mer Morte, la mer Caspienne, le Grand Lac Salé ne peuvent être juridiquement considérés, malgré la salure de leurs eaux, comme faisant partie de *la* mer, car ces masses d'eaux salées sont fermées. La mer Caspienne, qui baigne plusieurs États, peut être l'objet de rapports régis par le droit international ; mais, comme mer « privée », sans communication avec le reste des océans, elle n'est pas une dépendance de *la* mer au regard des règles générales du « droit de la mer » (v. R. Meese, *RGDIP* 1999, p. 405-423).

Vis-à-vis du droit international *général*, les autres distinctions géographiques entre les diverses catégories de « mers » n'ont, en revanche, guère d'incidences, si ce n'est que certaines caractéristiques peuvent être à l'origine de règles *spéciales* à telle ou telle mer (sur *les* « méditerranées » v. L. Lucchini, *Mél. Colliard*, 1984, p. 289-310 et sur *la* Méditerranée, v. M. Benchikh, *RGDIP* 1980, p. 284-297 ; T. SCOVAZZI ed., *Marine Specially Protected Areas ; The General Aspects and the Mediterranean Regional System*, Kluwer, La Haye, 1999, XV-281 p. ; G. Cataldi dir., *La Méditerranée et le droit de la mer à l'aube du XXIe siècle*, Bruxelles, Bruylant, 2002, x-531 p. ; J. González Giménez, *El mar Mediterráneo : régimen jurídico internacional – De las zonas de pesca a las zonas de protección*, Atelier, Barcelone, 2007, 331 p.).

En outre, le droit international de la mer concerne non seulement l'eau qui la compose, mais aussi son sol et son sous-sol et même, par certains aspects, l'espace aérien sur-jacent (v. *infra*, n° 667).

664. Notions de navire, engin, installation

BIBLIOGRAPHIE. — P. BONASSIES, « Problèmes relatifs à la loi du pavillon », *RCADI* 1969-III, vol. 128, p. 505-630. — Y. VAN DER MENSSBRUGGHE, « Réflexions sur la définition du navire dans le droit de la mer », *in* SFDI, Colloque de Montpellier, préc., p. 62-75. — B. H. OXMAN, « Le régime juridique des navires de guerre dans le cadre de la Convention des Nations Unies sur le droit de la mer », *AFDI* 1982, p. 811-850. — V. également *supra*, la bibliographie relative au n° 325. Sur les installations implantées sur le plateau continental, v. *infra* la bibliographie figurant sur le n° 687.

Le droit de la mer s'applique moins à des espaces en tant que tels, qu'aux activités qui s'y déroulent. Il ne peut donc se désintéresser du régime juridique applicable aux divers engins utilisés pour ces activités. Longtemps, seul le navire était en cause ; aujourd'hui, il faut prendre en considération une multitude d'engins et installations artificiels, fruits de la technologie moderne, qu'il est impossible d'assimiler à des navires en raison de leur manque de mobilité lorsqu'ils sont en activité. Assez curieusement, de façon traditionnelle, le problème est renvoyé au droit privé : les conventions de droit public n'abordent le problème que de façon indirecte, et ne font preuve d'aucune rigueur dans la définition du navire et des engins flottants en général.

Les distinctions retenues, comme les définitions conventionnelles, ont un caractère fonctionnel lié à l'objet de chaque Convention.

1° *Le navire. a) Définition.* Il n'est pas suffisant de définir le navire comme un engin flottant ; il se confondrait avec les pontons, les docks flottants, les îles artificielles. Au critère de la flottabilité doit s'ajouter celui de la navigabilité, c'est-à-dire l'aptitude à naviguer en mer. Dans une décision ancienne, la Cour de cassation française a déclaré :

« Il faut entendre par bâtiment de mer, quelles que soient leurs dénominations et dimensions, tous ceux qui, avec un armement et un équipage qui leur sont propres, remplissent un service spécial et suffisent à une industrie particulière » (Cass., 20 février 1944, *S.* 1844, 1, 197).

Gidel a repris ces éléments en précisant avec juste raison que de tels engins doivent être aptes « à se mouvoir dans les espaces maritimes » (*op. cit.*, t. I, p. 215).

Ni les conventions sur le droit de la mer de 1958 ni celle de 1982 ne donnent une définition générale du « navire ». En revanche, l'article 1.3 de la Convention de Londres du 20 octobre 1972 sur la prévention des abordages en mer dispose :

« Le terme “navire” désigne tout engin ou tout appareil, de quelque nature que ce soit, y compris les engins sans tirant d'eau et les hydravions, utilisé ou susceptible d'être utilisé comme moyen de transport sur l'eau ».

En tant que tel, le navire est juridiquement une chose, un bien meuble. Cependant, comme une personne, il possède obligatoirement une identité et une nationalité.

Dans la législation française, c'est l'acte de « francisation » qui contient toutes les indications sur l'identité du navire : tonnage (jauge brute, jauge nette), dimensions, date de construction, caractéristique extérieure, port d'attache.
Sur la nationalité des navires, v. *supra*, n° 325.

b) Catégories de navires. Les règles du droit international applicables aux navires varient selon les catégories auxquelles ceux-ci appartiennent.

Une première distinction est celle qui oppose les *navires privés* aux navires publics ou *navires d'État*, selon la terminologie qu'a consacrée la Convention de 1982.

Il ressort de l'article 96 de cette Convention (qui reprend le texte de l'article 9 de la Convention de 1958 sur la haute mer) qu'un navire d'État n'est pas nécessairement un navire appartenant à un État ; il suffit qu'il soit exploité par lui.

Cette terminologie n'est guère appropriée en ce qui concerne les navires utilisés par les organisations internationales et battant leur pavillon, comme ce fut le cas de la flotte dont disposaient les Nations Unies pour le relèvement de la Corée-du-Sud. L'article 93 de la Convention de Montego Bay réserve le cas des navires battant pavillon de l'ONU, des institutions spécialisées ou de l'AIEA.

Ce critère tenant à la nature publique ou privée de l'exploitant doit être combiné avec celui de l'affectation du navire à des fins commerciales ou non. Ceci conduit à distinguer, parmi les navires d'État, ceux qui sont *utilisés à des fins commerciales* et ceux qui ne le sont pas.

Déjà admise par les conventions de Genève sur la mer territoriale (art. 21 et 22) et sur la haute mer (art. 9), cette distinction avait suscité l'opposition de l'URSS et des pays de l'Est qui avaient fait des réserves aux dispositions pertinentes. Elle n'en a pas moins été maintenue par la Convention de 1982 (art. 32 et 96) sans que, cette fois, ces États élèvent d'objections.

Parmi les navires d'État utilisés à des fins non commerciales, la catégorie la plus importante est celle des *navires de guerre* dont la Convention de Montego Bay donne, à son article 29, une définition large fondée sur des critères exclusivement formels :

« Aux fins de la Convention, on entend par « navire de guerre » tout navire qui fait partie des forces armées d'un État et porte les marques extérieures distinctives des navires militaires de sa nationalité, qui est placé sous le commandement d'un officier de marine au service de cet État et inscrit sur la liste des officiers ou un document équivalent, et dont l'équipage est soumis aux règles de la discipline militaire ».

Cette définition est proche de celle donnée par l'article 8, § 2, de la Convention de Genève sur la haute mer qui limite cependant la qualification de navires de guerre à ceux appartenant à la *marine de guerre* d'un État. Le texte de 1982 permet de considérer comme navires de guerre, non seulement les navires de guerre proprement dits, qu'ils soient des sous-marins ou des bâtiments de surface, mais encore tous les navires relevant de l'armée qui l'affecte à une flotte militaire. Ainsi, la technique de la guerre navale moderne a pour conséquence le classement dans la catégorie des navires de guerre, de nombre d'autres bâtiments, tels les navires de transports militaires, les dragueurs de mines, les pétroliers, les porte-avions, etc., qu'ils relèvent de l'armée de l'air ou de terre aussi bien que de la marine.

2° *Installations et ouvrages, îles artificielles.* — Le droit conventionnel ne fournit pas de définition des structures artificielles ; il se contente d'apporter quelques précisions sur certains éléments de leur régime juridique.

La Convention de Montego Bay distingue les îles artificielles, les installations et ouvrages destinés à l'exploitation des ressources économiques et les autres installations (art. 60). Une telle distinction n'a pas une portée générale : elle ne se justifie qu'au regard des compétences différentes de l'État riverain sur les diverses activités menées dans sa zone économique exclusive. De même le CMI, dans un projet de Convention sur les « engins mobiles exploités au large » soumis à l'OMI, oppose les unités de forage et les unités de production : les premières sont suffisamment mobiles pour justifier leur assimilation aux navires en ce qui concerne l'application des principales conventions maritimes ; le cas des secondes est réservé. Le critère retenu est peu satisfaisant, d'un point de vue général.

Il semble donc que le besoin d'une définition ne se fasse pas trop sentir dans la pratique, bien que la doctrine ait soulevé depuis longtemps le problème pour les îles artificielles (v. la bibliographie citée *infra*, sur le n° 687). Les difficultés rencontrées, en droit public, concernent la juridiction étatique compétente à l'égard de ces installations, ainsi que la liberté de les installer, au regard d'autres utilisations légitimes de la mer : il paraît opportun et pertinent de distinguer, à titre principal, les structures flottantes — qui participent à la problématique des navires — et les structures fixes. Ce serait donc un critère technologique, plutôt que la destination pratique de l'engin, qui serait déterminant.

665. Évolution du droit de la mer. — La définition même de la mer (v. *supra*, n° 663) met bien en évidence le fait qu'elle est d'abord une route. Pendant longtemps, elle n'a guère été envisagée que sous cet aspect. Sans doute, cet espace de communication était-il doublé d'un réservoir de poissons, mais celui-ci paraissait inépuisable. Dès lors, les grandes controverses du passé sur le droit de la mer visaient surtout le contrôle des communications à des fins tant commerciales que stratégiques.

Ces préoccupations n'ont évidemment pas disparu, mais elles doivent aujourd'hui être combinées avec d'autres, suscitées à la fois par le progrès des techniques, qui permet une exploitation plus intensive des ressources traditionnelles ou récemment découvertes, et par l'évolution de la société internationale, qui conduit notamment une majorité d'États à demander un droit de regard sur cette exploitation que seuls peuvent mener un petit nombre de pays dotés de moyens techniques et financiers suffisants.

1° *Jusqu'en 1960*

a) Dans un premier temps, les préoccupations commerciales et stratégiques ont dominé.

Le droit de la mer est l'une des matières les plus anciennement intégrées dans le droit des gens. Toutefois, ce qui aujourd'hui paraît être une évidence ne s'est imposé qu'à la suite de controverses dont certaines sont célèbres. En effet, à la fin du Moyen Âge et pendant la Renaissance, les grandes puissances maritimes ont prétendu exercer une juridiction exclusive sur certaines portions de la mer au nom soit de la contiguïté (Angleterre), soit de leur contrôle effectif (Gênes sur la mer Tyrrhénienne, Venise sur l'Adriatique), soit d'un titre pontifical (Espagne et Portugal — bulle *Inter coetera* de 1493). Ces prétentions heurtaient les intérêts des autres puissances, qui s'y sont opposées.

C'est dans ce contexte que s'est livrée la plus célèbre « bataille des livres » du passé qui a opposé l'Anglais Selden au Hollandais Grotius, champion de la liberté des mers (v. *infra*, n° 692-1°). Celle-ci s'est rapidement imposée et le droit coutumier s'est fixé et développé autour de cette notion fondamentale, pour le temps de guerre comme pour le temps de paix.

À partir du milieu du XIXe siècle, ces règles coutumières ont été codifiées et prolongées par des conventions dont la première à avoir une portée significative fut la Déclaration de Paris de 1856 sur la guerre maritime ; ses règles ont été précisées par la suite, surtout lors de la deuxième Conférence de La Haye en 1907 (v. *supra*, n° 577).

Dans cette évolution, les intérêts privés jouent souvent un rôle moteur. En particulier, à partir de 1897, le Comité maritime international (CMI), ONG regroupant à la fois des professionnels des transports maritimes (armateurs et assureurs) et des professeurs de droit maritime, est à l'origine d'une vingtaine de conventions sur la sécurité en mer.

La prolifération des traités entraîne une internationalisation poussée qui diminue l'importance des réglementations nationales ; la distinction entre le « droit maritime » et le « droit de la mer » s'atténue.

En outre, depuis 1945, on assiste à la multiplication d'organismes internationaux, qui peuvent proposer et adopter des conventions et, éventuellement, des réglementations internationales, comme la FAO (compétente en matière de pêche) et, surtout, l'OMI (compétente en matière de navigation et de transports maritimes) ; par ailleurs des organisations régionales (CE, OCDE) jouent un rôle important en certains domaines (pêche, protection de l'environnement, crédits à la construction navale).

Créée par une Convention de 1948, entrée en vigueur en 1958, l'Organisation intergouvernementale consultative de la navigation maritime (OMCI) est une institution spécialisée des Nations Unies dont le siège est à Londres. Divers amendements à son acte constitutif adoptés en 1974 et 1975 (entrés en vigueur en 1978 et 1982) ont visé à lui donner les moyens nécessaires pour jouer un rôle central dans les relations maritimes internationales. Les grandes puissances maritimes s'étaient, à l'origine opposées à cette ambition, désormais reflétée par sa nouvelle dénomination ; « Organisation maritime internationale » (OMI) (v. J. Dutheil de La Rochère *in AFDI* 1976, p. 434-473). Cette évolution est cependant trop récente et aléatoire pour être pleinement consacrée par la Convention de Montego Bay et elle est contrariée par les initiatives de la CNUCED, qui bénéficient de l'appui des États du Tiers Monde (cf. par exemple l'adoption de la Convention de Genève de 1986 sur les conditions d'immatriculation des navires ; fort mal accueillie par les grandes puissances maritimes, cette convention était toujours loin d'entrer en vigueur en 2009).

La prétention de l'OMI à jouer un rôle accru est cependant fondée sur des arguments de poids : universalisation rapide (169 États membres au 31 juillet 2009) ; élargissement de la composition et de la compétence des organes de travail (Comité juridique, Comité de la sécurité maritime, Comité de la protection du milieu marin, Comité de la coopération technique) ; amélioration des procédures d'adoption et d'amendement des conventions, etc. Toutefois, seul le dynamisme de cette institution lui permettra d'être reconnue comme l'« organisation internationale compétente », souvent évoquée par la Convention de Montego Bay (v. notamment *infra*, n°s 685 et 696).

b) Dès l'entre-deux-guerres, du fait de la multiplication des règles en vigueur, le besoin s'est fait sentir d'une *codification* générale du droit de la mer, et la question de la mer territoriale fut inscrite à l'ordre du jour de la Conférence de codification convoquée en 1930 par la SdN. Cependant, en dépit d'un accord assez large sur le régime juridique de cette zone, la Conférence dut renoncer à adopter une convention sur ce point du fait de l'opposition des participants sur sa largeur.

Après 1945, l'opération de codification s'imposait cependant avec une urgence accrue sous l'influence de plusieurs facteurs dont les plus décisifs ont été les appétits économiques et territoriaux suscités par l'intensification de l'exploitation des ressources halieutiques et, par la perspective de mise en valeur des ressources énergétiques et, surtout, minérales, du sol et du sous-sol marins (proclamations Truman du 28 septembre 1945 sur les ressources biologiques de la mer et sur le plateau continental et initiatives latino-américaines en faveur d'une zone de pêche voire d'une mer territoriale de 200 milles à partir de 1946).

Dès 1948, le secrétariat de l'ONU suggérait, dans l'*Examen d'ensemble du droit international* préparé à l'intention de la CDI, que le droit de la mer était le sujet se prêtant le mieux à une codification complète. En 1949, la CDI l'a inscrit à son ordre du jour et a désigné le Professeur François comme rapporteur spécial. En 1957, l'Assemblée générale a convoqué une Conférence internationale chargée d'adopter une convention sur la base du projet de 73 articles établi par la CDI

Réunie à Genève en 1958, la première Conférence des Nations Unies sur le droit de la mer a adopté, le 29 avril 1958, quatre conventions consacrées respectivement à la mer territoriale, à la haute mer, à la pêche et la conservation des ressources biologiques de la haute mer, et au plateau continental, complétées par un protocole de signature facultative concernant le règlement obligatoire des différends. Ce succès était cependant tempéré par une grave lacune : comme en 1930, les participants à la Conférence n'ont pu se mettre d'accord sur la question de la largeur de la mer territoriale et des zones de pêche des États.

Cette carence a rendu nécessaire la convocation, deux ans plus tard, de la deuxième Conférence des Nations Unies sur le droit de la mer, qui n'a pu résoudre les problèmes restés en suspens.

2° *Depuis 1960*

a) La remise en cause du droit de la mer est née d'un double mouvement dont les États du Tiers Monde ont été les instigateurs. Ils ont craint de ne pouvoir profiter des importantes ressources potentielles des océans (pétrole et nodules polymétalliques des grands fonds marins, mais aussi ressources halieutiques) dont l'exploitation nécessite des moyens financiers et techniques que seuls les pays industrialisés peuvent mobiliser, ce qui les a conduits d'une part à tenter de s'approprier des étendues marines de plus en plus considérables et, d'autre part, à affirmer que nul ne peut exploiter dans son intérêt exclusif les ressources marines situées au-delà des limites des juridictions nationales.

L'initiative d'une refonte radicale du droit de la mer fut prise en 1967 par l'Ambassadeur de Malte Arvid Pardo, lors de la 22e session de l'Assemblée générale et conduisit à l'adoption, sans opposition mais avec 14 abstentions, de la déclaration des principes régissant le fond des mers et des océans au-delà des limites de la juridiction nationale (résol. 2749 (XXV) du 17 décembre 1970), en même temps qu'était décidée la convocation, en 1973, de la troisième Conférence des Nations Unies sur le droit de la mer.

Contrairement à celle de 1958, la préparation de la Conférence ne fut pas confiée à la CDI, mais au Comité des fonds marins, créé en 1968 et élargi pour la circonstance. Un processus préparatoire éminemment politique se substituait donc à l'approche plus technique et juridique retenue auparavant. Le Comité ne put élaborer un projet unique et complet à soumettre à la Conférence.

b) La *troisième Conférence des Nations Unies sur le droit de la mer* se réunit le 3 décembre 1973 et acheva ses travaux avec la signature, le 10 décembre 1982, de la Convention de Montego Bay sur le droit de la mer.

Au cours de la Conférence se sont cristallisées des solidarités et des oppositions qui ont largement éclipsé les clivages traditionnels (« Nord-Sud », « Est-Ouest ») : aux puissances maritimes, qui privilégiaient la liberté de navigation, s'opposaient les États « côtiers », favorables à une extension maximale de leurs compétences maritimes ; les États enclavés ou géographiquement défavorisés réclamaient des compensations aux États qui bénéficient d'un littoral ou d'un plateau continental étendu, les deux groupes invoquant de façon contradictoire les postulats du droit au développement ; les États qui disposent de ressources minières terrestres et ceux qui n'en ont pas (ou qui privilégient l'autonomie de leur approvisionnement en matières premières) se sont opposés sur les modalités d'exploitation du fond des mers. On pourrait multiplier les critères presqu'à l'infini : chaque problème particulier (protection de l'environnement, recherche scientifique, pêche, sécurité, etc.) a donné naissance à une constellation diplomatique.

Pour sortir les négociations de l'impasse où elles risquaient de s'enliser, le Président de la Conférence élabora en 1975, sur la base des textes préparés par les Présidents des trois Commissions constituées dès 1973, un « texte unique de négociation », qui fut révisé l'année suivante et transformé en 1977, en un « texte de négociation composite officieux » (TNCO), lui-même révisé en 1979 et 1980 avant de devenir, en août 1980, le « projet de convention sur le droit de la mer » (sur ces diverses étapes, v. J.-P. LEVY, *La Conférence des Nations Unies sur le droit de la mer*, préc., et la présentation succincte et claire de P.-M. Eisemann, *NED* n° 4703-4704, notamment p. 18-22).

Bien que les difficultés aient subsisté jusqu'à la fin, notamment du fait de l'attitude très hostile adoptée par les États-Unis, le texte fut adopté le 30 avril 1982 et signé par 117 États lors de la cérémonie de signature à Montego Bay (Jamaïque), le 10 décembre 1982, en même temps que l'Acte final de la Conférence, qui comporte sept annexes, elles-mêmes parfois divisées en plusieurs résolutions.

La Convention de Montego Bay est entrée en vigueur en 1994 mais, corrélativement, sa partie XI, la plus controversée, a été modifiée *de facto*, d'une manière fort peu orthodoxe (v. *supra*, n° 379), par l'Accord de New York du 29 juillet 1994 (v. *infra*, n° 666).

666. Sources du droit de la mer. — Le droit de la mer est caractérisé avant tout par la coexistence de règles d'origines diverses. D'abord d'origine coutumière, il a fait l'objet, depuis le milieu du siècle dernier, d'une multitude de traités et l'activité conventionnelle s'est encore accentuée considérablement depuis une quinzaine d'années. Bien que ce classement ne soit pas d'une totale rigueur scientifique, ces conventions peuvent être réparties en deux catégories : les unes, très nombreuses, portent sur des zones ou des problèmes particuliers (pollution, sécurité, conservation d'espèces déterminées, droit des travailleurs maritimes, etc.), les autres entendent codifier le droit de la mer dans son ensemble ou des branches importantes de celui-ci (conventions de 1958 et de 1982).

Les premières ne posent pas de problèmes particuliers : elles complètent les règles existantes et les précisent, y dérogeant même le cas échéant. Elles peuvent d'ailleurs faire évoluer le droit coutumier ou être à l'origine de nouvelles normes coutumières.

Les rapports des conventions de codification avec les règles coutumières sont plus complexes. En premier lieu, elles ne se bornent pas à enregistrer les règles existantes mais réalisent le « développement progressif » du droit de la mer, indissociable de sa codification (v. *supra*, n° 215). En deuxième lieu, au moment même où semble triompher la codification, on assiste à un regain d'intérêt pour la coutume, que l'activité conventionnelle stimule ; le préambule de la Convention de 1982 indique du reste expressément que « les questions qui ne sont pas réglementées par la convention continueront d'être régies par les règles et principes du droit international général ». Enfin, les conventions elles-mêmes et, plus encore peut-être, leurs travaux préparatoires, sont à l'origine de pratiques qui peuvent, à leur tour, déboucher sur la cristallisation de nouvelles règles coutumières.

Ces problèmes ont été posés une première fois devant la CIJ dans l'affaire du *Plateau continental de la mer du Nord* (RFA c. Danemark et Pays-Bas, arrêt du 20 février 1969). L'article 6 de la Convention de Genève sur le plateau continental que la RFA avait signée mais non ratifiée prévoit que la délimitation entre deux plateaux adjacents ou se faisant face doit, en principe, être effectuée selon la méthode de l'équidistance ; la Cour s'est demandée — pour répondre par la négative — si cette disposition, d'une part, codifiait un principe existant et, d'autre part, avait donné naissance à une nouvelle règle de droit international coutumier (*Rec.* 1969, p. 29-46). En revanche, elle a admis que d'autres dispositions de la convention avaient « consacré » ou « cristallisé » des règles de droit international coutumier (*ibid.*, p. 39).

Par la suite, les problèmes ont été rendus plus complexes encore du fait de la remise en cause du droit de la mer et de la tenue de la troisième Conférence (arrêts sur la *Compétence en matière de pêcheries*, 1974 et sur le *Plateau continental Tunisie/Libye*, 1982 ; sentence arbitrale relative à la *Délimitation du plateau continental de la mer d'Iroise* du 30 juin 1977), puis de l'adoption de la Convention de Montego Bay (arrêts sur la *Délimitation de la frontière maritime dans la région du golfe du Maine*, 1984, le *Plateau continental Libye/Malte*, 1985, le *Différend frontalier* (notamment *insulaire* et *maritime*) entre El Salvador et le Honduras, 1992, et la *Délimitation maritime dans la région située entre le Groënland et Jan Mayen*, 1993 ; sentences arbitrales du 14 février 1985 sur la *Délimitation de la frontière maritime Guinée/Guinée-Bissau* et du 31 juillet 1989 sur la *Détermination de la frontière maritime Guinée-Bissau/Sénégal*). Le fait que la Convention de 1982 a été ratifiée par une très grande majorité d'États (159 au 31 juillet 2009) a contribué à faire disparaître en grande partie ces difficultés.

Dans toutes ces affaires, le juge ou l'arbitre, a suivi une démarche empirique, tenant compte des « tendances » contemporaines (v. notamment les arrêts de 1974 et 1982 ; *Rec.* 1974, p. 23 et 1982, p. 37 et 47), mais n'appliquant que les règles coutumières qu'il tenait pour établies au moment où il statuait et contribuant du même coup à les affermir.

Précieuse pour déterminer la portée et le contenu précis des règles coutumières effectivement appliquées, cette jurisprudence n'est pas d'un très grand secours pour savoir, d'une manière générale, où trouver « le » droit positif de la mer. Une première chose est certaine : ni les conventions de Genève de 1958 ni celle de Montego Bay de 1982 ne le reflètent pleinement. Par ailleurs, ces conventions ne lient, en tant que traités, que les États qui les ont ratifiées (sous réserve de l'application partielle aux États parties à l'Accord du 29 juillet 1994 de la partie XI de la Convention de Montego Bay même si celle-ci n'est pas en vigueur à leur égard — cf. l'art. 7 de l'Accord). Quant aux conventions de Genève, elles lient les parties (mais seulement elles), dans toute la mesure où elles n'ont pas été contredites par des règles coutumières postérieures contraires.

Mais là s'arrêtent les certitudes et commencent les difficultés car tout le problème revient, précisément, à déterminer si ces règles coutumières existent et quel est leur contenu.

Les conventions de Genève sont entrées en vigueur en 1962 (haute mer), 1964 (mer territoriale ; plateau continental) et 1966 (pêche et conservation des ressources biologiques — ce retard marquant les réticences particulières des États à l'égard de cette dernière). Aucune n'a été ratifiée par plus d'une soixantaine d'États et certains de ceux qui sont devenus parties les ont même dénoncées (ce qui pose d'ailleurs de difficiles problèmes juridiques : cf. D. Bardonnet, *in AFDI* 1972, p. 123-180). Enfin, les États parties ont exprimé de très nombreuses réserves.

À l'époque de l'adoption de la Convention de Montego Bay (1982), l'opposabilité de ses dispositions était délicate à déterminer. En effet, la Convention n'avait pu être adoptée par consensus et les résultats du vote intervenu ne devaient pas être surestimés : certes, le texte de la Convention a été approuvé par 130 États mais, parmi les quatre opposants se trouvaient les États-Unis, hostiles au système d'exploitation de la Zone dans son ensemble ; les raisons plus ponctuelles qui motivaient le refus de quelques autres États (Israël, la Turquie et le Venezuela) peuvent rester valables de leur point de vue ; par contre, l'abstention de 17 États, dont tous les pays alors socialistes, était moins significative car elle traduisait leur opposition à la résolution II, relative aux investissements préparatoires pour l'exploitation de la Zone, plus qu'à la Convention elle-même. On ne pouvait pas non plus donner une signification juridique précise au nombre considérable de signatures obtenues à la fin de cette phase de la procédure (155 au 9 décembre 1984), dans la mesure où la signature pouvait n'avoir qu'une signification tactique : permettre aux États et à la Communauté européenne de participer avec droit de vote aux travaux de la Commission préparatoire et, dans certains cas, de bénéficier du régime réservé aux « investisseurs pionniers » par la résolution II. Cette incertitude s'est maintenue jusqu'à une époque récente.

La Convention de Montego Bay est entrée en vigueur le 16 novembre 1994, douze mois après sa soixantième ratification conformément aux dispositions de l'article 308, § 1. Avant son entrée en vigueur, elle a été complétée par l'Accord de New York du 29 juillet 1994 « relatif *à l'application* de la partie XI » mais qui, en réalité, modifie celle-ci de manière significative : ce dernier accord est entré en vigueur le 28 juillet 1996 à titre définitif. Malgré les conditions quelque peu chaotiques et le caractère tardif de cette entrée en vigueur et l'anomalie juridique de sa modification *in extremis* (v. *supra*, n°s 94 et 379), la Convention peut être considérée comme l'expression principale du droit de la mer contemporain. Elle lie désormais un nombre important d'États, dont la plupart des grandes puissances maritimes à l'exception notable des États-Unis (ils n'ont accepté, à titre provisoire, que l'accord modificatif, mais une pression se fait de plus en forte pour qu'ils ratifient la Convention [v. not. *AJIL* 2004, p. 307], et leur Président en a d'ailleurs fait formellement la demande au Congrès américain le 15 mai 2007) : en 2009, on dénombre 159 parties dont la Communauté européenne pour la Convention, et 137 pour l'accord de 1994. Il faut cependant tenir compte de l'évolution ultérieure du droit, en particulier des nouvelles conventions multilatérales qui sous couvert de « l'application » de certaines dispositions de la Convention de 1982, et alors même qu'elles prétendent être compatibles avec cette dernière ou devoir être mises en œuvre de manière compatible avec elle, remettent en question, en réalité, les compromis — ou les ambiguïtés volontairement maintenues — du texte de 1982. Tel est le cas, pour ce qui concerne l'exploitation des ressources vivantes en haute mer, de la Convention de New York du 4 août 1995, « relative à la conservation et à la gestion des stocks de poissons dont les déplacements s'effectuent tant à l'intérieur qu'au-delà de zones économiques exclusives (stocks chevauchants) et des stocks de poissons grands migrateurs ». Dans la mesure où les pouvoirs reconnus aux États côtiers diffèrent d'un texte à l'autre, et compte tenu du principe de l'effet relatif des traités, c'est un pan considérable du droit de la mer — le régime juridique de la haute mer — dont l'opposabilité devient à géométrie variable.

Sont plus particulièrement concernées par la Convention de 1995 sur les « stocks chevauchants » les dispositions suivantes de la Convention de Montego Bay : articles 63 (stocks de poissons se trouvant à la fois dans la ZEE et dans un secteur adjacent à la zone), 64 (grands migrateurs), 116 à 120 (ressources biologiques de la haute mer ; et article 87 § 1 lit. e, liberté de la pêche, par ricochet).

Dès lors, conformément au droit des traités, il reste nécessaire d'établir — pour les États non parties et ceux ayant exprimé des réserves à la Convention de Montego Bay — si la règle invoquée, telle qu'elle est exprimée dans la Convention amendée, répond aux critères traditionnellement mis en œuvre pour que cette règle puisse être considérée comme une norme coutumière (v. *supra*, n°s 209 s.). S'agissant du régime opposable aux États non parties aux conventions dites d'application, la question devrait être résolue de savoir si les règles inédites posées par ces conventions ont acquis valeur coutumière ou sont considérées comme créant un régime objectif opposable *erga omnes*.

Deux directives générales peuvent être suivies. D'une part, les règles figurant dans les conventions de Genève et reprises par celle de Montego Bay peuvent raisonnablement être considérées comme traduisant des normes certaines de droit coutumier ; d'autre part, les règles dont la mise en œuvre dépend du mécanisme institutionnel prévu par la Convention n'en relèvent certainement pas. Pour le reste, comme l'a indiqué la CIJ :

« Il est bien évident que la substance du droit international coutumier doit être recherchée en premier lieu dans la pratique effective et l'*opinio juris* des États, même si les conventions multilatérales peuvent avoir un rôle important à jouer en enregistrant et définissant les règles dérivées de la coutume et même en les développant (...). Il est néanmoins indéniable que, ayant été adoptée par l'écrasante majorité des États, la Convention de 1982 revêt une importance majeure » (arrêt du 3 juin 1985, *Plateau continental Libye/Malte*, *Rec.* 1985, p. 29-30 ; v. aussi la sentence arbitrale rendue le 17 juillet 1986 dans l'Affaire concernant le *Filetage dans le golfe du Saint-Laurent*, § 51, *RGDIP* 1986, p. 747-748 ; et CIJ, arrêt du 16 mars 2001, *Délimitation maritime et questions territoriales entre Qatar et Bahreïn*, par. 185, p. 97).

Le tableau ci-après s'efforce de présenter la concordance existant — ou n'existant pas — entre les conventions de Genève de 1958 et celle de Montego Bay de 1982.

TABLEAU DE CONCORDANCE DES CONVENTIONS DE GENÈVE ET DE MONTEGO BAY

conventions de Genève :

— M.T. : Convention sur la mer territoriale et la zone contiguë.

— H.M. : Convention sur la haute mer.

— R.B. : Convention sur la pêche et la conservation des ressources biologiques.

— P.C. : Convention sur le plateau continental.

— Prot. : Protocole de signature facultative concernant le règlement obligatoire des différends.

Caractères normaux : reproduction identique ou avec des modifications rédactionnelles mineures dans la Convention de Montego Bay de la disposition correspondante des conventions de Genève ;

en *italiques* : dispositions correspondantes mais avec des modifications de fond ou des adjonctions ;

en caractère gras : dispositions traitant du même sujet, mais totalement remaniées ;

— : absence de dispositions équivalentes.

Montego Bay	Genève
1	-
2, § 1	*M.T. 1, § 1*
2, § 2	M.T. 2
2, § 3	M.T. 1, § 2
3	(v. M.T. **24, § 2**)
4	M.T. 6
5	M.T. 3
6	-
7, § 1	M.T. 4, § 1
7, § 2	-
7, § 3	M.T. 4, § 2
7, § 4	M.T. 4, § 3
7, § 5	M.T. 4, § 4
7, § 6	*M.T. 4, § 5*
8, § 1	M.T. 5, § 1
8, § 2	*M.T. 5, § 2*
9	M.T. 13
10	M.T. 7
11	M.T. 8
12	M.T. 9
13	M.T. 11
14	-
15	M.T. 12, § 1
16	*M.T. 4, § 6 ; 9 ; 12, § 22*

Montego Bay	Genève
17	M.T. 14, § 1
18	*M.T. 14, § 2 et 3*
19, § 1	M.T. 14, § 4
19, § 2	M.T. **14, § 5**
20	M.T. 14, § 6
21, § 1	(v. M.T. **14, § 5**)
21, § 2 et 3	-
21, § 4	*M.T. 17*
22 et 23	-
24, § 1	*M.T. 15, § 1*
24, § 2	M.T. 15, § 2
25	M.T. 16, § 1 à 3
26	M.T. 18 (et 22, § 1)
27	M.T. 19
28	M.T. 20
29	H.M. 8, § 2
30	M.T. 23
31	-
32	M.T. 22, § 2
33, § 1	M.T. 24, § 1
33, § 2	M.T. **24, § 2**
34 à 44,	-
45	*M.T. 16, § 4*
46 à 60	-
(61 à 63)	(v. R.B. **2 et 6 à 8**)

Montego Bay	Genève
64 à 75	-
76, § 1	P.C. 1
76, § 2 à 10	-
77, § 1	P.C. 2, § 1
77, § 2	*P.C. 2, § 2*
77, § 3	P.C. 2, § 3
77, § 4	P.C. 2, § 4
78, § 1	P.C. 3
78, § 2	*P.C. 5, § 1*
79	P.C. **4**
80 (v. art. 60)	*P.C. 5, § 2 à 7*
81 et 82	-
83, § 1	P.C. **6, § 1 et 2**
83, § 2 à 4	-
84, § 1	P.C. **6, § 3**
84, § 2	-
85	P.C. 7
86	*H.M. 1*
87	*H.M. 2*
88	-
89	H.M. 2, 1re phrase
90	H.M. 4
91	H.M. 5, § 1 (trois premières phrases)
91, § 2	H.M. 5, § 2
92	H.M. 6
93	H.M. 7
94, § 1 (dernière phrase)	H.M. 5 § 1
94, § 2	-
94, § 3	H.M. 10, § 1
94, § 4	-
94, § 5	H.M. 10, § 2
94, § 6 et 7	-
95	H.M. 8, § 1
96	H.M. 9
97	H.M. 11
98	H.M. 12

Montego Bay	Genève
99	H.M. 13
100	H.M. 14
101	H.M. 15
102	H.M. 16
103	H.M. 17
104	H.M. 18
105	H.M. 19
106	H.M. 20
107	*H.M. 21*
108 et 109	-
110, § 1	*H.M. 22, § 1*
110, § 2	H.M. 22, § 2
110, § 3	H.M. 22, § 3
110, § 4 et 5	-
111, § 1	H.M. 23, § 1
111, § 2	-
111, § 3	H.M. 23, § 2
111, § 4	*H.M. 23, § 3*
111, § 5	*H.M. 23, § 4*
111, § 6	H.M. 23, § 5
111, § 7	*H.M. 23, § 6*
111, § 8	H.M. 23, § 7
112, § 1	H.M. 26, § 1
112, § 2 (v. art. 79, § 5)	H.M. 26, § 3
113	H.M. 27
114	H.M. 28
115	H.M. 29
116	R.B. 1, § 1
117	R.B. 1, § 2
118 et 119	R.B. **4, § 1** et 5, § 1
120	-
121, § 1	M.T. 10, § 1
121, § 2	*M.T. 10, § 2*
121, § 3	-
122 à 124	-
125	H.M. 3
126 à 130	-

Montego Bay	Genève
131	H.M. **3, § 1.b**
132 à 193	-
194	H.M. **24**
195 à 209	-
210, § 1	H.M. **25**
210, § 2 à 6	-
211 à 245	-
246, § 1	-
246, § 2 et 3	*P.C. 5, § 8*
246, § 4 à 8	-
247 et 248	-
249 (2e phrase, *in fine*)	P.C. **5, § 8**

Montego Bay	Genève
250 à 283	-
284	Prot. IV
285	-
286 et 287	**Prot. I et III**
288 à 296	-
297, § 1 et 2	-
297, § 3	R.B. **9 à 12 ; Prot. II**
298 à 304	-
(305 à 320 : dispositions finales)	(v. M.T. 25 à 32 ; H.M. 30 à 37 ; R.B. 15 à 22 ; P.C. 8 à 15 ; Prot. V et VII)

Dispositions des conventions de Genève n'ayant aucun équivalent dans la Convention de Montego Bay :
- H.M. : 8, § 2 ; 26, § 2.
- M.T. : 24, § 3.
- R.B. : 3.

667. Diversité des régimes juridiques. — Le droit de la mer constitue, en réalité, l'amalgame de régimes juridiques applicables à des espaces divers (v. *supra*, n° 662). Dans certains cas, ces règles concernent à la fois la mer proprement dite, son sol et son sous-sol. Dans d'autres, il y a, au contraire, dissociation entre le régime applicable au fond des mers et celui des eaux sur-jacentes.

Pendant longtemps, cette dissociation a été limitée au plateau continental, soumis à des règles particulières, distinctes de celles qui s'appliquaient à la haute mer qui le recouvrait (conventions de Genève, 1958). La CIJ avait pris acte de cette solution en insistant sur le fait que les droits de l'État riverain aux fins de l'exploration et de l'exploitation du plateau continental dérivent de la souveraineté de cet État sur la masse continentale voisine dont le plateau n'est qu'un « prolongement naturel » (affaires du *Plateau continental de la mer du Nord, Rec.* 1969, p. 30 s.). Avec la consécration de la notion de zone économique exclusive, cette distinction, sans disparaître, perd une part de son importance (v. *infra*, n° 687) ; mais, à l'inverse, l'établissement d'un statut juridique particulier pour les fonds marins au-delà des limites de la juridiction nationale (« la Zone » dans la terminologie de la Convention de 1982), distinct de celui de la haute mer, lui donne une importance nouvelle.

Il faut signaler que le statut juridique de la mer rejaillit sur celui de l'espace aérien sur-jacent (v. *infra*, n°s 723 et 724).

L'évolution du droit consiste largement dans une double « patrimonialisation ». D'une part, les pouvoirs de l'État riverain sur les espaces marins adjacents à ses côtes ont connu une extension considérable. D'autre part le fond des mers et ses ressources situés au-delà des juridictions nationales ont été déclarés « patrimoine commun de l'humanité » et si ce régime ne s'est pas étendu à la haute mer elle-même, celle-ci n'en demeure pas moins insusceptible d'appropriation nationale.

Section 1. — Zones maritimes sous juridiction nationale.

Section 2. — Zones maritimes non soumises à juridiction nationale.

Section 1

Zones maritimes sous juridiction nationale

BIBLIOGRAPHIE. — G. GIDEL, « La mer territoriale et la zone contiguë », *RCADI* 1934, II, vol. 48, p. 137-278. — F. CASTBERG, « Distinction entre les eaux territoriales et les eaux intérieures », *Ann. IDI* 1954, vol. 45, p. 113-224 et 1956, vol. 46, p. 51-60. — J. K. OUDENDIJK, *Status and Extent of Adjacent Waters*, Sijthoff, Leyde, 1970, 160 p. — G. APOLLIS, *L'emprise maritime de l'État côtier*, Pedone, 1981, 293 p. — G. LE BORGNE, *La police en mer en deçà des 200 milles. Doctrine et pratique française*, LGDJ, 1986, 365 p. — L. S. JOHNSON, *Coastal State Regulation of International Shipping*, Dobbs Ferry, New York, 2004, VIII-208 p. — E. MOLENAAR, « Port State Jurisdiction », *Ocean. Devlpt. I.L.* 2007, p. 225-256. V. aussi les chroniques annuelles de H. ASCENSIO *in ERM*.

Sur la délimitation des zones sous juridiction nationale, adde à la bibliographie sur le n° 663 — L. CAFLISCH, « Les zones maritimes sous juridiction nationale, leurs limites et leur délimitation », *RGDIP* 1980, p. 68-119. — S. P. JAGOTA, « Maritime Boundary », *RCADI* 1981-II, vol. 171, p. 81-224. — *Mél. AGO*, 1987, vol. II, contributions de C. A. COLLIARD, p. 87, V. D. DEGAN, p. 107, Sh. ODA, p. 349, P. REUTER, p. 251 et M. VIRALLY, p. 523. — J. G. TANJA, *The Legal Determination of International Maritime Boundaries*, Kluwer, Deventer, 1990, XXI-360 p. — M. BEDJAOUI, « L'énigme des « principes équitables » dans le droit des délimitations maritimes », *Rev. esp. DI* 1990, p. 367-388. — M. D. EVANS, « Maritime Delimitation and Expanding Categories of Relevant Circumstances », *ICLQ* 1991, p. 1-33. — I. D. M. NELSON, « The Roles of Equity in The Delimitation of Maritime Boundaries », *AJIL* 1991, p. 837-858. — M. VOELCKEL, « Les cartes marines dans la convention de Montego Bay », *Indemer* 1992, p. 93-107. — F. A. AHNISH, *The International Law of Maritime Boundaries and the Practice of States in the Mediterranean Sea*, Clarendon Press, Oxford, 1993, XXI-415 p. — A. PASTOR PALOMAR « La qualification juridique des formations juridiques dans l'arrêt du 16 mars 2001 (affaire *Qatar c. Bahrein*), », *RGDIP* 2002, p. 329-356.

668. Définition. — Selon la Cour d'arbitrage dans l'affaire du *Canal de Beagle* (22 avril 1977), « il existe un principe général de droit en vertu duquel, en l'absence de disposition expresse en sens contraire, une attribution de territoire doit *ipso facto* entraîner l'attribution des eaux dépendantes du territoire attribué » (sentence, § 107). On ne saurait imaginer reconnaissance plus solennelle de la théorie de la « proximité » ou de la « contiguïté » : le sort des eaux adjacentes aux côtes suit celui du territoire terrestre.

L'arrêt de la CIJ du 11 septembre 1992 invite à étendre cette formulation, puisqu'en l'espèce, par une fiction juridique, c'est la ligne de fermeture d'une baie dont les eaux sont sous la souveraineté conjointe de trois États qui symbolise le « trait de côte » et la ligne de base d'une mer territoriale (affaire du *Différend frontalier terrestre, insulaire et maritime*, El Salvador/Honduras, Nicaragua intervenant, *Rec.* p. 607) : « Étant donné qu'il existe un condominium des eaux du golfe (de Fonseca), il s'ensuit qu'il y a une présence tripartite à la ligne de fermeture et que le Honduras ne se trouve pas privé, par un effet de confinement, de droits sur les eaux de l'océan à l'extérieur de la baie » *(ibid.)* ; « les trois souverains conjoints doivent tous avoir droit à une mer territoriale, un plateau continental et une zone économique exclusive à l'extérieur de la ligne de fermeture » (*ibid.* p. 608).

L'unité conceptuelle des droits maritimes sera clairement et pleinement établie, ou plutôt rétablie, dans l'arrêt de 1985 de la CIJ dans l'affaire *Libye c. Malte*. Le fondement du titre juridique de l'État côtier réside dans le principe que « la terre domine la mer » par l'intermédiaire des côtes, soit le principe d'adjacence littorale. Parce qu'il s'agit d'un principe juridique et non physique, il doit s'imposer à partir du critère de la distance (12, 24 ou 200 milles) et non pas du « prolongement naturel ».

En vertu de ce principe, maintes fois réaffirmé, le juge international est tenu de procéder, en cas de litige, d'abord à la délimitation terrestre avant de passer à la délimitation maritime. Ainsi la souveraineté sur une île ne dépendra-t-elle pas de sa localisation par rapport à une délimitation maritime mais au contraire, celle-ci devra se faire en considération de l'appartenance de l'île à tel ou tel État (v. CIJ, arrêt du 8 oct. 2007, *Différend territorial et maritime entre le Nicaragua et le Honduras*, par. 113, 126 et 135 ; les hauts-fonds découvrants ne constituant pas en revanche de la terre ferme, leur statut diffère de celui des îles, la souveraineté à leur égard correspondant à celle de l'État dans les eaux territoriales duquel ils se trouvent : v. CIJ, 23 mai 2008, *Souveraineté sur Pedra Branca/Pulau Batu Puteh,* par. 291-299).

« Accessoires automatiques » de la souveraineté étatique, les droits maritimes sont des droits dérivés et définis — dans leur extension spatiale — selon la théorie des projections « côtières » et non des projections terrestres (CIJ, affaire du *Golfe du Maine*, 1984, *Rec.*, p. 296).

Ce fondement des juridictions maritimes nationales — outre qu'il exprime une nouvelle pondération des objectifs du droit de la mer au détriment des préoccupations traditionnelles — respecte bien le postulat de l'égalité souveraine mais ne prétend en rien corriger les inégalités résultant de l'histoire des relations internationales.

Le problème est dès lors de savoir jusqu'où s'étendent les effets du voisinage et si ces effets sont uniformes. Le droit de la mer contemporain enregistre l'extension continuelle de la notion d'adjacence : aux institutions anciennes que sont les eaux intérieures et la mer territoriale, se sont ajoutés le plateau continental, la zone contiguë, la zone économique exclusive et les eaux archipélagiques.

Ces divers espaces se définissent d'une part par leur régime juridique, d'autre part par leur distance par rapport à la côte ou, plus exactement, aux « lignes de base » qui sont tracées à proximité de la côte et servent de référence pour fixer la largeur de chacun d'eux (v. *infra*, n° 676). Les droits de l'État riverain dans chacune de ces zones ne sont pas uniformes et c'est à un véritable dégradé de compétences que l'on assiste à mesure que l'on s'éloigne des lignes de base quoique, en matière économique, l'État bénéficie de compétences très larges dans les espaces les plus excentrés (zone économique exclusive et plateau continental).

Les types de compétences reconnues à l'État dans les zones marines adjacentes à son territoire sont très divers. Pour nous en tenir aux dispositions de la Convention de 1982, certaines portent sur l'espace marin lui-même (souveraineté sur les eaux intérieures, la mer territoriale et les eaux archipélagiques — art. 2), mais la plupart ont un caractère fonctionnel, c'est-à-dire qu'elles sont fonction de l'activité menée dans la zone : droits souverains, dans l'exploitation des ressources naturelles de la zone économique exclusive et du plateau continental (art. 56 et 77) ; droits exclusifs, en ce qui concerne les installations artificielles dans la zone économique exclusive (art. 60) ; « juridiction », pour la réglementation résiduelle des activités dans la même zone (art. 56) ; et « contrôle », pour les réglementations dont le respect doit être assuré dans la zone contiguë (art. 33).

En contrepartie, les États moins favorisés ou attachés à la liberté de navigation cherchent à faire garantir un droit de passage aussi étendu que possible (cf. *infra*, n° 674 et 679) et un droit de participation à l'exploitation des ressources des zones sous juridiction de l'État côtier (v. *infra*, n° 685 et 690).

§ 1. — *Eaux intérieures*

BIBLIOGRAPHIE. — G. GIDEL, « Le régime des navires dans les ports étrangers », *Ann. IDI* 1927-1, p. 191-262. — H. THIERRY, « Les États privés de littoral maritime », *RGDIP* 1958, p. 610-617. — C. J. COLOMBOS, « The Legal Regime of Warships in Foreign Waters », *Mél. Gidel*, 1961, p. 159-166. — Cl. PALAZOLLI, « De quelques développements récents du droit des gens en matière d'accès à la mer des pays dépourvus de littoral », *RGDIP* 1966, p. 667-735. — M. I. GLASSNER, *Access to the Sea For Developing Landlocked States*, Nijhoff, La Haye, 1970, 293 p. — J.-F. PULVENIS, « La notion d'État géographiquement désavantagé et le nouveau droit de la mer », *AFDI* 1976, p. 678-719. — L. C. CAFLISCH, « Land-Locked States and their Access to and from the Sea », *BYBIL* 1978, p. 71-100. — V. D. DEGAN, « Internal Waters », *NYBIL* 1986, p. 3-44. — P. TAVERNIER, « Les nouveaux États sans littoral d'Europe et d'Asie et l'accès à la mer », *RGDIP* 1993, p. 727-744. — L. SAVADOGO, *Essai sur une théorie générale des États sans littoral. L'expérience africaine*, LGDJ, 1997, XVIII-389 p. ; « L'accord conclu entre la Croatie et la Bosnie-Herzégovine... : la logique de réciprocité en matière de transit d'un État sans accès utile à la mer », *Ann. Droit. Mer* 1998, p. 199-133. — M. VOELCKEL, « Les ports de refuge », *Ann. Droit. Mer* 2003, p. 261-295. — J.-G. MAHINGA, « La compétence de l'État du port en droit international public », *JDI* 2005, p. 1093-1130.

669. Définition et régime juridique. — Les eaux intérieures correspondent à celles baignant les côtes de l'État et situées « en deçà » de la ligne de base de la mer territoriale (art. 8, § 1, de la Convention de Montego Bay ; sur la fixation de cette ligne de base, v. *infra*, n° 676). Elles comprennent les ports, les rades, les havres, les échancrures des côtes très découpées (fjords, rias) et les baies historiques (v. *infra*, n° 676), ainsi que le sol et le sous-sol de ces zones et l'espace aérien sur-jacent.

La définition juridique des eaux intérieures diffère donc de la définition géographique qui y inclut celles qui sont enfermées par les territoires étatiques terrestres ou les traversent : canaux, fleuves, mers fermées, etc.

1° *Souveraineté de l'État riverain.* Le régime juridique général des eaux intérieures, en droit international de la mer, est assez peu développé, ce qui s'explique aisément : les efforts de concertation internationale se heurtent au principe de la compétence territoriale de l'État, qui se veut exclusive. Il est donc nécessaire de se référer essentiellement à la coutume et, pour le droit écrit, à la Convention et au Statut de Genève du 9 décembre 1923 sur le régime international des ports établis en application de l'article 379 du Traité de Versailles.

Le principe essentiel est l'assimilation complète des eaux intérieures au territoire terrestre de l'État, ce que confirment l'article 1er, § 1, de la Convention de Genève sur la mer territoriale et l'article 2, § 1, de celle de Montego Bay, qui précisent que ces eaux sont soumises à la *souveraineté de l'État* (v. CIJ, arrêt du 27 juin 1986, *Activités militaires et paramilitaires au Nicaragua, Rec.* 1986, p. 111). Pour cette raison, elles sont parfois désignées par les expressions « territoire maritime » ou « mer nationale ».

Ici, comme dans toute autre partie du territoire terrestre, les États peuvent consentir des restrictions à leur liberté, par exemple pour assurer une meilleure protection de l'environnement (par exemple, Convention d'Espoo du 25 février 1991 sur les études d'impact, *ILM* 1991, p. 800).

2° *Condition juridique des navires.* Deux questions distinctes se posent : celle du droit d'accès des navires étrangers aux eaux intérieures — et, singulièrement, aux ports — et celle de la condition de ces navires une fois qu'ils y ont accédé. Dans les deux cas, les règles applicables sont différentes selon qu'il s'agit de navires privés ou de navires d'État utilisés à des fins non commerciales.

a) Pour les navires privés, auxquels doivent être assimilés les navires d'État utilisés à des fins commerciales, l'article 2 du Statut de Genève de 1923 pose le principe de la liberté d'*accès* aux ports maritimes ; les États riverains ne peuvent fermer leurs ports aux navires étrangers qu'à titre exceptionnel, pour des raisons de protection sanitaire ou de maintien de l'ordre. La décision de fermeture doit être rendue publique. On peut douter cependant que cette règle, peu compatible avec la notion de souveraineté de l'État côtier, ait acquis une valeur coutumière.

Le Statut de 1923 ne lie qu'une trentaine d'États et la jurisprudence internationale est divisée : dans le sens de la liberté d'accès v. la sentence *Aramco* du 23 août 1958, *IRL*, vol. 27, p. 117 s. et CE 20 mai 1955, *Sté Lucien, Joseph et Cie, Leb.*, p. 276 ; *contra* la sentence du 1er août 1870 dans l'affaire de la *Fermeture du port de Buenos Aires* (*RAI*, II, p. 637 s.). Surtout, la pratique des États ne s'y conforme pas dans un grand nombre de cas. Au surplus, la formulation des articles 25, § 2, et 255 de la Convention de 1982 n'est guère compatible avec cette règle (v. T. Treves, *in* R.- J. Dupuy et D. Vignes, *op. cit.*, p. 780 s.).

Indépendamment du problème général, certains États adoptent des positions restrictives en ce qui concerne l'accès à leurs ports des navires à propulsion nucléaire ou transportant des substances radioactives (v. Colloque de Paris, 1975, *Droit nucléaire et droit océanique*, Economica, 1976, 253 p. et *infra*, n° 674) et l'on peut en déduire qu'il n'existe, pour ces navires, aucun droit d'accès aux ports.

La faculté d'interdiction est cependant exclue si le navire est en détresse. Par ailleurs, lorsque le tracé d'une ligne de base « inclut dans les eaux intérieures des eaux qui n'étaient pas précédemment considérées comme telles, le droit de passage inoffensif (v. *infra*, n° 674) s'étend à ses eaux » (art. 8, § 2, de la Convention de 1982 ; v. aussi l'art. 5, § 2, de la Convention de 1958 sur la mer territoriale).

Durant son *séjour* dans les eaux intérieures, le navire privé est entièrement soumis à la souveraineté de l'État côtier dont la compétence territoriale prime celle de l'État du pavillon. Toutefois, suivant une pratique française établie sur la base de l'avis du Conseil d'État du 20 novembre 1806 (rendu à la suite des deux affaires *Newton* et *Sally* à propos desquelles s'était élevé un conflit de compétence entre les tribunaux français et les autorités du pavillon, qui étaient américaines), la plupart des États appliquent volontairement certaines distinctions, en matière *pénale*. Ils s'abstiennent de connaître des délits « intérieurs » au navire en tant qu'ils concernent uniquement les membres de l'équipage. Leurs tribunaux se déclarent par contre compétents si l'infraction commise à terre par les membres de l'équipage trouble l'ordre public, si l'infraction commise à bord a pour auteurs ou victimes des passagers, ou si leur intervention est demandée par les autorités du bord. De nombreuses conventions bilatérales (consulaires, de commerce ou d'établissement) confirment et précisent ces principes.

Dans la réponse à une question écrite d'un député, le ministre de l'Intérieur a confirmé que les règles dégagées par le Conseil d'État en 1806 étaient toujours en vigueur et effectivement appliquées en France (*JORF, [AN]*, 7 juillet 1979, p. 5996).

Cependant, ces principes sont en partie tenus en échec par la volonté des États d'exercer une pression efficace sur les propriétaires de navires « inférieurs aux normes » *(substandard ships)* et de lutter contre la pollution (cf. les art. 219 et 220 de la Convention de Montego Bay), encore qu'il paraisse douteux qu'existe, à l'heure actuelle, une règle coutumière consacrant cette pratique (sur l'arsenal juridique français, v. not. C. Laly-Chevalier, *AFDI* 2004, p. 581-606).

b) Les *navires d'États utilisés à des fins non commerciales* et, tout particulièrement, les navires de guerre, sont soumis à des conditions plus restrictives en ce qui concerne leur accès aux eaux intérieures, mais ils demeurent soumis à la compétence de l'État du pavillon durant leur séjour.

Si un doute peut subsister en ce qui concerne le droit d'accès des navires marchands aux ports de l'État côtier, aucun doute n'est pas possible pour les navires d'État ; l'article 13 du Statut de Genève de 1923 exclut d'ailleurs les navires de guerre du bénéfice de ses dispositions. L'accès des navires — qui doit toujours faire l'objet d'une notification — relève de la compétence discrétionnaire de l'État côtier qui peut l'interdire ou le limiter. Certains États fixent par décision unilatérale le nombre maximum d'unités dont l'admission est libre ; au-delà de ce chiffre, une autorisation expresse est requise. Pour des motifs humanitaires, l'accès devient un droit véritable si le navire est en péril et se trouve en position de *relâche forcée*. En temps de guerre, l'entrée des navires de guerre neutres est toujours soumise à autorisation.

Les conditions de séjour sont régies par la règle de l'immunité des navires de guerre qui donne plein effet à l'exclusivité de la compétence de l'État du pavillon fondée elle-même, non sur la vieille théorie de l'exterritorialité des navires, mais sur la compétence de cet État au titre de ses services publics (v. *supra*, n° 330). L'État n'a pas le droit de procéder à bord à des actes de contrainte, comme les mesures de perquisition ou d'arrestation. Le navire de guerre peut servir de lieu d'asile aux réfugiés politiques, à l'exclusion des délinquants de droit commun que son commandant a le devoir de livrer aux autorités locales. En revanche, les lois territoriales relatives à la navigation et aux précautions sanitaires doivent être observées. Si un membre de l'équipage commet des délits à terre, il sera justiciable des tribunaux de l'État côtier.

670. Droit d'accès à la mer des États sans littoral. — Les États côtiers sont en mesure, sur leur territoire maritime et terrestre, de contrôler et éventuellement d'empêcher le commerce en provenance ou à destination des pays enclavés qui n'ont que cet accès à la mer. Ces derniers ont tenté, en s'appuyant notamment sur le droit du développement, d'obtenir la reconnaissance d'un véritable droit d'accès et de transit à travers le territoire de l'État côtier. Comme ils ne sont pas en mesure de donner naissance à une règle coutumière, ils exercent une pression très forte pour faire inscrire ce droit dans une convention multilatérale générale. Au terme d'une évolution marquée par les très fortes réticences des États de transit, ils ont obtenu la consécration du principe du droit d'accès à la mer dont le corollaire logique est la liberté de transit, mais celle-ci est subordonnée à la réalisation de conditions strictes qui en font une directive générale plus qu'un droit appartenant aux États enclavés.

Les principales étapes de cette évolution sont les suivantes :

i) Convention de Barcelone du 20 avril 1921, sur la liberté du transit : reconnaissance du droit au pavillon des États sans littoral, mais ceux-ci ne bénéficient pas de droits particuliers, pas davantage qu'en vertu de l'article V du GATT.

ii) Convention sur la haute mer de 1958, art. 3 : libre accès à la mer accordé conditionnellement aux États sans littoral. Le libre transit est accordé sous réserve de la conclusion d'un accord sur une base de réciprocité et de la conformité avec les conventions internationales en vigueur.

iii) Convention de New York relative au commerce en transit des États sans littoral du 8 juillet 1965 : mise en œuvre des principes posés en 1958 mais principe du traitement national et « neutralisation » de la clause de la nation la plus favorisée en faveur des facilités spéciales accordées aux États sans littoral. Cette convention n'a été ratifiée que par une trentaine d'États.

iv) À la suite de nombreuses résolutions de l'Assemblée générale des Nations Unies et de la CNUCED (v. notamment les résol. 123 [V] et 137 [VI] de cette dernière), la Convention de Montego Bay consacre sa partie X (art. 124 à 132) au « droit d'accès des États sans littoral à la mer et depuis la mer et (à la) liberté de transit ». L'article 125 rattache expressément le droit d'accès des États sans littoral au principe de la liberté de la haute mer et au concept de patrimoine commun de l'humanité ; de plus, tout en maintenant l'exigence d'un accord entre les pays concernés quant aux conditions et modalités du transit, il abandonne l'exigence de la réciprocité qui permettait jusqu'ici aux États côtiers de monnayer chèrement le droit de transit accordé aux États enclavés. En outre, ces derniers bénéficient du traitement de la nation la plus favorisée en vertu de la convention sur le droit de la mer, directement, et non plus à la suite de la négociation aléatoire d'une convention bilatérale d'application (art. 131) ; à l'inverse l'exclusion des accords de transit de l'application de la clause de la nation la plus favorisée est confirmée (art. 126).

La jurisprudence internationale récente, s'appuyant il est vrai sur un régime local de souveraineté conjointe — le golfe de Fonseca en Amérique centrale — mais s'exprimant en termes généraux, va dans le même sens : « Dans le cas d'une baie fermée dont plusieurs États sont riverains, il est indispensable d'assurer à tous ces États la jouissance de droits pratiques d'accès à partir de l'océan, spécialement lorsqu'il est indispensable que les chenaux d'entrée dans la baie soient disponibles pour l'usage de tous » (CIJ, 11 sept. 1992, affaire du *Différend frontalier terrestre, insulaire et maritime, Rec.*, p. 594).

v) De nombreuses mesures ont été proposées depuis en vue de donner une consistance plus ferme à cette liberté de transit et d'apporter l'aide nécessaire aux États privés de littoral. Le 29 août 2003, la Conférence ministérielle des pays en développement sans littoral et de transit, qui s'est tenue à Almaty, au Kazakhstan, a adopté la Déclaration et le Progamme d'action d'Almaty qui visent à favoriser la simplification des procédures et documents de transit et appellent à la mise en place de partenariats entre les États sans littoral et de transit et les États donateurs et institutions financières internationales, ainsi que le secteur privé. L'objectif de ces mesures est notamment de compenser le coût des frais de transports qui rendent les États sans littoral moins compétitifs.

§ 2. — *Eaux archipélagiques*

BIBLIOGRAPHIE. — M. SØRENSEN, « The Territorial Sea of the Archipelagos », *Mél. François*, 1959, p. 315-331. — D. P. O'CONNEL, « Mid-Ocean Archipelagos in International Law », *BYBIL* 1971, p. 1-77. — M. VASSILIADES, « L'État-archipel, une notion plus politique que juridique », *RDN*, fév. 1980, p. 99-110. — P. E. J. RODGERS, *Mid-Ocean Archipelagos and International Law*, Vantage Press, New York, 1981, 243 p. — R. STURIES, *Archipelgewässer*, Duncker et & Humblot, Berlin, 1981, 150 p. — C. B. JIMENEZ PIERNAS, *El proceso de formacion del derecho internacional de los archipelagos*, Ed. Universidad Complutense, Madrid, 1982, 2 vol., 1217 p. — R. LATTION, *L'archipel en droit international*, Payot, Lausanne, 1984, 234 p. — L. HERMAN, « The Modern Concept of the Off-lying Archipelago in International Law », *ACDI* 1985, p. 172-199 p. — M. VOELCKEL, « Où en est le « compromis archipélagique » ? », *Ann. Droit. Mer* 1998, p. 51-69.

671. Notion. — On appelle « eaux archipélagiques » l'espace marin inclus à l'intérieur d'un périmètre établi par un État archipel.

La troisième Conférence des Nations Unies sur le droit de la mer a consacré cette notion, objet d'une revendication ancienne des États archipels — en particulier, de l'Indonésie et des Philippines — qui n'avait pu s'imposer lors des deux conférences précédentes. Destinée à compenser le désavantage résultant d'une superficie terrestre en général faible et toujours dispersée et les dangers que cette situation présente pour la sécurité des États archipels, la nouvelle institution est limitée aux eaux baignant ceux-ci à l'exclusion des archipels côtiers pour lesquels il faut faire usage de techniques préexistantes de portée générale (lignes de base droite, v. *infra*, n° 676).

L'article 46 de la Convention de 1982 définit un État archipel comme « un État constitué entièrement par un ou plusieurs archipels et éventuellement d'autres îles », et un archipel comme « un ensemble d'îles y compris des parties d'îles, les eaux attenantes et les autres éléments naturels qui ont les uns avec les autres des rapports si étroits qu'ils forment intrinsèquement un tout géographique, économique et politique, ou qu'ils sont historiquement considérés comme tels ».

Les eaux archipélagiques constituent une catégorie particulière d'espace maritime : elles ne se confondent ni avec les eaux intérieures ni avec la mer territoriale puisque les États archipels sont autorisés à disposer des unes et de l'autre (art. 50 et 48 de la convention). Leur régime juridique s'étend à leur sol et leur sous-sol, ainsi qu'à l'espace aérien sur-jacent.

Chaque île de l'État archipel est entourée d'eaux intérieures, délimitées par des « lignes de fermeture » tracées en suivant les mêmes méthodes que pour les lignes de base de la mer territoriale (v. *infra*, n° 676).

672. Délimitation. — L'apparition d'une notion juridique inédite n'est pas ce qui inquiétait en soi les États tiers, mais ses conséquences néfastes pour la liberté de navigation. Aussi convenait-il d'en limiter la portée géographique par une description minutieuse des règles imposées aux États archipels dans le tracé des limites extérieures des eaux archipélagiques. Étant admis que l'utilisation de lignes de base droites était la seule méthode concevable, l'article 47 de la Convention de 1982 s'attache à fixer une série de critères de délimitation et des garanties pour les États voisins :

« 1. Un État archipel peut tracer des lignes de base archipélagiques droites reliant les points extrêmes des îles les plus éloignées et des récits découvrants de l'archipel à condition que le tracé de ces lignes de base englobe les îles principales et définisse une zone où le rapport de la superficie des eaux à celle des terres, atolls inclus, soit compris entre 1 à 1 et 9 à 1.

« 2. La longueur de ces lignes de base ne doit pas dépasser 100 milles marins ; toutefois 3 % au maximum du nombre total des lignes de base entourant un archipel donné peuvent avoir une longueur supérieure n'excédant pas 125 milles marins.

« 3. Le tracé de ces lignes de base ne doit pas s'écarter sensiblement du contour général de l'archipel ».

Les lignes de base archipélagiques constituent le point de départ de la délimitation des différentes zones marines entourant l'État archipel, à l'exclusion de ses eaux intérieures (v. *supra*, n° 671).

Le caractère apparemment général des dispositions précitées ne doit pas faire illusion : leur précision insolite cache mal le souci de donner satisfaction à des intérêts particuliers. De telles règles ne fournissent d'ailleurs qu'une garantie assez médiocre contre les abus. Les grandes puissances maritimes ont donc fait porter leurs efforts sur le régime juridique des eaux archipélagiques.

673. Régime juridique. — Les objectifs des États archipels sont tout autant stratégiques et politiques qu'économiques : le régime de la zone économique exclusive ne permet de répondre qu'en partie à ces objectifs. Seul un régime très proche de celui de la mer territoriale, sinon même de celui des eaux intérieures, pouvaient les satisfaire : l'article 49 de la Convention de Montego Bay affirme la souveraineté de l'État archipel sur les eaux, le sol et le sous-sol, l'espace aérien de l'archipel.

Mais il s'agit d'une souveraineté « réglementée », car il n'est pas question d'admettre, même dans une hypothèse particulière, la résurrection de la théorie de la *mare clausum* et les eaux archipélagiques ne sauraient être assimilées aux eaux intérieures.

Les droits des États voisins sont protégés : l'État archipel est tenu par une obligation de négocier et de conclure des accords bilatéraux confirmant les intérêts légitimes de ces États et les droits de pêche traditionnels (art. 51). Surtout, la liberté de navigation de tous les États est garantie : un droit de passage leur est reconnu, dont le régime juridique est très proche du droit de passage en transit dans les détroits (v. *infra*, n° 679).

Bien que l'article 52 de la convention octroie à tous les États un « droit de passage inoffensif », le « droit de passage archipélagique » organisé par l'article 53, qui s'y ajoute, en diffère sur plusieurs points importants : il est plus large en ce qu'il ne peut être suspendu, qu'il inclut le droit de survol et que les sous-marins ne sont pas tenus de passer en surface ; mais l'État archipel peut désigner des voies de circulation et des routes aériennes que les navires et les aéronefs des autres États doivent emprunter ; ces voies et routes « doivent comprendre toutes les routes servant normalement à la navigation internationale » et être conformes à la réglementation internationale généralement acceptée ; le tracé de ces routes et les projets de modification doivent être soumis à l'OMI ; le passage est subordonné au respect des règles applicables au passage en transit.

§ 3. — *Mer territoriale*

BIBLIOGRAPHIE. — A. DE LA PRADELLE, « Le droit de l'État sur la mer territoriale », *RGDIP* 1898, p. 264-284 et 309-347. — J. PAULUS, « La mer territoriale »,

RDILC 1924, p. 397-424. — P. T. Fenn, « Origins of the Theory of Territorial Waters », *AJIL* 1926, p. 465-482. — Ph. Jessup, *The Law of Territorial Waters and Maritime Jurisdiction*, Jenning, New York, 1927, 548 p. — S. A. de Bustamante, *La mer territoriale*, Sirey, 1930, 340 p. — J.-M. Auby, « Les problèmes de la mer territoriale devant la CIJ », *JDI* 1953, p. 24-54. — L. T. Lee, « Jurisdiction over Merchant Ships in the Territorial Sea », *AJIL* 1961, p. 77-96. — O. P. O'Connell, « The Juridical Nature of the Territorial Sea », *BYBIL* 1971, p. 303-383. — F. Francioni, « Criminal Jurisdiction over Foreign Merchant Vessels in Territorial Waters », *IYBIL* 1975, p. 27-40. — J. A. Roach et R. W. Smith, *United States Responses to Excessive Maritime Claims*, La Haye, Nijhoff, 1996, 2e éd., 676 p.

Sur la délimitation de la mer territoriale, v. A. Raestad, « La portée du canon comme limite de la mer territoriale », *RGDIP* 1912, p. 598-363. — T. Baty, « The Three Miles Limit », *AJIL* 1928, p. 503-537. — S. W. Boggs, « Delimitation of the Territorial Sea », *AJIL* 1930, p. 541-664 et « Delimitation of Seaward Areas under National Jurisdiction », *ibid.*, 1951, p. 240-266. — V. Favilli, « L'extension de la mer territoriale en droit international », *RDILC* 1937, p. 733-744. — D. Bardonnet, « La largeur de la mer territoriale », *RGDIP* 1962, p. 123-212. — M. Voelckel, « Les lignes de base dans la Convention de Genève sur la mer territoriale », *AFDI* 1973, p. 820-836. — T. Scovazzi dir., *La linea di base del mare territoriale*, Milan, Giuffrè, 1986, VIII-202 p. — M. Reisman et G. Westerman, *Straight Baselines in International Maritime Boundary Delimitation*, St. Martin's Press, New York, 1992, XVI-237 p. — S.B. Kaye, « Territorial Sea Baselines along Ice-Covered Coasts », *Ocean Devlpt. and I.L.* 2004, p. 75-102.

Sur le droit de passage inoffensif, v. C. Baldoni, « Les navires de guerre dans les eaux territoriales étrangères », *RCADI* 1983-III, p. 189-303. — S. Slonim, « Right of Innocent Passage and the 1958 Geneva Convention on the Law of the Sea », *Col. JTL* 1966, p. 96-127. — O. G. de Vries Reilingh, « Warships in Territorial Waters : their Right of Innocent Passage », *NYBIL* 1971, p. 29-67. — W. Riphagen, « Le droit de passage inoffensif », *in SFDI, Colloque de Rouen 1984*, préc., p. 190-209. — W. Agyebeng, « Theory in Search and Practice : The Right of Innocent Passage in the Territorial Sea », *Cornell ILJl.* 2006, p. 371-400. — C. Espaliu Berdud, *Le passage inoffensif des navires de guerre étrangers dans la mer territoriale*, Bruylant, Bruxelles, 2007, 162 p.

Sur les titres historiques, v. M. Bourquin, « Les baies historiques », *Mél. Sauser-Hall*, 1952, p. 37-51. — Y. Z. Blum, *Historical Titles in International Law*, Nijhoff, La Haye, 1965, not. p. 241-360. — S. Rosenne, « Historic Waters in the Third UN Conference on the Law of the Sea », *in Essays on International Law and Practice,* Nijhoff, 2007, p. 497-511. — C.R. Symmons, *Historic Waters in the Law of the Sea*, Nijhoff, 2008, XII-320 p.

674. Régime juridique. — 1° *Principe de la souveraineté de l'État côtier.* La mer territoriale est constituée par la zone maritime adjacente aux eaux intérieures (ou, le cas échéant, aux eaux archipélagiques — v. *supra*, n° 671) sur laquelle s'étend la souveraineté de l'État. L'article 2 de la Convention de Montego Bay, qui reprend les termes de la Convention de Genève sur la mer territoriale (art. 1 et 2) précise :

> « 2. Cette souveraineté s'étend à l'espace aérien au-dessus de la mer territoriale, ainsi qu'au fond de cette mer et à son sous-sol ».

Il en résulte que l'État côtier y exerce des compétences exclusives tant au point de vue économique (pêche, exploitation des ressources minérales) qu'en matière de police (navigation, douane, santé publique, protection de l'environnement, sécurité) (v. CIJ, arrêt du 27 juin 1986, *Activités militaires et paramilitaires au Nicaragua et contre celui-ci, Rec.* 1986, p. 111 et s.). En ce sens, la mer territoriale s'intègre dans le territoire de l'État. Cependant, le droit international impose à l'État le respect des droits reconnus aux États tiers, au-delà de ceux admis dans les eaux intérieures.

Pour cette raison, des auteurs soutiennent que seules ces eaux sont assimilables au territoire à l'exclusion de la mer territoriale qu'ils considèrent comme un élément de la haute mer, sur lequel l'État riverain n'exerce pas des droits de souveraineté, mais détient seulement des compétences déterminées qui lui sont expressément attribuées par le droit international. Cette opinion restrictive est entièrement ignorée par le droit positif.

Les navires publics étrangers doivent donc interrompre les compétences exercées légitimement en haute mer ou dans la zone économique exclusive à l'égard des navires battant leur propre pavillon ou un pavillon tiers (droit de poursuite : v. *infra*, n° 696 ; droit d'arraisonnement : v. *infra*, n° 699) lorsque ces navires pénètrent dans la mer territoriale d'un État autre que celui du pavillon du navire poursuivant.

Rien n'interdit l'État concerné, ou le Conseil de sécurité agissant en vertu du Chapitre VII de la Charte, d'autoriser exceptionnellement de telles actions (v. ainsi la résolution 1816 (2008) autorisant, avec le consentement du Gouvernement fédéral de transition, les États tiers à intervenir dans les eaux territoriales somaliennes pour lutter contre la piraterie [par. 7]).

2° *Droit de passage inoffensif*

a) Principe. La limitation que le droit international coutumier impose à l'État côtier découle du droit de passage inoffensif des navires étrangers dans sa mer territoriale. Déjà codifié par le statut de Barcelone de 1921 (art. 2), ce droit est aujourd'hui réglementé par les articles 14 à 23 de la première Convention de Genève et les articles 17 à 32 de la Convention de Montego Bay. D'après l'article 17 de celle-ci, les navires de tous les États, qu'ils possèdent ou non un littoral maritime, jouissent de ce droit. Aucune discrimination n'est faite entre navires d'État et navires privés, navires de commerce et navires de guerre.

Le passage est défini comme étant « le fait de naviguer dans la mer territoriale aux fins de la traverser sans entrer dans les eaux intérieures » ou de se rendre dans celles-ci ou de les quitter (art. 18, § 1). Il doit, en principe, être « continu et rapide » mais le stoppage et le mouillage constituent des droits pour le navire de passage à condition qu'ils soient des « incidents ordinaires de navigation » ou soient justifiés par la force majeure ou une situation de détresse ou encore qu'ils aient pour but de porter secours à des personnes, des navires ou des aéronefs en danger (art. 18, § 2).

Plus que celle de 1958, la Convention de 1982 précise les droits et obligations respectifs des États côtiers et du navire afin d'empêcher les abus de part et d'autre.

L'article 19 contient une longue liste d'activités qui font perdre au passage son caractère inoffensif en « portant atteinte à la paix, au bon ordre ou à la sécurité de l'État côtier » ; parmi les douze activités énumérées, on peut citer la menace ou l'emploi de la force, les manœuvres militaires, une « pollution délibérée et grave », la pêche ou la recherche et « toute autre activité sans rapport direct avec le passage ». En outre, l'article 20 fait l'obligation aux sous-marins de naviguer en surface et d'arborer leur pavillon et l'article 23 impose aux navires étrangers à propulsion nucléaire ou transportant des substances radioactives ou dangereuses de respecter les règles prévues « par des accords internationaux pour ces navires », expression qui semble renvoyer avant tout à la Convention de Londres de 1974 sur la sauvegarde de la vie humaine en mer.

Ces navires peuvent être également astreints à emprunter les voies de circulation et à respecter les dispositifs de séparation de trafic institués par l'État côtier (v. *infra*, n° 697-1°). Cette obligation peut être étendue à l'ensemble des navires « lorsque la sécurité de la navigation le requiert », l'État côtier devant « tenir compte » des recommandations de l'OMI (art. 22). D'une façon plus générale encore, les navires étrangers ont l'obligation de respecter les lois et règlements édictés par l'État côtier (à des fins énumérées par l'article 21, mais dans une rédaction très compréhensive), et les « règlements internationaux généralement acceptés relatifs à la prévention des abordages en mer » (art. 21, § 4), ce qui renvoie notamment aux conventions de 1972 pour la prévention des abordages et de 1974 précitée.

En contrepartie, l'État côtier est tenu de ne « pas entraver le passage inoffensif des navires étrangers » (art. 24 — cf. CIJ, arrêts du 11 sept. 1992, *Différend frontalier* (El Salvador/Honduras), par. 416, et du 16 mars 2001, *Délimitation maritime et questions territoriales entre Qatar et Bahreïn*, par. 223). Il lui est, en particulier interdit : i) d'exercer des discriminations en fonction de la nationalité des navires, de leur provenance ou de leur destination (art. 24, § 1.b), ii) de percevoir des droits en raison du passage (art. 26) et iii) d'imposer des règles relatives à la conception, la construction et l'armement des navires étrangers (sauf si elles sont conformes à des « normes généralement acceptées » (art. 21, § 2) ; et il doit signaler « par une publicité adéquate tout danger pour la navigation (...) dont il a connaissance » (art. 24, § 2 — cf. CIJ, arrêt du 9 avril 1949, *Détroit de Corfou (fond), Rec.* 1949, p. 22 [à propos de mines]).

Aux termes des articles 16, § 3, de la Convention de 1958 et 25, § 3, de celle de 1982, l'État côtier peut suspendre le passage inoffensif des navires étrangers, mais cette suspension doit être temporaire et dûment publiée, ne porter que sur des zones déterminées de sa mer territoriale, être établie sans discrimination et être « indispensable » pour assurer sa sécurité (la Convention de Montego Bay précise : « entre autres pour lui permettre de procéder à des exercices d'armes »).

b) Règles applicables aux différentes catégories de navires. Conformément à une règle coutumière bien établie, « l'État côtier peut prendre, dans sa mer territoriale, les mesures nécessaires pour empêcher tout passage qui n'est pas inoffensif » (Convention de 1982, art. 25, § 1). Ces mesures sont cependant différentes selon qu'il s'agit de navires marchands ou de navires d'États utilisés à des fins non commerciales.

L'État côtier dispose à l'égard des premiers de pouvoirs plus limités que dans ses eaux intérieures mais encore très considérables. Reprenant presque en tous points les règles prévues par celle de Genève (art. 19 à 21), la Convention de Montego Bay fait une distinction entre l'exercice des juridictions pénale et civile.

En matière pénale, l'État côtier peut procéder à des arrestations ou à des mesures d'instructions à bord d'un navire marchand dans sa mer territoriale à raison d'une infraction commise, lors du passage, à bord de ce navire, si ses conséquences s'étendent à cet État, si elle trouble le bon ordre de la mer territoriale, si l'assistance des autorités locales est demandée par le capitaine du navire ou par le consul de l'État du pavillon ou si elles sont nécessaires pour la répression du trafic des stupéfiants (art. 27). L'État côtier ne peut, en principe, prendre aucune mesure à bord du navire étranger si l'infraction a été commise avant l'entrée dans sa mer territoriale ; toutefois — et ceci constitue une nouveauté — l'article 27, § 5, de la Convention fait une exception pour les infractions à des lois et règlements de l'État côtier concernant sa zone économique exclusive ou aux règles prévues par la convention en matière de protection et de préservation du milieu marin, ce qui étend considérablement la juridiction pénale de l'État côtier (cette dernière précision a été apportée à la demande de la France, à la suite de l'affaire de l'*Amoco Cadiz* — v. aussi *infra*, n° 685-3°).

Le navire étranger ne peut en principe être stoppé ou dérouté aux fins de l'exercice de la *juridiction civile* de l'État côtier ; cependant des mesures d'exécution ou des mesures conservatoires en matière civile peuvent être prises à l'égard du navire soit « en raison d'obligations ou de responsabilités encourues par le navire au cours ou en vue de son passage », soit si le navire « stationne dans la mer territoriale ou y passe après avoir quitté les eaux intérieures » (art. 28).

L'État côtier peut exercer des pouvoirs de contrainte sur le navire marchand étranger afin d'obliger celui-ci à respecter ses lois et règlements et les règles exposées ci-dessus ; il peut même, le cas échéant, le poursuivre jusque dans la haute mer (*hot pursuit* — v. *infra*, n° 696).

La compétence de l'État côtier en vue de procéder à la saisie et à l'immobilisation d'un navire supposé en infraction doit être conciliée avec les exigences du commerce maritime : l'article 292 de la Convention de Montego Bay prévoit le droit d'en obtenir mainlevée en contrepartie d'une caution raisonnable et d'obtenir la saisine rapide d'un tribunal désigné d'un commun accord ou, à défaut d'un tel accord, du Tribunal international du droit de la mer. Ce dernier a déjà eu l'occasion de statuer à six reprises sur des demandes de prompte mainlevée (dans les affaires *Saiga, Camouco, Monte Confurco, Grand Prince, Volga* et *Juno Trader*).

L'État côtier se trouve beaucoup plus démuni à l'égard des infractions commises par un navire d'État utilisé à des fins non commerciales qui bénéficie des immunités de l'État étranger (art. 32) et qu'il ne peut ni arraisonner ni dérouter. Toutefois, reprenant les dispositions de 1958, la Convention de Montego Bay précise que :

« Si un navire de guerre [la convention le dissociant ici des autres navires d'État, peut-être pour restreindre au maximum une dérogation aux pouvoirs habituels du souverain territorial justifiée surtout par le souci de prévenir un incident militaire] ne respecte pas les lois et règlements de l'État côtier relatif au passage dans la mer territoriale et passe outre à la demande qui lui est faite de s'y conformer, l'État côtier peut exiger que ce navire quitte immédiatement la mer territoriale » (art. 30).

D'autre part, la convention précise que l'État du pavillon est responsable des dommages que ces navires peuvent causer à l'État côtier du fait de l'inobservation des lois et règlements de celui-ci ou du droit international. Ceci n'est qu'une application des règles générales relatives à la responsabilité internationale de l'État du fait du fonctionnement de ses services publics (v. *supra*, n° 474).

675. Largeur. — Le principe de la liberté des mers s'est imposé au XVIIe-siècle (v. *infra*, n° 692) mais, peu après, a été consacrée l'idée de souveraineté de l'État côtier sur une frange maritime le long de ses côtes, pour des raisons de sécurité et sous réserve d'un contrôle effectif depuis ses côtes. C'est cette idée que traduisait la célèbre formule de Bynkershoek : « Le pouvoir de l'État finit là où finit la force de ses armes » (*De domino maris*, 1702) et qui avait conduit à fixer la largeur de la mer territoriale à une distance correspondant à une portée de canon. En 1782, Galiani a proposé de la fixer à 3 milles marins ce qui correspondait à la portée moyenne des canons de l'époque (1 mille marin vaut 1 852 m).

Les grandes puissances maritimes s'y étant ralliées, cette distance se généralisa sans cependant faire jamais l'unanimité, ce que l'échec de la Conférence de 1930 confirma (v. *supra*, n° 665).

Les États scandinaves fixèrent la largeur de leur mer territoriale à 4 milles marins et, sans que sa pratique ait été très claire, la Russie semble avoir marqué très tôt sa préférence pour une distance de 12 milles.

Bien que dès le début du XIXe siècle la règle des 3 milles ne correspondît plus à la portée des canons de l'époque, beaucoup plus puissants, l'idée que la mer territoriale constitue l'accessoire ou le prolongement du territoire terrestre devait être réaffirmée par la CIJ dans son arrêt du 18 décembre 1951 relatif aux *Pêcheries norvégiennes* :

« C'est la terre qui confère à l'État riverain un droit sur les eaux qui baignent ses côtes » (*Rec.* 1951, p. 133).

Pourtant, dès cette époque la règle a fait l'objet d'une contestation de la part surtout des États latino-américains. Au nom de considérations non plus stratégiques mais économiques, certains d'entre eux ont prétendu étendre leur mer territoriale jusqu'à 200 milles marins de leur côtes (limite de la zone poissonneuse baignée par le courant de Humboldt à l'est du continent américain), d'autres se contentant de 12 milles mais revendiquant, au-delà, une zone de pêche exclusive.

Lors de la Conférence de 1958 ils reçurent l'appui de nombreux États africains et asiatiques et des pays de l'Est (pour ces derniers, davantage pour des raisons de sécurité que pour des motifs économiques), mais ils se heurtèrent à l'opposition des grandes puissances maritimes soucieuses de préserver au maximum la liberté de la navigation. Lors de la Conférence de 1960 un compromis, suggéré par les États-Unis, manqua la majorité des deux tiers à une voix près.

Ce compromis consistait à admettre que les États pouvaient étendre la largeur de leur mer territoriale jusqu'à 6 milles marins et y adjoindre une zone de pêche exclusive de 6 autres milles, d'où son nom de « formule 6 + 6 ».

La pression des « douze millistes » se faisant de plus en plus forte et les pratiques des États devenant complètement anarchiques faute de règle généralement acceptée, les « trois millistes » (principalement les États occidentaux) durent se rallier à la limite de 12 milles défendue par une majorité de plus en plus nette au nom de considérations économiques, qui allaient également donner naissance à la zone économique exclusive (v. *infra*, n° 683) et qu'avait encouragées la consécration de l'institution du plateau continental (v. *infra*, n° 687).

Ainsi, la France, longtemps « trois milliste » convaincue, adopta-t-elle, le 24 décembre 1971, une loi fixant à 12 milles marins la limite extérieure de sa mer territoriale. Se cantonnant au plan technique, l'exposé des motifs de la loi française fait clairement apparaître les facteurs qui ont incité tant d'États à changer brusquement d'attitude : « Les conditions nouvelles de la navigation et, pour citer un exemple de leurs conséquences, les précautions à prendre à l'endroit des navires de très gros tonnages transportant des hydrocarbures — et les impératifs militaires de sécurité — justifient que l'État riverain puisse exercer plus au large des pouvoirs de police » (*JORF*, 30 décembre 1971). Même après la création, en 1983, d'une zone économique exclusive de 200 milles, les États-Unis ont longtemps hésité à abandonner la règle des trois milles au profit de celle des douze milles (v. la proclamation présidentielle du 27 décembre 1988).

Toutefois ce ralliement, acquis dès la phase des travaux préparatoires de la troisième Conférence des Nations Unies sur le droit de la mer, ne le fut que moyennant des contreparties, en particulier le libre passage dans les détroits les plus importants servant à la navigation internationale (v. *infra*, n° 679). Ce compromis a été mis en forme par la Convention de 1982 qui consacre en ces termes la règle des 12 milles :

« Tout État a le droit de fixer la largeur de sa mer territoriale ; cette largeur ne dépasse pas 12 milles marins mesurés à partir de lignes de base établies conformément à la convention ».

Cette disposition codifie une règle que l'on doit indiscutablement considérer comme ayant d'ores et déjà acquis un caractère coutumier, même s'il existe encore plusieurs États dont la mer territoriale n'atteint pas les douze milles et d'autres qui prétendent à une mer territoriale plus large.

676. Délimitation unilatérale. — La règle des 12 milles (v. *supra*, n° 675) ne se suffit pas à elle-même. D'une part elle est un maximum que les États ne sont pas obligés d'atteindre et que, dans certains cas, ils ne peuvent pas atteindre (v. *infra*, n° 677). D'autre part, elle suppose résolue la question du point de départ : 12 milles à partir de quoi ?

La réponse est fournie par la Convention de Montego Bay qui, sur ce point, ne fait que reprendre, parfois en les précisant, les solutions déjà consacrées par la Convention de Genève sur la mer territoriale (art. 3 à 13). Chaque État a le droit de délimiter extérieurement sa mer territoriale par une ligne parallèle à la *ligne de base* (art. 4 de la Convention de 1982). Tout le problème se ramène dès lors à celui du tracé de la ligne de base.

Pour l'effectuer, les États disposent, alternativement, de deux méthodes.

Ils peuvent fixer leur ligne de base à la « laisse de basse mer le long de la côte, telle qu'elle est indiquée sur les cartes marines à grande échelle reconnues officiellement par l'État côtier » (art. 5 — en général cette ligne correspond soit au niveau des basses eaux moyennes, soit à la laisse des plus basses eaux).

Cette méthode, en principe « normale », n'a cependant que l'apparence de la simplicité : de mise en œuvre facile lorsque la côte est droite, elle est source de complications lorsque la côte est très découpée, marquée d'échancrures profondes ou bordée d'îlots. Ses résultats sont, dans ces hypothèses, d'autant plus déraisonnables que la ligne de base est utilisée pour délimiter l'ensemble des espaces marins sur lesquels l'État exerce sa juridiction. C'est pourquoi de nombreux États ont préféré à la « ligne de terre » qu'est la laisse de basse mer, une « ligne d'eau » tracée conformément à la méthode des « lignes de base droites reliant des points appropriés », constitués par les reliefs les plus marqués vers le large.

Cette solution a été dégagée par la CIJ en 1951 dans l'affaire des *Pêcheries norvégiennes* (*Rec.* 1951, p. 116 s.) dont les termes ont parfois été repris presque mot pour mot dans la Convention de 1958 puis dans celle de 1982.

Conformément à ces dispositions la méthode des lignes de base droites doit respecter les conditions suivantes (art. 7 de la Convention de Montego Bay) :

— elle n'est admissible que si « la côte est profondément échancrée et découpée, ou s'il existe un chapelet d'îles le long de la côte, à proximité immédiate de celle-ci » (cf. CIJ, arrêt du 16 mars 2001, *Délimitation maritime et questions territoriales entre Qatar et Bahreïn*, par. 212 et s.) ;

— « le tracé des lignes de base droites ne doit pas s'écarter sensiblement de la direction générale des côtes et les étendues de mer situées en deçà doivent être suffisamment liées au domaine terrestre pour être soumises au régime des eaux intérieures » ;

— « il peut être tenu compte (...) des intérêts économiques propres à la région » ;

— les lignes ainsi tracées ne doivent pas couper la mer territoriale d'un autre État de la haute mer ou d'une zone économique exclusive ;

— le tracé retenu doit faire l'objet d'une publicité de la part de l'État côtier.

Malgré la relative précision de ces indications, elles constituent surtout des directives générales, que les États doivent mettre en œuvre de façon « modérée et raisonnable » (CIJ, *Rec.* 1951, p. 142).

Les règles applicables à certains accidents de terrain sont beaucoup plus précises et contraignantes. Tel est le cas pour les *ports* qui sont « considérés » comme « faisant partie de la côte » s'il s'agit d'installations permanentes à condition de ne pas être situés « au large des côtes » (art. 11) ou pour l'*embouchure des fleuves* qui peut être fermée par une ligne droite « entre les points limites de la laisse de basse mer sur les rives » (art. 9) (bien entendu, les parties peuvent décider de ne faire commencer leur frontière maritime qu'à un certain point situé au large, lorsque la configuration de l'embouchure du fleuve pose problème : v. CIJ, arrêt du 8 oct. 2007, *Différend territorial et maritime entre le Nicaragua et le Honduras*, par. 307-311).

Les problèmes les plus délicats sont posés par les *baies* qui peuvent être incluses dans les eaux intérieures à la double condition que i) leur superficie soit inférieure à la surface d'un demi-cercle dont le diamètre serait égal à la ligne barrant son entrée et ii) cette ligne ne dépasse pas 24 milles marins (dans le cas contraire « une ligne de base droite de 24 milles marins est tracée à l'intérieur de la baie de manière à enfermer l'étendue d'eau maximale ») (art. 10).

Toutefois, ces règles ne s'appliquent pas aux « baies historiques », c'est-à-dire à celles qui sont traditionnellement considérées comme relevant de la pleine souveraineté de l'État côtier et soumises de ce fait au régime juridique des eaux intérieures. Toutefois si cette solution est certaine (cf. CIJ, arrêt préc., *Rec.* 1951, p. 130), les États sont fréquemment en désaccord sur la question de savoir si une baie donnée présente ce caractère (cf. les prétentions canadiennes sur la baie d'Hudson ou le golfe du Saint-Laurent ou libyennes sur le golfe de Syrte). En outre, la question des baies communes à plusieurs États riverains n'a pas reçu jusqu'à présent de solution généralement acceptée (v. la sentence de la Cour de justice centre-américaine du 9 mars 1917 considérant le golfe de Fonseca comme une zone de souveraineté commune aux trois États riverains ; le Traité du 19 novembre 1973 sur le Rio de la Plata entre l'Argentine et l'Uruguay : partage ; le différend israélo-arabe sur le golfe d'Akaba, etc.).

Sans contredire les principes posés en 1917, l'arrêt de la CIJ du 11 septembre 1992 précise le régime juridique des eaux de la baie de Fonseca (*Différend frontalier terrestre, insulaire et maritime*, El Salvador/Honduras, Nicaragua [intervenant], *Rec.*, p. 601-602) et confirme que chaque baie historique répond à des solutions spécifiques : « Les eaux du Golfe, si elles sont bien des eaux intérieures, sont par conséquent des eaux intérieures soumises à un régime spécial et particulier, non seulement de souveraineté conjointe mais de droits de passage... Il n'empêche que le statut juridique essentiel de ces eaux est le même que celui d'eaux intérieures, car elles sont revendiquées à titre de souverain et, bien que soumises à certains droits de passage, elles ne font pas partie de la mer territoriale » (*ibid.*, p. 605) ; « les ceintures maritimes littorales à l'intérieur du golfe... peuvent légitimement être considérées comme des eaux intérieures de l'État côtier qui ne sont pas soumises à la souveraineté conjointe... » (*ibid.*, p. 607). Dans la mesure où une baie reste historique même si elle est désormais aussi une baie « géographique » au sens du droit de la mer moderne, son régime traditionnel ne peut être modifié que par l'accord des États riverains (*ibid.*, p. 593).

L'ensemble des règles qui précèdent s'appliquent à la délimitation de la mer territoriale des îles (art. 121 de la Convention de Montego Bay) et des États archipels, mais, dans ce cas, la ligne de référence est la ligne de base archipélagique (art. 48 — v. *supra*, n° 672).

677. Délimitation de la mer territoriale entre États dont les côtes sont adjacentes ou se font face. — Reprenant à peu près les formules utilisées en 1958 (art. 12), l'article 15 de la Convention de 1982, qui doit être « regardé comme possédant un caractère coutumier » (CIJ, arrêt, 16 mars 2001, *Délimitation maritime et questions territoriales entre Qatar et Bahreïn*, par. 176), pose un principe assorti d'une exception.

Le principe est le suivant :

« Lorsque les côtes des deux États sont adjacentes ou se font face, ni l'un ni l'autre de ces États n'est en droit, sauf accord contraire entre eux, d'étendre sa mer territoriale au-delà de la *ligne médiane* dont tous les points sont équidistants des points les plus proches des lignes de base à partir desquelles est mesurée la largeur de la mer territoriale de chacun des deux États ».

S'il est de fait que les principes de l'équidistance et de la ligne médiane, qui n'ont pas été repris pour la délimitation de la zone économique exclusive (v. *infra*, n° 684), ont été « désacralisés » en ce qui concerne le plateau continental (v. *infra*, n° 689), ils conservent leur primauté lorsqu'il s'agit de la mer territoriale. Il n'y a pas lieu de s'en étonner. Ces principes ont le mérite de la simplicité ; et sur douze milles marins, les distorsions causées par les particularités d'une côte ne sont pas amplifiées à l'excès (cf. CIJ, affaires du *Plateau continental de la mer du Nord*, du *Plateau continental Tunisie/Libye*, du *Golfe du Maine, Rec.* 1969, p. 18 et 37, 1982, p. 82-83 et 1984, p. 314).

Au demeurant, la différence avec les méthodes retenues pour le plateau continental et la zone économique exclusive ne doit pas être surestimée : s'il n'est pas expressément question de « principes équitables » pour délimiter la mer territoriale d'États dont les côtes sont adjacentes ou se font face, l'exception au principe de l'équidistance prévue par l'article 15 précité y renvoie largement. Cette disposition, en effet, ne s'applique pas s'il existe des *« circonstances spéciales »*. La Convention, exception faite de « l'existence de titres historiques », n'énumère pas ces circonstances, mais il résulte de la pratique qu'elles consistent notamment en la présence d'îles ou de chenaux navigables, en une forte concavité de la côte, ou en l'impossibilité d'identifier des points de base fiables. Dans ce cas, une autre méthode que la ligne d'équidistance peut être utilisée, comme la construction d'une ligne bissectrice (v. CIJ, 8 octobre 2007, *Différend territorial et maritime entre le Nicaragua et le Honduras*, par. 272 et s.).

Le système « équidistance-circonstances spéciales » a été interprété par la jurisprudence comme étant très voisin du recours aux « principes équitables » de délimitation. Ainsi, dans l'affaire franco-britannique relative à la *Mer d'Iroise*, le Tribunal arbitral — qui raisonnait sur les règles alors applicables au plateau continental — a estimé qu'« en fait, la règle combinant équidistance-circonstances spéciales constitue l'expression d'une norme générale suivant laquelle la limite entre États (...) doit, en l'absence d'accord, être déterminée selon des principes équitables » (décision du 30 juin 1977, § 70, *RSA* XVIII, p. 175). De même, dans la sentence arbitrale du 14 février 1985 relative à la *Délimitation de la frontière maritime Guinée/Guinée-Bissau*, le Tribunal a appliqué les mêmes principes et suivi les mêmes raisonnements pour délimiter d'une part la mer territoriale et d'autre part le plateau continental et la zone économique exclusive entre les deux États (*RGDIP* 1985, p. 504 ; v. aussi la sentence arbitrale du 17 décembre 1999 dans l'affaire des *Îles Hanish (deuxième phase — délimitation maritime) entre l'Érythrée et le Yemen, ADM 1999*, p. 544, par. 132).

Dans l'affaire du *Canal de Beagle*, la sentence arbitrale du 22 avril 1977 énonce ainsi les guides pour le tracé de la frontière dans les eaux contiguës : « un mélange de considérations liées à la dépendance des eaux, la configuration des côtes, l'équidistance, ainsi que le souci de commodité et de navigabilité afin de permettre autant que possible à chaque partie de naviguer dans ses propres eaux » (Sentence, § 110). La sentence précitée du 24 février 1985 ajoute : « Pour faire reposer une délimitation sur une base équitable et objective, il faut autant que possible chercher à assurer à chaque État le contrôle des territoires maritimes situés en face de ses côtes et dans leur voisinage » (*RGDIP* 1985, p. 522). On a pu en déduire qu'en jurisprudence un rapprochement s'opérait autour des règles « coutumières » dégagées à propos du plateau continental (v. *infra*, n° 689), où l'équidistance n'aurait plus primauté mais priorité sous réserve d'inventaire (vérification du caractère équitable de la délimitation).

Ceci est confirmé par l'arrêt rendu par la CIJ dans l'affaire de la *Délimitation maritime et des questions territoriales entre Qatar et Bahreïn* dans laquelle la Cour a appliqué, *mutatis mutandis*, la même méthode de délimitation au plateau continental d'une part et à la mer territoriale d'autre part (v. *infra*, nº 689). S'agissant de cette dernière, la Cour a précisé que « la méthode la plus logique et la plus largement pratiquée » pour mettre en œuvre la règle « équidistance/circonstances spéciales » « consiste à tracer d'abord à titre provisoire une ligne d'équidistance et à examiner ensuite si cette ligne doit être ajustée pour tenir compte de l'existence de circonstances spéciales » (16 mars 2001, par. 176 ; v. aussi arrêt précit. du 8 oct. 2007, par. 268).

La pratique conventionnelle des États suit en effet ces directives (v. par exemple la Convention franco-espagnole de délimitation dans le golfe de Gascogne du 29 janvier 1974 qui s'inspire du principe de l'équidistance mais en retenant une ligne plus simple que celle à laquelle aboutirait sa stricte application ou les accords franco-britanniques relatifs à la baie de Granville du 4 juillet 2000 ; v. F. Dobelle, *AFDI* 2000, p. 524-547).

§ 4. — *Détroits*

BIBLIOGRAPHIE. — Ch. Hill, « Le régime international des détroits maritimes », *RCADI* 1933-III, vol. 45, p. 479-555. — R. Lapidoth, *Les détroits en droit international*, Pedone, 1972, 139 p. — D. Momtaz, « La question des détroits à la troisième Conférence des Nations Unies sur le droit de la mer », *AFDI* 1974, p. 841-859. — M. Giuliano, *« The Regime of Straits in International Law », IYBIL* 1975, p. 16-26. — J. V. R. Prescot, *Political Geography of the Ocean*, Methuen, Londres, 1975, 247 p. — J. N. Moore, « The Regime of Straits and the Third UN Conference on the Law of the Sea », *AJIL* 1980, p. 77-121. — W. M. Reisman, « The Regime of Straits and National Security », *AJIL* 1980, p. 48-76. — K. L. Koh, *Straits in International Navigation*, Oceana Publs., Dobbs Ferry, 1982, 225 p. — W. Münch, *Die Regime internationaler Meerenger Meerengen vor dem Hintergrund der dritten VU.N.-Seerechtskonferenz*, Duncker et & Humblot, Berlin, 1982, 226 p. — P. de Vries-Lentsch, « The Right of Overflight over Straits and Archipelagos States », *NYBIL* 1983, p. 165-225. — H. Caminos, « Le régime des détroits dans la convention des Nations Unies de 1982 sur le droit de la mer », *RCADI* 1987, V, vol. 205, p. 9-246. — Chi Young Pak, *The Korean Straits*, Dordrecht, Nijhoff, 1988, XIV-157 p. — S. N. Nandan et D. H. Anderson, « Straits Used for International Navigation : A Commentary on Part III of the UN Convention on the Law of the Sea, 1982 », *BYBIL* 1989, p. 159-204. — B. B. Jia, *The Regime of Straits in International Law*, Clarendon Press, Oxford, 1998, LVIIII-253 p. — S. Karagiannis, « L'élément fonctionnel dans la définition des détroits internationaux », *Mél. Langavant*, L'Harmattan, 1999, p. 169-220. — R. D. Brubaker, *The Russian Artic Straits*, Martinus Nijhoff Publishers, Leiden, 2005, XV-275 p. — S. Piakowski, « Les ponts sur les détroits », *Ann. Droit. mer* 2004, p. 319-345. — A. G. Lopez Martin, *La Navegacion por les Estrechos*, Dykinson, Madrid, 2008, XVI-354 p.

678. Notion. — Au point de vue géographique, un détroit est défini comme une portion de mer resserrée entre deux terres et faisant communiquer deux autres mers. Au point de vue juridique, les détroits ne sont pris en considération par le droit international, conformément à la vocation fonctionnelle de celui-ci, que s'ils « servent à la navigation internationale ». C'est à ceux-ci qu'est consacrée la troisième partie de la Convention de Montego Bay (art. 34 à 45), alors que celle de Genève n'y faisait qu'une brève allusion (art. 16, § 4).

La définition que l'on peut déduire de ces dispositions repose sur deux critères, qui doivent être réunis cumulativement :

a) Le détroit doit mettre en communication une zone maritime où la navigation est libre — haute mer ou zone économique exclusive — et une autre zone présentant le même caractère ou la mer territoriale d'un État.

La seconde hypothèse — détroits reliant une mer libre à une mer territoriale — a été retenue par la Conférence de Genève de 1958, malgré l'opposition très vive des États arabes qui refusaient d'admettre que le détroit de Tiran, donnant accès au golfe d'Akaba, partagé entre les mers territoriales de plusieurs États, dont Israël, présentait le caractère de détroit servant à la navigation internationale.

Cette définition est indifférente à l'appartenance des rives du détroit, qui peuvent relever d'un État unique (détroits turcs des Dardanelles et du Bosphore à l'entrée et à la sortie de la mer de Marmara) ou de deux ou plusieurs États (Gibraltar, Magellan, détroit nord de Corfou, etc.).

b) En outre, le détroit doit servir à la navigation internationale. Dans l'affaire du *Détroit de Corfou*, la CIJ avait estimé qu'il suffisait pour cela qu'il s'agisse d'une « route utile au trafic international » sans qu'il y ait lieu de tenir compte du degré de densité du trafic et de l'importance plus ou moins grande que le détroit présente pour la navigation internationale ni du caractère nécessaire ou facultatif du passage (*Rec.* 1949, p. 28-29). L'article 36 de la Convention de 1982 revient cependant sur ce dernier point et exclut du champ d'application du régime juridique des détroits servant à la navigation internationale ceux qu'il est possible de franchir par une autre route de commodité comparable.

Ne sont pas davantage concernés les eaux intérieures, les eaux situées au-delà de la mer territoriale (art. 35, a et b) et les détroits « internes » c'est-à-dire ceux dont les eaux font partie du territoire maritime d'un même État (il en est ainsi si leur largeur totale ne dépasse pas le double de la largeur de la mer territoriale de cet État) *et qui mènent à une mer fermée*. Le détroit soviétique de Kertch reliant la mer Noire et la mer d'Azov en constituait le meilleur exemple avant la dissolution de l'URSS (il est, aujourd'hui, devenu un détroit international partagé entre le Kazakhstan et le Turkménistan).

679. Régime juridique. — En tant que particularités géographiques, les détroits ne sont pas pris en considération par le droit. Ils ne l'intéressent que dans la mesure où ils créent une solution de continuité sur une route maritime internationale, leur étroitesse justifiant l'interposition de mers territoriales entre deux portions de haute mer. Ce n'est pas le détroit en lui-même, ce sont les « eaux servant à la navigation internationale » que le droit international réglemente (une partie III, distincte de celle sur la mer territoriale, leur est consacrée).

Aussi longtemps que la juridiction des États côtiers ne s'étendait que sur une mer territoriale étroite, le problème ne se posait que dans un nombre limité de cas et il était d'autant moins grave que le principe du libre passage inoffensif était interprété extensivement. La tendance croissante à des pratiques plus restrictives et l'extension à douze milles marins de la largeur maximale de la mer territoriale (v. *supra*, n° 675) a pour conséquence que des détroits naguère constitués en partie de « mer libre » se trouvent aujourd'hui entièrement inclus dans les eaux territoriales du ou des États riverains alors qu'ils peuvent avoir une importance, stratégique ou commerciale, déterminante (détroits de Gibraltar ou de Malacca, pas de Calais).

Un compromis essentiel est intervenu lors de la Conférence sur le droit de la mer entre les grandes puissances maritimes, soucieuses de supprimer ou de limiter au maximum les restrictions à la navigation liées au régime du passage inoffensif (v. *supra*, n° 674-2°) et les États riverains préoccupés de sauvegarder l'exercice de leur souveraineté territoriale et de réglementer la navigation notamment en matière de pollution, particulièrement préoccupante dans des zones où le trafic maritime est souvent exceptionnellement dense. Ce compromis résulte dans la reconnaissance de larges compétences de contrôle et de réglementation en faveur des États riverains, limitées cependant par un régime du passage favorable aux navires battant pavillon étranger.

1° *Modalités du droit de passage*. La Convention de 1982 distingue deux modalités différentes de passage dans les détroits servant à la navigation internationale : le passage en transit et le passage inoffensif renforcé.

a) Le droit de *passage en transit* est reconnu aux navires et aux aéronefs de tous les pays dans les détroits mettant en communication deux zones maritimes dans lesquelles la navigation est libre (haute mer ou zone économique exclusive — art. 37), à l'exclusion des « détroits formés par le territoire continental » d'un État et une île appartenant à cet État, lorsqu'il existe au large de l'île une route « traversant la haute mer ou une zone économique exclusive de commodité comparable » (art. 38, § 1 — cas des détroits de Messine ou de Corfou).

Le passage en transit est défini par l'article 38, § 2, de la Convention de Montego Bay comme « l'exercice (...) de la liberté de navigation et de survol à seule fin d'un transit continu et rapide par le détroit ». Il doit s'effectuer dans le respect des règles généralement acceptées en matière de sécurité de la navigation et de pollution et, pour les aéronefs, des règlements aériens établis par l'OACI (art. 39). Les principaux traits qui distinguent ce régime du droit de passage inoffensif sont les suivants :

— la reconnaissance de la liberté de survol ;

— la faculté pour les sous-marins de passer en plongée ;

— l'interdiction faite aux États riverains de le suspendre (art. 44). Ce régime est très proche de celui applicable au droit de passage archipélagique (v. *supra*, n° 673).

Le passage en transit est une « invention » de la Convention de Montego Bay. Les règles qu'elle prévoit sont couramment respectées dans les détroits les plus importants, et notamment celui de Gibraltar et le Pas-de-Calais. Toutefois, des difficultés ont surgi à l'occasion du passage des navires de guerre dans les grands détroits asiatiques et l'on peut, de ce fait, hésiter à leur reconnaître un caractère coutumier.

b) Dans les autres détroits servant à la navigation internationale, seul est reconnu aux navires des États étrangers le droit de *passage inoffensif* dont, cependant, l'exercice ne peut être suspendu par les États riverains (art. 45 de la Convention de 1982, reprenant sur ce point, la disposition plus générale de l'art. 16, § 4, de celle de 1958).

2° *Compétences de contrôle et de réglementation des États riverains*. Les règles applicables au passage des navires dans les détroits servant à la navigation internationale constituent une exception au régime juridique des eaux de ces détroits, de leur sol, de leur sous-sol et de l'espace aérien sur-jacent, qui ne changent pas de nature : constituant la mer territoriale de l'État ou des États riverains elles demeurent soumises aux règles concernant cette zone (v. *supra*, n° 674).

En outre, les États riverains d'un détroit ne sont pas dépourvus de pouvoirs de réglementation et de contrôle même en ce qui concerne le passage en transit. À condition de ne pas entraver l'exercice de ce droit, et de ne pas établir de discrimination entre les États étrangers, ils peuvent adopter des lois et règlements concernant notamment l'interdiction de la pêche, la prévention de la pollution, la sécurité de la navigation et la régulation du trafic maritime (art. 42). Si « la sécurité des navires dans les détroits l'exige », ils peuvent en particulier « désigner des voies de circulation et prescrire des dispositifs de séparation du trafic », dans le respect de « la réglementation internationale généralement acceptée » et en liaison avec les « États concernés » et l'OMI (art. 41).

La question des mesures de contrôle et de contrainte que peuvent prendre les États riverains est moins simple. Elle est traitée par prétérition par la convention qui se borne à indiquer que l'État du pavillon du navire ou d'immatriculation de l'aéronef jouissant de l'immunité souveraine peut être tenu pour internationalement responsable des dommages causés (art. 42) et que les États riverains « peuvent prendre les mesures de police appropriées » si un navire marchand étranger a causé ou menace de causer « des dommages importants au milieu marin des détroits » (art. 233). Il semble résulter *a contrario* de cette disposition que l'État riverain ne peut arraisonner ou dérouter le navire étranger si l'infraction n'entre pas dans cette catégorie précise.

L'affaire du *Passage par le Grand Belt* soumise à la CIJ par la Finlande en 1991 aurait pu contribuer à préciser les droits de l'État riverain et ses limites puisque l'État demandeur reprochait au Danemark d'entraver la circulation des navires et, en particulier, des plates-formes pétrolières dans ce détroit, dont le régime juridique a fait l'objet du Traité de Copenhague du 14 mars 1857. L'affaire s'est cependant soldée par un accord sur le paiement d'une compensation financière, conclu le 3 septembre 1992, qui a entraîné le désistement de la Finlande (v. M. Koskenniemi, *AFDI* 1992, p. 905-947 et *ODIL* 1996, p. 255-290). V. également, plus récemment, les risques dénoncés d'entrave au droit de passage du fait de la construction d'un pont enjambant le détroit de Messine (v. F. Spadi, « The Bridge on the Strait of Messina : "Lowering" the Right of Innocence Passage ? », *ICLQ* 2001, p. 411-419).

680. Principaux régimes conventionnels. — L'article 35-c de la Convention de Montego Bay exclut du régime général des détroits servant à la navigation internationale ceux « où le passage est réglementé, en tout ou en partie, par des conventions internationales existant de longue date et toujours en vigueur ». Des traités ont en effet parfois été conclus entre des États intéressés afin d'expliciter les règles du droit commun, de les compléter ou d'en préciser les modalités d'application. Dans la plupart des cas, ces conventions interviennent à propos des détroits situés à des carrefours de routes stratégiques. Il importe alors de garantir la liberté de passage, au besoin par des dispositions relatives à la neutralisation ou à la non-militarisation des rives, et aussi d'élaborer des solutions pour le temps de guerre. Les règles spéciales ainsi émises sont valables et opposables aux États tiers, pourvu qu'elles ne contredisent pas le principe supérieur de la liberté de passage.

1° *Détroits turcs.*

a) Historique. Lié à la « question d'Orient », le problème des détroits du Bosphore (28 km de long, 0,6 km à 3,3 km de large) et des Dardanelles (65 km de long, 2 à 5 km de large) date du milieu du XVIIIe siècle. Jusque-là, l'Empire Ottoman était le seul usager de la mer Noire sur laquelle il exerçait la plénitude de la souveraineté. Cherchant un port libre dans une mer chaude afin de communiquer en toute saison avec l'Europe, la Russie des Tsars réussit sa descente en Crimée, devint coriveraine de la mer Noire et conclut avec la Turquie le traité de paix de Koutchouk-Kanardji en 1774. Par ce traité, elle obtint le libre passage de ses navires de commerce. Le Traité d'Andrinople de 1829 étendait cette liberté aux navires de toute nationalité. En raison de la position stratégique de ces détroits, le sort des navires de guerre soulevait de graves problèmes dont les solutions ont varié selon les fluctuations des influences politiques qui s'exerçaient dans cette région. Le Traité russo-turc d'Unkiar-Skelessi de 1833 autorisait le passage des navires de guerre russes et l'interdisait à ceux des autres États. En 1840, le Concert européen se saisit du problème qui allait être réglé pour la première fois par un traité multilatéral : la Convention de Londres décidait la fermeture à tous les navires de guerre, sauf à ceux de la Turquie. La mer Noire fut démilitarisée par le Traité de Paris de 1856 et neutralisée par celui de Londres de 1871, après l'incident célèbre de la dénonciation unilatérale du premier par la Russie en 1870 (v. *supra*, n° 195). Le Traité de Lausanne de 1923 conclu après la première guerre mondiale a été révisé et remplacé par la Convention de Montreux du 20 juillet 1936.

b) Régime actuel. Aux termes de ce dernier traité, la liberté pour le passage des navires de commerce en temps de paix étant naturellement maintenue, les navires de guerre des États riverains et non riverains peuvent passer en temps de paix sous certaines conditions qui sont plus strictes pour les non-riverains. En temps de guerre, si la Turquie est belligérante, elle a le droit d'accorder librement le passage ; si elle est neutre, les détroits ne sont ouverts qu'aux navires de guerre des États ayant signé avec elle un traité d'assistance mutuelle (en 1939, la France et l'Angleterre bénéficiaient d'un tel traité). Le Traité de Montreux accepte en outre la remilitarisation de la zone des détroits. Actuellement, il est toujours en vigueur. Sa révision a été demandée sans succès par l'URSS, lors de la Conférence de Postdam en août 1946.

Les controverses périodiques sur la compatibilité du passage de certains types de navires avec la Convention de Montreux illustrent l'inadaptation des traités de limitation des armements à une société internationale marquée par des progrès technologiques rapides (F. A. Vali, *The Turkish Straits and NATO*, Hoover, Stanford, 1972, 348 p. ; Ch. Rousseau, Chron., *RGDIP* 1966, p. 1030 ; 1969, p. 845 ; 1977, p. 327 ; 1980, p. 1153 ; 1984, p. 505 ; N. Ünlü, *The Legal Regime of the Turkish Straits*, Martinus Nijhoff Publishers, Leiden, 2002, X-183 p. ; M. Fornari, « Conflicting Interests in the Turkish Straits : Is the Free Passage of Merchant Vessels Still Applicable ? » *Internl. Jl. of Marine and Coastal Law* 2005, p. 225-246).

2° *Détroit de Gibraltar* (14,6 km de large). Son régime est caractérisé par la liberté de passage et l'interdiction de fortifier ses rives. (Déclaration franco-britannique du 8 avril 1904, confirmée par l'article 6 de la Convention franco-espagnole du 27 novembre 1912 sur le Maroc). (V. S. C. Truver, *Gibraltar and the Mediterranean*, Sijhoff et Noordhoff, Alphen, 1982, 272 p.).

3° *Détroit de Magellan* (4,6 à 20,3 km de large, 583 km de long). La Convention du 23 juillet 1881 conclue entre l'Argentine et le Chili reconnaît la liberté de passage, interdit la fortification des rives et préconise la neutralisation en temps de guerre (v. M. A. Morris, *The Strait of Magellan*, Nijhoff, Dordrecht, 1989, XII-237 p.).

4°*Détroits danois* (le Sund : 3,8 km dans la plus petite largeur ; le grand Belt et le petit Belt : 18 à 30 km de large). Le Traité de Copenhague de 1857 conclu à l'initiative des États-Unis a prévu la liberté de passage en temps de paix pour les navires de guerre et les navires de commerce de tous les pays, après avoir supprimé, moyennant une indemnité compensatrice, les péages imposés jusque-là par l'État danois aux bâtiments étrangers. En temps de guerre, le

Danemark peut décider librement la fermeture ou l'ouverture aux navires de guerre : la fermeture a été décidée lors de la première guerre mondiale (v. G. Alexandersson, *The Baltic Straits*, Nijhoff et Noordhoff, Alphen, 1982, XI-132 p.). Sur une occasion perdue de préciser le régime de ces détroits, voir *supra*, n° 679 *in fine*.

5° *Détroit de Malacca*. L'accord conclu le 24 février 1977 entre l'Indonésie, la Malaisie et Singapour est le premier exemple d'une réglementation de la navigation dans un détroit, qui ait pour objet essentiel la sécurité de la navigation et la prévention de la pollution. Il reflète mieux que les hypothèses précédentes l'approche moderne du problème des détroits : on peut y voir l'annonce des dispositions de la Convention de Montego Bay sur les routes de navigation imposées aux superpétroliers, et de la tentation pour les États côtiers de réintroduire des droits de péage sur la navigation internationale (v. M. Leifer, *Malacca, Singapore and Indonesia*, Sijthoff et Noordhoff, Alphen, 1978, 217 p.).

On notera incidemment ici qu'en 2003, la Malaisie a entamé une procédure arbitrale contre Singapour au titre de l'Annexe VII de la Convention de Montego Bay au sujet des travaux de poldérisation lancés par ce dernier État à l'intérieur et à proximité du détroit de Johor. En attendant la constitution du tribunal arbitral, le Tribunal international du droit de la mer a prononcé le 8 octobre 2003 une série de mesures conservatoires enjoignant aux deux parties de coopérer en vue de déterminer l'impact des travaux en cours et les éventuels risques et effets qu'ils pourraient entraîner, et demandant à Singapour de ne rien faire qui puisse « porter un préjudice irréparable aux droits de la Malaisie ou causer des dommages graves au milieu marin ». Les deux États sont finalement parvenus à un accord le 26 avril 2005 et ont mis un terme en conséquence à la procédure arbitrale (v. la sentence du tribunal arbitral du 1er septembre 2005, qui prend acte de l'accord intervenu entre les parties et met fin à la procédure). L'accord prévoit en particulier une indemnisation des pêcheurs ayant subi des préjudices à la suite des travaux exécutés, garantit le droit de passage des navires, crée un comité conjoint sur l'environnement et renvoie à des négociations ultérieures la question des délimitations maritimes des deux États.

6° Détroit d'Ormuz. V. Ch. Zorgbibe, « Le détroit d'Ormuz », *in* Colloque de l'ADI, 1981, *La gestion des ressources de l'humanité*, Sijthoff, Leyde, 1982, p. 325-328.

7° *Détroit de Torres*. Le Traité de Sydney du 18 décembre 1978 entre l'Australie et la Nouvelle-Guinée-Papouasie prévoit un régime de passage pour les navires et les aéronefs directement inspiré de celui du passage en transit prévu par le TNCO (v. *supra*, n° 665-2°) et repris dans la convention (v. H. Burmester, « The Torres Strait Treaty », *AJIL* 1982, p. 321-349).

8° *Détroit de Tiran*. Large de 5 à 25 kilomètres, il met en communication la mer Rouge et le golfe d'Akaba. L'article 5, § 2, du traité de paix égypto-israélien du 26 mars 1979 dispose :

« Les parties considèrent que le détroit de Tiran et le golfe d'Akaba doivent être des voies d'eau internationales ouvertes à toutes les nations qui y jouiront d'une liberté, sans entraves et à laquelle on ne pourra surseoir, de navigation et de survol » (v. R. LAPIDOTH-ESCHELBALCHER, *The Red Sea and the Gulf of Aden*, Sijthoff et Noordhoff, Alphen, 1982, 265 p. et les articles de M. EL BARADEI et R. LAPIDOTH, *AJIL* 1982, p. 532-554 et 1983, p. 84-108).

Dans les quatre derniers cas cités, il est douteux que les traités pertinents présentent les caractères exigés par l'article 35-c précité de la Convention de Montego Bay.

Le pas-de-Calais n'avait pas fait l'objet d'un accord international jusqu'à la déclaration commune franco-britannique du 2 novembre 1988, qui garantit le droit de passage en transit sans entrave pour tous les navires, y compris les navires de guerre selon leur mode normal de navigation, ainsi que le droit de survol des aéronefs. La France et le Royaume-Uni y ont « hérité », du fait de l'extension de leur mer territoriale, du système de couloirs de navigation institué en 1967 par l'OMCI (v. H. LABROUSSE, « Détroits stratégiques et pollution : Pas de Calais et Malacca », *RDN*, fév. 1979, p. 73-84. — L. CUYVERS, *The Straits of Dower*, Dordrecht, Nijhoff, 1986, 184 p. — J. P. QUENEUDEC *in AFDI* 1987, p. 641-644 et 1988, p. 727-729).

§ 5. — *Zone contiguë*

BIBLIOGRAPHIE. — S. ODA, « The Concept of the Contiguous Zone », *ICLQ* 1962, p. 131-153. — A. V. LOWE, « The Development of the Concept of the Contiguous Zone », *BYBIL* 1981, p. 109-169. — V. L. GUTIERREZ-CASTILLO, « La zone contiguë dans la Convention des Nations Unies sur le droit de la mer », *Ann. Droit. Mer* 2002, p. 149-164.

681. Notion et délimitation. — L'origine de la zone contiguë remonte aux *Hovering laws* établies en Angleterre au XVIIIe siècle et qui permettaient, par exception à la liberté de la haute mer, aux navires de ce pays d'exercer un contrôle douanier sur des navires étrangers suspects voguant hors des eaux territoriales anglaises (cf. A. M. Frommer, *RBDI* 1981-82, p. 434-458). La coutume a mis du temps à sanctionner ce précédent. Le processus, ravivé par les *liquor treaties* conclus par les États-Unis afin de faciliter la mise en œuvre de la prohibition de l'alcool entre 1919 et 1933, a été stimulé par la doctrine (GIDEL). Le concept a été reconnu lors de la Conférence de la SdN de 1930 et confirmé en 1958.

L'idée est que dans une portion de mer « contiguë » à la mer territoriale, l'État riverain devrait conserver certains pouvoirs exclusifs mais limités. La zone contiguë apparaît ainsi comme une zone de transition dont la fonction est d'atténuer le contraste entre le régime de la haute mer et celui de la mer territoriale.

Dès lors que la troisième Conférence des Nations Unies consacrait l'existence d'une nouvelle zone intermédiaire entre la mer territoriale et la haute mer, la zone économique exclusive, la question de l'utilité du maintien de la zone contiguë se posait inévitablement. Plusieurs États sont en effet intervenus en ce sens lors de la Conférence, mais c'était sous-estimer le réflexe de « crispation de l'État, dès qu'il s'agit d'étendre son emprise en mer » (L. Lucchini et M. Voelckel, *Les États et la mer*, préc., p. 352). Du reste, les droits de l'État côtier dans sa zone contiguë sont différents de ceux qu'il peut exercer dans sa zone économique exclusive (v. *infra*, n°s 682 et 685). L'article 33 de la convention confirme l'existence d'une telle zone en l'étendant.

L'article 24, § 2, de la Convention de Genève sur la mer territoriale et la zone contiguë interdisait aux États d'étendre celle-ci « au-delà de douze milles à partir de la ligne de base » ce qui aurait entraîné sa disparition dans tous les cas où la largeur de la mer territoriale aurait été portée à douze milles marins. Pour l'éviter, l'article 33, § 2, de la Convention de 1982 porte à 24 milles marins la largeur maximale de la zone contiguë depuis la ligne de base.

En 2008, 83 États avaient étendu leur zone contiguë au-delà de douze milles et la presque totalité l'avaient fait jusqu'au maximum de 24 milles marins (pour la France, v. la loi du

31 décembre 1987 sur la lutte contre le trafic de stupéfiants, qui reconstitue une zone contiguë à finalité exclusivement douanière).

La Convention de Montego Bay est muette sur la question de la délimitation de la zone contiguë respective d'États dont les côtes sont adjacentes ou se font face. L'article 24, § 3, de la Convention de 1958 indiquait que, sauf accord contraire, elle devait se faire conformément à la règle de l'équidistance. Ce silence s'explique par le fait que, la plupart du temps, la zone contiguë se superpose à la zone économique exclusive ; on peut en déduire qu'en l'absence d'une telle zone les règles applicables à la délimitation de celle-ci sont transposables à celle de la zone contiguë (v. *infra*, n° 684).

682. Régime juridique. — En vertu de l'article 33, § 1, de la Convention de Montego Bay, qui reprend le texte de l'article 24, § 1, de la Convention de 1958, l'État côtier est autorisé à exercer dans sa zone contiguë :

« le contrôle nécessaire en vue de :

« *a)* prévenir les infractions à ses lois et règlements douaniers, fiscaux, sanitaires ou d'immigration sur son territoire ou dans sa mer territoriale ;

« *b)* réprimer les infractions à ces mêmes lois et règlements commises sur son territoire ou dans sa mer territoriale ».

Il en résulte très clairement que la zone contiguë ne relève pas de la souveraineté territoriale de l'État côtier qui n'y exerce pas sa juridiction, ni même des « droits souverains » mais qu'il y dispose seulement de compétences rigoureusement fonctionnelles de prévention ou de répression des infractions commises dans les espaces placés sous sa souveraineté. Ces compétences peuvent être exercées de la même manière que celles lui appartenant — à des fins plus larges — dans sa mer territoriale (v. *supra*, n° 674).

§ 6. — *Zone économique exclusive*

BIBLIOGRAPHIE. — J. P. QUENEUDEC, « La zone économique exclusive », *RGDIP* 1975, p. 321-353. — T. SCOVAZZI, « La zona economica nei lavori per la nuova codificazione del diritto del mare », *Riv. DI* 1975, p. 730-774. — F. WODIE, « Les intérêts économiques et le droit de la mer », *RGDIP* 1976, p. 744-766. — J. PUEGO LOSA, « La libertad de navegacion por la zona economica exclusiva », *Rev. esp. DI* 1977, p. 265-288. — A. L. HOLLICK, « The Origins of 200-Mile Offshore Zones », *AJIL* 1977, p. 494-499. — W. C. EXTAVOUR, *The Exclusive Economic Zone*, IUHEI, Genève, 1979, XV-369 p. — B. CONFORTI ed., *La zona economica exclusiva*, Giuffrè, Milan, 1983, 209 p. — L. GÜNDLING, *Die 200 — Seemeilen — Wirtschaftszone*, Springer, Berlin, 1983, XIV-370 p. — J. CASTANEDA, « Negotiations on the EEZ at the Third UN Conference on the Law of the Sea », *Mél. Lachs*, 1984, p. 605-623. — F. ORREGO VICUNA, « La zone économique exclusive », *RCADI* 1986, IV, vol. 199, p. 9-170 ; *The Exclusive Economic Zone. Regime and Legal Nature under International Law*, Cambridge UP, 1989, IX-309 p. ; « La ZEE dans la législation et la pratique des États », *in Droit de la mer,-2*, Pedone, 1990, p. 5-56. — D. J. ATTARD, *The Exclusive Economic Zone in International Law*, Clarendon Press, Oxford, 1987, LXIV-350 p. — U. LEANZA et D. PHARAND dir., *The Continental Shelf and the EEZ, Delimitation and Legal Regime*, Nijhoff, Dordrecht, Nijhoff, 1993. — ONU, *The Law of the Sea — National Legislations on the EEZ*, New York, 1993, 403 p. (rec. de doc.). — F. RIGALDIES, « La zone économique exclusive dans la pratique des États », *ACDI* 1997, p. 3-55. — M. VOELCKEL, « Les ZEE et leur surveillance », *ADM* 1999, p. 9-29 ; « Comment vit la ZEE ? », *ADM* 2001, p. 109-134. — E. FRANCKX, Ph. GAUTIER ed., *La ZEE et la Convention des*

Nations Unies sur le droit de la mer, Bruylant, Bruxelles, 2003, 250 p. — S. KARAGIANNIS, « L'article 59 de la Convention des Nations Unies sur le droit de la mer », *RBDI* 2004, p. 325-418.

Sur les zones de pêche préférentielle v. NGUYEN QUOC DINH, « Revendications de droits préférentiels de pêche en haute mer », *AFDI* 1960, p. 77-110. — L. I. SANCHEZ RODRIGUEZ, *La zona exclusiva de pesca en el nuevo derecho del mar*, PU Oviedo, 1977, 370 p. — J. CARROZ, « Le nouveau droit des pêches et la notion d'excédent », *AFDI* 1978, p. 851-865. — T. SCOVAZZI, *Gli accordi bilaterali sulla pesca*, Giuffrè, Milan, 1977, 118 p. — E. HEY, *The Regime of the Exploitation of Transboundary Marine Fisheries Resources*, Nijhoff, Dordrecht, 1989, XII-306 p. — B. KWIATKOWSKA, *The 200 Mile Exclusive Economic Zone in the New Law of the Sea*, Nijhoff, Dordrecht, 1989, XXVIII-397 p. — J.-P. QUENEUDEC, « Les rapports entre zone de pêche et zone économique exclusive », *GYBIL* 1989, p. 138-155.

Sur la réglementation communautaire des pêches, v. les articles de Y. VAN DER MENSBRUGGHE, *RBDI* 1969, p. 87-145 et *NYBIL* 1975, p. 321-353. — D. VIGNES, *AFDI* 1970, p. 829-840, *RMC* 1973, p. 84-94, *Mél. Dehousse*, 1979, t. II, p. 323-332 et *Mél. Grawitz*, 1982, p. 541-548. — M. BROUIN, *Cahiers dt. eur.* 1973, p. 20-37. — E. PEYROUX, *RTDE* 1973, p. 46-591 et 1977, p. 53-78. — T. TREVES, *AFDI* 1976, p. 645-677. — G. APOLLIS, *AFDI* 1983, p. 646-673. — D. BOOSS, *RMC* 1983, p. 405-415. — R. R. CHURCHILL, *EEC Fisheries Law*, Nijhoff, Dordrecht, 1987, XXVIII-299 p. — G. PROUTIÈRE-MAULION, « De la gestion des stocks à l'aménagement des pêcheries », *RMCUE* 1995, n° 388, p. 314-319. — C. FLAESCH-MOUGIN e.a. eds., *La politique européenne de la pêche : vers un développement durable*, Ed. Apogée, Rennes, 2003, 270 p. ; v. aussi la bibliographie citée *supra*, sur le n° 663.

V. aussi la bibliographie générale sur les pêcheries citée *supra*, sur le n° 663.

683. Notion. — Résultat d'un compromis inégal, le concept de zone économique exclusive satisfait largement les appétits territoriaux des États côtiers : même si elle ne les autorise pas à y exercer leur souveraineté, l'institution leur confère des « droits souverains » en matière économique sur de vastes espaces marins adjacents à leur mer territoriale.

S'appliquant également aux îles, le bénéfice de cette institution peut sembler parfois quelque peu disproportionné géographiquement. Les tentatives pour en limiter l'application aux États insulaires et pour la refuser aux simples dépendances extra-métropolitaines n'ont pas eu de suites. Selon la décision arbitrale de 1992 dans l'affaire de la *Délimitation des espaces maritimes entre le Canada et la République française*, « rien ne permet de soutenir que l'étendue des droits maritimes d'une île dépend de son statut politique » (*RGDIP* 1992, p. 694, § 49).

Le droit à une zone économique exclusive peut conduire à écarter — pour cause d'inéquité — certaines méthodes ou certains principes en matière de délimitation, dans les cas où ils aboutiraient à nier cette juridiction particulière d'un État « sur un espace maritime au-delà des espaces qui lui sont déjà reconnus comme mer territoriale » (décision arbitrale du 10 juin 1992, *Délimitation des espaces maritimes entre le Canada et la République française*, § 68, *RGDIP* 1992, p. 699).

Le concept de la zone économique exclusive s'est progressivement dégagé d'une pratique nationale et internationale assez confuse, où il était en concurrence avec d'autres notions. Il s'est imposé en tant que compromis, comme substitut à l'idée de mer territoriale étendue à 200 milles, idée que refusaient les grandes puissances maritimes ; mais aussi en tant que réflexe d'égoïsme national, de préférence aux notions de « mer patrimoniale » ou « matrimoniale », notions qui auraient justifié une gestion collective ou un partage des ressources entre États d'une même région. Parce qu'elle correspond à un compromis dégagé négativement, par élimination d'autres solutions concevables, la zone économique exclusive est une institution dont la nature juridique est ambiguë.

Concept inédit, la zone économique ne peut correspondre, même implicitement, à la mer territoriale et au plateau continental délimités par des accords antérieurs aux années 1980, à défaut d'un accord explicite entre les États concernés (sentence arbitrale du 31 juillet 1989, *Guinée-Bissau c. Sénégal, RGDIP* 1990, p. 270-271). Dans le même sens, la CIJ, dans l'arrêt du 14 juin 1993 (affaire de la *Délimitation maritime entre le Groënland et l'île Jan Mayen*, Norvège-Danemark, *Rec.* p. 38), estime devoir appliquer, d'un côté, la Convention de Genève de 1958 sur le plateau continental (article 6) pour la délimitation du plateau, de l'autre, le droit coutumier pour la délimitation de la zone de pêche des 200 milles (§ 44).

Dans la mesure où la masse d'eau maritime surjacente au plateau continental n'est pas un simple accessoire de ce plateau (CIJ, arrêt du 12 octobre 1984, *Délimitation de la frontière maritime dans la région du golfe du Maine, Rec.* 1984, p. 301, § 119), en cas de délimitation unique de la zone économique et du plateau continental, il n'est pas légitime de retenir la méthode de délimitation du plateau, même si elle est opposable conventionnellement aux deux États en cause (*ibid.*, p. 303, § 124 ; v. aussi la décision arbitrale du 10 juin 1992, *Délimitation des espaces maritimes entre le Canada et la République française*, § 40, *RGDIP* 1992, p. 692).

L'histoire de cette grande bataille diplomatique est exemplaire, car elle traduit toutes les tensions de la société internationale moderne, toutes les ambiguïtés de la recherche d'une meilleure organisation mondiale et d'un ordre économique plus juste.

Dans la droite ligne de la Proclamation Truman du 28 septembre 1945, par laquelle les États-Unis se réservaient le droit de réglementer la pêche dans une partie de la haute mer adjacente à leurs côtes, certains États latino-américains ont revendiqué, dès 1947, une zone de pêche exclusive s'étendant jusqu'à 200 milles marins de leur côte (lorsque ce n'était pas l'exercice de la pleine souveraineté par l'extension de leur mer territoriale — v. *supra*, n° 674). Leur objectif était de réserver à leurs nationaux l'exploitation des ressources halieutiques de cette zone particulièrement poissonneuse du fait de la présence du courant froid de Humboldt (qui explique la limite retenue).

Bien que les principaux pays industrialisés, dont les pêcheurs exploitent les ressources vivantes de la mer souvent très loin de leurs côtes, s'y soient longtemps opposés, ces revendications se sont généralisées et étendues sous l'influence conjuguée d'au moins trois séries de facteurs. D'une part l'amélioration des techniques de pêche (navires-usines) risquait d'entraîner dans certaines régions l'épuisement des stocks de poissons. D'autre part, du fait également du progrès technique, les ressources non biologiques (minérales et énergétiques) sont devenues exploitables. Enfin, et d'une manière plus générale, ces revendications s'inscrivaient dans le cadre de l'idéologie du développement défendue avec une vigueur croissante par les États du Tiers Monde.

Dans un premier temps, un grand nombre d'États proclamèrent unilatéralement l'existence, au large de leur côte, d'une zone de pêche exclusive d'une étendue variable, portant ainsi souvent atteinte aux intérêts des pêcheurs étrangers habitués à y pêcher. L'affaire de la *Compétence en matière de pêcherie* qui a opposé la RFA et le Royaume-Uni à l'Islande devant la CIJ en est une illustration. Dans ses arrêts du 25 juillet 1974, la Cour, dans le souci de ne pas anticiper les évolutions en cours, a fait preuve d'une très grande prudence : elle a admis le droit pour l'Islande de réserver à ses nationaux une zone de pêche exclusive jusqu'à 12 milles marins des lignes de base mais sans condamner l'idée d'une zone préférentielle en faveur des États se trouvant « dans une situation de dépendance spéciale à l'égard de (leurs) pêcheries côtières » (*Rec.* 1974, p. 24) (fixée en l'espèce par l'Islande à 50 milles), elle a estimé qu'au-delà de 12 milles les droits historiques des pays tiers devaient être préservés et faire l'objet d'un accord entre les pays concernés (*Rec.* 1974, p. 27-31).

La position de la Cour se comprend, dans le contexte de l'époque. Inspirées de l'idéologie du développement, les propositions favorables à la reconnaissance de droits préférentiels de pêche étaient fondées sur l'inégalité de fait des États, qu'elles visaient à compenser, et ne devaient bénéficier qu'aux États défavorisés. Cette idée de « compensation » n'allait cependant pas tarder à disparaître tant du fait de l'invocation par les États industrialisés du principe d'égalité que des pressions des égoïsmes nationaux ; issu de l'idée d'indivision et de gestion commune des « méditerranées » (mer des Caraïbes, notamment), le concept de « mer matrimoniale » est abandonné à partir de 1974 au profit de la notion de zone économique exclusive (proposition de compromis d'origine africaine — 1971).

L'expression qui finit par s'imposer correspond au glissement subi par le concept. D'une part, la liaison étroite initialement établie avec le droit du développement s'est estompée ; et l'idéal de solidarité internationale qui animait certains partisans de la réforme, au début des travaux, a été presque totalement évacué ; d'autre part, même si l'extension des compétences nationales n'équivaut pas à un élargissement de la mer territoriale, l'expression utilisée montre bien qu'il s'agit de beaucoup plus qu'une simple zone de pêche et que les droits exclusifs de l'État côtier s'étendent à l'ensemble des ressources de la zone.

La notion de zone économique exclusive est consacrée par la cinquième partie de la Convention de Montego Bay sur le droit de la mer qui ne la définit qu'indirectement par le « régime juridique particulier » qui la gouverne (art. 55), distinct à la fois de celui de la mer territoriale et de celui de la haute mer. Ce régime s'applique aux eaux elles-mêmes ainsi qu'aux fonds marins et à leur sous-sol et — mais de manière limitée (utilisation des vents essentiellement) — à l'espace aérien sur-jacent.

Si l'on peut avoir quelques hésitations en ce qui concerne le détail des règles applicables, il ne fait aucun doute que le *concept* de zone économique exclusive a acquis, du fait de la pratique des États, une valeur coutumière. Il s'est en effet rapidement généralisé et, dans son principe, il ne suscite plus d'objections. Dans son arrêt du 24 février 1982, la CIJ a d'ailleurs estimé que l'on peut considérer la zone économique exclusive comme « faisant partie du droit international moderne » (affaire relative au *Plateau continental [Tunisie/Libye], Rec.* 1982, p. 74).

Malgré leurs réticences initiales, plusieurs grandes puissances maritimes se sont aujourd'hui dotées d'une zone économique exclusive : la France en 1976, les États-Unis en 1983 (zone de pêche en 1977), ou l'URSS puis la Russie depuis 1984 (zone de pêche en 1976). Toutefois, la loi française du 16 juillet 1976 et les décrets du 11 février 1977 la mettant en œuvre instaurent une « zone économique » de 200 milles (sauf en Méditerranée) qui n'est pas qualifiée d'« exclusive » pour préserver les compétences communautaires en ce domaine (v. *infra*, n° 686).

Sur la loi française de 1976, v. les articles de P. CADENAT, *ADMA* 1976, p. 219-229 et G. DE LACHARRIÈRE, *AFDI* 1976, p. 641-652, et *sur la proclamation Reagan de 1983*, J.-P. QUENEUDEC, *AFDI* 1983, p. 710-714.

684. Délimitation. — Pouvant s'étendre jusqu'à 200 milles des lignes de base — soit, sur 188 milles pour les États qui ont établi une mer territoriale de 12 milles — (art. 57 de la Convention de Montego Bay), la zone économique pose de redoutables problèmes de délimitation, si l'on en croit l'expérience acquise depuis 1958 en matière de plateau continental. Désireux d'éviter les controverses nées de l'apparente rigidité de la formule imaginée à l'époque pour la délimitation du plateau (v. *infra*, n° 689), les auteurs de la Convention de 1982 ont retenu la règle suivante :

« La délimitation de la zone économique exclusive entre États dont les côtes sont adjacentes ou se font face est effectuée par voie d'accord conformément au droit international tel qu'il est visé à l'article 38 du statut de la CIJ, afin d'aboutir à une solution équitable » (art. 74, § 1).

Dans son arrêt du 12 octobre 1984, la chambre de la CIJ appelée à se prononcer sur la *Délimitation de la frontière maritime dans la région du golfe du Maine* a estimé que cette règle était « conforme, actuellement, au droit international général en la matière » (*Rec.* 1984, p. 294). En cas d'échec des négociations, les États sont tenus de recourir aux procédures de règlement des différends prévues à la partie XV de la Convention (art. 74, § 2).

« L'établissement d'une frontière maritime permanente [étant] une question de grande importance », « un accord tacite ne doit pas être présumé facilement » (CIJ, arrêt du 8 oct. 2007, *Différend territorial et maritime entre le Nicaragua et le Honduras*, par. 253).

Si une formule aussi ambiguë signifie, à court terme, que la majorité des États préfèrent tabler sur un rapport de forces favorable dans des négociations diplomatiques ponctuelles et sur la force de conviction de leurs conseillers juridiques devant les organes de règlement, elle a aussi le mérite de confier l'émergence d'une méthode juridique et de critères objectifs au lent travail de maturation jurisprudentielle, encore inachevée.

Ces règles relatives à la délimitation des zones économiques exclusives appellent deux autres remarques.

En premier lieu, elles sont identiques à celles applicables à la délimitation du plateau continental entre États dont les côtes sont adjacentes ou se font face (v. *infra*, n° 689). Il n'en résulte pas inévitablement un tracé unique car la solution « équitable » à atteindre peut être différente dans l'un et l'autre cas ; on peut cependant penser que la superposition des deux lignes sera la règle générale. Telle a été, par exemple, la solution retenue par le Tribunal arbitral appelé à se prononcer sur la *Délimitation de la frontière maritime Guinée/Guinée-Bissau* (sentence du 14 février 1985, p. 504) ; de même, dans l'affaire de la *Délimitation maritime dans le golfe du Maine*, la CIJ a retenu une ligne unique pour la délimitation du plateau continental et de la zone de pêche des États-Unis et du Canada, mais la valeur de ces précédents est limitée car le Tribunal et la Cour étaient liés par le compromis et l'attitude des parties (*a contrario* il résulte cependant de l'arrêt de 1984, que, dans certains cas, le tracé d'une ligne unique pourrait se révéler impossible — *Rec.* 1984, p. 267) ; il en est allé de même dans l'affaire de la *Délimitation maritime et des questions territoriales entre Qatar et Bahreïn* dans laquelle la Cour a observé « que le concept de limite maritime unique n'est pas issu du droit conventionnel multilatéral mais de la pratique étatique et qu'il s'explique par le vœu des

États d'établir une limite ininterrompue unique délimitant les différentes zones maritimes— coïncidant partiellement — qui relèvent de leur juridiction » (arrêt du 16 mars 2001, par. 173 ; repris dans CIJ, *Frontière terrestre et maritime entre le Cameroun et le Nigeria*, 10 octobre 2002, par. 286 ; CIJ, *Différend territorial et maritime entre le Nicaragua et le Honduras*, 8 oct. 2007, par. 265 ; et par la sentence arbitrale du 11 avril 2006, *La Barbade/Trinité-et-Tobago*, par. 234-235, et celle du 17 sept. 2007, *Guyana/Suriname*, par. 334) ; quant à la commission de conciliation constituée par l'Islande et la Norvège dans l'affaire du *Plateau continental de l'île de Jan Mayen* plutôt que de proposer deux lignes distinctes, elle a préconisé une délimitation unique mais elle a recommandé aux deux États de coopérer pour l'exploitation d'une partie du plateau continental. Ces recommandations ont été acceptées par ceux-ci (accord du 22 octobre 1981 ; v. J. Evensen, *AFDI* 1981, p. 711-734). En revanche, dans l'affaire de la *Délimitation maritime dans la région située entre le Groënland et Jan Mayen*, qui opposait la Norvège au Danemark, la Cour, tout en adoptant une ligne unique de délimitation a admis la dissociation des règles applicables (v. *supra*, n° 683).

En second lieu, il est intéressant de noter qu'à la suite de négociations extrêmement difficiles l'article 298 de la Convention permet aux États parties d'exclure les différends concernant l'interprétation ou l'application de l'article 74 de tout mode de règlement dont l'issue s'impose à eux. Dans ce cas, et sous réserve que le litige naisse après l'entrée en vigueur de la Convention, les parties n'ont que l'obligation de le soumettre à la procédure de conciliation prévue par l'annexe V.

685. Régime juridique. — Les États industrialisés, de l'Est comme de l'Ouest, n'ont accepté le sacrifice de certaines ressources, halieutiques essentiellement, que pour éviter une extension inconsidérée, à leurs yeux, des mers territoriales et de graves atteintes à la liberté de navigation. C'est bien cet équilibre entre le régime de la navigation et des droits souverains de l'État côtier sur les ressources de la zone économique exclusive, qui constitue l'originalité du statut de celle-ci. Les exigences de la prévention de la pollution ont conduit, dans les derniers temps de la Conférence, à infléchir cet équilibre au profit de l'État côtier, mais sans le modifier fondamentalement.

Ce régime juridique, qui n'est déduit ni de la souveraineté territoriale, ni, au moins explicitement, de la continuité et de la contiguïté avec le territoire terrestre (v. CIJ, chambre, arrêt du 12 octobre 1984, *Délimitation de la frontière maritime dans la région du golfe du Maine, Rec.* 1984, p. 296), a un fondement exclusivement fonctionnel et se décompose en droits et titres de juridiction pour l'État côtier et en droits et libertés pour les autres États.

1° Tous les États jouissent, dans la zone économique exclusive, de *libertés* étendues qu'énumère l'article 58 de la Convention de Montego Bay. Il s'agit « des libertés de navigation et de survol et de la liberté de poser des câbles et pipelines sous-marins » qui s'exercent dans les mêmes conditions que dans la haute mer ce qui a conduit certains auteurs à voir — à tort — dans la zone économique exclusive une partie de celle-ci.

Les contraintes qui pèsent sur les États dans l'exercice de ces libertés sont définies de façon négative : navires et aéronefs ne sont tenus de respecter que les lois et règlements de l'État riverain conformes à la Convention et aux autres règles de droit international. L'État côtier doit faire preuve d'une certaine circonspection lorsqu'il envisage d'interférer avec cette libre navigation ; il ne peut enquêter, inspecter, détourner un navire que dans la mesure nécessaire au respect de sa réglementation dans des domaines précis : l'exploitation des ressources vivantes de la zone (art. 73), la protection de l'environnement (art. 220). Aussi ne pourra-t-il pas invoquer ces compétences pour étendre, par exemple, le champ d'application de sa législation douanière (Tribunal int. du droit de la mer, affaire du *navire « Saiga » (n° 2)*, Saint-Vincent-et-Grenadines c. Guinée, arrêt du 1er juillet 1999, §§ 127 et 135).

2° *Exploration et exploitation des ressources économiques.* L'article 56 de la Convention distingue les « droits souverains » de l'État côtier dans sa zone économique exclusive de sa « juridiction » (traduction « franglaise » malheureuse du mot anglais « *jurisdiction* » dont le terme français « compétence » est l'équivalent). Cette « juridiction » s'exerce :

« conformément aux dispositions pertinentes de la Convention, en ce qui concerne :

i) la mise en place et l'utilisation d'îles artificielles, d'installations et d'ouvrages (v. *infra*, n° 690) ;

ii) la recherche scientifique marine (v. *infra*, 3°) ;

iii) la protection et la préservation du milieu marin » (v. *infra*, n° 754).

Quant aux droits souverains de l'État côtier, ils lui sont reconnus :

« aux fins d'exploration et d'exploitation, de conservation et de gestion des ressources naturelles, biologiques ou non biologiques, des eaux sur-jacentes aux fonds marins, des fonds marins et de leur sous-sol, ainsi qu'en ce qui concerne d'autres activités tendant à l'exploration et à l'exploitation de la zone à des fins économiques, telles que la production d'énergie à partir de l'eau, des courants et des vents ».

Il faut noter que les droits de l'État côtier sur sa zone économique exclusive sont d'une très grande ampleur, même si celle-ci n'est pas une « zone de souveraineté » (sentence arbitrale du 14 février 1985 dans l'affaire de la *Délimitation de la frontière maritime Guinée/Guinée-Bissau, RGDIP* 1985, p. 533).

Ceci est confirmé implicitement par l'article 59 : en cas de silence de la Convention sur l'attribution d'une compétence dans la zone économique, un éventuel conflit entre l'État côtier et d'autres États sur ce point sera résolu « sur la base de l'équité et eu égard à toutes les circonstances pertinentes, compte tenu de l'importance respective que les intérêts en cause présentent pour les différentes parties et pour la communauté internationale dans son ensemble ». Dans le heurt entre l'intérêt un peu lointain et abstrait de la liberté de navigation, et l'intérêt immédiat et concret de l'État côtier sur ses ressources, on devine dans quel sens penchera la balance le plus souvent. Par ailleurs, les obligations pesant sur les États au titre d'autres dispositions de la Convention peuvent le cas échéant contribuer à étendre les compétences de l'État côtier dans sa ZEE (v. par ex. Cass. crim., 15 nov. 2005, *Friedhelm :* compétence pénale de l'État français pour des faits de pollution constatés dans la ZEE, fondée sur l'obligation de préserver le milieu marin en vertu de l'article 192 de la Convention).

Les ressources du sol et du sous-sol sont soumises au régime applicable au plateau continental auquel renvoie l'article 56 § 4 (cf. CIJ, arrêt du 3 juin 1985, *Plateau continental [Libye/Malte], Rec.* 1985, p. 33). L'essentiel des dispositions de la partie V, relative à la zone économique exclusive, sont donc consacrées au problème des pêcheries. Une fois admis que l'État côtier fixe lui-même le volume des prises halieutiques autorisées dans sa zone économique (art. 61 § 1) et réglemente la pêche (art. 62), deux problèmes se posent : comment garantir un certain droit d'accès aux pays tiers, pour éviter un gaspillage de ressources ? Comment gérer les stocks de poissons ?

La réponse générale à la première question est fournie par l'article 62, § 3, et les articles 69 et 70. Ces deux dernières dispositions tentent de mettre en œuvre la théorie de l'inégalité compensatrice, au profit des États sans littoral et des « États géographiquement désavantagés » tributaires des ressources biologiques d'autres États côtiers. L'article 62 fixe l'ordre des priorités qui devrait être respecté par un État côtier qui dispose d'un excédent de ressources et envisage de le négocier avec des pays tiers. Les facteurs à prendre en considération sont, successivement :

« l'importance que les ressources biologiques de la zone présentent pour son économie et ses autres intérêts nationaux, les articles 69 et 70, les besoins des États en développement de la région et de la sous-région pour ce qui est de l'exploitation d'une partie du reliquat, et la nécessité de réduire à un minimum les perturbations économiques dans les États dont les ressortissants pratiquent habituellement la pêche dans la zone ou qui ont beaucoup contribué à la recherche et à l'inventaire des stocks ».

L'État côtier peut donc faire prévaloir son intérêt à long terme sur toutes autres considérations et le seul argument en faveur des « droits historiques » des ressortissants des pays développés n'apparaît qu'en dernière position (sur la question du droit d'accès des tiers aux ressources halieutiques de la ZEE d'un État, v. la sentence arbitrale dans l'affaire *La Barbade/Trinité-et-Tobago*, 11 avril 2006, par. 272 et s. : droit d'accès reconnu en l'espèce au premier État dans la zone du second – sous réserve de la conclusion d'un accord – mais sur la base des déclarations des parties).

En ce qui concerne la gestion des stocks de poissons, l'État côtier doit prendre les mesures appropriées pour éviter une surexploitation (art. 61), éventuellement en coopération avec les autres États intéressés et les organisations internationales appropriées (art. 61 et 63 à 67).

Dans sa sentence du 17 juillet 1986, le Tribunal arbitral appelé à connaître du différend franco-canadien relatif au *Filetage dans le golfe du Saint-Laurent* a mis l'accent sur l'objectif d'intérêt général que doit poursuivre l'État côtier aux termes de ces dispositions :« s'il est vrai que l'article 56 (de la Convention de Montego Bay) reconnaît à l'État côtier des droits souverains, non seulement en matière d'exploitation des ressources naturelles, mais aussi en ce qui concerne la gestion de ces ressources, il n'apparaît pas cependant que ce pouvoir de gestion que la Convention associe constamment à l'idée de conservation, ait précisément d'autres fins que la conservation des ressources ; il se présente avant tout comme une fonction d'administration que l'État côtier est désormais réputé le mieux à même d'exercer, mais qui demeure cependant une fonction d'intérêt général » (§ 50, *RGDIP* 1986, p. 746).

La Convention reconnaît la priorité de compétence, pour la réglementation de leur exploitation, à l'État dans les eaux duquel se reproduisent les espèces anadromes (qui remontent les cours d'eau pour se reproduire — saumons par exemple) (art. 66) et, pour les espèces catadromes (celles qui se reproduisent en mer ; exemple : anguilles), à l'État dans les eaux duquel elles « passent la majeure partie de leur existence » (art. 67).

Pour les autres espèces, dont l'exploitation dans la zone économique exclusive pourrait être compromise par une surexploitation des mêmes stocks ou d'autres espèces par des pêches réalisées en haute mer (cas de la morue dans l'Atlantique Nord-Ouest, par exemple), la solution est recherchée désormais dans le cadre offert par la Convention de New York du 4 août 1995 (v. *infra*, n° 698).

3° Aux termes de l'article 56, § 1-b, précité, l'État côtier a, dans sa zone économique exclusive, « juridiction » en ce qui concerne la *recherche scientifique marine*.

L'exercice de cette « juridiction » est réglementé par l'article 246 de la Convention, fruit d'un compromis laborieux. Celui-ci réserve à l'État côtier le droit de réglementer, autoriser et mener des recherches scientifiques dans sa zone économique exclusive tandis que les autres États ne peuvent en entreprendre qu'avec son consentement. Il est toutefois précisé que, « dans des circonstances normales », ce consentement est acquis sauf si les recherches prévues ont une incidence directe sur l'exploration et l'exploitation des ressources naturelles, ou supposent des forages ou l'installation d'îles artificielles ou autres ouvrages. Ce consentement peut être tacite et résulter du silence gardé par l'État côtier six mois après qu'il a reçu les renseignements concernant les recherches projetées (art. 252). L'État côtier est en droit de participer aux recherches et de prendre connaissance de leurs résultats (art. 249).

Ces principes guident d'ores et déjà la pratique de la plupart des États côtiers mais l'absence de législations nationales destinées à préciser les mécanismes et procédures d'application contribue — à court terme — à une situation de blocage.

4° En vue d'atténuer le caractère largement discrétionnaire des compétences exercées par l'État côtier, un compromis complexe a également été mis au point en matière de *règlement des différends*. Les « procédures obligatoires aboutissant à des décisions obligatoires » prévues par la partie XV de la Convention sont applicables aux différends relatifs aux libertés de navigation de survol et de pose des câbles ou des pipelines sous-marins ou à la préservation du milieu marin si le manquement allégué est imputable à l'État côtier. Le recours à ces procédures n'est que facultatif en matière de recherche scientifique marine et de pêche ; dans ces hypothèses, seule doit être recherchée la conciliation prévue à l'annexe V de la Convention (art. 297).

Pour les premières applications du contrôle contentieux de l'exercice des pouvoirs de police de l'État côtier, dans le cadre de sa politique de gestion des ressources halieutiques, voir les arrêts du Tribunal international du droit de la mer dans les affaires de prompte mainlevée (arrestation et saisie d'un navire en pêche irrégulière, contestation du montant de la caution) citées *supra*, n° 674, 2°, b ; ainsi que 27 août 1999, *« Thon à nageoires bleues du Pacifique Sud », Nouvelle-Zélande et Australie c. Japon*, ordonnance sur une demande de mesures conservatoires).

686. Zones de pêche. — En apparence, l'extension de la largeur de la mer territoriale et la consécration de la notion de zone économique exclusive enlèvent tout intérêt aux zones de pêche — préférentielle ou exclusive — revendiquées avec tant d'ardeur pendant trente ans (v. *supra*, n° 683). En réalité, il n'en est rien : si tout État côtier a le droit de créer une zone économique exclusive de 200 milles (sauf si sa situation géographique l'exclut ou en limite l'ampleur), il n'y est pas tenu et peut se borner au seul exercice de ses droits souverains en matière de pêche. « Qui peut le plus, peut le moins », et bien que la Convention de Montego Bay ne souffle mot de l'institution, nul ne s'aviserait de prétendre qu'un État n'est pas en droit de créer une zone de pêche de 200 milles (ou moins), unilatéralement et sans habilitation conventionnelle. Une telle décision apparaît au contraire comme une autolimitation des États côtiers et, à ce titre, comme l'indice d'un comportement modéré.

Il existe aujourd'hui de nombreuses zones de pêche, créées en tant que telles, et compatibles avec le droit international de la mer (Japon, RFA ou Royaume-Uni, par exemples), même si la proclamation d'une telle zone est souvent le prélude à la création d'une véritable zone économique exclusive (États-Unis, URSS — v. *supra*, n° 683).

Bien que l'article 38 du Traité de Rome CE inclue les « produits de la pêcherie » dans le marché commun agricole, les premiers règlements sur la pêche ne sont intervenus qu'à partir de 1970. Une première étape significative fut franchie lorsque, par sa résolution du 3 novembre 1976, le Conseil a convenu « que les États membres étendront, par une action concertée, les limites de leurs zones de pêche à 200 milles ». Il ne s'agit pas à proprement parler d'une « zone de pêche communautaire » dans la mesure où l'extension résulte des décisions individuelles de chacun des États membres, mais, sous réserve de la « bande côtière » de 12 milles marins où seuls les nationaux peuvent pratiquer la pêche (sauf « droits historiques » en faveur des étrangers), ces zones sont ouvertes sans discrimination aux pêcheurs professionnels de tous les États membres (v. CJCE, aff. 61/77, 16 février 1978, *Commission c. Irlande, Rec.* 1978, p. 417). Complétant des mesures d'organisation du marché des produits de la pêche et de contrôle des activités des États membres en ce domaine prises en 1981 et 1982, le règlement n° 170/83 — remplacé depuis par le règlement 3760/92 —

institue un régime communautaire, précis et complexe, de conservation et de gestion des ressources de la pêche : le Conseil fixe annuellement les quantités totales de capture (TAC) et les répartit entre États membres (en tenant compte des droits alloués aux pays tiers, avec lesquels ont été conclus de nombreux accords de pêche) ; des inspecteurs communautaires, à terre ou même embarqués à bord des navires publics des États membres, sont chargés de faire respecter ces réglementations.

Dans le silence de la Convention de Montego Bay, on doit admettre que les règles applicables aux pêcheries dans la zone économique exclusive (v. *supra*, n° 685-2°) sont transposables aux zones de pêche, solution consacrée par la CIJ qui, dans son arrêt du 14 juin 1993 relatif à la *Délimitation maritime dans la région située entre le Groënland et Jan Mayen,* a pris « acte de l'identité des positions des parties, lesquelles ne voient pas d'objection à ce que, pour le règlement du présent différend, la délimitation des zones de pêche soit effectuée conformément au droit applicable à la délimitation de la zone économique exclusive » (*Rec.* 1993, p. 59 — *contra :* op. indiv. ODA, p. 95-96).

Cette solution s'entend bien sûr sous réserve des accords pouvant exister entre les États concernés. Ainsi, dans l'affaire du *Filetage dans le golfe du Saint-Laurent* (1986), le Tribunal arbitral a considéré que « les concepts de zone économique et de zone de pêche sont tenus pour équivalents sous le rapport des droits qu'y exercent un État côtier sur les ressources économiques de la mer » (§ 49) mais que le Canada devait exercer les « compétences de nature fonctionnelle » lui appartenant (§ 48) en donnant plein effet à l'accord de pêche conclu avec la France le 27 mars 1972 (*RGDIP* 1986, p. 745-746). De tels accords sont du reste très nombreux et ont pour objet de concrétiser les deux objectifs poursuivis par les États côtiers : une exploitation plus rentable, lorsque des ressortissants étrangers y participent ; une limitation des prises, lorsque la priorité est accordée à la reconstitution des stocks. Compte tenu des caractéristiques des États en présence dans la négociation de ces accords, ces derniers sont fondés tantôt sur une stricte réciprocité, tantôt sur une participation de l'État demandeur ou de ses ressortissants aux efforts de développement de l'État côtier.

§ 7. — *Plateau continental*

BIBLIOGRAPHIE. — R. YOUNG, « Recent Developments with Respect to the Continental Shelf », *AJIL* 1948, p. 849-857. — H. LAUTERPACHT, « Sovereignty over Submarine Areas », *BYBIL* 1950, p. 376-433. — H. W. MOUTON, *The Continental Shelf*, Nijhoff, La Haye, 1952, 367 p. et *RCADI* 1954-I, vol. 85, p. 347-465. — G. N. CECCATO, *L'évolution juridique de la doctrine de plateau continental*, Pedone, 1955, 143 p. — G. SCELLE, « Plateau continental et droit international », *RGDIP* 1955, p. 5-65. — G. GIDEL, « Les prétentions des États riverains sur le plateau continental et les doctrines du droit inhérent », *Z.a.ö.R.V.* 1958, p. 81-101. — F. DE HARTINGH, « La position française à l'égard du plateau continental », *AFDI* 1965, p. 725-740. — Z. SLOUKA, *International Custom and the Continental Shelf*, Nijhoff, La Haye, 1968, 186 p. — Ch. VALLÉE, *Le plateau continental dans le droit positif actuel*, Pedone, 1971, 360 p. — B. RÜSTER, *Die Rechtsordnung des Festlandsockels*, Duncker et & Humblot, Berlin, 1977, 535 p. — M. MICHAEL, *L'applicabilité du traité instituant la CEE et du droit dérivé au plateau continental des États membres*, LGDJ, 1984, XXIV-301 p. — A. REYNAUD, *Le plateau continental de la France*, LGDJ, 1984, XV-431 p. — A. N. HUTCHINSON, « The Seaward Limit to Continental Shelf Jurisdiction in Customary International Law », *BYIL* 1985, p. 111-138. — V. MAROTTA RANGEL, « Le plateau continental dans la Convention de 1982 sur le droit de la mer », *RCADI* 1985-V, vol. 194, p. 269-428. — D. PHARAND et U. LEANZA dir., *The Continental Shelf and the*

EEZ, Delimitation and Legal Regime, Nijhoff, Dordrecht, 1993, XVIII-404 p. — R. MEESE et J. S. PONROY, « L'ultime frontière de la France : le plateau continental au-delà de 200 milles », *Ann. Droit. Mer* 2002, p. 93-148. — J. BEER-GABEL, « Retour sur l'exploitation des ressources minérales du plateau continental », *Ann. Droit mer* 2004, p. 347-394. — Institut du droit économique de la mer et université Moulay Ismail, *Le plateau continental dans ses rapports avec la ZEE*, Pedone, 2006, 187 p.

Sur la délimitation du plateau continental : I. W. FINLAY, « The Outer Limit of the Continental Shelf », *AJIL* 1970, p. 42-61. — L. F. E. GOLDIE, « The ICJ's « Natural Prolongation » and the Continental Shelf of Islands », *NYBIL* 1973, p. 237-261. — F. RIGALDIES, « Délimitation du plateau continental entre États voisins », *ACDI* 1976, p. 116-174. — D. E. KARL, « Islands and the Delimitation of the Continental Shelf », *AJIL* 1977, p. 642-673. — M. D. BLECHER, « Equitable Delimitation of Continental Shelf », *AJIL* 1979, p. 60-88. — Sh. ODA, Opinion dissidente jointe à l'arrêt de la CIJ du 24 février 1982 *(Plateau continental Tunisie/Libye), Rec.* 1982, p. 157-277. — M. PAZARCI, *La délimitation du plateau continental et les îles*, PU Ankara, 1982, 343 p. — C. A. COLLIARD, « Principes et règles de droit international applicables en matière de délimitation maritime », *Mél. Ago*, 1987, vol. II, p. 87. — Ph. CAHIER, « Les sources du droit relatif à la délimitation du plateau continental », *Mél. Virally*, 1991, p. 175-181. — P.J. COOK et C. M. CARLETON, *Continental Shelf Limits*, Oxford UP, 2000, XIV-350 p. — J. R. VANNEY, « Une frontière géophysique majeure : le rebord de la plate-forme continentale », *Ann. Droit. Mer* 2003, p. 353-403. — D. A. COLSON, « The Delimitation of the Outer Continental Shelf between Neighboring States », *AJIL* 2003, p. 91-107. — INDEMER, *Le plateau continental étendu aux termes de la convention des Nations Unies sur le droit de la mer du 10 décembre 1982*, Pedone, 2004. — B. KUNOY, « The Rise of the Sun : Legal Arguments in Outer Continental Margin Delimitations », *NILR* 2006, p. 247-272. — Travaux du Comité de l'ILA (créé en 2000) sur les limites du plateau continental au-delà de 200 milles nautiques, not. le rapport de la 72e session (Toronto), p. 215-254. — A. OUDE ELFERINK, « Outer Limits of the Continental Shelf », *Internl. Jl. of Marine and Coastal Law* 2006, p. 461-487. — V. aussi la bibliographie générale sur la délimitation, sur le n° 668.

Sur les îles artificielles : v. N. PAPADAKIS, *The International Legal Regime of Artificial Islands*, Sijthoff, Leyde, 1977, 290 p. — T. TREVES, « Military Installations, Structures and Devices on the Seabed », *AJIL* 1980, p. 807-857. — F. MÜNCH, « Aspects juridiques de la création de superports et d'îles artificielles », *Ann. IDI*, vol. 59-I, 1981, p. 1-77.

V. aussi les commentaires cités dans l'index de la jurisprudence.

687. Notion

1° *Aspects géographiques, géologiques et économiques.* À l'origine, le plateau continental n'est qu'un terme géographique. Il désigne la plate-forme bordant sous la mer les continents, s'inclinant en pente douce et s'arrêtant à l'endroit où l'eau qui la recouvre atteint une profondeur de 200 mètres en moyenne. Au-delà de cette limite, elle tombe en chute rapide vers les grandes profondeurs. On l'appelle aussi parfois le *seuil* continental ou le *socle continental (continental shelf).* On donne le nom de « talus continental » ou de « pente continentale » à la pente raide par laquelle le plateau rejoint les fosses abyssales.

Le plateau continental ainsi défini est très inégalement étendu autour des continents. Il peut avoir plusieurs centaines de kilomètres de large, comme devant les Guyanes et, en d'autres cas, ne couvrir qu'un ou deux kilomètres, ou même, faire totalement défaut (côte occidentale de la Corse, côte des Alpes-Maritimes, côtes andines). Cependant, l'absence totale de plateau continental est rare. Il faut noter aussi qu'il existe des « plateaux insulaires » qui bordent des îles. Là où la mer est peu profonde, son lit constitue un plateau continental *continu* qui relie entre elles toutes les îles et les terres continentales d'une même région. Le mot plateau implique l'idée d'une surface plate et unie. Tel est le cas des plateaux continentaux de la

France et des îles Britanniques. Mais, quand la côte est bordée par une chaîne de montagne, le plateau continental peut présenter aussi un relief montagneux.

Le plateau continental n'est pas seulement un phénomène géographique et géologique, il est aussi un phénomène économique par les richesses naturelles qu'il contient. La surface du plateau est riche de ressources végétales et animales : goémon, varech, éponges, coraux, mollusques, huîtres (perlières dans le golfe du Mexique, dans le golfe arabo-persique, à Ceylan et en divers points du Pacifique). Quant à son sous-sol, il renferme des ressources précieuses : charbon, fer, étain, pétrole, etc. (exemple : au large des États-Unis et du Mexique, dans le golfe arabo-persique, en mer du Nord, en Asie du Sud-Est, dans la mer de Chine méridionale au sud du 11e parallèle).

2° *Consécration juridique de la notion.* L'apparition du concept de plateau continental dans la sphère du droit international remonte à la célèbre proclamation du Président Truman, du 28 septembre 1945. Déclaration unilatérale, ce texte créait un précédent en faveur de revendications étatiques constitutives d'une règle coutumière : la préférence pour la voie unilatérale, plutôt que pour le processus conventionnel multilatéral, a favorisé des pratiques divergentes qui ont rendu plus délicate la codification internationale du régime juridique du plateau continental. La déclaration américaine posait quelques principes fondamentaux, qui inspireront les travaux de la CDI et ceux de la Conférence de Genève de 1958 : l'État côtier dispose d'une juridiction exclusive sur son plateau, ce qui l'autorise à s'approprier toutes ses ressources biologiques et minérales ; par contre, elle ne doit pas le conduire à porter atteinte à la liberté de navigation sur les eaux sur-jacentes ; la délimitation des plateaux contigus doit être réalisée par voie d'accords et sur la base de l'équité. Avec des excès, surtout de la part des États plus intéressés par les ressources des pêcheries que par l'exploitation des minerais et du pétrole, l'exemple a été très rapidement suivi ; la quatrième Convention de Genève de 1958 est consacrée au plateau continental.

Il était indéniable, dès 1958, que la règle selon laquelle l'État côtier dispose de droits souverains sur son plateau continental avait un caractère coutumier : même les États qui protestaient contre certaines utilisations du concept (affaire franco-brésilienne de la langouste en 1962-1963) ont dû en convenir et introduire le régime du plateau dans leur législation interne (loi française du 30 décembre 1968 intervenue après la ratification tardive, le 14 juin 1965, de la Convention de Genève).

Dans son célèbre arrêt du 20 février 1969 relatif au *Plateau continental de la mer du Nord*, la CIJ a estimé que :

« Le droit de l'État riverain sur son plateau continental a pour fondement la souveraineté qu'il exerce sur le territoire dont le plateau continental est le prolongement naturel sous la mer » (*Rec.* 1969, p. 30 ; v. aussi l'arrêt du 19 décembre 1978, *Plateau continental de la mer Égée, Rec.* 1978, p. 36).

Sans abandonner complètement cette idée, la Cour a cependant été conduite à infléchir sa jurisprudence sur ce point à la suite des modifications apportées par la troisième Conférence des Nations Unies à la définition de l'étendue du plateau continental (v. *infra*, n° 688) et a considéré que :

« Lorsque la marge continentale elle-même n'atteint pas 200 milles, le prolongement naturel qui, malgré son origine physique a acquis tout au long de son évolution le caractère d'une notion juridique de plus en plus complexe, se définit en partie par la distance du rivage, quelle que soit la nature physique du fond et du sous-sol de la mer en deçà de cette distance. Par conséquent, les notions de prolongement naturel et de distance ne sont pas des notions opposées mais complémentaires, qui demeurent l'une et l'autre des éléments essentiels de la conception juridique du plateau continental » (arrêt du 3 juin 1985, *Plateau continental (Libye/Malte), Rec.* 1985, p. 33-34 ; v. aussi la sentence arbitrale *La Barbade c. Trinité-et-Tobago* du 11 avril 2006, par. 224-226 ; déjà, dans leurs arrêts du 24 février 1982 et du 12 octobre 1984 la CIJ, dans l'affaire du *Plateau continental (Tunisie/Libye)*, et la chambre constituée pour connaître du différend relatif au *Golfe du Maine*, avaient mis l'accent sur l'importance de la notion d'« adjacence », *Rec.* 1982, p. 61 et 1984, p. 277).

En effet, si elle confirme le régime juridique du plateau continental, la Convention du 10 décembre 1982 reflète en revanche l'évolution considérable intervenue depuis 1958 en ce qui concerne sa délimitation.

La consécration de la notion de zone économique exclusive n'enlève pas son intérêt à l'institution du plateau continental. Si, en effet, le régime juridique applicable au fond et au sous-sol de la zone économique est identique à celui du plateau continental, rien n'oblige un État côtier à établir une telle zone et rien ne lui interdit d'en établir une d'une largeur inférieure à 200 milles ; en outre, si son plateau continental a une dimension supérieure à la largeur maximale de la zone, seules les règles applicables au plateau pourront être invoquées au-delà des 200 milles.

L'article 121 de la Convention de 1982, « qui reflète le droit coutumier international » (CIJ, arrêt du 16 mars 2001, *Délimitation maritime et questions territoriales entre Qatar et Bahreïn*, par. 185) accorde expressément un plateau continental aux îles à condition qu'il ne s'agisse pas de simples rochers incapables d'avoir une vie économique propre ou de se prêter à une présence humaine.

688. Étendue. — L'opposition entre partisans et adversaires d'une définition extensive du plateau continental est telle que l'adoption d'une définition conventionnelle s'est révélée ardue et que les critères retenus en 1958 ont été complètement modifiés par la troisième Conférence des Nations Unies sur le droit de la mer à la suite de discussions particulièrement difficiles qui n'ont abouti qu'en 1980.

1° L'article 1er de la *Convention* IV de Genève dispose : « Aux fins des présents articles, l'expression plateau continental est utilisée pour désigner : a) le lit de la mer et le sous-sol des régions sous-marines adjacentes aux côtes, mais situées en dehors, de la mer territoriale, jusqu'à une profondeur de 200 mètres ou, au-delà de cette limite, jusqu'au point où la profondeur des eaux sur-jacentes permet l'exploitation des ressources naturelles desdites régions ; b) le lit de la mer et le sous-sol des régions sous-marines analogues qui sont adjacentes aux côtes des îles ». Le second critère, celui de l'exploitabilité, a été très critiqué pour sa généralité et son ambiguïté ; la France lui a même opposé une réserve formelle lors de la ratification de la convention : « selon le gouvernement de la République française, le terme régions « adjacentes » se réfère à une notion de dépendance géophysique, géologique et géographique qui exclut par elle-même une extension illimitée du plateau continental », risque que le progrès rapide des techniques rendait de plus en plus menaçant et qui conduit à l'abandon du critère en 1982.

2° L'article 76 de la *Convention de Montego Bay* fixe également deux critères, mais ils sont totalement différents de ceux retenus en 1958.

Le premier est un critère purement géophysique :

« Le plateau continental d'un État côtier comprend les fonds marins et leur sous-sol au-delà de sa mer territoriale sur toute l'étendue du prolongement naturel du territoire terrestre de cet État jusqu'au rebord externe de la marge continentale ».

« La marge continentale est le prolongement immergé de la masse terrestre de l'État côtier ; elle est constituée par les fonds marins correspondant au plateau, au talus et au glacis ainsi que leur sous-sol. Elle ne comprend ni les grands fonds des océans, avec leurs dorsales océaniques, ni leur sous-sol » (§ 3).

Suivent des précisions techniques fort détaillées (concernant notamment l'épaisseur des roches sédimentaires), grâce auxquelles les auteurs de la Convention espèrent limiter les abus sans toutefois en exclure le risque puisque l'annexe II institue une Commission des limites du plateau continental composée de 21 experts exerçant leurs fonctions à titre individuel et chargée d'adresser « aux États côtiers des recommandations sur les questions concernant la fixation des limites extérieures de leur plateau continental » lorsque celui-ci s'étend au-delà de 200 milles marins des lignes de base (v. E. Beigzadeh, « La Commission des limites du plateau continental », *ADM* 2000, p. 71-92).

La Commission avait été saisie par une quinzaine d'États seulement entre 2001 et 2008 (la Commission ayant adopté des recommandations pour huit d'entre eux seulement à ce jour). La date butoir du dépôt des demandes approchant (le 13 mai 2009 pour les États ayant ratifié la Convention de Montego Bay avant son entrée en vigueur), le nombre de saisines a brusquement augmenté en 2009 pour atteindre, au 1er juin 2009, le nombre de cinquante-et-une.

Dans sa sentence du 11 avril 2006, le Tribunal constitué pour délimiter les frontières maritimes entre La Barbade et Trinité-et-Tobago a considéré que sa compétence s'étendait à l'ensemble du plateau continental dès lors qu'« en droit, il existe un seul plateau continental » et non deux, l'un qui s'étendrait jusqu'à la limite des 200 milles, l'autre au-delà (par. 213).

La complexité de cette définition n'a rien à voir avec un souci de prudence scientifique : c'est un compromis exclusivement politique destiné à donner satisfaction aux États les plus favorisés par la nature.

La primauté de ces préoccupations purement politiques est en outre attestée par l'adoption par la Conférence de l'annexe II de l'Acte final concernant la délimitation du seul plateau continental du Sri Lanka dont les caractéristiques particulières n'auraient pas permis à ce pays de bénéficier d'un plateau étendu s'il avait dû faire application des règles « générales » de l'article 76.

À l'inverse, le second critère retenu est destiné à compenser les inconvénients résultant pour un État côtier de l'absence de plateau continental au sens géographique du mot ou à limiter les avantages d'un plateau excessivement étendu. Il est en effet admis d'une part que tout État a un plateau continental, au sens juridique, et que celui-ci s'étend « jusqu'à 200 milles marins des lignes de base à partir desquelles est mesurée la largeur de la mer territoriale lorsque le rebord externe de la marge continentale se trouve à une distance inférieure » (art. 76, § 1) et, d'autre part, que le plateau continental ne peut jamais s'étendre au-delà soit de 350 milles des lignes de base, soit de « 100 milles marins de l'isobathe de 2 500 mètres, qui est la ligne reliant les points de 2 500 mètres de profondeur » (art. 76, § 5). (L'exploitation des ressources situées au-delà de 200 milles est en outre soumise à des règles particulières : v. *infra*, n° 690).

Trop détaillées et précises, ces règles se prêtent mal à une consécration coutumière. On peut néanmoins admettre que les grands principes qui les sous-tendent (« droit » à un plateau de 200 milles quelle que soit la morphologie du lit de la mer et de son sous-sol ; possibilité d'extension au-delà) sont d'ores et déjà des règles coutumières généralement acceptées.

En privilégiant le critère de la distance (v. *supra*, n° 668), la Convention de Montego Bay a favorisé un infléchissement des règles jurisprudentielles de délimitation du plateau continental, susceptible de leur redonner la cohérence et la sécurité juridique perdues après l'arrêt de la CIJ de 1969 (aff. du *Plateau continental de la mer du Nord*).

689. Délimitation du plateau continental entre États dont les côtes sont adjacentes ou se font face. — En principe, chaque État délimite unilatéralement son plateau continental sous la seule réserve de l'intervention de la Commission des limites (v. *supra*, n° 688) et de l'obligation de donner à sa décision la publicité voulue (art. 84 de la Convention de 1982). Toutefois, ceci est impossible en ce qui concerne les États dont les côtes sont adjacentes ou se font face ; on rencontre alors les mêmes difficultés que pour la délimitation de la zone économique exclusive (v. *supra*, n° 684). Les mêmes règles sont du reste applicables dans les deux cas.

La règle de base, que l'on retrouve dans l'article 6 de la Convention de Genève de 1958 et dans l'article 83 de celle de Montego Bay, a été systématisée dans les termes suivants par la chambre de la CIJ appelée à se prononcer sur la *Délimitation de la frontière maritime dans la région du golfe du Maine :*

« Aucune délimitation maritime entre États dont les côtes sont adjacentes ou se font face ne peut être effectuée unilatéralement par l'un de ces États. Cette délimitation doit être recherchée et réalisée au moyen d'un accord faisant suite à une négociation menée de bonne foi et dans l'intention réelle d'aboutir à un résultat positif. Au cas où, néanmoins, un tel accord ne serait pas réalisable, la délimitation doit être effectuée en recourant à une instance tierce dotée de la compétence nécessaire pour ce faire » (*Rec.* 1984, p. 299).

La partie XV de la Convention de Montego Bay organise une procédure de règlement des différends à cette fin (v. *supra*, n° 684).

Cette exigence, exprimée avec insistance, d'un accord entre parties intéressées repose et se justifie par le fait que, dans la théorie des projections côtières, la délimitation correspond en réalité à un sacrifice — en principe mutuel — par les États côtiers sur une zone maritime à l'égard de laquelle ils pouvaient émettre des prétentions et ce, en contrepartie d'une plus grande opposabilité juridique de leur titre sur la zone qui leur revient.

Ce principe de la délimitation par voie d'accord — « le recours à une délimitation par voie arbitrale ou judiciaire n'est, en dernière analyse, qu'un succédané au règlement direct et amiable entre les parties » (*Rec.* 1984, p. 266) — laisse entière la question des règles de fond applicables à la délimitation. L'article 6 de la Convention de Genève prévoit qu'à défaut d'accord, il convient — sauf circonstances spéciales — d'appliquer la règle de la ligne médiane dans le cas d'un plateau adjacent à deux ou plusieurs États dont les côtes se font face, et celle de l'équidistance des points les plus proches des lignes de base dans le cas d'un plateau adjacent aux territoires de deux États limitrophes. Toutefois, cette règle n'avait pas un caractère coutumier au moment de son adoption et ne l'a pas acquis depuis lors comme l'ont décidé la CIJ, dans son arrêt du 20 février 1969 relatif au *Plateau continental de la mer du Nord*, et le Tribunal arbitral constitué dans l'affaire du *Plateau continental de la mer d'Iroise* dans sa sentence du 30 juin 1977, et comme cela a été constamment confirmé par la jurisprudence postérieure. Il en résulte que la règle « équidistance-circonstances spéciales » n'est pas opposable aux États qui ne sont pas parties à la Convention.

Même pour les États qui y sont parties, l'arrêt du 12 octobre 1984 relatif à la *Délimitation de la frontière maritime dans la région du golfe du Maine* limite considérablement son caractère contraignant : bien que la Convention fût en vigueur entre le Canada et les États-Unis, la chambre, qui devait tracer une « frontière » maritime unique (v. *supra*, n° 684), a fait prévaloir le principe de la délimitation équitable sur celui de l'équidistance. Au surplus, plusieurs décisions font de la règle « équidistance-circonstances spéciales » une simple « expression d'une norme générale suivant laquelle la limite (...), doit (...) être déterminée selon des principes équitables » (sentence de 1977 relative à la *Mer d'Iroise*, § 70, *RSA* XVIII, p. 175, et v. *supra*, n° 677). Toutefois, dans l'affaire de la *Délimitation maritime dans la région située entre le Groënland et Jan Mayen*, dans laquelle la Convention de 1958 était applicable, la Cour a estimé que, s'agissant de côtes se faisant face, « il convient de commencer par prendre la ligne médiane entre les lignes de base des mers territoriales comme ligne tracée à titre provisoire pour rechercher ensuite si des « circonstances spéciales » nécessitent une « autre délimitation » » (*Rec.* 1993, p. 59-60 ; v. aussi la sentence arbitrale du 17 décembre 1999 dans l'affaire des *Îles Hanish (deuxième phase (délimitation* i), *précité*, § 131). Dans le même arrêt, la CIJ a précisé que « les circonstances spéciales apparaissent comme des circonstances susceptibles de modifier le résultat produit par une application automatique du principe d'équidistance » et a assimilé celles-ci aux « circonstances pertinentes » qui constituent la directive coutumière générale « ne serait-ce que parce que toutes deux doivent permettre d'atteindre un résultat équitable » (*ibid.*, p. 62).

Lorsque la règle spéciale posée par l'article 6 de la Convention de Genève n'est pas applicable, la CIJ a estimé, en 1969, que la délimitation :

« doit s'opérer par voie d'accord conformément à des principes équitables et, compte tenu de toutes les circonstances pertinentes, de manière à attribuer, dans toute la mesure du possible, à chaque partie la totalité des zones du plateau continental qui constituent le prolongement naturel de son territoire sous la mer et n'empiètent pas sur le prolongement naturel du territoire de l'autre » (*Rec.* 1969, p. 53).

Ce précédent et la sentence arbitrale de 1977 ont incité les auteurs de la Convention de Montego Bay à abandonner toute référence à l'équidistance, l'article 83, § 1, se bornant à imposer la recherche d'une « solution équitable ».

Comme l'a remarqué la CIJ, contrairement à la disposition correspondante du TNCO (v. *supra*, n°665, 2°) qui recommandait le recours à « des principes équitables », y compris, le cas échéant celui de l'équidistance,

« dans le nouveau texte, toute indication d'un critère spécifique pouvant aider les États intéressés à parvenir à une solution équitable a disparu. L'accent est placé sur la solution équitable à laquelle il faut parvenir » (arrêt du 24 février 1982, *Plateau continental* (Tunisie/Libye), *Rec.* 1982, p. 49 ; v. aussi *Rec.* 1985, p. 31).

Dès lors la seule qualité juridiquement exigée « des principes et règles applicables à la délimitation des zones de plateau » est de « produire un résultat équitable » (*Rec.* 1982, p. 49).

« C'est (...) le résultat qui importe, les principes sont subordonnés à l'objectif à atteindre. L'équité d'un principe doit être appréciée d'après l'utilité qu'il présente pour aboutir à un résultat équitable. Tous les principes ne sont pas en soi équitables ; c'est l'équité de la solution qui leur confère cette qualité » (*ibid.*, p. 59 ; il est bien entendu cependant que cela ne revient nullement pour la juridiction qui applique ce principe à statuer en équité : v. CIJ, 10 octobre 2002, *Frontière terrestre et maritime entre le Cameroun et le Nigeria*, § 294).

« La Convention fixe le but à atteindre, mais elle est muette sur la méthode à suivre pour y parvenir. Elle se borne à énoncer une norme et laisse aux États ou au juge le soin de lui donner un contenu précis » (CIJ, arrêt du 3 juin 1985, *Plateau continental* (Libye/Malte), *Rec.* 1985, p. 30).

Il en résulte qu'il n'existe pas en la matière de règles générales applicables, chaque affaire est un *unicum* et doit être réglée en fonction des circonstances propres à l'espèce, ce qui confère au juge ou à l'arbitre lorsqu'ils sont saisis une très large faculté d'appréciation, inévitablement subjective, ce dont témoignent maintes décisions récentes. Tout au plus peut-on relever certains « facteurs » — la terminologie varie d'une décision à l'autre — qu'il convient de prendre en considération comme :

— « la configuration générale des côtes (...) et la présence de toute caractéristique spéciale ou inhabituelle » ;

(v. CIJ, arrêt du 20 février 1969, *Plateau continental de la mer du Nord* — ci-après : « 1969 » — *Rec.*, 1969, p. 54), comme la concavité de celles-ci (1969, *Rec.*, p. 49 ; sentence arbitrale du 14 février 1985, *Délimitation de la frontière maritime Guinée/Guinée-Bissau* — ci-après : « sentence 1985 », *RGDIP* 1985, p. 524 s. ; CIJ, arrêt du 10 octobre 2002, *Cameroun/Nigeria*, § 297), un changement brusque de leur direction (CIJ, arrêt du 24 février 1982, *Plateau continental* [Tunisie/Libye] — ci-après : « 1982 » —, *Rec.* 1982, p. 63, 87 et 93 ; CIJ [Chambres], arrêt du 12 octobre 1984, *Délimitation de la frontière maritime dans la région du Golfe du Maine* — ci-après : « 1984 » —, *Rec.*, 1984, p. 324 s. et 331), la présence d'îles ou d'îlots (sentence arbitrale du 30 juin 1977, *Délimitation du plateau continental de la mer d'Iroise*, § 102 s. et 145 s., *RSA* XVIII, p. 189 s. et 209 s. ; 1982, *Rec.*, p. 63-64, 89 et 93 ; sentence 1985, *RGDIP* 1985, p. 522-523 ; CIJ, arrêt du 10 octobre 2002, *Cameroun/Nigeria*, § 299) ou de hauts-fonds découvrant (CIJ, arrêt du 16 mars 2001, *Délimitation maritime et questions territoriales entre Qatar et Barhreïn*, précité, par. 245) ;

— « la structure physique et géologique » du plateau :

(1969, *Rec.*, p. 54) (le poids de ce facteur est cependant considérablement atténué du fait de la nouvelle définition de l'étendue du plateau continental — v. *supra*, n° 687 — et 1982, *Rec.*, p. 57 s., 64 et 92 ; 1984, *Rec.*, p. 277 ; 1985, *Rec.*, p. 22 s. ; sentence 1985, *RGDIP* 1985, p. 529 s.) ;

— l'« unité de gisement » et les « ressources naturelles des zones du plateau continental en cause » :

(1969, *Rec.*, p. 52 et 53 — toutefois les décisions ultérieures ont marqué beaucoup d'hésitation à accorder un poids déterminant à ces considérations : v. 1982, *Rec.*, p. 77-78 (*contra* : opinion dissidente du Juge Evensen, p. 318 et s.) ; 1984, *Rec.*, p. 277-278 et p. 342 ; 1985, *Rec.*, p. 41 ; arrêt de 2001 précité, § 236 ; sentence 1985, *RGDIP* 1985, p. 532-533 ; sentence du 11 avril 2006, *La Barbade/Trinité-et-Tobago*, § 241 ; la Cour s'y est montrée plus sensible dans son arrêt du 14 juin 1993, *Rec.* p. 705). Sur la portée limitée, en revanche, des concessions pétrolières accordées, v. CIJ, arrêt du 10 octobre 2002, *Cameroun/Nigeria*, § 304 ; SA du 17 sept. 2007, *Guyana/Suriname*, §§ 385-390 ;

— la largeur des façades maritimes respectives des États en cause, mais non l'importance de leur « masse terrestre », et le

« rapport raisonnable qu'une délimitation opérée conformément à des principes équitables devrait faire apparaître entre l'étendue des zones de plateau continental relevant de l'État riverain et la longueur de son littoral mesurée suivant la direction générale de celui-ci, compte tenu à cette fin des effets actuels ou éventuels de toute autre délimitation du plateau continental effectuée entre États limitrophes dans la même région », test dit aussi « de proportionnalité » (CIJ, 1969, *Rec.*, p. 54 ; v. aussi 1982, *Rec.*, p. 91 ; 1984, *Rec.*, p. 322 et s. et 334 et s. ; 1985, *Rec.*, p. 44-45 et p. 49 et s. ; 1993, *Rec.* p. 61 et 65 et s. ; arrêt de 2001 précité, § 243 ; sentence 1977, § 100-101, *RSA* XVIII, p. 188-189 ; sentence 1985, *RGDIP* 1985, p. 531 ; sentence du 10 juin 1992, *Canada-France*, § 93, *RGDIP* 1992, p. 707-708 ; sentence du 17 décembre 1999, *Iles Hanish (deuxième phase)*, *précitée*, § 39 et § 165 ; sentence du 11 avril 2006, *La Barbade/Trinité-et-Tobago*, § 239) ;

— ou « la frontière terrestre entre les parties » (1982, *Rec.*, p. 93, v. aussi p. 66).

Ces facteurs — dont la liste n'est pas limitative (v. par ex. la prise en compte des intérêts des tiers ou des accords de délimitation conclus avec eux par CIJ, *Cameroun/Nigeria*, 10 octobre 2002, § 238 ; sentence du 11 avril 2006, *La Barbade/Trinité-et-Tobago*, § 347) — doivent être appréciés et combinés en fonction de « méthodes » ou de « principes » dont aucun n'est obligatoire en lui-même et dont le bien-fondé dépend, ici encore, uniquement d'une appréciation téléologique : le caractère équitable de la solution qu'ils permettent d'atteindre. Dans cette perspective, les juges et les arbitres y insistent :

« l'équidistance n'est qu'une méthode comme les autres et (...) elle n'est ni obligatoire, ni prioritaire, même s'il doit lui être reconnu une certaine qualité intrinsèque en raison de son caractère scientifique et de la facilité relative avec laquelle elle peut être appliquée » (sentence 1985, *RGDIP* 1985, p. 525).

De plus en plus de décisions ont pris l'équidistance comme point de départ et ont confronté ensuite ce premier résultat avec « l'application des autres principes équitables aux circonstances pertinentes » (1985, *Rec.*, p. 47 ; v. aussi sentence 1977, § 110, *RSA* XVIII, p. 190), tout en insistant sur l'absence de « présomption en sa faveur » (1985, *Rec.*, p. 47) ; d'autres se sont refusées à procéder ainsi.

Dans l'affaire de la *Délimitation de la frontière maritime dans la région du golfe du Maine*, la chambre de la CIJ a appliqué le « critère de base » suivant : « la division, en principe par parts égales, des zones de convergence et de chevauchement des projections maritimes des côtes des États impliqués dans la délimitation » (*Rec.*, 1984, p. 328), critère qui, selon elle, ne se réduit pas à l'application de la méthode de l'équidistance. C'est également, semble-t-il, pour « contourner » cette dernière que, dans l'affaire du *Plateau continental* (Libye/Malte), la Cour s'est fondée sur le « principe d'adjacence mesurée par la distance » (*Rec.*, 1985, p. 46).

Néanmoins, dans les affaires les plus récentes qu'elle a été appelée à trancher, la Cour a généralisé l'application de la méthode consistant à « commencer par la ligne médiane à titre provisoire, puis [à] rechercher si des « circonstances spéciales » obligent à ajuster ou déplacer cette ligne » (arrêt du 14 juin 1993, *Jan Mayen*, *Rec.* p. 61, par. 51) et ceci qu'il s'agisse d'États dont les côtes se font face (*ibid.*) ou sont adjacentes (arrêt du 16 mars 2001, *Délimitation maritime et questions territoriales entre Qatar et Bahreïn*, par. 230 ; confirmé, à propos d'une ligne de délimitation unique de ZEE et de plateaux continentaux, par CIJ, arrêt du 10 octobre 2002, *Cameroun/Nigeria*, §§ 288-290 ; sentence du 11 avril 2006, *La Barbade/Trinité-et-Tobago*, §§ 242 et 304 et s., not. 317). Dès lors, comme la CIJ l'a noté : « la règle équidistance/circonstances spéciales, qui est applicable en particulier à la délimitation de la mer territoriale, et la règle des principes équitables/circonstances pertinentes, telle qu'elle s'est développée depuis 1958 dans la jurisprudence et la pratique des États quand il s'agit de délimiter le plateau continental et la zone économique exclusive, sont étroitement liées l'une à l'autre » (*ibid.*, par. 231 — v. *supra*, n° 677). La Cour a encore rappelé, fermement, dans l'affaire du *Différend territorial et maritime entre le Nicaragua et le Honduras* (arrêt du 8 oct. 2007), la préférence qu'il fallait accorder à la règle « équidistance/circonstances pertinentes », qui permet en principe d'aboutir à un résultat équitable, sous réserve de l'existence « dans certaines circonstances, d[e] facteurs p[ouvant] rendre son application inappropriée » (par. 270-272).

Malgré l'ambiguïté de la terminologie — les termes « facteurs », « critères », « principes » étant utilisés à des stades divers du processus ou du raisonnement —, et malgré les précautions plus ou moins grandes prises pour ne pas contredire l'approche retenue depuis 1969, il s'est ainsi dégagé progressivement une méthode générale (que la Cour a formulée et synthétisée de manière aussi précise que pédagogique dans son arrêt du 3 février 2009 rendu dans l'affaire de la *Délimitation maritime en Mer noire* [*Roumanie c. Ukraine*]).

Une fois établie une délimitation provisoire sur la base d'une méthode qui doit être conforme à la logique du concept de délimitation — et donc privilégier l'équidistance, l'équité de la ligne est vérifiée avant que juge ou arbitre n'adopte le tracé définitif. Des principes équitables permettront de déterminer et de pondérer les circonstances pertinentes permettant d'apprécier cette équité « juridique » du tracé, ce « résultat équitable » de la limite conforté par quelques ultimes vérifications du respect des intérêts fondamentaux des États.

Certes, l'impressionnisme dont la jurisprudence a pu porter la marque a été considéré comme assurant très imparfaitement la sécurité des rapports juridiques entre États. Dans son arrêt de 1969, la CIJ a insisté sur le fait qu'

« il ne s'agit pas d'appliquer l'équité simplement comme une représentation de la justice abstraite, mais d'appliquer une règle de droit prescrivant le recours à des principes équitables conformément aux idées qui ont toujours inspiré le développement du régime juridique du plateau continental en la matière » (*Rec.*, 1969, p. 46).

Et elle s'est toujours défendue de statuer *ex aequo et bono* (*Rec.*, 1962, p. 60 ; *Rec.*, 1985, p. 39 ; v. aussi la sentence arbitrale de 1985, *RGDIP*, p. 521). Bien que la Cour elle-même eût rappelé la nécessité de « la cohérence » et d'« une certaine prévisibilité » (*Rec.* 1985, p. 39 et 1993, p. 64), il n'en reste pas moins que le contenu précis de cette « règle de droit » demeurait à définir (v. les critiques du juge Schwebel, *Rec.* 1993, p. 118 et s.).

Voir la critique sévère de P. Weil, opinion dissidente sous la sentence arbitrale du 10 juin 1992, affaire de la *Délimitation des espaces maritimes entre le Canada et la République française*. Il reconnaît qu'« entre la balance des équités et l'*ex aequo et bono*, la ligne de crête est assurément étroite... En substituant le jugement de valeur de la balance des équités à l'automatisme tempéré de l'équidistance ajustée, le droit international s'est engagé dans une aventure dont il doit accepter les difficultés et assumer les risques » ; mais il estime que le Tribunal n'a pas fait une application satisfaisante de la logique de l'équité géographique à laquelle il déclare se référer : « la sentence ignore en réalité le tournant jurisprudentiel de 1985 » et le « redressement » opéré par Libye/Malte et retourne à l'équité autonome qui tient lieu de droit, que l'on espérait définitivement « abandonnée ». Voir aussi sa critique de la théorie de la « projection frontale » et de la manière dont a été mis en œuvre le principe de non-empiétement des zones sous juridiction nationale (*RGDIP* 1992, p. 714-734).

La jurisprudence contemporaine garantit cependant désormais une plus grande sécurité juridique, d'une part, en appuyant fortement le principe du recours prioritaire à la règle « équidistance/circonstances pertinentes » (v. *supra*), d'autre part, en insistant sur la nécessité de tenir compte des principes juridiques dégagés dans des affaires déjà jugées (v. ainsi sentence du 11 avril 2006, *La Barbade c. Trinité-et-Tobago*, § 243 ; sentence du 17 septembre 2007, *Guyana/Suriname*, § 332-342).

En l'absence, il est vrai, de recours disponible à une juridiction pour procéder à la délimitation des frontières maritimes entre deux États (faute pour l'un d'entre eux d'avoir accepté la compétence du moindre organe juridictionnel), rien ne garantit le résultat équitable auquel il convient de parvenir si l'un des partenaires à la négociation est en position de force par rapport à l'autre (v. par exemple, à propos du contentieux qui oppose Timor oriental à l'Australie, G. Poissonnier, « Le Timor oriental et l'espoir contrarié d'un grand soleil levant », *JDI* 2005, p. 763-783). L'orientation actuelle de la jurisprudence vers une solution plus univoque contribuera à cet égard à rééquilibrer les positions des partenaires à la négociation.

690. Régime juridique. — La Convention de Montego Bay, dans ses articles 77 à 82 et 85, qui définissent l'équilibre général du régime du plateau continental, n'apporte pas d'innovation sensible par rapport à celle de 1958 (art. 2 à 5 et 7).

1° *Les droits de l'État côtier* sur son plateau continental sont « souverains », exclusifs — l'essentiel des ressources naturelles n'étant pas « renouvelables » —, inhérents et fonctionnels.

Ils s'exercent sur le plateau lui-même et non pas seulement sur les ressources qu'il contient et

« sont exclusifs en ce sens que si l'État côtier n'explore pas le plateau continental ou n'en exploite pas les ressources naturelles, nul ne peut entreprendre de telles activités sans son consentement exprès » (conventions de 1982, art. 77, § 2 et de 1958, art. 2, § 2).

En particulier, l'État côtier a le droit exclusif d'autoriser ou de réglementer les forages (Convention de 1982, art. 81) et d'exploiter le sous-sol en creusant des galeries (art. 85). Seules les règles concernant la recherche scientifique tempèrent quelque peu cette exclusivité ; elles sont identiques à celles applicables dans la zone économique exclusive (v. *supra*, n° 685-3°). On notera, à ce propos, que l'ordonnance de la CIJ du 11 septembre 1976 a rejeté une demande de mesures conservatoires, dans le litige entre la Grèce et la Turquie sur le *Plateau continental de la mer Égée*. La Cour a estimé que la preuve n'avait pas été apportée d'un préjudice irréparable, causé par les missions d'exploration d'un navire océanographique turc.

Le caractère inhérent de ces droits tient au fait qu'ils sont « indépendants de l'occupation effective ou fictive, aussi bien que de toute proclamation expresse » (conventions de 1958, art. 2 et de 1982, art. 77, § 3) ; ils existent donc *« ipso facto* et *ab initio »* (CIJ, arrêt du 20 février 1969, *Plateau continental de la mer du Nord, Rec.*, 1969, p. 22).

Les droits de l'État côtier *sur* son plateau continental sont à certains égards différents de ceux lui appartenant *dans* sa zone économique exclusive (v. *supra*, n° 685) ; en particulier, celle-ci doit faire l'objet d'une proclamation expresse et l'État côtier a l'obligation d'autoriser d'autres États à y exploiter un éventuel « reliquat » de ressources, ce qui n'est pas le cas pour celles du plateau continental.

Pour étendus qu'ils soient, les droits de l'État côtier n'en sont pas moins fonctionnels. Ils sont limités aux fins de l'exploration du plateau continental et de l'exploitation de ses ressources naturelles (conventions de 1958, art. 2, § 1, et de 1982, art. 77, § 1). Celles-ci incluent les

« ressources minérales et autres ressources non biologiques des fonds marins et de leur sous-sol, ainsi que les organismes vivants qui appartiennent aux espèces sédentaires, c'est-à-dire les organismes qui, au stade où ils peuvent être pêchés, sont soit immobiles sur le fond ou au-dessous du fond, soit incapables de se déplacer autrement qu'en restant constamment en contact avec le fond ou le sous-sol » (conventions de 1982, art. 77, § 4, et de 1958, art. 2, § 4).

Malgré les précisions apportées par ce texte, cette notion d'« espèces sédentaires » a donné lieu à des controverses (affaire franco-brésilienne dite « guerre de la langouste » en 1962-1963), que la consécration de la zone économique exclusive estompe (puisqu'elle confère des droits à l'État côtier sur toutes les ressources biologiques de la mer) sans les résoudre complètement (v. *supra*, n° 687).

En outre, l'État côtier a le droit exclusif — qui n'est pas qualifié de « souverain » — de construire, sur son plateau continental, comme dans sa zone économique exclusive, des îles artificielles, installations et autres ouvrages, et d'établir autour d'eux des « zones de sécurité » d'un rayon de 500 mètres au maximum (art. 5 de la Convention de 1958 ; art. 60 et 80 de celle de 1982).

2° Les *limites aux droits de l'État côtier* tiennent d'une part aux droits et libertés appartenant aux autres États et, d'autre part, à des exigences — limitées — de solidarité internationale. De plus, si l'État côtier est partie au traité du 11 février 1971 relatif à la dénucléarisation des fonds marins, il lui est interdit de placer ou de laisser placer des armes nucléaires et d'autres armes de destruction massive dans ou sur son plateau continental (v. *supra*, n° 603).

a) Les droits reconnus à l'État côtier sur le plateau continental ne portent pas atteinte au régime des eaux sur-jacentes en tant que zone économique exclusive ou haute mer, ni à celui de l'espace aérien situé au-dessus de ces eaux (conventions de 1958, art. 3, et de 1982, art. 78, § 1). C'est dire que les autres États y bénéficient d'une entière liberté de navigation et de survol à laquelle l'exercice de ses propres droits par l'État côtier ne doit pas porter atteinte et qu'il ne peut gêner « de manière injustifiable » (art. 5, § 1, et 78, § 2). Les exigences de la protection de l'environnement marin ont cependant conduit à autoriser l'État côtier à porter atteinte à ces libertés traditionnelles (v. en particulier l'article 208 de la Convention de Montego Bay).

En outre, traditionnellement, tous les États ont le droit de poser des câbles et des pipelines sous-marins sur le plateau continental (art. 4 de la Convention de 1958), sous la seule réserve des « mesures raisonnables » que peut prendre l'État côtier pour l'exercice de ses propres droits et la maîtrise de la pollution. L'article 79 de la Convention de Montego Bay précise cependant que le tracé des pipelines doit être agréé par lui.

b) En second lieu, en contrepartie de l'extension considérable du plateau continental, et pour atténuer son caractère choquant au regard du concept de patrimoine commun de l'humanité, l'article 82 de la Convention de Montego Bay prévoit de faire exception au principe des droits exclusifs de l'État côtier sur le produit de l'exploitation.

Plus exactement, il s'agit d'une application timide du droit du développement : l'extraction des ressources non biologiques du plateau, au-delà de 200 milles, donnerait lieu à un reversement, compris, selon l'année d'exploitation, entre 1 % et 7 % de la valeur ou du volume de la production, à l'Autorité internationale des fonds marins. Cette obligation ne serait pas imposée à certains pays en développement.

Il appartiendrait à l'Autorité de répartir ces contributions, en espèces ou en nature « entre les États parties selon des critères de partage équitables, compte tenu des intérêts et des besoins des États en développement, en particulier des États en développement les moins avancés ou sans littoral ».

Section 2

Zones maritimes non soumises à la juridiction nationale

691. Non-appropriation étatique. — Nul ne dispute qu'au-delà des limites de la juridiction nationale existe un espace insusceptible d'appropriation étatique. Il n'est pas pour autant une *res nullius*, un bien vacant sur lequel chacun de ses usagers agit à sa guise, hors de la contrainte du droit, et dont le premier qui en posséderait les moyens pourrait s'emparer. Il s'agit bien plutôt d'une *res communis*, dont tous peuvent jouir sans se l'approprier.

Défini dans ses grandes lignes depuis plusieurs siècles, le statut juridique de la haute mer n'allait cependant pas jusqu'au bout de cette logique. Certaines règles juridiques minimales en réglementaient l'usage mais elle n'était nullement rattachée à un ordre collectif géré par une organisation internationale ou faisant l'objet d'une concertation interétatique permanente

Toutefois, avec la dissociation récente du statut du fond des mers et des océans au-delà des limites de la juridiction nationale d'une part, et des eaux sur-jacentes d'autre part, un pas important a été franchi dans cette direction. Les fonds marins, appelés « la Zone » par la Convention sur le droit de la mer du 10 décembre 1982, ont en effet été proclamés « patrimoine commun de l'humanité » et la Convention organise un système d'exploitation de leurs richesses sous les auspices d'une organisation internationale, l'Autorité internationale des fonds marins. Toutefois, ce mécanisme demeure largement hypothétique malgré les modifications apportées par l'Accord de New York du 29 juillet 1994, du fait du coût excessif de l'exploitation des ressources des grands fonds marins qui ne devrait pas être effective avant plusieurs dizaines d'années.

§ 1. — *La haute mer*

BIBLIOGRAPHIE. — V. PELLA, « Répression de la piraterie », *RCADI* 1926-V, vol. 15, p. 149-295. — M. SIBERT, « La police de haute mer », *RGDIP* 1927, p. 20-44. — J.-W. GARNZE, « The Freedom of the Seas », *AJIL* 1929, p. 363-370. — A. GROS, « La Convention sur la pêche et la conservation des ressources biologiques de la haute mer », *RCADI* 1959-II, vol. 97, p. 1-89. — G. VAN DEL MOLEN, « The Principle of Abstention and the Freedom of the Sea », *Mél. François*, 1959, p. 203-212. — R. BIERZANEK, « La nature juridique de la haute mer », *RGDIP* 1961, p. 233-259. — NGUYEN QUOC DINH, « La revendication des droits préférentiels en haute mer », *AFDI* 1961, p. 77-110. — M. BOS, « La liberté de la haute mer », *NILR* 1965, p. 337-364. — M. R. SIMONNET, *La Convention sur la haute mer*, LGDJ, 1966, 293 p. — A. W. KOERS, *International Regulation of Marine Fisheries*, Fishing News, Londres, 1972, 368 p. — S. MAIDMENT, « Historical Aspects of the Doctrine of Hot Pursuit », *BYBIL* 1972-1973, p. 365-381. — P. BONASSIES, « Les routes imposées de l'OMCI » *in* SFDI, Colloque de Montpellier, *Actualités du droit de la mer*, Pedone, 1973, p. 48-61. — B. CONFORTI, « Does Freedom of the Seas still Exist ? », *IYBIL* 1975, p. 3-15. — Y. VAN DER MENSBRUGGHE, « Pouvoir de police des États en haute mer », *RBDI* 1975, p. 56-102. — M. VOELCKEL, « Les routes maritimes » *in* SFDI, Colloque du Mans, *Aspects actuels du droit international des transports*, Pedone, 1981, p. 147-167. — J.-L. MESEGUER, « Le régime juridique de l'exploitation des stocks communs de poissons au-delà des

200 milles », *AFDI* 1982, p. 885-899. — W. J. FENWICK, « The Exclusion Zone Device in the Law of Naval Warfare », *Ann. Canad. DI* 1986, p. 91-126. — M. DEJEAN-PONS, « Les conventions du PNUE relatives aux mers régionales », *AFDI* 1987, p. 689-718. — M. HALBERSTAM, « Terrorism on the High Seas », *AJIL* 1988, p. 269-310. — M. ROELANDT, *La condition juridique des pipelines dans le droit de la mer*, PUF, 1990, 241 p. — N. RONZITTI, *Maritime Terrorism and International Law*, Nijhoff, Dordrecht, 1990, X-185 p. — T. TREVES, « Intervention en haute mer et navires étrangers », *AFDI* 1995, p. 651-675. — J. M. SOBRINO HEREDIA, « La cooperacion internacional en la conservacion y gestion de los recursos pesqueros de la alta mar », *Cursos euromediterraneos* 1998, vol. II, p. 429-525. — L. C. CAFLISCH, « La condition juridique des épaves maritimes en droit international public », *Mél. Valticos*, Pedone, 1999, p. 67-88. — N. M. POULANTZAS, *The Right of Hot Pursuit in International Law*, Martinus Nijhoff Publishers, La Haye, 2002, LIX-451 p. — R. G. RAYFUSE, *Non-Flag State Enforcement in High Seas Fisheries*, Martinus Nijhoff Publishers, Leiden, 2004, XVIII-427 p. — *Internl. Jl. of Marine and Coastal Law* 2005, Special Issue, « High Seas Fisheries Governance », p. 323-629.

692. Notion. — 1° *Genèse.* Avant les grandes découvertes, la mer était considérée comme un objet de souveraineté des États riverains. À partir du XVIe siècle, les prétentions à l'exercice d'une souveraineté étatique exclusive sur la haute mer commencèrent à se heurter aux protestations émanant d'autres États et, dès le XVIIe siècle, les nécessités du commerce et le heurt des impérialismes européens imposèrent le principe inverse de la liberté de la mer.

a) La controverse Grotius-Selden. D'abord favorable à la liberté des mers, en réaction contre les prétentions hégémoniques de l'Espagne et du Portugal fondées sur la Bulle du pape Alexandre VI de 1493 (v. *supra*, n° 347), l'Angleterre changea d'attitude lorsqu'elle crut être en mesure de s'assurer le contrôle exclusif des pêcheries de la mer du Nord, dont Jacques Ier alla jusqu'à prétendre interdire l'accès aux étrangers par une proclamation du 6 mai 1609.

Pour s'opposer à cette prétention, le gouvernement hollandais publia le chapitre 12 d'une consultation rédigée par Grotius à la demande de la Compagnie des Indes : *De jure praedae (Du droit des prises).* Dans ce chapitre, intitulé *Mare liberum* (« la mer libre »), Grotius invoquait des arguments tirés de la nature de la mer (mobilité, fluidité, impossibilité d'établissement, caractère inépuisable de ses ressources) et du droit naturel : le droit au libre commerce international est un droit fondamental des États et les mers sont les moyens naturels au service de ce droit ; on peut y naviguer dans toutes les directions car les vents y soufflent tantôt d'un côté, tantôt de l'autre ; la liberté des mers est ainsi le complément nécessaire de la liberté du commerce, des communications et des échanges.

Le principal contradicteur de Grotius fut l'Anglais Selden qui écrivit, en 1635, le *Mare clausum* (« la mer fermée ») par opposition au *Mare liberum* du premier. Il y défendait la souveraineté britannique sur de vastes espaces incluant la mer du Nord et de larges portions de l'Atlantique Nord au nom de l'ancienneté des pouvoirs de police que son pays y avait exercés.

b) Le triomphe de la liberté des mers. Bien que, clairement écrit, le livre de Selden eût fait une vive impression en Europe, le principe de la liberté des mers s'imposa rapidement. Dès 1689, un auteur anglais, sir Philip Meadow, préconise le retour à la liberté soutenue jadis par Élisabeth. Au XVIIIe siècle, Bynkershoek, puis Pufendorf, ne se heurtent à aucune contestation quand ils réaffirment la même idée. On ne discute plus désormais que de l'organisation du principe et non de son opposabilité, qui est acquise.

C'est que la liberté de la haute mer est indispensable à l'établissement de la domination européenne sur le reste du monde et apparaît en effet comme le corollaire nécessaire de la liberté du commerce, postulat indispensable du capitalisme en expansion, ainsi que l'avait pressenti Grotius dès le début du XVIIe siècle.

Menacée par l'extension des appétits territoriaux et économiques des États côtiers, elle fut cependant préservée tant par les conventions de Genève de 1958 — dont la deuxième, entrée en vigueur en 1962, est consacrée à la haute mer, et la troisième, entrée en vigueur en 1966, à la pêche et la conservation des ressources biologiques de la haute mer — que par celle de Montego Bay de 1982.

2° *Caractéristiques de la haute mer.* Comme on l'a vu (v. *supra*, n° 691), la haute mer, sans avoir toutes les caractéristiques d'une *res communis* « parfaite », n'est certainement pas une *res nullius* : les richesses qu'elle contient sont susceptibles d'appropriation, mais elle-même ne l'est pas, et cette caractéristique constitue le principal élément de sa définition.

Reprenant le procédé utilisé par l'article 1er de la Convention de 1958 sur la haute mer, l'article 86 de la Convention de Montego Bay définit en effet la haute mer par élimination : les règles qui lui sont applicables concernent « toutes les parties de la mer qui ne sont comprises ni dans la zone économique exclusive, la mer territoriale ou les eaux intérieures d'un État, ni dans les eaux archipélagiques d'un État archipel ». Elles s'appliquent exclusivement aux eaux ainsi définies, à l'exclusion du sol et du sous-sol marins qui relèvent soit de la Zone, soit du plateau continental. Il faut cependant noter que le régime juridique de la zone économique exclusive est identique à celui de la haute mer dans toute la mesure où l'exploration et l'exploitation des ressources de la mer ne sont pas concernées (v. *supra*, n° 685).

La règle de base applicable est celle de la liberté, chaque État exerçant des pouvoirs de police sur les navires battant son pavillon. Ce principe connaît toutefois des exceptions, dans des hypothèses limitées.

A. — Libertés de la haute mer et compétences de police

693. Présomption de liberté. — Le principe de liberté est la conséquence nécessaire de l'absence de souveraineté territoriale des États sur la haute mer. Dès lors qu'« aucun État ne peut légitimement prétendre soumettre une partie quelconque de la haute mer à sa souveraineté » (Convention de 1982, art. 89), celle-ci est « ouverte à tous les États, qu'ils soient côtiers ou sans littoral » (*ibid.*, art. 87 ; Convention de 1958, art. 2) ; (sur l'accès de ces derniers à la haute mer, v. *supra*, n° 670).

En réalité « la » liberté de la haute mer se décompose en libertés que la Convention de Montego Bay énumère en son article 87 :

— liberté de navigation,
— liberté de survol,
— liberté de la pêche,
— liberté de poser des câbles et des pipelines sous-marins,
— liberté de construire des îles artificielles,
— liberté de la recherche scientifique.

(Ces deux dernières n'étaient pas explicitement prévues par l'article 2 de la Convention de 1958 mais sont traditionnelles).

Les deux conventions de 1958 et celle de 1982 sont muettes sur la liberté de la haute mer *en temps de conflit armé international.* Or il existe bien une liberté en temps de guerre : c'est la liberté des belligérants de *se battre* entre eux sur la haute mer qui prime celle des non-belligérants puisque ceux-ci ne peuvent, en temps de guerre, jouir de leur liberté que sous réserve de *contrôle* des belligérants. La pratique conventionnelle confirme d'ailleurs cette primauté des exigences de la stratégie navale : de nombreux accords relatifs aux utilisations de la mer précisent que leurs dispositions sont suspendues en cas de guerre (v. *supra*, nos 579, droit de prise, et 583-584, contrebande de guerre).

Ces libertés, pour larges qu'elles soient, ne sont toutefois pas absolues. Il existe une présomption de liberté, mais elle doit s'exercer dans le respect des règles existantes et des intérêts des autres États, la Convention de Montego Bay réservant par ailleurs les droits qu'elle reconnaît « concernant les activités menées dans la zone » (art. 87, § 2).

L'égalité reconnue à tous les États dans l'utilisation de la haute mer peut entraîner des conflits entre l'exercice de ces libertés par les uns et les autres. Leur solution est assurée d'abord — et sauf règle contraire — au plan interne.

C'est ce qui a conduit la CPJI à reconnaître, dans l'affaire du *Lotus*, la faculté pour l'État dont un navire est victime d'un abordage en haute mer d'appliquer ses propres règles pénales (série A, n° 10). (La Convention de Bruxelles du 10 mai 1952 retient la règle inverse) (v. *infra*, n° 694-1°).

À l'heure actuelle, le problème de la compatibilité de certaines utilisations « privatives » de la haute mer avec les libertés reconnues à l'ensemble des États se pose avec une particulière acuité en ce qui concerne les essais nucléaires qui conduisent à délimiter un périmètre interdit à la navigation. La CIJ s'étant abstenue de trancher la question dans ses arrêts du 20 décembre 1974 sur les *Essais nucléaires* français dans le Pacifique, la solution est incertaine ; l'« affectation de la haute mer à des fins pacifiques » (art. 88 de la Convention de 1982 qui n'a pas son équivalent dans celle de 1958) pourrait donner un argument aux partisans de la thèse de l'illicéité des essais, bien que l'on puisse soutenir qu'une expérience n'est pas, en elle-même, « non pacifique ». En revanche la création d'une zone interdite, pendant la durée des essais, est certainement contraire aux principes de liberté de navigation et de survol (sur cette question, v. M. S. McDougal, *AJIL* 1955, p. 356-361 ; G. Fischer, *AFDI* 1956, p. 309-319 ; G. Gidel, *Mél. Spiropoulos*, 1957, p. 173-205 ; et plus particulièrement sur les expériences françaises, A. D'Amato, *AJIL* 1967, p. 66-77).

Les États ont adopté un certain nombre de conventions leur imposant d'introduire dans leur ordre interne des dispositions prévoyant la réparation des dommages causés aux autres États dans l'exercice de certaines libertés, sur le modèle de la Convention de Paris du 14 mars 1884 qui prévoit une indemnisation en cas de détérioration des câbles sous-marins et qui fonctionne à la satisfaction générale depuis plus d'un siècle.

La méthode la plus efficace demeure cependant la prévention, ce qui suppose que chaque État établisse des règles de police applicables à ses ressortissants. L'uniformisation souhaitable se réalise en pratique par le procédé des législations nationales parallèles contenant des dispositions identiques ou par des conventions dont les organisations internationales intéressées favorisent la conclusion. Les États peuvent aussi conférer à celles-ci un pouvoir de réglementation.

694. Attribution des compétences de police en haute mer. — Tant que persiste la carence institutionnelle de la communauté internationale, ce sont les États qui exercent, par le jeu du « dédoublement fonctionnel », les fonctions qui auraient dû incomber aux autorités internationales supérieures si elles existaient. En l'espèce, le droit international consacre d'abord une règle essentielle : il soumet les navires se trouvant en haute mer à la compétence exclusive de l'État de leur pavillon. Toutefois, certaines compétences sont reconnues à d'autres États et même, dans une mesure encore très limitée, à des organisations internationales.

1° *Compétence de principe de l'État du pavillon.* Cette règle traditionnelle est aujourd'hui codifiée par les conventions de 1958 (art. 6) et de 1982 (art. 92). Longtemps discuté, son fondement ne pose plus aujourd'hui de véritables problèmes mais sa portée n'est pas absolue.

a) Fondement. Pour soutenir que la compétence de l'État du pavillon est une manifestation de sa compétence territoriale, on a assimilé le navire au territoire de cet État. Affirmée pour la première fois en 1752 dans l'affaire de l'*Emprunt silésien* qui opposait la Prusse à la Grande-Bretagne, cette thèse de la *territorialité* du navire a été reprise par quelques décisions arbitrales ou juridictionnelles. L'arbitre de Martens a déclaré : « En haute mer, même les navires marchands constituent des parties détachées des territoires de l'État dont ils portent le pavillon, et en conséquence, ne sont justiciables de faits commis en haute mer que devant les autorités nationales respectives » (Aff. du *Baleinier Costa Rica Packet* entre la Grande-Bretagne et les Pays-Bas, sentence du 25 février 1897, *JDI* 1897, p. 624). C'est la prise de position de la CPJI qui a été la plus retentissante : « Le principe de la liberté de la mer a pour conséquence que le navire en haute mer est assimilé au territoire de l'État dont il porte le pavillon, car, comme dans le territoire, cet État y fait valoir son autorité et aucun autre État ne peut y exercer la sienne (...). En vertu du principe de la liberté de la mer, un navire est placé dans la même situation que le territoire de l'État » (aff. du *Lotus, Série A,* n° 10, p. 25). On retrouve rassemblés dans ce passage l'aspect positif de la souveraineté territoriale et son aspect négatif.

Cette thèse est évidemment inacceptable en ce qui concerne les navires marchands qui sont en partie soumis à la juridiction de l'État côtier dans les eaux intérieures et la mer territoriale de celui-ci (v. *supra,* n°s 669 et 674) : s'ils sont assimilés au territoire de l'État du pavillon, ils doivent l'être une fois pour toutes ; on a peine à comprendre que cette assimilation doive dépendre du lieu où ils se trouvent.

Pour cette raison, l'accord s'est réalisé aujourd'hui pour rattacher, en ce qui concerne les navires marchands, la compétence exclusive de l'État du pavillon à sa compétence personnelle. D'une part, tout navire possède, comme toute personne, une nationalité. D'autre part, la soumission du navire marchand à l'autorité de l'État souverain quand il entre dans les eaux territoriales ou intérieures cadre bien avec la règle générale de la priorité de la compétence territoriale sur la compétence personnelle (v. *supra,* n° 326).

Certes, à l'égard des navires de guerre et d'une manière générale, des *navires d'État affectés à des fins non commerciales,* la thèse de la territorialité n'est pas infirmée car ils jouissent des immunités de l'État souverain dans les eaux des États côtiers. Il reste qu'il est préférable d'éviter la fiction de la territorialité et de s'en tenir à la compétence de l'État du pavillon pour le fonctionnement de ses services publics, compétence qui prime la compétence territoriale (v. *supra,* n° 330 ; en faveur de l'absence d'assimilation du navire au territoire de l'État, v. CC, 28 avril 2005, *Loi relative à la création du registre international français*).

b) Portée. La compétence de l'État sur les navires battant son pavillon se trouvant en haute mer est à la fois plénière et exclusive : il peut, seul, recourir à la contrainte pour faire respecter tant les règles pertinentes du droit international que sa propre réglementation.

Ce principe ne revêt toutefois un caractère absolu que pour les navires d'État affectés à des fins non commerciales (v. les articles 8 et 9 de la Convention de 1958 et 95 et 96 de la Convention de 1982) ; ceux-ci sont du reste en général exclus du champ d'application des conventions instituant des disciplines collectives dans l'utilisation de la haute mer.

En revanche, s'agissant des navires marchands, la compétence de l'État du pavillon se heurte parfois à celle d'autres États. Cette concurrence joue en particulier pour le règlement des litiges privés, quand ils soulèvent des problèmes de conflits de loi ou de juridiction, qui seront résolus selon les règles générales du droit international privé. De même, si un délit est commis à bord, la compétence pour engager la poursuite pénale appartient encore en concurrence à l'État du pavillon et à l'État national du coupable. Le problème se complique en cas d'abordage : un autre État peut entrer en lice, l'État dont le navire abordé porte le pavillon. Il a été posé dans l'affaire du *Lotus* jugée par la CPJI.

Le 2 août 1926, le paquebot français *Lotus* aborde le vapeur charbonnier turc *Boz-Kourt* en haute mer, au large de la mer Égée. Celui-ci coule, huit ressortissants turcs périssent. Le lendemain, le *Lotus* fait escale à Constantinople : l'officier de quart français qui était de service au moment de l'abordage, mandé à terre par les autorités locales, est aussitôt mis en état d'arrestation et traduit devant les tribunaux turcs. Le 15 septembre, il est condamné à 80 jours de prison et à 22 livres turques d'amende. La France proteste contre ce jugement et, par compromis signé à Genève le 12 octobre 1926, les gouvernements français et turc conviennent de porter leur différend devant la CPJI.

Les termes de la contestation juridique sont parfaitement clairs. Le gouvernement français, se fondant sur la règle de l'exclusivité de la compétence de l'État du pavillon qui se trouve être également l'État national du prévenu, dénie aux tribunaux turcs la compétence de juger l'officier français. Quant au raisonnement du gouvernement turc, il implique qu'il existe dans le cas d'espèce, au moins, une concurrence entre la compétence de l'État du pavillon et celle de l'État du navire abordé. Or la Cour a donné raison à la Turquie (*série A*, n° 10).

Cette solution s'est néanmoins heurtée à une désapprobation à peu près générale. Elle a été rejetée par la convention de Bruxelles du 10 mai 1952 sur la compétence pénale en matière d'abordage. Les conventions de Genève sur la haute mer (art. 11) et de Montego Bay (art. 97) ont également contredit l'arrêt de la CPJI en ne reconnaissant que la compétence de l'État du pavillon et celle de l'État national de l'inculpé.

Enfin, pour l'exercice des pouvoirs de police non plus seulement *dans* la haute mer, mais *de* la haute mer, la compétence de l'État du pavillon peut entrer en concurrence avec celle reconnue à d'autres États et même à certaines organisations internationales.

2° *Compétences des autres États.*

a) Solutions générales. On ne peut parler de compétence concurrente des États que dans la mesure où chaque État accepte des exceptions à l'exclusivité de la loi du pavillon, sous son aspect négatif, c'est-à-dire l'interdiction faite à un navire ou à un État de faire acte d'autorité à l'encontre d'un navire qui ne bat pas son pavillon. Les États ne l'acceptent que très restrictivement comme le montre la rédaction de l'article 110 de la Convention sur le droit de la mer qui reprend, en les complétant, les dispositions de l'article 22 de la Convention de Genève sur la haute mer.

Seules en effet certaines « polices spéciales » autorisent un navire ou un aéronef d'États à exercer le droit de visite — acte contraignant minimal — des navires ne battant pas son pavillon : il faut qu'il y ait présomption de piraterie, de transport d'esclaves, d'émission non autorisée ou soupçon de fraude au pavillon (v. *infra*, n° 697) ; en revanche, sauf convention contraire, le droit de visite n'est pas admis pour le commerce illicite des stupéfiants et des substances psychotropes (v. *infra*, n° 699).

La « crispation nationaliste » se vérifie au plan régional autant qu'au plan universel : tous les efforts réalisés jusqu'ici au sein des Communautés européennes pour établir un mécanisme multilatéral de poursuite des infractions aux règlements sur la pêche ont été des échecs.

b) Certaines *règles spéciales* constituent des exceptions à ces solutions générales et reconnaissent des compétences particulières à certaines catégories d'États.

Tel est d'abord le cas lorsqu'une infraction a été commise dans une zone relevant de la juridiction d'un État. Celui-ci peut alors exercer un droit de poursuite en haute mer (v. *infra*, n° 696-2°).

En outre, la Convention de Montego Bay reconnaît à l'État côtier et à l'État du port des compétences spéciales en matière d'infraction aux règles concernant la prévention de la pollution (v. *infra*, n° 754).

3° *Compétences des organisations internationales.* Elles n'existent qu'à titre tout à fait exceptionnel en vertu de règles expresses, conventionnelles ou, plus rarement encore, coutumières. De plus, si les organisations internationales peuvent être investies de compétences normatives relativement étendues (notamment pour définir des « routes » maritimes et aériennes — v. *infra*, n° 697) et, le cas échéant, de pouvoirs de contrôle, elles n'ont, dans l'état actuel du droit positif, aucune compétence répressive.

Au plus pourront-elles en vérifier l'exercice par les autorités nationales. Dans la Communauté européenne, la CJCE s'estime en droit de contrôler la légalité communautaire des sanctions nationales en cas d'infraction en matière de pêche maritime — arrêt du 16 février 1978, *Schonenberg*, affaire 88/77, *Rec.* p. 473 — en particulier le respect du principe de non-discrimination — arrêt du 3 juillet 1979, *Van Dam*, aff. jtes. 185 à 204/78, *Rec.* p. 2345. Dans l'hypothèse inverse d'une carence d'un État membre en matière de répression pénale des infractions à la politique commune des pêches, celui-ci encourt une condamnation pour manquement à ses obligations (arrêt du 7 décembre 1995, *Commission c. France*, affaire C-52/95, *Rec.* p. I-4443).

695. Gradation des pouvoirs de police. — L'action de police est une action nécessaire, inhérente à toute société organisée sur la base du droit. Elle se déploie, sur le plan *normatif*, par l'édiction de règles prescrivant, dans l'intérêt du maintien de l'ordre, des comportements et des interdictions, et, sur le plan *opérationnel*, par l'application du contrôle et de la répression.

1° *Au plan normatif*, les compétences reconnues aux États et aux organisations internationales ont pour principal objet le renforcement de la sécurité de la navigation en haute mer. Toutefois, si les États ont pu s'entendre sur une réglementation concertée assez précise et contraignante en ce qui concerne la circulation des navires et des aéronefs (routes imposées ou recommandées, informations mutuelles, règles de pilotage), la coopération demeure infiniment moins poussée et se heurte à des blocages considérables en ce qui concerne les normes de conception et de construction des navires (v. *infra*, n° 697).

2° *Au plan opérationnel*, un premier principe de base est l'impuissance totale de tout État autre que celui du pavillon à l'égard des navires d'État utilisés à des fins non commerciales. À cet égard les règles applicables dans les zones soumises à la juridiction nationale sont en tous points transposables dans la haute mer (v. *supra*, n° 694-1°-b). En revanche, les possibilités d'intervention des États vis-à-vis des navires marchands sont diversifiées.

a) Différents modes d'intervention. Du plus anodin au plus contraignant, ce sont :

— l'approche (qui n'implique aucune immobilisation du navire qui en est l'objet) ;

— la reconnaissance et l'enquête de pavillon (qui consistent à « dépêcher une embarcation sous le commandement d'un officier, auprès du navire suspect » en vue de vérifier les documents de bord — art. 110, § 2, de la Convention de Montego Bay) ;

— la visite et l'inspection (qui suivent l'arraisonnement et se déroulent à bord du navire si les soupçons subsistent après l'enquête de pavillon — *ibid.*) ;

— le déroutement ;

— la saisie et l'immobilisation ;

— la confiscation ;

— la destruction (si le navire constitue un danger grave, notamment pour l'environnement marin, comme ce fut le cas pour l'épave du Torrey Canyon bombardée par l'aviation britannique en 1967).

b) Combinaison des interventions de police. Les États ne peuvent recourir dans tous les cas à n'importe lequel de ces modes d'intervention et il y a de bonnes raisons de soutenir que, constituant une exception au principe de l'exclusivité de compétence de l'État du pavillon, ils doivent être utilisés par les États avec précaution, suivant la règle de l'économie des moyens. Certaines opérations complexes comme la poursuite en haute mer (v. *infra*, n° 696) imposent la combinaison de plusieurs de ces moyens.

Il semble possible de déduire de l'ensemble de la partie VII de la Convention de Montego Bay qu'un État autre que celui du pavillon ne bénéficie d'une compétence de police que sur la base d'une disposition expresse. Ainsi, les interventions de police des États côtiers et du port qui découlent de leur pouvoir de réglementation (en matière de pollution notamment) sont strictement délimitées.

La Convention de Bruxelles de 1969 sur l'intervention en haute mer en cas de dangers graves et imminents de pollution illustre bien l'idée d'économie des moyens :

— exigence de consultations et d'expertises préalables si l'urgence ne les interdit pas (art. 3) ;

— respect du principe de proportionnalité et des intérêts de l'État du pavillon (art. 5) ;

— obligation de négociations et, en cas d'échec, de conciliation, puis d'arbitrage (art. 8), etc.

B. — Exercice des pouvoirs de police

696. Protection d'intérêts fondamentaux des États. — *1° Légitime défense.* L'action en légitime défense comme mesure de police, qui n'est évoquée ni par la Convention de 1958, ni par celle de 1982, n'est pas unanimement admise. Toutefois, depuis la célèbre affaire du *Virginius* qui a opposé la Grande-Bretagne et l'Espagne en 1873, on note, dans la pratique internationale, une tendance à admettre sa légitimité sous réserve du respect de conditions assez strictes, sans cependant que l'on puisse affirmer avec certitude qu'il s'agit d'une règle coutumière.

Bateau américain, le *Virginius* transportait des insurgés cubains et des sujets britanniques qui leur servaient de conseillers. Il fut arrêté en pleine mer par un navire de guerre espagnol, le *Tornado*. Les autorités espagnoles procédèrent aussitôt et sans jugement, à bord même, à l'exécution de certaines personnes arrêtées parmi lesquelles se trouvaient des sujets britanniques. La Grande-Bretagne protesta, mais uniquement contre l'exécution sommaire et non contre l'arraisonnement et la capture du *Virginius*. Elle admettait la régularité de ces mesures de police qu'elle acceptait de considérer comme des actes de légitime défense tout en estimant qu'après la saisie du navire, l'Espagne avait cessé d'être en état de légitime défense.

D'après la thèse du gouvernement anglais, lorsque sous le couvert du pavillon, une entreprise hostile est tentée contre un autre État, des mesures de coercition peuvent être exercées au titre de la légitime défense. Cependant, il faut qu'il s'agisse d'un péril imminent, qu'une notification soit faite sans délai à l'État du pavillon, que les personnes se trouvant à bord du navire arrêté soient mises à la disposition de l'État du pavillon afin que les poursuites soient engagées selon la loi du pavillon, qu'il s'agisse de simples mesures de protection sans caractère répressif, que des indemnités soient payées si les soupçons s'avèrent non fondés (v. J. B. MOORE, *Digest I*, vol. II, p. 895-903).

Lors de la *guerre d'Algérie*, la marine de guerre française a procédé à des arraisonnements et des déroutements de navires de commerce étrangers soupçonnés de transport d'armes à destination des combattants algériens. Mais, chaque fois, le gouvernement français a reçu des protestations émanant des États du pavillon (Yougoslavie, Pologne). Un recours a même été introduit par une société italienne (*Société Ignazio Messina*) contre le gouvernement français, devant la juridiction administrative française, en vue d'obtenir des indemnités à la suite de l'arraisonnement et du déroutement d'un vapeur lui appartenant. Le ministère de la Marine a soutenu la thèse d'une mesure de police autorisée par le droit international public sur la base du droit de légitime défense. Cette thèse a été critiquée par les gouvernements étrangers concernés. Mais en l'espèce, la juridiction française s'est abstenue de se prononcer en s'abritant derrière la notion d'acte de gouvernement (CE, 30 mars 1966, *Leb.* p. 258, *RDP* 1966, p. 789, concl. Questiaux).

Le président Kennedy avait ordonné, en octobre 1962, la « quarantaine » au large de Cuba. En vertu de cette décision, les navires de guerre américains étaient autorisés à arraisonner, contrôler et au besoin arrêter les navires se dirigeant vers Cuba et suspects de transporter certaines armes offensives menaçant la sécurité des États-Unis et du continent américain en général. Le gouvernement de Washington invoquait à l'appui de cette mesure le droit de légitime défense. Au nom de la liberté des mers, certains États comme la Suède et surtout l'URSS ont protesté. Cette quarantaine fut levée le 20 novembre suivant, après une entente américano-soviétique (v. plusieurs articles *in AJIL* 1963, p. 515 et s. et *ASIL Proceedings*, 1963, p. 1 et s.).

La France, qui interdit l'accès à une zone de sécurité étendue qu'elle définit autour de l'îlot de Mururoa, où elle procède à des essais nucléaires — dans l'atmosphère jusqu'en 1974, souterrains depuis lors —, en interdit l'accès à tous les navires et invoque les nécessités de sa défense nationale pour justifier cette atteinte à la liberté de navigation. Le lien entre le principe de légitime défense et les expérimentations nucléaires est cependant ténu (v. aussi *supra*, n° 693).

Il faut rappeler enfin le droit d'action reconnu aux États agissant au titre d'un embargo décidé par le Conseil de sécurité des Nations Unies ou exécuté dans le cadre d'une organisation régionale de sécurité collective (v. à ce titre la jurisprudence de la CJCE relative au détournement de navires sous pavillon tiers en haute mer, aff. C-177/95, 27 fév. 1997, *Ebony Maritime SA et Loten Navigation*, *Rec.* 1997 p. I-1111).

2° *Respect de certaines réglementations de l'État côtier (droit de poursuite).* Le droit de poursuite en haute mer est un droit traditionnel qui ne fait l'objet d'aucune contestation *(hot pursuit)*. En vertu de ce droit, un État est autorisé à poursuivre en haute mer, arraisonner, saisir et ramener à l'un de ses ports un navire marchand étranger dont il a des raisons sérieuses de penser qu'il a contrevenu à ses lois et règlements (assez souvent il s'agit de délits de pêche, le navire poursuivi s'étant livré à la pêche dans les zones réservées exclusivement à l'État côtier poursuivant).

L'exercice du droit de poursuite est soumis à des conditions strictes, codifiées par l'article 111 de la Convention de Montego Bay :

— la poursuite doit être précédée d'une semonce ;
— elle n'est possible que si elle a été commencée dans les eaux soumises à la juridiction de l'État poursuivant ou se trouvant au-dessus du plateau continental (la règle est rappelée par l'arrêt du 4 décembre 1997, du Tribunal international du droit de la mer, affaire du *Navire Saiga*, § 61) ;
— si la poursuite commence dans les eaux intérieures, la mer territoriale ou les eaux archipélagiques, elle peut viser à réprimer toute infraction aux lois et règlements de l'État côtier ; en revanche, si elle commence dans la zone contiguë, dans la zone économique ou dans les eaux surplombant le plateau continental, elle ne peut avoir pour objet que d'assurer le respect de la réglementation propre à ces zones ;
— la poursuite ne peut être exercée que par des navires de guerre ou des aéronefs militaires ou d'autres navires ou aéronefs portant « des marques extérieures indiquant clairement qu'ils sont affectés à un service public » (des douanes par exemple) ;
— elle peut se poursuivre dans la zone économique exclusive d'un autre État mais doit cesser si le navire poursuivi parvient à rejoindre la mer territoriale de son État national ou d'un autre État, par respect de la souveraineté territoriale de ceux-ci ;
— la riposte doit être proportionnée au délit présumé.

Ce dernier point a été clairement réaffirmé par la Commission d'enquête neutre constituée sous la présidence de Ch. de Visscher dans l'affaire du *Red Crusader* (1961). La Commission a admis qu'une frégate danoise avait pu à bon droit intimer l'ordre de stopper à un chalutier britannique dont le matériel de pêche n'était pas rangé alors qu'il se trouvait dans les eaux territoriales danoises et entamer une poursuite, mais qu'en l'endommageant gravement par des tirs sans avertissement, la frégate avait riposté de façon excessive.

Rien n'empêche deux ou plusieurs États de collaborer dans la mise en œuvre de ce droit de poursuite (v. par exemple le traité de coopération entre l'Australie et la France dans les eaux adjacentes aux TAAF et aux Iles Heard et McDonald du 24 novembre 2003, qui prévoit un mécanisme d'échange de renseignements et de soutien logistique lors des poursuites effectuées dans le cadre de l'article 111, notamment en vue de lutter contre la pêche illicite de la légine dans les ZEE respectives des deux États).

3° *Protection de l'environnement.* La gravité des dommages accidentels subis par les États riverains des grands axes de circulation maritime, les effets des déversements des déchets et substances polluantes de la civilisation industrielle et urbaine, ont imposé l'adoption d'un nombre conséquent de conventions universelles ou régionales et même de politiques communes, dans le cadre de la Communauté européenne (voir v. *infra*, n° 754). Ces démarches, qu'elles soient préventives ou répressives, accentuent les pouvoirs de police des États côtiers dans la haute mer adjacente. Certains de ces instruments, en particulier la Convention de Bruxelles du 29 novembre 1969 complétée par un Protocole de 1973, reconnaissent aux États menacés de façon grave et imminente un droit d'intervention — pouvant aller jusqu'à la destruction de l'épave — en haute mer à l'égard de navires battant pavillon des pays tiers. Ce pouvoir, dérogatoire au monopole du pavillon, reste pour cette raison même, très encadré, encore que la Convention de Montego Bay ait admis un certain élargissement (article 221) ; mais la préférence va à un plus grand pouvoir de police de l'État du port, qui peut tirer argument de sa compétence territoriale pour exiger l'immobilisation du navire aussi longtemps qu'il ne respecte pas les exigences de certaines conventions, telle la convention « MARPOL » de 1973 (articles 219 à 226).

697. Sécurité des communications. — 1° *Sécurité de la navigation.* La liberté de navigation en haute mer (comme d'ailleurs dans les zones relevant de la juridiction nationale des États) n'est effective que si elle s'exerce dans des conditions de sécurité convenable. Quoiqu'ils se soient engagés avec prudence dans ces voies, les États ont tenté de la renforcer principalement en se mettant d'accord d'une part sur des règles minimales concernant la navigabilité des navires et la qualification de l'équipage et, d'autre part, les conditions mêmes de la navigation.

Les conventions conclues à ces fins revêtent une importance particulière car l'article 94 de la Convention de Montego Bay, reprenant la méthode suivie par l'article 10 de la Convention de Genève sur la haute mer, se borne à imposer aux États des obligations très générales mais ajoute que, lorsqu'il prend les mesures nécessaires l'État du pavillon « est tenu de se conformer aux règles, procédures et pratiques internationales généralement acceptées et de prendre toutes les dispositions nécessaires pour en assurer le respect » (§ 5).

a) Navigabilité du navire et règles applicables aux équipages. L'article 94, § 4, de la Convention de 1982 précise les règles minimales que doivent respecter les États parties à cet égard ; bien que cette disposition n'ait pas d'équivalent dans la Convention de Genève, on peut considérer qu'elle énonce des obligations coutumières en imposant aux États de prendre les mesures nécessaires pour s'assurer que

« *a)* tout navire est inspecté, avant son inscription au registre » (d'immatriculation que doivent tenir les États) « et, ultérieurement, à des intervalles appropriés, par un inspecteur maritime qualifié, et qu'il a à son bord les cartes maritimes, les publications nautiques ainsi que le matériel et les instruments de navigation que requiert la sécurité de la navigation ;

« *b)* tout navire est confié à un capitaine et à des officiers possédant les qualifications voulues, en particulier en ce qui concerne la manœuvre, la navigation, les communications et la conduite des machines, et que l'équipage possède les qualifications voulues et est suffisamment nombreux eu égard au type, à la dimension, à la machinerie et à l'équipement du navire ;

« *c)* le capitaine, les officiers et, dans la mesure du nécessaire, l'équipage connaissent parfaitement et sont tenus de respecter les règles internationales applicables concernant la sauvegarde de la vie humaine en mer, la prévention des abordages, la prévention, la réduction et la maîtrise de la pollution et le maintien des services de radiocommunication. »

Ces règles minimales sont complétées par des conventions qui les précisent et dont de nombreuses dispositions ont donné naissance à des « procédures et pratiques internationales généralement acceptées ». Tel est le cas, en particulier, de la Convention de Londres sur les lignes de charge du 5 avril 1966 amendée en 1979 et 1983, et, surtout, de la Convention de Londres également, sur la sauvegarde de la vie humaine en mer du 1er novembre 1974 qui se substitue à une Convention antérieure de 1960 et a été complétée par un protocole en date du 17 février 1978 et amendée en 1981.

La Convention de 1974 énonce un grand nombre de règles relatives à la construction et à la conception des navires et à la sécurité en mer et au contrôle de leur respect, non seulement par l'État du pavillon mais aussi par l'État du port (les pouvoirs — et les obligations — de l'État du port sont considérablement renforcés par le Mémorandum de Paris sur le contrôle des navires par l'État du port du 26 janvier 1982). Elle contient en outre des dispositions fondamentales sur les routes maritimes.

Plusieurs conventions internationales du travail concernent « la composition, les conditions de travail et la formation des équipages », parmi lesquelles il faut signaler surtout la Convention n° 147 relatives aux normes minima à observer sur les navires marchands du

29 octobre 1976. Elle a été précédée par la Convention de Londres, signée le 7 juillet 1978 sous les auspices de l'OMCI, concernant les normes de formation des gens de mer, de délivrance des brevets et la veille (v. F. Wolf et H. Kellerson, « Les problèmes du droit du travail et la Convention sur le droit de la mer » *in* SFDI, Colloque de Rouen, *Le droit de la mer après la 3e Conférence...*, Pedone, 1984, p. 224-237).

Les progrès rapides des télécommunications par satellites et leurs avantages en matière de sécurité maritime (rapidité de l'alerte, précision du repérage) permettent d'imposer l'installation d'équipements adaptés aux systèmes INMARSAT et COSPAS-SARSAT (v. *infra*, n° 732) : voir l'amendement de 1988 à la convention SOLAS de 1974, créant un « système mondial de détresse et de sécurité en mer ». Est ainsi rendue plus efficace l'obligation d'assistance en mer prévue par la convention SAR, signée à Hambourg le 27 avril 1979.

b) Règles relatives à la navigation. Avec l'accroissement du trafic maritime, les États ont fini par admettre qu'une véritable prévention s'imposait et qu'il était temps de limiter la liberté du capitaine du navire quant au choix de son trajet. D'où le système des routes d'abord « concertées », puis « recommandées », destiné à diminuer les risques de collision et complété par des systèmes d'organisation du trafic.

Depuis longtemps, les États imposent aux navires battant leur pavillon d'emprunter en haute mer des routes déterminées, au moins dans les zones de trafic intense, les voies à suivre dans chaque sens étant séparées par une zone dans laquelle toute circulation est exclue, à la manière des autoroutes, d'où le nom de systèmes de « séparation de trafic ». D'abord édictés par des réglementations nationales parallèles, ces systèmes ont ensuite fait l'objet de conventions régionales (en 1929 et 1948 pour l'Atlantique Nord), puis universelles (conventions de Londres de 1960 et de 1974 précitées). Depuis 1961, le problème est examiné au sein de l'OMCI (OMI) qui a recommandé un tel système pour le Pas de Calais (qui faisait alors partie de la haute mer) en 1965, et l'a généralisé par ses recommandations du 12 octobre 1971 révisées depuis lors (notamment en 1978). Le Règlement annexé à la Convention de 1972 sur les abordages en mer permet de rendre obligatoire, en fait, ce système de routes recommandées dès lors qu'il prévoit que sa méconnaissance entraîne la responsabilité de l'armateur et du capitaine du navire concerné (règle 10). Outre les dispositifs de séparation du trafic, l'organisation du trafic maritime comprend d'autres techniques telles que les routes en eau profonde et les zones à éviter.

Des systèmes comparables, mais rigoureusement obligatoires, ont été adoptés par l'OACI pour le survol de la haute mer, en application de l'article 12 de la Convention de Chicago selon lequel : « En haute mer, les règles à observer seront celles établies en application de la présente Convention ».

Pour spectaculaires que soient ces innovations, elles ne doivent pas occulter l'importance d'autres règles essentielles pour la sécurité de la navigation, concernant notamment la conduite de navires en vue les uns des autres (v. en particulier la règle 18 du règlement de 1972) ou les signaux en mer (v. le Code international des signaux révisé adopté en 1967 par l'OMCI).

2° *Piraterie.* Huit articles de la Convention de Montego Bay sont consacrés à la répression de la piraterie (art. 100 à 107 reprenant les art. 14 à 21 de la Convention de 1958 — v. *supra*, n° 441, 1°). On peut s'étonner de la place encore consacrée à cette hypothèse, mais l'actualité prouve que la piraterie est un phénomène récurrent, qui n'est tenu en échec dans certaines régions déshéritées que par des actions régulières de police internationale (exactions dont sont victimes les *boat people* fuyant le Vietnam, attaques armées de navires marchands et de plates-formes pétrolières : v. la Convention de Rome du 10 mars 1988, qui vise surtout le risque terroriste – cette convention a fait l'objet d'un certain nombre d'amendements par le biais de l'adoption d'un protocole le 14 octobre 2005).

Aux termes de ces dispositions, on entend par « piraterie » « tout acte de violence ou de détention ou toute déprédation, commis par l'équipage ou les passagers d'un navire ou d'un aéronef privé » (ou d'État dont l'équipage s'est mutiné), ou par un navire ou un aéronef utilisé à ces fins, dirigé « contre un autre navire ou aéronef ou contre des personnes ou des biens à leur bord » à la double condition

— que le navire ou l'aéronef se trouve en haute mer ou dans un autre lieu ne relevant de la juridiction d'aucun État ;

— que les pirates agissent « à des fins privées ». Cette dernière précision est très importante et conduit à exclure de la définition de la piraterie les actes inspirés par un mobile politique (v. l'affaire *Galvao* : navire détourné en 1961 par un opposant politique portugais voulant attirer l'attention sur la dictature de Salazar ; v. L. G. Green, *BYBIL* 1961, p. 496-505 ; C. Goyard, *RGDIP* 1962, p. 123-142).

L'élément le plus original du régime juridique de la piraterie tient à ce que les navires publics autorisés à cette fin *de tous les États* ont le droit de contrôler, visiter, arraisonner les navires suspects et de capturer ceux qui sont coupables. Les États capteurs ont compétence pour juger les individus auteurs des infractions (v. *supra*, n° 435). Ainsi se trouve réalisée l'exception la plus totale au principe de la compétence exclusive de l'État du pavillon.

3° *Police des télécommunications.* L'importance des *mass media* dans le monde moderne explique la vivacité des réactions gouvernementales à l'égard des stations de radiodiffusion et de télévision installées sur des navires ou des structures fixes au large des côtes, au-delà de la mer territoriale. À défaut d'une attaque de front des « pavillons de complaisance », les États ont, selon les circonstances, soit mis fin à l'activité de ces stations — abusivement qualifiées de « pirates » — par des actions de force d'une légalité internationale douteuse, soit rendu impossible leur fonctionnement par des actions administratives et judiciaires fondées sur leur compétence territoriale ou personnelle.

La seconde méthode exige que des États qui ne sont pas nécessairement les destinataires de telles émissions apportent leur collaboration aux États victimes de ces agissements et, pour cela, se donnent une législation répressive adaptée à la situation. Tel est l'objet de l'Accord européen pour la répression des émissions de radiodiffusion effectuées par des stations hors des territoires nationaux, adopté par le Conseil de l'Europe le 22 janvier 1965 (M. Hunnings, *ICLQ* 1965, p. 410 et s. ; Van Panhuis et Van Emde Boas, *AJIL* 1966, p. 303 et s.).

L'article 109 de la Convention de Montego Bay élargit sensiblement les possibilités de répression, puisqu'il habilite à agir non seulement les États qui disposent d'un titre de compétence juridique à l'égard des personnes ou des biens utilisés par ces stations, mais tous les États qui reçoivent les émissions ou qui subissent un brouillage. Le souci d'efficacité est manifeste : par exception aux règles générales, les États tiers pourront procéder à l'arrestation des personnes et à la saisie des biens.

698. Exploitation et protection des ressources de la haute mer. — Avec la dissociation entre le régime juridique du fond des mers et celui des eaux sur-jacentes réalisée par l'institution de la « Zone » (v. *infra*, § 2), les richesses de la haute mer sont aujourd'hui constituées exclusivement par ses ressources biologiques. Leur intérêt est du reste considérablement amoindri du fait de l'inclusion de portions importantes de la haute mer traditionnelle, les plus riches en ressources halieutiques, dans les zones économiques exclusives des États. La police de la pêche demeure cependant indispensable, ne serait-ce que parce qu'il n'y a, matériellement, aucune solution de continuité entre les deux espaces.

Depuis longtemps, il existe des règles visant à assurer la sécurité de la pêche par la protection des pêcheurs et de leurs engins (conventions de 1882, 1887 et 1964 pour la mer du Nord et de 1882 puis de 1967 pour l'Atlantique Nord). Aujourd'hui, cependant, il s'agit moins de police exercée au profit des pêcheurs que contre eux, contre leur zèle, par la protection des espèces animales. La vieille croyance grotienne dans le caractère inépuisable des richesses de la mer a en effet cédé la place à la prise de conscience du danger de leur dévastation à la suite des progrès des techniques de la pêche.

Toutefois, les problèmes posés varient d'une espèce à une autre et d'une zone géographique à une autre. C'est pourquoi une multitude de traités s'appliquent séparément à certaines zones de pêche d'une part et à certaines espèces d'autre part (ces dernières pouvant avoir une portée universelle ou régionale).

Parmi les premières, on peut citer les conventions de l'*overfishing* du 5 avril 1946 et sur la conservation des pêcheries, pour l'Atlantique du Nord-Est, de Gdansk du 13 septembre 1973, amendée par un protocole du 11 novembre 1982, pour la Baltique, ou du 20 mai 1980 sur la conservation des ressources de la faune et de la flore marines de l'Antarctique ainsi que le Protocole du 4 octobre 1991 relatif à la protection de l'environnement. Ces conventions régionales coexistent avec de très nombreux accords bilatéraux.

Certaines des conventions les plus importantes qui organisent la protection de certaines espèces concernent les phoques à fourrure dont la chasse a fait l'objet dès 1911 d'un traité entre les pays riverains du Pacifique Nord à la suite de l'arbitrage anglo-américain du 15 août 1883 (affaire des *phoques à fourrure de la mer de Behring* [La Fontaine, *Pasicrisie*, p. 426], remplacé par une nouvelle convention en 1958), et les baleines (Convention de Washington du 2 décembre 1946). La plupart de ces accords réglementent les conditions de la pêche (ou de la chasse) et limitent les prises par un système de quotas alloués à chacune des parties ; une commission permanente est chargée de réaliser les adaptations nécessaires ; toutefois, le problème du contrôle demeure mal résolu (des accords de 1963 et 1972 complétant la Convention de 1946, autorisent la présence d'observateurs sur les baleiniers). (Sur la chasse à la baleine v. E. Peyroux, *RGDIP* 1975, p. 92-124 ; P. W. Birnie, *YBWA* 1983, p. 240-261 ; A. Gillespie, *Whaling Diplomacy : Defining Issues in International Environmental Law*, Edward Elgar Publishing, 2005, XXII-509 p.).

Plus globalement, la Conférence de Genève de 1958 avait cru pouvoir proposer aux États un système cohérent de gestion collective des pêcheries de haute mer. La Convention sur la pêche invitait les États intéressés par une ressource biologique d'une zone donnée à établir une réglementation qui garantisse la conservation de cette ressource et le rendement optimum de son exploitation. Elle reconnaissait « l'intérêt spécial » des États riverains au maintien de la productivité des ressources situées dans les zones de haute mer adjacentes à leur mer territoriale.

Bien qu'elle ait reçu un accueil assez réservé de la part des États, son inspiration n'était guère discutable.

Elle sera du reste confirmée par la CIJ dans ses arrêts du 25 juillet 1974 (affaires de la *Compétence en matière de pêcheries*) ; l'un des objets essentiels des négociations auxquelles sont conviés les États en litige, déclare la Cour, est d'assurer la conservation des ressources dans la zone maritime où l'Islande, État riverain, ne peut invoquer que des droits préférentiels ; et cette négociation doit tenir compte des intérêts des autres États à la protection des espèces animales. Ce raisonnement demeure pleinement valide aujourd'hui à l'égard d'un État qui n'a pas institué de zone économique exclusive (v. *supra*, n° 686).

Toutefois, du fait des réticences des États et de l'institution des zones économiques exclusives, la Convention de Montego Bay est en retrait sur ce point par rapport à la Convention de Genève sur la pêche et la conservation des ressources biologiques de la haute mer. Sans doute est-elle inspirée par la même volonté d'assurer une gestion rationnelle des stocks mais elle se borne à imposer aux États une obligation très générale de prendre les mesures nécessaires et de coopérer (art. 116 à 120) et le système retenu présente des lacunes, dangereuses pour son efficacité dans le contexte contemporain : faiblesse de l'engagement de négocier, absence de toute coordination universelle des organisations de pêche spécialisées ou régionales, insuffisance des procédures de règlement des différends. Malgré la consécration de la zone économique exclusive, des droits seulement préférentiels sont reconnus aux États côtiers (v. l'art. 116) notamment pour la gestion des « stocks partagés » (entre les eaux sous juridiction nationale et la haute mer — v. l'art. 63, § 2). Non sans ambiguïté, les articles 65 et 120 semblent conférer des droits de réglementation particuliers aux organisations internationales pour la protection, la gestion et l'étude des mammifères marins.

D'importantes organisations internationales de pêche, telles que l'ICNAF (Commission internationale des pêches de l'Atlantique Nord) et la NEAFC (pour l'Atlantique du Nord-Est) ont été transformées afin d'assurer la primauté des États côtiers (ou de la CEE) dans la gestion de leur zone économique, tout en permettant une certaine concertation en ce qui concerne les pêcheries en haute mer (cf. la Convention d'Ottawa du 24 octobre 1978 sur la coopération multilatérale dans les pêcheries de l'Atlantique du Nord-Ouest).

Les insuffisances de la Convention de Montego Bay ont précipité cette évolution en faveur d'une gestion plus autoritaire des ressources biologiques de la haute mer, au moins en ce qui concerne les stocks chevauchants et les grands migrateurs, le Canada ayant été à la pointe de ce combat. La Convention de New York du 4 août 1995 tente d'apporter satisfaction aux revendications des États côtiers, sans transformer leur droit préférentiel en pouvoir unilatéral : encore faut-il reconnaître qu'en cas de conflit entre ses intérêts et ceux des autres États, ce sont les premiers qui prévaudront, les mesures applicables en haute mer ne devant pas nuire à l'efficacité de celles applicables dans la zone économique ou de pêche limitrophe (article 7 § 2 lit a). Cette convention doit s'articuler avec l'Accord de Rome du 24 novembre 1993, conclu sous les auspices de la FAO, « en vue de favoriser le respect de mesures internationales de conservation et de gestion par les navires de pêche en haute mer ». Ce dernier est la première tentative sérieuse pour assurer l'efficacité des mesures de contingentement des prises dans un souci de conservation des ressources halieutiques : en imposant aux États l'obligation de n'accorder leur pavillon qu'à des navires sur lesquels ils exercent un contrôle effectif — ce qui peut justifier un engagement plus facile de leur propre responsabilité en cas d'infractions de la part de leurs ressortissants —, en les invitant à prendre des mesures préventives et répressives à l'égard des contrevenants, en renforçant les droits d'information des États autres que celui du pavillon pour dénoncer les comportements suspects, l'Accord de 1993 donne une plus grande crédibilité aux régimes d'exploitation commune dont la conclusion est favorisée par la Convention de 1995. Un certain nombre de dispositions de ce traité visent à inciter les États qui souhaitent continuer à pêcher en haute mer à entrer dans des organisations régionales ou sous-régionales de pêche, et aux conditions posées par ces dernières. Le volet le plus inédit et le plus hétérodoxe de la Convention concerne l'élargissement des pouvoirs de police des pêches des membres de ces organisations à l'égard des navires ressortissants de pays tiers — articles 21 à 23, portant en particulier sur l'arraisonnement, l'inspection, le déroutement et l'immobilisation du navire face à l'inertie de l'État du pavillon —, à l'encontre de deux principes traditionnels, le monopole du pavillon et l'effet relatif des traités. À défaut d'une acceptation universelle, la question centrale — et non résolue de manière satisfaisante — est l'opposabilité de telles interventions autoritaires dans les rapports avec les États non parties aux accords d'application.

Sur l'accord de 1995 relatif aux « stocks chevauchants » : D. MOMTAZ, *AFDI* 1995, p. 676-699. — G. PROUTIÈRE-MAULION, *ERM* 1995, p. 182-196. — J. P. LEVY et G. G. SCHRAM, *United Nations Conference on Straddling Fish Stocks and Highly Migratory Fish Stocks, Selected Documents*, Nijhoff, La Haye, 1996, 840 p. — H. GHERARI, *RGDIP* 1996, p. 367-390. — D. A. BALTN, *ODIL* 1996, p. 125-152. — D. H. ANDERSON, « The Straddling Stocks Agreement of 1995 », *ICLQ* 1996, p. 463. — C. REDGWELL et P. G. G. DAVIES, *BYbIL* 1996, p. 199-274. — A. TAHINDRO, *ERM* 1999-2000, p. 186-206.

699. Considérations humanitaires. — 1° *Traite des esclaves.* Bien que sa consécration conventionnelle ait été retardée du fait de la rivalité navale franco-britannique au XIXe siècle, l'interdiction du transport des esclaves par mer est acquise depuis longtemps et a été confirmée par l'article 25 de l'Acte anti-esclavagiste de Bruxelles du 2 juillet 1890.

Reprenant presque exactement les termes de l'article 13 de la Convention de 1958 sur la haute mer, l'article 99 de la Convention de Montego Bay dispose :

« Tout État prend des mesures efficaces pour prévenir et réprimer le transport d'esclaves par les navires autorisés à battre son pavillon et pour prévenir l'usurpation de son pavillon à cette fin. Tout esclave qui se réfugie sur un navire, quel que soit son pavillon, est libre *ipso facto* ».

L'article 110 permet aux navires ou aéronefs militaires ou autorisés à cette fin de tout État d'arraisonner et visiter tout navire suspect de se livrer à la traite. Toutefois, l'exception au principe de la compétence exclusive de l'État du pavillon est moins complète qu'en cas de piraterie car ce dernier est seul compétent pour juger les coupables et réprimer l'infraction si elle est établie (v. *supra*, n° 435).

2° *Trafic illicite de stupéfiants et de substances psychotropes.* L'exclusivité des pouvoirs de police de l'État du pavillon est en revanche intégralement préservée dans cette seconde hypothèse : l'article 108 de la Convention de 1982 appelle les États à coopérer à la répression de ce trafic mais celui-ci ne figure pas dans la liste des actes autorisant la visite d'un navire par un État autre que celui dont il bat pavillon et qu'énumère l'article 110, § 1 (sur la définition et les sources de l'infraction, v. *supra*, n° 441, 3°).

La Convention de Vienne de 1988 contre le trafic illicite de stupéfiants ne contredit pas cette position puisque le droit d'arraisonnement, de visite et de contrôle n'est reconnu aux navires publics d'un autre pavillon qu'après autorisation de l'État du pavillon, soit dans chaque cas d'espèce, soit en vertu de conventions d'application (article 17 ; v. en ce sens la Convention de Strasbourg du 31 janvier 1995, dans le cadre européen). De plus, les auteurs de cette disposition ont pris soin d'interdire toute atteinte ou empiétement sur les compétences de « l'État côtier » (v. *supra*, n° 674).

§ 2. — *La « Zone »*

BIBLIOGRAPHIE. — A. PARDO, « Whose is the Sea Bed ? », *ASIL proceedings*, 1968, p. 216-229. — SFDI, Colloque de Nice, *Le fond des mers ; aspects juridiques biologiques et géologiques*, Armand Colin, 1971, 208 p. — W. VITZTHUM, *Der Rechtsstatus der Meeresbodens*, Dunker et & Humblot, Berlin, 1972, 385 p. — A. PIQUEMAL, *Le fond des mers, patrimoine commun de l'humanité*, Cnexo, Brest, 1973, 272 p. — R.-J. DUPUY, « Le fond des mers, héritage commun de l'humanité et le développement » *in* SFDI, colloque d'Aix-en-Provence, *Pays en voie de développement et transformation du droit international*, Pedone, 1974, p. 235-252 ; « Droit de la mer et communauté internationale », *Mél. Reuter*, 1981, p. 221-241 ; « La notion de patrimoine commun de l'humanité appliquée aux fonds marins », *Mél. Colliard*, 1984, p. 197-205. — R.-P. ANAND, *Legal Regime of the Sea Bed and the Developing Countries*, Sijthoff, Leyde, 1976, 287 p. — J. BEER-GABEL, « L'exploitation du fond des mers dans l'intérêt de l'humanité — chimères ou réalité ? » *RGDIP* 1977, p. 167-230. — J.-P. LEVY, « L'exploitation des ressources minérales des fonds marins — inconnues et perspectives », *RMC* 1977, p. 186-198. — T. TREVES, « Seabed Mining and the UN Law of the Sea Convention », *IYBIL* 1980-1981, p. 22-51 ; (éd.), *Lo sfruttamento dei fondi marini internazionali* Giuffrè, Milan, 1982, XII-195 p. — P. DAILLIER, « L'exploitation du fond des océans, du mythe à la réalité », *RJPIC* 1980, p. 120-143. — J. MONNIER, « Nodules et principes : réflexions sur la portée de la résolution 2749 (XXV)... », *Mél. Bindschedler*, 1980, p. 129-144. — A.-Ch. KISS, « La notion de patrimoine commun de l'humanité », *RCADI* 1982-II, vol. 175, p. 99-246. — M. BENNOUNA, « Les droits d'exploitation des ressources minérales des océans », *in* D. BARDONNET et VIRALLY, *Le nouveau droit international de la mer*, Pedone, 1983, p. 117-141. — A. M. POST, *Deepsea Mining and the Law of the Sea*, Nijhoff, La Haye, 1983, XXIII-358 p. — J. REVERDIN, « Le régime juridique des grands fonds marins », *ASDI* 1983, p. 105-132. — D. TYTGAT, « Aspects économiques financiers et techniques de l'exploitation des ressources des grands fonds marins », *ibid.*, p. 133-145. — R. WOLFRUM, « The Principle of the Common Heritage of Mankind », *Z.a.ö.R.V.* 1983, p. 312-337. — G. ABI-SAAB et L. CAFLISCH, « La nouvelle Convention sur le droit de la mer en tant qu'accord de produits de base », *Mél. G. Perrin*, 1984, p. 21-50 — O. BRESARD, « Les aspects financiers de l'exploitation des ressources des fonds marins internationaux » *in* SFDI, Colloque de Rouen, *Perspectives du droit de la mer à l'issue de la 3e Conférence des Nations Unies*, Pedone, 1984, p. 313-324. — C. C. JOYNER, « Legal Implications of the Concept of the Common Heritage of Mankind », *ICLQ* 1986, p. 191-199. — A.-D. HENCHOZ, *Réglementations nationales et internationales de l'exploration et de l'exploitation des grands fonds marins*, Schulthess, Zurich, 1992, 850 p. — ONU, *Le droit de la mer — La notion de patrimoine commun de l'humanité — Historique de l'élaboration des articles 113 à 150 et 311 (6) de la Convention des NU sur le droit de la mer*, New York, 1997, 539 p. — I. FORCADA BARONA, « La evolución de los principios jurídicos que rigen la exploitación de los recursos economicos de los fondos marinos y del alta maritime : retorno a la sobrenía », *ADI* 1998, p. 53-112. — M.C. WOOD, « International Seabed Authority : the First Four Years », *Max Planck Yearbook of International Law* 1999, p. 173-241. — N. NAVARRO BATISTA, *Fondos marinos y patrimonio común de la humanidad*, PU Salamanque, 2000, 198 p. — J.-P. LEVY, *Le destin de l'Autorité internationale des fonds marins*, Pedone, 2002, 236 p. ; « La première décennie de l'Autorité internationale des fonds marins », *RGDIP* 2005, p. 101-122. — E. CANAL-FORGUES, « Les ressources génétiques des grands fonds marins ne relevant d'aucune juridiction nationale », *Ann. Droit. Mer* 2003, p. 99-110. — A. OUDE ELFERINK, « The Regime of the Area », *Internl. Jl. of Marine and Coastal Law* 2007, p. 143-176.

Sur le régime préparatoire, v. T. TREVES, « La protection des investissements préparatoires et la résolution n° 2 de la Conférence sur le droit de la mer », *AFDI* 1982, p. 851-872. — D. MOMTAZ, « La Commission préparatoire de l'Autorité internationale des fonds marins et du Tribunal international du droit de la mer », *in* IUHEI, *Droit de la mer 2*, Pedone, 1990, p. 59-130.

Sur les lois nationales relatives à l'exploitation des ressources de la Zone, v. les articles de F. ORREGO VICUNA, *AFDI* 1978, p. 810-826, et G. JAENICKE, *Mél. Mosler*, 1983, p. 429-451. — *Sur la législation française*, ceux de G. DE LACHARRIÈRE, *AFDI* 1981, p. 665-673 et G. APOLLIS, *RGDIP* 1983, p. 105-144. — Et *sur la législation américaine* ceux de D. W. ARROW *Harvard ILJl.* 1980, p. 337-417 et B. H. OXMAN, *AFDI* 1980, p. 700-727.

Sur le statut traditionnel des fonds marins au-delà des limites des juridictions nationales, v. les articles de D. JOHNSON, *Z.a.ö.R.V.* 1956, p. 451-499, M. VOELCKEL, *AFDI* 1968, p. 719-735 et A. DE MESTRAL, *RGDIP* 1970, p. 640-667.

700. Zone et patrimoine commun de l'humanité. — Traditionnellement, le droit de la mer est enfermé dans l'alternative entre la liberté et l'exclusivisme étatique. Les États acceptaient tout au plus des atténuations au contraste qui oppose l'une à l'autre (plateau continental, zone de pêche dans les conventions de 1958). C'est à un renversement complet de cette approche qu'invitait le représentant de Malte, A. Pardo, dans un discours retentissant à l'Assemblée générale de l'ONU en 1967 : le fond des mers et des océans situé au-delà des limites de la juridiction nationale, devait être exclu à la fois de l'appropriation nationale et de la libre utilisation. La proposition rencontrait tout de suite un écho très favorable de la part des pays en développement ; la cause semblait être entendue lorsque, en 1970, les États-Unis manifestaient leur acceptation du concept de « patrimoine commun de l'humanité » immédiatement consacré par la résolution 2749 (XXV) de l'Assemblée générale des Nations Unies.

La partie XI de la Convention de Montego Bay (art. 133 à 191) s'efforce de donner corps à cette idée proprement révolutionnaire en définissant le régime juridique applicable aux fonds marins et leur sous-sol au-delà des limites de la juridiction nationale, qui constituent la « Zone » (art. 1er, § 1), et à leurs ressources.

1° *Consistance de la Zone*. La première grande innovation liée à l'institution de la Zone tient à la dissociation qui se trouve ainsi opérée entre d'un côté les fonds marins et leur sous-sol, et les eaux sur-jacentes de l'autre. Non seulement, les uns et les autres sont dotés de régimes juridiques distincts (art. 135 de la Convention de 1982), mais leurs limites mêmes ne coïncident pas : la haute mer commence où s'arrête les zones économiques exclusives des États, alors que la

Zone se trouve circonscrite par les limites extérieures de leurs plateaux continentaux.

Ces limites, la communauté internationale n'en est pas maîtresse : chaque État notifie à l'Autorité internationale (v. *infra*, n° 701) les limites de son plateau continental, que l'Autorité ne peut qu'enregistrer ; celle-ci ne peut interférer avec les décisions de délimitation concertées entre États adjacents (art. 134, § 4). Une seule précaution a été envisagée, pour les plateaux continentaux supérieurs à 200 milles : une Commission des limites du plateau continental pourra adresser des recommandations aux États côtiers, en ce qui concerne la limite extérieure de leur plateau ; si ces recommandations sont respectées, la délimitation aura un caractère définitif et obligatoire, c'est-à-dire opposable aux autres États et à l'Autorité (art. 76, § 8) (v. *supra*, n° 688).

La dissociation entre les règles applicables à la Zone et celles qui concernent les eaux sur-jacentes peut susciter des problèmes difficiles de compatibilité. En particulier, le respect de la liberté de navigation et de la liberté de recherche scientifique en haute mer peut entrer en conflit avec les nécessités de l'exploration et de l'exploitation de la Zone. L'article 147 de la Convention de 1982 réglemente le statut des installations servant à l'exploitation de la Zone, et pour le reste s'en tient à une simple exhortation : les activités menées dans la Zone le sont en tenant « raisonnablement » compte des autres activités entreprises dans le milieu marin et inversement.

En principe, le régime juridique de la Zone ne s'applique qu'aux ressources économiques du lit et du sous-sol, non pas à toutes les utilisations, économiques ou autres, du lit des fonds marins (pose de pipe-lines et câbles, récupération des épaves). Cependant, certains biens non naturels (par exemple, les « objets de caractère archéologique et historique ») trouvés dans la Zone sont soumis à des règles particulières et non aux libertés de la haute mer (sur les épaves de navires d'État, v. ainsi T. Scovazzi, *AFDI* 2006, p. 400-417).

2° *Principes applicables*. La communauté internationale connaît déjà des expériences d'internationalisation de certains espaces, dont certaines sont fort anciennes (haute mer), d'autres plus récentes (espace extra-atmosphérique, espaces polaires). Mais il ne s'agissait, jusqu'ici, que d'une internationalisation « négative » ou « passive », parfois conséquence d'un simple « gel » des prétentions à l'exercice d'une ou plusieurs souverainetés étatiques sur un espace donné (Antarctique). Le concept de patrimoine commun impliquait ce que l'on peut appeler une internationalisation « positive » d'une partie de l'espace maritime.

Reprenant les termes du paragraphe 1 de la Déclaration 2749 (XXV), l'article 136 de la Convention de Montego Bay proclame en effet : « La Zone et ses ressources sont le patrimoine commun de l'humanité ».

De ce concept essentiel, réaffirmé par le préambule de l'Accord de 1994 relatif à l'application de la Partie XI de la Convention, que nul aujourd'hui ne conteste plus et qui fait sans aucun doute partie du droit positif, découlent trois principes fondamentaux, communément reconnus : la non-appropriation, l'utilisation pacifique et l'exploitation dans l'intérêt de l'humanité.

a) Non-appropriation. Exprimée dans la Déclaration de 1970, et par plusieurs résolutions ultérieures, l'idée est reprise en ces termes par l'article 137, § 1, de la Convention de 1982 :

« Aucun État ne peut revendiquer ou exercer de souveraineté ou de droits souverains sur une partie quelconque de la Zone ou de ses ressources ; aucun État ni aucune personne physique ou morale ne peut s'approprier une partie quelconque de la Zone ou de ses ressources ».

C'est donc de non-appropriation au sens très large de l'expression qu'il s'agit puisque se trouvent exclues aussi bien la souveraineté que la propriété et que ces exclusions concernent tant la Zone elle-même que ses ressources. Du même coup se trouve stoppée l'extension indéfinie vers le large de l'espace national, fût-ce sous forme de « droits souverains ».

Il faut toutefois relever que, de façon symptomatique, l'article 142 est consacré, de manière d'ailleurs assez vague, aux « droits et intérêts légitimes des États côtiers » notamment en ce qui concerne l'exploitation de gisements qui s'étendent au-delà des limites de la Zone et la maîtrise de la pollution.

b) Utilisation pacifique. Si l'exploitation économique — au moins à grande échelle — des ressources de la Zone demeure hypothétique, il n'en va pas de même de son utilisation à des fins militaires (stockage d'armes nucléaires, installation de rampes de lancement). Aussi, dès la création, en 1967, du Comité spécial chargé d'étudier les *utilisations pacifiques* du lit des mers et des océans au-delà des limites de la juridiction nationale (« Comité des fonds marins »), l'Assemblée générale des Nations Unies s'est préoccupée de cet aspect des choses, auquel a été consacré le premier instrument conventionnel relatif aux grands fonds marins.

Par le Traité du 11 février 1971, entré en vigueur en 1972, les États parties s'engagent en effet

« à n'installer ou placer sur le fond des mers et des océans ou dans leur sous-sol, au-delà de la limite » de 12 milles marins depuis la ligne de base, « aucune arme nucléaire ou autre type d'arme de destruction massive, non plus qu'aucune construction, installation de lancement ou autre installation expressément conçue pour le stockage, les essais ou l'utilisation de telles armes ».

L'objet de ce traité demeure cependant limité et la Convention de Montego Bay pose pour sa part le principe plus général de l'utilisation de la Zone à des fins exclusivement pacifiques, tant par les États côtiers que par les États sans littoral (art. 141) et exige de tous qu'ils agissent dans le respect de la Charte des Nations Unies et des autres règles du droit international, « avec le souci de maintenir la paix et la sécurité et de promouvoir la coopération internationale et la compréhension mutuelle » (art. 138).

c) Exploitation dans l'intérêt de l'humanité (v. *infra*, n° 702).

701. Mécanismes institutionnels. — Dans la logique du concept de patrimoine commun de l'humanité, la gestion des ressources de la Zone est, « sur le papier », confiée à une organisation internationale que crée la Convention de Montego Bay, l'Autorité internationale des fonds marins, conçue de manière assez classique, mais dotée de pouvoirs de décision très étendus et comprenant un organe « opérationnel » original, l'Entreprise. Malgré leurs efforts, les pays industrialisés n'ont obtenu à Montego Bay aucun pouvoir de contrôle, ni même de blocage au sein des organes de l'Autorité. Toutefois, l'Accord de 1994 leur donne d'importantes satisfactions à cet égard.

Ces mécanismes institutionnels sont complétés par un organe juridictionnel, le Tribunal international du droit de la mer, qui sera évoqué ci-après (v. *infra*, n° 703).

1° *L'Autorité* est composée de façon égalitaire, par tous les États parties à la Convention, qui en est l'acte constitutif. Outre l'Entreprise, elle comprend, très classiquement, trois organes principaux : une Assemblée plénière, un Conseil de trente-six membres et un Secrétariat.

Faute de pouvoir empêcher que l'Assemblée se prononce à la majorité des deux tiers sur la base du principe un État-une voix (art. 159), les États industrialisés ont obtenu dans l'Accord de 1994 que, « en règle générale, les organes de l'Autorité s'efforcent de prendre leurs décisions par consensus » (sect. 3, § 2), que, faute de consensus, le Conseil puisse bloquer toute décision en matière administrative, budgétaire ou financière (*ibid.*, § 4) et que chacun des quatre groupes d'États (« chambres ») distingués par l'Accord, ait un pouvoir de veto au sein du Conseil (§§ 5 et 9) ; or, les États riches sont assurés de contrôler au moins deux de ces groupes (ceux des plus gros consommateurs ou importateurs et des investisseurs les plus importants, § 15).

Les pouvoirs du Conseil sont précisément définis par l'article 162 de la Convention, infléchi par la section 3 de l'Accord, fruit d'un compromis laborieux, qui, en définitive se traduit par la prédominance du Conseil même si l'Assemblée dispose du pouvoir théorique d'orienter la politique suivie par l'Entreprise (art. 160, § 1).

2° *L'Entreprise* est l'organe de l'Autorité qui « mène des activités dans la Zone directement » (art. 170, § 1). Son statut est fixé par l'annexe IV à la Convention et la section 2 de l'annexe à l'Accord.

Organe de l'Autorité et soumise aux directives et au contrôle de l'Assemblée et du Conseil, l'Entreprise n'en est pas moins dotée d'une certaine autonomie et une personnalité internationale distincte lui est reconnue. Elle est administrée par un conseil d'administration de quinze membres élus à titre personnel mais sur la base d'une répartition géographique équitable ; les décisions y sont prises à la majorité de ses membres.

Ces mécanismes n'ont d'existence effective que depuis l'entrée en vigueur de la Convention, en novembre 1994. Toutefois, la résolution I de la troisième Conférence des Nations Unies sur le droit de la mer a créé la Commission préparatoire de l'Autorité. Composée des représentants des États signataires de la Convention et, à titre d'observateurs, de ceux des participants à la Conférence qui ont signé son Acte final, la Commission a préparé la mise en place de l'Autorité et du Tribunal et exercé certaines compétences de gestion de la Zone (v. *infra*, n° 702).

702. Règles d'exploitation. — Dès la fin du XIXe siècle, on a su que les grands fonds océaniques sont partiellement tapissés de concrétions métalliques (nodules) dans lesquels domine le manganèse, mais où l'on trouve aussi en grandes quantités du nickel, du cuivre, du cobalt, etc. Plus récemment (1968), des traces d'hydrocarbures y ont été découvertes. L'indifférence du droit international traditionnel à leur égard tient au fait que ces ressources ont longtemps été tenues pour inaccessibles ; dès lors que leur exploitation peut être envisagée, et quelque douteuse que demeure dans l'immédiat sa rentabilité, ces énormes richesses potentielles ont éveillé les convoitises. L'objet fondamental de la notion de « patrimoine commun de l'humanité » est de répartir équitablement les avantages que l'on en attend, dans une perspective à long terme.

C'est à quoi tend l'une des dispositions centrales de la Convention sur le droit de la mer, l'article 140, § 1, qui, reprenant l'esprit du paragraphe 7 de la Déclaration 2749 (XXV) et de l'article 29 de la Charte des droits et devoirs économiques des États, prévoit que

« Les activités menées dans la Zone le sont (...) dans l'intérêt de l'humanité tout entière, indépendamment de la situation géographique des États, qu'il s'agisse d'États côtiers ou sans littoral, et compte tenu particulièrement des intérêts et besoins des États en développement... ».

Ceci implique que c'est « l'humanité tout entière », et non les États, qui est « investie de tous les droits sur les ressources » (minérales — les ressources biologiques sont tenues pour négligeables ; cf. l'art. 133) de la Zone (art. 137, § 2). En revanche, il incombe aux États de veiller au respect de ce principe par leurs entreprises et leurs ressortissants et ils sont tenus pour responsables des dommages résultant d'un manquement aux règles prévues s'ils ne prennent pas les mesures appropriées (art. 139).

Le balancement des formules utilisées par l'article 140 précité est révélateur de l'objectif poursuivi : l'égalité des États y est proclamée si l'on s'en tient au critère géographique ; mais on y retrouve l'idée d'inégalité compensatrice (v. *supra*, n° 621) en fonction des critères économiques : la redistribution des profits espérés doit avantager les pays en développement qui devraient également bénéficier du transfert des techniques élaborées par les États industrialisés (art. 144 et sect. 5 de l'annexe à l'Accord de 1994). Va dans le même sens la création le 16 août 2006 par l'Assemblée de l'Autorité internationale des fonds marins d'un Fonds de dotation pour la recherche scientifique marine dans la Zone (résolution ISBA/12/A/11), afin de permettre que cette activité soit menée « au profit de l'humanité tout entière » (§ 2).

Cependant, si ces principes sont acceptés par l'ensemble des États, le consensus ne s'étend pas à leur mise en œuvre : aux pays en développement soucieux de promouvoir une gestion collective et « égalitaire » de la Zone, les États industrialisés ont opposé, et continuent d'opposer, le principe traditionnel de la liberté des mers, à peine tempéré par l'idée de patrimoine commun de l'humanité. Celle-ci, si elle implique une exploitation rationnelle, équitable et respectueuse des intérêts de tous, n'est pas constitutive, en elle-même, d'un régime juridique particulier. Cette opposition, qui a été au cœur des débats de la troisième Conférence des Nations Unies sur le droit de la mer, explique le refus des États-Unis de signer la Convention, le refus prolongé de ratification par les États industrialisés et le rythme relativement lent des ratifications des États du Tiers Monde, conscients de leur incapacité à mettre seuls la Convention en œuvre.

L'hostilité des pays riches à l'encontre du mécanisme et des règles d'exploitation prévus initialement a été extrêmement vive et a même conduit plusieurs d'entre eux à édicter des législations nationales sur l'exploitation des grands fonds marins qui n'étaient compatibles ni avec sa lettre ni avec son esprit — ce qui n'implique pas forcément leur illicéité, les dispositions d'application de la Convention n'ayant ici certainement pas valeur coutumière.

États-Unis : loi du 28 juin 1980 (*Deep Seabed Hard Mineral Resources — ILM* 1980.1003) ; RFA : loi du 16 août 1980 amendée le 12 février 1982 (*ILM* 1980.393 et 1982.832) ; Royaume-Uni : lois du 28 juillet et du 23 décembre 1981 (*ILM* 1981.1217) ; France : loi du 23 décembre 1981 (*JORF* 24 déc. 1981, p. 3499). Ces quatre États ont conclu le 2 septembre 1981 un accord destiné à éviter la revendication de droits d'exploration sur le même site (*ILM* 1982.950) ; cet accord a été complété et élargi en 1984 (*ILM* 1984.1354). V. également pour l'URSS le décret du Présidium du Soviet suprême du 17 avril 1982 (*ILM* 1982.551) et les lois japonaise de 1982 et italienne de 1983.

Bien qu'ils diffèrent dans le détail, ces textes présentent de nombreux points communs :

— reconnaissance du caractère international de la Zone ;

— exigence d'un permis d'exploration ou d'exploitation délivré par une autorité nationale ;
— contrôle exercé par l'État de délivrance du permis (notamment en matière de pollution) ;
— prélèvement d'une taxe modérée (3,75 %) versée à un fonds à vocation internationale ;
— caractère provisoire de cette législation jusqu'à l'entrée en vigueur d'un régime international à l'égard de l'État concerné ;
— acceptation d'un moratoire jusqu'au 1er janvier 1988 (aucun permis n'étant délivré avant cette date).

Cette concession reste très en deçà des espoirs exprimés dès 1969, par les États en développement dans la résolution 2574 D (XXIV), dite « du moratoire », demandant aux États et aux personnes privées de s'abstenir d'exploiter les ressources des grands fonds marins jusqu'à l'établissement d'un régime international, et constamment réaffirmée depuis lors malgré l'opposition de la quasi-totalité des pays industrialisés.

L'Accord de New York du 29 juillet 1994, intervenu moins de quatre mois avant l'entrée en vigueur de la Convention, traduit cependant un rapprochement spectaculaire des points de vue, favorisé par « les changements politiques et économiques, y compris les orientations fondées sur l'économie de marché, qui affectent l'application de la Partie XI » (préambule, al. 5). Conclu en vue de « faciliter une participation universelle à la Convention » (al. 6), dont l'application provisoire est encouragée au maximum (art. 7 — v. *supra*, n° 96), il modifie ou « neutralise » les dispositions de la Convention qui suscitaient le plus d'opposition de la part des pays industrialisés, qu'il s'agisse des conditions d'exploration et d'exploitation de la Zone ou des modalités de fonctionnement du mécanisme institutionnel. Le nombre et la composition du groupe d'États qui ont accepté simultanément les deux instruments (respectivement 159 et 137 parties en 2009, mais sans les États-Unis — sinon à titre provisoire) devraient rendre plus aisée leur conciliation.

Les États en développement ont tenté de se prémunir contre deux dangers : la confiscation des bénéfices éventuels de l'exploitation par les États développés ou des sociétés privées et l'apparition d'une production de minerais concurrente des matières premières dont la commercialisation assure aujourd'hui l'essentiel de leurs revenus. Ils ont donc voulu faire de l'Entreprise un opérateur économique bénéficiant de certains avantages vis-à-vis des entreprises privées susceptibles d'exploiter les fonds marins, et donner à l'Autorité les moyens de moduler la production de façon à maintenir l'équilibre de marchés rémunérateurs pour les producteurs terrestres. Dans la même optique, ils ont insisté pour que les ressources attribuées à l'Autorité lui donnent une capacité financière suffisante pour acquérir les biens et les techniques nécessaires à l'exploitation, et pour être en mesure de compenser les pertes subies par les États sous-développés producteurs du fait de la concurrence accrue sur les marchés des minerais.

L'équilibre entre les intérêts des différents groupes d'États en présence est encore plus difficile à réaliser dans ce domaine que l'équilibre institutionnel. L'article 153 de la Convention de Montego Bay en fixe les grandes lignes ; le paragraphe 1 pose le principe de base selon lequel « les activités, dans la Zone, sont organisées, menées et contrôlées par l'Autorité pour le compte de l'humanité tout entière... » ; mais sa mise en œuvre pose des problèmes très difficiles qui concernent en particulier la détermination de l'exploitant, celle du ou des bénéficiaires et la préservation des intérêts des producteurs terrestres.

a) Aux termes de l'article 153, § 2 : « Les activités menées dans la Zone le sont (...) : a) par l'Entreprise et, b) en association avec l'Autorité, par les États parties, ou des entreprises d'État ou par des personnes physiques ou morales possédant la nationalité d'États parties ou effectivement contrôlées par eux ou leurs ressortissants, lorsqu'elles sont patronnées par ces États... » ou par des consortiums regroupant plusieurs de ces entités.

L'instrument juridique du contrôle de l'ensemble des activités d'exploration et d'exploitation, qui font l'objet des dispositions précises de l'annexe III telle que l'interprète et la modifie la section 6 de l'annexe à l'Accord de 1994, est le « plan de travail » approuvé par l'Autorité ; celui-ci prend la forme d'un contrat, que ces activités soient menées par l'Entreprise ou par d'autres entités (sect. 2, § 4).

Pour une demande d'approbation présentée par l'une de ces entités, la Conférence, après de vifs débats, a retenu le principe de l'automatisme contrôlé : l'Autorité doit donner son approbation dès lors que les plans de travail proposés sont conformes aux dispositions de la Convention « ainsi qu'aux règles, règlements et procédures de l'Autorité » (annexe III, art. 6, § 3). Toutefois, l'annexe III s'efforce d'éviter qu'une entité se trouve en position dominante (« clause anti-monopole » de l'article 6, § 3, adoptée à la demande de la France) et énonce quelques directives en cas de pluralité de demandeurs (art. 7).

Tout plan de travail proposé par un État ou une entreprise doit indiquer « les coordonnées permettant de diviser la zone en deux parties de valeur commerciale estimative égale » (annexe III, art. 8). L'Autorité désigne l'une des deux parties « qui sera réservée exclusivement à des activités qu'elle mènera par l'intermédiaire de l'entreprise ou en association avec des États en développement » (« secteur réservé » — *ibid.*).

Ce *système parallèle* d'exploitation constitue l'un des principaux éléments de l'équilibre retenu par la Convention et vise à fournir à l'Entreprise les moyens de mener effectivement des activités d'exploration et d'exploitation. De manière plus générale, l'article 144 de la Convention s'efforce de promouvoir le transfert de techniques en faveur de l'Entreprise et des États en développement, mais l'Accord de 1994 (sect. 5) tempère considérablement la rigueur des obligations initialement prévues à la charge des investisseurs par l'Annexe III à la Convention.

Par ailleurs, l'esprit initial de la Convention a également été nettement infléchi par l'Accord en ce qui concerne le financement des activités de l'Entreprise dont il était prévu qu'il serait assuré par des versements des États ou des entreprises autorisés à exploiter (droits fixes d'étude de 500 000 dollars puis annuels d'un million de dollars, redevances sur la production (de 5 % à 10 %) éventuellement combinées avec une taxe sur les recettes nettes (de 35 % à 70 %) — annexe III, art. 13) et des versements de l'Autorité, voire par des emprunts (annexe IV, art. 11). Dorénavant, « l'Entreprise mène ses premières opérations d'exploitation (...) dans le cadre d'entreprises conjointes » conformément « aux principes d'une saine gestion commerciale » (sect. 2, § 2, de l'Annexe à l'Accord) et les charges financières des exploitants ont été considérablement diminuées (droit fixe initial ramené à 250 000 dollars, système « équitable » de paiements à l'Autorité laissé largement ouvert, sect. 8).

b) Bien que la perspective de dégager effectivement des profits soit lointaine, la détermination des *bénéficiaires* a longuement opposé les participants à la troisième Conférence sur le droit de la mer au point qu'il a fallu se borner à confier à l'Assemblée de l'Autorité le soin d'adopter, sur recommandation du Conseil, « les règles, règlements et procédures relatifs au partage équitable des avantages financiers et autres avantages économiques tirés des activités menées dans la Zone » (et sur le plateau continental au-delà de 350 milles marins des lignes de base — v. *supra*, n° 692) « en tenant particulièrement compte des intérêts et besoins des États en développement et des peuples qui n'ont pas accédé à la pleine indépendance ou à un autre régime d'autonomie » (art. 160, § 2.f.).

c) En revanche, sur un point au moins, la Convention de 1982 prend très concrètement en compte les intérêts des pays en développement, producteurs terrestres de minéraux extraits de la Zone dont ils redoutent la concurrence et l'effet sur les cours.

À la suite de négociations très ardues, la Conférence a en effet inscrit, parmi les objectifs que doivent poursuivre les activités menées dans la Zone, la protection des États en développement contre « les effets défavorables que pourrait avoir sur leur économie ou sur leurs recettes d'exportation la baisse du cours d'un minéral figurant parmi ceux extraits de la Zone ou la réduction du volume de leurs exportations de ce minéral... » (art. 150.h.). L'article 151 énonçait des règles détaillées et très techniques à ces fins mais, ici encore, l'Accord de 1994 infléchit ces dispositions et les rend beaucoup moins contraignantes.

Les règles prévues dans la partie XI ont été « testées » dans le cadre de la Commission préparatoire (v. *supra*, n° 701). La résolution II adoptée par la Conférence est en effet consacrée aux « investissements préparatoires dans des activités préliminaires relatives aux nodules polymétalliques ».

Aux termes de celle-ci, la Commission préparatoire était habilitée à délivrer à certaines entités, appelées *« investisseurs pionniers »*, l'autorisation d'effectuer des activités préliminaires d'exploration et d'étude dans des secteurs de la Zone. L'examen des demandes est très voisin de la procédure que suit l'Autorité depuis l'entrée en vigueur de la Convention (v. *supra*, a).

Les investisseurs pionniers sont énumérés limitativement par le paragraphe 1 de la résolution II. Ce sont :

i) La France, l'Inde, le Japon et l'URSS ou l'une de leurs entreprises, à condition que celles-ci aient investi avant le 1er janvier 1983, 30 millions de dollars dans des activités préliminaires ;

ii) 4 consortiums internationaux ayant la nationalité de huit États industrialisés sous réserve que l'État dont ils relèvent ait signé la Convention et qu'ils remplissent la même condition relative aux investissements ;

iii) tout État en développement qui signe la Convention ou toute entreprise de celui-ci à condition qu'un montant de 30 millions de dollars ait été investi avant le 1er janvier 1985.

Selon les paragraphes 8 et 9 de la résolution II, la priorité quant à l'approbation des plans de travail et à l'octroi des autorisations de productions est réservée aux investisseurs pionniers après l'entrée en vigueur de la Convention.

La mise en œuvre de ce mécanisme préparatoire s'est révélée très difficile.

Quelques années après l'entrée en vigueur de la Convention de Montego Bay, il est encore impossible d'apprécier le réalisme du mécanisme prévu dont la rigidité a certainement été atténuée *in extremis* par l'Accord de New York, mais qui demeure lourd et compliqué alors même qu'aucune exploitation effective n'est envisageable dans un avenir prévisible. Toutefois, il faut noter que l'Accord de 1994 a également assoupli les modalités de révision et d'examen périodique envisagées par les articles 154 et 155 (sect. 4), ce qui devrait en faciliter l'adaptation aux circonstances.

L'Autorité a été mise en place, ainsi que le Tribunal international, en 1996-1997 (élections des membres des organes restreints et du Secrétaire général, adoption des règlements de procédure, conclusion d'un accord de siège, etc.). Les premiers travaux ont été consacrés à l'élaboration d'un projet de code minier, à l'initiative du Comité juridique et technique. Celui-ci a été adopté le 13 juillet 2000 par l'Assemblée de l'Autorité (« Règlement relatif à la prospection et à l'exploration des nodules polymétalliques », ISBA/6/A/18), ce qui a permis la conclusion des premiers contrats d'exploration avec les investisseurs enregistrés. L'Autorité poursuit toujours ses travaux en revanche concernant l'adoption d'un code similaire portant sur les autres ressources, tout en menant parallèlement des études sur les questions environnementales liées aux fonds marins (v. J.-P. Levy, *RGDIP* 2005, p. 101-122).

703. Règlement des différends. — La complexité des problèmes posés par l'exploitation de la Zone, la subtilité des équilibres établis par la Convention de Montego Bay à cet égard, l'« intérêt de l'humanité » au nom duquel l'Autorité doit agir, conféraient une importance particulière à l'institution d'un contrôle juridictionnel poussé. Cependant, les compétences dévolues à la Chambre pour le règlement des différends relatifs aux fonds marins par les articles 186 et 191 de la Convention sont limitées au règlement de différends concrets portant sur des activités menées dans la Zone à l'exclusion de tout contentieux de la légalité ; cette carence n'est que très partiellement limitée par la possibilité reconnue à la Chambre de donner des avis consultatifs, « à la demande de l'Assemblée ou du Conseil, sur les questions juridiques qui se posent dans le cadre de leur activité » (art. 191) et par les dispositions complémentaires introduites par l'Accord de 1994 en ce qui concerne la mise en œuvre des règles du GATT notamment (sect. 2, §§ 1.f et g et 5).

La Chambre pour le règlement des différends relatifs aux fonds marins est instituée par l'annexe VI à la Convention. Elle se compose de 11 membres choisis par le Tribunal international du droit de la mer (v. *supra*, n° 551) parmi ses membres élus et peut constituer des Chambres *ad hoc* de trois membres.

La Chambre peut être saisie :

— de tout différend entre les États parties portant sur l'application ou l'interprétation des dispositions de la Convention et de ses annexes relatives à la Zone si une Chambre spéciale du Tribunal n'est pas saisie par les parties ;

— de ceux survenant entre un État partie et l'Autorité relatifs aux actes ou omissions de celle-ci, contraires aux dispositions de la Convention ou des règles, règlements et procédures d'application ;

— des litiges entre l'Autorité et un demandeur d'autorisation ou entre parties à un contrat (Autorité, Entreprise, États, entreprises publiques ou privées) (art. 187). Toutefois, dans ce dernier cas, l'État qui patronne une autre entité peut participer à la procédure, et si le défendeur est un État partie, il peut demander à l'État qui patronne l'entité non étatique demanderesse de se substituer à celle-ci (art. 190). En outre, les différends relatifs à l'interprétation ou à l'application d'un contrat sont en principe soumis à un arbitrage commercial obligatoire qui se déroule conformément au Règlement d'arbitrage de la CNUDCI, à moins que les parties n'en décident autrement (art. 158).

L'article 189 limite les compétences de la Chambre à deux points de vue : elle ne peut se prononcer ni sur l'exercice par l'Autorité de ses pouvoirs discrétionnaires ni sur la conformité à la Convention des règles, règlements et procédures adoptés par l'Assemblée ou le Conseil ; tout au plus pourrait-elle les juger inopposables aux parties dans un cas déterminé.

CHAPITRE II

Canaux, fleuves et lacs internationaux

704. Liberté des communications et souveraineté territoriale. — Canaux et fleuves internationaux présentent la double caractéristique commune de servir à la navigation internationale tout en faisant partie intégrante du territoire terrestre de l'État ou des États qu'ils traversent (v. *supra*, n° 270). Dès lors, deux principes fondamentaux vont entrer en concurrence : celui de la souveraineté territoriale de l'État riverain et celui, issu des nécessités du commerce international, de la liberté des communications.

Leur difficile conciliation s'opère, dans les deux cas, un peu comme dans la mer territoriale (v. *supra*, n° 674), par la reconnaissance de la pleine souveraineté de l'État riverain, sous réserve d'un droit de libre passage admis, au moins en temps de paix, en faveur des navires (mais non des aéronefs) battant pavillon de tout autre État. Les riverains n'admettent cependant pas sans réticences cette limitation de leurs compétences et, dans chaque cas particulier, le régime juridique des canaux et des fleuves — celui-ci en général plus complexe — est organisé avec précision par un ou plusieurs instruments conventionnels fixant tous droits de chacun.

Section 1

Canaux internationaux

BIBLIOGRAPHIE. — W. VAN EYSINGA, *Les fleuves et les canaux internationaux*, Bibl. Visseriana, Leyde, 1924, 2 vol., 123 et 160 p. — A. SIEGFRIED, « Les canaux internationaux et les grandes voies maritimes mondiales », *RCADI* 1949-I, vol. 74, p. 5-72. — R. R. BAXTER, *The Law of International Waterways. Interoceanic Canals*, Harvard UP, 1964, X-371 p.

705. Orientations générales et régimes spéciaux. — Les canaux internationaux (ou inter-océaniques) sont, comme les détroits, des voies de communication maritime et internationale qui relient deux mers libres. Toutefois, alors que les détroits sont des voies naturelles, les canaux sont des voies artificielles creusées sur le territoire d'un État. Du fait que ces derniers se situent ainsi entièrement sur le territoire terrestre de cet État, sur son sol même, et aboutissent des deux extrémités directement à ses eaux intérieures, ils sont en principe soumis à sa souveraineté territoriale exclusive. L'application à leur égard de la règle coutumière de la liberté des communications internationales n'est pas automatique, elle dépend du consentement de l'État territorial qui l'exprime dans une convention particulière conclue avec d'autres États intéressés. L'objet de celle-ci est de déterminer les conditions de cette application sur la base d'un compromis entre les droits de souveraineté et les intérêts de la communauté internationale. Presque toujours, la politique joue un rôle déterminant dans l'établissement de ce compromis. En l'absence d'une telle convention, le régime de la navigation sur un canal est fixé librement par l'État sur le territoire duquel il est creusé (canal de Corinthe creusé en territoire grec et mettant en communication la mer Ionienne et la mer Égée).

Cependant, les canaux qui sont situés sur les grandes routes internationales et qui présentent une importance spéciale pour la navigation en temps de paix comme en temps de guerre, tels le canal de Suez, le canal de Panama et le canal de Kiel, sont depuis longtemps déjà, dotés d'un régime conventionnel. Toutes les conventions les concernant prévoient la liberté de passage qui est d'ailleurs conforme à leur utilisation. On peut, dans ces conditions, considérer qu'à partir de ces conventions qui formulent sur ce point des règles uniformes et destinées à durer, une coutume en faveur de la liberté de passage est constituée. Les modalités d'exercice de cette liberté ne sont pas les mêmes dans les trois cas.

§ 1. — *Canal de Suez*

BIBLIOGRAPHIE. — R. GUILLIEN, « Un cas de dédoublement fonctionnel : le statut du canal de Suez », *Mél. Scelle*, 1950, vol. II, p. 735-752. — A. H. BADAWI, « Le statut international du canal de Suez, aperçu historique », *Mél. Spiropoulos*, 1957, p. 13-33. — B. BOUTROS-GHALI et Y. CHLALA, *Le canal de Suez 1854-1957*, imp. Al Bassir, Alexandrie, 1958, 211 p. — Y. VAN DER MENSBRUGGHE, *Les garanties de la liberté de navigation dans le canal de Suez*, LGDJ, 1964, 430 p. — R. LAPIDOTH, « The Suez Canal, the Gulf of Suez and the 1979 Treaty of Peace between Egypt and Israël », *Mél. Bindschedler*, 1980, p. 617-633.

706. Réglementation initiale

1° *Creusement du canal.* La France s'est intéressée très tôt au percement de l'isthme de Suez. Le 12 avril 1798, le Directoire enjoignit à Bonaparte « de faire couper l'isthme de Suez et de prendre toutes les mesures pour assurer la libre et exclusive possession de la mer Rouge à la République française ». Mais l'armée de Bonaparte dut évacuer l'Égypte avant l'établissement de tout projet concret. Tout au long de la première moitié du XIXe siècle, les ingénieurs français se penchèrent sur les aspects techniques du percement. Vers 1850, ils conclurent à la possibilité de l'entreprise après avoir constaté l'identité de niveau entre la mer Rouge et la Méditerranée.

En 1854, Ferdinand de Lesseps, ancien consul de France en Égypte, obtint par un firman du vice-roi d'Égypte, Mohammed Saïd Pacha, qui était son ami, l'autorisation de constituer la « Compagnie universelle du canal maritime de Suez pour le percement de l'isthme de Suez » qui devait recevoir également l'attribution exclusive des futurs travaux. Un deuxième firman du 5 janvier 1856 confirmait cette « concession » qui ne deviendrait définitive qu'après l'accord du sultan turc, suzerain de l'Égypte. Pour écarter une prépondérance française dans une région qui contrôlait la route des Indes, l'Angleterre, appuyée par l'Autriche, réussit, dans un premier temps à retarder la décision du gouvernement ottoman. Finalement, le sultan signa le firman du 19 mars 1866 favorable à la Compagnie universelle, non sans y avoir inclus des dispositions de nature à satisfaire les demandes anglaises.

Les travaux de percement, déjà entamés par Ferdinand de Lesseps et la Compagnie, dès 1859, ne purent se développer réellement qu'à partir de 1866, grâce à la médiation de Napoléon III pour s'achever trois ans plus tard. Le 17 novembre 1869, date de l'inauguration du canal, une flotte internationale de soixante navires le traversa de Port-Saïd à Suez.

2° *Régime de droit interne.* Dans un premier temps, le canal a été placé sous un régime de droit interne, qui résulte des trois firmans précités de 1854, 1856 et 1866 portant à la fois sur le statut du canal, sur celui de la Compagnie universelle et sur celui de la navigation.

a) Le canal est proclamé partie intégrante du territoire égyptien. La concession du droit de le construire et de l'exploiter n'est accompagnée d'aucune cession de territoire à la Compagnie universelle. En conséquence, le canal est placé sous la souveraineté du gouvernement égyptien qui se réserve le droit d'assurer la police de la navigation dans le canal et dans toutes ses dépendances, le droit d'installer ses services administratifs dans le périmètre du canal, le droit d'exercer la plénitude de ses compétences douanières dans la zone du canal, le droit, enfin, de prendre possession du canal à l'expiration d'un délai de 99 ans.

b) Le statut de la Compagnie universelle est hybride. Par sa nationalité, elle est égyptienne et comme telle, son siège social est en Égypte. Mais elle est régie par les lois françaises sur les sociétés anonymes et possède un domicile administratif à Paris (la majorité du capital est français). Elle reçoit le monopole de la construction et de l'exploitation du canal pendant 99 ans. Elle a le droit de percevoir des taxes de navigation, sous réserve de payer une redevance de 15 % à l'État égyptien.

c) Le statut de la navigation consacre le principe de la liberté de passage. Le canal est ouvert, avec égalité de traitement, aux bateaux de tous pavillons. Les firmans de 1854 et de 1856 avaient limité cette liberté aux seuls navires de commerce. Précisément, la Grande-Bretagne s'est élevée contre cette restriction. Elle ne s'opposait pas à la construction du canal, mais à la condition (implicite) que celui-ci fût ouvert à ses navires de guerre se rendant aux Indes. Le firman de 1866 lui donne satisfaction. Il dispose que « le transit général s'effectue à travers le canal par les bâtiments de toutes les nations, sans aucune distinction, exclusion, ni préférence de personne ou de nationalité ». Ainsi, navires de guerre et navires de commerce reçoivent le même traitement. Le passage des navires de guerre est-il autorisé à la fois en temps de guerre et en temps de paix ? Essentiellement, c'est cette question, avec ses graves implications relatives à la défense du canal devenu une zone stratégique d'importance mondiale, qui est à l'origine de l'internationalisation du statut du canal.

707. Réglementation internationale jusqu'en 1956. — Le caractère international des problèmes qu'a posés l'utilisation du canal a rapidement conduit à l'établissement d'un régime international par la conclusion de la Convention de Constantinople de 1888 dont la dénonciation par l'Égypte en 1956 a ouvert une ère nouvelle.

1° *La déclaration internationale de 1873 sur le temps de guerre.* En 1870, lors de la guerre franco-allemande, interprétant largement le firman de 1866, l'Égypte et la Turquie n'avaient pas fermé le canal aux deux belligérants ; cette position souple n'avait pas entraîné de perturbations de la navigation à travers le canal.

À la suite de ce précédent, les puissances européennes, dont la plupart possédaient des colonies ou points d'appui pour leur flotte en Asie et en Extrême-Orient, décidèrent de consacrer la pratique par un accord international. La Commission internationale pour le règlement des droits de navigation, comprenant les représentants de l'Allemagne, de l'Autriche-Hongrie, de la Belgique, de l'Espagne, de la France, de la Grande-Bretagne, de la Grèce, de l'Italie, des Pays-Bas, de la Russie, de la Suède, de la Norvège et de la Turquie, établit en décembre 1873 une déclaration collective confirmant à la fois la liberté de passage pour les bâtiments de guerre et le maintien de cette liberté en temps de guerre.

Mais, en 1877, lors de la guerre russo-turque, on s'est aperçu que le cas d'une guerre où la Turquie ou l'Égypte serait belligérante n'était pas prévu. Or une telle situation exposerait le canal à une offensive militaire qui ne manquerait pas de compromettre la liberté de passage. En fait, la diplomatie anglaise obtint que le gouvernement russe s'engageât à ne pas porter les hostilités dans la zone du canal et à ne pas gêner son trafic. En 1882, à la suite d'une insurrection dirigée par Arabi Pacha contre le gouvernement égyptien, l'Angleterre prit unilatéralement la décision d'occuper militairement Suez et de faire protéger le canal par ses torpilleurs.

2° *La Convention de Constantinople de 1888.* Désirant éviter les complications internationales et pour justifier son geste, la Grande-Bretagne s'empressa de proposer, au début de 1883, aux grandes puissances maritimes européennes de se réunir en conférence pour élaborer un véritable statut garantissant la liberté perpétuelle du canal. Les chances de succès d'une telle conférence étaient évidemment subordonnées à un accord préalable entre les trois principaux pays intéressés : la Turquie et les deux États rivaux, la France et l'Angleterre. Non sans difficulté, cet accord fut complètement réalisé en mai 1888. Le 29 octobre 1888, il devint la Convention de Constantinople signée par 9 pays : l'Allemagne, l'Autriche-Hongrie, l'Espagne, la France, la Grande-Bretagne, l'Italie, les Pays-Bas, la Russie et la Turquie.

Le statut du canal, qui résulte de cette Convention, réaffirme le principe d'une liberté générale de la navigation :

« Le canal maritime de Suez sera toujours libre et ouvert en temps de guerre comme en temps de paix à tout navire de commerce ou de guerre, sans distinction de pavillon » (art. 1er, al. 1).

Il ressort des termes très généraux de cette disposition que le canal est aussi ouvert aux États non signataires de la Convention.

Les autres règles posées par la Convention dérivent de ce principe général :

a) Égalité de traitement de tous les navires, sans distinction de pavillon ;

b) Liberté d'accès au canal ;

c) Interdiction de porter atteinte au libre passage du canal (celui-ci ne peut être ni obstrué, ni bloqué, aucun droit de guerre, aucun acte d'hostilité ne pourra y être exercé même par l'État territorial s'il est belligérant ; en temps de guerre, les puissances belligérantes doivent s'abstenir de débarquer ou d'embarquer dans le canal, qui est ainsi *neutralisé*, ou ses ports d'accès, des troupes, munitions ou matériels de guerre).

D'après le système institué par la Convention, l'Égypte et la Turquie, en tant que souverains territoriaux, sont compétentes pour garantir le respect de ces règles au moyen de « leurs propres forces ».

3° *Entente franco-anglaise et accords anglo-égyptiens.* Satisfaction est ainsi accordée à la France. Mais, dans une déclaration franco-anglaise du 8 avril 1904, qui marquait le point de départ de la nouvelle politique d'entente cordiale, en contrepartie de la reconnaissance des intérêts français au Maroc par l'Angleterre, la France acceptait que la garantie du libre passage du canal fût assurée par le gouvernement anglais. Il en résultait une modification fondamentale de la Convention de Constantinople. Juridiquement, cette modification n'aurait dû affecter que les relations entre la France et l'Angleterre, dans le cadre de cette convention. En raison de la position prééminente de ces deux puissances en l'occurrence, elle produisait, en fait, des effets à l'égard aussi des autres parties.

Le 26 août 1936, à la fin du protectorat anglais, l'Égypte indépendante signe avec l'Angleterre un traité par lequel elle l'autorise à maintenir, pour une durée de vingt ans, ses troupes dans la zone du canal et à en assurer pendant la même période la défense, en collaboration avec les troupes égyptiennes. À la suite d'un accord anglo-égyptien du 19 octobre 1954, les derniers contingents anglais ont réembarqué le 13 juin 1956.

Jusqu'à cette date, la défense du canal était donc assurée principalement par les troupes anglaises. Quant à la liberté de passage, elle a été appliquée et respectée lors des deux grandes guerres mondiales.

708. Régime actuel. — De graves difficultés ont surgi depuis la fin de la Deuxième Guerre mondiale, et surtout, depuis la naissance de l'État d'Israël. La crise a été marquée par des revendications exercées contre les droits de la compagnie universelle du canal par le gouvernement égyptien qui ne se résignait plus à un rôle secondaire dans la gestion du canal. Sur le plan de la liberté de passage, ce gouvernement n'a cessé depuis 1948 de soumettre la navigation à travers le canal à des entraves interdites par la Convention de Constantinople et ce, malgré les rappels à l'ordre et les injonctions du Conseil de sécurité contenues dans sa résolution du 1er septembre 1951. En 1956, la nationalisation de la compagnie, décidée unilatéralement par un décret égyptien du 26 juillet, a été à l'origine d'événements dramatiques : intervention militaire anglo-française à Suez (30 août-6 novembre 1956) et blocage du canal par des bâtiments coulés par l'Égypte.

Quel est le statut de la navigation du canal depuis cette époque ?

Dans une résolution du 13 octobre 1956, le Conseil de sécurité a proposé au gouvernement du Caire d'accepter les six principes suivants :

1° Liberté de passage sans discrimination directe ou indirecte à travers le canal ;

2° Respect de la souveraineté égyptienne ;

3° Interdiction de toute intervention politique dans la gestion du canal ;

4° Fixation des droits de péage par des accords entre l'État égyptien et les usagers ;

5° Affectation d'une part des redevances à l'amélioration du canal ;

6° Règlement du contentieux entre le gouvernement égyptien et la Compagnie par le moyen de l'arbitrage.

Par une déclaration unilatérale du 24 avril 1957, le gouvernement égyptien a reconnu la validité de la Convention de Constantinople de 1888 et précisé le sens qu'il donnait à la résolution du 13 octobre 1956, dont toutes les parties intéressées ont admis la valeur juridique obligatoire. Le caractère théoriquement précaire de cet acte unilatéral n'a d'incidence que sur les engagements nouveaux, par rapport à la Convention de 1888, qu'a consentis le gouvernement égyptien.

Sur la crise de 1956 et ses suites : v. G. SCELLE, *AFDI* 1956, p. 3-19. — R. PINTO, *ibid.*, p. 20-45. — T. HUANG, *AJIL* 1957, p. 277-307. — L. GROSS, *ibid.*, p. 530-568. — J. SALMON, *AFDI* 1957, p. 349-359. — P. de VISSCHER, *RGDIP* 1958, p. 400-445. — L. FOCSANEANU, *AFDI* 1959, p. 161-204. — J. DEHAUSSY, *ibid.*, 1960, p. 169-184.

Cependant, jusqu'au Traité de paix de 1979 avec Israël, l'Égypte a mis des entraves à la liberté de navigation des navires transportant des cargaisons en provenance ou à destination d'Israël, sous prétexte que des mesures de blocus commercial sont permises par la Convention de Constantinople en temps de guerre. Cette interprétation n'a jamais été acceptée par la majorité des États. L'article 5, § 1, du Traité de Washington du 26 mars 1979 met fin à toute controverse, en affirmant le droit de libre passage des navires israéliens et du trafic depuis ou vers Israël « sur la base de la Convention de Constantinople de 1888, valable pour toutes les nations » ; l'Égypte s'engage, en outre, à ne leur faire subir aucune discrimination dans l'utilisation du Canal.

Par une deuxième déclaration du 18 juillet 1957 l'Égypte a accepté la juridiction obligatoire de la Cour internationale de Justice pour tout différend né de l'application de sa déclaration d'avril et de la Convention de 1888.

§ 2. — *Canal de Panama*

BIBLIOGRAPHIE. — N. J. PADELFORD, « American Rights in the Panama Canal », *AJIL* 1940, p. 416-442 ; « The Panama Canal in Time of Peace », *ibid.*, p. 601-637 ; « Neutrality, Belligerency and the Panama Canal », *ibid.* 1941, p. 55-89. — C. G. FENWICK, « The Treaty of 1955 between the United States and Panama », *ibid.* 1955, p. 543-547. — G. FISCHER, « Le canal de Panama : passé, présent et avenir », *AFDI* 1977, p. 745-790 ; « Le canal de Panama : nouveaux problèmes », *ibid.* 1979, p. 245-254 ; *Les États-Unis et le canal de Panama*, L'Harmattan, 1979, 216 p. — A. P. RUBIN, « The Panama Canal Treaties : Locks on the Barn Door », *YBWA* 1981, p. 181-193. — R. PERRUCHOUD, *Le régime de neutralité du canal de Panama*, IUHEI, PUF, 1983, 342 p. — Y. JULIA, « Panama et son secteur maritime à la veille de la rétrocession du Canal », *Ann. Droit mar. et océanique* 1996, p. 233. — D. URIBE Vargas, « Le nouveau canal interocéanique au regard du droit international », *AFDI* 1996, p. 308-314. — C. FABREGOULE, « La rétrocession du canal de Panama », *Ann. Droit. Mer* 1999, p. 31-47. — S. RAUZDUEL, « Le transfert de souveraineté du canal de Panama », *RJPIC* 2000, p. 149-157. — M. PEREIRA, « New Legal Framework of the Panama Canal », *International Business Lawyer* 2000, p. 421-426. — C.T. BURKE, « The Panama Canal : an Overview One Year after the Reversion from the U.S. to the Sovereign Republic of Panama », *in* M. NORDQUIST ed., *Current Marine Environmental Issues and the ITLOS*, Nijhoff, 2001, p. 319-327.

709. Historique

1° *Percement de l'isthme.* Avant la naissance de l'État de Panama, l'isthme de Panama faisait partie du territoire de la Colombie. L'idée de le percer en vue de la construction d'un canal reliant l'Atlantique et le Pacifique remonte à 1850. Le 19 avril de cette année, l'Angleterre signa avec les États-Unis un traité par lequel elle se réservait des droits sur le futur canal (Traité Clayton-Bulwer).

En 1882, le permis de construire fut accordé par le gouvernement colombien à une Compagnie française conseillée par Ferdinand de Lesseps. Après sept ans de travaux, cette Compagnie tomba en faillite et renonça à l'entreprise. Le gouvernement des États-Unis qui briguait sa succession ne parvint à s'imposer qu'à la faveur d'un changement de politique intervenu en Colombie. Par un traité conclu le 18 novembre 1901, il obtint le désistement de l'Angleterre. L'autorisation d'engager les négociations et démarches nécessaires fut accordée par le Sénat américain en 1902 (lois Spooner).

Cependant, le gouvernement colombien refusa de transférer aux Américains le permis de construire primitivement délivré aux Français. Le 3 novembre 1903, se produisit le soulèvement du peuple panaméen aidé par la marine américaine. Trois jours plus tard, la République de Panama vit le jour, le gouvernement des États-Unis la reconnut aussitôt comme État nouveau (v. *supra*, n° 367), et la Colombie fut mise devant le fait accompli. Encore deux semaines et un traité américano-panaméen fut signé le 18 novembre 1903 qui donna toute satisfaction aux États-Unis. Plus rien ne s'opposait au rachat de l'entreprise française, ce qui sera réalisé en 1904. La construction du canal qui aura 81 kilomètres de long s'achèvera en 1914.

La valeur stratégique que présente pour les États-Unis une voie de passage rapide des navires de guerre de l'Atlantique au Pacifique et vice-versa, leur était clairement apparue lors de la guerre hispano-américaine de 1898. On comprend qu'ils tiennent à jouer un rôle prépondérant dans le fonctionnement du canal de Panama. Ainsi, alors que le statut international du canal de Suez est établi par une convention multilatérale, celui du canal de Panama résulte seulement de traités bilatéraux.

2° *Les régimes conventionnels de 1901 et 1903.*

a) Par le Traité du 18 novembre 1901 (dénommé Traité Hay-Pauncefote, noms des deux négociateurs), l'Angleterre reconnaît au gouvernement des États-Unis le droit d'administration, de gestion et de défense du canal, en contrepartie de la liberté de passage. Dans ses grandes lignes, ce traité s'inspire des principes établis pour le canal de Suez. La liberté de passage est admise aussi bien pour les navires de commerce que pour les navires de guerre, en temps de paix comme en temps de guerre. Les États-Unis ont respecté cette liberté lors des deux dernières guerres mondiales. Néanmoins, des proclamations présidentielles de 1917 et de 1939 ont permis aux autorités américaines de contrôler les navires traversant le canal.

Le traité anglo-américain présente deux différences majeures avec le statut du canal de Suez : d'une part, la gestion du canal est assurée directement, en régie, par le gouvernement des États-Unis et non par une compagnie privée, la défense du canal est confiée exclusivement à ce gouvernement, d'autre part.

b) Le traité du 18 novembre 1903 (dénommé Traité Hay-Bunau-Varilla, ce dernier étant le négociateur panaméen) confirme, d'abord, les règles relatives à la navigation à travers le canal, telles qu'elles sont formulées par le texte anglo-américain de 1901.

Des droits étendus sont stipulés en faveur des États-Unis qui obtiennent :

i) à perpétuité, l'usage, l'occupation, le contrôle d'une zone de terrain fixée à 10 milles à travers l'isthme de Panama sur lequel ils reçoivent « tous les droits, pouvoirs et autorité qu'ils posséderaient et exerceraient s'ils étaient souverains de ce territoire, à l'entière exclusion pour la République de Panama de tels droits ». Juridiquement, il s'agit d'un quasi-transfert de souveraineté qui crée une nouvelle différence avec le canal de Suez, lequel n'a jamais cessé d'être placé sous la souveraineté territoriale de l'Égypte.

ii) à perpétuité, le monopole de la construction et de la gestion du canal et de toutes autres voies de communication à travers l'isthme.

iii) le droit d'assurer la défense militaire du canal et, à cette fin, celui d'édifier toutes les fortifications nécessaires.

iiii) le droit d'intervenir militairement pour garantir l'indépendance de la République de Panama.

En contrepartie de ces avantages, les États-Unis s'engagent à verser à l'État de Panama une somme de 10 millions de dollars et à payer un loyer annuel de 250 000 dollars.

Depuis 1914, l'année de mise en service du canal, la République de Panama a constamment cherché à obtenir la modification du Traité de 1903, qui a, de fait, subi des transformations substantielles.

710. Régime conventionnel de 1977. — Malgré la diminution de l'intérêt stratégique du canal, les États-Unis n'ont admis qu'avec beaucoup de réticences l'abandon progressif de droits exorbitants. Il faudra treize années de négociations pour conclure les accords du 7 février 1974 et du 7 septembre 1977. Les principes essentiels posés par ces textes sont les suivants :

a) la gestion du canal sera graduellement transférée au Panama, qui sera seul compétent à partir de l'an 2000. Jusqu'à cette date, elle est exercée par la Commission du Canal, organisme public américain, créé et régi par la législation des États-Unis. Cette commission perd ses prérogatives administratives, gouvernementales et commerciales. Elle continue à bénéficier de privilèges et immunités diplomatiques ;

b) le Panama recouvre, en principe, l'exercice de la souveraineté et de sa juridiction sur l'ensemble de son territoire, y compris l'utilisation de ses ports et la propriété du chemin de fer ;

c) l'exploitation du canal doit désormais contribuer au développement économique du Panama et non plus subventionner indirectement quelques utilisateurs américains ;

d) les États-Unis conservent, jusqu'à la fin du siècle, la responsabilité principale de la défense du canal. Après 2000, s'appliquera un régime de neutralité, garanti par les États-Unis éventuellement contre le gouvernement panaméen lui-même. Selon le gouvernement américain, il ne s'agit pas là d'une intervention ni d'une atteinte à l'intégrité territoriale ou à l'indépendance politique du Panama ; cette compétence vise à maintenir ouverte une voie d'eau internationale, en vertu du mandat tacite de la communauté internationale. Le traité de neutralité — en fait, de neutralisation — impose le respect du principe du libre passage pacifique en temps de paix comme en temps de guerre, y compris pour les navires de guerre. Un certain nombre de dispositions ont été prises pour faciliter l'opposabilité aux États tiers du traité de neutralité.

Ces traités sont entrés en vigueur le 1er octobre 1979 mais, sous la pression du Congrès, les États-Unis ont assorti leur ratification de réserves et d'interprétations qui, acceptées par le Panama, en modifient l'esprit (v. *ILM* 1978, p. 827-835) ; de même, les lois américaines d'application réduisent de manière sensible les avantages financiers consentis au Panama.

710 *bis*. Statut depuis le 1er janvier 2000. — Depuis le 1er janvier 2000, date de la rétrocession du canal à l'État du Panama prévue par les traités de 1974 et 1977, le canal est géré par l'Autorité du canal de Panama, organisme public créé en vertu du Titre XIV de la Constitution panaméenne (et régie par une loi organique adoptée le 11 juin 1997). Sous réserve des dispositions des traités antérieurs (v. *supra*, n° 710), c'est à cet organisme que revient l'administration, la maintenance, l'utilisation et la protection du canal. Conformément par ailleurs à ce que prévoient ces traités, l'article 315 de la Constitution du Panama intègre le canal dans le « patrimoine inaliénable de la nation panaméenne » tout en garantissant que le canal restera ouvert au transit pacifique des navires de tous les États.

§ 3. — *Canal de Kiel*

BIBLIOGRAPHIE. — J. Maupas, « Le canal de Kiel », *RDI* 1937, p. 49-63. — A. Böhmer, « One Hundred Years : The Kiel Canal in International Law », *GYbIL* 1995, p. 325-346.

711. Régime conventionnel. — Le canal de Kiel, que les Allemands appellent aussi le « canal de l'empereur Guillaume », a été construit par l'État allemand lui-même (1885-1895). Sur une longueur de 98 kilomètres, il relie la Baltique à la mer du Nord. Jusqu'en 1919, son utilisation et sa gestion ont dépendu d'une réglementation exclusivement interne.

En 1919, après la défaite de l'Allemagne, il est internationalisé par les articles 380 à 386 du Traité de Versailles.

En vertu de cette internationalisation, l'Allemagne prend l'engagement d'ouvrir le canal, sur un pied d'égalité, à tous les navires de guerre ou de commerce de toutes les nations avec lesquelles elle est en paix. Sous la réserve du respect de ces principes, l'Allemagne a le droit de prendre des mesures de réglementation en matière de police, de douane, de protection sanitaire, d'importation et d'exportation des marchandises.

Pour garantir la liberté de passage, l'article 195 du Traité de Versailles oblige l'Allemagne à détruire les fortifications existantes dans la zone du canal.

Dénoncé par l'Allemagne en 1936, le régime international du canal de Kiel, tel qu'il a été établi par le Traité de Versailles, a été remis en vigueur en 1945.

La CPJI a déterminé la portée de ces règles dans son arrêt rendu le 17 août 1923 à propos de l'affaire du *Vapeur Wimbledon*. Elle avait été saisie par requête unilatérale commune de la

France et de l'Angleterre, à la suite du refus de l'accès du canal opposé par les autorités allemandes, le 21 mars 1921, à ce navire. Celui-ci était de nationalité anglaise ; affrété par une compagnie française, il transportait une cargaison de munitions destinée à la Pologne qui était alors en guerre contre l'URSS. Les Allemands prétendaient que leur attitude était conforme aux ordonnances de neutralité édictées par leur gouvernement en 1920 et qui devaient précisément s'appliquer à cette guerre polono-soviétique. La Cour n'a pas admis ce raisonnement. Après avoir affirmé la supériorité du Traité de Versailles sur les lois internes allemandes, elle a confirmé la règle de la liberté de passage ainsi que la validité des limitations qui en résultaient à la souveraineté de l'Allemagne, en temps de paix comme en temps de guerre (série A, n° 1). L'intérêt de cette jurisprudence réside dans le rapprochement qu'elle opère entre les règles de Kiel et celles de Suez et de Panama. La Cour reconnaît par là, au moins implicitement, l'existence d'un statut international de droit commun des canaux, fondé sur leur libre utilisation. Elle fonde, ce faisant, le processus de transformation de ce régime conventionnel en un régime coutumier, sa véritable nature contemporaine.

Section 2

Fleuves et lacs internationaux

BIBLIOGRAPHIE. — B. WINIARSKI, « Principes généraux du droit fluvial international », *RCADI* 1933-III, vol. 45, p. 79-217. — G. SAUSER-HALL, « L'utilisation industrielle des fleuves internationaux », *RCADI* 1953-II, vol. 83, p. 471-586. — J. BASDEVANT, « Contribution à l'étude du régime juridique de l'utilisation domestique, agricole et industrielle des eaux », *Mél. Mestre*, 1956, p. 9-24. — J. ANDRASSY, rapport sur « l'utilisation des eaux internationales en dehors de la navigation », *Ann. IDI* 1959-I, vol. 48, p. 131-358. — F. J. BERBER, *Rivers in International Law*, Stevens, Londres, 1959, 296 p. — M. GIULIANO, « L'ordinamento internazionale e i fiumi navigabile d'interesso internazionale », *Riv. DI* 1959, p. 201-238. — W. GRIFFIN, « The Uses of Waters in International Drainage Basins under Customary International Law », *AJIL* 1959, p. 50-80. — L. MARTINEZ-AGULLO SANCHEZ, « Los tratados y la costumbre en el derecho fluvial internacional », *Rev. esp. DI* 1962, p. 35-97. — A. PATRY, « Le régime des cours d'eau internationaux », *ACDI* 1963, p. 172-212. — M. WOLFROM, *L'utilisation à des fins autres que la navigation des eaux des fleuves, lacs et canaux internationaux*, Pedone, 1964, 294 p. — A. GARRESTON, R. HAYTON et C. OLMSTEAD (eds.) *The Law of International Drainage Basins*, Oceana, Dobbs Ferry, 1967, 916 p. — L. A. TECLAFF, *The River Basin in History and Law*, Nijhoff, La Haye, 1967, 288 p. — C. A. COLLIARD, « Évolution et aspects actuels du régime juridique des fleuves internationaux », *RCADI* 1968-III, vol. 125, p. 354-442. — J. RAUX, « La régionalisation et la centralisation, deux tendances complémentaires dans l'administration internationale des fleuves », *RGDIP* 1969, p. 637-743. — Ph. PONDAVEN, *Les lacs-frontières*, Pedone, 1972, 451 p. — B. VITANYI, « Regime of Navigation on International Waterways », *NYbIL* 1974, p. III-166 ; 1975, p. 3-58 ; 1976, p. 3-90 ; 1977, p. 3-34 ; *The International Regime of River Navigation*, Sijthoff, Alphen, 1979, XIII-441 p. — M. BÉLANGER, « L'utilisation des eaux des fleuves internationaux à des fins agricoles », *RGDIP* 1977, p. 386-430. — R. ZACKLIN et L. CAFLISCH éd., *Le régime juridique des fleuves et lacs internationaux*, Nijhoff, La Haye, 1981, XIV-415 p. — H. DIPLA, « Les règles du droit international en matière de délimitation fluviale : remise en question ? », *RGDIP* 1985, p. 589-624. — *Archiv des Völkerrechts*, 1987, vol. 25/2, n° spécial consacré aux voies d'eau internationales — L. CAFLISCH, « Règles générales du droit du cours d'eau internationaux », *RCADI* 1989-VII, vol. 219, p. 9-226 ; « Sic utere tuo ut alienum non laedas : règle prioritaire ou élément pour déterminer le droit d'utilisation équitable et raisonnable d'un cours d'eau international ? », *Mél. W. Müller*, 1993, p. 27-47 ; « The Law of International Waterways and Its Sources », *Mél. Tieya*, 1993, p. 115-129. — H. RUIZ-FABRI, « Règles coutumières générales et droit international fluvial », *AFDI* 1990, p. 818-842. — P. BUIRETTE, « Genèse d'un droit fluvial international (utilisations à des fins autres que la navigation) », *RGDIP* 1991, p. 5-70. — Académie DI, La Haye, Centre d'étude et de recherche, *Droits et obligations des pays riverains des fleuves internationaux*, Nijhoff, Dordrecht, 1992, 101 p. — F. SCHRÖTER, « Les systèmes de délimitation dans les fleuves internationaux », *AFDI* 1992, p. 948-982 ; « La délimitation des lacs internationaux : essai d'une typologie », *AFDI* 1994, p. 910-929. — P. K. WOUTERS, « Allocation of the Non-Navigational Uses of International Watercourses », *ACDI* 1992, p. 433-488. — E. BENVENISTI, « Collective Action in the Utilization of Shared Freshwater... », *AJIL* 1996, p. 284-415. — X. FUENTES, « The Criteria for the Equitable Utilization of International Rivers », *BYbIL* 1996, p. 337-412. — A. NOLLKAEMPER, « The Contribution of the ILC to International Water Law », *NYbIL* 1996, p. 39-73. — *International Water Law. Selected Writings of Professor C. B. Bourne*, P. K. Wouters ed., Kluwer, Londres, 1997, XXVI-371 p. — M. ARCARI, *Il regime giuridico delle utilizzazioni dei corsi d'acquainternazionali*, CEDAM, Padoue, 1998, XI-484 p. — X. FUENTES, « Sustainable Development and the Equitable Utilization of International Watercourses », *BYbIL* 1998, p. 119-200. — M. CASTILLO DAUDI, « La protectión y la preservación de los cursos de agua internacionales », *ADI* 1999, p. 115-158. — The International Bureau of the Permanent Court of Arbitration ed., *Resolution of International Waters Disputes*, Kluwer Law International, La Haye/Londres/New York, 2003, XIX-451 p. — S. MCCAFFREY, *The Law of International WaterCourses. Non-Navigational Uses*, Oxford UP, 2007, XXXIII-598 p. — S. DINAR, *International Water Treaties*, Routledge, 2008, XIX-344 p.

Sur la Convention de New York du 21 mai 1997 sur l'utilisation des cours d'eau internationaux à des fins autres que la navigation : L. CAFLISCH, *AFDI* 1997, p. 751-798 ; Ch. BOURNE, *ACDI* 1997, p. 215-232 ; S. C. MCCAFFREY et M. SINJELA, *AJIL* 1998, p. 97-107 ; A. TANZI, *Leiden JIL* 1998, p. 441-472 ; A. SCHWABACH, *Texas IL Jl.* 1998, p. 257-279 ; P. K. WOUTERS, *GYbIL* 1999, p. 293-336 ; A. TANZI et M. ARCARI, *The UN Convention on the Law of International Watercourses*, Kluwer, La Haye, 2001, XIX-358 p.

V. aussi les rapports du Secrétaire général sur les « problèmes juridiques posés par l'exploitation et l'utilisation des fleuves internationaux », *Ann. CDI* 1974-II, 2e partie, p. 37-407 et les rapports de R.-D. KEARNEY (1974), St. SCHWEBEL (1979-1982), J. EVENSEN (1983-1984), St. MCCAFFREY (1985-1991) et R. ROSENSTOCK (1993-1994) sur « le droit relatif aux utilisations des cours d'eau internationaux à des fins autres que la navigation ».

712. Orientations générales et régimes spéciaux. — Malgré les appels d'une doctrine ancienne (Grotius, Vattel) et quelques proclamations de principe, ni les fleuves ni, moins encore, les lacs internationaux n'ont jamais véritablement été soumis à un régime juridique uniforme. Sans doute, au moins pour les fleuves, a-t-on tenté à certaines époques de définir des règles générales. Mais les textes généraux qui ont été adoptés — Convention de Barcelone de 1921 en ce qui concerne la navigation, et Convention de New York de 1997 pour ce qui est des autres utilisations et de la lutte contre la pollution des cours d'eau internationaux — constituent plus des incitations à la coopération que les fondements d'un statut univoque. De la confrontation des nombreux régimes spéciaux existants, on peut cependant dégager certaines tendances générales qui sont davantage des « standards » que les éléments d'un véritable statut juridique général.

L'approche d'une convention-cadre retenue par la CDI, puis par l'Assemblée générale des Nations Unies pour la Convention de 1997, reconnaît la spécificité, tant physique que politique, de chaque fleuve ; il semble impossible d'imposer plus que des règles de comportement et des méthodes ou des critères à respecter dans la négociation d'accords spéciaux et dans le règlement des différends relatifs à l'utilisation des eaux fluviales.

L'élargissement de la perspective normative résulte de la multiplication des divers usages de l'eau et, de ce fait, de son caractère de plus en plus « stratégique ».

On ne s'étonnera pas de constater que les États refusent tout arbitrage *a priori* entre ces diverses utilisations. La convention de 1997 est simplement « juxtaposée » aux régimes préexistants de la navigation fluviale (articles 1er et 3) ; aucune priorité n'est reconnue à l'une de ces utilisations (art. 10, § 1), sous réserve d'une convention ou d'une coutume contraire, ce qui pourrait laisser perdurer le privilège traditionnel de la navigation fluviale.

Sur la prévention et la lutte contre la pollution des fleuves, voir *infra*, n° 753.

Sur les délimitations fluviales, v. *supra*, n° 300.

§ 1. — *Orientations générales*

713. Définitions. — 1° *Fleuves internationaux. — a) Critères du fleuve international.* Le premier critère est de nature politique : dans leur cours les fleuves internationaux touchent aux territoires de plus d'un État. Deux types de fleuves internationaux doivent être distingués : les « fleuves-frontières » ou contigus (v. *supra*, n° 300) et les « fleuves successifs ».

Dans le cas d'un fleuve « contigu », les États concernés se laisseront plus aisément convaincre de chercher un accord sur un partage équilibré des différents usages du fleuve, par auto-limitation mutuelle des souverainetés territoriales. Plus complexe et plus difficile est la négociation entre États riverains d'un fleuve s'écoulant d'un État vers un ou plusieurs autres États.

Cependant, avec le triomphe du capitalisme libéral, un second critère, de nature économique, s'y est superposé : celui de la navigabilité. Retenu par le Congrès de Vienne, il a été repris par la Convention de Barcelone de 1921, qui a accentué cette conception en substituant à la dénomination traditionnelle de « fleuve international » celle de « voie d'eau internationale » qui permet d'englober les affluents navigables.

Aux termes de l'article 1er du Statut de Barcelone : « Seront considérées comme voies navigables d'intérêt international :

« Toutes parties naturellement navigables, vers et depuis la mer, d'une voie d'eau qui, dans son cours naturellement navigable vers et depuis la mer, sépare ou traverse différents États, ainsi que toute partie d'une voie d'eau naturellement navigable qui sépare ou traverse différents États.

« Est dite naturellement navigable toute voie d'eau naturelle ou partie de voie d'eau naturelle faisant actuellement l'objet d'une navigation commerciale ordinaire ou susceptible, par ses conditions naturelles, de faire l'objet d'une telle navigation ; par navigation commerciale ordinaire, il faut entendre une navigation qui, étant donné les conditions économiques des pays riverains, est commercialement et couramment praticable. »

b) Recherche d'un concept plus large. On s'interroge aujourd'hui sur l'opportunité de fonder le droit fluvial international sur une notion plus large que celle de « voie d'eau internationale ». Celle-ci, trop exclusivement fondée sur le critère de navigabilité, se révèle trop étroite : les utilisations économiques de l'eau douce se sont multipliées et diversifiées, le problème de la pollution s'est généralisé et prend souvent une ampleur multinationale. Les recherches scientifiques confirment la nécessité de considérer les bassins hydrographiques comme des unités physiques, que les pouvoirs publics doivent respecter s'ils veulent être efficaces. Aussi de nombreux accords de coopération économique et technique s'inscrivent-ils dans le cadre de bassins fluviaux.

C'est parce que l'ensemble des États riverains d'un fleuve et de son bassin se sentent liés par un fort sentiment de solidarité qu'ils décideront, par exemple, d'atténuer le principe « pollueur-payeur » (article 5 de la Convention de Bonn du 3 décembre 1976, sur la protection du Rhin contre la pollution par les chlorures, *RGDIP* 1986, p. 290-297). De même, lorsqu'un fleuve est un élément fondamental du développement économique d'une région, la concertation intergouvernementale dans son aménagement et dans le partage de ses eaux doit avoir pour cadre l'ensemble du bassin (v. outre le fameux accord de 1960 entre l'Inde et le Pakistan sur l'Indus, le Traité de Brasilia du 3 juillet 1978, sur la coopération amazonienne, *in ILM* 1978, p. 1045).

Malgré tout, il paraît prématuré de substituer la notion de bassin à celle de voie d'eau. Il n'existe pas encore, en droit positif, un principe d'unité juridique des États d'un même bassin hydrographique. D'autant qu'à vouloir privilégier ce concept, les juristes précéderaient les scientifiques, qui dénoncent le caractère vague et évolutif de la notion de bassin.

La CDI avait, dans un premier temps, envisagé d'adopter, dans le cadre de son projet d'articles sur le droit relatif aux utilisations des cours d'eau internationaux à des fins autres que la navigation, la notion de « systèmes de cours d'eau internationaux », pour tenir compte du fait qu'un fleuve international n'est pas seulement « un conduit par lequel l'eau est acheminée à travers le territoire de deux ou plusieurs États », mais qu'il peut comporter également « d'autres éléments tels que des affluents, des lacs, des canaux, des glaciers et des eaux souterraines qui, du fait de la relation physique qui existe entre eux, forment un ensemble unitaire » (*Ann. CDI* 1980-II, 2e partie, p. 107). Du fait de l'hostilité manifestée par certains États, le rapporteur spécial a proposé le retour à l'expression-titre de « cours d'eau international » (*rapport* de la CDI à l'Assemblée générale, 1984, p. 225 s.). Toutefois, la convention de 1997 n'ignore pas la notion de système en définissant l'expression « cours d'eau » comme « un système d'eaux de surface et d'eaux souterraines constituant, du fait de leurs relations physiques, un ensemble unitaire et aboutissant normalement à un point d'arrivée commun » (article 2 a) ; v. également l'art. 20 consacré aux « écosystèmes ».

2° À la différence des fleuves, les *lacs* sont des grandes nappes naturelles d'eaux stagnantes (même si certains sont traversés par un fleuve) et, à la différence des mers fermées (v. *supra*, n° 663), ils sont formés d'eau douce. Leur élément d'internationalité le plus courant tient à leur situation géographique à la frontière de deux ou plusieurs États (lacs-frontières). On peut néanmoins considérer également comme des lacs internationaux ceux dont le déversoir est constitué par une voie d'eau internationale ou ceux qui, comme le lac Lanoux (v. *infra*, n° 715), présentent un intérêt économique pour deux ou plusieurs États.

3° Faut-il envisager un régime juridique propre des eaux souterraines transfrontières ou n'y voir qu'un élément d'un ensemble hydrographique pris en compte à partir de ses composantes superficielles (lacs et cours d'eau) ? La volonté d'en faire une ressource naturelle « partagée » — à défaut de « commune » — comme pour certains gisements de pétrole ou de gaz, risque de privilégier l'élément d'exploitation économique directe et une approche bilatérale, au détriment d'un intérêt collectif parfois difficile à cerner et de la protection de la qualité de l'eau. Quoi qu'il en soit, les règles dont on peut aujourd'hui admettre une application générale ne sont pas différentes de celles retenues pour les cours d'eau (J. A. Barberis, *AFDI* 1987, p. 129-162).

Par une résolution adoptée en 1994 et jointe à la version définitive de son projet d'articles, la CDI a engagé les États à s'inspirer des principes du projet « lorsqu'ils élaborent des règles applicables aux eaux souterraines transfrontières ». V. également *infra*, n° 753.

714. Liberté de navigation. — Puisant sa principale justification dans la fonction économique des fleuves internationaux et, dans une mesure moindre, des lacs-frontières, le principe de la liberté de navigation n'a jamais pu s'affirmer de manière absolue.

1° *Affirmation du principe*. Prenant le contre-pied de la situation antérieure, la Révolution française a proclamé la liberté de navigation sur les fleuves internationaux au nom du droit au commerce. Réalisée pour certains fleuves à partir de 1815, elle fut organisée sur une base plus générale en 1919-1921 mais le principe connut un relatif déclin dès le milieu des années 1930.

a) Bien que Grotius ait rattaché au même droit naturel à la fois la liberté des mers et celle des fleuves internationaux, la pratique du XVIIIe siècle ignorait tout de cette dernière liberté. Elle soumettait entièrement ceux-ci à la souveraineté de l'État territorial qui pouvait, à sa guise, instituer des taxes de péage. Un traité signé en Westphalie, le 30 janvier 1648, reconnut aux Pays-Bas le droit de fermer l'Escaut, droit maintenu et confirmé un siècle plus tard par le Traité de Fontainebleau de 1785.

L'idée de liberté ne se concrétisa pour la première fois que dans un texte national français de la période révolutionnaire : l'arrêté du Conseil exécutif de la République française du 20 novembre 1792 qui ordonna aux armées françaises en Belgique d'assurer la liberté de navigation et des transports sur tout le cours de l'Escaut et de la Meuse. La justification de cet ordre était du pur style grotien : « une nation ne saurait, sans injustice, prétendre au droit d'occuper exclusivement le canal d'une rivière et d'empêcher que les riverains qui bordent les rives supérieures ne jouissent des mêmes avantages ». Cet appel ne demeura pas lettre morte. La liberté de navigation allait être préconisée pour la Meuse, l'Escaut et le Rhin par le Traité du 16 mai 1795 entre la France et la République batave et pour le Rhin, séparément, par le Traité de Paris de 1804.

Il ne s'agissait encore que de quelques cas particuliers. La liberté pour tous les fleuves internationaux, comme règle générale, ne fut consacrée qu'en 1815 par l'Acte final du Congrès de Vienne (art. 108 à 117). Elle devait s'appliquer désormais à tous les États riverains et non-riverains. En conséquence, les États riverains doivent établir un règlement commun de navigation qui respecte le principe de l'égalité de traitement. À propos du Rhin, une autre disposition de l'Acte final prévoit la création d'une « commission centrale » jouant le rôle d'une « autorité » dotée d'un pouvoir de contrôle. Les premières bases d'un droit fluvial international furent ainsi jetées. Elles devaient être confirmées et amplifiées par la Convention de 1856 sur le Danube.

b) La fin de la Première Guerre mondiale ouvre une nouvelle étape du développement de ce droit. La Conférence de la Paix de 1919 s'est donnée comme objectif d'établir un régime général et définitif de la liberté du transit et des voies navigables. Faute de temps, elle a seulement inséré dans le Traité de Versailles une clause prévoyant cet établissement (art. 338). À cet effet, une Conférence réunissant 42 États s'est tenue à Barcelone sous les auspices de la SdN. Elle a abouti à l'adoption de trois textes : une convention, un statut et un protocole. Les principes de liberté et d'égalité qui avaient acquis peu à peu force coutumière ont été réaffirmés et codifiés. Le statut a élargi les compétences des commissions fluviales considérées désormais comme des institutions internationales. Il a cependant laissé l'option ouverte au choix des États intéressés entre les commissions purement riveraines et les commissions véritablement internationales comprenant aussi les non-riverains. En matière de travaux nécessaires à la navigation, la souveraineté des États riverains a été sérieusement limitée : ils devront procéder à l'exécution de ceux réclamés par des États non-riverains si ceux-ci acceptent de les financer.

Les actes élaborés à Barcelone ont marqué le terme d'une évolution qui a porté à son point culminant le principe de liberté. L'assimilation des non-riverains aux riverains qui en est le signe a été hissée à un niveau jamais atteint. De son côté, la CPJI a consolidé ce mouvement en appliquant une jurisprudence favorable à l'internationalisation (avis n° 14 de 1927 sur la *Commission européenne du Danube*, série B, n° 14 et arrêt n° 16 de 1929, sur la *Commission internationale de l'Oder*, série A, n° 23) ; toutefois, dans son arrêt du 12 février 1934, tout en admettant que la liberté de navigation implique celle du commerce, elle a validé des mesures discriminatoires prises par la Belgique à propos du transport sur le Congo (affaire *Oscar Chinn*, série A/B, n° 63).

À partir de ce moment, le principe de la liberté de la navigation a connu un certain déclin. Le 14 novembre 1936, le gouvernement hitlérien a supprimé les commissions fluviales primitivement instituées pour les fleuves allemands. Après la deuxième guerre mondiale, à la demande de l'URSS, le régime du Danube a été remanié dans un sens moins favorable qu'auparavant aux usagers non-riverains.

En revanche, en Asie et en Afrique, l'internationalisme a trouvé de nouveaux terrains d'application grâce à des accords particuliers conclus entre les jeunes États issus de la décolonisation.

2° *Portée et limites du principe.* On peut douter que le principe de la liberté de navigation sur les fleuves internationaux ait eu, même durant l'entre-deux-guerres, un caractère absolu. Il est significatif à cet égard que, malgré son « libéralisme », le Statut de Barcelone, loin d'édicter un régime objectif, n'est applicable qu'entre les États parties (art. 9). Ceci vaut *a fortiori* pour les lacs internationaux qui n'ont jamais fait l'objet d'un statut conventionnel de caractère général.

On peut toutefois considérer, en se fondant sur la pratique habituelle, que si un État riverain peut réglementer librement la navigation sur un fleuve international en l'absence de tout régime conventionnel spécial, il ne pourrait aller jusqu'à remettre en cause sa nature de voie internationale et y interdire la navigation ou la rendre matériellement impossible. La règle vaut tout particulièrement à l'égard des fleuves servant au transit des États sans littoral (v. *supra*, n° 670). La résolution des contentieux territoriaux fluviaux s'accompagne d'ailleurs souvent d'engagements des États intéressés à garantir la libre navigation sur le cours d'eau international (v. par ex. CIJ, arrêt du 13 décembre 1999, *Île de Kasikili/Sedudu*, *Rec.* 1999, p. 1108, par. 104). À l'inverse, même lorsqu'il est prévu, le principe de la liberté de navigation n'est pas absolu et cède devant les exigences de l'ordre public (cf. CE, 16 novembre 1979, *Sté Schiffsgemeinschaft « Alb-Murg » et a., Leb.* p. 415 et 4 février 1981, *Fédération CFT des personnels de l'Environnement et a., Leb.* p. 45).

715. Utilisation agricole et industrielle. — Comme tous les fleuves, les fleuves internationaux ne servent pas uniquement à la navigation, ils peuvent offrir également des utilités dans le domaine de l'agriculture (irrigation) et dans celui de l'industrie (hydro-électricité). Il existe des conventions particulières entre États intéressés qui réglementent l'édification des travaux en vue de ces utilisations (Accord de Lisbonne entre l'Espagne et le Portugal du 11 août 1927 relatif au Duero ; Convention entre l'Allemagne, la France et le Luxembourg du 27 octobre 1956 relative à la Moselle ; accords entre l'Égypte et le Soudan du 8 novembre 1959 relatif au Nil, entre l'Inde et le Pakistan du 19 septembre 1960 relatif à l'Indus ; Traité de Brasilia de coopération amazonienne du 3 juillet 1978, etc.).

Une Convention multilatérale sur l'aménagement des forces hydrauliques a été signée à Genève en 1923, mais neuf États seulement l'ont ratifiée. En 1977, la Conférence des Nations Unies sur l'eau a adopté le Plan d'action de Mar del Plata qui comporte un grand nombre de recommandations relatives à la « mise en valeur des ressources en eau partagées ». En doctrine, l'Institut de droit international a adopté lors de sa session de Salzbourg (1961) une résolution concernant « l'utilisation des eaux internationales non maritimes (en dehors de la navigation) » et à sa Conférence d'Helsinki, l'International Law Association a élaboré une série d'articles sur le même sujet (« Règles d'Helsinki » — 1966 ; ces règles ont fait l'objet d'une révision en 2004 à la suite des nombreuses évolutions subies par la matière — v. les « Règles de Berlin » sur les ressources en eau adoptées lors de la 71e conférence de l'ILA). Voir également les « principes relatifs à la coopération dans le domaine des eaux transfrontières » de la Commission économique pour l'Europe des Nations Unies (1987).

De l'ensemble de ces textes et de ces travaux on peut dégager quelques directives générales que la jurisprudence internationale a mises en œuvre de manière prudente et qui ont été synthétisées, non sans difficultés, par la CDI dans le projet d'articles sur le sujet qui est devenu la Convention de New York de 1997.

Leur fondement commun réside dans l'idée, exprimée en 1929 par la CPJI, selon laquelle il existe une « communauté de droits et d'intérêts » entre les riverains d'un fleuve international (affaire de l'*Oder*, série A, no 23, p. 26-27). Systématisant ce concept, la Conférence de Mar del Plata et l'Assemblée générale des Nations Unies (résol. 34/186 du 12 décembre 1979) ont consacré la notion de « ressources naturelles partagées » que la CDI avait reprise à son compte dans la première version de son projet d'articles (*Ann. CDI* 1980-II, 2e partie, p. 117 s.), et qui est consacrée par la convention de codification, qui insiste sur l'utilisation « équitable et raisonnable » du cours d'eau international par les États du cours d'eau (art. 5), invités à faire « preuve de toute la diligence voulue pour utiliser le cours d'eau international de manière à ne pas causer de dommages significatifs aux autres États du cours d'eau » (art. 7). Il en résulte qu'aucun d'eux ne peut priver les autres utilisateurs potentiels de ce droit (v. *infra*, nos 749 et 753).

La CIJ a eu l'occasion d'affirmer l'importance de ce principe dans son arrêt du 25 septembre 1997 (v. aussi, *infra*, no 716), dans l'affaire du *Projet de Gabcikovo-Nagymaros*, à propos des contre-mesures de la Tchécoslovaquie face aux manquements de la Hongrie dans les travaux sur le Danube :

« De plus, dans la pratique, la mise en service de la variante C a conduit la Tchécoslovaquie à s'approprier, essentiellement pour son usage et à son profit, entre 80 et 90 pour cent des eaux du Danube avant de les restituer au lit principal du fleuve, en dépit du fait que le Danube est non seulement un cours d'eau international partagé mais aussi un fleuve frontière. »

(...) Il est vrai que la Hongrie, en concluant le traité de 1977, avait accepté le barrage du Danube et le détournement de ses eaux dans le canal de dérivation. Mais c'était seulement dans le contexte d'une opération conjointe et d'un partage de ses bénéfices que la Hongrie avait donné son consentement. La suspension et le retrait de ce consentement ont constitué une violation par la Hongrie de ses obligations juridiques, montrant effectivement que celle-ci a refusé une exploitation conjointe ; mais il ne saurait s'ensuivre que la Hongrie aurait perdu son droit fondamental à une part équitable et raisonnable des ressources d'un cours d'eau international.

La Cour conclut en conséquence que la Tchécoslovaquie, en mettant en service la variante C, n'a pas appliqué le traité de 1977 mais, au contraire, a violé certaines de ses dispositions expresses et, de ce fait, a commis un acte internationalement illicite » (§ 78). Dans la mesure où ce comportement ne respectait pas le principe de proportionnalité, elle a engagé sa responsabilité (§ 85 à 87).

V. également le jugement du Tribunal d'arrondissement de Rotterdam du 16 décembre 1983, *Handelskwekerij G. J. Bier et a. c. Mines de potasse d'Alsace*, cité par A. Ch. Kiss, *AFDI* 1983, p. 781.

Cela crée un droit, pour chaque riverain, à être invité à participer à tout régime conventionnel intéressant un cours d'eau international (art. 4 de la Convention de 1997). En revanche on ne saurait en déduire l'impossibilité d'utiliser ces eaux en l'absence d'un accord préalable entre les États intéressés ; tout au plus peut-on admettre l'existence d'

« une obligation d'accepter de bonne foi tous les entretiens et les contacts qui doivent, par une large confrontation d'intérêts et par une bonne volonté réciproque, les mettre dans les meilleures conditions pour conclure des accords » (affaire du *Lac Lanoux*, sentence arbitrale du 16 novembre 1957, *RSA* XII, p. 308 v. dans le même sens, la troisième partie de la convention de 1997, articles 11 à 19).

Dans cette affaire, l'Espagne protestait contre le projet d'EdF de détourner des eaux du Lac Lanoux, dans les Pyrénées, qui se déversait vers l'Espagne. Pour compenser ce prélèvement, il était prévu qu'une galerie souterraine de restitution conduirait une partie des eaux françaises vers l'Espagne. Le Tribunal, se fondant, il est vrai, surtout sur un traité franco-espagnol de 1866, a estimé que ce projet n'était pas contraire aux droits de l'Espagne. V. également le différend opposant l'Inde et le Pakistan depuis 2005 à propos du projet de construction indien du barrage de Baglihar, qui ne respecterait pas le traité de 1960 sur les eaux de l'Indus. L'intervention de la BIRD a été sollicitée par le Pakistan — v. *RGDIP* 2005, p. 447-448 ; sur le régime de l'Indus, v. *infra*, n° 719.

Dans la mesure où le droit positif s'oriente, dans des situations de ce type, vers un règlement d'ensemble des pertes et avantages sur une base équitable ou vers une compensation des dommages subis, la doctrine du bassin fluvial l'emporte peu à peu sur l'approche traditionnelle du fleuve international. On remarquera cependant la prudence de la Convention de 1997 pour concrétiser cette approche (article 7, § 2).

La coopération entre les États du bassin n'est certes possible que dans un contexte politique serein (ce que la convention de codification reconnaît implicitement sous l'intitulé pudique de « procédures indirectes », dans l'hypothèse où existent des obstacles sérieux à des contacts directs entre États riverains, article 30). Mais l'ambition est de créer une base juridique plus solide à l'obligation de coopérer, en prenant appui sur l'obligation — dont on s'accorde à reconnaître le caractère coutumier — de ne pas causer de dommages « significatifs » aux autres riverains (article 7 § 1 ; elle comprend l'obligation de prévenir les dommages susceptibles d'être causés par de nouvelles utilisations et par la pollution consécutive). Cette « diligence due », dont on ne détermine pas encore les effets en matière de responsabilité, renforcerait l'obligation de négocier, sans imposer cependant une obligation de conclure. Les États accepteront-ils, pour autant, de participer à des procédures systématiques d'information préalable ou de suspendre les mesures envisagées par eux pendant la phase d'examen des objections avancées par d'autres États riverains ? C'est ce que tente de préciser la convention d'Espoo, du 25 février 1991, sur l'obligation des études d'impact pour des projets de grande envergure, et à quoi invite la convention de « codification » (art. 8 et 9, art. 11 à 19). Encore faudrait-il disposer d'une procédure de règlement des différends relativement contraignante et efficace, en particulier face à des initiatives unilatérales d'un État riverain qui invoque l'urgence ou des nécessités impérieuses : tel n'est pas encore le cas, au titre de la convention de 1997 ; celle-ci s'en tient à une procédure d'enquête obligatoire et subordonne le règlement juridictionnel ou arbitral *international* à une déclaration spécifique d'acceptation par chaque État partie (article 33 § 10). Peut-être les progrès les plus significatifs dans ce sens résulteront-ils d'une ouverture plus généreuse des voies de recours juridictionnelles *internes* — sans considération de nationalité — au titre du respect des conventions régionales ou bilatérales, contribuant à une pression politique en faveur de solutions négociées.

Sur « l'état de nécessité », invoquée par la Hongrie dans l'affaire du *Projet de Gabcikovo-Nagymaros, Slovaquie c. Hongrie*, en vue de justifier son refus de donner suite à ses engagements d'aménagement du Danube selon un traité de 1977, voir l'analyse de la CIJ, arrêt du 25 septembre 1997, § 48 et s., qui s'appuie sur les propositions de la CDI en matière de responsabilité internationale — article 33 du projet de 1980 — et n'admet le recours à ce concept que dans des circonstances exceptionnelles. Sur les motifs pouvant justifier la dénonciation unilatérale d'un tel traité, voir *supra*, n°s 198 et s. et arrêt précité, § 92 à 99.

§ 2. — *Principaux régimes spéciaux*

716. Europe

BIBLIOGRAPHIE. — L. WEHLE, « International Administration of European Inland Waterways », *AJIL* 1946, p. 100-120.

Sur le Rhin : v. Ch. DE VISSCHER, « Le nouveau régime international du Rhin », *RDILC* 1920, p. 80-85. — J. HOSTIE, « Le statut international du Rhin », *RCADI* 1929-III, vol. 28, p. 109-229. — Ph. BIAYS, « La Commission centrale du Rhin », *RGDIP* 1952, p. 223-278. — A.-C. KISS, « La Commission centrale pour la navigation sur le Rhin », *AFDI* 1955, p. 508-514. — R. MISCHLICH, « Le régime international de la navigation du Rhin », *RTDC* 1957, p. 247-288. — G. LUPI, « La liberté de navigation sur le Rhin », *JDI* 1958, p. 328-371. — D. S. COLLINSON, « The Rhine Regime in Transition : Relations between the European Communities and the Central Commission for Rhine Navigation », *Col. L. Rev.* 1972, p. 485-516.

Sur le Danube, v. G. SHERMAN, « International Organisation of the Danube under the Peace Treaties », *AJIL* 1923, p. 438-459. — J. HOSTIE, « Les actes du Danube et de l'Elbe », *RDJLC* 1923, p. 247-271. — J. L. KUNZ, « The Danube Regime and the Belgrade Conference », *AJIL* 1949, p. 104-113. — L. IMBERT, « Le régime juridique actuel du Danube », *RGDIP* 1951, p. 73-94. — H. BOKOR-SZEGO, « La Convention de Belgrade et le régime du Danube », *AFDI* 1962, p. 192-205. — S. GOROVE, *Law and Politics of the Danube*, Nijhoff, La Haye, 1964, 171 p. — H. WALTHER, « La révision de la Convention de Mannheim », *AFDI* 1965, p. 810-822. — M. SAHOVIC, « Les accords entre la Yougoslavie et la Roumanie relatifs au système de production d'électricité des portes de fer sur le Danube », *AFDI* 1969, p. 774-783. — G. CONETTI, « Una nuova administrazione fluvale speciale per il Danubio », *Riv. DI* 1971, p. 624-637. — K. ZEMANEK, *Die Schiffahrtsfreiheit auf der Donau und das künftige Regime der Rhein-Main-Donau — Großschiffahrstsstrasse*, Springer, Vienne, 1976, XI-73 p. — J.-P. JACQUÉ, « À propos de l'Accord de Rome du 23 avril 1977 – Étude de la survie de la Commission européenne du Danube », *AFDI* 1981, p. 747-767.

Sur la liaison Rhin-Main-Danube : v. les articles de A.-C. KISS, *AFDI* 1981, p. 768-780. — B. VITANYI *in* SFDI, Colloque du Mans, *Aspects actuels du droit international des transports*, Pedone, 1981, p. 183-221. — M. BAZEX, *ADMA* 1982, p. 299-356.

Sur le lac Léman v. Ph. PONDAVEN, « Le statut international du Lac Léman », *RGDIP* 1974, p. 60-120. — et *sur le lac de Constance*, v. G. RIVA, « L'exercice des droits de souveraineté sur le lac de Constance », *ASDI* 1967, p. 43-66.

Sur d'autres cours d'eau européens : v. D. RUZIÉ, « Le régime juridique de la Moselle », *AFDI* 1964, p. 764-812. — J. VERHOEVEN, « La Meuse et l'évolution du droit des fleuves internationaux », *Mél. Dehousse*, 1979, p. 139-148. — R. PLANCHAR, « Le droit international fluvial particulier dans les eaux intermédiaires Escaut-Meuse-Rhin », *ibid.*, p. 83-87. — R. GOY, « Régime juridique de la Moselle, application de la convention de Luxembourg du 27 octobre 1956 », *RGDIP* 1982, p. 174-184. — A. GOSSERIES, « The 1994 Agreement Concerning the Protection of the Scheldt and Meuse Rivers », *Europ. Law Rev.* 1995, p. 10. — J. VERHOEVEN, « Les accords de Charleville-Mézières du 26 avril 1994 sur l'Escaut et sur la Meuse », *AFDI* 1997, p. 799-809.

1° *Rhin et Moselle.* Les principes de Vienne ont été mis en application par la Convention de Mayence du 31 mars 1831 qui a donné vie à la « Commission centrale du Rhin » dont la création avait été prévue par l'Acte final de 1815. Cette Commission était placée à mi-chemin entre l'interétatisme et le superétatisme.

Elle était composée uniquement d'États riverains dont les délégués ne jouissaient d'aucune indépendance à l'égard de leurs gouvernements respectifs. Elle était seulement habilitée à établir des projets de règlement de navigation qui ne devenaient définitifs qu'après accord de tous les États intéressés. En revanche, elle était compétente pour surveiller les travaux effectués par les riverains. Surtout, la Commission était juge d'appel des décisions rendues par les tribunaux internes des États riverains à l'encontre des bateliers coupables de violation du règlement commun de navigation. La liberté de navigation proclamée ne bénéficiait en fait qu'aux États riverains, seuls compétents pour délivrer des patentes de batellerie, qui les réservaient aux demandeurs domiciliés sur leur territoire. La Convention de Mannheim du 17 octobre 1868 a confirmé les règles précédentes sans leur apporter de modifications notables.

La véritable internationalisation du Rhin a été opérée par le Traité de Versailles (articles 354-362). Désormais, la Commission centrale reçoit un pouvoir réglementaire authentique en matière de police et de navigation. Elle est même habilitée à procéder à des révisions partielles de la Convention de Mannheim. L'accès est réellement ouvert aux non-riverains qui peuvent aussi devenir membres de la Commission.

Après une période d'éclipse sous le IIIe Reich, le régime rhénan a été rétabli en 1945. Les États-Unis ont été admis dans la Commission centrale en 1950 et s'en sont retirés en 1964.

La Convention de Mannheim, toujours en vigueur, a été amendée par la Convention de Strasbourg du 20 novembre 1963, en ce qui concerne l'organisation de cette Commission et ses compétences juridictionnelles, et complétée par un protocole additionnel en 1972 (dont le Conseil d'État a écarté l'application par un arrêt du 8 juin 1979, *Ding Fasbender, RGDIP* 1980, p. 932) et par deux autres en 1979. Le Protocole n° 2, qui n'a pu entrer en vigueur qu'en 1985, traduit une certaine régression du principe de la liberté de navigation : sous la pression de la Commission des Communautés, il réserve le cabotage aux ressortissants des États riverains ou de la CE, les bateaux battant pavillon d'un autre État devant obtenir une autorisation spéciale de la Commission centrale pour la navigation du Rhin.

Avec l'affirmation de la politique commune des transports, la CE se substitue aux États membres en matière de navigation et impose des aménagements justifiés par la grave crise de surcapacité de transport sur le Rhin (v. protocole additionnel n° 4, Strasbourg, 25 avril 1989).

La Convention du 27 octobre 1956 entre l'Allemagne, la France et le Luxembourg a étendu le système rhénan à la navigation sur la Moselle. La conclusion de l'accord de Charleville-Mézières du 26 avril 1994, relatif à la protection de la Meuse et de la Moselle, illustre bien les difficultés politiques (redistribution des compétences entre l'État et les provinces fédérées belges) et techniques (problèmes de restitution des eaux) d'une gestion collective des grandes voies d'eau européennes.

La sentence arbitrale rendue dans le cadre de la CPA le 12 mars 2004 s'agissant de la protection du Rhin contre la pollution par les chlorures (affaire de l'*Apurement des comptes entre les Pays-Bas et la France*) démontre quant à elle la difficulté de répartir les charges de prévention et de réparation des pollutions fluviales (v. également *infra*, n° 753).

2° *Danube*

a) Le Traité de Paris de 1856 sur le Danube constitue, sur le plan normatif, un autre cas d'application des principes de liberté et d'égalité établis à Vienne en 1815 (v. *supra*, n° 714).

Sur le plan institutionnel, ce traité a créé deux commissions, l'une, pour le Danube fluvial et l'autre, pour le Danube maritime. Strictement riveraine, la première n'a jamais fonctionné.

En revanche, le Danube maritime étant ouvert à la navigation internationale, la deuxième commission a été effective.

À la différence de la Commission centrale du Rhin avant la réforme de 1919, la Commission du Danube maritime se composait dès le départ, d'États riverains et non-riverains (France, Grande-Bretagne, Sardaigne). Cette « européanisation » lui a valu l'appellation de « Commission européenne du Danube ». En ce qui concerne ses compétences, elle était aussi plus internationale que la Commission du Rhin. Elle recevait des pouvoirs de législation, de réglementation, de juridiction, d'administration, d'exécution et de police. Elle bénéficiait de l'autonomie financière. Le Traité de Berlin de 1878 lui conférait même le privilège de « l'extraterritorialité » en décidant qu'elle exercerait ses compétences en complète indépendance des autorités riveraines. La souveraineté de la Roumanie était la plus atteinte. Ces compétences étaient telles que les auteurs classiques, qui ne reconnaissent que les États comme sujets du droit international, n'ont pas hésité à qualifier la Commission européenne du Danube d'« État fluvial ». Elle a fonctionné dans ces conditions jusqu'à la Seconde Guerre mondiale. Au lendemain de celle-ci, les Soviétiques et les pays socialistes riverains l'ont remaniée entièrement par l'élimination des puissances occidentales.

b) La Convention de Belgrade de 1948. En application des traités de paix de 1947 dont une clause réaffirme le principe de la liberté de la navigation sur le Danube, une conférence internationale a été réunie pour élaborer une nouvelle Convention destinée à remplacer celle de 1856. Cette nouvelle Convention a été conclue à Belgrade le 18 août 1948.

Tout en mettant en œuvre les principes de liberté de navigation et d'égalité de traitement pour tous les usagers, riverains et non-riverains, cette Convention a constitué une nouvelle

Commission du Danube dont les non-riverains sont exclus. La Grande-Bretagne et la France, qui ont participé aux travaux de la Conférence de Belgrade, ont réclamé sans succès le maintien de la composition élargie aux non-riverains telle qu'elle résultait du régime antérieur. Afin de protester contre le nouveau régime, ces deux États ont refusé de signer la Convention de Belgrade. Ils ont affirmé ensuite que cette dernière Convention ne leur serait pas applicable et qu'à leur égard, l'ancienne Convention de 1856 devait être considérée comme étant toujours en vigueur. Cette position, qui est juridiquement correcte au regard des règles générales sur la modification des traités (v. *supra*, n° 175) n'a pu produire cependant aucun effet pratique. Sans y renoncer, ils ont néanmoins conclu, le 23 avril 1977, un accord sur la dévolution des avoirs de la Commission européenne.

La liberté de navigation affirmée en théorie n'est guère consacrée en pratique, car elle est placée entre les mains des riverains. Du fait des monopoles étatiques dans les pays de l'Est, les compagnies de navigation sont dans une position trop inégale pour pouvoir établir des lignes sur le Danube.

Les compétences de la nouvelle Commission (qui est strictement riveraine) ne diffèrent pas sensiblement de celles qui sont attribuées traditionnellement aux commissions fluviales : coordination des activités des États riverains, établissement des règles sur la navigation, contrôle de leur application, règlement obligatoire des différends entre États riverains, détermination des travaux, fixation des dépenses, etc.

Après une période de crise due à la tension politique entre la Yougoslavie et l'URSS stalinienne, le fonctionnement de la Commission est redevenu normal depuis 1953. L'Autriche, dont l'indépendance a été reconnue officiellement par le Traité d'État autrichien du 15 mai 1955, a adhéré à la Convention de Belgrade le 7 janvier 1960. De son côté, la République fédérale d'Allemagne a signé avec l'Union soviétique deux accords en 1957 et 1962 sur l'utilisation du Danube par ses navires. Depuis 1957, ses experts techniques ont été admis à siéger au sein de la Commission.

Les institutions concernées avaient une compétence limitée à la seule utilisation traditionnelle des voies d'eau internationales, la navigation. Pour toutes les autres utilisations, les concertations restaient intergouvernementales, le plus souvent bilatérales. Les inconvénients d'une telle situation, où toute divergence d'intérêts conduit à une confrontation diplomatique et à une escalade de contre-mesures (v. *supra*, n° 574), sont apparus clairement lors de l'exécution du traité de Budapest du 16 septembre 1977 entre la Tchécoslovaquie — puis la Slovaquie — et la Hongrie (affaire du *Projet de Gabcikovo-Nagymaros*, portée devant la CIJ en vertu du compromis de Bruxelles du 7 avril 1993, dont la conclusion n'a été rendue possible que par une médiation de l'Union européenne sur la base de l'accord de Londres du 8 octobre 1992). L'arrêt du 25 septembre 1997 constate que, dans l'espèce, c'est à tort que la Hongrie a suspendu en 1989 puis abandonné les travaux du système d'écluses et de la dérivation des eaux.

Avec la disparition des régimes communistes, il est devenu possible d'élargir la concertation interétatique à d'autres préoccupations et à d'autres utilisations du Danube que la navigation, en y associant les États riverains et la Communauté européenne (v. la Convention de Sofia du 29 juin 1994). Par ailleurs, l'Allemagne a finalement adhéré en 1998 à la Convention de 1948 (v. le Protocole additionnel du 26 mars 1998).

3° *La liaison Rhin-Main-Danube.* L'ouverture, en 1986, d'une voie navigable à grande section reliant, à travers le territoire de la RFA, le Rhin au Danube par le Main et un canal allant de Bamberg (Main) à Kelheim (Danube) a fait rebondir le problème de la disparité de statut des deux grands fleuves. Étant donnée la difficulté d'aboutir à un traité multilatéral d'ensemble, la navigation sur la liaison continue de relever de la compétence de l'Allemagne, sous réserve des éventuels accords bilatéraux conclus avec les États utilisateurs et de l'application de la réglementation communautaire, notamment s'agissant des réseaux transeuropéens de transport.

4° Le statut du *lac Léman* est aujourd'hui fixé par les conventions franco-helvétiques du 25 février 1953 (fixation de la frontière à la ligne médiane), du 16 novembre 1962 (lutte contre la pollution de l'ensemble du bassin de drainage, création d'une Commission internationale), du 7 décembre 1976 (compétence nationale en matière de navigation, création d'une Commission mixte consultative), et du 20 novembre 1980 (pêche, création d'une Commission consultative).

5° Le *lac de Constance* dont les riverains sont l'Autriche, l'Allemagne et la Suisse présente la particularité de n'avoir jamais fait l'objet d'un accord de délimitation. Son statut actuel, très complexe, est partiellement fixé par le Traité entre la RFA et la Suisse du 1er juin 1973.

717. Moyen-Orient

BIBLIOGRAPHIE. — A. M. HIRSCH, « Utilization of International Rivers in the Middle East », *AJIL* 1956, p. 81-100. — J. V. LOUIS, *RDN* 1965, p. 1008-1021 et *AFDI* 1966, p. 823-865. — D. MOMTAZ, « Le régime juridique des ressources en eau des cours d'eau internationaux du Moyen-Orient », *AFDI* 1993, p. 874-897. — E. PICARD, « Eau et sécurité dans le bassin de l'Euphrate », *Géopolitique* 1993, n° 43, p. 76-81. — H. ELVER, *Peaceful Uses of International Rivers. The Euphrates and Tigris Rivers Dispute*, Transnational Publ., Arsdley NY, 2002, XXXVII-504 p. — K.-D. HAMBRIGHT, *Water in the Middle East : Cooperation and Technical Solutions in the Jordan Valley*, Sussex Academic Press, 2006, XIV-249 p. — H. SHUVAL ed., *Water Resources in the Middle East*, Springer, 2007, XIV-454 p.

Les conditions climatiques de cette région — précipitations irrégulières, aridité de sols — et les exigences prioritaires du développement économique — irrigation, consommation urbaine, production d'électricité — posent en termes particulièrement aigus et urgents deux types d'utilisation des eaux fluviales : la répartition des eaux, la création d'installations hydro-électriques. Outre le poids des considérations politiques, la réponse à ces questions est pour l'essentiel de caractère bilatéral.

Seul le Chatt-el-Arab, au confluent du Tigre et de l'Euphrate, se prête à la navigation depuis la mer et fait l'objet d'un régime juridique adapté à cet usage (Convention irano-irakienne de Bagdad du 26 décembre 1975).

a) Le *Yarmouk* : unique ressource de la Jordanie, ce fleuve offre des possibilités d'aménagement hydro-électrique, qui n'ont pu se concrétiser sur la base de l'accord de Damas du 4 juin 1953, entre la Jordanie et la Syrie ; de nouvelles opportunités pour une solution négociée du partage des eaux avec Israël pourraient résulter du traité de paix de 1994 (R. Kuente Minga, *RGDIP* 1997, p. 391-420).

b) Plus heureuses ont été les prévisions d'aménagement hydro-électrique de l'*Aras*, entre l'Iran et l'URSS : l'accord de Téhéran du 11 août 1957, étendu à de nouveaux projets en 1977, repose sur un partage égalitaire des ressources en eau et en énergie.

c) Face aux initiatives unilatérales d'Israël — pompage des eaux du lac de Tibériade —, aucune action collective n'a pu être menée à bien en ce qui concerne le *Jourdain*.

d) L'importance de l'*Euphrate* pour ses trois États riverains — la Turquie, la Syrie et l'Irak — rend toujours difficile un accord négocié sur le partage de ses eaux, en particulier aux fins de l'irrigation (v. par exemple l'accord d'Ankara du 18 septembre 1992 entre la Turquie et la Syrie). Favorisée par les initiatives unilatérales des États d'amont, la tension politique récurrente a interdit jusqu'ici la négociation d'un aménagement intégré du bassin de ce fleuve.

718. Amérique

BIBLIOGRAPHIE. — C. SOSA-RODRIGUES, *Le droit fluvial international et les fleuves de l'Amérique latine*, Pedone, 1935, 192 p. — M. COHEN, « Le régime des cours d'eau frontières entre le Canada et les États-Unis », *RCADI* 1975-III, vol. 146, p. 219-340.

Sur le Saint-Laurent et les grands lacs, v. Ph. JESSUP, « The Great Lakes, St Laurence Deep Waterway Treaty », *AJIL* 1932, p. 814-819. — E. BORCHARD, « The Saint Laurence Waterway and Power Project », *AJIL* 1949, p. 411-434. — D. VIGNES, « Les travaux du Saint-Laurent », *AFDI* 1957, p. 119-133. — D. C. PIPER, *The International Law of the Great Lakes*, Duke UP, Durham, 1967, 165 p.

Sur le fleuve Columbia, v. Ch. E. MARTIN, « The Diversion of Columbia River Waters », *ASIL Proceedings*, 1957, p. 2-10. — R. W. JOHNSON, « Columbia River System », *ibid.* 1960, p. 120-134. — J. V. KRUTILLA, *The Columbia River Treaty*, John Hopkins UP, 1967, 211 p.

Sur le Rio Grande et le Colorado, v. G. REINHARDT, « Rectification of the Rio Grande », *AJIL* 1937, p. 44-54. — N. HUNDLEY Jr., « The Colorado Waters Dispute », *Foreign Affairs* 1963-1964, p. 495-500.

Sur l'Amazone, v. Ch. CAUBET, « Le Traité de coopération amazonienne », *AFDI* 1984, p. 803-818.

Sur le bassin du Rio de la Plata, v. H. GROS-ESPIELL, « Le régime juridique du Rio de la Plata », *AFDI* 1964, p. 725-737. — F. A. VON DER HEYDTE, « Der Parana-Fall... », *Mél. Berber*, 1974, p. 207-216. — F. ARMAS PFIRTER, « Le Tribunal arbitral du Salto Grande et sa jurisprudence », *AFDI* 1993, p. 540-566.

1° *Saint-Laurent et grands lacs.* Long de 3 100 kilomètres, le Saint-Laurent est commun au Canada et aux États-Unis. La liberté de navigation y a été proclamée par le Traité anglo-américain du 8 mai 1871 et réaffirmée par celui du 11 janvier 1909 sur le régime des eaux limitrophes entre le Canada et les États-Unis. Ce traité institue une Commission mixte internationale dotée de pouvoirs étendus d'ordres administratif et arbitral.

Pour que les navires de gros tonnage puissent le remonter jusqu'aux Grands Lacs, il fallait procéder à l'aménagement de ce fleuve. Comme cette entreprise aurait pour effet de réduire le trafic des ports américains, le Sénat des États-Unis avait, pendant longtemps, refusé au gouvernement toute autorisation. Celle-ci ne fut finalement donnée qu'en 1954 *(Saint Lauwrence Seaway Act).* Les travaux nécessaires prirent fin en 1959. Le régime de la navigation y est fixé par une législation parallèle des deux États.

2° Également américano-canadien, le fleuve *Columbia* est régi, en ce qui concerne la navigation, par le Traité précité de 1909. Par un Traité du 17 janvier 1961, complété en 1964, sur la mise en valeur des ressources hydrauliques du bassin du fleuve, les deux États ont décidé la construction de plusieurs barrages et le partage de la production hydro-électrique supplémentaire en résultant ; en même temps, les États-Unis reconnaissaient au Canada le droit d'effectuer des dérivations que ce pays revendiquait depuis longtemps.

3° Le *Rio Grande* et le *Colorado* traversent successivement les États-Unis et le Mexique. La liberté de navigation y est reconnue et l'utilisation des eaux y est partagée, tant entre les deux pays qu'entre les divers États des États-Unis en fonction du principe de l'*equitable aportionment.*

4° Le *bassin amazonien* est occupé par huit États latino-américains. La partie navigable du grand fleuve est entièrement incluse dans le territoire du Brésil qui l'a ouverte à la navigation internationale en 1866. Le Pacte amazonien signé à Brasilia le 3 juillet 1978 a prévu un programme ambitieux de coopération entre tous les États du bassin amazonien.

5° Le *bassin du Rio de la Plata* est formé du Rio de la Plata proprement dit, et des deux grands fleuves dont celui-ci constitue l'estuaire, le Parana et l'Uruguay. La liberté de navigation y est reconnue par une succession de traités conclus depuis le milieu du XIXe siècle (sur le Rio de la Plata *stricto sensu*, v. *supra*, n° 676). Outre quelques traités bilatéraux, les États riverains ont conclu, le 23 avril 1969, le Traité de Brasilia pour la mise en valeur du bassin du rio de la Plata.

6° Le fleuve Uruguay a par ailleurs fait l'objet le 26 février 1975 d'un traité bilatéral (le « statut du fleuve Uruguay ») conclu entre l'Argentine et l'Uruguay, qui établit entre ces deux États, dans le prolongement de l'accord du 7 avril 1961 définissant leur frontière, un régime commun pour l'utilisation du fleuve. La CIJ a été saisie le 4 mai 2006 d'une affaire impliquant ce statut (à propos de constructions d'usines de pâte à papier sur le fleuve Uruguay comportant selon l'Argentine un risque environnemental). Dans son ordonnance en indication de mesures conservatoires du 13 juillet 2006, la Cour a eu l'occasion de mettre en valeur l'originalité du régime établi en remarquant que « le statut de 1975, par ses dispositions détaillées prévoyant une coopération entre les parties dans le cas d'activités ayant des incidences sur l'environnement du fleuve, a créé un régime complet et novateur ; (...) l'établissement de la CARU [Commission administrative du fleuve Uruguay] — mécanisme commun doté de fonctions réglementaires, administratives, techniques, de gestion et de conciliation —, à laquelle a été confiée la bonne application des dispositions du statut de 1975 régissant la gestion des ressources fluviales partagées, constitue un élément significatif à cet égard » (*Usines de pâte à papier sur le fleuve Uruguay*, ord. du 13 juillet 2006, par. 81).

7° S'agissant du statut particulier du fleuve San Juan formant frontière entre le Nicaragua et le Costa Rica, v. l'arrêt de la CIJ du 13 juillet 2009 dans l'affaire du *Différend relatif à des droits de navigation et des droits connexes (Costa Rica c. Nicaragua)*.

719. Asie

BIBLIOGRAPHIE. — A.-K. BISWAS, *Asian International Waters,* Oxford UP, 1996, XIV-289 p. — V. RICHARD, *La coopération sur la gestion des cours d'eau internationaux en Asie*, La Documentation française, 2005, 460 p.

Sur le Mékong : NGUYEN QUOC Dinh, « L'internationalisation du Mékong », *AFDI* 1962, p. 91-115 ; « La coopération internationale pour l'aménagement du Mékong », *RJPIC* 1964, p. 185-192. — V. M. WHEELER, « Coopération for Development in the Lower Mekong Basin », *AJIL* 1970, p. 594-609. — P. K. MENON, « Some Legal Aspects of the Committee for Coordination of Investigations of the Lower Mekong Basin », *NILR* 1971, p. 197-216. — E. GOH, *Developing the Mekong*, Routledge, 2007, 71 p.

Sur l'Indus : F. J. FOWLER, « The Indo-Pakistan Water Dispute », *YBWA* 1955, p. 101-125. — G. FISCHER, « La BIRD et l'utilisation des eaux du bassin de l'Indus », *AFDI* 1960, p. 669-684. — A. W. KNAUTH, « The Indus River System », *ASIL, Proceedings* 1960, p. 134-136. — J. G. LAYLIN, *ibid.*, p. 144-150. — B.-E. CONCANNON, « The Indus Water Treaty », *The Georgetown International Environmental Law Review* 1989, p. 55-79.

Sur le Gange : S. P. SUBEDI, « The Legal Regime Concerning the Utilization of the Water Resources of the River Ganges Bassin », *GYBIL* 2003, p. 452-493 ; ed., *International Watercourses Law for the 21st Century : the Case of the River Ganges Bassin*, Ashgate, 2005, VIII-359 p.

1° *Mékong* : Le régime de ce fleuve de 4 500 km de long avait été réglé par un accord du 29 décembre 1954 entre les États d'Indochine après leur accession à l'indépendance. La liberté de navigation y est reconnue et organisée. La Commission du Mékong est une commission purement riveraine ne disposant que de compétences consultatives.

L'ONU, par l'intermédiaire de sa Commission économique pour l'Asie, avait pris la décision d'entreprendre des travaux d'aménagement sur une grande échelle. Un comité de coordination comprenant les délégués des riverains avait été constitué, en 1957, dans le cadre de cette entreprise. Les délibérations de ce comité et l'entreprise dans son ensemble n'ont pas progressé, en raison des événements politiques dans cette région.

Ce régime, à l'élaboration duquel la Thaïlande n'avait pas participé, devait être entièrement révisé. Un accord entre les États riverains (Cambodge, Laos, Thaïlande, Vietnam) a été conclu à Chiang Rai le 5 avril 1995, en vue du développement durable du bassin fluvial du Mékong (*ILM* 1995, p. 864-880).

2° *Indus.* L'Inde et le Pakistan ont conclu, le 19 septembre 1960 un traité opérant un partage (inégal) des eaux de ce fleuve dont l'aménagement est en grande partie financé par la BIRD par l'intermédiaire du Fonds de mise en valeur du bassin de l'Indus (v. également *supra*, n° 715).

3° *Gange.* À la suite de la crise ouverte par la construction du barrage de Farakka, le Bangla Desh et l'Inde ont conclu, le 5 novembre 1977 un accord pour le partage des eaux du fleuve, renouvelé non sans difficultés en 1982 et en 1984.

720. Afrique

BIBLIOGRAPHIE. — J.-Cl. ANDRÉ, « L'évolution du statut des fleuves internationaux d'Afrique noire », *RJPIC* 1965, p. 285-310. — R. YAKEMTCHOUK, « Le régime international des voies d'eau africaines », *RBDI* 1969, p. 480-515. — T. MALUWA, « The origins and Development of International Fluvial Law in Africa » (Congo et Niger), *NILR* 1982, p. 368-400. — M. KAMTO, « Le droit international des ressources en eau continentales africaines », *AFDI* 1990, p. 843-511. — M. MUBIALA, *L'évolution du droit des cours d'eau internationaux à la lumière de l'expérience africaine, notamment dans le bassin du Congo/Zaïre*, PUF, 1995, XXI-175 p.

Sur le Sénégal : J.-Cl. GAUTRON, « L'aménagement du fleuve Sénégal », *AFDI* 1967, p. 690-702. — A.-S. BA et M.-M. MBENGUE, « Le régime juridique du fleuve Sénégal », *African Yearbook of International Law* 2006, p. 309-347. — M. J. VICK, « The Senegal River Bassin », *Natural Resources Law* 2006, p. 211-243.

Sur le Niger : A. PILLET, « La liberté de navigation du Niger d'après le Traité de Berlin du 26 février 1885 », *RGDIP* 1896, p. 190-223. — T. O. ELIAS, « The Berlin Treaty and the River Niger Commission », *AJIL* 1963, p. 873-882. — M. SCHREIBER, « Vers un nouveau régime international du fleuve Niger », *AFDI* 1963, p. 866-889 et 1964, p. 813-817. — A. ABOUBAKAR, « L'initiative Bassin du Niger : développement durable et gestion intégrée d'un grand fleuve », *Afrique contemporaine*, été 2003, p. 179-203. — V. KNOBELSDORF, « The Nile Waters Agreement », *Columbia Jl. of transnal.L.* 2006, p. 622-648.

Sur le Nil : C. A. POMPE, « The Nile Waters Question », *Mél. Verzijl*, 1958, p. 275-294. — G. BADR, « Nile Waters Question », *Rev. ég. DI* 1959, p. 94-117. — R. BATSTONE, « The Utilisation of the Nile Waters », *ICLQ* 1959, p. 523-558. — A. H. GARRETSON, « Nile River System », *ASIL Proceedings* 1960, p. 136-144. — S. HOSWI, « The Nile Regime », *Rev. ég. DI* 1961, p. 70-102. — J. BRUNEE, S. J. TOOPE, « The Changing Nile Basin Regime : Does Law Matter ? », *Harvard ILJl* 2002, p. 105-160. — V. KNOBELSDORF, « The Nile Waters Agreements », *Columbia Jl. of transnal L.* 2006, p. 622-647.

Sur le lac Tchad : I. O. AGARO, « The Establishment of the Chad Basin Commission », *ICLQ* 1966, p. 542-550.

1° *Sénégal.* Ce fleuve a été déclaré international par les quatre États riverains : le Sénégal, le Mali, la Mauritanie et la Guinée. Une commission riveraine a été instituée : l'Organisation des États riverains du fleuve Sénégal (OERS). Sa compétence était très large puisqu'elle devait coordonner l'activité des quatre États membres dans tous les domaines. En raison de la défection de la Guinée, l'OERS a cessé officiellement d'exister le 29 novembre 1971.

Une nouvelle organisation a été créée par une convention à trois conclue le 11 mars 1972 entre le Sénégal, le Mali et la Mauritanie. Sa compétence est limitée au seul aménagement du fleuve, d'où son nom : Organisation pour la mise en valeur du Sénégal (OMVS). Elle est « ouverte à tout État riverain du fleuve Sénégal qui acceptera l'esprit et la lettre de la Convention ».

2° *Niger*. Le régime de ce fleuve avait été déterminé par l'Acte général de Berlin de 1885 signé par seize puissances. Ses modalités, fondées sur les principes de liberté de navigation et d'égalité de traitement de tous les usagers (art. 26), ont été maintenues par la Convention de Saint-Germain de 1919 qui a abrogé l'acte antérieur.

Actuellement, dans l'Afrique décolonisée, les riverains de ce fleuve (cours principal et affluents compris) sont au nombre de 9, à savoir : Guinée, Mali, Bénin, Niger, Nigeria, Côte-d'Ivoire, Burkina Faso, Cameroun et Tchad. Réunis en conférence à Niamey, en 1963, les plénipotentiaires de ces États ont signé le 27 octobre un « Acte relatif à la navigation et à la coopération économique entre les États du bassin du Niger ». Cet acte abroge les clauses du Traité de Saint-Germain relatives au Niger et qui sont opposables aux États africains riverains de ce fleuve, considérés comme successeurs des anciennes puissances coloniales. Les deux principes de liberté et d'égalité sont bien entendu maintenus. Une coopération entre les riverains en vue de l'étude et de l'exécution des travaux d'aménagement et d'exploitation du fleuve est également prévue.

Un accord du 25 novembre 1964 a créé la Commission du fleuve Niger, commission riveraine qui ne reçoit que des compétences consultatives.

3° *Congo*. L'Acte général de Berlin régissait aussi la navigation sur le Congo qu'il soumettait à un régime international semblable à celui du Niger (art. 13 à 25), que le Traité de Saint-Germain a également maintenu. Il avait même été prévu pour ce fleuve une Commission internationale (art. 17), mais celle-ci n'a jamais vu le jour.

Depuis leur accession à l'indépendance, les deux États riverains (la République du Zaïre — depuis 1997 République démocratique du Congo — et la République populaire du Congo) n'ont pas réussi, en raison de leur antagonisme, à établir d'un commun accord un nouveau régime. La tentative de conciliation matérialisée par le manifeste qu'ils ont signé le 16 juin 1970, n'a débouché sur aucun résultat positif.

4° *Nil*. Le plus grand fleuve du monde (6 670 km) a fait l'objet, le 8 novembre 1959, d'un accord entre l'Égypte et le Soudan. Celui-ci, en échange d'une augmentation considérable du volume d'eau qui lui était alloué aux fins de l'irrigation par un précédent accord anglo-égyptien de 1929 accepte la construction du barrage d'Assouan, achevée en 1970.

5° *Lac Tchad*. La mise en valeur du lac Tchad a fait l'objet de la Convention du 22 mai 1964 conclue entre le Cameroun, le Niger, le Nigéria et le Tchad. La Commission du bassin du Tchad qu'elle institue n'a que des pouvoirs d'étude et de recommandation.

CHAPITRE III

Air et espace extra-atmosphérique

BIBLIOGRAPHIE. — P. DE LA PRADELLE, « Les frontières de l'air », *RCADI* 1954-II, vol. 86, p. 117-202. — BIN CHENG, « The Legal Regime of Airspace and Outer Space. The Boundary Problem : Functionalism v. Spatialism », *Annales dt. aérien et spatial*, 1980, p. 323-361. — D. GOEDHUIS, « Conflicts of Law and Divergencies in the Legal Regimes of Air Space and Outer Space », *RCADI* 1963-II, vol. 109, p. 257-349 ; et « The Problem of the Frontiers of Outer and Air Space », *RCADI* 1982-I, vol. 174, p. 367-408. — R. BIERZANEK, « Les frontières entre les États et les espaces au-delà de la souveraineté étatique », *Mél. Lachs*, 1984, p. 587-603. — G. FOUILLOUX et G. WEISHAUPT, *Recueil des textes relatifs au droit international de l'air et de l'espace*, Aix-en-Provence, ADIFURTA, vol. 1 (aviation civile), 1989, 757 p. — P. HAANAPPEL, *The Law and Policy of Air Space and Outer Space. A Comparative Approach*, Kluwer, La Haye, 2003, XVI-311 p.

721. Prédominance d'une approche fonctionnelle. — L'air, puis l'espace extra-atmosphérique, intéressent le droit international seulement depuis que, grâce aux progrès techniques, des activités humaines y sont possibles.

Dès l'origine — le premier essai de montgolfière date de 1783, de planeur de 1856 et d'aéronef de 1890 — une partie de la doctrine, Fauchille en tête, avait préconisé pour l'air un statut analogue à celui de la mer : souveraineté territoriale de l'État sous-jacent sur une partie de faible hauteur, et, au-delà, régime de liberté, comme dans la haute mer. Sous cette forme, l'idée n'a pas été consacrée par la pratique et l'espace atmosphérique dans son ensemble a été soumis à la souveraineté de l'État qu'il surplombe.

En revanche, dès le début des activités humaines dans l'espace extra-atmosphérique — le premier satellite artificiel (Spoutnik I) a été lancé en 1957, le premier astronaute a été Y. A. Gagarine en 1961, et le premier « alunissage » a eu lieu en 1969 (mission Apollo XI) —, il a été admis qu'il était, comme la haute mer, insusceptible d'appropriation.

Si la distinction de nature et de statut de l'espace extra-atmosphérique et de l'air n'est pas discutée, il n'a pas jusqu'ici été possible ni opportun de fixer un critère physique de délimitation de chaque espace. Les données scientifiques ne permettent pas d'élaborer une solution proche de la réalité physique. D'ailleurs, même si les scientifiques étaient d'accord entre eux, resterait le problème des engins qui évoluent dans les deux espaces : il serait peu satisfaisant que, sous prétexte qu'ils franchissent une ligne de démarcation, ils soient soumis à des réglementations différentes. La pratique a préféré s'orienter vers un critère fonctionnel du champ d'application des règles de la navigation spatiale et aérospatiale : l'applicabilité de ces règles dépend de l'objet de l'activité justifiant la navigation et des caractéristiques de celle-ci. Cette approche pragmatique permet de résoudre la plupart des problèmes. Elle a pour conséquence qu'aucun État ne peut prétendre, en vertu de sa souveraineté territoriale, fixer unilatéralement la limite extrême de l'espace aérien au-dessus de son territoire et que, en définitive, ce sont moins des espaces que des activités qui sont réglementées : sont soumises au droit aérien celles qui prennent appui sur l'air et au droit de l'espace extra-atmosphérique celles qui n'utilisent ni l'oxygène de l'air comme comburant, ni les courants atmosphériques.

Pour convaincante qu'elle soit globalement, l'approche fonctionnelle ne permet pas de résoudre tous les problèmes ; tel est en particulier le cas lorsqu'un engin présente un caractère mixte comme la navette spatiale, fusée en vol mais avion à l'arrivée.

Section 1

Espace aérien

BIBLIOGRAPHIE. — J. KROELL, *Traité de droit international public aérien*, Éds. internationales, 2 vol., t. I, 1934, 367 p. ; t. II, 1936, 535 p. — E. PÉPIN, « Le droit aérien », *RCADI* 1947-II, vol. 71, p. 481-548. — R. Y. JENNINGS, « Some Aspects of the International Law of the Air », *RCADI* 1949-II, vol. 75, p. 513-590. — A. MCNAIR, M. KERR et R. MCCRINDLE, *The Law of the Air*, Stevens, Londres, 1953, XXIV-500 p. — BIN CHENG, *The Law of International Air Transport*, Stevens, Londres, 1962, XII-726 p. — L. CARTOU, *Droit aérien*, PUF, 1963, 403 p. ; *Le droit aérien*, PUF, « Que sais-je ? » n° 1011, 1981, 128 p. — M. A. BRADLEY, *The Freedom of the Air*, Sijthoff, Leyde, 1968, 259 p. — C. BEREZOWSKI, « Le développement progressif du droit aérien », *RCADI* 1969-III, vol. 168, p. 1-94. — G. FOLLIOT, *Le transport aérien international*, LGDJ, 1977, 301 p. — N. MATEESCO-MATTÉ, *Traité de droit aérien-aéronautique*, Pedone, 1980, 844 p. — J. NAVEAU, *Droit du transport aérien*, Bruylant, Bruxelles, 1980, VI-243 p. ; *L'Europe et le transport aérien*, Bruylant, Bruxelles, 1983, 346 p. ; *International Air Transport in a Changing World*, Bruylant, Bruxelles, 1989, 250 p. ; *et al.*, *Précis de droit aérien*, Bruylant, 2006, 498 p. — J.-B. VALLÉ, « La fixation des tarifs aériens » *in* SFDI, colloque du Mans, *Aspects actuels du droit international des transports*, Pedone, 1981, p. 367-389. — J. F. BENTZIEN, *Der unerlaubte Einflung von Luftfahrzeugen und seine Rechtsfolgen*, Duncker & Humblot, Berlin, 1982, XX-437 p. — J. DUTHEIL DE LA ROCHÈRE, « Aspects nouveaux du bilatéralisme aérien », *AFDI* 1982, p. 914-933. — T. BALLARINO, *Diritto aeronautico*, Giuffré, Milan, 1983, XII-308 p. — K. HAILBRONNER, « Freedom of the Air and the Convention on the Law of the Sea », *AJIL* 1983, p. 490-520. — M. FOLLIOT, *Les relations aériennes internationales*, Pedone, 1985, VII-568 p. — K. G. PARK, *La protection de la souveraineté aérienne*, Pedone, 1991, 403 p. — M. ZYLICS, *International Air Transport Law*, Nijhoff, Dordrecht, 1992, XII-265 p. — P. MENDES DE LEON, *Cabotage in Air Transport Regulation*, Nijhoff, Dordrecht, 1992, XII-265 p. — I. H. Ph. DIEDERIKS-VERSCHOOR, *An Introduction to Air Law*, Kluwer, La Haye, 2001, XXXII-274 p. — L. GRARD, « L'UE et le droit international de l'aviation civile », *AFDI*

2003, p. 492-515. — F. QUILLERE-MAJZOUB, « A qui appartiennent les nuages ? », *AFDI* 2004, p. 652-667. — P. M. DUPONT, « L'espace aérien entre souveraineté et liberté au seuil du XXIe siècle », *Rev. F. dt. aérien* 2004, p. 11-22 ; « L'aéronef militaire et le droit international », *ibid.*, p. 311-324. — « Le droit du transport aérien », *Rev. F. dt. aérien* 2004, p. 259-309. — P. LARSEN e.a., *Aviation Law*, Ardsley, New York, 2006, XVII-915 p. — J.-F. DOBELLE, « L'OACI à l'aube du nouveau millénaire », *Rev. F. dt. aérien* 2007, p. 3-27.

V. également les publications périodiques consacrées au droit aérien : *Annales de droit aérien et spatial* (Annals of Air and Space Law — Montréal (MCGILL), depuis 1976), *Annuaire de droit maritime et aérien* (Nantes, depuis 1974), *Revue française de droit aérien* (Paris, depuis 1946).

Sur les détournements d'aéronefs et le terrorisme aérien, v. la bibliographie citée *supra*, sous le n° 441.

722. Évolution de la réglementation.

1° *La Convention de Paris de 1919*

a) En matière de réglementation juridique de l'espace aérien, c'est, non pas la coutume, mais la doctrine qui a apporté la première contribution à la formation du droit. Dès le début du XXe siècle, alors que le seul engin capable de voler était le ballon, Fauchille a joué le rôle de précurseur. Nys et Westlake l'ont suivi dans cette voie. Lors de sa session de Bruxelles de 1902, l'Institut de droit international a examiné un projet de règlement en 32 articles rédigés par Fauchille. Officiellement, les États, comme créateurs du droit conventionnel, ne sont intervenus qu'après 1909, date de la traversée de la Manche par Blériot qui marquait véritablement le début de l'aviation internationale. À l'initiative de la France, une conférence internationale de la navigation aérienne groupant 18 États, s'est tenue à Paris en mai-juin 1910. Un projet de convention en 55 articles a été rédigé, mais la conférence s'est séparée sans l'avoir signé à défaut d'accord sur la nature des rapports entre l'espace aérien et l'État sous-jacent. Le 26 juillet 1913 cependant, un premier traité bilatéral d'une certaine importance a été signé entre la France et l'Allemagne, quelques mois après l'incident de l'atterrissage à Lunéville d'un dirigeable allemand.

b) L'effort multilatéral a repris avec succès en 1919 à la suite des progrès accomplis par l'aviation au cours de la première guerre mondiale. Lors de la Conférence de la paix, la Commission interalliée de l'aéronautique rédigea un projet comportant 43 articles et 3 annexes qui devint, après son approbation par le Conseil suprême, la *Convention internationale portant réglementation de la navigation aérienne* ouverte à la signature à Paris le 13 octobre 1919. Elle entra en vigueur le 11 juillet 1922 après avoir recueilli 27 signatures (A. ROPERT, *La Convention internationale du 13 octobre 1919 portant réglementation de la navigation aérienne*, Sirey, 1930, 380 p. et les articles de A. KUHN, *AJIL* 1920, p. 369-381. — J. W. GARNER, *RDILC* 1923, p. 386-394 et 628-652. — F. de VISSCHER, *ibid.* 1927, p. 182-214. — M. O. HUSSON, *ibid.* 1930, p. 228-240).

Cette convention constituait la première tentative de réglementation internationale générale, les États parties étant autorisés à signer entre eux des accords bilatéraux, à condition de respecter les principes qu'elle édictait. Elle apparaissait néanmoins comme un instrument limité aux relations entre vainqueurs, puisque les adhésions des États ex-ennemis étaient subordonnées à des conditions strictes, notamment à leur admission préalable à la SdN. Quant aux États américains, ils ont conclu à La Havane le 20 février 1928 une convention séparée. Ce n'est qu'en 1929, après avoir été révisée par un Protocole du 15 juin 1929 établi en vue de l'adhésion de l'Allemagne admise à la SdN en 1926, que la Convention de Paris de 1919 a réellement acquis son caractère de convention générale : à partir de 1933, date de l'entrée en vigueur dudit protocole, elle devait s'appliquer à 53 États.

2° *Les Actes de Chicago de 1944 et les conventions postérieures*

a) Le développement prodigieux de la navigation aérienne (traversée de l'Atlantique par Lindberg) a rendu nécessaire, dès avant le déclenchement de la

Deuxième Guerre mondiale, une nouvelle révision de la Convention de 1919. Si les événements ont retardé cette entreprise, les États intéressés n'ont pas attendu la fin des hostilités pour y procéder. Répondant à l'invitation des États-Unis, 53 États (sans l'URSS) ont participé à une nouvelle conférence internationale à Chicago, du 1er novembre au 7 décembre 1944. En se séparant, ils ont établi trois instruments : la *Convention relative à l'aviation civile internationale, l'Accord relatif au transit des services aériens internationaux et l'Accord relatif au transport aérien international.* La Convention de Chicago du 7 décembre 1944 est entrée en vigueur le 7 avril 1947. L'URSS y a adhéré en 1967. Elle abroge la Convention de Paris de 1919 ainsi que la Convention interaméricaine de La Havane de 1928. Comme sa devancière, elle reconnaît la validité des accords bilatéraux compatibles avec ses termes. Elle représente le dernier état du droit positif général en la matière (les conventions de Genève de 1958 sur la haute mer et sur la mer territoriale et de Montego Bay en 1982 sur le droit de la mer contiennent aussi certaines dispositions sur le droit aérien général).

Sur la Convention de Chicago de 1944 : A. Garnault, *Rev. F. dt. aérien* 1946-1947, p. 25-32, et *sur l'OACI* — A. Manin, *L'OACI*, LGDJ, 1970, 341 p. — R. Monaco, « Le funzioni dell'OACI », *Ctà. Internle.* 1953, p. 36-52 et les chroniques de R. H. Mankiewicz à l'*AFDI* de 1956 à 1968 et en 1971, 1972 et 1975. V. également *infra*, n° 727.

b) L'utilisation de l'espace aérien pose également des problèmes de droit privé. On peut citer comme exemples la conclusion et l'exécution des contrats de transports aériens, la responsabilité pour dommages causés à la surface. Une importante convention a été signée à Varsovie le 12 octobre 1929 (modifiée notamment par un Protocole de La Haye de 1955 et profondément revue par la Convention de Montréal du 28 mai 1999). En 1933, ont été élaborées à Rome une convention sur la saisie-conservatoire et une convention sur la responsabilité, cette dernière étant remplacée par une autre convention de Rome du 7 octobre 1952. Cependant, en raison de l'extrême diversité des législations nationales, les efforts d'unification en droit privé n'ont pas produit, jusqu'à ce jour, de résultats considérables.

c) Rappelons aussi les conventions récentes relatives aux interférences illicites dans l'aviation civile internationale (v. *supra*, n° 441).

Depuis une trentaine d'années, le système relativement libéral établi par la Convention de Chicago et la Convention anglo-américaine des Bermudes (1946) est soumis à de très vives critiques. Les pays en développement lui reprochent de ne pas protéger suffisamment les intérêts de leurs jeunes compagnies aériennes nationales. À l'inverse, la politique de « déréglementation » entamée aux États-Unis sous la présidence Carter et accentuée par l'administration Reagan, conduit à une concurrence accrue entre les compagnies et à une désorganisation préoccupante de l'aviation civile internationale. Il en résulte des tendances contradictoires que reflète la Convention de Kingston (« Bermudes II », 23 juillet 1977) conclue par les États-Unis et le Royaume-Uni à la suite de la dénonciation par ce pays de la Convention de 1946 qui avait servi de modèles à un grand nombre de traités bilatéraux sur les lignes aériennes régulières ; consacrant les pratiques de fait, le nouveau texte ne se contente pas d'un contrôle *a posteriori* du partage du trafic et établit une procédure *bilatérale* de fixation des tarifs.

Plus récemment, les préoccupations relatives à la préservation de l'environnement se sont ajoutées à la recherche d'un régime équilibré de la navigation aérienne (cf. la convention-cadre des Nations Unies sur les changements climatiques du 9 mai 1992, qui vise essentiellement à lutter contre l'« effet de serre » par une coopération poussée entre les Parties) (v. *infra*, n° 755).

Sur le plan du droit international général, deux problèmes principaux se posent : quel est le statut juridique de l'espace aérien ? Quel est le régime de la navigation aérienne ?

§ 1. — *Statut juridique de l'espace aérien*

723. Espace aérien national. — 1° *Souveraineté de l'État sous-jacent.* L'article 1er de la Convention de Paris de 1919 adopte, en termes catégoriques, la solution de la souveraineté que prônaient von Liszt et Westlake, en opposition à la thèse soutenue par Nys :

« Les hautes parties contractantes reconnaissent que chaque puissance a la souveraineté complète et exclusive sur l'espace atmosphérique au-dessus de son territoire. »

La Convention de Chicago de 1944 reconduit le principe. Les deux conventions ont pris soin de préciser que le territoire de l'État comprend ses « eaux territoriales adjacentes ». Ce qui est confirmé par l'article 2 de la Convention de Genève sur la mer territoriale et par l'article 2, § 2, de la Convention de Montego Bay de 1982 (v. *supra*, n° 674).

Les règles applicables à la navigation aérienne y compris au-dessus de la mer territoriale, sont cependant tout à fait différentes de celles qui régissent la navigation maritime. En particulier, il n'existe pas de norme coutumière autorisant de plein droit le survol du territoire de l'État, qui pourrait être assimilée au principe du libre passage inoffensif. La seule exception concerne le passage en transit dans certains détroits internationaux (v. *supra*, n° 679).

Il en résulte que, sauf engagement conventionnel contraire, l'État est libre de réglementer et même d'interdire le survol de son territoire et que tout survol non autorisé constitue une atteinte à la souveraineté territoriale de l'État sous-jacent (cf. CIJ, arrêt du 27 juin 1986, *Activités militaires au Nicaragua, Rec.* p. 128).

Un aspect particulièrement important de cette réglementation porte sur la sécurité et le contrôle des mouvements des aéronefs. Pour en renforcer l'efficacité les États concluent souvent des accords bilatéraux ou régionaux dans ce domaine. Un exemple remarquable de coopération est constitué par la Convention du 13 décembre 1960 par laquelle plusieurs États européens ont confié ces fonctions à l'Organisation européenne pour la sécurité de la navigation aérienne (Eurocontrol) ; cependant, ici aussi, la modification de la Convention de 1960, intervenue en 1981, traduit la tendance des États à recouvrer des compétences aussi larges que possible.

La violation de l'espace aérien national par un aéronef étranger autorise l'État survolé à l'intercepter et à exiger l'atterrissage. Toutefois, à l'égard des aéronefs civils, il ne jouit pas d'un pouvoir illimité de riposte ; celle-ci doit être raisonnable et ne pas mettre en danger la vie des personnes se trouvant à bord. Ces règles, qui concilient la souveraineté territoriale de l'État et les considérations élémentaires d'humanité qui s'imposent à tous, ont été rappelées et précisées par le Protocole de Montréal, portant amendement à la Convention de Chicago, adopté le 10 mai 1984 à la suite de l'affaire du *Bœing 747 de Korean Airlines*.

Le 1er septembre 1983, la chasse soviétique a abattu un avion de ligne de Korean Airlines qui survolait le territoire de l'URSS sans autorisation, faisant ainsi 269 victimes (v. les articles de J. Dutheil de La Rochère, *AFDI* 1983, p. 750-772. — G. Guillaume, *Rev. F. dt. aérien* 1984, p. 215-226. — F. Hassan, *ICLQ* 1984, p. 712-725. — J. Cl. Piris, *AFDI* 1984, p. 711-732 et *RGDIP* 1986, p. 815-847. — B. Cheng, *Mél. Diederiks-Verschoor*, 1985, p. 49-74). Cette affaire, qui a suscité une émotion considérable a conduit l'OACI à diligenter une enquête internationale, à adopter par voie d'amendement l'article 3 *bis* et à renforcer, à la demande de la France et contre le vœu des États-Unis et de l'URSS, l'ensemble des normes et pratiques recommandées en ce domaine (v. la bibliographie précitée sur le n° 722).

Ce faisant, les États ont pris soin de souligner le caractère déclaratoire d'une norme coutumière (ils « reconnaissent que chaque État doit s'abstenir de recourir à l'emploi des armes contre les aéronefs civils... »), tout en lui assurant l'effet d'une prohibition directe et en limitant l'abus du procès d'intention fait par certains États à des aéronefs civils de « couvrir » des activités d'espionnage.

On peut s'interroger sur le bien fondé des motifs qui ont poussé la Cour de cassation à estimer que la responsabilité d'une compagnie aérienne se trouvait engagée pour les dommages subis par les passagers d'un appareil attaqué par un chasseur soviétique à la suite du survol d'une zone interdite (Cass. civ. 1re, 15 déc. 1981, *Korean Airlines, Bull.* p. 325) semblant ainsi étendre à la navigation commerciale des « droits » de contrainte armée qui ne sont opposables qu'aux aéronefs d'État. Une telle jurisprudence ne devrait pas être maintenue sur les mêmes fondements.

Il n'est pas exclu enfin que dans certaines circonstances, l'État se trouve dans l'*obligation* d'interdire le survol de son territoire.

Tel est le cas si un autre État sollicite de sa part le droit d'emprunter son espace aérien pour mener des actions militaires illicites sur le territoire d'un État tiers. Saisi de cette question à l'occasion d'un recours en annulation dirigé contre la décision prise par les autorités françaises d'ouvrir l'espace aérien français aux avions militaires américains et britanniques engagés dans la guerre menée contre l'Irak au printemps 2003, le Conseil d'État s'est déclaré incompétent le 30 décembre 2003 au motif qu'il s'agissait d'un acte non détachable de la conduire des relations internationales de la France (*RGDIP* 2004, p. 543 s., comm. F. Poirat ; v. également, à propos non plus de la France, mais de la Belgique, O. Corten, *RBDI* 2005, p. 417-446). Une question du même type s'est posée dans le cadre de la lutte menée depuis 2001 contre le terrorisme international à l'égard des vols « secrets » de la CIA (utilisation de l'espace aérien de certains États européens par des avions américains procédant à des transferts de prisonniers en dehors de tout contrôle judiciaire et en marge des procédures applicables d'extradition). Des enquêtes ont été ouvertes sur ces activités par le Conseil de l'Europe et le Parlement européen (v. not. la résolution 1507 de l'Assemblée parlementaire du Conseil de l'Europe du 27 juin 2006).

2° *Délimitation. a)* Il n'existe pas de limite géographique entre l'air et l'espace (v. *supra*, n° 721). Cette absence de *délimitation horizontale* ne tient pas seulement à la difficulté de définir les deux espaces en fonction de leurs propriétés physiques *(ibid.)*, elle est, en réalité, indissociable du régime juridique de l'espace aérien. La souveraineté pleine et exclusive de l'État sur celui-ci sans limitation de hauteur n'est pas fondée, comme les prétentions des riverains sur une mer adjacente de plus en plus étendue, sur des considérations économiques. On a cherché à la justifier par la nature physique de l'air qui n'est pas, comme l'eau, matériellement séparable de la terre à laquelle, au contraire, il « adhère » entièrement. La véritable raison réside cependant dans la défense des intérêts de sécurité nationale. La distance ne joue ici aucun rôle protecteur : le danger que peut présenter pour la sécurité des États sous-jacents le survol d'un aéronef étranger est le même, quelle que soit la hauteur à laquelle il se déplace.

b) Les conventions de Paris et de Chicago n'ont établi aucune règle relative à la *délimitation latérale* de l'espace aérien. Devant cette lacune, il ne reste qu'à fixer les frontières aériennes par référence aux frontières terrestres et maritimes. Les premières doivent coïncider avec les lignes constitutives des secondes. Mais il est évident que sur le plan pratique, à la vitesse actuelle de vol des aéronefs, le repérage de ces lignes est fort difficile. Les procédés techniques utilisés par les commandants de bord ne donnent que des résultats approximatifs. Les erreurs toujours possibles sont à l'origine de violations involontaires de frontières aériennes, ce qui pose avec acuité le problème du règlement des différends (v. *infra*, n° 727).

724. Espace aérien international. — La souveraineté territoriale de l'État s'arrête aux limites extérieures de sa mer territoriale. Elle ne s'étend pas à l'espace aérien qui se trouve au-dessus de la haute mer ou même des zones sur lesquelles il dispose seulement de droits souverains, plateau continental et zone économique exclusive (v. les articles 58 et 78 de la Convention sur le droit de la mer de 1982).

Pour d'évidentes raisons de sécurité le statut de liberté qui s'y applique ne saurait cependant être absolu. L'article 12 de la Convention de Chicago prévoit pour cette raison qu'« au-dessus de la haute mer, les règles en vigueur seront les règles établies » par l'OACI, en matière de vol et de manœuvres des aéronefs, c'est-à-dire les « annexes » à la Convention (v. *infra*, n° 727, 2°, a).

Cette internationalisation demeure cependant incomplète. En premier lieu le pouvoir de réglementation de l'OACI est limité à l'aviation civile, il ne s'étend pas aux aéronefs d'État quoique l'Assemblée ait recommandé aux États contractants d'inclure dans leur législation nationale des dispositions étendant à ceux-ci l'application des « règles de l'air » figurant à l'Annexe II à la Convention (v. *AFDI* 1965, p. 648). En deuxième lieu, en pratique, l'aéronef se trouvant dans l'espace aérien international reste sous le contrôle de l'État d'approche et doit se plier aux instructions que celui-ci lui donne. Enfin et surtout, l'OACI ne bénéficie d'aucune compétence d'exécution : c'est à chacun des États contractants qu'il appartient d'adopter des mesures afin d'assurer que tout aéronef ayant sa nationalité se trouvant au-dessus de la haute mer ou d'une zone économique exclusive se conforme aux règles et règlements en vigueur (art. 12).

Sur les compétences respectives des divers États intéressés pour la répression des infractions commises à bord d'un aéronef en vol, v. *supra*, n° 435.

§ 2. — *Régime de la navigation aérienne*

725. Notion juridique d'aéronef. — 1° *Définition.* La définition juridique de l'aéronef ne tient pas compte de sa fonction en tant qu'engin destiné au transport commercial ou non-commercial des personnes, des marchandises ou du courrier. L'accent est mis seulement sur le milieu dans lequel il évolue. De nombreuses législations internes ne retiennent que sa capacité de s'élever et de circuler dans les airs (France, États-Unis, etc.). La Convention de Chicago, comme celle de Paris, prend en considération l'élément de la résistance de l'air et le définit comme « un appareil capable de se soutenir dans l'atmosphère grâce aux réactions de l'air autrement que par les réactions de l'air contre la surface de la terre » (annexe II, chapitre 1).

2° *Distinctions des aéronefs d'État et des aéronefs privés.* Le statut des aéronefs dépend de leur nature publique ou privée. Les conventions emploient les dénominations d'aéronef civil et d'aéronef d'État. Elles les distinguent, comme les navires, par leur fonction et non par la qualité de leur propriétaire ; les aéronefs d'État sont ceux utilisés dans des services militaires, de douane ou de police (art. 3 de la Convention de Chicago ; art. 30 de la Convention de Paris). La Convention de Paris ajoutait les aéronefs affectés aux services postaux et précisait — ce qui est implicite dans la Convention de Chicago — que tous les autres aéronefs sont réputés civils.

3° *Nationalité et immatriculation.* v. *supra*, n° 325-2°.

726. Libertés de l'air. — Ce n'est que dans l'espace aérien international qu'existe *la* liberté de l'air, qui se manifeste pour les aéronefs quels qu'ils soient par la liberté de survol (v. *supra*, n° 724). Dans les espaces aériens surplombant les territoires étatiques, il n'y a que *les* libertés de l'air qui s'exercent dans le cadre de la souveraineté de l'État sous-jacent et doivent se concilier avec elle. Lors de la Conférence de Chicago, les États-Unis qui disposaient non seulement d'une avance technique considérable sur les autres États participants mais aussi d'un réseau d'aérodromes construits un peu partout dans le monde ont vainement plaidé la cause de *la* liberté. Finalement, la thèse anglo-canadienne de la *liberté contrôlée* a triomphé. Il ressort des trois textes principaux adoptés qui sont actuellement en vigueur qu'il faut distinguer entre plusieurs catégories d'aéronefs.

1° *Les aéronefs civils n'assurant pas un service de transport commercial* (de personnes, de marchandises ou de courrier) bénéficient du droit de passage qui s'exerce au moyen de *deux libertés* : liberté de transit sans escale et liberté de faire des escales non commerciales. D'après l'article 96.*d* de la Convention de Chicago relative à l'aviation civile internationale, l'escale non commerciale « signifie un atterrissage ayant un but autre que l'embarquement ou le débarquement de passagers, de marchandises ou de courrier ». L'État survolé a le droit d'exiger l'atterrissage. La Convention de Paris de 1919 reconnaissait déjà ces deux libertés. Que ce soit en 1919 ou actuellement, celles-ci ne reposent pas sur la coutume, elles sont strictement conventionnelles. Elles ne profitent qu'aux aéronefs ayant la nationalité d'un des États parties à ces conventions et ne s'appliquent qu'à ces mêmes États. Les aéronefs ayant la nationalité d'un État tiers ne peuvent jouir de ces libertés qu'à la condition d'y être autorisés par l'État survolé. En outre, un État peut « pour des raisons de nécessité militaire ou de sécurité publique » définir des « zones interdites » ou interdire, dans des circonstances exceptionnelles, le survol de tout ou partie de son territoire même aux aéronefs des autres États contractants, à condition de ne pas faire de discrimination entre ceux-ci (art. 9 de la Convention de Chicago).

2° *Les aéronefs assurant un service de transport commercial non régulier* jouissent aussi des deux libertés précédentes. Ils reçoivent en outre le privilège de l'escale commerciale sous réserve pour l'État territorial d'imposer telles réglementations ou telles restrictions qu'il jugerait souhaitables (art. 5, al. 2, de la Convention de Chicago).

3° *Les aéronefs assurant un service de transport commercial régulier* sont régis, en ce qui concerne les libertés, par les deux autres accords de Chicago, l'accord relatif au transit et l'accord relatif au transport aérien international. La Convention ayant adopté une solution générale négative à ce sujet (art. 6), ils ne peuvent bénéficier des libertés que si leurs États nationaux respectifs sont également parties à ces deux accords.

D'après ceux-ci, ils jouissent des *deux libertés* classiques susvisées (transit et escale non commerciale). L'accord sur le transport aérien (art. 1er, section 1) reconnaît en plus *trois* autres libertés strictement commerciales, à savoir :

a) « Le droit de débarquer des passagers, du courrier et des marchandises embarqués sur le territoire de l'État dont l'aéronef possède la nationalité » ;

b) Le droit d'embarquer des passagers, du courrier et des marchandises à destination du territoire de l'État dont l'aéronef possède la nationalité » ;

c) « Le droit d'embarquer des passagers, du courrier et des marchandises à destination du territoire de tout autre État contractant et le droit de débarquer des passagers, du courrier et des marchandises en provenance du territoire de tout autre État contractant. »

L'accord prévoit la possibilité de faire des réserves sur la dernière liberté (art. 4, section 1). Dans la pratique, celle-ci est rendue effective par des accords bilatéraux.

4° *Les aéronefs assurant le cabotage*, c'est-à-dire un service commercial par des vols intérieurs d'un point à un autre du territoire d'un même État, doivent en principe posséder la nationalité de celui-ci. Le cabotage par des aéronefs étrangers est soumis, qu'il s'agisse de service régulier ou non régulier, à l'autorisation expresse de l'État intéressé (art. 7 de la Convention).

Il est toujours possible, par des accords *inter se*, de déroger à la solution de principe : tel est désormais le cas au sein de l'Union européenne.

5° *Les aéronefs d'État* ne jouissent *de plano* d'aucune des deux libertés classiques constitutives du droit de passage inoffensif, la Convention de Chicago, comme celle de Paris, ne s'appliquant qu'aux aéronefs civils. Les appareils publics et notamment les aéronefs militaires ne peuvent donc survoler un territoire qu'après autorisation. Ils jouissent de l'immunité si le survol est régulièrement autorisé et sont déchus de ce privilège dans le cas contraire.

Par trois règlements en date du 23 juillet 1992, le Conseil des ministres de la Communauté a consacré à la fois le libre accès des transporteurs communautaires aux aéroports des Douze et la liberté de fixation des tarifs. En revanche, l'unité de réglementation à l'égard des États tiers est loin d'être acquise (v. à cet égard le règlement n° 847/2004 du PE et du Conseil du 24 avril 2004 concernant les accords entre États membres et États tiers en matière de services aériens).

Sur la différence de régime applicable à la navigation aérienne en fonction de la nature du territoire survolé, v. G. Kyriakopoulos, « Statut des espaces maritimes et régime juridique de la navigation aérienne », *RGDIP* 2001, p. 307-329.

727. L'OACI. — Le régime étant établi, il faut veiller à sa correcte application et poursuivre l'effort d'uniformisation des normes et des procédures qu'exigent les besoins de la sécurité et de la technique. Ces tâches ne peuvent être remplies que par une organisation internationale permanente. À l'instar de la Convention de Paris de 1919 qui créa la Commission internationale de la navigation aérienne (CINA), la Convention de Chicago de 1944 a institué l'Organisation de l'aviation civile internationale (OACI).

Succédant à la CINA, l'OACI est définitivement constituée le 4 avril 1947. Le 13 mai suivant, elle est devenue une institution spécialisée des Nations Unies. Son siège est à Montréal. En sont membres tous les États parties à la Convention.

1° *Structures*. L'organe intergouvernemental plénier de l'OACI est l'Assemblée. Réunie en session ordinaire une fois tous les trois ans, elle est compétente pour examiner toute question entrant dans le cadre de l'Organisation. Elle vote le budget, vérifie les dépenses et peut amender la Convention. Toutefois, les principales fonctions de l'OACI sont exercées par son organe restreint et permanent : le Conseil.

Depuis 1974, il se compose de trente-trois États membres (vingt et un à l'origine) élus pour trois ans par l'Assemblée, qui doit prendre en considération l'importance des États en matière de transport aérien, leur contribution à la fourniture d'installations et de services pour la navigation aérienne civile internationale, et la nécessité d'une représentation de toutes les grandes régions géographiques du monde (art. 50). Le Conseil élit son président qui peut être choisi en dehors de ses membres et n'a pas le droit de vote ; il nomme aussi le Secrétaire général et désigne les membres des organes techniques chargés de l'assister dans sa tâche, en particulier ceux de la Commission de navigation aérienne et du Comité de transport aérien. Le Comité juridique, composé d'experts gouvernementaux, donne des avis sur les questions qui lui sont soumises.

Il existe en outre des commissions régionales, cadres d'une concertation privilégiée sur les problèmes d'intérêt commun, en particulier en matière de sécurité de la navigation aérienne (cf. en Europe la Commission européenne de l'aviation civile (CEAC) créée en 1954, de concert avec le Conseil de l'Europe).

Malgré les liens étroits qu'elle entretient avec l'OACI, l'Association internationale des transporteurs aériens (IATA) n'est pas un organe de l'Organisation mais une ONG dont sont membres la plupart des compagnies aériennes du monde. Elle joue un rôle extrêmement important de coordination surtout en matière tarifaire.

L'ensemble des accords bilatéraux de trafic aérien conclus entre 1946 et 1977 s'en remettaient à l'IATA du soin de fixer les tarifs par l'intermédiaire de « conférences de trafic ». Les accords postérieurs à celui de « Bermudes II » (v. *supra*, n° 722) sont plus réservés sur le rôle de l'IATA, ce qui a conduit l'Association à se réformer en 1978.

2° *Fonctions et réalisations*. Outre son rôle, non négligeable, en matière d'assistance technique (construction d'aérodromes, contrôle) et d'établissement de services spéciaux, l'OACI exerce, par l'intermédiaire du Conseil, des fonctions importantes de réglementation et de règlement des litiges.

a) En application de l'article 37 de la Convention de Chicago, l'OACI « adopte et amende, selon les nécessités, les normes, pratiques recommandées et procédures internationales » applicables à la navigation aérienne internationale sous forme d'« annexes » à la Convention. Parmi celles-ci il faut distinguer les « standards », reconnus comme nécessaires, et les « méthodes » qui ne sont que souhaitables. Ces annexes sont adoptées à la majorité des deux tiers des membres du Conseil. Elles deviennent obligatoires trois mois après leur communication aux États membres à moins qu'entre-temps elles ne soient désapprouvées par la majorité de ceux-ci. Cette dernière situation ne s'est pas encore rencontrée. Par une procédure dite de « notification des différences », un État peut aviser le Conseil, dans les soixante jours suivant l'adoption ou la modification de l'annexe, de ses réserves et des mesures différentes qu'il adopte (art. 38) ; en pratique de telles « différences » sont rares et limitées. En tout état de cause, elles ne peuvent viser que les normes relatives à l'espace aérien territorial, à l'exclusion de celles relatives à l'espace aérien international.

C'est une jurisprudence constante des juridictions internes françaises, judiciaires comme administratives, de considérer que, « compte tenu de leur nature, et notamment des possibilités de dérogations qu'elles comportent, les normes adoptées par l'OACI constituent seulement des recommandations s'adressant aux États » (v. CE, 23 novembre 2001, *Société Air France*, *Rev. F. dt. aérien* 2002, p. 329-334).

À ce jour, dix-huit annexes ont été adoptées, qui couvrent des domaines aussi divers que les licences du personnel, les règles de l'air, l'assistance météorologique à la navigation, les cartes aéronautiques, les unités de mesure à utiliser dans l'exploitation en vol et au sol, l'exploitation technique des aéronefs, leurs marques de nationalité et d'immatriculation, leurs certificats de navigabilité, la facilitation, les télécommunications aéronautiques, les services de la circulation aérienne, les recherches et sauvetage, les enquêtes sur les accidents d'aviation, les aérodromes, les services d'information aéronautique, la protection de l'environnement, la sûreté face aux actes d'intervention illicite et enfin la sécurité du transport aérien des marchandises dangereuses.

En 1999, l'Assemblée de l'OACI a créé le programme USOAP (Programme universel d'audits de supervision de la sécurité) qui vise à assurer le contrôle du bon respect par les États des annexes adoptées par l'OACI à travers un mécanisme novateur d'audits de la sécurité « réguliers, obligatoires, systématiques et harmonisés ». Limité à l'origine à certaines annexes, ce programme, dont le succès a été indéniable malgré certaines faiblesses persistantes, a vu son champ d'application s'étendre par la suite à d'autres annexes (v. J.-F. Dobelle, « Le droit dérivé de l'OACI et le contrôle du respect de son application », *AFDI* 2003, p. 453-491). Afin d'en renforcer l'efficacité, les Directeurs généraux de l'aviation civile des États contractants de l'OACI ont décidé, le 22 mars 2006, de publier les résultats du programme USOAP « sur le site web public de l'Organisation », espérant ce faisant exercer une pression suffisamment forte sur les États en contravention avec leurs engagements pour qu'ils modifient leurs pratiques.

On notera enfin que le Conseil a le pouvoir de conclure des accords internationaux soit avec des États (par exemple sur les installations et services de navigation), soit avec d'autres organisations internationales.

b) La Convention de Chicago a prévu également un mécanisme original de *règlement des différends*, qui confère au Conseil des pouvoirs juridictionnels en cas de désaccord entre États contractants à propos de son interprétation ou de son application. Un appel de sa décision est possible soit devant un tribunal d'arbitrage *ad hoc*, soit devant la CIJ (art. 84).

L'Inde a soumis à la Cour, conformément à cette procédure, un litige l'opposant au Pakistan qui avait saisi le Conseil d'une requête et d'une plainte contre une décision d'interdiction du survol de son territoire prise par l'Inde. Bien que la question ait été en partie réglée par un accord bilatéral de 1966, la Cour a admis que le Conseil était compétent (arrêt du 18 août 1972, *Rec.* 1972, p. 46).

Malgré cette interprétation extensive des compétences juridictionnelles du Conseil de l'OACI, les États préfèrent en général régler leurs litiges bilatéraux par le recours aux modes de droit commun de règlement des différends, soit qu'ils tentent de saisir directement la CIJ (v. *supra*, n° 723), soit qu'ils constituent un tribunal arbitral (cf. en particulier les sentences arbitrales rendues dans trois affaires opposant les États-Unis à la France d'une part

(*Interprétation de l'accord aérien du 27 mars 1946*, sentence du 22 décembre 1963, *RGDIP* 1965, p. 189 ; affaire de la *Rupture de charges*, sentence du 9 décembre 1978, *RSA* XVIII, p. 454) et à l'Italie d'autre part (*Interprétation de l'annexe à l'accord aérien du 6 février 1948*, sentence du 17 juillet 1965, *RGDIP* 1968, p. 461).

Après de nombreuses saisines de principe pendant la « guerre froide », deux affaires intéressant la sécurité de l'aviation civile ont été portées devant la CIJ depuis les années 1990 :

— celle de l'*incident aérien du 3 juillet 1988, Iran c. États-Unis*, requête du 17 mai 1989, dirigée également contre la décision du Conseil de l'OACI (du 17 mars 1989) dans la mesure où elle a refusé de condamner spécifiquement l'action des États-Unis comme contraire à la Convention de Montréal de 1971 ; l'affaire a été finalement réglée à l'amiable et la Cour a pris acte du désistement des parties en 1996 ;

— celle de l'incident aérien de *Lockerbie, Libye c. États-Unis et c. Royaume-Uni* : si, par une ordonnance du 14 avril 1992, la demande en mesures conservatoires a été rejetée (v. *supra*, n° 589), par contre, la Cour a admis sa compétence par l'arrêt du 27 février 1998. Mais l'affaire n'a pas eu l'occasion d'être jugée au fond car à la suite du règlement de l'élément terroriste du litige, la Libye s'est désistée de l'instance en 2003 (v. *supra*, n° 441).

Dans certains cas, seul un traitement diplomatique est envisageable (v. sur l'affaire des aéronefs civils abattus au large de Cuba, : v. la déclaration du Président du Conseil de sécurité des Nations Unies, du 27 février 1996, et la résolution 1067 du 26 juillet suivant).

Section 2

Espace extra-atmosphérique

BIBLIOGRAPHIE. — R. QUADRI, « Droit international cosmique », *RCADI* 1959, III, vol. 98, p. 505-599. — M. S. MCDOUGAL, H. D. LASSWELL et I. A. VLASIC, *Law and Public Order in Space*, Yale UP, New Haven, 1963, XXVI-1147 p. — C. W. JENKS, rapport sur « le droit international des corps célestes », *Ann. IDI* 1963-I, vol. 50, p. 178-433 ; *Space Law*, Stevens, Londres, 1965, XVIII-476 p. — I. BROWNLIE, « The Maintenance of International Peace and Security in Outer Space », *BYbIL* 1964, p. 1-31. — M. LACHS, « The International Law of Outer Space », *RCADI* 1964-III, vol. 113, p. 1-116 ; *The Law of Outer Space*, Sijthoff, Leyde, 1972, VIII-196 p. — N. MATTEESCO-MATTÉ, *Droit aérospatial*, Pedone, 3 vol., I, 1969, 604 p. ; II, 1976, 436 p. ; III, 1982, XX-472 p. — Ch. CHAUMONT, *Le droit de l'espace*, PUF, « Que sais-je ? », 1970, 128 p. — S. H. LAY et H. J. TAUBEN-FELD, *The Law Relating to Activities of Man in Space*, Chicago UP, 1970, XII-433 p. — C. M. DALFEN, « The International Legislative Process... », *ACDI* 1972, p. 186-211. — M. MARCOFF, *Traité de droit international public de l'espace*, Éds. universitaires, Fribourg, 1973, 835 p. ; « Sources du droit international de l'espace », *RCADI* 1980-III, vol. 168, p. 9-122. — C. A. COLLIARD, « Le droit de l'espace ou le ciel et la terre », *Mél. Rousseau*, 1974, p. 63-74. — S. GOROVE, « Sovereignty and the Law of Outer Space Re-Examined », *Annales, dt. aérien et spatial* 1977, p. 311-321 ; « International Space Law in Perspective », *RCADI* 1983-III, vol. 181, p. 349-409 ; *Development in Space Law*, Nijhoff, Dordrecht, 1991, X-412 p. — V. S. VERESCHETIN, « On the Principle of State Sovereignty in International Space

Law », *Annales dt. aérien et spatial* 1977, p. 429-436. — G.-P. ZHUKOV, « Tendances contemporaines du développement du droit spatial international », *RCADI* 1978-III, vol. 161, p. 229-338. — N. JASENTULIYANA et R. S. KLEE, *Manual on Space Law*, Sijthoff et Oceana, Alphen et Dobbs Ferry, 1979, 2 vol., XIV-479 p. et XII-550 p. — C. Q. CHRISTOL, « International Space Law and the Use of Natural Resources », *RBDI* 1980, p. 28-52 ; *The Modern Law of Outer Space*, Pergamon Press, New York, 1982, XIII-932 p. — B. CHENG, « The Legal Status of Outer Space », *Jl. of Space L.* 1983, p. 89-105 ; « The U.N. and the Development of International Law Relating to Outer Space », *Thesaurus Acroasium*, vol. XVI, Thessalonique, 1990, p. 49-121 ; *Studies in International Space Law*, Oxford UP, 1997, LXVIII-798 p. — G. ZHUKOV et Y. KOLOSOV, *International Space Law*, Praeger, New York, 1984, XIV-224 p. — J. E. S. FAWCETT, *Outer Space...*, Clarendon Press, Oxford, 1984, 169 p. — J. DUTHEIL DE LA ROCHÈRE éd., *Le droit de l'espace*, Pedone, 1988, 188 p.— C. Q. CHRISTOL, *Space Law ; Past, Present, Future*, Kluwer, Deventer, 1991, XV-516 p. — A. D. ROTHE, *La prohibition de l'appropriation et les régimes d'accès aux espaces extraterrestres*, PUF, 1992, 299 p. — P.-M. MARTIN, *Le droit de l'espace*, PUF, « Que sais-je ? », n° 883, 1991, 128 p. ; *Les textes du droit de l'espace*, PUF, « Que sais-je ? », 1993, 128 p. ; *Le droit des activités spatiales*, Dalloz, 2001, 228 p. — Ph. KAHN dir., *L'exploitation commerciale de l'espace. Droit positif et droit prospectif*, Litec, 1992, 500 p. — I. H. P. DIEDERIKS-VERSHOOR, *An Introduction to Space Law*, Kluwer, Deventer, 1993, 238 p. — H. I. VAN TRAA-ENGELMAN, *Commercial Utilization of Outer Space*, Nijhoff, Dordrecht, 1993, XIX-442 p. — M. COUSTON, *Droit spatial économique : régime applicable à l'exploitation de l'espace*, SIDES, 1994, XXIV-282 p. — P. MALANCZUK, « Space Law as a Branch of International Law », *NYbIL* 1994, p. 143-180. — R. BENDER, *Launching and Operating Satellites. Legal Issues*, Nijhoff, La Haye, 1998, XII-350 p. — C. GUTIERREZ ESPADA, « La crisis del derecho del espacio... », *ADI* 1999, p. 235-271. — M. COUSTON, « Le statut de l'humain dans l'espace », *Rev. F. dt. aérien* 2001, p. 278-291 ; « Droit spatial économique », *ibid.* 2002, p. 13-21 ; « Défis et perspectives pour le droit spatial du XXIe siècle », *ibid.*, p. 256-276 ; « Le règlement des différends spatiaux », *ibid.*, p. 376-394. — L. RAVILLON, « La jurisprudence spatiale », *Rev. F. dt. aérien* 2001, p. 418-440 ; (e.a.) *Droit des activités spatiales. Adaptation aux phénomènes de commercialisation et de privatisation*, Litec, 2004, XIII-678 p. ; (dir.) *Le droit des activités spatiales à l'aube du XXIe siècle*, Litec, 2005, 349 p. — S. HOBE, « The Relevance of Current International Space Treaties in the 21st Century », *Annals of Air and Space Law* 2002, p. 335-346 ; « Adequacy of the Current Legal and Regulatory Framework Relating to the Extraction and Appropriation of Natural Resources in Outer Space », *Annals of Air and Space Law* 2007, p. 115-130. — SFDI, *Le droit de l'espace et la privatisation des activités spatiales*, Pedone, 2003, 96 p. — I. SOURBES-VERGER, « La Chine et l'espace », *AFRI* 2004, vol. 5, p. 417-426. — D. WOLTER, *Common Security in Outer Space and International Law*, Nations Unies, Genève, 2006, XX-296 p. — M. COUSTON dir., *Orbites et fréquences, statut, répartition et régime juridique, Droit de l'espace*, Pedone, 2006, 144 p. — D. PORRAS, « The 'Common Heritage' of Outer Space », *California Western International Law Journal* 2006, p. 143-176. — F.G. von der DUNCK, « The Moon Agreement and the Prospect of Commercial Exploitation of Lunar Resources », *Annals of Air and Space Law* 2007, p. 91-113. — A. KERREST (dir.), *L'adaptation du droit de l'espace à ses nouveaux défis : mélanges en l'honneur de Simone Courteix*, Pedone, 2007, XV-318 p.

V. également les publications périodiques consacrées au droit de l'espace : *Annales de droit aérien et spatial — Annals of Air and Space Law* (Montréal (McGill), depuis 1976) ; *Journal of Space Law* (University of Mississipi, depuis 1973) ; *Le droit de l'espace* (Paris, depuis 1969) ; ainsi que la chronique de droit spatial dans la *Revue française de droit aérien et spatial*.

Sur la responsabilité des États du fait des activités spatiales et la Convention de 1971 : O. Deleau, *in AFDI* 1968, p. 747-755. — C. Q. Christol, « International Liability for Damage Caused by Space Objects », *AJIL* 1980, p. 346-371 ; « The Launching State in International Space Law », *ADMA* 1993, p. 363-376. — H. A. Baker, *Space Debris : Legal and Policy Implications*, Nijhoff, Dordrecht, 1989, XI-175 p. — G. Cataland Sgrosso, *La responsabilità degli Stati per la attività svolte nello spazio entra-atmosferico*, CEDAM, Padoue, 1990, XVIII-190 p. — B.-A. Hurwitz, *State Liabilitty for Outer Space Activities*, Nijhoff, Dordrecht, 1992, XIII-245 p. — M. Pedrazzi, *Danni causati da attività spaziali e responsibilità internazionale*, Giuffré, Milan, 1996, XII-375 p.

Sur la télédiffusion et les télécommunications par satellites : CNRS, *Les télécommunications par satellite-Aspects juridiques*, Cujas, 1968, XII-456 p. ; *L'utilisation des satellites de diffusion directe*, PUF, 1970, 94 p. — C. A. Colliard, « Les satellites de télévision directe », *AFDI* 1972, p. 717-730 ; « Télévision directe par satellite », *in* SFDI, Colloque de Strasbourg, *La circulation des informations...*, Pedone, 1978, p. 143-170. — S. Courteix, *Télévision sans frontières*, Economica, 1975, 342 p. ; « La conférence administrative mondiale des télécommunications », *AFDI* 1980, p. 625-647 et « Les satellites de télévision directe », *ibid.*, p. 648-660. — M. A. Queeney, *Direct Broadcast Satellites and the U.N.*, Sijthoff, Leyde, 1978, 327 p. — A. Matteesco-Matté, *Les télécommunications par satellites*, Pedone, 1982, XX-472 p. — International Colloquium on « Telecommunications Satellites and International Law », *RBDI*, 1988, p. 235-362. — M. L. Smith, *International Regulation of Satellite Communication*, Nijhoff, Dordrecht, 1990, XIV-245 p. — J. M. Smits, *Legal Aspects of Implementing International Telecommunications Links*, Nijhoff, Dordrecht, 1992, XVII-231 p. — U. Leanza e.a., *The Future of International Telecommunications,...*, Oceana, Dobbs Ferry, 1992, 4 vol. — P. Achilleas, *La télévision par satellite-Aspects juridiques internationaux*, Montchrestien-CEDIN Paris I, 1995, 199 p. — B. Tchikaya, *Le droit international des télécommunications*, PUF, « Que sais-je ? », n° 3319, 1998, 128 p. — L. Ravillon, « Les organisations internationales de télécommunications par satellite : vers une privatisation ? », *AFDI* 1998, p. 533-551. — P.-A. Salin, *Satellite Communications Regulations in the Early 21st Century*, Kluwer, La Haye, 2000, 584 p. — R. Jakhu, « Challenges in Regulating Satellite Telecommunications in the Early 21st Century », *Annals of Air and Space Law* 2003, p. 281-309.

Sur les aspects commerciaux des activités spatiales, v. les travaux du Comité sur le droit de l'espace créé par l'International Law Association en 2000.

728. Évolution de la réglementation. — Le lancement du premier « spoutnik » soviétique, le 4 octobre 1957, marque le coup d'envoi des activités spatiales. Depuis lors celles-ci se sont multipliées : rencontres de vaisseaux spatiaux, vols de longue durée des astronautes, « sorties » de ceux-ci dans l'espace, exploration de la Lune et des corps célestes, envois de sondes en dehors du système solaire, etc. En même temps, les utilisations civiles et militaires des satellites artificiels et des engins les mettant sur orbite (fusées et « navettes »), se sont diversifiées : surveillance des territoires survolés, repérage des ressources naturelles terrestres et maritimes (télédétection), radiodiffusion et télédiffusion directes, transmissions téléphoniques, positionnement des navires, météorologie, observations astronomiques, expériences scientifiques, projet américain de « guerre des étoiles », etc.

Par ailleurs, les activités spatiales, au départ quasi-duopole de l'URSS et des États-Unis, sont maintenant le fait d'États ou de groupes d'États de plus en plus nombreux, même si, en raison de leur coût, elles ne sont pas à la portée de tous.

À partir du moment où les activités spatiales ne sont pas occasionnelles et se développent pour devenir un secteur distinct de l'activité humaine et sociale, elles engendrent nécessairement un droit destiné à les régir. Comme plus d'un État se livre à ces activités qui se déploient hors de leur territoire et au-dessus des territoires d'autres États, ce droit ne peut être qu'un droit international. Or le droit aérien tel qu'il dérive de la Convention de Chicago n'est pas adapté aux techniques spatiales. Il ne réglemente que la circulation dans l'atmosphère des aéronefs s'y tenant grâce aux réactions de l'air alors que les engins spatiaux sont propulsés par fusées et se déplacent au-delà de l'atmosphère. Par ailleurs, si les règles générales du droit international s'appliquent à l'espace extra-atmosphérique parce qu'elles sont universelles, elles sont évidemment incapables de résoudre la plupart des problèmes spécifiques qui se posent.

1° *Naissance du droit positif*. La formation du droit de l'espace présente des caractères originaux qui tiennent à la fois à la « virginité » juridique du domaine qu'il concerne, à l'intérêt universel qui s'y attache et au rôle prédominant que joue en la matière un petit groupe d'États et, d'abord, les États-Unis et l'URSS. Ces deux derniers traits — que l'on retrouve également en matière de désarmement (v. *supra*, n° 600) — expliquent les particularités de la procédure d'élaboration du droit spatial : elle repose sur la combinaison de négociations bilatérales entre les deux « super-puissances », relayées par l'Assemblée générale des Nations Unies qui dégage les principes généraux applicables dans des résolutions et des traités à vocation universelle.

Il n'a pas fallu plus d'un mois, après le lancement du premier Spoutnik, pour que l'Assemblée générale de l'ONU prît conscience du rôle qu'elle devrait jouer afin de remplir la fonction d'encouragement au développement progressif du droit international que lui assigne l'article 13 de la Charte. Dès le 11 novembre 1957, elle a exprimé ses préoccupations à propos des dangers d'une utilisation militaire de l'espace dans une résolution sur le désarmement (résol. 1149 [XII]). Dans le même esprit, en 1963, la résolution 1884 (XVIII) recommande aux États de s'abstenir de mettre en orbite des objets portant des armes nucléaires ou d'autres types d'armes de destruction massive, tandis que le Traité de Moscou interdit les essais nucléaires dans l'espace extra-atmosphérique (v. *supra*, n° 603).

Cette préoccupation se retrouve dans le nom donné à l'organe subsidiaire qu'a créé l'Assemblée générale par ses résolutions 1348 (XIII) et 1472 A (XIV) : le Comité des utilisations pacifiques de l'espace extra-atmosphérique. Cette création marque l'ouverture du processus d'élaboration juridique, l'Assemblée générale adoptant une série de textes préparés par le Comité, dont l'action a été prolongée par les deux conférences des Nations Unies sur l'exploration et les utilisations pacifiques de l'espace extra-atmosphérique, réunies à Vienne en 1968 et 1982.

En 1961, l'année de l'exploit de Gagarine, l'Assemblée générale vote sa première résolution de fond, consacrée au principe de la liberté de l'espace (résol. 1721 [XVI] du 20 décembre) et deux ans plus tard elle adopte la Déclaration des principes juridiques régissant les activités des États en matière d'exploration et d'utilisation de l'espace extra-atmosphérique (résol. 1962 [XVIII] du 13 décembre 1963).

Acceptée par les États-Unis et l'URSS, cette Déclaration, qui est devenue ainsi opposable à leur égard (v. *supra*, n° 249), permet d'envisager la rédaction d'un traité général sur l'espace. Grâce à des négociations fructueuses entre Américains et Soviétiques et aux travaux du Comité des utilisations pacifiques de l'espace extra-atmosphérique, l'Assemblée générale des Nations Unies peut adopter, le 19 décembre 1966, le Traité sur les principes régissant les activités des États en matière d'exploration et d'utilisation de l'espace extra-atmosphérique y compris la Lune et les autres corps célestes (résol. 2222 [XXI]). Ouvert simultanément à la signature à Londres, Moscou et Washington le 27 janvier 1967, il est entré en vigueur le 10 octobre suivant. Comme l'indique son nom et conformément aux souhaits de l'URSS, il ne s'agit cependant que d'un accord cadre, énonçant des principes généraux qu'il a fallu ensuite préciser et mettre en œuvre.

V. les articles de J. DUTHEIL DE LA ROCHÈRE, *AFDI* 1967, p. 607-647. — M. LACHS, *Ctà. Internle.* 1967, p. 268-280. — A. G. DARWIN, *BYbIL* 1967, p. 278-289. — Bin CHENG, *JDI* 1968, p. 533-645. — D. GOEDHUIS, *NILR* 1968, p. 17-41. — N. MATEESCO-MATTÉ, *ADMA* 1983, p. 315-334. — B. C. M. REIJMEN, *The United Nations Space Treaties Analyzed*, Éd. Frontières, Gif-sur-Yvette, 1992, X-330 p.

2° *Affermissement du droit de l'espace*

a) Au plan universel, l'Assemblée générale a adopté, de la même manière, quatre traités qui complètent et affinent les principes énoncés en 1963 et en 1966 :

— l'Accord sur le sauvetage des astronautes, le retour des astronautes et la restitution des objets lancés dans l'espace extra-atmosphérique, du 22 avril 1968 (résol. 2345 [XXII] du 19 décembre 1967).

V. les articles de A.-Ch. KISS, *AFDI* 1968, p. 736-746. — P. H. HOUBEN, *NILR* 1968, p. 121-132. — R. C. HALL, *AJIL* 1969, p. 197-210. — M. LITVINE, *RBDI* 1970, p. 528-536.

— la Convention sur la responsabilité internationale pour les dommages causés par des objets spatiaux du 29 mars 1972 (résol. 2777 [XXVI] du 29 novembre 1971).

V. les articles de O. DELEAU, *AFDI* 1971, p. 876-888. — W. F. FOSTER, *ACDI* 1972, p. 137-185. — C. Q. CHRISTOL, *AJIL* 1980, p. 346-371.

— la Convention sur l'immatriculation des objets lancés dans l'espace extra-atmosphérique du 14 janvier 1975 (résol. 3235 [XXIX] du 12 novembre 1974 ; v. également la résol. 62/101 qui renforce et précise cette convention).

— l'Accord régissant les activités des États sur la Lune et les autres corps célestes du 18 décembre 1979 (résol. 34/68).

V. S. COURTEIX, *AFDI* 1979, p. 203-222. — B. CHENG, *Current Legl. Pb.* 1980, p. 213-237. — E. VAN BOGAERT, *Studia diplomatica* 1981, p. 655-673. — D. GOEDHUIS, *NILR* 1981, p. 14-29. — C. Q. CHRISTOL, *ADMA* 1982, p. 429-463 ; *AJIL* 1985, p. 163-168.

En outre, l'Assemblée générale et son Comité — qui comporte un sous-comité juridique et un sous-comité scientifique et technique — se sont intéressés aux applications pratiques de la technique spatiale, en particulier au profit des États en développement : navigation, radiodiffusion, télédétection et emploi de sources d'énergie nucléaire (le Comité a constitué un groupe de travail sur chacun de ces thèmes).

Plusieurs institutions spécialisées s'intéressent également à ces questions, dans une perspective souvent plus opérationnelle : la FAO, l'OACI, l'OMI, l'Unesco et, surtout, l'UIT (v. *infra*, n°s 732 et 733).

b) La conclusion de traités à vocation universelle n'exclut pas celle d'*accords régionaux ou bilatéraux* qui permettent une coopération plus poussée et plus concrète. Les États-Unis et l'URSS eux-mêmes en ressentent le besoin et ont signé, en particulier, le 24 mai 1972 un accord sur l'exploration et l'utilisation de l'espace à des fins pacifiques qui constitue le cadre de leur coopération scientifique en matière spatiale (v. S. Courteix, *in AFDI* 1972, p. 731-751). La coopération est particulièrement poussée et institutionnalisée entre les pays d'Europe occidentale (v. *infra*, n° 732).

Les accords de Washington de 1988 sur la station spatiale internationale (États-Unis, neuf membres de l'Agence spatiale européenne, Canada et Japon auxquels d'autres États se sont joints ultérieurement), malgré quelques lacunes dans la définition du régime juridique, traduisent en termes opérationnels les principes généraux du droit spatial en respectant le souhait de sécurité juridique et d'égalité entre les quatre partenaires (v. G. Lafferanderie, *RGDIP* 1989, p. 317-384 ; M. G. Bourely, *AFDI* 1990, p. 925-939). Ces accords ont été modifiés en 1998 ; les nouveaux accords précisent utilement le régime juridique de la Station et les droits d'utilisation (v. M. Bourely, *AFDI* 1998, p. 579-594 ; D. von der Dunck dir., *The International Space Station : Commercial Utilisation from a European Legal Perspective*, Brill, 2006, XXX-270 p.).

§ 1. — *Statut juridique de l'espace extra-atmosphérique*

729. Non-appropriation et libertés. — Contrairement aux grands fonds marins (v. *supra*, n° 700), l'espace extra-atmosphérique, à l'exception de la Lune et des corps célestes (v. *infra*, n° 730), n'a pas été déclaré « patrimoine commun de l'humanité ». Comme la haute mer, il est donc soumis pour l'essentiel à un régime d'internationalisation « négative » (v. *supra*, n° 691) qui se caractérise par l'application de deux principes : la non-appropriation et la liberté d'utilisation, celle-ci étant cependant limitée par certaines règles qui traduisent une tendance à l'internationalisation « positive ».

1° *Non-appropriation.* À plusieurs reprises, les États-Unis et l'URSS ont proclamé qu'ils n'entendaient s'approprier aucune fraction de l'espace extra-atmosphérique. Ce principe, clairement posé par la Déclaration sur l'espace de 1963 (§ 3 — v. aussi la résolution de Bruxelles de l'IDI du 11 septembre 1963), a été repris par l'article II du Traité du 27 janvier 1967 :

« L'espace extra-atmosphérique, y compris la Lune et les autres corps célestes, ne peut faire l'objet d'appropriation nationale par proclamation de souveraineté, ni par voie d'utilisation ou d'occupation, ni par aucun autre moyen ».

Cependant, la mise en œuvre du principe risque de se révéler difficile en l'absence d'une délimitation entre l'espace aérien et l'espace extra-atmosphérique (v. *supra*, n° 721). Des revendications étatiques ne sont pas exclues comme le montrent celles des États situés sur l'équateur à l'égard de l'orbite géostationnaire.

On appelle « orbite géostationnaire », celle sur laquelle peut être placé un satellite de telle manière qu'il apparaisse fixe à un observateur se trouvant sur terre. Cette orbite se trouve nécessairement dans le plan de l'équateur terrestre, à environ 36 000 kilomètres au-dessus de celui-ci (v. S. Courteix, *AFDI* 1978, p. 890-904 et *AFDI* 1985, p. 790-802 ; M. Williams, *Internl. Rel.* 1979, p. 662-671 ; C. Q. Christol, *NILR* 1979, p. 5-23 ; S. Gorove, *AJIL* 1979, p. 444-461).

Par un mouvement « naturel », analogue à celui déjà observé pour les espaces maritimes, certains États se sont avisés que cette orbite, la plus favorable pour les télécommunications par satellites, constituait une « ressource naturelle rare » et qu'il importait d'en conserver la maîtrise : par une déclaration commune du 3 décembre 1976, le Brésil, la Colombie, le Congo, l'Équateur, l'Indonésie, le Kenya, l'Ouganda et le Zaïre ont proclamé leur souveraineté sur celle-ci. Une telle revendication est en contradiction formelle avec le droit positif et a été rejetée par le reste de la communauté internationale. La question de l'utilisation de l'orbite des satellites géostationnaires est cependant examinée par le Comité des utilisations pacifiques de l'espace extra-atmosphérique. Malgré l'opposition de la plupart des États occidentaux, l'Assemblée générale s'est préoccupée de « l'utilisation rationnelle et équitable de l'orbite géostationnaire qui est une ressource naturelle limitée » (résol. 38/80 du 15 décembre 1983).

2° *Liberté d'utilisation.* La non-appropriation de l'espace extra-atmosphérique entraîne la liberté de son utilisation par tous les États sans distinction et sur une base de stricte égalité (art. 1er, al. 2, du Traité de 1967) ; en ce sens, cette liberté est analogue à celle de la haute mer. Il en résulte que l'accès de l'espace extra-atmosphérique est libre *(ibid.)* et que les activités spatiales — notamment de recherche scientifique (art. 1er, al. 3) — ne sont pas soumises à l'autorisation des États sous-jacents.

Toutefois, dans l'espace extra-atmosphérique comme en haute mer, liberté ne signifie pas anarchie et le Traité de 1967 impose trois limites à son exercice.

En premier lieu, — et ceci découle de leur nature même (v. *supra*, n° 728) — les activités spatiales « doivent s'effectuer *conformément au droit international*, y compris la Charte des Nations Unies » (art. III ; v. aussi art. Ier, al. 2).

Il résulte de cette disposition que l'*utilisation* de l'espace doit être *pacifique* et viser à « maintenir la paix et la sécurité internationales » (art. III). Toutefois, l'article IV du Traité de 1967 ne tire les pleines conséquences de ce deuxième principe qu'en ce qui concerne la Lune et les corps célestes (v. *infra*, n° 730) ; pour ce qui est de l'espace *stricto sensu*, l'obligation d'utilisation pacifique n'est que partielle. D'après l'article IV, alinéa 1er, seule est interdite la mise en orbite autour de la terre des objets porteurs d'armes nucléaires ou de tout autre type d'armes de destruction massive ; toutefois, les « Principes relatifs à l'utilisation de sources d'énergie nucléaire dans l'espace » adoptés par l'Assemblée générale le 14 décembre 1992 (résol. 47/68) énoncent des directives en vue d'une utilisation sûre de l'espace. Il faut en déduire, et telle est bien l'interprétation donnée à cette disposition par les grandes puissances, que le placement dans l'espace extra-atmosphérique des armes classiques n'est pas interdit. Également, ne sont pas expressément déclarées illicites les activités de « reconnaissance spatiale » qui s'opèrent par le moyen des satellites habités ou non-habités qualifiés d'« espions spatiaux », ou de « satellites-espions ». L'interdiction de procéder à des essais d'armes nucléaires dans l'atmosphère qu'édicte le Traité de Moscou de 1963, ne se confond pas nécessairement avec l'interdiction de mettre ces armes en orbite ; de tels essais apparaissent cependant difficiles à concilier avec le principe même de l'utilisation pacifique de l'espace.

Sur la militarisation de l'espace, v. not. *La militarisation de l'espace extra-atmosphérique*, Colloque de Bruxelles, Bruylant, Bruxelles, 1988, 339 p. ; B. JASANI, *Annals of Air and Space Law* 2002, p. 347-362 ; C. PETRAS, *ibid.* 2003, p. 171-217.

La troisième limite générale mise par le Traité sur l'espace à l'utilisation de celui-ci est exprimée par son article Ier, alinéa 1er :

« L'exploration et l'utilisation de l'espace extra-atmosphérique, y compris la Lune et les autres corps célestes, doivent se faire pour le bien et dans l'intérêt de tous les pays, quel que soit le stade de leur développement économique ou scientifique ; elles sont l'*apanage de l'humanité tout entière.* »

Cette dernière expression est moins « économiciste » et, sans doute, moins précise que celle de « patrimoine commun de l'humanité » (qui n'est utilisée qu'à propos de la Lune et des autres corps célestes — v. *infra*, n° 730). Elle n'en constitue pas moins un appel pressant à la coopération interétatique et des conséquences concrètes importantes en ont été tirées en ce qui concerne le régime juridique des activités spatiales (v. *infra*, n°s 731 à 733 et 755).

Sur l'incidence de ce principe en matière de protection de l'environnement, v. C. M. REIJNEN, « Le problème des débris spatiaux », *Annales Univ. Toulouse* 1989, p. 73-91, S. A. MIRMINA, « Reducing the Proliferation of Orbital Debris : Alternative to a Legally Binding Instrument », *AJIL* 2005, p. 649-662, et *infra* n° 756.

730. Particularités du statut de la Lune et des autres corps célestes. — Par « corps célestes », il faut comprendre les objets naturels et solides se trouvant dans l'espace extra-atmosphérique tels que les planètes et leurs satellites, les astéroïdes, les comètes, les météorites et les étoiles. Toutefois, si le Traité de 1967 sur l'espace fixe des principes généraux applicables à l'ensemble des corps célestes, l'Accord régissant les activités sur la Lune et les autres corps célestes du 18 décembre 1979 s'applique seulement à ceux qui se trouvent à l'intérieur du système solaire, exception faite des « matières extra-terrestres qui atteignent la surface de la Terre par des moyens naturels » (météorites) (art. 1er).

La distinction entre espace et corps célestes qui, en elle-même, ne présente pas de difficultés majeures, pose quelques problèmes d'interprétation lorsque le Traité de 1967 ne vise que l'une des deux catégories. Il résulte des travaux préparatoires que les dispositions se référant à l'espace s'appliquent également aux corps célestes, mais la réciproque n'est pas exacte, et l'Accord de 1979 précise considérablement les règles en vigueur à leur égard. Cette précision accrue était nécessaire car, du fait de leur consistance même, les corps célestes se prêtent moins malaisément que l'espace à une appropriation ou à des utilisations privatives. Les différences apparaissent principalement à deux points de vue.

En premier lieu, des conséquences plus rigoureuses sont tirées du principe de l'*utilisation pacifique* (v. *supra*, n° 729).

Reprenant et complétant les règles posées par l'article IV, alinéa 1, du Traité de 1967, l'article 3 de l'Accord de 1979 interdit d'utiliser la Lune et les autres corps célestes pour se livrer à des actes de menace ou d'emploi de la force, d'y mettre sur orbite ou d'y placer des objets porteurs d'armes nucléaires ou d'autres armes de destruction massive, d'y aménager des bases, installations et fortifications militaires ou d'y exécuter des manœuvres militaires. En revanche, n'est pas interdite l'utilisation de personnel ou d'équipement militaire à des fins pacifiques, de recherche scientifique notamment. Pour garantir le respect de ces principes, l'article XII du Traité sur l'espace, s'inspirant de l'article VII du Traité sur l'Antarctique de 1959, autorise les représentants des autres parties à visiter les stations, les installations, le matériel et les véhicules se trouvant sur la Lune et les corps célestes, sous réserve de notification et de consultations préalables ; l'article 15 de l'Accord de 1979 ajoute à cette faculté un mécanisme souple de règlement des différends (v. *infra*, n° 731-4°).

En second lieu, non seulement l'exploration et l'utilisation de la Lune et des corps célestes sont l'« apanage de l'humanité tout entière » (art. 4, v. *supra*, n° 729), mais encore ceux-ci et leurs « ressources naturelles constituent le patrimoine commun de l'humanité » (art. 11, § 1). Ceci se traduit par des obligations assez strictes d'information (art. 5), et de coopération, notamment en matière de recherche scientifique et de préservation du milieu (art. 7), et surtout par l'ébauche d'un régime international « régissant l'exploitation des ressources naturelles de la Lune (et des autres corps célestes) lorsque cette exploitation sera sur le point de devenir possible » (art. 11, § 5). Ce régime, qui devait être étudié par la Conférence de révision de l'Accord prévue par son article 18 (laquelle n'a pas été convoquée au moment opportun – v. la résolution 49/34 de l'Assemblée générale des Nations Unies du 9 décembre 1994, par. 42),

« a notamment pour buts principaux :

« *a)* d'assurer la mise en valeur méthodique et sans danger des ressources naturelles de la Lune ;

« *b)* d'assurer la gestion rationnelle de ces ressources ;

« *c)* de développer les possibilités d'utilisation de ces ressources ; et

« *d)* de ménager une répartition équitable entre tous les États parties des avantages qui résulteront de ces ressources, une attention spéciale étant accordée aux intérêts et aux besoins des pays en développement, ainsi qu'aux efforts des pays qui ont contribué, soit directement, soit indirectement, à l'exploration de la Lune » (art. 11, § 7).

Ces principes, qui sont applicables à l'ensemble des corps célestes (art. 1er, § 2), traduisent une volonté d'internationalisation positive, dans l'esprit de ce que prévoit la Convention de Montego Bay sur le droit de la mer en ce qui concerne la Zone et ses ressources (v. *supra*, n° 702). Pour l'heure, sur le plan pratique, l'article 6 se borne à reconnaître aux États la disposition des échantillons de minéraux et autres substances qu'ils prélèvent en tenant compte :

« de ce qu'il est souhaitable de mettre une partie desdits échantillons à la disposition d'autres États parties et de la communauté scientifique internationale aux fins de recherche scientifique ».

§ 2. — *Régime des activités spatiales*

731. Principes communs. — Comme celles de la haute mer, les libertés de l'espace sont des libertés organisées ; elles s'exercent dans le cadre des principes qui les réglementent.

Longtemps réservées aux organismes publics, nationaux ou intergouvernementaux, et confinées à des activités de puissance publique et de recherche scientifique, les utilisations de l'espace tendent à se diversifier et justifient que l'on s'interroge sur leur éventuelle privatisation, en tout cas sur leur commercialisation (M. Bourely, *Annales Univ. Toulouse*, 1989, p. 43-71). Cependant, encore aujourd'hui, seuls les principes intéressant l'action des États et des organisations internationales ont connu un certain développement.

1° *Compétence de l'État d'immatriculation.* Bien que les engins spatiaux n'aient pas à proprement parler de nationalité (v. *supra*, n° 325), ils sont immatriculés par un État et il existe des analogies entre la compétence de l'État d'immatriculation sur ses engins et celle de l'État du pavillon sur ses navires.

L'article VIII du Traité de 1967 dispose que l'État sur le registre duquel est inscrit un objet lancé dans l'espace conserve celui-ci et son personnel sous sa juridiction, qu'ils se trouvent dans l'espace ou sur un corps céleste, et que l'objet reste sa propriété (v. aussi l'art. 12 de l'Accord sur la Lune de 1979). Il en va de même lorsqu'il revient sur terre. En conséquence, l'Accord de 1968 prévoit les modalités de restitution à l'État d'immatriculation des objets lancés dans l'espace en cas d'atterrissage sur le territoire d'un autre État ou sur un territoire non soumis à la juridiction d'un État ou d'amerrissage en haute mer.

Ces règles s'appliquent *mutatis mutandis* aux organisations internationales qui se livrent à des activités spatiales (la principale intéressée est l'Agence spatiale européenne). Si la participation aux conventions pertinentes ne leur est pas ouverte, elles y sont invitées à accepter les droits et obligations qui y sont prévus (v. l'art. VII de la Convention de 1975 sur l'immatriculation des objets lancés dans l'espace extra-atmosphérique — v. aussi *supra*, n° 394 et *infra*, 3°).

La question de la juridiction et du contrôle devient très complexe pour une station constituée par la juxtaposition d'« objets spatiaux », comme dans les accords de Washington de 1988 entre les États-Unis et d'autres pays industrialisés sur une station spatiale habitée. Des solutions ont dû être apportées au problème de la propriété intellectuelle et à celui de la juridiction pénale.

2° *Obligation de coopération*. Dès l'origine, l'Assemblée générale des Nations Unies a considéré que, dans leurs activités d'exploration et d'utilisation de l'espace extra-atmosphérique, les États devaient « se fonder sur les principes de la coopération et de l'assistance mutuelle » et conduire « toutes leurs activités (...) en tenant dûment compte des intérêts correspondants des autres États » (Déclaration du 13 décembre 1963, § 6). Constamment réaffirmé depuis lors (v. l'art. IX du Traité de 1967), ce principe a été concrétisé et ses contours sont devenus plus précis. Ainsi, les États ont été invités à faciliter l'observation du vol des objets spatiaux qu'ils lancent (*ibid.*, art. X) et à accentuer leurs efforts d'information sur leurs activités spatiales « dans toute la mesure où cela est possible et réalisable » (art. XI), notamment en faveur des États en développement (v. par exemple la résolution 37/90 du 10 décembre 1982, qui préconise certaines mesures concrètes en faveur de ceux-ci).

Mais c'est en ce qui concerne l'assistance obligatoire aux astronautes que les conséquences les plus précises ont été tirées de ce principe. L'article V du Traité de 1967 souligne que les astronautes sont des « envoyés de l'humanité » dans l'espace extra-atmosphérique et doivent bénéficier de toute l'assistance possible en cas d'accident, de détresse ou d'atterrissage forcé sur le territoire d'un autre État ou en haute mer. Dans ce cas, les astronautes doivent être renvoyés dans l'État où leur véhicule spatial est immatriculé. L'Accord du 22 avril 1968 apporte des précisions sur les modalités de leur sauvetage et de leur retour et de la restitution des objets lancés dans l'espace et l'article 10 de l'Accord du 18 décembre 1979 définit toute personne se trouvant sur la Lune ou un corps céleste comme étant un astronaute.

Les accords de 1988 sur la station spatiale créent une « association véritable », qui impose au partenaire principal, les États-Unis, des obligations inédites par rapport aux pratiques antérieures de « coopération ».

3° *Responsabilité*. Chaque État est internationalement responsable des activités spatiales conduites à partir de son territoire. Il doit surveiller les initiatives privées et veiller à ce qu'elles soient poursuivies conformément aux dispositions du traité (art. VI du Traité de 1967). L'article VII dispose en outre que tout État qui procède au lancement d'un objet est internationalement responsable des dommages causés par ledit objet ou par ses éléments constitutifs sur la Terre, dans l'atmosphère ou dans l'espace extra-atmosphérique, y compris la Lune et les autres corps célestes, à un autre État partie au traité ou aux personnes physiques ou morales qui relèvent de cet autre État.

La Convention du 29 mars 1972 fixe les modalités de cette responsabilité. Sur des points importants, les règles classiques de la responsabilité internationale des États sont modifiées.

Une distinction est faite entre les dommages causés à la surface de la Terre ou aux aéronefs en vol et les dommages causés ailleurs qu'à la surface de la Terre « à un objet spatial d'un État de lancement ou à des personnes ou à des biens se trouvant à bord d'un tel objet spatial, par un objet spatial d'un autre État de lancement ». Le premier cas entraîne une responsabilité *absolue, objective*, de l'État de lancement (art. II) tandis que, dans le deuxième cas, il n'est responsable que si le dommage est imputable à sa faute ou à celle des personnes dont il doit répondre (art. III et IV). L'action internationale en responsabilité n'est pas subordonnée à l'épuisement préalable des recours internes. L'État national de la victime n'en détient pas le monopole comme dans le système classique. Deux autres États peuvent aussi intervenir : l'État sur le territoire duquel le dommage a été subi ou, à son défaut, l'État dont la victime est un résident permanent (art. VIII). Il a été fait application de ces dispositions à la suite de la désintégration d'un satellite militaire soviétique (Cosmos 954) au-dessus du Canada en 1978 (v. S. Courteix, *in AFDI* 1978, p. 905-919 et Ch. Rousseau, *in RGDIP* 1978, p. 1091).

Des problèmes très difficiles peuvent surgir si le lanceur est un aéronef : dans ce cas, la dissociation des vecteurs pourrait conduire à appliquer les règles de la responsabilité de droit commun au lanceur (régime de l'air). Toutefois, l'article Ier de la Convention de 1972 inclut dans le champ d'application de celle-ci tout lanceur d'objet spatial.

L'article XXII de la Convention prévoit l'hypothèse dans laquelle l'autorité de lancement d'un objet spatial est une organisation internationale. Les dispositions prévues pour les États lui sont applicables si elle a déclaré les accepter et si la majorité de ses États membres sont parties à la Convention (tel est le cas de l'Agence spatiale européenne). Toutefois pour garantir une réparation effective, le paragraphe 3 prévoit la responsabilité solidaire des États membres parties à la Convention. Les demandes en réparation des dommages causés à l'organisation doivent être présentées par l'intermédiaire d'un État membre (§ 4), ce qui traduit les réticences des États pour reconnaître aux organisations internationales tous les droits pouvant résulter de la personnalité juridique.

Les parties aux accords de Washington de 1988, sur la station spatiale internationale, ont préféré limiter au maximum le champ de la responsabilité, en renonçant à tout recours en cas de dommages dus aux « opérations spatiales protégées » (article 16) ; cette renonciation ne s'étend pas aux tiers, qui peuvent ainsi se prévaloir de la convention de 1972.

4° *Règlement des différends.* La complexité des règles adoptées et l'importance des intérêts en jeu imposaient de prévoir des procédures de règlement des litiges éventuels. La réticence traditionnelle de l'URSS à l'encontre de tout mode de règlement obligatoire est à l'origine d'une grande prudence des traités pertinents sur ce point.

Seule la Convention de 1972, qui fixe avec un certain luxe de détails la procédure à suivre en cas de demande de réparation, prévoit, en cas d'échec des négociations diplomatiques, la constitution d'une « Commission de règlement des demandes », qui peut être saisie par requête unilatérale. Toutefois, la solution préconisée par la Commission n'est obligatoire que si les parties en conviennent (art. XIV à XX).

Par ailleurs, l'article 15, paragraphes 2 et 3, de l'Accord de 1979 sur la Lune et les corps célestes prévoit qu'en cas de litige entre deux États parties sur le respect de cet accord, ceux-ci doivent engager des consultations sans tarder ; si celles-ci échouent « un État partie peut demander l'assistance du Secrétaire général (de l'ONU) sans le consentement d'aucun autre État partie intéressé, pour régler le litige ». Il ne peut s'agir, au plus, que d'une médiation.

732. Mécanismes institutionnels de coopération. — La meilleure chance de concrétiser l'obligation de coopération qui incombe aux États dans le domaine des activités spatiales (v. *supra*, n° 731, 2°) tient sans doute à leur énorme coût financier qui les oblige à regrouper leurs efforts et à créer des organisations internationales à cette fin. Toutefois, la rivalité entre les États-

Unis et l'URSS a longtemps limité les possibilités de création au plan mondial et a favorisé la multiplication des organisations régionales.

1° *Au plan universel*, les États ont pu se mettre d'accord pour définir un cadre institutionnel à vocation essentiellement normative, dont l'élément central est constitué par le Comité des utilisations pacifiques de l'espace extra-atmosphérique, organe de concertation permanente au sein des Nations Unies (v. *supra*, n° 728), tandis que, dans les domaines plus techniques de sa compétence, l'UIT joue un rôle essentiel (v. *infra*, n° 733).

Dans une perspective opérationnelle, celle-ci a tenté, entre 1964 et 1971, d'instituer un système mondial de communications spatiales par satellites mais l'idée a dû être abandonnée du fait des rivalités et des différences d'approche entre les pays de l'Est et les États occidentaux (v. *infra*, 2°). Il en résulte que la seule réalisation notable est l'accord, conclu le 3 septembre 1976 dans le cadre de l'OMCI, qui crée un système et une organisation internationale de satellites pour la navigation maritime (INMARSAT) et plus récemment et modestement, le programme COSPAS-SARSAT, fondé sur les mémoranda de 1980-1984 et sur l'accord de Paris du 1er juillet 1988 (États-Unis, Canada, URSS et France), qui consacre le « système global de satellites pour les recherches et le sauvetage » (v. *supra*, n° 697 et A. Kerrest, *RGDIP* 1989, p. 831-856).

INMARSAT est une organisation internationale chargée de gérer un système mondial de télécommunications maritimes afin d'améliorer la sécurité de la navigation et l'efficacité des navires. À cette fin, elle acquiert ou loue les engins nécessaires. Ses services sont payés par les utilisateurs (v. S. Courteix, *in AFDI* 1977, p. 791-808). En 2001, toutes les activités commerciales d'INMARSAT ont été transférées à une entreprise privée ; l'Organisation, réduite à un petit secrétariat intergouvernemental, se borne dorénavant à assurer les activités de service public comme la gestion du Système mondial de sécurité et de sauvetage en mer ou le contrôle de la navigation et du trafic aérien, et assure la tutelle de la société privée. COSPAS-SARSAT utilise les plates-formes satellitaires des quatre États parties et gère un service public international.

2° Les *organisations régionales* sont beaucoup plus nombreuses et actives. Certaines sont constituées autour des États-Unis et de l'URSS. Tel est en particulier le cas des systèmes rivaux de télécommunications par satellites, Intelsat et Interspoutnik.

« Intelsat » a été créé par les accords de Washington du 21 août 1964 et profondément réformé par les nouveaux accords du 20 août 1971. Il s'agit désormais d'une organisation internationale ayant pour but de concevoir, construire et exploiter un réseau mondial de satellites de télécommunications mais, quoiqu'intergouvernementale, elle fonctionne selon les règles de la gestion commerciale. Encore qu'atténuée par les accords de 1971, l'influence des États-Unis reste largement prépondérante dans son fonctionnement (v F. Batailler, *in AFDI* 1965, p. 145-173 ; S. Courteix, *ibid.* 1971, p. 739-751 ; B. Cheng, in *Mél. Rao*, 1976, p. 156-169). En 2000, ce mécanisme a été profondément transformé pour laisser place à une structure dualiste par la création d'une entreprise fonctionnant selon les principes du droit privé, mais dont le capital initial est encore très largement entre les mains des entreprises publiques des États parties, l'Organisation continuant à gérer les satellites des « services de télécommunications universels » (v. K. Ketkin, *in Vanderbilt Journal of Transnational Law* 2005, p. 1323-1401 ; F. Lyall, *in Journal of Space Law* 2000, p. 101-119, *in Annals of Air and Space Law* 2002, p. 429-445 et *in* F. Lyall et P. Larsen, *Space Law*, Ashgate, 2007, p. 409-427).

Bien qu'institué par l'Accord de Moscou du 15 novembre 1971 en réaction contre la conception capitaliste d'Intelsat, « Interspoutnik » ne fonctionne pas selon des principes très différents. Le système est dominé par la Russie.

Pour tenter d'équilibrer le poids des États-Unis et rattraper leur relatif retard technique les États d'Europe occidentale ont décidé de regrouper leurs efforts à partir de 1961. Les trois organisations créées à cette époque ont connu bien des avatars, dus à des difficultés financières et à l'absence d'une politique spatiale commune. La Conférence européenne des télécommunications par satellites (CETS) a pour utilité principale de permettre aux États européens d'harmoniser leurs positions dans les négociations avec les États-Unis sur le système Intelsat. Le Centre européen de recherche spatiale (CERS, sigle anglais : ESRO) et le Centre européen sur la construction de lanceurs d'engins spatiaux (CECLES, sigle anglais : ELDO) ont fusionné en une Agence spatiale européenne (ASE, Convention du 30 mai 1975 entrée en vigueur en 1980), beaucoup plus efficace que ses devancières et à laquelle, malgré les tensions entre ses membres, on doit l'initiative et souvent la réalisation de la plupart des projets européens en matière spatiale (projets Ariane, Spacelab, Meteosat, Marecs, etc.). Pour permettre l'exploitation de ces réalisations, ont été créées une entreprise privée (Arianespace) et deux organisations internationales, Eutelsat (convention définitive adoptée en 1982) et Eumetsat (1983). L'Union européenne pourrait être appelée à jouer un rôle non négligeable dans un avenir proche (v. la résolution du 22 mai 2007 du Conseil de l'UE sur la politique spatiale européenne et l'article 189 du TFUE).

L'agence spatiale européenne est l'un des quatre « partenaires » du projet de station spatiale internationale (v. *supra*, n° 728).

Sur l'ASE : A. Manin, *RTDE* 1974, p. 233-267 ; J. Chappez, *AFDI* 1975, p. 801-814 ; M. G. Bourély, *Rev. F. dt. aérien* 1982, p. 42-54 ; R. Cafari Panico, *La cooperazione europea in campo spaziale*, Cedam, Padoue, 1983, 243 p.

Sur Eutelsat : C. Morrow, *AFDI* 1985, p. 803-811.

Sur Eumetsat : S. Courteix, *AFDI* 1983, p. 624-638 ; P. K. Menon, *RBDI* 1977, p. 279-297.

Les États et organisations internationales n'hésitent pas à mettre également en place des mécanismes bilatéraux de mutualisation des données spatiales. En vertu de l'accord de coopération signé le 1er mars 2005 entre la NASA et l'Unesco, cette dernière s'est ainsi vu reconnaître le droit de bénéficier de l'expertise de l'Agence américaine dans le domaine des sciences de la terre et de la technologie spatiale.

733. Télécommunications et télédétection par satellites

1° *Télécommunications spatiales.* Les satellites se prêtent à de très nombreux usages (v. *supra*, n° 728), mais c'est en matière de télécommunications que leur essor est le plus spectaculaire : téléphone, télex, radiodiffusion, télévision.

La matière est dominée par une donnée technique d'une importance extrême : les fréquences utilisables sont une « ressource limitée » (art. 33 de la Convention internationale des télécommunications) dont la gestion et la répartition sont confiées à l'UIT. Cette rareté est particulièrement marquée en ce qui concerne la « télévision directe » pour laquelle, dans l'état actuel des connaissances techniques, une seule bande de fréquences peut être utilisée. À cette considération s'ajoute un problème politique très aigu : par définition même, ces émissions de télévision (ou de radiodiffusion) directe peuvent être captées directement par les particuliers et échappent donc au contrôle et à la réglementation de l'État de réception. C'est pourquoi les négociations ont été particulièrement vives dans ce domaine et n'ont d'ailleurs pas réellement abouti jusqu'à présent.

Sur le plan technique la question a pu être résolue de manière satisfaisante par l'adoption, le 13 février 1977, par la Conférence administrative mondiale de la radiodiffusion par satellites d'un plan mondial pour la télévision directe, rendu obligatoire par l'UIT. En revanche le problème politique n'a pas été réglé par l'adoption, par l'Assemblée générale des Nations Unies, des « principes régissant l'utilisation par les États de satellites artificiels de la Terre aux fins de la télévision directe internationale », annexés à la résolution 37/92 du 10 décembre 1982. L'élément central de ce texte, qui impose l'accord préalable des États (§ 14), a suscité l'opposition quasi unanime des pays occidentaux. Il ne concilie guère, en effet, les deux principes fondamentaux, pourtant rappelés dans le paragraphe 1 de cet instrument « les droits souverains de l'État, y compris le principe de la non-ingérence » d'une part, et « le droit de toute personne de rechercher, de recevoir et de répandre des informations et des idées », d'autre part — et il fait la part belle au premier au détriment du second.

La télévision par retransmission avec relais au sol ne pose pas les mêmes problèmes politiques. La coopération y est assez couramment pratiquée, notamment, en Europe par l'intermédiaire de l'Union européenne de radiodiffusion (UER), créée en 1950. En 1971, neuf États européens ont chargé le CERS (puis l'ASE) de mettre en œuvre un programme ambitieux de télécommunications par satellites. Au plan bilatéral, on peut citer le système franco-allemand « Symphonie », lancé en 1967.

2° *Téléobservation et télédétection par satellites.* L'utilisation des satellites facilite en outre l'observation de nombreux phénomènes naturels et d'activités humaines sur la Terre (téléobservation) et permet, en particulier, de recenser et, parfois, de découvrir les ressources naturelles qui s'y trouvent (télédétection).

Soumise aux principes généraux applicables aux activités spatiales, la téléobservation est subordonnée au respect du principe de l'utilisation pacifique de l'espace, dont on a dit qu'il n'exclut pas la surveillance des activités terrestres, même à des fins militaires. L'« espionnage » par satellites est donc licite (v. *supra*, n° 729-2°), et certains accords visent même à l'utiliser en tant que substitut organisé aux contrôles *in situ* en matière de maîtrise des armements (v. *supra*, n°s 602 et s.).

La licéité de la télédétection par satellites est parfois contestée au nom du principe de la souveraineté permanente sur les ressources naturelles et les activités économiques. Toutefois, en vertu de ce même principe, les pays en développement ont surtout exprimé le souhait que les résultats obtenus soient mis à la disposition de tous les États intéressés qui le désirent (résol. 2600 [XXIV] de l'Assemblée générale des Nations Unies) ; cette revendication peut être rapprochée de l'idée selon laquelle les activités dans l'espace sont l'« apanage de l'humanité tout entière » (v. *supra*, n° 729). Sa mise en œuvre est cependant délicate et la difficulté de combiner le principe de la liberté de l'espace et celui de la souveraineté des États sur leur territoire explique la lenteur des négociations entreprises sous les auspices du Comité sur les utilisations pacifiques de l'espace extra-atmosphérique en vue de la conclusion d'un accord sur la télédétection par satellites ou, au moins, de l'élaboration d'une déclaration de principes (adoptée sans vote par l'Assemblée générale, le 3 décembre 1986, la résolution 41/65 pose une quinzaine de principes, dont celui de l'accès aux données « sans discrimination à des conditions de prix raisonnables » ; C. A. Colliard, *AFDI* 1986, p. 697-714).

Sous-Titre III

PROTECTION INTERNATIONALE DE L'ENVIRONNEMENT

BIBLIOGRAPHIE. — ADI, A.-Ch. KISS, dir., *La protection de l'environnement et le droit international*, Sijthoff, Leyde, 1973, 650 p. — R. J. DUPUY. dir., *L'avenir du droit international de l'environnement*, Nijhoff, Dordrecht, 1985, 514 p. — P.-M. DUPUY, « Sur des tendances récentes dans le droit international de l'environnement », *AFDI* 1974, p. 816-829 ; « Où en est le droit international de l'environnement à la fin du siècle ? », *RGDIP* 1997, p. 873-903. — J. BARROS et D.M. JOHNSON, *The International Law of Pollution*, Free Press, New York, 1974, 476 p. — J. BALLENEGGER, *La pollution en droit international*, Droz, Genève, 1975, 268 p. — J. CHARPENTIER dir., *La protection de l'environnement par les Communautés européennes*, Pedone, 1988, 170 p. — D.B-. MACGRAW, *International Law and Pollution*, University of Pennsylvania Press, 1988, 388 p. — M. RÉMOND-GOUILLOU, *Du droit de détruire — Essai sur le droit de l'environnement*, PUF, 1989, 304 p. — R. WOLFRUM, « Purposes and Principles of International Environmental Law », *GYBIL* 1990, p. 308-330 ; « Means of Ensuring Compliance with and Enforcement of International Environment Law », *RCADI* 1998, t. 272, p. 9-154. — S. BALL, *The Law and Policy Relating to the Protection of Environment*, Blackstone, Londres, 1991, 381 p. — W. LANG, H. NEUHOLD et K. ZEMANEK ed., *Environmental Protection and International Law*, Graham & Trotman/Nijhoff, Londres/Dordrecht, 1991, 244 p. — L. KRÄMER, *Focus on European Environmental Law*, Sweet & Maxwell, Londres, 1992, 321 p. ; (ed.), *European Environmental Law — Casebook*, Sweet & Maxwell, Londres, 1993, 483 p. — J. FROMAGEOT et Ph. GUTTINGER, *Droit de l'environnement*, Eyrolles, 1993, 255 p. — Ph. SANDS ed., *Greening International Law*, New Press, New York, 1994, 414 p. — S. BAZIADOLY, *Le droit communautaire de l'environnement depuis l'acte unique européen jusqu'à la Conférence intergouvernementale*, Bruylant, Bruxelles, 1996, XIV-360 p. — M. KAMTO, *Droit de l'environnement en Afrique*, EDICEF/AUPELF, 1996, 416 p. — P.S. RAO, « Environment as a Common Heritage of Mankind : A Policy Perspective » *in* CDI, *Le droit international à l'aube du XXIe siècle — Réflexions de codificateurs*, Nations Unies, New York, 1997, p. 201-216. — C. GUTIERREZ ESPADA, « La contribucion del derecho internacional del medio ambiante al desarollo del derecho internacional contemporaneo », *ADI* 1998, p. 113-200. — M. PRIEUR et Cl. LAMBRECHTS dir., *Les hommes et l'environnement — Quels droits pour le XXIe siècle ? Études en hommage à A.-Ch. Kiss*, Frison-Roche, 1998, XX-691 p. — C. IMPERIALI dir., *L'effectivité du droit international de l'environnement — Contrôle de la mise en œuvre des conventions internationales*, Economica, 1998, 275 p. — P. THIEFFRY, *Droit européen de l'environnement*, Dalloz, 1998, 288 p. — E. BROWN WEISS et H.K. JACOBSON ed., *Engaging Countries — Strengthening Compliance with International*

Environmental accords, MIT Press, Cambridge (MA), 1998, XX-615 p. — K. BASLAR, *The Concept of the Common Heritage of Mankind in International Law*, Nijhof, La Haye, 1999, XXIX-427 p. — A. KISS et D. SHELTON, *Traité de droit européen de l'environnement*, Frison-Roche, 2000, XXIV-554 p. ; *Guide to International Environmental Law*, Nijhoff, Leiden, 2007, XV-313 p. — J.-L. MATHIEU, *La protection internationale de l'environnement*, PUF, « Que sais-je ? » n° 2636, 2000, 128 p. — D. CARON et Ch. LEBEN ed., *Les aspects internationaux des catastrophes naturelles et industrielles*, ADI, 2001, XXXVII-865 p. — K. KOUFA ed., *Protection of the Environment for the New Millenium, Thesaurus Acroasium*, vol. XXI, 2002, 688 p. — T. KUOKKANEN, *International Law and the Environment : Variations on a Theme*, Kluwer, La Haye, 2002, XXXIII-412 p. — V.P. NANDA et G. PRING, *International Environmental Law for the 21st Century*, Transnational, Ardsley, 2003, XIII-512 p. — Ph. SANDS, *Principles of International Environmental Law*, Cambridge UP, 2003, CXXX-1116 p. — A.-Ch. KISS et J.P. BEURIER, *Le droit de l'environnement*, Pedone, 2004, 503 p. — J.M. LAVIEILLE, *Droit international de l'environnement*, Ellipses, 2004, 191 p. — R. POSNER, *Catastrophe, Risk and Response*, Oxford UP, 2004, X-322 p. — C.G. WEERAMANTRY et M.C. CORDONIER SEGGER, *Sustainable Justice : Reconciling Economic, Social and Environmental Law*, Nijhoff, 2005, LXXXIII-598 p. — R. WOLFRUM, C. LAGENFELD et P. MINNEROP, *Environmental Liability in International Law : Towards a Coherent Conception*, Umweltbundesamt, Berlin, 2005, XXVI-586 p. — J.M. ARBOUR et S. LAVALLÉE, *Droit international de l'environnement*, Blais, Cowansville, 2006, XXXIV-835 p. — E. LOUKA, *International Environmental Law : Fairness, Effectiveness, and World Order*, Cambridge UP, 2006, XVI-518 p. — D. BODANSKY, J. BRUNNÉE et E. HEY ed., *The Oxford Handbook of International Environmental Law*, Oxford UP, 2007, XXVIII-1080 p. — D. HUNTER, J. SALZMAN et D. ZAELKE, *International Environmental Law and Policy*, Foundation Press, New York, 2007, LIII-1613 p. — S. BELL et D. MCGILLIVRAY ed., *Environmental Law*, Oxford UP, 2008, LXVIII- 832 p. — E. BROWN-WEISS et as. ed., *Reconciling Environment and Trade*, Nijhoff, Leiden, 2008, XI-716 p. — G. CORDINI, P. FOIS et S. MARCHISIO, *Diritto ambientale : profili internazionali europei e comparati*, Giappichelli, Turin, 2008, XI-215 p. — J.H. JANS et H.H.B. VEDDER, *European Environmental Law*, Europa Law Publishing, Groningen, 2008, XVI-496 p. — S. MALJEAN-DUBOIS, *Quel droit pour l'environnement ?*, Hachette Supérieur, 2008, 159 p. — O. MAZAUDOUX, *Droit international public et droit international de l'environnement*, Pulim, Limoges, 2008, 156 p. — P. BIRNIE, A.E. BOYLE et C. REDGWELL, *International Law and the Environment*, Oxford UP, 2009, XXXVI-851 p. — S.J. TURNER, *A Substantive Environmental Right : An Examination of the Legal Obligations of Decision-Makers Towards the Environment*, Kluwer, Alphen aan den Rijn, 2009, XXIII-284 p.

V. aussi le *Yearbook of International Environmental Law*, publié depuis 1990.

Recueils de textes : Ph. CULLET et A. GOWLLAND-GUALTIERI, *Key Materials in International Environmental Law*, Ashgate, Aldershot, 2004, XXI-643 p. — *Fondamental* (avec notices introductives très éclairantes) : L. BOISSON DE CHAZOURNES et a., *Protection internationale de l'environnement — Recueil d'instruments juridiques*, Pedone, 2005, XVI-808 p. — PNUE, *Selected Texts of Legal instruments in International Environmental Law*, DPD/0650/NA, 2005, 734 p. — P. SANDS et P. GALIZZI, *Documents in European Community Environmental Law*, Cambridge UP, 2006, XVII-969 p. — J. HOLDER et M. LEE, *Environmental Protection, Law and Policy : Text and Materials*, Cambridge UP, 2007, XLV-772 p.

734. Affirmation d'un droit international de l'environnement. — Avec un décalage chronologique d'une vingtaine d'années, les préoccupations liées à la protection de l'environnement ont exercé, sur le droit international public, le même type d'influence que celles concernant l'économie (v. *supra*, n° 607) : comme celles-ci, elles sont présentes de longue date dans plusieurs secteurs du droit international et, en particulier, dans les règles applicables à l'utilisation du territoire étatique et aux espaces internationaux ; mais ce n'est qu'à une période relativement récente que les règles qui en sont issues ont été étudiées en tant que telles et que le « droit international de l'environnement » a été perçu comme une branche distincte du droit des gens.

Les cris d'alarme des scientifiques relatifs à la détérioration de l'environnement humain du fait des pollutions de toutes natures engendrées par l'utilisation massive de technologies mal maîtrisées et une série de catastrophes écologiques qui ont marqué les opinions publiques (l'une des plus décisives a été celle du Torrey Canyon en 1967, suivie de bien d'autres : Amoco Cadiz en 1978, Seveso en 1976, Bhopal en 1984, Tchernobyl en 1986, Sandoz et Exxon Valdez en 1988, Erika en 1999, etc.) ont été à l'origine de cette prise de conscience, qui s'est traduite par l'adoption, le 16 juin 1972, de la Déclaration de Stockholm par la Conférence des Nations Unies sur l'environnement. Bien que certaines de ses directives eussent davantage relevé de la prospective que du droit positif, ces principes se sont progressivement consolidés et ont été précisés et on assiste à la naissance d'un corps de règles en voie de développement rapide, pendant international d'une évolution déjà nettement affirmée dans les droits internes, et qui, comme eux, est encore mal stabilisé.

Un premier problème posé par le droit international de l'environnement concerne la définition de son objet. Alors que le droit de la mer ou celui des traités sont convenablement circonscrits par leur objet même, dont, dans leurs grandes lignes au moins, les définitions ne se heurtent pas à des difficultés particulières, la définition de l'environnement pose de tels problèmes que la plupart des traités et des autres instruments juridiques pertinents, à commencer par la Déclaration de Stockholm et celle de Rio de 1992, et la grande majorité des auteurs s'abstiennent de toute définition.

Il existe cependant certaines exceptions. Ainsi, reprenant presque mot pour mot la définition figurant dans l'article 2, paragraphe 11, de la Convention du Conseil de l'Europe de 1993 sur la responsabilité civile des dommages résultant d'activités dangereuses pour l'environnement, la résolution de l'IDI du 4 septembre 1997 définit celui-ci comme englobant « les ressources naturelles abiotiques et biotiques, notamment l'air, l'eau, le sol, la faune et la flore ainsi que l'interaction entre ces mêmes facteurs. Il comprend aussi les aspects caractéristiques du paysage ».

L'environnement ne peut en effet sans doute être défini que par l'addition des différents éléments qui le composent et qu'il intègre en un concept unique. Dans la sentence relative au *Rhin de fer* du 24 mai 2005, le Tribunal constitué dans le cadre de la CPA a remarqué que, d'une manière générale, « le terme "environnement" englobe l'air, l'eau, la terre, la faune et la flore, les écosystèmes et les sites naturels, la santé et la sécurité humaine, ainsi que le climat » (§ 58). Plus synthétiquement, on peut le définir comme l'ensemble des éléments nécessaires à la vie (d'où les termes de « biosphère » ou d'« écosystème » auxquels on peut l'assimiler) ; l'« environnement humain » étant circonscrit aux éléments nécessaires à la vie des êtres humains. Comme l'a souligné la CIJ, « l'environnement n'est pas une abstraction, mais bien l'espace où vivent les êtres humains et dont dépendent la qualité de leur vie et leur santé, y compris pour les générations à venir » (avis consultatif du 8 juillet 1996, *Licéité de la menace ou de l'emploi d'armes nucléaires*, *Rec.* 1996, p. 241-242, § 29).

Le droit international de l'environnement est donc constitué de l'ensemble des règles juridiques internationales nécessaires à la protection de cet « espace », la biosphère (ou l'écosystème global), définition qui met clairement en évidence à la fois son caractère fonctionnel — il s'agit d'encadrer les activités humaines qui dégradent l'environnement, ou sont susceptibles d'y porter atteinte — et son intégration dans le droit international général.

En ce qui concerne ce second point, on assiste, à l'heure actuelle, à un débat qui n'est pas sans rappeler celui qui, naguère, a opposé les tenants de l'autonomie du droit international de l'économie aux auteurs qui n'y voyaient qu'un chapitre parmi d'autres du droit international public (v. *supra*, n° 607). Il appelle le même type de réponse : il n'est pas douteux que le droit international de l'environnement présente des traits spécifiques, qui tiennent à son objet même, et qui se traduisent par un recours statistiquement plus fréquent à des techniques juridiques particulières. Mais il n'est pas moins discutable qu'il fait partie intégrante du droit international public : il repose sur la même problématique générale et résulte de la même dialectique globale entre le mouvement qui pousse les États à préserver leur souveraineté et celui qui les oblige à prendre acte des solidarités qui les unissent.

Au surplus, les frontières entre le droit international de l'environnement et les autres branches du droit des gens sont parfois floues et difficiles à marquer de façon claire. La gestion rationnelle des stocks de poissons et, plus généralement, des ressources naturelles, répond à une logique économique autant qu'écologique. Le droit de la mer ou celui applicable aux fleuves internationaux, comportent de nombreuses règles protectrices de l'environnement, mais celles-ci leur sont propres et ne peuvent être dissociées de l'étude de leur régime juridique général que de manière passablement artificielle. Et les limitations apportées au droit d'utiliser certaines armes ont des retombées sur l'environnement mais relèvent d'abord de préoccupations humanitaires — ce qui a d'ailleurs conduit la CIJ à conclure que le droit relatif à l'emploi de la force et celui applicable dans les conflits armés étaient « plus directement pertinent[s] » que les normes en vigueur en matière de sauvegarde et de protection de l'environnement pour répondre à la question de savoir s'il était « permis en droit international de recourir à la menace ou à l'emploi d'armes nucléaires en toutes circonstances » (*sic* — résolution résol. 49/75K de l'Assemblée générale du 15 décembre 1994), tout en reconnaissant que le droit international de l'environnement « met en avant d'importantes considérations d'ordre écologique qui doivent être dûment prises en compte dans le cadre de la mise en œuvre des principes et règles du droit applicable dans les conflits armés » (avis préc., *Rec.* 1996, p. 243, § 33). Et l'on peut légitimement hésiter à rattacher certaines questions soit aux droits de l'homme, soit à la recherche scientifique, soit encore à l'environnement, en particulier pour tout ce qui touche aux biotechnologies (« organismes génétiquement modifiés » [OGM], manipulations sur l'embryon) : v. notamment la Convention de Rio du 5 juin 1992 sur la diversité biologique et le protocole de Carthagène du 29 janvier 2000 sur la biosécurité ; ainsi que la jurisprudence de la CEDH sur les incidences négatives de certaines pollutions sur la vie privée (v. par exemple Grande Chambre, arrêt du 8 juill. 2003, *Hatton c. Royaume-Uni*, à propos de la pollution sonore des aéroports ou, plus récent, l'arrêt du 27 janvier 2009, *Tatar c. Roumanie*, à propos d'habitations situées à proximité d'une usine d'exploitation de minerai d'or ; v. aussi *infra*, n°s 743 et 758). V. également la Déclaration de Libreville sur la santé et l'environnement en Afrique du 29 août 2008 qui insiste sur leur interdépendance réciproque (v. Ch. Colette, *RGDIP* 2008, p. 891-894).

Toutefois, dans le domaine de la protection de l'environnement, l'interdépendance entre tous les États du monde est particulièrement prégnante : la biosphère ne connaît pas de frontière (v. *infra*, n° 736) et cette unité de l'écosystème confère au droit international de l'environnement des caractères particuliers qui conduisent à une « relecture tonique » de l'ensemble du droit international public (l'expression a été employée par Maurice Flory à propos du droit international du développement) de l'ensemble du droit international public qu'il oblige à ré-envisager sous tous ses aspects, même s'il s'applique plus particulièrement à certains espaces, à certaines espèces et à certaines activités.

CHAPITRE I

Caractères généraux du droit international de l'environnement

735. « Un atelier d'expérimentation juridique ». — Branche récente du droit international, le droit international de l'environnement fait appel aux institutions juridiques internationales habituelles : les principaux acteurs en présence, au premier rang desquels les États et les organisations internationales, sont aussi ceux auxquels s'adresse le droit des gens classique, et les techniques juridiques auxquelles recourt la protection internationale de l'environnement sont celles du droit international public général. Toutefois, ces institutions juridiques se trouvent infléchies du fait des traits qui caractérisent cette nouvelle branche du droit :

— les acteurs non-étatiques y jouent un rôle bien plus important que celui qui leur est habituellement dévolu ;

— la *soft law* (v. *supra*, n° 253) y foisonne ;

— la prévention y revêt un relief particulier et tend à éclipser les modalités traditionnelles de régulation, en particulier les mécanismes usuels de la responsabilité.

On peut du reste se demander si ces caractéristiques ne tiennent pas davantage à la jeunesse du droit international de l'environnement qu'à son objet : on constate en effet qu'à mesure qu'il se consolide, ses principes s'affirment et acquièrent un profil plus traditionnel.

En ce sens, on peut voir dans le droit international de l'environnement un « atelier d'expérimentation juridique » (cf. L. Condorelli, cité par P.-M. Dupuy, *RGDIP* 1997, p. 900) : il permet de suivre, sur un laps de temps relativement bref, la consolidation progressive de concepts et de principes, au départ « programmatoires » et prospectifs, qui, rapidement, se transforment en normes positives, classiques en la forme mais souvent novatrices quant à leur contenu et qui peuvent infléchir, souvent en profondeur, les orientations générales du droit international.

Section 1
Institutions du droit international de l'environnement

§ 1. — *Acteurs en présence*

BIBLIOGRAPHIE. — A. HURRELL et B. KINGSBURY ed., *The International Politics of the Environment ; Actors, Interests and Institutions*, Clarendon Press, Oxford, 1992, 492 p. — Ph. ORLIANGE, « La Commission du développement durable », *AFDI* 1993, p. 820-832. — R. RANJEVA, « L'environnement, la CIJ et la Chambre spéciale pour les questions d'environnement », *AFDI* 1994, p. 433-441. — L. BOISSON DE CHAZOURNES, « Le Fonds sur l'environnement mondial... », *AFDI* 1995, p. 612-632. — J. WERKSMAN, « Consolidating Governance of the Global Commons : Insights from the Global Environment Facility », *YBIEL* 1995, p. 27-63. — J. WERKSMAN ed., *Greening International Institutions*, Earthcan, Londres, 1996, 334 p. — Th. J. SCHOENBAUM, « International Trade and Protection of the Environment — The Continuing Search for Reconciliation », *AJIL* 1997, p. 268-313. — I. SHIHATA, « The World Bank's Contribution to the Development of International Environmental Law », *Mel. Seidl-Hohenveldern* (II), p. 631-657. — F. BIERMANN et S. BAUER, *A World Environmental Organization – Solution or Threat for Effective International Environmtal Governance ?*, Ashgate, Aldershot, 2005, 292 p. — M.D. VARELLA, « Le rôle des organisations non-gouvernementales dans le développement du droit international de l'environnement », *JDI* 2005, p. 41-76. — E. DESOMBRE, *Global Environmental Institutions*, Routledge, Londres/New York, 2006, XVII-178 p. — M. IOVANE, « La participation de la société civile à l'élaboration et à l'application du droit international de l'environnement », *RGDIP* 2008, p. 465-519. — M.M. BETSILL et E. CORELL ed., *NGO Diplomacy : The Influence of Nongovernmental Organizations in International Environmental Negotiations*, MIT Press, Cambridge (MA), 2008, XVII-244 p.

736. Souveraineté territoriale et écosystème global. — Dans le « monde fini » qui est le nôtre, tout l'espace terrestre est partagé entre des États souverains, qui prétendent exercer sur leur territoire des compétences plénières et exclusives (v. *supra*, n°s 304 à 310), au point que l'on parle, pour les désigner, de « souveraineté territoriale » (v. *supra*, n° 297).

Ce partage du monde entre les États n'est cependant pas total : il ne concerne que les terres émergées, leur sol et leur sous-sol, l'espace aérien surjacent et une frange maritime adjacente qui inclut la mer territoriale et se prolonge, au-delà, par la zone économique exclusive et le plateau continental, sur lesquels l'État riverain exerce des droits souverains aux fins de l'exploration et de l'exploitation de leurs ressources naturelles. Mais, au-delà, les espaces internationaux et leurs ressources sont insusceptibles d'appropriation nationale (v. sous-titre II, *supra*) si bien que les règles qui y sont applicables sont d'origine internationale, y compris en ce qui concerne la protection de l'environnement, qui a pris, durant les quarante dernières années, une importance croissante dans cette réglementation.

En outre, par son objet même, le droit international de l'environnement est, en partie au moins, « transfrontière » par nature. Certes, il existe des pollutions qui peuvent rester circonscrites au territoire d'un seul État ; toutefois, en règle générale, toute atteinte à l'environnement qui se produit dans un État a des répercussions sur le territoire d'autres États et dans les espaces internationaux.

Comme l'a proclamé dès 1968 la Charte européenne de l'eau, « l'eau n'a pas de frontière » — et ceci n'est pas vrai des seuls fleuves internationaux (v. *supra*, n°s 712 s.) ; non seulement, toute pollution grave affectant un cours d'eau ou un lac importants peut se répercuter sur la nappe phréatique et sur l'ensemble du bassin fluvial, mais encore, les fleuves se jettent dans la mer et les pollutions d'origine terrestre (« telluriques ») font parfois sentir leurs effets loin au large ; le droit prend en compte ce phénomène (cf. l'article 207 de la Convention de Montego Bay sur le droit de la mer — v. *infra*, n° 754 – ou le projet d'articles de la CDI de 2008 sur le droit des aquifères transfrontières – v. *infra*, n° 753). En outre, les mers du globe communiquent pour la plupart les unes avec les autres, si bien que les pollutions qui se produisent dans une zone maritime peuvent gagner, souvent lentement et insidieusement, d'autres espaces marins, parfois très éloignés.

De même, la pollution atmosphérique ne s'arrête évidemment pas aux frontières de l'État, comme en témoigne de manière particulièrement dramatique l'accident de Tchernobyl de 1986 — qui continue à faire sentir ses effets dans de nombreuses parties de l'Europe — ou comme le montre, de manière plus insidieuse, le phénomène des « pluies acides » qui affecte surtout les pays industrialisés. C'est d'ailleurs une pollution atmosphérique qui est à l'origine de l'une des premières affaires contentieuses « écologiques » en droit international ; celle de la *Fonderie de Trail*, qui a opposé les États-Unis au Canada durant les années 1930 à propos de fumées nocives produites par cette usine et rabattues par les vents sur le territoire américain, et qui s'est terminée par un célèbre arbitrage en 1941 (v. *supra*, n° 498).

Au surplus, la modification d'un élément particulier de l'écosystème — qu'elle soit due à une activité humaine ou à un phénomène naturel (éruptions volcaniques, *El Niño*, résultant de la remontée périodique d'un courant chaud tropical qui traverse le Pacifique d'Ouest en Est) — a souvent des répercussions graves sur les autres : la pollution atmosphérique a des retombées maritimes (cf. l'article 212 de la Convention de 1982 sur le droit de la mer) et est à l'origine de l'appauvrissement de la couche d'ozone et du phénomène de l'« effet de serre », lui-même source de modifications climatiques aux conséquences imprévisibles.

Comme le proclame le préambule de la Déclaration de Rio, « la Terre, foyer de l'humanité, constitue un tout marqué par l'interdépendance ».

Alors que, dans d'autres domaines, l'internationalisation des règles juridiques est délibérée et témoigne de la volonté de traduire au plan du droit les progrès de la solidarité internationale (droits de l'homme, recours à la force), elle est ici souvent imposée par la « nature des choses ». Le droit doit prendre en compte la nature intrinsèquement internationale de la plupart des atteintes à l'environnement, qui appellent nécessairement une réaction de la communauté internationale dans son ensemble ou, au moins, de tous les États concernés par une pollution donnée et limitent du même coup la liberté des États d'agir individuellement dans ce domaine.

Deux conséquences fondamentales découlent de cet état de choses.

1° En premier lieu, *les compétences de l'État sur son territoire s'en trouvent limitées*. Conformément au principe énoncé par la CIJ en 1949 dans un contexte différent, tout État a « l'obligation (...) de ne pas laisser utiliser son territoire à des fins contraires aux droits d'autres États » (*Détroit de Corfou*, *Rec.* 1949, p. 22 ; v. aussi la sentence arbitrale du 16 nov. 1957 dans l'affaire du *Lac Lanoux*, *RSA* XII, p. 285). En matière d'environnement, ce principe a donné naissance à un autre, plus précis, souvent appelé « principe de l'utilisation non dommageable du territoire », qui, dans les travaux de la CDI, a pu être ainsi énoncé ainsi :

« La liberté des États d'exercer ou de permettre que soient exercées des activités sur leur territoire ou en d'autres lieux placés sous leur juridiction ou leur contrôle n'est pas illimitée. Elle est soumise à l'obligation générale de prévenir ou de réduire au minimum le risque de causer un dommage transfrontière significatif ainsi qu'aux obligations spécifiques dont ils peuvent être tenus à cet égard envers d'autres États » (*Ann. CDI* 1996, vol. II, 2e partie, p. 118). Bien que cette disposition n'ait pas été reprise dans le projet d'articles adopté en 2001 sur la Prévention des dommages transfrontières résultant d'activités dangereuses (v. *Ann. CDI* 2001, vol. II, 2e partie, p. 157 s.), elle exprime clairement les limites qu'imposent aux compétences territoriales des États les obligations liées à la protection de l'environnement et son contenu reflète celui de nombreux instruments internationaux.

Le même principe a été proclamé solennellement par les conférences de Stockholm (principe 21) et de Rio et lié par elles à celui de la souveraineté permanente des États sur leurs ressources naturelles (v. *supra*, n° 609), dont il atténue le caractère absolu :

« Conformément à la Charte des Nations Unies et aux principes du droit international, les États ont le droit souverain d'exploiter leurs propres ressources conformément à leurs propres politiques en matière d'environnement et de développement, et ils ont le devoir de veiller à ce que les activités qui relèvent de leur compétence ou de leur pouvoir ne portent pas atteinte à l'environnement d'autres États ou de zones situées au-delà des limites de leur juridiction nationale » (principe 2 de Rio).

La Cour internationale de Justice a confirmé la force obligatoire du principe dans son avis consultatif de 1996 relatif à la *Licéité de la menace ou de l'emploi d'armes nucléaires* : « L'obligation générale qu'ont les États de veiller à ce que les activités exercées dans les limites de leur juridiction ou sous leur contrôle respectent l'environnement dans d'autres États fait maintenant partie du corps de règles du droit international de l'environnement » (*Rec.* 1996, p. 242, § 29 ; v. aussi l'arrêt du 25 septembre 1997, *Projet Gab&ccaron ;íkovo-Nagymaros*, *Rec.* 1997, p. 41, § 53). Les États ne sauraient, pour autant, s'abriter derrière des considérations relatives à l'environnement pour s'exonérer de leurs autres obligations internationales (v. par ex. CIRDI, SA, 17 fév. 2000, *Compañia del Desarollo de Santa Elena c. Costa Rica*, § 71-72 ; ALENA [CIRDI], *Metalclad c. Mexique*, § 97-101 ou ALENA [CNUDCI], 13 nov. 2000, sentence partielle, *SD Myers c. Canada*, § 215).

Pour sa part, la CJCE a considéré qu'une transposition exacte des directives communautaires en matière d'environnement était d'autant plus impérative que « la gestion du patrimoine commun est conférée, pour leur territoire, aux États membres respectifs » (aff. 236/85, 13 oct. 1987, *Commission c. Pays-Bas*, *Rec.* p. 3989 et aff. C-38/99, 7 décembre 2000, *Commission c. France, Rec.* p. I-10941).

2° Ces positions incitent à se demander si l'environnement mondial constitue *un élément du patrimoine commun de l'humanité*, qui, comme tel, échapperait à la souveraineté et à l'appropriation nationales, au même titre que les fonds marins au-delà des limites des juridictions nationales (v. *supra*, n° 700), la Lune et les corps célestes (v. *supra*, n° 730), voire la science et la technique (tel qu'exprimé par la Convention de l'Unesco du 23 novembre 1972 concernant la protection du patrimoine mondial, culturel et naturel, par exemple).

L'expression n'est pas utilisée expressément dans les textes majeurs qui énoncent les principes généraux du droit international de l'environnement, en particulier par les Déclarations de Stockholm et de Rio. Tout au plus peut-on y trouver trace d'un principe de « préoccupation commune à l'humanité », dans lequel on a pu voir « un écho assourdi du patrimoine commun de l'humanité » (P.-M. Dupuy, *RGDIP* 1997, p. 891). Cette prudence s'explique : faute d'organisation internationale dotée de pouvoirs normatifs et opérationnels généraux en la matière (v. *infra*, n° 737), c'est d'abord à chaque État qu'incombe la responsabilité d'assurer la protection de la biosphère. Au surplus, le coût de cette protection et ses enjeux économiques sont tels que les États n'entendent pas se laisser déposséder de leurs compétences en la matière au profit d'une entité aussi vague que l'« humanité ».

Il n'en reste pas moins que l'environnement est de plus en plus perçu comme une valeur commune à l'humanité tout entière dont la préservation est l'affaire de la communauté internationale dans son ensemble, et que l'on retrouve dans les règles qui lui sont applicables la plupart des principes relatifs au patrimoine commun de l'humanité : absence de réciprocité, obligations de conservation et de gestion rationnelle, non-appropriation. Toutefois, la responsabilité première des États et les compétences quasi exclusives qu'ils conservent pour la mise en œuvre de ces principes conduit à voir dans la biosphère davantage une *ressource partagée* qu'un élément du patrimoine commun, au sens juridique de l'expression.

Même dans le cadre plus solidaire de l'Union européenne et malgré le recours au concept de « patrimoine commun » dans la jurisprudence précitée, on doit aboutir au même constat : c'est à propos de la politique commune de l'environnement (Acte unique européen de 1986) qu'a été pour la première fois établi le principe de subsidiarité.

737. Cadre institutionnel international. — Le développement institutionnel est allé de pair avec l'approfondissement normatif, qui fera l'objet des paragraphes suivants. On peut s'en étonner dès lors que le droit international de l'environnement est l'un des domaines privilégiés de la *soft law* (v. *infra*, n°s 739 s.). Le paradoxe n'est qu'apparent : la multiplication des mécanismes d'incitation et de contrôle s'efforce de pallier la « mollesse » des principes et des modes de règlement des différends (v. *infra*, n° 741).

Faute de pouvoir obliger ou sanctionner les acteurs du droit international de l'environnement, on s'efforce de les soumettre à une pression continue, en recourant à des mécanismes institutionnalisés de surveillance, d'incitation (souvent financière), de négociation continue (destinée à compléter et à préciser les règles applicables) et de coordination. Chaque avancée normative semble conditionner un « réflexe institutionnel », qui se traduit par la création d'organismes, dépourvus de pouvoirs de commandement ou de décision. Cette « institutionnalisation molle » et protéiforme peut être constatée dans le cadre universel comme au plan régional (du moins entre pays industrialisés).

1° *La nébuleuse institutionnelle au plan mondial.* — Ce n'est qu'en 1972, à la suite de la Conférence de Stockholm, que, par sa résolution 2997 (XXVII) (« Dispositions institutionnelles et financières concernant la coopération internationale dans le domaine de l'environnement »), l'Assemblée générale s'est déclarée « consciente de la nécessité d'élaborer d'urgence, dans le cadre des organismes des Nations Unies, des arrangements institutionnels permanents pour la protection et l'amélioration de l'environnement ». Par cette même résolution, elle créait, en tant qu'organes subsidiaires, le Programme des Nations Unies pour l'environnement (PNUE), un fonds de contributions volontaires spécialisé, le Fonds pour l'environnement et, sous les auspices du Comité administratif de coordination (CAC), un Comité de coordination pour l'environnement, « pour assurer la coordination la plus efficace entre les programmes des Nations Unies en matière d'environnement ».

Le PNUE est constitué par un Conseil d'administration de 58 membres élus par l'Assemblée générale, assisté par un Secrétariat ayant à sa tête un Directeur exécutif. Il siège à Nairobi. Ses principales fonctions sont de promouvoir la coopération internationale dans le domaine de l'environnement et de recommander des politiques à cette fin (de nombreux instruments juridiques ont été négociés sous ses auspices ou à son initiative) ; de coordonner les programmes relatifs à l'environnement dans le cadre des Nations Unies et de surveiller leur mise en œuvre ; de « suivre la situation de l'environnement dans le monde » et d'encourager la recherche et la diffusion de l'information dans ce domaine ; d'évaluer les incidences des politiques et des mesures nationales et internationales en matière d'environnement sur les pays en développement et le problème des coûts supplémentaires en résultant pour ces pays ; et de gérer les programmes du Fonds de l'environnement, qui a compétence pour fournir une assistance essentiellement technique en matière d'environnement. Souvent avancée, l'idée de transformer le PNUE en une institution spécialisée autonome n'a jusqu'à présent pas été réalisée.

Un nombre important d'institutions spécialisées des Nations Unies (BIRD, Unesco, OMM, OMI, OMS, FAO) et, plus tard, l'OMC (cf. la résolution de la Conférence de Marrakech établissant un Comité du commerce et de l'environnement et la Décision sur le commerce des services et l'environnement, annexée à l'Accord créant l'OMC ainsi que l'Accord sur l'application des mesures sanitaires et phytosanitaires) et l'Autorité des Fonds marins, dotée de compétences en matière de prévention et de réduction de la pollution résultant d'activités menées dans la Zone (cf. les articles 209, paragraphe 1, et 215 de la Convention de Montego Bay), exercent également, dans le cadre de leur sphère d'activités respective, des fonctions en matière de protection de l'environnement et ont adopté des programmes spéciaux à cette fin.

La Conférence de Rio de 1992 (v. *infra*, n° 747) a donné un second souffle à ce dispositif institutionnel complexe, sans pour autant le simplifier – bien au contraire. Dans la droite ligne de l'effort d'intégration des actions pour l'environnement d'une part, et le développement d'autre part, qu'illustre le concept de « développement durable » (v. *infra*, n° 748), l'Assemblée générale, en conformité avec les recommandations du chapitre 38 (« arrangements institutionnels ») du programme d'action « Agenda 21 », a complété ce dispositif institutionnel par la création de la Commission du développement durable (CDD), parallèlement à l'institution, au sein du Secrétariat, d'un nouveau Département de la coordination des politiques et du développement durable, en même temps qu'elle lançait un nouvel (et vain) appel au renforcement de la coordination au sein du système des Nations Unies (résol. 47/191 du 22 décembre 1992).

Chargée de « contrôler les progrès réalisés pour appliquer l'Agenda 21 et intégrer les objectifs relatifs à l'environnement et au développement dans l'ensemble du système des Nations Unies », la CDD est un organe subsidiaire de l'Ecosoc. Elle reçoit et examine les rapports que lui font parvenir l'ensemble des organismes des Nations Unies ayant compétence en matière d'environnement, les communications des États, et « les informations que pourraient lui communiquer les conférences d'États parties à des conventions relatives à l'environnement sur les progrès réalisés dans leur application ».

C'est que le système institutionnel mondial pour l'environnement, loin de se limiter à ces mécanismes, somme toute assez classiques, qui bourgeonnent dans le cadre des Nations Unies, est complété par une profusion d'organismes de suivi institués par chacune des grandes conventions-cadres adoptées en matière d'environnement.

Il est rarement fait appel à des organisations pré-existantes (v. cependant la Convention de 1994 sur la sûreté nucléaire qui prévoit que le secrétariat des réunions des Parties contractantes est assuré par l'AIEA). La plupart du temps, chaque convention crée son propre mécanisme. Au minimum, elle institue une conférence périodique des États parties et un secrétariat permanent (parfois flanqué d'un conseil scientifique ou technique) le mécanisme pouvant être complété par la constitution d'un réseau d'institutions appelé à concourir à la mise en œuvre de la convention (Convention de 1994 sur la désertification) et se traduire par la création d'une organisation internationale relativement lourde aux structures complexes (Convention sur les changements climatiques de 1992 et Protocole de Kyoto de 1997). Créée par un traité du 26 janvier 2009, l'Agence internationale des énergies renouvelables (IRENA) a pour mandat de favoriser une transition mondiale rapide vers les énergies renouvelables.

Ces techniques d'institutionnalisation ne sont pas sans rappeler celles qui sont mises en œuvre dans le cadre du droit du désarmement (v. *supra*, n°s 143 et 602-603).

Le financement des mécanismes institutionnels eux-mêmes et des actions qu'ils ont vocation à mener (nombre d'entre eux sont invités à aider les pays en développement parties, à s'acquitter de leurs obligations) est très coûteux. Certaines des conventions qui les établissent comportent des dispositions détaillées concernant les mécanismes financiers propres qu'elles instituent (Convention-cadre sur les changements climatiques de 1992, art. 11, ou Convention de 1994 sur la désertification, art. 21) ; mais les contributions, presque toujours exclusivement volontaires sont en général loin de répondre aux attentes et les maigres ressources du Fonds pour l'environnement (v. *supra*) et des fonds d'affectation spéciale gérés par le PNUE sont d'autant plus insuffisantes que les programmes adoptés se font de plus en plus ambitieux et lourds.

C'est pourquoi, à la suite d'une initiative française, fut créé en 1991 au sein de la BIRD un Fonds d'affectation spéciale pour l'environnement mondial, doté de ressources beaucoup plus importantes : comme en matière de développement (v. *supra*, n° 648 et 661), on passait de l'assistance technique (relativement peu onéreuse) à l'assistance financière. Cette nouvelle orientation a été pérennisée par la création du Fonds international pour l'environnement mondial (FEM).

Adopté à la suite de la Conférence de Rio, le 16 mars 1994, l'Instrument pour la restructuration du FEM établit celui-ci en tant qu'institution permanente autonome dans le cadre de la Banque mondiale et le dote d'une Assemblée et d'un Conseil (où les décisions sont prises selon le principe du consensus ou, à défaut, du vote pondéré en fonction de l'importance des contributions), d'un Secrétariat et de ressources relativement importantes (plus de 2 milliards de dollars sur trois ans). Ses « agents d'exécution » sont la Banque mondiale, le PNUD et le PNUE. Il est chargé d'assurer le financement, sous forme de dons ou de prêts à des conditions de faveur des « surcoûts convenus de mesures visant à améliorer la protection de l'environnement mondial » dans quatre « domaines d'intervention » : changement climatique, diversité biologique (dans ces deux cas, il fait office de mécanisme de financement des conventions de Rio de 1992), eaux internationales et appauvrissement de la couche d'ozone, et, de façon accessoire, dans celui de la dégradation des sols (désertification et déforestation) (paragraphes 2 et 3).

2° *Les arrangements institutionnels régionaux.* — Si, par nature, l'environnement ne connaît pas les frontières (v. *supra*, n° 736), sa protection est, d'abord, une affaire de voisinage ; l'exportation des pollutions de toutes natures se fait en général du pays-source vers les pays limitrophes. Il est donc naturel que la protection de l'environnement, indispensable au plan universel, soit également organisée dans des cadres régionaux et les Commissions économiques et sociales régionales des Nations Unies jouent, dans ce domaine, un rôle particulièrement actif. Sur le continent américain, l'Accord instituant l'ALENA comporte quelques dispositions à cette fin et a été complété en 1993 par l'Accord nord-américain de coopération dans le domaine de l'environnement, conclu entre les trois mêmes États, qui institue une Commission de coopération environnementale. Mais c'est surtout en Europe que la prolifération institutionnelle est la plus marquée dans ce domaine, alors que les continents en développement n'ont pas créé à ce jour d'organisations significatives — même si les considérations financières ne sont pas étrangères à cette abstention, on peut y voir le reflet des réticences de ces États vis-à-vis de ce qu'ils considèrent comme des préoccupations de pays riches (v. *infra*, n° 746 — sur l'Antarctique, v. *supra*, n° 348).

La quasi-totalité des organisations internationales européennes, qu'elles soient « de coopération » ou « d'intégration » exercent des compétences en matière de protection de l'environnement : le Conseil de l'Europe a été le cadre de la négociation de plusieurs conventions importantes (notamment la Convention de Berne de 1979 sur la conservation de la vie sauvage et du milieu naturel en Europe, à laquelle la CE est partie depuis 1997, et celle de Lugano de 1993 sur la responsabilité civile des dommages résultant d'activités dangereuses pour l'environnement, qui n'est pas encore entrée en vigueur) ; le Conseil de l'OCDE a créé un Comité de l'environnement qui s'efforce d'harmoniser les politiques des États membres dans le domaine de l'environnement et d'évaluer l'impact économique de leurs politiques en la matière ; la BERD est invitée par son acte constitutif à « promouvoir dans le cadre de l'ensemble de ses activités un développement sain et durable » (article 2, paragraphe 1.VII). Mais c'est la Communauté européenne qui constitue aujourd'hui l'institution la plus active dans ce domaine.

Si le Traité Euratom peut être considéré comme un instrument « environnementaliste » en matière nucléaire, en revanche, le Traité CEE ne contenait aucune disposition en matière d'environnement et ce n'est qu'après la Conférence de Stockholm de 1972, que les chefs d'État et de gouvernement réunis à Paris en novembre 1972, ont proclamé leur intention d'accorder « une attention particulière (...) à la protection de l'environnement ». Celle-ci s'est traduite par l'inclusion, par l'Acte unique européen de 1986, d'un nouveau titre VII (titre XIX dans la version actuelle du TCE) consacré à l'« Environnement ». L'article 174 du TCE (191 du TFCE) pose les bases d'une véritable politique communautaire en la matière, qui s'est traduite par l'adoption de cinq « programmes d'action » et par l'adoption de nombreuses directives. En outre, un règlement du Conseil du 7 mai 1990 (n° 1210/90) a créé une Agence européenne pour l'environnement chargée d'établir et de coordonner un réseau européen d'information et d'observation pour l'environnement (auquel les pays d'Europe centrale et orientale ont été associés) et de fournir les données ainsi rassemblées à la Communauté et à ses États membres.

Il n'est pas sans intérêt de noter en outre que la Convention ACP-CE de Lomé IV consacre un titre entier (le titre 1er de sa deuxième partie) à la coopération en matière de protection de l'environnement ; cet objectif reste l'un des thèmes majeurs de l'accord de Cotonou signé en 2000 (v. not. les articles 20, 32 et 49).

738. Acteurs privés. — L'une des particularités les plus marquées que présente le droit international de l'environnement tient au rôle que jouent dans son élaboration et dans sa mise en œuvre les entités privées non étatiques (v. *supra*, n° 420).

D'une part, les opérateurs économiques sont à la fois les principaux auteurs de pollutions et les détenteurs des technologies permettant de sauvegarder l'environnement. À ce double titre, ils sont, directement ou indirectement, les principaux destinataires des normes du droit international de l'environnement dont les techniques ont dû être adaptées à cette situation, même si celle-ci n'est pas totalement inédite : elle est dans la droite ligne du libéralisme qui inspire l'organisation économique des échanges. C'est en matière de responsabilité que cette adaptation est le plus nécessaire et le plus difficile (v. *infra*, n° 744 en ce qui concerne le principe « pollueur-payeur »).

D'autre part, les défenseurs de l'environnement se sont organisés en puissantes ONG (parmi les plus actives ou, en tout cas, les plus connues, on peut citer *Greenpeace*, les Amis de la Terre, le *World Wide Fund for Nature* (WWF) ou la Fondation Cousteau), qui assument une double fonction : d'organisations privées d'aide au développement durable dans les pays en développement et de groupes de pression soucieux de défendre les valeurs écologiques et d'en promouvoir la traduction en normes juridiques effectivement appliquées.

À cette fin, leurs activités revêtent des formes multiples, y compris de véritables actions de commandos comme l'ont montré les campagnes de *Greenpeace* contre les essais nucléaires français qui ont eu certains prolongements juridictionnels (cf. l'épilogue de l'affaire du *Rainbow Warrior* de 1985 ou les multiples contentieux liés à la reprise des essais nucléaires français en 1995, dont certains ont résulté de la saisie des navires de l'organisation par la marine française — v. M. Guillaume, *AFDI* 1996, p. 894-928).

Il s'agit cependant là d'exceptions et, de manière plus classique, l'activisme de ces ONG s'exprime plutôt au niveau de la formation des normes internationales, notamment par leur présence active, et parfois massive, dans les conférences internationales où sont négociés les instruments juridiques relatifs à la protection de l'environnement. Elles ont joué, à ce titre, un rôle important lors de la Conférence de Rio et de toutes les conférences diplomatiques ultérieures auxquelles elles ont été formellement associées.

Une fois les conventions adoptées, leurs représentants peuvent également participer aux mécanismes de suivi de leur application (v. *supra*, n° 737) qui mentionnent parfois expressément cette possibilité (cf. l'article 12, paragraphe 1, de l'Accord de New York de 1995 sur les stocks chevauchants) ou prévoient l'accès des ONG à l'information (cf. l'article 17 IV de la Convention de Barcelone de 1976 amendée en 1995, sur la protection du milieu marin en Méditerranée). Les ONG ayant participé à la Conférence de Rio bénéficient également d'un statut d'observateurs actifs auprès de la Commission du développement durable, que son Statut invite expressément à « renforcer le dialogue (...) avec les ONG », qui peuvent lui fournir des informations au sujet d'Action 21 (résol. 47/191, § 3.f) et g)).

En outre, dans des hypothèses encore rares, elles peuvent même saisir un organe de contrôle de plaintes pour le non-respect des règles ou des procédures établies (par exemple le Panel d'inspection de la Banque mondiale — cf. L. Boisson de Chazournes, *RGDIP* 1995, p. 69-70). La décision de l'Organe d'appel de l'ORD d'autoriser la présentation de mémoires d'*amicus curiae* devant les groupes spéciaux de l'OMC (12 oct. 1998, *États-Unis – crevettes*, § 102-110) et devant lui-même, s'ils l'estiment « pertinent et utile » (10 mai 2000, *États-Unis – Imposition de droits compensatoires sur certains produits en acier*, § 42) témoigne également d'une certaine ouverture aux préoccupations de la « société civile » (en matière de protection de l'environnement essentiellement) ; ces organes ont cependant fait un usage très modéré de cette possibilité jusqu'à présent. Dans le même sens, v. CNUDCI, 15 janv. 2001, Décision sur les pétitions des tierces parties aux fins d'intervention, *Methanex c. États-Unis*.

La CJCE a cependant estimé que Greenpeace ne justifiait pas d'un intérêt à agir pour invoquer le non-respect par un État membre d'une décision adressée à celui-ci en matière d'environnement (aff. C-321/95 P, 2 avr. 1998, *Greenpeace et a. c. Commission*, *Rec.* p. I-1651, confirmant l'arrêt du TPICE, aff. T-585/93, 9 août 1995, *Rec.* p. II-2205).

Enfin, il est désormais admis que les questions d'environnement posent des problèmes de société suffisamment graves pour que les procédures normatives, internes plus encore qu'internationales, et la prise de décision administrative dans de nombreux domaines (aménagement du territoire, commerce, santé publique) exigent une participation de la « société civile » et un contrôle contentieux efficace. Un premier pas vers cette « transparence » résulte de la Convention d'Aarhus du 25 juin 1998, sur l'accès à l'information, la participation du public au processus décisionnel et l'accès à la justice en matière d'environnement, qui renvoie expressément au principe 10 de la Déclaration de Rio de 1992.

Dans la mesure où la Communauté européenne peut devenir partie à cette convention, l'impact de cette dernière devrait être renforcé par les acquis du droit communautaire en matière d'accès du public aux informations et de recours juridictionnels.

§ 2. — *Techniques du droit international de l'environnement*

BIBLIOGRAPHIE. — P.-M. DUPUY, *La responsabilité internationale des États pour les dommages d'origine technologique et industrielle*, Pedone, 1977, 319 p. — G. HANDL, « State Liability for Accidental Transnational Environmental Damage by Private Persons », *AJIL* 1980, p. 525-565. — J.E. CAROLL ed., *International Environmental Diplomacy : The Management and Resolution of Transnational Environmental Problems*, Cambridge UP, 1988, 291 p. — M.T. PONTE IGLESIAS, « El crimen ecologico internacional : problemas y perspectivas de futuro », *Rev. esp. DI* 1989, p. 423-432. — M. KOSKENNIEMI, « Peaceful Settlement of Environmental Disputes », *NJIL* 1990, p. 73-92 ; « Breach of Treaty or Non-Compliance ? Reflections on the Enforcement of the Montreal Protocol », *YBIEL* 1992, p. 123-162. — J. CAMERON et J. ROBINSON, « The Use of Trade Provisions in International Environmental Agreements and Their Compatibility with the GATT », *YBIEL* 1991, p. 3-30. — F. FRANCIONI et T. SCOVAZZI ed., *International Responsibility for Environmental Harm*, Graham et Trotman, Londres, 1991, 499 p. — A.-Ch. KISS, « La réparation pour atteinte à l'environnement » *in* SFDI, Colloque du Mans, *La responsabilité dans le système international*, Pedone, 1991, p. 225-297 ; « Les traités-cadres : une technique caractéristique du droit international de l'environnement », *AFDI* 1993, p. 792-797. — P.H. SAND, *The Effectiveness of International Environmental Agreements*, Grotius, Cambridge, 1992, 539 p. — H. SMETS, « Le principe pollueur-payeur... », *RGDIP* 1993, p. 339-364. — L. BOISSON DE CHAZOURNES, « La mise en œuvre du droit international dans le domaine de la protection de l'environnement : Enjeux et défis », *RGDIP* 1995, p. 37-76. — M. BOTHE et P.H. SAND dir., *La politique de l'environnement : De la réglementation aux instruments économiques*, Nijhoff, Dordrecht, 1995, 125 p. — W. LANG, « Les mesures commerciales au service de la protection de l'environnement », *RGDIP* 1995, p. 543-566. — Sh. MURASE, « Perspectives from International Economic Law on Transnational Environmental Issues », *RCADI* 1995, vol. 253, p. 287-431. — I.F.I. SHIHATA, « Legal Instruments for Achieving Environmental Objectives » *in The World Bank in a Changing World*, vol. II, Nijhoff, La Haye, 1995, p. 183-236. — R. LEFEBER, *Transboundary Environmental Interference and the Origin of State Liability*, Kluwer, La Haye, 1996, XII-365 p. — M. DIEZ DE VELASCO, « Quelques observations au sujet des problèmes de réglementation internationale de la responsabilité pour les atteintes à l'environnement », *Mél. Gros Espiell*, 1997, p. 253-267. — Ph. N. OKOWA, « Procedural Obligations in International Environmental Agreements », *BYBIL* 1996, p. 275-336. — P.H. SAND, « Institution-Building to Assist Compliance with International Environmental Law », *Z.a.ö.R.V.* 1996, p. 774-795. — R. WOLFRUM ed., *Enforcing Environmental Standards : Economic Mechanisms as Viable Means ?*, Springer, Berlin, 1996, 640 p. — R. STEINBERG, « Trade-Environment Negotiations in the EU, NAFTA and WTO... », *AJIL* 1997, p. 231-267. — C. IMPÉRIALI dir., *L'effectivité du droit international de l'environnement. Contrôle et mise en œuvre des conventions internationales*, Economica, 1998, 291 p. — R. WOLFRUM, « Means of Ensuring Compliance with and Enforcement of International Environmental Law », *RCADI* 1998, vol. 272, p. 9-54. — A.E. BOYLE, « Some Reflections on the Relationship of Treaties and Soft Law », *ICLQ* 1999, p. 901-913. — M. EHRMANN, *Erfüllungskontrolle im Umweltvölkerrecht*, Nomos, Baden-Baden, 2000, 518 p. — S. MALJEAN-DUBOIS dir., *L'effectivité du droit européen de l'environnement*, La Documentation française, 2000, 308 p. — C. ROMANO, *The Peaceful Settlement of*

International Environmental Disputes : A Pragmatic Approach, Kluwer, La Haye, 2000, XLVI-410 p. — L. BERGKAMP, *Liability and Environment : Private and Public Law Aspects of Civil Liability for Environmental Harm in an International Context*, Kluwer, La Haye, 2001, XXV-708 p. — G. HAFNER, « Le contexte particulier de la responsabilité dans le droit international de l'environnement » *in* IHEI, *Droit international 5*, Pedone 2001, p. 8-73. — M. ANDERSON et P. GALIZZI ed., *International Environmental Law in National Courts*, BIICL, Londres, 2002, VIII-246 p. — M. BOWMANN et A. BOYLE, *Environmental Damage in International and Comparative Law : Problems of Definition and Valuation*, Oxford UP, 2002, XXIX-349 p. — R. WOLFRUM et N. MATZ, *Conflicts in International Environmental Law*, Springer, Berlin, 2003, XI-213 p. — H. XUE, *Transboundary Damage in International Law*, Cambridge UP, 2003, XXX-368 p. — S. BARRETT, *Environment and Statecraft : The Strategy of Environmental Treaty-Making*, Oxford UP, 2005, XVII-437 p. — N. BELAÏDI, *La lutte contre les atteintes globales à l'environnement : vers un ordre public écologique ?* Bruylant, Bruxelles, 2007, XVII-498 p. N. CRAIK, *The International Law of Environmental Impact Assessment — Process, Substance and Integration*, Cambridge UP, 2008, XXI-332 p. — R. MACRORY, *Regulation, Enforcement and Governance of Environmental Law*, Cameron May, Londres, 2008, 765 p. — T. TREVES et as. ed., *Non-Compliance Procedures and Mechanisms and the Effectiveness of International Environmental Agreements*, TMC Asser Press, La Haye, 2009, XLVIII- 586 p.

Recueils de textes : K. OELLERS-FRAHM et A. ZIMMERMANN, *Dispute Settlement in Public International Law : Texts and Materials*, Springer, Berlin, 2001, 2 vol., XXXII-XVII-2254 p. — H. DESCAMPS, R. SLABBINCK et H. BOCKEN ed., *International Documents on Environmental Liability*, Springer, Dordrecht, 2008, XII-372 p.

Sur la responsabilité pour les dommages causés à l'environnement, v. aussi les bibliographies citées *supra*, sur le n° 498 et *infra*, sur les n°s 756 et 760.

739. Élaboration des normes. — Le droit international de l'environnement recourt à la panoplie des sources classiques du droit des gens : traités, coutumes, principes généraux de droit, résolutions des organisations internationales. Mais ses caractères particuliers ne sont pas sans influence sur leur poids respectif et leur *modus operandi*.

La coutume n'y est pas inconnue mais, étant donné la relative jeunesse du droit international de l'environnement, elle n'a pu s'y former que dans un laps de temps limité : la pratique se greffe sur l'expression d'un droit présenté comme souhaitable par des instruments juridiques non obligatoires, déclarations d'organisations internationales ou de conférences diplomatiques, ou par des conventions de caractère programmatoire. Les coutumes « sauvages » prennent le pas sur les coutumes « sages » (v. *supra*, n° 212).

Il n'est pas douteux que la plupart des principes énoncés par la Déclaration de Stockholm n'avaient aucun caractère obligatoire au moment de son adoption, en 1972. Nombre d'entre eux se sont progressivement cristallisés en de véritables règles de nature coutumière sous l'effet conjugué de la prise de conscience de l'urgence de leur mise en œuvre (*opinio juris*) et de la pratique des États en ce sens. Ainsi, même si l'on peut faire remonter le principe de l'utilisation non-dommageable du territoire à une période bien antérieure (v. *supra*, n° 736), il est loin d'être certain que son énoncé par le principe 21 de la Déclaration de 1972 correspondait alors à une exigence du droit positif : certes, les États ont, de longue date, l'obligation de ne pas « laisser utiliser [leur] territoire à des fins contraires au droit international » (CIJ, *Détroit de Corfou*, préc. n° 736), mais l'atteinte à la biosphère ne constituait probablement pas alors une action contraire au droit. Au contraire, le même principe, repris en 1992 par la Conférence de Rio, relève sans aucun doute aujourd'hui du droit positif. Entre ces deux dates, il s'est affermi : les États en ont tiré les conséquences dans plusieurs conventions sectorielles et ont exprimé à maintes reprises leur conviction de son caractère nécessaire (y compris en le reprenant mot à mot dans certains traités importants — cf. l'article 3, « Principe », de la Convention de Rio sur la diversité biologique).

Nombre de principes aujourd'hui coutumiers du droit international de l'environnement ont suivi une évolution comparable, qu'il s'agisse du principe de précaution (v. *infra*, n° 749), de l'obligation de procéder à des études d'impact de l'environnement (*ibid.*) ou du principe « pollueur-payeur » (v. *infra*, n° 744). Dans ce dernier cas, le caractère obligatoire du principe tient aussi à la généralisation de son application dans les droits internes des États, ce qui permet de le considérer comme un principe général de droit (v. *supra*, n°s 223 s.).

Mais c'est probablement sur *la technique conventionnelle* que l'objet du droit international de l'environnement exerce l'influence la plus profonde : la difficulté d'agir sur la pollution et ses sources, le coût des actions nécessaires, leurs enjeux économiques et humains, la technicité des problèmes à résoudre et leur caractère global ont des conséquences à la fois sur les modes d'élaboration des traités et sur leur contenu.

Bien qu'il se traduise essentiellement par l'adoption de traités, l'affermissement du droit international de l'environnement apparaît comme un processus à étapes multiples.

Dans un premier temps, les principes sont proclamés, solennellement mais sous une forme extrêmement générale, dans un instrument juridiquement non obligatoire ; à défaut d'une organisation internationale ayant une compétence générale en matière de protection de l'environnement, cet acte est adopté par une conférence diplomatique réunie sous les auspices d'une organisation internationale ayant une compétence générale comme les Nations Unies ou le Conseil de l'Europe ; les conférences de Stockholm et de Rio en sont des exemples typiques (v. aussi, par exemple, la Charte mondiale de la nature — résol. 37/7 de l'Assemblée générale du 28 octobre 1982). C'est aussi dans un tel cadre que sont ensuite négociés les traités qui les mettent en œuvre.

L'intérêt que portent les opinions publiques à leur élaboration et le poids des ONG dans ce domaine conduisent à faire à celles-ci une place inhabituelle (v. *supra*, n° 738 et la bibliographie sur le n° 736) : sans être appelées à signer le texte, elles peuvent souvent prendre la parole au sein de la conférence et y faire distribuer des documents. En outre les délégations étatiques font largement appel à des experts et techniciens dont le rôle supplante souvent celui des diplomates, mal préparés à faire face aux problèmes scientifiques et techniques de toutes sortes qui sont au cœur de la négociation.

Bien souvent, l'objet de la négociation est d'élaborer une « convention-cadre », « instrument conventionnel qui énonce les principes devant servir de fondement à la coopération entre les États parties dans un domaine déterminé, tout en leur laissant le soin de définir, par des accords séparés, les modalités et les détails de la coopération, en prévoyant, s'il y a lieu, une ou des institutions adéquates à cet effet » (A.C. Kiss, *AFDI* 1993, p. 793). Le traité-cadre est donc à l'origine d'une activité conventionnelle ou institutionnelle ultérieure qui peut se traduire soit par des accords de mise en œuvre, soit par l'adoption de protocoles précisant et « durcissant » le contenu des principes qu'il a énoncés, soit par une réglementation (sous forme de résolutions en général non obligatoires) émanant du mécanisme institutionnel qu'il a mis en place (v. *supra*, n° 737). On est loin ici de la technique conventionnelle traditionnelle : la convention-cadre est moins à l'origine d'obligations précises de faire à la charge des États parties, que d'un processus de négociation continue qui impose à ceux-ci l'obligation de participer de bonne foi aux étapes suivantes de la négociation (il s'agit cependant davantage d'un *pactum de negociando* que d'un *pactum de contrahendo*).

Il arrive qu'une convention-cadre s'intitule expressément ainsi ; tel est le cas, par exemple, de la « Convention-cadre sur les changements climatiques » du 9 mai 1992, dont l'article 17 prévoit la conclusion de protocoles ouverts à la participation des seules parties à la Convention-cadre ; sur cette base a été signé le Protocole de Kyoto du 10 décembre 1997, qui précise les engagements pris en 1992 et doit lui-même être complété par la Conférence des États parties (dont les réunions successives n'ont cependant permis l'adoption d'accords d'application – v. cependant le Plan d'action de Bali de 2007 qui devrait conduire à l'adoption d'un nouvel accord remplaçant le Protocole en décembre 2009). Mais bien d'autres traités adoptés en matière d'environnement entrent dans cette catégorie. Tel est le cas, par exemple, de la Convention de Vienne du 22 mars 1985 pour la protection de la couche d'ozone, qui prévoit, elle aussi, la conclusion de protocoles (art. 2, § 2.c), et 8), dont un a été signé à Montréal en 1987 et modifié à plusieurs reprises depuis lors (en 1990, 1992 et 1995) ; la Convention et son Protocole comportent des annexes qui en font partie intégrante. De même, la Convention de Bonn de 1979 sur la conservation des espèces migratrices appartenant à la faune sauvage dresse une liste d'espèces qui devraient faire l'objet d'accords spécifiques dont elle indique les « lignes directrices » (art. IV et V) ; sept accords de ce type ont été conclus entre 1990 et 1994. Dans le même esprit, le préambule à la Convention de 1997 sur le droit relatif aux utilisations des cours d'eau internationaux à des fins autres que la navigation présente celle-ci comme une « convention-cadre » et préserve la possibilité pour les États parties de conclure des « accords de cours d'eau » « qui appliquent et adaptent » ses propres dispositions (art. 3, § 3).

On aboutit ainsi à des ensembles conventionnels complexes, formés de plusieurs traités distincts mais liés les uns aux autres de façon plus ou moins étroites, dont les dispositions s'articulent entre elles à la manière de « poupées russes ».

740. Caractères des normes. — Les normes du droit international de l'environnement ne sont pas sans rappeler celles du droit international de l'économie (v. *supra*, n° 614). Dans les deux cas, elles traduisent un souci de concrétisation et d'adaptation aux circonstances ; ainsi, comme en droit du développement, les obligations des États sont souvent différenciées en fonction de leur niveau de développement ou des atteintes à l'écosystème mondial dont ils sont responsables (v. *infra*, n° 741) et la programmation y joue un grand rôle. Surtout, il s'agit de domaines privilégiés de la *soft law* : les principes généraux qui en forment la substance constituent davantage des directives de comportement que des obligations strictes de résultat.

1° Ce caractère tient moins, dans le cas de la protection de l'environnement, à la « mollesse » des instruments utilisés qu'à celle de leur contenu. Sans doute, les instruments « formellement mous » sont-ils loin d'être inconnus du droit international de l'environnement : les déclarations de principe qui sont à l'origine de son développement progressif relèvent de cette catégorie ; l'Assemblée générale des Nations Unies et quantité d'autres organisations internationales adoptent en la matière un nombre impressionnant de résolutions sans caractère obligatoire ; et tel est aussi le cas des textes innombrables adoptés par les conférences de parties aux conventions conclues en ce domaine et par les organisations internationales qu'elles créent. Mais il ne s'agit pas d'une particularité du droit international de l'environnement : le droit de l'économie et du développement, celui du désarmement, les droits de l'homme, connaissent une prolifération comparable d'instruments juridiquement non obligatoires, coexistant avec des traités en bonne et due forme.

En revanche, le contenu de ces derniers est frappant par son caractère extrêmement général et peu contraignant : des instruments « hard », « durs », énoncent des règles « *soft* », « molles », qui apparaissent davantage comme des demandes adressées à leurs destinataires, des orientations qui leur sont proposées, des incitations à se comporter d'une certaine manière que comme de véritables obligations juridiques. On est, certes, en présence de traités mais leur maturité normative est inégale et leurs vertus pédagogiques sont, dans certains cas, plus visibles que leur valeur proprement juridique. Les « principes » y tiennent une place considérable ; les engagements précis y sont rares.

V. les articles 3 et 4 de la Convention de 1992 sur les changements climatiques : aux termes de la première de ces dispositions, « les Parties se laisseront guider » par divers principes très généraux ; conformément à la seconde, ils prennent des « engagements » « tenant compte de leurs responsabilités communes mais différenciées [v. *infra*, n° 741] et de la spécificité de leurs priorités nationales et régionales de développement, de leurs objectifs et de leur situation ».

Les exemples de ce phénomène sont nombreux. Les obligations sont atténuées par l'utilisation de termes restrictifs qui les rendent vagues et excluent par avance toute appréciation des manquements (« Les États parties à la [Convention de l'Unesco sur la protection du patrimoine mondial] s'efforceront dans la mesure du possible... » (art. 5) ; « Chacune des Parties contractantes, en fonction des conditions et moyens qui lui sont propres (...) intègre, dans toute la mesure du possible et comme il convient... » (art. 6 de la Convention sur la diversité biologique de 1992) ; « favorise », « promeut », « s'efforce de », font partie de la terminologie courante. Le conditionnel est d'utilisation relativement fréquente (cf. l'article V de la Convention de 1979 sur la conservation des espèces migratrices ou l'article 3 de la Convention des Nations Unies sur la désertification).

2° Un second trait caractéristique des normes internationales en matière de protection de l'environnement tient à l'importance que revêt, dans leur mise en œuvre et dans leur conception même, le *facteur temps*.

Un premier élément en ce sens tient à la lenteur de l'impact des politiques mises en œuvre sur l'environnement : pour être significative, l'action doit se poursuivre sur le long terme. D'où l'importance que revêtent les notions de planification et de programmation, mises en œuvre aux niveaux tant mondial que régional ou national, par des « stratégies » intégrées.

Comme l'indique la Convention de Paris sur la lutte contre la désertification, « pour atteindre cet objectif (de lutte contre la sécheresse et la désertification), il faudra appliquer des stratégies intégrées à long terme » (art. 2, § 2), dont cet instrument trace le cadre en élaborant les grandes lignes des programmes d'action dont les États parties sont invités à se doter au plan national, sous-régional et régional (art. 9 à 11). V. aussi, par exemple, les « Stratégies à utiliser pour protéger, préserver, et améliorer la qualité du milieu marin » esquissées par les Lignes directrices de Montréal pour la protection du milieu marin contre la pollution d'origine tellurique adoptées en 1985 ou la Stratégie pour la protection de l'environnement arctique adoptée à Rovaniemi par les huit États limitrophes de l'océan arctique le 14 juin 1991. Telle est aussi l'essence même de l'Agenda 21 adopté par la Conférence de Rio en 1992, plan d'action mondial qui inventorie les actions à mener et les stratégies à promouvoir pour la mise en œuvre du développement durable en application de la Déclaration adoptée simultanément.

Bien que, signe des temps, le thème de la planification fût plus présent dans la Déclaration de Stockholm (v. notamment les principes 4, 14 et 17) que dans celle de Rio, il y est relayé par la notion de « développement durable », qui implique une action sur le long terme et même sur le très long terme puisque l'action pour l'environnement doit être envisagée dans l'intérêt des générations présentes *et futures* (v. *infra*, n° 748).

De telles ambitions impliquent nécessairement que les normes du droit international de l'environnement aient un caractère évolutif et « fluide », à l'image des situations qu'elles ont vocation à régir, qui présentent le double caractère d'être en évolution constante et d'être souvent mal connues et mal maîtrisées. Alors que l'une des fonctions essentielles du droit est de stabiliser les évolutions, il est, ici, impératif qu'il s'y adapte. De même que la norme économique est conçue pour s'adapter aux aléas de la vie économique, de même, la souplesse de la norme « environnementaliste » est la garantie de son adaptation aux besoins. Le recours massif à la *soft law* constitue l'un des aspects de cette flexibilité nécessaire : en recourant à des instruments peu contraignants, en multipliant les conventions-cadres dont les dispositions sont précisées et complétées quand le besoin s'en fait sentir et en imposant aux destinataires des obligations très générales de comportement, on évite de rigidifier la règle de droit, au prix, il est vrai, d'incertitudes sur son contenu et sur sa portée juridique.

En outre, la grande majorité des instruments adoptés, qu'il s'agisse de textes conventionnels ou sans valeur obligatoire, sont assortis de mécanismes de suivi et d'adaptation continue qui permettent de les modifier et de les ajuster à l'évolution des besoins et des connaissances scientifiques (v. *supra*, n° 737 et *infra*, n°s 741-742).

Ce souci d'adaptation continue se manifeste aussi dans le soin tout particulier apporté par les auteurs des conventions à la rédaction des dispositions relatives aux amendements. En règle générale, les traités portant sur la protection de l'environnement distinguent deux catégories de procédures d'amendements. Les unes portent sur le corps du texte lui-même et sont en général très classiques : adoptés par la conférence des parties, l'amendement n'entre en vigueur qu'à l'égard des États qui les ont formellement ratifiés ou acceptés — il y a là une manifestation de la méfiance traditionnelle des États à l'encontre de toute tentative de se voir imposer des obligations sans y avoir expressément consenti. Toutefois, ces traités comportent très fréquemment des annexes, qui soit précisent les procédures de protection à suivre, soit énumèrent les substances, les activités ou les espèces qui sont l'objet de cette protection. Elles peuvent en général être complétées ou modifiées selon une procédure simplifiée faisant intervenir la seule conférence des parties, quitte à ce qu'une clause d'*opting out* permette à un État en désaccord avec le texte amendé, de ne pas être lié par lui (v. par ex. les articles XV à XVII de la Convention de Washington de 1973 (CITES) ou l'article 30 de celle sur la diversité biologique de 1992 ou les articles 29 à 31 de la Convention de Lugano de 1993 du Conseil de l'Europe sur la responsabilité civile des dommages résultant d'activités dangereuses) ; dans le cadre de la Communauté européenne, c'est à la Commission qu'est déléguée la compétence pour l'adaptation des directives au progrès technique.

741. Mise en œuvre des normes. — L'objet des normes internationales de protection de l'environnement influence non seulement leurs modes de formation et leur substance, il se répercute aussi sur les modalités de leur mise en œuvre. Alors même que les États en sont les principaux destinataires et assument au premier chef la responsabilité de leur application, ils ont à cet égard des « responsabilités différenciées » et d'autres acteurs y sont associés.

1° *Les responsabilités premières et différenciées des États.* — *a)* Conformément au schéma classique du droit international, *c'est aux États qu'incombe au premier chef la charge de mettre en œuvre les obligations*, aussi vagues et générales soient-elles, qu'impose le droit international de l'environnement.

« Chacun des États parties à la [Convention de l'Unesco de 1972 sur la protection du patrimoine mondial] reconnaît que l'obligation d'assurer l'identification, la protection, la conservation, la mise en valeur et la transmission aux générations futures du patrimoine culturel et naturel (...) lui incombe au premier chef » (art. 4).

Conformément à ce principe, ce sont les États qui, aux termes de toutes les grandes conventions relatives à la protection de l'environnement, s'engagent à « prendre les mesures nécessaires » ou à coopérer entre eux pour parvenir aux objectifs fixés (cf., parmi beaucoup d'autres, les articles 2 à 7 de la Convention du Conseil de l'Europe de 1979 relative à la conservation de la vie sauvage, l'article 4 de la Convention de Bâle de 1989 sur le contrôle des mouvements transfrontières de déchets dangereux ou les articles 4 à 19 de la Convention sur la sûreté nucléaire de 1994, et, dans le cadre du droit de la mer, les articles 18, 19 et 23 de l'Accord de New York de 1995 sur les stocks chevauchants). On doit en déduire que, d'une manière générale, ces conventions ne sont pas *self-executing* (v. *supra*, n°s 149-150), alors même que le droit à un environnement sain peut être considéré comme un droit de l'homme (cf. les principes 1 de Stockholm et de Rio — v. *supra*, n° 421).

C'est que, comme le martèlent les instruments pertinents, même s'ils ont le devoir de « veiller à ce que les activités qui relèvent de leur compétence ou de leur pouvoir ne portent pas atteinte à l'environnement d'autres États ou de zones situées au-delà des limites de leur juridiction nationale », conformément au principe de la souveraineté territoriale, « les États ont le droit souverain d'exploiter leurs propres ressources conformément à leurs propres politiques d'environnement et de développement » (principe 2 de Rio ; v. aussi le principe 21 de Stockholm ou les articles 15, § 1, de la Convention de 1992 sur la diversité biologique ou 193 de la Convention sur le droit de la mer de 1982).

b) L'égalité souveraine ne signifie pas l'uniformité des obligations incombant aux États. Le droit du développement en témoigne, qui repose sur le principe de la dualité — ou de la pluralité — des normes, c'est-à-dire sur la différenciation des droits et des obligations appartenant aux États en fonction de leur situation concrète (v. *supra*, n° 608). Il en va de même en matière d'environnement : « Étant donné la diversité des rôles joués dans la dégradation de l'environnement mondial, les États ont des responsabilités communes mais différenciées » (principe 7 de Rio ; v. D. French, « Developing States and International Environmental Law : The Importance of Differentiated Responsibilities », *ICLQ* 2000, p. 35-60).

La reconnaissance de ce principe résulte des réticences exprimées par les pays en développement à l'égard non pas des préoccupations écologiques manifestées par les États industrialisés, mais des charges supplémentaires (« surcoûts ») en résultant pour leurs politiques de développement. Ces objections, qui se sont exprimées avec vivacité lors de la Conférence de Stockholm, reposent principalement sur trois idées : 1° le sous-développement constitue la première et la pire des pollutions ; 2° l'environnement est un « luxe de pays riches », et ceux qui ont fondé leur développement économique sur l'emploi de techniques polluantes ne peuvent imposer au monde en développement le recours à des technologies « propres » dont le coût risque de ralentir considérablement le processus de développement ; 3° d'autant plus que les pays industrialisés demeurent, et de beaucoup, les plus gros pollueurs de la planète (même si l'industrialisation de la Chine ou de l'Inde s'effectue au prix de pollutions massives).

Dès la Conférence de Stockholm, ces préoccupations ont été prises en compte. Plusieurs principes figurant dans la Déclaration renvoient un écho assourdi de ces revendications : « Dans les pays en voie de développement, la plupart des problèmes de l'environnement sont causés par le sous-développement » (paragraphe 4 de la partie I) ; « Le développement économique et social est indispensable si l'on veut assurer un environnement propice à l'existence et au travail de l'homme et créer sur la terre des conditions nécessaires à l'amélioration de la qualité de la vie » (principe 8 ; v. aussi les principes 9 à 11). Surtout, le Tiers Monde a obtenu la promesse — vague — d'une assistance technique et financière accrue pour lui permettre de faire face aux surcoûts engendrés par l'intégration de la lutte contre les pollutions dans le processus de développement (cf. le principe 12 et la résolution 103 relative aux « mesures appropriées de compensation »).

Cette promesse, lentement tenue, s'est concrétisée par la création progressive de mécanismes d'assistance spécifiques (v. *supra*, n° 737) et par la « récapitulation » des principes applicables dans les chapitres 33 et 34 de l'Agenda 21.

En outre, la cristallisation progressive du principe de responsabilités différenciées se traduit aujourd'hui par la reconnaissance de la priorité des besoins particuliers des pays en développement en matière d'environnement (cf. le principe 6 de Rio) et, autre face de la même médaille, de la responsabilité particulière qui revient aux pays développés « dans la recherche internationale du développement durable, eu égard aux pressions que leurs sociétés exercent sur l'environnement mondial et aux technologies et ressources financières dont ils disposent » (principe 7).

Les conventions internationales tirent des conséquences concrètes de cette directive générale. Ainsi, après avoir reconnu « que le développement économique et social et l'éradication de la pauvreté sont les premières priorités des pays en développement qui prennent le pas sur toutes les autres », la Convention de 1992 sur la biodiversité insiste sur les besoins particuliers de ces pays en matière de recherche et d'accès à la technologie (art. 12, 16 et 19) et prévoit que « les Parties qui sont des pays développés fournissent des ressources financières nouvelles et additionnelles pour permettre aux Parties qui sont des pays en développement de faire face à la totalité des surcoûts convenus que leur impose la mise en œuvre des mesures par lesquelles elles s'acquittent des obligations découlant de la (...) Convention », faute de quoi elle reconnaît que ces dernières « ne pourront s'acquitter effectivement des obligations qui leur incombent » (art. 20, § 2 et 4). V. aussi, par exemple, l'article 3, paragraphe 1, de la Convention sur les changements climatiques selon lequel il appartient « aux pays développés Parties d'être à l'avant-garde de la lutte contre les changements climatiques et leurs effets néfastes », et l'article 4 de ce même instrument, qui détaille les engagements différenciés pris par les parties, l'article 5 du Protocole de Montréal sur la couche d'ozone de 1987 (« Situation particulière des pays en développement »), qui limite le bénéfice de ses dispositions aux pays en développement peu pollueurs, ou la partie VII de l'Accord de 1995 sur les stocks chevauchants (« Besoins des États en développement »).

Au demeurant, les catégories de pays dont les intérêts doivent faire l'objet d'une attention particulière se traduisant par des droits spécifiques peuvent elles-mêmes être diversifiées : pays en développement touchés par la sécheresse, plus spécialement en Afrique (Convention contre la désertification de 1994) ou plus particulièrement vulnérables aux changements climatiques (pays insulaires, ou « ayant des zones côtières de faible élévation », ou « ayant des zones arides et semi-arides, des zones de forêts et des zones sujettes au dépérissement des forêts », etc. (art. 8, § 8, de la Convention-cadre sur les changements climatiques). De même, les responsabilités spéciales à une catégorie d'États sont parfois individualisées (parties consultatives au Traité sur l'Antarctique dans la Convention de Canberra de 1980 et le Protocole de Madrid de 1991, États riverains des cours d'eau transfrontières et des lacs internationaux s'agissant de la Convention d'Helsinki de 1992).

2° *La participation d'acteurs non-étatiques à la mise en œuvre des normes.* — Même s'il demeure, par maints aspects, classiquement inter-étatique, le droit international de l'environnement n'en fait pas moins une place non négligeable à des acteurs autres que les États, et, tout particulièrement aux ONG (v. *supra*, n° 738). En ce qui concerne la mise en œuvre des normes, leur action relaie celle des opinions publiques auxquelles une place, encore timide, mais tout de même inhabituelle, est consentie par le biais de mécanismes inédits. Au surplus, le concours de la communauté scientifique est, dans ce domaine, indispensable.

a) Les instruments relatifs à l'environnement esquissent ce que l'on a appelé une « démocratie participative » (M. Kamto, *op. cit.*, p. 27), associant le public aux choix relevant de la politique de l'environnement en application des principes internationaux applicables.

La traduction concrète la plus effective de cette orientation générale consiste dans le *droit à l'information* en matière d'environnement, que proclame le principe 10 de Rio, et que mettent en œuvre plusieurs instruments internationaux (cf. l'article 6 de la Convention-cadre sur les changements climatiques ou l'article 10 de la Convention d'Helsinki sur les effets transfrontières des accidents industriels et la directive 2003/4 du Parlement européen et du Conseil concernant l'accès du public à l'information en matière d'environnement).

Par lui-même, cet accès à l'information constitue un moyen de pression à la disposition des citoyens, leur permettant de s'assurer de la mise en œuvre effective des engagements souscrits par l'État. Il trouve des prolongements dans la participation des ONG aux procédures d'évaluation et de suivi mises en place par de nombreux instruments et, plus rarement, dans les recours ouverts aux particuliers en cas de non-respect (v. *infra*, n° 742).

b) La *communauté scientifique* est plus particulièrement intéressée au respect des normes relatives à la protection et à la sauvegarde de l'environnement, ne serait-ce que parce que son concours est, dans bien des cas, indispensable à l'évaluation des politiques mises en œuvre. Tel est l'objet premier de la création des comités ou conseils scientifiques ou techniques par de nombreuses conventions (v. *supra*, n° 737), qui insistent fréquemment sur la nécessité d'une composition et d'une approche pluridisciplinaires, rendues nécessaires par la complexité et la globalité des problèmes de protection de l'environnement (cf. les articles 9 de la Convention de 1992 sur les changements climatiques, 25 de celle sur la diversité biologique et 24 de la Convention sur la désertification de 1994).

742. Contrôle de l'application et règlement des différends. — Autant les modes de règlement des différends prévus par les traités relatifs à l'environnement sont, à de rares exceptions près, classiques et sans surprise, autant les parties font preuve d'ingéniosité en ce qui concerne les mécanismes de suivi et de contrôle de leur application, même si, ici encore, le droit international de l'environnement s'inspire largement de précédents mis en place dans d'autres domaines, développement ou désarmement en particulier (v. *supra*, n°s 602 et 615).

1° *Suivi, évaluation et contrôle.* — Les conférences des parties instituées par la quasi-totalité des conventions conclues en matière de protection de l'environnement assument une fonction générale de suivi de leur application (cf. l'article 18, paragraphe 2, de la Convention d'Helsinki de 1992 sur les effets transfrontières des accidents industriels : « La Conférence des Parties a) suit l'application de la présente Convention »). Dans ce cadre, elles jouent un rôle essentiel d'adaptation continue des dispositions de ces instruments (v. *supra*, n° 740). La seconde fonction fondamentale qui leur est impartie consiste à exercer une évaluation et un contrôle, eux aussi continus, de leur application par les États parties.

a) En règle générale, elles s'en acquittent par l'*examen de rapports* que ceux-ci ont l'obligation de présenter périodiquement, encore que, dans la grande majorité des cas, les conventions restent d'une très grande discrétion sur les modalités d'examen de ces rapports qui paraissent avoir une valeur surtout informative. En tout état de cause, l'examen est le fait d'un organe politique, composé de l'ensemble des États parties, et non d'experts indépendants, comme cela est courant en matière de droits de l'homme (v. *supra*, n°s 435 et s.), ce qui limite considérablement la portée de l'exercice et témoigne de la maturité encore limitée du droit international de l'environnement.

V. à titre d'exemples, les conventions 1985 sur la protection de la couche d'ozone (art. 5), de 1992 sur la diversité biologique (art. 23, § 4.a), et 26) et les changements climatiques (art. 12), de 1994 sur la désertification (art. 26) et sur la sûreté nucléaire (art. 5), de 1976, amendée en 1995, sur la protection du milieu marin de la Méditerranée (art. 26), etc.

Ce contrôle sur la base des rapports fournis par les parties se heurte à plusieurs obstacles :

— en premier lieu, si certaines conventions comportent des dispositions détaillées en ce qui concerne le contenu des informations attendues des États (cf. l'article 12 de la Convention sur les changements climatiques, l'annexe II à la Convention sur la couche d'ozone et l'article 7 du Protocole de Montréal de 1987 ou l'article 32 de la Convention du 29 septembre 1997 sur la gestion du combustible usé et des déchets radioactifs) d'autres se bornent à demander à chaque Partie de présenter « un rapport sur les mesures qu'elle a prises pour remplir chacune des obligations énoncées dans la présente Convention » (art. 5 de la Convention sur la sûreté nucléaire) ; dans cette seconde hypothèse, les États disposent d'un large pouvoir discrétionnaire pour concevoir leur rapport comme ils l'entendent, ce qui risque de limiter considérablement son utilité ; cet inconvénient est limité lorsque la Conférence des Parties reçoit également des rapports émanant d'autres sources, non-gouvernementales (ONG, réseau de laboratoires scientifiques) ;

— en deuxième lieu, plus les demandes d'informations sont précises, moins les pays en développement sont équipés pour les fournir ; les « responsabilités différenciées » sont, ici, imposées par la situation de fait ; pour tenter de remédier à cet état de choses, certaines conventions prévoient la fourniture à ces États « d'un concours technique et financier qui les aide à réunir et à communiquer les informations demandées » (art. 12, § 7, de la Convention-cadre sur les changements climatiques) ;

— enfin, les suites données à l'examen des rapports ne sont en général pas prévues ; il n'en demeure pas moins que les conditions d'un contrôle véritable sont réunies et que, la volonté politique aidant, rien n'empêchera, à l'avenir, les conférences des Parties de tirer les conséquences de rapports révélant une application insatisfaisante, voire même d'instituer des mécanismes indépendants d'évaluation ; il reste que le caractère incertain du contenu et de la portée des engagements assumés par les États rend, de toute manière, aléatoire une appréciation critique de leur respect.

Certains instruments non obligatoires ont également institué un mécanisme d'examen de rapports périodiques qu'il est demandé aux États d'établir. Ainsi, alors que la Conférence de Stockholm n'avait pas prévu, en 1972, de mécanisme de suivi, malgré la tradition bien établie des Nations Unies dans le domaine voisin du développement, celle de Rio a donné naissance à un mécanisme de ce type : la résolution 47/191 de l'Assemblée générale qui est à l'origine de la création de la Commission du développement durable (v. *supra*, n° 737), charge celle-ci d'examiner les rapports périodiques de tous les organismes du système des Nations Unies compétents en matière d'environnement et de développement et les communications ou rapports nationaux concernant l'application de l'Agenda 21.

b) Dans des hypothèses beaucoup plus rares, des *enquêtes* peuvent être diligentées pour déterminer le respect par les États parties de leurs obligations conventionnelles ; toutefois, de grandes précautions sont prises pour ménager au maximum la susceptibilité de ceux-ci.

Ainsi, dès lors que le Secrétariat de la CITES considère, « à la lumière des informations reçues » que les dispositions de la Convention ne sont pas effectivement appliquées, il peut saisir la Partie concernée et celle-ci *peut* décider de faire procéder à une enquête « par une ou plusieurs personnes expressément agréées » par elle. Au vu des résultats de l'enquête, la Conférence des Parties peut adresser à l'État en cause « toute recommandation qu'elle juge appropriée » (art. XIII). V. aussi le mécanisme d'enquête suggéré par l'article 19 du projet d'articles de la CDI sur la Prévention des dommages transfrontières résultant d'activités dangereuses.

Plus contraignant pour les Parties, est le système d'observation et de contrôle *in situ* mis en place par la Convention de Canberra sur la conservation de la faune et de la flore marines de l'Antarctique, puisque la Commission instituée par ce traité peut procéder à des visites à bord et même faire embarquer des observateurs et des inspecteurs à bord des navires qui se livrent à des opérations de recherche scientifique et examiner les rapports ainsi établis (art. XXIV — v. aussi les inspections des installations terrestres prévues par l'article 14 du Protocole de Madrid relatif à la protection de l'environnement de l'Antarctique). Dans un esprit comparable, l'article 5 de l'Accord de l'OUA du 8 septembre 1994 sur les opérations de coercition visant le commerce illicite de la faune et de la flore sauvages, institue une « Équipe spéciale » dont une représentation est assurée dans chaque État partie et qui est chargée d'enquêter sur les violations des législations nationales et de rassembler les informations concernant le commerce illicite. Deux remarques s'imposent cependant : d'une part, ces mécanismes, rares, n'ont, jusqu'à présent, été institués que par des conventions régionales ; d'autre part, ils constituent davantage des aides à l'application de la convention les instituant qu'un contrôle de sa mise en œuvre par les Parties.

c) L'une des grandes faiblesses des mécanismes de contrôle existants, que ceux-ci consistent en l'examen de rapports périodiques des États parties ou, dans une mesure moindre, en des procédures d'enquêtes, tient à la faiblesse, voire à l'inexistence, des suites qui leur sont données. Dans des cas encore très exceptionnels, il peut cependant en aller différemment et des procédures « de non-respect » ou « de non-conformité », dont le nom même témoigne de la timidité (mais est adapté au caractère *soft* des obligations assumées), commencent à faire leur apparition.

L'exemple-type (et, à l'heure actuelle, le seul qui soit probant), en est donné par la décision adoptée le 25 novembre 1992 par la quatrième réunion des parties au Protocole de Montréal sur les substances qui appauvrissent la couche d'ozone, qui institue une « procédure en cas de non-respect », pouvant aboutir à des « mesures » qui apparaissent clairement comme des sanctions qui ne disent pas leur nom.

Les grandes lignes de ce mécanisme sont les suivantes : il peut être déclenché soit par une ou plusieurs parties au Protocole de Montréal qui peuvent communiquer leurs « préoccupations » au Secrétariat institué par le Protocole, soit par le Secrétariat lui-même qui, dans les deux cas, demande des éclaircissements à la Partie en cause. Les observations de celle-ci et les communications initiales sont examinées par un « Comité d'application de dix parties élues par la Réunion des États parties qui peut demander un complément d'information au Secrétariat et, « sur l'invitation de la Partie intéressée » rassembler des informations sur le territoire de celle-ci. Au vu des résultats de cette enquête, la Réunion des parties peut « décider de la voie à suivre pour assurer une pleine conformité aux dispositions du Protocole, en arrêtant notamment les mesures à prendre aux fins d'aider la Partie incriminée à respecter les dispositions du Protocole, et pour promouvoir les objectifs du Protocole ». Ces mesures peuvent consister en la fourniture d'une assistance à la partie en cause, mais aussi en des mises en garde ou en de véritables sanctions. Tel a été l'aboutissement d'une procédure engagée contre la Russie, qui a conduit à l'interdiction d'importer de ce pays des produits non conformes aux obligations imposées par le Protocole (décision VII/18 du 7 décembre 1995).

Le Protocole de Kyoto de 1997 sur les changements climatiques a prévu la possibilité d'un mécanisme comparable (art. 16 à 18). Par une décision du 10 novembre 2001, la Conférence des parties à la Convention-cadre sur les changements climatiques a défini ce mécanisme et créé un Comité du contrôle du respect des dispositions chargé de le mettre en œuvre. Le Comité comprend un groupe de la facilitation qui donne des conseils aux Parties et les aide à appliquer le Protocole, et un groupe de l'exécution, qui vérifie le respect des engagements ; un recours devant la Conférence des Parties est prévu en cas de contestation des « décisions » prises par les groupes. V. également la décision du 23 octobre 2003 de la réunion des parties à la Convention d'Aarhus sur la procédure de non-respect de cet instrument.

La sanction du non-respect des normes « environnementales » est assurée de manière beaucoup plus stricte dans le cadre communautaire, dans lequel existe un contentieux abondant quant aux manquements des États membres en matière de transposition des directives pertinentes (cf. CJCE, aff. 96/81, 25 mai 1982, *Commission c. Pays-Bas*, *Rec.* p. 1791 ou aff. C-33/90, 13 déc. 1991, *Commission c. Italie*, *Rec.* p. I-5987 : non-respect de l'obligation d'information de la Commission sur les mesures nationales de mise en œuvre ; aff. 239/85, 2 déc. 1986, *Commission c. Belgique*, *Rec.* p. 3029 ou 30 mai 1991, aff. C-59/89, *Commission c. Allemagne*, *Rec.* p. I-4983 : circulaires administratives insuffisamment précises ; aff. C-361/88 et C-59/89, 30 mai 1991, *Commission c. Allemagne*, *Rec.* p. I-4983 : absence, en droit interne, d'un système de sanction de portée générale à l'encontre des violations des normes en cause par les particuliers).

La Cour de Luxembourg a même admis que les « exigences impératives » de la protection de l'environnement pouvaient justifier des limitations à la liberté de circulation des marchandises au sein du marché commun (cf. aff. 172/82, 10 mars 1983, *Syndicat national des raffineurs c. GIE « Inter-huiles »*, *Rec.* p. 555 (*a contrario*), aff. 302/86, 20 sept. 1988, *Commission c. Danemark*, *Rec.* p. 4607 ou aff. C-463/01, 14 déc. 2004, *Commission c. Allemagne*, qualifiant cette jurisprudence de « constante » [pt. 75]).

2° *Règlement des différends.* — Il n'existe pas de solution de continuité entre les mécanismes de contrôle décrits ci-dessus et les modes de règlement auxquels les États parties aux conventions relatives à la protection de l'environnement peuvent recourir en cas de différends les opposant sur leur interprétation ou leur application (on peut, en particulier, hésiter sur le rattachement aux uns ou aux autres des enquêtes « de contrôle » lorsqu'elles peuvent être déclenchées à la demande d'autres parties).

D'une manière générale, les modes de règlement pacifique auxquels peuvent recourir les États en litige au sujet de la mise en œuvre de ces traités ne diffèrent pas de ceux qui sont habituels dans les autres domaines du droit international, auxquels, du reste, ces instruments se bornent souvent à renvoyer. La *conciliation* constitue le mode de droit commun auquel les parties s'engagent conventionnellement à recourir si une solution négociée ne peut être trouvée. Toutefois, sans exclure les bons offices ou la médiation (parfois expressément mentionnés — cf. l'article 27, paragraphe 2, de la Convention sur la diversité biologique), la plupart des conventions récentes reproduisent une *clause d'arbitrage* facultatif, que les parties peuvent déclarer accepter par avance :

« Au moment de ratifier, d'accepter ou d'approuver la présente Convention ou d'y adhérer, et à tout moment par la suite, tout État ou organisation régionale d'intégration économique peut déclarer par écrit auprès du Dépositaire que, dans le cas d'un différend qui n'a pas été réglé [par la négociation], il ou elle accepte comme obligatoire l'un ou l'autre des modes de règlement ci-après, ou les deux :

« a) L'arbitrage, conformément à la procédure énoncée [dans une annexe] ; »

« b) La soumission à la Cour internationale de Justice. »

« Si les parties n'ont pas accepté la même procédure ou une procédure quelconque, conformément au paragraphe (...) ci-dessus, le différend est soumis à la conciliation (...) à moins que les Parties n'en conviennent autrement » (*ibid.*, § 3 et 4 ; v. aussi l'art. 11 de la Convention de 1985 pour la protection de la couche d'ozone, l'art. 14 de la Convention de 1992 sur les changements climatiques, l'art. 22 de la Convention de 1992 sur la protection des cours d'eau frontaliers, l'art. 28 de la Convention de 1994 sur la désertification, ou l'art. 33, § 10, de la Convention de 1997 sur les utilisations des cours d'eau internationaux à des fins autres que la navigation, etc., qui, toutes, reproduisent cette disposition à quelques variantes près).

Il arrive cependant que l'arbitrage soit rendu obligatoire par certaines conventions ; mais, à de très rares exceptions près (cf. la Convention pour la prévention et la pollution pour les navires conclue en 1973 dans le cadre de l'OMI — art. 10), il s'agit d'instruments régionaux qui traduisent des solidarités plus fortes que celles existant dans un cadre universel.

V. par exemple, pour l'Afrique, la Convention de Bamako de 1991 sur l'interdiction d'importer des déchets dangereux (art. 20) ou l'Accord de Lusaka de 1994 sur le commerce illicite de la faune et de la flore sauvages (art. 10) ; pour l'Europe, la Convention de Berne de 1979 sur la conservation de la vie sauvage (art. 18).

Depuis 1993, la Cour internationale de Justice a constitué en son sein une Chambre spéciale, compétente en matière d'environnement. Cette Chambre n'a jamais été saisie jusqu'à présent, ce qui confirme les réticences des États pour soumettre à un mode de règlement obligatoire des différends relatifs à l'environnement. Toutefois quelques affaires présentant des aspects « environnementaux » ont été soumises à la Cour plénière, soit au contentieux (affaires du *Projet Gab&ccaron ;íkovo-Nagymaros*, arrêt du 25 septembre 1997 et des *Usines de pâte à papier* [requête de 2006]), soit à titre consultatif (*Licéité de la menace ou de l'emploi d'armes nucléaires*, avis du 8 juillet 1996). Dans les deux cas qu'elle a déjà tranchés, la Haute Juridiction s'en est tenue sur ce point à l'énoncé de principes très généraux et a fondé ses solutions, pour l'essentiel, sur d'autres motifs, confirmant ainsi, si besoin était, que, compte tenu de la flexibilité et de l'incertitude des principes applicables, le droit international de l'environnement ne se prête guère, du moins dans l'état actuel de son développement, à des solutions juridictionnelles.

Plus prometteur semble être le recours à des *enquêtes ex post* (par opposition à celles effectuées dans le cadre des activités de contrôle — v. ci-dessus, 1°. c). Celles-ci demeurent exceptionnelles, mais certaines conventions en prévoient la possibilité. Ainsi, les articles 4 et 5 de la Convention d'Helsinki de 1992 sur les effets transfrontières des accidents industriels ouvrent aux parties concernées la possibilité de saisir pour avis une commission d'enquête (dont l'organisation est précisée à l'annexe II) de la question de savoir si une activité menée ou envisagée sur le territoire de l'une d'elles peut être qualifiée de « dangereuse » et est susceptible d'avoir des effets transfrontières. Pour sa part, la Convention des Nations Unies du 21 mai 1997 sur le droit relatif à l'utilisation des cours d'eau internationaux à des fins autres que la navigation, prévoit une procédure d'enquête obligatoire en cas de différend persistant entre des États parties au sujet de son interprétation ou de son application (art. 33).

Formes intermédiaires entre les enquêtes « de contrôle » et les enquêtes *ex post*, on peut signaler celles qui sont déclenchées à l'initiative de particuliers ou de groupements privés et peuvent déboucher sur des procédures judiciaires. En règle générale, elles relèvent du droit interne et, dans sa résolution de Strasbourg du 4 septembre 1997 sur les procédures d'adoption et de mise en œuvre des règles en matière d'environnement, l'IDI a appelé à leur généralisation (art. 13).

On peut cependant signaler l'existence d'au moins une procédure de ce type au plan international. En 1993, le conseil d'administration de la Banque mondiale a créé un « panel d'inspection » composé de trois membres indépendants et pouvant être saisi par des groupes d'individus estimant être lésés du fait du non-respect par la Banque de ses politiques ou procédures, y compris (mais pas exclusivement) en matière d'environnement, dans la mise en œuvre d'un projet financé par elle. Sous certaines réserves, le panel effectue une enquête et adopte une recommandation qu'il transmet aux administrateurs, qui décident des suites éventuelles à y donner. Des procédures comparables ont été mises en place au sein des Banques interaméricaine et asiatique de développement.

L'Accord nord-américain de coopération dans le domaine de l'environnement conclu en 1993 par le Canada, les États-Unis et le Mexique dans le cadre de l'ALENA, organise également des procédures de recours ouvertes aux parties privées. Pour sa part, le Conseil de l'OCDE a adopté en 1976 et en 1977 deux recommandations sur l'égalité d'accès à l'information et aux voies de recours de toutes les personnes affectées par des pollutions transfrontières ou risquant de l'être.

743. Adaptations du droit de la responsabilité internationale. — Il n'est pas abusif de considérer que le droit international de l'environnement remet profondément en cause les règles traditionnelles de la responsabilité internationale. Mais, alors que l'on aurait pu s'attendre à ce qu'il soit l'occasion d'une « percée » de la responsabilité « objective » de l'État (fondée sur le risque ou sur le dommage), les tentatives en ce sens ont, jusqu'à présent, abouti à une impasse et, paradoxalement, il en est résulté à la fois une dilution et une extension du domaine de la responsabilité de droit commun pour fait internationalement illicite.

1° *Les impasses de la responsabilité « objective » de l'État en matière de protection de l'environnement.* — Tous les droits nationaux connaissent aujourd'hui des régimes de responsabilité objective, qui entraînent la réparation d'un dommage du seul fait de sa survenance, sans que la victime ait à établir l'existence d'une quelconque faute de la part du responsable. La transposition de cette notion au plan international — éventuellement en tant que principe général de droit — pouvait paraître d'autant plus attrayante que les dommages produits par les activités « à risques » sont énormes et que l'État est souvent lui-même dans ces domaines l'opérateur responsable du dommage (énergie nucléaire, activités spatiales).

Cette possibilité était sans aucun doute présente aux esprits lorsque la CDI a entrepris, en 1978, d'examiner le sujet de la « Responsabilité [*Liability*] pour les conséquences préjudiciables d'activités qui ne sont pas interdites par le droit international », titre qui, par lui-même, marque bien l'embarras de la Commission. Et c'est certainement dans le domaine du droit de l'environnement que le problème se posait avec le plus d'acuité (sur les aspects généraux de la question, v. *supra*, n°s 498-499) : l'opinion publique est particulièrement sensible à cet aspect du problème et le montant des préjudices causés par un accident, survenant souvent en l'absence de toute faute de la part de l'opérateur économique privé qui l'a occasionné, dépasse en général de beaucoup les capacités financières de celui-ci.

Toutefois, bien que la CDI eût adopté à titre provisoire un projet d'article 5 disposant qu'une « responsabilité découle d'un dommage transfrontière significatif causé par une activité [à risque ou causant un dommage significatif] et donne lieu à indemnisation ou à une autre forme de réparation » (v. le rapport du Groupe de travail sur la question *in* Rapport de la CDI sur sa 48e session,

1996, p. 301), ses membres, divisés sur ce point à l'image de la doctrine dans son ensemble, n'ont pu s'accorder sur le sujet de droit auquel incombe la charge de la réparation. Pour certains, il existerait, dans un cas de ce genre, une responsabilité objective de l'État, ce que contestent les autres. En conséquence, le projet de Principes sur la répartition des pertes en cas de dommage transfrontière découlant d'activités dangereuses, laborieusement adopté par la Commission en 2006, se borne à indiquer, en son principe 4, que :

« 1. Chaque État devrait prendre toutes les mesures nécessaires pour veiller à ce qu'une indemnisation prompte et adéquate soit accordée aux victimes de dommages transfrontières causés par des activités dangereuses se déroulant sur son territoire ou placées sous sa juridiction ou sous son contrôle.

2. Ces mesures devraient comprendre la mise de la responsabilité à la charge de l'exploitant ou, le cas échéant, d'une autre personne ou entité ».

Pour sa part, le principe 7 appelle à l'élaboration de « régimes internationaux spécifiques » (texte des Principes *in* Rapport de la CDI de 2006, A/61/10, p. 109 et s.)

C'est qu'il paraît, en effet, impossible de considérer qu'il existe une règle de droit positif établissant une responsabilité objective en dehors du principe « pollueur-payeur » (v. *infra*, n° 744) :

— les règles de droit interne relatives à la responsabilité objective de la puissance publique n'ont pas la portée que les tenants de leur « transposition » au droit international leur prêtent : elles ne jouent que lorsque l'État est, lui-même, l'auteur de l'activité dangereuse ou exerce sur elle son contrôle ;

— la transposition de ce prétendu principe général au plan international se heurterait de toute manière au principe bien établi du droit des gens selon lequel « n'est pas considéré comme un fait de l'État d'après le droit international le comportement d'une personne ou d'un groupe de personnes n'agissant pas pour le compte de l'État » (art. 11 des articles de la CDI sur la responsabilité des États » (v. *supra*, n° 476)) ;

— il ne pourrait en aller autrement qu'en cas de pratique générale contraire, qui serait le support d'une norme coutumière ; or il n'existe pratiquement aucun précédent en ce sens, si ce n'est *une seule* convention internationale, celle du 29 mars 1972 sur la responsabilité internationale pour les dommages causés par les engins spatiaux, dont l'article II prévoit que, même lorsqu'il n'est pas l'auteur de l'activité ayant causé le dommage, « l'État de lancement a la responsabilité absolue de verser réparation pour le dommage causé par son objet spatial à la surface de la terre ou aux aéronefs en vol » (v. *supra*, n° 731) ; dans *tous* les autres cas, la responsabilité pèse sur l'opérateur, non sur l'État sur le territoire duquel l'activité en cause est menée (sauf institution conventionnelle d'un mécanisme prévoyant le versement d'indemnités par l'État à titre complémentaire et davantage à titre de garantie).

Ceci ne revient pas à dire cependant, ni qu'il n'existe aucun régime de responsabilité objective en droit international, ni que celle-ci ne peut jamais peser sur l'État. Mais, si un tel régime existe, il est à la charge non pas de la puissance publique en tant que telle, mais de l'opérateur économique qui est à l'origine du dommage et contrôlait — ou devait contrôler — l'activité à risques ; et si l'État lui-même peut être tenu pour responsable à ce titre, ce ne peut être qu'en tant qu'opérateur. Telle est la signification du principe « pollueur-payeur » (v. *infra*, n° 744).

Par ce biais — mais par ce biais seulement —, on peut admettre l'existence d'un régime de responsabilité objective en droit international public. De plus, alors que la responsabilité internationale de droit commun n'est ni civile, ni pénale, un mécanisme de responsabilité purement civile se trouve ainsi introduit dans l'ordre juridique international et peut entraîner une obligation de réparer à la charge d'une personne privée.

2° *La responsabilité pour fait internationalement illicite en matière d'environnement.* — Si la responsabilité internationale de l'État ne peut être engagée simplement parce qu'un dommage a été causé à l'environnement, il va de soi qu'elle l'est, en la matière comme dans toute autre, si un fait internationalement illicite peut lui être attribué, conformément aux règles du droit commun (v. *supra*, n°s 470 s.). Il n'en reste pas moins que les règles traditionnelles sont mal adaptées à la matière et ont évolué dans trois directions : des mécanismes de responsabilité « molle » (*soft liability*) sont apparus ; les règles relatives à la prévention du dommage ont été, à l'inverse, « durcies » et précisées ; et, non sans paradoxe, certaines atteintes à l'environnement sont considérées non comme de simples délits, mais comme des « crimes » internationaux.

a) L'apparition de mécanismes de responsabilité « molle ». — Bien qu'elles soient, en théorie, applicables aux faits internationalement illicites attribuables à l'État en matière d'environnement, les règles classiques n'y sont guère adaptées. Plusieurs facteurs contribuent à cette inadaptation : du fait des caractères des normes « environnementalistes » (imprécision, fluidité — v. *supra*, n° 740), l'appréciation des manquements est difficile ; les dommages eux-mêmes sont fréquemment diffus (cf. les phénomènes des pluies acides ou de l'effet de serre) ; et la source des pollutions est souvent difficilement identifiable, du fait notamment des incertitudes scientifiques, si bien que le lien nécessaire de causalité entre le manquement et le dommage, indispensable à la mise en œuvre de la responsabilité, ne peut, dans bien des cas, être établi avec certitude.

Ces raisons expliquent la quête actuelle de mécanismes alternatifs que l'on pourrait qualifier de responsabilité atténuée, qui ont moins pour objet de dénoncer l'existence de manquements au droit, que de déterminer les causes de pollutions ou de situations menaçantes pour l'environnement. Le système de contrôle de « non-respect » mis en œuvre dans le cadre du Protocole de Montréal ou celui envisagé par le Protocole de Kyoto, ou encore le panel d'inspection de la Banque mondiale constituent des exemples de ces voies nouvelles encore timidement explorées (v. *supra*, n° 742, 1°. c) : les contours de « l'illicite rebaptisé » (P.-M. Dupuy, *RGDIP* 1997, p. 296) sont brouillés ; les liens entre le manquement et l'État d'une part, entre le dommage et un autre sujet du droit international d'autre part sont dilués ; une *actio popularis* s'organise.

b) L'affermissement des règles de prévention. — Le contournement des règles traditionnelles relatives à la prévention prend une autre forme : au lieu de se placer sur le terrain des règles « secondaires », caractéristiques du droit de la responsabilité, des règles nouvelles, « primaires », apparaissent, qui imposent aux États de prendre des mesures en vue non pas de réparer les dommages causés à l'environnement mais d'en empêcher la survenance (v. *supra*, n° 498). Du terrain de la responsabilité *stricto sensu*, on passe à celui de la prévention, qui constitue l'un des principes fondamentaux du droit international de l'environnement (v. *infra*, n° 749).

Ce phénomène n'est pas récent. Déjà, dans l'affaire de la *Fonderie de Trail* (v. *supra*, n°s 498 et 736), l'arbitre, écartant toute idée de responsabilité « objective » du Canada, n'en avait pas moins considéré que ce pays devait réparation aux États-Unis pour manquement à son obligation de *due diligence*.

Depuis lors, et plus particulièrement depuis le début des années 1970, les règles relatives à la prévention des dommages causés à l'environnement ont connu un développement rapide du fait de la multiplication des conventions conclues en matière d'environnement qui ont donné naissance à des règles coutumières imposant aux États des obligations sinon de plus en plus précises, du moins de plus en plus étendues. Même si elles demeurent d'application difficile, il n'est pas exclu qu'elles gagnent en précision à l'avenir, et elles constituent, en tout état de cause, une « menace juridique » que les États peuvent brandir au cours de négociations diplomatiques, même s'ils ne peuvent guère espérer que des juges, habitués à plus de rigueur dans la formulation du droit, en fassent application dans une affaire contentieuse (v. *supra*, n° 742, 2° et la position prudente du TIDM dans son ordonnance du 3 déc. 2001, dans l'affaire de *l'Usine MOX*, entre l'Irlande et le Royaume-Uni, qui refuse les mesures conservatoires demandées, tout en invitant à prendre toutes les mesures de précaution nécessaires face à une éventuelle pollution radiologique — § 84). À ce titre, elles constituent un élément de la « politique juridique extérieure » et un autre aspect de la « responsabilité molle » qui caractérise le droit international de l'environnement.

Le projet d'articles de la CDI sur la prévention des dommages transfrontières résultant d'activités dangereuses adopté en 2001 met l'accent sur l'obligation de prévenir plutôt que réparer et énumère, en son article 10 les « facteurs d'un juste équilibre des intérêts » (texte *in Ann. CDI* 2001, vol. II, 2e partie, p. 157 et s.).

La prévention n'est pas le seul domaine dans lequel les obligations pesant sur les États s'affermissent progressivement. Conformément à la directive générale exprimée dans les principes 22 de Stockholm, et 13 de Rio, ils doivent aussi « élaborer des lois nationales concernant la responsabilité pour les dommages causés par la pollution et pour l'indemnisation des victimes » et « coopérer avec diligence (...) en vue d'élaborer de nouvelles mesures du droit international concernant la responsabilité et l'indemnisation... ». On ne saurait déduire de ce principe, repris par certaines conventions internationales (cf. l'art. 235 de la Convention de 1982 sur le droit de la mer ou l'art. 13 de la Convention de 1992 sur les effets transfrontières des accidents industriels), que ces dispositions imposent aux États de reconnaître ou d'établir leur propre responsabilité ; en revanche, on doit considérer que, si un État ne s'emploie pas à établir un régime de responsabilité (quel qu'il soit), il commet un fait internationalement illicite, théoriquement susceptible d'engager sa responsabilité, même si, ici encore dans cette hypothèse particulière, l'appréciation d'un manquement est difficile.

La jurisprudence de la Cour européenne des droits de l'homme amorce un compromis plus satisfaisant que les approches conventionnelles : face à des risques graves de pollution industrielle (chimique, notamment), elle impose aux pouvoirs publics une « obligation positive » de correction et de réparation d'une atteinte à la vie privée (violation de l'article 8 de la Convention européenne : arrêt du 9 décembre 1994, *Lopez Ostra c. Espagne*), y compris pour défaut d'une information préalable dans le cas d'espèce, mais sans donner une portée générale à l'obligation de collecte et de diffusion de l'information (arrêt du 19 fév. 1998, *Guerra e.a. c. Italie*).

c) La « criminalisation » des atteintes graves à l'environnement. — Paradoxalement, alors que, dans l'ensemble, le droit international de l'environnement relève essentiellement du « droit assourdi » (G. Abi-Saab), l'article 19 du projet de la CDI relatif à la responsabilité des États adopté en première lecture en 1996 (v. *supra*, n° 472) citait parmi les exemples de « crimes internationaux de l'État », donnés au paragraphe 3, ceux résultant « d'une violation grave d'une obligation internationale d'importance essentielle pour la sauvegarde de l'environnement humain, comme celle interdisant la pollution massive de l'atmosphère ou des mers » (alinéa d).

On peut avoir plus que des doutes sur la pertinence de cet exemple, que le commentaire de la Commission ne justifie d'ailleurs pratiquement pas (v. *Ann. CDI*, 1976, vol. II, 2e partie, p. 112). Et l'on peut aussi exprimer le plus grand scepticisme face à la mention des « dommages délibérés et graves à l'environnement » parmi les « crimes contre la paix et la sécurité de l'humanité » dans le projet de Code adopté en première lecture par la même CDI (*Ann.*, 1991, vol. II, 2e partie, p. 111), mention du reste abandonnée en seconde lecture en 1996 (v. le rapport de la CDI sur les travaux de sa 48e session, A/51/10, § 41 et 46).

Bien que ces qualifications semblent correspondre davantage à un effet de mode qu'à une réalité juridique correspondant à la pratique, elles n'en témoignent pas moins de l'importance qu'attache la communauté internationale à la préservation de l'environnement, en temps de paix comme durant un conflit armé (v. sur ce point les conventions citées *supra*, n° 579 et le paragraphe 16 de la résolution 687 [1991] du Conseil de sécurité, relatif à la responsabilité de l'Iraq pour les dommages causés à l'environnement « du fait de son invasion et de son occupation illicites du Koweït »).

744. Principe « pollueur-payeur ». — Dans son orientation générale, il s'agit d'un principe simple selon lequel l'opérateur d'une activité dangereuse qui cause un dommage à l'environnement doit réparer les conséquences de celui-ci. Mais, si la positivité du principe n'est pas douteuse, sa consistance et son régime juridique posent des problèmes juridiques complexes.

1° Le principe pollueur-payeur est énoncé par de multiples instruments, nationaux, régionaux et universels, qui l'expriment en termes variés, mais confirment son caractère obligatoire en tant que principe général de droit, que norme conventionnelle très habituelle et que règle coutumière, et semblent le traiter comme « un principe économique érigé en règle de droit » (H. Smets, *op. cit., passim*).

Le principe 16 de Rio le proclame en des termes prudents :

« Les autorités nationales devraient s'efforcer de promouvoir l'internalisation des coûts de protection de l'environnement et l'utilisation d'instruments économiques, compte tenu de l'idée que c'est le pollueur qui doit, en principe, assumer le coût de la pollution, en ayant en vue l'intérêt du public et sans fausser le jeu du commerce international ».

Il a cependant des origines plus anciennes. Les premiers instruments juridiques internationaux à en expliciter les composantes sont les recommandations du Conseil de l'OCDE des 26 mai 1972 et 14 novembre 1974 portant d'abord, de manière générale, sur les « Principes directeurs relatifs aux aspects économiques des politiques de l'environnement sur le plan international », puis, plus précisément, « sur la mise en œuvre du principe pollueur-payeur » ; à plusieurs reprises, cette organisation va revenir sur le principe et en élargir la portée.

De son côté, le Conseil de la CEE a adopté, à peu près à la même époque, ses premières recommandations sur la question (7 nov. 1974 et 3 mars 1975), qui s'inscrivent dans la ligne de celles de l'OCDE en établissant un lien direct entre l'égalité dans la concurrence et le principe pollueur-payeur ; l'Acte unique européen, puis le Traité de Maastricht ont fait du principe l'un des fondements de la politique communautaire dans le domaine de l'environnement (art. 174 du TCE), dont de très nombreux règlements et directives ont fait application. Ainsi, la directive 84/631, adoptée à la suite de la catastrophe de Seveso, sur « la surveillance et le contrôle dans la Communauté des transferts frontaliers de déchets dangereux » a posé le principe de la responsabilité civile du pollueur et la directive 85/374 du 25 juillet 1985 invite les États à rapprocher leurs législations en la matière et, tout en réitérant que les producteurs encourent une responsabilité sans faute, les incite à s'assurer contre les risques encourus.

De même, de très nombreux traités régionaux ou à vocation universelle ont repris le principe, soit en se bornant à le mentionner (Convention relative à la protection des Alpes de 1991, art. 2, § 1, ou sur la Baltique de 1992, art. 3 ou de Sofia de 1994 pour la protection et l'utilisation durable du Rhin, art. 2, § 4), soit en l'explicitant quelque peu (conventions de 1992 sur la protection des cours d'eau transfrontières, art. 2, § 5.b) ; de 1992 sur la protection de l'environnement marin de l'Atlantique du Nord-Est, art. 22.b) ; de 1993 sur la responsabilité civile des dommages résultant d'activités dangereuses pour l'environnement, art. 6 ; ou de 1976 amendée en 1995 sur la protection du milieu marin en Méditerranée, art. 3.b).

Toutefois, dans sa sentence du 12 mars 2004, le Tribunal arbitral qui a tranché le différend concernant l'*Apurement des comptes en application du Protocole additionnel du 25 septembre 1991 à la Convention sur la Protection du Rhin contre la Pollution par les Chlorures datée du 3 décembre 1976*, se prononçant à contre-courant, a déclaré ne pas penser « que ce principe fasse partie du droit international général » (§ 103).

2° Il reste que la portée exacte du principe est difficile à cerner. À l'origine, l'OCDE l'a sans aucun doute rattaché à l'idée de prévention ; il s'agissait de faire supporter par les opérateurs « le coût des mesures de prévention et de lutte contre la pollution » et de limiter, voire d'interdire les subventions à cette fin, qui viendraient fausser la concurrence (ce que rappelle le principe 16 de Rio). Mais il ne portait pas sur la réparation des dommages causés par une pollution accidentelle. Progressivement, il a été étendu au « coût de la pollution » dans son ensemble (cf. le principe 16 de Rio préc. ; v. aussi les protocoles de 1984 et 1992 amendant la Convention de Bruxelles de 1969 sur la responsabilité civile des dommages dus à la pollution par les hydrocarbures, la Convention de Londres de 1990 sur la lutte contre la pollution contre les hydrocarbures, la Convention de Salzbourg de 1991 sur la protection des Alpes, etc.), sans qu'il soit possible d'affirmer qu'un consensus existe sur sa consistance exacte.

On peut néanmoins considérer qu'il est à la croisée de la prévention et de la réparation. À ce titre, il constitue un principe relatif au droit de la responsabilité, même si les incertitudes sur sa portée exacte rendent difficile sa mise en œuvre, notamment judiciaire.

Il correspond assez bien à l'idée selon laquelle au regard du droit international de l'environnement, la « prévention » revêt un sens très large, à la fois *ex ante* et *ex post*, et n'est pas détachable de la notion de responsabilité (*liability*).

L'incertitude concernant les coûts à la charge du pollueur n'est pas seule à rendre délicate l'appréciation de sa portée exacte. La détermination du pollueur pose également problème : s'agit-il du propriétaire ? de l'utilisateur ? du transporteur ? du fabricant ? La pratique internationale n'est pas suffisamment établie pour qu'il soit possible de répondre catégoriquement.

De même, si l'on peut admettre que, dans sa composante « réparatrice », le principe pollueur-payeur implique l'existence d'un régime de responsabilité civile objective, la question se pose de savoir si le responsable peut invoquer des causes d'exonération. Certaines conventions le prévoient (cf. les exonérations prévues à l'art. 8 de la Convention de Lugano du Conseil de l'Europe du 21 juin 1993, sur la responsabilité civile des dommages résultant d'activités dangereuses pour l'environnement) ; mais cela n'est guère logique dès lors que le fondement de cette responsabilité se trouve dans le risque assumé par l'opérateur.

Enfin, s'il n'est pas contestable que, en droit international, l'État, même s'il n'est pas juridiquement responsable des dommages écologiques causés par des activités qui ne sont pas menées pour son compte (v. *supra*, n° 743), peut assumer une part de la réparation si elle excède les possibilités financières de l'opérateur (système du « relais étatique », usité surtout en matière d'activités nucléaires — v. les conventions citées *supra*, sous le n° 499), force est de constater que ce mécanisme n'est guère compatible avec l'esprit « libéral » du principe pollueur-payeur.

Section 2

Consolidation du droit international de l'environnement

745. De la sectorisation à la globalisation. — Forgées dans l'urgence, souvent en réponse à des catastrophes naturelles ou dues à l'activité humaine, les normes du droit international de l'environnement sont d'abord apparues comme les pièces d'un puzzle dont le dessin n'apparaissait pas clairement. Fruits de compromis souvent plus subis que voulus, elles visaient à parer au plus pressé dans les domaines limités où les problèmes surgissaient ou, du moins, où les hommes les voyaient apparaître : telle espèce vivante semblait menacée, la pollution de tel espace marin devenait intolérable, on adoptait une convention protégeant l'une, limitant les déversements industriels dans l'autre, sans réaliser que les problèmes affectant l'une et l'autre étaient peut-être interdépendants.

La rapidité des progrès techniques et scientifiques a cependant doublement hâté la prise de conscience de l'unité profonde de l'écosystème : le développement de technologies toujours plus dangereuses a considérablement aggravé les menaces pesant sur la biosphère, en même temps qu'il permettait de les mesurer mieux et d'en comprendre les causes réelles (v. *supra*, n°s 734 et 736). D'une approche sectorielle, on est passé à une appréhension plus globale qui s'est traduite par l'adoption de principes juridiques intégrés, en même temps que la doctrine en rationalisait la présentation au prix, parfois, d'un « militantisme juridique » un peu sectaire.

Certains de ces principes — ceux de l'utilisation non dommageable du territoire et de la responsabilité du pollueur — ont déjà fait l'objet d'une présentation ci-dessus (n°s 736 et 744). D'autres (prévention, coopération, développement durable) forment avec eux le pentalogue coutumier du droit international de l'environnement et méritent une brève étude.

Mais un important *caveat* s'impose : le droit international de l'environnement est d'abord, et demeure, une branche du droit international public (v. *supra*, n° 734). Il s'en déduit que ces principes doivent être interprétés non seulement les uns en fonction des autres, mais aussi à la lumière et dans le contexte des principes généraux du droit international dont ils ne sauraient être isolés. Au plan juridique, cet arrimage au droit des gens constitue aussi l'un des éléments de la « globalisation » qui marque le droit contemporain de l'environnement.

§ 1. — *Évolution historique*

BIBLIOGRAPHIE. — *Sur la Conférence de Stockholm*, v. : A.-Ch. KISS et J.-D. SICAULT, *AFDI* 1972, p. 603-628. — L. B. SOHN ; *Harvard ILJ* 1973, p. 303-381.

Sur la Conférence de Rio, v. : S. P. JOHNSON, *The Earth Summit : The UN Conference on Environment and Development (UNCED)*, Graham & Trotman/Nijhoff, Londres/Dordrecht, 1993, 532 p. — N. A. ROBINSON, *Agenda 21 : Earth's Action Plan Annotated*, Oceana, New York, 1993, 683 p. — D. COLLARD, *RDN* 1992, p. 87-100. — A.-Ch. KISS et S. DOUMBÉ-BILLE, *AFDI* 1992, p. 823-844. — G. CORCELLE, *RMCUE* 1993, p. 107-127. — C. D. STONE, *AJIL* 1992, p. 445-488.

746. Ancienneté et permanence de l'approche sectorielle. — Le souci de protéger l'environnement par des procédés de droit international n'est pas une idée aussi neuve qu'il y paraît. Dès la fin du XIXe siècle et au début du XXe, des arbitrages (cf. la sentence arbitrale de 1893 dans l'affaire des *Phoques à fourrure de la mer de Behring*, *Moore, Digest*, I, p. 890) ou des traités (cf. l'Accord du 30 mai 1893 entre la Grande-Bretagne et la Russie sur la protection des otaries dans le Pacifique Nord ou la Convention de Paris du 19 mars 1902 pour la protection des oiseaux utiles à l'agriculture) ont eu pour objet la sauvegarde de certaines espèces menacées par une chasse abusive ou chassées de leur habitat par l'activité humaine.

D'abord limitée à la faune, cette préoccupation s'est ensuite étendue à la flore (cf. la Convention du 8 novembre 1933 relative à la conservation de la faune et de la flore à l'état naturel).

Avec l'extension de la protection à des espaces, fussent-ils limités, un premier élément de globalisation apparaît : qu'il s'agisse de territoires terrestres (cf. la Convention du 12 octobre 1940 sur la protection de la flore, de la faune et des beautés naturelles des pays de l'Amérique), d'eaux fluviales (cf. le Traité du 11 janvier 1909 relatif aux eaux frontalières entre le Canada et les États-Unis) ou d'espaces marins (cf., après quelques tentatives avortées, la Convention de Londres du 12 mai 1954 pour la prévention des eaux de la mer par les hydrocarbures), la protection de l'espace bénéficie, par ricochet, à la flore et à la faune qui y sont implantées. Telle est aussi la portée du principe coutumier d'utilisation non dommageable du territoire (que la jurisprudence ne dégage que dans les années 1940 — v. *supra*, n° 736).

La même remarque peut être faite s'agissant de la lutte, plus tardive, contre les pollutions engendrées par certaines activités : en réglementant certaines industries (nucléaires : Traité Euratom de 1957 ; Convention sur la responsabilité civile dans le domaine de l'énergie nucléaire du 29 juill. 1960 ; mécaniques : Accord de Genève du 20 mars 1958 sur l'homologation des véhicules à moteur), les États protègent du même coup l'écosystème global.

Cette constatation doit cependant être nuancée à deux points de vue : cette « globalisation » limitée est fortuite et factuelle. D'une part, elle n'est pas réellement délibérée et ne repose pas sur la conscience de l'interdépendance des divers éléments de l'écosystème. D'autre part, les principes énoncés dans chacune des conventions adoptées ne sont reliés à aucune conception juridique globale et ces instruments ne forment pas un ensemble normatif cohérent, dont l'unité serait assurée par quelques grands principes généraux permettant de les appréhender comme une branche distincte du droit international.

Il est important de noter que ces réglementations sectorielles sont loin d'avoir disparu du droit international de l'environnement contemporain. Les normes de toute nature applicables à certaines espèces, à certains espaces ou à certaines activités se sont au contraire multipliées à une vitesse croissante (v. la présentation sommaire qu'en donne le chapitre II ci-dessous). Mais elles font, aujourd'hui, partie intégrante d'un corps de règles qui tient sa cohésion de quelques grands principes avec lesquels elles entretiennent des rapports complexes : elles mettent ces principes en œuvre et doivent être interprétées à leur lumière ; en même temps, elles les renforcent et contribuent à asseoir leur valeur juridique ainsi qu'à préciser leur portée et leur contenu.

Une position prise par la CIJ dans son arrêt du 25 septembre 1997 relatif au *Projet Gab&ccaron ;íkovo-Nagymaros* confirme cette analyse. Après avoir constaté qu'un traité conclu en 1977 au sujet de la construction d'un ensemble de barrages sur le Danube demeurait en vigueur entre les Parties, malgré la terminaison unilatérale décidée illicitement par la Hongrie, la Cour, se référant à la fois à des dispositions du Traité par lesquelles les Parties s'engageaient à protéger l'environnement naturel et à des principes généraux du droit international, a considéré que les Parties devaient adapter — sans nécessairement le modifier — le Traité en tenant compte du contexte factuel *et juridique actuels* (§ 135 à 140 et § 2.B du dispositif, *Rec.* 1997, p. 76-77 et 83).

747. Globalisation. — 1° C'est la *Conférence des Nations Unies sur l'environnement* qui se tient à *Stockholm* du 5 au 16 juin 1972, qui, au plan juridique, va constituer le véritable point de départ d'une appréhension globale de l'environnement, au plan tant normatif que doctrinal.

Envisagée par l'Assemblée générale dès 1968 (résol. 2398 (XXIII) — elle devait alors porter sur le « milieu humain »), la Conférence a été soigneusement préparée et a réuni 113 États participants (la plupart des pays membres du COMECON n'y étaient pas représentés par crainte d'y faire figure d'accusés) ainsi que de très nombreuses ONG, phénomène alors peu fréquent, sauf en matière de droits de l'homme — leur présence témoigne d'ailleurs de l'intérêt de la « société civile » pour le thème de la réunion et de la proximité de celui-ci avec celui des droits de l'homme ; la Déclaration finale le confirmera.

De ses travaux est résultée une moisson de textes touffus et hétérogènes adoptés par acclamation avec l'abstention de la Chine : quatre résolutions sur des points particuliers, 109 recommandations censées constituer un « plan d'action » et, surtout, une Déclaration comportant une proclamation en sept points, qui ne manque pas de souffle mais ne présente qu'une portée normative limitée, et 26 principes traduisant la « conviction commune des participants ».

Ces principes sont analysés par ailleurs dans la mesure où ils constituent en grande partie le « terreau » sur lequel ont germé les normes fondamentales du droit international de l'environnement. Leur agencement et la philosophie générale qui les sous-tend méritent néanmoins quelques observations.

En premier lieu, la Déclaration de Stockholm ne survient pas dans un *no man's land* juridique. Depuis longtemps les États ont conclu de nombreux traités sectoriels relatifs à la protection de l'environnement (v. *supra*, n° 746) et, au hasard des contentieux, les arbitres et les juges internationaux avaient eu l'occasion de dégager des principes, qui n'étaient pas propres à ce domaine mais qui y présentent parfois une pertinence particulière.

La fin des années 1960 avait, à cet égard, été particulièrement féconde et avait vu l'adoption de plusieurs textes importants à la fois sectoriels (aucun ne concerne l'écosystème en tant que tel) et généraux comme la Convention de l'OUA signée à Alger en 1968 pour la conservation de la nature et des ressources naturelles ou la Déclaration sur la lutte contre la pollution de l'air et la Charte de l'eau adoptées la même année par le Conseil de l'Europe. Par ailleurs, à la suite de la catastrophe du *Torrey Canyon*, plusieurs conventions sont adoptées en 1969-1971 en matière de pollution des mers par les hydrocarbures dans des cadres régionaux ou sous les auspices de l'OMI (alors OMCI) ; et, peu avant la Conférence est conclue la Convention sur la responsabilité internationale pour les dommages causés par les objets spatiaux.

Certains de ces instruments énoncent des principes de grande importance, mais sans dessein global. La Déclaration de 1972 fédère cet ensemble hétérogène de normes et de principes et les lie les uns aux autres. Et s'il est vrai que la logique juridique qui les anime ne relève pas toujours de l'évidence (cf. la tension, d'ailleurs habituelle dans ce genre de textes, surtout à l'époque, entre les affirmations appuyées d'attachement à la souveraineté et l'« esprit de partenariat mondial » qui inspire d'autres principes), le seul fait de les proclamer ensemble présente une valeur symbolique, mais a également des conséquences juridiques puisque, conformément aux règles d'interprétation des textes juridiques, chacun d'eux doit être interprété de bonne foi, dans son contexte, c'est-à-dire à la lumière de tous les autres (cf. l'article 31 de la Convention de Vienne sur le droit des traités). Dorénavant, le droit de l'environnement a sa charte.

La doctrine ne s'y est pas trompée. Si quelques esprits curieux avaient, avant 1972, fait œuvre de pionniers, c'est la Conférence de Stockholm qui donne le coup d'envoi à un véritable déferlement de la littérature juridique sur l'environnement. Ce n'est pas sans importance : non seulement, cette abondance permet de parler d'une branche du droit international, mais encore, la doctrine étant un « moyen auxiliaire de détermination des règles de droit », elle influence à son tour la pratique qu'elle aiguillonne et à laquelle elle propose une grille d'analyse (parfois orientée) qui peut conduire à de nouvelles avancées.

La « globalisation » réalisée par la Déclaration de Stockholm ne se borne pas aux principes du droit international de l'environnement. Elle contribue, au contraire à les « désenclaver », en ce sens que l'environnement s'y trouve intégré dans un contexte conceptuel plus vaste qui imprégnait les forums internationaux à l'époque et que l'on peut qualifier d'« idéologie des 4 D » (développement, droits de l'homme, désarmement et décolonisation). Si ces deux derniers ne sont que furtivement présents dans la Déclaration (v. cependant les principes 1, 15 et 26), les deux autres y tiennent au contraire une place considérable.

C'est vrai d'abord en ce qui concerne les droits de l'homme : le premier principe de Stockholm proclame le droit fondamental de l'homme « à la liberté, à l'égalité et à des conditions de vie satisfaisantes dont la qualité lui permette de vivre dans la dignité et le bien-être », amorce d'un droit à un environnement sain qui sera plus sobrement exprimé par le premier principe de Rio (« Les êtres humains (...) ont droit à une vie saine et productive en harmonie avec la nature »). Il y est lié à divers autres droits de l'homme (droit à la vie (§ 1 de la proclamation), droits des peuples [principe 1], droit à l'éducation [principe 19]).

Le « couplage » environnement/développement est plus frappant encore. Objet du principe 8, il imprègne la quasi-totalité des dispositions de la Déclaration, conformément à l'idéologie dominante du moment et aux aspirations des pays du Tiers Monde (v. *supra*, n° 741) et est à l'origine du concept, explicité plus tard, de « responsabilités communes mais différenciées » (cf. en particulier les principes 12, 20 ou 23 qui évoquent expressément la situation particulière des pays en développement — v. *ibid.*) ; plusieurs recommandations furent également adoptées dans cet esprit.

Le souci de concrétisation manifesté par l'adoption d'un « plan d'action » parallèlement à l'adoption d'une déclaration de principes, est également dans la droite ligne des techniques usuelles du droit international du développement qui s'épanouit à la même époque (v. *supra*, n° 619).

V. en particulier le « Plan vigie », programmant un recensement systématique des données existantes en matière d'environnement et le lancement d'ambitieux programmes de recherche et de surveillance. En revanche, si un Fonds pour l'environnement fut créé (v. *supra*, n° 737), aucun mécanisme d'évaluation ne fut prévu.

2° Vingt ans plus tard, la *Conférence de Rio* réunit, du 3 au 14 juin 1992, 178 délégations, dont 117 conduites par un chef d'État ou de gouvernement, ce qui lui vaut le nom de « Sommet de la Terre ». Consacrée à l'environnement et au développement — dans cet ordre, inverse de celui retenu par la résolution 2849 (XXVI) de l'Assemblée générale qui avait convoqué la Conférence de Stockholm —, la réunion prolonge l'œuvre de celle-ci, en même temps qu'elle l'infléchit.

Sa préparation s'est étalée sur une dizaine d'années. En 1983, l'Assemblée générale, à l'initiative du PNUE, a institué une commission chargée de « proposer des stratégies à long terme pour assurer un développement durable d'ici à l'an 2000 et au-delà ». Telle est l'origine du « Rapport Brundtland » (*Notre avenir à tous*, 1987), du nom de la Présidente de la Commission qui s'acquitte de cette mission et constitue la source d'inspiration essentielle de la Conférence, dont le déroulement n'en fut pas moins marqué par d'assez vives oppositions entre divers groupes d'États et entre ceux-ci et les ONG représentées en force à la Conférence.

Quantitativement, les résultats de la Conférence sont considérables : deux conventions sont signées sur des sujets importants (les changements climatiques et la diversité biologique) et trois autres instruments (la Déclaration de Rio, l'Agenda 21 et la Déclaration de principes sur les forêts) sont adoptés. Qualitativement, il est plus nuancé : ces trois derniers textes sont dépourvus de valeur obligatoire (le dernier s'intitule « Déclaration de principes, non juridiquement contraignante mais faisant autorité... ») et les deux traités sont plus novateurs par les mécanismes institutionnels qu'ils instituent que par les principes qu'ils énoncent.

La Déclaration elle-même est plus terne que celle de Stockholm dont elle réitère les principes essentiels, mais de manière plus ordonnée, et en les adaptant à la nouvelle donne idéologique marquée par la fin de la guerre froide et l'effacement du Tiers Monde.

Plus rigoureusement centrée sur le couple « environnement/développement », elle ne porte sur les droits de l'homme que dans la mesure où ils y sont directement liés (droit au développement, droit à l'environnement). En outre, tout en confirmant l'attachement des participants au principe de souveraineté (principe 2) et en faisant de l'État le destinataire à peu près unique des principes qu'elle énonce, la Déclaration est moins « étatiste » que celle de Stockholm, dont les appels appuyés à la planification sont gommés. À l'inverse, le droit du public à l'information, qui n'avait pu être reconnu à Stockholm, l'est à Rio (principe 10).

Surtout, dans une perspective juridique, certains concepts font l'objet d'énoncés plus rigoureux et plus systématiques et l'ensemble des principes fondamentaux du droit international de l'environnement y sont mentionnés, même si leur consistance précise demeure incertaine.

En outre, l'*Agenda 21* (*Action 21* selon le texte officiel français), est à la fois plus détaillé et systématique que le plan d'action, très hétérogène, de 1972 et plus « opérationnel », en ce sens qu'il prévoit des arrangements institutionnels de suivi (v. *supra*, n° 737) — à noter cependant que le chapitre qu'il était prévu de consacrer aux ressources et mécanismes financiers n'a pu être adopté, faute d'accord entre les participants. Lors de sa 19e session extraordinaire (23-27 juin 1997), l'Assemblée générale des Nations Unies a constaté et déploré les retards pris dans l'application de l'Agenda 21.

La Déclaration de Rio parachève la « globalisation » du droit international de l'environnement, que celle de Stockholm avait été la première à tenter de systématiser. Ceci se traduit par la trilogie « développement durable » (principe 1), satisfaction équitable des besoins « des générations présentes et futures » (principe 3) et « responsabilités communes mais différenciées » (principe 7).

En contribuant à la prise de conscience de l'ampleur et de l'importance des problèmes posés par la protection de l'environnement, les conférences de

Stockholm et de Rio ont été à l'origine d'un impressionnant développement normatif. Convaincant pour ce qui est des réglementations sectorielles, ce mouvement est cependant décevant à deux points de vue. D'une part, l'éparpillement institutionnel demeure et est source de doubles emplois, de gaspillages et d'inefficacité, qui contrastent avec l'importance que la société internationale est supposée accorder à la protection de l'environnement. D'autre part, les principes proclamés en 1972 et 1992, sont peu opérationnels faute de consensus international sur leur consistance exacte.

§ 2. — *Principes généraux du droit international de l'environnement*

BIBLIOGRAPHIE. — R. D. MUNRO et J. G. LAMMERS ed. « Experts Group on Environmental Law of the World Commission on Environment and Development », *Environmental Protection and Sustainable Development — Legal Principles and Recommendations*, Graham & Trotman, Londres, 1986, 196 p. — A.-Ch. KISS, « Environnement et développement ou environnement et survie », *JDI* 1991, p. 263-282. — M. PRIEUR et S. DOUMBÉ-BILLE, *Droit de l'environnement et développement durable*, PU Limoges, 1994, 352 p. — Ph. SANDS, « International Law in the Field of Sustainable Development », *BYBIL* 1994, p. 303-381. — A. EPINEY et M. SCHEYLI, « Le concept de développement durable en droit international public », *ASDIE* 1997, p. 247-266. — D. FREESTONE et E. HEY, *The Precautionary Principle and International Law — The Challenge of Implementation*, Kluwer, La Haye, 1996, 274 p. — S. MALJEAN-DUBOIS et R. MEHDI dir., *Les Nations Unies et la protection de l'environnement : la promotion d'un développement durable*, Pedone, 1999, 208 p. — L. LUCCHINI, « Le principe de précaution en droit international de l'environnement : ombres plus que lumières », *AFDI* 1999, p. 710-731. — P. MARTIN-BIDOU, « Le principe de précaution... », *RGDIP* 1999, p. 631-666. — N. DE SADELEER, *Les principes du pollueur-payeur, de prévention et de précaution*, Bruylant, Bruxelles, 1999, 437 p. (en anglais : Oxford UP, 2002, XLVIII-433 p. — A. BOYLE et D. FREESTONE ed., *International Law and Sustainable Development*, Oxford UP, 1999, XXX-377 p. — Ch. NOIVILLE, « Principe de précaution et OMC », *JDI* 2000, p. 263-297. — J. H. KNOX, « The Myth and Reality of Transboundary Environmental Impact Assessment », *AJIL* 2002 p. 291-319. — Ch. LEBEN et J. VERHOEVEN dir., *Le principe de précaution – Aspects de droit international et communautaire*, Ed. Panthéon-Assas Paris II, 2002, 248 p. — Ph. CULLET, *Differential Treatment in International Environmental Law*, Ashgate, Aldershot, 2003, x-213 p. — M.C. CORDONIER SEGGER et A. KHALFAN, *Sustainable Development Law : Principles, Practices, and Prospects*, Oxford UP, 2004, XXV-464 p. — N. SCHRIJVER et F. WEISS ed., *International Law and Sustainable Development : Principles and Practice*, Nijhoff, Leiden, 2004, XXXVII-711 p. — S.A. ATAPATTU, *Emerging Principles of International Environmental Law*, Transnational, Ardsley, 2006, XXVIII-535 p. — A. TROUWBORST, *Precautionary Rights and Duties of States*, Nijhoff, Leiden, 2006, VIII-224 p. — L. BOISSON de CHAZOURNES, « Precaution in International Law : Reflection on Its Composite Nature », Liber Amicorum *Judge Thomas A. Mensah : Protection of the Sea, Protection of the Marine Environment and Settlement of Disputes*, Nijhoff, Leiden/Boston, 2007, p. 21-34. M.-C. SMOUTS dir., *Le développement durable – Les termes du débat*, Armand Colin, 2e éd. 2008, 372 p. — K. BOSSELMANN, *The Principle of Sustainability : Transforming Law and Governance*, Aldershot, Ashgate, 2008, X-242 p. — F. EWALD, Ch. GOLLIER et N. DE SADELEER, *Le principe de précaution*, PUF, « Que sais-je ? » n° 3596, 2008, 128 p. — A. TROUCHE, « Le principe de précaution entre unité et diversité : étude comparative des systèmes communautaire et OMC », *Cah. dt. eur.*, 2008, p. 279-338.

748. Développement durable. — « Matrice conceptuelle » (P.-M. Dupuy, *RGDIP* 1997, p. 886) qui inspire dorénavant le droit international de l'environnement dans son ensemble, la notion de développement durable (*sustainable development*), déjà présente en pointillés dans la Déclaration de Stockholm (cf. les principes 1, 2, 5, 8 et 13), est exprimée solennellement par celle de Rio qui en détaille les éléments et en précise la portée et a été réaffirmée par la Déclaration de Johannesburg sur le développement durable du 4 septembre 2002, tandis que la Commission du développement durable est chargée d'en suivre la mise en œuvre (v. *supra*, n° 737).

1° Il s'agit d'abord de *concilier les exigences du développement et celles de la protection de l'environnement* (cf. CIJ, arrêt du 25 septembre 1997, *Projet Gabčíkovo-Nagymaros*, § 140, *Rec.* p. 77-78). Comme l'indique le principe 4 de Rio :

« Pour parvenir à un développement durable, la protection de l'environnement doit constituer une partie intégrante du processus de développement et ne peut être considérée isolément ». Et, à l'inverse, « la réalisation effective du droit de vivre dans un environnement sain doit être intégrée dans les objectifs du développement durable » (art. 3 de la résolution de Strasbourg de l'IDI sur « L'environnement » du 4 septembre 1997).

L'objectif est, aux termes de l'alinéa premier du préambule de l'Accord instituant l'OMC, de permettre « l'utilisation optimale des ressources mondiales conformément à l'objectif de développement durable, en vue à la fois de protéger et de renforcer les moyens d'y parvenir d'une manière qui soit compatible avec [les] besoins et soucis respectifs [des parties] à différents niveaux de développement économique ».

La fonction première du concept est donc de réconcilier les points de vue des pays industrialisés, soucieux de l'avenir écologique de la planète — que leur industrialisation n'a guère ménagé —, et des États du Tiers Monde, préoccupés au premier chef par leur propre développement économique (sur ces tensions, v. *supra*, n°s 741 et 747). Dans cette perspective, il se traduit par l'attachement au multilatéralisme (Déclaration de Johannesburg) et la reconnaissance de « responsabilités communes mais différenciées » des États en matière de protection de l'écosystème mondial (*ibid.*). Dans sa sentence du 24 mai 2005 dans l'affaire du *Rhin de fer*, la CPA a souligné que « [l]e droit de l'environnement et le droit applicable au développement ne constituent pas des alternatives, mais des concepts intégrés se renforçant mutuellement ; ainsi, lorsque le développement risque de porter atteinte de manière significative à l'environnement, doit exister une obligation d'empêcher, ou au moins d'atténuer, cette pollution (voir paragraphe 222). Le Tribunal estime que ce devoir est désormais devenu un principe du droit international général » (§ 59).

En outre, le concept a une forte connotation temporelle, qu'exprime l'adjectif « durable ». Comme l'a rappelé la CIJ avec insistance, « l'environnement n'est pas une abstraction, mais bien l'espace où vivent les êtres humains et dont dépendent la qualité de leur vie et leur santé, y compris pour les générations à venir » (avis consultatif du 8 juillet 1996, *Licéité de la menace ou de l'emploi d'armes nucléaires*, *Rec.* 1996, p. 241-242, § 29 ; v. aussi l'arrêt préc. du 25 septembre 1997, § 53 et 112, *Rec.* p. 41 et 67-68, et *supra*, n° 734 et l'ordonnance en indication de mesures conservatoires du 13 juillet 2006, *Usines de pâte à papier sur le fleuve Uruguay (mesures conservatoires)*, *Rec.* p. 132, § 72).

2° *L'« équité intergénérationnelle »* est, en effet, l'une des composantes essentielles du concept de développement durable. La satisfaction des besoins immédiats des générations présentes ne doit pas compromettre le bien-être des générations futures :

« Le droit au développement doit être réalisé de façon à satisfaire équitablement les besoins relatifs au développement et à l'environnement des générations futures » (principe 3 de Rio).

Fondé sur la constatation fondamentale que les ressources naturelles du globe sont épuisables et non-renouvelables, ce principe a pour conséquence que tout État « a le devoir de faire en sorte que les activités exercées dans les limites de sa juridiction ou sous son contrôle ne causent pas de dommages qui puissent affecter la vie des générations présentes et futures » (résolution préc. de l'IDI, article 6). L'exigence d'une exploitation rationnelle et équitable des ressources naturelles, en particulier mais pas exclusivement des « ressources partagées », trouve son prolongement et sa concrétisation dans les principes de prévention et de précaution, dont le respect est indispensable à la réalisation du développement durable.

Dans une espèce singulière, la Cour suprême des Philippines a fait application du concept de « responsabilité intergénérationnelle » et reconnu que les prétentions de mineurs à faire respecter leur droit à un environnement sain constituait « en même temps la mise en œuvre de leur obligation d'assurer la protection de ce droit pour les générations à venir » (arrêt du 30 juill. 1993, *Minors Oposa v. Secretary of the Department of Environmental Natural Resources*, *ILM* 1994, p. 185).

749. Prévention et précaution. — 1° *Le devoir de prévention* — Le caractère souvent irréparable des dommages causés à l'environnement impose d'en prévenir la survenance (v. CIJ, arrêt du 25 septembre 1997, *Projet Gab&ccaron ;íkovo-Nagimaros*, *Rec.*, pp. 77-78, § 140). Telle a été la préoccupation fondamentale des auteurs des premières conventions sectorielles consacrées à la préservation de certaines espèces animales menacées ou de certains espaces. La place faite à la prévention dans le droit international de l'environnement, autre traduction de la dimension temporelle du concept de développement durable (v. *supra*, n° 748), fait de celui-ci un droit d'anticipation.

Consacré par le principe 21 de Stockholm, repris par le principe 2 de Rio (v. *supra*, n° 736), le devoir de prévention qui incombe à tous les États a fait l'objet d'un projet d'articles adopté par la CDI en 2001, dans le cadre du sujet plus général relatif à la responsabilité pour les conséquences préjudiciables des activités qui ne sont pas interdites par le droit international, dont l'article 3 dispose :

« L'État d'origine prend toutes les mesures appropriées pour prévenir les dommages transfrontières significatifs ou en tout état de cause pour en réduire le risque au minimum » (texte *in Ann. CDI* 2001, vol. II, 2e partie, p. 157 et s.).

S'il peut paraître étrange, à première vue, que la prévention soit liée à un improbable projet portant sur la responsabilité sans manquement en droit international (v. *supra*, n° 743), le lien est moins artificiel qu'il y paraît : bien que, dans son sens technique premier, le mot « responsabilité » désigne la situation résultant soit d'un fait internationalement illicite, soit d'un dommage (v. *supra*, nos 469 s.), il peut, dans une acception plus large, désigner aussi l'obligation particulière pesant sur un sujet de droit eu égard à une activité donnée ; cette définition large, que recouvre le terme anglais « liability », englobe à la fois la responsabilité *ex post* et la responsabilité *ex ante*, qui se traduit par l'obligation de prévention.

Du reste, comme cela a déjà été souligné (*supra*, n° 743), le non-respect de celle-ci, élément du devoir général de vigilance incombant aux États (*due diligence*), renvoie aux règles classiques de la responsabilité (« *ex post* ») : s'ils ne s'acquittent pas de leur devoir de prévention, ils commettent un fait internationalement illicite qui engage leur responsabilité internationale (cf. la sentence arbitrale du 11 mars 1941 dans l'affaire de la *Fonderie de Trail*, *RSA* III, p. 907).

2° *Le principe de précaution* — Concrètement, le devoir de prévention se traduit par un certain nombre d'obligations à la charge des États, qui, vagues et générales à l'origine, font l'objet de normes de plus en plus contraignantes, regroupées sous l'appellation ambiguë de « principe de précaution ».

Fondamentalement, il s'agit d'une règle très générale de conduite, de nature prudentielle, en vertu de laquelle, « pour protéger l'environnement, des mesures de précaution doivent être largement appliquées par les États selon leurs capacités » (principe 15 de Rio) en particulier en cas d'incertitude scientifique.

Formalisé à l'origine par la Déclaration « paneuropéenne » de Bergen adoptée le 15 mai 1990 par les États membres de la Commission économique et sociale pour l'Europe des Nations Unies (« Les mesures pour l'environnement doivent anticiper, prévenir et combattre les causes de dégradation de l'environnement »), le principe de précaution a été repris par la suite dans un grand nombre d'instruments conventionnels qui en précisent la portée et en tirent certaines conséquences concrètes, dont il serait cependant sans doute aventureux de prétendre qu'elles sont d'ores et déjà consolidées en normes coutumières obligatoires pour tous les États ne serait-ce que du fait de leur fréquente imprécision (en ce sens, v. ORD, groupe spécial, rapport du 29 septembre 2006, *CE – Approbation et commercialisation des produits biotechnologiques*, § 7.88-7.89).

À titre d'exemples, on peut citer la Convention de Bamako de 1991 sur l'interdiction d'importer des déchets dangereux en Afrique (art. 4, § 3), la Convention-cadre de 1992 sur les changements climatiques (art. 3, § 3), la Convention de Sofia de 1994 sur la protection du Danube (art. 2, § 4) ou celle de Barcelone de 1976, telle qu'elle a été amendée en 1995, sur la protection du milieu marin et du littoral de la Méditerranée (art. 3.a — v. aussi le Protocole de 1980 sur la protection de la Méditerranée contre la pollution d'origine tellurique, amendé en 1996) et l'article 174 du TCE. On peut noter que des traités antérieurs font application du principe de précaution entendu de cette manière très générale, bien qu'ils ne le mentionnent pas expressément (cf. l'article 2 de la Convention sur la couche d'ozone de 1985). En outre, dans son essence, le principe a parfois été évoqué dans certaines décisions de justice, notamment communautaires (v. par ex. CJCE, aff. C-180/96, 5 mai 1998, *Royaume-Uni c. Commission* (affaire de la « vache folle »), § 100 ; TPI, 11 sept. 2002, affs. T-13/99 et T-70/99, *Pfizer Animal Health SA c. Conseil de l'Union européenne* et *Alpharma Inc.*, § 109 et s.) ; dans son ordonnance en indication de mesures conservatoires du 27 août 1999 dans l'affaire du *Thon à nageoires bleues*, le TIDM a estimé que « des mesures conservatoires devraient être prises d'urgence afin... d'éviter une détérioration plus grande de l'état du stock du thon à nageoire bleue » (§ 80) face à « l'incertitude scientifique » en la matière (§ 79).

a) L'une des manifestations du principe de précaution, à laquelle on le réduit parfois, est exprimée ainsi par le principe 15 de Rio :

« En cas de risque de dommages graves et irréversibles, l'absence de certitude scientifique absolue ne doit pas servir de prétexte pour remettre à plus tard l'adoption de mesures effectives visant à prévenir la dégradation de l'environnement » (v. aussi, par exemple, l'article 3, § 3, de la Convention-cadre de 1992 sur les changements climatiques ou l'article 2, § 5.a), de la Convention d'Helsinki du 17 mars 1992 sur la protection et l'utilisation des cours d'eau transfrontières et des lacs internationaux).

Ceci implique aussi que le principe de précaution impose aux États des obligations continues, dont la consistance évolue avec les progrès des connaissances scientifiques.

Ainsi, dans l'affaire précitée du *Projet Gabčíkovo-Nagymaros*, la CIJ a invité les Parties à « examiner à nouveau les effets sur l'environnement de l'exploitation de la centrale » hydroélectrique construite sur le Danube en application d'un traité de 1977, à la lumière des nouvelles exigences de la protection de l'environnement (*Rec.* 1997, p. 78, § 140).

Il convient cependant de savoir raison garder et, dans la même affaire, la Cour a refusé de faire droit aux prétentions de la Hongrie selon lesquelles ce pays aurait été en droit de mettre fin au Traité au prétexte d'un « état de nécessité écologique » fondé sur des risques pesant sur l'environnement, non détectés au moment de sa conclusion : il pouvait être remédié au « péril », incertain, dont elle alléguait l'existence, par d'autres moyens (cf. les paragraphes 49 à 58 de l'arrêt du 25 septembre 1997, *Rec.* p. 39-46).

b) Le projet d'articles précité de la CDI sur la prévention des dommages transfrontières résultant d'activités dangereuses, précise les conséquences concrètes du principe de précaution que, curieusement, il ne mentionne pas expressément. Trois d'entre elles présentent une importance particulière : le principe d'autorisation préalable, celui de « transparence » et l'obligation de procéder à l'évaluation de l'impact des activités en question.

Aux termes de l'article 7, « l'autorisation préalable d'un État est requise pour les activités [qui comportent un risque de causer un dommage transfrontière significatif] qui sont menées sur le territoire de cet État (...), ainsi que pour toute modification substantielle d'une activité ainsi autorisée » ; il prévoit même que cette règle est d'application rétroactive aux activités de ce type déjà en cours.

Bien qu'elle soit imposée par certains traités particuliers (cf. l'article 7, paragraphe 2.ii, de la Convention sur la sûreté nucléaire de 1994), cette disposition relève sans doute davantage, au plan universel, du développement progressif du droit international que de sa codification. Dans le cadre communautaire, où elle est imposée par de nombreuses directives, la CJCE veille à son strict respect, y compris lorsque l'autorisation doit être donnée par la Commission elle-même sous forme d'« avis » (v. l'aff. 187/87, 22 sept. 1988, *Land de Sarre et a. c. Ministre de l'Industrie*, *Rec.* p. 5013 à propos de l'application de l'article 37 du Traité Euratom : l'avis doit être sollicité avec un préavis suffisant pour avoir un effet utile).

Mieux ancré dans le droit positif, le *principe de transparence* se traduit par de larges obligations pesant sur les États d'informer le public (article 9 du projet de la CDI) et les autres États susceptibles d'être affectés (articles 10 et 14) des risques que comporte une activité. Cette information doit être donnée à toutes les personnes concernées, sans discrimination fondée sur la nationalité ou le lieu de résidence (article 16). Ces dispositions reprennent et synthétisent les règles aujourd'hui systématiquement incluses dans la plupart des traités relatifs à la protection de l'environnement.

V. par exemple, en ce qui concerne l'information du public, outre la Convention d'Aarhus du 25 juin 1998 préc. (n° 738), les deux conventions d'Helsinki de 1992, sur la protection et l'utilisation des cours d'eau transfrontières (art. 16) et sur les effets transfrontières des accidents industriels (article 9 et annexe VIII), ou l'article 6 de la Convention-cadre sur les changements climatiques de 1992, la directive 2003/4 du Parlement européen et du Conseil du 28 janvier 2003 concernant l'accès du public à l'information en matière d'environnement, et le principe 10 de Rio ; et, pour ce qui est de l'obligation d'informer les autres États intéressés, v. respectivement les articles 8, 4, paragraphe 3, (et annexe III) des deux conventions d'Helsinki précitées ou l'article 12 de la Convention des Nations Unies de 1997 sur le droit relatif à l'utilisation des cours d'eau internationaux à des fins autres que la navigation ; v. aussi la résolution 224 du Conseil de l'OCDE du 14 novembre 1974 (« Principes relatifs à la pollution transfrontière »). Sur les limites de l'obligation d'informer, v. cependant : CPA, SA, 2 juill. 2003, *Accès à l'information en vertu de l'article 9 de la Convention OSPAR*, § 178-181.

En ce qui concerne ce dernier point, le principe 19 de Rio précise que la notification doit être faite suffisamment à l'avance pour permettre aux autres États susceptibles d'être affectés de réagir et de demander l'ouverture de consultations (v. *infra*, n° 750).

L'obligation de notification est plus impérieuse encore lorsqu'une catastrophe écologique s'est produite, afin d'en limiter les effets (v. par exemple, les articles 198 de la Convention de Montego Bay de 1982 sur le droit de la mer, 14, paragraphes 1.d) et 3, de la Convention sur la diversité biologique de 1994 ou la Convention du 26 septembre 1986 de l'AIEA sur la notification rapide d'un accident nucléaire).

Plus précise, l'obligation de procéder à une *étude d'impact de l'environnement* (EIE) dès lors qu'une activité est susceptible de causer un dommage transfrontière, fait elle aussi, dans son principe, sans aucun doute partie du droit positif. Présentée comme un « instrument national » par le principe 17 de Rio, une EIE a été définie par la Convention d'Espoo du 25 février 1991 sur l'évaluation d'impact sur l'environnement dans un contexte transfrontière comme « une procédure nationale ayant pour objet d'évaluer l'impact probable », c'est-à-dire « tout effet d'une activité proposée sur l'environnement, notamment sur la santé et la sécurité, la flore, la faune, le sol, l'air, l'eau, le climat, le paysage et les monuments historiques et autres constructions, ou l'interaction entre ces facteurs » (art. 1.VI et VII). Elle n'en présente pas moins une incidence internationale notable puisqu'elle doit porter sur les effets transfrontières de l'activité évaluée et faire l'objet de consultations avec les autres États concernés (v. *infra*, n° 750) auxquels ses résultats doivent être communiqués dans le cadre de l'obligation générale d'information qui leur incombe.

Peu discutable dans son principe, l'obligation de procéder à une EIE demeure incertaine quant à ses modalités.

L'obligation d'évaluer les risques d'effets transfrontières des activités dangereuses pour l'environnement ou susceptibles de l'être est prévue par un grand nombre d'instruments conventionnels couvrant tout le champ du droit international de l'environnement : droit de la mer (art. 205 de la Convention de Montego Bay) ; diversité biologique (art. 14, § 1.a) et b) de la Convention de 1994) ; pollution industrielle (art. 4 de la Convention de 1992 sur les effets transfrontières des accidents industriels) ; Antarctique (art. 8 du Protocole de Madrid de 1991), etc. Pour s'en acquitter, les pays en développement peuvent escompter une assistance technique et financière internationale (v. *supra*, n° 737).

En revanche, comme le relève la CDI, la plupart des conventions et des instruments juridiques internationaux se bornent à poser le principe d'une évaluation mais ne précisent ni la procédure à suivre, ni le contenu de l'EIE (commentaire de l'article 8 du projet sur la Prévention préc., A/53/10, p. 48-50) et il paraît difficile de considérer que ceux qui le font, adoptés exclusivement dans le cadre régional européen, comme la Convention d'Espoo ou la directive communautaire 85/337 du 27 juin 1985 amendée en 1997 (directive 97/11 du 3 mars 1997), énoncent en la matière des règles coutumières de portée générale (v. aussi les principes directeurs du PNUE de 1987 sur les « buts et principes de l'évaluation de l'impact sur l'environnement »).

750. Obligation de coopérer. — La coopération internationale pour la sauvegarde et la préservation de l'environnement est une nécessité, imposée par la globalité de l'écosystème (v. *supra*, n° 736) et progressivement érigée en une obligation juridique de nature très générale, qui se décompose progressivement en une série d'obligations spécifiques, méticuleusement décrites par certains traités, mais dont quelques-unes sont sans aucun doute de nature coutumière.

Il est exprimé sous sa forme générale par le principe 7 de Rio :

« Les États doivent coopérer dans un esprit de partenariat mondial en vue de conserver, de protéger et de rétablir la santé et l'intégrité de l'écosystème terrestre ».

Bien qu'il ne soit pas limité à la prévention des dommages causés à l'environnement, le projet d'articles de la CDI de 2001 précité (nº 749) les a principalement en vue et fait de la coopération l'un des deux principes clés s'imposant aux États en ce domaine, à égalité avec la prévention. L'article 4 l'énonce ainsi : « Les États intéressés coopèrent de bonne foi et au besoin cherchent à obtenir l'assistance d'une ou plusieurs organisations internationales compétentes pour prévenir un dommage transfrontière significatif ou en tout état de cause pour en réduire le risque au minimum ».

Souvent rappelée dans les traités particuliers relatifs à la protection de l'environnement (cf., parmi de nombreux exemples, l'article 197 de la Convention de Montego Bay sur le droit de la mer et l'article 5 et la partie III de l'Accord sur les stocks chevauchants de 1995, l'article 4 de la Convention de 1994 sur la lutte contre la désertification ou l'article 5, paragraphe 2, de la Convention de 1997 sur le droit relatif aux utilisations des cours d'eau internationaux à des fins autres que la navigation ; v. aussi les projets d'articles de la CDI relatifs à la prévention des dommages transfrontières résultant d'activités dangereuses (2001, art. 4), ou au droit des aquifères transfrontières (2008, art. 7 et 8)), l'obligation de coopérer produit ses effets aussi bien « en amont », en vue de la prévention des dommages transfrontières, qu'en aval, pour limiter ceux-ci une fois qu'ils se sont produits.

Dans la première hypothèse, l'obligation fondamentale qui pèse sur les États à cet égard se traduit par un devoir étendu de consultations sur les mesures préventives dont l'article 11 du projet d'articles de la CDI qui les prévoit, rappelle qu'elles doivent rechercher des solutions mutuellement acceptables, « fondées sur un juste équilibre des intérêts », dont l'article 12 énumère les principaux facteurs : « degré de risque d'un dommage transfrontière significatif », importance de l'activité en cause pour l'État d'origine par rapport au dommage pouvant en résulter pour les autres États, possibilité et coût de la prévention, pratique habituelle, etc. Certaines conventions détaillent la procédure à suivre et, le cas échéant, institutionnalisent des mécanismes de consultation préalable auxquels les Parties doivent ou peuvent avoir recours ; tel est le cas, par exemple, de la Convention d'Helsinki de 1992 sur les effets transfrontières des accidents industriels ou de celle d'Espoo sur l'évaluation d'impact sur l'environnement dans un contexte transfrontière. D'une façon générale, les institutions internationales à vocation « environnementale » constituent des cadres permanents de coopération entre leurs membres (v. *supra*, nº 737).

Les obligations d'information et d'évaluation qui pèsent sur les États en matière d'activités comportant des risques pour l'environnement (v. *supra*, nº 749), sont des conséquences de l'obligation de coopérer autant que du principe de précaution.

Le principe de coopération revêt en outre une importance toute particulière lorsqu'un dommage apparaît imminent ou s'est produit et lorsqu'il s'agit d'en limiter les effets. Des instruments conventionnels de plus en plus nombreux et précis le mettent en œuvre dans des domaines variés mais tout particulièrement en matière nucléaire (cf. les conventions de 1986 sur la notification rapide d'un accident nucléaire et sur l'assistance en cas d'accident nucléaire ou de situation d'urgence radiologique ; v. aussi, par exemple, la Convention de Londres de 1990 sur la lutte et la coopération en matière de pollution par les hydrocarbures et son Protocole de 2000).

Dans tous ces cas, l'obligation de coopérer se traduit, pour l'État d'origine de la pollution, par un devoir de notification de la survenance du dommage (qu'il peut imposer à l'opérateur s'il ne mène pas lui-même l'activité — cf. l'article 4 de la Convention de Londres préc.) et d'information sur la situation et, pour les autres États, par un devoir d'assistance « dans les limites de leurs capacités » (cf. l'article 2 de la Convention préc. sur l'assistance en cas d'accident nucléaire). Il reste que, en l'absence d'un traité imposant aux Parties des obligations spécifiques, il s'agit là probablement davantage de directives générales que d'obligations de comportement juridiquement sanctionnables, sauf, peut-être, en ce qui concerne le « devoir d'alerte », dont la CIJ a sanctionné le non-respect dans ses arrêts de 1949 et de 1986 relatifs respectivement aux affaires du *Détroit de Corfou* et des *Activités militaires et paramilitaires au Nicaragua* (*Rec.* 1949, p. 22, et 1986, p. 48).

CHAPITRE II

Approches sectorielles

751. Un droit protéiforme. — Les déclarations de Stockholm et de Rio et d'autres instruments *« soft »* plus ponctuels énoncent, sous une forme solennelle, les principes fondamentaux du droit international de l'environnement étudiés dans le chapitre précédent, auxquels ils s'efforcent de donner un minimum de cohérence intellectuelle et dont ils s'emploient à préciser l'articulation tant des uns avec les autres qu'avec les principes généraux du droit international public.

Ces principes trouvent un prolongement concret dans de multiples instruments sectoriels dont ils peuvent aussi être déduits et qui en précisent les contours et la portée, qu'il s'agisse de l'utilisation des espaces, de la protection de certaines espèces animales ou végétales ou de l'encadrement juridique de certaines activités humaines qui font peser un danger particulier sur l'environnement.

Envisagé à la lumière de ces instruments, le droit international de l'environnement apparaît comme un droit protéiforme, dont les contours exacts sont d'autant plus difficiles à saisir que ses limites demeurent incertaines (v. *supra*, n° 734) : les normes internationales de protection de l'environnement figurent à la fois dans des traités « spécialisés » à cette fin et dans des conventions de caractère plus général, dont certaines dispositions ont une portée « écologique » mais dont le principal objet est autre. Ainsi se trouve confirmé l'ancrage du droit international de l'environnement dans le droit international général.

Souvent, les deux procédés sont combinés : dans un premier temps, les États adoptent une convention de caractère général, qui énonce, au sujet de tel espace ou de telle activité particuliers, quelques principes généraux concernant la sauvegarde de l'environnement ; puis, dans un second temps, un traité spécifique complète et précise ces directives. Tel a été le cas, par exemple, en ce qui concerne l'Antarctique : le Traité de Washington de 1959 trace le cadre très général de la coopération des Parties vis-à-vis du « sixième continent » ; la Convention de Canberra du 20 mai 1980 porte plus particulièrement sur la conservation de la faune et de la flore marines, et le Protocole de Madrid du 4 octobre 1991 établit un régime destiné à assurer « la protection globale de l'environnement en Antarctique et des écosystèmes dépendants et associés » (art. 2) (v. *supra*, n° 348). De même, alors que les conventions de La Haye de 1899 et 1907 et de Genève de 1949 ne contiennent pas de dispositions spécifiques portant sur la protection de l'environnement durant les conflits armés, les articles 35 et 55 du

Protocole I de 1977 obligent les Parties « à protéger l'environnement contre des dommages étendus, durables et graves » (art. 55) et la Convention du 10 décembre 1976, négociée à la même époque, interdit l'utilisation des techniques de modification de l'environnement à des fins hostiles (v. *supra*, n° 580-5°) ; ces principes ont été ensuite « théorisés » et systématisés dans des déclarations de nature plus générale (cf. le paragraphe 5 de la Charte mondiale de la nature ou le principe 24 de Rio).

Cette interaction entre les déclarations de principes, les conventions de caractère général et les traités sectoriels adoptés en matière de protection de l'environnement se retrouve dans bien d'autres domaines (droit de la mer ou de l'espace extra-atmosphérique, industrialisation, pêche, etc.).

§ 1. — *Utilisation des espaces*

752. Territoires terrestres (renvois). — À l'origine, le droit international de l'environnement est né du voisinage. Si les pollutions ne connaissent pas de frontières, elles se propagent d'abord et essentiellement d'un pays à un autre, voisin, pour affecter ensuite, le cas échéant, l'écosystème global. Le principe de la « souveraineté territoriale » fait apparemment obstacle à ce que l'exercice des compétences de l'État sur son territoire soit limité, fût-ce par des normes « environnementalistes » ; mais ce serait oublier que celles-là, pour *discrétionnaires* qu'elles soient ne sont pas arbitraires, et qu'elles ne peuvent être exercées que dans le cadre des normes du droit international général qui les réglementent (v. *supra*, n°s 304 s.). Parmi celles-ci, le principe de l'utilisation non dommageable du territoire joue un rôle fondamental en matière de protection de l'environnement terrestre ; il a été étudié ci-dessus (n° 736).

En outre, et bien évidemment, les États peuvent, par des traités, accepter de limiter l'exercice de leurs compétences dans l'intérêt commun, et de nombreux accords, bilatéraux ou multilatéraux ont cet objet. Mais, en règle générale, ces instruments portent soit sur certaines espèces, soit sur certaines activités situées ou menées sur le territoire, voire sur certains espaces particuliers inclus dans celui-ci (fleuves, lacs, mer territoriale, espace aérien) et ils seront étudiés ci-dessous dans ces différentes perspectives.

753. Cours d'eau internationaux

BIBLIOGRAPHIE. — A. P. LESTER, « River Pollution in International Law », *AJIL* 1963, p. 828-853. — A.-C. KISS et C. LAMBRECHTS, « La lutte contre la pollution de l'eau en Europe occidentale », *AFDI* 1969, p. 718-736. — G. GAJA, « River Pollution in International Law », *in* colloque ADI, *La protection de l'environnement et le droit international*, Sijthoff, Leyde, 1975, p. 353-396. — J. SALMON, rapport sur « la pollution des fleuves et des lacs et le droit international », *Ann. IDI* 1979-I, vol. 58, p. 193-380. — J.G. LAMMER, *International Cooperation for the Pollution of International Watercourses*, Nijhoff, La Haye, 1984, 724 p. — H.E.J. SETTE CAMARA, « Pollution of International Rivers », *RCADI* 1984-III, vol. 186, p. 117-218. — I. ROMY, *Les pollutions transfrontières des eaux – L'exemple du Rhin*, Payot, Lausanne, 1990, 362 p. — J.G. POLAKIEWSICZ, « La responsabilité de l'État en matière de pollution des eaux fluviales ou souterraines internationales », *JDI* 1991, p. 283-347. — A. NOLLKAEMPER, *The Legal Regime for Transboundary Water Pollution — Between Discretion and Constraints*, Nijhoff, Dordrecht, 1993, 390 p. — J. BRUNEE et S.J. TOOPE, « Environmental Security and Freshwater Resources : Ecosystem Regime Building », *AJIL* 1997, p. 29-59. — J. SOHNE, « Irruption du droit de l'environnement dans la jurisprudence de la CIJ : l'affaire Gab&ccaron ;íkovo-Nagymaros », *AFDI* 1998, p. 85-121. — M. Castillo Daudi, « La protecion y preservacion de los cursos de agua internacionales », *ADI* 1999, p. 115-158. — P.K. Wouters, « The Legal Response to International Water Conflicts : The UN Watercourses Convention and Beyond », *GYbIL* 1999, p. 293-336. — L. Boisson de Chazournes et S.M.A. Salman dir., *Les ressources en eau et le droit international*, *ADI*, Nijhoff, Leiden, 2005, 798 p.

Sur la convention d'Helsinki de 1992 : M.I. Torres Cazorla, *ADI* 2000, p. 225-261. V. aussi *supra*, la bibliographie figurant sur le n° 712 et sous les nos 716 à 720.

L'utilisation agricole et industrielle des fleuves est à l'origine d'une pollution sanitaire, thermique et chimique qui prend une ampleur inquiétante. Inclus dans le territoire, les cours d'eau (et les lacs) internationaux sont soumis au principe de l'utilisation non dommageable du territoire (v. *supra*, n° 736), qui tient en échec la « doctrine Harmon », soutenue au siècle dernier par un Président de la Cour suprême des États-Unis, et selon laquelle un État d'amont d'un fleuve international serait en droit d'utiliser comme il l'entend, et même de détourner les eaux d'un fleuve international (en l'occurrence le Colorado), sans se préoccuper des intérêts des États d'aval (cette position est condamnée par la sentence arbitrale du 16 novembre 1957 dans l'affaire franco-espagnole du *Lac Lanoux*, *RSA* XII, p. 285). Mais ce principe est insuffisant pour résoudre tous les problèmes posés. Dans une ordonnance du 13 juillet 2006, la CIJ a souligné, à propos du fleuve Uruguay, « l'importance d'assurer la protection, sur le plan de l'environnement, des ressources naturelles partagées tout en permettant un développement économique durable » (affaire relative à des *Usines de pâte à papier sur le fleuve Uruguay (mesures conservatoires)*, *Rec.* 2006, p. 133, § 80). L'importance des intérêts économiques en jeu, la prépondérance des facteurs techniques sur les principes juridiques exigent une amiable conciliation et une coopération à long terme qui ne peuvent être mises en œuvre que par la voie conventionnelle. Par souci d'efficacité, face à des situations en constante évolution, les États s'orientent volontiers vers l'établissement de structures institutionnelles permanentes, dont les pouvoirs de réglementation et de contrôle sont progressivement renforcés et dont l'établissement est d'autant plus aisé que les mécanismes de lutte contre la pollution peuvent se greffer sur des organisations déjà existantes à compétences plus générales (v. *supra*, nos 716 s.).

Les traités généraux concernant le régime international de certains fleuves internationaux (Rhin, Danube), ne comportaient qu'incidemment des dispositions particulières relatives à leur pollution (v. *ibidem*) ; certains n'en ont pas moins joué un rôle non négligeable dans la gestion commune de cette ressource partagée que constituent les eaux des fleuves internationaux (v. en particulier l'action de la Commission mixte instituée par le Traité de 1909 entre le Canada et les États-Unis sur les eaux limitrophes — v. *supra*, n° 718).

Les premiers accords consacrés spécifiquement à la protection de la qualité des eaux fluviales ne comportaient pas d'engagement très précis ; ils avaient surtout pour objet de faciliter et systématiser la collecte des données (cf. le Protocole du 8 avril 1950 entre la Belgique, la France et le Luxembourg créant une commission tripartite des eaux polluées, les traités sur la protection de la Moselle du 27 octobre 1956, du Lac Léman, du 16 novembre 1962, ou du Rhin, du 29 avril 1963).

L'efficacité de la lutte contre la pollution exige une solidarité certaine des États riverains du fleuve et même des États du bassin. Pourtant, les recommandations du Plan d'action de la Conférence de Stockholm de 1972 ou de la

Charte de l'eau adoptée en 1968 par le Conseil de l'Europe n'ont été mises en œuvre que lentement et non sans de grandes difficultés. L'hétérogénéité politique et l'inégalité des niveaux de développement économique des États riverains ont constitué des obstacles difficiles à surmonter. Cependant, grâce à la prise de conscience croissante non seulement des menaces pesant sur la qualité des eaux fluviales mais sur leur rareté face aux utilisations de toute nature dont elles sont l'objet, des progrès spectaculaires ont pu être accomplis dans deux directions : d'une part, des conventions particulières à certains bassins fluviaux ont pu être adoptées ; d'autre part, plus globalement, des traités multilatéraux de portée plus large ont été signés. Dans les deux cas — et c'est une innovation importante —, l'objet de ces instruments n'est plus limité à la protection des fleuves, au sens étroit du terme, même s'ils ne franchissent pas toujours ouvertement le pas qui eût consisté à étendre la réglementation aux bassins hydrographiques dans leur ensemble, comme cela eût été logique compte tenu de l'unité des bassins fluviaux.

En effet, compte tenu des réticences des États, les grands traités à portée générale que sont la Convention pan-européenne d'Helsinki du 17 mars 1992 (entrée en vigueur en 1996 et complétée par le Protocole de Londres du 17 juin 1999 sur l'eau et la santé), sur la protection et l'utilisation des cours d'eau transfrontières et des lacs internationaux, et celle des Nations Unies du 21 mai 1997, sur le droit relatif aux utilisations des cours d'eau internationaux à des fins autres que la navigation, n'utilisent pas l'expression « bassin hydrographique » ; la première définit les « eaux transfrontières » comme « toutes les eaux superficielles et souterraines [ce qui est un progrès par rapport à la définition traditionnelle] qui marquent les frontières entre deux États ou plus, les traversent ou sont situées sur ces frontières » (art. 1, § 1) ; et la seconde, donne de l'expression « cours d'eau » une définition qui, sans le dire, revient à les assimiler à des bassins hydrographiques (v. *supra*, n° 713). Pour sa part le projet de la CDI de 2008 porte sur le « Droit des aquifères transfrontières » définis comme des « formation[s] géologique[s] perméable[s] contenant de l'eau superposée à une couche moins perméable et l'eau contenue dans la zone saturée de [ces] formation[s] » et « situé[s] dans plusieurs États » (art. 2.a) et c)), étant entendu que ces aquifères peuvent former des « systèmes » (« séries de deux ou plusieurs aquifères qui sont hydrauliquement reliés » [art. 2.b]).

Il reste que les conventions particulières qui ont été conclues en vue d'assurer la protection des eaux fluviales portent bien sur le « bassin » de tel ou tel fleuve et non plus uniquement sur la voie d'eau (v. *ibidem*). Ce n'était que partiellement exact s'agissant de l'Accord de Berne de 1963 concernant la Commission internationale pour la protection du Rhin contre la pollution, cependant ouverte au Luxembourg, État non riverain (sur la « Commission de Coblence », v. I. Romy, *op. cit.* et M. Wolfrum, *AFDI*, 1964, p. 737-763 ; J.G. Lammer, *NYBIL* 1974, p. 59-110 ; A.C. Kiss, *AFDI* 1977, p. 861-867 et 1983, p. 773-785 ; il a été remplacé par la convention de Berne du 12 avr. 1999). En revanche, l'Accord d'Ottawa du 15 avril 1972 sur la qualité des eaux dans les Grands Lacs (v. A.C. Kiss et C. Lambrechts, *AFDI* 1974, p. 797-807), celui du 28 mai 1987 sur la gestion environnementale du fleuve Zambèze, ou les conventions de Sofia du 29 juin 1994 sur la protection et l'utilisation rationnelle du Danube, de Chiang Rai du 5 avril 1995 sur le développement durable du bassin fluvial du Mékong ou la Charte des eaux du fleuve Sénégal du 18 mai 2002, visent tous à la protection des eaux de l'ensemble du bassin fluvial.

De l'ensemble de ces instruments, on peut dégager quelques principes généraux qui précisent et adaptent au contexte particulier des fleuves internationaux le principe de l'utilisation non dommageable, en tenant compte du fait qu'il s'agit d'une « ressource partagée » (même si, malgré l'intention initiale de la CDI, l'expression ne figure pas dans la Convention-cadre de 1997).

Les principaux d'entre eux, qui ne sont pas propres à la protection de l'environnement (v. *supra*, n° 715) mais qui y jouent un rôle essentiel, sont ceux de l'utilisation équitable et raisonnable d'une part, et l'obligation de ne pas causer de dommages significatifs d'autre part, consacrés respectivement par les articles 5 et 7 de la Convention de 1997 (v. aussi l'article 2 de la Convention d'Helsinki de 1992, les articles 4 à 6 du projet de la CDI sur les aquifères transfrontières ou la résolution d'Athènes adoptée en 1979 par l'Institut de droit international sur « la pollution des fleuves et des lacs et le droit international » [art. II]).

Par son arrêt du 25 septembre 1997 relatif au *Projet Gab&ccaron ;ikovo-Nagymaros*, la CIJ a fait application de ces principes, sans hésiter à se référer à la Convention-cadre, qui venait d'être signée et n'était donc pas en vigueur. Tout en rejetant l'argument fondé sur la « nécessité écologique » sur lequel se fondait la Hongrie pour justifier la terminaison d'un Traité de 1977 prévoyant la construction d'un système de barrages sur le Danube (v. *supra*, n° 749), la Cour a reconnu « que les préoccupations exprimées par la Hongrie en ce qui concerne son environnement naturel avaient trait à un "intérêt essentiel" de cet État » (*Rec.* p. 41, § 53) et a considéré que « la Tchécoslovaquie, en prenant unilatéralement le contrôle d'une ressource partagée, et en privant la Hongrie de son droit à une part équitable et raisonnable des ressources naturelles du Danube — avec les effets continus que le détournement de ses eaux déploie sur l'écologie de la région riveraine du Szigetköz — n'a pas respecté le principe de proportionnalité exigée par le droit international » pour justifier une contre-mesure (*Rec.* p. 56, § 85).

Pour le reste, les conventions pertinentes, qu'il s'agisse de la Convention-cadre de 1997 ou de celles relatives à des cours d'eau particuliers, mettent en œuvre, souvent en les précisant, les principes généraux du droit international de l'environnement étudiés dans le chapitre précédent : obligation de coopérer (art. 8 de la Convention de 1997), transparence (art. 9), notifications et consultations entre les États intéressés (art. 11 à 18), prévention et précaution (art. 21, 22 et 27) et non-discrimination. En revanche, contrairement à celle d'Helsinki de 1992 (art. 2, § 54.b) et 3, § 1.h)), ni la Convention de 1997 ni le projet de la CDI de 2008 ne se réfèrent au principe pollueur-payeur ni n'exigent expressément d'études d'impact sur l'environnement (la Convention d'Espoo de 1991 sur l'évaluation d'impact sur l'environnement, conclue dans le cadre de la Commission économique des Nations Unies pour l'Europe, est applicable aux « grands barrages et réservoirs »).

Les conventions et les réglementations émanant des organisations internationales portent également sur le déversement dans les fleuves internationaux (et, parfois, dans les fleuves purement nationaux dont la pollution peut avoir des répercussions sur l'environnement marin) de substances dangereuses. À cet égard, ces instruments imposent désormais, sinon des obligations de résultat, du moins des obligations de comportement graduées selon un mécanisme analogue à celui mis en œuvre dans les conventions maritimes (v. *infra*, n° 754) : le système de la double liste. La liste « noire » énonce les produits dont le rejet doit être totalement interdit, la liste « grise » les produits dont le rejet est soumis à autorisation et ne peut dépasser un certain volume (directive 76/464 du Conseil de la CEE du 4 mai 1976, traités de Bonn du 3 décembre 1976 relatif à la protection du Rhin contre la pollution chimique et concernant la pollution par les chlorures). La France en ayant longtemps différé la ratification, ces deux traités ne sont entrés en vigueur respectivement qu'en 1979 et 1983 et l'adoption des réglementations de mise en œuvre s'est révélée difficile. Du reste, la France, rencontrant les plus grandes difficultés à respecter ses engagements (injection dans le sous-sol des sels des Mines de potasse d'Alsace), a obtenu un amendement à la convention sur les chlorures (stockage en surface) par la Déclaration commune de Strasbourg du 11 décembre 1986.

En revanche, dans des contextes particulièrement favorables, telle qu'une intégration juridique avancée, on peut relever des solutions « audacieuses », où l'action contentieuse individuelle contre les auteurs d'une pollution transnationale est facilitée (CJCE, 30 novembre 1976, aff. 21/76, *Bier c. Mines de potasse d'Alsace, Rec.*, 1976, p. 1735). La multiplication des organisations compétentes à l'égard d'un même fleuve peut poser quelques problèmes : pour garantir la compatibilité du régime du Rhin et de l'ordre juridique des Communautés européennes, il a fallu par exemple associer la CE comme partie contractante à part entière aux instruments de lutte contre la pollution du Rhin.

754. Espaces marins

BIBLIOGRAPHIE. — L. LUCCHINI, « Le renforcement du dispositif conventionnel de lutte contre la pollution des mers », *JDI* 1974, p. 755-793 ; « La lutte contre la pollution des mers : évolution ou révolution du droit international », *AFDI* 1978, p. 721-754. — R.H. SHINN, *International Politics of Marine Pollution Control*, Praeger, New York, 1974, 200 p. — A.-Ch. KISS, « Récents traités internationaux concernant la pollution de la mer », *AFDI* 1976, p. 720-742. — L. JUDA, « IMCO and the Regulation of Ocean Pollution in International Law », *ICLQ* 1977, p. 558-584. — B. BOLLECKER-STERN, « À propos de l'accident d'Ecofisk — Problèmes posés par les installations de production pétrolière off-shore », *AFDI* 1978, p. 772-791. — T. TREVES, « La pollution résultant de l'exploration et de l'exploitation des fonds marins en droit international », *AFDI* 1978, p. 827-850. — A.C. DEMESTRAL, « The Prevention of Pollution of the Marine Environment from Offshore Mining and Drilling », *Harvard IL Jl.* 1979, p. 469-518. — H. LABROUSSE, « Détroits stratégiques et pollution : Pas-de-Calais et Malacca », *RDN*, fév. 1979, p. 73-84. — P.-M. DUPUY, « La préservation du milieu marin » *in* R.-J. DUPUY et D. VIGNES dir., *Traité du nouveau droit de la mer*, Economica/Bruylant, Paris/Bruxelles, 1985, p. 979-1045. — P. BONASSIES, « La responsabilité pour pollution en droit maritime » *in* SFDE, *Droit et économie de l'environnement*, Economica, 1988, p. 291-305. — A. HUET, « Le droit pénal international de la pollution marine », *ibid.*, p. 333-351. — B. D. SMITH, *State Responsibility and the Marine Environment : The Rules of Decision*, Clarendon Press, Oxford, 1988, 281 p. — M. DEJEAN-PONS, *La Méditerranée en droit international de l'environnement*, Economica, 1990, 374 p. — M. FITZMAURICE, *The Environmental Protection of the Baltic Sea*, Nijhoff, Dordrecht, 1992, 313 p. — J.M. VAN DYKE et a. ed., *Freedom for the Seas in the 21st. Century — Ocean Governance and Environmental Harmony*, Island Press, Washington, 1993, 504 p. — R.B. MITCHELL, *International Oil Pollution at Sea*, MIT Press, Cambridge (Mass.), 1994, 361 p. — WU CHAO, *La pollution du fait du transport maritime des hydrocarbures – Responsabilité et indemnisation des dommages*, Pedone, 1994, 529 p. — H. RINGBORN ed., *Competing Norms in the Law of Marine Environment Protection*, Kluwer, Londres, 1997, XVI-268 p. — E.J. MOLENAAR, *Coastal State Jurisdiction over Vessel-Source Pollution*, Kluwer, La Haye, 1998, 632 p. — M. DEJEANT-PONS, « Les activités du Conseil de l'Europe en matière de protection de la diversité biologique et paysagère concernant en particulier les espaces côtiers et marins de la mer Méditerranée et de la mer Noire », *RGDIP* 1999, p. 927-946. — T. SCOVAZZI ed., *Marine Specially Protected Area : The General Aspects and the Mediterranean Regional System*, Kluwer, La Haye, 1999, 281 p. — E. FRANCKX ed., *Vessel-Source Pollution and Coastal State Jurisdiction. The Work of the ILA Committee on Coastal State Jurisdiction Relating to Marine Pollution*, Kluwer, La Haye, 2001, 391 p. — J. BEER-GABEL et V. LESTANG, *Les commissions de pêche et leur droit – La conservation et la gestion des ressources marines vivantes*, Bruylant, Bruxelles, 2003, 298 p. — A. KIRCHNER dir., *International Marine Environmental Law : Institutions, Implementation and Innovations*, Kluwer, La Haye, 2003, XVI-268 p. — S. MARR, *The Precautionary Principle in the Law of the Sea : Modern Decision Making in International Law*, Nijhoff, La Haye, 2003, XIII-

253 p. — V. FRANK, *The European Community and Marine Environmental Protection in the International Law of the Sea : Implementing Global Obligations at the Regional Level*, Nijhoff, Leiden, 2007, XXI-480 p. — R.S. FRENCH, « Compensation for Marine Pollution », *Australian L. Jl.* 2007, p. 527-542. — A. GILLEPSIE, *Protected Areas and International Environmental Law*, Nijhoff, Leiden, 2007, XIII-318 p. — M. J. KACHEL, *Particularly Sensitive Sea Areas : The IMO's Role in Protecting Vulnerable Marine Areas*, Springer, Berlin, 2008, XX-376 p. — L. RODRIGUEZ LUCAS, *La prevención de la contaminación por la explotación de hidrocarburos en el maritime*, Tirant, Valence, 2008, 470 p.

Bien que la sauvegarde de l'environnement marin soit une nécessité naturelle, le problème de la lutte contre la pollution ne s'est posé qu'à une date récente.

Il a fallu que les dangers soient clairement montrés par l'utilisation industrielle et massive des produits chimiques, le développement des exploitations en mer et le recours à des pétroliers géants (accidents du *Torrey-Canyon* en 1967 — v. E. du Pontavice, *La pollution des mers par les hydrocarbures — À propos de l'affaire du Torrey Canyon*, LGDJ, 1968, 142 p. ou de l'*Amoco-Cadiz* en 1978 — v. les articles de L. Lucchini et J. Dutheil de la Rochère, *AFDI* 1978, p. 721 et 755, E. du Pontavice, *ADMA* 1985, p. 9-60 et SFDE, *Droit et économie de l'environnement*, Economica, 1988, p. 273-291 et A. de Raulin, *JDI* 1993, p. 41-96). Le droit international positif en la matière est encore incomplet du fait notamment de la réticence de certaines puissances maritimes à renforcer de manière significative la structure des organisations internationales compétentes (malgré la réforme de l'OMCI devenue l'OMI, décidée en 1975) et les procédures d'édiction des normes anti-pollution. En outre, le droit international de la protection de l'environnement marin est resté très hétérogène jusqu'à la Troisième Conférence sur le droit de la mer, car les États s'en tenaient à une approche ponctuelle et technique, à mesure que survenaient des accidents ou qu'apparaissaient des lacunes dans le droit conventionnel ; l'adoption de la Convention de Montego Bay, traité-cadre à la lumière duquel l'ensemble des instruments relatifs à la protection du milieu marin doivent désormais être lus, lui a donné, en partie au moins, la cohérence qui lui manquait.

1° *Évolution des normes applicables*. La préoccupation la plus ancienne en la matière concerne la pollution par les rejets volontaires d'hydrocarbures (opération de déballastage et de nettoyage des soutes). La Convention de Londres du 12 mai 1954, plusieurs fois amendée, introduit le système des zones maritimes où ces rejets sont limités ou complètement interdits. Ces prescriptions seront progressivement renforcées (éloignement des côtes, diminution des quantités de rejets autorisées) et complétées par des règles sur les techniques de conception des navires (système *load-on-top*, ballasts séparés). La Convention de Genève de 1958 reste très prudente sur ce problème (art. 24), mais a donné une impulsion aux travaux relatifs à la pollution par des substances radioactives (art. 25). À la même époque, le Traité de Rome instituant la CEEA (Euratom) établit un régime international de contrôle de portée régionale. À la suite des travaux de l'AIEA et de l'Agence de l'OCDE pour l'énergie nucléaire (AEN), les opérations de déversement en mer des déchets radioactifs se sont internationalisées et se déroulent sous un contrôle strict, de l'AEN en général (v. la décision du Conseil de l'OCDE du 22 juillet 1977, *in* J.-P. Quéneudec, *Conventions maritimes internationales*, p. 209 s.).

L'accident du *Torrey-Canyon* en 1967 va constituer l'occasion de poser au niveau international le problème de la lutte contre la pollution accidentelle, particulièrement délicat en ce que, vue l'urgence des décisions à prendre, des pouvoirs étendus doivent être reconnus aux États les plus proches ou les plus menacés par le sinistre, quitte à porter atteinte aux prérogatives traditionnelles de l'État du pavillon, indifférent ou désarmé. Le pas sera franchi avec la Convention de Bruxelles, du 29 novembre 1969, conclue sous les auspices de l'OMCI ; elle autorise l'État côtier à prendre des mesures de contrainte à l'égard de tout navire en haute mer, lorsque certaines conditions sont remplies et que la substitution à l'armateur s'impose (v. L. Lucchini, *JDI* 1970, p. 795-843). Il faut observer que cette convention — comme nombre d'autres dans ce domaine — n'est entrée en vigueur que tardivement, en 1975. Le Traité du 11 février 1971, interdisant de placer des armes nucléaires et d'autres armes de destruction massive sur le fond des mers et des océans ainsi que dans leur sous-sol, complète le dispositif conventionnel relatif à la pollution nucléaire du milieu marin ; comme son intitulé l'indique, il ne concerne pas les rejets « normaux » des sous-marins nucléaires, question toujours uniquement réglée par le droit interne.

La lente maturation des idées et des politiques gouvernementales, entamée au début des années 1960, aboutira en quelques années à un ensemble de conventions, universelles ou régionales, qui prennent en considération les principales hypothèses de pollution.

Celle par immersion sera réglementée par les conventions d'Oslo du 15 février 1972 (Atlantique du Nord-Est) et de Londres du 29 décembre 1972 et par la Convention de Barcelone du 16 février 1976 (Méditerranée), préparée dans le cadre du PNUE, et sur le modèle de laquelle plusieurs accords concernant d'autres mers régionales ont été conclus ; cette convention a été amendée en 1995 de façon à être mise en harmonie avec les évolutions récentes du droit international de l'environnement ; elle inclut désormais, à titre facultatif, la lutte contre les pollutions d'origine tellurique.

La pollution par les navires, quelles que soient les cargaisons déversées (rejet ou immersion), est envisagée par la Convention de Londres du 2 novembre 1973 ; en 1994, la majorité des États parties à la Convention de Londres de 1972 l'ont amendée afin d'interdire totalement l'immersion des déchets nucléaires. La Convention de Londres du 30 novembre 1990, complétée par un protocole de 2000, adoptée sous les auspices de l'OMI, impose de strictes obligations de prévention et de coopération aux États en matière de lutte contre la pollution par les hydrocarbures et les substances nocives.

La pollution d'origine tellurique, objet des « Lignes directrices » adoptées à Montréal en 1985 sous l'égide du PNUE, est réglementée par la Convention de Paris, du 4 juin 1974, qui concerne l'Atlantique du Nord-Est et dont le champ d'application est suffisamment large pour couvrir la pollution résultant de l'exploitation du plateau continental des États parties et, pour la Méditerranée, par l'Accord de Monaco de 1976 et les Protocoles d'Athènes de 1980 (amendé en 1996) et de Genève de 1982. Par ailleurs, l'article 23 de la Convention de 1997 sur le droit relatif aux utilisations des cours d'eau internationaux à des fins autres que la navigation invite les États du cours d'eau à prendre « toutes les mesures (...) qui sont nécessaires pour protéger et préserver le milieu marin ».

La Convention de Paris sur la protection du milieu marin de l'Atlantique du Nord-Est du 22 septembre 1992 porte, plus généralement, sur toutes les sources de pollution (v. J. Juste, *RGDIP* 1993, p. 365-393). Les principaux accords de coopération en cas d'accident sont, pour la Manche et la mer du Nord, celui de Bonn de 1969 (auquel s'est substitué celui du 3 septembre 1983) et, pour la Méditerranée, la Convention de Barcelone du 16 février 1976, complétée par le Protocole de La Valette du 25 janvier 2002.

Au plan communautaire, la directive précitée (nº 754) de la CEE du 4 mai 1976, applicable aux fleuves, l'est aussi au milieu marin puisqu'elle concerne, d'une manière générale, « la pollution causée par certaines substances dangereuses dans le milieu aquatique de la Communauté » (v. également les directives 79/115 et 79/116 du 21 décembre 1978 et la décision 86/85 du 6 mars 1986 organisant un système d'information pour le contrôle et la réduction de la pollution par les hydrocarbures). Le règlement nº 1406/2002 du Parlement européen et du Conseil (modifiée par les règlements nº 724/2004 du 31 mars 2004 et 1891/2006 du 18 décembre 2006) institue une Agence européenne pour la sécurité maritime compétente en matière de prévention et de lutte contre la pollution causée par les navires dans la Communauté ; pour sa part, la directive 2008/56/CE du Parlement européen et du Conseil du 17 juin 2008 établit un cadre d'action communautaire dans le domaine de la politique pour le milieu marin. Pour leur part, la directive 2005/35/CE du Parlement européen et du Conseil du 7 septembre 2005 et la décision-cadre 2005/667/JAI du Conseil du 12 juillet 2005 ont renforcé le cadre pénal pour la répression de la pollution causée par les navires.

Ce dispositif conventionnel et dérivé, impressionnant mais hétérogène, est complété par de nombreux accords concernant la gestion des ressources halieutiques, dont l'inspiration est plus économique qu'écologique, mais qui, en promouvant une gestion rationnelle des stocks de poissons, n'en contribuent pas moins à la recherche d'un développement durable (v. *supra*, nº 698). Les États se sont engagés avec plus de réticence dans la voie du renforcement de la sécurité maritime qui a pourtant d'évidentes répercussions sur la protection de l'environnement marin (v. *supra*, nº 697).

Grâce à l'expérience ainsi acquise, la Troisième Conférence sur le droit de la mer a été en mesure de tenter une synthèse des droits et obligations des États en la matière (Partie XII de la Convention — art. 192 à 237). Le nombre même des dispositions consacrées au problème, qui pourtant ignorent largement les questions de responsabilité internationale, atteste une indiscutable prise de conscience de la gravité de celui-ci, mais aussi les difficultés rencontrées pour concilier la préoccupation à l'égard de l'environnement et, d'une part, les exigences du développement économique (art. 193), d'autre part, la sauvegarde de la liberté de navigation et de la primauté de la loi du pavillon. En vertu de l'obligation générale de protection de l'environnement qui pèse sur les États, ceux-ci ont non seulement le droit mais le devoir d'adopter les mesures internes d'organisation et de contrôle de toutes les activités polluantes sous leur juridiction ; ils sont invités, pour renforcer l'efficacité de leurs politiques nationales et aider les pays en développement, à améliorer leur coopération et à faciliter l'assistance technique aux moins favorisés.

2° *Répartition des compétences entre États*. Cette répartition est nécessairement assez complexe et résulte de la diversité des sources de pollution. La Convention de Montego Bay distingue les pollutions d'origine tellurique (qui a son origine dans des activités menées à terre), atmosphérique ou transatmosphérique, celles résultant d'activités relatives aux fonds marins, la pollution par immersion et celle liée à la navigation maritime (v. l'énumération des différentes formes de pollution du milieu marin à l'article 1, § 4).

En ce qui concerne la pollution tellurique tous les États ont une obligation de prendre les mesures nécessaires pour la prévenir, la réduire et la maîtriser et de coopérer à cette fin (art. 207 et 213), mais par nature, les États côtiers ont une responsabilité spéciale à cet égard. Les mêmes principes s'appliquent *mutatis mutandis* à la pollution atmosphérique mais ils doivent être combinés avec ceux relatifs à la compétence de l'État d'immatriculation pour les dommages causés par les aéronefs.

Pour toutes les autres formes de pollution, le principe demeure de la compétence de droit commun de l'État du pavillon. Celle-ci est cependant, sinon battue en brèche, du moins écornée, par celle de plus en plus étendue de l'État côtier par suite d'un double mouvement. D'une part par une conséquence naturelle de l'extension de sa juridiction nationale, celui-ci a acquis une compétence nouvelle pour édicter des règles protectrices de l'environnement de zones qui relevaient auparavant de la haute mer (élargissement de la mer territoriale, zone économique exclusive. — v. *supra*, n°s 674 et 683). D'autre part, l'État côtier se voit reconnaître certaines compétences jusque dans la haute mer elle-même.

Déjà, l'article 6, § 1, de la Convention de Genève sur la pêche reconnaissait que « Tout État riverain a un intérêt spécial au maintien de la productivité des ressources biologiques dans toute partie de la haute mer adjacente à sa mer territoriale » ; et, en conséquence, l'article 7 l'autorisait à prendre « les mesures de conservation appropriées ».

Mais la première entorse véritable à l'exclusivité de la compétence de l'État du pavillon a été ouverte par la Convention de Bruxelles du 29 novembre 1969 qui autorise l'État riverain à intervenir en haute mer en cas d'accident ayant ou pouvant avoir pour conséquence une pollution par les hydrocarbures (puis par d'autres substances nocives — Protocole de 1973) ; ce droit d'intervention est cependant limité aux cas de menace grave et imminente. Malgré les efforts déployés par la France à la suite de la catastrophe de l'*Amoco Cadiz* (1978), l'article 221 de la Convention de Montego Bay maintient cette restriction.

Toutefois, la Convention de 1982 porte une nouvelle atteinte au principe de la compétence exclusive de l'État du pavillon en conférant des droits étendus à l'État du port : en vertu des articles 219 et 226, l'État dans un port duquel se trouve un navire convaincu d'inaptitude à la navigation peut exiger qu'il soit réparé avant de reprendre la mer. La vérification de la navigabilité des navires est facilitée, pour les États parties, par la Convention « MARPOL » de 1973 qui édicte de manière précise, les normes de rejet et impose à certains navires de posséder des « boîtes noires » qui enregistrent les incidents de navigation.

3° *Responsabilité du fait des dommages de pollution.* La Convention sur le droit de la mer fait peser sur les États une obligation extrêmement générale « de protéger et de préserver le milieu marin » (art. 192, complété notamment par les articles 194, 221 et 235), qui n'est autre qu'une application au droit de la mer du célèbre principe 21 de Stockholm de 1972. Toutefois, la Convention se garde de préciser le régime de la responsabilité internationale des États : l'article 235 renvoie aux droits nationaux des États et au droit international général dont il appelle le développement de ses vœux ; mais, en dépit de fortes pressions en ce sens, la troisième Conférence sur le droit de la mer n'a adopté aucune disposition allant dans le sens d'une responsabilité objective. Il faut donc se tourner vers le droit conventionnel spécial existant.

Comme pour les normes du fond, les problèmes de responsabilité ont d'abord été traités à propos des dommages d'origine nucléaire : quatre conventions y sont consacrées (conventions de Paris du 29 juillet 1960, de Bruxelles du 25 mai 1962, de Vienne du 21 mai 1963, de Bruxelles du 17 décembre 1971). Il a fallu tenir compte de l'étendue potentielle du préjudice aux biens et aux personnes et de sa durée : la responsabilité pèse sur l'exploitant de l'installation ou du navire nucléaire, mais aussi — à titre complémentaire et différé — sur l'État qui « contrôle » cet exploitant ou sur une collectivité d'États. En fait, l'État est bien, directement ou indirectement, le véritable destinataire de l'obligation de réparer.

Plus récemment, ont été abordées les difficultés de la réparation des dommages causés par les hydrocarbures (« marées noires ») : conventions de Bruxelles du 29 novembre 1969 sur la responsabilité civile, et du 18 décembre 1971, qui portent sur la pollution par les navires (la seconde institue un Fonds d'indemnisation, le FIPOL, dont s'inspire le Fonds SNPD — v. *infra*) ; la Convention de Londres du 1er mai 1977 concerne, toujours en matière de responsabilité civile, la pollution consécutive à la recherche et à l'exploitation des ressources minérales du sous-sol marin. L'exploitation et, surtout, le transport des hydrocarbures ne sont pas aussi fortement réglementés et *a fortiori* pris en charge par les pouvoirs publics que les activités nucléaires. Aussi le régime de responsabilité qui pèse sur le propriétaire du navire (Convention de 1969) et de la cargaison (Convention de 1971), ou encore sur l'exploitant d'une installation *off shore*, reste-t-il exclusivement privé, ce qui laisse tout leur intérêt aux accords privés instituant des barèmes de réparation et des systèmes d'assurance qui ont précédé la mise en œuvre des accords intergouvernementaux (TOVALOP-1969 ; CRISTAL-1971 ; OPOL-1974). La Convention du 23 mars 2001 adoptée dans le cadre de l'OMI vise à faciliter et à garantir l'indemnisation des dommages dus à la pollution par les hydrocarbures de soute.

Après de longs travaux préparatoires, une Convention plus globale sur la responsabilité et l'indemnisation pour les dommages (de toute nature, mais à l'exclusion des dommages de pollution causés par les hydrocarbures et les substances nucléaires) liés au transport par mer des substances nocives et potentiellement dangereuses a été adoptée dans le cadre de l'OMI le 3 mai 1996 (v. Wu Chao, *AFDI* 1997, p. 727-750). Elle distingue la responsabilité incombant au navire de l'indemnisation due au titre de la cargaison. En ce qui concerne la première, le mécanisme retenu est calqué sur celui de la Convention de Bruxelles de 1969 : la responsabilité pèse sur le propriétaire du navire et présente un caractère objectif, dans des limites précisées par la Convention (sauf en cas de faute ou de négligence) ; il lui est fait obligation de s'assurer. Pour ce qui est des dommages causés par la cargaison, la Convention institue un Fonds international pour les substances nocives et potentiellement dangereuses (Fonds SNPD), alimenté par les contributions des destinataires des cargaisons dangereuses.

Lorsqu'il s'applique à une personne publique propriétaire ou affréteur, ce régime implique la renonciation de l'État à l'immunité de juridiction, ce qui est conforme à la pratique habituelle pour les activités des navires de commerce d'État.

755. Atmosphère

BIBLIOGRAPHIE. — M. BARNEA, *Pollution et protection de l'atmosphère*, Eyrolles, 1974, 308 p. — C. FLINTERMAN et a., ed., *Transboundary Air Pollution — International Legal Aspects of the Cooperation of States*, Nijhoff, Dordrecht, 1986, 372 p. — A.-Ch. KISS, « Du nouveau dans l'air : des "pluies acides" à la couche d'ozone », *AFDI* 1985, p. 812-822 ; « La protection de l'atmosphère — Un exemple de mondialisation des problèmes », *AFDI* 1988, p. 701-708. — J. BRUNEE, *Acid Rain and Ozone Layer Depletion, International Law and Regulation*, Transnational Publ., Dobbs Ferry, 1988, 302 p. — D.D. CARRON, « La protection de la couche d'ozone stratosphérique... », *AFDI* 1990, p. 704-726. — R.E. BENEDICK, *Ozone Diplomacy — New Directions in Safeguarding the Planet*, Harvard UP, 1991, 300 p. — R. CHURCHILL et D. FREESTONE ed., *International Law and Global Climate Change*, Graham & Trotman/Nijhoff, Londres/Dordrecht, 1991, 447 p. — Th.M. FRANCK, « Ozone Depletion and Global Warming... », *Mél. Jimenez*, p. 849-862. — A. AUBIN, *La Communauté européenne face à la pollution atmosphérique*, Apogée, Rennes, 1993, 134 p. — P.N. OKOWA, *State Responsibility for Transboundary Air Pollution in International Law* Oxford UP, 2000, XXXI-278 p. — O. YOSHIDA, *The International Legal Régime for the Protection of the Stratospheric Ozone Layer : International Law, International Régimes and Sustainable Development*, Kluwer, La Haye, 2001, XXV-403 p. — G. M. BANKOBEZA, *Ozone Protection : The International Legal Regime*, Eleven International Publishing, Utrecht,

2005, XXII-346 p. — A. GILLEPSIE, *Climate Change, Ozone Depletion and Air Pollution : Legal Commentaries Within the Context of Science and Policy*, Nijhoff, Leiden, 2006, XXIV-405 p. — W.Th. DOUMA, L. MASSAI et M. MONTINI ed., *The Kyoto Protocol and Beyond : Legal and Policy Challenges of Climate Change*, TMC Asser Press, La Haye, 2007, XVIII-246 p. — D. KANIARU ed., *The Montreal Protocol : Celebrating 20 Years of Environmental Progress : Ozone Layer and Climate Protection*, Cameron May, Londres, 2007, 355 p.

Sur la Convention cadre sur les changements climatiques, v. W. LANG et H. SCHALLY, *RGDIP* 1993, p. 321-337. — L. BOISSON DE CHAZOURNES, *Mél. Thierry*, p. 43-55. — D. BODANSKY, *Yale Jl. IL* 1993, p. 451-558. — J. GUPTA, *The Climate Change Convention and Developing Countries*, Kluwer, La Haye, 1998, XII-249 p. — C. BREDENICH et a., *AJIL* 1998, p. 315-331. — P. DAVIES, *ICLQ* 1998, p. 446-461. — M. CAMPINS ERITJA, *ADI* 1999, p. 71-113. — C.M. PONTECORVO, *ZaöRV* 1999, p. 709-748.

Sur le Protocole de Kyoto : L. BOISSON DE CHAZOURNES, *AFDI* 1997, p. 700-715 et G. LOIBL, *Mél. Seidl-Hohenveldern (II)*, p. 419-443. — C.M. PONTECORVO, « Interdependance between Global Environmental Regimes : the Kyoto Protocol on Climate Change and Forest Protection », *Z.a.ö.R.V.* 1999, p. 709-748. — D. FREESTONE et C. STRECK ed., *Making Kyoto Work : Legal Aspects of Implementing in Kyoto Protocol Mechanisms*, Oxford UP, 2005, 656 p.

Longtemps considéré comme un « lieu de transit » des pollutions, l'air a, dans un premier temps, fait l'objet de réglementations « environnementales » à ce titre : il s'agissait de prévenir le transfert des polluants d'un État vers le sol ou les eaux d'un autre État. Ce n'est que plus récemment que l'on a pris conscience des effets durables de certains facteurs sur la biosphère elle-même et de leurs conséquences à long terme sur le climat de la planète (appauvrissement de la couche d'ozone et « effet de serre » en particulier) nécessitant le recours à des mécanismes juridiques inédits de lutte contre la détérioration de l'écosystème global.

1° *L'approche transfrontière traditionnelle.* La pollution atmosphérique (avec ses retombées terrestres) est à l'origine de l'affirmation du principe de l'utilisation non dommageable du territoire, posé dans la perspective des relations de bon voisinage dans l'affaire de la *Fonderie de Trail* (sentence arbitrale du 11 mars 1941, *RSA* III, p. 1965 — v. *supra*, n° 498 et 736). Mais, si la lutte contre les nuisances locales est convenablement assurée par ce principe et par la conclusion de traités bilatéraux entre les États directement affectés par une activité particulière facilement repérable (v. aussi *infra*, n° 761), la pollution atmosphérique est un phénomène de plus grande ampleur dont deux caractéristiques majeures sont d'une part la dissémination sur de longues distances (cf. la catastrophe de Tchernobyl en 1986 — v. *infra*, n° 761 et la bibliographie citée sur le n° 760) et, d'autre part, l'impossibilité fréquente de déterminer la source exacte de la pollution, qui résulte souvent de la combinaison de plusieurs facteurs (cf. les « pluies acides », maux des forêts européennes, dues aux gaz d'origine industrielle et aux gaz d'échappement automobile) si bien qu'il ne peut être envisagé de se placer sur le terrain de la responsabilité — que ce soit pour risque ou pour manquement —, faute de pouvoir attribuer l'origine du dommage à un sujet de droit déterminé.

Dans son rapport du 17 janvier 1996 dans l'affaire des *Normes américaines relatives à l'essence*, un Groupe spécial de l'ORD a estimé que l'air pur était une ressource naturelle épuisable au sens de l'article XX. g) du GATT, sans que le fait que la ressource épuisée soit renouvelable et définie sur le plan qualitatif soit décisif (WT/DS2/R, 29 janv. 1996, § 6.37 ; v. E. Robert, *RGDIP* 1997, p. 91-140, not. p. 117-119).

Les déclarations de Stockholm et de Rio n'énoncent pas de principes propres à la protection de l'atmosphère, couverte par les dispositions générales invitant les États à lutter contre les pollutions transfrontières (v. notamment les principes 6 et 21 de Stockholm ou 14 de Rio). Néanmoins, en règle générale, les conventions adoptées en la matière transposent les principes généraux du droit international de l'environnement dans lequel elles ont parfois joué un rôle pionnier.

Tel est le cas de la Convention européenne du 13 novembre 1979 sur la pollution atmosphérique transfrontière à longue distance. Résultant d'une initiative de la CSCE et négociée dans le cadre de la Commission économique des Nations Unies pour l'Europe, cet instrument n'impose guère plus aux États parties que des obligations de consultations et d'informations mais elle institue un cadre institutionnel de promotion et de coordination de la recherche (création d'un Organe exécutif et d'un Secrétariat — assuré par celui de la CEE des Nations Unies — et mise en œuvre d'un « Programme concerté de surveillance et d'évaluation du transport à longue distance » [EMEP]), grâce auquel de nouveaux développements ont été possibles (v. A.C. Kiss, *AFDI* 1979, p. 719-725). Plusieurs protocoles (sur la réduction ou la stabilisation de certains polluants – soufre, oxydes d'azote, polluants organiques persistants, métaux lourds, etc.) sont venus compléter la Convention.

C'est en effet sur la base de ces études que huit protocoles à la Convention de 1979 ont été signés ; ils concernent notamment les émissions de soufre ou d'oxyde d'azote, les composés organiques volatiles, les polluants organiques persistants ou les métaux lourds ; un premier protocole, signé le 28 septembre 1984 portait sur le financement du programme EMEP. Bien qu'ils diffèrent sur des points de détail, ces accords suivent un schéma général identique : il s'agit de maîtriser et de réduire les émissions de certains polluants (les protocoles portent sur des substances nettement individualisées) selon un calendrier convenu et dans des limites précisées en fonction de la méthode dite des « charges (ou des niveaux critiques) », qui consiste à fixer un seuil au-delà duquel l'exposition au (ou la concentration du) polluant en cause produit des effets nocifs appréciables ; à cette fin, des plafonds d'émission et des objectifs de réduction sont fixés pour chaque État signataire et chacune des Parties s'engage à faciliter l'échange des technologies dont elle dispose et à mettre au point des stratégies de lutte contre la pollution visée.

Des conventions bilatérales ont également été conclues dans le même esprit entre certains États (cf. le Mémorandum Canada-États-Unis de 1980 et l'Accord de 1991, complété en 2000, entre ces deux mêmes États) et les organisations internationales européennes ont également adopté des réglementations de plus en plus exigeantes dans ce domaine (cf. la recommandation du Conseil de l'OCDE du 14 novembre 1974 sur la pollution atmosphérique, suivie par de nombreuses autres portant sur des sources particulières de pollution ; de même, dès les années 1970, le Conseil des Communautés européennes a adopté ses premières directives concernant les gaz d'échappement des véhicules à moteur, le soufre, le plomb, etc. et cette activité réglementaire est allée en s'amplifiant par la suite ; dans une perspective différente, v. aussi le Règlement 3528/86 du 17 novembre 1986 sur la protection des forêts contre la pollution atmosphérique).

Parallèlement à cette approche environnementaliste, d'autres instruments juridiques visent à la protection de la santé contre la pollution de l'atmosphère. V. par exemple, la Convention n° 148 de l'OIT du 20 juin 1977 sur la protection des travailleurs contre les accidents du travail dus à la pollution de l'air, au bruit et aux vibrations ou la directive communautaire 84/360 du 28 juin 1984 sur la lutte contre la pollution atmosphérique en provenance des installations industrielles.

2° *La protection de l'écosystème global.* L'un des traits marquants des mécanismes conventionnels et réglementaires de lutte contre les pollutions atmosphériques transfrontières est qu'ils restent confinés au monde industrialisé (Europe et Amérique du Nord et, dans une moindre mesure, Japon). Or ces pollutions présentent un caractère global et constituent un sujet de préoccupation pour l'ensemble des États. Sans doute les pays du Nord sont-ils à l'origine des plus importantes émissions de polluants dans l'atmosphère, mais outre que certains États du Tiers Monde en voie d'industrialisation rapide (et peu « écologique »), comme la Chine ou l'Inde, sont également à l'origine de pollutions atmosphériques considérables, celles-ci ne connaissent ni les frontières ni la division Nord-Sud et produisent des effets à long terme qui intéressent l'humanité tout entière. Ceux-ci se manifestent principalement par la détérioration de la couche d'ozone et par le réchauffement du climat de la planète, contre lesquels des stratégies de lutte ont été envisagées puis adoptées depuis le milieu des années 1980.

a) La protection de la couche d'ozone. — Ce n'est en effet qu'à cette époque que la conscience des dangers résultant de la diminution de l'ozone stratosphérique pour la santé et l'environnement a conduit à l'adoption, le 22 mars 1985, de la Convention pour la protection de la couche d'ozone, largement ratifiée.

Variété de l'oxygène (0^3), l'ozone peut être à l'origine de dégâts écologiques à basse altitude (dommages aux conifères notamment) mais sa présence dans la stratosphère (à environ 25 kilomètres) est indispensable à la vie terrestre (absorption des rayons ultraviolets). Or, à partir des années 1970, les scientifiques ont constaté un appauvrissement de cette couche protectrice (qui se traduit notamment par un « trou d'ozone » aux contours variables au-dessus de l'Antarctique) et ont appris à comprendre — encore imparfaitement — les mécanismes qui sont à l'origine de ce phénomène (qui semble dû surtout à l'émission de certaines substances, principalement les chlorofluocarbones utilisés dans les vaporisateurs, les réfrigérants et les solvants).

La Convention de 1985 est un traité-cadre fixant des principes généraux de coopération (en matière de recherche et d'observation en particulier) et de vigilance et institue un mécanisme de coopération (Conférence des parties et secrétariat) dont l'une des principales fonctions consiste à adapter la Convention à l'évolution de la situation et des connaissances dans ce domaine, notamment par l'adoption de protocoles destinés à lui donner effet. Tel est l'objet du Protocole de Montréal adopté le 16 septembre 1987 et modifié à trois reprises depuis lors (v. I. Elrifi *in MacGill L. Jl.* 1990, p. 387-423). Aux termes de celui-ci, les Parties s'engagent, selon des échéanciers différenciés en fonction de leurs niveaux de développement (application du principe des « responsabilités différenciées » — v. *supra*, n° 741), à interdire le commerce international des substances dangereuses et, progressivement, leur fabrication. Des mécanismes d'aide financière sont prévus en faveur des pays en développement (qui peuvent faire dépendre du financement extérieur de ces « surcoûts » le respect de leurs obligations) et une procédure en cas de « non-respect » a été mise en place (v. *supra*, n° 742).

b) La préservation du système climatique. — L'activité industrielle est à l'origine d'un réchauffement spectaculaire de l'atmosphère (« effet de serre » dû à l'augmentation de la teneur de l'atmosphère en gaz carbonique), dont l'ampleur et les effets exacts ne peuvent être évalués avec précision, mais qui pourrait être à l'origine de modifications catastrophiques de l'environnement (fonte des glaciers, montée du niveau de la mer, désertification). À la suite de nombreux appels lancés par les experts, notamment celui de Toronto (1988), une autre convention a été signée le 9 mai 1992 : la Convention-cadre sur les changements climatiques.

Plus ambitieuse encore que celle de 1985, elle repose sur les mêmes principes généraux. Son objectif est de stabiliser les concentrations de gaz à effet de serre et de faciliter la coopération entre les Parties conformément au respect (différencié) des normes fondamentales relatives à la protection de l'environnement, qui y sont rappelées, notamment par la création d'un cadre institutionnel. Les obligations pesant sur les États parties (inventaires, échanges d'informations), même développées (adoption de mesures non quantifiées ; assistance aux pays en développement), demeurent cependant peu contraignantes.

Elles sont « durcies » par le Protocole de Kyoto adopté le 10 décembre 1997 par la troisième Conférence des parties, qui impose aux pays industrialisés des objectifs quantifiés (au moins 5 % par rapport à 1990 d'ici 2012) de réduction de leurs émissions et dont l'un des aspects les plus novateurs tient à l'irruption des règles du marché (déjà présente, mais de manière plus discrète, dans le Protocole de Montréal relatif aux substances qui appauvrissent la couche d'ozone) dans la protection de l'environnement : il est prévu que les États parties peuvent échanger des droits d'émission et que les pays industrialisés peuvent obtenir des « crédits d'émission » s'ils investissent dans des projets visant à la réduction de l'effet de serre. (Sur les difficultés d'adoption de règles de mise en œuvre, v. *supra* n° 739).

Sur la mise en œuvre de la Convention de 1992 par les Communautés, v. les « conclusions » du Conseil du 15 décembre 1993, « Stratégie communautaire concernant les changements climatiques », complétées le 25 mars 1994 et le 15 décembre 1995. La Communauté est devenue partie au Protocole de Kyoto en 2002.

756. Espace extra-atmosphérique (rappel)

BIBLIOGRAPHIE. — W. DE GRAAF et G. C. REIJNEN, *The Pollution of the Outer Space, in particular of the Geostationary Orbit*, MNP, Dordrecht, 1989, 163 p. — M. HINTZ, *Weltraumrechtlicher Umweltschutz im völkerrechtlichen Regelungszusammenhang*, Lang, Francfort-sur-le-Main, 1994, 253 p. — L. VIIKARI, *The Environmental Element in Space Law : Assessing the Present and Charting the Future*, Nijhoff, Leiden, 2008, XVI-396 p.

V. aussi la bibliographie figurant sur le n° 728.

La protection de l'environnement extra-atmosphérique n'a pas donné lieu jusqu'à présent à l'adoption d'instruments conventionnels spécifiques. Elle n'en pose pas moins certains problèmes particuliers. D'une part, l'utilisation de l'espace extra-atmosphérique commence à infliger certains dommages à celui-ci (du fait, en particulier, des débris d'objets spatiaux mis en orbite autour de la terre — tout spécialement sur l'orbite géostationnaire —, qui constituent un danger pour les satellites nouveaux et les astronautes qui peuvent s'y trouver). D'autre part, la retombée d'objets spatiaux sur terre peut être à l'origine de pollutions. À ces deux points de vue, les règles générales du droit de l'espace fournissent des débuts de réponse.

Voir *supra*, n°s 728 à 733. En particulier :

— la dénucléarisation de l'espace (cf. l'article 4 du Traité sur l'espace de 1967) contribue à la protection de son environnement ;

— les principes de coopération et d'information, si fondamentaux dans le droit international de l'environnement (v. *supra*, n° 750) ont été consacrés expressément dès 1967 par le Traité sur l'espace (articles 3, 5 et 9 à 12) et constamment réaffirmés depuis lors ;

— alors que la responsabilité objective des États en matière de dommages causés à l'environnement a du mal à s'imposer en tant que principe général (v. *supra*, n°s 743 et 744), elle constitue la règle dans le domaine du droit de l'espace (cf. l'article 7 du Traité de 1967) du moins dans toute la mesure où le dommage se produit sur la surface de la terre (article 2 de la Convention internationale pour les dommages causés par les objets spatiaux de 1972 — sur l'affaire du « Cosmos 954 », v. *supra*, n° 731-3°) ;

— anticipant sur le principe de l'« équité intergénérationnelle » (v. *supra*, n° 748), le Traité sur la Lune et les autres corps célestes de 1979 impose la prise en compte des intérêts « des générations actuelles et des générations futures » dans l'exploration et l'exploitation de ces espaces et insiste sur la protection de leur environnement et l'exploitation rationnelle de leurs ressources (article VII).

Ainsi, le droit de l'espace a constitué, comme le statut juridique de l'Antarctique (v. *supra*, n° 348), une anticipation des règles générales du droit international protectrices de l'environnement. Il va de soi que, pour le reste, les activités menées dans l'espace extra-atmosphérique sont soumises au respect des principes généraux du droit international de l'environnement.

§ 2. — *Protection de la faune et de la flore*

BIBLIOGRAPHIE. — E. PEYROUX, « La chasse à la baleine dans le droit international public actuel », *RGDIP* 1975, p. 92-124 ; « Les réglementations internationales de protection des phoques », *RGDIP* 1976, p. 104-129. — A. Ch. KISS, « La protection internationale de la vie sauvage », *AFDI* 1980, p. 661-686. — S. LYSTER, *International Wildlife Law — An Analysis of the International Treaties Concerned with the Conservation of Wildlife*, Grotius, Cambridge, 1985, 470 p. — M. PRIEUR dir., *Forêts et environnement en droit comparé et international*, PUF, 1985, 310 p. — D.S. FAVRE, *International Trade in Endangered Species : A Guide to CITES*, Nijhoff, Dordrecht, 1989, 415 p. — S. BILDERBEEK ed., *Biodiversity and International Law*, IOS Press, Amsterdam/Oxford, 1992, 213 p. — J. P. BEURIER, « Le droit de la biodiversité », *RJE* 1996, p. 5-28. — P.H. SAND, « Whither CITES ? Evolution of a Treaty Regime in the Borderland of Trade and Environment », *EJIL* 1997, p. 29-58. — J. BEER-GABEL et B. LABAT, *La protection internationale de la faune et de la flore sauvages*, Bruylant, Bruxelles, 1999, 266 p. — M.-L. LAMBERT-HABIB, *Le commerce des espèces sauvages : entre droit international et gestion locale (Réflexions sur la CITES)*, L'Harmattan, 2000, 604 p. — S. MALJEAN-DUBOIS, « Biodiversité, biotechnologies, biosécurité : le droit international désarticulé », *JDI* 2000, p. 949-996 ; « Bioéthique et droit international », *AFDI* 2000, p. 82-110. — M.-C. SMOUTS, *Forêts tropicales, jungle internationale. Les revers d'une écopolitique mondiale*, Presses de Sciences Po, 2001, 349 p. — Ph.G. LE PRESTRE, *Governing Global Biodiversity : the Evolution and Implementation of the Convention on Biological Diversity*, Ashgate, Aldershot, 2002, XIX-428 p. — A. RECHKEMMER, *Postmodern Global Governance : the United Nations Convention to Combat Desertification*, Nomos, Baden-Baden, 2004, 172 p. — R. REEVE, *Policing International Trade in Endangered Species : The CITES Treaty and Compliance*, Earthscan, Londres, 2002, XXI-346 p. — N. DE SADELEER et Ch.-H. BORN, *Droit international et communautaire de la biodiversité*, Dalloz, 2004, XVI-780 p. — N. STOAINOFF ed., *Accessing Biological Resources : Complying with the Convention on Biological Diversity*, Kluwer, La Haye, 2004, 270 p. — F. FRANCIONI et T. SCOVAZZI dir., *Biotechnology and International Law*, Hart, Oxford, 2006, XXVII-438 p. —

N. Boschero dir., *Bioetica e biotecnologie nel diritto internazionale e communitario*, Giappichelli, Torino, 2006, XVI-344 p. — M.I. Jeffery, *Biodiversity Conservation, Law*, Cambridge UP, 2008, XVI-598 p.

757. Protection des espèces menacées. — On peut considérer les tentatives faites dès la fin du XIXe siècle ou le début du XXe siècle pour protéger certaines espèces animales comme les premiers linéaments du droit international de l'environnement, qu'il s'agisse de contentieux arbitraux (cf. la sentence arbitrale du 15 août 1893 dans l'affaire des *Phoques à fourrure de la mer de Berhing*, *Clunet* 1893, p. 1259) ou de la conclusion d'accords dont le plus célèbre est la Convention de Paris du 19 mars 1902 sur la protection des oiseaux utiles à l'agriculture. Mais la philosophie qui les sous-tend est économique bien plus qu'écologique : leur objectif — comme le souligne le titre même de cette dernière — est immédiatement utilitaire ; il s'agissait de favoriser certaines activités économiques (agriculture, pêche, chasse) ; à cette fin, la préservation des espèces est un moyen, non une fin.

C'est dans cet esprit qu'ont été conclus un très grand nombre d'accords internationaux concernant diverses espèces menacées par leur surexploitation comme les phoques (traités de Washington du 7 février 1911 et du 9 février 1957 sur les phoques à fourrure du Pacifique Nord, et du 1er juin 1972 sur ceux de l'Antarctique), les baleines (conventions de 1931 et du 2 décembre 1946), la vigogne (Accord de La Paz du 16 août 1969) ou les ours polaires (Accord d'Oslo du 15 novembre 1973).

Dès l'entre-deux guerres cependant, certaines conventions témoignent d'une vision plus globale dont les considérations écologiques ne sont pas absentes. Il en va ainsi, par exemple, de la Convention de Londres du 8 novembre 1933 relative à la conservation de la faune et de la flore à l'état naturel en Afrique (aujourd'hui remplacée par la Convention d'Alger du 15 novembre 1968, révisée en 2003) ou de celle de Washington du 12 octobre 1940 pour la protection de la flore, de la faune et des beautés panoramiques naturelles de l'Amérique. De même, la Convention de Paris du 18 octobre 1950 pour la protection des oiseaux (qui se substitue, pour les États parties, à celle de 1902) s'efforce-t-elle d'assurer — non sans dérogations et limitations diverses — la conservation de toutes les espèces.

Mais, ici encore, il faudra attendre les années 1970 pour que l'on prenne clairement conscience que « l'homme a une responsabilité particulière dans la sauvegarde et la sage gestion du patrimoine constitué par la flore et la faune sauvages et leur habitat, qui sont aujourd'hui gravement menacés par un concours de facteurs défavorables » (principe 4 de Stockholm) et que, en conséquence, il s'agit non pas seulement de lutter contre une pêche ou une chasse excessives, mais aussi d'assurer les conditions propres à la survie des espèces menacées par l'urbanisation, les pollutions, l'utilisation massive d'insecticides, etc.

La notion de préservation des espèces en voie d'extinction ou menacées de disparaître n'est nullement abandonnée et demeure au centre des nouvelles réglementations internationales mais celles-ci portent sur l'ensemble des moyens de l'assurer.

De nombreuses conventions régionales traduisent cette approche (outre les traités de Washington et d'Alger précités, qui font figure de précurseurs, v. notamment les conventions d'Apia sur la protection de la nature dans le Pacifique Sud du 12 juin 1976, de Berne du 19 septembre 1979 relative à la conservation de la vie sauvage et du milieu naturel de l'Europe (v. P.H. Imbert, *AFDI* 1979, p. 726-752), de Kuala-Lumpur du 9 juillet 1985 sur la conservation de la nature et des ressources naturelles dans le Sud-Est asiatique, de Nouméa du 24 novembre 1986 pour la protection des ressources naturelles et de l'environnement dans la région du Pacifique Sud ou de Salzbourg du 7 novembre 1991 relative à la protection des Alpes ou de Maputo du 11 juillet 2003 sur la conservation de la nature et des ressources naturelles en Afrique ; v. aussi les accords concernant la protection de l'environnement antarctique, *supra*, n° 348).

Au plan universel, plusieurs conventions importantes s'inspirent de ces préoccupations globales. Par la Convention de l'Unesco du 23 novembre 1972, les États parties reconnaissent « l'obligation d'assurer l'identification, la protection, la conservation, la mise en valeur et la transmission aux générations futures » de leur patrimoine culturel et naturel (art. 4), dont certains éléments « ayant une valeur universelle exceptionnelle » peuvent être inscrits au patrimoine mondial (art. 11). Surtout, la Convention de Washington du 3 mars 1973 sur le commerce international des espèces de faune et de flore sauvages menacées d'extinction (CITES), modifiée à plusieurs reprises et largement ratifiée, réglemente strictement le commerce des espèces menacées d'extinction ou qui pourraient le devenir.

Les unes et les autres font l'objet de deux listes distinctes dressées respectivement aux annexes I et II à la CITES et constamment amendées et étendues depuis son entrée en vigueur comme le prévoit la Convention (art. XV) tandis que les États peuvent individuellement prendre l'initiative d'inscrire, en ce qui les concerne, d'autres espèces à une annexe III, ce qui garantit le concours des autres Parties à leur préservation telle que l'organisent les lois nationales. La Convention oblige les États parties à prendre des mesures draconiennes pour empêcher (ou limiter) tant l'exportation que l'importation des espèces menacées ou vulnérables et sanctionner les contrevenants ; le respect de ces obligations est assuré par un système de rapports périodiques, qui font l'objet d'un examen au plan international, une enquête étant possible en cas de non-respect présumé (v. *supra*, n° 742). V. aussi l'Accord de Lusaka du 8 septembre 1994, conclu sous les auspices de l'OUA, sur les opérations concertées de coercition visant le commerce illicite de la faune et de la flore sauvages. Pour la mise en œuvre par les Communautés de la Convention CITES, v. le Règlement du Conseil 338/97 du 9 décembre 1996 sur la protection des espèces de faune et de flore sauvages par le contrôle de leur commerce.

La protection spécifique de certaines espèces continue en outre à faire l'objet d'accords tant au plan universel que régional. Ainsi, la Convention de Ramsar, également conclue sous les auspices de l'Unesco le 2 février 1971 (et amendée en 1982 et 1987), porte sur la protection des zones humides d'importance internationale, particulièrement comme habitats des oiseaux d'eau. De son côté, la Convention de Bonn du 23 juin 1979 sur la conservation des espèces migratrices appartenant à la faune sauvage constitue un traité-cadre, complété par plusieurs accords portant sur certaines espèces ou sur des zones de migration particulières et, comme la CITES, repose sur un système de listes ; le suivi de la Convention est assuré par la Conférence des Parties, assistée d'un Secrétariat et d'un Conseil scientifique.

Le droit de la mer constitue également le cadre d'une réglementation poussée concernant la protection des ressources biologiques, dans laquelle les préoccupations proprement écologiques se sont progressivement jointes aux objectifs économiques initiaux (cf. en particulier l'Accord de New York du 4 août 1995 sur les stocks chevauchants — v. *supra*, n° 698).

De son côté, la Communauté européenne a adopté un ensemble d'instruments visant à la protection de la flore et de la faune, dont les plus importants et les plus complets concernent la conservation des oiseaux sauvages (cf. les règlements n° 398/2009 du Parlement européen et du Conseil du 23 avril 2009 et 407/2009 de la Commission du 14 mai 2009 modifiant le règlement n° 338/97 du Conseil relatif à la protection des espèces de faune et de flore sauvages par le contrôle de leur commerce — v. N. de Sadeleer, *RMC* 1993, p. 24-32).

Les techniques de conservation et de protection de la vie sauvage sont extrêmement disparates et défient la synthèse.

Traditionnellement limitées à l'interdiction, à la limitation ou à la réglementation des prélèvements (chasse, pêche ou cueillette), elles se sont, progressivement, considérablement diversifiées et sont devenues, dans certains cas, très sophistiquées : création de parcs naturels, de réserves ou de « sanctuaires » (cf., pour les baleines, l'Océan indien, depuis une décision la Commission internationale de la chasse à la baleine de 1979) ; interdiction, contingentement ou limitation du commerce ; réglementation du transport des animaux (cf. la Convention du Conseil de l'Europe du 13 décembre 1968 et la directive 77/489 du Conseil de la CEE du 18 juillet 1977) ; préservation du milieu naturel dans lequel les espèces animales ou végétales vivent et se nourrissent ; contrôle direct de la limitation des prises par ces observateurs ou des inspecteurs internationaux (cf. l'article XXIV de la Convention de Canberra de 1980 sur la conservation de la faune et la flore marines de l'Antarctique ou les « Équipes spéciales » prévues par la Convention de Lusaka de 1994), etc. De plus en plus, ces techniques sont utilisées conjointement, que les traités qui y recourent aient une vocation générale de préservation des espèces menacées ou qu'ils portent sur des espèces déterminées.

758. Protection de la diversité biologique. — Une étape supplémentaire a été franchie avec la conclusion de la Convention sur la diversité biologique, signée le 5 juin 1992 durant la Conférence de Rio et ratifiée par la quasi-totalité des États (v. M.-A. Hermitte, *AFDI* 1992, p. 844-870). Dès l'alinéa 1er de son préambule, elle affirme « la valeur intrinsèque de la diversité biologique » définie comme « la variabilité des organismes vivants de toute origine y compris, entre autres, les écosystèmes terrestres, marins et autres écosystèmes aquatiques et les complexes écologiques dont ils font partie ; cela comprend la diversité au sein des espèces et entre « espèces ainsi que celles des écosystèmes », ces derniers étant des « complexe[s] dynamique[s] formés de communautés de plantes, d'animaux et de leur environnement non-vivant qui, par leur interaction, forment une unité fonctionnelle » (article art. 2).

Conformément à l'orientation donnée dès 1982 par la Charte mondiale de la nature (résol. 37/7 de l'Assemblée générale), il ne s'agit plus seulement de protéger des espèces menacées de disparition, mais d'assurer que « la viabilité génétique de la terre ne sera pas compromise » (principe 2).

La Convention n'en est pas moins le résultat de compromis entre des inspirations diverses, qui marquent profondément les principes et les mécanismes mis en place : l'objectif de conservation des écosystèmes dans leur diversité est contrebalancé par le souci d'en assurer une exploitation économique à la fois équitable, rationnelle et rentable ; la conscience d'un intérêt commun de l'humanité se heurte à l'affirmation du « principe » — le seul désigné ainsi — selon lequel « les États ont le droit souverain d'exploiter leurs propres ressources » (article 3) si bien que la notion de patrimoine commun de l'humanité est écartée au profit de sa pâle copie, sans consistance juridique, de « préoccupation commune » (alinéa 3 du préambule) ; les « responsabilités différenciées » des États ne se traduisent guère que par une incitation aux transferts de technologie (cf. les articles 16 à 19) — mais le mécanisme de financement est plus novateur (cf. l'article 21 — v. *supra*, n° 737).

Sur le fond, la Convention, tout en réaffirmant les grandes orientations du droit international de l'environnement (principes de coopération et de précaution, appel aux études d'impact, information), n'impose guère d'obligations aux États parties qui sont appelés à élaborer des stratégies tendant à assurer la conservation et l'utilisation durable de la diversité biologique et à adopter des mesures de conservation *in situ* (zones protégées par exemple) ou *ex situ*, « dans la mesure du possible et selon qu'il conviendra » (art. 6 à 11). En outre, ni le mécanisme institutionnel de suivi, très classique, ni le mode de règlement des différends, ne débouchent sur des contraintes supplémentaires. Et la Convention laisse subsister les accords préexistants (auxquels il avait été envisagé initialement de la substituer).

La Convention de Rio indique des directions souhaitables bien davantage qu'elle ne met réellement en œuvre les idées novatrices dont elle s'inspire (et l'on peut même craindre qu'elle constitue une régression dans la mesure où elle limite le libre accès traditionnel aux spécimens génétiques). Mais, à son tour, elle pourrait constituer à l'avenir une source d'inspiration féconde (cf. l'Accord de 1995 sur les stocks chevauchants qui vise à « préserver la diversité biologique » et à « maintenir l'intégrité des écosystèmes marins » — alinéa 7 du préambule).

Sur un début de la mise en œuvre communautaire de la Convention de Rio, v. le Règlement du Conseil de la CE n° 1467/94 du 20 juin 1994, « Conservation, caractérisation, collecte et utilisation des ressources génétiques en agriculture ».

Il va de soi que l'homme est lui-même partie intégrante de l'écosystème global et que la diversité biologique de l'espèce humaine est partie intégrante de cette « préoccupation commune ». C'est ce qu'exprime l'article 1er de la Déclaration universelle sur le génome humain et les droits de l'homme adoptée par la Conférence générale de l'Unesco le 11 novembre 1997 :

« Le génome humain sous-tend l'unité fondamentale de tous les membres de la famille humaine, ainsi que la reconnaissance de leur dignité intrinsèque et de leur diversité. Dans un sens symbolique, il est le patrimoine de l'humanité » (v. not. N. Lenoir, *EDCE* 1998, p. 339-366 et N. Lenoir et B. Mathieu, *Les normes internationales de la bioéthique*, PUF « Que sais-je ? », n° 3356, 1998, 128 p.). Cette volonté de préserver la diversité — et l'évolution aléatoire — du patrimoine génétique humain s'exprime dans la Convention d'Oviedo du 4 avril 1997, et de son protocole additionnel de 1998, sur les droits de l'homme et la biomédecine, à l'initiative du Conseil de l'Europe, qui vise les intérêts à long terme de « l'espèce humaine » (préambule).

Le Protocole de Carthagène du 29 janvier 2000 sur la prévention des risques biotechnologiques (V. S. Maljean-Dubois, *Obs. NU* 2001, p. 42-66), vise à préciser la Convention de Rio de 1992 en ce qui concerne la diffusion des organismes génétiquement modifiés (OGM) : la coopération interétatique repose sur la procédure — déjà mise en œuvre pour les produits chimiques et pesticides dangereux par la Convention de Rotterdam du 11 septembre 1998 — « d'accord préalable en connaissance de cause » ; outre les aspects de procédure, le système organise la méthode d'évaluation des risques dans les mouvements transfrontières, les modalités du transport et de commercialisation, l'assistance technique. Des lacunes subsistent malgré tout, en particulier quant au respect des principes posés par la convention dans les rapports avec les États non parties, à l'évaluation de l'impact « socio-économique » des transferts en cause, aux modes de responsabilité en cas de dommages (les parties se sont données quatre ans pour trouver une réponse sur ce point). De plus, l'interprétation et l'application du Protocole seront délicates, dans la mesure où le préambule rappelle les caractéristiques traditionnelles de la souveraineté étatique et le principe de l'effet relatif des traités internationaux (on sait qu'il existe un conflit potentiel avec les standards du commerce international tels qu'ils s'expriment dans les accords de l'OMC).

759. Protection des forêts et lutte contre la désertification. — Les traités protecteurs de la flore (v. *supra*, n° 757) bénéficient évidemment aux essences forestières et jouent, de ce fait, un rôle dans la protection internationale des forêts. Il en va de même, dans une perspective différente, de l'Accord international sur les bois tropicaux adopté le 18 novembre 1983 et renouvelé le 26 janvier 1994 puis le 27 janvier 2006.

Cet instrument constitue un accord de produits de base (v. *supra*, n° 658) dont il poursuit l'objectif habituel (la rationalisation du commerce des produits couverts) et dont il suit le schéma classique, y compris en créant une organisation internationale destinée à en assurer la mise en œuvre et à en surveiller le fonctionnement. Il présente cependant la particularité de promouvoir « une stratégie ayant pour but le commerce international des bois tropicaux provenant de sources gérées de façon durable » (al. b) du préambule – l'expression « gestion durable » apparaît 12 fois dans l'article 1er définissant les objectifs de l'Accord). L'Accord de 2006 perpétue le Fonds pour la gestion durable des forêts productrices de bois tropicaux qu'avait institué celui de 1994 (Fonds pour le partenariat de Bali — art. 23).

Toutefois, la protection des forêts impose des mesures plus globales. Indispensables à l'équilibre écologique de la planète, elles sont, dans maintes parties du monde (principalement en développement), menacées de disparition du fait de la surexploitation dont elles sont l'objet pour des raisons multiples (agriculture extensive et brûlis incontrôlés, utilisation croissante à des fins ménagères), et laissent place à des zones désertiques.

La complexité des problèmes socio-économiques sous-jacents est telle que la Conférence de Rio n'a pu adopter, en 1992, la convention envisagée sur les forêts, et a dû se borner à entériner, par acclamation, une « Déclaration de principes, non juridiquement contraignante mais faisant autorité, pour un consensus mondial sur la gestion, la conservation et l'exploitation écologiquement viable de tous les types de forêts », qui se borne à énoncer des directives générales de comportement ne présentant guère d'originalité.

Il n'en va pas de même de la Convention des Nations Unies, adoptée à Paris le 17 juin 1994 sur la lutte contre la désertification dans les pays gravement touchés par la sécheresse et/ou la désertification, en particulier en Afrique (v. M.A. Bekhechi, *RGDIP* 1997, p. 5-44), qui présente des originalités constructives : insistance sur la nécessité de stratégies à long terme (art. 2, § 2, 5.b) et 9 à 11) ; reconnaissance du fait que « les pays en développement touchés [par la sécheresse] peuvent prétendre à une aide pour appliquer la Convention » (art. 2, § 3) et du devoir corrélatif des pays développés de mobiliser des ressources financières à cette fin (art. 6, 20 et 21) ; sensibilisation des populations locales et appel aux ONG (art. 5.d) et 19) ; création d'un Comité de la science et de la technologie (art. 24) et d'un « réseau d'institutions, d'organismes et d'organes existants » (art. 25) s'ajoutant au mécanisme traditionnel de suivi (Conférence des Parties et Secrétariat). En outre, des annexes particulières concernent les différentes régions touchées par la désertification (Afrique, Asie, Amérique latine et Caraïbe et Méditerranée septentrionale) et adaptent les principes figurant dans le corps de la Convention aux particularités régionales (détaillées dans le texte de chaque annexe) en précisant les engagements respectifs des États de la région et des pays développés parties.

§ 3. — *Activités à risques*

BIBLIOGRAPHIE. — J.E. READ, « The Trail Smelter Dispute », *ACDI* 1963, p. 213-229. — C.-W. JENKS, « Liability for Ultra-hazardous Activities in International Law », *RCADI* 1966-I, vol. 117, p. 99-200. — P.-M. DUPUY, *La responsabilité internationale des États pour les dommages d'origine technologique et industrielle*, Pedone, 1977, 319 p. — C.-G. CAUBET, « Le droit international en quête d'une responsabilité pour les dommages résultant d'activités qu'il n'interdit pas », *AFDI* 1983, p. 99-120. — A.-Ch. KISS, « L'accident de Tchernobyl et ses conséquences au point de vue international », *AFDI* 1986, p. 139-152. — J. WILLISCH, *State Responsibility for Technological Damage in International Law*, Duncker & Humblot, Berlin, 1987, XXVIII-327 p. — G. HANDL, « Après Tchernobyl... », *RGDIP* 1988, p. 5-62. — A. BOYLE, « Nuclear Energy and International Law — An Environmental Perspective », *BYBIL* 1989, p. 257-313 ; « Chernobyl and the Development of International Environmental Law » *in* W. BUTLER ed., *Perestroika and International Law*, Nijoff, Dordrecht, 1990, p. 203-219. — Ph. SANDS, *Chernobyl – Law and Communication*, Grotius, Cambridge, 1988, 312 p. — M. BOTHE, « International Regulation of Transboundary Movement of Hazardous

Wastes », *GYBIL* 1990, p. 422-431. — K. SACHARIEW, « The Definition of Thresholds of Tolerance for Transboundary Environmental Injury under International Law — Development and Present Status », *NILR* 1990, p. 193-206. — M. EL BARADEI, E. NWOGUGU et J. RAMES, ed., *The International Law of Nuclear Energy*, Nijhoff, Dordrecht, 1993, 2117 p. — S.D. MURPHY, « Prospective Liability Regimes for the Transboundary Movement of Hazardous Wastes », *AJIL* 1994, p. 24-75. — A. GIOIA, « Sviluppi recenti in tema di risarcimento dei danni derivanti da incidenti nucleari », *Riv. DI* 1998, p. 605-631. — M. PALLEMAERTS, *Toxics and Transnational Law : International and European Regulation of Toxic Substances as Legal Symbolism*, Hart, Oxford, 2003, XXIII-767 p. — L. PASQUALI, *Le régime juridique des mouvements transfrontières de déchets en droit communautaire et en droit international*, PU Aix-Marseille, 2005, 404 p.

Recueil de documents : B. KWIATKOWSKA et A. H. A. SOONS, *Transboundary Movements and Disposal of Hazardous Wastes in International Law — Basic Documents*, Nijhoff/Graham & Trotman, Dordrecht/Londres, 1993, 1386 p.

760. Notion d'activités à risques. — Aux termes de l'article 1er du projet d'articles sur la prévention des dommages transfrontières résultant d'activités dangereuses adopté par la CDI en 2001, celui-ci s'applique « aux activités non interdites par le droit international qui comportent un risque de causer un dommage transfrontière significatif de par leurs conséquences physiques ». Cette définition met en évidence les trois caractéristiques principales des activités à risques : elles doivent être licites (faute de quoi leur régime juridique ne pose aucun problème particulier : elles sont interdites et un État qui s'y livre, ou qui n'empêche pas un particulier de s'y livrer, engage sa responsabilité internationale) ; elles doivent comporter un risque de dommage transfrontière (si tel n'est pas le cas, le droit international n'est pas concerné) ; et ce risque doit être exceptionnel, en tout cas supérieur à la normale.

C'est ce dernier élément qui pose les problèmes les plus difficiles. De nombreuses activités humaines, qu'il s'agisse de la conduite automobile ou du transport aérien, de la construction d'un barrage sur un fleuve international ou dans une zone frontalière ou de la production électrique d'origine nucléaire, sont susceptibles de causer des dommages transfrontières. Mais ceux-ci sont plus ou moins prévisibles et plus ou moins importants : ils peuvent être certains mais bénins si, du moins, on les considère isolément (cas de la conduite automobile qui engendre une pollution atmosphérique inévitablement transfrontière mais dont seule l'accumulation fait courir des risques réels à l'environnement — cas des « pluies acides », v. *supra*, nos 733, 745 ou 756) ; ils peuvent aussi être dramatiques s'ils se produisent mais leur survenance est improbable (rupture d'un barrage par exemple). Comme le relève la CDI dans le commentaire du projet d'article précité, « le simple fait qu'un dommage résulte finalement d'une activité ne signifie pas que l'activité comportait un risque dès lors qu'aucun observateur dûment informé n'a été ou n'aurait pu être conscient de ce risque au moment où l'activité s'est exercée » (*Ann. CDI* 2001, vol. II, 2e partie, p. 162, § 14) du commentaire de l'art. 1er).

Pour définir le caractère dangereux d'une activité, il convient donc de combiner la probabilité de la survenance du dommage et la gravité de celui-ci, ce que s'efforce de faire l'article 2.a) du même projet d'articles en précisant que « l'expression "risque de causer un dommage transfrontière significatif" recouvre les risques dont il est fort probable qu'ils causeront un dommage transfrontière significatif et ceux dont il est peu probable qu'ils causeront des dommages transfrontières catastrophiques ».

L'adjectif « significatif » revêt un caractère vague et renvoie à une appréciation subjective. C'est sans doute ce qui le rend recommandable : il est, en la matière, impossible de fixer un seuil rigide. Et il vaut certainement les autres vocables parfois employés aux mêmes fins : conséquences ou dommages « sérieux », « graves » (affaire de la *Fonderie de Trail*, *RSA* III,

p. 1965 — en anglais : « *serious consequences* » ; art. 1.d) de la Convention d'Helsinki de 1992 sur les accidents industriels), « importants » (art. 2, § 1 et 2, de la Convention d'Espoo de 1991 sur les EIE), « sensibles », « substantiels », qui tous impliquent également un jugement de valeur. L'usage du mot « significatif » tend, du reste, à se répandre (cf. l'article 2, paragraphes 1 et 2, de la Convention de Lugano de 1993 sur la responsabilité civile des dommages résultant d'activités dangereuses pour l'environnement ou l'article 7 de la Convention de 1997 sur les cours d'eau), et l'on peut penser que sa signification exacte se précisera à l'usage.

Certaines conventions définissent plus directement les « activités dangereuses ». C'est le cas de celle d'Helsinki du 17 mars 1992 sur les effets transfrontières des accidents industriels, qui se réfère uniquement à la présence de substances dangereuses en quantités supérieures à celles énumérées à l'annexe I (art. 1.b), ou de la Convention de Lugano du Conseil de l'Europe, du 21 juin 1993, sur la responsabilité civile des dommages résultant d'activités dangereuses pour l'environnement, qui limite celles-ci aux activités « effectuées à titre professionnel » mais en donne une définition exhaustive incluant « la production, la manipulation, le stockage, l'utilisation ou le rejet d'une ou plusieurs substances dangereuses » (celles qui « possèdent des propriétés constituant un risque significatif pour l'homme, l'environnement ou les biens », et dont l'annexe I fixe les critères par référence à plusieurs directives du Conseil des Communautés européennes) ou d'organismes génétiquement modifiés ou de micro-organismes présentant les mêmes caractères et « l'exploitation d'une installation ou d'un site d'incinération, de traitement, de manipulation ou de recyclage de déchets (...) dans la mesure où les quantités impliquées présentent un risque significatif pour l'homme, l'environnement ou les biens ».

Ces deux conventions, dont seule la première est entrée en vigueur (en 2000), excluent les activités nucléaires de leur champ d'application (art. 2, § 2, de la Convention d'Helsinki et art. 4 de celle de Lugano). Il n'en résulte évidemment pas que celles-ci ne constituent pas des « activités à risques » ou des « activités dangereuses pour l'environnement ». D'une façon générale, ces instruments posent des principes généraux qui peuvent être précisés et auxquels il peut être dérogé par des traités spéciaux propres à chaque catégorie d'activités à risques. La Convention d'Helsinki a été complétée par un Protocole sur la responsabilité civile et l'indemnisation en cas de dommages causés par les effets transfrontières d'accidents industriels sur les eaux transfrontières, signé à Kiev le 21 mai 2003, et qui n'est pas en vigueur.

761. Régimes particuliers. — Dans toute la mesure où il n'y est pas dérogé par des traités particuliers, les activités à risques sont soumises au respect des principes généraux du droit international de l'environnement, tels qu'ils ont été décrits dans le chapitre précédent. En règle générale, le régime juridique qui leur est applicable est inspiré par le principe fondamental de l'utilisation non dommageable du territoire (v. *supra*, n° 736-1°), dont les conventions particulières les concernant déclinent les conséquences en les adaptant aux activités spécifiques qu'elles réglementent.

Ces normes particulières ont, pour l'essentiel, déjà été décrites à propos de l'étude soit de la responsabilité pour risque (v. *supra*, n°s 498-499), puisque l'une des difficultés les plus grandes posées par ces activités concerne la réparation des dommages qu'elles sont susceptibles de causer, soit de l'utilisation des espaces (v. *supra*, n°s 752 s.), puisque ces dommages sont infligés dans ou à des espaces particuliers et que leur prévention ou les modes de leur réparation sont envisagés dans les instruments les concernant. Il suffit donc de rappeler brièvement les principaux éléments de ces régimes en apportant, le cas échéant, quelques précisions au sujet de certains d'entre eux.

1° *Substances dangereuses et accidents industriels*. La définition des activités à risques est souvent liée à celle des substances qu'elles utilisent (v. *supra*, n° 760) et qui sont la plupart du temps à l'origine des dommages écologiques transfrontières survenant à la suite d'accidents industriels.

La production, l'utilisation et le transport de ces substances ont fait, dès les années 1960 et 1970, l'objet de réglementations assez contraignantes dans le cadre de l'OCDE (cf. les recommandations du Conseil de cette organisation des 14 novembre 1974 et 7 juillet 1977 sur la mesure de l'écotoxicité des composés chimiques et la décision du 8 décembre 1982 sur leur commercialisation) et des Communautés européennes (cf. la directive du Conseil 67/548 du 27 juin 1967, plusieurs fois modifiée depuis lors sur la commercialisation des substances dangereuses). Mais c'est la catastrophe de Seveso de 1976, suivie par celles de Bhopal et de Sandoz (Bâle) en 1984 et de Tchernobyl en 1986, qui a été à l'origine de la prise de conscience des lacunes de la réglementation internationale concernant les accidents industriels et leurs conséquences pour l'environnement.

Le principe de l'utilisation non dommageable du territoire trouve sa limite dans le fait que, s'il impose une obligation de vigilance normale à l'État, ce qui contribue à limiter les risques d'accidents, il ne les exclut évidemment pas et n'impose pas de règles de conduite particulières lorsqu'ils surviennent. Pour pallier cette lacune, le Conseil de la CEE a adopté, le 24 juin 1982 la « directive Seveso » (n° 82/501), invitant les États membres à prendre les mesures nécessaires à la prévention des accidents de ce type et à la limitation de leurs effets et plusieurs conventions bilatérales ou régionales (dans le cadre européen ou interaméricain) ont été adoptées. En revanche, il n'existe pas, dans ce domaine, de traité à portée universelle.

Outre plusieurs accords bilatéraux relatifs à l'assistance mutuelle en cas de catastrophes ou accidents graves (par exemple, entre la France et l'Allemagne [1977], la Belgique [1981] ou la Suisse [1987]), deux conventions multilatérales revêtent à cet égard une importance particulière au plan européen : celle d'Helsinki sur les effets transfrontières des accidents industriels du 17 mars 1992, et celle de Lugano du 21 juin 1993 sur la responsabilité civile résultant d'activités dangereuses pour l'environnement (v. *supra*, n° 760).

La première met en œuvre le principe de prévention, tant *ex ante* — afin d'empêcher l'accident de se produire —, qu'*ex post*, afin de tenter d'en limiter les effets (sur la complémentarité de ces deux aspects, v. *supra*, n° 749). À cette double fin, la Convention d'Helsinki organise la coopération entre les Parties pour identifier les activités dangereuses, prévenir les accidents industriels, se préparer aux situations d'urgence, informer le public, notifier la survenance des accidents et se prêter une assistance mutuelle. V. aussi la Convention interaméricaine de Santiago du Chili de 1991 pour faciliter l'assistance en cas de catastrophe.

Sur le régime de responsabilité civile à la charge de l'exploitant institué par la Convention de Lugano, v. *supra*, n° 744.

2° *Pollution par les hydrocarbures*. Parmi les substances dangereuses pour l'environnement, les hydrocarbures tiennent une place particulière du fait de l'importance de leur utilisation et du grand nombre de pollutions, surtout maritimes, dont ils ont été la cause. Les conventions internationales les concernant sont particulièrement nombreuses et les premières d'entre elles remontent à la « préhistoire » du droit international de l'environnement.

V. notamment la Convention de Londres du 12 mai 1954 pour la prévention de la pollution des mers par les hydrocarbures (OILPOL) et l'article 24 de la Convention de Genève sur la haute mer de 1958. Pour les traités postérieurs, v. *supra*, n° 754. En ce qui concerne plus particulièrement les accords relatifs à la responsabilité pour la pollution des mers par les hydrocarbures, v. *supra*, n° 499. Le régime de responsabilité qu'ils instituent est purement « objectif ». La responsabilité pèse sur le propriétaire du navire et sur l'exploitant des installations de forage indépendamment de tout manquement au droit international. Celle de l'État d'immatriculation ne peut être mise en cause que s'il a manqué à ses obligations de vigilance.

3° *Déchets*. Les déchets, définis comme « des substances ou objets qu'on élimine, qu'on a l'intention d'éliminer ou qu'on est tenu d'éliminer en vertu des dispositions du droit national » (art. 2, § 1, des conventions de Bâle du 22 mars 1989 et de Bamako du 30 janvier 1991), ne sont pas nécessairement des « substances dangereuses ». Ils peuvent cependant être dangereux, ou le devenir du fait d'une accumulation dans de mauvaises conditions de salubrité et de l'insuffisance de leur recyclage (souvent fort coûteux).

Ici encore, l'OCDE et les Communautés européennes ont été les premières à s'efforcer de réglementer tant la gestion des déchets que leurs mouvements transfrontières et de limiter les risques en résultant pour l'environnement.

Cf. la Recommandation du Conseil de l'OCDE du 28 septembre 1976 préconisant une politique globale de gestion des déchets et la Directive-Recommandation du 1er février 1984 sur les mouvements transfrontières de déchets dangereux ; et, pour la CE, les directives 75/442 du 15 juillet 1975, sur les déchets en général, 78/319 du 20 mars 1978 sur les déchets toxiques et dangereux, 84/631 du 13 décembre 1984 — un autre texte adopté à la suite de la catastrophe de Seveso — relative à la surveillance et au contrôle dans la Communauté des transferts transfrontaliers de déchets dangereux et le Règlement 259/93 du 1er février 1993 concernant la surveillance et le contrôle des déchets à l'entrée et à la sortie de la CE. Dans ces deux cadres, on est passé successivement de recommandations de portée assez générale à des obligations plus précises d'autorisations, de notifications et de contrôle.

Au plan universel, le Conseil d'administration du PNUE a adopté, le 17 juin 1987, les Lignes directrices et principes du Caire relatives à l'élimination et au transport international de déchets toxiques et dangereux qui énoncent des obligations assez générales de prévention et de coopération et invitent les États à adopter des règles nationales concernant la responsabilité et l'assurance des dommages.

La Convention de Bâle du 22 mars 1989 sur le contrôle des mouvements transfrontières de déchets dangereux et leur élimination reprend et systématise ces principes en tenant compte du « sentiment croissant favorable à l'interdiction » de ces mouvements et en appelant à une « gestion rationnelle » des déchets, de préférence dans l'État où ils ont été produits (alinéas 7 et 8 du préambule). À ces fins, la Convention reconnaît le droit des parties d'interdire l'importation des déchets dangereux et leur devoir de ne pas permettre leur exportation, même vers des États non-parties si ceux-ci ne donnent pas expressément leur accord, intéressant exemple d'engagement conventionnel à l'égard des tiers (art. 4). En outre, des obligations strictes de notifications et d'autorisations sont prévues. Toutefois, la « vérification » prévue à l'article 19 demeure très embryonnaire.

Sur la Convention de Bâle : F. BITAR, *Les mouvements transfrontières de déchets dangereux selon la Convention de Bâle — Étude des régimes de responsabilité*, Pedone, 1997, 275 p. ; E. MOÏSE, *RGDIP* 1989, p. 899-906 ; C. DE VILLENEUVE, *RMC* 1990, p. 568-577 ; K. KUMMER, *ICLQ* 1992, p. 530-562 ; *International Management of Hazardous Wastes : The Basel Convention and Related Legal Rules*, Oxford UP, 1999, 520 p. ; M.T. PEREZ-MARTIN, *Que fait le village planétaire de ses déchets dangereux ?...*, Bruylant, Bruxelles, 2000, XXI-494 p.

La gestion des déchets dangereux constitue une pomme de discorde entre les pays développés et les pays en développement. Lors de la négociation de la Convention de Bâle, sous l'égide du PNUE, ces derniers avaient demandé, en vain, l'interdiction des exportations de déchets du monde industrialisé, dont ils ne voulaient pas devenir la « poubelle », vers leurs territoires. En 1995, la Conférence des parties leur a donné satisfaction (décision III/1 du 22 septembre 1995). Entre-temps, les États membres de l'OUA avaient adopté, le 30 janvier 1991, l'importante Convention de Bamako sur l'interdiction d'importer des déchets dangereux et le contrôle de leurs mouvements transfrontières en Afrique (v. F. Ouguergouz, *AFDI* 1992, p. 871-884).

Reposant sur une conception plus large des déchets dangereux que celle de Bâle, la Convention de Bamako interdit l'importation en Afrique des déchets ainsi définis en provenance de Parties non contractantes (art. 4, § 1). En outre, et contrairement à la Convention du PNUE, celle de l'OUA interdit le déversement de ces déchets en mer et dans les eaux intérieures (art. 4, § 2). En revanche, elle n'interdit pas clairement l'exportation vers les pays tiers. Pour le reste, les deux textes sont très voisins et leur conciliation est facilitée par l'amendement mentionné ci-dessus de la Convention de Bâle.

D'autres instruments internationaux à vocation universelle sont relatifs au traitement des déchets dangereux, soit qu'ils concernent certains espaces (cf. la Convention de Londres de 1972, amendée en 1993 et 1995, sur la prévention de la pollution des mers résultant de l'immersion de déchets — v. *supra*, n° 754 et les autres accords cités), soit qu'ils portent sur certaines catégories de déchets (cf. le Code de bonne pratique sur le mouvement transfrontière international de déchets radioactifs adopté le 27 juin 1990 par la Conférence générale de l'AIEA et la Convention commune sur la sûreté de la gestion du combustible usé et sur la sûreté de la gestion des déchets radioactifs du 29 septembre 1997). V. également la Convention (FAO-PNUE) de Rotterdam du 11 sept. 1998 sur la procédure de consentement préalable applicable à certains produits chimiques et pesticides qui font l'objet d'un commerce international et la Convention de Stockholm du 22 mai 2001 sur les polluants organiques persistants.

4° *Utilisation de l'énergie nucléaire.* Malgré les risques exceptionnellement graves qu'elle fait courir à la santé humaine et à l'environnement mondial, l'utilisation pacifique de l'énergie nucléaire fait l'objet d'une réglementation internationale encore lacunaire — essentiellement du fait de la difficulté de la dissocier de son usage militaire, étant entendu que les règles protectrices de l'environnement au cours des conflits armés (qui s'appliquent à l'utilisation de l'arme nucléaire — v. *supra*, n° 579) et les mesures de désarmement ou de maîtrise des armements en matière nucléaire (v. *supra*, n°s 603 s.) contribuent au mouvement général de la protection de l'environnement. Tel est le cas, en particulier des traités du 5 août 1963 et du 10 septembre 1996 limitant puis interdisant les expériences nucléaires ou de la création de zones exemptes d'armes nucléaires.

En ce qui concerne le « nucléaire civil », trois organisations internationales ont été créées presque simultanément pour le promouvoir, le réglementer et en contrôler le caractère pacifique, davantage dans l'esprit de protéger la santé publique et d'éviter la prolifération de l'arme atomique que dans une perspective environnementaliste.

Parmi celles-ci, deux sont régionales. La Communauté européenne de l'énergie atomique (Euratom), a été créée par le Traité de Rome de 1957 avec pour mission « de contribuer, par l'établissement des conditions nécessaires à la formation et à la croissance rapides des industries nucléaires, à l'élévation du niveau de vie... » (art. 1er) ; elle a joué — et continue de jouer — un rôle éminent dans l'édiction de normes de sécurité et la surveillance de la radioactivité. Instituée la même année, l'Agence pour l'énergie nucléaire de l'OECE puis de l'OCDE (AEN) a pour fonctions d'harmoniser les programmes nationaux des États membres, de favoriser le développement de leur industrie nucléaire et de veiller à la sûreté des installations (elle est chargée à ce titre de veiller à l'application de la Convention du 20 décembre 1957 sur le contrôle de sécurité).

L'Agence internationale pour l'énergie atomique (AIEA) a une vocation universelle. Créée par un traité du 26 octobre 1956, elle est un centre d'échanges scientifiques et techniques et doit veiller à l'utilisation pacifique de l'énergie nucléaire, notamment en contrôlant le respect des traités de désarmement nucléaire et, d'abord, du TNP.

Progressivement, le rôle de l'AIEA en matière de sécurité des installations nucléaires s'est accru. Dès 1969, elle a élaboré des directives sur la conduite à tenir en cas d'accident nucléaire ; à partir de 1975, elle a entrepris l'élaboration de codes de bonne pratique et de guides relatifs à la sûreté des centrales nucléaires (programme NUSS) et c'est sous son égide qu'a été adoptée, le 26 octobre 1979, la Convention sur la protection physique des matières nucléaires, ouverte à la signature le 20 mars 1980.

Ce n'est toutefois qu'après la catastrophe de Tchernobyl que furent adoptées, dans l'urgence, le 26 septembre 1986, deux conventions plus directement inspirées par le souci de protéger l'environnement et consacrées respectivement à la notification rapide d'un accident nucléaire et à l'assistance en cas d'accident nucléaire ou de situation d'urgence radiologique. Dans les deux cas, il s'agit de tenter de limiter les effets d'un accident et d'organiser la coopération entre les Parties avec l'assistance de l'Agence.

Cette réglementation demeurait cependant très lacunaire et il fallut attendre la conclusion, le 20 septembre 1994, de la Convention de Vienne sur la sûreté nucléaire pour que celle-ci fasse l'objet d'une approche globale (v. : P. Reyners, *RGDIP* 1995, p. 605-621, P. Strohl, *AFDI* 1994, p. 804-822 ou O. Jankowitsch et W. Tonhauser, *ARIEL* 1997, p. 319-340).

« Incitative » (comme l'indique expressément son préambule), celle-ci demeure cependant prudente et fait la part belle à la bonne volonté des États parties qui sont invités à « établir un cadre législatif et réglementaire pour régir la sûreté des installations nucléaires » (art. 7) « accordant la priorité requise » à celle-ci (art. 10). N'instituant aucun contrôle de l'AIEA, la Convention impose cependant aux Parties de présenter un rapport aux « réunions périodiques d'examen » sur les mesures prises pour remplir ces obligations peu contraignantes (procédure du *« peer review »* — art. 5), mais la confidentialité des informations est garantie (art. 27).

En matière de responsabilité, la Convention de 1994 se borne à imposer aux États parties de « faire le nécessaire pour que la responsabilité première de la sûreté d'une installation nucléaire incombe au titulaire » d'une autorisation d'exploiter (art. 9). En cela, elle reste fidèle à l'esprit général des conventions relatives à la responsabilité civile dans le domaine nucléaire, mais elle est particulièrement floue et n'évoque pas le système du « relais étatique » qui y est prévu (ces instruments sont cités *supra*, n° 499 ; v. aussi la Convention du 29 septembre 1997 sur la réparation complémentaire des dommages nucléaires qui institue un mécanisme d'engagements financiers collectifs *des États* (et non plus essentiellement des exploitants) en cas d'accident, différent de celui prévu par la Convention de Vienne de 1963, qui est également amendée — v. P. Reyners, *RGDIP* 1998, p. 747-763).

La Convention commune sur la sûreté de la gestion du combustible usé et sur la sûreté de la gestion des déchets radioactifs, également ouverte à la signature le 29 septembre 1997, complète celle de 1994 en vue d'atteindre le but, énoncé dans le préambule de l'un et l'autre de ces instruments, de la promotion d'une « culture de sûreté nucléaire » ; le schéma général des deux conventions est très voisin (v. A. Kageneck, *RGDIP* 1998, p. 145-156).

V. aussi la Convention de Londres de 1972 sur la prévention de la pollution des mers résultant de l'immersion de déchets, amendée en 1994 afin d'interdire l'immersion de déchets radioactifs (v. *supra*, n° 754) et la Convention de Bamako, préc., article 4, paragraphe 2.

INDEX ALPHABÉTIQUE (*)

A

(*) Les chiffres renvoient aux numéros et non aux pages.
Pour limiter le volume de l'index, il a été fait usage de quelques abréviations : *aff. = affaire ; DI = droit international ; europ. = européen ; int. = international ; jp. = jp. ; NU = Nations Unies ; org. int. = organisation internationale.*
Les numéros soulignés correspondent aux développements les plus importants.

B

C

F

G

H

I

J

M

N

O

P

Q

R

S

INDEX DES TEXTES

— Classement par ordre chronologique.
— Les chiffres renvoient aux numéros.
— Entre parenthèses, l'objet est brièvement indiqué. Ce n'est pas le titre officiel.
— Sauf indication contraire, il s'agit d'un « traité » ou d'une « convention ».
— Abréviations : AG = Assemblée générale ; CS = Conseil de sécurité ; CDH = Conseil des droits de l'homme ; Décl. = déclaration ; europ. = européen ; nucl. = nucléaire ; Résol. = résolution.

1886 — 12 mai	— France — Portugal (possessions en Afrique occidentale) : ***170***.
— 9 sept.	— Berne (Union internationale pour la protection des œuvres littéraires et artistiques) : ***35***, ***660***. [Art. 27 : ***102***].
1887 — 16 nov.	— La Haye (protection de la pêche en mer du Nord, trafic de spiritueux) : ***698***.
1888 — 29 oct.	— Constantinople (libre usage du canal de Suez) : ***35***, ***161***, ***234***, ***238***, ***361***, ***708***. [Art. 1, al. 1 : ***707***].
1890 — 2 juil.	— Bruxelles (Acte général de la Conférence de —, abolition de l'esclavage) : ***35***, ***101***, ***109***, ***441***. [Art. 25, ***699***].
1893 — 30 mai	— Saint-Petersbourg (Royaume-Uni — Russie, protection des otaries) : ***746***.
1894 — 7 oct.	— Honduras — Nicaragua (commission mixte) : ***96***.
1897 — 16 nov.	— France — Royaume-Uni (condominium sur les Nouvelles-Hébrides) : ***317***.
1898 — 6 mars	— Allemagne — Chine (cession à bail de Kiaotchéou) : ***313***.
— 27 mars	— Russie — Chine (cession à bail de Port-Arthur) : ***313***.
— 9 juin	— Pékin (Royaume-Uni — Chine, Hong Kong) : ***313***.
— 1er juil.	— Royaume-Uni — Chine (cession à bail de Weï-Haï-Weï) : ***313***.
— 18 nov.	— France — Chine (cession à bail de Kouang-Tchéou) : ***313***.
1899 — 19 janv.	— Égypte — Royaume-Uni (condominium sur le Soudan) : ***317***.
— 29 juil.	— La Haye (règlement pacifique des conflits internationaux) : ***35***, ***101***, ***102***, ***218***, ***500***, ***534***, ***535***, ***577***, ***600***. [Art. 3 : ***507***, ***508*** ; Art. 15 : ***44***, ***525*** ; Art. 57 : ***525***.]
	— La Haye (Convention II, guerre sur terre) : ***580***.
	— La Haye (Convention III, conduite des hostilités), Art. 22 : ***579***.
1901 — 17 mars	— France — Espagne (Amendement au Traité de Bayonne de 1856) : ***317***.
— 1er juil.	— Loi française sur la liberté d'association : ***417***.
— 18 nov.	— Traité Hay-Pauncefote (États-Unis — Royaume-Uni, canal de Panama) : ***161***, ***709***.
1902 — 19 mars	— Paris (protection des oiseaux utiles pour l'agriculture) : ***746***, ***757***.
— 22 mai	— Santiago du Chili (Argentine — Chili, frontière, canal) : ***528***, ***530***.
— 12 juin	— La Haye (tutelle des mineurs) : ***179***.
1903 — 16-23 fév.	— États-Unis — Cuba (base américaine de Guantanamo) : ***313***.
— 14 oct.	— France — Royaume-Uni (arbitrage) : ***283***, ***528***, ***529***.
— 18 nov.	— Washington (États-Unis — Panama, Traité Hay-Bunau-Varilla, canal) : ***161***, ***313***, ***709***.
1904 — 8 avril	— Déclaration franco-anglaise (canal de Suez, Gibraltar) : ***680***, ***707***.
— 18 mai	— Paris (« traite des blanches ») : ***441***.
1905 — 5 sept.	— Japon — Corée (protectorat) : ***122***.
1906 — 7 avril	— Algésiras (Acte général relatif au Maroc) : ***33***, ***165***, ***330***.
— 1er oct.	— Empire ottoman — Grande-Bretagne (délimitation de la frontière en Palestine) : ***299***.
1907 — 18 oct.	— La Haye : ***35***, ***101***, ***102***, ***524***, ***577***, ***600***.

(1) Nouvelle numérotation (Traité d'Amsterdam, 1997).

— 25 oct.	— Résol. 1719 — CS (ONUB, Burundi) : ***592***.
— 1er nov.	— Résol. 1721 — CS (Côte d'Ivoire) : ***279***.
— 27 nov.	— La Haye (Comm. frontières Erythrée-Ethiopie, déclaration, démarcation) : ***299***.
— 4 déc.	— Résol. 61/35 — AG, Annexe : Projet de la CDI sur la protection diplomatique : Art. 1er : ***487***, Art. 5 : ***363, 495***, Art. 6 : ***495***, Art. 7 : ***495***, Art. 8 : ***495***, Art. 9 : ***324***, Art. 15 : ***495***, Art. 16 : ***495***, Art. 19 : ***496***.
— 13 déc.	— Résol. 1730 — CS (sanctions, questions générales) : ***589***.
	— New York : Convention relative aux droits des personnes handicapées : ***435***.
— 14 déc.	— Décision WT/L/671 — OMC (accords commerciaux régionaux) : ***172***.
— 20 déc.	— Résol. 61/194 — AG (marée noire Liban) : ***580***.
	— New York (protection de toutes les personnes contre les disparitions forcées) : ***424***.
— 21 déc.	— Résol. 1732 — CS (sanctions, questions générales) : ***589***.
— 22 déc.	— Résol. 1735 — CS (lutte terrorisme) : ***589***.
— 23 déc.	— Résol. 1737 — CS (Iran) : ***579***, ***587***, ***588***, ***602***.
2007 — 23 janv.	— Résol. 1740 — CS (MINUPEP, Népal) : ***393***, ***592***.
— 20 fév.	— Résol. 1744 — CS (AMISOM, Somalie) : ***592***, ***597***.
— 23 fév.	— Loi constitutionnelle française (art. 66-1) : ***93***.
— 22 mai	— Résol. Conseil UE (politique spatiale européenne) : ***732.***
— 30 mai	— Résol. 1757 — CS (Tribunal spécial Liban) : ***94***, ***445 bis***, ***589***.
— 18 juin	— Résol. 5/1 — CDH (mise en place des institutions du conseil des Droits de l'homme) : ***435***.
— 31 juil.	— Résol. 1769 — CS (MINUAD, Soudan) : ***592***, ***597***.
— 10 août	— Résol. 1770 — CS (MANUI, Iraq) : ***393***.
— 13 sept.	— Résol. 61/295 — AG (Déclaration sur les droits des peuples autochtones) : ***427***.
— 25 sept.	— Résol. 1778 — CS (MINURCAT, Tchad) : ***597***.
— 27 oct.	— Résol. et Décl. — IDI (Santiago, actions humanitaires) : ***288***.
— 27 oct.	— Résol. — IDI (Santiago, légitime défense) : ***566***.
— 20 nov.	— France, Loi relative à la maîtrise de l'immigration, à l'intégration et à l'asile : ***430***, ***432***.
— 6 déc.	— Résol. 62/68 — AG (prévention des dommages transfrontières résultant d'activités dangereuses et de la répartition des pertes consécutives à de tels dommages) : ***498***.
— 13 déc.	— Lisbonne (Traité modifiant le traité sur l'UE et le traité instituant la CE) : ***379***, ***381***, ***409***. [Art. 6 : ***425***, ***437*** ; Art. 19 : ***552*** ; Art. 35 : ***464*** ; Art. 50 : ***382 ;*** Art. 189 : ***732***].
— 15 déc.	— Plan d'action de Bali (renouvellement du Protocole de Kyoto) : ***739***.
— 17 déc.	— Résol. 62/101 — AG (immatriculation objets spatiaux) : ***728***.
— 22 déc.	— Résol. 62/219 AG (Mise en place des institutions du Conseil des Droits de l'homme) : ***435***.
	— Résol. 62/228 — AG (réforme du TANU) : ***554***.

INDEX DE LA JURISPRUDENCE (*)

I. Jurisprudence internationale.
Classement dans l'ordre alphabétique des mots-clés du titre usuel des affaires ou du nom des parties.
II. Jurisprudence des juridictions administratives internationales.
Classement dans l'ordre alphabétique du nom des parties.
III. Jurisprudence de la Commission et de la Cour européennes des droits de l'homme.
Classement chronologique.
IV. Jurisprudence de la Commission et de la Cour interaméricaines des droits de l'homme.
Classement chronologique.
V. Jurisprudence du Comité des droits de l'homme des Nations Unies.
Classement chronologique.
VI. Jurisprudence des tribunaux spécialisés en matière d'investissement
Classement dans l'ordre alphabétique du nom des parties.
VII. Jurisprudence GATT et OMC
Classement par ordre alphabétique (du titre abrégé)
VIII. Jurisprudence communautaire.
Classement chronologique.
IX. Jurisprudence interne.
Classement chronologique.

I. JURISPRUDENCE INTERNATIONALE

(*) Abréviations : AC = avis consultatif ; jgt = jugement ; ord = ordonnnace ; SA = sentence arbitrale. Les chiffres renvoient aux numéros, non aux pages. Nous exprimons notre vive reconnaissance à Benjamin Samson (Master 2 de l'Université Paris-Ouest, Nanterre, qui a complété les renvois aux commentaires de jurisprudence.

II. JURISPRUDENCE DES JURIDICTIONS ADMINISTRATIVES INTERNATIONALES

III. JURISPRUDENCE DE LA COMMISSION ET DE LA COUR EUROPÉENNES DES DROITS DE L'HOMME

p. 445-452 ; Ph. Weckel, *RGDIP* 2001, p. 1009-1020 ; P. Tavernier, *RTDH* 2002, p. 807-835.

— 12 juil. — *Prince H.-A. II de Liechtenstein c. Allemagne* (Cour) : P. Tavernier, *JDI* 2001, p. 266-270 ; Ph. Weckel, *RGDIP* 2001, p. 1020-1027.

— 2 oct. — *Stankov c. Bulgarie* (Cour) : ***427***. I.M., *JDI* 2001, p. 310-313.

— 21 nov. — *Al-Adsani c. Royaume-Uni* (Cour) : ***127***, ***290***, ***291***, ***442***, ***491***. A. Sanchez Legido, *REDI* 2001, p. 313-330 ; H. Tigroudja, *RBDI* 2001, p. 526-548 ; O. de Frouville, *JDI* 2002, p. 273-278 ; Ph. Weckel, *RGDIP* 2002, p. 178-183 ; J.-F. Flauss, *RTDH* 2003, p. 139-175 et *Dalloz*, 8 mai 2003, p. 1246-1250 ; V. Bou Franch, *ADI* 2002, p. 279-303 ; L. de Oliveira Moll, *Melbourne Journal of International Law* 2003, p. 561-591 ; E. Bates, *Human Rights Law Review* 2003, p. 193-224 ; M. Zorbiev, *RTDH* 2004, p. 621-644.

— 12 déc. — *Bankovic e.a c. États membres de l'O.T.A.N.* (Cour), *ILM* 2002, p. 517 : ***141***, ***396***. P. Pustorino, *La Comunita internazionale* 2001, p. 695-704 ; G. Cohen-Jonathan et J.-F. Flauss, *AFDI* 2001, p. 434-442 ; G. Cohen-Jonathan, *RTDH* 2002, p. 1055-1082 ; Ph. Weckel, *RGDIP* 2002, p. 437-449 ; S. Williams, *European Human Right Law Review* 2002, p. 775-781 ; M. Trilsch, A. Rüth, *AJIL* 2003, p. 168-172 ; G. Ress, *IYBIL* 2003, p. 51-67 ; M. Happold, *Human Rights Law Review* 2003, p. 77-90.

2002 — 23 janv. — *Slivenko e.a. c. Lettonie* (Cour) : ***173***. Ph. Weckel, *RGDIP* 2002, p. 449-453.

— 28 mai — *Beyeler c. Italie*, n° 33202/96 : ***490***.

— 28 nov. — *Ex-Roi de Grèce et as. c. Grèce*, n° 25701/94 : ***490***.

— 12 déc. — *Kalogeropoulou et autres c. Grèce et Allemagne* (Cour), n° 59021/00 : ***291***.

2003 — 6 fév. — *Mamatkoulov et Abdurasulovic c. Turquie* (Cour), n°s 46827/99 et 46951/99 : ***437***.

— 13 fév. — *Chevrol c. France* (Cour), n° 49636/99, CEDH 2003-III : ***183***. P. Tavernier, *JDI* 2004, p. 668-670 ; V. Michel, *RTDH* 2003, p. 1379-1408.

— 12 mars — *Öcalan c. Turquie* (Cour) : ***220***. E. Delaplace, *JDI* 2004, p. 658-663.

— 8 juil. — *Hatton e.as. c. Royaume-Uni* (Cour, Grande chambre), n° 36022/97, *Rec.* 2003-VIII : ***734***. P. Tavernier, *JDI* 2001, p. 303-305.

2004 — 10 mars — *Senator Lines GmbH contre l'Autriche, la Belgique, le Danemark, la Finlande, la France, l'Allemagne, la Grece, l'Irlande, l'Italie, le Luxembourg, les Pays-bas, le Portugal, l'Espagne, la Sèede et le Royaume-Uni* (Cour), n° 56672/00, CEDH 200-IV : ***272***.

— 8 avr. — *Assadnizé c. Géorgie* (Cour) : ***272***. G. Cohen-Jonathan et J.-F. Flauss, *AFDI* 2004, p. 787-788 ; Ph. Weckel, *RGDIP* 2004, p. 742-747 ; M. Eudes, *JDI* 2005, p. 469-471 ; G. Cohen-Jonathan, *RTDH* 2005, p. 767-785.

— 8 juil. — *Ilaşcu et autres c. la République de Moldova et la Fédération de Russie* (Cour) : ***344***, ***422***, ***474***. Ph. Weckel, *RGDIP* 2004, p. 1036-1044 ; G. Cohen-Jonathan et J.-F. Flauss, *AFDI* 2004, p. 784-786 ; I. Petsulescu, *RGDIP* 2005, p. 581-607 ; R. Nigro, *RDI* 2005, p. 413-440 ; F. Zarbiev, *L'Ob-*

IV. JURISPRUDENCE DE LA COMMISSION ET DE LA COUR INTERAMÉRICAINES DES DROITS DE L'HOMME

V. JURISPRUDENCE DU COMITÉ DES DROITS DE L'HOMME DES NATIONS UNIES

VI. JURISPRUDENCE DES TRIBUNAUX SPÉCIALISÉS EN MATIÈRE D'INVESTISSEMENT (arbitrages CIRDI et CNUDCI, CCI, Chambre de commerce de Stockholm)

La jurisprudence arbitrale en matière d'investissement est accessible sur les sites suivants : http://ita.law.uvic.ca/ ; http://www.investmentclaims.com/ et http://icsid.worldbank.org/ (CIRDI seulement pour le dernier site). Les sentences du CIRDI sont publiées sous le titre *ICSID Reports* par Cambridge University Press. V. aussi la revue *Foreign Investment Law Review* publiée par le CIRDI

VII. JURISPRUDENCE GATT ET OMC

— Entre parenthèses, le titre complet du différend, les parties et le numéro du différend sont indiqués.

— Abréviations : OA = Organe d'appel ; G.S. = Groupe spécial.

— Les rapports et décisions de l'ORD sont accessibles sur le site internet de l'OMC (http://www.wto.org/french/tratop_f/dispu_f/dispu_f.htm).

VIII. JURISPRUDENCE COMMUNAUTAIRE

(Avertissement : les commentaires en doctrine des décisions et arrêts du juge communautaire font l'objet d'un recensement sur le site Internet de la Cour : http://curia.europa.eu/jcms/jcms/Jo2_7083/notes-de-doctrine-aux-arrets).

— 9 mars — Aff. 106/77, *Administration des finances de l'État c. SA Simmenthal, Rec.*, p. 629 : ***146*, *180***.

1979 — 3 juil. — Aff. 185 à 204/78, *Van Dam en Zonen, Rec.*, p. 2345 : ***694***.

— 4 oct. — Avis 1/78, *Accord international sur le caoutchouc naturel, Rec.*, p. 2871 : ***172***.

— Aff. 141/78, *République française c. Royaume-Uni, Rec.*, p. 2923 : ***139*, *248***.

— Aff. 64 et 113/76, 167 et 239/78 et 27, 28 et 45/79, *Dumortier, Rec.* p. 3091 : ***486***.

— 13 déc. — Aff. 44/79, *L. Hauer, Rec.*, p. 3727 : ***180***.

1980 — 27 fév. — Aff. 68/79, *Just, Rec.*, p. 501 : ***139***.

— 5 mars — Aff. 265/78, *Ferwerda c. Produktschap voor vee en Vlees, Rec.*, p. 617 : ***224*, *226***.

— 10 juill. — Aff. 32/79, *Commission c. Royaume-Uni, Rec.*, p. 2403 : ***248***.

— 14 oct. — Aff. 812/79, *Attorney general c. Burgoa, Rec.*, p. 2787 : ***181***.

— 29 oct. — Aff. 138/79, *Roquette frères c. Conseil, Rec.*, p. 3333 : ***416***.

— Aff. 139/79, *Maizena c. Conseil, Rec.* p. 3393 : ***416***.

1981 — 5 mai — Aff. 804/79, *Commission c. Royaume-Uni, Rec.*, p. 1045 : ***248***.

— 15 sept. — Aff. 208/80, *Lord Bruce of Donington c. E.R. Aspden, Rec.*, p. 2205 : ***139***.

— 20 oct. — Aff. 137/80, *Commission c. Belgique, Rec.*, p. 2393 : ***139***.

— 11 nov. — Aff. 203/80, *G. Casati, Rec.*, p. 2595 : ***639***.

— 12 nov. — Aff. j. 212 à 217/80, *Salumi, Rec.*, p. 2735 : ***227***.

— 8 déc. — Aff. jointes 181/80 et 180 et 266/80, *Procureur général c. Arbelaiz-Emazabel ; Crujeiras Tome ; Tome c. Procureur de la République, Yrrita, Rec.*, p. 2961 : ***173*, *181*, *220*, *221***.

1982 — 18 mai — Aff. j. 115 et 116/81, *Adoui e.a., Rec.*, p. 1665 : ***432***.

— 25 mai — Aff. 96/81, *Commission c. Pays-Bas, Rec.* p. 1791 : ***742***.

— 26 oct. — Aff. 104/81, *Hauptzollamt Mainz c. Kupfenberg, Rec.*, p. 3641 : ***150*, *181***.

1983 — 10 mars — Aff. 172/82, *Syndicat nat. des raffineurs c. GIE « Inter-huiles », Rec.* p. 555 : ***742***.

— 13 déc. — Aff. 218/82, *Commission c. Conseil, Rec.*, p. 4063 : ***181***.

1984 — 31 janv. — Aff. j. 286/82 et 26/83, *G. Luisi et G. Carbone, Rec.*, p. 377 : ***639***.

— 16 mai — Aff. 105/83, *Pavkries BV, Rec.*, p. 2101 : ***181***.

1985 — 22 mai — Aff. 13/83, *Parlement c. Conseil, Rec.* p. 1513 : ***416***.

1986 — 28 janv. — Aff. 270/83, *Commission c. France, Rec.*, p. 273 : ***181***.

— 11 mars — Aff. 121/85, *Conegate, Rec.*, p. 1007 : ***181***.

— 2 déc. — Aff. 239/85, *Commission c. Belgique, Rec.* p. 3645 : ***742***.

1987 — 26 mars — Aff. 45/86, *Commission c. Conseil, Rec.* p. 1493 : ***245***.

— 13 oct. — Aff. 236/85, *Commission c. Pays-Bas, Rec.* p. 3989 : ***736***.

— 16 déc. — Aff. 111/86, *Delauche c. Commission, Rec.* p. 5345 : ***486***.

1988 — 14 juil. — Aff. 187/85, *FEDIOL c. Commission, Rec.*, p. 4155 : ***181***.
J.-F. Bellis, *Common Market Law Review* 1984, p. 539-551.

— 20 sept. — Aff. 302/86, *Commission c. Danemark, Rec.* p. 4607 : ***742***.

— 22 sept. — Aff. 187/87, *Land de Sarre, Rec.* p. 5013 : ***749***.

— 27 sept. — Aff. j. 89, ..., 129/85, *Ahlstrîm Osakeyhtiî e.a., Rec.* p. 5193 : ***336***.

— Aff. 165/87, *Commission c. Conseil, Rec.*, p. 5545 : ***181***.

— Aff. 235/87, *Matteucci, Rec.*, p. 5589 : ***181***.

— Aff. 204/86, *Grèce c. Conseil, Rec.* 1988, p. 5323 : ***244***.

— 13 mai — Aff. C-233/94, *Allemagne c. Parlement et Conseil, Rec.* p. I-2405 : ***217, 389***.
1998 — 2 avr. — Aff. C-321/95 P, *Greenpeace c. Commission* : ***738***.
— Aff. C-27/95, *Norbrook Laboratories, Rec.* p. I-1531 : ***490***.
— 5 mai — Aff. C-180/96, *Royaume-Uni c. Commission, Rec.* p. I-2265 : ***749***.
— 12 mai — Aff. C-170/96, *Commission c. Conseil, Rec.* p. I-2763 : ***245***.
— 14 mai — Aff. C-59/96 P, *Conseil c. de Nil et Impens, Rec.* p. I-2915 : ***486***.
— 16 juin — Aff. C-162/96, *Racke GmbH* : ***203, 222***.
— 29 oct. — Aff. C-185/96, *Commission c. Grèce, Rec.* p. I-6601 : ***432***.
1999 — 25 févr. — Aff. C-131/97, *Carbonari et as., Rec.* p. I-1103 : ***432***.
— 21 sept. — Aff. C-378/97, *Proc. pénale c. F.A. Wijsenbeek, Rec.* p. I-6207 : ***430***.
— 23 nov. — Aff. C-149/96, *Portugal c. Conseil, Rec.*, p. I-8395 : ***150***.
2000 — 4 juil. — Aff. C-424/97, *Haim, Rec.* p. I-5123 : ***490***.
— 3 oct. — Aff. C-371/97, *Gozza et as., Rec.* p. I-7881 : ***432***.
— 7 déc. — Aff. C-38/99, *Commission c. France, Rec.* p. I-10941 : ***736***.
2001 — 18 janv. — Aff. C-162/99, *Commission c. Italie, Rec.* p. I-541 : ***432***.
— 22 nov. — Aff. C-451/98, *Rice Mills c. Conseil, Rec.* p. I-8949 : ***438***.
2002 — 3 mai — Aff. T-177/01, *Jego-Quéré c. Commission* : ***425***.
— 20 juin — Aff. C-313/99, *Mulligan et as., Rec.* p. I-5719 : ***473***.
— 11 juil. — Aff. C-62/00, *Marks & Spencer plc. et Commissioners of Customs & Excise, Rec.* p. I-6325 : ***473***.
— 25 juil. — Aff. C-50/00, *Unión de Pequeños Agricultores c. Conseil, Rec.* p. I-6677 : ***438***.
— 11 sept. — Aff. T-13/99, *Pfizer Animal Health SA c. Conseil, Rec.* p. II-3305 : ***749***.
— Aff. T-70/99, *Alpharma Inc. c. Conseil, Rec.* p. II-3495 : ***749***.
— 5 nov. — Aff. C-467/98 et autres (accords « ciel ouvert »), *Rec.* p. I-9519 : ***85***.
2003 — 30 sept. — Aff. C-224/01 : *Köbler c. Autriche, Rec.* p. I-10239 : ***180, 474***.
— 9 déc. — Aff. C-129/00, *Commission c. Italie, Rec.* p. I-14637 : ***474***.
2004 — 7 juin — Aff. T-338/02, *Segi e.a. c. Conseil, Rec.* p. II-1647 : ***245***.
— 15 juil. — Aff. C-213/03, *Syndicat des pêcheurs de l'Etang de Berre et de la région : **150***.
— 14 oct. — Aff. C-36/02, *Omega : **227***.
— 14 déc. — Aff. C-463/01, *Commission c. Allemagne, Rec.* p. I-11705 : ***742***.
2005 — 21 sept. — Aff. T-306/01 et T-315/01, *Yusuf et Kadi c. Conseil de l'UE et Commission : **125, 127, 163, 244, 375, 589***.
2006 — 7 fév. — Avis 1/03, *Rec.* p. I-1145 : ***172***.
— 30 mai — Aff. C-459/03 : *Commission c. Irlande, Rec.* p. I-4635 : ***144, 379, 524, 552***.
— Aff. jointes C-317/04 et 318/04, *P.E. c. Conseil de l'UE et Commission des CE*, 30 mai 2006, *Rec.* p. I-4721 : ***181***.
— 13 juin — Aff. C-173/03, *Traghetti del Mediterraneo, Rec.* p. I-5177 : ***180, 474***.
— 12 juil. — Aff. T-253/02, *Ayadi c. Conseil', Rec.* p. II-2139 *: **127, 163, 496***.
— 18 juil. — Aff. C-519/04 P, *Meca-Medina et Majcen c. Commission, Rec.* p. I-6991 : ***4 bis***.
— 12 sept. — Aff. C-145/04, *Espagne c. Royaume-Uni, Rec.* p. I-7917 *: **266, 396***.
2007 — 17 janv. — Aff. T-231/04, *Grèce c. Commission, Rec.* p. II-63 *: **75***.

IX. JURISPRUDENCE INTERNE

A) FRANCE

(avertissement : les commentaires en doctrine des décisions du Conseil constitutionnel font l'objet d'un recensement systématique, décision par décision, sur son site Internet : www.conseil-constitutionnel.fr)

1929 — 19 fév. — Cass. req. : *URSS c. Association France export, D.* 1929, 1, 73 : ***290***.

1931 — 22 déc. — Cass. civ. : *Sanchez, S.* 1932, 1, 249 : ***183***.
D. 1932, 1, 131, n. Trasbot ; *JDI* 1932, p. 683.

1933 — 22 juill. — Tribunal correctionnel d'Avesne : *Joly, S.* 1934, 2, 100 : ***309***.

1934 — 15 nov. — Cass. crim. : *Mavrommatis, D.* 1935, 1, 11, n. Donnedieu de Vabres : ***429***.

1937 — 30 janv. — CA Paris : *Keledjian c. Ministère public, D.* I. 228 : ***164***.
— 28 mai — CE : *Decerf, Leb.*, p. 534 : ***184***, ***337***.
S. 1937, n. Laroque.
— 17 déc. — Cass. crim. : *Keledjian, JDI* 1938, 485 : ***164***.

1949 — 22 juin — Cass. civ. (ass. plén.) : *Lovera c. Renaldi, S.* 1949, 1, 161 : ***200***.
— 21 oct. — CE : *Persager, Leb.*, p. 431 : ***429***.
— 23 déc. — CE : *Société Cominfi, Leb.*, p. 670 : ***183***.

1950 — 2 fév. — T.C. : *Radiodiffusion française, Leb.* p. 652 : ***70***.
Concl. R. Odent, *S.* 1950.373 et *RDP* 1950, p. 418 avec n. Waline ; J. Rivero, *JCP* 1950.II.5542.

1951 — 18 avr. — CE : *Élections de Nolay, Leb.*, p. 189 : ***424***.
— 1er juin — CE : *Sté des étains et wolfram du Tonkin, Leb.* p. 312 : ***70***.
JDV, *RJPUF* 1951, p. 584.

1952 — 30 mai — CE : *Dame Kirkwood, Leb.*, p. 291 : ***184***, ***337***.
RDP 1952, 781, n. Waline ; S. 1953, 3, 33, n. Bouzat.

1953 — 11 mars — Cass. (ass. plén.) : *Gambino c. Consorts Arcens, D.* 1953, 1, 297 : ***152***.

1954 — 29 juin — Cass. crim. : *Allgater, Bull.*, p. 407 : ***183***.

1955 — 20 mai — CE : *Saint-Lucien, Joseph et a., Leb.*, p. 276 : ***669***.
— 4 juin — Cass. civ. : *Procureur général de la Cour de cassation c. Fournier et as., Bull.*, p. 193 : ***150***.
— 18 nov. — CE ass. : *Petalas, Leb.*, p. 548 : ***150***.
RDP 1956, p. 960 ; *JCP* 1956, II, 9184, n. Vitu.

1956 — 16 nov. — CE ass. : *Villa, Leb.*, p. 433 : ***152***.
AJ 1956, II, 487, chr. Fournier et Braibant ; *RDP* 1957, p. 123, concl. Laurent.

1959 — 14 janv. — CE : *Société française d'armement, Leb.*, p. 42 : ***184***.

1960 — 22 mars — Cass. civ. 1 : *Moss c. Procureur général de la Cour d'appel de Paris, Bull.*, p. 138 : ***151***.
JCP 1961, 11 936, n. Aymond, rapp. Ancel ; *JDI* 1961, p. 150.
— 11 mai — CE : *Car, Leb.*, p. 319 : ***248***.

1961 — 3 mars — CE : *André et société des tissages Nicolas Caimant, Leb.*, p. 154 : ***152***.
Concl. Henry et n. Ch. Rousseau, *RGDIP* 1961, p. 626.
— 16 mai — Cass. civ. 1 : *X... c. Demoiselle Y... D.* 1961, 489 : ***152***.
— 3 nov. — CE : *M'Bounya, Leb.*, p. 612 : ***244***.

1962 — 11 avr. — CE : *Société Savana et Société des établissements textiles de Modeliarpeth, Leb.*, p. 261 : ***152***.
Ch. Rousseau, *RGDIP* 1963, p. 219.

1963 — 13 fév. — CE : *Lallement, Leb.*, p. 85 : ***164***.
RDP 1963, p. 109.

— 18 juin — CA Paris : *Dame Klarsfeld c. Office franco-allemand pour la jeunesse, JCP* 1968, 15752 : ***152***, ***182***.

D. Ruzié, *JCP* 1969.15725.

1969 — 31 janv. — CE : *Moraly et société « Maison Moraly », Leb.*, p. 50 : ***240***.

RGDIP 1969, p. 1151.

— 11 fév. — Cass. civ. 1 : *Englander, Bull.*, p. 52 : ***291***.

Bourel, *RCDIP* 1970, p. 101 ; *JDI* 1969, p. 924 ; *RGDIP* 1969, p. 1148.

— 23 avr. — Cass. civ. 1 : *Kassab, Bull.*, p. 109 : ***644***.

— 23 avr. — Cass. civ. 1 : *Compagnie française de crédit et de banque c. Consorts Atard, Bull.*, p. 114 : ***335***.

Concl. Blondeau, *JCP* 1969.II.15897 ; *RCDIP* 1969, p. 718 ; *GP* 1969.I.270 ; Ch. Rousseau, *RGDIP* 1969, p. 685-688.

— 7 juin — CA Paris : *Clerget c. Représentation commerciale de la République du Viet-Nam et a., RGDIP* 1970, p. 522 : ***366***.

— 27 juin — CE : *Société Savana, Leb.*, p. 703 : ***152***.

Ch. Rousseau, *RGDIP* 1970, p. 520.

— 5 nov. — CA Paris : *État de Hesse c. J. Neger, RGDIP* 1970, p. 1108 : ***276***.

1970 — 25 mai — CA Amiens : *Compagnie française de crédit et de banque c. Consorts Atard, JDI* 1971, p. 86 : ***644***.

— 19 juin — CC *(actes de 1970 amendant le traité CEE), Rec.*, p. 15 : ***90***, ***93***, ***183***.

— 10 juill. — CE : *Syndicat national du commerce extérieur de céréales (Synacomex), Leb.*, p. 477 : ***151***.

Concl. Questiaux, *AJDA* 1970, p. 485 et *JCP* 1970.II.16701 ; Denoix de Saint-Marc et Labetoulle, *AJDA* 1970, p. 485 ; D. Ruzié, *JCP* 1971.II.16701 ; *RTDE* 1970 p. 749.

— 22 oct. — Cass. crim. : *Ramel, Bull.*, p. 657 : ***154***.

Rapp. Mazard et n. J. Rideau, *D.* 1971, 221 ; *JCP* 1971.II.16671.

1972 — 9 mai — Cass. crim. : *Gauthier-Lafon, Bull.*, 1972, p. 403 : ***151*** ; *RGDIP* 1973, p. 307, n. Rousseau.

— 29 juin — Cass. crim. : *Males, Bull.*, p. 595 : ***183***.

Ch. Rousseau, *RGDIP* 1973, p. 902 ; D. Ruzié, *JCP* 1973, II, 17457.

1974 — 23 juill. — CE : *Ferrandiz Gil Ortega, Leb.*, p. 448 : ***429***.

P. Aymond, *JDI* 1975, p. 324-326 ; Drago, *RDP* 1975, 278 ; Franc et Boyon, *AJDA* 1974, p. 423 ; Pacteau, *GP* 1975, p. 231.

1975 — 13 janv. — CE : *Da Silva et Confédération française démocratique du travail, Leb.*, p. 16 : ***429***.

Concl. Dondoux, *Dr. Soc.* 1975, 273 ; André, *AJDA* 1975, p. 258 ; Julien Laferrière, *D.* 1975, p. 784 ; A. Pellet, *JCP* 1976, II, 18325.

— 15 janv. — CC, DC 74-54 *(loi sur interruption volontaire de grossesse, IVG), Rec.*, p. 19 : ***182, 183***.

— 3 fév. — CE : *Ministre de l'Intérieur c. Sieur Pardov, Leb.*, p. 83 : ***429***.

AJ 1975, 131, n. Franc et Boyon.

— 24 mai — Cass., ch. mixte : *Administration des douanes c. Société « Cafés Jacques Vabre » et Société Jean Weigel, Bull.*, p. 6 : ***151***, ***183***, ***245***.

Concl. Touffait, *D.* 1975.J. p. 497 ; J. Boulouis, *AJDA* 1975, p. 567 ; G. Druesne, *RMC* 1975, p. 1-13 ; Jeantet, *JCP* 1975.I.2743 ; *JCP* 1975, II, 18180 ; Nguyen Quoc Dinh,

— 7 juil. — CE, ass. : *Croissant, Leb.*, p. 292 : ***183*, *337***.

Concl. Rougevin Baville, *RDP* 1979, p. 546 ; P. Derouin, *GP* 1979, n° 24-25, p. 9 ; Dutheillet de Lamotte et Robineau, *AJDA* 1978, p. 559, chr. ; Pacteau, *D.* 1979, p. 161 ; *AFDI* 1979, p. 899 ; J.-F. Prevost, *RGDIP* 1979, p. 848-868 ; D. Ruzié, *JDI* 1979, p. 95-100.

— 7 juil. — CE : *B. Jonquères d'Oriola, Leb.*, p. 300 : ***487***.

Concl. Rougevin Baville, *RDP* 1979, p. 546.

— 8 déc. — CE : *Groupement d'information et de soutien des travailleurs immigrés (GISTI), CFDT, Leb.*, p. 492 : ***429*, *432***.

Les grands arrêts de la jurisprudence administrative (éd. 2007), n° 90 (avec réf. biblio.) ; concl. Dondoux, *Dr. Soc.* 1979, 57 ; Bonnechère, *Droit Ouvrier*, 1979, p. 1 ; Dutheillet de Lamotte et Robineau, *AJDA* 1979, p. 38, chr. ; L. Hamon, *D.* 1979, p. 661.

— 22 déc. — CE : *Ministre de l'Intérieur c. Cohn-Bendit, Leb.*, p. 524 : ***150*, *183*, *434***.

Les grands arrêts de la jurisprudence administrative (éd. 2007), n° 91 (avec réf. biblio.) ; Concl. Genevois, *D.* 1979.J, p. 155 et *RTDE* 1979, p. 169 ; Barav, *RBDI* 1980, p. 126 ; J. Boulouis, *RTDE* 1979, p. 109 ; *RMC* 1979, p. 104 et *RMC* 1979, p. 104 ; Dutheillet de Lamotte et Robineau, *AJDA* 1979, p. 27, chr. ; B. Goldman, *JDI* 1979, p. 590 ; Isaac, *CDE* 1979, p. 265 ; R. Kovar, *JCP* 1979.II.19158 ; A. Lyon-Caen, *RCDIP* 1979, p. 647 ; Pacteau, *D.* 1979.J. p. 162 ; R. Pinto, *Mél. Reuter*, p. 407-414 ; D. Ruzié, *GP* 1979.1.J.212 ; Ch. Vallée, *RGDIP* 1979, p. 833-848 ; Vincent, *Rev. Adm.* 1979, p. 630.

— 29 déc. — CC *(Système monétaire européen), Rec.* p. 36 : ***253***.

1979 — 20 fév. — Cass. crim. : *Batchono, Bull.*, p. 208 : ***429***.

— 20 fév. — Cass. civ. 1 : *Société méditerranéenne de combustibles c. société Sonatrach, Bull.*, p. 53 : ***644***.

Concl. Gulphe, *JCP* 1979.II.19147 ; *RCDIP* 1979, p. 803.

— 19 mars — Cass. civ. 1 : *Société nationale des transports routiers c. Compagnie algérienne de transit et d'affrêtement Serres et Pilaire, Bull.*, IV, p. 80 : ***290*, *644***.

— 26 mars — CA Rennes : *Rego Sanles, JDI* 1980, p. 854 : ***188*, *219*, *222***.

AFDI 1980, p. 822.

— 8 juin — CE : *Ding. c. Fasbender, Leb.*, p. 284 : ***716***.

Goy, *RGDIP* 1980, p. 932.

— 12 oct. — CE : *Syndicat des importateurs de vêtements et de produits artisanaux, Leb.*, p. 374 : ***150*, *151***.

RTDE 1979, p. 730 ; Robineau Feffer, *AJDA* 1980, p. 80, chr.

— 22 oct. — CE ass. : *Union démocratique du travail, Leb.*, p. 384 : ***183***.

AJDA 1980, p. 42 ; *RDP* 1980, p. 531, concl. Hagelsteen.

— 16 nov. — CE : *Société Schiffsgemeinschaft « Alb-Mug » e.a., Leb.*, p. 414 : ***714***.

Goy, *RGDIP* 1982, p. 174.

1980 — 9 janv. — CC *(conditions d'entrée et de séjour des étrangers en France), Rec.*, p. 29 : ***429***.

— 29 fév. — CA Paris : *Georges Andrieux, GP* 1980.II.697, n. Junoszasdrojewski : ***149***.

Ch. Rousseau, *RGDIP* 1983, p. 225-226.

— 6 mars — Cass. civ. 1 : *Kryla c. Dame Lisak, Bull.*, p. 69 : ***183***.
Lachaume, *AFDI* 1985, p. 925 ; Ch. Rousseau, *RGDIP* 1985, p. 538-542.
— 15 mai — Cass. civ. 1 : *Tran Tho Dung, Bull.*, p. 135 : ***152***.
J. Chappez, *JDI* 1985, p. 103 ; Ch. Rousseau, *RGDIP* 1985, p. 811-813.
— 23 nov. — CE ass. : *Roujanski, Leb.*, p. 383 : ***248***.
Concl. Labetoulle, *AJDA* 1985, p. 216 ; Ch. Rousseau, *RGDIP* 1987, p. 661-663.
1985 — 8 mars — CE ass. : *Garcia Henriquez, Leb.*, p. 70 : ***150***.
Concl. Genevois, *RDP* 1985, p. 1130 ; Hubac et Schoettl, *AJDA* 1985, n° 718, p. 406, chr. ; Ch. Rousseau, *RGDIP* 1986, p. 1028-1031 ; D. Ruzié, *RFDA* 1985, p. 592.
— 23 mai — CC (*Protocole additionnel n° 6 à la Convention européenne des droits de l'homme*), *Rec.*, p. 15 : ***93***.
— 3 juin — Cass. crim. : *Brandlight, Bull.*, p. 542 : ***151***.
— 26 juil. — CE : *Hans Blaser*, *RFDA* 1985, p. 926 : ***152***.
Genevois, *AJDA* 1985, n° 11, p. 615-620.
— 8 août — CC *(Nouvelle-Calédonie), Rec.* p. 61 : ***222***.
— 23 août — CC *(Nouvelle-Calédonie), Rec.* p. 70 : ***222***.
— 1er oct. — Cass. civ. 1 : *Sonatrach, JCP* 1986.II.20566, concl. Gulphe, n. Synvet. : ***152, 291***.
Audit, *RCDIP* 1986, p. 527 ; *RGDIP* 1986, p. 527 et 1987, p. 160.
— 4 oct. — CA Lyon : *Barbie*, Non publié : ***435***.
— 20 déc. — Cass. crim. : *Barbie*, *JCP* 1986.II.20655 et *Bull.* p. 1038 : ***442***.
GP, 8 mai 1986, p. 26 ; Ch. Rousseau, *RGDIP* 1986, p. 1023-1027.
1986 — 5 mars — CA Paris : *Barbie, GP*, 28 juin 1986, p. 8 : ***442***.
Ch. Rousseau, *RGDIP* 1987, p. 981-982.
— 14 avr. — Cass. civ. 1 : *Picasso de Oyaguè, Bull.* p. 87 *; AFDI* 1987, p. 906 : ***407***.
Ch. Rousseau, *RGDIP* 1987, p. 978, et 1988, p. 416-417 ; *RCDIP* 1986, p. 273 ; *JDI* 1987, p. 632.
— 3 sept. — CC *(conditions d'entrée et de séjour des étrangers), Rec.*, p. 135 : ***145***.
— 18 nov. — Cass. civ. 1 : *Société europ. d'études et d'entreprises : JDI* 1986, p. 632 : ***290***.
Lachaume, *AFDI* 1987, p. 915, chr. ; *CDI* 1986, p. 632 ; Ch. Rousseau, *RGDIP* 1988, p. 415.
1987 — 14 janv. — CE : *Sté Delmas-Vieljeux, Leb.*, p. 4 : ***151***.
Rézenthel, *D.* 1987, p. 207 ; Ch. Rousseau, *RGDIP* 1989, p. 153-155.
— 27 fév. — CE : *Ministre du Budget c. Nguyen Van Giao, Leb.*, p. 77 : ***183***.
D. Ruzié, *RFDA* 1987, p. 669.
— 27 fév. — CE : *Fidan*, Leb., p. 81 : ***337***.
Concl. Bonichot, *D.* 1987, p. 305 ; Labayle, *RFDA* 1987, p. 591 ; Ch. Rousseau, *RGDIP* 1988, p. 419.
— 8 avr. — CE, ass. : *Ministre de l'Intérieur c. Peltier, Leb.*, p. 128 : ***184***.
Debène, *JCP*, II, 20905 ; Pacteau et, *RFDA* 1987, p. 609, et p. 669 ; Terneyre, *Rev. Adm.* 1987, p. 377 ; Azibut et De Boisdeffre, *AJDA* 1987, p. 327, chr.

Sabourin, *D.* 1990, p. 135 ; Simon, *AJDA* 1989, p. 788 ; Touchard, *RDP* 1990, p. 801-811.

— 29 déc. — CC, DC 89-268 *(loi de finances pour 1990), Rec.*, p. 110 : ***145***, ***183***.

1990 — 27 fév. — Cass. crim. : *Touvier, Bull.*, p. 251 : ***182***.

— 2 mai — Cass. civ. 1 : *République du Guatémala, Bull.* I, p. 37 : ***335***.

Audit, *RCDIP* 1991, p. 378 ; J. Dehaussy, *JDI* 1991, p. 129.

— 2 mai — Cass. civ. 1 : *Sté Iranienne du gaz, Bull.* p. 69 : ***290***.

Bourel, *RCDIP* 1991, p. 140.

— 29 mai — Cass. civ. 1 : *Duvalier, Bull.* I, p. 87 : ***335***.

Bischoff, *RCDIP* 1991, p. 386 ; J. Dehaussy, *JDI* 1991, p. 109-129.

— 6 juin — Cass. civ. 1 : *République islamique iranienne c. Framatome, Bull.* I, p. 100 : ***290***.

— 29 juin — CE ass. : *GISTI, Leb.*, p. 171 : ***151***, ***164***.

Les grands arrêts de la jurisprudence administrative (éd. 2007), n° 97 (avec réf. biblio.) ; Concl Abraham, *Leb.* 1990, p. 171 et *AJDA* 1990, n° 9, p. 621 et *RGDIP* 1990, p. 879 et *RCDIP* 1991, p. 61 ; Buffet-Tchakaloff, *RGDIP*, 1991, p. 109-124 ; J.-F. Flauss, *PA*, 19 sept. 1990, p. 8 ; Julien-Laferrière, *JDI* 1990, p. 965 ; Lachaume, *RFDA* 1990, p. 923, et *AFDI* 1991, p. 987 ; Lagarde, *RCDIP* 1991, p. 78 ; Rousseau, *RGDIP* 1991, p. 753-755 ; Sabiani, *RDP* 1990, p. 1579 ; Sabourin, *D.* 1990, p. 560 ; Teboul, *AJDA* 1990, p. 631 ; Tercinet, *JCP* 1990.II.21579.

— 27 juill. — CE, sect. : *Coop 2000, Leb.*, p. 226 : ***150***.

AJDA 1990, p. 903.

— 4 sept. — CE : *Boisdet, Leb.*, p. 251 : ***183***.

Concl. Laroque, *PA* 12 oct. 1990, n° 123, p. 15 ; Dubouis, *RFDA* 1991, p. 172 ; Honorat et Schwartz, *AJDA* 1990, p. 863, chr. Ch. Rousseau, *RGDIP* 1991, p. 964-965.

— 1er oct. — CE : *Guioua, PA* 1990, n° 134 : ***173***.

Célerier, *PA* 1990, n° 134, p. 4 ; Ch. Rousseau, *RGDIP* 1992, p. 147 ; D. Ruzié, *RFDA* 1991, p. 362.

— 26 oct. — CE ass. : *Fédération nationale du commerce extérieur des produits alimentaires et autres, Leb.*, p. 294 : ***150***.

Concl. Fouquêt, *RFDA* 1991, p. 159.

— 21 déc. — CE ass. : *Confédération nationale des associations familiales catholiques, Leb.*, p. 369, concl. Stirn : ***183***, ***248***.

Concl. Stirn, *RFDA* 1990, p. 1065 ; *RGDIP* 1992, p. 149 ; *AJDA* 1991, p. 91 ; Bergé, Labayle, Sudre, *RFDA* 1991, p. 846 ; Sabourin, *D.* 1991, p. 293 ; H. Ruiz-Fabri, *RUDH* 1991, p. 1-7.

— 21 déc. — Cass., ass. plén. : *Directeur général des impôts, Bull.* 1991, p. 23 : ***183***.

Concl. Dontenville, *D.* 1991, p. 305.

1991 — 12 janv. — CE : *Beljoudi*, Leb. p. 18 : ***429***.

RGDIP 1991, p. 799.

— 10 avr. — CE : *Kilic, RFDA* 1991, p. 668, n. Ruzié : ***337***.

— 19 avr. — CE *Belgacem et Babas, Leb.*, p. 152 : ***429***.

Concl. Abraham, *Leb.*, 1991, p. 152, et *RGDIP* 1991, p. 802, et *RFDA* 1991, p. 497-510, et *RUDH* 1991, p. 242-250 ; Julien-Laferrière, *AJDA* 1991, p. 551 ; Nguyen Van Truong, *JCP* 1991.II.21757 ; Prétot, *D.* 1991, p. 399-401 ; H. Ruiz-Fabri, *Rev. adm.* 1991, p. 239 ; *RGDIP* 1991, p. 802-828.

1997 — 12 janv. — Cass. crim., *Papon*, *Bull.* p. 86 : ***435***.
— 22 janv. — Cass. crim, *Richemont*, *Bull.* p. 79 : ***183***.
— 23 avr. — CE, Sect. : *GISTI, Leb.*, p. 142 : ***184***.

Concl. R. Abraham, *RFDA* 1997, p. 585-596 ; D. Alland, *RGDIP* 1998, p. 207 ; D. Chauvaux et T. X. Girardot, *AJDA* 1997, p. 482-483.

— 6 juin — CE : *Aquarone, LLeb.*, p. 206 : ***151, 222***.

Concl. G. Bachelier, *RGDIP* 1997, p. 840-863, et *RFDA* 1997, p. 1068-1082 ; D. Alland, *RGDIP* 1997, p. 1053-1067 ; D. Chauvaux et T. X. Girardot, *AJDA* 1997, p. 570-577 ; Teboul, *Dt. Adm.* 1997, n° 250 et *JCP* 1997.II.22945 ; Martin, *PA* 1998, n° 16, p. 18 ; Châmes, *JDI* 1998, p. 93.

— 22 sept. — CE, *Cinar*, *Leb.* p. 320 : ***149***.

Reydelet, *P.A.*, n° 11, p. 17 ; conclusion Abraham, *RFDA* 1998, p. 562 ; D. Alland, *RGDIP* 1998, p. 208.

— 29 oct. — CE : *Mezrigui* : ***248***.
— 18 déc. — *Financement de la Sécurité sociale*, *Rec.* I, p. 723 : ***182***.

J.E. Schoettl, *AJDA* 1998, p. 127.

— 29 déc. — CE : *Héli-Union*, Leb. p. 501 : ***244***.

RFDA 1998, p. 209 ; *Dt. Adm.* 1998, n° 100 ; *D.* 1998, IR p. 209 ; Plissier, *Quot. Jur.* 1998, I, p. 361 ; F. Poirat, *RGDIP* 2000, p. 544-558.

— 31 déc. — CC, DC 97-394 (*Traité d'Amsterdam, Union européenne*), *JORF* 3-1-1998, p. 165-168 : ***93, 430***

1998 — 6 fév. — CE : *Tête et association de sauvegarde de l'Ouest lyonnais, AJDA* 1998, p. 458 : ***150***.

Raynaud et Gombau, *AJDA* 1998, p. 458.

— 5 mai — CC, DC 98-399 *(loi relative à l'entrée et au séjour des étrangers)*, *Rec.* p. 245 : ***93, 183***.
— 30 oct. — CE, *Sarran, Levacher e.a.*, *Leb.* p. 368 : ***182***, ***222***.

Les grands arrêts de la jurisprudence administrative (éd. 2007), n° 104 (avec réf. biblio.) ; D. Alland et conclusion. Mauguâ, *RFDA* 1999, p. 1094 ; J. Dehaussy, *JDI* 1999, p. 675-706 ; Mathieu et Verpeaux, *RFDA* 1999, p. 57 ; Raynaud et Fombeur, *AJDA* 1998, p. 362.

— 10 nov. — Cass. soc., *Dame Barrandon* : ***290***.
— 18 déc. — CE, Ass., *SARL du Parc d'activités de Blotzheim*, *Leb.* 484, conclusions. Bachelier : ***152***.

Conclusions Bachelier, *RFDA* 1999, p. 315 et *RGDIP* 1999, p. 545-569 ; J. Dehaussy, *JDI* 1999, p. 675-706 ; Fombeur et Raynaud, *AJDA* 1999, p. 127 ; F. Poirat, *RGDIP* 1999, p. 753-762.

1999 — 22 janv. — CC, *Cour pénale internationale*, *Rec.* p. 30 : ***93***, ***183, 310***.
— 24 fév. — CE, *Association de patients de la médecine d'orientation anthroposophique*, *Leb.* p. 29 : ***183***.

R. Ricci, *AJDA* 1999, p. 829.

— 5 mars — CE, Ass., *Rouquette et as.*, *Leb.*, p. 37 : ***149***.

RFDA 1999, p. 859.

— 9 avr. — CE, Ass., *Chevrol-Benkeddach*, *Leb.* p. 115 : ***183***.

Conclusion. R. Schwarz, *RGDIP* 1999, p. 791-813 ; Lachaume, *RFDA* 1999, p. 937 ; Raynaud et Fombeur, *AJDA* 1999, p. 401.

2002 — 20 fév. — CA de Paris, *Dumez GTM c. Etat irakien* : ***291***.

M. Audit, *RCDIP* 2002, p. 746-758 ; F. Poirat, *RGDIP* 2003, p. 1008-1012 ; G. de la Pradelle, *Gaz. Pal.* 21-23 juil. 2002, p. 16-20 ; N. Maziau dir., *AFDI* 2003, p. 725-726.

— 8 juil. — CE, Sect., *Commune de Porta* : ***152***, ***172***, ***182***.

AFDA 2002, p. 1005-1007 ; *RFDA* 2002, p. 1031.

— 23 oct. — Cass. crim., *Ely Ould Dah*, *Bull. crim.* n° 195, p. 725 : ***336***.

M. Matsopoulou, *RCDIP* 2003, p. 309-317 ; N. Maziau, *AFDI* 2003, p. 722.

— 6 déc. — CE, *Maciolak*, *Leb.* p. 426 : ***183***.

AFDA 2003, p. 492-498.

2003 — 7 fév. — CE, *Fédération nationale des associations d'usagers des transports*, *RFDA* 2005, p. 364 : ***172***.

— 26 mars — CE, *M. Jolivet*, *RGDIP* 2004 p. 540 : ***184***.

— 16 juin — CE, *M. Cavaciuti*, *RGDIP* 2004, p. 249 : ***152***.

— 17 juin — Cass. crim., *Bull.* p. 465 : ***222***.

— 20 juin — Cass. ch. mixte, *Mme Naira X contre Ecole saoudienne de Paris et Royaume d'Arabie saoudite*, *Bull. civ.* n° 4, p. 9 : ***290***.

RGDIP 2003, p. 1002-1008, n. F. Poirat ; I. Pingel, *JDI* 2003, p. 1114-1129 ; H. Muir Watt, *RCDIP* 2003, p. 647-654 ; *Gaz. Pal.* 2003, jur. 1832, n. X.

— 30 sept. — Cass. soc., *Union latine c. Mme. Mazeas*, *Bull.* 2003, V, n° 245, p. 252 : ***385***.

J.-G. Mahinga, *JCP G* 2004, p. 1182-1186.

— 28 oct. — Cass. Civ. 1, *Union latine c. Mme. Refievna*, *Bull.* 2003, I, n° 212, p. 167 : ***385***.

J.-G. Mahinga, *JCP G* 2004, p. 1182-1186.

— 20 nov. — CC, *Loi relative à la maîtrise de l'immigration, au séjour des étrangers en France et à la nationalité*, *Rec.* p. 438 : ***430***.

— 16 déc. — Cass. civ. 1, *Bucheron c. RFA*, *Bull. civ. I* n° 258, p. 206 : ***290***.

RGDIP 2004, p. 259-262, n. F. Poirat.

— 17 déc. — CE, *Heskes*, *Leb.* p. 514 : ***407***.

L. Vallée, *Bulletin des conclusions fiscales* 2004, p. 44-46 ; L. Vallée, *Droit Fiscal* 2005, p. 798-800.

2004 — 12 févr. — CC, *Loi organique portant statut d'autonomie de la Polynésie française*, *Rec.*, p. 41 : ***70***.

— 2 avr. — CE, *Bisiaux*, req. n° 249482 : ***248***.

— 2 juin — Cass. Civ. 1, *Gimenez Exposito c. RFA*, *Bull. civ. 1* n° 158, p. 132 : ***290***.

RCDIP 2005, p. 75-89, n. H. Muir Watt.

— 10 juin — CC, *Loi pour la confiance dans l'économie numérique*, *Rec.* p. 101 : ***183, 245***.

— 19 nov. — CC, *Traité établissant une Constitution pour l'Europe*, *Rec.* p. 173, et *JORF* 24 nov. 2004, p. 19885 : ***93, 182, 245, 276***.

— 23 nov. — Cass. crim., *Agent judiciaire du Trésor*, *Bull. crim.* n° 292, p. 1096 : ***290***.

RCDIP 2005, p. 469.

— 29 déc. — CE, *Hadj Kacem*, req. n° 265003 : ***149***.

Th. Haas, *RGDIP* 2007, p. 967-970 ; L. Franc-Menuet, *Rev. Arb.* 2007, p. 483-497.

— 8 fév. — CE, *Société Arcelor Atlantique et Lorraine*, *Leb.* p. 56 : ***182, 245***.

Les grands arrêts de la jurisprudence administrative (éd. 2007), n° 118 (avec réf. biblio.) ; *AJDA* 2007, p. 577-585 ; *RFDA* 2007, p. 384 (concl. M. Guyomar) et p. 789-802, note M. Canedo-Paris ; J. Matringe, *RGDIP* 2007, p. 970.

— 8 fév. — CE, *Gardedieu*, *Leb.* p. 78 : ***183***.

RFDA 2007, p. 789-802, note M. Canedo-Paris ; *AJDA* 2007, p. 585-589 ; F. Poirat, *RGDIP* 2007, p. 487-496 (avec concl. L. Derepas) ; F. Lemaire, *RTDH* 2007, p. 909-924 ; D. Simon, *Europe* mars 2007, p. 3 ; C. Broyelle, *JCP* n° 2083.

— 13 mars — Cass. civ. 1, *MM. X et Y*, *Bull. Civ. I*, n° 113 : ***245***.

Th. Haas, *RGDIP* 2007, p. 974.

— 8 oct. — CAA Versailles, *M. Mvuala Zola* : ***183***.

G. Pellissier, *AJDA* 2008, p. 29.

— 13 déc. — CAA Lyon, *Préfecture de l'Allier c. Commune de Bellenaves* et *Préfecture de l'Allier c. Commune d'Autry-Issards* : ***141***.

AJDA 2008, p. 461, concl. Besle ; J. Matringe, *RGDIP* 2008, p. 692-695.

— 20 déc. — CC, *Traité de Lisbonne modifiant le TUE et le TCE*, *JORF* 29 déc. 2007, p. 21813 : ***93***.

2008 — 2 avr. — Cour. cass., civ. 1, n° 04-17726 : ***141***.

C. Santulli, *RGDIP* 2008, p. 437-442

— 10 avr. — CE, *Conseil national des barreaux et autres* : ***245***.

AJDA 2008, p. 1085-1092 ; L. Azoulai, *RGDIP* 2008, p. 695-699.

B) ALLEMAGNE

1974 — 29 mai — Tribunal constitutionnel, ord. : *Internationale Handelsgesellschaft*, *RTDE* 1975, p. 316, n. Fromont : ***182***.

B. Borner, *Mél. Dehousse*, 1979, vol. II, p. 193-203.

1993 — 12 oct. — Tribunal constitutionnel *(traité de Maastricht)* : ***275***.

H. J. Hahn, *RGDIP* 1994, p. 107-126.

C) AUTRICHE

2003 — 28 août — Cour suprême, *Airport Linz* : ***290***.

S. Wittich, *AJIL* 2005, p. 248-252.

D) CANADA

1998 — 20 août — Cour suprême, avis, *(renvoi relatif à la sécession du Québec)* : ***342, 344***.

S.J. Toope, *AJIL* 1999, p. 519-525 ; M.-L. Gély, *RDP* 1999, p. 1645- 1667 ; G. Dufour, A. Morin, *RQDI* 1999, p. 175-195 ; D. Turp, *ACDI* 2000, p. 335-346.

2001 — 2 mai — Cour suprême (Colombie britannique), arrêt, 2 mai 2001, Mexique c. Metamcmad Corp., 2001 *BCSC* 665 : ***643***.

E) ESPAGNE

F) ÉTATS-UNIS

1992 — 15 juin — Cour suprême : *Alvarez Machain, ILM* 1992, p. 902 : ***309***.

M. Halberstam, *AJIL* 1992, p. 736-746 ; M. Glennon, *AJIL* 1992, p. 746-756 ; A. L. Wilder, *Virginia Journal of International Law* 1992, p. 979-995.

2003 — 26 juin — Cour suprême : *Lawrence v. Texas* (539 US 558 (2003)) : ***183***.

H. Arnould, *St. John's Journal of Legal Commentary* 2008, p. 685-716.

2004 — 7 juin — Cour suprême : *Republic of Austria v. Altmann* (124 S. Ct. 2240), *ILM* 2004, p. 1425 : ***290***.

C. Vasquez, *Jl. of Il. Criml. Just.* 2005, p. 205-223 ; Ch. Brower, *AJIL* 2005, p. 236-242 ; D. Vanderberg, *University of Colorado Law Review* 2006, p. 739-765 ; J. Chung, *Temple International and Comparative Law Journal* 2006, p. 163-188.

— 28 juin — Cour suprême : *Rasul v. Bush* (124 S. Ct. 2686), *ILM* 2004, p. 1207 : ***313***.

M. Reisman, *Jl. of Il. Criml. Just.* 2004, p. 973-980 ; B. Brooks, *Vanderbilt Journal of Transnational Law* 2006, p. 161-216.

— 29 juin — Cour suprême : *Sosa v. Alvarez-Machain*, n° 03-339, *ILM* 2004, p. 1390 : ***336***.

C. Lyngaert, *International Law Forum du droit international* 2004, p. 116-121 ; R. Steinhardt, *Vanderbilt Law Review* 2004, p. 2239-2301 ; B. Stephens, *Brooklin Law Review* 2004, p. 533-567 ; J. Loan, *ILSA Journal of International and Comparative Law* 2005, p. 253-295 ; Cl. Hailer, *Archiv des Völkerrechts* 2006, p. 76-92.

— 8 sept. — Cour d'appel (7e circuit) : *We Ye v. Jiang Zemin* (383 F.3d 620, 2004 U.S. App. LEXIS 18944) : ***290***.

2006 — 29 juin — Cour suprême : *Hamdan v. Rumsfeld*, n° 05-184, *ILM* 2006, p. 1130 : ***575***.

P. Spiro, *AJIL* 2006, p. 888-895 ; N. Katyal, *Harvard L.R.* 2006, p. 66-123 ; F. de Londras, *NILR* 2007, p. 539-550 ; M. Sonn, *Pace International Law Review* 2007, p. 143-167 ; H. Keller, M. Forowicz, *Z.a.ö.R.V.* 2007, p. 1-42 ; S. Solomon, *YBIHR* 2007, p. 149-207.

— 7 août — Cour d'appel du 9e circuit, *Sarei v. Rio Tinto*, n° 02-56256 : ***336***.

— 1er nov. — Cour d'appel du 11e circuit, *Jose Guevara v. Peru*, n° 05-16235 : ***290***.

G) IRLANDE

1987 — 9 avr. — Cour suprême : *Raymond Crotty v. An Taoiseach et as., Irish Law Reports Montly* 1987, p. 400 : ***93***.
F. Murphy et A. Cras, *CDE* 1988, n° 3, p. 276-305.

H) ITALIE

1973 — 27 déc. — Cour constitutionnelle : arrêt n° 183, *CDE* 1975, p. 114 : ***182***.

RTDE 1974, n° 1, p. 148, n. S. Séri.

1979 — 18 juin — Cour constitutionnelle : arrêt n° 48, *Riv.DI* 1979, p. 797 : ***222***.

I) MALAWI

J) PAYS-BAS

K) PHILIPPINES

L) POLOGNE

M) ROYAUME-UNI

2006 — 29 mars — Cour d'appel ([2006] EWCA Civ 327) : *Al-Jedda :* ***314***.

— Chambre des Lords : *Margaret Jones*, [2006] UKHL 16 : ***222***.

— 14 juin — Chambre des Lords : *Jones v. Ministry of Interior of the Kingdom of Saudi Arabia*, [2006] UKHL 26, *ILM* 2006, n° 5 : ***290***.

E. Steinerte et R. Wallace, *AJIL* 2006, p. 901-908.

2007 — 12 déc. — Chambre des Lords : *Al-Jedda* (*R (on the application of Al-Jedda) v. Secretary of State for Defence)*, [2007] UKHL 58, *ILM* 2008, p. 607 : ***314***.

A. Orakhelashvili, *AJIL* 2008, p. 337-345 ; A. Sari, *International Peacekeeping* 2009, p. 181-196.

N) SENEGAL

2001 — 20 mars — Cour de cassation, *Hissène Habré, RGDIP* 2006, p. 170-171 : ***336***.

D. Sharp, *Harvard Human Rights Journal* 2003, p. 147-177 ; P. Gaeta, *Jl. of Il. Criml. Just.* 2003, p. 186-196 ; S. Bula-Bula, *Revue de droit africain* 2005, p. 301-316 ; B. Okiemy, *Revue juridique et politique des Etats francophones* 2006, p. 362-390.

O) SUISSE

1999 — 25 janv. — Tribunal fédéral : *Malek c. LEA*, *RSDIE* 2000, p. 642-645 ; *Praxis des internationales Privat-und Verfhrensrechts* 1999, p. 257, n. I. Seidl-Hohenveldern : ***385***.

P) TURQUIE

1978 — 24 juil. — Conseil d'État *(application de l'Acte final de la CSCE Helsinki)* : ***253***

TABLE ANALYTIQUE DES MATIÈRES

INTRODUCTION GÉNÉRALE

LE CONCEPT DE DROIT INTERNATIONAL

B. — Le Moyen Âge

§ 2. De la fin du Moyen Âge à la Révolution française

A. — Naissance des États souverains et de la société interétatique

B. — Souveraineté de l'État d'après la pratique royale

C. — La doctrine

SECTION 2. — *Période de développement (De 1789 à nos jours)*

§ 1. Évolution de la société internationale

A. — Persistance de l'État souverain et de l'interétatisme

B. — « Dépassement » de l'interétatisme ?

§ 2. Transformation du droit international

PREMIÈRE PARTIE — **LA FORMATION DU DROIT INTERNATIONAL**

TITRE I. — FORMATION CONVENTIONNELLE DU DROIT INTERNATIONAL

A. — Définition du traité

B. — Classification des traités

CHAPITRE I. — **Conclusion des traités**

SECTION 1. — *Procédure commune aux traités bilatéraux et aux traités multilatéraux*

§ 1. Élaboration du texte

A. — Négociation du texte

B. — Adoption du texte

§ 2. Expression par l'État de son consentement à être lié

I. Erreur et dol

II. Contrainte

§ 3. Licéité de l'objet

SECTION 2. — *Régime des nullités pour défaut de validité*

§ 1. Nullité absolue et nullité relative

§ 2. Procédure d'annulation

§ 3. Effets de la nullité

CHAPITRE III. — **Application des traités**

SECTION 1. — *Exécution des traités par les États parties*

§ 1. Ordre juridique international et exécution des traités

§ 2. Ordre juridique interne et exécution des traités

A. — Introduction du traité dans l'ordre interne

B. — Mesures internes d'exécution

C. — Mise en œuvre du traité par une juridiction interne (l'exemple français)

SECTION 2. — *Effets des traités à l'égard des États tiers*

§ 1. Principe de la relativité des traités

§ 2. Exceptions à la relativité des traités

A. — Application des traités aux États tiers avec leur consentement

I. Traités créant des obligations à la charge des États tiers

II. Traités créant des droits au profit des États tiers

B. — Application des traités aux États tiers sans leur consentement

C. — Devant le juge interne

Chapitre IV. — **Fin des normes conventionnelles**

Section 1. — *Modification des traités*

§ 1. Éléments communs aux traités bilatéraux et multilatéraux

§ 2. Aspects particuliers de la modification des traités multilatéraux

Section 2. — *Extinction et suspension des traités*

§ 1. Extinction et suspension du traité du fait de la volonté des parties

A. — Volonté initiale des parties

B. — Volonté postérieure des parties

§ 2. Extinction et suspension du traité du fait de circonstances non prévues par le traité

A. — Circonstances liées au comportement des parties

§ 2. Les actes unilatéraux. Des organisations internationales

A. — Les décisions

B. — Les recommandations

SECTION 2. — *Les actes concertés non conventionnels*

CHAPITRE III. — **Les moyens de détermination des règles de droit**

§ 1. La doctrine

§ 2. La jurisprudence

DEUXIÈME PARTIE — **LA COMMUNAUTÉ INTERNATIONALE**

TITRE I. — L'ÉTAT

CHAPITRE I. — **Définition de l'État selon le droit international**

§ 2. La portée extra-territoriale du droit national

CHAPITRE III. — **Formation et transformation de l'État**

SECTION 1. — *Création de l'État dans le monde contemporain*

§ 1. Décolonisation et droit des peuples à disposer d'eux-mêmes

§ 2. Création d'un État en dehors du cadre de la décolonisation

SECTION 2. — *Acquisition et perte du territoire*

§ 1. Modes d'acquisition d'un territoire non étatique

§ 2. Modes d'acquisition d'un territoire étatique

SECTION 3. — *Succession d'États*

§ 1. Notion de succession d'États

§ 2. Régime de la succession d'États

Section 1. — *Participation des personnes privées à l'élaboration des normes internationales*

Section 2. — *Protection internationale des personnes privées*

§ 1. Les droits protégés

A. — Définition internationale des droits de l'homme

B. — Protection internationale des droits de certaines catégories de personnes privées

§ 2. Mécanismes internationaux de protection

A. — Droit d'accès aux organes internationaux de règlement des différends

B. — Participation active des personnes privées à la procédure de règlement

SECTION 3. — *Responsabilité internationale des personnes privées*

§ 1. Définition internationale d'incriminations pénales

§ 2. La justice pénale internationale

TROISIÈME PARTIE — **LES RAPPORTS INTERNATIONAUX**

TITRE PREMIER. — CADRE JURIDIQUE DES RELATIONS INTERNATIONALES

Sous-titre premier

MÉCANISMES GÉNÉRAUX DES RELATIONS INTERNATIONALES

CHAPITRE I. — **Relations diplomatiques et consulaires**

SECTION 1. — *Les relations diplomatiques*

§ 1. Relations diplomatiques entre États

A. — Établissement et rupture des relations diplomatiques

CHAPITRE I. — **Règlement non juridictionnel des différends**

SECTION 1. — *Procédés interétatiques*

§ 1. Négociation diplomatique

§ 2. L'intervention de tiers

SECTION 2. — *Règlement non juridictionnel dans le cadre des organisations internationales*

§ 1. Organisations universelles à compétences générales

A. — Du Pacte de la SdN à la Charte des Nations Unies : rupture et continuité

B. — Mise en œuvre des procédures de règlement par les organes des Nations Unies

I. Le conseil de sécurité

II. L'assemblée générale

III. Le secrétaire général de l'ONU

SECTION 1. — *Sécurité et sanctions collectives dans le cadre des Nations Unies*

§ 1. Système de la charte

§ 2. Opérations de maintien de la paix

A. — Forces des Nations Unies

B. — Forces régionales et multinationales

SECTION 2. — *Désarmement*

§ 1. Techniques juridiques du désarmement

§ 2. Mesures de maîtrise des armements et de désarmement

TITRE II. — DROIT DE LA COOPÉRATION INTERNATIONALE

Sous-titre I

DROIT DES RELATIONS ÉCONOMIQUES INTERNATIONALES

SECTION 1. — *Cadre général*

§ 1. Cadre institutionnel

§ 2. Cadre normatif

SECTION 2. — *Circulation des biens et des services (Règles particulières)*

§ 1. Commerce des biens

§ 2. Circulation des services

Sous-titre II

RÉGIME INTERNATIONAL DES ESPACES

CHAPITRE I. — **La mer**

TABLEAU DE CONCORDANCE DES CONVENTIONS DE GENÈVE ET DE MONTEGO BAY

SECTION 1. — *Zones maritimes sous juridiction nationale*

§ 1. Eaux intérieures

§ 2. Eaux archipélagiques

§ 3. Mer territoriale

§ 4. Détroits

§ 5. Zone contiguë

§ 6. Zone économique exclusive

§ 7. Plateau continental

SECTION 2. — *Zones maritimes non soumises à la juridiction nationale*

§ 1. La haute mer

§ 2. Principaux régimes spéciaux

CHAPITRE III. — **Air et espace extra-atmosphérique**

SECTION 1. — *Espace aérien*

§ 1. Statut juridique de l'espace aérien

§ 2. Régime de la navigation aérienne

SECTION 2. — *Espace extra-atmosphérique*

§ 1. Statut juridique de l'espace extra-atmosphérique

§ 2. Régime des activités spatiales

Sous-Titre III

PROTECTION INTERNATIONALE DE L'ENVIRONNEMENT

CHAPITRE I. — **Caractères généraux du droit international de l'environnement**

SECTION 1. — *Institutions du droit international de l'environnement*

§ 1. Acteurs en présence

§ 2. Techniques du droit international de l'environnement

SECTION 2. — *Consolidation du droit international de l'environnement*

§ 1. Évolution historique

§ 2. Principes généraux du droit international de l'environnement

CHAPITRE II. — **Approches sectorielles**

§ 1. Utilisation des espaces

§ 2. Protection de la faune et de la flore

§ 3. Activités à risques

LGDJ - Lextenso éditions
33, rue du Mail, 75081 PARIS Cedex 02
Dépôt légal : novembre 2009
N° d'éditeur : 4450

Cet ouvrage a été achevé d'imprimer en novembre 2009
dans les ateliers de Normandie Roto Impression s.a.s.
61250 Lonrai (Orne)
N° d'impression : 093582

Imprimé en France